칼빈주석

공관복음

● **독자 여러분들께 알립니다!**
'CH북스'는 기존 **'크리스천다이제스트'**의 영문명 앞 2글자와
도서를 의미하는 **'북스'**를 결합한 출판사의 새로운 이름입니다.

칼빈주석 17

공관복음

1판 1쇄 발행 2011년 3월 25일
1판 중쇄 발행 2024년 5월 1일

지은이 요한 칼빈
옮긴이 박문재
발행인 박명곤 **CEO** 박지성 **CFO** 김영은
기획편집1팀 채대광, 김준원, 이승미, 이상지
기획편집2팀 박일귀, 이은빈, 강민형, 이지은, 박고은
디자인팀 구경표, 구혜민, 임지선
마케팅팀 임우열, 김은지, 이호, 최고은

펴낸곳 CH북스
출판등록 제406-1999-000038호
전화 070-4917-2074 **팩스** 0303-3444-2136
주소 서울시 강서구 마곡중앙6로 40, 장흥빌딩 10층
홈페이지 www.hdjisung.com **이메일** support@hdjisung.com
제작처 영신사

칼빈 주석

라 틴 어 원 전 완 역 본

공관복음

박 문 재 옮 김

17

IOANNIS CALVINI COMMENTARII

크리스찬
다이제스트

IEAN CALVIN

제네바 대학 도서관 유화. 설교 혹은 강의하는 칼빈

La Concordance,

QV'ON APPELLE

Harmonie , compofee de trois
Euangeliftes , afcauoir , S.
Matthieu, S. Marc,
& Sainct Luc.

ITEM,

L'euãgile felõ S. Iehã,

Le tout auec les Commentaires de M. Iehan Caluin.

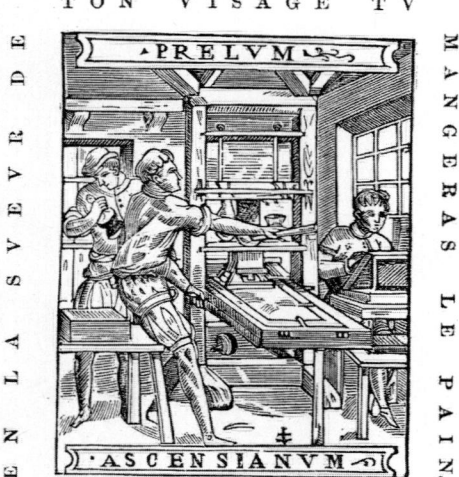

TON VISAGE TV · EN LA SVEVR DE · PRELVM · MANGERAS LE PAIN · ·ASCENSIANVM·

M. D. LVIII.

Imprimé par Conrad Badius.

AVEC PRIVILEGE.

콘라드 바디우스가 1563년에 간행한 칼빈의 공관복음 주석 불어판

COMMENTAI-
RES DE IEAN CALVIN

sur la Concordance ou Harmonie, compofee
des trois Euāgeliftes, affauoir fainct Matthieu,
fainct Marc, & fainct Luc.

I T E M,

SVR L'EVANGILE SAINCT IEAN,

& fur le fecond liure de faint Luc, dit Les Actes des Apoftres.

La mort engloutie
en victoire.

Par Chrift nous
eft falut &
gloire.

De l'Imprimerie de Michel Blanchier.

M. D. LXIII.

미셸 블랑쉬에가 1563년에 간행한 칼빈의 사복음서와 사도행전 주석 불어판

A

HARMONIE

VPON THE THREE

Euangeliftes Matthewe, Marke,
and Luke, with the Com-
mentarie of *M. Iohn
Caluine :*

Faithfully tranflated out of
Latine into Englifh
by E. P.

Whereunto is alfo added a
Commentarie vpon the Euan-
gelift S. Iohn, by the fame
authour.

LONDINI

Impenfis Thom. Adams.
1 6 1 0.

칼빈의 공관복음과 요한복음 주석 영어판, 1610년

프랑크푸르트 시장과 시 의회에 바치는 **헌사** 獻辭

게으르고 나태하며 무기력한 사람들에게 자극을 주기 위해서는 그들이 본받을 만한 미덕의 모범들을 제시하는 것이 꼭 필요한 일이라면, 바로 이 타락한 세대는 너무나 나태하고 무관심한 세대이기 때문에, 우리는 자발적으로는 전진하지 않고 도리어 후퇴하기만 하는 대다수의 사람들이 적어도 부끄러워서라도 그들 자신의 본분과 책임을 다하지 않을 수 없도록 만드는 것이 꼭 필요합니다. 실제로 사람들은 너나 할 것 없이 공적으로나 사적으로나 부끄럽기 짝이 없는 경쟁을 벌이며 살아가고 있습니다. 국왕들 중에는 모든 가능한 수단을 동원해서 자신의 영토를 넓히기 위하여, 책략이나 성실성이나 자원(資源)이나 용맹함에 있어서 이웃 나라의 왕들에게 뒤지지 않는다는 것을 보이려고 애쓰지 않는 왕이 한 사람도 없고, 나라들 중에는 교활함을 비롯해서 온갖 종류의 속임수를 다른 그 어떤 것들보다도 우선시하지 않는 나라가 한 나라도 없으며, 지도층 가운데서는 악한 술수를 궁리해내는 일에 있어서 남들에게 뒤진다고 할 수 있는 사람이 한 사람도 없습니다. 요컨대, 사람들이 악덕들을 행하도록 서로를 부추기고 경쟁하기로 암묵적으로 공모하였다고 말할 수 있을 정도이고, 한 사람이 극단적으로 악을 행하면, 그 한 사람의 모범을 통해서 수많은 사람들이 쉽게 멸망의 길로 가게 되기 때문에, 악이 횡행하는 사회 속에서 정직하고 올바른 삶의 모범을 보여주는 사람을 찾기는 극히 어렵다는 것입니다.

이런 이유들 때문에, 나는 고명(高名)한 분들이 특별하게 나타내 보이는 탁월한 미덕들을 사람들 앞에서 공개적으로 널리 칭송하고 지극히 높여서, 많은 사람들에게 그들을 우러러보며 그들을 본받고자 하는 마음을 일깨우는 것이 더 유익한 일이라고 생각합니다. 바로 이것이 내가 나의 이 저작이 존경하는 시장님과 시 의회 의원님들의 재가(裁可) 아래에서 세상에 나오게 되기를 바라는 주된 이유입니다.

여러분이 나의 이 저작을 읽으시고서 선을 행하고자 하는 마음이 조금이라도 더 생겨나게 된다면, 나는 그것만으로도 이미 나의 수고에 대한 충분한 상을 받았다고 여기겠지만, 내게는 방금 앞에서 언급한 또 다른 목적, 즉 다른 사람들도 여러분과 같은 진보를 이루게 하거나, 적어도 여러분이 가신 길을 그대로 가게 하고자 하는 좀 더 특별한 목적이 있습니다.

하지만, 나는 여러분이 특별히 보여주는 모든 탁월한 미덕들을 다 열거하고자 하지는 않고, 여기에서는 단지 나를 비롯해서 많은 그리스도의 종들을 여러분과 묶어준 거룩한 끈인 한 가지 미덕만을 칭송하는 것으로 만족하고자 합니다. 대략 5년 전쯤에 일어났던 재난으로 인해서 독일의 교회들이 끔찍할 정도로 초토화되고 복음이 거의 망할 뻔하여서, 모두가 경악하고 두려움에 사로잡혀 있었을 때, 맨 먼저 그 화살들의 격렬한 공격을 집중적으로 받았던 여러분이, 당시에는 사람들로부터 극히 미움을 받았던 이 신앙을 공개적으로 시인하는 가운데 견고히 서서, 여러분이 받아들였던 이 경건의 순전한 가르침을 변함없이 지킴으로써, 극한적인 염려와 위험들 가운데서도 여러분이 그 무엇보다도 그리스도의 깃발 아래에서 싸우는 것을 가장 소중히 여긴다는 것을 세상에 분명하게 보여준 것은 참으로 큰 일이었고, 우리는 그 때에 큰 감명을 받았습니다. 그러나 그것보다 한층 더 주목할 만하고 기록해 둘 만한 가치가 있는 것은 여러분은 여러분 가운데서 하나님에 대한 순전한 예배를 지켜내고, 여러분의 동료 시민들을 그리스도의 우리 안에 머물도록 하기 위하여 신실하게 애썼을 뿐만 아니라, 다른 나라들과 지역들에서 쫓겨나서 뿔뿔이 흩어진 교회의 지체들을 불러 모은 일입니다.

당시의 암울한 상황 속에서, 영국을 비롯해서 여러 지역들에서 추방당하여 여러분에게 온 하나님을 예배하는 경건한 자들을 여러분이 따뜻하게 맞아주고 환대해 준 것은 내게 적지 않은 위로가 되었습니다. 여러분은 고향 땅에서 추방당하여 찾아온 사람들에게 문을 활짝 열어 주었을 뿐만 아니라, 여러분의 도시에서 여러 외국어들로 복음을 들을 수 있도록 하는 조치를 취함으로써 하나님의 아들께도 합당한 존귀를 드렸습니다. 최근에는 취리히 시 의회가 로카르노(Locarno)의 불쌍한 원주민들에게 이와 비슷한 특별한 미덕을 보여주었는데, 그들은 고향 땅에서 자신의 양심을 따라 그리스도를 예배하는 것을 금지당하고 찾아온 이 원주민들에게 그들의 도시의 문을 활짝 열어 주었을 뿐만 아니라, 예배를 드릴 수 있도록 이 원주민들에게 교회를 배정해 주고, 여러 다양한 언어로 예배를 드릴 수 있게 하여, 취리히에서 그리스도의 말씀을 이탈리아어로 들을 수 있게 해주었습니다.

다시 여러분에 대한 얘기로 돌아가서, 나는 여러분이 우리의 언어를 사용하는 사람들에게 여러분의 도시에 교회를 세우도록 허용하는 인자(仁慈)를 베풀었다는 것을 듣자마자, 내가 여러분께 개인적으로도 빚을 졌다고 여겨서, 이 기회를 빌려서 나의 감사하는 마음을 전하기로 결심하였습니다. 왜냐하면, 가톨릭의 신성모독적인 폭정(暴政)이 우리나라에도 견고히 자리를 잡아서, 우리나라를 하나님의 나라에서 추방당하게 만든 통탄스러운 상황이 벌어졌지만, 한편으로는 우리가 하나님을 제대로 예배할 수 있는 처소를 이국땅에서 얻게 된 것은 특별한 은총이 아닐 수 없기 때문입니다. 여러분은 이미 형통한 상태에 있지만, 사람들에게가 아니라 그리스도 자신에게 드려진 이러한 진정으로 거룩한 환대로 인하여, 하나님의 새로운 축복들이 더욱더 여러분에게 더해지고 끊임없이 이어질 것이라고 나는 믿습니다. 내가 방금도 분명하게 말씀드렸지만, 적어도 나로서는 이런 것들이 내가 나의 이 저작을 여러분께 헌정하고자 마음먹게 된 이유들이었습니다.

이 저작은 세 복음서 기자들이 쓴 복음서들을 서로 대조해서 한데 모아 해설한 것으로서, 내가 심혈을 기울여서 모든 정성을 다해서 준비한 저작입니다. 내가 이 저작에 어떤 수고와 땀을 쏟았는지를 여기에서 일일이 다 밝힐 필요는 없는 것 같고, 나의 이러한 수고가 어느 정도나 성공을 거두었는가 하는 것은 이 저작을 읽는 독자들이 평가하는 것이 마땅하다고 봅니다. 내가 말하는 독자들이란 신앙의 진보를 위해서라면 가르침을 받는 것을 조금도 부끄러워하지 않는 정직하고 배움이 있고 성품이 좋은 사람들, 많은 사람들에게 유익을 끼치는 일에 관심이 있는 사람들을 가리킵니다. 나는 비열하고 사악한 깡패 같은 자들에 대해서는 신경을 쓰지 않는데, 교황의 폭정을 옹호하기 위해서 우리와 공개적으로 싸움을 벌이는 후드를 착용한 수도사들과, 온갖 수단과 방법을 동원해서 우리를 물고 늘어지면서 그들 자신의 무지를 숨기고 진리의 가르침의 빛을 꺼버리고자 하여 쓸데없이 계속해서 짖어대는 자들이 바로 그런 자들입니다. 그들로 하여금 그들이 하고 싶은 대로 후안무치하게 나를 향하여 짖게 내버려 두십시오. 나의 대답은 항상 준비되어 있을 것입니다. 나는 하나님과 사람들에 대하여 빚을 지고 있기 때문에, 완악하고 굳어진 악의와 오만방자함으로 인하여 매를 맞아야 마땅하고 너무나 수치스러운 무지로 인하여 회초리를 맞아 마땅한 자들의 판단을 개의치 않습니다.

적어도 나는 하나님의 교회를 섬기기 위하여 신실하게 애써 왔다는 것을 부끄러움 없이 말할 수 있습니다. 내가 2년 전에 출간한 요한복음에 대한 주석도 분명히 유익이 있었을 것이라고 나는 믿습니다. 이렇게 나는 하나님의 여러 전령(傳令)들 중의 한 사람으로서 나의 능력이 닿는 데까지 최선을 다해서, 네 마리의 말이 끄는 왕의 병거를 위풍당당하게 타고 계신 그리스도를 존귀하게 해드리고자 애써 왔기 때문에, 나의 수고를 통해서 유익을 얻은 정직한 독자들은 내가 바라던 대로의 성과가 어느 정도 이루어졌다는 것을 인정하기를 부끄러워하지 않을 것이라고 확신합니다. 내가 하나님이 세우신 네 명의 증인들이 증언하는 이 복음 이야기를 네 마리의 말이 끄는 병거에 비유하는 것은 옳습니다. 왜냐하면, 하나님은 네 개의 복음서를 마련하시고 아주 적절하게 조화시키심으로써 그의 아들을 위한 승리의 병거를 준비하셔서, 그 아들로 하여금 모든 믿는 자들에게 장엄한 모습을 나타내 보이시고, 온 세상을 신속하게 둘러보실 수 있도록 하신 것이 분명해 보이기 때문입니다. 아우구스티누스(Augustinus)도 아주 적절하게도 사복음서를 네 개의 나팔에 비유하면서, 이 나팔들은 그 소리로 세상의 모든 지역을 가득 채우고, 그 나팔 소리를 듣고 동서남북 사방에서 모여온 사람들은 교회를 이루어서 거룩한 믿음으로 하나가 된다고 말합니다. 내가 정말 참을 수 없는 것은 하늘의 전령(傳令)들에 만족하지 못하고, 믿음의 순수성을 더럽힘과 동시에 그리스도의 이름을 경건치 않은 자들의 비웃음거리로 만들어 버리는 결과만을 초래하는 구역질나는 꾸며낸 이야기들을 복음의 이름으로 우리에게 강요하는 자들의 저 속물근성입니다.

지금까지 존경하는 시장님과 시 의원님들은 복음의 본래의 순수함을 더럽히는 온갖 누룩을 혐오하고, 그리스도께서 전하신 대로의 순수한 복음의 가르침을 옹호하고 전하는 데에만 마음을 쓴다는 것을 보여 왔기 때문에, 나는 복음의 보화를 캐내는 나의 이 수고가 여러분의 진심 어린 인정을 받고, 이 저작을 여러분께 헌정하고자 하는 나의 뜻이 나를 존중해 주는 표시로서 받아들여질 것임을 믿으면서, 고명하신 여러분께 이쯤에서 작별을 고합니다. 그리스도께서 늘 그의 성령으로 여러분을 인도하시고, 그의 능력으로 여러분을 붙잡아 주시며, 그의 보호하심으로 여러분을 지켜 주시고, 온갖 차고 넘치는 복들로 여러분의 도시와 나라를 부요하게 해주실 것을 기원합니다.

1555년 8월 1일
제네바에서
요한 칼빈

공관복음 서론

마태, 마가, 누가가 전한
예수 그리스도의 복음은
과연 무엇인가

복음서를 유익하게 읽기 위해서는 "복음"이라는 말이 무엇을 의미하는지를 이해하는 것이 아주 중요하다. 왜냐하면, 그렇게 할 때에만 저 하늘의 증인들이 도대체 어떤 의도로 복음서를 썼는지, 그리고 그들이 전하는 것들을 어떤 목적과 연관시키는 것이 적절한지가 분명해지기 때문이다. 복음이라는 명칭이 남들에 의해서 외부로부터 그들이 쓴 이야기들에 붙여진 것이 아니라, 복음서 기자들 자신이 그러한 명칭을 직접 붙였다는 것은 마가가 자신이 "예수 그리스도의 복음의 시작"(막 1:1)을 얘기하고 있다는 것을 명시적으로 밝힌 것을 보면 분명해진다.

또한, 바울의 글 가운데는 성경의 그 어디에서보다도 복음이라는 말에 대한 가장 분명하고 확실한 정의를 담고 있는 한 구절이 나오는데, 거기에서 바울은 "이 복음은 하나님이 선지자들을 통하여 그의 아들에 관하여 성경에 미리 약속하신 것이라 그의 아들에 관하여 말하면 육신으로는 다윗의 혈통에서 나셨고 성결의 영으로는 죽은 자들 가운데서 부활하사 능력으로 하나님의 아들로 선포되셨으니"(롬 1:2-4)라고 말한다. 먼저, 이 구절은 복음이, 이전의 모든 세대에 걸쳐서 끊임없이 하나님이 조상들에게 약속하셨던 저 계시된 구원(exhibita salus)에 관한 증언이라는 것을 보여준다. 또한, 이 구절은 사람들을 소망 중에 기다리게 만들었던 약속들과, 하나님이 전에 그들에게 기다리게 하셨던 일들을 이루셨다고 선포하시는 이 기쁜 소식이 차이가 있고 서로 구별된다는 것을 보여준다. 마찬가지로, 바울은 조금 후에 복음에는 "하나님의 의"가 분명하게 "나타났으니 율법과 선지자들에게 증거를 받

은 것이라"(롬 3:21)고 말한다. 그런 까닭에, 바울 사도는 다른 곳에서 복음을 그리
스도께서 단번에 죽으심으로 이루신 하나님과 세상의 화목(和睦)을 날마다 사람들
에게 전하는 "사신(使臣)"이라고 부른다(고후 5:20). 다음으로, 바울은 이 구절을
통해서 그리스도가 하나님이 전에 약속하신 온갖 복들에 대한 보증 또는 담보이실
뿐만 아니라, 그 온갖 복들이 그리스도 안에서 온전하고 충만하게 나타났다는 것
을 보여준다. 그래서 바울은 다른 곳에서 하나님의 모든 약속이 "그리스도 안에서
예가 되고 아멘"이 된다고 선언한다(고후 1:20). 사실, 성부 하나님이 영원 전부터
가지고 계셨던 그의 기쁘신 뜻을 따라 우리를 값없이 거저 그의 아들들로 삼고자
하신다는 것은 (본질상으로 유일하게 하나님의 아들이신) 그리스도께서 우리와 같
은 육신을 입으셔서 우리를 그의 형제들이 되게 하신 것을 통해서 우리에게 계시
되었다. 대속을 통해서 인류의 죄악들을 제거하심으로써 우리로 하여금 이제 더
이상 온갖 저주와 사망의 심판 아래에 있지 않게 하신 것은 다름 아닌 저 그리스도
의 죽음의 희생제사 속에서 발견된다.

의와 구원과 온전한 복은 그리스도의 부활에 토대를 두고 있다. 그러므로 복음
은, 타락하여 멸망에 처한 세상을 구하시고 사람들을 회복시키셔서 사망에서 생명
으로 옮기시기 위하여 하나님의 아들이 육신을 입으시고 오셨다는 공적인 선포
(solemnis promulgatio)이다. 복음은 그 속에 온전한 복을 담고 있기 때문에 복되고
기쁜 소식(bonus laetus nuntius)이라 불리는 것이 합당하다. 왜냐하면, 복음의 목
적은 하나님의 통치가 우리 속에서 시작되게 하여, 우리를 육신의 썩어짐에서 구
해내서, 성령의 새롭게 하심을 따라 하늘의 영광에로 이끄는 것이기 때문이다. 이
런 이유로, 복음은 흔히 천국 또는 하나님의 나라, 즉 그리스도께서 우리에게 가져
다주신 복된 삶으로의 회복(回復)이라 불리기도 한다. 따라서 마가가 아리마대 사
람 요셉을 "하나님의 나라를 기다리는 자"라고 말했을 때(막 15:43), 그것은 의심할
여지 없이 그가 메시야의 오심을 기다렸다는 것을 의미한다. 그러므로 분명한 것
은 복음이라는 말은 신약에 적용되는 것이 마땅하기 때문에, 복음을 모든 세대에
차별 없이 적용해서 구약의 선지자들도 사도들과 마찬가지로 복음의 일꾼들이었
다고 말하는 사람들은 부정확하게 말하고 있다는 비난을 받아 마땅하다.

그리스도께서도 "율법과 선지자는 요한의 때까지요 그 후부터는 하나님 나라의
복음이 전파되고"(눅 16:16) 있다고 하시기 때문에, 앞에서 말한 사람들이 얘기한
것과는 확연히 다르다. 앞에서 언급했듯이, 마가도 세례 요한이 말씀을 전파한 때

로부터 복음이 시작되었다고 분명하게 말한다. 그리고 그리스도께서 중보자의 직임을 어떻게 수행하셨는지를 들려주는 네 권의 책이 다 "복음서"라는 명칭을 얻게 된 것은 지극히 합당하다. 아울러, 그리스도의 출생과 죽음과 부활이 우리의 구원의 전부를 담보하고 있어서 복음의 고유한 주제가 되기 때문에, 성부 하나님이 보내신 그리스도를 우리 눈앞에 제시하여 우리로 하여금 그리스도가 복된 삶의 원천이심을 믿음으로 고백하게 하고자 한 자들이 "복음 전도자들"이라 불리는 것도 마땅하다. 그리스도의 오심과 관련된 능력과 결과는 신약의 다른 책들에서 한층 더 자세하게 표현된다. 아니, 사실 이 점에 있어서는 요한조차도 다른 세 복음서 기자들, 즉 공관복음서 기자들과 많이 다르다. 왜냐하면, 공관복음서 기자들은 우리의 주(主)이신 그리스도가 바로 세상의 구속주로 오실 것이라고 하나님이 약속하셨던 바로 그 하나님의 아들이시라는 이 한 가지 점을 더 자세하게 파고드는 반면에, 요한은 그리스도의 능력 및 우리가 그리스도에게서 받는 은택(恩澤)들을 설명하는 데에 거의 전적으로 몰두하기 때문이다. 공관복음서 기자들이 우리로 하여금 그리스도의 은혜가 어떤 것인지와 하나님이 그리스도를 우리에게 주신 목적이 무엇인지를 알게 하기 위하여, 그리스도의 직임과 관련된 가르침을 그들의 복음서에 포함시켜 놓았다는 것은 의심의 여지가 없다. 그러나 앞서 말했듯이, 그들은 주로 하나님이 처음부터 약속하셨던 일이 예수 그리스도 안에서 성취되었음을 보여주는 데에 집중한다. 하늘의 지혜를 담은 진리가 그리스도와 그의 사도들에 의해서 우리에게 계시되었기 때문에 구약은 이제 불필요하다고 헛된 말을 하는 일부 광신자들과는 달리, 이 복음서 기자들에게는 그들의 글을 통해서 율법과 선지자들을 폐기할 의도나 목적이 결코 없었다. 도리어, 그들은 그들의 손가락으로 그리스도를 가리키면서, 율법과 선지자들이 그리스도에 관하여 했던 말들을 그리스도에게서 찾으라고 우리에게 권면한다. 그러므로 우리는 복음서를 읽을 때에 복음을 하나님이 전에 하신 약속들과 연결시키는 법을 배울 때에만 온전한 유익을 얻을 수 있다.

　내가 주해하고자 하는 공관복음서 기자들에 대하여 살펴보자면, 마태는 우리에게 아주 잘 알려져 있고, 마가는 베드로의 친밀한 제자였으리라는 것이 통설이다. 심지어 마가는 베드로가 불러준 대로 받아 적는 방식으로 그의 이름으로 된 복음서를 썼기 때문에 단지 대필자 또는 서기(書記)로서의 역할만을 했을 뿐이라고 주장하는 사람들도 있다. 그러나 우리는 이 문제를 놓고 골머리를 썩을 필요가 없다. 왜냐하면, 마가가 합당한 자격을 갖춘 하나님이 정하신 증인으로서 성령이 이끄시는 대로만 글을 썼고, 다른 아무것도 그의 글에 혼합시키지 않았다는 것을 우리가 믿기만 한다면, 그런 문제는 우리에게 별로 중요하지 않기 때문이다. 또한, 마가복음이 마태가 쓴 복음서를 축약한 것이라는 히에로니무스(Hieronymus)의 말은 전혀 근거가 없다. 왜냐하면, 마가는 그 어디에서도 마태복음의 순서를 따르고 있지 않고, 아예 처음부터 주제를 다루는 방식이 마태와는 판이하게 다르며, 마태가 생략한 몇몇 내용들을 다루고 있고, 동일한 사건에 대해서도 종종 마태보다 더 자세하게 다루고 있기 때문이다. 또한, 사안(事案)의 성격으로 보아서도, 내 생각에는 마가가 그의 복음서를 쓸 때에 마태복음을 보지조차 않았을 가능성이 분명히 더 크고, 마태복음을 축약하는 방식으로 자신의 복음서를 쓰고자 하는 분명한 의도를 지니고 있었을 가능성은 거의 없다. 누가에 대해서도 나는 동일한 말을 하고 싶다. 왜냐하면, 우리는 세 명의 공관복음서 기자들 간에 차이가 나는 부분들이 그들이 우리에게 제시하고자 한 주된 것이 아니라, 그들은 단지 그들이 확실하게 검증된 것이라고 알고 있던 것들을 충실하게 글로 기록하기 위해서 각각 자기가 가장 좋게 여긴 방식을 따른 것뿐이라고 해야 할 것이기 때문이다. 이것은 우연이 아니라, 하나님의 섭리에 의해서 된 일이기 때문에, 성령은 그들의 글 쓰는 방식의 이러한 차이에도 불구하고, 그들의 복음서들이 서로 놀랄 만한 조화를 이루게 하셔서, 이 복음서들의 권위를 밑받침해 줄 다른 더 강력한 증거들이 없다고 할지라도, 이러한 조화 자체만으로도 이 복음서들이 충분한 신뢰성을 확보하는 데에 부족함이 없게 하셨다.

　누가는 자기가 바울을 아주 가까이에서 동행하였다는 사실을 아주 분명하게 밝힌다. 그러나 에우세비우스(Eusebius)가 바울이 자신의 글의 한 대목에서 자신의 복음에 대하여 언급하고 있다는 점을 들어서(딤후 2:8) 누가의 이름으로 된 복음서의 실제 저자는 바울이라고 주장한 것은 유치하기 짝이 없다. 왜냐하면, 바울은 그 뒤에 이어지는 구절(딤후 2:9)에서 "복음으로 말미암아 내가 [죄인과 같이] 매이는 데까지 고난을 받았다"는 말을 덧붙여서, 자기가 쓴 한 권의 책이 아니라 자기가 전한 말씀 전체를 가리켜서 자신의 복음이라 말하고 있다는 것을 분명히 밝히고 있기 때문이다. 따라서 확실한 것은 바울이 한 권의 복음서를 쓴 것이 아니라, 다만 그리스도의 가르침을 그의 생생한 목소리로 직접 전한 것뿐이라는 것이다. 에우세비우스가 대단히 애를 많이 쓴 인물이었던 것은 분명하지만, 그는 여기에서 얼토당토않은 말들을 분별없이 장황하게 늘어놓음으로써 자기 자신에게 분별력이 없다는 것을 드러낸다. 나는 에우세비우스의 글의 도처에서 발견되는 이와 같은 종류의 터무니없는 말들이 독자들에게 걸림돌이 되지 않도록 하기 위해서 이 자리를 빌려 이 점을 말해둘 필요가 있다고 생각하였다.

　내가 선택한 해석 방법론은 얼핏 보면 많은 사람들이 수긍하기 어려운 것일 수도 있기 때문에, 경건하고 공정한 독자들을 위하여 약간의 설명을 통해서 해명해 두는 것이 적절할 것이다. 첫째, 어느 한 복음서 기자를 다른 두 복음서 기자와 비교함이 없이 적절하고 성공적인 방식으로 주해하는 것이 불가능하다는 것은 논란의 여지가 없다. 그래서 신실하고 해박한 주석가들은 세 명의 공관복음서 기자들이 쓴 이야기들을 서로 맞춰 보고 조화시키는 일에 엄청난 노력을 쏟고 수고한다. 그러나 공관복음서 기자들을 서로 비교해 보는 것이 필수적인 모든 대목에서 통상적인 능력을 지닌 사람들은 흔히 그러한 비교가 결코 쉬운 일이 아님을 발견하게 되기 때문에, 나는 세 명의 공관복음서 기자들의 이야기들을 한 곳에 일목요연하게 나란히 배치해서, 독자들로 하여금 그 이야기들의 유사성이나 차이점을 한 눈에 볼 수 있게 해주는 것이 독자들의 수고를 덜어주는 유익하고 적절한 방법이 될 수 있을 것이라고 생각하였다. 나는 세 명의 공관복음서 기자들이 쓴 이야기들을 하나도 빠짐없이 다 다루게 될 것이지만, 동일한 사건에 대하여 둘 이상의 복음서 기자들이 쓴 것들은 한 자리에서 함께 다루게 될 것이다. 나의 의도가 과연 성공적이었는지의 여부는 독자들이 직접 이 책을 읽어 보고 판단해야 할 문제이다.

　나는 이러한 방법론을 마치 내가 새롭게 고안해 낸 것처럼 말하여 사람들의 칭찬을 들을 마음이 없기 때문에, 이 방법론은 다른 사람들이 이미 사용했던 것을 내가 단지 본 뜬 것임을 솔직하게 고백하고자 한다(정직한 사람이라면 마땅히 그래야 하듯이). 내가 보기에 경탄할 만한 기억력을 지니고서 다른 누구보다도 이 분야에서 수고하여 유감없이 실력을 발휘하였던 하나님의 교회의 저명한 교사인 마르틴 부처(Martin Bucer)가 특히 나의 모델이 되었다. 그가 자기보다 앞서 이 길을 갔던 옛 사람들의 수고 덕분에 도움을 받았듯이, 나도 그의 노고 덕분에 적지 않은 수고를 덜 수 있었다. 나는 필요하다고 생각이 될 때마다 마르틴 부처와는 다른 견해를 거리낌 없이 제시하였지만, 만약 그가 여전히 이 세상에 살아 있다고 할지라도, 그는 분명히 나의 이러한 처사에 대하여 언짢아하지 않았을 것이다.

[1]우리 중에 이루어진 사실에 대하여 [2]처음부터 목격자와 말씀의 일꾼 된 자들이 전하여 준 그대로 내력을 저술하려고 붓을 든 사람이 많은지라 [3]그 모든 일을 근원부터 자세히 미루어 살핀 나도 데오빌로 각하에게 차례대로 써 보내는 것이 좋은 줄 알았노니 [4]이는 각하가 알고 있는 바를 더 확실하게 하려 함이로라(눅 1:1-4).

누가는 자기로 하여금 글을 쓰게 만든 동기를 짤막하게 설명할 목적으로 자신의 복음서에 서문을 붙인 유일한 복음서 기자이다. 그는 자기가 특정한 사람을 위하여 글을 쓰는 것이라고 말함으로써, 나팔을 큰 소리로 불어서 모든 사람을 믿음으로 초대해야 하는 자신의 임무를 저버리고, 어리석게 행동한 것처럼 보일 수 있다. 따라서 그가 어느 특정한 사람에게만 해당되는 것이 아니라 모든 사람이 들어야 할 가르침을 그의 친구 데오빌로에게 사적으로 보낸 것도 부적절해 보일 수 있다. 그런 까닭에, "데오빌로"는 총칭 명사로서 "하나님을 사랑하는" 모든 경건한 사람들을 가리키는 것이라고 생각하는 사람들도 생겨났다. 그러나 이 명사와 결합되어 있는 칭호는 그러한 견해와 잘 맞아떨어지지 않는다. 또한, 우리는 그런 사람들로 하여금 그러한 편법을 생각해 내게 만든 누가의 불합리해 보이는 행동을 우려할 이유도 전혀 없다. 왜냐하면, 바울의 서신들 중 일부는 특정한 성읍들에, 일부는 특정한 사람들에게 보내졌지만, 그의 가르침이 모든 사람에게 해당된다는 것은 누가의 경우와 마찬가지로 사실이기 때문이다. 아니, 우리는 당시의 상황을 고려한다면, 누가가 사려 깊고 지혜로운 방식을 택하였다는 것을 인정하지 않으면 안 된다. 당시에는 사람들을 두렵게 하고 겁을 주어서 건전한 가르침의 진보를 얼마든지 가로막을 수 있었던 폭군들이 사방에 널려 있었고, 사탄과 그의 일꾼들은 그런 기회를 이용하여, 오류의 구름들을 널리 퍼뜨려서 순전한 빛을 희미하게 만드는 일을 하였다. 대다수의 사람들이 복음의 순수성을 지키는 일에 별 관심이 없고, 사탄의 궤계들 또는 그러한 궤계들의 가면 아래에 도사리고 있는 많은 위험에 주목하는 사람이 거의 없을 때, 남다른 큰 믿음 또는 성령의 특별한 은사들로 인해서 다른 사람들보다 뛰어난 사람은 누구든지 경건에 관한 가르침을 온갖 부패에 물들지 않은 상태로 순수하게 지켜내는 일에 한층 더 자신의 최선을 다하여 온 정성을 기울이지 않으면 안 된다. 그러한 사람들은 하나님에 의해서 그들에게 맡겨진 하늘의 가르침을 후세에게 정직하게 전하는 신성한 법의 수호자들로 택함받은 자들이다. 그러므로 누가는 이것을 염두에 두고서, 데오빌로가 복음의 신실한 수호자로서의 책무를 담당해 줄 것을 기대하며, 그의 복음서를 데오빌로에게 바친다. 바울은 바로 그런 책무를 디모데에게 명하고 권고한다(딤후 1:14; 3:14).

눅 1:1-2. 붓을 든 사람이 많은지라. 누가는 우리가 생각할 때에는 그로 하여금 글 쓰는 것을 포기하게 만들었을 것 같은 그런 이유를 그가 글을 쓰게 된 이유로 제시한다. 이미 많은 저술가들이 특정한 역사서를 썼고, 적어도 그들이 그들의 임무를 충실하게 수행했다고 한다면, 그런 역사서를 또다시 쓰는 것은 불필요한 수고가 될 것이다. 누가의 말 속에는, 그들이 사기를 쳤다거나 부주의했다거나 그 밖의 다른 결점이 있다고 비난하는 기미가 조금도 보이지 않는다. 그러므로 마치 그는 이미 행하여진 일을 또 행하고자 한다는 결심을 표현하고 있는 것처럼 보인다. 내 생각에는, 누가는 자기보다 앞서 글을 쓴 사람들에 대하여 온건하게 말하고 있지만, 사실 그들의 수고의 산물들이 전적으로 그에게 흡족한 것은 아니었던 것 같다. 그는 그들이 불완전하게 알고 있던 일들에 대하여 글을 썼다고 명시적으로 말하고 있지는 않지만, 사실들과 관련된 확실성을 강조하고 있는 것으로 보아서, 그들이 쓴 글들을 확고부동하게 온전히 신뢰할 수 있다는 것을 완곡하게 부인하고 있는 것이다. 만약 그들이 거짓된 글들을 썼다면, 누가는 도리어 그들을 호되게 비난했어야 마땅한 것이 아닌가라고 반론을 제기할 사람도 있을 수 있다. 그러나 내 생각에는, 그들은 그럴 정도까지 중대한 잘못을 범하지는 않았을 것이다. 그들은 악의에 의해서라기보다는 사려가 깊지 못해서 잘못을 범했을 것이다. 따라서 굳이 그들을 더 맹렬하게 공격할 필요는 없었던 것 같다. 분명히 그들이 쓴 글들은 당시에는 비교적 해롭지 않은 것이었지만 즉시 적절하게 반박하여 중화시키지 않았다면 나중에는 신앙에 중대한 해악을 끼쳤을 내용들이었을 것이다. 그러나 주목할 만한 것은 하나님은 누가를 통해서 이 불필요한 글들에 치료약을 투여하실 때에, 모든 사람에 의해서 한결같이 다른 글들은 다 거부되고, 경배 받으실 만한 그의 엄위하심을 밝게 반영하는 글들만이 온전한 신임을 얻게 하고자 하시는 놀라운 계획을 가지고 계셨다는 것이다. 그러므로 이와 같은 지각없는 사람들이 오늘날에도 니고데모 또는 다른 어떤 사람의 이름으로 메스꺼운 이야기들을 써서 세상을 현혹시키고 있는 것은 더더욱 변명의 여지가 없다.

우리 중에 이루어진 사실에 대하여. 누가가 사용한 분사 '페플레로포레메나'(πεπληροφορημένα, "이루어진")는 완전하게 확인이 되어서 의심의 여지가 전혀 없는 것들을 가리킨다. 옛 번역자는 반복적으로 이 단어를 잘못 해석하였고, 그의 무지(無知) 때문에 우리는 몇몇 아주 아름다운 구절들의 의미를 잘못 알게 되었다. 이 구절들 중의 하나는 바울의 글 속에 나오는데, 거기에서 그는 각 사람에게 "각각 자기 마음으로 확정하여"(롬 14:5), 의심스러운 견해들 때문에 양심이 주저하거나 이리저리 "밀려 요동하지" 않게 하라고 당부한다(엡 4:14). '플레로포리아'($\pi\lambda\eta\rho o\phi o\rho\acute{\iota}\alpha$)도 동일한 어근에서 나온 단어인데, 이 옛 번역자는 이 단어도 "충만"이라고 잘못 번역하고 있지만, 이 단어는 믿음으로부터 생겨나는 강력한 확신을 가리키고, 경건한 심령들은 바로 그 확신에 안전하게 머문다. 앞에서 말했듯이, 여기에도 암묵적인 대비가 존재한다. 왜냐하면, 누가는 자기가 신실한 증인으로서의 권위를 지니고 있다고 주장함으로써, 그와 다른 말들을 하는 다른 사람들의 신뢰성을 파괴하고 있기 때문이다.

"우리 중에"는 "우리에게"와 동일한 의미이다. 누가는 믿음을 오직 하나님의 말씀이라는 토대위에서만 확증해야 하는데도 사람들과의 관계라는 허약한 토대 위에서 확증하고자 하는 것처럼 보인다. 분명히 믿음의 온전한 확신('플레로포리아')은 성령의 인침에 의한 것이다(살전 1:5; 히 10:22). 하나님의 말씀이 첫 번째 자리를 차지하지 않는다면, 믿음은 그 어떤 인간의 증언들로도 만족하지 못할 것이다. 그러나 성령의 내적 확증이 이미 주어져 있을 때에는, 사실들에 관한 역사적 지식에 관한 인간의 증언들은 일정 정도 무게를 지니게 된다. 역사적 지식이라는 것은 우리가 우리 자신의 관찰이나 다른 사람들의 진술을 통해서 사건들에 대하여 얻은 지식을 의미한다. 왜냐하면, 하나님의 가시적인 역사(役事)들과 관련해서, 경험에 의거한 "목격자들"의 말을 경청하는 것도 적절한 일이기 때문이다. 게다가, 누가가 따르고 있는 사람들은 사사로운 저술가들이 아니라, "말씀의 일꾼 된 자들"이었다. 그는 이런 수식어를 통해서 그들을 인간의 권위 이상의 것을 지닌 자들로 높인다. 왜냐하면, 그는 그에게 정보를 준 사람들은 복음을 전할 권세를 하나님으로부터 받은 자들이었다는 것을 내비치고 있기 때문이다. 그가 곧 언급하게 될 저 안전함도 하나님으로부터 나오는 것으로서, 하나님에 의거하지 않은 안전함은 곧 무너지고 만다. 누가가 그에게 복음을 전해 준 사람들을 "말씀의 일꾼들"이라고 부르는 것 속에는 큰 무게가 있다. 왜냐하면, 믿는 자들은 그런 토대 위에서 법률가들의 표현대로 증인들은 틀림이 없기 때문에 법적으로 배제될 수 없다고 결론을 내리게 되기 때문이다.

에라스무스(Erasmus)는 그의 역본에 사용된 어구를 베르길리우스에게서 빌려

와서 사용할 때에 하나님의 부르심에 적절한 평가와 무게를 충분히 고려하지 않았다. 누가는 속된 방식으로 말하고 있는 것이 아니라, 그의 친구 데오빌로라는 이름을 빌려서 우리에게 그리스도의 명령을 염두에 두고, 하나님의 아들이 그의 사도들을 통해서 말씀하시는 것을 경외감으로 청종하라고 명하고 있다. 누가가 그들을 목격자들이었다고 단언하는 것은 중요한 것이지만, 그는 그들을 일꾼들이라고 부름으로써, 그들을 사람들의 평범한 질서 밖으로 끄집어내어서, 우리의 믿음이 땅이 아니라 하늘에 그 근거를 둘 수 있게 한다. 요컨대, 누가가 말하고자 한 취지는 이런 것이다: "당신은 전에 말에 의해서 배웠던 내용들을 이제 충실하게 기록된 상태로 갖게 되었기 때문에, 당신이 전해 받은 가르침에 더 강력한 신뢰를 둘 수 있다." 따라서 분명한 것은 하나님은 모든 방법을 동원하셔서 우리의 신앙이 사람들의 의심스럽고 변덕스러운 견해들에 의해서 방해를 받지 않도록 하셨다는 것이다. 그러므로 마치 모호하고 근거 없는 소문들로부터 생겨난 확실하지 않은 것을 공개적으로 선호하듯이 그토록 크신 하나님의 은혜를 혐오하며 등을 돌리는 세상의 배은망덕은 더욱 변명의 여지가 없다. 그러나 우리는 우리 주님이 보여주신 주목할 만한 구별, 즉 어리석어서 쉽게 믿는 것을 믿음이라는 이름으로 교묘하게 포장해서는 안 된다는 말씀에 주의를 기울여야 한다. 한편으로, 세상이 어리석은 호기심이라는 속이는 미끼들에 유혹이 되거나, 심지어 자원해서 사탄의 미혹들을 순순히 받아먹는 것은 우리가 어쩔 수 없는 일이다.

눅 1:3. 그 모든 일을 자세히 미루어 살핀. 옛 번역본에는 "그 모든 일을 철저하게 추적한"으로 되어 있다. 헬라어 동사 '파라콜루데인'(παρακολουθεῖν, "미루어 살핀")은 다른 사람들의 발자취를 남김없이 철저하게 추적하는 자들로부터 가져온 은유적 표현이다. 누가는 이 단어를 통해서 자기가 심혈을 기울여서 치밀하게 조사하고 살폈다는 것을 나타내고자 하였다. 데모스테네스(Demosthenes)는 어느 사절단을 고소하기 위하여 조사하면서, 자기가 마치 직접 그들의 일거수일투족을 다 본 것처럼 그 정도로 면밀하게 모든 것을 조사했노라고 자랑할 때에 이 단어를 사용한다.

[5]유대 왕 헤롯 때에 아비야 반열에 제사장 한 사람이 있었으니 이름은 사가랴요 그의 아내는 아론의 자손이니 이름은 엘리사벳이라 [6]이 두 사람이 하나님 앞에 의인이니 주의 모든 계명과 규례대로 흠이 없이 행하더라 [7]엘리사벳이 잉태를 못하므로

그들에게 자식이 없고 두 사람의 나이가 많더라 ⁸마침 사가랴가 그 반열의 차례대
로 하나님 앞에서 제사장의 직무를 행할새 ⁹제사장의 전례를 따라 제비를 뽑아 주
의 성전에 들어가 분향하고 ¹⁰모든 백성은 그 분향하는 시간에 밖에서 기도하더니
¹¹주의 사자가 그에게 나타나 향단 우편에 섰지라 ¹²사가랴가 보고 놀라며 무서워하
니 ¹³천사가 그에게 이르되 사가랴여 무서워하지 말라 너의 간구함이 들린지라 네
아내 엘리사벳이 네게 아들을 낳아 주리니 그 이름을 요한이라 하라(눅 1:5-13).

　　누가가 동이 터서 낮이 시작될 것임을 말하도록 예정되어 있던 인물인 세례 요
한으로 그의 복음서를 시작한 것은 아주 적절한 것이었다. 왜냐하면, 세례 요한은
곧 떠오를 의(義)의 해에 앞서 온 새벽 미명과 같은 존재였기 때문이다. 다른 복음
서 기자들도 세례 요한을 언급하기는 하지만, 자신의 직무를 이미 수행하고 있는
모습으로 그를 무대에 등장시킨다. 누가는 세례 요한의 존재의 가장 초기에 일어
났던, 하나님의 능력으로 인한 이적들을 얘기하고, 사람들이 그의 인물됨이 어떠
한지를 알 수 없던 때에 그가 선지자가 될 사명을 하늘로부터 받았다는 것을 보여
줌으로써, 세례 요한이 아직 태어나기도 전에 우리로 하여금 그에 대하여 공경심
을 갖게 만든다. 누가가 이렇게 하는 목적은 세례 요한이 장차 그리스도의 영광을
나타내는 공적인 직무를 수여받고 등장하게 되었을 때에 사람들로 하여금 그의 말
을 좀 더 깊은 공경심으로 듣게 하기 위한 것이었다.

　눅 1:5. 헤롯 때에. 헤롯은 안티파테르(Antipater)의 아들로서 그의 아버지에 의
해서 왕이 된 후에, 출세하기 위해서 의욕적으로 일들을 벌여서, 나중에 헤롯 **대왕**
이라는 별명을 얻었다. 어떤 이들은 그가 유대인들을 다스린 최초의 이방인 왕이
었고, 규(圭)가 다른 민족에게로 넘어간 지금이 그들의 구원의 적기(適期)였기 때
문에 누가가 여기에서 그를 언급한 것이라고 생각한다. 그러나 그런 식으로 말하
는 사람들은 야곱의 예언(창 49:10)을 올바르게 이해하지 못해서, 그 예언을 왕권
이 유대인에게서 떠날 뿐만 아니라, 유다 지파에게서 떠난 후에 메시야가 오실 것
이라는 의미로 이해한 데에서 기인한 것이었다. 그러나 사실 이 거룩한 족장은 유
다 지파가 그 왕권을 빼앗기게 될 것이라고 예언한 것이 아니라, 유다 지파의 왕권
을 영원하게 만들어 줄 그리스도께서 오실 때까지 백성들에 대한 통치권은 유다
지파에게 계속해서 머물러 있을 것이라고 예언한 것이었다. 마카베오 왕가가 번영
하였을 때에 유다 지파는 거의 일개 귀족 가문 정도로 몰락하였고, 그 후 얼마 안

있어서 유다 지파의 가장 최근의 지도자였던 요한이 죽임을 당하였다. 그러나 그
때까지만 해도 유다 지파의 세력이 완전히 영락(零落)한 것은 아니었다. 왜냐하면,
다윗의 가문과 후손들 중에서 택하여진 자들로 이루어진 산헤드린 또는 공의회가
여전히 남아 있어서 큰 권세를 지니고 있었고, 헤롯이 전에 그에게 가해진 형벌, 즉
그가 살인자로 단죄되어서 사형을 피하기 위해 자원해서 귀양을 가야 했던 일에
대한 복수를 하기 위하여 재판관들을 도륙하는 충격적인 사건을 벌일 때까지 계속
해서 존속하였기 때문이다.

  그러므로 헤롯의 통치가 "유다 지파의 규(圭)"를 부러뜨렸다고 하는 것(창 49:10)
은 그가 이방인 출신이었기 때문이 아니라, 유다 지파가 왕가로서 지니고 있던 최
후의 잔재가 그의 강탈에 의해서 완전히 제거되었기 때문이었다. 왕가로서의 유다
지파의 위엄은 오래 전에 무너졌고, 그 광휘(光輝)도 서서히 사라졌지만, 유다 지
파의 왕권의 이러한 단절이 야곱의 예언과 모순되는 것은 아니었다. 왜냐하면, 하
나님은 겉보기에 서로 상반되어 보이는 두 가지의 것을 약속하셨기 때문이다: "다
윗의 왕위"가 영원할 것이고(시 89:29, 36), 그 왕위가 멸해진 후에는 하나님이 "다
윗의 무너진 장막"을 다시 일으키셔서(암 9:11), 다윗의 왕권의 지배가 영원할 것이
지만, "이새의 줄기에서 한 싹이 나리라"는 것(사 11:1). 이 두 가지는 모두 성취되
어야 한다. 하나님은 그리스도의 통치에 대한 백성들의 대망(待望)을 한층 더 강렬
해지도록 하시기 위해서, 그가 유다 지파에게 수여하셨던 저 왕권을 한동안 무너
뜨리셨다. 그러나 산헤드린의 멸망으로 믿는 자들의 소망이 끊어진 것처럼 보였을
때, 갑자기 주님이 빛을 발하며 등장하셨다. 사건이 일어난 때를 표시하는 것은 역
사를 서술하는 일의 일부이긴 하다. 그러나 아울러 "왕"이라는 단어의 사용은 누가
가 그 시대의 난맥상을 유대인들에게 보여주어서, 그들이 하나님의 언약을 진정으
로 믿는다면 지금이 바로 그들의 눈을 메시야에게로 돌려야 할 때라는 것을 상기
시키기 위한 것이었다고 생각하는 것도 충분히 일리가 있다.

  눅 1:5. 아비야 반열에 제사장 한 사람이 있었으니 이름은 사가랴요. 우리는 다
윗이 제사장 가문들을 여러 반차(班次)로 나누었다는 것을 거룩한 역사로부터 배
워서 알고 있다(대상 24:3, 31). 이 일에 있어서 다윗은 율법이 명한 것에 어긋나는
일은 하나도 시도하지 않았다. 하나님은 아론과 그의 아들들에게 제사장직을 수여
하셨고(출 28:1), 다른 레위인들에게는 하급의 직무들을 배정하셨었다(민 3:9). 다
윗은 이것과 관련해서 그 어떤 변개(變改)도 행하지 않았다. 그러나 다윗이 반차를

정한 목적은 부분적으로는 그 어떤 일도 소란함과 무질서 속에서 행해지지 않도록 하기 위한 것이었고, 부분적으로는 사람들의 야망을 견제함과 동시에, 제사장의 직무에 관한 권한이 소수의 사람들의 수중에 들어가서 많은 수의 제사장들이 그 직무를 행하지 못하게 되는 일이 없게 하기 위한 것이었다. 이제 이러한 직무 수행의 순번에서 엘르아살의 아들 아비야는 여덟 번째 반차에 속하였다(대상 24:10). 그러므로 사가랴는 제사장 가문의 일원으로서, 부친의 뒤를 이어 대제사장이 된 엘르아살의 후손이었다(민 20:28). 아론의 딸들 중의 한 명이었던 엘리사벳이 어떻게 해서 마리아의 사촌이 될 수 있었는지(36절)에 대해서는 내가 적당한 때에 설명할 것이다. 누가가 엘리사벳의 족보를 언급하는 것은 존경심에 의한 것임이 분명하다. 왜냐하면, 사가랴는 율법에 의해서 그 어떤 레위인의 딸도 아내로 맞는 것이 허용되었기 때문이다. 그러므로 그가 제사장 가문의 규수를 아내로 맞았다는 사실로 볼 때, 그가 제사장들 가운데서 존경 받던 인물이었다는 것은 분명하다.

눅 1:6. 이 두 사람이 하나님 앞에 의인이니. 누가는 그들이 사람들 가운데서 거룩하고 정직한 삶을 살았을 뿐만 아니라, "하나님 앞에서 의인들"이었다고, 그들에 대한 고상한 증언을 행한다. 그는 "그들이 하나님의 모든 계명대로 행하였다"고 말하는 것으로 이 "의(義)"를 짤막하게 정의한다. 이 두 가지는 모두 주의 깊게 고찰할 필요가 있다. 왜냐하면, 하나님의 아들이 올 길에 미리 앞서 빛을 비춘 등불이 미천한 집이 아니라 광채가 나는 성소로부터 가져와졌다는 것을 우리에게 보여줄 목적으로 사가랴와 엘리사벳에게 찬사가 주어지고 있지만, 그것과 아울러서 그들의 모범은 우리에게 경건하고 의로운 삶의 표준을 보여주기 때문이다. 그러므로 우리의 삶이 제대로 질서가 잡히기 위해서(시 37:23) 우리가 가장 먼저 애써야 하는 것은 하나님께 인정을 받는 것이어야 한다. 우리는 하나님이 우리에게 가장 원하시는 것은 진실한 마음과 순전한 양심이라는 것을 안다. 마음의 정직함을 소홀히 하고 오직 율법에 대한 순종을 통해서 자신의 외적인 삶만을 규율하는 자들은 이 질서를 무시하는 것이다. 하나님이 가장 눈여겨보시는 것은 행위들이라는 외적인 탈(larva)이 아니라 마음(cor)이고, 그런 까닭에 하나님은 우리에게 마음을 살피라고 명령하신다는 것을 우리는 명심하여야 한다. 순종은 그 다음이다. 즉, 아무도 하나님의 말씀에 의해서 밑받침되지 않는 새로운 형태의 의(義)를 자기 마음대로 스스로 만들어내어서는 안 되고, 우리는 우리 자신을 하나님의 권세에 의한 통치에 내어맡겨야 한다. 또한, 우리는 율법의 "계명들"에 의해서 자신의 삶을 규율하는 자들이야말로 "의인들"이라는 정의를 소홀히 해서는 안 된다. 이것은 사람들이 하나님의 율법에서 떠나 있다면, 하나님이 보시기에 그들의 모든 예배 행위들은 가짜이고 그들의 삶은 거짓되고 정함이 없는 삶이라는 것을 보여주는 것이다.

"계명들"과 "규례들"은 다음과 같이 서로 다르다. 규례들은 엄밀하게 말해서 경건과 예배의 행위들과 관련되어 있고, 계명들은 좀 더 일반적이어서 하나님의 예배와 구제의 의무들 둘 다에 미친다. 율례들을 의미하는 히브리어 '하킴'(חקים)은 헬라어 역본의 번역자에 의해서 '디카이오마타'(δικαίωματα, "규례들")로 번역된다. 성경에서 '하킴'은 통상적으로 사람들이 하나님을 예배하거나 그들의 신앙을 고백할 때에 관례적으로 행한 예식들을 가리킨다. 외식하는 자들은 이런 규례들을 아주 세심하고 정확하게 지키지만, 그렇다고 해서 그들이 사가랴와 엘리사벳을 닮은 것은 결코 아니다. 왜냐하면, 이 두 사람처럼 하나님을 진심으로 예배하는 자들은 공허한 예식들에 집착하지 않고, 진실한 마음을 쏟는 것에 주안점을 두고서 그 예식들을 영적인 방식으로 지키기 때문이다. 거룩하지 않고 위선적인 자들은 외적인 예식들에 온 정성과 수고를 쏟지만, 주께서 명하시는 대로 예식들을 지키는 것과는 거리가 멀고, 따라서 그들의 수고는 헛될 뿐이다. 요컨대, 누가는 이 두 단어를 통해서 율법 전체를 아우르고 있는 것이다.

그러나 만약 사가랴와 엘리사벳이 율법을 지킬 때에 정말 흠이 없었다고 한다면, 그들에게는 그리스도의 은혜가 필요 없었을 것이다. 왜냐하면, 율법의 온전한 준수는 생명을 가져다주고, 율법을 범함이 없는 곳에는 죄책(罪責)도 없기 때문이다. 이것에 대한 나의 대답은, 우리는 하나님의 종들에게 주어진 이러한 굉장한 찬사들을 일정한 단서를 달아서 받아들여야 한다는 것이다. 왜냐하면, 우리는 하나님이 그들을 어떤 방식으로 대하고 계시는지를 깊이 고려하지 않으면 안 되기 때문이다. 하나님은 그가 그들과 맺으신 언약을 따라 그들을 대하고 계시는데, 그 언약의 첫 번째 조항은 값없이 주시는 화해와 매일의 죄 사함이고, 이 언약에 의거해서 하나님은 그들의 죄를 사하신다. 그들이 "의롭고 흠 없는" 자들로 여김을 받는 것은 그들이 의에 헌신되어 있다는 것과 그들이 거룩한 모범을 보여주는 한 하나님을 경외함이 그들 속에 거한다는 것을 그들의 삶 전체가 증언하기 때문이다. 그러나 경건하고자 하는 그들의 노력들은 온전함과는 아주 거리가 멀기 때문에, 그들은 죄 사함을 얻음이 없이는 하나님을 기쁘시게 해드릴 수 없다. 그들이 의롭다고 칭찬을 받는 것은 하나님이 그들의 남아 있는 불의를 그들에게 돌리지 않으시

고 은혜로 그들을 용납하시기 때문이다. 우리는 성경에서 사람들의 의(義)에 적용
되는 표현들을 이런 식으로 설명함으로써, 마치 토대 위에 집이 세워지듯이, 사람
들의 의의 토대가 되는 죄 사함을 간과하는 일이 없어야 한다. 사가랴와 엘리사벳
은 중보자를 통하여 하나님의 은총을 거저 얻은 것이기 때문에 믿음으로 말미암아
의로운 자들이었다는 식으로 이 어구를 설명하는 자들은 누가의 말을 왜곡하여 잘
못 적용하는 것으로서, 이 주제 자체와 관련해서 진실의 전부가 아니라 일부만을
말하고 있는 것이다. 나는 그들에게 돌려진 의는 행위의 공로에 의해서가 아니라
그리스도의 은혜로 말미암아 얻어진 것으로 여겨져야 한다는 것을 인정한다. 그렇
지만, 하나님은 그들의 죄를 그들에게 돌리지 않았기 때문에, 그들의 불완전하지
만 거룩한 삶에 "의(義)"라는 명칭을 수여하기를 기뻐하신 것이다. 가톨릭교도들의
어리석은 주장은 쉽게 반박된다. 그들은 믿음의 의와 사가랴에게 돌려진 이 의(義)
를 대비시키지만, 분명히 사가랴의 의도 믿음의 의에서 나온 것이기 때문에, 믿음
의 의에 종속되어 있고 열등한 것임에는 틀림없지만, 이 두 의(義) 간에는 충돌은
없다. 또한, 마치 우리가 "율법은 우리의 육신으로 말미암아 연약하여" 우리를 의
롭게 할 수 없는 것(롬 8:3)이 아니라, 우리의 참된 의가 율법에 제시되어 있지 않다
고 단언하거나, 율법의 교훈은 우리를 의롭게 하는 데에 결함이 있다고 이의를 제
기라도 한 것처럼, 그들이 단어 하나에 집착해서 잘못된 해석을 하고 있는 것도 애
석한 일이다. 그들은 "규례들"은 율법의 계명들이라 불리기 때문에 우리를 의롭게
할 수 있다고 말한다. 우리가 수백 번도 더 인정하였듯이, 하나님의 계명들 속에는
생명이 담겨 있지만(레 18:5; 마 19:17), 그것은 본성적으로 율법을 절대로 지킬 수
없는 인간에게 아무 소용이 없고, 사람들이 하나님의 성령으로 말미암아 중생한
지금에 있어서도 여전히 율법을 온전히 지키는 것은 불가능하다.

눅 1:7. 그들에게 자식이 없고. 하나님의 특별한 목적에 의해서 세례 요한은 평
범하고 정상적인 자연의 운행을 벗어나는 방식으로 태어나게 되어 있었다. 하나님
이 이례적이고 주목할 만한 방식으로 그의 은총을 나타내시기로 작정하신 이삭에
게도 동일한 일이 일어났다(창 17:17; 21:1-3). 엘리사벳은 인생의 절정기를 자식이
없는 채로 보냈고, 이제는 태가 닫힌 노년기에 있었다. 그러므로 여호와께서는 그
가 "직접" 하늘로부터 그의 손을 뻗어서 "이 선지자를 보내었다"는 것을 증언하시
기 위해서(말 3:1; 요 1:6) 두 가지 장애물을 뚫고서 그의 갑절로 놀라운 권능을 보
여주신다. 세례 요한은 사실 흙으로 지음받은 부모에게서 태어난 죽을 수밖에 없

는 사람이지만, 그가 초자연적인 방식으로 태어난 사실은 그가 하늘로부터 떨어진
자라는 것을 강력하게 증언해 주는 것이었다.

눅 1:9. 제사장의 전례를 따라. 율법에서는 하루에 두 차례, 즉 아침과 저녁으로
분향하도록 명하였다(출 30:7-8). 앞에서 이미 설명했듯이, 제사장들이 직무를 수
행하는 순서를 위한 반차는 다윗에 의해서 정해져 있었다. 따라서 여기에서 분향
에 대하여 말하고 있는 것은 하나님의 율법에 의해서 명시적으로 명령된 것이었
고, 각각의 제사장 가문이 자신의 반차를 따라 직무를 수행할 수 있게 하는 것 같은
다른 내용들은 다윗이 정한 것이었다(대상 24:3). 다윗은 율법이 정해 놓지 않은 것
을 정한 것이 아니라, 단지 제사장 가문들이 하나님이 명하신 예식을 행할 수 있도
록 순서를 정한 것이었다.

성전('나오스')이라는 단어는 여기에서 성소를 가리킨다. 이것은 주목할 필요가
있다. 왜냐하면, 이 단어는 종종 바깥뜰도 포함하는 의미로 사용되기 때문이다. 이
제 본문은 사가랴가 제사장 외에는 아무도 들어갈 수 없는 성전으로 들어갔다고
말한다. 따라서 누가는 백성들이 밖에 서 있었다고 말하는데, 그들과 향단 사이의
거리는 꽤 많이 떨어져 있었다. 왜냐하면, 그 중간에는 희생 제물들을 드리는 제단
이 놓여 있었기 때문이다. 또한, 우리가 주목해야 할 것은 누가가 "하나님 앞에서"
라고 말하고 있다는 것이다: 왜냐하면, 제사장은 성소로 들어갈 때마다 하나님과
백성 간의 중개자가 되기 위하여 하나님의 임재 앞에 나아가는 것이기 때문이다.
죽을 수밖에 없는 존재인 사람은 제사장을 앞세우지 않고서는 하나님께로 나아갈
수 없다는 것을 자기 백성에게 각인시키는 것은 하나님의 뜻이었다. 아니, 사람들
이 이 땅에서 살아가는 동안에는 중보자이신 주님을 거치지 않고는 은총을 받기
위하여 하늘의 보좌로 나아갈 수 없다는 것을 각인시키는 것은 하나님의 뜻이었
다. 또한, 많은 제사장들이 있었지만, 그들 중의 두 사람이 동시에 백성들을 위한
중보 기도의 직무를 수행하는 것이 허용되지 않았다. 제사장들은 여러 반차로 나
뉘어져 있어서, 오직 한 사람의 제사장이 성소로 들어갔고, 이렇게 성소에는 한 번
에 오직 한 명의 제사장만이 들어갈 수 있었다. 분향의 목적은 믿는 자들에게 그들
이 드리는 기도의 향기가 중보자이신 주님의 희생제사로 말미암지 않고는 하늘로
올라가지 못한다는 것을 상기시키는 것이었다. 이러한 비유들이 어떤 식으로 우리
에게 적용되는지는 우리가 히브리서에서 배울 수 있다.

눅 1:12. 사가랴가 보고 놀라며 무서워하니. 하나님은 두렵게 할 목적으로 그의

종들에게 나타나시는 것은 아니지만, 그들은 놀람 속에서 하나님께 "그의 이름에 합당한 영광"을 돌리는 법을 배울 수 있기 때문에(시 29:2), 그들이 경외심으로 깜짝 놀라게 되는 것은 유익이고 심지어 꼭 필요한 일이기도 하다(시 33:8). 또한, 누가는 사가랴가 놀랐을 뿐만 아니라, "무서워하였다"고 말한다. 이것은 그가 너무도 놀라서 공포에 사로잡히기까지 하였다는 것을 보여준다. 하나님의 임재는 사람들을 놀람으로 가득 채워서 경외심을 갖게 할 뿐만 아니라, 육신의 교만을 낮추는 역할을 한다. 사람들은 선천적으로 너무나 오만방자해서, 강제적으로 권능에 의해서 압도당할 때까지는 결코 하나님께 순복하지 않는다. 그런 까닭에, 우리는 사람들이 교만과 자기만족에 빠지는 것은 오직 하나님이 계시지 않을 때 — 또는, 달리 말하면, 그들이 하나님의 임재로부터 물러나 있을 때 — 라는 것을 추론할 수 있다. 왜냐하면, 하나님이 심판주로서 그들의 눈앞에 계신다면, 그들은 즉시 납작 엎드릴 수밖에 없게 되기 때문이다. 하나님의 빛의 불꽃에 불과한 천사를 보았을 뿐인데도 "의인"이라고 칭찬을 들은 사가랴에게 이런 일이 일어났다면, 하나님의 엄위하심이 그 밝은 빛으로 우리를 압도하는 경우에는 우리 같은 미천한 자들은 어떻게 되겠는가? 우리가 거룩한 조상들의 모범을 통해서 가르침 받는 것은, 하나님의 임재를 보고 두려워 떠는 자들만이 생생한 임재를 경험한 자들이고, 하나님의 음성을 듣고도 놀라거나 두려워하지 않는 자들은 우둔하고 무감각한 자들이라는 것이다.

눅 1:13. 사가랴여 무서워하지 말라. 우리가 주목해야 할 것은 하나님의 영광은 두려움이 성도들을 완전히 삼킬 정도로 무시무시하지 않고, 단지 하나님을 겸손하게 바라볼 수 있도록 하기 위하여 그들을 엎드러지게 하여 그들로부터 어리석은 자신감을 떨어내기만 한다는 것이다. 그러므로 하나님은 그를 믿는 자들에게서 육신의 교만을 낮추시자마자 그의 손을 뻗치셔서 그들을 일으키신다. 하지만 하나님은 배교자들에게는 다르게 행하신다. 왜냐하면, 그들은 언제라도 하나님의 법정 앞에 끌려올 때에 절대적인 절망에 의해서 압도당하기 때문이다. 죄에 도취되어 자신을 죄에 내맡겨서 제멋대로 행하며 헛된 즐거움들을 누린 그들에 대하여 하나님이 이런 식으로 갚으시는 것은 마땅하고 의로운 일이다. 그러므로 우리는 천사가 사가랴를 달래며 주는 이 위로의 말씀, 즉 하나님이 우리에게 은혜를 주실 때에 우리는 두려워할 이유가 전혀 없다는 말씀을 받아들여야 한다. 왜냐하면, 우리가 "하나님과 화목하고 평안하여야" 하는 것이 마땅한데도(욥 22:21), 평안을 누리기 위해서 하나님의 면전에서 우리 자신을 숨기는 자들은 크게 잘못 알고 있는 것이기 때문이다.

눅 1:13. 너의 간구함이 들린지라. 이 어구는 마치 사가랴가 모든 백성의 이름으로 성소에 들어가서 자손을 얻게 해달라고 사사롭게 기도하여, 자신의 직무에 부합하지 않는 부적절한 처신을 한 것처럼 보이게 만든다. 제사장은 공인(公人)의 자격으로 행할 때에는 자신의 문제는 잊어버리고, 교회 전체의 유익을 위하여 기도를 드려야 한다. 사가랴가 기도의 주된 부분을 다 수행한 후에 부차적으로 자신의 문제를 사사롭게 기도한 것인 경우에 그의 행위가 특별히 부적절한 것은 아니었다고 우리가 말한다면, 그것은 꽤 일리 있는 답변이 될 것이다. 그러나 사가랴는 당시에 그의 아내의 나이가 많아서 이미 자식을 얻는 것을 포기한 상태였을 것이기 때문에 아들을 달라고 기도하였을 가능성은 거의 없다. 또한, 사실 천사가 한 말로부터 정확히 어떤 계기로 그런 응답이 주어졌는지도 도출될 수 없다. 그러므로 나는 이 어구를 오랜 기간 동안 하나님 앞에서 쏟아 놓은 그의 기도가 마침내 응답이 되었다는 의미로 해석한다. 자녀를 갖고자 하는 것은 지나치지만 않는다면 경건 및 거룩함과 양립된다는 것은 성경 속에 많은 증거가 있고, 그것은 하나님의 축복들 가운데서 가장 하급에 속하는 축복인 것도 아니다.

눅 1:13. 그 이름을 요한이라 하라. 내 생각에는 세례 요한에게 하나님이 이 이름을 주신 것은 그의 직분의 권세를 부각시키기 위한 것이다. 헬라어로 '요안네스'(Ἰωάννης)로 표기되는 히브리어 '요하난'(יהוחנן, 대상 3:15)은 "여호와의 은혜"를 의미한다. 많은 이들은 사가랴의 아들이 이런 이름으로 불리게 된 것은 그가 하나님의 사랑을 받은 자였기 때문이라고 추정한다. 하지만, 나는 이 이름은 하나님이 개인으로서의 세례 요한에게 주신 은혜가 아니라, 그가 그에게 주어진 사명을 수행함으로써 모든 사람에게 가져다 줄 은혜를 나타내기 위한 것이라고 생각한다. 이 이름의 힘과 무게는 이 이름이 주어진 때로 인해서 더욱 증폭된다. 왜냐하면, 하나님이 그의 은총을 나타내는 이러한 증표를 그의 위에 새기신 것은 그가 태어나기 전이었기 때문이다.

[14]너도 기뻐하고 즐거워할 것이요 많은 사람도 그의 태어남을 기뻐하리니 [15]이는 그가 주 앞에 큰 자가 되며 포도주나 독한 술을 마시지 아니하며 모태로부터 성령의 충만함을 받아 [16]이스라엘 자손을 주 곧 그들의 하나님께로 많이 돌아오게 하겠음

이라 [17]그가 또 엘리야의 심령과 능력으로 주 앞에 먼저 와서 아버지의 마음을 자식
에게, 거스르는 자를 의인의 슬기에 돌아오게 하고 주를 위하여 세운 백성을 준비
하리라(눅 1:14-17).

눅 1:14. 너도 기뻐하고 즐거워할 것이요. 천사는 여기에서 사가랴가 한 평범한
아이의 출생으로 인하여 기뻐할 수 있는 그런 기쁨을 뛰어넘는 더 큰 기쁨을 얘기
한다. 왜냐하면, 천사는 사가랴에게 그가 감히 꿈도 꾸지 못했던 그런 아들을 얻게
될 것이라고 알려주기 때문이다. 천사는 심지어 한 걸음 더 나아가서, 그 기쁨은 단
지 한 집안의 경사(慶事)로서 오직 부모만 기뻐하는 그런 기쁨이 아니라, 그 아이
의 출생으로 인하여 유익을 얻게 될 많은 사람들도 기뻐하는 그런 기쁨이 될 것이
라고 말한다. 이것은 마치 천사가 장차 태어나게 될 그 아이가 단지 사가랴의 아들
이 되는 것에서 그치는 것이 아니라, 온 백성의 선생이자 선지자가 될 것이라고 말
하는 것처럼 들린다. 교황주의자들은 이 구절을 근거로, 세례 요한의 탄일(誕日)을
축하하는 관습을 도입하여 정착시킨 불경(不敬)을 행하였다. 그들은 그 탄일을 거
룩하다고 말하면서 정말 이상하게도, 그 탄일을 축하하는 행렬을 빙자해서 춤추고
뛰놀며 온갖 방탕한 짓을 행하며 난장판을 벌이는 것도 모자라서, 그 날에 사람들
이 풍작의 여신 케레스(Ceres)을 숭배하는 비밀 의식들을 꼭 닮은 주술들과 악마적
인 요술들을 본뜬 유희와 놀이들을 즐기는 것을 허용하기까지 하는데, 나는 이 난
장판에 대해서는 더 이상 자세하게 말하고 싶지 않고, 지금으로서는 단지 원래 천
사의 말은 장차 세례 요한이 베풀 가르침으로 말미암아 모든 경건한 이들이 기뻐
하게 될 것이라는 의미인데, 그들이 천사의 말을 엉터리로 왜곡하여 세례 요한의
탄일을 해마다 축하하며 기뻐하라는 의미로 해석하였다는 것만을 짤막하게 말해
두고자 한다. 이 모든 경건한 이들은 그들을 구원의 소망으로 이끌어줄 사역을 하
게 될 선지자가 그들에게 태어나게 된 것을 기뻐한 것이었다.

눅 1:15. 이는 그가 주 앞에 큰 자가 되며. 천사는 여기에서 자기가 앞에서 기쁨
에 관해 말한 것, 즉 왜 그가 사가랴와 많은 사람들에게 기쁨이 될 것인지를 확증해
주는 말을 하는데, 그것은 세례 요한이 크고 놀라운 일을 위해서 택함을 받은 자이
기 때문이라는 것이다. 이 말씀은 세례 요한의 탁월한 덕(德)을 칭송하기 위한 것
이 아니라, 그의 크고 영광스러운 직분을 선포하기 위한 것이다. 이것은 그리스도
께서 "여자가 낳은 자 중에 세례 요한보다 큰 이가 일어남이 없도다"(마 11:11)고

말씀하실 때에 요한의 거룩한 삶이 아니라 사역을 가리켜 말씀하신 것과 마찬가지이다. 바로 뒤에 나오는 "포도주나 독한 술을 마시지 아니하며"라는 말씀은 요한의 금욕적 삶이 특별한 미덕이었다는 것을 의미하는 것으로 이해되어서는 안 되고, 세상 사람들로 하여금 세례 요한이 날 때부터 나실인임을 알게 해줄 이 가시적인 징표를 통해서 그의 종을 구별하시기를 기뻐하셨다는 것을 의미하는 것으로 이해되어야 한다. 제사장들은 성전에서 그들의 직무를 행하는 동안에만 포도주와 독주를 마시지 않았다(레 10:9). 술을 입에 대지 않는 이와 같은 절제는 서원이 이룰 때까지 나실인들에게도 부과되었다(민 6:3). 우리가 삼손의 경우에서도 알 수 있듯이(삿 13:3-4), 이 두드러진 표지(標識)를 통해서 하나님은 세례 요한이 일생 동안 나실인으로 드려졌다는 것을 보여주셨다. 그러나 우리는 이것을 근거로 해서, 조상들의 행위들 가운데서 일부를 모방의 대상으로 삼아 행하는 원숭이 같이 흉내를 잘 내는 자들처럼, 하나님을 예배하는 것이 포도주를 마시지 않는 것에 있다고 제멋대로 생각해서는 안 된다. 오직 모든 사람들은 절제를 행하면 되는 것이고, 포도주를 마시는 것이 해롭다는 생각이 드는 사람은 자발적으로 마시지 말며, 포도주를 마시지 않는 사람은 그것을 자랑으로 여기지 않아야 한다. 헬라어 '시케라'(σίχε ρα, "독한 술")에 대해서는 나는 이 단어가 히브리어 '셰카르'(שכר)처럼 사람이 만든 온갖 종류의 술을 가리킨다고 생각하는 자들의 견해에 전적으로 동의한다.

눅 1:15. 성령의 충만함을 받아. 이 말씀은 세례 요한에게서 그가 장차 큰 자가 될 것임을 보여주는 그런 성품이 나타나게 되리라는 것을 의미하는 것이라고 나는 생각한다. 내가 여기에서 말하는 성품이라는 것은 불경건한 자들에게서도 발견되는 그런 성품이 아니라 세례 요한의 탁월한 직분에 합당한 성품을 의미한다. 그 의미는 그가 공적인 사역에 들어갈 때에 성령의 능력과 은혜가 그에게 나타날 뿐만 아니라, 모태로부터 성령의 은사들이 탁월하게 나타날 것이고, 이것이 그가 장차 어떤 인물이 될 것인지를 보여주는 증표와 담보가 되리라는 것이다. "모태로부터"는 그가 잉태될 때로부터를 의미한다. 요한이 아직 모태에 있는 동안에 성령의 능력이 요한 속에서 역사하였다는 것을 나는 인정한다. 그러나 여기에서 천사가 한 말은 그것과는 다른 것, 즉 요한이 어린아이였을 때에도 하나님의 은혜가 그에게 놀라울 정도로 나타나서 사람들의 눈길을 끌게 될 것임을 의미하는 것이라고 나는 생각한다. "충만함"과 관련해서는 궤변론자들의 교묘한 논쟁거리, 아니 트집거리가 될 여지가 없다. 왜냐하면, 성경은 이 말을 통해서 성령의 은사들이 탁월하고 지극히 이례적으로 풍성하다는 것 외에 다른 의미를 전달하는 것이 아니기 때문이다. 오직 그리스도에게만 하나님이 "성령을 한량 없이 주셨고"(요 3:34), 우리가 "그의 충만한 데서" 받는 것이고(요 1:16), 다른 사람들에게는 성령이 각 사람의 분량대로 주어졌다는 것(고전 12:11; 엡 4:7)을 우리는 안다. 그러나 통상적인 분량을 뛰어넘어서 은혜를 더 풍성히 받은 자들은 성령으로 충만하다는 말을 듣는다. 지금 성령의 더 풍성한 감화와 능력이 하나님의 놀랍고 이례적인 은사로서 요한에게 나타났지만, 우리가 주목해야 할 것은 성령은 누구에게나 모태로부터 주어지는 것이 아니라, 오직 하나님이 기뻐하실 때에만 그렇게 된다는 것이다. 요한은 모태로부터 장차 맡게 될 직분의 증표를 지니고 있었다. 사울은 가축을 칠 동안에는 장차 왕이 될 것임을 보여주는 증표 없이 오랜 세월을 지내다가, 왕으로 선택을 받게 되었을 때에 갑자기 새 사람으로 변하였다(삼상 10:6). 우리는 이 예를 통해서, 사람들 속에서의 성령의 역사는 자유로워서 모태로부터 역사하시기도 하고 나이 들어 노년일 때에 역사하시기도 한다는 것을 배운다.

눅 1:16. 이스라엘 자손을 많이 돌아오게 하겠음이라. 이 말씀은 당시에 부끄러울 정도로 타락한 행실이 교회에 만연했음을 보여준다. 왜냐하면, 회심하여 하나님께로 돌아왔던 자들이 배교자들이 되었음이 틀림없기 때문이다. 부패한 가르침, 타락한 도덕, 혼란스러운 통치로 인해서 극소수의 사람들이 계속해서 경건을 지키며 산다는 것 자체가 거의 기적적인 일이 되어 버렸음이 분명하다. 그러나 옛 교회가 이토록 끔찍하게 타락한 것을 보고서도, 교황주의자들이 교회의 무오성(無誤性)이라는 그들 자신의 미신을 옹호하는 것은 옹색하기 짝이 없다. 특히, 가톨릭교회 안에는 하나님의 택함받은 참된 자녀들만이 아니라 수많은 불경건한 자들도 들어 있기 때문에 더욱 그러하다.

이 구절은 요한에게 사람이 할 수 있는 것 이상의 것을 돌리고 있는 것으로 보인다. 왜냐하면, 하나님께로의 회심은 사람들을 새롭게 하여 영적인 삶을 살게 하는 것이어서, 하나님 자신의 일일 뿐만 아니라, 심지어 사람을 창조하신 일을 뛰어넘는 일이기 때문이다. 따라서 이 점에 있어서 사역자들은 창조주이신 하나님과 동등하거나 심지어 우월한 자들로 묘사되는 것처럼 보일 수 있다. 왜냐하면, 하늘에 속한 생명으로 거듭나는 것은 이 땅 위에 죽을 수밖에 없는 자들로 태어나는 것보다 더 큰 일이기 때문이다. 이 문제에 대한 대답은, 주님이 사역자들이 행하는 외적인 가르침을 칭찬하실 때에는 거기에 함께 역사(役事)하신 그의 성령의 은밀한 감화도 다 감안하셔서 그렇게 하시는 것임을 우리가 안다면 쉽게 주어질 수 있다. 하나님은 그의 교회의 덕을 세우기 위하여 사역자들을 택하셔서 그들의 섬김을 사용하실 때에는, 그들의 수고가 능력이 나타나서 열매를 맺게 하시기 위하여 그의 성령의 은밀한 감화를 통해서 그들 곁에서 역사하신다. 성경이 사람들의 사역 속에서 역사하는 이 능력을 칭송할 때마다, 우리는 모든 것을 성령의 은혜에 돌리는 법을 배워야 한다. 왜냐하면, 성령의 은혜가 역사하지 않았다면, 사람의 목소리는 아무 쓸데 없이 공중에서 분해되고 말았을 것이기 때문이다. 따라서 바울은 자기가 "성령의 일꾼"(고후 3:6)임을 자랑할 때에 마치 그의 목소리가 사람들의 심령을 꿰뚫기라도 했다는 듯이 따로 자기 자신을 자랑하는 말은 한 마디도 하지 않고, 오직 자신의 사역 속에서 성령의 능력과 은혜가 역사하였다는 것만을 단호하게 얘기한다. 이 표현들은 주목할 만한 가치가 있다. 왜냐하면, 사탄은 가르침에 수반되는 성령의 은혜가 약화되도록 하기 위하여 온갖 술수를 다 동원해서 가르침의 효력을 낮추려고 애쓰기 때문이다. 외적인 선포는 따로 그 자체만으로는 아무것도 할 수 없지만, "하나님이 짝지어 주신 것을 사람이 나누지 못할지니라"(마 19:6)고 하신 말씀처럼, 그 선포가 우리의 구원을 위한 하나님의 능력의 도구가 되고, 성령의 은혜로 말미암아 능력 있는 도구가 될 때에는 그렇지 않다.

반면에, 회심과 믿음의 영광이 오직 하나님께 있도록 하기 위하여, 성경은 자주 우리에게 사역자들 자체는 아무것도 아니라는 것을 상기시킨다. 그러나 그런 경우들에 있어서 성경은 그들을 하나님과 비교하면서, 아무도 하나님에게서 영광을 훔쳐서 그들 자신에게로 돌리는 악한 일을 해서는 안 된다고 말한다. 요컨대, 하나님이 사역자를 사용하셔서 사람들을 자기에게로 돌아오게 하셨을 때에, 그들은 하나님의 손으로 사용된 사역자를 통해서 하나님께로 돌아온 것이라는 말이다. 이제 우리는 가르침의 효력에 대해서 충분히 말을 했다. 사람들을 하나님께로 돌아오게 하는 것은 사역자의 의지와 능력에 있는 것이 아니라는 것을 토대로 해서, 우리는 요한이 무차별적으로 모든 사람을 하나님께로 돌아오게 한 것이 아니라(만약 모든 것이 그의 뜻대로 되었더라면, 그가 그렇게 하였으리라는 것은 의심의 여지가 없지만), 오직 하나님이 부르시기를 기뻐하신 자들만을 하나님께로 돌아오게 한 것이라는 결론을 내릴 수 있다. 한 마디로 말하면, 천사가 여기에서 가르치고 있는 것은 바울이 로마서에 기록한 것, 즉 "믿음은 들음에서 나는"(롬 10:17) 것이 맞지만, 오직 그들의 심령에 "여호와의 팔이 나타난"(사 53:1; 요 12:38) 자들만이 조명을 받아서 믿게 된다는 것이다.

눅 1:17. 그가 주 앞에 먼저 와서. 이 말씀을 통해서 천사는 요한의 직분이 무엇일지를 적시(摘示)하고, 요한은 왕의 행차를 알리는 전령관으로서 그리스도 앞에 먼저 오는 이 유일한 목적을 위하여 보내심을 받았다고 말함으로써 어떤 특별한 사명을 받은 다른 선지자들로부터 요한을 구별한다. 또한, 이렇게 주님도 말라기 선지자를 통해서 "보라 내가 내 사자를 보내리니 그가 내 앞에서 길을 준비할 것이요"(말 3:1)라고 말씀한다. 요컨대, 하나님이 요한을 부르신 목적은 사람들이 그리스도의 말씀을 들을 귀를 갖추게 하고, 그리스도를 위하여 제자들을 준비하게 하는 것 외에 다른 것이 아니었다는 말이다. 천사가 이 구절에서 그리스도를 명시적으로 언급하지 않고, 요한이 영원하신 하나님의 전령관 또는 기수(旗手)가 될 것이라고 선언한 것을 통해서, 우리는 그리스도의 영원한 신성을 알게 된다.

눅 1:17. 엘리야의 심령과 능력으로. "심령과 능력"이라는 말씀을 나는 엘리야가 받은 성령의 능력 또는 탁월함을 의미하는 것으로 이해한다. 왜냐하면, 우리는 여기에서 피타고라스(Pythagoras)처럼 엘리야 선지자의 혼이 요한의 육신 속으로 들어온 것이라는 망상에 빠지지 말고, 엘리야 속에서 능력으로 역사하였던 그 동일한 하나님의 성령이 나중에 세례 요한 속에서도 비슷한 능력과 효력을 발휘하였다는 뜻으로 이 구절을 이해해야 하기 때문이다. 두 번째 단어인 "능력"은 엘리야가 하늘의 능력을 덧입어서 쇠락해가던 하나님에 대한 예배를 놀라운 방식으로 회복하였을 때에 그에게 강력하게 역사하여 그를 뚜렷하게 구별하였던 그런 종류의 은혜를 나타내기 위하여 보충 설명의 방식으로 덧붙여진 것이다. 왜냐하면, 그러한 회복은 인간의 능력을 뛰어넘는 것이었기 때문이다. 요한이 행한 일은 결코 엘리야가 행한 것에 못지않은 놀라운 일이었기 때문에, 우리는 그가 엘리야와 동일한 은사를 꼭 받아야 했는지에 대하여 의문을 가져서는 안 된다.

눅 1:17. 아버지의 마음을 돌아오게 하고. 천사는 여기에서 요한과 엘리야 간의 주된 닮은 점을 지적한다. 그는 요한이 흩어진 백성을 모아서 하나의 믿음을 갖게 하기 위하여 보내심을 받았다고 선포한다. 왜냐하면, 아버지들의 마음을 돌아오게 하는 것은 분열된 자들을 서로 화해하게 하는 것이기 때문이다. 이 말씀은 당시에 이스라엘 백성을 찢어놓은 분열이 존재하였다는 것을 보여준다. 우리는 엘리야 시대에 백성들의 반역이 얼마나 극심하였는지, 그들이 아브라함의 자녀들이라 여김을 받을 가치가 없을 정도로 얼마나 악하게 조상들을 떠나 타락하였는지를 안다. 엘리야는 이렇게 분열되고 찢긴 백성들을 돌아오게 하여 하나의 거룩한 무리가 되게 하였다. 그것은 부모와 자녀가 다시 결합한 것과 같은 일이었는데, 이 일은 요한에게서 시작되어 그리스도에 의해서 마침내 완성되었다. 따라서 말라기가 "아버지의 마음을 자녀에게로 돌이키게 하고"(말 4:6)라고 말할 때, 그것은 또 다른 엘리야가 나타날 때에 교회가 혼돈 상태에 있을 것임을 암시하는 말씀이었다. 그 혼돈의 상태가 무엇이었는지는 역사를 보면 너무나 분명하게 알 수 있는데, 우리는 적절한 곳에서 그것에 대하여 더 자세하게 살펴보게 될 것이다. 성경의 가르침은 무수한 날조들로 말미암아 변질되었고, 하나님에 대한 예배는 터무니없는 미신에 의해서 부패하였으며, 신앙은 여러 분파들로 나뉘었고, 제사장들은 공공연하게 악하고 쾌락을 즐기는 자들이었다. 요컨대, 건전한 것이라고는 단 하나도 남아 있지 않았다. "아버지의 마음을 자식에게 돌아오게 하고"라는 표현은 문자 그대로 사실인 것은 아니다. 왜냐하면, 돌아오게 할 필요가 있는 자들은 아버지들이 아니라, 언약을 깨뜨리고서 조상들의 올바른 신앙을 버리고 떠난 자녀들이었기 때문이다. 그러나 복음서 기자가 돌아와야 할 자를 정확하게 표현하고 있지는 않지만, 그 의미는 아주 분명하다. 즉, 하나님은 요한을 도구로 사용하셔서, 이전에 분열되었던 자들을 다시 하나가 되게 하여 하나의 거룩한 무리로 만드시리라는 것이다. 말라기서에 나오는 이 두 구절은 다름 아닌 서로 간의 합의를 표현하기 위한 것이었다.

그러나 사람들은 하나님에게서 더 멀리 멀어지기 위한 목적으로 서로 공모하는 일이 흔하기 때문에, 천사는 자기가 말하는 "돌아오게 한다"는 것의 성격을 아울러 설명하여, 그것은 "거스르는 자를 의인의 슬기에 돌아오게 하는" 것이라고 말한다. 우리가 어리석게도 거짓된 화목 아래에서 경건치 않은 자들과 함께 어울리는 것을 스스로 용인하지 않도록 하기 위해서, 우리는 이 점을 유의할 필요가 있다. 평화라는 말은 누가 들어도 좋고 당당한 말이어서, 교황주의자들은 성경에서 이 말을 만날 때마다, 세상 사람들을 그 악한 패역에서 떠나서 그리스도께로 돌아오게 하고자 애쓰는 우리가 마치 분열의 원흉들이라고 된다는 듯이 평화라는 말을 열심히 들먹이며 사람들 가운데서 우리에 대한 반감을 불러일으키려고 애를 쓴다. 그러나 이 구절에서 천사는 참되고 본래적인 회심의 방식을 설명하면서, 회심이 의인의 지혜와 연결되어 있고 그 지혜를 밑받침한다는 것을 선포함으로써, 그들의 어리석음을 분명하게 드러내 준다. 그러므로 하나님을 배제하고 사람들끼리 의기가 투합하여 이룬 평화와 연합은 화 있을진저.

"의인의 슬기"가 믿음을 의미하고, 반대로 "거스르는 자"가 불신자들을 의미한다는 것은 의심할 여지가 없다. 이것은 분명히 믿음에 대한 주목할 만한 찬사이다. 우리가 믿음으로 말미암아 교훈을 받아서, 주의 말씀에 순종할 때에만, 우리는 의에 대하여 진정으로 지혜롭게 된다. 세상도 나름대로 지혜를 지니고 있지만, 그 지혜는 뒤틀리고 파괴적인 지혜이기 때문에 언제나 헛된 것이라 선언된다. 천사도 세상의 자녀들이 즐거워하는 덧없는 지혜는 타락된 것이어서 하나님 앞에서 저주받은 것이라는 것을 간접적으로 밝힌다. 그러므로 확실한 것은 사람들이 서로 화해하기 위해서는 먼저 하나님께 돌아와서 하나님과 화목을 이루지 않으면 안 된다는 것이다.

바로 뒤에 나오는 "주를 위하여 세운 백성을 준비하리라"는 말씀은 요한이 그리스도의 전령관으로서 백성들이 그리스도의 가르침을 주목하여 듣게 하기 위하여 말씀을 전하며 "그의 앞에서"(말 3:1) 길을 준비할 것이라는 구절과 일치한다. 헬라어 분사 '카테스큐아스메논'(κατεσκευασμένον, "준비하리라")이 원래 어떤 사물을 용도에 적합하게 다듬고 그 형태를 온전하게 하는 것을 의미하지 않는다는 것은 사실이고, 그러한 의미는 현재의 구절에 잘 맞지 않는다. 요한은 이전에 무지하고 교육을 받지 못해서 결코 배우고자 하는 의욕을 보인 적이 없던 백성을 그리스도께 적합하게 조형(造型)하는 사명을 받았다.

[18]사가랴가 천사에게 이르되 내가 이것을 어떻게 알리요 내가 늙고 아내도 나이가 많으니이다 [19]천사가 대답하여 이르되 나는 하나님 앞에 서 있는 가브리엘이라 이 좋은 소식을 전하여 네게 말하라고 보내심을 받았노라 [20]보라 이 일이 되는 날까지 네가 말 못하는 자가 되어 능히 말을 못하리니 이는 네가 내 말을 믿지 아니함이거니와 때가 이르면 내 말이 이루어지리라 하더라(눅 1:18-20).

눅 1:18. 사가랴가 천사에게 이르되. 다음으로 나오는 것은 사가랴의 의심 및 하나님이 그의 불신앙 때문에 그에게 가하신 징벌이다. 사가랴는 자식을 얻게 해 달라고 기도해 놓고서도, 막상 하나님이 자식을 주시겠다고 약속하시자, 마치 자신의 기도와 믿음을 망각해 버린 자처럼 그 약속을 불신한다. 하나님이 사가랴의 반응에 대하여 몹시 노하신 것은 얼핏 보면 가혹한 것처럼 보일 수 있다. 사가랴는 자기가 나이가 많다는 것을 반론의 근거로 제시한다. 아브라함도 마찬가지였다.

그렇지만 아브라함의 믿음은 바울이 "그가 자기 몸이 죽은 것 같고 사라의 태가 죽은 것 같음을 알고도"(롬 4:19) 주저함 없이 하나님의 참되심과 능력을 믿었다고 말할 정도로 대단한 칭찬을 받는다. 사가랴는 자기가 어떻게, 또는 어떤 증거를 근거로 확신을 갖게 될 수 있을지를 묻는다. 그러나 기드온은 두 번이나 표징을 구하고도 책망을 받지 않았다(삿 6:17, 37, 39). 아니, 우리는 이 일 직후에 마리아가 "나는 남자를 알지 못하니 어찌 이 일이 있으리이까"(34절)라고 반론을 제기하였지만, 천사는 마치 그 반론에는 잘못된 것이 전혀 없다는 듯이 그냥 넘어가는 장면을 보게 된다. 그렇다면, 하나님이 마치 사가랴가 극악무도한 죄를 짓기라도 한 듯이 그를 이토록 심하게 벌하시는 이유는 도대체 무엇이란 말인가? 나는 오직 이 두 사람이 한 말만을 본다면, 두 사람이 다 똑같이 책망을 받을 만하다고 하든지, 아니면 사가랴에게는 전혀 잘못한 것이 없다고 해야 한다는 것을 인정한다. 그러나 사람의 행위와 말은 그 마음의 상태에 의거해서 판단되어야 하는 법이기 때문에, 우리는 사람들의 마음에 숨겨진 은밀한 것들을 "벌거벗은 것 같이 드러나게"(히 4:13) 하시는 하나님의 판단을 묵묵히 따르는 것이 옳다.

틀림없이, 하나님은 사가랴에게서 그의 말이 담고 있는 것보다 더 악한 그 무엇을 보셨기 때문에, 하나님이 약속하신 은총을 불신하고 내팽개쳐 버린 사가랴를 향하여 진노하셨을 것이다. 사실, 하나님이 동일한 잘못에 대해서 어떤 사람은 용서하시고 어떤 사람은 벌하실 자유를 막는 법을 제정할 권한이 우리에게는 없다. 그러나 사가랴의 경우가 아브라함이나 기드온이나 마리아의 경우와는 판이하게 달랐다는 것은 아주 분명하다. 이것은 사가랴의 말 속에는 나타나 있지 않기 때문에, 우리는 사람의 마음 깊은 곳을 꿰뚫어 보시는 눈을 지니신 하나님만이 그것을 아실 수 있으시다는 것을 인정하지 않으면 안 된다. 우리가 보기에는 사라의 웃음(창 18:12)과 아브라함의 웃음(창 17:17)이 달라 보이지 않는데도, 하나님은 이런 식으로 이 둘을 구별하신다. 사가랴가 의심했던 이유는 자연의 순리에 가로막혀서 그가 하나님의 능력을 과소평가한 데에 있었다. 사람들은 하나님의 역사(役事)를 얕보는 편협한 견해를 지니고 있어서, 마치 하나님의 손길이 우리가 보고 느끼는 것들에 제한되어 있거나 이 땅에 속한 수단들로 제한되어 있어서, 하나님은 자연 속에서 일어날 수 있는 것 이상으로는 행하실 수 없으시다고 단정해 버린다. 그러나 하나님은 육적인 이성(理性)으로 생각할 수 있는 것 이상으로 행하실 수 있으시다고 믿는 것이야말로 믿음의 본질이다. 사가랴는 그에게 들린 음성이 하나님의

음성이라는 사실을 인정함에 있어서는 주저함이 없었지만, 그의 마음속에는 오로
지 세상만이 있었기 때문에, 자기가 들은 것이 과연 실제로 일어난 일인지에 대하
여 슬며시 의구심이 일어났다. 그런 측면에서 볼 때, 사가랴는 하나님에 대하여 결
코 적지 않은 모욕을 가한 것이었다. 왜냐하면, 그는 그에게 나타나서 분명하게 말
씀하신 하나님을 과연 신뢰할 가치가 있는 분인지 그렇지 않은지를 마음속에서 저
울질하는 단계로까지 나아갔기 때문이다. 아울러, 우리가 알아야 할 것은 사가랴
는 믿음에서 완전히 떠나 있는 그러한 불신앙의 상태에 있는 것은 아니었다는 것
이다. 왜냐하면, 영원한 구원에 관한 약속과 거저 양자를 삼으시겠다는 증언을 받
아들이는 일반적인 믿음은 그에게 있었기 때문이다. 하지만 하나님은 일단 우리를
받으셔서 은총을 베푸실 때에는 수많은 특별한 약속들 ― 우리를 먹이시고, 위험
들에서 건지시며, 우리의 명성을 회복시키시고, 우리의 생명을 보호하시겠다는 것
등등 ― 을 우리에게 주시기 때문에, 우리에게는 이 각각의 약속들에 대하여 개별
적으로 응답하는 특별한 믿음이 필요하게 된다. 따라서 죄 사함 및 구원과 관련해
서 하나님을 믿는 자가 어떤 점들에 대해서는 ― 죽음에 대한 두려움으로 인해서
지나치게 겁을 집어먹는다든지, 일용할 양식에 대하여 지나치게 걱정한다든지, 자
신의 계획들에 대하여 지나치게 염려한다든지 ― 요동하는 일이 종종 일어난다.
사가랴의 불신앙도 그런 것이었다. 왜냐하면, 그는 믿음의 뿌리와 토대를 유지하
고 있었으면서도, 오직 한 가지 점, 즉 과연 하나님이 그에게 아들을 주실 것인지에
대해서만 믿지를 못하고 주저하였기 때문이다. 그러므로 우리는 한 가지 특정한
문제에서 연약함을 보이며 당혹스러워한다고 해서 그 사람이 믿음에서 전적으로
떠나거나 떨어져 나간 것은 아니라는 것, 믿음의 여러 가지들이 다양한 폭풍들로
인해서 요동한다고 해서 믿음이 뿌리째 뽑혀 버린 것은 아니라는 것을 알아야 한
다. 게다가, 사가랴는 하나님의 약속이 참되시다는 것에 대하여 의문을 제기하고
자 한 것은 결코 아니었다. 그는 하나님이 신실하시다는 것을 전체적으로 확신하
고 있었으면서도, 사탄의 교활한 술수에 이끌려서 어느 한 부분에서 그것을 의심
하게 된 것이었다. 그러므로 우리는 더욱더 끊임없이 우리 자신을 부지런히 살필
필요가 있다. 평생토록 자기 자신을 엄격하게 살피며 살아온 이토록 뛰어난 경건
을 지닌 사람이 마귀의 올무에 걸린 것을 감안할 때, 우리 중에서 마귀의 올무에 대
하여 안전하다고 말할 수 있는 자는 아무도 없기 때문이다.

눅 1:19. 나는 가브리엘이라. 천사의 이 말은 사가랴가 방금 의문을 제기한 것은

이 천사의 진실성에 대한 것이 아니라, 이 천사를 보내신 하나님 및 이 천사가 가져온 하나님의 메시지의 진실성에 대한 것임을 보여주는 것이다. 그러므로 천사는 하나님을 모욕한 것에 대하여 사가랴를 책망한다. "하나님 앞에 서 있다"는 것은 기꺼이 순종할 준비가 되어 있다는 것을 의미한다. 그것은 이 천사가 죽을 수밖에 없는 사람이 아니라 하늘에 속한 영이라는 것, 이 천사가 자기 마음 내키는 대로 여기로 날아온 것이 아니라 하나님의 종으로서 자신의 직무를 충실하게 수행한 것임을 보여준다. 그러므로 사가랴는 이 약속의 장본인이신 하나님을 그의 사자(使者)를 통해서 모욕하고 멸시한 것이라는 결론이 나온다. "너희를 저버리는 자는 곧 나를 저버리는 것이요 나를 저버리는 자는 나 보내신 이를 저버리는 것이라"(눅 10:16)는 그리스도의 말씀도 이것과 비슷한 취지이다. 복음의 말씀은 하늘로부터 천사들에 의해서 우리에게 전해진 것은 아니지만, 하나님은 무수한 이적들을 통해서 자기가 그 복음의 원천이심을 증언하셨고, 천사들의 왕이자 주(主)이신 그리스도께서도 그것을 영원토록 재가(裁可)하시기 위하여 직접 자신의 입으로 그 점을 밝히셨기 때문에(히 1:2), 마치 모든 천사들이 하늘로부터 복음을 큰 소리로 선포하는 것을 우리가 듣는 양, 복음의 위엄은 우리에게 깊이 각인되는 것이 마땅하다. 아니, 사도는 히브리서에서 사람들의 입으로 전해지는 복음의 말씀을 천사들이 가져다준 율법과 대등한 위치로 높이는 것으로 만족하지 못하고, "하물며" 논법을 사용하여 말을 이어간다: "천사들을 통하여 하신 말씀이 견고하게 되어 모든 범죄 함과 순종하지 아니한 자들이 공정한 보응을 받았거든"(히 2:2) "하물며 하나님의 아들을 짓밟은 … 자가 당연히 받을 형벌은 얼마나 더 무겁겠느냐"(히 10:29) "내가 또 한 번 땅만 아니라 하늘도 진동하리라"(히 12:26). 우리는 모든 제사보다도 더 큰 가치가 있는 것으로 여겨지는 믿음의 순종을 하나님께 드리는 법을 배워야 한다. "가브리엘"은 하나님의 힘, 능력 또는 탁월하심을 의미하는데, 이러한 이름이 이 천사에게 붙여진 것은 우리 때문이다. 즉, 그것은 천사들에게 어떤 탁월한 것들이 있다고 한다면, 그것들은 다 하나님으로부터 나온 것이기 때문에, 우리는 그런 것들을 천사들에게 돌리지 말아야 한다는 것을 우리에게 교훈하시기 위한 것이다. 헬라어 분사 '파레스테코스'($\pi\alpha\rho\epsilon\sigma\tau\eta\kappa\grave{\omega}\varsigma$, "서 있는")는 과거 시제로 되어 있지만, 이런 동사들의 과거 시제는 흔히 현재를 나타내는 것으로 해석되고, 그 동사들이 지속적인 행위를 표현하고 있을 때에는 특히 그러하다는 것을 누구나 다 안다. '유앙겔리사스다이'($\epsilon\dot{\upsilon}\alpha\gamma\gamma\epsilon\lambda\acute{\iota}\sigma\alpha\sigma\theta\alpha\acute{\iota}$, "좋은 소식을 전하여")라는 단어는 사가랴의 범죄를 더욱 가중시키는 역할을 한다. 왜냐하면, 하나님은 그의 인자를 베푸셔서 사람들이 원하고 기뻐할 사건을 약속하신 것인데도, 사가랴는 그런 하나님께 배은망덕을 행한 것이기 때문이다.

눅 1:20. 보라 네가 말 못하는 자가 되어. 사가랴는 하나님이 주시는 약속을 잠잠히 들었어야 마땅한데도 시끄럽게 불평하며 그 약속의 말씀을 가로막았기 때문에, 말을 못하는 자가 되어서 그 약속의 성취를 기다리는 신세가 되도록, 이런 종류의 벌이 그에게 내려진 것은 적절한 일이었다. 믿음을 지닌 자는 잠잠히 하나님의 말씀에 귀를 기울이는 법이다. "내가" 그들에게 "이르기를 너는 내 백성이라 하리니 그들은 이르기를 주는 내 하나님이시라 하리라"(호 2:23)는 말씀처럼, 믿음을 지닌 자는 나중에 아멘으로 응답할 차례를 얻게 된다. 그러나 사가랴는 성급하게 하나님의 말씀을 가로막았기 때문에, 즉시 감사의 말을 터뜨릴 이런 은총을 허락받지 못했을 뿐만 아니라, 도리어 너무 성급하게 나댔던 자신의 혀의 사용을 한동안 금하시는 처분을 받아야 했다. 그렇지만 하나님은 그 징벌을 완화시켜 주시는 은혜를 베푸셨는데, 먼저 그 기간을 열 달로 제한하셨고, 다음으로는 사가랴에게서 마땅히 그가 누리고 있던 은총을 거두어 가셨어야 하는데도 그렇게 하지 않으셨다. 하나님은 우리를 매일 다루실 때에도 이와 동일한 온유하심을 나타내 보이신다. 왜냐하면, 우리의 믿음이 편협하고, 우리가 신앙의 삶을 살아가면서 많은 장애물들을 표출시킬 때에, 하나님의 진리가 우리에게로 끊임없이 흘러들어오기 위해서는 그 장애물들을 돌파하느라, 격렬한 움직임이 일어나지 않을 수 없기 때문이다. 천사가 사가랴의 불신앙을 책망하면서도, 사가랴가 믿지 않았던 일들이 "때가 되면 이루어지리라"고 선포한 것은 바로 그런 의미이다. 따라서 사가랴는 하나님의 약속이 그의 잘못으로 인해서 무효가 되지 않았다는 것을 알고 적잖이 안도하였는데, 이 하나님의 약속은 나중에 더 주목할 만한 방식으로 전개될 것이다. 하나님이 불신자들의 반대에도 불구하고 그가 그들에게 약속하신 일들을 수여하시고 성취하시는 일이 종종 일어난다. 아하스 왕이 하나님이 약속하신 안전을 거부하였는데도 결국 그의 원수들로부터 구원을 받은 일(사 7:12)은 그 주목할 만한 예이다. 그러나 그 일은 아하스 왕을 위한 것이 아니라, 택함받은 백성의 구원을 위한 것이었다. 사가랴의 경우에는 사정이 달라서, 하나님은 그의 믿음의 결함을 용서하심과 동시에 바로잡아 주신다.

²¹백성들이 사가랴를 기다리며 그가 성전 안에서 지체함을 이상히 여기더라 ²²그가 나와서 그들에게 말을 못하니 백성들이 그가 성전 안에서 환상을 본 줄 알았더라 그가 몸짓으로 뜻을 표시하며 그냥 말 못하는 대로 있더니 ²³그 직무의 날이 다 되매 집으로 돌아가니라 ²⁴이후에 그의 아내 엘리사벳이 잉태하고 다섯 달 동안 숨어 있으며 이르되 ²⁵주께서 나를 돌보시는 날에 사람들 앞에서 내 부끄러움을 없게 하시려고 이렇게 행하심이라 하더라(눅 1:21-25).

눅 1:21. 백성들이 사가랴를 기다리며. 누가는 이제 백성들이 이 환상의 증인들이었다고 말한다. 사가랴는 평상시보다 더 오랫동안 성전에서 지체하였다. 이것은 뭔가 이례적인 일이 그에게 일어난 것이라는 추측을 불러일으켰다. 그는 성전에서 나오면서, 표정과 몸짓으로 자기가 말을 못하는 자가 되어 버렸다는 것을 표시하였다. 또한, 그의 안색에는 놀란 흔적들이 남아 있었을 것이다. 그래서 백성들은 하나님이 사가랴에게 나타나셨다고 결론을 내렸다. 사실, 당시에는 환상이 거의 또는 전무(全無)하였지만, 백성들은 과거 그들의 조상들의 때에 환상을 보는 일이 자주 있었다는 사실을 기억하고 있었다. 그러므로 백성들이 분명한 징후들을 근거로 해서 이러한 결론을 이끌어 낸 것은 일리가 있는 일이었다. 왜냐하면, 사가랴가 아무 질병이 없는데도 갑자기 말을 못하게 되어 버린 것이나, 그가 평상시보다 더 오랜 시간을 성전에서 지체하다가 뭔가에 놀란 표정으로 거기에서 나온 것은 통상적인 일이 아니었기 때문이다(그것은 흔히 일어나는 평범한 사건이 아니라, 하나님의 놀라운 역사였다). 우리가 이미 앞에서 언급하였듯이, 여기에서 "성전"은 향단이 있는 성소를 가리키는 말이다(출 30:1). 제사장들은 그들의 거룩한 직무를 행한 후에 그 곳에서 나와서, 백성들을 축복하기 위하여 제사장의 뜰로 나아가는 것이 관례였다.

눅 1:23. 그 직무의 날이 다 되매. '레이투르기아'(λειτουργία)는 각각의 제사장에게 반차를 따라서 배정되었던 직무를 가리키기 위하여 누가가 사용한 단어이다(대상 24:3). 우리는 사가랴가 직무의 때가 끝나서 집으로 돌아왔다는 말을 듣는다. 이것으로부터 우리는 제사장들이 반차를 따라 직무를 수행하고 있는 동안에는 하나님을 섬기는 일에 온전히 헌신하기 위하여 자신의 집에 들어가지 않았다는 결론을 내릴 수 있다. 이런 목적으로 성전의 벽에 연접하여 돌아가며 다락들이 건축되었고, 다락들에는 제사장들이 쓸 "골방들"이 있었다(왕상 6:5). 사실, 제사장이 자기 집에 들어가는 것을 금하는 율법은 없었지만, 진설병을 먹은 자들은 자기 아내를 가까이 하는 것이 허락되지 않았고(삼상 21:4), 많은 사람들이 성물(聖物)들을 불경한 방식으로 다룰 소지가 많았기 때문에, 모든 시험의 소지를 없애고, 제사장들이 스스로를 정결하게 지키고 모든 더러움에서 깨끗하게 하기 위하여, 아예 집에 들어가지 않는 것이 해법으로 여겨지게 되었을 가능성이 크다. 직무를 수행하는 제사장들에게는 아내와의 성적 관계는 물론이고, 포도주와 온갖 독주를 마시는 것이 금지되었다(레 10:9). 그들이 그들의 생활양식을 바꾸도록 명령을 받은 동안에는, 성전을 떠나지 않는 것이 상책이었다. 왜냐하면, 성전을 보는 것만으로도 하나님이 명하신 정결을 지켜야 한다는 결심이 더욱 새로워질 것이었기 때문이다. 또한, 그들이 오로지 일념으로 그들의 직무에 헌신하기 위해서는 육신을 만족시키는 온갖 것들에서 떠나 있는 것이 적절하였다.

오늘날의 교황주의자들은 이것을 독신에 관한 압제적인 법을 옹호하는 구실로 삼는다. 그들은 이런 논리를 편다. 과거에 제사장들은 자신의 종교적 직무를 수행하는 동안에 아내를 가까이 하지 않도록 명령을 받았다. 따라서 지금 반차를 따라서가 아니라 매일 제사를 드리는 사제들에게 평생 동안의 금욕을 요구하는 것은 지극히 합당하다. 그리고 현재 사제들이 행하는 종교적 직무의 중요성은 율법 아래에서의 직무보다도 훨씬 더 고상한 것이기 때문에, 더더욱 그러하다. 그렇다면, 나는 그들이 왜 포도주와 독주는 금하지 않는지 그 이유를 알고 싶다. 왜냐하면, 우리에게는 하나님이 명하신 계명들을 분리해서 반쪽은 지키고 다른 반쪽은 무시할 수 있는 자유가 없기 때문이다. 아내와의 성관계는 포도주를 마시는 것만큼 명시적으로 금지되고 있지 않다(겔 44:21). 교황이 율법을 구실로 삼아서 그의 사제들에게 독신을 명한다면, 왜 그들에게 포도주는 허용하는 것인가? 아니, 이런 원칙을 고수하자면, 모든 제사장들을 각 교회의 골방에 던져 넣어 평생 동안 가두어 두고서 여자들과 사람들의 회합으로부터 철저히 고립시키는 것이 마땅하지 않은가?

그들이 하나님의 율법을 지키지는 않으면서도 그 율법을 자신의 피신처로 삼는 악을 행하고 있다는 것이 이제 너무도 분명하다. 그러나 이 어려운 문제에 대한 온전한 해법은 율법과 복음을 구별하는 것에 달려 있다. 한 제사장이 하나님과 사람의 중보자가 되어서 백성들의 죄를 속(贖)하기 위해서 하나님 앞에 서 있었다. 이런 일을 맡은 제사장에게는 그가 참된 중보자로 인식되기 위해서는 뭔가 특별한 것, 즉 보통 사람들과 구별되는 무언가가 있어야 했다. 제사장이 성의(聖衣)를 입고 기름 부음을 받는 것도 그런 의도 때문이었다. 우리 시대에 교회의 공적 사역자들과 목회자들에게는 이런 것이 전혀 없다. 이것은 그리스도께서 그의 양 떼를 먹이라고 임명하신 사역자들에 대하여 말하는 것이지, 그리스도를 섬기는 제사장들이 아니라 도리어 그리스도를 죽이는 처형자들로 교황이 임명하는 그런 자들에 대하여 말하는 것이 아니다. 그러므로 우리는 "모든 사람은 결혼을 귀히 여기고"(히 13:4)라고 밝히 말씀하시는 성령의 결정을 믿어야 한다.

눅 1:24. 숨어 있으며. 이 말씀은 마치 엘리사벳이 하나님의 축복을 부끄러워하였다는 뉘앙스를 풍기기 때문에 아주 이상해 보인다. 어떤 이들은 그녀가 잉태했다고 밝혔다가 그것이 아닌 것으로 드러나면 비웃음을 당할 것이 두려워서 잉태했다는 것이 아직 불확실한 동안에 사람들 앞에 나서는 것을 삼간 것이라고 생각한다. 하지만 나는 그녀가 그녀에게 주어진 약속을 온전히 확신하였기 때문에, 그 약속이 이루어질 것에 대해서도 전혀 의심을 갖지 않았다고 생각한다. 그녀의 남편이 "그의 입술로 망령되이 말하였다가"(시 106:33) 혹독한 징벌을 받은 것을 보고도, 그녀가 다섯 달 동안이나 그녀의 마음속에 비슷한 의심을 품고 있었다는 것이 말이 되는가? 그녀가 한 말은 그녀의 기대가 의심스럽거나 불확실하지 않았다는 것을 분명하게 보여준다. 그녀는 "주께서 (내게) 이렇게 행하심이라"고 말함으로써, 하나님의 은총이 확인되었다는 것을 명시적으로 및 담대하게 단언한다. 그녀가 이 사실을 공표하기를 지체한 데에는 두 가지 이유가 있었던 것으로 보인다. 그녀는 하나님의 이 놀라운 일이 명백하게 드러날 때까지는 그 일을 사람들에게 밝혀서 그 일이 사람들의 입방아에 오르내리게 하는 것을 주저하였을 것이다. 왜냐하면, 세상 사람들이 하나님의 일들에 대하여 경솔하고 성급하며 불경스러운 말들을 쏟아내는 일은 비일비재하기 때문이다. 또 다른 이유는 그녀가 어느 날 갑자기 잉태한 것으로 드러났을 때에 사람들은 하나님을 찬송할 좀 더 강력한 동기를 부여받게 될 수 있었을 것이기 때문이었다. [왜냐하면, 하나님의 일들이 점진적으로 드러나게 되면, 우리는 시간이 흐르면서 그 일들에 대하여 무디어지기 때문에, 그 일들이 어느 날 갑자기 전혀 예상치 않게 단번에 이루어졌을 때보다도 그 일들을 대단하게 여기지 않게 되기 때문이다 — 불어판] 그러므로 엘리사벳이 숨어 있었던 것은 자기 자신 때문이 아니라, 도리어 다른 사람들을 고려했기 때문이었다.

눅 1:25. 주께서 이렇게 행하심이라. 엘리사벳은 자기가 잉태했다는 것을 사람들에게 알릴 때가 오기 전에 홀로 하나님의 선하심을 찬양한다. 그녀의 남편이 하나님이 그들에게 자식을 주시기로 약속하셨다는 것을 서판에 써서 알려 주었기 때문에, 그녀는 하나님이 이 은총의 원천이시라는 것을 더 큰 확신과 자유함으로 단언할 수 있었을 것이라고 믿을 만한 이유가 있다. 이것은 그 뒤에 나오는 "주께서 나를 돌보시는 날에 내 부끄러움을 없게 하시려고"라는 말씀에 의해서 확증된다. 왜냐하면, 그녀는 하나님의 은총이 당시에 그녀에게서 거두어진 것이 그녀의 불임(不姙)의 원인이라고 말하고 있기 때문이다. 성경은 이 땅에서 사람들이 받는 축복들 가운데서 자손을 얻는 축복을 가장 큰 축복이라고 말하는데, 이것은 합당하다. 왜냐하면, 열등한 동물들이 번성하는 것이 하나님의 축복이라면, 인류의 번성은 훨씬 더 큰 은총으로 여겨져야 하기 때문이다. 오직 유일하게 아버지라 불릴 자격이 있는 하나님이 흙으로 지음받은 자녀들이 이 직함으로 불리는 것을 허용하시는 것은 결코 작거나 사소한 영광이 아니다. 그러므로 우리는 "자식들은 여호와의 기업이요 태의 열매는 그의 상급이로다"(시 127:3)라는 이 가르침을 염두에 두어야 한다. 그러나 엘리사벳에게 주어진 은총은 이것보다 더 큰 것이었다. 왜냐하면, 그녀는 평생 자식이 없다가 나이 들어서 자연의 순리를 거스르는 놀라운 이적에 의해서 잉태한 것이었기 때문이다.

눅 1:25. 내 부끄러움을 없게 하시려고. 불임이 언제나 부끄러운 일로 여겨진 것은 이유가 없는 것이 아니었다. 왜냐하면, 태(胎)의 축복이 하나님의 은총이 있음을 보여주는 증표들 가운데 하나로 여겨졌기 때문이다. 어떤 이들은 그들이 그런 생각을 하게 된 것은 그리스도께서 아브라함의 자손에게서 나오기로 되어 있었기 때문이므로 이런 생각은 오직 옛 사람들에게만 특유한 것이었다고 여긴다. 그러나 그리스도는 오직 유다 지파와만 관련되어 있었기 때문에, 이런 주장은 근거가 없다. 또 어떤 이들은 하나님이 아브라함에게 "내가 네 자손이 땅의 티끌 같게 하리니"(창 13:16)라고 말씀하시고, 또한 "뭇별을 셀 수 있나 보라 네 자손이 이와 같으리라"(창 15:5)고 말씀하셨기 때문에, 거룩한 백성의 번성은 복된 일이었다고 좀 더 올바르게 생각한다. 그러나 우리는 인류 전체에 미치는 보편적인 복과 오직 하나님의 교회에만 해당되는 아브라함에게 주어진 약속(창 13:15)을 연결시켜야 한다. 부모들은 하나님이 그들에게 자녀들을 주신 것에 대하여 하나님께 감사하는 법을 배워야 하고, 자식이 없는 자들은 하나님이 이 일에 있어서 그들을 낮추셨다는 것을 인정하여야 한다. 엘리사벳은 불임을 오직 사람들 가운데서의 부끄러움(수치)이라고만 말한다. 왜냐하면, 불임은 이 세상에서의 징벌일 뿐이고, 우리가 그것으로 인해서 천국에서 불이익을 당하는 일은 없을 것이기 때문이다.

²⁶여섯째 달에 천사 가브리엘이 하나님의 보내심을 받아 갈릴리 나사렛이란 동네에 가서 ²⁷다윗의 자손 요셉이라 하는 사람과 약혼한 처녀에게 이르니 그 처녀의 이름은 마리아라 ²⁸그에게 들어가 이르되 은혜를 받은 자여 평안할지어다 주께서 너와 함께 하시도다 하니 ²⁹처녀가 그 말을 듣고 놀라 이런 인사가 어찌함인가 생각하매 ³⁰천사가 이르되 마리아여 무서워하지 말라 네가 하나님께 은혜를 입었느니라 ³¹보라 네가 잉태하여 아들을 낳으리니 그 이름을 예수라 하라 ³²그가 큰 자가 되고 지극히 높으신 이의 아들이라 일컬어질 것이요 주 하나님께서 그 조상 다윗의 왕위를 그에게 주시리니 ³³영원히 야곱의 집을 왕으로 다스리실 것이며 그 나라가 무궁하리라(눅 1:26-33).

눅 1:26. 여섯째 달에. 하나님이 전령관의 세대의 시작을 그의 아들의 세대의 시작보다 더 빛나게 하시기로 결정하신 것은 하나님의 뜻의 기이한 섭리였고 사람들의 통상적인 판단과는 거리가 먼 것이었다. 세례 요한에 관한 예언은 성전에서 공표되어서 모든 사람들에게 널리 알려진 반면에, 그리스도는 유대 땅의 구석진 마을에서 한 처녀에게 약속되었고, 이 예언은 젊은 처자의 가슴속에 묻혀 있었다. 그러나 그리스도는 그 출생에서조차도 "하나님께서 전도의 미련한 것으로 믿는 자들을 구원하시기를 기뻐하셨도다"(고전 1:21)라는 말씀을 성취하는 것이 합당하였다. 하나님은 나중에 적절한 때가 이르러서 모든 경건한 자들에게 전하실 목적으로, 이 신비의 보화를 이런 식으로 한 처녀에게 맡겨 두신 것이었다. 솔직히, 하나님이 이 보화를 이런 식으로 맡겨 두신 것은 초라해 보일 수 있는 일이었다. 그러나 믿음의 겸손을 시험하거나, 경건치 않은 자들의 교만을 억제하기 위해서는 이것보다 더 좋은 방법이 없었다. 우리는 그 이치가 즉각적으로 분명하게 깨달아지지 않는다고 할지라도 하나님께 겸손히 순복하는 법을 배워야 하고, "하나님의" 영원한 "지혜"(고전 1:24)를 자신의 태 속에 지닌 그녀로부터 교훈을 받기를 부끄러워하지 말아야 한다. 교만으로 인한 멸시는 우리에게서 더할 나위 없이 귀한 비밀을 아는 지식을 빼앗아가 버리고, 하나님은 의도적으로 이 비밀을 "지혜롭고 슬기 있는 자들에게는 숨기시고" 겸손한 자들과 "어린 아이들에게는 나타내셨기" 때문에(눅 10:21), 우리는 그 무엇보다도 교만으로 인한 멸시를 피하기 위해서 조심하고 또 조심하여야 한다.

나는 하나님이 한 남자와 "약혼한 처녀"를 택하신 것도 동일한 이유 때문이었을 것이라고 생각한다. 하나님이 이렇게 하신 것은 그가 사람들에게 구원을 베푸실 준비를 하고 계시다는 사실을 사탄에게 숨기시기 위한 것이었다고 말하는 오리게 네스(Origenes)의 견해는 근거가 없다. "사람들이 아는 대로는 요셉의 아들"(눅 3:23)이신 분이 마침내 경건한 자들에 의해서 하나님의 아들로 믿어지고 인정받도 록 하기 위하여, 하나님은 세상 사람들의 눈 앞에 결혼이라는 장막을 쳐 놓으셨다. 그렇지만 그리스도께서 세상에 들어오실 때에 영광이 전혀 나타나지 않은 것이 아 니었다. 왜냐하면, 그의 신성(神性)으로 인한 광채는 맨처음부터 그의 천부에 의해 서 분명하게 나타났기 때문이다. 천사들은 "구주가 나셨다"(눅 2:11)고 알렸지만, 그들의 음성은 오직 목자들만이 들었을 뿐이고, 그 이상으로 퍼져나가지 않았다. "동방으로부터" 온 "박사들"(마 2:1)에 의해서 도처에 퍼뜨려진 하나의 이적, 곧 그 들이 지극히 높으신 왕의 탄생을 알리는 별을 본 이적은 널리 송축될 수 있었을 것 이다. 그렇지만 우리는, 그리스도께서 온전히 자신을 드러내실 때가 이르고, 모든 사람이 볼 수 있도록 그를 위한 높은 단이 세워질 때까지, 하나님이 그의 아들을 어 떻게 숨겨 두셨는지를 본다.

복음서 기자가 사용한 분사 '엠네스튜메넨'(ἐμνηστευμένην, "정혼한")은 이 처녀 가 그 때에 그녀의 신랑감과 약혼을 하긴 했지만, 아직 정식 아내로 그녀의 남편에 게 주어진 것은 아니었다는 것을 의미한다. 왜냐하면, 유대인들은 자신의 딸이 남 자와 약혼한 후에 한동안 그 딸을 자신의 집에 두는 것이 관습이었기 때문이다. 만 약 이런 관습이 없었다면, "약혼한 처녀"를 유혹하는 것과 관련된 율법(신 22:23)이 불필요했을 것이다. 누가는 요셉이 "다윗의 자손"이었다고 말한다. 왜냐하면, 사람 의 이름을 말할 때에는 그가 어떤 가문에 속한 사람인지를 밝히는 것이 통상적인 관례였기 때문이다. 그러나 이 점에 대해서는 우리가 다른 곳에서 좀 더 자세하게 살펴보게 될 것이다.

눅 1:28. 은혜를 받은 자여 평안할지어다. 천사가 위임받은 말씀은 너무나 놀랍 고 믿기 어려운 것이었기 때문에, 천사는 하나님의 은혜를 칭송하는 것으로 말을 시작한다. 하나님의 일들이 지닌 엄청난 위대함은 우리의 제한된 역량들로는 오직 아주 조금밖에 알 수 없기 때문에, 그것을 극복할 수 있는 가장 좋은 방책은 우리의 역량들을 들어올려서 하나님의 한량 없으신 은혜를 묵상하도록 만드는 것이다. 하나님의 선하심에 대한 확신은 믿음의 입구이고, 천사는 이 순서를 제대로 지켜서, 하나님의 은혜에 대한 묵상을 통해서 처녀의 마음을 준비시킨 후에, 그 마음을 넓혀서 하나님의 헤아릴 수 없는 신비를 받아들일 수 있게 만든다. 왜냐하면, 누가가 사용하는 분사 '케카리토메네'(κεχαριτωμένη, "은혜를 받은 자여")는 도저히 하나님의 은혜를 받기에 합당치 않은 자가 그 은혜를 받았다는 것을 나타낸다. 이것은 에베소에서 더 분명하게 나타난다(엡 1:6). 거기에서 바울은 우리가 하나님과 화해를 이룬 것에 대하여 말하면서, "이는 그가 사랑하시는 자 안에서 우리에게 거저 주신(ἐχαρίτωσεν-에카리토센)" 것이라고 말한다. 즉, 하나님은 전에 그의 원수들이었던 우리를 그의 은혜 속으로 받아들이셨고, 인자하심으로 끌어안으셨다는 것이다.

천사는 "주께서 너와 함께 하시도다"라는 말씀을 덧붙인다. 하나님은 전에 그의 사랑을 부어 주신 자들에게 그의 은혜로우심과 인자하심을 나타내시고, 뒤이어 그것들 위에 "인자로 관을 씌우신다"(시 103:4). 그 다음에 "네가 여자들 가운데서 복되도다"라는 세 번째 구절이 나온다. 여기에서 복은 하나님의 인자하심의 결과이자 그 증거로 제시된다. "복되도다"라는 말은, 내가 생각하기에, "칭찬을 들을 만하다"는 뜻이 아니라, "행복하다"를 뜻한다. 그러므로 바울은 흔히 믿는 자들을 위하여 먼저는 "은혜," 그 다음으로는 "평안"을 간구한다(롬 1:7; 엡 1:2). 이것은 온갖 종류의 복을 빌어주는 것으로서, 우리가 온갖 복의 근원이신 하나님의 사랑을 받게 되면 진정으로 행복하고 부요하게 될 것임을 보여주는 것이다. 그러나 마리아의 행복과 의와 생명이 하나님의 감당치 못할 사랑으로부터 흘러나오고, 마리아의 미덕들과 온갖 탁월함이 단지 하나님의 인자하심에 다름 아닌데도, 그녀가 우리와 마찬가지로 다른 곳에서 가져오는 것들을 그녀에게 구하라고 우리에게 말하는 것은 어리석음의 극치이다. 그런데도, 교황주의자들은 마법사의 술수를 통해서 이 인사말을 기도문으로 바꾸는 극심한 무지를 드러내었고, 말씀을 선포하는 자들이 강단에서 "아베 마리아"라는 말을 덧붙임이 없이는 성령의 은혜를 간구하지 못하게 하는 어처구니없는 우(愚)를 범하여 왔다. 그러나 천사가 한 이 말은 단순한 인사말이 아니다. 그들은 그들에게 속하지 않은 직분, 곧 하나님이 천사 외에는 그 누구에게도 맡기시지 않은 직분을 불법으로 사칭하고 있는 것이다. 그들의 어리석은 야망은 그들을 두 번째의 큰 실수로 몰아갔다. 왜냐하면, 그들은 이 세상에 없는 사람에게 인사를 하고 있는 것이기 때문이다.

눅 1:29. 처녀가 그 말을 듣고 놀라. 누가는 마리아가 "놀란" 것은 천사의 임재 때문이 아니라 천사가 "말을 걸어왔기" 때문이라고 말한다. 그렇다면, 누가는 왜 천사의 임재에 대해서 언급하고 있는 것인가[그렇다면, 누가는 왜 "그녀가 천사를 보았을 때"라고 말하는 것인가 ─ 불어판](개역에는 "처녀가 그 말을 듣고"로 되어 있다)? 내가 생각하기에는 그 이유는 이렇다. 마리아는 천사에게서 하늘에 속한 영광을 인식하고서, 하나님에 대한 경외심으로부터 생겨나는 갑작스러운 두려움에 사로잡혔다. 그녀가 "놀란" 것은 자기가 죽을 수밖에 없는 인간으로부터가 아니라 하나님의 천사로부터 인사를 받았다는 사실을 깨달았기 때문이었다. 그러나 누가는 그녀가 기절할 정도로 "놀랐다"고 말하지는 않는다. 반대로, 누가는 그녀가 정신이 또렷하였고 침착한 마음을 지니고 있었음을 보여준다. 왜냐하면, 누가는 나중에 그녀가 천사의 인사말이 무엇을 의미하는지, 즉 그 인사말의 목적이 무엇이고 그 의미가 무엇인지를 곰곰이 생각하였다는 말을 덧붙이고 있기 때문이다. 천사가 사소한 일 때문에 자기에게 보내심을 받은 것이 아니라는 생각이 즉시 그녀의 뇌리를 스쳤다. 마리아의 모범은 우리에게 다음과 같은 것들을 상기시켜 준다: 첫째로, 우리는 하나님의 일들을 무관심하게 바라보는 자들이 되어서는 안 된다는 것; 둘째로, 우리가 하나님의 일들에 대하여 숙고할 때에는 두려워하고 경외하는 마음을 가져야 한다는 것.

눅 1:30. 무서워하지 말라. 천사는 마리아에게 두려움을 내려놓으라고 명한다. 우리는 하나님의 영광의 빛이 우리 위에 아주 희미하게 비칠 때조차도 우리는 놀라지 않을 수 없다는 것 ─ 이것은 육신의 연약함으로 인해서 생겨난다 ─ 을 항상 기억하여야 한다. 우리는 징조를 통해서 하나님의 임재를 알게 될 때에 그 임재를 그 효과들로부터 따로 떼어서 생각할 수 없다. 따라서 우리는 다 기본적으로 하나님의 법정(심판대)에 설 수밖에 없는 존재들이기 때문에, 하나님이 아버지로서 자신을 나타내실 때까지는, 우리에게는 두려움과 떨림이 생겨나게 된다. 이 성처녀(聖處女)는 그녀의 민족 속에서 너무나 엄청난 범죄들을 보았기 때문에, 하나님으로부터 올 중한 벌을 두려워할 수밖에 없었다. 이 두려움을 제거해 주기 위해서, 천사는 자기가 이루 헤아릴 수 없는 복을 보증하고 알리기 위해서 왔다는 것을 분명하게 밝힌다. 누가는 "하나님이 네게 긍휼을 베푸셨느니라"는 말 대신에 "네가 하나님께 은혜를 입었느니라"는 히브리어 관용어구를 사용한다. 왜냐하면, 사람은 그가 은혜를 구했을 때가 아니라 그에게 은혜가 거저 주어졌을 때에 "은혜를 발견하게" 되는 것이기 때문이다. 이것을 보여주는 예들은 너무나 잘 알려져 있기 때문에, 그 예들을 군이 여기에 인용할 필요는 없을 것이다.

눅 1:31. 보라 네가 잉태하여. 천사는 이 처녀의 마음에 좀 더 강력하게 감화를 줄 목적으로 처음에는 이사야의 예언(사 7:14)을, 다음으로는 예언서의 다른 구절들을 가져와서 적절히 변형하여 사용한다. 왜냐하면, 그러한 예언들은 경건한 자들 가운데서 잘 알려져 있고 크게 존중을 받고 있었기 때문이다. 아울러 우리가 주목해야 할 것은 천사는 단지 이 처녀의 귀에다 대고 사적인 얘기를 한 것이 아니라, 머지않아 온 세상에 두루 전파될 기쁜 소식(εὐαγγέλιον-유앙겔리온)을 가져다 주었다는 것이다. 옛 예언들과 그리스도의 나타나심에 관한 현재의 메시지가 서로 일치한다는 것이 이렇게 분명히 적시(摘示)된 것은 하나님의 뜻과 무관하지 않았다. "잉태하여"라는 단어는 마르키온(Marcion)과 마니교도의 망상을 깨뜨리기에 충분하다. 왜냐하면, 마리아의 몸을 빌려서 영체(靈體)나 유령(幽靈)이 나온 것이 아니라, 마리아가 전에 그의 태중에 잉태되었던 것의 열매를 낳았다는 것은 이 단어로부터 쉽게 알 수 있기 때문이다.

눅 1:31. 그 이름을 예수라 하라. 이런 이름이 주어진 이유는 마태가 설명하고 있다: "이는 그가 자기 백성을 그들의 죄에서 구원할 자이심이라"(마 1:21). 따라서 이 이름은 구원에 관한 약속을 담고 있고, 하나님 아버지께서 "그리스도"를 세상에 보내신 목적을 구체적으로 보여준다. 그리스도께서는 "내가 온 것은 세상을 심판하려 함이 아니요 세상을 구원하려 함이로라"(요 12:47)고 우리에게 말씀하셨다. 우리는 이 이름이 사람들의 뜻을 따라서가 아니라 하나님의 명령에 의해서 천사를 통해 그리스도께 주어졌다는 것과, 이것은 우리의 믿음의 토대가 땅에 있지 않고 하늘에 있게 하기 위한 것임을 기억하여야 한다. 예수라는 이름은 히브리어 '예슈아'(ישע, "구원")에서 나왔고, "구원하다"를 의미하는 '호쉬아'(הושיע)도 이 히브리어 단어에서 나왔다. 이 이름이 히브리식 이름인 '예호슈아'(יהושוע, "여호수아")와 다르다고 트집을 잡는 것은 쓸데없는 정교함을 추구하는 헛된 일일 뿐이다. 랍비들은 어디에서나 아주 흔하게 "예수"라는 단어를 사용하는데, 그들이 그렇게 하는 데에는 그리스도에게 존귀한 이름을 부여하지 않고자 함과 아울러서, 도리어 그리스도가 평범한 유대인에 불과한데도 메시야를 참칭한 자라고 은근히 헐뜯고자 하는 명백한 악의가 숨겨져 있다. 그러므로 그들이 예수라는 단어를 이렇게 사용하는 것은 개가 찢는 것만큼이나 중요한 일이 전혀 아니다. 또한, "그리스도" 또는 "기

름부음 받은 자"의 이름과 관련해서 너무나 흔한 이름이 그리스도에게 붙여진 것
은 하나님의 아들의 위엄에 전혀 걸맞지 않다는 반론이 있을 수 있다. 그러나 이
두 가지 문제에 대한 해법은 간단하다. 율법 아래에서 그림자 가운데서 보여졌던
것이 하나님의 아들 안에서 온전히 그리고 실제로 나타났다. 또는, 그 때에 하나의
비유였던 것이 그 안에서 실재(實在)가 되었다. 별로 무게감이 없는 또 하나의 반
론이 있다. 그들은 "모든 무릎을 예수의 이름에 꿇게 하시고"(빌 2:, 9-10)라는 말씀
이 있다고 해도, 예수라는 이름은 오로지 하나님의 아들에게만 속한 것이 아니기
때문에, 예수의 이름 자체는 숭배와 경외의 대상이 될 가치가 없다고 주장한다. 왜
냐하면, 바울은 마치 예수라는 이름을 구성하는 철자 하나하나에 위엄이 깃들어
있다는 듯이 하나님의 아들이 지닌 이름 속에 주술적인 힘이 있다고 말하는 것이
아니라, 그의 말씀은 단지 그리스도께서 하나님 아버지께로부터 온 세상이 그 앞
에 굴복하여야 마땅한 지극히 높으신 권세를 받으셨다는 것을 의미할 뿐이기 때문
이다. 그러므로 우리는 그런 온갖 헛된 망상들에 작별을 고하고, "예수"라는 이름
이 그리스도께 주어진 것은 이전에 율법 아래에서 그림자 가운데 있었던 것을 이
제 예수 안에서 찾아야 한다는 것을 믿는 자들에게 가르치기 위한 것임을 알아야
한다.

눅 1:32. 그가 큰 자가 되고. 이 가브리엘 천사는 세례 요한에 대해서도 똑같은
말을 했었지만, 세례 요한을 그리스도와 동격(同格)으로 만들고자 하는 의도는 없
었다. 세례 요한은 자신과 같은 부류 가운데서 큰 자인 반면에, 그리스도의 크심은
모든 피조물 위에 뛰어나신 그런 크심이라는 설명이 곧 이어진다. 왜냐하면, 하나
님의 아들이라 불리는 것은 그에게만 특유한 대권(大權)으로서 오직 그에게만 속
하기 때문이다. 그래서 사도 바울은 이렇게 반문한다: "하나님께서 어느 때에 천사
중 누구에게 너는 내 아들이라 오늘 내가 너를 낳았다 하셨으며"(히 1:5). 물론, 성
경에서 천사들과 왕들도 종종 이 명칭으로 불리는 영광을 받았다는 것을 나는 인
정한다. 그러나 그들은 그들의 높은 지위 덕분에 공통적으로 하나님의 아들들이라
일컬어진 것일 뿐이다. 그러나 너무나 분명하고 확실한 것은 하나님은 그의 독생
자를 "너는 내 아들이라"(시 2:7)고 부르셨을 때에 그 아들을 다른 모든 아들들과
구별하셨다는 것이다. 그리스도는 천사들이나 사람들과 동류(同類)가 아니시기
때문에, 수많은 하나님의 아들들 중의 하나이신 것이 아니다. 그러므로 그에게 주
어진 것은 다른 그 어떤 누구에게도 주어지지 않은 것이다. 왕들이 하나님의 아들

들이라 불리는 것은 천부적인 권리가 아니라, 하나님이 그들에게 아주 큰 존귀를 부여하셨기 때문이다. 심지어 천사들조차도 그들이 머리 되신 분께 복종하는 가운데에 피조물들 속에서 높은 지위에 있다는 사실로 말미암아 아들들이라 불리는 것 외에는(엡 1:21) 그리스도와 같은 아들로 불릴 권리를 지니고 있지 않다. 우리도 아들들이기는 하지만, 그것은 입양(入養)에 의한 것이기 때문에, 우리는 원래부터 아들인 것이 아니라 믿음으로 양자(養子)가 된 것이다. 오직 그리스도만이 유일하신 아들, 곧 "아버지의 독생자"(요 1:14)이시다.

"그가 지극히 높으신 이의 아들이라 일컬어질 것이요"라는 말씀 속에서 동사가 미래 시제로 되어 있는 것을 저 더러운 개 세르베투스(Servetus)는 악의적으로 왜곡하여, 그리스도는 하나님의 영원한 아들이 아니라, 그가 육신을 입었을 때에 아들로 여겨지기 시작한 것이라는 자신의 주장을 증명하기 위한 증거로 사용하였다. 이것은 참을 수 없는 중상모략이다. 그의 주장은 천사가 "그가 … 일컬어질 것이요"라고 말하고 있기 때문에, 그리스도는 육신을 입고서 세상에 오시기 전에는 하나님의 아들이 아니었다는 것이다. 그러나 나의 주장은 도리어 반대로, 천사의 말은 다름아닌 영원 전부터 하나님의 아들이셨던 그가 "육신으로 나타난 바" 되실 것임을 의미하는 것이라는 것이다(딤전 3:16). 왜냐하면, "일컬어질 것이요"라는 말씀은 분명하게 알려지게 될 것임을 의미하는 것이기 때문이다. 이전에 하나님의 아들이 아니었던 그리스도가 이제 하나님의 아들이 되었다고 말하는 것과 그리스도께서 자기가 이전에 하나님이 약속하셨던 바로 그 이라는 것을 사람들로 알게 하기 위하여 사람들 가운데에 나타나셨다고 말하는 것은 판이하게 다르다. 분명히 모든 시대에서 하나님은 그의 백성에 의해서 아버지로 불리셨다. 그러므로 사람들에게 양자 됨을 얻게 해주신 아들이 이미 하늘에서 하나님에 대하여 존재하셨다는 결론이 나온다. 왜냐하면, 사람들이 "독생자"(요 1:18)의 지체들로서가 아니라 그 밖의 다른 측면에서 하나님의 아들들이라고 감히 자랑한다면, 그것은 사람들의 과대망상이기 때문이다. 분명한 것은 거룩한 조상들이 하나님의 아들들이라는 이토록 존귀한 이름을 담대히 사용할 수 있었던 것은 중보자이신 유일하신 아들에 대한 믿음 때문이었다는 것이다. 우리가 지금 말하고 있는 더 온전한 지식은 바울이 다른 곳에서 이렇게 설명하고 있는데, 그것은 우리가 지금 하나님을 우리의 아버지라고 부를 뿐만 아니라, "아빠 아버지"라고 담대히 "부르짖을" 자유를 갖고 있다는 것이다(롬 8:15; 갈 4:6).

눅 1:32. 주 하나님께서 그 조상 다윗의 왕위를 그에게 주시리니. 우리는 앞에서 가브리엘 천사는 동정녀 마리아로 하여금 그녀가 잉태하게 될 아이가 하나님이 전에 조상들에게 약속하셨던 구속주라는 사실을 좀 더 쉽게 인정할 수 있도록 하기 위하여, 그가 그리스도께 수여한 명칭들을 선지자들의 글에서 빌려와서 사용하였다고 말하였었다. 선지자들은 교회의 회복에 대하여 말할 때마다 믿는 자들의 모든 소망을 다윗의 나라로 집중시켰기 때문에, 유대인들 가운데서는 교회의 안전은 그 나라의 형통에 달려 있고, 따라서 다윗의 나라를 새롭게 일으키는 것보다도 메시야의 직임에 더 적합하고 적절한 것은 없다는 것이 하나의 금언(金言)이 되어 있었다. 그래서 다윗이라는 이름이 종종 메시야에게 적용되었다. "그들은 그들의 하나님 여호와를 섬기며 그들의 왕 다윗을 섬기리라"(렘 30:9). 또한, "내 종 다윗은 그들 중에 왕이 되리라"(겔 34:24; 37:24). 그들이 "그들의 하나님 여호와와 그들의 왕 다윗을 찾고"(호 3:5). 메시야를 "다윗의 자손"이라 부르고 있는 구절들은 아주 잘 알려져 있다. 한 마디로 말해서, 천사는 그리스도를 통해서 "그 날에 내가 다윗의 무너진 장막을 일으키고"(암 9:11)라는 아모스의 예언이 성취될 것이라고 선포하고 있는 것이다.

눅 1:33. 야곱의 집을 왕으로 다스리실 것이며. 구원은 특별한 방식으로 유대인들에게 약속되었고(이 언약은 하나님이 그들의 조상 아브라함과 맺으신 것이다, 창 17:7), 바울이 우리에게 알려 준 바대로 그리스도는 "할례의 추종자가 되셨기"(롬 15:8) 때문에, 천사가 그리스도의 통치의 본거지를 유대 나라로 못박은 것은 합당한 일이었다. 그러나 이것은 그리스도의 나라가 땅끝까지 이르리라고 말한 다른 예언들과도 완벽하게 부합한다. "여호와께서 시온에서부터 주의 권능의 규를 내보내시리니"(시 110:2)라는 말씀처럼, 하나님은 새롭고 기이한 입양을 통해서 전에 외인(外人)들이었던 이방인들을 야곱의 가족 속으로 받아들이셨다 ― 물론, 장자(長子)인 유대인들이 더 높은 지위를 차지하는 방식으로 이루어지긴 하였지만. 그러므로 그리스도의 보좌가 이스라엘 백성 가운데에 세워진 것은 그가 거기로부터 온 세상을 복속시키시기 위한 것이었다. 그리스도께서 믿음으로 말미암아 아브라함의 자손들에게 합류시킨 모든 자들은 참 이스라엘로 간주된다. 유대인들은 그들의 반역으로 말미암아 하나님의 교회로부터 떨어져 나갔지만, 하나님은 종말 때까지 늘 "남은 자"(롬 11:5)를 보존하실 것이다. 왜냐하면, 하나님의 "부르심에는 후회하심이 없기"(롬 11:29) 때문이다. 유대 백성의 본체는 분명히 잘려 나갔다. 그러나 우리는 바울이 말한 신비(롬 11:25), 즉 하나님이 결국 흩어진 유대인들 중에서 얼마를 모으시리라는 것을 기억하여야 한다. 그동안에 온 세상에 흩어져 있는 교회는 영적인 "야곱의 집"이다. 왜냐하면, 교회는 그 기원이 시온에 있기 때문이다.

눅 1:33. 영원히. 천사는 선지자들이 그토록 자주 예언했던 것, 즉 다윗의 나라가 무궁하리라는 것을 지적한다. 유대 나라가 부강했던 것은 오직 다윗과 솔로몬의 시대 동안뿐이었다. 세 번째 왕이었던 르호보암은 겨우 한 지파와 반 지파를 보존하였다. 천사는 지금 그 나라가 그리스도에 의해서 세워졌을 때에 그 나라는 결코 멸망하지 않을 것이라고 선언하고, 이것을 증명이라도 하려는 듯이 "그의 나라는 멸망하지 아니할 것이니라"(단 7:14)는 다니엘의 말을 택하여 사용한다. 이 말씀의 의미는 하나님이 그리스도의 나라와 교회를 영원히 보호하시고 지켜 주실 것이기 때문에, 그 나라와 교회가 "해와 달이 있을 동안에"(시 72:5, 17) 땅에서 멸망하지 않으리라는 것이지만, 그 나라의 진정한 영속성은 장차 올 영광과 관련되어 있다. 그러므로 믿는 자들은 결국 하늘에서 함께 모여서 영원무궁토록 다스리게 될 그 날까지 현세에서 여러 세대를 이어가며 끊임없이 나오게 될 것이다.

³⁴마리아가 천사에게 말하되 나는 남자를 알지 못하니 어찌 이 일이 있으리이까 ³⁵천사가 대답하여 이르되 성령이 네게 임하시고 지극히 높으신 이의 능력이 너를 덮으시리니 이러므로 나실 바 거룩한 이는 하나님의 아들이라 일컬어지리라 ³⁶보라 네 친족 엘리사벳도 늙어서 아들을 배었느니라 본래 임신하지 못한다고 알려진 이가 이미 여섯 달이 되었나니 ³⁷대저 하나님의 모든 말씀은 능하지 못하심이 없느니라 ³⁸마리아가 이르되 주의 여종이오니 말씀대로 내게 이루어지이다 하매 천사가 떠나가니라(눅 1:34-38).

눅 1:34. 어찌 이 일이 있으리이까. 동정녀 마리아는 전에 사가랴가 그랬던 것처럼 하나님의 능력을 좁은 한계 내에 가두어 두고 있었던 것으로 보인다. 왜냐하면, 그녀는 통상적인 자연 질서를 뛰어넘는 일은 불가능하다고 결론을 내리고 있기 때문이다. 그녀는 이런 식으로 추리한다: 나는 남자를 알지 못한다. 그런데 어떻게 당신이 내게 말한 일이 일어날 것이라고 내가 믿을 수 있겠는가. 우리는 그녀에게 돌려질 수 있는 모든 책망으로부터 어떻게든 그녀를 해방시켜 주기 위해서 지나치게 애를 쓰지 않아야 한다. 그녀는 즉시 믿음을 발휘하여, 자연적인 수단들에 결코

얽매임이 없이 온 세상을 좌지우지하시는 하나님의 무한하신 능력을 믿었어야 한
다. 그런데도, 그녀는 그렇게 하지 못하였고, 따라서 그녀의 사고는 인간의 통상적
인 출생 방식에 멈춰 서 있다. 하지만, 그녀의 의구심이나 질문 속에 하나님의 능력
을 그녀의 인식 수준으로 낮추고자 하는 생각이 있었던 것은 아니고, 단지 갑자기
너무나 소스라치게 놀란 나머지 이와 같은 질문이 그녀의 입에서 엉겁결에 튀어
나온 것뿐이라는 것을 우리는 인정하여야 한다. 천사의 말 속에는 의구심을 불러
일으킬 만한 내용들이 많았음에도 불구하고, 그녀가 오직 한 가지 내용 외에 다른
것들에는 의문을 제기하지 않았다는 사실로부터, 우리는 그녀가 이 약속을 순순히
받아들였다는 결론을 내릴 수 있다. 그녀는 "다윗의 왕위"가 도대체 어디에 있느냐
고 즉시 반론을 제기할 수 있었을 것이다. 왜냐하면, 왕권과 관련된 온갖 직위는 이
미 오래 전에 다 폐기되었고, 왕족의 온갖 영예는 소멸된 지 오래되었기 때문이다.
의심할 여지 없이, 만약 그녀가 육신의 판단을 따라 이 문제에 대하여 자신의 확고
한 소견을 지니고 있었더라면, 그녀는 천사가 그녀에게 한 말을 현실성 없는 우화
(寓話)로 여겼을 것이다. 그녀는 교회의 회복에 대하여 온전한 확신을 지니고 있었
기 때문에, 육신이 믿을 수 없는 것으로 단정해 버렸을 천사의 말을 순순히 받아들
였던 것임에 틀림없다. 당시에 유대 백성의 눈은 온통 하나님이 초라한 "이새의 줄
기에서 한 싹"(사 11:1)을 일으키실 것이라는 이사야의 예언에 쏠려 있었을 가능성
이 크다. 동정녀 마리아의 마음속에 형성되어 있었던 하나님의 인자하심에 대한
확신이 그녀로 하여금 자기가, 다윗의 왕위를 새롭게 일으키시겠다는 하나님의 메
시지를 받았다는 것을 온전히 받아들일 수 있게 해주었다. 이 예언 외에도 "처녀가
잉태하여 아들을 낳을 것이요"(사 7:14)라는 예언도 있었다고 누가 반론을 제기한
다면, 나는 이 신비가 당시의 사람들에게 아주 불완전하게 이해되고 있었다는 대
답을 해주고자 한다. 사실, 조상들은 하나님의 백성을 행복하고 형통하게 해줄 통
치를 시행할 왕의 탄생을 기대하였지만, 그 성취의 방식은 마치 베일에 가려진 것
처럼 숨겨져 있었다. 그러므로 만약 동정녀 마리아가 이제까지 그녀가 알지 못하
던 주제에 대하여 질문을 던졌다고 할지라도, 그것은 전혀 이상한 일이 아니다. 어
떤 이들은 이 말씀을 근거로 삼아서 동정녀 마리아가 영원한 동정(童貞)의 서원을
하였다고 추정하는데, 그런 추정은 전혀 근거가 없고 완전히 터무니없는 것이다.
만약 그런 추정이 사실이라면, 그녀는 자신의 남편과 속임수로 결혼하여, 저 거룩
한 혼인 언약을 멸시한 것이 되는데, 이런 일은 하나님을 우롱함이 없이는 되어질

수 없는 일이었을 것이다. 교황주의자들은 이 주제에 대하여 야만적인 전횡을 일삼아 왔지만, 아내로 하여금 자발적으로 금욕의 서원을 하게 하는 것에서 더 나아가지 못하였다. 게다가, 유대인들 가운데에 수도원적인 삶이 존재하였다는 것은 근거 없는 억측이다. 우리는 동정녀 마리아가 장래에 대하여 말하면서, 장차 남자와 성적 관계를 갖지 않겠다고 선언한 것이라는 또 다른 반론에 대하여 답변하지 않으면 안 된다. 이 반론에 대한 간단하면서도 유력한 대답은 이 주제가 너무나 엄청나고 두려운 것이어서 동정녀 마리아는 거기에 압도되고 너무나 놀라서 그녀의 모든 감각들이 마비되어 버렸다는 것이다. 그녀는 하나님의 아들이 태어나게 되리라는 말을 들었을 때에 그런 일은 뭔가 비상한 방식으로 일어날 것이라는 생각이 들어서, 성적 관계를 통해서 일어날 가능성을 배제하게 되었다. 그런 까닭에, 너무나 놀란 나머지 그녀의 입에서는 "어찌 이 일이 있으리이까"라는 말이 튀어나오게 된 것이다. 그래서 하나님은 은혜로 그녀를 용서하시고, 천사를 통해서 인자하게 온유하게 대답해 주신다. 왜냐하면, 이것은 그녀가 통상적이고 평범한 자연의 질서를 뛰어넘어 일어나게 될 것이라고 확신하였던 그 일이 어떤 식으로 이루어지게 될 것인지를 경건하고 진지한 태도와, 하나님의 역사(役事)에 대하여 기이히 여기는 마음으로 물어 본 것이었기 때문이다. 한 마디로 말해서, 이 질문은 불신으로부터 생겨난 것이 아니라 기이히 여기는 마음으로부터 생겨난 것이어서 결코 믿음에 어긋나는 것이 아니었다는 것이다.

눅 1:35. 성령이 네게 임하시고. 천사는 사람의 호기심을 만족시키기 위하여 이 일이 어떤 방식으로 이루어질 것일지를 설명하지 않는다. 그럴 필요가 전혀 없기 때문이다. 천사는 단지 동정녀 마리아로 하여금 성령의 능력을 묵상함으로써 그녀 자신을 성령의 인도하심에 말없이 그리고 조용히 순종하도록 이끈다. '에펠류세타이'(ἐπελεύσεται, "임하시고")라는 단어는 이 일이 자연적인 수단들이 개입될 여지가 없는 비상한 역사(役事)이리라는 것을 나타낸다. 그 뒤에 오는 구절인 "지극히 높으신 이의 능력이 너를 덮으시리니"는 보충 설명을 위해 덧붙여진 것이다. 왜냐하면, 성령은 이적적인 사건들에서만이 아니라 세상에 대한 모든 통치 속에서도 나타나고 행사되는 하나님의 능력 중에서 핵심적인 능력으로 여겨질 수 있기 때문이다. '에피스키아세이'(ἐπισκιάσει, "덮으시리니")라는 단어 속에는 우아한 은유가 존재한다. 자기 백성을 지키시고 보호하시는 데에 사용되는 하나님의 "능력"은 성경에서 자주 "그늘"에 비유된다(시 17:8; 57:1; 91:1). 그러나 이 단어는 이 구절 속에서 또 다른 특별한 의미를 지니는 것으로 보인다. 즉, 마치 중간에 있는 구름으로 인하여 사람들이 그 일을 눈으로 볼 수 없게 되기라도 하듯이, 성령의 활동은 은밀하게 이루어질 것이다. 하나님은 이적들을 행하실 때에 그가 그 일들을 행하시는 과정을 우리에게서 숨기시는데, 하나님이 우리에게 숨기시기로 정하신 일들에 대하여는 우리는 그저 진실한 마음과 경외하는 마음으로 지켜 보는 것이 마땅하다.

눅 1:35. 이러므로 나실 바 거룩한 이. 이것은 앞에 나온 구절을 확증하는 말씀이다. 왜냐하면, 이것은 그리스도께서 "거룩하신" 자가 되고 "하나님의 아들"이 되기 위해서는, 즉 그가 거룩함과 영광에 있어서 모든 피조물 위에 뛰어나시고, 여느 사람들과 별 다를 것이 없는 사람이 되지 않기 위해서는 통상적인 출생 과정을 통해서 태어나서는 안 된다는 것을 천사가 보여주는 것이기 때문이다. 그리스도께서 평범한 사람으로 출생하신 후에 나중에 하나님의 아들이 되었다고 생각하는 이단들은 "이러므로"라는 불변화사를 그리스도가 성령의 능력으로 말미암아 주목할 만한 방식으로 잉태되었기 때문에 하나님의 아들로 일컬어지게 될 것임을 의미하는 것으로 파악한다. 그러나 이것은 잘못된 결론이다. 왜냐하면, 그리스도께서 육신을 입으시고 하나님의 아들로 나타나셨다고 할지라도, 그런 사실로부터 그가 만세 전에 하나님 아버지로부터 낳음을 입은 말씀이 아니었다는 결론이 도출되는 것은 아니기 때문이다. 도리어 반대로, 영원한 신성을 지닌 하나님의 아들이셨던 분이 사람의 육신을 입으신 하나님의 아들로 나타나신 것이다.

이 구절은 그리스도의 인격의 통일성을 표현한 것일 뿐만 아니라, 이와 동시에 사람의 육신을 입으신 그리스도는 하나님의 아들이시라는 것을 지적하는 것이기도 하다. "하나님의 아들"이라는 이름은 처음부터 그리스도의 신성(神性)과 관련된 것이었지만, 지금은 그리스도 안에서 결합되어 있는 두 본성에 적용된다. 왜냐하면, 하늘에 속한 신비한 출생 방식으로 인해서 그리스도는 통상적인 사람들과 구별되는 존재가 되었기 때문이다. 그리스도는 자기가 참 사람이 되었음을 강조하는 구절들 속에서 스스로를 "인자"(요 5:27)라 부르지만, 그가 인성(人性)을 입은 것이 참되다는 사실은 그의 특별한 존귀하심이 다른 그 무엇보다도 그가 자연의 질서를 벗어나서 성령으로 말미암아 잉태되었다는 그의 신적 출생으로부터 나온다는 사실과 서로 배치(背馳)되지 않는다. 이것은 하나님의 독생자가 우리로 그와 더불어 한 아버지를 섬기게 하기 위하여 우리의 형제가 되는 길을 기꺼이 택하셨다는 것을 보여주는 것이기 때문에, 우리는 더욱 거리낌 없이 하나님을 우리의 아버지라 부를 수 있다는 더 큰 확신을 갖게 된다. 또한, 우리가 주목해야 할 것은 그리스도께서는 성령의 능력으로 잉태되었기 때문에 "거룩한 씨"라 불린다는 것이다. 왜냐하면, 그리스도는 우리의 죄를 속(贖)하시고 우리의 육신 속에 역사하는 죄와 사탄을 멸하시기 위하여 참 사람이 되어야 하셨던 것과 마찬가지로, 온 인류를 죄로부터 깨끗하게 하시기 위하여 온갖 "점과 흠"(벧전 1:19)으로부터 자유로워야 하셨기 때문이다. 그리스도는 아브라함의 자손으로 태어나셨지만, 인간의 죄악된 본성으로 말미암은 더러움에 오염되지는 않으셨다. 왜냐하면, 하나님의 성령이 처음부터 그를 지키셔서 순결을 유지하실 수 있게 해주셨기 때문이다. 이것은 단지 그리스도 개인의 거룩성을 위한 것이 아니었고, 주로 그가 그의 백성을 거룩하게 하실 수 있으시도록 하기 위한 것이었다. 그러므로 그리스도의 잉태 방식은 그자체가 우리에게 "죄인에게서 떠나 계시는"(히 7:26) 중보자가 계신다는 확신을 갖게 해준다.

눅 1:36. 보라 네 친족 엘리사벳도. 천사는 마리아의 친족의 예를 들어서, 이적을 기대하라고 마리아의 믿음을 격려한다. 엘리사벳은 자식이 없었고 나이가 많았지만, 그런 것들이 하나님이 그녀를 어머니가 되게 하시는 것을 결코 가로막을 수 없었다면, 마리아가 자신의 "사촌"에게 나타난 하나님의 능력을 보고서도, 자신의 사고를 통상적인 자연의 법칙 내에 가두어 둘 이유는 전혀 없었다. 천사는 "여섯 달"이라고 명시적으로 말한다. 임신한 여자는 다섯째 달이 되면 통상적으로 아기가 모태에서 뛰노는 것을 느끼기 때문에, "여섯 달"이라는 말은 모든 의심을 제거해 주기에 충분한 말이다. 사실, 마리아는 하나님의 말씀을 액면 그대로 믿고서, 자신의 믿음을 보강해 줄 그 어떤 증거도 요구하지 않았을 것임에 틀림없다. 그러나 하나님은 마리아가 더 이상 주저하는 것을 미리 방지하시기 위하여 기꺼이 몸을 낮추셔서 이 새로운 보강증거를 통하여 자신의 약속을 더욱 강화시키신다. 하나님은 이와 같은 관대하심으로 날마다 우리에게 도움을 주시고 우리를 지탱해 주신다. 아니, 우리의 믿음은 마리아보다 더 약하기 때문에, 하나님은 우리에 대하여 더 큰 관대하심을 발휘하셔서, 우리가 그의 참되심을 의심하지 않도록 하시기 위하여, 그의 참되심을 증언해 줄 만한 것들을 도처에서 가져오셔서 우리에게 보여주신다.

"아론의 자손"(5절)이었던 엘리사벳과 다윗 가문의 후손이었던 마리아가 어떻게 "사촌"이 될 수 있었는가라는 의문이 일어난다. 얼핏 보면, 이것은 여자가 다른 지

파로 시집가는 것을 금지한 율법(민 36:6)과 배치(背馳)되는 것으로 보인다. 그러
나 이 율법의 목적과 관련해서 살펴보면, 이 율법이 금지한 것은 오직 "기업이 이
지파에서 저 지파로 옮겨" 가게 되는(민 36:7) 그런 통혼(通婚)들이다. 만약 유다
지파의 여자가 제사장과 결혼하였다면, 제사장은 기업을 소유할 수 없게 되어 있
던 자였기 때문에, 기업이 다른 지파에 넘어갈 위험은 처음부터 아예 존재하지 않
았다. 또한, 레위 지파의 여자가 다른 지파로 시집을 간 경우에도 사정은 마찬가지
가 될 것이었다. 동정녀 마리아의 어머니가 아론 가문의 후손이었다면, 그녀의 딸
인 마리아가 엘리사벳에게 "사촌"이 되는 것이 가능해진다.

눅 1:37. 대저 하나님의 모든 말씀은 능하지 못하심이 없느니라. 우리가 '레마'
($\rho\eta\mu\alpha$, "말씀")를 본래의 의미대로 엄격하게 해석한다면, 이 어구는 그 어떤 것도
하나님의 능력에 저항할 수 없기 때문에 하나님은 그가 약속하신 일을 반드시 하
실 것이라는 의미가 된다. 여기서의 논증은 하나님은 자신이 약속하셨기 때문에
그 약속하신 일을 이루시리라는 것이다. 왜냐하면, 그 누구가 되었든 하나님의 "말
씀"을 가로막아 서는 일은 아예 불가능하기 때문이다. 그러나 "말씀"은 흔히 히브
리어의 관용어법(복음서 기자들은 비록 헬라어로 글을 썼지만 이 어법을 따르고
있다)에서 "일"을 의미하기 때문에, 우리는 좀 더 간단하게 이 어구를 "대저 하나님
께는 능치 못하신 일이 없느니라"로 해석할 수 있다. 하나님의 능력은 무한하다고
여기는 것이 그들에게 더 큰 소망과 확신을 준다고 생각해서, 하나님의 능력은 하
나님 자신의 "말씀"을 뛰어넘어서 그 무엇이라도 할 수 있는 능력이라고 제멋대로
상상하는 자들은 진리에서 한참 벗어나 있는 자들이라는 것을 우리는 하나의 금언
(金言)으로 늘 우리의 마음에 새겨 두는 것이 마땅하다. 그러나 하나님이 무슨 일
을 하고자 하시는지를 고려함이 없이, 그저 하나님이 무슨 일을 하실 수 있으신지
만을 놓고 논쟁을 벌이는 것은 쓸데없고 무익하며 심지어 위험하기까지 하다. 천
사는 여기에서, 성경 속에서 하나님이 자주 행하시는 대로 행한다. 즉 일반적인 가
르침을 근거로 삼아서 한 종류의 약속을 확증한다. 우리가 불안하거나 괴로울 때
마다 일반적인 가르침에서 파생된 약속들을 현재의 문제에 적용하는 것은 일반적
인 가르침을 제대로 그리고 참되게 사용하는 것이다. 왜냐하면, 약속들이 일반적
인 형태로 되어 있는 동안에는 우리에게 별다른 감화를 주지 못하기 때문이다. 우
리는 천사가 마리아에게 하나님의 능력을 일깨워 주고 있는 것은 아닌지 궁금해할
필요가 없다. 왜냐하면, 하나님의 능력에 대한 불신은 약속들에 대한 확신을 아주

많이 약화시키기 때문이다. 우리는 말로는 하나님이 전능하시다고 고백한다. 그러나 하나님이 우리가 이해할 수 있는 범위를 뛰어넘는 어떤 일을 약속하시면, 우리는 계속해서 의심을 품는다. 이런 의심은 우리가 우리의 인식으로 납득할 수 없는 일들은 하나님의 능력으로도 불가능하다고 여기는 것에서 나오는 것이 아니고 무엇이겠는가? 그래서 바울은 아브라함의 믿음을 칭찬하면서, 아브라함이 "하나님께 영광을 돌리며 약속하신 그것을 또한 능히 이루실 줄을 확신하였으니"(롬 4:20-21) 라고 말한다. 또한, 바울은 또 다른 구절에서 영생의 소망에 대하여 말하면서, 하나님의 약속을 제시한다: "내가 믿는 자를 내가 알고 또한 내가 의탁한 것을 그가 능히 지키실 줄을 확신함이라"(딤후 1:12). 이것은 믿음의 분량이 적은 것처럼 보일 수 있다. 왜냐하면, 아무리 악한 자라도 하나님의 전능하심을 대놓고 부정하는 자는 없기 때문이다. 그러나 자신의 마음속에 하나님의 능력에 대한 확고하고도 철저한 믿음을 지닌 자는 믿음을 가로막는 그 밖의 다른 장애물들을 쉽게 극복할 수 있다. 하지만 주의해야 할 것은 하나님의 능력은 참된 믿음, 곧 실효적 믿음(나는 이 표현을 쓰고 싶다)을 지닌 자만이 볼 수 있다는 것이다. 왜냐하면, 하나님은 어떤 일의 성취 자체를 통해서 그의 신실하심을 증명해 보이실 수 있기 위하여서라도 능력이 있으시고, 또한 능력이 있으신 분으로 인정받기를 원하신다.

눅 1:38. 주의 여종이오니. 동정녀 마리아는 이제 더 이상 이의를 제기하고자 하지 않는다. 그녀의 믿음을 방해하고, 심지어 천사가 그녀에게 한 말을 흘려버리도록 하기 위하여, 수많은 생각들이 꼬리를 물고 밀려들었을 것임에 틀림없다. 그러나 그녀는 이의(異議)들이 밀려오는 것을 차단하고, 자신을 쳐서 복종시킨다. 우리가 우리의 생각을 억제하고 사로잡아서 감히 하나님을 향하여 이런저런 말로 대꾸하지 못하게 하는 것이야말로 우리에게 믿음이 있음을 보여주는 참된 증거이다. 왜냐하면, 정반대로 끈질기고 대담하게 이의를 제기하고 논쟁하고자 하는 것은 불신앙의 어머니이기 때문이다. "주의 여종이오니"라는 말은 무게 있는 표현이다. 왜냐하면, 이 말은 그녀가 하나님이 그의 기쁘신 뜻을 따라 그녀를 뜻대로 처분하시도록 자기 자신을 하나님께 무조건적으로 내어드린다는 의미를 표현하기 때문이다. 불신자들은 하나님의 손길로부터 물러가고자 하고, 그들의 힘이 닿는 한 하나님의 일을 방해하고자 하지만, 믿음이 있는 자는 기꺼이 순종하고자 하여 자기 자신을 하나님 앞에 내어드린다. 동정녀 마리아가 하나님의 권위에 순복하여 자신을 내어드렸기 때문에 "주의 여종"이었다면, 하나님에게서 달아나고, 하나님이 요구하심과 동시에 마땅히 받으셔야 할 순종을 거부하는 것보다 더 완악한 것은 있을 수 없다. 한 마디로 말해서, 오직 믿음만이 우리를 하나님께 순종하는 종으로 만들어서 우리를 하나님의 능력에 내어드릴 수 있듯이, 불신앙은 우리를 반역자와 변절자로 만든다.

눅 1:38. 말씀대로 내게 이루어지이다. 이 구절은 두 가지 방식으로 해석될 수 있다. 동정녀 마리아는 여기에서 그녀가 앞서 제기했던 문제를 일단락 짓고 갑자기 기도와 간구를 하는 것일 수도 있고, 앞서의 문제와의 연속선상에서 하나님께 순복하여 자신을 드리는 데에로 나아가는 것일 수도 있다. 나는 이 구절을 간단하게 해석하고자 한다. 즉, 마리아는 하나님의 능력을 확신하고, 하나님의 부르심을 기쁜 마음으로 따르며, 하나님의 약속을 신뢰하게 되어서, 그 성취를 단지 기대할 뿐만 아니라 적극적으로 원하게 되었다는 것이다.

[39]이 때에 마리아가 일어나 빨리 산골로 가서 유대 한 동네에 이르러 [40]사가랴의 집에 들어가 엘리사벳에게 문안하니 [41]엘리사벳이 마리아가 문안함을 들으매 아이가 복중에서 뛰노는지라 엘리사벳이 성령의 충만함을 받아 [42]큰 소리로 불러 이르되 여자 중에 네가 복이 있으며 네 태중의 아이도 복이 있도다 [43]내 주의 어머니가 내게 나아오니 이 어찌 된 일인가 [44]보라 네 문안하는 소리가 내 귀에 들릴 때에 아이가 내 복중에서 기쁨으로 뛰놀았도다 [45]주께서 하신 말씀이 반드시 이루어지리라고 믿은 그 여자에게 복이 있도다(눅 1:39-45).

눅 1:39. 마리아가 일어나. 누가가 이 출발을 언급한 것은 마리아의 믿음이 일시적인 성격의 것이 아니었다는 것을 증명해 준다. 왜냐하면, 이것은 하나님의 약속이 천사가 떠나가는 순간 사라져 버린 것이 아니라, 그녀의 마음에 각인되었음을 보여주는 것이기 때문이다. 마리아가 이 출발을 서둘렀다는 것("빨리")은 그녀가 참되고 강력한 감화를 받았음을 보여주는 것이다. 마리아의 이런 모습을 통해서 우리는 그녀가 다른 모든 일을 다 제쳐 두었다는 것과 하나님의 이 은혜에 대한 올바른 판단을 형성하였다는 사실을 추론해 낼 수 있다. 그러나 우리는 이런 질문을 할 수 있다: 그녀가 이 여정(旅程)을 시작한 목적이 무엇이었는가? 그녀는 이미 그녀의 태(胎) 속에 잉태된 하나님의 아들을 그녀의 마음속에 믿음으로 소중히 품은 상태였기 때문에, 단지 뭔가를 알아보려는 것이 이 여정의 목적이 아니었음은 분명하다. 또한, 나는 엘리사벳에게 축하 인사를 하고자 한 것이 이 여정의 목적이었다고 생각하는 자들의 견해에도 동의하지 않는다. 나는 이 여정의 목적은 한편으로는 그녀의 믿음을 더욱 견고히 함과 동시에, 다른 한편으로는 두 사람이 받은 바 하나님의 은혜를 송축하기 위한 것이었을 가능성이 높다고 생각한다. 마리아가 천사가 그녀에게 중요한 증거로 제시하였던 그 이적을 직접 자기 눈으로 봄으로써 그녀의 믿음을 확증하고자 하였던 것이라고 생각하는 것은 결코 이상하지 않다. 왜냐하면, 신자들은 하나님의 말씀 자체만으로도 만족하긴 하지만, 그들의 믿음을 강화시켜 줄 수 있는 하나님의 그 어떤 역사(役事)도 결코 경시하지 않기 때문이다. 마리아는 하나님이 그녀의 믿음을 도우시기 위하여 기꺼이 주신 증거를 거부할 생각이 아니라면, 당연히 그 도우심을 감사함으로 받아들이는 것이 마땅한 일이었다. 게다가, 앞으로 그 결과가 보여주듯이, 마리아와 엘리사벳의 만남은 두 사람 모두에게 하나님에 대한 더 깊은 감사를 불러일으킬 수도 있는 일이었다. 하나님이 두 사람에게 주신 은총을 한자리에 모아 놓았을 때, 그것은 단지 약간의 광채가 더해지는 효과를 낳는 정도에서 그친 것이 아니라, 하나님의 능력이 한층 더 뚜렷하고 명확하게 드러나게 되는 효과를 가져왔다. 누가는 사가랴가 살고 있던 동네의 이름을 밝히지 않고, 단지 그 동네가 유다 지파에 속한 곳이었다는 것과 산골에 위치해 있었다는 것만을 언급한다. 이것으로부터 우리는 나사렛을 기준으로 했을 때에 그 동네가 예루살렘보다도 더 멀리 있었던 것으로 추론할 수 있다.

눅 1:41. 엘리사벳이 들으매. 임신한 여자가 갑작스럽게 기뻐하면 태아가 움직이는 것은 자연스러운 일이지만, 누가는 이 일을 통해서 이례적이고 비상(非常)한 사건을 표현하고자 하였다. 태아가 그리스도의 임재를 알아차린 것인지, 또는 경건의 감정이 발동을 하였던 것인지의 여부를 묻는 난해한 질문들에 휘둘리는 것은 전혀 유익이 없고, 우리에게는 성령의 은밀한 감동에 의해서 "아이가 뛰논" 것이라고 말하는 것으로 충분하다. 누가는 태아가 이런 것을 느꼈다고 말하지 않고, 하나님의 역사(役事)의 이 부분이 어머니에게 일어난 결과 "아이가 복중에서 뛰노는" 일이 일어났다는 것을 암시할 뿐이다. "엘리사벳이 성령의 충만함을 받아"라는 표현은 그녀에게 갑자기 강력한 예언의 은사가 임하였다는 것을 의미한다. 왜냐하면, 이전에도 그녀에게 성령의 은사들이 있었지만, 이 때에 그 은사들이 한층 더 강력하고 비상한 능력으로 나타난 것이기 때문이다.

눅 1:42. 네가 복이 있으며. 이 말을 보면, 우리는 엘리사벳이 마리아와 그리스도를 동격으로 놓는 듯한 인상을 받는다. 만약 그것이 사실이라면, 그것은 대단히 부적절한 일이다. 그러나 나는 두 번째 절은 이유를 제시하는 것이라고 생각하는 자들의 견해에 흔쾌히 동의한다. 왜냐하면, '카이'(καί)는 흔히 "왜냐하면"을 의미하기 때문이다. 따라서 엘리사벳은 마리아의 태중에 있는 아이가 복되기 때문에 마리아도 "복이 있는" 것이라고 선언한 것이 된다. 그리스도를 태중에 잉태한 것은 마리아의 제일가는 "복"이 아니었다. 그것은 하나님의 성령으로 말미암아 새 생명으로 거듭나는 것에 비하면 한참이나 떨어지는 복이었다. 그렇지만 하나님이 그녀를 영적으로 거듭나게 해주실 그의 아들을 이 세상에 나게 하시는 도구로 그녀를 선택하시는 그 큰 영광을 그녀에게 수여하셨기 때문에, 그녀가 "복이 있다"고 말하는 것은 옳다. 오늘날 우리는 그리스도께서 우리에게 가져다주신 복을 찬송할 때마다, 하나님이 마리아에게 특별한 영광을 수여하셔서 그의 독생자의 어머니가 되게 하신 것을 떠올리지 않을 수 없다.

눅 1:43. 이 어찌 된 일인가. 엘리사벳이 복된 도구로 쓰임받은 마리아를 어떤 식으로 바라보았는가 하는 것은 주목할 만한 가치가 있다. 그녀는 하나님이 마리아에게 수여하신 은총을 아주 대단하게 생각하여 마리아를 찬양하지만, 하나님께 누(累)가 될 정도로 도를 넘어서서 마리아를 찬양하지는 않는다. 왜냐하면, 이 세상은 본래부터 너무나 타락되어 있기 때문에, 다음과 같은 두 가지 잘못들 중 어느 하나를 범하지 않는 사람이 거의 없기 때문이다. 어떤 사람들은 도가 지나치게 자아도취에 빠져서 오직 자신만이 빛나기를 바라기 때문에 다른 사람들에게 나타난 하나님의 은사들을 시기하여 멸시하고, 어떤 사람들은 다른 사람들에게 나타난 하나님의 은사들을 거의 미신을 숭배하듯이 찬양하여 우상들로 바꾸어 놓는다. 그 결과, 상좌(上座)에는 마리아가 앉고, 그리스도는 그 옆에 갖다놓은 발등상에 앉는 수모를 당하시게 되는 일이 벌어지게 되었다. 다시 한 번 말해두지만, 엘리사벳은 마리아를 찬양하되 하나님의 영광을 가리지 않고, 모든 영광을 하나님께 돌린다. 그러면서도, 엘리사벳은 마리아가 그녀를 비롯한 모든 사람들보다 뛰어나다는 것을 인정하고, 마리아에게 주어진 더 높은 존귀함을 시기하지 않을 뿐만 아니라, 그녀 자신이 분수에 넘치게 은총을 입었다고 겸손히 선포한다.

엘리사벳은 마리아를 "내 주의 어머니"라고 부른다. 이것은 그리스도의 인격 안에서 두 본성이 하나가 되어 있다는 것을 보여준다. 엘리사벳의 이 말은 마치 마리아의 태중에서 유한한 인간으로 나실 자는 동시에 영원한 하나님이기도 하시다고 말한 것이나 다름없었다. 엘리사벳은 평범한 여자처럼 자신의 생각을 말하고 있는 것이 아니라, 성령이 그녀의 입에 넣어 주신 말을 단순히 그저 쏟아내고 있는 것임을 우리는 명심하지 않으면 안 된다. 엄밀하게 말해서, "주"라는 이 이름은 "육신으로 나타난 바 되신"(딤전 3:16) 하나님의 아들, 즉 아버지 하나님으로부터 모든 권세를 받으셨고, 하늘과 땅의 최고 통치자로 임명되셨으며, 하나님을 대신하여 만물을 통치하시는 그 아들에게만 해당되는 이름이다. 또한, 특별한 방식으로 그는 그의 권세에 기꺼이 기쁜 마음으로 순복하는 믿는 자들의 "주"이시다. 왜냐하면, 믿는 자들은 "그의 몸"이고, 그는 믿는 자들의 "머리"이시기 때문이다(엡 1:22-23). 그래서 바울은 "비록 많은 주가 있으나 우리에게는," 즉 믿음의 종들에게는 "한 주가 계시니"(고전 8:5-6)라고 말한다. 엘리사벳이 그녀의 태중에 있는 아이의 갑작스러운 움직임을 지금 그녀가 말하고 있는 저 하나님의 은총을 강화시키는 사건으로 언급함으로써(44절), 그녀가 초자연적이고 신적인 그 무엇을 느꼈다는 것을 단언하고자 하였다는 것은 의심의 여지가 없다.

눅 1:45. 믿은 그 여자에게 복이 있도다. 누가가 앞에서 한 말로부터 분명한 것은 엘리사벳은 성령의 은밀한 감동을 따라 말하였다는 것이다. 이 동일한 성령은 마리아가 믿었기 때문에 복이 있다고 선언하시고, 마리아의 믿음을 칭찬함으로써 우리 모두에게 사람의 참된 복이 어디에 있는지를 가르쳐 주신다. 마리아에게 복이 있는 것은 그녀가 그녀의 마음속에 하나님의 약속을 받아들여서 구주를 잉태하여 그녀 자신과 온 세상을 위하여 낳았기 때문이다. 이 일은 그녀에게만 일어난 특별한 일이었다. 그러나 주께서 그의 말씀을 통해서 우리에게 의(義)나 생명이나 그 밖의 다른 유익을 주시지 않는다면, 우리에게는 그런 것들이 단 한 방울도 있을 수 없기 때문에, 우리를 저 비참한 가난과 참상으로부터 구해 내어서 참된 복에 참여하는 자들이 되게 해주는 것은 오직 믿음뿐이다.

"주께서 하신 말씀이 반드시 이루어지리라"는 말씀은 큰 무게를 지닌다. 그 의미는 하나님의 약속들이 우리에게 이루어지기 위해서는 그 약속들을 믿음으로 받아들여야 한다는 것이다. 하나님의 참되심은 사람들의 의지에 좌우되는 것이 아니기 때문에, 온 세상 ― 불신자들과 거짓말쟁이들 ― 이 하나님의 참되심을 유린하고자 할지라도, 하나님은 항상 참되시다(롬 3:4). 그렇지만 불신자들이 하나님의 약속들의 열매를 얻을 자격이 없는 것과 마찬가지로, 그 약속들은 오직 믿음을 통해서만 우리의 구원을 위하여 힘을 발휘한다고 성경은 우리에게 가르친다. 하나님은 그의 은택들을 모든 사람에게 무차별적으로 수여하시고, 믿음은 우리로 하여금 가슴을 열고 그 은택들을 받아 누릴 수 있게 해주지만, 불신앙은 그 은택들을 그냥 흘려보내기 때문에 그 은택들이 우리에게 도달할 수 없게 된다. 만약 마리아에게 불신앙이 자리잡고 있었다면, 하나님은 그가 택하신 다른 방식을 통하여서 그의 역사(役事)를 이루셨을 것이다. 그러나 마리아는 그녀에게 주어진 복을 믿음으로 받아서 그 역사(役事)가 이루어지도록 하나님께 길을 내드렸기 때문에 복이 있다는 말을 듣는다. 반면에, 불신앙은 문을 닫아 버리고, 하나님의 손이 역사하는 것을 막아 버리기 때문에, 하나님의 능력에 합당한 찬송을 올려 드리기를 거부하는 자들은 그 구원의 능력을 체험할 수 없게 된다. 또한, 우리는 말씀과 믿음의 관계도 주목할 필요가 있다. 이 둘의 관계로부터 우리는, 믿는다는 것은 우리에게 말씀하시는 하나님께 동의하는 것이고, 그가 우리에게 하시겠다고 약속하신 것을 확고히 붙잡는 일이라는 것을 배운다. "주께서"라는 어구는 흔히 사용되는 표현인 "하나님의 편에서"와 동일한 의미를 지닌다. 왜냐하면, 이 약속은 천사에 의해서 전해졌지만, 오직 하나님께로부터 나온 것이기 때문이다. 이것을 통해서 우리는 하나님이 말씀을 전하실 때에 천사들을 사용하시든 사람들을 사용하시든 사람들이 그 말씀을 마치 하나님이 직접 하늘로부터 내려오셔서 말씀하신 것처럼 동일한 경외함으로 받아 청종하기를 원하신다는 것을 알게 된다.

[46]마리아가 이르되 내 영혼이 주를 찬양하며 [47]내 마음이 하나님 내 구주를 기뻐하였음은 [48]그의 여종의 비천함을 돌보셨음이라 보라 이제 후로는 만세에 나를 복이 있다 일컬으리로다 [49]능하신 이가 큰 일을 내게 행하셨으니 그 이름이 거룩하시며 [50]긍휼하심이 두려워하는 자에게 대대로 이르는도다(눅 1:46-50).

이제 동정녀 마리아가 부르는 흥미롭고 주목할 만한 찬송이 나오는데, 이 찬송은 그녀가 성령의 은혜 속으로 얼마나 깊이 들어가 있었는지를 분명하게 보여준다. 이 찬송은 세 개의 절(節)로 이루어져 있다. 먼저, 마리아는 그녀 자신이 몸소 체험한 하나님의 저 긍휼하심에 대하여 정식으로 감사를 드린다. 다음으로, 그녀는 일반적인 관점에서 하나님의 권능과 심판을 송축한다. 마지막으로, 그녀는 하나님의 이러한 권능과 심판을 현안(懸案)에 적용해서, 하나님이 전에 교회에 약속하셨다가 지금 이루신 구속(救贖)을 다룬다.

눅 1:46. 내 영혼이 찬양하며. 앞에서 말했듯이, 마리아는 여기에서 감사하는 마음을 표명한다. 그러나 외식(外飾)하는 자들이 대체로 진심어린 감정이 수반되지 않은 채로 하나님에 대한 찬양 노래를 입으로만 부르는 것과는 달리, 마리아는 내면에서 솟아나오는 감사의 마음을 담아서 하나님을 찬양한다. 마음으로부터가 아니라 단지 혀로만 하나님의 영광을 선포하는 자들은 하나님의 거룩하신 이름을 욕되게 하는 것 외에 다른 것을 하는 것이 아님은 분명하다. "혼"과 "영"은 성경에서 여러 가지 의미로 사용되지만, 함께 사용될 때에는 주로 영혼(anima)의 두 기능을 가리키는데, 영(spiritus)은 명철을 담당하고, 혼(animus)은 정서의 근원지이다. 동정녀 마리아의 마음을 제대로 이해하려면, 우리는 순서적으로 두 번째 구절을 첫 번째 구절보다 먼저 살펴보지 않으면 안 된다. 왜냐하면, 야고보가 "즐거워하는 자가 있느냐 그는 찬송할지니라"(약 5:13)고 말하였듯이, 어떤 사람에게 있어서 하나님을 찬양하고자 하는 의지가 고양(高揚)되려면, 먼저 그의 영혼이 즐거워야 하기 때문이다. 근심과 슬픔이 있으면, 심령은 닫히고, 혀는 굳어져서 하나님의 선하심을 송축할 수 없게 된다. 마리아의 영혼이 기쁨으로 충만하였을 때, 그녀의 마음은 열려서 하나님을 찬송하게 되었다. 마리아가 자기 마음의 기쁨에 대하여 말하면서, 하나님을 구주라고 부르는 것은 아주 적절하다. 왜냐하면, 사람들의 마음은 하나님을 구주로 인식하기 전까지는 참되고 온전한 기쁨을 누릴 수 없고, 의심과 염려에 붙잡혀 있을 수밖에 없기 때문이다. 사람의 영혼을 기쁨으로 충만하게 하는 것은 오직 아버지이신 하나님의 인자하심과 거기로부터 흘러나오는 구원뿐이다. 한 마디로 말해서, 믿는 자들에게 먼저 필요한 것은 그들이 하나님 안에서 구원을 가지고 있다는 것을 즐거워하는 것이다. 그렇게 하나님을 인자하신 아버지로 체험하고 나서야, 그들은 "감사로 하나님께 제사를 드릴" 수 있게 된다(시 50:14). 헬라어 '소테르'(σωτήρ, "구주")는 라틴어 '세르바토르'(Servator)보다 더 광범위한 의미를 지닌다. 왜냐하면, '소테르'는 그가 일회적으로 구원하신다는 것만을 의미할 뿐만 아니라, 그가 "영원한 구원의 근원"(히 5:9)이 되신다는 것을 의미하기 때문이다.

눅 1:48. 돌보셨음이라. 마리아는 그녀의 마음의 기쁨의 근원이 하나님께 있는 이유를 하나님이 값없이 주시는 은혜를 통해서 그녀를 돌보셨기 때문이라고 설명한다. 그녀는 자기 자신을 "비천하다"고 말함으로써, 그녀 자신에게는 아무런 공로가 없고, 그녀가 자랑하는 모든 것을 다 하나님의 한량 없는 선하심 덕분으로 돌린다. 왜냐하면, '타페이노시스'($\tau\alpha\pi\epsilon\acute{\iota}\nu\omega\sigma\iota\varsigma$, "비천함")는 여기에서 — 무지하고 배우지 못한 사람들이 어리석게 상상하듯이 —"순복이나 겸손, 또는 마음의 어떤 특질"을 가리키는 것이 아니라 "비천하고 멸시받을 만한 처지"를 의미한다. 따라서 이 말의 의미는 "나는 아무도 알아주지 않고 사람들로부터 무시당해 왔지만, 그럼에도 불구하고 황송하옵게도 하나님은 나를 알아주시고 보아주셨다"는 것이다. 그러나 우리는 여기에서 마리아가 자신의 이전의 비참한 처지와 지금의 지극히 존귀한 모습을 대비시키고 있는 것 — 이것은 내용 자체와 헬라어 단어가 아주 분명하게 보여준다 — 은, 그녀 자신은 아무것도 아니고, 오직 하나님만이 찬송을 받으실 분이시라는 것을 부각시키기 위한 것임을 알게 된다. 이것은 겸손한 척하며 큰 소리로 떠드는 말이 아니라, 그녀의 마음에 새겨진 확신을 있는 그대로 분명하고 정직하게 진술하는 말이었다. 왜냐하면, 마리아는 세상 사람들의 눈에 하찮은 존재였고, 자기 자신에 대한 그녀의 평가도 마찬가지였기 때문이다.

눅 1:48. 이제 후로는. 마리아는 하나님의 이러한 인자하심이 모든 세대에 걸쳐서 계속해서 기억될 것이라고 선포한다. 그러나 하나님의 인자하심이 이토록 대단하여서 모든 사람들의 입술을 통해서 도처에서 선포되어야 하는 것이었다면, 그 인자하심을 직접 체험한 마리아가 그것에 대하여 침묵하는 것은 너무나 부적절한 일이었을 것이다. 이제 마리아는 그녀의 복이 하나님이 그녀에게 수여해 주신 것에 있고 다른 것에 있지 않다고 고백하면서, 그 복은 하나님의 은혜의 선물이라고 말한다. 그녀가 "만세에 나를 복이 있다 일컬으리로다"라고 말하는 것은 그녀가 자신의 힘이나 노력에 의해서 이 복을 쟁취했다고 여겼기 때문인가? 아니다. 반대로, 마리아는 하나님의 역사(役事) 외에는 아무것도 언급하지 않는다. 그러므로 우리는 교황주의자들이 무익하게 그들의 헛된 것들로 마리아를 치장하고, 그녀가 하나님에게서 받은 은택들은 거의 아무것도 아닌 것으로 치부해 버리는 모습은 마리아의 모습과는 너무나 다르다는 것을 본다. 그들은 "하늘의 여왕, 구원의 별, 생명의 문, 감미로우심, 소망, 구원" 등과 같은 아주 주제 넘고 장엄한 수많은 칭호들을 마리아에게 갖다 붙인다. 아니, 그들은 사탄에게 휘둘려서 오만방자함과 광분의 극치로 치달아, 마리아의 권위를 그리스도의 권위 위에 놓는 망발까지 서슴지 않았다. 왜냐하면, "성부께 간구하여 주시고, 성자께 명하여 주소서"라는 제목의 마리아 찬가는 그들이 즐겨 부르는 찬송이기 때문이다. 그들이 사용하는 이러한 표현들 중에서 그 어느 것도 주께로부터 나오지 않았다는 것은 분명하다. 동정녀 마리아는 그녀에게 주어진 모든 영광이 하나님의 인자하신 역사(役事) 덕분이라고 노래함으로써 교황주의자들의 이 모든 말들을 단칼에 폐기해 버린다. 오직 그녀에게 기이한 일들을 행하신 하나님의 이름만을 찬송하는 것이 그녀의 본분이었다면, 교황주의자들에게서 나온 마리아에 대한 이 모든 참칭(僭稱)들이 들어설 여지는 전혀 없다. 게다가, 하나님의 아들에게서 그에게 속한 고유한 것들을 빼앗고, 마리아에게 거룩한 것들을 약탈하는 죄를 뒤집어씌우는 것보다 그녀를 더 욕되게 하는 일은 없을 것이다.

교황주의자들은, 우리가 그들이 만들어 낸 거짓들을 거부하고, 마리아와 마찬가지로 오직 하나님의 인자하심만을 칭송한다는 이유로, 우리를 그리스도의 어머니께 모욕을 가하는 자들이라고 비난한다. 하지만 사실인즉은 우리는 마리아를 지극히 존귀하게 높여드리는 일을 하는 것이고, 저 엉터리 같은 숭배자들은 그런 일을 거부하고 있는 것이다. 우리는 마리아가 우리의 선생이라는 것을 기쁜 마음으로 고백하고, 그녀의 교훈과 명령에 순종한다. 이 본문 속에서 마리아가 말하고 있는 것 속에는 모호한 것이 전혀 없다. 그런데도 교황주의자들은 마리아의 말을 내팽개쳐서 발 아래 짓밟아 버리고, 그녀가 한 모든 말들이 지닌 미덕을 제거하기 위해서 그들이 할 수 있는 모든 것을 한다. 우리는 사람들이나 천사들을 찬양할 때에 그들에게 베푸신 하나님의 은혜를 칭송해야 한다는 일반적인 규범이 지켜져야 한다는 것을 기억하여야 한다. 하나님으로부터 나오지 않은 것은 그 어떤 것이라도 찬송할 가치가 전혀 없다. 마리아는 "능하신 이가 큰 일을 내게 행하셨으니"라고 말함으로써, 하나님이 이 일에 있어서 다른 이들의 도움을 사용하지 않으신 이유는 그의 능력이 더욱 빛을 발하게 하시기 위한 것이었다는 것을 우리에게 알려준다. 우리는 여기에서 그녀가 앞서 말했던 것, 즉 그녀는 미천하였는데도 하나님이 그녀를 돌보셨다는 말을 상기하여야 한다. 그런 까닭에, 만약 마리아의 찬송이 하나님의 능력과 거저 주신 은혜를 지극히 높여 칭송하는 것이 아니었다면, 그 찬송은 정말 어처구니없는 겉치레의 찬송이 될 수밖에 없었을 것이라는 결론이 나온다.

눅 1:49. 그 이름이 거룩하시며. 이것은 이 찬송의 두 번째 부분이고, 동정녀 마리아는 여기에서 하나님의 능력과 심판과 긍휼하심을 일반적인 관점에서 송축한다. 이 구절은 앞에 나온 구절의 일부로 보아져서는 안 되고, 별개로 다루어져야 한다. 마리아는 그녀가 직접 체험한 하나님의 은혜를 칭송하였었다. 그런 까닭에, 그녀는 이 기회를 빌려서, "그 이름이 거룩하시며 긍휼하심이 대대로 이르는도다"라고 찬탄한다. 하나님의 이름은 지극한 경외(敬畏)와 경배를 받기에 합당하시기 때문에 "거룩하시다"고 불린다. 하나님의 이름이 언급될 때마다, 그 이름은 우리에게 즉시 경배받으실 만한 하나님의 위엄을 상기시킬 수밖에 없다.

다음 구절에서는 하나님의 긍휼하심은 끝이 없다고 송축하는데, 이 구절은 "내가 내 언약을 나와 너 및 네 대대 후손 사이에 세워서 영원한 언약을 삼고"(창 17:7)라는 말씀과 "그[하나님]를 사랑하고 그의 계명을 지키는 자에게는 천 대까지 그의 언약을 이행하시며 인애를 베푸시되"(신 7:9)라는 말씀 속에 나타난 저 공식적인 계약 양식에서 온 것이다. 하나님은 이러한 말씀들을 통해서 그가 늘 한결 같으실 것이라고 선언하실 뿐만 아니라, 자기 백성을 향하여 그들이 죽은 후에도 계속해서 그들의 자녀들과 그 자녀들의 자녀들을 비롯해서 그들의 모든 후손들을 사랑하셔서 은총을 베푸실 것이라는 뜻을 나타내신다. 이렇게, 하나님은 아브라함의 자손들을 끊임없는 인자하심으로 대하셨다. 왜냐하면, 하나님은 그들의 조상 아브라함을 받으셔서 은총을 내리심으로써 아브라함과 "영원한 언약"을 맺으셨기 때문이다.

그러나 육신을 따라 아브라함의 자손 된 자들이라고 해서 모두가 아브라함의 참된 자손이 아니기 때문에, 마리아는 이 약속이 오직 하나님을 진심으로 예배하는 자들, 곧 하나님을 경외하는 자들에게만 이루어질 것이라고 말한다. 마찬가지로, 다윗도 "여호와의 인자하심은 자기를 경외하는 자에게 영원부터 영원까지 이르며 그의 공의는 자손의 자손에게 이르리니 곧 그의 언약을 지키고 그의 법도를 기억하여 행하는 자에게로다"(시 103:17-18)라고 말한다. 하나님은 성도들의 자녀들에게 대대로 그의 긍휼하심을 베푸시겠다고 약속하지만, 이것은 결코 외식하는 자들의 헛된 확신을 밑받침해 주지는 않는다. 왜냐하면, 성도들의 믿음과 경건에서 떠나서 거짓 자녀들이 되어 버린 그들이 하나님을 그들의 아버지라 자랑할지라도, 그것은 거짓되고 근거 없는 자랑일 뿐이기 때문이다. 이러한 예외 규정은 믿음이 없으면서도 하나님의 은총을 입고 사는 것처럼 거짓된 가식(假飾)으로 자랑하는 자들의 거짓됨과 교만함을 헛것으로 만들어 버린다. 하나님은 아브라함 및 자손들과 보편적인 구원 언약을 맺으셨지만, 비가 와서 돌들이 적셔져도 부드러워지지 않는 것과 마찬가지로, 하나님이 약속하신 의(義)와 구원이 불신자들의 딱딱하게 굳어진 마음을 뚫고 그 마음 중심에 도달하는 것은 불가능하다. 그렇지만, 하나님은 그의 약속이 참되고 견고하다는 것을 보여주시기 위하여 "씨"를 남겨 두셨다(롬 9:29). 여호와를 경외하는 것 속에는 경건과 신앙의 전체가 포함되어 있고, 이것은 믿음이 없이는 존재할 수 없다.

그러나 여기에서 한 가지 반론이 제기될 수 있다: 사람들 가운데서 하나님의 은 총을 받을 만한 자가 하나도 없어서 하나님이 긍휼하시다는 것을 사람들이 도무지 알 수 없다면, 하나님이 긍휼하시다고 하여도, 그것이 무슨 소용이 있겠는가? 왜냐 하면, 하나님의 긍휼하심이 그를 경외하는 자들에게 임하는 것이라면, 사람들은 그들의 경건과 선한 양심으로 말미암아 하나님의 은혜를 받게 되는 것이기 때문 에, 하나님의 은혜를 받으려면 먼저 그들 자신의 공로가 있어야 하는 것이 되기 때 문이다. 이 반론에 대한 나의 대답은 이것이다: 하나님이 경건한 자들의 자녀들에 게 그의 위엄을 경외하고 공경하고자 하는 마음을 먼저 주시는 것도 그의 긍휼하 심의 일부라는 것이다. 이 구절은 마치 하나님이 하늘에서 아무 일도 하지 않으시 고 팔짱을 끼신 채로 땅을 내려다보시며 누가 그의 은혜를 받을 만한 자격이 있는 지를 살펴보시는 그런 냉정한 분인 양 은혜의 기원(起源)에 대하여 설명하는 말씀 이 아니다. 이 말씀이 의도하는 것은 외식하는 자들의 헛된 망상, 즉 그들이 육신을 따라 성도들의 자녀들이기 때문에 하나님은 그들에게 긍휼을 베푸실 수밖에 없다 는 그들의 망상을 떨쳐내고자 하는 것이 전부이다. 하나님의 이 언약은 또 하나의 판이하게 다른 목적을 갖고 있는데, 그것은 하나님을 진심으로 예배하는 백성이 이 세상에 항상 있게 하기 위한 것이다.

⁵¹그의 팔로 힘을 보이사 마음의 생각이 교만한 자들을 흩으셨고 ⁵²권세 있는 자를 그 위에서 내리치셨으며 비천한 자를 높이셨고 ⁵³주리는 자를 좋은 것으로 배불리 셨으며 부자는 빈 손으로 보내셨도다 ⁵⁴그 종 이스라엘을 도우사 긍휼히 여기시고 기억하시되 ⁵⁵우리 조상에게 말씀하신 것과 같이 아브라함과 그 자손에게 영원히 하시리로다 하니라(눅 1:51-55).

눅 1:51. 힘을 보이사. 이것은 "하나님이 강력하게 역사하셨다"는 것을 의미한 다. 하나님의 "팔"은 그 밖의 다른 모든 도움과 대비된다: 하나님이 "본 즉" 그들을 "도와 주는 자"가 아무도 "없어서"(사 63:5), "그의 팔로 구원을 베푸시며" 그의 "공 의"로 그들을 떠받쳐 주셨다(사 59:16)고 이사야는 말한다. 그러므로 마리아의 이 말은 하나님은 자기 자신의 능력으로 만족하셨고, 그 일에 그 어떤 조력자도 사용하지 않으셨으며, 그를 도우라고 그 누구도 부르지 않으셨다는 뜻이다. 바로 뒤에 나오는 교만한 자들에 관한 말은 다음 두 가지 이유 중 하나로 인해서 덧붙여진 것이라 할 수 있다. 즉, 그것은 교만한 자들은 옛적의 거인족들처럼 하나님을 대적하고자 애써서 얻는 것이 아무것도 없다는 것을 보여주시기 위해서, 또는 하나님은 오직 겸손한 자들에게만 그의 팔의 능력을 나타내시고, 스스로 오만방자해진 교만한 자들을 내치신다는 것을 보여주시기 위해서이다. "하나님의 능하신 손 아래에서 겸손하라"(벧전 5:6)는 베드로의 권면도 이것과 관련되어 있다.

눅 1:51. 마음의 생각이 교만한 자들을 흩으셨고. 이 표현은 주목할 만한 가치가 있다. 왜냐하면, 그들의 교만과 야망은 도가 지나치고 그들의 탐욕은 만족할 줄 모르고 끝이 없어서, 그들은 그들의 악한 모략들을 무한정으로 쌓아 올린다. 즉, 한마디로 말해서, 그들은 바벨탑을 쌓는 것이다(창 11:9). 그들은 한두 번 그들의 힘으로는 되지 않는 이런저런 어리석은 일을 시도하거나 그들의 망상에 사로잡혀 악한 계획을 세운 것으로 성에 차지 않아서 만족하지 못하고 끝없이 악한 일과 계획을 더해간다. 하나님은 그들이 망상에 부풀어서 거창한 바벨탑을 쌓아가는 모습을 하늘에서 한동안 가만히 비웃으시며 지켜보시다가, 어느 날 갑자기 그 모든 것들을 일거에 흩어 버리신다. 마치 어떤 건물이 무너졌을 때에, 전에 튼튼하고 견고하게 결합되어 있던 그 구성 부분들이 파편이 되어서 온통 사방으로 흩어져 버리듯이 말이다.

눅 1:52. 권세 있는 자를 내리치셨으며. 이 번역문은 모호성을 제거하기 위해서 의역한 것이다. 왜냐하면, 헬라어 '뒤나스타이'(δυνάσται, "권세 있는 자")는 '뒤나미스'(δύναμις, "능력")에서 온 것이지만, 총독들과 고위 관리들을 가리는 말이기 때문이다. 많은 사람들은 '뒤나스타스'(δυνάστας)가 분사라고 생각한다. 마리아는 그런 자들이 그들의 위(位)에서 내쳐짐을 당하고, 미천한 자들이 높아져서 그 자리에 앉게 될 것이라고 말한다. 이렇게, 그녀는 경건하지 않은 자들이 운명의 장난이라고 말하는 일들을 하나님의 섭리와 심판으로 돌린다. 우리가 여기에서 알아야할 것은 마리아는 하나님께는 절대적인 권력이 있으셔서, 그의 전제적(專制的) 권력으로 사람들을 마치 공을 다루듯이 갖고 노신다고 말하는 것이 아니라, 하나님은 흔히 우리가 알 수 없는 가장 선한 이유들에 의거해서 의로우신 통치를 하고 계시다고 말하고 있다는 것이다. 하나님은 사람들을 갖고 노시거나 어떤 질서를 엎으시는 것을 결코 좋아하지 않으시기 때문에, 얼마 후에 내치기로 정하신 자들을 약올리려고 먼저 높은 자리에 앉히신 후에 갑자기 내치시는 것이 결코 아니다. 도리어, 사람들의 부패함이 모든 일들의 부침(浮沈)을 가져온다. 왜냐하면, 모든 일에 대한 처분이 하나님의 뜻과 능력에 달려 있다는 것을 아무도 인정하지 않기 때문이다.

남들보다 더 높은 지위에 있는 자들은 이웃들을 경멸하고 모욕하며 학대한 것에 대해서만 책임이 있는 것이 아니라, 그들에게 높은 지위를 주신 하나님에 대하여 오만방자하게 행한 것에 대해서도 책임이 있다. 하나님은 이 세상에서 높고 권세 있는 것들이 그에게 종속되어 있고, 온 세상이 그의 통치 아래 있다는 것을 여러 가지 사실들을 통해서 우리에게 가르치시기 위하여, 어떤 자들은 높이셔서 존귀를 더하시고, 어떤 자들은 그들의 위(位)에서 점진적으로 또는 느닷없이 내치시는 것이다. 다윗이 "여호와께서 고관들에게는 능욕을 쏟아 부으시고"(시 107:39)라고 말한 것과, 다니엘이 하나님은 "때와 계절을 바꾸시며 왕들을 폐하시고 왕들을 세우시며"(단 2:21)라고 말한 것은 모두 세상의 흥망성쇠의 원인과 목적이 무엇인지를 보여준다. 실제로 우리는 세상의 고관들이나 임금들이 어떻게 점점 더 오만방자해져 가고, 사치에 빠지며, 그 마음이 교만으로 점점 부풀어 오르고, 형통함에서 오는 달콤한 것들에 중독되어 가는지를 본다. 그러므로 하나님이 그러한 배은망덕을 더 이상 용납하지 않으신다고 해도, 그것은 전혀 놀랄 일도 아니고 이상한 일도 아니다.

하나님의 이러한 역사(役事)의 통상적인 결과는, 하나님이 일으키셔서 높은 지위에 앉히신 자들이 그 자리를 오래 차지하지 못한다는 것이다. 다시 한 번 말하지만, 왕들이나 고관들의 눈부신 광휘(光輝)는 백성들을 압도하기 때문에, 그들 위에 하나님이 계시다는 것을 진지하게 생각하는 자들은 거의 없다. 따라서 왕들과 고관들이 모태로부터 권세자의 홀(笏)을 가지고 태어나거나, 그들의 위(位)가 영속적으로 그들에게 보장되어 있다면, 이 세상에서 하나님과 그의 섭리를 인정할 가능성은 즉시 완전히 사라지고 말 것이다. 하나님이 비천한 자들을 높이시는 것은 세상의 교만에 대하여 이기고 승리하시는 것임과 동시에 자기 백성에게 솔직하고 겸손하라고 격려하시는 것이다.

그러므로 마리아가 하나님이 권세 있는 자들을 그들의 위(位)에서 내치시고 비천한 자들을 높이신다고 말하는 것은, 세상은 운명의 맹목적인 변덕에 의해서 움직이거나 돌아가는 것이 아니라, 세상에서 일어나는 온갖 변화들은 하나님의 섭리에 의해서 일어난다는 것과, 우리의 눈으로 보기에는 사회의 전체적인 틀을 흐트러트려 놓고 뒤집어놓는 심판들인 것처럼 보이는 일들은 사실 하나님의 무오(無誤)하신 공의에 의해서 규율되고 있다는 것을 우리에게 가르치고 있는 것이다. 이것은 그 뒤에 나오는 절의 말씀, 즉 "주리는 자를 좋은 것으로 배불리셨으며 부자는 빈 손으로 보내셨도다"(53절)는 말씀에 의해서 확증된다. 왜냐하면, 우리는 이 말씀으로부터 그런 부침(浮沈)들은 저절로 일어나는 것이 아니라, 하나님이 어떤 합당한 이유에 근거해서 그러한 부침들을 일으키시기를 기뻐하심으로 인해서 그런 일들이 벌어지는 것임을 추론할 수 있기 때문이다. 이러한 부침이 일어나는 원인은 큰 자들과 부자들과 권세 있는 자들이 그들에게 주어진 힘을 통해서 높아진 후에 그 모든 영광을 그들 자신에게 돌리고 하나님께는 전혀 영광을 돌리지 않기 때문이다. 그러므로 우리가 누리고 있는 모든 것을 하나님에 의해서 갑자기 박탈당하지 않기 위해서는, 우리는 형통함에 의해서 우리의 마음이 높아져서 하나님을 떠나지 않도록 세심한 주의를 기울여야 하고, 육신의 헛된 만족에 빠지지 않도록 조심하고 또 조심하여야 한다. 거의 주릴 정도로 자신의 가난함을 깨닫고서 하나님께 소리 높여 부르짖는 경건한 자들에게는, 하나님이 주리는 자들을 좋은 것으로 배불리시리라는 이 가르침은 결코 작지 않은 위로를 가져다준다.

눅 1:54. 그 종 이스라엘을 도우사. 이 마지막 구절을 통해서 마리아는 지금 벌어지고 있는 일이 어떤 일인지를 일반적인 표현들을 빌려서 서술한다. 이 말의 의미는 하나님이 전에 거룩한 조상들에게 약속하셨던 구원을 지금 허락하셨다는 것이다. 먼저, 동사 '안티람바네스다이'(ἀντιλαμβάνεσθαι, "돕다," "일으키다")는 우아한 은유를 담고 있다. 왜냐하면, 이스라엘 나라는 완전히 멸망하여서, 그 온전한 회복은 통상적으로는 기대할 수 없는 일이었기 때문이다. 그런 상황에서 하나님이 이스라엘을 "일으키셨다"는 것은 하나님이 그의 손을 뻗으셔서 엎드러져 있던 이스라엘을 일으켜 세우셨다는 것을 뜻한다. 그들의 신앙은 거의 모든 면에서 타락하여 더럽혀져 있었고, 공적인 가르침은 순수한 것이 거의 남아 있지 않았다. 교회의 삶은 극심한 혼돈 속에 있어서, 충격적인 야만성 외에는 그 어떤 것도 찾아볼 수 없었다. 시민 사회의 질서는 더 이상 존속하지 않았다. 이스라엘 백성이라는 몸체는 로마인들과 헤롯에 의해서 들짐승들처럼 찢겨 있었다. 상태가 너무나 절망적이어서 백성들이 회복을 전혀 기대할 수 없는 상황 속에서 이루어진 회복이었기 때문에, 그 회복은 훨씬 더 영광스러운 것이었다. '파이도스'($\pi\alpha\iota\delta\acute{o}\varsigma$)는 여기에서 어린아이로도 해석될 수 있고 종으로 해석될 수도 있지만, 후자의 의미가 더 적절하다. 이스라엘이 다른 많은 구절들에서와 마찬가지로 여기에서 하나님의 종이라 불리는 것은 이스라엘이 전에 이미 하나님의 권속으로 받아들여져 있었기 때문이다.

눅 1:54. 기억하시되. 마리아는 여기에서 거의 멸망 직전에 있던 이스라엘 나라가 하나님에 의해서 받아들여진 이유, 또는 이미 멸망한 이스라엘 나라를 하나님이 일으켜 세우신 이유를 제시한다. 그 이유는 하나님이 이스라엘을 보존하심으로써 그의 긍휼하심을 나타내시기 위한 것이었다. 마리아는, 마치 하나님이 그의 긍휼하심을 잊어버리시고 자기 백성으로 하여금 너무나 두려운 환난과 고통을 당하도록 허락하신 것처럼 보였지만, 이제 하나님이 그의 긍휼하심을 다시 기억하셨다고 분명하게 말한다. 사람들은 어떤 사건을 보았을 때에 하나님이 그들에게 진노하셨다거나 그들과 화해하셨다고 결론을 내림으로써, 하나님의 이런저런 감정들에 대하여 말하는 것이 통상적인 관례이다. 하나님이 그의 말씀 속에서 그가 그의 긍휼하심을 베푸셨다고 언급하시는 경우를 제외하면, 사람들이 과연 하나님의 긍휼하심이 그들에게 베풀어진 것인지 아닌지를 인식할 수 없기 때문에, 마리아는 자기 자신 및 다른 사람들의 눈앞에 하나님의 약속들을 상기시켜서, 그 약속들의 성취가 바로 하나님의 참되시고 신실하심을 보여주는 증거라는 것을 일깨워준다. 이런 의미에서, 성경은 하나님의 긍휼하심과 참되심을 자주 언급한다(미 7:20). 왜냐하면, 하나님이 우리에 대하여 자기 자신을 그의 말씀으로 속박하신 그 약속들이 우리에게 제시되어서, 하나님의 선하심과 우리의 개인적인 구원의 사이에 그 약속의 말씀들이 개입되지 않으면, 우리는 결코 우리에 대하여 하나님이 지니신 아버지로서의 인자하심을 깨닫지 못하기 때문이다. 마리아는 이 말을 통해서 하나님이 조상들과 맺으신 언약이 거저 주신 은혜에 속한 것임을 보여준다. 왜냐하면, 그녀는 하나님의 순전하신 긍휼하심이 바로 그 언약에서 약속된 구원의 원천이라는 것을 근원으로 거슬러 올라가 보여주고 있기 때문이다. 따라서 우리는 마리아의 이 말을 통해서 그녀가 성경의 가르침을 잘 알고 있었다는 것을 추론할 수 있다. 메시야 기대는 당시에 아주 일반적인 것이었지만, 성경에 대한 지극히 순수한 지식 위에 자신의 믿음을 견고히 세운 자는 거의 없었다.

눅 1:55. 아브라함과 그 자손에게. 만약 이 말씀을 앞 절의 마지막 부분과 밀접하게 연결시켜서 읽는다면, 격(格)의 사용이 부적절한 것처럼 보일 수 있다. 즉, 그런 경우에 이 어구는 3격을 사용한 '토 아브라암 카이 토 스페르마티'(τῷ Ἀβραὰμ καὶ τῷ σπέρματι)가 아니라, 4격을 사용해서 '(프로스) 톤 아브라암 카이 토 스페르마'([πρὸς] τὸν Ἀβραὰμ καὶ τὸ σπέρμα)가 되었어야 한다. 그러나 내 의견으로는 그러한 밀접한 연결 관계는 존재하지 않는 것으로 보인다. 마리아는 단지 하나님이 조상들에게 말씀하셨다는 것을 설명하는 것이 아니라, 그들에게 주어진 약속들의 능력과 결과가 아브라함의 모든 참된 자손들에게 미친다고 말하고 있는 것이다. 그러므로 지금 여기에서 다루어지고 있는 현안은 아브라함 및 그의 자손들에게 특별한 방식으로 주어진 엄숙한 언약이라는 결론이 나온다. 왜냐하면, 아담과 노아를 비롯한 여러 조상들에게 주어졌던 다른 약속들은 모든 민족과 나라들에 무차별적으로 적용되는 언약들이었기 때문이다. 육신을 따라 아브라함의 자손이 된 자들 중에서 많은 사람들이 그들의 불신앙으로 말미암아 아브라함의 권속으로부터 끊어져서 변절자로서 내쳐진 반면에, 외인(外人)이었던 우리는 믿음으로 말미암아 아브라함의 권속으로 받아들여져서 아브라함의 참된 자손으로 인정을 받게 된다. 그러므로 우리는 하나님이 전에 조상들에게 말씀하신 결과로 그들에게 주어진 은혜가 그들의 자손들에게도 똑같이 주어지게 되었고, 또한 이 양자 됨은 모든 민족들에게로 확장되어서, 태생적으로 아브라함의 자손이 아니었던 자들이 영적으로 아브라함의 자손이 될 수 있는 길이 열리게 되었다는 것을 알아야 한다.

⁵⁶마리아가 석 달쯤 함께 있다가 집으로 돌아가니라 ⁵⁷엘리사벳이 해산할 기한이 차서 아들을 낳으니 ⁵⁸이웃과 친족이 주께서 그를 크게 긍휼히 여기심을 듣고 함께 즐거워하더라 ⁵⁹팔 일이 되매 아이를 할례하러 와서 그 아버지의 이름을 따라 사가랴라 하고자 하더니 ⁶⁰그 어머니가 대답하여 이르되 아니라 요한이라 할 것이라 하매 ⁶¹그들이 이르되 네 친족 중에 이 이름으로 이름한 이가 없다 하고 ⁶²그의 아버지께 몸짓하여 무엇으로 이름을 지으려 하는가 물으니 ⁶³그가 서판을 달라 하여 그 이름을 요한이라 쓰매 다 놀랍게 여기더라 ⁶⁴이에 그 입이 곧 열리고 혀가 풀리며 말을 하여 하나님을 찬송하니 ⁶⁵그 근처에 사는 자가 다 두려워하고 이 모든 말이 온 유대 산골에 두루 퍼지매 ⁶⁶듣는 사람이 다 이 말을 마음에 두며 이르되 이 아이가 장차 어찌 될까 하니 이는 주의 손이 그와 함께 하심이러라(눅 1:56-66).

이 이야기의 요지는 세례 요한의 출생은 여러 가지 이적들 때문에 특별하였다는

것과 이것은 이 아이를 통해서 장차 뭔가 크고 놀라운 일이 일어나게 될 것 같다는
기대를 사람들에게 불러일으켰다는 것이다. 왜냐하면, 하나님은 세례 요한이 무명
의 잘 알려져 있지 않은 사람으로 있다가 나중에 무리 가운데서 선지자의 직임을
수행하게 되는 것을 원치 않으셨으므로 모태로부터 그에게 눈에 띄는 표징(表徵)
들을 나타내시기로 정하셨기 때문이다. 먼저 누가는 마리아가 그녀의 사촌의 집에
석 달 정도, 즉 달리 말하면 세례 요한이 태어날 때까지 더 머물러 있었다고 말한
다. 왜냐하면, 천사가 그녀의 믿음을 견고히 해주기 위해서 그녀에게 말해 주었던
저 하나님의 은혜의 나타남을 직접 그녀의 눈으로 보고자 한 것 외에 그녀가 그녀
의 사촌의 집에 그토록 오랫동안 머물 다른 이유가 없었을 것이기 때문이다.

눅 1:58. 이웃과 친족이 듣고. 이 사람들이 엘리사벳이 아이를 얻게 된 복을 받
았다는 이 단순한 사실을 하나님의 놀라운 인자하심으로 여긴 것인지, 아니면 그
들이 전에 천사가 사가랴에게 나타나서 그에게 아들을 약속하였다는 사실을 들었
던 것인지는 확실하지 않다. 자식이 없던 여자가 자연의 질서를 벗어나서 노년에
아이를 낳게 되었다는 것은 분명히 하나님의 통상적인 은총은 아니었다. 바로 이
한 가지 사실만을 근거로 해서도 사람들은 하나님의 선하심을 칭송하였을 수 있
다. 몇몇 사람들이 세례 요한이 태어난 지 팔일 째 되던 날에 관례를 따라서 사가
랴의 집에 모인 것은 의무감이나 예의상으로 그렇게 한 것이었을 것이지만, 하나
님은 그 기회를 이용하셔서, 그들을 그의 능력과 영광의 목격자와 증인들이 되게
하신다. 세례 요한의 출생은 특별하였기 때문에 이 때에 더 많은 사람들이 모여 왔
을 것은 의심의 여지가 없다. 그들은 자식이 없던 나이 든 여자가 갑자기 아이를
잉태한 것을 보게 된 것을 경이로운 일로 여겼었는데, 이제 그 아이가 태어났다는
소식을 들었을 때에 그들의 놀라움은 더욱 배가(倍加)되었다. 누가의 말로부터 우
리는 사람들이 자신의 아들들에 대한 할례를 자신의 집에서 행할 때에는 여러 사
람들을 모아 놓고 그렇게 하였다는 것을 알게 되는데, 그렇게 한 데에는 분명히 합
당한 이유가 있었다. 왜냐하면, 할례는 교회적으로 이루어지는 성례전이었으므로,
그것을 은밀하게 또는 사적으로 행하는 것은 합당한 일이 아니었기 때문이다.

눅 1:59. 그 아버지의 이름을 따라 사가랴라 하고자 하더니. 사람들의 이름은 원
래 하나님의 어떤 은밀한 역사(役事)를 나타내기 위해서 연관된 사건이나 예언적
인 영감을 따라서 붙여졌다는 것을 우리는 알고 있다. 오랜 시간이 지나서 사람들
의 이름이 아주 많아져서, 매번 새로운 이름을 만들어 내는 것이 불편하게 되자, 사

람들은 이전부터 있던 이름들을 다시 사용해서, 자신의 자녀의 이름을 그들의 조상의 이름을 따서 붙이게 되었다. 따라서 요한의 아버지 이전에도 이미 사가랴라는 이름을 지닌 사람들이 많았고, 그들은 아마도 "바라갸의 아들"(마 23:35)의 후손들이었을 것이다. 세상의 관습은 일반적으로 일종의 법으로 받아들여지기 때문에, 이 사람들도 이 아이의 이름을 당시의 관습을 따라 붙이고자 하였다. 우리는 이름들에 그 어떤 신성함이 깃들어 있다고 상상해서는 안 되지만, 사리가 밝은 사람이라면 믿는 자들은 경건하고 유익한 이름을 선택해야 마땅하다는 것을 부인하지 못할 것이다. 따라서 믿는 자들은 자신의 자녀들에게 교훈과 권면이 될 수 있는 이름을 붙이는 것이 마땅하기 때문에, 경건하지 않은 자들의 이름이 아니라 거룩한 조상들의 이름을 가져다가 붙여 주어서, 자신의 자녀들에게 그 조상들을 본받고자 하는 동기를 불러일으켜야 한다.

눅 1:60. 그 어머니가 대답하여 이르되. 엘리사벳이 영감을 받아서 이 말을 했는지는 확실하지 않다. 그러나 사가랴는 자기가 믿기를 주저해서 벌을 받았다는 것을 알았을 때에 아마도 천사가 이 아이의 이름과 관련해서 명령한 것(13절)을 서판에 써서 그의 아내에게 알려 주었을 가능성이 크다. 그가 그렇게 하지 않았다면, 엘리사벳은 하나님의 명령을 지킬 수 없었을 것이다. 왜 세례 요한에게 하나님의 권세로써 이런 이름이 주어졌는지에 대해서는 내가 이미 앞에서 설명한 바 있다. 친족들은 그 이유를 알지는 못했지만, 이 일이 기이하다는 느낌을 받아서, 이 일이 하나님의 어떤 목적이 개입됨이 없이 일어난 일이 아님을 짐작하였다.

눅 1:64. 이에 그 입이 곧 열리고. 하나님은 세례 요한의 아버지에게 말을 회복시켜 주심으로써 그의 선지자의 출생에 존귀함을 더하신다. 왜냐하면, 이 일이 요한의 출생의 날까지 연기된 것은 사람들의 눈을 세례 요한에게 고정시키기 위한 명백한 목적과 의도에서였다는 것은 의심의 여지가 있을 수 없기 때문이다. 사가랴는 "말을 하여 하나님을 찬송하였다." 그가 그렇게 한 것은 단지 그의 감사하는 마음을 나타내기 위한 것이 아니라, 이 벌이 그가 믿기를 주저하였기 때문에 그에게 온 것임을 그의 친족들과 이웃들에게 알려 주기 위한 것이었다. 왜냐하면, 그는 하나님께 영광을 돌리는 찬송과 자기가 저질렀던 부끄러운 일에 대한 고백을 함께 엮어서 제시하기를 부끄러워하지 않았기 때문이다. 이렇게 해서, 이 아이의 출생이 우연이나 통상적인 일이 아니라, 하늘로부터의 고지(告知)를 통해서 약속된 일이라는 것이 널리 알려지게 되었다.

눅 1:65. 다 두려워하고. 누가 말한 이 두려움은 사람들이 하나님의 권능을 감지하게 된 것에서 비롯되었다. 왜냐하면, 우리는 하나님의 역사(役事)들을 묵상할 때에 우리의 마음속에 경외심을 갖게 되어 두려워하지 않을 수 없게 되기 때문이다. 하나님은 우리를 즐겁게 해주시기 위해서가 아니라 사람들의 잠자고 있는 지각(知覺)을 깨우시기 위해서 이적들을 행하신다. 또한, 누가는 이 일에 대한 소문이 "온 유대 산골에 두루 퍼졌다"고 말한다. 그렇지만 하나님의 권능에 대한 일시적인 감화로부터 유익을 얻은 자는 그리 많지 않았다. 왜냐하면, 세례 요한이 가르치는 자로서의 자신의 직분을 수행하기 시작하였을 때에 그의 출생 때에 어떤 놀라운 이적들이 수반되었었는지를 기억하는 사람은 거의 없었기 때문이다. 하지만 하나님이 이 사건들에 대한 소문을 널리 퍼지게 하기로 정하신 것은 단지 그 소문을 들은 자들이 유익을 얻도록 하기 위한 것만이 아니라, 당시에 널리 알려졌던 이 이적의 확실성을 대대로 확고히 하시기 위한 것이었다. 하지만 우리는 여기에서 인간의 배은망덕을 여실히 드러내 주는 일을 본다. 왜냐하면, 사소하고 하찮은 일들은 우리의 마음속에 확고히 남는 반면에, 사람들에게 지속적으로 남아서 하나님의 은총들을 끊임없이 되새기게 만들어야 마땅한 일들은 금방 희미해져서 우리의 마음속에서 금세 사라지기 때문이다.

누가는 우둔한 사람들, 또는 하나님을 실제로 멸시하는 자들에 대하여 말하고 있는 것이 아니다. 왜냐하면, 그는 그들이 이 일들, 또는 "이 말"을 그들의 "마음에 두었다"고, 즉 그들이 이 일들을 마음에 새기려고 애를 썼다고 말하고 있기 때문이다. 일부 사람들은 아마도 계속해서 이 일들을 기억하였겠지만, 대다수의 사람들은 그들이 경험했던 그 두려움을 속히 떨쳐 버리고자 하였을 것이다. 우리가 주목할 것은 사람들은 그들이 본 이적들을 이 아이가 장차 큰 일을 하게 될 것을 보여주는 표징들로 해석함으로써 하나님의 의도를 결코 잘못 이해하지 않았다는 것이다. 왜냐하면, 앞에서 말했듯이, 세례 요한이 나중에 최고의 명성을 지니고서 무리 가운데에 나타나게 하고자 하시는 것이 하나님의 의도이셨기 때문이다. "주의 손이 그와 함께 하심이라." 이 말씀의 의미는 하나님의 은혜가 많은 일들에서 놀랍도록 가시적으로 나타나서, 세례 요한이 평범한 사람이 아니라는 것이 명백하게 나타났다는 것이다. 이것은 비유적인 표현으로서, 하나님의 능력이 마치 그의 손이 가시적으로 보여진 것처럼 강력하게 나타났기 때문에 누구나 다 하나님의 임재를 인정하지 않을 수 없었다는 것을 나타낸다.

⁶⁷그 부친 사가랴가 성령의 충만함을 받아 예언하여 이르되 ⁶⁸찬송하리로다 주 이스라엘의 하나님이여 그 백성을 돌보사 속량하시며 ⁶⁹우리를 위하여 구원의 뿔을 그 종 다윗의 집에 일으키셨으니 ⁷⁰이것은 주께서 예로부터 거룩한 선지자의 입으로 말씀하신 바와 같이 ⁷¹우리 원수에게서와 우리를 미워하는 모든 자의 손에서 구원하시는 일이라 ⁷²우리 조상을 긍휼히 여기시며 그 거룩한 언약을 기억하셨으니 ⁷³곧 우리 조상 아브라함에게 하신 맹세라 ⁷⁴우리가 원수의 손에서 건지심을 받고 ⁷⁵종신토록 주의 앞에서 성결과 의로 두려움이 없이 섬기게 하리라 하셨도다(눅 1:67-75).

눅 1:67. 사가랴가 성령의 충만함을 받아. 우리는 최근까지 이 어구를 하나님의 종들이 다른 때에도 성령의 은혜를 받지 않은 것은 아니었지만 지금 더 풍성히 받게 되었다는 것을 의미하는 것으로 설명하여 왔다. 따라서 우리는 성령이 선지자들에게 주어졌다는 것을 읽는다: 다른 때에 그들에게 성령이 없었던 것은 아니지만, 하나님의 손이 그들을 무리 가운데 세우셔서 그들의 직분을 행하게 하실 때에는 성령의 능력이 그들 속에서 더욱 충만하게 활동하였다. 그러므로 우리는 "사가랴가 성령의 충만함을 받아"와 "예언하여"라는 두 어구를 누가가 연결시키고 있는 방식을 주목하여야 한다. 이것은 하나님의 감동(感動)이 이 때에 사가랴에게 비상(非常)한 정도로 임하였고, 그 결과 그는 일반 사람이나 사적인 개인으로서 말하는 것이 아니라, 그가 한 모든 말은 하늘의 가르침이 되었다는 것을 의미한다. 바울도 예언을 성령과 연결시킨다: "성령을 소멸하지 말며 예언을 멸시하지 말고"(살전 5:19-20). 이것은 가르침을 멸시하는 것은 "성령"의 빛을 "소멸하는" 것임을 우리에게 가르쳐 준다. 사가랴가 아홉 달 동안이나 누리지 못하였던 말하는 능력을 회복했을 뿐만 아니라, 그의 혀가 성령의 도구가 된 것은 하나님의 선하심을 보여주는 주목할 만한 예였다.

눅 1:68. 찬송하리로다 주 하나님이여. 사가랴는 감사를 드리는 것으로 시작해서, 예언의 영에 사로잡혀 교회의 안전과 형통이 달려 있었던 것, 즉 하나님이 전에 약속하셨던 구속(救贖)이 그리스도 안에서 성취될 것임을 알린다. 온 세상을 통치하시는 "주 하나님"이 여기에서 "이스라엘의 하나님"으로 불리는 이유는 그 다음에 이어지는 내용, 즉 구속주가 아브라함의 자손에게 특별한 방식으로 약속되었다는 말씀을 통해서 더욱 분명하게 드러나게 될 것이다. 하나님은 사가랴가 지금 말하고자 하는 그의 언약을 오직 한 민족에게 맡기셨었기 때문에, 그 구원의 은혜를 특별한 방식으로, 또는 어쨌든 가장 먼저 받게 되어 있던 이스라엘 민족의 이름을 언급하신 것은 합당한 일이다.

'에페스켑사토'(ἐπεσκέψατο, "돌보사")라는 단어는 암묵적인 대비를 내포하고 있다. 왜냐하면, 하나님은 아브라함의 패역한 자손들에게서 한동안 그의 얼굴을 돌리셨었기 때문이다. 그들은 그토록 깊은 재앙에 잠겨 있었고, 그토록 무수한 환난과 고통에 의해서 압도당해 왔었기 때문에, 하나님이 다시 그들을 돌보실 것이라는 기대를 품은 자는 아무도 없었다. 누가는 사가랴가 말하는 하나님의 돌아보심 또는 권고(眷顧)하심이 바로 구속(救贖)의 원인이자 기원이라고 선언한다. 여기에 나오는 말씀은 다음과 같이 풀 수 있다: 하나님은 "그 백성을 속량하시려고 돌아보셨다(ἐπεσκέψατο-에페스켑사토)." 하나님이 속량하시는 자들은 포로 된 자들임에 틀림없고, 이 속량은 성격상 영적인 것이기 때문에, 이 구절로부터 우리는 거룩한 조상들조차도 오직 그리스도의 은혜로 말미암아 죄의 멍에와 사망의 독재로부터 자유롭게 되었다는 결론을 이끌어 낼 수 있다. 왜냐하면, 성경에서는 하나님이 그리스도를 그의 택하신 거룩한 백성을 위하여 구속주로 보내셨다고 말하기 때문이다. 그러나 구속(救贖) 또는 속량(贖良)이 그리스도께서 육신을 입고 나타나신 때에 이루어졌다고 한다면, 그가 세상에 오시기 전에 죽은 신자들은 그들의 "평생 동안" 죄와 사망의 종들이었다는 결론이 나온다는 반론이 제기될 수 있지만, 그런 반론은 너무나 어처구니없는 것이다. 이 반론에 대한 나의 답변은 그리스도 안에서 나타난 저 구속의 능력과 효력은 모든 세대에서 동일하였다는 것이다.

눅 1:69. 구원의 뿔을 일으키셨으니. 구원의 뿔은 구원의 능력을 말한다. 왜냐하면, 다윗의 위(位)가 내쳐지고 백성들이 흩어졌을 때에 구원의 소망은 어느 모로 보나 완전히 사라져 버렸었기 때문이다. 사가랴는 상황이 암울하고 절망적이 되었다고 느껴질 때에 갑자기 부흥의 역사(役事)가 일어나게 될 것이라는 선지자들의 예언들을 간접적으로 인용하고 있다. 이러한 표현 방식은 "내가 거기서 다윗에게 뿔이 나게 할 것이라 내가 내 기름 부음 받은 자를 위하여 등을 준비하였도다"(시 132:17)라는 말씀에서 빌려온 것이다. 그러나 하나님이 우리를 구원하시기 위한 그의 능력을 오직 그리스도 안에서 나타내셨다면, 하나님으로부터 구원을 얻고자 하는 우리에게는 하나님이 정하신 그 방법을 따르는 것 외에 달리 방법이 없다. 또한, 우리가 주목할 것은 이 뿔은 믿는 자들에게는 구원을 가져다주지만, 경건하지 않은 자들에게는 공포를 가져다주어 흩어지게 하거나 상하여 엎드러지게 한다는 것이다.

눅 1:69. 그 종 다윗의. 다윗의 이름이 구체적으로 거명된 것은 단지 그가 다른 경건한 자들처럼 하나님을 경배하였기 때문만이 아니라, 그는 하나님의 백성을 통치하고 구원하기 위하여 하나님의 택함받은 종이어서, 그의 후계자들과 더불어서 그리스도의 인격과 직임을 대표하는 인물이었기 때문이다. 당시에 유대인들 가운데서 왕국의 흔적은 전혀 남아 있지 않았지만, 사가랴는 하나님의 약속들에 의지해서, 하나님이 장차 올 구원의 모형으로 사용하신 다윗을 하나님의 종이라 부르는 것을 주저하지 않는다. 지금 우리를 다스리시기 위하여 그리스도의 보좌가 우리 가운데에 세워져 있기 때문에, 하나님이 실제로 우리에게 그리스도를 구원의 근원으로 정하셨다는 것은 너무나 분명한 일이다.

눅 1:70. 주께서 말씀하신 바와 같이. 사람들이 그리스도로 말미암아 이루어진 구원은 전혀 듣지도 보지도 못한 일이어서 의심스럽다고 생각할까봐, 사가랴는 서로 다른 시기에 세우심을 받았으면서도 구원은 오직 그리스도로부터 오게 되어 있다고 한 목소리로 가르친 모든 선지자들을 증인들로 내세운다. 또한, 전에 약속하셨던 일을 이행하시고 성취하신 하나님의 참되심과 신실하심을 송축하는 것이 사가랴의 유일한 목적이 아니었다. 오히려, 그의 목적은 신자들의 이목을 옛적의 예언들로 집중시켜서, 그들로 하여금 선지자들이 처음부터 증언하였고 지금 그들에게 제시된 구원을 더 큰 확신과 기쁜 마음으로 받아들일 수 있게 하는 것이었다. 그리스도께서 모든 선지자들의 증언으로 장식되신 채로 나타나셨기 때문에, 그리스도를 믿는 우리의 믿음은 진정으로 견고한 토대 위에 서 있는 것이다.

사가랴는 선지자들의 예언들이 더 큰 권위와 경외감을 획득하도록 하기 위해서 그들을 "거룩한 선지자들"이라 부른다. 그들은 하찮은 또는 평범한 증인들이 아니라, 하나님의 권위에 의해서 일반 사람들로부터 구별되어 공적인 사명을 감당하였던 최고의 반열에 속한 인물들이었다. 각각의 선지자들이 그리스도에 대하여 어떻게 증언하였는지를 세세하게 살펴보고자 한다면, 우리는 하나의 긴 학술 논문을 써야 할 것이다. 그러므로 현재로서는 선지자들은 모두 한결같이 하나님이 백성들에게 장차 은혜를 베푸실 것인데, 백성들의 소망은 전적으로 그리스도에 토대를 둔 하나님과 그들 간의 저 언약에 달려 있다는 것을 밝힘으로써, 그리스도 안에서 나타날 장래의 구속에 대하여 충분히 명확하게 말하고 있다는 것만을 지적하는 것으로 충분할 것이다. 선지자들의 글 속에는 그리스도에 관하여 알기 어렵고 애매모호한 예언들을 담고 있는 것이 아니라 손가락으로 분명하게 그리스도를 가리키고 있는 구절들이 많이 나온다. 그러나 우리가 그런 구절들에 관심을 갖는 주된 이유는 하나님의 언약 때문이다. 왜냐하면, 유대인들이 성경의 주된 취지를 떠나서 오로지 단어들을 연구하는 일에 몰두한 결과로 성경을 읽을 때에 형편없이 헤매고 있는 것처럼, 하나님의 언약을 소홀히 여겨서 간과하는 자는 선지자들의 글에 나오는 그 어떤 것도 결코 이해하지 못할 것이기 때문이다.

눅 1:71. 우리 원수에게서 구원하시는 일이라. 사가랴는 그리스도의 능력과 직임을 더 분명하게 설명한다. 그리스도께서 우리에게 무엇을 주시는지를 알지 못한다면, 하나님이 우리에게 그리스도를 주셨다는 것을 안다고 해도, 그것은 별 유익이 없거나 전혀 유익이 없을 것이 분명하다. 이런 이유로 사가랴는 하나님이 구원의 뿔을 일으키신 목적을 좀 더 자세하게 진술하는데, 그것은 믿는 자들이 그들의 원수들에게서 구원을 얻게 하시기 위함이라는 것이다. 의심할 여지 없이, 사가랴는 하나님의 교회의 주된 전쟁은 혈과 육에 대한 것이 아니라, 우리를 영원히 멸망시키고자 애쓰는 사탄과 그의 모든 군대에 대한 것임을 잘 알고 있었을 것이다. 교회도 외부의 적들의 공격을 받고 그리스도에 의해서 그 적들로부터 건짐을 받기도 하지만, 그리스도의 나라는 영적인 나라이기 때문에, 현재의 본문이 말하고 있는 것은 주로 이 세상의 임금인 사탄과 그의 모든 군대에 대한 것이다. 또한, 이것은 우리의 관심을 그리스도 밖에 있는 사람들의 비참한 상태, 즉 마귀의 폭정(暴政) 아래에서 엎드려져 신음하는 자들을 향하게 만든다. 만약 마귀의 폭정 속에 있는 것이 비참한 것이 아니라면, 그리스도께서 자기 백성을 마귀의 손에서, 곧 마귀의 세력에서 구원하실 이유가 없을 것이다. 이 구절은 교회가 이 세상에서 순례를 계속하는 한 적들 가운데서 살아갈 수밖에 없고, 그리스도께서 언제든지 도움의 손길을 뻗치실 준비를 하고 계시지 않는다면, 교회는 그 적들의 폭력 앞에서 무너지게 될 수밖에 없다는 것을 우리에게 일깨워 준다. 그러나 그리스도의 은혜는 헤아릴 수 없이 크기 때문에, 우리는 사방으로 원수들에 의해서 에워싸인다고 할지라도 요동치 않는 확실한 구원을 누릴 수 있다. "우리 원수에게서의 구원"이라는 표현 방식은 거칠어 보이기는 하지만, 그 의미는 분명하다. 그 어떠한 음모나 세력이나 간계나 공격도 우리가 "여호와께" 그것들로부터 구원 받아서 "영원한 구원을 얻는" 것을 방해하지 못할 것이다(사 45:17).

눅 1:72. 긍휼히 여기시며. 사가랴는 구속(救贖)이 흘러나오는 원천, 즉 하나님의 "긍휼하심"과 은혜로우신 "언약"을 또다시 지적한다. 그는 하나님이 자기 백성을 구원하시기를 기뻐하신 이유를 설명한다. 그것은 하나님이 그의 약속을 기억하시고서 그의 긍휼하심을 나타내셨기 때문이었다. 사가랴는 하나님이 자신의 "언약을 기억하셨다"고 말한다. 왜냐하면, 저 오랜 세월 동안 하나님은 자기 백성으로 하여금 아주 무거운 재난들의 무게 아래에서 신음하도록 허락하심으로써 마치 약속을 잊어 버리신 것처럼 보이셨기 때문이다. 우리는 다음과 같은 순서를 주의 깊게 주목하여야 한다. 먼저, 하나님은 순전한 긍휼하심으로 말미암아 조상들과 언약을 맺으셨다. 다음으로, 하나님은 사람들의 구원을 하나님 자신의 말씀과 연결시키셨다. 세 번째로, 하나님은 그리스도 안에서 모든 복을 나타내심으로써, 자신의 모든 약속이 참되다는 것을 확증하셨다. 실제로 우리가 그리스도 안에서 하나님의 약속들이 성취된 것을 볼 때에만, 그 약속들이 참되다는 것이 우리에게 확증된다. 언약 안에서 약속된 죄 사함의 약속은 그리스도의 피로 말미암아 성취되고, 약속된 의(義)는 그리스도의 대속으로 말미암아 주어지며, 약속된 생명은 오직 그리스도의 죽음과 부활 속에서만 찾아질 수 있다. 이것은 하나님이 옛적에 율법 책에 희생제물의 피를 뿌리라고 명하신 이유이기도 하다(출 24:8; 히 9:19-20). 또한, 우리가 주목할 만한 것은 사가랴가 자기 시대에 "이루어진" 긍휼하심이 이미 죽은 조상들에게 미쳐서 그 조상들도 그 결과들에 동일하게 참여하게 되었다고 말하고 있다는 점이다. 그러므로 그리스도의 은혜와 능력은 결국은 사라지고 말 인생(人生)의 좁은 범위 내로 국한되는 것이 아니라, 영원한 것이어서 육신의 죽음으로 끝나지 않는다는 결론이 나온다. 왜냐하면, 영혼은 육신이 죽은 후에도 살아남아 있고, 육신이 죽는다고 하여도 결국 그 뒤에 부활이 뒤따르기 때문이다. 아브라함을 비롯해서 그 어떤 성도도 자신의 힘이나 공로로 구원을 얻을 수 없었던 것과 마찬가지로, 산 자든 죽은 자든 모든 믿는 자들에게 그 동일한 구원은 그리스도 안에서 나타났다.

눅 1:73. 맹세. 영역본에서 전치사 " — 를 따라"로 번역된 단어가 헬라어 원문에는 없다(칼빈이 사용한 역본에는 이 어구가 "우리 조상 아브라함에게 하신 맹세를 따라"로 되어 있다 — 역주). 그러나 대격(對格) 명사가 절대적인 용법으로 사용된 경우에는 그 대격을 지배하는 전치사가 생략된 것으로 보는 것이 언어의 통상적인 어법이다. 여기에서 맹세가 언급된 것은 하나님의 참되심의 견고함과 신성함을 더욱 강

조하기 위한 것이다. 왜냐하면, 하나님은 우리의 연약함을 고려하셔서 우리에게
힘을 더해 주시기 위하여 자신의 이름을 두고 맹세하실 정도로 지극히 겸비하시기
때문이다. 하나님이 하신 약속들이 우리에게 잘 믿어지지 않는다고 하여도, 우리
는 적어도 그 약속들을 거듭 확증해 주시는 하나님의 맹세를 기억하고서 그 약속
들을 믿어야 한다. 그런데도 우리에게서 의심이 말끔히 가시지 않는다면, 우리는
하나님에 대하여 극악무도한 배은망덕을 범하고, 하나님의 거룩하신 이름을 욕되
게 한 책임을 지게 될 것이다. "우리로 하여금 [다음과 같이] ― 하게 하시기 위하
여"(개역에서는 번역되지 않았다 ― 역주). 사가랴는 하나님의 언약의 몇몇 내용들을 열
거하는 것이 아니라, 하나님이 자기 백성에게 이렇게 인자하심과 긍휼하심을 베푸
시는 목적은 그들을 구속하시는 데에 있다는 것을 보여준다.

눅 1:74. 우리가 원수의 손에서 건지심을 받고. 하나님의 목적은 그들로 하여금
속량을 받은 후에 스스로를 구별하여 그들의 구원의 근원이신 분에게 전적으로 드
리게 하는 것이었다. 인간의 구원을 가져온 실효적(實效的) 원인이 하나님의 무조
건적인 선하심이었다면, 그 최종적인 목적은 사람들로 하여금 경건하고 거룩한 삶
을 통해서 하나님의 이름을 영화롭게 하게 하기 위한 것이다. 우리는 우리의 부르
심을 기억하고서, 하나님의 은혜를 합당하게 사용하는 법을 배우기 위해서는, 이
점을 명심할 필요가 있다. 우리는 다음과 같은 말씀들을 묵상하여야 한다: "하나님
이 우리를 부르심은 부정하게 하심이 아니요 거룩하게 하심이니"(살전 4:7); 우리
는 "그리스도의 보배로운 피로"(벧전 1:19) "값으로 산 것이 되었으니"(고전 6:20),
이는 우리로 하여금 "육체의 정욕"(벧후 2:18)을 따라 살거나 고삐 풀린 방탕함에
빠져 살지 않고, 오직 우리 안에서 그리스도께서 다스리시게 하기 위한 것이다. 하
나님은 우리로 하여금 자녀로서 아버지께 순종하도록 하시기 위하여 우리를 양자
로 삼으셔서 하나님의 권속이 되게 하신다. 왜냐하면, "우리 구주 하나님의 자비와
사람 사랑하심(φιλανθρωπία-'필란드로피아')"(딛 3:4)이 "모든 사람에게 나타나 우
리를 양육하시되 경건하지 않은 것과 이 세상 정욕을 다 버리고 신중함과 의로움
과 경건함으로 이 세상에 살게"(딛 2:11-12) 하셨기 때문이다. 그래서 바울은 믿는
자들에게 "구습을 따르는 옛 사람을 벗어 버리고"(엡 4:22) 스스로를 구별하여 "새
생명 가운데서"(롬 6:4) 하나님께 "영적 예배"를 드리라고 강력하게 권면하고자 할
때에 "하나님의 모든 자비하심으로" 그들을 "권한다"(롬 12:1). 성경은 우리가 하나
님의 이러한 목적을 따르지 않는다면, 그것은 그리스도의 "은혜를 폐하는"(갈 2:21)

것임을 보여주는 말씀들로 가득 차 있다.

눅 1:75. 두려움이 없이 섬기게 하리라. 우리는 이 말씀에 주목할 필요가 있다. 왜냐하면, 이 말씀은 우리가 마음의 평안함 없이는 하나님을 합당하게 섬길 수 없다는 의미를 내포하고 있기 때문이다. 하나님이 그들에게 호의적이신지 적대적이신지, 하나님이 그들의 섬김을 받으시는지 거부하시는지에 대하여 불안해하며 내적인 갈등을 겪는 자들, 즉 한 마디로 말해서 확신을 갖지 못하고 소망과 두려움을 왔다갔다하며 요동하는 자들은 종종 하나님을 섬기려고 애를 쓰기는 하겠지만, 결코 진심으로 또는 정직하게 하나님을 섬기지는 못한다. 그들을 놀라게 하거나 두려워하게 하는 일이 벌어지면 그들은 겁에 질려서 하나님에게서 등을 돌리고 만다. 그러므로 가능하기만 하다면, 그들은 "하나님이 없다"는 것이 사실이기를 바란다(시 14:1). 그러나 우리는, 기쁜 마음으로 자원해서 드려지지 않는 제사는 하나님께 열납(悅納)될 수 없다는 것을 안다. 다윗이 "사유(赦宥)하심이 주께 있음은 주를 경외하게 하시기"(시 130:4) 위한 것이라고 말했듯이, 사람들이 하나님을 진정으로 예배하고 섬기기 위해서는 먼저 양심의 평안을 얻지 않으면 안 된다. 왜냐하면, 하나님은 사람들이 자원해서 그 앞에 나아와서 기쁜 마음으로 그를 섬길 수 있도록 먼저 그들에게 평안을 주셔서 그에게 오라고 초청하시기 때문이다. 그런 까닭에, 바울은 이것으로부터 "믿음을 따라 하지 아니하는 것은 다 죄니라"(롬 14:23)는 공리(公理)를 이끌어 낸다. 그러나 하나님은 그리스도 안에서 사람들과 화해하시고, 그의 보호하시는 손길을 통해서 그들을 모든 두려움에서 안전하게 지키시며, 그들의 구원을 직접 그의 손으로 보호하시기 때문에, 우리가 하나님의 은혜로 말미암아 두려움에서 건짐을 받게 될 것이라고 사가랴가 선포한 것은 옳다. 그래서 선지자들은 하나님의 통치의 특징을 "각 사람이 자기 포도나무 아래와 자기 무화과나무 아래에 앉을 것이라 그들을 두렵게 할 자가 없으리니"(미 4:4)라는 말씀으로 표현한다.

눅 1:75. 성결과 의로. 하나님이 선한 삶의 규범을 "돌판 둘"에 요약하여 기록해 놓으셨듯이(출 31:18; 34:1), 사가랴는 여기에서 우리의 삶이 "성결과 의"로 되어 있을 때에 우리는 하나님을 올바르게 섬기는 것이라고 선언한다. 의심할 여지 없이, "성결"은 율법의 첫 번째 돌판에 적혀 있는 경건과 관련된 책무들을 가리키고(플라톤조차도 이것을 알고 있었다), "의"는 자비(慈悲)와 관련된 모든 책무들을 가리킨다. 하나님은 우리 각자가 마땅히 해야 할 것들 외에 다른 것을 율법의 두 번째 돌판에서 우리에게 요구하지 않으신다. "주의 앞에서"라는 어구가 덧붙여진 것은 우리의 삶이 사람들의 눈에 올바르게 보여지고, 우리의 손과 발과 온 몸이 온갖 종류의 분명한 악을 저지르지 않는다고 해서, 그것으로 충분한 것이 아니고, 성결의 모양들로 만족하지 않으시고 무엇보다도 먼저 우리의 마음을 살피시는 하나님 앞에서 그의 뜻을 따라 우리가 살아야 한다는 것을 믿는 자들에게 교훈하시기 위한 것이다. 끝으로, 사람이 일정 기간 동안 하나님을 섬겼다고 해서 자신의 책무들이 다 끝났다고 생각하지 못하도록 하기 위하여, 사가랴는 하나님은 사람들로 하여금 "종신토록" 계속해서 그를 섬기게 하려는 목적으로 그들을 속량하신 것이라고 선언한다. 속량하심은 영원한 것이기 때문에, 그 속량하심을 기억하는 것도 결코 일시적인 것이 되어서는 안 된다는 것은 분명하다. 하나님은 사람들을 양자로 삼으셔서 영원토록 그의 권속이 되게 하신 것이기 때문에, 하나님에 대한 그들의 감사들도 일시적이거나 단기간의 것으로 끝나서는 안 된다. 한 마디로 말해서, 그들을 위하여 "그리스도께서 죽었다가 다시 살아나셨으니," 그가 "죽은 자와 산 자의 주"가 되셔야 하는 것은 합당한 일이다(롬 14:9). 그래서 바울은 내가 앞서 인용한 구절 속에서 하나님이 우리로 하여금 "신중함과 의로움과 경건함으로 이 세상에 살고 복스러운 소망과 우리의 크신 하나님 구주 예수 그리스도의 영광이 나타나심을 기다리게 하셨으니 그가 우리를 대신하여 자신을 주심은 모든 불법에서 우리를 속량하시고 우리를 깨끗하게 하사 선한 일을 열심히 하는 자기 백성이 되게 하려 하심이라"(딛 2:12-14)고 말한다.

76이 아이여 네가 지극히 높으신 이의 선지자라 일컬음을 받고 주 앞에 앞서 가서 그 길을 준비하여 77주의 백성에게 그 죄 사함으로 말미암는 구원을 알게 하리니 78이는 우리 하나님의 긍휼로 인함이라 이로써 돋는 해가 위로부터 우리에게 임하여 79어둠과 죽음의 그늘에 앉은 자에게 비치고 우리 발을 평강의 길로 인도하시리로다 하니라 80아이가 자라며 심령이 강하여지며 이스라엘에게 나타나는 날까지 빈 들에 있으니라(눅 1:76-80).

눅 1:76. 이 아이여 네가. 사가랴는 여기에서 다시 그리스도의 은혜를 칭송하는 것으로 되돌아가지만, 이번에는 그의 아들이 가르치는 자로서의 직분을 임명받았다는 것을 짤막하게 서술하는 것을 통해서 그리스도의 은혜를 칭송한다. 이제 겨우 팔일밖에 안 되었기 때문에 그의 아들에게서 선지자로서의 자질이 아직 나타나 지는 않았지만, 사가랴는 그 아이에게 두어진 하나님의 뜻을 바라보면서, 그것을 마치 이미 알려진 일처럼 얘기한다. "일컬음을 받고"는 여기에서 공개적으로 하나 님의 선지자로 인정을 받게 되는 것을 의미한다. 하나님의 은밀한 부르심은 이미 일어났다. 이제 남은 일은 그 부르심의 성격이 사람들에게 분명하게 나타나는 것 뿐이었다. 그러나 "선지자"라는 명칭은 일반적인 것이기 때문에, 사가랴는 천사가 그에게 보여준 계시를 따라서 그의 아들이 그리스도의 행차를 알리는 전령(傳令) 이 될 것이라고 선포한다. 사가랴는 "네가 주 앞에 앞서 갈" 것이라고 말한다. 즉, 그의 아들이 하나님의 말씀을 선포하여 사람들의 마음을 돌려놓아 주의 말씀을 듣 게 하는 직임을 수행하게 되리라는 것이다. 세례 요한이 그의 사역을 거의 끝마칠 무렵에 자기는 하나님의 선지자가 아니라고 단언한 이유에 대해서(요 1:21) 나는 적절한 곳에서 설명할 것이고, 그가 어떤 식으로 주의 길을 준비하였는지에 대해 서도 우리는 나중에 살펴보게 될 것이다.

눅 1:77. 구원을 알게 하리니. 사가랴는 이제 여기에서 "구원의 지식"이라는 것 이 "죄 사함"으로 말미암는 것이라고 말함으로써 복음의 주된 주제를 건드린다. 우 리는 모두 "본질상 진노의 자녀"(엡 2:3)이기 때문에, 본래 정죄를 받아 멸망에 이 르는 것이 당연한 일이다. 우리가 정죄를 받는 것이 마땅한 이유는 우리는 우리가 저지르는 불의에 대하여 책임이 있기 때문이다. 그러므로 "하나님께서 그리스도 안에 계시사" 우리를 "자기와 화목하게 하시며" 우리의 "죄를" 우리에게 "돌리지 아 니하시는"(고후 5:19) 일이 일어나지 않았다면, 우리에게는 영원한 죽음을 피할 도 리가 전혀 없다. 이것이 하나님 앞에서 우리에게 남아 있는 유일한 의(義)라는 것 은 사가랴의 말로부터 쉽게 도출될 수 있다. 왜냐하면, 의로부터가 아니면 그 어디 로부터도 구원이 올 수 없기 때문이다. 그러나 하나님의 자녀가 "죄 사함으로 말미 암지" 않고는 "구원을 아는 지식"을 얻을 수 있는 다른 길이 없다면, 의는 그 어떤 다른 곳에서 찾아져서는 안 된다는 결론이 나온다. 교만한 자들은 선행으로 인한 공로로부터 의를 인위적으로 위조해서 만들어 내고자 한다. 참된 의는 하나님의 값없이 주시는 은혜로 말미암아 우리가 모든 죄책(罪責)에서 사함을 받을 때에 이 루어지는 의의 전가(imputatio)에 다름 아니다. 또한, 우리가 주목해야 할 것은 사 가랴는 "약속의 언약들에 대하여 외인(外人)"인 자들(엡 2:12)에 대해서가 아니라 하나님의 백성에 대하여 말하고 있다는 것이다. 따라서 의는 죄 사함에 의해서 개시될 뿐만 아니라, 믿는 자들이 끝까지 하나님 앞에서 의로운 것은 이 전가(轉嫁)에 의한 것이라는 결론이 나온다. 왜냐하면, 그들은 한시라도 하나님이 거저 주신 화해를 의지함이 없이 다른 방법으로는 하나님의 법정에 서서 무사할 수 없기 때문이다.

눅 1:78. 긍휼로 인함이라. 사가랴는 이토록 큰 은총을 베푸신 하나님의 긍휼하심을 칭송하고, 단지 그것을 그리스도로 말미암아 주어진 구원이라고 부르는 것으로 만족하지 않고, 더 강력한 표현을 사용해서, 그 구원이 하나님의 심중 깊은 곳에 자리 잡고 있는 긍휼하심으로부터 나온 것이라고 말하고 있는데, 이것은 지극히 합당하다. 그런 후에, 사가랴는 하나님의 크신 긍휼하심으로 말미암아 어둠 가운데에 앉아 있던 자들에게 빛이 비친 것이라고 우리에게 은유적으로 말한다. 이 구절의 라틴어 역본에서 '오리엔스'(oriens)는 분사가 아니라 명사이다. 왜냐하면, 이 라틴어에 해당하는 헬라어 '아나톨레'(ἀνατολὴ, 개역에서는 "돋는 해"로 번역됨)는 서방과 대비되는 동방을 의미하기 때문이다. 사가랴는 사망의 어둠을 몰아내시고 생명의 빛을 자기 백성에게 회복시키신 하나님의 긍휼하심을 칭송한다. 이런 식으로, 우리의 구원이 주제가 될 때마다, 우리는 우리의 마음을 들어서 하나님의 긍휼하심을 묵상하는 것이 마땅한 일이다. 이 구절 속에는 "공의로운 해"(또는, "의의 해")라 불리는 그리스도께서 "떠올라서 치료하는 광선을 비추실" 것이라고 말하는 말라기의 예언(말 4:2)에 대한 간접 인용이 있는 것으로 보인다.

눅 1:79. 어둠에 앉은 자에게 비치고. 빛과 어둠과 관련해서 이사야서에는 "흑암에 행하던 백성이 큰 빛을 보고 사망의 그늘진 땅에 거주하던 자에게 빛이 비치도다"(사 9:2)라는 말씀을 비롯해서 이와 비슷한 표현들이 많이 나온다. 이 말씀은 이 세상에서 그리스도의 밖에는 생명을 주는 빛이 없고, 모든 것이 무시무시한 사망의 어둠에 뒤덮여 있다는 것을 보여준다. 따라서 또 다른 구절에서 이사야는 이 특권이 오직 교회에만 특별히 주어져 있다고 증언한다: "보라 어둠이 땅을 덮을 것이며 캄캄함이 만민을 가리려니와 오직 여호와께서 네 위에 임하실 것이며 그의 영광이 네 위에 나타나리니"(사 60:2).

그러나 믿음으로 말미암아 그 마음에 항상 여호와의 빛이 비치고 있던 이스라엘 백성에 대하여 그들이 "죽음의 그늘에 앉은" 자들이라고 말하는 것이 과연 맞는 말이라 할 수 있는가? 이 질문에 대한 나의 답변은, 율법 아래 살았던 경건한 자들은 사방으로 사망의 어둠에 둘러싸여 있는 가운데에, 그들이 현재의 사망에 의해서 압도당하는 것을 막아주는 빛이 되신 그리스도가 오시는 것을 멀리서 바라보고 힘을 얻었다는 것이다. 사가랴는 자기 시대의 참담한 상황을 염두에 두고 이 말을 한 것일 수도 있지만, 그리스도께서 오심으로 말미암아 지금까지 살았거나 앞으로 살게 될 모든 경건한 자들에게 생명의 빛이 비치게 되었다는 것 ─ 그 빛은 죽은 자들 위에도 비쳤기 때문에 ─ 은 보편적인 진리이다. "앉아" 있다는 것은 "누워 있다"는 것과 동일한 의미이다. 따라서 이사야는 교회를 향하여 "일어나라 이는 네 빛이 이르렀음이니라"(사 60:1)고 명한다.

눅 1:79. 우리 발을 인도하시리로다. 사가랴는 이 표현을 통해서 모든 뛰어난 것과 복된 것 중에서 가장 완전한 것들은 오직 그리스도 안에서만 발견될 수 있다는 것을 보여준다. "평강"이라는 단어는 여기에서 문자적인 의미로 해석해도 부적절하지는 않다. 왜냐하면, 그리스도로 말미암아 오는 빛은 사람들의 마음을 평안하게 해주기 때문이다. 그러나 히브리어 '샬롬'(שלום, "평강")은 온갖 종류의 형통함을 다 가리키기 때문에, 사가랴는 우리가 그리스도 안에 있을 때에 온전히 복되다는 확신 속에서 우리로 하여금 행여라도 다른 곳에서 복 같은 것을 찾을 생각을 하지 말고, 오직 그리스도만 의지하도록 하기 위해서, 그리스도를 온전한 복의 근원으로 묘사하고자 하였다는 것을 나는 의심하지 않는다. "다시는 낮에 해가 네 빛이 되지 아니하며 달도 네게 빛을 비추지 않을 것이요 오직 여호와가 네게 영원한 빛이 되며 네 하나님이 네 영광이 되리니"(사 60:19)라는 이사야의 말씀도 이런 취지이다. 사가랴는 그의 아들인 세례 요한이 아직 아기였을 때에 단지 그를 보기만 하고서도 아직 태어나지도 않은 그리스도의 은혜와 능력을 이토록 고상한 언어로 찬양하였다는 것을 생각할 때, 그리스도께서 죽었다가 부활하여 승천하셔서 성부 하나님의 오른편에 앉아 계신 지금에 있어서 우리가, 태중에 계실 때에 성령의 증거를 받은 그리스도 및 그의 능력에 대하여 불경(不敬)스럽게 말한다면, 그것은 얼마나 배은망덕한 일이겠는가? 우리는 내가 앞서 이미 말한 것, 즉 사가랴는 자기가 원해서가 아니라 하나님의 성령이 그의 혀를 주장하시는 대로 말한 것임을 명심하여야 한다.

눅 1:80. 아이가 자라며. 이 말은 누가가 이야기의 실마리를 계속해서 이어가기 위하여 덧붙인 것이다. 먼저, 누가는 요한의 "심령이 강하여졌다"고 말하는데, 이것은 이 아이의 비범함은 그의 안에 성령이 내주하고 있음을 보여주는 증거였다는 것을 의미한다. 다음으로, 누가는 요한이 사람들에게 "나타나는 날까지," 즉 하나님이 그를 사람들 앞에 나서게 하시기로 정하신 날까지 누구의 눈에도 띄지 않은 채로 광야에 머물렀다고 우리에게 말해준다. 그런 까닭에, 우리는 요한이 자신의 소명(召命)을 잘 알고 있었지만, 하나님이 정하신 때 이전에는 사람들 앞에 나서지 않고, 하나님의 부르심을 기다렸다는 결론을 내리게 된다.

[1]아브라함과 다윗의 자손 예수 그리스도의 계보라 [2]아브라함이 이삭을 낳고 이삭은 야곱을 낳고 야곱은 유다와 그의 형제들을 낳고 [3]유다는 다말에게서 베레스와 세라를 낳고 베레스는 헤스론을 낳고 헤스론은 람을 낳고 [4]람은 아미나답을 낳고 아미나답은 나손을 낳고 나손은 살몬을 낳고 [5]살몬은 라합에게서 보아스를 낳고 보아스는 룻에게서 오벳을 낳고 오벳은 이새를 낳고 [6]이새는 다윗 왕을 낳으니라 다윗은 우리야의 아내에게서 솔로몬을 낳고 [7]솔로몬은 르호보암을 낳고 르호보암은 아비야를 낳고 아비야는 아사를 낳고 [8]아사는 여호사밧을 낳고 여호사밧은 요람을 낳고 요람은 웃시야를 낳고 [9]웃시야는 요담을 낳고 요담은 아하스를 낳고 아하스는 히스기야를 낳고 [10]히스기야는 므낫세를 낳고 므낫세는 아몬을 낳고 아몬은 요시야를 낳고 [11]바벨론으로 사로잡혀 갈 때에 요시야는 여고냐와 그의 형제들을 낳으니라 [12]바벨론으로 사로잡혀 간 후에 여고냐는 스알디엘을 낳고 스알디엘은 스룹바벨을 낳고 [13]스룹바벨은 아비훗을 낳고 아비훗은 엘리아김을 낳고 엘리아김은 아소르를 낳고 [14]아소르는 사독을 낳고 사독은 아킴을 낳고 아킴은 엘리웃을 낳고 [15]엘리웃은 엘르아살을 낳고 엘르아살은 맛단을 낳고 맛단은 야곱을 낳고 [16]야곱은 마리아의 남편 요셉을 낳았으니 마리아에게서 그리스도라 칭하는 예수가 나시니라 [17]그런즉 모든 대 수가 아브라함부터 다윗까지 열네 대요 다윗부터 바벨론으로 사로잡혀 갈 때까지 열네 대요 바벨론으로 사로잡혀 간 후부터 그리스도까지 열네 대더라(마 1:1-17).

[23]예수께서 가르치심을 시작하실 때에 삼십 세쯤 되시니라 사람들이 아는 대로는 요셉의 아들이니 요셉의 위는 헬리요 [24]그 위는 맛닷이요 그 위는 레위요 그 위는 멜기요 그 위는 얀나요 그 위는 요셉이요 [25]그 위는 맛다디아요 그 위는 아모스요 그 위는 나훔이요 그 위는 에슬리요 그 위는 낙개요 [26]그 위는 마앗이요 그 위는 맛다디아요 그 위는 서머인이요 그 위는 요섹이요 그 위는 요다요 [27]그 위는 요아난이요 그 위는 레사요 그 위는 스룹바벨이요 그 위는 스알디엘이요 그 위는 네리요 [28]

그 위는 멜기요 그 위는 앗디요 그 위는 고삼이요 그 위는 엘마담이요 그 위는 에르요 [29]그 위는 예수요 그 위는 엘리에서요 그 위는 요림이요 그 위는 맛닷이요 그 위는 레위요 [30]그 위는 시므온이요 그 위는 유다요 그 위는 요셉이요 그 위는 요남이요 그 위는 엘리아김이요 [31]그 위는 멜레아요 그 위는 멘나요 그 위는 맛다다요 그 위는 나단이요 그 위는 다윗이요 [32]그 위는 이새요 그 위는 오벳이요 그 위는 보아스요 그 위는 살몬이요 그 위는 나손이요 [33]그 위는 아미나답이요 그 위는 아니요 그 위는 헤스론이요 그 위는 베레스요 그 위는 유다요 [34]그 위는 야곱이요 그 위는 이삭이요 그 위는 아브라함이요 그 위는 데라요 그 위는 나홀이요 [35]그 위는 스룩이요 그 위는 르우요 그 위는 벨렉이요 그 위는 헤버요 그 위는 살라요 [36]그 위는 가이난이요 그 위는 아박삿이요 그 위는 셈이요 그 위는 노아요 그 위는 레멕이요 [37]그 위는 므두셀라요 그 위는 에녹이요 그 위는 야렛이요 그 위는 마할랄렐이요 그 위는 가이난이요 [38]그 위는 에노스요 그 위는 셋이요 그 위는 아담이요 그 위는 하나님이시니라(눅 3:23-38).

마태의 족보와 누가의 족보는 모든 점에서 다 일치하지는 않기 때문에, 우리는 먼저 둘 다 요셉의 혈통을 따라 그리스도의 족보를 추적한 것인지, 아니면 오직 마태의 족보만이 요셉의 혈통을 따른 것이고 누가의 족보는 마리아의 혈통을 따른 것인지를 살펴보지 않으면 안 된다. 후자의 견해를 따르는 자들은 두 족보에 등장하는 이름들이 서로 다르다는 점을 유력한 근거로 제시한다. 얼핏 보면, 마태의 족보와 누가의 족보는 서로 너무 다르기 때문에 하나의 동일한 족보를 제시하고 있다고 보기는 거의 불가능한 것처럼 보인다. 왜냐하면, 다윗부터 스알디엘까지, 그리고 스룹바벨부터 요셉까지 등장하는 이름들이 두 족보에서 서로 완전히 다르기 때문이다.

또한, 사실상 그리스도의 아버지도 아닌 요셉의 족보를 두 번씩이나 기록하는 것은 쓸데없는 일이었을 것이기 때문에, 만약 그런 일에 그토록 큰 수고를 쏟았다면, 그것은 무익한 일이 아니었겠느냐고 말하는 자들도 있다. 그들은 이렇게 말한다. "이러한 반복이 믿음을 세우는 데에 별 쓸데없는 것으로 입증되었는데, 굳이 그러한 반복을 할 이유가 어디 있겠는가? 요셉이 다윗 가문의 자손들 중 한 사람이었다는 것 외에 그 이상의 내용이 알려지지 않았다면, 그리스도의 족보는 여전히 의심스러운 것으로 남아 있었을 것이다." 그러므로 그들이 생각하기에는, 두 복음서 기자가 둘 다 그리스도의 족보를 이런 식으로 다루었다면, 그것은 불필요하고 쓸데없는 일이 되었으리라는 것이다. 그들은 당시에 요셉을 그리스도의 실질적인 아버지라고 생각하는 것이 많은 사람들의 견해였기 때문에 마태는 요셉의 족보를 기록하지 않을 수 없었을 것이라는 식으로 마태를 변호하지만, 마태가 치명적인 오류를 부추길 수 있는 그런 견해를 존중하고 고려하였다고 생각하는 것은 어리석은 생각일 것이다. 마태의 족보를 잘 살펴보면, 그런 추정이 완전히 잘못되었다는 것이 드러난다. 왜냐하면, 마태는 족보의 끝부분에 이르러서, 그리스도가 요셉으로 말미암아 잉태된 것이 아니라 성령의 은밀한 능력으로 말미암아 동정녀의 태중에 잉태되었다는 것을 지적하기 때문이다. 만약 그들의 주장이 옳다면, 쓸데없이 요셉의 족보를 확증하고자 애쓴 마태의 행위는 우매하거나 경솔한 짓이었다는 비난을 받아 마땅할 것이다.

그러나 우리는 요셉의 족보가 그리스도와 아무런 상관이 없다는 그들의 반론에 아직 답변하지 않았다. 이 반론에 대한 평범하고 잘 알려진 답변은, 율법은 모든 남자에게 자신의 지파에 속한 여자와 결혼하도록 명하고 있기 때문에 요셉의 족보 속에는 마리아의 족보도 아울러 포함되어 있다는 것이다. 한편, 이 답변에 대하여 그런 율법 규정이 제대로 지켜진 시기가 거의 없었다는 반론이 있지만, 그러한 반론이 제시하는 논거들은 무시해도 좋을 만큼 하찮은 것들이다. 그들은 베냐민 지파 남자들에게 딸을 주지 않기로 열한 지파가 맹세한 예를 들면서(삿 21:1), 이것이 본래 율법이 명한 것이었기 때문에, 따로 새롭게 법을 제정할 필요가 없었을 것이라고 말한다. 그들의 이러한 주장에 대한 나의 답변은, 그들은 이 이례적인 사건을 일반적인 규범으로 변질시키는 오류와 무지를 보여주고 있다는 것이다. 왜냐하면, 한 지파가 다 끊어져서 없어진 극단적인 경우에 어떤 처방이 내려지지 않았다면, 이스라엘은 온전한 백성이 될 수 없었을 것이기 때문이다. 그러므로 우리는 일반적인 율법의 관행이 어떤 것이었는지를 확인하는 데에 이 본문을 근거로 삼아서는 안 된다.

또한, 누가는 엘리사벳이 아론 가문의 딸들 중의 한 사람이라고 말했지만(눅 1:5), 그리스도의 어머니인 마리아는 엘리사벳의 사촌이었다는 반론이 있다. 이 반론에 대한 답변은 쉽다. 유다 지파 또는 어느 다른 지파의 딸들이 제사장 가문의 지파로 시집을 가는 데에는 율법적으로 아무런 제약이 없었다. 왜냐하면, 율법이 다른 지파에 속한 남자와의 통혼을 금지한 이유는 여자의 "기업"이 다른 지파에 속한 남자에게로 "옮겨지는" 것을 막기 위한 것이었기 때문이다(민 36:6-9). 따라서 역대기사가는 "여호사브앗은 여호람 왕의 딸이요 제사장 여호야다의 아내이더라" (대하 22:11)고 말함으로써, 대제사장 여호야다의 아내가 왕족이었음을 밝힌다. 그러므로 엘리사벳의 어머니가 제사장과 결혼을 한 것이라면, 마리아가 엘리사벳의 사촌이었다는 것은 이상하거나 이례적인 일이 전혀 아니다. 그러나 누가 이것을 꼬투리 삼아서, 우리가 마리아는 요셉의 아내였다고 해서 요셉과 동일한 지파에 속하였다고 백 퍼센트 확실하게 말할 수 없다고 우긴다면, 나는 다른 정황 증거들의 도움이 없이는 복음서의 현재의 본문만으로는 온전히 확실하게 말하기는 힘들다는 것을 인정할 수밖에 없다.

그러나 우선적으로 우리가 주목해야 할 것은 복음서 기자들은 당시에 잘 알려져 있는 사건들에 대해서는 말하지 않는다는 것이다. 마태가 요셉의 족보를 다윗에 이르기까지 추적하여 거슬러 올라갔을 때, 마리아의 족보는 사람들이 누구나 쉽게 추측할 수 있었을 것이다. 복음서 기자들은 당시에 이 점이 일반적으로 잘 알려져 있었기 때문에 그 점을 드러내고자 별로 애쓰지 않았음이 분명하다. 왜냐하면, 그 점에 대하여 의문을 품은 자가 있다면, 그가 그 사실을 확인해 보는 것은 어렵거나 힘든 일이 아니었을 것이기 때문이다. 게다가, 앞에서 말한 반론을 제기한 자들은 요셉은 인품과 행실이 훌륭한 인물이었기 때문에 자신의 지파에 속한 여자와 혼인해야 한다는 율법의 명령에 순종하였으리라는 것은 두말 할 필요가 없는 것이라고 말한다. 하지만 이러한 일반적인 추론은 마리아가 왕족이었음을 증명하는 데에 충분한 증거가 되지 못한다. 왜냐하면, 그녀는 유다 지파에 속하기는 하였지만, 다윗 가문의 자손이 아니었을 수도 있기 때문이다.

나의 견해는 이것이다. 복음서 기자들은 악한 논쟁을 벌이지 않을 경건한 자들을 염두에 두고 글을 썼기 때문에, 요셉의 족보를 제시하는 것을 통해서 아울러 마리아의 족보도 제시하고자 하였다. 왜냐하면, 우리가 앞에서 말했듯이, 당시에 이런 관행에 대해서 사람들은 아무런 의구심도 품지 않았기 때문이다. 하지만 한 가지, 즉 이 아주 가난하고 보잘것없는 부부가 다윗의 후손, 그러니까 구속주가 나시기로 되어 있던 저 왕가의 자손이었다는 것은 믿기 어려운 일처럼 보일 수 있다. 마태와 누가가 추적한 족보가 마리아가 다윗 가문의 후손임을 분명하고도 논란의 여지 없이 증명하고 있는지의 여부를 조사해 보고자 하는 사람이 있다면, 나는 그 문제는 확실하게 밝혀질 수 없다는 것을 인정한다. 그러나 마리아와 요셉의 관계는 당시에 잘 알려져 있었기 때문에, 복음서 기자들은 이 주제에 대하여 훨씬 편안한 마음을 가질 수 있었을 것이다. 어쨌든, 요셉과 마리아가 둘 다 보잘것없고 가난한 무명(無名)의 인물들로서 왕가의 혈통임을 보여주는 그 어떤 흔적도 지니지 않고 있었다는 사실로부터 생겨나는 걸림돌을 제거하는 것이 이 두 복음서 기자의 의도였다.

또한, 누가가 요셉의 족보를 생략하고 마리아의 족보를 기록하고 있다는 추정도 쉽게 반박된다. 왜냐하면, 누가는 예수가 "사람들이 아는 대로는 요셉의 아들이니"라고 분명하게 말하고 있기 때문이다. 분명히, 그리스도의 아버지나 할아버지가 언급되는 것이 아니라, 요셉 자신의 족보가 세심하게 설명되고 있다. 나는 반론을 제기하는 자들이 이 난점을 어떤 식으로 해결하고자 시도하는지에 대해서 잘 알고 있다. 그들은 "아들"이라는 단어는 "사위"를 나타내는 것으로 보고서, 요셉이 헬리의 아들이었다는 것을 요셉이 헬리의 딸과 결혼하였다는 의미로 해석한다. 그러나 이것은 자연의 질서와 부합하지 않고, 성경에 나오는 그 어떤 예에 의해서도 지지를 받지 못한다.

솔로몬이 마리아의 족보에서 삭제된다면, 그리스도는 더 이상 그리스도가 아니게 될 것이다. 왜냐하면, 그리스도의 족보는 다음과 같은 엄숙한 약속에 토대를 둔 것이기 때문이다: "내가 네 씨를 네 뒤에 세워 그의 나라 왕위를 영원히 견고하게 하리라 나는 그에게 아버지가 되고 그는 내게 아들이 되리니"(삼하 7:12-14); "여호와께서 다윗에게 성실히 맹세하셨으니 변하지 아니하실지라 이르시기를 네 몸의 소생을 네 왕위에 둘지라"(시 132:11). 솔로몬이 다윗에게 약속된 이 영원한 왕의 모형이었다는 것은 논란의 여지가 없다. 만약 이 약속의 참됨이 솔로몬에게서 전조(前兆)로서 나타나지 않았다면(대상 28:5), 이 약속은 그리스도에게 적용될 수 없었을 것이다. 따라서 그리스도의 족보 속에 솔로몬이 등장하지 않는다면, 그리스도가 "다윗의 자손"이라는 것이 어떤 식으로 증명될 수 있겠는가? 그리스도의 족보에서 솔로몬을 배제하는 자는 그리스도가 다윗의 자손일 것이라는 저 약속들도 말살하고 파괴하는 것이다. 누가가 나단으로부터의 족보를 추적하면서 어떤 식으로 해서 솔로몬을 배제하고 있지 않은지에 대해서는 우리가 나중에 적절한 곳에서 살펴보게 될 것이다.

이 두 족보는 실질적으로 서로 일치하기 때문에, 지나치게 지루하지 않도록, 우리는 네 가지 차이점들만을 살펴보고자 한다. 첫 번째는 누가는 마지막에서 처음으

로 거슬러 올라가는 방식을 택하고 있는 반면에, 마태는 시간적으로 앞선 순서대
로 족보를 서술한다는 것이다. 두 번째는 마태는 아브라함의 거룩하고 택함받은
족속만을 대상으로 하고 그 이상의 족보를 생략하고 있는 반면에, 누가는 아담에
까지 거슬러 올라간다는 것이다. 세 번째는 마태는 법적 족보를 다루면서 독자들
이 기억하기 좋게 조상들을 열네 대씩 세 그룹으로 묶어서 서술하느라고 몇몇 조
상들을 생략하는 반면에, 누가는 혈통에 의한 족보를 좀 더 충실하게 따르고 있다
는 것이다. 네 번째이자 마지막은 마태와 누가는 동일한 인물들에 말하면서도 종
종 서로 다른 이름들을 사용한다는 것이다.

　첫 번째 차이점 속에는 별다른 난점이 보이지 않기 때문에 그것에 대하여 더 말하
는 것은 불필요한 일이 될 것이다. 두 번째 차이점이 발생한 데에는 타당한 이유가
없지 않다. 왜냐하면, 하나님은 자신을 위하여 아브라함 족속을 택하셔서 그 족속
으로부터 세상의 구속주가 나도록 하셨고, 구원의 약속은 그리스도가 오실 때까지
는 어떤 의미에서 아브라함 족속에게만 주어진 것이므로, 마태는 하나님이 정해
놓으신 한계와 범위를 넘어서지 않고 있는 것이기 때문이다. 우리는 바울이 "그리
스도께서 하나님의 진실하심을 위하여 할례의 추종자가 되셨으니 이는 조상들에
게 주신 약속들을 견고하게 하시고"(롬 15:8)라고 말한 것이 "구원이 유대인에게서
남이라"(요 4:22)고 하신 그리스도의 말씀과 일치한다는 것을 주목하여야 한다. 그
러므로 마태는 하나님의 약속대로 그리스도가 저 거룩한 족속에 속하였음을 우리
에게 제시한다. 마태의 족보 속에서 우리는 하나님의 언약을 볼 수 있어야 하는데,
하나님은 그 언약에 의거해서 아브라함의 자손을 자기 백성으로 삼으시고, "중간
에 막힌 담"(엡 2:14)을 통해서 다른 민족들과 구별하셨다. 누가는 좀 더 보편적인
차원으로 그의 눈을 돌렸다. 왜냐하면, 하나님이 아브라함과 언약을 맺으신 때로
부터 구속주는 특별한 방식으로 아브라함의 자손에게 약속된 것은 사실이지만, 우
리는 첫 사람이 범죄한 이래로 모든 사람에게 구속주가 필요하였으므로, 그리스도
는 온 세상을 위하여 오셨다는 것을 알기 때문이다. 누가가 그리스도를 아담의 자
손으로 우리에게 제시한 반면에, 마태는 그리스도의 족보를 아브라함의 족속이라
는 단일한 민족 내로 국한시킨 것은 하나님의 놀라운 뜻에 의한 것이었다. 왜냐하
면, 그리스도가 모든 사람에게 무차별적으로 주어지신 것이 아니라면, 하나님 아
버지께서 그리스도를 "영원한 구원의 근원"(히 5:9)으로 주셨다고 해도, 그것은 우
리에게 아무런 유익이 없을 것이기 때문이다. 게다가, 만일 그리스도의 능력과 은

혜가 창세 이후로 모든 세대에 미치지 않았다면, "예수 그리스도는 어제나 오늘이
나 영원토록 동일하시니라"(히 13:8)는 사도의 말씀은 참되지 않을 것이다. 그러므
로 우리는 그리스도로 말미암은 구원이 온 인류에게 나타났다는 것을 알아야 한
다. 왜냐하면, 그리스도가 노아의 자손이라 불리고 아담의 자손이라 불리는 것은
근거가 없는 것이 아니기 때문이다. 그러나 우리는 하나님의 말씀 속에서 그리스
도를 찾아야 하기 때문에, 성령은 지혜로우시게도 또 다른 복음서 기자를 통해서
우리를 영원한 생명의 보화를 한동안 맡고 있었던(롬 3:1) 아브라함의 거룩한 족속
을 바라보게 만드신다.

　이제 세 번째 차이점을 살펴보자. 마태와 누가가 동일한 순서를 지키지 않고 있다
는 것은 의심의 여지가 없다. 왜냐하면, 마태는 다윗의 직계를 솔로몬이라 말하고,
누가는 나단이라 말하고 있기 때문이다. 이것은 마태와 누가가 서로 다른 족보를
따르고 있다는 것을 극명하게 보여주는 것이다. 이런 모순점은 훌륭하고 박식한
해석자들에 의해서 다음과 같은 방식으로 원만하게 해결되었다. 마태는 누가가 따
르고 있는 혈통에 의한 족보를 버리고 법적 족보를 택한다. 내가 이것을 법적 족보
라고 부르는 이유는 왕권이 스알디엘의 손에 넘어갔기 때문이다. 에우세비우스
(Eusebius)는 그의 교회사 제1권에서 아프리카누스(Africanus)의 견해를 취하여서,
누가가 따른 족보를 "법적" 족보라는 명칭으로 부르는 것을 선호하였다. 그러나 그
것은 내가 말한 것과 동일한 의미이다. 왜냐하면, 에우세비우스가 누가의 족보를
"법적" 족보라고 했을 때에, 그것은 솔로몬을 통해서 견고해진 왕국이 합법적인 방
식으로 스알디엘에게 넘어갔다는 것 외에 다른 것을 의미하는 것이 아니기 때문이
다. 그러나 마태가 법적 관점에서 족보를 제시하였다고 말하는 것이 좀 더 정확하
고 올바르다. 왜냐하면, 마태는 다윗 직후에 솔로몬의 이름을 언급함으로써, 그리
스도의 출생에 이르기까지 육신적으로 혈통을 따라 직계 조상들이었던 인물들을
보여주는 통상적인 족보에 주목한 것이 아니라, 그리스도가 솔로몬을 비롯한 여러
왕들의 후손으로서 하나님이 "그의 나라 왕위를 영원히 견고하게 할"(삼하 7:13)
그 왕들의 합법적인 후계자라는 것을 보여주는 족보에 주목한 것이기 때문이다.
아하시야의 죽음으로 솔로몬의 직계 혈통이 끊겨졌다는 견해가 있는데, 실제로 그
랬을 가능성이 크다. 솔로몬의 혈통이 끊어지게 하고 왕권이 나단에게 넘어가게
하라고 다윗이 명령하였다는 것 ― 어떤 이들이 유대 주석가들의 권위를 빌려서
주장하고 있는 것 ― 에 대해서는 나는 무엇이라고 논평하고 싶지 않고, 다만 유다

의 왕권 계승이 혼잡하게 되어 버린 것이 아니라 일정한 범위의 친족 내에서 이루어졌다는 것만은 확실하다고 말할 수 있다. 이스라엘 역사에서는 아하시야가 죽은 후에 그의 "어머니 아달랴"가 왕권을 차지하고 모든 왕족을 다 죽였다고 말하고 있듯이(왕하 11:1), 이 여자는 권력에 대한 야욕 때문에 왕권이 다른 자에게 넘어가서 자기가 평민으로 전락하는 것을 막기 위해서 이와 같은 사악하고 끔찍한 살육을 저질렀을 가능성이 크다. 만약 아하시야의 아들이 있었다면, 이 아들의 조모가 되는 아달랴는 그 어떤 시기나 위험 없이 나이 어린 손자의 섭정으로서 평화롭게 통치를 했을 것이다. 그녀가 악명을 떨치며 사람들의 증오심을 불러일으킬 것을 뻔히 알면서도 그런 엄청난 범죄들을 저지른 것은 그녀가 자신의 가문이 더 이상 왕권을 지킬 수 없을 수도 있다는 절박한 불안감을 느꼈다는 것을 보여주는 반증이다.

요아스가 "아하시야의 아들"이라 불리는(대하 22:11) 이유는 그가 가장 가까운 친족으로서 왕권을 물려받을 수 있는 진정한 후계자로 여겨졌기 때문이다. 만일 요아스가 자신의 손자였다면, 아달랴는 그 아이와 자신의 관계를 활용하고자 했을 것임은 물론이고, 통상적인 이해력을 지닌 자라면 누구나 아하시야의 진짜 아들을 "제사장 여호야다"가 숨기는 일이 과연 있을 수 있다고 생각하겠는가? 또한, 누가 그 아들을 숨겼다면, 그의 조모가 되는 아달랴가 당연히 그 아이를 부지런히 찾지 않았겠는가? 모든 것을 세심하게 저울질해 보면, 왕권의 다음 후계자는 다른 혈통에 속한 자였다는 결론을 내리는 데에 그 어떤 주저함도 있을 수 없어 보인다. 이것이 여호야다가 "여호와께서 다윗의 자손에게 대하여 말씀하신 대로 왕자가 즉위하여야 할지니"(대하 23:3)라고 말한 것의 의미이다. 그는 하나님이 다윗 가문에 왕권이 머물게 하라고 명령하셨는데도 불구하고, 혈통 상으로 외인(外人)인 여자가 무력으로 왕권을 장악하는 것은 수치스럽고 용납할 수 없는 일이라고 여겼다.

누가가 나단의 혈통으로부터 내려오는 그리스도의 족보를 추적하고 있다고 추정하는 것은 무리(無理)가 없다. 왜냐하면, 솔로몬의 직계 혈통은 적어도 왕권 계승과 관련해서는 끊어졌을 가능성이 있기 때문이다. 솔로몬은 의심할 여지 없이 그리스도의 모형이었기 때문에, 만일 예수가 솔로몬의 후손이 아니라면, 그는 약속된 메시야로 인정될 수 없다는 반론이 있을 수 있다. 그러나 이런 반론에 대한 답변은 간단한데, 그것은 예수가 혈통적으로는 솔로몬의 후손이 아니었지만, 실질적으로 왕들의 후손이었기 때문에, 법적 계승이라는 측면에서는 솔로몬의 후손으로 간주되었다는 것이다.

네 번째 차이점은 두 족보에 등장하는 이름들이 서로 큰 차이를 보인다는 것이다. 많은 이들은 이것을 큰 난점이라 여긴다. 왜냐하면, 다윗부터 요셉에 이르기까지의 족보 속에서 스알디엘과 스룹바벨을 제외하면 두 족보에 등장하는 이름들은 하나도 동일하지 않기 때문이다. 일반적으로 제시되는 변명, 즉 이러한 차이는 한 사람이 두 가지 이름을 갖는 유대인들의 관습 때문에 생겨난 것이라는 변명은 많은 사람들에게 그리 만족스럽지 않은 것으로 보인다. 그러나 우리는 지금 마태가 어떤 방법론을 따라서 족보를 분류하고 정리하여 서술하였는지를 알지 못하는 상태이기 때문에, 두 족보가 개별적인 이름들과 관련해서 얼마나 같거나 다른지를 결정할 수 없다고 할지라도, 그것은 별로 이상할 것이 없다. 바벨론 포수(捕囚) 이후에 두 족보에서 동일한 인물들이 서로 다른 이름으로 언급되고 있다는 것은 의심의 여지가 없다. 내가 생각하기에는, 스알디엘과 스룹바벨의 경우에는 이스라엘 민족과 관련하여 일어난 변화 ― 당시에는 왕권이 완전히 소멸된 후였다는 것 ― 로 인해서 이름들이 그대로 유지될 수 있었다. 하지만, 왕권이 희미하게나마 남아 있는 동안에는, 사람들은 짧은 기간 동안 융성하였던 솔로몬의 왕국보다 더 뛰어난 또 다른 왕국을 기대할 것이었기 때문에, 왕족들의 이름은 완전히 개명되었다.

또한, 우리가 주목할 만한 것은 누가의 족보에 나오는 사람들의 수가 마태의 족보에 나오는 사람들의 수보다 더 많다는 사실은 별로 이상할 것이 없다는 것이다. 왜냐하면, 혈통에 따른 족보에 등장하는 사람들의 수가 통상적으로 법적 족보에 등장하는 사람들의 수보다 더 많은 법이기 때문이다. 게다가, 마태는 그리스도의 족보를 세 부분으로 나누어서 각 부분에 들어갈 사람들의 수를 열네 대로 맞추는 도식을 택하였다. 따라서 누가는 그러한 도식에 구애받지 않았기 때문에 족보에서 사람들의 이름을 생략하기가 어려웠지만, 마태는 몇몇 사람들의 이름을 별 거리낌 없이 생략할 수 있었다.

나는 지금까지 일반적으로 유익하겠다 싶은 정도만큼만 그리스도의 족보에 대하여 논의하였다. 더 깊이 알고자 하는 호기심이 발동하는 사람에게는 내가 쓸데없고 무익한 논쟁보다는 모든 것을 절제하여 적정하게 하라는 바울의 권면을 상기시키고자 한다. 바울은 한 유명한 구절에서 "족보 이야기"를 놓고 과도하게 논쟁을 벌이는 것은 "무익한 것이요 헛된 것"(딛 3:9)이니 그런 일을 피하라고 우리에게 명한다.

마지막으로 우리가 물어보아야 할 것은, 마태는 왜 그리스도의 족보 전체를 세 부분으로 나누어 서술하였고, 각각의 부분에 열네 사람의 이름을 배정하였는가 하는 것이다. 독자들이 잘 기억할 수 있도록 하기 위하여 마태가 그렇게 한 것이라고 생각하는 자들은 그 이유의 일부에 대하여 말하고 있는 것이기는 하나 그 이유의 전부를 말하고 있는 것은 아니다. 족보나 목록을 동일한 수로 이루어진 세 부분으로 나누는 것은 좀 더 기억되기 쉽게 하는 방법이라는 것은 사실이다. 그러나 마태가 족보를 이렇게 나눈 것은 하나님이 그리스도를 아브라함에게 약속하신 때부터 "때가 차매"(갈 4:4) 그리스도가 "육신으로 나타나신 바 된"(딤전 3:16) 때까지 세 부분으로 나뉘어지는 이스라엘 민족의 상태를 나타내기 위한 의도도 있다는 것은 분명하다. 다윗의 때 이전에는 유다 지파가 비록 다른 지파들보다 더 높은 지위를 점하고 있긴 하였지만 권력을 장악하지는 못하였다. 다윗을 통해서 왕권은 예기치 않은 광휘(光輝)를 발하며 모든 사람들을 압도하였고, 이 상태는 여고니야의 때까지 지속되었다. 이 시기 이후에도 유다 지파 속에는 왕권의 기미(機微)가 계속해서 어른거렸고, 이것은 메시야가 오실 때까지 경건한 자들의 기대를 지탱해 주었다.

마 1:1. 계보. 일부 주석가들은 마태가 그의 이야기 전체에 오직 첫 장의 절반에만 해당되는 이 표제를 붙인 것을 해명하기 위하여 불필요한 수고를 한다. 왜냐하면, 이 표제는 마태복음 전체에 미치는 것이 아니고, '비블로스'(βίβλος, "책"; 즉, 개역의 "계보"에서 "보[譜]"에 해당하는 단어 - 역주)는 목록 또는 명단을 가리키는 것이기 때문이다. 즉, 이것은 마태가 여기에서 "그리스도의 계보는 다음과 같다"고 말한 것과 같다. 그리스도가 다윗의 자손, 아브라함의 자손이라 불리는 것은 하나님의 약속과 관련이 있다. 왜냐하면, 하나님은 아브라함에게 한 자손을 줄 것인데, 그 자손으로 말미암아 "땅의 모든 족속이 복을 얻을 것이라"(창 12:3)고 약속하셨고, 다윗은 하나님이 "그의 나라 왕위를 영원히 견고하게 하리라"(삼하 7:13)고 하시고, 그의 후손 중의 한 사람이 왕이 될 것인데 "해가 있을 동안에도 달이 있을 동안에도 대대로 그리하리로다"(시 72:5)라고 하시며, "그의 왕위를 하늘의 날과 같게 하리로다"(시 89:29)라는 한층 더 분명한 약속을 받았기 때문이다. 이렇게 해서, 유대인들 가운데서는 그리스도를 다윗의 자손이라 부르는 것이 관례처럼 되었다.

마 1:2. 야곱은 유다와 그의 형제들을 낳고. 마태는 아브라함의 장자인 이스마엘과 야곱의 형인 에서에 대하여는 언급하지 않고 그냥 넘어가지만, 하나님이 모두 비슷하게 양자 됨의 은총을 수여하셨던 열두 족장에게는 이 족보 속에 한 자리를 배정하는데, 이것은 합당한 일이다. 이것을 통해서, 마태는 그리스도 안에서 약속된 복은 오직 유다 지파와만 관련된 것이 아니라, 하나님이 그의 교회로 모아들이신 야곱의 모든 자손들에게 똑같이 해당되는 반면에, 이스마엘과 에서는 외인(外人)들로 취급되었다는 것을 보여준다.

마 1:3. 유다는 다말에게서 베레스와 세라를 낳고. 이것은 바울이 말하고 있는 "자기를 비워"(빌 2:7)에 대한 전주곡이었다. 하나님의 아들은 자신의 혈통을 온갖 치욕이나 오명(汚名)의 흔적 없이 흠 없고 순전하게 지킬 수도 있으셨을 것이다. 그러나 그는 "자기를 비워 종의 형체를 가지사"(빌 2:7) 세상에 오셨고, "벌레요 사람이 아니라 사람의 비방 거리요 백성의 조롱 거리"(시 22:6)가 되셨으며, 마침내 저 저주받은 십자가의 죽음을 겪으셨다. 그러므로 그는 그의 조상들 가운데서 일어났던 근친상간으로 말미암은 흠을 그의 족보 속으로 받아들이기를 거부하지 않으셨다. 다말은 정욕에 의한 충동을 따라서 그녀의 시아버지와 성적 관계를 맺은 것은 아니었다고 할지라도, 그녀가 시아버지로부터 받은 해악을 불법적인 방법으로 되갚아주고자 시도하였다. 또한, 유다는 의도적으로 간음을 저지르고자 하였고, 자기도 모르는 사이에 며느리와 성적 관계를 맺게 되었다. 그러나 하나님의 놀라우신 선하심은 이 두 사람의 죄보다 더 컸기 때문에 이 죄와 싸워서 이기었다. 그 결과, 간음을 통해서 나온 자손이 왕의 규(圭)를 쥘 수 있게 되었다.

마 1:6. 다윗 왕을 낳으니라. 이 족보에서 왕이라는 명칭은 오직 다윗에게만 수여된다. 왜냐하면, 하나님은 다윗이라는 인물을 통해서 장차 자기 백성을 이끄실 인도자이신 메시야를 모형적으로 나타내셨기 때문이다. 왕이라는 직분은 다윗 이전에 이미 사울이 지니고 있었다. 그러나 사울은 백성들의 소동과 불경건한 욕구에 의해서 왕이 된 것이기 때문에, 합법적인 왕권은 다윗으로부터 시작되었다고 할 수 있다. 특히, 다윗에게는 "네 왕위가 영원히 견고하리라"(삼하 7:16)고 약속하신 하나님의 언약이 있었기 때문에 더욱 그러하다. 이스라엘 백성이 하나님의 멍에를 떨쳐 버리고, 불행하고 악하게도 "우리에게 왕을 세워 우리를 다스리게 하소서"(삼상 8:5)라고 말하며 왕을 요구하였기 때문에, 하나님은 사울을 세워 짧은 기간 동안 왕으로 삼으셨다. 그러나 하나님은 얼마 후에 참된 복의 보증(保證)인 그의 나라를 다윗의 손을 통해서 견고히 하셨다. 우리는 이것을 하나님이 정하신 이스라엘 백성의 두 번째 상태로 이해하여야 한다.

한편, 복음서 기자는 이 하나님의 축복의 영광에 흠이 될 수도 있는 인간적으로 부끄러운 일을 덧붙인다. 다윗 왕은 우리아의 아내였던 여인인 밧세바와의 사이에서 솔로몬을 낳았다. 그는 밧세바를 얻기 위해서 사악하게도 그녀를 그녀의 남편으로부터 갈라놓고, 죄 없는 우리아를 전쟁터로 보내어서 적군의 칼에 살해당하게 하는 비열한 짓을 저질렀다(삼하 11:15). 이스라엘 나라의 초기에 일어났던 이 부끄러운 사건은 유대인들에게 육체를 자랑하지 말라는 교훈을 주었을 것임에 틀림없다. 이 나라를 견고히 세우는 일에 있어서 인간의 공로에 의해서 이루어진 것이 하나도 없었음을 보여주는 것이 하나님의 의도였다.

이스라엘의 거룩한 역사를 마태가 서술한 족보와 비교해 보면, 세 명의 왕이 생략되었다는 것은 분명하다. 마태가 깜빡 잊어버리고서 그렇게 하였다고 말하는 자들의 주장은 아예 경청할 가치조차 없다. 이 세 명의 왕이 그리스도의 족보에서 한 자리를 차지할 자격이 없는 자들이었기 때문에 마태가 그들을 족보에서 내친 것일 가능성도 없다. 왜냐하면, 그런 식으로 따지자면, 마태가 경건하고 거룩한 인물들과 더불어서 이 족보에 무차별적으로 올린 많은 사람들 중에는 이 세 명의 왕과 마찬가지로 족보에 올릴 자격이 없는 자들이 많을 것이기 때문이다. 좀 더 올바른 설명은 마태는 족보의 이 부분에 열네 명의 왕들만을 올리기로 작정하였지만, 왕국이 멸망할 때까지의 왕들의 합법적인 계보를 독자들이 이미 알고 있었기 때문에, 족보에 올릴 왕들을 애써서 선별해낼 필요가 없었다는 것이다. 이 부분의 족보에 오직 열세 대만이 등재되어 있다는 사실과 관련해서는, 필사자들의 실수와 부주의에 의해서 그런 일이 일어났을 가능성이 크다고 본다. 에피파니우스(Epiphanius)는 이단들을 다룬 그의 저서의 제1권에서 그 이유를 이렇게 설명한다: 원래 여고냐(또는, 여고니야)의 이름이 원본에는 두 번 기록되어 있었는데, 그 의도를 잘 알지 못하였던 사람들이 그것을 불필요한 반복이라고 생각해서 그 중 하나를 지워 버리는 일이 일어났다는 것이다. 그는 계속해서 이렇게 말한다: 그렇지만, 그들이 그 중 하나를 지워 버리지 않았어야 했는데, 이는 여호야긴 왕의 아버지였던 여호야김은 그의 아들과 마찬가지로 여고냐라는 이름도 가지고 있었기 때문이다(렘 27:20; 왕하 24:6, 15). 로베르투스 스테파누스(Robertus Stephanus)는 여호야김이라는 이름이 나오는 헬라어 사본을 인용한다.

마 1:12. 바벨론으로 사로잡혀 간 후에. 이것은 유대인들이 포로로 끌려간 후를 말한다. 왜냐하면, 복음서 기자의 이 말은 왕들이었던 다윗의 후손들이 이 때에 포로들과 노예들이 되었다는 것을 의미한다. 이러한 포수(捕囚)는 나라가 멸망한 것과 같았기 때문에, 하나님의 이 놀라운 섭리에 의해서 유대인들은 다시 연합하여한 몸이 되었을 뿐만 아니라, 심지어 통치권의 몇몇 흔적들은 여전히 다윗 가문에 남아 있었다. 왜냐하면, 고국으로 돌아온 자들은 자발적으로 스룹바벨의 권위에 복종하였기 때문이다. 이렇게 해서, "규(圭)가 유다를 떠나지 아니하며 통치자의 지팡이가 그 발 사이에서 떠나지 아니하기를 실로가 오시기까지 이르리니"(창 49:10)라고 유언하였던 야곱의 예언처럼, 왕권의 파편들은 그리스도가 오실 때까지 남아 있게 되었다. 백성들이 이방 땅에 흩어져 살던 저 비참하고 암울한 디아스포라의 시기 동안에도, 이스라엘 민족에게는 하나님의 은혜의 몇몇 빛줄기들에 의해서 조명 받는 일이 결코 그치지 않았다. 옛 번역자가 "이주"(移住, transmigratio)라고 번역했고 에라스무스(Erasmus)가 "포수"(捕囚, exsilium)라고 번역했던 헬라어 '메토이케시아'(μετοικεσία, "사로잡혀 간")는 직역하면 "거처를 바꾸는 것"을 가리키는데, 그 의미는 유대인들이 강제로 그들의 땅을 떠나서 "이방에서 객이 되어"(창 15:13) 거주할 수밖에 없게 되었다는 것이다.

마 1:16. 그리스도라 칭하는 예수. "그리스도," 즉 "기름 부음을 받은 자"라는 별칭을 통해서 마태는 예수의 직분을 제시함으로써, 독자들에게 이 사람이 평범한 사적인 인물이 아니라, 구속주의 직임을 수행하도록 하나님으로부터 기름 부음을 받은 자라는 것을 알려 준다. 이 기름 부음이 무엇이었는지, 그리고 그것이 무엇을 가리켰는지에 대해서 나는 여기에서 길게 다루지 않을 것이다. 이 단어와 관련해서 여기에서 내가 꼭 말해야 할 것은 왕권이 폐지된 후에 이 단어는 오로지 이스라엘 백성의 잃어버린 구원을 장차 온전히 회복시켜 주러 오실 자라고 기대되었던 분에게만 적용되기 시작하였다는 것이다. 왕권의 광휘(光輝)가 다윗 가문에서 지속되고 있던 동안에는 왕들이 '크리스토이'(χριστοί, "기름 부음 받은 자들")로 불리곤 하였다. 그러나 그 후에 왕국이 무서울 정도로 초토화되었을 때에 경건한 자들이 절망에 빠지지 않도록 하기 위해서, 하나님은 "메시야," 즉 "기름 부음을 받은 자"라는 이름이 오직 구속주에게만 적용되게 하시기를 기뻐하셨다. 이것은 다니엘서에서 분명하게 나타난다(단 9:25-26). 복음 이야기는 도처에서 하나님의 아들이 "육신으로 나타난 바 되셨을"(딤전 3:16) 때에 이런 현상이 보편화되어 있었다는 것을 보여준다.

¹⁸예수 그리스도의 나심은 이러하니라 그의 어머니 마리아가 요셉과 약혼하고 동거하기 전에 성령으로 잉태된 것이 나타났더니 ¹⁹그의 남편 요셉은 의로운 사람이라 그를 드러내지 아니하고 가만히 끊고자 하여 ²⁰이 일을 생각할 때에 주의 사자가 현몽하여 이르되 다윗의 자손 요셉아 네 아내 마리아 데려오기를 무서워하지 말라 그에게 잉태된 자는 성령으로 된 것이라 ²¹아들을 낳으리니 이름을 예수라 하라 이는 그가 자기 백성을 그들의 죄에서 구원할 자이심이라 하니라 ²²이 모든 일이 된 것은 주께서 선지자로 하신 말씀을 이루려 하심이니 이르시되 ²³보라 처녀가 잉태하여 아들을 낳을 것이요 그의 이름은 임마누엘이라 하리라 하셨으니 이를 번역한즉 하나님이 우리와 함께 계시다 함이라 ²⁴요셉이 잠에서 깨어 일어나 주의 사자의 분부대로 행하여 그의 아내를 데려왔으나 ²⁵아들을 낳기까지 동침하지 아니하더니 낳으매 이름을 예수라 하니라(마 1:18-25).

마 1:18. 예수 그리스도의 나심. 마태는 그리스도의 출생지 또는 출생의 방식에 대해서가 아니라, 그리스도가 하늘로부터 나시게 되리라는 것이 어떻게 요셉에게 알려지게 되었는지에 대하여 말한다. 먼저, 마태는 마리아에게 "성령으로 잉태된 것이 나타났더니"라고 말한다. 하나님의 이 은밀한 역사(役事)는 모두에게 알려진 것이 아니었다. 복음서 기자는, 사람들이 외적인 표시에 의해서 마리아가 잉태했다는 것을 알게 된 것과 여전히 사람들에게 알려져 있지 않았던 성령의 능력을 함께 언급한다. 마태는 잉태된 때를 "마리아가 요셉과 약혼하고 동거하기 전에"라고 구체적으로 제시한다. 부부의 순결 의무와 관련해서, 젊은 여자는 남자와 약혼한 때로부터 그의 합법적인 아내로 간주되는 것이 유대인들의 관습이었다. "남편과 약혼한 처녀"가 부정(不貞)을 저지른 경우, 율법은 두 당사자를 모두 간음한 자들로 단죄하였다: "처녀인 여자가 남자와 약혼한 후에 어떤 남자가 그를 성읍 중에서 만나 동침하면 너희는 그들을 둘 다 성읍 문으로 끌어내고 그들을 돌로 쳐죽일 것이니 그 처녀는 성안에 있으면서도 소리 지르지 아니하였음이요 그 남자는 그 이웃의 아내를 욕보였음이라"(신 22:23-24). 복음서 기자가 사용한 "동거하기 전에"라는 어구는 부부관계를 가리키는 완곡한 표현이거나, 단지 "그들이 하나의 가정을 꾸려서 남편과 아내로 함께 살게 되기 전에"를 의미한다. 따라서 이 어구의 의미는 부모가 처녀를 아직 그녀의 남편의 손에 넘기지 않았기 때문에, 처녀가 여전히 부모의 집 지붕 아래에서 살고 있었다는 것이 될 것이다.

마 1:19. 그의 남편 요셉은 의로운 사람이라. 몇몇 주석가들은 이것을 요셉이 의로운 사람이었기 "때문에" 자기 아내를 살리기로 결심하였다는 것을 의미하는 것으로 설명하면서, 의로움을 단지 인간적인 것 또는 온유하고 자비가 많은 성품을 가리키는 것으로 본다. 그러나 또 몇몇 주석가들은 이 두 구절을 서로 대비되는 것으로 읽어서, 요셉은 "의로운 사람"이었지만, 자기 아내의 평판에 대하여 걱정하였다는 의미로 설명하는데. 이것이 좀 더 올바른 해석이다. 여기에서 칭찬의 의미가 부여되고 있는 의로움은 범죄를 미워하고 혐오하는 것이다. 자기 아내가 간음에 연루되었을 것이라고 의심함은 물론이고, 심지어 그녀가 간음한 여인이라는 것을 확신하고서, 요셉은 그러한 범죄를 관대하게 처리할 마음이 없었다. 만일 그녀의 부정(不貞)을 묵인한다면, 요셉은 자기 아내의 기둥서방으로 전락할 것이 뻔하였다. 범죄를 묵인하는 일은 선하고 존귀한 사람들이 혐오하는 일일 뿐만 아니라, 율법에서도 파렴치한 짓(infamia)으로 규정하고 있는 일이다.

그러므로 요셉은 공의에 대한 열렬한 사랑에 이끌려서 자기 아내가 저지른 것으로 의심되는 범죄를 단죄하였다. 그의 온유한 성품 때문에 그는 율법을 엄격하게 적용하는 데까지는 나아가지 못했지만, 자기가 아무 말 없이 자기 아내 곁을 떠나서 먼 곳으로 가는 것으로 이 일을 조용하고 온건하게 마무리하고자 하였다. 이것을 통해서 우리는 요셉이 자비를 베푼다는 미명 아래 부정한 일을 은폐하고 장려할 정도로 부드럽고 나약한 성품을 지닌 인물은 아니었고, 단지 엄격하게 율법을 적용해서 자기 아내로 하여금 악명(惡名)을 얻게 하는 일만은 할 수 없었던 것으로 추론할 수 있다. 우리는 요셉의 마음이 성령의 은밀한 감동에 의해서 억제되었다는 것을 믿는 데에 그 어떤 주저함도 있어서는 안 된다. 우리는 시기심이 얼마나 쉽게 작동하는지, 그리고 그 시기심이 사람을 어떠한 포악함으로 급속히 몰아가는지를 안다. 요셉은 성급하고 경솔한 행동으로 나아가지 않았고, 기이하게도 자기 아내를 떠나고자 하는 그의 결단으로부터 생겨났을 수많은 임박한 위험들로부터 보존되었다.

마리아의 침묵도 똑같은 방식으로 설명될 수 있다. 마리아는 사려가 깊어서, 성령으로 말미암아 자기에게 아기가 잉태되었다는 것을 자기 남편에게 말하지 않았다는 것을 우리가 인정하더라도, 그녀가 그런 말을 꾹 참고 발설하지 않을 수 있었던 것은 그녀 자신의 선택에 의한 것이라기보다는 하나님의 섭리에 의한 것이었다. 그녀가 이 사실을 발설하였다고 가정해 보자. 사안(事案)의 성격상 그 일은 믿기 어려운 일이었기 때문에, 요셉은 자기가 우롱당하고 있다고 생각했을 것이고, 이 일은 모든 사람의 놀림감이 되었을 것이다. 이런 일이 벌어진 후에는, 이 사건의 전말을 알리시기 위한 하나님의 고지(告知)가 요셉에게 있었다고 할지라도, 요셉은 그 고지를 시답지 않은 것으로 생각하였을 것이다. 하나님이 그의 종 요셉으로 하여금 무지(無知)로 말미암아 잘못된 결론에 이르도록 내버려 두신 이유는 자신의 음성을 통해서 그를 올바른 길로 돌아오게 하기 위한 것이었다.

그렇지만, 우리는 이 일이 이렇게 된 것은 요셉의 개인적인 유익을 위해서라기보다는 우리 때문이라는 것을 알아야 한다. 왜냐하면, 하나님은 하늘의 메시지를 바람직하지 못한 의심의 눈초리로 바라보는 것을 미연에 방지하기 위해서 온갖 필요한 방법을 다 사용하셨기 때문이다. 천사가 여전히 이 일의 전모(全貌)에 대하여 알지 못하고 있던 요셉에게 나타난 것을 두고서, 요셉이 자신의 선입견 때문에 하나님의 음성을 듣지 못한 것이라고 악인들이 비난하는 것은 터무니없다. 요셉은 자기 아내의 교묘하고 간사한 말에 넘어간 것도 아니었고, 그의 이전에 형성된 견해가 간청들에 의해서 흔들린 것도 아니었으며, 사람들의 설득하는 말들에 넘어가서 자신의 견해를 바꾼 것도 아니었다. 자기 아내에 대한 근거 없는 고소(告訴)가 요셉의 마음을 여전히 괴롭히고 있었을 때, 하나님은 우리로 하여금 요셉을 더 자격 있는 증인이자 하늘로부터 우리에게 보내심을 받은 더 큰 권위를 소유한 사자(使者)로 여길 수 있도록 하기 위하여, 요셉과 마리아 사이에 개입하신 것이었다. 우리는 하나님이 그의 종 요셉에게 이 일의 전말을 알리는 일에 천사를 사용하시기로 하신 것은 요셉을 다른 사람들에게 이 일을 제대로 알리는 하늘의 전령(傳令)이 되게 하시고, 요셉이 전한 것이 자기 아내로부터나 그 어떤 죽을 수밖에 없는 인간 존재로부터 온 것이 아니게 하기 위한 것이었음을 알게 된다.

이 신비(神秘)가 훨씬 더 많은 수의 사람들에게 즉각적으로 알려지지 않은 것은 다음과 같은 이유 때문인 것으로 보인다. 값으로 평가할 수 없는 이 보화는 숨겨진 채로 있고, 이것을 아는 것은 하나님의 자녀들 외에 다른 사람들에게는 주어지지 않는 것이 합당하였다는 것이다. 또한, 흔히 그러하듯이, 하나님이 자기 백성의 믿음과 순종을 시험하시고자 하셨다고 말하는 것도 터무니없는 말은 아니다. 이 일과 관련해서 하나님을 믿고 순종하기를 악의적으로 거부하고자 하지 않는 자라면, 누구나 다 우리 신앙의 이 신조를 밑받침해 주는 증거들로 충분히 만족하게 되리라는 것은 너무나 확실하다. 이것과 동일한 이유로, 하나님은 동정녀가 하늘에 의

해서 잉태하게 된 것을 혼인이라는 베일 아래에서 하나님이 그 일을 드러내기로
정하신 때까지 숨기시기 위하여 마리아가 혼인 상태에 있게 하셨다. 한편, 이 일을
아는 것이 믿지 않는 자들에게 주어지지 않은 것은 그들의 배은망덕과 악의를 고
려할 때에 마땅한 일이었다.

마 1:20. 이 일을 생각할 때에. 우리는 여기에서 하나님이 얼마나 적시(適時)에
자기 백성을 도우시는지를 본다. 이것으로부터도 우리는 하나님이 우리의 염려와
곤란을 보고 계시지 않는 듯이 보일 때에라도 하나님은 여전히 우리를 주시하고
계시다는 것을 알게 된다. 실제로 어떤 때에는 하나님이 자신의 모습을 숨기시고
한동안 침묵하시는 경우도 있지만, 우리가 인내로써 하나님의 시험을 참고 견디
면, 하나님은 그의 지혜로 가장 적절하다고 여겨 택하신 때에 우리를 도우신다. 하
나님의 도우심이 우리에게 아주 느리거나 늦다고 생각될지라도, 그 때가 그렇게
연기되는 것은 우리의 유익을 위해서이다.

마 1:20. 주의 사자가 현몽하여. 꿈은 민수기에 언급된 두 가지 통상적인 계시
수단 중의 하나인데, 민수기에서 하나님은 이렇게 말씀하신다: "너희 중에 선지자
가 있으면 나 여호와가 환상으로 나를 그에게 알리기도 하고 꿈으로 그와 말하기
도 하거니와 내 종 모세와는 그렇지 아니하니 그와는 내가 대면하여 명백히 말하
고 은밀한 말로 하지 아니하며"(민 12:6-8). 그러나 우리는 이런 종류의 꿈들은 통
상적인 꿈들과는 판이하게 다르다는 것을 알아야 한다. 왜냐하면, 그런 꿈들은 사
람의 마음판에 확실하게 새겨지고, 하나님의 인(印)이 찍혀서, 그것들이 참되다는
것에 대하여 일말의 의심도 있을 수 없기 때문이다. 사람들이 흔히 꾸는 꿈들은 사
람들이 그 날에 했던 생각이나 사람들의 자연적인 기질이나 몸의 이상 징후나 이
와 비슷한 원인들로 인해서 생겨나는 반면에, 하나님으로부터 온 꿈들은 그 꿈들
을 통해서 말씀하시는 분이 하나님이시라는 것을 의심할 여지 없이 확증해 주는
성령의 증언이 수반된다.

마 1:20. 다윗의 자손 요셉아 무서워하지 말라. 이 권면은 요셉이 자기 아내의
간음을 묵과함으로써 그녀의 범죄에 공범으로 연루되는 것은 아닌가 하는 두려움
으로 괴로워하였다는 것을 보여준다. 천사는 요셉에게 그가 양심의 거리낌이 전혀
없는 가운데에 자기 아내와 함께 살 수 있다는 것을 보여줌으로써 그의 죄책감을
제거해 준다. 천사가 여기에서 "다윗의 자손"이라는 호칭을 사용한 것은 요셉의 마
음을 고양(高揚)시켜서 저 높은 신비를 바라볼 수 있게 하기 위한 것이었다. 왜냐

하면, 요셉은 온 세상에 약속된 구원의 시발점이 될 다윗 가문의 몇 안 되는 생존자들 중 한 사람이었기 때문이다. 자신의 조상인 "다윗"의 이름을 들었을 때, 요셉은 다윗의 나라를 영원히 견고히 하시겠다고 하신 하나님의 저 놀라운 약속을 기억하고서, 천사가 그에게 말해준 것 속에 새로운 것이 없다는 것을 인정하지 않을 수 없었을 것이다. 사실, 천사는 지금 주어지는 은총을 받아들이도록 요셉의 마음을 준비시키기 위하여 선지자들의 예언들을 요셉 앞에 제시한 것이었다.

마 1:21. 이름을 예수라 하라. 나는 이 단어의 의미를 꼭 필요한 한도 내에서 이미 짤막하게 설명한 바 있기 때문에, 여기서는 단지 천사의 말에 비추어 보면, 예수라는 이름이 여호와라는 하나님의 본래적인 이름으로부터 나온 것이라고 주장하는 자들의 망상은 폐기처분될 수밖에 없다는 것만을 덧붙이고자 한다. 왜냐하면, 천사는 하나님의 아들이 예수라 불리게 될 이유를 "그가 자기 백성을 구원할 자이심이라"고 표현하고 있는데, 이것은 예수라는 이름이 앞에서와 같은 주장을 하는 자들이 제시하는 것과는 완전히 다른 어원을 지니고 있음을 보여주기 때문이다. 또한, 그들은 그리스도는 영원하신 하나님이시기 때문에 구원의 근원이 되시는 것이 마땅하다는 말을 덧붙이는 것이 적절하고 옳다고 우리에게 말한다. 그러나 그들이 이런 식의 속임수를 통해서 교묘하게 곤경에서 빠져나가려고 하여도, 그런 시도는 헛된 것이다. 왜냐하면, 여기에서 말하고자 하는 것은 단지 하나님이 우리에게 부어주시고자 하시는 복의 성격이 무엇인지만이 아니라, 예수라는 이름이 하나님의 아들에게 수여된 것은 성부 하나님이 그에게 주신 명령, 즉 그가 하늘로부터 우리에게 강림하실 때에 부여받은 직임에 따른 것이었다는 것이다. 게다가, '예수스'(Ἰησοῦς, "예수")와 '야웨'(יהוה, "여호와")라는 두 단어는 단지 두 글자만이 일치하고 나머지 글자들은 모두 다르기 때문에, 마치 이 둘이 동일한 이름이라는 듯이 둘 간의 유사성을 주장하는 것은 어처구니없는 일이다. 나는 이런 혼합은 세련되고 우아한 체하면서 저 말도 되지 않는 설명을 우리에게 아무렇지도 않게 풀어내는 카발라파(Cabalists)와 별 다른 것이 없는 저 연금술사들에게 맡겨두고자 한다.

하나님의 아들은 육신을 입고 우리에게 오셨을 때에 그가 어떤 목적으로 오셨는지, 그의 권능이 무엇인지, 우리가 그에게서 무엇을 기대해야 하는지를 분명하게 말해주는 이름을 성부 하나님으로부터 받으셨다. 왜냐하면, "예수"라는 이름은 "구원하다"를 의미하는 히브리어의 히필형 동사인 '호쉬아'(הושיע)에서 나왔기 때문이다. 이 이름은 헬라어와는 다르게 히브리어로는 '예호슈아'로 발음이 되지만, 복음서 기자들은 헬라어로 글을 썼기 때문에 관례적인 발음을 따랐다. 왜냐하면, 모세의 글과 구약의 다른 책들에서 히브리어 '예호슈아'(יהושע)는 헬라어 역본 번역자들에 의해서 '예수스'(Ἰησοῦς, "예수")로 번역되었기 때문이다. 그러나 "예수"라는 이름이 "여호와"라는 이름으로부터 나왔다고 억지 주장을 펴는 자들의 무지를 보여주는 또 다른 예를 들지 않을 수 없다. 그들은 죽을 수밖에 없는 존재인 사람이 하나님의 아들과 동일한 이름을 갖는다는 것은 극도로 무엄한 일로서 도저히 있을 수 없는 일이라는 괴상한 주장을 펴면서, 그리스도께서도 그의 이름이 그런 식으로 더럽혀지는 것을 결코 좌시하지 않으실 것이라고 목소리를 높인다. 마치 당시에 "예수"라는 이름이 "여호수아"라는 이름과 마찬가지로 아주 흔하게 사용되었다는 것을 모른다는 듯이 말이다. 하나님이 "예수"라는 이름을 구원의 근원이신 하나님의 아들에게 붙여 주셨다는 것은 너무나 명약관화한 사실이기 때문에, 우리는 그 문제에 대해서는 이 정도로 해두고, 이제 천사가 한 말을 좀 더 자세하게 살펴보고자 한다.

마 1:21. 그가 자기 백성을 그들의 죄에서 구원할 자이심이라. 이 말씀이 우리에게 가르쳐 주는 첫 번째 진리는 하나님이 그리스도를 보내어 구원하고자 하시는 자들은 잃어버린 자들, 즉 멸망 가운데에 있는 자들이라는 것이다. 그리스도는 여기에서 명시적으로 교회의 구주(救主)라 불린다. 하나님과의 교제를 허락받은 자들이 이렇게 그리스도에 의해서 생명을 회복하게 될 때까지 사망과 파멸 속에 가라앉아 있었다고 한다면, 생명의 소망에 의해서 단 한 번도 빛을 받은 적이 없었던 "외인(外人)들"(엡 2:12)에 대해서는 우리가 무슨 말을 할 수 있겠는가? 구원이 그리스도 안에서 봉해져 있다고 선언되고 있다면, 그것은 분명히 인류 전체가 멸망 가운데에 있다는 것을 의미한다. 우리는 이 멸망의 원인이 무엇이었는지를 살펴보지 않으면 안 된다. 왜냐하면, 하늘의 재판장이 우리를 저주받은 자들이라고 선언하실 때에는 뭔가 거기에 걸맞은 타당한 이유가 있을 것이기 때문이다. 천사는 우리의 죄로 인해서 생명을 잃었기 때문에, 우리가 죽어 있음과 동시에 끔찍하고 무시무시한 정죄 아래 놓여 있다고 선언한다. 이렇게 해서, 우리는 우리가 부패하고 타락하였다는 것을 알게 된다. 왜냐하면, 어떤 사람이 완벽하게 거룩한 삶을 살았다면, 그 사람에게는 구속주이신 그리스도가 필요 없을 것이기 때문이다. 그러나 그리스도의 은혜를 필요로 하지 않는 사람은 아무도 없다. 그러므로 모든 사람은 죄의 종들이고 참된 의가 결핍되어 있다는 결론이 나온다.

또한, 이 말씀을 통해서 우리는 그리스도께서 어떤 식으로 또는 어떤 방식으로 구원을 베푸시는지를 알게 된다. 그리스도는 우리를 "죄에서" 건지시는 방식으로 구원을 베푸신다. 이 구원은 두 부분으로 이루어진다. 그는 온전한 구속(救贖)을 이루심으로써, 우리에게 값없이 죄 사함을 주시고, 이 거저 주시는 죄 사함 덕분에 우리는 정죄를 받아 죽음에 이르게 되는 것에서 벗어나서 하나님과 화목을 이루게 된다. 또한, 그는 성령의 거룩하게 하시는 감화들을 통해서 우리를 사탄의 폭정에서 풀어주어 자유롭게 하셔서, 우리로 하여금 "의에 대하여" 살게 하신다(벧전 2:24). 우리는 한편으로 우리가 우리의 죄에 대하여 값없이 사해 주심을 받아서, 우리가 죄책(罪責)으로부터 자유롭게 되었기 때문에, 하나님 앞에서 의로운 자로 여기심을 받는다는 것을 알고, 다른 한편으로는 우리가 우리 자신의 공로나 능력을 조금도 의지하지 않고서, 오직 그리스도로부터 의와 거룩함의 성령을 구할 때까지는 그리스도를 진정으로 우리의 구주(救主)로 고백하는 것이 아니다. 그리스도는 유대인들의 머리이자 왕으로 임명 받으셨기 때문에, 천사가 말한 그리스도의 "백성"은 의심할 여지 없이 유대인들을 의미한다. 그러나 이방인들도 머지않아 아브라함의 가지에 접붙임이 될 것이었기 때문에(롬 11:17), 이 구원의 약속은 믿음으로 말미암아 교회에 들어와서 "한 몸"(고전 12:20)을 이룬 모든 자들에게도 아무런 차별 없이 그대로 적용된다.

마 1:22. 이 모든 일이 된 것은. "예수"라는 이름이 하나님의 아들에게 주어진 것은 그가 "임마누엘"이라 불리기 때문이라고 주장하는 것은 무지하고 유치한 쓸데없는 일이다. 왜냐하면, 마태는 임마누엘과 관련된 말씀을 이름을 짓는 것에만 국한시키지 않고, 그리스도의 잉태와 관련하여 하늘로부터 이루어진 모든 일과 포괄적으로 연결시키고 있기 때문이다. 그리고 마태가 "모든 일"이라는 표현을 사용한 것도 바로 그런 이유 때문이다. 우리는 지금부터 이사야의 예언이 얼마나 적절하게 적용되고 있는지를 살펴보지 않으면 안 된다. 이 예언(사 7:14)은 잘 알려져 있는 주목할 만한 말씀이지만, 유대인들의 몸에 밴 악의(惡意)에 의해서 왜곡되었다 — 물론, 그들은 그런 식으로 그리스도와 진리에 대한 그들의 적개심은 악할 뿐만 아니라 맹목적이고 어리석은 것임을 드러내 보인 것이지만. 그들의 랍비들 중 다수는 이 예언을 당시에 겨우 15살밖에 안 된 히스기야 왕에게 적용하여 설명하는 극도의 뻔뻔스러움을 보였다. 그들은 너무나 명백한 진리를 차단하기 위하여 자연

의 질서를 뒤집어서, 한 젊은이를 16살이 되어서야 태어나도록 모태에 가두어 두
는 만행을 서슴지 않았는데, 그들의 이러한 뻔뻔스러운 거짓말은 도대체 어디에서
생겨난 것인가? 그러나 "대저 여호와께서 깊이 잠들게 하는 영을 너희에게 부어 주
사 너희의 눈을 감기셨음이니"(사 29:10)라는 말씀처럼, 하나님이 그리스도의 원수
들을 뭐가 뭔지 모르게 헷갈리게 만드는 영과, 지각이나 분별이 없이 무감각하게
만드는 영으로 치시는 것은 합당한 일이다.

　　어떤 이들은 이 예언을 그들 자신이 멋대로 생각해낸 것에 적용해서, 이사야가
아하스의 알려지지 않은 아들의 탄생에 대하여 예언한 것이라고 말한다. 그러나
높은 관직에 오르지도 못하고 일개 사인(私人)으로 아무런 존귀함도 받지 못한 채
로 자신의 생을 마감한 자가 "임마누엘"이라 불리게 될 것이라거나, 그 땅이 그의
지배에 복종하게 될 것이라고 말하는 것이 과연 적절한 것인가? 왜냐하면, 선지자
이사야는 조금 뒤에 이 아이 ─ 그가 누구이든 ─ 가 이 땅의 통치자가 되리라는 것
을 우리에게 말해주기 때문이다. 이 예언이 선지자의 아들에 대한 것이라는 주장
도 터무니없기는 마찬가지이다. 이 주제와 관련해서, 우리는 기독교 저술가들이
정말 이상하게도 이사야서의 다음 장에 나오는 예언을 오해하여 그리스도에게 적
용하는 잘못을 범해 왔다고 말할 수 있다. 이사야 선지자는 거기에서 환상을 통해
서 지시하심을 받아 "내가 내 아내를 가까이 하매 그가 임신하여 아들을 낳았다"고
말하고, 하나님의 명령을 따라 그녀가 낳은 아이의 이름을 "마헬살랄하스바스"(사
8:3, "속히 노략을 당하게 되어, 노략물이 속히 옮겨지리라"는 의미를 지님)로 지었
다고 말한다. 따라서 거기에서 묘사되고 있는 것은 전쟁이 곧 일어나서 그 땅이 무
서울 정도로 초토화가 되리라는 것이기 때문에, 그 주제가 우리가 지금 여기에서
논의하고 있는 것과는 완전히 다르다.

　　그러므로 이제 우리는 이 예언의 참된 의미를 살펴보고자 한다. 예루살렘 성은
포위되었고, 아하스 왕은 두려워 떨며 공포심으로 사색이 되어 있었다. 하나님은
선지자 이사야를 왕에게 보내어, 하나님이 예루살렘 성을 보호하실 것이라는 약속
을 전하게 하신다. 그러나 단순한 약속만으로는 초죽음이 되어 있는 아하스 왕의
마음은 진정되지 않았다. 그래서 하나님은 선지자를 다시 왕에게 보내어, "너는 네
하나님 여호와께 한 징조를 구하되 깊은 데에서든지 높은 데에서든지 구하라"(사
7:11)는 말씀을 전하게 하신다. 악한 위선자였던 아하스 왕은 자신의 불신앙을 숨
기고서 징조를 구해 보아야 아무 소용이 없을 것이라고 생각하여 그렇게 하기를

거절한다. 그러자 선지자는 왕을 심하게 꾸짖은 후에, 다음과 같은 긴 말씀을 덧붙인다: "주께서 친히 징조를 너희에게 주실 것이라 보라 처녀가 잉태하여 아들을 낳을 것이요 그의 이름을 임마누엘이라 하리라"(사 7:14). 우리의 설명은 이 예언이 다음과 같은 방식으로 그리스도와 관련되어 있다는 것이다: "너희는 다윗의 자손이면서도 너희에게 권력이 있다고 해서 하나님이 너희에게 약속하신 은혜를 무효화시키고자 애를 쓰지만"(선지자가 명시적으로 "다윗의 집"이라는 비하하는 말로 그들을 부르고 있는 것으로 보아서, 사 7:13) "너희의 비열한 불신앙으로 너희가 해낼 수 있는 것은 아무것도 없을 것이다. 왜냐하면, 결국 하나님의 진리가 이길 것이기 때문이다. 하나님은 예루살렘 성이 그 원수들로부터 해(害)를 입지 않고 안전하게 보존될 것이라고 약속하신다. 약속만으로 충분하지 않다면, 하나님은 기꺼이 너희가 요구하는 징조를 보여주심으로써 그 약속을 너희에게 확증해 주시고자 하신다. 너희는 이 두 번의 은총을 거절하고 내팽개쳐 버렸지만, 하나님은 자신의 약속을 계속해서 지켜 나가실 것이다. 왜냐하면, 약속된 구속주가 오실 것이고, 하나님은 그 구속주를 통해서 자기 백성에게 자신을 온전히 나타내 보이실 것이기 때문이다."

유대인들은 만약 이사야가 당시의 사람들에게 거의 팔백 년이 지나서야 나타나게 될 징조를 준 것이라면, 그것은 이치에 맞지도 않을 뿐더러, 그럴 가능성도 전혀 없다고 말하면서, 마치 그리스도인들의 그러한 반론은 무지나 무분별에서 나온 것이고 지금은 완전히 잊혀져서 묻혀졌다는 듯이 기고만장한 태도를 취한다. 그러나 내 생각에는, 하나님의 인자하심을 보여주는 다른 역사(役事)들의 토대가 된 양자 됨의 언약이 유대인들에게 주어져 있었다는 것을 우리가 염두에 둔다면, 그 해법은 간단하고 쉽다. 당시에는 하나님이 하나의 민족으로서의 아브라함의 자손을 양자로 받아들이신 주된 약속이 있었고, 하나님의 다른 모든 특별한 약속들은 이 주된 약속 위에 세워져 있었으며, 이 언약의 토대는 메시야였다. 따라서 하나님이 예루살렘 성을 구원하신 이유는 그 성이 하나님의 성소였고, 거기로부터 구속주가 나오게 되어 있었기 때문이었다. 만약 그런 이유가 없었다면, 예루살렘은 백 번도 더 망하였을 것이다.

이제 경건한 독자들은 다윗 왕가가 하나님이 그들에게 주고자 하셨던 징조를 공개적으로 거부하였을 때에 이사야 선지자가 갑자기 메시야를 언급하며 그들에게 다음과 같이 말한 것이 과연 적절하지 않은 일이었는지를 잘 생각해 보아야 한다:

"이 세대는 하나님이 내게 약속하신 구원을 얻을 자격이 없지만, 하나님은 자신의 언약을 기억하셔서, 이 성을 원수들로부터 구해내실 것이다. 하나님은 그의 은혜를 증언해 줄 특정한 징조를 주시지는 않겠지만, 너희는 이 하나의 징조를 보고서 너희가 바란 것들을 만족시키기에 충분한 것으로 여겨야 마땅할 것이다. 다윗의 가지로부터 메시야가 일어날 것이다." 그렇지만 우리가 주목해야 할 것은 선지자 이사야가 믿지 않는 자들에게 저 주된 언약을 상기시켜 준 것은 그들이 특별한 징조를 받고자 하지 않은 것에 대한 일종의 책망이라는 것이다. 나는 이제 온갖 종류의 이적이 행해질 수 있는 문이 닫혀 버렸을 때에 선지자 이사야가 믿지 않는 자들에게 하나님이 그들을 구원하시는 유일한 이유는 그들의 조상들에게 주어진 언약 때문이라는 것을 상기시킬 목적으로 그리스도를 언급하는 쪽으로 말머리를 돌린 것은 적절한 것이었음을 증명하였다고 생각한다. 하나님은 이 주목할 만한 예를 통해서, 하나님이 아브라함의 자손에게 끊임없이 인자하심을 베푸신 것은 그들의 공로 때문이 아니라 오직 그리스도 안에서 그들과 맺은 은혜로운 언약 때문이었다는 것을 모든 세대에 증언하시기를 기뻐하셨다.

유대인들이 우리의 논증을 회피하고자 제시하는 또 다른 궤변이 있다. 선지자 이사야는 본문에 나오는 말씀 직후에 "대저 이 아이가 악을 버리며 선을 택할 줄 알기 전에 네가 미워하는 두 왕의 땅이 황폐하게 되리라"(사 7:16)는 말씀을 덧붙인다. 그들은 이 말씀을 근거로 해서, 하나님이 약속하신 아이의 출생이 아주 짧은 기간 동안 연기될 것임을 시사하신 것이라고 말한다. 그렇지 않다면, 아이가 유년기의 절반을 보내기 전에 두 왕의 나라에서 급속한 변화가 일어난 것은 선지자의 예언과 부합하지 않게 될 것이기 때문이다. 나는 이 궤변에 대하여 이렇게 답변하고자 한다: 이사야는 장래의 구주(救主)에 관한 징조를 주면서, 참된 임마누엘 — 바울의 표현을 빌리면, "육신으로 나타난 바 되신 하나님"(딤전 3:16) — 이신 아이가 태어날 것이라고 선포할 때에, 계속해서 당시의 모든 아이들에 대하여 일반적인 관점에서 말한다. 이런 설명이 옳다는 것을 보여주는 강력한 증거는 쉽게 드러난다. 왜냐하면, 이사야는 하나님의 일반적인 약속을 말한 후에, 하나님이 그에게 선포하라고 맡기신 특별한 약속으로 되돌아가기 때문이다. 최종적이고 온전한 구속을 얘기하고 있는 전자의 본문은 유일무이하게 하나님의 이름을 지니게 될 한 특정한 아이를 묘사하는 반면에, 당시에 곧 주어지게 될 특별한 은택을 얘기하고 있는 후자의 본문은 최근에 태어났거나 곧 태어날 아이들이 선악을 분별하게 될 때를 기준으로 제시한다.

　내가 잘못 생각하고 있는 것이 아니라면, 지금까지 나는 강력하고 결정적인 논거들을 통해서, 그리스도의 영광이 이 예언 속에서 찬란한 광휘(光輝)를 발하며 드러나는 것을 막고자 유대인들이 꾸며낸 중상모략들을 반박하였다고 생각한다. 이제 우리에게 남은 것은 히브리어 '알마'(עלמה, "처녀" 또는 "동정녀")에 관한 그들의 궤변을 반박하는 것이다. 그들은 이 히브리어 명사는 단지 "젊은 여자"를 의미하는데도, 마태는 그리스도가 처녀에게서 나셨다는 것을 증명하고자 한 것이라고 마태를 방자하게 핍박하고, 우리가 한 단어에 대한 오역(誤譯)으로 말미암아 오도되어서, 선지자 이사야는 단지 그리스도가 젊은 여자에게서 태어날 것이라고 말한 것에 불과한데도, 그가 성령으로 말미암아 태어났다고 믿게 된 것이라고 말하며, 우리를 조롱한다. 먼저, 그들은 성경에서 일관되게 처녀들을 가리키는 말로 사용된 단어가 여기에서 남자를 안 젊은 여자를 가리킨다는 것을 증명하고자 애씀으로써, 어떻게든 우리의 논증을 반박하고자 하는 과도한 열심을 드러낸다. 또한, 이 단어의 어원도 이 단어에 대한 마태의 역어(譯語)와 부합한다. 왜냐하면, 이 단어는 처녀에게 합당한 정숙함을 나타내는 "숨는 것"을 의미하기 때문이다. 그들은 잠언에 나오는 "남자가 여자와 함께 한(בעלמה- '베알마') 자취"(잠 30:19)라는 구절을 제시한다. 그러나 이 구절은 그들의 견해들을 전혀 밑받침해 주지 않는다. 솔로몬은 거기에서 젊은 남자의 애정을 얻은 젊은 여자에 대하여 말하고 있긴 하지만, 젊은 남자가 호감을 느낀 대상을 유혹하였다는 해석은 거기로부터 자동적으로 도출되어 나오는 것은 아니다. 도리어, 그것과는 정반대로 해석하는 것이 옳을 가능성이 더 높다.

　그러나 그들이 이 단어의 의미와 관련해서 요구하는 모든 것을 다 받아준다고 해도, 이 본문이 다루는 주제를 고려하면, 우리는 선지자 이사야가 이적(異蹟)에 의한 한 아이의 비상(非常)한 출생에 대하여 말하고 있다는 것을 인정하지 않을 수 없게 된다. 선지자는 이 아이가 하나님이 주시는 징조를 보여줄 것인데, 그것은 통상적인 징조가 아니라 다른 모든 것을 뛰어넘는 징조가 될 것이라고 찬탄을 금치 못한다: "주께서 친히 징조를 너희에게 주실 것이라 보라 처녀가 잉태하여 아들을 낳을 것이요 그의 이름을 임마누엘이라 하리라"(사 7:14). 만약에 선지자가 단지 한 여자가 아이를 낳을 것이라는 의미로 말하고자 한 것이었다면, 그가 서두에 붙인 저 장엄한 서문은 얼마나 우스꽝스러운 것이 되고 말았을까? 그러므로 우리는 하나님의 신성한 신비들을 깔보는 유대인들의 오만방자함이 저절로 드러나는 것을 본다.

게다가, 우리는 이 본문의 전체적인 말투로부터도 강력한 논거를 도출해낼 수 있다. 본문은 "보라 처녀가 잉태하여"라고만 말하고, 왜 남자에 대해서는 전혀 언급하지 않고 있는 것인가? 그것은 선지자가 우리로 하여금 뭔가 지극히 비범(非凡)한 일에 주목하게 하고자 하기 때문이다. 또한, 이 처녀는 아이의 이름과 관련된 명령을 받는다: "그의 이름을 임마누엘이라 하리라." 이것과 관련해서도, 선지자는 뭔가 비상(非常)한 것을 표현하고 있다. 왜냐하면, 성경에는 어머니가 자녀의 이름을 지은 예가 종종 나오지만, 그럴 때에도 어머니는 아버지의 권위를 빌려서 그렇게 하기 때문이다. 선지자가 이 처녀를 향하여 이 말을 할 때, 이 아이와 관련해서 선지자는 자연 질서에 의해서 남자들에게 수여된 저 권위를 남자들에게서 빼앗고 있는 것이다. 그러므로 우리는 선지자가 여기에서 하나님의 놀라운 이적을 얘기하고 있고, 모든 경건한 자들에게 이 이적을 주목하고 깊이 숙고하도록 권고하고 있다는 것을 기정사실로 받아들여야 한다 — 비록 유대인들은 성령의 은밀한 능력으로 이루어진 이 이적을 통상적인 방식에 의한 잉태로 폄훼하고자 하는 비열한 시도들을 일삼고 있지만.

마 1:23. 그의 이름은 임마누엘. "하나님이 우리와 함께 계시다"는 어구는 성경에서 하나님이 그의 도우심과 은혜를 통해서 우리 곁에 계셔서 그 손의 능력으로 우리를 보호하신다는 것을 나타내는 데에 자주 사용된다. 그러나 여기에서 우리는 하나님이 사람들과 교통하시는 방식에 대하여 가르침을 받는다. 왜냐하면, 우리는 그리스도의 밖에 있을 때에 하나님에게서 소외되지만, 그리스도로 말미암아 다시 하나님의 은총 속으로 받아들여질 뿐만 아니라, 하나님과 하나가 되기 때문이다. 바울이 율법 아래 있던 유대인들이 하나님에게서 "가까운 데 있는 자들"(엡 2:17)이었고, 하나님과 이방인들 사이에는 "원수 된 것"(엡 2:14)이 있었다고 말할 때, 그것은 단지 하나님이 당시에 택하신 백성에게 그림자들과 상징들로 자신의 임재의 표징(表徵)들을 주셨다는 것만을 의미할 뿐이다. "너희의 하나님 여호와가 너희 중에 계신다"(신 7:21)거나 "이는 내가 영원히 쉴 곳이라"(시 132:14)는 약속은 당시에도 여전히 유효하였다. 그러나 하나님과 이스라엘 백성 간의 친밀한 교제는 중보자이신 그리스도에게 달려 있는 것이었기 때문에, 하나님은 아직 온전히 이루어지지 않은 저 일을 여러 가지 상징들로 그림자 같이 희미하게 보여주셨다. 하나님의 보좌와 거처는 "그룹 사이에" 놓여 있다(시 80:1). 왜냐하면, 법궤는 하나님의 영광의 상징이자 가시적인 보증이었기 때문이다.

그러나 이전의 그림자 같은 하나님의 임재와는 달리, 하나님이 자기 백성과 실제로 함께 하시는 그런 임재가 그리스도 안에서 나타났다. 이것이 바울이 "그 안에는 신성의 모든 충만이 육체로 거하시고"(골 2:9)라고 말한 이유이다. 만약 그리스도께서 자신의 인격 속에 신성과 인성의 두 본성을 연합하여 지니고서 사람들을 하나님께로 이끌어 연합하게 하지 않았다면, 분명히 그는 적절한 자격을 갖춘 중보자가 될 수 없었을 것이다. 유대인들은 사람들이 종종 하나님의 이름을 각종 기념물들에 새겼는데, 하나님은 이것을 가리켜서 자기가 믿는 자들과 함께 하고 있다고 말씀하신 것이라고 떠들어대는데, 그러한 반론은 대응할 가치조차 없다. 왜냐하면, "임마누엘"이라는 이 이름이 그리스도 안에서 나타난 하나님의 임재와 그리스도가 오시기 전 옛 사람들에게 나타났던 온갖 종류의 임재 간의 암묵적인 대비를 내포하고 있다는 것은 부인할 수 없는 사실이기 때문이다. 그리스도께서 육신으로 나타나셔서, 이런 이름이 주어진 이유가 실제로 밝혀지기 시작하였을 때, 하나님이 전에 조상들과 함께 하셨던 것은 단지 부분적인 것이었고 온전한 것은 아니었다는 것이 드러났다.

이것으로부터 그리스도는 "육신으로 나타난 바 되신 하나님"(딤전 3:16)이시라는 또 다른 증거가 생겨난다. 실제로, 그리스도는 창세로부터 중보자의 직임을 수행하셨지만, 그 모든 것의 궁극적인 효력은 전적으로 그가 최종적으로 이 땅에 오시는 것에 달려 있었기 때문에, 그리스도께서 몸소 사람의 육신을 입으시고 대제사장으로서 사람들 가운데에 오셔서, 자신의 몸을 제물로 드려 사람들의 죄를 속(贖)하시고, 그의 핏값으로 사람들을 성부 하나님과 화해시키는 등, 한 마디로 사람들의 구원에 필요한 모든 부분을 이루셨을 때에 비로소 "임마누엘"이라 불리는 것이 합당한 일이었다. 우리가 이 이름 속에서 깊이 숙고하여야 할 첫 번째의 것은 그리스도가 지니신 하나님으로서의 위엄이다. 따라서 우리는 유일하시고 영원하신 하나님께만 합당한 경외심을 가지고서 그리스도께 순복하는 것이 마땅하다. 그러나 우리는 아울러 하나님이 이 이름과 관련해서 우리에게 바라시는 열매를 잊어서는 안 된다. 왜냐하면, 우리는 하나님이자 사람이신 그리스도라는 한 인격을 묵상할 때마다, 우리가 믿음으로 그리스도와 연합하였다면 하나님을 소유한 것임을 확실한 진리로 받아들여야 마땅하기 때문이다.

"그들이 부르리라"(개역에서는 "하리라")는 어구 속에서는 대명사의 수(數)의 변화가 있다. 그러나 이것은 내가 이미 말한 것과 결코 모순되지 않는다. 사실, 선지자는 오직 한 처녀를 향하여 말하고 있는 것이기 때문에, 이인칭 단수형을 사용해서 "네가 부르리라"라고 말하고 있다. 그러나 이 이름이 공표된 때로부터, 모든 경건한 자들은 하나님이 그리스도 안에서 자기 자신을 우리에게 주셔서 우리로 하나님을 누리게 하셨다는 이 고백을 할 수 있는 동일한 권리를 갖는다.

마 1:24. 요셉이 잠에서 깨어 일어나. 여기에서 묘사된 요셉의 즉각적인 실천은 그의 순종을 칭찬하는 측면과 아울러서 그의 믿음의 확실성을 증언하는 역할도 한다. 왜냐하면, 요셉의 마음속에 거리낌이 조금이라도 남아 있어서 그의 양심이 온전히 평안을 얻지 못했다면, 그가 방금 전까지 마리아와 어울리면 자기도 더러워질 것이라고 생각하였던 것을 갑자기 바꿔서, 아주 기쁜 마음으로 자기 아내를 데리고 오고자 즉시 집을 나설 생각을 할 수 없었을 것이기 때문이다. 이 꿈은 하나님으로부터 온 꿈이라는 모종의 징표(徵表)를 지니고 있었기 때문에, 요셉은 주저하지 않을 수 있었을 것임에 틀림없다. 믿음의 효과는 즉시 나타나서, 하나님의 뜻을 안 요셉은 즉시 순종하기로 마음을 먹었다.

마 1:25. 동침하지 아니하더니. 이 구절은 이전 시대에 헬비디우스(Helvidius)가 교회에서 일으킨 큰 소동들을 위한 빌미를 제공해 주었다. 그가 이 구절로부터 추론해 낸 것은 마리아가 첫 번째 아들을 낳을 때까지만 처녀로 있다가, 그 후에는 그녀의 남편과의 사이에서 다른 자녀들을 낳았다는 것이었다. 반면에, 히에로니무스(Hieronymus)는 마리아가 끝까지 처녀성을 지켰다는 것을 세세한 논증을 통해서 진지하게 옹호하였다. 우리는 복음서 기자의 이 말로부터는 그리스도가 출생한 뒤에 무슨 일이 벌어졌는지에 대해서 그 어떤 확실하고 근거 있는 추론을 이끌어 낼 수 없다는 선에서 만족하지 않으면 안 된다. 그리스도는 "맏아들"(개역에는 "아들"로 되어 있다)이라 불리지만, 그것은 오로지 그리스도가 동정녀로부터 태어났다는 것을 우리에게 알려주기 위한 것이다. 본문은 마리아가 "그녀의 맏아들을 낳기까지" 요셉이 "동침하지 아니하더니"라고 말한다. 그러나 이것은 바로 그 시점까지로 국한되어 있다. 그 후에 무슨 일이 일어났는지에 대해서는 복음서 기자는 우리에게 아무것도 알려주지 않는다. 이런 것이 하나님의 감동으로 글을 쓰는 자들의 관행이었다는 것은 잘 알려져 있다. 확실한 것은 호기심에 휘둘림이 없이는 그 누구도 이 문제에 대하여 의문을 갖지 않을 것이고, 논쟁을 극도로 좋아하는 자 외에는 그 누구도 이 문제를 놓고 끈질긴 논쟁을 벌이지는 않으리라는 것이다.

¹그 때에 가이사 아구스도가 영을 내려 천하로 다 호적하라 하였으니 ²이 호적은 구레뇨가 수리아 총독이 되었을 때에 처음 한 것이라 ³모든 사람이 호적하러 각각 고향으로 돌아가매 ⁴요셉도 다윗의 집 족속이므로 갈릴리 나사렛 동네에서 유대를 향하여 베들레헴이라 하는 다윗의 동네로 ⁵그 약혼한 마리아와 함께 호적하러 올라가니 마리아가 이미 잉태하였더라 ⁶거기 있을 그 때에 해산할 날이 차서 ⁷첫아들을 낳아 강보로 싸서 구유에 뉘었으니 이는 여관에 있을 곳이 없음이러라(눅 2:1-7).

누가는 여기에서 그리스도께서 베들레헴 동네에서 태어나게 된 이유를 얘기한다. 왜냐하면, 마리아는 그녀의 집에서 멀리 떨어진 곳에서 해산을 하였기 때문이다. 먼저, 누가는 요셉과 마리아가 그들의 족속과 지파를 따라 고향으로 돌아가야 했기 때문에 집을 떠나서 베들레헴으로 오게 된 것이라고 말함으로써, 이 일이 인간의 계획을 따라 이루어진 것이라는 생각을 원천적으로 봉쇄한다. 만약 마리아로 하여금 베들레헴에서 아이를 낳도록 하기 위해서, 그들이 어떤 의도적인 목적을 지니고서 그들의 주거를 바꾼 것이라면, 우리는 거기에서 인간적인 것들만을 보게 되었을 것이다. 그러나 그들은 아구스도(Augustus)의 영(令)에 따르는 것 외에 다른 목적이나 의도를 지니고 있지 않은 것이기 때문에, 우리는 그들이 앞을 못 보는 사람들처럼 하나님의 손에 이끌려서 그리스도께서 태어나기로 되어 있던 곳으로 이끌리심을 받았다는 것을 쉽게 인정할 수 있다. 이것은 인간의 직접적인 의도에 의해서 일어나지 않고 불경건한 자들이 운명으로 돌리는 다른 모든 일과 마찬가지로 우연히 일어난 일처럼 보일 수 있다. 그러나 우리는 단지 사건들 자체만을 주목해서는 안 되고, 선지자가 여러 세기 전에 행한 예언도 기억하지 않으면 안 된다. 사건과 예언을 서로 비교해 보면, 그 때에 가이사 아구스도(Augustus Caesar)가 "호적하라"고 천하에 영을 내린 일, 그리고 요셉과 마리아가 그들이 살던 집을 떠나서 해산할 시점에 베들레헴에 도착한 일은 모두 다 하나님의 놀라운 섭리에 의해서 이루어진 일이었다는 것이 분명하게 드러난다.

이것을 통해서, 우리는 하나님의 거룩한 종들은 비록 그들이 그들의 의도와는 상관없이 어디로 가는지를 알지 못하고 길을 갈지라도, 하나님이 그들의 발걸음을 인도하시기 때문에, 여전히 바른 길을 계속해서 가게 된다는 것을 알게 된다. 또한,

마리아를 집에서 이끌어 내어 하나님이 정하신 곳으로 가게 함으로써 예언이 성취되도록 하기 위하여 독재자의 영(令)을 사용하시는 하나님의 섭리도 놀랍기는 마찬가지이다. 하나님은 그의 선지자를 통해서 그의 아들이 태어나야 할 곳을 미리 말씀해 주셨다 — 이것에 대해서는 우리가 나중에 보게 될 것이다. 만약 마리아가 하는 수 없이 베들레헴으로 갈 수밖에 없는 일이 벌어지지 않았다면, 그녀는 분명히 집에서 아이를 출산하였을 것이다. 아구스도는 유대 땅에 살던 모든 사람에게 고향으로 돌아가서 호적을 하라고 영을 내렸는데, 이것은 그들이 전에 해마다 하나님께 바쳤던 세(稅)를 이후로는 로마에 바치도록 하기 위한 것이었다. 이렇게, 경건하지 않은 자는 하나님이 자기 백성에게서 받으셨던 것을 강탈해 간다. 이것은 사실 유대인들을 완전히 복속시켜서, 이후로는 그들이 하나님의 백성이라 자처하는 것을 금지한 것이나 다름없었다.

이런 식으로, 상황은 극단으로 치달아서, 유대인들은 하나님에게서 끊어지고 하나님의 언약으로부터 영원히 떨어져 나가는 것처럼 보였다. 바로 그 때에 하나님은 사람들의 생각이나 예상과는 정반대로 갑자기 회복책을 제공하신다. 게다가, 하나님은 저 악한 폭정(暴政)을 자기 백성의 구속(救贖)을 이루시기 위한 도구로 사용하신다. 왜냐하면, 총독(또는, 이런 목적을 위해서 가이사에 의해서 쓰임받은 자)은 하나님의 뜻을 전혀 알지 못한 채 단지 자기에게 맡겨진 임무를 수행한 것이지만, 부지불식간에 마리아를 하나님이 정하신 곳으로 불러오는 하나님의 전령(傳令) 역할을 한 것이기 때문이다. 믿는 자들은 누가가 들려주는 이야기를 들으면 그리스도께서 "모태에서 나올 때부터"(시 22:10) 하나님의 손에 이끌리심을 받으셨다는 것을 인정하지 않을 수 없게 될 것이 확실하다. 또한, 하나님이 전에 약속하신 대로, 구속주가 "네게서[즉, 베들레헴에서] 나올 것이라"(미 5:2)는 말씀이 이루어지도록 하기 위하여, 마리아가 자신의 의도와는 반대로 갑자기 베들레헴으로 이끌려 가게 되었다는 것을 아는 것은 우리의 믿음의 확실성과 관련해서도 결코 작은 일이 아니다.

눅 2:1. 천하로. 이 비유적인 표현법(이 수사법에서는 일부를 가지고 전체를 나타내기도 하고, 전체를 가지고 일부를 나타내기도 한다)은 로마의 저술가들 사이에서 끊임없이 사용되었던 것이기 때문에 눈에 거슬리는 것으로 여겨서는 안 된다. 유대 백성들이 이 호적령에 대하여 거부감을 덜 갖게 하고 좀 더 잘 받아들이게 하기 위해서, 이 호적령은 다른 모든 속주들에도 내려졌을 것이다 — 물론, 속주마다 세율은 각각 달랐겠지만. 나는 "이 첫 번째 호적령"은 유대인들이 완전히 복속되어서 새로운 원치 않는 멍에를 메게 된 것을 의미하는 것이라고 생각한다. 다른 이들은 이 본문을 이 호적은 "구레뇨가 수리아 총독이 되었을 때에 처음 한 것이라"로 읽는다(이것이 공인된 영역 본문이다). 그러나 그렇게 볼 수 있는 가능성은 없다. 세금은 해마다 내는 것이었지만, 호적은 해마다 하는 것이 아니었다. 따라서 이 본문의 의미는 유대인들이 이전보다 훨씬 더 무거운 압제를 당하게 되었다는 것이다.

이 총독의 이름("구레뇨")은 여러 가지로 표기된다. 어떤 이들은 그를 '퀴레니오스'(Κυρήνιος)라 부르고, 어떤 이들은 퀴리누스(Quirinus) 또는 퀴리니우스(Quirinius)라 부른다. 그러나 이것은 전혀 이상한 일이 아니다. 왜냐하면, 우리는 헬라인들이 라틴 이름들을 번역할 때에 거의 언제나 발음을 약간 바꾼다는 것을 알고 있기 때문이다. 훨씬 더 큰 난점은 다른 방향에서 생겨난다. 요세푸스(Josephus)는 아켈라오가 비엔나(Vienna)의 감옥에 죄수로 있는 동안에(*Ant.* 17:13.2), 구레뇨가 유대를 수리아 속주와 병합시키라는 지시를 받고서 총독으로 부임하였다고 말한다(18.1.1). 아켈라오는 그의 아버지 헤롯이 죽은 후에 9년 동안 다스렸다는 것이 역사가(歷史家)들의 일치된 견해이다. 그러므로 그리스도의 출생과 이 호적령 사이에는 약 13년의 간격이 있었던 것으로 보인다. 왜냐하면, 그리스도께서 헤롯 재위 제33년에, 즉 헤롯이 죽기 4년 전에 태어나셨다는 것이 에피파니우스(Epiphanius)의 견해인데, 거의 모든 이들이 이 견해에 동의하기 때문이다.

우리를 적지 않게 당혹시키는 또 다른 것은 요세푸스가 이 호적령을 악티움(Actium) 해전에서 승리한 지 37년째 되던 해에 내려졌다고 말하고 있다는 것이다(*Ant.* 18:2.1). 이것이 사실이라면, 아구스도는 아무리 최대로 잡아도 이 사건이 있은 지 7년 정도밖에 더 살지 못하였다는 것이 되고, 이 사건은 아구스도가 죽은 나이에서 8 또는 9년을 뺀 해에 일어난 것이 된다. 왜냐하면, 누가복음 3장에 의하면, 아구스도가 당시에 겨우 15살이었음이 분명하기 때문이다. 그러나 그리스도의 나이는 너무나 잘 알려져 있어서 의문의 여지가 없기 때문에, 유대 고대사의 이 구절을 비롯한 다른 많은 구절들에서 요세푸스의 기억이 정확하지 못하였을 가능성이 높다. 역사가들은 구레뇨가 19년 동안, 그러니까 아구스도가 안토니우스에 대하여 승리를 거두고서 제국 전체를 장악하기 전에 총독으로 있었다는 데에 동의한다. 그러므로 구레뇨는 나이가 아주 많이 들어서 수리아 총독으로 부임하였을 것임에 틀림없다. 게다가, 요세푸스는 유대 총독이 8년 동안 세 번이나 바뀌었지만, 다섯 번째 총독은 15년 동안 총독으로 있었다고 말한다. 이 다섯 번째 총독은 발레리우스 그라투스(Valerius Gratus)였고, 그의 후임이 본디오 빌라도(Pontius Pilatus)였다.

우리는 또 다른 해법을 생각해 볼 수 있다. 로마 당국은 영(令)이 내려진 직후에 바로 호적을 작성하는 일이 이루어지게 할 수 없었을 것이다. 왜냐하면, 요세푸스는 유대인들로 하여금 이 호적령에 복종하도록 하기 위해서 로마 당국은 코포니우스(Coponius)가 이끄는 군대를 파견하였다고 말하고 있기 때문이다(Ant. 18:2.2). 이것을 통해서 우리가 쉽게 추정할 수 있는 것은 호적을 작성하는 일이 군중들의 소요(騷擾)로 인해서 한참 동안이나 지연될 수밖에 없었으리라는 것이다. 누가가 한 말은 이런 의미를 지닌다. 즉, 우리 주님이 태어나실 때쯤 해서, 유대 백성들에게 호적을 하라는 영이 내려졌지만, 실제로 호적을 작성하는 일은 유대가 또 다른 속주에 병합될 때까지는 이루어질 수 없었다는 것이다. 따라서 2절은 보충설명 또는 수정을 위해 덧붙여진 구절이다: "이 호적은 구레뇨가 수리아 총독이 되었을 때에 처음 한 것이라." 즉, 이 호적령은 그 때에 가서야 처음으로 실행이 되었다는 것이다.

그러나 이것으로 모든 문제가 다 해결된 것은 아니다. 헤롯이 유대의 왕으로 있는 동안에 로마 제국에 공세(貢稅)를 바치지 않았던 유대 백성에게 호적을 하라고 한 것은 도대체 무슨 목적에서였는가? 나의 대답은 이것이다: 아구스도도 유대인들로 하여금 멍에를 지는 데에 익숙해지도록 하기 위해서(그들의 완고함은 너무나 잘 알려져 있었기 때문에) 비록 헤롯의 치하에 있을 때에라도 그들에게 호적을 하라고 영을 내렸을 것이라고 추정하는 것은 별로 이상한 것이 아니라는 것이다. 또한, 헤롯의 왕권은 정상적인 것이 아니었기 때문에, 헤롯의 치하에서 유대인들이 로마 제국에 세금이라는 명목으로 각 사람에게 배당된 금액을 바친다고 해서, 그것이 이상할 것도 없었다. 왜냐하면, 우리는 헤롯이 비록 왕이라 불리긴 하였지만, 꼭두각시 권력에 불과해서, 로마의 하수인에 지나지 않았다는 것을 알고 있기 때문이다. 에우세비우스(Eusebius)는 이 호적령이 로마의 원로원의 지시에 의한 것이라고 말하는데, 나는 그가 무슨 근거로 그런 말을 하는지를 알지 못하겠다.

눅 2:7. 이는 여관에 있을 곳이 없음이러라. 우리는 여기에서 요셉의 극심한 빈곤함만이 아니라, 그 어떤 사정도 봐주지 않는 잔혹한 폭정을 본다. 왜냐하면, 요셉은 자기 아내인 마리아가 해산할 날이 임박했는데도 불구하고 어쩔 수 없이 그녀를 데리고 호적을 하러 갈 수밖에 없었기 때문이다. 사실, 왕가(王家)의 후손들은 다른 사람들보다 더 가혹하고 모멸적인 대우를 받았을 가능성이 크다. 요셉은 자기 아내의 해산을 생각하고 배려하지 못할 정도로 냉혹한 사람이 결코 아니었다. 그는 이 최악의 상황을 피하고자 무척 애를 썼겠지만, 그렇게 하는 것이 불가능하였기 때문에, 모든 일을 하나님께 맡기고서 영(令)을 따를 수밖에 없었을 것이다. 아울러, 우리는 하나님의 아들의 삶이 어떤 식으로 시작되었는지, 그리고 그가 태어나서 어떤 요람에 뉘어졌는지를 본다. 그가 이런 식으로 태어나신 것은 우리를 위하여 "자기를 비워" 우리와 같은 육신을 입으셔야 했기 때문이다(빌 2:7). 그가 사람들이 묵는 숙소에서 거부를 당하시고 마구간에 던져져서서 구유에 뉘어지게 되셨을 때, 그것은 우리에게 일시적인 거처가 아니라 우리의 영원한 나라와 기업인 천국이 열리고, 천사들이 우리를 그들의 처소로 영접하도록 하기 위한 것이었다.

⁸그 지역에 목자들이 밤에 밖에서 자기 양 떼를 지키더니 ⁹주의 사자가 곁에 서고 주의 영광이 그들을 두루 비추매 크게 무서워하는지라 ¹⁰천사가 이르되 무서워하지 말라 보라 내가 온 백성에게 미칠 큰 기쁨의 좋은 소식을 너희에게 전하노라 ¹¹오늘 다윗의 동네에 너희를 위하여 구주가 나셨으니 곧 그리스도 주시니라 ¹²너희가 가서 강보에 싸여 구유에 뉘어 있는 아기를 보리니 이것이 너희에게 표적이니라 하더니 ¹³홀연히 수많은 천군이 그 천사들과 함께 하나님을 찬송하여 이르되 ¹⁴지극히 높은 곳에서는 하나님께 영광이요 땅에서는 하나님이 기뻐하신 사람들 중에 평화로다 하니라(눅 2:8-14).

눅 2:8. 목자들. 그리스도께서 베들레헴에서 태어나셨다고 할지라도, 만일 그 사실이 세상에 알려지지 않았다면, 그것은 아무 소용도 없는 일이 되어 버리고 말았을 것이다. 그러나 이 일이 세상에 알려지게 된 방식이라고 누가가 서술하고 있는 것은 사람들의 눈에 매우 부적절해 보인다. 첫째, 그리스도의 탄생은 겨우 몇몇 증인들에게 알려졌고, 게다가 이 일은 캄캄한 밤중에 일어났다. 하나님은 수많은 존귀하고 유명한 자들을 불러 모아 증인으로 삼으실 수도 있으셨지만, 그런 자들을 다 제쳐 두고, 사람들 가운데서 보잘것없는 비천한 자들인 목자들을 택하여 증인들로 삼으셨다. 하나님은 세상적이고 육신적인 이성과 지혜를 어리석은 것으로 보신 것이 분명하다. 우리는 "하나님의 어리석음"(고전 1:25)이, 이 세상에 존재하는, 또는 존재하는 것처럼 보이는 모든 지혜보다 뛰어나다는 것을 인정하여야 한다. 그러나 이것도 "자기를 비우신" 것(빌 2:6)의 일부였다. "자기를 비웠다"는 것은 그리스도께서 자신의 영광을 제거해 버리셨다는 것이 아니라, 그 영광을 한동안 사용하지 않으시고 숨겨 두셨다는 것을 의미한다. 또한, 바울이 우리에게 상기시켜 주듯이, 육신적으로 보기에 복음이 하잘것없이 보이는 것은 "우리의 믿음이 사람의 설득력 있는 지혜의 말"이나 어떤 세상적으로 으리번쩍한 것에 있게 하지 않고, 성령의 능력에 있게 하기 위한 것이고(고전 2:4-5), 하나님이 이 측량할 수 없이 귀한 "보배"를 처음부터 "질그릇에" 두신 것은 우리의 믿음의 순종을 더 온전히 시험하시기 위한 것이다(고후 4:7). 그러므로 그리스도께로 나아가고자 한다면, 우리는 하나님이 세상의 교만을 꺾으시기 위하여 세상의 찌꺼기 같은 자들 가운데서 택하여 우리의 선생으로 세우신 자들을 따르기를 부끄러워하지 않아야 한다.

눅 2:9. 주의 사자가 곁에 서고. 누가는 "주의 영광"이 목자들을 "두루 비추었고," 목자들은 이것을 통해서 그들 곁에 선 자가 천사라는 것을 알았다고 말한다. 왜냐하면, 만일 하나님이 어떤 외적인 표적이나 징조를 통해서 그들이 들은 것이 하나님으로부터 나온 것임을 증언해 주지 않으셨다면, 누가가 지금 얘기하고 있는 내용을 천사가 말하였다고 하여도, 그것은 별 소용이 없었을 것이기 때문이다. 이 천사가 평범한 모습이나 위엄 없이 나타난 것이 아니라 하늘의 빛나는 영광에 둘러싸여 나타난 것은 목자들의 마음에 강력한 감화를 주어서 그들로 하여금 천사가 그들에게 해준 말씀을 하나님 자신의 입에서 나온 것으로 받아들이도록 하기 위한 것이었다. 그런 까닭에, 누가는 곧이어서 목자들이 "크게 무서워하였다"고 말한다. 하나님은 통상적으로 이런 두려움을 주셔서, 사람들의 마음을 낮추시고(내가 앞에서 설명했듯이), 경외하는 마음으로 그의 말씀을 받을 수 있도록 사람들을 준비시키신다.

눅 2:10. 무서워하지 말라. 이 권면의 목적은 그들의 두려움을 덜어주기 위한 것이다. 왜냐하면, 사람들의 마음이 경외심으로 가득 차는 것은 "여호와께 그의 이름에 합당한 영광을 돌리는"(시 29:2) 법을 배우는 데에 유익하긴 하지만, 사람들이 완전히 압도당하지 않도록 하기 위해서는 동시에 위로도 필요하기 때문이다. 하나님의 위엄이 사람들에게 불러일으키는 두려움을 완화시키는 어떤 조치가 있지 않으면, 그 위엄은 온 세상을 삼켜버릴 수밖에 없다. 그러므로 타락하여 배역한 자들은 하나님을 보자마자 거꾸러져서 죽게 된다. 왜냐하면, 하나님은 그들에게 다름 아닌 심판자의 모습으로 비쳐질 것이기 때문이다. 따라서 천사는 목자들의 마음을 소생시키기 위하여, 자기가 그들에게 보내심을 받은 것은 하나님의 긍휼하심을 "전하기" 위한 것이라고 분명하게 밝힌다. 하나님이 그들과 화해하셨다는 이 한 마디 말씀을 듣는 순간, 땅에 엎드려졌던 자들이 일어날 뿐만 아니라, 죽은 자들이 힘을 얻어서 죽음에서 생명으로 다시 살아나게 된다.

천사는 자기가 "큰 기쁨을 전하기" 위해 왔다는 말로 입을 연 후에, 다음으로 그 기쁨의 이유 또는 근거를 대는데, 그것은 "구주가 나셨다"는 것이다. 먼저, 이 말씀은 사람들이 그리스도의 은혜로 말미암아 하나님과 화목하게 되어 화평을 이루기 전까지는 그들이 맛보는 모든 기쁨은 기만적인 것이고 짧은 기간 동안만 지속되는 것임을 우리에게 보여준다. 경건하지 않은 자들은 자주 자아도취적이고 광란적인 희열에 빠지지만, 그들과 하나님 간에 화평을 이루어 주시는 자이신 그리스도가 계시지 않는다면, 그들은 숨겨져 있는 양심의 독침들 또는 찔림들로 인해서 무시무시한 고통을 당하게 된다. 게다가, 그들이 방탕과 향락에 빠져서 스스로 즐긴 정도만큼, 그들은 그들 자신의 정욕들로 인해서 무수한 고통을 당하게 된다. 견고한 기쁨은 우리의 아버지가 되시는 하나님이 우리에 대하여 가지고 계신 사랑을 깨달을 때에 비로소 시작되는데, 오직 이것만이 우리의 마음에 평안을 가져다준다. 바울은 "하나님의 나라"는 바로 이 "기쁨"(또는, "희락")에 있고, 이 기쁨은 "성령 안에" 있다고 말한다(롬 14:17). 누가는 이 기쁨을 "큰 기쁨"이라고 부름으로써, 우리가 다른 무엇보다도 그리스도께서 우리에게 가져다주신 구원을 기뻐해야 할 뿐만 아니라, 이 복은 현세의 모든 고통과 괴로움과 염려들을 다 보상해 주고도 남음이 있을 정도로 너무나 크고 한이 없다는 것을 우리에게 보여준다. 우리는 그리스도의 은혜를 깨달아서 오직 그만을 기뻐함으로써, 육신의 모든 괴로움을 이길 뿐만 아니라, 결국에는 그 괴로움들이 다 우리에게서 제거될 수 있게 하는 법을 배워야 한다.

눅 2:10. 온 백성에게 미칠. 천사는 오직 목자들에게 말하고 있기는 하지만, 자기가 전하는 구원의 소식은 온 인류에게 해당되는 것이기 때문에, 그들만 혼자 듣고 마음속에 간직해 두는 것이 아니라 다른 사람들도 듣게 하여야 한다고 분명하게 말한다. 우리는 이 기쁨이 모든 사람에게 차별 없이 주어진 것이기 때문에 누구나 다 누릴 수 있다는 것을 알아야 한다. 왜냐하면, 하나님은 특정한 이 사람 또는 저 사람에게가 아니라 아브라함의 자손 전체에게 그리스도를 약속하셨기 때문이다. 유대인들 가운데서 대부분이 그들에게 주어진 이 기쁨을 박탈당한 것은 그들의 불신앙으로 인하여 생겨난 일이었다. 오늘날에도 하나님은 복음을 통해서 모든 사람을 차별 없이 구원으로 초대하시지만, 모든 사람에게 똑같이 주어진 이 은혜를 소수의 사람들만이 누리게 되는 것은 세상 사람들이 하나님의 은혜를 깨닫지 못하고 배은망덕하기 때문이다. 따라서 이 기쁨을 실제로 누리는 자들은 비록 소수에 불과할지라도, 천사는 하나님이 이 기쁨을 모든 사람에게 주시고자 하신다고 말한다. 천사가 "온 백성에게 미칠 큰 기쁨"이라고 말할 때, 여기에서 "온 백성"은 당시에 택함받은 백성이었던 유대 백성만을 가리키는 것이었다. 그러나 "중간에 막힌 담"(엡 2:14)이 허물어진 지금에 있어서 이 기쁜 소식은 온 인류에게 해당되는 소식이 되었다. 왜냐하면, 그리스도께서는 "가까운 데 있는 자들"에게만이 아니라 "먼 데 있는" 자들(엡 2:17), 즉 "외인들"(엡 2:12)이었다가 동일한 시민이 된 자들에게도 평안을 전하시기 때문이다. 그러나 유대인들과의 특별한 언약은 그리스도의 부활 때까지는 지속되었기 때문에, 천사는 유대 백성을 다른 민족들로부터 구별한다.

눅 2:11. 오늘 너희를 위하여 나셨으니. 우리가 조금 전에 잠깐 언급했듯이, 천사는 여기에서 이 기쁨의 원인을 밝힌다. 하나님의 교회를 합당한 상태로 회복시키기 위하여 오래 전에 약속되었던 구속주께서 "오늘 나셨다." 천사는 이 일을 지금까지 아무도 알지 못했던 일이라고 말하지 않는다. 천사는 율법과 선지자들에 의거해서 자신의 임무를 밝힌다. 만약 그가 이교도들이나 불경건한 자들에게 말을 하고 있는 것이었다면, 이런 식의 화법(話法), 즉 "오늘 너희를 위하여 구주가 나셨으니 곧 그리스도 주시니라"는 식의 화법은 아무 소용이 없었을 것이다. 동일한 이유로, 천사는 구주가 "다윗의 동네에" 나셨다고 말하는데, 이 말은 유대인들이라면 누구나 알고 있었던 저 약속들을 상기시키는 역할 외에는 다른 목적에는 아무 소용이 없는 말이었다. 끝으로, 천사는 저 약속된 구속에 대하여 전혀 문외한이 아니었던 청중들의 수준에 맞춰서 자신의 말을 전한다. 천사는 복음을 율법과 선지자들의 가르침과 결합시킴으로써, 이 두 가지가 동일한 근원(根源)에서 나온 것임을 보여준다. 키케로(Cicero)가 분명하게 보여주듯이, 헬라어 '소테르'(σωτήρ)는 라틴어 '세르바토르'(servator)보다 더 폭넓은 의미를 지니고 있고, 이 헬라어에 해당하는 라틴어 명사가 없기 때문에, 나는 라틴어를 사용해서 그리스도의 능력 중에서 어떤 것을 표현하지 못하느니 차라리 비정통적인 용어를 사용하는 편이 더 낫다고 생각하였다. 그리고 나는 불가타 역본의 역자와 교회의 옛 박사들도 나와 동일한 의도를 지니고 있었음을 의심하지 않는다. 그리스도는 온전한 구원을 수여하시기 때문에 구주(救主)라 불린다. "너희를 위하여"라는 대명사는 매우 강조되고 있다. 왜냐하면, 각 사람이 구주께서 자기를 위하여 나셨다는 것을 믿지 않는다면, 구원을 가져다주실 분이 태어나셨다는 것을 듣는 것은 큰 기쁨이 될 수 없었을 것이기 때문이다. 동일한 취지에서, 이사야는 "한 아기가 우리에게 났고 한 아들을 우리에게 주신 바 되었는데"(사 9:6)라고 말하고, 스가랴도 "보라 네 왕이 네게 임하시나니"(슥 9:9)라고 말한다.

눅 2:12. 이것이 너희에게 표적이니라. 천사는 목자들의 믿음에 당연히 방해가 될 수 있는 편견에 대처한다. 하나님이 왕이자 유일한 구주로 보내신 분이 구유에 누워 계시는 것을 본다면, 목자들은 얼마나 어이가 없어 하겠는가! 그리스도께서 비천하고 멸시받을 만한 처지로 계시는 것이 목자들이 그리스도를 믿는 것을 가로막지 않도록 하기 위해서, 천사는 그들이 무엇을 보게 될지를 미리 그들에게 말해 준다. 사람들에게는 터무니없고 심지어 우스꽝스럽게 보일 수도 있는 이러한 진행 방식을 하나님은 우리에게 매일 사용하신다. 하나님은 하늘로부터 복음의 말씀을 우리에게 내려 보내시고서는, 우리에게 십자가에 못 박히신 그리스도를 영접하라고 명령하시고, 이 땅의 썩어질 것들을 표적(表蹟)으로 사용하셔서, 우리의 마음을 들어 올리셔서 썩어지지 않는 복된 삶의 영광을 바라보게 하신다. 하나님은 신령한 의(義)를 우리에게 약속하시고서는, 우리에게 적은 양의 물을 뿌리시고, 한 조각 떡과 포도주로 우리 영혼의 영생을 인치신다. 그러나 마구간이 목자들에게 아무런 거침돌이 되지 않아서, 그리스도께서 아기이신 데도 불구하고, 그들이 구원을 얻기 위하여 그에게로 나아가거나 그의 권세에 순복하는 데에 방해가 되지 않았다는 것을 생각하면, 그가 승천하셔서 하나님 아버지의 오른편에 앉아 계신 지금에 있어서, 아무리 보잘것없는 표적일지라도, 그 표적이 우리가 그의 영광을 보거나 겸손히 그를 경배하는 데에 방해가 되어서는 안 될 것이다.

눅 2:13. 홀연히 수많은 천군이 그 천사들과 함께. 하나님의 광휘(光輝)는 한 천사를 통해서 이미 나타내 보여졌다. 그러나 하나님은 자기 아들을 한층 더 많은 광휘로 둘러싸고자 하셨다. 이 일이 행하여진 것은 목자들의 믿음을 견고히 하기 위한 것임과 아울러서 우리의 믿음을 견고히 하기 위한 것이었다. 사람들 가운데서

는 "두세 증인"(마 18:16)의 증언만으로 모든 의심을 제거하기에 충분한데도, 여기
에서는 수많은 천군이 한 마음과 한 목소리로 하나님의 아들을 증언한다. 그런데
도, 만일 우리가 천사들의 합창에 동참하여, 그리스도 안에 있는 우리의 구원을 찬
송하기를 거부한다면, 우리의 완악함은 얼마나 심한 것이겠는가? 이것을 통해서
우리는 하늘과 땅 간의 이 기쁜 화답을 흐트러뜨리는 불신앙이 하나님이 보시기에
이루 말할 수 없이 가증스러울 것임에 틀림없다는 것을 추론할 수 있다. 또한, 천사
들이 우리에게 찬송할 제목이 무엇인지를 보여주기 위해서 온전히 하나가 되어 찬
송하는 소리를 듣고도, 하나님을 찬송하고자 하는 우리의 믿음과 열심이 불타오르
지 않는다면, 우리는 짐승보다 더 우둔하다는 단죄를 받아 마땅하다. 한 걸음 더 나
아가, 하나님은 이 천상의 합창의 모범을 통해서 우리에게 믿음으로 하나가 되라
고 촉구하시며, 이 땅에서 하나님을 찬송하는 일에 한 마음으로 동참하라고 권면
하고자 하셨다.

눅 2:14. 지극히 높은 곳에서는 하나님께 영광이요. 천사들은 감사 찬송, 또는
하나님을 높이는 찬송을 하기 시작한다. 왜냐하면, 성경은 우리가 우리의 삶과 아
울러서 우리의 입으로도 하나님에 대하여 감사하는 우리의 마음을 증언하도록 하
기 위하여 사망으로부터 구속을 받았다는 것을 도처에서 우리에게 상기시켜 주기
때문이다. 그러므로 우리는 하나님이 그의 독생자를 통해서 우리를 하나님 자신과
화목하게 하신 최종적인 이유를 기억하지 않으면 안 되는데, 그것은 하나님이 그
의 은혜의 풍성하심과 그의 한없는 긍휼하심을 나타내심으로써 그의 이름이 영광
을 받도록 하시기 위한 것이었다. 어떤 사람이 자기가 어떠한 은혜를 받았는지를
깨달아서 그 은혜에 감격하여 하나님의 영광을 송축하는 정도가 어느 정도이냐에
따라서 그리스도를 믿는 그의 믿음도 그 정도만큼만 진보한 것이다. 우리의 구원
이 언급될 때마다, 우리는 하나님께 감사하고 찬송하도록 우리에게 신호가 주어지
고 있는 것임을 알아야 한다.

눅 2:14. 땅에서는 평화로다. 이 본문의 가장 일반적인 읽기는 "사람들 중에는
은총이로다"(개역에는 "하나님이 기뻐하신 사람들 중에"로 되어 있다)라는 어구를
세 번째 구절로 보는 것이다. 우리가 이 본문을 어떤 식으로 읽든, 이 본문의 주된
취지에는 별 영향을 미치지 않지만, 이 가장 일반적인 읽기와는 다른 읽기가 더 나
아 보인다. "지극히 높은 곳에서는 하나님께 영광이요"와 "땅에서는 평화로다"라는
두 구절은 의심할 여지 없이 서로 잘 부합하지만, 우리가 "사람들"을 두 번째 구절

에 포함시켜서 "하나님"과 대비되는 위치에 두지 않는다면, 이 본문 속에서 의도된 대비는 제대로 드러나지 않을 것이다. 아마도 주석가들은 전치사 '엔'(ἐν)의 의미를 오해한 것 같다. 왜냐하면, 이 어구를 "사람들 속에 평화"가 있다고 해석하는 것은 아무래도 이상하기 때문이다. 그러나 이 전치사는 성경의 많은 본문들 속에서 별 의미 없이 사용되기 때문에, 우리는 여기에서 이 전치사 때문에 발목을 잡힐 이유가 없다. 하지만, 이 전치사를 굳이 마지막 구절로 돌리고자 한다면, 그렇게 하더라도 이 본문의 의미는 동일하다 ― 이것에 대해서는 내가 곧 보여주고자 한다.

우리는 이제 천사들이 말한 "평화"라는 단어가 무엇을 의미하는지를 살펴보아야 한다. 천사들은 사람들이 서로 간에 만들어내는 외적인 평화에 대하여 말하고 있지 않고, 사람들이 하나님과 화목을 이루고서 그들의 마음속에 내적인 평안을 누리게 될 때에 땅에 평화가 있다고 말하고 있음이 분명하다. 우리는 우리가 "진노의 자녀"(엡 2:3)로 태어났고, 본질상 하나님의 원수들이라는 것, 그리고 하나님이 우리에게 화를 내시는 것을 느낄 때에 우리는 두려움에 사로잡혀 고통당할 수밖에 없다는 것을 안다. "평화"에 대한 짤막하고 분명한 정의는 하나님의 진노 및 사망에 대한 두려움이라는 두 가지 상반된 것들로부터 얻어질 수 있다. 따라서 평화는 이중적인 준거(準據)를 지닌다. 즉, 평화는 한편으로는 하나님, 다른 한편으로는 사람들과 관련되어 있다는 것이다. 하나님이 우리에게 은혜를 베푸셔서 우리의 죄책(罪責)을 제거하시고, "우리의 죄를 우리에게 돌리지 아니하실"(고후 5:19) 때, 그리고 우리가 아버지 되시는 하나님의 사랑에 의지해서, 온전한 신뢰 속에서 하나님께 아뢰고, 하나님이 우리에게 약속하신 구원을 인하여 담대히 하나님을 찬송할 때, 우리는 하나님과의 사이에서 평화를 얻게 된다. 성경의 다른 본문에서는 이 땅에서의 인간의 삶은 끊임없는 전쟁이라고 선언하고 있고(욥 7:1), 사실 이 세상에 사는 동안에 우리의 처지만큼 괴로움으로 가득 차 있는 것은 없다는 것이 엄연한 현실이지만, 천사들은 "땅에 평화"가 있다고 명시적으로 말하는데, 이것은 우리가 그리스도의 은혜를 의지하는 한, 이 세상에서 일어나는 그 어떤 괴로움도 우리가 마음의 평강과 평온함을 누리는 것을 방해하지 못할 것임을 우리에게 알려주기 위한 것이다. 그러므로 우리는 우리의 믿음이 그 어떤 종류의 반대에 의해서도 무너지거나 요동하지 않도록 하기 위하여, 하나님이 우리의 믿음을 온갖 시험의 폭풍들, 여러 가지 위험들, 격렬한 공격들, 다툼들과 두려움들 가운데에 두셨다는 것을 기억하여야 한다.

눅 2:14. 사람들 중에는 은총이로다. 불가타 역본에는 "은총"이라는 단어가 속격으로 되어 있다: "은총을 받은 사람들에게," 또는 "기뻐하심을 받은 사람들에게." 나는 이 읽기가 어떻게 본문 속에 들어오게 되었는지를 알지 못한다. 그러나 이 읽기는 진정한 읽기나 자연스러운 읽기도 아니고, 본문의 의미를 완전히 파괴하기 때문에 분명히 거부되어야 마땅하다. 또, 어떤 이들은 "은총"을 주격으로 읽는데, 이 읽기도 본문의 의미를 오해한 것이다. 그들은 마치 이 단어가 하나님의 은혜를 받아들이라는 권면인 양 해석하여, 여기에서 "은총"을 사람들이 지닌 선의(善意)를 가리키는 것으로 본다. 하나님이 우리에게 주시는 평화는 우리가 그것을 받아들일 때에만 효력을 발휘한다. 그러나 '유도키아'(εὐδοχία)는 성경에서 늘 히브리어 '라촌'(רצון)의 의미로 사용되기 때문에, 옛 번역자는 이 단어를 라틴어 '베네플라키툼'(beneplacitum, "선의, 은총")으로 옮겼다. 이 어구를 은혜를 받는 것과 관련시켜서 이해하는 것은 옳지 않다. 도리어, 이 어구는 천사들이 고지(告知)한 저 평화의 근원을 보여주면서, 평화는 거저 주시는 선물로서 하나님의 전적인 긍휼하심으로부터 흘러나온다는 것을 우리에게 알려준다. 이 어구를 "사람들에게" 또는 "사람들을 향한 은총"이라고 읽는 것을 선호하는 자들도 이 어구와 관련해서 이런 해석을 받아들이지 못할 이유가 없을 것이다. 왜냐하면, 이 어구는 이런 식으로 해서, 하나님이 전에 원수 되었던 인간들에게 그의 조건 없는 은총을 베푸시기를 기뻐하신 것이 평화의 근원임을 보여주는 것으로 여겨질 수 있기 때문이다. 만약 당신이 "선의의 평화"를 자발적인 평화를 의미하는 것으로 읽는다면, 나는 그러한 해석에 반대하지 않을 것이다. 그러나 더 간단한 방법은 우리의 평화가 어디에서 오는지 그 근원을 우리에게 알려 주기 위해 '유도키아'(εὐδοχία)가 덧붙여진 것으로 보는 것이다.

[15]천사들이 떠나 하늘로 올라가니 목자가 서로 말하되 이제 베들레헴으로 가서 주께서 우리에게 알리신 바 이 이루어진 일을 보자 하고 [16]빨리 가서 마리아와 요셉과 구유에 누인 아기를 찾아서 [17]보고 천사가 자기들에게 이 아기에 대하여 말한 것을 전하니 [18]듣는 자가 다 목자들이 그들에게 말한 것들을 놀랍게 여기되 [19]마리아는 이 모든 말을 마음에 새기어 생각하니라 [20]목자들은 자기들에게 이르던 바와 같이 듣고 본 그 모든 것으로 인하여 하나님께 영광을 돌리고 찬송하며 돌아가니라 [21]할례할 팔 일이 되매 그 이름을 예수라 하니 곧 잉태하기 전에 천사가 일컬은 바러라

(눅 2:15-21).

눅 2:15. 천사들이 떠나. 여기에서는 목자들의 순종이 묘사된다. 하나님은 그들을 그의 아들에 대하여 온 세상에 증언해야 하는 증인들로 삼으셨었다. 하나님이 천사들을 통해서 그들에게 말씀하신 것은 효과가 있어서, 그들은 그 말씀을 그냥 흘려버리지 않았다. 그들은 베들레헴으로 가라는 명시적이고 분명한 명령을 받은 것이 아니었지만, 그런 것이 하나님의 뜻임을 충분히 알아차리고서, 서둘러서 그리스도를 보러 갔다. 마찬가지로, 우리는 우리의 마음이 믿음을 통해서 그리스도께로 가까이 가도록 하기 위하여 하나님이 그리스도를 우리에게 주신 것을 알기 때문에, 우리가 그리스도께로 가기를 지체하면, 그것은 변명의 여지가 없게 된다. 그러나 또다시 누가는 천사들이 떠난 직후에 목자들이 베들레헴을 향하여 출발하기로 결심하였다는 것을 우리에게 알려준다. 이것은 우리에게 중요한 교훈을 준다. 많은 사람들은 하나님의 말씀을 귓전으로 듣고 흘려버리지만, 우리는 하나님의 말씀이 우리 속에 깊이 뿌리를 내려서, 그 소리가 우리의 귀에서 사라지자마자 그 말씀의 능력이 우리에게 나타나게 하도록 세심한 주의를 기울여야 한다. 또한, 우리가 주목해야 할 것은 목자들이 서로를 권하였다는 것이다. 왜냐하면, 우리 각자가 서로 권면을 해주지 않고, 자신의 본분에만 관심을 기울이는 것만으로는 충분하지 않기 때문이다. 누가는 목자들이 "빨리 갔다"(16절)고 말함으로써, 그들의 순종 외에도 그들이 칭찬받아 마땅한 모습을 한 가지 더 우리에게 말해준다. 왜냐하면, 우리에게는 믿음을 따라 신속하게 행동하는 것이 요구되기 때문이다.

눅 2:15. 주께서 우리에게 알리신 바. 목자들은 이 일을 단지 천사로부터 들었을 뿐이었다. 그러나 그들은 이 일을 "주께서" 그들에게 "알리신" 것이라고 올바르게 인식하고 말한다. 왜냐하면, 그들은 하나님의 사자(使者)를 마치 하나님 자신이 그들에게 말씀하신 것과 동일한 권위를 지닌 것으로 여겼기 때문이다. 이런 이유로, 하나님은 우리가 사람들을 바라보거나 하나님의 말씀의 권위를 과소평가하지 않도록 하시기 위하여, 우리의 관심을 하나님 자신에게로 돌리신다. 또한, 우리는 목자들이 그들 자신을 하나님이 그들에게 가리켜 주신 보화를 소홀히 하지 않아야 하는 책무 아래 놓여 있는 것으로 여긴 것을 본다. 왜냐하면, 그들은 이 일을 들어서 알게 되자마자, 그들이 그 일을 보기 위해 베들레헴으로 가는 것이 마땅하다는 결론을 내리고 있기 때문이다. 마찬가지로, 우리 각자도 자신의 믿음과 명철의 분량에 따라서 하나님이 어디로 부르시든지 그 곳으로 갈 준비가 되어 있어야 한다.

눅 2:16. 마리아를 찾아서. 이것은 불쾌감을 일으키는 광경이었고, 그 자체만으로도 그리스도에 대한 거부감을 불러일으키기에 충분한 것이었다. 가장 비천한 자들의 축에도 낄 가치가 없는 것으로 여겨진 자가 유대 온 백성의 왕이라는 것을 믿으라고 말하거나, 너무나 가난하고 궁핍해서 마구간에 던져진 자에게서 그 나라의 회복과 구원을 기대하라고 말하는 것보다 더 믿을 수 없는 말이 세상 어디에 있을 수 있겠는가? 그렇지만, 누가는 이런 것들 중 그 어느 것도 목자들이 하나님을 경배하고 찬송하는 데에 걸림돌이 되지 못하였다고 쓰고 있다. 하나님의 영광이 그들의 눈앞에 너무나 생생하였고, 하나님의 말씀을 들었을 때의 경외감이 그들의 마음에 너무나 깊이 새겨져 있었기 때문에, 그들의 믿음은 높이 솟아올라서, 그리스도를 둘러싸고 있던 초라하거나 멸시받을 만한 것으로 보였던 모든 것들을 가뿐히 뛰어넘을 수 있었다. 우리의 믿음이 어떤 아주 사소한 장애물들에 의해서 지체되거나 올바른 길에서 벗어나게 되는 유일한 이유는 우리가 변함없이 하나님만을 바라보지 않고 쉽게 "요동하기"(엡 4:14) 때문이다. 우리에게는 하늘로부터의 확실하고 신뢰할 만한 증언이 있다는 이 한 가지 생각이 우리의 마음을 온전히 점령하게 하기만 한다면, 그것은 온갖 종류의 시험들을 물리치고도 남음이 있을 정도로 강력하고 견고한 지지대(支持臺)가 되어줄 것이고, 온갖 사소한 걸림돌로부터 우리를 넉넉히 지켜주는 보호막(保護幕)이 되어줄 것이다.

눅 2:17. 말한 것을 전하니. 누가는 목자들이 하나님에게서 받은 것을 다른 사람들에게 그대로 전하였다는 것을 언급하는데, 이것은 그들의 믿음을 칭찬하는 것이다. 그들이 이 일을 증언하여, 우리의 믿음을 확증해 주는 일종의 천사 역할을 한 것은 우리 모두에게 유익한 일이었다. 또한, 누가는 그들이 들은 것을 전한 것이 성공적이지 않은 것이 아니었음을 보여준다. 그들이 말한 것에 하나님이 권세를 부여하셔서, 그들의 말이 조롱을 당하거나 멸시를 받지 않았다는 것은 의심의 여지가 없다. 왜냐하면, 사람들은 미천한 자들이 하는 말을 잘 믿으려 하지 않고, 그들이 말한 내용 자체를 꾸며낸 이야기로 여겨 버리기가 아주 쉽기 때문이었다. 그러나 목자들을 자신의 뜻을 이루시는 데에 사용하신 하나님은 결코 그 일이 열매 없는 일로 끝나버리도록 내버려 두지 않으신다.

하나님이 이와 같은 일 처리 방식을 채택하신다는 것, 즉 그의 말씀을 알리는 일에 하찮은 사람들을 사용하신다는 것은 인간의 생각에 그리 탐탁지 않게 여겨질 수 있다. 그러나 그러한 일 처리 방식은 육신의 교만을 낮추고, 믿음의 순종을 시험하는 데에 안성맞춤이기 때문에, 하나님은 그런 식으로 일 처리 하시는 것을 기뻐하시는 것이다. 목자들의 말을 듣고 모든 사람이 다 놀랍게 여겼지만, 그리스도께로 나아가기 위하여 한 발자국을 내디딘 사람은 아무도 없었다. 이것을 통해서 우리는 하나님의 능력을 듣고서 사람들이 감동을 받기는 했지만 거기에는 마음의 그어떤 경건한 감화는 수반되지 않은 것을 알게 된다. 하나님이 목자들을 통해서 이소식을 전하게 하신 목적은 그들의 구원을 위한 것이라기보다는 온 세상 사람들이몰랐다고 변명할 수 없게 만드시기 위한 것이었다.

눅 2:19. 마리아는 마음에 새기어. 마리아가 하나님의 역사(役事)들을 진지하게 곰곰이 생각하였다는 것을 누가가 우리 앞에 보여주는 이유는 두 가지인데, 첫 번째는 마리아가 적절한 때에 다른 사람들에게 알리기 위한 목적으로 이 보화를 그녀의 마음속에 간직해 두었다는 것을 우리에게 알려 주는 것이고, 두 번째는 모든 경건한 자들이 본받을 만한 모범을 제시해 주는 것이다. 왜냐하면, 우리가 지혜로운 자들이라면, 우리의 믿음을 세워줄 하나님의 역사(役事)들을 주목하여 곰곰이 생각하는 것은 우리의 주된 일이자 우리의 삶의 큰 목적이 될 것이기 때문이다. "마리아는 이 모든 말을 마음에 새기었다." 이것은 그녀가 이 모든 일들을 기억해 두었다는 것이다. '쉼발레인'(συμβάλλειν, "새기어")은 "긁어 모으다"를 의미한다. 즉, 마리아는 한결같이 그리스도의 영광을 증명해 주는 몇몇 사건들을 모아서 하나로 결합시켜 놓았다는 것이다. 왜냐하면, 그녀는 이 모든 사건들을 서로 비교해보지 않고서는, 다 모아놓았을 때에 그 사건들이 지닌 가치를 제대로 평가할 수 없었기 때문이다.

눅 2:20. 하나님께 영광을 돌리고 찬송하며. 이것은 우리의 믿음에 일반적으로 유익을 주는 또 하나의 정황이다. 목자들은 이 일이 하나님의 역사(役事)라는 것을 확실히 알고 있었다. 그들이 "하나님께 영광을 돌리고 찬송하는" 데에 열심을 보인 것은 우리의 게으름과 나태함, 또는 우리의 배은망덕에 대한 암묵적인 책망이다. 그리스도께서 누워 계셨던 구유가 그들에게 큰 감화를 주어서, 그들을 마구간과 구유로부터 하늘로 끌어올리는 역할을 하였다면, 그리스도의 죽으심과 부활하심은 우리를 하나님께로 끌어올리는 데에 훨씬 더 강력한 힘을 발휘할 것임에 틀림없지 않은가? 왜냐하면, 그리스도께서는 그의 뒤를 따라 만물을 끌어오시기 위하여 땅으로부터 오르셨을 뿐만 아니라, 우리가 이 세상에서 순례길을 가는 동안에 온 마음을 다하여 천국의 삶을 묵상할 수 있도록 하시기 위하여 하나님 아버지의 오른편에 앉아 계시기 때문이다. 누가는 천사의 증언이 목자들에게 있어서 그들이 행한 모든 일에 잣대 역할을 하였다고 말함으로써, 참된 경건이 어떤 것인지를 구체적으로 지적하여 보여준다. 왜냐하면, 우리가 하나님의 말씀 속에 계시된 하나님의 진리가 더 분명하게 드러나도록 하기 위한 목적으로 모든 일을 행할 때에, 우리의 믿음은 하나님의 역사(役事)들을 통해서 적절한 도움을 받게 되기 때문이다.

눅 2:21. 할례 할. 할례에 관한 일반적인 내용에 대해서는 창세기(17:10)를 참조하면 되기 때문에, 여기에서는 그리스도와 관련해서 할례가 어떻게 적용되고 있는지만을 간략하게 말하는 것으로 충분할 것이다. 하나님은 자기 아들로 하여금 율법에 순복하도록 하시기 위하여 할례를 받게 하셨다. 왜냐하면, 할례는 유대인들로 하여금 율법을 지키는 삶으로 들어가게 하기 위한 관문 역할을 하는 엄숙한 의식(儀式)이었기 때문이다. 바울은 하나님이 그리스도를 "율법 아래에 나게 하신 것은 율법 아래에 있는 자들을 속량하시기"(갈 4:4-5) 위한 것이었다고 그 의도를 설명한다. 그리스도께서는 우리를 자유하게 하시려고, 스스로 할례를 받으심으로써 자기가 율법의 종임을 인정하셨다. 이런 식으로 그리스도께서 자기 자신이 율법 아래 들어가셔서 율법의 종 노릇 하신 것은 율법을 폐하시기 위한 것이었다. 왜냐하면, 율법의 폐기는 그리스도의 죽음과 부활에 달려 있는 것이긴 하였지만, 하나님의 아들이 율법을 따라 할례 의식을 받아들이신 것은 율법의 폐기를 위한 일종의 전주곡이었기 때문이다.

눅 2:21. 그 이름을 예수라 하니. 이 구절은 지금 우리가 세례 때에 아이에게 이름을 붙여 주는 것과 마찬가지로, 유대인들 가운데서는 할례를 받을 때에 아이의 이름을 붙여 주는 것이 일반적인 관례였다는 것을 보여준다. 복음서 기자는 여기에서 두 가지를 언급한다. 첫째로는, "예수"라는 이름이 하나님의 아들에게 붙여진 것은 우연이나 사람들의 뜻에 의한 것이 아니었고, 그 이름은 천사가 하늘에서부터 가져온 이름이었다는 것이다. 둘째로는, 요셉과 마리아는 하나님의 명령에 순종하였다는 것이다. 우리의 믿음과 하나님의 말씀이 부합하려면, 하나님이 먼저 말씀하시고 우리는 그 말씀을 따르는 식으로, 우리의 믿음이 하나님의 약속들에 화답하는 것이 되어야 한다. 특히, 누가는 말씀이 어떤 식으로 전해져야 하는지 그 순서를 보여주면서, 우리로 하여금 그 본을 따르게 하고자 한다. 그리스도의 은혜로 말미암은 구원이 하나님에 의해서 천사를 통해 약속되었고, 사람들의 음성에 의해서 선포되었다는 것을 누가는 우리에게 말해 준다.

[1]헤롯 왕 때에 예수께서 유대 베들레헴에서 나시매 동방으로부터 박사들이 예루살렘에 이르러 말하되 [2]유대인의 왕으로 나신 이가 어디 계시냐 우리가 동방에서 그의 별을 보고 그에게 경배하러 왔노라 하니 [3]헤롯 왕과 온 예루살렘이 듣고 소동한지라 [4]왕이 모든 대제사장과 백성의 서기관들을 모아 그리스도가 어디서 나겠느냐 물으니 [5]이르되 유대 베들레헴이오니 이는 선지자로 이렇게 기록된 바 [6]또 유대 땅 베들레헴아 너는 유대 고을 중에서 가장 작지 아니하도다 네게서 한 다스리는 자가 나와서 내 백성 이스라엘의 목자가 되리라 하였음이니이다(마 2:1-6).

마 2:1. 예수께서 나시매. 마태는 예수께서 어떻게 해서 베들레헴에서 나시게 되었는지에 대해서는 말해 주지 않는다. 복음서 기자들을 자신의 서기(書記)들로 임명하셔서 사용하신 하나님의 성령은 의도적으로 그들의 문체를 규율하셔서, 그들이 모두 서로 아주 완벽하게 일치하면서도 서로 다른 방식으로 하나의 동일한 이야기를 쓰게 하신 것으로 보인다. 하나님은 그의 증인들이 미리 서로 입을 맞춰 본 후에 말한 것이 아니라, 각자가 다른 사람을 의식하지 않는 가운데에 개별적으로 자유롭고 정직하게 성령이 말씀하신 것을 기록하게 하심으로써, 하나님의 진리를 더 분명하고 뚜렷이 드러내고자 하셨다.

이 본문에 나오는 것은 대단히 주목할 만한 이야기이다. 하나님은 존귀의 상징이 아니라 멸시의 상징인 마구간에 누워 계신 그리스도를 경배하도록 하시기 위하여 "동방 박사들"을 갈대아 땅에서 불러서 유대 땅으로 오게 하셨다. 하나님은 자기 아들을 극도의 비천함 속에서 이 세상에 오게 하셨지만, 우리에게 그리스도의 신적 위엄을 믿고 받아들이는 데에 필요한 모든 것을 공급해 주시기 위하여, 사람들의 칭송과 그 밖의 다른 외적인 표적들 같이 그리스도께 광채를 더해주는 것들을 그에게 수여하셨다는 것은 하나님의 참으로 놀랍고 기이한 뜻이었다.

누가는 여기에서 겉보기에는 서로 모순되어 보이지만 사실은 진정으로 조화를 이루는 아름다운 예를 보여준다. 하늘의 별은, 가장 비천한 자들의 축에 끼는 것조차도 거부당하고서 가축을 위해 지어진 구유를 보좌로 삼으신 바로 그분이 왕이라고 선포한다. 그의 위엄은 동방에서는 밝게 빛났지만, 정작 유대 땅에서는 거의 인정을 받지 못하시고 도리어 많은 수치와 욕(辱)을 당하셨다. 왜 이런 일이 벌어진 것인가? 하늘의 아버지는 하나님의 나라는 영적인 것임을 우리에게 알게 하실 목적으로 자기 아들에게서 모든 영광을 박탈하셔서 이 땅에 보내신 한편으로, 별과 동방의 박사들을 우리의 인도자들로 삼으셔서 우리를 자기 아들에게로 직접 이끄시는 방식을 택하셨다. 이 이야기가 우리에게 유익한 가르침을 주는 이유는 하나님이 이방인들의 첫 열매들인 동방의 "박사들"을 자기 아들에게로 이끄셨기 때문만 아니라, 자기 아들의 나라가 그들과 별의 천거(薦擧)와 칭송을 받게 하셔서, 우리의 믿음을 견고히 하시고, 우리로 하여금 그 나라에 대한 악하고 악의적인 멸시에 크게 마음을 쓰지 않도록 하셨기 때문이다.

  "박사들"이 바사인(즉, 페르시아인)들과 갈대아인들이 점성술사들과 철학자들에게 붙인 이름이라는 것은 잘 알려져 있다. 그런 까닭에, 이 사람들이 바사에서 왔다는 것은 쉽게 짐작할 수 있다. 그들이 몇 명이나 왔는지에 대해서는 복음서 기자가 말하지 않고 있기 때문에, 의심스러운 것을 확실하다고 단언하기보다는 모른다고 하는 편이 더 낫다. 교황주의자들은 마태가 "황금과 유향과 몰약"(마 2:11)을 예물로 드렸다고 말하고 있다는 것을 근거로 삼아서, 그들이 세 명이었을 것이라고 추정하는 유치한 오류를 범하여 왔다. 그러나 복음서 기자는 동방의 박사들이 각각 하나씩의 예물을 드렸다고 말하지 않고, 도리어 그들이 이 세 가지 예물을 공동으로 드렸다고 말한다. 아주 오래 전에 크리소스토무스(Chrysostomus)의 이름으로 씌어져서 그의 저작으로 여겨지는 마태복음에 관한 미완성의 주석의 저자 — 그 저자가 누구이든지 간에 — 는 동방에서 온 박사들이 열네 명이었다고 말한다. 이러한 추정도 앞에서 언급한 추정과 마찬가지로 옳을 가능성이 거의 없다. 이 추정은 교부들의 전승으로부터 나온 것이겠지만, 확실한 근거가 없다. 그러나 이 문제와 관련해서 교황주의자들이 내놓은 주장들 중에서 가장 터무니없는 것은 "다시스와 섬의 왕들이 조공을 바치며 스바와 시바 왕들이 예물을 드리리로다"(시 72:10)라는 예언을 근거로 삼아서 동방에서 온 박사들이 왕들이었다는 것이다. 이런 주장을 펴는 교황주의자들은 참으로 대단히 독창적인 인물들임에 틀림없다! 왜냐하면, 동방에서 온 박사들을 왕들로 탈바꿈시키기 위해서, 그들은 세계의 방위(方位)를 제멋대로 바꿔 놓는, 즉 남방과 서방을 "동방"으로 바꿔 놓는 짓을 서슴지 않았기 때문이다. 그들이 이렇게 우둔하게 되어 버린 것은 하나님의 의로우신 심판에 의한 것임은 의심의 여지가 없다. 왜냐하면, "하나님의 진리를 거짓 것으로 바꾸어"(롬 1:25) 영적인 음행을 거리낌 없이 저지른 그들의 경악할 만한 무지를 모든 사람으로 하여금 보고 비웃게 하신 것은 하나님이시기 때문이다.

우리가 여기에서 묻고자 하는 첫 번째 질문은 이 별은 하나님이 "하늘을 장식하시기"(욥 26:13) 위하여 "태초에" 창조하신 별들 중의 하나였던 것인가(창 1:1, 16)라는 것이고, 두 번째 질문은 동방에서 온 "박사들"은 점성술에 능통해서, 그 별이 그리스도의 탄생을 알리는 것임을 알게 된 것인가라는 것이다. 이 두 가지 점에 대해서는 열띤 논쟁이 필요가 없다. 왜냐하면, 그 대답은 이 별은 평범한 별이 아니라 특별한 별이었다는 마태의 말로부터 추론될 수 있기 때문이다. 별이 일정 기간 동안 사라졌다가 나중에 갑자기 밝게 나타났다거나, 베들레헴을 향하여 곧장 가다가 그리스도께서 계신 집 위에서 머물렀다는 것과 같은 현상들은 자연의 질서와 부합하지 않는 일이었다. 또한, 이런 일들은 그 어느 하나라도 평범한 별들에는 해당되지 않는다. 이 별은 혜성과 닮아서 하늘에서는 보이지 않다가 대기권에 진입해서는 보이게 되었을 가능성이 크다. 그렇지만, 마태가 통속적이고 부정확한 표현을 사용해서 혜성을 "별"이라고 한 것이 부적절한 것은 아니었다.

첫 번째 질문에 대한 이러한 설명 속에는 두 번째 질문에 대한 대답도 거의 담겨져 있다. 왜냐하면, 점성술은 의심할 여지 없이 자연의 질서 내로 국한되는 한계를 지니고 있어서, 점성술의 도움만으로는 동방의 박사들이 그리스도께로 올 수 없었으므로, 그들에게 성령의 은밀한 계시가 주어졌을 것임에 틀림없기 때문이다. 나는 그들이 점성술로부터 아무런 도움도 받지 않았다고 말하지는 않겠지만, 내가 단언할 수 있는 것은 만일 그들이 새롭고 특별한 계시의 도움을 받지 않았다면, 그들에게 점성술은 아무런 실제적인 유익이 되지 못하였으리라는 것이다.

마 2:2. 왕으로 나신 이가 어디 계시냐. 그리스도가 "왕으로 나셨다"는 말씀 속에는 인위적으로 왕이 "된" 자와의 간접적인 대비가 내포되어 있다는 일부 주석가들의 주장은 내게는 아주 사소한 것으로 보인다. 도리어, 나는 동방에서 온 박사들이 한 이 말은 그들이 찾는 왕은 혈통을 따라, 어느 정도 나이가 먹어서 왕이 된 자와는 달리 최근에 태어나서 지금도 여전히 아기로 있다는 의미였을 것이라고 생각한다. 왜냐하면, 그들은 곧바로 그들이 이 왕이 세운 혁혁한 업적들로 인한 명성이나 현재 세상에 알려져 있는 이 왕의 위대함이 아니라, 최근에 나신 이가 장차 왕이 되어 다스리게 될 것임을 보여준 하늘의 징조에 이끌려서 왔다는 말을 덧붙이기 때문이다. 별을 본 것만으로도 강력한 감화를 받아서 저 먼 길을 마다하지 않고 온 동방의 박사들을 생각하면, 그리스도가 왕이시라는 확실한 계시가 우리에게 이미 주어진 지금에도, 그리스도가 어디 계시냐고 묻지 않는 우리의 냉랭함과 감각 없음에 화(禍)가 있으리로다!

마 2:2. 우리가 그에게 경배하러 왔노라. 별이 나타난 이유는 동방의 박사들을 유대 땅으로 이끌어서 그들로 하여금 새로운 왕의 증인들이자 전령(傳令)들이 되게 하기 위한 것이었다. 그들의 관점에서 볼 때, 그들은 그리스도께 하나님의 아들에 걸맞는 경건한 경배를 드리기 위하여 온 것이 아니라, 아주 특별한 왕으로 태어나신 그리스도께 바사의 관습을 따라서 축하 인사를 하기 위한 것이었다. 왜냐하면, 그리스도에 대한 그들의 생각은 그의 능력과 탁월한 지위가 너무나 비상(非常)해서 만국이 그를 숭앙하고 그에게 경외심을 갖게 될 것이라는 생각 이상으로 나아가지는 못했을 가능성이 크기 때문이다. 심지어, 그들은 그가 나중에 동방을 점령하여 통치하는 일이 벌어지게 될 때에 그들에게 호의와 자비를 베풀어 주시도록 미리 그의 환심을 사고자 하여 먼 길을 온 것일 수도 있다.

마 2:3. 헤롯 왕이 소동한지라. 헤롯은 하나님이 장차 유대인들에게 왕을 주셔서, 그들로 하여금 그들의 고통스럽고 몰락한 처지에서 벗어나 번영하는 나라로 회복되게 하실 것이라고 하신 약속을 담고 있던 예언들을 모르지 않았다. 헤롯은 어릴 때부터 유대 민족 가운데서 생활하여 왔기 때문에, 유대인들의 사정에 대하여 아주 잘 알고 있었다. 게다가, 이 일은 도처에 퍼져서, 이웃 나라들까지 알고 있을 정도였다. 그런데도 헤롯은 마치 이 일이 지금까지 들어본 적이 없는 새로운 일인 양 "소동하고" 괴로워한다. 왜냐하면, 그는 하나님을 신뢰하지 않아서, 구속주에 관한 약속들을 믿고 기대하는 것은 쓸데없는 일이라고 생각하였고, 특히 교만한 자들에게 흔히 있는 저 어리석고 근거 없는 확신에 사로잡혀서, 이 나라가 영원히 자기 자신과 그의 후손들의 것이 될 것이라는 망상 가운데에 있었기 때문이었다. 그는 이제까지 부귀영화에 취해서 그 예언들을 무시하고 비웃어 왔지만, 지금 그 예언들이 불현듯 떠오르자, 갑자기 그에게 두려움이 몰려 왔다. 만약 그가 전에 자기와는 상관없는 시덥지 않은 말들로 여겼던 그 예언들이 그에게 떠오르지 않았다면, 그는 동방에서 온 박사들의 입에서 나온 단순한 말에 이토록 심한 반응을 보이지는 않았을 것이다. 이런 식으로, 하나님은 불신자들이 마음 놓고 잠들게 하신 후에 어느 날 갑자기 그들의 안식을 깨뜨리신다.

마 2:3. 온 예루살렘. 이것은 두 가지로 설명될 수 있다. 먼저, 이것은 백성들이 그들에게 태어나신 왕에 관한 기쁜 소식을 진심으로 환영하였지만, 이 일을 신기하게 여긴 백성들 사이에서 소동이 일어났다는 의미일 수 있다. 또한, 이것은 오랫동안 괴로운 일들을 참고 견디는 일에 이골이 나서 타성에 젖어 있던 백성들이 이 일로 인해서 더 큰 재난을 몰고 올 변화가 일어날지도 모른다는 생각에 소동이 일어났다는 의미일 수 있다. 왜냐하면, 그들은 끊임없는 전쟁들로 인해서 완전히 지쳐서 기진맥진한 상태여서, 어쨌든 무슨 일이 벌어지지 않고 평온하게 살 수만 있다면, 이 비참하고 끔찍한 종살이도 견딜 만할 뿐만 아니라 바람직한 일이라고 여기고 있었기 때문이다. 이것은 하나님의 징계가 그들에게 별 유익이 되지 못하였다는 것을 보여준다. 왜냐하면, 그들은 완전히 얼이 빠지고 우둔해져서, 하나님이 약속하신 구속과 구원조차도 그들에게는 귀찮은 것이 되어 버렸기 때문이다. 마태는 그들이 오랫동안 지속된 환난으로 인해서 완전히 녹초가 되어서 그들에게 약속된 은혜가 이루어지기를 바라는 소망조차도 내던져버린 그들의 배은망덕을 표현하고자 하였다는 것을 나는 의심치 않는다.

마 2:4. 모든 대제사장을 모아. 동방에서 온 박사들의 입에서 왕에 관한 말 한 마디가 튀어나온 순간, 지금까지는 그리스도에 관하여 깊은 침묵만이 흘렀던 헤롯의 궁전에서 이제까지 어둠 속에 묻혀 있던 예언들이 일깨워진다. 헤롯은 동방 박사들이 찾는 왕이 하나님이 전에 약속하셨던 바로 그 메시야(단 9:25)라는 것을 직감한다. 여기에서 다시 한 번, 동방 박사들이 진지하게 왕을 찾는다는 소식을 들었을 때에 헤롯이 얼마나 기겁을 했는지가 드러나는데, 이것은 결코 이상한 일이 아니다. 왜냐하면, 모든 폭군들은 겁쟁이들이고, 그들이 휘두르는 폭정(暴政)은 다른 사람들이 아니라 바로 그들 자신의 가슴 속에 더 강력한 공포를 불러일으키는 법이기 때문이다. 헤롯은 자기가 하나님을 거역하여 통치하고 있다는 것을 알고 있었기 때문에 다른 사람들보다 더 두려워 떨었을 것임에 틀림없다.

헤롯의 이러한 새삼스러운 탐색은 동방의 박사들이 오기 전에 그리스도에 관한 예언을 멸시하는 풍조가 얼마나 깊었는지를 여실히 보여준다. 이후에 서기관들과 대제사장들은 그리스도를 전혀 인정하지 않으려고, 성경 전체를 왜곡하기 위하여 광분하였다. 그러나 현재로서는 그리스도와 그의 복음이 아직 그들에게 불안감을 주지 않았기 때문에, 그들은 성경을 근거로 해서 헤롯의 질문에 정직하게 대답한다. 이렇게, 불경건한 자들은 누구나 다 일반적인 원리들과 관련해서는 하나님의 말씀에 순순히 동의한다. 그러나 하나님의 진리가 그들을 좀 더 가까이 압박해 오기 시작하면, 그들은 패역과 반역의 독기(毒氣)를 내뿜는다.

우리는 우리 시대에서 그 두드러진 예를 교황주의자들 가운데서 본다. 그들은 그리스도가 우리와 같은 육신을 입고 오신 하나님의 독생자시라는 것과 한 인격 속에 두 본성을 지니신 하나님이자 인간이신 분이심을 순순히 시인하고 인정한다. 그러나 그리스도의 능력과 직분이라는 주제에 이르면, 즉시 싸움이 일어난다. 왜냐하면, 그들은 그리스도께서 천한 신분을 취하셨다거나 보잘것없는 존재가 되셨다는 것에는 동의하고자 하지 않기 때문이다. 한 마디로 말해서, 악한 자들은 자기들에게 아무런 손해도 없을 것이라고 생각되는 경우에는 어느 정도의 경외심을 가지고서 하나님과 성경을 인정하고 거기에 순복하지만, 그리스도께서 그들에게 가까이 다가오셔서 그들의 야망과 탐욕, 교만과 잘못된 확신, 위선과 기만을 문제삼으시면, 그들은 즉시 언제 그랬냐는 듯이 겸손을 내팽개치고 분노를 터뜨린다. 그러므로 우리는 진리에 대하여 원수들인 자들이 눈이 있어도 보지 못하는 주된 이유는 빛을 어둠으로 바꾸는 그들의 악한 감정 때문이라는 것을 알아야 한다.

마 2:6. 또 베들레헴아 너는. 서기관들은 예언서에 나오는 이 본문을 그들 자신의 언어로 충실하게 인용했을 것임에 틀림없다. 그러나 마태는 그 본문을 지적하는 것으로 충분하다고 여겼고, 헬라어로 글을 쓰고 있었기 때문에 당시에 통상적으로 받아들여졌던 읽기를 따랐다. 이 구절을 비롯해서 이와 같은 부류의 여러 구절들을 보면, 마태가 그의 복음서를 히브리어로 쓰지 않았다는 추론이 쉽게 도출된다. 우리가 늘 명심해야 할 것은 사도들은 성경 본문을 증거로 제시하기 위하여 인용할 때에, 언제나 히브리어를 축자적으로 번역하여 인용하는 것도 아니고, 때로는 히브리어 본문과 꽤 차이가 나는 것처럼 보이기도 하지만, 그들이 말하고자 하는 주제에 그 인용된 성경 본문을 정확하고 적절하게 적용하고 있다는 것이다. 따라서 독자들은 복음서 기자들이 성경 본문을 어떤 목적으로 인용하고 있는지를 늘 잘 살펴서, 단어들에 너무 집착하지 말고, 복음서 기자들이 성경을 왜곡하여 다른 의미로 변질시키지 않고, 그 원래의 의미를 정확히 적용하고 있다는 것에 만족하여야 한다. 그러나 아직 "단단한 음식"(히 5:12)을 먹지 못하는 어린 아이, 즉 "새로 입교한 자들"(딤전 3:6)에게 젖을 공급하고자 하는 것이 복음서 기자들의 의도라면, 하나님의 자녀들은 부지런히 성경의 의미를 세심하게 살피고 연구해서, 사도들이 맛보여준 것을 따라서 그 근원으로 나아가야 한다.

그러면, 이제 본문 속에 나오는 예언 자체를 살펴보기로 하자. 예언서에서 이 예언은 원래 이렇게 되어 있다: "베들레헴 에브라다야 너는 유다 족속 중에 작을지라도 이스라엘을 다스릴 자가 네게서 내게로 나올 것이라"(미 5:2). 마태는 "에브라 다" 대신에 "유대 땅"이라는 단어를 사용하지만, 그 의미는 동일하다. 왜냐하면, 미 가가 "에브라다"라는 단어를 덧붙인 것은 단지 그가 말하는 베들레헴을 스불론 지 파의 땅에 있던 또 다른 베들레헴과 구별하기 위한 것이었기 때문이다. 더 큰 난점 은 그 다음에 나오는 내용에 있다. 왜냐하면, 예언서에서는 유다 족속의 사람들이 베들레헴을 "작다"고 생각한다고 말하고 있는 반면에, 마태는 정반대로 베들레헴 이 가장 중요한 고을들 중 하나라고 말하기 때문이다: "너는 유대 고을 중에서 가장 작지 아니하도다." 이런 이유 때문에, 일부 주석가들은 예언서에 나오는 이 구절을 의문문으로 읽어서, "너는 유다 족속 중에 작으냐?"로 해석하기도 하였다. 그러나 나는 마태가 보잘것없고 이름 없는 고을을 지극히 높으신 왕의 출생지로 삼으신 하나님의 은혜를 높이기 위하여 이렇게 표현을 바꾼 것이라고 생각하는 자들의 견 해에 동의한다. 베들레헴은 이러한 특별한 존귀함을 부여받았지만, 그 주민들에게 는 아무런 유익도 돌아가지 않았고, 도리어 그들에게 더 무거운 멸망이 임하였다. 왜냐하면, 그들은 구속주를 제대로 영접하지 않았기 때문이다. 또한, 구문상으로 볼때, 마태는 미가서에 나오는 "다스릴 자"라는 표현 대신에 "목자"($\pi o\iota\mu\alpha\nu\epsilon\acute{\iota}$-포이 마네이)라는 표현을 사용한 것처럼 보이지만, 사실은 먼저 그리스도를 "다스리는 자"($\dot{\eta}\gamma o\acute{\upsilon}\mu\epsilon\nu o\varsigma$-헤구메노스)라고 소개하고 나서, 그리스도에게 자기 백성을 먹이는 "목자"의 직분이 맡겨졌다고 말함으로써, 이 두 가지를 다 표현한 것이다.

⁷이에 헤롯이 가만히 박사들을 불러 별이 나타난 때를 자세히 묻고 ⁸베들레헴으로 보내며 이르되 가서 아기에 대하여 자세히 알아보고 찾거든 내게 고하여 나도 가 서 그에게 경배하게 하라 ⁹박사들이 왕의 말을 듣고 갈새 동방에서 보던 그 별이 문 득 앞서 인도하여 가다가 아기 있는 곳 위에 머물러 서 있는지라 ¹⁰그들이 별을 보 고 매우 크게 기뻐하고 기뻐하더라 ¹¹집에 들어가 아기와 그의 어머니 마리아가 함 께 있는 것을 보고 엎드려 아기께 경배하고 보배합을 열어 황금과 유향과 몰약을 예물로 드리니라 ¹²그들은 꿈에 헤롯에게로 돌아가지 말라 지시하심을 받아 다른 길로 고국에 돌아가니라(마 2:7-12).

마 2:7. 이에 헤롯이 가만히 박사들을 불러. 이 폭군은 그를 미워하고 있던 백성 들이 새롭게 힘을 얻지 못하도록 하기 위해서 자신의 두려움과 불안감을 공개적으로 드러내고자 하지 않았다. 그러므로 헤롯은 공개적으로는 이 일이 자기와는 무관한 체하면서, 그에게 곧 닥칠지도 모르는 위험에 대처하기 위해서 은밀하게 모색을 해나간다. 악한 양심이 그를 소심한 겁쟁이로 만든 것이기는 하지만, 하나님이 그의 마음에 이례적으로 큰 두려움을 집어넣으셔서, 이 두려움 때문에 헤롯은 한동안 제대로 성찰을 할 수 없었고, 이성도 거의 상실하였던 것이 분명하다. 왜냐하면, 사실 헤롯은 경호를 위한 것이라는 구실로 그의 조신(朝臣)들 중 한 명을 그리스도에게 파견해서 이 일 전체를 낱낱이 조사해서 즉시 돌아와 보고하게 하였으면 이 일의 전모에 대하여 아주 쉽게 알 수 있었을 것이지만, 그렇게 하지 않았기 때문이다. 분명히 헤롯은 비범하고 아주 대담한 인물이었을 것인데도 말이다. 그런데 더 놀라운 것은 그는 궁지에 몰려 있긴 하지만 그 해결책을 손쉽게 행할 수 있는 위치에 있는데도 너무나 기겁하고 경악해서 거의 죽은 자처럼 아무런 조치도 취하지 못하고 손을 놓고 있었다는 것이다. 여기에서 우리는 하나님의 아들을 사자의 입에서 구하기 위한 이적이 일어났다는 것을 알게 된다. 오늘날에도 마찬가지로 하나님은 그의 원수들을 얼빠지게 만드시기 때문에, 하나님의 교회를 해치고 파멸시킬 수 있는 무수한 계략들이 있는데도 그것들이 그들의 마음에 생각이 나지 않고, 심지어 좋은 기회들이 다가와도 그들은 그 기회들을 잡지 못하게 된다. 헤롯은 동방에서 온 "박사들"에게 속임수를 써서, 자기도 그리스도를 경배하러 가고자 하니 그 곳을 찾거든 자기에게도 알려 달라고 말하지만, 나중에 볼 수 있듯이, 하나님은 헤롯의 계략을 망쳐 놓으신다. 백성들이 자기를 반대하여 봉기하면 어쩌나 하는 두려움이 헤롯으로 하여금 이성을 잃게 만들었듯이, 여기에서 그는 다시 한 번 그러한 광기에 휘둘려서, 하나님을 진노케 할 계략을 세우는 일에 망설임이나 두려워함이 없다. 왜냐하면, 그는 만일 왕이 태어난다면, 그것은 하나님이 "다윗의 무너진"(암 9:11) 보좌를 다시 일으키시기 위하여 정하신 일이라는 것을 알고 있었을 것이기 때문이다. 그러므로 그는 사람들을 공격하는 것이 아니라, 감히 하나님과 맞서 싸우는 일에 광분하고 있는 것이다. 두 가지가 우리의 주목을 끄는데, 그것은 헤롯이 무분별(無分別)의 영에 사로잡혀서 하나님을 공격하였다는 것과 그의 행동 방식이 유치하였다는 것이다. 왜냐하면, 그의 총기(聰氣)가 다 흩어져서, 그는 "맹인이 어두운 데에서 더듬는 것"과 같았기 때문이다.

마 2:9. 박사들이 왕의 말을 듣고 갈새. 유대인들 중에서는 그들의 민족에게 약속된 왕을 가서 보기 위하여 이 이방인들을 따라 나서겠다고 한 사람이 한 명도 없었다는 것은 진정으로 악한 나태함이 어떤 것인지를 보여주는 예이다. 서기관들은 이 이방인들에게 길을 가르쳐주고, 왕이 나신 곳을 구체적으로 알려주면서도, 정작 그들 자신은 한 걸음도 움직이려 하지 않고, 이 이방인들만이 홀로 길을 떠나게 내버려 둔다. 이것은 아마도 그들이 포악한 헤롯이 어떻게 나올지를 걱정하였기 때문일 것이다. 그러나 그들이 그들에게 주어진 구원을 얻기 위해서 그 어떤 위험도 감수하고자 하지 않은 것과 폭군에게 밉게 보이게 어쩌나 하는 걱정을 하나님의 은혜를 얻는 일보다 더 앞세운 것은 그들의 악한 배은망덕을 보여주는 것이었다. 나는 방금 전에, 유대 민족 전체가 그들에게 변화가 일어나서 불편하고 귀찮아지느니 차라리 폭정의 멍에를 그대로 메고 압제를 받는 편이 낫다고 생각할 정도로 극심하게 타락해 있었다는 것을 보여주었다. 만약 하나님이 동방에서 온 박사들의 마음을 그의 성령으로 견고히 붙들어 주지 않으셨다면, 그들은 아마도 유대인들의 이러한 모습을 보고 낙심하였을 것이다. 그러나 그들의 타오르는 열심은 약화되지 않아서, 그들은 안내자 없이 길을 떠났다. 그렇지만, 그들의 믿음을 확고히 해주는 것이 전혀 없었던 것도 아니었다. 왜냐하면, 그들은 별이 그들에게 알려주었던 왕이 오래 전에 신적인 예언들에 의해서 이미 예고되어 있었다는 사실을 들었기 때문이다. 이제까지 그들의 길잡이 역할을 하였던 별은 이 때에는 모습을 감추었던 것으로 보인다. 우리는 그 이유를 쉽게 추측해볼 수 있다. 그것은 하나님이 동방에서 온 박사들로 하여금 예루살렘에서 새로운 왕에 대하여 묻게 하심으로써, 유대인들이 그들에게 보내심을 받은 구속주에 대하여 가르침을 받은 후에도 의도적으로 그리스도를 멸시하였을 때, 유대인들에게 변명의 여지가 조금도 없게 하시기 위한 것이었다.

마 2:11. 아기를 보고. 너무나 불쾌감을 불러일으키는 광경을 보았을 때, 동방에서 온 박사들에게는 당연히 추가적인 선입견이 생겨났을 것이다. 왜냐하면, 그리스도께서는 왕의 신분에 걸맞은 그 어떤 모습으로 계시기는커녕 농부의 아들보다도 더 보잘것없고 멸시받을 만한 모습으로 계셨기 때문이다. 그러나 그들은 그가 하나님이 왕으로 정하신 분임을 확신하였다. 그들의 마음속에 깊이 뿌리박힌 이 생각만이 그들을 압도하였기 때문에, 하나님의 뜻 안에서 그들은 아직 겉으로 드러나지 않고 숨겨진 그의 지극히 높은 신분을 깊이 묵상하면서, 그가 언젠가는 지금 보이는 모습과는 다르게 되실 것을 확신하는 가운데에 왕에게 걸맞은 예(禮)를 그에게 올리는 것을 조금도 부끄러워하지 않았다.

박사들이 드린 예물들은 그들이 어디에서부터 왔는지를 보여준다. 왜냐하면, 그들이 자기 나라에서 나는 특산물 중에서 가장 좋은 것들을 예물로 가져왔으리라는 것은 의심의 여지가 있을 수 없기 때문이다. 우리는 박사들이 한 사람씩 한 가지 예물을 드린 것이 아니라, 마태가 말하고 있는 세 가지 예물을 그들 모두가 공동으로 드린 것으로 보아야 한다. 거의 모든 주석가들은 이 예물들이 그리스도의 나라와 제사장 직분과 장사(葬事) 되실 것을 의미한다는 사변에 빠져 있다. 그들의 사변에 의하면, "황금"은 그의 나라를, "유향"은 그의 제사장 직분을, "몰약"은 그의 장사 되실 것을 상징한다는 것이다. 나는 그들의 그러한 견해가 옳다는 것을 보여주는 그 어떤 확고한 근거도 알지 못한다. 우리가 알기로는, 페르시아인들은 그들의 왕에게 예를 올릴 때에 그들의 손에 예물을 들고 가는 것이 관례였다. 야곱이 가나안 땅에서 나는 가장 좋은 특산물들을 애굽으로 보냈듯이, 박사들은 동방의 나라들에서 나는 가장 좋은 것 세 가지를 예물로 택한 것이었다: "너희는 이 땅의 아름다운 소산을 그릇에 담아가지고 내려가서 그 사람에게 예물로 드릴지니 곧 유향 조금과 꿀 조금과 향품과 몰약과 유향나무 열매와 감복숭아이니라"(창 43:11). 그러므로 동방에서 온 박사들은 그들이 이 세상의 왕으로 나셨다고 여긴 분에게 예를 올리면서, 페르시아의 관습을 따라서 그 땅의 소산들을 바친 것이었다. 우리의 마땅한 본분은 영적인 방식으로 그리스도를 경배하는 것이다. 왜냐하면, 그가 요구하시는 합당하고 이치에 맞는 예배는 우리가 우리 자신을 성별한 후에 우리의 가진 모든 것을 그를 섬기는 데에 바치는 것이기 때문이다.

[22]모세의 법대로 정결예식의 날이 차매 아기를 데리고 예루살렘에 올라가니 [23]이는 주의 율법에 쓴 바 첫 태에 처음 난 남자마다 주의 거룩한 자라 하리라 한 대로 아기를 주께 드리고 [24]또 주의 율법에 말씀하신 대로 산비둘기 한 쌍이나 혹은 어린 집비둘기 둘로 제사하려 함이더라 [25]예루살렘에 시므온이라 하는 사람이 있으니 이 사람은 의롭고 경건하여 이스라엘의 위로를 기다리는 자라 성령이 그 위에 계시더라 [26]그가 주의 그리스도를 보기 전에는 죽지 아니하리라 하는 성령의 지시를 받았더니 [27]성령의 감동으로 성전에 들어가매 마침 부모가 율법의 관례대로 행하고자 하여 그 아기 예수를 데리고 오는지라 [28]시므온이 아기를 안고 하나님을 찬송하여 이르되 [29]주재여 이제는 말씀하신 대로 종을 평안히 놓아 주시는도다 [30]내 눈이 주의 구원을 보았사오니 [31]이는 만민 앞에 예비하신 것이요 [32]이방을 비추는 빛이요

주의 백성 이스라엘의 영광이니이다 하니(눅 2:22-32).

눅 2:22. 날이 차매. 정결예식은 출생한 지 사십일 째 되는 날에 행하도록 되어 있었다(레 12:2, 4). 그러나 마리아와 요셉이 예루살렘에 올라간 또 다른 이유가 있었는데, 그것은 첫 태에 처음 난 남자였던 그리스도를 하나님께 드리기 위한 것이었다. 그러면, 먼저 정결예식에 대해서 살펴보자. 누가는 이 정결예식을 마리아와 그리스도 두 사람이 받은 것으로 얘기한다. 왜냐하면, '아우톤'($\alpha\dot{v}\tau\acute{\omega}v$, "그들의")이라는 대명사 속에 요셉이 포함된다고 볼 수는 없기 때문이다. 그러나 그리스도는 "흠 없고 점 없는"(벧전 1:19) 분이셨지만, "우리를 위하여" 십자가 위에서 "저주를 받게"(갈 3:13) 되어 있었기 때문에, 우리의 유익을 위하여 율법의 죄책(罪責)과 관련된 우리의 부정(不淨)을 친히 짊어지시고 정결예식을 받으셔야 했다는 것은 전혀 이상한 일이 아니다. 즉, 정결함의 근원이 되시는 분이 우리의 더러운 흠과 점들을 씻어 주시기 위하여 부정한 자로 여김을 받으시는 길을 택하셨다는 것은 전혀 이상한 일이 아니라는 말이다. 이 정결예법은 단지 세속적인 것이어서, 여자는 단지 자신의 남편 앞에서만 부정한 자였고 하나님 앞에서는 그렇지 않았다고 생각하는 것은 잘못이다. 정반대로, 정결예법은 유대인들의 눈앞에 그들의 부패한 본성과 하나님의 은혜에 의한 치유를 보여주는 것이었다.

이 정결예법은 하나님의 은혜를 보여주는 주목할 만한 증거를 내포하고 있기는 하지만, 그 자체로 원죄(原罪)를 증명해 주기에 충분하고도 남음이 있다. 왜냐하면, 아이가 모태로부터 부정하고 더럽혀진 채로 태어났고, 산모 자신도 출산을 통해서 더럽혀졌다는 것을 하나님이 분명하게 말씀하신 것보다 인류에게 선고된 저주를 더 분명하게 보여주는 예는 있을 수 없기 때문이다. 분명한 것은 만일 사람이 죄인으로 태어나지도 않았고, 본질상 "진노의 자녀"(엡 2:3)도 아니며, 죄로 오염된 것이 일정 정도 사람 안에 있지도 않다면, 사람에게는 정결예식이 필요하지 않았으리라는 것이다. 그런 까닭에, 모든 사람이 아담 안에서 타락하였다는 결론이 나온다. 왜냐하면, 하나님의 입이 모든 사람이 더럽혀져 있다고 선언하고 계시기 때문이다.

이것은 성경의 다른 본문들에서 유대인들에 대하여 "뿌리가 거룩한즉 가지들도 그러하니라"(롬 11:16)고 말하고 있는 것과 완전히 일치한다. 왜냐하면, 거룩함이라는 이 은택은 본래 유대인들 자신의 것이 아니기 때문이다. 그들은 양자됨의 특권에 의해서 택함받은 백성으로 구별되긴 하였지만, 그들이 태어날 때부터 아담에게서 받은 저 타락성은 시간적으로 그것보다 앞서 있다. 그러므로 우리는 최초의 본성과, 하나님이 자기 백성을 온 인류에게 선고된 저주로부터 구원하시겠다는 언약으로 말미암아 그들에게 베푸신 저 특별한 인자하심을 구별하여야 한다. 율법에 규정된 정결예식의 목적은 유대인들에게 그들이 태어날 때부터 가지고 온 저 부패한 것들은 하나님의 은혜로 말미암아 씻음을 받을 수 있다는 것을 알게 하기 위한 것이었다.

또한, 이것을 통해서 우리는 죄에 오염되는 것은 자연의 올바른 질서를 일정 정도 더럽히기 때문에 그것이 얼마나 두려운 일인지를 알아야 한다. 나는 혼인 관계의 신성함으로 말미암아 그렇지 않다면 정욕이 될 것이 그 성격이 변하여서 출산 자체도 부정하지 않게 되었다는 것을 인정한다. 그러나 죄의 원천은 여전히 아주 깊고 풍부하기 때문에, 죄가 끊임없이 흘러넘쳐서 그렇지 않다면 정결할 것을 더럽히고 오염시킨다.

눅 2:23. 이는 율법에 쓴 바. 이것은 요셉과 마리아가 행한 또 하나의 경건이었다. 하나님은 이스라엘 백성에게 그들이 구원받은 것을 기념해서 모든 남자를 자기에게 바치라고 명령하셨는데, 이것은 천사가 애굽의 모든 장자를 죽일 때에 이스라엘 백성의 장자들은 죽이지 않고 살렸기 때문이었다(출 12:29). "처음 태어난 자는 다 내 것임은 내가 애굽 땅에서 그 처음 태어난 자를 다 죽이던 날에 이스라엘의 처음 태어난 자는 사람이나 짐승을 다 거룩하게 구별하였음이니 그들은 내 것이 될 것임이니라"(민 3:13). 나중에 그들에게는 그들의 장자를 일정한 대가를 지불하고서 속(贖)하는 것이 허용되었다. 이 옛 예법은 다음과 같은 것을 말해주는 것이었다: 즉, 여호와 하나님은 모든 사람의 구속주이시기 때문에, 가장 작은 자로부터 가장 큰 자에 이르기까지 우리를 그의 것이라 주장할 권리를 가지고 계신다는 것. 요셉과 마리아가 "주의 율법에 쓴 바"를 행하였다는 말씀을 이렇게 자주 되풀이하는 것은 타당한 이유가 있어서이다. 왜냐하면, 이 말씀은 우리가 하나님을 예배할 때에 그 어떤 것도 우리의 생각대로 해서는 안 되고, 반드시 하나님이 그의 말씀 속에서 요구하신 것을 순종하고 따라야 한다는 것을 우리에게 가르치기 때문이다.

눅 2:24. 제사하려 함이더라. 이 제사는 정결예식에 포함되어 있는 것이었기 때문에, 우리는 이 제사가 장자를 속(贖)하기 위한 목적에서 드려진 것으로 오해하지 않아야 한다. 복음서 기자는 요셉과 마리아가 너무나 가난해서 어린 양을 제물로 드릴 수 없을 정도였다는 것을 그의 독자들이 당연히 알 것이라고 전제하고서, 그들이 "산비둘기 한 쌍이나 어린 집 비둘기 둘"로 제사를 지내고자 하였다고 말한다. 왜냐하면, 이러한 예외 규정은 율법에 명시적으로 언급되어 있기 때문이다: "그 여인이 어린 양을 바치기에 힘이 미치지 못하면 산비둘기 두 마리나 집비둘기 새끼 두 마리를 가져다가"(레 12:8). 동방 박사들이 아주 최근에 그들에게 이럴 때에 제물을 마련하는 데에 쓰기에 충분할 정도로 황금을 드리지 않았던가라는 반론이 있을 수 있다. 나의 답변은 이런 것이다. 즉, 우리는 마리아와 요셉이 갑자기 가난에서 벗어나 부자가 될 정도로 많은 황금을 동방 박사들이 드렸을 것이라고 상상해서는 안 된다는 것이다. 성경에는 동방 박사들이 타고 온 낙타들에 황금이 많이 실려 있었다는 말이 나오지 않는다. 그들은 오로지 예(禮)를 표하기 위해서 약간의 황금을 예물로 드렸을 가능성이 많다. 율법은 가난한 자들이 제물을 드리는 데에 힘에 부치게 그들의 재산을 써야 할 정도로 가혹한 규정을 둔 것이 아니라, 가난한 자와 부자를 구별해서 각자의 재력에 따라 제물의 종류를 규정함으로써, 가난한 자들이 많은 돈을 드려야 하는 부담을 덜어 주었다. 요셉과 마리아는 그들의 여행 경비와 생활비를 충당하기 위해서는 적지 않은 돈이 필요했을 것임에도 불구하고, 그들의 사정이 허락하는 한도 내에서 많이 드린 것이라고 말해도, 그것이 틀린 말은 아닐 것이다.

눅 2:25. 예루살렘에 시므온이라 하는 사람이 있으니. 이 이야기의 취지는 유대 민족의 거의 전체가 세속화되어 신앙심이 없어서 하나님을 멸시하는 상황 속에서도 하나님을 진정으로 예배하는 자들이 더러 남아 있었고, 그런 사람들은 그리스도가 아직 태어난 지 얼마 되지 않았을 때부터도 그를 알아보았다는 것을 우리에게 보여주기 위한 것이다. 바울이 "은혜로 택하심을 따라" 남겨졌다고 말한 "남은 자"가 여전히 있었던 것이다(롬 11:5). 제사장들과 서기관들은 거짓과 교만에 가득 차서 그들의 집단에 교회라는 명칭을 갖다 붙였지만, 하나님의 교회는 이 작은 무리 속에 있었다. 복음서 기자는 예루살렘의 성전에서 부모가 데려온 그리스도를 알아본 사람을 두 사람을 언급하는데, 그들은 시므온과 안나였다. 그러면, 먼저 시므온에 대하여 살펴보자. 그가 어떤 신분과 처지에 있는 인물이었는지는 본문에 나오지 않지만, 아마도 그는 명성도 없는 낮은 신분의 사람이었을 것이다. 누가는 시므온이 "의롭고 경건한" 사람이라고 칭찬하고, "성령이 그의 위에 계시기" 때문에 그에게 예언의 은사가 있었다는 말을 덧붙인다. "경건함"과 "의로움"은 율법의 두 돌판과 연관되어 있고, 바른 삶을 구성하는 두 부분이다. 시므온이 "이스라엘의 위로를 기다렸다"는 것은 그가 "경건한 자"라는 것을 보여주는 증거였다. 왜냐하면, 하나님에 대한 참된 예배는 하나님의 약속들, 특히 하나님이 그리스도를 통해서 이루시겠다고 약속하신 저 회복을 믿는 믿음을 토대로 한 구원의 소망 없이는 존재할 수 없기 때문이다. 그런데, 본문에서는 시므온이 이런 종류의 기대 또는 소망을 지니고 있었다는 것 자체를 놀라운 일로 여겨서 칭찬하고 있는 것으로 보아서, 우리는 당시에 실제로 자신의 마음속에 구속에 대한 소망을 품고 있었던 사람들은 거의 없었다고 결론을 내릴 수 있다. 모든 사람들이 메시야라는 이름을 거론하고, 다윗의 통치 아래에서의 형통과 번영을 그들의 입에 올렸지만, 교회의 구속이 가까이 왔다는 위로의 확신 속에서 현재의 고난과 환난들을 묵묵히 참고 견디는 자는 거의 찾아볼 수 없었다. 시므온의 경건함이 탁월하다는 것이 하나님이 약속하신 구원에 대한 소망으로 자신의 마음을 견고히 떠받치는 모습을 통해서 분명하게 드러났듯이, 자기가 하나님의 자녀라는 것을 증명하고자 하는 사람들은 하나님이 약속하신 구속을 바라며 호흡하듯 쉬지 않고 기도하는 법이다. 왜냐하면, 우리에게는 그리스도께서 재림하실 때까지 "인내가 필요하기" 때문이다(히 10:36).

눅 2:25. 성령이 그 위에 계시더라. 복음서 기자는 여기에서 하나님의 모든 자녀들에게 공통적으로 주어진 "양자의 영"(롬 8:15) ― 이 영도 모두에게 동일한 정도로 주어진 것은 아니지만 ― 에 대해서 말하는 것이 아니라, 특별한 예언의 은사에 대하여 말하고 있다. 이것은 이후의 두 절을 보면 더 분명하게 드러나는데, 이 두 절에 의하면, "그가 성령의 지시를 받았고," 그 동일한 "성령의 감동으로 성전에 들어갔다." 시므온은 높은 직책이 주는 존귀함을 지니고 있지 않았지만, 탁월한 은사들, 즉 경건과 흠 없는 삶과 믿음과 예언으로 단장되어 있었다. 그가 개인적이고 사적인 신분으로 받은 이러한 성령의 지시와 감동은 일반적으로 모든 경건한 자의 믿음을 견고히 하기 위한 목적으로 주어진 것이라는 데에는 의심의 여지가 없다. 예수는 여기에서 "주의 그리스도"라는 호칭으로 불린다. 왜냐하면, 예수는 아버지 하나님에 의해서 "기름 부음을 받으셨고," 그가 성령을 받으실 때에 왕과 제사장의 직분도 아울러 받으셨기 때문이다. 본문에서는 시므온이 그리스도를 만나기 위해서 "성령의 감동"을 따라, 즉 성령의 은밀한 움직이심과 의심할 여지 없는 계시를 따라 성전으로 들어갔다고 말한다.

눅 2:29. 주재여 이제는 종을 놓아 주시는도다. 이 찬송을 보면, 시므온이 육신의 눈과는 다른 눈으로 하나님의 아들을 바라보았다는 것이 아주 분명하게 드러난다. 왜냐하면, 그리스도의 외적인 모습을 바라보는 것만으로는 경멸 외에 다른 감정이 불러일으켜질 수 없었을 것이고, 그것은 적어도 거룩한 자가 이제 자신의 소원을 다 이루었으니 죽어도 여한이 없겠다고 말할 정도의 흡족함을 그 마음에 줄 수는 결코 없었을 것이기 때문이다. 믿음으로 말미암아 하나님의 성령이 시므온의 눈을 열어서 밝게 해주셨기 때문에, 그는 초라하고 가난한 의복 아래에 숨겨져 있는 하나님의 아들의 영광을 볼 수 있었다. 그는 하나님이 자기를 "평안히" 떠나게 해주셨다고 말하는데, 이것은 자기가 바라던 모든 것을 하나님이 이루어 주셔서 이제 편안한 마음으로 죽을 수 있게 되었다는 것을 의미한다.

그러나 여기에서 한 가지 질문이 생긴다. 만약 하나님이 시므온을 이 세상에서 데려가시기로 정하시고서 정말 일찍 데려가셨다고 한다면, 어쩔 수 없이 죽을 수밖에 없는 자들이 통상적으로 그러하듯이, 시므온도 마음의 고통과 불평 속에서 죽었을 것이란 말인가? 나의 대답은 이런 것이다. 즉, 우리는 시므온의 말에 덧붙여진 "말씀하신 대로"라는 어구가 보여주는 정황에 주목하여야 한다는 것이다. 이것은 하나님이 전에 시므온에게 그가 하나님의 아들을 보게 될 것이라고 약속하셨었다는 것을 의미한다. 시므온에게는 기다림 속에서 삶을 이어갈 타당한 이유가 있었기 때문에, 그는 자신의 소망이 이루어질 때까지 갈망 속에서 살아가야 하였다. 우리는 이 점을 주의 깊게 살피지 않으면 안 된다. 왜냐하면, 자기 멋대로 엉뚱한 소원을 정해 놓거나, 하나님의 말씀에 근거하지도 않은 헛된 소망을 품고서, 시므온의 예를 그릇되고 부적절하게 인용하여, 하나님이 이런저런 일을 그들에게 이루어 주신다면, 그들은 기꺼이 죽겠노라고 뻔뻔스럽게 말하는 자들이 많이 있기 때문이다. 만약 시므온이 정확히 "내가 하나님의 아들을 보았으므로, 편안하고 가벼운 마음으로 죽게 될 것이다"라고 말했다면, 그러한 말은 그의 믿음이 약함을 보여주는 것이 되었을 것이다. 그러나 그에게는 하나님이 주신 "말씀"이 있었기 때문에, 그는 그리스도께서 오실 때까지 죽기를 거부하였을 것이다.

눅 2:30. 내 눈이 보았사오니. 이런 표현 방식은 성경에서 아주 흔하다. 그러나 이 표현을 통해서 시므온은 전에 자신의 마음의 "눈"으로 바라보았던 하나님의 아들이 지금 육신을 입으시고 자기 눈 앞에 나타나신 모습을 자신의 눈으로 직접 보았다는 것을 명확하게 나타내 보이고자 한 것으로 보인다. 나는 여기에 나오는 "구원"을 구원 사건을 가리키는 것으로 이해한다. 왜냐하면, 그리스도 안에는 구원 및 복된 삶의 모든 부분들이 감춰져 있기 때문이다. 아직 아기셨던 그리스도를 본 것만으로도 시므온이 강력한 감화를 입어서, 자기가 이제는 편안하고 기쁜 마음으로 죽음을 맞이할 수 있게 되었다고 고백한 것을 생각하면, 그리스도 안에서 온전히 이루어진 우리의 구원을 바라볼 기회가 주어진 지금에 있어서는 우리로 하여금 평안을 누리게 해줄 수 있는 일들이 얼마나 더 풍성하게 우리에게 공급되고 있는 것이겠는가? 사실, 그리스도는 더 이상 이 땅에 계시지 않고, 그를 우리의 팔로 안을 수도 없지만, 그의 신적인 위엄은 복음 속에서 공개적으로 밝게 빛나고 있기 때문에, 바울이 말했듯이, 복음 속에서 "우리가 다" 이전처럼 육신의 연약함 가운데서가 아니라, 그의 이적들과 죽음의 희생제사와 부활 속에서 나타난 성령의 영광스러운 능력 가운데서 "거울을 보는 것 같이 주의 영광을 보고" 있다(고후 3:18). 한마디로 말해서, 그리스도께서는 육신으로는 우리에게서 떠나 계시지만, 우리는 그가 아버지 하나님의 오른편에 앉아 계시는 모습을 볼 수 있게 되었다는 것이다. 그리스도의 그러한 모습을 보면서도 우리의 마음에 평안이 없고, 우리가 기쁜 마음으로 죽음을 향하여 달려가지 못한다면, 그것은 우리가 하나님께 대단히 배은망덕한 것이고, 하나님이 우리에게 주신 존귀함을 하찮은 것으로 여기는 것이다.

눅 2:31. 이는 만민 앞에 예비하신 것이요. 이 말씀을 통해서 시므온은 그리스도는 모든 민족이 그의 은혜를 누릴 수 있도록 하기 위하여 하나님이 지명하신 분이시라는 것, 얼마 후에는 그가 지극히 높임을 받으셔서 모든 사람들로 하여금 그들의 눈으로 그를 주목하게 하시리라는 것을 암시한다. 시므온은 그리스도의 나라가 널리 퍼져나갈 것임을 미리 말하였던 모든 예언들을 이 말씀 한 마디로 다 포괄한다. 시므온이 작은 아기를 자신의 팔에 안았을 때에 자신의 마음을 세상 끝까지 펼쳐서, 그리스도의 능력이 세상 어디에나 미칠 것임을 인정하고 고백하였다는 것을 생각하면, 그리스도께서 모든 "민족들을 향한 기치"(사 49:22)로 이미 세워져서 자기 자신을 온 세상에 나타내신 지금에 있어서는 그리스도에 대한 우리의 인식은 얼마나 더 장엄하고 장대하여야 하겠는가?

눅 2:32. 이방을 비추는 빛이요. 시므온은 여기에서 성부 하나님이 그리스도를 만민 앞에 나타내고자 하시는 목적을 구체적으로 제시하는데, 그것은 그리스도로 하여금 이전에 어둠 가운데 있던 "이방을 비추는 빛"이 되게 하시고, "주의 백성 이스라엘의 영광"이 되게 하시기 위한 것이었다. 본문에서 "이스라엘 백성"과 "이방인들"을 구별하는 것이 적절하다. 왜냐하면, 아브라함의 자손들은 양자(養子)의 권리로 인해서 하나님과 "가까운" 자들이었던 반면에(엡 2:17), 하나님과 "약속의 언약들"을 맺은 적이 없었던 "이방인들"은 교회에 대하여 "외인(外人)들"이었기 때문이다(엡 2:12). 이런 이유로 다른 구절들에서 이스라엘은 하나님의 아들이라 불릴 뿐만 아니라, 하나님의 "장자"라 불리고(렘 31:9), 바울은 "그리스도께서 하나님의 진실하심을 위하여 할례의 추종자가 되셨으니 이는 조상들에게 주신 약속들을 견고하게 하시기"(롬 15:8) 위한 것이었음을 우리에게 가르쳐 준다. 이방인들이 아니라 이스라엘에게 우선권이 주어진 것은 모든 사람이 차별 없이 구원을 얻게 하기 위한 것이다.

"계시를 위한 빛"(본문에서 "비추는 빛"은 이런 식으로도 번역된다 ― 역주)은 "이방인들을 비추는 빛"을 의미한다. 이것을 통해서 우리는 "공의로운 해"(말 4:2)가 사람들 위에 빛을 비출 때까지는 사람들에게는 본질적으로 빛이 결여되어 있다는 추론을 할 수 있다. "이스라엘"에 대하여 말하자면, 하나님은 이스라엘에게 특별한 존귀를 수여하셨지만, 이스라엘의 모든 영광은 구속주에 대한 약속이 그들에게 있다는 이 한 가지에 다 걸려 있다.

[33]그의 부모가 그에 대한 말들을 놀랍게 여기더라 [34]시므온이 그들에게 축복하고 그의 어머니 마리아에게 말하여 이르되 보라 이는 이스라엘 중 많은 사람을 패하거나 흥하게 하며 비방을 받는 표적이 되기 위하여 세움을 받았고 [35]또 칼이 네 마음을 찌르듯 하리니 이는 여러 사람의 마음의 생각을 드러내려 함이니라 하더라 [36]또 아셀 지파 바누엘의 딸 안나라 하는 선지자가 있어 나이가 매우 많았더라 그가 결혼한 후 일곱 해 동안 남편과 함께 살다가 [37]과부가 되고 팔십사 세가 되었더라 이 사람이 성전을 떠나지 아니하고 주야로 금식하며 기도함으로 섬기더니 [38]마침 이 때에 나아와서 하나님께 감사하고 예루살렘의 속량을 바라는 모든 사람에게 그에 대하여 말하니라 [39]주의 율법을 따라 모든 일을 마치고 갈릴리로 돌아가 본 동네 나사렛에 이르니라(눅 2:33-39).

눅 2:33. 그의 부모가 놀랍게 여기더라. 누가는 그들이 지금까지 들어 보지 못했던 말을 들어서 놀랐다고 말하는 것이 아니라, 시므온의 입술에서 나온 성령의 이 예언을 경외함 가운데 받아들여서 깊이 숙고하였다고 말한다. 이렇게 했기 때문에, 그들은 그리스도를 아는 지식에서 계속해서 자라갈 수 있었다. 우리는 이러한 모범을 통해서 우리가 일단 올바른 신앙을 소유하게 된 후에는 우리의 신앙에 힘이 되거나 도움이 될 수 있는 것이라면 무엇이든지 사방팔방으로 힘써서 받아들이고자 하여야 한다는 것을 배운다. 시므온은 하나님의 말씀에 대단히 정통한 사람이었기 때문에, 자기가 매일 읽거나 듣는 것들 중에서 그의 믿음의 끊임없는 진보에 도움이 되는 것이라면 무엇이든지 감탄하기를 그치지 않는다.

눅 2:34. 시므온이 그들에게 축복하고. 이 말씀을 요셉과 마리아에게로 국한시킨다면, 이 본문 속에는 그 어떤 난점도 없을 것이다. 그러나 누가는 이 말씀 속에 그리스도를 포함시키고 있는 것으로 보이기 때문에, 시므온은 무슨 권리로 그리스도를 축복한 것인가라는 질문이 제기될 수 있다. 바울은 "논란의 여지 없이 낮은 자가 높은 자에게서 축복을 받느니라"(히 7:7)고 말한다. 게다가, 죽을 수밖에 없는 존재인 인간이 하나님의 아들을 위하여 기도를 드린다는 것 자체가 언어도단(言語道斷)인 것처럼 보일 수도 있다. 나의 대답은 이렇다. 즉, 사도 바울은 거기에서 온갖 종류의 축복을 다 포괄하여 말하고 있는 것이 아니라, 오직 제사장적 축복만을 말하고 있다는 것이다. 왜냐하면, 제사장적 축복을 제외한 다른 모든 것들 속에서 사람들이 서로를 위하여 기도해 주는 것은 지극히 합당한 일이기 때문이다. 따라서 시므온은 공적인 성격을 띤 축복을 했다기보다는 백성 중의 한 사람으로서 사적으로 "그들에게 축복하였을" 가능성이 크다. 왜냐하면, 앞에서 이미 말했듯이, 성경의 그 어디에도 시므온이 제사장이었다는 말이 나오지 않기 때문이다. 또한, 시므온이 그리스도의 나라의 형통과 진보를 위해서 기도하였다고 말해도, 그것은 이상한 말이 아닐 것이다. 왜냐하면, 시편에서 성령은 그러한 성격의 '율로기아'(εὐλογία, "축복")를 모든 경건한 자들에게 명하고 있기 때문이다. "여호와의 이름으로 오는 자가 복이 있음이여 우리가 여호와의 집에서 너희를 축복하였도다"(시 118:26).

눅 2:34. 보라 이는 … 세움을 받았고. 이 말씀은 틀림없이 시므온이 마리아에게 한 말이었을 것이지만, 일반적으로 모든 경건한 자들에게도 해당되는 말이다. 통상적으로 사람들은 시작이 좋으면 마음이 높아져서 장차 다가올 어렵고 힘든 일들을 견뎌낼 준비가 되어 있지 못하게 되기 십상이기 때문에, 동정녀 마리아도 그런 위험성에 빠지지 않기 위해서는 이러한 권면을 들을 필요가 있었다. 그러나 마리아에게 이 권면이 필요한 이유가 또 하나 있었는데, 그것은 마리아로 하여금 그리스도가 백성들로부터 박수갈채를 받게 될 것이라는 기대를 갖지 못하게 하고, 도리어 앞으로 닥칠 온갖 적대적인 공격들에 맞서서 요동치 않는 담대함으로 그녀의 마음을 요새처럼 견고히 하게 하기 위한 것이었다. 이와 동시에, 이 권면을 통해서 모든 경건한 자들에게 교훈을 주고자 한 것도 하나님의 성령의 의도였다. 모든 경건한 자들은 세상이 악하고 완악한 마음으로 그리스도를 대적하는 것을 볼 때에 낙심하지 말고 그 대적에 맞서서 싸울 각오를 하여야 한다. 세상의 불신앙은 우리가 알다시피 크고 중대한 장애물이지만, 우리가 그리스도를 믿고자 한다면, 그 장애물을 반드시 극복하지 않으면 안 된다. 인류 역사상에서 사회의 구성원의 대다수가 그리스도를 따랐던 아주 복된 사회는 결코 존재하지 않았다. 그리스도의 군사로 일하고자 하는 자들은 이것을 그들이 가장 먼저 배워야 할 교훈들 중의 하나로 여기고 빨리 배워야 하고, 자신의 믿음을 견고히 지키기 위해서는 이 "전신 갑주를 입어야" 한다(엡 6:11).

그리스도께서 자기 나라 사람들에게서 인정을 받지 못하셨을 뿐만 아니라, 하나님의 교회라 자처하며 자랑하던 유대 민족에 의해서 불명예스러운 누명을 쓰시고 배척을 당하기까지 하셨다는 것, 특히 교회의 치리를 담당하고 있던 제사장들과 서기관들이 그리스도의 철천지 원수들이었다는 것은 그 무엇보다도 단연 가장 심각한 시험이었다. 사정이 이러한데, 그리스도가 그를 배척하였을 뿐만 아니라 경멸과 분노로 그를 대하였던 자들의 왕이었다는 것을 누가 믿으려 하였겠는가? 그러므로 우리는 그리스도가 "이스라엘 중 많은 사람을 패하게 하기 위하여 세움을 받았다"는 시므온의 예언이 여기에서 한 몫을 하는 것을 본다. 이 예언의 의미는 하나님이 그리스도께 많은 사람을 내치고 멸하라고 명하셨다는 것이다. 그러나 우리가 주목해야 할 것은 불신자들이 멸망하는 이유는 그들이 그리스도를 대적하여 일어나 쳤기 때문이라는 것이다. 이것은 시므온이 곧이어서 그리스도를 "비방을 받는 표적"이라고 말할 때에 분명하게 표현된다. 불신자들은 그리스도에 맞선 반역자들이기 때문에, 그리스도를 대항하다가 스스로 무너져서 멸망에 이르게 된다. "표적"이라는 은유는 궁수(弓手)들이 활을 쏠 때에 사용하는 과녁에서 가져온 것이다. 시므온은 이렇게 말한 것이나 마찬가지이다. 즉, 사람들이 마치 공모를 한 것처럼 벌떼처럼 일어나서 하나님의 아들을 대적하여 불평하고 반역하는 모습을 통해서, 우리는 사람들의 악의를 알게 되고, 심지어 온 인류의 부패성까지 알게 된다는 것이다. 만약 하나님의 아들과 세상 사람들 사이에 타고난 적대감이 존재하지 않는다면, 세상은 이렇게 서로 공모를 한 것처럼 복음을 반대하지는 않을 것이다. 복음의 원수들이 지닌 야심 또는 광분함은 그들을 여러 방향으로 이끌어가고, 그들이 지닌 당파성은 그들을 여러 분파들로 쪼개 놓으며, 그들이 믿는 아주 다양한 미신들은 그들을 서로 다른 여러 모양의 우상 숭배자들로 만든다. 그들은 이렇게 여러모로 서로 다르지만, 하나님의 아들을 대적하는 일에는 일치단결된 모습을 보인다. 도처에서 그리스도를 대적하는 일이 벌어지는 것은 인간의 부패성을 보여주는 너무나 명백한 증거라는 말이 있는데, 그 말은 옳다. 세상이 이렇게 그 창조주를 대적하여 일어나는 것은 기괴한 광경이다. 그러나 성경에서는 이런 일이 일어날 것이라고 예언하였다. 그리고 그 이유는 아주 분명하다. 즉, 일단 죄로 인해서 하나님에게서 멀어진 자들은 늘 하나님으로부터 도망친다는 것이다. 그러므로 이런 일들을 볼 때에 우리는 놀라거나 이상하게 생각해서는 안 된다. 도리어, 우리는 우리의 믿음을 이러한 병기로 무장한 채로 세상의 대적에 맞서 싸울 각오를 하여야 한다.

하나님은 이제 이스라엘을 온 세상으로부터 자기에게로 모으셨고, 더 이상 유대인과 헬라인의 구별은 존재하지 않기 때문에, 이 동일한 일이 전에 일어났던 것처럼 지금도 일어나고 있음에 틀림없다. 이사야는 자기 시대에 대하여 하나님이 "이스라엘의 두 집에는 걸림돌과 걸려 넘어지는 반석이 되실 것이며"(사 8:14)라고 말한 바 있다. 그 때 이후로 유대인들은 하나님을 대적하여 돌진하는 일은 그친 적이 거의 없었지만, 그 중에서도 가장 지독한 것은 그리스도를 대적한 것이었다. 오늘날에도 그리스도인이라 자처하는 자들이 그 동일한 광기(狂氣)를 흉내 내고 있고, 심지어 교회의 최고 지도자들로 자처하는 오만함을 서슴지 않는 자들은 흔히 그들이 소유한 모든 권력을 그리스도를 대적하는 일에 사용한다. 그러나 우리는 결국 그들에게 돌아오는 것은 "패망하여서" 산산조각이 나는 것밖에 없다는 것을 기억하여야 한다(사 8:9).

성령은 불신자들에 대한 벌을 "패함" 또는 "패망"이라는 말로 표현하면서, 우리가 불신자들과 어울리다가 그들과 동일한 멸망에 휘말려드는 일이 없도록, 우리에게 있는 힘을 다해서 그들을 멀리하라고 경고한다. 그리스도가 나타나실 때에 많은 사람들이 패망한다고 해서, 그를 공경할 만한 가치가 줄어드는 것은 아니다. 왜냐하면, 복음의 "냄새"는 경건치 않은 세상에 대해서는 파괴적으로 작용하지만, 하나님께는 둘도 없이 "향기롭고" 기쁜 것이기 때문이다(고후 2:15-16). 그리스도 없이도 이미 망한 불신자들을 그리스도께서 어떻게 "패망"을 시키신다는 말인가라고 묻는 사람이 있을지도 모르겠다. 대답은 간단하다. 하나님이 주신 구원을 자발적으로 차버린 자들은 두 번 망한다는 것이다. "패망"은 하나님의 아들을 의도적이고 악의적으로 대적한 모든 불신자들을 기다리고 있는 이중의 징벌을 내포하고 있다.

눅 2:34. 흥하게 하며. 이 위로는 우리의 마음을 덜 아프게 하기 위하여 앞의 구절과 대비되는 것으로 제시되고 있다. 왜냐하면, 다른 어떤 말도 덧붙여짐이 없는 가운데에, 그리스도는 그 딱딱한 것을 이용해서 많은 사람들을 깨부수는 "걸림돌"이라는 말을 듣는 것은 암울한 일일 것이기 때문이다. 그러므로 성경은 그것과는 완전히 다른 그리스도의 직임을 우리에게 상기시켜 준다. 왜냐하면, 그 직임 위에 세워져 있는 사람들의 구원은 안전할 것이기 때문이다. 이사야도 "만군의 여호와 그를 너희가 거룩하다 하고 그를 너희가 두려워하며 무서워 할 자로 삼으라 그가 성소가 되시리라"(사 8:13-14)고 말한다. 그리고 베드로는 더 분명하게 말한다: "사람에게는 버린 바가 되었으나 하나님께는 택하심을 입은 보배로운 산 돌이신 예수께 나아가 너희도 산 돌 같이 신령한 집으로 세워지고 … 성경에 기록되었으되 보라 내가 택한 보배로운 모퉁잇돌을 시온에 두노니 그를 믿는 자는 부끄러움을 당하지 아니하리라 하였으니 그러므로 믿는 너희에게는 보배이나 믿지 아니하는 자에게는 건축자들이 버린 그 돌이 모퉁이의 머릿돌이 되고"(벧전 2:4-7; 사 28:16). 우리는 그리스도에게 주어진 "걸림돌"이라는 명칭을 듣고서 두려워 떨지 않기 위해서는, 그리스도는 모든 경건한 자들의 구원의 토대인 "모퉁잇돌"로도 불린다는 사실을 즉시 떠올려야 한다. 또한, 우리는 전자는 부수적인 것이고, 후자야말로 본래 그리스도의 직임이라는 것을 고려하여야 한다. 게다가, 우리가 주목할 것은 그리스도는 경건한 자들을 뒷받침해 주시는 분이실 뿐만 아니라 "흥하게 하는" 분이시라는 것이다. 왜냐하면, 사람들의 처지는 그들이 그대로 머물러 있어도 되는 그런 안전한 것이 아니기 때문이다. 살기 위해서는 먼저 죽음에서 일어나야 한다.

눅 2:35. 또 칼이 네 마음을 찌르듯 하리니. 이 경고는 동정녀 마리아의 마음을 요새처럼 견고하게 하여, 그녀가 겪어야 했던 괴롭고 힘든 싸움들에 맞서 고군분투하게 되었을 때에 그녀의 마음이 슬픔에 압도당하지 않도록 하는 데에 큰 기여를 했었을 것임에 틀림없다. 그녀의 믿음은 여러 가지 시험들로 인해서 요동하고 괴롭힘을 당했지만, 그녀가 겪은 가장 힘든 싸움은 십자가와의 싸움이었다. 왜냐하면, 십자가 위의 그리스도는 완전히 멸망을 당하는 것으로 보였을 것이기 때문이다. 그녀는 슬픔에 압도당하지 않았다. 깊은 상처를 받지 않기 위해서는 그녀의 마음은 돌과 같은 마음이 되어야 했을 것이다. 왜냐하면, 성도들의 인내는 둔감한 것과는 판이하게 다르기 때문이다.

눅 2:35. 이는 여러 사람의 마음의 생각을 드러내려 함이니라. 이 구절을 앞 절의 일부, 즉 그리스도가 "이스라엘 중 많은 사람을 패하거나 흥하게 하기 위하여 세움을 받았다"는 구절과 연결시키는 일부 주석가들이 있다. 그들은 우리가 방금 설명했던 칼에 관한 구절을 삽입구로 처리한다. 그러나 내 생각에는 이 구절이 이 대목 전체를 가리키는 것으로 보는 것이 더 나은 것 같다. '호포스 안'(ὅπως ἂν)이라는 불변화사는 이 대목에서 엄격하게 원인을 나타내는 것이 아니라, 단지 결과를 나타낸다. 복음의 빛이 비추면, 박해들이 즉시 일어나지만, 동시에 이제까지 감추어져 있던 마음의 생각도 드러나게 된다. 왜냐하면, 인간의 위선이 숨어 있는 곳들은 너무나 깊어서, 그리스도가 오실 때까지는 안전하게 감춰진 채로 있을 수 있기 때문이다. 그러나 그리스도께서 오시면, 그는 그의 빛으로 모든 기만을 다 드러내시고 위선을 벗기신다. 마음에 숨겨져 있는 은밀한 것들을 드러내시는 일은 그리스도께서 하시게 되어 있는 본래적인 일이다. 그러나 십자가가 가르침에 더해질 때, 그 가르침은 사람들의 마음을 더욱 철두철미하게 파헤쳐서 드러낸다. 왜냐하면, 외적인 신앙고백만으로 그리스도를 받아들인 자들은 흔히 십자가를 지는 것을 꺼리고, 교회가 여러 환난들을 당하는 것을 보면, 자신의 자리를 쉽게 내팽개쳐 버리기 때문이다.

눅 2:36. 또 안나라 하는 선지자가 있어. 누가는 많은 사람들 중에서 그리스도를 영접한 두 사람만을 언급하는데, 이것은 하나님께 속한 것은 그것이 아무리 작은 것일지라도 온 세상보다 더 귀한 것임을 우리에게 가르쳐 주기 위한 것이다. 그 때에 틀림없이 서기관들과 제사장들은 큰 광휘(光輝)에 의해서 둘러싸여 있었을 것이지만, 하나님의 성령의 임재는 이 종교 지도자들이 전혀 누리지 못하였고, 오직 "시므온"과 "안나"에게만 그 성령이 계셨기 때문에, 이 두 사람은 헛된 직함들로 인해서 교만이 부풀어 올라 있던 수많은 사람들보다 더 큰 존중을 받을 자격이 있었다. 이런 이유로 복음서 기자는 안나의 "나이"를 언급하고, 그녀에게 "여선지자"의 칭호를 수여하며, 세 번째로 그녀의 경건 및 그녀의 정절을 지킨 거룩한 삶을 두드러지게 증언한다. 이러한 것들은 사람들에게 무게감과 존경을 가져다주는 자질들이다. 자신의 허망한 마음에 이끌려서 스스로 속기를 잘하는 자들 외에는 외적으로 보이는 눈부시고 현란하지만 헛된 으리으리함에 의해서 미혹될 자는 없다는 것은 분명하다.

눅 2:36. 그가 결혼한 후 일곱 해 동안 남편과 함께 살다가. 이것은 그녀가 인생의 절정기를 과부로 지냈다는 것을 우리에게 알려주기 위한 것이다. 그녀는 젊어서 결혼했다가 얼마 되지 않아서 남편을 잃었다. 그녀의 혈기가 왕성할 때인데도 불구하고 그녀가 재혼하지 않았다는 것을 누가가 여기에서 언급하는 이유는 정절을 지킨 그녀의 삶이 칭찬받을 만하다는 것을 강조하기 위한 것이다. 그 뒤에 나오는 내용, 즉 그녀가 "과부가 되고 팔십사 세가 되었더라"는 구절은 두 가지로 설명될 수 있다. 즉, "팔십사 세"는 그녀가 재혼을 하지 않고 과부로 지낸 세월이 팔십사 년이라는 뜻일 수도 있고, 그녀가 살아온 인생 전체를 가리킬 수도 있다. "팔십사 세"가 그녀가 과부로 지낸 세월을 가리키는 것이라면, 그녀는 당시에 백 세가 넘었다는 말이 된다. 그러나 나는 이 문제를 결론을 내리지 않고 덮어 두고자 한다. 예언의 영은 아직도 여전히 극소수의 사람들 속에서 빛을 발하였고, 그들은 그리스도께서 오실 때까지 율법과 유대 종교의 가르침이 옳다는 것을 증명해 주는 증표로서의 역할을 하였다. 이렇게 타락한 사회 속에서 하나님의 택함받은 자들이 흘러 떠내려가는 것을 막기 위해서는 그들에게 예언의 영이 주어지는 것이 필요한 일이었다.

눅 2:37. 이 사람이 성전을 떠나지 아니하고. 이것은 과장된 표현이지만, 그 의미는 분명해서, 안나는 거의 늘 성전에 있었다는 것이다. 누가는 그녀가 "주야로 금식하며 기도함으로" 하나님을 "섬겼다"는 말을 덧붙인다. 이것을 통해서 우리는 그녀가 단순히 외적인 봉사를 행하기 위한 목적으로 성전을 찾은 것이 아니라, 그 밖의 다른 경건의 훈련들도 행하였다는 것을 추론할 수 있다. 우리가 주의해야 하는 것은 이와 동일한 규범이 모든 사람들에게 다 명령된 것도 아니고, 여기에서 하나님께 칭찬받고 있는 과부의 모든 행위들을 누구나 다 모방해서 할 필요도 없다는 것이다. 각 사람은 자신의 부르심이 무엇인지를 현명하게 잘 살펴야 한다. 어리석은 야망이 세상을 온통 원숭이들, 즉 "올바른 지식"을 따라서가 아니라 오직 "열심"을 가지고서(롬 10:2), 이전의 성도들이 하나님께 칭찬받은 모든 것을 흉내 내는 미신적인 사람들로 가득 채워 놓았다. 그들은 신분의 구별에 따라서 하는 일들을 달리 하여 각 사람이 자신의 부르심에 합당하게 행할 필요가 없다는 듯이 행한다. 여기에서 "안나"에 대하여 말하고 있는 것들을 바울은 과부들에게 적용한다(딤전 5:5). 그러므로 결혼한 사람들이 부적절한 모델을 따라서 그들의 삶을 규율한다면,

그것은 어리석게 행하는 것이다.

그러나 여전히 또 다른 의구심이 남는다. 누가는 금식을 하나님에 대한 예배의 일부로 여기고 있는 것으로 보인다. 하지만, 우리가 알아야 할 것은 예배와 관련된 행위들 중에서도 어떤 것들은 그 자체로 꼭 필요한 것들로서 무조건적으로 요구되지만, 어떤 것들은 부수적인 것들로서 전자의 것들을 돕는 것 외에는 다른 의미가 없다는 것이다. 기도는 단연코 하나님에 대한 예배의 일부이지만, 금식은 진지하고 열렬한 기도를 드리는 데에 도움이 되는 한에서만 하나님을 기쁘시게 해드리는 보조 수단이다. 우리는 사람들이 행하는 의무나 본분들은 합당하고 정당한 목적을 지향하고 있는지의 여부에 따라 판단되어야 한다는 이 원칙을 견지하여야 한다. 또한, 우리는 기도는 그대로 하나님에 대한 예배이지만, 금식은 오직 그 결과가 있을 때에만 예배의 일부가 된다는 이 구별을 견지하여야 한다. 안나라는 여선지자가 금식을 당시의 교회가 겪고 있던 저 재난들을 애통해하는 마음을 불러일으키고자 하는 수단으로 사용하였다는 것을 의심할 이유는 전혀 없다.

눅 2:38. 하나님께 감사하고. 누가가 시므온과 안나의 입에서 나온 거룩한 곡조를 칭송하는 것은 믿는 자들로 하여금 한 입으로 하나님을 찬송하라고 서로를 권면하며, 서로 화답하게 하기 위한 것이다. 누가는 안나가 "예루살렘의 속량을 바라는 모든 사람에게 그에 대하여 말하였다"고 하면서, 다시 한 번 경건한 자들의 수가 적다는 것을 보여준다. 왜냐하면, 믿음의 실질(實質)은 이 기대 속에 있었는데, 실제로 그러한 기대를 마음속에 품고 있던 자들은 소수였음이 분명하기 때문이다.

눅 2:39. 갈릴리로 돌아가. 그들이 애굽으로 피신하는 일은 이 사건들 중간에 있었다는 것을 나는 서슴없이 인정한다. 누가가 언급하고 있는 사실, 즉 그들이 그들 자신의 "본 동네 나사렛"에서 살게 된 것은 마태가 얘기하고 있는 애굽으로 피신한 일(마 2:14)보다 시간상으로 나중의 일이다. 그러나 한 복음서 기자가 이미 말한 것을 다른 복음서 기자가 생략한 것이 부적절한 일이 아니었다고 한다면, 누가가 자기가 언급하고자 하지 않은 시기를 건너뛰어서 그 뒤의 이야기로 곧장 넘어가지 못할 이유는 전혀 없었다. 나는 요셉과 마리아가 정결예식을 위한 제사를 마친 후에 베들레헴으로 돌아가서 거기에서 살았다고 상상하는 자들의 견해에 전혀 동의할 수 없다. 요셉이 호적하러 갔을 때에 아는 사람이 거의 없어서 일시적인 거처조차 구할 수 없었던 곳인 베들레헴에 정착하여 살았다는 말을 믿을 정도로 어리석은 사람이 과연 있을까. 또한, 누가가 요셉과 마리아와 관련해서 "나사렛"이 그들의 "본 동네"였다고 말한 데에는 그 만한 이유가 있을 것이다. 이 말을 통해서 우리는 베들레헴은 요셉의 조상들이 살던 곳이긴 하였지만, 요셉은 한 번도 베들레헴의 주민인 적이 없었다는 것을 추론할 수 있다. 시간적인 순서에 대해서는 내가 곧 좀 더 자세한 설명을 하고자 한다.

[13]그들이 떠난 후에 주의 사자가 요셉에게 현몽하여 이르되 헤롯이 아기를 찾아 죽이려 하니 일어나 아기와 그의 어머니를 데리고 애굽으로 피하여 내가 네게 이르기까지 거기 있으라 하시니 [14]요셉이 일어나서 밤에 아기와 그의 어머니를 데리고 애굽으로 떠나가 [15]헤롯이 죽기까지 거기 있었으니 이는 주께서 선지자를 통하여 말씀하신 바 애굽으로부터 내 아들을 불렀다 함을 이루려 하심이라 [16]이에 헤롯이 박사들에게 속은 줄 알고 심히 노하여 사람을 보내어 베들레헴과 그 모든 지경 안에 있는 사내아이를 박사들에게 자세히 알아본 그 때를 기준하여 두 살부터 그 아래로 다 죽이니 [17]이에 선지자 예레미야를 통하여 말씀하신 바 [18]라마에서 슬퍼하며 크게 통곡하는 소리가 들리니 라헬이 그 자식을 위하여 애곡하는 것이라 그가 자식이 없으므로 위로 받기를 거절하였도다 함이 이루어졌느니라(마 2:13-18).

마 2:13. 그들이 떠난 후에. 동방 박사들이 떠나고 나서 요셉이 애굽으로 피신하라는 지시를 받았을 때까지 얼마나 많은 날들이 흘렀는지는 본문에 나와 있지 않고, 이 문제는 세밀하게 연구해 볼 만한 정도로 그렇게 중요하지도 않다. 단지 우리가 말할 수 있는 것은 하나님이 마리아를 생각하셔서, 그녀가 출산 후에 몸을 완전히 회복하여, 애굽으로의 여정을 감당할 수 있을 때까지 기다리셨으리라는 것이다. 애굽으로의 피신을 통해서 자기 아들을 보존하고자 하신 것은 하나님의 놀랍고 기이한 계획이었다. 피신하는 것 외에는 그 어떤 소망도 없다는 것을 알게 되었을 때, 요셉의 마음은 위험스러운 시험에 들어서 무척 괴로웠을 것임에 틀림없다. 왜냐하면, 그는 피신하는 것이 하나님의 보호하심이라고 생각하기 어려웠을 것이기 때문이다. 게다가, 만민의 구주가 되실 자의 목숨이 죽을 수밖에 없는 존재인 사람들의 고군분투 없이는 보존될 수 없다는 것은 도대체 앞뒤가 안 맞아서 도무지 이해가 되지 않는 말이었다. 그러나 하나님이 자기 아들의 목숨을 보존하고자 할 때에 그러한 이해하기 힘든 방식을 택하신 것은 그리스도가 지닌 하늘의 권세를 나타내는 몇몇 징표(徵表)들을 보여주시면서도, 그것을 너무 분명하게 드러내지 않으심으로써, 그 권세가 연약함 아래에서 감춰져 있도록 하시기 위한 것이었다. 왜냐하면, 그리스도께서 공개적으로 영광을 받으실 때가 다 차지 않아서 아직 오지 않았기 때문이다. 천사는 사람들에게 알려져 있지 않았던 감춰진 사건을 미리 말해 주는데, 이것은 하나님의 인도하심이 있음을 보여주는 명백한 증거였다. 그러나 천사는 요셉에게 이방 땅으로 피신하여 거기에 잠시 머무르는 길을 택해서 아이의 목숨을 보존하라고 지시한다. 이것은 그리스도께서 육신의 연약함에 자신을 복종시킨 결과에 속한다.

우리는 여기에서 하나님은 자기 백성을 보존하시는 여러 가지 방식을 가지고 계신다는 가르침을 받는다. 하나님은 자신의 능력을 놀라운 방식으로 나타내 보이실 때도 있으시고, 그 능력의 한 줄기 희미한 빛조차도 보이지 않는 어두운 덮개나 그림자들을 이용하실 때도 있으시다. 십자가 아래에서 하나님의 아들을 보존하시는 이 놀랍고 기이한 방법은 하나님에게 특정한 행동 방식만을 요구하는 것은 부적절하게 행하는 것임을 우리에게 가르쳐 준다. 우리는 하나님이 다양한 방법들을 통해서 우리의 구원을 이루시도록 맡겨 드려야 하고, 그의 영광을 더욱 풍성하게 나타내시도록 그 앞에서 겸손히 우리 자신을 낮추는 것을 거부하지 말아야 한다. 무엇보다도 특히, 우리는 하나님의 아들조차도 아주 어릴 때부터 이미 그의 십자가를 지시는 것을 훈련하셨다는 것을 기억하고서, 우리의 십자가를 결코 피하지 말아야 한다. 여기에서 애굽으로의 피신은 십자가의 미련함의 일부이지만, 그것은 세상의 모든 지혜를 능가한다. 그리스도는 당대에 유대의 구주로 나타나시기 위해서, 유대로부터 도망쳐서, 하나님의 교회에 대하여 파괴적인 것 외에는 아무것도 나오지 않았던 애굽에서 자라셔야 하였다. 하나님의 이러한 예기치 않은 역사(役事)를 보고 놀라지 않은 사람이 과연 있었을까?

요셉은 천사의 지시를 즉시 따른다. 이것은 이 꿈의 확실성을 말해주는 또 다른 증거이다. 왜냐하면, 요셉이 이렇게 즉각적으로 순종했다는 것은 그에게 피신하라고 지시하신 분이 하나님이시라는 것을 그가 조금도 의심하지 않았다는 것을 분명하게 보여주기 때문이다. 물론, 요셉이 이렇게 황급히 서둘러서 떠난 것 속에는 어느 정도의 불신(不信)의 측면도 있었을 수 있다. 왜냐하면, 야반도주는 요셉이 겁을 집어먹었음을 보여주는 것일 수도 있기 때문이다. 그러나 변명의 여지는 충분히 있다. 요셉은 하나님이 별로 신통치 않은 안전책을 알려 주시는 것을 보고서, 통상적으로 극도의 위험에 처했을 때에 생겨나는 겁먹은 상태에서 경황없이 급히 피신해야 하겠다는 결론을 내렸을 것이기 때문이다. 우리의 두려움은 언제나 하나님이 우리를 다루시는 정도에 맞춰서 조절되어야 마땅하기 때문에, 이 조건이 충족되는 경우에는 믿음을 거스르는 것이 아니다.

마 2:13. 내가 네게 이르기까지 거기 있으라. 이 말씀을 통해서 천사는 이 아이의 목숨이 지금은 물론이고 장래에도 하나님의 보호하심 아래에 있으리라는 것을 분명하게 선포한다. 요셉은 하나님이 이 여정 속에서 그를 이끌어 주실 뿐만 아니라, 유배(流配)의 삶을 사는 동안에도 하나님이 그의 끊임없는 보호자가 되어 주시리라는 것을 확신할 수 있기 위해서는 이런 식으로 힘을 받을 필요가 있었다. 또한, 하나님은 이런 식으로, 이 선한 자의 마음을 당혹스럽게 만들었을 것임에 틀림없는 많은 걱정과 염려들을 덜어 주셔서, 그가 애굽에 머무는 동안에도 평온한 마음을 지닐 수 있게 해주시기를 기뻐하셨다. 그러나 이 모든 것에도 불구하고, 요셉은 자기가 하나님이 그의 모든 성도들에게 약속하신 기업(基業)으로부터만이 아니라 성전과 제사들과 자신의 신앙을 공적으로 고백할 수 있는 기회들로부터도 배제된 채로, 하나님의 가장 큰 원수들 사이에 끼어서 미신들이 난무하는 깊은 구덩이 속에서 살아가고 있는 모습을 볼 때마다, 한순간도 무수한 시험(試驗)들 없이 보낼 수는 없었을 것이다. 요셉은 사실 조상들이 누리기를 소망하였고 하나님이 그들에게 약속하셨던 모든 복들을 이 아이 속에서 지니고 있었다. 그러나 그는 믿음 및 그리스도를 아는 지식에 있어서 그 정도로 성숙한 상태에 있지 않았기 때문에, 그가 자기 나라에서 유배되어 애굽인들 사이에서 신음하며 사는 것에 대하여 불평하지 않도록 하기 위해서는, 하나님은 "내게 네게 이르기까지 거기 있으라"는 지시를 통해서 그의 불만을 억누를 필요가 있으셨다.

마 2:15. 애굽으로부터 내 아들을 불렀다. 마태는 옛적의 한 예언이 성취되었다고 말한다. 어떤 이들은 이 예언을 한 선지자의 의도는 여기에서 말하고 있는 것과 달랐다고 생각해서, 이 예언의 원래 의미는 성부 하나님이 자기 "아들을 애굽으로부터 불렀기" 때문에, 유대인들이 하나님의 아들을 대적하여 압제하고자 하였지만 다 허사였다는 것이라고 추측하였다. 그들은 이런 식으로 호세아 선지자의 말씀(호 11:1)을 심각하게 왜곡한다. 이 예언의 취지는 유대인들이 아주 어릴 때부터, 즉 그들의 역사가 시작될 때부터 하나님이 그들의 인자하시고 너그러우신 아버지이심을 알았으면서도 늘 거듭거듭 범죄하여 하나님의 진노를 불러일으켜 왔다는 것을 지적함으로써 그들의 배은망덕을 고소하는 것이었다. 이 예언이 오직 그리스

도에게만 적용되는 것은 아니라는 데에는 의문의 여지가 없지만, 마태는 이 예언
을 왜곡하고 있는 것이 아니라, 그가 서술하고 있는 사건에 이 예언을 능숙하게 적
용하고 있는 것이다.

　선지자 호세아의 말씀은 이렇게 해석되어야 한다: "이스라엘이 아직 어린 아이
였을 때, 나는 그를 그가 처해 있던 저 비참한 종살이로부터 이끌어 내었다. 그는
전에 죽은 자와 같았고, 애굽은 그에게 무덤이나 다름없었다. 그러나 나는 마치 아
이를 모태에서 끄집어 내듯이 그를 거기에서 끄집어 내어서, 생명의 빛으로 이끌
었다." 하나님이 이런 식으로 말씀하시는 것은 옳다. 왜냐하면, 그 구원은 일종의
민족의 탄생과 같은 것이었기 때문이다. 율법의 공포를 통해서 그들이 "여호와의
분깃"(신 32:9)이자 "왕 같은 제사장들이요 거룩한 나라"(벧전 2:9)가 되어서 다른
열방들로부터 구별되었을 때, 요컨대 하나님이 그들 가운데서 거하시기 위하여
"그의 성막을 그들 중에 세우셨을"(레 26:11) 때, 그들을 양자로 삼는다는 문서가
공개적으로 작성된 것이었다. 선지자 호세아의 예언의 취지는 이 민족이 애굽으로
부터 구원받은 것은 사망의 깊은 소용돌이로부터 구원받은 것과 같았다는 것이다.
마찬가지로, 그리스도에 의해서 이루어진 구속은 죽은 자로부터의 부활이자 새 생
명의 시작이 아니고 무엇이란 말인가? 하나님이 그리스도를 통해서 교회를 새롭게
낳으셨을 때, 구원의 빛은 거의 꺼져가고 있었다. 전에 교회의 몸 전체가 애굽으로
부터 하나님에 의해서 끄집어 내어진 것처럼, 이 때에 하나님은 교회의 머리 되시
는 이를 애굽으로부터 불러내셨다.

　이러한 유비(類比)는 그리스도께서 그의 어린 시절의 일부를 애굽에서 보내셨다
는 것을 우리가 이상하게 생각하는 것을 막아준다. 빛이 어둠으로부터 나오고, 생
명이 음부(陰府)로부터 나왔을 때, 하나님의 은혜와 능력은 더 빛을 발하게 되었
고, 그의 놀랍고 기이한 섭리는 더 뚜렷하게 드러나게 되었다. 그렇지 않았다면, 육
신의 지각(知覺)은 여기에서 "구속주가 애굽으로부터 나오다니!"라고 경멸이 담긴
언사(言辭)를 쏟아내었을 것이다. 그러므로 마태는 하나님이 자기 아들을 애굽으
로부터 부르신 것은 결코 이상하거나 드문 일이 아니라는 것, 그리고 옛적처럼 지
금도 또다시 하나님의 교회가 애굽으로부터 나왔다는 것은 우리의 믿음을 견고히
해주는 역할을 한다는 것을 우리에게 상기시켜 준다. 하지만 이 두 경우 간에는 다
음과 같은 차이가 있다. 전에는 유대 민족 전체가 애굽이라는 감옥에 갇혀 있었지
만, 두 번째 구속(救贖)에서는 교회의 유일한 머리 되시는 그리스도만이 애굽에 감

취져 계시다가 모든 사람의 구원과 생명을 이끌고 거기에서 나오셨다는 것이다.

마 2:16. 이에 헤롯이 … 알고. 마태는 헤롯이 이 일과 관련해서 느끼고 생각했던 것을 따라서 얘기한다. 헤롯은 동방 박사들이 그의 악하고 잔인한 계략에 참여하지 않는 쪽을 선택한 것을 그를 속인 것이라고 말하지만, 사실은 자기도 새로운 왕에게 예를 올리고자 한다는 그의 비열한 속임수가 통할 것이라고 믿었다가 스스로 속은 것이었다.

요세푸스(Josephus)는 이 일에 대해서 전혀 언급하지 않는다. 이 일을 언급하고 있는 유일한 저술가는 마크로비우스(Macrobius)인데, 그는 그의 저서인 「농업의 신(神)을 위한 축제」(Saturnalia) 제2권에서 아우구스투스가 한 익살과 조롱들을 얘기하면서 이렇게 말한다: 아우구스투스는 헤롯의 명령에 의해서 아람에 살던 두 살 이하의 아이들이 학살을 당하였고, 자기 아들도 살육을 당한 아이들 속에 끼어 있었다는 말을 듣고서, "나라면 차라리 헤롯의 아들이 아니라 헤롯의 돼지가 되겠다"라고 말하였다. 그러나 우리에게는 오직 마태의 권위만으로도 아주 충분하다. 분명히 요세푸스는 기록으로 남길 가치가 너무나 충분했던 이 범죄를 그냥 넘어가지 않았어야 했다. 그러나 사실 요세푸스가 이 유아 학살에 대하여 아무 말도 하지 않는 것을 별로 이상히 여길 필요는 없어 보인다. 왜냐하면, 요세푸스는 거의 동일한 시기에 헤롯이 저질렀던 마찬가지로 충격적인 잔혹한 사건, 즉 산헤드린의 의원들이라 불렸던 모든 사사(師事)들을 학살하여서 다윗의 후손이 거의 남아 있지 않게 만들었던 사건에 대하여서도 모호한 표현을 통하여 대충 넘어가고 있기 때문이다. 헤롯은 동일한 두려움 때문에 이 두 번의 학살을 저지를 수밖에 없었다는 것을 나는 의심치 않는다.

본문에 나오는 사건이 언제 저질러졌는지는 그리 확실하지 않다. 마태는 "박사들에게 알아본 그 때를 기준으로 두 살부터 그 아래로" 사내아이들을 다 죽였다고 말한다. 이것으로부터 우리는 그 때에 그리스도께서 두 살 정도 되셨거나 그 아래였을 것임을 추측할 수 있다. 어떤 이들은 거기에서 한 걸음 더 나아가서, 동방 박사들이 왔을 때에 그리스도께서 대략 두 살 정도 되었을 것이라고 결론을 내린다. 그러나 나는 전자로부터 후자의 결론이 도출될 수 없다고 본다. 새로운 왕이 태어났다는 소문이 널리 퍼져나갔을 때에 헤롯이 얼마나 큰 두려움에 사로잡혔는지에 대해서는 우리가 앞서 살펴본 바 있다. 그 때에 헤롯은 두려움이 너무 컸기 때문에 얼이 빠져서 밀정을 이용해서 이 일의 전말을 자세히 알아볼 생각조차 하지 못하였었다. 동방 박사들이 왔다는 소식이 전해진 지 아직 얼마 되지 않은 동안에는 헤롯이 저 가증스럽고 충격적인 학살을 저지르는 일을 잠시 자제하였다는 것은 결코 이상한 일이 아니다. 그는 분명히 이 학살을 그의 마음속으로는 이리저리 궁리하였겠지만, 그 실행은 좋은 기회가 올 때까지 연기하였을 것이다. 심지어, 그는 유대 백성들에게서 그들의 지도자들을 빼앗아 버리기 위하여 먼저 사사(師事)들을 살육하고 나서, 백성들로 하여금 그 범죄를 돌이킬 수 없는 기정사실로 여기고 체념하지 않을 수 없게 만들었을 가능성도 있다.

이제 우리는 헤롯이 별이 나타난 때를 기준으로 두 살 이하의 사내아이들을 다 죽였다는 말씀을 근거로 해서 동방 박사들이 경배하러 왔을 때에 그리스도가 두 살이었다고 주장하는 자들의 논거가 아주 허약하다는 결론을 내릴 수 있다. 그런 자들은 그 어떤 합당한 근거도 없이 동정녀 마리아가 아기를 낳은 후에도 별은 나타나지 않았다는 것을 당연시한다. 하지만, 동방 박사들은 미리 징조를 알아차리고, 그리스도께서 나실 날이 가까웠을 때에 길을 떠나서, 방금 태어나서 요람이나 어머니의 무릎에 누워 있는 아기를 보았을 가능성이 훨씬 더 크다. 동방 박사들은 미지의 나라, 그러니까 거의 다른 세계라 할 수 있는 곳에서 왔기 때문에 거의 2년을 길에서 보냈다고 생각하는 것은 유치하기 짝이 없다. 오지안더(Osiander: 1498-1552. 독일 종교개혁자)가 제기한 추측들은 너무나 터무니없어서 반박할 가치조차 없다.

그러나 내가 제안한 이 일의 전말에는 모순된 점이 전혀 없다. 즉, 동방 박사들은 아기의 출산이 아직 이루어지기 전에 출발하였고, 이미 두 살이 된 왕이 아니라 방금 태어난 왕이 어디에 있느냐고 물었다는 것, 그들이 자기 나라로 돌아간 후에 요셉은 밤중에 도망하긴 했지만, 지나가는 길에 예루살렘에서 경건한 의무를 이행하였다는 것(나라의 방방곡곡에서 끊임없이 사람들이 유입되는 이 붐비는 도성에서 그는 위험으로부터 안전하였을 것이기 때문에), 요셉이 애굽으로 피신한 후에 헤롯은 자신이 처한 위험에 대하여 진지하게 생각하기 시작하였고, 그의 마음속에서 일 년 반도 넘게 품고 있었던 복수의 종양이 마침내 곪아 터져 나왔다는 것이 이 일의 전말이다. 부사 '토테'(τότε, "이에" 또는 "이 때에")는 성경에서 언제나 계속적으로 이어지는 때를 가리키는 것이 아니고, 앞뒤의 사건 사이에 시간적으로 큰 간격이 있는 경우에도 자주 사용된다.

마 2:18. 라마에서 … 소리가 들리니. 이것은 선지자 예레미야가 자기 시대에 일어났던 베냐민 지파의 멸망을 묘사하고 있는 구절이라는 것은 확실하다(렘 31:15).
왜냐하면, 그는 유다 지파가 끊어질 것이고, 거기에 더하여 베냐민 지파의 절반도
끊어질 것이라고 예언하였었기 때문이다. 그는 오래 전에 죽은 라헬이 애곡하는
것으로 묘사한다. 이것은 사람의 감정을 움직이는 데에 강력한 영향을 미치는 의
인화(擬人化) 기법이다. 예레미야가 수사학적 꾸밈들을 사용한 것은 단순히 자신
의 문체를 장식하기 위한 것이 아니었다. 산 자들의 완악함과 둔감함을 깨우치는
데에는 죽은 자들을 무덤에서 일으켜서, 산 자들이 비웃고 조롱하였던 저 하나님
의 징계들에 대하여 애곡하게 하는 것보다 더 좋은 방법은 없었다. 당시에는 예레
미야의 예언이 이미 성취된 후였기 때문에, 마태는 그 예언이 헤롯이 무슨 짓을 할
지를 미리 예언하였다는 것을 말하고자 한 것이 아니라, 그리스도께서 오실 때에
수 세기 전에 베냐민 지파가 경험하였던 저 애곡이 다시 들리게 되리라는 것을 말
하고자 한 것이다.

　이런 식으로 해서 마태는 경건한 자들의 마음을 어지럽게 하고 흔들어 놓을 수
도 있었던 선입견에 대처하고자 하였다. 왜냐하면, 경건한 자들은 그리스도가 태
어나자마자 그 때문에 유아들이 살해되는 것을 보았을 때에 그에게서 그 어떤 구
원도 기대할 수 없다고 생각할 수 있었을 것이고, 더 나아가서 그리스도의 탄생은
해묵은 전쟁들 가운데서 통상적으로 타오르는 것보다도 더 강력한 잔혹함의 불길
을 점화시킨 것으로 보아서, 재앙을 가져다 줄 불길한 징조가 틀림없다고 생각할
수도 있었을 것이기 때문이다. 그러나 예레미야의 예언이 유대 나라가 끊어진 후
에 그들의 어린아이들에 이르기까지 회복이 있을 것이라고 약속하고 있듯이, 마태
는 헤롯의 이 학살이 그리스도께서 얼마 후에 유대 민족 전체의 구속주로 나타나
시는 것을 막지 못할 것임을 그의 독자들에게 상기시킨다. 왜냐하면, 우리는 이 예
언이 나오는 예레미야서의 해당 장(章) 전체가 지극히 기쁜 위로의 말씀들로 가득
차 있다는 것을 알기 때문이다. 예레미야는 애곡과 탄식에 대하여 말한 직후에 "네
울음 소리와 네 눈물을 멈추어라 네 일에 삯을 받을 것인즉 그들이 그의 대적의 땅
에서 돌아오리라 여호와의 말씀이니라 너의 장래에 소망이 있을 것이라 너의 자녀
가 자기들의 지경으로 돌아오리라 여호와의 말씀이니라"(렘 31:16-17)는 말씀을 덧
붙인다. 베냐민 지파가 겪었던 이전의 재난과 여기에 기록된 두 번째 재난 간에는
닮은 점이 있는데, 그것은 두 재난이 다 머지않아 도래할 구원의 전주곡이었다는
것이다.

¹⁹헤롯이 죽은 후에 주의 사자가 애굽에서 요셉에게 현몽하여 이르되 ²⁰일어나 아기와 그의 어머니를 데리고 이스라엘 땅으로 가라 아기의 목숨을 찾던 자들이 죽었느니라 하시니 ²¹요셉이 일어나 아기와 그의 어머니를 데리고 이스라엘 땅으로 들어가니라 ²²그러나 아켈라오가 그의 아버지 헤롯을 이어 유대의 임금 됨을 듣고 거기로 가기를 무서워하더니 꿈에 지시하심을 받아 갈릴리 지방으로 떠나가 ²³나사렛이란 동네에 가서 사니 이는 선지자로 하신 말씀에 나사렛 사람이라 칭하리라 하심을 이루려 함이러라(마 2:19-23).

마 2:19. 헤롯이 죽은 후에. 이 말씀은 요셉이 믿음으로 끝까지 잘 인내하였음을 보여준다. 하나님이 그를 그의 고국으로 부르실 때까지, 그는 자신의 발을 애굽에 견고히 딛고 요동치 않고 거기에 머물고 있었다. 아울러, 우리는 여기에서 하나님은 자기 백성을 결코 실망시키지 않으시고, 때가 되면 도우신다는 것을 본다. 요셉은 아구스도(Augustus Caesar)가 조서를 내려 아켈라오를 유대의 임금으로 임명하기 전에 헤롯이 죽자마자 즉시 애굽에서 돌아왔을 가능성이 크다. 아켈라오는 그의 아버지 헤롯의 뜻을 따라 왕위 계승자가 된 후에 헤롯의 왕권을 그대로 모두 물려받았지만, 왕을 임명하는 것은 가이사의 뜻과 의지에 달려 있는 일이라고 말하면서, 왕이라는 칭호를 사용하기를 사양하였다. 그는 나중에 로마로 가서, 가이사로부터 추인(追認)을 얻었지만, 자신의 업적으로 인하여 왕으로 불릴 자격을 얻을 때까지는 왕이라는 칭호를 사용하는 것을 거절하였다. 갈릴리의 분봉왕은 온유한 성품을 지닌 인물이었던 빌립이었지만, 그는 거의 사인(私人)과 같은 처지였다. 요셉은 통치자가 피 흘리기를 좋아하지 않고 자신의 신민(臣民)들을 온유함으로 다스리는 곳으로 가서 사는 것이 덜 위험할 것이라고 생각하여, 갈릴리로 가라는 천사의 제안을 받아들였다.

우리는 자기 아들을 처음부터 십자가를 지는 훈련을 시키시는 것이 하나님의 뜻이었다는 것을 늘 명심하여야 한다. 왜냐하면, 그것만이 그리스도께서 그의 교회를 구속하실 수 있는 길이었기 때문이다. 그리스도께서 우리의 연약함들을 짊어지시고, 위험들과 두려움들에 노출되신 것은 그의 신적인 능력으로 그의 교회를 그런 것들로부터 구원하시고 그의 교회에 영원한 평화를 주시기 위한 것이었다. 그가 위험을 감수하셨기 때문에 우리는 안전할 수 있고, 그가 두려움을 겪으셨기 때문에 우리는 든든할 수 있다. 그는 그의 일생에서 두려움으로 인해서 겁을 집어먹은 적이 한 번도 없으셨지만, 사방팔방에서 요셉과 마리아에게 닥쳐온 두려움으로 둘러싸여 있으셨기 때문에, 그가 우리에게 든든함과 담대함을 주시기 위하여 우리의 두려움들을 친히 짊어지셨다고 말하는 것은 옳다.

마 2:23. 나사렛 사람이라 칭하리라. 마태는 "나사렛 사람"이라는 말의 정확하고 엄밀한 어원을 따져서 그 말이 "나사렛"이라는 지명에서 나오게 된 것이라고 말하는 것이 아니라, 단지 그런 것임을 암시만 한다. 히브리어 '나지르'(נזיר, "나실인")는 "하나님께 바쳐진 거룩한 자"를 의미하는 단어로서 '나자르'(נזר)라는 동사로부터 유래되었고, 명사 '네제르'(נזר)는 "꽃"을 의미한다. 그러나 마태가 염두에 둔 것이 전자의 의미라는 것은 의심할 여지가 없다. 왜냐하면, 우리는 성경의 그 어디에서도 나실인이 "꽃이 만개한 것" 또는 "무성하고 번성한 것"이라는 의미로 사용되고 있는 것을 볼 수 없고, 오로지 율법에 정해진 절차를 따라서 "하나님께 성별된" 자들(민 6장)을 가리키는 것을 보기 때문이다. 이 본문의 의미는 이런 것이다. 즉, 요셉은 두려움 때문에 어쩔 수 없이 저 구석진 갈릴리로 가서 살게 되었지만, 하나님은 그리스도께서 나사렛 사람이라 불릴 것이라는 예언을 성취하시기 위하여 "나사렛이란 동네"를 그리스도의 거주지로 정하고자 하신 더 깊으신 뜻을 가지고 계셨다는 것이다.

그러나 그리스도가 "나사렛 사람"이라 불릴 것이라는 예언을 한 선지자들은 도대체 누구란 말인가라는 질문이 나올 수 있다. 왜냐하면, 성경에는 이런 예언을 담고 있는 구절이 나오지 않기 때문이다. 어떤 이들은 성경이 자주 그리스도를 "거룩하신 이"라고 부르고 있는 것이 충분한 대답이 된다고 생각하지만, 그것은 참으로 궁색한 변명일 뿐이다. 왜냐하면, 우리가 알다시피, 마태는 특별히 거룩한 자로 성별된 저 옛적의 나실인이라는 단어를 명시적으로 거론하고 있기 때문이다. 따라서 마태는 옛적에 어떤 의미에서 하나님께 택하심을 받아서 처음 익은 열매들이 되었던 나실인들이라는 모형 또는 그림자를 통해서 약속된 것이 그리스도라는 존재를 통해서 성취되었다는 것을 우리에게 말해 주고 있는 것이다.

그러나 성경의 어디에서 선지자들이 이런 이름이 그리스도에게 주어지게 될 것이라고 말하였는가라는 문제는 여전히 남는다. 크리소스토무스(Chrysostomus)는 자기가 이 매듭을 풀 수 없는 것을 알고서, 선지자들이 쓴 많은 책들이 멸실되어 지금은 존재하지 않게 되었다는 말로, 이것을 문제로 삼고자 하는 시도를 아예 차단해 버린다. 그러나 그런 대답은 옳다고 할 수 없다. 왜냐하면, 하나님은 옛적의 자기 백성의 무관심을 벌하시기 위하여 성경의 일부를 그들에게서 빼앗으시거나, 꼭 필요하지 않은 것들을 빼버리시긴 하였지만, 그리스도께서 오신 이후로는 성경의 그 어떤 부분도 멸실되지 않았기 때문이다. 그런데도, 그 견해를 지지하는 자들은 요세푸스의 글에 나오는 구절, 즉 새 성전과 나라에 관한 에스겔의 예언은 그의 다른 예언들과 아주 분명하게 구별되는 것으로 보아서 하나의 별개의 책을 이루고 있었을 것이기 때문에, 에스겔은 두 권의 책을 남겼다고 그가 말하는 내용이 나오는 구절을 자신들의 주장의 근거로 인용하는 이상한 큰 실수를 저질러 왔다. 그러나 마태의 때에 현존하였던 성경의 모든 책들이 오늘날까지 그대로 고스란히 보존되어 있다고 한다면, 우리는 마태가 예언서들 중 어딘가에서 인용한 이 구절이 과연 어디에 담겨 있는지를 찾아내어야 한다.

내가 생각하기에는, 다른 어느 저술가보다도 마르틴 부처(Martin Bucer)가 이것에 대하여 가장 정확하게 설명해 놓았다. 그는 마태가 사사기에 나오는 한 구절을 인용한 것이라고 생각한다: "이 아이는 태에서 나옴으로부터 하나님께 바쳐진 나실인이 됨이라"(삿 13:5). 의심할 여지 없이, 이것은 하나님이 삼손과 관련해서 하신 말씀이다. 그러나 삼손이 이스라엘 백성의 "구속자" 또는 "구원자"라 불린 것은 오로지 그가 그리스도의 모형이었고, 하나님이 그를 도구로 사용하셔서 이루신 구원이 장차 하나님의 아들로 말미암아 세상에 나타날 저 온전한 구원에 대한 일종의 전주곡이었기 때문이다. 성경이 삼손에 대하여 호의적인 방식으로 예언하고 있는 모든 것은 그리스도께 적용될 수 있다는 말은 옳다. 이것을 좀 더 분명하게 표현한다면, 그리스도는 원형(原型)이시고, 삼손은 그 원형의 그림자인 대형(對型)이다. 삼손이 "구속자"로서의 성격을 지니고 있었다고 할지라도, 우리는 저 진정으로 신적이고 영광스러운 직임에 주어진 칭호들 중의 그 어떤 것도 그리스도 외에는 그 누구에게도 온전히 적용될 수 없다는 것을 알아야 한다. 왜냐하면, 우리가 그리스도 안에서 온전히 누리도록 허락받은 저 구속의 은혜를 옛적의 조상들은 단지 맛을 본 것에 불과하기 때문이다.

마태는 "선지자"라는 단어를 복수형으로 사용하는데, 우리는 이것을 사사기가 여러 선지자들에 의해서 기록되었기 때문이라고 쉽게 해명할 수도 있다. 그러나 나는 마태가 "선지자들"이라고 말한 데에는 더 폭넓은 의미가 있을 것이라고 생각한다. 왜냐하면, 일시적으로 교회의 구원자였고 많은 점들에서 그리스도의 상징, 아니 생생한 모형이었던 요셉은 "그의 형제 중 구별한 자[즉, 나실인 - 역주]"라 불렸기 때문이다(창 49:26; 신 33:16). 하나님이 요셉을 통해서 하나의 표본으로 보여주셨던 저 특별한 존귀함이 삼손에게서 다시 빛나게 하시기로 결정하시고서, 그에게 "나실인"이라는 이름을 주신 것은 믿는 자들로 하여금 요셉이나 삼손을 통해서 일찍부터 주어진 교훈들을 받아들여서, 장차 오셔서 모든 사람으로부터 구별되실 구속주를 더욱 진지하게 바라보게 하시고, "그로 많은 형제 중에서 맏아들이 되게 하려"(롬 8:29) 하셨기 때문이다.

⁴⁰아기가 자라며 강하여지고 지혜가 충만하며 하나님의 은혜가 그의 위에 있더라 ⁴¹그의 부모가 해마다 유월절이 되면 예루살렘으로 가더니 ⁴²예수께서 열두 살 되었을 때에 그들이 이 절기의 관례를 따라 올라갔다가 ⁴³그 날들을 마치고 돌아갈 때에 아이 예수는 예루살렘에 머무셨더라 그 부모는 이를 알지 못하고 ⁴⁴동행 중에 있는 줄로 생각하고 하룻길을 간 후 친족과 아는 자 중에서 찾되 ⁴⁵만나지 못하매 찾으면서 예루살렘에 돌아갔더니 ⁴⁶사흘 후에 성전에서 만난즉 그가 선생들 중에 앉으사 그들에게 듣기도 하시며 묻기도 하시니 ⁴⁷듣는 자가 다 그 지혜와 대답을 놀랍게 여기더라(눅 2:40-47).

눅 2:40. 아기가 자라며. 마태는 그리스도의 유아 시절에 관한 이야기에서 그리스도께서 성전에서 자신을 하나님께 보이는 장면으로 곧장 건너뛴다. 누가는 여기에서 기록해 두기에 충분한 가치가 있는 한 가지 사실을 우리에게 들려준다. 그리스도는 소년 시절에 한 가지 시도를 통해서 장차 자기가 어떤 인물이 되어서 어떤 직임을 행할지를 보여주는 표본을 제시해 주었다. "아기가 자라며 강하여지고." 이 말씀은 그의 심령의 자질들이 나이와 더불어서 성장하여 갔다는 것을 보여준다. 이것으로부터 우리는 이 진보 또는 성장이 그의 인성(人性)과 연관되어 있다는 것을 추론할 수 있다. 왜냐하면, 신성(神性)은 진보나 성장이 있을 수 없기 때문이다.

그러나 한 가지 질문이 생겨난다. 그리스도는 태중에 잉태된 때로부터 성령의 은사들로 충만하지 않으셨던 것인가? 왜냐하면, 하나님의 아들에게 온전함에 꼭 필요한 것들이 단 하나라도 결여되어 있었다고 말한다면, 그것은 아무래도 불합리하고 이상한 말로 들리기 때문이다. 이 질문에 대한 대답은 간단하다. 그리스도는 "자기를 비워"(ἑαυτὸν ἐκένωσε-헤아우톤 에케노세, 빌 2:7) 자기가 원래부터 가지고 계셨던 영광 중에서 그 어떤 것도 취하지 않으신 것이기 때문에, 그가 몸만이 아니라 심령까지도 자라가기로 하셨다고 해도, 그것은 그의 품격을 떨어뜨리는 일이 결코 아니다. 사도가 그리스도께서 "범사에 형제들과 같이" 되셨다(히 2:17)거나 "모든 일에 우리와 똑같이 시험을 받으신 이로되 죄는 없으시니라"(히 4:15)고 분명하게 말했을 때, 거기에는 그의 심령이 무지(無知)로부터 출발해서 자라가야 했다는 것도 포함되어 있었다는 것은 확실하다. 단지 우리와 그리스도 간에 차이점이 있다면, 그것은 우리가 어쩔 수 없이 필연적으로 가지고 태어나야 했던 저 연약함들을 그리스도께서는 자신의 뜻을 따라 자원해서 받아들이셨다는 것뿐이다. 그리스도는 "그의 충만한 데서" 우리에게 성령의 거저 주시는 은사들을 부어주시기 위하여, 그의 인성(人性) 가운데서 그의 나이와 역량에 맞춰 그 은사들을 점점 더 많이 받으셨다. 왜냐하면, 우리는 그리스도께서 지니신 은혜로부터 은혜를 끌어오기 때문이다.

　몇몇 극도로 소심한 사람들은 이 본문에서 말씀하고 있는 것을 그리스도의 외관(外觀)에만 국한시키고서, 그리스도는 사실 나이가 먹어가도 그의 지식에 더함이 있었던 것이 아님에도 불구하고, 외관상으로 진보나 성장을 이루는 듯이 보였던 것뿐이라는 식으로 이 본문의 의미를 해석한다. 그러나 이 본문의 말씀은 그런 해석과는 전혀 다른 의미를 지니고 있는데, 그런 해석은 누가가 조금 후에 덧붙인 말씀, 즉 "예수는 지혜와 키가 자라가며 하나님과 사람에게 더욱 사랑스러워 가시더라"(52절)는 말씀에 의해서 한층 더 결정적으로 반박된다. 우리는 지식이 그리스도 안에 숨겨져 있다가 세월이 흐르면서 그에게 나타난 것이라고 추측해서는 안 된다. 그리스도께서 얼마나 진정으로 온전히 우리와 같은 육신을 입으시고서, 우리와 형제로서 하나가 되는 데에 꼭 필요한 모든 것을 행하셨는지를 명백한 말씀으로 표현하는 것이 하나님의 뜻이었다는 것은 한 점의 의심도 있을 수 없다.

　그렇지만, 이런 식으로 말한다고 해서, 우리가 이중적인 그리스도를 상정(想定)하고 있는 것은 결코 아니다. "하나님"과 "사람"이 한 인격 속에서 연합되어 있다고 할지라도, 인성(人性)이 신성(神性)에 특유한 것들을 받아들인 것은 아니다. 도리어, 하나님의 아들은 우리의 구원에 꼭 필요한 한에서 그의 신적인 능력을 여전히 숨겨둔 채 지니고 계셨다. 이레나이우스(Irenaeus)는 그리스도께서 고난을 받으실 때에 신성(神性)이 활동하지 않고 가만히 있었다고 말하였는데, 나는 그의 말이 그리스도의 육신적인 죽음뿐만 아니라, 그가 그의 심령이 거의 죽게 될 정도로 고통스럽고 아파서 "나의 하나님, 나의 하나님, 어찌하여 나를 버리셨나이까"(마 27:46)

라고 탄식하였을 때에도 그대로 적용된다고 생각한다. 한 마디로 말해서, 그리스도께서 진정한 사람이 되셨다는 것을 부인하고자 하지 않는다면, 우리는 그가 인성(人性)과 분리될 수 없는 모든 것을 자원해서 받아들이셨다는 것을 인정하는 것을 부끄러워해서는 안 된다.

무지(無知)는 죄에 대한 벌이기 때문에, 그리스도께서 적용되거나 해당되지 않고, 죽음도 마찬가지라고 말하는 것은 어리석은 반론이다. 그런데 이런 반론과는 정반대로, 성경은 그리스도께서 중보자의 직임을 수행하셨다고 분명하게 말한다. 왜냐하면, 우리가 마땅히 받아야 할 모든 벌이 우리로부터 그리스도께로 이전(移轉)되었기 때문이다. 게다가, 무지가 죄에 대한 벌이라고 말하는 것은 어리석은 오해이다. 왜냐하면, 우리는 아담이 아직 죄를 범하지 않았던 동안에 모든 것을 알고 있었다고 추정하지 않아야 하기 때문이다. 천사들도 어느 정도는 모르는 것이 있지만, 그렇다고 해서 천사들이 죄에 대한 벌을 받고 있는 것은 결코 아니다.

이러한 반론보다 더 세련된 논리를 펴는 이들이 있는데, 그들은 무지는 죄이기 때문에 그리스도에게는 무지가 있을 수 없다고 주장한다. 그러나 이런 주장을 펴는 자들은 완전히 거짓되고 근거 없는 공리(公理) 위에서 논리를 펴고 있는 것이다. 만약 그들의 주장이 옳다면, 천사들은 하나님과 대등한 존재들이거나 죄악 된 존재들이거나 둘 중의 하나여야 한다. 물론, 인간의 마음이 죄악으로 인해서 눈이 멀어 버린 것을 원죄의 일부로 보는 것은 의심할 여지 없이 옳다. 그러나 이 본문에서 그리스도에게 적용하고 있는 무지는 온갖 죄의 오염으로부터 온전히 떠나 있는 상태에 있는 인간에게 존재하는 바로 그 무지이다.

눅 2:40. 강하여지고 지혜가 충만하며. 이 말씀을 통해서 누가는 사람들에게 존재하거나 날마다 더해지는 지혜는 무엇이든지 다 저 단일한 원천, 즉 하나님의 성령으로부터 흘러나온다는 것을 분명하게 밝힌다. 이 말씀 뒤에 나오는 구절, 즉 "하나님의 은혜가 그의 위에 있더라"는 말씀은 더 일반적이다. 왜냐하면, 이 말씀은 그리스도 안에서 밝게 빛을 발한 온갖 것들이 모두 다 지극히 탁월한 것들이었다는 의미를 포함하고 있기 때문이다.

눅 2:41. 그의 부모가 해마다 … 예루살렘으로 가더니. 누가가 마리아와 요셉이 하나님에 대한 외적인 예배에 부지런히 참석하였다는 것을 언급하는 이유는 그들의 경건을 칭찬하기 위한 것이다. 그들이 해마다 예루살렘으로 올라간 것은 그들의 자발적인 의지에 의한 것이 아니라 하나님의 명령에 의한 것이었다. 왜냐하면,

율법에서는 "모든 남자는 매년 세 번씩 주 여호와께 보일지니라"(출 23:17)고 규정하고 있기 때문이다. 이 규정은 여자들을 이 의무에서 완전히 배제하고 있는 것은 아니지만, 배려 차원에서 이 의무를 여자들에게 강제적으로 부과하지는 않는다. 이런 특징으로 인해서 참된 종교는 헛되고 악한 미신들과 구별된다. 참된 종교는 사람들의 의무를 하나님께 순종하고 율법의 규정에 순종하는 것에 국한시키고 그 제한된 테두리들 안에 머무는 반면에, 헛되고 악한 미신은 어떤 일정한 원칙도 없이 하나님의 말씀이 정한 제한된 테두리들을 제멋대로 뛰어넘어 전횡(專橫)을 일삼는다. 의심할 여지 없이, 성전 예배는 수많은 타락하고 부패한 것들로 오염되어 있었고, 제사장직을 두고 매관매직이 이루어졌으며, 가르침 속에는 수많은 잘못되고 거짓된 것들이 끼어들어 있었다. 그렇지만, 율법에 규정된 예식들은 여전히 유효하였고, 희생제사의 외적인 의식(儀式)도 율법에 규정된 대로 지켜지고 있었기 때문에, 믿는 자들은 그들의 신앙에 대한 증거로서 그러한 활동들에 참여하는 것이 마땅하였다. 본문에서 요셉을 그리스도의 "아버지"로 표현하고 있지만, 이것은 당시 사람들이 요셉에 대하여 품고 있던 일반적인 생각을 따른 것에 불과한 것이지, 엄밀한 정확성을 따라서 그렇게 표현하고 있는 것은 아니다.

눅 2:44. 동행 중에 있는 줄로 생각하고. 성경의 많은 구절들은 절기 때에 성전에 예배하러 멀리서 온 사람들이 무리를 지어서 "동행"하여 움직이곤 하였다는 것을 분명하게 보여준다. 그러므로 집으로 돌아가는 첫 날에 요셉과 마리아가 아이 예수에게 별 신경을 쓰지 못하였다고 해도, 그것을 이상하게 생각할 이유는 없다. 그들이 이후에 보여준 행동은 아이 예수를 챙기지 못한 것이 그들의 태만이나 부주의 때문이 아니었다는 것을 증명해 준다.

눅 2:46. 선생들 중에 앉으사. 신령한 밝은 빛이 이 아이 속에서 분명하게 빛나고 있었을 것임에 틀림없다. 그렇지 않았다면, 이 아이가 그들과 함께 앉아 있는 것 자체를 이 오만한 자들이 허락하였을 리가 없기 때문이다. 아이 예수는 선생들이 앉아 있던 줄이 아니라 거기보다 낮은 자리에 앉아 있었을 가능성이 크지만, 비록 그랬을지라도, 만약 어떤 신적인 힘이 이 선생들을 강제하지 않았다면, 이 거드름을 부리는 자들이 대중 집회에서 그들 자신의 몸을 낮추어서 아이 예수의 말을 들어주려고 하지 않았을 것이다. 예수의 때가 아직 온 것은 아니었지만, 이 일은 그의 공생애 사역에 대한 일종의 전주곡이었다. 이 일을 통해서 예수는 단지 맛보기만을 보여줄 의도였기 때문에, 만약 마리아가 이 일을 "마음에 새기어 두었다가"(19,

51절), 나중에 모든 경건한 자들을 위하여 다른 보화들과 더불어서 꺼내놓지 않았더라면, 이 일은 즉시 사람들의 기억 속에서 사라져버리고 말았을 것이다.

눅 2:47. 듣는 자가 다. 여기에서 우리의 관심을 끄는 것은 두 가지이다. 아이 예수의 말을 "듣는 자가 다 놀랍게 여겼다." 왜냐하면, 사람들은 아이에 불과한 예수가 너무나 정확하고 적절하게 질문들을 하는 것을 신기하고 놀라운 일로 여겼기 때문이다. 또한, 그들은 그리스도가 하는 말씀들을 "들음"으로써, 가르치는 자들이 아니라 배우는 자들로 행하였다. 그리스도께서는 아직 아버지 하나님에 의해서 교회의 공식적인 선생으로 부르심을 받지 않으셨기 때문에, 선생들에게 겸손히 질문들을 하는 것으로 만족하였다. 그렇지만, 그리스도는 이 첫 번째 시도를 통해서 이미 그들의 왜곡된 가르침에 부담을 주기 시작하셨다는 것은 의심할 여지가 없다. 왜냐하면, 나는 히브리어의 관용적 표현에 따르면 누가가 "대답들"이라고 말한 것이 어떤 종류의 강론(講論)을 가리킨다고 보기 때문이다.

[48]그의 부모가 보고 놀라며 그의 어머니는 이르되 아이야 어찌하여 우리에게 이렇게 하였느냐 보라 네 아버지와 내가 근심하여 너를 찾았노라 [49]예수께서 이르시되 어찌하여 나를 찾으셨나이까 내가 내 아버지 집에 있어야 될 줄을 알지 못하셨나이까 하시니 [50]그 부모가 그가 하신 말씀을 깨닫지 못하더라 [51]예수께서 함께 내려가사 나사렛에 이르러 순종하여 받드시더라 그 어머니는 이 모든 말을 마음에 두니라 [52]예수는 지혜와 키가 자라가며 하나님과 사람에게 더욱 사랑스러워 가시더라 (눅 2:48-52).

눅 2:48. 그의 어머니는 이르되. 나는 동정녀 마리아가 자신의 권위를 나타내 보이기 위한 목적으로 이런 식으로 말한 것이라고 생각하는 자들은 잘못 생각하고 있는 것이라고 본다. 마리아는 자기 아들을 데리고 사람들이 모여 있던 곳을 나와서 증인들이 다 물러간 후에 그들만이 있을 때에 자기 아들에게 훈계하기를 시작하였을 수도 있다. 아무튼, 마리아가 한 이 말은 자신의 권위를 세우기 위한 것이거나 그 어떤 꿍꿍이가 있어서 한 말이 아니라, 삼 일 동안 지속되었던 그녀의 걱정과 근심이 말로 표출된 것이었다[그녀가 삼 일 동안 겪었던 불안감과 괴로움이 그녀로 하여금 이런 식으로 말하게 만들었다 — 불어판]. 그렇지만, 그녀가 마치 자기가 상처를 받아 못마땅하다는 듯이 이런 식으로 말한 것은 하나님을 안중에 둠이 없이 우리 자신의 권리를 지키고자 하는 성향이 우리의 본성 속에 얼마나 강하게 작용하는지를 보여준다. 동정녀 마리아는 골백번 죽는다고 하여도, 의도적으로 자기 자신을 하나님보다 앞세우는 일 따위는 결코 하려고 하지 않았을 것이다. 그러나 그런 그녀조차도 이번과 같이 어머니로서의 근심이 앞섰을 때에는 자기도 모르게 그런 잘못으로 빠져들고 말았던 것이다. 의심할 여지 없이, 이 사례는 우리의 권리에 지나치게 집착하고 우리 자신이 원하는 것들을 따르느라고 하나님에게서 그분의 영광과 존귀를 속여 빼앗지 않도록 하기 위해서는, 우리가 정신을 바짝 차리고서, 육신의 모든 정(情)을 얼마나 조심하고 경계하여야 하는지를 우리에게 경고해 준다.

눅 2:49. 알지 못하셨나이까. 우리 주님은 비록 온유하고 간접적인 방식을 통해서이긴 하지만 어머니인 마리아를 책망하시는데, 이것을 합당하다. 주님이 하신 말씀의 요지는 그가 그의 아버지 하나님께 의당히 행하여야 할 본분은 인간으로서의 온갖 본분들보다도 이루 헤아릴 수 없을 만큼 우선시되어야 한다는 것, 따라서 주님이 하나님에 비해서 부모를 소홀히 하였다고 해서 육신의 부모가 그것을 잘못이라고 보고 꾸짖는 것은 옳지 않다는 것이다. 이것으로부터 우리는 우리에 대한 하나님의 권위가 손상되지 않고 온전히 보전되게 하려면, 사람들에 대한 우리의 의무는 그것이 무엇이든 언제나 율법의 첫 번째 돌판에 적혀 있는 것보다 우선시되어서는 안 된다는 일반적인 가르침을 얻을 수 있다. 우리는 왕들과 부모들과 주인들에게 순종해야 마땅하지만, 그것은 오로지 하나님께 순종하는 것이 우선시되어야 한다는 조건 아래에서만 합당한 일이 된다. 즉, 우리는 사람들을 위한다는 명목 아래 하나님에게서 그 어떤 것이라도 감(減)하거나 빼앗아서는 안 된다는 말이다. 사실, 우리가 하나님의 우선권을 존중한다고 해서, 사람들에 대한 우리의 의무나 책무들이 침해되는 것은 아니다.

눅 2:49. 내 아버지 집에 있어야. 이 표현은 그에게는 평범한 사람이 해야 하는 것보다 더 큰 어떤 일이 있다는 것을 암시해 주는 말이다. 또한, 이 구절은 그가 이 세상에 보내심을 받은 주된 목적을 보여주는데, 그것은 그가 천부(天父)께서 그에게 명하신 직임을 수행하는 것이었다. 그런데, 요셉과 마리아는 예수가 하나님의 아들이시라는 것을 많은 증거들을 통해서 이제까지 가르침을 받았음에도 불구하고 예수의 이 대답을 이해하지 못하였는데, 이것은 이상한 일이 아닌가? 나의 대답은 이것이다: 그들은 그리스도가 하늘로부터 났다는 것을 완전히 모르고 있었던 것은 아니었지만, 그가 천부의 명령들을 수행하는 일에 얼마나 열심이셨고 거기에 온통 몰두해 있으셨는지를 온전히 이해하지는 못하였다는 것이다. 왜냐하면, 이 때는 그가 받은 소명(召命)이 그들에게 아직 명백하게 드러나지 않은 때였기 때문이다. 마리아는 예수의 이 말들을 온전히 이해하지는 못하였지만 그녀의 마음속에 간직해 두었다. 이것을 통해서, 우리가 배워야 할 것은 우리의 현재의 역량으로는 도저히 이해되지 않는 하나님의 신비(神秘)들이 있다면, 우리는 그것들을 경외감으로 받아서 우리의 마음속에 간직해 두어야 한다는 것이다(마치 씨가 한동안 땅속에 머물러 있는 것처럼).

눅 2:51. 순종하여 받드시더라. 그리스도께서 이와 같이 자기를 낮추신 것, 즉 천사들의 주(主)이시자 머리 되신 그가 자원하여 죽을 수밖에 없는 유한한 존재인 피조물들에게 "순종하신" 것은 우리를 구원하시기 위한 것이었다. 하나님의 뜻이 그런 것이었기 때문에, 그리스도께서는 한동안 요셉이라는 그림자 아래에 머물러 계셔야 했다. 그리스도의 편에서 이러한 순종은 그가 도저히 피할 수 없었던 어떤 불가피성에 의해서 어쩔 수 없이 그렇게 할 수밖에 없으셨던 것은 아니었다. 하지만, 그리스도께서 자원하여 인성(人性)을 입으시고서 사람과 종의 모양으로 오신 이상, 즉 구속주로서의 자신의 직임을 수행하고자 하신 이상, 그가 부모에게 순종하시는 것은 당연하고도 합당한 일이었다. 그런 까닭에, 주님이 기꺼이 지신 저 멍에를 우리 각 사람도 지금보다 더 기쁜 마음으로 지는 것이 마땅한 일이다.

[1]그 때에 세례 요한이 이르러 유대 광야에서 전파하여 말하되 [2]회개하라 천국이 가까이 왔느니라 하였으니 [3]그는 선지자 이사야를 통하여 말씀하신 자라 일렀으되 광야에 외치는 자의 소리가 있어 이르되 너희는 주의 길을 준비하라 그가 오실 길을 곧게 하라 하였느니라 [4]이 요한은 낙타털 옷을 입고 허리에 가죽 띠를 띠고 음식은 메뚜기와 석청이었더라 [5]이 때에 예루살렘과 온 유대와 요단 강 사방에서 다 그에게 나아와 [6]자기들의 죄를 자복하고 요단 강에서 그에게 세례를 받더니(마 3:1-6).

[1]하나님의 아들 예수 그리스도의 복음의 시작이라 [2]선지자 이사야의 글에 보라 내가 내 사자를 네 앞에 보내노니 그가 네 길을 준비하리라 [3]광야에 외치는 자의 소리가 있어 이르되 너희는 주의 길을 준비하라 그의 오실 길을 곧게 하라 기록된 것과 같이 [4]세례 요한이 광야에 이르러 죄 사함을 받게 하는 회개의 세례를 전파하니 [5]온 유대 지방과 예루살렘 사람이 다 나아가 자기 죄를 자복하고 요단 강에서 그에게

세례를 받더라 ⁶요한은 낙타털 옷을 입고 허리에 가죽 띠를 띠고 메뚜기와 석청을 먹더라(막 1:1-6).

¹디베료 황제가 통치한 지 열다섯 해 곧 본디오 빌라도가 유대의 총독으로, 헤롯이 갈릴리의 분봉 왕으로, 그 동생 빌립이 이두래와 드라고닛 지방의 분봉 왕으로, 루사니아가 아빌레네의 분봉 왕으로, ²안나스와 가야바가 대제사장으로 있을 때에 하나님의 말씀이 빈 들에서 사가랴의 아들 요한에게 임한지라 ³요한이 요단 강 부근 각처에 와서 죄 사함을 받게 하는 회개의 세례를 전파하니 ⁴선지자 이사야의 책에 쓴 바 광야에서 외치는 자의 소리가 있어 이르되 너희는 주의 길을 준비하라 그의 오실 길을 곧게 하라 ⁵모든 골짜기가 메워지고 모든 산과 작은 산이 낮아지고 굽은 것이 곧아지고 험한 길이 평탄하여질 것이요 ⁶모든 육체가 하나님의 구원하심을 보리라 함과 같으니라(눅 3:1-6).

막 1:1. 복음의 시작. 우리가 이제까지 마태복음과 누가복음에서 살펴본 것이 "복음"의 일부이긴 하지만, 마가가 세례 요한의 사역을 "복음의 시작"으로 삼고 있는 것은 일리가 없지 않다. 왜냐하면, 세례 요한의 사역이 시작되었을 때에 율법과 선지자가 끝이 났기 때문이다(요 1:17). "율법과 선지자는 요한의 때까지요 그 후부터는 하나님 나라의 복음이 전파되어 사람마다 그리로 침입하느니라"(눅 16:16). 그리고 이것은 마가가 선지자 말라기로부터 인용하고 있는 예언(말 3:1)과 세세한 부분까지 거의 다 일치한다. 하나님은 자기 백성의 마음속에서 그가 약속하신 구원에 대한 열망이 더 강렬하게 불타오를 수 있도록 하시기 위하여, 그들에게 한동안 새로운 예언들을 주시지 않기로 작정하셨었다. 우리가 잘 알듯이, 하나님이 보내신 마지막 참 선지자는 말라기였다.

말라기는 하나님이 약속하신 구속이 나타날 때까지 유대인들이 기진맥진하여 못 견디고 쓰러질 것을 염려하여, 그들에게 그 때까지 모세의 율법 아래 계속해서 머물러 있으라고 권면한다. 그는 선지자들의 가르침은 율법과 다르지 않고, 다만 율법을 보충하고 더 자세하게 해설한 것이기 때문에, 교회의 치리(治理)가 온전히 율법에 의거해서 이루어지도록 하기 위하여 오직 "율법"만을 언급한다(요 1:17). 성경에서 선지자들을 "율법" 아래 포함시키는 것은 새로운 것도 아니고 이례적인 것도 아니다. 왜냐하면, 모든 선지자들의 원천 또는 밑그림은 바로 율법이기 때문

이다. 복음은 율법보다 열등하여 율법을 보충하는 것이 아니라, 율법을 폐기하고
대체하는 새로운 형태의 가르침이었다.

말라기는 교회에 대한 하나님의 경륜을 둘로 구분해서, 율법 아래 있던 교회와
세례 요한의 사역을 통해서 시작된 교회를 구별한다. 그가 "보라 내가 내 사자를
보내리니"(말 3:1)라고 예언한 것은 의심할 여지 없이 세례 요한을 가리키는 것이
었다. 왜냐하면, 앞에서 이미 말했듯이, 이 구절은 교회의 새로운 질서 또는 교회에
대한 하나님의 새로운 경륜을 율법으로부터 명백히 구별하기 때문이다. 말라기는
"보라 여호와의 크고 두려운 날이 이르기 전에 내가 선지자 엘리야를 너희에게 보
내리니"(말 4:5)라고 말하였고, 또한 이것과 동일한 관점에서 "보라 내가 내 사자를
보내리니 그가 내 앞에서 길을 준비할 것이요 또 너희가 구하는 바 주가 갑자기 그
의 성전에 임하시리니 곧 너희가 사모하는 바 언약의 사자가 임하실 것이라"(말
3:1)고 말하였다(이 두 구절은 아주 비슷한데, 앞의 구절은 막 9:13에서 인용되고
있다). 이 두 구절을 통해서, 하나님은 율법 아래 있던 때보다 더 나은 교회에 대한
경륜을 약속하고 계시는데, 이것은 의심할 여지 없이 "복음의 시작"을 가리킨다.
그러나 "주께서" 교회를 회복시키시기 위하여 "오시기에 앞서," 먼저 전령(傳令)이
와서, 주께서 곧 오실 것임을 알려야 하였다. 이것으로부터 우리는 율법의 폐기와
"복음의 시작"은 엄밀하게 말해서 세례 요한이 회개의 세례를 전파하기 시작하였
을 때에 일어났다는 것을 추론하게 된다.

복음서 기자 요한은 육신을 입으신 그리스도, 즉 "육신이 되신 말씀"(요 1:14)을
우리에게 제시하고 있기 때문에, 그리스도의 출생 및 그의 나타나심에 관한 이야
기 전체가 복음 속에 포함된다. 그러나 여기에서 마가는 복음이 언제 사람들에게
널리 전파되기 시작하였는지를 자세히 살펴본 결과, 복음의 첫 번째 사역자였던
세례 요한으로부터 복음이 시작되었다고 보는 것이 합당하다는 결론을 내린다. 천
부(天父)께서는 이런 의도를 지니시고서, 자기 아들을 나타내실 때가 온전히 이를
때까지는 그 아들의 삶이 사람들에게 널리 알려지지 않고 그 아들도 드러내지 않
게 하시기로 작정하셨다. 왜냐하면, 복음서 기자들이 하나 같이 그리스도께서 사
적으로 은밀하게 보내신 기간 전체를 생략하고서(예외적으로, 누가는 그리스도께
서 열두 살 때에 일어난 일을 소개하면서 그의 장래의 소명을 살짝 보여주고 있기
는 하지만. 눅 2:42), 그의 유년 시절로부터 곧장 그가 서른 살이 되어서 구속주로
서의 그의 공생애를 시작하여 세상에 공개적으로 드러난 때로 건너뛰는 일은 분명

한 하나님의 섭리 없이는 일어나지 않았을 것이기 때문이다.

하나님의 이 섭리는 첫째로 그리스도가 참 사람이시라는 것(요 1:14)과 둘째로 그가 "아브라함과 다윗의 자손"(마 1:1)이시라는 것을 하나님이 우리에게 증언하시고 알려 주시고자 하신 것과 아주 밀접하게 연결되어 있었다. 우리가 "목자들"(눅 2:8), 동방에서 온 "박사들"(마 2:1), "시므온"(눅 2:25)과 관련하여 지금까지 살펴본 것들은 그리스도의 신성(神性)을 증언하시기 위한 것이었고, 누가가 세례 요한과 그의 아버지 사가랴에 관하여 말하고 있는 것(눅 1:5)은 복음을 위한 일종의 준비 작업이었다.

이 본문 속에서 말라기의 예언을 인용하면서 인칭의 변화가 있는 것은 결코 부적절하지 않다. 말라기서에는 하나님이 "내가 내 사자를 보내노니 그가 내 앞에서 그 길을 준비하리라"로 되어 있지만, 마가복음에는 하나님이 자기 아들을 향하여 말씀하시는 것으로 표현하여, "보라 내가 내 사자를 네 앞에 보내노니 그가 네 길을 네 앞에서 준비하리라"로 되어 있다. 그러나 우리는 마가에게 선지자가 한 예언의 의미를 더 분명하게 표현하고자 한 것 외에 다른 의도가 없었다는 것을 안다. 마가는 그리스도를 "하나님의 아들"이라 지칭하고, 다른 복음서 기자들은 그리스도가 아브라함과 다윗의 자손에게서 태어난 사람의 아들, 즉 "인자(人子)"(마 8:20)였다고 증언한다. 그러나 마가는 오직 하나님의 아들에게서만 우리가 구속(救贖)을 기대할 수 있다는 것을 우리에게 보여준다.

마 3:1. 그 때에. 눅 3:1. 열다섯 해. 마태와 마가는 세례 요한이 몇 살 때에 공적인 사역을 시작하였는지를 말하고 있지 않지만, 누가는 세례 요한이 대략 서른 살쯤 되었을 때에 사역을 시작하였다는 것을 아주 분명하게 보여준다. 교회의 옛 저술가들은 거의 한결같이 세례 요한이 아구스도가 죽기 15년 전에 태어났다고 말한다. 아구스도의 후계자였던 디베료 황제는 세례 요한이 공적인 사역을 시작하였을 때에 15년 동안 로마 제국을 통치하고 있었다. 세례 요한이 사역을 시작하기까지의 30년의 세월은 이런 식으로 구성되어 있다. 이것으로부터 세례 요한은 가르치는 자로서의 직임을 오랫동안 수행한 것이 아니라, 짧은 기간 동안 행한 후에 그리스도께 자리를 내주었다는 결론이 나온다. 왜냐하면, 우리가 곧 알게 되겠지만, 그리스도께서도 서른 살에 요한에게 세례를 받고 즉시 공생애 사역을 시작하였기 때문이다. 새벽별 또는 여명(黎明)이었던 세례 요한이 등장한 직후에 "공의로운 해"(말 4:2)이신 그리스도께서 나타나셨고, 그리스도가 홀로 더 밝게 빛을 발하시도록 하기 위하여 세례 요한이 사라지게 된 것은 결코 이상하거나 놀랄 일이 아니다.

눅 3:1. 본디오 빌라도가 유대의 총독으로. 이 때가 빌라도가 총독으로 부임한 지 제2년이 되던 때였을 가능성이 크다. 요세푸스(Josephus)가 전하는 바에 의하면(Ant. 18.2.2), 디베료는 황제로 즉위한 후에 안니우스 루푸스(Annius Rufus) 대신에 발레리우스 그라투스(Valerius Gratus)를 유대의 총독으로 임명하였고, 이 일은 그의 재위 제2년에 일어났던 것 같다. 또한, 요세푸스는 발레리우스가 "11년 동안" 유대의 총독으로 있었고, "본디오 빌라도가 그의 후임으로 부임하였다"(Ant. 18.2.2)고 말한다. 따라서 세례 요한이 복음을 전하기 시작하였을 때, 빌라도는 유대를 2년째 다스리고 있었던 것이 된다. 누가가 유대의 분봉왕으로 소개한 바 있는 헤롯은 헤롯 대왕의 두 번째 상속자로서 유언에 따라 그의 아버지의 위(位)를 이어받았다. 아켈라오는 유대의 분봉왕이라는 직위를 받았지만, 아구스도에 의해서 비엔나(Vienna)로 추방당하였고(Jos. Wars. 2.7.3), 그 후에 그 몫은 로마인들의 수중에 들어갔다. 누가는 여기에서 헤롯의 두 아들을 언급한다. 헤롯 안티파스(Herod Antipas)는 갈릴리의 분봉왕이 되어서 사마리아와 베뢰아를 다스렸고, 빌립은 이두래와 드라고닛 지방의 분봉왕으로서 디베랴 바다 또는 게네사렛 호수에서 요단강의 발원지였던 레바논 산기슭에 이르기의 지역을 다스렸다.

루사니아(Lysanias)는 오래 전에, 그러니까 그리스도께서 태어나시기 30여년 전쯤에 클레오파트라에 의해서 죽임을 당하였다고 요세푸스(Ant. 15:4:1)가 기록한 칼키스(Chalcis)의 왕 프톨레마이오스 멘나이오스(Ptolemaius Mennaeus)의 아들로 잘못 추정되어 왔다. 또한, 루사니아는 파르티아 전쟁을 촉발시켰다고 요세푸스(Wars. 1.13.1)가 기록하고 있는 프톨레마이오스의 손자였을 가능성도 희박하다. 왜냐하면, 누가가 이 글을 쓰고 있던 때에 이 손자는 60살이 넘었을 것임에 틀림없기 때문이다. 게다가, 파르티아 전쟁은 안티고노스(Antigonus) 때에 시작되었기 때문에, 당시에 이 손자는 다 자란 성인(成人)이었을 것임에 틀림없다. 프톨레마이오스 멘나이오스(Ptolemy Mennaeus)는 율리우스 카이사르(Julius Caesar)가 살해당한 후 얼마 되지 않아서, 레피두스(Lepidus), 안토니우스(Antony), 옥타비아누스(Octavius)에 의해 삼두정치가 시작되고 나서 죽었다(Jos. Wars. 1.13.1). 프톨레마이오스의 이 손자는 그의 아버지와 마찬가지로 루사니아라는 이름을 지니고 있었기 때문에, 동일한 성(姓)을 지닌 아들을 두었을 가능성은 얼마든지 있을 수 있지만, 이 루사니아가 클레오파트라에 의해서 죽임을 당했음에도 불구하고, 그를

그 후에도 여전히 60년 동안 살아 있었던 인물로 만드는 자들의 오류를 반박함에
있어서는 주저함이 있을 수 없다.

"분봉왕"이라는 단어는 여기에서 마치 나라 전체가 네 지역으로 분할된 듯한 뉘
앙스를 주기 때문에 그리 정확한 의미로 사용된 것이라 할 수 없다. 원래 처음에는
나라 전체가 네 지역으로 분할되어 있어서 "분봉왕"이라는 명칭이 적절한 것이었
다. 그러나 그 후에는 사정이 달라져서 그러한 명칭이 적절한 것은 아니었지만, 예
우 차원에서 그대로 유지되었다. 플리니우스(Plynius)는 한 나라에서만 이런 의미
의 분봉왕이라는 직함을 갖고 있는 14명의 사람을 열거한다.

눅 3:2. 안나스와 가야바가 대제사장으로 있을 때에. 확실한 것은 동시에 두 사
람이 "대제사장"의 직함을 갖고 있었던 때는 결코 없었다는 것이다. 요세푸스는 발
레리우스 그라투스가 유대의 총독직에서 물러나기 조금 전에 가야바를 "대제사장"
으로 삼았다고 말한다. 요세푸스는 빌라도가 유대의 총독이었던 동안에 이 문제와
관련해서 어떤 변화를 주었다고 말하지 않고, 도리어 빌라도가 유대의 총독직에서
소환당했을 때에 사람을 시켜서, 당시에 수리아의 총독이었던 비텔리우스
(Vitellius)가 가야바를 평민으로 강등시킨 후에 대제사장직을 아나누스(Ananus)의
아들 요나단에게 주었다는 내용의 상소문을 로마에 보냈다고 말한다(*Ant.* 18.4.3).
우리는 두 명의 "대제사장"이 있었다는 누가의 말을 두 명이 다 대제사장의 직함을
갖고 있었다는 의미가 아니라, 대제사장 가야바의 장인이었던 안나스도 대제사장
과 동등한 예우를 부분적으로 받았다는 의미로 이해하여야 한다. 누가의 기사(記
事)는 당시의 혼란스러운 상황을 잘 보여주고 있기 때문에, 비록 실제로 대제사장
직에 있는 사람이 두 명이었던 것은 아니었다고 할지라도, 이 신성한 직책은 사람
들의 야망과 전횡으로 인해서 갈가리 찢겨 있었다.

눅 3:2. 하나님의 말씀이 요한에게 임한지라. 다른 복음서 기자들과 마찬가지
로, 누가는 요한이 그의 가르치는 사역을 시작하였다고 말하기 전에, 그가 하나님
에 의해서 그 직임으로 부르심을 받았다는 것을 분명하게 보여준다. 누가가 그렇
게 하는 것은 요한의 사역이 의심할 여지 없는 권위를 지니고 있었다는 것을 우리
에게 보장하기 위한 것이다. 나는 해석자들이 왜 '에피 요안넨'(ἐπὶ Ἰωάννην)이라
는 어구를 "요한에게"가 아니라 "요한 위에"라고 번역하기로 하였는지 그 의도를
이해할 수 없긴 하지만, 이 어구의 의미에는 그 어떤 모호성도 없어서, 모종의 사명
이 요한에게 맡겨졌고, 요한이 말씀을 전하라는 명령을 받았다는 것이 분명하기

때문에, 나는 공인 본문을 그대로 따랐다. 이 본문으로부터 우리는 하나님으로부터 직임을 수여받지 않은 자들은 참된 선생들이 될 수 없고, 특별한 부르심이 없다면 하나님의 말씀을 갖고 있다는 것만으로는 충분하지 않다는 것을 알게 된다.

마태와 마가는 세례 요한의 말씀 전파가 "빈 들"(또는, "광야") 너머로 확대되었다는 것에 대하여 말하지 않는 반면에, 누가는 "요단 강 부근 각처에" 가서 말씀을 전하였다고 한다. 우리는 요한이 자기가 살고 있던 곳의 인근 지역들에서 가르치는 사역을 행하였지만, 그가 전한 복음은 더욱 널리 퍼져서 많은 곳들에서 알려졌고, 그 소문은 얼마 되지 않아서 예루살렘까지 도달한 것이라고 말함으로써, 이 두 기사(記事)를 조화시킬 수 있을 것이다. 사실, 요단 강을 끼고 있던 지역들 전체가 "빈 들" 또는 "광야"라 불릴 수 있었을 것이다. 왜냐하면, 이 단어는 "황야(荒野)"가 아니라 "거칠고 산이 많아서 인구가 희박한 지역"을 의미하기 때문이다.

마 3:2. 회개하라. 마태가 다른 두 복음서 기자와 다른 점은 마태는 세례 요한의 가르침의 핵심을 세례 요한 자신이 직접 한 말로 기록하는 반면에, 다른 두 복음서 기자들은 그들 자신의 말로 그 핵심을 서술한다는 것이다. 마가는 세례 요한이 광야에 "이르러 세례를 주고, 회개의 세례를 전파하였다"고 말함으로써, 누가보다 한 단어를 더 덧붙인다. 그러나 그 핵심에 있어서는 아주 완벽하게 일치한다. 왜냐하면, 그들은 모두 "회개"를 "죄 사함"과 연결시키기 때문이다. 사람들 가운데에 있는 "하나님의 나라" 또는 "천국"은 다름 아닌 행복한 삶으로의 회복이다. 달리 말하면, 그것은 참되고 영원한 행복이다. 세례 요한이 "천국이 가까이 왔느니라"고 말할 때, 이 말의 의미는 하나님의 의(義)로부터 소외되고 "천국"에서 추방되었던 사람들을 하나님이 다시 그에게로 모으셔서, 그들로 하여금 그의 인도하심 아래에서 살게 하시리라는 것이다. 이 일은 하나님이 아무 자격도 없는 무가치한 자들을 값없이 양자(養子)로 삼으시고 그 "죄들을 사해 주심"으로써 그들을 하나님과 화목하게 하실 때에 이루어진다. 한 마디로 말해서, 천국은 다름 아니라 하나님이 "새 생명"(롬 6:4)을 주셔서 우리를 회복시키시고 저 복된 영원한 삶에 대한 소망을 갖게 하시는 것이다. 하나님은 죄와 사망에 매여 종살이 하던 우리를 구원하셔서 그의 소유로 삼으심으로써, 이 땅에서 순례길을 가는 동안에도 우리로 하여금 믿음으로 천국의 삶을 누릴 수 있게 하신다. 왜냐하면, 하나님은 "그리스도 안에서 하늘에 속한 모든 신령한 복을 우리에게 주셨기"(엡 1:3) 때문이다. 우리는 우리가 죽은 자와 같을지라도, 우리의 생명이 안전하다는 것을 안다. 왜냐하면, 우리의 생명은

"그리스도와 함께 하나님 안에 감추어져" 있기(골 3:3) 때문이다.

이러한 가르침을 근거로 해서 "회개하라"는 권면이 도출된다. 왜냐하면, 세례 요한은 "회개하라 그리하면 천국이 나중에 가까이 올 것이다"라고 말한 것이 아니라, 먼저 하나님의 은혜가 어떤 것인지를 제시하고 난 후에, 사람들에게 "회개하라"고 권면하고 있기 때문이다. 이것으로부터 분명한 것은 회개의 토대는 하나님의 긍휼하심이고, 하나님은 그 긍휼하심으로 인하여 잃어버린 자들을 회복시키신다는 것이다. 마가와 누가가 세례 요한이 "죄 사함을 받게 하는 회개의 세례를 전파하였다"고 말했을 때, 그 말의 의미는 방금 위에서 말한 것과 다르지 않다. 어떤 무지한 자들이 마치 회개가 죄 사함의 토대가 되거나 회개가 있어야 하나님이 우리에게 은혜를 베풀기 시작하신다고 생각하는 것과는 달리, 회개가 먼저인 것이 아니고, 하나님이 먼저 사람들에게 화해를 제안하신 후에, 사람들에게 그 화해를 받아들이기 위하여 회개하라고 명령하시는 것이다. 저 비참한 존재인 사람들을 그의 은혜 속으로 받아들이셔서 "그들의 죄를 그들에게 돌리지 아니하시는"(고후 5:19) 하나님의 무조건적인 사랑이 순서상으로 먼저인 것과 마찬가지로, 우리가 주목해야 할 것은 죄 사함이 그리스도 안에서 우리에게 주어지는 것은 하나님이 우리의 죄들을 관대하게 처리하고자 하셔서가 아니라, 우리를 우리의 죄들로부터 치유하시기 위해서라는 것이다. 실제로, 죄를 미워하는 마음과 범죄한 것들에 대하여 자책하는 마음이 없이는 그 누구도 하나님의 은혜를 맛볼 수 없다. 그러나 앞으로 "회개"와 "믿음"에 대한 정의를 살펴보게 되면, 우리는 이 둘이 서로 어떻게 연결되어 있는지를 좀 더 소상하게 알 수 있게 될 것이기 때문에, 나는 여기에서는 이 가르침을 간략하게 다루고 넘어가고자 한다.

현재의 구절의 의미와 관련해서, 우리가 주목해야 할 것은 복음 전체가 두 부분, 즉 "죄 사함"과 "회개"로 구성되어 있다는 것이다. 마태는 이 둘 중에서 첫 번째의 것을 "천국"이라 지칭하기 때문에, 우리는 하나님이 사람들을 그의 은혜 속으로 받아들이실 때까지는, 사람들이 하나님을 지독하게 증오하는 상태에 있고, 천국으로부터 완전히 배제되어 있다는 결론을 얻을 수 있다. 세례 요한은 하나님의 은혜를 언급하면서 사람들에게 회개하라고 권면하지만, 우리가 잊지 말아야 할 것은 회개는 천국을 유업(遺業)으로 받는 것과 마찬가지로 하나님의 선물이라는 것이다. 하나님은 그의 긍휼하심을 인하여 값없이 우리의 죄를 용서하시고 영원한 사망의 정죄로부터 우리를 구원하시는 것과 마찬가지로, 우리를 새롭게 하셔서 그의 형상을 닮게 하심으로써 우리로 하여금 의(義)에 대하여 살게 하신다. 하나님은 값없이 우리를 양자로 삼으셔서 그의 아들들이 되게 하시는 것과 마찬가지로, 그의 성령으로 우리를 거듭나게 하셔서, 우리가 하나님을 우리의 아버지라 부르는 것이 결코 거짓되지 않다는 것을 우리의 삶으로 증언하게 하신다. 마찬가지로, 그리스도께서는 그의 피로 우리의 죄들을 씻으시고, 그의 죽음의 희생제사로 우리를 하늘에 계신 우리 아버지와 화해를 시키시지만, 그와 동시에 "우리의 옛 사람이 예수와 함께 십자가에 못 박힌 것"의 결과로 "죄의 몸이 죽어"(롬 6:6) 우리가 의(義)에 대하여 "살게" 하신다. 요약하자면, 복음은 우리로 하여금 "우리 자신"과 우리의 본성을 부인하고, "신중함과 의로움과 경건함으로 살고"(딛 2:12), 이 땅에서 천국의 삶을 묵상하는 가운데에 사는 법을 연습하게 하시기 위하여, 하나님이 자기 아들로 말미암아 우리의 죄들을 없애 주시고, 우리로 그와 교제하게 하시는 것이다.

눅 3:3. 회개의 세례를 전파하니. 이 표현 형태는 먼저 성례전들의 올바른 용도가 무엇인지를 일반적으로 보여주고, 다음으로 "세례"가 왜 제정되었는지, 그리고 세례란 과연 무엇인지를 보여준다. 성례전은 가르침도 없고 아무런 의미도 없이 그저 장엄하게 치러지는 무언(無言)의 의식(儀式)인 것이 아니라, 거기에는 하나님의 말씀이 결합되어서, 그 외적인 의식(儀式)에 생명을 부여해 준다. 여기에서 "말씀"은 퇴마사가 그의 입 안에서 웅얼거리는 주술적인 성격을 지닌 주문 같은 것을 의미하는 것이 아니라, 명료하고 뚜렷한 목소리로 선포되어 사람들의 믿음을 세워주는 말씀을 의미한다. 왜냐하면, 본문에서는 요한이 마치 하나님의 은혜가 저 가시적인 표지(標識)에 담겨 있다는 듯이 "회개의 세례를 베풀었다"고만 말하는 것이 아니라, 말씀 선포를 통해서 세례의 유익을 설명함으로써 그 가시적인 표지가 그 선포된 말씀을 통해서 효력을 발휘할 수 있게 하였다고 말하기 때문이다. 세례의 독특성은 세례는 "죄 사함을 받게 하는 회개"의 외적인 표현이라는 데에 있다. 요한이 베푼 세례의 의미와 능력과 본질은 우리가 받는 세례와 동일하기 때문에, 우리가 이 상징 행위를 그 참된 취지로부터 판단한다면, 요한의 세례가 그리스도의 세례와 다르다고 말하는 것은 옳지 않다.

마 3:3. 광야에 외치는 자의 소리. 선지자 이사야의 예언 속에 나오는 이 어구(40:3)가 오로지 세례 요한에게만 국한하여 적용되는 것은 아니지만, 어쨌든 분명한 것은 세례 요한은 이 어구가 적용되는 자들 중의 한 사람이라는 것이다. 이사야는 도성의 멸망 및 백성들에게 임할 끔찍할 재난들에 대하여 말한 후에, 뒤이어 올 회복을 약속하는데, 그의 말씀은 "너희의 하나님이 이르시되 너희는 위로하라 내 백성을 위로하라"(사 40:1)는 것이다. 성전이 무너지고, 제사들이 폐지되고, 백성들이 사로잡혀 끌려갔을 때, 그들의 형편은 절망적인 것으로 보였다. 그리고 그들은 선지자들이 그들에게 끊임없이 외친 목소리에 대하여 귀를 막아 버렸었기 때문에, 하나님은 한동안 침묵하셨다. 이사야는 저 경건한 자들이 이 암울한 침묵의 시기 동안에 낙심하여 지쳐 쓰러지지 않도록 하기 위하여, 은혜를 전하는 다른 선지자들이 장차 일어나 이 백성 가운데서 구원의 소망을 일깨울 것이라고 예언하였는데, 스가랴, 학개, 말라기 등이 바로 그런 선지자들이었다. 그러나 하나님이 약속하신 회복은 일시적인 것이 아니라 영속적인 것이고, 이사야는 주로 그리스도께서 오실 때에 실현될 구속에 대하여 예언하고 있기 때문에, 세례 요한을 이사야가 장차 일어날 것이라고 말한 은혜 또는 위로를 전할 바로 그 선지자로 보는 것이 옳을 것이다.

이사야 선지자의 예언에서 그 뒤에 나오는 어구는 "외치는 자의 소리"이다. 이 "소리"는 내가 방금 전에 언급한 하나님의 일시적인 침묵과 대비된다. 왜냐하면, 유대인들은 하나님의 가르침을 악한 의도로 멸시한 까닭에 한동안 그 가르침을 박탈당한 상태로 지내야 했기 때문이다. "광야"라는 단어는 여기에서 유대 백성이 포로기 동안에 황폐화되고 끔찍하게 파괴된 상태에 있었던 것을 나타내는 은유로 사용되고 있다. 유대 민족은 절망적일 정도로 철저하게 분쇄되었기 때문에, 그들이 "광야"에 비유된 것은 아주 적절한 것이었다. 선지자 이사야는 하나님의 은혜를 찬양하여, 이렇게 말한다: "이 백성이 그들의 땅에서 쫓겨나 멀리 끌려왔고, 심지어 사람들의 사회(社會)로부터도 배제된 채 살아 왔지만, 하나님의 목소리가 광야에서 들려서, 죽은 자들이 기쁜 위로를 받고 다시 살아나게 될 것이다." 세례 요한이 말씀을 전파하기 시작하였을 때, 이런 의미에서 예루살렘은 "광야"였다. 왜냐하면, 예루살렘은 모든 것이 황량하고 끔찍한 혼란으로 변해 있었기 때문이다. 그러나 그들은 우둔하고 완악한 자들이었기 때문에, 그들의 눈으로 직접 실제의 광야를 보고서야 제대로 실감을 하고서, 그들이 죽은 상태에 있다는 것을 깨닫고, 그들에게 제시된 구원의 약속을 받아들일 수 있게 되었을 것임에 틀림없다. 이제 우리는 이사야 선지자의 이 예언이 실제로 세례 요한에 대하여 말한 것이고, 세례 요한에게 적용될 때에 가장 적절하다는 것을 알게 되었다.

마 3:3. 너희는 주의 길을 준비하라. 이사야 선지자가 여기에서 고레스와 바사인들(페르시아인들)을 향하여 말하고 있다는 것은 의심할 여지가 없다. 왜냐하면, 하나님은 이 일에서 그들을 그의 대리자들로 사용하셨기 때문이다. 이 구절의 의미는 이런 것이다: 하나님은 자기 백성이 지나갈 수 있도록 그의 기이한 능력으로 길 없는 삼림들, 깨진 바위들, 모래사막을 관통하여 길을 내실 것이다. 왜냐하면, 하나님은 장차 그의 은혜의 사역자들을 부르셔서, 그 길을 가로막는 모든 장애물들을 제거하실 것이기 때문이다. 그러나 이것은 장차 이루어질 구속(救贖)이 어떤 것일지를 미리 개략적으로 보여주는 그림자에 불과한 것이었다. 신령한 진리가 이제 나타나기에 앞서, 세례 요한은 장애물들을 제거하라는 임무를 띠고 보내심을 받았다. 그리고 우리로 하여금 "주의 길을 준비하도록" 하기 위하여, 즉 우리가 그리스도의 나라를 가로막는 저 죄들을 길에서 제거하여 그의 은혜에로 나아갈 수 있도록 하기 위하여, 지금도 그 동일한 목소리는 우리의 귀에 들려온다. 이사야 선지자의 예언 중에서 그 뒤에 나오는 말씀도 동일한 취지이다: "굽은 것이 곧아지리라"(사 40:4). 이 말씀이 의미하는 모든 것은 이런 것이다: 세상에는 복잡하게 얽히고설켜 굽어진 것들이 있지만, 하나님은 그런 엄청난 어려움들을 헤치시고 돌파하셔서 자기 길을 만드실 것이고, 믿을 수 없는 수단과 방법들을 동원하셔서 우리의 구원을 기필코 이루실 것이다.

눅 3:6. 모든 육체가 하나님의 구원하심을 보리라. 그 구원은 결코 모호하거나 소수의 사람들만이 경험하게 되는 그런 구원이 아니라, 모든 사람이 다 각자의 눈으로 보게 될 그런 구원이 될 것이다. 이것으로부터 우리는 유대 백성이 바벨론에서 돌아왔을 때에 결코 이 예언이 성취된 것이 아니었음을 알게 된다. 왜냐하면, 그때에 하나님이 사람들의 기억에 남을 정도로 그의 은혜를 베푸신 것은 사실이지만, 그의 구원을 온 세상에 나타내신 것은 아니기 때문이다. 도리어, 선지자 이사야의 의도는 장차 나타나게 될 구원은 너무나 비상(非常)하고 기이하고 눈부시게 뛰어나서 하나님이 이전에 베푸셨던 수많은 구원들과 대비될 것임을 보여줌으로써, 교회를 향하신 하나님의 경륜이 지금까지 그토록 두드러지게 나타나거나, 하나님의 능력이 그토록 눈부시게 드러난 적이 없었다는 것을 믿는 자들에게 알게 해주기 위한 것이었다. 여기에서 "육체"는 인간 본성의 부패성을 나타내기 위한 것이 아니라, 단지 "사람들"을 가리키는 용어로 사용되었다.

마 3:4. 이 요한은 낙타털 옷을 입고. 복음서 기자는 우리가 세례 요한이 소박하고 금욕적인 삶을 살았다거나 평범하고 통상적인 수준의 인간다운 삶조차도 피하였다는 것을 그의 주된 탁월성들 중의 하나로 여기기를 바라는 것이 아니라, 세례 요한이 산 속에 살고 있었다는 말을 이미 했기 때문에, 여기에서 그의 음식과 의복도 그의 거처에 걸맞는 것이었다는 말을 덧붙이고 있는 것일 뿐이다. 복음서 기자가 이것을 언급하는 이유는 세례 요한이 소박한 음식과 옷으로 만족하였고 진수성찬을 먹지 않았다는 것만이 아니라, 그가 이렇게 보잘것없고 경멸받을 만한 옷을 입고 있었을지라도 부귀영화를 누리는 자들로부터 높은 존경을 받았다는 것을 우리에게 알게 하고자 하기 위한 것이다. 미신적인 사람들은 의(義)가 거의 전적으로 외적으로 나타난 모습에 있다고 여겨서, 이런 종류의 금욕 생활이야말로 온전한 거룩함이라고 생각하는 것이 보통이다. 또한, 세례 요한이 평범한 삶을 멸시하여 독신으로 산 것이라고 추측하는 것도 앞에서 말한 것과 거의 비슷하게 잘못된 생각이다. 은둔자들과 수도사들이 지닌 우월성은 그들이 다른 사람들과 다르다는 것밖에 없다. 아니, 무지(無知)가 너무 지나쳐서, 그들은 "낙타털"을 온 몸에 걸치고 다니기까지 하였다.

복음서 기자가 여기에서 도시의 온갖 세련됨과 진수성찬과는 한참이나 거리가 먼 산중(山中)의 사람, "메뚜기와 석청" 같이 자연에서 얻어서 그대로 먹을 수 있고 그 지역에서 아주 풍부하게 났던 것들을 먹는 것으로 만족하였던 사람을 묘사하고 있다는 것은 의심의 여지가 없다. 또는, 복음서 기자는 보잘것없는 외모를 지니고서 세련된 것이라고는 찾아볼 수 없는 인물이 사람들 앞에 나타났을 때에, 이러한 장점으로 인해서 하나님의 위엄이 오직 그에게서만 빛났고, 이것이 모든 사람에게 경이로움과 놀라움을 불러일으켰다는 것을 보여주고자 했을 수도 있다. 왜냐하면, 우리는 사람들의 큰 무리가 사방에서 세례 요한에게로 몰려 왔다는 말씀이 직후에 나오는 것을 볼 수 있기 때문이다. 이것을 통해서 우리는 세례 요한의 명성이 아주 널리 퍼져 나갔다는 것을 알 수 있다. 또는, 복음서 기자는 세례 요한의 삶을 검소한 삶을 보여주는 특별한 예로 제시함으로써, 유대인들로 하여금 그의 가르침에 대하여 공경하는 마음을 갖게 하거나, 적어도 "세례 요한이 와서 떡도 먹지 아니하며 포도주도 마시지 아니하매 귀신이 들렸다"(눅 7:33)고 비난한 것은 배은망덕한 짓이었음을 깨우치는 것이 하나님의 뜻이었음을 보여주기 위한 것일 수도 있다.

마 3:6. 자기들의 죄를 자복하고 세례를 받더니. 막 1:5. 자기 죄를 자복하고 세례를 받더라. 이러한 "자복"은 "회개"의 증거였다. 왜냐하면, 주님이 성례전에서 마치 그가 친필로 쓰셨다는 듯이 우리에 대하여 스스로 의무를 지시는 것과 마찬가지로, 거기에 부응하여 주님께 화답하는 것은 우리의 본분이기 때문이다. 세례에서 주님은 우리의 죄가 사함을 받았다고 선언하시고, 우리를 회개로 부르신다. 사람들이 제대로 세례를 받기 위해서는, "죄를 자복하는" 것이 요구된다. 그렇게 하지 않으면, 세례를 둘러싼 모든 행위는 쓸데없는 헛수고가 되고 말 것이다. 따라서 우리가 명심할 것은 미리 검증을 거치지도 않은 채로 성인(成人)들을 무차별적으로 교회 속으로 끌어들이거나, 아무에게나 세례를 주어서 그리스도의 몸을 이루는 지체들로 받아들이는 일이 없어야 한다는 것이다.

여기에서 교황주의자들이 이 구절을 고해성사의 근거로 인용하는 것이 성경 말씀에 대한 얼마나 터무니없는 왜곡인지가 분명하게 드러난다. 이 구절 속에는 각 개인이 제사장의 귀에 대고 은밀하게 자신의 죄를 읊조렸다는 말이 나오지 않고, 제사장들이 각 사람의 모든 죄들을 낱낱이 열거하였다는 말도 나오지 않으며, 세례 요한이 자기 제자들에게 "자복"(고해)의 통상적인 규칙을 일임하였다는 말도 나오지 않는다. 교황주의자들이 요구하는 모든 것을 다 용인(容認)한다고 할지라도, "자복"(고해)은 오직 세례를 받을 자들에게만 해당되는 것이고, 세례를 이미 받은 자들에게는 해당되지 않는다. 어쨌든, 확실한 것은 교황주의자들이 세례 후의 고해(告解)에 대하여 정한 규례는 세례 요한의 모범으로부터 그 어떤 지지도 얻을 수 없다는 것이다.

[7]요한이 많은 바리새인들과 사두개인들이 세례 베푸는 데로 오는 것을 보고 이르되 독사의 자식들아 누가 너희를 가르쳐 임박한 진노를 피하라 하더냐 [8]그러므로 회개에 합당한 열매를 맺고 [9]속으로 아브라함이 우리 조상이라고 생각하지 말라 내가 너희에게 이르노니 하나님이 능히 이 돌들로도 아브라함의 자손이 되게 하시리라 [10]이미 도끼가 나무 뿌리에 놓였으니 좋은 열매를 맺지 아니하는 나무마다 찍혀 불에 던져지리라(마 3:7-10).

[7]요한이 세례 받으러 나아오는 무리에게 이르되 독사의 자식들아 누가 너희에게 일러 장차 올 진노를 피하라 하더냐 [8]그러므로 회개에 합당한 열매를 맺고 속으로 아브라함이 우리 조상이라 말하지 말라 내가 너희에게 이르노니 하나님이 능히 이 돌들로도 아브라함의 자손이 되게 하시리라 [9]이미 도끼가 나무 뿌리에 놓였으니 좋은 열매 맺지 아니하는 나무마다 찍혀 불에 던져지리라 [10]무리가 물어 이르되 그러

면 우리가 무엇을 하리이까 ¹¹대답하여 이르되 옷 두 벌 있는 자는 옷 없는 자에게 나눠 줄 것이요 먹을 것이 있는 자도 그렇게 할 것이니라 하고 ¹²세리들도 세례를 받고자 하여 와서 이르되 선생이여 우리는 무엇을 하리이까 하매 ¹³이르되 부과된 것 외에는 거두지 말라 하고 ¹⁴군인들도 물어 이르되 우리는 무엇을 하리이까 하매 이르되 사람에게서 강탈하지 말며 거짓으로 고발하지 말고 받는 급료를 족한 줄로 알라 하니라(눅 3:7-14).

마 3:7. 요한이 많은 바리새인들을 … 보고. 마태와 누가는 여기에서 세례 요한 이 단지 무리들을 향하여 일반적인 방식으로만 회개를 전파한 것이 아니라, 자신 의 강론(講論)을 각 개인들에게 적용하기도 하였다고 말한다. 가르치는 자가 지금 무엇이 필요한 때이고 각 개인들에게 무엇이 필요한지를 제대로 살필 수 있는 분 별력을 갖추지 못한 경우에는, 이 가르침의 방식은 실제로는 아주 무익할 것이다. 그런 점에서, 모든 사람을 동등하게 대하는 것은 각 사람을 가장 불공평하게 대하 는 것이라 할 수 있다. 이런 이유로, 세례 요한은 바리새인들과 사두개인들을 향하 여 훨씬 더 심한 말을 하였다. 왜냐하면, 그는 그들의 위선과 넘치는 교만을 보고 서, 그들이 평범한 사람들보다 더 심한 질책을 받아야 마땅하다고 여겼기 때문이 다. 그의 의도를 좀 더 제대로 이해하려면, 우리는 외적으로 거룩함의 탈을 쓰고서 그들 자신은 물론이고 다른 사람들까지 속이는 위선자들("외식하는 자들")보다 더 어리석은 자는 없다는 것을 깨닫지 않으면 안 된다. 하나님은 사방에서 우렛소리 로 온 세상을 치고 계시는데도, 그들은 그들 자신을 위한 피난처를 만들어서, 그 속 으로 들어가 자신만의 망상 속에서 논다. 왜냐하면, 그들은 하나님의 심판은 그 들과는 아무 상관이 없다고 확신하기 때문이다. 세례 요한이 첫 대면에서 그들을 이렇게 심하게 대한 것은 부적절한 처사였다고 생각하는 사람이 있는가? 나의 대 답은 이렇다. 즉, 세례 요한은 그들을 모르고 있었던 것이 아니었고, 그들에 대하여 그가 지니고 있던 지식은 그들을 직접 겪어서 알게 된 것이 아니라, 성령의 은밀한 계시를 통해서 온 것이었다는 것이다. 그러므로 그들이 교만으로 더욱 부풀어서 득의양양하게 집으로 돌아가지 않도록 하기 위해서는, 그가 그들을 가차 없이 질 책하고 책망할 필요가 있었다. 그들은 세례를 통해서 이후로는 이전과는 다른 사 람이 되겠다고 고백한 후였기 때문에 그러한 호된 질책에도 두려워하지 않았을 것 임에 틀림없으므로 세례 요한이 굳이 그렇게까지 할 필요가 없었다는 반론이 있을 수 있다. 이 반론에 대한 나의 답변은 한층 더 쉽고 간단하다. 즉, 하나님께 거짓말을 하고 스스로를 속이는 일을 밥 먹듯이 하는 자들은 현실을 직시하지 못하고 위선과 가식에 빠져서 살아가는 자들이기 때문에, 다른 사람들에게 하는 것보다 더 호된 질책을 통해서 참된 회개를 하도록 강권할 필요가 있다는 것이다. 앞에서도 말했듯이, 위선자들, 즉 외식하는 자들에게는 놀라울 정도로 끈질긴 완악함이 있어서, 그들은 심한 매질에 의해서 껍질이 벗겨나갈 때까지는 악착같이 그 껍질을 붙잡고 놓지 않는다.

세례 요한이 그들을 모든 사람들이 보는 앞에서 큰 소리로 공개적으로 꾸짖은 것은 그들이 아니라 다른 사람들을 위한 것이었고, 이것이 누가가 세례 요한이 이 말을 "무리에게" 하였다고 쓰고 있는 이유이다(눅 3:7). 세례 요한으로부터 책망을 받은 자들은 소수였지만, 요한의 의도는 모든 사람들에게 두려움을 주는 것이었다. 바울도 "범죄한 자들을 모든 사람 앞에서 꾸짖어 나머지 사람들로 두려워하게 하라"(딤전 5:20)고 말함으로써, 공개적인 책망의 유익이 어떤 것인지를 우리에게 말해준다. 세례 요한은 위선적이고 가식적으로 회개의 모양만을 내어서는 안 되고 진심으로 회개해야 한다는 것을 바리새인들과 사두개인들에게 직접 말함과 동시에, 그들을 통하여 모든 사람에게 경고하고 있는 것이다. 게다가, 바리새인들과 사두개인들이 어떤 부류의 사람들인지를 아는 것은 유대 민족 전체에게 대단히 중요한 일이었다. 왜냐하면, 그들은 하나님에 대한 예배를 비참할 정도로 타락시키고 교회를 황폐화시키며 신앙 전체를 무너뜨린 자들, 한 마디로 말해서, 그들의 부패하고 타락한 언행들을 통해서 하나님의 빛을 꺼버리고, 그들이 저지른 범죄들을 통해서 모든 것을 오염시켜 버린 자들이었기 때문이다.

그러므로 세례 요한이 바리새인들을 공개적으로 꾸짖은 것은 아마도 하나님의 교회 전체의 유익을 위해서, 그러니까 바리새인들이 그들의 허울 좋은 겉모습을 통해서 순진한 사람들의 눈을 더 이상 현혹시키지 못하게 하고, 사악한 전횡(專橫)을 통해서 백성들을 압제 아래 붙들어 두지 못하도록 하기 위해서였을 가능성이 크다. 이 점에서, 세례 요한이 백성들로부터 많은 존경을 받고 있던 자들이라고 해서 그들의 명성을 고려하여 그들을 대충 눈감아 준 것이 아니라, 도리어 그들의 신분과 직위에 걸맞는 원래의 본분으로 돌아가라고 호되게 꾸짖은 것은 그의 단호함을 보여주는 주목할 만한 예였다고 할 수 있다. 모든 가르치는 자들은 이렇게 사람들이 지닌 권력을 두려워하지 말고, 그리스도를 "대적하여 높아진 것을 다 무너뜨리기"(고후 10:5) 위하여 열심을 가지고 담대하게 행하여야 한다.

　　성령의 도구였던 세례 요한이, 자원하여 세례를 받고 복음을 공개적으로 고백하기 위하여 온 자들을 향한 그의 일성(一聲)에서 이토록 심한 표현을 사용한 것을 생각할 때, 그리스도의 불구대천의 원수들, 즉 건전한 가르침에 속한 모든 것들을 완고하게 거부할 뿐만 아니라, 자신들이 쥐고 있는 불과 검으로써 폭력을 사용하여 그리스도의 이름을 사라지게 하고자 애쓰는 자들에 대하여 우리는 지금 어떻게 행하여야 마땅하겠는가? 당신이 교황과 그가 거느린 가증스러운 성직자들을 바리새인들 및 사두개인들과 비교한다면, 그들을 가능한 가장 온건하게 처리한다고 해도, 그것은 그들을 모두 한 덩어리로 묶어서 던져 버리는 것이 될 것임에 틀림없다. 그 귀가 아주 예민하고 까다로워서 교황에 대한 그 어떤 쓴 소리도 참고 들을 수 없는 자들은 우리가 아니라 하나님의 성령과 변론을 해야 할 것이다. 그렇지만, 경건한 자들은 거룩한 열심에 사로잡혀서, 교회에 전횡을 일삼는 폭군들에 맞설 때에 육신(肉身)의 감정들이 거기에 개입되거나 섞이지 않도록 조심하여야 한다. 성령의 지혜에 의해서 이끌림을 받지 않은 그 어떤 격정도 하나님의 인정(認定)을 받을 수 없기 때문에, 경건한 자들은 그들의 감정을 다스릴 뿐만 아니라, 그들 자신을 성령에 복종시켜서, 자기도 알지 못하는 사이에 감정에 이끌리는 일이 없도록[자의적이고 무분별한 말이 무의식중에 튀어나오지 않도록 — 불어판] 성령께서 인도해 주시라고 간구하여야 한다.

　　마 3:7. 독사의 자식들아. 세례 요한이 그들을 그냥 "독사들"이라고 부르지 않고 "독사의 자식들"이라고 부른 것은 그들 부류 전체가 지닌 독기(毒氣)를 품은 악의를 드러내기 위한 것이다. 왜냐하면, 그는 단지 거기에 와 있는 몇몇 바리새인과 사두개인만이 아니라, 그들의 무리 전체를 단죄하고, 이 두 부류가 오직 뱀들만을 낳는다고 책망하고자 하였기 때문이다. 바리새파와 사두개파는 서로를 비방하며 격렬한 당파 싸움을 했지만, 하나님을 멸시하거나 사악한 욕망으로 권력을 쥐고자 하거나 건전한 가르침을 미워하거나 무수히 많은 메스꺼운 범죄들을 저지를 때에는 서로 마음이 아주 잘 맞았다.

　　마 3:7. 누가 너희를 가르쳐. 세례 요한은 그들의 회개에 대하여 의구심을 가졌기 때문에, 그들이 진심으로 회개하는 것이 과연 가능한 일인지에 대하여 의문을 던지며, 그들에게 이런 질문을 하고 있는 것이다. 세례 요한은 이런 식의 질문을 던짐으로써, 그들로 하여금 그들 자신을 철저하게 살펴서, 온갖 위선과 거짓을 벗어

버리고, 그들이 저지른 범죄들에 대한 철저하고도 엄격한 조사를 시작하도록 하기 위하여, 그들을 그들의 내면에 있는 양심의 법정으로 소환한다. 바울이 "율법은 진노를 이루게 하나니"(롬 4:15)라고 말하거나, "하나님의 진노하심에 맡기라"(롬 12:19)고 말하고 있듯이, "진노"는 많은 다른 대목들에서와 마찬가지로 여기에서도 하나님의 심판을 나타낸다. 세례 요한은 그들을 그들의 몸에 밴 무사안일함(securis)으로부터 나오게 하기 위하여, 이 진노를 그들의 머리 위에 걸려 있는 "임박한 진노"라고 표현한다. 왜냐하면, 하나님의 진노가 흘러넘쳐서 하나님의 징벌이 온 세상을 친다고 할지라도, 위선자들("외식하는 자들")은 언제나 자기만은 그 징벌을 피할 수 있을 것이라는 망상을 품고 살아가기 때문이다. "하나님의 진노를 피하다"라는 어구는 여기에서 하나님이 더 이상 우리에게 진노하시지 않도록 하나님의 진노를 누그러뜨릴 수 있는 수단을 찾는다는 좋은 의미로 해석될 수 없다. 왜냐하면, 상당수의 사람들은 하나님의 진노를 피하기 위하여 도리어 하나님의 인도하심과 권위로부터 도망치기 때문이다. 그러나 죄인이 하나님으로부터 도망쳐서 얻을 수 있는 것은 하나님의 진노를 더욱더 돋우는 것뿐이다.

마 3:8; 눅 3:8. 그러므로 회개에 합당한 열매를 맺고. 세례 요한은 내가 방금 전에 한 말, 즉 행실로 증명되지 않는 말뿐인 회개는 아무 가치가 없다는 것을 확인해 준다. 왜냐하면, 회개는 너무나 중요한 문제여서 가볍게 또는 자의적으로 평가되어서는 안 되기 때문이다. 그래서 세례 요한은 그들이 행한 엄숙한 선언만으로는 충분하지 않기 때문에, 시간이 지나면서 그들의 행위가 과연 그들이 진정으로 회개하였는지의 여부를 분명하게 드러내 줄 것이라고 단호하게 말한다. 우리가 주목해야 할 것은 "선한 일들"(딛 3:8)이 여기에서는 "회개의 열매"로 불리고 있다는 사실이다. 왜냐하면, "회개"는 마음과 영혼에서 일어나는 내적인 일이지만, 시간이 흐르면서 삶의 변화를 통해 그 열매들을 내기 때문이다. 그러나 이 부분의 교리 전체가 교황주의자들에 의해서 심각하게 왜곡되어 왔기 때문에, 우리는 회개는 사람이 내적으로 새로워져서(interior renovatio), 마치 나무가 그 열매를 내듯이, 그 결과가 외적인 삶에서 나타나는 것을 가리킨다는 것을 명심하여야 한다.

마 3:9. 속으로 생각하지 말라. 눅 3:8. 속으로 말하지 말라. 이 두 구절의 취지는 의심할 여지 없이 동일하기 때문에, 세례 요한의 의도가 무엇인지를 확인하기는 쉽다. 위선자들은 심한 압박을 받기 전까지는 그들의 죄들 가운데서 잠을 자고 있거나 방탕과 쾌락에 빠져 있다. 그러나 하나님의 법정에 소환되면, 그들은 어떤 핑곁거리를 찾거나 사실을 은폐하거나 하나님과 그들 사이에 어떤 엄호물을 설치하고자 애를 쓴다. 세례 요한이 바리새인들과 사두개인들을 향하여 한 말씀은 이런 뜻이다: "내가 너희를 호되게 꾸짖고 있는 지금, 너희와 같은 부류의 사람들이 흔히 그래 왔듯이, 헛되고 기만적인 직함을 내세워서 그 뒤에 숨을 생각일랑 하지를 마라."

이런 식으로 해서, 세례 요한은 그들을 지금까지 홀려 왔던 저 악하고 거짓된 자신감을 그들로부터 떼어놓는다. 그들은 하나님이 아브라함과 맺으신 언약을 그들의 악한 양심을 옹호하기 위한 방패막이로 사용하였다. 즉, 그들은 각 사람이 구체적으로 어떤 사람이냐에 따라 구원이 결정된다고 생각한 것이 아니라, 하나님이 아브라함의 모든 자손을 통째로 다 양자로 삼으셨다고 생각하였다. 아브라함의 믿음을 좇은 자들 외에는 그 누구도 "아브라함의 자손"(요 8:33)으로 여겨질 자격이 없고, 믿음이 없이는 사람이 구원을 얻는 데에 하나님의 언약이 아무런 효력이 없는데도 불구하고, 그들은 결코 그렇게 생각하지 않았다. 이 본문에서 "속으로"라는 작은 어구조차도 의미가 없지 않다. 왜냐하면, 위선자들은 사람들에게보다도 하나님에게 더 중대한 기만과 협잡을 일삼는 것을 부끄러워하지 않는 자들이어서, 그들은 그들이 아브라함의 자손이라는 것을 말로 자랑하지는 않았지만, 속으로는 그렇게 불리는 것을 기뻐하였기 때문이다.

마 3:9; 눅 3:8. 하나님이 능히 … 하시리라. 유대인들은 오늘날 교황주의자들이 오만방자하게 내세우는 것과 거의 동일한 거짓된 자만(自慢)에 빠져 우쭐해 있었다. "세상에는 교회가 있어야 한다. 왜냐하면, 이 세상에서 하나님을 인정하고 그의 이름을 부르는 자들을 남겨 두시고자 하시는 것이 하나님의 뜻이기 때문이다. 그러나 [하나님은 우리를 그의 언약의 수호자들로 임명하셨기 때문에 ─ 불어판] 하나님이 그의 언약을 맡기신 교회는 우리 외에는 그 어디에도 있을 수 없다." 이러한 오만함을 보인 자들은 주로 대제사장들을 비롯해서 교권(敎權)에 조금이라도 참여하였던 자들이었다. 그들은 평범한 무리들을 속되거나 "저주를 받은"(요 7:49) 자들로 취급하고, 그들 자신을 거룩한 첫 열매들로 여겼다. 마치 우리 시대에 주교들과 대수도원장들과 성당 참사회원들과 수도사들과 소르본 대학 신학자들과 온갖 부류의 사제들이 성직자라는 직함을 자랑하면서, 평신도들을 멸시하듯이 말이다. 세례 요한은 그들이 아니어도 이 세상에는 하나님의 교회가 얼마든지 존재할 수 있다고 말함으로써, 하나님의 약속을 지나치게 의지하는 자들의 이러한 오류를 드러내어 반박한다.

그러므로 이 말씀의 의미는 이런 것이다: "하나님은 아브라함 및 그의 자손과 영원한 언약을 맺으셨지만, 너희는 한 가지 점에서 착각하고 있는데, 그것은 너희가 사생아보다도 못한 자들인데도 스스로 아브라함의 유일한 자손이라고 자처하며 망상에 젖어 있다는 것이다. 그러나 하나님은 장차 도처에서 새로운 아브라함의 자손을 일으키실 것이다." 세례 요한이 이 어구를 "아브라함에게(τώ Ἀβραάμ-토 아브라암) 자손을 일으키실 수 있으시다"라고 여격으로 표현한 것은 하나님의 약속은 이루어지지 않는 법이 없어서, 그들이 아브라함의 자손이 되지 못하더라도, 아브라함은 다른 자손을 얻을 것이기 때문에 결코 속임을 당하지 않을 것임을 우리에게 알게 해주기 위한 것이다. 이렇게, 창세로부터 하나님은 그의 종들에게 신실하셨고, 그들에게 주신 약속을 결코 이루지 않으신 적이 없으시기 때문에, 비록 위선자들을 배제하신다고 할지라도, 하나님이 옛적에 그들의 자손에게 긍휼을 베푸시겠다고 하신 약속을 장차 반드시 이루실 것이다. 어떤 이들은 여기에서 세례 요한이 하나님이 장차 이방인들을 부르실 것에 대하여 말한 것이라고 생각하지만, 나는 그런 생각은 근거가 없다고 본다. 세례 요한은 단지 교만한 자들이 교회가 다른 곳으로 옮겨지는 일은 있을 수 없다고 믿고 있었기 때문에, 하나님은 "돌들로도" 아브라함의 "자손"을 만드실 수 있는 분이므로, 그들이 생각하지 못한 방식들을 사용하셔서, 그들을 내치시고도 얼마든지 그의 능력으로 그의 교회를 이 세상에 보존하실 수 있으시다는 것을 그들에게 일깨워주고 있는 것이다.

마 3:10; 눅 3:9. 이미 도끼가. 세례 요한은 위선자들에게서 헛된 자만(自慢)의 엄호물을 벗겨 버린 후에, 임박한 하나님의 심판을 선포한다. 그는 앞서 그들이 배제되어도 이 세상에는 하나님의 백성이 있을 것이라고 말하였었는데, 여기에서는 마치 열매 맺지 못하는 나무들을 찍어내 버리듯이 하나님이 합당치 않은 자들을 머지않아 교회로부터 몰아내실 것이라는 말씀을 덧붙인다. 그의 말의 의미는 교회를 정화(淨化)하기 위한 하나님의 능력이 이미 나타났다는 것이다. 세상을 멸망시키기 위한 하나님의 심판이 먼저 나타나기 전에는, 경건한 자들의 구원을 위한 하나님의 은혜는 결코 나타나지 않는데, 그 이유는 두 가지이다. 첫 번째는 그 때에 하나님이 자기 백성을 타락한 자들로부터 분리해 내시기 때문이고, 두 번째는 세상의 배은망덕으로 인해서 하나님의 진노가 새롭게 점화되기 때문이다. 따라서 복음을 전파하는 것과 그리스도께서 오신 것이 열매를 맺지 못하는 나무들을 찍어내

버리기 위해 그 뿌리에 도끼를 놓는 것이라고 말하는 것, 또는 이 두 가지가 악한 자들에 대한 하나님의 진노를 매일매일 앞당기는 것이라고 말하는 것을 우리는 이상하게 생각할 이유가 없다.

눅 3:10. 무리가 물어. 진정으로 회개하게 되면, 가엾은 죄인의 마음속에는 하나님의 뜻 또는 명령이 무엇인지를 알고자 하는 간절한 소원이 생겨나게 된다. 세례 요한은 "회개에 합당한 열매"가 무엇인지를 몇 마디 말로 간단히 설명해 준다. 왜냐하면, 세상은 언제나 외적인 의식(儀式)들을 행함으로써 하나님에 대한 그들의 본분을 면제받고자 하기 때문이다. 하나님이 우리에게 회개하라고 부르실 때마다, 우리는 진심으로 회개하는 것이 아니라, 도리어 하나님께 가식적인 예배를 드림으로써, 그 곤경을 벗어나고자 하는 아주 강력한 성향이 우리 안에 존재한다. 그렇다면, 세례 요한은 여기에서 어떤 열매들을 권고하고 있는 것인가? 그것은 구제(救濟)를 비롯해서 율법의 두 번째 돌판에 기록된 본분들이었다. 왜냐하면, 하나님은 내면의 경건을 외적으로 고백하는 일과 그를 예배하는 일을 무시하시는 것은 아니지만, 율법의 두 번째 돌판에 기록된 본분들이야말로 스스로 속을 위험성이 비교적 덜한 좀 더 확실한 표지(標識)이기 때문이다. 위선자들은 외적인 의식(儀式)을 열심히 행함으로써 그들 자신이 하나님을 예배하는 자들이라는 것을 증명하고자 무척 애를 쓰지만, 참된 의(義)에 대해서는 눈길도 주지 않는다. 왜냐하면, 그들은 자신의 이웃들에 대하여 냉혹하거나, 그들의 삶이 거짓과 부정직(不正直)에 중독되어 있기 때문이다.

그러므로 세례 요한은 그들이 사람들을 대할 때에 올바르고 공정한지, 가난한 자들을 구제하는지, 불쌍한 사람들에게 관대하고 너그러운지, 하나님이 그들에게 주신 것을 남들에게 후히 나눠주는지 등과 같은 아주 소박하고 뻔히 드러날 수밖에 없는 기준들을 잣대로 삼아서 그들로 하여금 그들 자신을 살펴보게 하여야 했다. 이것이 우리 주님이 "정의와 긍휼과 믿음"을 "율법의 더 중한" 일들이라고 하신 이유이고(마 23:23), 성경이 도처에서 "의와 공의"를 권면하는 이유이다. 우리가 특히 주목해야 할 것은 여기에서 구제(救濟)의 본분들이 언급된 것은 그것들이 하나님을 예배하는 것보다 더 높은 가치를 지니고 있기 때문이 아니라, 그것들이 사람들의 경건을 증명해 주는 시금석(試金石)이 되어서, 마음은 전혀 아닌 데도 입으로만 자신의 경건을 자랑하는 자들의 위선을 드러내 주기 때문이라는 것이다.

그러나 과연 세례 요한이 그리스도의 제자가 되고자 하는 모든 자들에게 "옷 두 벌"을 가져서는 안 된다고 문자 그대로의 의미로 명령한 것인가라는 질문이 제기될 수 있다. 우리가 먼저 주목해야 할 것은 이것은 일부로써 전체를 나타내는 제유법(提喩法) 또는 대유법(代喩法)이라 불리는 수사적(修辭的) 표현이라는 것이다. 따라서 우리는 이 구절로부터 하나님이 규정하신 구제(救濟)의 법에 합치하는 의미를 도출해 내야 하는데, 그것은 각 사람은 자신의 남는 것으로 가난한 자들에게 부족한 것들을 공급하여야 한다는 것이다. 하나님은 세(稅)를 내고자 하지 않는 자들에게 "인색함으로나 억지로" 내게 하여 착취하시는 분이 결코 아니시다. 왜냐하면, "하나님은" 자원하여 "즐겨 내는 자를 사랑하시기"(고후 9:7) 때문이다. 내가 이런 말을 하는 것은 사람들이 자신의 재물 중에서 일부를 자원하여 즐거운 마음으로 드릴 때에 그것은 하나님을 기쁘시게 하는 향기로운 제사가 되고, "하나님은 이 같은 제사를 기뻐하신다"(히 13:16)는 것을 확실히 아는 것은 대단히 중요하기 때문이다.

누구도 자신의 재산을 소유해서는 안 된다는 것을 법으로 제시하는 자들은 사람들의 양심을 두려워 떨게 만들 뿐만 아니라 절망으로 압도해 버리는 것이다. 이 구절의 문자적인 의미를 완고하게 고집하는 이런 종류의 광신자들을 반박하는 일에 우리가 많은 시간을 허비할 필요는 없을 것이다. 만약 우리가 "옷 두 벌"을 갖는 것이 허용되지 않는다면, 이 동일한 규범은 접시와 소금 그릇과 셔츠, 그러니까 집안의 모든 가구에도 적용되어야 할 것이다. 그러나 문맥을 보면, 기존 질서를 뒤집어엎는 것이 세례 요한의 의도가 아니라는 것은 너무도 분명하다. 이것으로부터 우리는 세례 요한이 부자들에게 명령한 것은, 부자들이 그들의 능력과 형편에 따라서 가난한 자들에게 그들의 것을 나누어 주라는 것이 전부임을 알게 된다. "이제 너희의 넉넉한 것으로 그들의 부족한 것을 보충함은 후에 그들의 넉넉한 것으로 너희의 부족한 것을 보충하여 균등하게 하려 함이라"(고후 8:14). 그러나 하나님이 우리에게 자유를 주시면 주실수록, 우리는 우리 자신이 부당한 자유를 누리지 않도록 더욱 조심하여야 한다[하나님이 우리를 온유하게 대하시고 더 큰 자유를 주실수록, 우리는 자만에 빠지거나 고삐를 너무 느슨하게 하지 않도록 더욱 조심하여야 한다 — 불어판]. 우리는 우리 형제들의 궁핍을 마음 아파해야 하고, 하나님이 우리 손에 풍성하게 주실수록 후히 나누어 주는 일에 더욱 힘써야 한다.

눅 3:12. 세리들도 … 와서. 세례 요한은 "세리들"에게 회개하라는 일반적인 권면을 줄 뿐만 아니라, 그들의 직업에 특유한 의무들을 요구한다. 왜냐하면, 각 사람은 율법의 일반적인 규범 외에도 자신이 부르심을 받은 직업의 성격에 따라서 요구되는 것들을 행하는 것이 마땅하기 때문이다. 모든 그리스도인들은 차별 없이 누구나 "하나님의 가르치심을 받아 서로 사랑하는"(살전 4:9) 것이 마땅하지만, 각자의 직분이나 위치에 따른 특별한 의무들이 있다. 예를 들면, 교사가 교회에 대하여, 방백이나 관리가 백성들에 대하여, 백성들이 방백에 대하여, 남편이 자기 아내에 대하여, 아내가 자기 남편에 대하여, 그리고 끝으로 자녀와 부모가 서로에 대하여 행하여야 할 의무들이 있다. 대체로 "세리들"이라는 부류는 탐욕스럽고 남의 것을 힘으로 강탈하며 잔혹하고, 흔히 부당한 착취를 통해서 백성들을 압제하는 자들이었다. 그러므로 세례 요한이 세(稅)를 거둘 때에 적절한 것 이상으로 거두지 말라고 명령한 것은 세리들이 대체로 관행처럼 저지른 저 범죄들을 책망한 것이다. 이와 동시에, 이것으로부터 우리는 방백들이 세금을 부과하는 것과 마찬가지로 그리스도인이 세금을 받거나 거두는 것도 합법적이라는 결론을 도출해 낼 수 있다.

우리는 전쟁에 대해서도 동일한 방식으로 판단하여야 한다. 세례 요한은 군인들에게 그들의 무기를 버리고 그들의 서약을 파기하라고 하지 않고, 단지 군인으로 복무한다는 구실로 불쌍한 사람들에게서 재물을 약탈하거나 죄 없는 자들을 거짓으로 고소하거나 착취하는 죄를 범하지 말라고만 명하는데, 이 모든 범죄들은 군인들 중에서 상당수가 습관처럼 행해 왔던 것들이었다. 세례 요한의 이 말은 분명히 시민 정부를 인정하는 의미를 담고 있다. 세례 요한은 그의 설교를 듣는 자들이 무지한 백성이었기 때문에, 기독교적인 온전한 교훈에 훨씬 못 미치는 초보적인 가르침들만을 그들에게 주었다고 말하는 것은 무익한 궤변에 불과하다. 세례 요한의 직임은 "주를 위하여 세운 백성을 준비하는"(눅 1:17) 것이었고, 그가 그 직임을 온전히 그리고 충실하게 수행하였으리라는 것은 의문의 여지가 없다. 복음은 인간의 정부(政府)를 반대한다고 말함으로써 마치 그리스도가 그의 천부(天父)께서 인정하신 것을 부정하셨다는 듯이 복음을 비방하는 자들은 중상모략과 신성모독의 죄를 범하는 것이다. 그러나 칼이 없이는 법들은 죽은 것이고, 법적 판단들은 강제력이나 권위를 지니지 못한다. 방백들에게는 사형집행인만이 아니라, 군대를 비롯해서 그들을 섬겨 일할 다른 사람들도 필요한데, 군대의 도움이 없이는 질서를 유지하는 것 자체가 불가능할 것이다. 하지만, 그들에게 왜 무력이 주어졌는지 그 목적이 반드시 고려되어야 한다. 관리들이나 군인들은 마치 살육이 그들의 주된 일이라도 된다는 듯이 이득을 얻기 위하거나 기분 내키는 대로 사람들을 죽이거나 잔인한 짓을 행하여서는 안 되고, 꼭 필요할 때에 대중의 유익을 위해서만 무력을 사용하여야 한다.

[11]나는 너희로 회개하게 하기 위하여 물로 세례를 베풀거니와 내 뒤에 오시는 이는 나보다 능력이 많으시니 나는 그의 신을 들기도 감당하지 못하겠노라 그는 성령과 불로 너희에게 세례를 베푸실 것이요 [12]손에 키를 들고 자기의 타작 마당을 정하게 하사 알곡은 모아 곳간에 들이고 쭉정이는 꺼지지 않는 불에 태우시리라(마 3:11-12).

[7]그가 전파하여 이르되 나보다 능력 많으신 이가 내 뒤에 오시나니 나는 굽혀 그의 신발끈을 풀기도 감당하지 못하겠노라 [8]나는 너희에게 물로 세례를 베풀었거니와 그는 너희에게 성령으로 세례를 베푸시리라(막 1:7-8).

[15]백성들이 바라고 기다리므로 모든 사람들이 요한을 혹 그리스도신가 심중에 생각하니 [16]요한이 모든 사람에게 대답하여 이르되 나는 물로 너희에게 세례를 베풀거니와 나보다 능력이 많으신 이가 오시나니 나는 그의 신발끈을 풀기도 감당하지 못하겠노라 그는 성령과 불로 너희에게 세례를 베푸실 것이요 [17]손에 키를 들고 자기의 타작 마당을 정하게 하사 알곡은 모아 곳간에 들이고 쭉정이는 꺼지지 않는 불에 태우시리라 [18]또 그밖에 여러 가지로 권하여 백성에게 좋은 소식을 전하였으나(눅 3:15-18).

이 세 복음서 기자들은 세례 요한의 강론(講論)을 동일한 말들로 표현한다. 누가의 기사(記事)는 한 가지 점에서 더 자세하다. 왜냐하면, 그는 이 강론이 행해지게 된 계기를 서두에서 설명하기 때문이다. 백성들 가운데서 잘못된 견해로 말미암아 세례 요한에게 그리스도에게나 합당한 영광과 존귀를 돌릴 위험성이 발생하였다. 그러한 오해가 생겨나자마자 곧바로 그 오해를 불식시키기 위해서, 세례 요한은 자기는 그리스도가 아니라는 것을 분명하게 밝히고, 그리스도와 자기는 다르다고 확실하게 선을 그음으로써, 그리스도의 대권(大權)이 침해를 받지 않게 한다. 그는 나중에 자발적으로 자신의 제자들을 그리스도께 넘겨줌으로써 이 오해를 불식시키지만, 그보다 앞서 더 이상 침묵했다가는 백성들의 오해가 그대로 사실로 굳어질 것을 염려하여, 이렇게 이 문제를 거론하게 된 것이다.

마 3:11. 내 뒤에 오시는 이는 나보다 능력이 많으시니. 세례 요한은 이렇게 그리스도가 능력과 신분에 있어서 자기보다 훨씬 더 우월하시기 때문에, 자기는 그리스도의 하인이 되기도 부족한 자라고 분명하게 말한다. 그는 그리스도의 영광을 찬양하기 위하여 통상적인 표현법을 사용해서, 자기는 그리스도에 비하면 아무것도 아니라고 밝힌다. 그의 말의 주된 부분은 그가 그리스도를 성령 세례를 주실 장본인으로 묘사하고, 자기 자신을 단지 외적인 세례만을 베푸는 일꾼으로 묘사하는 대목이다. 그는 장차 제기될 수 있는 반론을 미리 예견한 듯이 보인다: 요한이 행한 세례의 의도는 무엇이었는가? 왜냐하면, 하나님의 교회에 어떤 혁신적인 것을 도입하는 것, 특히 사람들을 교회로 받아들이는 새로운 방식, 그러니까 하나님의 율법보다 더 온전한 새로운 방식을 제시하는 것은 결코 가벼운 문제가 아니었기 때문이다. 그는 자기가 하나님이 주신 권위 없이 세례를 도입한 것이 아니고, 물 세례라는 외적인 상징 행위를 행하는 자로서의 자신의 직임으로 인해서 그리스도의 능력과 영광이 손상되는 일은 결코 생겨나지 않는다고 대답한다.

이것으로부터 우리는 세례 요한의 의도는 자기가 베푼 세례를, 그리스도께서 그의 제자들에게 가르치셨고 그의 교회에서 영속적으로 행해지도록 의도하셨던 저 세례와 구별하고자 한 것이 결코 아니었음을 추론할 수 있다. 세례 요한은 하나의 가시적인 상징 행위를 또 다른 가시적인 상징 행위와 대비시키는 것이 아니라, 주인이신 분과 종 된 자를 서로 비교하면서, 주인에게 합당한 것이 무엇이고 종에게 합당한 것이 무엇인지를 보여준다. 요한의 세례가 우리의 세례와 다르다는 견해가 오랫동안 광범위하게 퍼져 있었다는 사실을 우리는 비중 있게 받아들여서는 안 된다. 우리는 사람들의 잘못된 견해들이 아니라 있는 그대로의 사실에 의거해서 이 문제를 판단하는 법을 배워야 한다. 분명한 것은 이 두 가지 세례를 대비시키는 그들의 견해를 받아들이게 되면 아주 불합리하고 터무니없는 결론들이 도출된다는 것이다. 그들의 견해를 따르면, 오늘날 성령이 성직자들에 의해서 주어진다는 결론이 나온다. 또한, 요한의 세례는 죽은 상징 행위였기 때문에 그 어떤 효력도 없었다는 결론도 도출된다. 세 번째로 도출되는 결론은 우리는 그리스도와 동일한 세례를 받지 못한다는 것이다. 왜냐하면, 그리스도께서 친히 세례를 받으셔서 그 자신의 몸으로 세례를 성별하셨을 때, 그가 자신을 낮추셔서 우리와 유지하고 계시는 저 교제는 세례라는 이 담보에 의해서 재가(裁可)되었다는 것은 너무나 분명하기 때문이다.

그러므로 우리는 내가 앞서 말했던 것에 의거해서, 이 구절 속에서 세례 요한은 단지 자기 자신을 한편으로는 세례를 베푸는 다른 성직자들, 다른 한편으로는 그리스도의 능력으로부터 구별하고서, 주인이 종들보다 우월하다는 것을 주장하고 있는 것이라는 견해를 견지하여야 한다. 이것으로부터 우리는 세례 속에서 사람들이 무엇을 행하는지, 그리고 세례 속에서 하나님의 아들이 무엇을 이루시는지에 대한 일반적인 가르침을 이끌어 낼 수 있다. 사람들에게는 단지 외적이고 가시적인 상징 행위를 집례하는 것만이 맡겨졌고, 실재(實在)는 오직 그리스도에게만 있다.

성경은 비록 문자적인 의미에서는 아니지만, 세례 요한이 여기에서 사람들에게 속하지 않고 오로지 그리스도의 몫이라고 분명하게 밝힌 것을 사람들에게 돌리는 경우가 종종 있다. 하지만 그런 경우들에 있어서 그 의도는 사람이 독자적으로 무엇을 소유하는지를 묻는 것이 아니라, 단지 상징 행위들의 효과와 유익이 무엇이고, 하나님이 그의 성령으로 말미암아 그 상징 행위들을 어떤 식으로 도구들로 사용하시는지를 보여주는 것이다. 세상이 오직 그리스도께만 합당한 것을 그의 사역자들에게 돌리는 오류를 범하지 않도록 하기 위해서, 여기에서도 그리스도와 그의 사역자들 간의 구별이 행하여진다. 왜냐하면, 세상이 가장 빠져들기 쉬운 것은 하나님으로부터 도둑질해 온 것들로 피조물들을 장식하는 일이기 때문이다. 이러한 고찰을 세심하게 주목하여 명심하기만 하면, 우리는 많은 난점들에서 벗어날 수 있다. 우리는 우리 시대에 상징 행위들의 유익과 효력을 놓고서 어떤 논쟁들이 생겨났는지를 알고 있는데, 이 모든 논쟁들은 사실 한 마디의 말로 일거에 해결될 수 있다. 우리 주님이 제정하신 규례는 전체적으로 보아서 상징 행위 및 집례자와 더불어서 그 규례의 창시자이신 주님 자신과 성령의 능력을 포함한다. 그러나 우리 주님과 집례자를 비교한다면, 모든 영광과 존귀는 우리 주님께 돌려져야 하고, 성직자는 아무것도 아닌 것으로 여겨져야 한다는 것이다.

마 3:11. 그는 성령과 불로 너희에게 세례를 베푸실 것이요. 세례 요한은 왜 오직 그리스도만이 사람들의 심령을 그의 피로 씻어 주실 것이라는 말은 하지 않았는가라는 질문이 제기될 수 있다. 그 이유는 바로 이 씻음은 성령의 능력에 의해서 이루어지고, 세례 요한은 세례의 효과 전체를 "성령"이라는 한 단어로 충분히 다 표현하였다고 생각하였기 때문이다. 이 구절의 의미는 분명하다. 즉, 외적인 세례를 통해서 비유적으로 표현되는 모든 은혜를 수여하시는 분은 오직 그리스도이시라는 것이다. 왜냐하면, 자신의 피를 뿌려서 사람들의 "양심을 깨끗하게" 하시는 분은 그리스도이시기 때문이다. 또한, 옛 사람을 죽어지게 하고, 중생(重生)의 성령을 수여하시는 분도 그리스도이시다. "불"이라는 단어는 성령의 별칭(別稱)으로 덧붙여진 것이다. 왜냐하면, 불이 금을 정련(精鍊)하듯이, 성령은 우리의 더러운 것들을 제거하기 때문이다. 동일한 방식으로, 성령은 또 다른 대목(요 3:5)에서는 은유적으로 "물"로 표현된다.

마 3:12. 손에 키를 들고. 세례 요한은 앞 절에서 유대인들이 그리스도께 순복하여 새로워질 수 있도록 하기 위하여 그리스도의 은혜에 관하여 말씀을 전하였지만, 이제 여기에서는 그 은혜를 멸시하는 자들을 두렵게 하기 위하여 심판에 대하여 강론한다. 그리스도의 은혜가 제시되었는데도 교만하게 그 은혜를 거부하고 배척하는 위선자들이 항상 많이 있기 때문에, 심판이 그런 자들을 기다리고 있다고 선포하는 것도 꼭 필요하다. 이런 이유로 세례 요한은 여기에서 그리스도를 믿지 않는 자들을 심판하시는 엄하신 심판자로 묘사한다. 우리는 가르칠 때에 반드시 이 순서를 따라서 위선자들에게 그들이 그리스도를 배척한 것으로 인하여 반드시 처벌을 받게 될 것임을 알게 해주어야 한다. 그렇게 해야만, 그리스도를 구원을 가져다주시는 분으로 소개하였을 때에 코웃음을 쳤던 그들이 정신이 번쩍 들어서 혼수상태에서 깨어나, 보복하는 자로 오실 그리스도를 두려워하기 시작하게 될 것이다.

또한, 세례 요한이 그리스도께서 그의 복음을 통해서 무엇을 이루고 계시는지를 보여주고자 했다는 것도 의심의 여지가 없다. 그러니까, 복음을 전하는 것 자체가 "키"를 들고서 까부르는 것이다. 주님이 우리를 "까부르시기" 전에는, 온 세상은 혼란에 빠져 있고, 각 사람은 안일함에 젖어 있으며, 선한 자들은 악한 자들과 뒤섞여 있다. 요컨대, 이제 필요한 것은 오직 "쭉정이"를 날려 버리는 일뿐이다. 그러나 그리스도께서 그의 복음을 통해 오셔서, 사람들의 양심을 책망하시고, 그 양심들을 하나님의 법정에 세우실 때, 전에 "타작 마당"의 상당 부분을 차지하고 있던 "쭉정이"는 날아가 버리게 된다. 개개인들의 경우에 복음이 "쭉정이"의 분리를 가져온다는 것은 사실이지만, 이 구절 속에서 세례 요한은 타락한 자들을 "쭉정이"에, 믿는 자들을 "알곡"에 비유한다.

 따라서 일부 사람들이 생각하는 것과는 달리, "타작 마당"은 세상이 아니라 교회를 가리킨다. 왜냐하면, 우리는 세례 요한이 어떤 부류의 사람들에게 말하고 있는 것인지를 주목하여야 한다. 유대인들은 그들이 하나님의 백성이고 아브라함의 자손이라는 칭호를 지니고 있다는 것만으로 교만함이 가득하였지만, 세례 요한은 그들은 단지 하나님의 교회 속에서 일시적으로 자리를 차지하고 있는 것일 뿐이고, 머지않아 "타작 마당"의 "쭉정이"처럼 날아가 버릴 것이기 때문에, 그들이 그런 것을 자랑하는 것은 어리석은 짓이라고 그들에게 말하고 있는 것이다. 이런 식으로 세례 요한은 당시에 교회가 부패하고 타락한 상태에 있다는 것을 얼핏 보여준다. 당시의 교회는 껍데기들과 지푸라기들을 비롯해서 갖가지 쓰레기들로 뒤덮여 있었지만, 머지않아 복음의 강력한 바람에 의해서 깨끗하게 될 것이다. 그러나 그리스도는 사람들 가운데서 오직 "쭉정이" 외에는 아무것도 발견하실 수 없으실 텐데, 어떻게 "알곡"으로부터 "쭉정이"를 갈라내신다는 것인가? 그 대답은 쉽다. 택함받은 자들은 [비록 본질상 단지 "쭉정이"일지라도 하나님의 은혜로 말미암아] "알곡"이 되어서, 그 때에 "쭉정이"로부터 분리되어 "곳간에 들여지게" 된다.

 마 3:12. 자기의 타작 마당을 정하게 하사. 이 일은 그리스도에 의해서 시작되어서, 지금도 날마다 진행되고 있다. 그러나 마지막 날에 가서야, 우리는 이 일이 온전히 이루어지는 것을 보게 될 것이다. 이것이 세례 요한이 우리로 하여금 이 주제에 주목하게 하는 이유이다. 그러나 우리는 믿는 자들은 현재에 있어서도 소망으로 말미암아 그들의 영원한 거처가 있는 하나님의 "곳간" 속으로 들어간다는 것을 기억하여야 한다. 반면에, 타락한 자들은 죄책감으로 인하여 마지막 날에 실제로 겪게 될 저 뜨거운 불의 열기를 맛보며 살아간다.

 많은 사람들이 악인들이 심판 후에 겪게 될 저 고통스러운 영원한 "불"에 대하여 독창적이고 흥미로운 논쟁들을 해 왔다는 것을 나는 안다. 그러나 성경의 많은 구절들에 의거해 볼 때, 이것은 은유적 표현이라 할 수 있다. 왜냐하면, 만약 우리가 이것이 실제적이고 유형적인 "불"이라는 그들의 주장을 믿어야 한다면, 우리는 이사야가 언급하고 있는 "유황"과 "키"도 유형적인 것으로 믿어야 하기 때문이다. "대저 도벳은 이미 세워졌고 … 거기에 불과 많은 나무가 있은즉 여호와의 호흡이 유황 개천 같아서 이를 사르시리라"(사 30:33). 우리는 여기에 나오는 "불"을 다른 본문에 나오는 "구더기"(막 9:44, 46, 48)와 동일한 방식으로 설명하여야 한다. "구더기"가 은유적인 표현이라는 데에 모든 사람이 동의한다면, 우리는 "불"에 대해서도 동일하게 말하지 않으면 안 된다. 우리는 어리석은 자들이 쓸데없이 기력을 소진해 가며 행하는 사변들을 지양(止揚)하고, 이러한 표현들은 지금으로서는 사람이 도저히 이해할 수 없고 그 어떤 언어로도 표현할 수 없는 저 무시무시한 고통을 우리의 눈높이에 맞추어서 표현한 것이라고 믿는 것으로 만족하여야 한다.

¹³이 때에 예수께서 갈릴리로부터 요단 강에 이르러 요한에게 세례를 받으려 하시니 ¹⁴요한이 말려 이르되 내가 당신에게서 세례를 받아야 할 터인데 당신이 내게로 오시나이까 ¹⁵예수께서 대답하여 이르시되 이제 허락하라 우리가 이와 같이 하여 모든 의를 이루는 것이 합당하니라 하시니 이에 요한이 허락하는지라 ¹⁶예수께서 세례를 받으시고 곧 물에서 올라오실새 하늘이 열리고 하나님의 성령이 비둘기 같이 내려 자기 위에 임하심을 보시더니 ¹⁷하늘로부터 소리가 있어 말씀하시되 이는 내 사랑하는 아들이요 내 기뻐하는 자라 하시니라(마 3:13-17).

⁹그 때에 예수께서 갈릴리 나사렛으로부터 와서 요단 강에서 요한에게 세례를 받으시고 ¹⁰곧 물에서 올라오실새 하늘이 갈라짐과 성령이 비둘기 같이 자기에게 내려오심을 보시더니 ¹¹하늘로부터 소리가 나기를 너는 내 사랑하는 아들이라 내가 너를 기뻐하노라 하시니라(막 1:9-11).

²¹백성이 다 세례를 받을새 예수도 세례를 받으시고 기도하실 때에 하늘이 열리며 ²²성령이 비둘기 같은 형체로 그의 위에 강림하시더니 하늘로부터 소리가 나기를 너는 내 사랑하는 아들이라 내가 너를 기뻐하노라 하시니라 ²³예수께서 가르치심을 시작하실 때에 삼십 세쯤 되시니라 사람들이 아는 대로는 요셉의 아들이니 요셉의 위는 헬리요(눅 3:21-23).

마 3:13. 예수께서 … 요한에게 세례를 받으려 하시니. 하나님의 아들이 도대체 어떤 목적으로 세례를 받고자 하신 것인가? 우리는 그 이유를 그리스도의 대답 속에서 어느 정도 알아낼 수 있다. 우리는 앞에서 이미 그리스도께서 세례를 받으신 특별한 이유를 언급한 바 있다. 그리스도께서 우리와 동일한 세례를 받으신 이유는 믿는 자들에게 그들이 그의 몸에 접붙임을 받았고, 그들이 "세례를 받음으로 그와 함께 장사된" 것은 "새 생명"으로 되살아나서 그 생명 "가운데서 행하기" 위해서라는 것을 보증하시기 위한 것이었다(롬 6:4). 그러나 그리스도께서 여기에서 제시하신 목적은 더 광범위하다: "우리가 이와 같이 하여 모든 의를 이루는 것이 합당하니라"(15절). "의"라는 단어는 성경에서 자주, 율법을 지키는 것을 의미한다. 그런 의미에서 우리는 이 구절을 그리스도께서 자원하여 율법에 복종하기로 하셨기 때문에 그가 모든 면에서 율법을 지키는 것이 합당하였다는 의미를 지닌 것으로 설명할 수 있다. 그러나 나는 좀 더 단순한 해석을 선호한다. 우리 주님은 이렇게 말씀하신 것이다: "나의 신분이나 지위에 대해서는 현재로서는 아무 말도 하지 말라. 왜냐하면, 우리 앞에 당면한 문제는 우리 중에 누가 더 높으냐 하는 것이 아니기 때문이다. 우리는 그런 것보다는 우리의 소명(召命)이 요구하는 것이 무엇인지, 그리고 하나님 아버지께서 우리에게 무엇을 명하셨는지를 생각하여야 한다." 그리스도께서 세례를 받으신 일반적인 이유는 그가 아버지 하나님께 온전한 순종을 드리시기 위한 것이었고, 특별한 이유는 그가 그 자신의 몸으로 친히 세례를 성별하심으로써 우리도 그와 동일한 세례를 받게 하시기 위한 것이었다.

마 3:14. 내가 당신에게서 세례를 받아야 할 터인데. 세례 요한은 그리스도를 특별한 선지자(많은 사람들은 어리석게도 이렇게 생각하였다)로만이 아니라 진정으로 하나님의 아들로 인정하였음이 확실하다. 만약 그렇지 않았다면, 그는 자신의 거룩한 소명(召命)을 죽을 수밖에 없는 유한한 인간 앞에서 낮춤으로써 하나님을 욕되게 한 꼴이 될 것이기 때문이다. 그가 이것을 어떻게 알게 되었는지는 요한복음을 보면 알 수 있다(1:15, 33). 세례 요한이 세례를 받겠다는 그리스도의 청(請)을 거절한 것은 그리스도가 그에게서 세례를 받을 필요가 없다는 인식이 깔려 있었다. 그러나 그리스도께서 세례를 받겠다고 하신 것이 [자기 자신을 위한 것이 아니라] 다른 사람들을 위한 것이라는 데까지는 세례 요한의 생각이 미치지 못하였다. 그래서 그리스도께서는 지금 "종"(빌 2:7)이 된 그에게 합당한 것이 무엇인지를 한번 생각해 보라고 세례 요한에게 명하신다. 왜냐하면, 그리스도께서는 지금 자원하여 종이 되어서, 자신이 본래 지녔던 영광을 다 버린 상태였기 때문이다. 이 선한 자 요한은 잠시 자신의 공적인 임무의 일부를 망각하긴 하였지만, 이러한 잘못이 그가 세례자로서의 그의 직임을 올바르고 합법적인 방식으로 수행하는 것을 방해하지는 못하였다. 이 예는 비록 우리가 우리의 소명에 속하거나 관련된 모든 것을 즉시 다 이해하지 못한다고 할지라도, 우리가 주께서 우리에게 주신 사명을 우리가 지금 누리고 있는 빛을 따라 행하는 것은 결코 경솔하거나 성급한 것이 아님을 보여준다. 또한, 우리는 세례 요한이 자신의 생각을 버리고 즉시 그리스도께 순종하는 모습 속에서 그의 겸손을 볼 수 있어야 한다.

마 3:16. 하늘이 열리고. "하늘이 열리는 것"은 종종 하늘의 영광이 나타나는 것을 의미한다. 그러나 여기에서 그것은 가시적인 하늘이 "갈라지거나 열려서," 세례 요한이 행성들과 별들 너머로 그 무엇을 볼 수 있었다는 것도 아울러 의미한다. "하늘이 갈라짐을 보시더니"로 되어 있는 마가 본문도 이것과 다른 의미일 수 없다. 하늘이 어떻게 열렸는지 그 방식을 정확히 연구하고 조사하는 것은 중요하지도 않고 필요하지도 않다. 그것이 하나님의 임재의 상징이었다는 것을 우리가 믿는 것으로 충분하다. 세례 요한이 성령을 보았다고 복음서 기자들이 말하고 있는 것으로 보아서, "하늘이 열린" 것은 주로 세례 요한 때문이었을 가능성이 크다. 그렇지만, 나는 그리스도께서도 사람이셨던 지라 이 사건을 통해서 하늘로부터 주어진 자신의 소명에 대하여 추가적인 확신을 얻었을 것이라고 망설임 없이 말할 수 있다. 이것은 "예수께서 기도하실 때에 하늘이 열렸다"(눅 3:21)는 누가의 표현 속에 내포되어 있는 것으로 보인다. 왜냐하면, 그리스도의 기도들은 언제나 다른 사람들의 유익을 위한 것이었지만, 그가 너무나 힘들고 어려운 싸움을 시작할 시점에서, 사람으로서의 그에게는 성령의 현저한 능력으로 무장될 필요가 있었을 것이기 때문이다.

그러나 여기에서 두 가지 질문이 생겨난다. 첫 번째는, 이전부터 그리스도 안에서 내주하고 있던 성령이 왜 이 때에 그의 위에 임한 것인가 하는 것이다. 이 질문은 나중에 다른 곳에서 다루어지게 될 선지자 이사야에 나오는 구절에 의해서 대답될 수 있다: "주 여호와의 영이 내게 내리셨으니 이는 여호와께서 내게 기름을 부으사 가난한 자에게 아름다운 소식을 전하게 하려 하심이라 나를 보내사 마음이 상한 자를 고치며"(사 61:1). 성령의 은사가 그리스도에게 현저하고 비상(非常)한 방식으로 수여되었지만(요 3:34), 그리스도는 아버지 하나님에 의해서 공생애로 부르심을 받을 때까지는 사인(私人)으로 집에 머물러 계셨다. 이제 때가 차서 공생애를 시작할 때가 되자, 그는 구속주로서의 직임을 수행하기 위한 준비의 일환으로서 성령의 새로운 능력을 덧입으셨는데, 이것은 자기 자신을 위한 것이라기보다는 다른 사람들을 위한 것이었다. 이 일은 믿는 자들로 하여금, 그리스도의 신적인 권능을 경외하는 마음으로 받아들여 묵상하기를 배우고, 육신의 연약함으로 인하여 그리스도를 멸시하지 않도록 하기 위하여 의도적으로 이루어진 것이었다.

또한, 이것은 그리스도께서 "삼십 세"가 되실 때까지(눅 3:23) 세례를 미루신 이유이기도 하였다. 세례는 복음의 부속물이었기 때문에, 복음이 전파됨과 동시에 시작되었다. 그리스도께서는 복음을 전하실 준비를 하고 계셨을 때에, 세례를 통해서 자신의 직임에 취임하셨고, 이와 동시에 성령을 덧입으셨다. 성령이 그리스도 위에 임하는 것을 세례 요한이 보았을 때, 그것은 그리스도는 하늘로부터 강림한 신(神) 같은 사람으로 오셨고, 그 속에서는 성령의 능력이 지배하고 계시기 때문에, 그에게서는 육적이거나 세상적인 것은 아무것도 기대해서는 안 된다는 것을 세례 요한에게 일깨워 주는 것이었다. 우리는 사실 그리스도가 "육신으로 나타난 바 되신 하나님"(딤전 3:16)이시기 때문에, 비록 인성(人性)을 입으시고 종으로 오셨어도, 그에게는 상당한 정도의 하늘의 능력이 여전히 존재하였다는 것을 안다.

두 번째 질문은, 성령이 왜 "불"의 모양이 아니라 "비둘기"의 모양으로 나타났는가 하는 것이다. 이 질문에 대한 대답은 이 상징과 그것에 의해서 표현되고 있는 것 간의 유비(類比) 또는 유사성에 달려 있다. 우리는 이사야 선지자가 그리스도를 어떻게 묘사하였는지를 안다: "그는 외치지 아니하며 목소리를 높이지 아니하며 그 소리를 거리에 들리게 하지 아니하며 상한 갈대를 꺾지 아니하며 꺼져가는 등불을 끄지 아니하고"(사 42:2-3). "성령이 비둘기 같이 내려" 그리스도 "위에 임하신" 것은 그리스도의 이 온유하심, 즉 그가 날마다 인자하고 온유하게 죄인들을 구원의 소망으로 부르신 저 온유하심으로 인한 것이었다. 하나님은 우리로 하여금 성령의 무시무시한 능력으로가 아니라 온유와 사랑이 넘치는 은혜를 덧입으시고 우리에게 다가오시는 그리스도께 나아가기를 두려워하지 않도록 하시기 위하여, 이 상징을 통해서 가장 감미로운 위로를 나타내는 탁월한 징표(徵標)를 우리에게 보여주신 것이었다.

마 3:16. 하나님의 성령이 … 임하심을 보시더니. 즉, 세례 요한이 이것을 "보았다." 왜냐하면, "성령이 그리스도 위에 임하셨다"는 어구가 그 바로 뒤에 나오기 때문이다. 여기에서 세 번째 질문이 생겨난다: 세례 요한은 어떻게 성령을 볼 수 있었는가? 나의 대답은 이렇다: 하나님의 성령은 어디에나 계셔서 천지를 가득 채우고 계시기 때문에, 문자적인 의미 그대로 "임한다"고 할 수 없고, 우리는 성령의 모습에 대해서도 동일한 말을 할 수 있다. 성령은 그 자체로 눈으로 볼 수 없는 존재이지만, 자신의 임재를 보여주는 어떤 가시적인 표징(表徵)을 나타내실 때에, 사람들은 성령이 임하는 것을 "보았다"고 말하게 되는 것뿐이다. 세례 요한은 사람의

오감(五感)으로는 알아차릴 수 없는 성령의 실체를 본 것도 아니었고, 사람의 오감
으로는 볼 수 없고 오직 믿음의 지각(知覺) 능력을 통해서만 볼 수 있는 성령의 능
력을 본 것도 아니었다. 그러나 하나님은 그의 성령의 임재를 비둘기 형상을 통해
서 나타내셨기 때문에, 세례 요한은 그 "비둘기 형상"을 본 것이었다. 이 어구는 환
유법(換喩法)을 사용해서, 어떤 대상을 상징으로 표현하면서 그 가시적인 상징에
영적인 대상의 이름을 갖다 붙인 비유적 표현이다.

어떤 이들처럼 이 어구의 문자적인 의미에 지나치게 집착하여 이 어구가 상징
및 그것이 상징하는 대상을 둘 다 포함하고 있다고 강변하는 것은 어리석고 부적
절하기 때문에, 우리는 환유법이라는 표현 양식이 상징과 그 대상 간에 존재하는
연관관계를 보여주고 있다는 것을 명심하여야 한다. 이런 의미에서, 성찬식에서의
떡은 "그리스도의 몸"(고전 10:16)이라 불리는데, 이것은 그 떡이 정말 그리스도의
몸이기 때문이 아니라, 그 떡이 그리스도의 몸이 진정으로 우리에게 양식으로 주
어졌다는 것을 우리에게 보증해 주기 때문이다. 어쨌든, 우리는 내가 방금 한 말을
기억해 두어야 한다. 즉, 우리는 상징에 의해서 표현된 대상이 상징과 함께 실제로
임하였다고 생각해서, 마치 그 대상이 그 상징 속에 유형적으로 존재한다는 듯이
상징 속에서 대상을 찾고자 해서는 안 되고, 하나님께서는 그가 상징들을 통해서
우리에게 제시하시는 모든 것을 그의 비밀한 능력을 사용하셔서 우리가 알지 못하
는 방법으로 우리에게 주신다는 확신을 갖고서, 그 확신만으로 만족하여야 한다는
것이다.

또한, 유익하기보다는 흥미롭다고 해야 할 또 한 가지 질문이 제기되어 왔다. 이
"비둘기"는 유형(有形)의 실체였던 것인가, 아니면 단지 모양에 불과한 것이었는
가? 누가의 말은 그 비둘기가 유형의 실체가 아니라 단지 모양에 불과하였다는 것
을 암시해 주고 있는 것으로 보이지만, 나는 언쟁의 빌미를 제공하지 않기 위해서
이 문제를 그냥 덮어 두고자 한다.

마 3:17. 하늘로부터 소리가 있어. 앞에서 이미 말한 대로 "하늘이 열리고," 그
열린 틈새로부터 큰 소리가 들렸는데, 이것은 장엄함을 더하기 위한 것이었을 것
이다. 그리스도께서 중보자의 직임을 수행하시기 위하여 사람들 앞에 나타나실 때
가 되었을 때에 아버지 하나님이 이런 고지(告知) 또는 증언을 우리에게 주신 것은
우리가 우리를 양자로 삼으실 것이라는 이 보증의 말씀을 의지하고서 담대히 하나
님을 우리 아버지라 부르도록 하시기 위한 것이었다. "아들"이라는 칭호를 당연히

그리고 진정으로 받으실 자격이 있으신 분은 오직 그리스도뿐이시다. 그러나 하나님이 우리와 같은 육신을 입으신 그리스도를 하나님의 아들이라 선언하신 것은 오직 홀로 하나님을 "아버지"라 부를 수 있는 그리스도께 주어진 하나님의 은총을 우리도 입을 수 있게 하시기 위한 것이었다. 이렇게 하나님께서 그리스도를 "아들"이라는 칭호로 부르시면서 우리에게 중보자로 소개하신 것은 하나님이 "만유의 아버지"(엡 4:6), 그러니까 우리 모두의 아버지이시라는 것을 선언하신 것이다.

또한, "사랑하는"이라는 형용어구의 취지도 그런 것이다. 왜냐하면, 우리 자체는 하나님께 가증스러운 존재들이고, 아버지로서의 하나님의 사랑은 그리스도를 통해서 우리에게 흘러와야 하기 때문이다. 이 구절을 가장 잘 해설하고 있는 것은 사도 바울의 다음과 같은 말씀이다: "그 기쁘신 뜻대로 우리를 예정하사 예수 그리스도로 말미암아 자기의 아들들이 되게 하셨으니 이는 그가 사랑하시는 자(즉, '그의 사랑하시는 아들') 안에서 우리에게 거저 주시는 바 그의 은혜의 영광을 찬송하게 하려는 것이라"(엡 1:5-6). 이것은 "내 기뻐하는 자라"는 말씀에 의해서 한층 더 온전히 표현된다. 이 말씀은 하나님의 사랑이 그리스도 위에 머물러 있어서 그에게로부터 우리 모두에게로, 아니 단지 우리에게만이 아니라 심지어 천사들에게까지 퍼져 나간다는 뜻을 담고 있다. 천사들은 결코 하나님과 원수 된 적이 없기 때문에 화해가 필요한 것이 아니지만, 그런데도 그들이 하나님과 온전히 연합될 수 있는 것은 오직 그들의 "머리" 되시는 분 덕분이다(엡 1:22). 동일한 이유로, 그리스도는 "모든 피조물보다 먼저 나신 이"(골 1:15)라 불리고, 바울도 그리스도께서 "만물 곧 땅에 있는 것들이나 하늘에 있는 것들"이 자기로 "말미암아" 하나님과 "화목하게" 되도록 하시기 위하여 오셨다고 말한다(골 1:20).

[1]그 때에 예수께서 성령에게 이끌리어 마귀에게 시험을 받으러 광야로 가사 [2]사십 일을 밤낮으로 금식하신 후에 주리신지라 [3]시험하는 자가 예수께 나아와서 이르되 네가 만일 하나님의 아들이어든 명하여 이 돌들로 떡덩이가 되게 하라 [4]예수께서 대답하여 이르시되 기록되었으되 사람이 떡으로만 살 것이 아니요 하나님의 입으로부터 나오는 모든 말씀으로 살 것이라 하였느니라 하시니(마 4:1-4).

[12]성령이 곧 예수를 광야로 몰아내신지라 [13]광야에서 사십 일을 계시면서 사탄에게 시험을 받으시며 들짐승과 함께 계시니 천사들이 수종들더라(막 1:12-13).

¹예수께서 성령의 충만함을 입어 요단 강에서 돌아오사 광야에서 사십 일 동안 성령에게 이끌리시며 ²마귀에게 시험을 받으시더라 이 모든 날에 아무 것도 잡수시지 아니하시니 날 수가 다하매 주리신지라 ³마귀가 이르되 네가 만일 하나님의 아들이어든 이 돌들에게 명하여 떡이 되게 하라 ⁴예수께서 대답하시되 기록된 바 사람이 떡으로만 살 것이 아니라 하였느니라(눅 4:1-4).

마 4:1. 그 때에 예수께서 … 이끌리어. 그리스도께서 광야로 물러가신 두 가지 이유가 있었다. 첫 번째는, 자신의 직임을 수행하시기 위한 준비 작업으로 사십 일 동안의 금식을 통해 새 사람, 아니 하늘의 사람으로 새롭게 태어나시기 위한 것이었고, 두 번째는, 이 너무나 어렵고 힘들지만 지극히 고결한 직임을 시작하시기 전에 마귀의 시험을 통해서 연단을 받으시는 수습기간을 거치시기 위한 것이었다. 그러므로 우리는 그리스도께서 어떤 동네의 평범한 사람들 가운데서 나온 선생이 아니라 하늘로부터 보내심을 받은 하나님의 대사(大使)로서 교회의 가장 높으신 선생으로 나타나시기 위해서, 성령의 인도하심을 따라 사람들의 무리로부터 물러나셨다는 것을 알아야 한다.

마찬가지로, 모세도 하나님이 자신의 율법을 공표하는 대리자로 그를 사용하고자 하셨을 때에, 하나님은 모세를 사람들의 시야로부터 물러나게 하시고 시내 산으로 옮기셔서 하늘 성소로 부르셨다(출 24:12). 복음의 위엄이 율법의 위엄보다 못하지 않도록 하기 위하여, 하나님이 적어도 모세에게 하셨던 것과 같은 정도로 신성하고 장엄한 은혜와 권능의 표지(標識)들로 그리스도를 둘러싸신 것은 지극히 합당한 일이었다. 하나님이 옛적에 "죽게 하는 율법 조문"(고후 3:7)의 가르침에도 이렇게 특별한 존귀와 영광을 더하셨는데, 이제 사람들을 "살리는" 가르침에는 얼마나 더 큰 존귀와 영광을 더하시겠는가? 하나님을 그림자처럼 희미하게 묘사한 율법도 그토록 밝은 빛을 지니고 있었을진대, 복음 속에 나타난 하나님의 얼굴이 눈부신 광채를 발하는 것은 당연한 일이 아니겠는가?

또한, 금식의 목적도 그런 것이었다. 왜냐하면, 그리스도께서 먹고 마시기를 끊으신 것은 절제의 모범을 보이시기 위한 것이 아니라, 사람들의 통상적인 삶과의 단절을 통해서 더 큰 권세를 얻으심으로써 이 땅의 사람으로서가 아니라 하늘로부터 온 사자(使者)로서 나타나시기 위한 것이었기 때문이다. 만약 그가 육신을 입지 않으셨다면, 음식에 대한 욕구도 없으셨을 것인데, 그런 분에게 음식을 먹지 않는 저 절제의 미덕이 무슨 의미가 있으셨겠는가? 그러므로 그리스도를 본받아서 이른 바 "사십 일 금식"을 작정하는 것은 정말 어리석은 일이다. 옛적에 거룩한 선지자들을 비롯한 신앙의 선조들이 모세의 금식을 본받을 이유가 없었던 것과 마찬가지로, 우리도 이 문제에 있어서 그리스도의 모범을 좇을 이유가 없다. 옛 선지자들과 신앙의 선조들 중에서 모세를 좇아 금식을 해야 하겠다고 생각한 사람은 아무도 없었다는 것을 우리는 안다. 굳이 단 하나의 예외를 든다면, 율법을 회복시키는 일에 하나님에 의해서 쓰임받은 엘리야만이 모세와 거의 동일한 이유로 산에서 금식을 하였을 뿐이다.

사십 일 동안 날마다 금식하는 자들은 자기들이 마치 그리스도를 본받아 행하는 자들인 것처럼 행세한다. 그러나 그들은 어떤 식으로 금식을 하는가? 그들은 점심 때에 자신의 배를 꽉 채워두기 때문에, 저녁 식사 때가 되어서 음식을 또 먹지 않아도 별다른 어려움을 느끼지 않는다. 그런데 도대체 그들이 어떤 점에서 하나님의 아들을 본받고 있다는 말인가? 옛 사람들은 더 큰 절제를 행하였지만, 사람들이 아무리 절제하여도 아무것도 먹지 않는 천사들의 상태에도 근접하지 못하는데, 그들이 어떻게 그리스도의 금식에 근접할 수 있었겠는가? 게다가, 그리스도나 모세는 해마다 돌아오는 공식적인 금식일을 지키신 것이 아니고, 단지 일생 동안 오직 한 번만 금식을 하신 것뿐이다.

나는 그리스도를 본받아 금식한다고 하는 자들은 그러한 어리석은 짓을 통해서 원숭이처럼 단지 자신의 만족을 위해 스스로를 기쁘게 한 것뿐이라고 우리가 말할 수 있기를 바란다. 그리스도를 모델로 한 금식을 고안해 내서 그 금식을 통하여 그리스도를 닮고자 하는 것[그들의 망상에 따라 만들어 낸 금식을 통해서 그들 자신을 그리스도와 동일한 반열에 올려놓고 그리스도와 우열을 다투고자 하는 것 ― 붙어핀]은 그리스도를 우롱하는 악하고 가증스러운 짓이다. 그러한 금식이 경건의 일부이자 하나님에 대한 예배이고, 공로(功勞)를 이루는 일이라고 믿는 것은 대단히 속되고 천한 미신이다.

그러나 그들의 그런 행위는 무엇보다도 특히 하나님의 비상(非常)한 이적을 한쪽 구석으로 내팽개치는 행위로서 하나님에 대한 참을 수 없는 모욕이고, 두 번째로는 그리스도에게 특별한 것을 훔쳐내어 그의 전리품들로 그들 자신을 장식하는 행위로서 그리스도에 대한 참을 수 없는 모욕이며, 세 번째로 그리스도의 이 "금식"이 복음에 대한 그의 인침이 아니라고 하는 것은 복음의 권위를 상당 부분 잃게 하는 것으로서 복음에 대한 참을 수 없는 모욕이다. 하나님은 자기 아들을 음식을 먹어야 하는 것으로부터 건지심으로써 특별한 이적을 나타내신 것인데, 그들이 그들 자신의 힘으로 동일한 것을 시도한다면, 그것은 하나님과 대등해지고자 하는 무모하고 광기어린 야망이 아니고 무엇이겠는가? 그리스도께서 하신 "금식"은 하나님의 영광을 드러내는 특별한 일이었는데, 죽을 수밖에 없는 유한한 사람들이 거리낌 없이 그리스도를 그들 자신과 같은 동류(同類)로 만들고자 한다면, 그것은 그리스도에게서 그의 영광을 속여 빼앗아서 그를 평범하기 짝이 없는 사람들 중의 하나로 만들어 버리고자 하는 것이 아니고 무엇이겠는가? 하나님은 그리스도께서 하신 금식이 복음을 인치는 역할을 하도록 정하셨는데, 그들이 그 금식을 다른 목적으로 사용한다면, 그것은 복음의 존귀함을 약화시키는 일이 아니고 무엇이겠는가? 그러므로 하나님의 뜻과 하나님의 역사(役事)들의 질서 전체를 뒤집어엎는 저 우스꽝스러운 원숭이 짓과 거짓 흉내를 집어치우라. 주의해야 할 것은 내가 이제까지 말한 것은 일반적인 금식들에 대한 것이 아니라는 것이다. 일반적인 금식은 그 의도가 순수하기만 하다면 우리 가운데서 더 일반적으로 행해졌으면 하는 것이 나의 바람이다.

이제 나는 그리스도께서 금식하신 목적이 무엇이었는지에 대하여 설명하여야 할 것 같다. 사탄은 우리 주님의 굶주림을 주님을 시험할 기회로 활용하였는데, 이것은 나중에 좀 더 자세하게 밝혀질 것이기 때문에, 여기에서는 자기 아들을 시험받게 하신 하나님의 뜻이 무엇이었는지를 일반적으로 살펴보기만 하면 될 것이다. 그리스도께서 하나님의 분명한 의도를 따라서 이 시험을 받게 되셨다는 것은 마태와 마가가 한 말들을 보면 분명하게 드러나는데, 그들은 그리스도께서 마귀에게 시험을 받기 위한 목적으로 "성령에게 이끌리어 광야로 가셨다"고 말한다(마 4:1; 막 1:12-13). 하나님이 아주 투명한 거울 같은 자기 아들을 통해서 사탄이 얼마나 끈질기고 악착같이 사람들의 구원을 방해하고자 하는지를 보여주시기 위하여 이 시험을 허락하셨다는 것을 나는 의심하지 않는다. 왜냐하면, 복음서 기자들이 언급하고 있는 바로 이 때에 사탄이 자신의 모든 힘과 세력을 결집하여 더욱 맹렬하게 그리스도를 공격한 것은 그리스도께서 아버지 하나님의 명령으로 사람들의 구속(救贖)을 위한 공생애 사역을 시작하기 위하여 마지막으로 준비하고 있는 것을 사탄이 보았기 때문이라는 것 외에는 다른 이유로 설명될 수 없기 때문이다. 그러므로 그리스도로부터 이 구속(救贖)을 선포하라는 명령을 정식으로 받은 사역자들이 사탄으로부터 날마다 공격을 받는 대상들이 되는 것과 마찬가지로, 사탄은 여기에서 실제로 우리로 하여금 구원을 받지 못하게 하려고 그리스도를 공격한 것이었다고 할 수 있다.

아울러 우리가 주목해야 할 것은 하나님의 아들이 우리가 지금 살펴보고 있는 시험들을 자원하여 감내하시고 마귀와의 단판 승부를 위해 싸우신 것은 우리의 구원을 위하여 마귀를 이기고 승리하시기 위한 것이었다는 것이다. 사탄과 접전하도록 부르심을 받을 때마다, 우리는 우리의 방패 되시는 주님을 꼭 붙드는 것 외에는 사탄의 공격들을 막아내고 격퇴할 수 있는 다른 방법이 없다는 것을 기억하여야 한다. 왜냐하면, 하나님의 아들이 자원하여 시험을 받으신 것은 사탄이 우리 안에서 어떤 시험거리를 불러일으킬 때마다 우리로 하여금 우리의 생각보다 늘 주님을 먼저 앞세우도록 하기 위한 것이었다는 것은 의심의 여지가 없기 때문이다. 성경에는 그리스도께서 집에서 사적인 삶을 영위하고 계실 때에는 시험을 받으셨다는 말이 나오지 않는다. 그러나 구속주의 직임을 수행하고자 하셨을 때, 그는 그의 온 교회의 이름으로 마귀와 접전하셔야 했다. 그러므로 그리스도께서 모든 믿는 자들을 공적으로 대표하셔서 시험을 받으셨다는 것을 생각할 때, 우리는 우리에게 닥쳐오는 시험들이 우연한 일이거나 하나님의 허락 없이 사탄의 뜻에 의해서 일어나는 일이 아니라, 하나님의 성령이 우리의 믿음의 훈련을 위해 그 시험들을 주관하고 계시는 것임을 알아야 한다. 이러한 시험들은 우리가 최고의 재판관이시자 전쟁의 승패를 좌지우지하시는 분이신 하나님이 앞으로도 우리에게 관심을 갖지 않으시는 것이 아니라, 우리에게 힘을 주셔서 우리가 도저히 이길 수 없어 보이는 저 환난들을 넉넉히 이기게 하시리라는 확실한 소망을 품는 데에 도움이 된다.

"예수께서 성령의 충만함을 입어 요단 강에서 돌아오사"라는 누가의 본문은 겉보기에 다른 복음서 기자들의 본문과 약간 달라 보인다. 누가의 이 본문은 이 때에 그리스도께서 이제 싸워야 할 싸움들을 위하여 좀 더 힘을 얻으실 수 있도록 성령의 은혜와 능력을 더욱 풍성하게 덧입으셨다는 의미를 담고 있다. 왜냐하면, "성령"이 눈에 보이는 형태로 "그리스도께 임한" 것은 타당한 이유가 없는 것이 아니었기 때문이다. 앞에서 이미 말했듯이, 우리의 구원을 위한 공생애 사역이 시작될 때가 임박하여서 그 절박성이 더 커졌기 때문에, 하나님의 은혜도 그리스도 안에서 더욱 밝게 빛났던 것이다. 그러나 그리스도께서 마귀의 시험에 넘어갈 수도 있다는 것은 얼핏 보면 잘 이해가 안 가는 일이어서 이상해 보일 수 있다. 왜냐하면,

시험이 사람들에게 올 때, 그것은 언제나 죄와 연약함으로 인한 것임에 틀림없기 때문이다. 나의 대답은 이렇다. 첫 번째는, 그리스도께서는 "우리의 연약함"을 짊어지셨지만 "죄는 없으신" 분이셨다는 것이고(히 4:15), 두 번째는, 그리스도께서 육신을 입으신 것이 그의 영광을 떨어뜨린 일이 아니듯이, 그가 시험을 받으신 것도 마찬가지라는 것이다. 왜냐하면, 그리스도께서는 우리의 육신과 더불어서 당연히 우리의 감정들도 덧입는다는 조건 아래에서 사람이 되신 것이기 때문이다. 그러나 모든 난점은 첫 번째에 있다. 그리스도께서는 우리의 연약함에 의해서 둘러싸여 계셨기 때문에 사탄의 시험도 받으셔야 했는데도, 어떻게 모든 죄로부터 벗어나 순전하실 수 있으셨는가? 아담이 아직 죄를 범하기 전에 그의 본성은 하나님의 형상의 빛을 그대로 지니고 있었지만 시험들을 받을 수 있었다는 것을 우리가 기억한다면, 이 문제에 대한 해법은 어렵지 않을 것이다. 인간 속에 존재하는 육체의 모든 정(情)들은 사탄에게 인간을 시험할 수 있는 아주 많은 기회들을 제공해 준다.

우리의 감각들이 외적인 대상들에 의해서 영향을 받는 것을 인간 본성의 연약함으로 보는 것은 옳다. 그러나 이 연약함은 그 속에 부패함이 없다면 죄악된 것이 아니다. 사탄이 우리를 공격할 때에 우리가 어떤 해악(害惡)을 입거나 적어도 약간의 상처를 받는 것은 바로 이 부패함 때문이다. 그리스도는 그의 본성이 온전하신 까닭에 이 점에 있어서 우리와 달랐다. 그렇다고 해서, 우리는 그리스도께서 오직 아담에게만 허용된 저 중립적인 상태, 즉 범죄하지 않을 가능성이 있는 상태로 존재하셨다고 상상해서는 안 된다. 사탄의 화살들이 관통할 수 없을 정도로 성령이 그의 능력으로 그리스도를 요새처럼 견고히 하였다는 것을 우리는 안다.

마 4:3. 시험하는 자가 예수께 나아와서. 성령이 사탄에게 '호 페이라존'(ὁ πειρά ζων, "시험하는 자")이라는 이 이름을 붙이신 것은 분명한 의도가 있어서인데, 그 의도는 믿는 자들이 사탄으로부터 그들을 지키기 위하여 더욱 조심하여야 한다는 것을 보여주기 위한 것이다. 또한, 이것으로부터 우리는 우리를 악한 것으로 유혹하는 시험들은 오직 사탄으로부터만 온다는 결론을 얻는다. 왜냐하면, 성경에는 하나님이 "시험하신다"(창 22:1; 신 13:3)는 말씀이 종종 나오지만, 그 시험은 다른 목적을 위한 것으로서 믿는 자들의 믿음을 검증해 보시거나, 믿지 않는 자들에게 벌을 주시거나, 진심으로 진리에 복종하지 않는 자들의 위선을 드러내시기 위한 것이다.

마 4:3. 이 돌들로 떡덩이가 되게 하라. 옛 사람들은 여기에서 기발하지만 사실은 쓸데없는 풀이로 스스로를 즐겁게 하였다. 그들은 첫 번째 시험은 "먹기를 탐하는 것"(gula), 두 번째 시험은 "야심이나 야망"(ambitio), 세 번째 시험은 "탐심 또는 탐욕"(avaritia)과 관련된 것이라고 말한다. 그러나 배고픈 사람이 배를 채우기 위하여 음식을 원할 때, 그것이 무절제하게 먹기를 탐하는 것으로부터 생겨난 것이라고 말하는 것은 터무니없다. 마른 빵으로 배를 채우는 사람을 먹기를 탐하는 자라고 한다면, 그들은 빵 한 조각을 먹는 것을 사치라고 해야 하지 않겠는가? 그러나 그리스도의 대답만으로도 사탄의 의도가 전혀 다른 데에 있었다는 것을 보여주고도 남음이 있기 때문에, 옛 사람들이 한 말들을 논평하는 데에 더 이상 시간을 허비하지 않아도 될 것 같다. 하나님의 아들은 자신의 적의 공격을 어떻게 막아내야 할지를 모르거나, 적이 오른쪽을 공격하는데 멍청하게 자신의 방패로 왼쪽을 막는 그런 미숙하고 서투른 상대가 아니었다. 만약 사탄이 먹기를 탐하는 성향을 건드려서 그리스도를 유혹하고자 한 것이라면, 그리스도께서는 거기에 걸맞은 성경 구절을 가져와서 사탄을 물리치고자 하셨을 것이다. 그러나 그리스도께서는 그런 종류의 성경 구절을 제시하지 않으신다.

마 4:4. 사람이 떡으로만 살 것이 아니요. 그리스도께서는 사람이 "떡으로만 사는 것이 아니고" 하나님의 은밀한 축복으로 산다는 말씀을 인용한다. 이것으로부터 우리는 사탄이 그리스도의 믿음을 직접적으로 공격해서 그 믿음을 무너뜨린 후에, 그리스도로 하여금 불법적이고 악한 방법으로 음식을 얻게 만드는 쪽으로 몰아가고자 하였다는 결론을 얻는다. 사탄이 우리로 하여금 하나님을 불신하고, 하나님의 말씀에 의해서 인정되지 않는 방식으로 우리 자신의 유익을 구하게 만들고자 한다면, 그것은 사탄이 우리를 아주 강하게 압박하고 있는 것임에 틀림없다. 그러므로 사탄이 한 말의 의미는 이런 것이다: "네가 하나님에 의해서 버림을 받은 것을 알았을 때, 너는 어쩔 수 없이 스스로의 힘으로 자신을 돌볼 수밖에 없다. 그러므로 하나님이 네게 공급해 주시지 않는 양식을 네 자신의 힘으로 마련하라." 사탄은 "돌들"을 "떡덩이"로 만드는 그리스도의 신적인 능력을 인정해 주는 것 같지만, 사실 사탄이 염두에 두고 있는 유일한 목적은 그리스도를 감언이설로 설득하여 하나님의 말씀에서 떠나 불신앙에서 나오는 지시(指示)들을 따르게 만드는 것이다.

그러므로 여기에 나오는 그리스도의 답변은 적절하다: "'사람이 떡으로만 살 것이 아니다.' 너는 내게 하나님이 허용하시는 것과는 다른 방식으로 곤경에서 벗어나기 위하여 어떤 조치를 강구하라라고 충고하고 있다. 하지만 그것은 하나님을 불신하는 행위가 될 것이다. 그러므로 나는 하나님이 그의 말씀 속에서 약속하신 것과 다른 방식으로 내게 필요한 것들을 공급해 주실 것이라고 기대할 이유가 전혀 없다. 사탄아, 너는 하나님의 은총을 '떡'에만 국한시키고 있지만, 하나님은 다른 온갖 종류의 양식이 우리에게 주어지지 않을지라도, 오직 하나님의 축복만 있다면, 그것으로 우리의 양식은 충분한 것이라고 분명히 말씀하신다." 사탄이 사용한 시험의 종류는 그런 것이었고, 사탄은 오늘날에도 이 동일한 시험을 사용해서 우리를 날마다 공격해 온다. 하나님의 아들이 이례적인 종류의 시험을 받으신 것이 아니라, 우리가 받는 것과 동일한 시험을 받으신 것은 우리가 그리스도께서 사용하셨던 것과 동일한 병기로 무장하고서 싸운다면 반드시 승리하리라는 것을 우리로 하여금 의심하지 않게 하시기 위한 것이었다.

　　마 4:4. 기록되었으되 사람이 떡으로만 살 것이 아니요. 여기에서 우리가 주목해야 할 첫 번째의 것은 그리스도께서 성경을 자신의 방패로 사용하고 계시다는 것이다. 왜냐하면, 우리가 반드시 승리하기를 원한다면, 그렇게 하는 것이야말로 가장 제대로 싸우는 방식이기 때문이다. 바울이 "믿음의 방패를 가지고 … 성령의 검 곧 하나님의 말씀을 가지라"(엡 6:16-17)고 우리에게 명령한 것은 일리가 있다. 또한, 이것으로부터 우리는 교황주의자들이 마치 사탄과 손을 잡았다는 듯이 사악하게도 성경을 하나님의 백성으로부터 멀리 떼어놓아서, 이 백성들이 자신의 안전을 지키는 데에 사용할 수 있는 유일한 무기를 그들에게서 박탈하는 방식으로, 잔인하게도 이 백성들을 사탄에게 넘겨주어, 사탄이 이 백성들을 자기 마음대로 유린하고 멸할 수 있게 하였다는 결론을 내리게 된다. 이 무기를 자원하여 내팽개치고서, 하나님의 군사 학교에서 부지런히 애를 쓰며 훈련을 받지 않는 자들은 스스로 무장을 해제한 채로 그들 자신을 사탄의 수중에 내던지는 자들이기 때문에 순간순간마다 사탄에 의해서 목졸림을 당할 수밖에 없다. 사탄이 왜 그토록 별 저항을 받지 않는 가운데에 광분하고 있고, 왜 그토록 많은 사람들이 사탄에게 끌려 다니는지, 그 이유에 대하여 묻는다면, 우리는 그런 것은 그들이 하나님의 말씀을 멸시하거나 무관심한 것에 대한 하나님의 징벌이라고밖에는 달리 설명할 길이 없다.

　　우리는 이제 그리스도께서 모세의 글에서 인용한 구절을 좀 더 자세하게 살펴보고자 한다: "사람이 떡으로만 사는 것이 아니요 여호와의 입에서 나오는 모든 말씀으로 사는 줄을 네가 알게 하려 하심이니라"(신 8:3). 어떤 이들은 이 구절을 그릇된 의미로 왜곡하여 영적인 삶을 가리키는 것으로 해석한다. 마치 우리 주님이 사람의 심령은 눈에 보이는 떡이 아니라 하나님의 말씀으로부터 자양분을 얻는다고 말씀하셨다는 듯이 말이다. 사실, 사람의 심령이 말씀에서 자양분을 얻는다는 말이 맞다는 것은 의심의 여지가 없지만, 모세는 이 구절을 전혀 다른 의미로 말하였다. 모세는 이스라엘 백성이 광야에서 그 어떤 떡도 얻을 수 없었을 때에 하나님이 "그들도 알지 못하며 그들의 조상들도 알지 못하던 만나"(신 8:3)를 통해서 특별한 종류의 자양분을 그들에게 공급하셨다는 것, 그리고 하나님이 그렇게 하신 것은 사람의 생명이 단지 "떡"에 달려 있는 것이 아니라, 하나님의 뜻과 기뻐하심에 달려 있다는 것을 오는 모든 세대에게 이 분명한 증거를 통해 알게 하시기 위한 것이었음을 그들에게 일깨워 준다. 여기에서 "말씀"은 "교리나 가르침"을 의미하는 것이 아니라, 하나님이 어떤 목적으로 자연의 질서와 피조물들의 삶을 보존하시는지와 관련하여 알게 하신 것들을 의미한다. 하나님은 사람들을 창조하신 후에 계속해서 사람들을 돌보시는 것을 그치지 아니하신다. 하나님은 사람들을 창조하실 때에 "생기를" 사람들의 "코에 불어넣으시고"(창 2:7) 나서, 그가 수여하신 생명을 계속해서 보존하신다. 마찬가지로, 사도는 하나님이 "그의 능력의 말씀으로 만물을 붙드시고"(히 1:3) 계시다고 말한다. 즉, 하나님의 능력은 위든 아래든 모든 곳에 미치고, 온 세계는 그런 능력을 지니신 하나님의 명령(nutus)과 작정하심(decretum)에 의해서 온 세계는 보존되고 있고, 그 모든 부분은 제자리를 지키고 있다는 것이다. 우리는 떡으로 살고 있는 것이긴 하지만, 우리가 생명을 부지하는 것은 떡이 지닌 어떤 힘 때문이 아니라, 우리의 몸에 자양분을 공급하는 특질을 떡에 부여하신 하나님의 비밀한 인자하심 때문이다.

    그런 까닭에, 또 하나의 말씀이 뒤따라 나온다: "사람이 … 하나님의 입으로부터 나오는 모든 말씀으로 살 것이라." 지금은 하나님이 우리의 생명을 부지하는 데에 떡을 사용하시지만, 마음만 먹으시면 언제든지 우리로 다른 수단에 의지해서 살게 하실 수 있으시다. 모세의 이 선언은 생명이 사치와 풍부함에 있다고 여기는 자들의 우매함을 단죄하고, 불법한 수단을 사용하도록 우리를 내모는 불신(不信)과 과도한 염려를 책망하는 말씀이다. 그리스도의 답변이 지닌 정확한 취지는 이런 것이다: 우리는 양식을 비롯해서 현세에서의 삶에 필요한 것들을 하나님을 의지하여 얻어야 하고, 하나님이 정해 놓으신 경계들을 넘어가서 그런 것들을 구하여서는 안 된다. 그리스도께서도 자기가 하나님의 명령 없이는 자기 마음대로 "돌들"을

"떡덩이"로 만들 수 없다고 생각하셨는데, 하물며 우리가 사기(詐欺)나 강도짓이나 폭력이나 살인을 통해서 양식을 얻는다면, 그것은 얼마나 더 불법한 일이겠는가.

[5]이에 마귀가 예수를 거룩한 성으로 데려다가 성전 꼭대기에 세우고 [6]이르되 네가 만일 하나님의 아들이어든 뛰어내리라 기록되었으되 그가 너를 위하여 그의 사자들을 명하시리니 그들이 손으로 너를 받들어 발이 돌에 부딪치지 않게 하리로다 하였느니라 [7]예수께서 이르시되 또 기록되었으되 주 너의 하나님을 시험하지 말라 하였느니라 하시니 [8]마귀가 또 그를 데리고 지극히 높은 산으로 가서 천하 만국과 그 영광을 보여 [9]이르되 만일 내게 엎드려 경배하면 이 모든 것을 네게 주리라 [10]이에 예수께서 말씀하시되 사탄아 물러가라 기록되었으되 주 너의 하나님께 경배하고 다만 그를 섬기라 하였느니라 [11]이에 마귀는 예수를 떠나고 천사들이 나아와서 수종드니라(마 4:5-11).

[13]광야에서 사십 일을 계시면서 사탄에게 시험을 받으시며 들짐승과 함께 계시니 천사들이 수종들더라(막 1:13).

[5]마귀가 또 예수를 이끌고 올라가서 순식간에 천하 만국을 보이며 [6]이르되 이 모든 권위와 그 영광을 내가 네게 주리라 이것은 내게 넘겨 준 것이므로 내가 원하는 자에게 주노라 [7]그러므로 네가 만일 내게 절하면 다 네 것이 되리라 [8]예수께서 대답하여 이르시되 기록된 바 주 너의 하나님께 경배하고 다만 그를 섬기라 하였느니라 [9]또 이끌고 예루살렘으로 가서 성전 꼭대기에 세우고 이르되 네가 만일 하나님의 아들이어든 여기서 뛰어내리라 [10]기록되었으되 하나님이 너를 위하여 그 사자들을 명하사 너를 지키게 하시리라 하였고 [11]또한 그들이 손으로 너를 받들어 네 발이 돌에 부딪치지 않게 하시리라 하였느니라 [12]예수께서 대답하여 이르시되 주 너의 하나님을 시험하지 말라 하였느니라 [13]마귀가 모든 시험을 다 한 후에 얼마 동안 떠나니라(눅 4:5-13).

마 4:5. 이에 마귀가 예수를 … 데려다가. 마태가 세 번째로 다루고 있는 시험이 누가의 기사(記事)에서는 두 번째 시험으로 나오는 것은 그리 중요하지 않다. 왜냐하면, 복음서 기자들의 의도는 모든 경우에 있어서 정확한 시간 순서를 따라 이야기를 배열하는 데에 있었던 것이 아니라, 일어난 사건들을 요약적으로 서술하여, 그리스도와 관련하여 꼭 알아야 할 것들을 마치 거울이나 그림처럼 제시하는 데에 있었기 때문이다. 우리는 그리스도께서 세 가지 시험을 받으셨다는 것을 아는 것으로 충분하다. 어떤 시험이 세 번째였느냐 아니면 두 번째였느냐 하는 문제는 우리가 신경을 쓸 필요도 없고, 심기가 불편해 할 일도 아니다. 따라서 나는 마태의 본문 순서를 따라 주해를 해나가고자 한다.

본문에서는 마귀가 그리스도를 "성전 꼭대기에 세웠다"고 말한다. 마귀는 실제로 그리스도를 그 높은 곳으로 데려간 것인가, 아니면 이 일은 환상 속에서 이루어진 것인가라는 질문이 제기될 수 있다. 많은 이들이 그리스도의 몸이 현실 속에서 실제로 옮겨졌다는 것을 완고하게 단언한다. 왜냐하면, 그들은 그리스도께서 사탄이 일으킨 환상에 연루되실 수 있다고 보는 것 자체가 그리스도에 대한 불경(不敬)이라고 생각하기 때문이다. 그러나 굳이 그렇게 생각할 필요는 없는 것 같다. 그리스도께서 내적으로, 즉 그의 심령과 생각 속에서 미혹되거나 현혹되지 않으셨다는 것을 우리가 인정하기만 한다면, 하나님의 허락 아래에서 그리스도의 자발적인 참여로 이런 일이 일어났다고 보는 것은 결코 불합리하거나 터무니없는 것이 아니다. 마태의 기사(記事) 속에서 그 다음에 오는 구절, 즉 마귀가 "천하 만국"을 그리스도께 보여주었다거나, 누가의 기사 속에서 마귀가 그리스도를 "순식간에" 먼 거리로 옮겼다는 구절은 그 어떤 다른 추정보다도 이 일이 환상 속에서 일어난 것이라는 설명과 더 잘 맞아떨어진다. 의심스러운 문제에 있어서는 그것이 굳이 몰라도 되는 경우라면, 나는 논쟁을 좋아하는 사람들에게 논쟁의 빌미를 제공해 주기보다는 차라리 나의 판단을 중지하는 쪽을 택한다. 또한, 세 가지 시험이 순차적으로 연이어서 일어난 것이 아니라, 어느 정도의 시간 간격을 두고서 일어났을 가능성도 있다. 마귀가 "얼마 동안 떠나" 있었다고 말하고 있는 누가의 본문을 보면(눅 4:13), 비록 그 시간 간격이 길지 않았을 것이긴 하지만, 어쨌든 세 가지 시험이 어느 정도의 시간 간격을 두고 일어났을 가능성은 한층 더 높아진다.

그러나 우리가 살펴보아야 할 주된 질문은 사탄이 이런 종류의 시험을 한 목적이 무엇이었는가라는 것이다. 내가 앞에서 암시했듯이, 이 질문에 대한 해답은 우리 주님이 사탄에게 하신 답변 속에 가장 잘 나타나 있다. 원수의 책략에 맞서 그 공격을 물리치시기 위하여, 그리스도께서는 "주 너의 하나님을 시험하지 말라"는 말씀을 방패로 사용하신다. 이것으로부터 분명한 것은 원수의 책략은 그리스도로 하여금 부당하게 스스로를 높여서, 무모하게도 하나님을 대적하여 일어나도록 유인하고자 하는 것이었다는 것이다. 사탄은 앞에서도 양식을 비롯해서 목숨을 부지하는 데에 필요한 것들이 결여된 상태를 이용하여 그리스도를 절망으로 몰아가고자 하였었는데, 이제 여기에서는 그리스도를 어리석고 헛된 자만(自慢)에 빠뜨리고자 하여, 그리스도에게 모든 제한들을 뛰어넘어서 자신의 수중에 있는 능력들을 마음껏 활용하여, 꼭 필요한 경우가 아닌 데도 명백한 위험 속으로 자기 자신을 내던지도록 부추긴다. 우리에게 있는 것이 아무것도 없어서(신 28:57) 압박감을 느낄 때에 우리가 낙심하는 것이 아니라 하나님을 의뢰하는 것이 합당하듯이, 우리는 의기양양해 하거나, 하나님이 우리에게 허락하신 것보다 더 높이 올라가서도 안 된다. 우리가 방금 확인했듯이, 사탄의 의도는 그리스도로 하여금 자신의 신성(神性)을 한번 시험해 보고, 어리석고 악한 무모함으로 하나님을 대적하여 일어나도록 부추기는 것이었다.

마 4:6. 그가 너를 위하여 그의 사자들을 명하시리니. 사탄이 그리스도를 죽음에 이르게 하고, 그리스도가 먹는 떡이 독이 되게 하기 위한 목적으로 성경을 잘못 적용하는 것 속에서, 우리는 사탄의 그러한 악의를 볼 수 있어야 한다. 사탄은 동일한 종류의 책략을 날마다 계속해서 사용한다. 모든 경건한 자들의 보편적인 모델이신 하나님의 아들이 자신의 몸으로 친히 이 시험을 겪으시기로 작정하신 이유는 모든 경건한 자들이 성경을 잘못 적용함으로 인해서 사탄의 올무에 걸려드는 일이 없도록 끊임없이 조심하고 주의하게 하시기 위한 것이었다. 하나님이 우리의 대적에게 그런 시험을 할 수 있도록 허가하신 것은 우리로 하여금 나태하고 안일한 상태에 머물러 있지 않고 더욱 정신을 차려서 깨어 있게 하시기 위한 것임은 의심할 여지가 없다. 또한, 우리는 마귀가 성경을 잘못 적용한다고 해서, 성경은 온갖 종류의 해석을 다 허용하는 책이어서 쓸모없다고 여기고서, 성경을 내던져 버리는 자들의 광기(狂氣)도 본받아서는 안 된다. 만약 그런 자들의 판단이 옳다면, 우리는 음식에 독이 들어 있을 가능성이 있다는 이유를 들어서, 모든 음식을 먹지 말아야 할 것이다. 사탄은 우리를 멸망시키기 위해서 하나님의 말씀을 악용하고 왜곡하고자 애쓴다. 그러나 성경은 우리의 구원을 위하여 하나님에 의해 준비된 것이기 때문에, 만약 우리의 나태함으로 인해서 하나님의 말씀이 그 구원하는 능력을 발휘하지 못한다면, 하나님의 목적은 좌절되고 말 것이다.

우리는 이러한 문제들을 놓고 길게 논쟁할 필요가 없고, 다만 그리스도께서 우

리가 규범으로 삼아서 따라야 하는 그의 모범을 통해서 우리에게 명령하신 것이
무엇인지를 살펴보기만 하면 된다. 사탄이 성경을 악의적으로 왜곡할 때, 그리스
도께서는 그것을 용납하셨는가? 이전에 성경으로 무장하셨던 그리스도께서는 사
탄이 그 성경을 집어서 가져가 버리는 것을 그대로 보고 계셨는가? 아니다. 도리
어, 그리스도께서는 성경을 제대로 인용하셔서, 사탄의 악한 중상모략을 담대하게
반박하시고 물리치신다. 사탄이 성경을 인용해서 자신의 속임수를 은폐하고, 불경
건한 자들이 성경을 인용해서 우리의 신앙을 파괴하고자 할 때마다, 우리는 오로
지 성경으로부터 우리의 무기를 가져와서 우리의 신앙을 지키고 보호하여야 한다.

　"그가 너를 위하여 그의 천사들을 명령하사 네 모든 길에서 너를 지키게" 하시리
라(시 91:11)는 약속은 모든 믿는 자들에게 적용되지만, 특히 온 교회의 머리 되시
고 천사들을 다스리시는 권세를 소유하고 계시며 천사들에게 우리를 보호하는 일
을 맡기신 그리스도에게 적용된다. 사탄이 이 구절로부터, 하나님이 천사들을 그
리스도에게 붙이셔서 그의 시중을 들고 그를 보호하며 그들의 손으로 그를 받들게
하셨다는 해석을 이끌어 낸 것은 틀린 것이 아니다. 그러나 하나님의 자녀들이 그
들 자신에게 정해진 한계들을 벗어나지 않고 그 안에 머물면서 그들의 길로 행할
때에만 천사들에 의한 보호가 약속된 것임에도 불구하고, 하나님의 자녀들이 아무
렇게나 행하여도 언제든지 천사들의 보호를 받게 될 것이라고 사탄이 말한 것은
오류(誤謬)이자 속임수이다. "네 모든 길에서"(시 91:11)라는 표현 속에 어떤 의미
가 있다면, 사탄이 난폭하고 혼란스러운 방식으로 제멋대로 어처구니없고 잘못된
길들도 "네 모든 길"에 포함된다는 듯이 말했을 때, 선지자의 의도는 사탄에 의해
서 악의적으로 왜곡되어 만신창이가 되어 버린 것이다. 하나님은 먼저 우리에게
마땅한 길들로 행하라고 명령하시고, 그런 후에 천사들이 우리의 보호자가 되어
줄 것이라고 말씀하셨다. 그런데 사탄은 그리스도를 부추겨서 불필요한 위험 속으
로 뛰어들게 만들 목적으로, 마치 하나님이 "네가 하나님의 뜻을 어기고 죽음에 직
면한다고 해도, 천사들이 네 생명을 지켜줄 것이다"라고 말씀하셨다는 듯이, 앞의
내용은 다 잘라버리고 단지 천사들이 보호해 줄 것이라는 말씀만을 내세운다.

　마 4:7. 기록되었으되 주 너의 하나님을 시험하지 말라 하였느니라. 그리스도의
대답은 아주 적절하다. 우리 믿는 자들이 겸손히 하나님의 인도하심에 순복하는
것 외에 우리가 앞에 나온 구절 속에서 약속된 천사들의 도움을 기대할 권리를 가
질 수 있는 다른 방법은 없다. 왜냐하면, 우리는 하나님의 명령들을 순종함이 없이

는 하나님의 약속들을 의지하거나 기대할 수 없기 때문이다. 하나님은 여러 가지 방식으로 "시험을 당하시지만," 이 구절에서 "시험한다"는 말은 하나님이 우리의 수중에 쥐어 주신 여러 은혜의 방편(方便)들을 무시하고 소홀히 하는 것을 뜻한다. 하나님이 권하시는 그런 방편들을 도외시하고 하나님의 능력과 권능을 시험해 보고자 하는 자들은 마치 어떤 사람의 팔과 손을 다 자른 후에 그에게 일하라고 지시하는 것과 마찬가지로 어처구니없는 행동을 하는 것이다. 요컨대, 꼭 필요한 경우가 아닌데도 하나님의 능력을 불필요하게 시험해 보고자 하는 자는 누구나 하나님의 약속들을 부당하게 시험해 보고자 함으로써 "하나님을 시험하는" 것이다.

마 4:8. 마귀가 … 그를 데리고 지극히 높은 산으로 가서. 앞에서 이미 말한 대로, 우리는 사탄이 이러한 효과를 그리스도의 눈앞에 펼쳐 보일 수 있었던 것은 그리스도의 본성 속에 있는 어떤 연약함 때문이 아니라, 하나님의 허락하심에 의해서 그리스도께서 자원하여 거기에 참여하셨기 때문이라는 것을 기억하여야 한다. 또한, 그리스도께서는 그 감각들은 그 앞에 제시된 "천하 만국과 그 영광"에 의해서 강력한 영향을 받고 움직였지만, 마음속에서는 그 어떤 욕망도 일어나지 않았다. 왜냐하면, 육체의 소욕(所欲)들(carnis libidines)은 사나운 짐승들처럼 우리를 기쁘게 하는 대상들에 이끌려서 우리를 그 쪽으로 휘몰아가고, 그리스도께서도 우리와 동일한 감각과 감정들을 지니고 계셨기 때문이다. 그러나 그리스도께서는 사납게 날뛰는 소욕들을 지니고 계시지는 않으셨다. 여기에 묘사된 시험은 그리스도로 하여금 하나님이 자기 자녀들에게 약속하신 기업(基業)을 하나님으로부터가 아니라 다른 방식으로 얻고자 하시도록 부추기는 것이었다. 그리고 여기에는 하나님에게서 세계에 대한 통치권을 빼앗아서 자신의 것이라고 주장하는 마귀의 오만방자함이 잘 드러나 있다. 마귀는 "이 모든 것은 나의 것이기 때문에, 오직 나를 통해서만 얻을 수 있다"고 말한다.

우리는 매일매일 이와 동일한 마귀의 속임수와 싸우지 않으면 안 된다. 왜냐하면, 모든 믿는 자는 자기 자신 속에서 이러한 마귀의 속임수를 느끼며 살아가고, 이러한 속임수는 불경건한 자들의 전체 삶 속에서 한층 더 분명하게 보여지기 때문이다. 우리는 우리에게 필요한 것들과 도우심과 위로가 다 하나님의 축복에 달려 있다는 것을 확신하지만, 우리의 감각들은 마치 하나님 한 분만으로는 충분하지 않다는 듯이, 우리로 하여금 사탄으로부터 도움을 구하도록 유혹하고 미혹한다. 실질적으로, 상당수의 사람들은 세계를 다스리시는 하나님의 능력과 권위를 믿지 않고, 모든 좋은 것은 사탄이 준다고 생각하고 있다. 거의 모든 사람들이 악한 계략들을 꾸미고 도둑질을 하며 사기를 치면서 살아가는 것은 그들이 하나님께 속한 것, 즉 자기가 기뻐하시는 자들에게 복 주서서 부유하게 하시는 하나님의 능력을 사탄의 것으로 생각하기 때문이 아니면 무엇이었겠는가? 사실, 그들은 입으로는 "오늘 우리에게 일용할 양식을 주시옵고"(마 6:11)라고 하나님께 기도하지만, 그것은 단지 빈말에 불과할 뿐이다. 왜냐하면, 그들은 행동으로는 사탄이 이 세상에서 온갖 부(富)를 나누어 주는 자라고 말하기 때문이다.

마 4:10. 사탄아 물러가라. 누가 본문은 "사탄아 내 뒤로 물러가라"(개역에서는 번역되지 않음 - 역주)로 되어 있다. "내 뒤로"라는 어구가 덧붙여진 것을 놓고 억측을 할 필요는 없다. 왜냐하면, 그리스도께서는 베드로를 향해서도 "사탄아 내 뒤로 물러가라"(마 16:23)고 말씀하신 적이 있으시기 때문이다. 그리스도께서는 사탄에게 떠나가라고 명하신 후에, 갈대 방패가 아니라 놋 방패인 성경을 사용하셔서, 앞에서와 동일한 방어를 행하신다. 그는 오직 하나님만을 경배하고 예배하여야 한다(신 6:13; 10:20)는 율법의 한 구절을 인용하신다. 이 구절의 구체적인 적용 및 이 구절이 나온 배경을 살펴보면, 하나님만을 경배하라고 하신 의도가 무엇이고, 그렇게 하는 것이 어떤 것인지를 아는 것은 쉽다.

교황주의자들은 오직 하나님만을 경배하여야 한다는 것을 부정(否定)하고, 이 구절 및 이와 비슷한 구절들을 궤변적인 논증들로 피해나간다. '라트리아'(Latria, 헬라어로는 λατρεία)가 오직 하나님께만 드려져야 하는 경배라는 것은 그들도 인정한다. 그러나 '둘리아'(Dulia, 헬라어로는 δουλεία)는 좀 더 낮은 차원의 경배라는 이유로, 그들은 죽은 자들 및 그 뼈와 조상(彫像)들에 '둘리아'라는 경배를 드린다. 그러나 그리스도께서는 이러한 시답지 않은 구별을 거부하시고, '프로스퀴네시스'(προσκυνήσις, "경배")는 오직 하나님만 받으실 자격이 있으시다고 말씀한다. 이 말씀을 통해서 그리스도께서는 우리에게 하나님을 경배하고 예배하는 것과 관련해서는 표현(表現)이 아니라 실질(實質)에 더 주목해야 한다고 경고하고 계시는 것이다.

성경은 우리에게 "오직 하나님만 경배하라"고 명하고 있기 때문에, 우리는 "왜"라는 질문을 던지지 않을 수 없다. 사람이 하나님만이 누리셔야 할 영광을 피조물들에게 돌린다면, 그것은 하나님에 대한 예배를 더럽히는 극악무도한 짓이 될 것이다. 그러나 하나님은 모든 선한 것들의 유일한 원천으로 인정받기를 원하시는데도, 우리가 그러한 것들을 피조물들에게서 구한다면, 바로 우리가 그런 짓을 하고 있는 것임은 너무나 분명하다. 신앙은 단연코 영적인 것이지만 그 신앙을 외적으로 시인하고 표현하는 것은 우리의 몸과 관련되어 있듯이, 내면적인 예배만이 아니라 그것을 외적으로 표현하는 것도 오직 하나님께만 드려야 마땅하다[그리스도께서는 헬라인들이 '프로스퀴네시스'(προσκυνήσις)라 부르는 외적인 경배도 오직 하나님께만 돌리고 있다. 왜냐하면, 그는 문자적으로 "무릎을 꿇고 엎드리다"를 의미하는 이 용어를 하나님께 드리는 예배의 형태를 가리키는 의미로 사용하고 계시기 때문이다 — 불어판].

　마 4:11. 이에 마귀는 예수를 떠나고. 누가는 여기에 "모든 시험을 다 한 후에"라는 말씀을 덧붙인다. 이것은 그리스도께서 온갖 종류의 시험을 다 받으시기 전에는 그 어떤 휴전(indutia)이나 휴식(quies)도 허락되지 않았다는 것을 의미한다. 또, 누가는 마귀가 그리스도를 "얼마 동안 떠났다"는 말씀을 덧붙인다. 이것은 그리스도의 이후의 삶도 시험들로부터 온전히 자유롭지는 못하였지만, 하나님은 사탄의 힘을 제어하셔서, 그리스도께서 수시로 아무 때나 마귀의 방해를 받으시는 일이 없도록 하셨다는 것을 우리에게 알게 하기 위한 것이다. 또한, 하나님은 그의 모든 백성에 대해서도 통상적으로 이와 같이 행하신다. 왜냐하면, 하나님은 자기 백성들로 하여금 격렬한 시험을 받게 하신 후에는, 한동안 그 싸움의 강도(強度)를 일정 정도 낮추셔서, 그들이 잠시 숨을 돌리면서 다시 기운을 차릴 수 있게 하시기 때문이다. 이 말씀 직후에 나오는 "천사들이 나아와서 수종드니라"는 구절을 나는 그리스도께서 하나님 아버지가 그를 돌보고 계셨고, 강력한 도우심에 의해서 그에게 힘을 더하셔서, 사탄을 넉넉히 물리칠 수 있게 하셨다는 것을 느끼시고 위로를 받게 하시기 위한 것이라고 이해한다. 왜냐하면, 마가 본문이 묘사하고 있듯이, 그리스도께서는 홀로 고적(孤寂)하게 광야에 머물면서 사람들과 정(情)을 나누지도 못하고 들짐승들과 함께 있어서, 그 쓸쓸함과 황량함이 더욱 가중되었을 것이기 때문이다. 그렇지만, 우리는 이것을 보고서, 천사들이 그리스도의 곁을 떠난 적이 있었을 것이라고 추측해서는 안 된다. 하나님의 은혜는 항상 그리스도와 함께 하였지만, 그리스도로 하여금 시험을 받게 하시기 위하여, 그 은혜를 숨겨서 그리스도의 육신에 잠시 느껴지지 않게 하신 것뿐이다.

¹²예수께서 요한이 잡혔음을 들으시고 갈릴리로 물러가셨다가 … ¹⁷이 때부터 예수

께서 비로소 전파하여 이르시되 회개하라 천국이 가까이 왔느니라 하시더라(마 4:12, 17).

[14]요한이 잡힌 후 예수께서 갈릴리에 오셔서 하나님의 복음을 전파하여 [15]이르시되 때가 찼고 하나님의 나라가 가까이 왔으니 회개하고 복음을 믿으라 하시더라(막 1:14-15).

[19]분봉 왕 헤롯은 그의 동생의 아내 헤로디아의 일과 또 자기가 행한 모든 악한 일로 말미암아 요한에게 책망을 받고 [20]그 위에 한 가지 악을 더하여 요한을 옥에 가두니라 … [14]예수께서 성령의 능력으로 갈릴리에 돌아가시니 그 소문이 사방에 퍼졌고 [15]친히 그 여러 회당에서 가르치시매 뭇 사람에게 칭송을 받으시더라(눅 3:19-20; 4:14-15).

눅 3:19. 분봉 왕 헤롯. 헤롯이 왜 세례 요한을 투옥시켰는지 그 이유를 설명하는 것은 오직 누가뿐이다 — 물론, 마태와 마가도 나중에 이 일을 언급하기는 하지만(마 14:3; 막 6:17). 요세푸스는 헤롯이 민중 봉기가 일어나서 정권이 바뀔 것을 두려워하여 세례 요한을 마카이루스(Machaerus) 성채에 가두었고(백성들 가운데서 세례 요한의 영향력이 큰 것을 두려워해서), 헤로디아는 살로메의 남편이었던 빌립이 아니라 또 다른 헤롯과 결혼하였다고 말한다(*Ant.* 18.5.2). 그러나 이 문제와 관련된 요세푸스의 기억은 정확하지 않은 것 같고, 빌립의 죽음에 대해서도 제대로 기술하고 있지 못한 것으로 보아서, 이 사건에 대한 좀 더 확실한 진상은 복음서 기자들의 글에 나와 있다고 보여지기 때문에, 우리는 복음서 기자들의 증언을 따라야 한다. 헤롯이 원래 아라비아의 왕 아레타스(Aretas)의 딸과 결혼하였었지만, 자신의 조카딸인 헤로디아와 사랑에 빠져서, 속임수를 써서 그녀를 보쌈해 왔다는 것은 잘 알려져 있는 이야기이다. 요세푸스의 증언에 의하면, 헤롯의 동생인 빌립은 온유하고 점잖은 성품을 지닌 인물이었기 때문에(*Ant.* 18.4.6), 그의 형의 이런 소행에 대하여 아무런 보복도 가하지 않았을 가능성이 높다.

이 사건은 진리를 충성되고 정직하게 전하는 사역자들에게, 특히 그들이 사람들의 악행을 책망할 때에 어떤 종류의 상(賞)이 기다리고 있는지를 분명하게 보여준다. 왜냐하면, 책망을 받고도 참는 사람은 백 명 중에 한 사람이 있을까 말까하고,

그 책망이 좀 심한 경우에는 어김없이 분노를 터트리기 때문이다. 이런 종류의 교만이 평범한 사람들 가운데서도 나타날진대, 다른 사람들과 같은 부류로 취급되는 것조차도 참지 못하는 폭군들이 그들을 책망하는 자를 더 잔인하고 가혹한 방식으로 다루리라는 것은 불 보듯 뻔한 일이 아니겠는가. 우리는 세례 요한에게서 모든 경건한 선생들이 소유하여야 마땅한 영적 담대함, 즉 꼭 필요한 경우라고 판단되는 경우에는 어김없이 큰 자들이나 권력자들의 분노를 불러일으키는 일을 주저하지 않는 용기의 훌륭한 모범을 본다. 왜냐하면, 사람들의 악행을 적당히 눈감아 주는 자는 하나님을 정직하게 섬기는 것이 아니기 때문이다. 누가가 여기에 "자기가 행한 모든 악한 일로 말미암아"라는 말씀을 덧붙인 것은 헤롯이 선한 훈계를 거부할 뿐만 아니라, 거기에 격분하여 마치 자기에게 충고해 준 자가 자신의 원수라도 된다는 듯이 그 사람에게 보복을 한 것으로 보아서, 헤롯의 악의가 극(極)에 달하였다는 것을 보여주기 위한 것이다.

마 4:12. 예수께서 … 들으시고. 이 구절은 세례 요한과 그리스도가 동시에 백성의 선생으로서의 직임을 수행하였다고 분명하게 말하고 있는 요한복음의 기사(記事)와 부합하지 않는 듯이 보인다. 그러나 우리는 세례 요한의 사역 기간이 아직 끝나지 않았고, 그 사역 기간은 백성들로 하여금 그리스도의 복음을 받아들이도록 하기 위한 준비과정으로 의도된 것이었기 때문에, 공관복음서 기자들이 세례 요한과 그리스도가 동시에 사역하였던 저 짧은 시기를 언급하지 않고 건너뛴 것임을 알아야 한다. 그리고 사실 엄밀하게 말해서, 그리스도께서는 그 시기 동안에 선생으로서의 직임을 수행하시기는 했지만, 세례 요한을 이어서 사역하실 때까지는 아직 복음 전파를 시작하지 않으셨다. 그러므로 공관복음서 기자들이 세례 요한이 그리스도를 위하여 제자들을 양성하였던 기간이 그리스도의 사역의 기간에 속한다는 것을 인정하고, 또한 그렇게 분명하게 말하고 있는 것은 지극히 합당하다. 왜냐하면, 그것은 새벽이 지나면 해가 뜨는 것과 같은 이치이기 때문이다. "예수께서 성령의 능력으로 갈릴리에 돌아가시니"라는 누가의 표현 방식은 주목할 만한 가치가 있다. 왜냐하면, 우리가 그리스도께서 땅에 속한 것이나 인간적인 것을 지니고 계시다고 생각하는 것이 아니라, 우리의 마음과 감정이 항상 그리스도의 신적이고 하늘에 속한 능력에 집중하는 것은 대단히 중요하기 때문이다.

막 1:14. 하나님의 복음을 전파하여. 마태 본문은 다른 두 본문과 약간 다른 것으로 보인다. 왜냐하면, 마태는 예수께서 고향인 나사렛을 떠나서 가버나움으로

가셨다고 말한 후에, "이 때부터 예수께서 비로소" 복음을 "전파하셨다"고 말하는 반면에, 누가와 마가는 예수께서 자기 고향에서 공개적으로 가르치셨다고 말하기 때문이다. 그러나 해법은 간단하다. 왜냐하면, 마태가 사용한 어구인 '아포 토테'(ἀπὸ τότε, "이 때부터")는 직전의 때를 가리키는 것이 아니라, 이 단락의 이야기가 시작된 때를 가리키는 것으로 보아야 하기 때문이다. 그러므로 그리스도께서는 갈릴리에 도착하실 때부터 자신의 직임을 수행하기 시작하셨다. 마태가 요약하여 제시한 그리스도의 가르침은 우리가 앞에서 보았던 세례 요한의 가르침과 다르지 않다. 왜냐하면, 그 가르침은 두 부분, 즉 "회개" 및 은혜와 구원의 선언으로 구성되어 있기 때문이다. 그리스도께서는 "하나님의 나라가 가까이 왔으니," 즉 하나님이 자기 백성을 직접 다스리고자 하신다(이것은 참되고 온전한 복이다)는 이유를 들어서, 유대인들에게 회심(回心)을 권한다. 마가 본문은 이것과는 약간 다르게 "하나님의 나라가 가까이 왔으니 회개하고 복음을 믿으라"로 되어 있다. 그러나 의미는 동일하다. 왜냐하면, 그리스도께서는 먼저 유대인들 가운데서 하나님의 나라가 회복될 것임을 말씀하시고 나서, 그들에게 회개와 믿음을 권하시기 때문이다.

그러나 "회개"는 복음에 포함되어 있는 것인데, 왜 마가는 회개를 복음에 관한 "가르침"에서 분리해 내고 있는 것인가라는 질문이 제기될 수 있다. 우리는 두 가지 이유를 생각해 볼 수 있다. 하나님은 종종 우리로 하여금 우리의 삶을 더 선한 쪽으로 바꾸기를 원하실 때에 우리에게 회개할 것을 권하신다. 사도 바울은 회심과 "새 생명"(롬 6:4)이 하나님의 선물임을 보여준다. 이것은 하나님이 우리에게 의무만을 명하시는 것이 아니라, 순종할 수 있는 은혜와 능력도 동시에 주신다는 것을 우리에게 알게 하시기 위한 것이다. 우리가 회개에 관한 세례 요한의 가르침을 이런 식으로 이해한다면, 그 의미는 이런 것이 될 것이다: "하나님은 네게 네 자신을 돌아보라고 명하신다. 그러나 너는 네 자신의 노력으로 그렇게 할 수가 없기 때문에, 하나님은 중생(重生)의 성령을 주시겠다고 약속하신다. 그러므로 너는 믿음으로 이 은혜를 받아야 한다." 아울러, 그리스도께서 사람들에게 "복음을 믿으라"고 하실 때에 그 "믿음"은 결코 사람들을 새롭게 하시는 것(renovatio)에만 국한되는 것이 아니라, 주로 죄 사함(peccatorum remissio)과 연관되어 있다. 왜냐하면, 세례 요한은 회개를 믿음과 연결시키는데, 그것은 하나님이 우리를 그와 화목하게 하시는 것은 우리로 하여금 거룩함과 의로움 가운데서 그를 아버지로 섬기도록 하시기 위한 것이기 때문이다. 게다가, "복음을 믿는다"는 것은 하나님이 거저 주시는 의(義)를 받아들이는 것과 동일한 것이라고 말하는 것은 전혀 틀린 말이 아니다. 왜냐하면, 성경에서는 믿음과 죄 사함 간의 저 특별한 관계를 종종 언급하면서, "우리가 믿음으로 의롭다 하심을 받았다"(롬 5:1)고 가르치기 때문이다. 이 구절을 설명하는 두 가지 방식 중에서 어느 쪽을 택하든, 하나님이 우리에게 거저 구원을 주시는 것은 우리로 하여금 하나님께로 돌아가서 의(義)에 대하여 살게 하시기 위한 것임은 여전히 확고한 진리이다. 따라서 하나님이 우리에게 긍휼을 약속하실 때, 그것은 우리에게 육(肉)을 부인하라고(carnis abnegatio) 말씀하시는 것이다. 우리는 마가가 복음을 "하나님의 나라"라고 부르고 있는 것에 주목하여야 한다. 왜냐하면, 이것을 통해서 우리는 하나님의 나라는 복음 전파를 통해서 사람들 가운데에 세워지고 견고히 된다는 것과 하나님이 사람들 가운데서 다른 방식으로는 통치하지 않으신다는 것을 배우기 때문이다. 또한, 이것으로부터 분명한 것은 복음 없이는 사람들의 처지가 너무나 비참하다는 것이다.

눅 4:15. 뭇 사람에게 칭송을 받으시더라. 누가가 이것을 말하는 것은 공생애를 시작하실 때부터 그리스도 안에서 신적인 능력이 빛을 발하여서, 악의적으로 거스르는 열심(maligno contradicendi studio)을 지닌 자들조차도 그리스도를 칭송하는 데에 동참할 수밖에 없었다는 것을 우리에게 알려 주고자 하는 분명한 목적이 있어서이다.

[16]예수께서 그 자라나신 곳 나사렛에 이르사 안식일에 늘 하시던 대로 회당에 들어가사 성경을 읽으려고 서시매 [17]선지자 이사야의 글을 드리거늘 책을 펴서 이렇게 기록된 데를 찾으시니 곧 [18]주의 성령이 내게 임하셨으니 이는 가난한 자에게 복음을 전하게 하시려고 내게 기름을 부으시고 나를 보내사 포로 된 자에게 자유를, 눈 먼 자에게 다시 보게 함을 전파하며 눌린 자를 자유롭게 하고 [19]주의 은혜의 해를 전파하게 하려 하심이라 하였더라 [20]책을 덮어 그 말은 자에게 주시고 앉으시니 회당에 있는 자들이 다 주목하여 보더라 [21]이에 예수께서 그들에게 말씀하시되 이 글이 오늘 너희 귀에 응하였느니라 하시니 [22]그들이 다 그를 증언하고 그 입으로 나오는 바 은혜로운 말을 놀랍게 여겨 이르되 이 사람이 요셉의 아들이 아니냐(눅 4:16-22).

눅 4:16. 예수께서 … 나사렛에 이르사. 복음서 기자들은 그리스도께서 어떠한

종류의 증거들을 통해서 알려지게 되셨는지를 아주 세심하게 보여주는데, 여기에
서 누가는 그 증거들 중에서 두드러진 예를 얘기한다. 그리스도께서 이사야서에
나오는 구절을 설명하시고, 그 구절을 적용하여 거기에 있던 사람들에게 필요한
가르침을 베푸시자, 모든 사람의 눈이 그리스도께로 집중되었다. "예수께서 … 늘
하시던 대로 회당에 들어가셨다." 이것으로부터 우리는 그리스도께서는 길거리와
큰 길에서 사람들에게 복음을 전하셨을 뿐만 아니라, 기회가 허락하는 대로 교회
의 통상적인 질서를 지키셨다는 결론을 얻게 된다. 또한, 우리는 유대인들이 아주
타락해 있었고, 모든 것이 혼돈의 상태에 속에 있었으며, 교회의 상태는 형편없이
부패해 있었기는 하지만, 여전히 한 가지 선한 것이 남아 있었다는 것을 알게 된다.
즉, 그들은 많은 사람들 앞에서 성경을 봉독하였고, 성경을 가지고서 사람들을 가
르치고 권면하였다는 것이다.

또한, 여기에는 안식일을 참되게 제대로 지키는 방법이 무엇이냐 하는 것이 분
명하게 드러나 있다. 하나님이 자기 백성에게 안식일에 일하지 말라고 명하신 것
은 그들로 하여금 그 날에 빈둥거리며 휴식을 취하게 하시기 위한 것이 아니라, 반
대로 하나님의 역사(役事)들을 묵상하는 연습을 하게 하시기 위한 것이었다. 그런
데 이제 사람들의 마음은 어두워져 있어서 당연히 하나님의 역사(役事)들을 어떻
게 묵상해야 하는 줄을 모르기 때문에, 성경이라는 규범에 의해서 지도를 받아야
한다. 바울은 율법이라는 그림자들을 열거할 때에 거기에 "안식일"을 포함시키지
만(골 2:16), 앞에서 말한 것과 관련해서 우리가 안식일을 지키는 방식은 유대인들
의 방식과 동일하다. 즉, 안식일에는 사람들이 모여서 말씀을 듣고 공적인 기도를
드리며 그 밖의 다른 경건의 훈련들을 하여야 한다는 것이다. 유대인들의 안식일
이 기독교의 주일(主日)로 계승된 것은 바로 그런 목적을 위한 것이었다.

우리가 시대들을 비교해 보자면, 이 구절은 우리 시대에 있어서 가톨릭의 교권
제도의 타락상이 안나스와 가야바가 대제사장으로 있던 때의 유대인들의 타락상
보다 더 충격적이고 혐오스러운 것임을 분명하게 증명해 주고도 남을 것이다. 왜
냐하면, 당시에는 존재하였던 성경 봉독이 교황 제도 아래에서 차츰 없어지기 시
작하였을 뿐만 아니라, 불과 칼에 의해서 교회들로부터 추방당하였고, 단지 성경
중에서 교황주의자들이 합당하다고 여기는 일부분만 교회들 속에서 "알아들을 수
없는 언어로" 단조롭게 노래되고 있기 때문이다. 그리스도께서 "성경을 읽으려고
서신" 것은 그의 목소리가 더 잘 들리게 하기 위한 것이기도 하지만, 경외심의 표현

이기도 하다. 왜냐하면, 성경을 해설하는 자들은 성경의 위엄을 생각하여, 그들이 성경을 겸손하고 경외하는 마음으로 대하고 있다는 것을 겉으로도 나타내는 것이 합당하기 때문이다.

눅 4:17. 이렇게 기록된 데를 찾으시니. 그리스도께서 의도적으로 이 본문을 선택하셨다는 것은 의심의 여지가 없다. 어떤 이들은 하나님이 이 본문을 그에게 보여주셨다고 생각한다. 그러나 선택의 자유가 그에게 허용되어 있었기 때문에, 나는 그가 자신의 판단 하에서 다른 본문들이 아니라 바로 이 본문을 선택한 것이라고 보고자 한다. 거기에서 이사야는 바벨론 포수(捕囚) 후에도 여전히 하나님의 은혜를 전하는 증인들이 나와서, 백성들을 멸망과 사망의 어둠으로부터 이끌어 내어 모아서, 무수한 재난들에 의해서 억눌려 왔던 교회를 그들의 영적인 능력으로 회복하게 될 것이라고 예언한다. 그러나 저 구속(救贖)은 오직 그리스도의 이름과 권세로만 선포되어야 했기 때문에, 이사야 선지자는 경건한 자들의 마음을 일깨워서 강력한 신뢰를 갖게 하기 위해서, 단수형을 사용하여 그리스도의 이름으로 말한다. 분명한 것은 여기에서 말해지고 있는 것은 다음과 같은 두 가지 이유로 인해서 오로지 그리스도에게만 해당된다는 것이다. 첫 번째는, 오직 그리스도만이 성령의 충만함을 받으셔서(요 3:34) 우리를 하나님과 화해시키기 위한 증인이자 대사(大使)가 되셨기 때문이다(이런 이유 때문에, 바울은 복음의 모든 사역자들에게 해당되는 것을 오직 그리스도께 적용하여 그가 "오셔서 먼 데 있는 너희에게 평안을 전하시고 가까운 데 있는 자들에게 평안을 전하셨으니"[엡 2:17]라고 말한다). 두 번째는, 오직 그리스도만이 성령의 능력으로 말미암아 여기에 약속되어 있는 모든 은택(恩澤)들을 행하시고 수여하시기 때문이다.

눅 4:18. 주의 성령이 내게 임하셨으니. 이 말씀은 그리스도께서 자기 자신이나 그의 사역자들이 인간적인 권위에 의거해서나 개인적인 역량으로 행하는 것이 아니라, 그의 교회에 구원을 회복하시기 위하여 하나님에 의해서 보내심을 받았다는 것을 우리에게 알게 해준다. 그리스도께서는 사람들의 제안이나 조언을 따라 행하시는 것은 아무것도 없고, 모든 것을 하나님의 성령의 인도하심에 따라서 행하신다. 그가 이것을 분명하게 밝히시는 이유는 경건한 자들의 믿음이 하나님의 권위와 능력에 토대를 두게 하기 위한 것이다. 그 뒤에 나오는 "내게 기름을 부으시고"라는 구절은 보충 설명을 위해 덧붙여진 것이다. 하나님의 성령이 주어지지 않았는데도, 자기에게 성령이 있다고 거짓 자랑을 하는 자들이 많다. 그러나 그리스도께서는 성령이 임한 결과로서 자기에게 "기름 부음"이 있다는 것을 통해서 하나님의 성령이 자기에게 임하였다는 것을 증명하신다. 그런 다음에, 그는 성령의 은사들이 자기에게 수여된 목적을 말씀하는데, 그것은 "가난한 자에게 복음을 전하게" 하시기 위한 것이었다. 이것으로부터 우리는 하나님의 보내심을 받아서 복음을 전하는 자들은 그토록 중요한 직임을 수행하는 데에 꼭 필요한 은사들을 먼저 받는다는 결론을 얻는다. 그러므로 목회자의 직임을 수행하기에 전적으로 부적절한 사람들이 하나님의 소명이 있다는 미명 하에 목회자 행세를 하는 것은 참으로 어처구니없는 일이다. 우리는 그 예를 가톨릭에서 볼 수 있는데, 거기에서는 나귀보다도 더 무지한 주교들이 오직 자기들이 그리스도의 대리자(代理者)이자 교회의 유일하게 합법적인 고위 성직자라고 스스럼없이 오만하게 허풍을 떤다. 우리는 주님이 직접 그의 종들에게 기름을 부으신다는 것을 분명하게 들어 알고 있다. 왜냐하면, 바울이 말한 대로, 참되고 유효한 복음 전도는 사람의 "설득력 있는 지혜의 말"로 되는 것이 아니라, 오직 성령에 의한 하늘의 능력으로만 되기 때문이다(고전 2:4).

눅 4:18. 가난한 자에게. 이사야 선지자는 복음이 나타나기 이전에 교회의 상태가 어떠하였는지, 그리고 그리스도가 없는 우리 모두의 상태는 어떠한지를 보여준다. 하나님으로부터 회복의 약속을 받는 자들은 "가난한 자," "통회하는 자," "포로 된 자," "눈 먼 자," "눌린 자"라 불린다. 이 백성은 너무나 많은 불행들에 의해서 눌리며 살아 왔기 때문에, 각 사람은 적어도 여기에 열거된 부류들 중의 어느 하나에 속하였다. 그렇지만, 가난과 눈 멂과 종 된 것과 사망 가운데 처해 있으면서도 자신의 처지와 상태를 알지 못하고 자기만족에 빠져서 살아가는 자들도 많았다. 그래서 이 은혜를 받아들일 준비가 되어 있는 자들은 소수였다.

첫째, 우리는 여기에서 복음 전도의 목적이 무엇이고, 그것이 우리에게 어떤 유익을 가져다주는지에 대하여 가르침을 받는다. 우리는 모두 너나 할 것 없이 온갖 종류의 악(惡)에 의해서 눌려 있었다. 그러나 하나님은 그런 우리에게 그의 생명의 빛을 주셔서 우리로 힘을 차리게 하시고, 사망의 깊은 심연(深淵)에서 건지셔서 온전한 복으로 회복시키신다. 우리가 복음으로부터 이루 헤아릴 수 없는 유익을 얻을 수 있다는 사실은 우리에게 어떻게든 복음을 받아들이고자 하는 마음을 생겨나게 만든다. 둘째, 우리는 누가 그리스도의 초대를 받아서, 하나님이 약속하신 은혜에 참여하는 자들이 되는지를 본다. 그들은 모든 면에서 비참하고 구원의 모든 소망이 끊어진 자들이다. 그러나 다른 한편으로, 하나님은 우리가 우리의 곤경(困境)

에 대한 깊은 자각 아래에서 낮아지고, 주린 심령이 되어서 우리의 구원자이신 그리스도를 찾는 것 외에 다른 방식으로는 그리스도께서 수여하시는 이러한 은택들을 누릴 수 없다는 것을 깨우쳐 주신다. 왜냐하면, 교만으로 마음이 부풀어 올라 있고, 포로 된 자로서의 자신의 처지로 인하여 신음하지 않으며, 자신의 눈 먼 것을 탄식하지 않는 자들은 이 예언을 멸시하여 귀를 막아 버릴 것이기 때문이다.

눅 4:19. 주의 은혜의 해를 전파하게 하려 하심이라. 많은 사람들이 여기에서 선지자는 희년을 암시하고 있는 것이라고 생각하고, 나도 그런 견해에 반대하지 않는다. 그러나 우리가 유의해야 할 것은, 선지자는 연약한 자들을 흐트러뜨려 놓고 흔들어놓을 수 있는 의심을 미리 예상하고 있는 반면에, 하나님은 이 약속된 구원이 아주 오랫동안 지체되게 하심으로써 그 연약한 자들로 하여금 마음을 졸이게 하셨다는 것이다. 그러므로 선지자는 구속(救贖)의 때가 하나님의 뜻에 달려 있게 만든다. "은혜의 때에 내가 네게 응답하였고 구원의 날에 내가 너를 도왔도다"(사 49:8). 바울은 그것을 "때가 차매"(갈 4:4)라고 표현한다. 이것은 믿는 자들로 하여금 지나친 호기심에 빠지지 말고, 묵묵히 하나님의 뜻에 순종하는 법을 배우게 하고, 우리로 하여금 구원이 하나님이 보시기에 좋은 때에 그리스도 안에서 나타났다는 확신으로 만족할 수 있게 하기 위한 것이다.

눅 4:20. 회당에 있는 자들이 다 주목하여 보더라. 하나님이 그들의 마음을 만져 주셔서 깜짝 놀라게 하셨다는 것을 나는 의심하지 않는데, 그 결과로 그들은 그리스도께서 하시는 말씀을 더욱 정신을 바짝 차리고서 경청하게 되었다. 왜냐하면, 앞으로 보면 알 수 있듯이, 그들의 심령 속에는 그리스도를 멸시하는 성향이 충분히 존재하고 있었으므로, 하나님은 그들이 처음부터 그리스도께서 말씀을 전하시는 것을 반대하거나 도중에 그 말씀을 중단시키는 일을 하지 못하도록 하지 않으시면 안 되었기 때문이다.

눅 4:21. 오늘 ⋯ 응하였느니라. 그리스도께서는 하나님이 그의 망한 교회를 회복시키고자 하시는 때가 지금 왔다는 것을 단지 몇 마디 말씀으로 선언하신 것이 아니라, 여러 가지 사실들에 의거해서 증명하셨다. 그의 강론의 목적은 이 예언을 청중들에게 분명하게 해설해 주는 것이었다. 마치 강해 설교자들이 성경을 청중의 상황에 적용할 때에 적절하고 정연(整然)하게 성경을 풀 듯이 말이다. 그는 이사야의 예언의 말씀이 "그들의 눈에"가 아니라 "그들의 귀에 응하였다"고 말씀한다. 왜냐하면, 이 때에 가르침이 주된 자리를 차지하지 않았다면, 어떤 사실을 단지 눈으로 보는 것은 별 가치가 없었을 것이기 때문이다.

눅 4:22. 그들이 다 그를 증언하고. 여기에서 누가는 우리로 하여금 먼저 그리스도의 입술에서 뿜어져 나온 진정으로 신령한 은혜에 주목하게 한 후에, 사람들의 배은망덕을 생생하게 묘사한다. 누가는 히브리어의 관용표현을 사용해서, 그리스도의 강론을 "은혜로운 말," 즉 성령의 능력과 "은혜"를 드러낸 "말"이라고 부른다. 나사렛 주민들은 이렇게 그리스도 안에서 말씀하시는 하나님을 인정하고 칭송할 수밖에 없었다. 그렇지만, 그들은 자원하여 그리스도의 신령한 가르침에 그것이 마땅히 받아야 할 존귀와 영광을 돌리기를 거부한다. "이 사람이 요셉의 아들이 아니냐." 그들은 이 사실을 하나님께 영광을 돌려야 할 추가적인 이유로 여기지 않고, 도리어 반론의 근거로 제시하고 반대의 명분으로 삼는 악한 모습을 보이는데, 이것은 그리스도의 강론을 "요셉의 아들"이 말한 것이니까 거부해도 괜찮을 것이라는 그럴 듯한 명분을 얻기 위한 것이었다. 마찬가지로, 우리는 많은 사람들이 그들이 듣는 것이 하나님의 말씀이라는 것을 확신하면서도, 그 말씀에 순종하기가 싫어서 사소한 핑곗거리들을 대는 모습을 날마다 본다. 분명한 것은 우리가 복음의 능력에 의해서 감화를 받아야 하는 데도 불구하고 그렇지 못하는 유일한 이유는, 복음의 능력을 인정하고 싶지 않아서 우리가 복음이 우리에게 오는 길목에 일부러 장애물들을 설치해 놓고, 우리의 악의(惡意)로 복음의 빛을 꺼버리기 때문이라는 것이다.

[23]예수께서 그들에게 이르시되 너희가 반드시 의사야 너 자신을 고치라 하는 속담을 인용하여 내게 말하기를 우리가 들은 바 가버나움에서 행한 일을 네 고향 여기서도 행하라 하리라 [24]또 이르시되 내가 진실로 너희에게 이르노니 선지자가 고향에서는 환영을 받는 자가 없느니라 [25]내가 참으로 너희에게 이르노니 엘리야 시대에 하늘이 삼 년 육 개월간 닫히어 온 땅에 큰 흉년이 들었을 때에 이스라엘에 많은 과부가 있었으되 [26]엘리야가 그 중 한 사람에게도 보내심을 받지 않고 오직 시돈 땅에 있는 사렙다의 한 과부에게 뿐이었으며 [27]또 선지자 엘리사 때에 이스라엘에 많은 나병환자가 있었으되 그 중의 한 사람도 깨끗함을 얻지 못하고 오직 수리아 사람 나아만뿐이었느니라 [28]회당에 있는 자들이 이것을 듣고 다 크게 화가 나서 [29]일어나 동네 밖으로 쫓아내어 그 동네가 건설된 산 낭떠러지까지 끌고 가서 밀쳐 떨어뜨리고자 하되 [30]예수께서 그들 가운데로 지나서 가시니라(눅 4:23-30).

눅 4:23. 의사야 너 자신을 고치라. 그리스도께서 하신 이 말씀으로부터 우리는 그가 나사렛 주민들에 의해서 멸시를 당하셨다는 것을 쉽게 추론할 수 있다. 왜냐하면, 이 말씀은 그가 그들의 마음속에 어떤 생각들이 들어 있는지를 아시고서, 그 생각들을 공개적으로 드러내시는 것이기 때문이다. 그는 나중에 그가 그들 가운데서 이적들을 행하기를 거부한다고 해서 그들이 그를 비난하였다는 것을 지적하시고, 하나님의 선지자를 예(禮)를 갖추어 대하지 않는 그들의 악의를 고소하신다. 그리스도께서 예상하신 반론은 이런 것이었다: "고향 사람들이 그를 존경하지 않는다고 해도, 그것을 이상히 여길 이유는 전혀 없다. 왜냐하면, 그가 다른 곳에서는 이적들을 행함으로써 그 마을들을 빛내 주었지만, 고향 마을을 빛내 주기 위해서 그가 한 일은 전혀 없기 때문이다. 따라서 그가 이렇게 다른 마을 사람들보다 고향 사람들을 홀대하였으니, 고향 사람들이 그를 배척한다고 해도, 그것은 단지 합당한 인과응보일 뿐이다." 이 속담의 의미는 의사는 다른 사람들을 고치는 데에 자신의 솜씨를 발휘하기 전에, 먼저 자기 자신 및 자기와 가장 가까운 사람들부터 고쳐야 한다는 것이다. 반론의 요지는 그리스도께서 갈릴리의 다른 마을들에서는 이적들을 베풀어서 그 마을들을 빛내 주었으면서 정작 자기 고향에서는 아무 이적도 베풀지 않고 무시하는 부적절한 처신을 하고 있다는 것이다. 이것은 나사렛 주민들이 그리스도를 배척하는 데에 좋은 구실이 되었다.

눅 4:24. 내가 진실로 너희에게 이르노니. 그리스도께서는 그들이 그로 하여금 다른 마을들에서처럼 그들 가운데서도 이적들을 행할 수 있게 해주어야 하는데도 도리어 그것을 방해하고 있다고 그들을 꾸짖으신다. 왜냐하면, 사람들의 불신앙은 하나님의 일을 가로막는 장애물이 되어서, 하나님이 그들의 구원을 위하여 행하시고자 하는 일을 하지 못하시게 만들기 때문이다(마 13:58; 막 6:5). 그리스도께서 그들 가운데서 그 어떤 이적도 행하실 수 없으셨던 것은 그들이 "믿지 아니하였기" 때문이었다(요 12:37). 사람들이 하나님의 손을 묶어 둘 수 있는 것은 아니지만, 하나님은 불신앙으로 인하여 은택을 받을 가치가 없는 자들에게는 그의 역사(役事)로 인한 유익을 주지 않으신다. 그리스도께서 하신 대답은 이런 의미이다: "왜 너희는 이적들에 동참하기를 원한다고 말하면서도, 하나님께 자리를 내어드리지 않는 것이냐? 아니, 너희는 왜 하나님의 능력을 행하는 자를 교만하게 배척하는 것이냐? 그러므로 내가 너희를 그냥 지나쳐서, 다른 마을들로 가서 이적들을 행하여, 내가 교회를 회복하는 사명을 띠고 온 하나님의 메시야라는 것을 증명할 때에, 너회는 나를 멸시한 것에 대한 응당한 보응을 받게 될 것이다."

하나님이 자기 아들을 그들의 동네에서 자라게 하시기를 기뻐하셨는데도, 그들 가운데에서 어린 시절을 보낸 그런 사람을 그들이 멸시하는 것은 분명히 용납될 수 없는 배은망덕한 짓이었다. 그러므로 그리스도께서 그를 멸시하는 저 악한 자들의 조롱거리가 되지 않으시기 위해서 거기에서 자신의 손을 빼신 것은 합당한 일이었다. 이것으로부터 우리는 우리가 하나님의 말씀을 멸시한 것을 벌하시기 위하여, 하나님이 자신의 임재를 증언해 주는 그러한 은총들을 우리 가운데서 거두어 가실 때에, 하나님이 자신의 말씀에 얼마나 큰 가치를 두시는지를 깨닫게 된다. "선지자가 고향에서는 환영을 받는 자가 없느니라"는 말씀과 관련해서는, 요한복음 기자가 기록한 동일한 취지의 말씀, 즉 "선지자가 고향에서는 높임을 받지 못한다"(요 4:44)는 말씀에 대하여 내가 설명한 것을 참조하면 될 것이다.

눅 4:25. 많은 과부가 있었으되. 그리스도께서는 그들 가운데에서 이적들을 행하지 않는다는 그들의 비난을 반격하신 후에, 하나님이 본 나라의 주민들보다 외인(外人)들을 더 선호하신다고 하여도, 그들은 그것을 이상하게 생각하지 말아야 한다는 것과, 그가 이전의 엘리야와 엘리사처럼 하나님의 소명(召命)에 순종하였다고 해서 그들이 그에게 시비를 걸어서는 안 된다는 것을 증명하기 위해서 두 가지 예를 든다. 그리스도께서는 자기가 그들 가운데서 컸다는 이유로 그들이 그에게 반감을 품는 것은 그들의 헛된 자만심(vena confidentia)을 보여주는 것임을 간접적으로 암시하는 말씀을 그들에게 던지신다. "삼 년 육 개월간 … 큰 흉년이 들었을 때에 이스라엘에 많은 과부가 있었으되" 엘리야는 먹을 것이 없었던 그 과부들을 구제하라는 명령을 받지 못하였지만, 이방 나라인 "시돈 땅"에서 살고 있던 "한 과부에게 보내심을 받았다"(왕상 17:9). 마찬가지로, "엘리사"는 자신의 고국인 이스라엘에 있었던 많은 "나병환자들"을 한 사람도 고치지 않았고, 오직 "수리아 사람 나아만"을 고쳤을 뿐이다(왕하 5:10).

그리스도의 책망들은 특히 나사렛의 주민들을 호되게 질책하는 것이긴 하였지만, 유대 민족 전체의 배은망덕을 고소하신 것이다. 왜냐하면, 오랜 기간 동안 하나님이 그들에게 더 가까이 다가가실수록 이 민족의 거의 전부가 더욱더 하나님을 멸시하는 데에로 나아갔기 때문이다. 선지자 엘리야가 이스라엘 백성들에 의해서 배척을 받고서, 이방 땅에서 피신처를 구할 수밖에 없었기 때문이 아니라면, 하나님이 이스라엘의 온 백성을 제쳐두시고서 이방 여인이었던 한 과부에게만 은총을 베푸시는 일이 어떻게 일어날 수 있었겠는가? 그리고 이스라엘 민족에게 수치를 안겨주실 목적이 아니었다면, 왜 하나님이 "엘리사"를 시켜서 "수리아 사람 나아만"을 고치게 하셨겠는가? 그러므로 이 말씀의 의미는 하나님이 본 나라의 주민들에게 배척을 당하셔서 저 멀리 있던 외인(外人)들 가운데서 능력을 행하신다면, 그것은 엘리야와 엘리사 때에 일어났던 것과 동일한 일이 지금 일어나고 있음을 보여주는 것이라는 것이다.

한편, 그리스도께서는 자기가 고향 사람들에 의해서 멸시를 받는다고 하여도 자신의 영광은 조금도 줄어들지 않는다는 것을 암시하신다. 왜냐하면, 하나님은 옛적에 그의 선지자들을 이방인들 가운데서 영광과 존귀를 얻게 하셨던 것처럼, 지금도 여전히 자기 아들을 높이시고 존귀하게 하셔서, 그들을 부끄럽게 하고 당혹스럽게 만드실 수 있으시기 때문이다. 이런 식으로, 주님이 자기가 기뻐하시는 시간과 장소에서만이 아니라 아주 먼 후미진 곳들에서도 이적들을 차고 넘치게 부어 주시고, 주님이 자신의 거처로 선택하셨던 본 나라를 버리실 때, 어리석게 육체를 자랑하던 자들이 할 말을 잃게 된다. 또한, 이것으로부터 우리는 하나님께 그의 은택들을 나누어 주시되, 높은 자들에게는 나누어 주지 마시고, 낮고 멸시받을 만한 자들에게는 존귀함을 더해 주시라는 식으로, 어떤 규칙을 정하여 주문할 권리가 없고, 하나님이 우리의 생각으로는 옳게 여겨지는 질서를 완전히 뒤집어엎으신다고 하여도, 우리에게는 하나님을 반대할 자유가 주어지지 않는다는 일반적인 가르침을 얻을 수 있다. 그리스도께서는 우리로 하여금 이스라엘과 이방 나라들 간의 대비를 주목하게 하시는 것이 분명하다. 그러나 그럴지라도 우리는 하나님이 어느 한 쪽을 버리고 어느 한 쪽을 택하신다고 하여도, 그것은 그들이 잘나고 뛰어나서가 아니라, 오로지 하나님의 기이한 뜻을 따라 되는 것임을 잊지 않아야 하고, 비록 그렇게 하시는 하나님의 뜻이 무엇인지 그 이유가 우리에게 숨겨져 있다고 할지라도, 우리는 하나님의 뜻이 높고 깊다는 것을 인정하고 찬양하여야 한다.

눅 4:28. 크게 화가 나서. 그들은 그리스도께서 이 두 가지 예를 언급하신 목적이 하나님의 은혜가 그들에게서 다른 사람들에게로 옮겨질 것임을 보여주는 것이었다는 것을 알아차렸기 때문에, 그가 그들을 모욕하는 말을 한 것이라고 생각하였다. 그들은 양심이 너무나 찔리고 아파서, 자신의 악들을 고칠 수 있는 치유책을 찾은 것이 아니라, 도리어 분노를 이기지 못하고 광분하였다. 이렇게 불경건한 자들은 하나님의 심판들에 대하여 완강하게 저항할 뿐만 아니라, 광분하여 일어나서

하나님의 종들을 무자비하게 해친다. 이것으로부터 분명해진 것은 하나님의 성령
으로부터 나오는 책망들은 아주 강력하다는 것이다. 왜냐하면, 그 책망들은 어떻
게든 책망에서 빠져나갈 궁리만을 하던 자들의 마음을 분노로 타오르게 만들었기
때문이다. 또한, 우리는 우리가 그들을 어느 정도 거칠게 대할 때마다 그들의 마음
이 독기를 품고 광분하여 하나님을 대적하는 것을 볼 때에, 우리가 동일한 분노에
휘둘려서 그러한 파괴적인 싸움에 휘말려들지 않게 해달라고 온유의 성령(갈
5:23)께 간구하여야 한다.

눅 4:30. 예수께서 그들 가운데로 지나서 가시니라. 예수께서 무리 가운데로 지
나서서 그들의 수중에서 벗어나셨다고 누가가 말할 때, 그것은 하나님이 비상(非
常)한 이적을 통해서 그리스도를 죽음 직전에서 구해 내셨다는 것을 의미한다. 이
사건의 예는 우리의 대적들이 너무나 압도적으로 우세해서 우리의 목숨이 그들의
처분에 달려 있는 듯이 보일지라도, 하나님이 우리를 이 세상에 계속해서 두시기
를 기뻐하시는 한, 하나님은 그의 능력으로 그들의 손을 묶거나 그들의 눈을 멀게
하시거나 그들로 얼이 빠지게 하셔서, 그들을 이기시고 우리를 지켜 주신다는 것
을 우리에게 가르쳐 준다.

[13]나사렛을 떠나 스불론과 납달리 지경 해변에 있는 가버나움에 가서 사시니 [14]이는
선지자 이사야를 통하여 하신 말씀을 이루려 하심이라 일렀으되 [15]스불론 땅과 납
달리 땅과 요단 강 저편 해변 길과 이방의 갈릴리여 [16]흑암에 앉은 백성이 큰 빛을
보았고 사망의 땅과 그늘에 앉은 자들에게 빛이 비치었도다 하였느니라(마 4:13-
16).

마 4:13. 나사렛을 떠나. 나는 우리가 방금 살펴본 누가의 기사(記事) 직후에 마
태의 이 본문을 소개하는 것이 적절하다고 생각하여 왔다. 왜냐하면, 이 본문의 문
맥으로부터 우리는 그리스도께서 지금까지는 나사렛 동네를 자주 방문하셨지만,
이제는 위험을 피하시기 위하여 나사렛에 마지막 작별을 고하시고, 가버나움과 그
인근 마을들에 거주하셨다는 것을 알게 되기 때문이다. 마태가 선지자 이사야의
글에서 인용한 구절에 잘못된 의미를 부여한 것이 아닌가 하는 인상을 준다는 것
을 제외한다면, 이 이야기 속에는 아무런 난점이 없다. 그러나 우리가 선지자의 진
정한 의도를 주목한다면, 마태가 그 인용문을 현재의 상황에 적용한 것은 적절하

고 자연스러워 보이게 될 것이다. 이사야는 이스라엘 민족이 겪을 아주 극심한 재난을 묘사한 후에, 이 민족이 극한 상황까지 내몰리게 될 때에 그 어둠을 쫓아내고 생명의 빛을 회복시켜줄 구원이 즉시 뒤따를 것이라는 약속을 통해서 그들의 슬픔을 달래준다. 이사야서의 말씀은 이렇게 되어 있다: "전에 고통 받던 자들에게는 흑암이 없으리로다 옛적에는 여호와께서 스불론 땅과 납달리 땅이 멸시를 당하게 하셨더니 후에는 해변 길과 요단 저쪽 이방의 갈릴리를 영화롭게 하셨느니라 흑암에 행하던 백성이 큰 빛을 보고 사망의 그늘진 땅에 거주하던 자에게 빛이 비치도다"(사 9:1-2). 이스라엘 백성은 두 번이나 큰 재난을 당하였었는데, 첫 번째는 네 지파가 디글랏빌레셀에 의해서 본토에서 추방되어 끌려간 것이었고(왕하 15:29), 두 번째는 살만에셀이 이스라엘 왕국을 완전히 멸망시킨 것이었다(왕하 18:9). 그런데 이사야 선지자가 8장 끝부분에서 예언하였던 세 번째 재난이자 가장 무시무시한 재난이 아직 남아 있었다. 그리고 이제 우리가 인용한 말씀, 즉 그들의 슬픔을 달래기 위한 말씀이 뒤따라 나온다. 하나님은 자기 백성에게 손을 펴실 것이기 때문에, 이전의 재앙들을 겪던 때보다도 이 때에는 죽는 것이 차라리 나을 것이다. 이사야 선지자는 이렇게 말하고 있는 것이다: "온 민족이 멸망할지라도, 은혜의 빛이 너무나 밝아서, 열 지파를 파멸하게 만들었던 이전의 두 경우보다도 이 마지막 멸망 속에는 어둠이 덜할 것이다."

나는 이 약속이 겉보기에는 잃어버려지고 멸망을 당한 것처럼 보일 수 있는 백성들 전체로 확대되어야 한다는 것을 의심하지 않는다. 유대인들이 마치 산헤립 왕이 도망침으로써 포위망이 풀렸을 때에(왕하 19:36) 생명의 빛이 예루살렘 성에 회복되었다는 듯이, 이 약속을 예루살렘 성의 구원에 국한시키는 것은 대단히 불합리하고 어리석은 짓이다. 문맥을 보면, 이사야 선지자가 훨씬 더 멀리 내다보고 있다는 것이 분명하게 드러난다. 이사야가 온 교회의 보편적인 회복에 대한 하나님의 약속을 예언하고 있는 것이기 때문에, "스불론 땅과 납달리 땅과 이방의 갈릴리"가 사망의 어둠이 생명의 빛으로 변하게 되는 은혜를 입을 자들의 수(數)에 포함되고 있는 것이라는 결론이 나온다. 이 빛의 시작, 그러니까 여명(黎明)은 포로된 백성들이 바벨론에서 돌아오는 것이었다. 마침내, "공의로운 해"(말 4:2)이신 그리스도께서 온전한 광채를 발하시면서 떠오르셨고, 그가 오심으로써 사망의 어둠은 완전히 "폐하여졌다"(딤후 1:10).

마찬가지로, 바울은 그것이 선지자들의 글에 많이 나오는 구절, 즉 "잠자는 자여 깨어서 죽은 자들 가운데서 일어나라"(엡 5:14)는 말씀의 성취였다는 것을 우리에게 일깨워 준다. 지금 우리는 그리스도의 나라가 영적인 나라이기 때문에, 그 나라가 가져다주는 구원의 빛과 우리가 그 나라에서 가져오는 온갖 도우심은 그 나라의 본질과 합치하여야 한다는 것을 안다. 이것으로부터 얻는 결론은 그리스도께서 그의 은혜로 말미암아 우리의 심령들에 빛을 비추실 때까지는 우리의 심령들은 영원한 사망의 어둠 속에 내던져져 있다는 것이다. 선지자 이사야의 말씀은 의심할 여지 없이 이스라엘 민족의 멸망과 관련되어 있기는 하지만, 그리스도의 은혜로 말미암아 구원을 받기 전의 인류의 상태가 어떤 것인지를 마치 거울처럼 우리에게 제시하고 있다. 이 말씀 속에서 "흑암에 앉은 백성이 큰 빛을 보았다"고 할 때, 그러한 갑작스럽고 현저한 변화는 하나님의 구원의 크심에 대한 우리의 시각을 확장시키기 위한 것이다. 하부(下部) 갈릴리는 "이방의 갈릴리"라 불리는데, 이는 그 곳이 두로와 시돈에 근접해 있었기 때문만이 아니라, 특히 다윗이 히람 왕에게 몇몇 성읍들을 하사한 후에[이것은 다윗이 아니라 솔로몬이 한 일이었다. cf. 왕상 9:11 − 역주] 유대인들과 이방인들이 그 주민으로 섞여 살게 되었기 때문이었다.

[18]갈릴리 해변에 다니시다가 두 형제 곧 베드로라 하는 시몬과 그의 형제 안드레가 바다에 그물 던지는 것을 보시니 그들은 어부라 [19]말씀하시되 나를 따라오라 내가 너희를 사람을 낚는 어부가 되게 하리라 하시니 [20]그들이 곧 그물을 버려 두고 예수를 따르니라 [21]거기서 더 가시다가 다른 두 형제 곧 세베대의 아들 야고보와 그의 형제 요한이 그의 아버지 세베대와 함께 배에서 그물 깁는 것을 보시고 부르시니 [22]그들이 곧 배와 아버지를 버려 두고 예수를 따르니라 [23]예수께서 온 갈릴리에 두루 다니사 그들의 회당에서 가르치시며 천국 복음을 전파하시며 백성 중의 모든 병과 모든 약한 것을 고치시니 [24]그의 소문이 온 수리아에 퍼진지라 사람들이 모든 앓는 자 곧 각종 병에 걸려서 고통 당하는 자, 귀신 들린 자, 간질하는 자, 중풍병자들을 데려오니 그들을 고치시더라 [25]갈릴리와 데가볼리와 예루살렘과 유대와 요단 강 건너편에서 수많은 무리가 따르니라(마 4:18-25).

[16]갈릴리 해변으로 지나가시다가 시몬과 그 형제 안드레가 바다에 그물 던지는 것을 보시니 그들은 어부라 [17]예수께서 이르시되 나를 따라오라 내가 너희로 사람을 낚는 어부가 되게 하리라 하시니 [18]곧 그물을 버려 두고 따르니라 [19]조금 더 가시다

가 세베대의 아들 야고보와 그 형제 요한을 보시니 그들도 배에 있어 그물을 깁는
데 [20]곧 부르시니 그 아버지 세베대를 품꾼들과 함께 배에 버려 두고 예수를 따라가
니라(막 1:16-20).

[1]무리가 몰려와서 하나님의 말씀을 들을새 예수는 게네사렛 호숫가에 서서 [2]호숫가
에 배 두 척이 있는 것을 보시니 어부들은 배에서 나와서 그물을 씻는지라 [3]예수께
서 한 배에 오르시니 그 배는 시몬의 배라 육지에서 조금 떼기를 청하시고 앉으사
배에서 무리를 가르치시더니 [4]말씀을 마치시고 시몬에게 이르시되 깊은 데로 가서
그물을 내려 고기를 잡으라 [5]시몬이 대답하여 이르되 선생님 우리들이 밤이 새도록
수고하였으되 잡은 것이 없지마는 말씀에 의지하여 내가 그물을 내리리이다 하고 [6]
그렇게 하니 고기를 잡은 것이 심히 많아 그물이 찢어지는지라 [7]이에 다른 배에 있
는 동무들에게 손짓하여 와서 도와 달라 하니 그들이 와서 두 배에 채우매 잠기게
되었더라 [8]시몬 베드로가 이를 보고 예수의 무릎 아래에 엎드려 이르되 주여 나를
떠나소서 나는 죄인이로소이다 하니 [9]이는 자기 및 자기와 함께 있는 모든 사람이
고기 잡힌 것으로 말미암아 놀라고 [10]세베대의 아들로서 시몬의 동업자인 야고보와
요한도 놀랐음이라 예수께서 시몬에게 이르시되 무서워하지 말라 이제 후로는 네
가 사람을 취하리라 하시니 [11]그들이 배들을 육지에 대고 모든 것을 버려 두고 예수
를 따르니라(눅 5:1-11).

마 4:18. 다니시다가. 나중에 보면 알겠지만, 누가는 두 번의 이적 이야기 뒤에
이 이야기를 두고 있기 때문에, 여기에서 누가가 들려주는 이적도 제자들(베드로,
안드레, 요한, 야고보)이 그리스도의 부르심을 받은 얼마 후에 행하여졌을 것이라
는 견해가 일반적으로 받아들여져 왔다. 그러나 그런 견해를 주장하는 자들이 내
세우는 근거는 별 무게가 없다. 왜냐하면, 복음서 기자들은 그들의 기사들을 편집
함에 있어서 확고하게 정해진 연대순을 따라서 사건들을 배열한 것이 아니었기 때
문이다. 그 결과로, 그들은 시간적인 순서를 무시하고, 그리스도의 삶 속에서 일어
난 주요한 사건들을 요약적으로 제시하는 것에 만족하였다. 물론, 그들은 그리스
도께서 복음을 전파하기 시작하신 때로부터 죽으실 때까지 공생애 삼 년 동안 어
떤 식으로 활동을 하셨는지에 대해서는 순차적으로 분명하게 독자들에게 보여준
다. 그러나 나중에 더 많은 예들을 통해서 더욱 분명해지겠지만, 거의 동일한 시기

에 일어난 이적들은 엄격한 시간 순서가 지켜지지 않고 자유롭게 서로 뒤섞여 있
다. 세 명의 공관복음서 기자들이 기록한 이 기사(記事)가 동일한 이야기라는 것은
많은 논거들에 의해서 증명되고 있기 때문에, 사실 논쟁하기를 좋아하지 않는 독
자들에게는 우리가 이 중에서 한 기사만을 택해서 살펴보는 것만으로도 충분할 것
이다. 이 세 기사는 베드로와 안드레, 야고보와 요한이 제자들이 되었다고 말함에
있어서 서로 일치한다. 만약 그들이 이전에 부르심을 받았다고 한다면, 그들은 그
들의 주님을 버리고 그들의 부르심을 내팽개치고 그들의 이전 직업으로 되돌아갔
다는 말이 된다. 누가의 기사가 다른 두 기사와 유일하게 다른 점은 오직 누가만이
다른 두 기자(記者)가 생략한 이적을 기록하고 있다는 것이다. 그러나 어떤 사건의
한 부분만을 약간 건드리고서는 그 사건과 관련된 많은 상황들을 생략해 버리는
일은 복음서 기자들에게 비일비재하다. 그러므로 한 기자가 다루고 있는 이적을
다른 두 기자가 생략해 버렸다고 말하는 것은 불합리하거나 이상한 것이 아니다.
그리고 우리는 "예수께서 행하신" 수많은 이적들 중에서 오직 일부분, 즉 그의 신
적인 능력을 증명하고 그에 대한 우리의 믿음을 확증해 주는 데에 필요한 정도만
큼의 이적들만을 선별적으로 복음서에 기록하였다는 요한의 말을 명심하여야 한
다(요 21:25). 그러므로 네 사도의 부르심을 마태와 마가는 약간만 건드리고서 넘
어간 반면에 누가는 더 자세하게 언급하고 있다고 해서, 그것을 이상하게 여길 이
유는 없는 것이다.

눅 5:1. 예수는 ⋯ 호숫가에 서서. 마태와 마가는 그들의 통상적인 언어 습관을
따라서 이 호수를 "갈릴리 호수"라 부른다. 옛 히브리인들 가운데서 이 호수의 원
래 이름은 '킨네레트'(כנרת, "긴네렛," 수 19:35)였으나, 세월이 흐르면서 점차 변하
여 이 단어는 "게네사렛"으로 바뀌었다. 세속의 저술가들은 이 호수를 "겐네사르"
라 부르고, 이 호수 가운데서 갈릴리에 가까운 지역은 "갈릴리 호수," 디베랴에 인
접해 있던 지역은 그 성읍의 이름을 따서 "디베랴 호수"라 불렀다. 이 호수가 있던
곳과 그 면적에 대해서는 적당한 때에 다른 곳에서 다루기로 하고, 여기에서는 이
기사들 속에 나오는 내용만을 살펴보기로 하자.

누가는 그리스도께서 그의 말씀을 들으러 여러 지역들에서 몰려온 무리들에게
좀 더 편리하게 말씀을 전하기 위해서 베드로의 배에 오르신 후에, 그 배를 "육지에
서 조금 떼기를 청하셨고," 가르침을 다 베푸신 후에는 이적을 통해서 자신의 신적
인 능력을 나타내시고 증명하셨다고 말한다. 사실, 어부들이 그물을 수없이 던지

고도 물고기를 별로 잡지 못하다가, 나중에 한 번 던진 그물에 많은 물고기들이 걸려 나와서 지금까지의 그들의 헛된 수고를 보상받는 일은 흔한 일이었다. 그러나 그들이 밤새도록(밤 시간은 물고기를 잡기에 더 적합한 때였다) 아무것도 잡지 못했다가, 갑자기 아주 많은 물고기들이 그들의 그물에 걸려 나와서 그들의 배들을 가득 채우고도 남았다고 하는 이 정황(情況)은 여기에서 일어난 일이 이적이라는 것을 증명해 주는 것이었다. 그러므로 베드로와 그의 동료들은 그들이 통상적으로 잡을 수 있는 분량을 훨씬 뛰어넘어서 물고기가 잡힌 것은 우연이 아니라 하나님의 개입에 의해서 이루어진 일이었다는 것을 쉽게 수긍할 수 있었다.

눅 5:5. 선생님 우리들이 밤이 새도록 수고하였으되 잡은 것이 없지마는. 베드로가 그리스도를 "선생님"이라고 부르는 이유는 그리스도께서 선생으로서의 직임을 수행하곤 하셨다는 것을 그가 알고 있었을 뿐만 아니라, 그리스도에 대한 경외심으로 그의 마음이 감동이 되었기 때문이라는 것은 의심의 여지가 없다. 그러나 베드로는 아직 그리스도의 제자라 할 정도까지는 나아가지 못하였다. 왜냐하면, 우리가 믿음에 의거한 순종을 통해서 그리스도의 가르침을 받아들여서, 그리스도께서 우리에게 무엇을 요구하시는지를 알기 전까지는, 그리스도에 대하여 우리가 존경하는 감정이 있다고 해도, 그것은 그리스도께 합당한 존귀와 영광을 돌리는 것이 아니기 때문이다. 베드로에게 복음의 가치에 대한 어떤 인식이 있었다고 할지라도, 그것은 단지 희미한 인식에 지나지 않는 것이었다. 그러나 그리스도를 존경하고 존중하는 베드로의 마음은, 그가 녹초가 되어 있는 상태에서도 지금까지 밤새도록 수고했어도 헛된 것임이 밝혀진 그 일을 그리스도의 말씀 한 마디를 의지해서 다시 시작하였다는 것에서 분명하게 드러난다. 따라서 베드로가 그리스도를 무척 존경하였고, 그리스도의 권위를 지극히 존중하는 마음을 지니고 있었다는 것은 부정할 수 없다. 그러나 만약 베드로가 이 최초의 순복(順服)의 한 행위(obsequii initio)로부터 온전한 순종(plena obedientia)으로 나아가지 않았다면, 단지 그리스도의 말씀 한 마디를 믿고 구체적인 행동을 보여준 것만으로는, 그는 그리스도인이 되거나 하나님의 아들들 가운데에 한 자리를 차지할 수는 없었을 것이다. 베드로가 아직 그리스도께서 선지자 또는 하나님의 아들이시라는 것을 알지 못한 상태에서도 그리스도의 명령에 이렇게 순순히 순복했다는 것을 생각할 때, 그리스도를 우리의 "주님"이시자 "재판장"이시자 "왕"이시라고 부르는(사 33:22) 우리가 그리스도께로부터 무수히 명령을 받아 왔는데도, 그 명령을 행하기 위하여

움직이기는커녕 손가락 하나 까딱 하지 않는다면, 우리에게는 우리의 그러한 수치
스럽고 뻔뻔한 태도에 대해서 변명할 말이 있을 수가 없을 것이다.

눅 5:6. 고기를 잡은 것이 심히 많아. 이 이적의 목적이 베드로와 그의 동료들로
하여금 그리스도의 신성(神性)을 알게 하여, 그들로 그의 제자들이 되게 하시기 위
한 것임은 의심의 여지가 없다. 그러나 우리는 이 이적으로부터, 우리가 그리스도
의 권위와 인도하심을 따라서 수고를 한다면, 거기에 하나님의 축복과 바람직한
성공이 반드시 수반될 수밖에 없기 때문에, 그 수고가 헛되면 어쩌나 하는 염려를
할 필요가 없다는 일반적인 교훈을 얻을 수 있다. "고기를 잡은 것이 심히 많아 두
배가 잠기게 된" 것을 보고서, 무리들은 경외심을 느끼며 놀라지 않을 수 없었다.
왜냐하면, 거기에 있던 모든 사람이 그리스도의 권위를 온전히 인정하게 된 것은
그리스도의 신적인 영광이 이 이적을 통해서 드러난 결과였을 것임이 분명하기 때
문이다.

눅 5:8. 주여 나를 떠나소서. 하나님의 임재를 간절히 구하던 사람들도 실제로
하나님이 나타나시면, 즉시 공포에 질려서, 하나님이 위로를 베푸실 때까지는 대
경실색하여 거의 죽은 자 같이 되고 만다. 하나님이 사람들을 떠나 계시는 동안에
는, 그들은 그들의 참상을 느끼지 않을 수 없기 때문에, 하나님을 간절히 부르고 찾
게 된다. 그러나 하나님의 임재는 지극히 두려운 것이다. 왜냐하면, 그들은 그들이
아무것도 아니라는 것과 그들이 엄청난 악(惡)의 무게에 짓눌려 있다는 것을 느끼
기 시작하기 때문이다. 마찬가지로, 베드로도 이 이적으로 말미암아 경외심을 갖
고서 그리스도를 바라보기 시작하였지만, 그리스도의 위엄에 압도되어 두려움에
사로잡혀서, 그리스도의 임재를 벗어나려고 안간힘을 쓴다. 단지 베드로만이 그런
것이 아니었다. 왜냐하면, 본문을 보면, 우리는 거기에 베드로와 "함께 있던 모든
사람이 놀라고" 경악을 금치 못하였다는 것을 알게 되기 때문이다. 이것으로부터
우리는 하나님의 임재 앞에서 모든 사람이 두려워 떠는 것은 자연스러운 일이라는
것을 알게 된다. 이 두려움을 달래주시는 하나님의 위로가 즉시 뒤따라오기만 한
다면, 이 두려움은 우리 속에 있을 수 있는 어리석은 자만이나 오만을 낮추는 유익
을 우리에게 준다. 그래서 그리스도께서는 "무서워하지 말라"는 온유하고 다정한
말씀으로 베드로의 마음을 달래 주신다. 이렇게 그리스도께서 자기 백성을 무덤
속에 가라앉히시는 것은 그런 후에 다시 그들을 생명으로 살아나게 하시기 위한
것이다.

눅 5:10. 이제 후로는 네가 사람을 취하리라. 마태와 마가 본문은 "내가 너희를 사람을 낚는 어부가 되게 하리라"로 되어 있다. 복음서 기자들은 그리스도께서 여기에 등장하는 베드로를 비롯한 네 사람을 단지 그의 제자로 삼으신 것이 아니라, 그의 사도들로 삼으셨거나, 적어도 장차 그의 사도들로 삼으시기 위하여 그들을 택하셨다는 것을 우리에게 가르쳐 준다. 그러므로 여기에 묘사되고 있는 것은 단지 믿음으로의 일반적인 부르심이 아니라, 특정한 직임으로의 특별한 부르심이다. 그들에게는 아직 가르침의 책무가 부과되고 있지는 않다. 그리스도께서 그들을 그의 권속으로 받아들이신 것은 그들을 가르치는 자들로 준비시키시기 위한 것이다. 우리는 이 점을 주의 깊게 심사숙고할 필요가 있다. 왜냐하면, 모든 사람이 그들의 부모와 직업을 떠나고 문자 그대로 그리스도를 좇으라고 명령을 받는 것은 아니기 때문이다. 주님은 어떤 사람들에 대해서는 그의 양 무리와 교회 속에 속해 있는 것으로 만족하시고, 어떤 사람들에 대해서는 교회 속에서 특정한 직분을 맡기신다. 주님으로부터 직분을 받은 자들은 그렇지 않은 자들보다도 더 큰 책임이 부여되고 있다는 것을 알아야 한다. 우리 주님은 다른 사람들에 대해서는 그들이 지금까지 해 왔던 평범한 생활을 그대로 유지하게 하시지만, 이 네 명의 제자에 대해서는 그들의 수고를 더 고상한 직임에 사용하시기 위해서, 지금까지 그들이 생계를 위해 해왔던 직업을 그만두게 하신다.

그리스도께서는 기계치고는 별 쓸모없는 기계들, 그러니까 배움도 없고 능력도 별로 없는 사람들을 택하셔서, 그의 성령의 능력으로 그들을 훈련시켜, 아니 새롭게 하여, 세상의 모든 지혜로운 자들보다 뛰어나게 하고자 하셨다. 그는 이런 식으로 해서, 그들을 통하여 영적 은혜의 현저한 예를 보여주심으로써, 육체를 자랑하지 못하게 하셨는데, 이것은 우리로 하여금 우리 자신의 노력으로는 아무것도 얻을 수 없다는 것을 깨닫고서, 하늘로부터 오는 믿음의 빛(fidei lumen e coelo)을 간구하게 하시기 위한 것이었다. 그리스도께서는 배우지 못하고 무지한 사람들을 택하시긴 하였지만, 그들을 그런 상태로 그냥 내버려 두지 않으셨다. 그러나 우리에게는 사람들을 훈련시킬 능력이 없기 때문에, 우리는 오늘날 마치 우리가 아무 사람이든 목회자 후보생으로 택하여 그 사람으로 하여금 그 직임을 수행할 수 있도록 훈련시키면 된다는 식으로 제멋대로 생각하여, 그리스도께서 여기에서 보여주신 것을 우리의 모범으로 삼아서는 안 된다. 우리는 목회자를 선별함에 있어서 그리스도께서 바울의 입을 통해서 우리에게 주신 원칙을 알고 있는데, 그것은 "가르치기를 잘하지"(딤전 3:2) 못하는 자는 목회자가 되어서는 안 된다는 것이다. 우리 주님이 베드로 등과 같은 이런 부류의 사람들을 택하신 것은 어떤 광신자들처럼 신앙에 있어서는 무지(無知)한 것이 배운 것보다 더 낫다고 보셨기 때문이 아니었 다. 이런 광신자들은 그들의 무지를 자랑하면서, 그들이 배움을 미워하는 정도에 비례해서 사도들에게 더 가까이 다가서고 있다는 망상에 빠져 있다. 그리스도께서 는 처음에는 배우지 못한 자들에게는 하늘이 열리지 않는다고 생각하는 자들의 교 만을 낮추시기 위하여 멸시받을 만한 자들을 택하시기로 결심하셨지만, 나중에는 어릴 때부터 체계적으로 교육을 받아 왔던 바울을 사도로 부르셔서, 이 어부들과 함께 일하게 하셨다.

"사람을 낚는 어부"라는 은유의 의미에 대해서는 세밀한 검토가 필요 없다. 어쨌 든, 그리스도께서 복음 전도에 대하여 말씀하시면서, 현재의 상황으로부터 비유를 가져오셔서, 그것을 물고기를 낚는(또는, 잡는) 것에 비유하신 것은 적절한 것이었 다. 왜냐하면, 사람들은 복음의 그물에 걸려 잡혀 올라올 때까지는 파도가 흉흉한 저 망망한 대해 같은 세상 속에서 길을 잃고 헤맬 수밖에 없기 때문이다. 요한복음 기자가 들려주는 이야기(1:37-42)는 여기에 나오는 것과 다르다. 왜냐하면, 거기에 서는 세례 요한의 제자들 중 한 사람이었던 안드레가 먼저 자기 스승의 권유로 그 리스도의 제자가 되었고, 나중에 자기 형제를 데리고 온 것으로 되어 있기 때문이 다. 당시에 그들은 그리스도를 그들의 선생으로 모셨지만, 나중에는 높아져서 더 높은 직분을 얻게 되었다.

마 4:22. 그들이 곧 배를 … 버려두고. 여기에서 먼저 우리를 놀라게 하는 것은 그리스도의 음성이 지닌 능력이다. 그리스도의 음성이 사람들의 마음을 아주 강력 하게 감화시키는 것은 사실이지만, 단지 그것뿐만이 아니라, 주님이 자기에게로 이끄시고자 하는 사람들은 내면에서 그의 성령의 음성을 듣기 때문에, 그의 음성 에 순종할 수 있게 된다. 두 번째로 우리가 놀라는 것은 그리스도의 제자들이 세상 의 모든 일들을 다 제쳐두고서 그리스도의 부르심을 가장 우선시하여 즉시 순순히 순종한다는 것이다. 특히, 말씀의 사역자들은 이 모범을 본받아서, 그들의 다른 모 든 일들을 다 제쳐두고서, 그들에게 정해진 교회에 조건 없이 무제한적으로 헌신 하여야 한다.

마 4:23. 예수께서 온 갈릴리에 두루 다니사. 마태는 또 다른 곳(9:35)에서도 다 시 한 번 이렇게 말한다. 그러나 그리스도께서는 끊임없이 두루 다니시며, 거의 헤아릴 수조차 없이 많은 이적들을 행하셨는데도, 그런 사실이 일반적인 방식으로 두 번 또는 세 번 언급되는 것으로 그치고 있는 것을 우리는 이상하게 생각하지 말아야 한다. 이 구절에서 우리가 먼저 주목해야 할 것은 그리스도께서는 결코 한 장소에 머물러 계시지 않고, "복음"의 씨앗을 도처에 흩뿌리셨다는 것이다. 마태는 이것을 "천국 복음"이라 부르는데, 이 복음 전도를 통해서 하나님의 나라가 사람들 가운데 세워지고, 사람들에게 구원의 역사(役事)가 일어난다. 참되고 영원한 복은 현세에서의 형통과 기쁨들로부터 이렇게 구별된다.

　마태가 그리스도께서 "모든 병을 고치셨다"고 말한 것은 그가 온갖 종류의 병을 고치셨다는 것을 의미한다. 우리는 병에 걸린 모든 사람이 다 고침을 받은 것은 아니라는 것을 안다. 그러나 그리스도께서 고치지 못하신 병은 없었다. 이 본문에는 그가 능력을 나타내서서 고치신 병의 종류들이 구체적으로 열거되어 있다. "귀신 들린 자"(δαιμονιζόμενοι-다이모니조메노이)는 성경에서 마귀에 의해서 괴롭힘을 당하는 모든 자들을 구별 없이 다 가리키는 데에 사용되는 명칭이 아니고, 하나님의 은밀한 복수하심으로 말미암아 사탄에게 넘겨져서 사탄이 그들의 마음과 육체적 감각들을 장악하고 있는 자들을 가리키는 데에 사용되는 명칭이다. "간질하는 자"(σεληνιαζόμενοι-셀레니아조메노이)는 간질이나 이와 비슷한 질병들로 고생하는 자들 같이 달이 차거나 기움에 따라서 병의 강도(强度)도 강해지거나 약해지는 그런 자들에게 붙여진 명칭이다. 우리가 알듯이, 이런 종류의 병들은 자연적인 수단들을 통해서는 고침받을 수 없기 때문에, 그리스도께서 이런 병들에 걸린 "그들을 고치신" 이적을 베푸신 것은 자신의 신성(神性)을 증명하신 것이라는 결론이 나온다.

²¹그들이 가버나움에 들어가니라 예수께서 곧 안식일에 회당에 들어가 가르치시매 ²²뭇 사람이 그의 교훈에 놀라니 이는 그가 가르치시는 것이 권위 있는 자와 같고 서기관들과 같지 아니함일러라 ²³마침 그들의 회당에 더러운 귀신 들린 사람이 있어 소리 질러 이르되 ²⁴나사렛 예수여 우리가 당신과 무슨 상관이 있나이까 우리를 멸하러 왔나이까 나는 당신이 누구인 줄 아노니 하나님의 거룩한 자니이다 ²⁵예수께서 꾸짖어 이르시되 잠잠하고 그 사람에게서 나오라 하시니 ²⁶더러운 귀신이 그 사람에게 경련을 일으키고 큰 소리를 지르며 나오는지라 ²⁷다 놀라 서로 물어 이르되 이는 어쩜이냐 권위 있는 새 교훈이로다 더러운 귀신들에게 명한즉 순종하는도

다 하더라 [28]예수의 소문이 곧 온 갈릴리 사방에 퍼지더라(막 1:21-28).

[31]갈릴리의 가버나움 동네에 내려오사 안식일에 가르치시매 [32]그들이 그 가르치심에 놀라니 이는 그 말씀이 권위가 있음이러라 [33]회당에 더러운 귀신 들린 사람이 있어 크게 소리 질러 이르되 [34]아 나사렛 예수여 우리가 당신과 무슨 상관이 있나이까 우리를 멸하러 왔나이까 나는 당신이 누구인 줄 아노니 하나님의 거룩한 자니이다 [35]예수께서 꾸짖어 이르시되 잠잠하고 그 사람에게서 나오라 하시니 귀신이 그 사람을 무리 중에 넘어뜨리고 나오되 그 사람은 상하지 아니한지라 [36]다 놀라 서로 말하여 이르되 이 어떠한 말씀인고 권위와 능력으로 더러운 귀신을 명하매 나가는도다 하더라(눅 4:31-36).

　　이 귀신 들린 사람은 조금 전에 마태복음 4:24에서 언급된 저 무리 중에 있던 사람이었을 것이다. 그렇지만, 마가와 누가의 기사(記事)는 결코 불필요한 사족(蛇足)이 아니다. 왜냐하면, 이 기사들은 이 이적이 일어났을 때의 상황을 얘기해 주고 있고, 이것은 이 이적에 더 뚜렷한 빛을 비추어줄 뿐만 아니라, 유익한 교훈도 담고 있기 때문이다. 마귀는 영악하게도 그리스도를 "하나님의 거룩한 자"라고 인정하고 고백하는데, 이것은 자기와 그리스도 간에 어떤 밀약(密約, necessitudo)이 사전에 있었다는 의구심을 사람들의 생각 속에 집어넣어 주기 위한 것이었다. 마귀는 그러한 속임수를 통해서 그 때 이후로 사람들로 하여금 복음에 대하여 의구심을 갖도록 하기 위하여 애써 왔고, 오늘날에도 그것과 비슷한 시도들을 끊임없이 하고 있다. 이것이 그리스도께서 이 귀신을 꾸짖으신 이유이다. 물론, 귀신은 어쩔 수 없이 이런 고백을 하게 된 것일 수도 있다. 그러나 귀신은 한편으로는 그리스도의 능력에 굴복할 수밖에 없었기 때문에 그리스도가 바로 "하나님의 거룩한 자"라고 소리질렀지만, 다른 한편으로는 그런 상황 속에서조차도 그 자신의 어둠으로 그리스도의 영광을 가리고자 하는 교묘한 술수를 부리고 있었던 것이다. 아울러 우리가 주목해야 할 것은 귀신은 한편으로는 이런 식으로 그리스도께 아첨을 하는 척하면서, 다른 한편으로는 그리스도의 능력으로부터 은근슬쩍 자신의 몸을 빼서 도망치고자 하는 이중적인 모습을 보인다는 점이다. 아버지 하나님이 그리스도를 구별하신 이유가 그리스도로 하여금 사람들을 마귀의 폭정(暴政)에서 구원하게 하시고 마귀의 나라를 무너뜨리게 하시기 위한 것이 아니면 무엇이었겠는가?

그러나 사탄은 자신을 멸하는 힘을 지닌 그리스도의 저 능력을 곧 알아차리고서 그 능력이 그에게 실제로 행사되는 것을 견딜 수 없었기 때문에, 그리스도께서 그 능력을 실제로 사용하심이 없이 그저 "하나님의 거룩한 자"라는 직함에 만족하도록 하고자 하여서 이렇게 술수를 부린 것이었다.

막 1:22. 뭇 사람이 그의 교훈에 놀라니. 눅 4:32. 그들이 그 가르치심에 놀라니. 복음서 기자들이 여기에서 말하고자 하는 것은 그리스도의 말씀 속에서 성령의 능력이 아주 밝게 빛났기 때문에 신앙이 없고 냉랭한 청중들조차도 경탄을 금할 수 없었다는 것이다. 누가는 "그 말씀이 권위가 있었다," 즉 위엄으로 가득 차 있었다고 말한다. 마가는 "그가 가르치시는 것이 … 서기관과 같지 아니하였다"고 대비시키는 말을 덧붙임으로써 그것을 좀 더 자세하게 표현한다. 서기관들은 성경을 잘못 해석하는 자들이었기 때문에, 그들의 가르침은 문자적이고 죽은 것이었고, 성령의 능력이 조금도 숨쉬지 않았으며, 위엄이 완전히 결여되어 있었다. 이와 동일한 냉랭함은 오늘날에도 가톨릭의 사변적인 신학 속에서 찾아볼 수 있다. 가톨릭의 선생들은 그들이 옳다고 생각하는 것들을 아주 위풍당당하게 우렛소리 같이 가르치고 선포하지만, 신령한 것들에 대한 그들의 강론은 너무나 속되고, 그들의 논쟁들은 신앙의 흔적을 조금도 보여주지 않기 때문에, 그들이 말하고 가르치는 모든 것은 모두 가식(假飾)일 뿐이고 단지 철부지들이 하는 소리들에 지나지 않는다. 왜냐하면, "하나님의 나라는 말에 있지 아니하고 오직 능력에 있음이라"(고전 4:20)는 사도 바울의 선언은 너무나 지당(至當)하기 때문이다. 요컨대, 여기에서 복음서 기자들이 말하고자 하는 것은 당시에 서기관들 사이에서 통용되었던 가르침은 너무나 타락하고 극도로 부패하여서 사람들의 마음속에 하나님에 대한 그 어떤 경외심도 불러일으키지 못하였던 반면에, 그리스도께서 전하신 말씀은 성령의 신령한 능력에 의해서 두드러지게 구별되었고, 이것이 그리스도로 하여금 청중들의 존경을 얻게 해주었다는 것이다. 바로 이것이 사람들을 "놀라게" 만든 "능력," 아니 위엄과 "권위"였다.

눅 4:33. 더러운 귀신 들린 사람. 누가가 사용한 이런 표현 방식은 이 사람이 귀신의 충동에 따라서 휘둘려 살아 왔다는 사실을 보여준다. 하나님의 허락하심 아래에서, 사탄은 이 사람의 심령의 여러 기능들을 장악하고서, 말하는 것을 비롯해서 다른 모든 행동들도 자기 마음대로 조종하고 휘둘러 왔다. 그러므로 귀신 들린 자들이 말할 때, 그것은 그들을 장악하여 폭정을 행하도록 허락을 받은 귀신들

이 그들 속에서 및 그들을 통해서 말하는 것이다. "하나님의 거룩한 자"라는 칭호
는 아마도 당시에 사람들 사이에서 일반적으로 널리 사용되던 표현이었던 것 같
다. 메시야는 온 교회의 머리로서 특별한 은혜를 부여받으시고 다른 모든 사람들
로부터 구별되실 자였기 때문에 그런 식으로 불렸다.

막 1:26. 더러운 귀신이 그 사람에게 경련을 일으키고. 누가는 "귀신이 그 사람
을 … 넘어뜨리고"라는 좀 더 온건한 표현을 사용하지만, 이 두 표현은 의미에 있어
서는 서로 완전히 일치한다. 왜냐하면, 이 두 표현의 의도는 귀신이 격렬한 반응을
일으키고서 그 사람에게서 나갔다는 것을 보여주는 것이기 때문이다. 귀신은 마치
그 사람을 찢어놓고자 한다는 듯이 이 불쌍한 사람을 땅바닥에 내팽개쳤다. 그러
나 누가는 귀신의 이러한 시도는 성공하지 못하였다고 말한다. 왜냐하면, "그 사람
은 상하지 아니하였기" 때문이다. 이 사람은 귀신의 공격에 의해서 조금도 상처를
입지 않은 것은 아니었고, 적어도 어느 정도의 고통은 느꼈겠지만, 나중에 귀신으
로부터 놓여난 후에 완전한 건강을 회복하였을 것이다.

눅 4:36. 다 놀라. 이것은 이적의 결과이다. 사람들은 그리스도 안에 인간이 갖
고 있는 것 이상의 그 무엇이 존재한다는 것과 이 이적의 영광과 능력이 그의 가르
침에서 왔다는 것을 인정하지 않을 수 없었다. 귀신들조차도 복종할 수밖에 없게
만드는 그의 말씀이 도대체 "어떠한 말씀인고"라고 그들은 말한다. "이는 어찜이냐
권위 있는 새 교훈이로다"(막 1:27). 그들은 그것을 "새 교훈"이라고 부르는데, 이것
은 비난하는 말이 아니라, 그 안에 이례적이고 비상(非常)한 그 무엇이 존재한다는
것을 인정하는 말이다. 그들이 그것을 "새로운" 것이라고 말한 것은 비난하기 위한
것도 아니었고, 그 교훈의 신빙성을 떨어뜨리기 위한 것도 아니었으며, 도리어 그
교훈이 비상하고 특별하다는 그들의 경탄(驚歎)의 일부였다. 그들의 유일한 잘못
은 하나님의 자녀들은 거기에서 더 나아가 점점 더 진보하여야 마땅한 데도 불구
하고, 그들은 뭔가 놀라면서도 여전히 의심하고 주저하고 망설이는 상태에 머물러
있다는 것이다.

[14]예수께서 베드로의 집에 들어가사 그의 장모가 열병으로 앓아 누운 것을 보시고
[15]그의 손을 만지시니 열병이 떠나가고 여인이 일어나서 예수께 수종들더라 [16]저물
매 사람들이 귀신 들린 자를 많이 데리고 예수께 오거늘 예수께서 말씀으로 귀신
들을 쫓아 내시고 병든 자들을 다 고치시니 [17]이는 선지자 이사야를 통하여 하신 말

씀에 우리의 연약한 것을 친히 담당하시고 병을 짊어지셨도다 함을 이루려 하심이
더라 [18]예수께서 무리가 자기를 에워싸는 것을 보시고 건너편으로 가기를 명하시니
라(마 8:14-18).

[29]회당에서 나와 곧 야고보와 요한과 함께 시몬과 안드레의 집에 들어가시니 [30]시몬
의 장모가 열병으로 누워 있는지라 사람들이 곧 그 여자에 대하여 예수께 여짜온
대 [31]나아가사 그 손을 잡아 일으키시니 열병이 떠나고 여자가 그들에게 수종드니
라 [32]저물어 해 질 때에 모든 병자와 귀신 들린 자를 예수께 데려오니 [33]온 동네가
그 문 앞에 모였더라 [34]예수께서 각종 병이 든 많은 사람을 고치시며 많은 귀신을
내쫓으시되 귀신이 자기를 알므로 그 말하는 것을 허락하지 아니하시니라 [35]새벽
아직도 밝기 전에 예수께서 일어나 나가 한적한 곳으로 가사 거기서 기도하시더니
[36]시몬과 및 그와 함께 있는 자들이 예수의 뒤를 따라가 [37]만나서 이르되 모든 사람
이 주를 찾나이다 [38]이르시되 우리가 다른 가까운 마을들로 가자 거기서도 전도하
리니 내가 이를 위하여 왔노라 하시고 [39]이에 온 갈릴리에 다니시며 그들의 여러 회
당에서 전도하시고 또 귀신들을 내쫓으시더라(막 1:29-39).

[38]예수께서 일어나 회당에서 나가사 시몬의 집에 들어가시니 시몬의 장모가 중한
열병을 앓고 있는지라 사람들이 그를 위하여 예수께 구하니 [39]예수께서 가까이 서
서 열병을 꾸짖으신대 병이 떠나고 여자가 곧 일어나 그들에게 수종드니라 [40]해 질
무렵에 사람들이 온갖 병자들을 데리고 나아오매 예수께서 일일이 그 위에 손을
얹으사 고치시니 [41]여러 사람에게서 귀신들이 나가며 소리 질러 이르되 당신은 하
나님의 아들이니이다 예수께서 꾸짖으사 그들이 말함을 허락하지 아니하시니 이
는 자기를 그리스도인 줄 앎이러라 [42]날이 밝으매 예수께서 나오사 한적한 곳에 가
시니 무리가 찾다가 만나서 자기들에게서 떠나시지 못하게 만류하려 하매 [43]예수께
서 이르시되 내가 다른 동네들에서도 하나님의 나라 복음을 전하여야 하리니 나는
이 일을 위해 보내심을 받았노라 하시고 [44]갈릴리 여러 회당에서 전도하시더라(눅
4:38-44).

  막 1:29. 야고보와 요한과 함께 시몬과 안드레의 집에 들어가시니. 마태는 이 이
야기를 원래의 순서를 따라서 얘기하고 있지 않다고 추정할 만한 이유가 있다. 왜

냐하면, 당시에 그리스도를 따른 제자들은 오직 네 명뿐이었다는 것을 마가가 분명하게 말하고 있기 때문이다. 게다가, 그리스도께서는 회당을 떠나신 후에 곧장 베드로의 집으로 가셨는데, 이것도 마태가 시간 순서를 정확히 지키지 않았음을 분명하게 보여준다. 복음서 기자들은 이 이적을 특별히 주목하였던 것으로 보인다. 그 이유는 이 이적 자체가 다른 이적들보다 더 주목할 만하였거나 기록할 만한 가치가 있었기 때문이 아니라, 이 이적은 그리스도께서 그의 제자들에게 좀 더 사적이고 친근하게 그의 은혜를 베푸신 경우였기 때문이다. 또 다른 이유는 베드로의 장모를 고치신 사건은 그리스도께서 많은 이적들을 행하시게 된 계기가 된 이적이었다는 것이다. 왜냐하면, 이 소문을 들은 많은 사람들이 사방에서 그의 도움을 바라고서 그에게로 나아왔기 때문이다. 누가의 기사(記事) 속에 나오는 한 단어는 그리스도께서 나타내신 능력을 우리에게 더 두드러지게 보여준다. 왜냐하면, 누가는 "시몬의 장모가 **중한** 열병을 앓고 있었다"고 말하고 있기 때문이다. 그리스도께서 단 한 번의 손길을 통해서 아주 심한 병을 순식간에 고치신 것은 그에게 신적인 능력이 있다는 것을 더 분명하고 감동적으로 보여주는 증거였다. 그리스도께서는 자신의 뜻을 내비치는 것만으로도 그 병을 고치실 수 있으셨을 것이지만, 자신의 사랑을 나타내시기 위해서, 또는 이러한 표징(表徵)이 당시에 유익하리라는 것을 아셨기 때문에, "그녀의 손을 만지셨다"(마 8:15). 왜냐하면, 그리스도께서는 그때그때 필요하실 때마다 외적인 표징들을 자유롭게 사용하셨다는 것을 알기 때문이다.

눅 4:39. 예수께서 … 열병을 꾸짖으신대. 성경에 익숙하지 않은 사람에게는 이러한 표현 방식이 귀에 거슬릴 수 있다. 그러나 그러한 표현을 사용한 타당한 이유들이 있었다. "열병"을 비롯한 그 밖의 질병들, 기근, 전염병, 온갖 종류의 재난들은 하나님이 심판을 행하시기 위해 보내시는 집행관들이다. 하나님은 자신의 뜻을 따라 명을 내리셔서 그런 사자(使者)들을 보내시기도 하시고, 자신의 뜻을 따라 그들을 제지하시거나 다시 불러들이기도 하신다. 마태와 마가는 그리스도께서 병자들을 고치신 방법에 대해서 언급하고 있지 않지만, 누가는 "일일이 그 위에 손을 얹으사" 고치셨다고 말한다. 율법 아래에서 이것은 화해의 표징이었다. 그러므로 그리스도께서 그들 위에 안수하셔서, 그들을 하나님의 저주로부터 자유롭게 해주신 것이라고 말해도, 그것은 부적절한 것이 아니다. 또한, 나중에 더 자세하게 설명하겠지만, 이것은 엄숙한 성별 의식(儀式)이기도 하였다. 그러나 나는 그리스도께서 병자들에게 안수하신 것은 단지 그들을 아버지께 부탁하셔서, 그들이 하나님의 은혜를 입어서 질병들로부터 건짐을 받게 하신 것을 의미하는 것으로 해석한다.

마 8:17. 이는 선지자 이사야를 통하여 하신 말씀을 … 이루려 하심이더라. 이 예언은 여기에 나오는 것이 부적절해 보일 수 있고, 심지어 원래의 의미가 왜곡된 것 같이 보일 수도 있다. 왜냐하면, 이 예언은 원래 이사야에서 이적들이 아니라 그리스도의 죽음에 대하여, 현세적인 유익들이 아니라 영적이고 영원한 은혜에 대하여 말하고 있는 예언이기 때문이다. 그러니까, 이사야가 의심할 여지 없이 심령의 더러움들에 대하여 말하였던 것을 마태는 육신의 질병들에 적용하고 있는 것이다. 그러나 마태가 단지 그리스도께서 병자들에게 베푸신 은택만을 말하고 있는 것이 아니라, 그가 그들의 병을 고치신 목적에 대해서도 말하고 있다는 것을 독자들이 눈여겨보기만 한다면, 그 해법은 어렵지 않다. 병자들은 그들의 몸으로 그리스도의 은혜를 경험하였지만, 우리는 그리스도께서 병들을 고치신 목적과 의도를 직시하여야 한다. 왜냐하면, 마치 하나님의 아들이 육신을 고치시는 의사로 오셨다는 듯이, 우리가 오직 세상에 속한 덧없는 이익만을 주목한다면, 그것은 아무짝에도 소용없고 무의미한 것이 되고 말 것이기 때문이다. 그렇다면, 그리스도께서 병자들을 고치신 목적은 무엇이었는가? 그가 눈 먼 자들을 고치셔서 보게 하신 것은 그가 "세상의 빛"(요 8:12)이시라는 것을 보여주시기 위한 것이었고, 그가 죽은 자들을 살리신 것은 그가 "부활이요 생명"(요 11:25)이시라는 것을 증명하시기 위한 것이었다. 그가 다리를 저는 자들이나 손발이 마비된 자들을 고치신 것에 대해서도 우리는 마찬가지로 말할 수 있다. 이러한 유추(類推)를 따라서 우리는 그리스도께서 사람들의 육신에 베푸신 저 은택들을 마태가 우리에게 말해 주는 그 목적, 즉 아버지 하나님이 그리스도를 보내신 것은 우리를 온갖 악과 참상들로부터 구하시기 위한 것이라는 말씀과 결부시키지 않으면 안 된다.

막 1:34. 귀신이 … 그 말하는 것을 허락하지 아니하시니라. 그리스도께서 귀신들이 말하는 것을 "허락하지 아니하신" 이유는 두 가지인 것 같다. 일반적인 이유는 그리스도께서 자신을 온전히 나타내실 때가 아직 오지 않았다는 것이고, 특별한 이유는 우리가 앞서 잠깐 얘기한 대로, 그리스도께서는 귀신들로부터의 찬사는 그의 위엄과 권위를 손상시키는 효과만을 가져올 뿐임을 아셨기 때문에, 귀신들을 그의 신성(神性)을 알리는 전령이나 증인으로 사용하기를 거절하셨다는 것이다. 이 후자의 이유가 지당(至當)하다는 것은 의심할 여지가 없다. 왜냐하면, 그리스도께서는 사망의 임금과 그의 졸개들은 영원한 구원과 생명의 원천이신 분과 도저히 화해할 수 없는 적대 관계에 있다는 것을 아셨을 것임에 틀림없기 때문이다.

마 8:18. 예수께서 무리가 자기를 에워싸는 것을 보시고. 다른 복음서 기자들이 좀 더 풍부하고 자세하게 다룬 기사(記事)를 마태는 단지 짤막하게 건드리고 넘어가고 있다는 것은 의심의 여지가 없다. 다른 두 공관복음서 기자는 마태가 언급하고 있지 않은 상황, 즉 그리스도께서 날이 밝을 때까지 "한적한 곳으로" 가셔서 홀로 계셨다는 것을 언급한다. 그 후에 마가는 베드로가 그리스도께 "모든 사람이 주를 찾나이다"라고 고(告)하였다고 말하고, 누가는 "무리"가 그 곳으로 왔다고 말한다. 또한, 다른 두 공관복음서 기자는 그리스도께서 "온 갈릴리에 다니시며" 도처에서 말씀을 전하셨다고 하는 반면에, 마태는 그가 "건너편으로 가셨다"고 말한다. 그러나 "건너편" 또는 "저쪽 편"을 뜻하는 '토 페란'(τὸ πέραν)은 엄밀하게 정반대편을 가리키는 것이 아니라, 가버나움 아래쪽에 있던 호수의 만곡(彎曲)된 곳을 가리키는 것이라고 나는 생각한다. 이런 식으로, 그리스도께서는 호수의 다른 쪽으로 건너가셨지만, 아직 갈릴리를 벗어나지는 않으셨다.

막 1:38. 내가 이를 위하여 왔노라. 눅 4:43. 나는 이 일을 위하여 보내심을 받았노라. 우리는 이 말씀에 주목할 필요가 있다. 왜냐하면, 이 말씀은 자신의 직임을 성취하고자 하시는 그리스도의 간절한 소원을 담고 있기 때문이다. 그러나 복음의 사역자들이 여기저기 뛰어다니면서 각처에서 사람들에게 복음을 부분적으로 약간만 맛보게 하는 것이 좋은 것인가, 아니면 한 곳에 머물러서 그들이 한 번 얻은 사람들을 온전히 가르치는 것이 좋은 것인가라는 질문이 생길 수 있다. 나의 대답은 이것이다. 여기에서 그리스도께서 밝히신 그의 목적은 아버지 하나님의 지시하심과 부르심에 합치하는 것으로서 가장 타당한 이유들 위에 토대를 둔 것이었다. 왜냐하면, 그리스도께서는 짧은 시간 안에 유대 땅 전체를 두루 다니시며, 마치 나팔을 부는 것처럼 사방의 모든 사람들의 마음을 일깨워서 복음을 듣게 하시는 것이 꼭 필요하였기 때문이다. 그러나 이 주제에 대해서는 우리가 다른 본문을 다룰 때에 다시 좀 더 자세하게 논의하고자 한다.

[13]또 산에 오르사 자기가 원하는 자들을 부르시니 나아온지라 [14]이에 열둘을 세우셨으니 이는 자기와 함께 있게 하시고 또 보내사 전도도 하며 [15]귀신을 내쫓는 권능도 가지게 하려 하심이러라 [16]이 열둘을 세우셨으니 시몬에게는 베드로란 이름을 더하

셨고 [17]또 세베대의 아들 야고보와 야고보의 형제 요한이니 이 둘에게는 보아너게
곧 우레의 아들이란 이름을 더하셨으며 [18]또 안드레와 빌립과 바돌로매와 마태와
도마와 알패오의 아들 야고보와 및 다대오와 가나나인 시몬이며 [19]또 가룟 유다니
이는 예수를 판 자더라(막 3:13-19).

[12]이 때에 예수께서 기도하시러 산으로 가사 밤이 새도록 하나님께 기도하시고 [13]밝
으매 그 제자들을 부르사 그 중에서 열둘을 택하여 사도라 칭하셨으니 [14]곧 베드로
라고도 이름을 주신 시몬과 그의 동생 안드레와 야고보와 요한과 빌립과 바돌로매
와 [15]마태와 도마와 알패오의 아들 야고보와 셀롯이라는 시몬과 [16]야고보의 아들 유
다와 예수를 파는 자 될 가룟 유다라 [17]예수께서 그들과 함께 내려오사 평지에 서시
니 그 제자의 많은 무리와 예수의 말씀도 듣고 병 고침을 받으려고 유대 사방과 예
루살렘과 두로와 시돈의 해안으로부터 온 많은 백성도 있더라 [18]더러운 귀신에게
고난 받는 자들도 고침을 받은지라 [19]온 무리가 예수를 만지려고 힘쓰니 이는 능력
이 예수께로부터 나와서 모든 사람을 낫게 함이러라(눅 6:12-19).

막 3:13. 또 산에 오르사. 이 부르심은 그리스도께서 그들을 사도들로 임명하시
고 즉시 그들의 직임을 수행하도록 하신 것이 아니고, 장차 그들을 사도로 삼으시
기 위하여 단지 그의 곁에서 배우도록 허락하신 것일 뿐이다. 주석가들은 여기에
서 마가와 누가의 이 구절들을 마태복음 10장과 혼동하는 실수를 저질러 왔다. 왜
냐하면, 이 구절들이 지닌 명백한 의미는 그리스도께서 장차 그들에게 사도의 사
명을 주시기 위해서 일단 그들을 제자로 받아들이셨다는 것이고, 그들을 실제로
사도로 임명하시는 장면은 마태복음 10장에 기록되어 있기 때문이다. 우리는 마태
복음 10장에 기록된 것을 마가와 누가도 나중에 적절한 곳에서 말하고 있는 것을
발견하게 된다. 하늘로부터 오신 선생이 그들로 하여금 이 너무나 어렵고 힘든 일
을 감당할 수 있도록 그들을 점진적으로 훈련시키고 적응시키는 쪽을 선택하신 것
을 우리는 이상하게 여길 필요가 없다. 왜냐하면, 오랜 기간의 가르침을 통해서도
그들의 무지(無知)는 교정될 수 없었기 때문이다.

이 두 공관복음서 기자는 그리스도께서 "산에 오르셨다"고 말한다. 누가는 그리
스도께서 한적한 곳에서 더 자유롭게 "기도하시러" 산에 오르신 것이라고 그 이유
를 설명하는데, 다른 구절들이 분명하게 보여주듯이, 그리스도께서는 종종 이렇게

기도하시기 위하여 한적한 곳으로 가셨다. 우리는 이 모범을 영원한 규례로 삼아서, 교회의 목회자를 택하고자 할 때에는 기도로 시작하여야 한다. 그렇게 하지 않는다면, 우리가 시도하는 일은 잘 되지 못할 것이다. 우리 주님이 기도하신 것은 자기 자신을 위한 것이 아니라 우리가 지켜야 할 규례를 보여주시기 위한 것임이 분명하다. 우리에게는 분별력이나 노련함이 결여되어 있고, 설령 우리가 아주 영리하다고 할지라도, 이 문제보다 더 속아 넘어가기가 쉬운 일은 없다. 설령 우리가 실수할 위험성이 없다고 하더라도, 주님이 우리의 감정을 다스려 주시지 않으신다면, 우리는 호감이나 선입견, 미움이나 야심에 의해서 올바른 길에서 벗어나기가 얼마나 쉽겠는가? 게다가, 설령 목회자들을 택하는 일이 최상의 방식으로 잘 이루어졌다고 할지라도, 주님이 그렇게 선택된 목회자들을 자신의 인도하심 아래에 두시고서, 그들에게 꼭 필요한 은사들을 공급해 주지 않으신다면, 모든 것이 허사가 되고 말 것이다. 우리는 "그리스도께서 사도들을 택하시는 일을 주관하셨으니, 아버지 하나님께 그 일을 주재(主宰)해 주시도록 간절히 구하신 것은 아니지 않는가" 라고 말할 수도 있겠지만, 나는 그런 말을 인정할 수 없다고, 그것은 그리스도께서 그의 교회에 대한 관심을 고백하시고 표명하신 것이라고 말하지 않을 수 없다. 따라서 그리스도께서는 통상적인 방식으로 아버지 하나님께 기도하신 것이 아니라, "밤이 새도록 기도하셨다." 성령으로 충만하신(요 3:34) 그리스도께서 사도들을 택하실 때에 이토록 열렬하고 간절하게 아버지 하나님께 기도하신 것을 생각하면, 우리가 그렇게 하여야 마땅한 것은 두말할 필요도 없지 않겠는가?

막 3:13. 자기가 원하는 자들을 부르시니. 이 말씀을 통해서 마가는 그들이 이토록 존귀한 직분을 받게 된 것은 그들 자신이 지닌 어떤 뛰어난 점 덕분이 아니라 순전히 그리스도의 은혜 덕분이었다는 가르침을 우리에게 주고 있다는 것을 나는 의심하지 않는다. 왜냐하면, 우리가 이 말씀을 그리스도께서 다른 사람들보다 더 뛰어난 자들을 선택하셨다는 말씀으로 이해한다면, 그것은 적어도 가룟 유다에게는 적용될 수 없을 것이기 때문이다. 그러므로 이 말씀의 의미는 사도직이 어떤 사람의 공로나 장점을 따라 주어진 것이 아니라, 전혀 자격이 없는 자들이 하나님의 값없는 긍휼하심을 따라서 저 고상한 직분으로 세우심을 받았다는 것이다. 따라서 이것은 그리스도께서 또 다른 경우에 하신 말씀, 즉 "너희가 나를 택한 것이 아니요 내가 너희를 택하여 세웠나니"(요 15:16)라는 말씀이 옳다는 것을 보여준다. 바울도 종종 동일한 취지의 말을 하면서, 자기에게 사도직을 수여하신 하나님의 목적을 칭송한다(엡 3:7; 골 1:25).

그러나 여기에서 많은 질문들이 생겨난다. 첫째, 우리 주님은 유다가 이러한 존 귀를 받을 가치가 없는 배신자가 될 자라는 것을 뻔히 아시면서도 왜 의도적으로 유다를 택하신 것인가? 둘째, 하나님은 왜 자기 아들의 지극히 간절한 간구를 들으 시고도, 마치 그 아들의 기도를 거부하기라도 하시는 것처럼, 한 비열하고 악한 자 에게 하나님의 교회에서 가장 높은 직분을 주신 것인가? 셋째, 하나님은 왜 자기 교회의 첫 열매들이 이토록 진저리나는 치욕스러운 일에 의해서 더럽혀지는 것을 허용하시기로 작정하신 것인가? 넷째, 예수 그리스도께서 뻔히 아시면서도 의도적 으로 정직하고 충성스러운 일꾼들을 제쳐두시고 유다를 선택하신 이유는 과연 무 엇이었는가?

첫 번째 질문은 다음과 같은 답변에 의해서 해결된다. 우리 주님은 장래의 걸림 돌들을 미리 제거하시기 위하여, 즉 장차 교회 속에서 파렴치한 자들이 선생의 자 리를 차지하거나 복음을 고백했던 자들이 배교자가 되는 것을 보았을 때에 우리가 과도한 불안을 느끼지 않도록 하시기 위하여 그렇게 하셨다는 것이다. 이와 동시 에, 그리스도께서 한 사람 유다를 통하여 저 두려운 변절의 예를 보여주신 것은 교 회에서 높은 직분을 맡고 있는 자들이 자기만족에 빠지지 않도록 하시기 위한 것이 었다. 두 번째 질문과 관련해서, 우리 주님의 기도가 거부당하였다고 보는 것은 어불성설이다. 이 질문에 대한 답변은 세 번째 질문에도 도움이 될 것이다. 그리스 도께서는 장차 연약한 자들이 교회 속에서 배교자가 나오는 것을 보고서 걸려 넘 어지지 않도록 하시기 위하여, 교회의 장래의 상태를 일찌감치 미리 보여주시는 것이 적절하다고 판단하셨다. 왜냐하면, 교회의 요동치 않음(evangelii stabilitas)이 사람들에 의해서 좌지우지되는 것은 합당하지 않다고 여기셨기 때문이다. 마지막 질문과 관련해서, 그리스도께서는 경건하고 거룩한 제자들을 제쳐두시고 유다를 선택하신 것이 아니라, 장차 온갖 형편에 처한 모든 사람들이 지극히 높임을 받은 유다가 나중에 나락으로 떨어지는 것을 보고서, 그 누구도 하나님이 수여하신 존 귀를 악용해서는 안 된다는 교훈을 얻게 하시는 한편, 교회의 기둥 같은 자들이 넘 어진다고 해도 아주 연약한 믿음을 지닌 것 같이 보이는 자들조차 유다의 예에서 교훈을 얻어서 믿음 위에 견고히 설 수 있게 하시기 위한 것이었다.

눅 6:13. 사도라 칭하셨으니. 이 구절은 두 가지로 설명될 수 있다. 즉, 이것은 그리스도께서 나중에 그들로 하여금 그들의 직분에 취임하게 하셨을 때에 그들에

게 이런 칭호를 주셨다는 의미일 수도 있고, 그리스도께서 그들에게 왜 그들이 일
반 제자들로부터 구별되었고 장차 어떤 목적에 쓰임을 받게 될지를 알게 하시기
위하여 그들의 장래의 직분을 염두에 두시고서 이런 칭호를 그들에게 수여하셨다
는 의미일 수도 있다. 후자의 견해는 마가의 본문과 잘 부합한다. 왜냐하면, 마가
는 그리스도께서 "자기와 함께 있게 하시고 또 보내사 전도도 하게" 하시려고 "열
둘을 세우셨다"고 말하기 때문이다. 그리스도께서는 그들에게 나중에 더 높은 직
분을 주시기 위해서, 그들로 하여금 그와 함께 다니게 하시려고 그들을 택하셨다.
왜냐하면, 내가 이미 설명했듯이, 그리스도께서 "자기와 함께 있게 하시고 또 보내
사 전도도 하게" 하실 것이라고 말씀하실 때에 그것은 이 두 가지가 동시에 일어나
게 될 것임을 의미하는 것은 아니었기 때문이다.

막 3:16. 시몬에게는 베드로란 이름을 더하셨고. 모든 그리스도인들은 당연히
영적 성전의 살아 있는 "돌들"이지만, 그리스도께서는 그가 베드로에게 수여하시
고자 한 은혜의 분량을 따라 특별히 시몬에게 이 이름을 주셨다. 이것은 베드로가
주님을 부인할 때에 보여주었던 저 부끄러운 연약함과 모순되는 것이 아니다. 왜
냐하면, 이 칭호는 베드로가 죽을 때까지 지속적으로 보여준 변함없는 불굴의 충
성심을 나타내는 것이었기 때문이다. 그렇지만 우리가 나중에 좀 더 자세하게 설
명하겠지만(마 16:18), 교황주의자들이 이 구절을 근거로 삼아서, 교회가 베드로
위에 세워져 있다고 주장하는 것은 터무니없다. 그리스도께서 세베대의 아들들에
게 "우레의 아들들"이라는 이름을 더하신 것은 그가 그들에게 힘 있는 강력한 음성
을 주셔서, 그들로 하여금 온 세상을 두루 다니며 우레 같이 복음을 전하게 하시기
위한 것이었다. 그리고 실제로 오늘날에도 우리는 요한의 입으로부터 우렛소리를
듣는다. 요한의 형제인 야고보도 살아 있는 동안 복음으로 이 세상을 뒤흔들어 놓
았으리라는 것은 의심의 여지가 없다. "보아너게"라는 단어는 원래의 형태로부터
변질된 단어이다. 왜냐하면, 이 단어의 원래의 형태는 '베나이 레게쉬'(בני רגש)이
기 때문이다. 그러나 단어들이 다른 언어로 표기되면서 변질되는 현상은 아주 흔
한 일이다.

¹예수께서 무리를 보시고 산에 올라가 앉으시니 제자들이 나아온지라 ²입을 열어
가르쳐 이르시되 ³심령이 가난한 자는 복이 있나니 천국이 그들의 것임이요 ⁴애통
하는 자는 복이 있나니 그들이 위로를 받을 것임이요 ⁵온유한 자는 복이 있나니 그

들이 땅을 기업으로 받을 것임이요 ⁶의에 주리고 목마른 자는 복이 있나니 그들이 배부를 것임이요 ⁷긍휼히 여기는 자는 복이 있나니 그들이 긍휼히 여김을 받을 것임이요 ⁸마음이 청결한 자는 복이 있나니 그들이 하나님을 볼 것임이요 ⁹화평하게 하는 자는 복이 있나니 그들이 하나님의 아들이라 일컬음을 받을 것임이요 ¹⁰의를 위하여 박해를 받은 자는 복이 있나니 천국이 그들의 것임이라 ¹¹나로 말미암아 너희를 욕하고 박해하고 거짓으로 너희를 거슬러 모든 악한 말을 할 때에는 너희에게 복이 있나니 ¹²기뻐하고 즐거워하라 하늘에서 너희의 상이 큼이라 너희 전에 있던 선지자들도 이같이 박해하였느니라(마 5:1-12).

²⁰예수께서 눈을 들어 제자들을 보시고 이르시되 너희 가난한 자는 복이 있나니 하나님의 나라가 너희 것임이요 ²¹지금 주린 자는 복이 있나니 너희가 배부름을 얻을 것임이요 지금 우는 자는 복이 있나니 너희가 웃을 것임이요 ²²인자로 말미암아 사람들이 너희를 미워하며 멀리하고 욕하고 너희 이름을 악하다 하여 버릴 때에는 너희에게 복이 있도다 ²³그 날에 기뻐하고 뛰놀라 하늘에서 너희 상이 큼이라 그들의 조상들이 선지자들에게 이와 같이 하였느니라 ²⁴그러나 화 있을진저 너희 부요한 자여 너희는 너희의 위로를 이미 받았도다 ²⁵화 있을진저 너희 지금 배부른 자여 너희는 주리리로다 화 있을진저 너희 지금 웃는 자여 너희가 애통하며 울리로다 ²⁶모든 사람이 너희를 칭찬하면 화가 있도다 그들의 조상들이 거짓 선지자들에게 이와 같이 하였느니라(눅 6:20-26).

마 5:1. 예수께서 … 산에 올라가. 여기에 나오는 그리스도의 설교가 누가복음 6장에 나오는 설교와 다르다고 생각하는 자들은 지극히 사소하고 하찮은 근거 위에서 그렇게 생각하는 것이다. 마태는 그리스도께서 산 위에서 그의 제자들에게 말씀하셨다고 하는 반면에, 누가는 이 설교가 평지에서 행하여졌다고 말하는 것처럼 보인다. 그러나 "예수께서 그들과 함께 내려오사 평지에 서시니"(눅 6:17)라는 구절이 "예수께서 눈을 들어 제자들을 보시고 이르시되"(6:20)라는 구절과 직접적으로 연결된다고 보는 것은 잘못이다. 왜냐하면, 이 두 복음서 기자의 의도는 경건하고 거룩한 삶과 관련된 그리스도의 가르침의 주요 핵심들을 한자리에 모아놓는 것이었기 때문이다. 누가는 앞에서 평지를 언급하긴 했지만, 이 이야기 속에서 연속적으로 이어진 사건들을 말하고 있는 것이 아니라, 시간이나 장소를 제시함이 없

이 이적들에서 가르침으로 넘어간다. 마치 마태가 시간은 언급하지 않고, 단지 장소만을 언급하고 있듯이 말이다. 이 설교는 그리스도께서 열두 제자를 선택하신 후에 행하여졌을 가능성이 높지만, 하나님의 성령이 무시한 시간 순서를 내가 아주 정확히 밝히고자 하고 싶지는 않다. 경건하고 겸손한 독자들은 그리스도의 여러 가지 다양하고 많은 강론들 가운데서 그 핵심들이 요약적으로 그들 앞에 제시되고 있는 것만으로 만족하여야 하는데, 이 요약적인 가르침 속에서 첫 번째로 나오는 것은 그리스도께서 그의 제자들에게 참된 복에 관하여 하신 말씀이었다.

마 5:2. 입을 열어. 이러한 중첩적인 표현은 히브리적 관용표현을 그대로 가져온 것이다. 히브리어의 표현 가운데는 다른 언어로 옮기면 뭔가 이상한 것 같은 표현이 흔히 나온다. 예를 들면, 히브리어에서는 "예수께서 말씀하시기 시작하셨다"라고 하지 않고, "예수께서 입을 여셨다"라고 한다. 많은 사람들은 이것을 그 사람이 발언한 내용 중에서 좋은 의미로든 나쁜 의미로든 중요한 것에 주목하도록 하기 위해서 사용되는 강조적인 표현 방식으로 보지만, 이런 표현이 나오는 성경의 몇몇 구절들은 그 정반대의 견해를 지지해 주기 때문에, 나는 전자의 설명을 택한다. 또한, 나는 우리 주님이 산 위에서 그의 제자들에게 가르치셨다는 사실을 알레고리적으로 해석해서, 주님이 그들로 하여금 그들의 마음을 들어올려서 세상적인 염려들과 일들을 완전히 뛰어넘으라는 뜻으로 산 위에서 가르침을 베푸신 것이라고 주장하는 자들의 독창적인 사변(思辨)도 거부한다. 그리스도께서 산에 오르신 이유는 자신과 자신의 제자들이 무리에게서 멀리 떨어져 한적한 곳에서 휴식을 취하고자 하셨기 때문이다.

그러면, 이제 왜 그리스도께서 그의 제자들에게 "참된 복"에 관하여 말씀하셨는지를 가장 먼저 살펴보기로 하자. 대다수의 평범한 사람들만이 아니라 배운 자들조차도, 귀찮고 성가신 일들로부터 자유롭고 자기가 바라는 것들을 다 이루면서 즐겁고 편안한 삶을 영위하는 사람은 복된 사람이라고 생각하는 오류를 범한다. 적어도 사람들의 대체적인 생각은 복이라는 것은 현재의 상태를 근거로 해서 평가되어야 한다는 것이다. 그러므로 그리스도께서는 자기 백성으로 하여금 십자가를 지는 데에 익숙해지도록 하기 위해서, 육체를 따라 편안하고 형통하는 삶을 영위하는 자들이 복되다는 생각이 잘못된 것임을 드러내신다. 왜냐하면, 인내하는 것은 복된 삶과는 거리가 멀다고 생각하는 한, 사람들은 재난이나 책망을 참고 견디기 위해서 순순히 고개를 숙이는 것은 불가능하기 때문이다. 십자가 및 모든 환난이 지닌 쓴 맛을 완화시키고 심지어 달콤하게까지 해주는 유일한 위로는 불행들의 한복판에 있는 자가 복이 있다는 확신이다. 왜냐하면, 우리의 인내는 하나님의 축복을 받아서, 머지않아 복된 결과가 뒤따를 것이기 때문이다.

나는 이런 가르침이 사람들의 통상적인 생각과 많이 다르다는 것을 인정하지만, 그리스도의 제자들은 그들의 복을 세상 너머에서, 그리고 육체의 정(情)들 너머에서 찾게 하는 철학을 배워야 한다. 육신적인 이성(理性)은 여기에서 그리스도께서 가르치시는 것을 결코 받아들이고자 하지 않겠지만, 옛적에 스토아 학파의 철학자들이 역설(逆說)들을 즐기곤 하였던 것과는 달리, 그리스도께서는 결코 허구적인 것을 제시하시는 것이 아니라, 비참한 처지에 있다고 여겨지는 자들이 사실은 진실로 복이 있다는 것을 사실을 근거로 해서 보여주신다. 그러므로 우리는 이 설교의 주된 목적은 악인들의 책망으로 인해서 억눌리고 여러 가지 재난을 당하는 자들이 결코 불행한 자들이 아니라는 것을 보여주는 것임을 기억하여야 한다. 그리스도께서는 경건한 자들이 겪는 괴로움들은 머지않아 더 좋은 것들로 변화될 것이기 때문에 현재의 상태를 기준으로 삼아서 어떤 사람의 행복을 평가하는 자들은 잘못된 것임을 증명하실 뿐만 아니라, 자기 백성에게 장차 있을 상(賞)에 대한 소망을 굳게 붙잡고서 인내하라고 권면하신다.

마 5:3. 심령이 가난한 자는 복이 있나니. 눅 6:20. 너희 가난한 자는 복이 있나니. 누가는 단순한 은유를 사용하지만, 많은 사람들이 겪는 가난은 저주받은 것이자 복 되지 못한 것이기 때문에, 마태는 그리스도의 의도를 더 분명하게 표현한다. 병으로 눌리고 고생하면서도 내면적으로는 여전히 계속해서 교만과 잔혹함으로 부풀어 있는 자들이 많다. 그러나 그리스도께서는 환난들에 복종하여 그 징계를 잘 견딤으로써 자기 자신을 전적으로 하나님께 굴복시키고, 내적으로는 겸손히 하나님의 보호하심을 구하는 자들은 복이 있다고 선언하신다. 또 어떤 사람들은 "심령이 가난한 자"를 자기 자신을 위해서는 아무것도 주장하지 않고, 심지어 육체를 의지할 생각조차 완전히 비워 버리고서, 자신의 가난을 그대로 받아들이는 자들이라고 설명한다. 그러나 누가의 본문과 마태의 본문은 동일한 의미를 지니고 있음에 틀림없기 때문에, "가난한 자"라는 호칭이 여기에서 역경(逆境)으로 말미암아 눌리고 고통받는 자들에게 적용되고 있다는 것은 의심의 여지가 없다. 이 두 본문 간의 유일한 차이점은 마태는 형용어구를 덧붙임으로써 복이 있는 자를 오직 십자가의 연단(crucis disciplina) 아래에서 낮아지는 법을 배운 자들로 국한시킨다는 것이다.

마 5:3. 천국이 그들의 것임이요. 그리스도께서는 근거 없는 믿음으로 자기 백성의 마음을 부풀어 오르게 하시거나, 스토아 학파의 철학자들처럼 냉혹한 완고함(ferrea contumacia)으로 자기 백성의 마음을 완악하게 하시지 않고, 이런 식으로 할 때에야 그들이 천국에 들어가게 될 것이라는 확신으로 그들을 이끄셔서, 그들로 하여금 영생에 대한 소망을 품고서 인내할 힘을 얻게 하신다. 우리가 주목해야 할 것은 자기 자신 속에는 아무것도 가지지 않고 오직 하나님의 긍휼하심만을 의지하는 자가 "심령이 가난한 자"라는 것이다. 왜냐하면, 낙심하거나 절망에 압도된 자들은 하나님을 향하여 불평하고, 이것은 그들의 심령이 교만하고 오만하다는 것을 증명해 주는 것이기 때문이다.

마 5:4. 애통하는 자는 복이 있나니. 이 말씀은 바로 앞에 나온 말씀과 밀접하게 연결되어 있는 일종의 부록(附錄) 또는 확증(確證)이라 할 수 있다. 사람들의 통상적인 생각은 고생은 사람을 불행하게 만든다는 것이다. 이런 생각은 고생은 끊임없이 슬픔과 "애통함"을 불러온다는 생각에서 생겨난다. 사람들은 "애통하는 것"만큼 복이나 행복과 거리가 먼 것은 없다고 생각한다. 그러나 그리스도께서는 "애통하는 자들"은 불행하지 않다고 단언하실 뿐만 아니라, "애통하는 것" 자체가 영원한 기쁨을 받을 수 있도록 그들의 심령을 준비시키고, 그들에게 오직 하나님 안에서 참된 "위로"를 구하고자 하는 강한 동기를 부여함으로써, "복이 있는 삶"을 사는 데에 기여한다는 것을 보여주신다. 따라서 바울은 "우리가 환난 중에도 즐거워하나니 이는 환난은 인내를, 인내는 연단을, 연단은 소망을 이루는 줄 앎이로다 소망이 우리를 부끄럽게 하지 아니한다"(롬 5:3-5)고 말한다.

마 5:5. 온유한 자는 복이 있나니. "온유한 자"는 온화하고 점잖은 성품을 지닌 자들로서 남들로부터 해(害)를 받아도 쉽게 화내지 않고, 악인들에게 동일한 행동으로 갚아주기보다는 무엇이든지 참고 견딜 준비가 되어 있는 자들을 가리킨다. 우리는 그리스도께서 그런 자들에게 "땅을 기업으로 받을 것"이라고 약속하신 것을 말도 되지 않는 어처구니없는 약속이라고 생각할지도 모른다. 도리어, 남들로부터 그 어떤 공격을 받으면 불 같이 화를 내어 격퇴하고, 남들이 자기에게 해(害)를 끼치면 반드시 복수할 준비가 되어 있는 자들이야말로 땅에 대한 지배권을 지닌 자들이 아닌가. 남들로부터 당하는 악행에 대하여 온화하게 반응하고 참고 견디면 견딜수록, 그 악행은 점점 더 대담해지고 오만방자해진다는 것을 우리는 경험상으로 확실히 알고 있지 않은가. 그런 까닭에, "늑대들은 양처럼 온순하게 구는 자들은 즉시 닥치는 대로 삼켜 버리는 법이기 때문에, 우리는 늑대를 만나거든 악을 쓰고 덤벼야 한다"는 마귀적인 속담이 생겨나지 않았던가. 그러나 그리스도께서는 그의 보호하심 및 아버지 하나님의 보호하심을 악인들의 분노 및 폭력과 대비시키시면서, 타당한 근거들에 의거해서 "온유한 자들"이 "땅을 기업으로 받는" 자들이자 땅의 주인들이 될 것이라고 분명하게 선언하신다. 이 세상의 자녀들은 남들이 그들에게 해악을 끼칠 때에는 잔인하게 복수해 주고, "무기"(겔 32:27)를 가지고 자신의 생명을 지키지 않으면, 결코 그들 자신이 안전할 수 없다고 생각한다. 그러나 우리는 오직 그리스도만이 우리의 생명을 지키시는 분이심을 믿기 때문에, 우리가 해야 할 모든 것은 "주의 날개 그늘 아래에" 숨는 것뿐이다(시 17:8). 그의 양 무리에 속한 자로 인정받고자 한다면, 우리는 양이 되지 않으면 안 된다.

내가 지금까지 말한 것이 사람들의 경험과 모순된다는 반론이 있을 수 있다. 나는 먼저 사납고 흉포한 사람들이 그들 자신이 느끼는 불안감 때문에 얼마나 고통을 당하고 있는지를 생각해 보라고 권하고 싶다. 그들이 그렇게 사납게 날뛰는 삶을 영위하는 동안에는 비록 골백번이라도 땅의 주인이 되어서 모든 것을 소유하였다고 할지라도, 사실 그들은 아무것도 소유하고 있지 않은 것이다. 반면에, 하나님의 자녀들은 비록 이 땅에서 그들 자신의 확실한 소유를 지니고서 확고한 발판을 굳히고서 살지 못한다고 할지라도, 이 땅에서 걱정 없고 평안한 안연(晏然)한 삶을 누릴 수 있다. 그리고 이것은 허구적인 소유가 아니다. 왜냐하면, 그들은 그들이 거주하는 이 땅이 하나님이 그들에게 하사(下賜)하신 곳임을 알기 때문이다. 게다가, 하나님은 그의 손을 뻗으셔서, 악인들의 폭력과 분노로부터 그들을 지키신다. 그들은 온갖 종류의 공격에 노출되고, 악인들의 악의(惡意)에 시달리며, 온갖 종류의 위험에 둘러싸일지라도, 하나님의 보호하심 아래에서 안전하다. 그들은 적어도 이미 하나님의 이 은혜를 맛본 자들이다. 그리고 그들이 마지막 날에 세계를 유업으로 받게 되기 전까지 그들에게는 그것만으로도 충분하다.

마 5:6. 주리고 목마른 자는 복이 있나니. "주리고 목마르다"는 것은 여기에서 비유적인 표현으로 사용되어서, 삶에 꼭 필요한 것들조차도 없을 정도로 가난을 겪고, 심지어 속임을 당해서 자신의 권리를 빼앗기기까지 한 것을 의미한다. 마태는 "의에 주리고 목마른 자"라고 말함으로써, 한 부류의 사람들을 통해서 그 밖의 다른 모든 사람들을 나타내는 표현을 사용한다. 마태는 그들이 걱정하고 신음하면서도 오직 그들에게 합당한 것만을 원한다고 말함으로써, 그들이 지금까지 부당한 대우를 받아 왔다는 것을 좀 더 강력하게 부각시킨다. "아주 소박한 바람들만을 가지고 있어서 그들에게 합당한 것 외에는 아무것도 그들에게 주어지기를 바라지 않는데도, 굶주림으로 죽어가는 자들처럼 신음하며 고통당하는 처지에 있는 자들은 복이 있다." 그들은 그들이 겪는 괴로움과 걱정 때문에 남들로부터 조소(嘲笑)를 당하지만, 그것은 "복"을 받기 위한 확실한 준비 과정이다. 왜냐하면, 그들은 마침내 "배부를" 것이기 때문이다. 하나님은 언젠가는 그들의 신음소리를 들으시고, 그들의 정당한 바람들을 만족시켜 주실 것이다. 왜냐하면, 우리가 동정녀 마리아의 찬송을 통해서 알고 있듯이, "주리는 자를 좋은 것으로 배불리시는"(눅 1:53) 것은 하나님의 몫이기 때문이다.

마 5:7. 긍휼히 여기는 자는 복이 있나니. 이 역설도 사람들의 통념과 모순되고, 일반적인 정서와 배치(背馳)된다. 세상은 남들의 고통에는 관심을 갖지 않고, 오로지 자신의 편안함과 안일함만을 추구하는 자들이 행복한 자들이라고 생각한다. 그리스도께서는 자신의 환난을 기꺼이 참고 견딜 준비가 되어 있을 뿐만 아니라, 남들의 환난에 동참하는 자들, 즉 불쌍한 자들을 돕고, 곤경에 처해 있는 자들과 자원하여 함께 하며, 그들을 좀 더 수월하게 돕기 위해서 그들과 동일한 정서를 덧입는 자들은 복이 있다고 말씀한다. 그는 "그들이 긍휼히 여김을 받을 것임이요"라는 말씀을 덧붙이신다. 그들은 하나님으로부터만이 아니라 사람들 가운데서도 긍휼히 여김을 받게 될 것이다. 왜냐하면, 하나님이 사람들의 마음을 움직이셔서 그들을 인도적으로 대해 주고자 하는 마음이 생기게 하실 것이기 때문이다. 온 세상은 종종 배은망덕해서, 그들에게 자비를 베푼 자들에게 가장 악한 것으로 되돌려줄 수 있지만, 긍휼히 여기고 자비를 베푸는 자들에게는 하늘에 은혜가 쌓여서, 그들은 언젠가는 하나님이 그들에 대하여 "은혜로우시고 긍휼이 많으신"(시 103:8; 145:8) 것을 발견하게 될 것이다.

마 5:8. 마음이 청결한 자는 복이 있나니. 우리는 그리스도께서 여기에서 말씀하고 계시는 것이 모든 사람의 통념과 일치한다고 생각하기 쉽다. 사람들은 일반적으로 "마음의 청결"이 모든 미덕의 어머니라는 것을 인정한다. 그렇지만 영리함을 가장 큰 미덕의 자리에 두지 않는 자는 백 명 중의 한 사람도 없다. 그런 까닭에, 머리를 잘 굴려서 교묘하게 성공적으로 속임수를 행하고, 여러 가지 간접적인 수단들을 이용해서 자기와 거래하는 자들로부터 솜씨 좋게 이득을 챙기는 자들은 보통 "복이 있는" 자들로 여겨진다. 영악하게 행하는 것을 기뻐하지 않고, 도리어 사람들을 진심으로 대하며, 마음에 없는 말이나 표정을 겉으로 나타내는 법이 없는 자들이 "복이 있다"고 선언하심으로써, 그리스도께서는 자기가 육신적인 이성(理性)에 전혀 동의하지 않는다는 것을 보여주신다. 단순한 사람들은 세심한 주의를 기울이지 않는다거나 그들 자신을 빈틈없이 돌아보지 않는다는 이유로 비웃음을 당한다. 그러나 그리스도께서는 그들이 이 세상에서 남들을 속일 수 있는 영리함을 지니고 있지 않다면, 그들은 하늘에 계신 "하나님을 보게" 될 것이라고 말씀하심으로써, 그들을 이끌어 더 높은 곳을 보게 하시고 더 깊이 생각하게 하신다.

마 5:9. 화평하게 하는 자는 복이 있나니. "화평하게 하는 자"는 자기가 할 수 있는 한 화평을 구하고 싸움이나 시비를 피할 뿐만 아니라, 사람들 간의 이해관계를 해결해서 모든 사람에게 화평하게 살라고 조언하고, 미움이나 싸움이 일어날 소지를 없애는 자들을 가리킨다. 이 말씀에는 타당한 근거들이 있다. 이해관계가 다른 사람들을 화해시키는 일은 힘들고 진저리나는 일이기 때문에, 화평을 이루고자 애쓰는 온유한 성품을 지닌 자들은 모든 당사자들로부터 욕을 먹고 불평과 항의를 들어야 하는 모욕적인 대우를 감수할 각오를 하지 않으면 안 된다. 왜냐하면, 사람은 누구나 다 자신의 주장을 편들어 줄 자들을 갖기를 원하기 때문이다. 우리가 사람들 가운데서 화평을 이루어 내고자 할 때, 비록 우리의 노력이 사람들에게 먹혀들어가지 않을지라도, 우리가 사람들의 호의에 의지하지 않도록 하시기 위하여, 그리스도께서는 우리에게 우리를 자신의 자녀로 여기시는 화평의 하나님(롬 15:33)을 바라보라고 명하신다. 왜냐하면, 여기에서 하나님의 자녀들이라 "일컬음을 받는다"는 것은 하나님의 자녀들로 여김을 받는다는 것을 의미하기 때문이다.

마 5:10. 박해를 받은 자는 복이 있나니. 그리스도의 제자들은 이 가르침을 아주 절실하게 필요로 한다. 우리의 육신이 받아들이기가 어렵고 싫어하는 것일수록, 우리는 그것을 더욱더 진지하게 우리의 묵상의 주제로 삼아야 한다. 우리가 진정으로 그리스도의 군사라면, 세상 사람들의 대다수가 우리를 미워하여 일어나서, 우리를 죽이려고 추격하는 것은 당연한 일이다. 이것이 실상(實相)이다. 세상의 임금인 사탄은 그의 추종자들을 분노로 충만하게 해서, 그리스도의 지체들을 끊임없이 적대하게 하기를 결코 그치는 법이 없다. 의로운 삶을 살고자 애쓰는 자들이 그들에게 합당하지 않은 방식으로 공격을 당하고 괴로움을 겪어야 한다는 것은 참으로 기괴하고 부자연스러운 일이다. 그래서 베드로는 "너희가 열심으로 선을 행하면 누가 너희를 해하리요"(벧전 3:13)라고 말한다. 그렇지만, 세상의 고삐 풀린 악

(惡)으로 인하여서, 선한 자들이 의(義)에 대한 열심 때문에 불경건한 자들의 적개심을 불러일으키는 일이 비일비재하게 일어난다. 무엇보다도, 대다수의 사람들에게 미움을 받는 것은 그리스도인들의 통상적인 운명이라고 우리는 말할 수 있다. 왜냐하면, 육(肉)은 복음의 가르침을 견딜 수 없고, 자신의 악덕에 대하여 책망을 받고 참을 수 있는 자도 없기 때문이다.

마 5:10. 의를 위하여 박해를 받은 자. 이것은 선하고 옳은 일을 행하고자 하는 진지한 바람 때문에 자기가 할 수 있는 한 악한 일들을 반대하고 선한 일들을 옹호하다가 악인들의 미움과 분노를 불러일으키는 자들에 대한 묘사이다. 하나님의 진리를 최고의 자리에 두는 것은 지극히 옳은 일이다. 따라서 그리스도께서는 이 표지(標識)를 통해서 순교자들을 범죄자들 및 행악자들로부터 구별하신다.

나는 이제 내가 조금 전에 말했던 것, 즉 "무릇 그리스도 예수 안에서 경건하게 살고자 하는 자는 박해를 받으리라"(딤후 3:12)고 바울이 말한 대로, 이 말씀이 모든 경건한 자들에게 해당된다는 것으로 되돌아가고자 한다. 하나님이 우리의 연약함을 생각해서, 불경건한 자들이 그들이 원하는 대로 우리를 괴롭히는 것을 허락하지 않는다고 하여도, 우리는 여유를 가질 수 있는 그 휴식 기간 동안에 이 가르침을 묵상하여, 필요할 때가 되면 언제라도 이 싸움을 다시 할 준비를 갖추어서, 우리가 잘 준비되지 않은 채로 싸움에 임하는 일이 없도록 하는 것이 마땅하다. 현세의 삶을 살아가는 전 기간 동안에 경건한 자의 처지는 아주 비참하기 때문에, 그리스도께서 그들에게 천국의 삶에 대한 소망을 지니라고 하시는 것은 합당하다. 여기에 그리스도의 역설(逆說)과 스토아 학파의 헛소리 간의 주된 차이점이 있다. 즉, 스토아 학파에서는 각 사람은 자신의 마음과 생각에 만족하여 자기 자신이 복을 만들어 내는 주체가 되어야 한다고 가르쳤지만, 그리스도께서는 헛된 망상이 아니라 장래의 확실한 상(賞)에 대한 소망이라는 토대 위에 우리의 복을 세우신다는 것이다.

마 5:11. 너희를 욕하고. 눅 6:22. 사람들이 너희를 미워하며 멀리하고 욕하고 너희 이름을 악하다 하여 버릴 때에는. 그리스도께서는 이 말씀을 통해서 그를 믿는 자들을 위로하고자 하셨는데, 이것은 그들이 세상 사람들로부터 미움을 당하는 것을 볼지라도, 그들로 하여금 담대함을 잃지 않도록 하시기 위한 것이었다. 왜냐하면, 불경건하고 불경스러운 자로 낙인이 찍혀서 교회로부터 내처지는 것은 결코 가벼운 시험(試驗)이 아니었기 때문이다. 그리스도께서는 외식(外飾)하는 자들,

즉 위선자들만큼 독기를 품은 자들은 없다는 것을 아셨고, 이 복음의 원수들이 어떤 식으로 광분하여 미친 듯이 그의 작고 초라한 양 무리를 공격하게 될지를 미리 아셨다. 그러므로 자기 백성이 이 원수들로부터 아무리 많은 욕을 먹어도 압도당하거나 믿음을 포기하지 않도록 하시기 위해서, 확실한 방비(防備)를 자기 백성에게 공급해 주시고자 하시는 것이 그의 뜻이었다. 그런 까닭에, 우리가 그리스도를 부인하고자 하지 않는다는 이유로, 가톨릭의 폭군들이 우리를 그들의 회당에서 출교시키고 쫓아내고자 하더라도, 우리에게는 그 출교를 두려워할 이유가 없어 보인다.

마 5:12. 기뻐하고 즐거워하라. 이 말씀의 의미는 우리가 부당하게 욕을 먹을 때에 압도당하지 않기 위한 비결이 있다는 것이다. 왜냐하면, 우리의 마음을 들어서 하늘을 바라보자마자, 우리는 거기에서 슬픔을 쫓아내어 줄 수 있는 기뻐해야 할 무수한 이유들을 볼 수 있기 때문이다. 여기에서 사용되고 있는 "상"이라는 단어에 관한 교황주의자들의 어이없는 추론들을 반박하는 것은 쉬운 일이다. 왜냐하면, 그들이 꿈꾸는 것과는 달리, 주님이 여기에서 말씀하시는 것은 값없이 거저 주시는 상(賞)에 관한 약속이어서, 상과 공로 간에는 상호적인 관계가 존재하지 않기 때문이다. 게다가, 사람들 가운데서 가장 선한 자라고 하더라도 그가 행한 그 어떤 선행도 불완전하고 결점이 있다는 것을 고려하면, 하나님이 상을 줄 만하다고 판단하실 수 있는 그런 선행이나 공로는 존재하지 않을 것이다.

우리는 "나로 말미암아" 또는 "인자로 말미암아"(눅 6:22) "거짓으로 너희를 거슬러 모든 악한 말을 할 때에는"이라는 구절에 다시 한 번 주의를 기울이지 않으면 안 된다. 그러므로 옛적에 방백들이 자신들을 박해한다는 단 한 가지 이유를 들어서 기뻐하였던 도나투스파(Donatista)처럼, 자신의 잘못 때문에 박해를 받는 자(벧전 2:20)는 자기가 마치 그리스도의 순교자라도 된 듯이 자랑해서는 안 된다. 오늘날에도 재세례파는 자신의 헛소리들로 교회를 어지럽히고 복음을 비방하면서도, 정작 단죄를 당하면, 그것이 정당한 것인데도 불구하고, 마치 그들이 그리스도의 기치를 들고 나아가다가 박해를 당하는 것처럼 자랑한다. 그러나 그리스도께서는 의를 위하다가 박해를 받는 자들만이 복이 있다고 선언하신다.

마 5:12. 너희 전에 있던 선지자들도 이같이 박해하였느니라. 그리스도께서 이 같은 말씀을 더하신 것은 사도들이 힘을 다하여 고군분투하지도 않은 채로 승리하는 것을 기대하지 않게 하시고, 또한 박해를 당할 때에도 실망하지 않도록 하시기

위한 것이다. 성경에는 그리스도의 통치 아래에서 모든 것이 회복되리라는 약속이
도처에 나오기 때문에, 사도들이 싸울 생각은 하지 않고, 헛되고 교만한 자만에 빠
질 위험성이 있었다. 성경의 다른 구절들을 보면, 실제로 그들이 어리석게도 그리
스도의 나라는 부(富)와 사치스러운 것들로 차고 넘칠 것이라는 망상을 하였다는
것이 분명하게 드러난다. 이렇게, 그리스도께서는 그들이 선지자들의 자리를 이어
받자마자 선지자들이 전에 수행하였던 것과 동일한 싸움들을 해나가지 않으면 안
된다는 것을 그들에게 경고할 타당한 이유가 있으셨다. "너희 전에 있던 선지자들"
이라는 구절은 단지 "선지자들"이 시간 순서상으로 그들보다 "전에 있었다"는 것만
을 의미하는 것이 아니라, 선지자들은 그들과 동일한 부류에 속한 자들이기 때문
에, 그들이 선지자들의 모범을 따라야 한다는 것을 의미하기도 한다. 사람들은 흔
히 이 축복문들을 아홉 개로 분류하는데, 그런 시도는 너무나 하찮아서 길게 반박
할 필요조차 없다.

눅 6:24. 화 있을진저 너희 부요한 자여. 누가는 앞에서 네 가지 복을 얘기하였
기 때문에, 여기에서는 네 가지 저주를 그 복들과 대비시켜서 말하면서, 각각의 복
과 저주를 서로 대응시킨다. 이러한 대비는 불경건한 자들에게 공포를 불러일으킬
뿐만 아니라, 믿는 자들에게도 세상의 헛되고 기만적인 유혹들에 취해서 잠을 자
서는 안 되겠구나 하는 경각심을 불러일으킨다. 우리는 사람들이 형통함에 취하거
나 감언이설이라는 덫에 걸리기가 얼마나 쉬운지를 안다. 이런 이유로, 타락한 자
들이 행하는 모든 일이 순조롭게 잘 되고 형통하는 것을 볼 때에, 하나님의 자녀들
은 종종 그 타락한 자들을 부러워한다.

그리스도께서는 "부요한 자"에 대하여 저주를 선언하신다. 여기에서 "부요한 자"
는 모든 부자들을 의미하는 것이 아니라, 세상 속에서 위로를 찾는 자들, 즉 세상의
소유나 재물에 완전히 사로잡혀서 내세의 삶을 전혀 생각하지 않는 자들을 의미한
다. 이 말씀의 의미는 이런 것이다. 즉, 재물은 사람을 복이 있고 행복하게 만들어
주기는커녕 흔히 그 사람을 멸망시키는 화근이 된다는 것이다. 하지만, 다른 관점
에서 보아서, 재물이 그들에게 덫이 되지 않음으로써, 그들로 하여금 그들의 소망
을 땅에만 두게 하지 않아서, 천국이 그들에게 닫혀지게 만들지만 않는다면, 부자
들이라고 해서 천국에 들어가지 못하는 것은 결코 아니다. 아우구스티누스
(Augustinus)는 재물이나 부(富) 자체가 하나님의 자녀가 되는 데에 장애물이 되는
것이 아님을 보여주기 위해서, 가난한 거지 나사로가 부자 아브라함의 품에 안겨

있었다는 것을 그의 독자들에게 상기시킴으로써 이 점을 아주 잘 보여주고 있다.

눅 6:25. 화 있을진저 너희 … 배부른 자여 화 있을진저 너희 지금 웃는 자여. 동일한 의미에서, 그리스도께서는 "배부르고 풍족한 자들"에 대하여 저주를 선언하신다. 왜냐하면, 그런 자들은 현세(現世)의 복들에 대한 자만심으로 그 마음이 높아져 있어서, 하늘에 속한 복들을 거부하기 때문이다. 그리스도께서 "웃는 자"에 대하여 말씀하신 것도 이와 비슷한 관점에서 보아야 한다. 왜냐하면, 여기에서 "웃는 자들"이란 쾌락주의적인 즐거움에 몰두하고 육신적인 쾌락들에 빠져서, 하나님의 영광을 구하는 데에 꼭 필요한 괴로움을 거부하는 자들을 의미하기 때문이다.

눅 6:26. 모든 사람이 너희를 칭찬하면 화가 있도다. 이 마지막 화(禍)에 관한 말씀은 야심 또는 야망을 고치기 위한 것이다. 왜냐하면, 사람들로부터의 칭찬을 구하는 것, 또는 적어도 그 칭찬으로 인해서 엉뚱한 길로 가는 것보다 더 흔하게 일어나는 일은 없기 때문이다. 그리스도께서는 자기 제자들이 그런 길로 가는 것을 방지하시기 위해서, 사람들로부터의 칭찬은 결국 그들을 파멸시키게 될 것임을 그들에게 지적해 주신다. 이러한 경고는 야심이나 야망을 가장 경계하고 두려워해야 할 것으로 삼아야 하는 선생들에게 특히 적용된다. 왜냐하면, 그들이 "사람들에게 좋게 하고자"(갈 1:10) 할 때에 하나님의 순전한 가르침을 타락시키고 변질시키지 않을 가능성은 전무(全無)하기 때문이다. 그리스도께서 사용하신 "모든 사람"이라는 표현은 오직 속이는 자들과 거짓 선지자들에게만 칭찬을 보내는 세상의 자녀들을 가리키는 것으로 이해되어야 한다. 왜냐하면, 건전한 가르침을 신실하고 양심적으로 전하는 사역자들은 선한 자들의 칭찬과 총애를 받게 되기 때문이다. 여기에서 단죄되고 있는 것은 오직 육신의 악한 총애이다. 왜냐하면, 바울이 우리에게 보여주듯이(갈 1:10), "사람들에게 좋게 하고자" 하고 사람들을 기쁘게 하고자 하는 자는 "그리스도의 종"이 될 수 없기 때문이다.

[13]**너희는** 세상의 소금이니 소금이 만일 그 맛을 잃으면 무엇으로 짜게 하리요 후에는 아무 쓸 데 없어 다만 밖에 버려져 사람에게 밟힐 뿐이니라 [14]**너희는** 세상의 빛이라 산 위에 있는 동네가 숨겨지지 못할 것이요 [15]사람이 등불을 켜서 말 아래에 두지 아니하고 등경 위에 두나니 이러므로 집 안 모든 사람에게 **비치느니라** [16]이같이 **너희** 빛이 사람 앞에 비치게 하여 그들로 **너희** 착한 행실을 보고 하늘에 계신 **너희** 아버지께 영광을 돌리게 하라(마 5:13-16).

[49]사람마다 불로써 소금 치듯 함을 받으리라 [50]소금은 좋은 것이로되 만일 소금이 그 맛을 잃으면 무엇으로 이를 짜게 하리요 너희 속에 소금을 두고 서로 화목하라 하시니라 … [21]또 그들에게 이르시되 사람이 등불을 가져오는 것은 말 아래에나 평상 아래에 두려 함이냐 등경 위에 두려 함이 아니냐(막 9:49-50; 4:21).

[34]소금이 좋은 것이나 소금도 만일 그 맛을 잃으면 무엇으로 짜게 하리요 [35]땅에도, 거름에도 쓸 데 없어 내버리느니라 들을 귀가 있는 자는 들을지어다 하시니라 … [16]누구든지 등불을 켜서 그릇으로 덮거나 평상 아래에 두지 아니하고 등경 위에 두나니 이는 들어가는 자들로 그 빛을 보게 하려 함이라 … [33]누구든지 등불을 켜서 움 속에나 말 아래에 두지 아니하고 등경 위에 두나니 이는 들어가는 자로 그 빛을 보게 하려 함이라(눅 14:34-35; 8:16; 11:33).

마 5:13. 너희는 세상의 소금이니. 가르침과 관련된 말씀은 가르침을 베푸는 사명을 받은 자들에게 적용된다. 그리스도께서 사도들을 "세상의 소금"이라 부르시는 것은 세상에 소금을 쳐서 맛을 내는 것이 그들의 직임이라는 것을 의미한다. 왜냐하면, 하늘의 가르침이라는 소금으로 맛을 내지 않으면, 사람들 속에는 맛없고 무미건조한 것 외에 다른 것이 전혀 없기 때문이다. 그리스도께서는 그들에게 그들이 무엇으로 불리는지를 상기시키신 후에, 그런 책무를 다하지 않는 자들에 대하여는 무겁고 무시무시한 심판을 선언하신다. 그는 그들에게 맡겨진 가르침이 선한 양심 및 경건하고 정직한 삶과 아주 밀접하게 연결되어 있기 때문에, 부패와 타락이 다른 사람들의 경우에는 용납될 수 있을지도 모르지만, 그들에게는 몹시 가증스럽고 기괴한 것이 되리라는 것을 보여주신다. "다른 사람들이 하나님 보시기에 맛없고 무미건조하다면, 너희에게 주어진 소금으로 그들은 맛을 내면 될 일이다. 그러나 너희가 맛을 잃는다면, 너희는 어디에서 그 맛을 회복해서, 다른 사람들에게 공급해 줄 수 있겠는가?"

우리 주님은 다른 것들은 그 원래의 특성을 잃고 손상이 된 후에도 여전히 쓸모가 있지만, 소금은 쓸모가 없을 뿐만 아니라 심지어 해롭기까지 하여서 거름더미까지도 초토화시켜 버린다고 말씀하심으로써 이 은유를 계속해서 능숙하게 전개해 나가신다. 그의 말씀의 취지는 말씀의 사역자들과 선생들이 부패하여 맛을 잃게 되면, 그것은 불치병(不治病)이라는 것이다. 왜냐하면, 그들은 세상을 그들의 소금으로 맛을 내야 하는 책무를 지니고 있는데도, 그렇게 하는 것이 불가능하게 되기 때문이다. 이러한 경고의 말씀은 사역자들에게만이 아니라 그리스도의 모든 양 무리에게 유익하다. "세상"이 하나님의 말씀으로 말미암아 "짜게" 되어서 맛을 얻게 되는 것이 하나님의 뜻이기 때문에, 사람들이 온갖 다양한 맛으로 세상을 맛깔나게 만든다고 하여도, 이 소금이 없다면, 하나님이 보시기에 세상은 맛없고 무미건조할 뿐이라는 결론이 나온다. 그러므로 소금으로 간을 맞추는 것보다 더 좋은 것은 없다. 왜냐하면, 우리의 무미건조함은 오직 소금으로만 고쳐질 수 있기 때문이다. 아울러, 세상에 맛을 내고 간을 맞추는 것을 자신의 일로 삼고 있는 자들은 그들 자신의 어리석은 생각으로 세상에 맛을 내고자 하지 않도록 조심하여야 하고, 부패하고 고약한 맛으로 세상을 오염시키는 일은 더더욱 하지 않도록 주의하여야 한다.

그러므로 사도들에게 자신의 책무를 일깨워서 그들로 하여금 올바른 길에서 벗어나지 않게 하는 대신에, 도리어 그들에게 무제한적인 자유를 허용해서 그들을 심령들을 압제하는 폭군들로 만드는 것이 마치 그리스도의 의도였다는 듯한 행태를 보이는 교황주의자들의 악(惡)은 결코 용납될 수 없다. 그리스도께서는 그의 교회의 선생들이 어떤 부류의 사람들이기를 원하시는지를 분명하게 밝히신다. 그리스도께서 베드로와 그의 동료들을 "세상의 소금"이라고 선언하셨다는 이유를 들어서, 그 어떤 합당한 근거도 없이 스스로 사도로 자처하는 자들은 그들이 저지르는 온갖 가증스러운 짓들을 다 사도라는 이 엄호물 아래에 숨긴다. 아울러, 그런 자들은 그리스도께서 덧붙이신 통렬하고 혹독한 경고, 즉 "만일 그 맛을 잃으면" 그들은 가장 최악의 존재가 될 것이라는 경고를 깊이 숙고하지 않는다. 누가는 이 경고를 갑작스럽게 언급하고 있긴 하지만, 이 경고의 말씀은 우리가 지금 다루고 있는 본문과 동일한 목적을 위하여 여기에 도입된 것이기 때문에 따로 설명할 필요는 없다.

막 9:49. 사람마다 불로써 소금 치듯 함을 받으리라. 나는 마가의 이 말씀을 우리가 방금 살펴본 마태 본문과 연결시켜 왔는데, 이것은 내가 이 두 말씀을 전적으로 동일한 의미를 지닌 것으로 보거나 동일한 장소와 때에 전해진 것으로 보기 때문이 아니라, 독자들로 하여금 동일한 말씀이 서로 다르게 적용된 예들을 상호비교를 통해서 더 잘 이해할 수 있게 하기 위한 것이다. 마가의 기사(記事)에 의하면, 우리 주님은 영원한 "불"(막 9:48)에 대하여 말씀하신 후에, 이제 자기 백성에게 하나님께 그들 자신을 드려서 "불과 소금"으로 맛을 내어서 희생 제물로 바치고, 그들의 죄로 말미암아 영원히 꺼지지 않는 저 "불"을 그들 자신에게 끌어오지 않도록 권면하신다. "불로써 소금 치듯 하다"라는 어구는 부정확한 표현이다. "소금"과 "불"은 정결하게 하고 정련(精鍊)하는 동일한 속성을 지니고 있기 때문에, 그리스도께서 이 둘을 사용하여 동일한 의미를 나타내신다. 그가 이러한 말씀을 하시게 된 계기는 무엇이었는가. 그것은 믿는 자들이 "불"과 "소금"에 의해서 정결하게 되는 것을 거부하지 않도록 하시기 위한 것이었다. 왜냐하면, 이렇게 맛을 내는 것이 없이는 그들은 하나님께 거룩할 수 없기 때문이었다. 그리스도께서는 율법의 한 조항을 간접적으로 인용하고 계신 것이다: "네 모든 소제물에 소금을 치라 네 하나님의 언약의 소금을 네 소제에 빼지 못할지니 네 모든 예물에 소금을 드릴지니라" (레 2:13). 그러나 여기에서는 그리스도께서 믿는 자들이 거룩함을 입기 위해서는 복음의 말씀이라는 소금을 쳐서 맛을 내야 한다는 것을 보여주신다.

그리스도께서는 그 뒤에 "소금은 좋은 것이로되"(막 9:50)라는 말씀을 덧붙이시는데, 이것은 하나님이 자신의 말씀으로 맛을 내신 적이 있는 모든 사람에게 적용된다. 그리스도께서는 그들에게 그들이 지닌 맛을 항상 유지하라고 권면하신다. "소금을 쳐서 맛을 낸 것"을 "소금"이라고 부르는 것은 다소 조잡한 은유이기는 하지만, 그 의미가 무엇인지에 대해서는 그 어떤 의구심도 불러일으키지 않는다. 사람들이 하나님의 은혜로 말미암아 얻은 그 맛을 그들의 부주의함이나 경솔함으로 인해서 잃었다면, 그 맛을 회복할 수 있는 방법은 더 이상 존재하지 않는다. 믿음으로 말미암아 하나님께 성별된 자들이 그 믿음을 잃고 맛을 잃게 되면, 그들은 절망적인 상태에 처하게 된다. 왜냐하면, 선한 맛은 다른 어떤 것을 쳐서 얻어질 수 있는 것이 아니기 때문이다. 게다가, 한번 하나님의 은혜를 받았다가 타락하여 그 은혜를 헛된 것으로 만들어 버린 자들은 땅과 거름더미를 못쓰게 만들어 버리는 맛 잃은 소금과 같아서 그 처지가 믿지 않는 자들보다 더 나쁘게 된다.

막 9:50. 너희 속에 소금을 두고 서로 화목하라. 여기에 나오는 "소금"은 앞 절에 나왔던 "소금"과는 다른 의미를 지니는 것으로 해석될 수 있다. 즉, 믿음 또는 성령의 지혜로 말미암아 얻어지는 선한 맛을 내는 것이 여기에서 "소금"으로 표현되고 있다는 것이다. 바울이 "너희 말을 항상 은혜 가운데서 소금으로 맛을 냄과 같이 하라"(골 4:6)고 명령한 것도, 우리가 온갖 속된 어리석은 것들과 부패한 것들로부터 정결하게 되고 영적인 은혜로 충만하여 거룩하게 되어서, 우리가 하는 말들이 향기를 발산하여 그 말들을 듣는 모든 자들이 덕 세움을 입게 하라는 의미이다. 만약 이러한 설명을 채택한다면, 우리는 후자의 구절을 그 소금에 의해서 촉진되는 서로 간의 평화를 가리키는 것으로 이해하여야 할 것이다. 그렇지만, 이 마지막 문장은 앞에 나온 강론 전체에 걸릴 가능성이 더 높기 때문에, 나는 그리스도께서 자기 백성에게 다른 사람들을 정결하게 하는 데에도 도움이 될 수 있는 엄격한 믿음을 유지하라고 권면하시는 것이라고 생각한다. "너희는 너희 속만 소금으로 맛을 내어서는 안 되고, 다른 사람들을 소금으로 맛을 내는 일에도 마찬가지로 애를 써야 한다." 그러나 소금은 자극성이 너무 강해서 다른 사람들을 다치게 할 수도 있기 때문에, 그리스도께서는 곧이어서 그들에게 다른 사람들을 소금으로 맛을 내는 일을 하되, 서로 간에 평화가 완전히 보존될 수 있는 방식으로 해야 할 것이라고 권면하시는 것이다.

마 5:14. 너희는 세상의 빛이라. 우리는 모두 믿음으로 말미암아 빛을 받은 후에는 빛의 자녀들이기 때문에, 어둠에 다니다가 길을 잃지 않을 뿐만 아니라, 다른 사람들에게 생명의 길을 보여주기 위해서, "등불을 켜고" 그 등불을 손에 들고 다니라는 명령을 받는다(눅 12:35). 그러나 복음을 전하는 일이 누구보다도 특히 사도들에게, 그리고 지금은 교회의 목회자들에게 맡겨졌듯이, 그리스도께서는 "세상의 빛"이라는 칭호를 특히 그런 자들에게 수여하신다. "그들이 높은 곳에 있는 자들인 것처럼 다른 모든 사람들에게 빛을 비춘다면, 그들은 이러한 칭호를 받을 만한 자격이 있다."

그리스도께서는 두 가지 비유를 추가하신다. "산 위에 있는 동네가 숨겨지지 못할" 것이고, 불이 켜진 "등불"도 통상적으로 "숨겨지지 못할" 것이다(15절). 이것은 그들이 모든 사람의 눈이 그들을 지켜보고 있다는 마음을 지니고서 살아가야 한다는 것을 의미한다. 분명한 것은 어떤 사람이 유명하면 할수록, 그가 부적절하게 행동했을 때, 그것은 나쁜 모범이 되어서 사람들에게 더 많은 해를 끼친다는 것이다. 그러므로 그리스도께서는 사도들에게, 모든 사람의 눈이 불이 켜진 "등불들"을 향하듯이 그들을 향해 있다는 것을 명심하고서, 그들은 평범한 이름 없는 사람들보다 더 세심하게 주의를 기울여서 경건하고 거룩한 삶을 살아야 한다는 것, 그리고 경건과 올바른 행실을 가르치는 사역자들이면서도 스스로는 그 가르침에 합당한 경건과 행실을 보여주지 못하는 자들은 용납되어서는 안 된다는 것을 알려주고 계시는 것이다. 마가와 누가는 이 비유를 여기에서와는 다른 방식으로 적용하는 것으로 보인다. 왜냐하면, 거기에서는 그리스도께서 잠시 감추어져 있던 것이 결국에는 다 드러나게 될 것이므로, 그 누구도 어둠에 의지해서 거리낌 없이 죄에 빠져 살지 않도록 특별히 조심하여야 한다는 일반적인 권면을 주고 계시기 때문이다. 그러나 마가와 누가가 기록한 이 말씀들은 지금 우리가 살펴보고 있는 맥락과는 상관없는 독립적인 말씀들이었을 가능성이 있다.

마 5:16. 너희 빛이 사람 앞에 비치게 하여. 그리스도께서는 사도들에게 그들의 악덕들과 미덕들은 그들의 신분으로 인해서 둘 다 악한 모범이나 선한 모범으로서 사람들에게 더 큰 영향을 끼칠 것임을 가르치신 후에, 이제 여기에서는 그들에게 그들의 삶을 잘 규율해서, 모든 사람으로 하여금 분발하여 하나님께 영광을 돌리는 일에 힘쓰게 하여야 한다고 명령하신다. "그들로 너희 착한 행실을 보고." 왜냐하면, 바울이 말하고 있듯이, 믿는 자들은 "주 앞에서 뿐 아니라 사람 앞에서도 선한 일에 조심하여야"(고후 8:21) 하기 때문이다. 그리스도께서 잠시 후에 선행을 할 때에는 은밀하게 하라고 명령하시는 것(마 6:4)은 단지 겉치레와 과시욕을 금지하시기 위한 것일 뿐이고, 여기에서 말씀하실 때에는 오직 하나님께만 영광을 돌릴 것을 권하고자 하시는 판이하게 다른 목적을 염두에 두고 계시는 것이다. 만약 우리가 선행으로 인한 영광을 오직 하나님께 돌려야 하는 것이 마땅한 데도 불구하고 그렇게 하지도 않고, 하나님이 선행의 유일한 원천이시라는 것을 인정하지도 않는다면, 우리는 마치 선행이 전적으로 또는 부분적으로 인간의 자유의지가 지닌 힘으로부터 나왔다는 듯이 자유의지를 칭송하게 될 것이고, 우리의 이런 행위를 통해서 하나님이 공개적으로 크게 모욕을 당하실 수밖에 없게 되시리라는 것은 불을 보듯 뻔한 일이다. 또한, 우리가 주목해야 할 것은 모든 선행들에 대한 칭송은 전부 하나님께 돌려져야 마땅한 데도 불구하고, 하나님이 그 선행들을 "우리의 착한 행실"이라 불러 주시는 것은 하나님이 우리를 얼마나 자비롭게 대하고 계시는지를 보여준다는 것이다.

[17]내가 율법이나 선지자를 폐하러 온 줄로 생각하지 말라 폐하러 온 것이 아니요 완전하게 하려 함이라 [18]진실로 너희에게 이르노니 천지가 없어지기 전에는 율법의 일점 일획도 결코 없어지지 아니하고 다 이루리라 [19]그러므로 누구든지 이 계명 중의 지극히 작은 것 하나라도 버리고 또 그같이 사람을 가르치는 자는 천국에서 지극히 작다 일컬음을 받을 것이요 누구든지 이를 행하며 가르치는 자는 천국에서

크다 일컬음을 받으리라(마 5:17-19).

¹⁷그러나 율법의 한 획이 떨어짐보다 천지가 없어짐이 쉬우리라(눅 16:17).

마 5:17. 생각하지 말라. 그리스도께서는 자신이 온전한 삶을 사신 것과 관련해
서, 자기가 "율법을 완전하게 하려 왔다"고 얼마든지 주장하실 수 있으셨지만, 여
기에서는 삶이 아니라 가르침을 다루신다. 그리스도께서는 나중에 "하나님의 나라
가 이미 임하였느니라"(마 12:28)고 큰 소리로 외치셔서 사람들의 마음속에 이례적
인 기대를 불러일으키셨고, 심지어 세례를 통해서 제자들을 받아들이시기도 하셨
기 때문에, 많은 사람들의 마음은 아직 뭐가 뭔지 몰라서 미심쩍어하는 상태에 있
어서, 그리스도께서 행하신 이 새롭고 신기한 일들의 목적과 의도가 무엇인지를
부지런히 찾고 있었을 가능성이 높다. 그래서 그리스도께서는 이제 여기에서 자신
의 가르침은 율법과 전혀 다르지 않고, 도리어 "율법과 선지자"와 완벽하게 일치할
뿐만 아니라, 그것들을 "완전하게" 하는 것임을 분명하게 밝히신다.

그리스도로 하여금 율법과 복음 간의 이러한 일치를 분명하게 밝히게 만든 두
가지 주된 이유가 있었던 것으로 보인다. 그리스도를 통해서 새로운 방식의 가르
침이 등장하자마자, 즉시 대다수의 사람들은 머지않아 모든 것이 뒤집어질 것으로
예상했을 것이다. 내가 앞서 언급했듯이, 복음 전도는 앞으로의 교회가 이전의 교
회와는 완전히 다른 형태를 띠게 될 것이라는 기대를 사람들에게 불러일으키는 경
향성을 지니고 있었다. 따라서 사람들은 지금까지 오랜 세월 동안 그들에게 익숙
해져 있었던 체제는 곧 폐하여질 것이라고 생각하였다. 이러한 생각은 많은 점에
서 매우 위험스러운 것이었다. 만약 복음이 율법에 대하여 반기(反旗)를 드는 것이
었다면, 불온하고 경솔한 자들은 기존의 종교를 완전히 뒤엎어버릴 기회를 놓치지
않고 열렬히 지지하였겠지만, 진정으로 하나님을 경건하게 예배하던 자들은 복음
을 결코 받아들이려 하지 않았을 것이다. 새로운 것이 등장하면, 경솔한 자들은 기
존의 것을 주저 없이 버리고서 그 새로운 것에 열광적으로 빠져드는 변덕스러움과
방자함을 얼마나 잘 표출하는지를 우리는 잘 안다.

게다가, 그리스도께서는 유대인들의 대다수가 말로는 율법을 믿는다고 고백하
지만 그 행실은 속(俗)되고 불경스러우며 타락해 있다는 것을 알고 계셨다. 백성들
의 상태는 너무나 부패해 있었고, 모든 것이 너무나 많은 타락과 부패로 가득 차 있

었으며, 제사장들의 태만 또는 악의로 인해서 가르침의 순수한 빛은 아주 완전히 꺼져버렸기 때문에, 율법에 대한 그 어떤 경외심도 더 이상 남아 있지 않았다. 이런 상황에서 "율법과 선지자"의 권위를 폐할 만한 새로운 종류의 가르침이 등장하였다면, 기존의 종교는 치명적인 타격을 입는 것이 당연한 일이었을 것이다. 이것이 그리스도께서 자기가 "율법을 폐하러" 온 것이 아니라고 분명히 밝히신 첫 번째 이유였던 것으로 보인다. 실제로, 문맥을 보면, 이 점이 아주 분명하게 드러난다. 왜냐하면, 그리스도께서는 곧이어서 "율법의 일점 일획도 결코 없어지지 아니하리라"고 재차 확인해 주시는 말씀을 덧붙이시면서, 율법의 권위를 세우고자 신실하게 애쓰지 않는 저 선생들에 대하여 저주를 선언하시기 때문이다.

두 번째 이유는 그리스도께서 무지하고 알지 못한 자들이 그에 대하여 쏟아낸 악한 중상모략을 반박하시기 위한 것이었다. 그리스도의 가르침에 대한 이러한 중상모략은 서기관들에 의해서 행하여졌음이 분명하다. 왜냐하면, 그리스도께서는 곧 서기관들을 치시는 강론을 이어가시기 때문이다. 우리는 그리스도께서 염두에 두신 목적과 의도를 명심하여야 한다. 그는 유대인들에게 복음을 받아들이라고 초청하시고 권면하시면서도, 여전히 그들에게 율법에 순종할 것을 요구하신다. 반면에, 그는 그의 원수들이 그의 가르침을 악하거나 의심스러운 것으로 만들려고 그 가르침에 대하여 쏟아 부은 비열한 비난들과 중상모략들에 대해서는 담대하게 반박하신다.

무질서한 상태에 있는 일들을 개혁하고자 한다면, 우리는 언제나 사려 깊고 절제된 언행을 통해서, 우리가 하나님의 영원한 말씀을 반대하거나 성경과 반대되는 어떤 새롭고 신기한 것을 가르치는 것이 아님을 사람들에게 확신시키지 않으면 안 된다. 우리는 우리의 가르침이 성경을 거스르는 듯한 의구심을 불러일으켜서 경건한 자들의 믿음에 해악을 주거나, 경솔한 자들이 우리의 가르침을 통해서 신기한 것을 만나 힘을 얻고 담대해지지 않도록 조심하여야 한다. 요컨대, 우리는 사람들이 하나님의 말씀을 불경스럽게 멸시하는 것을 반대하고, 무지한 자들이 신앙을 멸시하는 것을 방지하기 위하여, 애를 써야 한다는 것이다. 우리가 지금 동일한 중상모략에 처해 있다면, 우리는 그리스도께서 그의 가르침을 중상모략에서 건져 내시기 위하여 행하신 일을 보고서 힘을 얻어야 한다. 바울도 하나님의 율법을 배반한 배교자라는 비난을 받았기 때문에(행 21:21), 교황주의자들이 동일한 방식으로 우리를 흉악한 자들로 몰려고 애쓴다고 하여도, 우리는 그것을 이상하게 생각할 필요가 없고, 그리스도의 모범을 따라서 거짓 고소들로부터 벗어남과 동시에, 비록 부당한 비난을 받고 욕을 먹을지라도, 진리를 거침없이 시인하고 고백하여야 한다.

마 5:17. 내가 … 폐하러 온 줄로. 하나님은 사실 그리스도께서 오실 때에 이루어질 새 언약을 약속하셨었지만, 아울러 새 언약은 첫 번째 언약과 다르지 않으리라는 것뿐만 아니라, 새 언약의 목적 자체가 하나님이 애초에 자기 백성과 맺으신 언약을 영속적으로 재가(裁可)하는 것이 되리라는 것을 보여주셨었다. "내가 나의 법을 … 그들의 마음에 기록하여 … 내가 … 다시는 그 죄를 기억하지 아니하리라" (렘 31:33-34). 이 말씀을 통해서 하나님은 이전의 언약이 폐기되기는커녕, 도리어 새 언약에 의해서 계승될 때에 확증되고 재가(裁可)될 것임을 분명하게 밝히고 계신다. 또한, 이것은 그리스도께서 "내가 율법을 완전하게 하려 왔다"라고 말씀하신 것의 의미이기도 하다. 왜냐하면, 실제로 그리스도께서는 죽은 의문(儀文) 또는 문자를 그의 성령으로 일깨우셔서, 이제까지 단지 비유들로만 계시되었던 것들의 실재(實在)를 나타내 보여주셨기 때문이다.

가르침과 관련해서는, 우리가 그리스도께서 오심으로써 우리가 율법의 권위로부터 자유롭게 되었다고 상상해서는 안 된다. 왜냐하면, 율법은 경건하고 거룩한 삶의 영원한 규범으로서, 율법이 담고 있는 하나님의 공의가 변함없고 한결같듯이, 율법도 변할 수 없는 것이기 때문이다. 의식(儀式)들과 관련해서는 변화가 일어난 것처럼 보일 수 있지만, 폐기된 것은 단지 그 외적인 행위뿐이다. 왜냐하면, 의식들이 지닌 원래의 의미는 복음에 의해서 더 온전한 형태로 확증되었기 때문이다. 즉, 그리스도께서 오셨을 때, 의식들은 조금도 그 의미를 잃지 않았고, 도리어 그림자들이 지니고 있던 진리가 드러남으로써 그 의식들이 옳다는 것이 확증되었다. 왜냐하면, 이 의식들이 본래 지니고 있던 온전한 의미가 실제로 나타난 것을 볼 때, 우리는 그 의식들이 헛되거나 쓸데없지 않다는 것을 인정하게 되기 때문이다. 그러므로 우리는 율법과 복음 간의 이 신성한 결합을 깨뜨리고자 하는 부적절한 시도를 하는 많은 이들과는 달리 그 결합을 건드리지 말고 그대로 유지하여야 한다. 왜냐하면, 복음이라는 것이 율법의 완성, 즉 "율법을 완전하게" 하는 것 외에 다른 것이 아니어서, 이 둘이 하나님이 그것들의 원천(源泉)이시라는 것을 한 목소리로 선포하고 있다는 것을 아는 것은 복음의 권위를 확증하고 견고히 하는 데에 적지 않은 기여를 하기 때문이다.

마 5:18. 천지가 없어지기 전에는. 누가는 이 마태 본문과 약간 다르게 "율법의 한 획이 떨어짐보다 천지가 없어짐이 쉬우리라"(눅 16:17)고 표현하고 있지만, 그 의미는 서로 동일하다. 이 두 구절 속에서 그리스도의 의도는 율법 및 그 각 구성 부분의 진리는 확고해서, 천지간에 그 어떤 것도 율법만큼 오래갈 수 있는 것은 없다는 것을 가르치시는 것이었다. 어떤 이들은 '헤오스 안'(ἕως ἄν, "전에는")이라는 단어에 집착해서, 이 구절이 마치 저 마지막 날, 즉 심판의 날에 "천지가 없어질" 때에 "율법과 선지자"도 함께 폐기처분 될 것을 말씀하고 있는 것처럼 교묘하게 해석한다. "예언도 폐하고 방언도 그치리라"(고전 13:8)는 말씀처럼, 저 마지막 날에는 기록된 율법과 그 해설도 분명히 끝나게 될 것이라고 나는 생각한다. 그러나 나는 그리스도께서 그런 식으로 교묘하게 말씀하신 것이 아니라 아주 단순하게 말씀하셨다고 생각하기 때문에, 그런 말장난으로 독자들의 귀를 즐겁게 해주고 싶은 마음이 없다. 우리는 하늘이 산산조각이 나서 깨어지고 온 세계가 다 풀어져서 거대한 혼돈의 상태로 빠져들어 가게 되어서 율법이 더 이상 필요 없게 될 때까지 율법은 언제까지나 지속될 것임을 아는 것으로 충분하다. 그러나 율법의 모든 부분이 "일점일획"까지 "다 이루리라"는 말씀은 무엇을 의미하는가? 왜냐하면, 우리는 하나님의 성령으로 거듭난 자들조차도 하나님의 율법을 완벽하게는 지킬 수 없다는 것을 알기 때문이다. 이 질문에 대한 나의 답변은 "결코 없어지지 아니하고"라는 표현은 사람들의 삶이 아니라 율법의 가르침이 지닌 완전한 진리성(眞理性)을 가리키는 것으로 보아야 한다는 것이다. "율법 속에는 중요하지 않은 것이 하나도 없고, 임의로 넣어진 것도 전혀 없기 때문에, 단 한 글자라도 없어지는 것은 불가능하다."

마 5:19. 그러므로 누구든지 이 계명 중의 지극히 작은 것 하나라도 버리고. 그리스도께서는 여기에서 하나님의 모든 자녀들이 그들의 삶의 규범으로 삼아야 마땅한 삶의 계명들인 십계명에 대하여 명시적으로 말씀하고 계신다. 그러므로 그리스도께서는 자신의 제자들을 율법에 순종하도록 가르치지 않는 자들은 거짓되고 기만적인 선생들이고, 율법의 권위를 조금이라도 약화시키는 자들은 교회에서 선생의 자리를 차지할 자격이 없으며, 반면에 가르침과 모범을 통해서 율법을 지키도록 권하는 자들은 하나님의 정직하고 충성된 일꾼들이라는 것을 분명하게 선언하신다. "계명 중의 지극히 작은 것"이라는 표현은 그리스도께서 사람들의 판단(判斷)을 그대로 가져와서 사용하신 것이다. 왜냐하면, 계명들은 모두 동일한 비중을 지니고 있는 것은 아니지만(계명들을 서로 비교하면, 상대적으로 가벼운 것도 있고 중한 것도 있으므로), 우리는 하늘의 입법자께서 명령하신 것들을 그 하나라도 "작은 것"이라고 생각해서는 결코 안 되기 때문이다. 하나님의 거룩한 입에서 나온 것을 얕잡아 보는 것은 얼마나 큰 신성모독이 되겠는가? 그것은 하나님의 위엄을 피조물들의 수준으로 낮추어 보는 것이다. 따라서 우리 주님이 계명들을 "작은 계명들"이라고 하실 때, 그것은 일종의 겸양(謙讓)이다.

마 5:19. 지극히 작다 일컬음을 받으리라. 이것은 그리스도께서 방금 "계명들"에 대하여 말씀하신 것을 빗대어서 하신 말씀이지만, 그 의미는 분명하다. 율법의 가르침, 아니 그 일점일획이라도 가볍게 여기고 멸시하는 자들은 지극히 작은 자들로 여김을 받게 될 것이다.

"천국"은 당시에 복음 전도에 의해서 이루기 시작한 교회의 회복(ecclesiae renovatio), 또는 교회의 두 번째 경륜(secundus ecclesiae status)을 의미한다. 이런 의미에서, 그리스도께서는 우리에게 "하나님의 나라에서는 극히 작은 자라도 그[세례 요한]보다 크니라"(눅 7:28)고 말씀하신다. 따라서 여기에서 "천국"이 지닌 의미는 하나님이 자기 아들의 손을 빌려 세상을 회복하셔서, 그의 나라를 세우시고 견고하게 하셨다는 것이다. 그리스도께서는 그의 교회가 새롭게 정립될 때에, 율법을 충실하게 해설하여 율법의 가르침을 온전히 보존하고자 애쓰는 선생들 외에는 그 어떤 선생도 그 교회에 받아들여지지 않아야 한다고 분명하게 말씀하고 계시는 것이다.

그러나 율법의 의식(儀式)들도 하나님의 "계명들" 속에 포함되어 있는데, 그렇다면 우리가 오늘날에도 그 의식들의 아주 세세한 부분까지 다 지켜야 한다는 말인가라는 질문이 생겨난다. 나의 대답은, 우리는 입법자의 의도와 목적을 살펴야 한다는 것이다. 하나님은 의식(儀式)들의 외적인 용도는 일시적이지만 그 의미는 영원하도록 정하셨다. 그러므로 그림자의 성격을 지닌 외적인 것들은 생략하고 그 의미만을 받아들여서 보존하는 자들은 율법의 의식들을 깨뜨리는 것이 아니다. 그러나 그리스도께서 사람들로 하여금 율법을 멸시하도록 길들이는 모든 선생들을 그의 나라에서 추방하신다는 생각하면, 신성모독이 될 정도로 관대하여 하나님이 엄격하게 명하신 것들을 사람들에게 행하지 않아도 괜찮다고 가르치면서도 부끄러움을 모르고, 가벼운 죄라는 미명 아래에서 율법의 의(義)를 뒤집어엎고 무너뜨리는 자들의 우매함과 어리석음은 얼마나 끔찍한 일이겠는가? 또한, 우리는 그리

스도께서 선하고 거룩한 선생들을 어떻게 묘사하고 계시는지도 주목하지 않으면
안 되는데, 그들은 말로만이 아니라 주로 삶의 모범을 통해서 사람들에게 율법을
지킬 것을 권하는 자들이다.

²⁰내가 너희에게 이르노니 너희 의가 서기관과 바리새인보다 더 낫지 못하면 결코
천국에 들어가지 못하리라 ²¹옛 사람에게 말한 바 살인하지 말라 누구든지 살인하
면 심판을 받게 되리라 하였다는 것을 너희가 들었으나 ²²나는 너희에게 이르노니
형제에게 노하는 자마다 심판을 받게 되고 형제를 대하여 라가라 하는 자는 공회
에 잡혀가게 되고 미련한 놈이라 하는 자는 지옥 불에 들어가게 되리라(마 5:20-
22).

마 5:20. 너희 의가 … 더 낫지 못하면. 그리스도께서는 말씀을 하시는 도중에,
마치 복음이 율법을 망치는 것이라는 듯이 복음의 가르침에 흠집을 내고자 애쓰고
있던 "서기관들"에 대하여 잠깐 언급하신다. 사실, 그리스도께서는 이 주제를 본격
적으로 다루시는 것이 아니고, 단지 서기관들은 다른 것들에는 다 관심이 있어도
율법에 대한 관심이나 열심은 조금도 없다는 것을 짤막하게 지적하실 뿐이다. "그
들은 나에 대한 그들의 적대감이 마치 율법을 수호하고자 하는 그들의 강력한 열
망으로부터 생겨난 것인 체한다. 그러나 그들의 삶은 그들이 율법을 지키는 일에
얼마나 냉담한지, 아니 더 나아가 그들이 사람들 앞에서는 그들의 가식적이고 위
선적인 의(義)를 자랑하면서도, 하나님을 조롱하고 우롱하는 일을 얼마나 천연덕
스럽게 하고 있는지를 여실히 보여준다. 이것이 대부분의 주석가들이 이 구절을
해석하는 관점이다.
　　그러나 우리는 그리스도께서 "바리새인과 서기관"이 사람들을 가르칠 때에 따랐
던 저 타락하고 사악한 가르침의 방식을 책망하고 계시는 것은 아닌가라는 질문을
던져볼 필요가 있다. 그들은 하나님의 율법을 오직 외적인 의무들에만 국한시킴으
로써, 그들의 제자들에게 마치 원숭이처럼 흉내만 내도록 외식(外飾)과 위선을 훈
련시켰다. 그들의 삶이 그들의 가르침만큼이나 악하였고, 심지어 더 악하였다는
것은 두말할 필요도 없다. 그러므로 그들의 부패하고 타락한 가르침과 더불어서
거짓 의(義)로 점철된 그들의 가식적이고 위선적인 행위들도 이 책망의 대상 속에
포함되어야 마땅하다. 그리스도께서 그들의 가르침에 대하여 하신 주된 책망이 무

엇이었는가 하는 것은 이 강론 속에서 뒤따라 나오는 내용을 통해서 쉽게 알 수 있
는데, 거기에서 그리스도께서는 율법으로부터 그들의 거짓되고 악한 해석들을 제
거하셔서, 율법을 원래의 순수한 형태로 회복시키신다. 요컨대, 우리가 이미 말했
듯이, 서기관들이 그리스도에 대하여 부당하게 제기하였던 반론은 더 강력한 형태
로 다시 그들 자신에게로 되돌아간다.

우리는 우리가 다른 곳에서 언급했던 것, 즉 그리스도께서는 그의 말씀의 취지
를 더 상세하게 설명하시기 위하여 바리새인들을 서기관들에 덧붙여서 말씀하신
다는 것을 명심하여야 한다. 왜냐하면, 바리새파는 그 어떤 사람들보다도 그들의
"거룩한 삶"으로 인해서 명성을 얻고 있었기 때문이다. 하지만, 그들이 평범한 부
류의 사람들로부터 그들 자신을 "구별하여" 특별한 부류로 "구분"하였기 때문에
"바리새인"으로 불리게 되었다고 생각하는 것은 잘못된 오해이다. 그들은 율법에
나와 있는 문자 그대로의 내용에 만족하지 못하고, 그 문자 속에 감추어진 의미들
을 여는 열쇠를 자신들이 가지고 있다고 자랑하였기 때문에 '페루쉼'(פרושים), 즉
"해설자들"이라 불렸다. 그들은 성경 해석에 있어서 절대적인 권위를 장악하고서,
그들의 악한 망상과 악한 교만을 따라서 그들이 머릿속에서 만들어 낸 것들을 성
경에 억지로 집어넣어서 해석하는 무모한 짓을 자행하였기 때문에, 거기에서 이루
헤아릴 수 없이 많은 오류들이 생겨났다.

마 5:21. … **하였다는 것을 너희가 들었으나.** 이 구절과 그 뒤에 이어지는 구절
들은 우리가 방금 살펴보았던 것과 연결되어 있다. 왜냐하면, 이 구절들을 통해서
우리 주님은 바리새인들이 얼마나 비뚤어지고 뒤틀린 방식으로 율법을 해석하여
그 가치를 떨어뜨려 놓았는지를 세세한 예들을 들어서 좀 더 자세하게 설명하심으
로써, 그들의 의(義)라는 것이 쓰레기에 불과하다는 것을 여실히 드러내시기 때문
이다. 하지만, 그리스도께서 여기에서 말씀하신 것을 율법의 수정(修正, 헬라어로
ἐπανόρθωσις - 에파노르도시스)이라고 생각하거나, 율법의 원래의 의미들을 제대
로 가르칠 수 없었던 천하고 무식하며 육신적인 이스라엘 민족과는 달리 그의 제
자들에게는 더 높은 수준의 온전한 율법을 가르치고 계시는 것이라고 생각하는 것
은 잘못이다. 사람들의 지배적인 생각은 의의 시작은 옛 율법에 제시되었지만, 의
의 완성은 복음을 통해서 제시되었다는 것이다. 그러나 율법의 계명들에 속한 것
을 조금이라도 변경하거나 혁신하는 것은 그리스도의 의도나 목적과는 거리가 너
무나 먼 것이었다. 하나님은 옛적에 율법을 통해서 결코 취소되거나 철회되지 않

을 삶의 절대적인 규범을 계시하셨다. 그렇기 때문에, 비록 율법이 거짓된 해석들에 의해서 훼손되었고 속되고 불경스러운 의미로 변질되었다고 할지라도, 그리스도께서는 그런 훼손되고 변질된 것들에 맞서서 원래의 율법의 유효성을 옹호하시고, 유대인들이 버렸던 율법의 참된 의미를 다시 드러내고 계시는 것이다.

율법의 가르침이 단지 거룩한 삶의 단초만을 제공해 주는 것이 아니라 그 삶을 완성시킨다는 것은 율법이 하나님과 우리 이웃에 대한 온전한 사랑을 요구하고 있다(신 6:5; 레 19:18)는 이 한 가지 사실로부터도 추론이 가능하다. 그런 사랑을 지닌 자는 가장 높은 수준의 온전함에 속한 것들에 조금이라도 못 미칠 리가 없다. 거룩한 삶의 규범이라는 측면에서, 율법은 사람들을 의의 최종 목표 지점 또는 가장 높은 지점으로 인도한다. 따라서 바울은 "율법"이 그 자체로 "연약한" 것이 아니라 우리의 "육신으로 말미암아 연약한" 것이라고 분명하게 선언한다(롬 8:3). 그러니, 모세가 단지 참된 의(義)의 초보만을 이스라엘 백성에게 가르쳤다고 주장하는 것은 얼마나 어처구니없는 일이겠는가!

"내가 오늘 하늘과 땅을 불러 너희에게 증거를 삼노라 내가 생명과 사망과 복과 저주를 네 앞에 두었은즉 너와 네 자손이 살기 위하여 생명을 택하라"(신 30:19). "이스라엘아 네 하나님 여호와께서 네게 요구하시는 것이 무엇이냐 곧 네 하나님 여호와를 경외하여 그의 모든 도를 행하고 그를 사랑하며 마음을 다하고 뜻을 다하여 네 하나님 여호와를 섬기고 내가 오늘 네 행복을 위하여 네게 명하는 여호와의 명령과 규례를 지킬 것이 아니냐"(신 10:12-13). 또한, 그런 주장이 옳다면, "너희는 내 규례와 법도를 지키라 사람이 이를 행하면 그로 말미암아 살리라"(레 18:5; 롬 10:5; 갈 3:12)는 저 약속도 헛되고 기만적인 것이 되고 말 것이다.

그리스도께서는 율법의 계명들을 수정하고자 하는 의도가 전혀 없으셨다는 것도 또 다른 구절들을 통해서 분명하게 드러난다. 왜냐하면, 그리스도께서는 자신의 선행으로 말미암아 영생을 얻고자 하는 자들에게는 율법의 "계명들을 지키라"(마 19:17)는 명령 외에 다른 것을 말씀하지 않으시기 때문이다. 그리스도와 마찬가지로, 사도들도 율법 외에 그 어떤 다른 것을 경건하고 거룩한 삶의 규범으로 제시하지 않는다. 율법은 오직 눈과 손과 발만을 훈련시켜서 가식적으로 겉보기에 선행처럼 보이는 행위들만을 하게 만들고, 우리는 오직 복음을 통해서만 온 마음을 다하여 하나님을 사랑하라는 가르침을 받는다고 상상하는 것은 율법을 수여하신 하나님에 대한 중대하고도 심각한 모욕이다. 그러므로 "그리스도께서는 여기에서 율법의 결함들을 보충하고 계신다"는 저 잘못된 생각일랑은 내던져 버리라. 우리는 그리스도를 그의 아버지의 영원한 의(義)에 뭔가를 더하시고 보완하시는 새로운 입법자라고 상상해서는 안 된다. 율법의 본질이 무엇이고, 율법의 목적이 무엇이며, 율법의 내용이 무엇인지를 알고자 한다면, 우리는 율법의 신실한 해설자이신 그리스도께서 어떤 말씀을 하시는지를 경청하지 않으면 안 된다.

이제 우리는 그리스도께서 바리새인들의 어떤 점을 단죄하시고, 어떤 점에서 율법에 대한 그의 해석이 바리새인들의 주해(註解)와 다른지를 살펴보아야 할 차례이다. 그리스도의 말씀의 취지는 바리새인들이 율법의 가르침을 정치적인 또는 세속적인 질서(politicus ordo)로 변질시켜 놓았고, 오로지 외적인 의무들을 행하기만 하면 율법을 지킨 것이 되도록 왜곡시켜 놓았다는 것이다. 그 결과, 자신의 손으로 사람을 죽이지 않은 자는 살인죄를 저지른 것이 아니라고 선언되고, 간음으로 자신의 몸을 더럽히지 않은 자는 하나님 앞에서 순전하고 정결한 자로 여겨지는 일이 벌어졌다. 이것은 도저히 참을 수 없을 정도로 율법을 속되게 하고 더럽힌 것이었다. 왜냐하면, 모세가 성경의 도처에서 하나님에 대한 영적 예배를 요구하고 있다는 것은 너무나 확실하기 때문이다. 율법의 본질을 생각할 때, 우리는 모세의 손을 빌려 율법을 주신 하나님은 사람들의 손이나 눈을 향하여 말씀하신 것과 똑같이 사람들의 마음을 향해서도 말씀하셨다는 결론을 내리지 않으면 안 된다. 사실, 우리 주님은 다름 아닌 율법의 말씀들을 인용하고 계시는 것이긴 하지만, 당시 사람들에게 일반적으로 받아들여지고 있던 그런 의미로 율법 조항들을 인용하고 계신다. "지금까지 서기관들은 사람이 자신의 손으로 살인하거나 폭력을 행하지 않았다면 그것으로 충분하다는 식으로 율법을 문자적으로 해석하여 너희에게 가르쳐 왔다. 그러나 내가 경고하건대, 너희는 훨씬 더 높은 기준을 적용하지 않으면 안 된다. 사랑은 율법의 완성이기 때문에(롬 13:10), 내가 너희에게 이르노니, 너희가 이웃을 친구로 대하지 않았다면, 너희는 너희 이웃을 해친 것이다." 그리스도께서 인용하신 내용 중에서 후반부인 "누구든지 살인하면 심판을 받게 되리라"는 구절은 내가 방금 전에 말한 것, 즉 그리스도께서는 바리새인들이 마음을 다스리게 하기 위해서 주어졌던 하나님의 율법을 정치적인 도구로 변질시켰다고 고소하고 계신다는 것을 확증해 준다.

마 5:22. 나는 너희에게 이르노니. 그리스도의 답변은 서기관들의 통상적인 해석과는 반대되지만, 모세의 명령(출 20:13; 레 24:21; 민 35:16)에는 반대되지 않는다. 바리새인들은 그들의 가르침의 전통이 아주 오래 되었다는 것을 자랑하였기 때문에(오래 되었다는 이유를 들어서 오류들을 옹호하고자 하는 것은 사람들이 습관처럼 하는 일이다), 그리스도께서는 사람들에게 그의 권위를 상기시키시는데, 이것은 아무리 오래 된 가르침들이라고 해도 권위 앞에서는 굴복하는 것이 마땅하기 때문이다. 이것으로부터 우리는 진리는 관습이나 연륜(年輪)보다 더 큰 무게를 지닌다는 결론을 얻는다.

마 5:22. 형제를 대하여 … 하는 자는. 그리스도께서는 손으로 행하는 폭력 외에 세 가지 등급의 단죄를 제시하시는데, 이것은 율법의 이 계명이 단지 손만을 규율하는 것이 아니라, 형제 사랑을 방해하는 모든 감정들까지 규율한다는 것을 보여주는 것이다. "형제에게 단지 화를 내거나, 거만하고 멸시하는 태도로 형제를 대하거나, 욕을 해서 형제에게 상처를 주는 자들은 다 살인자들이다." "라가"라는 단어가 "노하는 것"과 공개적으로 욕을 하는 것 중간에 놓여져 있는 것으로 보아서, 나는 "라가"라는 말이 사람으로 하여금 모멸감을 느끼게 만드는 말이라는 것을 의심하지 않는다. 그리스도께서는 오직 공개적으로 욕을 하는 자들에게만 "지옥 불"의 심판을 선고하시지만, 우리는 그리스도께서 "노하는 자"는 그런 벌까지는 받지 않는다고 말씀하신 것이라고 생각해서는 안 된다. 사실, 그리스도께서는 "노하는 자"에 대한 이 세상에서의 심판들을 암시하시면서, 하나님이 그들의 숨겨진 분노까지도 찾아내셔서 심판하시고 벌하실 것임을 그들에게 단언하고 계시는 것이다. 그러나 공개적인 욕을 통해서 자신의 분노를 표출하는 자는 단순히 "노하는 자"보다 한참 더 나아간 것이기 때문에, 그리스도께서는 그런 자는 하늘의 공회(公會) 전체에 의해서 유죄로 판결을 받고서 더 중한 벌을 받게 될 것이라고 말씀하고 계시는 것이다.

다시 한 번 말하지만, 공개적으로 욕을 하는 자들은 "지옥 불"의 심판을 받게 된다. 이것은 미워하는 것을 비롯해서 사랑과 반대되는 모든 감정은, 비록 겉으로 폭력 행위가 수반되지 않았다고 할지라도, 그 사람을 영원한 죽음에 이르게 하기에 충분하다는 것을 보여준다. '게엔나'(γέεννα, "지옥")는 의심할 여지 없이 외래어이다. '게'(גיא)는 골짜기를 뜻하는 히브리어이다. "힌놈의 골짜기"는 거기에서 저질러진 가증스러운 미신 행위로 인해서 악명이 높았다. 왜냐하면, 사람들은 거기에서 자신의 자녀들을 우상들에게 제물로 바쳤기 때문이다(대하 33:6). 그 결과, 거룩한 자들은 저 악한 불경건에 대하여 더욱 강한 증오심을 불러일으키기 위해서, 사람들로 하여금 그 이름을 듣는 것만으로도 두려워하며 충격을 받고 경각심을 갖도록 할 목적으로, 그 골짜기의 이름을 지옥을 나타내는 명칭으로 사용하게 되었다. 이렇게 해서, 그리스도께서 활동하던 당시에는 이렇게 표현하는 것은 하나의 관례가 되어서, "지옥"은 "게엔나"(γέεννα) 외에 다른 이름으로는 불리지 않게 되었던 것으로 보이는데, "게엔나"라는 표기는 원래의 발음에서 약간 벗어나 있는 형태이다.

²³그러므로 예물을 제단에 드리려다가 거기서 네 형제에게 원망들을 만한 일이 있는 것이 생각나거든 ²⁴예물을 제단 앞에 두고 먼저 가서 형제와 화목하고 그 후에 와서 예물을 드리라 ²⁵너를 고발하는 자와 함께 길에 있을 때에 급히 사화하라 그 고발하는 자가 너를 재판관에게 내어 주고 재판관이 옥리에게 내어 주어 옥에 가둘까 염려하라 ²⁶진실로 네게 이르노니 네가 한 푼이라도 남김이 없이 다 갚기 전에는 결코 거기서 나오지 못하리라(마 5:23-26).

⁵⁸네가 너를 고발하는 자와 함께 법관에게 갈 때에 길에서 화해하기를 힘쓰라 그가 너를 재판장에게 끌어 가고 재판장이 너를 옥졸에게 넘겨 주어 옥졸이 옥에 가둘까 염려하라 ⁵⁹네게 이르노니 한 푼이라도 남김이 없이 갚지 아니하고서는 결코 거기서 나오지 못하리라 하시니라(눅 12:58-59).

마 5:23. 그러므로 예물을 … 드리려다가. 이 구절은 앞에 나온 가르침을 확증해 줌과 동시에 설명해 준다. 이 구절의 취지는 우리가 이웃과 형제 같이 사이좋게 지낸다면 우리는 살인을 금지하고 있는 율법의 계명(출 20:13)을 지키고 있는 것이라는 것이다. 이 점을 우리에게 좀 더 강력하게 인식시켜 주시기 위해서; 그리스도께서는 우리가 서로 불화한다면 우리가 신앙의 의무들을 아무리 잘 이행한다고 하여도 하나님은 그런 것들을 기뻐하지 않으시고 받지 않으신다는 것을 분명하게 선언하신다. 그리스도께서 형제에게 어떤 상처를 준 것이 있는 자들에게 그들이 "예물을 드리기" 전에 먼저 그 "형제"와 화해하여 "화목하게" 되어야 한다고 명령하실 때, 그 의도는 우리 편에서의 잘못으로 인해서 우리 이웃과의 불화가 지속되고 있다면, 하나님께 나아가는 통로가 우리에게 막혀 있다는 것을 우리가 알아야 한다는 것이다. 그러나 사람들이 하나님께 드리는 예배가 사람들의 미워하는 감정들에

의해서 더럽혀지고 부패된다는 것을 생각할 때, 우리가 서로 화목하여 사이좋게
지낸다면, 하나님이 그 모습을 어떻게 평가하실지에 대해서도 우리는 알 수 있게
된다.

　여기에서 한 가지 질문이 제기될 수 있다. 이웃 사랑과 관련된 의무들(caritatis
officia)이 하나님에 대한 예배(Dei cultum)보다 더 높이 평가되고 있는 것은 뭔가
잘못된 것이 아닌가? 만약 그것이 옳다면, 우리는 율법의 질서가 부적절하다고 말
하거나, 율법의 첫 번째 돌판이 두 번째 돌판보다 더 우선시되어야 한다고 말하지
않을 수 없게 될 것이다. 이 질문에 대한 답변은 쉽다. 왜냐하면, 그리스도께서 여
기에서 하신 말씀은 형제들에 대하여 부당하게 행하며 거만하고 멸시하는 태도로
형제들을 대하는 자들이 하나님을 예배한다고 하는 말은 거짓되고 공허한 고백이
라는 것 외에 다른 무엇을 의미하는 것이 아니기 때문이다. 그리스도께서는 대유
법(代喩法)을 사용하셔서, 한 가지 예배 행위를 들어서 모든 외적인 예배 행위들을
표현하고 계시는데, 많은 사람들에게 있어서 이런 외적인 예배 행위들은 경건의
참된 표현이라기보다는 경건한 척하는 것일 뿐이다. 우리가 주목해야 할 것은 그
리스도께서는 자신의 강론을 그 시대에 맞추시기 위하여 희생 제사를 예로 들어
말씀하고 계신다는 것이다. 오늘날의 우리의 형편과 처지는 당시와 다르지만, "할
수 있거든" 우리가 우리 "형제들과 더불어 화목하여야"(롬 12:18) 하고, 만약 그렇
게 하지 않는다면, 우리가 하나님께 드리는 것은 무엇이든지 다 부정(不淨)한 것이
되어 버리고 만다는 가르침은 예나 지금이나 동일하다. 구제(救濟)는 성경에서 "향
기로운 제물"(빌 4:18)로 불리지만, 우리는 바울의 입을 통해서 "내게 있는 모든 것
으로 구제하고 또 내 몸을 불사르게 내어 줄지라도 사랑이 없으면 내게 아무 유익
이 없다"(고전 13:3)는 것을 배운다. 끝으로, 하나님은 서로에 대하여 형제라는 것
을 보여주지 않는 자들을 그의 아들들로 받아들이지도 인정하시지도 않으신다. 그
리스도께서는 여기에서 형제에게 상처를 주거나 해악을 입힌 자들을 향하여서만
그들에게 그 "형제"와 화해하고 "화목하려고" 애써야 한다고 명령하시는 것 같지
만, 사실은 하나님이 형제간의 화목을 얼마나 귀히 여기시는지를 이 한 가지 예를
통해서 보여주고 계시는 것이다. 그리스도께서는 그들에게 "예물을 제단 앞에 두
고"라고 말씀하신 것은 사람들이 이웃과 불화하며 살아가는 동안에는, 그들이 성
전에 가거나 하나님께 제물을 드린다고 하여도, 그것은 아무 소용이 없다고 말씀
하시는 것보다 훨씬 더 많은 것을 표현하고 있다.

마 5:25. 너를 고발하는 자와 … 사화하라. 그리스도께서는 여기에서 한 걸음 더 나아가서, 형제에게 상처를 주거나 해악을 끼친 자들에게만이 아니라, 부당하게 대우를 받은 자들[먼저 공격을 받고 화가 난 자들 ― 불어판]에게도 화해를 권하시는 것으로 보인다. 그러나 나는 이 구절을 그리스도께서 다른 관점에서 말씀하신 것으로 해석한다. 즉, 이 구절은 미워하고 적대시할 빌미나 계기를 차단하고 선의(善意)를 품는 방법을 보여주시기 위하여 하신 말씀이라는 것이다. 왜냐하면, 모든 상처나 해악은 각 사람이 자신의 권리에 지나치게 집착하는 데서, 즉 자신의 편리함을 지나치게 추구하여 남들에게 불이익을 끼치는 데서 생겨나는 것이기 때문이다. 거의 모든 사람은 악한 자기애(自己愛)로 인하여 눈이 멀어 있기 때문에, 사실은 지극히 악한 일을 하면서도 자기는 옳은 일을 하고 있는 것이라고 착각하고서 스스로 만족해하는 것이 보통이다. 모든 미움과 적대감과 논쟁과 불의와 관련하여, 그리스도께서는 그런 악들의 근원인 완악한 고집(固執)(pertinacia)을 책망하시고, 자기 백성에게 아주 엄격한 태도를 취하는 것에서 한 발자국 물러나서 중용(中庸, moderatio)과 공평무사(aequitas)을 계발하여, 그러한 공평무사한 행위에 의해서 화평함(pax)과 우호적인 관계(amicitia)를 사라고 명령하신다. 사실, 그 어떤 종류의 논쟁도 우리 가운데서 생겨나지 않는다면, 얼마나 좋겠는가. 적정한 정도의 온유함을 소유하고 있다면, 욕을 하거나 시비를 거는 일은 결코 일어나지 않으리라는 것은 의심의 여지가 없다. 그러나 사람들 사이에서 불화(不和)가 종종 일어나는 것은 어쩔 수 없기 때문에, 그리스도께서는 그 불화를 즉시 가라앉힐 수 있는 치료책을 제시하시는데, 그것은 우리의 권리들을 굽히지 않고 단호하게 관철시키고자 하지 말고, 어느 정도 손해를 보더라도 조금 양보하라는 것이다. 그리스도께서 이런 권면을 종종 하셨다는 것은 누가복음 12장을 보면 분명하게 드러나는데, 누가복음 12장은 산상수훈을 기록해 놓은 것이 아니라, 우리 주님의 강론들 중에 나오는 여러 가지 다양한 내용들을 축약해 놓은 장(章)이다.

마 5:25. 그 고발하는 자가 너를 재판관에게 내어 주고. 어떤 이들은 이 부분을 은유적인 의미로 해석해서, 만약 우리가 우리 이웃들과의 불화를 해결하려고 애쓰지 않는다면, 하늘의 재판장께서 우리의 죄를 가장 엄격하게 물으셔서 우리를 조금도 용서해 주지 않으시리라는 것을 보여주는 것이라고 말한다. 그러나 나는 이 구절을 좀 더 단순하게 해석해서, 사람들 사이에서도 시비 걸기를 좋아하는 자들을 만나서 괜히 고집을 부리다가 값비싼 대가를 치르는 일이 종종 있기 때문에, 우리를 고발하는 자들이 있다면, 그 자들과 빨리 합의를 보는 것이 통상적으로 우리에게 이로울 것이라는 권면으로 보고자 한다. 아울러, 나는 이 비유를 하나님께 적용하는 것은 옳다고 본다. 왜냐하면, 하나님은 형제들에 대한 앙심을 풀지 않고서 결코 화해하고자 하지 않거나, 논쟁이나 다툼에서 끝장을 보고자 하는 자들에 대해서 "긍휼 없는 심판"(약 2:13)을 행하실 것이기 때문이다. 그러나 교황주의자들이 이 구절에 대한 장황한 알레고리적 해석을 통해서 연옥설을 만들어낸 것은 그야말로 어처구니없는 일이다. 그리스도께서 여기에서 행하신 강론의 주제가 사람들 가운데서의 우의(友誼)의 계발이라는 것은 너무나 명약관화한데도, 배우지 못한 자들을 속여서 마음대로 주관하기 위하여 그리스도의 말씀을 이렇게 완전히 다른 의미로 왜곡시키는 그들은 부끄러움을 모르는 파렴치한 자들이다. 그러나 그들의 주장은 길게 반박할 만한 가치도 없기 때문에, 나는 단지 그들의 부끄러운 무지(無知)를 단 한 마디로 지적하기만 할 것이다. 그들은 여기에 나오는 "고발하는 자"를 마귀라고 본다. 그러나 그리스도께서는 그를 믿는 자들에게 "그 고발하는 자와 사화하라"고 명령하신다. 그러므로 교황주의자들은 여기에서 연옥설의 근거를 찾고자 한다면 먼저 마귀들의 친구 및 형제가 되지 않으면 안 된다. "한 푼"이 1페니의 1/4이라는 것은 잘 알려져 있지만, 누가의 본문에서 분명하게 드러나듯이, 여기에서는 아주 적은 양의 돈을 가리킨다. 만약 우리가 시비를 걸거나 흠을 잡기 좋아하는 자들이라면, 우리는 이 구절 속에서 교황주의자들의 주장이 터무니없다는 것을 보여줄 또 한 가지 근거를 찾아낼 수 있을 것이다. 그들의 주장대로라면, 한번 연옥에 들어간 자는 "한 푼이라도 남김이 없이 다 갚기 전에는" 결코 거기를 나올 수 없기 때문에, 산 자들이 죽은 자들을 위하여 드리는 대도(代禱)는 아무 소용이 없다는 결론이 나온다. 왜냐하면, 그리스도께서는 다른 사람들이 채무자를 대신해서 채무를 갚아 주어서 그 채무자로 하여금 연옥에서 나올 수 있게 하는 것을 허용하지 않으시고, 각 사람에게 자기가 빚진 것을 갚도록 명시적으로 요구하시기 때문이다. 모세와 보속(補贖)들이 쓸모가 없다면, 연옥의 불이 아무리 뜨겁다고 할지라도, 사제들과 수도사들의 주방은 차디차게 되고 말 것이다 ― 사실, 그들은 이 주방을 위해서 연옥설을 유지하고자 그토록 애를 쓰는 것인데도 말이다.

[27]또 간음하지 말라 하였다는 것을 **너희**가 들었으나 [28]**나는** 너희에게 이르노니 음욕을 품고 여자를 보는 자마다 마음에 이미 간음하였느니라 [29]만일 네 오른 눈이 너로

실족하게 하거든 빼어 내버리라 네 백체 중 하나가 없어지고 온 몸이 지옥에 던져지지 않는 것이 유익하며 ³⁰또한 만일 네 오른손이 너로 실족하게 하거든 찍어 내버리라 네 백체 중 하나가 없어지고 온 몸이 지옥에 던져지지 않는 것이 유익하니라 (마 5:27-30).

마 5:27. 간음하지 말라. 그리스도께서는 앞서의 주제를 계속해서 이어가시면서, 하나님의 율법은 사람들의 생활을 주관하는 권위를 지니고 있어서 세속 정치적인 관점에서 볼 때에 외적인 질서를 형성할 뿐만 아니라, 사람들의 마음속의 순전하고 거룩한 감정들도 요구하신다는 것을 보여주신다. 우리는 내가 이미 말했던 것, 즉 그리스도께서 다름 아닌 율법의 말씀들을 인용하고 계시기는 하지만, 정직하지 못한 해석자들이 율법에 부여한 조악(粗惡)하고 거짓된 의미로 변질된 모습을 따라 그 말씀들을 인용하고 계신 것임을 기억하여야 한다. 그리스도께서는 자기는 새로운 입법자가 아니라, 이미 주어져 있는 율법의 충실한 해석자로 오셨다는 것을 이미 우리에게 말씀하신 바 있다. 바리새인들의 해석은 오랜 세월 동안 행해져서 관행으로 굳어져 온 것이 아니냐는 반론이 있을 수 있다. 그리스도께서는 그것을 명시적으로 인정하시지만, 오래 되었다는 이유만으로 잘못된 것을 그대로 받아들여서는 안 된다고 말씀하신다.

마 5:28. 여자를 보는 자마다. 여기에서 그리스도의 의도는 육체의 정욕을 전체적으로 단죄하는 것이었다. 그는 이웃의 아내를 유혹한 자들만이 아니라 음욕을 품은 눈으로 여자를 바라본 자들도 하나님 앞에서는 간음한 자들이라고 말씀하신다. 이것은 대유법(代喩法)이다. 왜냐하면, 음욕을 품은 눈만이 아니라, 마음에 은밀하게 음욕을 불태우는 것도 간음에 해당하기 때문이다. 그래서 바울은 "몸과 영"이 다 순결해야 한다고 말한다(고전 7:34). 그러나 그리스도께서는 이 정도로 말씀하시는 것만으로도 당시에 널리 퍼져 있던 심각한 잘못과 오해를 반박하는 데에 충분하다고 여기셨다. 왜냐하면, 그들은 단지 외적으로 간음만 하지 않으면 된다고 생각하였기 때문이었다. 일반적으로 유혹들이 눈을 통해서 마음으로 들어가듯이, 음욕도 눈이라는 문을 통해서 들어가기 때문에, 그리스도께서는 음욕을 단죄하고자 하셨을 때에 이런 식의 표현 방식을 사용하신 것이다. 이것은 "음욕을 품고"(concupiscendi)라는 표현을 보면 분명하게 드러난다. 또한, 이것은 음행의 의도를 지닌 자들만이 아니라 그 어떤 더러운 생각들을 용납하고 받아들이는 자들도 하나님 앞에서는 간음한 자로 여김을 받게 될 것임을 우리에게 가르쳐 준다. 그러 므로 마음의 온전한 동의가 있기 전까지는 음욕은 죄가 되지 않는다고 가르치는 교황주의자들의 위선(僞善)은 너무나 심각하고, 그들의 우매함은 이루 말할 수 없 다. 그러나 그들이 죄를 이렇게 작은 문제로 여기는 것을 우리는 이상하게 여길 필 요가 없다. 왜냐하면, 행위에 의한 공로를 의(義)로 여기는 자들은 자신의 죄들을 판단함에 있어서 너무나 둔하고 우매할 수밖에 없기 때문이다.

마 5:29. 만일 네 오른 눈이 너를 실족하게 하거든. 인간의 육신과 본성의 연약 함을 고려하면, 우리는 그리스도께서 사람들에게 너무 지나친 요구를 하시고 너무 가혹하게 압박하신 것이 아닌가라고 생각할 수도 있을 것이다. 그러므로 그리스도 께서는 그런 모든 하소연들을 이미 예상하고 계신 것은 당연한 일이다. 여기에 나 오는 말씀의 전체적인 의미는, 하나님의 그 어떤 계명이 아무리 어렵거나 가혹하 거나 괴롭거나 혹독한 것일지라도, 하나님의 공의는 우리가 가장 귀하고 가치 있 다고 여기는 모든 것보다 그 기준이 더 높아야 마땅한 것이기 때문에, 우리는 이런 저런 이유를 들어서 우리가 그 계명을 도저히 지킬 수 없다고 핑계를 대서는 안 된 다는 것이다. "너는 네가 너의 눈을 어느 방향으로 돌릴 때에는 거의 틀림없이 너 의 눈이 갑자기 어떤 유혹에 이끌려서 그렇게 하는 것이라는 나의 말에 반론이나 이의를 제기해서는 안 된다. 왜냐하면, 너는 하나님의 계명들에서 떠나느니 차라 리 너의 눈과 결별하는 것이 마땅하기 때문이다." 그렇지만, 그리스도께서 이 말씀 을 하신 것은 우리가 하나님께 순종하기 위해서는 우리의 신체를 절단하여야 한다 는 의미가 아니다. 다만, 사람이라면 누구나 다 그들의 감각들을 제약하지 않고 자 유롭게 사용하고 싶은 욕구가 있기 때문에, 그리스도께서는 과장된 표현을 사용하 셔서, 하나님이 그의 율법에서 명령하신 것을 우리가 순종하는 데에 방해가 되는 것이 있다면 우리는 그것을 잘라내 버려야 한다는 것을 보여주시는 것이다. 그리 스도께서 이렇게 단호하게 말씀하시는 이유는 사람들은 너나 할 것 없이 자신의 감각들에 대하여 너무 지나친 자유를 허용하기 때문이다. 만약 마음이 순전(純全) 하다면, 눈과 손은 그 마음에 복종할 것이다. 왜냐하면, 눈과 손은 자신의 의지를 따라 자기 마음대로 움직이는 기관들이 아니기 때문이다. 그러나 이것과 관련해서 우리는 철저하게 책망을 받아 마땅하다. 왜냐하면, 우리는 마땅히 유혹들을 피하 기 위해서 극히 조심하여야 함에도 불구하고 그렇게 하지 않고, 우리의 감각들에 무제한한 자유를 허용함으로써, 우리의 감각들로 하여금 악을 저지르도록 부추기기 때문이다.

[31]또 일렀으되 누구든지 아내를 버리려거든 이혼 증서를 줄 것이라 하였으나 [32]나는 너희에게 이르노니 누구든지 음행한 이유 없이 아내를 버리면 이는 그로 간음하게 함이요 또 누구든지 버림받은 여자에게 장가드는 자도 간음함이니라(마 5:31-32).

[18]무릇 자기 아내를 버리고 다른 데 장가 드는 자도 간음함이요 무릇 버림당한 여자 에게 장가드는 자도 간음함이니라(눅 16:18).

마 5:31. 누구든지 아내를 버리려거든. 이 가르침을 좀 더 자세하게 논의하고 설명할 적절한 기회가 나중에 있을 것이기 때문에(마 19:9), 나는 여기에서는 그리스도께서 이 말씀을 통하여 무엇을 말씀하고 계시는지를 간단하게 언급하고 넘어가고자 한다. 유대인들이 그들의 민족 전체가 율법을 지켰기 때문에 하나님에 대한 그들의 의무를 다했다고 착각하였던 것처럼, 그들은 어리석게도 그들의 국가법에서 금지하지 않은 것은 무엇이든지 합법적인 것이라고 잘못 생각하였다. 모세는 외적인 질서를 유지하기 위해서 남편이 아내와 이혼하고자 할 때에는 그 이혼을 금하지 않았고, 단지 민족 내에서의 음란한 풍조를 억제하기 위한 목적으로 아내를 버리고자 할 때에는 "이혼 증서"를 내어줄 것을 명령하였었다(신 24:1). 이 이혼 증서는 한편으로는 기존의 혼인관계로부터 자유로운 처지에 있음을 보여주는 일종의 증명서였기 때문에, 여자는 이후로는 남편의 멍에와 지배로부터 자유로울 수 있었고, 다른 한편으로는 남편은 그녀가 그를 기쁘게 하지 않았기 때문에 이혼한 것이지 그녀가 어떤 범죄를 저질러서 자기가 그녀를 버린 것이 아니라는 것을 인정하는 것이었다. 그런데 이혼 증서에 관한 조항을 근거로 해서, 사람들은 율법에 규정한 방식을 지키기만 한다면, 아내를 버리는 것이 전혀 잘못이 아니라는 그릇된 생각을 형성하게 되었다.

그러나 하나님이 경건하고 거룩한 삶을 위하여 그들에게 주신 규범을 단순한 시민법으로 본 것이 그들의 잘못이었다. 왜냐하면, 국가의 법은 종종 사람들의 현실에 맞춰서 그 규율의 정도가 조정되지만, 하나님은 사람들이 무엇을 할 수 있는지가 아니라 무엇을 하여야 하는지를 고려하여 영적인 법을 제정하신 것이기 때문이다. 우리에게 하나님의 율법을 이룰 수 있는 능력이 없다고 할지라도, 하나님의 율법은 완전하고 온전한 의(義)를 담고 있다. 그러므로 그리스도께서는 어떤 일이 모세의 국가법에 의해 허용되고 있다는 것 자체가 그 일이 하나님 보시기에도 합법적인 것임을 보증해 주는 것이라는 결론을 내려서는 안 된다고 우리에게 권면하신다. "이혼 증서"를 내어주면서 자기 아내를 버리는 자는 법(法)이라는 가면 아래 숨는 것이다. 혼인에 의한 연합은 너무나 신성한 것이어서, 사람들의 뜻, 아니 사람들의 변덕스러운 기분에 따라서 해체될 수 있는 것이 아니다. 남편과 아내는 서로 간의 합의에 의해서 연합되는 것이긴 하지만, 하나님은 결코 끊어질 수 없는 끈으로 그들을 한데 묶어 놓으시기 때문에, 그들에게는 서로에게서 갈라설 자유가 없다. 단 한 가지 예외가 있는데, "음행"을 사유로 한 이혼이 그것이다. 혼인 서약을 깨뜨리는 악을 범한 여자를 내치는 것은 합당하다. 왜냐하면, 혼인으로 인한 연합의 끈을 끊음으로써 남편이 자유롭게 된 것은 그녀의 잘못이기 때문이다.

마 5:32. 이는 그로 간음하게 함이요. 여자가 이혼 증서를 받고서 이전 남편으로부터 놓여나서 다시 재혼을 하게 되었다면, 하나님이 자기에게 주신 아내를 부당하고 불법적으로 버린 남자는 자기 아내로 하여금 다른 남자와 간음하게 하였다는 단죄를 받아 마땅하다.

[33]또 옛 사람에게 말한 바 헛 맹세를 하지 말고 네 맹세한 것을 주께 지키라 하였다는 것을 너희가 들었으나 [34]나는 너희에게 이르노니 도무지 맹세하지 말지니 하늘로도 하지 말라 이는 하나님의 보좌임이요 [35]땅으로도 하지 말라 이는 하나님의 발등상임이요 예루살렘으로도 하지 말라 이는 큰 임금의 성임이요 [36]네 머리로도 하지 말라 이는 네가 한 터럭도 희고 검게 할 수 없음이라 [37]오직 너희 말은 옳다 옳다, 아니라 아니라 하라 이에서 지나는 것은 악으로부터 나느니라(마 5:33-37).

마 5:33. 헛 맹세를 하지 말고. 이것도 율법에 대한 수정(修正)이 아니라 참된 해석이다. 왜냐하면, 하나님은 율법 속에서 "헛 맹세"를 하는 행위만이 아니라, 경솔하게 맹세하는 행위도 단죄하셨는데, 그 이유는 경솔한 맹세도 하나님의 이름에 대한 경외심을 약화시키는 행위이기 때문이었다. "헛 맹세"를 하는 자만이 "여호와의 이름을 망령되이 부르는" 자인 것이 아니다(출 20:7). 사소한 일들이나 일상적인 대화 속에서 하나님의 이름을 쓸데없이 들먹이며 희롱하는 자도 그런 자에 해당한다. 율법에서는 하나님의 이름을 망령되이 일컫는 온갖 종류의 신성모독의 죄들을 단죄하고 있는데도, 유대인들은 오직 "헛 맹세"만이 그런 죄에 해당한다고 잘 못 생각하였다. 그리스도께서는 "헛 맹세" 또는 거짓 맹세를 하지만 않는다면 하나 님의 이름을 욕보여도 별 상관이 없다고 생각한 그들의 이 심각한 잘못을 책망하 신다. 의심할 여지 없이, 우리는 "우리가 맹세한 것을 주께 지키라"는 엄한 명령을 받는다. 왜냐하면, 하나님의 이름을 사용해서 이웃을 속이고 어떤 것을 속여 빼앗 는다면, 그는 사람에게만이 아니라 하나님께도 해를 끼치는 것이기 때문이다. 많 은 것들에 적용되는 것을 단 한 가지에만 국한시켜서 적용하는 것은 부적절하다. 어떤 이들은 여기에서 "지키라"는 단어가 어떤 사람이 신앙상의 이유로 하나님께 어떤 일을 약속한 서원(誓願)에 적용되는 것이라고 생각한다. 그러나 이런 표현방 식은 하나님의 이름으로 행해진 모든 약속과 합의를 다 가리키는 것으로 보는 것 이 타당하다. 왜냐하면, 그런 약속과 합의들에서 당사자들은 하나님을 그들 간의 신뢰성을 보증해 주실 분으로 내세웠기 때문이다.

마 5:34. 도무지 맹세하지 말지니. "도무지"라는 어구를 보고서, 그리스도께서는 온갖 종류의 맹세를 단죄하신다는 잘못된 개념을 형성하게 된 사람은 많지 않다. 하지만, 어떤 이들은 세상에서 고삐 풀린 말처럼 방종하게 행해지는 맹세를 보고 서, 이 구절을 극단적으로 엄격하게 해석해 왔다 — 그렇다고 해서, 그런 자들이 악 한 자들이라고 말하는 것은 아니다. 재세례파도 그리스도께서 "도무지 맹세하지 말지니"라고 명하신 것으로 보아서, 사람들에게 어떤 경우에도 맹세할 자유를 주 지 않으신 것으로 보인다는 것을 근거로 삼아서, 절대로 맹세하지 말아야 한다고 호통을 쳐왔다. 그러나 우리는 이 구절에 대한 해석을 직접적인 문맥에서 가져와 야지, 문맥을 뛰어넘어 추구해서는 안 된다. 왜냐하면, 그리스도께서는 곧이어서 "하늘로도 하지 말고 땅으로도 하지 말라"는 말씀을 덧붙이시기 때문이다. 이것은 그가 몇몇 사례들을 구체적으로 제시하여 앞의 구절을 더 자세하게 설명하고자 해 설의 형식으로 몇몇 맹세의 종류들을 덧붙이신 것이 아니겠는가? 유대인들에게는 간접적인 방식으로 행해지는 맹세들이 있었다. 그들은 "하늘로" 또는 "땅으로" 또 는 "제단으로" 맹세한 것(마 23:18)은 안 지켜도 무방하다고 여겼다. 한 가지 악에 서 또 다른 악이 생겨나듯이, 그들은 이런 식으로 간접적으로 맹세하면 공개적으 로 하나님의 이름을 두고 맹세한 것이 아니기 때문에 그 이름을 망령되이 일컬은 것이 아니라고 강변하였다.

이러한 범죄에 대처하시기 위해서, 우리 주님은 이런저런 방식으로 "도무지 맹세하지 말지니 하늘로도 말고 땅으로도 말라"고 단호하게 말씀하신 것이다. 이것으로부터 우리는 "도무지"라는 불변화사는 맹세 자체가 아니라 맹세의 형식과 수단을 가리키는 것이기 때문에 "직접적으로든 간접적으로든"을 의미하는 것이라는 결론을 얻는다. 만약 그렇지 않다면, 그리스도께서 몇몇 맹세의 방식들을 열거하신 것은 사족(蛇足)이 되어 버릴 것이다. 그러므로 재세례파가 이 단락 전체의 취지에 대해서는 눈을 감아 버리고 그냥 지나친 채로, 단 하나의 단어에 그토록 완고하게 집착하여 우리를 압박하는 것은 어떻게든 논쟁하고자 하는 그들의 욕구만이 아니라 그들의 심각한 무지(無知)도 아울러 보여주는 것이다. 그렇다면, 그리스도께서는 맹세하는 것을 전혀 허용하지 않으시는 것인가라는 반론이 있을 수 있다. 나의 답변은 이것이다. 우리는 율법의 해설자께서 말씀하시는 것을 반드시 그 의도와 연결시켜서 보아야 한다는 것이다. 그리스도께서 하신 말씀의 취지는 "헛 맹세"(거짓 맹세) 외에도 "하나님의 이름을 망령되이 일컫는" 다른 방식들이 많이 있기 때문에, 우리는 함부로 맹세하지 않도록 주의하여야 한다는 것이다. 왜냐하면, 율법은 맹세를 할 만한 합당한 이유들이 존재할 때에는 맹세를 허용할 뿐만 아니라, 어떤 때에는 우리에게 맹세를 하라고 명시적으로 명령하는 경우도 있기 때문이다. 그러므로 그리스도께서 하신 말씀은 맹세라는 것은 하나님의 이름에 대한 더 깊은 경외심을 심어주기 위한 것이기 때문에, 어떤 식으로든 하나님의 거룩한 이름을 남용하거나 악용하여 더럽히는 모든 맹세는 불법(不法)한 것이라는 의미에 다름 아니다.

마 5:34. 하늘로도 하지 말라. 우리는 오직 하나님을 걸고 맹세하여야 하기 때문에 하늘을 걸고 하는 그런 맹세 방식은 잘못된 것으로 그리스도에 의해서 단죄되고 있다는 식으로 이 구절을 설명하는 것은 잘못이다. 그리스도께서 말씀하시고자 하는 것은 도리어 그런 것과는 정반대이다. 즉, 우리가 "하늘"이나 "땅"을 들먹이며 맹세를 하는 것도 하나님의 이름을 걸고 맹세하는 것과 동일하다는 것이다. 왜냐하면, 만유(萬有) 가운데서 하나님이 자신의 영광의 표(標)를 새겨놓지 않으신 것은 하나도 없기 때문이다. 그러나 이 말씀은 율법의 계명, 즉 하나님이 명시적으로 우리에게 "그의 이름으로 맹세할 것이니라"(신 6:13)고 명하신 것과 일치하지 않는 것으로 보이고, 우리가 피조물들을 걸고 맹세하는 것은 하나님께 해악을 끼치는 것이라고 말하고 있는 성경의 수많은 구절들과도 일치하지 않는 것으로 보인다. 나의 대답은 이것이다: 마치 피조물들이 심판할 권리나 사람들의 증언을 증명해줄 수 있는 권위를 지니고 있는 양, 우리가 피조물들을 보증인으로 내세우는 것은 우상 숭배와 연결된 우리의 타락상을 보여주는 것이다. 사람들이 거짓에 대하여 복수해 달라거나 진리를 견고히 세워 달라는 청(請)을 드릴 수 있는 대상은 오직 하나님뿐이시다. 이 영광과 존귀를 하나님 아닌 다른 존재에게 드리는 것은 하나님의 위엄을 유린하고 훼손시키는 것이다.

동일한 이유로, 사도는 우리가 "더 큰 이"를 가리켜 맹세하지 않으면 그 맹세는 올바른 것이 아니고, "자기를 가리켜 맹세하시는" 분은 오직 하나님뿐이시라고 말한다(히 6:13). 따라서 옛적에 "몰렉"(레 18:21)이나 다른 어떤 우상을 가리켜 맹세한 자들은 오직 하나님께만 드려야 할 것을 하나님에게서 빼앗아 우상에게 바친 것이다. 왜냐하면, 그들은 마치 우상이 사람들의 마음을 알고 사람들의 심령을 심판하는 자인 양 우상을 하나님의 자리에 앉힌 것이기 때문이다. 우리 시대에서도 천사들 또는 죽은 성인(聖人)들을 가리켜 맹세하는 자들은 오직 하나님께 속한 것을 하나님에게서 빼앗고, 하나님께 최고의 위엄을 돌리지 않는 자들이다. 사람들이 창조주를 염두에 두고서 "하늘로" 또는 "땅으로" 맹세하는 것은 그런 것들과는 사정이 다르다. 왜냐하면, 이 경우에 있어서 그들은 하나님의 영광의 상징들을 제시함으로써 오직 하나님을 증인으로 내세우는 것이지, 피조물들을 맹세의 보증인으로 내세우는 것이 아니기 때문이다.

"하늘"은 성경에서 "하나님의 보좌"라 불린다(사 66:1). 이것은 단지 하나님이 하늘에 계신다는 것만을 말해 주고자 하는 것이 아니라, 사람들에게 하나님을 생각할 때마다 그들의 마음을 들어서 하늘을 바라보고 땅에 속한 낮은 개념으로 하나님을 생각하지 말라는 것을 가르치고자 하는 것이다. 또한, "땅"은 "하나님의 발등상"이라 불리는데(35절), 이것은 하나님이 만유를 채우고 계시고, 그 어떤 공간도 하나님을 담아둘 수 없다는 것을 우리에게 가르치시기 위한 것이다. "예루살렘"이 거룩한 것(35절)은 하나님의 약속 때문이었다. 예루살렘이 "거룩한 성"(사 52:1)인 것은 하나님이 그 곳을 그의 거소(居所)로 선택하셨기 때문이다. 사람이 자신의 "머리"를 걸고 맹세한다면(36절), 그것은 하나님의 놀라운 선물인 자신의 목숨을 자신의 신실성의 담보로 제공하는 것이다.

마 5:37. 오직 너희 말은 옳다 옳다, 아니라 아니라 하라. 그리스도께서는 이제 두 번째로 그들이 어떤 식으로 고쳐야 할지를 제시하신다. 즉, 사람은 서로에 대하여 진실하고 정직하게 행하여야 한다는 것이다. 왜냐하면, 그럴 때에는 단순하고 평범한 말 자체가 진실한 자들 가운데서의 맹세만큼의 무게를 지니게 될 것이기 때문이다. 이것은 그들의 잘못들이 생겨나는 근원을 알려 주심과 동시에 그 잘못들을 고치는 최선의 방법을 제시하고 계시는 것임이 분명하다. 사람들이 툭 하면 맹세하는 이유가 사람들 사이에서 거짓과 기만이 판을 치고 행동이 가볍고 변덕이 심해서 도대체 그 어느 것도 믿을 수 있는 것이 없기 때문이 아니면 무엇이겠는가? 그러므로 그리스도께서는 더 이상 맹세를 할 일이 없게 하시기 위해서, 우리가 정직하고 바른 말을 할 것을 요구하신다.

마 5:37. 옳다 옳다, 아니라 아니라. 이러한 반복은 우리가 한 말을 반드시 지켜서, 모든 사람이 우리의 정직성을 확신할 수 있게 하여야 한다는 것을 의미한다. 사람이 자신의 마음속에 있는 것 외에는 그 어떤 것도 자신의 입에 올리지 않을 때에 이것은 말하기에 있어서 참되고 합당한 방식이기 때문에, 그리스도께서는 "이에서 지나는 것은 악으로부터 나느니라"고 분명하게 선언하신다. 어떤 이들은 이 구절을 다른 사람이 말하는 것을 신뢰하지 않는 자에게 맹세로 인한 죗값이 돌아간다는 의미로 해석하는데, 나는 그런 해석에 동의하지 않는다. 여기에서 그리스도께서는 사람들이 맹세할 수밖에 없게 되는 것은 사람들의 악성(惡性)에서 생겨나는 것임을 우리에게 가르치시는 것이라고 나는 생각한다. 왜냐하면, 사람들 가운데에 정직이 통하고, 사람들의 언행이 모순되거나 위선적이지 않다면, 사람들은 원래의 본성이 지니고 있는 순수함(simplicitas)을 유지하고 있을 것이기 때문이다. 그렇지만, 이 말씀으로부터 우리는 꼭 필요한 경우에 행하는 맹세까지도 불법이라는 결론을 도출해 내어서는 안 된다. 왜냐하면, 악한 기원(起源)을 지니고 있다고 해도 그 자체로는 순수한 것들이 많기 때문이다.

[38]또 눈은 눈으로, 이는 이로 갚으라 하였다는 것을 너희가 들었으나 [39]나는 너희에게 이르노니 악한 자를 대적하지 말라 누구든지 네 오른편 뺨을 치거든 왼편도 돌려 대며 [40]또 너를 고발하여 속옷을 가지고자 하는 자에게 겉옷까지도 가지게 하며 [41]또 누구든지 너로 억지로 오 리를 가게 하거든 그 사람과 십 리를 동행하고(마 5:38-41).

[29]너의 이 뺨을 치는 자에게 저 뺨도 돌려대며 네 겉옷을 빼앗는 자에게 속옷도 거절하지 말라 [30]네게 구하는 자에게 주며 네 것을 가져가는 자에게 다시 달라 하지

말며(눅 6:29-30).

마 5:38. 눈은 눈으로. 그리스도께서는 여기에서 또 다른 오류를 바로잡아 주신
다. 하나님은 율법을 통해서(레 24:20) 재판관들과 방백들에게 남에게 상해를 입힌
자들에 대해서는 그들이 남에게 가한 만큼 그대로 그들에게 되갚아 주는 식으로
그들을 벌하라고 명령하셨다. 그 결과, 사람들은 이 율법을 핑계 또는 구실로 삼아
서 사적인 복수를 자행하였다. 그들은 자기가 먼저 공격을 한 것이 아니라 남에게
서 해악을 입은 만큼 똑같이 그대로 그 자에게 되갚아주는 것은 잘못이 아니라고
생각하였다. 그런데, 반대로 그리스도께서는 재판관들에게는 공동체를 보호할 책
무가 맡겨져 있어서 악한 자들을 억제하고 그들의 폭력을 진압하는 권위가 주어져
있긴 하지만, 자기가 받은 해악을 인내로써 참아 견디는 것이 각 사람의 의무라고
말씀하신다.

마 5:39. 악한 자를 대적하지 말라. 대적하는 방식은 두 가지가 있다. 하나는 남
에게 해악을 끼치지 않는 방식의 방어적인 행동을 통해서 해악들을 피하거나 막아
내는 것이고, 하나는 악으로 악을 그대로 되갚아 주는 것이다. 그리스도께서는 자
기 백성이 폭력으로 폭력을 격퇴하는 것을 허락하지 않으시지만, 부당한 공격을
피하는 것까지 금지하고 계시는 것은 아니다. 이 구절에 대한 최고의 해석자는 행
악자들과 다투지 말고 "선으로 악을 이기라"(롬 12:21)고 우리에게 명하는 바울이
다. 우리는 여기에서 하나의 악덕의 모습과 그 악덕을 바로잡은 모습이 서로 대비
되고 있는 것에 주목하여야 한다. 현재의 주제는 당한 만큼 되갚아 주는 앙갚음이
다. 그리스도께서는 자기 제자들이 이런 종류의 방종에 빠지는 것을 막기 위해서,
그들에게 악을 악으로 갚는 것을 금지하신다. 나중에 그리스도께서는 인내(忍耐)
의 법을 확대하셔서, 우리는 우리가 받은 해악들을 참고 견디어야 할 뿐만 아니라,
계속해서 해악을 받을 각오를 하여야 한다고 말씀하신다. 이 권면 전체의 취지는
믿는 자들은 남들로부터 당한 해악들을 다 잊어 버려야 하고, 해악을 당했을 때는
미움이나 악의를 품거나 그 해악을 되갚아 주고자 하지 않아야 하며, 악인들의 완
악함과 분노가 더욱 거세게 타오를수록, 더욱 인내심을 발휘하여 온전히 참고 견
디어야 한다는 것이다.

마 5:39. 누구든지 네 오른편 뺨을 치거든. 율리아누스(Julianus)를 비롯해서 그
와 동일한 성정(性情)을 지닌 자들은 그리스도의 이 가르침이 마치 나라의 법과 그

법정을 송두리째 뒤집어놓기라도 하였다는 듯이 이 가르침을 비방하는 어리석은 짓을 저질러 왔다. 아우구스티누스(Augustinus)는 그의 다섯 번째 편지에서 아주 능숙한 솜씨와 분별력을 사용해서, 그리스도께서 이 말씀을 하신 의도는 단지 믿는 자들이 한두 가지의 모욕이나 해악을 당했을 때에 낙심하여서 절제와 공정함을 잃지 않도록 하기 위해서 그들의 마음을 단련시키고자 하신 것임을 보여 준다. "이것은 외적인 행위들을 위한 규범을 규정해 놓고 있는 것이 아니다"라는 아우구스티누스의 말은 우리가 제대로 이해하기만 한다면 옳다. 그리스도께서는 우리의 마음만이 아니라 우리의 손으로 하는 앙갚음도 금하고 계신다는 것을 나는 인정한다. 그러나 어떤 사람이 앙갚음이나 보복을 함이 없이 자기 자신과 자신의 재산을 해악으로부터 보호할 힘을 스스로 갖고 있다면, 그가 남으로부터의 공격을 온유하고 무리 없이 피하는 것을 그리스도의 이 말씀이 금지하는 것은 아니다.

그리스도께서 자기 백성에게 남들을 해치고자 하는 성향이 아주 강한 자들의 악의를 더욱 자극하도록 권면하시기 위하여 이 말씀을 하신 것이 아님은 의심의 여지가 없다. 그런데, "오른 편 뺨을 치는" 자에게 "왼편도 돌려" 댄다면, 그것은 그런 자들의 악의를 더욱 자극하는 것이 아니고 무엇이란 말인가? 선하고 사려분별력이 있는 주석가가 해야 할 일은 단어 하나하나를 집요하게 물고 늘어지는 것이 아니라, 화자(話者)의 의도에 집중하는 것이다. 선생께서 무슨 의도로 말씀하시는지가 아주 명확한데도, 단어 하나하나를 물고 늘어지며 시비를 거느라 시간을 소모하는 것보다 그리스도의 제자에게 더 합당치 않은 것은 없다. 그리고 이 본문 속에서 그리스도께서 무슨 목적과 의도로 그런 말씀을 하고 계시는지는 너무나 분명한데, 그것은 믿는 자들의 인생 여정 전체에 걸쳐서 사람들은 그들에게 끊임없이 시비를 걸고 해악을 입히고자 할 것이기 때문에, 하나의 시비나 해악이 끝나면 또 다른 시비나 해악이 시작되는 일이 계속해서 반복되리라는 것이다. 그러므로 그리스도께서는 어떤 해악이 그들에게 닥쳐왔을 때에, 그들은 그 한 번의 경험을 통해서 온유하게 순복하는 훈련을 함으로써, 고난을 통하여 인내하는 법을 배우기를 원하신다.

마 5:40. 또 너를 고발하여 속옷을 가지고자 하는 자에게. 그리스도께서는 이제 또 다른 종류의 괴롭힘, 즉 악인들이 우리를 소송으로 괴롭히는 경우에 잠깐 눈길을 주신다. 그리스도께서는 그런 경우에조차도 우리에게 참고 인내하며 순복해서, 그 자가 우리의 "속옷을 가져가" 버리면, 우리는 우리의 "겉옷"도 줄 각오를 하라고 명령하신다. 바보가 아니고서는, 이 말씀에 의거해서, 우리는 법정으로 가기 전에 우리의 대적들이 요구하는 것을 순순히 내어 주어야 한다고 주장하는 자는 아무도 없을 것이다. 왜냐하면, 우리가 악인들의 요구를 그런 식으로 순순히 들어주면, 악인들은 의기양양해져서, 강도질과 착취를 더욱 일삼을 것이기 때문이다. 우리는 그런 것이 그리스도의 의도가 아니라는 것을 안다. 그렇다면, 소송을 걸겠다고 위협하며 "속옷을 가지고자 하는" 자에게 "겉옷까지도 가지게" 하라는 말씀의 의미는 도대체 무엇인가? 어떤 사람이 부당한 결정에 의해서 압박을 받아 자신의 것을 잃으면서도, 꼭 필요하다고 여겨지는 경우에는 나머지까지도 줄 각오가 되어 있다면, 그 사람은 법정에 가기 전에 두 번이나 자신의 것을 순순히 내주는 사람만큼이나 그 인내심으로 인하여 칭찬을 받을 만하다. 요컨대, 그리스도인들은 자신의 재산의 일부를 그들로부터 억지로 강탈해 가고자 하는 자를 만났을 때에 자신의 재산 전체를 잃을 각오를 하는 것이 마땅하다는 것이다.

이것으로부터 우리는 그리스도인들은 정당하게 방어할 것이 있는 경우라면 소송에 참여하는 것이 완전히 금지되고 있는 것은 아니라는 결론을 얻는다. 이런 경우에 자신의 재산이 악인들의 먹잇감이 되도록 그냥 보고만 있지 않는다고 해서, "우리의 소유를 빼앗기는 것"(히 10:34)을 인내로써 참고 견디라고 우리에게 권면하시는 그리스도의 이 가르침을 그들이 어기는 것은 아니다. 온유하고 합당한 감정을 지니고서 법정 다툼을 진행하는 사람을 발견한다는 것은 의심할 여지 없이 아주 드문 일이긴 하겠지만, 사람이 공공의 이익을 위해서 정당한 소송을 진행하는 것이 얼마든지 가능하기 때문에, 그 소송이 부적절한 감정에 의해서 진행되고 있는 듯이 보인다는 이유만으로, 소송을 한다는 것 자체를 단죄할 권리가 우리에게는 없다.

마태와 누가는 표현방식이 서로 다르긴 하지만 의미의 변동은 없다. "겉옷"은 통상적으로 "속옷"보다 더 값이 나간다. 따라서 마태가 우리는 "속옷을 가지고자 하는 자에게 겉옷까지도 가지게 하여야" 한다고 말한 것은 우리가 적은 손실을 겪은 후에는 더 큰 손실을 겪을 각오가 되어 있어야 한다는 의미이다. 누가가 말하고 있는 것은 "속옷은 겉옷보다 더 가깝다"는 옛 속담과 일치한다.

눅 6:30. 네게 구하는 자에게. 우리가 곧 보게 되겠지만, 이것과 동일한 구절이 마태복음에서도 발견된다. 왜냐하면, 누가가 여기에서 도움을 얻고자 요청하는 것에 대해서가 아니라, 악한 자들이 남의 재산을 강탈하기 위한 목적으로 소송을 제기하는 법률적인 행위에 대해서 말하고 있다는 것은 문맥으로부터 쉽게 추론이 가

능하기 때문이다. "네 것을 가져가는 자에게 다시 달라 하지 말라." 이 두 구절을
따로따로 읽는 것이 더 좋다고 생각이 든다면, 나는 그 생각에 반론을 제기할 마음
이 없다. 그렇게 읽는다면, 이 구절은 후히 주라는 권면이 될 것이다. 그리스도께
서 우리에게 누가 우리에게서 어떤 것들을 부당하게 빼앗아간다면 우리가 그것들
을 다시 돌려 달라고 하지 말라고 하시는 두 번째 구절은 우리가 "우리의 소유를
빼앗기는 것"을 인내로써 참고 견뎌야 한다는 앞서의 가르침에 대한 해설임에 틀
림없다. 그러나 우리는 내가 이미 암시했던 것, 즉 하나님이 선한 자에게 합법적인
수단을 주신 경우에는 그 수단을 활용할 수 있음에도 불구하고 마치 그가 자신의 것
을 회복하는 것이 허락되지 않는 듯이 우리가 말을 얼버무려서는 안 된다는 것을 명
심하여야 한다. 그리스도께서는 우리가 우리의 재산을 잃고서 지나치게 괴로워하지
않도록 하시기 위해서, 우리에게 인내심을 발휘하라고 명하실 뿐만 아니라, 주님께
서 친히 그 강도들에게 책임을 물으실 때까지 조용히 기다리라고 명하신다.

⁴²네게 구하는 자에게 주며 네게 꾸고자 하는 자에게 거절하지 말라(마 5:42).

³⁴너희가 받기를 바라고 사람들에게 꾸어 주면 칭찬받을 것이 무엇이냐 죄인들도
그만큼 받고자 하여 죄인에게 꾸어 주느니라 ³⁵오직 너희는 원수를 사랑하고 선대
하며 아무 것도 바라지 말고 꾸어 주라 그리하면 너희 상이 클 것이요 또 지극히
높으신 이의 아들이 되리니 그는 은혜를 모르는 자와 악한 자에게도 인자하시니라
(눅 6:34-35).

마 5:42. 네게 구하는 자에게 주며. 마태가 전해주는 그리스도의 말씀은 우리에
게 차별 없이 모든 사람에게 주라고 명하시는 것처럼 보이지만, 우리는 이 문제 전
체를 더 자세하게 다루고 있는 누가 본문으로부터는 마태 본문과는 다른 의미를
얻는다. 첫째, 자기 제자들이 너그럽고 후히 주는 자가 되되 낭비하는 자가 되지는
않는 것이 그리스도의 의도였다는 것은 확실하다. 주님이 우리에게 주신 것들을
제멋대로 무작위적으로 흩어서 나누어 주는 것은 어리석은 낭비일 것이다. 또한,
우리는 성령이 또 다른 구절 속에서 후히 주는 것과 관련해서 제시하고 있는 규범
을 본다. 그러므로 우리는 여기에서 먼저, 그리스도께서 자기 제자들에게 후하고
너그러운 자들이 되라고 권면하고 계시다는 것을 알게 되고, 다음으로는 그런 자

들이 되는 방식은 그들이 몇몇 사람들을 돕고 나서 자신의 본분을 다했다고 생각하는 것이 아니라, 주는 것에 지침이 없이 줄 수 있는 동안에 모든 이에게 인자하고 자비롭도록 애쓰는 것임을 알게 된다.

또한, 그 누구도 마태 본문에 시비를 걸지 않도록 하기 위해서, 우리는 그 본문을 누가가 말하고 있는 것과 비교해 볼 필요가 있다. 그리스도께서는 우리가 어떤 사람에게 보답을 바라고서 무엇을 빌려 주거나 어떤 자비로운 일을 한다면, 그것은 하나님에 대한 우리의 본분을 다하는 것이 결코 아니라고 단언하신다. 그리스도께서는 이런 식으로 진정한 구제(救濟, caritas)와 육신적인 친목도모(carnalis amicitia)를 구별하신다. 불경건한 자들은 서로에 대하여 사심 없는 애정을 갖지 못하고, 단지 잇속을 따져서 서로를 대할 뿐이다. 플라톤이 사려 깊게 지적하고 있듯이, 각 사람은 이런 식으로 자기가 남들에게 베푼 그 애정을 자기 자신에게로 다시 끌어오고자 한다. 그러나 그리스도께서는 자기 백성에게 사심 없이 베풀라고 명하시고, 그 어떤 보답도 기대할 수 없는 가난한 자들을 돕고자 애쓰라고 명하신다. 우리는 이제 구하는 자에게 준다는 것이 무엇인지를 알게 된다. 즉, 그것은 보답할 힘은 없을지라도 우리의 도움을 필요로 하는 모든 자에게 기꺼이 후히 주라는 것이다.

눅 6:35. 아무것도 바라지 말고 꾸어 주라. 마치 그리스도께서 단지 자기 백성이 대금업자(貸金業者)가 되는 것을 금지시키기라도 하셨다는 듯이, 이 말씀을 대금업에만 국한시켜서 적용하는 것은 잘못이다. 이 강론의 앞부분은 이 말씀이 더 폭넓게 적용되어야 한다는 것을 분명하게 보여준다. 그리스도께서는 악인들이 어떻게 행하는지를 설명하신 후에, 즉 자신의 친구들을 사랑하고, 보답을 기대할 수 있는 자들을 도우며, 나중에 동일한 도움을 받을 것을 기대하고서 그들과 같은 수준의 사람들에게 돈을 빌려주는 것이 악인들의 행태라는 것을 말씀하신 후에, 원수를 사랑하고, 사심 없는 자비를 보이며, 보답을 바라지 말고 꾸어 주라는 등 자기 백성에게 요구하시는 것이 무엇인지를 보여주신다. 그러므로 "아무것"이라는 단어를 대금업, 또는 원금에 더해지는 어떤 이자를 가리키는 것으로 설명하는 것은 잘못이다. 그리스도께서는 단지 우리에게 우리가 해야 할 의무나 본분들을 값없이 행하라고 권면하시고, 잇속을 차려서 하는 행위들은 하나님 보시기에 아무런 가치도 없는 것들임을 우리에게 말씀해 주고 계시는 것이다. 하지만 그리스도께서는 보답을 바라고 행하는 온갖 자비의 행위들을 절대적으로 아무런 가치가 없다고 단죄하시는 것이 아니라, 사랑과 자비가 있음을 보여주는 증거로서는 아무런 가치가 없다고 말씀하시는 것이다. 왜냐하면, 자신의 이익을 전혀 생각하지 않고, 오직 상대방이 처한 어려움만을 생각해서 그 사람을 돕는 자만이 진정으로 이웃에게 자비를 베푸는 자이기 때문이다. 그리스도인들이 돈을 빌려주는 것을 통해서 이득을 얻는 것이 과연 합당한가라는 문제에 대해서는, 내가 반박해 온 잘못된 해석과 관련해서 그런 문제를 제기하는 것이 적절하지 않은 것으로 보일 수 있기 때문에, 나는 여기에서는 그 문제를 자세히 다루지 않을 것이다. 내가 이미 설명했듯이, 그리스도께서 하신 말씀의 의미는 어떤 것을 남에게 빌려 주는 일에 있어서 믿는 자들은 이방인들을 뛰어넘어야 하고, 더 나아야 한다는 것이다. 달리 말하면, 믿는 자들은 사심 없는 순수한 마음으로 후히 주어야 한다는 것이다.

⁴³또 네 이웃을 사랑하고 네 원수를 미워하라 하였다는 것을 너희가 들었으나 ⁴⁴나는 너희에게 이르노니 너희 원수를 사랑하며 너희를 박해하는 자를 위하여 기도하라 ⁴⁵이같이 한즉 하늘에 계신 너희 아버지의 아들이 되리니 이는 하나님이 그 해를 악인과 선인에게 비추시며 비를 의로운 자와 불의한 자에게 내려주심이라 ⁴⁶너희가 너희를 사랑하는 자를 사랑하면 무슨 상이 있으리요 세리도 이같이 아니하느냐 ⁴⁷또 너희가 너희 형제에게만 문안하면 남보다 더하는 것이 무엇이냐 이방인들도 이같이 아니하느냐 ⁴⁸그러므로 하늘에 계신 너희 아버지의 온전하심과 같이 너희도 온전하라(마 5:43-48).

²⁷그러나 너희 듣는 자에게 내가 이르노니 너희 원수를 사랑하며 너희를 미워하는 자를 선대하며 ²⁸너희를 저주하는 자를 위하여 축복하며 너희를 모욕하는 자를 위하여 기도하라 ²⁹너의 이 뺨을 치는 자에게 저 뺨도 돌려대며 네 겉옷을 빼앗는 자에게 속옷도 거절하지 말라 ³⁰네게 구하는 자에게 주며 네 것을 가져가는 자에게 다시 달라 하지 말며 ³¹남에게 대접을 받고자 하는 대로 너희도 남을 대접하라 ³²너희가 만일 너희를 사랑하는 자만을 사랑하면 칭찬받을 것이 무엇이냐 죄인들도 사랑하는 자는 사랑하느니라 ³³너희가 만일 선대하는 자만을 선대하면 칭찬받을 것이 무엇이냐 죄인들도 이렇게 하느니라 ³⁴너희가 받기를 바라고 사람들에게 꾸어 주면 칭찬받을 것이 무엇이냐 죄인들도 그만큼 받고자 하여 죄인에게 꾸어 주느니라 ³⁵오직 너희는 원수를 사랑하고 선대하며 아무 것도 바라지 말고 꾸어 주라 그리하

면 너희 상이 클 것이요 또 지극히 높으신 이의 아들이 되리니 그는 은혜를 모르는
자와 악한 자에게도 인자하시니라 [36]너희 아버지의 자비로우심 같이 너희도 자비로
운 자가 되라(눅 6:27-36).

마 5:43. 네 이웃을 사랑하고. 서기관들이 "이웃"이라는 단어를 선의를 지닌 사
람들만을 가리키는 것으로 국한시킬 만큼 너무나 어리석고 우매하게 되어 버린 것
은 놀라운 일이다. 왜냐하면, 하나님이 우리의 이웃이라고 말씀하셨을 때에는 온
인류가 거기에 포함된다는 것보다 더 분명하거나 확실한 것은 없을 것이기 때문이
다. 각 사람은 철저히 자기 자신에게 헌신한다. 자신의 편의를 앞세움으로 인해서
자비의 행위가 중단될 때마다, 본성 자체가 명하는 서로 간의 소통(mutua
communicatio)도 단절된다. 하나님은 우리 가운데서 형제애를 유지하도록 하시기
위하여, 모든 사람은 공통된 본성으로 인해서 서로 연결되어 있기 때문에 서로의
형제들이라는 것을 우리에게 분명히 말씀하신다. 나는 어떤 사람을 볼 때마다 마
치 거울로 보는 것처럼 내 자신을 보지 않을 수 없다. 왜냐하면, 그 사람은 "내 혈
육"(창 29:14)이기 때문이다. 대부분의 사람들은 대부분의 경우에 이 거룩한 회(會)
로부터 단절되어 있긴 하지만, 그들이 부패하고 타락하였다고 해서 자연의 질서가
깨지는 것은 아니다. 왜냐하면, 이 연합의 원천은 바로 하나님이시기 때문이다.

이것으로부터 우리는 이웃을 사랑하라고 우리에게 명하는 율법의 계명은 보편
적인 것이라는 결론을 얻는다. 그러나 서기관들은 누가 자신의 "이웃"인지의 여부
를 개개인의 성품을 기준으로 판단해서, 어떤 사람이 자신의 탁월함으로 인하여
존경 받을 만한 가치가 있든가, 아니면 적어도 자기에게 친구로서의 역할을 다하
든가 하지 않으면, 그 사람은 자신의 "이웃"이 아니라고 단정하였다. 그들의 이러
한 생각이 사람들의 통념에 의해서 밑받침되고 지지받고 있다는 것은 의심의 여지
가 없다. 그러므로 세상의 자녀들은 어떤 사람이 미워할 만한 짓을 한 것으로 여겨
지면 그 사람을 미워하는 것을 당연한 것으로 생각한다. 그러나 하나님이 그의 율
법에서 요구하시는 사랑은 어떤 사람이 그 사랑을 받을 만한가를 따지지 않고, 도
리어 사랑 받을 만한 아무런 자격도 없는 자들, 악한 자들, 배은망덕한 자들에게 손
길을 내미는 그런 사랑이다. 바로 이것이 그리스도께서 온갖 중상모략에서 건져
내어 원래대로 회복시키신 이웃 사랑이라는 계명의 참된 의미이다. 내가 이미 말
했듯이, 이것으로부터 우리는 그리스도께서는 율법의 새 계명들을 제시하시는 것

이 아니라, 하나님의 율법의 순수성을 더럽히고 손상시켜 왔던 서기관들의 악한
주석(註釋)들을 바로잡고 계신다는 것을 더욱 분명하게 알게 된다.

마 5:44. 너희 원수를 사랑하며. 이 단 한 마디는 이전의 모든 가르침을 포괄한
다. 왜냐하면, 자기를 미워하는 자들을 사랑하고자 하는 마음을 품는 사람은 당연
히 앙갚음이나 복수는 아예 생각조차 하지 않을 것이고, 남들로부터 겪는 해악들
을 인내로써 참고 견딜 것이며, 불쌍한 자들을 돕고자 하는 마음이 더욱더 샘솟을
것이기 때문이다. 그리스도께서는 "네 이웃을 네 자신 같이 사랑하라"(마 22:39)는
이 계명을 이루는 길과 방식을 요약적으로 우리에게 제시하신다. 왜냐하면, 어떤
사람이 자기애(自己愛)를 버릴 때까지, 아니 자기 자신을 부인할 때까지, 그리고
자기를 미워하는 자들을 사랑하고자 하고, 하나님이 그 사람과 연결되어 있다고
선언하신 모든 사람들을 그런 눈으로 바라볼 때까지는, 그 누구도 이 계명을 순종
하는 데까지 이르게 되지 못할 것이다.

이 말씀으로부터 우리는 믿는 자들은 온갖 종류의 복수나 앙갚음을 철저하게 멀
리하지 않으면 안 된다는 것을 배운다. 왜냐하면, 믿는 자들은 하나님께 복수해 달
라고 구하는 것이 금지될 뿐만 아니라, 복수하고자 하는 마음을 그들의 마음으로
부터 완전히 추방하거나 지워버리고, 도리어 원수들을 축복하라는 명령을 받고 있
기 때문이다. 따라서 그렇게 하기만 하면, 믿는 자들은 하나님이 타락한 자들에 대
하여 복수하실 때까지 그들의 송사(訟事)를 얼마든지 하나님께 맡길 수 있게 된다.
왜냐하면, 그들은 악한 자들이 온전한 정신으로 돌아오기를 바라고, 그렇게 해서
그들이 멸망을 받지 않기를 바라기 때문이다. 그런 까닭에, 그들은 그들로 하여금
어떻게든 구원받게 하려고 애를 쓰게 된다. 그리고 그들에게는 그들의 모든 고통
과 괴로움을 달래주는 위로가 하나님으로부터 주어진다. 즉, 그들은 하나님은 완
악한 악행에 대하여 친히 복수하시는 분이시기 때문에, 부당하게 공격을 받는 자
들은 하나님의 돌보심의 대상들이 된다는 것을 분명하게 나타내 보여주실 것임을
의심하지 않게 된다는 것이다. 사실, 악을 선으로 갚는다는 것은 너무나 어렵고, 육
체의 성향과 정반대되는 것이다. 그러나 우리가 악하고 연약하다는 사실은 변명이
나 핑곗거리가 될 수 없다. 우리는 단지 사랑의 율법이 우리에게 무엇을 요구하는
지만을 물어야 한다. 왜냐하면, 우리가 하늘의 성령의 능력을 의지한다면, 우리는
우리 속에서 그 율법에 반대하는 모든 것과 싸워 이기게 될 것이기 때문이다.

의심할 여지 없이, 이것이 수도사들을 비롯해서 그런 동일한 부류의 다른 불한

당들이 이 말씀을 그리스도께서 주신 계명이 아니라 "권면"이라고 제멋대로 생각한 이유이다. 왜냐하면, 그들은 하나님 및 그의 율법에 대한 그들의 의무들이 무엇인지를 확정함에 있어서 사람들의 능력을 기준으로 삼았기 때문이다. 수도사들은 이 말씀이 하나님의 권면에 불과한데도 그들 자신이 자원하여 그 권면을 지키기로 작정한 자들이기 때문에 그들 자신은 온전한 자들이라고 주장하기를 부끄러워하지 않는다. 온전한 자들이라고 자처하는 것에 걸맞게 그들이 과연 얼마나 신실하게 이 말씀을 지키고 있는지에 대해서는 내가 지금 말하고 싶지 않고, 다만 그들이 하나님의 이 말씀을 단지 권면에 불과한 것이라고 주장하는 것이 얼마나 어리석고 어처구니없는 것인지만을 몇 가지 고찰들을 통해서 분명하게 드러내고자 한다. 첫째, 그리스도께서 권위를 지닌 자로서 자기 제자들에게 옳은 일을 행하라고 명하신 것이 아니라 단지 권면하신 것일 뿐이라고 말하는 것은 그리스도를 욕되게 하는 일이다. 둘째, 율법에 의거한 사랑의 책무들을 해도 되고 안 해도 되는 선택의 문제라고 주장하는 것은 정말 어리석은 일이다. 셋째, 여기에서 '에고 데 레고 휘민'(ἐγὼ δὲ λέγω ὑμῖν, "그러나 나는 너희에게 이르노니")이라는 어구는 "내가 통고한다" 또는 "내가 명한다"를 의미하는 것이기 때문에, "내가 권면한다"로 번역하는 것은 부적절하다. 마지막으로, 이 말씀이 반드시 순종해야 마땅한 명시적인 명령이라는 것은 그리스도께서 그 직후에 하신 말씀을 통해서 전혀 어렵지 않게 증명된다.

마 5:45. 이같이 한즉 하늘에 계신 너희 아버지의 아들이 되리니. 자기를 미워하는 자를 사랑하지 않는 자는 그 누구도 하나님의 자녀가 되지 못하리라고 그리스도께서 명시적으로 선언하고 계시는데, 누가 감히 우리가 이 가르침을 꼭 지켜야 되는 것은 아니라고 말할 수 있겠는가? 이 말씀은 "그리스도인으로 여김을 받고자 하는 자는 누구나 자기 원수들을 사랑하라"는 것과 똑같은 의미이다. 세상이 3-4세기 동안 이토록 짙은 어둠에 덮여 있어서, 이 말씀이 명시적인 명령이라는 것과 이 명령을 소홀히 하는 자는 누구든지 하나님의 자녀들의 총수(總數)에서 배제되리라는 것을 알지 못한 것은 정말 끔찍하고 기괴한 일이다. 우리가 주목해야 할 것은 하나님이 우리로 본받게 하시기 위하여 그의 모범을 제시하신다고 해서, 우리가 하나님이 행하시는 것을 무엇이든지 그대로 따라하는 것이 다 합당하고 옳은 것은 아니라는 것이다. 하나님은 종종 악인들을 벌하시고 세상에서 쫓아내시지만, 이 일에서 우리가 하나님을 본받기를 원하지 않으신다. 왜냐하면, 세상을 심판하시는

일은 우리에게 속한 일이 아니고 하나님의 대권(大權)이기 때문이다. 그러나 우리
가 하나님의 아버지로서의 선하심과 후히 주심을 본받는 것은 하나님의 뜻이다.
이방의 철학자들만이 아니라, 경건을 멸시하는 악한 자들도 이 점을 깨달았기 때
문에, 그들은 사람들이 선을 행할 때보다 더 하나님을 닮은 때는 없다는 것을 공개
적으로 시인하였다. 요컨대, 그리스도께서는 우리가 "은혜를 모르는 자와 악한 자
에게 인자하면," 그것이 바로 우리가 하나님의 자녀임을 보여주는 표(標)가 된다는
것을 우리에게 확신시켜 주시고 계시는 것이다. 그렇지만, 우리는 우리가 후히 베
푸는 것이 우리를 하나님의 자녀로 만들어 준다고 생각해서는 안 된다. 도리어, 하
나님이 우리를 값없이 자녀로 삼으셨다는 것을 확인시켜 주는 "증인"(롬 8:16)이자
"보증"(엡 1:14)이며 "인치심"(엡 4:30)이 되시는 바로 그 성령이 사랑과 자비를 베
푸는 것을 반대하는 우리 육체의 악한 정(情)을 바로잡아 주시는 것이다. 그러므로
그리스도께서는 결과적으로 하나님의 온유하심과 인자하심을 닮은 자들만이 하나
님의 자녀이기 때문에, 그렇지 않은 자들은 하나님의 자녀가 아니라는 것을 증명
하고 계시는 것이다.

  누가는 "너희가 지극히 높으신 이의 아들이 되리니"라고 말한다. 어떤 사람이 자
신의 "원수들을 사랑할" 때에, 그 사람이 이러한 존귀를 얻게 되거나 "하나님의 자
녀"가 되기 시작하는 것이 아닌데도, 성경에서 흔히 이런 식의 표현 방식을 사용해
서, 하나님이 거저 주시는 선물들을 상(賞)으로 묘사하는 것은 우리를 고무(鼓舞)
시켜서 옳은 일을 하게 하기 위한 것이다. 왜냐하면, 우리 속에 새롭게 형성된 하나
님의 형상으로 인해서 우리로 하여금 경건하고 거룩한 삶을 살게 하시기 위한 것
이 하나님이 우리를 부르신 목적이기 때문이다. "하나님은 그 해를 악인과 선인에
게 비추시며 비를 의로운 자와 불의한 자에게 내려주심이라." 마태는 하나님이 우
리에게 베푸시는 인자하심의 두 가지 예(例)를 인용하는데, 이 두 가지 예는 우리
가 잘 알고 있는 예일 뿐만 아니라, 모든 사람에게 해당되는 예이다. 우리 모두가
하나님이 베푸시는 이 인자하심에 참여하고 있다는 사실 자체는 우리로 하여금 더
욱더 서로를 향하여 하나님이 하시는 것과 비슷한 방식으로 행하여야 하겠다는 강
력한 동기를 부여한다 — 물론, 이 예들은 하나님이 우리에게 베푸시는 은총의 무
수한 예들 중의 일부에 불과하기 때문에 대유법(代喩法)적 표현에 해당하는 것이
긴 하지만.

  마 5:46. 세리도 이같이 아니하느냐. 누가가 그들을 "죄인들," 즉 악하고 파렴치

한 자들이라 부르는 것도 동일한 의미에서이다. 그리스도께서는 이 직업 자체를 단죄하시는 것이 아니다. 왜냐하면, "세리들"은 세금을 거두어들이는 자들이고, 방백들은 세금을 부과할 권한이 있으므로, 백성들로부터 세금을 거두는 것은 정당한 일이기 때문이다. 그런데도 세리들이 죄인이라 불리는 것은 이 직업에 종사하는 자들이 통상적으로 욕심이 많고 탐욕스러운데다가 속이기를 잘 하며 냉혹한 자들이었기 때문이고, 또한 유대인들 가운데서 세리들은 저 악한 폭정(暴政)의 하수인들이었기 때문이다. 만약 누군가가 그리스도의 이 말씀을 근거로 해서, "세리들"은 사람들 가운데서 가장 비열한 자들이라는 결론을 내린다면, 그의 추론은 잘못된 것이다. 왜냐하면, 우리 주님은 당시 사람들이 흔히 사용하던 표현을 가져와서 사용하시는 것뿐이기 때문이다. 이 말씀의 의미는 인간성이 거의 말살되어 있는 자들이 그들 자신의 이익을 위하여 서로에 대한 의무들을 행할 때에도 그것은 겉보기에는 그 의무들을 수행하는 것처럼 보인다는 것이다.

마 5:48. 그러므로 … 너희도 온전하라. 이 "온전함"은 하나님과 동등한 온전함을 의미하는 것이 아니라, 단지 하나님의 온전하심을 닮거나 거기에 근접한 것을 의미할 뿐이다. 만약 우리가 하나님이 자신을 통해서 우리에게 제시해 주시는 목적을 우리의 목적으로 삼기만 한다면, 비록 우리가 하나님의 온전하심으로부터 아무리 멀리 떨어져 있다고 하여도, 하나님은 우리를 "내가 온전한 것과 같이 너희도 온전하다"고 말씀해 주신다. 이것과 다르게 생각하고자 하는 자들이 있다고 할지라도, 이 구절의 취지는 결코 하나님과 우리를 비교하고자 하는 것이 아니라는 것을 명심하여야 한다. 하나님의 "온전하심"은 첫째로 잇속을 따지지 않고 값없이 거저 베푸는 순수한 인자하심을 의미하고, 둘째로는 사람들의 악의(惡意) 및 배은망덕과 대비되는 저 두드러진 선하심을 의미한다. 이것은 "너희 아버지의 자비로우심 같이 너희도 자비로운 자가 되라"로 되어 있는 누가 본문을 보면 더 분명하게 드러난다. 왜냐하면, "자비하심," 또는 긍휼히 여기심은 사적인 이익을 추구하여 잇속을 차리는 것과 대비되기 때문이다.

[1]사람에게 보이려고 그들 앞에서 **너희** 의를 행하지 않도록 주의하라 그리하지 아니하면 하늘에 계신 **너희** 아버지께 상을 받지 못하느니라 [2]그러므로 구제할 때에 외식하는 자가 사람에게서 영광을 받으려고 회당과 거리에서 하는 것 같이 **너희** 앞에 나팔을 불지 말라 진실로 **너희**에게 이르노니 그들은 자기 상을 이미 받았느니

라 ³너는 구제할 때에 오른손이 하는 것을 왼손이 모르게 하여 ⁴네 구제함을 은밀하게 하라 은밀한 중에 보시는 너의 아버지께서 갚으시리라(마 6:1-4).

마 6:1. 주의하라. 이 구절에서 그리스도께서는 자기 백성에게 진심으로 선행에 헌신하라고 권면하신다. 즉, 사람들에게 과시하기 위해서가 아니라[사람들의 칭찬을 듣기 위해서가 아니라 — 불어판], 순수한 마음으로 하나님을 바라보는 가운데에 옳은 일을 행하고자 애쓰라는 것이다. 이것은 아주 꼭 필요한 권면이다. 왜냐하면, 온갖 미덕을 행할 때에 가장 두려워해야 할 것은 야심(ambitio)이 거기에 개입되는 것이고, 사람들로부터 칭찬을 받을 만한 일들이 야심 때문에 훼손되고 더럽혀지는 경우가 비일비재하기 때문이다. 여기에서 그리스도께서는 한 가지 예를 들어서 보편적인 가르침을 베푸시는 대유법(代喩法)을 사용하신다. 왜냐하면, 그리스도께서는 조금 있다가 "기도"에 관하여 말씀하시듯이, 여기에서는 단지 "구제"에 대해서만 말씀하시기 때문이다 — 일부 사본들은 '엘레에모쉬넨'(ἐλεημοσύνην, "구제") 대신에 '디카이오쉬넨'(δικαιοσύνην, "의")으로 되어 있는데, 옛 번역자도 그렇게 번역하고 있다. 그러나 이런 차이는 별로 중요하지 않다. 왜냐하면, 어느 쪽으로 읽든, 이 말씀의 의도가 우리가 옳은 일을 할 때에 사람들로부터 영광을 구하는 야심이라는 병을 고치기 위한 것임은 의심의 여지가 없기 때문이다.

마 6:2. 구제할 때에. 그리스도께서는 사람들 사이에서 오랫동안 굳어진 관습, 즉 사람들이 눈을 통해서만이 아니라 손을 통해서도 명성을 얻고자 하는 것을 명시적으로 책망하신다. 그들은 사람들이 많이 모이거나 왕래하는 사거리나 공공장소들에서 가난한 자들에게 구제(救濟)를 베풀었는데, 그런 행위 속에는 분명한 과시욕이 개입되어 있었다. 왜냐하면, 그들은 많은 사람들이 그들의 선행을 볼 수 있게 하기 위해서 사람들이 많이 모이는 곳들을 택하였고, 그것도 성에 차지 않아서 나팔을 불어대기까지 하였기 때문이다. 물론, 그들은 가난한 자들을 불러 모으기 위해서 나팔을 부는 것이라고 얼마든지 핑계를 댈 수 있었다. 그러나 그들이 사람들로부터의 박수갈채와 칭찬을 바라고 그렇게 하였다는 것은 너무나 뻔한 일이었다. 우리가 사람들의 눈을 의식하는 가운데 선행을 한다면, 그것은 우리의 삶을 하나님이 판단해 주시고 인정해 주시라고 하는 것이 아니다. 그러므로 그리스도께서 이런 식으로 자기 자신을 과시하는 자들은 "자기 상을 이미 받았다"고 말씀하시는 것은 당연하다. 왜냐하면, 그런 헛된 것에 눈을 돌리는 자들은 하나님을 바라볼 수 없기 때문이다.

동일한 이유에서, 헛된 영광을 구하는 모든 자들은 "외식하는 자들"이라 불린다. 세속의 저술가들은 연극이나 무대에서 어떤 역할을 맡아 연기하는 자들에게 '휘포크리타이'(ὑποκριταὶ, "외식하는 자들")라는 명칭을 붙여 주었는데, 성경에서는 이 명칭을 두 마음을 품고서 진실하지 않은 자들에게 적용하였다. 여러 가지 종류의 "외식하는 자들"이 존재한다. 어떤 자들은 자기가 아주 악하다는 것을 스스로 알고 있으면서도 세상 사람들 앞에서는 뻔뻔스럽게 선한 자로 행세하고, 그들 자신의 악덕들을 속으로는 뻔히 다 알고 있으면서도 은폐하고자 애쓴다. 또, 어떤 자들은 자기가 하나님 앞에서 온전히 의롭다고 감히 주장할 정도로 뻔뻔스러움의 극치를 보여주기도 한다. 또, 어떤 자들은 선행을 하기는 하지만, 옳은 일을 하고자 하거나 하나님의 영광을 위하여 하는 것이 아니라, 단지 사람들로부터 거룩하다는 말을 듣고 명성을 얻기 위해서 그렇게 한다. 그리스도께서는 지금 이 마지막 부류에 속한 사람들에 대하여 말씀하시면서, 그들을 "외식하는 자들"이라 부르시는데, 이것은 지극히 합당하다. 왜냐하면, 그들은 선행을 할 때에 합당한 목적과 의도를 지니고 그렇게 하는 것이 아니라, 사람들 앞에서 하나님을 거룩하고 진실하게 섬기는 자들로 보이기 위한 전혀 다른 목적과 의도를 지니고 그렇게 하는 것이기 때문이다.

마 6:3. 왼손이 모르게 하여. 이 표현을 통하여 그리스도께서 말씀하시고자 하시는 것은 우리가 하나님만을 우리의 유일한 증인으로 삼는 것으로 만족하고, 하나님께 순종하는 것을 아주 간절하게 원하여서, 그 어떤 헛된 것에 의해서 우리가 떠내려가거나 표류하지 않도록 하여야 한다는 것이다. 사람들이 제물을 하나님께 바치는 것이 아니라 자기 자신에게 바치는 일은 빈번히 일어난다. 그러므로 그리스도께서는 우리가 순수한 양심으로 하나님을 섬길 수 있도록 하시기 위해서, 여러 가지 부수적인 생각들로 마음이 산란해지게 하지 말고, 오직 합당한 목표를 향하여 곧장 나아가기를 바라신다.

마 6:4. 네 구제함을 은밀하게 하라. 이 말씀은 우리에게 선한 모범들을 통해서 형제들의 덕을 세우라고 명하는 성경의 많은 구절들과 반대되는 것으로 보일 수 있다. 그러나 이런 말씀을 하신 그리스도의 의도를 주시한다면, 우리는 이 말씀에 좀 더 광범위한 의미를 부여하지 않으면 안 된다. 그리스도께서는 자기 제자들에게 그 어떤 야심도 품지 말고 오직 순수한 마음으로 선행에 전념할 것을 명하신다.

그는 자기 제자들이 그렇게 되도록 하시기 위해서, 그들에게 사람들의 눈을 의식하고 사람들로부터 칭찬을 듣고자 하지 말고, 그들이 하는 일들을 오직 하나님이 인정해 주시는 것만으로 만족할 것을 명하신다. 이러한 순수한 마음을 품는다고 해서, 형제들의 덕을 세우고자 하는 관심과 열심이 방해를 받는 것은 결코 아니다. 사실, 조금 전에 그리스도께서는 그들에게 사람들 앞에서 선행을 하지 말라고 명시적으로 명하신 것이 아니라, 단지 과시하고자 하는 마음을 단죄하신 것뿐이다.

마 6:4. 은밀한 중에 보시는 너의 아버지. 그리스도께서는 사람들 사이에서 도처에 횡행하는 어리석은 짓, 즉 자신이 행하는 미덕을 많은 사람들이 보아 주지 않으면 자기가 헛수고를 했다고 생각하는 그런 자들을 아무 말 없이 얼핏 보시고서는, 하나님은 선행들을 알아보시는 데에 강한 불빛을 필요로 하지 않으신다는 것을 그들에게 말씀해 주신다. 왜냐하면, 어둠 속에 묻혀 있는 것처럼 보이는 그 선행들이 하나님의 눈에는 환하게 다 드러나기 때문이다. 그러므로 우리는 사람들의 눈길이 미치지 않고 사람들의 증언을 받지 않은 일은 헛수고라고 생각할 이유가 없다. 왜냐하면, "여호와께서 캄캄한 데 계시기"(대하 6:1) 때문이다. 그러므로 그리스도께서 우리에게 우리의 눈을 하나님께 고정해야 한다는 것을 일깨워 주실 때, 그것은 야심이라는 병을 고치는 데에 가장 적절한 치료책이 된다. 왜냐하면, 우리가 그렇게 하기만 하면, 온갖 헛된 영광은 우리 마음속에서 추방되고 완전히 멸해질 것이기 때문이다. 바로 뒤에 나오는 두 번째 구절에서 그리스도께서는 우리에게 우리의 선행에 대한 상(賞)이 주어질 마지막 날, 즉 부활의 날까지 인내로써 기다려야 한다는 것을 일깨워 주신다: "너의 아버지께서" 장차 공개적으로 "갚으시리라." 그렇다면, 언제? 마지막 날이 동이 터서, 하나님이 어둠 속에 감추어졌던 모든 것을 드러내시는 때가 바로 그 때일 것이다.

⁵또 너희는 기도할 때에 외식하는 자와 같이 하지 말라 그들은 사람에게 보이려고 회당과 큰 거리 어귀에 서서 기도하기를 좋아하느니라 내가 진실로 너희에게 이르노니 그들은 자기 상을 이미 받았느니라 ⁶너는 기도할 때에 네 골방에 들어가 문을 닫고 은밀한 중에 계신 네 아버지께 기도하라 은밀한 중에 보시는 네 아버지께서 갚으시리라 ⁷또 기도할 때에 이방인과 같이 중언부언하지 말라 그들은 말을 많이 하여야 들으실 줄 생각하느니라 ⁸그러므로 그들을 본받지 말라 구하기 전에 너희에게 있어야 할 것을 하나님 너희 아버지께서 아시느니라(마 6:5-8).

마 6:5. 너희는 기도할 때에. 그리스도께서는 앞서 "구제"와 관련해서 주신 것과 동일한 가르침을 여기에서는 "기도"에 대하여 주신다. 외식하는 자들이 사람들로부터 영광을 얻기 위해서 많은 사람들 앞에서 기도하거나, 적어도 기도하는 척하는 것은 하나님의 이름을 심각하게 욕되게 하는 부끄러운 일이다. 그러나 외식(또는, 위선)은 언제나 그 속에 야심이 들어 있기 때문에, 외식을 하면 눈이 멀게 된다는 것도 우리는 이상하게 여길 필요가 없다. 그러므로 그리스도께서는 자기 제자들에게 올바르게 기도하고자 한다면 그들 자신의 "골방에 들어가" 기도하라고 명하신다. 일부 주석가들은 이 말씀이 불합리해 보인다고 생각해서, 여기에서 "골방"은 내면의 저 깊은 곳을 가리킨다는 식으로 알레고리적인 해석을 시도하지만, 굳이 그런 편법을 쓸 필요가 없다. 우리는 성경의 많은 구절들 속에서 많은 사람들이 모여 있는 회중 가운데서, 그리고 모든 백성 앞에서 하나님께 기도하라거나 찬양하라는 명령을 듣는데, 이것은 우리의 믿음이나 감사를 많은 사람들에게 증언할 뿐만 아니라, 우리의 모범을 통해서 다른 사람들이 힘을 얻어서 우리와 똑같이 하게 하기 위한 것이다. 그리스도께서는 우리에게 그렇게 하지 말라고 하시는 것이 아니라, 단지 기도할 때에는 언제나 하나님만을 바라보라고 우리에게 권면하시는 것뿐이다.

우리는 마치 그리스도께서 우리에게 사람들이 있는 곳에서 기도하지 말 것을 지시하시거나, 또는 아무도 없는 곳에서 기도한 것이 아니면 그 기도는 잘못된 것이라고 선언하신 것으로 오해하여, "네 골방에 들어가"라는 어구를 문자 그대로 해석해서는 안 된다. 그리스도께서는 상대적인 의미로 이 말씀을 하신 것이기 때문에, 그 취지는 우리가 많은 사람들에게 보이기 위하여 기도하는 것보다는 차라리 아무도 없는 곳으로 가서 기도하는 것이 마땅하다는 것이다. 실제로, 사람들의 시선이 미치지 않는 곳으로 물러가서 기도하는 것이 더 허심탄회하게 하나님 앞에 기도와 탄식을 쏟아놓는 데에 도움이 되기 때문에 믿는 자들에게 유익이 된다. 또한, 아무도 없는 곳으로 물러가는 것은 또 다른 이유에서도 유익이 되는데, 그것은 우리의 마음이 온갖 잡념들로부터 벗어나서 좀 더 자유로워질 수 있다는 것이다. 그래서 그리스도께서도 종종 한적한 곳으로 혼자 물러가셔서 기도하곤 하셨다. 그러나 이 구절에서 다루고 있는 주제는 기도를 어디에서 해야 하느냐 하는 것이 아니라, 헛된 영광을 구하는 마음을 어떻게 바로잡느냐 하는 것이다. 이 말씀의 취지를 간단히 말하자면, 우리가 홀로 기도하든, 아니면 다른 사람들이 있는 곳에서 기도하든,

우리는 마치 골방에 들어가 문을 닫아걸고 있어서 하나님 외에는 다른 어떤 증인도 없다는 그런 심정으로 기도를 하여야 한다는 것이다. 그리스도께서 "네 아버지께서 갚으시리라"고 말씀하신 것은 성경의 그 어디에서든 우리에게 약속된 모든 상(賞)은 우리가 마땅히 받아내어야 할 빚(debitum)이 아니라 하나님의 거저 주시는 선물이라는 것을 분명하게 보여주는 것이다.

마 6:7. 중언부언하지 말라. 그리스도께서는 그들이 기도할 때에 저지르는 또 다른 잘못, 즉 말을 많이 하는 것을 책망하신다. "중언부언"이라는 단어와 "말을 많이 하는 것"이라는 단어가 사용되고 있지만, 의미는 동일하다. 왜냐하면, '밧톨로기아'(βαττολογία, "중언부언")는 "감정을 꾸며서 불필요한 말들을 반복하는 것"이고, '폴뤼로기아'(πολυλογία, "말을 많이 하는 것")는 "쓸데없는 말을 늘어놓는 것"이기 때문이다. 그리스도께서는 하나님을 설득하고 애걸하고자 하는 목적으로 쓸데없는 말들을 한없이 늘어놓는 자들의 어리석음을 책망하신다. 이 가르침은 성경의 도처에 나오는 간절한 기도에 대한 칭찬과 모순되는 것이 아니다. 왜냐하면, 기도를 간절한 마음으로 하게 되는 경우에는 혀가 마음보다 앞서 가지 않기(즉, 마음에도 없는 말이 나오지 않기) 때문이다. 게다가, 쓸데없는 말들을 청산유수처럼 쏟아낸다고 해서 하나님의 은혜를 얻을 수 있는 것이 아니라, 정반대로 진실한 마음에서 우러나오는 간절한 심정(心情)이 화살이 되어 하늘을 뚫는 것이다. 이와 동시에, 이 말씀은 많은 말들을 오랜 시간 동안 길게 늘어놓아야 하나님의 은총을 얻어낼 수 있다고 믿는 자들의 터무니없는 미신(迷信)을 단죄하는 말씀이기도 하다. 우리는 교황주의자들이 그러한 오류에 아주 깊이 빠져 있는 것을 본다. 그들은 기도의 효력은 주로 말을 얼마나 많이 하느냐에 달려 있다고 믿는다. 또한, 그들은 많은 말로 기도하여야 정말 열심히 기도한 것이라고 생각한다. 그렇기 때문에, 그들의 성당들에서는 마치 하나님의 귀를 만족시키고 달래려는 듯이 길고 지루한 영창(詠唱)이 끊임없이 울려 퍼진다.

마 6:8. 너희 아버지께서 아시느니라. 이 단 한 가지 치료책은 여기에서 단죄되고 있는 저 미신(迷信)을 제거하고 파괴하기에 충분하다. 왜냐하면, 쓸데없는 많은 말들을 늘어놓아서 하나님을 귀찮게 해야 큰 이득을 얻어낼 수 있다는 사람들의 저 어리석은 생각은 하나님도 유한한 인간과 별 다를 것이 없어서 많은 말로 사정을 알리고 끈질기게 졸라야 들어 주신다는 그들의 망상에서 나오는 것이기 때문이다. 하나님은 우리를 돌보실 뿐만 아니라, 우리에게 필요한 모든 것들을 아시고, 우리가 원하고 염려하는 것들을 말씀드리기 전에 이미 아신다는 것을 믿는 자는 누구든지 헛되고 쓸데없는 말들을 반복하는 것을 그칠 것이고, 자신의 믿음을 발휘하는 데에 꼭 필요한 정도의 시간만큼만 기도하는 것으로 충분하다고 여기게 될 것이며, 많은 말을 하여야 하나님의 마음을 움직일 수 있을 것이라는 기대 속에서 멋진 미사여구를 사용한 기도로 하나님께 나아가는 것을 어처구니없고 우스꽝스러운 일로 여길 것이다.

그러나 하나님이 우리에게 무엇이 필요한지를 우리가 아뢰기 전에 미리 아시고 계시다면, 기도의 유익은 도대체 어디에 있단 말인가? 하나님이 자신의 자발적인 자유 의지로 우리를 도우실 준비가 되어 계시다면, 하나님의 섭리의 자연스러운 흐름을 방해할 뿐인 기도를 우리가 도대체 왜 해야 하는 것인가? 기도의 목적 자체를 알게 되면, 이 문제는 쉽게 해결이 된다. 믿는 자들은 하나님께 그가 모르고 계시는 일들을 알려 드리기 위해서, 또는 하나님을 부추겨서 그의 의무를 다하시게 하기 위해서, 또는 주저하고 계시는 하나님을 강권하기 위해서 기도하는 것이 아니다. 정반대로, 믿는 자들이 기도하는 것은 하나님을 찾고자 하는 마음이 그들 속에서 일어나게 하기 위해서, 그리고 하나님의 약속들을 묵상함으로써 그들의 믿음이 발휘되도록 하기 위해서, 그리고 그들의 염려를 하나님께 쏟아놓음으로써 그 염려들로부터 벗어나기 위해서, 즉 한 마디로 말해서, 그들 자신 및 다른 사람들을 위하여 그들이 모든 선한 일들을 오직 하나님으로부터만 주어지기를 소망하고 기대한다는 것을 분명하게 밝히기 위해서이다. 한편, 하나님은 우리가 구하기 전에 우리에게 온갖 복들을 거저 주시기로 작정하고 계시는 것은 사실이지만, 우리가 기도할 때에 그 복들을 주시겠다고 약속하신다. 그러므로 우리는 이 두 가지 진리, 즉 하나님은 우리가 원하는 것들을 미리 아신다는 것과 우리는 기도를 통해서 우리가 구하는 것을 얻게 된다는 것을 둘 다 견지하여야 한다. 하나님이 우리에게 응답해 주시는 것이 종종 오랫동안 지체되거나, 우리가 원하는 것들을 종종 주시지 않으시는 이유에 대해서는, 우리가 나중에 살펴볼 기회가 있을 것이다.

[9]그러므로 너희는 이렇게 기도하라 하늘에 계신 우리 아버지여 이름이 거룩히 여김을 받으시오며 [10]나라가 임하시오며 뜻이 하늘에서 이루어진 것 같이 땅에서도 이루어지이다 [11]오늘 우리에게 일용할 양식을 주시옵고 [12]우리가 우리에게 죄 지은 자를 사하여 준 것 같이 우리 죄를 사하여 주시옵고 [13]우리를 시험에 들게 하지 마시

옵고 다만 악에서 구하시옵소서 [나라와 권세와 영광이 아버지께 영원히 있사옵나이다 아멘](마 6:9-13).

¹예수께서 한 곳에서 기도하시고 마치시매 제자 중 하나가 여짜오되 주여 요한이 자기 제자들에게 기도를 가르친 것과 같이 우리에게도 가르쳐 주옵소서 ²예수께서 이르시되 너희는 기도할 때에 이렇게 하라 아버지여 이름이 거룩히 여김을 받으시오며 나라가 임하시오며 ³우리에게 날마다 일용할 양식을 주시옵고 ⁴우리가 우리에게 죄 지은 모든 사람을 용서하오니 우리 죄도 사하여 주시옵고 우리를 시험에 들게 하지 마시옵소서 하라(눅 11:1-4).

그리스도께서 이런 형태의 기도문을 자기 제자들에게 단지 한 번 가르쳐 주신 것인지, 아니면 각각 다른 시기에 두 번 반복해서 가르쳐 주신 것인지는 확실하지 않다. 어떤 이들은 누가가 이것이 제자들의 요청에 의해서 이루어졌다고 말하는 것을 근거로 삼아서 후자일 가능성이 더 높다고 생각하지만, 마태는 그리스도께서 이 기도문을 자발적으로 가르쳐 주신 것으로 묘사한다. 그러나 앞에서 이미 말했듯이, 마태 본문은 모든 주요한 가르침의 핵심들을 한자리에 다 모아 놓아서 독자들로 하여금 그 전체적인 취지를 좀 더 분명하게 알 수 있게 하기 위한 것이기 때문에, 마태는 누가가 서술하고 있는 이 일의 계기를 생략했을 가능성이 있다. 하지만, 이 주제를 놓고 나는 그 누구와도 논쟁을 하고 싶은 생각이 없다.

눅 11:1. 요한이 자기 제자들에게 … 가르친 것과 같이. 세례 요한은 자기 제자들에게 구체적인 형태의 기도문을 가르쳐 주었는데, 내 생각으로는 그가 그렇게 한 것은 아마도 당시의 때가 그런 것을 요구하였기 때문일 것이다. 당시에 유대인들의 삶은 형편없이 부패하고 타락한 상태에 있었다. 신앙과 관련된 모든 것은 비참할 정도로 타락해 있었기 때문에, 우리는 올바르게 기도를 드릴 수 있는 사람이 그들 가운데서 극소수였다는 것을 이상하게 생각해서는 안 된다. 게다가, 기도를 통해서 믿는 자들의 마음을 고무(鼓舞)시켜서 머지않아 이루어질 약속된 구속(救贖)을 소망하고 바라게 하는 것도 합당한 일이었다. 그러므로 세례 요한은 성경으로부터 당시의 상황에 적합한 내용들을 담고 있는 여러 구절들을 뽑아내어서, 이미 계시되기 시작하고 있던 그리스도의 영적인 나라에 더 가까이 다가갈 수 있는 특정한 기도문을 만들어 내었을 것이다.

마 6:9. 그러므로 너희는 이렇게 기도하라. 이것과는 다르게, 누가 본문은 "너희는 기도할 때에 이렇게 하라"로 되어 있다. 그리스도께서는 자기 백성에게 미리 짜여진 형태의 기도문을 따라서 기도하라고 명하지 않으시고, 단지 우리의 모든 소원과 기도의 목적이 무엇이 되어야 하는지만을 제시하신다. 그러므로 그리스도께서는 우리가 자유롭게 하나님께 구해도 되는 것들을 여섯 가지로 포괄하신다. 이러한 가르침보다 우리에게 더 유익한 것은 없다. 기도는 가장 중요한 경건의 훈련인데도, 우리는 우리가 어떤 내용의 기도를 드려야 하고 어떤 것들을 우리의 소원들로 아뢰어야 하는지에 대해서 잘 알지 못한다. 입술과 마음이 하늘의 주인의 인도하심을 받지 못한다면, 그 사람은 올바른 기도를 드릴 수 없다. 그런 까닭에, 그리스도께서는 이렇게 기도의 규범을 제시해 주신 것인데, 하나님께 인정받는 합당한 기도를 드리고자 한다면, 우리는 이 규범을 기준으로 삼아서 기도하지 않으면 안 된다. 이미 앞에서 말했듯이, 이 기도문을 주신 하나님의 아들의 의도는 우리가 어떤 문구들을 사용해서 기도해야 하는지를 규정해 놓음으로써, 우리로 하여금 그가 명한 형태의 기도문에서 벗어나지 않게 하시기 위한 것이 아니라, 우리가 무엇을 바라고 원하여야 하는지와 관련해서 그 지침을 제시하여 우리의 소원들을 규율함으로써 그 소원들이 그 테두리와 한계를 벗어나지 않게 하시기 위한 것이었다. 이것으로부터 우리는 그리스도께서 올바르게 기도하는 것과 관련해서 우리에게 주신 규범은 그 기도문을 구성하는 자구(字句)들이 아니라 내용 자체에 있다는 결론을 얻는다.

앞에서도 말했듯이, 그리스도께서 주신 기도문은 여섯 가지의 간구로 이루어져 있다. 처음 세 가지의 간구는 우리와는 상관이 없고 오직 하나님의 영광과 관련되어 있는데, 우리는 이 점을 꼭 알아야 한다. 그리고 나머지 세 가지의 간구는 우리의 구원을 위하여 꼭 필요한 것들과 관련되어 있다. 하나님의 율법이 두 개의 돌판으로 나뉘어져 있어서, 첫 번째 돌판은 경건의 의무들(pietatis officia)을 담고 있고, 두 번째 돌판은 사랑의 의무들(caritatis officia)을 담고 있는 것과 마찬가지로, 이 기도문을 통해서 그리스도께서는 우리에게 하나님의 영광을 고려하고 구하라고 명하심과 아울러, 우리로 하여금 우리 자신의 유익들을 구하는 것도 허락하신다. 그러므로 우리는 우리 자신과 우리 자신의 유익을 위하여 간절히 구하고자 하는 마음이 있을 뿐만 아니라, 하나님의 영광을 가장 우선시하는 마음이 되어 있을 때에만, 올바르게 기도할 수 있는 마음 상태에 있는 것임을 알아야 한다. 왜냐하면, 우

리 자신의 유익을 구하는 데만 마음이 팔려서, 그것보다 훨씬 더 중요한 하나님의
나라를 도외시하는 기도를 드린다고 한다면, 그것은 본말(本末)이 전도(顚倒)된 정
말 너무나 터무니없는 일일 것이기 때문이다.

마 6:9. 하늘에 계신 우리 아버지여. 우리가 기도할 때마다 온전하고 흔들림 없
는 확신으로 하나님께 나아가서 하나님을 의지할 수 있기 위해서는 두 가지를 깊
이 생각하여야 하는데, 그것은 우리를 향하여 하나님이 지니고 계신 아버지로서의
사랑(amor)과 하나님의 무한하신 권능(potentia)이다. 그러므로 우리는 하나님이
우리를 은혜 가운데서 받아주시고자 하신다는 것과 기꺼이 우리의 기도를 경청하
고자 하신다는 것, 즉 한 마디로 말해서, 하나님은 어떻게 해서든지 우리를 돕고자
하신다는 것에 대하여 의심을 품지 말아야 한다. "아버지"는 하나님께 붙여진 호칭
이다. 그리스도께서는 이 호칭을 통해서 하나님은 얼마든지 신뢰할 수 있는 분이
라는 너무나 충분한 근거를 우리에게 제공해 주고 계신다. 그러나 우리가 하나님
을 의지하는 것이 오직 그의 선하심만을 근거로 한다면, 그것은 절반의 의지(依支)
밖에 되지 않기 때문에, 그리스도께서는 "하늘에 계신"이라는 구절을 통해서 우리
에게 하나님의 무한하신 권능을 일깨워 주신다. 성경에서 하나님이 "하늘에 계신
다"고 말할 때, 그것은 만유(萬有)가 하나님의 통치에 속해 있고, 세상과 거기에 있
는 모든 것이 하나님의 손에 붙들려 있으며, 하나님의 권능이 미치지 않는 곳이 없
고, 만물은 하나님의 섭리에 의해서 규율되고 있다는 것을 의미한다. 다윗은 "하늘
에 계신 이가 웃으심이여 주께서 그들을 비웃으시리로다"(시 2:4)라고 말하기도 하
고, "오직 우리 하나님은 하늘에 계셔서 원하시는 모든 것을 행하셨나이다"(시
115:3)라고 말하기도 한다.

하나님이 "하늘에" 계신다고 할 때, 우리는 하나님이 오직 하늘에만 계신다고 생
각해서는 안 되고, 반대로 또 다른 구절에서 말씀하고 있는 것, 즉 "하늘들의 하늘
이라도 주를 용납하지 못하겠거든"(대하 2:6)이라는 말씀도 기억하여야 한다. 하나
님을 피조물들과 구별하는 이런 식의 표현은 우리에게 마치 하나님을 피조물처럼
생각하거나 우리의 인식 능력으로 파악할 수 있는 존재인 양 생각해서는 안 된다
는 것을 일깨워 준다. 왜냐하면, 하나님은 온 세계 위에 저 높이 계시는 분이시기
때문이다. 우리는 이제 그리스도의 의도를 확인하였다. 그리스도께서는 기도의 첫
머리에서 자기 백성이 하나님의 선하심과 권능을 의지하고 확신을 갖기를 원하셨
다. 왜냐하면, 우리의 기도가 믿음 위에 서 있지 않으면, 그 기도는 아무런 유익도

없을 것이기 때문이다. 우리가 그리스도의 몸과 연합되어서 하나님의 자녀로 인정을 받고 있는 것도 아닌데도 하나님을 우리의 아버지라 부르는 것은 무엄하고 뻔뻔스러울 뿐만 아니라 어리석고 미친 짓이기 때문에, 우리가 중보자이신 그리스도를 의지해서 하나님께 나아가는 길 외에 올바르게 기도를 드릴 수 있는 다른 길이 존재하지 않는다는 결론이 나온다.

마 6:9. 이름이 거룩히 여김을 받으시오며. 이것은 내가 이미 말했던 것, 즉 처음 세 가지의 간구 속에서 우리는 우리 자신을 바라보지 말고 온전히 하나님의 영광을 구하여야 한다는 것, 그리고 이러한 간구는 우리의 구원과 별개의 것이 아니고, 우리는 우리가 구하는 그 어떤 것보다도 하나님의 위엄을 가장 앞세워야 한다는 것을 한층 더 분명하게 보여준다. 하나님이 통치하신다는 것, 하나님이 그에 걸맞는 존귀와 영광을 받으신다는 것은 우리에게 이루 말할 수 없는 유익이 된다. 그러나 사람이 자기 자신을 잊고, 자신의 마음을 들어 올려서 오직 하나님만이 높임을 받으시게 될 것을 구하지 않는다면, 하나님의 영광을 드러내고자 하는 아주 간절한 소원을 지니고 있는 것이 아니다. 처음 세 가지의 간구 간에는 밀접한 연결 관계와 유사성이 존재한다. "하나님의 이름이 거룩히 여김을 받는 것"은 언제나 하나님의 "나라"와 연결되어 있고, 하나님의 "나라"의 가장 중요한 부분은 하나님의 "뜻이 이루어지는" 것에 있다. 그리스도께서 여기에서 우리에게 기도하라고 명령하시는 저 가장 큰 복들에 대하여 우리가 얼마나 냉담하고 소홀히 하고 있는지를 곰곰이 생각해 보는 자는 누구나 이 세 가지의 간구 중에서 쓸데없는 것은 하나도 없고, 이 세 가지의 간구가 이렇게 특별히 제시되고 있는 것은 지극히 합당하다는 것을 인정하게 될 것이다.

"하나님의 이름이 거룩히 여김을 받는다"는 것은 "하나님께 그 이름에 합당한 영광을 드림"으로써 사람들로 하여금 하나님에 대하여 생각하거나 말할 때에는 언제든지 가장 깊은 숭앙심(崇仰心)을 지니고서 그렇게 하게 하는 것 외에 다른 것을 의미하는 것이 아니다. 이것의 반대는 "하나님의 이름을 욕되게 하는"(레 19:12) 것인데, 사람들이 하나님의 위엄을 무시하며 말하거나, 적어도 합당한 경외심을 품지 않고 말할 때에 이런 일이 일어난다. 사람들이 하나님의 지혜와 선하심과 의로우심과 권능과 그 밖의 다른 모든 성품들을 인정함으로써 하나님께 영광을 돌릴 때, "하나님의 이름은 거룩히 여김을 받으신다." 왜냐하면, 거룩하심은 하나님 안에 늘 거하고 영원히 머물러 있지만, 사람들이 그들의 악의와 타락을 통해서 그 거룩하심을 가리거나, 신성모독적인 멸시를 통해서 그 거룩하심을 욕되게 하고 더럽히기 때문이다. 이 간구의 요지는 하나님의 영광이 이 세상에서 빛을 발하고, 사람들에게 합당한 인정을 받게 하여야 한다는 것이다. 하나님으로부터 나오는 모든 것은 옳고 합당하며 의로움과 지혜로 가득하다는 것을 사람들이 믿을 때, 신앙이 가장 순전한 상태에서 활발하게 움직이고 있는 것이다. 왜냐하면, 그럴 때에만 사람들은 하나님의 말씀을 믿음으로 말미암아 순종하는 마음으로 받아들이고, 하나님의 모든 규례들과 역사(役事)들을 시인하게 되기 때문이다. 우리가 믿음으로 하나님의 말씀에 순복하는 것은 이를테면 "하나님이 참되시다는 것을 인치는"(요 3:33) 우리의 서명(署名)인 셈인 반면에, 우리가 하나님께 끼칠 수 있는 가장 큰 모욕은 하나님의 말씀을 믿지 않고 멸시하는 것이다.

우리는 이제 대부분의 사람들이 하나님께서 하신 역사(役事)들을 판단함에 있어서 얼마나 큰 악을 드러내며, 하나님을 비방하는 일에 얼마나 거침이 없는지를 알게 되었다. 그들 가운데에 누가 징계를 받기라도 하면, 그들은 투덜거리며 불평하고 항의하며, 그 중 일부는 아예 대놓고 하나님을 모독하기까지 한다. 또한, 하나님이 우리가 원하는 것을 들어 주시지 않으면, 우리는 하나님이 우리에게 너무 가혹하시다고 생각한다. 사람의 능력으로는 도저히 헤아릴 수 없는 하나님의 섭리와 은밀한 심판들을 잡담거리와 희롱거리로 삼는 자들이 많고, 심지어 하나님의 거룩하고 신성한 이름까지도 종종 아주 심한 조롱거리가 되기도 한다. 요컨대, 세상 사람들 중 일부는 하나님의 거룩하심을 그들의 힘이 닿는 데까지 욕되게 한다는 것이다. 그러므로 그리스도께서 우리에게 가장 먼저 하나님의 이름이 이 세상에서 그 이름에 합당한 공경을 받게 하라고 명하신 것은 전혀 이상한 일이 아니다. 게다가, 하나님이 우리에게 그의 영광을 드높이는 일에 참여하라고 권하시는 것은 우리에게는 결코 작은 영광이 아니다.

마 6:10. 나라가 임하시오며. 헬라어 동사 '엘데토'(ἐλθέτω, "임하시오며")는 단순하지만, 우리가 "나라가 임하시오며"라는 읽기 대신에 옛 번역본에 나와 있는 것처럼 "나라가 도래하시오며"로 읽는다고 할지라도, 그 의미는 여전히 변하지 않는다. 우리는 먼저 하나님의 나라에 대한 정의를 살펴보지 않으면 안 된다. 사람들이 자발적으로 그들의 육체를 멍에 아래 두고 그들의 바라는 것들을 포기한 채로 하나님의 통치에 복종하는 상태가 되었을 때, 우리는 하나님이 사람들 가운데서 통치하신다고 말할 수 있다. 인간의 본성은 너무나 부패하고 타락되어 있기 때문에,

우리의 모든 정서와 감정들은 사탄의 군사들이 되어서, 하나님의 공의를 대적하여, 결과적으로 하나님의 통치를 가로막거나 방해하게 된다. 따라서 우리는 이 기도를 통해서, 하나님이 모든 장애물들을 제거하셔서, 모든 사람을 그의 통치 아래에 두시고, 그들을 이끌어 하늘의 삶을 묵상하게 해주시라고 간구하는 것이다.

이 일은 일부는 말씀이 전파됨으로써 이루어지고, 일부는 성령의 은밀한 능력에 의해서 이루어진다. 말씀으로 사람들을 다스리시는 것이 하나님의 뜻이지만, 내면에 역사하시는 성령의 능력이 더해지지 않는다면, 단순한 말씀으로는 사람들의 마음을 꿰뚫을 수 없기 때문에, 하나님의 나라가 세워지기 위해서는 이 두 가지가 서로 결합되어야 한다. 그러므로 우리는 온 세상이 기꺼이 하나님께 순복할 수 있도록, 하나님이 말씀과 성령을 통해서 그의 능력을 행하시기를 기도한다. 하나님의 나라는 모든 무질서(ἀταξία, '아탁시아') 및 혼돈과 반대된다. 왜냐하면, 하나님이 그의 손으로 사람들의 계획들과 성향들을 규율하시는 경우를 제외하고는, 이 세상 그 어디에서도 선한 질서는 발견되지 않기 때문이다. 이것으로부터 우리는 우리 속에서 하나님의 통치가 시작되면, 하나님은 우리로 하여금 새로워져서 또 다른 새로운 삶을 살게 하시기 위하여, 옛 사람을 멸하시고 우리 자신을 부인하게 만드신다는 결론을 얻는다.

하나님이 통치하시는 또 다른 방식이 있는데, 그것은 하나님이 "자기 원수들을 자기 발등상이 되게 하실 때까지"(히 10:13) 그들을 꺼꾸러뜨리고 정복하셔서, 사탄을 우두머리로 하는 그 원수들로 하여금 마지못해 그의 권세에 복종하지 않을 수 없게 만드실 때에 이루어지는 하나님의 통치이다. 이 기도의 요지는 하나님께서 그의 말씀의 빛으로 이 세상을 비추시고, 그의 성령의 감화력으로 사람들의 마음을 바꾸셔서 그의 공의에 복종하게 하시며, 세상에 존재하는 모든 무질서를 그의 능력의 은혜로운 역사(役事)를 통해서 질서로 회복시켜 주시라는 것이다. 하나님은 우리 육체의 소욕(所欲)들을 복속시키는 것으로 그의 통치를 시작하신다. 또한, 하나님의 "나라"는 세상 끝날까지 끊임없이 성장하고 진보하기 때문에, 우리는 그 "나라가 임하시기"를 날마다 기도하여야 한다. 왜냐하면, 죄악이 세상을 지배하고 있는 정도만큼, 온전한 의(義)를 가져다주는 하나님의 나라는 아직 임하지 않은 것이기 때문이다.

마 6:10. 뜻이 … 이루어지이다. 하나님의 뜻은 그 자체로만 본다면 하나이고 단순하지만, 성경에서는 두 가지 측면으로 우리에게 제시된다. 사람들이 아무리 완강하게 하나님을 대적하고자 애쓸지라도, 하나님이 그의 섭리에 의한 은밀한 계획들을 집행하실 때, 하나님의 뜻이 이루어졌다고 성경에서는 말한다. 그러나 여기에서 우리는 또 다른 의미에서 "하나님의 뜻이 이루어지이다"라고 기도하며, 모든 피조물들이 아무런 저항이나 주저함 없이 하나님께 복종하게 해주시라고 기도하라는 명령을 받는다. 이것은 "하늘에서 이루어진 것 같이"라는 대비(對比)에 의해서 더욱 분명해진다. 왜냐하면, 하늘에서 천사들이 하나님의 명령들을 집행할 준비를 늘 하고 있는 것(그런 까닭에, 천사들은 "여호와의 말씀을 행하며 그의 말씀의 소리를 듣는다"고 말해진다, 시 103:20)과 마찬가지로, 우리는 모든 사람이 하나님의 의(義)와 조화가 되는 방향으로 그들의 뜻을 정해 행하게 됨으로써, 하나님이 명하신 방향으로 순순히 행할 수 있게 되기를 바란다. 우리가 하나님의 뜻에 복종하고, 하나님의 명령들에 묵묵히 따르고자 하는 것이 거룩한 서원(pium votum)이라는 것은 의심의 여지가 없다. 그러나 이 기도는 그 이상의 의미를 담고 있다. 즉, 이 기도는 하나님이, 끊임없이 반역을 행하며 그를 대적하여 일어나는 사람들의 온갖 완악함을 제거하셔서, 그들을 온유하고 순종적인 자들이 되게 하시고, 그들이 하나님을 기쁘시게 해드리거나 하나님의 인정을 받는 일 외에는 다른 아무것도 원하거나 바라지 않게 해주시라는 기도이다.

그러나 우리가 세상 끝날까지 결코 존재하지 않을 것을 하나님께 구하는 것이 과연 마땅한가라는 반론이 제기될 수 있다. 나의 답변은 이것이다: 우리가 이 땅이 하나님의 뜻에 순종하게 해주시라고 기도할 때, 그것은 우리가 반드시 모든 개개인이 다 그렇게 되게 해주시라고 기도하는 것은 아니라는 것이다. 우리는 이와 같은 기도를 통해서, 우리가 하나님의 뜻에 반대되는 것들을 미워하고 후회하며, 그런 것들이 다 제거되기를 간절히 바란다는 것, 또한 바로 그런 바람이 우리의 모든 정서와 감정의 규범이 될 뿐만 아니라, 우리가 아무런 조건 없이 온전히 기쁜 마음으로 그런 일이 이루어지도록 하기 위하여 우리 자신을 드리고자 한다는 것을 분명하게 선언하는 것만으로 충분하다.

마 6:11. 오늘 우리에게 일용할 양식을 주시옵고. 내가 앞서 말했듯이, 그리스도께서 우리에게 제시하신 이 기도문 가운데서 이것은 두 번째 돌판에 속한 것이라고 할 수 있다. 나는 가르치기 편하도록 이러한 구분 방식을 채택하였다. 하나님을 예배하는 합당한 방식과 관련된 계명들은 율법의 첫 번째 돌판에 담겨 있고, 사랑의 의무들과 관련된 계명들은 두 번째 돌판에 담겨 있다. 또한, 이 기도문 속에서 우리 주님은 먼저 우리에게 하나님의 영광을 구하라고 가르치신 후에, 다음으로 두 번째 부분에서 우리가 우리 자신을 위하여 무엇을 구해야 하는지를 제시하신다. 그러나 우리가 주목해야 할 것은 우리가 우리의 구원을 위하여, 또는 우리 자신의 유익을 위하여 기도를 드릴 때에도, 우리는 이것을 궁극적인 규범으로 삼아야 한다는 것이다. 왜냐하면, 우리는 그 어떤 경우에도 하나님의 영광에 가장 좋은 자리를 내어드리는 것을 빼먹을 정도로, 오로지 우리 자신에게 유익이 되는 일에만 몰두해서는 안 되기 때문이다. 그러므로 우리는 기도할 때에 바로 기도의 이 궁극적인 목적으로부터 우리의 눈을 돌려서는 결코 안 된다.

하지만, 우리가 말한 두 종류의 간구 간에는 이러한 차이가 존재한다. 우리가 하나님의 나라와 하나님의 이름이 거룩히 여김을 받게 되는 것을 위하여 기도할 때, 우리의 눈은 우리 자신을 바라보지 말고 위를 향하여 오직 하나님께만 고정되어야 한다. 그런 후에, 우리는 우리의 눈을 내려서 우리 자신을 바라보고서, 우리 자신의 구원과 관련된 간구들을 오직 하나님만을 바라보았던 저 앞서의 간구들과 연결시킨다. 영혼이 몸보다 더 귀하기 때문에 죄사함이 양식보다 우선시되어야 하지만, 우리 주님은 이 땅에서의 삶에 꼭 필요한 양식으로부터 시작하여, 더 높은 차원으로 우리를 이끌어 가신다. 우리는 우리의 배를 채우기 위한 썩어질 양식이 영혼의 영원한 구원보다 더 귀하다고 생각하여서, 하나님과 화목하게 되기를 구하기 전에, 먼저 우리에게 일용할 양식을 주시라고 구하는 것이 결코 아니다. 우리가 그렇게 하는 것은 우리의 기도가 땅에서 하늘로 점차 단계적으로 밟아 올라가기 위한 것일 뿐이다. 하나님은 우리의 눈높이에 맞추어서 우리의 몸에 자양분을 공급하시는 일에 대하여 관심을 가지고 계시는 것이기 때문에, 하나님이 우리의 영적인 삶에 훨씬 더 큰 관심을 가지고 계신다는 것은 의심의 여지가 없다. 하나님이 이렇게 우리를 인자하고 온유하게 대하시는 모습을 보면, 하나님에 대한 우리의 신뢰는 더욱 높아질 수밖에 없다.

어떤 이들은 '톤 아르톤 헤몬 에피우시온'(τὸν ἄρτον ἡμῶν ἐπιούσιον, "우리의 일용할 양식")이라는 어구가 "우리의 초물질적인 양식," 즉 영적 양식을 의미하는 것이라는 견해를 제시한다. 이것은 너무나 터무니없는 해석이다. 에라스무스(Erasmus)가 제시하는 논거는 천박할 뿐만 아니라, 우리의 신앙과도 부합하지 않는다. 하나님이 우리에게 현세적인 복들을 맛보게 하심으로써 하늘에 속한 복들을 기대하도록 하기 위하여 이런 식의 가르침을 베푸신 것이 성경의 도처에서 발견됨에도 불구하고, 그는 우리가 기도를 통해서 하나님의 임재 앞으로 나아갈 때에 그리스도께서 우리에게 양식을 달라는 말을 입에 올리라고 명령하셨다고 보는 것은 있을 수 없는 일이라고 주장한다. 우리가 오직 하나님께만 모든 것을 구하고, 하나님이 모든 복의 유일한 원천이심을 시인할 뿐만 아니라, 하나님의 아버지로서의 인자하심은 우리의 아주 작은 일들에까지 미치기 때문에, 하나님은 우리의 몸을 돌보시는 일까지도 하찮게 여기지 않으신다는 것을 느낄 때, 그것은 진정으로 우리에게 믿음이 있음을 보여주는 참된 증거이다.

그리스도께서 여기에서 육신을 위한 양식에 대하여 말씀하고 계시다는 것은 쉽게 추론이 가능하다. 첫 번째 근거는, 만약 그런 것이 아니라면, 이 기도는 결함이 생겨서 불완전한 기도가 되고 만다는 것이다. 우리는 성경의 많은 구절들을 통해서, 우리의 모든 염려를 하나님께 맡기라는 명령을 받고, 하나님은 자비로우시게도 "여호와 하나님은 … 좋은 것을 아끼지 아니하실 것"(시 84:11)이라고 약속하신다. 그러므로 어떤 기도가 기도의 온전한 모범이 되려면, 현세의 삶에서 필요한 많은 것들과 관련된 내용이 거기에 포함되어 있지 않으면 안 된다. 게다가, '세메론' (σήμερον, "오늘")이라는 단어는 우리가 그 날에 꼭 필요한 것 이상으로 하나님께 구해서는 안 된다는 것을 의미한다. 왜냐하면, 우리가 땅의 양식에 무절제하게 탐닉하기 쉽다는 것을 아셔서, 이 단어를 통해서 하나님이 땅의 양식에 대한 우리의 욕구를 억제하고 올바른 방향으로 인도하고자 하셨다는 것은 의심의 여지가 없기 때문이다. 또한, 성경에서는 "떡"(개역에서는 "양식"으로 번역됨 – 역주)이라는 단어가 대유법(代喩法)으로 사용되는 일이 비일비재해서, 히브리인들은 "떡"이라는 단어를 통해서 온갖 종류의 양식을 가리키는 경우가 흔하다. 그러나 여기에서 이 단어는 한층 더 광범위한 의미를 지닌다. 왜냐하면, 우리는 하나님의 손길을 통해서 양식이 우리에게 공급되기를 구할 뿐만 아니라, 현세의 삶에서 필요한 모든 것을 받게 되기를 구하는 것이기 때문이다.

그 의미는 이제 분명하다. 우리는 먼저 하나님께서 이 세상에서 우리에게 주신 삶을 보호해 주시고 잘 양육해 주시라고 기도하고, 현세의 삶을 살아가는 데에는 많은 것들이 필요하기 때문에, 그 필요한 모든 것들을 우리에게 공급해 주시도록 기도하라는 명령을 받는다. 그리고 우리를 먹여 살리시기 위하여 하나님의 인자하심이 끊임없이 우리에게 흘러 들어오기 때문에, 하나님이 주시는 양식(또는, 떡)은 "끊임없이 주어지는" 양식이라고 불린다. 왜냐하면, 헬라어 형용사인 '에피우시오스'(ἐπιούσιος, "일용할")는 그런 식으로 번역될 수도 있기 때문이다. 이 단어는 우리에게 다음과 같은 간구를 떠올리게 해준다: "주님, 우리의 삶은 매일 새로운 것들을 공급받아야 하기 때문에, 주께서 우리에게 그러한 것들을 끊임없이 공급해 주시기를 기뻐하시기를 바라나이다." 조금 전에 말했듯이, "오늘"이라는 부사가 덧붙여진 것은 우리의 지나친 욕심을 억제하기 위한 것임과 동시에, 우리로 하여금 매 순간마다 하나님의 인자하심을 의지하고, 하나님이 "그 날 그 날" 우리에게 주시는 것으로 만족하여야 한다는 것을 우리에게 가르치시기 위한 것이다.

그러나 여기에서 한 가지 반론이 제기될 수 있다. 즉, 그리스도께서 모든 경건한 자들에게 동일하게 적용되는 기도의 규범을 주셨다는 것은 분명한 사실이다. 그런데, 경건한 자들 중에는 한 해의 소출을 창고에 쌓아 두고 있는 부자들도 있다. 그렇다면, 그리스도께서 그들에게 그들이 이미 가지고 있는 것을 구하라고, 즉 한 해 동안 쓸 것을 쌓아 두고 있는 자들에게 일용할 양식을 구하라고 명하시는 이유는 도대체 무엇인가? 그 대답은 간단하다. 이 간구는 하나님이 매일 우리를 먹이시지 않으신다면, 우리가 창고에 먹을 양식을 산더미처럼 쌓아 놓는다고 하여도, 그 양식은 우리에게 아무 소용이 없을 것임을 일깨워 주는 역할을 한다는 것이다. 우리에게 곡식과 포도주를 비롯해서 온갖 것들이 차고 넘치게 있다고 할지라도, 그것들이 하나님의 은밀한 축복에 의해서 촉촉이 적셔지지 않는다면, 그것들은 갑자기 사라져 버리거나, 우리가 그것들을 사용하지 못하게 되거나, 그것들이 우리에게 자양분을 공급하는 원래의 효능을 잃어버려서, 우리가 풍족함 가운데서 굶주리게 되는 일이 발생하게 될 것이다. 그러므로 그리스도께서 부자나 가난한 자를 가리지 않으시고, 그들에게 모두 그들이 필요로 하는 것들을 공급해 주시도록 그들의 천부(天父)께 구하라고 명하셨다고 해서, 그것을 이상하게 여길 이유는 전혀 없다. "배부름과 배고픔과 풍부와 궁핍에도 처할 줄 아는 일체의 비결을 배웠노라"(빌 4:12)고 말한 사도 바울의 모범을 따라서 자신의 가난이나 비천한 처지를 인내로써 견딜 줄 알게 되고, 자신의 풍족함을 의지하여 살아가는 잘못된 태도에 중독되지 않는 법을 배우게 되지 않고서는, 그 누구도 이와 같은 기도를 진실하게 드릴 수 없을 것이다.

우리가 "우리의 양식"이라고 말하면서, 그 양식을 우리에게 주시라고 구하는 이유는 무엇인가라고 묻는 사람이 있을 수 있다. 나의 답변은 이것이다. 즉, 그것이 "우리의 양식"이라 불리는 것은 그 양식이 원래부터 우리에게 속해 있기 때문이 아니라, 하나님이 아버지로서의 인자하심으로 인하여 그 양식을 우리의 몫으로 구별해 놓으셨기 때문이라는 것이다. 그것은 우리의 천부께서 우리에게 필요한 것들을 공급해 주시기 위하여 우리에게 거저 주시는 것이기 때문에 "우리의 것"이 된다. 양식을 얻기 위해서는, 밭을 갈아야 하고, 땅의 열매들을 거두어들이는 수고를 하여야 하며, 각 사람이 자신의 부르심을 따라 땀을 흘려야 한다는 것은 의심의 여지가 없다. 그러나 이 모든 것에도 불구하고, 우리가 하나님의 무조건적인 인자하심으로 인하여 먹고 산다는 사실에는 변함이 없다. 왜냐하면, 하나님의 인자하심이 작용하지 않는다면, 우리가 아무리 힘을 쓰고 애를 써도 헛수고가 되어, 우리는 양식을 얻을 수 없게 되기 때문이다. 따라서 성경에서는 우리가 우리 자신의 수고로 얻은 것 같이 보이는 것들이 사실인 즉은 하나님의 거저 주시는 선물이라고 가르친다. 마찬가지로, 우리가 이 말씀으로부터 추론할 수 있는 것은 하나님이 우리를 먹여 주시기를 바란다면 우리는 남의 것을 빼앗지 말아야 한다는 것이다. 왜냐하면, "하나님의 가르치심을 받은"(요 6:45) 모든 자들은 여기에 나오는 기도문을 따라 기도할 때마다, 그들이 그들 자신의 것 외에는 아무것도 욕심내지 않는다는 것을 선언하는 것이기 때문이다.

마 6:12. 우리 죄를 사하여 주시옵고. 여기에서 우리는 내가 조금 전에 말했던 것, 즉 그리스도께서는 자기 백성이 기도해야 할 것들을 열거하실 때에, 어느 것이 먼저 오고 어느 것이 뒤에 와야 하는지 그 순서를 고려하지 않으셨다는 것을 상기할 필요가 있다. 성경에는 우리의 죄가 우리로 하여금 하나님께 나아가는 것을 가로막는 벽이라거나(사 59:2), 하나님이 우리를 보지 못하게 가로막는 "구름"(사 44:22)이라고 기록되어 있고, "주께서 구름으로 자신을 가리사 (우리의) 기도가 상달되지 못하게 하시고"(애 3:44)라는 구절도 있다.

그러므로 우리는 언제나 죄사함으로 시작하지 않으면 안 된다. 왜냐하면, 우리가 하나님의 호의를 얻을 때에, 우리의 기도가 하나님의 응답을 받을 수 있는 것이라는 최초의 서광(曙光)이 우리 위에 비치기 때문이고, 우리가 하나님께 "용서받을" 수 있는 유일한 길은 하나님이 우리의 죄를 값없이 용서하시는 길뿐이기 때문이다(겔 16:63). 그리스도께서는 이 두 간구 속에 영혼의 영원한 구원 및 영적인 삶과 관련된 모든 것을 담으셨다. 왜냐하면, 이 두 간구는 우리의 모든 구원이 달려 있는 하나님의 언약의 두 가지 핵심이기 때문이다. 하나님은 "우리의 죄를 우리에게 돌리지 아니하시고"(고후 5:19) 우리로 하여금 값없이 그와 화목하게 하시고, 율법의 의(義)를 우리의 마음에 새기시기 위하여 성령을 약속하신다. 우리는 이 두 가지를 구하라는 명령을 받고 있는데, 둘 중에서 죄사함을 얻기 위한 기도가 먼저 나온다.

마태 본문에서는 죄가 "빚"이라는 단어로 표현되어 있는데, 이것은 죄는 우리를 하나님의 법정에 세워서 단죄를 받게 하여, 우리를 "빚진 자"로 만들기 때문이다. 아니, 죄는 우리를 하나님으로부터 철저히 소외시켜서, 죄사함 없이는 화평과 은총을 얻을 소망이 우리에게서 없어지기 때문이다. 바울이 "모든 사람이 죄를 범하였으매 하나님의 영광에 이르지 못하더니"(롬 3:23)라고 우리에게 말한 것이 이루어진 것은 "모든 입을 막고 온 세상으로 하나님의 심판 아래에 있게"(롬 3:19) 하기 위한 것이다. 왜냐하면, 하나님의 의(義)가 성도들 속에서 어느 정도 빛나기는 하지만, 그들이 육신에 둘러싸여 있는 동안에는, 그들은 죄의 짐 아래 놓여 있기 때문이다. 하나님의 긍휼하심을 필요로 하지 않을 정도로 순전한 자는 아무도 없기 때문에, 그 긍휼하심에 참여하고자 한다면, 우리는 우리의 참상(慘狀)을 깨달아야 한다. 이 세상에서 온갖 점과 흠에서 자유롭게 될 정도의 온전함에 이를 수 있다고 꿈꾸는 자들은 자신의 죄를 부인하는 자들일 뿐만 아니라, 그리스도를 부인하는 자들이고, 그리스도의 교회를 거부하는 자들이다. 왜냐하면, 그리스도께서 자신의 모든 제자들에게 죄사함을 얻기 위해 날마다 그에게로 나아오라고 명하실 때, 자기는 죄사함이 필요 없으므로 그럴 필요가 없다고 생각하는 자는 누구든지 제자들의 무리 속에 들지 못할 것이기 때문이다.

그런데, 그리스도께서 여기에서 우리에게 "탕감"(개역에서는 "죄사함")해 주실 것을 하나님께 구하라고 명하신 것은 세상 사람들이 자신의 빚을 갚고서 그 빚에서 벗어나는 변제 행위와 반대된다. 왜냐하면, 채권자는 빚을 변제 받았으면 더 이상 아무것도 요구하지 않고, 기꺼이 빚을 갚으라는 요구를 거두고서, "빚진 자"를 자유롭게 보내주는데, 세상 사람들은 그것을 "탕감" 받은 것이라고 하지 않기 때문이다. "도덕적 책임"(culpa)과 "법적 형벌"(poena)을 구별하려는 통속적인 견해는 여기에 적용될 여지가 없다. 왜냐하면, "빚"을 지는 것도 의심할 여지 없이 벌을 받게 될 소지(素地)를 안고 있기 때문이다. 우리의 빚이 거저 탕감을 받는다면, 모든 배상의 의무는 사라질 것임에 틀림없다. 누가는 빚을 "죄"라고 부르고 있지만, 누가 본문도 이것과 다른 의미를 지닐 수 없다. 왜냐하면, 하나님은 죄를 지었을 때에 마땅히 받아야 할 단죄(또는, 정죄)를 제거함이 없이 다른 방식으로 죄사함을 베푸시는 것이 아니기 때문이다.

마 6:12. 우리가 우리에게 죄 지은 자를 사하여 준 것 같이. 모든 미워하는 것으로부터 자유롭지 않은 자가 감히 하나님께 나아가서 죄사함을 구할 생각을 하지 못하도록 하기 위하여, 그리스도께서는 이 조건을 덧붙이신다. 그렇지만, 우리가 하나님께 구하는 죄사함은 우리가 다른 사람들에게 죄사함을 베푸느냐의 여부에 좌우되는 것이 아니다. 그리스도께서 이 조건을 덧붙이신 목적은 남들이 우리에게 저지른 죄들을 이런 식으로 사하여 주라고 권면하심과 동시에, 우리 자신도 그런 식으로 죄사함을 받을 수 있다는 확신을 인쳐 주시기 위한 것이다. 누가가 사용한 '카이 가르'(καὶ γὰρ, "왜냐하면 우리도")라는 어구 속에도 이것과 부합하지 않는 것은 아무것도 없다. 왜냐하면, 이것은 그리스도께서 우리가 죄사함을 받을 수 있는 근거를 제시하기 위한 것이 아니라, 단지 우리가 하나님과 화목하고자 한다면, 형제들에 대하여 어떤 마음을 품어야 하는지를 우리에게 일깨워 주기 위한 것이기 때문이다. 분명한 것은 하나님의 성령이 우리 마음을 다스린다면, 온갖 종류의 앙심이나 복수심은 우리 마음에서 추방되어야 마땅하다는 것이다. 성령은 "우리가 하나님의 자녀인 것을 증언하는" 증인이기 때문에(롬 8:16), 이것은 단지 하나님의 자녀와 외인(外人)들을 구별하기 위한 하나의 표지(標識)로 제시되고 있는 것이다. 여기에서 "빚진 자"(개역에서는 "죄 지은 자")는 우리에게 돈을 빚지거나 어떤 다른 봉사를 빚진 자가 아니라, 그들이 우리에게 저지른 죄들로 인하여 우리에게 빚을 지게 된 자들을 가리킨다.

마 6:13. 우리를 시험에 들게 하지 마시옵고. 어떤 이들은 이 간구를 두 개로 쪼개는데, 그것은 잘못된 것이다. 왜냐하면, 여기에서 다루어지는 주제의 성격에 비추어 보면, 이것이 하나의 동일한 간구라는 것이 분명해지기 때문이다. 또한, 단어들의 연결 관계도 그 점을 보여준다. 왜냐하면, 아우구스티누스가 지혜롭게 설명하듯이, "그러나"(개역에서는 "다만")라는 단어가 중간에 놓여서, 두 구절을 한데 연결시키고 있기 때문이다. 그러므로 우리는 이 문장을 "우리가 시험에 들지 않도록 우리를 악에서 구하시옵소서"라고 풀어 쓸 수 있고, 그 의미는 "우리가 사탄의 모든 공격에 맞서 끄덕도 하지 않을 수 있도록 하기 위하여, 우리는 우리 자신의 연약함을 인식하고, 하나님의 보호하심을 누리기를 원한다"는 것이다. 우리는 앞서의 간구로부터, 자신이 죄인임을 인정하지 않는 자는 누구도 그리스도인일 수 없다는 것을 보여주었는데, 마찬가지로 이 간구로부터는, 우리는 하나님으로부터 오는 힘을 덧입지 않고는 거룩한 삶을 살아갈 힘이 없다는 결론을 얻는다. 시험을 이기기 위하여 하나님의 도우심을 간구하는 자는 누구나 하나님이 그를 구해내지 않으시면 그가 끊임없이 넘어질 수밖에 없다는 것을 인정한다.

"시험"(tentatio)이라는 단어는 흔히 일반적으로 그 어떤 종류의 검증(probatio)에 대해서도 사용된다. 그러므로 하나님이 아브라함의 믿음을 검증하고자 하셨을 때도, 성경에서는 그것을 하나님이 "아브라함을 시험하셨다"(창 22:1)고 말한다. 우리는 역경에 의해서도, 형통함에 의해서도 시험을 받는다. 왜냐하면, 그 둘은 모두 이전에 감추어졌던 우리의 속내(affectus)를 드러내 주는 계기가 되기 때문이다. 그러나 여기에서 "시험"은 우리의 정욕을 부추기기 위한 마귀의 채찍(diaboli flagellum)이라고 불러야 마땅한 내적인 유혹(interior tentatio)을 가리킨다. 우리의 믿음을 검증하기 위해서 행해지는 모든 것들로부터 계속해서 우리를 자유롭게 해 달라고 하나님께 구하는 것은 어리석은 일일 것이다. 우리로 하여금 범죄하도록 부추기는 모든 악한 감정들은 "시험"(또는, 유혹)에 속한다. 우리의 마음속에서 그러한 가시들을 느끼는 것은 불가능하지 않지만(우리는 평생에 걸쳐서 육신과 끊임없이 싸워야 하기 때문에), 우리는 하나님께 우리가 시험들에 의해서 넘어지거나 휘둘리지 않게 해주시라고 구한다.

하나님이 그의 손으로 우리를 붙들고 계시지 않으면, 우리는 끊임없이 넘어지고 결국에는 파멸에 이르게 된다는 이 진리를 좀 더 분명하게 표현하시기 위해서, 그리스도께서는 '메 에이세넹케스'(μὴ εἰσενέγκης, "우리를 시험 속으로 이끌지 마옵소서," 또는 "우리를 시험 속으로 데려가지 마옵소서")라는 형태의 표현을 사용하셨다. 사도 야고보가 "오직 각 사람이 시험을 받는 것은 자기 욕심에 끌려 미혹됨이니"(약 1:14)라고 말한 것은 분명히 옳지만, 하나님은 우리의 정욕에 불을 붙이시기 위하여 우리를 사탄에게 넘기셔서 사탄의 뜻대로 하게 하실 뿐만 아니라, 사람들을 멸망으로 치닫게 하고자 하실 때에는 사탄을 하나님의 진노를 집행하는 자로 사용하기도 하시기 때문에, 우리는 하나님이 자신에게 특유한 방식으로 사람들을 "시험 속으로 이끄신다"고도 말할 수 있다. 동일한 의미에서 "여호와께서 부리시는 악령"이 사울을 사로잡았다거나 "번뇌하게" 하였다(삼상 16:14)고 말하는 것이 가능하고, 그 밖에도 성경에는 동일한 취지의 구절들이 많이 나온다. 그렇다고 해서, 우리는 하나님이 악의 원천이라고 말해서는 안 된다. 왜냐하면, "하나님께서 사람들을 그 상실한 마음대로 내버려 두시는"(롬 1:28) 것은 하나님이 제멋대로 폭정을

행하시는 것이 아니라, 그의 의로운 심판 — 우리가 그 이유를 알지 못한다고 하여
도 — 을 집행하시는 것이기 때문이다.

마 6:13. 악에서 구하시옵소서. "악"(πονηρού-포네루)이라는 단어는 중성으로 보
아서 악한 일을 뜻하는 것으로 해석할 수도 있고, 남성으로 보아서 악한 자를 의미
하는 것으로 해석할 수도 있다. 크리소스토무스(Chrysostomus)는 이 단어가, 모든
악을 궁리해 내는 자이자 우리의 구원의 치명적인 원수로서 우리를 끊임없이 공격
하는 마귀를 가리키는 것으로 본다. 그러나 이 단어가 죄를 가리키는 것으로 설명
하는 것도 마찬가지로 적절하다. 어느 쪽으로 해석해도, 하나님이 우리를 보호하
시고 건지시지 않으시면, 우리는 마귀와 죄에 의한 위험에 처해 있다는 거의 동일
한 의미가 도출되기 때문에, 이 문제를 놓고 굳이 논쟁을 벌일 필요는 없다.

마 6:13. 나라가 … 아버지께 … 있사옵나이다. 이 기도문의 나머지 내용과 아주
잘 부합하는 이 구절이 라틴어 역본들에서 생략되어 있는 것은 놀라운 일이다. 왜
냐하면, 이 구절은 단지 우리에게 하나님의 영광을 구하고자 하는 마음을 불붙이
고, 우리의 기도의 목적이 무엇인지를 우리에게 일깨워 주기 위한 목적이 아니라,
여기에서 우리에게 명령되고 있는 기도를 오직 하나님이라는 토대 위에 세워지게
하여서, 우리로 하여금 우리 자신의 공로를 의지하지 않아야 한다는 것을 우리에
게 가르치기 위한 목적에서 덧붙여진 것이기 때문이다.

¹⁴너희가 사람의 잘못을 용서하면 너희 하늘 아버지께서도 너희 잘못을 용서하시려
니와 ¹⁵너희가 사람의 잘못을 용서하지 아니하면 너희 아버지께서도 너희 잘못을
용서하지 아니하시리라(마 6:14-15).

²⁵서서 기도할 때에 아무에게나 혐의가 있거든 용서하라 그리하여야 하늘에 계신
너희 아버지께서도 너희 허물을 사하여 주시리라 하시니라(막 11:25).

여기에서는 그리스도께서 단지 "우리 죄를 사하여 주시옵고"라는 간구에 "우리
가 … 사하여 준 것 같이"라는 조건을 덧붙이신 이유를 설명해 주시는데, 그 이유는
우리가 우리에게 죄 지은 자들에게 기꺼이 용서를 베풀지 않으면, 하나님도 우리
의 기도를 기꺼이 들어주지 않으시리라는 것이다. 우리가 쇠보다 더 완악한 자
들이 아니라면, 이 권면은 우리의 마음을 부드럽게 만들어서, 우리 속에서 우리에

게 죄 지은 자들을 용서하고자 하는 마음이 생기게 만들 것임에 틀림없다. 하나님
이 우리의 많은 죄들을 날마다 용서하지 않으신다면, 우리는 벌써 헤아릴 수 없이
많은 방식으로 멸망을 당했을 것임을 안다. 하나님은 우리를 용서해 주시는 조건
으로, 우리가 우리에게 죄 지은 자들을 용서해 주라는 것만을 내거시고, 그 외의 다
른 조건들은 전혀 제시하지 않으신다. 남들이 그들에게 행한 해악들을 잊어버리기
를 거부하는 자들은 자원하여 의도적으로 그들 자신을 멸망에 빠뜨리는 것이고,
고의적으로 하나님이 그들을 용서하시는 것을 가로막는 것이다.

[16]금식할 때에 너희는 외식하는 자들과 같이 슬픈 기색을 보이지 말라 그들은 금식
하는 것을 사람에게 보이려고 얼굴을 흉하게 하느니라 내가 진실로 너희에게 이르
노니 그들은 자기 상을 이미 받았느니라 [17]너는 금식할 때에 머리에 기름을 바르고
얼굴을 씻으라 [18]이는 금식하는 자로 사람에게 보이지 않고 오직 은밀한 중에 계신
네 아버지께 보이게 하려 함이라 은밀한 중에 보시는 네 아버지께서 갚으시리라
(마 6:16-18).

　　그리스도께서는 다시 앞서의 가르침으로 되돌아가신다. 왜냐하면, 그는 구제와
기도에 있어서 헛되게 거짓으로 치장하고 외식하는 것을 책망하기 시작하시고 나
서, 계속해서 그 얘기를 더 진행시켜 나가시기 전에, 올바르게 기도하기 위한 규범
을 먼저 말씀하셨기 때문이다. 이제 그리스도께서 "기도"와 "구제"에 관하여 주신
것과 동일한 가르침을 자기 제자들에게 "금식"과 관련해서 주시는데, 그것은 사람
들에게 보여서 박수갈채를 받으려고 애쓰지 말고, 오직 하나님만을 그들을 보아
주시는 유일한 증인으로 삼아야 한다는 것이다. 여기에서 그리스도께서 "머리에
기름을 바르고 얼굴을 씻으라"고 명하신 것은 과장법적인 표현이다. 왜냐하면, 그
리스도께서는 우리를 또 다른 종류의 외식(外飾)으로 이끄시기 위하여, 한 종류의
외식(外飾)에서 우리를 이끌어 내시는 것이 아니기 때문이다. 여기에서 그리스도
께서는 우리에게 일부러 치장하여 잘 꾸미라고 명하시거나, 번지르르하게 기름을
바르고 좋은 옷을 입으라고 권하시는 것이 아니라, 단지 어떤 튀거나 가식적인 모
습을 보이지 말고 평소의 검소한 모습을 그대로 유지하라고 권하시는 것뿐이다.
요컨대, 금식을 행할 때에는 금식하는 티를 내지 말고 평상시대로 행하라는 것이
다. 그리스도께서 금식에 대하여 하나님으로부터 "상"이 있을 것이라고 약속하시

는데, 우리가 앞서 기도와 관련해서 말했듯이, 그러한 표현 방식은 엄밀하게 말해서 정확한 것은 아니다. 사실 기도와 금식은 큰 차이가 있다. 기도는 경건의 연습(pietatis officia)에서 최고의 자리를 차지하는 반면에, 금식은 의심스러운 구석이 있는 행위로서 구제와는 달리 하나님이 요구하시고 인정하시는 그러한 행위들의 부류에 속하지도 않는다. 금식은 그 자체로는 아무것도 아니기 때문에, 또 다른 선한 목적을 지향할 때에만, 즉 우리가 하나님의 법정에 설 것을 생각해서 절제를 훈련하고자 하거나, 육체의 정욕을 다스리고자 하거나, 간절히 기도할 힘을 얻고자 하거나, 우리의 회개의 증거를 보이고자 하는 것 등과 같은 목적이 수반될 때에만 하나님을 기쁘시게 해드릴 수 있다. 그리스도께서 여기에서 하신 말씀의 의미는 이런 것이다: "사람들이 아무도 보지 않는 곳에서 행하여져서 헛수고로 보였던 저 선한 행위들이 사실은 하나님이 보시고 기뻐하셨다는 것이 언젠가는 밝혀지게 될 것이다."

¹⁹**너희를 위하여 보물을 땅에 쌓아 두지 말라 거기는 좀과 동록이 해하며 도둑이 구멍을 뚫고 도둑질하느니라 ²⁰오직 너희를 위하여 보물을 하늘에 쌓아 두라 거기는 좀이나 동록이 해하지 못하며 도둑이 구멍을 뚫지도 못하고 도둑질도 못하느니라 ²¹네 보물 있는 그 곳에는 네 마음도 있느니라**(마 6:19-21).

³³**너희 소유를 팔아 구제하여 낡아지지 아니하는 배낭을 만들라 곧 하늘에 둔 바 다함이 없는 보물이니 거기는 도둑도 가까이 하는 일이 없고 좀도 먹는 일이 없느니라 ³⁴너희 보물 있는 곳에는 너희 마음도 있으리라**(눅 12:33-34).

마 6:19. 쌓아 두지 말라. 이 치명적인 전염병은 전 세계적으로 도처에서 횡행하고 있어서, 사람들은 부(富)를 축적하고자 하는 만족 줄 모르는 욕망에 미쳐 있다. 그리스도께서는 그들이 재물을 모으는 데에만 온통 정신이 팔려서, 그들의 재물을 "동록이 해하며 도둑질"당하도록 내버려 두는 우매한 짓을 행하고 있다고 책망하신다. 자신의 재산이 저절로 없어지거나 사람들에게 도둑질당하도록 내버려 두는 것보다 더 어이없는 일이 어디에 있을까? 그런데도, 실제로 탐욕스러운 자들은 그런 것을 생각하지 않는다. 그들은 그들의 재물을 안전한 금고에 넣고서 자물쇠를 채워둘 수는 있지만, 그 재물이 "도둑"이나 "동록"에 의해서 없어지는 것을 막을 수는 없다. 재물은 썩거나 도둑질당하거나 그 밖에도 무수한 사건이나 사고에 의해서 없어지기 쉬운 것인데다가, 특히 하나님이 우리를 위하여 "하늘에 보물을 쌓아 둘" 곳을 만들어 놓으시고는, 결코 없어지지 않는 부요함을 누리라고 우리를 인자하게 초청하시는데도, 그런 썩어 없어질 재물을 모으느라고 온갖 고생과 수고를 다하는 자들은 눈이 멀고 건전한 판단이 결여된 자들이라 아니할 수 없다.

마 6:20. 오직 너희를 위하여 보물을 하늘에 쌓아 두라. "보물을 하늘에 쌓아 두는" 자들은 이 세상의 덫과 올무들에 걸려서 휘말려드는 대신에, 하늘의 삶을 묵상하는 것을 그들의 일이자 관심거리로 삼는 자들이다. 누가 본문에는 "보물을 땅에 쌓아 두는" 것과 "하늘에 쌓아 두는" 것을 대비시키는 언급이 나오지 않고, "낡아지지 아니하는 배낭을 만들라"는 그리스도의 명령을 언급하는데, 이것은 누가가 그 직전에 "너희 소유를 팔아 구제하여"라고 말했었기 때문이다. 사람이 자신의 전 재산을 내놓는 것은 가혹하고 싫은 일이기 때문에, 그리스도께서는 그 불안을 덜어 줄 목적으로 대단한 보상이 있을 것이라는 소망을 제시하고 계시는 것이다. 솔로몬의 말에 의하면, 이 땅에서 가난한 형제들을 돕는 자들은 "그들 자신을 위하여 보물을 하늘에 쌓아 두는" 것이다: "가난한 자를 불쌍히 여기는 것은 여호와께 꾸어 드리는 것이니 그의 선행을 그에게 갚아 주시리라"(잠 19:17). 우리는 마치 그리스도인들이 자신을 위해서는 그 어떤 것도 소유해서는 안 된다는 듯이, 여기에서 "소유를 팔라"는 명령을 문자 그대로 해석해서는 안 된다. 그리스도께서는 단지 우리가 쉽게 마련할 수 있는 것들만을 가지고 가난한 자들을 돕는 데에 만족해서는 안 되고, 그런 것들로 가난한 자들의 궁핍을 해결하기에 부족한 경우에는 우리의 재산까지도 기꺼이 팔아서 구제할 생각을 하여야 한다는 것을 보여주고자 하신 것뿐이다. 이 말씀의 의미는 "너희가 조상으로부터 물려받은 재산을 팔고 너희의 땅을 처분해서라도 후히 나누어주고 구제하라"는 것이다.

마 6:21. 네 보물 있는 그 곳에는. 이 말씀을 통해서 그리스도께서는 "보물을 땅에 쌓아 두는" 자들은 불행한 자들이라는 것을 증명하시면서, 그들의 행복은 불확실하고 그 기간도 짧을 수밖에 없다는 사실을 그 근거로 제시하신다. 탐욕스러운 자들은 그들의 재물이 그들의 가슴속에서 천국을 바라는 마음이 숨쉬는 것을 가로막는 것은 아니라고 항변하지만, 그리스도께서는 그들의 말과는 정반대의 원리, 즉 어떤 사람이 어떤 곳에 가장 큰 행복이 있다고 믿는다면, 그 사람은 바로 그 곳에 둘러싸이게 되고 거기에 갇히게 된다는 원리를 제시하신다. 이것으로부터 도출되는 결론은 이 세상에서 행복을 추구하는 자들은 천국을 거부하게 된다는 것이다. 우리는 철학자들이 최고의 선(善)이 무엇인지를 밝히기 위해서 얼마나 세심하게 탐구를 해 왔는지를 안다. 그것은 그들이 혼신의 힘을 쏟은 가장 중요한 주제였고, 또한 그들이 그렇게 한 것은 옳은 일이었다. 왜냐하면, 그것은 우리의 삶 전체를 어떤 식으로 살아가야 하는지를 결정짓는 원리이고, 우리의 모든 감각이나 인식이 지향하는 최고의 목적이기 때문이다. 명예를 최고의 선이라고 여기는 자들의 마음은 야망으로 가득 차 있을 수밖에 없고, 돈을 최고의 선으로 삼는 자들의 마음은 즉시 탐욕이 지배하게 될 것이며, 쾌락이나 즐거움을 최고의 선으로 삼는 자들은 짐승 같은 방탕한 삶에 빠지지 않는 것이 불가능할 것이다. 우리 모두에게는 행복을 추구하고자 하는 자연스러운 욕구가 존재하기 때문에, 우리는 우리에게 행복을 가져다 줄 것이라고 생각되는 갖가지 거짓된 환상들에 속아서 온갖 잘못된 길로 빠지게 되는 것이다. 그러나 우리의 행복이 하늘에 있다는 것을 정직하고 견고하게 확신한다면, 우리가 세상을 짓밟고 세상적인 복들(대다수들의 사람들은 이 세상적인 복들의 기만적인 매력들에 홀려 있다)을 멸시하는 가운데에 우리의 마음을 들어서 천국을 바라보는 것은 쉬운 일이 된다. 이런 이유로, 바울은 믿는 자들에게 위를 바라보라고 격려하고, 하늘의 삶을 묵상하라고 권면하기 위해서, 그들 앞에 그리스도를 제시해 보이며, 오직 그리스도 안에서만 온전한 행복을 찾아야 한다고 그들에게 말하고(골 3:1), 그들의 심령으로 하여금 이 땅을 기어 다니게 만드는 것은, "보물"이 "하늘에" 있는 자들에게 합당치 않고 어울리지 않는다고 분명하게 선언한다.

²²눈은 몸의 등불이니 그러므로 네 눈이 성하면 온 몸이 밝을 것이요 ²³눈이 나쁘면 온 몸이 어두울 것이니 그러므로 네게 있는 빛이 어두우면 그 어둠이 얼마나 더하겠느냐 ²⁴한 사람이 두 주인을 섬기지 못할 것이니 혹 이를 미워하고 저를 사랑하거나 혹 이를 중히 여기고 저를 경히 여김이라 너희가 하나님과 재물을 겸하여 섬기지 못하느니라(마 6:22-24).

³⁴네 몸의 등불은 눈이라 네 눈이 성하면 온 몸이 밝을 것이요 만일 나쁘면 네 몸도 어두우리라 ³⁵그러므로 네 속에 있는 빛이 어둡지 아니한가 보라 ³⁶네 온 몸이 밝아 조금도 어두운 데가 없으면 등불의 빛이 너를 비출 때와 같이 온전히 밝으리라 하

시니라 ¹³집 하인이 두 주인을 섬길 수 없나니 혹 이를 미워하고 저를 사랑하거나 혹 이를 중히 여기고 저를 경히 여길 것임이니라 너희는 하나님과 재물을 겸하여 섬길 수 없느니라(눅 11:34-36; 16:13).

마 6:22. 눈은 몸의 등불이니. 앞에서 이미 잠깐 얘기했듯이, 여기에 나오는 것들은 하나의 연속된 강론이 아니라, 별개의 문장들을 모아 놓은 것임을 우리는 기억하여야 한다. 이 말씀의 요지는 사람들은 부주의(不注意) 또는 아무 생각 없이 살아가기 때문에, 즉 그들의 눈을 마땅히 그 눈이 보아야 할 바로 그 대상에 고정해야 함에도 불구하고 그렇게 하지 않기 때문에 잘못 된다는 것이다. 왜냐하면, 사람들이 너무나 창피스러울 정도로 방황하거나, 사지(死地)로 돌진하거나, 걸려 넘어지게 되는 것은 그들이 하나님의 의(義)가 아니라 그들 자신의 정욕을 좇기로 선택하여 그들의 판단력을 타락시킴으로써, 그들의 삶을 규율하는 데에 필요한 이성의 빛을 꺼버렸을 뿐만 아니라, 그 빛을 어둠으로 완전히 바꾸어 놓은 결과이기 때문이다.

그리스도께서는 "눈"을 "몸의 등불"이라고 하실 때에, 사람이 걸을 때에 그를 인도하는 역할을 하는 것은 손이나 발이나 배가 아니고, 오직 눈만이 몸의 나머지 모든 지체들에 대하여 인도자 역할을 충분히 할 수 있다는 것을 보여주는 비유를 사용하신다. 손과 발이 제대로 방향을 잡지 못하고 어리석고 부적절하게 움직인다면, 그 책임과 비난은 자신의 본분을 다하지 못한 눈에게로 돌아갈 수밖에 없다. 우리는 이제 이 비유를 마음에 적용하여야 한다. 사람의 감정(affectus)은 그 하나하나가 마음의 지체(肢體)라고 할 수 있지만, 그것들 자체는 맹목(盲目)이기 때문에, 방향을 잡아주는 것이 필요하다. 하나님은 "등불"이 사람에게 길을 밝혀 주는 역할을 하는 것처럼 그 감정들을 인도하도록 사람에게 이성을 주셨다. 그러나 그 결과는 대체로 무엇이었는가? 사람들에게 주어졌던 모든 건전한 판단력은 바로 그 사람들 자신에 의해서 타락하고 왜곡되어서, 사람들 속에는 단 한 줄기의 빛도 남아 있지 않다.

"눈이 성하다"는 것은 눈에 반점(斑點)이나 병적인 체액(體液), 또는 그 밖의 다른 결함이 없는 것을 의미하고, "눈이 나쁘다(πονηρὸν-포네론)"는 것은 눈에 병이 있다는 것을 의미한다. "몸이 밝다"는 것은 몸이 빛을 받아 밝아져서 그 모든 행위들이 적절하게 규율되고 있다는 것을 의미하고, "몸이 어둡다"는 것은 몸이 그 혼란스러운 움직임으로 말미암아 많은 잘못을 범하게 되는 것을 의미한다. 그러므

로, 앞에서 이미 말했듯이, 우리는 이 말씀이 사람들이 부주의하고 무심하여 그들
의 눈을 활짝 떠서 그들의 감정들을 인도해 나가는 것을 게을리하는 것을 책망하
는 말씀이라는 것을 알게 된다.

교황주의자들이 이 구절로부터 추론해 내는 것, 즉 사람들은 선악을 자유롭게
택할 수 있을 만큼의 이성과 지혜를 소유하고 있다는 그들의 주장은 시시하기 짝
이 없다. 왜냐하면, 그리스도께서는 여기에서 우리가 어떤 능력을 소유하고 있는
지가 아니라, 우리의 눈을 어떤 대상에 고정시키고서 걸어야 하는지를 우리에게
알려주시면서, 아울러 인간의 삶 전체가 어두운 것은 합당한 대상을 좇는 자는 아
무도 없고 모두가 다 악한 것을 열심히 추구하기 때문임을 보여주시는 것이기 때
문이다. 사람들은 악덕과 미덕을 구별할 수 있는 이성을 소유한 채로 태어난다는
것을 나도 인정하지만, 내가 말하고자 하는 것은 그 이성은 죄에 의해서 너무나 타
락하여 제 역할을 하지 못하고 사사건건 실패하고 만다는 것이다. 따라서 사람들
은 그들에게 주어지는 빛을 피하기 위하여 그들의 눈을 감아 버리고서, 의도적으
로 그들 자신의 정욕을 따라 행함으로써, 스스로 어둠을 불러들인다고 할 수 있다.

마 6:23. 네게 있는 빛이 어두우면. "빛"은 아담의 타락 이래로 사람들 속에 여전
히 존재하는 저 이성의 편린(片鱗)을 가리키고, "어둠"은 추악하고 짐승 같은 감정
들을 가리킨다. 그 의미는 사람들이 수치스럽게도 짐승 같이 더러운 악들 속에서
뒹군다고 해서, 우리는 그것을 이상하게 여겨서는 안 된다는 것이다. 왜냐하면, 사
람들에게는 육체의 맹목적이고 어두운 정욕들을 제어할 수 있는 이성이 없기 때문
이다. 사람들이 육체의 악한 정욕들로 하여금 그들의 이성의 판단력을 압도하도록
허용할 뿐만 아니라, 그들의 마음을 악한 생각들에 내어주어서 짐승으로 타락할
때, "빛"이 "어둠"으로 변했다고 말한다. 왜냐하면, 우리는 사람들이 그들에게 주어
진 아주 적은 분량의 지혜도 영악함으로 바꾸는 일을 얼마나 악하게 잘 행하고, "자
기의 계획을 여호와께 깊이 숨기려"(사 29:15) 얼마나 깊이 땅을 파며, 그들 자신의
힘과 자원을 의지하여서 하나님을 공개적으로 모욕하는 일을 얼마나 잘 하는지,
즉 한 마디로 말해서, 얼마나 사람들이 그들의 능력을 갖가지 방식으로 과시하고
자 애를 씀으로써 그들 자신의 멸망을 자초하고 있는지를 알기 때문이다. 그러므
로 그리스도께서 사람들이 보고자 하지 않는 쪽을 선택할 때에 사람들의 삶은 저
두텁고 무시무시한 어둠의 지배를 받을 수밖에 없다고 선언하신 것은 지극히 합당
하다.

누가 본문은 마태 본문과는 약간 다르게, 그리스도께서 현재의 이 말씀을 앞에 나온 말씀, 즉 "사람이 등불을 켜서 말 아래에 두지 아니하고"(마 5:15)라는 말씀과 연결시키시고, 또한 "네게 있는 빛이 어두우면"이라는 이 구절 대신에 "네 속에 있는 빛이 어둡지 아니한가 보라"고 권면하신 것으로 되어 있지만, 그 의미는 동일하다. 즉, "등불처럼 빛을 밝혀서 네 모든 행위를 인도해야 마땅한 네 마음이 너의 삶 전체를 어둡게 하고 잘못 인도하지 않도록 조심하라"는 것이다. 누가 본문에서 그리스도께서는 눈으로 인해서 "몸이 밝아지면," 마치 "등불의 빛"이 방안의 구석구석을 다 비추듯이, 몸의 모든 지체들이 가장 정상적으로 움직이게 될 것이라는 말씀을 덧붙이신다.

마 6:24. 한 사람이 두 주인을 섬기지 못할 것이니. 그리스도께서는 자기 제자들에게서 탐심을 물리치는 것이 목적이었던 앞서의 가르침으로 되돌아가신다. 그는 앞서 사람의 마음은 그 사람이 "보물"로 여기는 것에 묶이고 고정된다고 말씀하셨었는데, 이제 여기에서는 재물에 눈이 먼 자들의 마음은 하나님으로부터 떠날 수밖에 없다는 경고를 주신다. 왜냐하면, 대다수의 사람들은 하나님과 그들 자신의 정욕을 둘 다 섬기는 것이 가능하다는 생각이 들면, 기만적인 이중성을 통해서 그들 자신을 만족시키는 데에 익숙하기 때문이다. 그리스도께서는 사람이 하나님을 섬김과 동시에 자신의 육체를 섬기는 것은 불가능하다고 단언하신다. "한 사람이 두 주인을 섬길 수 없다"는 말은 격언으로 널리 사용되고 있었을 것임에 틀림없다. 그리스도께서는 보편적으로 받아들여지고 있던 진리를 당연한 것으로 여기시고서, 그것을 그가 지금 다루고 계신 주제에 적용하신다: 재물이 어떤 사람의 마음에 대한 지배권을 장악하고 있다면, 하나님은 거기에서 그의 권세를 이미 잃으신 것이다. 사실, 부자들이 하나님을 섬기는 것이 불가능하지는 않지만, 자기 자신을 재물의 노예로 내어준 자는 하나님을 섬기는 것을 포기하지 않을 수 없다. 왜냐하면, 탐심은 우리를 마귀의 노예로 만들기 때문이다.

나는 누가가 다른 경우에 말한 것을 여기에 집어넣었다. 왜냐하면, 복음서 기자들은 흔히 기회가 될 때마다 우리 주님의 강론들 중에 나오는 여러 구절들을 그 원래의 순서나 위치와는 상관없이 소개하고 있기 때문에, 우리는 그 구절들의 배열이나 위치에 신경을 쓸 필요가 없기 때문이다. 그리스도께서 여기에서 특별히 재물과 관련하여 하신 말씀은 온갖 종류의 악(惡)에도 그대로 적용될 수 있다. 하나님은 도처에서 오로지 한 마음을 지니고서 진실하게 행하는 것을 칭찬하시고 "두 마음"을 품는 것을 미워하신다고(대상 12:33; 시 12:2) 분명하게 선언하고 계시기 때문에, 하나님이 사람의 마음의 절반으로 만족하실 것이라고 상상하는 자들은 모두 스스로 속고 있는 것이다. 사람들은 모두 말로는 마음을 온전히 드리지 않는다면 그것은 하나님에 대한 참된 예배가 아니라고 고백하지만, 실제로는 그들의 말과는 달리, 그들의 삶 속에서는 서로 모순되는 것들을 조화시키고자 애쓴다. 야심이 있는 자는 "나는 내 마음의 상당 부분을 명예를 좇는 일에 바치기는 하지만, 하나님을 섬기는 일을 그치지 않을 것이다"라고 말한다. 탐욕스러운 자들, 쾌락에 빠져 있는 자들, 먹기를 탐하는 자들, 음행을 저지르는 자들, 잔인한 자들도 모두 그들 나름대로 그들 자신을 위하여 동일한 변명을 늘어놓는다. 마치 하나님을 대적하여 공개적으로 싸움을 벌이고 있는 자들이 부분적으로는 하나님을 섬기는 일에 쓰임받는 것이 가능하다는 듯이 말이다. 물론, 믿는 자들이라고 할지라도 육체의 죄악 된 욕구들로 말미암아 결코 하나님께 온전히 순종할 수는 없다는 것은 사실이다. 그러나 그들이 이 비참한 속박 아래에서 신음하면서, 그런 그들 자신을 못마땅해하면서도, 어쩔 수 없이 마지못해 육체를 섬긴다고 해서, 우리는 그것을 "두 주인을 섬긴다"고 말하지 않는다. 왜냐하면, 하나님은 그들의 본심과 고군분투하는 모습을 인정하셔서, 그들이 그에게 온전한 순종을 드리고 있는 것으로 보아주시기 때문이다. 이 구절은 마치 "빛"과 "어둠"을 조화시킬 수 있다는 듯이 아무렇지도 않게 죄악을 즐기는 자들의 외식(外飾) 또는 위선을 책망하는 말씀이다.

[25]그러므로 내가 너희에게 이르노니 목숨을 위하여 무엇을 먹을까 무엇을 마실까 몸을 위하여 무엇을 입을까 염려하지 말라 목숨이 음식보다 중하지 아니하며 몸이 의복보다 중하지 아니하냐 [26]공중의 새를 보라 심지도 않고 거두지도 않고 창고에 모아들이지도 아니하되 너희 하늘 아버지께서 기르시나니 너희는 이것들보다 귀하지 아니하냐 [27]너희 중에 누가 염려함으로 그 키를 한 자라도 더할 수 있겠느냐 [28]또 너희가 어찌 의복을 위하여 염려하느냐 들의 백합화가 어떻게 자라는가 생각하여 보라 수고도 아니하고 길쌈도 아니하느니라 [29]그러나 내가 너희에게 말하노니 솔로몬의 모든 영광으로도 입은 것이 이 꽃 하나만 같지 못하였느니라 [30]오늘 있다가 내일 아궁이에 던져지는 들풀도 하나님이 이렇게 입히시거든 하물며 너희일까 보냐 믿음이 작은 자들아(마 6:25-30).

[22]또 제자들에게 이르시되 그러므로 내가 너희에게 이르노니 너희 목숨을 위하여 무엇을 먹을까 몸을 위하여 무엇을 입을까 염려하지 말라 [23]목숨이 음식보다 중하고 몸이 의복보다 중하니라 [24]까마귀를 생각하라 심지도 아니하고 거두지도 아니하며 골방도 없고 창고도 없으되 하나님이 기르시나니 너희는 새보다 얼마나 더 귀하냐 [25]또 너희 중에 누가 염려함으로 그 키를 한 자라도 더할 수 있느냐 [26]그런즉 가장 작은 일도 하지 못하면서 어찌 다른 일들을 염려하느냐 [27]백합화를 생각하여 보라 실도 만들지 않고 짜지도 아니하느니라 그러나 내가 너희에게 말하노니 솔로몬의 모든 영광으로도 입은 것이 이 꽃 하나만큼 훌륭하지 못하였느니라 [28]오늘 있다가 내일 아궁이에 던져지는 들풀도 하나님이 이렇게 입히시거든 하물며 너희일까보냐 믿음이 작은 자들아(눅 12:22-28).

이 강론 전체에 걸쳐서, 그리스도께서는 사람들이 먹는 것과 입는 것을 놓고 지나치게 염려하며 스스로를 괴롭히는 것을 책망하심과 동시에, 이 병을 치료하기 위한 처방을 제시하신다. 그리스도께서 사람들에게 "염려하지 말라"고 명하셨다고 해서, 우리는 마치 그리스도께서 자기 백성에게서 모든 걱정과 근심을 다 제거하시고자 하셨다는 듯이 이 말씀을 문자 그대로 해석해서는 안 된다. 우리는 사람들이 어느 정도 걱정과 근심을 할 수밖에 없는 조건을 지니고서 태어났다는 것을 안다. 그리고 사실, 이것은 하나님이 우리를 낮추시기 위하여 우리에게 벌(罰)로 가하신 참상(miseria) 중의 적지 않은 부분을 차지한다. 그러나 지나친 염려는 두 가지 이유로 인해서 단죄되는데, 그 중 하나는 지나친 염려라는 것은 사람들이 합당한 정도 이상으로, 또는 그들의 부르심이 요구하는 것보다 더 심하게 염려를 함으로써 쓸데없이 자기 자신을 괴롭히는 것이기 때문이고, 다른 하나는 지나친 염려라는 것은 사람들이 그들 자신이 마땅히 행하여야 하는 한도를 뛰어넘어서 더 많은 것을 행할 수 있다고 주장하며, 그들 자신의 노력과 분투를 지나치게 의지함으로써, 하나님의 이름을 부르는 것을 소홀히 하는 것이기 때문이다. 우리는 다음과 같은 약속을 기억하여야 한다: 믿지 않는 자들은 "일찍이 일어나고 늦게 누우며 수고의 떡을 먹을지라도," 믿는 자들은 하나님의 인자하심으로 말미암아 쉴 수 있고 잘 수 있게 되리라는 것이다(시 127:2). 하나님의 자녀들이라고 해서 수고와 염려로부터 자유로운 것은 아니지만, 정확히 말하자면, 하나님의 자녀들은 삶에 대하여 염려하는 것이 아니다. 왜냐하면, 그들은 하나님의 섭리를 믿고 의지함으로 인해서 평안과 안식을 누리며 살아가기 때문이다.

그러므로 우리가 "먹을 것"에 대하여 어느 정도나 "염려하여야" 하는지를 아는 것은 쉽다. 우리는 각자 하나님의 부르심이 요구하고 하나님이 명령하시는 정도만큼 수고하여야 하고, 우리 자신의 결핍들로 인하여 하나님의 이름을 부르게 되어야 마땅하다. 이러한 염려는 별 생각 없이 무심하게 살아가는 것과 믿지 않는 자들이 쓸데없는 근심으로 스스로를 죽이는 것 간의 중간 정도의 것이다. 그러나 그리스도의 말씀에 적절한 주의를 기울이면, 우리는 그가 온갖 종류의 염려를 금하시는 것이 아니라, 오직 불신(不信)으로부터 생겨나는 염려만을 금하고 계시다는 것을 발견하게 될 것이다. 그는 "무엇을 먹을까 무엇을 마실까 … 염려하지 말라"고 말씀하시는데, 이것은 마치 매 순간마다 먹을 것이 없다는 듯이 가난이나 굶주림을 두려워하여 떠는 자들이 하는 염려이다.

마 6:25. 목숨이 음식보다 중하지 아니하며. 이것은 큰 것을 들어서 작은 것을 말하는 논증 방식이다. 그리스도께서는 그들에게 어떻게 살아가야 할지에 대하여 지나치게 염려하지 말라고 명하셨었는데, 이제 여기에서는 그 이유를 제시하신다. 목숨 자체를 주신 하나님은 목숨을 부지하는 데에 필요한 것들이 우리에게 결핍되도록 그냥 놔두지 않으시리라는 것이다. 우리가 마치 하나님에 의해서 이 땅에 내팽개쳐지기라도 했다는 듯이, 하나님이 우리에게 꼭 필요한 음식이나 의복을 주실 것임을 믿지 않는 것은 분명히 하나님에 대한 결코 작지 않은 모욕이다. 우리에게 목숨을 주신 분이 우리의 처지를 너무나 잘 알고 계시리라는 것을 온전히 확신하는 자는 그분이 우리에게 필요한 것들을 차고 넘치게 공급해 주시리라는 것에 대하여 전혀 의심을 품지 않을 것이다. 먹을 것과 관련된 어떤 두려움이나 염려가 우리를 사로잡을 때마다, 우리는 하나님은 그가 우리에게 주신 목숨을 반드시 돌보아 주실 것임을 기억하여야 한다.

마 6:26. 공중의 새를 보라. 이것이 내가 앞에서 말한 처방인데, 그것은 우리에게 하나님의 섭리를 의지하라고 가르치는 것이다. 왜냐하면, 정도를 벗어난 온갖 염려의 어머니는 불신앙이기 때문이다. 탐심을 고치기 위한 유일한 치료책은 우리를 돌보시겠다고 보증하시는 하나님의 약속들을 받아들이는 것이다. 마찬가지로, 사도도 믿는 자들에게서 탐심을 제거하기 위해서, "돈을 사랑하지 말고 있는 바를 족한 줄로 알라 그가 친히 말씀하시기를 내가 결코 너희를 버리지 아니하고 너희를 떠나지 아니하리라 하셨느니라"(히 13:5)고 말함으로써, 이 점을 재확인해 준다. 이 권면의 요지는, 하나님은 자기 백성 중에서 그 처지가 아무리 비천한 자일지라도 그 사람을 무시하고 돌보지 않으시는 분이 결코 아니시기 때문에 우리는 하나님을 신뢰하여야 한다는 것이다.

마 6:26. 너희 하늘 아버지께서 기르시나니. 우리는 이 말씀을 세심하게 주목할 필요가 있다. 왜냐하면, 우리는 "새들"이 어떻게 목숨을 부지하는지를 설명할 수 없으면서도, 새들의 목숨이 하나님의 섭리에 달려 있고, 하나님은 그의 섭리를 새들에게까지 뻗치시는 것을 기뻐하신다고 생각해 본 자가 우리 중에 아무도 없을 것이기 때문이다. 그러나 "새들"이 하나님의 손길에 의해서 먹을 것을 공급받는다는 사실이 우리의 마음속에 확고하게 자리를 잡게 되면, 하나님의 형상을 따라 지음받은 데다가 하나님의 자녀로 여김을 받는 우리에게도 하나님이 그렇게 해주실 것임을 기대하는 데에 아무런 어려움이 없게 될 것이다.

마 6:26. 심지도 않고 거두지도 않고. 이 말씀을 통해서 우리에게 게으르고 나태하라고 격려하시는 것이 우리 주님의 의도가 아니라는 것은 너무나 자명하다. 그가 의도하신 것은 동물들이 하나님의 섭리로 말미암아 그들이 필요로 하는 모든 것을 차고 넘치게 공급받는 것을 생각할 때에 다른 모든 수단들이 다 실패한다고 할지라도 오직 하나님의 섭리만으로 우리에게는 충분하다는 것이다.

누가는 "새들"(τὰ πετεινὰ-타 페테이나)이라는 단어 대신에 "까마귀들"(τοὺς κόρακας -투스 코라카스)이라는 단어를 사용하는데, 이것은 아마도 하나님을 부르는 "까마귀 새끼에게 먹을 것을 주시는도다"(시 147:9)라는 시편의 구절을 간접인용한 것으로 보인다. 어떤 이들은 이 시편에서 다윗은 까마귀들은 태어나자마자 부모에 의해서 버림을 받아서 하나님에 의해서 길러질 수밖에 없다는 사실을 알고 있었기 때문에 "까마귀들"을 명시적으로 언급한 것이라고 생각한다. 이것으로부터 분명한 것은 그리스도께서는 자기 백성에게 그들의 모든 염려를 하나님께 맡기라는 것 외에 그 이상을 의도하지 않으셨다는 것이다.

마 6:27. 너희 중에 누가 염려함으로 … 여기에서 우리 주님은 거의 언제나 먹을 것에 관한 지나친 염려와 연결되어 있는 또 다른 잘못을 단죄하시는데, 그것은 유한한 인간이 자신이 행하여야 하는 것 이상의 것을 할 수 있다고 주장하며, 자신의 한계를 뛰어넘는 일을 서슴지 않는 신성모독적인 무모함을 보이는 것이다. 예레미야는 "여호와여 내가 알거니와 사람의 길이 자신에게 있지 아니하니 걸음을 지도함이 걷는 자에게 있지 아니하니이다"(렘 10:23)라고 말한다. 자신의 노력과 능력으로 뭔가를 할 수 있다고 생각하지 않는 자는 백 명 중에서 한 명을 만나기도 힘들다. 그리고 뭔가를 자기가 할 수 있다고 생각하여 자기를 의뢰하는 자들은 어떤 일을 할 때에 서슴없이 하나님을 도외시하고 그들의 안중에 두지 않는다. 이러한 광기어린 경솔함과 무분별함을 다스리시기 위하여, 그리스도께서는 우리의 목숨을 부지하는 데에 필요한 모든 것들을 얻는 일은 전적으로 하나님의 축복에 달려 있다는 것을 우리에게 가르쳐 주신다. 그 의미는 이런 것이다: "하나님이 우리를 축복해 주시지 않는 한, 우리의 모든 수고는 쓸데가 없고 열매를 맺지 못하며, 우리의 모든 염려는 아무 소용이 없기 때문에, 우리가 우리의 수고와 염려로 혼자 애쓰고 괴로워하는 것은 어리석은 짓이다." 누가는 "가장 작은 일도 하지 못하면서 어찌 다른 일들을 염려하느냐"고 말함으로써, 이 점을 더 분명하게 표현한다. 이 말씀은 그리스도께서 불신(不信)만이 아니라, 자신의 능력을 과도하게 신뢰하는 교만도 책망하고 계시다는 것을 분명하게 보여주신다.

마 6:29. 솔로몬의 모든 영광으로도. 이것은 풀과 꽃들 속에서 영화롭게 드러나는 하나님의 자비하심은 사람들이 그들의 부와 권력으로, 또는 그 어떤 다른 방식으로 이룰 수 있는 모든 것을 훨씬 능가한다는 것을 의미한다. 믿는 자들은 그들이 계속해서 오직 하나님의 축복을 누리기만 한다면, 다른 모든 수단들이 다 실패한다고 할지라도, 그들에게는 그들이 온전히 만족하는 데에 필요한 것이 하나도 부족함이 없으리라는 것을 확신하여야 한다.

마 6:30. 믿음이 작은 자들아. 이 점에 있어서 그리스도께서 우리의 믿음이 결핍되어 있다거나 약하다고 책망하신 것은 합당하다. 왜냐하면, 우리가 땅에 밀착된 우리 자신의 관점과 생각으로 말미암아 현세의 삶에 관한 염려에 의해서 더 강력한 영향을 받으면 받을수록, 모든 일이 우리의 바라는 대로 되지 않는 경우에, 우리는 우리의 불신앙을 더욱더 드러내 보이게 되기 때문이다. 그러므로 모든 일이 잘 되고 형통할 때에는 꽤 좋은 믿음이 있는 것처럼 보이다가도 현실적으로 가난의 위험이 닥쳐오면 두려워 떠는 사람이 많다.

[31]그러므로 염려하여 이르기를 무엇을 먹을까 무엇을 마실까 무엇을 입을까 하지 말라 [32]이는 다 이방인들이 구하는 것이라 너희 하늘 아버지께서 이 모든 것이 너희에게 있어야 할 줄을 아시느니라 [33]그런즉 너희는 먼저 그의 나라와 그의 의를 구하라 그리하면 이 모든 것을 너희에게 더하시리라 [34]그러므로 내일 일을 위하여 염려

하지 말라 내일 일은 내일이 염려할 것이요 한 날의 괴로움은 그 날로 족하니라(마 6:31-34).

[29]너희는 무엇을 먹을까 무엇을 마실까 하여 구하지 말며 근심하지도 말라 [30]이 모든 것은 세상 백성들이 구하는 것이라 너희 아버지께서는 이런 것이 너희에게 있어야 할 것을 아시느니라 [31]다만 너희는 그의 나라를 구하라 그리하면 이런 것들을 너희에게 더하시리라 [32]적은 무리여 무서워 말라 너희 아버지께서 그 나라를 너희에게 주시기를 기뻐하시느니라(눅 12:29-32).

이것은 앞서의 가르침과 동일한 목적을 지닌다. 즉, 믿는 자들은 쓸데없는 염려로 자신을 괴롭히지 말고, 아버지이신 하나님의 돌보심을 믿고 의지하는 가운데에, 하나님이 그들에게 필요한 것들을 공급해 주실 것을 기대하여야 한다는 것이다. 그리스도께서는 그들에게 "염려하는" 것을 금하시고, 누가의 표현을 빌리면, "구하는" 것을 금하신다. 즉, 그들은 오직 하나님께만 그들의 눈을 고정하여야 함에도 불구하고, 도리어 하나님을 바라봄이 없이, 그들 주변의 세상 사람들이 의식주를 구하듯이 그런 식으로 "구하여서는" 안 된다는 것이다. 그 세상 사람들은 풍부하게 먹고 쓸 것이 그들의 눈 앞에 있을 때 외에는 결코 평안하지 않은 자들이고, 세상을 보호하시는 것이 하나님께 있다는 것을 믿지 않기 때문에 끊임없는 불안으로 초조해하고 자신을 괴롭히는 자들이다.

마 6:32. 이는 다 이방인들이 구하는 것이라. 이것은 그런 모든 염려들을 일어나게 만드는 근원이 되는 심각한 무지(無知)에 대한 책망이다. 왜냐하면, 믿지 않는 자들이 결코 평안한 상태로 있을 수 없는 것은 그들이 하나님은 하늘에서 아무 일도 안 하고 계시거나 주무시고 계신다고 생각하든지, 적어도 하나님이 인간사(人間事)에는 관여를 하지 않으시거나, 그의 권속의 지체들로서 그와 친분이 있는 자들만을 먹이신다고 생각하기 때문이다. 이러한 비교를 통해서, 그리스도께서는 믿음의 눈을 들어서 온갖 좋은 것들로 가득 채워져 있는 하나님의 손길을 바라보고서, 평안하고 고요한 마음으로 그들의 먹을 것이 거기로부터 오기를 기대하지 않는 자들은 믿음에 숙달되지 못한 자들임은 물론이고, 경건의 초보도 아직 배우지 못한 자들이라는 것을 암시하신다. "너희 하늘 아버지께서 이 모든 것이 너희에게 있어야 할 줄을 아시느니라." 즉, "먹을 것을 걱정하는 모든 자들은 믿지 않는 자들과 똑같이 하나님의 아버지로서의 선하심과 은밀한 섭리를 존중하지 않는 자들"이라는 것이다.

눅 12:29. 근심하지도 말라. 이 구절은 마태 본문에서 마지막 문장인 "내일 일을 위하여 염려하지 말라"는 구절에 해당한다. 우리 주님은 이제 그들의 또 다른 잘못을 책망하신다. 사람들은 그들의 구상대로 어떤 일들을 하고자 할 때에는 오백 년도 짧다고 하며 끊임없이 시도할 것이다. 누가가 사용한 '메테오리제스다이'(μετεωρίζεσθαι, "근심하다")라는 동사는 원래 "높은 곳에서 조망하는 것," 또는 우리가 보통 말하는 대로 하면, 장광설(長廣舌)을 늘어놓는 것을 가리킨다. 왜냐하면, 육체의 무절제하고 과도한 욕심은 하늘과 땅을 수백 번이라도 들었다 놓았다 하지 않고는 결코 만족하는 법이 없기 때문이다. 그러므로 그들은 하나님의 섭리가 개입할 수 있는 여지를 주지 않는다. 이 구절은 쓸데없는 생각을 많이 하는 것을 책망하시는 말씀이다. 왜냐하면, 쓸데없는 생각을 많이 하게 되면, 우리는 정말 근거 없이 불안해하게 되고, 어떤 일이 일어나기도 전에 스스로 우리 자신을 비참하게 만들기 때문이다(마 8:29). 마태가 사용한 표현, 즉 "한 날의 괴로움은 그 날로 족하니라"는 말씀은 믿는 자들에게 염려를 적당히 하고, 그들의 부르심의 한계를 뛰어넘어서 앞날을 미리 앞질러 내다보려고 하지 말라고 명하시는 말씀이다. 왜냐하면, 내가 앞에서 말했듯이, 이 말씀은 온갖 종류의 염려를 단죄하는 것이 아니라, 일정한 한계를 넘어서서 끊임없이 꼬리를 물고 이 생각 저 생각을 하는 것만을 단죄하는 것이기 때문이다.

마 6:33. 그런즉 너희는 먼저 그의 나라와 그의 의를 구하라. 이 말씀은 먹을 것에 대한 지나친 염려를 억제하기 위한 또 다른 논거로서, 지나친 염려는 영혼 및 하늘의 삶을 심각하고 나태하게 소홀히 하고 방치하는 행위라는 것을 보여준다. 그리스도께서는 거듭나서 더 나은 삶으로 부르심을 받은 자들이 땅의 일에 몰두하는 것은 말도 안 되는 모순임을 우리에게 일깨워 주신다. 하나님의 나라에 최고의 우선순위를 두는 자는 먹을 것에 관한 염려를 과도하게 하지 않는 법이다. 현세의 삶 속에서 육체가 방자하게 설치는 것을 억제하고 무너뜨리는 데에는 하늘의 삶을 묵상하는 것보다 더 좋은 것이 없다. "의"라는 단어는 "하나님"에 걸리는 것으로 볼 수도 있고, "나라"에 걸리는 것으로 볼 수도 있다. 왜냐하면, "하나님의 나라는 의"(롬 14:17), 즉 새롭고 신령한 삶(spiritualis vitae novitas)에 있다는 것을 우리가 알기 때문이다. "이 모든 것을 너희에게 더하시리라." 이것은 현세의 삶과 관련된 모든 것들은 단지 부차적인 것들에 불과하기 때문에, 우리는 그런 것들을 하나님의 나라에 비하여 훨씬 못한 것으로 여겨야 한다는 것을 의미한다.

눅 12:32. 적은 무리여 무서워 말라. 우리 주님은 이 선언을 통해서 그가 지금까지 자기 백성에게 가지라고 권면하셨던 것, 즉 하나님을 신뢰하라는 권면을 더욱 강화하신다. 왜냐하면, 하나님이 자신의 자녀들로 택하셔서 그의 나라를 상속할 자들로 삼으신 자들에게 별 가치도 없는 썩어질 양식을 주지 않으실 리가 없으시기 때문이다. 그리스도께서 자기 백성을 "적은 무리"라고 명시적으로 부르시는 것은 그들이 그들의 적은 수로 인하여 세상에서 별다른 평가나 주목을 받지 못하기 때문에 하나님이 보시기에도 보잘것없으리라고 생각하지 못하도록 하시기 위한 것이다. '유도케인'(εὐδόκειν, "기뻐하다")이라는 동사는 영원한 생명이 무조건적인 긍휼이라는 원천으로부터 우리에게 흘러들어 오고 있다는 것을 보여준다. "주다"라는 단어가 덧붙여진 것도 동일한 의도이다. 그리스도께서 다른 이유에서가 아니라 오직 그렇게 하시기를 "기뻐하셔서" 하나님이 "그 나라를 우리에게 주셨다"고 분명하게 선언하신 것은 이 일이 우리의 어떤 공로에 의해서 이루어진 것이 아님을 아주 명명백백하게 보여주시는 것이다. 하나님이 우리의 마음을 들어 올리셔서 영원한 생명을 바라고 기대하게 하실 때마다, 우리는 일용할 양식에 대하여 그 어떤 염려도 할 이유가 우리에게는 없다는 것을 기억하여야 한다.

[1]비판을 받지 아니하려거든 비판하지 말라 [2]너희가 비판하는 그 비판으로 너희가 비판을 받을 것이요 너희가 헤아리는 그 헤아림으로 너희가 헤아림을 받을 것이니라 [3]어찌하여 형제의 눈 속에 있는 티는 보고 네 눈 속에 있는 들보는 깨닫지 못하느냐 [4]보라 네 눈 속에 들보가 있는데 어찌하여 형제에게 말하기를 나로 네 눈 속에 있는 티를 빼게 하라 하겠느냐 [5]외식하는 자여 먼저 네 눈 속에서 들보를 빼어라 그 후에야 밝히 보고 형제의 눈 속에서 티를 빼리라(마 7:1-5).

[24]또 이르시되 너희가 무엇을 듣는가 스스로 삼가라 너희의 헤아리는 그 헤아림으로 너희가 헤아림을 받을 것이며 더 받으리니(막 4:24).

[37]비판하지 말라 그리하면 너희가 비판을 받지 않을 것이요 정죄하지 말라 그리하면 너희가 정죄를 받지 않을 것이요 용서하라 그리하면 너희가 용서를 받을 것이

요 [38]주라 그리하면 **너희에게 줄 것이니** 곧 후히 되어 누르고 흔들어 넘치도록 하여
너희에게 안겨 주리라 너희가 헤아리는 그 헤아림으로 너희도 헤아림을 도로 받을
것이니라 [39]또 비유로 말씀하시되 맹인이 맹인을 인도할 수 있느냐 둘이 다 구덩이
에 빠지지 아니하겠느냐 [40]제자가 그 선생보다 높지 못하나 무릇 온전하게 된 자는
그 선생과 같으리라 [41]어찌하여 형제의 눈 속에 있는 티는 보고 네 눈 속에 있는 들
보는 깨닫지 못하느냐 [42]너는 네 눈 속에 있는 들보를 보지 못하면서 어찌하여 형제
에게 말하기를 형제여 나로 네 눈 속에 있는 티를 빼게 하라 할 수 있느냐 외식하
는 자여 먼저 네 눈 속에서 들보를 빼라 그 후에야 네가 밝히 보고 형제의 눈 속에
있는 티를 빼리라(눅 6:37-42).

마 7:1. 비판하지 말라. 그리스도께서 하신 이 말씀은 판단하는 것을 절대적으
로 금지하시는 명령이 아니라, 우리 모두에게 천성(天性)처럼 되어 있는 비판의 병
을 고치시기 위한 것이다. 우리는 모든 사람이 스스로에 대해서는 좋게 여기고, 남
들에 대해서는 가혹한 비판과 비난을 한다는 것을 알고 있다. 이 악(惡)은 어떤 이
상한 쾌감(cupiditas)을 수반한다. 왜냐하면, 남의 결점을 들여다보고자 하는 충동
을 느끼지 않는 사람은 거의 아무도 없기 때문이다. 사실, 자신의 악은 못 본 체하
고 쉽게 용서하는 자들이 형제들이 저지르는 악에 대해서는 그토록 뿌리 깊은 적
대감을 지닌다는 것은 용납될 수 없는 악이라는 것은 누구나 다 인정한다. 이방인
들조차도 옛적에 많은 격언들을 통해서 사람들의 이런 악을 단죄하였다. 그렇지
만, 이런 악은 모든 시대에 존재해 왔었고, 오늘날에도 물론 존재한다. 아니, 이런
악은 또 다른 더 악한 전염병을 수반한다. 왜냐하면, 대다수의 사람들은 남들을 단
죄할 때에, 그들 자신은 범죄해도 괜찮을 것 같다는 뭔지 모를 자유로움을 느끼기
때문이다.

그리스도께서는 "비판하지 말라"고 말씀하심으로써, 남을 씹고 비난하며 중상모
략하고자 하는 이 왜곡된 열심을 억제하고자 하신다. 그렇다고 해서, 믿는 자들이
모든 것에 눈을 감고 아무것도 보지 않고자 할 필요는 없고, 단지 남을 판단하고자
하는 부당한 열심을 자제하면 된다. 왜냐하면, 그런 열심을 자제하지 않으면, 누구
나 자기 형제들을 판단해야 할 일이 생겼을 때에 합당한 한계를 넘어서서 지나치
게 엄격한 판단을 하게 될 것이기 때문이다. 사도 야고보가 "선생이 많이 되지 말
라"(약 3:1)고 말한 것도 이 말씀과 비슷한 맥락을 지닌다. 왜냐하면, 야고보는 믿

는 자들에게 선생으로서의 직임을 수행하지 말라고 하는 것이 아니라, 다만 그들이 야망이라는 동기를 지님으로써 사람들로부터 영광을 받기를 원하는 것만을 금하는 것이기 때문이다. 그러므로 "비판한다"는 것은 여기에서 호기심에 이끌려서 남의 일을 캐내고자 하는 것을 의미한다. 이 병은 무엇보다도 먼저 남의 사소한 잘못을 마치 무슨 극악무도한 범죄라도 된다는 듯이 단죄하는 불의(不義)를 늘 수반하고, 다음으로 남이 한 행위를 얼마든지 좋은 쪽으로 볼 수 있는 경우에도 남이 한 행위라면 무조건 나쁘게 보고 경멸하고 무시하는 오만방자함으로 나아간다.

우리는 이제 그리스도께서 이 말씀을 하신 의도는 우리가 이웃들을 판단함에 있어서 지나친 열심이나 까다로움이나 악의에 빠지지 않게 하는 것이었음을 알게 된다. 하나님의 말씀과 율법을 따라 판단하고, 사랑의 규범에 의해서 자신의 판단을 형성하는 자는 언제나 먼저 자기 자신을 철저히 살피는 것으로 시작하고, 실제로 판단을 행함에 있어서도 적절한 수단과 순서를 지킨다. 이것으로부터 분명한 것은 그리스도께서 권하신 이러한 절제를 선과 악의 모든 구별을 폐기하는 빌미 내지 구실로 삼고자 하는 자들은 이 말씀을 완전히 잘못 적용하고 있다는 것이다. 우리가 하나님께 반기(反旗)를 들어서, 하나님의 법들을 폐기처분하고, 하나님의 결정들을 뒤집으며, 하나님의 심판 자리를 뒤집어엎고자 하는 것이 아니라면, 우리는 모든 죄를 단죄하는 것이 허용되어 있을 뿐만 아니라, 또한 반드시 그렇게 하여야 한다. 우리로 하여금 하나님이 사람들의 행위에 대하여 선고하시는 판결을 선포하게 하시는 것이 하나님의 뜻이다. 다만, 우리는 서로를 판단할 때에 겸손과 절제를 나타내어서, 오직 하나님만이 유일하게 "율법을 세우신 이"이자 "재판장"이시라는 것이 분명하게 드러나게 하면 된다(사 33:22).

마 7:1. 비판을 받지 아니하려거든. 그리스도께서는 남의 잘못을 캐내는 일에서 대단한 즐거움을 느끼는 그러한 엄한 재판관들이 받을 벌을 통고하신다. 그들은 남들로부터 관대한 대접을 받지 못하게 될 것이고, 도리어 그들이 남들에게 자행했던 것과 동일한 엄한 추궁을 경험하게 될 것이다. 우리의 명성(名聲)보다 우리에게 더 흐뭇하고 가치 있는 것이 없듯이, 남들로부터 단죄를 받고 욕을 먹고 좋지 않은 말을 들을 때보다 더 쓰라린 것은 없다. 그렇지만 우리는 우리 자신의 잘못으로 인해서 우리의 본성이 몹시도 싫어하는 바로 그것을 자초하는 것이다. 남의 행위들을 아주 가혹하게 조사하지 않는 자, 남의 사소한 잘못들에 대해서 부당하게 분노하지 않는 자, 이렇게 볼 수도 있고 저렇게 볼 수도 있는 일을 괜히 까다롭게 트집을 잡아서 비난하지 않는 자가 과연 우리 중에 누가 있는가? 그리고 우리의 이런 모습은 우리를 동일한 방식으로 다루셔서 가혹하게 복수하시도록 하나님을 의도적으로 자극하는 것이 아니고 무엇이겠는가? 남들을 비판한 자들이 벌을 받게 되는 것은 하나님의 의로운 심판이기는 하지만, 하나님은 사람들을 도구로 사용하셔서 그러한 심판을 집행하신다. 크리소스토무스(Chrysostomus) 등은 이 말씀을 현세의 삶에 국한시키지만, 그것은 억지스러운 해석이다. 이사야는 남들을 "학대한" 자들은 장차 "학대를 당할" 것이라고 경고한다(사 33:1). 마찬가지로, 우리 주님의 말씀은 사람들이 자행한 불의와 중상모략으로 인하여 그들이 했던 것과 동일한 쓰라림 또는 가혹함으로 그들을 벌하게 될 집행관들이 장차 있으리라는 것을 의미한다. 부당한 열심으로 형제들을 단죄한 자들이 이 세상에 벌을 받지 않았다고 해도, 장차 그들은 하나님의 심판을 피하지 못하게 될 것이다.

눅 6:37-38. 용서하라 그리하면 너희가 용서를 받을 것이요 주라 그리하면 너희에게 줄 것이니. 누가가 덧붙인 이 약속은 하나님은, 자신의 형제들에게 관대하고 인자하고 의로운 자에게는 남들로부터 동일하게 관대한 대우를 경험하게 하시고, 남들에 의해서 후하고 우호적인 대우를 받게 하시리라는 것을 의미한다. 그렇지만, 하나님의 자녀들이 아주 형편없는 보답을 받고, 많은 부당한 비방과 중상모략에 의해서 눌리는 일이 자주 일어나는데, 그것도 그들이 다른 사람의 명성을 해친 일도 없고, 도리어 형제들의 잘못을 감싸주기까지 했는데도 말이다. 그러나 이것은 그리스도께서 말씀하신 것과 모순되는 것이 아니다. 왜냐하면, 우리는 현세의 삶과 관련된 약속들은 언제나 통용되는 것이 아니고, 또한 예외들이 없지 않다는 것을 알기 때문이다. 게다가, 하나님은 자기 백성이 죄 없이 부당하게 압제를 받아 거의 완전히 눌리게 되는 것을 허락하시지만, 그가 또 다른 곳에서 말씀하신 것, 즉 "그들의 빛이 새벽 같이 비칠 것"(사 58:8)이라는 약속도 이루신다. 이런 식으로, 하나님의 축복은 언제나 온갖 부당한 비방과 중상모략을 뛰어넘는다. 하나님이 믿는 자들로 하여금 부당한 비방을 당하게 하시는 것은 그들을 낮추심과 동시에 마침내 그들의 선함을 드러내시기 위한 것이다. 또한, 우리가 고려해야 할 것은 믿는 자들은 형제들에 대하여 대체적으로 의롭게 행하고자 애쓰기는 하지만, 종종 죄가 없거나 그렇게 심한 비난을 받을 만한 일을 하지 않은 형제들을 지나치게 가혹하게 대함으로써, 그들 자신의 잘못으로 인하여 비슷한 심판을 스스로 자초하곤 한다는 것이다. 그들이 "후히 되어 누르고 흔들어 넘치도록 하여" 받지 못한다면, 그것은 세상의 배은망덕에도 그 원인이 있겠지만, 그들은 그들에게도 일부 원인이 있다는 것을 인정하지 않으면 안 된다. 왜냐하면, 형제들에 대하여 마땅히 그래야 하는 정도만큼 인자하고 관대한 사람은 아무도 없기 때문이다.

마 7:3. 어찌하여 … 티는 보고. 그리스도께서는 통상적으로 외식하는 자들에게서 발견되는 잘못을 명시적으로 다루신다. 그들은 남의 잘못들을 찾아내는 데에는 아주 빠르고, 그 잘못들을 설명할 때에는 가혹한 말만이 아니라 의도적으로 과장된 말을 사용하지만, 그들 자신의 죄들은 등 뒤로 던져 버리거나, 아주 재빠르게 변명이나 핑곗거리를 찾아내어서 그들이 저지른 아주 큰 죄악들조차도 아무 일도 아닌 것처럼 처리되기를 바란다. 그러므로 그리스도께서는 두 가지 악, 즉 우리가 형제들의 잘못을 아주 치밀하게 캐낼 때에 보여주는 사랑의 결핍으로부터 생겨나는 지나친 영리함과, 우리 자신의 죄악들을 변명하고 옹호할 때에 보여주는 관대함을 책망하신다.

⁶거룩한 것을 개에게 주지 말며 너희 진주를 돼지 앞에 던지지 말라 그들이 그것을 발로 밟고 돌이켜 너희를 찢어 상하게 할까 염려하라(마 7:6).

마 7:6. 거룩한 것을 … 주지 말며. 마태는 여기에서 하나의 연속된 강론이 아니라 서로 별 상관이 없는 개별적인 문장들을 열거하고 있다는 것을 우리가 여러 번 반복해서 말할 필요는 없을 것이다. 현재의 가르침은 직전에 나오는 것과 전혀 연결되어 있지 않고, 완전히 분리되어 있다. 그리스도께서는 사도들에게, 그리고 그들을 통해서 모든 복음의 교사들에게 하늘의 지혜라는 보화를 오직 하나님의 자녀들만을 위하여 보존하고, 그의 말씀을 멸시하는 무가치하고 속된 자들에게는 그 보화를 노출시키지 말 것을 일깨우신다. 그러나 여기에서 한 가지 질문이 생긴다. 왜냐하면, 그리스도께서는 나중에 "만민에게 복음을 전파하라"(막 16:15)고 명하셨고, 바울도 복음의 전파가 악인들에게는 "사망에 이르는 냄새"(고후 2:16)가 된다고 말하고 있으며, 믿지 않는 자들에게 날마다 복음을 전하여 그들로 하여금 더 이상 핑계할 수 없게 하라는 것이 하나님의 명령이라는 것보다 더 확실한 것은 없기 때문이다. 나의 답변은 이것이다: 복음의 일꾼들과 가르치는 직분으로 부르심을 받은 자들은 하나님의 자녀와 "돼지"를 구별할 수 없기 때문에, 구원의 가르침을 모든 사람에게 차별 없이 전하는 것은 그들의 본분이다. 그들에게 많은 사람들이 얼핏 보면 마음이 완악하고 완고한 듯이 보일지라도, 사랑은 그들이 그런 자들을 즉시 절망적이라고 선언하는 것을 금지시킨다. 우리가 알아야 할 것은 "개들"과 "돼지"는 온갖 종류의 타락하고 부패한 사람들이나 하나님을 경외하는 마음과 참된 경건이 결여된 자들에게 붙여진 이름들이 아니라, 완악한 마음으로 하나님을 멸시해 왔기 때문에 그들의 병이 도저히 고쳐질 수 없는 병이라는 것을 보여주는 분명한 증거들이 있는 자들에게 붙여진 이름들이라는 것이다. 또 다른 구절에서 그리스도께서는 "개들"을 하나님의 택함받은 백성과 대비시키신다: "자녀의 떡을 취하여 개들에게 던짐이 마땅하지 아니하니라"(마 15:26). 그러나 그리스도께서 여기에서 말씀하신 "개들"과 "돼지"는 그 마음이 하나님을 멸시하는 악한 생각으로 철저하게 물들어 있어서 그 어떤 치료책도 받아들이기를 거절하는 자들을 의미한다.

이것으로부터 분명한 것은, 복음의 가르침을 오직 말을 잘 듣고 잘 준비되어 있는 자들에게만 베풀어야 한다고 그 범위를 국한시키는 자들은 그리스도의 말씀을 아주 심각하게 왜곡시키고 있다는 것이다. 경건한 선생들이, 먼저 순종하여 하나님의 은혜를 바라는 자들에게만 복음을 가르친다면, 어떤 일이 벌어지겠는가? 사실, 우리는 모두 본성적으로 거룩하지 못하고, 하나님께 반기(反旗)를 들 소지가 다분한 자들이 아니던가? 어떤 사람들이 그들에게 제시된 구원의 치료책을 아주 악하게 거부하여, 바울이 이단(異端)들에 대하여 말한 것처럼(딛 3:11), 그들이 "부패하여 스스로 정죄한 자들(αὐτοκατάκριτοι-아우토카타크리토이)"이라는 것이 분명해질 때까지는, 우리는 구원의 치료책을 전하는 것을 그 누구에게도 거절해서는 안 된다.

그리스도께서 하나님을 멸시하는 버리운 자들에게 복음을 전하는 것을 금지하신 두 가지 이유가 있는데, 그 중 하나는 하나님의 신비(神秘)들을 악한 자들에게 노출시켜서 그들의 조롱거리가 되게 하는 것은 그 신비들을 공개적으로 욕되게 하고 더럽히는 일이기 때문이고, 또 다른 이유는 그리스도께서는 복음이 악하고 불경건한 자들에 의해서 오만방자하게 거부당하는 것을 자기 제자들이 보았다고 할지라도, 그들로 하여금 하나님의 택함받은 자들에게 복음을 가르치는 수고를 그치지 않도록 하기 위하여, 그들을 위로하고자 하셨기 때문이다. 그리스도께서 하신 이 말씀의 의미는 이 헤아릴 수 없이 귀한 보화가 멸시를 당하거나 천시(賤視)를 받지 않도록 하기 위하여, "돼지"와 "개들"은 이 보화에 가까이 오지 못하게 하라는 것이다. 그리스도께서 구원의 가르침에 수여하신 두 가지 명칭이 있다. 그는 그것을 "거룩한 것"이라 부르며, "진주"에 비유한다. 이것으로부터 우리는 우리가 이 가르침을 얼마나 마음 깊이 존중하여야 마땅한지를 배우게 된다.

마 7:6. 그들이 그것을 발로 밟고. 그리스도께서는 "돼지"와 "개들"을 구별하여, "돼지"는 짐승 같은 우둔함(brutus stupor)을 지닌 자들, "개들"은 분노 또는 광기(rabies)를 특징으로 하는 자들을 나타내시는 것으로 보인다. 경험으로 볼 때, 하나님을 멸시하는 자들이 이러한 두 가지 부류로 나뉜다는 것은 확실하다. 성경에서 가르치는 것들은 무엇이든지, 예를 들면, 인간의 부패한 본성, 값없이 주시는 칭의(稱義), 영원한 택하심 등에 관한 가르침들을 나태함(ignavia)과 육신적인 방종(carnis lascivia)을 격려하는 말씀들로 변질시켜 버리는 자들이 많은데, 그런 자들은 "돼지"라 불리는 것이 적절하고 마땅하다. 또한, 어떤 자들은 마치 자신들이 잘 되고자 하는 모든 소원과 하나님을 경외하는 모든 마음과 그들의 구원을 위한 모든 관심을 다 내팽개쳐 버리겠다는 듯이, 순전한 가르침과 그 가르침을 베푸는 일꾼들을 악랄하게 비방하고 욕하며 갈기갈기 "찢어" 놓는다. 그리스도께서는 하나님의 말씀에 대적하는 구제 불능인 대적자들을 묘사하는 데에 이 두 가지 명칭을 사용하고 계시지만, 이 이중적인 비유를 통해서 두 부류의 대적자들이 어떤 점에서 서로 다른지를 간략하게 제시하신다.

7구하라 그리하면 너희에게 주실 것이요 찾으라 그리하면 찾아낼 것이요 문을 두드리라 그리하면 너희에게 열릴 것이니 8구하는 이마다 받을 것이요 찾는 이는 찾아낼 것이요 두드리는 이에게는 열릴 것이니라 9너희 중에 누가 아들이 떡을 달라 하는데 돌을 주며 10생선을 달라 하는데 뱀을 줄 사람이 있겠느냐 11너희가 악한 자라도 좋은 것으로 자식에게 줄 줄 알거든 하물며 하늘에 계신 너희 아버지께서 구하는 자에게 좋은 것으로 주시지 않겠느냐(마 7:7-11).

5또 이르시되 너희 중에 누가 벗이 있는데 밤중에 그에게 가서 말하기를 벗이여 떡 세 덩이를 내게 꾸어 달라 6내 벗이 여행중에 내게 왔으나 내가 먹일 것이 없노라 하면 7그가 안에서 대답하여 이르되 나를 괴롭게 하지 말라 문이 이미 닫혔고 아이들이 나와 함께 침실에 누웠으니 일어나 네게 줄 수가 없노라 하겠느냐 8내가 너희에게 말하노니 비록 벗 됨으로 인하여서는 일어나서 주지 아니할지라도 그 간청함을 인하여 일어나 그 요구대로 주리라 9내가 또 너희에게 이르노니 구하라 그러면 너희에게 주실 것이요 찾으라 그러면 찾아낼 것이요 문을 두드리라 그러면 너희에게 열릴 것이니 [10]구하는 이마다 받을 것이요 찾는 이는 찾아낼 것이요 두드리는 이에게는 열릴 것이니라 [11]너희 중에 아버지 된 자로서 누가 아들이 생선을 달라 하는데 생선 대신에 뱀을 주며 [12]알을 달라 하는데 전갈을 주겠느냐 [13]너희가 악할지라도 좋은 것을 자식에게 줄 줄 알거든 하물며 너희 하늘 아버지께서 구하는 자에게 성령을 주시지 않겠느냐 하시니라(눅 11:5-13).

마 7:7. 구하라 그리하면 너희에게 주실 것이요. 이것은 기도하라는 권면이다. 우리의 첫 번째 관심사가 되어야 마땅한 이 경건의 훈련에 대하여 우리는 너무나 무신경하고 나태하기 때문에, 그리스도께서는 세 가지 서로 다른 표현들을 통해서 우리에게 동일한 것을 강력하게 권고하신다. 그리스도께서 "구하라, 찾으라, 두드리라"고 말씀하시는 것은 결코 쓸데없이 장황하게 말씀하시는 것이 결코 아니고, 간단하게 가르치시면 우리가 아무런 느낌이나 인상을 받지 못할 것을 우려하셔서, 우리를 어떻게든 나태함과 무기력에서 일으켜 세우시기 위하여, 인내심을 가지고서 여러 말씀으로 우리를 권면하시는 것이다. 또한, "너희에게 주실 것이요 … 찾아낼 것이요 … 너희에게 열릴 것이니"라는 약속들을 덧붙이시는 것도 그런 의도 때문이다. 우리가 기도하면 응답을 받게 될 것이라는 온전한 확신을 주는 것만큼 우리에게 기도하고자 하는 마음과 힘을 주는 것은 없다. 의심을 하면서 기도하는 자들은 아무래도 상관없다는 식으로 기도하게 되고, 믿음이 수반되지 않는 기도는 쓸데없고 무의미한 의례적인 행위일 뿐이다. 따라서 그리스도께서는 우리의 본분 중에서 이 부분을 행하고 싶은 마음이 우리 속에서 간절해지도록 하시기 위해서, 우리가 어떻게 해야 하는지를 명하실 뿐만 아니라, 우리의 기도가 반드시 열매를 거두게 될 것이라고 약속하신다.

우리가 세심하게 주목하여야 할 것은 다음과 같은 것들이다. 첫째, 우리는 그리스도께서 이 기도의 규범을 우리에게 제시하시고 명하시는 것은 하나님이 우리에게 은혜 베푸시기를 원하시고, 우리의 간구들을 들으시고 응답해 주시기를 원하신다는 것을 우리로 하여금 온전한 확신을 갖게 하시기 위한 것이다. 또한, 우리는 기도할 때마다, 또는 기도하고자 하는 열심이 충분히 강력하지 않다고 느낄 때마다, 우리에게 아버지 되시는 하나님의 인자하심을 보증해 주시면서 우리를 온유하게 초청하시는 그리스도의 음성을 기억하지 않으면 안 된다. 그렇게 할 때, 우리는 그리스도의 은혜를 의지해서, 기도에 대한 확신을 얻게 되어, 마음을 열고 하나님의 이름을 부를 수 있게 될 것이다. 바울은 "우리가 그[우리 주 예수 그리스도] 안에서 그를 믿음으로 말미암아 담대함과 확신을 가지고 하나님께 나아감을 얻느니라"(엡 3:12)고 말한다. 그러나 우리는 하나님을 불신하기가 너무도 쉬운 그런 소질을 지니고 있기 때문에, 그리스도께서는 우리의 그러한 잘못도 바로잡으시기 위하여, 이 약속을 여러 가지 다양한 말들로 반복하신다. 그가 "구하라"는 은유를 사용하시는 것은 우리가 우리에게 결핍되어 있거나 필요한 것들은 우리에게서 너무나 멀리 있다고 생각하기 때문이고, 그가 "두드리라"고 하시는 것은 우리의 육적인 인식과 감각들은 당장에 우리 옆에 없는 것은 우리에게 닫혀져 있다고 제멋대로 생각하기 때문이다.

마 7:8. 구하는 이마다 받을 것이요. 어떤 이들은 이것이 일상생활에서 가져온 격언이라고 생각하지만, 나는 그것과는 다른 견해에 더 끌린다. 지금 그리스도께서는 그의 아버지께서 기도하는 자들에게 베푸실 은혜를 설명하시면서, 하나님은 우리의 기도를 들어주실 준비가 이미 되어 계시기 때문에 우리는 기도하기만 하면 되고, 우리가 하나님께 있는 풍성한 것들을 "구하기"만 하면 우리는 그것들을 마음대로 사용할 수 있게 될 것이라고 우리에게 말씀하고 계시는 것이다. 이 말씀은 그들에게 필요한 것들이 결핍되어 있는데도, 그들의 가난을 고쳐줄 이 치료책에 의지하지 않는 자들은 그들의 나태함으로 인하여 벌을 받는 것이 마땅하다는 의미를 내포하고 있다. 사실, 믿는 자들이 잠을 자고 있을 때에도, 흔히 하나님은 그들의 구원을 계속해서 지키시고, 그들이 바라는 것들을 미리 아시고 처리해 주신다는 것은 분명하다. 우리가 너무나 무심하여서, 아니 우리가 너무나 어리석고 둔하여서 하나님으로 하여금 우리의 기도를 애타게 기다리시게 만들거나, 우리가 너무나 생각이 없고 분별력이 없어서 하나님으로 하여금 우리에게 은혜를 베푸실 수 없게 만드는 것보다 우리에게 더 참담한 것은 없다. 하나님이 순서상으로나 시간상으로나 모든 기도에 앞서 있어야 하는 믿음을 우리에게 주시고자 하시는 것은 우리에게 그럴 만한 자격이 있어서가 아니라, 순전히 하나님 자신으로 인한 것이다. 그러나 그리스도께서는 여기에서 제자들에게 말씀하시면서, 단지 우리의 하늘 아버지께서 어떤 방식으로 우리에게 그의 선물들을 주시고자 하시는지만을 우리에게 일깨워 주신다. 하나님은 모든 것을 우리에게 값없이 주시는 것인데도 불구하고, 우리에게 기도하라고 명하시고서, 우리의 기도를 받으셔서 그의 무조건적인 선하심으로부터 흘러나오는 복들을 우리에게 주시는 것은 우리의 믿음을 훈련시키시기 위한 것이다.

마 7:9. 너희 중에 누가. 이것은 작은 것을 들어서 큰 것을 말하는 비유법이다. 첫째, 우리 주님은 사람들의 악의를 하나님의 무한하신 선하심과 대비시키신다. 자기애(自己愛, φιλαυτία-필라우티아)는 우리를 악의적이 되게 만든다. 왜냐하면, 모든 사람은 자기 자신에 대한 애착이 대단히 강하고, 남들을 소홀히 하고 무시하는 경향이 아주 강하기 때문이다. 그러나 이 자기애라는 악(惡)은 부성애(父性愛)라는 더 강력한 감정에 밀리기 때문에, 사람들은 자기 자신을 잊고서, 자기 자녀들에게 차고 넘치게 후하고 관대해지는 것이다. 이 부성애라는 것은 "하늘과 땅에 있는 각 족속에게 이름을 주신"(엡 3:15) 하나님이 그의 선하심 중에서 한 방울을 사람들의 마음속에 떨어뜨리신 것이 아니라면, 대체 어디에서 온 것이겠는가? 하나님이 떨어뜨려 주신 이 한 방울에서도 이렇게 많은 양의 후함과 관대함이 나오는데, 아무리 퍼 써도 다함이 없는 대양(大洋) 같은 선하심을 지니신 하나님이 우리에게 얼마나 관대하시고 후히 주실지에 대해서는 우리가 말해 무엇하겠는가? 이런 식으로 사람들의 마음을 여시고자 하시는 하나님이 자신의 마음을 닫으실 리가 있겠는가? 또한, 우리는 "여인이 어찌 그 젖 먹는 자식을 잊겠으며 자기 태에서 난 아들을 긍휼히 여기지 않겠느냐 그들은 혹시 잊을지라도 나는 너를 잊지 아니할 것이라"(사 49:15)는 이사야서의 말씀을 기억하여야 한다. 하나님은 언제나 변함없이 자신이 아버지시라는 것을 보여주실 것이다.

마 7:11. 너희 아버지께서 … 좋은 것으로 주시지 않겠느냐. 그리스도께서 분명하게 이 말씀을 해두시는 것은 믿는 자들이 기도를 할 때에 어리석고 왜곡되게 원하는 것들(stulta pravaque desidera)을 구하지 않도록 하시기 위한 것이다. 우리는 기도할 때에 우리의 육체의 욕심들과 뻔뻔스러움들이 얼마나 큰 영향을 미치며 얼마나 크게 작용을 하는지를 안다. 우리는 구해야 할 것과 구하지 말아야 할 것을 가려서 구하는 것이 아니라, 무엇이든지 막무가내로 하나님께 구한다. 그리고 하나님이 우리가 어리석게 구한 것에 맞장구를 쳐주지 않으시면, 우리는 하나님을 향하여 소리를 지르며 악을 쓴다. 그러므로 그리스도께서는 우리에게 하나님의 뜻에 맞는 것들만을 구해서, 하나님이 우리에게 유익한 것들만을 주실 수 있게 하라고 명하신다. 하나님이 우리가 바라는 것들을 들어주시지 않으셨다고 해서, 우리는 하나님이 우리를 모른 체하신다고 생각해서는 안 된다. 왜냐하면, 하나님께는 우리에게 진짜 필요한 것이 무엇인지를 가려서 주실 권한이 있으시기 때문이다. 우리의 모든 성향과 감정들은 눈이 멀어 있기 때문에, 우리는 기도의 규범을 하나님의 말씀에서 찾아야 한다. 왜냐하면, 우리는 어떤 것이 정말 중요한 것인지를 판단함에 있어서 적격자가 아니기 때문이다. 하나님이 들어 주실 것이라는 확신을 가지고서 하나님께 나아가고자 하는 자는 하나님의 뜻에 맞지 않는 것은 구하지 않도록 자신의 마음을 단속하는 법을 배워야 한다. 너희가 "구하여도 받지 못함은 정욕으로 쓰려고 잘못 구하기 때문이라"(약 4:3). 마태 본문의 마지막 구절에 나오는 "좋은 것"(ἀγαθὰ-아가다)이라는 단어 대신에, 누가는 "성령"이라는 단어를 사용한다. 이것은 다른 은택들을 배제하는 것이 아니라, 우리가 일차적으로 무엇을 구해야 하는지를 제시한 것이다. 왜냐하면, 우리는 "너희는 먼저 그의 나라와 그의 의를 구하라 그리하면 이 모든 것을 너희에게 더하시리라"(마 6:33)는 권면을 결코 잊어서는 안 되기 때문이다. 기도할 때에 이 땅에 속한 성향이나 감정들을 다 벗어 버리고, 마음을 들어 올려서 신령한 삶에 대하여 묵상하는 것은 하나님의 자녀가 마땅히 행하여야 할 본분이다. 이렇게 했을 때, 그들은 하나님이 그들을 자녀로 삼으셨다는 것을 확인해 주는 "보증"이자 "담보"인 성령(롬 8:15; 엡 1:14)에 비해서 "먹을 것"과 "입을 것"에 별 가치를 두지 않게 될 것이고, 그토록 소중한 보화를 주신 하나님께서도 더 작은 은총들을 베풀어 주시기를 거절하지 않으실 것이다.

눅 11:5. 너희 중에 누가 벗이 있는데. 누가는 마태가 언급하고 있지 않은 이 비유를 덧붙인다. 이 비유가 주는 일반적인 가르침은 이것이다. 즉, 믿는 자들은 그들이 바라던 것들을 즉시 얻지 못하거나, 그것들을 얻기가 힘들다는 것을 알게 되었다고 해서, 낙심해서는 안 된다는 것이다. 왜냐하면, 사람들 가운데서도 누가 끈질기게 구하면 별로 해주고 싶지 않았던 일도 해주게 되는 것이 인지상정(人之常情)인데, 하물며 우리가 끊임없이 기도하며 참고 기다리는 가운데, 우리의 마음이 어려움이나 시간적인 지체로 인해서 느슨해지지 않게만 한다면, 우리는 하나님이 우리의 기도를 들어 주실 것임을 의심할 이유가 없기 때문이다.

[12]그러므로 무엇이든지 남에게 대접을 받고자 하는 대로 **너희도 남을 대접하라 이것이 율법이요 선지자니라** [13]좁은 문으로 들어가라 멸망으로 인도하는 문은 크고 그 길이 넓어 그리로 들어가는 자가 많고 [14]생명으로 인도하는 문은 좁고 길이 협착하여 찾는 자가 적음이라(마 7:12-14).

³¹**남에게 대접을 받고자 하는 대로 너희도 남을 대접하라**(눅 6:31).

마 7:12. 무엇이든지 남에게 대접을 받고자 하는 대로. "그러므로"(οὖν-운)라는 단어는 불필요한 사족(蛇足)이다. 우리는 이러한 불변화사들이 독립적인 문장들 속에서 그 의미에 아무것도 더함이 없이, 즉 별 의미 없이 사용되는 경우를 자주 본다. 내가 이미 말했듯이, 마태는 여기에서 하나의 긴 강론을 기록해 놓고 있는 것이 아니라, 그리스도께서 행하신 많은 설교들에 나오는 가르침들을 수집해서 여기에 요약해 놓고 있는 것이다. 그러므로 우리는 이 문장을 그 자체로 독립적으로 놓고 해석하여야 한다. 이것은 그리스도께서 자기 제자들에게 공의(公義)로 행하라고 권면하신 말씀으로서, 공의가 무엇을 의미하는지에 대한 짤막하고 간단한 정의를 담고 있다. 여기에서 우리는 세상에 그토록 많은 싸움과 다툼이 존재하고, 사람들이 서로에 대하여 그토록 많은 해악들을 가하는 유일한 이유는 모든 사람이 남들에게는 자신에게 공의를 따라 대해 달라고 엄격하게 요구하면서도, 정작 남들을 대할 때에는 의도적으로 공의를 자신의 발 아래에 짓밟기 때문이라는 것을 알게 된다.

우리 자신의 이익과 관련된 일에 있어서는 남들이 우리에게 어떻게 해 주어야 하는지를 세세하게 조목조목 따져서 기가 막히게 잘 설명할 수 없는 자는 우리 중에 아무도 없다. 우리가 자신의 이익과 관련된 일에 있어서는 자기가 공의가 무엇인지를 아주 노련하게 가르칠 수 있는 선생이라는 것을 유감없이 보여주는 반면에, 남의 이익이나 손해가 걸려 있는 일에서는 어떻게 하는 것이 공의인지를 잘 모르는 이유는 우리가 오직 우리 자신을 위해서만 지혜롭고자 하고, 이웃들의 일에 대해서는 관심이 없기 때문이 아니면 무엇이겠는가? 한 걸음 더 나아가서, 우리는 우리 가슴 속에서 빛을 발하는 공의의 규범에 대하여 악의적이고 의도적으로 눈을 감아 버린다. 그러므로 그리스도께서는 각 사람이 남이 자기에게 해주기를 바라는 그대로 자기가 남에게 해준다면, 모든 사람이 이웃에 대하여 적절하고 공의롭게 행할 수 있게 될 것임을 보여주신다. 이런 식으로 해서, 그리스도께서는 사람들이 자신의 불의를 감추거나 위장하고자 하는 온갖 헛된 가식(假飾)들을 반박하고 계시는 것이다. 만약 우리가 남들이 우리를 어떻게 사랑해 주어야 하는지("수동적 사랑")에 대하여 가르치는 일에 능숙한 것만큼 남들을 어떻게 사랑해 주어야 하는지("능동적 사랑")를 배우는 데에도 능숙한 자들이 된다면, 우리 가운데서 온전한 공의가 이루어지리라는 것은 의심할 여지가 없다.

마 7:12. 이것이 율법이요 선지자니라. 우리 주님은 이것이 "율법"과 "선지자들" 속에 제시되어 있는 유일한 가르침이라고 말씀하시고자 하는 것이 아니라, 그것들 속에 담겨 있는 사랑에 관한 모든 가르침들 및 공의를 행하는 것과 관련하여 그것들 속에서 발견되는 모든 율법들과 권면들은 이 목적과 연관되어 있다고 말씀하시고자 하는 것이다. 이 말씀의 의미는 모든 사람이 남들로부터 대우받고 싶어하는 그대로 남들을 대우할 때에 율법의 두 번째 돌판이 이루어진다는 것이다. 사람들이 이 단순한 규범을 지키고, 지나친 자기애(自己愛)로 인해서 그들의 마음판에 새겨진 정직함(rectitudo)을 지워 버리지만 않는다면, 사람들이 서로 뒤엉켜서 긴 시간 동안 논쟁을 벌이는 일도 필요없게 될 것이라고 그리스도께서는 우리에게 말씀하신다.

마 7:13. 좁은 문으로 들어가라. 그리스도의 가르침만큼 육체의 소욕과 반대되는 것은 없기 때문에, 자신의 의식(意識)과 감정들을 잘 통제해서, 하늘에 계신 우리의 선생께서 우리의 제멋대로인 방자함에 재갈을 물리시기 위하여 정해 놓으신 저 테두리 속에 가두어 놓는 법을 배우지 못한 자는 그 누구도 그 가르침을 숙달하지 못하여 큰 진보를 이루지 못하게 될 것이다. 사람들은 스스로 자만해서 기분을 내며 방탕하게 살아가는 성향이 강하기 때문에, 그리스도께서는 여기에서 그의 제자들에게 "협착한" 가시밭 "길"을 따라 걸어갈 각오를 하지 않으면 안 된다는 것을 일깨워 주신다. 그러나 제멋대로 자유분방하게 살고 싶은 우리의 욕구를 억제하기가 어렵기 때문에, 그리스도께서는 "좁은 문"과 "협착한 길"은 "생명으로" 이어져 있다는 것을 우리에게 말씀하심으로써, 즐겁고 기쁜 상(賞)을 상기시켜서 그 쓰라림을 달래 주신다. 한편, 우리가 방종하고 방탕한 삶의 유혹에 사로잡혀서, 육체의 정욕이 이끄는 대로 이리저리 끌려다니지 않도록 하시기 위하여, 그리스도께서는 "생명으로 인도하는 좁은 문과 협착한 길"을 고수하지 않고, 그 대신에 "넓은 문"을 통과하여 "넓은 길"을 따라 걸어가는 쪽을 택하는 자들은 "멸망"을 향하여 돌진하는 것이라고 선언하신다.

그리스도께서는, 사람들은 서로의 악한 모범으로 서로를 멸망시키며 살아가기 때문에, "넓은 길"을 따라 달려가는 자가 "많다"고 분명하게 말씀하신다. 각 사람이 의도적으로 멸망을 향하여 돌진하는 것은 그들이 많은 무리들 가운데 섞여서 함께 멸망해 가고 있으면서도, 그들 자신이 멸망을 향해 달려가고 있다는 것을 믿지 않기 때문이 아니면 무엇이겠는가? 반면에, 믿는 자들은 그 수가 적기 때문에, 많은 사람들이 그들의 모범에는 눈길을 주지 않는다. 왜냐하면, 사람이 대다수의 세상 사람들이 가는 길을 버리고, 소수의 모범을 따라서 자기 자신과 자신의 삶을 규율해 나가기는 어려운 일이기 때문이다. 우리가 마치 인류의 일부가 아니라는 듯이, 대다수의 사람들로부터 분리되어 다른 삶을 살아야 한다는 것을 우리는 이상하게 생각한다. 그러나 그리스도의 가르침은 우리를 제한하고 우리 주변에 울타리를 치며, 우리의 삶을 "좁은 길"로 국한시키고, 우리를 큰 무리들로부터 분리시켜서 소수의 동반자들과 함께 하게 하지만, 우리는 그 가르침이 가혹하다고 여겨서 "생명"을 얻는 길을 포기해서는 안 된다.

우리가 지금 살펴보고 있는 가르침은 앞서 살펴보았던 "복이 있는 삶"에 관한 역설적인 말씀들(마 5:3-12)을 전하시면서 그의 제자들에게 기도의 규범을 제시하셨던 때와는 다른 때에 그리스도께서 주셨다는 것은 누가 본문을 보면 아주 분명하게 드러난다. 다른 복음서 기자들은 복음 이야기가 진행되는 순서를 따라서 여러 시기에 그리스도께서 베푸신 가르침들을 그 때그 때 기록해 놓은 반면에, 마태는 그리스도께서 자기 제자들에게 어떤 것들을 가르치셨는지를 우리로 하여금 한 눈에 자세히 볼 수 있게 하려고, 그 가르침들을 여기 한 곳에 모아 놓았다는 것에 대해서는 내가 앞에서도 이미 반복해서 언급한 바 있다. 그러므로 나는 이 문장과 관련되어 있는 누가 본문 전체를 여기에서 다루는 것이 좋을 것이라고 생각하였다. 나는 누가가 지킨 시간상의 순서를 독자들로 하여금 알게 하는 일에 신경을 쓰긴 했지만, 마태가 그 가르침들을 배열함에 있어서 시간상의 순서를 지키지 않은 것을 고려해서, 나도 꼼꼼하게 그 순서를 상기시키는 일을 하지 않은 것에 대해서는 독자들의 양해를 바란다.

[23]어떤 사람이 여짜오되 주여 구원을 받는 자가 적으니이까 그들에게 이르시되 [24]좁은 문으로 들어가기를 힘쓰라 내가 너희에게 이르노니 들어가기를 구하여도 못하는 자가 많으리라(눅 13:23-24).

눅 13:23. 어떤 사람이 여짜오되. 마태는 마치 이 질문에 대한 우리 주님의 답변이 다른 설교들로부터 가져온 그 밖의 여러 문장들과 직접적으로 연결된다는 듯이 배열해 놓고 있지만, 사실 나는 마태 본문에 나오는 답변은 현재의 이 질문으로부터 유래한 것이라고 생각한다. 이 질문이 제기된 이유는 자신이 생명의 근원이라고 밝히신 그리스도께서 적은 수의 제자들을 모으는 일조차도 어려웠기 때문이었을 것으로 보인다. 그리고 이것은 사람들의 눈에, 적은 무리의 사람들만이 구원을 받게 되고, 온 교회는 멸망을 향하여 치닫고 있는 것으로 보였을 것이다. 왜냐하면, 유대 민족 전체는 하나님의 택하심을 받아서 영생을 유업으로 받을 자들이었는데도 불구하고, 그들 가운데서 그리스도의 가르침은 별 진전이 없었고, 그들은 대체적으로 그 가르침을 거부하였기 때문이다. 또한, 세상의 암울한 상태를 바라보아도, 이와 비슷한 의구심이 우리를 엄습한다. "대다수의 사람들이 복음과는 전혀 다른 삶을 추구하고 있는 것이 현실이라면, 이 현실이 의미하는 것은 도대체 무엇이란 말인가?" 그런 까닭에, 그리스도께서는 모든 사람을 향하여 "좁은 문으로 들어가기를 힘쓰라"고 권면하신 것이다. 이 말씀은 그리스도께서 많은 사람들의 발목을 붙잡는 저 어리석은 조바심(stulta curiositas), 즉 마치 많은 사람들과 함께 하는 것이 아니라면 구원받고자 하지 않는다는 듯이, 사람들로 하여금 자기 주변에 많은 사람들이 있는지 없는지를 둘러보게 만드는 저 조바심으로부터 자기 백성을 건지시기 위한 것이었다. 그리스도께서는 그들에게 "힘쓰라"거나 애쓰라고 명하심으로써, 크고 끔찍한 어려움들을 겪지 않고서는 영생을 얻을 수 없다는 사실을 알려주신다. 그러므로 믿는 자들은 멸망을 향하여 어그러진 길로 가고 있는 수많은 사람들에게 과도한 신경을 쓰는 조바심에 빠지지 말고, 오직 이 한 목적, 즉 "좁은 문으로 들어가는" 일에 온 마음을 쏟아야 한다.

눅 13:24. 들어가기를 구하여도 못하는 자가 많으리라. 그리스도께서 이 말씀을 더하신 이유는 우리로 하여금 마치 우리의 길동무들이 많아야 그것이 우리에게 어떤 소용이 있거나 도움이 될 것이라는 듯이 생각하는 헛된 소망에 속지 않도록 하시기 위한 것이다. 육체는 스스로를 좋게 생각하고 자기만족에 빠지기 쉬운 성향을 지니고 있어서, 많은 사람들이 온갖 방탕함에 빠져 있으면서도 그들은 쉽게 영생을 꼭 얻게 될 것이라고 생각한다. 이런 식으로 사람들은 서로에게 속임을 베풂과 동시에 서로를 보며 속아 넘어가서 악한 안일함에 빠져서 잠이 들어 있다. 그리스도께서는 자기 백성을 흔들어 깨워서서 이러한 자기만족적인 망상들로부터 벗어나게 하시기 위하여, 자기가 영생을 얻은 것이 확실하다고 자만하는 자들은 영생을 얻지 못하게 될 것이라고 분명하게 선언하신다.

²⁵집 주인이 일어나 문을 한 번 닫은 후에 **너희**가 밖에 서서 문을 두드리며 주여 열어 주소서 하면 그가 대답하여 이르되 나는 **너희**가 어디에서 온 자인지 알지 못하노라 하리니 ²⁶그 때에 **너희**가 말하되 우리는 주 앞에서 먹고 마셨으며 주는 또한 우리를 길거리에서 가르치셨나이다 하나 ²⁷그가 **너희**에게 말하여 이르되 나는 **너희**가 어디에서 왔는지 알지 못하노라 행악하는 모든 자들아 나를 떠나 가라 하리라 ²⁸**너희**가 아브라함과 이삭과 야곱과 모든 선지자는 하나님 나라에 있고 오직 **너희**는 밖에 쫓겨난 것을 볼 때에 거기서 슬피 울며 이를 갈리라 ²⁹사람들이 동서남북으로부터 와서 하나님의 나라 잔치에 참여하리니 ³⁰보라 나중 된 자로서 먼저 될 자도 있고 먼저 된 자로서 나중 될 자도 있느니라 하시더라(눅 13:25-30).

눅 13:25. 집 주인이 일어나. 앞서 밝혔듯이, 이 말씀은 그리스도께서 나중에 다른 때에 말씀하신 것이지만, 나는 시간상의 순서보다는 가르침 자체에 더 주목하는 쪽을 택하였기 때문에, 여기에서 이 말씀을 다루고자 한다. 왜냐하면, 의미에 있어서 서로 밀접하게 관련되어 있는 본문들을 한 자리에서 서로 연결시켜서 살펴보는 것은 그 의미를 이해하는 데에 큰 도움이 되기 때문이다. 앞서 많은 사람들이 천국에 들어가고자 하여도 그 문이 열리지 않을 것이라고 말씀하셨던 그리스도께서는 이제 여기에서는 하나님이 심판 때에 마침내 일어나셔서, 지금 하나님의 권속 가운데 자기 자리가 있다고 주장하는 자들을 그의 나라에 들어오지 못하게 하실 것이기 때문에, 그들이 지금 교회에서 한자리를 차지하고 있다고 해도, 그것이 그들에게 아무런 유익도 없을 것이라고 단언하신다. 그리스도께서는 "집 주인"이 자신의 가솔들 중에서 어떤 악하고 타락한 자들이 도둑들을 집으로 불러들이려고 밤중에 몰래 나간 것을 알고서는 "일어나 문을 닫아" 걸고, 야밤에 길거리를 배회하던 저 밤손님들이 집에 들어오지 못하게 하였다는 비유를 사용하신다. 이 말씀을 통해서 그리스도께서는 우리에게 기회가 주어질 때에 그 기회를 활용하여야 한다고 경고하신다. 왜냐하면, 하나님이 "문"을 열어 놓고서 우리를 초대하시는 동안에만, 우리가 천국에 들어갈 수 있기 때문이다. 그런데도, 대다수의 사람들은 한 발자국도 옮겨 놓으려 하지 않는다. 그러므로 그리스도께서는 "문"이 마침내 "닫히게" 될 것이고, 길동무들을 찾으러 다녔던 자들은 이미 문이 닫혀서 들어가지 못하게 될 수 있다고 경고하신다.

눅 13:26. 주는 … 우리를 길거리에서 가르치셨나이다. 그리스도께서는 유대인들이 부르심을 받았을 때에 정(定)해진 날에 응답하지 않는다면, 그가 그들과 가까이 하여 그들에게 그와 친밀하게 교제하는 것을 허용하셨다는 사실은 아무런 소용이 없을 것이라고 분명히 말씀하신다. 그러나 그는 앞서의 비유를 계속해서 이어가지는 않으신다. 왜냐하면, 그는 "집 주인"에 관한 비유를 말씀하신 후에, 이제 여기에서는 비유가 아니라 직설적으로 그 자신이 재판관임을 분명하게 말씀하시기 때문이다. 실제로, 그들이 "주는 길거리에서 가르치셨나이다"라고 말했을 때, 그것은 그리스도 자신 외에 다른 사람을 가리킬 수 없다. 우리는 이제 유대인들에게 그들이 구원을 얻을 수 있는 때에 그들 자신의 태만으로 인해서 그 구원을 잃지 않도록 하라고 경고하시는 것이 이 말씀의 의도였다는 것을 알게 된다.

눅 13:28. 너희가 아브라함을 … 볼 때에. 유대인들은 그들의 거룩한 조상들을 전혀 닮지 않았기 때문에, 그 조상들의 후손임을 자랑할 권리가 없었다. 그렇지만, 그들 가운데서는 교회라는 이름을 악용하는 것만큼 습관화 되어 있는 것도 없었다. 그리스도께서는 조상들의 믿음과 경건에서 떠난 패륜아 집단은 "하나님의 나라에서 기업을 얻지 못하리라"(엡 5:5)고 그들에게 단언하신다. 여기에는 구원을 찾고자 하는 일에 있어서 길동무들이 있었으면 하고 바랐던 자들이 거룩한 조상들의 모범에서 크게 벗어나 타락하여 무수한 죄악들을 저질러 왔던 그들의 동시대인들 가운데서 길동무를 찾느라 애를 쓰면서도, "아브라함"과 "선지자들"과 거룩한 조상들을 길동무로 삼고자 하지 않은 것에 대한 암묵적인 책망이 들어 있다. "너희가 아주 많은 사람들이 잘못된 길로 가고 있는 것이 마음에 걸려서 '좁은 문'으로 들어가기를 주저한다면, 너희는 믿는 자들의 무리와 분리되어서, 믿지 않는 자들과 어울리고 있는 것임을 알지 못하느냐?" 세상에서 벌어지는 광경이 지금 너희의 눈을 눈부시게 하고 현혹시킨다고 할지라도, 마지막 날에 너희는 너희의 어리석음을 깨닫게 되기는 하겠지만, 그 날에는 이미 때가 늦을 것이다. 왜냐하면, 그 날에 너희는 너희를 비롯해서 너희와 같은 사람들이 "하나님의 나라"에 들어가지 못하게 되고, "아브라함"과 함께 하지 못하게 된다는 것을 알게 될 것이기 때문이다.

눅 13:29. 사람들이 동서남북으로부터 와서. 그리스도께서는 하나님의 유일한 합법적인 상속자들이라고 자처하였던 유대인들이 버림을 받고, 이방인들이 그들의 자리를 대신 채우고서, 아브라함과 그의 후손들에게 약속되었던 영생을 얻게 될 것이라는 사실로부터 이제 좀 더 큰 그림을 그려 나가신다. 그가 이방인들과 유대인들을 대비시키시는 것은 바울이 "내가 이방인의 사도인 만큼 내 직분을 영광스럽게 여기노니 이는 혹 내 골육을 아무쪼록 시기하게 하여 그들 중에서 얼마를 구원하려 함이라"(롬 11:13-14)고 말한 것처럼 유대인들로 하여금 "거룩한 시기"가 나게 하여 믿음을 갖도록 분발시키시기 위한 것이다. 유대인들은 자기애가 너무 심하고 자신에게 집착하는 것이 강하여서, 교만하게도 하나님과 그가 주신 선물들을 멸시하였기 때문에, 그리스도께서 그들에게 그렇게 하신 것은 너무나 합당하신 일이었다. 그러나 우리는 머지않아 마태복음 속에서 이 문장을 다시 만날 것이기 때문에, 나는 여기에서 이 말씀을 이 정도로만 가볍게 다루고 넘어가고자 한다.

눅 13:30. 보라 나중 된 자로서 먼저 될 자도 있고. 우리가 나중에 보게 되겠지만, 그리스도께서는 이 말씀을 여러 경우에 서로 다른 의미로 사용하셨다(마 19:30; 20:16; 막 10:31). 그리스도께서 여기에서 의도하신 것은, 하나님이 세상의 다른 모든 족속을 다 제쳐 두시고서 오직 그들만을 택하셨다는 자부심을 지나치게 의지하여, 하나님은 어떤 의미에서 그들에게 꼼짝없이 묶여 계시기 때문에 그들을 구원하실 수밖에 없으시다는 망상에 빠져 있던 유대인들의 헛된 자만을 무너뜨리시는 것이었다. 이런 이유로, 그리스도께서는 그들의 처지가 곧 바뀌게 될 것이라고 경고하신다. 즉, 당시에 내버려져 있던 이방인들이 상석(上席)을 차지하게 될 것이고, 유대인들은 그들의 존귀를 박탈당하고서 교회에서 가장 후미진 자리조차도 차지하지 못하게 되리라는 것이다.

[15]거짓 선지자들을 삼가라 양의 옷을 입고 너희에게 나아오나 속에는 노략질하는 이리라 [16]그들의 열매로 그들을 알지니 가시나무에서 포도를, 또는 엉겅퀴에서 무화과를 따겠느냐 [17]이와 같이 좋은 나무마다 아름다운 열매를 맺고 못된 나무가 나쁜 열매를 맺나니 [18]좋은 나무가 나쁜 열매를 맺을 수 없고 못된 나무가 아름다운 열매를 맺을 수 없느니라 [19]아름다운 열매를 맺지 아니하는 나무마다 찍혀 불에 던져지느니라 [20]이러므로 그들의 열매로 그들을 알리라(마 7:15-20).

[43]못된 열매 맺는 좋은 나무가 없고 또 좋은 열매 맺는 못된 나무가 없느니라 [44]나무는 각각 그 열매로 아나니 가시나무에서 무화과를, 또는 찔레에서 포도를 따지 못하느니라 [45]선한 사람은 마음에 쌓은 선에서 선을 내고 악한 자는 그 쌓은 악에서 악을 내나니 이는 마음에 가득한 것을 입으로 말함이니라(눅 6:43-45).

마 7:15. 거짓 선지자들을 삼가라. 이 말씀은 교회가 여러 가지 다양한 속임과 기만에 시달리게 될 것이고, 그 결과로 많은 사람들이 세심하게 조심하지 않으면 믿음으로부터 떨어질 위험에 처하게 될 것임을 가르치기 위한 것이었다. 우리는 사람들이 거짓에 끌리는 아주 강한 성향을 지니고 있어서, 속이고자 하는 천성을 타고 났을 뿐만 아니라, 스스로를 속이는 것에 있어서도 천재성을 타고 났다는 것을 안다. 사람들을 속이고 미혹시키는 일에 귀재(鬼才)인 사탄은 무지하고 조심성 없는 자들을 덫에 걸리게 하기 위하여 끊임없이 덫을 놓고 있다. 그리스도께서 통치하시는 날이 오면, 그들은 모든 다툼이나 괴로움에서 벗어나 즐겁고 행복하게 살게 되리라는 것이 유대인들이 보편적으로 기대하는 것이었다. 그러므로 그리스도께서는 자기 제자들에게 그들의 믿음을 지키고자 한다면 힘써서 사탄의 덫을 피하여야 한다고 경고하신다. 이미 말했듯이, 자기 교회로 하여금 이 세상에서 끊임없이 싸움에 참여하게 하시는 것이 하나님의 뜻이다. 우리가 끝까지 계속해서 그리스도의 제자이기 위해서는, 단지 순종적인 것만으로는 부족하고, 우리 자신을 하나님의 말씀에 의해서 지배를 받게 하여야 한다. 사탄에 의해서 끊임없이 공격을 받는 우리의 믿음은 사탄을 대적할 각오를 하지 않으면 안 된다.

우리가 그리스도의 선하고 신실한 일꾼들의 지도를 받는 것이 가장 중요하다는 것은 의심할 여지가 없다. 그러나 우리가 주의 깊게 깨어 있어서 인내로써 확고하게 믿음을 지켜 나가지 않는다면, 거짓 교사들이 나타날 때, 우리는 쉽게 양 무리에서 떨어져 나가게 될 것이다. 그리스도께서 "양은 그 목자의 음성을 듣나니 … 타인의 음성은 알지 못하는 고로 타인을 따르지 아니하고 도리어 도망하느니라"(요 10:3, 5)고 말씀하신 것도 이런 취지이다. 이것으로부터 우리는 "이리들"이 그리스도의 양 무리 속으로 몰래 들어올 수 있다고 해서, 즉 "거짓 선지자들"이 거짓된 가르침들로 순전한 믿음을 더럽히고 훼손하고자 하는 일이 일어날 수 있다고 해서, 믿는 자들이 낙심하거나 두려워할 이유가 없다는 결론을 얻는다. 그들은 낙심하는 것이 아니라, 도리어 마음을 굳게 먹고 항상 깨어 있어야 한다. 왜냐하면, 그리스도께서 그들에게 조심하라고 명하시는 것은 그럴 만한 이유가 있기 때문이다. 우리가 우리 자신의 나태함으로 인해서 그릇된 길로 가지만 않는다면, 우리는 온갖 종류의 덫을 피할 수 있게 될 것이다. 사실, 이러한 확신이 없다면, 우리는 조심하는 데에 필요한 담력을 지닐 수 없을 것이다. 우리는 이제 사탄이 어떤 식으로 공격을 해오든, 하나님이 그의 약속들을 반드시 지키시리라는 것을 알기 때문에, 하나님께 담대히 나아가서 지혜의 성령을 구하여야 한다. 왜냐하면, 하나님은 성령의 감화(感化)들을 통해서 우리 마음에 그의 참되심에 대한 믿음을 확고하게 인쳐 주실 뿐만 아니라, 사탄의 속임수들과 술수들을 드러내셔서, 우리로 하여금 그 속임수들에 속아 넘어가지 않게 하시기 때문이다. 그리스도께서 그들이 "양의 옷을 입고 우리에게 나아오나 속에는 노략질하는 이리라"고 말씀하신 것은 사려 깊게 철저히 살펴서 분별하지 않으면 알아낼 수 없을 정도로 그들이 아주 그럴 듯하게 위장을 하고 있으리라는 것을 의미한다.

마 7:16. 그들의 열매로 그들을 알지니. 만약 그리스도께서 참 선지자와 거짓 선지자를 구별할 수 있는 표지(標識)에 관한 이 말씀을 덧붙이지 않으셨다면, 우리는 모든 선생들의 권위를 예외 없이 다 의심하게 되었을지도 모른다. 우려할 만한 치명적인 위험성이 선생들에게 존재하고, 우리가 그 위험을 피할 길을 알 수 없다면, 우리는 그 선생들을 모두 의심할 필요가 있을 것이고, 그 선생들 모두에 대하여 우리의 귀를 막는 것보다 더 좋거나 간단한 방법은 없을 것이다. 우리는 불경건한 자들은 그들에게 불리한 온갖 종류의 가르침을 단호하게 배척함으로써 위험을 차단하여 스스로를 보호하는 반면에, 약하고 뭘 잘 모르는 자들은 그렇게 하지 않음으로써 계속해서 혼란스러운 상태에 빠져 있게 되는 것을 본다. 그리스도께서는 복음 및 그 신실한 일꾼들과 선생들에 대한 우리의 공경심이 줄어들지 않도록 하시기 위해서, "그들의 열매"를 보고서 "거짓 선지자들"을 식별해 내라고 명하신다. 교황주의자들은 우리에 대한 사람들의 증오심을 불러일으키기 위해서, "거짓 선지자들을 삼가라"는 그리스도의 이 권면의 말씀을 지극히 악의적으로 인용하며 아우성을 쳐서, 무지한 사람들을 부추겨서 영문도 모른 채 우리를 피하게 만든다. 그러나 우리 주님의 권면을 따르고자 하는 자는 누구든지 제대로 된 분별력으로 지혜롭게 판단하여야 한다. 우리는 사람들이 "거짓 선지자들"을 조심하고 경계하여야 마땅하다는 것을 기꺼이 인정할 뿐만 아니라, 특히 순진한 사람들에게 "거짓 선지자들을 조심하라"고 간곡히 신신당부한다. 오직 우리만이 그리스도께서 제시하신 규범에 맞게 먼저 철저히 살피고 조사하여야 한다는 것을 그들에게 아울러 경고하는데, 이것은 순진한 사람들이 하나님의 순전한 말씀을 배척함으로써 그들의 경솔함으로 인한 벌을 받지 않도록 하기 위한 것이다. 지혜롭게 잘 살펴서 속지 않도록 조심하는 것과 영문도 모른 채 편견을 가지고서 신경질적으로 성급하게 배척하는 것은 판이하게 다르다. 교황주의자들이 가엾은 심령들에게 근거도 없는 두려움을

심어주어서 그 심령들이 정말 그들의 말이 사실인지를 살펴보지도 못하게 막는 것
은 그리스도의 명령을 폐기처분하는 극악무도한 짓이다. 자기가 잘 모르는 가르침
이라고 하여 두려워 떨며 막무가내로 배척하거나 피하는 자들은 부적절하게 행하
는 것이고, 그리스도의 명령을 순종하는 것과는 거리가 멀다는 것을 우리는 가장
우선적인 원칙으로 삼아야 한다.

우리가 이제 살펴보아야 할 것은 그리스도께서 말씀하신 "열매들"이라는 것은
도대체 무엇인가 하는 것이다. 이 열매들을 그 사람의 삶으로 국한시키는 자들은
내 생각에는 잘못 하고 있는 것이다. 가장 악하고 가식적인 자들이 거룩한 삶을 사
는 체 위장을 하고, 겉으로는 가장 절제되고 금욕적인 삶을 사는 체하는 일이 흔하
지만, 우리는 그것들을 알아내기가 힘들기 때문에, 사람들의 삶을 기준으로 삼는
것은 매우 불확실한 판별 기준이 된다는 것이다. 그런 자들의 외식(外飾) 또는 위
선이 결국에는 드러나게 되리라는 것은 나도 인정한다. 왜냐하면, 미덕을 가장(假
裝)하는 것보다 더 어려운 것은 없기 때문이다. 그러나 그리스도께서는 사람들의
삶이라는 그 자체로 너무나 불확실하고 오해하기 쉬운 판별 기준에 의해서 그의
가르침이 좌지우지 되는 것을 의도하지 않으신 것은 분명하다. "열매들"이라고 할
때에 거기에는 "가르치는 방식"이 포함이 되고, 사실 그것이 가장 중요한 위치를
차지한다. 왜냐하면, 그리스도께서는 자기가 하나님에게서 보내심을 받으셨다는
것을 "스스로 말하는 자는 자기 영광만 구하되 보내신 이의 영광을 구하는 자는 참
되니 그 속에 불의가 없느니라"(요 7:18)는 판별 기준을 근거로 증명하시기 때문이
다.

"선한 열매"(또는, "아름다운 열매")와 "나쁜 열매"를 구별할 수 있을 만큼 날카로
운 통찰력을 지니고 태어난 사람은 극소수에 불과하지 않느냐는 반론이 제기될 수
있다. 앞에서 이미 말했듯이, 나의 대답은 이것이다. 즉, 믿는 자들에게는 지혜의
성령이 주어지기 때문에, 그들이 그들 자신을 믿지 않고, 그들 자신의 판단을 폐기
하며, 전적으로 성령의 인도하심을 구하기만 한다면, 필요할 때마다 그들은 성령
의 도우심을 받을 수 있다는 것이다. 하지만, 우리는 모든 가르침은 그 기준이 되는
하나님의 말씀에 비추어서 판단되어야 하기 때문에, "거짓 선지자들"을 판단할 때
에도 신앙의 유비(類比, fidei analogia)가 가장 우선적인 기준이 된다는 것을 기억
하여야 한다. 또한, 우리는 하나님이 그의 선지자들과 그의 말씀의 일꾼들에게 무
엇을 명하고 계시는지를 고려하지 않으면 안 된다. 왜냐하면, 거기에 비추어 보면,

그들의 신실성이 쉽게 확인될 수 있기 때문이다. 예를 들어, 우리가 바울이 "감독들"에게 무엇을 요구하고 있는지(딤전 3:1-7; 딛 1:6-9)를 생각해 보면, 거기에 나오는 설명만으로도 가톨릭 집단 전체를 단죄하기에 충분한 근거가 될 것이다. 왜냐하면, 가톨릭의 사제들은 마치 의도적으로 거기에 나오는 것과 정반대되는 모습이 되고자 작정한 사람들처럼 보이기 때문이다. 그러므로 그들이 사람들에게 "거짓 선지자들"을 자율적으로 판단하는 것을 금지시켰다고 해도, 우리는 그것을 의아해할 이유가 없다. 이 말씀은 목회자라는 이름을 지니고서 가르치는 자로서의 직분으로 부르심을 받은 자들이 그들의 직무에 부응하여 신실하게 행하지 않는다면, 그들의 직함은 아무짝에도 소용이 없고, 그들의 부르심조차도 존중받지 못하리라는 것을 분명하게 보여준다.

마 7:16. 가시나무에서 포도를, 또는 엉겅퀴에서 무화과를 따겠느냐. 당시에 널리 통용되고 보편적으로 받아들여졌던 이 격언들을 통해서, 그리스도께서는 의도적으로 눈을 감지만 않는다면 그 누구도 "거짓 선지자들"에게 속지 않을 수 있다는 그의 말씀을 확인해 주신다. 왜냐하면, "열매들"을 보면 그 나무가 어떤 나무인지가 분명하게 드러나듯이, 하나님의 신실한 종들과 신실하지 못한 일꾼들도 그 "열매들"을 통해서 분명하게 드러나기 때문이다.

눅 6:43. 못된 열매 맺는 좋은 나무가 없고. 누가가 기록한 이 말씀은 그리스도께서 베푸신 일반적인 가르침, 즉 "그 열매로 나무를 아는" 것과 동일한 방식으로, 열매를 보고서 그 사람이 어떤 사람인지를 판단해야 한다는 가르침인 것으로 보인다. 그리스도께서는 외식하는 자들을 "형제의 눈 속에 있는 티는 보고 네 눈 속에 있는 들보는 깨닫지 못하느냐"(눅 6:41-42)는 말씀으로 책망하신 후에, 곧이어서 "못된 열매 맺는 좋은 나무가 없고 또 좋은 열매 맺는 못된 나무가 없느니라"는 말씀을 덧붙이시는데, 원인을 나타내는 불변화사인 '가르'(γάρ)가 이 두 문장을 연결하고 있는 것으로 보인다. 그러나 누가는 6장에서 그리스도의 여러 가지 말씀들을 기록해 놓고 있는 것이 확실하기 때문에, 마태가 좀 더 자세하게 설명하고 있는 것을 짤막하게 언급하고 넘어간 것일 가능성도 있다. 나는 '가르'(γάρ)라는 단어에 큰 중요성을 부여하지 않는다. 왜냐하면, 이 단어는 다른 구절들에서 흔히 사족(蛇足)으로 등장하고, 이것은 이 단락의 마지막 문장을 보면 분명해 보이기 때문이다.

눅 6:45. 선한 사람은 마음에 쌓은 선에서 선을 내고. 누가는 이 말씀으로 이 강론을 마무리한다. 그리고 이것은 누가가 그리스도께서 우리에게 "열매"를 보고 판단하라고 명하셨을 때에 그것이 어떤 종류의 판단을 가리키는 것이었는지를 직설적으로 설명하고자 한 것임을 나는 의심하지 않는다. 믿는 자들은 하나님의 종이라고 자처하는 자들이 어떤 종류의 가르침을 베푸는지를 주의 깊게 살펴야 한다. 그리스도께서는 "말씀을 전하는 자가 하나님에게서 보내심을 받았다는 실제적인 증거를 보여주기 전까지는 직함은 별 소용이 없다"고 말씀하신다. 그렇지만, 나는 이 말씀을 일반적인 가르침으로 받아들여서는 안 된다고 말하는 것이 결코 아니다. "마음에 가득한 것을 입으로 말함이니라"는 마지막 구절이 "거짓 선지자들"에게만 적용되는 것이 아니라 좀 더 폭넓게 적용될 수 있다는 것은 확실하다. 왜냐하면, 그것은 보편성을 띤 격언이기 때문이다. 현실적으로 사람들의 혀는 거짓되고, 가장 악한 마음을 지닌 자들도 흔히 가장 선한 말을 하지 않느냐는 반론이 제기될 수 있다. 나의 답변은 이것이다. 즉, 그리스도께서는 여기에서 단지 지극히 통상적으로 일어나는 일을 지적하고 계시다는 것이다. 왜냐하면, 외식하는 자들은 그들의 마음의 감정과는 다른 것을 말로 표현하지만, 그것이 "혀"를 마음의 "초상(肖像)"이라고 부르는 것이 부당하거나 부적절하다고 말할 수 있는 근거가 되지는 못하기 때문이다.

[21]나더러 주여 주여 하는 자마다 다 천국에 들어갈 것이 아니요 다만 하늘에 계신 내 아버지의 뜻대로 행하는 자라야 들어가리라 [22]그 날에 많은 사람이 나더러 이르되 주여 주여 우리가 주의 이름으로 선지자 노릇 하며 주의 이름으로 귀신을 쫓아내며 주의 이름으로 많은 권능을 행하지 아니하였나이까 하리니 [23]그 때에 내가 그들에게 밝히 말하되 내가 너희를 도무지 알지 못하니 불법을 행하는 자들아 내게서 떠나가라 하리라(마 7:21-23).

[46]너희는 나를 불러 주여 주여 하면서도 어찌하여 내가 말하는 것을 행하지 아니하느냐(눅 6:46).

마 7:21. 나더러 주여 주여 하는 자마다. 그리스도께서는 강론을 더욱 진척시켜 나가신다. 왜냐하면, 그는 양 무리를 찢어 삼키기 위하여 돌진해 오는 "거짓 선지자들"에 대해서 말씀하신 것으로 그치시는 것이 아니라, 여기에서 진정한 신앙은 없으면서도 목회자로서의 그럴 듯한 외양을 갖추고서 사람들에게 교묘히 접근하는 "삯꾼들"에 대해서도 말씀하고 계시기 때문이다. 이 가르침은 지위나 신분의 고하를 막론하고 모든 외식하는 자들에게 적용되지만, 여기에서 그리스도께서 특별히 언급하고 계시는 것은 다른 사람들보다 훨씬 뛰어난 것으로 보이는 외식하는 선생들이다. 그리스도께서 이 말씀을 하시는 것은, 술 취한 자들처럼 잠들어 있는 외식하는 선생들을 그 혼미함에서 깨어나게 하시기 위한 것일 뿐만 아니라, 그런 외식하는 선생들에게는 그들에게 합당한 것 이상의 대우를 해주어서는 안 된다고 믿는 자들에게 경고하시기 위한 것이다. 한 마디로 말해서, 그리스도께서는 복음의 가르침이 많은 제자들을 얻음으로써 열매를 맺기 시작하자마자, 그릇되게 그리고 가식적으로 복음의 가르침을 받아들이는 평신도들이 아주 많이 생겨날 뿐만 아니라, 목회자들 가운데서도 그들이 입으로 고백한 것을 그들의 행위와 삶으로는 부인하는 일이 벌어지게 될 것임을 분명하게 밝히시고 계신다는 것이다. 그러므로 제자들의 반열에 들고자 하는 자는 누구든지 진실하고 정직하게 그들에게 주어진 새 생명의 삶을 살아가는 일에 헌신하려고 애를 써야 한다.

누가복음에서 이 말씀은 일반적인 책망이다: "너희는 나를 불러 주여 주여 하면서도 어찌하여 내가 말하는 것을 행하지 아니하느냐." 그러나 이러한 타락상은 대부분 외식하는 선생들에게서 먼저 나타나고, 그들로부터 교회 전체로 쉽게 퍼져나가기 때문에, 마태 본문에서처럼 우리 주님은 그런 교사들을 명시적으로 비판하시는 것이다. "아버지의 뜻대로 행한다"는 것은 그들의 삶과 생활방식을 미덕들의 규범에 의해서 규율하는 것(철학자들이 말했듯이)만을 의미하는 것이 아니라, "내 아버지의 뜻은 아들을 보고 믿는 자마다 영생을 얻는 이것이니"(요 6:40)라는 말씀대로 그리스도를 믿는 것도 의미한다. 그러므로 이 말씀은 믿음을 배제하는 것이 아니라, 다른 선행들이 흘러나오는 원리로서의 믿음을 전제한다.

마 7:22. 많은 사람이 나더러 이르되. 우리가 조금 전에 누가 본문에서 보았듯이, 그리스도께서는 외식하는 자들을 다시 그의 심판석으로 호출하신다. 그런 자들은 그리스도의 교회에서 한자리를 차지하고 있는 한 스스로를 자랑하고 자만함과 동시에 다른 사람들을 속이는 일을 계속하는 법이다. 그러므로 그리스도께서는 장차 "자기의 타작 마당을 정하게" 하여 "쭉정이"와 "가라지"를 "알곡"으로부터 분리해 내실 날이 올 것이라고 분명하게 밝히신다. "그리스도의 이름으로 선지자 노릇한다"는 것은 그리스도의 지시와 권위로 선생의 직분을 수행하는 것을 의미한다. 왜냐하면, 나는 여기에서 "선지자 노릇을 하는 것," 즉 "예언"은 고린도전서 14

장에서처럼 폭넓은 의미로 해석되어야 한다고 생각하기 때문이다. 그리스도께서는 단지 "말씀을 전하다"라는 단어를 사용하실 수도 있으셨지만, 외적인 신앙고백이 사람들의 눈에 아무리 그럴 듯하고 대단해 보일지라도 아무것도 아니라는 것을 좀 더 분명하게 보여주시기 위하여, 의도적으로 "선지자 노릇하다"라는 더 존귀해 보이는 표현을 사용하신다. "주의 이름으로 권능을 행한다"는 것은 그리스도의 능력과 권세와 명령과 지시하심을 따라 이적들을 행하는 것을 가리킨다. 왜냐하면, '뒤나메이스'(δυνάμεις, "권능들")라는 단어는 종종 한 부류의 이적들을 가리키는 데에 제한적으로 사용되기는 하지만, 이 구절을 비롯해서 많은 구절들 속에서는 온갖 종류의 이적들을 가리키기 때문이다.

　　마 7:23. 그 때에 내가 그들에게 밝히 말하되. 그리스도께서 '호모로게소'(ὁμολο γήσω, "밝히 말하되")라는 단어를 사용하신 것은 외식하는 자들이 헛된 자랑에 도취되어 큰 소리를 치는 모습을 염두에 두신 것으로 보인다. "그들은 입으로 나를 믿는다고 '밝히 말하고'서는, 자신의 본분을 다했다고 제멋대로 생각한다. 나는 지금도 그들의 입에서 나를 믿는다고 큰 소리로 '밝히 말하는' 소리를 듣는다. 그러나 나는 정반대로 그들의 신앙 고백이 기만적이고 거짓되다고 '밝히 말하고자' 한다." 그리스도께서 "밝히 말하시는" 내용은 도대체 어떤 것인가? 그것은 그들이 교회의 기둥들이라고 자랑할 때조차도, 그리스도께서는 그들을 자기 백성에 속한 자들로 결코 여기신 적이 없으셨다는 것이다. "내게서 떠나가라." 그리스도께서는 거짓된 직함을 이용해서 하나님의 집을 훔쳐서 일시적으로 부당하게 점거하고 있던 자들에게 자기 앞에서 나가라고 명하신다. 바울이 디모데에게 다음과 같이 한 말은 우리 주님의 강론에 나오는 이 구절에서 가져온 것으로 보인다: "주께서 자기 백성을 아신다 하며 또 주의 이름을 부르는 자마다 불의에서 떠날지어다 하였느니라"(딤후 2:19). 이 구절의 전반절은 연약한 믿음을 지닌 자들이 크고 뛰어난 명성을 지닌 자들의 변절에 의해서 놀라거나 낙심하지 않도록 하기 위한 것이다. 왜냐하면, 거기에서 바울은, 그런 자들이 헛된 가식(假飾)으로 사람들의 눈을 사로잡았다고 할지라도, 그리스도께서 그들을 부인하실 것임을 분명하게 선언하시기 때문이다. 그런 후에, 바울은 그리스도의 제자로 여김을 받고자 하는 모든 자들에게, 그리스도께서 "양과 염소를 구분하실"(마 25:32) 때에 그들을 그의 앞에서 몰아내시지 않도록 하기 위해서는, 일찌감치 "불의에서 떠나라"고 권면한다.

²⁴그러므로 누구든지 나의 이 말을 듣고 행하는 자는 그 집을 반석 위에 지은 지혜로운 사람 같으리니 ²⁵비가 내리고 창수가 나고 바람이 불어 그 집에 부딪치되 무너지지 아니하나니 이는 주추를 반석 위에 놓은 까닭이요 ²⁶나의 이 말을 듣고 행하지 아니하는 자는 그 집을 모래 위에 지은 어리석은 사람 같으리니 ²⁷비가 내리고 창수가 나고 바람이 불어 그 집에 부딪치매 무너져 그 무너짐이 심하니라 ²⁸예수께서 이 말씀을 마치시매 무리들이 그의 가르치심에 놀라니 ²⁹이는 그 가르치시는 것이 권위 있는 자와 같고 그들의 서기관들과 같지 아니함일러라(마 7:24-29).

⁴⁷내게 나아와 내 말을 듣고 행하는 자마다 누구와 같은 것을 너희에게 보이리라 ⁴⁸집을 짓되 깊이 파고 주추를 반석 위에 놓은 사람과 같으니 큰 물이 나서 탁류가 그 집에 부딪치되 잘 지었기 때문에 능히 요동하지 못하게 하였거니와 ⁴⁹듣고 행하지 아니하는 자는 주추 없이 흙 위에 집 지은 사람과 같으니 탁류가 부딪치매 집이 곧 무너져 파괴됨이 심하니라 하시니라(눅 6:47-49).

마 7:24. 그러므로 누구든지 … 듣고. 복음을 진심으로 고백하는 자들과 거짓으로 믿는 자들을 구별하는 일은 흔히 어렵기 때문에, 그리스도께서는 아름다운 비유를 통해서 그 주된 차이가 어디에 있는지를 보여주신다. 그는 토대 없이 지어진 집과 견고한 토대 위에 지어진 집을 묘사하신다. 이 두 집의 외적인 모양새는 동일하지만, "바람"과 폭풍이 불고 "창수"가 나서 그 집들을 덮칠 때에 전자의 집은 즉시 무너지겠지만, 후자의 집은 견고해서 그 어떤 공격에도 끄떡없이 서 있게 될 것이다. 그러므로 그리스도께서는 복음을 헛되이 빈 말로 고백하는 것을 아름답기는 하지만 견고하지 못한 집, 즉 아무리 높이 쌓아 올렸더라도 토대가 없기 때문에 언제든지 무너질 위험에 처해 있는 집에 비유하신다. 따라서 바울은 우리로 하여금 "온갖 교훈의 풍조에 밀려 요동하지 않고"(엡 4:14), 도리어 모든 공격에 미동도 하지 않을 수 있도록 하기 위하여, 우리에게 그리스도라는 토대 위에 견고하게 세워져서 깊이 뿌리를 내리라고 명한다(골 2:7). 이 구절의 전체적인 의미는 참된 경건은 시험을 거쳐서 검증을 받을 때까지는 가짜와 잘 구별되지 않는다는 것이다. 왜냐하면, 우리의 신앙을 검증하기 위해 찾아오는 시험들은 큰 파도와 폭풍우 같아서, 형통할 때에는 드러나지 않았던 불안정하고 얄팍한 신앙을 지닌 자들을 아주 쉽게 무너뜨리기 때문이다.

마 7:24. 이 말을 듣고. 지시사 '투스(τοὺς, "이")'는 한 부류의 말씀이 아니라, 모든 가르침 전체를 가리킨다. 그리스도께서 하신 말씀의 의미는, 우리의 마음속에 깊이 뿌리를 내리지 않는 복음은 아주 높이 쌓아지긴 했지만 그 어떤 토대 위에도 세워져 있지 않은 담과 같고, "마음속에 깊이 뿌리를 내리고서, 간절하고 변함없는 마음을 그 토대로 하고 있는 신앙은 참되기 때문에, 그 어떤 시험도 이겨낼 수 있다"는 것이다. 왜냐하면, 인간의 마음은 너무나 헛되어서, 자기를 부인할 정도까지 아주 깊게 파지 않는 자들은 "모래 위에" 집을 짓는 것이기 때문이다.

마 7:28. 예수께서 이 말씀을 마치시매. 나는 여기에서 "이 말씀"은 단지 그리스도께서 산 위에서 전하신 강론만이 아니라, 지금까지 사람들에게 전해 오셨던 다른 모든 가르침까지 다 가리키는 것이라고 생각한다. 그러므로 이 구절의 의미는 그리스도께서 여러 곳에서 사람들에게 그의 가르침을 들려 주셨을 때마다, 지금까지 겪어본 적도 없고 말로 설명할 수도 없는 기이한 위엄이 사람들의 마음을 그에게로 이끌었기 때문에, 모든 사람들이 놀라움에 사로잡혔다는 것이다. "그 가르치시는 것이 권위 있는 자와 같고 서기관들과 같지 아니하였다"는 말씀의 의미에 대해서는 내가 이미 설명한 바 있다.

[1]예수께서 산에서 내려 오시니 수많은 무리가 따르니라 [2]한 나병환자가 나아와 절하며 이르되 주여 원하시면 저를 깨끗하게 하실 수 있나이다 하거늘 [3]예수께서 손을 내밀어 그에게 대시며 이르시되 내가 원하노니 깨끗함을 받으라 하시니 즉시 그의 나병이 깨끗하여진지라 [4]예수께서 이르시되 삼가 아무에게도 이르지 말고 다만 가서 제사장에게 네 몸을 보이고 모세가 명한 예물을 드려 그들에게 입증하라 하시니라(마 8:1-4).

[40]한 나병환자가 예수께 와서 꿇어 엎드려 간구하여 이르되 원하시면 저를 깨끗하게 하실 수 있나이다 [41]예수께서 불쌍히 여기사 손을 내밀어 그에게 대시며 이르시되 내가 원하노니 깨끗함을 받으라 하시니 [42]곧 나병이 그 사람에게서 떠나가고 깨끗하여진지라 [43]곧 보내시며 엄히 경고하사 [44]이르시되 삼가 아무에게 아무 말도 하지 말고 가서 네 몸을 제사장에게 보이고 네가 깨끗하게 되었으니 모세가 명한 것을 드려 그들에게 입증하라 하셨더라 [45]그러나 그 사람이 나가서 이 일을 많이 전파하여 널리 퍼지게 하니 그러므로 예수께서 다시는 드러나게 동네에 들어가지 못하

시고 오직 바깥 한적한 곳에 계셨으나 사방에서 사람들이 그에게로 나아오더라(막 1:40-45).

[12]예수께서 한 동네에 계실 때에 온 몸에 나병 들린 사람이 있어 예수를 보고 엎드려 구하여 이르되 주여 원하시면 나를 깨끗하게 하실 수 있나이다 하니 [13]예수께서 손을 내밀어 그에게 대시며 이르시되 내가 원하노니 깨끗함을 받으라 하신대 나병이 곧 떠나니라 [14]예수께서 그를 경고하시되 아무에게도 이르지 말고 가서 제사장에게 네 몸을 보이고 또 네가 깨끗하게 됨으로 인하여 모세가 명한 대로 예물을 드려 그들에게 입증하라 하셨더니 [15]예수의 소문이 더욱 퍼지매 수많은 무리가 말씀도 듣고 자기 병도 고침을 받고자 하여 모여 오되 [16]예수는 물러가사 한적한 곳에서 기도하시니라(눅 5:12-16).

마 8:1. 예수께서 산에서 내려 오시니. 마태는 이제 다시 본래의 이야기의 흐름으로 되돌아간다. 그는 앞에서 "예수께서 … 산에 올라가 앉으시니"(마 5:1)라고 말한 후에, 그리스도의 가르침 중에서 많은 중요한 핵심들을 한 곳에 한 더미로 쌓아 올려서 집중적으로 소개하였다. 그리고 이제 그는 그리스도께서 산에서 말씀을 전하신 지 얼마 후에 어떤 "나병환자"를 고치셨다는 내용을 덧붙인다. 마가와 누가도 이 사건이 언제 일어났는지에 대해서는 언급하지 않지만, 이 동일한 사건을 기록해 놓는다. 그리스도께서 오직 말씀 한 마디와 손으로 한 번 만지신 것을 통해서 그 사람의 나병을 순식간에 깨끗하게 하신 것은 그의 신적인 능력을 두드러지게 보여주신 것이었다. 나병은 상피병(象皮病, 헬라어로는 ἐλεφαντίασις-엘레판티아시스)과는 다른 종류의 병이었지만, 고치기가 어려웠다는 것은 너무나 분명하다. 이 병이 오랫동안 지속되어서 깊이 자리를 잡게 되면, 사람이 이 병에서 회복되는 것은 아주 드문 일이었다. 의사들은 그들의 전문적인 의술로 이 병을 어느 정도 완화시킬 수는 있었을 것임을 감안하더라도, 이 이적 속에 어떤 인간적인 것이 존재하지 않았다는 것은 분명하다.

마 8:2. 나아와 절하며. 라틴어 역본에서 '아도라레'(adorare, "경배하다" 또는 "예배하다")로 번역된 헬라어 동사 '프로스퀴네인'(προσκύνειν)의 의미가 무엇인지는 이 구절을 보면 쉽게 알 수 있다. 이 단어의 주해(註解)를 위해서 우리는 다른 두 복음서의 본문들을 참조할 수 있는데, 마가 본문에는 "꿇어 엎드려"라고 되어 있고, 누가 본문은 "엎드려"로 되어 있다. 나병환자는 "꿇어 엎드리는" 외적인 몸짓을 통해서 그리스도에 대한 자신의 경외심을 표현한 것이었다. 동방 사람들에게 그런 종류의 예(禮)가 몸에 배어 있었듯이, 이런 식으로 예를 표하는 것은 유대인들 가운데서도 일반적으로 통용되었다. 따라서 많은 이들은 나병환자가 그리스도께 신적인 경배를 드리고자 한 것이 아니라, 단지 하나님의 유명한 선지자로 예우하여 그것에 걸맞는 예를 올린 것이었다고 생각한다.

나는 나병환자가 어떤 감정으로 그리스도께 예를 올렸는지를 놓고 논쟁할 생각이 없다. 그러나 나는 나병환자가 그리스도께서 "원하시면 저를 깨끗하게 하실 수 있나이다"라고 말한 것을 주목한다. 나병환자는 이 말을 통해서 그가 그리스도 안에 있는 신적인 능력을 인정하고 있다는 것을 분명하게 밝힌 셈이다. 그리고 그리스도께서는 "내가 원하노니"라고 대답하심으로써, 인간이 가질 수 없는 능력을 그 자신이 가지고 계시다는 것을 보여주신다. 단지 자신의 뜻을 밝히는 것을 통해서 사람들의 건강을 회복시켜 주는 자는 최고의 권위를 소유하고 있는 자임에 틀림없다. 그리스도가 하나님의 아들이시라는 것을 믿었든, 아니면 그리스도가 모세를 비롯한 다른 선지자들과 동일한 방식으로 이 능력을 받은 것이라고 믿었든, 나병환자는 그리스도께서 치유의 은사를 그의 손에, 그리고 그의 능력 안에 지니고 계신다는 것을 조금도 의심하지 않았다. 나병환자는 "원하시면 하실 수 있나이다"라고 조건을 달아서 말하고 있지만, 이것은 하나님이 우리의 기도와 관련해서 요구하시는 확실한 믿음(fidei certitudo)과 모순되지 않는다. 왜냐하면, 사람들은 하나님이 약속하신 것 이상을 기대하지 않아야 하기 때문이다. 나병환자는 어떤 영감에 의한 교통을 통해서, 또는 하나님의 어떤 약속을 통해서 그리스도께서 무엇을 하고자 하시는지를 알고 있는 것이 전혀 아니었다. 그러므로 그가 이 한계를 넘어서서 무엇을 요구하는 것은 부적절한 행위가 되었을 것이다. 왜냐하면, 우리는 종종 어떤 사람들이 전혀 조건을 달지 않고 기도하였다는 것을 성경에서 읽지만, 그들에게는 우리가 일반적인 규범으로 받아들여서는 안 되는 성령의 특별한 감동들이 있었다고 믿어야 하기 때문이다. 엄밀하게 말하자면, 나는 과연 나병환자가 기도를 드린 것이라고 말해야 하는지조차도 잘 모르겠다. 나병환자는 단지 그리스도의 능력을 온전히 확신하기 때문에 그에게 나병을 고칠 능력이 있다는 것을 의심하지 않는다는 것만을 분명하게 밝힌 후에, 그리스도의 뜻이 무엇인지를 아직 알지 못하였기 때문에, 그 결과에 대해서는 어떻게 될지를 알지 못하는 가운데에 고침을 받기 위하여 자기 자신을 내맡긴 것뿐이다.

마 8:3. 예수께서 손을 내밀어 그에게 대시며. 율법 아래에서는 "나병환자"에게 "손을 대는" 것은 그 병에 감염되는 것이었다. 그러나 그리스도께서는 모든 더러움과 부정(不淨)을 물리치실 수 있는 그런 정결(淨潔)함을 소유하고 계시기 때문에, 나병환자에게 "손을 대었다"고 해서, 스스로 나병에 감염되시거나 율법을 범하는 자가 되지 않으신다. 그리스도께서는 우리의 육체를 입으셨을 때에 단지 그의 손으로 우리를 만지신 것과 같이 하신 것이 아니라, 우리로 "살 중의 살"(창 2:23)이 되게 하시기 위하여, 우리와 연합하여 하나의 동일한 몸이 되신 것이었다. 또한, 그리스도께서는 단지 그의 팔을 우리에게 뻗치신 것이 아니라, 하늘로부터 내려오셔서 지옥까지 내려가셨지만, 지옥으로부터 그 어떤 더러움도 묻혀오지 않으시고, 그의 순전하심을 그대로 유지하신 채, 우리의 모든 부정(不淨)들을 제거하시고, 우리에게 그의 거룩하심을 뿌려서 우리를 깨끗하게 하셨다. 그는 오직 말씀만으로 나병환자를 고치실 수도 있으셨지만, 연민의 감정을 표현하시기 위하여 그의 "손을 내밀어 대신" 것이었다. 우리는 이것을 보고 기이하게 여겨서는 안 된다. 왜냐하면, 그리스도는 우리를 우리의 모든 죄에서 깨끗하게 하시기 위하여 우리의 육체를 친히 입고 오시기로 결심하신 분이시기 때문이다. 그러므로 그리스도께서 그의 "손을 내미신" 것은 무한한 은혜와 선하심의 표현이자 증표였다. 우리가 별 생각 없이 읽고 냉랭하게 그냥 지나치지만, 사실은 굉장한 놀라움 없이는 그 의미를 제대로 헤아릴 수 없는 내용이 여기에 나온다. 즉, 하나님의 아들이 나병환자를 멸시하여 그에게 말대꾸하는 것조차 하지 않으려 하시기는커녕, 도리어 그의 "손을 내밀어" 저 부정(不淨)한 것에 "대시기"까지 하셨다는 것이다.

마 8:4. 예수께서 이르시되 삼가 아무에게도 이르지 말고. 어떤 이들은 그리스도께서 나병환자에게 이 이적을 사람들에게 알리지 말라고 진지하게 명령하신 것이 아니라, 도리어 이 이적을 알리고자 하는 추가적인 동기를 그에게 부여하신 것이라고 나병환자를 옹호하는 말을 한다. 또 어떤 이들은 그리스도께서 이러한 금지 명령을 내리신 이유는 그의 "때가 아직 이르지 아니하였기"(요 7:6) 때문이었을 것이라고 말하는데, 이런 주장은 어느 정도 일리가 있다. 이 이적이 사람들에게 알려지지 않고 그대로 묻혀 버렸다면, 그것은 부적절한 일이었을 것이라는 데에 나도 동의한다. 그러나 우리 주님에게는 이 이적에 관한 소문이 그 즉시 퍼져 나가거나, 적어도 나병환자 본인에 의해서 퍼져 나가는 것을 바라지 않으신 특별한 이유

가 있으셨다. 나병환자가 제멋대로 그리스도에 관한 견해를 사람들에 말하고 다닌
것은 결코 칭찬받을 일이 아니었기 때문에, 그리스도의 명령에 순종하지 않은 잘
못으로 인하여 단죄를 받아 마땅하다고 나는 생각한다. 나병환자가 자기를 고쳐
주신 분에 대하여 감사를 표하고자 했다면, "순종"보다 더 좋은 방법은 있을 수 없
었다. 왜냐하면, 하나님은 모든 "제사보다 순종이 낫다"고 여기시고(삼상 15:22),
순종이야말로 합당한 예배의 기원(起源)이자 토대이기 때문이다. 나병환자가 보
여준 이 본보기는, 무절제한 열심에 휘둘리는 자들은 하나님을 기쁘시게 해드리려
고 열심을 내면 낼수록 하나님의 명령을 더욱 크게 거역하게 되는 것이기 때문에
부적절하게 행하는 것임을 우리에게 보여준다.

마 8:4. 제사장에게 네 몸을 보이고. 율법의 예식들은 아직 폐기된 것이 아니었
기 때문에, 그리스도께서는 사람들이 그 예식들을 멸시하거나 소홀히 하기를 바라
지 않으셨다. 하나님은 율법에서 나병으로부터 깨끗하게 된 자는 감사 제물을 가
지고 가서 제사장에게 자신의 몸을 보이라고 명하셨는데(레 14:2), 그 의도는 제사
장은 그 병이 완전히 정결하게 되었다는 그의 선언을 통해서 나병환자가 하나님으
로부터 은택을 받았다는 것을 증언하고, 병으로부터 고침을 받은 자는 감사를 표
할 수 있도록 하기 위한 것이었다. 그러므로 그리스도께서는 나병환자를 "제사장"
에게 보내심으로써, 자기에게는 하나님의 영광을 나타내는 것 외에는 다른 목적이
없었다는 것을 증명하고자 하신 것이다. "제사장에게 몸을 보이는" 것은 그 병이
다 나았는지를 검사받기 위한 것이었고, "예물을 드리는" 것은 감사의 표현이었다.
그리스도께서는 제사장들이 이 사람을 검사해서 하나님의 은총이 나타났음을 분
명하고 의심할 여지가 없게 만드는 한편, 나병환자는 하나님이 그를 고치셨다는
것을 시인하게 되기를 바라신 것이다. 방금 전에 언급했듯이, 그리스도께서는 율
법의 예식들이 폐기될 때가 이를 때까지는 그 예식들을 지키라고 명하신다.

교황주의자들이 이 구절을 그들의 고해성사를 합리화시키는 근거로 삼고자 하
는 시도는 참으로 어리석기 그지없는 일이다. 그들은 나병은 알레고리적으로 죄를
나타내고, 교황의 축성(祝聖)을 받은 사제들은 영적 나병에 대한 재판장들이라고
주장한다. 모든 부정(不淨)함 및 그것과 관련된 결정이 제사장단에게 위임되었다
는 것을 백성들에게 알리고자 하는 목적으로 이런 권세가 율법 아래에서 제사장들
에게 수여되었다는 것을 인정할지라도, 가톨릭의 사제들이 그런 권세가 그들에게
주어졌다고 주장하는 것은 불경(不敬)한 짓이다. 왜냐하면, 옛적의 제사장들에게

속한 모든 존귀와 영예는 오늘날에는 오직 그리스도만이 자신의 것이라고 주장하실 수 있기 때문이다. 오직 그리스도만이 영적 나병에 대한 재판장으로 임명되셨고, 나병으로부터 고침을 받아 정결하게 된 자들로부터 예물을 받을 자격이 있으시다. 율법 아래에서는 희생제사가 정결하게 되었음을 인치는 수단으로 사용되었다. 왜냐하면, 피 흘림을 통한 대속(代贖)은 사람들이 정결함을 받을 수 있는 유일한 길이기 때문이다. 하나님이 자기 아들의 대권(大權)이라고 선언하신 저 권리를 다른 사람들에게로 이전시키는 것은 가증스러운 신성모독이다. 복음의 일꾼들인 우리가 그리스도의 명령에 의지해서 죄인들에게 그들이 그들의 죄로부터 깨끗함을 받았다고 선언할 때, 이것은 가톨릭의 사제들처럼 나병에 관한 것들을 판단하고 결정할 재판권이 마치 우리에게 주어진 것인 양 왜곡되어서는 안 된다.

마 8:4; 막 1:44. 그들에게 입증하라. 어떤 이들은 시편에 하나님이 "이스라엘의 전례"가 되게 하기 위하여 이것을 기록하게 하셨다는 말씀(시 122:4)이 나온다는 것을 근거로 삼아서, 여기에 나오는 "증거"(입증)라는 단어를 율법 또는 규례를 의미하는 것으로 본다. 그러나 그런 해석은 내게 터무니없어 보인다. 왜냐하면, 나는 대명사 "그들에게"가 제사장들을 가리킨다는 것에 대하여 아무런 의심도 없기 때문이다. 나는 그리스도께서 현재의 일을 염두에 두시고서 이 말씀을 하신 것이라고 생각한다. 왜냐하면, 이 이적은 나중에 제사장들의 배은망덕을 단죄하기에 너무나 분명한 증거가 될 것이었기 때문이다. 그리스도께서 나병환자에게 침묵을 지키라고 명하신 것과 이것은 전혀 모순되지 않는다. 왜냐하면, 그리스도께서는 그가 베푸신 이적에 대한 기억이 언제까지나 묻혀 있게 되는 것을 의도하신 것이 아니었기 때문이다. 나병환자가 그리스도의 명령에 의지해서 제사장에게 나아갔다면, 그것은 제사장들이 그리스도가 하나님이 보내신 자이시라는 사실을 받아들이기를 거부할 때에 그들로 하여금 변명할 수 없게 만들 "증거"가 될 것이었고, 이와 동시에 그리스도께서 율법의 일점일획도 소홀히 하지 않은 것이기 때문에 비방거리를 없앨 수 있었을 것이다. 한 마디로 말해서, 그것은 제사장들이 구제 불능인 자들이 아니었다면 그리스도께로 나아오게 만드는 계기가 될 것이었고, 그런데도 제사장들이 여전히 믿지 않는 자로 남아 있다면 하나님이 그들을 단죄할 너무나 확실하고 강력한 증거가 될 것이었다.

막 1:45. 그러므로 예수께서 다시는 드러나게 동네에 들어가지 못하시고. 이것으로부터 우리는 왜 그리스도께 이 이적이 즉시 사람들에게 알려지기를 바라지 않으셨는지 그 이유를 알게 되는데, 그것은 그리스도께서는 사람들을 가르치실 좀 더 풍부한 기회와 자유를 가지고 싶으셨던 것이었다. 그의 원수들이 그를 대적하여 일어나서 그의 입을 막고자 하였기 때문이 아니라, 일반 사람들이 너무나 끈질기고 집요하게 이적들을 요구하였기 때문에, 더 이상 가르침이 들어설 여지가 남아 있지 않게 되었다. 그리스도께서는 사람들이 표적들보다는 말씀에 더 관심을 기울이게 되기를 바라셨다. 따라서 누가는 "예수는 물러가사 한적한 곳에서 기도하시니라"고 말한다. 그리스도께서 사람들의 무리를 피하신 것은 가르침을 베푸는 것을 제쳐 두고 부수적인 것에 불과한 이적들을 무수히 행하지 않고서는 사람들이 바라는 것을 충족시켜 줄 수 없을 것임을 아셨기 때문이다.

⁵예수께서 가버나움에 들어가시니 한 백부장이 나아와 간구하여 ⁶이르되 주여 내 하인이 중풍병으로 집에 누워 몹시 괴로워하나이다 ⁷이르시되 내가 가서 고쳐 주리라 ⁸백부장이 대답하여 이르되 주여 내 집에 들어오심을 나는 감당하지 못하겠사오니 다만 말씀으로만 하옵소서 그러면 내 하인이 낫겠사옵나이다 ⁹나도 남의 수하에 있는 사람이요 내 아래에도 군사가 있으니 이더러 가라 하면 가고 저더러 오라 하면 오고 내 종더러 이것을 하라 하면 하나이다 ¹⁰예수께서 들으시고 놀랍게 여겨 따르는 자들에게 이르시되 내가 진실로 너희에게 이르노니 이스라엘 중 아무에게서도 이만한 믿음을 보지 못하였노라 ¹¹또 너희에게 이르노니 동 서로부터 많은 사람이 이르러 아브라함과 이삭과 야곱과 함께 천국에 앉으려니와 ¹²그 나라의 본 자손들은 바깥 어두운 데 쫓겨나 거기서 울며 이를 갈게 되리라 ¹³예수께서 백부장에게 이르시되 가라 네 믿은 대로 될지어다 하시니 그 즉시 하인이 나으니라(마 8:5-13)

¹예수께서 모든 말씀을 백성에게 들려 주시기를 마치신 후에 가버나움으로 들어가시니라 ²어떤 백부장의 사랑하는 종이 병들어 죽게 되었더니 ³예수의 소문을 듣고 유대인의 장로 몇 사람을 예수께 보내어 오셔서 그 종을 구해 주시기를 청한지라 ⁴이에 그들이 예수께 나아와 간절히 구하여 이르되 이 일을 하시는 것이 이 사람에게는 합당하니이다 ⁵그가 우리 민족을 사랑하고 또한 우리를 위하여 회당을 지었나이다 하니 ⁶예수께서 함께 가실새 이에 그 집이 멀지 아니하여 백부장이 벗들을 보내어 이르되 주여 수고하시지 마옵소서 내 집에 들어오심을 나는 감당하지 못하겠나이다 ⁷그러므로 내가 주께 나아가기도 감당하지 못할 줄을 알았나이다 말씀만 하

사 내 하인을 낫게 하소서 ⁸나도 남의 수하에 든 사람이요 내 아래에도 병사가 있으니 이더러 가라 하면 가고 저더러 오라 하면 오고 내 종더러 이것을 하라 하면 하나이다 ⁹예수께서 들으시고 그를 놀랍게 여겨 돌이키사 따르는 무리에게 이르시되 내가 너희에게 이르노니 이스라엘 중에서도 이만한 믿음은 만나보지 못하였노라 하시더라 ¹⁰보내었던 사람들이 집으로 돌아가 보매 종이 이미 나아 있었더라(눅 7:1-10).

마 8:5. 예수께서 … 들어가시니. 마태와 누가가 서로 다른 이야기를 하고 있다고 생각하는 자들은 단순히 사소한 차이에 불과한 것을 보고서 오해를 하게 된 것이다. 어구들에 있어서 유일한 차이는 마태는 "한 백부장이 나아왔다"고 말하는 반면에, 누가는 그 백부장이 유대인 몇 사람을 보내어서 그의 이름으로 예수께 청하였다고 말하고 있다는 것이다. 그러나 백부장이 사람들을 보내어서 그의 이름으로 및 그의 요청으로 행하게 한 일을 백부장 자신이 했다고 마태가 말하는 것은 전혀 부적절한 것이 아니다. 두 복음서 기자 간에는 모든 상황이 완벽하게 일치하기 때문에, 이것을 하나의 이적이 아니라 두 개의 이적으로 취급하는 것은 합당하지 않다.

수비대들은 통상적으로 성읍들을 보호하기 위한 것이기 때문에, 이 백부장이 거느린 군대가 가버나움 성내에 주둔하였을 것임을 나는 의심하지 않는다. 그는 유대 백성의 윤리가 크게 타락하여 악하게 되어 버린 것을 알고 있었지만(가버나움은 해안가에 있어서 다른 성읍들보다도 더 타락하였을 것임에 틀림없다), 그것은 그가 자기 나라의 미신을 단죄하고, 참되고 진정한 경건을 맛보자 하는 것을 가로막지는 못하였다. 그는 일부 사람들로부터의 미움과 위험을 감수하면서까지 유대인들을 위하여 회당을 지어 주었다. 그가 이 민족을 사랑한 유일한 이유는 한 분 하나님에 대한 예배를 받아들였기 때문이었다. 그리스도께서 백부장의 종을 고치시기 전에, 백부장은 이미 하나님에 의해서 고침을 받은 상태였다. 이것은 그 자체로 이적이었다. 직업군인으로서 유대인들을 로마의 폭정의 멍에를 참고 견디도록 길들일 목적으로 군대를 이끌고 바다를 건너 왔던 자가 자원해서 이스라엘의 하나님께 굴복하여 순종을 하다니!

누가는 독자들의 마음속에 생겨날 수 있는 의심을 미리 예상하고서, 병든 종이 "백부장의 사랑하는 종"이었다고 말한다. 왜냐하면, 우리는 당시에 종들은 그 평가와 대접이 좋지 않아서, 종들이 놀라울 정도의 근면함이나 충성심, 또는 어떤 다른 미덕으로 말미암아 특별히 주인의 총애를 입지 않은 경우에는, 종들의 목숨을 구하려고 주인이 이렇게까지 염려하며 열심을 보이는 일은 있을 수 없었을 것임을 알기 때문이다. 누가가 한 이 말은 이 종은 천하거나 평범한 종이 아니라, 많은 훌륭한 점들로 인해서 아주 뛰어났고 그의 주인으로부터 지극한 총애를 받았던 충성스러운 종이었다는 것, 그리고 이것이 백부장이 이 종이 죽지 않도록 하기 위하여 이토록 염려하여 그리스도께 이 종을 살려 달라고 아주 간절하게 청한 이유였다는 것을 보여준다. 두 복음서 기자의 글로부터 분명한 것은 이 종이 갑자기 풍(風)을 맞아서 단번에 모든 살 소망을 잃게 되었다는 것이다. 왜냐하면, 점진적인 중풍은 심한 고통을 수반하지 않기 때문이다. 마태는 이 종이 "몹시 괴로워하였다"고 말하고, 누가는 "죽게 되었다"고 말한다. 이 두 가지 묘사 ― 심한 괴로움과 사경(死境)을 헤맬 정도의 위험 ― 는 이 이적의 영광을 드높이는 데에 기여한다. 이런 이유 때문에, 나는 이 병이 어떤 병이었는지를 단정하는 위험을 감수하고 싶은 마음이 더욱 없다.

눅 7:5. 그가 우리 민족을 사랑하고. 이것이 유대인들이 백부장의 경건을 칭찬한 말이었다는 것은 의심의 여지가 없다. 왜냐하면, 누구에게나 미움을 받고 있던 민족을 그가 사랑한 것은 오직 율법에 대한 열심과 하나님에 대한 경외심으로부터만 나올 수 있는 것이었기 때문이다. 그는 유대인들에게 회당을 지어줌으로써 그가 율법의 가르침을 좋아한다는 것을 분명하게 보여주었다. 그러므로 유대인들에게는 그가 하나님을 독실하게 예배하는 자로서 그리스도께 그의 종에게 은총을 베풀어 주시라고 청할 자격이 충분하다고 말할 타당한 근거들이 있었다. 아울러, 유대인들은 그들이 멸시하고 배척하는 하나님의 은혜가 한 이방인에게 있다는 것을 그들 자신의 입으로 인정함으로써 기가 막힌 우매함을 드러낸다. 그리스도가 하나님의 일꾼이요 하나님의 선물들을 나누어 주는 자이시라고 생각한다면, 왜 그들은 하나님의 은혜를 누리게 하려고 이방인들을 데리고 오기 전에 그들에게 제시된 그 은혜를 받아들이지 않는 것인가? 그러나 외식하는 자들은 너무나 무분별하고 주제넘고 건방져서, 하나님을 그들에게 많은 빚을 진 분으로 여길 뿐만 아니라, 하나님의 은혜를 어떻게 분배하고 처분하느냐를 결정한 권한이 그들에게 있는 것으로 여기는 일에 주저함이 없었다. 그런 후에, 그들은 하나님의 은혜에 배부르게 되자, 그 은혜에 참여하는 일에 관심이 없어져서, 그것을 쓸데없는 것으로 취급하여 이방인들에게로 넘기고 있는 것이다.

마 8:8. 주여 내 집에 들어오심을 나는 감당하지 못하겠사오니. 마태의 더 간결한 기사(記事)는 백부장이 직접 이렇게 말한 것으로 묘사하고, 누가는 이것이 백부장이 그의 친구들 편으로 보낸 메시지였다는 것을 더 자세하게 설명하지만, 두 기사의 의미는 동일하다. 백부장의 메시지에는 두 가지 핵심적인 내용이 들어 있는데, 첫 번째는 백부장이 그리스도를 공경하는 마음에서 그리스도께서 직접 찾아오시면 너무 황송하여 감당하기가 어려울 것 같다는 이유로, 그런 "수고"를 하시지 말아 주실 것을 청하는 내용이다. 그리고 두 번째는 백부장이 그리스도께서 단지 말씀으로 자신의 뜻을 표하시기만 하셔도 그의 종이 나아서 살게 될 수 있을 것이라고 믿는다고 말하며, 그러실 수 있는 능력을 그리스도께 돌리는 내용이다. 백부장이 자기 나라에 의해서 정복당하여 예속된 나라에 속한 사람을 이렇게 자기보다 이루 말할 수 없이 높이는 것은 정말 놀라운 겸손이 아닐 수 없다. 백부장은 유대인들의 오만한 허세에 익숙해져 있었고, 겸손한 자답게 자기가 이방인으로 여겨지는 것을 나쁘게 생각하지 않았기 때문에, 자기가 그리스도를 부정(不淨)한 이방인인 자신의 집으로 들어가시도록 강권한다면, 하나님의 선지자를 욕되게 하는 것은 아닐까 하고 두려워한 것일 가능성도 있다. 어찌 되었든, 백부장은 그리스도에 대한 경외심을 품었기 때문에, 감히 그리스도를 그의 집으로 초대할 엄두를 낼 수 없다고 진심으로 말한 것이었고, 누가 본문에 의하면, 나중에는 자기가 "주께 나아가기도 감당하지 못할 줄을 알았나이다"라고 말하기까지 하였다는 것은 분명하다.

그러나 도대체 무엇이 백부장의 마음을 움직여서 그로 하여금 그리스도를 이토록 지극히 공경하고 높이는 말을 하게 만들었는가라는 질문이 생길 수 있다. 이러한 난점은 그 직후에 백부장이 한 말, 즉 "다만 말씀으로만 하옵소서 그러면 내 하인이 낫겠사옵나이다," 또는 누가의 표현을 빌리면, "말씀만 하사 내 하인을 낫게 하소서"라는 말에 의해서 한층 더 강화된다. 왜냐하면, 만약 백부장이 그리스도를 하나님의 아들로 인정하지 않았다면, 그가 오직 하나님께만 합당한 영광을 일개 인간에게 돌린 것은 미신(迷信)이었을 것이기 때문이다. 다른 한편으로, 당시에는 거의 모든 사람이 그리스도의 신성에 대하여 무지하였기 때문에, 백부장이 그리스도의 신성(神性)에 대하여 제대로 들어서 알고 있었다고 보기도 어렵다. 그렇지만, 그리스도께서는 백부장이 한 말에 흠을 잡지 않으시고, 그 말이 믿음에서 나온 것이라고 분명히 말씀하신다. 이런 이유 때문에, 많은 주석가들은 백부장이 그리스도께 참되고 유일하신 하나님이라는 칭호를 수여하고 있는 것이라는 결론을 내리

지 않을 수 없었다. 하지만 나는 그리스도의 보기 드물고 진정으로 신적인 역사(役
事)들에 대하여 들어서 알고 있던 이 선한 자가 단지 그리스도께 하나님의 능력이
있다는 것을 인정한 것뿐이라고 생각한다. 백부장은 유대 백성에게 약속된 구속주
에 관해서도 어느 정도는 들었을 것이 틀림없다. 백부장은 그리스도가 "육신으로
나타난 바 되신 하나님"(딤전 3:16)이시라는 것을 분명하게 이해하고 있지는 못하
였지만, 하나님의 능력이 그리스도 안에서 나타났고, 그리스도께서 많은 이적들을
통해서 하나님의 임재를 드러내 보이는 사명을 받으셨다는 것을 확신하고 있었다.
그러므로 백부장은 하나님께 속한 대권(大權)을 사람에게 돌린 미신적인 행위를
한 것이라는 비난을 받을 이유가 없다. 도리어, 백부장은 하나님이 그리스도께 주
신 사명을 알아보고서, 단지 말씀만으로 자기 하인을 고치실 수 있으시다는 것을
믿었다.

자기가 기뻐하는 것을 말씀으로 이루시는 일보다 더 오직 하나님께만 속한 것은
없기 때문에, 이 최고의 권세를 유한한 인간에게 돌린 것은 신성모독죄에 해당하
는 것이 아니겠느냐는 반론이 있을 수 있다. 이 반론에 대한 대답은 쉽다. 백부장
은 그러한 세세한 구별들을 하고 있지는 않았지만, 그런 능력을 유한한 인간의 말
이 아니라 하나님의 말씀에 돌렸다. 왜냐하면, 백부장은 그리스도가 하나님의 일
꾼이시라는 것을 온전히 믿었고, 그 점에 대하여 전혀 의심을 품지 않았기 때문이
다. 치유의 은혜가 그리스도께 맡겨져 있었기 때문에, 백부장은 그것이 하늘의 능
력이라고 인정하고, 그 능력을 그리스도의 육체적인 현존과 분리될 수 없는 것으
로 본 것이 아니라, 그런 능력이 말씀으로부터 나온다는 것을 믿고서 그 말씀으로
만족한다.

마 8:9. 나도 남의 수하에 있는 사람이요. 이 비유는 두 경우가 동등하다는 의미
를 함축하고 있는 것은 아니고, 작은 것을 들어서 큰 것을 드러내기 위하여 사용되
고 있는 것이다. 백부장은 자기가 자신의 종들과 군사들에 대하여 가지고 있는 권
세보다 그리스도 안에서 나타난 하나님의 능력이 더 크고 고상하다는 인식을 지니
고 있었다.

마 8:10. 예수께서 … 놀랍게 여겨. "놀랍게 여기다"라는 말은 하나님께 적용될
수 없다. 왜냐하면, 그런 감정은 새롭고 예상치 못한 것으로부터 생겨나는 것이기
때문이다. 그러나 그리스도께서는 우리의 육신 및 인간의 정서와 감정을 입고 계
셨기 때문에, 그런 감정은 그에게 존재할 수 있었을 것이다. "이스라엘 중 아무에

게서도 이만한 믿음을 보지 못하였노라." 이것은 그리스도께서 절대적인 의미에서
가 아니라 상대적인 의미에서 말씀하신 것이다. 왜냐하면, 믿음이 지닌 모든 속성
들을 고려한다면, 마리아는 성령으로 말미암아 아이를 갖게 될 것이고, 하나님의
독생자를 낳게 될 것임을 믿었고, 자기가 잉태한 아들이 그녀의 하나님이시자 온
세계의 창조주이시며 그녀의 유일하신 구속주시라는 것을 인정했다는 점에서, 우
리는 마리아의 믿음이 백부장보다 더 컸다는 결론을 내리지 않을 수 없기 때문이
다.

그러나 그리스도께서 한 이방인의 믿음을 모든 유대인들의 믿음보다 더 칭찬하
신 두 가지 주된 이유가 있었다. 그 중 하나는 하나님의 가르침을 별로 잘 알지도
못한 자가 이토록 순식간에 풍성한 열매를 맺었다는 사실이었다. 사람들이 그리스
도 안에서 아직 몇 안 되는 빛줄기를 눈으로 볼 수 있었던 때에, 그토록 고상한 언
어로 하나님의 능력을 분명하게 말하고 있는 것은 결코 작은 일이 아니었다. 또 하
나의 이유는 유대인들은 외적인 표적들을 구하느라 혈안이 되어 있었던 반면에,
이 이방인은 눈에 보이는 표적을 구한 것이 아니라, 오직 말씀만으로 충분하다고
공개적으로 선언하였다는 사실이다. 그리스도께서는 백부장에게로 가고 계셨는
데, 이것은 그렇게 하시는 것이 꼭 필요했기 때문이 아니라, 백부장의 믿음을 시험
하기 위해서였다. 그리스도께서는 백부장이 단지 말씀만으로 충분하다고 여겼다
는 것을 주된 이유로 삼으셔서 그의 믿음을 칭찬하신다. 이와는 대조적으로, 사도
들 중의 한 사람이었던 자는 어떻게 하였는가? "주여, 와서 보고 만져 주옵소서."
반면에, 백부장은 직접 와 주시라거나 만져 주실 것을 청하지 않았고, 말씀이 그의
종을 낫게 할 정도의 그런 능력을 지니고 있다는 것을 믿었다.

백부장은 이 존귀와 영광을 사람의 말이 아니라 하나님의 말씀에 돌리고 있는
것이다. 왜냐하면, 그는 그리스도가 평범한 사람이 아니라 하나님께로부터 보내심
을 받은 선지자라고 확신하고 있었기 때문이다. 우리는 이것으로부터 일반적인 규
범을 이끌어 낼 수 있을 것이다. 즉, 우리의 구원이 그리스도의 육체를 통해서 성취
되는 것이 하나님의 뜻이었고, 하나님은 성례전들을 통해서 우리의 구원을 날마다
인치시지만, 이 구원의 확실성은 말씀으로부터 얻어져야 한다는 것이다. 우리가
말씀에 그러한 권위를 부여하여서, 하나님이 그의 일꾼들을 통해서 말씀하시자마
자, 우리의 죄가 의심할 여지 없이 사함받고, 우리가 생명으로 회복된다는 것을 믿
지 않는다면, 구원에 대한 모든 확신은 무너지고 만다.

마 8:11. 동서로부터 많은 사람이 이르러. 그리스도께서는 종의 모습으로 오셔서, 이방인들에게 그의 은혜 중에서 일종의 첫 열매들을 맛보여주셨다. 이제 그는 백부장이 장차 이방인들이 하나님의 부르심을 받을 것과 온 세계에 믿음이 퍼지게 될 것을 말해 주는 본보기라는 것을 보여주신다. 왜냐하면, 그는 이방인들이 이웃 나라들에서만이 아니라, 세계의 가장 먼 지경(地境)들로부터도 "이르게" 될 것이라고 말씀하시기 때문이다. 이것은 예언서들에 나오는 많은 구절들에 의해서 분명하게 미리 예언된 일이었지만, 하나님은 아브라함의 권속에게 국한되어 계신다고 제멋대로 생각하였던 유대인들에게는 처음에는 뭔가 이상하고 믿기지 않은 일로 보였다. 당시에 외인(外人)들이었던 자들이 하나님의 나라의 시민들이자 상속자들이 될 것이라는 말씀을 들었을 때, 그리고 그 뿐만이 아니라, 구원의 언약이 그 외인들에게 곧 선포되어서, 온 세계가 교회라는 한 몸 안에서 연합되게 될 것이라는 말씀을 들었을 때, 그들은 놀라지 않을 수 없었을 것이다. 그리스도께서는 이방인들이 장차 믿음을 갖게 되어서, "아브라함과 이삭과 야곱"과 더불어서 동일한 구원에 참여하는 자들이 될 것이라고 분명하게 선언하신다. 이것으로부터 우리는 그리스도 안에서 우리에게 주어진 것과 동일한 약속이 전에 이 조상들에게도 주어졌다는 확실한 결론을 얻게 된다. 왜냐하면, 만약 하나님의 나라의 유업을 얻게 해주는 믿음이 서로 동일하지 않다면, 우리는 이 조상들과 함께 유업을 얻지 못하게 될 것이기 때문이다. '아나클리데손타이'($\dot{\alpha}\nu\alpha\kappa\lambda\iota\theta\acute{\eta}\sigma\sigma\nu\tau\alpha\iota$, "앉으리라")라는 단어는 연회 또는 잔치에 대한 간접 인용을 담고 있다. 그러나 하늘의 삶은 음식을 필요로 하지 않는다는 것을 우리가 알고 있기 때문에, 이것은 그들이 동일한 삶을 누리게 될 것이라고 말씀하신 것과 같다.

마 8:12. 그 나라의 본 자손들. 그들은 다름 아닌 아브라함의 자손들인데도, 그리스도께서는 왜 그들을 "그 나라의 자손들"이라고 부르시는 것인가? 왜냐하면, 믿음과 아무 상관이 없는 자들은 하나님의 양 무리의 일부로 여김을 받을 권리를 갖고 있지 않기 때문이다. 나의 대답은 이것이다: 그들은 실제로는 하나님의 교회에 속해 있지 않았지만, 교회 속에 한자리를 차지하고 있었기 때문에, 그리스도께서는 그들을 그런 호칭으로 부르신 것이다. 게다가, 우리가 주목해야 할 것은 하나님의 언약이 아브라함의 권속 내에 머물러 있는 동안에는, 그 언약의 효력으로 인해서, 천국의 유업이 오직 그들의 것이라는 말은 아직 유효하다는 것이다. 적어도 하나님과 관련해서 그들은 "거룩한 뿌리"에서 나온 "거룩한 가지들"이었고(롬 11:16),

나중에 그들이 버림을 받았다는 것은 그들이 당시에는 하나님의 권속이었다는 것을 아주 분명하게 보여주는 것이다. 두 번째로 우리가 주목해야 할 것은 그리스도께서는 이제 개개인들에 대해서가 아니라 민족 전체에 대하여 말씀하고 계시다는 것이다. 이것은 하나님이 장차 이방인들을 부르시리라는 것보다도 한층 더 견디기 어려운 일이었다. 하나님이 이방인들을 값없이 아들들로 삼으셔서 아브라함의 자손들과 더불어서 함께 동일한 몸을 이루게 하시리라는 것도 견디기 어려운 일이었지만, 유대인들 자신이 쫓겨나고 그 자리를 이방인들이 대신하게 되리라는 것은 그들에게 너무나 해괴한 일로 보일 수밖에 없었다. 그렇지만 그리스도께서는 이두 가지 일, 즉 하나님이 외인(外人)들을 아브라함의 품속으로 받아들이시는 일과 "본 자손들"을 쫓아내시는 일이 둘 다 일어나게 될 것이라고 분명하게 선언하신다. "바깥 어두운 데"라는 어구 속에는 암묵적인 대비가 존재한다. 그것은 빛의 나라인 하나님의 나라 밖에서는 오직 어둠만이 지배한다는 것을 의미한다. 성경에서는 현세의 삶에서는 표현할 수도 없고 인식할 수도 없는 저 무시무시하고 끔찍한 고통을 얘기할 때에 "어둠"이라는 표현을 사용한다.

마 8:13. 가라 네 믿은 대로 될지어다. 이것으로부터 우리는 믿음의 그릇이 열려 있는 것을 발견하신 때에는 그리스도께서 그의 은혜를 얼마나 후히 부어 주시는지를 분명하게 알게 된다. 그리스도께서는 이 말씀을 백부장을 향하여 하고 계시는 것이기는 하지만, 백부장을 통하여 우리 모두를 이 강력한 소망으로 초대하고 계신다는 것은 의심의 여지가 있을 수 없다. 또한, 이것으로부터 우리는 하나님과 우리의 소통들이 대체로 너무 제한적이게 된 이유를 알게 되는데, 그것은 우리의 불신앙으로 인해서 하나님이 우리에게 후히 베푸실 수 없으시기 때문이다. 우리가 믿음으로 하나님께 우리의 마음 문을 활짝 연다면, 하나님은 우리의 소원들과 기도들을 들어 주실 것이다.

[11]그 후에 예수께서 나인이란 성으로 가실새 제자와 많은 무리가 동행하더니 [12]성문에 가까이 이르실 때에 사람들이 한 죽은 자를 메고 나오니 이는 한 어머니의 독자요 그의 어머니는 과부라 그 성의 많은 사람도 그와 함께 나오거늘 [13]주께서 과부를 보시고 불쌍히 여기사 울지 말라 하시고 [14]가까이 가서 그 관에 손을 대시니 멘 자들이 서는지라 예수께서 이르시되 청년아 내가 네게 말하노니 일어나라 하시매 [15]죽었던 자가 일어나 앉고 말도 하거늘 예수께서 그를 어머니에게 주시니 [16]모든 사

람이 두려워하며 하나님께 영광을 돌려 이르되 큰 선지자가 우리 가운데 일어나셨다 하고 또 하나님께서 자기 백성을 돌보셨다 하더라 [17]예수께 대한 이 소문이 온 유대와 사방에 두루 퍼지니라(눅 7:11-17).

눅 7:11. 예수께서 … 성으로 가실새. 그리스도께서 행하신 모든 이적들 속에서 우리는 마태가 말하고자 하는 유비(類比)를 주목하여야 한다. 그러므로 우리는 그리스도께서 죽은 자로부터 살리신 이 청년이 그가 장차 우리에게 주실 영적 생명의 상징이라는 것을 알아야 한다. 이 성의 이름이 구체적으로 기록된 것은 이 이야기가 확실하다는 것을 보여주는 데에 도움이 된다. 그리고 누가가 사방에서 온 "많은 무리"가 동행하였다고 말한 것도 마찬가지이다. 많은 사람들이 그리스도를 따라 온 데다가, 이 과부의 아들을 장사지내는 데에 많은 사람들이 애도를 표현하기 위하여 동행하였다. 이 청년이 다시 살아난 것을 아주 많은 증인들이 보았기 때문에, 이 일이 사실이라는 것에 대하여 그 어떤 의심도 있을 수 없었다. 또한, 이 사건이 일어난 곳이 많은 무리가 모여 있던 곳이었음을 보여주는 추가적인 정황이 있다. 왜냐하면, 우리는 "성문에는" 항상 많은 사람들이 있었다는 것을 알기 때문이다. 죽은 자를 성 밖으로 메고 나가는 것은 모든 나라에서 행해진 아주 오래된 관습과 일치하는 것이었다. 예로니무스(Jeronimus)는 자기 시대에 다볼 산 아래 남쪽 방향으로 3km 되는 곳에 나인 성이 여전히 존재해 있었다고 말한다.

눅 7:12. 한 어머니의 독자. 그리스도께서 이 청년을 다시 살리신 이유는 이 "과부"가 자신의 "독자"를 잃은 것을 보시고 이 과부를 불쌍히 여기셨기 때문이었다. 왜냐하면, 다른 경우들에서도 볼 수 있듯이, 그리스도께서는 누가 도움을 요청하지 않아도 은혜를 베푸시는 분이시기 때문이다. 그는 거기 있는 모든 사람들의 기도를 미리 들으시고, 이런 일을 전혀 기대조차 할 수 없었던 이 과부에게 그의 아들을 돌려 주셨다. 우리는 여기에서 그리스도께서 우리를 불쌍히 여기셔서 값없이 우리를 사망에서 일으키셔서 생명으로 옮기신 사건의 두드러진 상징을 본다. "관에 손을 대신" 것은 아마도 그가 우리로 하여금 생명을 얻게 하시기 위하여 죽음과 무덤을 결코 꺼리지 않으실 것임을 보여주고자 하신 것 같다. 그는 우리가 죽어 있을 때에 우리를 깨어나게 하시기 위하여 우리에게 기꺼이 그의 손을 대셨을 뿐만 아니라, 우리를 일으키셔서 하늘로 올리시기 위하여 스스로는 무덤 속으로 내려가시기를 마다하지 않으셨다.

눅 7:14. 청년아 내가 네게 말하노니. 이 말씀을 통해서 그리스도께서는 "하나님
은 … 없는 것을 있는 것으로 부르시는 이시니라"(롬 4:17)는 바울의 말이 참되다는
것을 증명하셨다. 그는 죽은 자를 향해 말씀하시고, 죽은 자가 그의 말씀을 들을 때
에, 죽음은 순식간에 생명으로 변화된다. 에스겔이 "너희 마른 뼈들아 여호와의 말
씀을 들을지어다"(겔 37:4)라고 말하도록 명령을 받았듯이, 우리는 여기에서 무엇
보다도 우선 장래의 부활에 대한 두드러진 상징을 보고, 두 번째로는 그리스도께
서 어떤 방식으로 우리를 믿음으로 말미암아 영적으로 다시 살리시는지를 알게 된
다. 그리스도께서 "죽은 자들이 하나님의 아들의 음성을 들을 때가 오나니 곧 이
때라 듣는 자는 살아나리라"(요 5:25)고 친히 분명하게 선언하셨듯이, 그가 그의 말
씀 속에 신비한 능력을 주입시키시고, 그 능력이 죽은 영혼들 속에 들어갈 때에, 죽
은 자들이 다시 살아나게 되는 것이다.

눅 7:16. 모든 사람이 두려워하며. 하나님의 임재에 관한 인식이 거기 있던 사람
들에게 두려움을 가져다주었을 것임에 틀림없다. 그러나 "두려움"에도 차이가 있
다. 믿지 않는 자들은 두려워 떨며 낙심하거나, 깜짝 놀라 겁을 집어 먹고 하나님을
향하여 불평하지만, 신앙심이 깊고 경건한 자들은 경외심에 사로잡혀서 자발적으
로 자기 자신을 낮춘다. 그러므로 여기에서 "두려움"은 좋은 의미로 해석된다. 왜
냐하면, 그들은 그들이 본 하나님의 능력에 합당한 영광을 하나님께 돌렸고, 하나
님께 단지 공경하는 마음만이 아니라 감사도 표하였기 때문이다.

눅 7:16. 하나님께서 자기 백성을 돌보셨다. 나는 이 구절이 하나님이 찾아오신
모든 경우를 다 가리키는 것이 아니라, 그들을 그들의 원래의 상태로 회복시키시
기 위하여 찾아오신 것을 가리키는 것으로 이해한다. 유대 민족의 삶은 모든 것이
다 형편없이 쇠락한 상태에 있었을 뿐만 아니라, 그들은 마치 하나님이 그들을 돌
아보지 않으시는 것처럼 비참하고 끔찍한 예속 아래에서 모든 것이 다 가라앉아
있었다. 유일하게 남은 소망은 그들이 이 지독하게 무거운 재난들을 견딘 후에 하
나님이 그들에게 구속주를 보내주시기로 한 약속뿐이었다. 그러므로 나는 그들이
이 이적을 보고서 하나님이 그들의 나라를 회복시키실 때가 가까웠다고 생각하여
흥분을 감추지 못한 것임을 의심하지 않는다. 그렇지만, 그들은 하나님이 그들을
어떤 식으로 찾아오실 것인지에 대하여 잘못 생각하고 있었다. 그들은 "큰 선지자
가 우리 가운데 일어나셨다"고 말하며, 하나님의 예사롭지 않은 은혜를 인정하고
송축하였지만, 이러한 찬미는 그들에게 약속된 메시야의 위엄과 영광을 드러내기

에는 너무나 부족한 것이었다. 이것으로부터 추측하건대, 당시에 유대 백성의 믿음은 극도로 혼잡해 있었고, 아무런 근거도 없는 수많은 망상들에 사로잡혀 있었던 것으로 보인다.

[19]한 서기관이 나아와 예수께 말씀하되 선생님이여 어디로 가시든지 저는 따르리이다 [20]예수께서 이르시되 여우도 굴이 있고 공중의 새도 거처가 있으되 인자는 머리 둘 곳이 없다 하시더라 [21]제자 중에 또 한 사람이 이르되 주여 내가 먼저 가서 내 아버지를 장사하게 허락하옵소서 [22]예수께서 이르시되 죽은 자들이 그들의 죽은 자들을 장사하게 하고 너는 나를 따르라 하시니라(마 8:19-22).

[57]길 가실 때에 어떤 사람이 여짜오되 어디로 가시든지 나는 따르리이다 [58]예수께서 이르시되 여우도 굴이 있고 공중의 새도 집이 있으되 인자는 머리 둘 곳이 없도다 하시고 [59]또 다른 사람에게 나를 따르라 하시니 그가 이르되 나로 먼저 가서 내 아버지를 장사하게 허락하옵소서 [60]이르시되 죽은 자들로 자기의 죽은 자들을 장사하게 하고 너는 가서 하나님의 나라를 전파하라 하시고 [61]또 다른 사람이 이르되 주여 내가 주를 따르겠나이다마는 나로 먼저 내 가족을 작별하게 허락하소서 [62]예수께서 이르시되 손에 쟁기를 잡고 뒤를 돌아보는 자는 하나님의 나라에 합당하지 아니하니라 하시니라(눅 9:57-62).

마 8:19. 한 서기관이 나아와. 이 단락에서 마태는 두 사람을, 그리고 누가는 세 사람을 우리에게 소개하는데, 이 사람들은 모두 그리스도의 제자가 되고자 하였지만, 여러 가지 악으로 말미암아 올바른 길을 따르는 것을 방해받고 있었기 때문에, 그리스도로부터 각자에게 합당한 다양한 응답을 받는다. 그리스도께서 그를 즉시 지체 없이 따르겠다고 청한 사람을 자신의 권속으로 받아들이지 않으시고 되돌려 보내시고, 잠시 떠나 있겠다고 청함으로써 그를 따를 마음이 별로 없어 보이는 또 다른 사람은 자기 곁에 붙잡아 두시는 모습은 얼핏 보면 이상해 보일 수 있다. 그러나 이 두 경우에 그럴 만한 너무나 지당(至當)한 이유가 있었다. 서기관이 그리스도를 즉시 따르겠다고 아주 기꺼이 나서게 된 것이 그가 그리스도를 따르는 자들이 얼마나 힘겹고 비참한 삶을 살아가야 하는지를 전혀 고려하지 않은 것으로부터 나온 것이 아니면 어디에서 나왔겠는가? 우리는 그가 서기관이었다는 것, 즉 편안하고 안락한 삶이 몸에 배어 있었고, 사람들로부터 존경을 받으며 살아 왔기 때문에, 치욕과 가난과 박해와 십자가를 견디기에 적합하지 않은 자였다는 것을 기억하여야 한다. 그는 실제로 그리스도를 좇고자 하였지만, 안락하고 편안한 삶, 온갖 편의 시설이 잘 갖춰진 주거를 꿈꾸었던 반면에, 그리스도의 제자들은 가시밭길을 걸으며, 끊임없는 환난 가운데서 십자가를 향하여 전진하지 않으면 안 된다. 따라서 그가 열심을 내면 낼수록, 그는 준비가 더욱더 덜 되어 있는 것이다. 그는 마치 땀이나 먼지를 뒤집어쓰지 않아도 되는 그늘에서 편안하게, 전쟁의 병기로부터 안전한 곳에서 싸우기를 바란 자처럼 보인다. 그리스도께서 그런 자들을 거부하시는 것을 이상하게 여길 이유가 전혀 없다. 왜냐하면, 이렇게 사려분별 없이 덤비는 자들은 불안하고 불쾌한 일을 만나자마자 곧바로 너무나 괴로워서, 첫 번째 공격을 당하자마자 용기를 잃고서 비겁하게 자신의 자리를 버리고 도망쳐 버리기 때문이다. 게다가, 이 서기관은 아무런 비용도 들이지 않고서 그리스도의 상(床)에서 먹고, 땀을 흘리지도 않고서 사치스럽게 살기 위해서, 그리스도의 권속에 한자리를 마련해 달라고 청한 것일 수도 있다. 그러므로 우리는 서기관의 본보기 속에서 경고를 받아서, 우리가 십자가나 환난에 대해서는 전혀 생각하지 않은 채로, 그저 그리스도의 제자가 될 것임을 가볍고 안일한 마음으로 자랑하지 않도록 조심하고, 도리어 어떤 종류의 삶이 우리를 기다리고 있는지를 일찍부터 깊이 숙고하지 않으면 안 된다. 그리스도께서 그의 학교에 들어오고자 하는 자들에게 가장 먼저 주신 교훈은 "자기를 부인하고 자기 십자가를 지라"(마 16:24)는 것이었다.

마 8:20. 여우도 굴이 있고. 하나님의 아들은 이 말씀을 통해서 이 땅에 사는 동안에 그의 처지가 어떤 것인지를 설명하심과 동시에, 그의 제자들에게 그들이 어떤 종류의 삶을 기대하고 각오해야 하는지를 알려 주신다. 그렇지만, 그리스도를 자신들의 집으로 기꺼이 영접하고자 한 경건하고 호의적인 사람들이 많았는데도 불구하고, 그가 이 땅에서 "머리 둘 곳"이 없다고 말씀하시는 것은 좀 이상해 보인다. 그러나 우리가 주목해야 할 것은, 그리스도께서는 자기가 셋집에서 불안정한 삶을 살고 있는데도, 서기관이 마치 그가 부유한 주인을 모시게 되어, 자기도 풍성하고 부요한 삶을 살게 될 것이라고 기대한 것에 대한 경고로서 이 말씀을 하신 것이었다는 사실이다.

마 8:21. 주여 내가 먼저 가서 내 아버지를 장사하게 허락하옵소서. 우리는 앞에서 그리스도께서 그를 따르겠다는 서기관의 청을 거절하신 이유가 그 사람이 편안한 삶을 누리게 될 것을 꿈꾸고서 사려분별 없이 그런 제안을 하였기 때문이라는 것을 살펴본 바 있다. 그런데, 여기에서 그리스도께서 가지 못하도록 붙잡아 두신 자는 정반대의 잘못을 저질렀다. 이 사람은 자기 아버지를 떠나는 것이 어려운 일이라고 생각하는 연약한 마음 때문에 그리스도의 부르심에 즉시 순종하는 일에 방해를 받았다. 이 사람의 아버지는 대단히 연로하였을 가능성이 많다. 왜냐하면, "내 아버지를 장사하게 허락하옵소서"라는 표현 방식은 그의 아버지가 살 날이 얼마 남아 있지 않았다는 뜻을 내포하고 있기 때문이다. 누가는 그리스도께서 그 사람에게 "나를 따르라"고 명하셨다고 말하는 반면에, 마태는 그 사람이 "제자 중 한 사람"이었다고 말한다. 그러나 그 사람은 그 부르심을 거부하지 않는다. 그는 단지 그의 아버지에 대한 본분을 다할 수 있는 말미를 좀 주실 것을 청할 뿐이다. 이 변명은 그가 그의 아버지가 죽기 전에는 자기가 자유로운 몸이 아니라고 여겼다는 뜻을 내포하고 있다. 그리스도의 답변으로부터 우리가 배우는 것은, 자녀들은 그들의 부모에 대한 본분을 다하다가, 하나님이 그들을 어떤 일을 하도록 부르시면, 부모에 대한 본분을 옆으로 내려놓고서, 하나님의 명령에 최우선순위를 두어야 한다는 것이다. 우리가 사람들에게 어떤 의무들을 지고 있든, 하나님이 우리 자신에게 지금 즉시 합당한 일을 우리에게 명하시면, 우리는 그 의무들을 내려놓아야 한다. 사람들이 육신의 부모가 방해가 되어서, 가장 높으시고 유일하신 아버지에 대한 각 사람의 본분을 온전히 지키지 못하게 되는 일이 없도록 하기 위해서는, 모든 사람은 하나님이 개개인으로서의 그들로부터 무엇을 요구하시는지, 그리고 그들의 특별한 부르심에 의해서 무엇이 요구되는지를 깊이 숙고하지 않으면 안 된다.

마 8:22. 죽은 자들이 그들의 죽은 자들을 장사하게 하고. 이 말씀은 그리스도께서 "장사(葬事)하는 것"을 단죄하시는 말씀이 아니다. 왜냐하면, 죽은 자의 시신을 장사하지 않고 아무 곳에나 내버리는 것은 부끄럽고 잔인한 일일 것이고, 우리는 장사하는 관습이 하나님의 명령에 의해서 시작되었으며, 최후의 부활에 대한 소망을 강화하기 위해서 성도들에 의하여 행해졌다는 것을 알기 때문이다. 그리스도께서는 단지 우리를 끌어당겨서 올바른 길로 가지 못하게 하거나 그 도중에서 지체하게 만드는 것은 무엇이든지 다 "죽음"이라는 이름으로 불릴 만하다는 것을 보여주고자 하신 것뿐이다. 자신의 모든 생각과 삶의 모든 부분을 하나님께 순종하는 일에 다 바치는 자들만이 살아 있는 자들이고, 세상에서 손을 떼지 못하고 사람들을 기쁘게 하는 일에 몰두하여 하나님을 잊어버린 자들은 죽은 자들을 돌보는 쓸데없는 일에 힘쓰는 "죽은 자들"과 같다고 그는 말씀하신다.

눅 9:60. 너는 가서 하나님의 나라를 전파하라. 마태 본문에는 "너는 나를 따르라"는 말씀만이 있는 반면에, 누가는 그 사람이 부르심을 받은 이유, 즉 그 사람이 복음의 일꾼이자 전도자로 부르심을 받았다는 것을 좀 더 자세하게 설명한다. 만약 이 사람이 일꾼으로 부르심을 받지 않았더라면, 그는 그의 아버지를 꼭 떠날 이유도 없었을 것이고, 그의 아버지 때문에 복음을 버리게 되는 일도 없었을 것이다. 그러나 복음을 전하기 위해서는 이 사람이 집에 머물러 있으면 안 되었기 때문에, 그리스도께서 그에게 그의 아버지를 떠나라고 하신 것은 합당하다. 믿음이 이토록 연약한 이 사람에게 그토록 존귀한 직분을 주신 그리스도의 선하심이 정말 놀랍기는 하지만, 그리스도께서는 이 사람에게 여전히 붙어 있던 잘못을 그냥 못 본 체하시거나 권장하지 않으시고 올바르게 교정해 주고 계신다는 것을 우리는 주목하여야 한다.

눅 9:61. 또 다른 사람이 이르되. 마태는 이 세 번째로 등장한 사람을 언급하지 않는다. 이 사람은 세상에 너무나 강하게 붙어 있었기 때문에, 그리스도를 따를 준비가 되어 있지 않았던 것으로 보인다. 그는 그리스도의 권속에 합류하고 싶다는 의사를 표시하기는 하지만, 먼저 자기 집에 있는 가족들과 작별 인사를 한 후에 그렇게 하겠다고 조건을 단다. 즉, 사람들이 여행을 준비할 때에 흔히 그러듯이, 먼저 집안일을 정리한 후에 그리스도를 따르겠다는 것이다. 그리스도께서 이 사람을 아주 호되게 책망하시는 진짜 이유는 그가 말로는 그리스도를 따르겠다고 공언하고 있지만, 실제로는 자기가 지금까지 해온 세상 일이 다 처리되고 정리될 때까지는 그렇게 하지 못하겠다고 그리스도께 등을 돌렸기 때문이다.

눅 9:62. 손에 쟁기를 잡고 뒤를 돌아보는 자는 하나님의 나라에 합당하지 아니하니라. 우리는 그리스도께서 하신 이 선언이 무엇을 의미하는지를 주의 깊게 살펴보아야 한다. 세상일들을 돌보느라고 올바른 길에서 물러가는 자들, 특히 그리스도를 따르는 자들에게 합당하지 않은 일들에 뛰어드는 자들은 "뒤를 돌아보는 자들"이라 할 수 있다.

[1]예수께서 배에 오르사 건너가 본 동네에 이르시니 [2]침상에 누운 중풍병자를 사람들이 데리고 오거늘 예수께서 그들의 믿음을 보시고 중풍병자에게 이르시되 작은 자야 안심하라 네 죄 사함을 받았느니라 [3]어떤 서기관들이 속으로 이르되 이 사람이 신성을 모독하도다 [4]예수께서 그 생각을 아시고 이르시되 너희가 어찌하여 마음

에 악한 생각을 하느냐 [5]네 죄 사함을 받았느니라 하는 말과 일어나 걸어가라 하는 말 중에 어느 것이 쉽겠느냐 [6]그러나 인자가 세상에서 죄를 사하는 권능이 있는 줄을 너희로 알게 하려 하노라 하시고 중풍병자에게 말씀하시되 일어나 네 침상을 가지고 집으로 가라 하시니 [7]그가 일어나 집으로 돌아가거늘 [8]무리가 보고 두려워하며 이런 권능을 사람에게 주신 하나님께 영광을 돌리니라(마 9:1-8).

[1]수 일 후에 예수께서 다시 가버나움에 들어가시니 집에 계시다는 소문이 들린지라 [2]많은 사람이 모여서 문 앞까지도 들어설 자리가 없게 되었는데 예수께서 그들에게 도를 말씀하시더니 [3]사람들이 한 중풍병자를 네 사람에게 메워 가지고 예수께로 올새 [4]무리들 때문에 예수께 데려갈 수 없으므로 그 계신 곳의 지붕을 뜯어 구멍을 내고 중풍병자가 누운 상을 달아 내리니 [5]예수께서 그들의 믿음을 보시고 중풍병자에게 이르시되 작은 자야 네 죄 사함을 받았느니라 하시니 [6]어떤 서기관들이 거기 앉아서 마음에 생각하기를 [7]이 사람이 어찌 이렇게 말하는가 신성 모독이로다 오직 하나님 한 분 외에는 누가 능히 죄를 사하겠느냐 [8]그들이 속으로 이렇게 생각하는 줄을 예수께서 곧 중심에 아시고 이르시되 어찌하여 이것을 마음에 생각하느냐 [9]중풍병자에게 네 죄 사함을 받았느니라 하는 말과 일어나 네 상을 가지고 걸어가라 하는 말 중에서 어느 것이 쉽겠느냐 [10]그러나 인자가 땅에서 죄를 사하는 권세가 있는 줄을 너희로 알게 하려 하노라 하시고 중풍병자에게 말씀하시되 [11]내가 네게 이르노니 일어나 네 상을 가지고 집으로 가라 하시니 [12]그가 일어나 곧 상을 가지고 모든 사람 앞에서 나가거늘 그들이 다 놀라 하나님께 영광을 돌리며 이르되 우리가 이런 일을 도무지 보지 못하였다 하더라(막 2:1-12).

[17]하루는 가르치실 때에 갈릴리의 각 마을과 유대와 예루살렘에서 온 바리새인과 율법교사들이 앉았는데 병을 고치는 주의 능력이 예수와 함께 하더라 [18]한 중풍병자를 사람들이 침상에 메고 와서 예수 앞에 들여놓고자 하였으나 [19]무리 때문에 메고 들어갈 길을 얻지 못한지라 지붕에 올라가 기와를 벗기고 병자를 침상째 무리 가운데로 예수 앞에 달아 내리니 [20]예수께서 그들의 믿음을 보시고 이르시되 이 사람아 네 죄 사함을 받았느니라 하시니 [21]서기관과 바리새인들이 생각하여 이르되 이 신성 모독 하는 자가 누구냐 오직 하나님 외에 누가 능히 죄를 사하겠느냐 [22]예수께서 그 생각을 아시고 대답하여 이르시되 너희 마음에 무슨 생각을 하느냐 [23]네

죄 사함을 받았느니라 하는 말과 일어나 걸어가라 하는 말이 어느 것이 쉽겠느냐 [24]
그러나 인자가 땅에서 죄를 사하는 권세가 있는 줄을 너희로 알게 하리라 하시고
중풍병자에게 말씀하시되 내가 네게 이르노니 일어나 네 침상을 가지고 집으로 가
라 하시매 [25]그 사람이 그들 앞에서 곧 일어나 그 누웠던 것을 가지고 하나님께 영
광을 돌리며 자기 집으로 돌아가니 [26]모든 사람이 놀라 하나님께 영광을 돌리며 심
히 두려워하여 이르되 오늘 우리가 놀라운 일을 보았다 하니라(눅 5:17-26).

마 9:1. 본 동네에 이르시니. 이 구절은 그리스도께서 가버나움을 자주 방문하
셨기 때문에 사람들은 일반적으로 가버나움이 그리스도의 출생지라고 믿었다는
것을 보여준다. 왜냐하면, 세 복음서 본문들 중에서 어떤 본문은 다른 본문보다도
그 정황을 좀 더 정확하게 얘기하고 있는 것 같기는 하지만, 세 복음서 기자가 여기
에서 동일한 이야기를 하고 있다는 데에는 의심의 여지가 없기 때문이다. 누가는
그리스도께서 "중풍병자를 고치실" 때에 옆에서 지켜보았던 서기관들이 유대의 여
러 곳에서 왔다고 말함과 동시에, 그리스도의 은혜로 말미암아 "고침"을 받은 그
밖의 다른 사람들도 있었다는 것을 간접적으로 말한다. 왜냐하면, 누가는 그리스
도께서 "중풍병자"를 고치시기 이전에, "병들을 고치시는 주의 능력"이 나타났다고
복수형을 사용하여 말하고 있기 때문이다. 중풍병자를 고치신 이적의 영광은 아주
두드러지게 나타났다. 손과 발이 다 마비되어 침상에 누운 채로 줄을 통해 달아내
려졌던 사람이 갑자기 몸이 다 회복되어 벌떡 일어나서 활기차게 움직이는 일이
일어났기 때문이다. 복음서 기자들이 다른 이적들보다도 이 이적을 집중적으로 조
명한 또 다른 특별한 이유는 그리스도께서는 "죄 사함"의 능력과 권세가 자기에게
있다고 말씀하신 것에 대하여 서기관들이 분노하고 있는 상황에서 눈에 보이는 표
적을 통해서 그 권세를 확증하고 인치고자 이 이적을 행하셨기 때문이다.

마 9:2. 예수께서 그들의 믿음을 보시고. 믿음이 있는지 없는지를 아시는 분은
오직 하나님뿐이시다. 그러나 이 사람들은 그들의 억척같은 시도를 통해서 그들에
게 믿음이 있다는 증거를 보여주었다. 왜냐하면, 만약 그들에게 반드시 고침을 받
을 것이라는 온전한 확신에 근거한 담대함이 없었다면, 그들은 도저히 극복할 수
없을 것 같은 장애물들에 부딪쳐서도 이 일을 포기하지 않고 지붕을 뚫고 중풍병
자를 달아 내리는 엄청난 수고를 할 생각을 감히 할 수 없었을 것이기 때문이다.
그들의 믿음의 열매는 그들이 입구가 사방으로 꽉 막혀 있는 것을 보았으면서도

이 일을 포기하지 않은 데에서 나타났다. 어떤 이들은 이 구절을 그리스도께서 신적인 인간으로서 그들의 내면에 숨겨져 있던 그들의 믿음을 알아보신 것이라고 해석하는데, 나는 그런 해석은 억지라고 본다.

그런데, 그리스도께서는 그들의 "믿음"을 보시고서, "중풍병자"에게 은총을 베푸신 것이기 때문에, 이 구절과 관련해서 다음과 같은 질문이 통상적으로 제기된다: 사람들이 남들의 믿음으로 인해서 어느 정도나 유익을 얻을 수 있는가? 첫째로, 확실한 것은 아브라함이 하나님이 그와 그의 자손에게 거저 주신 언약을 받아들였을 때에 그의 믿음은 그의 자손들에게 유익이 되었다는 것이다. 모든 믿는 자들과 관련해서도 이와 비슷한 원리가 적용된다. 즉, 그들의 믿음으로 말미암아 하나님의 은혜가 그들의 자녀들 및 아직 태어나지 않은 그들의 자손에까지 미친다는 것이다. 이와 동일한 일은 아직 믿음을 가질 수 있는 나이에 이르지 않은 유아들 속에서도 일어난다. 반면에, 스스로 믿음을 갖고 있지 않은 성인들(그들이 외인들이든 혈연이든)의 경우에는, 다른 사람들의 믿음은 그들의 영혼의 영원한 구원을 이룸에 있어서 간접적인 영향만을 미칠 수 있다. 믿지 않는 자들을 변화시키셔서 회개하게 해주시라고 우리가 하나님께 드리는 기도들은 유익이 없지는 않지만, 우리의 믿음이 그들을 구원에 이르게 하는 것은 아니고, 그들이 우리의 기도에 응답하여 우리와 동일한 믿음에 참여하는 자들이 될 때에야 비로소 구원에 이르게 된다는 것은 분명하다. 그러나 믿음에 있어서 서로 간의 합의가 있는 곳에서는 그들이 서로의 구원에 도움이 된다는 것은 잘 알려져 있다. 또한, 흔히 경건한 자들 덕분에 세상적인 복들이 믿지 않는 자들에게 주어진다는 것은 의심의 여지가 없다.

현재의 구절과 관련해서, 그리스도께서는 다른 사람들의 믿음에 감동을 받으셔서 중풍병자를 고쳐 주시긴 하셨지만, 만약 중풍병자가 스스로 믿음을 갖고 있지 않았다면, 그는 "죄 사함"을 받을 수는 없었을 것이다. "하나님이 그 해를 악인과 선인에게 비추시는"(마 5:45) 것처럼, 그리스도께서는 종종 고침받기에 합당하지 않은 자들의 몸도 고치셔서 건강하게 만들어 주시지만, 우리가 그리스도와 화목하게 되는 길은 오직 믿음 외에 다른 길이 없다. 그러므로 "예수께서 그들의 믿음을 보셨다"고 할 때에 "그들의"라는 단어는 대유법으로 사용되고 있는 것이다. 왜냐하면, 그리스도께서는 중풍병자를 데려온 자들만이 아니라 중풍병자 자신의 믿음도 보신 것이기 때문이다.

마 9:2. 네 죄 사함을 받았느니라. 그리스도께서는 여기에서 중풍병자가 원래

청하였던 것과는 다른 것을 그에게 약속하시는 것으로 보인다. 그러나 사실 그리
스도께서는 그의 몸을 건강하게 해주고자 하시기 위하여, 병의 원인을 제거하시는
것으로부터 시작하시고, 이와 동시에 중풍병자에게 그의 병이 어디에서 왔는지,
그리고 그가 어떤 식으로 기도를 해야 하는지를 일깨워 주시고 계시는 것이다. 사
람들은 통상적으로 그들이 겪는 괴로움들이 하나님의 징계라고 생각하지 않기 때
문에, 오직 육신의 괴로움을 덜거나 없애는 것만을 원하고, 그들의 죄에 대해서는
관심을 갖지 않는다. 이것은 마치 병자가 자신의 병을 도외시하고, 오직 현재의 고
통에서 벗어나기만을 구하는 것과 같다. 그러나 모든 해악으로부터 건짐받는 유일
한 길은 하나님으로 하여금 우리와 화해하게 하시는 것이다. 악인들이 그들의 괴
로움으로부터 벗어났는데도, 하나님은 여전히 그들의 원수로 남아 있는 일이 종종
일어난다. 그러나 그들이 어떤 해악에서 완전히 벗어났다고 생각할 때에, 동일한
해악들 또는 더 심하거나 더 많은 재난들이 곧 그들에게 다시 닥쳐오기 때문에, 하
나님이 선지자 아모스를 통해서 "마치 사람이 사자를 피하다가 곰을 만나거나 혹
은 집에 들어가서 손을 벽에 대었다가 뱀에게 물림 같도다"(암 5:19)라고 분명히 말
씀하셨듯이, 하나님의 진노가 사라지기 전에는 그 해악들이 결코 덜어지거나 끝나
지 않는다는 것이 분명해진다. 따라서 사람들이 하나님께 징계를 완화시켜 주시라
고 구할 때, 하나님은 죄 사함을 약속하는 것이 성경의 통상적인 방식인 것으로 보
인다. 우리가 기도할 때에도 이 순서를 유념하는 것이 합당하다. 환난이나 괴로움
이 우리에게 우리의 죄를 일깨워 줄 때, 우리는 하나님이 우리와 화해하셔서, 우리
를 벌하시는 그의 손을 물리실 수 있도록, 무엇보다도 먼저 죄 사함을 얻는 데에 세
심한 관심을 쏟아야 한다.

마 9:3. 어떤 서기관들. 그리스도께서 하나님께 속한 대권(大權)이 자기에게 있
다고 주장하였기 때문에, 서기관들은 그리스도께서 신성모독죄와 불경죄를 범하
였다고 비난한다. 다른 두 복음서 기자도 그들이 "오직 하나님 외에 누가 능히 죄
를 사하겠느냐"고 말하였다고 우리에게 전해 준다. 그리스도를 중상모략하고자 하
는 그들의 열심이 그들로 하여금 이런 악한 결론을 내리도록 몰아갔다는 것은 의
문의 여지가 없다. 그리스도께서 하신 말씀 중에 비난받을 만한 것이 조금이라도
있다고 생각한다면, 왜 그들은 그리스도께 그 점을 설명해 달라고 말하고 세심하
게 살피지 않는 것인가? 게다가, 그리스도께서 사용하신 표현은 여러 가지 의미로
해석될 수 있을 뿐만 아니라, 선지자들이 하나님의 은혜를 선포할 때에 자주 사용

하던 것이었는데도 불구하고, 왜 그들은 얼마든지 선한 의미로 해석할 수 있는 말을 나쁜 의미로 받아들이고 있는 것인가? 그들은 이미 악의와 시기라는 독(毒)을 품고 있었음에 틀림없다. 그렇지 않았다면, 그들은 그리스도에게서 흠을 잡아낼 기회를 그토록 호시탐탐 노리고 있지는 않았을 것이다. 그들은 나중에 그리스도께서 계시지 않을 때에 그들의 부류 가운데서 그를 중상모략하기 위하여, 지금은 말을 하지 않고 단지 "속으로" 생각하고 있었다. 오직 하나님에게만 "죄를 사하시는 권세"가 있다는 것은 의심할 여지 없이 사실이지만, 그 권세가 그리스도께는 없다고 그들이 결론을 내린 것은 잘못된 것이었다. 왜냐하면, 그리스도는 "육신으로 나타난 바 되신 하나님"이시기 때문이다(딤전 3:16). 그들에게는 그리스도께서 무슨 근거로 그런 권세를 주장하신 것인지를 살피고 조사할 권한이 있었다. 그러나 그들은 아무런 조사도 없이 그리스도를 평범한 사람으로 취급하여 경솔하게 단죄하고 있는 것이다.

마 9:4. 예수께서 그 생각을 아시고. 그리스도께서는 이제 그들의 은밀한 생각을 드러내심으로써 자신의 신성(神性)을 증명하신다. 왜냐하면, "사람의 일"은 "사람의 속에 있는 영 외에" 알 자가 없기 때문이다(고전 2:11). 그래서 마가는 "예수께서 성령으로(개역에서는 '중심에') 아시고"라는 말을 덧붙이는데, 이것은 그들의 마음속에 숨겨져 있는 것을 사람은 알 수 없었지만, 그리스도께서는 그의 성령으로 그것을 환히 알고 계셨다는 것을 의미한다. "너희가 어찌하여 악한 생각을 하느냐." 이것은 유한한 인간이 오직 하나님께만 속한 대권(大權)을 자신의 것이라 주장하는 것을 보고서, 그들의 마음이 아팠던 것이 아니라, 그들 앞에 나타나신 하나님을 그들이 교만하고 악하게 배척하였다는 것을 의미한다.

마 9:5. 어느 것이 쉽겠느냐. 이 말씀의 의미는 거의 죽어 있는 몸을 말씀으로 살리는 것이 "죄를 사하는" 것보다 더 어려운 일이기 때문에, 그리스도께서 전자를 행하신 것을 보았다면, 그들은 그에게 "죄를 사하는 권능"이 있다는 것을 의심할 이유가 없다는 것이다. 우리 주님이 사용하시는 논거는 조리가 있는 것 같아 보이지 않을 수 있다. 왜냐하면, 영혼이 몸보다 더 귀하고 중요한 만큼, "죄를 사하는" 일이 몸을 고치는 일보다 더 큰 일일 것이기 때문이다. 그러나 이 의문에 대한 대답은 쉽다. 그리스도께서는 그들의 눈높이에 맞춰서 말씀을 하고 계시는 것이다. 왜냐하면, 육신적인 자들이었던 그들은 영원한 구원과 관련된 그리스도의 모든 영적 능력보다는 외적인 표적들에 의해서 더 강력한 영향을 받았기 때문이다. 따라서 그리스도께서는 마지막 날에 그가 그의 음성으로 죽은 자들을 그들의 무덤에서 불러내어 다시 살리실 것이라는 사실에 근거해서, 사람들을 살리는 복음의 능력을 증명하고 계시는 것이다. "이를 놀랍게 여기지 말라 무덤 속에 있는 자가 다 그의 음성을 들을 때가 오나니 선한 일을 행한 자는 생명의 부활로, 악한 일을 행한 자는 심판의 부활로 나오리라"(요 5:29). 이것은 눈에 보이는 이적을 그 밖의 다른 모든 것보다 더 중요하게 여긴 자들을 반박하는 데에 충분히 강력한 논거였다. 그리스도께서 중풍병자를 고치셔서 온전히 건강하게 하여 걸어가게 하셨을 때, 그들은 그리스도께 중풍병자의 "죄를 사하는 권세"가 없다고 말할 수 없었다.

마 9:6. 인자가 세상에서 … 권능이 있는 줄을. 이 권세는 사도들에게 주어진 권세 및 지금 교회의 목회자들에 의해서 행사되는 권세와는 판이하게 다르다. 왜냐하면, 사도들이나 목회자들은 그리스도로부터 위임받은 대로 어떤 사람에 대하여 그의 죄가 사하여졌다고 선포한다고 해서, 그들에게 "죄를 사하는" 권세가 있다고 말하는 것은 적절하지 않기 때문이다. 이 말씀을 통해서 그리스도께서는 그가 이 은혜의 일꾼이자 증인이실 뿐만 아니라, 이 은혜의 원천(源泉)이라는 것을 분명하게 보여주신다. 그런데, 그리스도께서 "세상에서"라는 말씀으로 그의 권세를 한정하고 계시는 것은 무엇을 의미하는 것인가? 우리가 여기에서 죄 사함을 얻었다고 하여도, 그것이 하늘에서 인정을 받지 못한다면, 무슨 소용이 있겠는가? 이 말씀의 의미는 우리가 죄 사함을 멀리서 찾아서는 안 된다는 것이었다. 왜냐하면, 그리스도께서는 친히 그의 손으로 사람들에게 죄 사함을 베풀고 계시기 때문이다. 우리의 불신감은 아주 강해서, 하나님이 가까이 오셔서 우리에게 다정하게 말씀하시기 전까지는, 우리는 하나님이 우리에게 긍휼을 베푸시리라는 것을 결코 믿고자 하지 않는다. 그리스도께서는 사람들에게 하나님의 은혜가 바로 그들 곁에 있다는 것을 나타내 보여주실 목적으로 세상에 내려오셔서, 전에 사람들의 육신적인 눈으로는 알 수 없어서 구름 위에 감추어져 있었던 하나님의 뜻을 계시하고 계시기 때문에, "죄 사함"이 그들 앞에 있다고 말씀하신 것이다.

마 9:8. 무리가 보고. 마태는 무리가 놀라서 "두려워하였다"고 말하는 반면에, 다른 두 복음서 기자는 '엑스타시스'(ἔκστασις), 즉 "경탄(驚歎)"이라는 단어를 사용하고, 누가는 거기에 "두려워하여"라는 단어를 덧붙인다. 그러나 모든 복음서 기자들의 의도는 무리가 이 일을 보고서 하나님의 능력을 인정하였을 뿐만 아니라, 경악을 금치 못하고서 하나님께 영광을 돌리지 않을 수 없었다는 것을 보여주는 것이었다. 그들은 "놀랐을" 뿐만 아니라 "두려워하였기" 때문에, 그리스도를 반대하지 못하고, 도리어 그를 하나님의 선지자로 인정하여 경외심을 품고 그에게 복종하게 되었다. 마태는 그들이 "이런 권능을 사람에게 주신 하나님께 영광을 돌렸다"고 분명하게 말한다. 여기에서 부분적인 오해가 그들에게 있었던 것으로 보인다. 왜냐하면, 그들은 그들의 육안으로 한 사람을 보고 있기는 하지만, 마음의 눈으로 그가 사람 이상의 존재이신 것을 알아보았어야 하기 때문이다. 하나님이 그리스도 안에 있는 인성(人性)을 크게 존귀하게 하신 것이 인류 모두에게 유익이 되었다고 그들이 말한 것은 의심할 여지 없이 옳지만, 그들은 "육신으로 나타난 바 되신 하나님"(딤전 3:16)을 알아차리지 못하였기 때문에, 그들의 고백 속에는 부분적으로 오류가 포함되어 있다. 한 마디로 말해서, "하나님이 이런 권능을" 사람들에게 주신 것은 사실이었지만, 하나님의 위엄이 육체와 연합되었다는 것을 알지 못한 자들은 하나님이 그런 권능을 사람들에게 어떤 방식으로 주신 것인지에 대해서는 아직 알지 못하고 있다는 것이다.

⁹예수께서 그 곳을 떠나 지나가시다가 마태라 하는 사람이 세관에 앉아 있는 것을 보시고 이르시되 나를 따르라 하시니 일어나 따르니라 ¹⁰예수께서 마태의 집에서 앉아 음식을 잡수실 때에 많은 세리와 죄인들이 와서 예수와 그의 제자들과 함께 앉았더니 ¹¹바리새인들이 보고 그의 제자들에게 이르되 어찌하여 너희 선생은 세리와 죄인들과 함께 잡수시느냐 ¹²예수께서 들으시고 이르시되 건강한 자에게는 의사가 쓸 데 없고 병든 자에게라야 쓸 데 있느니라 ¹³너희는 가서 내가 긍휼을 원하고 제사를 원하지 아니하노라 하신 뜻이 무엇인지 배우라 나는 의인을 부르러 온 것이 아니요 죄인을 부르러 왔노라 하시니라(마 9:9-13).

¹³예수께서 다시 바닷가에 나가시매 큰 무리가 나왔거늘 예수께서 그들을 가르치시니라 ¹⁴또 지나가시다가 알패오의 아들 레위가 세관에 앉아 있는 것을 보시고 그에게 이르시되 나를 따르라 하시니 일어나 따르니라 ¹⁵그의 집에 앉아 잡수실 때에 많은 세리와 죄인들이 예수와 그의 제자들과 함께 앉았으니 이는 그러한 사람들이 많이 있어서 예수를 따름이러라 ¹⁶바리새인의 서기관들이 예수께서 죄인 및 세리들과 함께 잡수시는 것을 보고 그의 제자들에게 이르되 어찌하여 세리 및 죄인들과 함께 먹는가 ¹⁷예수께서 들으시고 그들에게 이르시되 건강한 자에게는 의사가 쓸

데 없고 병든 자에게라야 쓸 데 있느니라 나는 의인을 부르러 온 것이 아니요 죄인을 부르러 왔노라 하시니라(막 2:13-17).

²⁷그 후에 예수께서 나가사 레위라 하는 세리가 세관에 앉아 있는 것을 보시고 나를 따르라 하시니 ²⁸그가 모든 것을 버리고 일어나 따르니라 ²⁹레위가 예수를 위하여 자기 집에서 큰 잔치를 하니 세리와 다른 사람이 많이 함께 앉아 있는지라 ³⁰바리새인과 그들의 서기관들이 그 제자들을 비방하여 이르되 너희가 어찌하여 세리와 죄인과 함께 먹고 마시느냐 ³¹예수께서 대답하여 이르시되 건강한 자에게는 의사가 쓸 데 없고 병든 자에게라야 쓸 데 있나니 ³²내가 의인을 부르러 온 것이 아니요 죄인을 불러 회개시키러 왔노라(눅 5:27-32).

마 9:9. 예수께서 … 마태라 하는 사람이 세관에 앉아 있는 것을 보시고. "세관"은 어느 시대에서나 가혹한 세금 징수와 부당한 토색으로 유명한 곳이었고, 당시에는 그런 일로 특히 더 악명이 높았다. 그리스도께서 마태를 택하셔서 그가 있던 곳에서 나오게 하여 자신의 권속으로 삼으실 뿐만 아니라 사도의 직분으로 부르시는 것 속에서, 우리는 하나님의 은혜의 놀라운 예를 본다. 그리스도께서 단순하고 무지한 자들을 택하셔서 사도로 삼으신 의도는 "이 세상의 지혜"를 무너뜨리시기 위한 것이었다(고전 2:6). 그러나 사람들로부터 존경을 받지 못하고 많은 악행들로 얼룩진 직업을 택하여 생활해 온 이 세리가 그리스도에 의해서 택함을 받은 추가적인 이유들이 있었는데, 그것은 이 세리를 그리스도의 무조건적인 선하심을 보여주는 본보기로 삼으시고, 이 세리를 통해서 우리 모든 자들이 부르심을 받는 것은 우리 자신의 의(義)에 의한 공로 때문이 아니라 오로지 그리스도의 인자하심 때문이라는 것을 보여주시기 위한 것이다. 그러므로 마태는 증인이자 전도자일 뿐만 아니라, 그리스도 안에서 나타난 은혜의 증거이자 예시(例示)였다. 마태는 자기가 받은 그리스도의 은혜가 얼마나 큰 것이었는지를 증언하기 위해서, 그가 부르심을 받기 이전에 어떤 일을 행하였는지를 기록하여 대대로 전하는 것을 부끄러워하지 않음으로써 자기가 감사하고 있다는 증거를 보여준다. 마찬가지로, 바울도 "미쁘다 모든 사람이 받을 만한 이 말이여 그리스도 예수께서 죄인을 구원하시려고 세상에 임하셨다 하였도다 죄인 중에 내가 괴수니라"(딤전 1:15)라고 말하였다. 마가와 누가가 마태를 "레위"라고 부르고 있는 것으로 보아서, 레위라는 이름이 그의

본명이었고, 그가 세리가 되면서 "마태"라는 외국식 이름을 갖게 되었던 것 같다.

마 9:9. 나를 따르라. 그리스도께서 마태에게 그가 왜 그리고 어떤 조건들 위에서 부르심을 받게 되었는지를 자세하게 설명하셨을 것임을 의심할 이유가 없다. 이것은 누가가 "그가 모든 것을 버리고 일어나 따르니라"(눅 5:28)고 말하고 있는 것에 의해서 한층 더 분명하게 확인된다. 왜냐하면, 만약 그리스도께서 사도직을 염두에 두고 마태를 부르신 것이 아니라, 단지 일개 제자로 부르신 것이라면, 마태가 "모든 것을 버릴" 필요는 없었을 것이기 때문이다. 마태가 아주 기꺼이 그리고 열심을 품고서 순종하는 모습 속에서 우리는 그리스도의 말씀이 지닌 신적인 능력을 본다. 그리스도의 음성을 듣는 모든 자들이 그들의 가슴속에 동일한 감화를 받는 것은 아니지만, 그리스도께서는 이 사람을 하나의 두드러진 모범으로 삼으셔서, 우리로 하여금 그리스도의 부르심이 결코 사람으로부터 나오는 것이 아님을 알게 하고자 하셨다.

눅 5:29. 레위가 예수를 위하여 ⋯ 큰 잔치를 하니. 이것은 "그가 모든 것을 버리고"라고 말한 누가 본문과 차이가 있는 것으로 보일 수 있지만, 그 해법은 간단하다. 그러니까, 마태는 모든 장애물을 다 무시하고 자기 자신을 온전히 그리스도께 내드렸지만, 아직은 자신의 집안일을 돌보는 책임을 버리지는 않았다는 것이다. 바울은 군사들의 모범을 들어서, 말씀의 일꾼들에게 모든 장애물에 얽매임이 없이 자유로운 가운데에 교회를 섬기는 일에 수고하고 헌신할 것을 권하면서 이렇게 말한다: "병사로 복무하는 자는 자기 생활에 얽매이는 자가 하나도 없나니 이는 병사로 모집한 자를 기쁘게 하려 함이라"(딤후 2:4). 바울의 이 말이 군사가 된 자들은 아내와 이혼하고 자녀를 버리는 등 자신의 가정을 완전히 버려야 한다는 것을 의미하지 않고, 온전히 전쟁에 전념하기 위해서 잠시 가정을 떠나고 전쟁 외의 다른 모든 일을 돌보는 일을 그만두는 것을 의미한다는 것은 확실하다. 마찬가지로, 그리스도께서 어디로 가시든지 마태로 하여금 그를 따르는 것을 가로막을 수 있는 것은 아무것도 없었지만, 마태는 자신의 부르심이 허용하는 한도 내에서 자신의 집과 재산을 자유롭게 사용할 수 있었던 것이다. 마태가 "세관"을 떠나는 것은 꼭 필요한 일이었다. 왜냐하면, 만약 그가 거기에 계속해서 묶여 있다면, 그는 그리스도를 따르는 제자가 될 수 없을 것이기 때문이다.

마태가 베푼 잔치는 손님들이 많아서가 아니라 먹을 것 등을 많이 차려서 아주 성대하게 잔치를 베풀었기 때문에 "큰 잔치"라 불린다. 그리스도께서는 부자들이 아주 성대하게 연 잔치에도, 그것이 불필요하게 허세를 부리는 경우가 아니라면, 종종 거기에 참석하여 먹고 마시는 등, 일부러 엄격한 내핍 생활을 하신 것은 아니었다는 것을 우리는 안다. 그렇지만 그리스도께서는 절제된 삶의 주목할 만한 모범이셨기 때문에, 그를 잔치에 초대한 자들에게 간소하게 상을 차리도록 권면하셨을 것이고, 쓸데없이 진수성찬으로 사치스럽게 낭비하는 것을 결코 용납하고자 하지 않으셨으리라는 것은 의심의 여지가 없다. 마태는 "죄인들," 즉 악한 삶을 살고 좋지 않은 성품을 지닌 자들이 이 잔치에 "왔다"고 말한다. 그 이유는 세리들은 그들 자신이 대체로 사람들에 의해서 미움과 멸시를 받고 있어서, 그런 부류의 사람들을 경멸하여 그런 자들과 어울리기를 꺼려하는 마음이 없었기 때문이었다. 온건한 징계는 죄인들 속에 부끄러움과 창피함을 만들어 내지만, 과도한 엄격함은 그런 자들을 절망으로 내몰고 모든 부끄러움을 내팽개치게 하여 자포자기의 상태로 그들 자신을 악행에 내던지게 만든다. 관세나 세금을 거두는 일은 결코 잘못된 것이 아니었지만, 사람들은 세리들을 불경건하고 혐오스러운 자들로 여겨서 사람 취급을 하지 않았기 때문에, 세리들은 그들과 마찬가지로 사람들로부터 불명예스럽고 좋지 않은 평판을 받고 있어서 그들을 멸시하지 않았던 그런 자들("죄인들")과 어울리면서 위로를 받고자 하였다. 그래서 그들은 간음하는 자들, 술을 끼고 사는 자들 등과 같은 부류들과 어울렸다. 만약 일반 사람들이 세리들을 미워하고 혐오하여서 고립을 시키지 않았더라면, 세리들은 그런 부류의 사람들이 저지르는 범죄들을 싫어하였을 것이고, 그런 자들과 어울리고자 하지 않았을 것이다.

마 9:11. 어찌하여 너희 선생은 세리와 죄인들과 함께 잡수시느냐. 서기관들은 그리스도의 제자들을 공격하는데, 얼핏 보면 천하고 수치스러운 것 같이 보이는 일을 트집잡아서 그리스도를 책망하여, 제자들로 하여금 그에게 반기를 들도록 부추기고 충동질을 한다. "너희가 대다수의 사람들에게서 물러나서 더 거룩한 삶을 살고자 하는 것이 아니라면, 그를 너희의 선생으로 모실 이유는 전혀 없는 것이 아니냐? 그런데도 정반대로, 그는 너희를 단정하고 무난한 삶에서 이끌어 내어서 불경건한 방탕한 삶으로 이끌고, 악한 자들과 어울리게 하여 너희를 더럽히고 있지 않느냐?" 심지(心志)가 굳지 못하고 무지한 제자들이었다면, 그들은 이러한 질책에 미혹이 되어서 얼마든지 그들의 선생을 버릴 수도 있었을 것이다. 그러나 그들은 그러한 중상모략에 제대로 대처할 수 있는 준비가 그들에게 갖춰지지 않은 것을 알았기 때문에, 서기관들의 항변을 그들의 선생께 고함으로써, 적절하게 행동을 하였고, 그리스도께서는 서기관들의 항변을 반박하심으로써, 장래를 위하여 자기 제자들을 더욱 견고히 세우신다.

마 9:12. 건강한 자에게는 의사가 쓸 데 없고. 그리스도의 대답을 보면, 서기관들이 두 가지 잘못을 하였다는 것이 분명해진다. 즉, 그리스도의 직임을 고려하지 않은 것이 그들의 첫 번째 잘못이었고, 자신의 악에 대해서는 눈을 감고서 교만하게도 자기를 제외한 다른 모든 사람을 멸시한 것이 그들의 두 번째 잘못이었다. 이 두 번째 잘못은 우리가 특히 유의할 필요가 있다. 왜냐하면, 그것은 언제나 우리 가운데 널리 퍼져 있는 병이기 때문이다. 외식하는 자들은 그들 자신의 의(義)에 대한 어리석은 자만과 자기만족에 빠져서, 하나님이 그리스도를 이 세상에 보내신 목적을 생각하지 않고, 인류가 빠져 있는 저 깊은 악(惡), 또는 모든 사람 위에 놓여 있는 하나님의 무시무시한 진노와 저주, 또는 인류를 내리누르고 있는 저 축적된 악들의 무게를 시인하지 않는다. 그 결과, 그들은 너무나 우둔하게 무감각하게 되어서, 사람들의 참상을 느끼지도, 그 치료책을 생각하지도 않는다. 그들은 그들 자신을 좋게 여기고 스스로 자만하여, 그들이 죄인들과 동일하게 취급되는 것을 그들에 대한 부당한 처사라고 여겨서 참지를 못한다. 우리 주님은 "건강한 자에게는 의사가 쓸 데 없다"고 말씀하심으로써, 이 두 번째 잘못을 슬쩍 건드리신다. 이것은 그들이 죄인들을 보고서 마음에 거리낌을 느끼는 이유는 그들 자신을 의롭다고 여기기 때문임을 보여주시기 위한 반어법적(反語法的)인 말씀이다: "너희는 스스로 건강하다고 생각하기 때문에 병든 자들을 멸시하고, 그들을 보면 마음에 거리낌을 느끼고, 그들을 보면 견딜 수 없어 한다. 그러나 의사의 생각은 너희의 생각과는 아주 판이하게 다를 것임에 틀림없다." 나중에 그리스도께서는 자기가 "죄인들을 부르기" 위하여 아버지 하나님으로부터 보내심을 받으셨기 때문에 "의사"의 직무를 다해야 하신다고 말씀하신다.

그리스도께서는 그의 말씀을 책망으로 시작하지만, 그의 가르침을 제대로 받고자 한다면, 우리는 그가 두 번째에 놓으신 구절을 무엇보다도 가장 우선적으로 깊이 숙고하여야 한다. 그리스도께서는 죽은 자들을 다시 살리시고, 죄가 있어서 정죄를 받은 자들을 의롭다고 하시며, 부정(不淨)한 것들로 온통 더럽혀진 자들을 깨끗이 씻기시고, 길을 잃어버린 자들을 지옥에서 건져 내시며, 혐오스러운 악행들로 못쓰게 되어 버린 자들을 새롭게 만드셔서 저 복된 영생을 얻게 하시기 위하여 오셨다. 이것이 그의 직임이자 그가 오신 목적이라는 것을 깊이 숙고하고, 이것이 그가 우리의 육신을 입으신 이유이자 그가 피를 흘리신 이유이자 그의 죽음으로써 희생 제사를 올리신 이유이자 지옥에까지 내려가신 이유라는 것을 기억한다면, 우리는 그가 가장 극악무도한 자들이었던 자들, 수많은 죄악들로 뒤덮여 있던 자들을 불러 모으셔서 구원을 베푸신 것을 결코 이상하게 생각하지 않게 될 것이다.

우리는 우리에게 혐오스러워 보이는 자는 그리스도의 은혜를 받기에 합당하지 않은 자라고 여길 것이다. 그러나 그리스도께서 친히 희생제물과 저주가 되신 이유가 그의 손을 저주받은 죄인들에게 뻗치시기 위한 것이 아니면 무엇인가? 그런데도, 우리가 악한 자들과 함께 세례와 성찬에 참여하는 것을 꺼려하는 마음이 있고, 그들과 어울리는 것을 우리에게 일종의 흠이 되는 일이라고 여긴다면, 우리는 즉시 우리 자신 속으로 내려가서, 우리 자신이 눈감아 주고 있는 우리 자신의 악들이 없는지를 꼼꼼히 살펴보지 않으면 안 된다. 이렇게 우리 자신을 살피게 되면, 우리는 가장 더러운 자들과 함께 같은 샘에서 씻는 것을 기꺼이 받아들이게 될 것이고, 그리스도께서 모든 불경건한 자들에게 차별 없이 주시는 의(義)와, 죽어 있는 자들에게 주시는 생명(生命)과, 길을 잃어버린 자들에게 주시는 구원(救援)을 거부하지 않게 될 것이다.

마 9:13. 너희는 가서 … 배우라. 그리스도께서는 그들이 완고하고 악하여 "배우고자" 하지 않는 것을 보시고, 그들에게 떠나라고 명하신다. 아니, 그는 그들이 교만함과 잔인함 속에서 비참한 자들에게 주어지는 구원과 병든 자들에게 주어지는 치료를 못마땅하게 여기는 것은 하나님과 그의 선지자를 상대로 싸우는 것임을 그들에게 설명해 주신다. 여기에 나오는 인용문은 호세아 6:6에서 가져온 것이다: "나는 인애를 원하고 제사를 원하지 아니하며 번제보다 하나님을 아는 것을 원하노라." 이 선지자가 선포한 말씀의 주제는 하나님이 유대인들을 대적하여 복수하시리라는 것이었다. 선지자는 그들이 하나님에 대한 외적인 예배를 행하고 있다고 말함으로써(그들은 어처구니없게도 그들이 드리는 예식들을 자랑하곤 하였기 때문에) 핑계를 대지 못하도록 하기 위하여, 하나님은 경건이 결여되어 있는 마음으로 드리는 "제사," 올바르고 의로운 삶이 수반되지 않은 "제사"를 기뻐하지 않으신다는 것을 분명하게 선포한다. 우리가 "나는 제사를 원하지 아니하며"라는 말씀을 상대적인 의미로 이해해야 한다는 것은 "번제보다 하나님을 아는 것"이 더 낫다는 두 번째 구절을 보면 분명하게 드러난다. 이 말씀을 통해서 선지자는 "번제"를 절대적으로 완전히 배척하는 것이 아니라, 번제를 경건과 믿음보다 열등한 위치에 놓고 있는 것뿐이다. 믿음과 영적 예배는 그 자체로 하나님을 기쁘시게 해드리고, 이웃에 대한 사랑과 인도적인 의무들도 그 자체로 요구되지만, "제사"는 그 자체로는 가치가 없는 부차적인 것이기 때문에 그 실체(實體)를 이루는 진리가 그 속에 없는 경우에는 아무런 가치도 없는 것이 되고 만다는 것이다. 이 주제에 대해서는 내가 히브리서 10장에서 좀 더 자세하게 다룬 바 있다. 우리는 "긍휼"이라는 단어 속에 대유법이 사용되고 있다는 것을 주목하여야 한다. 왜냐하면, 선지자는 "긍휼"이라는 단어를 통해서 우리가 형제들에게 마땅히 행하여야 할 모든 인자와 자비를 다 포괄하고 있기 때문이다.

마 9:13. 나는 의인을 부르러 온 것이 아니요. 이 말씀은 서기관들의 교만과 외식을 책망하기 위한 것이지만, 일반적으로도 아주 유익한 교훈을 담고 있다. 이 말씀은 우리가 우리의 죄악들을 인식하고 그 짐 아래에서 고통하고 신음하면서 겸손히 그리스도께 나아가지 않는다면, 그리스도의 은혜가 우리에게 아무 소용이 없다는 것을 일깨워 준다. 또한, 여기에는 연약한 양심들을 확고한 신뢰로 끌어올리기에 적합한 교훈이 들어 있다. 왜냐하면, 그리스도께서는 죄인들을 부르시기 위하여 그의 하늘 영광을 버리시고 이 땅에 오신 것이어서, 그가 죄인들을 거절하실 것이라고 염려할 이유가 우리에게는 전혀 없기 때문이다. 그러나 우리는 "회개시키러"라는 표현에 주목하여야 한다. 이 표현의 의도는, 그리스도께서 우리에게 죄 사함을 베푸시는 것은 우리로 하여금 계속해서 우리의 죄들을 품고 살아가게 하시기 위한 것이 아니라, 경건하고 거룩한 삶을 살고자 하는 간절한 마음을 우리 속에 불러일으키기 위한 것임을 알게 해주시고자 하는 것이다. 그리스도께서는 이러한 조건 하에서 우리를 아버지 하나님과 화목하신 것이기 때문에, 그의 피로 구속받은 우리는 우리 자신을 참된 제물로 드릴 수 있는데, 이것에 대하여 바울은 우리에게 이렇게 말한다: "모든 사람에게 구원을 주시는 하나님의 은혜가 나타나 우리를 양육하시되 경건하지 않은 것과 이 세상 정욕을 다 버리고 신중함과 의로움과 경건함으로 이 세상에 살게" 하셨다(딛 2:11-12).

14그 때에 요한의 제자들이 예수께 나아와 이르되 우리와 바리새인들은 금식하는데 어찌하여 당신의 제자들은 금식하지 아니하나이까 15예수께서 그들에게 이르시되 혼인집 손님들이 신랑과 함께 있을 동안에 슬퍼할 수 있느냐 그러나 신랑을 빼앗길 날이 이르리니 그 때에는 금식할 것이니라 16생베 조각을 낡은 옷에 붙이는 자가 없나니 이는 기운 것이 그 옷을 당기어 해어짐이 더하게 됨이요 ¹⁷새 포도주를 낡은 가죽 부대에 넣지 아니하나니 그렇게 하면 부대가 터져 포도주도 쏟아지고 부대도 버리게 됨이라 새 포도주는 새 부대에 넣어야 둘이 다 보전되느니라(마 9:14-17).

¹⁸요한의 제자들과 바리새인들이 금식하고 있는지라 사람들이 예수께 와서 말하되 요한의 제자들과 바리새인의 제자들은 금식하는데 어찌하여 당신의 제자들은 금식하지 아니하나이까 ¹⁹예수께서 그들에게 이르시되 혼인 집 손님들이 신랑과 함께 있을 때에 금식할 수 있느냐 신랑과 함께 있을 동안에는 금식할 수 없느니라 ²⁰그러나 신랑을 빼앗길 날이 이르리니 그 날에는 금식할 것이니라 ²¹생베 조각을 낡은 옷에 붙이는 자가 없나니 만일 그렇게 하면 기운 새 것이 낡은 그것을 당기어 해어짐이 더하게 되느니라 ²²새 포도주를 낡은 가죽 부대에 넣는 자가 없나니 만일 그렇게 하면 새 포도주가 부대를 터뜨려 포도주와 부대를 버리게 되리라 오직 새 포도주는 새 부대에 넣느니라 하시니라(막 2:18-22).

³³그들이 예수께 말하되 요한의 제자는 자주 금식하며 기도하고 바리새인의 제자들도 또한 그리하되 당신의 제자들은 먹고 마시나이다 ³⁴예수께서 그들에게 이르시되 혼인 집 손님들이 신랑과 함께 있을 때에 너희가 그 손님으로 금식하게 할 수 있느냐 ³⁵그러나 그 날에 이르러 그들이 신랑을 빼앗기리니 그 날에는 금식할 것이니라 ³⁶또 비유하여 이르시되 새 옷에서 한 조각을 찢어 낡은 옷에 붙이는 자가 없나니 만일 그렇게 하면 새 옷을 찢을 뿐이요 또 새 옷에서 찢은 조각이 낡은 것에 어울리지 아니하리라 ³⁷새 포도주를 낡은 가죽 부대에 넣는 자가 없나니 만일 그렇게 하면 새 포도주가 부대를 터뜨려 포도주가 쏟아지고 부대도 못쓰게 되리라 ³⁸새 포도주는 새 부대에 넣어야 할 것이니라 ³⁹묵은 포도주를 마시고 새 것을 원하는 자가 없나니 이는 묵은 것이 좋다 함이니라(눅 5:33-39).

마 9:14. 그 때에 요한의 제자들이 예수께 나아와. 누가는 바리새인들이 말한 것으로 묘사하고 있고, 마가는 이 둘을 서로 연결시키는 것으로 보인다. 그러나 실제로는 "바리새인들"이 악의적으로 이 술책을 써서, "요한의 제자들"을 그들의 편으로 끌어들여서, 요한의 제자들과 그리스도의 제자들을 서로 싸움 붙이고자 하였다는 것은 의심의 여지가 없다. "기도"와 "금식" 간의 유사성은 여기에서 이 둘이 서

로 결부되어 있는 것이라고 말할 수 있는 그럴 듯한 구실로 작용하였다. 그런데 그리스도께서는 전혀 다른 방식으로 행동하셨기 때문에, 그것은 고분고분하지 않은 기질을 갖고 있거나 철저히 자기중심적인 자들에게 적대감과 혐오감을 불러일으키는 빌미가 되었다.

이 예는 악하고 교활한 자들이 아주 사소한 빌미를 붙잡아서 우리 가운데에 분열의 씨를 뿌리는 것을 막기 위해서는 사려분별과 조심성이 꼭 필요하다는 것을 우리에게 일깨워 준다. 사탄이 그러한 덫을 놓는 일에 귀재(鬼才)라는 것은 의심의 여지가 없기 때문에, 사소한 빌미를 붙잡아서 우리를 괴롭히는 것은 식은 죽 먹기보다 쉬운 일이다. 그러나 우리는 외적인 예식들이 빌미가 되어서 하나 된 믿음이 갈라지거나 사랑의 끈이 끊어지지 않도록 특히 조심하지 않으면 안 된다. 거의 모든 사람이 예식들 및 "세상의 초등학문"(갈 4:3; 골 2:8)에 지나친 중요성을 부여하는 병에 걸려 있기 때문에, 대체로 지극히 온전한 것보다도 너무나 초보적인 것들을 우선시하는 일에 주저함이 없다. 게다가, 각 사람이 온 세상 사람들에게 자신의 모범을 본받으라고 강요하고자 할 때, 까다롭고 괴팍한 마음과 교만으로부터 또 하나의 악이 생겨난다. 즉, 어떤 것이 우리의 마음에 들면, 우리는 즉시 그것을 법으로 삼아서, 다른 사람들에게도 우리가 원하는 그것을 따라 살아가도록 강요하고자 한다는 것이다.

"요한의 제자들"이 사탄의 이 덫에 걸렸다는 것을 읽을 때, 우리는 다른 사람들로 하여금 우리가 옳다고 생각하는 것을 따르도록 강요하지 않고, 각 사람이 각자의 자유를 견지할 수 있도록 하기 위해서는, 먼저 외적이고 중립적인 일들에서 거룩함을 찾아서는 안 된다는 것, 그리고 아울러서 우리 자신을 절제와 공평으로 다스려야 한다는 것을 배워야 한다. 우리가 알아야 할 것은 "금식" 및 "기도"와 관련해서 세례 요한은 자기 제자들에게 특별한 훈련을 시켰고, 바로 그런 목적으로 금식하는 날들 및 기도의 형태와 시간들을 정해 놓았었다. 나는 그러한 기도들을 외적인 의식(儀式)들이라고 본다. 왜냐하면, 하나님의 이름을 부르는 것이 영적인 예배에서 최고의 우선순위를 차지하기는 하지만, 기도의 형태와 시간을 정해 놓고 기도하는 방식은 거기에 익숙하지 않은 자들을 위한 것이어서, 예식들과 중립적인 일들에 속한 것으로 여겨지는 것이 마땅하므로, 그것을 지키라고 너무 엄격하게 요구하지 않아야 하기 때문이다. 기도 및 금식과 관련해서 요한의 제자들이 그리스도의 제자들보다 더 엄격한 이유에 대해서는 우리가 이미 말한 바 있지만, 이 문제를 다룰 더 적절한 기회가 다시 찾아올 것이다.

마 9:15. 혼인집 손님들이 … 슬퍼할 수 있느냐. 그리스도께서는 때가 아직 아니라는 이유를 들어서 자기 제자들을 변호하시면서, 하나님은 마치 그들이 혼인 잔치에 있는 것처럼 아직 즐겁게 지내기를 기뻐하신다고 말씀하신다. 왜냐하면, 그리스도께서는 자기를 신랑에 비유하시고서, 신랑과 함께 있는 친구들이 즐거워하는 것은 당연한 일이라고 말씀하시기 때문이다. 크리소스토무스(Chrysostomus)는 "신부를 취하는 자는 신랑이나 서서 신랑의 음성을 듣는 친구가 크게 기뻐하나니 나는 이러한 기쁨으로 충만하였노라"(요 3:29)는 세례 요한의 증언에서 이 비유가 유래한 것이라고 생각한다. 나는 그런 주장이 확고한 근거가 있다고 생각하지는 않지만, 그런 견해에 반대를 하지는 않는다. 그러나 우리는 그리스도께서 자기가 제자들과 함께 계시는 동안에는 그 제자들을 아끼셔서 잠시 평안하게 두시겠다고 말씀하신 것으로 만족하여야 한다. 그리스도께서는 자기 제자들이 단지 짧은 기간 동안 누리게 될 은택들을 남들이 시기하지 않도록 하시기 위하여, 그 제자들이 머지않아 좀 더 가혹하고 혹독한 운명을 맞게 될 것이라고 경고하신다.

그리스도의 이러한 변호는 "금식"과 "기도"가 슬픔과 역경의 때에 행하는 것이라는 전제 위에 서 있다. 여기에서 기도라고 할 때, 그것은 통상적인 기도가 아니라 특별한 기도를 의미한다. 그리스도께서는 자기 제자들로 하여금 점진적으로 점점 더 큰 인내에 익숙해지게 하시기 위하여, 그들이 더 큰 힘을 얻기 전에는 그들에게 무거운 짐을 지우고자 하지 않은 것임에 틀림없다. 이것으로부터 우리는 두 가지 교훈을 배워야 한다. 첫 번째로, 주님이 종종 우리 형제들의 연약함을 용납하셔서 그들을 온유함으로 대하시는 반면에, 우리에 대해서는 더 혹독하고 엄격하게 대하신다고 해서, 우리는 불평하지 않아야 한다. 두 번째로, 우리가 종종 슬픔과 괴로움으로부터 벗어나게 되었을 때, 우리는 우리 자신을 즐거움들에 내던지지 말고, 반대로 혼인 잔치가 언제까지나 계속되지는 않으리라는 것을 기억하고 조심하여야 한다. "혼인집 손님들"은 원문에서는 히브리식 표현으로 "신랑의 자녀들"로 되어 있다.

마 9:16. 생베 조각을 … 붙이는 자가 없나니. 그리스도께서는 앞에서 하신 말씀을 두 가지 비유를 통해서 밑받침하시는데, 그 중 하나는 "옷"에 관한 것이고, 다른 하나는 "포도"를 담는 가죽 부대에 관한 것이다. "낡은 옷"과 "낡은 가죽 부대"는 바리새인들을 가리키고, "새 포도주"와 "생베"는 복음의 가르침을 가리킨다는 주장은 전혀 개연성(蓋然性)이 없다. 우리가 전자는 그리스도의 연약하고 여린 제자들을 가리키고, 후자는 그들이 감당할 수 있는 것보다 더 엄격한 훈련을 가리키는 것으로 설명한다면, 이 비유는 현재 다루어지고 있는 문제와 아주 잘 들어맞는다. "낡았다"는 말은 이제 막 가르침을 받기 시작한 제자들에게 어울리지 않는다는 주장은 별로 중요하지 않다. 왜냐하면, 그리스도께서 자기 제자들을 "낡은 가죽 부대"와 "낡은 옷"에 비유하실 때, 그것은 그들이 오래 되어서 낡았다는 것이 아니라, 아직 연약해서 힘이 부족하다는 것을 의미하기 때문이다. 이 말씀의 취지는 모든 사람에게 동일한 방식으로 살아가라고 무차별적으로 강요해서는 안 된다는 것이다. 왜냐하면, 사람마다 각자 사정과 형편이 다르고, 모든 것이 모두에게 적합한 것은 아니며, 우리는 특히 연약한 자들이 강압에 의해서 부러지거나, 무거운 짐에 눌려서 부서지는 일이 없게 하여야 하기 때문이다. 우리 주님이 포도주 통이라고 하지 않으시고 "가죽 부대"라고 하신 것은 그 나라의 관습을 따라 말씀하고 계신 것이다.

눅 5:39. 묵은 포도주를 마시고. 이 말씀은 오직 누가 본문에만 나오는 것으로서, 앞의 강론과 연결되어 있다는 것은 의심할 여지가 없다. 주석가들은 이 구절을 여러 가지 다양한 방식으로 왜곡시켜 왔지만, 나는 이 구절은 단지 바리새인들에게 기존의 관습에 부당하게 지나친 중요성을 부여하지 말라고 경고하신 말씀이라고 본다. 왜냐하면, 관습과 습관에 의해 형성된 입맛이 아니라면, 맛이 변하지 않은 묵은 포도주가 모든 사람들의 입맛에 똑같이 맞을 수는 없을 것이기 때문이다. 이것으로부터 도출되는 결론은 "묵은 포도주"가 "새 포도주"와는 달리 신선함으로 인한 거품이 넘쳐흐르는 것은 아니지만, 그런 이유 때문에 결코 맛이 덜한 것도 아니고, 몸에 영양분을 공급하는 데에 적합하지 않은 것도 아닌 것과 마찬가지로, 그리스도께서 자기 제자들에게 행하시는 방식도 겉보기에 그럴 듯해 보이지 않고 화려해 보이지 않는다고 해서 부정해 버려서는 안 된다는 것이다.

[18]예수께서 이 말씀을 하실 때에 한 관리가 와서 절하며 이르되 내 딸이 방금 죽었사오나 오셔서 그 몸에 손을 얹어 주소서 그러면 살아나겠나이다 하니 [19]예수께서 일어나 따라가시매 제자들도 가더니 [20]열두 해 동안이나 혈루증으로 앓는 여자가 예수의 뒤로 와서 그 겉옷 가를 만지니 [21]이는 제마음에 그 겉옷만 만져도 구원을 받겠다 함이라 [22]예수께서 돌이켜 그를 보시며 이르시되 딸아 안심하라 네 믿음이

너를 구원하였다 하시니 여자가 그 즉시 구원을 받으니라(마 9:18-22).

²²회당장 중의 하나인 야이로라 하는 이가 와서 예수를 보고 발 아래 엎드리어 ²³간
곡히 구하여 이르되 내 어린 딸이 죽게 되었사오니 오셔서 그 위에 손을 얹으사 그
로 구원을 받아 살게 하소서 하거늘 ²⁴이에 그와 함께 가실새 큰 무리가 따라가며
에워싸 밀더라 ²⁵열두 해를 혈루증으로 앓아 온 한 여자가 있어 ²⁶많은 의사에게 많
은 괴로움을 받았고 가진 것도 다 허비하였으되 아무 효험이 없고 도리어 더 중하
여졌던 차에 ²⁷예수의 소문을 듣고 무리 가운데 끼어 뒤로 와서 그의 옷에 손을 대
니 ²⁸이는 내가 그의 옷에만 손을 대어도 구원을 받으리라 생각함일러라 ²⁹이에 그
의 혈루 근원이 곧 마르매 병이 나은 줄을 몸에 깨달으니라 ³⁰예수께서 그 능력이
자기에게서 나간 줄을 곧 스스로 아시고 무리 가운데서 돌이켜 말씀하시되 누가
내 옷에 손을 대었느냐 하시니 ³¹제자들이 여짜오되 무리가 에워싸 미는 것을 보시
며 누가 내게 손을 대었느냐 물으시나이까 하되 ³²예수께서 이 일 행한 여자를 보려
고 둘러 보시니 ³³여자가 자기에게 이루어진 일을 알고 두려워하여 떨며 와서 그 앞
에 엎드려 모든 사실을 여쭈니 ³⁴예수께서 이르시되 딸아 네 믿음이 너를 구원하였
으니 평안히 가라 네 병에서 놓여 건강할지어다(막 5:22-34).

⁴⁰예수께서 돌아오시매 무리가 환영하니 이는 다 기다렸음이러라 ⁴¹이에 회당장인
야이로라 하는 사람이 와서 예수의 발 아래에 엎드려 자기 집에 오시기를 간구하
니 ⁴²이는 자기에게 열두 살 된 외딸이 있어 죽어감이러라 예수께서 가실 때에 무리
가 밀려들더라 ⁴³이에 열두 해를 혈루증으로 앓는 중에 아무에게도 고침을 받지 못
하던 여자가 ⁴⁴예수의 뒤로 와서 그의 옷 가에 손을 대니 혈루증이 즉시 그쳤더라 ⁴⁵
예수께서 이르시되 내게 손을 댄 자가 누구냐 하시니 다 아니라 할 때에 베드로가
이르되 주여 무리가 밀려들어 미나이다 ⁴⁶예수께서 이르시되 내게 손을 댄 자가 있
도다 이는 내게서 능력이 나간 줄 앎이로다 하신대 ⁴⁷여자가 스스로 숨기지 못할 줄
알고 떨며 나아와 엎드리어 그 손 댄 이유와 곧 나은 것을 모든 사람 앞에서 말하
니 ⁴⁸예수께서 이르시되 딸아 네 믿음이 너를 구원하였으니 평안히 가라 하시더라
(눅 8:40-48).

마 9:18. 예수께서 이 말씀을 하실 때에. 여기에서 마가와 누가 본문에 나오는

기사(記事)가 마태 본문에 나오는 것과 다르다고 생각하는 자들은 이 본문 자체를 살펴보는 과정에서 아주 분명하게 반박되기 때문에, 이 문제를 놓고 길게 논쟁할 필요는 없다. 세 복음서 기자는 그리스도께서 "회당장"의 요청으로 그의 딸을 고치실 목적으로 그의 집으로 들어가셨다고 말하는 데에는 서로 일치한다. 서로 차이가 나는 부분들은 마태는 이 회당장의 이름을 밝히고 있지 않은 반면에, 마가와 누가는 그 사람의 이름이 "야이로"였다고 말하고 있다는 것, 마태는 이 아버지가 "내 딸이 방금 죽었다"고 말한 것으로 묘사하는 반면에, 다른 두 복음서 기자는 그 딸이 죽기 직전에 있었는데, 그 아버지가 그리스도를 모시고 가는 도중에, 그 딸이 죽었다는 소식이 길에서 전해졌다고 말하고 있다는 것이다. 그러나 마태가 이 이야기를 간결하게 하기 위해서 다른 두 복음서 기자들이 자세하게 기록한 세부적인 내용들을 조금씩 생략을 한 것이라고 보아도 전혀 문제 될 것이 없을 것이다. 그 밖의 다른 모든 점들은 아주 정확하게 일치하고, 아주 많은 정황들이 마치 동시에 뻗쳐진 세 손가락이 하나의 대상을 가리키고 있는 것처럼 서로 잘 들어맞기 때문에, 이 기사(記事)들을 서로 다른 이야기로 볼 만한 근거가 전혀 없다. 복음서 기자들은 그리스도께서 "회당장"의 요청으로 그의 집으로 가던 길에서 "혈루증"을 앓던 여자가 그리스도의 "겉옷 가를 만져서" 은밀하게 고침을 받은 일이 일어났다는 것, 그런 후에 그리스도께서 회당장의 집으로 들어가셔서 죽은 소녀를 다시 살리셨다는 것을 모두 다 기록해 놓고 있다. 따라서 나는 세 복음서 기자가 모두 다 동일한 사건을 얘기하고 있다는 것을 증명하기 위해서 장황한 설명이 필요하지 않을 것이라고 생각한다. 그러므로 이제 세부적인 내용을 살펴보기로 하자.

마 9::18. 한 관리가 와서. 다른 두 복음서 기자의 본문에서는 회당장의 확신은 그의 딸이 다시 살아날 수 있을 것이라는 소망을 품을 정도만큼 깊지 않았다는 것이 분명하게 드러나지만, 그리스도의 책망을 받은 후에, 회당장이 집을 나설 때보다 더 큰 소망을 품게 되었다는 것은 의심의 여지가 없다. 그러나 앞에서 말했듯이, 마태는 이 이야기를 간결하게 전하기 위해서, 여러 시간대에 걸쳐서 일어난 일들을 이 이야기의 서두에서 한꺼번에 압축해서 제시한다. 이 이야기가 전개된 과정을 정리해 보면 다음과 같을 것이다: "야이로"가 처음에는 자기 딸이 병에서 고침을 받게 해달라고 청하였지만, 나중에 그리스도께서 그의 용기를 북돋워주시자, 죽은 자기 딸을 다시 살려 달라고 청하게 되었다. 마가와 누가 본문이 분명하게 보여주듯이, "예배" 또는 "경배"는 여기에서 무릎을 꿇고 "엎드리는" 것으로 표현된다. 왜냐하면, 야이로는 그리스도를 하나님으로 여겨서 예를 올린 것이 아니라, 단지 하나님의 선지자로 여겨서 그것에 걸맞은 예를 올린 것이기 때문이다. 무릎을 꿇는 방식으로 예를 올리는 것은 동방의 나라들에서 흔히 행해진 관습이었다는 것을 우리는 모두 잘 알고 있다.

마 9::18. 오셔서 … 손을 얹어 주소서. 우리는 여기에서 우리를 향하신 하나님의 겸비를 잘 보여주는 밝은 거울을 만난다. 당신이 여기에 나오는 "회당장"을 이방인이었던 "백부장"(마 8:5-10)과 비교해 본다면, 당신은 백부장에게서는 믿음이 온전한 빛을 발하며 아주 밝게 빛났던 반면에, "회당장"에게서는 그 믿음의 아주 적은 빛조차도 거의 보이지 않았다고 말하게 될 것이다. 회당장은 그리스도께서 안수를 해야만 뭔가 능력이 나타날 것이라고 기대하고, 자기 딸이 죽었다는 소식을 듣자마자 마치 더 이상 가망이 없다는 듯이 두려워서 떤다. 이렇게, 그의 믿음은 연약하였고 거의 소진(消盡)되어 있었다. 그렇지만 그리스도께서는 회당장의 기도를 들어 주시고, 좋은 결과를 기대하라고 격려하심으로써, 믿음은 아무리 적다고 하여도 완전히 배척당하는 법이 없다는 것을 우리에게 증명해 주신다. 우리에게 바람직한 정도의 큰 믿음이 없다고 할지라도, 우리의 연약함을 핑계로 기도하는 일을 그만두거나 소홀히 할 이유는 전혀 없다.

마 9:20. 혈루증으로 앓는 여자. "열두 해 동안이나 혈루증"이 그침 없이 지속되었고, 이 여자는 그 병을 고치기 위해서 사방팔방으로 의사들을 찾아 치료를 받느라고 "많은 의사에게 많은 괴로움을 받았고 가진 것도 다 허비한" 상태였다. 복음서 기자들은 이 이적이 더 큰 영광으로 빛을 발하게 하기 위해서 이 모든 세세한 내용을 명시적으로 기록하였다. 단지 옷자락을 만진 것만으로 불치병이 아주 순식간에 제거되었을 때, 이 일이 인간의 힘에 의해서 이루어지지 않았다는 것은 너무나 분명한 사실이었다. 그리스도의 "겉옷만 만져도" 즉시 고침을 받게 될 것이라는 이 여자의 생각은 성령의 강력한 감동에 의해서 일어난 것이기 때문에, 우리는 이것을 일반적인 원리로 여겨서는 안 된다. 우리는 성인들을 본뜨기 위한 어리석고 개념 없는 시도들 속에서 미신적인 생각이 얼마나 많이 작용하는지를 안다. 그러나 하나님의 명령이 없는데도 성인들의 주목할 만한 모범을 가져와서, 성령의 인도하심이 아니라 그들 자신의 생각을 따라 본뜨는 자들은 원숭이들에 불과하기 때문에, 결코 제대로 본받는 자들이 될 수 없다.

그리스도께서는 자비로우시게도 이 여자의 믿음을 받아들이시고 용서하시지만,

이 여자의 믿음 속에는 죄와 오류가 뒤섞여 있었을 가능성까지 있다. 이 여자가 나중에 자기가 잘못 행하였다고 생각하여 두려워하고 떨었을 때, 그녀가 드러낸 바로 그 의심에 대해서는 변명의 여지가 없다는 것은 분명하다. 왜냐하면, 그런 생각은 믿음과 반대되는 것이기 때문이다. 그녀는 왜 그리스도 앞으로 나아가지 않은 것인가? 그리스도에 대한 그녀의 경외심이 그렇게 하지 못하게 한 것이었다면, 그녀는 도대체 그리스도의 긍휼 외의 어떤 원천으로부터 도움을 기대하였다는 말인가? 또한, 그녀가 그리스도의 은총을 확신하였다면, 그를 화나게 하지는 않았는지를 두려워하는 마음이 어떻게 그녀 속에서 생길 수 있었겠는가? 그렇지만 그리스도께서는 그녀의 믿음을 대단히 칭찬하신다. 이것은 내가 조금 전에 한 말과 일치한다. 즉, 하나님은 자기 백성을 인자하심과 온유하심으로 대하시기 때문에, 그들의 믿음이 불완전하고 연약하다고 할지라도 그 믿음을 받아 주시고, 그 믿음과 결부되어 있는 흠들 및 불완전한 것들과 관련해서 그들에게 책임을 묻지 않으신다는 것이다. 그러므로 이 여자는 믿음의 인도함을 받아서 그리스도께로 나아갔던 것이다. 그녀가 그리스도 앞에 나아가서 자기를 고쳐 주시라고 기도하는 대신에 그의 옆으로 다가갔을 때, 억제할 수 없는 열심이 올바른 길로부터 약간 벗어난 길로 그녀를 이끌었을 것이고, 그녀는 곧 반신반의하면서 그의 "겉옷 가"를 만졌을 것이다. 설령 우리가 그녀의 행동이 성령의 인도하심에 의하여 된 것이었다는 것을 인정한다고 할지라도, 우리의 믿음은 특정한 예들에 의해서 이리저리 휘둘려서는 안 되고, "믿음은 들음에서 나며 들음은 그리스도의 말씀으로 말미암았느니라"(롬 10:17)는 바울의 말대로, 전적으로 하나님의 말씀에 의거하여야 한다는 것은 여전히 확고한 원칙으로 남는다. 이것은 사람들이 경솔하고 무모하게 제시한 어떤 견해를 우리가 신앙의 정통적인 가르침으로 인정하는 일이 없도록 하기 위해서 꼭 필요한 경고이다.

눅 8:45. 내게 손을 댄 자가 누구냐. 마가는 "예수께서 이 일 행한 여자를 보려고 둘러 보시니"라고 말함으로써, 이것을 한층 더 분명하게 표현한다. 그리스도께서 누구에게 은총을 베푸시는지도 모르신 채로 그의 은혜를 부어 주시는 일이 일어났다는 것은 어찌 보면 어처구니없는 일처럼 보일 수도 있다. 그리스도께서 곧이어서 "내게서 능력이 나간 줄 앎이로다"라고 말씀하였다는 것 속에도 적지 않은 난점이 존재한다. 왜냐하면, 그리스도의 능력은 특정한 때에 그가 택하신 사람들에게 값없는 선물로 주어지는 것이 아니라, 그리스도로부터 그냥 흘러나오는 것인 양 말씀되고 있기 때문이다. 그리스도께서 이 일의 모든 과정을 다 아시는 가운데에 이 여자를 의도적으로 고치셨다는 것은 의심의 여지가 없고, 그녀로 하여금 치유함을 얻게 하시기 위하여, 그의 성령의 역사(役事)를 통해서 그녀를 그에게로 이끌어 오셨다는 것도 의심의 여지가 없다. 다만 그가 그녀에게 이런 질문을 던지신 이유는 그녀로 하여금 많은 사람들 앞에서 방금 전에 그녀에게 일어난 일을 허심탄회하게 말하게 하시기 위한 것이었다. 만약 그리스도께서 이 이적을 그 여자 외에 혼자만 알고 계셨다면, 그가 이 이적에 대하여 말씀하셨어도, 사람들은 그 말씀을 믿지 못하였을 것이다. 그러나 이 여자가 두려움에 사로잡혀서 그녀에게 일어난 일을 다 말하게 되었을 때, 그녀의 고백 덕분에 이 이적에는 더 큰 무게감이 실리게 되었을 것이다.

마 9:22. 딸아 안심하라. 이 표현은 그녀의 믿음이 연약하였다는 것을 보여준다. 왜냐하면, 만약 그녀가 두려워 떠는 것이 부적절한 것이 아니었다면, 그리스도께서는 그녀에게 "안심하라"고 권면하심으로써, 그 두려워 떠는 것을 바로잡아 주고자 하지 않으셨을 것이기 때문이다. 그렇지만 이와 동시에 그리스도께서는 그녀의 "믿음"을 칭찬하신다. 그리고 이것은 내가 이미 말했던 견해, 즉 그녀가 진실하고 경건한 소원으로 성령의 인도하심을 받아서 그리스도를 찾긴 하였지만, 그녀에게는 용기와 힘이 부족하여서 이 일을 하기를 망설였을 것이라는 견해를 밑받침해준다. 따라서 우리는 하나님을 기쁘시게 해드리는 믿음이 되기 위해서는 죄 사함 또는 용서를 필요로 함은 물론이고, 점점 더 견고한 믿음이 될 수 있도록 하나님으로부터 계속해서 새로운 도우심들을 얻어야 한다는 것을 알게 된다. 우리는 여기에서 몸의 건강과 영혼의 건강을 비교해 볼 수 있다. 왜냐하면, 그리스도께서 이 여자가 그녀의 병에서 건짐을 받은 것은 그녀의 믿음의 결과였다고 말씀하시듯이, 우리도 믿음으로 말미암아 죄 사함을 얻고 하나님과 화목하게 된다는 것은 확실하기 때문이다.

막 5:34. 평안히 가라 네 병에서 놓여 건강할지어다. 이 권면으로부터 우리는 이 여자가 경험을 통해서 이미 배운 것을 그리스도의 입에서 직접 들었을 때에, 그녀가 받은 은택은 그리스도에 의해서 온전한 인정을 받게 되었다는 결론을 얻는다. 왜냐하면, 우리는 오직 하나님의 약속에 따라 은택들을 소유할 때에만, 그 은택들을 진정으로, 또는 평안한 양심으로 누리게 되기 때문이다.

²³예수께서 그 관리의 집에 가사 피리 부는 자들과 떠드는 무리를 보시고 ²⁴이르시되 물러가라 이 소녀가 죽은 것이 아니라 잔다 하시니 그들이 비웃더라 ²⁵무리를 내보낸 후에 예수께서 들어가사 소녀의 손을 잡으시매 일어나는지라 ²⁶그 소문이 그 온 땅에 퍼지더라(마 9:23-26).

³⁵아직 예수께서 말씀하실 때에 회당장의 집에서 사람들이 와서 회당장에게 이르되 당신의 딸이 죽었나이다 어찌하여 선생을 더 괴롭게 하나이까 ³⁶예수께서 그 하는 말을 곁에서 들으시고 회당장에게 이르시되 두려워하지 말고 믿기만 하라 하시고 ³⁷베드로와 야고보와 야고보의 형제 요한 외에 아무도 따라옴을 허락하지 아니하시고 ³⁸회당장의 집에 함께 가사 떠드는 것과 사람들이 울며 심히 통곡함을 보시고 ³⁹들어가서 그들에게 이르시되 너희가 어찌하여 떠들며 우느냐 이 아이가 죽은 것이 아니라 잔다 하시니 ⁴⁰그들이 비웃더라 예수께서 그들을 다 내보내신 후에 아이의 부모와 또 자기와 함께 한 자들을 데리시고 아이 있는 곳에 들어가사 ⁴¹그 아이의 손을 잡고 이르시되 달리다굼 하시니 번역하면 곧 내가 네게 말하노니 소녀야 일어나라 하심이라 ⁴²소녀가 곧 일어나서 걸으니 나이가 열두 살이라 사람들이 곧 크게 놀라고 놀라거늘 ⁴³예수께서 이 일을 아무도 알지 못하게 하라고 그들을 많이 경계하시고 이에 소녀에게 먹을 것을 주라 하시니라(막 5:35-43).

⁴⁹아직 말씀하실 때에 회당장의 집에서 사람이 와서 말하되 당신의 딸이 죽었나이다 선생님을 더 괴롭게 하지 마소서 하거늘 ⁵⁰예수께서 들으시고 이르시되 두려워하지 말고 믿기만 하라 그리하면 딸이 구원을 얻으리라 하시고 ⁵¹그 집에 이르러 베드로와 요한과 야고보와 아이의 부모 외에는 함께 들어가기를 허락하지 아니하시니라 ⁵²모든 사람이 아이를 위하여 울며 통곡하매 예수께서 이르시되 울지 말라 죽은 것이 아니라 잔다 하시니 ⁵³그들이 그 죽은 것을 아는 고로 비웃더라 ⁵⁴예수께서 아이의 손을 잡고 불러 이르시되 아이야 일어나라 하시니 ⁵⁵그 영이 돌아와 아이가 곧 일어나거늘 예수께서 먹을 것을 주라 명하시니 ⁵⁶그 부모가 놀라는지라 예수께서 경고하사 이 일을 아무에게도 말하지 말라 하시니라(눅 8:49-56).

막 5:36. 두려워하지 말고 믿기만 하라. 자기 딸이 죽었다는 말을 전해 듣고서 회당장은 절망할 수밖에 없었다. 왜냐하면, 그는 그리스도께 자신의 병든 딸을 고

처 주실 것만을 청하였었기 때문이다. 그러므로 그리스도께서는 회당장에게 죽음
은 아무런 방해가 될 수 없으니 다만 그가 두려움이나 불신으로 인해서 저 은혜를
가로막는 일만 없도록 조심하라고 명하신다. 그리스도께서 회당장에게 "믿기만 하
라"고 하신 것은 야이로가 믿기만 한다면 그의 능력으로 안 될 일이 없으리라는 것
을 암시하심과 동시에, 그의 믿음이 하나님의 무한하신 능력보다 더 클 염려는 없
기 때문에, 확신으로 그의 마음을 넓히도록 권면하시기 위한 것이다. 이것은 우리
모두에게도 그대로 적용된다. 왜냐하면, 우리가 마음을 좁게 가지지만 않는다면,
하나님은 우리에게 그의 선물들을 아낌없이 부어주실 준비가 되어 계시는데, 우리
가 구하는 것이 인색하고 빈약해서, 하나님은 우리에게 차고 넘치게 부어주실 수
가 없으시기 때문이다. 요컨대, 우리는 이 구절을 통해서 우리의 믿음이 아무리 크
다고 할지라도 그 믿음은 일정한 한계를 뛰어넘을 수 없다는 가르침을 받는다. 왜
냐하면, 아무리 큰 믿음도 하나님의 선하심의 백분의 일에조차 결코 미치지 못할
것이기 때문이다.

막 5:37. 아무도 따라옴을 허락하지 아니하시고. 그리스도께서 무리가 그 집에
따라 들어오는 것을 금하신 것은 그들이 이 이적의 증인들이 되기에 적합한 자들
이 아니었기 때문이거나, 이 이적이 자기 주변에서 웅성대는 무리의 소란함에 의
해서 묻히게 되는 것을 그가 바라지 않으셨기 때문이었다. 그들의 눈으로 그 시신
을 직접 본 소녀가 갑자기 그들의 눈앞에 나타나서 활기차게 걸어 다니는 모습을
그들에게 보여주는 것이 더 나은 일이었다. 마가와 누가는 둘 다 제자들 중에서 세
사람이 따라서 들어가는 것이 허락되었다고 말하고, 부모들에 대해서도 언급한다.
오직 마가만이 야이로가 그리스도께 청을 하기 위해 갈 때에 함께 동행하였던 자
들도 들어가는 것이 허락되었다고 말한다. 좀 더 간결하게 서술된 마태 본문은 이
런 정황을 전혀 언급하지 않는다.

눅 8:52. 모든 사람이 … 울며. 복음서 기자들이 사람들의 애곡을 언급하는 이유
는 사람들로 하여금 소녀가 다시 살아난 것임을 더 온전히 믿게 하기 위한 것이다.
마태는 악사(樂士)들이 거기에 있었다는 것을 명시적으로 적어 놓고 있는데, 통상
적으로 악사들이 있다는 것은 어떤 사람의 죽음을 확인하는 절차가 끝나고 구체적
인 장례식이 진행되고 있다는 것을 보여주는 것이었다. "서글픈 예식 위에서 구슬
픈 피리 소리가 올라가는도다"라는 시구(詩句)가 있다. 사람들의 의도는 이런 식으
로 해서 죽은 자에게 존귀함을 더해 주고, 장례식을 장식하고자 하는 것이었지만,

우리는 세상이 얼마나 지독하게 그 잘못들에 빠져 있을 뿐만 아니라 그 잘못들을 부추기는 성향을 강하게 지니고 있는지를 본다. 슬픔을 덜기 위한 모든 방법을 동원하는 것이 그들의 본분이었다. 그러나 그들은 마치 혼잡하게 애곡하는 것만으로는 아직 충분히 죄를 짓지 않았다는 듯이, 사람들을 자극하고 흥분시키는 것들을 새롭게 동원해서 더욱더 죄를 짓는 일에 열심을 낸다. 심지어 이방인들은 이것이 죽은 영혼을 달래는 방법이라고 생각하였다. 이것으로부터 우리는 당시에 얼마나 많은 부패하고 타락한 관습들이 유대 땅 전역에 널리 퍼져 있었는지를 알게 된다.

막 5:39. 이 아이가 … 잔다. 성경에서는 도처에서 "죽었다는 것"을 나타내기 위해서 "잔다"는 표현을 사용한다. 일시적으로 쉬는 것에서 가져온 이 비유가 장래의 부활을 가리키고 있다는 것은 의심의 여지가 없다. 그러나 여기에서 그리스도께서는 "잠"과 "죽음"을 명시적으로 구별하셔서, 소녀가 다시 살아나게 될 것에 대한 기대를 사람들에게 불러일으키신다. 이 말씀의 의미는 "너희가 죽었다고 생각하는 소녀가 곧 다시 살아나게 되는 것을 너희는 보게 되리라"는 것이다. 속된 애곡에만 온전히 몰두해 있던 생각 없고 무지한 사람들이 그리스도의 의도를 이해하지 못하고 그를 비웃은 것은 전혀 이상한 일이 아니다. 그렇지만, 바로 이런 상황, 즉 거기에 있던 사람들이 소녀가 죽었다는 것에 대하여 전혀 의심을 품지 않고 있었다는 상황은 이 이적의 확실성을 추가적으로 확증해 주는 것이었다.

막 5:41. 그 아이의 손을 잡고 이르시되. 눅 8:54. 예수께서 아이의 손을 잡고 불러 이르시되. 그리스도께서 큰 소리를 지르신 것은 죽은 소녀의 감각을 되돌아오게 하는 데에는 당연히 아무 소용이 없었을 것이지만, 사람들로 하여금 그의 가르침을 경청하는 데에 더 익숙해지도록 하시기 위하여, 그의 음성이 지닌 능력을 장엄하게 나타내 보이시고자 하신 것이다. 이것을 통해서 우리는 죽은 자들에게까지 미치고, 죽음 그 자체에 역사(役事)하여 깨우시는 그리스도의 음성이 지닌 저 큰 권능을 알게 된다. 따라서 누가는 이 소녀의 "영이 돌아왔다"고 말한다. 즉, 다른 말로 하면, 부르심을 듣자마자 이 소녀의 영이 그리스도의 명령에 순종하였다는 것이다.

막 5:43. 예수께서 … 그들을 … 경계하시고. 그리스도께서는 모든 사람으로 하여금 아무나 이 부활 이적을 보도록 허락하지는 않으셨지만, 이 이적은 오랫동안 숨겨진 채로 있을 수는 없었을 것이다. 온 세상 사람들이 하나님의 능력으로 생명을 얻어야 하는데, 그런 하나님의 능력을 언제까지나 숨겨 놓는다면, 그것은 당연

히 부적절한 일이 될 것이었다. 그런데, 왜 그리스도께서는 이 소녀의 부모들에게
이 일에 대하여 함구할 것을 명하신 것인가? 아마도 그리스도께서 그들에게 함구
하라고 하신 것, 그것도 단지 얼마 동안만 그렇게 하기를 바라신 것은 이 이적 자체
에 대한 것이 아니라 이 이적이 어떻게 일어났는지 그 방식에 대한 것이었을 가능
성이 있다. 왜냐하면, 우리는 다른 경우들에 있어서도 그리스도께서 적절한 계기
와 기회를 찾으셨다는 것을 알기 때문이다. 그리스도께서 그들로 하여금 더욱더
이 소문을 퍼뜨리고 싶은 욕구를 자극하시기 위하여 이렇게 그들에게 금지 명령을
내리신 것이라고 생각하는 자들은 부자연스러운 해법에 의지하는 자들이다. 그리
스도께서 사람들에게 알리시고자 하는 의도도 없이 이 이적을 행하신 것은 아니라
는 것을 나도 인정하지만, 아마도 그리스도께서는 더 적절한 때에, 또는 사려분별
이나 절제심이 없는 사람들이 섞여 있었을 무리가 다 흩어진 후에 이 일을 알리시
고자 하셨을 것이다. 그러므로 그리스도께서는 사람들이 조용하고 침착한 가운데
에 하나님의 역사(役事)를 곰곰이 생각해 보도록 하시기 위하여, 어느 정도 시간을
두고서 이 이적을 알리고자 하신 것 같다.

[27]예수께서 거기에서 떠나가실새 두 맹인이 따라오며 소리 질러 이르되 다윗의 자
손이여 우리를 불쌍히 여기소서 하더니 [28]예수께서 집에 들어가시매 맹인들이 그에
게 나아오거늘 예수께서 이르시되 내가 능히 이 일 할 줄을 믿느냐 대답하되 주여
그러하오이다 하니 [29]이에 예수께서 그들의 눈을 만지시며 이르시되 너희 믿음대로
되라 하시니 [30]그 눈들이 밝아진지라 예수께서 엄히 경고하시되 삼가 아무에게도
알리지 말라 하셨으나 [31]그들이 나가서 예수의 소문을 그 온 땅에 퍼뜨리니라 [32]그
들이 나갈 때에 귀신 들려 말 못하는 사람을 예수께 데려오니 [33]귀신이 쫓겨나고 말
못하는 사람이 말하거늘 무리가 놀랍게 여겨 이르되 이스라엘 가운데서 이런 일을
본 적이 없다 하되 [34]바리새인들은 이르되 그가 귀신의 왕을 의지하여 귀신을 쫓아
낸다 하더라(마 9:27-34).

마 9:27. 예수께서 거기에서 떠나가실새. 다른 복음서 기자들은 이 두 이적에 대
하여 전혀 얘기하지 않는다. 왜냐하면, 우리가 이미 앞에서 말했고, 요한이 분명하
게 단언하고 있듯이(21:25), 복음서 기자들은 그리스도의 모든 행위를 다 기록하고
자 한 것이 아니라, 단지 간략한 요약을 통해서 그가 메시야라는 것을 증명하고자

한 것이기 때문이다. 이제 마태는 "두 맹인"이 그리스도로 말미암아 눈을 뜨게 된
이적을 얘기하는데, 그리스도께서는 다른 많은 경우들에서 불쌍한 자들에게 아주
신속하게 구원을 가져다 주셨지만, 여기에서 이 이적은 시간을 두고 천천히 진척
된다. 이 두 맹인은 길에서부터 소리를 지르며 그리스도를 불렀지만, 그는 마치 그
들을 보지도 못하시고 듣지도 못하신 것처럼, 아무 대꾸도 하지 않으시고, 그들로
하여금 그가 머무시는 집까지 따라오게 만드신다. 집에 들어가시고 나서야 그는
비로소 그들에게 그의 능력을 믿느냐고 물으신다. 그는 행위와 말, 이 두 가지 모두
를 통해서 그들의 믿음을 시험하고자 하셨다. 왜냐하면, 그는 마치 그들의 청을 듣
지 못하셨다는 듯이 그들의 말은 귓전으로 흘려보내시고는, 그저 그들의 인내를
시험하시며, 그들의 머릿속에 믿음이 뿌리를 내리고 있는지를 살펴보시기만 하시
기 때문이다. 그리고 나중에 그는 그들에게 "믿느냐"고 물으심으로써, 계속해서 동
일한 시험을 하신다. 그런데, 사람이 하나님과 그리스도의 능력을 확신하기만 하
면, 그것으로 그가 믿는 자가 되기에 충분한 것인가라는 질문이 제기될 수 있다. 왜
냐하면, 이 구절은 그렇다고 말하는 것처럼 보이기 때문이다.

마 9:28. 내가 이 일 할 줄을 믿느냐. 그러나 성경의 다른 구절들을 볼 때에 분명
한 것은 우리가 그리스도께서 원하신다는 것을 확신하지 않는다면, 그의 능력에
대한 우리의 지식은 아무런 유익도 없는 차가운 지식으로 끝나버리고 만다는 것이
다. 그런데도 그리스도께서는 마치 그것만이 그가 원하시는 모든 것인 듯이, 그들
의 대답에 만족하시고, 그들의 믿음을 칭찬하신다. 이 문제에 대한 나의 대답은 그
들은 그리스도의 은혜에 대한 어느 정도의 인식을 가지고 있었다는 것이다. 왜냐
하면, 그들은 이미 그리스도를 "다윗의 자손"으로 고백함으로써, 이 칭호를 통해서
그를 그들의 민족의 구속주이자 모든 복의 근원이시라는 것을 시인하였기 때문이
다. 그래서 그는 그의 능력에 대한 그들의 태도가 무엇인지를 집중적으로 시험하
시고, 더 나아가 과연 그들이 진지하게 믿는지를 물으신 것이다. 믿음은 하나님의
능력과 더불어서 그분의 긍휼하심과 아버지로서의 사랑을 받아들이는 것이고, 구
원하시는 그리스도의 능력과 더불어서 그분의 후히 주시고자 하시는 의도를 받아
들이는 것이다. 그러나 사람들은 통상적으로 하나님과 그리스도의 능력을 믿는 믿
음을 합당한 정도만큼 가지고 있는 경우가 드물기 때문에, 이 두 맹인이 그리스도
께 그들의 입으로 해주시라고 청한 일을 과연 그가 할 수 있다고 믿는 것인지를 그
가 그들에게 질문을 던지신 것은 합당한 일이었다. 사실, 그리스도께서는 단지 그

들이 그를 메시야로 인정하고서 거기에 걸맞은 예를 올린 것이 과연 정직한 것이
었는지를 알고자 하신 것이었다. 그러므로 그리스도께서는 그가 이토록 낮고 천한
모습을 입고 계시는 데도, 그들이 그를 "다윗의 자손"으로 고백하는 것을 보시고,
그들의 믿음을 칭찬하신 것이다.

마 9:29. 너희 믿음대로. 이 이야기의 주제는 "두 맹인"에게 주어진 주목할 만한
은택이긴 하지만, 그리스도의 이 선언으로부터 우리는 믿음으로 드리는 기도는 결
코 거절당하는 법이 없다는 일반적인 가르침을 이끌어 낼 수 있다. 믿음이 작고 불
완전하였던 이 두 사람이 그들이 원한 것을 얻었다고 한다면, 이제 양자(養子)의
영을 받고서 그리스도의 희생제사에 의지하여 하나님께 나아가는 자들의 믿음은
얼마나 더 큰 역사(役事)를 이루겠는가.

마 9:30. 예수께서 엄히 경고하시되. 그리스도께서는 이 이적의 증인이 되어 줄
다른 사람들을 얻게 되기를 바라셨거나, 때가 되기 전까지는 이 이적이 공표되기
를 바라지 않으신 것이었다. 그런데도 두 맹인이 이 이적을 여기저기 다니면서 즉
시 사람들에게 퍼뜨린 것은 책망을 받아 마땅한 일이다. 왜냐하면, 그리스도께서
그들에게 금지 명령을 내리신 것은 그들 속에 더욱더 이 이적을 알리고자 하는 마
음을 부추기기 위해서였다는 어떤 자들의 주장은 이미 우리가 반박한 바 있기 때
문이다. 우리는 그 이유를 알지 못하지만, 그리스도께서 이 이적을 알리지 말라고
하신 이유가 있었다는 것은 의심의 여지가 없다. 그런데도 이 사람들은 무분별한
열심 때문에 적절한 때가 오기도 전에 이 소문을 널리 퍼뜨렸다.

마 9:32. 말 못하는 사람을 예수께 데려오니. 이 사람은 원래 "말 못하는 사람"이
아니었지만, 귀신에게 사로잡힌 후에 말을 못하게 된 것일 가능성이 높다. 왜냐하
면, "말 못하는" 모든 사람이 다 "귀신 들린" 자들은 아니기 때문이다. 이 사람은 그
의 혀가 악한 영에 의해서 속박당하고 있다는 것이 가시적인 표징들을 통해서 분
명하게 나타날 정도로 괴로움을 당하고 있었다. 이 사람이 고침을 받자 무리가 놀
라서 "이스라엘 가운데서 이런 일을 본 적이 없다"고 말했다는 것은 과장법인 것으
로 보인다. 왜냐하면, 하나님은 이전에도 더 큰 이적들을 통해서 이 백성 가운데서
그의 영광을 나타내셨었기 때문이다. 그러나 당시는 모든 사람들이 메시야가 오시
기를 기대하고 있었던 때였기 때문에, 아마도 그들은 이 이적이 지닌 의미에 주목
했던 것일 수도 있다. 그들에게는 하나님의 은혜를 보여주는 이 이적을 이전에 일
어났던 이적들과 비교함으로써 그 의미와 가치를 희석시키고자 하는 마음이 없었

을 것임에 틀림없다. 게다가, 우리가 주목해야 할 것은 이 경탄의 말은 미리 준비된 말이 아니라, 얼떨결에 터져나온 찬탄이었다는 것이다.

마 9:34. 바리새인들은 이르되. 이 구절에서 분명하게 알 수 있는 것은 바리새인들은 분노로 가득 차서, 이토록 영화로운 하나님의 역사(役事)를 악한 중상모략으로 공격하면서도 전혀 거리낌이 없었다는 것이다. 우리는 백성들의 환호성과 바리새인들의 신성모독 간의 대비를 주목하여야 한다. "이스라엘 가운데서 이런 일을 본 적이 없다"는 백성들의 말은 하나님의 영광을 감지한 데서 나온 신앙고백이었는데, 이것은 감히 하나님을 면전에서 욕하고 저주하는 자들은 완전히 미친 자들이라는 것을 더욱 분명하게 보여준다. 또한, 우리가 이것으로부터 알 수 있는 것은 악(惡)으로 인하여 눈이 머는 것이 절정에 도달하게 되면, 하나님의 역사(役事)가 아무리 분명하게 나타나도, 그 눈은 그 역사를 왜곡하여 받아들일 수밖에 없게 된다는 것이다. 죽을 수밖에 없는 존재인 사람들이 그들을 지으신 창조주에 맞서서 소리를 지르고 악을 쓴다는 것은 정말 기괴하고 믿기 힘든 일이다. 그러나 그렇게 눈이 멀게 되는 것을 두려워해야 할 훨씬 더 큰 이유가 있는데, 그것은 눈이 멀게 되는 것은 하나님이 오래 참으셨다가 마침내 악인들에게 복수를 하신 결과로 일어나는 일이라는 것이다.

[35]예수께서 모든 도시와 마을에 두루 다니사 그들의 회당에서 가르치시며 천국 복음을 전파하시며 모든 병과 모든 약한 것을 고치시니라 [36]무리를 보시고 불쌍히 여기시니 이는 그들이 목자 없는 양과 같이 고생하며 기진함이라 [37]이에 제자들에게 이르시되 추수할 것은 많되 일꾼이 적으니 [38]그러므로 추수하는 주인에게 청하여 추수할 일꾼들을 보내 주소서 하라 하시니라(마 9:35-38).

마 9:35. 예수께서 … 두루 다니사. 이 구절은 마태가 그리스도께서 하신 사역이 무엇이었는지를 포괄적으로 개관하는 역할을 하지만, 아울러 그리스도의 사역 전체를 낱낱이 기록하지 않았다는 것을 우리에게 알려 주고자 하는 목적도 있다. 그리스도께서는 자신의 직임을 수행하시기 위하여 쉬지 않고 끊임없이 돌아다니시면서, 구원의 가르침을 선포하시고, 거기에 이적들을 더하심으로써 그 가르침을 확증하시는 일을 계속하셨다. 앞에서 이미 말했듯이, "천국 복음"은 복음 전도로 인한 결과를 염두에 두고서 붙여진 명칭이다. 왜냐하면, 하나님은 이런 식으로 해서 흩어져 비참하게 살고 있던 백성을 자기에게로 모으셔서, 그들 가운데서 통치하시고자 하셨기 때문이다. 실제로, 하나님은 자신의 모든 백성에게 온전한 복을 수여하고자 하시는 명시적인 목적을 두시고서 그의 보좌를 세우셨다. 그렇지만, 우리는 하나님이 우리를 높이셔서 하늘의 영광에 이르게 하시기를 바란다면, 하나님께 순복하여야 한다는 것을 기억하여야 한다.

마 9:36. 무리를 보시고 불쌍히 여기시니. 이것으로부터 우리는 먼저 제사장들의 태만함이 얼마나 컸는지를 알게 된다. 제사장들은 백성을 하늘의 가르침으로 일깨우기 위해서 나라 전역에 흩어져서 일하고 있었지만 "배만 위하는 게으름뱅이들"(딛 1:12)이었다. 그들은 그들이 백성의 감독자들이라는 것을 자랑스러워하였고, 또한 이 직함을 자랑한 자들의 수는 적지 않았다. 그렇지만 그리스도께서는 그들 중의 한 사람도 목회자로 인정하지 않으신다. 우리는 이와 비슷한 난맥상을 현재의 가톨릭에서도 찾아볼 수 있다. 왜냐하면, 거기에는 목회자라 하는 자들이 무수히 많지만, 그들은 성직자라는 이름으로 양 무리를 먹어 치우는 무리들이기 때문이다. 그들은 "벙어리 개들"(사 56:10)이지만, 그들의 교권(敎權)을 수호하는 일에는 요란하게 짖는 것을 부끄러워하지 않는다. 그러나 우리는 "일꾼들"이 없는 곳에는 목자들도 없고, 복음의 가르침을 통해서 하나님의 우리(Dei ovile) 속으로 들여서 모아지지 않은 양들이 흩어져서 길을 잃고 헤매고 있다고 분명하게 말씀하시는 그리스도의 음성을 경청하여야 한다. 그리스도께서 "무리를 보시고 불쌍히 여기셨다"는 것은 그가 자기 백성의 구원을 이루시기 위하여 우리의 육체를 입고 오신 아버지 하나님의 충성된 종이시라는 것을 증명해 준다. 지금은 그가 하늘로 올라가셨기 때문에, 그는 이 죽을 목숨을 지니고 계셨을 때에 느끼셨던 것과 동일한 감정들을 소유하고 계시지 않는다. 그렇지만, 그는 그의 교회를 돌보시는 일을 그만 두신 것이 아니기 때문에, 길을 잃고 방황하는 그의 양 떼를 돌보신다. 아니, 그는 이리들에게 쫓겨서 잔혹하게 찢긴 그의 양 떼를 모으신다.

마 9:37. 추수할 것은 많되. 이 은유를 통해서 그리스도께서는 많은 사람들의 경우에 복음을 받아들일 때가 무르익었다는 것을 암시하신다. 나중에 더 많은 수의 사람들이 그들에게 제시된 구원을 악한 배은망덕으로 그리고 비열하게 배척하였지만, 믿지 않는 자들과 섞여 있던 제한된 수의 택함받은 자들은 "풍성한 추수"에 비유된다. 왜냐하면, 하나님은 자기 백성의 적은 무리를 세상의 나머지 사람들보다 더 높이 평가하시기 때문이다. 당시에 일꾼으로 자처하는 자들은 많이 있었지만, 그들 중에서 충성스럽게 일을 하는 자는 거의 없었기 때문에, 그리스도께서는 그들을 "일꾼들"의 반열에 두지 않으신다. 왜냐하면, 그는 "일꾼들"이라는 단어를 좋은 의미로 사용하시기 때문이다. 바울이 악한 "속이는 일꾼들"에 대하여 탄식할 때(고후 11:13), 그것은 자기 자신을 자랑하는 자들을 가리킨다. 만약 일꾼이라는 거짓된 허울을 유지하며 자랑하고자 하는 그들의 의도와 맞지 않았다면, 얼마든지 양 무리를 멸하고 황폐화시키기 위해서 온 힘을 기울였을 자들에게, 바울은 진정한 "일꾼"이라는 칭호를 붙여 주고자 하지 않았을 것이다.

마 9:38. 그러므로 추수하는 주인에게 청하여. 하나님이 일으키셔서 성령의 은사들을 수여하시는 자들 외에는 그 누구도 자발적으로 복음의 진실하고 충성된 일꾼이 되고자 하지 않고, 선생의 직임을 합당한 방식으로 수행할 자도 없기 때문에, 우리는 목회자들이 드문 것을 볼 때마다, 하나님을 향하여 우리의 눈을 들어서 그 치료책을 주시라고 청하여야 한다. 우리가 우리 주변의 도처에서 보고 있는 대로 교회가 끔찍하게 황폐화 되어 있는 지금보다 그러한 기도를 드리는 것이 더 절실한 때는 이제까지 없었다.

[23]배에 오르시매 제자들이 따랐더니 [24]바다에 큰 놀이 일어나 배가 물결에 덮이게 되었으되 예수께서는 주무시는지라 [25]그 제자들이 나아와 깨우며 이르되 주여 구원하소서 우리가 죽겠나이다 [26]예수께서 이르시되 어찌하여 무서워하느냐 믿음이 작은 자들아 하시고 곧 일어나사 바람과 바다를 꾸짖으시니 아주 잔잔하게 되거늘 [27]그 사람들이 놀랍게 여겨 이르되 이이가 어떠한 사람이기에 바람과 바다도 순종하는가 하더라(마 8:23-27).

[35]그 날 저물 때에 제자들에게 이르시되 우리가 저편으로 건너가자 하시니 [36]그들이 무리를 떠나 예수를 배에 계신 그대로 모시고 가매 다른 배들도 함께 하더니 [37]큰 광풍이 일어나며 물결이 배에 부딪쳐 들어와 배에 가득하게 되었더라 [38]예수께서는 고물에서 베개를 베고 주무시더니 제자들이 깨우며 이르되 선생님이여 우리가 죽게 된 것을 돌보지 아니하시나이까 하니 [39]예수께서 깨어 바람을 꾸짖으시며 바다더러 이르시되 잠잠하라 고요하라 하시니 바람이 그치고 아주 잔잔하여지더라 [40]이에 제자들에게 이르시되 어찌하여 이렇게 무서워하느냐 너희가 어찌 믿음이 없느냐 하시니 [41]그들이 심히 두려워하여 서로 말하되 그가 누구이기에 바람과 바다도

순종하는가 하였더라(막 4:35-41).

[22]하루는 제자들과 함께 배에 오르사 그들에게 이르시되 호수 저편으로 건너가자 하시매 이에 떠나 [23]행선할 때에 예수께서 잠이 드셨더니 마침 광풍이 호수로 내리 치매 배에 물이 가득하게 되어 위태한지라 [24]제자들이 나아와 깨워 이르되 주여 주여 우리가 죽겠나이다 한대 예수께서 잠을 깨사 바람과 물결을 꾸짖으시니 이에 그쳐 잔잔하여지더라 [25]제자들에게 이르시되 너희 믿음이 어디 있느냐 하시니 그들이 두려워하고 놀랍게 여겨 서로 말하되 그가 누구이기에 바람과 물을 명하매 순종하는가 하더라(눅 8:22-25).

　"돼지 떼가 내리달아 바다에 들어가서 몰사하였다"(마 8:32)는 구절 속에서 우리는 곧 호수(개역에서는 "바다")에 대한 언급을 다시 만나게 되겠지만, 이 두 대목에서 동일한 호수가 언급되고 있는 것인지에 대해서는 통일된 견해가 없다. 게네사렛 호수의 물이 마시기에 좋은 물이었다는 것에는 모든 이들이 동의하지만, 스트라보(Strabo: 1세기 그리스의 지리학자 - 역주)는 가다라 호수는 건강에 좋지 않은 유해한 물이어서, 그 물을 마신 가축은 흔히 털이나 발굽을 잃었다고 말한다. 그러므로 두 개의 호수가 있었고, 이 두 호수는 서로 상당한 정도로 거리가 떨어져 있었다는 것은 의심의 여지가 없다. 여기에서 언급된 호수가 게네사렛 호수였고, 그리스도께서는 이 호수를 건너서, 마태가 "거라사 지방"(8:28, 개역에서는 "가다라 지방")이라 부르는 "가다라 지방"으로 가셨다는 것은 거의 의심의 여지가 없다.
　아주 날카롭다는 말을 듣고 싶어서, 이 기사들 속에 나오는 지명(地名)들이 다르다는 것을 이유로 이것들은 서로 다른 이야기들일 것이라고 추론하는 자들은 심각한 무지만을 드러내는 것일 뿐이다. 왜냐하면, 거라사 지방은 거기에 "가다라"라는 유명한 성읍이 있어서 가다라 지방으로도 불렸기 때문이다. 그 명칭이 변경된 것은 히에로니무스의 시대였다. 그러므로 마태는 당시의 관행에 따라서 그 지방을 "거라사 지방"이라 부른다. 돼지 떼가 귀신들에게 이끌려 뛰어들어 몰사하였던 곳이 가다라 호수였다는 것에 대해서 나는 주저 없이 동의한다. 그러나 그리스도께서 "저편으로 건너가자"(눅 8:22)고 말씀하셨을 때, 나는 그것이 게네사렛 호수 이외의 다른 호수를 가리키는 것이라고는 설명할 수 없다.
　이제 우리는 마태나 누가 본문에서는 알 수 없는 때에 관한 문제를 살펴볼 차례이다. 오직 마가만이 이때는 그리스도께서 씨 뿌리는 자의 비유를 통해서 복음 전도에 관한 강론을 하신 그 날의 저녁때였다고 말한다. 이것으로부터 분명해지는 것은 복음서 기자들이 시간적인 순서를 지키지 않았다는 것이다. 그리고 실제로 누가는 "하루는"이라고 표현함으로써, 이 일이 어느 날에 일어난 일인지는 자기도 모르겠다는 것을 분명하게 밝힌다. 이 어구는 사건들의 선후에 관한 문제에 대해서는 누가가 별 관심이 없다는 것을 잘 보여준다.

마 8:23. 배에 오르시매. 마가는 "다른 배들"도 함께 하였지만, 그리스도께서는 자기 제자들과 함께 자기 배에 오르셨다고 말하고, 누가도 그리스도께서 하신 말씀을 인용하고 있고, 마태는 더 간결하다. 하지만, 그리스도께서 누우셔서 쉬시다가 잠이 드셨고, 그 때에 갑자기 폭풍우가 일어났다는 주된 사실에 대해서는 세 복음서 기자가 모두 일치한다. 첫째, 확실한 것은 호수를 휘저어 놓은 폭풍우가 우연히 일어난 것이 아니라는 것이다. 왜냐하면, 하나님은 격렬한 풍랑이 제멋대로 자기 아들을 가지고 노는 것을 허락하지 않으셨을 것이기 때문이다. 하나님은 이 기회를 이용하셔서, 사도들에게 그들의 믿음이 지금도 여전히 얼마나 약하고 하찮은지를 알게 하시고자 하셨다. 그리스도께서 주무신 것은 자연스러운 것이었지만, 그것은 제자들로 하여금 그들의 연약함을 더욱 잘 알게 만드는 추가적인 목적에 기여하였다. 많은 사람들은 그리스도께서 자기 제자들을 시험하시기 위하여 주무시는 척한 것이라고 주장하지만, 내 생각은 다르다. 정반대로, 나는 인성(人性)을 입고 계셨던 그리스도께서는 정말 아주 피곤하셔서 곤하게 잠이 드신 것이라고 생각한다. 그렇지만 그가 지니신 신성(神性)은 깨어서 그를 지키고 있었기 때문에, 사도들은 그들에게 위로가 즉시 주어지지 않거나 하늘로부터의 도움이 주어지지 않으면 어쩌나 하고 염려할 이유가 없었다. 그러므로 우리는 이 모든 일의 전 과정이 하나님의 은밀한 섭리에 의해서 이루어졌다는 결론을 얻는다. 즉, 그리스도께서 잠이 드신 것이나, 격렬한 폭풍우가 일어난 것이나, 큰 물결이 배를 덮쳐서 배가 곧 침몰할 위험에 처하게 된 것은 모두 다 그 섭리에 의한 것이었다는 말이다. 이것으로부터 우리는 우리에게 일어나는 모든 역경은 하나님이 우리의 믿음을 시험하시는 것임을 배운다. 따라서 괴로움과 고통이 우리를 거의 집어삼킬 정도로 극심하게 되었다면, 우리는 하나님이 우리의 인내를 시험하시거나, 우리의 숨겨진 연약함을 드러내시기 위한 의도로 그렇게 행하고 계시다는 것을 믿어야 한다. 여기에서도 큰 물결들이 사도들을 덮쳤을 때에, 지금까지 숨겨져 있던 그들의 연약함이 드러나게 되었다.

마 8:25. 주여 구원하소서. 사람들은 이것을 경건한 기도라고 생각할 것이다. 왜 냐하면, 그들이 다 죽게 되었는데, 그들을 살려 주시라고 그리스도께 간구하는 것 외에, 그들은 다른 무엇을 할 수 없었을 것이기 때문이다. 그러나 그리스도께서는 그들에게 믿음이 없다고 책망하시기 때문에, 우리는 어떤 면에서 그들이 범죄하였 는지를 살펴보지 않으면 안 된다. 그들이 그들의 선생의 육체적인 현존에 너무 지 나친 중요성을 부여하고 거기에 의존하였다는 것을 나는 의심하지 않는다. 왜냐하 면, 마가에 의하면, 그들은 단지 기도만 한 것이 아니라, "선생님이여 우리가 죽게 된 것을 돌보지 아니하시나이까"라고 원망 섞인 말을 하고 있기 때문이다. 또한, 누가는 그들이 혼비백산하여 두려워 떤 것으로 묘사한다: "주여 주여 우리가 죽겠 나이다." 그들은 그리스도께서 육신적으로 주무신다고 하여도 그의 신성(神性)이 여전히 깨어 있다는 것을 믿었어야 했고, 따라서 그의 신성에 의지했어야 했다. 그 러나 그들은 위험이 극에 달해서 뭔가를 하지 않으면 안 되게 되었을 때까지는 아 무것도 하지 않고 있다가, 막상 위험이 닥쳐오자, 그리스도께서 잠에서 깨어나시 기 전에는 그들이 안전하지 못할 것이라고 생각하고서는, 너무나 터무니없는 두려 움에 사로잡힌다. 이것이 그리스도께서 그들에게 믿음이 없다고 꾸짖으신 이유였 다. 왜냐하면, 그들이 그리스도께 그들을 도와주시라고 간구한 후에, 그의 신적인 능력을 믿고 의지하는 가운데에 야단법석을 떨지 않고 조용히 그들이 간구한 도우 심을 기다렸어야, 그들의 간구는 그들에게 믿음이 있음을 보여주는 증거가 되었을 것이기 때문이다.

여기에서 우리는 그리스도께서 그들을 책망하신 것과 관련해서 제기될 수 있는 질문, 즉 온갖 종류의 두려움은 정말 죄악된 것이고 믿음과 반대되는 것인가라는 질문에 대한 대답을 얻을 수 있다. 첫째, 그리스도께서 그들을 책망하신 것은 단지 그들이 두려워하였기 때문이 아니라, 그들이 겁을 집어먹었기 때문이었다. 마가는 "어찌하여 이렇게 무서워하느냐"라고 함으로써, '후토'(οὕτω, "이렇게")라는 단어를 덧붙여서, 그들이 놀란 것이 적절한 한계를 벗어난 것임을 보여준다. 게다가, 그리 스도께서는 믿음과 그들의 두려움을 대비시킴으로써, 두려움은 그들의 믿음을 돕 는 것이 아니라 도리어 그들의 마음에서 믿음을 몰아내는 성향을 지닌 것이기 때 문에, 그들이 지나치게 두려워하는 것은 책망받을 만한 것임을 보여주신다. 온갖 종류의 두려움이 다 믿음과 반대되는 것은 아니다. 우리가 아무것도 두려워하지 않는다면, 나태하고 육적인 안일함이 우리 속으로 슬그머니 들어온다는 사실을 생각하면, 이것은 분명해진다. 아무것도 두려워하지 않을 때, 믿음은 시들해지고, 기도하고자 하는 마음은 없어지며, 하나님을 생각하는 마음도 마침내 사라진다. 게다가, 닥쳐올 재난들에 대한 예감으로 인해서 영향을 받지도 않고 두려워하지도 않는 자들은 믿음이 견고한 것이 아니라 둔감한 것이다.

따라서 우리는 믿음을 일깨우는 역할을 하는 두려움은 적절한 한계를 넘어서기 전까지는 그 자체로 잘못된 것이 아님을 알게 된다. 지나친 두려움은 하나님의 말씀을 의지할 때에 오는 믿음에 의한 평안을 흐트러뜨려 놓거나 약화시킨다. 믿는 자들이 그들 자신을 절제하여 그들의 믿음이 손상을 입지 않게 하는 일은 결코 일어나지 않기 때문에, 그들의 두려움은 거의 언제나 죄를 수반한다. 그렇지만, 우리는 온갖 종류의 두려움이 아니라, 오직 양심의 평안을 흐트러뜨려 놓아서 하나님의 약속을 의지하지 못하게 만드는 그런 두려움만이 믿음 없음을 보여주는 것임을 주의하여야 한다.

마 8:26. 바람과 바다를 꾸짖으시니. 마가는 그리스도께서 바다를 향하여 "잠잠하라"(σιώπα-시오파)고 명하셨다는 것도 기록해 놓는다. 이것은 호수가 인지능력을 지니고 있었다는 것을 의미하는 것이 아니라, 그리스도의 음성의 능력이 감정이 없는 자연의 요소들에게까지 미쳤다는 것을 보여주는 것이다. 감정 없는 "바람과 바다"만이 아니라, 완악하기 그지없는 악인들도 하나님의 명령에 순종한다. 왜냐하면, 하나님은 전쟁의 소용돌이를 진정시키고자 하시는 경우에는, 언제나 사람들의 사나운 마음들을 부드럽게 하셔서 그들로 하여금 그의 명령에 순종하게 하시는 것은 아니지만, 그들의 분노가 지속된다고 할지라도, 그들의 손에서 무기를 놓을 수밖에 없게 만드시기 때문이다. 그렇게 해서, 다음과 같은 말씀이 이루어진다: "그가 땅 끝까지 전쟁을 쉬게 하심이여 활을 꺾고 창을 끊으며 수레를 불사르시는도다"(시 46:9).

마 8:27. 그 사람들이 놀랍게 여겨. 마가와 누가는 사도들이 이런 반응을 보였다고 말하고 있는 것으로 보인다. 왜냐하면, 이 두 복음서 기자는 그리스도께서 그들을 책망하셨다는 것을 얘기한 후에, 그들이 심히 두려워하여 "그가 누구이기에"라고 소리쳤다는 말을 덧붙이고 있기 때문이다. 하지만, 이 말은 아직 그리스도를 알지 못하였던 다른 사람들이 한 말이었다고 하는 것이 더 적절하다. 우리가 전자나 후자 중 어느 견해를 취하든, 이 이적은 그리스도의 영광을 드러내는 결과를 가져

왔다. 이 말을 사도들이 한 말이라고 본다면, 이 말의 의미는 그리스도의 신적인 능력은 "바람과 바다"가 그의 말씀에 순종한다는 사실에 의해서 충분히 증명되었다는 것이 될 것이다. 그러나 이 말은 제자들 외의 다른 사람들이 한 말일 가능성이 더 높기 때문에, 복음서 기자들은 이 이적이 그들의 마음에 감화를 주어서, 그리스도에 대한 모종의 경외심을 불러일으켰고, 이것은 그들이 그를 믿는 데에 밑거름이 될 것이었음을 보여준다.

²⁸또 예수께서 건너편 가다라 지방에 가시매 귀신 들린 자 둘이 무덤 사이에서 나와 예수를 만나니 그들은 몹시 사나워 아무도 그 길로 지나갈 수 없을 지경이더라 ²⁹이에 그들이 소리 질러 이르되 하나님의 아들이여 우리가 당신과 무슨 상관이 있나이까 때가 이르기 전에 우리를 괴롭게 하려고 여기 오셨나이까 하더니 ³⁰마침 멀리서 많은 돼지 떼가 먹고 있는지라 ³¹귀신들이 예수께 간구하여 이르되 만일 우리를 쫓아 내시려면 돼지 떼에 들여 보내 주소서 하니 ³²그들에게 가라 하시니 귀신들이 나와서 돼지에게로 들어가는지라 온 떼가 비탈로 내리달아 바다에 들어가서 물에서 몰사하거늘 ³³치던 자들이 달아나 시내에 들어가 이 모든 일과 귀신 들린 자의 일을 고하니 ³⁴온 시내가 예수를 만나려고 나가서 보고 그 지방에서 떠나시기를 간구하더라(마 8:28-34).

¹예수께서 바다 건너편 거라사인의 지방에 이르러 ²배에서 나오시매 곧 더러운 귀신 들린 사람이 무덤 사이에서 나와 예수를 만나니라 ³그 사람은 무덤 사이에 거쳐하는데 이제는 아무도 쇠사슬로도 맬 수 없게 되었으니 ⁴이는 여러 번 고랑과 쇠사슬에 매였어도 쇠사슬을 끊고 고랑을 깨뜨렸음이러라 그리하여 아무도 그를 제어할 힘이 없는지라 ⁵밤낮 무덤 사이에서나 산에서나 늘 소리 지르며 돌로 자기의 몸을 해치고 있었더라 ⁶그가 멀리서 예수를 보고 달려와 절하며 ⁷큰 소리로 부르짖어 이르되 지극히 높으신 하나님의 아들 예수여 나와 당신이 무슨 상관이 있나이까 원하건대 하나님 앞에 맹세하고 나를 괴롭히지 마옵소서 하니 ⁸이는 예수께서 이미 그에게 이르시기를 더러운 귀신아 그 사람에게서 나오라 하셨음이라 ⁹이에 물으시되 네 이름이 무엇이냐 이르되 내 이름은 군대니 우리가 많음이니이다 하고 ¹⁰자기를 그 지방에서 내보내지 마시기를 간구하더니 ¹¹마침 거기 돼지의 큰 떼가 산 곁에서 먹고 있는지라 ¹²이에 간구하여 이르되 우리를 돼지에게로 보내어 들어가게 하

소서 하니 ¹³허락하신대 더러운 귀신들이 나와서 돼지에게로 들어가매 거의 이천 마리 되는 떼가 바다를 향하여 비탈로 내리달아 바다에서 몰사하거늘 ¹⁴치던 자들이 도망하여 읍내와 여러 마을에 말하니 사람들이 어떻게 되었는지를 보러 와서 ¹⁵예수께 이르러 그 귀신 들렸던 자 곧 군대 귀신 지폈던 자가 옷을 입고 정신이 온전하여 앉은 것을 보고 두려워하더라 ¹⁶이에 귀신 들렸던 자가 당한 것과 돼지의 일을 본 자들이 그들에게 알리매 ¹⁷그들이 예수께 그 지방에서 떠나시기를 간구하더라 ¹⁸예수께서 배에 오르실 때에 귀신 들렸던 사람이 함께 있기를 간구하였으나 ¹⁹허락하지 아니하시고 그에게 이르시되 집으로 돌아가 주께서 네게 어떻게 큰 일을 행하사 너를 불쌍히 여기신 것을 네 가족에게 알리라 하시니 ²⁰그가 가서 예수께서 자기에게 어떻게 큰 일 행하셨는지를 데가볼리에 전파하니 모든 사람이 놀랍게 여기더라(막 5:1-20).

²⁶그들이 갈릴리 맞은편 거라사인의 땅에 이르러 ²⁷예수께서 육지에 내리시매 그 도시 사람으로서 귀신 들린 자 하나가 예수를 만나니 그 사람은 오래 옷을 입지 아니하며 집에 거하지도 아니하고 무덤 사이에 거하는 자라 ²⁸예수를 보고 부르짖으며 그 앞에 엎드려 큰 소리로 불러 이르되 지극히 높으신 하나님의 아들 예수여 당신이 나와 무슨 상관이 있나이까 당신께 구하노니 나를 괴롭게 하지 마옵소서 하니 ²⁹이는 예수께서 이미 더러운 귀신을 명하사 그 사람에게서 나오라 하셨음이라 [귀신이 가끔 그 사람을 붙잡으므로 그를 쇠사슬과 고랑에 매어 지켰으되 그 맨 것을 끊고 귀신에게 몰려 광야로 나갔더라] ³⁰예수께서 네 이름이 무엇이냐 물으신즉 이르되 군대라 하니 이는 많은 귀신이 들렸음이라 ³¹무저갱으로 들어가라 하지 마시기를 간구하더니 ³²마침 그 곳에 많은 돼지 떼가 산에서 먹고 있는지라 귀신들이 그 돼지에게로 들어가게 허락하심을 간구하니 이에 허락하시니 ³³귀신들이 그 사람에게서 나와 돼지에게로 들어가니 그 떼가 비탈로 내리달아 호수에 들어가 몰사하거늘 ³⁴치던 자들이 그 이루어진 일을 보고 도망하여 성내와 마을에 알리니 ³⁵사람들이 그 이루어진 일을 보러 나와서 예수께 이르러 귀신 나간 사람이 옷을 입고 정신이 온전하여 예수의 발치에 앉아 있는 것을 보고 두려워하거늘 ³⁶귀신 들렸던 자가 어떻게 구원 받았는지를 본 자들이 그들에게 이르매 ³⁷거라사인의 땅 근방 모든 백성이 크게 두려워하여 예수께 떠나가시기를 구하더라 예수께서 배에 올라 돌아가실새 ³⁸귀신 나간 사람이 함께 있기를 구하였으나 예수께서 그를 보내시며 이르시

되 [39]집으로 돌아가 하나님이 네게 어떻게 큰 일을 행하셨는지를 말하라 하시니 그
가 가서 예수께서 자기에게 어떻게 큰 일을 행하셨는지를 온 성내에 전파하니라
(눅 8:26-39).

마가와 누가가 마태 본문에 나오는 것과는 다른 이적을 말하고 있다고 생각하는
자들이 저지르고 있는 오류에 대해서는 우리가 이미 반박을 한 바 있다. 세 복음서
기자가 설명하고 있는 곳이 "갈릴리 맞은편"에 있는 동일한 지역이라는 것 — 누가
가 분명하게 말하고 있듯이 — 은 모든 정황이 일치한다. 모든 점에서 아주 세세하
게 일치하는 동일한 일들이 서로 다른 때에 일어났다고 말하면, 과연 누가 그 말을
믿겠는가?

마 8:28. 귀신 들린 자 둘이 … 예수를 만나니. 주석가들은 마태는 "둘"이라고 하
고, 다른 두 복음서 기자는 오직 "하나"라고 하고 있다는 이 한 가지 차이를 근거로
삼아서, 마태의 기사를 다른 두 복음서 기자의 기사들과는 다른 이야기로 보는 오
류를 저질러 왔다. 아우구스티누스(Augustinus)의 추측이 옳을 가능성이 높은데,
그의 설명에 의하면, 원래 귀신 들린 자는 "둘"이었지만, 누가와 마가는 좀 더 심각
한 상태에 있던 자에게 행해진 이적이 사람들로부터 더 많은 주목을 받게 되어 좀
더 일반적으로 알려져 있었기 때문에 그 사람만을 여기에서 언급하였다는 것이다.
실제로, 우리는 누가와 마가가 귀신이 광분하며 날뛰는 모습을 자세하게 설명함으
로써, 그들이 말하고 있는 그 비참한 자가 심각한 상태에 있었다는 것을 분명히 하
고 있음을 본다. 누가와 마가가 귀신 들린 두 사람 중에서 그리스도의 신적인 능력
이 더 두드러지게 나타난 한 예를 택하여 다루고 있는 것은 사람들에게 덜 알려져
있던 귀신 들린 또 다른 한 사람까지 언급하고 있는 마태의 기사와 모순되지 않는
다.

눅 8:27. 그 도시 사람으로서 귀신 들린 자 하나가 예수를 만나니. 누가의 이 말
이 이 귀신 들린 자가 가다라의 시민이었다는 의미인지, 아니면 그가 그리스도를
만나기 위해서 그 도시로부터 왔다는 것인지는 불확실하다. 왜냐하면, 마가는 그
가 집으로 돌아가서 그의 친구들에게 하나님의 은혜를 전파하라는 명령을 받았을
때, 그는 갈릴리까지 이어져 있던 이웃 도시인 데가볼리에서 그렇게 하였다고 말
하고 있기 때문이다. 이것으로부터 우리가 추측할 수 있는 것은 그는 가다라 지방
의 원주민이 아니었다는 것이다. 또한, 마태와 마가는 그가 "그 도시로부터" 나온

것이 아니라 "무덤들 사이에서" 나왔다고 명시적으로 밝히고 있고, 누가도 이 단락 전체에 걸쳐서 우리로 하여금 그 사람이 한적한 곳에서 혼자 살아온 것으로 이해하도록 하고 있다. 그러므로 나는 "그 도시 사람으로서 귀신 들린 자 하나가 예수를 만나니"라는 구절은 그리스도께서 그 도시에 근접하기도 전에 그 쪽 방향으로 가는 도중에 귀신 들린 자를 만나게 되셨다는 것을 의미하는 것이라고 본다.

이 사람이 무덤들 사이에서 살게 된 이유는 귀신들이 죽은 시신의 악취를 좋아하거나 제사 음식의 향기에 이끌렸기 때문이라거나, 귀신들이 죽은 시신들에 접근하고 싶어하는 영혼들을 감시하고 있었기 때문이라고 말하는 것은 한낱 쓸데없고 어리석은 추측에 불과하다. 그런 추측과는 정반대로, 더러운 귀신이 이 불쌍한 사람을 무덤들 사이에 붙잡아 둔 이유는 이 사람으로 하여금 끊임없이 죽음을 목격하게 하여 두려움에 사로잡히게 하고, 마치 그가 이미 인간 사회에서 끊어져서 죽은 자들 사이에서 살고 있는 듯한 착각에 빠지게 하기 위한 것이었다. 또한, 이것으로부터 우리는 귀신은 사람들을 현세에서만 괴롭히는 것이 아니라, 죽음 이후에도 사람들을 뒤쫓아 가서 죽은 자들에 대하여 본격적인 지배권을 행사하게 된다는 것을 배운다.

막 5:3. 아무도 쇠사슬로도 맬 수 없게 되었으니. 이 사람이 자신의 힘으로 쇠사슬을 부술 수 없었다는 것은 너무나 당연한 말이다. 따라서 우리는 사탄이 종종 우리가 이해할 수 없고 통상적인 힘을 뛰어넘는 괴력(怪力)을 발휘한다는 결론을 얻는다. 우리는 흔히 미친 사람들이 그들의 평소의 힘보다 훨씬 더 큰 힘을 발휘하는 것을 본다. 그런 경우에, 우리는 귀신이 하나님의 허락 아래에서 활동을 하고 있다는 것을 부인할 수 없다. 그러나 복음서 기자들이 여기에서 묘사하고 있는 힘은 훨씬 더 큰 힘이었다. 이 힘은 사실 서글프고 충격적인 모습을 보여주는 것이었지만, 사탄의 폭정 아래에 놓이게 된다는 것이 얼마나 비참하고 두려운 일인지를 우리에게 일깨워 줌과 아울러서, 육신의 고통은 그것이 아무리 격렬하고 참담한 것이라고 할지라도 마음의 고통보다는 덜 끔찍한 것임을 일깨워 준다.

막 5:6. 예수를 보고 달려와 절하며. 이 이야기는 다음과 같이 전개되었다고 할 수 있다: 귀신 들린 자 둘이 그리스도를 만나러 왔을 때, 그리스도께서는 "더러운 귀신들"에게 "그들에게서 나오라"고 명령하셨고, 그러자 그 귀신들은 "때가 이르기 전에 그들을 괴롭게 하지" 말아 주시라고 간청을 하였다. 그러므로 이 귀신들이 그리스도께 "절한" 것은 그리스도께서 말씀하시기 이전에 일어난 일이 아니었다. 또한, 그리스도께서 귀신들에게 나가라고 하시기 전까지는, 귀신들은 그가 그들을 괴롭게 한다고 불평하지도 않았다. 우리는 이 귀신들이 자발적으로 그리스도 앞에 나온 것이 아니라, 그리스도의 권세의 은밀한 작용에 이끌려서 나오게 된 것임을 알아야 한다. 이 귀신들이 이전에 난폭한 포악(暴惡)을 통해서 사람들을 무덤들로 끌고 오곤 하였듯이, 지금은 그들보다 더 큰 권세에 이끌려서 그들은 어쩔 수 없이 그들을 심판하실 자의 법정 앞으로 나오지 않을 수 없게 된 것이었다.

이것으로부터 우리는 사탄의 나라 전체는 그리스도의 권세에 복종할 수밖에 없다는 결론을 얻는다. 왜냐하면, 비참한 사람들이 귀신들의 폭압에 이끌려서 이리저리 끌려 다닐 수밖에 없듯이, 그리스도께서 귀신들에게 자기 앞에 출두하라고 소환하시면, 귀신들은 꼼짝없이 나오는 수밖에 없기 때문이다. 마침내, 그리스도께서는 그의 은밀한 능력으로 이 귀신들을 자기 앞으로 끌어내셔서 귀신 들린 자들에게서 쫓아내심으로써, 그가 사람들의 구원자이심을 증명하신다. 그들이 그리스도께 "절한" 것은 어쩔 도리가 없어서였고, 그들이 늘어놓는 패역한 불평은 그들의 고백이 자신의 의지에서 나온 것이 아니라, 강제에 의해서 어쩔 수 없이 된 것이었음을 증언해 준다.

마 8:29. 우리가 당신과 무슨 상관이 있나이까. 귀신들은 그리스도께서 이 말을 들으시고 스스로 그들로부터 멀리 떠나가 주시기를 바랐을 것이다. 그러나 그리스도께서 여전히 그들을 붙잡아 두고 계시고, 그들이 그의 권세를 거부해 봤자 아무 소용이 없다는 것을 깨닫게 되자, 그들은 "때가 이르기 전에" 그가 그들을 "괴롭게 하고" 있다고 불평하며 통사정을 한다. 여기에서 우리는 귀신들은 오직 하나님을 대적하여 반역하는 것 외에는 아무것도 생각하지 않는다는 것을 확인하게 된다. 그렇지만 그들은 그들의 한껏 부풀어 오른 교만으로 인해서 순식간에 부서지고 추락한다. 왜냐하면, 그들의 악의와 완악함은 결코 수그러들 줄을 모른 채 하나님의 통치에 대항해서 싸우는 일을 그치지 않지만, 결국 하나님께 질 수밖에 없기 때문이다.

그리스도께서는 다른 경우들에서와는 달리 귀신들의 고백을 공개적으로 배척하지는 않으시는데, 그 이유는 아마도 그에 대한 그들의 적대감이 너무나 명백히 드러나서, 그들의 고백이 그의 권위를 훼손시키거나 그를 중상모략하는 데에 악용될 소지가 없었기 때문인 것으로 보인다. 게다가, 그리스도께서 악의적이고 사악한 자들이 현장에 있을 때에, 그에 대한 중상모략의 소지가 있는 것들을 다 제거하고

자 더 힘을 쓰시고, 귀신들을 더 엄격하게 통제하고자 하신 것은 옆에서 구경하는 자들을 고려하셨기 때문이었다. 그런데 현재의 경우에는 귀신들이 그에게 기도와 간구를 하면서도 그를 대적하여 분노하고 난폭하게 굴었기 때문에, 그가 그렇게 하실 필요가 전혀 없으셨던 것이다.

마 8:29. 때가 이르기 전에 우리를 괴롭게 하려고 여기 오셨나이까. 어떤 이들은 여기에서 귀신들이 괴롭다고 한 이유는 그들이 사로잡고 있던 자를 완전히 놓아 줄 수밖에 없는 상황이 되었기 때문이라고 생각하고, 또 어떤 이들은 그것을 저 마지막 심판의 날과 연관이 있는 것으로 이해한다. 나의 견해는 귀신들이 그들의 심판자 앞에서 두려워 떤 것은 그들이 받을 벌을 생각하였기 때문이라는 것이다. 왜냐하면, 그리스도께서 아무 말씀도 하지 않으셔도, 악한 양심은 그들이 어떤 벌을 받아야 마땅한지를 그들에게 말해 주는 법이기 때문이다. 범죄자들이 재판석 앞에 나아올 때에 그들이 받을 벌을 예상하듯이, 귀신들과 모든 악인들은 마치 그들을 기다리고 있는 저 지옥과 영원토록 꺼지지 않는 불과 참을 수 없는 고통들을 이미 경험이라도 한 듯이 하나님을 보자마자 두려워 떨지 않을 수 없게 된다. 그런데 이 귀신들은 그리스도께서 세상의 심판주(審判主)시라는 것을 알고 있었다. 그러므로 우리는 이 귀신들이 그를 보자마자 즉시 괴로워서 죽을 것 같은 모습을 보인 것을 이상하게 여길 필요가 없다.

　귀신들은 마지막 심판의 날을 알고 있었던 것인가? 어떤 이들이 제기한 이 질문은 불필요한 질문이다. 그렇다면, "때가 이르기 전에"라는 어구의 의미는 무엇인가? 그것은 타락한 자들은 그들을 벌할 때가 온전히 이르렀다는 것을 결코 인정하지 않는다는 것을 의미한다. 왜냐하면, 그 때를 계속해서 내일로 미루는 것이 그들의 속성이기 때문이다. 하나님이 그 때를 조금이라도 연기해 주시면, 그것은 그들에게 이득이 된다. 그래서 그들은 갖가지 핑계를 대서 하나님의 최종적인 선고를 회피하고자 애쓴다 — 물론, 그들의 시도는 아무 소용이 없지만.

막 5:9. 내 이름은 군대니. 그리스도께서는 그의 은혜가 크고 굉장한 것임을 더 온전히 드러내시기 위하여, 이 귀신으로 하여금 이 말을 공개적으로 하지 않을 수 없게 만드셨다. 이 사람이 군대와 같이 많은 귀신들이 들리게 될 정도로 아주 심한 벌을 받게 된 이유가 분명히 있었을 것임에 틀림없다. 그러므로 그리스도께서 수천 번을 죽었어야 할 사람을 그 무수한 죽음으로부터 구해 내셨다면, 그것은 얼마나 큰 긍휼하심으로 인한 것이었겠는가! 또한, 그리스도께서 그의 음성으로 귀신

하나가 아니라 많은 수의 귀신들을 순식간에 몰아내신 것은 그의 놀라운 능력을
보여주는 것이었다. "군대"는 여기에서 일정한 수의 사람들이 아니라 단지 큰 무리
를 가리킨다.

　이것으로부터 분명한 것은 사람이 하나님의 보호하심을 받지 못하게 되었을 때
에는 정말 비참한 피조물이 된다는 것이다. 사람은 단지 귀신 하나에게 사로잡힐
뿐만 아니라, 많은 수의 귀신들이 은거하는 처소가 되기도 한다. 또한, 이 구절은
유대인들과 그리스도인들이 이교도들로부터 빌려온 흔한 오류, 즉 각 사람은 자신
에게 붙어 있는 특정한 귀신의 공격을 받는다는 잘못된 가르침을 반박하는 것이기
도 하다. 이와는 반대로, 성경에서는 하나님이 그의 뜻에 따라 한 나라 전체를 벌하
시기 위하여 귀신 하나를 보내시기도 하고, 한 사람을 벌하시기 위하여 여러 귀신
들을 보내시기도 하며, 한 천사가 한 나라 전체를 보호하기도 하고, 많은 천사들이
한 사람을 보호하기도 한다는 것을 분명하게 보여준다. 무수한 원수들이 우리를
갑자기 덮치는 일이 없도록 하기 위해서는 우리가 항상 깨어 있어야 한다.

　막 5:10. 간구하더니. 누가는 귀신들이 "무저갱으로" 들어가라고 하지 마시기를
간구하였다고 말한다. 어떤 이들은 이 구절을 귀신들이 그리스도께 그들을 사람이
살지 않는 곳으로 보내지 말아 달라고 간청하였다는 것을 의미하는 것으로 설명한
다. 하지만 나는 이 구절을 귀신들이 사람들에게 해악을 끼치는 일을 하지 못하게
될 것을 염려하여 광분하는 모습을 보여주는 것이라고 본다. 귀신들은 마치 먹잇
감을 찾아다니는 사자들처럼 사람들 가운데서 먹이를 찾아 배회하는 것 외에 다른
목적을 지니고 있지 않기 때문에, "무저갱" 속으로 던져져서 사람들을 해치고 멸망
시킬 기회가 없어질까봐 염려하는 것이다. 이것이 이 구절의 참된 의미라는 것은
마가 본문에서도 나타나는데, 거기에는 귀신들이 "그 지방에서 내보내지" 마시기
를 간구하였다고 되어 있다. 한 마디로 말해서, 귀신들은 사람들을 멸망시키는 것
이야말로 그들이 가장 간절하게 원하는 것임을 나타냄으로써, 그들이 어떤 존재들
인지를 여실히 보여준 것이다.

　마 8:31. 돼지 떼에 들여 보내 주소서. 어떤 이들은 귀신들이 하나님의 모든 피
조물들에 대한 적개심으로 가득 차서 돼지 떼를 공격하고자 한 것이라고 생각한
다. 귀신들은 하나님이 정해 놓으신 자연의 모든 질서를 혼란스럽게 하고 뒤집어
엎기 위하여 온 힘을 쏟는다는 것이 사실이라는 것은 나도 인정한다. 그러나 귀신
들은 돼지 떼를 몰사시킴으로써 그 지방의 주민들을 격분케 하여서 하나님을 욕하

고 저주하도록 만들고자 한 좀 더 음흉한 목적을 지니고 있었음이 틀림없다. 마귀
가 욥의 집에 벼락을 내려서 그 집을 무너뜨렸을 때, 그것은 목재나 돌들에 대하여
마귀가 품고 있던 적개심 때문이라기보다는, 저 선한 욥으로 하여금 자신이 입은
손실로 인하여 하나님께 화를 내도록 하기 위한 것이었다. 또한, 그리스도께서 귀
신들의 이러한 청(請)을 들어주신 것은 귀신들의 기도를 들어주신 것이 아니라, 그
런 식으로 해서 가다라 지방의 사람들이 어떤 사람들인지를 시험보시고자 하신 것
이다. 아니, 그리스도께서 귀신들에게 돼지 떼를 몰살시킬 정도의 큰 능력을 허락
하신 이유는 어쩌면 가다라 지방의 주민들이 저지른 범죄들을 벌하시기 위한 것일
수도 있다. 어쨌든 그 이유를 확실히 알 수는 없지만, 우리는 하나님의 은밀한 심판
을 경외하는 마음으로 바라보고, 경건하고 겸손한 마음으로 경배하는 것이 합당하
다. 또한, 이 구절은 여기에서 귀신들은 실제로 존재하는 영들이 아니라 단지 사람
들의 왜곡되고 부패한 감정들을 가리키는 것이라고 주장하는 어떤 믿음 없는 자들
의 해석이 얼마나 어리석고 형편없는 것인지를 보여준다. 탐욕이나 야망이나 잔인
함이나 속이는 것 등과 같은 것들이 어떻게 돼지 떼에게로 들어갈 수 있단 말인가?
또한, 우리는 "더러운 귀신들"(그들은 멸망을 받기로 되어 있는 존재들이다)은 인
류의 원수들이기 때문에, 할 수 있는 한 모든 사람들을 그들 자신과 같은 동일한 멸
망 속으로 끌고 들어가고자 애를 쓴다는 것도 알아야 한다.

막 5:15. 예수께 이르러. 우리는 여기에서 하나님의 손길을 느끼고 본 자들이라
고 해서 모두 다 진정으로 경건한 마음으로 하나님께 순복함으로써 그들이 마땅히
얻어야 할 유익을 얻는 것은 아니라는 두드러진 증거를 본다. 하나님의 위엄이 그
리스도에게서 밝은 빛을 발하자, 가다라 지방의 사람들은 두려워하였다. 여기까지
는 좋았다. 그러나 이제 그들은 그리스도께 그 지역에서 떠나 달라고 요청하는데,
이것은 최악의 상황이 아닐 수 없었다. 여기에 그들을 모으고자 하시는 목자가 계
시는데, 아니 자기 아들을 통하여 자신의 팔을 뻗쳐서 사망의 어둠에 짓눌려 있던
자들을 이끌어 내서서 하늘로 이끄시고자 하시는 하나님이 계시는데, 그들은 모두
그를 피하여 흩어져 버렸다. 그들은 그리스도의 임재를 계속해서 받아들이는 쪽이
아니라, 그들에게 제시된 구원을 거부하는 쪽을 택하였다. 그들에게 걸림돌이 된
표면적인 이유는 돼지 떼가 몰사한 것이었지만, 누가는 더 근본적인 이유는 그들
이 "크게 두려워하였기" 때문이라고 설명한다. 만약 그들이 입은 손실 때문에 격분
한 것이었다면, 그들은 그리스도께 떠나 달라고 요청을 한 것이 아니라, 무례한 태

도로 그를 내쫓았을 것임에 틀림없다. 그들은 그리스도를 하나님의 사자(使者)로 알고서 높이기는 하였지만, 이 일로 인해서 너무나 큰 두려움을 느꼈기 때문에, 그가 그들로부터 멀리 떠나 주시기를 바랐다. 따라서 우리는 그들이 하나님의 은혜를 깨닫고서 감화를 받은 것이 전혀 아니었다는 것을 알게 된다. 실제로, 모든 악인들은 하나님께 경배하는 체하고, 하나님을 달래기 위하여 무진 애를 쓰지만, 기회가 주어지기만 한다면, 하나님으로부터 멀리 멀리 도망치고자 한다. 왜냐하면, 그들은 하나님을 아버지가 아니라 심판주로 생각하고 있어서, 하나님의 얼굴을 보기가 두렵기 때문이다. 그 결과, 만유에 존재하는 그 어떤 것보다도 가장 기쁜 소식인 복음을 세상 사람들은 무시무시하고 가혹한 것으로 여겨서, 어떻게든 복음이 매장되어 눈앞에서 없어지기만을 간절하게 바라는 일이 벌어지게 되는 것이다.

그렇지만 그들의 두려움이 부분적으로 그들이 입은 손실로 인해서 생겨난 것임은 분명하다. 그래서 오늘날에도 사람들은 하나님의 나라가 공공의 이익이든 사적인 이익이든 그들의 이익을 해치는 것이라고 믿고서, 육신적이고 왜곡된 두려움에 사로잡혀, 하나님의 은혜를 구하고자 하는 마음을 버린다. 그렇게 되었을 때, 그들은 하나님이 그들을 사랑스러운 눈길이 아니라 분노의 눈길로 바라보신다고 생각해서, 그들이 할 수 있는 한, 하나님을 다른 곳으로 보내 버린다. 그들이 그들의 영혼에 주어질 구원을 기뻐하기보다는 돼지 떼를 잃어버린 것을 더 안타까워하고 두려워한 것은 그들이 수치스러울 정도로 무감각하게 되어 버렸다는 것을 보여주는 증표이다.

눅 8:38. 귀신 나간 사람이 함께 있기를 구하였으나. 가다라 주민들은 그리스도께서 그들 가운데 계시는 것을 견딜 수 없어 하였지만, 귀신에게서 건짐을 받은 자는 자기 마을을 떠나서 그리스도를 따르고자 하였다. 이것으로부터 우리는 하나님의 선하심을 아는 것과 하나님의 능력을 아는 것은 아주 큰 차이라는 것을 알게 된다. 하나님의 능력을 알게 된 자들은 두려움에 사로잡혀서, 하나님의 임재로부터 도망쳐서, 될 수 있으면 하나님과의 거리를 더 멀리 두고자 한다. 그러나 하나님의 선하심을 알게 된 자들은 그 온유하심에 이끌려서, 하나님과 하나 되는 것보다 더 바람직한 일은 없다는 것을 느끼게 된다. 그리스도께서 이 사람을 그의 제자들 중의 한 사람으로 받아들이시기를 왜 거절하셨는지 그 이유를 우리는 확실하게 알 수 없지만, 아마도 그리스도께서는 그 사람으로 하여금 그에게서 받은 저 놀랍고 현저한 은혜를 자신의 동향 사람들에게 전파하게 하는 것이 그 사람이 훨씬 더 크고 유익하게 쓰임받는 길이라고 여기셨기 때문이 아닌가라는 생각이 들고, 그리고 마가와 누가 본문에서 우리가 확실히 알 수 있듯이, 그 사람은 실제로 그렇게 하였다.

눅 8:39. 하나님이 네게 어떻게 큰 일을 행하셨는지를 말하라. 그리스도께서는 그 사람에게 그가 하신 일이 아니라, "하나님"이 행하신 일을 사람들에게 말하라고 명하신다. 그리스도께서 이렇게 명하신 의도는 자기가 하나님의 참된 사역자이자 선지자로 인정을 받으심으로써 가르치는 권세가 자기에게 있다는 것을 인정받으시기 위한 것이다. 아직 그리스도의 신성(神性)을 알지 못하고 있던 무지한 백성들을 이러한 점진적인 방식으로 가르치고 교훈하는 것은 적절한 일이었다. 그리스도는 우리에게 하나님 아버지께 올라가기 위한 사다리이시지만, 아직은 그가 어떤 분이신지가 분명하게 드러나지 않았기 때문에, 좀 더 적절한 기회가 올 때까지는 하나님 아버지로 시작하신다.

우리는 이제 이 일의 상징적 의미를 추가적으로 살펴보아야 한다. 그리스도께서는 온 인류에게 미치는 "그의 은혜의 증거"를 이 한 사람의 본보기를 통해서 우리에게 나타내 보여주셨다. 우리는 마귀에 의해서 괴롭힘을 당하고 있지는 않다고 하더라도, 하나님의 아들이 우리를 그의 폭압(暴壓)에서 건져 주시기 전까지는, 마귀에게 붙잡혀서 마귀의 종으로 살아간다. 그리스도께서 우리를 제정신으로 회복시키실 때까지, 우리는 벌거벗겨지고 찢겨지고 흉측하게 변형된 채로 이리저리 헤매며 살아간다. 그러므로 여전히 우리의 감사하는 마음을 증언하는 방법은 그리스도의 은혜를 높이는 것이다.

[1]예수께서 그의 열두 제자를 부르사 더러운 귀신을 쫓아내며 모든 병과 모든 약한 것을 고치는 권능을 주시니라 [2]열두 사도의 이름은 이러하니 베드로라 하는 시몬을 비롯하여 그의 형제 안드레와 세베대의 아들 야고보와 그의 형제 요한, [3]빌립과 바돌로매, 도마와 세리 마태, 알패오의 아들 야고보와 다대오, [4]가나나인 시몬 및 가룟 유다 곧 예수를 판 자라 [5]예수께서 이 열둘을 내보내시며 명하여 이르시되 이방인의 길로도 가지 말고 사마리아인의 고을에도 들어가지 말고 [6]오히려 이스라엘 집의 잃어버린 양에게로 가라 [7]가면서 전파하여 말하되 천국이 가까이 왔다 하고 [8]병든 자를 고치며 죽은 자를 살리며 나병환자를 깨끗하게 하며 귀신을 쫓아내되 너희가 거저 받았으니 거저 주라(마 10:1-8).

[7]열두 제자를 부르사 둘씩 둘씩 보내시며 더러운 귀신을 제어하는 권능을 주시고 (막 6:7).

[1]예수께서 열두 제자를 불러 모으사 모든 귀신을 제어하며 병을 고치는 능력과 권위를 주시고 [2]하나님의 나라를 전파하며 앓는 자를 고치게 하려고 내보내시며(눅 9:1-2).

  앞에서 나온 것은 주 예수 그리스도께서 장차 사도로 세우실 자들을 준비시키시기 위하여 사람들을 택하셔서 그의 측근으로 받아들이신 경우라고 한다면, 여기에서 묘사되고 있는 것은 그리스도께서 사도들을 세우시는 장면이다. 그리스도께서는 이제 그들을 사도로 부르셔서 즉시 일하게 하시기 위하여 일을 준비하고 지시들을 받으라고 명하시고, 그들에게 성령의 능력을 주셔서 권세를 덧입혀 주신다. 그리스도께서는 앞서 그들로 하여금 사도로 일하게 하시기 위하여 그들을 부르셨지만, 이제 여기에서는 그들이 일할 때가 되었다고 선언하신다. 하지만, 우리가 주목해야 할 것은 그리스도께서는 아직 영속적인 사도직이 아니라, 일시적인 전도사역, 즉 사람들의 마음을 일깨워서 그리스도의 말씀을 더 경청할 수 있게 하기 위한 사역에 대하여 말씀하고 계시다는 것이다. 따라서 그들은 지금 하나님이 약속하신 회복과 구원의 때가 가까이 왔다는 것을 유대 전역을 돌아다니며 전파하라고 보내심을 받지만, 장래에는 그리스도께서 그들에게 온 세상을 두루 다니며 복음을 전하는 일을 맡기실 것이다. 그리스도께서는 여기에서는 자기가 직접 모든 마을을 다 다니며 복음을 전할 수 없기 때문에 그들을 보내어 사람들로 하여금 그의 말씀을 들으라고 권하는 조수(助手)로 그들을 사용하지만, 나중에는 자기가 수행하여 왔던 가르침의 직분을 그들의 손에 맡기시게 될 것이다. 우리 주님은 여기에서, 사람들에게 그의 가르침을 전할 자들에게 그들이 잠정적으로 무엇을 하기를 바라시는지에 대하여 지시 사항들을 주시는 것이기 때문에, 우리는 그것을 모든 말씀 사역자들을 위한 확고한 규범이라고 생각해서는 안 된다는 것은 아주 중요하다. 많은 이들이 이 점을 유의하지 못하고 잘못 오도(誤導)되어서, 모든 말씀 사역자들에게 무차별적으로 이 규범을 지키도록 요구해 왔다.

  마 10:1. 예수께서 그의 열두 제자를 부르사. "열둘"이라는 수(數)는 장차 있게 될 교회의 회복을 염두에 둔 것이었다. 이스라엘 나라가 열두 족장에서 시작되었기 때문에, 지금 그리스도께서는 그들로 하여금 그 나라의 회복에 대한 확고한 소망을 품을 수 있도록 하시기 위하여, 그 흩어져 있던 남은 자들에게 그들의 기원(起源)을 일깨워 주신다. 하나님의 나라가 유대 땅에서 아주 번영하여 이스라엘 나라를 온전히 보존하고 있기는커녕, 정반대로 이미 형편없이 타락해 버린 백성들은 그들에게 제시된 은혜를 멸시한 배은망덕의 죄로 인하여 갑절로 죽어 마땅한 처지에 있었지만, 그러한 상황이 새로운 나라가 나중에 일어나는 것을 가로막지는 못하였다. 나중에 하나님은 자기 아들의 권능의 규(圭)가 시온을 넘어서 아주 멀리까지 미치게 하심으로써, 강들이 근원(根源)인 시온에서 흘러나와 세상의 사방팔방을 다 차고 넘치게 적시게 하셨다. 그 때에 하나님은 그의 이스라엘을 사방에서 모으셔서, 흩어지고 찢긴 지체들만이 아니라 이전에는 하나님의 백성에게서 완전히 소외되어 있었던 사람들까지 다 한 몸으로 연합되게 하셨다.

그러므로 주님이 열두 족장을 임명하시고서 교회의 회복을 선언하신 것은 일리가 있는 일이었다. 게다가, 열둘이라는 수는 유대인들에게 그리스도께서 오신 목적을 일깨워 주는 것이었다. 그러나 그들은 하나님의 은혜에 순복하지 않았기 때문에, 그리스도께서는 친히 새 이스라엘을 낳으셔야 했다. 우리가 그 시작만을 본다면, 그리스도께서 미천하고 별 볼일 없는 사람들에게 이렇게 존귀한 칭호를 수여하신 것은 우스꽝스러운 듯이 보일 수 있다. 그러나 나중에 그들이 놀라운 성공을 거두고, 교회가 전 세계로 퍼져 나간 것을 보면, 사도들은 직함의 존귀함과 그들의 무수한 자손들이라는 측면에서 결코 족장들에 비하여 손색이 없을 뿐만 아니라, 도리어 족장들을 훨씬 능가한다는 것을 우리는 분명하게 알게 된다.

마 10:1. 권능을 주시니라. 사도들은 사람들 가운데서는 거의 아무런 직위가 없는 자들이었지만, 그리스도께서 그들에게 주신 사명은 하나님께로부터 온 신성한 것이었다. 게다가, 그들에게 주어진 직분은 지극히 탁월하고 신기(新奇)한 것이어서 인간적인 자질이나 재능들 이상의 것을 필요로 하는 것이었지만, 그들에게는 능력이나 언변이 없었다. 그러므로 그들은 다른 원천으로부터 권세를 받는 것이 필수적이었다. 그리스도께서는 그들에게 이적들을 행할 수 있는 능력, 즉 하늘의 능력을 덧입었음을 보여주는 표지(標識)를 수여하심으로써, 백성들의 신뢰와 존중을 확보할 수 있게 해주신다. 이것으로부터 우리는 이적들의 원래의 용도가 무엇이었는지를 알 수 있게 된다. 그리스도께서는 그들을 복음 전하는 자들과 이적 행하는 자들로 동시에, 그리고 이 둘을 서로 연결시켜서 임명하신 것이기 때문에, 그리고 이적들은 그리스도의 가르침을 인치는 보증(保證)들에 다름 아니기 때문에, 우리는 이 긴밀한 연결을 끊어 놓아서는 결코 안 된다. 그러므로 교황주의자들은 하나님의 말씀을 이적들로부터 분리시킴으로써, 하나님의 역사(役事)를 악하게 훼손시키고 부패시키는 위조(僞造)의 죄를 범하고 있는 것이다.

마 10:2. 베드로라 하는 시몬을 비롯하여. 교황주의자들은 이 본문을 근거로 삼아서, 베드로 수장권(首長權)을 주장하는 극단적인 어리석음을 드러낸다. 시몬 베드로가 사도들 가운데서 첫 번째 사도였다는 것은 우리도 기꺼이 인정하지만, 몇 사람과 관련해서 사실인 것을 어떤 합당한 근거도 없이 온 세계로 확대시켜서 적용하는 것은 옳지 않다. 게다가, 베드로가 가장 먼저 언급되고 있다는 사실은 그에게 그의 동료들을 다스리는 권세가 주어졌다는 의미를 내포하지는 않는다. 설령 그들이 베드로와 관련해서 주장하는 모든 것을 우리가 다 받아들인다고 하여도, 저 신성모독을 행하는 악한 사도들이 베드로의 후계자들이라는 것을 그들 자신이 증명하기 전까지는, 베드로의 지위는 로마 교황들과는 아무 상관이 없다.

마 10:5. 이방인의 길로도. 이것은 내가 방금 전에 말했던 것, 즉 이때에 사도들에게 주어진 직임은 유대인들에게 다가올 구원에 대한 소망을 일깨워서 그들로 하여금 그리스도의 말씀을 더 경청하게 하는 것 외에 다른 목적이 없었다는 것을 한층 더 분명히 해준다. 그런 까닭에, 나중에는 세상 끝까지 가서 복음을 전하라고 사도들에게 명령하시게 될 그리스도께서 지금은 그들에게 오직 유대 땅 내에서 전도하라고 지역을 한정하신다. 그 이유는 그리스도께서는 "할례의 추종자"가 되셔서 하나님이 옛적에 "조상들에게 주신 약속들을 견고하게 하시고"(롬 15:8) 이루시기 위하여 보내심을 받으셨기 때문이다. 하나님은 전에 아브라함의 권속과 특별한 언약을 하셨기 때문에, 복음이 온 세상에 전파될 때가 오기 전까지는, 그리스도께서 처음에 하나님의 은혜를 택하심을 받은 백성에게 국한시키신 것은 합당한 일이었다. 그러나 부활 후에는 전에 약속되었던 복이 모든 나라에 전파되었는데, 이것은 "성소 휘장이 찢어지고"(마 27:51) "중간에 막힌 담"이 "허물어졌기"(엡 2:14) 때문이었다. 그리스도께서 이때에 이방인들이 복음을 향유하는 것을 금하신 것이 냉정한 처사라고 생각하는 자가 있다면, 그는 그리스도께서 여기에서 하신 명령의 토대가 된 언약을 오직 아브라함의 자손과만 맺으시고, 세상의 다른 모든 족속은 배제시키신 하나님께 그 일을 따져야 할 것이다.

마 10:6. 오히려 이스라엘 집의 잃어버린 양에게로 가라. 우리가 앞에서 말했듯이, 유대인들에게 우선권이 주어진 것은 그들이 장자들이었기 때문이었다. 아니, 당시에는 하나님이 오직 그들만을 자신의 권속으로 인정하셨고, 다른 사람들은 거기에서 배제되어 있었기 때문이었다. 그리스도께서 그들을 "잃어버린 양"이라고 부르시는 것은, 부분적으로는 사도들로 하여금 그들을 불쌍히 여겨서 좀 더 따뜻한 마음을 품고서 기꺼이 그들을 도우러 달려가게 하시기 위한 것이고, 부분적으로는 사도들에게 지금 그들의 수고가 절실히 필요하다는 것을 알게 하시기 위한 것이다. 이와 동시에, 그리스도께서는 대표적으로 이 민족의 예를 들어서, 온 인류의 처지가 어떠한지를 가르치시고자 하셨다. 유대인들은 하나님과 언약을 맺고서 가까이서 섬겨 왔던 자들로서 영생의 합법적인 상속자들이었지만, 그리스도로 말미암아 구원을 다시 얻기 전까지는 "잃어버린" 자들이라고 선언된다. 그렇다면, 존귀함에 있어서 그들과 견줄 수조차 없는 우리의 처지는 도대체 어떠하다는 말인가? 또한, "양"이라는 단어는 타락한 자들, 즉 정확히 말하자면, 하나님의 양 무리에 속하지 않은 자들에게도 적용된다. 왜냐하면, 하나님의 택하심은 이 민족 전체에게 미치는 것이었기 때문이다. 그렇기 때문에, 기만적인 행위로 인하여 버림받아야 마땅한 자들도 다른 곳에서 "그 나라의 본 자손들"(마 8:12)이라 불린다. 한 마디로 말해서, 그리스도께서는 "양"이라는 단어를 통해서 유대인들을 사도들에게 천거하시면서, 그들이 유대인들을 위하여 수고해야 한다는 것을 알려 주신다. 왜냐하면, 양 우리에 들지 않은 자는 그 누구도 하나님의 양 무리로 인정받을 수 없기 때문이었다.

마 10:7. 전파하여 말하되. 내가 앞에서 말했듯이, 그리스도께서는 사도들의 이 전도 활동을 통해서 유대 민족의 마음을 환기시켜서 다가올 구속(救贖)을 기대하게 만들고자 하셨다. "천국이 가까이 왔다." 누가는 "천국"이라는 말 대신에 "하나님의 나라"라는 표현을 사용하지만, 의미는 동일하다. 이것은 첫째로는 유대인들에게 그들이 사람들의 호의(好意)에 의해서가 아니라 하나님의 주권적인 역사(役事)에 의해서 회복되었다는 것, 둘째로는 하나님의 통치 아래에서 그들이 형통하리라는 것, 셋째로는 그들에게 약속된 복은 이 땅에 속한 없어질 것이 아니라 하늘에 속한 영원한 것임을 알게 하시기 위한 것이다.

마 10:8. 병든 자를 고치며. 그리스도께서는 사도들에게 권능을 수여하시면서, 신실한 자들이 되어 그 권능을 후하게 나누어 주라고 명하시고, 모든 사람의 유익을 위해서 그들에게 주어진 권능을 억누르지 말 것을 당부하신다. 이 이적들을 통해서 그리스도께서는 왜 그가 아버지 하나님으로부터 보내심을 받으셨는지, 그리고 그의 복음의 목적이 무엇인지를 보여주신다. 그리스도께서 사도들에게 건강한 자들을 병 걸리게 만들고 산 자들에게 죽음을 가져다주라고 명하신 것이 아니라, "죽은 자를 살리며 병든 자를 고치라"고 명하신 것에는 다 목적이 있으셨다. 그러므로 이 이적들과 그리스도의 직분 간에는 유비(類比)와 유사성이 존재한다. 이 이적들은 그리스도께서 우리에게 온갖 복을 수여하시고, 우리를 사탄과 죽음의 폭압에서 건져 내시며, 우리의 병과 죄를 고치시고, 우리를 우리의 모든 참상에서 구해 내시기 위하여 오셨다는 것을 우리에게 알게 하시기 위한 것이었다.

마 10:8. 거저 받았으니. 그리스도께서는 그가 사도들에게 수여하신 은사들을 그들로 하여금 더 기꺼이 사람들에게 전해 주도록 하시기 위한 목적으로, 그 은사들이 그들에게 위임된 것은 그들로 명성을 얻게 하기 위한 것이 아니라, 그들로 하나님이 "거저" 후히 주시는 복을 전하는 일종의 통로가 되게 하기 위한 것임을 분명하게 밝히신다. "너희가 이 권능을 어디에서 받았는지를 생각하라. 그 권능은 너희의 그 어떤 공로에 의해서 얻어진 것이 아니라 순전히 하나님의 은혜로부터 거저 흘러나온 것이기 때문에, 너희의 사역을 통해서 그 권능이 다른 사람들에게 거저 흘러나가는 것이 합당하다."

우리는 사람들이 자기에게 속한 것이라고 생각하는 것을 남들에게 나누어 주는 것을 얼마나 싫어하는지, 그리고 남들보다 뛰어난 사람은 다른 모든 사람을 멸시하기가 얼마나 쉬운지를 안다. 어떤 사람이 다른 사람들보다 더 나을 수 있는 것은 자신의 노력을 통해서가 아니라 하나님의 무조건적인 인자하심을 통해서라는 그리스도의 경고의 말씀보다 영적인 은사들을 후히 나누어 주는 것을 권장하기에 더 적합한 말씀은 없다. 이제 그리스도께서는 그의 사역자들을 통해서 이사야가 옛적에 예언하였던 저 은혜를 우리에게 나타내 보여주셨다: "오호라 너희 모든 목마른 자들아 물로 나아오라 돈 없는 자도 오라 너희는 와서 사 먹되 돈 없이, 값없이 와서 포도주와 젖을 사라"(사 55:1). 이와 동시에, 그리스도께서는 값없이 수고할 각오가 되어 있지 않은 자는 하나님의 말씀이나 은혜를 사람들에게 나누어 주는 진정한 사역자가 될 수 없고, 모든 삯꾼들은 신성한 가르침의 직임을 형편없이 타락시키고 더럽히는 자들이라는 것을 보여주신다. 그렇지만, 교회의 교사들이 수고비를 받는다고 하여도, 그들이 자원하여 있는 힘껏 그리스도와 그의 교회를 섬기는 가운데에, 그들이 받는 수고비가 그들의 수고에 대한 일종의 부속물인 경우에, 그것은 이 거저 베푸는 것과 모순되는 것이 아니다.

[9]너희 전대에 금이나 은이나 동을 가지지 말고 [10]여행을 위하여 배낭이나 두 벌 옷이나 신이나 지팡이를 가지지 말라 이는 일꾼이 자기의 먹을 것 받는 것이 마땅함이라 [11]어떤 성이나 마을에 들어가든지 그 중에 합당한 자를 찾아내어 너희가 떠나기까지 거기서 머물라 [12]또 그 집에 들어가면서 평안하기를 빌라 [13]그 집이 이에 합당하면 너희 빈 평안이 거기 임할 것이요 만일 합당하지 아니하면 그 평안이 너희에게 돌아올 것이니라 [14]누구든지 너희를 영접하지도 아니하고 너희 말을 듣지도 아니하거든 그 집이나 성에서 나가 너희 발의 먼지를 떨어 버리라 [15]내가 진실로 너희에게 이르노니 심판 날에 소돔과 고모라 땅이 그 성보다 견디기 쉬우리라(마 10:9-15).

[8]명하시되 여행을 위하여 지팡이 외에는 양식이나 배낭이나 전대의 돈이나 아무 것도 가지지 말며 [9]신만 신고 두 벌 옷도 입지 말라 하시고 [10]또 이르시되 어디서든지 누구의 집에 들어가든 그 곳을 떠나기까지 거기 유하라 [11]어느 곳에서든지 너희를 영접하지 아니하고 너희 말을 듣지도 아니하거든 거기서 나갈 때에 발 아래 먼지를 떨어버려 그들에게 증거를 삼으라 하시니(막 6:8-11).

[3]이르시되 여행을 위하여 아무 것도 가지지 말라 지팡이나 배낭이나 양식이나 돈이나 두 벌 옷을 가지지 말며 [4]어느 집에 들어가든지 거기서 머물다가 거기서 떠나라 [5]누구든지 너희를 영접하지 아니하거든 그 성에서 떠날 때에 너희 발에서 먼지를 떨어 버려 그들에게 증거를 삼으라 하시니(눅 9:3-5).

마 10:9. 가지지 말고. 그리스도께서는 전도를 위하여 사도들을 파송하실 때에, 그들이 유대 전역을 수 일 내로 다 돌아서 단시간에 그에게로 다시 돌아오기를 바라셨기 때문에, 이 신속한 전도가 지체되지 않도록 하시기 위하여 그들이 짐을 가지고 다니는 것을 금하신다. 어떤 이들은 말씀의 사역자들 또는 사도들을 위해서 여기에 제시된 규범이 영속적인 것이라고 생각하는 무지(無知)를 보여 왔다. 우리는 곧 더 광범위하게 적용될 수 있는 몇 가지 사항들을 만나게 될 것이다. 그러나 짐을 가지고 다니지 말라는 현재의 지시는 의심할 여지 없이 내가 이미 말한 이 특

정한 단기 전도에만 제한적으로 적용되어야 한다. 다른 두 복음서 본문을 통해서
분명히 알 수 있듯이, 우리는 마태 본문에 나오는 금지 명령, 즉 "금, 은, 배낭, 두 벌
옷"을 가지고 가지 말라는 명령을 이 단기 전도와 직접적으로 연결시켜서 해석하
여야 한다. 그러므로 "가지지 말고"라는 어구는 그리스도께서 단지 그들에게 이 여
행을 위해서 그 어떤 것도 가지고 가지 말라고 말씀하신 것을 나타낸다. 그들의 집
에는 "배낭"과 "신"과 갈아입을 "옷들"이 있었을 것이다. 그러나 그리스도께서는 그
들의 전도 여행이 더 잘 신속하게 이루어지도록 하시기 위하여, 그들에게 짐이 될
만한 것들은 무엇이든지 다 놓아두고 가라고 명하신다. 마가가 "신만 신고"라고 말
한 것도 그런 취지이다. "지팡이"와 관련해서는 서로 모순되어 보이는 것이 있을
수 있다. 왜냐하면, 마가는 "지팡이"는 가져가도 된다고 하는 반면에, 마태와 누가
는 안 된다고 하고 있기 때문이다. 그러나 히브리어 '셰베트'(שֵׁבֶט)의 사용 속에 모
호함이 존재한다. 복음서 기자들은 헬라어로 글을 썼지만, '라브도스'(ῥάβδος)라는
단어를 여러 가지 의미로 사용하였다. 이 단어를 마태와 누가는 여행하는 사람에
게 짐이 되는 "막대기"를 의미하는 것으로 본 반면에, 마가는 여행자의 힘을 덜어
주는 "지팡이"를 의미하는 것으로 본 것이다. 사람들이 여행을 할 때에 "지팡이"를
가지고 다니는 것이 습관이었다는 것은 분명하다. 그런 까닭에, 야곱은 자기가 돈
도 없이 빈손으로 아람 땅에 왔다는 것을 표현하기 위해서, "내가 내 지팡이만 가지
고 이 요단을 건넜더니"(창 32:10)라고 말한다.

마 10:10. 이는 일꾼이 자기의 먹을 것 받는 것이 마땅함이라. 그리스도께서는
여기에서 사도들에게서 어떤 반론이 나올지를 미리 예감하신다. 왜냐하면, 아무런
양식도 지니지 않은 채로 유대 전역을 돌아다닌다는 것은 가혹한 처사로 보일 수
있기 때문이다. 따라서 그리스도께서는 그들이 "자기의 먹을 것 받는 것이 마땅하
기" 때문에 굶주리게 되면 어쩌나 하고 염려할 필요가 없다고 말씀하신다. 그는 그
들을 "일꾼"이라 부르시는데, 이것은 그들이 하나님의 포도원에서 나무를 심고 물
을 주면서 수고하는 평범한 사역자들과 닮았기 때문이 아니라, 단지 그들이 더 풍
성하고 온전한 가르침을 널리 전하고 알리는 전령(傳令)들이었기 때문이다. 그들
은 그 때에 유대인들로 하여금 복음의 말씀에 경청하도록 하기 위하여 그런 사실
을 알리는 직임만을 받았을 뿐이었다.

마 10:11. 그 중에 합당한 자를 찾아내어. 사도들은 아무도 그들을 "일꾼"으로
인정해 주지 않아서 음식을 얻어먹지 못하게 되는 일이 벌어질 수도 있지 않느냐

고 반론을 제기할 수도 있었다. 그래서 그리스도께서는 그들에게 어떤 성이나 마을에 들어가면 구원의 메시지를 받기에 "합당한 자를 찾아내라"고 명하시는 것으로 이 어려운 문제를 해결하신다. 이 말씀을 통해서, 그리스도께서는 그들에게 하나님을 두려워하고 경외하는 자들, 즉 하나님의 가르침을 받아들일 준비가 되어 있는 경건하고 정직한 자들을 찾아내어, 주로 그들을 대상으로 일할 것을 지시하신다. 왜냐하면, 그들은 한 곳에 오래 머물러 있을 수 없었으므로, 어떤 점에서 더 잘 준비된 자들을 찾아내어 거기에서부터 시작하는 것이 적절한 일이었기 때문이다.

마 10:11. 너희가 떠나기까지 거기서 머물라. 이것도 단기 전도와 관련이 있는 말씀이다. 왜냐하면, 그들이 어느 한 곳에 더 오랫동안 머물러 있어야 했다면, 어느 한 개인에게 지나친 부담을 주지 않기 위해서, 그들은 숙소를 옮길 필요가 있었을 것이기 때문이다. 그러므로 그리스도께서 그들을 처음으로 영접하는 자의 집에서 다른 성으로 "떠나기까지" 머물라고 명하실 때, 그것은 그들이 아주 신속하게 움직여서, 한 성에서 복음을 전한 후에는 즉시 다른 성으로 달려가야 한다는 것을 보여 주시는 것이다.

마 10:12. 평안하기를 빌라. 그들이 하나님을 경건하게 예배하는 자들과 하나님을 멸시하는 자들을 구별할 수 없기 때문에, 그리스도께서는 그들에게 그들이 찾아간 모든 집에 평안을 비는 인사를 하라고 명하신다. "평안하기를 비는" 행위는 말을 붙이기 위한 일종의 서두인 셈이다. 사도들은 이미 그들을 환대할 자들, 즉 신앙에 열심이 있는 것으로 널리 알려져 있는 자들을 찾아내라는 지시를 받은 바 있다. 그러나 명성이 높은 자들도 심각한 시험을 당하면 그들의 경건치 않음을 드러내는 일이 종종 있기 때문에, 그리스도께서 이 규범을 명시적으로 제시하신 것은 합당한 일이었다. 그러므로 이 말씀의 의미는 이런 것이다: "너희는 어느 집에 들어서자마자, 그 집 주인이 기쁜 마음으로 너희의 말에 순종하고자 하는지를 시험하라. 그래서 너희의 가르침을 기꺼이 받아들이는 자의 집에 머물라. 그러면, 너희가 빈 평안이 그 집에 임할 것이다. 그리고 어떤 집의 주인이 너희의 가르침을 배척하면, 즉시 거기에서 나와서, 너희의 힘이 닿는 대로 너희가 빈 평안을 거두어들이라."

마 10:13. 만일 합당하지 아니하면. 이 표현 방식의 취지는 다음과 같이 말할 수 있을 것이다: "그들의 배은망덕으로 인해서 그들이 너희가 그들을 위해 빈 하나님의 복을 받기에 합당하지 않다면, 너희가 그들과 맺었던 모든 소통의 끈을 끊어 버리라.” 여기에서 “평안”은 유대인들 사이에서 일반적으로 사용된 인사말을 가리킨다. 히브리어 ‘샬롬’(שלום, “평안”)은 어떤 사람이 잘 되고 복이 있기를 바라고, 그의 일들이 그가 바라는 대로 잘 풀리기를 바란다는 의미에서 “형통함”을 가리키기 때문에, 사람들은 그 사람이 “평안하기”를 빈다. 나는 사도들이 사람들에게 이런 통상적인 것과는 다른 종류의 “평안”을 가져다주었다는 것을 인정하지만, 이 구절을 하나님과 사람들 사이에서 일어나는 값없는 화해를 가리키는 것으로 해석하는 것은 너무 지나친 사변(思辨)이라고 본다.

마 10:14. 누구든지 너희를 영접하지도 아니하고. 복음을 멸시하는 자들이 받을 벌에 대한 이 무시무시한 경고의 말씀은 세상의 배은망덕으로 인해서 복음 전도의 일이 지체되지 않도록 하시기 위해서 그리스도께서 사도들에게 힘을 더해 주시고자 하신 것이다. 실제로, 그리스도께서는 사도들이 복음을 멸시하는 자들을 만났을 때에 어떻게 해야 할지를 지시해 주신다. 그러나 그의 주된 목적은 그들의 가르침이 배척을 당할 때마다, 그들의 이유 있는 슬픔과 괴로움이 이 말씀을 통하여 위로를 받음으로써, 그들이 달려가야 할 길을 도중에서 그만두는 일이 없게 하시기 위한 것이었다. 우리는 바울이 이 위로의 말씀에 의지해서, 사람들의 온갖 완악함을 거들떠보지도 않고, 자기가 “구원 받는 자들에게나 망하는 자들에게나 하나님 앞에서 그리스도의 향기니 이 사람에게는 사망으로부터 사망에 이르는 냄새요 저 사람에게는 생명으로부터 생명에 이르는 냄새라”(고후 2:15-16)고 말하며, 온갖 장애물을 뚫고서 거침없이 전진하는 모습을 본다. 지금 우리가 살펴보고 있는 본문은 주님이 자신의 복음을 어떻게 평가하고 계시는지를 잘 보여준다. 복음은 이루 헤아릴 수 없이 귀한 보화이기 때문에, 복음을 받아들이지 않는 자들은 형편없이 배은망덕한 자들이라는 비난을 받아 마땅하다는 것이다. 게다가, 복음은 그리스도의 나라의 규(圭)이기 때문에, 그리스도를 공개적으로 멸시하려는 의도가 아니라면, 복음을 배척한다는 것은 있을 수 없는 일이다.

마 10:14. 먼지를 떨어 버리라. 주님은 여기에서 모든 사람이 경외하는 마음으로 복음의 가르침을 받아들일 것을 권고하시면서, 중한 벌을 경고하시는 것을 통해서 복음을 받아들이지 않는 자들을 두렵게 하심과 아울러서, 사도들에게 그가 경고한 복수를 선포하라고 명하신다. 그러나 그들이 전하는 가르침들을 사람들에게 알게 하고자 하는 불타오르는 열심을 지니고 있지 않다면, 그들은 그런 선포를 할 수 없다. 그러므로 우리는 하늘의 가르침이 사람들에게 멸시를 받을 때에 마음이 괴롭고 고통스러울 정도로 그 가르침에 대한 열심이 없는 자는 그 누구도 그 가르침을 베푸는 선생이 될 자격이 없다는 것을 알아야 한다.

"발의 먼지를 떨어 버리는" 것은 당시에 유대 땅에서 저주의 표시로 널리 행해지고 있던 관습이었을 가능성이 높은데, 그것은 해당 지역의 주민들이 너무나 더럽혀져 있어서, 그들이 밟은 땅 자체도 더럽혀져 있다는 것을 선언하기 위한 것이었다. 나는 우리 주님이 그것을 사람들이 아주 잘 아는 것으로 말씀하고 계시는 것으로부터 그것이 통상적인 관습이었다는 것을 추정하게 된다. 이런 형태의 저주는 내가 조금 전에 말한 것, 즉 하나님의 말씀을 멸시하는 것보다 하나님을 더 노엽게 하는 범죄는 없다는 것을 한층 더 확증해 준다. 왜냐하면, 그리스도께서는 사도들에게 간음하는 자들이나 살인자들을 비롯해서 온갖 종류의 행악자들에 대한 혐오감을 표현할 때에 그런 식의 엄숙한 표현 양식을 사용하라고 명하시지 않으시기 때문이다.

마 10:15. 내가 진실로 너희에게 이르노니. 그들이 앞서의 말씀을 근거 없는 허풍쯤으로 생각하지 않도록 하시기 위하여, 그리스도께서는 복음을 거부하는 자들은 소돔 주민들보다 더 혹독한 벌을 받게 될 것이라고 선언하신다. 어떤 이들은 "심판"이라는 단어를 예루살렘의 멸망을 가리키는 것이라고 본다. 그러나 그런 견해는 우리 주님의 의도와는 딴판이다. 왜냐하면, 이 단어는 하나님이 각 사람의 죄를 물어서 각 사람이 받는 벌들을 누구나 다 서로 비교해 볼 수 있는 저 일반적인 심판을 가리키는 것으로 이해되어야 하기 때문이다. 그리스도께서 다른 성읍들이 아니라 소돔을 언급하신 이유는 단지 소돔이 다른 모든 성읍들보다 극악무도한 범죄로 악명이 높았기 때문만이 아니라, 하나님이 소돔을 극히 이례적인 방식으로 멸하셔서, 소돔에 대한 심판이 모든 세대에 하나의 본보기가 되었고, 사람들이 소돔이라는 이름을 가증스러운 것으로 받아들이고 있었기 때문이었다. 우리는 그리스도께서 소돔의 주민들이 복음을 거부한 자들보다 덜 심한 벌을 받게 될 것이라고 선포하신 것을 기이하게 여길 필요가 없다. 왜냐하면, 사람들이 그들을 지으시고 형성하신 분의 권위를 부정하고, 그의 음성을 듣기를 거부하며, 그의 인자하신 초대를 경멸하여 배척하고, 그의 은혜로우신 약속들에 합당한 신뢰를 그에게 보내지 않을 때, 그러한 불경(不敬)은 모든 범죄가 다 누적되어 최종적으로 나타나는 가장 극악무도한 죄악이기 때문이다. 사도들이 아직까지 모호한 상태에 있던 복음을 전했을 때에 그 복음을 거부한 자들도 이렇게 무시무시한 복수를 당하는 것이라면, 그리스도께서 직접 전하는 복음을 거부한 자들을 기다리고 있는 벌은 도대체 얼마나 끔찍할 것인가! 또한, 하나님이 그의 말씀을 멸시한 자들을 이토록 혹독하게 벌하신다면, 독이 가득한 혀로 하나님을 모독하면서 복음을 대적하거나, 불과 칼로 복음을 잔혹하게 박해하는 저 광분하는 원수들이 받을 벌은 어떠하겠는가?

[16]보라 내가 너희를 보냄이 양을 이리 가운데로 보냄과 같도다 그러므로 너희는 뱀 같이 지혜롭고 비둘기 같이 순결하라 [17]사람들을 삼가라 그들이 너희를 공회에 넘겨 주겠고 그들의 회당에서 채찍질하리라 [18]또 너희가 나로 말미암아 총독들과 임금들 앞에 끌려 가리니 이는 그들과 이방인들에게 증거가 되게 하려 하심이라 [19]너희를 넘겨 줄 때에 어떻게 또는 무엇을 말할까 염려하지 말라 그 때에 너희에게 할 말을 주시리니 [20]말하는 이는 너희가 아니라 너희 속에서 말씀하시는 이 곧 너희 아버지의 성령이시니라(마 10:16-20).

[11]사람이 너희를 회당이나 위정자나 권세 있는 자 앞에 끌고 가거든 어떻게 무엇으로 대답하며 무엇으로 말할까 염려하지 말라 [12]마땅히 할 말을 성령이 곧 그 때에 너희에게 가르치시리라 하시니라(눅 12:11-12).

마태가 지금까지 얘기한 그리스도의 지시 사항들은 불과 수 일 안에 끝나게 되어 있던 사도들의 단기 전도 여행에만 국한해서 적용되는 것들이었다. 그러나 이제 그리스도께서는 한 걸음 더 나아가서, 그들이 단지 이 짧은 전도 여행만을 위해서 택함받은 것이 아니라, 더 큰 어려움과 훨씬 더 큰 중요성을 지닌 직임이 그들을 기다리고 있다는 것을 그들에게 알게 하심으로써, 장래를 바라보시고 그들을 준비시키신다. 그들은 그리스도께서 말씀하시는 저 싸움 속으로 즉시 투입되지는 않았지만, 그들이 이 전도 여행 중에서 겪게 될 모든 힘든 일들이 장차 그들에게 있을 더 격렬한 싸움을 위한 일종의 준비 작업이라는 것을 미리 아는 것은 그들에게 유익이 될 것이었다. 사도들이 "이리 가운데로" 보내진 "양"과 같다는 것이 이 첫 번째 전도 여행에도 그대로 적용된다는 것은 의심의 여지가 없었다. 그러나 이번에는 주님이 그들의 연약함을 생각하셔서, "이리들"의 잔혹함을 억제하셔서 그들로 해악을 당하지 않게 하셨기 때문에, 이 말씀은 주님이 그들을 좀 더 가혹하게 다루셨던 이후의 시기와 연관된다고 보는 것이 적절하다. 말하자면, 신랑이 아직 이 땅에 계시던 그리스도의 부활 이전에는, 그들은 혼인집의 손님들 같은 대우를 받았다는 것이다. 그러나 신랑이 떠난 후에는 그러한 부드럽고 온건한 대우는 끝이 나고, 미리 경고를 받은 대로 가혹한 고난들에 처하게 될 것이었기 때문에, 그들은 미리 거기에 대비하여 무장을 해야 할 이유가 있었다.

아마도 마태는 서로 다른 시기에 행하여졌던 강론들의 내용을 한 구절로 집약시킨 것으로 보인다. 왜냐하면, 앞으로 보게 되겠지만(눅 10:17), 누가는 그리스도께서 이 말씀들을 사도들이 아니라 칠십 인의 제자들에게 하셨다고 말하고 있기 때문이다. 여기에서 한 가지는 논란의 여지가 없는데, 그것은 이 말씀들이 단지 그들이 지금 시작하고자 하는 저 전도 여행의 결과들을 미리 내다본 말씀일 뿐만 아니라, 그들이 사도직을 수행하는 전 기간 동안과 관련하여 그들에게 주신 경고의 말씀이라는 것이다.

마 10:16. 보라 내가 너희를 보냄이. 이것 뒤에 곧 이어지는 권면은 이 훈계의 목적을 분명하게 보여준다. 그러므로 이 단락의 내용은 이런 식으로 전개되는 것으로 설명되어야 한다: "너희는 이리들 가운데로 보내지는 양과 같을 것이기 때문에, 너희에게는 지혜로움과 순결함이 필요하다." 이유는 필요로부터 도출된다. 왜냐하면, 그들이 "지혜롭게" 처신하여 조심하지 않는다면, 그들은 즉시 "이리들"에게 잡아먹히게 될 것이고, 반면에 그들이 "이리들"의 광분함을 보고서 두려워 떨거나 경솔하고 무모하게 행동한다면, 그들은 즉시 무너지기 시작해서 마침내 그들의 사명을 끝까지 제대로 수행하지 못하게 될 것이기 때문이다. 우리는 먼저 그리스도께서 그들을 보내시는 것이 "양을 이리 가운데로" 보내시는 것과 같다고 하신 말씀이 무슨 의미인지를 살펴볼 것이다. 사람들은 잔인하고 살벌하지만, 주님은 그들의 사납고 흉포한 성질을 부드럽게 만드실 수 있으시다. 왜냐하면, 주님은 원하시기만 하신다면 얼마든지 맹수를 길들이시고 복종시키실 수 있으시기 때문이다. 하나님이 인류의 상당수를 굴복시키셔서 복음에 순종하게 만들지 않으시고 그들이 원래부터 지니고 있는 포악한 성질을 그대로 내버려 두시는 이유는 그의 사역자들을 시험하시기 위한 것이다. 하나님이 중생시키셔서 온유한 심령을 갖게 하시지 않은 모든 자들은 본질상 "이리들"이지만, 그리스도께서는 이 명칭을 주로 복음을 대적하여 광분하는 원수들, 즉 목자의 음성을 듣고서 마음이 부드러워지기는커녕 도리어 분노가 더 불타올라서 더욱 잔인해지는 자들에게 적용하신다. 주님은 "이리들" 가운데에서 활동한다는 조건으로 그의 말씀의 사역자들을 보내신다. 즉, 그들에게 는 죽기 살기로 덤비는 수많은 결연한 원수들이 있고, 수많은 위험들이 그들을 사 방에서 에워싸기 때문에, 그들이 그런 장애물들 가운데서 그들의 사명을 수행하는 것은 결코 쉬운 일이 아니다. 이 시험을 더욱 혹독한 것으로 만드는 것은 그리스도 께서 그들에게 이 원수들을 방어하는 데에 사용할 수 있는 병기를 공급해 주지 않 으시고, "이리들"의 이빨 앞에 그들을 벌거벗겨 아무런 방비도 없는 상태로 노출시 키신다는 것이다.

그리스도께서 사도들을 "양들"이라고 부르시는 것은 그들의 행동거지가 부드럽 고 온유하다거나, 그들의 마음이 온유하다는 것을 가리키는 것이 아니라, 단지 날 뛰는 이리들 앞에 선 양들처럼 그들에게는 원수들의 폭력을 물리칠 수 있는 힘이 나 재주가 없으리라는 것만을 의미할 뿐이다. 물론, 그리스도께서 자기 제자들에 게 악한 자들의 악의에 맞서 싸울 때에 인내심을 발휘하고, 남들로부터 겪는 해악 들을 온유함으로 참아낸다는 의미에서 그들의 성품이 양들을 닮을 것을 요구하신 다는 것은 의심의 여지가 없지만, 이 구절의 의미는 수많은 힘세고 잔인한 원수들 이 열을 지어서 사도들을 공격하겠지만, 사도들은 그것을 방어해 낼 수 있는 그 어 떤 수단도 없으리라는 것이다. "양"과 "이리" 간에는 이런 식의 대비가 전혀 존재하 지 않는다는 반론이 제기된다면, 거기에 대한 답변은 쉽다. 주님이 복음의 원수들 을 "이리들"이라고 부르심으로써 해악을 끼치고자 하는 그들의 욕구가 아니라 그 들의 힘을 표현하시긴 하였지만, 복음에 대적하여 광분하는 것 외에는 어떤 사람 이 "이리"인지를 판단할 수 있는 기준이 없기 때문에, 그리스도께서는 그들로 하여 금 남의 피를 흘리도록 충동하는 사나운 잔인함과 그들이 무장하고 있는 힘, 이 두 가지를 한데 결합시켜 놓으신 것이다.

마 10:16. 그러므로 너희는 … 지혜롭고. 이 구절의 일반적인 의미는 그들은 지 혜를 발휘해서 신중하고 조심스럽게 행함으로써 필요 이상으로 겁을 내어 소심해 지지 않게 하고, 그들에게 맡겨진 사명을 수행할 때에 나태해지지 않게 해야 한다 는 것이다. 우리는 조심성 있고 용의주도한 사람들로 인정받기를 원하는 자들은 대체로 소심하고 게으른 것을 본다. 사방으로 위험들에 둘러싸여 있는 그리스도의 제자들이 매우 조심성 있게 행하는 것이 합당하다는 것은 의문의 여지가 없다. 그 러나 그들은 나태함으로 인해서 뒷전에 물러나 있게 될 위험성이 극히 높기 때문에, 그리스도께서는 그들에게 그들의 소명(召命)이 이끄는 곳으로 과감하게 앞으로 나아가라고 명하신다.

그리스도께서는 이것을 "뱀 같이 지혜롭고 비둘기 같이 순결하라"는 이중적인 비유를 통해서 제시하신다. "뱀들"은 자기들이 미움을 받고 있다는 것을 알기 때문에 그들에게 적대적인 모든 것을 조심스럽게 피한다. 그리스도께서는 믿는 자들에게 이런 식으로 그들의 삶을 보살펴서, 무모하게 위험 속으로 뛰어들거나, 어떤 종류의 해악에 그들 자신을 노출시키는 일이 없어야 한다고 명하신다. 한편, "비둘기들"은 천성적으로 겁이 많고 소심하며 무수한 공격을 받기 쉬운 존재이긴 하지만, 아주 단순해서, 공격을 받기 전까지는 그들이 안전하다고 제멋대로 생각하기 때문에, 대부분의 경우에 새 사냥꾼이 놓은 덫에 쉽게 걸리고 만다. 그리스도께서는 자기 제자들에게 그러한 단순성을 본받아서, 지나치게 겁을 집어먹지 말고, 과감히 그들이 가야 할 길을 가라고 권면하신다. "뱀"과 "비둘기"의 본성과 관련해서 그들의 독창적인 추론들을 한층 더 멀리 이어나가는 자들이 있기는 하지만, 우리가 지금까지 말한 것이 이 비유가 지닌 최대한의 의미이다. 우리는 그리스도께서 대부분의 사람들이 너무나 흔히 빠지는 저 육적인 지혜, 또는 저 속임수를 단죄하시는 것을 본다. 즉, 사람들은 사방을 잘 살펴서, 그들이 어느 정도까지 앞으로 나아가는 것이 안전할지를 확인하고서는, 위험에 맞닥뜨리는 것이 싫어서, 그 이상으로 나아오라는 그리스도의 부르심을 거부한다.

마 10:17. 사람들을 삼가라. 에라스무스(Erasmus)는 정관사가 지시대명사의 의미를 갖는다고 상정하고서, "이"라는 단어를 삽입해서, 이 구절을 "이 사람들을 삼가라"로 읽는다. 그러나 나는 이 구절을 한정되지 않은 의미를 갖는 것으로 보아서, 사람들 사이에는 모든 것이 덫과 해악으로 가득 차 있기 때문에 사람들을 대할 때에는 아주 조심해야 한다는 그리스도의 경고를 담고 있는 것으로 보는 것이 더 낫다고 생각한다. 그러나 그리스도께서는 모순된 말씀을 하고 계시는 것으로 보인다. 왜냐하면, 조심하는 가장 좋은 방법은 사람들이 많은 곳으로 가지 말고, 그냥 집에 머물러 있는 것이 될 것이기 때문이다. 이에 대한 나의 대답은 그리스도께서는 여기에서 그런 것과는 다른 종류의 조심을 말씀하고 계시다는 것이다. 즉, 어떤 일에 놀라고 겁을 집어먹고서 그들의 사역을 그만두는 일이 없게 조심하라는 의미가 아니라, 예기치 않은 갑작스러운 재난들에 의해서 지나치게 시달리는 일이 없도록 미리 그런 일들을 각오하고 조심하라는 의미라는 것이다. 우리는 예기치 않

은 환난들을 갑자기 만나서 놀란 자들은 맥없이 무너지기 쉽다는 것을 안다. 그러
므로 그리스도께서는 자기 제자들이 장차 그들에게 무슨 일들이 일어날지를 미리
부터 내다보고서, 처음부터 그런 일들을 각오하고 길을 나서기를 바라셨다. 요컨
대, 그리스도께서는 그들이 전투 준비를 신속하게 제대로 하도록 하시기 위하여,
그들에게 나팔 소리를 내고 계시는 것이다. 왜냐하면, 앞을 미리 내다보는 것이 지
나치거나 거기에 불필요한 걱정이 수반되면, 사람의 마음이 약해지기 쉬운 것과
마찬가지로, 나태함과 안일함에 빠져서 경솔하게 돌진한다면, 결정적인 순간에 무
너지기가 쉽기 때문이다.

　　마 10:17. 그들이 너희를 공회에 넘겨 주겠고. 이 말씀으로부터 우리는 그리스
도께서 사도들에게 미리 경고하고 계시는 싸움들은 그들의 첫 번째 전도 여행에만
국한되어서는 안 된다는 결론을 쉽게 내릴 수 있다. 사실, 사도들은 그 첫 번째 전
도 여행에서 이런 종류의 싸움들을 전혀 겪지 않았다. 이 말씀의 목적은 그들이 언
제라도 낙심하지 않도록 하기 위한 것이다. 왜냐하면, 가난하고 보잘것없는 사람
들이었던 사도들이 왕들이나 고관들 앞에 섰을 때에 침착성을 유지하고 그 어떤
세상적인 휘황찬란함에도 요동하지 않는다는 것은 쉬운 일이 아니었기 때문이다.
또한, 그리스도께서는 그들에게 단지 유대 땅에서만이 아니라 더 먼 곳들에서도
싸움을 하게 될 것임을 경고하신다. 그가 이렇게 경고하시는 목적은 단지 그들로
하여금 이 싸움에 대하여 오랜 시간 묵상함으로써 스스로 각오를 다지게 하시기
위한 것만이 아니라, 잘 배우고 경험이 많은 선생들인 그들이 그들 자신을 하늘의
인도하심에 맡기는 일을 주저하지 않도록 하시기 위한 것이다.

　　마 10:18. 그들과 이방인들에게 증거가 되게 하려 하심이라. 이것은 하나님의
뜻이 이방의 왕들과 먼 나라들에도 선포되어서 그들로 하여금 변명할 수 없게 만
들어야 한다는 것을 의미한다. 이것으로부터 우리는 사도들의 수고가 결코 헛되지
않을 것이라는 결론을 얻는다. 왜냐하면, 사람들이 그들의 완악함으로 인하여 유
죄 판결을 받게 될 때, 사도들의 수고는 하나님의 심판이 옳으시다는 것을 증명해
주게 될 것이기 때문이다.

　　마 10:19. 염려하지 말라. 위로가 덧붙여진다. 왜냐하면, 그리스도께서 제자들
에게 많은 권면들을 주셨다고 해도, 만약 그것과 아울러서 하나님이 그들과 함께
하실 것이고, 그의 능력으로 말미암아 그들이 반드시 승리하게 될 것이라는 그리
스도의 약속이 없었다면, 그 권면들은 공허하여 아무 소용도 없었을 것이기 때문

이다. 이것으로부터 우리는, 그리스도께서 이러한 위험들을 제자들에게 미리 알리신 것은 그들이 그들에게 주어진 사명을 제대로 감당하고자 한다면 그들에게 반드시 필요한 불타는 열심을 약화시키고자 한 것이 결코 아니라는 결론을 얻는다. 왕들 앞에 서는 것은 의심할 여지 없이 큰 일이다. 왜냐하면, 마음이 담대한 자들이라고 해도 왕들 앞에 서면, 두려움만이 아니라 수치심도 종종 그들을 압도하기 때문이다. 왕들이 불 같이 진노하여 벽력 같이 소리를 지른다면, 큰 일이 아니겠는가? 그렇지만 그리스도께서는 자기 제자들에게 염려하지 말라고 당부하신다.

마 10:19. 그 때에 너희에게 할 말을 주시리니. 성령이 그들에게 무슨 말을 해야 할지를 알려주실 것이다. 사람이 자신의 연약함을 알기 때문에 스스로를 믿지 못할수록, 다른 곳으로부터의 도움을 기대할 수 없다면, 그는 더욱 놀라고 겁을 먹게 된다. 따라서 우리는 대부분의 사람들이 포기하거나 지는 이유는 그들이 아주 작거나 거의 없는 그들 자신의 힘을 기준으로 삼아서 그들이 하는 일들의 성공 여부를 판단하기 때문이라는 것을 알게 된다. 그리스도께서는 제자들에게 그들 자신의 힘을 바라보지 말라고 하시면서, 그들에게 하늘의 은혜를 전심(全心)으로 의지하라고 명하신다. "역사(役事)를 이루는 것은 너희 자신의 능력이 아니라, 믿는 자들의 혀를 움직이셔서 진실한 신앙 고백을 하게 만드시는 성령의 능력이다"라고 그는 말씀하신다.

그들이 그들 자신의 현재의 부족한 모습을 보고서 걱정하고 겁을 내지 않도록 하시기 위하여, 그리스도께서는 필요한 바로 그 때에 도우심이 주어지게 될 것이라고 그들에게 약속하신다. 주님은 믿는 자들이 그를 증언하지 않는 동안에는 그들에게 말 잘하는 은사를 주시지 않고 계시다가, 정작 그런 은사가 그들에게 필요한 일이 생기게 되면, 이전에는 말을 잘 못하는 자들이었던 그들이 주님으로부터 그 은사를 받아서 평소보다 더 말을 잘하게 되는 일이 자주 일어난다. 우리 시대에서도 우리는 평소에는 별로 말재주가 없어 보이던 자들이 막상 그들의 신앙을 많은 사람들 앞에서 고백해야 하는 상황이 되자 거의 기적처럼 적절하고 은혜로운 말들을 쏟아내는 것을 일부 순교자들에게서 보아 왔다.

그렇지만, 사도들이 모든 염려나 걱정으로부터 완전히 자유롭게 되는 것이 그리스도의 뜻은 아니었다. 왜냐하면, 그들로 하여금 성령을 그들에게 주시라고 하나님께 간구할 수밖에 없게 만드는 그런 염려를 그들이 갖는 것은 도리어 그들에게 유익일 것이었기 때문이다. 그러나 그리스도께서는, 그의 제자들을 거의 언제나 당황스럽게 만들고 흔들어 놓을 수 있는 저 깊은 불안은 그들에게서 제거되기를 바라셨다. 사람들이 무슨 일이 일어날지, 또는 이런저런 일이 일어날 것인지 일어나지 않을 것인지를 추측하는 데에 몰두하면서, 하나님의 섭리를 의지하지 않는 한, 그들은 괴로워하고 불안해하는 비참한 상태 속에 계속해서 놓여 있게 된다. 사실, 하나님의 섭리를 존중하여 때가 되면 그들의 곤경이 해소될 것이라고 믿어야 하는데도 그렇게 하지 않는 자들은 이런 식으로 괴로움을 당하는 것이 마땅하다.

²¹장차 형제가 형제를, 아버지가 자식을 죽는 데에 내주며 자식들이 부모를 대적하여 죽게 하리라 ²²또 너희가 내 이름으로 말미암아 모든 사람에게 미움을 받을 것이나 끝까지 견디는 자는 구원을 얻으리라 ²³이 동네에서 너희를 박해하거든 저 동네로 피하라 내가 진실로 너희에게 이르노니 이스라엘의 모든 동네를 다 다니지 못하여서 인자가 오리라 ²⁴제자가 그 선생보다, 또는 종이 그 상전보다 높지 못하나니 ²⁵제자가 그 선생 같고 종이 그 상전 같으면 족하도다 집 주인을 바알세불이라 하였거든 하물며 그 집 사람들이랴(마 10:21-25).

⁴⁰제자가 그 선생보다 높지 못하나 무릇 온전하게 된 자는 그 선생과 같으리라(눅 6:40).

마 10:21. 장차 형제가 형제를 … 내주며. 그리스도께서는 먼저 어떤 극심한 재난들이 그들을 기다리고 있는지에 대하여 경고하신 후에, 그들의 모든 고통스러움을 달게 해줄 주목할 만한 사실을 덧붙이신다. 먼저, 그리스도께서는 다른 사람들에게는 그들을 보호해 주거나 위로가 될 수 있는 그러한 수단들이나 상황들이 제자들에게는 그들의 비참함을 더해주는 요인이 될 것이라고 선언하신다. "형제들"은 서로가 어렵거나 곤경에 처해 있을 때에 손길을 뻗쳐서 도와주고 서로의 안전을 지켜 주어야 마땅하지만, 제자들에게는 치명적인 원수들이 될 것이다.

하지만 믿는 자들에게 오직 "형제가 형제를 죽는 데에 내주는" 일만이 일어난다고 생각한다면, 그것은 오산이다. 왜냐하면, 아버지도 아들이 하나님에 대한 참된 예배에서 떠나 배교하였다는 것을 알게 되면 거룩한 열심으로 자기 아들을 넘겨주는 일도 얼마든지 일어날 수 있기 때문이다. 아니, 하나님은 그러한 경우에 우리에게 혈육이라는 사실을 잊고서, 오직 하나님의 이름이 영광을 받을 수 있는 조치를 취하는 데에만 우리의 모든 관심을 쏟아야 한다고 명하신다(신 13:9). 하나님을 두려워하고 경외하는 자라면 누구나 그리스도의 나라가 흩어지고 구원의 교훈이 소멸되며 하나님에 대한 예배가 폐하여지는 것보다는 차라리 자신의 혈육들이 다 죽는 것이 낫다고 여겨서 그 혈육들을 아끼지 않을 것이다. 그런 경우에 우리의 감정들이 제대로 다스려지고 있다면, 우리 가운데는 의로운 미움 외에는 다른 이유는 끼어들 여지가 없게 될 것이다.

다른 한편으로, 그리스도께서는 하나님의 나라를 회복시키시고 사람들 가운데서 경건을 최고조로 끌어올리실 뿐만 아니라, 사람들을 멸망에서 건져 내어 구원에 이르게 하시는 것이기 때문에, 이토록 아름다운 가르침을 위하여 일하는 사역자들을 그리스도로 말미암아 미워한다는 것은 그 어떤 일보다도 가장 비이성적이고 이치에 맞지 않는 일이다. 이렇게 너무나 기괴하고 본성을 형편없이 거스르는 일이 일어나면, 순수한 사람들인 제자들은 크게 괴로워하게 될 것이다. 그러나 그리스도께서는 그런 일이 실제로 일어나게 될 것이라고 미리 말씀하신다.

마 10:22. 끝까지 견디는 자는 구원을 얻으리라. 경건한 자들은 비록 온 세상이 그들을 대적하여 일어난다고 할지라도, 이 약속 하나만으로도 충분히 그들의 마음을 지킬 수 있어야 한다. 왜냐하면, 그리스도께서는 결국 그들이 형통하고 복을 받게 될 것이라고 그들에게 약속하시기 때문이다. 세상의 군대 지휘관들 아래에서 전투를 하는 자들이 전쟁의 결과가 불확실함에도 불구하고 확고한 목적을 위해서 죽음을 불사하고 돌진하는데, 승리할 것이 확실한 우리가 끝까지 그리스도를 따라 돌진하기를 주저한다면, 그것이 말이 되는 것이겠는가?

마 10:23. 너희를 박해하거든. 그리스도께서는 제자들이 사람들에게 배척당하게 될 것을 예감하신다. 우리가 온 세상의 미움을 맞닥뜨려야 한다면, 이 모든 것의 끝은 무엇이 될 것인가? 그들이 어느 곳에 머물든지 안전할 수는 없겠지만, 그리스도께서는 그들이 한 곳에서 쫓겨난다고 해도 절망하지 말고, 그들의 수고가 통할 수 있는 다른 곳이 있는지를 찾아보라고 말씀하신다. 하지만, 이것을 단순히 용인(容認)(permissio) 정도로 생각하는 것은 잘못이다. 왜냐하면, 이것은 제자들에게 주어진 명령, 즉 그들이 어떻게 행하는 것이 그리스도의 뜻인지를 보여주는 말씀이기 때문이다. 한 차례의 박해를 잘 견디고 살아남은 자는 복무 기간을 마친 병사처럼 자원해서 이 전도의 일에서 물러나고자 할지도 모른다. 그러나 그리스도를 따르는 자들에게는 그러한 제대(除隊)가 허락되지 않는다. 왜냐하면, 그는 그들에게 조금도 약해지지 않은 열심을 품고서 그들이 달려가야 할 길을 완주하라고 명하시기 때문이다. 요컨대, 사도들은 한두 차례의 박해를 이겨냈다고 해서 그들의 사명을 다한 것으로 생각하지 말고, 또다시 새로운 싸움에 착수하라는 명령을 받는다는 것이다. 박해를 받을 때에 그들은 한적한 곳으로 물러나서 거기에서 아무 일도 하지 않고 지내는 것이 허락되지 않고, 그들의 수고가 한 곳에서 성공을 거두지 못하였다고 할지라도, 주님은 그들에게 끝까지 견디라고 권하신다.

그렇지만, 이 명령 속에는 용인(容認)도 내포되어 있다. 박해를 피하는 것과 관련해서 우리는 도망친 모든 자를 무조건 다 단죄해서는 안 되지만, 모든 종류의 도망이 합법적인 것은 아니다. 일부 옛 사람들은 이 문제에 대하여 극단적인 열심을 발휘하여서, 박해에서 도망치는 것을 그리스도를 부인(否認)하는 일종의 배교로 여겨 단죄하였다. 만약 이것이 사실이라면, 그 욕(辱)의 일부는 그리스도와 그의 사도들에게 돌아가게 될 것이다. 또한, 모든 사람이 무조건적으로 박해에서 도망치는 것이 허용되어 있다고 한다면, 박해의 때에 선한 목자와 삯꾼 목자를 구별하는 것은 불가능하다. 우리는 아우구스티누스(Augustinus)가 호노라투스(Honoratus)에게 보낸 편지에서 말한 중용(中庸)의 길을 지키는 것이 마땅하다: "그 누구도 겁이 나서 양 무리를 배신하거나, 자신의 사역에 대한 태만함으로 인해서, 자신의 직무를 버리는 일이 없어야 하지만, 함부로 또는 자의적으로 자신을 위험에 노출시키는 일도 없어야 한다." 온 교회가 공격을 받고 있거나, 교회에 속한 자들 중 일부가 박해를 받아 죽임을 당할지도 모르는 상황이라면, 신자들 개개인을 위하여 자신의 목숨을 바쳐야 할 책무가 있는 목회자가 도망치는 것은 잘못이다. 그러나 목회자가 그 자리에 없어야 원수들의 분노가 진정되고, 그 결과로 교회가 유익을 얻게 되는 경우가 종종 있을 수 있다. 그런 경우에는 목회자는 "비둘기 같은 순결함"을 자신의 지침으로 삼아 행동함으로써, 유약한 자들이 목회자의 처신을 그들이 겁을 집어먹고 소심하게 행동하는 것에 대한 핑곗거리로 삼지 못하게 하여야 한다. 왜냐하면, 육체는 언제나 괴로운 일을 피하는 데에 천재적이기 때문이다.

마 10:23. 내가 진실로 너희에게 이르노니. 우리는 이 말씀을 어떤 이들과 같이 사도들의 첫 번째 전도 여행과 연결시켜서 이해해서는 안 되고, 그들이 사도직을 수행하였던 전 기간을 염두에 두고 하신 말씀으로 보아야 한다. 그러나 한 가지 난점이 있는데, 그것은 "인자가 오리라"는 것이 무슨 의미인지를 확정하는 것이다.

어떤 이들은 이 어구가 복음이 유대 전역에 전파되어서, 모든 사람이 그리스도께서 진정으로 다스리고 계시다는 것을 인정하고, 그가 다윗의 나라를 회복하실 것이라고 기대하게 되리라는 것을 가리키는 것이라고 설명한다. 또 어떤 이들은 이 어구가 그리스도께서 이 민족의 배은망덕에 대하여 복수하시기 위하여 나타나셔서 예루살렘을 멸망시키실 것을 가리키는 것이라고 설명한다. 전자의 해석은 받아들일 수 있는 것이지만, 후자의 해석은 너무 부자연스럽고 억지스럽다. 나는 여기에 주어진 위로를 특별히 사도들에게 주어진 것이라고 본다. 즉, 그리스도께서는 상황이 절망적으로 보일 때에 자기가 "와서" 그들을 건지시겠다고 말씀하고 계시는 것이라는 말이다. 사도들이 받은 사명은 복음을 온 세상에 전하는 것이었기 때문에 사실 거의 끝이 없는 일이었다. 그리스도께서는 그들이 유대 전역을 다 다니기 전에 자기가 "올" 것이라고 약속하신다. 즉, 그리스도께서 그의 성령의 능력으로 말미암아 그의 통치에 아주 큰 광휘(光輝)를 두르실 것이기 때문에, 사도들은 지금까지 발견할 수 없었던 그리스도의 영광과 위엄을 알아볼 수 있게 되리라는 것이다.

마 10:24. 제자가 그 선생보다 … 높지 못하나니. 그리스도께서는 자신의 모범을 들어서 그들에게 끝까지 견딜 것을 권면하신다. 사실, 우리가 하나님의 아들과 운명을 같이한다는 것을 깊이 숙고한다면, 이 위로의 말씀은 모든 슬픔을 다 몰아내기에 충분하다. 그리스도께서는 우리로 하여금 더 깊이 부끄러움을 느끼게 만드시기 위하여, 사람들 사이에서 통용되는 두 가지 비유를 가져와서 사용하신다. "제자"는 "그의 선생"과 동일한 반열에 서는 것을 영광으로 여기고, 자신의 선생보다 더 큰 영광을 받기를 감히 바라지 않는다. 또한, "종들"은 자신의 "상전"이 기꺼이 받아들인 상황을 그들 자신도 받아들이기를 거부하지 않는다. 이 두 가지 점에서 하나님의 아들은 우리를 훨씬 뛰어넘으신다. 왜냐하면, 아버지 하나님은 그 아들에게 최고의 권세를 주셨고, 선생의 직분을 수여하셨기 때문이다. 그러므로 그리스도께서 우리를 위하여 기꺼이 겪으셨던 일들을 우리가 사양한다면, 그것은 우리에게 부끄러운 일이 될 수밖에 없다. 이 말씀은 설명하기보다는 묵상하는 것이 더 필요하다. 왜냐하면, 이 말씀이 지닌 의미는 그 자체로 충분히 분명하기 때문이다.

눅 6:40. 제자가 그 선생보다 높지 못하나 무릇 온전하게 된 자는 그 선생과 같으리라. 누가는 마치 이 말씀이 다른 강론들이 행해지는 가운데에 갑자기 등장하였다는 듯이 앞뒤의 말씀들과 전혀 연결시킴이 없이 이 말씀을 소개하지만, 마태는 이 말씀이 어떠한 전후 맥락 속에서 나왔는지를 아주 분명하게 설명하고 있기 때문에, 나는 이 말씀을 여기에서 다루고자 한다. 번역과 관련해서는 나는 다음과 같은 이유로 에라스무스(Erasmus)나 옛 번역자를 따르지 않았다. 분사 '카테르티스 메노스'(κατηρτισμένος, "온전하게 된")는 "온전한"을 의미하지만, "적절하고 어울리는"을 의미하기도 한다. 지금 그리스도께서는 온전함에 대해서가 아니라, 닮는 것에 대하여 말씀하고 계시는 것이기 때문에, "제자"가 자기 "선생"만 하다면 그것보다 더 적절하고 어울리는 일은 없다는 의미가 되어야 하므로, 내게는 후자의 의미가 더 적합한 것으로 보인다.

마 10:25. 집 주인을 바알세불이라 하였거든. 사도가 그리스도를 모세 및 선지자들과 비교할 때에 그들은 "종들"이었지만 그리스도는 아들이자 상속자라고 말하였듯이(히 3:1), 이 구절은 그리스도께서 자신을 교회의 주인이라 하시는 것과 같은 말씀이다. 그리스도께서는 그들을 "형제들이라 부르시는"(히 2:11) 영광을 그들에게 수여하시지만, 그 자신은 "맏아들"(롬 8:29)이시고 온 교회의 머리이시다. 요컨대, 그리스도는 최고의 통치권과 권세를 소유하고 계신다는 말이다. 그러므로 우리가 믿는 자들로 여김을 받고자 하면서도, 막상 하나님이 우리에게 그의 모든 권속 위에 두신 그의 아들의 형상을 닮아가라고 하실 때에는 하나님을 향하여 불평을 한다면, 그것보다 더 이치에 맞지 않는 일은 있을 수 없다. 만약 우리가 하나님의 집에서 한자리를 얻고자 하고 주님을 능가하고자 한다고 말하면서도, 실제로는 안일하고 편안한 삶을 추구한다면, 그것이 말이 되는 것이겠는가? 이 구절의 일반적인 의미는 우리의 왕 되신 그리스도께서는 온갖 모욕들을 기꺼이 받으셨는데 우리가 그 모욕들을 겪는 것을 힘든 일로 여긴다면, 그것은 지나치게 엄살을 부리고 있는 것이라는 것이다.

헬라어 '베엘제붑'(또는, 베엘세불)은 와전된 용어로서, '바알제붑'(또는, 바알세불)이 더 정확한 표기이다. "바알세불"은 에그론 주민들이 섬겼던 블레셋의 우상들 중의 주신(主神)에게 붙여진 명칭이었고(왕하 1:2), "바알"은 오늘날 교황주의자들이 그들의 수호신들로 삼고 있는 하위 신들의 이름이었다. 바알세불은 "파리" 또는 "파리들의 수호신"을 의미하기 때문에, 어떤 이들은 신전에서 드려지는 많은 희생 제물들 때문에 수많은 파리 떼가 들끓어서 그런 이름이 붙여진 것이라고 생각해 왔다. 그러나 나는 사람들이 그 지역에 우글거렸던 파리들을 없애 달라는 염원을 담아서 이 우상에게 그런 이름을 붙인 것이라고 본다. 아하시야가 미신의 영향 아래에서 사자(使者)를 보내어서 자신의 병이 낫겠는지를 이 우상에게 물어 보라고 하면서 이 우상을 그런 이름으로 부르고 있는 것으로 보건대(왕하 1:2), 정황상으로 이 이름은 비난이나 모욕을 담고 있는 그런 이름은 아니었던 것으로 보인다. 그러나 경건한 자들이 지옥이 끔찍한 곳임을 나타내기 위해서 "게헨나"라는 이름으로 불렀던 것과 마찬가지로, 우상에 대한 그들의 증오심과 혐오감을 표현하기 위해서 마귀를 "바알세불"이라 불렀다. 이것으로부터 우리는 악한 자들이 백성들로 하여금 그리스도를 혐오하게 만들 목적으로 그들이 생각해 낼 수 있는 가장 모욕적인 말을 사용해서, 그를 여호와 신앙의 최고의 적인 마귀라고 불렀다는 것을 알게 된다. 이것과 동일한 종류의 모욕적인 말로 공격을 당하는 일이 우리에게 일어난다고 해도, 우리는 그것을 이상하게 생각하지 말고, 우리의 머리 되시는 그리스도께서 겪으신 일이 그 지체인 우리에게도 그대로 일어난다고 여겨야 한다.

²⁶그런즉 그들을 두려워하지 말라 감추인 것이 드러나지 않을 것이 없고 숨은 것이 알려지지 않을 것이 없느니라 ²⁷내가 너희에게 어두운 데서 이르는 것을 광명한 데서 말하며 너희가 귓속말로 듣는 것을 집 위에서 전파하라 ²⁸몸은 죽여도 영혼은 능히 죽이지 못하는 자들을 두려워하지 말고 오직 몸과 영혼을 능히 지옥에 멸하실 수 있는 이를 두려워하라 ²⁹참새 두 마리가 한 앗사리온에 팔리지 않느냐 그러나 너희 아버지께서 허락하지 아니하시면 그 하나도 땅에 떨어지지 아니하리라 ³⁰너희에게는 머리털까지 다 세신 바 되었나니 ³¹두려워하지 말라 너희는 많은 참새보다 귀하니라(마 10:26-31).

²²드러내려 하지 않고는 숨긴 것이 없고 나타내려 하지 않고는 감추인 것이 없느니라 ²³들을 귀 있는 자는 들으라(막 4:22-23).

¹⁷숨은 것이 장차 드러나지 아니할 것이 없고 감추인 것이 장차 알려지고 나타나지 않을 것이 없느니라 … ²감추인 것이 드러나지 않을 것이 없고 숨긴 것이 알려지지 않을 것이 없나니 ³이러므로 너희가 어두운 데서 말한 모든 것이 광명한 데서 들리고 너희가 골방에서 귀에 대고 말한 것이 지붕 위에서 전파되리라 ⁴내가 내 친구 너희에게 말하노니 몸을 죽이고 그 후에는 능히 더 못하는 자들을 두려워하지 말라 ⁵마땅히 두려워할 자를 내가 너희에게 보이리니 곧 죽인 후에 또한 지옥에 던져 넣

는 권세 있는 그를 두려워하라 내가 참으로 너희에게 이르노니 그를 두려워하라 [6] 참새 다섯 마리가 두 앗사리온에 팔리는 것이 아니냐 그러나 하나님 앞에는 그 하나도 잊어버리시는 바 되지 아니하는도다 [7] 너희에게는 심지어 머리털까지도 다 세신 바 되었나니 두려워하지 말라 너희는 많은 참새보다 더 귀하니라(눅 8:17; 12:2-7).

마 10:26. 그런즉 그들을 두려워하지 말라. 사도들은 복음이 아주 심하게 멸시를 받고, 소수만이 믿는 것을 보았을 때에, 장래에 대한 소망까지 내팽개쳐 버릴 가능성도 있었다. 그래서 이제 그리스도께서는 장차 복음이 두루 전파되어, 사람들에게서 생겨나는 온갖 장애물들을 다 극복하고서 마침내 우뚝 서서, 모든 사람들에게 알려지게 될 것이라고 선포하심으로써, 사도들의 그런 의심을 불식시키신다. "감추인 것이 드러나지 않을 것이 없고"라는 말씀은 격언 같은 겉모습을 가지고 있기는 하지만, 우리는 이 말씀이 구원의 가르침에 국한해서 적용되는 것으로 보아야 한다. 즉, 이 말씀을 통해서 그리스도께서는 사람들이 복음을 반대해서 온갖 계교와 술수를 쓴다고 할지라도 결국 복음은 승리를 거두게 될 것이라고 약속하고 계시는 것이다. 그리스도께서는 종종 성전에서 공개적으로 가르치셨지만, 그의 가르침은 배척을 당하셨기 때문에 여전히 어두운 구석에 "감추어져" 있었다. 그러나 그리스도께서는 복음이 "드러날" 때가 올 것이라고 분명하게 선언하신다. 그리고 우리가 알고 있듯이, 이 일은 이때로부터 얼마 지나지 않아서 현실이 되었다. 복음의 소리만큼 온 세상에 울려 퍼져서 땅의 모든 곳에서 천둥소리처럼 듣게 된 것은 일찍이 없었다. 그리스도께서는 그들에게 이 약속이 담력을 줄 것이기 때문에, 담대함과 오래 참음으로 복음 전도에 헌신하고, 복음이 사람들에 의해서 멸시당하는 것을 보더라도 놀라거나 겁을 먹지 말고, 도리어 열심을 품고서 복음을 전하는 자들이 되라고 권면하신다.

내가 마가복음에서 가져온 구절은 다른 두 복음서에 나오는 것들과는 아마도 다른 시기에 다른 의미로 선포된 말씀일 수도 있지만, 해당되는 마가 본문에는 서로 연결이 잘 안 되는 짧은 문장들이 열거되어 있기 때문에, 나는 가장 유력하다고 생각되는 의미를 따라 설명하고자 하였다. 거기에서 그리스도께서는 사도들에게 "등불들"이 되어서 밝은 빛을 멀리까지 비치라고 명하신 후에, 곧바로 "드러내려 하지 않고는 숨긴 것이 없고"(막 4:22)라는 말씀을 덧붙이신다. 이제 복음의 "등불"이 어둠 가운데에서 사도들에 의해서 켜졌기 때문에, 그들을 통해서 그 등불이 높이 들려서, 온 세상을 두루 비치게 될 것이었다. 누가복음 8장의 본문은 정확히 동일하고, 12장의 본문은 단어 사용에 있어서 차이가 있기는 하지만 그 의미가 동일하다는 것은 의심의 여지가 없다. 왜냐하면, 거기에서 그리스도께서는 사도들에게 그들이 "어두운 데서 말한" 것들을 밝히 드러내라고 명하시기 때문이다(눅 12:3). 이것은 그들이 이제까지는 복음을 단지 속삭이듯이 전하였지만, 장래에는 공개적으로 아주 널리 전하여, 그 복음이 세계의 가장 먼 오지(奧地)에까지 전파되게 되리는 것을 의미한다.

마 10:28. 몸은 죽여도 영혼은 능히 죽이지 못하는 자들을 두려워하지 말고. 그리스도께서는 그의 제자들에게 용기를 주어서 죽음을 두려워하지 말고 무시해 버리도록 하시기 위하여, 하늘에 속한 영생을 위하여 지음을 받은 자들은 이 덧없고 썩어질 목숨을 아무것도 아닌 것으로 여겨야 마땅하다는 아주 강력한 논거를 사용하신다. 이 말씀의 취지는, 믿는 자들이 어떤 목적으로 그들이 태어났는지, 그리고 그들의 처지가 어떠한지를 깊이 숙고한다면, 이 세상에서 목숨을 부지하며 사는 것에 연연해할 이유가 전혀 없게 되리라는 것이다. 그러나 이 말씀은 한층 더 깊고 풍부한 의미를 담고 있다. 왜냐하면, 여기에서 그리스도께서는 폭군들을 두려워하여 자신의 신앙 고백을 저버리는 자들은 하나님을 두려워하는 것이 없는 자들이고, 죽음이 두려워서 자신의 신앙 고백을 망설임 없이 버리는 자들은 지독하게 어리석은 자들이라는 것을 우리에게 가르치고 계시기 때문이다.

우리는 이 말씀이 두 가지 종류의 서로 정반대되는 "두려움"을 구별하고 있는 것에 주목하여야 한다. 사람들을 두려워하는 것이 곧 하나님을 "두려워하지" 않는 것이라면, 그것은 우리가 하나님보다도 사람들을 더 존중하고 있다는 것을 분명하게 보여주는 것이 아니겠는가? 이것으로부터 우리는 우리가 하늘에 속한 영생을 버린다면, 그것은 우리 자신을 "멸망하는 짐승"(시 49:12)이 되게 하는 것과 같다는 결론을 얻는다. 오직 하나님만이 사람들에게 영생을 주시는 권세, 또는 사람들을 영원한 사망에 처하실 수 있는 권세를 지니고 계신다. 우리가 하나님을 잊는 것은 사람들을 두려워하는 두려움으로 인해서 휘둘리기 때문이다. 우리가 사람들을 두려워한다면, 그것은 우리가 우리의 영혼이 처하게 될 영원한 운명이 아니라 우리의 육신의 그림자 같이 덧없는 삶에 더 높은 가치를 두고 있다는 것, 아니 우리가 덧없이 사라져 버릴 현세의 그림자 같은 삶을 중시하고 천국의 삶은 하잘것없는 것으로 여긴다는 것을 분명하게 보여주는 것이 아니고 무엇이겠는가?

그러므로 그리스도께서 하신 이 말씀은 다음과 같이 설명되어야 한다: "너희가 영원히 죽지 않는 영혼을 받았고, 그 영혼은 오직 하나님만이 그의 뜻대로 처분하실 수 있으시고, 사람들의 힘으로는 어떻게 할 수 없다는 것을 알라. 그러므로 사람들이 그 어떤 것으로 너희를 두렵게 하고 놀라게 할지라도, 너희의 믿음이 흔들릴 이유가 없다. 따라서 이 싸움에서 사람들을 두려워한다면, 그것은 영혼보다는 육신을, 영원한 생명보다 썩어질 목숨을 더 소중히 여기기 때문이 아니면, 무엇 때문이겠는가?"

누가는 "내가 참으로 너희에게 이르노니 그를 두려워하라"(12:5)고 반복을 통하여 강조를 함으로써, 마치 그리스도께서 우리가 사람들을 두려워한다면 그것은 하나님을 존중하지 않는다는 증거이고, 반대로 우리가 하나님을 두려워한다면 우리는 우리가 하는 일들에서 쉽게 승리할 것이기 때문에, 사람들이 제아무리 기를 쓰고 훼방하여도 우리가 하는 일들을 막지 못하게 되리라고 말씀하셨다는 듯이 표현하고 있다. 모든 시대의 경험은 이 권면이 그리스도의 사역자들에게 아주 꼭 필요한 말씀이고, 모든 믿는 자들에게도 마찬가지라는 것을 보여준다. 왜냐하면, 사람들이 하나님을 대적하여 맹렬히 일어나서 복음을 무너뜨리고자 애쓰지 않았던 시기가 결코 없었기 때문이다. 실제로 모든 사람이 다 똑같이 믿는 자들에게 죽음에 대한 두려움을 심어줄 수 있는 힘을 갖추고 있는 것은 아니지만, 상당수의 사람들이 기회가 있을 때마다 저 야만적이고 거대한 잔인성(cyclopica feritas)을 드러낸다. 또한, 사탄은 종종 거인(巨人)들을 보내는데, 그리스도의 종들은 이 가르침으로 그들의 믿음을 견고히 하여 흔들림 없이 지켜나가지 않으면 그 거인들 앞에서 맥없이 무너지고 만다.

"그들을 두려워하지 말라"와 "그를 두려워하라"는 서로 매우 밀접하게 연결되어 있기 때문에, 어떤 미숙한 자들이 "그들을 두려워하지 말라"는 구절을 따로 떼어서 읽는 것은 잘못된 것이다. 왜냐하면, (우리가 이미 앞에서 말했듯이) 그리스도께서는 우리가 사람들을 두려워하는 저 악한 마음으로 인해서 올바른 길에서 벗어나게 되는 것을 막으시기 위하여 그것을 하나님을 두려워하는 경건하고 거룩한 마음과 대비시키고 계시는 것이기 때문이다. 만약 이 두 가지가 그런 식으로 연결되어 있지 않다면, 우리가 육신과 영혼의 주(主)이신 하나님을 두려워하면 단지 육신만을 해칠 수 있는 힘을 지닌 사람들을 두려워할 이유가 없다는 논리가 성립되지 못할 것이다. 그리고 그리스도께서 사람들이 "몸을 죽일" 힘을 갖고 있다고 말씀하실 때, 그것은 실제로 그들에게 그런 힘이 있다는 것이 아니라, 단지 하나님이 그것을 용인(容認)하고 계시다는 것을 의미한다. 하나님이 악인들에게 그런 악을 행할 수 있는 자유를 일정 정도 허용하셨기 때문에, 그들은 그들 자신의 힘에 대한 자만심으로 부풀어 올라서, 모든 것을 그들의 마음대로 할 수 있고, 심지어 연약한 심령들을 두렵게 만들 수도 있다고 제멋대로 생각하게 된 것이다. 하지만, 경건한 자들의 목숨을 좌지우지할 수 있는 힘이 자기들에게 있다고 여기는 악인들의 저 교만한 생각은 전혀 근거가 없는 망상일 뿐이다. 왜냐하면, 하나님은 악인들을 일정한 한계 내로 묶어 두시고 계실 뿐만 아니라, 필요하실 때마다 그들의 공격들이 지닌 잔인성과 폭력성의 수위(水位)를 억제하시기 때문이다. 그렇지만, 하나님의 허락 하에서 그들에게는 사람들을 죽일 수 있는 권한이 있다고 말해진다. 왜냐하면, 하나님은 종종 그들이 잔인하게 광분하는 것을 허용하시기 때문이다. 게다가, 우리 주님의 말씀은 두 부분으로 이루어져 있다. 그리스도께서는 먼저 우리에게 육신의 목숨을 잃는 것을 침착하게 감당해야 한다는 것을 가르치시기 위하여 영원한 생명과 영원한 사망을 둘 다 깊이 묵상해 볼 것을 명하신 후에, 점진적으로 우리를 이끄셔서, 다음과 같은 대목, 즉 우리의 목숨을 보호하시는 것이 하나님의 손에 달려 있다는 말씀에 다다르게 하신다.

마 10:29. 참새 두 마리가 한 앗사리온에 팔리지 않느냐. 내가 이미 암시했듯이, 그리스도께서는 계속해서 한 걸음 더 나아가셔서, 제아무리 광기 어린 폭군들일지라도 사람들의 육신을 주관할 수 있는 그 어떤 권세도 가지고 있지 않기 때문에, 누구라도 마치 자기가 하나님의 보호하심 아래에 있지 않다는 듯이, 사람들의 잔인함을 두려워하는 것은 합당하지 않은 일이라는 것을 분명하게 선언하신다. 그러므로 우리는 위험을 만났을 때에 이 두 번째 위로의 말씀을 기억하여야 한다. 하나님은 우리의 목숨을 지키시는 분이시기 때문에, 우리는 안심하고 하나님의 섭리를 의지할 수 있다. 아니, 하나님이 우리의 목숨을 지키시기를 기뻐하신다는 것을 우리가 믿지 않는다면, 그것은 하나님께 부당한 짓을 하는 것이다. 그리스도께서는 하나님의 섭리가 모든 피조물들에게 보편적으로 미치고 있다고 말씀하시면서, 큰 것을 들어서 작은 것을 증명하시는 방법을 사용하여 우리가 하나님의 특별한 보호하심을 받고 있다는 사실을 논증하신다. "참새"보다 더 하잘것없는 존재는 거의 없지만(당시에 "참새 두 마리"가 "한 앗사리온에 팔렸기" 때문에, 또는, 누가에 의하

면 "참새 다섯 마리가 두 앗사리온에 팔렸기" 때문에), 하나님은 참새들을 보호하
시기 위하여 지켜보고 계시고, 참새들에게 우연히 어떤 일이 일어나지 않게 하신
다. "참새들"에게 일어나는 일들도 주의 깊게 지켜보시는 하나님이 하물며 사람들
의 목숨과 관련된 일들을 못 본 체하실 리가 없지 않은가?

　여기에는 우리가 주목해야 할 것이 두 가지가 있다. 첫째, 그리스도께서는 철학
자인 척하는 많은 사람들과는 판이하게 다르게 하나님의 섭리를 설명하시는데, 그
들은 하나님이 세상을 다스리신다는 것은 인정하면서도, 하나님의 섭리에 대해서
는 마치 하나님이 각각의 피조물을 지켜보지 않으신다는 듯이 뒤죽박죽이라고 제
멋대로 생각한다. 하지만, 그리스도께서는 각각의 피조물은 하나님의 손길과 보호
하심 아래에 있기 때문에, 우연히 일어나는 일은 하나도 없다고 분명하게 선언하
신다. 의심할 여지 없이, 하나님의 뜻은 "우연성" 또는 불확실성과 대비된다. 그렇
지만, 우리는 이것이 스토아 철학에서 말하는 "운명"(fatum)을 뜻하는 것으로 이해
해서는 안 된다. 왜냐하면, 복잡한 인과(因果)의 연쇄 속에 내포되어 있는 필연성
을 생각하는 것과 세계 및 그 모든 부분이 하나님의 뜻에 의해 움직인다는 것을 믿
는 것은 전혀 다른 것이기 때문이다. 나는 사물들의 본성 속에는 불확실성이 존재
한다는 것을 인정하지만, 모든 것이 하나님의 뜻에 의해서 규율되기 때문에, 맹목
적인 우연에 의해서 일어나는 일은 하나도 없다고 주장하는 것이다.

　우리가 두 번째로 주목해야 할 것은 우리는 하나님의 섭리라고 할 때에 호기심
많고 변덕스러운 사람들이 보여주는 행태를 떠올려서는 안 되고, 우리로 하여금
하나님을 신뢰하고 기도할 수 있게 해주는 확고한 토대라는 것을 명심하여야 한다
는 것이다. 그리스도께서 우리의 "머리털까지 다 세신 바 되었다"고 우리에게 알려
주실 때, 그것은 쓸데없는 사변(思辨)들을 조장하시는 말씀이 아니라, 우리의 이
연약한 육신을 돌보시고 살피시는 아버지 같으신 하나님을 의지하라고 우리에게
가르치시는 것이다.

　마 10:31. 너희는 많은 참새보다 귀하니라. 이 말씀은 모든 사람들에게 보편적
으로 적용된다. 왜냐하면, "참새"는 모든 사람의 유익을 위하여 창조되었기 때문이
다. 그러나 이 말씀은 자연인들보다도 훨씬 더 큰 권세를 지니고 있는 하나님의 아
들들에게 특히 해당된다. 사람들은 하나님이 값없이 은혜로 그들에게 가치를 부여
하시는 정도만큼만 가치를 지니는 법이다.

³²누구든지 사람 앞에서 나를 시인하면 나도 하늘에 계신 내 아버지 앞에서 그를 시인할 것이요 ³³누구든지 사람 앞에서 나를 부인하면 나도 하늘에 계신 내 아버지 앞에서 그를 부인하리라 ³⁴내가 세상에 화평을 주러 온 줄로 생각하지 말라 화평이 아니요 검을 주러 왔노라 ³⁵내가 온 것은 사람이 그 아버지와, 딸이 어머니와, 며느리가 시어머니와 불화하게 하려 함이니 ³⁶사람의 원수가 자기 집안 식구리라(마 10:32-36).

³⁸누구든지 이 음란하고 죄 많은 세대에서 나와 내 말을 부끄러워하면 인자도 아버지의 영광으로 거룩한 천사들과 함께 올 때에 그 사람을 부끄러워하리라(막 8:38).

²⁶누구든지 나와 내 말을 부끄러워하면 인자도 자기와 아버지와 거룩한 천사들의 영광으로 올 때에 그 사람을 부끄러워하리라 … ⁸내가 또한 너희에게 말하노니 누구든지 사람 앞에서 나를 시인하면 인자도 하나님의 사자들 앞에서 그를 시인할 것이요 ⁹사람 앞에서 나를 부인하는 자는 하나님의 사자들 앞에서 부인을 당하리라 … ⁵¹내가 세상에 화평을 주려고 온 줄로 아느냐 내가 너희에게 이르노니 아니라 도리어 분쟁하게 하려 함이로라 ⁵²이후부터 한 집에 다섯 사람이 있어 분쟁하되 셋이 둘과, 둘이 셋과 하리니 ⁵³아버지가 아들과, 아들이 아버지와, 어머니가 딸과, 딸이 어머니와, 시어머니가 며느리와, 며느리가 시어머니와 분쟁하리라 하시니라(눅 9:26; 12:8-9, 51-53).

마 10:32. 누구든지 사람 앞에서 나를 시인하면. 그리스도께서는 앞서 죽음을 멸시할 것에 관하여 일반적인 방식으로 말씀하셨던 것을 여기에서는 지금 다루고 계시는 주제에 적용하신다. 왜냐하면, 공개적인 신앙 고백은 하나님이 엄히 명하시는 것이자 세상이 견딜 수 없어 하는 것이어서, 우리가 죽음에 직면해서 그 신앙 고백에서 물러서지 않고자 한다면, 우리는 죽음에 대한 두려움과 맞서 싸우지 않으면 안 되기 때문이다. 그렇기 때문에, 그리스도의 제자들은 언제나 순교를 당할 각오를 하고서 담대하고 용기 있게 행하여야 한다. 그리스도에 대한 신앙 고백은 상당수의 사람들에 의해서 사소하고 하찮은 일로 치부되지만, 여기에서는 하나님에 대한 예배의 주된 부분이자 경건의 두드러진 표현으로 묘사되고, 이러한 묘사는 타당하다. 왜냐하면, 세상의 왕들은 그들의 영광을 확장하고 보호하며, 그들의 부(富)를 늘리기 위해서, 그들의 신민(臣民)들에게 무장할 것을 명령하는데, 믿는 자들이 적어도 말로써 하늘에 계신 그들의 왕의 영광을 시인하지 못할 이유가 전혀 없기 때문이다.

그러므로 확실한 것은 얼마든지 신앙을 고백할 수 있는데도 불구하고, 마치 신앙을 외적으로 고백하는 것이 불필요하다는 듯이, 마음속으로만 간직하고 있는 자들은 믿음이 없는 자들이라는 것이다. 그리스도께서 여기에서 우리를 그의 증인들, 즉 그 입으로 이 세상에서 그리스도의 이름을 송축하게 될 증인들이라고 부르시는 것은 합당하다. 달리 말하면, 그리스도께서는 사람이 그의 이름을 기꺼이 시인한다면 그것은 거짓 신앙과 대비되는 참된 신앙이라고 말씀하시고자 하시는 것이다. 그렇게 하는 것은 세상이 못마땅하게 여기는 반역적인 행위이기 때문에, 그리스도께서는 우리가 그러한 증언을 행하여야 한다는 것, 즉 우리 각 사람은 자신의 믿음을 마음속에 숨겨두지 말고, 사람들 앞에서 공개적으로 시인할 것을 우리에게 명하신다. 그리스도의 이름을 시인하기를 거부하거나 침묵하는 자는 하나님의 아들을 "부인하여" 스스로 하나님의 권속에서 자신의 몸을 빼는 것이 아니겠는가?

신앙을 공개적으로 고백하는 것은 평신도들보다는 선생들에게 더 많이 요구된다. 게다가, 모든 사람이 동일한 분량의 믿음을 부여받은 것이 아니기 때문에, 성령의 은사들을 남들보다 더 많이 받은 자는 다른 사람들 앞에서 본을 보이는 것이 마땅하다. 그러나 믿는 자들 중에서 하나님의 아들로부터 그의 증인이 되어 달라는 요구를 받지 않는 사람은 아무도 없다. 우리가 어떤 장소에서, 어느 때에, 어느 정도로 자주, 어떤 방식으로 우리의 신앙을 시인하고 고백하여야 하는지에 대해서는 정해진 규범이 없지만, 우리 중 누구도 적절한 때에 자신의 이러한 본분을 제대로 수행하지 못하는 일이 생기지 않도록 하기 위해서는, 우리가 어느 때가 가장 적절한 때인지를 잘 살피지 않으면 안 된다. 또한, 우리는 성령의 인도하심 아래에서 어떻게 하는 것이 합당한 것인지를 알고, 주님이 우리에게 명하시는 것을 담대하게 따르기 위해서, 주님께 지혜와 담대함의 성령을 구하여야 한다.

마 10:32. 나도 … 그를 시인할 것이요. 이 일에서 우리의 열심에 불을 붙이시기 위한 목적으로 한 가지 약속이 덧붙여진다. 그러나 우리는 이 둘 간의 대비점들을 주목하여야 한다. 우리가 우리 자신과 하나님의 아들을 비교해 본다면, 우리가 하나님의 아들을 시인하는 경우에는, 그가 그 상(賞)으로 우리를 시인하시겠다고 하시는데도, 우리가 그를 시인하는 것을 거부한다면, 그것은 얼마나 치졸하고 비열한 짓이겠는가? 그리스도께서 죽을 수밖에 없는 존재들, 아무런 가치도 없는 자들을 하나님, 천사들, 하늘의 모든 영광과 비교하시는 것을 보면, 그가 우리에게 약속해 주고 계시는 것은 그가 우리에게 요구하시는 것보다 얼마나 더 가치 있는 것이겠는가? 사람들이 패역하여 믿으려 하지 않는다고 할지라도, 그리스도께서는 우리가 사람들 앞에서 행한 증언을 마치 하나님과 천사들 앞에서 행한 것인 양 평가해 주신다.

마가와 누가는 이 점을 더욱 부각시키기 위해서 "이 음란하고 죄 많은 세대에서"(막 8:38)라는 말씀을 덧붙이는데, 그 취지는 사람들이 우리가 전하는 말씀을 받아들이지 않는다고 할지라도, 우리는 우리의 수고가 헛되었다고 생각해서는 안 된다는 것이다. 그리스도께서는 이 약속의 말씀을 듣고도 별 감화를 받지 못하는 자가 있을지도 모르겠다고 생각하셔서, 계속해서 무시무시한 경고의 말씀을 이어가시는데, 그것은 그리스도께서 장차 세상을 심판하러 나타나실 때에, 비열하게도 사람들 앞에서 그를 부인하였던 모든 자들을 "부인하시리라"는 것이다. 지금은 십자가의 원수들이 기고만장하여 그들의 외식과 위선 속에서 그들 자신을 자랑하며 뽐내고 있지만, 그리스도께서 그들의 이름을 생명책에서 지우실 그 때에도, 과연 그들이 지금과 같이 그렇게 할 수 있겠는가? 왜냐하면, 마지막 날에 하나님은 그리스도께서 그에게로 이끌어 오시는 자들만을 그의 자녀로 인정하실 것이고, 이 원수들에 대해서는 그리스도께서 분명하게 불리한 증언을 하셔서, 그들로 하여금 거짓된 근거들 위에서 하나님의 자녀들인 체하지 못하게 하실 것이기 때문이다. 그리스도께서 "아버지와 거룩한 천사들의 영광으로 오실"(눅 9:26) 것이라고 하신 말씀의 의미는 그 때에 그의 신적인 영광이 온전히 드러나게 되고, 지금 하나님의 보좌를 둘러 서 있는 "천사들"이 그 때에는 그리스도를 섬기며 그리스도의 위엄을 높이게 되리라는 것이다. 누가복음 12장의 본문은 마태 본문과 일치한다. 우리가 누가복음 9장과 마가복음에서 가져온 본문은 마태 본문과는 다른 시기에 선포된 것으로 보이지만, 그 가르침이 동일하기 때문에, 나는 그것들을 여기에서 한꺼번에 소개하였다.

눅 12:51. 내가 세상에 화평을 주려고 온 줄로 아느냐. 만약 온 세상이 하나 같이 복음의 가르침을 받아들인다면, 그리스도께서 지금 그의 제자들에게 요구하신 것은 별로 어려운 일이 아닐 것이고, 따라서 제자들 중에는 그것을 쉬운 일이라고 생각한 자도 있었을 것이다. 그러나 세상의 상당 부분은 단지 복음을 반대할 뿐만 아

니라 복음에 맞서서 격렬하게 싸우고자 하는 것이 현실이기 때문에, 우리는 많은
사람들의 저항과 미움에 직면할 각오 없이는 사람들 앞에서 그리스도를 시인할 수
없다. 그러므로 그리스도께서는 그를 따르는 자들에게 싸울 각오를 하라고 경고하
신다. 왜냐하면, 그들이 진리를 증언하기 위해서는 필연적으로 싸울 수밖에 없기
때문이다. 여기에서 그리스도께서는 두 가지 걸림돌을 해결해 주시는데, 만약 그
렇게 하지 않으셨다면, 연약한 믿음을 지닌 자들은 큰 괴로움을 겪게 되었을 것이
다. 선지자들은 한결같이 그리스도의 통치 아래에서는 태평성대(太平聖代)가 이
루어질 것이라고 약속하였다. 그러므로 그리스도의 제자들은 당연히 그들이 가는
곳마다 즉각적으로 모든 것이 평화롭게 될 것이라고 기대할 수밖에 없지 않았겠는
가? 그런데다가, 성경에서는 그리스도를 "우리의 화평"(엡 2:14)이시라고 부르고,
복음은 우리를 하나님과 화목을 이루게 한다고 하고 있기 때문에, 그리스도께서도
우리 가운데에 형제적인 화목함을 견고히 세우실 것이라는 결론이 나오는 것은 어
쩌면 당연한 일이다. 이 세상에서 복음이 전파되는 곳마다 전쟁과 다툼이 일어나
는 것은 선지자들의 예언과 부합하지 않는 것처럼 보이는 것은 물론이고, 그리스
도의 직임이나 복음의 본질과는 더더욱 맞지 않는 것처럼 보인다.

그러나 선지자들이 고상한 용어들로 묘사하고 있는 저 "화평"은 믿음과 결부되
어 있고, 오로지 하나님을 진심으로 예배하는 자들과 경건한 자들의 양심 속에만
존재한다. 이 화평은 믿지 않는 자들에게는 제안되기는 하지만 실제로 임하지는
않는다. 그들은 하나님과 화목한 삶을 견딜 수 없어 하기 때문에, "화평"의 메시지
는 그들 속에 이전보다 더 큰 소동을 불러일으키게 된다. 타락한 자들에 대하여 왕
적인 권세를 지닌 사탄은 그리스도의 이름을 몹시 싫어하여 광분하기 때문에, 복
음의 가르침이 그들에게 선포되자마자, 이전에 잠자고 있던 그들의 불경(不敬)은
잠에서 깨어나 새로운 활기를 얻는다. 따라서 그리스도는 본래 "화평"의 근원이신
데도 불구하고, 사람들의 악함으로 인해서 불화와 소동의 빌미가 되어 버리고 만
다.

이것으로부터 우리는 사람의 부패한 본성의 타락상이 너무나 커서, 하나님의 이
루 헤아릴 수 없이 귀한 선물을 더럽힐 뿐만 아니라, 가장 파괴적인 악으로 변질시
켜 버린다는 것을 배우게 된다. 따라서 그리스도의 통치가 시작될 때에 소동이 일
어난다고 해도, 우리는 마치 그것이 이상하거나 이례적인 것인 양 놀라거나 겁을
먹어서는 안 된다. 왜냐하면, 그리스도께서는 그의 복음을 "검"에 비유하셔서, 그

복음이 "쪼개고"(διαμερισμός-디아메리스모스) 분리해 낸다는 표현을 사용하시기 때문이다. 어떤 이들은 이 말씀이 복음을 멸시한 자들이 서로에 대하여 적대감을 품고서 싸우게 되는 벌을 받게 될 것임을 묘사하고자 한 것이라고 생각한다. 그러나 문맥상으로 볼 때, 그리스도께서는 여기에서 세상 사람들 중 상당수가 그들을 대적하고, 그들의 음성이 마치 전쟁 나팔과 같은 역할을 해서 무수한 원수들을 무장하게 하는 결과를 가져온다고 할지라도, 끝까지 인내하여 믿음을 지키라고 그의 제자들에게 권면하고 계시는 것이다.

마 10:35. 사람이 … 불화하게 하려 함이니. 이것으로부터 우리는 그리스도께서 방금 전에 하신 말씀이 무슨 의미인지를 더 분명하게 알게 되는데, 그것은 악한 자들 때문에 복음의 본질과는 정반대로 전쟁과 소동이 일어나게 된다는 것이다. 말라기가 세례 요한에 관하여 한 말씀(말 4:6)은 그리스도의 모든 사역자들에게 적용된다. 그들은 "아버지의 마음을 자녀에게로 돌이키게 하고 자녀들의 마음을 그들의 아버지에게로 돌이키게 하기" 위한 목적으로 보내심을 받는다. 그러나 악한 자들의 악의 때문에, 이전에는 잘 지내던 자들이 그리스도의 음성을 듣자마자 서로 편을 갈라서 그들의 관계가 완전히 단절될 정도까지 불화하게 된다. 한 마디로 말해서, 그리스도께서는 모든 혈육의 유대 관계가 아무것도 아닌 것으로 취급되고, 인간적인 정(情)이 더 이상 중시되지 않을 정도로, 세상은 극도의 혼란 속에 빠지게 될 것임을 미리 말씀하고 계시는 것이다. 미가가 "사람의 원수가 곧 자기의 집안 사람이리로다"(미 7:6)라고 말하였을 때, 그것은 극도의 파멸적인 타락상을 한탄한 것이다. 그리스도께서는 그의 가르침이 널리 전파될 때에 그와 동일한 일이 벌어지게 될 것이라고 분명하게 선언하신다. 만약 그런 일이 일어나지 않는다면, 그것은 그의 가르침을 받아들이는 자가 하나도 없다는 증거가 될 것이었다. 하지만, 성미 급한 사람들이 부모나 처자를 버리지 않고서는 좋은 제자가 될 수 없다고 어리석은 생각을 하는 것과는 달리, 그리스도께서는 이런 일이 획일적으로 일어나게 될 것이라고 말씀하고 계시는 것은 아니다. 도리어 정반대로, 모든 합법적인 유대(紐帶)는 믿음으로 하나 됨으로써 견고해질 것이다. 그리스도께서 그를 따르는 자들에게 이런 경고를 하시는 이유는 단지 그런 일이 일어났을 때에 그들이 놀라서 겁을 먹지 않도록 하시기 위한 것일 뿐이다.

[37]아버지나 어머니를 나보다 더 사랑하는 자는 내게 합당하지 아니하고 아들이나

딸을 나보다 더 사랑하는 자도 내게 합당하지 아니하며 [38]또 자기 십자가를 지고 나를 따르지 않는 자도 내게 합당하지 아니하니라 [39]자기 목숨을 얻는 자는 잃을 것이요 나를 위하여 자기 목숨을 잃는 자는 얻으리라 [40]너희를 영접하는 자는 나를 영접하는 것이요 나를 영접하는 자는 나를 보내신 이를 영접하는 것이니라 [41]선지자의 이름으로 선지자를 영접하는 자는 선지자의 상을 받을 것이요 의인의 이름으로 의인을 영접하는 자는 의인의 상을 받을 것이요 [42]또 누구든지 제자의 이름으로 이 작은 자 중 하나에게 냉수 한 그릇이라도 주는 자는 내가 진실로 너희에게 이르노니 그 사람이 결단코 상을 잃지 아니하리라 하시니라(마 10:37-42).

[41]누구든지 너희가 그리스도에게 속한 자라 하여 물 한 그릇이라도 주면 내가 진실로 너희에게 이르노니 그가 결코 상을 잃지 않으리라(막 9:41).

[25]수많은 무리가 함께 갈새 예수께서 돌이키사 이르시되 [26]무릇 내게 오는 자가 자기 부모와 처자와 형제와 자매와 더욱이 자기 목숨까지 미워하지 아니하면 능히 내 제자가 되지 못하고 [27]누구든지 자기 십자가를 지고 나를 따르지 않는 자도 능히 내 제자가 되지 못하리라 [28]너희 중의 누가 망대를 세우고자 할진대 자기의 가진 것이 준공하기까지에 족할는지 먼저 앉아 그 비용을 계산하지 아니하겠느냐 [29]그렇게 아니하여 그 기초만 쌓고 능히 이루지 못하면 보는 자가 다 비웃어 [30]이르되 이 사람이 공사를 시작하고 능히 이루지 못하였다 하리라 [31]또 어떤 임금이 다른 임금과 싸우러 갈 때에 먼저 앉아 일만 명으로써 저 이만 명을 거느리고 오는 자를 대적할 수 있을까 헤아리지 아니하겠느냐 [32]만일 못할 터이면 그가 아직 멀리 있을 때에 사신을 보내어 화친을 청할지니라 [33]이와 같이 너희 중의 누구든지 자기의 모든 소유를 버리지 아니하면 능히 내 제자가 되지 못하리라(눅 14:25-33).

마 10:37. 아버지나 어머니를 나보다 더 사랑하는 자. 우리와 가장 가까운 유대 관계 속에 있어야 마땅한 자들을 원수로 삼는 것이 지독하게 가혹하고 자연적인 정서(情緖)에 어긋나는 것이지만, 그리스도께서는 이제 여기에서는 그 밖의 다른 어떤 조건 위에서 그의 제자가 되는 것은 불가능하다고 말씀하신다. 그는 우리에게 인간적인 정을 끊으라고 명하시거나, 여러 가지 관계로 인한 본분들을 행하지 말라고 하시는 것이 아니라, 단지 사람들 사이에 존재하는 온갖 상호적인 사랑보다도 경건을 가장 우선시하기를 바라시는 것뿐이다. 그리스도께 드려야 합당한 경외심이 인간적인 정에 의해서 압도되지만 않는다면, 남편은 아내를, 아버지는 아들을, 아들은 아버지를 사랑하는 것이 마땅하다. 왜냐하면, 사람들 사이에서도 우리를 상호적으로 구속(拘束)하는 유대 관계의 친밀성에 비례해서 어떤 관계는 다른 관계보다 더 강력한 관계가 있는 법인데, 오직 그리스도와의 관계를 다른 모든 관계에 비해 하찮다고 여긴다면, 그것은 부끄러운 일이기 때문이다. 만약 우리에게 그리스도의 제자라는 지위가 육체의 모든 정들을 다 억누르기에 충분할 정도로 지극히 고상한 것으로 생각되지 않는다면, 분명히 우리는 그리스도의 제자라는 것이 무엇인지를 충분히, 또는 거기에 합당한 감사하는 마음으로 깊이 숙고하지 않고 있는 것이다. 누가가 사용한 어구, 즉 "자기 부모"를 "미워하지 아니하면"(눅 14:26)이라는 어구는 더 가혹한 것이기는 하지만, 그 의미는 "우리 자신을 사랑하는 것이 그리스도를 따르는 것을 방해한다면, 우리는 담대하게 그것을 버려야 한다"는 것이다. 바울은 "무엇이든지 내게 유익하던 것을 내가 그리스도를 위하여 다 해로 여길 뿐더러 또한 모든 것을 해로 여김은"(빌 3:7-8)이라고 말한다.

마 10:38. 자기 십자가를 지고. 그리스도께서는 구체적인 경우들로부터 보편적인 관점으로 나아가서, 우리가 수많은 환난들을 이겨낼 각오가 되어 있지 않다면, 그의 제자가 될 수 없다는 것을 우리에게 알려 주신다. 복음 때문에 우리의 아버지나 아내나 자녀와 불화하게 될 것이라는 생각이 괴롭고 고통스럽다면, 우리는 그리스도께서 그의 모든 제자에게 자기 "십자가"를 져야 한다는 것을 조건으로 내거셨다는 것을 기억하여야 한다. 그렇지만 또한, 우리는 그리스도께서 친히 십자가를 지셨기 때문에, 우리가 십자가를 지는 것은 그리스도의 동반자들이 된다는 사실을 위로로 삼아야 한다. 이것을 위로로 삼는다면, 우리가 십자가를 지는 데에서 오는 온갖 고통은 순식간에 덜어지게 될 것이다. 타락한 자들도 우리 못지않게 힘든 자신의 십자가를 지게 되어 있고, 그들이 아무리 발버둥을 쳐도 그 십자가를 떨쳐 버릴 수 없다. 그러나 그리스도 밖에 있는 자들에게는 십자가가 저주이고, 암울한 말로(末路)가 그들을 기다리고 있다. 그러므로 우리는 믿는 자들이 주님을 따르기 위해서는 십자가를 져야 한다는 것과 주님의 모범을 본받기 위해서는 신실한 동반자처럼 주님의 발자취를 놓치지 않고 따라가야 한다는 것, 이 두 가지를 연결시키는 법을 배워야 한다.

마 10:39. 자기 목숨을 얻는 자. 우리로 하여금 우리의 육신에 아주 어렵고 괴로운 앞서의 가르침을 가볍게 넘겨 버리지 못하게 하시기 위하여, 그리스도께서는 여기에서 이 말씀을 통하여 그 가르침을 두 가지 방식으로 재확인해 주신다. 그리스도께서는, 극히 조심하고 앞일을 세심하게 예견해서 자신의 "목숨"을 아주 잘 지키고 있다고 스스로 생각하는 사람들은 장차 그 목숨을 "잃고서" 실망하게 될 것이고, 반면에 자신의 "목숨"을 아랑곳하지 않는 자들은 그 목숨을 얻을 것이기 때문에 아무런 손실도 입지 않게 될 것이라고 단언하신다. 우리는 사람들이 자신의 목숨을 얻기 위해서라면 무슨 짓이라도 한다는 것을 안다(자신의 목숨에 대한 애착은 우리 모두에게 아주 자연스럽고 강력한 것이다). 그러므로 그리스도께서는 그를 따르는 자들에게 죽음을 멸시할 수 있도록 하시기 위하여 이렇게 약속과 경고를 둘 다 사용하실 필요가 있으셨다.

"목숨을 얻는다"는 것은 여기에서 목숨을 소유하거나 안전하게 잘 지킨다는 것을 의미한다. 현세의 삶에 대하여 지나치게 애착을 가진 자들은 온갖 종류의 위험에 맞서서 자신을 지키느라고 애를 쓰고, 마치 그들 자신이 잘 되고 있다는 듯이(시 49:18) 근거 없는 자만심에 빠져서 우쭐해 하지만, 그들의 목숨은 아무리 강력한 안전장치들에 의해서 보호를 받고 있다고 할지라도 결국 잃게 되어 있다. 왜냐하면, 그들은 결국 죽게 되어 있고, 죽음은 그들에게 영원한 멸망을 가져다 줄 것이기 때문이다. 반면에, 믿는 자들이 죽게 되면, 순식간에 사라질 것 같았던 그들의 영혼은 더 나은 삶으로 옮겨간다. 그러나 야망을 위해서, 또는 광기에 의해서 자신의 목숨을 경솔하게 내던지는 자들이 종종 있기 때문에, 그리스도께서는 우리가 어떤 이유에서 죽음을 아랑곳하지 않아야 하는 것인지를 명시적으로 분명하게 밝히신다.

누가가 기록한 강론이 마태 본문과는 다른 시기에 이루어진 것인지는 확실하지 않지만, 거기에서도 그리스도께서는 그를 따르는 자들에게 "십자가를 지라"고 권면하시지만, 여기에서처럼 그것을 자세하게 집중적으로 다루지는 않으신다. 그리스도께서는 이 말씀을 밑받침하기 위해서 즉시, 마태가 기록해 놓고 있지 않은 두 가지 비유를 덧붙이신다. 그러나 다루어지고 있는 주제가 실질적으로 동일하기 때문에, 나는 누가복음에 나오는 것을 망설임 없이 이 자리에서 함께 소개하고자 한다.

눅 14:28. 너희 중의 누가. 자신의 모든 욕구들을 다 부인하면서 그리스도를 따르는 것을 어려운 일로 생각하는 사람이 없도록 하기 위하여, 여기에서 유익한 경고가 주어진다. 우리는 복음을 시인(是認)하는 자에게 무엇이 요구되는지에 대하여 미리 심사숙고하여야 한다. 많은 사람들이 아주 사소한 유혹들에 굴복하게 되는 이유는, 복음을 받아들이면 마치 언제나 안전한 피난처에서 평안한 삶을 누릴수 있을 것처럼 오직 기쁨만이 있는 삶을 상상해 왔기 때문이다. 싸움을 하기 위한오랜 준비 과정을 거치기 전까지는 그 누구도 그리스도를 섬기기에 합당한 자가될 수 없다.

이 비유들은 그러한 목적에 아주 적합하게 되어 있다. "건축"은 지루하고 성가신일이고, 거기에 들어가는 비용을 생각하면 만족을 얻기 힘든 일이다. "전쟁"도 많은 귀찮은 일들이 수반되고, 인류를 멸망시킬 위험성을 안고 있기 때문에, 결코 주저 없이 할 수 있는 일이 아니다. 그렇지만, 사람들은 건축이 가져다주는 유익들을생각해서, 망설임 없이 거기에 자신의 재물을 쏟아 붓고, 어쩔 수 없이 전쟁을 할때에는 반드시 이겨야 하기 때문에 비용을 아끼지 않는다. 그러나 하나님의 성전을 건축하는 자들, 그리스도의 군기 아래에서 싸우는 자들에게는 훨씬 더 소중한상(賞)이 기다리고 있다. 왜냐하면, 그리스도인들은 언젠가는 사라져 버릴 건축물을 위해서 수고하거나, 덧없는 승리를 위해 싸우는 것이 아니기 때문이다.

어떤 왕이 자기가 전쟁의 부담을 도저히 감당할 수 없다는 것을 알게 된다면, 그는 그의 대적에게 화친을 청하여 수치스러운 패배를 당하는 것을 미리 막고자 할것이다. 우리는 우리 주님이 이런 취지로 하신 말씀들을 마치 우리의 힘과 자원이다 떨어졌을 때에 우리는 우리의 영적인 원수와 타협해야 한다는 식으로 현재의주제에 적용해서는 안 된다. 비유들을 아주 세세한 부분까지 현재 다루어지고 있는 문제에 적용하는 것은 근거 없는 무익한 짓이다. 우리 주님의 이 말씀의 취지는단지 우리가 잘 준비가 되어 있어서, 적절한 방어 수단이 없어서 기습공격을 당하거나 비열하게 줄행랑을 치는 일이 없게 하여야 한다는 것이다. 왜냐하면, 우리 중의 그 누구도 우리 자신의 책임 하에서 "전쟁"을 수행하고 있는 "왕"이 아니기 때문이다.

이 가르침은 어리석게도 자신의 능력으로 감당할 수 없는 일을 시작하거나, "십자가를 질" 생각도 하지 않으면서도 헛된 자만심에 빠져 우쭐대는 자들의 경솔함을 책망하는 말씀이다. 그렇지만 우리는 그리스도께서 우리에게 주신 이 권면의말씀에 지레 겁을 집어먹거나, 앞으로 전진하여 나아가는 것을 주저하지 않도록주의하여야 한다. 처음에 고난을 전혀 생각하지 않고 있다가 고난이 닥치면 겁을

집어먹고 자신의 열심을 내팽개치는 사람들이 많다. 왜냐하면, 그런 사람들은 십
자가를 면제받는다는 조건 위에서만 그리스도인이 되고자 하고, 그런 조건이 주어
지지 않으면 그리스도인이 되는 것을 감당할 수 없기 때문이다. 또한, 어떤 사람들
은 그들의 육신에 가혹하고 힘든 조건이 그들에게 주어지면 감히 그리스도께 나아
가고자 하지 않는다. 그러나 우리의 부족함(inopia)을 생각해서 미리 겁을 먹거나
낙심할 이유는 전혀 없다. 왜냐하면, 주님은 때를 따라 우리를 도우실 것이기 때문
이다. 우리가 굳이 비용을 계산한다면, 우리에게는 돌 하나를 놓거나 원수를 향하
여 칼 한 번 휘두를 힘이 없다는 것을 나는 기꺼이 인정한다. 그러나 물질이나 비
용, 무기나 힘은 주님이 하늘에서 공급해 주시기 때문에, 우리는 어렵다는 핑계를
대며 십자가를 지는 일에 무관심하거나 나태할 수 없다. 그러므로 그리스도의 의
도는 그를 따르는 자들을 담력으로 무장시키시기 위하여, 그들에게 "십자가를 지
라"고 명하시는 것이다.

마 10:33. 이와 같이 너희 중의 누구든지. 이 구절은 그리스도께서 그를 따르는
자들에게 먼저 "비용을 계산하는" 것으로부터 시작하라고 명하실 때에 그 의도가
무엇인지를 보여준다. 그것은 그들로 하여금 그들이 "모든 것을 버려야" 한다는 것
을 깊이 숙고하도록 하기 위한 것이다. 안일하고 나태한 삶, "십자가"가 없는 삶을
기뻐하는 자들이 기독교 신앙을 시인하고 고백한다고 해도, 그것은 헛된 것이다.
그들 자신의 목숨과 육체의 모든 소욕들보다 그리스도를 훨씬 더 소중히 여기기
때문에, 그 어떤 것도 그들이 올바른 길을 걷는 것을 가로막을 수 없는 자들은 "모
든 것을 버린" 자들이다.

이 구절에 대한 축자적인 해석을 고집해서, 마치 자기가 소유한 모든 것을 바닷
속에 내던지고, 자기 아내와 이혼하며, 자기 자녀들과도 작별을 할 때까지는 그 누
구도 그리스도의 제자가 될 수 없다는 듯이 말하는 것은 터무니없는 주장이다. 그
러한 근거 없는 몽상들은 어리석은 자들에게, 그리스도께 나아가고자 하는 자들은
인간적인 삶을 버려야 한다는 망상을 심어 주어서 수도원의 삶을 선택하게 만들었
다. 그렇지만 자신의 소유를 언제라도 버릴 각오가 되어 있고, 자기 자신을 주님께
조건 없이 무제한적으로 드리며, 모든 장애를 다 뛰어넘어서 자신의 소명을 추구
하기 전에는, 그 누구도 자신의 소유를 진정으로 다 버린 것이 아니다. 따라서 주님
이 그를 따르는 자들에게 요구하시는 진정한 자기 부인은 외적인 행위에 있다기보
다는 내적인 의도 또는 정서(affectio)에 있기 때문에, 각 사람은 오늘 자기가 해야

할 일에 몰두하여야 하고, 자신의 손으로 이미 이룬 것들에 연연해해서는 안 된다.

마 10:40. 너희를 영접하는 자는 나를 영접하는 것이요. 세상 사람들 중 상당수가 그리스도의 제자들을 배척하고, 그들의 신앙 고백으로 인하여 많은 사람들이 그들을 미워하게 될 가능성이 크다. 그렇지만 여기에는 아주 많은 사람들에게 그리스도의 제자들을 호의적으로 대하도록 격려하는 경향을 지닌 또 하나의 위로의 말씀이 나온다. 그리스도께서는 사람들이 그의 제자들에게 한 일들을 그 자신에게 행한 일들로 여기시겠다고 주저 없이 말씀하신다. 그리스도께서 그의 제자들이 받은 호의들을 자기가 받은 것으로 계산하시겠다고 하시는 것은 그들에 대한 그의 사랑이 얼마나 깊은지를 잘 보여준다. 그는 여기에서 그의 제자들의 가르침을 "영접하는" 것에 대해서가 아니라 그의 제자들을 "영접하는" 것에 대해서 말씀하고 계신다. 후자는 전자로부터 생겨나는 것임을 나도 인정하기는 하지만, 우리는 그리스도의 의도를 주목하여야 한다. 그리스도께서는 그의 제자들에게 힘을 주어 그들의 연약함을 보강해 주는 것이 대단히 필요하다는 것을 아셨기 때문에, 어떤 사람이 호의로 그들을 "영접하고" 그들에게 친절을 베푼다면, 그는 그의 제자들이 받은 호의를 그 자신이 받은 것처럼 여겨서 대단히 기뻐하실 것이고, 그 뿐만 아니라 하나님 아버지께서도 그런 제사의 "향기를 받으실"(창 8:21) 것임을 그들에게 확실히 말씀해 주고자 하셨다.

마 10:41. 선지자를 영접하는 자. 그리스도께서는 선지자들로 시작하시지만, 결국에는 가장 낮은 지위까지 언급하심으로써 그의 모든 제자들을 다 포괄하신다. 이런 식으로 그는 하나님을 진정으로 예배하고 복음을 사랑하는 모든 자들을 예외 없이 칭찬하신다. "선지자의 이름으로" 또는 "의인의 이름으로" 어떤 사람을 "영접한다"는 것은 그의 가르침을 존중하거나, 그의 경건을 존경하여 그를 선하게 대하는 것을 의미한다. 하나님은 우리에게 모든 사람에 대하여 인자를 베풀라고 명하시지만, 자기 백성이 특별한 존중과 존경의 대상이 되도록 하시기 위하여, 그들을 더 높은 반열로 올리신다.

마 10:41. 선지자의 상을 받을 것이요. 주석가들은 이 구절을 여러 가지로 해석한다. 어떤 이들은 이 구절이 상응하는 보상(報償)을 나타내는 것이라고 생각한다. 달리 말하면, 하나님의 "선지자들"에게는 현세적인 유익들이 아니라 영적인 은택들이 수여된다는 것이다. 그러나 만약 그런 해석을 받아들인다면, 우리는 "의인의 상"은 무엇을 의미한다고 해야 하는가? 어떤 이들은 이 구절을 선지자나 의인에게 자비를 베푼 자들은 "선지자들"이나 "의인들"을 위한 준비된 것과 동일한 상을 받게 될 것임을 의미하는 것으로 이해한다. 어떤 이들은 이 구절이 성도들의 교류(交流)를 가리키는 것이라고 여겨서, 우리의 자비로운 행위들을 통해서 우리가 그리스도의 종들과 한 몸이라는 것을 증언하는 것과 마찬가지로, 그런 식으로 우리는 그리스도께서 그의 몸의 지체들에게 나누어 주시는 온갖 복들에 참여하는 자들이 된다는 것을 의미하는 것이라고 생각한다.

나는 이 구절은 단지 어떤 지위나 신분의 사람에게 호의를 베풀었느냐에 따라서 어떤 상(賞)을 받을 것인지도 결정된다는 것을 의미하는 것이라고 본다. 왜냐하면, 그리스도께서는 그가 그의 "선지자들," 아니 실제로는 그의 모든 제자들을 대단히 소중히 여긴다는 것을 보여주는 주목할 만한 증거로서 이 말씀을 하시는 것이기 때문이다. 사람들은 장차 큰 상이 주어지는 것을 볼 때에, 그리스도의 제자들에게 행하여진 단 한 가지의 호의도 결코 잊혀지지 않았다는 것을 분명히 알게 될 것이다.

그리스도께서는 이 점을 강조하시기 위해서, 그의 제자들에게 "냉수 한 그릇이라도 주는" 것과 같은 아주 사소한 호의에 대해서도 상이 주어지게 될 것이라고 약속하신다. 그가 단지 교회에서 가장 낮은 지위에 있거나 하찮은 자로 여겨지는 자들만이 아니라, 그의 모든 제자들을 "작은 자들"이라는 이름으로 부르시는 것은 그들은 모두 세상의 교만에 의해서 짓밟히는 운명을 지니고 있기 때문이었다.

¹²제자들이 나가서 **회개하라** 전파하고 ¹³많은 귀신을 쫓아내며 많은 병자에게 기름을 발라 고치더라(막 6:12-13).

⁶제자들이 나가 각 마을에 두루 다니며 곳곳에 복음을 전하며 병을 고치더라(눅 9:6).

막 6:12. 제자들이 나가서 … 전파하고. 마태는 사도들이 무엇을 했는지에 대해서 아무 말도 하지 않고 그냥 넘어가지만, 마가와 누가는 사도들이 나가서 그리스도께서 명하신 일을 수행하였다고 말한다. 마가와 누가의 본문을 보면, 내가 앞서 언급하였듯이, 그리스도께서 사도들에게 명하신 일이 불과 며칠 안에 끝나게 되어 있는 일시적인 사역이었다는 것이 더욱 분명해진다. 마가와 누가는 사도들이 성읍

들과 촌락들을 두루 다녔다고 우리에게 말해 준다. 우리가 앞으로 다른 구절 속에서 보게 되겠지만, 사도들이 얼마 되지 않아서 그들의 주님께로 되돌아왔다는 것은 의심의 여지가 없다. 여기에서 주해(註解)를 필요로 하는 것은 마가 본문에 나와 있는 사실, 즉 사도들이 "많은 병자에게 기름을 발라" 고쳤다는 내용이다. 그리스도께서 그들에게 병 고치는 능력을 주셨는데, 그들은 왜 병자에게 "기름"을 발랐던 것인가? 일부 박식한 자들은 이것이 일종의 치료용 약이었을 것이라고 추정하는데, 나도 당시에 근방의 나라들에서는 "기름"을 약으로 사용하는 일이 아주 흔하였다는 것을 인정한다. 그러나 사도들이 통상적이고 자연적인 치료책들을 사용하였을 것이라고 말하는 것만큼 터무니없고 이치에 맞지 않는 말도 없을 것이다. 만약 그들이 실제로 그렇게 하였다면, 그것은 그리스도께서 행하신 이적들을 희석시키는 결과를 가져왔을 것이기 때문이다. 그들은 우리 주님에게서 의술을 가르침받은 것이 아니라, 온 유대 땅을 들썩이게 할 이적들을 행하라는 명령을 받았다. 그러므로 나는 그들이 "기름을 바른" 것은 영적인 은혜가 주어졌음을 나타내는 가시적인 징표(徵標), 즉 병자들에게 베풀어진 치유가 하나님의 비밀한 능력으로부터 왔다는 것을 가시적으로 나타내는 하나의 표(標)였을 것이라고 생각한다. 왜냐하면, 율법 아래에서 "기름"은 성령의 은혜를 나타내는 데에 사용되었기 때문이다. 그러므로 그리스도께서 사도들에게 병 고침의 은사를 그들이 후손에게 대대로 물려줄 그 어떤 유업(遺業, hereditarium illud)으로가 아니라 복음의 가르침을 인치는 일시적인 증표(tempus sigillum)로 주신 것이라는 사실을 고려하면, 가톨릭에서 병자들에게 "기름을 바르는" 것을 교회의 영원한 규례로 삼음으로써 사도들을 모방하고자 한 것은 얼마나 어처구니없는 일인가! 우리 시대에서도 교황주의자들은 임종을 앞둔 자들을 무덤으로 신속하게 안내하기 위하여 기름을 발라 주는 저 고약하고 냄새나는 종부성사(終傅聖事)를 성례전의 하나라고 주장함으로써 정말 너무나 어처구니없는 무지를 드러낸다.

[1]예수께서 열두 제자에게 명하기를 마치시고 이에 그들의 여러 동네에서 가르치시며 전도하시려고 거기를 떠나 가시니라 [2]요한이 옥에서 그리스도께서 하신 일을 듣고 제자들을 보내어 [3]예수께 여짜오되 오실 그이가 당신이오니이까 우리가 다른 이를 기다리오리이까 [4]예수께서 대답하여 이르시되 너희가 가서 듣고 보는 것을 요한에게 알리되 [5]맹인이 보며 못 걷는 사람이 걸으며 나병환자가 깨끗함을 받으며 못

듣는 자가 들으며 죽은 자가 살아나며 가난한 자에게 복음이 전파된다 하라 ⁶누구든지 나로 말미암아 실족하지 아니하는 자는 복이 있도다 하시니라(마 11:1-6).

¹⁸요한의 제자들이 이 모든 일을 그에게 알리니 ¹⁹요한이 그 제자 중 둘을 불러 주께 보내어 이르되 오실 그이가 당신이오니이까 우리가 다른 이를 기다리오리이까 하라 하매 ²⁰그들이 예수께 나아가 이르되 세례 요한이 우리를 보내어 당신께 여쭈어 보라고 하기를 오실 그이가 당신이오니이까 우리가 다른 이를 기다리오리이까 하더이다 하니 ²¹마침 그 때에 예수께서 질병과 고통과 및 악귀 들린 자를 많이 고치시며 또 많은 맹인을 보게 하신지라 ²²예수께서 대답하여 이르시되 너희가 가서 보고 들은 것을 요한에게 알리되 맹인이 보며 못 걷는 사람이 걸으며 나병환자가 깨끗함을 받으며 귀먹은 사람이 들으며 죽은 자가 살아나며 가난한 자에게 복음이 전파된다 하라 ²³누구든지 나로 말미암아 실족하지 아니하는 자는 복이 있도다 하시니라(눅 7:18-23).

마 11:1. 예수께서 열두 제자에게 명하기를 마치시고. 이 구절에서 마태가 말하고자 하는 것은 사도들이 다른 곳에서 수고를 하고 있는 동안에, 그리스도께서는 자신의 직임을 잠시 쉬고 계신 것이 아니었다는 것이다. 꼭 필요한 지시 사항들을 주어 유대 지방을 두루 다니며 복음을 전파하라고 사도들을 보내신 후에, 그 자신도 갈릴리에서 가르치는 자로서의 의무들을 수행하셨다. 마태가 사용하고 있는 "명하다"라는 단어는 의미심장하다. 왜냐하면, 마태는 이 단어를 통해서 사도들이 그들의 마음에 내키는 대로 일을 하도록 위임을 받은 것이 아니라, 그들이 어떤 말들을 해야 하고, 어떻게 행하여야 하는지에 대하여 일정한 한계가 정해진 명령을 받았다는 것을 보여주고 있기 때문이다.

마 11:2. 요한이 … 듣고. 복음서 기자들은 세례 요한이 그리스도께서 행하신 이 적들을 보고서야 비로소 이때에 그리스도를 중보자로 인정했다고 본 것이 아니라, 세례 요한이 그리스도께서 큰 명성을 얻게 되신 것을 알고서, 이제 그리스도에 관하여 그가 전에 하였던 증언을 확증할 때가 무르익었다고 판단하여, 그의 제자들을 그리스도께 보낸 것이라고 보았다. 어떤 이들은 세례 요한이 예수가 그리스도시라는 것에 대하여 온전히 확신하지 못했거나 확고한 지식을 갖고 있지 못해서, 그 점을 확인하여 자신의 의구심을 풀기 위하여 자기 제자들을 보낸 것이라는 견해를 제시하지만, 그것은 참으로 어리석은 주장이다. 또한, 세례 요한이 죽을 때가 거의 다 되어서, 자기가 이미 죽은 조상들에게 무슨 메시지를 가져가서 전해야 할지를 그리스도의 입을 통해서 직접 들으려고 물은 것이라고 상상하는 자들이 있는데, 이것도 마찬가지로 어처구니없는 생각이다. 그리스도의 거룩한 전령(傳令)이었던 세례 요한이 자신의 인생 여정이 얼마 남지 않았다는 것을 알고서, 지금까지 그의 제자들을 가르치느라고 무척 애를 썼는데도, 그들이 결단하지 못하고 여전히 엉거주춤한 상태에 있는 것을 안타깝게 여겨서, 그들의 연약함을 고치기 위하여 이 마지막 처방을 사용하였으리라는 것은 너무나 분명하다. 앞에서 말하였듯이, 세례 요한은 자기 제자들이 지체없이 그리스도를 받아들이게 하려고 애를 써 왔지만, 별 소용이 없었기 때문에, 자기가 죽은 후에 그들이 완전히 떨어져 나가게 되지는 않을지 염려하지 않을 수가 없었고, 그래서 그들을 그 엉거주춤한 상태에서 벗어나게 하기 위하여 그리스도께로 보내기로 결심하였던 것이다. 또한, 이것은 교회의 목회자들에게 제자들을 만들어서 자기에게 묶어두는 것이 아니라, 유일하신 선생이신 그리스도께로 그들을 인도하는 것이 그들의 본분이라는 것을 일깨워 주는 것이기도 하다. 처음부터 자기가 "신랑"이 아니라는 것을 분명하게 밝혔었던(요 3:29) 세례 요한은 신랑의 신실한 벗으로서 교회의 유일하신 신랑이신 그리스도께 신부를 흠 없고 순결한 채로 드리고자 하는 것이고, 바울도 자기가 바로 그 일에 열심을 내고 있다고 분명하게 말한다(고후 11:2). 복음을 위해 일하는 모든 사역자들은 이 두 사람의 모범을 본받는 것이 마땅하다.

마 11:3. 오실 그이가 당신이오니이까. 세례 요한은 제자들이 그리스도에 대하여 어릴 때부터 배워서 잘 알고 있으리라는 것을 당연한 것으로 전제한다. 왜냐하면, 장차 그리스도께서 오셔서 구원과 온전한 복을 가져다주시리라는 것은 유대인들이라면 누구나 다 가장 먼저 배우는 신앙의 초보적인 가르침(rudimentum pietatis)이었기 때문이다. 따라서 세례 요한은 그 점에 대해서는 전혀 의문을 제기하지 않고, 단지 예수께서 저 약속된 구속주이신 것이 맞는지의 여부만을 묻는다. 왜냐하면, 그들은 율법과 선지자 속에서 약속된 저 구속(救贖)에 대해서는 이미 확신하고 있었으므로, 만약 그 구속이 그리스도라고 하는 예수 안에서 나타났다면, 그 구속을 받아들이는 것이 마땅한 일이었기 때문이다. 세례 요한은 "우리가 다른 이를 기다리오리이까"라는 말을 덧붙임으로써, 그토록 오랫동안 아주 확실하게 가르침을 받고서도 여전히 의심하고 주저하는 그들이 얼마나 어리석고 우둔한지를 넌지시 내비친다. 이와 동시에, 그는 믿음의 본질과 힘을 보여준다. 즉, 믿음은 하나님의 진리에 기초해 있기 때문에 변함이 없고, 여기저기를 보느라 두리번거리지도 않으며, 오로지 그리스도 한 분만으로 만족하고, 다른 이에게로 눈을 돌리지 않는다는 것이다.

마 11:4. 너희가 가서 … 요한에게 알리되. 세례 요한은 여기에서 제자들을 위하여 짐짓 마치 다른 사람처럼 행하고 있는 것이었기 때문에, 그리스도께서는 당연히 그들이 들어야 마땅하고 적절한 메시지를 세례 요한에게 전하라고 그들에게 명하신다. 그는 다음과 같은 두 가지 이유로 세례 요한의 질문에 대하여 직설적인 대답을 피하신다. 첫 번째는 사실들 자체가 스스로 말하게 하는 편이 더 낫다고 생각하셨기 때문이고, 두 번째는 이런 식으로 해서 그의 전령(傳令)인 세례 요한에게 그의 대답을 더 자세히 풀어서 백성들에게 가르칠 여지를 만들어 주고자 하셨기 때문이다. 그렇지만 그리스도께서는 단지 세례 요한에게 이적들이라는 조악(粗惡)한 단서만을 제공해 주시는 것이 아니라, 선지자들의 예언의 말씀들을 인용하셔서, 자기가 행하는 이적들이 어떤 목적과 연관되어 있는지도 설명해 주신다. 그리스도께서는 세례 요한의 제자들에게 알게 해 주시려고, 구체적으로 이사야 35장과 61장에서 각각 한 구절씩을 인용하셔서, 선지자들이 그리스도의 통치에 관하여 분명하게 예언한 것이 성취되고 이루어졌다는 것을 보여주신다. 전자의 구절은 그리스도의 통치 아래에서 하나님이 그 인자하심으로 은혜를 베푸셔서 모든 병(病)을 고쳐 주시겠다고 약속하시는 내용을 담고 있다. 여기에서 그리스도께서는 모든 병(morbus)과 참상(慘狀, miseria)으로부터의 영적 구원을 말씀하고 계시는 것이 틀림없지만, 이미 앞에서도 언급했듯이, 자기가 심령들을 치유하는 영적 의사로 왔다는 사실을 외적인 상징들을 통해서도 보여주고 계시는 것이다. 이렇게 해서, 세례 요한의 제자들은 모호함이 전혀 없는 아주 분명한 대답을 들었기 때문에, 가벼운 마음으로 망설임 없이 그 곳을 떠날 수 있었을 것이다.

후자의 구절도 하나님의 은혜의 보화들이 그리스도 안에서 세상에 드러났다는 것을 보여주고, 그리스도께서 가난한 자들과 환난을 당하는 자들을 위하여 오셨다는 것을 선언하고 있다는 점에서 전자의 구절과 비슷하다. 그리스도께서 의도적으로 이 구절을 인용하시는 이유는 부분적으로는 그를 따르는 모든 자들에게 겸손(humilitas)을 가르치시기 위한 것이고, 부분적으로는 그들이 육신의 지각(carnis sensus)으로 그의 멸시받을 만한 초라한 양 떼를 보았을 때에 느낄 수 있는 거리낌

(offensio)을 제거하시기 위한 것이다. 왜냐하면, 우리는 본성상으로 교만해서, 겉으로 아주 그럴 듯하게 포장되어 있지 않은 것은 그 어떤 것도 귀하게 여기려 하지 않는데, 그리스도의 교회는 가난한 자들이 모여 있는 곳이기 때문에, 교회만큼 겉보기에 눈부시고 화려한 것과 거리가 먼 곳은 있을 수 없기 때문이다. 많은 사람들이 복음을 멸시하게 되는 이유는 다수의 유명 인사들이나 권세 있는 자들이 복음을 받아들이지 않기 때문이다. 또한, 그리스도께서는 여기에서 복음의 본질을 말씀하시면서, 복음은 원래부터 오직 가난한 자들과 멸시받는 자들을 위한 것임을 보여주고 계시는 것이라고 주장하는 자들이 있는데, 그런 주장은 너무나 왜곡되고 부당한 것이다. 이것으로부터 우리는 복음이 모든 큰 자들에 의해서 멸시를 받는다고 해도, 그것은 새삼스러운 일도 아니고, 우리가 혼란스러워 해야 할 일도 아니라는 결론을 얻는다. 왜냐하면, 큰 자들은 그들이 가진 부요함으로 인해서 마음이 높아져서 거기에 하나님의 은혜가 들어갈 빈 자리가 없기 때문이다. 아니, 악하고 왜곡된 자만심(confidentia)으로 마은이 높아져 있지 않은 자는 백 명 중의 한 명도 되지 않기 때문에, 복음이 대다수의 사람들에 의해서 배척을 당한다고 하여도, 그것은 전혀 놀랄 일이 아니다. 그리스도께서는 여기에서 그의 복음이 사람들로부터 멸시받지 않도록 보호하심과 동시에, 복음을 통해서 제시되는 구원의 은혜를 받기에 합당한 자들이 누구인지를 우리에게 일깨워 주신다. 그는 이런 식으로 불쌍한 죄인들을 설득하여 구원의 소망으로 초청하시면서, 그들로 하여금 온전한 확신을 갖게 만드신다.

마 11:5. 가난한 자에게 복음이 전파된다. "가난한 자"는 비참하고 불쌍한 처지에 있어서 무시당하며 제대로 사람 대접을 받지 못하는 자들을 가리킨다는 것은 의심의 여지가 없다. 사람이 아무리 초라하고 보잘것없다고 할지라도, 그의 가난은 절망의 이유가 되는 것이 아니라, 도리어 담대하게 그리스도를 찾고 구하는 동기가 되어야 마땅하다. 우리는 가난하다는 이유로 절망하는 자들, 즉 달리 말하면, 가난에 찌들리고 눌려서 기를 펴지 못하고 엎드러진 자들만이 사실은 진짜 가난한 자들이라는 것을 명심하여야 한다.

마 11:6. 누구든지 나로 말미암아 실족하지 아니하는 자는 복이 있도다. 이 절에서 그리스도께서는 복음에 대한 신앙을 견고하게 붙잡고자 하는 자는 신앙의 진보를 가로막는 걸림돌(scandalum)들과 맞서 싸우지 않을 수 없다는 것을 일깨워 주시고자 하신다. 이것은 그리스도께서, 장차 닥쳐올 걸림돌에 맞서 싸울 수 있도록 우리를 미리 무장시키시기 위하여, 이런 식으로 우리에게 미리 경고하여 주시는 것이다. 왜냐하면, 우리의 마음이 모든 걸림돌을 다 뛰어넘게 되기 전까지는, 그리스도를 부인할 가능성이 우리에게 항상 남아 있기 때문이다. 그러므로 우리가 가장 먼저 알아야 할 것은 그리스도에 대한 믿음을 견지하고자 한다면, 우리는 걸림돌들에 맞서 싸워야 한다는 것이다. 왜냐하면, 그리스도는 많은 사람들에게 "부딪치는 돌과 걸려 넘어지게 하는 바위"(벧전 2:8)라 불리기 때문이다. 우리가 실족하는 것은 우리 자신의 악(惡, vitium) 때문에 일어난다는 것은 의심의 여지가 없다. 그러나 그리스도께서는 "나로 말미암아 실족하지 아니하는 자는 복이 있도다"라는 말씀을 통해서, 그런 악(惡)을 행하지 않아야 할 확실한 동기를 우리에게 부여해 주심으로써, 우리의 그런 악성(惡性)을 치유해 주시고자 하신다. 이것으로부터 우리는 믿지 않는 자들이 그들에게 헤아릴 수 없이 많은 걸림돌들이 있어서 어쩔 수 없다고 항변한다고 할지라도, 그것은 전혀 변명이 될 수 없다는 것을 알게 된다. 무엇이 그들을 방해하여 그리스도께로 나아오는 것을 가로막으며, 무엇이 그들로 하여금 그리스도에게 등을 돌리고 반역하게 만드는가? 그것은 그리스도께서 그의 십자가를 지시고서, 볼품없고 멸시받을 만한 모습으로 나타나셔서, 세상으로부터 모욕을 당하고 수치를 당하시기 때문이고, 그의 고난에 동참하라고 우리를 부르시기 때문이며, 그의 영광과 위엄은 영적인 것이어서 세상에 의해서 멸시를 당하기 때문이 아니던가. 한 마디로 말해서, 그것은 그리스도의 가르침이 우리의 생각(sensus)과 완전히 다르기 때문이다. 또한, 그것은 그리스도의 이름과 복음을 중상모략하고 사람들에게 미움을 받게 하고자 하는 사탄의 계략들로 인해서 수많은 환난들이 일어나기 때문이고, 각 사람이 일부러 자기 자신을 위해서 많은 걸림돌들을 만들어 내어서 그리스도에게서 멀리 물러나고자 하는 악의와 열심에 의해서 부추김을 받기 때문이다.

⁷그들이 떠나매 예수께서 무리에게 요한에 대하여 말씀하시되 너희가 무엇을 보려고 광야에 나갔더냐 바람에 흔들리는 갈대냐 ⁸그러면 너희가 무엇을 보려고 나갔더냐 부드러운 옷 입은 사람이냐 부드러운 옷을 입은 사람들은 왕궁에 있느니라 ⁹그러면 너희가 어찌하여 나갔더냐 선지자를 보기 위함이었더냐 옳다 내가 너희에게 이르노니 선지자보다 더 나은 자니라 ¹⁰기록된 바 보라 내가 내 사자를 네 앞에 보내노니 그가 네 길을 네 앞에 준비하리라 하신 것이 이 사람에 대한 말씀이니라 ¹¹

내가 진실로 **너희**에게 말하노니 여자가 낳은 자 중에 세례 요한보다 큰 이가 일어 남이 없도다 그러나 천국에서는 극히 작은 자라도 그보다 크니라 [12]세례 요한의 때 부터 지금까지 천국은 침노를 당하나니 침노하는 자는 빼앗느니라 [13]모든 선지자와 율법이 예언한 것은 요한까지니 [14]만일 **너희**가 즐겨 받을진대 오리라 한 엘리야가 곧 이 사람이니라 [15]귀 있는 자는 들을지어다(마 11:7-15).

[24]요한이 보낸 자가 떠난 후에 예수께서 무리에게 요한에 대하여 말씀하시되 너희 가 무엇을 보려고 광야에 나갔더냐 바람에 흔들리는 갈대냐 [25]그러면 너희가 무엇 을 보려고 나갔더냐 부드러운 옷 입은 사람이냐 보라 화려한 옷을 입고 사치하게 지내는 자는 왕궁에 있느니라 [26]그러면 너희가 무엇을 보려고 나갔더냐 선지자냐 옳다 내가 너희에게 이르노니 선지자보다도 훌륭한 자니라 [27]기록된 바 보라 내가 내 사자를 네 앞에 보내노니 그가 네 앞에서 네 길을 준비하리라 한 것이 이 사람 에 대한 말씀이라 [28]내가 너희에게 말하노니 여자가 낳은 자 중에 요한보다 큰 자가 없도다 그러나 하나님의 나라에서는 극히 작은 자라도 그보다 크니라 하시니 … [16]율법과 선지자는 요한의 때까지요 그 후부터는 하나님 나라의 복음이 전파되어 사람마다 그리로 침입하느니라(눅 7:24-28; 16:16).

마 11:7. 그들이 떠나매. 그리스도께서 무리 앞에서 세례 요한을 칭찬하시는 것 은 그들로 하여금 그들이 요한에게서 들었던 것을 다시 기억해 내어서, 자신에 대 한 요한의 증언을 신뢰하도록 하시기 위한 것이다. 왜냐하면, 세례 요한의 이름은 사람들에게 잘 알려져 있었고, 사람들은 그를 칭송하였지만, 그리스도의 가르침은 아직 평판을 얻지 못하였고, 그의 사역을 주목하는 자들도 별로 없었기 때문이다. 그리스도께서는 여기에서 무리에게. 만약 그들이 경건한 마음으로 마음을 모아서 세례 요한의 가르침에 귀를 기울이지 않았다면, 비록 그들이 광야로 나가서 세례 요한을 보았다고 해도, 그것은 헛수고를 한 것에 지나지 않은 것임을 일깨워 주신 다. 따라서 이 구절의 의미는 이런 것이다: "너희는 광야에 나갔다. 그러나 너희가 합당한 목적을 염두에 둔 것이 아니었다면, 그것은 어리석고 실없는 짓을 한 것에 불과하다. 너희가 거기에서 보려고 한 것은 세상적인 부귀영화나 그 어떤 볼거리 가 아니었다. 너희의 목적은 선지자의 입에서 나오는 하나님의 음성을 듣는 것이 었다. 그러므로 너희가 광야에 나간 목적을 이루고자 한다면, 너희는 세례 요한이

한 말을 똑똑히 기억해 두지 않으면 안 된다."

마 11:8. 부드러운 옷 입은 사람이냐. 그리스도께서 여기에서 왕궁의 사치를 단죄하고 계시는 것이라고 생각하는 자들은 잘못 생각하고 있는 것이다. 성경에는 사치스럽게 옷을 입는 것을 비롯해서 지나치게 사치스러운 삶을 추구하는 것을 책망하는 말씀들이 많이 나온다. 그러나 이 구절은 단지 광야에는 사방에서 온 사람들의 눈길을 끌 만한 것이 아무것도 없다는 것, 거기에 있는 모든 것들은 거칠고 다듬어지지 않은 것들이어서 오직 혐오감만을 불러일으키기에 적합한 것들이라는 것, 눈을 즐겁게 해줄 우아한 문화를 즐기고자 하는 자들은 왕궁을 찾아가는 것이 나으리라는 것을 의미할 뿐이다.

마 11:11. 내가 진실로 너희에게 말하노니. 이 말씀을 통해서 그리스도께서는 세례 요한의 권위를 확증하실 뿐만 아니라, 요한의 가르침을 옛 선지자들의 가르침보다 더 높이 두시는데, 이것은 사람들로 하여금 요한의 사역의 진짜 목적 또는 참된 의미가 무엇이었는지를 올바르게 바라볼 수 있게 하시기 위한 것이었다. 왜냐하면, 그들은 세례 요한이 왜 보내심을 받았는지를 알지 못해서, 그 결과로 요한이 전한 말씀들로부터 거의 유익을 얻지 못하였기 때문이다. 그러므로 그리스도께서는 세례 요한을 칭찬하고, 선지자들의 반열 위에 두시는데, 이것은 사람들에게 세례 요한이 선지자들보다 더 특별하고 뛰어난 그 어떤 사명을 받았다는 것을 깨닫게 하시기 위한 것이다. 세례 요한은 다른 곳에서 자기가 "선지자가 아니라"(요 1:21)고 말하고 있지만, 그것은 여기에서 그리스도께서 세례 요한에 대하여 말씀하신 것과 모순되는 것은 아니다. 세례 요한은 하나님께서 옛적에 그의 교회에 율법을 해설하는 자들이자 그의 뜻을 전하는 사자(使者)들로 보내신 다른 선지자들과 같은 그런 방식의 선지자는 아니었다. 그는 구속(救贖)의 때가 도래하였다는 것을 공개적이고도 분명하게 선포하였다는 점에서, 멀리서 그 구속을 그림자들 아래에서 모호하게 알렸던 선지자들보다 "더 큰 자"였다. 뒤이어서 덧붙여져 있는 말라기의 예언(말 3:1)의 취지도 마찬가지인데, 세례 요한이 큰 자인 것은 그가 그리스도의 오심을 알리기 위하여 먼저 온 전령(傳令)이라는 사실에 있다는 것이다. 왜냐하면, 옛 선지자들은 그리스도의 나라에 대하여 전하기는 했지만, 세례 요한처럼 그리스도의 면전에서 이 분이 그리스도라고 말할 수는 없었기 때문이다. 이 구절의 나머지 부분에 대해서는 누가복음 1장에 대하여 설명한 부분을 참조하라.

마 11:11. 일어남이 없도다. 우리 주님은 더 나아가서, 세례 요한이 다른 선지자들보다 큰 자였던 것과 마찬가지로, 복음의 사역자들은 세례 요한보다 더 큰 자가 될 것이라고 분명하게 말씀하신다. 그리스도께서 여기에서 자기 자신과 세례 요한을 비교하고 계신 것이라고 생각하는 자들은 지독한 무지몽매함을 드러내는 것이다. 왜냐하면, 여기에서 그리스도께서는 인물 자체에 대하여 평가하고 계시는 것이 아니라, 직분 또는 직임의 탁월성에 찬사를 보내고 계시는 것이기 때문이다. 이점은 누가가 "요한보다 더 큰 선지자가 없도다"(KJV)라고 표현한 것에서 더 분명하게 드러난다. 왜냐하면, 이 어구는 세례 요한의 탁월성을 그의 가르치는 직임과 명시적으로 연결시키고 있기 때문이다. 한 마디로 말해서, 그리스도께서 세례 요한에게 이러한 굉장한 찬사(讚辭)를 수여하신 것은 유대인들로 하여금 요한이 수행하였던 사명에 좀 더 깊은 주의를 기울이도록 하시기 위한 것이었다는 말이다. 또한, 그리스도께서 곧 뒤따라 등장하게 될 선생들을 세례 요한보다 더 위에 놓으신 것은 복음의 위엄이 율법 및 이제까지의 가르침을 능가하는 것임을 보여주시기 위한 것이었다. 그러나 그리스도께서 복음을 받을 수 있도록 유대인들을 준비시키고자 하셨던 것처럼, 우리도 오늘날 그리스도께서 저 하늘의 영광의 높은 보좌에서 우리를 향하여 말씀하시는 것을 경외하는 마음으로 경청할 수 있도록 깨어 있는 것이 마땅하다. 우리가 그렇게 하지 않는다면, 하나님은 말라기의 그 동일한 구절에서 선지자를 통하여 믿지 않는 자들에게 선포하셨던 저 무시무시한 저주를 하나님의 말씀을 멸시한 우리에게 내리셔서 복수하실 것이다.

"천국"과 "하나님의 나라"는 이미 이런 단어들이 등장했던 다른 구절들에서처럼 새로운 모습의 교회(novus ecclesiae status)를 가리킨다. 왜냐하면, 성경에는 그리스도께서 오실 때에 만물이 회복되어 새로워지게 될 것(instauratio)이라고 약속이 되어 있기 때문이다. "천국에서 극히 작은 자"라는 어구에서 내가 "극히 작은"이라고 번역한 헬라어 '미크로테로스'(μικρότερος)는 비교급으로서 "더 작은"을 의미하지만, 여기에서는 복음의 모든 사역자들을 다 포괄하는 의미로 사용되고 있기 때문에, "극히 작은"이라고 할 때에 그 의미가 더 분명해진다. 복음 사역자들 중 다수는 의심할 여지 없이 믿음의 분량이 그리 크지 않기 때문에 세례 요한보다 훨씬 아래에 있지만, 그들이 전하는 말씀은 요한이 전한 말씀보다 훨씬 더 탁월하다. 왜냐하면, 그들은 자신을 희생 제물로 드려서 온전하고 영원한 대속(代贖)을 이루심으로써 사망을 이기시고(mortis victor) 생명의 주(vitae dominus)가 되신 그리스도를 전하는 것이고, 그들이 전하는 말씀은 휘장을 걷어 올리고서, 믿는 자들을 이끌어 하늘 성소로 들어가게 해주기 때문이다.

마 11:12. 세례 요한의 때부터. 나는 여기에서 그리스도께서 많은 사람들이 뜨거운 열심으로 앞다투어 복음을 찾았다는 사실을 근거로 삼으셔서, 복음의 위엄을 상찬(賞讚)하고 계시다는 것을 의심하지 않는다. 왜냐하면, 하나님이 세례 요한을 일으키셔서 그의 아들의 나라의 전령(傳令)으로 삼으셨던 것과 마찬가지로, 그리스도의 가르침에 성령의 능력을 더하셔서 그 가르침이 사람들의 마음속에 깊이 박혀서 그런 열심을 불붙이도록 하셨기 때문이다. 그러므로 복음이 하나님에게서 왔다는 것은 분명하다. 왜냐하면, 복음은 너무나 갑작스럽고 비상(非常)하게 다가와서 사람들의 마음속에 거대한 파문(波紋)을 불러일으키기 때문이다. 그러나 하반절에서는 "침노하는 자는 빼앗느니라"는 제한이 덧붙여진다. 왜냐하면, 대다수의 사람들은 마치 선지자들이 그리스도에 관한 말씀을 결코 전한 적이 없었다는 듯이, 또는 세례 요한이 그리스도의 증인으로서 결코 온 적이 없었다는 듯이, 거의 미동(微動)도 하지 않고, 그리스도께서 말씀하신 저 "침노"는 오직 특정한 부류의 사람들만 행하기 때문이다. 그러므로 이 구절의 의미는 마치 "천국"을 "침노"하기라도 하려는 듯이 많은 사람들이 지금 앞다투어서 몰려들고 있다는 것이다. 왜냐하면, 한 사람이 목소리를 높이면, 사람들은 무리를 지어 몰려와서, 그들에게 제시된 은혜를 탐욕스러울 뿐만 아니라 거칠고 난폭하게 받아 가지려고 하기 때문이다. 아주 많은 사람들이 깨어 있지 않고 잠을 자고 있어서, 마치 세례 요한이 광야에서 그들과는 아무 상관이 없는 연극을 하고 있다는 듯이 전혀 영향을 받지 않았지만, 그런데도 꽤 많은 사람이 침노하고자 하는 열심을 품고서 세례 요한에게로 몰려들었다.

그리스도께서 이 말씀을 하신 진짜 의도는 하나님의 권능이 가르치는 자와 듣는 자들 양 쪽에서 다 나타나는데도 마치 눈을 감은 듯이 그것을 멸시하며 못 본 체하는 자들은 변명이나 핑계의 여지가 없다는 것이다. 또한, 우리는 이 말씀으로부터 믿음의 참된 본질과 방식(fidei natura et ratio)이 무엇인지를 배우게 된다. 즉, 하나님이 말씀하시면, 사람들은 의무적으로 냉랭하게 동의하는 것이 아니라, 하나님을 향한 뜨거운 열심을 품고서, 마치 침노하듯이 쇄도하는 것이 바로 믿음이라는 것이다.

눅 16:16. 율법과 선지자는 요한의 때까지요. 우리 주님은 사람들의 이러한 열심은 선지자들이 교회가 장차 새롭게 될 것(futura ecclesiae renovatio)에 관하여 미리 예언하였던 일들의 전주곡이라고 앞에서 말씀하셨는데, 여기에서는 이제 마치 "하나님은 지금 이전처럼 모호한 그림자들을 통해서 멀리서 역사하시는 것이 아니라, 공개적으로 가까이서 그의 나라를 세우시고 계시기 때문에, 사람들의 심령에 아주 강력한 역사를 하고 계신 것은 전혀 놀라운 일이 아니다"라고 말씀하시는 것처럼, 세례 요한의 사역을 "율법 및 선지자들"과 비교하신다. 이것으로부터 세례 요한의 가르침을 완악하게 배척한 자들은 율법과 선지자들을 멸시한 자들보다 더 변명의 여지가 없게 되었다는 결론이 나온다.

　　마 11:13. 모든 선지자와 율법이 예언한 것은. "예언한"이라는 단어가 강조되어 있다. 왜냐하면, "율법과 선지자들"은 하나님 자신을 사람들의 눈앞에 제시한 것이 아니라, 단지 모형과 그림자들을 통해서 묘사한 것에 불과하기 때문이다. 그러니까 우리가 지금 보고 있는 비유의 의도는 예언들을 통해서 옛 사람들을 오랫동안 기다리게 하셨던 하나님이 이제 자신의 임재를 나타내셨는데도, 사람들이 거기에 냉담하고 무관심하다면, 그것은 지극히 합당치 못한 일이라는 것이다. 그리스도께서 앞서 세례 요한의 위치를 복음 사역자들과 선지자들 중간에 두셨고, 여기에서는 요한을 복음 사역자들 중의 한 사람으로 분류하지 않으시는데, 이것은 전혀 모순된 것이 아니다. 왜냐하면, 요한이 전한 말씀은 복음의 일부였기는 하지만, 복음의 초보적인 가르침에 불과한 것이었기 때문이다.

　　마 11:14. 만일 너희가 즐겨 받을진대. 그리스도께서는 이제 세례 요한이 어떤 식으로 "하나님 나라"를 전파하게 되었는지를 좀 더 분명하게 설명하신다. 즉, 요한은 하나님의 존전(尊前)으로부터 직접 보내심을 받은 저 "엘리야"였다는 것이다(말 4:5). 그러므로 그리스도께서는 지금 말라기에 약속된 "엘리야"가 전령(傳令)으로서의 자신의 직임을 수행하고 있기 때문에, 말라기가 예언한 "여호와의 크고 두려운 날"이 왔다는 것을 유대인들이 깨닫기를 바라신다. 또한, 그리스도께서는 "만일 너희가 즐겨 받을진대"라는 조건문을 통해서, 너무도 분명하게 잘 보이는데도 일부러 악의적으로 눈을 감아 버리는 그들의 완악함(durities)을 책망하신다. 그러나 사람들이 받아들이지 않는다면, 세례 요한은 더 이상 "엘리야"가 될 수 없는 것인가? 그리스도께서 하신 이 말씀은 세례 요한의 직임이 사람들의 인정 여부에 달려 있다는 것을 의미하는 것이 아니라, 요한이 "엘리야"라는 것을 분명하게 밝히신 후에, 요한에게 합당한 권위를 돌리지 않는 자들의 둔감함(socordia)과 배은망덕함을 책망하시고 계시는 것이다.

마 11:15. 귀 있는 자는 들을지어다. 우리는 그리스도께서, 아주 중요한 것이어서 특히 주의해서 들어야 할 것이라고 생각하시는 말씀을 하고자 하실 때에 이 어구를 도입부로 사용하시는 것이 관례였다는 것을 안다. 그러나 아울러 그리스도께서는 자기가 말씀하시는 것들은 신비들(misteria)이기 때문에 모든 사람이 다 받을 수 있는 것은 아니라는 것도 상기시키신다. 왜냐하면, 말씀을 듣는 자들 중에서 다수는 귀가 먹어 있거나, 적어도 고의적으로 자신의 귀를 막고 있기 때문이다. 그러나 사람들은 자신의 불신앙으로 인해서만이 아니라, 사람들이 서로에 대하여 끼치는 영향력으로 인해서도 방해를 받기 때문에, 그리스도께서는 여기에서 그 귀가 뚫려 있는 하나님의 택함받은 자들에게 하나님의 이 특별한 비밀(arcanum)을 잘 듣고 심사숙고하는 데에 주의를 기울여서, 믿지 않는 자들처럼 귀가 먹은 자들이 되지 말라고 권면하신다.

[16]이 세대를 무엇으로 비유할까 비유하건대 아이들이 장터에 앉아 제 동무를 불러 [17]이르되 우리가 너희를 향하여 피리를 불어도 너희가 춤추지 않고 우리가 슬피 울어도 너희가 가슴을 치지 아니하였다 함과 같도다 [18]요한이 와서 먹지도 않고 마시지도 아니하매 그들이 말하기를 귀신이 들렸다 하더니 [19]인자는 와서 먹고 마시매 말하기를 보라 먹기를 탐하고 포도주를 즐기는 사람이요 세리와 죄인의 친구로다 하니 지혜는 그 행한 일로 인하여 옳다 함을 얻느니라(마 11:16-19).

[29]모든 백성과 세리들은 이미 요한의 세례를 받은지라 이 말씀을 듣고 하나님을 의롭다 하되 [30]바리새인과 율법교사들은 그의 세례를 받지 아니함으로 그들 자신을 위한 하나님의 뜻을 저버리니라 [31]또 이르시되 이 세대의 사람을 무엇으로 비유할까 무엇과 같은가 [32]비유하건대 아이들이 장터에 앉아 서로 불러 이르되 우리가 너희를 향하여 피리를 불어도 너희가 춤추지 않고 우리가 곡하여도 너희가 울지 아니하였다 함과 같도다 [33]세례 요한이 와서 떡도 먹지 아니하며 포도주도 마시지 아니하매 너희 말이 귀신이 들렸다 하더니 [34]인자는 와서 먹고 마시매 너희 말이 보라 먹기를 탐하고 포도주를 즐기는 사람이요 세리와 죄인의 친구로다 하니 [35]지혜는 자기의 모든 자녀로 인하여 옳다 함을 얻느니라(눅 7:29-35).

눅 7:29. 모든 백성과 세리들은 … 이 말씀을 듣고. 누가복음의 이 대목은 문맥을 파악하는 데에 꽤 중요한 역할을 하는데도, 마태는 이 대목 전체를 생략한다. 왜냐하면, 이 대목은 서기관들이 너무나 완악하여져서 하나님을 멸시하는 것을 고집하는 모습을 그리스도께서 보시고 그들을 책망하시게 된 상황을 보여주기 때문이다. 이 구절의 요지는 "백성과 세리들"은 하나님께 영광을 돌린 반면에, "서기관들"은 자기들이 모든 것을 다 알고 있다는 자부심에 빠져 있었기 때문에, 그리스도께서 하신 모든 말씀은 아무것도 아닌 것으로 치부해 버렸다는 것이다. 여기에서 그리스도께서 오직 세상에서 쓰레기 같고 찌꺼기 같은 사람들만을 자신의 제자들로 삼으실 수 있으시고, 유명하다는 성자(聖者)들이나 박사들에 의해서는 배척을 당하시는 모습은, 얼핏 보면, 복음의 영광을 가리고, 심지어 그 가치를 손상시키기까지 하는 것처럼 보인다.

그러나 주님의 목적은 처음부터 하나의 본보기, 즉 이 세대나 후대의 사람들은 사람들의 인정 여부에 따라서 복음을 평가해서는 안 된다는 본보기를 보여주시는 데에 있었다. 왜냐하면, 우리는 모두 본성상 이러한 악덕에 끌리는 성향을 지니고 있기 때문이다. 그러나 사람들의 통찰력이 아무리 날카롭다고 하여도, 그것은 다 헛된 것이기 때문에, 하나님의 진리를 사람들의 판단에 종속시키는 것보다 더 어처구니없는 일은 없을 것이다. 그러므로 바울은 "하나님께서 세상의 미련하고 약한 것들을 택하사 지혜 있고 강한 자들을 부끄럽게 하려" 하셨다(고전 1:27)고 말한다. 바울이 거기에서 가르치고 있듯이, 우리는 마땅히 "하나님의 어리석음"(고전 1:25)을 사람의 온갖 화려한 지혜보다 앞세워야 한다.

눅 7:29. 하나님을 의롭다 하되. 이것은 매우 주목할 만한 표현이다. 여기에서는 하나님의 아들을 경외함으로 받아들이고, 그가 베푸신 가르침을 시인하는 자들은 하나님을 의롭다고 하는 자들이라고 말한다. 그러므로 성령이 다른 곳에서 믿음을 두드러지게 칭찬하여 존귀하게 하고, 하나님을 예배함에 있어서 가장 귀한 것이라고 하면서 하나님이 기쁘게 받으시는 섬김이라고 분명하게 선언하고 있는 것은 이상한 일이 아니다. 왜냐하면, 하나님이 의로우시다는 것을 인정하는 것보다 더 숭고한 일은 있을 수 없기 때문이다. "의롭다 하다"라는 단어가 의심할 여지 없이 일반적으로 하나님을 찬양하는 것과 연관된 모든 일에 사용된다는 것은 의심할 여지가 없는데, 이 단어는 하나님이 주신 가르침을 받아들인 자들이 하나님을 옳으시다고 시인함으로써 하나님께 영광을 돌린다는 개념을 내포하고 있다. 믿음이 하나님을 "의롭다 하는" 것임과 마찬가지로, 불신앙은 하나님을 모독하고, 오만방자하여 그 이름에 합당한 찬송을 드리지 않는 것이라는 것은 두말 할 필요가 없다. 또한, 이 말씀은 사람들이 육체의 소욕(carnis sensus)을 버리고서, 하나님으로부터 오는 모든 것이 의롭고 순전(純全)하다는 결론을 내리고, 하나님의 말씀이나 역사(役事)에 대하여 불평하지 않게 될 때에야, 비로소 믿음을 갖게 된다는 것을 우리에게 가르친다.

눅 7:29. 이미 요한의 세례를 받은지라. 누가는 여기에서 그들이 받은 세례의 열매가 이제 나타나기 시작하였다고 말하고 있다. 요한에게서 받은 세례는 그리스도의 가르침을 받을 수 있도록 그들을 준비시키는 유익한 과정이었다. 왜냐하면, 그들이 "세례를 받으러" 나아왔다는 것 자체가 이미 그들의 경건을 보여주는 증표(證標)였기 때문이다. 서기관들은 그들의 교만함으로 인해서 요한의 세례를 멸시하고서 믿음의 문을 닫았지만, 우리 주님은 이제 여기에서 이미 요한의 세례를 받은 자들을 저 빈약한 가르침에서 더 높은 수준의 가르침으로 나아가도록 이끌어 나가신다. 그러므로 온전한 믿음으로 나아가고자 한다면, 우리는 먼저 하나님이 우리에게 하라고 하시는 것들은 아주 작은 것이라도 무시하지 않도록 조심하면서, 겸손한 마음으로 아주 작은 가르침들을 받는 것으로 시작할 각오가 되어 있어야 한다. 두 번째는 우리가 비록 연약한 믿음으로 시작하였다고 할지라도 그 믿음이 점점 더 자라가도록 애를 써야 한다는 것이다.

눅 7:30. 그들 자신을 위한 하나님의 뜻을 저버리니라. 누가는 하나님의 뜻을 존귀하다고 하면서, 서기관들의 불경건하고 악한 교만과 대비시킨다. 왜냐하면, "뜻"이라는 단어 속에는 사람들의 멸시에도 전혀 손상되지 않는 하나님의 가르침이 지닌 위엄(dignitas)이 내포되어 있기 때문이다. 게다가, 누가 본문을 직역하면, "그들이 그들 자신에게 불리하게(εἰς ἑαυτοὺς-에이스 헤아우투스) 하나님의 뜻을 멸시하였다"고 말한다. 이것은 서기관들의 반역이 그들의 파멸로 이어질 것이라는 의미라고 주장하는 어떤 이들의 견해를 나는 배척하지 않지만, 누가가 말하는 것은 간단하고 직설적이며, 또 전치사 '에이스'(εἰς)는 흔히 '엔'(ἐν)의 의미로 사용되기 때문에, 여기에서는 "자신 속에서"로 번역하는 쪽을 택하였다. 따라서 이 구절은 그들이 공개적이고 명시적으로 하나님의 뜻에 대적하지는 않았지만, 내적으로는 감춰진 교만으로 부풀어 올라 있었기 때문에, "그들 자신 속에서는 하나님의 뜻을 멸시하였다"는 의미이다.

눅 7:31. 무엇으로 비유할까. 그리스도께서는 그의 세대의 모든 사람을 다 포괄해서 말씀하고 계시는 것이 아니라, 특히 서기관들과 그들의 추종자들에 대하여 말씀하고 계신다. 그리스도께서는 여러 가지 방법을 사용하여 그들을 자기에게로 이끌고자 애를 쓰셨는데도, 그들은 그의 은혜를 구제불능인 완악함으로 배척하였다고 그들을 책망하신다. 그리스도께서는 아마도 당시에 흔히 볼 수 있었던 아이들의 놀이에서 가져온 비유를 사용하신다. 왜냐하면, 아이들이 두 패로 나뉘어서 이런 식으로 교창(交唱)을 하였다는 추정이 옳을 가능성이 높기 때문이다. 사실, 나는 그리스도께서 서기관들의 교만을 꺾어 놓으시기 위하여, 의도적으로 책망에 사용할 소재를 아이들의 놀이에서 가져오셔서, 서기관들이 아무리 스스로 잘난 체한다고 해도, 그들을 단죄하는 데에는 아이들이 저잣거리에서 놀면서 부르곤 하는 노래만으로 충분하다는 것을 분명하게 보여주고 계시는 것이라고 생각한다.

눅 7:33. 세례 요한이 와서.. 세례 요한은 검소하고 금욕적인 삶을 영위하면서, 사람들을 엄하게 책망하며 회개하라고 우렛소리처럼 외쳤는데, 이것은 마치 서글픈 애가(哀歌)를 부르는 것과 같았다. 반면에, 우리 주님은 즐겁고 쾌활한 노래를 부르시면서, 좀 더 부드럽고 온유하게 사람들을 아버지 하나님께로 이끄시고자 애를 쓰셨다. 하지만 그 어느 쪽도 그들에게 아무런 유익이 되지 못하였는데, 그 이유가 그들의 강철 같은 완악함 외에 다른 무엇이었겠는가? 또한, 이 구절은 그리스도와 세례 요한이 둘 다 동일한 목적을 지니고 계셨으면서도, 그 외적인 삶은 너무나 달랐던 이유를 보여준다. 주님이 이렇게 이러한 다양한 방법을 동원해서 여러 모양이 되신 것은 믿지 않는 자들로 하여금 변명할 말이 더욱 없게 하시기 위한 것이었다. 왜냐하면, 그가 자신을 굽히시고 그들에게 맞추어 행하셨는데도, 그들은 그의 말을 듣고자 하지 않았기 때문이다. 그러나 그 세대의 사람들이 하나님이 그들에게 주신 두 번의 초대를 다 악의적으로 거부한 것에 대하여 그 어떤 핑계도 댈 수 없게 되었다고 한다면, 그것은 우리에게도 마찬가지로 그대로 적용된다. 왜냐하면, 하나님은 우리를 그에게로 이끄시기 위하여 즐거운 노래든 서글픈 노래든 마다하지 않으시고 다 들려주시지만, 우리는 여전히 돌처럼 꿈쩍도 하지 않기 때문이다. 정신이 이상하거나 뇌에 이상이 있는 자들이 "미친 사람"으로 불리듯이, 그들은 세례 요한을 "귀신 들린 자"라 불렀다.

눅 7:34. 인자는 와서. 여기에서 "먹고 마신다"는 것은 평범하고 통상적인 방식의 삶을 살아간다는 의미이다. 그리스도께서 세례 요한이 "와서 먹지도 아니하며 마시지도 아니하였다"고 말씀하신 것은 요한은 특별한 음식만을 먹도록 되어 있어서 통상적인 음식조차도 먹지 않았기 때문이었다. "떡도 먹지 아니하며 포도주도 마시지 아니하매"로 되어 있는 누가 본문은 이 점을 좀 더 분명하게 보여준다. 최고의 완전한 삶은 외적으로 금욕적인 삶에 있다고 생각해서, 절제하는 삶을 살거나 금식을 통해서 금욕을 행하는 것을 천사와 같은 삶이라고 규정하는 자들은 이 말씀을 주목하여야 한다. 만약 그런 기준을 적용한다면, 세례 요한이 하나님의 아들보다 더 뛰어나고 훌륭한 자가 될 것이다. 그러나 정반대로, 우리는 "육체의 연단은 약간의 유익이 있으나 경건은 범사에 유익하다"(딤전 4:8)는 것을 명심하여야 한다. 그렇지만 우리는 이것을 즐거움과 안일함에 빠져서 육신의 방종을 추구하기 위한 핑곗거리나 구실로 삼아서는 안 되고, 완전한 삶이 오로지 육신과 관련된 초보적인 것들에 있다고 상상하는 미신(迷信)에 사로잡혀서 하나님에 대한 영적 예배를 소홀히 하는 어리석은 자들이 되지 않도록 조심하는 것이 마땅하다. 게다가, 그리스도께서는 자신을 낮추서서 보통 사람들과 똑같은 통상적인 삶을 사시기는 하셨지만, 진정으로 거룩한 절제를 유지하심으로써, 자신의 가장(假裝)된 모습이나 본보기를 통해서 다른 사람들에게 무절제한 삶을 조장하시거나 방조하지 않으셨다는 것을 우리는 기억하여야 한다.

눅 7:35. 지혜는 … 옳다 함을 얻느니라. 해석자들은 이 구절을 여러 가지로 다양하게 설명한다. 어떤 이들은 "지혜"가 유대인들에 의해서 "옳다 함을 얻었다"고 말한다. 그 이유는 유대인들이 그들 자신의 악을 깨닫고, 스스로 그들 자신의 불신앙을 단죄하는 재판관들이 되었으므로, 그들이 배척하였던 것이 거룩하고 경건한 가르침이었다는 것을 인정하지 않을 수 없었기 때문이라는 것이다. 그들은 이 구절에 나오는 "지혜의 자녀들"을 그런 칭호로 그들 자신을 불렀던 유대인들을 가리키는 것으로 이해한다. 어떤 이들은 이것을 반어법적인 말씀이라고 생각한다: "지혜의 자녀임을 자랑하는 너희가 하나님의 지혜를 옳다고 시인하는 방식이 이런 것이냐?" 그러나 헬라어 전치사 '아포'(ἀπό) 뒤에 나오는 명사를 행위자로 보는 것은 적절하지 않다는 이유로, 어떤 이들은 이 구절을 이렇게 설명한다: "지혜는 그 자녀에 의해서 놓여났기 때문에, 이제는 법적으로 그들에게 구속(拘束)되어 있지 않은데, 이것은 마치 유업(遺業)이 다른 사람에게 넘어간 것과 같다. 따라서 바울은 죄의 저주가 더 이상 그리스도를 주관하지 못하게 되었기 때문에, 그리스도께서 '죄에서 벗어나 의롭다 하심을 얻었다(δεδικαίωται-데디카이오타이)'(롬 6:7)고 말한다."

어떤 이들은 이 구절을 좀 더 자유롭고 조잡하게 해석해서, "지혜가 그 자녀로부터 소외되었다"는 의미로 이해한다. 그러나 그런 해석이 헬라어 전치사의 취지를 살린 것이라는 점을 인정한다고 하더라도, 나는 그런 것과는 다른 해석, 즉 "지혜"는 그 자녀에 의해서 아무리 악한 비방을 받는다고 할지라도 그 위엄과 탁월성을 조금도 잃지 않고 그 온전함을 그대로 유지한다는 해석이 더 적절하다고 본다. 유대인들, 특히 서기관들은 하나님의 "지혜"의 "자녀" 또는 문도(門徒, alumnus)로 자처하며, 그것을 자랑스러워하였다. 그러나 그들은 그들의 어머니인 지혜를 발로 짓밟고도, 그들이 저지른 그런 흉악무도한 신성모독을 기뻐하며 흡족해하였을 뿐만 아니라, 그리스도를 그들의 재판에 붙여서 죽이고자 하였다. 거기에 맞서서, 그리스도께서는 지혜의 자녀가 아무리 악하고 패역하다고 할지라도, 지혜는 그대로 온전하고, 지혜를 악의적으로 악하게 비방하는 자들이 지닌 악의로 인해서 지혜가 빼앗기는 것은 아무것도 없다고 응수하신다.

나는 아직까지 내 판단으로 보아서 가장 적절하고 자연스러운 의미를 제시한 것은 아니다. 첫째, 그리스도의 말씀 속에는 참된 자녀들과, 자녀라는 허울만 있고 알맹이는 없는(titulus sine re) 사생아들 간의 암묵적인 대비가 내포되어 있다. 이것은 그리스도께서 마치 이렇게 말씀하신 것이나 다름없다: "지혜의 자녀라고 오만하게 굴며 자랑하는 자들은 그들의 완악함 속에서 그냥 살게 내버려 두어라. 그럼에도 불구하고, 지혜는 그 참된 자녀들로 인하여 여전히 칭송을 받으며 그 권위를 유지할 것이다." 그런 까닭에, 누가는 "모든 자녀로 인하여"라는 보편성을 띤 표현을 덧붙이는데, 이것은 서기관들이 복음을 배척할지라도, 하나님의 모든 택함받은 자들은 복음에 대한 믿음을 끝까지 붙잡으리라는 것을 의미한다. 헬라어 전치사 '아포'(ἀπό)가 종종 '휘포'(ὑπό)와 동일한 의미로 사용된다는 것은 의심의 여지가 없는데, 다른 예들은 언급할 필요도 없이 단지 누가복음에 나오는 한 구절(17:25)만 보면, 이것은 금방 확인된다. 거기에서 그리스도께서는 "그가 먼저 많은 고난을 받으며 이 세대에게 버린 바 되어야(καὶ ἀποδοκιμασθῆναι ἀπὸ τῆς γενεᾶς ταύτης-카이 아포도키마스데나이 아포 테스 게네아스 타우테스) 할지니라"고 말씀하신다 [여기에서 '아포'라는 전치사가 고난을 받는 그리스도가 아니라 그에게 고난을 가하는 자들을 가리킨다는 것은 너무나 명백하다 ― 불어판]. 이 구절의 구문이 우리가 살펴보고 있는 본문의 구문과 동일하다는 것은 아무도 부인하지 못할 것이다. 게다가, 헬라어가 모국어였던 크리소스토무스(Chrysostomus)는 마치 논란의 여지

가 전혀 없다는 듯이 이 문제를 그냥 넘어간다. 이런 해석은 그 어떤 다른 해석보
다 더 적절하다는 것 외에도, "모든 백성이 하나님을 의롭다 하였다"(눅 7:29)고 말
하는 앞서의 구절과도 잘 부합한다. 그러므로 많은 배교자들이 하나님의 교회에
등을 돌리고 떠난다고 할지라도, 하나님의 양 무리에 진정으로 속해 있는 모든 택
함받은 자들 가운데서 복음의 신앙은 늘 손상되지 않은 채로 온전히 보전될 것이다.

¹그 후에 주께서 따로 칠십 인을 세우사 친히 가시려는 각 동네와 각 지역으로 둘씩
앞서 보내시며 ²이르시되 추수할 것은 많되 일꾼이 적으니 그러므로 추수하는 주인
에게 청하여 추수할 일꾼들을 보내 주소서 하라 ³갈지어다 내가 너희를 보냄이 어
린 양을 이리 가운데로 보냄과 같도다 ⁴전대나 배낭이나 신발을 가지지 말며 길에
서 아무에게도 문안하지 말며 ⁵어느 집에 들어가든지 먼저 말하되 이 집이 평안할
지어다 하라 ⁶만일 평안을 받을 사람이 거기 있으면 너희의 평안이 그에게 머물 것
이요 그렇지 않으면 너희에게로 돌아오리라 ⁷그 집에 유하며 주는 것을 먹고 마시
라 일꾼이 그 삯을 받는 것이 마땅하니라 이 집에서 저 집으로 옮기지 말라 ⁸어느
동네에 들어가든지 너희를 영접하거든 너희 앞에 차려놓는 것을 먹고 ⁹거기 있는
병자들을 고치고 또 말하기를 하나님의 나라가 너희에게 가까이 왔다 하라 ¹⁰어느
동네에 들어가든지 너희를 영접하지 아니하거든 그 거리로 나와서 말하되 ¹¹너희
동네에서 우리 발에 묻은 먼지도 너희에게 떨어버리노라 그러나 하나님의 나라가
가까이 온 줄을 알라 하라 ¹²내가 너희에게 말하노니 그 날에 소돔이 그 동네보다
견디기 쉬우리라(눅 10:1-12).

눅 10:1. 그 후에 주께서 … 세우사. 우리는 여러 가지 정황을 통해서 그리스도
께서 "칠십 인"을 세우셔서 사도들의 역할을 대신하게 하시기 전에, 사도들이 전도
여행에서 돌아왔다는 것을 추정할 수 있다. 열두 제자는 다가올 구원에 대한 소망
을 유대인들 가운데에 일깨우기 위하여 파송되었었다. 그들이 돌아온 후에, 유대
인들에게 더 높은 관심을 불러일으키는 것이 필요하였기 때문에, 그리스도께서 오
신다는 소식을 곳곳에 널리 퍼뜨리기 위하여, 좀 더 많은 수의 제자들이 두 번째 전
령들로 파송되었다. 엄밀하게 말하자면, 그들은 그리스도의 대사(大使)로서의 사
명을 받은 것이 아니라, 단지 그리스도의 가르침을 받아들일 수 있도록 유대 백성
들의 마음을 준비시키기 위하여 전령들로서 파송된 것뿐이었다. "칠십"이라는 숫

자는 이미 백성들에게 익숙해져 있었던 어떤 질서(ordo)를 고려해서 선택된 숫자인 것으로 보인다. 우리는 사도들의 숫자인 "열둘"에 대하여 앞에서 이미 말한 것을 기억하여야 한다. 즉, 이스라엘의 전성기에 지파의 숫자가 "열둘"이었기 때문에, 그리스도께서는 찢겨진 몸의 지체들을 다시 모아서, 교회를 온전히 회복시키려는 목적으로, 동일한 숫자의 사도들 또는 족장들을 택하여 세우신 것이었다.

마찬가지로, "칠십 인"을 세우신 것에도 비슷한 이유가 있었다. 우리는 모세가 모든 일을 혼자 다 처리하기가 벅찬 것을 알고서, "칠십 인"의 판관들을 세워서, 백성들을 다스리는 일에서 그를 돕게 하였다(출 8:22; 24:1)는 것을 알고 있다. 그러나 유대인들은 바벨론에서의 포로 생활로부터 돌아왔을 때에 칠십이 인의 판관들로 구성된 공회(公會) ― 헬라인들은 이것을 '쉬네드리온'(συνέδριον)이라 불렀지만, 이 용어는 와전되어 '산헤드린'으로 불렸다 ― 를 조직하였다. 그러한 숫자들과 관련해서 흔히 일어나는 일이지만, 사람들은 공회에 대하여 말할 때에 단지 "칠십 인"의 판관들이라 부르는 것이 관행이었다. 필로(Philo)는 공회가 다윗 왕권을 계승하고 있다는 것을 나타내기 위해서 유대인들은 이 판관들을 다윗의 후손들 중에서 뽑았다고 말한다. 여러 가지 재난들을 겪은 후에, 마침내 헤롯이 공회를 폐지하고, 유대 백성들이 정치에 참여할 수 있는 합법적인 권리를 박탈함으로써, 공회는 최후를 맞이하였다. 바벨론에서의 포로 생활로부터 돌아온 것이 참되고 온전한 구속(救贖)의 전주곡(praeludius)이었기 때문에, 주님은 이제 그들의 망한 나라의 회복을 약속하시는 의미에서 그가 왔음을 알리는 "칠십 인"의 전령들을 택하여 세우신 것으로 보인다. 그렇지만 백성들은 하나의 머리 아래에서 연합되어야 했기 때문에, 그리스도께서는 그들에게 판관들로서의 권세를 주지는 않으시고, 단지 그들에게 자기보다 앞서 가서 자기가 올 것을 알리라고 명하심으로써, 모든 것이 머리이신 그에게로 집중되게 하셨다. 그는 "둘씩 보내셨는데" 이것은 그들의 연약함을 고려하셨기 때문인 것으로 보인다. 그들을 한 사람씩 보냈을 때에는 그들의 직임을 활기차게 수행하는 데에 필요한 담대함을 그들이 갖지 못하게 될 우려가 있었다. 그러므로 그리스도께서는 그들이 서로 격려하여 서로에게 힘을 줄 수 있도록 하시기 위하여 "둘씩" 짝을 지어 보내신 것이었다.

눅 10:2. 추수할 것은 많되. 나는 이 구절을 마태복음 9장을 설명할 때에 다루긴 하였지만, 여기에서는 이 구절이 거기에서와는 다른 상황에서 언급되고 있기 때문에, 이곳에서 다시 한 번 간략하게나마 다룰 필요가 있다. 왜냐하면, 그리스도께서

는 그의 제자들에게 더욱 강력한 동기를 부여해서 그들의 일을 성심성의껏 하도록
하시기 위하여, "추수할 것이 많다"는 말씀을 통해서, 그들의 수고가 헛되지 않을
것이고, 장차 일을 해서 풍성한 수확을 거두어들일 기회들이 그들에게 많이 주어
지리라는 것을 암묵적으로 시사하고 계시기 때문이다. 나중에 그는 그들에게 위험
들과 싸움들과 괴로움들이 있을 것임을 상기시키시고, 그들에게 단단히 각오를 하
고서 온 유대 땅을 신속하게 두루 다녀오라고 명하신다. 간단히 말해서, 그리스도
께서는 그가 앞서 사도들에게 하셨던 것과 동일한 지시들을 여기에서도 반복하고
계신다는 것이다. 그러므로 이 모든 내용에 대한 자세한 주해(註解)는 이미 앞에
다 나와 있기 때문에, 여기에서는 불필요하게 장황한 말로 독자들을 괴롭힐 이유
가 전혀 없다.

  눅 10:4. 아무에게도 문안하지 말며. 이 구절의 의미에 대해서는 간략하게 살펴
볼 필요가 있다. 우리가 길을 가다가 어떤 사람을 만났는데도 그에게 말을 걸지 않
고 그냥 지나치는 것은 잠시라도 시간을 빼앗기지 않기 위해서인 것처럼, 이 구절
의 말씀은 그들의 일이 몹시 서두르지 않으면 아주 시급한 일(summae festinatio)
이라는 것을 보여주는 것이다. 그래서 엘리사는 수넴 여인에게 그의 사환 게하시
를 보내면서, 길에서 누구를 만나더라도 인사를 하지 말라고 당부하였다: "사람을
만나거든 인사하지 말며 사람이 네게 인사할지라도 대답하지 말고"(왕하 4:29). 그
리스도께서는 그의 제자들에게 길에서 만나는 사람들에게 인사하는 것까지 하지
않을 정도로 비인간적으로 행하라고 말씀하시는 것이 아니라, 아주 서둘러서 그들
의 일을 해야 하기 때문에 그들을 지체하게 만드는 모든 일들을 다 생략하라고 명
하고 계시는 것이다.

  눅 10:7. 주는 것을 먹고 마시라. 이 구절은 오직 누가 본문에만 나온다. 이 말씀
을 통해서 그리스도께서는 그들에게 일상적이고 간소한 음식으로 만족하라고 명
하고 계실 뿐만 아니라, 남이 주는 것을 먹는 것을 허용하신다. 이 구절의 단순하면
서도 자연스러운 의미는 이런 것이다: "너희가 이 전도 여행을 하는 동안에는 남들
의 것을 먹고 살아도 좋다. 왜냐하면, 너희가 그들을 위하여 수고하는 것이니, 그들
이 너희에게 음식을 주는 것이 공평하기 때문이다." 어떤 이들은 그리스도께서 이
말씀을 하신 의도는 제자들로 하여금 그들에게 어떤 음식이 주어지더라도 양심의
거리낌이 없이 다 먹게 하시기 위한 것이었다고 생각한다. 그러나 그리스도의 의
도는 어떤 종류의 음식들에 대한 거리낌을 제거하거나 간소한 식사를 하게 하는

것이 아니라, 단지 제자들이 이 일을 하는 동안에는 그들을 환대하는 자들이 주는 음식을 먹는 것을 그들에 대한 상(賞)으로 허용하시고자 하신 것일 뿐이다.

²⁰예수께서 권능을 가장 많이 행하신 고을들이 회개하지 아니하므로 그 때에 책망하시되 ²¹화 있을진저 고라신아 화 있을진저 벳새다야 너희에게 행한 모든 권능을 두로와 시돈에서 행하였더라면 그들이 벌써 베옷을 입고 재에 앉아 회개하였으리라 ²²내가 너희에게 이르노니 심판 날에 두로와 시돈이 너희보다 견디기 쉬우리라 ²³가버나움아 네가 하늘에까지 높아지겠느냐 음부에까지 낮아지리라 네게 행한 모든 권능을 소돔에서 행하였더라면 그 성이 오늘까지 있었으리라 ²⁴내가 너희에게 이르노니 심판 날에 소돔 땅이 너보다 견디기 쉬우리라 하시니라(마 11:20-24).

¹³화 있을진저 고라신아, 화 있을진저 벳새다야, 너희에게 행한 모든 권능을 두로와 시돈에서 행하였더라면 그들이 벌써 베옷을 입고 재에 앉아 회개하였으리라 ¹⁴심판 때에 두로와 시돈이 너희보다 견디기 쉬우리라 ¹⁵가버나움아 네가 하늘에까지 높아지겠느냐 음부에까지 낮아지리라 ¹⁶너희 말을 듣는 자는 곧 내 말을 듣는 것이요 너희를 저버리는 자는 곧 나를 저버리는 것이요 나를 저버리는 자는 나 보내신 이를 저버리는 것이라 하시니라(눅 10:13-16).

마 11:20. 그 때에 책망하시되. 누가는 어느 때에, 그리고 무슨 이유로 그리스도께서 이 성읍들을 책망하셨는지를 설명한다. 이때는 그리스도께서 제자들을 유대 땅의 여러 곳으로 보내셔서 두루 다니며 하나님의 나라가 가까이 왔다고 선포하게 하시던 때였다. 그리스도께서는 이 성읍들에서 오랫동안 선지자의 직임을 수행하시며 많은 이적들을 행하셨는데도 별 열매가 없자 그 주민들의 배은망덕함을 생각하시고서, 마치 그가 복음을 전파하며 이적들을 행하기 시작하셨던 곳인 게네사렛 호수 인근의 여러 성읍들의 주민들이 완악함과 지독한 악의로 가득 차 있다는 것을 직접 경험으로 확인하셨기 때문에 이제는 다른 성읍들로 떠날 때가 되었다고 선언하시는 것처럼 여기에 나오는 말씀을 쏟아내신다. 그러나 그는 그의 가르침에 대해서는 말씀하지 않으시고, 단지 그가 이적들을 베푸셨는데도 그들이 회개하지 않았다는 것만을 책망하신다. 주님이 그의 권능을 나타내어 이적들을 행하신 목적은 사람들을 그에게로 오라고 초청하시기 위한 것이었다. 그러나 모든 사람은 본질상 그리스도를 거슬러 행하는 자들이기 때문에, 그에게로 나아오기 위해서는 먼저 회개로 시작하지 않으면 안 된다. "고라신"과 "벳새다"는 게네사렛 호숫가에 자리 잡고 있던 성읍들로 잘 알려져 있었다.

마 11:21. 두로와 시돈에서. 거기에서 가까이 있었던 "두로와 시돈"은 경건치 않음, 교만, 사치 등과 같은 악덕들로 악명이 높은 곳들이었기 때문에, 그리스도께서는 그의 동포인 유대인들로 하여금 고통스러운 진실을 더 깊이 깨닫도록 하시기 위하여 이러한 비교를 통해서 그들의 주의를 환기시키고 계시는 것이다. 왜냐하면, 그들 중에는 두로와 시돈의 주민들을 하나님을 멸시하는 가증스러운 자들이라고 여기지 않는 자가 하나도 없었기 때문이다. 그러므로 그리스도께서 신앙도 없는 성읍들이 유대 땅의 성읍들보다도 회개하고 자신의 삶을 고칠 가능성이 더 많다고 말씀하시는 것은 유대 땅의 성읍들에 대한 그의 저주가 얼마나 심각한 것인지를 보여주는 것이다.

우리는 주님이 하신 이 말씀은 사람들의 이해 수준에 맞춰서 하신 말씀이었다는 것을 기억하고서, 이 성읍들과 관련해서 하나님께 어떤 은밀한 작정하심 또는 예정하심이 있는 것 아니냐고 생각하여 가시 돋친 질문들을 하는 자가 있어서는 안 될 것이다. 그리스도께서 "벳새다"와 그 인근 성읍들의 주민들을 "두로와 시돈"의 주민들과 비교하실 때, 그의 관심은 하나님이 전자 또는 후자가 어떻게 할지를 하나님이 미리 아시는가라는 문제에 있었던 것이 아니라, 여러 가지 사실들을 근거로 판단해 볼 때에 전자 또는 후자가 어떻게 행하였을 지를 추정해 보는 데에 있었다. 두로와 시돈이 극도로 타락한 도덕과 고삐 풀린 듯한 방종에 빠져 있었던 것은 그들의 무지(無知, ignorantia)가 큰 원인이었을 수 있다. 왜냐하면, 거기에서는 그들에게 회개하라고 경고하기 위하여, 하나님의 음성이 들려진 적도 없었고, 이적들이 행해진 적도 없었기 때문이다. 그러나 그리스도께서 지금 책망하고 계시는 갈릴리의 여러 성읍들에서는 수많은 이적들이 행해졌지만, 그 주민들은 그 이적들로부터 전혀 유익을 얻지 못하고, 도리어 이적들을 멸시하는 지독한 완악함만을 보여주었을 뿐이었다. 요컨대, 그리스도께서 하신 이 말씀의 취지는 단지 악의(惡意)를 지니고서 하나님을 지독하게 멸시함에 있어서는 "고라신"과 "벳새다"의 주민들이 "두로와 시돈"의 주민들을 능가한다는 것뿐이다. 그렇지만 하나님이 회개의 가능성이 더 큰 자들에게는 아무런 권능도 보여주지 아니하시고, 극히 악하고 거의 절망적인 자들에게는 그의 권능을 행하셨다고 해서, 우리가 하나님께 시비를 거는 것은 옳지 않다. 하나님이 그의 긍휼하심을 받을 가치가 없다고 여기시는 자들을 멸망에 이르도록 정하시는 것은 합당하다. 하나님이 그의 말씀을 어떤 자들에게서 거두어들이시면, 그것은 그들을 멸망에 이르도록 버려두시는 것이다. 그러나 어떤 경우에는 더 이상 변명할 여지가 없게 만드시기 위해서, 하나님은 이런저런 방식으로 그들에게 회개하라고 초청하기도 하시고 권면하기도 하시는데, 그럴 때에 우리는 그런 하나님을 불의하시다고 비난할 수 있겠는가? 그러므로 우리는 우리 자신의 연약함을 인정하고서, 하나님의 생각이나 작정하심이 얼마나 높고 깊은지를 경외하는 마음으로 깊이 묵상하는 법을 배우지 않으면 안 된다. 왜냐하면, 자기에게 이해가 되고 자신의 생각과 같을 때에만 하나님을 의로우시다고 하고, 그렇지 않은 경우에는 결코 하나님의 의로우심을 시인하지 않으려 하며, 하나님의 은밀한 일들에 대해서는 그 이유를 알지 못하더라도 마땅히 존중하고 받아들여야 함에도 불구하고 그 일들의 이유가 분명하지 않다는 이유로 경멸하고 배척하는 것은 이루 말할 수 없이 교만하고 제멋대로 행하는 것이기 때문이다.

마 11:21. 모든 권능을 ⋯ 행하였더라면. 우리가 앞에서 이미 말한 대로, 이 구절은 이적들의 올바른 용도가 무엇인지를 우리에게 알려준다. 물론, 이적들이라고 할 때에는 거기에는 가르침도 포함된다. 왜냐하면, 그리스도께서 아버지 하나님의 권능을 사람들 앞에 나타내 보이셨을 때, 그는 아무 말씀도 안 하시고 침묵하신 채 그저 이적만 행하신 것이 아니기 때문이다. 아니, 정반대로, 사람들로 하여금 그리스도께서 하시는 말씀에 주의를 기울이도록 하기 위하여, 이적들이 복음의 말씀에 덧붙여진 것이었다.

마 11:21. 베옷 ⋯ 재. 회개는 여기에서 외적인 징표(徵標)들을 통해서 묘사되는데, 당시에 이런 징표들의 사용은 하나님의 교회에서 관행적인 일이었다. 그러나 이것은 그리스도께서 그런 징표들에 어떤 중요성을 부여하고 계시는 것이 아니라, 단지 사람들의 눈높이에 맞춰서 말씀을 하고 계시는 것일 뿐이다. 믿는 자들은 단지 며칠 동안만 회개하면 되는 것이 아니라, 죽을 때까지 계속해서 회개를 행하지 않으면 안 된다는 것을 우리는 안다. 오늘날에는 회개할 때에 "베옷"을 입고 "재"를 자기 자신에게 뿌릴 필요가 없다. 그러니까, 어떤 중대한 죄악을 범한 후에 하나님께로 돌아가고자 할 때 외에는, 언제나 이런 외적인 표징들을 통해서 회개를 나타낼 필요는 없다는 말이다. "베옷"과 "재"는 분명히 심판자의 진노를 피하기 위한 목적으로 자신의 죄책을 인정한다는 것을 보여주는 징표들(signa)이기 때문에, 회심의 시작이라고 보는 것이 합당하다. 그러나 이러한 외적인 의식(儀式)은 자신의 참회를 증언하는 징표들이기 때문에, "너희는 옷을 찢지 말고 마음을 찢으라"(욜 2:13)는 요엘서의 말씀처럼, 그런 의식들보다 먼저 죄를 미워하고, 하나님을 두려워하며, 육신이 죽어지는 것이 선행되는 것이 마땅하다. 우리는 이제 그리스도께서 "두로와 시돈"을 언급하실 때에 왜 "베옷"과 "재"가 회개와 결부되고 있는지를 알게 된다. 왜냐하면, 만약 그 주민들에게 복음이 전파되었다면, 그들의 이전의 삶에 대한 단죄가 이루어질 수밖에 없었을 것이고, 그 결과 그들은 죄를 뉘우치는 자의 흉한 옷을 입고서 죄를 용서하여 주시라고 탄원하는 길 외에는 다른 도리가 없을 것이었기 때문이다. 누가 본문에 나오는 "앉아"라는 단어도 동일한 것을 가리킨다. 왜냐하면, 예언서들에 나오는 많은 구절들이 분명히 보여주듯이, 그것은 참회하는 자들이 자신이 느끼는 슬픔의 표시로 "땅에 엎드려 있는 것"을 의미하기 때문이다.

마 11:23. 가버나움아 네가. 그리스도께서는 거의 상시적으로 "가버나움"에 거주하셨기 때문에, 많은 사람들이 거기가 그의 고향이라고 착각했을 정도였는데, 여기에서는 그 성읍을 향하여 명시적으로 말씀하신다. 사실, 하나님의 아들이 그의 나라와 그의 제사장 직분을 시작하실 때에 "가버나움"을 그의 왕궁과 성소의 소재지로 택하신 것은 가버나움 주민에게 이루 헤아릴 수 없이 영광스러운 일이었다. 그러나 이 성읍은 마치 하나님의 은혜가 단 한 방울도 그 위에 부어진 적이 없었다는 듯이 더러움에 깊이 빠져 있었다. 그런 까닭에, 그리스도께서는 이 성읍은 하나님에게서 더 많은 은총을 받았기 때문에 거기에 비례해서 그 만큼 더 무시무시한 벌이 기다리고 있을 것임을 분명하게 선포하신다. 이 구절에서 우리가 주의 깊게 살펴보아야 할 것은 하나님이 거저 주신 선물들을 더럽히면 그것은 신성모독에 해당하기 때문에 반드시 벌을 받게 된다는 것이다. 그러므로 사람의 지위가 높고 유명하면 할수록, 그가 하나님이 그에게 주신 선물들을 욕되게 더럽힌다면, 그는 더욱더 혹독한 벌을 받게 될 것이다. 특히, 우리가 그리스도의 영적 은사들을 받은 후에 그리스도와 그의 복음을 멸시하여 함부로 대한다면, 하나님의 무시무시한 복수하심이 우리를 기다리고 있을 것이다.

마 11:23. 소돔에서 행하였더라면. 우리는 여기에서 그리스도께서 사람의 방식을 따라 말씀하고 계시는 것이지, 하나님이 만약 소돔의 주민들에게 참 선지자, 곧 그리스도를 보내셨다면, 무슨 일이 일어나게 되었을 지를, 마치 하늘의 성소로부터 굽어보시고서 다 알고 계신다는 듯이 말씀하시는 것이 결코 아니라는 것을 이미 얘기한 바 있다. 그러나 시비를 걸기 좋아하는 사람들이 이러한 대답에 만족하지 못한다고 하더라도, 이 한 가지, 즉 소돔의 주민들을 구원하실 수 있는 능력이 하나님께 있으셨지만, 하나님은 의로우신 분이셨기 때문에 그들에게 복수하셔서 그들을 멸하셨다는 것만을 깊이 생각한다면, 반론이나 이의를 제기할 근거는 완전히 사라지게 된다.

눅 10:16. 너희 말을 듣는 자는. 이 말씀이 우리가 앞서 보았던 마태복음 10:40에 나오는 말씀, 즉 "너희를 영접하는 자는 나를 영접하는 것이요"라는 말씀의 단순한 반복이라고 생각한다면, 그것은 잘못이다. 그리스도께서는 거기에서는 사람에 대하여 말씀하신 것이지만, 여기에서는 가르침에 대하여 말씀하고 계신다. 거기에서 "영접하는 것"은 사랑의 섬김(officia caritatis)과 연관되어 있지만, 여기에서는 그리스도께서 하나님의 말씀을 받는 믿음을 칭찬하고 계신다. 이 말씀의 요지는 사람의 경건(pietas)은 믿음의 순종(fidei obedientia)에 의해서 확인된다는 것이다. 그리고 복음을 거부하고 배척하는 자들은 스스로는 하나님을 가장 잘 섬기는 자들이라고 아무리 자랑할지라도 사실은 하나님을 악하게 멸시하는 자들이라는 것을 드러내는 것이다.

우리는 이제 그리스도의 의도를 주목하여야 한다. 세상 사람들 중에서 상당수는 어리석게도 어떤 신분이나 지위의 사람들이 믿느냐를 보고서 복음을 평가해서, 보잘것없고 미천한 사람들이 믿는다고 하여 복음을 멸시하기 때문에, 여기에서 주님은 그러한 왜곡되고 뒤틀린 판단을 반박하고 계시는 것이다. 또한, 거의 모든 사람들은 아주 교만해서, 그들과 대등하다고 생각되는 자들에게나 그들보다 못하다고 여겨지는 자들에게 자원해서 순복하고자 하지 않는다. 그런데 하나님은 사람들을 사역자들로 세우셔서 그의 교회를 다스리시기로 결정하셨고, 실제로 말씀의 사역자들을 사람들 가운데서 가장 비천하고 쓰레기 같은 자들 가운데서 택하시는 경우가 비일비재하다. 그러므로 하나님은 사람들의 입을 통해서 복음이 전파된다는 사실 때문에 혹시라도 복음의 가치가 손상되는 일이 벌어지지 않도록 하시기 위해서, 복음의 위엄을 견고히 세워주시지 않으면 안 되었다.

그러므로 그리스도께서 사역자들이 전하는 것 — 그 전하는 것이 신실한 경우에만 — 에 사람들이 그 어떤 존귀함이나 공경함을 드리든지, 하나님은 그것을 그 자신에게 드려진 것으로 인정해 주실 것이라고 분명하게 선포하실 때, 그것은 사람들의 외적인 사역에 크게 힘을 실어 주시고 높여 주시는 추천서이다. 이 추천서(elogium)는 두 가지로 유익하다. 먼저, 우리가 하나님이 사람들의 입을 통해서 말씀하시는 것을 듣고서, 마치 하나님이 직접 하늘에서 내려오셔서 말씀하셨거나 천사들을 통해서 그의 뜻을 우리에게 알게 하신 것처럼, 그 하나님의 말씀에 순복하는 것이야말로 하나님에 대한 최고의 예배이자 가장 향기로운 제사라는 것을 안다면, 그것은 우리에게 복음의 가르침을 받아들이라고 동기를 부여하는 그 어떤 것들보다도 가장 강력한 것이 되어야 마땅하다. 다음으로, 하나님이 보내신 사람들에 의해서 우리에게 전해진 우리의 구원에 대한 증언이 하늘로부터 울려 퍼지는 하나님의 음성만큼이나 믿을 만하다는 것을 우리가 알 때, 우리의 확신은 더욱 견고해지고, 모든 의심은 사라지게 된다. 반면에, 그리스도께서는 우리로 하여금 복음을 멸시하지 못하도록 하시기 위하여, 아무리 보잘것없는 사역자들일지라도 그들이 전하는 것을 배척하고 거부하는 자들은 사람들인 사역자들이 아니라 아버지 하나님을 모욕하는 것이라는 엄중한 경고를 덧붙이신다. 여기에서 그리스도께서는 그들 자신의 사역을 진실하고 충성되게 행하는 목회자들을 크게 높이고 계시지만, 교황과 그의 추종자들이 이 말씀을 방패막이로 삼아서 그들의 폭정을 은폐하는 것은 어처구니없는 일이다. 왜냐하면, 그리스도께서는 아버지 하나님이 그에게 주신 권능을 사람들의 손에 맡기겠다는 식으로 말씀하신 것이 아니라, 단지 그의 복음을 사람들에 의해서 멸시받는 것으로부터 지키시겠다고 말씀하신 것이기 때문이다. 이것으로부터 우리는 그리스도께서 그 자신에게 합당한 존귀와 영광을 사람들에게 넘기신 것이 아니라, 단지 그러한 존귀와 영광이 그의 말씀으로부터 분리될 수 없다고 말씀하신 것임을 알게 된다. 그러므로 교황은 자신의 말이 사람들로부터 받아들여지기를 원한다면, 그리스도의 일꾼으로 인정받을 수 있는 그런 가르침을 베풀어야 한다. 그러나 그가 계속해서 자신의 현재의 모습을 고집한다면, 그는 그리스도의 불구대천의 원수로서 사도들을 전혀 닮지 않은 자이기 때문에, 자신에게 맞지도 않는 옷을 당장 벗는 것이 마땅하다.

[17]칠십 인이 기뻐하며 돌아와 이르되 주여 주의 이름이면 귀신들도 우리에게 항복하더이다 [18]예수께서 이르시되 사탄이 하늘로부터 번개 같이 떨어지는 것을 내가 보았노라 [19]내가 너희에게 뱀과 전갈을 밟으며 원수의 모든 능력을 제어할 권능을 주었으니 너희를 해칠 자가 결코 없으리라 [20]그러나 귀신들이 너희에게 항복하는 것으로 기뻐하지 말고 너희 이름이 하늘에 기록된 것으로 기뻐하라 하시니라(눅 10:17-20).

눅 10:17. 칠십 인이 … 돌아와. "칠십 인"의 제자들이 "돌아와서" 그들이 그리스도의 권능으로 귀신들을 쫓아낸 것을 새롭고 예기치 않은 일이라며 크게 기뻐한 것을 보면, 그 이전에 그리스도의 말씀을 믿는 그들의 믿음은 온전하고 견고한 것이 아니었던 것으로 보일 수 있다. 왜냐하면, 그들은 이 전도의 일을 위해 파송될 때에 이미 그리스도로부터 그러한 권능을 받았었기 때문이다. 그러나 나는 그들이 출발할 때에 주님이 그들에게 말씀하신 것들이 다 그대로 되리라는 것을 확신하였을 것임을 의심하지 않는다. 그런데도 그들은 막상 현장에 나가서 그들의 기대를 뛰어넘는 정도로 일이 진행되는 것을 보았을 때에 놀라지 않을 수 없었다. 이런 일은 믿는 자들에게 비일비재하게 일어난다. 즉, 그들은 말씀을 통해서 하나님의 권능을 조금 맛보지만, 나중에 실제로 그 권능을 체험하고 나서는 놀라움을 감추지 못하고 흥분하게 되는 것이다. 그들의 기쁨이 어떤 성격을 지닌 것이었는지는 그리스도의 대답으로부터 더 분명하게 드러난다.

눅 10:18. 사탄이 … 떨어지는 것을 내가 보았노라. 그리스도께서는 이 한 가지 예를 통해서 그들에게 그 전체적인 의미를 보여주신다. 왜냐하면, 그는 사탄의 나라를 뒤집어엎고 멸하기 위하여 그의 복음을 널리 전하라고 명하신 것이기 때문이다. 그러므로 제자들이 오로지 자신들의 경험으로부터 얻은 것에만 의지하였을 때, 그리스도께서는 그들이 전하는 가르침이 지닌 능력과 효력은 훨씬 더 멀리까지 미쳐서, 사탄이 인류 전체에 대하여 행사하고 있는 폭정(tyrannis)을 멸하는 작용을 한다는 것을 그들에게 깨우쳐 주신다. 우리는 이제 이 말씀의 의미를 확실히 알게 되었다. 그리스도께서는 제자들에게 그의 복음을 전파하라고 명하셨을 때에 결과가 의심스러운 일을 시도해 보신 것이 결코 아니었고, 사탄이 장차 멸망하게 될 것(futura Satanae ruina)을 미리 아신 것이었다. 하나님의 아들은 속임을 당하실 수 없고, 그의 이러한 미리 아심(praescientia)은 복음의 전 과정에 걸쳐서 행해지기 때문에, 우리는 그가 신실한 교사들을 세우셔서 수고하게 하실 때에는 반드시 그들로 하여금 형통하고 이기게 하시리라는 것을 의심할 이유가 전혀 없다. 이것으로부터 우리는 사탄에게 종살이 하던 우리가 거기에서 건짐을 받은 것은 다름 아닌 복음으로 말미암은 것이고, 우리에게서 사탄의 권능이 그 힘을 잃고, 죄가 멸하여져서, 우리가 하나님의 의(義)에 대하여 살기 시작할 때에만, 복음이 우리 속에서 진정으로 역사하여 그 효력을 발휘한 것임을 알게 된다. 또한, 우리는 그리스도께서 사용하신 비유, 즉 복음의 우렛소리에 사탄이 "번개 같이" 떨어졌다고 하신 것을 주목하여야 한다. 왜냐하면, 이 비유는 온갖 세력들로 무장한 이 세상의 임금을 아주 급작스럽고 격렬하게 뒤엎어 버리는 복음의 가르침이 지닌 믿기 어려울 정도로 놀라운 신적 권능을 표현하는 것이기 때문이다. 또한, 그것은 그리스도께서 해방자(liberator)로 나타나시기 전에는, 사람들은 "공중에 권세 잡은 자"로서 세상을 자신의 발로 밟고 통치하는 사탄이 쏘는 불화살들이 그 머리에 쏟아지는 그런 비참한 상태에서 벗어날 수 없었다는 것을 표현하는 것이기도 하다.

눅 10:19. 내가 너희에게 … 주었으니. 이 구절은 양보의 의미를 지닌다. 그리스도께서는 제자들이 지금 자랑하는 것이 하나님의 대단한 선물이라는 것을 부인하지는 않으시지만, 그들에게 외적인 이적들에 만족하지 말고, 그들의 눈을 들어서 더 높은 것을 바라보아야 한다는 것을 일깨워 주신다. 그들이 기뻐하는 것은 근거 없는 것이 아니었기 때문에, 그리스도께서는 그것을 전적으로 단죄하지는 않으시지만, 그들이 현상적이고 일시적인 것(gratia temporalis)에 지나치게 기뻐하고, 그들의 마음을 들어서 더 높은 것을 바라보지 않았다는 점에서, 그들의 태도에 잘못이 있다는 것을 보여주신다. 이것은 경건한 자들도 쉽게 걸리는 병이다. 그들은 하나님의 선하심을 감사함으로 받기는 한다. 하지만, 그들은 하나님의 은혜의 역사(役事)들을 사다리들로 삼아서 그 도우심을 받아 점점 더 하늘로 오르는 것이 마땅한데도 불구하고, 그렇게 하지 않는다. 그러므로 그들이 이 땅에 안주하지 말고 하늘의 것으로 말미암아 새로워지는 것을 열망할 수 있도록 하시기 위하여, 주님은 그의 손을 뻗쳐서 그들을 일으켜 세우실 필요가 있으시다. 그리스도께서는 모든 해악(害惡)을 "원수의 능력"이라고 부르신다. 왜냐하면, 사탄은 우리에게 적대적인 모든 것을 이용해서 우리를 공격하기 때문이다. 내가 이렇게 말하는 것은 사람들에게 해악을 끼치는 모든 것이 사탄의 통제 아래에 놓여 있다는 의미가 아니라, 사탄은 하나님의 저주로 무장을 하고서, 하나님의 모든 징계를 이용해서 우리를 멸망시키고자 하고, 그 징계들을 우리를 해치기 위한 병기들로 사용한다는 의미이다.

눅 10:20. 너희 이름이 … 기록된 것으로. 제자들을 현상적이고 일시적인 기쁨에서 이끌어 내어서 영원한 생명을 기뻐하게 하는 것이 그리스도의 목적이었기 때문에, 그는 그들의 기쁨의 근원이자 원천인 것, 즉 그들이 하나님의 택하심을 입어서 그의 자녀가 되었다는 사실 쪽으로 그들을 인도해 가신다. 그리스도께서는 실제로 그들에게 그들이 하나님의 "성령"으로 "중생"한 것(딛 3:5), "그리스도 안에서 새로운 피조물"이 된 것(고후 5:17), 하나님이 그들의 "마음의 눈을 밝히셔서" 구원의 소망을 갖게 하시고(엡 1:18), 그들의 "기업의 보증"을 얻게 하신 것(엡 1:14)을 기뻐하라고 명하셨을 수도 있으셨을 것이다. 그러나 그리스도께서는 그들로 하여금 그 어떤 것도 그들 자신에게 돌리지 못하도록 하시기 위하여, 하나님이 은혜로 우리를 값없이 택하신 것이 이 모든 은택들이 흘러나온 원천이라는 것을 지적하고자 하셨다. 우리가 하나님을 찬송하게 되는 것은 우리 안에서 느껴지는 하나님의 은택들 때문이라는 것은 의심의 여지가 없지만, 영원한 택하심(aeterna electio)은 우리의 바깥에 있으면서도 우리의 구원이 순전히 하나님의 선하심(mera Dei bonitas)에 달려 있다는 것을 더 분명하게 보여준다. "너희 이름이 하늘에 기록되었다"는 은유적인 표현은 그들이 마치 호적에 등재된 것처럼 하나님에 의해서 그의 자녀이자 상속자로 인정받았다는 것을 의미한다.

²⁵그 때에 예수께서 대답하여 이르시되 천지의 주재이신 아버지여 이것을 지혜롭고 슬기 있는 자들에게는 숨기시고 어린 아이들에게는 나타내심을 감사하나이다 ²⁶옳소이다 이렇게 된 것이 아버지의 뜻이니이다 ²⁷내 아버지께서 모든 것을 내게 주셨으니 아버지 외에는 아들을 아는 자가 없고 아들과 또 아들의 소원대로 계시를 받는 자 외에는 아버지를 아는 자가 없느니라 ²⁸수고하고 무거운 짐 진 자들아 다 내게로 오라 내가 너희를 쉬게 하리라 ²⁹나는 마음이 온유하고 겸손하니 나의 멍에를 메고 내게 배우라 그리하면 너희 마음이 쉼을 얻으리니 ³⁰이는 내 멍에는 쉽고 내 짐은 가벼움이라 하시니라(마 11:25-30).

²¹그 때에 예수께서 성령으로 기뻐하시며 이르시되 천지의 주재이신 아버지여 이것을 지혜롭고 슬기 있는 자들에게는 숨기시고 어린 아이들에게는 나타내심을 감사하나이다 옳소이다 이렇게 된 것이 아버지의 뜻이니이다 ²²내 아버지께서 모든 것을 내게 주셨으니 아버지 외에는 아들이 누구인지 아는 자가 없고 아들과 또 아들의 소원대로 계시를 받는 자 외에는 아버지가 누구인지 아는 자가 없나이다 하시고(눅 10:21-22).

마 11:25. 예수께서 대답하여. 히브리어 동사 '아나'(עָנָה, "대답하다")는 말의 시작을 나타낼 때도 종종 사용되는 단어이기는 하지만, 이 구절에서는 강조를 위해 사용된 것이라고 나는 생각한다. 왜냐하면, 그리스도께서는 누구의 질문에 대하여 대답을 시작하고 계시는 것이 아니라, 앞서의 상황에 반응하여 말씀을 계속하고 계시는 것이기 때문이다. 이것은 "그 때에 예수께서 성령으로 기뻐하시며 이르시되"(눅 10:21)로 되어 있는 누가 본문에 의해서 더욱 확증된다. 이 "기뻐하심"은 도대체 어디에서 온 것인가? 그것은 그리스도께서 가난하고 멸시받는 자들로 이루어진 교회를 마치 세상의 온갖 귀인들과 대인들이 몰려와서 그들의 광휘(光輝)로 교회를 빛내준 양 귀하고 소중하게 여기셨기 때문이 아니면 무엇이겠는가? 또한, 우리가 주목해야 할 것은 이 말씀은 아버지 하나님을 향한 것이기 때문에, 그가 제자들에게 말씀하신 때보다 더 큰 힘이 실려 있다는 것이다. 그리스도께서 "아버지께 감사하신" 것은 제자들이 그의 교회가 미천하고 초라한 것을 언짢아 하지 않도록, 그들을 위하여, 그리고 그들을 대신해서 그렇게 하신 것이었음이 틀림없다.

우리는 끊임없이 화려하고 그럴 듯한 것을 찾는다. 선지자들이 그 영광을 그토록 장엄하게 송축하였던 저 하나님의 아들의 천국이 사람들 중에서도 쓰레기 같은 하찮은 자들로 이루어져 있다는 것보다 더 앞뒤가 맞지 않는 일은 우리에게 없어 보인다. 하지만 하나님은 온 세상을 주관하시고 좌지우지하시는 분이신 데도, 그리스도의 이름을 더 크게 빛내 줄 수도 있을 저 유명하고 높은 자들이 아니라 하찮고 멸시받을 만한 자들 가운데서 자기 백성을 택하시기로 작정하신 것은 하나님의 기이하고 놀라우신 모략(admirabile Dei consilium)에 속하는 일이다. 그러나 여기에서 그리스도께서는 그가 지금 "기뻐하고" 있는 그의 교회의 저 초라하고 미천한 모습을 그의 제자들이 멸시하지 못하도록 그들의 마음이 높아지고 교만하여지지 않게 하시고, 사람들의 마음속에서 끊임없이 슬금슬금 솟아오르는 저 호기심을 더 확실하게 제어하시기 위하여, 그리스도께서는 그의 마음을 세상 위로 드셔서, 하나님의 은밀한 작정하심들(arcana Dei iudicia)을 묵상하심으로써, 그와 함께 그 작정하심들을 송축하는 일에 동참하도록 그들을 이끄신다. 분명히 하나님의 이러한 작정하심은 우리의 생각이나 정서(情緖)와 어긋나는 것이기는 하지만, 우리의 머리 되시는 그리스도께서 그것을 경외하는 마음으로 송축하시는데도, 우리가 그것에 대하여 불평하는 것은 분별없이 오만방자하게 광분하는 것(furiosa arrogantiae caecitas)이다.

우리는 그리스도께서 "아버지여 … 감사하나이다"라고 하신 것을 깊이 생각해 볼 필요가 있다. 이 말씀을 통해서 주님은 인간의 생각과는 너무나 다른 "아버지"

하나님의 작정하심을 자기가 그대로 받아들였다는 것을 분명하게 밝히고 계신다. 여기에는 주님이 아버지 하나님께 돌리는 이 찬송과 세상 사람들의 악의적인 비방 또는 부끄러운 줄도 모르고 시끄럽게 짖어대는 소리들 간의 암묵적인 대비가 존재한다. 우리는 이제 그리스도께서 어떤 점에서 "아버지"께 영광을 돌리고 계신 것인지를 살펴보지 않으면 안 된다. 왜냐하면, 하나님은 만유(萬有)의 주이신 데도, 지혜로운 자들이 아니라 보잘것없고 배우지 못한 자들을 택하여 자기 자녀로 삼으시기 때문이다. 그리스도께서 "아버지" 하나님을 "천지의 주재"라고 부르시는 것은 이 문제와 관련해서 결코 적지 않은 무게감을 지닌다. 왜냐하면, 이러한 부름말을 통해서 주님은 "지혜로운" 자들이 계속해서 눈이 먼 상태로 살아가는 반면에, 무지하고 배우지 못한 자들은 복음의 신비들을 받아 누리는 이러한 구별 또는 갈라짐(discrimen)이 전적으로 하나님의 뜻이라는 것을 분명하게 밝히고 계시기 때문이다. 성경에는 구원에 이른 자들은 하나님에 의해서 값없이 택함을 받은 것임을 하나님이 우리에게 보여주시는 이와 비슷한 성격의 구절들이 많이 있다. 왜냐하면, 하나님은 세계의 창조주이시자 통치자이시고, 모든 나라와 민족은 하나님의 것이기 때문이다.

따라서, 이 표현은 두 가지 의미를 내포하고 있다. 첫째, 하나님이 모든 피조물들을 그의 통치나 명령에 복종하게 하시는 것은 아주 쉬운 일이라는 것을 생각할 때, 모든 사람이 복음에 순종하지 않는 것은 결코 하나님의 능력이 부족해서가 아니라는 것이다. 둘째, 어떤 자들은 믿음에 이르는 반면에, 어떤 자들은 여전히 우둔하여서 완악한 채로 살아가는 것은 하나님의 무조건적인 택하심에 의하여 생겨나는 일이라는 것이다. 왜냐하면, 사람들의 상태는 본래 다 똑같은데, 오직 하나님이 사람들을 구별하셔서, 어떤 자들은 자기에게로 이끄시고 어떤 자들은 그대로 두심으로써, 이런 일이 생겨나는 것이기 때문이다. 하지만 하나님은 그의 영광을 고려하셔서, "지혜로운 자들"보다는 "어린 아이들"을 택하신다. 왜냐하면, 육신은 스스로 높아지고자 하는 욕망이 아주 강하고 끈질겨서, 영리하고 많이 배운 자들이 앞장을 서게 되면, 사람들은 곧 그 배운 자들의 재능이나 성실함이나 학식으로 말미암아 믿음을 갖게 되었다고 생각하게 될 것이기 때문이다. 누가 보아도 스스로 아무것도 할 수 없다는 것이 너무나 명백한 그런 사람들을 하나님이 택하셔서 그의 일을 하게 하실 때, 하나님의 긍휼하심은 있는 그대로 가장 잘 드러날 수 있게 된다. 그러므로 하나님이 그의 은혜가 제대로 드러나서 사람들 가운데서 찬송 받으시는 것이 방해받지 않도록 하시기 위하여, 그의 일에서 인간의 지혜를 배제시키시는 것은 합당하신 일이다.

그러나 우리는 여기에서 그리스도께서 누구를 가리켜 "지혜로운 자들"이라 하시고 누구를 가리켜 "어린 아이들"이라고 하시는 것인지를 묻게 된다. 왜냐하면, 배우지 못하고 무지한 자들이라고 해서 다 조명을 받아 믿게 되는 것도 아니고, 지혜롭고 배운 자들이라고 해서 다 눈이 먼 상태로 남겨지는 것도 아니라는 것을 우리는 경험상으로 알고 있기 때문이다. 그러므로 여기에서 "지혜롭고 슬기 있는 자들"이라 불리는 사람들은 마귀적인 교만함으로 가득 차서, 그리스도께서 하늘로부터 받아 전하시는 말씀을 듣는 것을 견딜 수 없어 하는 자들이라는 결론이 나온다. 그러나 그리스도께서 바울의 사나움을 굴복시킨 예에서 알 수 있듯이, 하나님은 자신의 분수를 넘어서 스스로를 자랑하는 자들을 반드시 배척하시고 버리시는 것도 아니다. 또한, 무지한 자들 중에서도 다수는 독기를 품은 악의를 나타내 보임으로써, 귀인들이나 대인들과 마찬가지로 하나님께 버려져서 멸망을 당하게 된다는 것을 우리는 안다. 모든 믿지 않는 자들이 그들의 지혜나 고결한 인품으로 인한 명성이나 명예나 부(富) 때문에 교만하여져서 그들 자신에 대한 악한 자만심으로 마음이 높아져 있다는 것은 나도 인정한다.

그러나 여기에서 그리스도께서 "지혜롭고 슬기 있는 자들"이라고 하실 때, 그것은 그들에게 어떤 잘못이 있는지의 여부와는 상관 없이, 능력과 학식으로 유명한 모든 자를 다 포함하는 개념이라고 나는 생각한다. 마찬가지로, 그리스도께서 "어린 아이들"이라고 하실 때에도 거기에는 미덕의 개념이 포함되어 있지 않다. 왜냐하면, 그리스도는 겸손한 자들의 선생이시고, "스스로 지혜 있는 체 하지 말라"(롬 12:16)는 것은 신앙의 기본적인 교훈이기는 하지만, 그리스도께서는 여기에서 자발적으로 자신을 낮추는 자들에 대하여 말씀하고 계시는 것이 아니라, 가장 낮고 천한 자들에게 내려오셔서 그 가난한 자들을 그들의 더러움에서 건져내어 일으켜 세우시는 것을 마다하지 않으시는 아버지 하나님의 은혜를 찬송하고 계시는 것이기 때문이다.

그러나 여기에서 한 가지 의문이 생긴다. "슬기로움"은 하나님의 선물인데, 어떻게 그것이 우리로 하여금 복음 속에서 비쳐 나오는 하나님의 빛을 깨닫지 못하게 방해하는 역할을 할 수 있다는 말인가? 우리는 내가 앞에서 이미 말한 것, 즉 믿지 않는 자들은 그들에게 주어진 모든 지혜를 타락시키기 때문에, 뛰어난 능력을 지닌 자들은 흔히 가르침에 순복하고자 하지 않는다는 점에서 방해를 받는다는 것을 기억하여야 한다. 그러나 이 구절과 관련해서 나의 답변은, "지혜로운 자들"에게 그들의 영리함이 복음을 받아들이는 데에 방해물이 되지 않는다고 하여도, 그들은 복음의 빛을 받지 못할 수 있다는 것이다. 모든 사람의 조건이 동일하거나 비슷한데, 하나님이 그의 뜻을 따라 이 사람들 또는 저 사람들을 택하시거나 택하시지 않으시는 이유는 무엇인가? 하나님이 지혜로운 자들과 큰 자들을 택하지 않으시는 이유에 대해서, 바울은 "하나님께서 세상의 미련한 것들과 약한 것들을 택하신" 것은 "아무 육체도 하나님 앞에서 자랑하지 못하게 하려 하심이라"(고전 1:27, 29)고 분명하게 말한다.

이것으로부터 우리는 그리스도께서 복음의 신비들이 "지혜로운 자들"에게 "숨겨져" 있다고 하신 말씀이 모든 사람에게 예외 없이 적용되는 말씀이 아니라는 것을 알게 된다. 왜냐하면, 다섯 명의 "지혜로운 자들" 중에서 네 명이 복음을 배척하고 단 한 명이 복음을 받아들이며, 다섯 명의 배우지 못한 자들 중에서 두세 명이 그리스도의 제자가 된다면, 이 말씀은 성취된 것이기 때문이다. 이것은 내가 방금 전에 인용한 바울 서신에 나오는 본문에 의해서도 확증된다. 왜냐하면, 바울은 모든 "지혜로운 자들"과 "능한 자들"과 "문벌 좋은 자들"을 다 하나님 나라에서 배제시키는 것이 아니라, 단지 그런 자들 중에서 하나님 나라에 들어간 자는 "많지 않다"고만 경고하는 것이기 때문이다.

이 문제는 이제 해결되었다. 그리스도께서는 하나님이 주신 선물인 "슬기로움"을 단죄하시는 것이 아니라, 단지 그 슬기로움은 믿음을 가지는 데에 아무런 영향도 미치지 못한다는 것만을 분명하게 말씀하시는 것이다. 마찬가지로, 주님은 마치 배우지 못한 사람들을 하나님이 기뻐하신다는 듯이 무지를 권장하시는 것이 아니고, 무지하고 배우지 못한 자들이라고 해서 하나님의 긍휼하심을 입어서 하늘의 지혜로 조명을 받지 못하는 것이 아니라고 말씀하시는 것이다.

이제 우리는 "숨기심"과 "나타내심"이 무엇을 의미하는지를 살펴볼 차례이다. 우리는 이것이 그리스도께서 외적인 말씀 선포에 대하여 말씀하고 계시는 것이 아니라는 것은 주님이 자신을 선생이라 하시며 모든 사람에게 차별 없이 가르치셨고, 그의 사도들에게도 동일한 명령을 주셨다는 사실로부터 알 수 있다. 그러므로 이 두 가지 표현이 지닌 의미는 그 누구도 자신의 지혜로 믿음을 가질 수 없고, 오직 성령의 은밀한 조명에 의해서만 믿음을 가질 수 있다는 것이다.

마 11:26. 옳소이다. 이 구절은 우리를 근질근질하게 만드는 저 방자한 호기심의 싹을 아예 처음부터 잘라버린다. 우리가 하나님께 순복하는 일들 가운데서 하나님의 뜻은 지극히 이치에 맞고 완벽하게 의로우신 것이라고 생각하는 것보다 더 어려운 일은 없다. 하나님은 그의 "판단들은 깊은 심연(深淵)과 같다"(시 36:6)고 자주 반복해서 말씀하시지만, 사람들은 그 깊은 심연을 살펴보겠다고 막무가내로 거칠게 뛰어들었다가, 그들의 마음에 맞지 않는 것이 하나라도 있으면, 하나님을 향하여 화를 내거나 불평하고, 심지어 공개적으로 하나님을 욕하는 자들도 많다. 하지만 주님은 하나님이 기뻐하셔서 결정하신 것은 그것이 무엇이든지 우리는 그것을 선하고 옳은 것으로 여겨야 한다는 것을 우리에게 하나의 규범(regula)으로 제시하신다. 하나님이 기뻐하신다는 이 단 한 가지 이유를 우리 앞에 제시된 다른 천 가지 근거보다 더 가치 있는 것으로 여기는 것이야말로 진정한 지혜이다. 그리스도께서는 하나님이 지혜로운 자들과 어린 아이들을 이렇게 구별해서 다루시는 이유들을 낱낱이 제시하실 수도 있으셨겠지만, 하나님의 선하시고 기뻐하시는 뜻이라는 것만으로 만족하시고서, 하나님이 다른 사람들이 아니라 "어린 아이들"을 부르셔서 구원하시고, 그들과 같은 보잘것없는 무리들(obscurus grex)로 그의 나라를 구성하시는 이유를 더 이상 캐묻지 않으신다. 이것으로부터 분명한 것은 하나님이 그의 뜻을 따라 어떤 사람들은 택하시고 어떤 사람들은 버리신다는 것을 알았을 때에 사람들은 마음이 부글거리고 하나님의 그런 처사에 도저히 순복할 수가 없어서 그리스도를 향하여 분노한다는 것이다.

마 11:27. 모든 것을 내게 주셨으니. 일부 해석자들은 그리스도께서 오직 그의 제자들의 믿음을 더 강하게 하셔서 그들로 하여금 복음을 더 담대하게 전하도록 하시기 위한 의도로 이 말씀을 하신 것이라고 생각하여서, 이 구절을 앞에 나오는 구절과 연결시키는데, 그것은 잘못이다. 나의 견해는 그리스도께서 그것과는 다른 이유에서, 그리고 그것과는 다른 목적을 염두에 두시고서 이 말씀을 하셨다는 것이다. 앞서 교회가 하나님의 무조건적인 택하심이라는 비밀한 원천으로부터 시작된다는 것을 단언하셨던 주님은 여기에서는 이제 구원의 은혜가 어떻게 사람들에게 이르게 되는지를 보여주신다. 하나님이 "창세 전에 택하신"(엡 1:4) 자들 외에는 그 누구도 영생을 유업으로 받는 자가 될 수 없다는 것을 알게 되자마자, 하나님의 비밀한 뜻을 어떻게든 알아내고자 하여 미로(迷路) 속으로 뛰어들었다가 출구를 찾지 못하고 헤매는 자들이 많다. 그런데 그리스도께서는 그들에게 구원의 확신

(salutis certitudo)을 얻고자 한다면 그에게로 오라고 말씀하신다. 그러므로 이 구절의 의미는 바로 그리스도 안에서 우리에게 생명이 계시되었기 때문에, 믿음의 문을 통해서 들어가는 자 외에는 그 누구도 생명에 참여하지 못하리라는 것이다. 우리는 이제 그리스도께서 믿음을 하나님의 영원하신 예정(praedestinatio)과 연결시키시는 것을 본다. 그런데도 사람들은 어리석고 악하게도 이 둘을 서로 모순되는 것으로 여긴다. 우리의 구원은 언제나 하나님 안에 감춰져 있지만, 그리스도는 그 구원을 우리에게 흘러나오게 하는 통로이시고, 우리가 그 구원을 믿음으로 받을 때에, 그 구원은 우리의 마음속에 견고히 자리 잡게 된다. 그러므로 우리가 그리스도께서 우리에게 제시하시는 구원을 배척하고자 하지 않는 한, 우리는 그리스도에게서 등을 돌릴 수 없다.

마 11:27. 아들을 아는 자가 없고. 그리스도께서 이 말씀을 하시는 이유는 우리가 사람들의 판단을 따라서 그의 위엄에 대하여 잘못된 평가를 내리지 않도록 하시기 위한 것이다. 그러므로 이 말씀의 의미는 그리스도가 어떤 분이신지를 알고자 한다면 우리는 아버지 하나님의 증언을 굳게 붙잡아야 한다는 것이다. 왜냐하면, 오직 하나님만이 그가 그리스도에게 어떤 권세를 주셨는지를 우리에게 참되고 확실하게 알려주실 수 있으시기 때문이다. 우리가 그리스도를 우리의 좁은 마음과 생각이 인식하는 것을 따라서 평가한다면, 그리스도의 탁월하신 권능 중에서 상당 부분을 놓치게 되기 때문에, 우리는 오직 아버지 하나님의 음성을 통해서만 그리스도를 알 수 있다. 그렇지만 성령의 인도하심이 없다면, 그 음성만으로는 충분하지 않다. 왜냐하면, 그리스도의 권능은 너무나 깊이 감춰져 있어서, 사람들은 아버지 하나님의 조명을 받았을 때에만 거기에 다다를 수 있기 때문이다. 우리는 이 말씀을 아버지 하나님이 그저 그리스도를 아신다는 의미가 아니라, 하나님이 그리스도를 아시기 때문에 우리에게 그를 계시하실 수 있으시다는 의미로 이해하여야 한다.

그렇지만 이 문장은 불완전해 보인다. 왜냐하면, 이 문장을 이루고 있는 두 개의 구절이 서로 상응하지 않기 때문이다. 이 문장에서는 "아들"에 대하여는 "아들과 또 아들의 소원대로 계시를 받는 자 외에는 아버지를 아는 자가 없느니라"고 말하고 있고, "아버지"에 대하여는 "아버지 외에는 아들을 아는 자가 없다"고만 말할 뿐이고, 계시에 대한 언급은 전혀 나오지 않는다. 이 문제에 대한 나의 대답은 그리스도께서는 계시에 대하여 이미 앞에서 언급하셨기 때문에 여기에서 다시 되풀이하실 필요가 없으셨다는 것이다. 왜냐하면, 앞에 나온 감사기도 속에는 이미 아버지 하나님이 그의 아들을 그가 기뻐하시는 자들에게 계시하신다는 내용이 들어 있기 때문이다. 이제 여기에서 그리스도께서 오직 아버지 하나님만이 "아들을 아신다"는 말씀을 덧붙이신 것은 앞에서 말씀하신 것의 이유를 제시하고 계시는 것으로 보인다. 왜냐하면, 아들이 자기 자신을 사람들에게 공개적으로 나타내셨는데도 불구하고, 굳이 아버지 하나님이 그 아들을 또다시 계시하실 필요가 과연 있는가라고 생각하는 자들이 있을 것이기 때문이다. 우리는 그리스도께서 "아버지 외에는 아들을 아는 자가 없다"고 말씀하신 이유를 알게 되었기 때문에, 이제 두 번째 구절을 살펴볼 차례이다.

마 11:27. 아들과 또 아들의 소원대로 계시를 받는 자 외에는 아버지를 아는 자가 없느니라. 이 구절에서 "안다"는 것은 첫 번째 구절에서 "안다"고 한 것과는 그 종류가 다르다. 왜냐하면, 아들이 "아버지를 안다"고 하는 것은 아들이 성령으로 말미암아 아버지를 계시하기 때문이 아니라, 아버지의 생생한 형상(viva imago)인 아들이 친히 자기 자신을 통해서 아버지를 사람들에게 가시적으로 나타내 보이기 때문이다. 그렇지만 나는 성령을 배제시키는 것이 아니라, 단지 여기에 언급된 "계시"가 "아는" 방식(notitiae modus)과 연관되어 있다는 것을 지적하는 것일 뿐이다. 이렇게 설명하면, 문맥이 아주 잘 통하게 된다. 왜냐하면, 그리스도께서는 그가 앞서 말씀하셨던 것, 즉 "내 아버지께서 모든 것을 내게 주셨으니" 우리가 "그 안에는 신성의 모든 충만이 육체로 거하시는"(골 2:9) 것을 알 수 있다는 말씀을 여기에서 확증하시는 것이기 때문이다. 따라서 이 절 전체는 다음과 같이 두 가지로 요약될 수 있다: 첫 번째는 "아들을 아는" 것은 "아버지" 하나님의 선물이라는 것이다. 왜냐하면, 하나님은 그의 성령을 통해서 우리의 마음눈을 여셔서, 그렇지 않을 때에는 우리에게 숨겨져 있는 그리스도의 영광을 알게 하시기 때문이다. 두 번째는 범접할 수 없는 빛 가운데 거하시고 그 자체로 불가해(不可解)하신 "아버지" 하나님은 아들에 의해서 우리에게 계시된다는 것이다. 왜냐하면, 아들은 아버지 하나님의 생생한 형상이시므로, 다른 곳에서 하나님을 찾는 것은 헛일이자 시간 낭비이기 때문이다.

마 11:28. 다 내게로 오라. 그리스도께서는 이제 너그러우신 마음으로 그의 제자가 되기에 합당하다고 여기시는 자들을 그에게로 오라고 초대하신다. 주님은 아버지 하나님을 모든 사람에게 기꺼이 계시하고자 하시지만, 상당수의 사람들은 그럴 필요성을 느끼지 못하기 때문에 그에게로 나아오고자 하지 않는다. 외식(外飾)

하는 자들은 그들 자신의 의(義)에 흠뻑 젖어 있어서, 하나님의 은혜에 "주리고 목 마르지"(마 5:6) 않기 때문에, 그리스도에 대하여 관심이 없다. 또한, 세상에 빠져 있는 자들은 천국의 삶에 아무런 가치도 두지 않는다. 그리스도께서는 이 두 부류 의 사람들을 초대하셔도 다 헛일이 되고 말 것임을 아시기 때문에, 비참하고 불쌍 한 자들과 환난당하여 괴로워하는 자들에게로 향하신다. 주님은 그들을 "수고하 는" 자들, 또는 "무거운 짐을 지고" 신음하는 자들이라고 말씀하시는데, 이것은 괴 로움과 슬픔으로 눌려 있는 모든 자들을 의미하는 것이 아니라, 자신의 죄로 인하 여 어찌할 바를 모르고 하나님의 진노하심에 놀라 두려워하며 무거운 죄의 짐 아 래에서 한없이 꺼져가는 자들을 의미한다. 사실, 하나님이 그의 택하신 자들을 낮 추시는 여러 가지 방법들이 있다. 그러나 환난의 무거운 짐에 눌려 있는 자들 중에 서도 상당수는 여전히 완악하고 패역하기 때문에, 그리스도께서 "수고하고 무거운 짐 진 자들"이라고 하실 때, 그것은 그들의 양심이 영원한 사망을 접하게 되면서 괴 로워하고, 그들의 비참한 상태를 바라보는 것이 너무나 가슴이 아파서, 거의 탈진 상태에 있는 자들을 가리킨다. 왜냐하면, 이렇게 거의 탈진 상태(defectus)가 되었 을 때에 그들은 그리스도의 은혜를 받아들일 준비가 비로소 된 것이기 때문이다. 그리스도께서는 대부분의 사람들이 그의 은혜를 멸시하는 이유는 그들이 그들의 결핍(inopia)을 거의 느끼지 못하기 때문이라고 말씀하신다. 그렇지만 그들의 교 만(superbia) 또는 우매함(stupor)이 어찌 도움을 간절히 바라는 환난당하는 심령 들이 그리스도의 은혜로 나아오는 것을 가로막을 수 있겠는가.

그러므로 우리는 사탄의 술수들에 미혹되어서, 그리스도 밖에서 의(義)를 얻을 수 있다고 생각하거나, 그들이 이 세상에서 행복하고 복되다고 생각하는 모든 자 들에게서 떠나는 것이 마땅하다. 우리의 참상(慘狀)들은 우리로 하여금 그리스도 를 찾도록 몰아간다. 그리스도께서는 무거운 짐을 지고 신음하는 자들 외에는 그 누구도 그의 안식이나 평화를 누릴 수 없다고 말씀하고 계시기 때문에, 우리는 이 세상에서의 행복감(terrenae felicitas) 또는 우리 자신을 의롭고 덕이 있다고 여기는 거짓되고 기만적인 생각(falsa et fallax opinio)에 의해서 우리 속에서 생겨나는 저 안일함(socordia)보다 더 치명적인 독은 없다는 것을 배우게 된다. 그러므로 우리 는 먼저 세상에서의 우리의 온갖 피난처들을 다 떨쳐 버리고, 다음으로는 우리가 세상에서 의지(依支)하는 온갖 거짓된 것들을 다 비워버림으로써, 끊임없이 우리 의 안일함에서 깨어나고자 애를 써야 한다. 그리스도의 은혜를 받기 위한 이러한 준비 과정은 사람들을 완전히 발가벗겨서, 그들에게 미덕이 전혀 없다는 것을 보여주고, 그들은 녹초가 되어서 죽은 자와 방불한 자들처럼 되어 버리지만, 우리가 주목해야 할 것은 이러한 과정 자체가 성령의 선물이라는 것이다. 왜냐하면, 그것은 사람이 자신의 힘과 노력으로는 도저히 해낼 수 없는 회개의 시작(initium poenitentiae)이기 때문이다. 그리스도께서는 여기에서 사람이 스스로의 힘으로 무엇을 할 수 있는지를 가르치고자 하신 것이 아니라, 단지 우리에게 그에게로 나아오고자 하는 자들이 어떤 정서를 지니고 있어야 하는지를 가르치고자 하신 것이었다.

"짐"과 "수고"라는 단어들의 의미를 율법의 예식들에 국한시키고자 하는 자들은 그리스도께서 이 말씀을 하신 의도를 약화시키고 있는 것이다. 율법이 참을 수 없을 정도로 무거운 짐이어서 예배하는 자들의 심령을 심하게 억누른다는 것은 나도 인정한다. 그러나 우리는 내가 앞서 말한 것, 즉 그리스도께서는 모든 고통당하는 자들에게 그의 손을 뻗치셔서, 그의 제자들과, 복음을 멸시하는 자들을 구분해 내신다는 것을 기억하여야 한다. 그러나 우리는 여기에서 사용된 불변화사인 "다"를 주목할 필요가 있다. 왜냐하면, 그리스도께서는 그 누구도 왜곡된 의심을 품고서 그에 대하여 문을 닫지 않도록 하시기 위하여, "수고하고 무거운 짐 진" 모든 자들을 예외 없이 포함시키셨기 때문이다. 그렇지만 실제로는 이 "다"에 속하는 자들은 소수(少數)이다. 왜냐하면, 멸망해 가는 헤아릴 수 없이 많은 사람들 중에서 자기가 멸망해 가고 있다는 것을 아는 자는 소수이기 때문이다. 그리스도께서 약속하시는 "쉼"은 우리의 죄를 거저 사해 주시는 것인데, 오직 이것만이 우리에게 평안을 가져다준다.

마 11:29. 나의 멍에를 메고. 우리는 그리스도의 은혜를 악용하여 육신의 안일함과 방종에 빠지는 구실로 삼는 자들이 많다는 것을 안다. 그러므로 그리스도께서는 자신의 모습이 비참해서 그 양심이 힘들어하는 자들에게 기쁨과 "쉼"을 주시겠다고 약속하신 후에, 그들이 그의 멍에를 메어야 그가 그들의 구원자가 되어 줄 수 있으시다는 것을 아울러 그들에게 상기시켜 주신다. 이것은 마치 그리스도께서 사람들의 죄를 사해 주시는 것은 그들로 하여금 하나님이 그들의 편임을 믿고서 마음놓고 죄를 짓게 하시기 위한 것이 아니라, 그의 은혜로 말미암아 세워져서 그의 "멍에"를 멜 수 있게 되고, 영적으로 자유함을 얻어서 육신의 방종을 제어할 수 있게 하시기 위한 것이라고 말씀하시는 것 같다. 이것으로부터 우리는 그리스도께서 말씀하신 "쉼"(quies)에 대한 정의를 얻게 된다. 여기에서 "쉼"은 그리스도의 제자들로 하여금 십자가 아래에서의 싸움으로부터 놓여나서 편안한 삶을 살게 해주는 것이 아니라, 끊임없이 멍에를 메고 경건의 훈련이라는 짐을 지게 한다.

마 11:29. 내게 배우라. 나는 그리스도께서 여기에서 통상적으로 높은 사람들 앞에 나아갈 때에 경험하게 되는 저 두려움 같은 것으로 인해서 그의 제자들이 그의 신적인 영광 때문에 그에게 가까이 오는 것을 꺼려하지 않도록 하시기 위하여, 그의 "온유하심"을 우리에게 강조하고 계시는 것이라고 생각하는 것은 잘못이라고 본다. 도리어, 그리스도께서 그런 말씀을 하시는 의도는 우리가 육신의 완악함으로 인해서 그의 "멍에"를 힘들고 어렵다고 생각하여 지레 겁을 먹고 도망가고자 하기 때문에, 우리로 하여금 그를 본받게 하고자 하시는 것이다. 주님은 바로 다음 절에서 "내 멍에는 쉽다"(30절)는 말씀을 덧붙이신다. 그러나 "온유함"을 덧입어서 그리스도의 말씀에 순복하고자 하는 자가 아니라면, 누가 자원해서 순순히 그의 멍에를 메고자 자신의 목을 내어 놓겠는가? 이것이 이 말씀의 의미라는 것은 분명하다. 왜냐하면, 그리스도께서는 그의 제자들에게 그들 자신의 십자가를 지라고 권면하신 후에, 곧이어서 그들이 그렇게 십자가를 지다가 어려움이 닥쳐서 겁이 나서 포기하지 않도록 하시기 위하여, 계속해서 "내게 배우라"고 말씀하심으로써, 우리가 그의 본을 따라 "온유함과 겸손함"을 덧입게 되면, 더 이상 그의 "멍에"가 우리에게 힘들고 어렵게 느껴지지 않게 되리라는 것을 분명하게 선언하고 계시기 때문이다. 또한, 주님이 "너희 마음이 쉼을 얻으리라"는 말씀을 덧붙이시는 것도 동일한 의도에서이다. 육신이 순종치 않고 반발하는 한, 우리의 마음은 들끓을 수밖에 없다. 그리스도의 "멍에"를 거부하고 어떤 다른 방식으로 하나님을 달래드리고자 하는 자들은 아무리 애를 써도 헛되이 힘만 소진하는 것일 뿐이다. 우리는 교황주의자들에게서 그런 모습을 보는데, 그들은 저 무시무시한 폭정 아래에서 혹독한 고통을 당하며 신음하면서 그 모든 것을 묵묵히 견뎌내면서도, 정작 그리스도의 "멍에"를 메려고 하지는 않는다.

[1]그 때에 예수께서 안식일에 밀밭 사이로 가실새 제자들이 시장하여 이삭을 잘라 먹으니 [2]바리새인들이 보고 예수께 말하되 보시오 당신의 제자들이 안식일에 하지 못할 일을 하나이다 [3]예수께서 이르시되 다윗이 자기와 그 함께 한 자들이 시장할 때에 한 일을 읽지 못하였느냐 [4]그가 하나님의 전에 들어가서 제사장 외에는 자기

나 그 함께 한 자들이 먹어서는 안 되는 진설병을 먹지 아니하였느냐 [5]또 안식일에 제사장들이 성전 안에서 안식을 범하여도 죄가 없음을 너희가 율법에서 읽지 못하였느냐 [6]내가 너희에게 이르노니 성전보다 더 큰 이가 여기 있느니라 [7]나는 자비를 원하고 제사를 원하지 아니하노라 하신 뜻을 너희가 알았더라면 무죄한 자를 정죄하지 아니하였으리라 [8]인자는 안식일의 주인이니라 하시니라(마 12:1-8).

[23]안식일에 예수께서 밀밭 사이로 지나가실새 그의 제자들이 길을 열며 이삭을 자르니 [24]바리새인들이 예수께 말하되 보시오 저들이 어찌하여 안식일에 하지 못할 일을 하나이까 [25]예수께서 이르시되 다윗이 자기와 및 함께 한 자들이 먹을 것이 없어 시장할 때에 한 일을 읽지 못하였느냐 [26]그가 아비아달 대제사장 때에 하나님의 전에 들어가서 제사장 외에는 먹어서는 안 되는 진설병을 먹고 함께 한 자들에게도 주지 아니하였느냐 [27]또 이르시되 안식일이 사람을 위하여 있는 것이요 사람이 안식일을 위하여 있는 것이 아니니 [28]이러므로 인자는 안식일에도 주인이니라(막 2:23-28).

[1]안식일에 예수께서 밀밭 사이로 지나가실새 제자들이 이삭을 잘라 손으로 비비어 먹으니 [2]어떤 바리새인들이 말하되 어찌하여 안식일에 하지 못할 일을 하느냐 [3]예수께서 대답하여 이르시되 다윗이 자기 및 자기와 함께 한 자들이 시장할 때에 한 일을 읽지 못하였느냐 [4]그가 하나님의 전에 들어가서 다만 제사장 외에는 먹어서는 안 되는 진설병을 먹고 함께 한 자들에게도 주지 아니하였느냐 [5]또 이르시되 인자는 안식일의 주인이니라 하시더라(눅 6:1-5).

마 12:1. 예수께서 안식일에 … 가실새. 이 기사(記事)에서 복음서 기자들의 의도는 부분적으로는 바리새인들이 어떤 악의적인 술수를 쓰고 있는지를 보여주는 것이었고, 부분적으로는 그들이 얼마나 미신적이고 잘못된 생각에 사로잡혀 외적이고 사소한 일들에 집착해서 거룩함이 온전히 그런 것들 속에 있다고 여겼는지를 보여주는 것이었다. 그리스도의 제자들이 길을 가다가 너무 배가 고파서 "안식일에 이삭을 잘라 먹자," 바리새인들은 마치 그렇게 한 것이 안식일을 범한 것인 양 그 제자들을 비난하였다. "안식일"을 지키는 것이 거룩한 일이라는 것은 분명한 것이었지만, 그들이 생각한 방식은 그릇된 것이었다. 왜냐하면, 그들이 주장한 대로 안식일을 지키자면, 선한 양심을 지닌 자는 손가락 하나도 마음대로 움직일 수 없을 것이었기 때문이다. 그러므로 그들이 스스로 엄청난 미신(迷信)들에 빠져 있는 것은 아무렇지도 않게 생각하면서, 사소한 일들에 대해서는 아주 엄격한 잣대를 들이대는 것은 위선(僞善)이었다. 그래서 그리스도께서는 다른 곳에서 그들이 "박하와 회향과 근채의 십일조는 드리되 율법의 더 중한 바 정의와 긍휼과 믿음은 버렸도다"(마 23:23)라고 그들을 책망하신다. 아주 중요한 일들에서는 방종하고, 외적인 의식(儀式)들을 지키는 일에는 아주 꼼꼼하게 따지는 것이 위선자들, 곧 "외식하는 자들"의 변함없는 행동방식이다. 그들이 사람들에게 외적인 예식들을 더 엄격하게 지키도록 요구한 또 다른 이유는 하나님에 대한 그들의 의무를 오직 육신적인 예배에만 국한시키기를 원하였기 때문이다. 그러나 그들로 하여금 그리스도의 제자들을 이런 식으로 비난하도록 만든 것은 단지 미신(迷信)만이 아니라 악의와 시기심이었다. 왜냐하면, 만약 그 상대가 그리스도가 아니었다면, 그들은 이런 식으로 엄격하게 대하지 않았을 것이기 때문이다. 다름 아닌 율법 박사들이 그리스도에 대하여 이토록 적대적이었다는 사실로 인해서 혼란스러워할 사람들이 있을지도 모르기 때문에, 우리가 여기에서 그들이 어떤 감정으로 행하였는지를 살펴보는 것이 유익할 것이다.

눅 6:1. (두 번째 첫) 안식일에. 이 안식일이 율법에서 해마다 한 번씩 지키라고 명한 절기에 속한 어느 안식일이었다는 것은 의심할 여지 없이 분명하다. 그러므로 어떤 이들은 이 안식일이 이틀 동안에 걸쳐서 지켜졌다고 생각하지만, 유대인들은 바벨론에서의 포로 생활에서 돌아온 후에는 반드시 안식일이 지나서 적어도 하루의 간격을 두고서 절기가 시작되도록 정해졌기 때문에, 그런 주장은 옳지 않다. 어떤 이들은 이 날이 절기의 첫 날과 마찬가지로 많은 사람들이 모이는 절기의 마지막 날이었을 것이라고 주장하는데, 이 주장은 옳을 가능성이 좀 더 크다. 그러나 나는, 여기에서 말하는 것은 그 해의 두 번째 절기를 가리키는 것이라고 주장하는 사람들의 견해에 더 끌린다. 이 견해는 이 날에 붙여진 "두 번째 첫 안식일"(칼빈이 사용한 역본에는 이렇게 되어 있다 - 역주)이라는 명칭과 아주 잘 맞아떨어진다. 왜냐하면, 매년 지켜졌던 절기들에 속하여 있던 특별한 안식일들 가운데서 이 안식일은 시간 순서상으로 두 번째로 맞이한 특별한 안식일이었기 때문이다. 첫 번째 절기가 유월절이었다는 것을 고려하면, 본문에서 말하는 것은 "맥추절"(출 23:15-16)이었을 가능성이 높다.

막 2:24. 저들이 어찌하여 … 하나이까. 바리새인들은 그리스도의 제자들이 남의 밭에서 "이삭을 자른" 것에 대해서가 아니라 "안식일"을 범한 것에 대하여 질책을 한다. 그들은 마치 굶주린 사람은 안식일에 허기를 채우지 말고 차라리 죽는 것이 마땅하다는 취지의 율법 규정이 존재하는 것처럼 말한다. 하지만 하나님이 안식일을 지키라고 하신 유일한 이유는 사람들로 하여금 하나님에 대하여 스스로를 거룩하게 하여서 참되고 영적인 예배를 드릴 수 있게 하기 위한 것이었고, 다음으로는 사람들이 모든 세상적인 일에서 놓여나서 좀 더 자유롭게 다 함께 성회(聖會)로 모일 수 있게 하기 위한 것이었다. 그러므로 이러한 목적과 부합한 방식으로 안식일을 지키는 것만이 합당하다. 왜냐하면, 율법은 당연히 그 율법을 제정하신 분의 뜻과 의도(mens)를 따라서 해석되는 것이 마땅하기 때문이다. 그러나 이것은 야심과 적개심이 결합될 때에 외식하는 자들의 잘못된 미신(迷信), 특히 그들의 교만하고 잔인한 기질들이 얼마나 악독하고 무자비한지를 분명하게 보여준다. 앞서 말했듯이, 바리새인들을 그토록 가혹하고 악독하게 행하도록 만든 것은 단지 위장된 거룩함에서 나온 감정(ficta sanctimonia affectatio) 때문만이 아니었다. 그들은 그리스도의 모든 말씀과 행위들을 의도적으로 트집을 잡고 비판하기로 작정하였기 때문에, 공정하지 못한 비판자들이 흔히 그렇듯이, 아무런 잘못도 없는 일들을 왜곡해서 나쁜 의미로 해석할 수밖에 없었다. 마태와 마가는 바리새인들이 우리 주님을 상대로 이러한 비난을 했다고 말하고, 누가는 제자들을 상대로 한 것이었다고 말하지만, 여기에는 모순이 존재하지 않는다. 왜냐하면, 바리새인들은 먼저 제자들을 한참 동안 닦아세우다가, 나중에는 우리 주님에게까지 그 불똥이 튀게 된 것이었을 가능성이 높기 때문이다. 그러니까, 바리새인들은 처음에는 제자들과 입씨름을 하다가, 점점 격분해서 결국에는, 제자들이 "안식일"을 범하는데도 그것을 꾸짖지 않고 그대로 내버려 두었다는 이유로 그리스도를 질책하게 되었을 것이다.

마 12:3. 다윗이 … 한 일을 읽지 못하였느냐. 그리스도께서는 다섯 가지의 논거를 사용하셔서 그들의 비방을 반박하신다. 첫째, 그리스도께서는 다윗의 예를 들어서(삼상 21:6) 그의 제자들의 행위를 변호하신다. 다윗은 사울의 분노를 피해서 피신을 다니는 중에 있었을 때에, 대제사장 아히멜렉에게 먹을 것을 달라고 하였고, 거기에 평범한 일반 음식이 없었기 때문에, 제사장들만이 먹을 수 있는 "진설병"을 먹게 되었다. 다윗이 절박한 상황이었기 때문에 그가 진설병을 먹은 것이 용서될 수 있었던 것이라면, 다른 사람들의 경우에도 동일한 논리를 적용하는 것이

마땅하다. 이것으로부터 우리는 하나님에 대한 합당한 경외심이 결여되어 있지 않
고 경건성이 침해되지 않는 한 율법의 예식들은 범해진 것이 아니라는 결론을 얻
게 된다. 그리스도께서는 여기에서 다윗에게 죄가 없다는 것을 당연시하신다. 왜
냐하면, 성령은 다윗에게 "진설병"을 먹도록 허락한 대제사장을 칭찬하고 있기 때
문이다. 그리스도께서 "제사장 외에는 먹어서는 안 되는 진설병"이라고 말씀하실
때, 우리는 주님이 통상적인 상황 속에서 적용되는 율법을 말씀하신 것으로 이해
하여야 한다: "그들은 속죄물 곧 그들을 위임하며 그들을 거룩하게 하는 데 쓰는 것
을 먹되 타인은 먹지 못할지니 그것이 거룩하기 때문이라"(출 29:33). 왜냐하면, 다
윗이 율법에 어긋나는 일을 행하고자 한 것이라면, 그리스도께서 다윗의 예를 들
어서 그의 제자들을 변호를 하셔도, 그것은 헛일이었을 것이기 때문이다. 그러나
율법이 통상적인 상황 속에서 특정한 목적을 위하여 금지시킨 것이라고 해도, 그
것은 어쩔 수 없는 긴급한 상황 속에서는 허용될 수 있었다.

마 12:5. 안식일에 제사장들이. 이것은 그리스도께서 바리새인들이 그의 제자
들을 안식일을 범했다고 해서 비난하지만 제자들의 행위는 전혀 비난받을 일이 아
니라는 것을 증명하시기 위해서 제시하시는 두 번째 논거이다. 왜냐하면, 실제로
안식일에 희생제사를 드리기 위하여 짐승들을 죽이는 것, 유아들에게 할례를 베푸
는 것, 하나님에 대한 예배와 관련된 그 밖의 다른 일들을 행하는 것은 다 허용되었
기 때문이다. 이것으로부터 우리는 경건(pietas)을 위해 마땅히 행해야 하는 일들
은 결코 서로 모순되거나 배치(背馳)되는 것이 아니라는 결론을 얻는다. 성전이 희
생제사와 관련된 일들과 모든 외적인 예식을 거룩하게 하는 것이라면, 참된 영적
성전의 거룩함은 경건의 의무들, 즉 하나님을 존귀하게 해드리는 일들을 행하고
있는 그 예배자들을 모든 허물에서 면제해 줌에 있어서 더 큰 힘을 지니고 있다는
것은 너무나 당연하다. 그리고 제자들은 지금 복음에 의해서 성별된 그들의 심령
을 하나님께 드리려고 애를 쓰고 있었다.

오직 마태만이 이 논거를 언급한다. 그리스도께서 "제사장들이 안식을 범하여
도"라고 말씀하실 때, 엄밀하게 말해서, 그 말씀은 정확한 것은 아니고, 단지 청중
들의 수준에 맞춰서 말씀하신 것이다. 왜냐하면, 율법이 사람들에게 안식일에 일
을 하지 말라고 명할 때, 그것은 예배와 관련된 일들이나 거룩한 일들을 하지 말라
고 하는 것은 결코 아니기 때문이다. 따라서 그리스도께서는 문제들을 제대로 분
별해서 판단하지 못하는 사람들의 생각을 일단 옳다고 가정하신 후에, 안식일에

성전에서 행해지는 일들이 결코 하나님의 진노를 불러일으키는 일들이 아니라는
것을 증명하고 계시는 것이다.

마 12:7. 너희가 알았더라면. 이 세 번째 논거도 오직 마태만이 언급하고 있다.
여기에서 그리스도께서는 율법의 의식(儀式)들이 왜 제정되었고, 어떤 목적을 지
향하고 있는지를 제대로 숙고하지 못하고 있다고 바리새인들을 간접적으로 책망
하신다. 이것은 거의 모든 세대의 사람들이 공통적으로 범해 온 잘못이다. 그러므
로 선지자 호세아는 자기 세대의 사람들을 향하여 지나치게 의식(儀式)들을 행하
는 일에 집착하고 "인애(仁愛)" 또는 사랑의 의무들은 소홀히 하고 있다고 책망한
다(호 6:6). 하나님은 자기는 "제사"보다 "자비"에 더 큰 가치를 두고 계신다고 큰
소리로 선언하시는데, 여기에서 "제사"는 율법의 외적인 일들을, "자비"는 인애 또
는 사랑의 일들을 나타내는 대유법적(代喩法的)인 표현들이다. 호세아서에 나오
는 이 말씀을 그리스도께서는 자기 시대에 적용하셔서, 바리새인들이 하나님의 율
법의 참된 의미를 악하게 왜곡하여, 두 번째 돌판에 새겨진 의무들은 다 무시하면
서, 율법의 의식(儀式)들에만 몰두하고 있다고 책망하신다. 그러나 한 가지 의문이
생긴다: "하나님은 자신의 율법에서 그 의식들을 지키라고 엄히 명령하셨으면서
도, 왜 여기에서는 그 의식들에 대하여 별 관심이 없다고 분명하게 선언하고 계시
는 것인가?" 그 대답은 간단하다. 외적인 의식들은 그 의식들이 지향하고 있는 원
래의 목적이 수반되지 않으면, 그 자체로는 아무런 가치가 없고, 하나님이 원하시
는 것도 아니기 때문이다. 게다가, 하나님은 그 의식들을 완전히 배척하시는 것이
아니라, 단지 인애 또는 사랑의 의무들에 비해서 가치가 덜하다고 말씀하고 계시
는 것이다. 또한, 이것은 온전한 의(義)에 있어서 최우선순위는 하나님에 대한 예
배이고, 사람들이 서로에 대하여 지고 있는 의무들은 그 다음이라고 말하는 것과
결코 모순되는 것도 아니다. 왜냐하면, 하나님이 사람보다 더 높으신 것과 마찬가
지로, 경건을 인내 또는 사랑보다 더 우월한 것으로 여기는 것이 마땅하지만, 믿는
자들은 서로에 대하여 의(義)를 행함으로써 하나님에 대한 그들의 섬김이나 예배
가 진실하다는 것을 증명하는 것이므로, 외적인 표징들을 통해서 그들의 경건을
위장하고, 오직 육신적인 예배 의식에만 집착하여 경건을 왜곡하는 외식하는 자들
에게 하나님이 이렇게 사랑의 의무들을 상기시키시는 것은 사실 너무나 당연한 일
이기 때문이다. 그러므로 그리스도께서 선지자 호세아의 증언을 근거로 삼으셔서,
그의 제자들에게 죄가 없다고 결론을 내리신 것은 마땅한 일이었다. 왜냐하면, 하

나님은 율법이라는 초보적인 가르침들을 통해서 자기 백성을 훈련시키실 때에, 불쌍한 사람들을 그의 율법으로 말미암아 굶어 죽게 만드는 것은 그의 뜻과는 거리가 먼 일이었기 때문이다.

마 12:8. 인자는 안식일의 주인이니라. 어떤 이들은 이 문장을 앞에 나온 "성전보다 더 큰 이가 여기 있느니라"(6절)는 말씀과 연결시키지만, 나는 이 두 구절은 서로 다르다고 본다. 그리스도께서 앞에서는 성전의 거룩함과 결부되어 있는 일들과 마찬가지로 그의 인격적인 거룩함과 결부되어 있는 일들도 무엇이든지 결코 율법을 범하는 것이 되지 않는다는 것을 천명하셨다면, 이제 여기에서는 그가 그를 따르는 자들에게 안식일을 지킬 의무를 면제시켜 주실 수 있는 권세를 받으셨다고 선언하신다. "인자"에게는 율법의 다른 의식(儀式)들과 마찬가지로 안식일을 다스릴 수 있는 권세가 주어져 있다고 그는 말씀하신다. 그리스도의 밖에 있는 사람들에게 율법 아래에서의 종살이는 비참한 것이고, 오직 그리스도만이 사람들에게 "양자의 영"(롬 8:15)을 값없이 주셔서 그들을 그 종살이에서 건져 내신다.

막 2:27. 안식일이 사람을 위하여 있는 것이요. 다섯 번째 논거는 오직 마가만이 언급하는데, 그 요지는 하나님이 사람을 위하여 제정하신 안식일을 사람을 죽게 하고 멸망하게 하는 방식으로 지키라고 하는 자들은 잘못 행하고 있다는 것이다. 바리새인들은 그리스도의 제자들이 거룩한 일에 쓰임받고 있다는 것을 알고 있었고, 그들이 여행 중의 피로와 허기짐으로 인해서 몹시 지쳐 있었다는 것도 알고 있었음에도 불구하고, 그들이 지친 몸에 기력을 조금 불어넣기 위해서 곡식 몇 알이 달려 있는 이삭을 잘라서 먹었다고 하여 분노하고 있다. 하나님이 사람에게 유익하라고 제정하신 안식일을 사람을 해롭게 하고 해치는 방식으로 지키라고 요구하는 것은 하나님의 뜻을 뒤집어엎는 무지한 일이 아닌가? 그러나 나는 그리스도께서 여기에서 안식일을 완전히 폐지시키고 계시는 것이라고 보는 자들은 잘못 해석하는 것이라고 생각한다. 왜냐하면, 그리스도께서는 여기에서 단지 안식일의 합당한 용도가 무엇인지를 우리에게 알려 주고 계시는 것이기 때문이다. 그는 조금 전에 그가 "안식일의 주인"이라고 천명하시긴 했지만, 안식일이 완전히 폐지될 때는 아직 오지 않았다. 왜냐하면, "성소 휘장"이 아직 "찢어지지" 않았기 때문이다(마 27:51).

[9]거기에서 떠나 그들의 회당에 들어가시니 [10]한쪽 손 마른 사람이 있는지라 사람들

이 예수를 고발하려 하여 물어 이르되 안식일에 병 고치는 것이 옳으니이까 11예수
께서 이르시되 너희 중에 어떤 사람이 양 한 마리가 있어 안식일에 구덩이에 빠졌
으면 끌어내지 않겠느냐 12사람이 양보다 얼마나 더 귀하냐 그러므로 안식일에 선
을 행하는 것이 옳으니라 하시고 13이에 그 사람에게 이르시되 손을 내밀라 하시니
그가 내밀매 다른 손과 같이 회복되어 성하더라(마 12:9-13).

1예수께서 다시 회당에 들어가시니 한쪽 손 마른 사람이 거기 있는지라 2사람들이
예수를 고발하려 하여 안식일에 그 사람을 고치시는가 주시하고 있거늘 3예수께서
손 마른 사람에게 이르시되 한 가운데에 일어서라 하시고 4그들에게 이르시되 안식
일에 선을 행하는 것과 악을 행하는 것, 생명을 구하는 것과 죽이는 것, 어느 것이
옳으냐 하시니 그들이 잠잠하거늘 5그들의 마음이 완악함을 탄식하사 노하심으로
그들을 둘러 보시고 그 사람에게 이르시되 네 손을 내밀라 하시니 내밀매 그 손이
회복되었더라(막 3:1-5).

6또 다른 안식일에 예수께서 회당에 들어가사 가르치실새 거기 오른손 마른 사람이
있는지라 7서기관과 바리새인들이 예수를 고발할 증거를 찾으려 하여 안식일에 병
을 고치시는가 엿보니 8예수께서 그들의 생각을 아시고 손 마른 사람에게 이르시되
일어나 한가운데 서라 하시니 그가 일어나 서거늘 9예수께서 그들에게 이르시되 내
가 너희에게 묻노니 안식일에 선을 행하는 것과 악을 행하는 것, 생명을 구하는 것
과 죽이는 것, 어느 것이 옳으냐 하시며 10무리를 둘러보시고 그 사람에게 이르시되
네 손을 내밀라 하시니 그가 그리하매 그 손이 회복된지라(눅 6:6-10).

　　마 12:9. 거기에서 떠나. 이 기사(記事)의 의도는 바로 직전에 나온 기사와 마찬
가지로, 서기관들이 악의를 가지고서 그리스도께서 행하신 모든 일을 비판하고 시
비를 걸려고 얼마나 혈안이 되어 있는지를 보여주고, 그런 까닭에 본래부터 너무
나 부패하고 왜곡된 마음을 지니고 있는 사람들이 그리스도의 철천지원수들이 된
다고 해도, 우리는 그것을 이상하게 생각할 필요가 없다는 것을 보여주는 것이다.
또한, 우리는 외식하는 자들이 율법의 의(義)의 껍데기만을 추구하고, 사람들이 흔
히 말하듯이, 내용이 아니라 형식에만 매달리는 일이 비일비재하다는 것을 안다.
그러므로 우리가 이 말씀을 통해서 먼저 배워야 할 것은 우리가 어떤 문제에 대하

여 결정을 내리고자 할 때에는 우리의 마음에서 모든 악한 감정과 성품을 비워내어 우리의 마음을 깨끗한 상태로 유지하여야 한다는 것이다. 왜냐하면, 미움이나 교만, 또는 그런 종류의 감정이 우리의 마음을 지배하고 있다면, 우리는 사람들에게 해를 끼칠 뿐만 아니라, 하나님을 욕되게 하고, 빛을 어둠으로 바꾸어 버리게 될 것이기 때문이다. 악의가 없는 자라면 누구나 다 저 훌륭한 선생들이 주저 없이 단죄하였던 바로 그 일이 하나님의 일이라는 것을 결코 부정하지 않았을 것이다. 그들이 이토록 분노하여 광분하는 것이 그들의 모든 감각들이 그리스도에 대한 불경스러운 증오심으로 가득 차서, 해가 중천에 떠 있는 대낮인데도 그들이 눈 먼 자들이 되어 버린 것 때문이 아니라면 도대체 무엇 때문이겠는가? 또한, 이 말씀은 우리가 외적인 의식(儀式)들을 지키는 일을 지나치게 중시함으로써 하나님이 보시기에 훨씬 더 큰 가치가 있는 다른 일들, 즉 그리스도께서 다른 구절에서 "율법의 더 중한 바"(마 23:23)라고 하신 일들을 소홀히 하지 않도록 조심하여야 한다는 것을 가르쳐 준다. 왜냐하면, 우리는 외적인 의식(儀式)들에 아주 강하게 끌리는 성향을 지니고 있어서, 하나님이 예배에 관하여 명하신 것들, 즉 첫째로 예배는 영적인 것이고, 둘째로 예배는 그리스도께서 이 구절에서 우리에게 제시하신 원칙에 의해서 규율되어야 한다는 것을 항상 명심하지 않으면, 우리는 외적인 의식(儀式)들과 관련해서 결코 절제를 할 수도 없고 적절한 한도를 지키지도 못하게 될 것이기 때문이다.

마 12:10. 사람들이 … 물어 이르되. 마가와 누가는 단지 주님이 무엇을 하실 것인지를 그들이 "주시하고 있었다"고만 언급하는 반면에, 마태는 그들이 직접 말로 주님을 공격하였다고 좀 더 분명하게 언급한다. 그리스도께서는 앞서 안식일 날들에 여러 사람들을 고쳤을 가능성이 크다. 그래서 그들은 이 기회를 이용해서, 주님께 그가 이전에 행하셨던 일을 여기에서 또다시 행하시는 것이 "옳다"고 생각하시는지를 묻는다. 그들은 그리스도께서 "한쪽 손 마른 사람"을 단지 말씀 한 마디 또는 단 한 번의 만지심을 통해서 고치신 것이 하나님이 하신 일인지, 아니면 사람이 한 일인지를 깊이 숙고했어야 했다. 왜냐하면, 하나님은 안식일을 제정하실 때에 자기 자신을 위한 어떤 법을 정하시거나 어떤 제한을 자기 자신에게 부과하신 것이 아니어서, 안식일에도 다른 날들과 마찬가지로 합당하다고 여겨지는 일들을 얼마든지 하시고자 하셨기 때문이다. 그러므로 그런 질문을 제기하여, 하나님께 어떤 규율을 강요하고, 하나님의 일하시는 자유를 제한하고자 한 것은 너무나 어리석고 정신 나간 짓이었다.

마 12:11. 너희 중에 어떤 사람이 양 한 마리가 있어. 그리스도께서는 여기에서 또다시 어떻게 하는 것이 안식일을 제대로 지키는 것인지를 보여주시면서, 아울러 자기는 사실상 모든 사람들이 다 행해 오고 있던 일을 한 것뿐인 데도, 그들이 유독 자기만을 비난하는 것으로 보아서, 거기에는 중상모략의 의도가 있는 것이라고 그들을 책망하신다. 왜냐하면, 어떤 사람의 "양 한 마리가 안식일에 구덩이에 빠졌다면," 그 양을 구덩이에서 끌어내는 것을 가로막을 자는 아무도 없었을 것이고, 또한 "사람이 양보다 더 귀하므로," 안식일이라고 할지라도 곤경에 처한 사람을 돕는 것은 마땅하기 때문이다. 그러므로 어떤 사람이 곤경에 처한 형제를 구하였다면, 그것은 하나님이 명하신 안식을 범한 것이 결코 아니라는 것은 명백하다. 마가와 누가 본문에는 이 비유가 나오지 않고, 단지 그리스도께서 "안식일에 선을 행하는 것과 악을 행하는 것, 어느 것이 옳으냐"고 반문하셨다는 것만이 언급되어 있다.

사람의 목숨을 빼앗는 자는 살인이라는 악을 행한 자이지만, 곤경에 처하여 다 죽어가는 자를 돕지 않는 자는 살인을 행한 자와 별반 다르지 않다. 그러므로 그리스도께서는 바리새인들이 거룩한 일이라는 미명 하에 그로 하여금 "악을 행하도록" 강요하고 있다고 책망하고 계시는 것이다. 왜냐하면, 앞서 말했듯이, 율법에 어긋나는 어떤 일을 행하는 자만이 아니라, 율법에 따른 자신의 의무나 본분을 소홀히 하는 자도 죄를 범하는 것이기 때문이다. 이것으로부터 우리는 그리스도께서 이러한 비방과 중상모략에 대하여 언제나 동일한 논거들을 사용하신 것이 아니라는 것을 알게 된다. 왜냐하면, 그는 요한복음에 언급된 경우(요 5:8)에서와는 달리 여기에서는 자신의 신성(神性)을 그 근거로 제시하지 않으셨기 때문이다. 아니, 그렇게 하실 필요가 없었다. 왜냐하면, 바리새인들을 반박하는 데에는, 하나님을 본받아서 행한 자를 안식일을 범한 자라고 정죄하는 것은 도저히 있을 수 없는 일이라는 이 한 가지 논거만으로도 충분하였기 때문이다.

눅 6:8. 예수께서 그들의 생각을 아시고. 마태가 진실을 얘기하고 있는 것이라면, 누가 본문에서와는 달리, 바리새인들은 그들의 마음속에 있던 생각을 그들의 말로 공개적으로 표현하였고, 그리스도께서는 그들의 "은밀한 생각"이 아니라, 그들의 입으로 표현한 말에 대하여 대답하신 것이 된다. 그러나 이 두 가지가 다 진실일 것이다. 즉, 바리새인들은 분명히 그들의 입으로 어떤 말을 한 것은 사실이지만, 그리스도께서는 그들의 "은밀한 생각"(secretus affectus), 그러니까 그들의 속셈이 무엇인지를 분별하셨다. 왜냐하면, 그들은 그들의 의도를 솔직하게 드러낸 것이 아니었고, 마태도 그들의 질문은 꼬투리를 잡기 위한 것이었다고 말하고 있기 때문이다. 따라서 누가 본문의 이 구절의 의미는 그리스도께서 바리새인들이 한 말 속에 드러나 있지 않은 그들의 술수(insidia)를 아셨다는 것이다.

마가는 그리스도께서 "노하심으로 그들을 둘러보셨다"(막 3:5)는 말씀을 덧붙인다. 그리스도께서 그들의 불경스럽고 사악한 완악함(impia contumacia)에 대하여 노하신 것은 마땅한 일이었다. 이것이 의롭고 거룩한 분노였다는 것을 우리에게 알게 하기 위하여, 마가는 그리스도께서 그들의 마음의 눈이 멀어 버린 것을 보시고서 "탄식하셨기" 때문에 그들에 대하여 노하신 것이라고 그 이유를 설명한다. 그리스도께서 "탄식하신" 이유는 먼저 하나님의 율법으로 가르침을 받으며 자라온 자들이 그토록 완전히 눈이 멀어 있었기 때문이었지만, 그들의 눈을 멀게 만든 것은 그들의 악의였던 까닭에, 그리스도께서는 "탄식하실" 뿐만 아니라 "노하셨다." 이렇게 악인들의 멸망에 대하여 탄식하고, 그들의 경건치 않음에 대하여 진노하는 것은 하나님에 대한 참된 열심이 적절하게 표출되는 것이다. 또한, 이 구절은 그리스도께서 인간의 감정들로부터 자유로우셨거나 그 감정들을 벗어나 계신 것이 아니었다는 것을 우리에게 분명하게 보여주고 있기 때문에, 우리는 이 구절을 통해서 감정들은 지나치지만 않다면 죄악된 것이 아니라는 결론을 얻게 된다. 우리의 본성이 부패하고 타락되어 있어서, 우리는 적정(適正)한 감정을 유지하지 못하기 때문에, 우리가 합당한 이유가 있어서 화를 낸다고 하여도, 그 분노는 결코 죄로부터 자유롭지 못하다. 하지만 그리스도의 경우는 달랐다. 왜냐하면, 그의 본성은 본래의 흠 없는 순전함을 지니고 있었을 뿐만 아니라, 그에게서는 온전한 의(義)의 모범이 빛을 발하고 있었기 때문이다. 그러므로 우리는 우리의 지나친 감정들을 바로잡기 위해서 하늘로부터 오는 하나님의 성령을 구하여야 한다.

[14]바리새인들이 나가서 어떻게 하여 예수를 죽일까 의논하거늘 [15]예수께서 아시고 거기를 떠나가시니 많은 사람이 따르는지라 예수께서 그들의 병을 다 고치시고 [16]자기를 나타내지 말라 경고하셨으니 [17]이는 선지자 이사야를 통하여 말씀하신 바 [18]보라 내가 택한 종 곧 내 마음에 기뻐하는 바 내가 사랑하는 자로다 내가 내 영을 그에게 줄 터이니 그가 심판을 이방에 알게 하리라 [19]그는 다투지도 아니하며 들레지도 아니하리니 아무도 길에서 그 소리를 듣지 못하리라 [20]상한 갈대를 꺾지 아니

하며 꺼져가는 심지를 끄지 아니하기를 심판하여 이길 때까지 하리니 ²¹또한 이방 들이 그의 이름을 바라리라 함을 이루려 하심이니라(마 12:14-21).

⁶바리새인들이 나가서 곧 헤롯당과 함께 어떻게 하여 예수를 죽일까 의논하니라 ⁷ 예수께서 제자들과 함께 바다로 물러가시니 갈릴리에서 큰 무리가 따르며 ⁸유대와 예루살렘과 이두매와 요단 강 건너편과 또 두로와 시돈 근처에서 많은 무리가 그 가 하신 큰 일을 듣고 나아오는지라 ⁹예수께서 무리가 에워싸 미는 것을 피하기 위 하여 작은 배를 대기하도록 제자들에게 명하셨으니 ¹⁰이는 많은 사람을 고치셨으므 로 병으로 고생하는 자들이 예수를 만지고자 하여 몰려왔음이더라 ¹¹더러운 귀신들 도 어느 때든지 예수를 보면 그 앞에 엎드려 부르짖어 이르되 당신은 하나님의 아 들이니이다 하니 ¹²예수께서 자기를 나타내지 말라고 많이 경고하시니라(막 3:6- 12).

¹¹그들은 노기가 가득하여 예수를 어떻게 할까 하고 서로 의논하니라(눅 6:11).

마 12:14. 바리새인들이 … 의논하거늘. 하나님을 대적하도록 악인들을 내모는 분노와 광분(狂奔)함은 얼마나 끈질기고 지독한가! 그들은 단죄를 받자 그들의 독 기를 점점 더 많이 쏟아낸다. 교회를 치리하는 일을 위임받은 최고의 율법 교사들 이 산적 떼들처럼 살인을 모의하는 모습은 참으로 기괴하고 혐오스러운 광경이다. 그러나 사람들의 악의가 절정에 도달해서, 자신의 생각이나 욕망에 반대하는 모든 것 ― 그것이 하나님께로부터 나온 것일지라도 ― 을 다 없애 버리고자 할 때, 이런 일은 언제든지 일어날 수밖에 없다. 우리는 그리스도께서 그들을 피하여 그곳을 빠져나오신 것을 두려움 때문이라고 해석해서는 안 된다. 왜냐하면, 그는 시간이 흐르면서 점점 더 담대해지신 것이 아니라, 나중에 자발적으로 자기 자신을 죽음 에 내어주신 때나 지금처럼 그들을 피하여 조용히 빠져나오신 때나 동일하게 성령 의 힘 주심을 따라 결연하고 의연하게 행하신 것이기 때문이다. 그가 이적을 일으 켜서 자신의 목숨을 쉽게 보호하실 수 있으셨는데도 불구하고, 도리어 우리 인간 의 연약함에 순복하여 피신하는 쪽을 택하신 것은 바울이 빌립보서 2:7에서 찬양 한 "자기를 비운" 모습의 일부였다. 그가 여기에서 죽음을 무릅쓰지 아니하고 그 위험을 피하신 유일한 이유는 아버지 하나님이 정하신 때가 아직 오지 않았기 때문이었다(요 7:30; 8:20). 그렇지만 그가 여기에서 목숨을 건질 수 있었던 것은 그 자리를 피했기 때문이 아니라 하늘의 능력이 그를 보호하였기 때문이라는 것은 분명하다. 왜냐하면, 그는 어둠 속에 은신하고 계셨던 것이 아니라, 많은 무리를 몰고 다니시면서, 이적들을 통해서 그가 계신 곳을 널리 알려지게 하셨던 까닭에, 그의 원수들이 그가 계신 곳을 찾아내기는 그리 어렵지 않은 일이었을 것이기 때문이다. 그가 그들을 피하여 그곳을 떠나신 이유는 단지 그들의 분노를 더 격화시키지 않고자 하셨기 때문이었다.

마가는 바리새인들이 평소에는 원수처럼 지냈던 "헤롯당"과도 함께 예수를 죽일 "의논"을 하였다는 말씀을 덧붙인다(막 3:6). 바리새인들은 백성들의 자유(自由)와 해방의 수호자이자 후견인으로 인정받기를 몹시 원하였던 까닭에, 저 폭군 헤롯의 하수인들이야말로 그들의 철천지원수라고 공언하고 다녔다. 그렇지만 그리스도에 대한 그들의 증오심과 분노는 헤롯당에 대한 그들의 적대감을 상쇄시켜서, 그들을 평소에는 가까이 하기조차 꺼려하였던 자들로부터도 도움을 얻기 위하여 환심을 사고자 하도록 만들었고, 그리스도를 죽이는 일에 이방인들과도 공모하게 만들었다. 불경건(impietas)은 사람들을 뿔뿔이 흩어서 각기 제 길로 가게 만들고 서로 다른 길을 가게 만들지만, 하나님을 대적하는 일에는 한데 똘똘 뭉치게 만든다. 아무리 서로를 증오하고 미워하는 자들이라도 하나님의 진리를 대적하는 일에는 서로 힘을 합치는 법이다.

마 12:16. 경고하셨으니. 마가는 그리스도께서 "당신은 하나님의 아들이니이다"라고 "부르짖는 더러운 귀신들"(막 3:11)을 제어하셔서 그런 말을 하지 못하게 하셨다고 한층 더 첨예하게 표현한다. 우리는 앞에서 그리스도께서 이 더러운 귀신들이 그의 증인이 되는 것을 허락하지 않으신 이유를 설명한 바 있다. 이 귀신들로 하여금 그러한 고백을 할 수밖에 없도록 만든 것은 하나님의 능력이었다는 것을 의심할 여지는 없지만, 그리스도께서 그 귀신들이 그의 통치에 굴복하였다는 것을 분명히 보여주신 후에, 그 귀신들의 증언을 배척하신 것은 합당한 일이었다. 마태는 한 걸음 더 나아가서, 그리스도께서 병 고침을 받은 자들에게 그가 그들에게 베푼 이적들에 대한 소문을 퍼뜨리지 말 것을 명령하셨다고 말한다. 그러나 앞서 말한 대로, 그리스도께서는 이 소문을 조금도 새어나가지 않도록 완전히 억눌러 버리고자 하셨던 것이 아니라, 그가 베푼 이적들이 시간을 두고서 뿌리를 내려, 적절한 때에 풍성한 열매를 맺기를 바라셨던 것이다. 우리는 그리스도께서 이적들을 행하신 것은 사람들을 즐겁게 해주시기 위한 것이 아니라, 자기가 하나님의 아들이고 하나님이 세우신 세상의 구속주(救贖主)라는 것을 증명하고자 하는 특별한 목적을 지니고서 그렇게 하신 것임을 안다. 그러나 그는 정상적인 여러 과정들을 거쳐서 점진적으로 자신의 모습을 드러내셔야 했고, "그 아버지가 정한 때까지"는 (갈 4:2) 그의 참 모습이 드러나셔는 안 되었다. 아울러 우리가 주목해야 할 것은 악인들이 하나님의 영광을 제거하고자 최선을 다할지라도, 그들의 술책은 결코 이루어지지 못하고, 도리어 하나님은 그들의 패역한 술책이 정반대의 결과를 낳게 하신다는 것이다. 그리스도께서는 사람들이 많은 곳을 피하여 한적한 곳으로 물러나셨지만, 이렇게 은신해 계시는데도, 그의 영광은 계속해서 빛이 나고, 그의 의로운 광채는 더욱 찬란하게 빛을 발한다.

마 12:17. 이는 ⋯ 이루려 하심이니라. 마태는 그리스도께서 그의 능력에 관한 소문이 요란하게 널리 퍼지는 것을 금지하신 것이 이 예언을 온전히 성취한 것이었다고 말하는 것이 아니라, 그리스도의 이러한 조치는 선지자 이사야가 메시야에 관하여 예언하면서 묘사한 저 온유하심을 보여준 것이라고 말하는 것이다. 그리스도께서 얼마 안 되는 사람들 앞에서 행하셨고, 또한 요란하게 널리 알려지는 것을 원하지 않으셨던 저 놀라운 역사(役事)들은 사실 "하늘과 땅을 진동시킬"(히 12:26)만한 일들이었다. 그러므로 그리스도의 이러한 모습은 그가 세상의 허영심(pompa)이나 과시욕(ostentatio)과 얼마나 거리가 먼 분이셨는지를 잘 보여주는 아주 특별한 증거였다.

그러나 우리는 여기에서 마태의 의도를 좀 더 세밀하게 살펴볼 필요가 있다. 그리스도의 이러한 모습을 통해서, 마태에게는 그리스도의 신성(神性)의 영광이 비록 인간의 연약성(infirmitas)이라는 베일 아래에서 나타난다고 해서, 우리가 그 영광을 경배하고 찬양하는 것을 소홀히 해서는 안 된다는 것을 보여주고자 하는 목적이 있었고, 이것이 성령이 이사야 선지자의 눈을 이끌어서 보게 한 바로 그 목적이었다는 것은 의심의 여지가 없다. 육신(carnis)은 늘 겉으로 과시하고자 하는 욕망을 지니고 있는데, 하나님의 성령은 믿는 자들이 메시야에게서 그런 종류의 것을 찾고자 하는 것을 막기 위하여, 세상의 왕들은 사람들로부터 주목을 끌고 칭송을 받으려고, 가는 곳마다 요란한 소리를 내며 한바탕 소동을 일으켜서 성읍들을 뒤집어 놓지만, 메시야는 그런 왕들과는 완전히 다를 것임을 미리 분명하게 밝혀 놓으셨다. 이제 우리는 마태가 이사야 선지자의 이 예언을 현재의 상황에 적용한 것이 얼마나 적절한 것이었는지를 깨닫게 된다. 하나님은 그의 아들이 이 땅에 계실 때에 낮고 천한 모습을 지니게 하시기로 작정하신 것인데도, 무지한 자들이 그 아들의 볼품없는 모습을 보고서 멸시하거나 걸려 넘어지는 일이 있을 수 있기 때문에, 그런 일이 생기지 않도록 하기 위하여, 이사야 선지자와 마태는 그 아들이 그러한 모습으로 나타나신 것이 하나님의 작정하심의 결과이지 결코 우연이 아니라는 것을 분명하게 선포한다. 이것으로부터 우리는, 사람들이 그리스도를 멸시하는 것은 그리스도의 외적인 모습이 그들의 육신이 원하는 것(carnis vota)과 일치하지 않는 까닭이기 때문에 그 모든 책임은 그들 자신에게 있다는 결론을 얻게 된다. 우리는 우리의 생각이나 마음에 맞는 그리스도를 상상해서는 안 되고, 아버지 하나님이 우리에게 제시해 주시는 대로의 그리스도를 받아들이는 것이 마땅하다. 하나님은 그리스도의 낮고 천한 모습이 그의 뜻에 맞는다고 분명하게 말씀하시는데도, 그것을 못마땅해하고 멸시하는 자는 구원을 받기에 합당하지 않은 자이다. 그러면, 이제 선지자 이사야의 말씀(사 42:1)을 살펴보기로 하자.

마 12:18. 보라 내가 택한 종. 하나님은 우리로 하여금 그의 뜻을 더 유심히 주목하도록 하시기 위하여, 그가 이제 보내실 자가 어떤 분이신지를 손가락으로 가리키며 소개해 주시는데, 이것이 지시(指示)의 의미를 지닌 "보라"가 여기에서 사용된 의도이다. 또한, 하나님이 그에 대하여 "내 마음에 기뻐하는 내가 택한 종"이라는 표현들을 사용하시는 것도 이와 비슷한 이유에서인 것 같다. 사람들이 그리스도를 감히 그들 자신의 생각이나 인식에 따라서 판단하는 것이, 그들의 구속(救贖)이 전적으로 하나님의 은혜에 달려 있다는 것을 깊이 숙고하지 않은 까닭이 아니라면, 도대체 그런 판단이 어디에서 나오겠는가? 하나님은 우리에게 이루 헤아릴 수 없이 귀한 보화를 주시는 것인데도, 우리가 우리의 역겨운 육신의 생각을 따라 그것을 평가한다면, 그것은 너무도 주제를 모르고 오만방자하게 구는 악한 짓이 아니면 무엇이겠는가. 그리스도는 여기에서 "종"이라 불리는데, 이 칭호는 우리가 생각하는 그런 비천한 종을 뜻하는 것이 아니라, 하나님으로부터 그의 교회를 구속할 직임과 사명을 받은 자라는 뜻을 지닌 존귀한 칭호이다. "이 존귀는 아무도 스스로 취하지 못하고 오직" 이 직임에 합당하다는 것이 인정되어 "하나님의 부르심을 받은 자라야" 받을 수 있기 때문에(히 5:4), 하나님은 이러한 존귀를 받는 자는 그의 작정하심을 따라서 택함받은 자라는 것을 분명하게 말씀하신다. 이것으로부터 우리는 사람들은 그리스도를 거부하고 배척해서는 안 된다는 결론을 얻는다.

왜냐하면, 그것은 하나님을 멸시하고 모독하는 죄를 범하는 것이 되기 때문이다. 사실, 하나님의 부르심은 거룩하고 신성불가침한 것인데도, 우리의 변덕스러운 생각이나 욕구, 또는 교만으로 인하여 우리가 그 부르심을 받아들이지 않는다면, 그것은 얼마나 어처구니없는 일이겠는가.

하지만 이 말씀은 더 폭넓은 의미를 지닌다. 하나님은 이사야 선지자를 통해서 그의 "마음의 기쁨"이 그리스도에게 있다는 말씀을 덧붙이신다. 왜냐하면, 우리 각자의 부르심은 그 유일한 원천이신 하나님의 거저 주시는 은혜로부터 나오는 것이기는 하지만, 하나님 아버지께서 온 교회를 그의 사랑으로 껴안으시는 것은 오직 그리스도로 말미암는다는 이 아주 특별한 진리는 전적으로 그리스도와 연결되어 있기 때문이다. 우리는 모두 본질상 하나님의 원수들이기 때문에, 하나님의 사랑은 "머리" 되시는 그리스도에게서 먼저 시작되기 전에는 결코 우리에게 올 수가 없다. 이것을 우리는 앞에서도 이미 보았고, 앞으로도 다른 구절(마 17:5)에서 다시 보게 될 것이다.

마 12:18. 그가 심판을 이방에 알게 하리라. 선지자 이사야는 그리스도께서 "심판을 이방에 알게 하리라"고 예언함으로써, 그리스도의 직임에 대하여 간략하게 보여준다. 유대인들은 "심판"이라는 말을 공평과 정직이 통할 수 있도록 올바르게 제대로 질서가 잡혀 있는 상태를 의미하는 것으로 이해한다(개역에서 "심판"으로 번역된 단어는 "공의"로도 번역될 수 있고, 칼빈은 "공의"라는 번역을 따르고 있다 – 역주). 선지자 이사야의 의도는 땅에 떨어진 "공의"를 회복시키실 자, 단지 한 나라를 다스리실 자가 아니라 끔찍한 혼돈이 지배하고 있던 "이방"의 모든 나라를 하나님께 복종시키실 자가 오시리라는 것을 우리에게 알려 주는 것이다. 이것이 선지자 이사야가 사용한 "알게 하다"는 단어의 의미이다(개역에서 "알게 하다"로 번역된 단어는 원문에서 "이끌어 오다"라는 의미이다 – 역주). 그리스도의 직임은 당시에 유대 땅에 국한되어 있던 하나님의 나라를 온 세계로 확대시키는 일이었다. 이것은 성경의 다른 구절에서는 "여호와께서 시온에서부터 주의 권능의 규를 내보내시리니"(시 110:2)라는 말씀으로 표현되어 있다.

아울러, 선지자 이사야는 어떻게 해서 "공의"가 시행될 수 있게 될 것인지에 대하여 설명하면서, 그것은 하나님이 그의 "영"을 그리스도 안에 "두시는" 방식으로 이루어지게 될 것이라고 말한다. 하나님의 성령으로 말미암지 않고는 이 세상에 의로운 것은 결코 존재할 수 없고, 하나님의 권능에 의하지 않고는 그 어떤 의로운 것도 유지될 수 없다는 것은 사실이다. 마찬가지로, 세상의 그 어떤 왕도 이 동일한 성령의 도우심과 이끄심이 없이는 선한 질서를 만들어 낼 수도 없고 유지시켜 나갈 수도 없다. 그러나 "공의"를 세움에 있어서 그리스도는 그 어떤 자들보다도 훨씬 탁월하시다. 왜냐하면, 그는 아버지 하나님으로부터 성령을 받으셔서, 그의 모든 백성에게 성령을 부어 주실 수 있으시기 때문이고, 말씀이나 글을 통해서 무엇이 합당하고 옳은지를 올바르게 가르쳐 주실 뿐만 아니라, 그의 성령의 은혜로 사람들의 마음을 내적으로 형성하여 의(義)의 규범(iustitiae regula)을 지킬 수 있게 하시기 때문이다.

마 12:19. 그는 다투지도 아니하며. 이 구절의 전체적인 의미는, 앞에서 이미 언급했듯이, 그리스도께서 오실 때에는 요란함도 없을 것이고 왕이 행차할 때와 같은 웅장하고 화려한 모습도 없으리라는 것이다. 선지자 이사야는 그리스도의 이러한 온유하심은 세상에서는 어디에서든지 멸시를 당하지만 사실은 사람들에게 유익하고 좋은 것이 될 것이라는 말씀을 곧바로 덧붙인다. 그리스도께서 온유하셔서 자원하여 사람들의 눈높이에 자기 자신을 맞추신다고 해서, 사람들이 그리스도에 대하여 별로 존경심을 갖지 않는 것은 그들의 어리석음을 적나라하게 드러내는 것일 뿐이다. 만약 그리스도께서 그가 지닌 본래의 영광으로 나타나신다면, 우리 모두는 그 영광에 삼켜져 망하게 되는 것 말고 우리가 다른 무엇을 기대할 수 있겠는가? 그러므로 그리스도께서 우리를 위해서 그의 지극히 큰 영광을 버리시고서 우리의 수준으로 내려오신 것인데도, 그의 모습이 볼품이 없다고 하여, 우리가 그를 영접하고자 하지 않는다면, 그것은 얼마나 부패하고 악한 것이겠는가? 그리스도의 온유하심이 믿는 자들 속에서 경외감을 불러일으키도록 하기 위하여, 이사야는 그러한 온유하심이 그들에게 얼마나 유익한지, 그리고 왜 꼭 그럴 수밖에 없는 것인지를 일깨워 준다. 우리 각자는 우리 자신의 연약함을 알고 있기 때문에, 우리는 그리스도께서 우리를 따뜻하게 품어 주시는 것이 우리 모두에게 얼마나 절실한 것인지를 알아야 한다. 나는 성령의 그 어떤 은혜도 전적으로 결여되어 있는 믿지 않는 자들이 아니라, 하나님이 이미 부르신 자들과 관련하여 이 말을 하고 있는 것이다. 하나님이 그들에게 불을 붙이셔서 온전히 밝게 하시고 힘을 공급해 주셔서 견고하게 하시기 전까지, 그들은 모두 "상한 갈대"요 "꺼져가는 심지"가 아니었던가? 그리스도께서 이렇게 스스로를 낮추셔서 우리의 연약함에 맞추어 주실 때, 우리는 그의 이루 말할 수 없는 선하심을 기쁜 마음으로 받아들이는 것이 마땅하다. 한편, 우리는 일생 동안 "요동하는"(엡 4:14) 삶을 살거나 아주 부드러운 산들바람에도 구부러지는 "갈대" 같은 삶을 살지 않도록 하기 위해서는, 그 누구도 자신의 악에 빠져서 안일하게 살아가지 말고, 끊임없이 진보하고자 애를 써야 한다. 우리가 사탄의 온갖 다양한 공격들에 맞서 견고히 서고, 우리의 믿음이 단지 두터운 연무(煙霧)에 둘러싸인 상황 속에서 겨우 불씨만 살아서 희미하게 빛을 내는 것이 아니라, 밝은 광선(光線)들을 힘있게 비추기 위해서는, "온전한 사람을 이루어 그리스도의 장성한 분량이 충만한 데까지 이르도록"(엡 4:13) 자라가지 않으면 안 된다.

그리스도의 모범은 그의 모든 사역자들에게 그들이 어떤 식으로 행하고 처신하여야 하는지를 가르쳐 준다. 그러나 이 구절을 근거로 해서, 모든 사람에 대하여 누구에게나 무차별적으로 온유하여야 한다는 그릇되고 어처구니없는 주장을 하는 자들이 있기 때문에, 우리는 선지자 이사야가 "연약한 자들"과 "악한 자들"을 명시적으로 구별하고 있다는 것을 주목하여야 한다. 왜냐하면, 너무나 완고한 자들에 대해서는 그들의 딱딱한 마음을 망치로 사정없이 깨뜨리는 것이 마땅하고, 어둠을 사방으로 퍼뜨리고자 하거나 큰 불길을 만들기 위해서 횃불 역할을 하는 자들에 대해서는 그들이 내뿜는 검은 연기를 흩고 그들의 불꽃을 끄는 것이 마땅하기 때문이다. 말씀의 신실한 사역자들은 연약한 자들을 온유하게 살펴서, 그들로 하여금 그들에게 있는 아주 적은 하나님의 은혜라도 소중히 간직하고 더 키워나가게 하여야 하지만, "상한 갈대"나 "꺼져가는 심지"를 전혀 닮지 않은 자들의 끈질기고 독한 악의를 부추기는 일이 생기지 않도록, 현명하고 신중하게 처신하지 않으면 안 된다.

마 12:20. 심판하여 이길 때까지 하리니. 선지자 이사야의 말씀은 마태 본문과 약간 다르게 "진실로 정의를 시행할 것이며"로 되어 있다. 그러나 마태가 사용한 표현은 대단히 강조된 것으로서, 큰 싸움과 고군분투함이 없이는 공의가 이 세상에 세워질 수 없다는 것을 우리에게 알게 해주고자 하는 의도를 지니고 있다. 왜냐하면, 마귀는 공의가 세워지는 것을 방해하기 위해서 온갖 난관들을 쌓아 놓는데, 그 난관들은 격렬한 싸움 없이는 돌파할 수 없는 것들이기 때문이다. 이것은 "이김"이라는 단어에 의해서 확증된다. 왜냐하면, "이김"은 싸우는 것 외에 다른 방식으로 얻어지는 것이 아니기 때문이다.

마 12:21. 또한 이방들이 그의 이름을 바라리라. 선지자 이사야의 본문은 이 구절 대신에 "섬들이 그 교훈을 앙망하리라"(사 42:4)로 되어 있다. 마태는 단어들을 바꾸긴 했지만, 그 의미는 동일해서, 이방인들이 그리스도의 은혜에 동참하게 되리라는 것이다.

[22]그 때에 귀신 들려 눈 멀고 말 못하는 사람을 데리고 왔거늘 예수께서 고쳐 주시매 그 말 못하는 사람이 말하며 보게 된지라 [23]무리가 다 놀라 이르되 이는 다윗의 자손이 아니냐 하니 [24]바리새인들은 듣고 이르되 이가 귀신의 왕 바알세불을 힘입지 않고는 귀신을 쫓아내지 못하느니라 하거늘(마 12:22-24).

[20]집에 들어가시니 무리가 다시 모이므로 식사할 겨를도 없는지라 [21]예수의 친족들이 듣고 그를 붙들러 나오니 이는 그가 미쳤다 함일러라 [22]예루살렘에서 내려온 서기관들은 그가 바알세불이 지폈다 하며 또 귀신의 왕을 힘입어 귀신을 쫓아낸다 하니(막 3:20-22).

[14]예수께서 한 말 못하는 귀신을 쫓아내시니 귀신이 나가매 말 못하는 사람이 말하는지라 무리들이 놀랍게 여겼으나 [15]그 중에 더러는 말하기를 그가 귀신의 왕 바알세불을 힘입어 귀신을 쫓아낸다 하고(눅 11:14-15).

막 3:20. 집에 들어가시니. 마가는 그리스도께서 이적들을 행하신 때로부터 그의 친족들이 그를 "미친 사람"으로 취급하여 붙잡아서 결박하자고 서로 악한 모의를 한 때까지 상당한 시간이 흐른 것으로 보고 있는 것이 틀림없다. 마태와 누가는 바리새인들에게 그리스도를 중상모략할 기회를 준 단 하나의 이적만을 언급하고 있을 뿐이다. 그러나 세 복음서 기자는 모두 마가의 기사(記事)에 나오는 이 마지막 구절을 포함시키고 있기 때문에, 나는 마가 본문의 이 구절을 여기에 편입시켜서 다루는 것이 적절하다고 생각하였다.

그리스도를 도와서 하나님의 나라를 확장시키는 일에 앞장을 섰어야 마땅한 그의 친족들이 이런 악한 모습을 보였다는 것은 이상하고 놀라운 일이다. 나중에 그리스도께서 이미 상당한 정도의 명성을 얻은 것을 보았을 때, 그들은 야심에 차서, 그가 예루살렘에서 명성을 얻게 되기를 바랐기 때문에, 그에게 도성으로 올라가서 "자신을 세상에 나타내라"(요 7:3-4)고 권하게 된다. 그러나 지금 그들은 그리스도께서 한편으로는 관원들에게 미움을 받고, 다른 한편으로는 여러 사람들에게 비방

을 받으며, 심지어 많은 사람들로부터 멸시를 당하는 것을 보고서, 그 어떤 해악이
나 적개심이나 욕(辱)이 온 가족에게 미치는 것을 막기 위하여, 그를 정신 이상으
로 인해서 나대고 다니는 것으로 여겨서, 그를 붙잡아서 집에 결박하여 가두어 두
고자 하는 모의를 꾸미는데, 복음서 기자의 말에 나타나 있듯이, 그들은 실제로 그
렇게 믿고 있었다.

이것으로부터 우리는 무엇보다도 먼저 하나님의 영광이 이렇게 뻔히 드러나는
데도 잘못된 판단을 내릴 정도로 인간의 마음눈이 심하게 멀어 있다는 것을 알게
된다. 분명히, 그리스도께서 말씀하시고 행하신 모든 것 속에서 성령의 능력이 찬
란하게 빛을 발하였다. 이런 상황 속에서, 설령 다른 사람들은 그것을 분명하게 인
식하지 못하였다고 하더라도, 그리스도를 잘 알고 친밀하게 지냈던 그의 친족들이
어떻게 그런 것을 알지 못할 수 있단 말인가? 그러나 그리스도께서 보여주신 언행
은 세상을 기쁘게 하는 것이 아니었고, 세상으로부터 찬사를 들을 만한 것이 전혀
아니었기 때문에, 그는 많은 사람들의 미움을 받을 수밖에 없었고, 그의 친족들은
그가 "미쳤다"고 판단하게 된 것이었다.

두 번째로 우리가 알게 되는 것은 믿음의 빛은 혈과 육으로부터 오는 것이 아니
라 하늘의 은혜로부터 오는 것이기 때문에, 그 어떤 사람도 성령으로 말미암은 거
듭남 외에 그 어떤 것도 자랑할 수 없다는 것이다. 바울은 그리스도 안에 있는 것
으로 여김을 받고자 하는 자는 누구든지 새로운 피조물이 되어야 한다고 우리에게
말해 준다(고후 5:17).

마 12:22. 그 때에 … 데리고 왔거늘. 누가는 그 사람에게 들린 귀신이 "말 못하
는 귀신"이었다는 취지로 말하는 반면에, 마태는 그 사람이 "눈 멀고 말 못하는" 두
가지 질병에 걸려 있었다고 말한다. 사람들은 대부분의 경우에 선천적인 결함이나
이상(異常)으로 인해서 눈이 멀고 말을 못한다는 것은 의심의 여지가 없다. 그러나
여기에서 분명한 것은 이 사람은 시신경(視神經)이나 혀 모양에 아무런 결함이나
이상이 없었는데도, 눈이 멀게 되었고 말을 못하게 되었다는 것이다. 하나님이 사
탄에게 사람들의 심령의 온갖 기능들을 손상시키거나 왜곡시킬 수 있도록 허락하
신 것이 합당하신 일이라고 할 때, 사탄이 사람들의 신체적인 기능들에 해악을 끼
칠 수 있도록 허락을 받은 것도 놀랄 일은 아니다.

마 12:23. 무리가 다 놀라. 이것으로부터 우리는 하나님의 능력이 가시적으로
나타났고, 그것을 본 무리는 앞서 그리스도에 대하여 갖고 있던 좋지 않은 감정에

서 벗어나서 그를 아무런 사심 없이 순수하게 칭송하는 쪽으로 바뀌게 되었다는 것을 알게 된다. 실제로 그 자리에서 일어난 일이 그들을 그렇게 하지 않을 수 없게 만든 것이 아니라면, "무리가 다 놀라" 그리스도를 칭송하게 된 일이 어떻게 일어날 수 있었겠는가? 분명히 이 기사(記事) 속에서 하나님의 놀라운 능력을 마치 거울을 보듯이 보지 못하는 자가 우리 가운데는 한 사람도 없을 것이다. 이것으로부터 우리가 알 수 있는 것은 하나님의 이러한 현저한 역사(役事)를 거리낌 없이 비방한 서기관들의 마음은 마귀의 독(毒)에 의해서 중독되어 있었을 것임에 틀림없다는 것이다. 그러나 우리는 이 이적의 결과를 주목하여야 한다. 이 이적을 보고 깜짝 놀란 사람들은 예수가 메시야가 아니겠느냐고 서로 수군거렸다. 그들은 하나님의 능력이 나타난 것을 인정하게 되었을 때에 마치 손이 잡힌 채 이끌림을 받듯이 믿음으로 인도되었다. 그들은 마땅히 즉시 믿음에 이르러야 했지만, 그렇게 되지는 못하였다(그들은 의구심을 품은 채 서로 얘기를 나누는 모습을 보였기 때문에). 그러나 그들이 그리스도의 영광을 좀 더 주목하게 된 것은 결코 적지 않은 변화였다. 어떤 이들은 그들의 이런 모습을 온전한 믿음의 확신을 보인 것으로 여기기도 하지만, 본문은 그런 의미를 보여주지 않는다. 여기에서 실제로 일어난 일의 진실은, 예기치 않은 사건이 무리에게 충격을 준 상황 속에서, 그들은 이 일과 관련하여 어떤 확신에 이른 것은 아니고, 단지 예수가 메시야일 수도 있다는 생각을 품게 되었다는 것이다.

마 12:24. 바리새인들은 듣고. 서기관들은 공개적으로 일어난 너무나 명백한 사실을 인정하지 않을 수는 없었지만, 그리스도가 한 일은 하나님이 주신 능력으로 행한 것이 아니라고 악의적으로 트집을 잡았다. 그들은 사람들의 판단을 흐리게 하여서 과연 이 이적이 찬양받아야 할 것인지에 대하여 의구심을 품게 만들었을 뿐만 아니라, 마치 그 이적이 주술적인 힘에 의해서 이루어진 일인 것처럼 호도(糊塗)해서 찬양받아야 마땅한 일을 수치스럽고 책망받아야 할 일로 바꾸어 버리고자 애를 썼으며, 이 이적은 사람의 힘으로는 도저히 할 수 없는 것이기 때문에 그리스도가 귀신의 힘을 빌려서 행한 것이 틀림없다고 주장하였다. "바알세불"이라는 단어에 대해서는 내가 10장을 다룰 때에 설명한 바 있고, "귀신의 왕"이라는 표현에 대해서는 9장을 다룰 때에 약간 언급한 바 있다. 서기관들이 표명한 견해, 즉 악한 영들 가운데에 "왕"이 있다는 견해는 일반 사람들의 잘못된 생각이나 미신(迷信)에서 나온 것이 아니라, 경건한 자들 가운데서 받아들여진 확신, 즉 그리스도께서 교회의 머리이신 것과 마찬가지로, 버림받은 악인들에게도 그들의 머리가 되는 존재가 있다는 확신에서 나온 것이었다.

²⁵예수께서 그들의 생각을 아시고 이르시되 스스로 분쟁하는 나라마다 황폐하여질 것이요 스스로 분쟁하는 동네나 집마다 서지 못하리라 ²⁶만일 사탄이 사탄을 쫓아내면 스스로 분쟁하는 것이니 그리하고야 어떻게 그의 나라가 서겠느냐 ²⁷또 내가 바알세불을 힘입어 귀신을 쫓아내면 너희의 아들들은 누구를 힘입어 쫓아내느냐 그러므로 그들이 너희의 재판관이 되리라 ²⁸그러나 내가 하나님의 성령을 힘입어 귀신을 쫓아내는 것이면 하나님의 나라가 이미 너희에게 임하였느니라 ²⁹사람이 먼저 강한 자를 결박하지 않고서야 어떻게 그 강한 자의 집에 들어가 그 세간을 강탈하겠느냐 결박한 후에야 그 집을 강탈하리라 ³⁰나와 함께 아니하는 자는 나를 반대하는 자요 나와 함께 모으지 아니하는 자는 헤치는 자니라 ³¹그러므로 내가 너희에게 이르노니 사람에 대한 모든 죄와 모독은 사하심을 얻되 성령을 모독하는 것은 사하심을 얻지 못하겠고 ³²또 누구든지 말로 인자를 거역하면 사하심을 얻되 누구든지 말로 성령을 거역하면 이 세상과 오는 세상에서도 사하심을 얻지 못하리라 (마 12:25-32).

²³예수께서 그들을 불러다가 비유로 말씀하시되 사탄이 어찌 사탄을 쫓아낼 수 있느냐 ²⁴또 만일 나라가 스스로 분쟁하면 그 나라가 설 수 없고 ²⁵만일 집이 스스로 분쟁하면 그 집이 설 수 없고 ²⁶만일 사탄이 자기를 거슬러 일어나 분쟁하면 설 수 없고 망하느니라 ²⁷사람이 먼저 강한 자를 결박하지 않고는 그 강한 자의 집에 들어가 세간을 강탈하지 못하리니 결박한 후에야 그 집을 강탈하리라 ²⁸내가 진실로 너희에게 이르노니 사람의 모든 죄와 모든 모독하는 일은 사하심을 얻되 ²⁹누구든지 성령을 모독하는 자는 영원히 사하심을 얻지 못하고 영원한 죄가 되느니라 하시니 ³⁰이는 그들이 말하기를 더러운 귀신이 들렸다 함이러라(막 3:23-30).

¹⁶또 더러는 예수를 시험하여 하늘로부터 오는 표적을 구하니 ¹⁷예수께서 그들의 생각을 아시고 이르시되 스스로 분쟁하는 나라마다 황폐하여지며 스스로 분쟁하는 집은 무너지느니라 ¹⁸너희 말이 내가 바알세불을 힘입어 귀신을 쫓아낸다 하니 만일 사탄이 스스로 분쟁하면 그의 나라가 어떻게 서겠느냐 ¹⁹내가 바알세불을 힘입

어 귀신을 쫓아내면 너희 아들들은 누구를 힘입어 쫓아내느냐 그러므로 그들이 너
희 재판관이 되리라 ²⁰그러나 내가 만일 하나님의 손을 힘입어 귀신을 쫓아낸다면
하나님의 나라가 이미 너희에게 임하였느니라 ²¹강한 자가 무장을 하고 자기 집을
지킬 때에는 그 소유가 안전하되 ²²더 강한 자가 와서 그를 굴복시킬 때에는 그가
믿던 무장을 빼앗고 그의 재물을 나누느니라 ²³나와 함께 하지 아니하는 자는 나를
반대하는 자요 나와 함께 모으지 아니하는 자는 헤치는 자니라 ⋯ ¹⁰누구든지 말로
인자를 거역하면 사하심을 받으려니와 성령을 모독하는 자는 사하심을 받지 못하
리라(눅 11:16-23; 12:10).

마 12:25. 예수께서 그들의 생각을 아시고. 그리스도께서는 서기관들이 그들의
악의를 발동해서 그가 행한 모든 일을 좋지 않게 해석하곤 한다는 것을 너무도 잘
알고 계셨을 뿐만 아니라, 종종 실제적인 경험을 통해서도 확인하셨지만, 마태와
누가가 여기에서 말하고자 하는 것은 그리스도께서 그들의 마음을 분별하여 아셨
다는 것임을 나는 의심하지 않는다. 그리고 실제로 그들은 대놓고 그리스도를 대
적하는 말을 하여서, 그들의 비방하는 말이 그의 귀에까지 들렸을 가능성이 높다.
그러나 그리스도께서는 하나님의 성령으로 말미암아 그들의 심령의 어떤 성향들
이 그들을 부추겨서 그를 비방하도록 만들었는지를 아셨다. 왜냐하면, 옳은 것을
의도적으로 반대할 마음이 없는데도 무지(無知)로 인해서 잘못된 판단을 하거나,
마음속에 숨겨지고 은폐된 독기로 인해서가 아니라 [자기가 악을 행하는 것인지도
모르면서] 성급하고 경솔해서 충동적으로 잘못을 저지르는 일이 종종 있기 때문이
다. 그러므로 이 구절의 의미는 그리스도께서 그들을 엄하게 꾸짖으신 것은 그들
의 마음속에 있던 악의(惡意)를 보시고 아셨기 때문이라는 것이다.

마 12:25. 나라마다. 그리스도께서는 먼저 속담을 인용하셔서, 그를 향한 그들
의 비방을 반박하시지만, 이 반박은 얼핏 보면 그리 썩 만족스러워 보이지 않을 수
있다. 우리는 사탄이 사람들의 마음과 생각을 미신(迷信)들로 속여서 함정에 빠뜨
리기 위하여, 아주 교묘한 방법들을 사용해서, 사실은 사탄의 세력들 가운데에 불
화(不和)가 존재하지 않는데도 마치 어떤 불화가 존재하는 것처럼 보이게 하는 경
우가 종종 있다는 것을 안다. 예를 들면, 가톨릭교도들이 행하는 축귀는 사탄의 세
력들이 마치 그들끼리 싸우는 체하는 교묘한 술수에 다름 아니다. 그러나 그리스
도에 대하여 이런 종류의 의구심을 제기하는 것은 합당하지 않다. 왜냐하면, 그는

귀신들린 자들을 제정신이 들게 하여 온전한 상태로 하나님께 돌아오게 하는 방식
으로 귀신들을 내쫓으시는 것이기 때문이다. 사탄은 스스로 분쟁하여 패배당하는
척하지만, 사실 승리하는 것은 사탄 자신이다. 그러나 그리스도께서는 사탄을 공
개적인 싸움 속에서 공격하셔서 무너뜨리신 후에 조금의 여지도 남기지 않으시고
쫓아내셨다. 그리스도께서는 사탄을 한편으로는 치시면서 다른 한편으로는 세워
주어서 사탄으로 하여금 더 큰 발판을 마련할 수 있게 하신 것이 아니라, 사탄의 모
든 무장(武裝)을 완전히 해제시키고 파괴하셨다. 그러므로 그리스도께서, 모든 교
활한 술수와 거짓말(astutia)의 아비인 사탄은 오직 하나의 목적, 즉 사탄의 나라를
보존하는 것을 염두에 두고 있기 때문에, 그와 사탄 사이에는 그 어떤 공동의 이해
관계가 존재할 수 없다는 논리를 펼치신 것은 지극히 옳다. 귀신들은 맹목적인 광
기(狂氣)와 충동적인 성향으로 인해서 막무가내로 좌충우돌하다가 자멸하는 일이
흔히 있지 않느냐고 반론을 제기하는 자들이 있을 수 있지만, 그 대답은 쉽다. 그리
스도께서는 여기에서 단지, 모든 수단을 동원해서 사람들을 그의 종으로 삼고자
애를 쓰는 마귀가 사람들을 장악한 자신의 졸개들인 귀신들을 멸하는 일을 자발적
으로 하고 있다고 주장하는 서기관들의 생각은 어처구니없는 것이라고 말씀하고
계시는 것일 뿐이라는 것이다. 게다가, 우리가 기억해야 할 것은 그리스도께서는
속담을 확고한 논거로 제시하신 것이 아니라 단지 개연성 있는 추정의 근거로만
사용하셨고, 사람들에게 잘 알려져 있고 어느 정도 검증된 속담을 인용하신 것은
그의 대적들의 양심과 분별력을 일깨우기 쉽게 하시기 위한 것이었다는 것이다.
그리스도께서 사탄이 장악하고 있던 영지(領地)에서 사탄을 몰아내는 일을 해 오
셨다는 것과 그가 행하신 모든 이적들은 바로 그러한 목적을 위한 것이었다는 것
은 누구에게나 명백한 것이었다. 그러므로 이렇게 적극적으로 사탄과 맞서 싸우는
데에 사용된 그리스도의 능력이 하나님에게서 온 것이었다는 결론을 내리는 것은
아주 쉬운 일이었다.

마 12:27. 너희의 아들들은 … 쫓아내느냐. 그리스도께서는 바리새인들을 부당
하고 악의적인 판단을 내리고 있다고 책망하신다. 왜냐하면, 그들은 현재 논란이
되고 있는 일을 그들과 이해관계가 동일한 사람들이 행한 경우에는 그 사람들을
보아서 여기에서와는 다른 판단을 내렸기 때문이다. 형평성에 맞지 않는 그들의
이러한 행태는 무엇이 옳고 의로운지를 따지자는 것이 아니라, 맹목적인 사랑 또
는 증오라는 그들의 감정이 이러한 행태의 주된 동기라는 것을 보여주는 것이다.

또한, 그들이 그들의 자녀들이 행할 때에는 칭찬했던 일을 그리스도께서 행하시자 곧바로 정죄한 것은 그들의 악한 자기애(自己愛, Φιλαυτίας-필라우티아스)와 시기심을 보여주는 증거였다. "너희의 아들들"을 어떤 이들은 유대 민족의 자손들 전체를 의미하는 것으로 이해하고, 어떤 이들은 그리스도는 거의 이방인 취급을 당하셨지만, 사도들은 "아들들"로 인정되어서 그런 식으로 불렸다고 생각하고, 어떤 이들은 이 표현을 옛 선지자들을 가리키는 것으로 본다. 사도행전을 통해서 분명하게 알 수 있듯이(행 19:19), 이 표현은 당시에 유대인들 가운데서 널리 활동하고 있던 퇴마사들을 의미한다는 것을 나는 의심하지 않는다. 왜냐하면, 그리스도에 대하여 적대감을 지니고 있던 바리새인들이 그의 제자들이라고 해서 좋게 보아줄 리가 만무하기 때문이다. 또한, 이 말씀은 분명히 당시의 사람들과의 비교를 보여주는 것이기 때문에, "너희의 아들들"이라는 어구를 죽은 자들을 가리키는 것으로 보는 것은 억지 해석일 뿐이다.

사실, 율법에는 유대인들 가운데에 퇴마사들을 허용하는 조항이 없었지만, 우리는 하나님이 그의 언약에 대한 그들의 믿음 및 예배의 순수성을 유지하시기 위하여, 종종 여러 가지 이적들을 통해서 그들 가운데에 그가 계시다는 증거를 보여주셨다. 그러므로 하나님의 이름을 부르면서 귀신들을 쫓아내는 일이 일어났고, 그럴 때에 하나님의 능력이 나타나는 것을 체험하게 되자, 경솔하게도 사람들은 퇴마사라는 공식적인 직분을 만들게 되었다. 나중에 교황주의자들은 거기에 뒤질 새라 그들을 본받아서 "퇴마사"라는 직분을 만들어 냈고, 이런 식으로 무엇이든지 따라하는 원숭이들이 되었다. 또한, 그리스도께서는 퇴마사들을 하나님의 이름으로 행하는 거룩한 자들로 여기고자 하였던 바리새인들의 악의를 지적하기 위하여 이 예를 드신 것일 뿐이고, 반드시 그들의 축귀 자체를 인정하신 것이라고 할 수는 없는 것이었다. 왜냐하면, 바리새인들은 그리스도를 "바알세불"의 하수인으로 몰아서 한 개인을 배척한 것이지 축귀라는 문제 자체를 다룬 것이 아니었으므로, 그리스도께서도 그들의 아들들이 행하는 축귀의 진실이 무엇인지에 대하여 말씀하시고자 하신 것이 아니라, 단지 그것에 대한 그들의 생각을 근거로 해서 그들의 악의를 지적하고자 하신 것일 뿐이기 때문이다.

그 다음에 나오는 "그러므로 그들이 너희의 재판관이 되리라"는 구절은 엄밀하게 해석하면 별로 적절하지 않은 말씀이 되는데, 그 의미는 이런 것이다: "너희가 한 말을 정죄할 근거를 찾기 위해서 굳이 멀리까지 갈 필요가 없다. 너희는 내가 행한 이적들에 대해서는 바알세불을 힘입어서 행한 것이라고 말하면서도, 정작 너희의 자녀들이 동일한 일들을 행할 때에는 그 일들을 칭찬한다. 그러므로 너희를 정죄하기에 충분한 근거는 바로 너희 집안에 있다." 그러나 이 구절을 다른 식으로 이해해서, 하나님이 퇴마사들을 통해서 종종 그의 은혜를 나타내셨는데도, 그들이 그 은혜를 저버리고 배은망덕하게 행하고 있다고 그리스도께서 그들을 책망하는 의미로 해석하고자 하는 사람이 있다면, 나는 그러한 해석에 별로 반대하고 싶지는 않다. 비록 그들은 타락해 있었지만, 하나님은 그들에게서 그의 능력을 전혀 나타내지 않으시는 것이 아니라, 제사장들의 권위를 세워주어 성전 예배가 이루어질 수 있을 정도로는 그들 가운데서 그의 능력을 나타내시기를 기뻐하셨다. 왜냐하면, 성전 예배를 이방인들의 미신(迷信)과 명확히 구별해 주는 분명한 표지(標識)들이 그들 가운데에 존재한다는 것은 대단히 중요한 일이었기 때문이다. 하지만 나는 내가 말한 앞서의 견해가 더 자연스럽고 옳은 것이라고 본다.

마 12:28. 그러나 내가 하나님의 성령을 힘입어 … 쫓아내는 것이면. 누가는 "성령"이라는 표현 대신에 은유적인 단어인 "손가락"을 사용해서, "내가 만일 하나님의 손가락[개역에서는 '손']을 힘입어 귀신을 쫓아낸다면"(눅 11:20)이라고 말한다. 하나님은 성령을 통해서 일하시고 그의 능력을 나타내시기 때문에, 성령을 하나님의 "손가락"이라고 하는 것은 적절하다. 이러한 표현 방식은 유대인들 가운데서 흔히 사용되었다. 예를 들면, 모세는 애굽 왕 바로의 요술사들이 "이는 하나님의 손가락[개역에서는 '권능']이니이다"(출 8:19)라고 말하였다고 우리에게 전해 준다. 이제 그리스도께서는 그가 방금 전에 하신 말씀으로부터, 서기관들이 그들 가운데서 하나님이 통치하시는 것을 원하지 않음으로써 그들이 하나님에 대하여 배은망덕한 자들이라는 것을 스스로 증명하고 있다고 결론을 내리신다. 지금까지는 그리스도께서 그들의 근거 없는 비방과 중상모략에 대하여 답변을 하셨지만, 이제 여기에서는 그들을 이미 유죄 판결을 받은 자들로 취급하셔서, 그들에게 하나님의 나라를 불경스럽게 대적하지 말라고 경고하신다. 그는 이 한 가지 이적에 국한해서 말씀하지 않으시고, 이 기회를 이용해서 그가 오신 목적에 대하여 말씀하시면서, 그들에게 한 가지 눈에 띄는 사실만을 보아서는 안 되고, 그것보다도 훨씬 더 중요한 진리, 즉 하나님의 뜻은 그의 메시야를 계시하심으로써 무너진 그들의 구원을 일으켜 세워서 그들 가운데에 그의 나라를 회복하시는 것임을 일깨워 주신다. 그러므로 우리는 여기에서 그리스도께서는 그들이 광분하여 하나님의 이루 헤아릴 수 없이 크신 은혜를 그들 가운데서 몰아내는 배은망덕한 짓을 하고 있다고 탄식하고 계시는 것임을 알게 된다.

"하나님의 나라가 이미 너희에게 임하였느니라"는 말씀 속에서 "임하였느니라"는 단어가 강조되고 있는데, 그 의미는 이런 것이다: 하나님은 그들로부터 그 어떤 요청도 받지 않으셨어도 그들을 구속하시기 위하여 오셨는데, 그들은 그들이 할 수 있는 모든 것을 동원해서 하나님을 그들로부터 몰아내고자 하고, 하나님이 그들 가운데에 계셔서 그들의 구원을 준비하고자 하시는데, 그들은 하나님께 자리를 내주기를 거부하고 있다.

마 12:29. 사람이 … 어떻게 들어가 … 강탈하겠느냐. 복음서 기자들이 사용하는 단어들은 서로 약간씩 다르긴 하지만, 이 말씀의 실질적인 내용은 서로 완벽하게 일치한다. 그리스도께서는 방금 전에 다룬 하나님의 나라라는 주제를 계속해서 이어가시면서, 하나님이 사람들 가운데서 그의 나라를 세우시기 위해서는, 무력을 사용하여 사탄을 몰아내지 않으면 안 된다고 분명하게 말씀하신다. 그가 지금 말씀하시는 것은 앞에서 하신 말씀을 재확인하시는 것에 다름 아니다. 그러나 그리스도의 의도를 좀 더 확실하게 파악하기 위해서는, 우리는 그리스도께서 베푸신 가시적인 은혜들과 영적인 은혜들 간의 유비(類比)에 대하여 마태가 말하고 있는 것(8:17)을 상기할 필요가 있다. 사람들이 육신과 관련해서 그리스도에게서 받은 모든 유익은 사람들의 심령에 유익을 주시기 위한 것이었다. 그래서 그리스도께서는 사람들의 육신의 기능들을 마귀의 압제로부터 구해 내시면서, 아버지 하나님이 그를 사람들의 심령에 가해진 마귀의 영적 압제를 멸하기 위한 구원자로 보내셨다고 증언하신다. 그러면, 이제 그리스도께서 하신 말씀을 살펴보기로 하자.

그리스도께서는 힘있고 "강한 자"의 무장을 해제시키지 않고서는 그 강한 자에게서 그 영지(領地)를 빼앗을 수 없다고 말씀하신다. 왜냐하면, 그 강한 자는 자기보다 힘센 자를 만나지 않는다면, 결코 스스로 항복하여 자신의 영지를 내놓으려 하지 않을 것이기 때문이다. 그리스도께서는 왜 이런 말씀을 하시는 것인가? 첫째, 우리는 성경의 여기저기에서 마귀가 "세상의 임금"이라 불린다는 것을 안다. 마귀가 자행하는 압제와 폭정은 사방으로 강력한 방비(防備)들에 의해서 보호받고 있다. 사람들을 함정에 빠뜨리려고 마귀가 놓은 덫들은 셀 수 없을 정도로 많다. 아니, 사람들은 이미 마귀의 노예들이 되어서, 여러 가지 쇠사슬들에 의해서 아주 단단히 묶여 있기 때문에, 거기에서 풀려나서 자유롭게 되기를 동경하는 것이 아니라, 운명처럼 그들을 옭아매고 있는 종살이를 차라리 즐기고자 하는 것이 현실이다. 또한, 마귀가 사람들에게 가할 수 있는 해악들도 무수히 많은데, 마귀는 그 해악들을 동원해서 사람들을 위협하여, 그의 발 아래에서 비참한 압제를 당하도록 그들을 꽁꽁 묶어 둔다. 요컨대, 마귀가 세상을 자기 마음대로 압제하고 폭정을 행하는 것을 막을 수 있는 것은 아무것도 없다는 말이다. 마귀가 창조주의 허락 없이는 아무것도 할 수 없다는 것은 사실이지만, 아담이 하나님의 통치를 거부하고 거기에서 벗어나서, 그의 모든 자손을 이 마귀의 폭정에 굴복할 수밖에 없도록 만들어 버렸기 때문에, 이것은 어쩔 수 없는 일이다. 마귀가 통치하는 것은 부자연스러운 일이고, 사람들이 마귀의 폭정에 굴복하는 것은 그들의 죄로 인한 하나님의 의로우신 심판 때문이긴 하지만, 마귀는 여전히 평온한 가운데에 그의 나라를 장악하고 있고, 자기보다 더 "강한 자"가 나타나서 그에게 항복할 수밖에 없게 될 때까지는, 사람들을 자기 마음대로 짓밟을 수 있다. 그러나 이 "강한 자"는 이 세상에서는 나올 수 없다. 왜냐하면, 인간이라는 존재는 그들 자신을 구할 수 있는 충분한 힘을 갖고 있지 않기 때문이다. 그러므로 하나님은 사람들에게 그들의 구속주가 하늘로부터 나타날 것이라는 약속을 주셨다. 그리스도께서는 여기에서 마귀는 어쩔 수 없을 때까지는 결코 굴복하고자 하지 않을 것이기 때문에, 마귀를 무장해제 시키기 위해서는 이런 종류의 구속(救贖)이 꼭 필요하다는 것을 보여주신다. 이 말씀을 통해서 그리스도께서는 우리에게 사탄이 격렬한 싸움을 통해서 굴복당할 때까지는, 사탄에게서 벗어나 자유롭게 되는 것을 기대하는 것은 헛된 것임을 알게 해주신다. 그리스도께서는 하나님 나라의 원리들을 제대로 파악하지 못한 서기관들의 무지(無知)를 명시적으로 책망하고 계시는 것이지만, 이러한 책망은 모든 사람에게 거의 동일하게 적용된다. 왜냐하면, 사람들은 누구나 다 이와 같은 어리석음(stultitia)으로 인해서 고통을 받고 있기 때문이다. 말로는 누구나 다 자기는 하나님의 나라를 원한다고 큰소리를 치지만, 막상 기회가 되어서, 그리스도께서 우리를 우리의 폭군의 압제로부터 구해 내시기 위하여 마음 놓고 싸우시고자 하시면, 우리는 그것을 허용하지 않는다. 이것은 마치 병자가 의사의 도움을 간청해 놓고도, 정작 치료에 들어가고자 하면, 그 어떤 치료든 다 막무가내로 거부하는 것과 같다. 우리는 이제 그리스도께서 왜 이 비유를 소개하셨는지 그 이유를 알게 된다. 즉, 그리스도께서는 이 비유를 통해서 서기관들이 하나님의 나라에 적대적인 자들이어서, 그 나라가 시작되자 악의적으로 그 나라에 저항하고 있는 것임을 보여주시고자 하신 것이다. 또한, 우리가 알아야 할 것은 우리는 모두 사탄의 폭정 아래에서 지배를 당하고 있기 때문에, 그리스도께서 승리가 보장되어 있는 그의 권능의 손으로 우리를 저 비참하고 저주받은 종살이로부터 구해 내시는 것 외에는 그가 우리 안에서 그의 통치를 시작하실 수 있는 다른 방법이 없다는 것이다.

마 12:30. 나와 함께 아니하는 자는. 이 구절은 두 가지로 설명될 수 있다. 어떤 이들은 이 구절을 앞에 나온 비유와 연결시켜서 서로 상반되는 것들을 기반으로 한 논증이라고 여겨서, 그리스도께서 하신 말씀의 취지는 이런 것이라고 주장한다: "마귀가 전복될 때까지는 내가 통치할 수 없다. 왜냐하면, 마귀의 모든 시도들의 목적은 내가 '모으는' 것은 무엇이든지 다 '헤치는' 것이기 때문이다." 저 원수 마귀가 그리스도의 나라를 "헤쳐서" 흩어버리기 위하여 얼마나 애를 쓰는지를 보여주는 증거는 너무나 많다는 것을 우리는 안다. 그러나 나는 이 구절을 서기관들은 하나님 나라의 진보를 의도적으로 방해함으로써 두 가지 점에서 그 나라에 "반대하는" 자들이라는 것을 그리스도께서 분명하게 선언하고 계시는 것으로 설명하는 자들의 견해에 동의하는데, 이 견해에 의하면, 이 구절의 의미는 이런 것이다: "너희가 마땅히 행하여야 할 본분은 나를 도와서 하나님의 나라를 세우는 일에 너희의 손을 내게 빌려 주는 것이다. 왜냐하면, 돕지 않는 자는 일정 정도 나를 반대하는 자들이거나, 적어도 원수들에 속한 자들로 여겨지는 것이 마땅하기 때문이다. 그런데 너희는 나에 대하여 분노하고 광분하여 마치 나를 죽일 듯이 반대하는데, 그렇다면 도대체 너희의 정체는 무엇이겠는가?'

게다가, 우리가 이제까지 말한 것에 비추어 보면, 그리스도께서 그 다음에 하신 말씀이 참되다는 것이 아주 분명하게 드러난다: "나와 함께 모으지 아니하는 자는 헤치는 자니라." 왜냐하면, 악에 끌리는 우리의 성향은 너무나 강력해서, 정말 진지하게 하나님의 의(義)를 구하는 자들 외에는 그 누구에게도 그 의가 들어갈 자리가 없기 때문이다. 한 걸음 더 나아가서, 이 가르침은 자신의 힘이 닿는 데까지, 있는 힘껏 모든 수단을 다 동원해서 하나님의 의를 구하지 않는 자는 그리스도의 양 무리에 속한 자로 여김을 받을 자격이 없다는 뜻을 내포하고 있다. 왜냐하면, 우리는 모두 하나님의 나라를 진보시키도록 부르심을 받았는데, 그런 우리가 나태하고 안일하다면, 그것은 하나님의 나라를 약화시키고 망하게 하기 십상이기 때문이다.

마 12:31. 그러므로 내가 너희에게 이르노니. 우리는 여기에 나오는 결론을 바로 직전의 구절에서 도출된 결론이 아니라, 이 단락 전체의 강론에서 도출된 결론으로 보아야 한다. 왜냐하면, 그리스도께서는 서기관들이 하나님의 나라에 반대하고자 하는 마음이 없었다면 귀신들을 쫓아낸 일로 그리스도를 비방할 수 없었을 것임을 증명하신 후에, 여기에서는 하나님의 성령을 의도적으로 모독하는 것은 통상적인 가벼운 죄가 아니라 극악무도한 죄라고 결론을 짓고 계시는 것이기 때문이다. 이미 앞에서 말했듯이, 그리스도께서는 단지 그들이 입 밖으로 낸 말이 아니라, 그들의 비열하고 사악한 생각을 근거로 삼으셔서 이러한 결론을 내리신 것이었다.

마 12:31. 모든 죄와 모독. 그리스도께서는 여기에서 "성령을 모독하는 것"은 다른 모든 죄들보다 더 극악무도한 죄라고 분명하게 선언하고 계시기 때문에, 이 어구가 무슨 의미인지를 살펴보는 것은 아주 중요하다. 이 어구를 죽어도 죄를 뉘우치지 않는 고집센 완고함을 의미하는 것으로 보는 견해는 그리 어렵지 않게 반박될 수 있다. 왜냐하면, 그런 견해가 옳다면, 그리스도께서 "이 세상에서 사하심을 얻지 못하리라"고 말씀하신 것이 아무 소용이 없는 무의미한 것이 되고 말 것이기 때문이다. 게다가, "모독"이라는 단어는 온갖 종류의 죄에 무차별적으로 확대하여 적용할 수 있는 그런 단어가 아니다. 그리스도께서 두 가지를 비교해서 하신 말씀을 잘 살펴보면, 우리는 이 어구의 참된 의미를 쉽게 얻어낼 수 있다. 그리스도께서 "성령을 모독하는" 자가 그리스도를 모독하는 자보다 더 극악무도한 죄인이라고 말씀하신 이유는 무엇인가? 이것은 성령의 위엄이 더 크기 때문에, 성령을 거슬러서 범해진 죄가 더 엄한 벌을 받는 것이 마땅하다는 말씀인 것인가? 이것이 그 이유가 아니라는 것은 분명하다. 왜냐하면, 그리스도 안에서는 "신성의 모든 충만"(골 2:9)이 빛을 발하고 있는 까닭에, 그리스도를 모독하는 자는 자신의 힘이 닿는 데까지 하나님의 영광 전체를 뒤집어엎고 멸하는 자이기 때문이다. 그렇다면, 그리스도와 성령이 서로 완전히 분리가 되어 있어서, 성령을 모독하는 자들의 행위가 그리스도에게 그 어떤 해악이나 모독도 되지 않는 일이 과연 가능하다는 말인가? 이것으로부터 우리는 "성령을 모독하는 것"이 다른 죄들보다 더 극악무도한 이유는 성령이 그리스도보다 더 크거나 높기 때문이 아니라, 하나님의 능력이 이미 나타나서 계시되었는데도 계속해서 패역을 일삼는 자들은 그들이 알지 못하고 그렇게 하였다는 변명이나 핑계를 댈 수 없기 때문이라는 것을 어렵지 않게 짐작할 수 있다. 게다가, 우리가 주목해야 할 것은 여기에서 "모독"에 관하여 말해진 것은 단지 "성령"의 실체만이 아니라, 성령이 우리에게 부어 주신 은혜와도 연관되어 있다는 것이다. 왜냐하면, 성령의 빛을 아예 받지조차 않은 자들은, 비록 성령의 영광을 아무리 심하게 비방한다고 하여도, 여기에서 말하는 죄를 범한 것으로 단죄당하지 않을 것이기 때문이다. 우리는 지독한 악의를 가지고서 하나님의 성령의 은혜와 능력을 대적하는 자들을 "성령을 모독한" 것이라고 주장하는 것이 아니라, 오직 우리가 우리 안에 거하시는 성령을 의도적으로 소멸시키고자 애쓸 때에만, 성령을 모독하는 이런 종류의 죄를 범하는 것이라고 주장하는 것이다.

본문에서 성자나 성부가 아니라 성령에 대한 모독을 말하는 이유는 우리가 하나님의 은혜와 능력을 비방할 때, 그 은혜와 능력은 성령으로부터 나와서 우리에게 나타난 것인 까닭에, 그 비방은 실제로 성령에 대한 직접적인 공격이 되기 때문이다. 그렇다면, 믿지 않는 자가 하나님을 모독하는 것은 무엇인가? 그것은 마치 맹인이 담벼락을 향하여 돌진하는 것과 같다. 성령의 빛을 받은 적이 없어서 자신의 언행이 성령에 대한 불경스러운 반역이라는 것을 알지 못하는 자는 성령을 모독하는 것이 아니다. 왜냐하면, 다른 모든 "모독"은 다 용서를 받을 것이지만, 성령을 모독하는 것은 용서받을 수 없다고 두 가지로 구별한 것은 결코 불필요한 것이 아니기 때문이다. 어떤 사람이 그저 하나님을 모독하는 말을 한 것뿐이라면, 그에게는 용서받을 소망이 아예 없는 것이 아니지만, 성령을 모독한 자들에 대해서는 하나님이 결코 그들을 용서하지 않으실 것이라고 그리스도께서는 분명하게 말씀하신다. "성령을 모독하는" 자들이라는 것이 그들 자신의 마음으로는 뻔히 성령의 역사(役事)인 줄을 알면서도 고의적으로 성령의 은사들과 능력을 비방하는 자들을 가리키는 것이 아니라면, 그들이 용서받지 못할 이유가 어디에 있겠는가? 또한, 이것은 마가가 그리스도께서 바리새인들에 대하여 아주 엄중하게 경고하신 이유로 제시하고 있는 말씀의 취지이기도 하다. 즉, 바리새인들은 그리스도를 보고 "더러운 귀신이 들렸다"고 말함으로써, 의도적이고 악의적으로 빛을 어둠으로 바꾸고자 하였다는 것이다. 실제로 이것은 라틴 속담에 나오는 거인족들이 하나님을 대적하여 싸움을 한 방식이었다.

그러나 여기에서 한 가지 의문이 생긴다. 과연 사람이 스스로 잘 알면서도 고의적으로 하나님을 대항하여 돌진하기를 주저하지 않을 정도로 극단적인 광기(狂氣)에 사로잡힐 수 있는 것인가? 왜냐하면, 그것은 정말 괴이하고 믿을 수 없는 일로 보이기 때문이다. 나의 대답은 이렇다: 그러한 대담무쌍함은 실제로 악의(惡意)와 증오에 찬 분노가 사람의 마음을 지배하여서 사람이 완전히 눈이 멀고 광기에 사로잡혔을 때에 나타난다는 것이다. 바울이 비록 자기가 "전에는 비방자였으나 긍

휼을 입고" 용서함을 받은 것은 "믿지 아니할 때에 알지 못하고 행하였음이라"(딤
전 1:13)고 말한 것은 일리가 있다. 왜냐하면, 바울은 이 말씀을 통해서 자기가 저
지른 죄를 의도적인 완악함으로 인한 죄와 구별하고 있기 때문이다. 또한, 이 말씀
은 고의적으로 행한 모든 죄, 또는 양심에 반하여 저지른 모든 죄는 용서받을 수 없
다고 제멋대로 주장하는 자들의 생각이 틀렸다는 것을 잘 보여준다. 그런 주장과
는 반대로, 바울은 명시적으로 이 용서받을 수 없는 죄를 율법의 첫 번째 돌판에 기
록된 것에 국한시키고, 그리스도께서도 "모독"이라는 단어를 한 종류의 특정한 죄
에 적용하시면서, 하나님의 영광을 정면으로 공격하는 것이 바로 그 죄임을 보여
주신다. 이 모든 것들로부터 우리는 "성령을 모독하는" 죄를 범한 자들이란 성령으
로 말미암아 그들에게 계시된 하나님의 능력들을 보고서, 마땅히 하나님께 영광을
돌려야 하는 데도 불구하고, 도리어 그들의 우두머리인 사탄과 더불어서 하나님의
영광을 훼방하는 불구대천의 원수들이 되어서, 하나님의 영광을 악의적으로 비방
하여 하나님에 대한 모독이 되게 만드는 자들이라는 결론을 얻는다. 그러므로 성
령을 모독하는 죄를 범한 자들에게는 용서받을 소망이 전혀 없다고 해도, 우리는
그것을 이상하게 여길 필요가 없다. 왜냐하면, 사람들을 구원에 이르게 하는 유일
한 약(藥)을 치명적인 독약으로 바꾸어 놓는 자들은 절망적일 수밖에 없기 때문이
다. 어떤 이들은 이것이 너무 가혹하다고 여겨서, 여기에서 용서받을 수 없다고 하
는 것은 그만큼 용서받기가 어렵고 실제로 용서받은 자가 드물다는 의미라고 유치
한 궤변을 늘어놓는다. 그러나 그리스도께서 하신 말씀은 그 의미가 너무나 분명
해서, 그런 식으로 빠져나갈 여지를 주지 않는다. 우리가 경악할 수밖에 없을 정도
로 잔인하고 극악무도한 죄를 결코 용서하지 않으신다고 해서, 그런 하나님을 매
정하고 무자비하다고 말하는 것은 어리석기 짝이 없는 일이다. 그런 식으로 생각
하고 말하는 자들은 하나님의 거룩한 이름을 의도적으로 훼방할 뿐만 아니라, 영
광 중에 우리 앞에 나타나신 하나님의 얼굴에 침을 뱉는 것이 얼마나 엄청난 범죄
인지를 충분히 숙고하지 않은 자들이다. 회개를 하는데도 용서받을 수 없다는 것
은 말도 되지 않는다고 반론을 제기하는 것도 앞에서 말한 자들과 동일한 무지(無
知)를 보여주는 것이다. 왜냐하면, "성령을 모독하는 것"은 배교의 증표(證票)이므
로, 그런 죄에 빠진 자는 이미 "그 상실한 마음대로 내버려" 둠을 당한 자이기 때문
이다(롬 1:28). 우리는 성령에 의해서 진정으로 거듭난 자들은 그런 끔찍한 죄에 빠
질 수 없다고 믿듯이, 그런 죄에 빠진 자들은 다시는 일어설 수 없다는 것도 믿어야

한다. 아니, 하나님은 그의 은혜를 멸시하고 모독한 배교자들을 그들의 마음을 완악하게 하시는 방식으로 벌하시기 때문에, 그들은 다시는 회개하고자 하는 마음을 갖지 못하게 되는 것이라고 할 수 있다.

마 12:32. 이 세상과 오는 세상에서도. 마가는 "누구든지 성령을 모독하는 자는 영원히 사하심을 얻지 못하고 영원한 죄가 되느니라"(막 3:29)고 말함으로써, 이 구절이 무엇을 의미하는지를 간략하게 설명한다. 매일매일 우리는 하나님께 죄 사함을 구하고, 하나님은 우리로 하여금 그와 화해를 이루게 하신다. 그러다가 마침내 우리가 죽을 때, 하나님은 우리의 모든 죄를 깨끗이 다 지우시고, 그가 우리에게 자비하시다고 선언하신다. 하나님의 이러한 자비하심 또는 긍휼하심의 열매는 마지막 날에 나타날 것이다. 그러므로 이 구절의 의미는 "성령을 모독하는" 자들은 "이 세상에서 사하심을 얻거나" 최후의 심판 때에 무죄를 선고받을 것이라는 소망을 가질 수 없다는 것이다.

교황주의자들은 이 구절을 근거로 해서, 사람이 저지른 죄들은 죽은 후에 사하심을 받는다고 주장하지만, 그런 궤변을 반박하기는 전혀 어렵지 않다. 첫째, "오는 세상에서"라는 표현이 "최후의 심판"을 가리킨다는 것은 누구나 다 알 수 있는 것인데도, 그들은 이 어구가 죽음과 심판 사이의 중간기를 의미하는 것으로 왜곡하는 우(愚)를 범하고 있다. 또한, 그들의 궤변은 그들 자신의 가르침에도 어긋나는 것이기 때문에, 이것은 그들 자신이 정직하지 못하다는 것을 드러내는 것이기도 하다. 죄와 관련해서 죄책(罪責, culpa)은 값없이 사하심을 받지만, 그 죄에 대한 형벌(poena)과 보속(補贖, satisfactio)은 요구된다고 이 두 가지를 구별하는 것이 그들의 가르침이라는 것은 잘 알려져 있다. 이러한 가르침은 죽기 전에 그 죄책의 사하심을 받지 않은 자는 누구든지 구원의 소망이 없다는 것을 인정하는 것이다. 그러므로 죽은 자들에게는 형벌은 몰라도 죄 사함을 받을 가능성은 전혀 없게 된다. 이 구절에서 다루어지고 있는 주제가 죄책(罪責)과 관련된 것임은 그들도 감히 부정하지는 못할 것이다. 자, 이제 그들이 얼음으로도 불을 붙일 수 있다고 생각한다면, 그들은 이 생명 없는 차가운 것을 들고 가서 스스로 연옥(煉獄)의 불을 붙이면 될 것이다.

[33]나무도 좋고 열매도 좋다 하든지 나무도 좋지 않고 열매도 좋지 않다 하든지 하라 그 열매로 나무를 아느니라 [34]독사의 자식들아 너희는 악하니 어떻게 선한 말을 할

수 있느냐 이는 마음에 가득한 것을 입으로 말함이라 ³⁵선한 사람은 그 쌓은 선에서
선한 것을 내고 악한 사람은 그 쌓은 악에서 악한 것을 내느니라 ³⁶내가 너희에게
이르노니 사람이 무슨 무익한 말을 하든지 심판 날에 이에 대하여 심문을 받으리
니 ³⁷네 말로 의롭다 함을 받고 네 말로 정죄함을 받으리라(마 12:33-37).

마 12:33. 나무도 좋고. 사람들에게 선하든지 악하든지 어느 쪽을 선택하라는
것 자체가 불합리한 말인 것처럼 보일 수 있다. 그러나 우리가 그리스도께서 지금
어떤 부류의 사람들에게 말씀하고 계시는 것인지를 고려한다면, 그런 난점은 쉽게
해결된다. 우리는 사람들이 일반적으로 바리새인들을 어떻게 생각하였는지를 알
고 있다. 왜냐하면, 바리새인들의 위장된 거룩함으로 인해서 사람들의 마음이 미
혹되어서, 그들의 악덕들에 대하여 말하거나 그들을 단죄하는 자가 아무도 없었기
때문이다. 그리스도께서는 그들의 이러한 가면을 벗기고자 하셨기 때문에, 그들에
게 선하든지 악하든지 둘 중의 하나를 선택하라고 요구하시는 것이다. 이것은 마
치 외식(外飾)하는 것보다 더 정직함과 모순되는 것이 없고, 진실하지도 않고 정직
하지도 않은 자들이 의로운 척하며 자랑해 보아야 헛일이라고 말씀하시는 것과 같
다. 따라서 이것은 그리스도께서 그 어떤 것을 그들의 선택에 맡기시는 것도 아니
고, 그들에 대한 압박을 거두시는 것도 아니며, 단지 사람은 선하든지 악하든지 둘
중의 하나일 수밖에 없기 때문에, 그들이 이중적인 태도를 취하는 한 그들이 쓰고
있는 거룩함이라는 가면은 그들에게 아무 소용이 없으리라는 것을 그들에게 일깨
워 주고 계시는 것일 뿐이다.

"나무를 좋게 하라"(개역에서는 "나무도 좋고")는 표현을 근거로 삼아서, 각 사람
에게는 자신의 삶과 행실을 규율할 수 있는 힘이 있다는 결론을 이끌어 내는 무지
한 자들이 있다. 왜냐하면, 이 표현은 그리스도께서 서기관들에게서 연무(煙霧) 같
은 그들의 외식(外飾)을 걷어내고, 그들을 순수하고 진실한 정직함으로 돌아가게
하시기 위하여 사용하신 비유일 뿐이기 때문이다. 나중에 그리스도께서는 그들이
좋은 나무인지 좋지 않은 나무인지를 보일 수 있는 방법을 설명하시는데, 그것은
좋은 열매 또는 좋지 않은 열매를 내는 것이다. 따라서 이 구절의 의미는 결코 모
호하지 않다. 서기관들은 사람들 사이에서 큰 악행을 일삼는 것으로 악명이 높은
삶을 산 것이 아니었고, 그들이 입으로 내뱉는 비방과 중상모략 속에서 그들의 교
만과 야심과 시기로부터 독기(毒氣)가 뿜어져 나온 것이었다. 그러나 무지한 자들

은 그 독기를 눈치 채지 못하였기 때문에, 그리스도께서는 그들의 내면 깊숙한 곳에 숨겨져 있는 악(惡)을 끌어내어서 빛 가운데 드러내고 계시는 것이다.

그러나 우리의 본성은 부패되어 있기 때문에, 흠 없이 정직하고 온갖 악으로부터 자유로운 사람은 존재할 수 없다는 반론을 제기하는 자가 있을 수 있다. 그러한 반론에 대하여 답하는 것은 쉽다. 그리스도께서는 그 어떤 결함도 없는 절대적인 완전(完全)을 요구하시는 것이 아니라, 단지 바리새인들에게는 너무나 생소한 솔직하고 꾸밈없는 마음과 태도를 요구하시는 것일 뿐이다. 성경은 여기에서 사용된 "좋지 않다" 또는 "악하다"라는 단어를 사탄에게 완전히 넘어간 자들에게 적용하는 것과 마찬가지로, 하나님을 진실하게 섬기는 자들에 대해서는, 비록 그들이 육신의 연약함을 지니고 있고 많은 죄들을 범하며 죄의 짐 아래에서 신음한다고 하여도, "좋다" 또는 "선하다"라는 단어를 적용한다. 그러나 선하고자 애쓰는 자들이 그러한 존귀한 칭호를 받는 것은 순전히 하나님이 우리에게 값없이 주시는 은혜 덕분이라는 것을 우리는 기억하여야 한다.

마 12:34. 독사의 자식들아. 그리스도께서는 여기에서 "나무"와 "열매"의 상관관계에 관한 비유를 "말"에 적용하신다. 왜냐하면, 서기관들이 어떤 말을 하는지를 보면, 그들의 내면에 감춰진 악의가 드러나기 때문이다. 그리고 이것은 그리스도께서 이 한 종류의 죄를 집중적으로 다루시는 이유이기도 하다. 그리스도께서 그들을 이렇게 혹독하게 공격하시는 이유는 그들의 거짓됨과 비방을 통해서 눈으로는 볼 수 없었던 그들의 삶의 실상(實狀)이 적나라하게 드러났기 때문이다. 그는 이렇게 말씀하신다: "너희가 악한 말들을 쏟아낸다고 하여도 전혀 이상할 것이 없다. 왜냐하면, 너희의 마음은 악의로 가득 차 있기 때문이다." 우리는 이 책망이 너무 심하다고 생각해서, 그리스도께서 그들을 좀 더 온유하게 다루셨어야 했다고 말해서는 안 된다. 어떤 죄들에 대해서는 엄하게 책망할 필요가 있다는 것은 의심의 여지가 없다. 그러나 외식(外飾)하는 자들이 옳은 것을 왜곡하여 옳지 않다고 하거나, 죄악 된 것을 옳은 일이라고 회칠을 한다면, 그런 악에 대해서는 하나님이 다른 죄들보다도 더 혹독한 방식으로 엄하게 다루시는 것이 마땅한 일이다. 정황상으로 볼 때, 여기에서 그리스도의 의도는 빛을 어둠으로 바꾸어 버리는 저 불경스러운 궤변을 단죄하는 것이었다. 그러므로 이 구절은 하나님이 진실(veritas)이라는 것을 얼마나 귀하게 보시는지를 잘 보여준다. 하나님은 진실을 열렬히 옹호하시고 단호하게 지켜내시는 분이시다. 자신의 생각과 주장을 옹호하는 일에 자신의 재능과 영리함을 사용하고, 자신의 속임수를 선한 것으로 위장하는 일에 자신의 혀를 팔아 버리는 자들이 하나님의 이러한 마음을 진지하게 생각한다면, 얼마나 좋겠는가! 그리스도께서 여기에서 특히 그들에게 진노하시는 것은 그들이 그에게는 그들의 양심으로는 전혀 정죄할 것이 없다는 것을 알면서도 그들 자신의 야심이나 시기심, 또는 그 밖의 다른 왜곡된 의도 때문에 그를 비방하고 있기 때문이었다. 또한, 그리스도께서 통상적으로 바리새인들을 이렇게 더 혹독하게 다루시는 이유는 그들은 그들 자신이 의롭다는 근거 없는 확신에 완전히 사로잡혀 있어서 통상적인 경고는 그들에게 전혀 통하지 않기 때문이었다. 외식하는 자들은 그들을 날카롭게 찌르는 말을 듣기 전까지는 무슨 말을 들어도 다 코웃음치고 멸시한다.

마 12:34. 어떻게 선한 말을 할 수 있느냐. 우리는 앞에서 속담은 단지 개연성(蓋然性)을 지닌 것들을 말해 주는 것이기 때문에, 속담을 불변의 진리로 여겨서 엄격하게 해석해서는 안 된다는 말을 이미 한 바 있다. 잔인한 자가 달콤하고 듣기 좋은 말을 하여 순진한 사람들이 속아 넘어가고, 교활한 자가 순진한 척하며 사기를 치며, 악한 생각을 품은 자에게서 천사 같이 순결해 보이는 말이 나오는 경우가 종종 있다는 것은 사실이다. 그러나 통상적으로는, 그리스도께서 여기에서 "마음에 가득한 것을 입으로 말함이라"라고 하신 말씀이 옳고, 이것은 "혀는 그 사람의 마음이 어떠함을 보여주는 지표(指標, character mentis)"라는 옛 속담과 일치한다. 사람들이 그들의 왜곡되고 비틀린 악들을 그들의 마음 깊숙한 곳에 아무리 꼭꼭 감추어 두거나, 각 사람이 기가 막힌 술수들을 고안해 내어서 자신의 악들을 감춘다고 해도, 그리스도께서는 각 사람에게서 모종의 자백(自白)을 이끌어 내셔서, 그들의 혀가 그들의 내면의 생각과 마음을 드러내도록 만드신다. 또한, 우리는 그리스도께서 이러한 비유들을 사용하시는 목적을 주목하여야 한다. 왜냐하면, 그가 바리새인들을 꾸짖으시는 것은 그들이 내면에 감춰 두었던 악의(惡意)가 그들의 말을 통해서 표출된 까닭이기 때문이다. 게다가, 그리스도께서는 그들이 하나님의 불구대천의 원수들이라는 것을 아셨기 때문에, 그를 비방한 이 한 가지 일을 계기로 삼으셔서, 그들의 삶 전체의 실상이 어떤 것인지를 드러내심으로써, 그들이 사람들을 속이고 해악을 끼칠 수 있도록 그들에게 아주 큰 힘을 실어 주는 토대가 되었던 백성들의 신뢰(fides)를 무너뜨리고자 하신다. 선한 말이라고 해서 항상 마음 깊은 곳에서 나오는 것은 아니고, 단지 혀끝에서 나오는 경우도 있지만(본문에서 보여주듯이), 악한 말이 그 사람의 악한 마음을 보여주는 지표(指標)라는 것은 불변의 진리이다.

마 12:36. 무슨 무익한 말을 하든지. 이것은 작은 것과 관련된 결론을 근거로 해서 큰 것을 추론하는 방식의 논증이다. 왜냐하면, 하나님이 모든 "무익한 말"에 대하여 책임을 물으신다면, 하나님의 영광을 모독하고 훼손시키는 말들을 하는 오만방자한 자들을 어떻게 하실지는 말을 하지 않아도 자명한 일이기 때문이다. "무익한 말"은 쓸데없는 말, 또는 덕을 세우거나 유익을 주지 못하는 말을 의미한다. 이 말씀은 많은 사람들에게 너무 엄한 것으로 보일 수 있지만, 우리의 혀를 어떤 목적에 사용하였는지를 생각해 본다면, 아무런 지각도 없이 자신의 혀를 쓸데없고 어리석은 말을 하는 데에 사용하여 그 혀를 천하게 만들어 버린 자들이 정죄를 받는 것은 마땅하다. 바울이 "세월을 아끼라"(골 4:5)고 그토록 우리에게 당부하였는데도, 우리가 시간을 쓸데없는 일로 허비한다면, 그것은 결코 가벼운 잘못이 아니다(엡 5:16; 골 4:5).

하지만 자기 자신을 지혜롭게 철저하게 단속하여 자기가 하는 말을 극히 조심함으로써 "무익한 말"을 전혀 하지 않을 수 있는 자는 아무도 없기 때문에, 하나님이 우리를 엄격하게 다루신다면, 우리는 모두 절망할 수밖에 없다. 그러나 구원에 대한 우리의 소망은, 하나님이 우리에게 "심판"(시 143:2)을 행하시는 것이 아니라, 무수히 죽어 마땅한 우리에게 은혜를 베푸셔서 우리의 모든 죄들을 기억하지 않으시리라는 확신에 토대를 두고 있는 것이기 때문에, 장차 하나님이 우리의 삶 전체에 대한 단죄(reatus)를 기각하실 때에 "무익한 말"로 인한 우리의 죄책(culpa)도 사하시리라는 것을 의심하지 않는다. 왜냐하면, 성경이 하나님의 심판에 대하여 말할 때에 죄 사함을 무효화시키는 것은 결코 아니기 때문이다. 그러나 그 누구도 "자기 혀를 재갈 물리려고"(약 1:26) 애를 쓰는 것이 마땅하고, 마음 내키는 대로 말해서는 안 된다. 첫째, 우리는 하나님의 거룩한 신비들에 대하여 말할 때에는 지극히 경외하는 마음과 진지한 태도를 지녀야 한다. 둘째, 우리는 수다를 떨거나 말장난을 하거나 실없는 농담을 해서는 안 되고, 비방하며 공격하는 말을 해서는 더더욱 안 된다. 마지막으로, 우리는 "소금으로 맛을 냄과 같이"(골 4:6) 말을 하여야 한다.

마 12:37. 네 말로 의롭다 함을 받고. 나는 이것이 그리스도께서 현재의 주제에 적용하신 속담이라고 본다. 왜냐하면, "각 사람은 자신의 입으로 말한 것으로 인해서 정죄를 받기도 하고 무죄로 선언되기도 한다"는 말이 세간에 널리 퍼져 있던 속담이었다는 것을 나는 의심하지 않기 때문이다. 그러나 그리스도께서는 이 속담이 원래 지니고 있던 의미와는 약간 다르게, 악한 말을 하는 자는 그의 마음속에 숨겨진 악의를 드러내는 것이기 때문에 정죄를 받아 마땅하다는 의미로 이 속담을 적용한다. 교황주의자들이 이 구절을 왜곡되게 해석하여 믿음으로 말미암는 의(義)라는 개념을 폐기하고자 하는 시도는 유치하다. 사람이 자신의 "말로 의롭다 함을 받는다"는 것은 그가 한 말이 그가 의롭다 함을 받는 근거가 된다는 것이 아니라 (우리는 믿음으로 말미암아 하나님의 은혜를 얻어서 의로운 자라 여기심을 받기 때문에), 우리가 순전한 말을 했을 때에는 우리의 혀로 인해서 악한 자로 정죄함을 받지 않게 된다는 것이다. 이 구절을 근거로 해서, 사람이 하나님 앞에서 조금이라도 의로울 수 있다는 결론을 이끌어 낸다면, 그것은 얼마나 어처구니없는 일이겠는가? 그런 것과는 정반대로, 이 구절은 우리의 가르침을 밑받침해 준다. 왜냐하면, 그리스도께서는 여기에서 우리가 의롭다 함을 받는 근거를 다루고 계시는 것이 아니지만, "의롭다 함을 받다"와 "정죄함을 받다"를 서로 반대되는 의미로 사용하심으로써, "의롭다 함을 받다"라는 단어가 어떤 의미인지를 보여주고 계시기 때문이다. 교황주의자들은 "의롭다 함을 받다"라는 말을 어떤 사람이 실제로 의롭게 되는 것 또는 의로운 것을 의미하는 것으로 이해하기 때문에, 사람이 믿음으로 말미암아 의롭다 함을 받는다는 우리의 가르침을 터무니없는 것으로 여긴다. 하지만 우리는 "의롭다 함을 받는다"는 말을 어떤 사람이 의로운 것으로 간주되어서 하나님의 법정에서 무죄 판결을 받는다는 의미로 이해하고, 이러한 이해가 옳다는 것은 성경의 수많은 본문들의 증언을 통해서 분명하게 확증되고 있다. 그리스도께서 "의롭다 함을 받다"와 "정죄함을 받다"를 대비시키시는 것은 바로 이러한 이해를 확증하는 것이 아니고 무엇이겠는가?

[43]더러운 귀신이 사람에게서 나갔을 때에 물 없는 곳으로 다니며 쉬기를 구하되 쉴 곳을 얻지 못하고 [44]이에 이르되 내가 나온 내 집으로 돌아가리라 하고 와 보니 그 집이 비고 청소되고 수리되었거늘 [45]이에 가서 저보다 더 악한 귀신 일곱을 데리고 들어가서 거하니 그 사람의 나중 형편이 전보다 더욱 심하게 되느니라 이 악한 세대가 또한 이렇게 되리라(마 12:43-45).

[24]더러운 귀신이 사람에게서 나갔을 때에 물 없는 곳으로 다니며 쉬기를 구하되 얼

지 못하고 이에 이르되 내가 나온 내 집으로 돌아가리라 하고 ²⁵가서 보니 그 집이 청소되고 수리되었거늘 ²⁶이에 가서 저보다 더 악한 귀신 일곱을 데리고 들어가서 거하니 그 사람의 나중 형편이 전보다 더 심하게 되느니라(눅 11:24-26).

마 12:43. 더러운 귀신이 ⋯ 나갔을 때에. 그리스도께서는 하나님의 은혜를 멸시하여 차버리고서 마귀와 공모하여 악을 꾀하는 서기관들 및 그들과 비슷한 부류의 외식하는 자들에 대하여 그들의 배은망덕함(ingratitudo)에 합당한 벌을 받게 될 것이라고 선포하신다. 그리스도께서는 그의 가르침이 사람들에게 더욱 널리 유익을 끼칠 수 있도록 하시기 위하여, 하나님이 주시는 은혜를 멸시하고 마귀에게 문을 열어 주는 자들에게는 심판이 기다리고 있다는 것을 일반적인 방식으로 제시하신다. 그러나 여기에 나오는 어구들은 거의 다 큰 비중을 지니고 있기 때문에, 이 비유의 전체적인 의미를 다루기 전에, 먼저 몇 가지를 차례대로 살펴보기로 하자.

첫째, 그리스도께서 "귀신이 나갔다"고 말씀하시는 것은 하나님의 은혜가 우리에게 임했을 때에 그 은혜가 발휘하는 능력(vis)과 효력(effectus)을 칭송하기 위한 것이다. 하나님이 우리에게 다가오실 때마다, 특히 그의 아들을 통해서 우리에게 가까이 오실 때마다, 하나님의 의도는 우리를 마귀의 폭정에서 구해내셔서 그의 은혜 속으로 들어오게 하시기 위한 것이다. 그리스도께서는 그가 최근에 행하신 이적을 통해서 이 점을 공개적으로 분명하게 보여주셨다. 그리스도께 특유(特有)한 직임은 악한 영들을 쫓아내어서, 그 영들이 사람들을 더 이상 지배하지 못하게 하는 것이었기 때문에, 그리스도께서 사람들에게 구속주로서의 자신을 드러내셨을 때, 귀신이 그 사람들에게서 "나간" 것은 당연한 일이다. 그리스도의 임재가 모든 사람에게 효력을 발휘하는 것은 아니지만(믿지 않는 자들은 스스로 그 임재를 쓸모없게 만들어 버리기 때문에), 그리스도께서는 왜 그가 우리를 찾아오시는 것인지, 그의 오심이 어떤 의미를 내포하고 있는 것인지, 악한 영들은 그의 오심을 어떤 식으로 바라보는지를 우리에게 보여주고자 하셨다. 왜냐하면, 그리스도께서 사람들에게 역사(役事)하실 때마다, 귀신들은 불려 나와서 그리스도와 싸우지 않을 수 없게 되고, 결국 그리스도의 능력 앞에 굴복하게 되기 때문이다. 그러므로 우리는 그리스도께서 우리 위에 빛을 비추시고, 그의 가르침을 통해서 우리에게 은혜를 베푸실 때마다, 귀신이 우리에게서 "쫓겨나간다"는 것을 알아야 한다.

둘째, 그리스도께서는 여기에서 온 인류의 비참한 상태를 우리에게 보여주신다.

왜냐하면, 귀신이 하나님의 아들로 인해서 사람에게서 쫓겨나간 것이라면, 그 귀신은 사람 속에 거처(domicilium)를 두고 살고 있었다는 결론이 도출되기 때문이다. 이것은 한두 사람에게 적용되는 것이 아니라, 아담의 모든 자손에게 적용된다. 귀신이 우리 안에 자리를 잡고서 우리의 육신과 심령을 자신의 거처로 삼고 있는 것이 바로 우리의 본성이 자랑하는 것의 실체이다. 역겨운 냄새가 진동하는 귀신의 소굴이었던 우리가 하나님의 성전으로 성별되어서 그의 성령의 거처가 된 사건은 하나님의 긍휼하심이 어느 정도로 우리에게 나타난 것이었는지를 너무나 극명하게 보여주는 것이다.

셋째, 그리스도께서는 여기에서 사탄의 본성을 우리에게 설명해 주신다. 사탄은 우리에게 해악을 끼치는 일을 결코 쉬지 않고, 끊임없이 이곳저곳을 바쁘게 돌아다닌다. 요컨대, 사탄은 우리를 멸망시키기 위해서 그가 지닌 모든 힘을 다 쏟는다는 것이다. 그리고 특히, 사탄은 그리스도께 패배하여 도망을 다니게 된 후로는, 더욱더 광분하여 우리를 해치려고 혈안이 되어 있다. 그리스도께서 우리로 하여금 그의 능력에 참여하게 하시기 전에는, 이 원수가 우리를 지배하는 것은 식은 죽 먹기보다 쉬웠다. 그러나 사탄은 그리스도에 의해서 쫓겨나게 되자, 자신의 먹잇감을 잃은 것에 대하여 앙심을 품고서, 자기 세력을 새롭게 규합하여, 자신의 모든 역량을 다 동원해서 우리를 다시 공격한다.

본문에서 귀신이 "물 없는 곳으로 다닌다"는 은유적인 표현을 사용한 것은 사람에게서 나가서 사는 것이 귀신에게는 불모지(不毛地)인 광야에서 비참한 유배 생활을 하는 것과 같기 때문이다. 귀신이 사람에게서 나와 있는 동안에는 "쉬기를 구한다"는 어구를 사용한 것도 그런 의미에서이다. 왜냐하면, 귀신은 자기가 잃어버린 것을 회복할 때까지는, 자신의 거처를 얻지 못해서 괴롭고 힘들게 살아야 하고, 이런저런 방법을 사용해서 다시 그 거처를 회복하려고 끊임없이 애를 써야 하기 때문이다. 이것으로부터 우리는 그리스도께서 우리를 부르시자마자, 더욱 격렬하고 치열한 싸움이 우리를 기다리고 있다는 사실을 배우게 된다. 왜냐하면, 사탄은 모든 사람을 멸망시키려고 궁리하고 있고, "너희 대적 마귀가 우는 사자 같이 두루 다니며 삼킬 자를 찾나니"(벧전 5:8)라는 베드로의 말씀은 모든 사람에게 예외 없이 적용되기는 하지만, 그리스도께서 하신 이 말씀은, 사탄은 그의 덫에서 벗어난 자들을 더 큰 증오심으로 바라보고, 더욱 광분하여 격렬하고 사납게 공격한다는 것을 우리에게 분명하게 가르쳐 주기 때문이다. 하지만 우리는 이런 권면에 겁을

집어먹어서는 안 되고, 더욱 분발하여 깨어서 영적으로 무장하여 담대하게 사탄을
대적하는 것이 마땅하다.

마 12:44. 보니 그 집이 비고. 그리스도께서 여기에서 하나님의 성령이 내주하
고 계시지 않는 가운데에 귀신을 받아들일 준비가 되어 있는 자들을 묘사하고 계
시다는 것은 의심의 여지가 없다. 왜냐하면, 하나님의 성령이 유효(有效)하게 내주
하고 계시는 믿는 자들은 사방으로 견고한 진(陣)들이 둘러쳐져 있어서, 사탄이 들
어올 여지가 없기 때문이다. "청소되고 수리된 집"이라는 표현은 사람들이 자기 집
이 깨끗하게 청소되고 잘 정리된 것을 기뻐한다는 사실로부터 가져온 은유이다.
왜냐하면, 사탄에게는 흉측하게 일그러진 것 외에는 아름다운 것이 없고, 더럽고
역겨운 냄새 외에는 향기로운 것이 없기 때문이다. 그러므로 이 구절의 의미는 우
리가 그리스도와 결별한 후에 사탄을 손님으로 받아들일 때에 바로 그런 우리가
사탄에게는 가장 안락한 처소가 된다는 것이다. 사탄이 가장 기뻐하는 것은 우리
가 하나님의 은혜를 소홀히 하여 "비어 있게" 되는 상태이다.

마 12:45. 귀신 일곱을 데리고. 성경의 다른 많은 구절들에서와 마찬가지로, 여
기에서 "일곱"이라는 수(數)는 "많다"는 의미로 사용되고 있다. 그리스도께서는 이
말씀을 통해서, 우리가 하나님의 은혜로부터 떨어져 나가면, 우리에 대한 사탄의
지배는 갑절로 강화되어서, 사탄은 이전보다 더 무자비하게 우리를 유린하게 되는
데, 이것은 우리의 나태함에 대한 합당한 벌이라는 것을 보여주신다. 그러므로 우
리는 귀신이 우리에게서 나갔다고 해서 단 한 번의 싸움으로 승부가 결정지어졌다
고 생각해서는 안 되고, 도리어 귀신이 우리 안에 거처를 마련하여 살게 된 것이 우
리가 태어난 때로부터 아주 오랫동안 계속되어 온 것이기 때문에, 귀신은 우리에
게 어떻게 접근하여야 우리 속으로 들어올 수 있는지를 다 훤히 꿰고 있다는 것을
명심하여야 한다. 우리에게 들어올 수 있는 입구가 다 막혀 있는 경우에도, 귀신은
아주 교활해서, 땅 밑으로 작은 구멍을 파거나 갈라진 틈새를 통해서 은밀하게 우
리 속으로 침투해 들어올 수 있다. 그러므로 우리는 그리스도께서 우리 안에서 그
의 통치를 견고히 하시게 허용함으로써, 이 원수가 침투할 수 있는 모든 통로가 다
봉쇄될 수 있도록 하여야 한다. 사탄의 공격이 아무리 사납고 거세다고 할지라도,
하나님의 자녀들은 그 공격에 겁을 집어먹을 필요가 없다. 왜냐하면, 성령이 지닌
무적(無敵)의 능력이 그들을 안전하게 지켜줄 것이기 때문이다. 우리는 여기에서
그리스도께서 경고하신 벌은, 오직 하나님의 은혜를 멸시하여, 믿음의 빛을 꺼버

리고, 경건하고자 하는 마음을 버림으로써, 완전히 타락한 자가 되어 버린 자들에게만 적용된다는 것을 안다.

[46]예수께서 무리에게 말씀하실 때에 그의 어머니와 동생들이 예수께 말하려고 밖에 섰더니 [47]한 사람이 예수께 여짜오되 보소서 당신의 어머니와 동생들이 당신께 말하려고 밖에 서 있나이다 하니 [48]말하던 사람에게 대답하여 이르시되 누가 내 어머니이며 내 동생들이냐 하시고 [49]손을 내밀어 제자들을 가리켜 이르시되 나의 어머니와 나의 동생들을 보라 [50]누구든지 하늘에 계신 내 아버지의 뜻대로 하는 자가 내 형제요 자매요 어머니이니라 하시더라(마 12:46-50).

[31]그 때에 예수의 어머니와 동생들이 와서 밖에 서서 사람을 보내어 예수를 부르니 [32]무리가 예수를 둘러 앉았다가 여짜오되 보소서 당신의 어머니와 동생들과 누이들이 밖에서 찾나이다 [33]대답하시되 누가 내 어머니이며 동생들이냐 하시고 [34]둘러 앉은 자들을 보시며 이르시되 내 어머니와 내 동생들을 보라 [35]누구든지 하나님의 뜻대로 행하는 자가 내 형제요 자매요 어머니이니라(막 3:31-35).

[27]이 말씀을 하실 때에 무리 중에서 한 여자가 음성을 높여 이르되 당신을 밴 태와 당신을 먹인 젖이 복이 있나이다 하니 [28]예수께서 이르시되 오히려 하나님의 말씀을 듣고 지키는 자가 복이 있느니라 하시니라 … [19]예수의 어머니와 그 동생들이 왔으나 무리로 인하여 가까이 하지 못하니 [20]어떤 이가 알리되 당신의 어머니와 동생들이 당신을 보려고 밖에 서 있나이다 [21]예수께서 대답하여 이르시되 내 어머니와 내 동생들은 곧 하나님의 말씀을 듣고 행하는 이 사람들이라 하시니라(눅 11:27-28; 8:19-21).

눅 11:27. 태와 … 젖이 복이 있나이다. 여기에 나오는 여자는 이 송축(頌祝)을 통해서 그리스도의 탁월하심을 찬양하고자 하였다. 왜냐하면, 그녀는 마리아를 전혀 언급하고 있지 않고(아마도 그녀는 마리아를 한 번도 본 적이 없었을 것이다), 그녀가 "당신을 밴 태"를 거론하며 "복이 있다"고 송축한 것은 그리스도의 영광을 높이고자 하는 강력한 성향을 지니고 있기 때문이다. 또한, 하나님에 대한 이 송축은 부적절하지 않은 것으로서 성경에서 통상적으로 말씀하고 있는 것을 그대로 따르고 있다. 왜냐하면, 성경에서는 자손(子孫)을 다른 그 어떤 것보다도 하나님의 놀라운 선물이라고 말씀하고 있고, 특히 뛰어난 자질들을 지니고 태어난 자손에 대해서는 더더욱 그러하기 때문이다. 또한, 하나님이 마리아를 그의 아들의 어머니로 택정(擇定)하신 것은 그녀에게 지극히 큰 존귀함을 수여하신 것이라는 것도 우리가 부정할 수 없다. 그런데도 그리스도의 대답은 이 여자의 송축에 동의하시는 내용이기는커녕 도리어 책망의 뉘앙스를 담고 있다.

그리스도께서는 "오히려 하나님의 말씀을 듣고 지키는 자가 복이 있느니라"고 말씀하신다. 우리는 여기에서 이 여자가 높은 가치를 두고 송축한 것을 그리스도께서는 아무것도 아닌 것으로 여기시는 것을 본다. 그녀는 마리아가 아주 특별한 영광을 받았다고 생각하였지만, 의심할 여지 없이 그 영광은 마리아가 받은 다른 은혜들에 비하면 정말 아무것도 아닌 것이었다. 왜냐하면, 마리아가 하나님의 성령으로 말미암아 거듭난 것은 육신을 따라서 자신의 태에 그리스도를 잉태한 것과는 비교할 수 없을 정도로 영광스러운 일이었고, 그리스도로 하여금 그녀 안에서 영적으로 사시게 한 것은 자신의 젖을 그리스도께 먹인 것과는 비교할 수 없을 정도로 영광스러운 일이기 때문이다. 요컨대, 동정녀 마리아가 얻은 가장 큰 복과 영광은 그녀가 하나님의 아들의 지체(肢體)가 되어서, 천부께서 그녀를 새로운 피조물의 지체로 여기게 되셨다는 데에 있다는 것이다.

하지만 나는 그리스도께서 여기에서 이 여자의 말을 바로잡으신 것은 다른 이유가 있으셨고 다른 목적을 염두에 두셨기 때문이라고 생각한다. 사람들은 흔히 하나님이 주신 선물들을 눈이 휘둥그레져서 감탄하며 목소리를 높여 찬미하다가도 금방 시들해져서 그 선물들을 소홀히 여긴다. 이 여자는 그리스도를 송축하면서 가장 중요한 내용, 즉 그리스도 안에서 구원이 모든 사람에게 나타났다는 사실을 빠뜨렸기 때문에, 모든 사람에게 미치는 그리스도의 은혜와 능력을 언급하지 않는 그녀의 송축(頌祝)은 빈약한 것이 될 수밖에 없었다. 그러므로 그리스도께서 단지 육신적인 관점에서 보아서 그의 어머니를 "복이 있다"고 여겨서 찬미하는 것과는 다른 종류의 송축, 즉 그가 우리 모두에게 온전하고 영원한 복을 가져다주고 계시다는 것을 송축하는 것이 옳다고 말씀하시는 것은 지극히 당연하다. 우리는 아버지 하나님이 어떤 목적으로 그리스도를 우리에게 주셨는지를 깊이 생각하여서, 그리스도께서 우리에게 가져다주신 은택들을 깨달아, 비참한 상태에 있던 우리가 그리스도 안에서 복이 있는 자가 되었다는 것을 알아야만, 비로소 그리스도의 위엄

(dignitas)을 제대로 평가할 수 있다. 그런데, 왜 그리스도께서는 자기 자신에 대해
서는 한 마디도 하지 않으시고, 오직 "하나님의 말씀"에 대해서만 언급하시는 것인
가? 그것은 그리스도께서 그의 모든 보화를 우리에게 주시고자 하실 때에 통로로
사용하시는 것이 바로 "하나님의 말씀"이기 때문이다. "하나님의 말씀"이 없이는
그리스도께서 우리에게 다가오실 수 없으시고, 우리도 그리스도께로 다가갈 수 없
다. 그러므로 그리스도께서는 "하나님의 말씀"을 통해서 자기가 누구이신지를 알
리시기 때문에, 우리에게 그 "말씀을 듣고 지켜서," 믿음으로 말미암아 그리스도가
우리의 것이 되게 하라고 하시는 것은 지극히 옳고 합당하다.

　우리는 이제 그리스도의 대답과 이 여자의 송축이 어떻게 서로 다른지 그 차이
를 알게 되었다. 여자는 "복"을 그리스도의 혈육에게로 국한시켰지만, 그리스도께
서는 그 "복"을 그가 모든 사람에게 거저 주고자 하시는 은혜라고 말씀하신다. 그
는 우리가 그에 대하여 통상적인 정도의 존경심을 품는 것으로 그쳐서는 안 된다
는 것을 보여주신다. 왜냐하면, 그리스도 안에는 생명과 "복"과 영광에 속한 "모든
보화가 감추어져 있고"(골 2:3), 그리스도께서는 "말씀"을 통하여 그 보화들을 나누
어 주시며, 믿음으로 "말씀"을 받는 자들은 그 보화들을 받게 되기 때문이다. 우리
가 믿음으로 말미암아 얻게 되는 것, 즉 하나님이 우리를 값없이 하나님의 아들들
로 삼아 주시는 것은 천국으로 들어가는 열쇠(clavis)이다.

　또한, 우리는 "듣는" 것과 "지키는" 것이 서로 연결되어 있는 것을 주목하여야 한
다. 우리는 먼저 "들어야" 하고, 그런 후에 "지켜야" 한다. 왜냐하면, "믿음은 들음에
서 나는"(롬 10:17) 까닭에, 영적인 삶은 듣는 것에서 시작되기 때문이다. 하지만
"듣기"만 하는 것은, 야고보가 말한 것처럼, 잠깐 "거울을 보는 것과 같기"(약 1:23)
때문에, 그리스도께서는 말씀을 "지키는" 것을 덧붙이시는데, 이것은 우리가 "말
씀"을 제대로 잘 받음으로써 그 말씀이 우리의 마음속에 깊이 뿌리를 내려서 열매
를 맺게 되는 것을 의미한다. 외부로부터 들려지는 말씀과 가르침을 귀로만 듣고
잊어버리는 자는 아무런 유익도 얻을 수 없다. 그리고 은밀한 영감(靈感)을 받는
것을 자랑하고 거기에 만족하여, 외부로부터의 가르침을 무시하는 자들은 하늘의
생명으로부터 멀어진 자들이다. 그러므로 하나님의 아들이 "짝지어 주신 것을 사
람이" 불경스러운 성급함으로 "나누어서는 안 된다"(마 19:6). 교황주의자들은 그
들의 미신(迷信)을 명백하게 반박하고 있는 말씀을 사용해서 마리아를 찬미하는
노래를 부름으로써, 그들의 무지막지한 어리석음을 드러낸다. 그들은 그 찬미 속

에서 오직 여자가 한 송축만을 사용하고, 그 여자의 송축이 지닌 잘못을 바로잡아 주신 그리스도의 대답은 생략해 버린다. 그러나 하나님의 거룩한 말씀을 제멋대로 의도적으로 더럽히고 훼손한 자들이 그렇게 어이없을 정도로 어리석게 되어 버린 것은 당연한 일이다.

눅 8:19. 예수의 어머니와 그 동생들이 왔으나. 이 대목에서 누가는 다른 두 공관복음서 기자와 어느 정도의 편차를 보여준다. 다른 복음서 기자들은 그리스도께서 귀신에 대하여 가르치고 계실 때에 그의 어머니와 혈육들이 그를 찾아온 것으로 기록하고 있는 반면에, 누가는 그런 가르침이 베풀어지고 있을 때에, 우리가 방금 살펴본 것처럼, 어떤 여자가 감격하여 송축한 일만을 언급할 뿐이고, 그리스도의 어머니와 혈육들이 찾아온 것은 다른 때에 일어난 일로 따로 기록하고 있다. 그러나 우리는 복음서 기자들이 정확히 시간적인 순서를 따라서 글을 써내려간 것이 아니었고, 또한 그리스도께서 행하시거나 말씀하신 모든 것을 꼼꼼하게 다 기록한 것도 아니라는 사실을 알고 있기 때문에, 이러한 난점은 금방 제거된다. 누가는 그리스도의 어머니가 정확히 어느 때에 그를 찾아왔는지를 말하지 않는다. 그러나 그 기사(記事)를 다른 두 복음서 기자는 씨 뿌리는 자의 비유보다 앞서서 다루고 있는 반면에, 누가는 그 비유보다 뒤에서 다룬다. 누가가 무리 가운데서 어떤 여자가 소리를 높여 송축한 것에 관하여 쓴 기사는 이 기사와 어느 정도 닮은 점이 있다. 왜냐하면, 이 여자는 감정에 들떠서 무분별하고 경솔하게, 그리스도께서 아무 것도 아닌 것으로 여기신 것을 제멋대로 지극히 높여서 송축을 하였기 때문이다.

이 세 복음서 기자는 그리스도께서 무리 가운데서 가르치실 때에 그의 "어머니와 그 동생들이" 그에게 "왔다"고 말하는 점에서는 서로 일치한다. 그들이 온 것은 그리스도가 염려가 되었기 때문이거나, 그리스도에게서 가르침을 받고자 하였기 때문이었을 것이다. 왜냐하면, 그들이 그리스도께 온 것은 어떤 이유가 있어서였을 것이고, 성모(聖母)를 모시고 있는 자들이 불신자들이었을 가능성은 거의 없기 때문이다. 암브로시우스(Ambrosius)와 크리소스토무스(Chrysostomus)는 마리아에게 어떤 욕심이나 야심이 있었을 것이라고 비난하지만, 그런 비난은 근거 없는 것이다. 마리아의 특별한 경건과 겸손을 칭찬하는 것이 성경의 여러 곳에서의 성령의 증언인데, 도대체 그들은 무슨 근거로 그런 식의 비난을 하는 것인가? 그들이 지니고 있던 자연적인 감정이 도가 지나쳤을 수는 있다. 나는 그런 것을 부인하지는 않는다. 하지만 그들이 경건한 열심에 이끌려서 그리스도와 함께 하고자 그를 찾아온 것임을 나는 의심하지 않는다. 마태는 마리아 일행이 찾아왔다는 소식을 한 사람이 전한 것으로 말하지만, 마가와 누가는 여러 사람이 그 소식을 그리스도께 전한 것으로 말한다. 그러나 여기에는 서로 모순되는 것이 없다. 왜냐하면, 흔히 그렇듯이, 마리아가 그리스도께 보낸 전갈은 먼저 한 사람에게 전달된 후에, 다시 다른 사람에게 전해졌고, 이런 식으로 여러 사람을 거쳐서 마침내 그리스도께 전달되었을 것이기 때문이다.

마 12:48. 누가 내 어머니이며. 이 말씀이 마리아가 상황을 고려하지 않고 끈질기게 그리스도를 만나고자 한 것을 책망하기 위한 것임은 의심의 여지가 없다. 마리아가 그리스도께서 가르치는 중이시라는 것을 알면서도 그것을 중단시키고자 한 것은 분명히 잘못된 것이었다. 아울러, 그리스도께서는 육신적인 혈육의 관계를 폄훼하시는 것을 통해서 아주 유익한 가르침을 베푸신다. 왜냐하면, 그 가르침을 통해서 그는 그의 모든 제자들과 믿는 자들을 그의 혈육과 동일한 반열에 올려 놓으시고, 마치 그들이 그와 가장 가까운 친족인 것처럼, 아니 그들이 바로 그의 어머니와 동생들의 자리를 대신하는 것처럼 말씀하시기 때문이다. 이 말씀은 그리스도의 직임과 밀접하게 연관되어 있다. 왜냐하면, 이 말씀을 통해서 그리스도께서는 우리에게 하나님이 그를 소수의 사람들에게가 아니라, 믿음으로 말미암아 그와 하나가 되어 한 몸을 이룬 모든 경건한 자들에게 주셨다는 것을 가르치고 계시기 때문이다. 또한, 그리스도께서는 영적인 관계보다 더 거룩한 관계는 없다는 것을 가르치신다. 왜냐하면, 우리는 육신을 따라서가 아니라, 성령의 능력을 따라서 그리스도를 생각하는 것이 마땅하고, 그리스도께서는 사람들을 새롭게 하셔서, 본질상으로 부패하고 저주받은 아담의 자손이었던 자들을 은혜로 말미암아 하늘에 속한 거룩한 하나님의 아들들이 되게 하시려고, 아버지 하나님으로부터 이 성령을 받은 것이기 때문이다. 그래서 바울도 "육신을 따라 그리스도를 아는" 것은 그를 제대로 알지 못하는 것이라고 단언한다(고후 5:16). 왜냐하면, 우리는 세상이 새롭게 되는 것(mundi reparatio)은 인간의 능력을 훨씬 초월하는 일이어서, 그리스도께서 그의 성령으로 말미암아 우리를 새롭게 하셔서 하나님의 형상을 닮게 하실 때에만 이루어질 수 있기 때문이다. 그러므로 이 구절의 요지는 먼저 우리가 그리스도를 믿음의 눈(fidei oculus)으로 바라보는 법을 배워야 한다는 것이다. 또한, 우리는 성령으로 거듭난 자는 누구든지 참된 의(義) 안에서 자기 자신을 온전히 하나님께 드려서, 그리스도와 연합하여 그와 하나가 되어야 한다는 것을 알아야 한다.

마 12:50. 누구든지 하늘에 계신 내 아버지의 뜻대로 하는 자. 그리스도께서 "내 아버지의 뜻대로 행하는" 자들이라고 말씀하실 때, 그것은 그들이 율법의 모든 의(義)를 온전히 다 이루는 자들이라는 의미가 아니다(만약에 그런 의미라면, 그리스도께서 여기에서 그의 제자들에게 주신 "형제"라는 이름은 그 누구에게도 적용되지 못할 것이다). 그리스도께서 이 말씀을 하신 의도는, 거룩한 순종의 원천이자 출처가 됨과 동시에 육신의 결함들과 죄들을 덮어주어서 그것들이 믿는 자들에게 전가되지 않도록 해주는 믿음이 얼마나 귀한 것인지를 보여주시기 위한 것이다. 그리스도께서 "내 아버지의 뜻은 아들을 보고 믿는 자마다 영생을 얻는 이것이니"(요 6:40)라고 하신 말씀은 잘 알려져 있다. 우리가 다루고 있는 본문만을 보면, 그리스도께서는 혈연관계를 완전히 무시하신 것처럼 보이지만, 우리는 그가 실제로는 인간의 질서를 거룩하게 여기셔서 존중하셨고, 자신의 혈육들에 대한 합당한 본분들을 행하셨다는 것을 안다. 그러므로 이 본문은 육신적인 관계는 영적인 관계에 비하면 별로 중요하지 않다는 것을 보여주는 것이다. 그러므로 우리는 두 가지 관계의 이러한 상대적인 성격에 주의해서, 육신적인 관계로 인한 합당한 의무들을 다 행하되, 혈과 육에 너무 지나치게 집착하지 말아야 한다. 또한, 그리스도께서는 그의 복음을 받아들인 제자들을 그의 "형제"로 여기심으로써 그들에게 이루 말할 수 없는 영광을 주신 것이기 때문에, 우리가 육신의 모든 소욕을 무시하고서, 영적 관계를 유지하는 데에 우리의 모든 힘을 쏟지 않는다면, 그것은 배은망덕의 죄를 범하는 것이 될 수밖에 없다.

[38]그 때에 서기관과 바리새인 중 몇 사람이 말하되 선생님이여 우리에게 표적 보여주시기를 원하나이다 [39]예수께서 대답하여 이르시되 악하고 음란한 세대가 표적을 구하나 선지자 요나의 표적 밖에는 보일 표적이 없느니라 [40]요나가 밤낮 사흘 동안 큰 물고기 뱃속에 있었던 것 같이 인자도 밤낮 사흘 동안 땅 속에 있으리라 [41]심판 때에 니느웨 사람들이 일어나 이 세대 사람을 정죄하리니 이는 그들이 요나의 전도를 듣고 회개하였음이거니와 요나보다 더 큰 이가 여기 있으며 [42]심판 때에 남방 여왕이 일어나 이 세대 사람을 정죄하리니 이는 그가 솔로몬의 지혜로운 말을 들으려고 땅 끝에서 왔음이거니와 솔로몬보다 더 큰 이가 여기 있느니라(마 12:38-42).

[16]또 더러는 예수를 시험하여 하늘로부터 오는 표적을 구하니 … [29]무리가 모였을

때에 예수께서 말씀하시되 이 세대는 악한 세대라 표적을 구하되 요나의 표적 밖
에는 보일 표적이 없나니 ³⁰요나가 니느웨 사람들에게 표적이 됨과 같이 인자도 이
세대에 그러하리라 ³¹심판 때에 남방 여왕이 일어나 이 세대 사람을 정죄하리니 이
는 그가 솔로몬의 지혜로운 말을 들으려고 땅 끝에서 왔음이거니와 솔로몬보다 더
큰 이가 여기 있으며 ³²심판 때에 니느웨 사람들이 일어나 이 세대 사람을 정죄하리
니 이는 그들이 요나의 전도를 듣고 회개하였음이거니와 요나보다 더 큰 이가 여
기 있느니라(눅 11:16, 29-32).

눅 11:16. 또 더러는 ⋯ 시험하여 ⋯ 표적을 구하니. 마태복음 16장과 마가복음
8장에도 이와 비슷한 내용이 나온다(마 16:4; 막 8:11-12). 이것으로부터 우리가 분
명히 알 수 있는 것은 사람들은 이런 식으로 그리스도를 반복해서 시험하고 공격
하였고, 한번 진리를 대적하고자 결심한 자들의 뻔뻔스러움과 악함은 끝이 없었다
는 것이다. 그들이 "표적은 구한" 것은 그리스도께서 하늘로부터 사명을 받으셨다
는 것을 그들이 믿지 않는 것이 정당하다는 것을 보여줄 어떤 빌미를 확보하기 위
한 것이었다는 것은 의심의 여지가 없다. 그들은 결코 가르침을 받고자 한 것이 아
니었기 때문에, 그리스도께서 한 가지 이적은 말할 것도 없고 두세 가지 이적을 보
여주신다고 해도, 결코 승복하고자 하지 않을 것이었다. 내가 조금 전에 말했듯이,
그들은 그리스도께서 하늘로부터 오는 "표적"을 보여주지 않는다는 빌미를 잡아
서, 그들이 복음을 믿지 않는 것을 정당화하고자 하는 것이다. 그리스도께서는 이
미 그들의 눈앞에서 하늘로부터 온 것임이 너무나 명백한 많은 이적들을 베푸셨
다. 그러나 그들은 마치 그런 이적들로는 그의 가르침이 옳다는 것을 확증하는 데
에 부족하다는 듯이, 하늘로부터 온 다른 이적, 즉 하나님이 가시적인 모습으로 그
들 앞에 나타나시는 것과 같은 그런 이적을 보여줄 것을 요구한다. 그들은 관습을
따라 그리스도를 "선생"이라고 부른다. 왜냐하면, 당시에는 모든 서기관들과 율법
교사들은 그런 호칭으로 불렸기 때문이다. 그러나 그들은 그리스도께서 하늘로부
터 온 증거를 제시할 때까지는 그를 하나님의 선지자로 인정하고자 하지 않는다.
그러므로 이 구절의 의미는 이런 것이다: "당신은 선생이라고 자처하면서, 우리가
당신의 제자가 되기를 원하고 있는가본데, 그렇다면 하나님이 당신의 가르침의 원
천이라는 것을 하나님이 하늘로부터 우리에게 알게 해주시게 하고, 하나님으로 하
여금 이적을 통해서 당신의 부르심이 참이라는 것을 확증하시게 하라."

마 12:39. 악하고 음란한 세대. 그리스도께서는 당시의 세대가 지닌 악의(惡意)를 꾸짖으실 뿐만 아니라, 유대인들 ― 또는, 적어도 서기관들 및 그들과 닮은 자들 ― 을 "악한 민족"이라고 선언하신다. 이것은 그들이 대를 이어서 완악함(pervicacia)이라는 유전적인 질병에 걸려 있다는 것을 보여주는 것이다. '게네아'(γενεά, "세대")라는 단어는 "세대"를 의미하기도 하고, 민족이나 나라를 의미하기도 한다. 그리스도께서는 그들을 "음란하다," 즉 사생아들이라고 부르신다. 왜냐하면, 그들은 그들의 거룩한 조상들로부터 이탈하여 타락한 자들이 되어 있었기 때문이다. 이것은 옛적의 선지자들이 당시 세대에 속한 사람들을 아브라함의 자손들이 아니라 가나안의 부정(不淨)한 자손들이라고 책망한 것과 맥을 같이 한다.

마 12:39. 표적을 구하나. 이것은 그리스도께서 그들에 대하여 이렇게 혹독한 말씀을 하시는 것은 그들이 표적을 보여 달라고 하였기 때문인 것인가라는 질문을 불러일으킨다. 하나님은 다른 경우들에 있어서는 표적을 구한다는 이유로 이렇게까지 진노하시는 모습을 보이시지 않으셨다. 기드온이 "표적"(또는, "표징")을 구했을 때(삿 6:17), 하나님은 진노하지 않으시고, 도리어 그의 요청을 받아들이셨다. 그리고 기드온이 거기에 만족하지 못하고 또다시 다른 표적을 구했을 때에도, 하나님은 그의 연약함을 생각하셔서 그의 요청을 또 받아주셨다. 히스기야는 "표적"(또는, "징조")을 구하지 않았지만, 그에게 표적이 주어졌다(사 38:7-8). 아하스의 경우에는, 하나님이 이사야 선지자를 보내셔서 그에게 표적을 구하라고 명령하셨는데도, 아하스가 표적을 구하기를 거부하자, 호된 책망을 받았다(사 7:11). 그러므로 그리스도께서 서기관들을 이렇게 가혹하게 꾸짖으신 것은 단지 그들이 표적을 구했기 때문이 아니라, 하나님께 배은망덕하여, 그리스도께서 행하는 수많은 이적과 기사(奇事)들을 멸시하는 악한 모습을 보이면서, 하나님의 말씀을 순종하지 않고자 하여 어떻게든 핑곗거리를 찾으려 하였기 때문이었다. 따라서 그들이 그리스도께서 베푸신 수많은 표적들에 대하여 그들의 눈을 감아 버린 것은 나태함(socordia)이 아니라 악의(malitia)라고 해야 옳다. 그러므로 그들이 이런 식으로 그리스도를 괴롭히는 것은 헛되고 아무 소용이 없는 일이었다. 왜냐하면, 그들의 마음속에는 오로지 그리스도를 거부하고 배척할 핑계를 찾아내고자 하는 것 외에 다른 목적이 없었기 때문이다. 바울은 "유대인은 표적을 구하고"(고전 1:22)라고 말함으로써, 그들의 후손들을 동일한 죄명(罪名)으로 단죄한다.

마 12:39. 보일 표적이 없느니라. 그리스도께서는 이후에도 그들을 핑계하지 못

하도록 하실 목적으로 그들 가운데서 그의 능력을 행하시기를 꺼려하지 않으셨고,
많은 이적들을 행하여 그들을 정죄하셨다. 따라서 이 말씀의 의미는 그들은 많은
이적들을 보아도 아무 소용이 없는 자들이기 때문에, 그들의 불경스러운 요청을
받아들여서 이적들을 보여 줄 이유가 없고, 그들에게는 단지 하나의 표적을 보여
주는 것만으로도 충분하다는 것이다. 그리스도께서는 이렇게 말씀하신다: "요나가
바다 밑에서 건져 올려져서 니느웨 사람들에게 하나님의 말씀을 전한 것 같이, 그
들도 죽은 자 가운데서 살아난 선지자의 음성을 듣게 되는 그런 표적만으로 충분
하다." 대부분의 주석가들이 이 구절을 설명하는 데에 대단한 독창성을 발휘한다
는 것을 나도 알고 있지만, 그리스도와 요나의 닮은 점이 모든 점에서 다 성립되는
것은 아니기 때문에, 우리는 그리스도께서 어떤 점을 염두에 두시고서 자기 자신
과 요나를 비교하셨는지를 살펴보지 않으면 안 된다. 나는 다른 사람들의 복잡한
설명들은 다 제쳐두고, 그리스도께서는 여기에서 내가 이미 말한 단 하나의 닮은
점, 즉 그가 죽은 자 가운데서 살아나신 후에 그들의 선지자가 되시리라는 것을 나
타내시고자 이 말씀을 하신 것이라고 생각한다. 이것은 그리스도께서 마치 이렇게
말씀하신 것과 같다: "너희는 하늘로부터 너희에게 온 하나님의 아들을 멸시하고
있다. 그러나 요나가 바다 깊은 곳에서 올라와 니느웨로 가서 말씀을 전하였던 것
처럼, 나는 장차 죽었다가 무덤에서 다시 살아나서 너희에게 말씀을 전하게 될 것
이다." 이런 식으로 주님은 자기가 죽을 육신을 입고 있는 동안에는 그들이 그를
영접하려 하지 않기 때문에, 그가 장차 죽었다가 부활한 후에 그들의 선지자가 될
것이라는 경고를 통해서, 그들이 이런저런 핑계를 대며 그에게 제시한 모든 악한
요구를 일축해 버리고 계시는 것이다.

누가 본문에서는 그리스도께서 "요나가 니느웨 사람들에게 표적이 됨과 같이"
자기도 그들에게 표적이 될 것이라고 선언하신다. 그러나 여기에서 "표적"이라는
단어는 어떤 실체를 나타내는 하나의 표상이라는 통상적인 의미가 아니라, 자연의
통상적인 질서와는 거리가 먼 것이라는 의미로 사용되고 있다. 이런 의미에서, 요
나가 마치 무덤과 같았던 물고기 뱃속에서 건짐을 받아서 니느웨 사람들에게 회개
하라고 외친 것은 자연의 통상적인 질서에서 벗어난 유별나고 놀라운 일이었다.

마 12:40. 밤낮 사흘 동안. 이 어구는 잘 알려져 있는 대로 제유법(提喩法)적 표
현이다. 한 날은 빛과 어둠이라는 두 부분으로 이루어져 있기 때문에, 그리스도께
서는 "밤낮"이라는 말로 한 날을 표현하고 계시지만, 사실 "밤"은 "낮"에 부속되어

있는 것으로 인식되기 때문에, 한 날은 "낮"을 표현하는 단어를 사용하여 나타내진다.

마 12:41. 심판 때에 니느웨 사람들이 일어나. 그리스도께서는 니느웨 사람들에 대하여 말씀하시면서, 그 기회를 이용하여, 그의 가르침을 배척한 서기관들을 비롯한 부류들이 니느웨 사람들보다 더 상황이 좋지 않다는 것을 보여주신다. 그는 이렇게 말씀하신다: "참 하나님의 말씀을 한 번도 들은 적이 없었던 경건치 않은 사람들은 그들에게 와서 외친 한 미지(未知)의 외국인의 음성을 듣고서 회개하였던 반면에, 하늘의 가르침의 성지(聖地)인 이 땅의 사람들은 하나님이 그들에게 약속하셨던 구속주(救贖主), 즉 하나님의 아들의 음성을 들으려 하지 않는다." 이러한 비교 속에는 대비(對比)의 의미가 함축되어 있다. 우리는 니느웨 사람들이 어떤 사람들이었는지를 안다. 그들은 선지자들의 음성을 들어본 적이 없었던 사람들이고, 참된 가르침을 받아본 적이 없었던 사람들이다. 요나는 그들의 존경이나 존중을 받을 만한 입장이나 처지에 있지 않았고, 도리어 외국인으로서 그들로부터 배척을 받고 쫓겨나는 것이 당연한 일이었다. 반면에, 유대인들은 하나님의 말씀이 그들 가운데에 자리를 잡고 뿌리를 내리고 있다는 것을 자랑하는 자들이었다. 만약 그들이 그리스도를 순전(純全)한 눈으로 바라보았더라면, 그들은 그가 하늘로부터 보내심을 받은 선생일 뿐만 아니라, 하나님이 약속하셨던 구원을 그들에게 가져다주실 자이신 메시야라는 것을 인정하였을 것이었다. 그러나 이 유대 민족이 그리스도께서 이 땅에서 그들에게 말씀하시는 동안에 그를 멸시한 절망적인 불경(不敬)으로 인하여 정죄를 받았다면, 하나님의 아들이 하늘 성소에 좌정하셔서, 하늘의 음성으로 우리를 향하여 말씀하시는데도, 우리는 그 음성에 순종하지 않기 때문에, 우리야말로 이제까지 이 땅에 존재하였던 모든 믿는 자들 중에서 가장 악한 자들이라고 할 수 있다. 나는 "니느웨 사람들"이 진정으로 그리고 온전히 하나님께 돌아온 것인지에 대해서는 굳이 엄밀하게 살펴볼 필요가 없다고 본다. 왜냐하면, 여기에서는 그들이 요나가 전한 하나님의 말씀을 듣고서 감화를 받아 회개하였다는 사실을 아는 것만으로 충분하기 때문이다.

마 12:42. 남방 여왕. 에디오피아는 유대 땅에서 볼 때 남쪽에 있었기 때문에, 나는 이 여왕이 에디오피아의 여왕이었다고 단언하는 요세푸스를 비롯한 여러 저술가들의 견해에 기꺼이 동의한다. 구약에서 이 여왕을 "스바 여왕"(대하 9:1)이라고 부를 때, 이 "스바"는 유대 땅의 동쪽에 있던 스바라는 나라를 가리키는 것이 아니라, 나일 강의 한 섬인 메로에(Meroe)에 자리잡고 있던 에디오피아의 수도를 가리키는 것이었다. 이 구절에서도 우리는 다음과 같은 대비(對比)에 주목하여야 한다. 하나님의 학교에서 한 번도 배워본 적이 없었던 이 여자는 순전히 배우고자 하는 마음에 이끌려서, 먼 길을 마다하지 않고, 세상의 왕에 불과한 솔로몬을 찾아왔지만, 정작 평생 동안 하나님의 율법을 배워 왔던 유대인들은 그들의 최고이자 유일하신 선생이시고, 모든 선지자들의 머리가 되신 분을 배척하고 있다. 여기에서 "정죄하다"라는 단어는 사람들이 아니라 본(本)이 된 행위 자체와 결부되어 있다.

¹그 날 예수께서 집에서 나가사 바닷가에 앉으시매 ²큰 무리가 그에게로 모여 들거늘 예수께서 배에 올라가 앉으시고 온 무리는 해변에 서 있더니 ³예수께서 비유로 여러 가지를 그들에게 말씀하여 이르시되 씨를 뿌리는 자가 뿌리러 나가서 ⁴뿌릴새 더러는 길 가에 떨어지매 새들이 와서 먹어버렸고 ⁵더러는 흙이 얕은 돌밭에 떨어지매 흙이 깊지 아니하므로 곧 싹이 나오나 ⁶해가 돋은 후에 타서 뿌리가 없으므로 말랐고 ⁷더러는 가시떨기 위에 떨어지매 가시가 자라서 기운을 막았고 ⁸더러는 좋은 땅에 떨어지매 어떤 것은 백 배, 어떤 것은 육십 배, 어떤 것은 삼십 배의 결실을 하였느니라 ⁹귀 있는 자는 들으라 하시니라 ¹⁰제자들이 예수께 나아와 이르되 어찌하여 그들에게 비유로 말씀하시나이까 ¹¹대답하여 이르시되 천국의 비밀을 아는 것이 너희에게는 허락되었으나 그들에게는 아니되었나니 ¹²무릇 있는 자는 받아 넉넉하게 되되 없는 자는 그 있는 것도 빼앗기리라 ¹³그러므로 내가 그들에게 비유로 말하는 것은 그들이 보아도 보지 못하며 들어도 듣지 못하며 깨닫지 못함이니라 ¹⁴이사야의 예언이 그들에게 이루어졌으니 일렀으되 너희가 듣기는 들어도 깨닫지 못할 것이요 보기는 보아도 알지 못하리라 ¹⁵이 백성들의 마음이 완악하여져서 그 귀는 듣기에 둔하고 눈은 감았으니 이는 눈으로 보고 귀로 듣고 마음으로 깨달아 돌이켜 내게 고침을 받을까 두려워함이라 하였느니라 ¹⁶그러나 너희 눈은 봄으로, 너희 귀는 들음으로 복이 있도다 ¹⁷내가 진실로 너희에게 이르노니 많은 선지자와 의인이 너희가 보는 것들을 보고자 하여도 보지 못하였고 너희가 듣는 것들을 듣고자 하여도 듣지 못하였느니라(마 13:1-17).

¹예수께서 다시 바닷가에서 가르치시니 큰 무리가 모여들거늘 예수께서 바다에 떠 있는 배에 올라 앉으시고 온 무리는 바닷가 육지에 있더라 ²이에 예수께서 여러 가

지를 비유로 가르치시니 그 가르치시는 중에 그들에게 이르시되 [3]들으라 씨를 뿌리는 자가 뿌리러 나가서 [4]뿌릴새 더러는 길 가에 떨어지매 새들이 와서 먹어 버렸고 [5]더러는 흙이 얕은 돌밭에 떨어지매 흙이 깊지 아니하므로 곧 싹이 나오나 [6]해가 돋은 후에 타서 뿌리가 없으므로 말랐고 [7]더러는 가시떨기에 떨어지매 가시가 자라 기운을 막으므로 결실하지 못하였고 [8]더러는 좋은 땅에 떨어지매 자라 무성하여 결실하였으니 삼십 배나 육십 배나 백 배가 되었느니라 하시고 [9]또 이르시되 들을 귀 있는 자는 들으라 하시니라 [10]예수께서 홀로 계실 때에 함께 한 사람들이 열두 제자와 더불어 그 비유들에 대하여 물으니 [11]이르시되 하나님 나라의 비밀을 너희에게는 주었으나 외인에게는 모든 것을 비유로 하나니 [12]이는 그들로 보기는 보아도 알지 못하며 듣기는 들어도 깨닫지 못하게 하여 돌이켜 죄 사함을 얻지 못하게 하려 함이라 하시고 … [24]또 이르시되 너희가 무엇을 듣는가 스스로 삼가라 너희의 헤아리는 그 헤아림으로 너희가 헤아림을 받을 것이며 더 받으리니 [25]있는 자는 받을 것이요 없는 자는 그 있는 것까지도 빼앗기리라(막 4:1-12, 24-25).

[1]그 후에 예수께서 각 성과 마을에 두루 다니시며 하나님의 나라를 선포하시며 그 복음을 전하실새 열두 제자가 함께 하였고 [2]또한 악귀를 쫓아내심과 병 고침을 받은 어떤 여자들 곧 일곱 귀신이 나간 자 막달라인이라 하는 마리아와 [3]헤롯의 청지기 구사의 아내 요안나와 수산나와 다른 여러 여자가 함께 하여 자기들의 소유로 그들을 섬기더라 [4]각 동네 사람들이 예수께로 나아와 큰 무리를 이루니 예수께서 비유로 말씀하시되 [5]씨를 뿌리는 자가 그 씨를 뿌리러 나가서 뿌릴새 더러는 길 가에 떨어지매 밟히며 공중의 새들이 먹어버렸고 [6]더러는 바위 위에 떨어지매 싹이 났다가 습기가 없으므로 말랐고 [7]더러는 가시떨기 속에 떨어지매 가시가 함께 자라서 기운을 막았고 [8]더러는 좋은 땅에 떨어지매 나서 백 배의 결실을 하였느니라 이 말씀을 하시고 외치시되 들을 귀 있는 자는 들을지어다 [9]제자들이 이 비유의 뜻을 물으니 [10]이르시되 하나님 나라의 비밀을 아는 것이 너희에게는 허락되었으나 다른 사람에게는 비유로 하나니 이는 그들로 보아도 보지 못하고 들어도 깨닫지 못하게 하려 함이라 … [18]그러므로 너희가 어떻게 들을까 스스로 삼가라 누구든지 있는 자는 받겠고 없는 자는 그 있는 줄로 아는 것까지도 빼앗기리라 하시니라 … [23]제자들을 돌아 보시며 조용히 이르시되 너희가 보는 것을 보는 눈은 복이 있도다 [24]내가 너희에게 말하노니 많은 선지자와 임금이 너희가 보는 바를 보고자 하였으되 보지

못하였으며 너희가 듣는 바를 듣고자 하였으되 듣지 못하였느니라(눅 8:1-10, 18; 10:23-24).

눅 8:1-2. 열두 제자가 함께 하였고 ⋯ 어떤 여자들. 누가는 여기에서 서로 다른 시기에 전해진 것들을 한데 다루고 있는 것으로 보이지만, 나는 누가가 한 곳에서 다룬 것들을 굳이 따로따로 나누어서 다룰 필요가 없다고 보고, 여기에서 함께 다루고자 한다. 먼저, 누가는 "열두" 사도도 그리스도와 함께 "하나님의 나라를 선포하였다"고 말한다. 이것으로부터 우리는 그들에게는 아직 상시적(常時的)으로 가르치는 직분이 맡겨진 것은 아니었지만, 그들은 주님의 가르침을 듣도록 청중을 모으기 위해서 전령(傳令)으로서의 역할을 수행하는 데에 늘 힘썼다는 것을 알게 된다. 그러므로 그들의 지위는 비록 낮았지만, 그들은 그리스도의 조수(助手)들이었다고 할 수 있다. 다음으로, 누가는 그리스도와 함께 다닌 자들 중에는 "일곱 귀신"에게 고통을 받았던 "막달라인이라 하는 마리아"를 비롯해서 "악귀를 쫓아내심과 병 고침을 받은 어떤 여자들"이 있었다는 말을 덧붙인다. 그리스도께서 그런 사람들과 어울리시는 것은 창피하고 불명예스러운 일로 여겨질 수도 있었을 것이다. 왜냐하면, 하나님의 아들이 평판이 좋지 않은 여자들과 함께 어울려 다니신다는 것은 누가 보아도 합당하지 않은 일로 보였을 것이기 때문이다. 그러나 이것을 통해서 우리가 더 분명하게 깨닫게 되는 것은 우리가 믿기 전에 짊어졌던 죄악들은 그리스도의 영광을 가리기는커녕 도리어 더욱 드러내는 역할을 한다는 것이다. 그리스도께서는 원래부터 점이나 흠이 없는 교회를 택하신 것이 아니라, 점과 흠이 많은 교회를 택하셔서 그의 피로 씻어 깨끗하고 아름답게 만드신 것이다.

이 여자들은 원래 비참하고 부끄러운 처지였지만 이제는 거기에서 건짐을 받아서, 그리스도의 능력과 은혜를 사람들 앞에 널리 드러냄으로써, 그리스도께서 영광을 받으시는 데에 많은 기여를 하였다. 아울러, 누가는 이 여자들이 세상의 조롱과 창피함을 아랑곳하지 않고, 그들을 건져주신 구원자를 따름으로써, 그들의 감사하는 마음을 표시한 것에 대하여 이 여자들을 칭찬한다. 틀림없이 이 여자들은 사방에서 손가락질을 당했을 것이고, 그리스도와 함께 있음으로써 그들의 존재가 더욱 두드러졌을 것이지만, 그들은 그리스도의 은혜가 사람들 앞에 드러날 수만 있다면, 그들의 부끄러운 과거가 널리 알려지는 것을 결코 마다하지 않았다. 그리스도의 영광이 더 크게 드러나게 하기 위해서, 이 여자들은 자원해서 스스로 낮아지고자 한 것이었다. "마리아"라는 여자는 그리스도의 무한한 선하심이 놀라운 방식으로 나타난 특별한 이적 그 자체였다. "일곱 귀신"에 들려서 사탄의 아주 천한 노예였다고 할 수 있는 마리아는 그리스도의 제자가 되는 영광을 얻었을 뿐만 아니라, 그리스도와 함께 다니며 그리스도를 섬기는 영광까지 받았다. 누가는 마르다의 동생 마리아를 비롯해서 성경의 다른 구절들(요 11:1; 19:25)에서 언급되는 마리아들과 구별하기 위해서 이 마리아에게 "막달라인"이라는 별명을 덧붙인다.

눅 8:3. 구사의 아내 요안나. 누가가 마리아에 대하여 한 말을 이 여자들에게도 동일하게 적용하고자 한 것인지는 확실하지 않다. 그러나 내가 보기에는, 그리스도께서 그의 능력을 현저하게 나타내신 자인 마리아가 가장 먼저 나오고, 그 뒤로 통상적인 질병들에서 고침을 받은 "구사의 아내 요안나"와 "수산나"를 비롯한 흠 없는 평판을 지닌 여러 정숙한 부인들이 언급되고 있는 것일 가능성이 큰 것 같다. 이 부인들은 상류층에 속한 부유한 여자들이었기 때문에, 그들의 경건한 열심은 더욱 칭찬을 받을 만하다. 이 여자들은 그들의 재산으로 그리스도의 일행이 쓰는 비용을 댔을 뿐만 아니라, 그것으로도 만족하지 못해서, 그들의 가사(家事)를 돌보는 일을 그만두고, 그들 자신의 집에서 편안하고 안락하게 사는 것 대신에 이곳저곳을 정처 없이 돌아다니며 불편한 잠자리와 사람들로부터의 수모(受侮)와 그 밖의 많은 불편한 것들을 감수하고서 그리스도를 따라다니는 쪽을 택하였다. 아니, "헤롯의 청지기 구사"는 그의 주군인 헤롯과 같은 부류의 사람이어서, 자기 아내가 이 일에서 이렇게 하는 것을 결사적으로 반대하였는데도, 이 경건한 부인은 그리스도에 대한 그녀의 열렬하고 변함없는 열심으로 그러한 반대를 극복해 내고 그리스도를 섬긴 것일 수도 있다.

마 13:2. 큰 무리가 그에게로 모여 들거늘. 복음서 기자들이, 많은 무리가 모여 들었고, 그리스도께서는 그들을 보시고서, 그의 가르침을 "씨"에 비유하는 말씀을 하시게 되었다는 것을 우리에게 알려 주는 것으로 이 기사(記事)를 시작하고 있는 것은 이유가 있다. "무리"는 여러 곳에서 모여 왔고, 그들은 모두 무슨 일이 일어날지를 기다리고 있었다. 그들은 한결같이 그리스도께서 무슨 말씀을 하시는지를 듣고자 하였지만, 그 말씀으로부터 모두가 동일한 유익을 얻게 될 것은 아니었다. 그리스도께서 이 비유를 가르치신 의도는, 말씀의 "씨"는 멀리 그리고 널리 뿌려지지만, 씨가 뿌려지는 모든 곳이 다 잘 경작된 비옥한 땅인 것이 아니기 때문에, 모든 곳에서 많은 곡식을 내는 것은 아니라는 것을 무리에게 알게 해주는 것이었다. 그러므로 그리스도께서는 이 비유 속에서 자기는 "씨를 뿌리러" 나간 농부였지만, 그의 청중들 중 다수는 개간되지 않은 메마른 땅이었고, 일부는 가시떨기가 가득한 땅이었기 때문에, 그의 수고와 씨가 다 쓸모없게 되어 버렸다고 말씀하신다. 주님은 조금 뒤에 이 비유를 직접 설명해 주고 계시기 때문에, 이 비유의 의미에 대해서 나는 여기에서 더 이상 자세하게 다루지 않고, 그 설명이 나올 때까지 기다리고자 한다. 현재로서 독자들이 꼭 기억해 두어야 할 것은 마치 굶주린 사람들처럼 먼 길을 마다하지 않고 그리스도께로 달려온 자들이 이렇게 아무런 열매도 내지 못하는 불모지(不毛地)에 비유되는 것을 볼 때, 우리는 우리 시대에 게으르고 나태한 자들, 별 관심 없이 듣는 자들, 들으려고조차 하지 않는 자들 같은 많은 사람들 속에서 복음이 아무런 열매를 맺지 못하는 것을 이상하게 여길 필요가 없다는 것이다.

마 13:9. 귀 있는 자는 들으라. 이 말씀을 통해서 그리스도께서는 부분적으로는 모든 사람이 그가 말한 것을 제대로 깨닫고 이해하는 것이 아님을 보여주고자 하셨고, 부분적으로는 그의 제자들에게 모든 사람에 의해서 쉽고 명백하게 이해되는 것이 아닌 이 가르침을 더욱 주의해서 들어야 한다는 것을 일깨우고자 하셨다. 그는 여기에서 그의 청중들을 "귀 있는 자들"과 귀가 먹은 자들로 분명하게 구별하신다. 그렇다면, 그들은 어떻게 해서 "귀 있는 자들"이 된 것이냐는 질문이 제기될 수 있다. 성경은 다른 구절들에서 우리의 귀를 뚫어 주셔서 들을 수 있게 하시는 분은 하나님이시고(시 40:6), 그 누구도 자신의 힘이나 노력으로 그렇게 할 수는 없다고 증언한다.

마 13:10. 제자들이 … 나아와 이르되. 마태 본문을 보면, 제자들이 단지 그들 자신만을 생각해서가 아니라 다른 사람들도 생각해서 이 질문을 했다는 것이 분명하게 드러난다. 그들은 그들 스스로가 이 비유를 이해할 수 없었기 때문에, 다른 사람들도 거의 이해하지 못했을 것이라고 결론을 내렸다. 그래서 그들은 그리스도께서 청중들이 듣고 유익을 얻을 수 없는 그런 방식으로 말씀을 하신 것에 대하여 항변을 하고 있는 것이다. 비유(similitudo)는 일반적으로 그것이 다루는 주제를 예시(例示)하여 드러내는 역할을 하지만, 그 비유가 하나의 연속된 은유(metaphora)로 되어 있는 경우에는, 그 의미가 수수께끼 같이 모호해져 버린다. 그러므로 그리스도께서 이 비유를 말씀하신 것은 그가 그 어떤 비유도 없이 직설적으로 좀 더 명백하게 말씀하실 수도 있으셨던 내용을 알레고리(allegoria)로 포장해서 전하신 것이지만, 여기에서는 이 비유에 대한 설명이 덧붙여져 있기 때문에, 결과적으로 이 비유적인 강론(講論)은 직설적으로 말씀하셨을 때보다도 더 큰 힘과 효과를 지니게 되었다고 할 수 있다. 따라서 여기에서는 그리스도께서 사람들의 마음에 더 강력한 감화를 주기에 적합해서만이 아니라, 그 의미를 더 분명하게 전달하시기 위해서도 비유를 사용하신 것이다. 이와 같이, 말을 함에 있어서는 그 내용을 전달하는 방식도 아주 중요하다.

마 13:11. 비밀을 아는 것이 너희에게는 허락되었으나. 그리스도께서 하신 이 답변으로부터 우리는 하나님이 여러 가지 목적으로 사람들에게 구원에 관한 가르침을 전하신다는 것을 알게 된다. 왜냐하면, 그리스도께서는 그의 강론이 많은 사람들에게 수수께끼처럼 들려서, 그들이 듣기는 들어도 무슨 소리인지 잘 알지 못하도록 하시기 위하여, 그의 가르침을 의도적으로 모호하게 전하시는 것이라고 분명하게 말씀하고 계시기 때문이다. 이것은 "나는 감추어진 곳과 캄캄한 땅에서 말하지 아니하였으며 야곱 자손에게 너희가 나를 혼돈 중에서 찾으라고 이르지 아니하였노라"(사 45:19)는 예언이나, 다윗이 율법을 상찬(賞讚)하여 "주의 말씀은 내 발에 등이요 주의 말씀을 열면 빛이 비치어 우둔한 사람들을 깨닫게 하나이다"(시 119:105, 130)라고 찬미한 것과 모순되지 않느냐는 반론이 제기될 수도 있지만, 그 대답은 간단하다: 하나님의 말씀은 그 자체로는 언제나 빛이지만, 그 빛이 사람들의 어둠으로 인해서 가려지는 것일 뿐이다. 왜냐하면, 율법은 일종의 베일에 감추어져 있었지만, 만약 사람들의 눈이 멀지만 않았다면, 하나님의 진리는 그 율법 속에서 분명하게 드러났을 것이기 때문이다. 복음에 대해서 바울은 "만일 우리의 복음이 가리었으면 망하는 자들에게 가리어진 것이라 그 중에 이 세상의 신이 믿지 아니하는 자들의 마음을 혼미하게 하여 그리스도의 영광의 복음의 광채가 비치지 못하게 함이니"(고후 4:3-4)라고 단언한다. 게다가, 우리가 알아야 할 것은 다윗이 말한 말씀이 지닌 조명(照明)의 능력과 이사야가 예언한 가르침의 방식은 둘 다 오로지 택하심을 받은 자들에게만 적용된다는 것이다. 그러므로 세상 사람들의 눈이 멀어서 그들이 하나님의 말씀에 대하여 어두운 경우를 제외하고는, 하나님의 말씀은 결코 모호한 것이 아니라는 것은 여전히 확고한 진리이다. 그렇지만 주님은 버림받은 자들이 말씀을 깨닫지 못하도록 하시기 위하여 그 "비밀"을 숨기신다. 그리스도께서는 두 가지 방법으로 그들에게서 그의 가르침이 지닌 빛을 박탈하신다. 즉, 그는 좀 더 분명하게 표현하실 수도 있으신 내용을 모호하게 말씀하시는 방법을 사용하기도 하시고, 모호하지도 않고 은유를 사용하시지도 않는 가운데 자신의

마음을 분명하게 표현하시지만, 그들의 지각(知覺)을 둔하게 하시고 그들의 생각
을 우둔하게 만드셔서, 밝은 대낮에도 그들로 하여금 아무것도 볼 수 없게 하시는
방법을 사용하기도 하신다. 이것이 이사야 선지자가, 하나님이 이 백성에게 그들
이 알지 못하는 외국어로 말하는 야만인 같을 것이고, 예언적인 환상들이 배운 자
들에게 닫히고 봉인된 책 같아서 그들이 그 환상들을 이해하지 못할 것이며, 그 책
이 열릴 때에 모든 자들이 일자무식(一字無識)인 자들처럼 그 책을 읽을 수 없어서
당혹스러워하게 될 것이라고 미리 경고한 말씀들의 취지이다(사 28:11; 29:11). 그
리스도께서는 지금 오직 소수의 사람들에게 그의 말씀이 깊이 뿌리를 내려 유익을
얻을 수 있게 하고, 그 밖의 다른 사람들에게는 그 말씀을 이해하지 못하여 당혹스
러워 하도록 하시기 위하여, 그의 가르침을 의도적으로 이런 식으로 베풀고 계시
는 것이기 때문에, 우리는 하나님이 구원의 가르침을 모든 사람에게 동일한 목적
을 위하여 전하시는 것이 아니라, 그의 기이한 뜻에 의해서 택하심을 받은 자들에
게는 "생명에 이르는 냄새"가 되게 하시고, 버림받은 자들에게는 "사망으로부터 사
망에 이르는 냄새"가 되게 하신 것이라는 결론을 얻게 된다(고후 2:15-16). 그리고
바울은 그 누구도 이것에 대하여 감히 시비를 걸지 못하도록 하기 위하여, 바울은
바로 그 구절에서 복음이 어떤 효과를 가져오는지와는 상관없이(즉, 그것이 사망
의 냄새일지라도), 그 "냄새"는 "하나님 앞에서" 언제나 "향기"가 된다고 분명하게
선언한다.

　지금 우리가 살펴보고 있는 구절의 의미를 확실하게 알기 위해서는, 우리가 그
리스도께서 이 말씀을 하신 의도와 이유를 좀 더 면밀하게 살펴보지 않으면 안 된
다. 먼저, 그리스도께서 이러한 대비(對比)되는 말씀을 하신 의도가, 특히 누구에
게나 무차별적으로 주어지는 것이 아닌 것을 그의 제자들이 받았다는 점에서 그들
에게 주어진 은혜가 지극히 큰 것임을 나타내고자 하신 것이라는 것은 의심할 여
지가 없다. 그러한 특권이 왜 사도들에게만 주어진 것이냐고 누가 묻는다면, 그 까
닭이 사도들에게 있지 않다는 것은 확실하다. 왜냐하면, 그리스도께서는 그것이
그들에게 "허락된" 것이라고 하심으로써, 그들에게 어떤 공로가 있어서 그런 특권
이 주어진 것이 아님을 분명히 하시기 때문이다. 그는 하나님이 그의 "비밀들"을
계시해 주시는 그런 특별한 영광을 받는 몇몇 택하신 자들이 있는 반면에, 어떤 자
들은 그러한 은혜에서 배제된다는 것을 분명하게 선언하신다. 우리는 이러한 구별
(discrimen)의 근거를 하나님이 은혜로 거저 택하신 자들을 자기에게로 부르신다

는 사실 외의 다른 것에서 찾을 수 없다.

마 13:12. 무릇 있는 자는. 그리스도께서는 내가 방금 언급한 주제를 여기에서 자세하게 다루신다. 왜냐하면, 그리스도께서는 그의 제자들에게 그들이 하나님의 은혜에 더욱 감사하고, 그들 자신이 하나님의 인자하심에 헤아릴 수 없이 많은 빚을 지고 있다는 것을 고백하도록 하시기 위하여, 하나님이 그들에 대하여 얼마나 인자하게 행하고 계시는지를 일깨우시는 말씀을 하시기 때문이다. 그리스도께서는 여기에 나오는 것과 동일한 말씀을 나중에 다시 되풀이하시지만(마 25:29), 그 의미는 서로 다르다. 왜냐하면, 거기에서는 이 말씀이 은사들의 합당한 사용과 관련되어 있지만, 여기에서는 그는 단지 천부(天父)께서 그들에 대한 그의 인자하심을 온전히 나타내시기를 기뻐하시는 까닭에, 다른 사람들보다 사도들에게 더 많은 것을 주시는 것이라고 가르치시는 것이기 때문이다. 하나님은 자기 "손으로 지으신 것을 버리지" 않으신다(시 138:8). 하나님은 그가 일단 조성(造成)하신 자들을 계속해서 더욱더 윤을 내고 광을 내서서 마침내 가장 온전한 자들로 만드시는 그런 분이시다. 하나님에게서 우리에게로 끊임없이 흘러들어오는 차고 넘치는 은혜들과 우리에게 이루어지는 즐겁고 기쁜 진보(進步)는 하나님이 그의 너그러우심과 관용하심을 생각하셔서 계속해서 우리를 후하게 대해 주시는 것에서 나온다. 하나님의 부요하심은 다함이 없기 때문에, 하나님은 자기 자녀들을 부요하게 하시는 일에 결코 지치지 않으신다. 하나님이 우리를 한 단계 더 높은 단계로 이끌어 가실 때마다, 우리는 우리가 하나님께로부터 날마다 받는 더 깊은 은혜들이 이 단 하나의 원천(源泉)에서 흘러나온다는 것과 하나님의 목적은 그가 우리 안에서 이미 시작하신 구원의 역사(役事)를 완성하시는 것임을 기억하여야 한다. 반면에, 버림받은 자들은 지속적으로 더욱더 악화되어서 마침내 모든 것을 다 잃고서 아무것도 없는 상태로 스러지고 말 것이라고 그리스도께서는 분명하게 선언하신다.

마 13:13. 없는 자는 그 있는 것도 빼앗기리라. 이 말씀은 얼핏 보면 가혹한 것처럼 보일 수 있다. 그래서인지, 누가는 단어들을 약간 바꿈으로써 가혹함을 완화하고 모호함을 제거한다: "없는 자는 그 있는 줄로 아는 것까지도 빼앗기리라." 실제로 버림받은 자들이 탁월한 은사들을 받아서 하나님의 자녀들인 것처럼 보이지만, 그들의 마음속에 경건이 결여되어 있어서, 그 은사들은 단지 겉보기에만 화려하게 빛날 뿐이고, 견고한 실체(實體)를 전혀 지니지 않은 일이 자주 일어난다. 그러므로 마태가 그들을 "없는 자"라고 말한 것은 옳다. 왜냐하면, 그들이 갖고 있는 것들은 하나님이 보시기에 아무런 가치도 없는 것들인 까닭에, 그 속에 영속성이 없는 일시적이고 지나가는 것들에 불과하기 때문이다. 마찬가지로, 누가가 그들이 받은 은사들은 그들에 의해서 타락되어서, 그 은사들이 사람들 앞에서 빛을 발하기는 하지만, 사실 그것은 겉만 번지르르하게 화려한 것에 지나지 않는다고 말하고 있는 것도 옳다. 이것으로부터 우리는 일생에 걸쳐서 계속해서 성장하여 진보(profectus)를 이루어나가는 것을 목표로 삼아야 한다는 것을 배우게 된다. 왜냐하면, 하나님이 우리에게 그의 하늘의 가르침을 맛보게 하시는 것은 우리로 하여금 날마다 그 가르침을 양식으로 삼아서 먹고 온전히 배부르게 하시기 위한 것이기 때문이다.

마가가 이 말씀을 소개하는 방식은 조금 당혹스러운 면을 지니고 있는데, 거기에서 그리스도께서는 "너희가 무엇을 듣는가 삼가라"는 도입문을 사용하셔서 이 말씀을 소개하신 후에, 그들이 합당한 진보를 이루는 경우에는 그들에게 더 풍성한 은혜가 주어질 것이라고 말씀하신다: "듣는 너희에게는 더 많은 것이 주어지리니"(개역에서는 "더 받으리니"). 그런 다음에, 마태 본문과 일치하는 구절이 나오는데, 이 구절은 내가 마태복음 7장을 다룰 때에 설명하였던 본문 속에 삽입되어 있던 바로 그 구절이다. 하지만 이 구절의 지금의 위치가 원래의 위치였을 가능성은 희박하다. 우리가 앞에서도 종종 언급했듯이, 복음서 기자들은 그리스도께서 하신 말씀들을 정확히 연대순으로 배열한 것이 아니고, 여러 시기에 전해진 말씀들을 하나로 묶어서 한 곳에서 제시하는 경우가 흔하였다. 누가는 이 말씀을 그리스도께서 서로 다른 시기에 전하신 다른 여러 말씀들과 한데 묶어서 배열하면서, 그리스도께서 이 말씀을 하신 다른 목적을 제시하는데, 그 목적은 그들이 그의 가르침을 주의해서 경청함으로써, 생명의 씨를 아무런 유익도 없이 허비하는 것이 아니라 소중히 받아서 그들의 마음속에 뿌리를 내리게 하기 위한 것이라고 말한다. 즉, 그리스도께서는 "너희에게 주어진 것이 열매를 내지 못한다면, 너희가 그것을 빼앗기리니, 그렇게 되지 않도록 주의하라"고 말씀하고 계시는 것이다.

마 13:13. 그러므로 내가 … 비유로 말하는 것은. 그리스도께서는 그가 무리에게 모호하게 말씀을 전하는 것은 그들이 참 빛에 참여한 자들이 아니기 때문이라고 말씀하신다. 그는 눈먼 자들로 하여금 계속해서 어둠 속에 있게 하시기 위하여 베일을 그들 위에 펼치셨다고 분명하게 선언하고 계시기는 하지만, 뒤이어서 그 책임을 그들에게 돌려서 그들을 책망하시는 것이 아니라, 이것을 모든 사람에게 똑같이 주어지는 것이 아닌 은혜를 사도들에게 주신 하나님의 은혜를 더욱 높이시는 기회로 삼으신다. 그리스도께서는 하나님이 그렇게 하시는 이유로 하나님의 비밀한 계획(arcanum Dei consilium)이라는 것 외에는 다른 이유를 제시하지 않으신다. 하나님의 이 비밀한 계획은 우리에게 감춰져 있기는 하지만, 그것이 합당하리라는 것은 의심의 여지가 없다. 이것에 대해서는 우리가 나중에 좀 더 자세하게 살펴보게 될 것이다. 하나님이 명백한 방식으로 계시하시기를 기뻐하지 않으신 내용을 모호한 방식으로 전하는 것이 그리스도께서 비유로 말씀하시는 유일한 목적인 것은 아니다. 이미 앞에서 말한 대로, 그리스도께서는 우리가 지금 살펴보고 있는 비유를 하나의 긴 알레고리의 형태로 제시하신 것은 그것을 알쏭달쏭한 수수께끼(dubium aenigma)로 만드시기 위한 것이었다.

마 13:14. 이사야의 예언이 그들에게 이루어졌으니. 그리스도께서는 많은 사람들이 하나님의 말씀으로부터 아무런 유익도 얻지 못한다고 해도, 그것은 전혀 새삼스러운 일이 아니라는 것을 이사야의 예언을 통해서 확증하신다. 왜냐하면, 옛적에도 하나님은 백성들을 더 심하게 눈이 멀도록 하시기 위하여 그들에게 말씀을 주셨기 때문이다. 선지자 이사야의 이 예언은 신약에서 여러 가지 방식으로 인용된다. 바울은 이 예언을 인용해서, 유대인들의 완고한 악의(惡意)를 책망하고, 그들이 복음의 빛을 보지 못하고 눈이 먼 것은 하나님에게 대적하여 완강하게 반역하고 있기 때문이라고 말한다(행 28:26). 거기에서 바울은 사람들 자체 속에 내재되어 있는 직접적인 원인을 지적한다. 그러나 그는 로마서에서는 좀 더 깊숙하게 감춰진 원인을 들추어내어서(롬 11:7), 남은 자들은 은혜의 택하심을 따라서 구원을 얻었고, 나머지는 "기록된 바"를 따라서 눈이 멀었다고 우리에게 말해 준다. 우리는 여기에서 대비(對比)를 주목하여야 한다. 왜냐하면, 사람들 중에서 남은 자를 구원하시는 것이 오로지 하나님의 무조건적인 택하심이라면, 다른 모든 사람은 하나님의 감춰져 있지만 의로우신 심판에 의해서 멸망당하리라는 결론이 나오기 때문이다. 바울이 "택하심"을 입은 남은 자와 대비시키고 있는 저 나머지 사람들이라는 것이 하나님이 특별한 구원의 은혜를 수여하지 않으신 자들을 가리키는 것이 아니면 누구를 가리키는 것이겠는가?

이와 비슷한 추론은 요한복음 12:38 이하의 말씀에도 그대로 적용될 수 있다. 왜냐하면, 요한은 많은 사람이 믿지 않은 이유는 하나님이 그의 팔을 "나타내신" 자 외에는 아무도 믿을 수가 없기 때문이라고 말하고 나서, 곧바로 "그들이 능히 믿지

못한 것은 이 때문이니 곧 이사야가 다시 일렀으되 그들의 눈을 멀게 하시고 그들
의 마음을 완고하게 하셨기(사 6:10)" 때문이라는 말을 덧붙이고 있기 까닭이다.
그리스도께서 복음의 진리가 모든 사람에게 차별 없이 밝히 계시되지 않고, 수수
께끼 같이 모호한 형태로 제시되어서, 사람들의 마음을 더 짙은 어둠으로 뒤덮는
결과를 만들어 내는 것을 하나님의 비밀한 계획에 따른 것이라고 말씀하실 때에
염두에 두고 계신 것도 바로 그런 것이었다. 나는 하나님이 눈을 멀게 하시는 자들
은 그런 벌을 받아 마땅한 자들이라는 것을 조금도 의심하지 않지만, 그 직접적인
원인이 그 사람들 자체에 있다는 것이 언제나 분명한 것은 아니기 때문에, 우리는
하나님이 그가 값없이 택하신 자들에게 빛을 비추셔서 구원에 이르게 하시는데,
그것은 전적으로 하나님의 특별한 선물이라는 것과 모든 버림받은 자들은 하나님
이 그의 말씀을 그들에게서 감추시기 때문이든, 아니면 그들의 눈과 귀를 닫아 버
리시기 때문이든, 하나님의 말씀을 듣거나 보지 못하게 되어서, 생명의 빛을 박탈
당하고 마는 것임을 확고한 진리로 받아들여야 한다. 이제 우리는 그리스도께서
어떻게 이사야의 예언을 현재의 상황에 적용하고 계시는지를 알게 되었다.

마 13:14. 너희가 듣기는 들어도. 그리스도께서는 선지자의 예언을 문자 그대로
인용하지 않으셨고, 또한 그럴 필요도 없었다. 왜냐하면, 그리스도께서는 많은 사
람들이 하나님의 말씀을 듣고서 뭐가 뭔지 모르고 더욱 우둔해지는 것이 새삼스럽
거나 이상한 일이 아니라는 것을 보여주는 것만으로 충분하다고 여기셨기 때문이
다. "가서, 그들의 생각을 눈멀게 하고 그들의 마음을 완악하게 하라"(사 6:10)는 선
지자 이사야의 예언을 마태는 청중들에게 적용해서, 그들의 눈멂(caecitas)과 완악
함(durities)을 그들의 죄책(罪責, culpa)으로 돌린다. 왜냐하면, 전자는 후자와 분
리될 수 없는 까닭에, 하나님이 버림받은 자들의 마음과 생각을 아무리 거듭거듭
깨우쳐 주시고자 하셔도, 그들은 그들의 내면의 악의(惡意)로 인하여 스스로 원해
서 눈멀고 완악해져 있는 것이기 때문이다. 하나님의 성령이 지배하시지 않는 곳
에서는 그런 일이 벌어질 수밖에 없고, 오직 택하심을 입은 자들만이 성령의 지배
를 받아들인다. 그러므로 우리는 다음과 같은 연결 관계, 즉 하나님이 양자(養子)
의 영으로 빛을 비추지 않으시는 자들은 모두 비정상적인 마음을 지닌 자들이
고, 그들은 하나님의 말씀을 들음으로써 더욱더 눈이 멀어져 가게 되지만, 그러한
눈멂은 그들이 스스로 원해서 그렇게 하는 것이기 때문에, 그 책임은 전적으로 그
들 자신에게 있다는 것을 명심하여야 한다. 또한, 말씀의 사역자들은 그들의 수고

가 언제나 그들이 바라던 대로 열매를 맺지 못할 때에 이 말씀으로부터 위로를 얻어야 한다. 많은 사람들은 그들의 가르침에 의해서 유익을 얻기는커녕 더욱더 악화되고 악해진다. 말씀의 사역자들에게 일어난 이런 일은 그들보다 더 탁월하였던 선지자 이사야에게도 똑같이 일어났다. 우리가 모든 사람을 쳐서 하나님께 복종시키고자 하는 소원을 가져야 하고, 그러한 목적을 이루기 위하여 수고하고 애써야 한다는 것은 분명하다. 그러나 하나님이 옛적에 선지자 이사야의 사역을 통하여 나타내셨던 저 심판이 오늘날에도 똑같이 성취된다고 해도, 우리는 그것을 이상하게 생각해서는 안 된다. 아울러, 우리는 우리의 나태함 때문에 복음이 열매를 맺지 못하는 일이 없도록 극히 조심하지 않으면 안 된다.

막 4:12. 이는 그들로 보기는 보아도 알지 못하며. 여기에서는 내가 앞에서 이미 자세하게 설명한 것을 간략하게 언급하는 것만으로 충분할 것이다. 즉, 복음의 가르침은 엄밀하게 말해서, 또는 그 자체로, 또는 본질상으로 사람들을 눈멀게 하는 원인(causa caecitatis)이 아니고, 단지 결과를 놓고 볼 때에만 그렇게 보일 뿐이라는 것이다. 시력이 약한 사람들이 햇빛으로 나올 때, 그들의 눈은 이전보다 더 희미해지는데, 이때에 그러한 결과는 결코 해 때문인 것이 아니라 그들의 눈 때문이다. 마찬가지로, 배역한 자들이 하나님의 말씀을 들을 때에 눈이 멀고 그 마음이 완악해지게 되는 것은 그들의 패역함으로 말미암아 일어나는 일이기 때문에, 그것은 전적으로 그들 자신의 책임이고, 하나님의 말씀이 그들을 그렇게 만드는 것이 결코 아니다.

막 4:12. 돌이켜 … 얻지 못하게 하려 함이라. 이 구절은 "보고 깨닫는" 것이 어떤 유익을 가져다주는지를 보여주는데, 그 유익이라는 것은 하나님께로 "돌이킨" 자들은 그의 은총을 회복하고, 그와 화목하게 되어, 형통하고 복된 삶을 살게 된다는 것이다. 하나님께서 그의 말씀이 전파되기를 바라시는 진짜 목적은 사람들의 생각과 마음을 새롭게 하셔서 사람들을 그와 화목하게 하시는 것이다. 반면에, 배역한 자들과 관련해서는, 이사야는 여기에서 그들은 돌 같이 딱딱한 완악함을 고집함으로써, 하나님의 긍휼하심을 얻지 못하고, 하나님의 말씀은 그들에게 아무런 효과도 없게 되어, 결국 그들의 마음을 부드럽게 하여 회개에 이르게 하는 결과를 가져오지 못하게 될 것이라고 분명하게 선포한다. 마태는 여기에서 "고침"이라는 단어를 이사야 선지자와 마찬가지로 온갖 재앙으로부터 건짐을 받는 것을 포함하는 의미로 사용한다. 왜냐하면, 그들은 하나님의 손에 의해서 괴로움을 당하는

사람을 은유적으로 병든 자에 비유하고, 하나님이 어떤 사람에 대한 징벌을 거두
셨을 때, 그 사람이 "고침"을 받았다고 말하였기 때문이다. 그러나 이 "고침"은 "죄
사함"에 달려 있는 것이기 때문에, 마가가 그 근거이자 원천이 되는 것을 지적하여,
"그들로 돌이켜 죄 사함을 얻지 못하게 하려 함이라"고 말한 것은 적절하고 옳다.
우리에 대한 하나님의 징계가 풀리게 되는 것은 하나님이 우리로 하여금 그와 화
목하게 하시고 우리를 그의 축복의 대상으로 삼아 주셨기 때문이 아니라면 무엇
때문이겠는가? 하나님은 때로 우리의 죄책(罪責)을 제거하신 후에도, 우리를 더욱
낮추시기 위해서, 또는 우리로 하여금 장차 더욱 조심하게 하시기 위해서 우리를
계속해서 벌하시는 경우가 있다는 것은 의심의 여지가 없다. 하지만 하나님은 우
리를 살아나게 하시고 고침을 받게 하심으로써 그의 은총의 증거들을 보여주실 뿐
만 아니라, 죄책이 제거될 때에는 통상적으로 징벌도 끝이 나기 때문에, "고침"
(sanatio)과 "죄 사함"(venia)을 함께 주시는 것이 보통이다. 그러나 우리는 마치 하
나님이 회심(回心)하여 돌이킨 자들을 받으셔서 그의 은혜를 베푸시는 것이 당연
하고 마땅한 일인 것처럼 여겨서, 회개가 "죄 사함"의 원인이자 근거라고 멋대로
결론을 내려서는 안 된다(회개 자체도 하나님이 값없이 은혜를 주셨을 때에 일어
나는 것이기 때문에). 회개는 단지 이러한 일련의 과정이 시작되었음을 보여주는
지표일 뿐이다. 왜냐하면, 사람들이 자기 자신을 기뻐하지 않을 때에, 하나님은 바
로 그런 자들에게만 죄 사함을 베풀어 주시기 때문이다.

　　마 13:16. 그러나 너희 눈은 … 복이 있도다.　누가는 그리스도께서 이 말씀을 다
른 시기에 하신 것으로 보고 있는 것 같지만, 그것은 쉽게 설명이 된다. 왜냐하면,
누가는 여기에서 그리스도께서 여러 시기에 하신 다양한 말씀들을 그 시간적인 순
서와는 상관없이 한데 모아 놓은 것이기 때문이다. 그러므로 우리는 그리스도께서
이 말씀을 하시게 된 상황을 좀 더 분명하게 설명하고 있는 마태 본문을 따를 것이
다. 그리스도께서는 앞서 하나님이 그들을 일반 사람들로부터 구별하시고 그들에
게 특별한 은혜를 주셔서 오직 그들에게만 하나님 나라의 비밀들을 알게 하셨다는
사실을 일깨워 주셨는데, 이제 여기에서는 그들이 옛적의 "선지자들"과 거룩한 왕
들보다 더 많은 은혜를 받은 것임을 보여주는 또 다른 대비(對比)를 통해서 하나님
의 은혜를 송축하신다. 이것은 앞서 그들을 믿지 않는 무리와 대비하셔서 말씀하
신 것보다 훨씬 더 굉장한 것이었다. 그리스도께서 그들을 "복이 있다"고 하신 것
은 그들이 단지 그의 말씀을 듣거나 그의 육신을 보았기 때문이 아니라, 그들이 하

나님의 독생자에게 합당한 영광을 그에게서 보고 깨달아서 그를 구속주로 고백하였기 때문이고, 그들로 하여금 구원과 온전한 복을 얻게 해줄 하나님의 살아 계신 형상이 그에게서 빛나는 것을 깨달았기 때문이며, 하나님에 의해서 진정으로 그리고 온전히 가르침을 받은 자들(사 54:13)은 자기 이웃으로부터 배울 필요가 없을(렘 31:34) 것이라고 선지자들이 옛적에 말했던 것이 그들에게서 성취되었기 때문이다. 그러므로 이것은 사람들이 "보지 못하고 믿는 자들은 복되도다"(요 20:29)고 하신 그리스도의 또 다른 말씀을 근거로 하여 제기할 수도 있는 반론에 대한 적절한 대답이 된다. 왜냐하면, 거기에서 도마가 잘 깨닫지 못해서 "보기"를 원했던 것은 여기에서 말하는 "보는" 것과는 완전히 다른 것이었기 때문이다. 그리스도께서 여기에서 말씀하시는 "봄"은 모든 시대의 믿는 자들이 사도들과 동일하게 함께 공유(共有)하여 왔다. 우리는 그리스도를 직접 눈으로 보지는 못하지만 보고, 그리스도께서 하시는 말씀을 직접 귀로 듣지는 못하지만 듣는다. 왜냐하면, 바울이 말하듯이, 우리는 복음 속에서 "거울을 보는 것 같이 그리스도를 보고 그와 같은 형상으로 변화되며"(고후 3:18), 옛적에 그리스도 안에서 나타났던 저 온전한 지혜와 의와 생명이 복음 속에서 계속해서 빛나고 있기 때문이다.

눅 10:24. 많은 … 임금이 … 보고자 하였으되. 오늘날의 교회의 처지는 율법 아래에서 살았던 저 거룩한 조상들의 처지보다 더 낫다고 말하는 것은 옳다. 왜냐하면, 그들은 그리스도의 빛나는 얼굴에서 지금 계시되고 있는 것들을 단지 그림자들과 휘장들 가운데서 보았을 뿐이기 때문이다. "성소 휘장이 찢어진"(마 27:51) 지금, 우리는 믿음으로 말미암아 하늘 성소로 들어가서, 하나님께 자유로이 나아갈 수 있게 되었다. 저 거룩한 조상들은 그들의 처지에 만족하고서 그들의 마음속에서 복된 평안을 누렸지만, 그런 가운데서도 장차 이루어질 것에 대한 훨씬 더 큰 소망을 품고 살았다. 그래서 아브라함은 저 멀리서 그리스도의 날을 "보고 기뻐하였으면서도"(요 8:56), 그 날을 좀 더 가까이에서 보기를 간절하게 원하였지만, 그의 소원을 이룰 수는 없었다. 시므온이 "주재여 이제는 말씀하신 대로 종을 평안히 놓아 주시는도다"(눅 2:29)라고 말하였을 때, 그것은 거룩한 조상들 모두의 심정을 그대로 대변한 것이었다. 사실, 죄로 인한 저주의 짐이 인류 전체를 무겁게 짓누르고 있는 상황 속에서, 그들은 그들에게 약속된 구원에 대한 소망으로 불타오를 수밖에 없었다. 그러므로 우리는, 그들이 굶주린 자들처럼 그리스도를 열렬히 갈망하였지만 안연(晏然)히 처하는 믿음을 지니고 있었기 때문에, 하나님에 대하여 불평하지 않았고, 도리어 약속된 구원의 때가 찰 때까지 인내로써 묵묵히 기다렸다는 것을 알아야 한다.

¹⁸그런즉 씨 뿌리는 비유를 들으라 ¹⁹아무나 천국 말씀을 듣고 깨닫지 못할 때는 악한 자가 와서 그 마음에 뿌려진 것을 빼앗나니 이는 곧 길 가에 뿌려진 자요 ²⁰돌밭에 뿌려졌다는 것은 말씀을 듣고 즉시 기쁨으로 받되 ²¹그 속에 뿌리가 없어 잠시 견디다가 말씀으로 말미암아 환난이나 박해가 일어날 때에는 곧 넘어지는 자요 ²²가시떨기에 뿌려졌다는 것은 말씀을 들으나 세상의 염려와 재물의 유혹에 말씀이 막혀 결실하지 못하는 자요 ²³좋은 땅에 뿌려졌다는 것은 말씀을 듣고 깨닫는 자니 결실하여 어떤 것은 백 배, 어떤 것은 육십 배, 어떤 것은 삼십 배가 되느니라 하시더라(마 13:18-23).

¹³또 이르시되 너희가 이 비유를 알지 못할진대 어떻게 모든 비유를 알겠느냐 ¹⁴뿌리는 자는 말씀을 뿌리는 것이라 ¹⁵말씀이 길 가에 뿌려졌다는 것은 이들을 가리킴이니 곧 말씀을 들었을 때에 사탄이 즉시 와서 그들에게 뿌려진 말씀을 빼앗는 것이요 ¹⁶또 이와 같이 돌밭에 뿌려졌다는 것은 이들을 가리킴이니 곧 말씀을 들을 때에 즉시 기쁨으로 받으나 ¹⁷그 속에 뿌리가 없어 잠깐 견디다가 말씀으로 인하여 환난이나 박해가 일어나는 때에는 곧 넘어지는 자요 ¹⁸또 어떤 이는 가시떨기에 뿌려진 자니 이들은 말씀을 듣기는 하되 ¹⁹세상의 염려와 재물의 유혹과 기타 욕심이 들어와 말씀을 막아 결실하지 못하게 되는 자요 ²⁰좋은 땅에 뿌려졌다는 것은 곧 말씀을 듣고 받아 삼십 배나 육십 배나 백 배의 결실을 하는 자니라(막 4:13-20).

¹¹이 비유는 이러하니라 씨는 하나님의 말씀이요 ¹²길 가에 있다는 것은 말씀을 들은 자니 이에 마귀가 가서 그들이 믿어 구원을 얻지 못하게 하려고 말씀을 그 마음에서 빼앗는 것이요 ¹³바위 위에 있다는 것은 말씀을 들을 때에 기쁨으로 받으나 뿌리가 없어 잠깐 믿다가 시련을 당할 때에 배반하는 자요 ¹⁴가시떨기에 떨어졌다는 것은 말씀을 들은 자이나 지내는 중 이생의 염려와 재물과 향락에 기운이 막혀 온전히 결실하지 못하는 자요 ¹⁵좋은 땅에 있다는 것은 착하고 좋은 마음으로 말씀을 듣고 지키어 인내로 결실하는 자니라(눅 8:11-15).

　마태와 누가에 의하면, 그리스도께서는 이 비유를 그의 제자들에게 설명만 하실 뿐이고 그들을 책망하지는 않으신 것으로 되어 있다. 그러나 마가에 의하면, 그리스도께서는 모든 이들의 선생이 되어야 할 자들이 다른 사람들보다 더 빨리 깨달아야 할 터인데 그렇게 더디게 깨달아서야 어떻게 하겠느냐고 그들을 간접적으로 꾸짖으신 것으로 되어 있다. 이 비유의 요지는 복음의 가르침이 씨앗처럼 여기저기 뿌려진다고 해도, 언제나 비옥하고 잘 기경(起耕)된 땅을 만나는 것이 아니기 때문에, 어디에서나 열매를 맺는 것은 아니라는 것이다. 그리스도께서는 네 부류의 청중을 열거하시는데, 첫 번째는 씨를 전혀 받지 않는 자들이고, 두 번째는 씨를 받는 것처럼 보이기는 하지만 뿌리를 깊이 내리지는 못하는 자들이고, 세 번째는 씨가 자라다가 잡초들에 질식되어 죽어 버리는 자들이고, 네 번째는 열매를 맺는 자들이다. 이것은 네 명의 청중 중에서 오직 한 명, 또는 사십 명의 청중 가운데서 오직 열 명이 가르침을 받아들여서 열매를 맺는다는 말이 아니다. 왜냐하면, 그리스도께서는 여기에서 정확한 숫자를 제시하고자 하시거나, 사람들을 이 네 부류의 사람들로 정확히 사등분(四等分) 하고자 하신 것이 아니라, 단지 말씀이 뿌려졌을 때에 믿음이라는 소출(所出)이 언제나 똑같이 나오는 것이 아니어서, 어떤 때는 더 많이 거두고 어떤 때는 더 적게 거두게 된다는 것을 말씀하고자 하신 것이기 때문이다.

　그리스도께서는 단지 많은 사람들 속에서 생명의 씨가 그들이 지닌 여러 가지 결함(vitium)으로 인해서 즉시 죽기도 하고 말라 버리기도 하고 점차 기운을 잃어 소실(消失)되기도 한다는 것을 우리에게 경고하고 계시는 것이다. 이 경고의 말씀으로부터 더 큰 유익을 얻고자 한다면, 우리는 그리스도께서 하나님의 말씀을 멸시하여 공개적으로 배척하는 자들에 대해서는 아예 언급조차 하지 않으시고, 단지 적어도 겉보기에 가르침을 받아들이는 것처럼 보이는 자들만을 대상으로 묘사하고 계시다는 것을 명심하지 않으면 안 된다. 이렇게 말씀을 받는 것처럼 보이는 자들 가운데서도 상당수가 결국에는 멸망하고 마는 것이라면, 구원의 가르침을 공개적으로 배척하는 세상의 나머지 사람들은 장차 어떻게 되겠는가? 그러면, 이제 각각의 부류에 대해서 살펴보기로 하자.

　마 13:19. 아무나 천국 말씀을 듣고 깨닫지 못할 때는. 그리스도께서는 개간되지 않은 불모지(不毛地) 같은 자들, 즉 마음이 준비되어 있지 않아서, 씨를 안으로 받아들이지 못하는 자들을 가장 먼저 언급하신다. 그는 그런 사람들을 사람들이 많이 밟고 지나다녀서 포장된 도로처럼 굳어진 길과 같이 딱딱하고 메마른 땅에 비유하신다. 우리가 오늘날 이와 같은 부류의 사람들을 많이 보게 된다는 것은 정말 유감스러운 일이다. 그들은 말씀을 들으러 나아오기는 하지만, 단지 깜짝 놀라거나 당혹스러워 하는 상태에 머물 뿐이고, 말씀을 음미하지 못하기 때문에, 결과적으로는 목석(木石)과 별반 다르지 않다. 그러므로 그들이 결국 완전히 멸망을 당한다고 해도, 우리가 그것을 이상하게 여길 이유가 어디에 있겠는가?

그리스도께서 "그 마음에 뿌려진 것"이라고 말씀하실 때, 그것은 엄밀하게 말해서 정확한 것은 아니지만, 일리가 없지 않다. 왜냐하면, 사람들의 악성(惡性)과 부패성으로 인해서 말씀이 그 본질을 상실하거나 씨앗으로서의 성격을 잃는 것이 아니기 때문이다. 우리는 이것을 명심해서, 하나님의 은혜들 속에 내재되어 있는 선한 효능(效能)이 우리에게 다다르지 못한 경우에는, 그 은혜들이 본래의 모습을 잃게 되는 것이라고 생각하는 일이 없어야 한다. 하나님의 편에서 보실 때에는 말씀은 사람들의 "마음에 뿌려지는" 것이지만, 야고보가 우리에게 말씀을 받는 것과 관련해서 권면하듯이(약 1:21), 모든 사람의 마음이 그들 속에 "심어진 말씀을 온유함으로 받는" 것은 결코 아니다. 그러므로 복음은 그것이 지닌 본래의 능력과 관련해서는 언제든지 열매를 맺을 수 있는 씨(semen)이지만, 실제로 사람들의 마음에 뿌려졌을 때에는 언제나 열매를 맺는 것은 아니다.

누가는 "마귀가 가서 그들이 믿어 구원을 얻지 못하게 하려고 말씀을 그 마음에서 빼앗는 것이요"(눅 8:12)라는 말씀을 덧붙인다. 이것으로부터 우리는, 굶주린 새들이 씨를 뿌리는 때에 그러하듯이, 우리의 구원을 방해하는 이 원수도 호시탐탐 노리고 있다가, 말씀이 선포되자마자, 그 말씀이 수분을 얻어서 싹을 내기 전에, 재빨리 돌진하여 그 말씀을 낚아채 가버린다는 것을 알게 된다. 또한, 그리스도께서 여기에서 믿음을 우리의 구원의 근거(causa)라고 말씀하고 있는 것은 믿음에 대한 대단한 칭찬(laus)이다.

마 13:20. 돌밭에 뿌려졌다는 것은. 이 부류의 사람들은 앞에서 말한 부류와는 다르다. 왜냐하면, 그들은 처음에는 씨를 받아들여서 일시적인 믿음을 갖게 되는 까닭에, 장차 열매를 맺을 것이라는 기대를 주기 때문이다. 그러나 그들의 마음은 적절하고 철저한 순종이 부족해서, 씨가 자랄 수 있도록 자양분을 지속적으로 공급받기 위해 꼭 필요한 부드러움을 갖지 못하여 결국 열매를 맺지 못하게 된다. 우리는 우리 시대 속에서 이런 부류의 사람들을 너무나 많이 본다. 그들은 복음을 열렬히 받아들이지만, 얼마 있지 않아서 떨어져 나간다. 왜냐하면, 그들에게는 그들의 믿음을 견고하게 해주고 인내하게 해주는 데에 꼭 필요한 생생한 열심(affectus)이 결여되어 있기 때문이다. 그러므로 각 사람은 자기 속에서 갑자기 활활 타오르는 열심이 여기에 나오는 말씀처럼 검불을 태우는 불과 같이 곧 꺼져버릴 그런 열심이 되지 않도록 자기 자신을 철저히 살피지 않으면 안 된다. 왜냐하면, 말씀이 마음 전체를 완전히 장악해서 깊이 뿌리를 내리지 않는다면, 믿음을 가지고 인내하여 열매를 맺는 데에 꼭 필요한 수분의 지속적인 공급이 되지 않을 것이기 때문이다. 하나님의 말씀이 선포되자마자, 그 말씀을 "즉시 기쁨으로 받는" 저 신속하고 민첩한 모습은 정말 칭찬받을 만하다. 그러나 우리는 믿음이 견고하고 확고한 것이 되어서, 말씀이 첫 번째 싹을 낼 때에 말라 버리지 않게 될 때까지는 아무것도 이루어진 것이 없는 것임을 알아야 한다.

마 13:21. 말씀으로 말미암아 환난이나 박해가 일어날 때에는. 그리스도께서는 십자가라는 걸림돌(crucis scandalum) 때문에 동요하고 불안해하는 자들을 하나의 예로 드신다. 대낮의 열기(熱氣)가 어떤 땅이 불모지(不毛地)인지 아닌지를 드러내 주는 것과 마찬가지로, "박해"와 십자가가 이 부류의 사람들, 즉 어떤 이유에서인지는 몰라도 말씀으로 인하여 약간의 감화를 받기는 했지만 실제로는 경건에 대한 진지한 열정으로 말미암아 감화를 받은 것은 아닌 자들의 허상(虛像)을 그대로 드러내 준다는 것은 분명하다. 마태와 마가에 의하면, 그런 사람들이 "잠시 견디는" 자들이라 불리는 것은 그들이 그리스도의 제자라고 잠시 동안 고백하였다가 곧 시험으로 말미암아 떨어져 나가기 때문만이 아니라, 그들 스스로는 그들 자신에게 참된 믿음이 있다고 제멋대로 상상하기 때문이기도 하다. 누가에 의하면, 그리스도께서는 그들이 "잠깐" 믿었다고 말씀하시는데, 이것은 그들이 복음을 존중하고 높이는 것이 흡사 믿음과 닮았기 때문이다. 아울러 우리가 알아야 할 것은 그들은 베드로가 말하는 "썩지 않고 쇠하지 아니하는 씨"(벧전 1:4)로 말미암아 진정으로 거듭난 것이 아니라는 것이다. 왜냐하면, 베드로는 "오직 주의 말씀은 세세토록 있도다"(사 40:8; 벧전 1:25)라는 이사야의 말씀이 믿는 자들의 마음에서 성취되는데, 이는 믿는 자들의 마음에 한 번 심어진 하나님의 말씀은 결코 없어지지 않고, 끝까지 그 생명력을 유지하는 까닭이라고 말하기 때문이다. 그렇지만 하나님의 말씀을 기뻐하고 그 말씀에 대한 어느 정도의 경외심을 품는 자들은 어떤 식으로든 믿는 자들이다. 왜냐하면, 그런 자들은 하나님이 말씀하실 때에 신뢰하지 않거나 그 말씀을 배척하는 불신자들과는 많이 다르기 때문이다. 요컨대, 우리가 반드시 알아야 할 것은 양자(養子)의 영으로 인침을 받고, 진심으로 하나님을 자신의 아버지라 부르는 자들 외에는 그 누구도 참된 믿음을 지니지 않은 자들이라는 것, 성령은 결코 소멸되지 않는 것과 마찬가지로, 성령이 경건한 자들의 마음에 한 번 새겨놓은 믿음이 없어지거나 파괴되는 것은 불가능하다는 것이다.

마 13:22. 가시떨기에 뿌려졌다는 것은. 그리스도께서는 단지 다른 것들로 말미암아 말씀을 훼손하거나 변질시키지만 않았더라면 마음에 씨를 받아들여 자라게 하였을 자들을 세 번째 부류의 사람들로 분류하신다. 그리스도께서는 "이생의 향락들," 악한 욕망들, 탐욕, 육신의 여러 염려들을 "가시떨기"에 비유하신다. 마태는 단지 탐욕과 더불어서 "세상의 염려"만을 언급하지만, 그 의미는 동일하다. 왜냐하면, "세상의 염려"라는 표현을 통해서 마태는 누가가 언급한 이 세상의 향락들로 인한 유혹과 온갖 종류의 욕망을 다 포괄하고 있기 때문이다. 별 일 없었다면 잘 자라서 열매를 맺었을 곡식이 그 성장을 방해하는 "가시떨기" 같은 유해한 잡초들에 의해서 기운이 막히는 순간 곧 성장에 지장을 받아 열매를 맺지 못하게 되는 것과 마찬가지로, 육신의 죄악 된 소욕(所欲)들이 사람들의 마음을 뒤덮어서 믿음과 하늘의 가르침의 효능(效能)을 압도하여, 결국 말씀이 자라지 못하게 되어 열매를 맺지 못하게 되고 만다.

그러나 하나님의 말씀이 자라나서 싹을 내기 전에, 죄악 된 욕망들은 사람들의 마음에 작용하고 그 힘을 행사하는데도, 초기에는 그 지배력이 감지되지 않다가, 곡식이 어느 정도 자라서 곧 열매를 맺게 될 것 같은 때가 되어서야 비로소 점차 그 모습을 드러낸다. 하나님의 말씀이 "기운이 막혀서" 자라지 못하는 일이 없도록 하고자 한다면, 우리는 우리 자신의 마음에서 "가시떨기들"을 뽑아내고자 애써야 한다. 왜냐하면, 우리 가운데서 그 마음이 "가시떨기"의 두터운 숲으로 가득 차 있지 않은 사람은 아무도 없기 때문이다. 실제로, 우리는 "결실하기에" 이른 자들은 극소수라는 것을 안다. 왜냐하면, "가시떨기들"을 뿌리째 뽑아내는 것은 그만두고라도 잘라내려고 애쓰는 자들은 열 명 중의 한 명이나 될까 말까 하기 때문이다. 아니, 우리 속에 "가시떨기들"이 너무나 많다는 것은 우리로 하여금 우리의 나태함을 떨치고 일어나게 만드는 이유가 되어야 하는 것이 마땅한데도 불구하고, 도리어 대부분의 사람들로 하여금 그런 것에 신경을 쓰지 않게 만드는 이유가 되고 있다.

그리스도께서는 탐욕을 나타내는 데에 "재물의 유혹"이라는 표현을 사용하신다.

그리스도께서는 사람들로 하여금 재물의 덫에 빠지지 않도록 더욱 조심해야 하겠다는 마음을 갖게 하시기 위해서, "재물"은 거짓된 것이자 속이는 것이라고 분명하게 말씀하신다. 우리는, 우리의 육신의 소욕들(carnis affectus)은 그 수가 이루 헤아릴 수 없이 많고 그 종류도 아주 다양한데, 그것들은 모두 생명의 씨(vitae semen)를 손상시키고 그 기운을 막는 아주 유해한 독소(毒素)들이라는 것을 기억하여야 한다.

마 13:23. 좋은 땅에 뿌려졌다는 것은. 그리스도께서 "좋고 비옥한 땅"에 비유하시는 자들은 자기 속에 하나님의 말씀이 깊고 견고하게 뿌리를 내리게 할 뿐만 아니라, 그 말씀이 열매를 맺는 것을 방해하는 온갖 장애물들을 극복해 나가는 자들이다. "가시떨기들"이 전혀 없는 순전(純全)한 자는 존재하지 않는다는 반론을 제기하는 자가 있다면, 그 대답은 쉽다. 즉, 그리스도께서는 여기에서 온전한 믿음을 지닌 자들을 전제하시고 말씀하시는 것이 아니라, 단지 어떤 사람들에게서 하나님의 말씀이 열매를 맺게 되는지를 보여주고 계실 뿐이라는 것이다. 하나님을 신실하게 섬기는 것에서 떨어져 나가지 않은 자는 누구든지 비록 그 소출이 크지는 않더라도 "좋고 비옥한 땅"이라 할 수 있다. 우리가 "가시떨기들"을 뽑아내려고 애써야 한다는 것은 의심의 여지가 없지만, 우리가 아무리 최선을 다해서 힘을 쓴다고 해도 그 가시떨기들이 완벽하게 제거되지는 않을 것이기 때문에 언제나 어느 정도는 남아 있게 될 것이다. 하지만 적어도 우리는 말씀이 열매를 맺는 데에 그 남아 있는 가시떨기들이 방해가 되지 않도록 그 힘을 약화시키려고 애써야 한다.

이러한 설명은 그 다음에 나오는 말씀에 의해서 확증되는데, 거기에서 그리스도께서는 모두가 동일한 정도로 열매를 맺는 것은 아니라고 가르치신다. "삼십 배"의 소출을 내는 땅은 "백 배"의 소출을 내는 땅에 비하면 그 비옥함의 정도가 떨어지지만, 우리는 여기에서 그리스도께서 농부의 수고와 기대를 완전히 저버리지는 않는 온갖 종류의 땅을 하나의 부류로 묶어서 말씀하고 계시는 것을 본다. 이것으로부터 우리는 소출을 많이 내지 못하는 자들을 멸시할 권한이 우리에게 없다는 것을 깨닫게 된다. 왜냐하면, 집 주인 자신이 더 많은 소출을 낸 자를 적게 소출을 낸 자보다 더 칭찬하시기는 하지만, 이 둘을 모두 한데 묶어서 소출이 적은 땅에 대해서조차도 "좋은 땅"이라고 부르고 계시기 때문이다. 히에로니무스(Hieronymus)는 소출을 세 등급으로 나눈 것을 어처구니없게 왜곡하여서, 그것들은 각각 처녀들, 과부들, 기혼자들을 나타내는 것이라고 설명한다. 이것은 마치 주님이 우리에게 원하시는 소출은 오직 독신들에게만 가능하고, 기혼자들의 경건은 대체로 온갖 미덕의 열매를 풍성하게 맺지 못하게 되어 있다는 듯이 말하고 있는 것이다. 부차적으로 우리가 주의해야 할 것은 그리스도께서 "백 배"의 소출을 말씀하신 것은 결코 과장이 아니라는 것이다. 왜냐하면, 당시에 직접 목격한 것을 토대로 사실들을 기록한 많은 역사가들의 글에서 알 수 있듯이, 몇몇 지역들에서는 땅이 아주 비옥하여서 실제로 그 정도의 소출이 있었기 때문이다.

²⁴예수께서 그들 앞에 또 비유를 들어 이르시되 천국은 좋은 씨를 제밭에 뿌린 사람과 같으니 ²⁵사람들이 잘 때에 그 원수가 와서 곡식 가운데 가라지를 덧뿌리고 갔더니 ²⁶싹이 나고 결실할 때에 가라지도 보이거늘 ²⁷집 주인의 종들이 와서 말하되 주여 밭에 좋은 씨를 뿌리지 아니하였나이까 그런데 가라지가 어디서 생겼나이까 ²⁸주인이 이르되 원수가 이렇게 하였구나 종들이 말하되 그러면 우리가 가서 이것을 뽑기를 원하시나이까 ²⁹주인이 이르되 가만 두라 가라지를 뽑다가 곡식까지 뽑을까 염려하노라 ³⁰둘 다 추수 때까지 함께 자라게 두라 추수 때에 내가 추수꾼들에게 말하기를 가라지는 먼저 거두어 불사르게 단으로 묶고 곡식은 모아 내 곳간에 넣으라 하리라 ³⁶이에 예수께서 무리를 떠나사 집에 들어가시니 제자들이 나아와 이르되 밭의 가라지의 비유를 우리에게 설명하여 주소서 ³⁷대답하여 이르시되 좋은 씨를 뿌리는 이는 인자요 ³⁸밭은 세상이요 좋은 씨는 천국의 아들들이요 가라지는 악한 자의 아들들이요 ³⁹가라지를 뿌린 원수는 마귀요 추수 때는 세상 끝이요 추수꾼은 천사들이니 ⁴⁰그런즉 가라지를 거두어 불에 사르는 것 같이 세상 끝에도 그러하리라 ⁴¹인자가 그 천사들을 보내리니 그들이 그 나라에서 모든 넘어지게 하는 것과 또 불법을 행하는 자들을 거두어 내어 ⁴²풀무 불에 던져 넣으리니 거기서 울며 이를 갈게 되리라 ⁴³그 때에 의인들은 자기 아버지 나라에서 해와 같이 빛나리라 귀 있는 자는 들으라(마 13:24-30, 36-43).

우리가 이 비유로부터 유익을 얻기 위해서는, 그리스도께서 이 비유를 말씀하실 때에 염두에 두고 계셨던 목적을 파악할 필요가 있다. 어떤 이들은 여러 부류의 사람들로 이루어진 무리들이 복음에 대한 자신의 외적인 고백만으로 만족하지 않도록 주의를 주시기 위하여, 그리스도께서 그의 밭에는 흔히 나쁜 씨가 좋은 씨와 더불어 섞여 있지만, 가라지들을 알곡들로부터 분리해 낼 날이 오고 있다고 말씀하신 것이라고 생각한다. 따라서 그들은 마치 이 비유와 그 직전의 비유가 동일한 목적을 지니고 있다는 듯이 이 두 비유를 서로 연결시킨다. 그러나 나의 견해는 다르다. 그리스도께서 이렇게 가라지와 알곡을 분리해 내는 것에 대하여 말씀하신 이유는 경건한 자들이 하나님의 밭에 좋은 씨와 나쁜 씨가 섞여 있다는 사실을 알게 되었을 때에 염려하거나 의기소침하지 않도록 하시기 위한 것이었다. 그리스도께서는 그의 피로 교회를 깨끗하게 하셔서 교회로 하여금 주름진 것이나 얼룩진 것이 없게 하셨지만, 그럼에도 불구하고 여전히 교회가 많은 흠으로 인해서 고통을 당하는 것을 그대로 두신다. 나는 모든 믿는 자들이 성령으로 새롭게 된 후에도 그들에게 여전히 남아 있는 육신의 연약함들에 대하여 말하고 있는 것이 아니다. 그러나 그리스도께서 적은 무리를 자기에게로 모으시자마자, 많은 외식하는 자들이 거기로 섞여들고, 부도덕한 삶을 사는 자들이 슬그머니 들어오며, 악한 자들이 밀고 들어오기 때문에, 그 결과로 그리스도께서 자신을 위하여 구별하셨던 저 거룩한 회중(會衆)은 이런저런 많은 더러운 때(sordes)가 묻게 되는 것이다. 많은 사람들은 불경건한 자들이나 속된 자들이나 악인들이 교회의 품속에 기거한다는 것 자체가 말도 안 되는 터무니없는 일이라고 생각한다. 게다가, 모든 일이 자신의 뜻대로 되지 않고, 절대적인 순수함이 교회에서 발견되지 않는다는 이유로, 하나님에 대한 열심이라는 미명 아래에서 교회의 질서를 뒤흔들어놓는 방식으로 교회에서 나가거나, 지나치게 파괴적으로 교회를 뒤집어엎어 놓는 사람들도 아주 많다. 그러므로 내 생각에는, 이 비유의 의도는 간단히 말해서 이런 것이다: 이 세상에서 교회의 순례가 지속되는 동안에는, 하나님의 자녀들이 인내로 무장할 수 있도록 하기 위하여, 악한 자들과 외식하는 자들이 선하고 정직한 자들과 함께 교회 속에 섞여 있게 될 것이고, 하나님의 자녀들이 불굴의 변치 않는 믿음을 보존할 수 있도록 하기 위하여, 그들은 그들을 괴롭게 할 장애물들이나 걸림돌들(offendicula) 가운데에 놓여 있게 될 것이다. 그리스도께서 교회를 그의 "밭"이라고 하신 것은 적절한 비유이다. 왜냐하면, 믿는 자들은 그의 씨들이기 때문이다. 그리스도께서는 나중에 이 "밭"은 "세상"이라는 말씀을 덧붙이시기는 하지만, 이 명칭을 그가 지금 말씀하고 계시는 교회를 가리키는 데에 사용하고자 하셨다는 것은 의심의 여지가 없다. 그러나 그리스도께서는 이제 곧 세상의 모든 땅을 다 그의 쟁기로 갈아엎어서 밭들을 기경(起耕)하여 온 세상에 생명의 씨를 뿌리실 것이었기 때문에, 제유법(提喩法)을 사용하셔서, 좀 더 엄밀하게 말한다면 세상의 일부인 교회를 가리키는 데에 "세상"이라는 단어를 사용하신 것이다.

이제 그리스도께서 "곡식"과 "가라지"를 어떤 의미로 사용하신 것인지를 살펴볼 차례이다. 우리는 이 단어들이 복음의 가르침을 가리키는 것으로 보고서, 마치 그리스도께서 복음이 뿌려지자마자 즉시 악한 생각들에 의해서 부패되고 혼잡하게 되는 일이 일어난다고 말씀하신 것처럼 이 구절을 해석해서는 안 된다. 왜냐하면, 그리스도께서는 그들에게 그런 종류의 부패를 제거하려고 애를 쓰는 것을 금지하셨을 리가 결코 없고, 도덕과 관련해서 도저히 바로잡아질 수 없는 인간의 어쩔 수 없는 잘못들은 용납되어야 하지만, 순전한 믿음을 타락시키는 악한 잘못들까지 용납되어서는 안 되기 때문이다. 게다가, 그리스도께서는 "가라지는 악한 자의 아들들"이라고 분명하게 말씀하심으로써 모든 의심을 제거하신다. 그렇지만 우리가 주의해야 할 것은 이 단어들을 단지 사람들에 대한 것으로 이해해서, 마치 창조 때에 하나님은 선한 자들을 심으셨고 마귀는 악한 자들을 심었다는 듯이 설명해서도 안 된다는 것이다. 내가 이것을 언급하는 이유는 현재의 구절이 마니교도들에 의해서 악용되어서 그들의 이원론적인 사상을 밑받침하기 위한 근거로 사용되었기 때문이다. 그러나 우리는 마귀에게든 사람들에게든 그들에게 존재하는 죄라는 것은 모두 다 온전한 본성이 타락한 것(integrae naturae corruptela)에 다름 아니라는 것을 안다. 창조 때에 하나님이 그의 택하신 자들을 아예 처음부터 좋은 씨로 만드신 것이 아니라, 원죄로 물든 자들을 그의 성령의 은혜로 거듭나게 하셔서 좋은 씨가 되게 하신 것이듯이, 악한 자들은 마귀가 아니라 하나님에 의해서 지음받았지만, 마귀에 의해서 타락하여, 순전한 씨를 부패시키기 위해서 주님의 밭에 던져진 것이다.

마 13:37. 좋은 씨를 뿌리는 이는. 그리스도께서는 앞에서 천국은 씨를 뿌리는 자와 같다고 말씀하셨는데, 그것은 정확한 표현은 아니지만, 어쨌든 그 의미는 분명해서, 복음을 전할 때에는 밭에 씨를 뿌릴 때에 통상적으로 일어나는 것, 즉 "가라지"가 "곡식"과 함께 자라나는 것과 동일한 일이 일어난다는 것이다. 하지만 그리스도께서는 밭에 가라지가 뿌려지는 것은 원수의 술수에 의한 것이라고 말씀하심으로써 한 가지 특이한 면을 지적하시는데, 이것은 우리로 하여금 교회 속에 많은 악한 자들이 믿는 자들과 섞여 있을 때에, 그들 모두를 마치 동일한 씨들인 듯이 여겨서, 그런 일을 우연한 일이거나 자연스러운 일로 받아들이지 말고, 이 악한 일의 책임이 마귀에게 있다는 것을 알게 하시기 위한 것이다. 하지만 이것은 이 일이 마귀에게 책임이 있기 때문에 사람들의 죄는 면제된다는 것을 보여주시기 위한 것이 아니라, 첫째로는 이 일은 마귀에 의해서 일어난 일이기 때문에 하나님께는 그 어떤 책임도 없다는 것을 보여주시고, 둘째로는 사탄은 언제나 교회에 해악을 끼치기 위해서 호시탐탐 노리고 있기 때문에, 흔히 주님의 밭에 "가라지"가 함께 자라는 것이 발견된다고 할지라도, 우리가 그것을 보고 이상히 여기거나 놀라지 않게 하시기 위한 것이다. 또한, 그리스도께서 말씀의 사역자들이 아니라 그리스도 자신이 씨를 뿌린다고 말씀하시는 것은 의미가 없지 않다. 왜냐하면, 그리스도께서는 그가 친히 그 일을 하시는 것이라 할 수는 없지만, 그의 밭을 일구시기 위해서 우리의 노고를 사용하시고 우리를 그의 도구로 사용하시는 것이므로, 우리를 통해서 및 우리 안에서 오직 그가 행하시는 것이라고 할 수 있는 까닭에, 어떤 면에서는 그의 사역자들이 하는 일처럼 보이는 것들을 그 자신이 행하시는 것이라고 그가 말씀하시는 것은 옳기 때문이다. 그러므로 우리는 복음은 오직 그리스도의 명령에 의해서만이 아니라 그의 권위와 인도하심을 따라서 전파된다는 것, 즉 우리는 단지 그에게 손을 빌려드리는 것일 뿐이고, 오직 그만이 이 일의 주체(主體)시라는 것을 기억하여야 한다.

마 13:39. 추수 때는 세상 끝이요. 교회가 세상 끝날까지 배역한 자들을 떠안고 가야 한다는 것은 의심할 여지 없이 아주 괴로운 일이지만, 그리스도께서는 우리에게 헛된 소망으로 스스로를 속이지 말고, 그날이 올 때까지 인내하라고 명령하신다. 목회자들은 교회를 정결하게 하기 위하여 애를 써야 하고, 모든 경건한 자들은 그들의 각자의 부르심을 따라 최선을 다해서 이 일을 도와야 하지만, 모두가 힘을 모아서 이 일에 애쓴다고 하여도, 교회를 온갖 더러움에서 온전히 정결하게 하는 일은 이루어지지 않을 것이다. 그러므로 우리는 교회 속에서 더럽고 추한 일에 관대하여야 한다는 것이 그리스도의 의도가 전혀 아니고, 오직 그를 믿는 자들이 그들 가운데에 악한 자들이 공존할 수밖에 없다는 것을 알고서 낙심하는 일이 없게 하시고, 다음으로 순전한 천사 같은 자들 외의 다른 사람들과 함께 어울리는 것은 잘못된 일이라고 생각하는 자들의 열심을 자제시키고 완화시키시는 것이 그리스도께서 의도하신 것의 전부라는 것을 알아야 한다.

재세례파들 및 그들과 같은 부류의 꿈꾸는 자들은 교회가 칼을 사용해서는 안 된다고 주장하기 위한 근거로 이 구절을 크게 악용해 왔다. 그러나 그들의 주장을 반박하는 것은 쉬운 일이다. 왜냐하면, 그들 자신도 악하고 배역한 자들을 적어도 잠시 교회로부터 쫓아내는 출교(出敎, excommunicatio)를 인정하는데, 경건한 방백들이 필요한 경우에 악한 자들에 대하여 칼을 사용하는 것이 허용되어서는 안 될 이유가 없기 때문이다. 그들은 사형이 아닌 다른 형벌을 시행함으로써 회개의 기회가 주어져야 한다고 말한다. 그러나 그것은 마치 십자가 위의 강도(눅 23:42)가 구원의 기회를 얻지 못했던 것인 양 말하는 것이다. 나는 그리스도께서는 지금 목회자들이나 방백들의 직무에 대해서 말씀하고 계시는 것이 아니라, 약한 믿음을 지닌 자들이 교회 속에는 택함받은 자들만이 아니라 사회의 타락한 쓰레기 같은 자들도 함께 있다는 것을 알고서 혼란스러워 하지 않도록 걸림돌을 제거하고 계시는 것이라고 대답하는 것으로 만족하고자 한다.

마 13:39. 추수꾼은 천사들이니. 우리는 이 단어를 현재의 주제와 연결시켜서 살펴보지 않으면 안 된다. 다른 구절에서는 선지자들이 "노력한 것에 참여해서"(요 4:38) "거두는" 일을 하는 자들이 바로 사도들이기 때문에 사도들을 "추수꾼들"이라 부르고 있고, 그리스도께서는 모든 말씀의 사역자들에게 "열매를 맺고" 그들의 "열매가 항상 있게" 하라고 명령하신다(요 15:16). 또한, "밭이 희어져 추수하게 되었도다"(요 4:35)라는 말씀이나 "추수할 것은 많되 일꾼이 적으니"(마 9:37)라는 말씀도 동일한 취지이다. 그러나 여기에서 이 비유는 다른 식으로 적용되고 있다. 왜냐하면, 이 구절에서는 교회 속에서 자리를 차지하고 있는 자들을 하나님의 밭에 심겨진 자들이라고 말하기 때문이다. 또한, 이 구절은 복음을 들고 오시는 그리스도는 "손에 키를 들고 자기의 타작 마당을 정하게 하실"(마 3:12) 분이라고 말하고 있는 구절과 상충되는 것도 아니다. 왜냐하면, 이 구절은 마지막 날에 이르러서야 온전히 끝이 나게 될 저 "정하게 하시는" 일이 지금 개시되었음을 말하고 있는 것이기 때문이다. 그리스도께서는 장차 최종적으로는 천사들을 사용하셔서 교회를 정하게 하시는 일을 마무리하실 것이지만, 지금은 경건한 선생들을 통해서 그 일을 시작하고 계신다. 그가 이 직무를 천사들에게 맡기시는 이유는 천사들은 그의 법정 앞에서 팔짱을 끼고 구경만 하는 존재들이 아니라, 그의 명령을 받들어 민첩하게 움직이는 존재들이기 때문이다. 그러므로 이것으로부터 우리는 자기들이 싫어하는 것들을 뿌리뽑아 버리려고 성급하게 나서는 자들은 그들의 힘이 닿는 한에서 그리스도의 심판을 방해하고 천사들의 직무를 빼앗아서 경솔하게 그 직무를 그들 자신이 행해 버리는 자들이라는 결론을 얻게 된다.

마 13:41. 그들이 그 나라에서 모든 넘어지게 하는 것과 또 불법을 행하는 자들

을 거두어 내어. "불법을 행하는 자들"이라는 어구는 보충 설명을 위해서 덧붙여
진 것이다. 왜냐하면, 여기에서 그리스도께서는 두 가지 서로 다른 것을 제시하고
자 하시는 것이 아니라, 그가 만물을 원래의 질서로 회복시키셔서, 지금 "넘어지게
하는 것"이 되고 있는 "불법을 행하는 자들"을 제거하게 될 추수의 때가 장차 오리
라는 것을 말씀하시고자 하시는 것이기 때문이다. 그들이 그렇게 불리는 것은 그
들의 삶 자체가 악하기 때문만이 아니라, 그들이 많은 사람들의 신앙을 갉아먹고,
올바른 길로 가는 것을 방해하거나, 완전히 잘못된 길로 이끌거나, 사람들을 망쳐
놓기 때문이다. 이것으로부터 우리는 그토록 많은 "넘어지게 하는 것들"에 의해서
둘러싸여 있기 때문에 우리가 나태하고 부주의하게 살아가는 것이 아니라, 그런
자들에 대항하여 스스로를 지켜나가는 일에 열심을 내고 적극적이 되어야 한다는
유익한 교훈을 배울 수 있어야 한다. 또한, 이 말씀은 마음이 아주 여려서 조그마한
걸림돌을 만나도 올바른 길에서 돌아서 버리는 자들의 나약함(mollities)을 책망하
시고 바로잡아 주시는 말씀이기도 하다. "넘어지게 하는 것들," 즉 걸림돌들이 우
리의 길에 무수히 놓여 있기 때문에, 우리가 때로는 걸려 넘어지고 때로는 심지어
엎어지기까지 하는 일이 일어나는 것은 어쩔 수 없다. 그러나 우리는 우리의 마음
을 확신과 담대함(fiducia)으로 무장하는 것이 마땅하다. 왜냐하면, 하나님의 아들
이 그를 따르는 자들에게 무수한 걸림돌들 사이로 걸으라고 명령하셨을 때에는 그
모든 것들을 극복할 수 있는 힘도 그들에게 주시리라는 것은 의심의 여지가 없기
때문이다. 아울러, 그리스도께서는 지금 교회 속에서 아주 대단한 신앙인들처럼
보이는 모든 외식하는 자들과 사악한 자들에 대하여 무시무시한 심판(iudicium)을
선언하신다.

마 13:42. 풀무불에 던져 넣으리니. "풀무불"은 은유적인 표현이다. 왜냐하면,
하나님의 자녀들을 위해 예비되어 있는 무한한 영광이 우리의 모든 생각이나 인식
을 뛰어넘는 것이어서, 우리가 그것을 말로 표현할 수 없는 것과 마찬가지로, 사악
한 자들을 기다리고 있는 벌(supplicium)도 우리로서는 도저히 헤아릴 수 없는 것
이어서, 단지 우리가 알아들을 수 있는 정도만큼만 개략적으로 표현될 수밖에 없
기 때문이다. 이것을 모르는 궤변론자들은, 우리가 앞에서 이미 얼핏 얘기했듯이,
헛되고 무익한 논쟁에 휘말려서 스스로를 괴롭혀 왔다. 일부 주석가들은 그들의
독창성을 발휘해서 이 구절의 세세한 부분이 지닌 의미까지 파고 들어가 알려고
해왔다는 것을 나는 알고 있지만, 확실한 근거도 없이 행해지는 교묘한 논쟁이나

주장들은 우리를 어리석은 변론으로 이끌 수 있는 위험성을 지니고 있기 때문에, 나는 될 수 있는 한 논쟁을 피하고, 단순하면서도 자연스러운 의미를 찾는 것으로 만족하는 쪽을 택하고자 한다. 우리가 호기심에 이끌려서 논쟁하기를 좋아하는 자들에게 그리스도께서 "잠들어" 계셔서 그 일을 알지 못하시는 동안에 마귀가 와서 좋은 씨들 사이에 가라지들을 뿌리는 일이 어떤 식으로 일어나는 것인지에 대하여 질문을 한다면, 그들은 아무런 대답도 하지 못할 것이다. 그러나 나는 최대한으로 조심하는 가운데에 우리가 알면 유익하고 우리가 꼭 알아야 하는 것들에 대해서는 하나도 남김없이 다 설명하고자 애를 썼다.

마 13:43. 그 때에 의인들은 … 빛나리라. 이것은 얼마가 기가 막힌 위로의 말씀인가! 하나님의 자녀들은 지금은 먼지에 덮여서 누워 있거나 아무런 평가도 받지 못하고 보잘것없는 자들로 살아가거나 심지어 모욕을 뒤집어쓰고 살아가지만, "그 때에는" 모든 구름이 걷혀서 하늘이 청명하게 된 것처럼 대낮같이 환히 "빛나게" 될 것이다. "그 때에"(τότε-토테)라는 부사는 강조의 의미를 담고 있다. 왜냐하면, 이 부사는 그들의 현재의 상태와 그들이 장차 궁극적으로 회복된 모습(그리스도께서는 이 소망을 통해서 그를 믿는 자들을 붙들고 계신다) 간의 암묵적인 대비를 내포하고 있기 때문이다. 그러므로 이 구절의 의미는 이런 것이다: 많은 악한 자들이 지금 교회 속에서 높은 지위를 차지하고 있지만, 우리에게는 하나님의 아들이 그를 따르는 자들을 높이 드셔서, 지금 그들의 밝은 빛을 희미하게 하거나 가리고 있는 모든 것을 제거하실 저 복된 날이 오리라는 확실한 소망이 있다는 것이다. 오직 하나님의 형상이 이미 그 속에서 빛나고 있는 자들, 끊임없이 영광에서 영광으로 변화되어 하나님의 형상을 점점 더 닮아가는 자들에게만이 이 장래의 영광이 약속되어 있다는 것은 의심할 여지 없이 참되다. 그러나 경건한 자들의 생명은 지금 감추어져 있고, 그들의 구원도 소망 가운데에 있어서 눈에 보이지 않기 때문에, 그리스도께서 믿는 자들의 눈을 장차 그들에게 약속된 영광이 나타날 하늘을 향하게 하시는 것은 지극히 합당하다.

그리스도께서 여기에서 다니엘서에 나오는 한 구절(12:3), "지혜 있는 자는 궁창의 빛과 같이 빛날 것이요"를 언급하시는 것은 그의 말씀을 듣는 자들에게 더 깊은 감화를 주시기 위한 것임은 의심의 여지가 없다. 그는 이렇게 말씀하시는 것으로 보인다: "이 선지자가 장차 그들이 빛나게 될 것에 대하여 예언할 때에, 거기에는 일시적으로 그 빛이 가려서 어두워 보일 때가 있으리라는 암시도 내포되어 있다.

그러므로 그 예언을 받아들인다면, 우리는 하나님의 택함받은 자들이 사악한 자들과 한동안 함께 공존하는 시기를 인내로써 견뎌나가는 것이 마땅하다." 이 영광을 "해"에 비유하셨다고 해서, 그리스도께서 그 영광이 모든 사람에게 다 똑같을 것이라고 확실하게 말씀하신 것은 결코 아니다. 그리스도께서는 지금 그의 은사들을 믿는 자들에게 차등을 두어서 나누어 주시듯이, 마지막 날에도 똑같은 방식으로 각 사람에게 합당한 만큼의 영광의 면류관을 각각 차등을 두어서 씌워 주실 것이다. 그러나 우리는 내가 앞에서 말한 것, 즉 여기에서는 그리스도께서 다시 오실 때까지 미루어져 있는 저 회복된 모습이, 안개에 가려져 있는 것처럼 모호한 현재의 세상의 상태와 대비되고 있다는 것을 상기하여야 한다.

그리스도께서 경건한 자들이 장차 유업(遺業)으로 받게 될 "아버지 나라"를 이 땅 또는 이 세상과 대비시키시는 것은 믿는 자들에게 그들이 여기에서는 나그네들이기 때문에 눈을 들어 하늘을 바라보아야 한다는 것을 깨우치시기 위한 것이다. 어떤 구절에서는 "하나님의 나라는 너희 안에 있느니라"(눅 17:21)고 말하고 있지만, "하나님이 만유의 주로서 만유 안에 계시게"(고전 15:28) 될 때에야 비로소 우리는 그 나라를 온전히 향유하게 될 것이다.

[31]또 비유를 들어 이르시되 천국은 마치 사람이 자기 밭에 갖다 심은 겨자씨 한 알 같으니 [32]이는 모든 씨보다 작은 것이로되 자란 후에는 풀보다 커서 나무가 되매 공중의 새들이 와서 그 가지에 깃들이느니라 [33]또 비유로 말씀하시되 천국은 마치 여자가 가루 서 말 속에 갖다 넣어 전부 부풀게 한 누룩과 같으니라 [34]예수께서 이 모든 것을 무리에게 비유로 말씀하시고 비유가 아니면 아무 것도 말씀하지 아니하셨으니 [35]이는 선지자를 통하여 말씀하신 바 내가 입을 열어 비유로 말하고 창세부터 감추인 것들을 드러내리라 함을 이루려 하심이라(마 13:31-35).

[26]또 이르시되 하나님의 나라는 사람이 씨를 땅에 뿌림과 같으니 [27]그가 밤낮 자고 깨고 하는 중에 씨가 나서 자라되 어떻게 그리 되는지를 알지 못하느니라 [28]땅이 스스로 열매를 맺되 처음에는 싹이요 다음에는 이삭이요 그 다음에는 이삭에 충실한 곡식이라 [29]열매가 익으면 곧 낫을 대나니 이는 추수 때가 이르렀음이라 [30]또 이르시되 우리가 하나님의 나라를 어떻게 비교하며 또 무슨 비유로 나타낼까 [31]겨자씨 한 알과 같으니 땅에 심길 때에는 땅 위의 모든 씨보다 작은 것이로되 [32]심긴 후에

는 자라서 모든 풀보다 커지며 큰 가지를 내나니 공중의 새들이 그 그늘에 깃들일 만큼 되느니라 [33]예수께서 이러한 많은 비유로 그들이 알아 들을 수 있는 대로 말씀을 가르치시되 [34]비유가 아니면 말씀하지 아니하시고 다만 혼자 계실 때에 그 제자들에게 모든 것을 해석하시더라(막 4:26-34).

[18]그러므로 예수께서 이르시되 하나님의 나라가 무엇과 같을까 내가 무엇으로 비교할까 [19]마치 사람이 자기 채소밭에 갖다 심은 겨자씨 한 알 같으니 자라 나무가 되어 공중의 새들이 그 가지에 깃들였느니라 [20]또 이르시되 내가 하나님의 나라를 무엇으로 비교할까 [21]마치 여자가 가루 서 말 속에 갖다 넣어 전부 부풀게 한 누룩과 같으니라 하셨더라 [22]예수께서 각 성 각 마을로 다니사 가르치시며 예루살렘으로 여행하시더니(눅 13:18-22).

그리스도께서는 이 비유들을 통해서 그의 제자들에게 복음의 시작이 미미하다고 해서 실족해서 걸려 넘어지거나 뒤로 물러나서는 안 된다고 권면하신다. 오만하고 속된 자들이 복음을 전하는 사역자들이 사회적 지위가 낮은 보잘것없는 자들이라는 것, 온 세상이 즉시 박수갈채를 보내며 복음을 받아들이는 것이 아니라는 것, 복음을 받아들여서 제자가 된 소수의 사람들이 대체로 하잘것없는 평범한 사람들이라는 것을 이유로 삼아서 복음을 얼마나 멸시하고 웃음거리로 여기는지를 우리는 잘 알고 있다. 믿음이 약한 자들은 복음의 시작을 보고서 복음 전체를 평가하는 경향이 있기 때문에, 이런 것을 보고서는 과연 복음이 성공할 수 있을지에 대하여 낙심하게 된다. 그런데 그리스도께서 그의 나라를 미미하게 시작하시는 이유가 있는데, 그것은 그 나라가 예기치 않게 놀라울 정도로 진보하는 것을 통해서 그의 능력이 더 밝히 드러나게 하시기 위한 것이다.

그러므로 "하나님의 나라"는 "모든 씨보다 작지만" 다 "자란 후에는 나무"가 되어서 "새들"이 거기에 둥지를 트는 "겨자씨"에 비유된다. 또한, 그 나라는 양(量)으로 보아서는 아주 적지만 그 영향력이 엄청나서 큰 반죽 덩어리 전체를 부풀게 만드는 "누룩"에 비유된다. 그리스도의 나라는 육신의 눈에는 하찮은 것으로 보이지만, 우리는 우리의 마음을 들어서, 태초에 만물을 무(無)에서 창조하셨을 뿐만 아니라, 날마다 "없는 것들"(고전 1:28)을 부르셔서 인간의 생각으로는 도저히 알 수 없는 방식으로 지극히 높이시는 하나님의 무한하시고 헤아릴 수 없는 능력을 바라보는 법을 배우지 않으면 안 된다. 우리는 그리스도께서 예기치 않은 때에 오셔서 교만한 자들을 어안이 벙벙하게 만드실 때까지, 그들이 복음을 비웃더라도 그대로 내버려 두어야 한다. 다만, 우리는 그리스도께서 이 구절에서 말씀하신 그의 능력을 눈이 휘둥그레질 정도로 우리에게 드러내실 때까지, 낙심하거나 의기소침하지 말고, 오직 믿음으로 견고히 서서 세상의 교만에 맞서야 한다.

그리스도께서 "바리새인과 사두개인들의 누룩을 주의하라"(마 16:11)고 말씀하시거나, 바울이 "적은 누룩이 온 덩어리에 퍼지는 것을 알지 못하느냐"(고전 5:6)고 말할 때처럼, "누룩"이라는 단어는 종종 나쁜 의미로 사용된다. 그러나 여기에서 우리는 이 단어를 단지 현재의 주제와 관련해서만 이해하여야 한다. "하나님의 나라" 또는 "천국"이라는 어구의 의미에 대해서는 우리가 앞에서 이미 살펴보았다.

막 4:26. 하나님의 나라는 … 같으니. 이 비유는 직전에 나온 두 가지 비유와 동일한 목적을 지니고 있기는 하지만, 그리스도께서 여기에서 의도적으로 말씀의 사역자들을 향하여 말씀하시는 것은 그들의 수고의 열매가 즉시 나타나지 않는다고 해서 그들의 본분을 수행하는 것에 대한 열심을 잃어버리지 않게 하시기 위한 것이다. 그는 그들에게, 추수할 것을 기대하고서 땅에 씨를 뿌리고 나서 불안과 염려로 스스로를 괴롭게 하지 않고, 평소처럼 자고 일어나기를 반복하는 농부, 달리 말하면 때가 되어 곡식이 여물 때까지 날마다 통상적인 수고를 계속하는 농부를 본받으라고 말씀하신다. 그러므로 그리스도께서는 경건한 선생들에게 말씀의 씨가 한동안 잘 자라지 않고 질식당한 것 같이 보이더라도, 담대함을 잃지 말고, 불신(不信)으로 인하여 열심이 식는 일이 없도록 하라고 명령하고 계시는 것이다.

마 13:34. 예수께서 이 모든 것을 … 말씀하시고. 마가는 그리스도께서 그들이 감당할 수 있는 정도만큼 그들에게 말씀을 전하셨다고 분명하게 말하고 있지만, 나는 그리스도께서 계속해서 비유들을 사용해서 말씀하신 것은 그의 청중들로 하여금 지금 당장에 어떤 것을 가르치셔서 깨닫게 하시기 위한 것이라기보다는 그들이 그의 가르침을 계속해서 주의해서 들음으로써 나중에 적절한 때가 왔을 때에 진정으로 말씀을 깨달을 수 있도록 그들을 준비시키시기 위한 것이었을 가능성이 높다고 생각한다. 왜냐하면, 만약 그런 의도가 아니셨다면, 그리스도께서 무리들이 간 후에 그의 제자들에게 그 비유들을 사적으로 잘 풀어 주신 이유가 설명이 되지 않기 때문이다. 그것은 그의 제자들이 이 비유들을 이해하는 데에 무리들보다 더 더뎠기 때문인가? 그렇지 않다. 그것은 그리스도께서 그의 제자들에게는 그가 하신 말씀의 의미를 사적으로 알게 해주고자 하셨고, 무리들에 대해서는 적절한 기회가 올 때까지 그들을 모호한 상태로 있게 하고자 하셨기 때문이었다. 이 비유들은 복음에 대한 일종의 서론일 뿐이었고, 복음을 온전히 드러내어 전파하는 일은 적절한 시기가 올 때까지 미루어져 있었다.

마태복음에 나오는 이 말씀과 조금 전에 인용된 이사야의 예언은 얼핏 보면 서로 상충되어 보이지만, 이 문제는 쉽게 해결된다. 왜냐하면, 그리스도께서는 복음의 빛을 사악한 자들로 하여금 볼 수 없게 하셨지만, 그렇다고 해서 그들의 눈높이에 맞춰서 복음을 그들에게 설명하지 않으신 것이 아니어서, 그들을 변명할 여지가 없게 만드셨기 때문이다. 그러므로 그리스도께서는 청중들이 아직 가르침을 받을 준비가 충분히 되어 있지 않다는 것을 아시고서, 그들에게 적합한 방식을 택하셔서 그들을 가르치신 것이었다.

마 13:35. 이는 … 이루려 하심이라. 마태는 그가 인용한 시편이 오로지 그리스도와 관련된 예언이라고 말하고자 하는 것이 아니라, 성령의 위엄(maiestas)이 선지자가 전하는 말씀 속에서 나타났듯이, 동일한 방식으로 성령의 능력(vis)이 그리스도의 말씀 속에서 나타났다는 것을 말하고자 하는 것이다. 선지자는 아브라함의 자손을 택하신 하나님의 언약, 하나님이 자기 백성에게 계속해서 부어주신 은택들, 교회에 대한 전반적인 통치에 대하여 말하고자 할 때에, "내가 입을 열어 비유로 말하고자" 한다(시 78:2)는 것, 즉 "내가 사소한 일들에 대하여 말하고자 하는 것이 아니라, 지극히 중요한 일들을 엄숙하게 선포하고자 한다"는 고상한 문구를 그의 이러한 주제를 소개하기 위한 서문으로 사용한다. 선지자가 "예로부터 감추어졌던 것을 드러내려 하니"(시 78:2)라는 말씀을 덧붙였을 때에도, 그 취지는 동일한데, 이러한 반복은 시편에서 아주 흔한 일이다. 히브리어 '메샬림'(מְשָׁלִים)은 "비유들"이라는 의미인데, 나중에는 "무게 있는 문장들"을 가리키는 데에 사용되게 되었다. 왜냐하면, 비유들은 일반적으로 강론(講論)에 광채와 화려함을 더해주기 때문이다. 히브리어 '히도트'(חִידוֹת)는 "수수께끼들"을 의미할 때도 있고, "경구(警句)들"을 의미할 때도 있다. 여기에서 마태는 이 단어를 "비유"의 의미로 사용하고 있는 것으로 보이기는 하지만, 그리스도께서 비유로 말씀하심으로써 그의 화법이 통상적인 말들보다 더 광채가 나서 거기에 무게와 위엄이 실려 있었다는 것을 나타내고자 하는 의도를 지니고 있었음이 분명하다. 요컨대, 마태는 앞에서 인용된 시편에 기록된 것이 그리스도에게서 성취되었다고 말하고 있다는 것이다. 왜냐하면,

그리스도께서 알레고리와 비유들을 사용하신 것은 그가 하나님의 숨겨진 비밀들을 다루고 계시다는 것을 보여주는 것이고, 그의 가르침이 멸시받는 것을 방지하기 위한 것임을 보여주는 것이었기 때문이다. 이것으로부터 우리는 그리스도께서 사람들에게 모호한 방식으로 말씀하실 때에 염두에 두고 계셨던 여러 가지 목적들 간에는 서로 상충되거나 모순되는 것이 전혀 없었다는 것을 알게 된다. 그리스도께서는 그가 말씀하고 계시는 것들을 사악한 자들로부터 숨기고자 하시는 의도를 갖고 계시긴 하였지만, 그들이 당혹해하고 어리둥절해하는 가운데서도 그가 말씀하시는 것들 속에 뭔가 하늘에 속한 신령한 것들이 들어 있다는 것을 느끼게 하고자 애쓰셨다는 것이다.

눅 13:22. 예루살렘으로 여행하시더니. 누가가 여기에서 오직 단 한 번의 여행에 대하여 말하고 있는 것인지, 아니면 그리스도께서 백성들을 가르치실 목적으로 유대 전역을 구석구석 돌아다니시다가 절기 때에 예루살렘으로 올라가곤 하셨다는 것을 말하고자 하는 것인지는 불확실하다. 분명히 전반절은 그리스도께서 아버지 하나님으로부터 위임받은 직임을 수행하기 시작하신 때로부터 계속해서 변함없이 행해 오셨던 삶의 역정(歷程)을 묘사하고 있는 것으로 보인다. 전반절과 의미가 서로 통하기 위해서는, 후반절의 의미는 이런 것이 되어야 한다: 절기들이 가까이 다가오면, 그리스도께서는 다른 사람들과 더불어서 성회(聖會)에 참석하셨다.

[44]천국은 마치 밭에 감추인 보화와 같으니 사람이 이를 발견한 후 숨겨 두고 기뻐하며 돌아가서 자기의 소유를 다 팔아 그 밭을 사느니라 [45]또 천국은 마치 좋은 진주를 구하는 장사와 같으니 [46]극히 값진 진주 하나를 발견하매 가서 자기의 소유를 다 팔아 그 진주를 사느니라 [47]또 천국은 마치 바다에 치고 각종 물고기를 모는 그물과 같으니 [48]그물에 가득하매 물 가로 끌어 내고 앉아서 좋은 것은 그릇에 담고 못된 것은 내버리느니라 [49]세상 끝에도 이러하리라 천사들이 와서 의인 중에서 악인을 갈라 내어 [50]풀무 불에 던져 넣으리니 거기서 울며 이를 갈리라 [51]이 모든 것을 깨달았느냐 하시니 대답하되 그러하오이다 [52]예수께서 이르시되 그러므로 천국의 제자 된 서기관마다 마치 새것과 옛것을 그 곳간에서 내오는 집주인과 같으니라(마 13:44-52).

이 비유들 중에서 처음 두 비유의 목적은 믿는 자들에게 온 세상보다 "천국"을 우선해서, 자기 자신 및 육신의 모든 소욕(所欲)들을 부인함으로써, 그 어떤 것도 그들이 이토록 복된 것을 얻는 데에 방해가 되지 않게 하라고 가르치기 위한 것이다. 이러한 경고의 말씀은 우리에게 꼭 필요하다. 왜냐하면, 우리는 세상의 온갖 유혹들에 너무나 깊이 사로잡혀 있어서, 영생에 대한 생각이 우리 마음속에서 희미하고, 우리가 지닌 육성(肉性)으로 말미암아 우리에게는 하나님의 신령한 은혜들을 귀히 여기는 마음이 별로 없기 때문이다. 그러므로 여기에서 그리스도께서 영생이 얼마나 귀한 것인지를 아주 생생한 비유들로 말씀하심으로써, 우리가 다른 면들에서 귀하다고 여기는 것들을 영생을 얻기 위하여 버리는 것을 아쉬워하거나 힘들어하지 않게 하신 것은 지극히 합당하다.

먼저, 그리스도께서는 "천국"은 "감추인 보화"와 같다고 말씀하신다. 우리는 보통 눈에 보이는 것에 더 큰 가치를 두는 경향이 있어서, 복음을 통해서 우리에게 제시되는 새롭고 영적인 생명은 감춰져 있고 소망 가운데에 두어져 있기 때문에, 우리는 그 생명을 별로 귀하게 여기지 않는다. 천국을 "보화"에 비유하신 것은 아주 적절하다. 왜냐하면, 보화는 땅 속에 묻혀서 사람들의 눈에서 감춰져 있다고 해도, 그 가치가 결코 줄어드는 것이 아니기 때문이다. 이 말씀은 우리에게 우리가 하나님의 은혜의 부요함을 우리 육신의 관점을 따라서, 또는 그 은혜가 외적으로 드러난 모습을 따라서 평가해서는 안 되고, "보화"가 비록 "감추어져" 있다고 해도 겉으로 보이는 재물보다 보화를 더 귀히 보아야 하는 것처럼 그런 방식으로 평가해야 한다는 것을 가르친다. 또 다른 비유도 동일한 가르침을 우리에게 전해 준다. 한 알의 "진주"는 비록 그 크기는 작지만 엄청난 가치를 지니고 있기 때문에, 노련한 상인은 그 진주를 사기 위해서 자신의 집들과 전답을 다 파는 것을 주저하지 않는다. 천국의 삶이 얼마나 좋은 것인지는 사실 육신의 지각(carnis sensus)으로는 알 수가 없는 것이기는 하지만, 만약 우리가 천국을 얻기 위해서 우리의 눈에 보기에 눈부시게 빛나는 모든 것들을 다 부인할 각오가 되어 있지 않다면, 우리는 천국을 그 진정한 가치를 따라 평가하고 있는 것이 아니다.

우리는 이제 이 두 비유의 요지를 알게 되었는데, 그 요지라는 것은 다른 모든 욕망들을 다 버리고, 천국을 얻기 위해서 자신의 온 힘과 능력을 다 쏟아 붓는 자들이 아니면, 그 누구도 복음의 은혜를 받을 자격이 없다는 것을 우리에게 알게 해주는 것이다. 또한, 우리가 주목해야 할 것은 그리스도께서는 "감추인 보화"나 "진주"를 모든 사람이 다 지극히 귀한 것으로 여긴다고 말씀하고 계시지 않으신다는 것이다. "보화"는 그것이 보화임이 밝혀진 후에야 그 진가(眞價)가 확인되고, "진주"가 귀하다는 것을 진정으로 아는 자는 오직 노련한 상인뿐이다. 왜냐하면, 그것을 알기 위해서는 믿음의 지식이 필요하기 때문이다. 그리스도께서는 "사람들은 천국을 맛볼 수 없고, 하나님이 복음 안에서 우리에게 제시하시는 저 보화의 이루 헤아릴 수 없는 가치를 알지 못하기 때문에, 보통 천국을 별 가치가 없는 하찮은 것으로 여긴다"고 우리에게 말씀하고 계시는 것이다.

그러나 우리가 영생을 얻기 위해서는 다른 모든 소유를 반드시 다 버려야 하는 것인가라는 질문이 있을 수 있다. 이 질문에 대하여 나는 간단히 답하고자 한다. 여기에 나오는 말씀의 자연스러운 의미는, 우리가 세상의 온갖 재물이나 즐거움이나 명예나 유익들보다 복음을 더 소중히 여겨서, 그 결과로 복음이 약속한 영적인 복들에 만족하고, 우리로 하여금 그 복들을 누리지 못하게 방해하는 모든 것을 다 버리지 않는다면, 복음은 우리에게서 그 본래의 가치에 합당한 정도의 대우를 받고 있지 못하다는 것이다. 왜냐하면, 천국에 소망을 둔 자들은 그들의 진보와 전진을 방해하고 지체하게 만드는 모든 것에서 벗어나는 것이 마땅하기 때문이다. 그리스도께서는 그를 믿는 자들은 경건에 해로울 뿐인 것들을 부인하고 버리라고 권면하심과 동시에, 하나님이 그들에게 주신 은택들을 사용하고 누리는 것을 허락하신다(마치 그 은택들이 사용되지 않고 있다는 듯이).

마 13:46. 그 진주를 사느니라. 그리스도께서 "샀다"는 단어를 사용하셨다고 해서, 그것은 사람들이 마치 어떤 값을 치를 수 있는 능력이 있어서 천국의 생명을 샀다는 것을 의미하는 것은 결코 아니다. 왜냐하면, 우리는 "돈 없이, 값 없이 와서 포도주와 젖을 사라"(사 55:1)는 이사야의 말씀처럼, 그리스도께서 어떤 조건으로 믿는 자들을 초대하시는지를 알기 때문이다. 그러나 천국의 생명과 거기에 속한 모든 것은 하나님이 거저 주시는 선물이지만, 우리가 육신의 소욕들을 기쁜 마음으로 다 버림으로써, 그 어떤 것도 우리가 그 생명을 얻는 것을 방해하는 일이 없게 되었을 때, 우리는 그 생명을 샀다고 말할 수 있다. 바울은 "내가 … 모든 것을 잃어버리고 배설물로 여김은 그리스도를 얻기"(빌 3:8) 위한 것이라고 말한다.

마 13:47. 그물과 같으니. 그리스도께서는 여기에서 새로운 가르침을 주고 계시는 것이 아니고, 단지 그가 앞에서 가르치셨던 것, 즉 하나님의 교회는 이 세상에 존재하는 한 선한 자들과 악한 자들이 함께 공존하는 곳이 될 것이고, 더러운 것들과 부정(不淨)한 것들에서 결코 자유롭지 못할 것이라는 말씀을 또 다른 비유를 통해서 확증해 주신다. 그렇지만 이 비유의 목적과 의도는 상당히 다르다. 이 비유를 통해서, 그리스도께서는 세상에서 그들이 바라던 대로의 순수함을 발견하지 못했을 때에 연약한 믿음을 지닌 많은 자들이 당혹해하고 실족하여 걸려 넘어지는 것을 방지하고자 하실 뿐만 아니라, 그의 제자들로 하여금 두려워하고 절제하게 하여서, 그들이 신앙이라는 공허한 타이틀이나 단순한 고백만으로 만족하는 일이 없게 하고자 하신다. 나로서는 이 두 가지 견해를 다 기꺼이 받아들인다. 그리스도께서는 우리에게 교회 안에 선한 자들과 악한 자들이 공존하는 것을 세상 끝날까지 참고 견뎌야 한다는 것을 알게 해주시고자 하신다. 왜냐하면, 오직 그날에 이르러서야 비로소 교회의 참되고 실질적인 회복이 이루어질 것이기 때문이다. 또한, 그리스도께서는 우리가 그의 택함받은 진짜 양이 아니라면, 단지 양의 우리 속으로 들어갔다는 사실만으로는 충분하지도 않고 별로 중요하지도 않다고 우리에게 경고하신다. "주께서 자기 백성을 아신다 하며 또 주의 이름을 부르는 자마다 불의에서 떠날지어다 하였느니라"(딤후 2:19)는 바울의 말씀도 이와 같은 취지이다.

그리스도께서 복음을 전하는 것을 그물을 물에 던지는 것에 비유하신 것은 교회의 현재의 상태가 혼돈 가운데 있다는 것을 우리에게 알게 해주시기 위한 것이다. 왜냐하면, 하나님은 "무질서의 하나님"이 아니시고 오직 "질서의 하나님"이시므로(고전 14:33), 우리에게 교회에 대한 치리(治理)를 권고하시지만, 그가 마지막 날에 그의 나라를 온전하게 하실 때까지는, 외식하는 자들이 신실한 자들과 함께 공존하는 것을 한동안 허용하시기 때문이다. 따라서 우리는 우리의 힘이 닿는 데까지는 교회 안에서의 악덕들을 바로잡고자 애써야 하고, 더럽고 타락한 것들을 제거하는 일에 엄해야 하지만, 그리스도께서 "양과 염소를 구분하여" 분리하실 때까지는(마 25:32), 교회라고 할지라도 온갖 점과 흠으로부터 자유롭지 못할 것이다.

마 13:51. 이 모든 것을 깨달았느냐. 우리는 우리가 앞에서 살펴본 것, 즉 그리스도께서는 그가 가르치신 모든 비유를 그의 제자들에게 사적으로 설명해 주셨다는 사실을 기억하여야 한다. 이제 그리스도께서는 이러한 인자하시고 친숙한 방식으로 그들을 가르치신 후에, 아울러 그들에게 그가 그들을 이렇게 힘들여서 가르치시는 목적은 그들로 하여금 제대로 잘 알아서 지혜롭게 하시기 위한 것일 뿐만 아니라, 그들이 받은 것을 다른 사람들에게 전하도록 하시기 위한 것임을 일깨워 주신다. 그리스도께서는 이런 식으로 그들의 마음을 북돋우시고 채찍질하셔서, 그들로 하여금 더욱더 가르침을 받고자 하는 마음이 들게 만드신다. 그는 선생들은 그

들 자신의 먹을 것만 신경을 쓰는 것이 아니라 다른 사람들도 먹여 살리기 위해서
양식을 비축해 두며, 그날그날 먹을 것을 구해서 대충 살아가는 것이 아니라 먼 미
래를 바라보고서 장차 먹을 양식도 미리 마련해 두는 "집주인과 같다"고 말씀하신
다. 그러므로 이 말씀의 취지는 교회의 선생들은 오랜 시간의 연구를 통해서 그때
그때 필요한 경우에 하나님의 말씀에 관한 여러 가지 다양한 교훈을 "곳간"에서 내
와서 사람들에게 나누어 줄 준비가 되어 있어야 마땅하다는 것이다. 옛 해석자들
중에서 다수는 "새것과 옛것"이라는 표현이 각각 율법과 복음을 가리키는 것으로
이해하였지만, 그런 해석은 내게는 억지스러워 보인다. 나는 이 표현이 단지 각 사
람의 역량(captus)에 맞춰서 지혜롭고 합당하게 이런저런 다양한 교훈을 베푸는
것을 나타내는 표현이라고 본다.

[36]한 바리새인이 예수께 자기와 함께 잡수시기를 청하니 이에 바리새인의 집에 들
어가 앉으셨을 때에 [37]그 동네에 죄를 지은 한 여자가 있어 예수께서 바리새인의 집
에 앉아 계심을 알고 향유 담은 옥합을 가지고 와서 [38]예수의 뒤로 그 발 곁에 서서
울며 눈물로 그 발을 적시고 자기 머리털로 닦고 그 발에 입맞추고 향유를 부으니
[39]예수를 청한 바리새인이 그것을 보고 마음에 이르되 이 사람이 만일 선지자라면
자기를 만지는 이 여자가 누구며 어떠한 자 곧 죄인인 줄을 알았으리라 하거늘 [40]예
수께서 대답하여 이르시되 시몬아 내가 네게 이를 말이 있다 하시니 그가 이르되
선생님 말씀하소서 [41]이르시되 빚 주는 사람에게 빚진 자가 둘이 있어 하나는 오백
데나리온을 졌고 하나는 오십 데나리온을 졌는데 [42]갚을 것이 없으므로 둘 다 탕감
하여 주었으니 둘 중에 누가 그를 더 사랑하겠느냐 [43]시몬이 대답하여 이르되 내 생
각에는 많이 탕감함을 받은 자니이다 이르시되 네 판단이 옳다 하시고 [44]그 여자를
돌아보시며 시몬에게 이르시되 이 여자를 보느냐 내가 네 집에 들어올 때 너는 내
게 발 씻을 물도 주지 아니하였으되 이 여자는 눈물로 내 발을 적시고 그 머리털로
닦았으며 [45]너는 내게 입맞추지 아니하였으되 그는 내가 들어올 때로부터 내 발에
입맞추기를 그치지 아니하였으며 [46]너는 내 머리에 감람유도 붓지 아니하였으되 그
는 향유를 내 발에 부었느니라 [47]이러므로 내가 네게 말하노니 그의 많은 죄가 사하
여졌도다 이는 그의 사랑함이 많음이라 사함을 받은 일이 적은 자는 적게 사랑하
느니라 [48]이에 여자에게 이르시되 네 죄 사함을 받았느니라 하시니 [49]함께 앉아 있
는 자들이 속으로 말하되 이가 누구이기에 죄도 사하는가 하더라 [50]예수께서 여자

에게 이르시되 네 믿음이 너를 구원하였으니 평안히 가라 하시니라(눅 7:36-50).

눅 7:36. 한 바리새인이 예수께 … 청하니. 이 이야기는 그리스도께서 어떤 일을
하고 계시는지, 즉 그의 직임(officium)을 알지 못하는 자들은 얼마나 그의 언행에
트집을 잡기 쉽고 얼마나 걸려 넘어지기 쉬운지를 우리에게 가르쳐 준다. 한 "바리
새인"이 그리스도를 초청하였다. 이것으로부터 우리는 이 바리새인이 평소에 그리
스도의 가르침에 대하여 격분하며 격렬하게 반대하였던 자들이나 오만하게 그의
가르침을 멸시하였던 자들 중의 한 사람이 아니었다는 것을 알 수 있다. 그러나 이
바리새인이 얼마나 온유한 사람이었는지는 몰라도, 어쨌든 그는 자기가 생각할 때
에는 가까이 하거나 어울려서는 안 되는 여자를 그리스도께서 인자하게 맞아 주시
는 것을 보았을 때에 즉시 실족하여 걸려 넘어져서, 자기가 그리스도를 선지자로
여겼던 것이 착각이었다고 생각하게 되었다. 이것은 이 바리새인이 그리스도가 누
구신지, 즉 그가 비참한 죄인들로 하여금 하나님의 은혜를 입게 만드시는 사명(使
命)을 받고 오신 중보자이시라는 것을 알지 못하였기 때문이었다. 이 바리새인이
그리스도를 선지자로 여겨서 거기에 합당한 대우를 한 것은 잘한 일이었다. 그러
나 그는 그리스도께서 무슨 목적으로 보내심을 받은 것이고, 무엇을 가지고 오셨
으며, 아버지 하나님으로부터 어떤 사명을 받고 오신 것인지를 살펴보았어야 했
다. 그리스도가 선지자가 아니라고 그가 결론을 내리게 된 것은 사람들이 그리스
도에게서 찾아야 할 가장 중요한 것, 즉 사람들을 하나님과 화목하게 하시는 은혜
를 간과하였기 때문이었다. 만약 이 여자가 그리스도의 은혜로 말미암아 죄 사함
과 새로운 의(義)를 얻지 못하였더라면, 그녀는 배척을 당해도 할 말이 없었을 것
이다. 바리새인 시몬의 잘못은 단지 그리스도께서 "잃어버린 자들"을 구원하시기
위하여 오셨다는 사실을 알지 못하고서, 그리스도를 합당한 자와 합당치 못한 자
도 구별 못하는 분으로 경솔하게 단정해 버린 데에 있었다. 이 바리새인이 그리스
도를 오해하여 노골적으로 혐오감을 나타내고 멸시한 것과 같은 그런 마음이 우리
속에서 생겨나지 않도록 하기 위해서는, 우리는 먼저 그리스도께서는 멸망 길에
서 있는 비참한 자들을 건지셔서 사망에서 생명으로 옮기실 목적으로 오신 구원자
(liberator)이시라는 사실을 알아야 하고, 다음으로 각 사람은 자기 자신과 자신의
삶을 철저히 살펴야 한다. 그런 후에는, 아무도 감히 자신을 다른 사람들보다 낫다
고 할 수 없을 것이기 때문에, 우리는 다른 사람들이 우리와 마찬가지로 그리스도

에 의해서 영접을 받더라도, 그것을 이상히 여기지 않게 될 것이다. 사람들이 자기 자신이 어떤지는 잘 살피지 않으면서 오만함에 빠져서 다른 사람들을 멸시하는 것은 외식하는 것(hypocrisis)일 뿐이다.

눅 7:37. 죄를 지은 한 여자. 나는 이 어구의 원문(ἥτις ἦν ἁμαρτωλός-헤티스 엔 하마르톨로스)을 축자적으로 그대로 번역하였지만("죄인인 한 여자"), 에라스무스 (Erasmus)는 당시에 이 여자가 아직도 죄인이었다고 생각하지 않도록 하기 위해서, 이 어구를 과거완료로 번역하는 쪽을 택하여서, "죄인이었던 한 여자"로 옮겼다. 그러나 에라스무스는 그렇게 번역함으로써 이 구절의 자연스러운 의미를 왜곡하는 잘못을 범하게 되었다. 왜냐하면, 누가는 이 여자가 당시에 사회 속에서 지니고 있던 지위와 사람들이 이 여자에 대하여 품고 있던 생각을 이 어구를 통해서 표현하고자 한 것이기 때문이다. 이 여자는 돌연한 회심으로 말미암아 하나님이 보시기에는 이전과는 완전히 다른 사람이 되어 있었지만, 사람들 가운데서는 그녀의 이전의 삶으로 말미암아 그녀에게 붙어 다녔던 불명예스러운 꼬리표는 여전히 그대로 있었고 그녀에게서 떼어진 것이 아니었다. 그러므로 사람들의 일반적인 평가에 있어서, 그녀는 여전히 "죄인," 즉 악하고 부끄러운 삶을 사는 여자였다. 따라서 시몬은 그리스도께서 사람들이 다 알고 있는 그녀의 부끄러운 정체를 알지 못하시는 것으로 보아서 그리스도에게는 분별의 영이 없다고 그릇된 결론을 내리게 된 것이었다.

눅 7:40. 예수께서 대답하여 이르시되. 그리스도께서는 이 대답을 통해서 시몬이 얼마나 터무니없는 오해를 한 것인지를 보여주신다. 왜냐하면, 그리스도께서는 시몬이 말로는 표현하지 않고 속으로만 담고 있던 생각을 사람들 앞에 공개적으로 드러내심으로써, 선지자들과는 비교할 수 없을 정도로 뛰어난 그 무엇이 자기 속에 있다는 것을 증명하셨기 때문이다. 그리스도께서는 시몬이 한 어떤 말에 대하여 대답하시는 것이 아니라, 시몬이 자신의 가슴속에 억눌러 담아두고 있던 감정에 대하여 대답하시면서 그 감정을 반박하신다. 그리스도께서 이렇게 하신 것은 단지 시몬 때문만은 아니었고, 그는 죄인들을 결코 배척하지 않으시고 모든 죄인에게 손을 뻗치셔서 그들을 인자하고 친근하게 초대하시고 받아주시는 분이시기 때문에, 우리 같은 죄인이 혹시 배척받으면 어쩌나 하고 염려하지 않아도 된다는 것을 우리 각 사람에게 확신시키시기 위한 것이기도 하였다.

눅 7:41. 빚진 자가 둘이 있어. 이 비유의 취지는 하늘의 재판장께서 무죄를 선고하셔서 풀어 주신 이 여자를 시몬이 단죄하는 것은 잘못이라는 것을 보여주시는 것이다. 그리스도께서는 그녀가 하나님을 기쁘시게 하였기 때문이 아니라, 그녀의 죄가 탕감되고 사함받았기 때문에, 그녀가 의로운 것이라고 말씀하시고 증명하신다. 그런 것이 아니라면, 그녀의 경우는 이 비유와 맞지 않게 된다. 왜냐하면, 그리스도께서는 "빚 주는 자"가 도저히 빚을 갚을 능력이 없는 "빚진 자들"을 무조건적으로 "탕감하여" 주었다고 분명하게 말씀하시기 때문이다. 그러므로 그토록 많은 해석자들이 이 여자가 눈물을 흘리며 향유를 그리스도의 발에 붓고 입 맞춘 행위로 말미암아 죄 사함을 받을 만하였다고 생각하는 너무나 엄청난 미혹에 빠져든 것은 정말 놀라운 일이 아닐 수 없다. 그리스도께서 열거하고 계시는 이 여자의 행위는 죄 사함의 원인이 아니라 그 결과였다. 왜냐하면, 하나님의 은혜를 받는 것이 먼저이고, 그 후에야 감사가 나오기 때문이다. 이러한 상호적인 사랑의 원인은 여기에서 값없이 거저 주어진 죄 사함이라고 분명하게 선언된다. 요약하자면, 그리스도께서는 열매 또는 결과에 의거해서, 이 여자가 이미 하나님과 화목하게 되었다는 것을 보여주고 계신다는 것이다.

눅 7:44. 그 여자를 돌아보시며. 그리스도께서 시몬을 이 여자와 비교하시면서, 시몬은 단지 가벼운 죄들만을 저지른 것처럼 말씀하시는 것으로 보이지만, 그것은 단지 그렇다고 가정(假定)하고 얘기를 진행해 보자는 뜻일 뿐이다. 그리스도께서는 마치 이렇게 말씀하신 것이나 다름없다: "자, 시몬아, 하나님이 네게 탕감해 주신 죄는 가벼운 것이었고, 이 여자는 수많은 아주 극악무도한 죄악들을 범했다고 가정해 보자. 그렇지만, 그녀는 자기가 죄 사함을 얻었다는 것을 그녀의 행위들을 통해서 증명한 것을 너도 보았다. 그녀의 눈에서 흘러넘쳤던 저 눈물, 내 발에 몇 번이나 입맞춤을 한 것, 저 귀한 향유를 내 발에 부은 것은 무엇을 의미하는 것이냐? 그것들이 그녀가 지금까지 엄청난 죄의 짐에 눌려 왔다는 것을 인정하는 것을 보여주는 것이 아니라면 도대체 무엇을 의미하는 것이겠느냐? 그래서 지금 그녀는 자기에게 하나님의 긍휼하심이 너무나 절실하게 필요하다는 것을 아주 잘 알고 있었기 때문에, 그 절실함과 정비례한 열렬한 사랑으로 하나님의 은혜를 꼭 부여잡은 것이 아니겠느냐?"

그러므로 우리는 그리스도께서 하신 말씀을 근거로 삼아서, 시몬은 적게 빚을 진 자였다거나, 그가 죄 사함을 받았다는 등과 같은 결론을 내려서는 안 된다. 도리어 시몬은 눈이 먼 외식하는 자였기 때문에, 여전히 그의 더러운 죄악들 가운데에 빠져 있었을 가능성이 높다. 그리스도께서 여기에서 보여주고자 하시는 단 한 가지는 설령 이 여자가 과거에 아무리 악했다고 할지라도, 그녀는 하나님께 감사하는 그녀의 마음을 증명하는 데에 필요한 행위들을 하나도 남김없이 다 행하고, 그녀가 하나님에 대하여 이루 말할 수 없는 신세를 졌다는 것을 가능한 모든 방법으로 인정하고 고백함으로써, 그녀가 이제 의롭게 되었다는 것을 증명해 주는 의심할 여지 없이 확실한 증거들을 보여주었다는 것이다. 아울러, 그리스도께서는 시몬에게 그가 마치 모든 죄책(culpa)에서 자유롭게 된 양 자랑하거나 우쭐댈 처지가 아니라는 것을 상기시켜 주신다. 왜냐하면, 시몬 자신도 이 여자와 마찬가지로 하나님의 긍휼을 필요로 하는 자였고, 또한 그 자신은 하나님으로부터 죄 사함을 얻지 못했다고 할지라도, 이 여자가 과거에 어떤 죄들을 지었든지 간에, 그녀가 보인 행위들이 지금까지 지은 죄들에 대한 회개의 증거들(poenitentiae signa)이자 그녀의 죄들이 사함을 받은 것에 대한 감사의 증거들(gratitudinis signa)이라는 것을 인정했어야 했기 때문이다.

우리는 그리스도께서 어떤 점들을 서로 대비시키셔서, 이 여자가 시몬보다 낫다고 하시는지를 주목하여야 한다. 이 여자는 "눈물로" 그리스도의 "발을 적시고 그 머리털로 닦았지만," 시몬은 통상적인 관례를 따라서 손님에게 "발 씻을 물을 주어야" 하는데도 그것조차도 하지 않았다. 이 여자는 그리스도의 "발에 입맞추기를 그치지 아니하였지만," 시몬은 환영의 표시로 그리스도께 "입맞추는" 것조차 하지 않았다. 이 여자는 값비싼 "향유"를 그리스도의 "발에 부었지만," 시몬은 그리스도의 "머리에 감람유도 붓지 아니하였다." 그러나 검소함과 절약의 본보기이셨던 주님이 왜 이 여자가 그의 발에 향유를 붓는 것을 허락하신 것인가? 그것은 이 불쌍한 "죄인"이 자신의 죄 사함을 받은 것이 모두 그리스도 덕분이라는 것을 이런 식으로 증거하였기 때문이었다. 그리스도께서는 그런 사치를 누리고자 하시는 마음이 전혀 없으셨고, 값비싼 향유의 향기에 취하신 것도 아니었으며, 화려한 예배(splendidum cultum)를 옳다고 하시는 분도 아니셨다. 그리스도께서는 오직 그녀가 회개하였음을 증거해 주는 그녀의 놀랍고도 특별한 열심만을 보셨고, 누가도 그것을 우리에게 하나의 모범으로 제시하고 있다. 그녀의 눈물은 그녀가 진정으로 슬퍼하고 있음을 보여준 것으로서 회개의 시작이었다. 그녀는 그리스도의 뒤로 가서 그 발 앞에 엎드림으로써 자신을 부끄러워하고 낮추는 마음을 보여주었고, 향유를 그리스도의 발에 부음으로써 자기 자신과 자기가 소유한 모든 것을 그리스도께 제물로 드린다는 것을 분명하게 선언하였다. 이 여자가 행한 이 모든 일들은 하나하나가 다 우리가 마땅히 본받아야 할 일들이지만, 향유를 부은 것은 너무 이례적인 것으로서 하나의 규범으로 삼기에는 부적절하다.

눅 7:47. 그의 많은 죄가 사하여졌도다. 어떤 이들은 여기에 나오는 동사를 청유형(請誘形)으로 보고서, 이 구절을 "그녀의 많은 죄가 사함받기를 바라노라"로 해석하고, 이 구절의 의미는 다음과 같은 것이라고 주장한다: "이 여자는 여러 가지 특별한 행위들을 통해서 자기가 그리스도에 대한 열렬한 사랑으로 가득 차 있다는 것을 보여주었기 때문에, 교회가 그녀를 가혹하고 심하게 대하는 것은 적절하지 않다. 도리어, 그녀가 아무리 무거운 죄들을 지었다고 할지라도, 교회는 그녀를 긍휼히 여기는 것이 마땅하다." 그러나 헬라어의 아티카 방언으로 '아페온타이'(ἀΦέωνται)는 '아페인타이'(ἀΦεῖνται)를 의미하기 때문에, 우리는 문맥상으로 맞지 않는 저 교묘한 해석과 작별을 고하는 것이 좋겠다. 왜냐하면, 조금 후에 그리스도께서는 이 여자를 부르는 말 속에서 이것과 동일한 동사를 사용하시는데, 거기에서는 이 동사가 청유형으로 해석될 여지가 전혀 없어 보이기 때문이다. 게다가, 이 본문에는 "사함을 받은 일이 적은 자는 적게 사랑하느니라"는 대구(對句)가 덧붙여져 있다. 현재 시제로 되어 있는 이 동사를 과거 시제로 해석하여야 한다는 것은 의심의 여지가 없다. 이 여자가 하나님을 경외함을 나타내기 위해서 경건의 모든 의무들을 행하고자 있는 힘을 다해서 애쓰는 것을 보시고, 그리스도께서는 이 여자가 전에 많은 죄를 지었을지라도, 그녀를 향하신 하나님의 긍휼하심이 아주 커서, 그녀를 더 이상 "죄인"으로 여기는 것은 마땅하지 않다는 결론을 내리시게 된 것이다. 다시 한 번 말해 두지만, 내가 앞에서 언급하였듯이, "사랑함"은 죄 사함의 원인이 아니라, 죄 사함의 결과로서 나타난 현상이라는 것이다. 왜냐하면, 이 구절의 의미는 "이 여자가 나타내 보인 깊은 경건을 보고서, 하나님이 이미 그녀와 화목하게 되셨고, 따라서 죄 사함도 이미 이루어졌다는 것을 알지 못하는 자들은 잘못된 판단을 하고 있는 자들이다"라는 것이기 때문이다. 그리스도께서는 사람들이 어떤 대가(代價)를 치르고 하나님의 은혜를 살 수 있는지를 논하고 계시는 것이 아니라, 하나님이 이미 이 불쌍한 죄인을 용서하셨기 때문에, 죽을 수밖에 없는 존재인 인간이 그녀를 심하게 대하는 것은 마땅치 않다고 말씀하고 계시는 것이다.

눅 7:48. 네 죄 사함을 받았느니라. 이 여자가 이미 죄 사함을 받았다면, 왜 그리스도께서는 이제 와서 그녀에게 죄 사함에 대한 약속을 주시고, 그녀가 죄 사함을 받았다는 것을 확인시켜 주시는 것인가? 어떤 이들은 그리스도께서 이 말씀을 하신 것은 그녀를 위해서라기보다는 다른 사람들을 위한 것이었다고 말한다. 하지만 나는 이 말씀이 일차적으로 그녀를 위한 것이었다는 것을 의심하지 않는데, 이것은 그 뒤에 나오는 말씀을 보면 더 분명해진다. 또한, 이미 그리스도의 은혜를 맛보았을 뿐만 아니라 그리스도야말로 그녀를 구원하실 유일한 피난처이시라는 확신까지 지니고 있었던 이 여자에게 그리스도께서 다시 한 번 직접 그의 입으로 "죄 사함"을 선언하신 것은 전혀 이상한 일이 아니다. 이것은 오늘날에도 우리가 하나님께서 우리의 죄를 사해 주시라고 기도하려면, 그 이전에 먼저 믿음이 선행되어야 하는데, 이렇게 우리에게 믿음이 있다고 해서, 그런 기도가 불필요하고 쓸데없는 기도가 되는 것은 아닌 것과 마찬가지이다. 왜냐하면, 그러한 기도의 목적은 하늘의 재판장께서 우리의 마음에 그의 긍휼하심을 더욱더 인(印)쳐 주셔서 우리로 평안을 얻게 해주시라는 것이기 때문이다. 이 여자는 그녀가 이미 얻은 저 은혜를 의지하여 확고한 믿음으로 온 것이었지만, 그리스도께서 그녀에게 주신 죄 사함의 약속은 결코 불필요하고 쓸데없는 것이 아니라, 그녀의 믿음을 확증해 주고 견고히 해주는 데에 크게 도움이 되는 것이었다.

눅 7:49. 함께 앉아 있는 자들이 속으로 말하되. 여기에서 우리는 그리스도의 직임(officium)에 대한 무지(無知)가 사람들을 끊임없이 걸려 넘어지게 하는 원인으로 작용한다는 것을 또다시 확인하게 된다. 악의 뿌리(mali radix)는 자신의 비참한 상태를 살피지 않는 것이다. 왜냐하면, 자기 자신을 제대로 살피기만 한다면, 사람들은 누구나 의심할 여지 없이 자신을 치유해 줄 수 있는 치료책(remedium)을 찾을 수밖에 없기 때문이다. 자신의 악행들 가운데서 잠자고 있는 외식하는 자들이 그리스도께서 죄 사함을 선언하시는 것을 보고서, 그것을 신기하고 이상한 일로 여겨 수군거리는 것은 전혀 놀랄 일이 아니다.

눅 7:50. 네 믿음이 너를 구원하였으니. 그들의 수군거림을 제압하심과 동시에 이 여자를 견고히 세우시기 위하여, 그리스도께서는 그녀의 믿음을 칭찬하신다. 이것은 마치 그리스도께서 그녀에게 "다른 사람들이 무엇이라 수군거리든지, 너는 그런 것에 상관하지 말고, 네게 확실한 구원을 가져다준 네 믿음을 굳게 지키라"고 말씀하신 것이나 다름없었다. 아울러, 이것은 그리스도께서 아버지 하나님이 그에게 주신 권세를 분명하게 단언하신 것이기도 하다. 그리스도께서 치유의 권세를 소유하고 계시는 것이기 때문에, 믿음의 대상이 그리스도가 되는 것은 당연한 일이었다. 또한, 이것은 이 여자가 경솔함이나 오해로 인해서 그리스도께로 오게 된 것이 아니라, 성령의 인도하심으로 말미암아 올바른 믿음의 도(道)를 따른 것임을 확인해 주시는 말씀이기도 하다.

　이것으로부터 우리는 하나님의 아들이 우리에 대한 생사여탈권(生死與奪權)을 쥐고 계시는 분이시라는 것을 안다면, 우리가 하나님의 아들 외에 다른 이를 믿을 수 없다는 것도 알게 될 수밖에 없다는 결론을 얻게 된다. 우리가 그리스도를 믿는 진짜 이유가 하나님이 그리스도께 우리의 죄를 사하실 수 있는 권세를 주셨다는 것인데도, 우리가 다른 이를 믿는다면, 그것은 오직 그리스도께서 받으시는 것이 합당한 영광과 존귀를 그에게서 빼앗는 것이 될 수밖에 없다. 또한, 이 구절은 우리가 "사랑함"을 통해서 "죄 사함"을 살 수 있다고 제멋대로 생각하는 자들의 오류를 반박하는 말씀이기도 하다. 왜냐하면, 그리스도께서는 그런 것과는 판이하게 다른 방법, 즉 하나님이 제안하시는 긍휼하심을 우리가 믿음으로 받아들임으로써 죄 사함을 받는 방법을 제시하시기 때문이다. "평안히 가라"는 마지막 구절은 성경에서 아주 빈번하게 칭찬하고 있는 저 믿음의 이루 헤아릴 수 없이 귀한 열매를 보여준다. 믿음은 양심에 평안과 기쁨을 가져다주고, 양심이 불안과 두려움으로 이리저리 휘둘리는 것을 막아준다.

[38]그들이 길 갈 때에 예수께서 한 마을에 들어가시매 마르다라 이름하는 한 여자가 자기 집으로 영접하더라 [39]그에게 마리아라 하는 동생이 있어 주의 발치에 앉아 그의 말씀을 듣더니 [40]마르다는 준비하는 일이 많아 마음이 분주한지라 예수께 나아가 이르되 주여 내 동생이 나 혼자 일하게 두는 것을 생각하지 아니하시나이까 그를 명하사 나를 도와 주라 하소서 [41]주께서 대답하여 이르시되 마르다야 마르다야 네가 많은 일로 염려하고 근심하나 [42]몇 가지만 하든지 혹은 한 가지만이라도 족하니라 마리아는 이 좋은 편을 택하였으니 빼앗기지 아니하리라 하시니라(눅 10:38-42).

눅 10:38. 예수께서 한 마을에 들어가시매. 이 이야기는 그리스도께서는 어디를 가시든 자신의 개인적인 관심사들에 몰두하시거나, 자신의 편안함이나 안일을 생각하신 것이 아니라, 오로지 다른 사람들에게 선(善)을 행하시고, 아버지 하나님이 그에게 맡기신 일을 행하시는 것에 온 힘을 쏟으셨다는 것을 보여준다. 누가는 그리스도께서 마르다의 집에 들어가셔서 그녀의 영접을 받자마자 가르치시고 권면하시는 일을 시작하셨다고 말한다. 이 대목은 이른바 관상(觀想) 생활이라 불리는 것을 칭송하는 근거가 되는 본문으로 심하게 왜곡되게 해석되어 왔기 때문에, 우리는 이 대목이 지닌 참된 의미가 무엇인지를 꼼꼼히 살펴볼 필요가 있는데, 우리가 그렇게 해보면, 그의 제자들에게 한가하게 쓸데없는 사변(思辨)에 빠지는 것을 권장하시는 것이라는 해석은 이 대목에서 그리스도께서 의도하신 것과는 거리가 멀다는 것이 드러나게 될 것이다.

세상사에서 벗어나서 전적으로 관상 생활에만 전념하는 가운데에 천사 같은 삶을 영위하는 자들이 범해온 오류는 의심할 여지 없이 아주 오래된 것이다. 왜냐하면, 소르본 학파의 신학자들이 이 주제와 관련해서 말해 온 터무니없는 주장들은 인간의 삶의 최고의 선(善)이자 궁극적인 목적을 덕(德)의 완성(virtutis fruitio)인 관상 생활에 둔 아리스토텔레스에게 빚지고 있는 것으로 보이기 때문이다. 일부 사람들이 평범한 사회생활에서 벗어나 뭔가를 이루어 보고자 하는 야심에 이끌려서, 또는 괴팍하고 까다로운 사람들이 염세적인 생각으로 독신으로 세상일에 상관하지 않고 살려고 하여 관상의 길을 선택했을 때, 그들의 마음속에는 자신들은 아무 일도 하지 않는 천사와 같은 삶을 살고 있다고 제멋대로 상상하는 교만이 싹틀 수밖에 없다. 왜냐하면, 그들은 마치 현실의 삶을 사는 것은 그들을 천국으로부터 멀어지게 하는 것인 양 여겨서, 그 현실의 삶을 완전히 멸시하는 마음을 품고 있기 때문이다. 그러나 그들의 생각과는 정반대로, 사람들은 각 사람마다 자기에게 맞는 일을 하도록 창조되었고, 각 사람이 자신의 부르심에 따라서 부지런히 일하여, 많은 사람들에게 유익을 끼치는 삶을 사는 것보다 하나님을 더 기쁘시게 해드리는 제사가 없다는 것을 우리는 알고 있다.

그들이 그들의 머리로 고안해 낸 것들을 밑받침하기 위해서 그리스도의 말씀을 얼마나 어처구니없이 왜곡해 왔는지는 우리가 이 대목의 자연스러운 의미를 확인했을 때에 분명하게 드러나게 될 것이다. 누가는 마리아가 "주의 발치에 앉았다"고 말하고 있지만, 이것이 마리아가 일생 동안 다른 아무 일도 하지 않았다는 것을 의미하는 것인가? 아니, 도리어 정반대로, 그리스도께서는 그를 따르는 자들에게 그리스도의 학교에서 진보를 이루고자 하는 자는 항상 듣기만 하고 행하지 않는 자가 아니라, 자기가 배운 것을 힘써 행하는 자가 되어야 할 것이라고 명령하신다. 왜냐하면, 말씀을 들어야 할 때도 있어야 하고, 말씀을 행해야 할 때도 있어야 하기 때문이다. 그러므로 이 대목의 말씀을 통해서 그리스도께서는 단지 사람들이 어떤 목적으로, 그리고 어떤 방식으로 그를 영접하기를 바라시는지를 우리에게 알게 해 주신 것인데도 불구하고, 수도사들이 마치 그리스도께서 관상 생활과 실생활을 대비시키셔서 말씀하신 것처럼 이 대목을 해석하는 것은 어리석은 일이다.

마르다가 그리스도를 정성껏 환대한 것(hospitalitas)은 칭찬받을 만한 일이었고, 또 실제로 칭찬을 받고 있지만, 거기에는 두 가지 잘못이 있었고, 그리스도께서는 바로 그것들을 지적하신다. 첫 번째 잘못은 마르다의 접대가 도가 지나쳐서 과도한 것이 되었다는 데에 있었다. 왜냐하면, 그리스도께서는 간소하게 대접받는 것을 원하셨고, "거룩한 부녀"인 마르다가 지나치게 많은 일을 하게 되는 것도 원하지 않으셨기 때문이다. 두 번째 잘못은 마르다가 꼭 필요한 정도를 벗어나서 많은 일을 하게 됨으로써 마음이 분산되어, 그리스도의 심방으로 인하여 유익을 얻을 기회를 놓치게 되었다는 것이었다.

누가는 그리스도께서는 간소한 접대로 충분히 만족하셨을 것인데도, 마르다가 접대에 지나치게 신경을 썼다는 것을 본문에 나오는 "준비하는 일이 많아"라는 표현을 통해서 지적한다. 이것은 마치 어떤 사람이 선지자를 극진히 대접해야 하겠다고 생각하고서, 정작 선지자가 전하는 말씀은 들을 생각을 하지 않고, 대접하는 일에만 정신이 팔려서 이것저것 불필요하게 많이 준비하는 것과 같은 것이었다. 그러나 하나님이 선지자들을 통해서 우리에게 주시고자 하시는 유익을 받는 것이야말로 선지자들을 제대로 대접하는 것이다.

이제 우리는 마르다가 그리스도를 극진히 대접하기 위해서 세심하게 신경을 쓴 것은 칭찬을 받을 만한 일이긴 하였지만 거기에 잘못이 없는 것이 아니었다는 것을 알게 되었다. 게다가, 마르다가 추가로 범한 잘못이 있었는데, 그것은 그녀가 그리스도의 가르침을 받고자 한 동생 마리아의 경건한 열심을 멸시하고, 자기가 그리스도를 접대하기 위해서 분주하게 일하는 것을 자랑하였다는 것이다. 마르다의 예는 우리에게 우리가 옳은 일을 할 때에 은근히 우리를 다른 사람들보다 우월한 것으로 생각하여 우쭐해하지 않도록 조심해야 한다는 교훈을 준다.

눅 10:42. 한 가지만이라도 족하니라. 어떤 이들은 마치 이 어구가 한 가지 반찬을 내놓는 것만으로도 충분하다는 취지의 말씀인 듯이 아주 엉뚱한 해석을 제시하기도 하고, 어떤 이들은 "한 가지"라는 표현과 관련해서 문맥과 전혀 상관없는 독창적인 해석들을 제시하기도 한다. 그러나 그리스도께서는 그런 것들과는 전혀 다른 의도로 이 말씀을 하신 것인데, 그것은 믿는 자들이 하고자 하는 일들은 무엇이든지 한 가지 목적과 연결되어 있어야 한다는 것이다. 요컨대, 우리의 모든 행위가 한 가지 분명한 목적을 지향하고 있지 않다면, 그 행위는 허공을 치는 쓸데없는 일이 되고 만다는 것이다. 마르다가 그리스도를 접대하면서 저지른 잘못은 그녀가 정작 주된 일(praecipuum caput)은 소홀히 하고, 오로지 집안일에만 매달린 데에 있었다. 그렇지만 그리스도께서는 이 "한 가지"를 제외한 다른 모든 것은 전혀 중요하지 않다고 하신 것이 아니라, 우리가 일의 우선순위에 적절한 주의를 기울임으로써, 보조적인 것이 주된 것이 되어 버리는 일이 없게 하여야 한다고 말씀하신 것이다.

눅 10:42. 마리아는 이 좋은 편을 택하였으니. 이 말씀 속에는 미숙하고 엉뚱한 해석자들이 제멋대로 생각하는 것과 같은 그런 대비(對比)는 존재하지 않는다. 그리스도께서는 단지 마리아는 거룩하고 유익한 일을 택하여 참여하고 있는 것이기 때문에 그녀를 방해하는 것은 옳지 않다고 분명하게 말씀하시는 것일 뿐이다. 이것은 마치 그리스도께서 이렇게 말씀하신 것이나 다름없었다: "마리아가 나를 접대하는 일은 전부 마르다에게 맡겨둔 채로 혼자 빈둥거린다거나, 사소하고 쓸데없는 일이나 그녀의 본분에 어울리지 않는 어떤 일을 하고 있는 것이라면, 네가 네 동생을 나무란 것은 옳은 일이 되었을 것이다. 그러나 마리아는 말씀을 듣는 합당하고 유익한 일에 참여하고 있는 것이기 때문에, 그녀에게 그 일을 하지 못하게 하는 것은 옳지 않은 일이다. 왜냐하면, 말씀을 들을 수 있는 이토록 좋은 기회가 언제나 그녀에게 주어지는 것은 아니기 때문이다." 이 말씀의 후반부에 나오는 "빼앗기지 아니하리라"는 구절을 마치 그리스도께서 하늘의 가르침의 열매는 결코 없어지는 것이 아니기 때문에 "마리아가 이 좋은 편을 택하였다"고 말씀하신 것처럼 해석하는 자들이 있다. 나는 그러한 해석에 반대하지는 않지만, 내가 보기에 그리스도의 의도에 더 맞는 것으로 판단되는 견해를 따랐다.

[13]무리 중에 한 사람이 이르되 선생님 내 형을 명하여 유산을 나와 나누게 하소서 하니 [14]이르시되 이 사람아 누가 나를 너희의 재판장이나 물건 나누는 자로 세웠느냐 하시고 [15]그들에게 이르시되 삼가 모든 탐심을 물리치라 사람의 생명이 그 소유의 넉넉한 데 있지 아니하니라 하시고 [16]또 비유로 그들에게 말하여 이르시되 한 부자가 그 밭에 소출이 풍성하매 [17]심중에 생각하여 이르되 내가 곡식 쌓아 둘 곳이

없으니 어찌할까 하고 ¹⁸또 이르되 내가 이렇게 하리라 내 곳간을 헐고 더 크게 짓고 내 모든 곡식과 물건을 거기 쌓아 두리라 ¹⁹또 내가 내 영혼에게 이르되 영혼아 여러 해 쓸 물건을 많이 쌓아 두었으니 평안히 쉬고 먹고 마시고 즐거워하자 하리라 하되 ²⁰하나님은 이르시되 어리석은 자여 오늘 밤에 네 영혼을 도로 찾으리니 그러면 네 준비한 것이 누구의 것이 되겠느냐 하셨으니 ²¹자기를 위하여 재물을 쌓아 두고 하나님께 대하여 부요하지 못한 자가 이와 같으니라(눅 12:13-21).

눅 12:13. 내 형을 명하여 … 나누게 하소서. 그리스도께서는 "유산을 나누는" 일을 맡아 달라는 요청을 받으셨을 때에 그렇게 하시기를 거절하신다. 이 일은 형제간의 우애를 촉진시키는 일이었고, 그리스도께서 하시는 일은 사람들을 하나님과 화목하게 하시는 것뿐만 아니라 사람들끼리 서로 화목하게 살도록 하는 것도 포함되어 있었다는 것을 고려할 때, 그리스도께서는 이 형제간의 분쟁을 원만히 해결하는 일을 맡으셨을 법도 한데, 도대체 왜 그 일을 거절하셨던 것일까? 그리스도께서 이 일에 대한 "재판장"으로 나서기를 거절하신 데에는 두 가지 주된 이유가 있었던 것으로 보인다.

첫째, 유대인들은 메시야가 세상 나라를 세우실 것이라고 잘못 생각하고 있었기 때문에, 그리스도께서는 조금이라도 그러한 오해를 지지하는 듯한 인상을 줄 만한 일은 행하지 않고자 하셨다는 것이다. 만약 그리스도께서 이 형제간에 유산을 분배하는 일을 맡아 처리하셨다면, 그 소문은 즉시 널리 퍼져 나갔을 것이고, 많은 사람들은 그들이 너무나 열렬히 바랐던 육신적인 구속(救贖)을 기대하게 되었을 것이며, 악한 자들은 그리스도께서 로마 제국을 타도하고 새로운 나라를 세울 혁명을 드디어 시작하였다고 요란하게 떠벌리며 다니게 되었을 것이다. 그러므로 그리스도께서 여기에서 하신 대답보다 더 적절한 대답은 없었다. 왜냐하면, 이 대답을 통해서 모든 사람이 그리스도의 나라는 영적인 나라라는 사실을 알게 되었을 것이기 때문이다. 이것으로부터 우리는 우리의 행실을 지혜롭게 절제해서, 오해를 살 만한 행동은 그 어떤 일도 하지 않는 것이 좋다는 교훈을 얻는다.

둘째, 그리스도께서는 정치적인 성격을 띤 이 세상의 나라들과 그의 교회의 통치를 구분하고자 하셨다는 것이다. 왜냐하면, 아버지 하나님은 그리스도를 "말씀"의 "검"으로 "마음의 생각과 뜻"을 갈라내며 사람들의 "혼과 영"을 "찔러 쪼개는"(히 4:12) 선생으로 세우신 것이지, "유산을 나누는" 방백으로 세우신 것이 아니었기 때문이다. 이것은 교황과 그 일당의 강도 행각(latrocinium)을 단죄하는 말씀이다. 왜냐하면, 그들은 교회의 목회자들이라 자처하면서도, 그들의 직분에 맞지 않는 세상의 세속적인 사법권을 강탈하여서 마음대로 휘둘러 왔고, 그 자체로는 합법적인 것도 어떤 사람들의 수중에 들어가면 불법이 될 수 있기 때문이다.

또한, 내 생각에는, 아주 중요한 세 번째 이유가 있었다고 보는데, 그것은 그리스도께서 이 사람이 복음의 가르침에는 관심이 없고, 오로지 자신의 유산 문제에만 골몰하고 있다는 것을 아셨기 때문이라는 것이다. 복음을 고백하는 많은 사람들이 아무 거리낌 없이 복음을 앞세워서 그들의 사적인 이익을 챙기고, 그리스도의 권위를 앞세워서 그들의 탐욕을 이루고자 하는 것은 너무나 비일비재한 고질병이다. 그리스도께서 이 사람의 요청에 대하여 거절하시는 대답을 하신 후에 덧붙이신 권면들로부터 우리는 그러한 결론을 쉽게 도출해 낼 수 있다. 왜냐하면, 이 사람이 복음을 구실로 자신의 이득을 챙기려고 한 것이 아니라면, 그리스도께서 이 기회를 이용해서, "탐심"을 경고하는 말씀을 덧붙이시지 않으셨을 것이기 때문이다. 그러므로 문맥상으로 볼 때, 이 사람은 오로지 땅이나 돈에만 관심이 있었던 거짓 제자였으리라는 것은 아주 분명하다.

재세례파들이 그리스도의 이 대답을 근거로 삼아서, 그리스도인이 유산을 나누거나, 법적인 결정에 참여하거나, 공직을 맡는 것은 합당하지 않다고 주장하는 것은 정말 어처구니없는 일이다. 왜냐하면, 그리스도께서는 여기에서 이 일의 본질 자체에 근거해서가 아니라 그 자신의 소명(召命)에 비추어서 그런 대답을 하신 것이기 때문이다. 그리스도께서는 아버지 하나님이 그를 다른 목적을 위하여 세우셨다는 것을 알고 계셨고, 유산을 나누는 일을 하라고 명령을 받은 적도 없으셨기 때문에, 자기는 그런 일을 위해 세움받은 "재판장"이 아니라고 분명하게 말씀하신 것이다. 그러므로 우리는 각 사람은 하나님이 주신 소명(召命)의 한계를 지켜야 한다는 이 규범을 굳게 붙잡아야 한다.

눅 12:15. 삼가 … 탐심을 물리치라. 그리스도께서는 먼저 그를 따르는 자들에게 "탐심"을 경계해야 한다고 조심을 시키신 후에, 다음으로 그들의 마음에서 이 병을 온전히 치유하시기 위하여, "사람의 생명이 그 소유의 넉넉한 데 있지 아니하다"고 선언하신다. 이 말씀은 미친 듯이 소유하고자 하는 욕망(insana habendi cupiditas)이 어디에서부터 오는 것인지, 그 내적인 원천과 출처를 보여주는 말씀이다. 탐심이 생기는 것은, 사람은 많이 소유하는 것에 비례해서 행복하고, 삶의 행복은 부(富)에 의해서 만들어진다는 통념 때문이다. 이 통념이야말로, 활활 타는 용광로처럼 안으로는 무척 뜨겁고 밖으로는 그 불길과 열기를 뿜어내는 저 무절제한 탐심의 원천이다. 만약 우리가 재물과 부를 비롯해서 "소유의 넉넉함"이 현세의 삶을 살아가는 데에 도움이 되는 수단들이고, 그것들은 그리스도께서 직접 그의 손으로 우리에게 주시는 것이며, 그것들을 사용하는 것도 그리스도의 축복에 의해서 이루어진다는 것을 확신한다면, 이 한 가지 확신만으로도 우리 속에 강력한 영향력이 형성되어서, 온갖 악한 욕심이 억제되는 결과가 생겨나게 될 것이다. 믿는 자들은 바로 이것을 자신의 경험 속에서 배우게 된다. 믿는 자들이 그들의 욕망들을 억누르고 오직 하나님만 의지하게 되는 것이 그들의 생명을 "소유의 넉넉함"과 연결시키거나 거기에 달려 있다고 여기지 않고, 그들을 능력으로 붙드실 뿐만 아니라 그들에게 필요한 것들을 공급해 주시는 유일하신 분이신 하나님의 섭리만을 의지하기 때문이 아니라면, 도대체 무엇 때문이겠는가?

눅 12:16. 또 비유로 그들에게 말하여. 이 비유는 사람이 "소유의 넉넉함"으로 사는 것이 아니라는 말씀이 어떤 것인지를 마치 거울처럼 우리에게 생생히 보여준다. 왜냐하면, 아무리 큰 부자라고 할지라도 하나님이 그의 목숨을 거두어 가시는 것은 한순간인 까닭에, 그가 아무리 큰 재물을 모았다고 한들, 그것은 아무 소용도 없는 일이기 때문이다. 이것이 참이라는 것은 누구나 다 인정하기 때문에, 그리스도께서는 여기에서 단지 모든 사람이 다 알고 늘 그들의 입으로 말하곤 하던 것을 말씀하시고 계시는 것뿐이다. 그러나 이러한 진리를 진지하게 생각하고 늘 마음속에 담아두고 살아가는 자가 과연 있을까? 사실은 정반대로, 모든 사람은 하나님에 대해서는 조금도 생각하지 않는 채로, 그들의 생명이 이 세상에서의 "소유의 넉넉함"에 있다고 생각하고서, 자신의 삶과 일을 계획하는 방식으로 살아가고 있는 것은 아닌가? 그러므로 모든 사람은 그들의 행복이 재물에 있다고 잘못 생각하여 "탐심"의 덫에 걸려들지 않도록, 즉시 정신을 차리고 떨쳐 일어나서 그 미혹에서 벗어나지 않으면 안 된다. 이 비유는 먼저 현세의 삶이 짧고 일시적이라는 것, 다음으로는 재물은 생명을 연장하는 데에 아무런 소용이 없다는 것을 우리에게 보여준다. 우리는 본문에 명시적으로 나와 있지는 않지만, 이 두 가지로부터 쉽게 추론할 수 있는 세 번째 가르침을 덧붙이는 것이 마땅한데, 그것은 믿는 자들은 부자이든 가난한 자이든 하나님께 일용할 양식을 구하고, 오직 하나님의 섭리만을 의지하는 것이 가장 훌륭한 치료책이라는 것이다.

눅 12:17. 어찌할까. 불경건한 자들은 먼저 어떤 것을 어떻게 사용하는 것이 합당한 것인지를 알지 못하고, 다음으로 왜곡된 확신에 물들어서 자기 자신을 망각하고 있기 때문에, 그 생각이나 계획에서 혼란에 빠지게 된다. 그러므로 우리는 이 부자가 그의 큰 수입에 비례해서 그의 수명도 늘어나 자기가 오래 살게 될 것이라고 생각하는 망상에 빠져들어서, 자기가 언제 죽을지 모른다는 사실을 까맣게 잊어버리는 것을 본다. 그렇지만 이러한 교만에는 괴로움이 따라붙는다. 왜냐하면, 이 부자가 마치 그의 이전의 곳간들을 다 채운 것으로도 부족하다는 듯이 그의 곳간들을 더 늘리려고 한 것과 같이, 많은 재물을 모은 부자들은 그것으로도 성이 차지 않아서, 여전히 더 많이 소유하고자 하는 만족할 줄 모르는 욕망으로 인해서 괴로워하게 되어 있기 때문이다. 하지만 그리스도께서 이 부자를 단죄하신 것은 분명히 이 부자가 장래를 대비해서 자신의 소출(所出)을 쌓아두는 주의 깊은 집주인으로서의 역할을 한 것 때문이 아니라, 그의 게걸스러운 탐욕이 마치 깊은 소용돌이처럼 수많은 곳간들을 집어삼켰기 때문이었다. 이것으로부터 우리는 이 부자가 자신의 차고 넘치는 소출을 합당하게 사용하는 법을 알지 못하였다는 결론을 얻는다.

눅 12:19. 평안히 먹고 마시고 즐거워하자. 이 부자가 자기 자신에게 "먹고 마시자"고 권했다는 것은 그가 사람이라는 것을 망각하고서, 자신의 넉넉한 재물에 의지하여 교만할 대로 교만해졌음을 보여주는 것이다. 우리는 불경건한 자들이 자신의 많은 재물을 마치 죽음도 막아줄 듯 성벽이라도 된다는 듯이 굳게 부여잡고서 이렇게 오만방자하게 행하는 모습들을 날이면 날마다 보고 있다. 이 부자가 "내 영혼아 즐거워하자"라고 말할 때, 이 히브리어 관용표현 속에는 강조의 의미가 들어 있다. 왜냐하면, 그는 그의 모든 육신과 마음의 소욕(所欲)들을 다 만족시키기에 충분한 모든 것을 갖고 있다는 식으로 자기 자신에게 말하고 있는 것이기 때문이다.

눅 12:20. 어리석은 자여 … 네 영혼을 도로 찾으리니. 우리는 여기에 나오는 "영혼"이라는 단어 속에서 단어유희(allusio)를 본다. 앞에서 이 "부자"는 자신의 모든 정서와 감정이 자리 잡고 있는 곳인 자신의 "영혼"에게 말을 한 것이지만, 여기에서 그리스도께서는 이 부자의 목숨 자체에 대하여 말씀하고 계신다. 3인칭 복수형으로 사용된 "그들이 요구하리니"(ἀπαιτοῦσιν-아파이투신, 개역에서는 "도로 찾으리니")라는 단어는 비한정적(非限定的)인 용법으로 사용되어서, 이 부자가 자기 손에 달려 있다고 생각하였던 자신의 목숨이 사실은 다른 이들의 손에 달려 있다는 것을 보여준다. 내가 이 말을 하는 것은 이 단어를 가지고서 천사들과 관련된 근거 없는 사변(思辨)들을 늘어놓는 자들이 있기 때문이다. 여기에서 그리스도의 의도는 단지 사람들은 자신의 목숨이 그들이 지닌 재물이라는 요새에 의해서 강력한 보호를 받고 있다고 상상하지만, 사실 사람의 목숨은 하나님이 언제라도 도로 가져가실 수 있다는 것을 가르쳐 주시는 것이다. 이렇게 이 "부자"는 그의 목숨이 다른 이의 손에 달려 있다는 것을 알지 못하는 어리석음으로 인해서 단죄를 받는다.

눅 12:21. 자기를 위하여 재물을 쌓아 두고. 이 절에 나오는 두 구절은 서로 분명한 대비(對比)를 이루는 대구(對句)이기 때문에, 우리는 어느 한 구절을 설명하고자 할 때에는 다른 구절도 고려하지 않으면 안 된다. 그러므로 우리는 "하나님에 대하여," 그러니까 "하나님을 향하여" 또는 "하나님과 관련하여 부요하다"는 것이 무슨 의미인지를 따져보아야 한다. 성경을 어느 정도만 아는 자들도 헬라어에서 전치사 '에이스'(εἰς)가 '엔'(ἐν)의 의미로 사용되는 경우가 적지 않다는 것을 안다. 그러나 여기에 나오는 전치사를 어느 쪽의 의미로 이해하느냐 하는 것은 별로 중요하지 않다. 왜냐하면, 결국 이 구절의 의미는 이 세상의 것들을 의지하지 않고, 오로지 하나님의 섭리만을 의지하는 자들은 "하나님에 대하여 부요한" 자들이라는 것이기 때문이다. 그들이 하나님께 일용할 양식을 주시라고 진심으로 기도하는 자들이기만 하다면, 그들이 물질적으로 풍요로운 자들인지, 아니면 가난한 자들인지는 중요하지 않고 문제가 되지도 않는다. 이것과 대구(對句)를 이루고 있는 "자기를 위하여 재물을 쌓아 두는"이라는 구절은 하나님이 주시는 복에는 아무런 관심도 없고, 그저 재물을 무한정으로 모으는 일에만 몰두하며, 오로지 자신의 "곳간"만을 믿고 의지하는 것을 의미한다. 이것으로부터 우리는 이 비유의 목적이, 그들 자신이 지닌 재물만을 의지할 뿐이고, 하나님을 의지하지 않으며, 그들 자신이 가진 것으로 만족하지 못하고, 장차 그들에게 닥칠 일을 대비하지 않는 자들의 어리석은 생각이나 시도들은 헛되다는 것, 그리고 결국 그런 자들은 그들 자신의 어리석음에 합당한 벌을 받게 되리라는 것을 보여주는 것이었다는 결론을 쉽게 도출해 낼 수 있다.

¹그 때 마침 두어 사람이 와서 빌라도가 어떤 갈릴리 사람들의 피를 그들의 제물에 섞은 일로 예수께 아뢰니 ²대답하여 이르시되 너희는 이 갈릴리 사람들이 이같이

해 받으므로 다른 모든 갈릴리 사람보다 죄가 더 있는 줄 아느냐 [3]너희에게 이르노니 아니라 너희도 만일 회개하지 아니하면 다 이와 같이 망하리라 [4]또 실로암에서 망대가 무너져 치어 죽은 열여덟 사람이 예루살렘에 거한 다른 모든 사람보다 죄가 더 있는 줄 아느냐 [5]너희에게 이르노니 아니라 너희도 만일 회개하지 아니하면 다 이와 같이 망하리라 [6]이에 비유로 말씀하시되 한 사람이 포도원에 무화과나무를 심은 것이 있더니 와서 그 열매를 구하였으나 얻지 못한지라 [7]포도원지기에게 이르되 내가 삼 년을 와서 이 무화과나무에서 열매를 구하되 얻지 못하니 찍어버리라 어찌 땅만 버리게 하겠느냐 [8]대답하여 이르되 주인이여 금년에도 그대로 두소서 내가 두루 파고 거름을 주리니 [9]이후에 만일 열매가 열면 좋거니와 그렇지 않으면 찍어버리소서 하였다 하시니라(눅 13:1-9).

눅 13:2. 너희는 … 아느냐. 이 말씀이 우리에게 아주 유익한 이유는 다른 사람들을 판단하는 데에는 아주 엄격하고 가혹한 반면에, 우리 자신의 잘못에 대해서는 너무나 너그러운 것이 우리가 태어날 때부터 지니고 나온 거의 선천적인 병(病)이기 때문이다. 그 결과, 우리는 우리 형제들이 잘못을 범하면 지나치게 혹독한 비난을 퍼부을 뿐만 아니라, 그들에게 어떤 좋지 않은 일이 생길 때마다 그들을 사악하고 패역한 자들로 단죄해 버린다. 한편, 하나님의 손에 의해서 심하게 압박을 받지 않는 자들은 너나 할 것 없이 마치 하나님이 자기와 화목하셔서 자기에게 호의적이신 것으로 착각하고서, 자신의 죄악들 가운데서 안일하게 잠을 잔다. 이것은 이중으로 잘못을 저지르고 있는 것이다. 왜냐하면, 하나님이 우리의 눈앞에서 어떤 사람을 징계하신다면, 그것은 하나님이 우리로 하여금 자기 자신을 살펴서, 과연 자기는 징계받을 일이 있는지 없는지를 숙고하게 하시기 위하여, 우리에게 하나님의 심판들을 상기시키시면서 경고하시는 것이기 때문이다. 하나님이 우리를 한동안 평안하게 놓아두신다면, 우리는 하나님이 그 인자하심으로 인하여 우리에 대하여 오래 참고 계시는 때를 결코 안일하게 잠을 자는 기회로 삼아서는 안 되고, 그 인자하심과 긍휼하심으로 인하여 회개하라고 우리를 부르시는 것으로 여겨야한다. 우리가 불행을 겪는 자들에 대하여 퍼붓곤 하는 그릇되고 잔인한 비난을 바로잡으심과 동시에, 각 사람이 자기 자신에 대하여 품고 있는 안일한 생각을 떨쳐버리도록 하시기 위하여, 그리스도께서는 먼저, 다른 사람들보다도 더 혹독한 환난을 겪는 자들이 가장 악한 자들인 것이 아니라는 것을 보여주신다. 즉, 하나님은 어떤 사람들에 대해서는 즉시 벌하시는 반면에, 어떤 사람들에 대해서는 그들이 오랫동안 안일함과 사치함을 누리도록 내버려 두시는 등, 그가 생각하실 때에 가장 좋은 순서와 방식을 따라서 그의 심판들을 집행하시는 것일 뿐이라는 것이다. 다음으로, 그리스도께서는 세상에서 일어나는 온갖 재난들은 하나님의 진노하심에 대하여 증거하는 무수한 증언들(irae Dei testimonia)이라는 것을 분명하게 선언하신다. 이것으로부터 우리는 장차 우리를 기다리고 있는 멸망이 얼마나 무시무시한 것인지(우리가 그 멸망을 피하는 길로 가지 않는다면)를 알게 된다.

　그리스도께서 이런 권면을 하시게 된 직접적인 계기가 되었던 것은 "두어 사람이 와서" 그에게 "빌라도"가 희생제사를 혐오스러운 것으로 만들기 위해서 사람의 "피를 제물에 섞는" 너무나 충격적인 일을 저질렀다고 고한 것이었다. 빌라도의 이 만행(蠻行)은 율법에 따른 순수한 예배를 저버린 사마리아 사람들에 대하여 자행되었을 것이기 때문에, 유대인들은 이 사건을 사마리아 사람들을 단죄함(damnare)과 동시에 그들 자신에게 박수갈채를 보내는(plaudere) 계기로 삼기가 너무나 쉬웠을 것이다.

　그러나 그리스도께서는 이 사건을 그들이 생각했던 것과는 전혀 다른 가르침을 주시는 계기로 삼으신다. 이 사건으로 희생된 몇몇 사람들 때문에 사마리아 사람들 전체가 유대인들에 의해서 불경건하다는 비난과 미움을 받게 되는 일이 벌어지자, 그리스도께서는 이렇게 말씀하신다: "너희는 빌라도에 의해서 죽임을 당한 저 불쌍한 사람들이 다른 사람들보다 더 악한 자들이었을 것이라고 생각하는 것이냐? 너희는 사마리아가 불경건한 자들로 가득 차 있고, 동일한 벌을 받아 마땅한 많은 사람들이 거기에서 여전히 살아가고 있다는 것을 너무도 잘 알고 있다. 각 사람이 지금 현재 받고 있는 징벌을 기준으로 삼아서 각 사람의 죄에 대하여 판단하는 자는 눈이 멀고 편파적인 재판관이다. 가장 먼저 끌려가서 벌을 받았다고 해서, 그 사람이 언제나 가장 악한 자인 것은 아니다. 도리어, 하나님이 많은 사람들 가운데서 몇몇 사람들을 골라서 벌하시는 것은 그 사람들을 본보기로 삼아서, 나머지 다른 사람들에게 그들도 장차 벌을 받게 될 것임을 경고하셔서, 그들로 하여금 두려움을 느끼고 경각심을 갖게 하시기 위한 것일 뿐이다."

　그리스도께서는 사마리아 사람들에 대하여 이렇게 말씀하신 후에, 이제 한 걸음 더 나아가서 유대인들과 직접적으로 관련된 사건을 언급하신다. 당시에 예루살렘에 있던 "망대"가 무너져서 "열여덟 사람"이 죽은 일이 있었다. 그리스도께서는 그 사람들이 다른 사람들보다 더 악했던 것이 아니고, 그 사람들의 죽음은 다른 모든 사람들에 대한 하나님의 경고였을 뿐이라고 분명하게 선언하신다. 왜냐하면, 그 사람들에 대하여 하나님이 본보기로 그의 심판을 보여주신 것이라고 한다면, 다른 사람들도 아직까지는 멀쩡히 살아 있다고 하더라도 장차 하나님의 심판하시는 손길을 피할 수는 없을 것이기 때문이다. 그리스도께서는 믿는 자들에게 하나님의 심판들에 대하여 주목하고 숙고하는 것을 금하시는 것은 아니지만, 무엇보다도 먼저 그들 자신의 죄를 살피는 것으로부터 시작하라고 명하신다. 그렇게 할 때, 그들은 최고의 유익을 얻게 될 것이다. 왜냐하면, 그들은 자발적인 회개를 통해서 하나님의 징계를 피하게 될 것이기 때문이다. 이와 동일한 취지로, 바울도 "누구든지 헛된 말로 너희를 속이지 못하게 하라 이로 말미암아 하나님의 진노가 불순종의 아들들에게 임하나니"(엡 5:6)라고 경고한다.

눅 13:6. 이에 비유로 말씀하시되. 이 말씀의 요지는 멸망을 받아 마땅한 많은 자들을 하나님이 오랫동안 참으시겠지만, 그들이 계속해서 그들의 완악함을 고집한다면, 하나님의 이 오래 참으심에도 불구하고 그들은 아무런 유익도 얻지 못하게 되리라는 것이다. 외식하는 자들이 자기 자신을 좋게 여기는 악한 망상(妄想) 가운데서 더욱더 그 마음이 완악해지는 것은 궁지에 몰려서 어쩔 수 없을 때까지는 그들의 죄에 대하여 생각하지 않는 것이 그 원인이다. 그러므로 하나님이 그들의 죄에 대하여 한동안 눈을 감아 주시고 그들에 대한 징계를 미루어 두시면, 그들은 하나님이 그들을 흡족해하시는 것으로 착각한다. 따라서 그들은 선지자 이사야의 말을 빌려서 표현하자면(사 28:15), 마치 그들이 "사망과 언약하였고 스올과 맹약하였다"는 듯이, 더욱더 거리낌 없이 방자하게 행하게 된다. 이것은 바울이 로마서 2:5에서 "다만 네 고집과 회개하지 아니한 마음을 따라 진노의 날 곧 하나님의 의로우신 심판이 나타나는 그 날에 임할 진노를 네게 쌓는도다"라고 아주 격한 언어로 그들을 질책하는 이유이기도 하다. 종종 나무들을 베어버리지 않고 그냥 두는 이유는 주인에게 그 나무들이 유용하기 때문이 아니라, 세심하고 부지런한 농부가 그 나무들을 밭이나 포도원에서 제거하기 전에 먼저 온갖 가능한 시도를 다 해보고자 결심했기 때문이라는 것은 잘 알려져 있는 사실이다. 이것은 하나님이 사악한 자들에게 즉시 복수하시지 않고 그들을 벌하시는 것을 미루시면서 오래 참으실 때에는 그럴 만한 합당한 이유들이 있는 것임을 우리에게 가르쳐 준다. 이러한 고찰들은 인간의 성급함과 경솔함을 억제해서, 하나님이 하나의 획일적인 방식으로 그의 심판들을 집행하시지 않는다고 하여, 만유(萬有)를 심판하시는 최고의 재판장에 대하여 감히 불평하는 자가 나오지 않게 하는 데에 도움이 된다. 여기에서는 "주인"과 "포도원지기"가 서로 대비되고 있는데, 그 대비(對比)의 의미는 하나님의 사역자들이 온유함과 오래 참음에 있어서 하나님을 능가한다는 것이 아니라, 하나님은 죄인들의 삶을 연장해 주실 뿐만 아니라, 그들로 하여금 더 좋은 열매를 맺도록 하시기 위하여 그들을 여러 가지 다양한 방법으로 개간하신다는 것이다.

[10]예수께서 안식일에 한 회당에서 가르치실 때에 [11]열여덟 해 동안이나 귀신 들려 앓으며 꼬부라져 조금도 펴지 못하는 한 여자가 있더라 [12]예수께서 보시고 불러 이르시되 여자여 네가 네 병에서 놓였다 하시고 [13]안수하시니 여자가 곧 펴고 하나님께 영광을 돌리는지라 [14]회당장이 예수께서 안식일에 병 고치시는 것을 분 내어 무리에게 이르되 일할 날이 엿새가 있으니 그 동안에 와서 고침을 받을 것이요 안식일에는 하지 말 것이니라 하거늘 [15]주께서 대답하여 이르시되 외식하는 자들아 너희가 각각 안식일에 자기의 소나 나귀를 외양간에서 풀어내어 이끌고 가서 물을 먹이지 아니하느냐 [16]그러면 열여덟 해 동안 사탄에게 매인 바 된 이 아브라함의 딸을 안식일에 이 매임에서 푸는 것이 합당하지 아니하냐 [17]예수께서 이 말씀을 하시매 모든 반대하는 자들은 부끄러워하고 온 무리는 그가 하시는 모든 영광스러운 일을 기뻐하니라(눅 13:10-17).

나는 오직 누가만이 그 시기들과는 직접적인 상관 없이 여기에서 자세하게 다루고 있는 몇몇 사건들을 이곳에서 한꺼번에 다루고자 한다. 왜냐하면, 앞에서 언급하였듯이, 복음서 기자들은 사건들이 일어난 시간적인 순서에 대해서는 별로 신경을 쓰지 않고 사건들을 배열하고 있기 때문이다. 우리는 여기에서 누가의 이 기사(記事)를 다룬 후에, 다시 공관복음서들이 공통적으로 다루고 있는 사건들로 되돌아가게 될 것이다.

눅 13:11. 한 여자가 있더라. 누가는 여기에서 그리스도께서 한 여자를 고치시는 이적을 베푸셨다는 것과 이 이적이 "안식일"에 행해졌다는 이유로 유대인들이 그리스도에 대하여 분노하고 앙심을 품게 되었다는 것에 대하여 얘기한다. 누가는 이 여자가 "쇠약하게 하는 귀신"에게 붙잡혀서, 근육이 수축되어 그녀의 몸이 "꼬부라져" 있었다고 말한다. 누가가 이 병의 성격에 대해서 다른 설명을 덧붙이고 있지 않은 것으로 보아서, 이 병은 통상적인 종류의 병이나 의사들이 잘 알고 있던 병이 아니었을 가능성이 높다. 이것이 누가가 이 병을 "쇠약하게 하는 귀신"(infirmitatis spiritus)이 들린 것이라고 부르는 이유인 것 같다. 희귀하고 특이한 병들은 대체로 귀신이 사람들에게 일으키는 것들이고, 이러한 병들을 치유하는 역사(役事)를 통해서 사탄을 제압하시고 이기시는 그리스도의 신적인 능력은 한층 더 두드러지게 드러난다. 사탄은 자기 마음대로 사람들을 지배하는 것이 아니고, 하나님이 사탄에게 사람들을 괴롭게 할 수 있도록 허락하신 것일 뿐이다. 우리가 받는 모든 복의 근원이신 하나님은 이러한 희귀한 병들을 치유해 주시는 특별히 두드러진 복들을 우리에게 주셔서 그의 영광을 훨씬 더 밝히 드러내심과 아울러서, 비록 우리가 매일 겪는 좀 더 가벼운 징계의 회초리들 속에서도 사탄이 쓰임받고 있기는 하지만, 특히 우리에게 때때로 찾아오는 이렇게 심한 징계들을 통해서 드러나는 사탄의 세력과 폭정(暴政)을 우리로 하여금 알게 하시고자 하시는 것이다.

눅 13:12. 여자여 네가 … 놓였다. 그리스도께서는 다른 이적들에서와 마찬가지로 이 이적을 통해서도 그의 능력(potentia)과 은혜(gratia)에 대한 증거를 보여주신다. 그리스도의 능력은 "여자여 네가 … 놓였다"는 말씀 속에 표현되어 있다. 왜냐하면, 그리스도께서는 구원의 능력이 자기에게 있다는 것을 권위를 가지고서 선포하고 계심과 동시에, 외적인 표적(이것의 용도에 대해서는 우리가 앞에서 이미 설명한 바 있다)을 통해서 그 사실을 밑받침하고 계시기 때문이다.

눅 13:13. 하나님께 영광을 돌리는지라. 누가가 사람들이 "하나님께 영광을 돌렸다"는 사실을 언급한 목적은 이 이적이 하늘로부터 온 은택(恩澤, beneficium)이라는 것이 너무도 분명했다는 것을 우리에게 알게 하기 위한 것이다. 즉, 이 이적은 하늘로부터 온 것인지를 놓고 사람들 사이에서 논란이 벌어질 소지가 있었던 약간 의심스러운 사건이었던 것이 아니라, 하나님을 찬양할 만한 충분하고도 의심할 여지 없는 근거들을 제공해 준 사건이었다는 것이다. 이것은 "회당장"이 얼마나 악한 자(pravitas)인지를 한층 더 분명하게 드러내 주는 역할을 한다.

눅 13:14. 엿새가 있으니. 이 비판하는 자, 즉 회당장은 감히 그리스도를 공개적으로 비판하지는 못하고, 무리를 책망하는 척하면서 그리스도를 간접적으로 단죄하는 방식을 취하여서, 그리스도에 대한 증오심의 독기(毒氣)를 엉뚱한 사람들에게 내뿜는다. 회당장이 분노를 주체하지 못하고 어떤 식으로 광분하여 악독함을 발산하고 있는지를 보라! 그는 무리에게 "일할 날이 엿새가 있으니"라고 말한다.

그러나 그가 이 일이 오직 엿새 동안에만 허용되어 있다고 단정(斷定)한 것은 얼마나 어리석고 잘못된 것인가! 그가 그런 식으로 주장한다면, 사람들이 회당에 오는 것도 안식일을 범하는 것이라고 단정하여 금지하는 것이 옳지 않겠는가? 또한, 왜 그는 사람들이 온갖 예배 행위들을 하는 것을 금지시키지 않는 것인가? 안식일에는 사람들이 자신의 일들을 하는 것만이 금지되어 있는 것이기 때문에, 하나님의 은혜를 그런 식으로 제한하는 것은 두말할 필요도 없이 합당하지 않다.

눅 13:14. 그 동안에 와서 고침을 받을 것이요. 회당장은 마치 하나님의 능력이 "안식일"에는 일하지 않고 쉬어야 하고, 특히 하나님의 백성의 구원을 위하여 제정된 특별한 날인 안식일에 하나님이 그의 능력으로 일하시는 것이 합당하지 않은 것인 양 사람들에게 안식일을 제외한 다른 날에 와서 "고침"을 받으라고 명령한다. 믿는 자들에게 하나님의 도우심을 간구할 기회를 주는 것이 성회(聖會)의 목적이 아니라면, 도대체 무엇이 성회의 목적이란 말인가? 그리스도께서는 단지 안식일을 합당하게 지키신 것일 뿐인데도, 저 불경건하고 "외식하는 자"였던 회당장은 마치 그것이 하나님의 은총이 사람들에게 오는 것을 방해하고, 사람들이 하나님의 이름을 부르는 것을 가로막으며, 사람들로 하여금 하나님의 은혜를 알지 못하게 훼방한 행동인 것처럼 말하였다.

눅 13:15. 너희가 각각 … 아니하느냐. 그리스도께서는 얼마든지 여러 가지 논증들을 제시하셔서 회당장의 깊고 두터운 악의(惡意)를 드러내시고 책망하실 수 있으셨지만, 여기에서는 다음과 같은 단 한 가지의 논증으로 만족하신다. 즉, "안식일"에 가축을 보살피는 일은 합당한 반면에, 하나님의 자녀들을 돕는 일은 절대로 해서는 안 된다고 한다면, 그것은 안식일이 잘못된 방향으로 변질되었음을 보여주는 것임에 틀림없다는 것이다. 그리스도의 말씀 속에는 두 가지의 대비(對比)가 들어 있는데, 첫 번째는 가축과 "아브라함의 딸" 간의 대비이고, 두 번째는 "소나 나귀"가 "외양간"에 묶여 있는 것과 이 여자가 "사탄"의 쇠사슬에 "매인 바 되어" 멸망 길에 있는 것 간의 대비이다. 그리스도께서는 이렇게 말씀하신다: "너희는 안식일을 철저하게 지킨다고 자부하면서도, 안식일에 소와 나귀를 풀어내어 끌고 가서 물을 먹이는 일은 서슴지 않고 행한다. 그런데, 너희가 가축들에게 하는 것과 비슷한 일을 내가 하나님의 택함받은 백성에게 행하는 것은 왜 허용하지 않는 것이냐? 더구나, 한 사람을 사탄의 올무에서 건져내는 일은 가축을 돌보는 일과는 비교가 될 수 없을 정도로 너무나 절박하고 시급한 일이 아니냐?"

이 불경건한 비판자는 부끄럽고 말문이 막혀 할 말이 없게 되어 버렸지만, 우리는 그리스도께서 놀랍고 기이한 일들을 행하실 때마다 악한 자들은 그런 일들을 비방과 중상모략의 빌미로 삼았다는 것을 안다. 또한, 우리는 사탄이 온 힘을 다 기울여서 끈질기게 그리스도의 영광을 훼손하고 망쳐 놓기 위해서 애를 쓰는 것을 이상하게 여길 필요가 없다. 왜냐하면, 믿는 자들의 거룩한 행위들을 덮어 버리기 위하여 끊임없이 연무(煙霧)를 뿜어대는 것이 사탄이 늘 하는 일이기 때문이다. 우리가 주목해야 할 것은 그리스도께서 그 몸이 "열여덟 해 동안 사탄에게 매여" 있던 여자를 "아브라함의 딸"이라고 부르신다는 것이다. 이 여자가 그렇게 불린 것은, 모든 유대인들이 예외 없이 자기가 아브라함의 자손인 것을 자랑하듯이, 그녀도 혈통상으로 아브라함의 자손이었기 때문만이 아니라, 그녀가 교회의 참된 지체들 중의 한 사람이었기 때문이었다. 또한, 우리는 여기에서 바울이 "이런 자를 사탄에게 내주었으니 이는 육신은 멸하고 영은 주 예수의 날에 구원을 받게 하려 함이라"(고전 5:5)고 한 말씀을 주목한다. 이 여자가 오랜 세월 동안 이 병으로 고생하였다는 사실은 하나님이 즉각적으로 우리의 어려움들을 풀어 주지 않으신다고 해도, 우리는 결코 낙심해서는 안 된다는 것을 우리에게 가르쳐 준다.

[31]곧 그 때에 어떤 바리새인들이 나아와서 이르되 나가서 여기를 떠나소서 헤롯이 당신을 죽이고자 하나이다 [32]이르시되 너희는 가서 저 여우에게 이르되 오늘과 내일은 내가 귀신을 쫓아내며 병을 고치다가 제삼일에는 완전하여지리라 하라 [33]그러나 오늘과 내일과 모레는 내가 갈 길을 가야 하리니 선지자가 예루살렘 밖에서는 죽는 법이 없느니라(눅 13:31-33).

이 일이 언제 일어났는지 그 정확한 때를 확정하기는 어렵지만, 그리스도께서 갈릴리에 머무르시던 시기에 이 일이 있었던 것은 확실하다. 갈릴리는 그리스도께서는 공생애 사역을 하시는 동안에 다른 어느 곳보다도 가장 오래 머물러 계셨던 곳이다. 본문을 보면, 그리스도에게 호의적인 자들로 비쳐지는 몇몇 사람들이 그리스도에게 안전을 위해서 헤롯의 관할 구역에서 벗어나 있는 것이 좋을 것이라고 조언한다. 이 조언을 한 자들이 그리스도에 대하여 어떤 식의 호의를 지니고 있었는지는 우리가 알 길이 없지만, 그들은 그 지방의 상당수의 사람들이 그리스도를 따름으로써 복음이 널리 받아들여지는 것을 보고서, 그리스도를 다른 지방으로 떠나게 하고자 한 자들일 것이라는 것이 나의 추측이다. 본문에는 그들이 어떤 자들이었는지가 나와 있는데, 누가는 그들이 "어떤 바리새인들"이었다고 말한다. 그런데 우리는 바리새인들은 그리스도의 안전과 생명에 대하여 걱정해 줄 만큼 그리스도에 대하여 그렇게 호의적이지 않았다는 것을 알고 있다. 그렇다면, 그들이 이렇게 한 의도는 무엇이었는가? 그들의 목적은 그리스도로 하여금 겁을 집어먹게 하여서 스스로 어떤 먼 곳으로 도망하여 몸을 숨기게 하고자 한 것이었다. 왜냐하면, 그들은 짧은 시간 내에 백성들 가운데서 그의 권위가 사그라지고, 그의 가르침 전체가 잊혀지기를 바랐기 때문이다. 그러나 우리는 이러한 술수를 맨먼저 고안해 낸 자인 사탄을 주목하지 않으면 안 된다. 왜냐하면, 사탄은 당시에 하나님의 아들에게 겁을 집어먹게 하여서 복음의 진보를 방해하고자 애썼듯이, 오늘날도 끊임없이 새로운 두려움과 공포들을 만들어 내어서, 그리스도의 사역자들을 낙심하게 만들고 그들의 일을 그만두도록 압박하는 일을 계속하기 때문이다.

눅 13:32. 이르시되 … 저 여우에게. 그리스도께서 여기에서 "여우"라고 지칭하신 자는 헤롯 안디바임이 틀림없다. 이 헤롯은 내내 "여우"의 특성을 보여주었고, 교활하고 비굴하기로 유명한 자였지만, 나는 그리스도께서 "여우"라는 호칭을 사용한 것은 헤롯이 일생 동안 교활하게 살아 왔다는 것을 일반적으로 가리키시기 위한 것이라기보다는, 그가 복음을 감히 공개적으로는 공격하지 못하게 되자, 아주 음흉한 수단과 방법들을 동원해서 복음이 전파되는 것을 방해하고자 한 것을 가리키시기 위한 것이었다고 생각한다. 왜냐하면, 그리스도께서 하신 말씀은 헤롯이 아무리 교활하게 술수를 쓴다고 해도 결국 그 목적을 이루지 못하게 될 것이라는 의미이기 때문이다. 그리스도께서는 이렇게 말씀하신다: "그가 그 어떤 술수들을 쓴다고 해도, '오늘과 내일은' 내가 하나님이 내게 명하신 일을 행하다가, 내게 맡겨진 일을 다 행한 후에는, 나는 희생 제물로 드려지게 될 것이다." 우리로 하여금 이 말씀의 의미를 좀 더 분명하게 알 수 있도록 해주시기 위하여, 그리스도께서는 그의 말씀의 앞부분에서 "제삼일에" — 즉, 아주 짧은 시간 내에 — 그가 죽어야 한다는 것을 밝히심으로써, 그는 확고한 목표를 지니고서 죽음을 향하여 담대하게 나아가고 있는 것이기 때문에, 죽음에 대한 두려움이 그로 하여금 그가 마땅히 해야 할 일을 하지 못하게 가로막을 수 없다는 것을 분명하게 보여주신다.

눅 13:33. 선지자가 … 죽는 법이 없느니라. 그런 후에, 그리스도께서는 "선지자가 예루살렘 밖에서는" 죽을 위험이 없다는 것을 근거로 들어서, 거짓되고 외식하

는 자들이 그에게 조언해 준답시고 한 말은 근거 없는 허무맹랑한 말에 불과하다
는 말씀을 덧붙이신다. 이 두 번째 구절에서 그리스도께서는 바리새인들을 날카롭
게 공격하신다. "나는 너희가 장차 나를 죽일 자들이라는 것을 알고 있는데, 그런
너희가 내게 헤롯을 조심하라는 말을 조언이라고 해 주고 있는 것이냐?" 그리스도
의 이 책망의 말씀은 사실 훨씬 더 깊은 의미를 지닌다. 왜냐하면, 그리스도께서는
자기는 예루살렘에서 죽을 각오가 이미 되어 있다고 말씀하실 뿐만 아니라, 예루
살렘은 이미 오래 전부터 거의 모든 선지자들이 죽임을 당한 "강도의 소굴"이 되어
있다고 말씀하시는 것이기 때문이다. 사실 많은 선지자들은 다른 곳들에서 죽임을
당하였고, 특히 잔인한 이세벨이 여호와의 선지자들에게 광분하여 그들을 닥치는
대로 죽인 때에는 특히 그러하였다(왕상 19:2).

그러나 선지자들은 언제든지 다른 곳들에서보다도 예루살렘에서 더 혹독한 박
해를 받아 왔었기 때문에, 그리스도께서 이 거룩한 도성의 불경건한 주민들을 향
하여 이런 책망을 하신 것은 합당하다. 선지자들이 통상적으로 예루살렘에서 죽임
을 당하게 된 것은 그곳이 유대 전체에 퍼져 있던 온갖 불경건이 흘러나온 진원지
(震源地)였기 때문만이 아니라, 하나님이 그의 선지자들을 훈련시키시는 장(場)이
었기 때문이기도 하다. 복음의 빛이 더욱 밝게 빛나서 악한 자들에 대한 압박이 심
해질수록, 그들의 광기(狂氣, insania)는 더욱더 극에 달하게 된다는 것을 우리는
안다. 하나님께 예배를 드리는 성소로 택함받았던 곳이자 율법과 하늘의 지혜의
본산(本山)이었던 곳이 "선지자들"이 박해를 받아 한두 번 죽임을 당하는 곳이 아
니라 그런 일이 일상화되어 버릴 정도로 타락하고 부패한 곳이 되어 버린 것은 얼
마나 무시무시하고 끔찍한 본보기인가! 이것은 진리의 가르침을 배척하는 세상의
패역함과 배은망덕함이 얼마나 고질적인지를 잘 보여주는 본보기임에 틀림없다.
누가 본문에서 그 직후에 예루살렘에 대한 그리스도의 탄식이 곧이어서 연결되어
나오는 것을 보면(13:34), 그리스도께서는 이 바리새인들의 조언을 예루살렘을 호
되게 질책하는 기회로 삼으신 것으로 보일 수 있지만, 나는 누가가 예루살렘이 과
거에 선지자의 피로 물든 곳이 되었다고, 아니 여러 세대에 걸쳐서 끊임없이 선지
자들이 죽임을 당해 온 도살장이 되었다고 말한 후에, 그가 늘 하던 습관을 따라서,
즉시 그 말씀과 맥이 통하는 또 다른 말씀을 거기에 덧붙여 놓은 것이라고 생각한
다. 왜냐하면, 우리는 누가가 그리스도께서 여러 시기에 전하신 말씀들을 한 자리
에 모아서 소개하는 것을 이미 앞에서 여러 번 보아 왔기 때문이다.

³⁷예수께서 말씀하실 때에 한 바리새인이 자기와 함께 점심 잡수시기를 청하므로 들어가 앉으셨더니 ³⁸잡수시기 전에 손 씻지 아니하심을 그 바리새인이 보고 이상히 여기는지라 ³⁹주께서 이르시되 너희 바리새인은 지금 잔과 대접의 겉은 깨끗이 하나 너희 속에는 탐욕과 악독이 가득하도다 ⁴⁰어리석은 자들아 겉을 만드신 이가 속도 만들지 아니하셨느냐 ⁴¹그러나 그 안에 있는 것으로 구제하라 그리하면 모든 것이 너희에게 깨끗하리라(눅 11:37-41).

이 이야기는 마태가 기록해 놓은 가르침(15:1-20), 즉 그리스도께서 사람들, 특히 서기관들의 미신(迷信)을 바로잡아 주시기 위하여, 유대인들이 그토록 철저하게 지키고자 하였던, 사람이 고안해 낸 외적인 의식(儀式)들을 의도적으로 중요하지 않은 것으로 치부하신 내용을 담고 있는 가르침과, 완전히는 아니지만 몇 가지 점에서 일치한다. 하나님이 그의 율법에 몇몇 종류의 결례(潔禮, ablutio)를 지키라고 규정해 놓으신 것은 그런 예식들을 통해서 그의 백성이 참된 정결(puritat)에 대하여 깊이 생각하도록 훈련을 받아 유익을 얻을 수 있게 하시기 위한 것이었다. 유대인들은 이러한 엉성해 보이는 규정에 만족하지 못하고, 그 밖의 다른 많은 결례들을 거기에 추가해서, 특히 마가가 7장에서 아주 세세하게 설명하고, 요한이 2장에서 보여주는 바와 같이, 결례를 위한 물로 씻지 않고서는 사람이 음식을 먹어서는 안 되게 만들어 놓았다. 이러한 악(惡)은 악하고 왜곡된 믿음을 낳았다. 왜냐하면, 그들은 하나님을 영적으로 예배하는 것에 대해서는 거의 관심이 없었고, 오직 하나님을 섬기는 대신에 그 겉모습(figura) 또는 그림자에 불과한 결례를 지키기만 한다면, 그들이 마땅히 행해야 할 본분을 다 한 것이라고 생각하였기 때문이다. 그리스도께서는 그가 이 예식을 무시하면 그들의 분노를 불러오리라는 것을 잘 알고 계셨지만, 하나님께서는 사람들이 겉으로 몸을 씻어 깨끗하게 하는 육신의 외적인 정결(externa mundities carnis)에 대해서는 관심이 없으시고, 마음의 영적인 의로움(spiritualis cordis iustitia)을 요구하신다는 것을 보여주시기 위하여 결례를 지키기를 거부하신 것이다.

눅 11:39. 너희 바리새인은. 마태복음(15:1-20)과 마가복음(12:2-13)에서와는 달리, 누가 본문에서는 그리스도께서 바리새인들이 사람이 고안해 낸 것들로 합당치 못한 방식으로 하나님을 섬기고, 그들의 전통을 지키기 위하여 하나님의 율법을 범하고 있다는 이유로 그들을 책망하시는 것이 아니라, 단지 마치 하나님은 안중에도 없다는 듯이 오직 사람들이 보기에 깨끗하게 보이면 그만이라는 식으로 행동하는 그들의 외식(外飾)을 지적하실 뿐이다. 이제 이 책망은 모든 외식하는 자들, 그러니까 하나님이 정해 놓으신 예식들을 지키면 의롭게 된다고 믿는 자들에게 적용된다. 이것은 그리스도께서 "사람의 계명으로 교훈을 삼아"(막 7:7) 하나님을 섬기는 것은 "헛되다"고 하신 것보다 더 포괄적인 말씀이다. 왜냐하면, 여기에서 그리스도께서는 영적으로, 즉 믿음(fides)과 마음에서 우러나오는 순전한 사랑(purus cordis affectus)으로 하나님을 섬기는 것이 아니라, 예식들을 지키는 방식으로 하나님을 섬기는 것은 잘못이라고 일반적으로 단죄하시는 것이기 때문이다. 선지자들은 늘 유대인들에게 이것을 깨닫게 하고자 치열한 싸움을 벌여 왔지만, 사람들의 마음은 외식(外飾)에 끌리는 강력한 성향을 지니고 있기 때문에, 그들은 하나님이 믿음이 수반되지 않는 외적인 예배를 기뻐하실 것이라는 교만하고도 완악한 확신을 고집하였다. 그러다가 그리스도의 때에 그들은 결국 신앙을 무익하고 하찮은 것들을 지키는 것에 있다고 굳게 믿을 정도로 너무나 깊은 우매함 속에 빠져 있었다. 그러므로 "바리새인들"은 여기에서 "잔"은 지극정성을 다해서 깨끗이 씻지만 그들의 마음속에는 "탐욕과 악독"이라는 너무나 가증스럽고 더러운 것들이 "가득하다"는 공격을 받는 것이다. 그리스도께서는 사람의 육신과 더불어서 사람의 "속," 즉 사람의 심령도 만드신 하나님이 단순히 겉모습(externa species)만으로 만족하실 것이라고 생각하는 그들의 우매함을 질책하신다. 사람들이 스스로 속는 주된 이유는 그들이 하나님을 대하고 있다는 사실을 망각하거나, 그들의 허망한 생각(sensus vanitatis)에 미혹되어서 은연중에 마치 하나님이나 사람이나 차이가 없다는 듯이 생각하고 말하기 때문이다.

눅 11:41. 그러나 그 안에 있는 것으로. 늘 그러셨듯이, 그리스도께서는 사람과 음식을 깨끗하게 만드는 것은 물이 아니라 자비(beneficentia)라고 분명하게 말씀하시면서, 바리새인들에게 예식들을 꼼꼼히 지키려고 하기보다 사랑을 베푸는 일에 힘을 쓰라고 권하신다. 그렇지만 이 말씀을 통해서 그리스도께서는 하나님의 은혜를 폄훼하시거나, 율법에 규정된 예식들을 헛되고 무익한 것으로 여겨 배척하시는 것이 아니라, 그들이 그 예식들을 꼼꼼하게 지키는 것만으로 하나님이 그들을 기뻐하실 것이라고 굳게 믿고 있는 자들에게 이렇게 말씀하고 계시는 것이다: "음식은 오직 합당하게 사용될 때에만 거룩한 것이 되는데, 자신의 풍부한 것 중에서 얼마를 가난한 자들에게 나누어 주어 그들의 궁핍을 채워줄 때에 그 음식은 제대로 합당하게 사용되고 있는 것이다. 그러므로 손과 잔을 꼼꼼히 씻으면서도 가난한 자들에 대해서는 본체만체하는 것보다 너희가 가진 것 중에서 얼마를 구제하는 데에 사용하는 것이 더 낫다."

교황주의자들이 이 말씀을 근거로 삼아서, 구제(救濟)는 우리를 우리의 죄들로부터 깨끗하게 해주는 보속(補贖, satisfactio)이라고 주장하는 것은 너무나 터무니 없기 때문에 많은 말로 반박할 가치조차 없다. 그리스도께서는 여기에서 우리에게 우리가 어떠한 값을 치르고서 죄 사함을 사야 하는지를 알게 해주시는 것이 아니라, 자신의 음식 중 일부를 가난한 자들에게 나누어 주는 자들은 깨끗한 음식을 먹고 있는 것이라고 말씀하시는 것이다. 여기에서 '타 에논타'(τὰ ἐνόντα, 개역에서는 "그 안에 있는 것")를 에라스무스와 불가타 역본에서는 "남은 것"이라고 번역하였지만, 나는 "지금 있는 것"을 의미하는 것으로 이해한다.

이 구절 뒤에 바로 이어지는 바리새인과 서기관들에 대한 책망들은 이 구절과는 다른 시기에 전해진 말씀이기 때문에 나중에 다른 자리에서 살펴보는 것이 훨씬 적절할 것이다. 왜냐하면, 나는 그리스도께서 식탁에 앉아서 식사를 하시면서 서기관들과 바리새인들에 대한 이 일련의 긴 책망의 말씀을 하신 것이 아니라, 누가가 다른 시기에 전해진 이 말씀을 여기로 가져와서 함께 소개한 것이라고 생각하기 때문이다. 앞에서 종종 언급하였듯이, 복음서 기자들은 말씀들이 전해진 시간상의 순서에 대해서는 별로 신경을 쓰지 않았다.

¹안식일에 예수께서 한 바리새인 지도자의 집에 떡 잡수시러 들어가시니 그들이 엿보고 있더라 ²주의 앞에 수종병 든 한 사람이 있는지라 ³예수께서 대답하여 율법교사들과 바리새인들에게 이르시되 안식일에 병 고쳐 주는 것이 합당하냐 아니하냐 ⁴그들이 잠잠하거늘 예수께서 그 사람을 데려다가 고쳐 보내시고 ⁵또 그들에게 이르시되 너희 중에 누가 그 아들이나 소가 우물에 빠졌으면 안식일에라도 곧 끌어내지 않겠느냐 하시니 ⁶그들이 이에 대하여 대답하지 못하니라(눅 14:1-6).

이 이야기는 그리스도께서 안식일에 대한 사람들의 미신적(迷信的)인 신앙을 바로잡아 주시기 위하여 행하신 이적에 관한 내용만을 담고 있다. 왜냐하면, 어떤 이들이 상상하는 것과는 달리, 그리스도께서는 여기에서 안식일을 완전히 폐기처분 하시고자 하신 것이 아니라, 단지 안식일에 하나님의 일들이나 자비(慈悲)의 일들을 행하는 것은 율법이 정한 거룩한 안식을 범하는 것이 결코 아님을 지적하고자 하신 것이기 때문이다. 바리새인들이 의도적으로 "수종병 든 사람"을 그 자리에 데려다 놓은 것인지의 여부는 우리가 확실하게 알 수 없지만, 분명한 것은 그 사람이 우연히 그 자리에 있게 되었다든지, 아니면 집 주인의 허락이나 동의 없이 남의 집에 무단으로 침입하지는 않았으리라는 것이다. 그러므로 그들이 그리스도를 시험하고자 하는 속셈으로 그 병자를 그 자리에 데려다 놓은 것일 가능성이 높다(이것은 악할 뿐만 아니라 어리석은 짓이었다). 왜냐하면, 그들은 이런 병자가 눈앞에 있는 상황에서 그리스도께서 어떻게 행하실 것인지를 그 동안의 경험으로 이미 충분히 알고 있었기 때문이다.

눅 14:3. 안식일에 병 고쳐 주는 것이 합당하냐. 이러한 질문의 의미는 안식일에 사람을 "고쳐 주는" 것이 안식일을 범하는 일로 여겨져야 하느냐는 것이다. 만약 그들이 처음부터 대놓고 그것을 안식일을 범한 것이라고 말하였다면, 사실 그리스도께서는 그것은 하나님의 일이라고 반박하시면 그만이었을 것이다. 왜냐하면, 안식일 법은 사람들이 안식일에 자신의 일을 쉬어야 한다고만 규정할 뿐이고, 그 이상으로 나아가지는 않기 때문이다. 그런데 그리스도께서 그들에게 이런 식으로 먼저 질문을 던지신 이유는 그들의 거리낌을 조금이라도 제거하시기 위한 것이었다. 만약 그들이 완악한 악의(惡意)로 가득 차 있지 않았다면, 그리스도께서 이렇게 그들을 진정시키려고 하실 필요가 없으셨을 것이다. 그리스도께서는 언제나 이런 식으로 사람들에게 걸림돌이 될지 안 될지를 고려하여 말씀하시고 행하신 것은 아니었고, 많은 경우에 그런 고려 없이 아버지 하나님이 그에게 명하신 것을 행하셨다. 그러나 여기에서 그리스도께서는 그가 안식일에 무분별하고 경솔하게 이적들을 행하신 것이 아니라, 왜 그렇게 하셨는지 그 이유와 근거를 다 제시할 수 있다는 것을 보여주시고자 하셨다. 반면에, 그들은 이 질문에 대하여 아무 말도 하지 않음으로써, 율법에 대한 열심보다는 그리스도에게서 뭔가 흠을 잡아내고자 하는 마음이 더 강하다는 것을 분명히 드러내었다. 그들의 목적이 그에게서 시빗거리를 찾아내는 데에 있다는 것이 명백해졌기 때문에, 그리스도께서는 그가 행한 일에 대한 그들의 판단이나 비판에 전혀 신경을 쓰지 않으신다.

눅 14:5. 너희 중에 누가 그 아들이나 소가 … 빠졌으면. 그들은 그리스도께서 굳이 그들을 위해서 걸림돌을 제거해 주고자 애쓰실 가치도 없는 자들이었지만, 그리스도께서는 그가 행한 일이 안식일을 범한 것이 결코 아니었다는 것을 보여주신다. 그리스도께서 그렇게 하신 것은 그들을 가르치시기 위한 것이라기보다는 그들의 비방과 중상모략으로부터 자기 자신을 지키시기 위한 것이었음이 분명하다. 왜냐하면, 그는 그들이 악독한 증오심으로 인해 완전히 눈이 멀어 있어서 그의 가르침을 받아들이지 않으리라는 것을 알고 계셨지만, 그들을 스스로 부끄러워서 침묵할 수밖에 없도록 만드심으로써, 그들의 악의(惡意)를 격퇴하시고 승리하기를 원하셨기 때문이다. 만약 안식일에 짐승들을 구하는 일은 허용이 되는데도, 하나님의 형상을 따라 지음받은 사람을 구하는 일이 허용되지 않는다면, 그것이 합당하지 않다는 것은 너무나 분명하다.

[7]청함을 받은 사람들이 높은 자리 택함을 보시고 그들에게 비유로 말씀하여 이르시되 [8]네가 누구에게나 혼인 잔치에 청함을 받았을 때에 높은 자리에 앉지 말라 그렇지 않으면 너보다 더 높은 사람이 청함을 받은 경우에 [9]너와 그를 청한 자가 와서 너더러 이 사람에게 자리를 내주라 하리니 그 때에 네가 부끄러워 끝자리로 가게 되리라 [10]청함을 받았을 때에 차라리 가서 끝자리에 앉으라 그러면 너를 청한 자가 와서 너더러 벗이여 올라 앉으라 하리니 그 때에야 함께 앉은 모든 사람 앞에서 영광이 있으리라 [11]무릇 자기를 높이는 자는 낮아지고 자기를 낮추는 자는 높아지리라 [12]또 자기를 청한 자에게 이르시되 네가 점심이나 저녁이나 베풀거든 벗이나 형제나 친척이나 부한 이웃을 청하지 말라 두렵건대 그 사람들이 너를 도로 청하여 네게 갚음이 될까 하노라 [13]잔치를 베풀거든 차라리 가난한 자들과 몸 불편한 자들과 저는 자들과 맹인들을 청하라 [14]그리하면 그들이 갚을 것이 없으므로 네게 복이 되리니 이는 의인들의 부활시에 네가 갚음을 받겠음이라 하시더라(눅 14:7-14).

눅 14:7. 청함을 받은 사람들이. 우리는 바리새인들과 서기관들 전체가 얼마나 심하게 명예욕(ambitio)에 사로잡혀 있었는지를 안다. 그들은 다른 모든 사람을 지배하고자 하였을 뿐만 아니라, 그들끼리도 높은 자리를 차지하려고 서로 치열하게 다투었다. 왜냐하면, 헛된 영광을 구하는 자들은 서로를 시기하고, 다른 사람들이 갖고 싶어하는 것을 자신의 수중에 넣어야 직성이 풀리기 때문이다. 따라서 바리새인들과 서기관들은 백성들 앞에서는 모두 다 하나 같이 자기가 성직자임을 자랑하고 뽐내는 모습을 보이다가도, 그들끼리 있을 때에는 서로 높은 자리를 차지하려고 다투는 모습을 보인다.

그리스도께서는 적절한 비유를 통해서, 그들이 이러한 명예욕을 따라 행하다가 결국 망신을 당하게 될 것임을 보여주신다. 즉, 어떤 사람이 잔치에 가서 가장 높은 자리를 차지하고자 하여 다른 사람이 앉게 되어 있던 자리에 앉아 있다가, 나중에 자기보다 더 존귀한 그 사람이 왔을 때, 그 잔치를 베푼 주인이 그에게 다른 자리로 가줄 것을 요구해서, 어쩔 수 없이 그 자리를 내어주게 되었다면, 그것은 정말 부끄럽고 창피한 일이 아닐 수 없으리라는 것이다. 그런데 이런 일은 다른 사람들보다 자기가 더 훌륭하다고 여기는 모든 교만한 자들에게 일어나게 될 것이다. 왜냐하면, 하나님은 장차 그런 자들로 하여금 수치와 멸시를 당하게 하실 것이기 때문이다. 우리가 주목해야 할 것은 그리스도께서는 여기에서 우리에게 사회생활에서 예의바르고 겸손하라고 말씀하시는 것이 아니라는 것이다. 우리는 가장 오만한 자들이 이런 점에서는 아주 뛰어나서, 겉으로는 대단히 예의바르고 겸손한 것을 흔히 본다. 그리스도께서는 여기에서 사회생활 속에서 사람들이 보이는 행태를 하나의 비유로 사용하셔서, 우리가 하나님 앞에서 내면적으로 어떠하여야 하는지를 가르쳐 주고 계시는 것이다. "어떤 손님이 어리석게도 가장 높은 자리를 차지하였다가, 그 때문에 나중에 가장 낮은 자리로 쫓겨나게 되는 일이 벌어진다면, 그 사람은 너무나 무안하고 부끄러워서, 차라리 처음부터 높은 자리에 앉을 생각을 말아야 했다고 뒤늦게 후회하게 될 것이다. 마찬가지로, 하나님이 너희의 오만함을 인하여 너희에게 이루 말할 수 없는 수치를 당하게 하시는 벌을 주시는 일이 일어나지 않도록, 너희는 스스로 자신의 분수를 알아서 자신을 낮추고 겸손하라."

눅 14:11. 무릇 자기를 높이는 자는. 이 구절은 그리스도께서 말씀하고 계시는 주제가 명예욕 또는 야망이었다는 것을 분명히 보여준다. 왜냐하면, 그리스도께서는 사람들의 일상생활 속에서 통상적으로 일어나는 일에 대하여 말씀하시는 것이 아니라, 하나님은 장차 사람들을 심판하실 재판장으로서 "교만한 자를 물리치시고" 그들의 교만을 낮추시며 "겸손한 자에게 은혜를 주시는"(약 4:6; 벧전 5:5; 시 138:6) 분이시라는 것을 선포하시기 때문이다. 성경에는 하나님은 스스로를 높이고자 하는 모든 자들을 대적하시는 분이시기 때문에, 자기 자신에게 어떤 공로가 있다고 여기는 자들은 하나님과 싸울 수밖에 없다고 증언하는 말씀들이 도처에 널려 있다. 왜냐하면, 우리에게 있는 것들은 모두 하나님이 주신 선물인데도, 마치 그것들이 우리에게 원래부터 있던 뛰어난 것들인 것처럼 그것들을 우리 자신의 공로로 여겨서 우리 자신을 높이는 것은 교만이기 때문이다. 한편, 우리가 보이는 겸손은 단지 우리 자신을 낮추는 척하는 것이어서는 안 되고, 우리 자신의 연약함을 철저히 알아서 우리 자신을 높이고자 하지 않을 뿐만 아니라, 우리에게 선하고 뛰어난 것들이 있다면 그것들은 다 하나님이 은혜로 주신 것들일 뿐이라는 것을 아는 것으로부터 나오는 진정한 자기 부인(vera exinanitio)이어야 한다.

눅 14:12. 네가 점심이나 저녁을 베풀거든. 이것을 혈육들이나 친구들이 서로를 식사에 초대하는 것을 절대적으로 단죄하는 말씀이라고 생각하는 자들은 사람들끼리 나누는 정(humanitas)을 일부 빼앗아 버리는 것이다. 왜냐하면, 혈육이나 친구들을 배제하고 오직 낯선 사람들만을 식사에 초대하는 것은 무정(無情)한 일일 뿐만 아니라 잔인한 일이 될 것이기 때문이다. 그리스도께서는 우리에게 사람들 간에 서로 정을 나누고 사귐을 갖는 모든 일을 하지 말라고 말씀하시는 것이 아니라, 단지 세상 사람들 가운데서 통상적으로 행해지는 사교적인 행위들이 자비나 사랑(caritas)을 보여주는 증거들이 되지 않는다는 것을 보여주고자 하신 것뿐이다. 부자에게 보답을 바라고 어떤 것을 베푸는 것은 진정한 베풂(liberalitas)이 아니고, 단지 일종의 상업적인 거래(foenerandi artificium)일 뿐이다. 마찬가지로, 어떤 잇속을 가지고서 자비를 베푸는 행위들은 진정한 자비라고 할 수 없기 때문에 하나님 앞에서 아무런 가치도 없는 행위들이다. 내가 나의 혈육이나 친척이나 부자 친구들을 저녁 만찬에 초대하였다면, 그것은 그 자체로 단죄를 받아 마땅한 일인 것은 아니지만, 자비 또는 진정한 베풂의 증거로서는 아무런 가치도 없다. 우리는 철저하게 이기적인 자들이 자신의 친구들을 대접할 때에 아낌없이 돈을 쓰면서도 불평 한 마디 하지 않는 것을 흔히 보는데, 당신은 그 이유가 무엇이라고 생각하는가? 당신이 부자들에게 식사를 대접하는 것은 좋지만, 가난한 자들을 소홀히 해서는 안 된다. 당신이 친구들과 친척들을 불러서 잔치를 베푸는 것은 좋지만, 당신에게 가난한 자들의 궁핍을 살필 여유가 있다면, 가난한 자들도 부르는 것을 잊지 말아야 한다. 요컨대, 이 말씀의 의미는 친척들이나 친구들에게는 너그럽지만 가난한 자들에게는 인색한 사람들은 진정한 사랑에서 베푸는 것이 아니고 단지 자신의 잇속을 챙기거나 야심을 이루고자 하는 것이기 때문에 칭찬받을 만한 자격이 없다는 것이다. 그리스도께서는 여기에서 특히 그를 초대한 사람을 겨냥하여 말씀하고 계신다. 왜냐하면, 그리스도께서는 그 사람이 지나치게 허영과 사치에 물들어 있어서, 부자들로부터는 박수갈채와 감사하다는 인사를 받고자 하는 욕망이 강하지만, 가난한 자들에 대해서는 별 관심이 없다는 것을 아셨기 때문이다. 따라서 이 말씀은 그리스도께서 그를 초대한 사람을 책망하시는 형식을 빌려서, 자신의 허영심을 만족시키기 위해서, 또는 서로 상부상조하려는 생각으로 일종의 거래를 위해서는 자신의 재물을 아낌없이 쓰면서도, 마치 거저 주는 것은 허비하는 것이라고 생각한다는 듯이 가난한 자들을 위해서는 단 한 푼이라도 쓰기를 아까워하는 모든 자들을 책망하시는 말씀이다.

눅 14:14. 네게 복이 되리니. 그리스도께서는 이 세상에서의 보답을 바라지 않고 후하게 베푸는 자들이 복이 있다고 선언하신다. 왜냐하면, 그들이 하나님만을 바라보고 있다는 것은 아주 분명하기 때문이다. 그러나 자신의 이익을 늘 생각하고서 행하는 자들이나 사람들로부터 찬사를 듣고 인기를 얻기 위해 행하는 자들은 하나님으로부터 상(賞)을 받기를 기대할 자격이 없다.

[1]예수께서 다시 비유로 대답하여 이르시되 [2]천국은 마치 자기 아들을 위하여 혼인 잔치를 베푼 어떤 임금과 같으니 [3]그 종들을 보내어 그 청한 사람들을 혼인 잔치에 오라 하였더니 오기를 싫어하거늘 [4]다시 다른 종들을 보내며 이르되 청한 사람들에게 이르기를 내가 오찬을 준비하되 나의 소와 살진 짐승을 잡고 모든 것을 갖추었으니 혼인 잔치에 오소서 하라 하였더니 [5]그들이 돌아 보지도 않고 한 사람은 자기 밭으로, 한 사람은 자기 사업하러 가고 [6]그 남은 자들은 종들을 잡아 모욕하고 죽이니 [7]임금이 노하여 군대를 보내어 그 살인한 자들을 진멸하고 그 동네를 불사르고 [8]이에 종들에게 이르되 혼인 잔치는 준비되었으나 청한 사람들은 합당하지 아니하니 [9]네거리 길에 가서 사람을 만나는 대로 혼인 잔치에 청하여 오라 한대 [10]종들이 길에 나가 악한 자나 선한 자나 만나는 대로 모두 데려오니 혼인 잔치에 손님들이 가득한지라 [11]임금이 손님들을 보러 들어올새 거기서 예복을 입지 않은 한 사람을 보고 [12]이르되 친구여 어찌하여 예복을 입지 않고 여기 들어왔느냐 하니 그가 아무 말도 못하거늘 [13]임금이 사환들에게 말하되 그 손발을 묶어 바깥 어두운 데에 내던지라 거기서 슬피 울며 이를 갈게 되리라 하니라 [14]청함을 받은 자는 많되 택함을 입은 자는 적으니라(마 22:1-14).

[15]함께 먹는 사람 중의 하나가 이 말을 듣고 이르되 무릇 하나님의 나라에서 떡을 먹는 자는 복되도다 하니 [16]이르시되 어떤 사람이 큰 잔치를 베풀고 많은 사람을 청하였더니 [17]잔치할 시각에 그 청하였던 자들에게 종을 보내어 이르되 오소서 모든

것이 준비되었나이다 하매 [18]다 일치하게 사양하여 한 사람은 이르되 나는 밭을 샀
으매 아무래도 나가 보아야 하겠으니 청컨대 나를 양해하도록 하라 하고 [19]또 한 사
람은 이르되 나는 소 다섯 겨리를 샀으매 시험하러 가니 청컨대 나를 양해하도록
하라 하고 [20]또 한 사람은 이르되 나는 장가 들었으니 그러므로 가지 못하겠노라 하
는지라 [21]종이 돌아와 주인에게 그대로 고하니 이에 집 주인이 노하여 그 종에게 이
르되 빨리 시내의 거리와 골목으로 나가서 가난한 자들과 몸 불편한 자들과 맹인
들과 저는 자들을 데려오라 하니라 [22]종이 이르되 주인이여 명하신 대로 하였으되
아직도 자리가 있나이다 [23]주인이 종에게 이르되 길과 산울타리 가로 나가서 사람
을 강권하여 데려다가 내 집을 채우라 [24]내가 너희에게 말하노니 전에 청하였던 그
사람들은 하나도 내 잔치를 맛보지 못하리라 하였다 하시니라(눅 14:15-24).

마 22:1. 예수께서 … 대답하여. 마태는 그리스도께서 마지막 유월절에 즈음해
서 전하신 여러 말씀들을 기록해 놓은 대목에서 이 비유를 함께 다루고 있기는 하
지만, 이 비유가 나온 시기를 구체적으로 밝히고 있지 않은 반면에, 누가는 그리스
도께서 "한 바리새인의 집에서 식사를 하실 때에" 이 말씀을 전하셨다는 것을 분명
하게 단언하고 있기 때문에, 나는 누가 본문의 순서를 따르는 것이 더 좋겠다고 생
각하였다. 마태가 이 비유를 다룰 때에 염두에 두었던 목적은 서기관들이 극도로
흥분하여 격분하게 된 이유가 무엇이었는지를 보여주는 것이었기 때문에, 마태가
시간적인 순서를 신경 쓰지 않고, 서기관들이 싫어하였던 말씀들을 다루면서 이
비유를 거기에 덧붙여 놓은 것은 얼마든지 수긍이 가는 일이었다. 그러나 우리는
"함께 먹는 사람 중의 하나가 … 무릇 하나님의 나라에서 떡을 먹는 자는 복되도
다"라고 말하였을 때에, 그리스도께서 그 기회를 이용하여서, 유대인들의 배은망
덕함(ingratitudo)을 꾸짖으셨다는 것을 보여주는 누가의 기사(記事)를 주목하여야
한다. 이 사람은 잔치를 베푼 바리새인의 손님이자 친구였기 때문에, 그런 사람이
진정한 신앙심에서 이런 감격어린 말을 쏟아내었을 가능성은 거의 없어 보인다.
또한, 나는 이 말이 조롱이나 희롱의 말이라고도 생각하지도 않는다. 노골적으로
불경건하지는 않으면서 신앙에 대하여 피상적인 지식을 갖고 있는 자들은 식사를
하면서 영생(永生)을 소재로 무익한 말들을 늘어놓곤 하는 습관이 있다는 것을 고
려할 때, 나는 이 사람이 그리스도께서 어떤 반응을 보일지를 슬쩍 떠보기 위해서
장래의 복에 관한 이 말을 한 번 툭 던져본 것이라고 생각한다. 이 사람이 던진 말

을 살펴보면, 우리는 그의 마음속에는 오로지 세상적인 복에 관한 생각만이 있었다는 것을 분명하게 알게 된다. 왜냐하면, 그 사람은 "떡을 먹는다"는 어구를 통하여 영원한 영광을 누리는 삶을 은유로 표현한 것이 아니라, 단지 모든 것이 풍성하여 마음껏 먹고 마시고 노는 행복한 삶을 꿈꾸었던 것으로 보이기 때문이다. 그러나 그 사람이 한 말의 원래 의미는 하나님이 그의 자녀들을 천국으로 불러 모으신 후에 "하나님이 주시는 떡을 먹게 될 자들은 복된 자들"이라는 것이다.

마 22:2. 천국은 … 같으니. 옛적에 한 스파르타 사람이 아테네 사람들은 무엇이 옳은지를 알고 있으면서도 행하지는 않는다고 말한 것과 마찬가지로, 그리스도께서는 이제 여기에서 유대인들은 하나님의 나라에 대해서 멋지게 말할 줄은 알면서도, 정작 하나님이 은혜로 온유하게 그들을 초대하시자, 그 은혜를 멸시하고 그 초대를 거절하였다고 책망하신다. 이 말씀이 명백히 유대인들을 겨냥한 말씀이라는 것은 의문의 여지가 없는데, 이것은 조금 후에 더 분명하게 밝혀지게 될 것이다.

마태는 세부적으로 상세하게 다루고 있는 반면에, 누가는 개괄적으로 요약하여 서술하고 있다는 점에서 마태와 누가는 서로 차이를 보인다. 마태는 "어떤 임금"이 "자기 아들을 위하여 혼인 잔치를 베풀었다"고 말하고, 누가는 단지 "어떤 사람이 큰 잔치를 베풀었다"고만 말한다. 마태 본문에는 "여러 종들"이 등장하고, 누가 본문에는 오직 "한 명의 종"만이 나온다. 마태는 종들이 "여러 번" 나가서 메시지를 전하였다고 말하고, 누가는 한 종이 "오직 한 번만" 나가서 메시지를 전하였다고 말한다. 마태는 몇몇 종들이 "모욕"을 당하거나 "죽임"을 당하였다고 말하고, 누가는 사람들이 종의 메시지를 무시하였다고만 말한다. 마지막으로, 마태는 "예복을 입지 않고 혼인 잔치에 온 한 사람"이 밖으로 쫓겨났다고 말하는 반면에, 누가 본문에는 그런 언급이 전혀 없다. 우리는 앞에서 이와 비슷한 차이, 즉 마태는 같은 내용을 다루더라도 누가보다 그 설명이 더 풍부하고 상세하다는 것을 이미 지적한 바 있다. 하지만 이 비유의 주된 내용에 있어서는 마태와 누가는 두드러지게 일치하는 모습을 보여준다. 즉, 하나님은 유대인들에게 마치 혼인 잔치에 초대한 것과 같은 특별한 존귀를 더하여 주셨지만, 그들은 그들에게 주어진 존귀를 멸시하였다는 것이다.

"어떤 임금이 자기 아들을 위하여 베푼 혼인 잔치"를 많은 주석가들은 "그리스도는 율법의 마침이 되시기"(롬 10:4) 때문에, 하나님의 언약은 오로지 영적인 혼인이라는 거룩한 연합을 통해서 교회를 그리스도와 하나 되게 하시고 그리스도를 자기 백성의 통치자가 되게 하시는 목적만을 지니고 있었다는 것을 의미하는 것이라고 설명한다. 그러나 그 임금이 "그 종들을 보내어 그 청한 사람들을 혼인 잔치에 오라 하였다"는 말씀의 의도는 유대인들이 하나님으로부터 받은 두 가지 은총을 지적하고자 하는 것인데, 첫 번째는 하나님이 다른 민족들을 제쳐두시고 유대인들을 택하셨다는 것이고, 두 번째는 하나님이 선지자들을 보내서 유대인들에게 그들이 택함받았다는 사실을 알리셨다는 것이다. 왜냐하면, 이것은 사람들 사이에서 행해지던 관습, 즉 먼저 혼인 잔치에 초대할 사람들의 명단을 작성하고 나서, 나중에 종들을 보내어 그들을 실제로 초대하는 관습에 빗댄 표현이기 때문이다.

이렇게 하나님은 유대인들을 마치 그들이 그의 친한 벗들인 양 다른 사람들을 제쳐두고 그들을 택하시고 나서, 나중에 혼인 잔치에 와서 그 약속된 구속(救贖)에 참여하라고 선지자들을 통해서 그들을 부르셨다. 유대인들 가운데서 처음에 초대를 받은 자들이 그리스도께서 오실 때까지 살아 있지 못하였다는 것은 사실이지만, 그들 모두가 동일한 구원으로 초대를 받았다. 그런데도, 그들은 그들의 배은망덕함(ingratitudo)과 사악함(malitia)으로 말미암아 그 구원을 박탈당하였다. 왜냐하면, 이 백성은 처음부터 불경(不敬)하여 하나님의 초대를 멸시하였기 때문이다.

마 22:4. 다시 다른 종들을 보내며. 그리스도께서는 마치 그들이 처음 초대를 받은 사람들과 동일한 자들인 듯이 말씀하신다. 왜냐하면, 유대 백성은 한 몸(unum corpus)이었기 때문이다. 이 말씀의 취지는 하나님이 이미 오래 전부터 그들에게 말씀해 오셨던 구속(救贖)의 복되고 기쁜 날이 가까이 다가왔으니 제때에 준비하라고 그들에게 경고하는 것이었다. 이제 그리스도께서는 바로 그날이 다가왔을 때에 하나님이 다시 사자(使者)들을 보내셔서 그들에게 서둘러 오라고 청하게 하셨다고 말씀하신다. 왜냐하면, 그리스도께서 말씀하신 최초의 초대는 복음이 선포될 때까지의 모든 이전의 예언들을 포함하는 것이었기 때문이다. 오랜 세월 동안 그들은 선지자들에게 몹쓸 짓을 해왔지만, 그들의 광기(狂氣)는 시간이 지날수록 심해져서, 마침내 그리스도와 그의 사도들에게 그들의 모든 분노를 쏟아 부었다. 이런 이유로, 그리스도께서는 이전의 사람들은 오만하여 하나님의 종들을 단지 무시하는 데서 그쳤지만, 잔치가 베풀어지기 직전에 마지막으로 보내심을 받은 종들은 "모욕"을 당하고 "죽임"을 당하였다고 고소하신다. 잔치가 열리기 직전에, 그들의 악(惡)은 이렇게 극에 달하여, 단지 오만하여 하나님의 은혜를 거부한 데서 그치지 않고, 광기(狂氣)에 사로잡혀서 잔인하고 극악무도한 짓을 서슴지 않았다. 그렇지만 그리스도께서는 그들 모두가 다 동일한 범죄를 저질렀다고 고소하시는 것은 아니다. 왜냐하면, 복음을 통해서 그들에게 마지막 기회가 주어졌을 때, 어떤 자들은 별 관심 없다는 듯이 하나님의 은혜를 무시한 반면에, 외식하는 자들은 광분하여 그 은혜를 배척하였기 때문이다. 이렇게 하나님이 불경건한 자들을 구원으로 초대하시려고 열심을 내실수록, 그들이 더욱더 하나님에 대한 분노와 증오심에 사로잡혀 광분하는 것은 통상적으로 일어나는 일이다.

마 22:5. 한 사람은 자기 밭으로, 한 사람은 자기 사업하러 가고. 이제 이 비유 가운데서 마태와 누가가 우리에게 공통적으로 전해주고 있는 부분을 살펴보기로 하자. 누가는 이것을 한 사람은 "밭을 샀으매 아무래도 나가 보아야 하겠다"고 했고, 또 한 사람은 "소 다섯 겨리를 샀으매 시험하러 가야" 한다고 했으며, 또 한 사람은 "장가들었으니 가지 못하겠노라"고 했다고 표현한다(눅 14:18-20). 이 말씀을 통해서, 그리스도께서는 유대인들이 이 세상과 세상적인 일들에 완전히 마음이 뺏겨 있어서, 전혀 하나님 앞에 나아갈 수가 없었다는 것을 보여주고자 하셨다. 왜냐하면, "세상의 염려들"(mundi curae)에 휘말려서 마음이 분산되면, 그것은 하나님께 나아가는 길에 큰 장애물이 되어서, 우리는 하나님의 나라에서 점점 멀어질 수밖에 없게 되기 때문이다. 하늘의 삶을 살도록 지음받은 인간이 짐승만도 못한 우매함으로 인하여서 덧없는 일들에 붙잡혀서 거기에 휘둘려 살아간다면, 그것은 정말 추하고 부끄러운 일이다. 그러나 이 병(病)은 도처에 만연되어 있어서, 덧없는 재물이나 세상이 주는 여러 가지 좋은 것들(commoditates)보다 하나님의 나라를 택하는 사람은 백 명 중에 한 명이나 있을까 말까 하다. 모든 사람이 동일한 병에 걸려 있는 것은 아니지만, 각 사람은 자신의 욕망(cupiditas)을 따라 어그러진 길로 가고 있기 때문에, 그 결과로 모든 사람이 제각각 온갖 어그러진 길에서 방황하며 헤매고 있다.

게다가, 우리가 주목해야 할 것은 불경건한 자들은 아주 그럴 듯한 핑계를 대고서 하나님의 은혜를 거부한다는 것이다. 즉, 그들은 세상일에 너무나 바빠서 하늘의 유업(遺業)에 대하여 신경을 쓸 수 없는 것이기 때문에, 마치 하나님의 은혜에 대한 그들의 무관심은 용서받을 수 있는 것인 듯이 여긴다. 그러나 우리는 그리스도께서 그 누구도 세상일에 바빠서 어쩔 수 없었다는 핑계가 통할 것이라고 착각하지 못하도록 하시기 위하여, 그런 모든 핑계들을 단호히 일축하시는 것을 본다. 그들의 생각과는 달리, 그들이 핑곗거리로 삼고 있는 일들은 그 자체로는 잘못된 것이 없는 일들일 뿐만 아니라 그들에게 유익이 되고 도움이 되는 쪽으로 사용되어야 마땅한 일들인데도, 그 일들을 그들에게 해악(害惡)이 되는 쪽으로 사용한 것이기 때문에, 그들은 두 가지 잘못을 범한 것이다. 왜냐하면, 하나님이 우리에게 현세에서 여러 가지 좋은 것들(commoditates)을 누릴 수 있게 하신 것은 오로지 우리를 하나님께로 이끄시기 위한 것이기 때문이다. 그렇지만 모든 사람이 하나님의 자비로우신 섭리에 의한 도우심을 많이 받을수록 하늘에 대한 소망이 간절해지는 것이 결코 아니기 때문에, 밭이나 재물이나 심지어 거룩한 혼인조차도 사람들을 이 땅에 더욱 꽁꽁 묶어두는 덫들(laquei)이 되고 마는 것이 엄연한 현실이다.

마 22:7. 임금이 노하여. 이 징벌은 오직 마태 본문에만 나온다. 왜냐하면, 누가 본문에는 임금이 보낸 종들에게 사람들이 어떤 위해(危害)를 가했다는 언급이 나오지 않기 때문이다. 하지만 정해진 때에 오지 않은 자들이 잔치에 참석하는 영광을 얻지 못하고 잔치에서 배제되었다고 말하고 있다는 점에서는 마태와 누가가 일치한다. 이 가르침은 우리에게도 그대로 적용된다. 왜냐하면, 복음의 사역자들을 사납게 대적하는 모든 불경건한 자들에게도 그리스도께서 유대인들에게 경고하신 이 멸망(exitium)이 기다리고 있기 때문이다. 세상일들에 정신이 팔려 있어서 하나님의 초대를 무시하는 자들은 마침내 잔치가 열리고 있는 곳의 바깥에서 먹을 양식이 없어 굶주려 비참하게 죽게 될 것이다. 그러므로 하나님이 우리를 부르시면, 우리는 순순히 그 부르심을 좇아야 한다.

마 22:9. 네거리 길에 가서. 그리스도께서는 하나님의 초대를 경멸하여 거부한 자들은 하나님의 은혜를 받을 자격이 없다는 것을 보여주신 후에, 이제 여기에서는 보잘것없고 초라한 다른 사람들이 그들의 자리를 대신하게 될 것이라고 말씀하신다. 이것은 장차 이방인들이 부르심을 받게 될 것에 대한 묘사이다. 모세의 노래에서 이미 예고하였듯이, 그런 일이 벌어지면, 유대인들은 시기가 나게 될 것이다: "그들이 하나님이 아닌 것으로 내 질투를 … 일으켰으니 나도 백성이 아닌 자로 그들에게 시기가 나게 하며 어리석은 민족으로 그들의 분노를 일으키리로다"(신 32:21). 그들은 하나님의 선민(選民)이 된 이래로, 마치 하나님에게는 그들이 없으면 안 되기 때문에 하나님의 은혜가 그들에게 주어질 수밖에 없다는 듯이 착각하고 살아 왔는데, 그들이 다른 민족들을 얼마나 멸시하며 오만방자하게 행해 왔는지는 아주 잘 알려져 있다. 그리스도께서 이방인들을 "가난한 자들과 맹인들과 저는 자들"에 비유하신 것은 실제로 이방인들이 그런 자들이라는 뜻이 아니라, 이방인들에 대한 당시 유대인들의 생각을 짐짓 빌려와서 표현하신 것에 불과하다. 그리스도께서는 그들을 "시내의 거리와 골목"에서 불러온 전에 알지 못하던 낯선 자들이라고 말씀하시지만, 벗들과 친척들이 무시하고 거절해서 비게 된 자리들을 그들이 차지하게 될 것이라고 분명하게 선언하신다. 선지자들이 새로운 교회(nova ecclesia)의 창설에 관하여 모호하게 예언하였던 것이 지금 여기에서 분명하게 표현되고 있는 것이다. 하나님이 참감람나무 가지들을 꺾어 버리시고 그 자리에 돌감람나무 가지들을 접붙이셨을 때(롬 11:17), 즉 하나님이 유대인들을 내치시고 부정(不淨)하고 더러운 이방인들을 그의 집에 들이셨을 때, 유대인들이 느낀 모욕감은 그들에 대한 하나님의 원수 갚으심의 절정을 이루는 것이었다. "하나님이 원 가지들도 아끼지 아니하신"(롬 11:21) 것을 생각할 때, 만약 오늘날 우리가 하나님의 부르심에 제대로 응답하지 않는다면, 당연히 그 동일한 벌은 우리에게도 임하게 될 것이다. 하지만 우리를 위해 준비된 잔치 자체는 취소되지 않을 것이고, 하나님은 다른 손님들을 초대하실 것이다.

눅 14:23. 사람을 강권하여 데려다가. 이것은 마치 집 주인이 가난한 자들을 비롯해서 세상에서 쓰레기 같은 자들을 한 사람도 남김 없이 강제로 데려오라고 지시를 내렸다고 말하는 것이나 다름없다. 이 말씀을 통해서, 그리스도께서는 하나님이 배은망덕한 유대인들을 데려다가 함께 식사를 하시느니 차라리 세상의 쓰레기 같은 자들을 다 긁어모아서 함께 잔치를 여실 것임을 분명하게 보여주신다. 또한, 이 말씀은 복음이 우리를 어떤 식으로 초대하는지를 비유적으로 보여주는 것 같다. 왜냐하면, 복음은 우리에게 단지 하나님의 은혜만을 제시하는 것이 아니라, 우리로 하여금 복음의 가르침을 받아들이고자 하는 마음이 생기도록 하기 위한 권면도 수반하기 때문이다.

하나님이 우리를 값없이 초대하시고 나서, 우리가 무기력 가운데서 헤매고 있는 모습을 보시고, 간절한 부탁과 권면의 말씀을 통해서 우리에게 무기력에서 깨어나라고 하실 뿐만 아니라, 경고의 말씀을 통해서 그에게 가까이 나아오도록 "강권하시기"까지 하시는 것은 하나님의 놀라우신 선하심을 보여주는 것이다. 그러므로 나는 아우구스티누스(Augustinus)가 도나투스파의 주장을 반박하고, 경건한 왕들이 완악하고 패역한 자들로 하여금 참 하나님을 예배하도록 "강권하고," 믿음의 하나됨을 유지시킬 목적으로 칙서(勅書)를 반포하는 것은 합당하다는 것을 증명하기 위하여 이 구절을 자주 근거 본문으로 인용한 것이 틀렸다고 생각하지 않는다. 왜냐하면, 믿음은 본래 자발적인 것이기는 하지만, 강제력이 가해지기 전에는 순순히 따르고자 하지 않는 자들의 완악함을 굴복시키는 데에는 그런 방법이 유익하다는 것을 우리가 보기 때문이다.

마 22:11. 임금이 … 보러 들어올새. 그리스도께서는 여기에서 하나님의 은혜와 부르심을 멸시했다고 유대인들을 책망하시는 것이 아니고, 유대인들 대신에 잔치에 불려온 자들에게, 하나님이 그들을 그의 잔치에 참여하게 하실 때에, 그들의 부정(不淨)함 또는 더러움으로 거룩한 혼인 잔치를 더럽히지 말 것을 미리 경고하시는 것이다. 지금까지는 그리스도께서 유대인들이 그들의 불경건하고 오만방자한 태도로 인하여 혼인 잔치에 참여하는 이 특별한 영광과 특권을 박탈당하게 될 것이고, 유대인들이 그토록 혐오하였던 자들이자 원래 하나님을 알지 못하던 자들이었던 이방인들이 유대인들 대신에 그 잔치에 부르심을 받게 될 것임을 가르치셨다. 그런데 이제 그리스도께서는 이렇게 부르심을 받은 이방인들 가운데서 교회를 욕되게 하는 자들은 추방을 당하게 될 것이라고 경고하신다. 즉, 하나님은 복음을 통해서 모든 사람을 무차별적으로 초대하시는 까닭에, 거룩하지 못하고 가증스러운 자들도 많이 교회 속으로 들어와서, 한동안 거룩한 성도들과 더불어서 공존하겠지만, 장차 하나님이 손님들을 살펴보실 때에, 그런 자들은 결국 밖으로 끌어내져서 벌을 받게 될 것이다. 이 말씀의 요지는 일단 교회에 들어왔다고 해서 모두가 다 영생을 얻게 되는 것이 아니라, 하늘 궁정에 합당한 "예복"을 입은 것이 확인된 자들만이 영생에 참여하게 되리라는 것이다.

그렇다면, 여기에서 "예복"은 믿음을 가리키는 것인가, 아니면 거룩한 삶을 가리키는 것인가? 이것은 무익한 논쟁이다. 왜냐하면, 믿음은 선한 행실(bona opera)과 분리될 수 없고, 선한 행실은 믿음 외에 그 어떤 다른 것으로부터 나올 수 없기 때문이다. 그리스도께서 여기에서 말씀하시고자 하신 것은 하나님은 우리가 성령으로 새롭게 되어 하나님의 형상으로 변화되어야 한다는 분명한 조건 위에서 우리를 부르신다는 것, 그리고 하나님의 집에 영원히 거하기 위해서는 우리가 "썩어져 가는 구습을 따르는 옛 사람을 벗어 버리고"(엡 4:22; 골 3:9) 새 생명 가운데서 행함으로써, 하나님의 지극히 영광스러운 부르심에 합당한 "예복"을 입어야 한다는 것이다. 그러나 여기에서 혼인 잔치에 온 거지가 예복을 입지 않았다고 해서 이토록 심한 벌을 받아야 하는 까닭이 무엇인지 의문이 생긴다. 왜냐하면, 길거리에서 먹을 것을 구걸하던 이 불쌍한 거지가 추한 누더기 옷을 걸치고 있었던 것은 어찌면 당연한 일이었을 것이기 때문이다. 이 의문에 대한 나의 대답은 여기에서는 "예복"을 어디에서 얻느냐 하는 것은 전혀 논의의 대상이 되지 못한다는 것이다. 왜냐하면, 하나님으로부터 잔치에 초대를 받은 자들은 그들이 입을 "예복"을 다름 아닌 하나님으로부터 공급받게 되어 있기 때문이다. 하나님이 우리에게서 불쌍하고 벌거벗은 것과 가증스러운 더러움 외에는 아무것도 발견하지 못하시지만, 우리에게 훌륭한 정장(正裝)을 입히셔서 우리를 빛나게 해주실 것이라는 에스겔의 말씀(겔 16:7-8)은 우리 모두에게서 이루어진다. 또한, 우리에게는 "그리스도로 옷 입는"(롬 13:14; 갈 3:27) 것 외에 다른 방식으로 하나님의 형상을 따라 새로워지는 길이 없다는 것을 우리는 안다. 그러므로 그리스도께서는 하나님이 혼인 잔치에 온 손님들을 꼼꼼히 살펴보실 때에, 자신의 옷장에서 값비싼 옷을 꺼내서 입고 올 형편이 되지 못하는 불쌍한 자들이 아니라, 여전히 자신의 부정(不淨)함과 더러움 속에 머물러 있는 자들에 대하여 "바깥 어두운 데에 내던지라"는 명령을 내리실 것이라고 선언하고 계시는 것이다.

마 22:14. 청함을 받은 자는 많되 택함을 입은 자는 적으니라. 이 결론적인 말씀은 이 비유의 목적이 무엇인지를 잘 보여준다. 이것으로부터 우리는 우리의 독창력을 발휘해서 이 비유를 이루고 있는 어구들의 의미를 세세하게 해석하고자 하는 시도를 하지 말아야 한다는 것을 알게 된다. 왜냐하면, 그리스도께서는 방금 전에 상당수의 사람들이 아니라 오직 "한 사람"이 쫓겨나게 될 것이라고 경고하셨지만, 우리는 여기에 나오는 말씀으로부터는 많은 사람들 중에서 오직 소수만이 남아 있게 될 것임을 알게 되기 때문이다. 옛적에 율법을 통해서 모아진 사람들의 수(數)보다는 오늘날 복음을 통해서 모아진 사람들의 수가 더 많다는 것은 확실하지만, "새로워진 삶"(vitae novitas)을 통해서 믿음이 있음을 증명하는 자들은 소수에 불과하다. 그러므로 우리는 신앙이라는 공허한 타이틀로 만족하여 안일한 생각에 젖어 있어서는 안 되고, 각 사람은 하나님의 마지막 검열에서 합당한 손님들 중의 한 사람이라는 인정을 받을 수 있도록 평소에 자기 자신을 철저하게 살펴야 한다. 왜냐하면, 바울이 우리에게 일깨워 주듯이, 하나님의 집에 있는 "그릇들"은 모두 다 똑같은 것이 아닌 까닭에, "주의 이름을 부르는 자마다 불의에서 떠나는" 것이 마땅하기 때문이다(딤후 2:19-20). 나는 여기에서는 하나님의 영원하신 택정(擇定)하심이라는 문제로 더 깊이 들어가지 않을 것이다. 왜냐하면, 여기에서 그리스도의 말씀은 하나님의 초대를 받아들인 것처럼 보이는 자들의 외적인 신앙 고백은 하나님이 그들을 자기 백성으로 인정하실 근거가 되기에 충분한 증거가 될 수 없다는 것을 보여주고자 하시는 것일 뿐이기 때문이다.

¹또한 제자들에게 이르시되 어떤 부자에게 청지기가 있는데 그가 주인의 소유를 낭비한다는 말이 그 주인에게 들린지라 ²주인이 그를 불러 이르되 내가 네게 대하여 들은 이 말이 어찌 됨이냐 네가 보던 일을 셈하라 청지기 직무를 계속하지 못하리라 하니 ³청지기가 속으로 이르되 주인이 내 직분을 빼앗으니 내가 무엇을 할까 땅을 파자니 힘이 없고 빌어 먹자니 부끄럽구나 ⁴내가 할 일을 알았도다 이렇게 하면 직분을 빼앗긴 후에 사람들이 나를 자기 집으로 영접하리라 하고 ⁵주인에게 빚진 자를 일일이 불러다가 먼저 온 자에게 이르되 네가 내 주인에게 얼마나 빚졌느냐 ⁶말하되 기름 백 말이니이다 이르되 여기 네 증서를 가지고 빨리 앉아 오십이라 쓰라 하고 ⁷또 다른 이에게 이르되 너는 얼마나 빚졌느냐 이르되 밀 백 석이니이다 이르되 여기 네 증서를 가지고 팔십이라 쓰라 하였는지라 ⁸주인이 이 옳지 않은 청지기가 일을 지혜 있게 하였으므로 칭찬하였으니 이 세대의 아들들이 자기 시대에 있어서는 빛의 아들들보다 더 지혜로움이니라 ⁹내가 너희에게 말하노니 불의의 재물로 친구를 사귀라 그리하면 그 재물이 없어질 때에 그들이 너희를 영주할 처소로 영접하리라 ¹⁰지극히 작은 것에 충성된 자는 큰 것에도 충성되고 지극히 작은 것에 불의한 자는 큰 것에도 불의하니라 ¹¹너희가 만일 불의한 재물에도 충성하지 아니하면 누가 참된 것으로 너희에게 맡기겠느냐 ¹²너희가 만일 남의 것에 충성하지 아니하면 누가 너희의 것을 너희에게 주겠느냐 ¹³집 하인이 두 주인을 섬길 수 없나니 혹 이를 미워하고 저를 사랑하거나 혹 이를 중히 여기고 저를 경히 여길 것임이니라 너희는 하나님과 재물을 겸하여 섬길 수 없느니라 ¹⁴바리새인들은 돈을 좋아하는 자들이라 이 모든 것을 듣고 비웃거늘 ¹⁵예수께서 이르시되 너희는 사람 앞에서 스스로 옳다 하는 자들이나 너희 마음을 하나님께서 아시나니 사람 중에 높임을 받는 그것은 하나님 앞에 미움을 받는 것이니라(눅 16:1-15).

이 비유의 주된 목적은 우리가 이웃들에 대하여 인자하고 너그러워야 한다는 것, 그리고 장차 하나님의 심판대 앞에 서게 될 때에 우리가 인자하고 너그럽게 행한 것(liberalitas)으로 인한 열매를 거두게 되리라는 것을 보여주는 것이다. 이 비유는 어쩐지 거칠고 억지스러워 보이지만, 그 결론을 보면, 그리스도께서 이 비유를 말씀하신 목적이 방금 내가 말한 것 외에 다른 것이 아님이 분명하게 드러난다. 이 것으로부터 우리는 이 비유의 모든 부분들이 지닌 의미들을 세세하고 정확하게 알 아내고자 하는 것은 지극히 사변적(思辨的)인 것으로서 부적절한 것임을 알게 된 다. 왜냐하면, 그리스도께서는 우리에게 여기저기에 많은 돈을 기부하고 사람들에 게 선심을 씀으로써, 우리가 그동안 우리에게 맡겨진 일을 하면서 저지른 사기(詐 欺)와 착취와 횡령 등을 비롯한 여러 범죄들로 인해 생겨난 곤경(困境)에서 벗어나 라고 충고하시는 것이 아니라, 우리에게 주어진 모든 복은 하나님이 우리에게 잘 관리하라고 맡기신 것이기 때문에, 장차 하나님과 결산을 하게 될 때에 우리가 잘 못 관리한 죄로 혹독한 벌을 받지 않기 위해서는 어떻게 해야 하는지를 보여주고 계시는 것이기 때문이다.

구제(救濟, eleemosyna)가 사치스럽게 제멋대로 방탕하게 산 삶을 상쇄시켜 주 는 충분한 보상(補償)이 된다고 착각하는 자들은, 첫째로는 건전하고 절제 있게 살 라는 명령이 우리에게 주어져 있다는 것, 둘째로는 정결한 샘에서 나오는 샘물이 우리에게 흘러들어오고 있다는 것을 제대로 숙고하지 않는 자들이다. 하나님이 맡 기신 것을 조금이라도 허비하지 않는 자는 아무도 없기 때문에, 아무리 잘 관리한 자들이라고 할지라도 충성되지 못한 청지기라는 고소(告訴)에서 전적으로 자유로 울 수 없다는 것은 분명하다. 여기에 한 가지 덧붙일 것은 하나님이 주신 것들을 남용하거나 오용하는 방법은 아주 많기 때문에, 어떤 사람은 이런 식으로, 어떤 사 람은 저런 식으로 죄를 범한다. 또한, 우리는 우리 자신이 청지기 노릇을 잘못하고 있다는 것을 스스로 잘 알고 있기 때문에, 더욱더 구제(救濟)를 행하고 선행을 베 풀고자 한다는 것도 나는 부인하지 않는다.

그러나 우리는 우리의 구속(救贖)에 대한 대가를 지불함으로써 하나님의 심판을 피하고자 하는 것과는 완전히 다른 목적으로 구제를 행하여야 하는데, 그 목적이 라는 것은 첫 번째는 선하고 거룩한 마음으로 남들에게 후히 나누어 주고 구제함 으로써 우리의 낭비하고 절제하지 못하는 성향(superflua impensa)을 억제하고 바 로잡고자 하는 것이 되어야 하고, 두 번째는 우리가 우리의 형제들에게 긍휼을 베 푸는 것을 통해서 하나님이 우리에게 긍휼을 베푸시게 하고자 하는 것이 되어야 한다. 하늘의 재판장이 장차 그리스도의 제자들에게 결산을 요구하실 때에 피할 길을 알려 주시고자 하신 것이라는 설명은 여기에서 그리스도의 의도와는 거리가 멀지만, 어쨌든 그리스도께서는 만약 그들이 하나님이 주신 것들을 허비한 것은

물론이고 자비를 베푸는 행위들에도 관심을 갖지 않았다는 것을 깨달았다면, 그들
의 비인간적이고 냉혹한 처사(處事)에 대한 벌이 장차 그들을 기다리고 있다는 것
을 명심하고서, 지금 당장 지체 없이 그 벌을 피할 방도를 생각해야 할 것이라고 그
들에게 경고하고 계시는 것은 맞다. 그러므로 우리는 "너희가 헤아리는 그 헤아림
으로 너희가 헤아림을 받을 것이니라"(마 7:2)는 말씀을 늘 명심하지 않으면 안 된
다.

눅 16:8. 주인이 … 칭찬하였으니. 우리가 이 비유의 모든 세세한 부분의 의미까
지 다 찾아내고자 하는 것이 얼마나 어리석은 짓인지가 여기에서도 분명하게 드러
난다. 다른 사람의 소유에 속한 것을 제멋대로 남들에게 공짜로 주는 것은 결코 칭
찬받을 만한 일이 아니다. 파렴치한 불한당(不汗黨)이 어떤 사람의 소유를 도둑질
해서 제멋대로 처분해 버린다면, 그것을 참을 사람이 어디에 있겠는가? 만약 실제
로 그 사람이 자신의 재산 중 일부가 횡령을 당하고 나머지는 도둑질당해서 다른
사람들에게 주어지는 것을 보았으면서도, 그런 일을 한 그 불한당을 칭찬했다면,
그 사람은 천하에 둘도 없는 바보일 것임에 틀림없다. 그러나 그리스도께서 조금
후에 덧붙이신 말씀이 확인해 주듯이, 이 비유의 목적은 하나님의 자녀들이 하늘
의 영원한 생명을 얻고자 애쓰거나, 그것을 그들의 궁리(窮理)와 묵상의 주제로 삼
고자 열심을 낼 때보다도, 불경건하고 세상적인 사람들이 이 세상에서의 덧없는
삶에 속한 일들을 처리할 때에 더 부지런하고 성실하며 영리하고 노련하다는 것을
보여주는 것이다.

이러한 비교를 통해서, 그리스도께서는 우리가 적어도 불경건하고 속된 자들이
이 세상에서의 그들의 이익을 챙기고자 할 때에 보여주는 정도의 열심을 가지고서
장래를 준비하고 대비해야 하는데도 불구하고, 그렇게 하기는커녕 도리어 그들의
열심과는 비교할 수 없을 정도로 무관심과 무기력에 빠져 있다고 책망하신다. 세
상적인 자들은 앞날을 내다보고서 장차 어떻게 먹고 살아가야 할지를 궁리해 내기
위해서 탐욕스럽게 온갖 지혜를 짜내고 열심을 내는 데 반해서, 하나님의 성령과
말씀으로 조명(照明)을 받은 빛의 자녀들은 그들에게 주어진 영원한 복에 대한 소
망을 소홀히 하고 잠만 자고 있다면, 그것은 얼마나 부끄럽고 창피스러운 일이겠
는가! 이것으로부터 우리는 여기에서 그리스도께서는 성령의 지혜와 육신의 지혜
를 비교하고자 하시는 것이 아니라(이것은 하나님을 모독하는 일이 될 것이다), 단
지 믿는 자들을 일으켜 세우셔서, 그들로 하여금 장래의 삶에 속한 것들에 대하여

더 관심을 갖게 하시고, 깜깜한 어둠 속에서 소경으로 있던 그들의 눈을 뜨게 해준 복음의 빛에 대하여 눈을 감지 않도록 하시기 위한 것임을 알게 된다. 사실, 세상의 자녀들이 잠시 후면 지나가 버릴 덧없는 삶 속에서도 장래를 위하여 준비하는 모습을 볼 때, 빛의 자녀들은 거기에 자극을 받아서 장래를 준비하는 일에 더 힘을 쓰는 것이 마땅하지 않는가.

눅 16:9. 친구를 사귀라. 우리가 앞에서 살펴본 말씀이 그리스도께서 우리에게 남의 소유를 횡령하고 착복한 것으로 하나님께 예물을 드리라고 명하신 것이 아닌 것과 마찬가지로, 여기에 나오는 말씀도 우리에게 우리의 방패막이가 되어서 우리를 보호하고 지켜줄 변호자나 후견인들을 마련해 두어야 한다고 충고하는 것이 아니라, 우리가 사람들에게 자비를 베풀어 너그럽고 후하게 나누어 준다면, "자비로운 자에게는 주의 자비로우심을 나타내시겠다"(시 18:25)고 약속하신 하나님으로부터 은혜를 입게 될 것이라고 우리에게 가르치는 것이다. 이 구절을 근거로 삼아서, 죽은 자들의 대도(代禱)나 지지(支持)가 우리에게 도움이 된다고 주장하는 것은 정말 어리석고 터무니없다. 그런 주장이 옳다고 한다면, 우리가 악한 자들을 돌이키기 위하여 쏟아 부은 모든 수고는 다 허사(虛事)가 되더라도, 우리가 가난한 자들을 위해서 쓴 모든 재물은, 그 사람들이 악할지라도 그런 것과는 상관없이, 하나님이 그의 회계 장부에 그 공로를 기록해 두셔야 하고, 이렇게 하나님은 사람들(personae)이 아니라 행위 자체(opus ipsum)를 보시기 때문에, 우리의 구제가 배은망덕한 자들을 대상으로 행해진 것이라고 해도, 그 행위는 하나님 앞에서 우리의 공로로 기록된다는 추론이 가능해진다. 그러나 그런 식으로 해석하면, 그리스도께서는 영생이 우리의 공로에 대한 상(賞)으로 주어지는 것이라고 말씀하신 것이 된다. 이 문제에 대한 나의 대답은 이런 것이다. 즉, 문맥상으로 볼 때, 그리스도께서는 여기에서 사람들의 예(例)를 따라서 말씀하고 계시다는 것이 너무나 명백하다는 것이다: 많은 영향력과 재물을 가진 자가 자신이 형통할 때에 친구들을 사귀어 두면, 나중에 곤경에 처하게 되더라도, 그 친구들이 그에게 힘이 되어 줄 것이다. 마찬가지로, 우리가 가난한 자들에게 자비를 베풀면, 우리가 그렇게 행한 것이 언젠가는 우리에게 피난처가 되어 줄 것이다. 왜냐하면, 어떤 사람이 그의 이웃들에게 자비를 베풀었다면, 하나님은 그 사람이 그 일을 하나님께 행한 것으로 인정해 주시기 때문이다.

눅 16:9. 그 재물이 없어질 때에. 이 말씀을 통해서 그리스도께서는 사람이 언젠

가는 죽게 되어 있다는 것(mortis tempus)를 보여주시면서, 이 세상에서의 삶이 길
게 지속될 것이라고 은연중에 착각하여 안일하게 행하지 않도록 하시기 위하여,
우리가 청지기로 있게 될 기간이 그리 길지 않다는 것을 우리에게 일깨워 주신다.
많은 사람들이 자신의 재물을 믿고서 잠에 빠져 있거나 그들이 가진 것을 허랑방
탕하게 허비해 버리고, 또 어떤 사람들은 아주 인색하여 재물을 쌓아두기만 하고
그 재물을 이용하여 자기 자신과 남들을 이롭게 하지 않는데, 이 모든 것이 그들이
오래 살 것이라는 근거 없는 기대에 스스로 속아서 안일하게 사는 까닭이 아니라
면 무엇 때문이겠는가?

눅 16:9. 불의의 재물로. 그리스도께서 재물을 "불의의 재물"이라고 하시는 이유
는 우리로 하여금 재물을 믿어서는 안 되는 의심스러운 것으로 여기도록 만드시기
위한 것이다. 왜냐하면, 재물은 대체로 그 소유자들을 불의(不義)에 휘말리게 만들
기 때문이다. 재물은 그 자체로 악한 것은 아니지만, 속임수나 폭력, 또는 그 밖의
어떤 불법한 수단과 방법을 쓰지 않고서 재물을 얻거나, 교만이나 사치, 또는 그 밖
의 다른 악한 품성을 수반함이 없이 재물을 향유하는 것이 극히 어렵기 때문에, 그
리스도께서 또 다른 경우에 재물을 "가시떨기"(마 13:7, 22)라 부르셨던 것과 마찬
가지로, 여기에서 재물을 우리가 믿어서는 안 되는 의심스러운 것이라고 하신 것
은 옳다. 그렇지만 이 말씀 속에서는 다음과 같은 취지의 암묵적인 대비가 의도된
것으로 보인다: 재물은 악용되거나 오용되는 경우에는 그 소유주를 더럽히고 죄를
부추기는 수단이 되는 것이 보통이지만, 정반대의 목적으로 사용되는 경우에는 우
리에게 선하고 좋은 것(gratia)을 얻게 해주는 수단이 된다. 또한, 우리는 내가 앞서
말했던 것, 즉 이 말씀을 하나님이 마치 도둑들의 짝(socius furum)이라도 되신 양
우리에게 불의하게 얻은 재물로 예물을 드리라고 요구하시는 것이라고 해석해서
는 안 된다는 것을 기억하여야 한다. 도리어, 이 말씀은 하나님이 믿는 자들에게
"불의"를 멀리하라고 경고하시는 말씀이다.

눅 16:10. 지극히 작은 것에 충성된 자는. 이 말씀은 오랜 세월 동안 사람들이 겪
은 공통적인 경험에서 나온 격언(格言)이기 때문에, 이 말씀이 일반적으로 참되다
는 것은 이미 충분히 증명되었다고 할 수 있다. 사기꾼이 큰 건(件)에서 한탕을 하
기 위해서 작은 건(件)에서는 자신의 악한 정체를 드러내지 않는 것은 종종 있는
일이다. 아니, 나중에 큰 이익을 챙기기 위해서 작은 일들에서 정직하게 행하여 인
심(人心)을 얻는 자들이 많다. 옛적의 어떤 사람은 이렇게 말하였다: "사기꾼은 작

은 일들을 통해서 사람들 가운데서 신뢰를 쌓은 후에, 좋은 기회가 왔을 때에 크게 한탕을 해서 한 몫을 챙긴다." 그렇지만 그리스도께서 하신 말씀이 틀린 것은 아니다. 왜냐하면, 앞에서 말했듯이, 격언이라는 것은 통상적으로 적용될 수 있는 것만을 보여주는 것이기 때문이다.

그러므로 그리스도께서는 그의 제자들에게 아주 크고 중요한 일들을 충성되게 해내기 위해서는 작은 일들에서 충성되게 행하여야 한다고 권면하신 후에, 세상에서는 그 가치가 제대로 평가받고 있지 못하지만 의심할 여지 없이 이 세상의 덧없는 재물보다 훨씬 더 가치가 있는 영적 은혜들을 올바르게 관리하는 "청지기직"을 수행하는 것에 이 가르침을 적용하셔서, 이 세상의 덧없는 재물 같은 작은 일들에서 부적절하고 충성되지 못하게 행하는 자들은 하나님이 그 어느 것과도 비교할 수 없을 정도로 귀한 복음의 보화 및 여러 은사들을 맡기시기에 합당하지 않은 자들이라고 말씀하신다. 그러므로 이 말씀 속에는 우리가 세상의 것들에 대한 청지기직을 제대로 수행하지 못해서 하늘의 은사들을 얻지 못하게 되는 일이 벌어지지 않도록 조심하여야 한다는 암묵적인 경고가 들어 있다. 이런 의미에서 그리스도께서는 "참된 것"과 "재물"을 대비시키시는데, 이것은 견고하고 영원한 것을 그림자 같고 덧없는 것과 대비시키시는 것과 같다.

눅 16:12. 너희가 만일 남의 것에 충성하지 아니하면. "남의 것"이라는 표현 속에는 우리 마음대로 할 수 있는 것이 아니라는 의미가 내포되어 있다. 왜냐하면, 하나님이 우리에게 재물을 주시는 것은 우리가 그 재물에 집착함으로써 그 재물이 족쇄가 되어 우리를 결박짓게 하시기 위한 것이 아니라, 단지 우리로 하여금 그 재물에 대한 청지기 역할을 하라고 하시는 것이기 때문이다. 실제로, 우리가 이 세상에 있는 모든 것을 "남의 것"으로 보지 않는다면, 우리의 마음이 아무것에도 얽매임이 없이 자유롭게 하늘에 거(居)하는 것은 불가능하다.

눅 16:12. 누가 너희의 것을 너희에게 주겠느냐. 반면에, 장래의 삶과 관련되어 있는 영적인 부요함은 "우리의 것"이라고 그리스도께서는 말씀하신다. 왜냐하면, 영적인 부요함은 우리가 영원히 향유할 수 있기 때문이다. 그런데 그리스도께서는 여기에서 불의의 재물과 영적인 부요함을 서로 비교하는 또 다른 비유를 사용하신다. 즉, 우리가 "남의 것"과 관련해서 부적절하고 충성되지 못하게 행하였다면, "우리 자신의 것"이라고 해도 제대로 적절하게 사용할 것이라는 보장이 없다는 것이다. 왜냐하면, 통상적으로 사람들은 자신에게 맡겨지거나 자기가 빌린 것에 대해서는 나중에 결산할 것을 생각해서, 더욱 조심스럽고 꼼꼼하게 사용하고 관리하는 반면에, 자신의 것을 사용할 때에는 다른 사람의 눈치를 보지 않아도 된다고 생각해서, 잘못 사용하지 않도록 주의하는 것이 아니라, 도리어 자기 마음대로 흥청망청 써버리기가 쉽기 때문이다. 따라서 우리는 그리스도께서 여기에서 하신 말씀의 의미는 이 세상의 것들을 제대로 관리하지 못하는 자들은 영적인 은사들도 제대로 관리할 수 없다는 것임을 확인하게 된다.

그리스도께서는 이 말씀 뒤에 "너희는 하나님과 재물을 겸하여 섬길 수 없느니라"(13절)는 말씀을 덧붙이시는데, 이 말씀에 대해서는 우리가 마태복음 6:24을 다룰 때에 이미 살펴본 바 있다. 독자들은 여기에 나오는 "재물"이라는 단어에 대한 설명도 거기에서 찾아볼 수 있을 것이다.

눅 16:14. 바리새인들은 … 이 모든 것을 듣고. 그리스도께서 과장된 표현을 사용하지 않으시고 그저 평범하고 친숙한 표현을 사용하셨기 때문에 "바리새인들"로부터 "비웃음"을 산 것이라고 착각하는 자들은 누가 본문의 이 말씀을 제대로 파악하지 못한 것이다. 남을 멸시하는 거만한 자들이 복음의 가르침을 멸시하는 눈으로 바라본다는 것은 나도 인정하지만, 누가는 그들이 "돈을 좋아하는 자들"이었기 때문에 그리스도를 "비웃은" 것이라고 그 이유를 분명하게 밝히고 있다. 즉, 그들은 재물은 복된 것이고, 사람이 모든 가능한 수단을 동원해서 재물을 늘려가는 한편, 자기가 이미 얻은 것은 확실하게 지키는 것보다 더 좋은 것은 없다는 확고하고 뿌리 깊은 신념을 지니고 있었기 때문에, 그러한 신념과는 완전히 반대되는 그리스도의 말씀을 어처구니없는 궤변으로 여기고 배척한 것이었다. 재물을 하찮은 것으로 여기라거나 가난한 자들을 구제하라고 말하고 다니는 사람이 "돈을 좋아하는" 탐욕스러운 자들에게는 정신 나간 사람으로 보인다는 것은 분명하다. 이것과 관련해서 호라티우스(Horatius)의 말은 아주 유명하다: "사람들은 내게 야유를 보내지만, 나는 내게 박수를 보낸다." 그들은 모든 사람들로부터 정죄를 받고 있는데도, 스스로 자기 자신에게 만족하여 흡족해하는 자들이라는 것을 우리가 생각한다면, 그리스도께서 사람들의 통상적인 신념과는 거리가 먼 철학(philosophia)을 말씀하셨을 때에, 그들이 그것을 허황된 이야기(fabula)로 치부하여 "비웃은" 것은 너무나 당연한 일이 아니었겠는가? 또한, 나는 바리새인들이 이것을 그들의 악(惡)을 꾸짖는 가르침을 회피하고 조롱하는 또 하나의 구실로 사용하였으리라는 것을 의심하지 않는다. 그러나 우리는 그들이 비웃은 동기를 주목하지 않으면 안 된다. 왜나하면, 대다수의 사람들이 그들의 부패하고 타락한 도덕과 맞지 않는 모든 것들을 멸시하는 성향을 보이는 것은 거의 언제나 이 세상에 만연되어 있는 병(病)이기 때문이다. 그런 까닭에, 하나님의 말씀은 흔히 수많은 멸시와 조롱과 희롱을 당한다. 왜냐하면, 사람들은 누구나 다 자신의 악을 옹호하기 위해서 싸우고, 자신의 재치 있는 말들이 자신의 죄악을 가려주는 구름 같은 역할을 해줄 것이라고 착각하기 때문이다.

눅 16:15. 너희는 … 스스로 옳다 하는 자들이나. 우리는 그리스도께서 그들의 오만한 태도에 굴복하시는 것이 아니라, 그들의 조롱에 맞서 그의 가르침의 권위를 변함없이 주장하시는 것을 본다. 복음을 멸시하는 불경건한 자들에게 하나님의 두려운 심판을 선포하며 맞섬으로써 그리스도께서 여기에서 행하신 것과 동일한 모습을 보이는 것이 복음을 위해 일하는 모든 사역자들의 마땅한 본분이다. 그리스도께서는 그들이 외식함으로 사람들의 눈을 속이고 있지만, 그러한 외식(外飾)은 하나님의 심판대 앞에서는 아무 소용이 없을 것이라고 선언하신다. 그들은 그들의 조롱이 그들의 탐욕을 숨기기 위한 방패막이로 의도된 것임이 드러나는 것을 원하지 않았다. 그러나 그리스도께서는 그들의 그러한 독기(毒氣)가 그들 속에 감추어진 곪을 대로 곪은 종기(腫氣)에서 뿜어져 올라오는 것이라고 단언하시는데, 이것은 마치 어떤 사람이 우리 시대의 고위 성직자들에게, 복음에 대한 그들의 적대감은 복음이 그들의 숨겨진 악들을 심하게 공격하는 데에서 생겨난 것이라고 말한 것이나 다름없는 것이었다.

눅 16:15. 너희 마음을 하나님께서 아시나니. 그리스도께서는 그들은 그들이 사람들의 눈에 좋게 보이고 거룩한 척해서 사람들의 호감을 사면 그것으로 충분하다고 생각하고 만족하지만, 그들이 세상 사람들의 눈으로부터 숨기고 있는 그들의 악들을 "마음을 아시는" 하나님께는 결코 숨길 수 없다고 말씀하신다. 또한, 우리는 여기에서 하나님의 판단과 사람들의 판단이 서로 다르다는 것을 주목하여야 한다: 사람들은 겉모습을 칭찬하지만, 하나님의 심판대 앞에서는 오직 진실한 마음만이 인정을 받는다. 그리스도께서는 "사람 중에 높임을 받는 그것은 하나님 앞에 미움을 받는 것이니라"는 놀라운 말씀을 덧붙이신다. 이것은 하나님이 사람들로부터 칭찬을 받도록 만들어 놓으신 미덕들을 배척하신다는 뜻이 아니라, 사람들이 자신의 부패한 생각을 따라서 칭송하고 높이는 것들을 미워하신다는 뜻이다. 이것은 세상 사람들이 자신의 자의적(恣意的)인 생각을 따라서 고안해 내는 예배와 관

련된 온갖 행위들을 우리가 어떤 관점에서 바라보아야 하는지를 분명하게 보여준
다. 그 예배 행위들이 그것들을 고안해 낸 자들을 아무리 즐겁게 해준다고 할지라
도, 그리스도께서는 그것들은 하나님 앞에서 아무 짝에도 쓸모없는 헛된 것들일
뿐만 아니라, 악취가 나는 것들이라고 선언하신다.

[19]한 부자가 있어 자색 옷과 고운 베옷을 입고 날마다 호화롭게 즐기더라 [20]그런데
나사로라 이름하는 한 거지가 헌데 투성이로 그의 대문 앞에 버려진 채 [21]그 부자의
상에서 떨어지는 것으로 배불리려 하매 심지어 개들이 와서 그 헌데를 핥더라 [22]이
에 그 거지가 죽어 천사들에게 받들려 아브라함의 품에 들어가고 부자도 죽어 장
사되매 [23]그가 음부에서 고통중에 눈을 들어 멀리 아브라함과 그의 품에 있는 나사
로를 보고 [24]불러 이르되 아버지 아브라함이여 나를 긍휼히 여기사 나사로를 보내
어 그 손가락 끝에 물을 찍어 내 혀를 서늘하게 하소서 내가 이 불꽃 가운데서 괴
로워하나이다 [25]아브라함이 이르되 얘 너는 살았을 때에 좋은 것을 받았고 나사로
는 고난을 받았으니 이것을 기억하라 이제 그는 여기서 위로를 받고 너는 괴로움
을 받느니라 [26]그뿐 아니라 너희와 우리 사이에 큰 구렁텅이가 놓여 있어 여기서 너
희에게 건너가고자 하되 갈 수 없고 거기서 우리에게 건너올 수도 없게 하였느니
라 [27]이르되 그러면 아버지여 구하노니 나사로를 내 아버지의 집에 보내소서 [28]내
형제 다섯이 있으니 그들에게 증언하게 하여 그들로 이 고통 받는 곳에 오지 않게
하소서 [29]아브라함이 이르되 그들에게 모세와 선지자들이 있으니 그들에게 들을지
니라 [30]이르되 그렇지 아니하니이다 아버지 아브라함이여 만일 죽은 자에게서 그들
에게 가는 자가 있으면 회개하리이다 [31]이르되 모세와 선지자들에게 듣지 아니하면
비록 죽은 자 가운데서 살아나는 자가 있을지라도 권함을 받지 아니하리라 하였다
하시니라(눅 16:19-31).

누가는 16:1-15과 16:19-31 사이에 다른 내용을 끼워 놓고 있기는 하지만, 이 비
유가 그리스도께서 16:1-15에서 하신 말씀을 확증하시기 위하여 드신 예
(exemplum)라는 것은 의심의 여지가 없다. 여기에서 그리스도께서는 가난한 자
들을 돌보는 일을 소홀히 하고, 매일 진수성찬으로 배불리 먹으며 술에 취해 온갖
방탕과 향락에 젖어 호화판으로 살면서도, 그 이웃들이 굶주려서 죽어가는 모습을
못 본 체하는 자들, 아니 마음만 먹으면 가난한 자들을 구제할 여력이 충분히 있는

데도 불구하고, 그들의 손으로 마땅히 구제하여야 할 자들을 잔인하게 굶주림으로 죽어가게 만드는 자들에게 장차 무엇이 기다리고 있는지를 보여주신다. 어떤 이들은 이 비유를 단순한 비유일 뿐이라고 생각하지만, "나사로"라는 이름이 나오는 것으로 보아서, 나는 이 비유가 현실에서 일어난 실화(實話)를 말하고 있다고 생각한다. 하지만 독자들이 이 비유에 담긴 가르침을 제대로 파악하기만 한다면, 이 비유가 단순한 비유이든 실화(實話)이든, 그런 것은 그리 중요하지 않다.

눅 16:19. 한 부자가 있어. 이 부자는 무엇보다도 먼저 "자색 옷과 고운 베옷을 입고 날마다 호화롭게 즐기는" 자로 묘사된다. 이것은 부자가 진수성찬을 먹으며 사치스럽고 호화로운 삶을 살았음을 보여주는 것이다. 모든 화려하고 사치스러운 옷이 그 자체로 하나님을 진노하시게 하거나, 음식을 준비하는 데에 온갖 정성을 쏟는 것 자체가 정죄받아야 하는 것은 아니지만, 사람이 이런 일들에서 절제를 하기는 쉬운 일이 아니다. 그래서 비싼 옷을 입는 것을 좋아하는 사람은 거기에 새로운 사치들을 더하여 점점 더 사치를 더해가고, 진수성찬으로 잘 차려진 음식에 길이 든 사람이 무절제함과 방탕함에 빠져들지 않기는 거의 불가능하다. 그러나 이 부자에 대한 주된 단죄(斷罪)는 가난한 "나사로가 헌데 투성이로 그의 대문 앞에 버려진 채" 고통을 당하고 있는데도 이 부자가 잔인하게도 그를 돌아보지 않았다는 것이다.

그리스도께서는 이 두 구절을 대비해서 보여주신다. "부자"는 날마다 진수성찬을 차려놓고 먹고 마시며 향락을 즐기면서, 그의 엄청난 부(富)를 과시하며, 만족할 줄 모르는 깊은 심연(深淵)처럼 자신의 재물을 집어삼키고 있었으면서도, 나사로가 극도로 궁핍하고 병으로 고통당하는 것을 뻔히 보면서도 눈 하나 깜짝 하지 않는 가운데, 나사로가 굶주림과 추위와 그의 부스럼에서 나는 악취 속에서 서서히 죽어가도록 일부러 내버려 두었다. 에스겔도 소돔이 그런 식으로 떡과 포도주가 넘쳐 나는데도 가난한 자들에게 그 손을 뻗쳐 도와 줄 생각을 하지 않았다고 고소한다(16:49). 특별히 좋은 옷감으로 만들어진 "고운 베옷"은 동방 사람들이 그들의 우아함과 화려함을 나타내기 위하여 즐겨 입은 것으로 유명한데, 교황의 사제들은 이 패션을 흉내 내서 이른바 백의(白衣)라 불리는 것을 입는다.

눅 16:21. 심지어 개들이 와서. 나사로의 이러한 비참한 모습을 보고서도 불쌍히 여기는 마음이 들지 않았다는 것만으로도, 이 부자의 잔인함이 어느 정도였는지가 여실히 증명되었다. 만약 이 부자에게 한 방울의 인정(人情)이라도 남아 있었더라면, 그는 적어도 그의 하인에게 부엌에 남아 있는 먹을 것을 조금 가져다가 이 불쌍한 사람에게 주라고 지시하였어야 했다. 그러나 이 부자가 사나운 짐승보다 더 악하고 잔인한 자였다는 것을 극명하게 보여준 것은 그가 개들로부터도 불쌍히 여기는 마음을 배우지 않았다는 것이었다. 이 개들이 그들의 본보기를 통해서 부자를 단죄하기 위하여 하나님의 은밀한 계획에 의해서 움직였다는 것은 의심의 여지가 없어 보인다. 그리스도께서는 이 부자가 보여준 혐오스러운 정도의 냉혹함과 잔인함을 단죄할 때에 그 사실을 증명해 줄 증인(證人)들로서 이 개들을 여기에 데려다 놓으신 것이 틀림없다. 이웃이 관심을 갖지 않는 사람을 개들이 돌보는 광경을 보는 것, 아니 더 나아가서, 굶주려 죽어가는 사람에게 이웃이 떡 부스러기조차도 주지 않은 상황 속에서 개들이 그 사람의 "헌데"를 치료해 주기 위해 "핥는" 광경을 보는 것보다 더 기괴한 일이 어디에 있을까? 그러므로 우리가 마땅히 했어야 하는 일을 우리가 모르는 사람들이나 짐승들이 우리를 대신해서 행하는 것을 보았다면, 우리는 그들이야말로 우리의 범죄를 더욱 명백하게 드러내기 위해서 하나님이 보내신 증인들이자 재판관들이라는 것을 알아야 한다.

눅 16:22. 이에 그 거지가 죽어. 그리스도께서는 여기에서 죽음이 이 두 사람의 처지를 완전히 뒤바꾸어 놓는 것을 보여주신다. 죽음은 이 두 사람에게 어김없이 찾아왔지만, 죽은 후에 "천사들에게 받들려 아브라함의 품에 들어간" 것은 이 세상의 모든 왕국을 다 차지한 것보다 더 나은 복이었다. 반면에, 영원한 고통에 처해지는 것은 너무나 끔찍한 일이어서, 가능하기만 하다면, 백 사람의 목숨을 대신 바쳐서라도 피하고 싶은 일이었다. 나사로의 예(例)는 일생 동안을 끊임없이 병고(病苦)로 고생하며 괴로움들로 가득 찬 삶을 살아 온 자들이라고 해서 그들을 하나님의 저주를 받은 자들이라고 생각해서는 안 된다는 분명한 증거를 우리에게 보여준다. 왜냐하면, 나사로 속에 있던 하나님의 은혜는 십자가의 흉함과 욕됨에 의해 파묻혀서 완전히 숨겨져 있었던 까닭에, 육신의 눈에는 저주 외에 그 어떤 것도 보이지 않았지만, 썩어 문드러진 혐오스러운 나사로의 육신 속에는 이루 말할 수 없이 보배로운 영혼이 자리 잡고 있었고, 천사들을 그 영혼을 받들어서 저 복된 삶으로 옮겨갔다는 것을 우리는 보고 알기 때문이다. 그러므로 나사로가 육신의 감옥을 벗어버리고, 하늘의 영들의 호위를 받아 아브라함의 품에 들어가게 되었을 때, 그가 이 세상에서 살 때에 멸시와 천대를 받으며 인간으로서의 온갖 위로를 전혀 받지 못한 것은 그에게 결코 손해나는 일이 아니었던 것이다.

   반면에, 이 부자의 예(例)는 이 세상에서의 덧없는 행복은 결국 영원한 멸망으로 끝날 것이기 때문에 결코 바람직한 것이 아니라는 것을 분명하게 보여주는 밝은 거울과 같다. 우리가 주목해야 할 것은 그리스도께서는 이 부자가 "장사되었다"는 것에 대해서는 명시적으로 언급하시지만, 나사로에 대해서는 아무 말씀도 하지 않으신다는 것이다. 나사로의 시신은 들짐승들에게 먹히거나 들판에 매장되지 못한 채 그대로 방치되어 있었던 것이 아니라, 그 누구의 관심도 받지 못한 채로 구덩이에 아무렇게나 버려졌을 것이다. 왜냐하면, 이 부자가 장사되었다는 구절을 근거로 삼아서, 나사로는 살아서도 그랬듯이 죽어서도 사람들의 관심을 전혀 받지 못했을 것이라고 추정하는 것이 자연스럽기 때문이다. 반면에, 이 부자는 돈이 많아서 성대한 장례식을 거쳐서 장사됨으로써 그가 이전에 살아서 누렸던 영예를 죽어서도 어느 정도 누릴 수 있었다. 여기에서 우리는 세상적인 자들은 죽은 후에도 그들의 부귀영화를 과시할 목적으로 화려하고 사치스러운 장례식을 치르도록 함으로써 계속해서 순리에 어긋나는 일을 하고자 애를 쓰는 것을 본다. 그러나 지옥에 가 있는 그들의 영혼은 그들의 이러한 명예욕이 얼마나 어리석고 우스꽝스러운 짓인지를 잘 증언해 준다.

   그리스도께서 "나사로가 천사들에게 받들려" 옮겨졌다고 말씀하신 것은 일부를 통해서 전체를 나타내는 제유법(提喩法)이다(여기에서 "나사로"는 그의 "영혼"을 나타낸다 – 역주). 왜냐하면, 영혼은 사람의 가장 고상한 부분인 까닭에, 그 사람의 이름을 사용해서 나타내는 것이 합당하기 때문이다. 그리스도께서 이 일을 천사들에게 맡기신 것은 일리가 있다. 왜냐하면, 하나님은 "모든 천사들"을 믿는 자들을 "섬기는 영"으로 임명하셔서(히 1:14), 믿는 자들의 구원을 위하여 수고하고 일하게 하셨기 때문이다.

   눅 16:22. 아브라함의 품에. "아브라함의 품"이 무엇을 의미하느냐를 놓고 많은 성경 주석가들이 다양한 견해들을 피력해 왔지만, 그것들을 일일이 살펴볼 필요는 없을뿐더러, 내 생각에는 그것들을 살펴본다고 해도 별 유익한 것이 나오지 않을 것이기 때문에, 우리는 성경을 잘 아는 독자들이 이 어구의 자연스러운 의미라고 생각하는 것을 그대로 받아들이는 것으로 충분할 것이라고 생각된다. 즉, 하나님이 아브라함에게 영생에 관한 언약을 맡기셔서, 처음에는 그 언약을 그의 자녀들을 위하여 충실히 보존하였다가 나중에는 모든 민족들에게 전하게 하셨기 때문에 아브라함이 "믿는 자들의 조상"이라 불리고, 이 동일한 약속을 물려받은 모든 자들이 "아브라함의 자녀들"이라 불리듯이, 죽은 후에 아브라함과 동일한 믿음의 열매를 받는 자들은 "아브라함의 품에 들어간다"고 말해진다는 것이다. 이 은유는 자녀들이 하루의 일과를 다 끝내고 나서 저녁 때에 집으로 돌아오는 것을 아버지의 품에 안기는 것으로 표현한 데서 유래한 것이다. 하나님의 자녀들은 이 세상에서 흩어져서 순례 길을 가는 동안에는 그들의 아비 아브라함의 믿음을 좇아 행하다가, 죽어서는 그들의 도착을 기다리고 있는 아브라함의 저 복된 품에 안겨서 안식을 누리게 된다. 하지만 우리는 이것이 특정한 어느 한 곳을 가리키는 것이라고 생각할 필요는 없다. 방금 말한 대로, 여기에서 믿는 자들이 한 곳에 모이는 것으로 묘사하고 있는 것은 그들이 하늘에서 동일한 처소에 있게 된다는 것을 알고서, 살아 있을 때에 "아브라함"의 믿음의 깃발 아래에서 군사로서 싸움을 싸우는 것이 결코 헛되지 않은 일임을 알게 하기 위한 것일 뿐이다.

우리 시대의 경건한 자들도 죽은 후에 나사로와 같은 대접을 받게 되는 것인가, 또는 그리스도께서 부활하시고 나서 아브라함을 비롯해서 모든 경건한 자들을 그의 품에 받아들이신 것인가라는 질문이 있을 수 있다. 간단히 대답하자면, 하나님의 은혜는 복음 안에서 우리에게 더 분명하게 계시되었고, "공의로운 해"(말 4:2; 또는, "의로운 해")이신 그리스도께서 그의 오심을 통하여 저 거룩한 조상들이 이전에 멀리 서서 어둡고 모호한 그림자들 아래에서 보아야만 했던 저 구원을 우리에게 실제로 가져다주셨기 때문에, 믿는 자들이 죽게 되면 하늘의 삶을 누리는 것에 더 가까이 다가갈 수 있다는 것은 의심의 여지가 없다는 것이다. 그렇지만 우리는 영원히 죽지 않고 사는 삶을 살게 되는 영광(immortalitatis gloria)은 저 마지막 구속(救贖)의 날까지 연기되어 있다는 것을 알아야 한다.

우리가 "품"이라는 단어와 관련해서 말할 수 있는 것은 믿는 자들이 현세의 삶을 항해한 후에 도달하게 되는 저 평온하고 안전한 항구는 "아브라함의 품" 또는 그리스도의 품이라고 부를 수 있다는 것이다. 그러나 우리는 율법 아래에서 행하였던 거룩한 조상들보다 훨씬 더 나아갔기 때문에, 우리가 그리스도의 지체들이 그들의 머리와 연합되어 있다고 표현한다면, 그들과 우리의 차이가 더 적절하고 분명하게 드러날 것이다. 마치 해가 떠서 밝게 비출 때에 모든 별들이 빛을 잃게 되는 것과 마찬가지로, 그리스도께서 오셨을 때에 "아브라함의 품"이라는 은유도 그 용도(用度)가 다하게 된다. 그렇지만 우리는 그리스도께서 여기에서 사용하신 표현 방식을 통해서, 율법 아래 있던 조상들이 살아 있을 때에 하늘의 삶이라는 저 유업(遺

業)을 믿음으로 받아들인 후에, 죽을 때에 그 속으로 받아들여졌다는 것을 알게 된다.

눅 16:23. 그가 음부에서 … 눈을 들어. 그리스도께서는 지금 어떤 이야기를 들려주고 계시는 것 같지만, 사실은 우리가 알아들을 수 있는 비유적인 표현들 (figurae)을 사용하셔서 영적인 일들을 설명해 주고 계시는 것이다. 왜냐하면, 영혼들은 손가락이나 눈도 없고, 목마르지도 않으며, 여기에서 아브라함과 부자 사이에 오고간 것으로 묘사된 그런 대화를 그들끼리 할 수도 없지만, 그리스도께서는 우리가 알아들을 수 있는 수준에 맞춰서 내세의 삶이 어떤 것인지를 보여주는 그림을 그려나가고 계시는 것이기 때문이다. 이 이야기의 요지는 믿는 자들의 영혼은 육신을 떠난 후에 이 세상을 벗어나서 즐겁고 복된 삶을 영위하지만, 패역하고 사악한 자들에게는 천국의 무한한 영광과 마찬가지로 우리의 생각으로는 결코 짐작조차 할 수 없는 무시무시하고 끔찍한 고통이 준비되어 있다는 것이다. 우리의 모든 지각(知覺)을 뛰어넘는 우리에게 약속된 영광을 우리가 하나님의 성령에 의해서 조명을 받을 때에만 소망 가운데서 조금 맛볼 수 있는 것과 마찬가지로, 우리는 불경건한 자들을 기다리고 있는 하나님의 저 헤아릴 수 없을 정도로 두려운 원수 갚으심을 그리스도께서 우리의 마음에 두려움을 느끼게 하는 데에 꼭 필요한 정도만큼만 모호한 방식으로 우리에게 알려 주시는 것으로 만족하여야 한다.

그런 까닭에, 여기에 나오는 그리스도의 말씀은 이러한 주제들에 대하여 우리의 호기심을 억제하기에 적당한 정도의 지식만을 우리에게 알게 해주신다. 악한 자들은 그들이 느끼는 참담한 심정으로 인해서 무시무시한 고통을 당하는 것으로 묘사된다. 그들은 고통에서 벗어나기를 원하지만, 모든 소망은 그들로부터 단절되어 있어서, 그들은 두 배로 고통을 당한다. 또한, 그들은 그들이 살아서 범한 그들의 죄악들을 기억하지 않을 수 없고, 믿는 자들이 지금 누리고 있는 복된 삶을 그들의 비참하고 절망적인 상태와 비교하지 않을 수 없기 때문에, 그들의 고통은 더욱 커진다. 여기에서 실제로는 서로 아무런 교제나 소통을 할 수 없는 사람들이 마치 서로 대화를 나누고 있는 듯이 묘사되고 있는 것은 바로 이런 상황과 연관되어 있다. "부자"가 "아버지 아브라함이여"라고 불렀다는 것은 자신이 아브라함의 자녀들의 수(數)에 들지 못하였다는 것을 뒤늦게 깨닫고 나서 느끼게 된 부자의 추가적인 고통을 표현하는 것이다.

눅 16:25. 얘 너는 … 기억하라. "얘"(filius)라는 단어는 여기에서 자기가 살아 있을 때에 아브라함의 아들들 중의 하나라고 착각하여 자랑하였던 부자에 대한 날카롭고 통렬한 책망의 의미로 반어법적으로 사용된 것으로 보인다. 이 부자의 눈앞에 외식(外飾)과 거짓된 자부심으로 점철된 자신의 삶이 드러났을 때, 그의 마음은 마치 인두로 지지는 것과 같은 고통을 당한 것으로 보인다. 아브라함이 부자가 "살았을 때에 좋은 것을 받았기" 때문에 지금 지옥에서 고통을 당하는 것이라고 말했다고 해서, 우리는 그 말을 이 세상에서 형통하며 잘 먹고 잘 산 모든 자들에게는 영원한 멸망이 기다리고 있다는 뜻으로 이해해서는 안 된다. 아우구스티누스(Augustinus)가 지혜롭게 지적하였듯이, 가난한 나사로가 부자 아브라함의 품에 들어갔다는 것은 풍족한 재물이 있다고 해서 그 사람에게 천국 문이 닫히는 것이 아니라, 재물을 잘 사용하였거나 가난을 잘 참고 견딘 모든 자들에게는 똑같이 천국 문이 활짝 열려 있다는 것을 우리에게 가르쳐 주는 것이다. 아브라함이 한 이 말의 의미는 이 부자는 살아 있을 때에 현세의 "좋은 것들"에 유혹되어서 완전히 세상 즐거움에 푹 빠져 사느라고, 하나님과 그의 나라를 멸시하였기 때문에, 이제 죽어서는 그의 그러한 무관심과 안일함(socordia)에 대한 벌을 받고 있다는 것이다.

눅 16:25. 좋은 것을 받았고. "좋은 것" 앞에 붙은 대명사 "너의"(개역에서는 번역되지 않음 - 역주)는 강조의 의미가 있기 때문에, 이것은 아브라함이 이렇게 말한 것과 다름없다: "너는 영원히 죽지 않는 삶을 살도록 지음받았고, 하나님의 율법은 네 마음을 들어서 하늘의 삶을 묵상하게 이끌었다. 그러나 너는 그토록 좋은 기회를 다 팽개쳐 버리고서, 돼지나 개 같은 삶을 사는 쪽을 택하였다. 그러므로 너는 짐승같이 쾌락에 빠져 산 삶에 합당한 대가를 여기에서 받고 있는 것이다." 한편, 아브라함이 나사로에 대하여 그가 이 세상에서 많은 "고난을 받았으니" 이제 위로를 받는 것이라고 말했을 때, 이것을 이 세상에서 비참하게 산 모든 자들에게 적용하는 것은 부적절하다. 왜냐하면, 그런 자들이 겪는 환난이나 고통은 그들에게 유익이 되기는커녕 도리어 그들로 하여금 더 큰 벌을 받게 만드는 빌미가 되는 경우가 많기 때문이다. 그러나 나사로는 십자가를 인내로써 잘 견디었다는 칭찬을 받는데, 이러한 인내는 언제나 하나님에 대한 참된 경외심과 믿음에서 나온다. 왜냐하면, 자신에게 닥친 환난들을 완강하게 거부하고, 자신의 사납고 난폭한 성질을 꺾고자 하지 않는 자는 인내에 대한 상(賞)을 요구하거나, 자신의 십자가를 진 것에 대한 보상으로 하나님에게서 위로를 받을 자격이 없기 때문이다. 이 말씀을 전체적으로 요약하자면, 자신에게 지워진 십자가의 짐을 인내로써 잘 견디면서, 하나님이 주신 멍에와 징계들에 맞서 반역하지 않고, 끊임없는 환난과 고난 중에서 더 나은 삶에 대한 소망을 품고 산 자들은 그들의 싸움의 기간이 끝났을 때에 그들을 위한 안식이 하늘에 준비되어 있는 반면에, 육신의 쾌락에 푹 빠져서 일종의 정신적인 중독으로 인해서 모든 경건에 대한 열심(pietatis studium)을 완전히 상실해 버리고, 하나님을 멸시한 악한 자들은 죽자마자 즉시 그들이 이 세상에서 누렸던 쾌락들에 대한 기억을 말끔히 씻어줄 정도로 극심한 고통을 경험하게 되리라는 것이다. 또한, 우리가 기억해야 할 것은 하나님의 아들들이 누리는 이 위로는 그들을 위해 영광의 면류관이 준비되어 있다는 것을 알고서 기쁜 마음으로 그날을 기다리며 안식한다는 데에 있는 반면에, 불경건한 자들은 장차 그들에게 심판이 임할 것임을 알고서 그 심판에 대한 불안과 염려로 인해서 고통을 당한다는 것이다.

눅 16:26. 큰 구렁텅이가 놓여 있어. 이 말씀은 장차 우리가 살게 될 삶은 일시적인 것이 아니라 영속적인 것이 되리라는 것을 묘사하는 것으로서, 마치 택함받은 자들과 버림받은 자들을 갈라놓는 경계는 영원히 무너뜨려질 수 없다는 듯이 말함으로써, 우리가 한번 발을 들여놓으면 결코 빠져 나올 수 없는 저 깊은 "구렁텅이" 속으로 돌진해 들어가지 않기 위해서는, 아직 시간이 있을 때에 얼른 올바른 길로 돌이켜야 한다는 것을 우리에게 일깨워 준다. 그리고 어느 누가 천국에서 지옥으로 내려가고자 한다고 해도 그 길은 열려 있지 않다고 말하는 것은 부적절하다. 왜냐하면, 경건한 자들 가운데서 그런 마음을 품는 자는 아무도 없을 것이 분명하기 때문이다.

눅 16:27. 아버지여 구하노니. 이 이야기를 우리 식의 사고방식에 좀 더 맞게 전개해 나가시기 위해서, 그리스도께서는 "부자"가 아브라함에게 나사로를 아직 살아 있는 자기 형제들에게 보내어서 경고를 해 달라고 부탁하는 것으로 묘사하신다. 이 대목에서 교황주의자들은 엉뚱한 발상을 해서, 죽은 자들도 삶에 대한 걱정과 염려를 지니고 있다는 것을 이 본문을 근거로 증명하고자 하지만, 그들의 이러한 궤변보다 더 어처구니없는 주장은 상상하기조차 힘들다. 왜냐하면, 그들의 그런 식의 논리를 따른다면, 나는 믿는 자들의 영혼이 그들에게 배정된 곳에 만족하지 않고 그곳을 떠나 지옥으로 가고자 하지만 단지 천국과 지옥 사이에 "큰 구렁텅이"가 놓여 있어서 가지 못하는 것일 뿐이라는 황당한 주장도 얼마든지 증명할 수 있기 때문이다. 이러한 황당한 주장을 받아들이는 자가 있다면 모르지만, 그렇지 않다면, 교황주의자들은 그들의 그러한 궤변을 스스로 기특하게 여기며 자축할 수 있는 처지가 아니다. 하지만 나의 의도는 이 문제를 놓고 논쟁을 벌이거나, 어느 한 쪽을 옹호하고자 하는 것이 아니고, 단지 죽은 자들이 우리를 위해서 하나님께 대도(代禱)한다는 그들의 교리를 입증하기 위해 그들이 제시하는 논거들이 황당하기 짝이 없는 것들이라는 것을 이 기회를 빌려서 지적하고자 하는 것뿐이다. 그러면, 이제 이 대목의 분명하면서도 자연스러운 의미를 살펴보기로 하자.

눅 16:29. 그들에게 모세와 선지자들이 있으니. 그리스도께서는 부자와 아브라함이라는 인물들을 등장시키셔서, 우리가 우리의 삶의 확실한 규범(regula)을 이미 받았기 때문에, 죽은 자들이 다시 살아나서 우리를 가르치고 설득해 줄 것을 기대해서는 안 된다는 것을 우리에게 일깨워 주신다. "모세와 선지자들"은 그들이 살아 있는 동안에 그들 자신의 세대에 속한 사람들을 가르치는 사명을 부여받았지만, 후세 사람들도 그들이 쓴 글들로부터 당시 세대의 사람들과 동일한 유익을 얻을 수 있게 하시는 것이 하나님의 뜻이었다. 우리로 하여금 그런 식으로 바르게 사는 법(recte vivendum)에 관한 가르침들을 받게 하시는 것이 하나님의 뜻이기 때문에, 하나님이 죽은 자들을 우리에게 보내셔서 우리에게 장차 있을 상과 벌에 대하여 증언하게 하실 이유가 전혀 없고, 또한 이 세상 너머에서 진행되는 일을 그들이 알 수 없다는 것을 핑계 아래 숨어서 장래의 삶에 대하여 무관심하고 거들떠보지도 않는 자들은 변명할 말이 없다. 죽은 자들 가운데서 그 누구도 다시 살아 돌아와서 우리에게 지옥에 대하여 들려준 적이 없는데, 사람들이 괜히 이 불확실한 일을 놓고 걱정하고 염려하는 것은 어리석은 짓이라고 악한 말을 하거나 돼지처럼 꿀꿀거리며 불평하는 일이 속된 자들 사이에서 자주 있다는 것을 우리는 안다.

그리스도께서는 사탄이 이런 식으로 사람들에게 거는 마법을 깨뜨리시기 위하여, 모세의 글에 나오는 다음과 같은 말씀을 따라서 사람들에게 "율법과 선지자들"의 존재를 환기시키신다: "하늘에 있는 것이 아니니 네가 이르기를 누가 우리를 위하여 하늘에 올라가 그의 명령을 우리에게로 가지고 와서 우리에게 들려 행하게 하랴 할 것이 아니요 (이것이 지옥에 있는 것이 아니니 네가 이르기를 누가 우리를 위하여 지옥에 내려가랴 할 것도 아니요) 이것이 바다 밖에 있는 것이 아니니 네가 이르기를 누가 우리를 위하여 바다를 건너가서 그의 명령을 우리에게로 가지고 와서 우리에게 들려 행하게 하랴 할 것도 아니라 오직 그 말씀이 네게 매우 가까워서 네 입에 있으며 네 마음에 있은즉 네가 이를 행할 수 있느니라"(신 30:12-14). 성경이 장래의 심판에 대하여 증언하는 것을 꾸며낸 허황된 이야기로 치부하여 비웃는 자들은 언젠가는 하나님의 거룩한 말씀들을 믿지 않은 불경건이 도저히 용납될 수 없는 악이었다는 것을 알게 될 것이다. 한편, 이 말씀을 통해서 그리스도께서는 그를 따르는 자들이 장차 심판을 피할 것이라는 잘못된 기대에 스스로 속아 넘어가서, 회개를 위해 그들에게 주어진 시간을 선용하지 못하는 일이 벌어지지 않도록 하시기 위해서, 그들을 둔감하고 무기력한 상태(veternus)에서 일으켜 세우고자 하신다.

아브라함의 대답은 이런 뜻이다: 하나님은 "모세와 선지자들"을 통해서 자기 백성에게 구원에 관한 가르침을 충분히 베푸셔서 알게 하셨기 때문에, 우리 모두에게는 그 가르침을 받아들이는 것 외에는 다른 방도가 없다. 사람의 마음은 부패하고 왜곡된 호기심으로 철저하게 물들어 있기 때문에, 대부분의 사람들은 늘 뭔가 새로운 계시들을 찾아서 헐떡이며 헤매고 다닌다. 사람들이 합당한 경계나 한계를 뛰어넘어 탐욕을 부리며 어슬렁거리는 것보다 하나님을 더 진노하시게 하는 것은 없기 때문에, 하나님은 주술사나 점쟁이들에게서 진리를 찾거나, 이방인들이 하는 방식으로 거짓된 신(神)의 계시를 구하는 것을 그들에게 금하셨다. 아울러, 하나님은 그들의 그러한 근질근질한 호기심을 억제하시기 위해서, 그들에게 "선지자들"을 주셔서, 그들로 하여금 구원을 위해 필요한 지식을 무엇이든지 배울 수 있게 하시겠다고 약속하셨다(신 18:9-15). 하나님이 자기 백성을 그의 말씀으로 재갈 물리시고자 하는 분명한 목적을 가지시고서 "선지자들"을 보내신 것이기 때문에, 하나님의 이러한 가르치시는 방식에 불만을 품고서 배우고자 하지 않는 자들은 제멋대로 하고자 하는 악한 마음에 이끌려서 행하는 자들이다. 그러므로 "산 자"나 "죽은 자"나 모든 사람이 오직 하나님에게 묻는 것이 마땅하기 때문에, 사람들이 "산 자"의 일을 "죽은 자"에게 물으면, 하나님은 모욕을 당하신 것으로 여기신다(사 8:19).

아브라함이 하나님의 말씀을 율법과 선지자들로 구분한 것은 구약 시대와 관련이 있다. 오늘날에는 복음에 대한 더 온전한 해석이 우리에게 주어져 있기 때문에, 만약 우리가 그 가르침을 싫어하여 서둘러서 각기 제 길로 간다면, 즉 우리가 하나님의 말씀이 우리를 다스리도록 허용하지 않는다면, 우리의 그러한 불경건과 사악함은 더욱더 변명의 여지가 없다. 또한, 이 말씀을 통해서 우리는 연옥설을 비롯해서 교황주의자들이 철석같이 믿고 있는 교리들이 오직 황당하기 짝이 없는 허구(虛構)들 위에 세워져 있다는 것을 알게 된다.

눅 16:30. 그렇지 아니하니이다 아버지 아브라함이여. 앞에서 말했듯이, 이것은

죽은 자들이 하는 염려나 걱정을 표현한 것이 아니라 산 자들의 감정이나 생각을
의인화하여 표현한 것이다. 왜냐하면, 세상에서 율법의 가르침은 존중되지 않고,
선지자들이 전하는 말씀들은 무시당하며, 이런 식으로 전해지는 하나님의 말씀을
듣고자 하는 자는 아무도 없기 때문이다. 어떤 이들은 천사들이 하늘에서 내려와
주기를 바라고, 어떤 이들은 죽은 자들이 무덤에서 살아 나와 주기를 바라며, 어떤
이들은 그들이 들은 하나님의 말씀이 옳다는 것을 확인해 주는 새로운 이적들이
날마다 일어나기를 바라고, 어떤 이들은 하늘로부터 하나님의 음성이 들려오기를
바란다. 그러나 설령 하나님이 그들의 이러한 온갖 어리석은 바람들을 다 들어주
신다고 해도, 그런 것들은 그들에게 아무런 유익이 없을 것이다. 왜냐하면, 하나님
은 그의 말씀 속에 사람들이 알아야 할 모든 것을 다 포함시켜 놓으셨고, 이 말씀의
권위는 합당한 인침들(legitima sigilla)을 통해서 확인되고 증명되어 왔기 때문이
다. 게다가, 믿음은 이적이나 어떤 특별한 표적으로 인해서 생겨나는 것이 아니라,
성령의 특별한 선물이고, 말씀으로부터 생겨나는 것이기 때문이다. 우리를 하나님
께로 이끄시는 것은 하나님의 대권(大權)이고, 하나님은 그의 말씀을 통해서 그 일
을 하시기를 기뻐하신다. 그러므로 우리를 딴 곳으로 이끌어서 하나님의 말씀을
순종하지 못하게 만드는 그러한 수단들이 우리에게 어떤 유익이 되어 줄 것이라고
기대할 이유는 전혀 없는 것이다. 나는 육신이 헛되고 허망한 계시들에 귀를 기울
이고 듣는 일에 얼마나 강하게 끌리는지를 잘 알고, 성경의 모든 가르침을 멸시하
고 싫어하는 자들이 사탄의 덫들에 스스로를 던지는 일에 얼마나 열심인지도 잘
안다. 육신의 이러한 성향으로 인해서, 신접술을 비롯해서 사람들을 현혹시키는
온갖 술법들이 등장했고, 세상 사람들은 그런 것들을 열렬히 환영할 뿐만 아니라,
거기에 미쳐서 그 뒤를 쫓아다닌다. 그러나 그리스도께서는 여기에서 죽은 자들이
다시 살아 돌아와서 얘기해 준다고 해도, 그 마음이 완악하여 율법의 가르침에 귀
를 막아 버린 자들이 제정신으로 돌아와서 삶을 고치는 일은 불가능하다고 단언하
신다.

⁷너희 중 누구에게 밭을 갈거나 양을 치거나 하는 종이 있어 밭에서 돌아오면 그더
러 곧 와 앉아서 먹으라 말할 자가 있느냐 ⁸도리어 그더러 내 먹을 것을 준비하고
띠를 띠고 내가 먹고 마시는 동안에 수종들고 **너는** 그 후에 먹고 마시라 하지 않겠
느냐 ⁹명한 대로 하였다고 종에게 감사하겠느냐 ¹⁰이와 같이 **너희도** 명령 받은 것을

다 행한 후에 이르기를 우리는 무익한 종이라 우리가 하여야 할 일을 한 것뿐이라 할지니라(눅 17:7-10).

   이 비유의 목적은 하나님은 우리에게 속한 모든 것에 대한 소유권과 우리에 대한 전적인 지배권을 가지고 계시기 때문에, 우리가 모든 열심을 다해서 우리의 본분을 다한다고 할지라도, 하나님은 그것을 우리의 어떤 공로로 여기시거나 우리에게 빚을 진 것으로 여기지 않으신다는 것을 보여주는 것이다. 왜냐하면, 우리는 하나님의 소유인 까닭에, 하나님 편에서 볼 때에 하나님이 우리에게 신세지시거나 우리의 덕을 보신 것이 전혀 없으시기 때문이다. 그리스도께서는 하루 종일 고된 일을 하다가 저녁에 집으로 돌아와서도 주인이 그에게 이제 쉬라고 할 때까지 계속해서 수고하는 종에 관한 비유를 드신다. 그런데 그리스도께서 여기에서 말씀하시는 "종"은 오늘날 우리 시대에서 돈을 받고 고용되어 일하는 하인(mercenarius)이 아니라, 고대에 있었던 노예(mancipium)이다. 고대 사회에서 이 노예들에게는 그 어떤 사적인 소유권도 인정되지 않았기 때문에, 그들의 수고와 열심과 근면, 심지어 그들의 피에 이르기까지 그들에게 속한 모든 것은 다 주인의 소유였다. 이제 그리스도께서는 우리가 그러한 노예들만큼이나 철저하게 하나님께 의존되어 있고 전적으로 하나님 덕분에 살아가고 있기 때문에, 우리가 그 어떤 수고를 할지라도, 하나님이 우리에게 빚을 지거나 신세를 지는 일은 결코 있을 수 없다는 것을 보여주신다.

   이것은 작은 것을 들어서 큰 것을 보여주는 논증법이다. 왜냐하면, 죽을 수밖에 없는 유한한 인간이 다른 사람에 대한 완전한 지배권을 지니고 있어서, 그 사람으로부터 밤낮으로 끊임없이 섬김을 받아도, 그 사람에게 전혀 신세를 지는 것이 아닌 그런 관계가 존재한다고 한다면, 하나님이 우리에게 일생 동안 우리의 능력이 닿는 데까지 하나님을 최대한으로 섬기라고 명하시고, 실제로 우리가 그렇게 했다고 해도, 하나님이 그것을 우리에게 빚지거나 신세를 진 것으로 여기지 않으시는 것은 너무나 당연한 일이 아니겠는가? 그러므로 자기가 하나님께 어떤 공로(功勞)를 세웠다거나 하나님이 어떤 식으로든 자기에게 빚을 지고 있다고 착각하는 자들은 모두 악한 교만의 죄를 범하고 있는 것이다. 그런데도 이런 교만의 죄보다 더 널리 범해지고 있는 죄악은 없다. 왜냐하면, 하나님께 결산해 보자고 덤벼들지 않는 자가 아무도 없는 까닭에, 공로 사상은 거의 모든 시대에서 팽배하기 때문이다.

그러므로 우리는 그리스도께서 여기에서 하신 말씀, 즉 하나님은 우리에 대하여 갖고 계시는 정당한 권리 이상으로 우리에게 무엇을 요구하시는 것이 없으시고, 우리가 갖고 있는 모든 것은 다 하나님께 빚진 것이기 때문에, 우리가 하나님을 아무리 열심으로 섬겨도, 그것은 우리가 마땅히 해야 할 일을 하는 것에 불과한 것이라는 말씀을 좀 더 유의해서 살펴보지 않으면 안 된다. 이 말씀은 두 부분으로 구성되어 있다. 첫 번째 부분의 내용은 우리의 삶은 우리 인생이 끝나는 바로 그날까지 전적으로 하나님께 속해 있기 때문에, 어떤 사람이 자기 인생의 일부를 하나님께 순종하는 삶을 사는 데에 사용하였으니, 10년 동안 군복무를 하며 수고한 사람이 그 의무에서 벗어나 쉬기 위하여 전역(轉役)을 신청하는 것이 합당한 일임을 들어서, 이제 나머지 인생은 좀 쉬어야 하겠다고 요구할지라도, 그는 그런 요구를 할 자격이 없다는 것이다. 다음으로, 두 번째 부분이 이어지는데, 이 부분의 내용은 우리가 이미 앞에서 다룬 것으로서, 하나님은 우리의 섬김과 수고에 대하여 그 어떤 대가도 지불하실 필요가 없으시다는 것이다. 우리 각 사람은 하나님의 일을 열심히 행하도록 하기 위한 목적으로 지음받았을 뿐만 아니라, 일정한 기간 동안만이 아니라 죽을 때까지 그렇게 일하도록 지음을 받았고, 나아가 "사나 죽으나 우리가 주의 것"(롬 14:8)이라는 것을 명심하여야 한다.

공로(meritum)와 관련해서, 우리는 많은 사람들이 혼란스러워 하는 난점을 해결할 필요가 있다. 왜냐하면, 성경에서는 너무나 자주 우리가 일한 것에 대한 상(賞)을 약속하고 있고, 사람들은 그것을 공로와 연관지어서 생각하는 경향이 있기 때문이다. 하지만 이 문제에 대한 대답은 쉽다. 즉, 성경에서 약속된 상은 우리가 일한 것에 대하여 하나님이 지신 빚 또는 채무를 갚으신다는 의미가 아니라, 단지 하나님이 우리를 기뻐하셔서 주시는 것에 불과하기 때문이다. 상(merces)과 공로 간에 어떤 상호관계가 존재한다고 생각하는 것은 큰 착각이다. 왜냐하면, 하나님이 장차 우리에게 주실 상은 우리가 일한 것들에 대한 대가가 아니라, 순전히 아무것도 받을 자격이 없는 우리에게 하나님이 은혜로 거저 주시는 것이기 때문이다. 물론, 나는 하나님이 율법에 정해진 약속들을 따라서, 사람들이 율법에서 요구하는 모든 것을 온전히 행한 경우에는 그들에게 상을 주실 수밖에 없다는 것을 인정한다. 하지만 그 약속들도 결국 하나님이 스스로 정하시고 짊어지시는 의무이기 때문에, 사람이 마치 어떤 공로를 행하였다는 듯이 하나님께 어떤 것을 요구하는 것은 있을 수 없다는 것은 확고한 진리이다. 어떤 사람이 율법을 온전히 다 행하였다고 하더라도, 그는 단지 자기가 마땅히 해야 할 일을 행한 것뿐이어서, 하나님께 어떤 대가를 요구할 수 없기 때문에, 육신의 교만은 설 자리가 없다. 그리스도께서 우리에게 "우리는 무익한 종이라"고 하라고 하시는 것은 하나님은 우리에게서 정당하게 받으셔야 할 것 이상으로 받으신 것이 아니고, 단지 주인이 마땅히 가져가야 할 정당한 열매만을 우리에게서 거두신 것임을 보여주시는 것이다.

그러므로 우리는 다음 두 가지를 깨달아야 한다: 첫째는 하나님은 당연히 우리에게 아무것도 빚지신 것이 없으시고, 우리가 하나님께 드리는 모든 섬김은 털끝만큼의 가치도 없다는 것이고, 둘째는 율법에 약속된 대로 우리가 행한 일들에 상이 주어지는 것은 우리의 행위가 가치가 있기 때문이 아니라, 하나님이 은혜로서 기꺼이 자원하여 우리에게 빚진 자가 되어 주셨기 때문이라는 것이다. 이러한 진리에 비추어 보면, 어떤 사람이 하나님을 위하여 수고하였다고 해서 교만하여져서 뽐내고 뻐긴다면, 그것은 도저히 용납될 수 없는 배은망덕한 짓이라는 것이 증명된다. 왜냐하면, 하나님이 우리에게 베푸시는 인자하심과 너그러우심이 너무나 크신 까닭에, 우리가 하나님의 일을 했다고 해서 어리석은 자만에 빠져서 오만해질 권리가 우리에게는 없고, 도리어 우리는 하나님께 우리가 모든 것을 빚지고 있다는 것을 더욱 깊이 깨닫는 자가 되는 것이 마땅하기 때문이다. 그러므로 우리는 상(賞)이라는 단어를 만나거나, 상(賞)에 대한 말씀이 기억날 때마다, 우리의 모든 것이 다 하나님께 빚지고 있는 것인데도 불구하고, 하나님이 마치 우리가 정말 공로를 세우기라도 한 것처럼 상을 주시겠다고 약속하시는 것이야말로 그의 선하심의 절정(bonitatis cumulus)을 보여주시는 것임을 깨달아야 한다. 여기에 비추어 보면, 궤변론자들이 뻔뻔스럽게도 "당연한 공로"(meritum de condigno)라는 일종의 공로 개념을 만들어 낸 것은 정말 혐오스럽기 짝이 없는 일이다. 공로라는 말 자체도 충분히 불경스럽고, 경건의 규범과 관련해서 낯설고 이질적인 것이지만, 마치 사람이 하나님 앞에서 정당한 대가를 요구할 수 있는 어떤 공로를 행할 수 있다는 듯이 오해하게 만들어서, 사람들을 마귀적인 교만에 젖어들게 하는 것은 훨씬 더 악한 일이다.

눅 17:10. 우리가 하여야 할 일을 한 것뿐이라. 이것은 "우리가 스스로 생각해 내서 독창적으로 행한 것은 아무것도 없고, 단지 율법에 의해서 행하게 되어 있는 것들만을 행한 것뿐이라"는 것이다. 그리스도께서는 여기에서 율법을 온전히 지켰을 경우를 예로 들어서 말씀하시지만, 사실 그런 경우는 그 어디에서도 찾아볼 수 없다. 왜냐하면, 모든 사람들 중에서 가장 온전한 사람일지라도 여전히 율법이 요구하는 의(義)와는 한참이나 거리가 멀기 때문이다. 그러므로 여기에서 문제가 되고있는 것은 우리가 행위로 의롭다 하심을 받느냐 하는 것이 아니라, 율법을 지킨 것이 하나님으로부터 어떤 상을 받을 만한 공로가 되느냐 하는 것이다. 이 후자의 질문에 대한 대답은 "아니다"이다. 왜냐하면, 하나님은 우리를 그의 종들로 거느리고계시는 것인 까닭에, 우리에게서 나오는 모든 것을 받으시는 것을 그의 정당한 권리로 여기시기 때문이다. 아니, 설령 우리에게 장차 주어질 상이 율법을 지킨 공로때문이라는 것이 사실이라고 가정해도, 우리가 행위의 공로로 말미암아 의롭다 하심을 받는다는 결론은 거기로부터 도출될 수 없다. 왜냐하면, 우리는 모두 율법을온전히 지킬 수 없고, 우리의 순종은 불완전할 뿐만 아니라, 우리가 드리는 순종 중에서 그 어떤 것도 하나님의 판단(judicium)과 정확히 일치하는 것은 단 하나도 없기 때문이다.

[1]예수께서 그들에게 항상 기도하고 낙심하지 말아야 할 것을 비유로 말씀하여 [2]이르시되 어떤 도시에 하나님을 두려워하지 않고 사람을 무시하는 한 재판장이 있는데 [3]그 도시에 한 과부가 있어 자주 그에게 가서 내 원수에 대한 나의 원한을 풀어주소서 하되 [4]그가 얼마 동안 듣지 아니하다가 후에 속으로 생각하되 내가 하나님을 두려워하지 않고 사람을 무시하나 [5]이 과부가 나를 번거롭게 하니 내가 그 원한을 풀어 주리라 그렇지 않으면 늘 와서 나를 괴롭게 하리라 하였느니라 [6]주께서 또이르시되 불의한 재판장이 말한 것을 들으라 [7]하물며 하나님께서 그 밤낮 부르짖는택하신 자들의 원한을 풀어 주지 아니하시겠느냐 그들에게 오래 참으시겠느냐 [8]내가 너희에게 이르노니 속히 그 원한을 풀어 주시리라 그러나 인자가 올 때에 세상에서 믿음을 보겠느냐 하시니라(눅 18:1-8).

우리는 끈기 있게 기도하는 것이 보기 드물고 힘든 미덕이라는 것을 안다. 우리가 기도를 조금 드리다가 응답되지 않는다고 해서 즉시 소망만이 아니라 기도의모든 열정까지도 다 내팽개쳐 버린다면, 그것은 우리에게 믿음이 없다는 것(infidelitas)을 보여주는 것이지만, 자기가 바란 대로 응답이 되지 않는다고 해도"낙심하지 않는다"는 것은 믿음이 있음을 보여주는 명백한 증거가 된다. 그러므로그리스도께서 그의 제자들에게 끈기 있게 기도하라고 권하시는 것은 지극히 당연하다.

그리스도께서 여기에서 사용하시는 비유는 얼핏 보면 거칠어 보이지만, 그의 제자들에게 하나님이 결국 어쩔 수 없어서라도 응답해 주실 때까지 하나님 아버지께 끈질기게 기도해야 할 것을 가르치시기에 놀라울 정도로 적절한 것이었다. 우리가 기도할 때에 하나님이 서서히 마지못해 우리를 불쌍히 여기시는 쪽으로 기울어지셔서 결국 우리의 기도를 응답해 주시는 것처럼 보이는 이유는 사실 하나님이 은혜를 베푸셔서 기꺼이 우리의 기도를 듣고 응답해 주시는데도, 그것이 우리에게 현실의 일들 속에서 즉각적으로 분명히 드러나지 않기 때문이다. 이 비유 속에서 그리스도께서는 여러 번 반복해서 찾아가서 끈질기게 청(請)을 함으로써 불의하고 냉혹한 "재판장"에게서 결국 자기가 원했던 것을 얻어낸 한 "과부"를 우리에게 소개하신다. 이 비유를 통해서 그리스도께서 말씀하시고자 하시는 요지는 하나님은 자기 백성이 지칠 정도로 끈질기게 기도하기를 바라시기 때문에 그들의 기도를 즉시 응답해 주지 않으신다는 것과 하나님께 기도하는 자들의 처지가 아무리 비참하고 형편없다고 할지라도, 그들이 기도하기를 그치지 않기만 한다면, 하나님은 마침내 그들을 돌아보셔서, 그들을 곤경에서 구하시리라는 것이다.

사실 이 비유 속에서 대비되고 있는 두 당사자는 결코 동등하지가 않다. 왜냐하면, 악하고 냉혹한 재판장과 긍휼에 풍성하신 하나님은 서로 비교가 되지 않을 정도로 차이가 있기 때문이다. 그러나 이것은 그리스도께서 끈질긴 탄원이 냉혹한 사람인 재판장을 움직일 수 있다고 한다면, 믿는 자들이 긍휼에 풍성하신 아버지 하나님께 끈질기게 드리는 간구가 거절당할 것이라고 염려할 이유가 전혀 없는 것이 아니겠냐고 그들을 안심시키기 위한 것이었다: 냉혹하기 짝이 없는 악한 "재판장"이 마침내 마지못해서이긴 하지만 어쨌든 과부의 끈질긴 탄원에 굴복해서 그녀의 청을 들어줄 수밖에 없었다. 그렇다면, 믿는 자들이 인내를 가지고 끈질기게 기도한다면, 그 기도가 어떻게 응답되지 않겠는가? 그러므로 우리가 조금 기도하다가, 하나님이 귀를 막고 계시는 것처럼 보여서, 지치고 힘이 빠지는데다가 기도의 열심도 약해지거나 시들해져서 기도를 포기하고자 하는 마음이 들 때, 우리는 하나님이 우리의 기도에 응답해 주시는 것이 당장에는 분명히 드러나 보이지 않을지라도 결국에는 응답해 주실 것이라는 확신을 가져야 하고, 그러한 확신을 품고서, 오래 참는 것을 견딜 수 없어 하는 우리의 육성(肉性)에 맞서 싸움으로써, 기도에 대한 응답이 오래 지체된다고 하여도, 그런 것이 우리로 하여금 기도를 그만두게 만드는 일이 없게 하여야 한다.

눅 18:7. 하물며 하나님께서 … 아니하시겠느냐. 그리스도께서 마음이 완악하여 "하나님을 두려워하지도 않을" 뿐만 아니라 수치심이라는 것도 전혀 없어서 사람들의 평판을 전혀 신경 쓰지 않는 완전히 구제불능인 자로 묘사하신 그 "재판장"이 마침내 "과부"의 탄원에 눈을 돌렸다. 따라서 믿는 자들이 하나님께 간절히 간구하기를 그치지 않는다면, 그들이 그들의 기도로 인하여 적어도 이 과부와 동등한 정도의 결실을 거두게 되리라는 것은 의심의 여지가 없다. 하지만 우리가 주목해야 할 것은 그리스도께서 이 비유를 그의 가르침에 적용하실 때에 하나님을 이악하고 냉혹한 "재판장"과 닮으신 것으로 설명하지 않으시고, 하나님이 그를 믿는 자들에게 현실에서 즉시 손을 내미시지 않고 그들을 오래 기다리게 하시는 이유는 하나님이 "오래 참으시기" 때문이라고, 재판장이 과부를 오래 기다리게 한 이유와는 판이하게 다른 이유를 들어 설명하신다는 것이다. 그러므로 언제라도 남들이 우리에게 가하는 해악(害惡)들을 하나님이 우리가 바라는 것보다 더 오래 못 본 체하신다는 생각이 든다면, 우리는 거기에는 아버지 하나님의 뜻이 있다는 것, 즉 하나님은 우리가 인내하는 훈련을 받기를 바라신다는 것을 알아야 한다. 사람들의 범죄를 이렇게 일시적으로 못 본 체하시는 것은 그 범죄를 영원히 벌하지 않으시고 내버려 두시는 것과는 완전히 다르다. "속히 그 원한을 풀어 주시리라"는 하나님의 약속은 그의 섭리를 따라 이루시겠다는 것으로 해석되어야 한다. 왜냐하면, 우리는 우리의 급한 성질과 육신적인 불안으로 인해서 하나님이 우리를 구원하시기 위하여 "속히" 오셔야 하는데 그렇게 하지 않으신다고 결론을 내리지만, 사실 하나님의 계획을 찬찬히 들여다보면, 하나님의 도우심은 언제나 그때그때마다 가장 적절한 때에 오고, 결코 일초라도 늦는 법이 없이 정확히 적시(適時)에 온다는 것을 알게 되기 때문이다.

그런데 그리스도께서는 다른 곳에서 "너희를 박해하는 자를 위하여 기도하라"(마 5:44)고 그의 제자들에게 권면하셨는데, 어떻게 여기에서는 "원한을 풀어 달라"고 기도하라고 가르치실 수가 있는가라는 의문이 생길 수 있다. 나의 대답은 그리스도께서 여기에서 원한을 푸는 것, 또는 원수 갚는 것에 대하여 말씀하시는 내용은 위에 나온 그의 이전의 가르침을 뒤집으시는 것이 결코 아니라는 것이다. 하나님이 믿는 자들의 원한을 풀어 주시겠다고 선언하시는 것은 그들의 육적인 감정들(carnis affectus)을 억제하고 있던 고삐를 풀어 주시기 위한 것이 아니라, 그들의 구원이 하나님 보시기에 귀하고 소중하다는 것을 그들에게 확신시켜 주심과 동시에, 이런 식으로 그들로 하여금 하나님의 보호하심을 의지하도록 하시기 위한 것이다. 그들이 미워하는 마음을 내려놓고서, 복수하겠다는 온갖 욕구에서 자유롭게 되어 순전하고 올바른 마음으로 하나님의 도우심을 간구한다면, 그것은 합당하고 거룩한 소원이기 때문에, 하나님이 그 기도를 들어주실 것이다. 그러나 죄악 된 마음과 감정들을 벗어버리는 것은 그 무엇보다도 어려운 일이기 때문에, 순전하고 진실한 기도를 드리고자 한다면, 우리는 우리의 마음을 성령으로 인도해 주시고 지도해 주시도록 하나님께 구하여야 한다. 그랬을 때에, 우리는 하나님께 우리를 대신하여 원수를 갚아 주시라고 거리낌 없이 기도할 수 있게 될 것이고, 하나님은 우리의 기도를 응답해 주실 것이다.

눅 18:8. 인자가 올 때에. 이 말씀을 통해서 그리스도께서는 사람들이 참된 치유 (verum remedium)를 소홀히 한 까닭에, 나중에 그들에게 닥친 재난들에 깔려서 가라앉게 되는 것이기 때문에, 그것을 이상하게 여길 이유가 없다고 우리에게 가르치신다. 그리스도께서는 우리가 세상의 모든 것이 엉망진창이고 혼란스러운 것을 볼 때에 실족하기 쉬운 것을 아시고, 그러한 걸림돌을 미리 제거하고자 하셨다: 사기, 학대, 음모, 협잡, 폭력이 도처에 널려 있고, 정의와 염치에 신경을 쓰는 자는 아무도 없으며, 가난한 자들은 그들을 압제하는 자들 아래에서 신음하고, 죄 없는 자들은 학대를 받거나 능욕을 당한다. 그런데도 하나님은 하늘에서 주무시고 계시는 것 같아 보인다. 이것이 육신적인 사람들이 운명이라는 신(神)이 눈이 멀었음에 틀림없다고 생각하는 이유이다. 그러나 그리스도께서는 여기에서 사람들은 하늘의 도우심에 대하여 알지 못하거나, 그 도우심을 의지할 마음도 없기 때문에, 그들이 그 도우심을 받지 못하는 것은 당연하다는 것을 우리에게 일깨워 주신다. 왜냐하면, 마음속에 하나님에 대한 불평만 가득 차 있고, 하나님의 섭리를 받아들이고자 하지 않는 자들이 하나님의 도우심을 기대할 수 없는 것은 당연하기 때문이다.

눅 18:8. 세상에서 믿음을 보겠느냐. 그리스도께서는 그가 승천하신 때로부터 다시 오실 때까지 이 세상에는 불신자들이 넘쳐나게 될 것임을 분명하게 예언하시는데, 이 말씀은 구속주께서 속히 다시 오지 않으신다면, 그 이유는 그를 찾는 자가 거의 한 사람도 없는 까닭이기 때문에, 시간이 그렇게 지체되는 책임은 사람들에게 있다는 것을 보여주시기 위한 것이다. 나는 우리가 이 예언이 성취된 너무나 명백한 결과를 우리 가운데서 보는 것은 아니기를 바랄 뿐이다! 그러나 현실을 볼 때,

세상은 거대한 재난들로 뒤덮여 신음하고 있는데도, 한 줄기 희미한 빛 같은 믿음을 지니고 있는 사람조차 찾아보기가 너무나 어렵다. 어떤 이들은 "믿음"이라는 단어를 "올바름" 또는 "정직"을 의미하는 것으로 이해하기도 하지만, "믿음"이라는 의미로 해석하는 쪽이 문맥에 더 잘 맞는다.

[9] 또 자기를 의롭다고 믿고 다른 사람을 멸시하는 자들에게 이 비유로 말씀하시되 [10] 두 사람이 기도하러 성전에 올라가니 하나는 바리새인이요 하나는 세리라 [11] 바리새인은 서서 따로 기도하여 이르되 하나님이여 나는 다른 사람들 곧 토색, 불의, 간음을 하는 자들과 같지 아니하고 이 세리와도 같지 아니함을 감사하나이다 [12] 나는 이레에 두 번씩 금식하고 또 소득의 십일조를 드리나이다 하고 [13] 세리는 멀리 서서 감히 눈을 들어 하늘을 쳐다보지도 못하고 다만 가슴을 치며 이르되 하나님이여 불쌍히 여기소서 나는 죄인이로소이다 하였느니라 [14] 내가 너희에게 이르노니 이에 저 바리새인이 아니고 이 사람이 의롭다 하심을 받고 그의 집으로 내려갔느니라 무릇 자기를 높이는 자는 낮아지고 자기를 낮추는 자는 높아지리라 하시니라(눅 18:9-14).

그리스도께서는 여기에서 이제 하나님이 받으실 만한 기도를 드리는 데에 꼭 필요한 또 하나의 덕목에 관한 가르침을 주신다. 믿는 자들은 순전하고 정직한 마음과 자기 자신을 낮추는 마음이 없이 하나님 앞에 나아가서는 안 된다. 오만함(arrogantia)보다 더 위험스러운 병은 없지만, 이 병은 모든 사람의 골수 깊이까지 단단히 스며들어 있기 때문에, 그 어떤 치료로도 제거되거나 뿌리 뽑혀지지 않는다. 사람들이 자신의 볏을 뻣뻣이 세우고서 감히 하나님을 대적하고, 하나님 앞에서 자신의 공로를 자랑할 정도로 완전히 정신이 나간 모습을 보이는 것은 정말 너무나 이상하고 놀랍다. 사람이 자신의 야심에 의해서 휘둘려 살아가다가도, 적어도 하나님 앞에 나아갈 때에는 모든 자만(confidentia)을 내려놓는 것이 마땅하다. 그런데 사람들은 하나님께 죄 사함을 바라는 기도를 실제로는 가식적으로(per simulationem) 드리고 있는데도, 스스로는 자기가 충분히 낮아져 있다고 생각한다. 이것으로부터 우리는 주님이 여기에서 우리에게 주시는 권면이 결코 불필요한 것이 아님을 알게 된다.

그리스도께서 두 가지 잘못을 주목하시고 단죄하시는데, 그것은 우리 자신이 뭐라도 된 것처럼 생각하는 악한 자만(自慢)과 형제들을 멸시하는 교만(驕慢)이고, 후자는 전자에서 나온다. 왜냐하면, 헛된 자만으로 스스로 속고 있는 자가 자신을 자기 형제들보다 더 높이지 않는 것은 불가능하기 때문이다. 또한, 그것은 전혀 이상하거나 놀랄 일이 아니다. 왜냐하면, 하나님을 상대로 자신을 자랑하고 뽐내는 자가 자기와 같은 동류(同類)들을 멸시하지 않는다는 것이 도리어 이상한 일이기 때문이다. 자만심으로 인해서 스스로 높아져 있는 자는 누구든지 하나님과 공개적인 전쟁을 벌이고 있는 것이다. 우리는 우리 자신을 부인함이 없이는 그 어떤 다른 방식으로 하나님과 화목을 이룰 수 없다. 즉, 우리는 우리 자신의 미덕과 의(義)를 의지하는 마음을 다 내려놓고서, 오직 하나님의 긍휼하심만을 의지할 때에야 비로소 하나님과 화목을 이룰 수 있다는 것이다.

눅 18:10. 두 사람이 … 올라가니. 그리스도께서는 여기에서 두 사람을 비교하시는데, 이 두 사람은 "기도하러 성전에 올라간" 것으로 보아서, 얼핏 보면 동일한 경건의 열심을 보여주는 것 같지만, 실제로는 이 두 사람의 경건은 서로 완전히 달랐다. "바리새인"은 외적인 거룩함을 가지고 하나님 앞에 나아가서, 자기가 어떻게 살아 왔는지를 열거하며 자신의 삶 전체를 자랑하고, 마치 당연하다는 듯이 하나님께 찬송의 제사를 드린다. 반면에, "세리"는 마치 자기가 버림받은 자여서 하나님 앞에 나아갈 자격조차 없는 자임을 잘 안다는 듯이, 두렵고 떨리는 마음으로 자신의 죄를 고백하고 불쌍히 여겨 주시라고 기어들어가는 목소리로 탄원한다. 그리스도께서는 하나님이 바리새인의 기도는 물리치시고, 세리의 기도는 받으셨다고 분명하게 말씀하신다. 바리새인의 기도가 받아들여지지 않은 두 가지 이유가 여기에 제시되어 있는데, 하나는 그가 "자기를 의롭다고 믿은" 것이었고, 다른 하나는 "다른 사람을 멸시한" 것이었다.

눅 18:11. 하나님이여 … 감사하나이다. 바리새인이 책망을 받은 것은 자신의 의지(意志)가 강한 것을 자랑했기 때문이 아니라, 자기가 자신의 행위에 의한 공로로 인해서 하나님을 흡족하게 해드리고 하나님과 화목을 이루었다고 자랑하고 거기에 대해 자부심을 가졌기 때문이었다. 왜냐하면, 오로지 일인칭으로 이루어진 바리새인의 감사 기도는 마치 자신의 힘으로 의(義)를 얻었다거나 자신의 근면성실함으로 어떤 것을 이루어내었다는 듯이 자신의 덕(德)을 자랑하는 것이 결코 아니고, 그와는 정반대로 바리새인은 자기가 "의로운" 것은 하나님의 은혜 덕분이라고 말하기 때문이다. 이렇게 하나님께 드린 바리새인의 감사 기도는 자기가 행한 모든 선행들이 순전히 하나님의 은혜로 이루어졌다는 것을 인정하는 내용을 담고 있음에도 불구하고, 바리새인은 여전히 자신의 행위를 의지하고 있었고, 그 결과 자기가 다른 사람들보다 낫다고 생각하였기 때문에, 그와 그의 기도는 받아들여지지 않은 것이었다. 이것으로부터 우리는 사람이 자기가 아무것도 할 수 없다는 것을 인정할지라도, 이와 아울러서 행위에 의한 공로를 부인하고, 그의 구원이 오로지 하나님의 과분한 선하심에 의한 것임을 알고서, 오직 하나님의 선하심만을 전적으로 의지하고 의뢰하지 않는다면, 그는 진정으로 그리고 제대로 낮아지지 않은 것임을 알게 된다.

이것은 놀라운 말씀이다. 왜냐하면, 어떤 이들은 선행들이 성령에 의해서 주어진 것임을 인정하더라도 그 선행들로 인해서 자기가 사람들로부터 영광을 얻을 수만 있다면 그것으로 충분하다고 생각하고서, 하나님이 우리 속에서 그가 주신 것 외에는 그 어떤 의(義)도 찾을 수 없으시기 때문에, 우리는 값없이 의롭다 하심을 얻는 것임을 인정한다. 그러나 그리스도께서는 거기에서 한 걸음 더 나아가서, 우리가 올바르게 행할 수 있는 힘은 오직 성령의 은혜에서 오는 것이라고 말씀하실 뿐만 아니라, 우리에게서 조금이라도 행위를 의지하고자 하는 마음을 다 벗겨내고자 하신다. 왜냐하면, 그리스도께서는 바리새인이 하나님이 하신 일을 자기가 했다고 주장했기 때문이 아니라, 그가 자신의 행위를 의지하여, 자신의 공로로 인해서 자기에게 그럴 만한 자격이 있어서 자기가 하나님과 화목을 이룬 것이라고 여겼기 때문에 책망을 받은 것임을 보여주고 계시기 때문이다. 그러므로 우리는 어떤 사람이 그가 한 행위들이 다 하나님의 은혜요 하나님 덕분이라는 것을 인정한다고 할지라도, 그가 그 행위들로 인한 의(義)가 그의 구원을 가져다준 원인이라거나 그의 구원이 그 의에 의거한 것이라고 생각한다면, 그것은 악한 교만이기 때문에, 그는 그런 생각으로 인하여 정죄받는 것이 마땅하다는 것을 알아야 한다. 바리새인은 속으로는 자기가 악하다는 것을 뻔히 다 알면서도 사람들 앞에서 자랑하고 싶어하는 자들이 지닌 헛된 영광을 구하는 야심 때문에 책망을 받은 것이 아니라, 은폐되어 있는 외식(外飾) 때문에 책망을 받은 것임을 주목하라. 왜냐하면, 본문은 바리새인이 자기를 자랑하는 말들을 큰 소리로 외치면서 기도를 한 것이 아니라, 마음속으로 조용히 기도했다고 말하고 있기 때문이다. 그는 자신의 의를 큰 소리로 선포한 것은 아니었지만, 그럼에도 불구하고 그의 마음속에 들어 있는 교만은 하나님 앞에서 가증스러운 것이었다. 바리새인의 자랑은 두 부분으로 이루어

져 있다: 첫 번째 부분은 모든 사람이 공통적으로 짓는 죄를 자기는 짓지 않았다는 내용이고, 두 번째 부분은 자신의 미덕들을 열거하는 내용이다. 그는 자기는 세상 그 어디에서나 만연되어 있는 죄악들을 짓지 않았기 때문에 "다른 사람들과 같지 않다"고 단언한다.

눅 18:12. 나는 이레에 두 번씩 금식하고 또 소득의 십일조를 드리나이다. 바리새인은 이렇게 자랑하는데, 이것은 자기가 율법이 요구하는 것 이상으로 행하였다고 말하는 것이다. 마찬가지로, 가톨릭의 수도사들도 마치 하나님의 율법을 행하는 데에 별 어려움이 없었다는 듯이 자기가 어떤 공덕(功德)들을 행하였는지를 고상하게 늘어놓는다. 우리는 하나님이 우리에게 더 큰 힘을 주셔서 더 많은 선행을 할 수 있게 하실수록 그 선행들의 원천이신 하나님께 더욱더 감사하고, 하나님이 그 긍휼하심을 따라서 우리에게 주신 은혜들을 배은망덕하게 묻어 두어 잊어버리는 것이 아니라 묵상을 통해서 깊이 되새기는 것이 마땅하다는 것을 인정하여야 한다. 그러나 여기에서 우리가 유의해야 할 두 가지가 있는데, 첫 번째는 우리가 마치 하나님을 만족시켜 드렸다는 듯이 우리의 마음이 자만(自慢)이나 자긍심으로 부풀어 올라서는 안 된다는 것이고, 두 번째는 우리가 거만하여져서 우리의 형제들을 멸시하여서는 안 된다는 것이다. 이 두 가지 점에서 바리새인은 잘못을 저질렀다. 왜냐하면, 그는 먼저 어처구니없게도 자기의(自己義)를 주장함으로써 하나님의 긍휼하심을 아무것도 아닌 것으로 만들어 버렸고, 다음으로 그런 우월감 속에서 다른 모든 사람들을 멸시하였기 때문이다. 만약 이 두 가지 결점으로 물들어 있지 않았다면, 그리스도께서는 바리새인의 이 감사 기도를 옳지 않다고 하시지 않으셨을 것이다. 그러나 이 교만한 외식하는 자는 자신의 죄악들에 대하여 눈감은 채로 자신의 온전한 의(義)로써 하나님의 공의를 충족시켰다고 착각하였기 때문에, 그의 사악함과 불경스러움과 뻔뻔스러움으로 인하여 그의 기도는 받아들여지지 않을 수밖에 없었다. 왜냐하면, 육신의 연약함 아래에서 고된 삶을 사는 동안에 경건한 자들이 가질 수 있는 유일한 소망은 혹시 그들 속에 어떤 선한 것이 발견될 때마다 그것을 전적으로 하나님의 긍휼하심 덕분임을 인정하고, 그들의 구원이 그들의 죄를 고백하고 죄 사함을 위하여 기도하는 데에 있다는 것을 인정하는 것이기 때문이다. 그런데 여기에서 한 가지 의문이 생기는데, 그것은 불경스러운 오만함으로 인하여 눈이 멀어 있던 이 바리새인이 어떻게 그러한 거룩한 삶을 살 수 있었느냐 하는 것이다. 왜냐하면, 그러한 흠 없는 삶은 오직 하나님의 성령으로부터만 나올 수 있고, 성령은 외식하는 자들 속에서는 일하시지 않는다는 것을 우리는 확신하기 때문이다. 나의 대답은 이렇다. 즉, 이 바리새인은 마치 마음에 숨겨져 있는 내적인 부정(不淨)함은 문제가 되지 않는다는 듯이 오직 겉모습만을 보았다는 것이다. 바리새인의 마음속에는 악한 욕망들이 가득하였지만, 그는 오직 겉모습만을 보았기 때문에, 자신의 삶에 흠이 없다고 대담하게 주장할 수 있었다. 실제로 주님은 바리새인이 허영심에 사로잡혀서 자기가 소유하고 있지 않은 것을 자기에게 있다고 거짓말을 하였다고 책망하시는 것이 아니다. 그러나 우리는 사람이 하나님의 성령의 다스림을 받지 않으면 착취와 불의와 부정(不淨)함과 그 밖의 다른 악덕들로부터 깨끗할 수 없다는 것을 알아야 한다.

이 구절에서 "이레"로 번역된 '삽바톤'(σάββατον, "안식일"이라는 뜻)은 다른 많은 구절들에서와 마찬가지로 한 주간(週間)을 의미한다. 그러나 하나님은 율법에서 그의 종들이 매주 금식하라고 명하지 않으셨다. 따라서 바리새인이 한 "금식"과 "십일조"는 율법의 규정 이상으로 자원하여 행한 일들이었다.

눅 18:13. 세리는 멀리 서서. 그리스도께서는 여기에서 마치 우리가 기도할 때마다 반드시 땅을 쳐다보아야 한다는 듯이 일반적인 규범을 제시하고자 하시는 것이 아니고, 단지 세리의 이런 모습을 겸손의 표현으로 보시고서, 그러한 겸손을 그의 제자들에게 본받으라고 권면하고 계시는 것일 뿐이다. 겸손은 우리의 죄를 인정하기를 거부하지 않고, 도리어 그 죄에 대한 하나님의 심판을 받지 않고 하나님과 화목을 이루고자 하여, 그 죄를 정직하게 고백하는 것에 있다. 바로 이것이 회개에는 늘 부끄러움과 수치가 수반되는 이유이다. 그리스도께서는 "세리"는 자기가 비참하고 멸망받아 마땅한 자라는 것을 진심으로 인정하고서, 자신을 하나님의 긍휼하심에 맡기고 그 긍휼하심 속으로 피하였다는 점을 강조하신다. 세리는 비록 죄인이었지만 하나님의 값없는 죄 사하심을 의지하였고, 하나님이 그에게 은혜를 베풀어 주실 것을 소망하였다. 요컨대, 그는 은혜를 얻기 위해서, 자기가 은혜를 받을 만한 자격이 없다는 것을 시인하고 고백하였다. 우리가 하나님과 화목을 이룰 수 있는 유일한 길은 하나님이 우리에게 베푸시는 죄 사함이기 때문에, 우리의 기도를 하나님이 받아 주시기를 바란다면, 우리는 바로 그것으로부터 시작하지 않으면 안 된다. 자기가 죄를 지었고 단죄받아 마땅한 자라는 것을 인정하고서 하나님으로부터 오는 죄 사함을 구하는 자는 자신의 행위를 의지하는 마음은 하나도 남김없이 다 버리는 법이다. 여기에서 그리스도의 목적은 하나님은 두렵고 떨리는 마음으로 오직 하나님의 긍휼하심만을 바라는 자들 외에는 그 누구에게도 은혜를 베푸시지 않으시리라는 것을 보여주시는 것이었다.

눅 18:14. 이 사람이 의롭다 하심을 받고 … 내려갔느니라. 이 구절에 나타난 대비(對比)는 그리 적절한 것은 아니다. 왜냐하면, 그리스도께서는 마치 두 사람이 다 의롭기는 한데 단지 그 의로운 정도가 "바리새인"보다 "세리"가 더 낫다고 하시는 것이 아니라, "세리"는 하나님께 받아들여진 반면에, "바리새인"은 완전히 거부당하였다고 말씀하시는 것이기 때문이다. 이 구절은 "의롭다 하심을 받다"라는 단어의 정확한 의미가 무엇인지를 분명하게 보여주는데, 그것은 마치 우리가 의로운 자인 것처럼 하나님 앞에 선다는 것(stare coram Deo, ac si iusti essemus)이다. 왜냐하면, 본문은 "세리"가 갑자기 어떤 새로운 본성이나 속성(nova qualitas)을 얻어서 실제로 의롭게 되었다고 말하는 것이 아니라, 그의 죄책(罪責)이 지워지고 그의 죄들이 씻음을 받음으로써 은혜를 얻었다고 말하기 때문이다. 이것으로부터 우리는 의(義)는 죄 사함에 있다는 것을 알게 된다. "바리새인"의 미덕들은 근거 없는 악한 자만과 자긍심에 의해서 더럽혀지고 왜곡되어 있었기 때문에, 그의 흠 없고 고결한 듯이 보이는 신앙은 세상 사람들 앞에서는 칭찬을 받을 만한 것이었지만, 하나님 앞에서는 아무런 가치도 없는 것이었다. 반면에, "세리"는 하나님의 순전한 긍휼하심 외에는 그 어떤 소망도 없었던 까닭에, 행위로 인한 공로를 전혀 의지하지 않고, 오직 하나님으로부터 오는 죄 사하심만을 구하였기 때문에 의(義)에 이를 수 있었다.

그러나 성도들의 순전함(puritas)의 정도는 이 "세리"와 많이 다르기 때문에, 모든 사람을 이 세리의 경우와 똑같이 취급하는 것은 불합리하지 않은가라는 생각이 들 수 있는데, 이 의문에 대한 나의 대답은 이렇다: 어떤 사람이 하나님을 섬기는 것과 참된 성결(聖潔)에 있어서 진보를 이룬 정도가 어떠하든지 간에, 자기는 여전히 너무도 부족하다고 생각하는 한, 그는 자신의 죄책(罪責)을 인정하는 기도 외에 다른 식의 어떤 합당한 기도로 시작하는 길은 존재하지 않는다는 것이다. 왜냐하면, 그 진보를 이룬 정도가 큰 자나 적은 자나, 우리는 모두 다 똑같이 죄인들이기 때문이다. 그러므로 그리스도께서 여기에서 우리가 행위를 의지하는 마음을 버리고서, 값없이 은혜로 하나님과 화목을 이루게 되기를 기도하지 않는다면, 하나님은 우리에 대한 진노를 멈추지 않으실 것이라는 취지의 법(法)을 모든 사람을 위하여 제시하고 계시다는 것은 의심할 여지가 없다. 교황주의자들도 어쩔 수 없이 이

점을 부분적으로 인정하지만, 그런 후에 즉시 악한 마음으로 궁리해 낸 것을 통해서 이 가르침을 혼잡케 만들어 버린다. 그들은 완전한 사람은 없기 때문에 모든 사람이 죄 사함을 통해서 고침을 받아야 할 필요가 있다는 것을 인정하지만, 참상(慘狀) 속에 있는 사람들에게 먼저 그들이 "부분적인 의"(partiali iustitia)라 부르는 것을 의지하도록 만들고, 다음으로 그들의 죄책을 제거하기 위해서 보속(補贖, satisfactio)을 행하여야 한다는 말을 덧붙이는 방식으로 사람들을 미혹시킨다. 그러나 우리의 신앙이 믿고 의지할 수 있는 것은 단 하나뿐인데, 그것은 하나님이 우리를 받아주시는 것은 우리가 그럴 만한 자격이 있어서가 아니라, 하나님이 우리의 죄들을 우리에게 돌리지 않으시기 때문이라는 것이다.

[11]예수께서 예루살렘으로 가실 때에 사마리아와 갈릴리 사이로 지나가시다가 [12]한 마을에 들어가시니 나병환자 열 명이 예수를 만나 멀리 서서 [13]소리를 높여 이르되 예수 선생님이여 우리를 불쌍히 여기소서 하거늘 [14]보시고 이르시되 가서 제사장들에게 너희 몸을 보이라 하셨더니 그들이 가다가 깨끗함을 받은지라 [15]그 중의 한 사람이 자기가 나은 것을 보고 큰 소리로 하나님께 영광을 돌리며 돌아와 [16]예수의 발 아래에 엎드리어 감사하니 그는 사마리아 사람이라 [17]예수께서 대답하여 이르시되 열 사람이 다 깨끗함을 받지 아니하였느냐 그 아홉은 어디 있느냐 [18]이 이방인 외에는 하나님께 영광을 돌리러 돌아온 자가 없느냐 하시고 [19]그에게 이르시되 일어나 가라 네 믿음이 너를 구원하였느니라 하시더라 [20]바리새인들이 하나님의 나라가 어느 때에 임하나이까 묻거늘 예수께서 대답하여 이르시되 하나님의 나라는 볼 수 있게 임하는 것이 아니요 [21]또 여기 있다 저기 있다고도 못하리니 하나님의 나라는 너희 안에 있느니라(눅 17:11-21).

앞에서 마태를 비롯해서 다른 두 복음서 기자들이 그리스도께서 한 나병환자를 깨끗하게 하신 이적을 얘기한 적이 있는데(마 8:1; 막 1:40; 눅 5:12), 누가는 그 동일한 이적이 열 명의 나병환자들에게 행해진 것을 여기에서 얘기한다. 하지만 이 이야기의 목적은 앞에 나온 것과 다르다. 왜냐하면, 이 이야기는 그리스도께서.유대 백성에게 그토록 많은 은혜를 베푸셨고 그들 가운데서 놀라운 이적들을 무수히 행하셨는데도 그들이 그런 것들을 다 짓밟아 버린 것을 우리가 이상히 여기지 않도록 하시기 위하여, 유대 백성의 믿을 수 없을 정도로 악하기 짝이 없는 배은망덕함을 묘사하고자 하는 목적을 지니고 있기 때문이다. 게다가, 여기에는 그들의 사악함을 더욱 뚜렷하게 부각시켜 주는 한 가지 정황이 덧붙여져 있다. 즉, 주님은 아홉 명의 유대인들을 고쳐 주셨지만, 그들 중에서 주님께로 돌아와서 감사하다고 인사한 자는 한 명도 없었고, 모두 다 그들이 전에 걸려 있었던 병에 대한 기억을 말끔히 지워 버리기 위해서 자취도 없이 사라져 버렸다는 것이다. 오직 "사마리아 사람"이었던 한 사람만이 자신의 마땅한 도리를 다하기 위하여 돌아와서 그리스도께 감사를 드렸다. 그러므로 우리는 이 사건 속에서 한편으로는 그리스도의 신적인 능력이 나타난 것을 보게 되고, 다른 한편으로는 유대인들의 불경(不敬)에 대한 책망을 보게 된다. 그리고 이 불경으로 인해서 이 놀라운 이적은 사람들에게 거의 알려지지 않게 되었다.

눅 17:13. 예수 선생님이여. 그들이 그리스도의 도우심을 구했기 때문이 아니라, 그리스도를 "선생님"이라 부르며 높인 것으로 보아서, 이 "나병환자 열 명"은 모두 어느 정도의 믿음을 가지고 있었던 것이 분명하다. 그들이 가식적으로가 아니라 진심으로 그리스도를 "선생님"이라고 불렀다는 것은 그리스도의 말씀을 그들이 즉시 기꺼이 순종하였다는 사실에 의해서 확인될 수 있다. 왜냐하면, 그들은 그들의 몸이 완전히 깨끗해진 것이 아니라 여전히 더러운 딱지들이 남아 있는 것을 알고 있었는데도, 그리스도께서 "제사장들에게 너희 몸을 보이라"고 명령하시자마자, 그 명령에 순종하기를 거부하지 않았기 때문이다. 여기에 한 가지를 덧붙이자면, 그들에게 믿음이 없었다면, 그들은 결코 "제사장들에게 그들의 몸을 보일" 생각을 결코 할 수 없었을 것이다. 왜냐하면, 그들이 그리스도의 약속의 말씀을 단지 제사장들에게 가서 그들의 몸을 보이고 검사를 받아 보라는 의미로 이해하였다면, 그들이 깨끗하게 되었다는 것을 확인받을 목적으로 나병에 대한 판정을 맡은 제사장들에게 그들의 몸을 보이러 간다는 것은 황당하기 짝이 없는 일이었을 것이기 때문이다. 그들의 몸에는 여전히 나병이 그대로 남아 있었는데도, 그들은 그들이 깨끗하게 되었다는 그리스도의 말씀을 믿어 의심치 않았다. 그러므로 우리는 어느 정도의 믿음의 씨앗이 그들의 마음속에 심겨져 있었다는 것을 부정할 수 없다. 그들이 "양자(養子)의 영"으로 거듭나지 않았다는 것은 분명하지만, 그들 속에 모종의 경건의 단초(端初)가 있었다고 보는 것은 전혀 허무맹랑한 말이 아니다. 하지만 우리 속에 있는 믿음의 불씨가 꺼져 버릴 수 있다는 것을 우리는 명심하여야 한다. 왜냐하면, 거듭남의 영에 의해서 그 뿌리가 깊이 박히게 된 살아 있는 믿음은 결코 죽지 않지만, 우리는 앞에서 많은 사람들이 일시적인 믿음(temporalis fides)을 가졌다가 그 믿음이 곧 사라져 버린 것을 보아 왔기 때문이다. 특히, 우리에게 어떤 절실한 필요가 있고, 주님이 성령의 은밀한 감동을 통해서 우리에게 감화를 주실 때에는 우리가 하나님을 찾다가, 막상 우리가 원하던 것을 얻게 되면, 배은망덕하게도 그 경건의 단초(端初)를 까맣게 잊어버리는 것은 우리에게 너무나 흔한 병(病)이다. 이렇게 사람들은 가난하고 굶주릴 때에는 믿음을 갖지만, 가진 것이 많고 배부르게 먹게 되면 믿음을 버린다.

눅 17:14. 제사장들에게 너희 몸을 보이라. 이것은 "너희가 깨끗함을 받았다"고 말씀하시는 것과 다름없는 것이었다. 왜냐하면, 나병이 나았는지를 판정하는 권한은 율법에서 정(淨)함과 부정함을 구별하는 임무를 맡은 제사장들에게 속해 있었기 때문이다(레 14:2). 그래서 그리스도께서는 제사장들의 권한을 그대로 인정해 주심과 동시에, 그들을 그가 행하신 이적을 증언해 줄 증인들로 삼고자 하셨다. 그런 까닭에, 우리는 앞에서 이 나병환자들이 오로지 그리스도께서 하신 이 말씀만을 의지해서 고침받을 것이라는 소망을 품고 즉시 그 말씀대로 행하였다는 점에서 그들에게 그리스도를 경외하는 경건한 마음이 있었음에 틀림없다고 말하였었다. 교황주의자들은 터무니없게도 이 구절을 고해성사의 근거가 되는 본문으로 삼는다. 그리스도께서 나병환자들을 "제사장들"에게 보내셨다는 것은 나도 인정한다. 그러나 그것은 그들로 하여금 그들의 죄를 제사장들의 귀에 토해내도록 하기 위한 것이 아니라, 도리어 율법이 정한 예물을 드리게 하기 위한 것이었다. 그리스도께서 나병환자들을 제사장들에게 보내신 것은 교황주의자들이 생각하듯이 고해(告解)를 통해서 깨끗함을 받게 하시기 위한 것이 아니라, 그들이 이미 깨끗하여졌다는 것을 보이게 하시기 위한 것이었다. 교황주의자들의 어리석음을 보여주는 또 하나의 증거는, 그들의 고해성사가 그들 때문에 얼마나 더럽고 추한 악명을 얻게 되었는지를 그들이 전혀 고려하지 않는다는 것이다. 왜냐하면, 그들의 논리에 따르면, 제사장들에게 간 열 명의 나병환자 가운데서 오직 한 사람만이 그리스도께 돌아와서 감사를 하고, 나머지는 모두 그리스도께 등을 돌리고 코빼기도 보이지 않는 불경을 저질렀어도, 그것은 아무런 문제도 되지 않기 때문이다. 그들이 이 구절을 그들의 고해성사의 근거가 되는 본문으로 사용한다면, 그들은 제사장들에게 간 나병환자들 중에서 그 누구도 다시 돌아와서 하나님께 영광을 돌리지 않아도 문제될 것이 없다고 주장하는 것이라고 우리가 그들을 공격해도, 그들은 할 말이 없게 된다는 것을 명심하여야 한다. 그러나 이러한 말도 안 되는 그들의 주장을 길게 살펴볼 필요가 없는 것은 왜 여기에서 제사장들이 언급되었는지 그 이유를 우리가 이미 확인하였기 때문이다.

눅 17:14. 그들이 가다가 깨끗함을 받은지라. 이 구절은 그리스도와 그의 말씀이 지닌 신적인 능력이 나타났음을 보여주는 것임과 아울러, 하나님이 믿음으로 말미암은 순종을 얼마나 귀히 여기시는지를 보여주는 증거이기도 하다. 왜냐하면, 나병환자들에게 이루어진 갑작스러운 치유는 그들로 하여금 그리스도의 명령에 순종하여 지체 없이 제사장들에게 가게 만든 저 믿음으로 말미암은 소망으로부터 생겨난 것이었기 때문이다. 하나님이 뿌리가 없어서 결국 싹을 틔우지 못하게 될 일시적인 믿음조차도 귀히 여기셔서 이렇게 놀라운 역사(役事)가 일어나게 하셨다면, 하나님에 대하여 진실하고 영속적이며 견고한 믿음을 지닌 우리에게는 얼마나 큰 상이 준비되어 있겠는가? 아홉 명의 나병환자들은 육신의 치유에서 시작하여 구원으로 나아가는 유익을 얻지 못하고, 단지 일시적인 믿음을 통해서 하나님으로부터 곧 사라질 덧없는 선물만을 얻었지만, 우리는 모형(typus)의 의미를 지닌 이 이야기를 통해서, 참된 믿음이 얼마나 큰 일을 이룰 수 있을지를 알게 된다.

눅 17:15. 그 중의 한 사람이. 나병환자 가운데 한 사람이 중도에 돌아온 것인지는 확실하지 않지만, 누가 본문은 그런 의미인 것으로 보인다. 그러나 나는 이 사람이 제사장들의 최종 판정을 받고 나서, 그리스도께 감사하기 위하여 돌아온 것일 가능성이 높다고 생각한다. 그는 제사장들로부터 일상생활로 돌아가도 좋다는 허락을 받았을 것임에 틀림없다. 왜냐하면, 우리는 그 사람이 그리스도의 명령을 무시하였거나, 하나님의 성전에 바쳐야 할 예물을 드리지 않고 자기가 챙겨서 가졌을 것이라고 생각하기 힘들기 때문이다. 하지만 이 사람이 중도에 자기가 깨끗하게 된 것을 알고서, 제사장들에게 자기 몸을 보이고 깨끗하다는 판정을 받기 전에, 경건하고 거룩한 열심에 사로잡혀서, 즉시 그를 고쳐 주신 장본인이신 그리스도께로 돌아와서 감사를 드리는 것으로 자신의 제사를 시작한 것이라고 추측하는 것도 얼마든지 가능하다. 그리스도의 말씀은 유대 민족 전체에 대한 책망의 의미를 담고 있다. 왜냐하면, 그리스도께서는 한 사람의 외인(外人)과 아홉 명의 유대인들을 대비시키시면서, 하나님을 공경하는 경건한 마음도 없이 단지 하나님의 은혜들을 받아먹기만 하는 것이 습관화 되어 있던 유대 민족을 책망하고 계시는 것이기 때문이다. 그리고 유대 민족의 이러한 영적 상황은 그리스도께서 엄청난 이적들을 그토록 무수히 행하시고서도 그들 가운데서 거의 명성을 얻지 못하신 이유이기도 하였다. 그렇지만 우리는 그리스도의 이러한 탄식은 하나님이 은혜들을 베풀어 주셨을 때에 적어도 감사로 보답하여야 함에도 불구하고 그렇게 하지 않는 모든 자들에 대한 것임을 알아야 한다.

눅 17:19. 네 믿음이 너를 구원하였느니라. 일부 주석가들은 여기에 나오는 "구원하다"라는 단어를 오직 육신이 깨끗하게 된 것만을 가리키는 것으로 국한시킨다. 그러나 그런 해석이 옳다고 가정한다면, 그리스도의 이 말씀이 이 "사마리아 사람"의 살아 있는 믿음을 칭찬하여 하신 것임을 고려할 때, 그렇다면 나머지 아홉 명의 나병환자들은 어떻게 구원을 얻게 된 것인가라는 의문이 생겨날 수 있다. 왜냐하면, 그들도 모두 다 예외 없이 육신의 병 고침을 얻었기 때문이다. 그러므로 우리는 그리스도께서 여기에서 하나님의 선물에 대하여 불경건한 자들이 생각하는 것과는 다른 평가, 즉 그 선물은 아버지로서의 하나님의 사랑으로 말미암는 구원에 대한 보증금 또는 담보였다는 평가를 내리신 것임에 틀림없다는 결론에 도달하게 된다. 아홉 명의 나병환자들은 고침을 받았지만, 악하게도 하나님의 은혜에 대한 기억을 지워 버렸기 때문에, 그 병 고침 자체가 그들의 배은망덕함으로 인해서 더럽혀지고 훼손되어서, 그들은 그것으로부터 그들이 마땅히 이끌어 내었어야 할 유익을 이끌어 내지 못하였다는 것이다. 하나님이 우리에게 주신 선물들은 오직 우리의 믿음으로 말미암아 거룩하고 깨끗하게 되어서, 그 결과로 우리가 그것들을 합당하게 사용할 수 있게 될 뿐만 아니라, 그것들은 우리의 구원에도 기여하게 된다. 끝으로, 이 말씀을 통해서 그리스도께서는 우리가 어떻게 해야 하나님이 주신 은혜들을 합당하게 누릴 수 있게 되는지를 가르쳐 주셨다. 이것으로부터 우리는 여기에 나오는 "구원하다"라는 단어 속에는 이 세상에서의 일시적인 선물로서의 구원이라는 개념과 더불어서 영원한 구원이라는 개념도 포함되어 있다는 것을 알게 된다. 이 "사마리아 사람"은 그의 "믿음"으로 말미암아 "구원"을 받았다고 하는데, 그렇다면 어떤 식으로 구원을 받았다는 것인가? 그는 나병으로부터 고침을 받았다는 의미에서가 아니라(나머지 아홉 명도 다 병 고침을 받았다는 점을 고려하면), 그가 하나님의 자녀들 가운데로 받아들여졌고, 아버지로서의 하나님의 사랑에 대한 담보를 하나님의 손에서 받았다는 의미에서 구원을 받은 것이었다.

눅 17:20. 바리새인들이 … 묻거늘. 이 질문은 그리스도를 비웃고 조롱하기 위한 것이었음이 틀림없다. 왜냐하면, 그리스도께서는 끊임없이 하나님의 나라가 가까이 왔다고 말씀하셨지만, 유대인들의 외적인 상황에는 아무런 변화도 일어나지 않았으므로, 악하고 악의적인 자들은 이것을 그리스도를 괴롭힐 수 있는 좋은 구실로 삼을 수 있겠다고 여겼기 때문이다. 그리스도께서 하나님의 나라에 대하여 말씀하신 모든 것이 단지 심심풀이로 던져본 허무맹랑한 이야기에 불과하다는 듯이, 그들은 빈정거리고 비꼬는 심사(心思)로 "하나님의 나라가 어느 때에 임하나이까"라는 질문을 그리스도께 던졌다. 그러나 바리새인들이 이 질문을 한 것은 그리스도를 조롱하기 위한 것이라기보다는 하나님의 나라에 대한 그들의 아주 잘못된 견해 때문이라고 생각하는 사람이 있다면, 나는 거기에 반대하지 않을 것이다.

눅 17:20. 하나님의 나라는 … 임하는 것이 아니요. 나는 그리스도께서 여기에서 저 "개들"을 아랑곳하지 않으시고, 제자들에게 초점을 맞추어 이 대답을 하고 계시는 것이라고 생각한다. 이것은 다른 많은 경우들에서 악한 자들이 도발해 올 때에, 그리스도께서는 그것을 자신의 가르침을 베푸실 기회로 삼으셔서, 그들의 궤변과 반대되는 진리를 좀 더 분명하게 나타내 보이심으로써, 그들의 악의를 무력화시키신 것과 같다. 그리스도께서는 여기에서 "볼 수 있게"라는 단어를 "놀라울 정도로 눈부시고 휘황찬란하게"라는 의미로 사용하셔서, 하나님의 나라는 눈부시고 휘황찬란하게 나타나서 멀리서도 한 눈에 알아볼 수 있게 임하는 것이 아니라고 말씀하신다. 이 말씀은 하나님의 나라는 다름 아닌 우리의 심령이 내적이고 영적으로 새로워지는 것이기 때문에, 결코 육신적이거나 이 세상에 속하지 않은 하나님의 나라를 육신의 눈으로 볼 수 있다고 생각하는 자들은 큰 착각을 하고 있는 것이라는 의미이다. 하나님의 나라의 본질 자체를 근거로 해서, 그리스도께서는 하나님 나라의 가시적인 징표(徵表)들을 찾기 위해서 여기저기를 둘러보는 자들은 완전히 잘못된 것임을 보여주시면서, 우리에게 이렇게 말씀하신다: "하나님이 약속하신 교회의 회복(ecclesiae instauratio)은 내면에서 찾아야 한다. 왜냐하면, 하나님은 그의 택함받은 자들을 살아나게 하셔서 하늘의 새 생명 가운데 살게 하심으로써, 그들 가운데 그의 나라를 세우시기 때문이다." 이런 식으로 그리스도께서는 오직 세상에 속한 덧없는 나라만을 생각하였던 바리새인들의 우매함을 간접적으로 책망하신다. 하지만 우리가 주목해야 할 것은 그리스도께서는 단지 하나님의 나라의 시작만을 말씀하고 계시다는 것이다. 왜냐하면, 우리는 지금 성령으로 말미암아 하나님의 형상을 따라 새롭게 지어져 가기 시작하는 것이지만, 장차 때가 되면, 우리 자신과 온 세계가 완전히 새로워질 것이기 때문이다.

[53]예수께서 이 모든 비유를 마치신 후에 그 곳을 떠나서 [54]고향으로 돌아가사 그들의 회당에서 가르치시니 그들이 놀라 이르되 이 사람의 이 지혜와 이런 능력이 어디서 났느냐 [55]이는 그 목수의 아들이 아니냐 그 어머니는 마리아, 그 형제들은 야고보, 요셉, 시몬, 유다라 하지 않느냐 [56]그 누이들은 다 우리와 함께 있지 아니하냐 그런즉 이 사람의 이 모든 것이 어디서 났느냐 하고 [57]예수를 배척한지라 예수께서 그들에게 말씀하시되 선지자가 자기 고향과 자기 집 외에서는 존경을 받지 않음이 없느니라 하시고 [58]그들이 믿지 않음으로 말미암아 거기서 많은 능력을 행하지 아니하시니라(마 13:53-58).

[1]예수께서 거기를 떠나사 고향으로 가시니 제자들도 따르니라 [2]안식일이 되어 회당에서 가르치시니 많은 사람이 듣고 놀라 이르되 이 사람이 어디서 이런 것을 얻었느냐 이 사람이 받은 지혜와 그 손으로 이루어지는 이런 권능이 어찌됨이냐 [3]이 사람이 마리아의 아들 목수가 아니냐 야고보와 요셉과 유다와 시몬의 형제가 아니냐 그 누이들이 우리와 함께 여기 있지 아니하냐 하고 예수를 배척한지라 [4]예수께서 그들에게 이르시되 선지자가 자기 고향과 자기 친척과 자기 집 외에서는 존경을 받지 못함이 없느니라 하시며 [5]거기서는 아무 권능도 행하실 수 없어 다만 소수의 병자에게 안수하여 고치실 뿐이었고 [6]그들이 믿지 않음을 이상히 여기셨더라 이에 모든 촌에 두루 다니시며 가르치시더라(막 6:1-6).

마 13:53. 예수께서 … 마치신 후에. 마태는 여기에서 그리스도께서 이 말씀들을 전하신 직후에 고향으로 가셨다고 말하는 것이 아니다. 왜냐하면, 마가 본문을 보면, 그리스도께서는 이 말씀들을 전하시고 나서, 일정 정도의 시간이 지난 후에 고향으로 가셨다는 것이 분명하게 드러나기 때문이다. 마태가 이 기사(記事)를 통해서 말하고자 하는 것은 그리스도께서 유대에서 일정 기간 동안 가르치신 후에 다시 갈릴리로 돌아가셨지만, 거기에서 환영을 받지 못하셨다는 것이다. 누가복음 4장에 나오는 기사도 비슷한 내용이긴 하지만 동일하지는 않다. 또한, 우리는 그리스도의 고향 사람들이 처음에는 그의 가문이 미천하고 그가 별로 교육을 받지 못한 것을 알고서 그런 것들이 그들에게 거리낌이 되어서 그의 가르침을 못마땅해 하였고, 나중에는 그리스도께서 그들 가운데서 선지자의 직무를 수행하고자 하였을 때에는, 동일한 악의를 끈질기게 가지고서 그를 비방하기를 그치지 않았다는 것을 이상하게 생각해서는 안 된다. 그러므로 그리스도에 대한 이 두 번째 배척은 그동안 시간이 꽤 흘렀어도 나사렛 사람들은 전혀 바뀌지 않았고, 그리스도와 그의 가문에 대한 그들의 멸시하는 마음이 계속해서 장애물로 작용해서, 그들이 그리스도께서 전하시는 말씀을 듣는 것을 방해하였다는 것을 보여준다.

마 13:54. 그들이 놀라. 그들은 그리스도께서 교육을 받지 않았고 어릴 때부터 다 자란 후까지 목공 일을 해온 것을 잘 알고 있었기 때문에, 그런 그가 이토록 훌륭한 선생이 되어 가르치고, 그 가르침이 하나님의 지혜로 가득 차 있는 것을 보고서, 너무나 신기한 일이 일어난 것에 깜짝 놀라서 어안이 벙벙해졌다. 이와 같은 기적 속에서 그들은 하나님의 손길을 감지하는 것이 마땅하였지만, 그들의 배은망덕함(ingratitudo)이 그들의 마음을 가려서, 그들은 어둠 속에 덮어버릴 수밖에 없었다. 그들은 원하든 원하지 않든 그들의 눈앞에서 일어난 일에 대하여 놀라지 않을 수 없었지만, 여전히 그리스도를 멸시하였다. 이것은 사람이 세운 학교에서 배우지 않고 하나님으로부터 직접 가르침을 받은 선지자를 배척하는 것이 아니고 무엇이겠는가? 그들은 그리스도의 가르침이 실로 놀라운 것임을 인정하면서도, 그 가르침이 이 땅에서 기원한 것이 아니어서 그들에게 친숙한 것이 아니라는 이유로, 결국 그 가르침을 전혀 받아들이지 않음으로써, 그들 자신의 증언으로 그들 자신의 목을 베고 있는 것이다. 왜 그들은 눈을 들어 하늘을 바라보고서, 인간의 이성을 훨씬 뛰어넘는 그리스도의 가르침이 하늘로부터 온 것임에 틀림없다는 것을 알지 못한 것인가?

게다가, 이 가르침에 수반된 이적들은 그들에게 더욱 강력한 감화를 주거나, 적어도 그들의 지나친 무관심과 우매함으로부터 그들을 일으켜 세워서 그들로 하나님께 영광을 돌리게 하였어야 마땅하다. 왜냐하면, 하나님이 사람들에게 친숙하지 않은 방법을 사용하실 때에는, 그들에게 그의 손의 능력을 더욱더 분명하게 나타내 보이시는 법이기 때문이다. 그러나 나사렛 사람들은 바로 그것을 악의적으로 이용하여, 그들의 눈에 휘장을 치는 구실로 삼았다. 그러므로 이것을 통해서 우리는 하나님이 초대하시는 길로 나아오지 못하게 사람들을 방해하는 것은 단지 무지(無知)만이 아니라는 것, 즉 사람들은 어떻게 해서든지 그 길로 나아가지 않을 구실로 삼을 걸림돌들을 자원하여 찾아 나선다는 것을 알게 된다. 하지만 우리는 인간의 수단들이 다할 때, 하나님의 능력이 우리에게 분명하게 나타나서, 확실한 찬송을 받을 수밖에 없게 된다는 정반대의 논리를 펴는 것이 마땅하다.

마 13:55. 이는 그 목수의 아들이 아니냐. 그리스도께서는 삼십 세가 되실 때까지는 공생애를 시작하지 않으신 것은 하나님의 놀라운 뜻에 의한 것이었음을 우리는 안다. 그러므로 나사렛 사람들이 거기에서 거리낌을 느끼고 걸려 넘어진 것은 지극히 잘못되고 합당치 않은 것이었다. 왜냐하면, 그들은 도리어 그리스도를 하늘로부터 방금 갑자기 임하신 자로 여겨서 공경하는 마음으로 영접했어야 마땅한 일이었기 때문이다. 그들은 하나님이 그리스도 안에서 일하시는 것을 보고서도, 의도적으로 그들의 눈을 이 광경으로부터 돌려서 요셉과 마리아와 그의 모든 친척들을 바라봄으로써, 그리스도에게서 나오는 빛을 차단하는 휘장을 쳐버렸다. 여기에서 "형제들"이라는 단어는, 우리가 앞에서 이미 언급하였듯이, 히브리어의 관용 어법에 따르면, 포괄적으로 친척을 가리키는 데에 사용된다. 따라서 헬비디우스(Helvidius)가 복음서에 그리스도의 형제들에 대한 언급이 종종 나오는 것으로 보아서 마리아가 많은 아들을 두었음에 틀림없다고 결론을 내린 것은 무지(無知)의 극치라 하겠다.

마 13:57. 선지자가 … 존경을 받지 않음이 없느니라. 나는 이 말씀을 요한복음 4:44을 다룰 때에 상당히 자세하게 설명하였다. 뛰어난 재능으로 유명한 자들은 그들의 고향 밖에서는 그 어디에서도 존경을 받는다는 말은 사람들 사이에서 널리 알려진 속담인 것 같다. 이것은 하나님이 자기 자신을 많이 계시하셔서 하나님과 더욱 친숙해진 자들일수록 성령의 은사들을 통해 계시된 하나님을 더욱 대담하게 배척하게 되는 인간의 배은망덕함을 보여준다. 나는 여기에서 이 속담이 특히 유대인들을 겨냥한 것이라고 생각하는 크리소스토무스(Chrysostomus)의 견해에 기꺼이 동의하지만, 그리스도께서는 통상적으로 유대 민족 전체에 적용되는 이 속담을 여기에서는 특히 그의 고향 사람들인 갈릴리 사람들에게 적용하고 계시는 것이라고 본다. 왜냐하면, 그리스도께서는 이 고향 땅 밖에서는 그 어디에서도 존경을 받으셨기 때문이다. 그들은 그리스도를 통해서 그들에게 제시된 은혜를 가장 먼저 받아들이는 자들이 되었어야 마땅한데도, 도리어 그리스도를 그들에게서 멀리 쫓아내고자 하였기 때문에, 그리스도께서 그들을 책망하시는 것은 너무나 당연한 일이었다. 왜냐하면, 타향 사람들은 하나님의 선지자를 마치 먼 길을 걸어 찾아온 손님을 맞듯이 따뜻한 마음으로 반갑게 맞아주는데, 하나님의 선지자가 정작 자기가 태어난 고향에서는 멸시를 받는다는 것은 정말 어처구니없고 말도 되지 않는 일이기 때문이다.

마 13:58. 많은 능력을 행하지 아니하시니라. 마가는 이 말씀을 좀 더 강조해서, 그리스도께서 "거기서는 아무 권능도 행하실 수 없으셨다"(막 6:5)고 말하지만, 그리스도께서 그들 가운데서 더 많은 이적들을 행하실 수 있는 길을 막아 버린 것은 고향 사람들의 불경(不敬)이었다는 핵심적인 내용에 있어서는 마태와 마가가 정확히 일치한다. 그리스도께서는 이미 그들에게 그의 능력을 일부 맛보게 해주었지만, 그들은 자원하여 스스로 완악하여져서 그 능력을 더 이상 원하지 않았다. 따라서 아우구스티누스(Augustinus)가 믿음을 그릇의 열린 입구에 비유하여서, 만약 믿음이 없어서 그릇의 입구가 닫히게 되면, 하나님이 그 그릇 속으로 은혜를 부을 수 없게 된다고 한 것은 적절하다. 이것은 지극히 옳다. 왜냐하면, 하나님은 우리가 그의 능력을 받아들이지 않는다는 것을 아시면, 그 능력을 거두시기 때문이다. 그런데 우리는 우리의 불신앙이 하나님의 능력을 배척하고 우리에게서 멀리 쫓아낸 것인데도, 우리에게 하나님의 도우심이 오지 않는다고 불평한다.

마가가 그리스도께서 "아무 권능도 행하실 수 없으셨다"고 말한 것은 그리스도의 선하심을 배척한 자들의 가중된 죄책(罪責)을 보여준 것이다. 왜냐하면, 믿는 자들은 실제로 그들의 힘이 닿는 한 그들의 완악함을 통해서 하나님의 손발을 묶어두기 때문이다. 이것은 하나님이 더 약한 자여서 그들에게 진다는 의미가 아니라, 하나님이 그의 능력을 행하시도록 그들이 가만히 놓아두지 않는다는 의미이다. 하지만 우리는 마가가 그리스도께서 그럼에도 불구하시고 "소수의 병자"를 "고치셨다"(막 6:5)는 말씀을 덧붙이고 있는 것을 주목하여야 한다. 왜냐하면, 이것으로부터 우리는 그리스도의 선하심이 그들의 악의와 싸워서 모든 장애물을 극복하고 승리하였다는 것을 알게 되기 때문이다. 우리는 하나님과 관련해서 날마다 이와 동일한 경험을 한다. 왜냐하면, 우리에게 들어오시는 길이 막혀 있어서, 하나님이 그의 능력을 행하시는 것을 억제하시는 것은 어쩔 수 없는 일이긴 하지만, 우리는 하나님이 전에는 없던 길을 새로이 만드셔서, 우리에게 은혜를 베푸시는 일을 그치지 않으시는 것을 보기 때문이다. 우리는 모든 가능한 수단을 다 동원해서 어떻게 해서든지 하나님의 은혜가 우리에게 오는 것을 막으려고 애쓰고, 우리가 그렇게 싫어하고 꺼리는데도, 하나님의 은혜는 그 모든 장애를 뚫고 승리하여 우리에게 들어와서 그 효력을 나타내는 것을 보면, 그것은 정말 기이한 싸움이 아닐 수 없다!

¹그 때에 분봉 왕 헤롯이 예수의 소문을 듣고 ²그 신하들에게 이르되 이는 세례 요한이라 그가 죽은 자 가운데서 살아났으니 그러므로 이런 능력이 그 속에서 역사하는도다 하더라(마 14:1-2).

¹⁴이에 예수의 이름이 드러난지라 헤롯 왕이 듣고 이르되 이는 세례 요한이 죽은 자 가운데서 살아났도다 그러므로 이런 능력이 그 속에서 일어나느니라 하고 ¹⁵어떤 이는 그가 엘리야라 하고 또 어떤 이는 그가 선지자니 옛 선지자 중의 하나와 같다 하되 ¹⁶헤롯은 듣고 이르되 내가 목 벤 요한 그가 살아났다 하더라(막 6:14-16).

⁷분봉 왕 헤롯이 이 모든 일을 듣고 심히 당황하니 이는 어떤 사람은 요한이 죽은 자 가운데서 살아났다고도 하며 ⁸어떤 사람은 엘리야가 나타났다고도 하며 어떤 사람은 옛 선지자 한 사람이 다시 살아났다고도 함이라 ⁹헤롯이 이르되 요한은 내가 목을 베었거늘 이제 이런 일이 들리니 이 사람이 누군가 하며 그를 보고자 하더라 (눅 9:7-9).

복음서 기자들이 이 일을 기록한 이유는 그리스도의 이름이 도처에 다 알려져서, 유대인들이 이제는 더 이상 모른다는 핑계를 댈 수 없게 되었다는 것을 우리에게 알게 하기 위한 것이다. 그렇지 않았다면, 많은 사람들이 다음과 같은 의문 때문에 혼란스러워하였을 것이다: "그리스도께서 이 땅에 머무시는 동안에, 마치 어떤 후미진 곳으로 물러가서서 그의 신적인 능력을 그 누구에게도 나타내 보이지 않으신 듯이, 유대 땅이 아주 조용했던 것은 도대체 어떻게 된 일이란 말인가?" 그래서 복음서 기자들은 그리스도에 관한 소문이 도처에 널리 퍼져서 헤롯의 궁정에까지 들어갔다고 증언한다.

마 14:2. 그 신하들에게 이르되. 누가 본문으로부터 우리는 헤롯이 스스로 그런 추측을 한 것이 아니라, 백성들 가운데서 떠돌던 소문을 듣고서 그런 생각을 하게 된 것임을 알게 된다. 사실, 나는 백성들이 이 폭군에게 품고 있던 적대감과 저 너무나 충격적인 살인에 대한 백성들의 혐오감이, 흔히 그렇듯이, 그러한 소문들을 만들어 낸 것임을 의심하지 않는다. 내가 다른 곳에서 말했듯이, 죽은 자가 다른 사람이 되어서 살아 돌아온다는 윤회 사상은 사람들의 생각 속에 깊이 뿌리내린 미신인데, 백성들의 입에서 당시에 회자되고 있던 견해, 즉 헤롯은 저 거룩한 자 세례 요한을 잔인하게 죽였지만, 요한이 하나님의 기적적인 능력으로 죽은 자 가운데서 살아나서 갑자기 등장하여, 그의 원수의 죄악을 이전보다 더 맹렬하게 공격하고 있기 때문에, 결국 헤롯은 그가 기대했던 것을 얻는 데에 실패했다는 견해도 그런 미신과 비슷한 것이었다. 그러나 마가와 누가는 그리스도의 출현을 놓고 사람들의 의견이 분분하였다는 것을 보여준다. 그리스도를 "엘리야"라고 하는 자들도 있었고, "옛 선지자 중의 한 사람"이라고 하는 자들도 있었으며, 그리스도에게서 성령이 강하게 나타났기 때문에 그를 선지자와 동일한 반열에 속한 분으로 여기는 자들도 있었다. 사람들이 그리스도를 다른 어떤 선지자보다도 특히 "엘리야"일 것이라고 생각한 이유에 대해서는 우리가 이미 다른 곳에서 살펴본 바 있다. 하나님께서는 "엘리야"가 와서 흩어진 교회를 다시 모을 것이라고 말라기를 통하여 약속하셨기 때문에(말 4:5-6), 사람들은 그 예언을 다음과 같은 취지의 단순한 비유라고 생각하지 않고, 엘리야라는 인물과 연관된 것으로 오해하였다: "메시야가 오셨는데도 사람들이 모르는 일이 벌어지거나, 사람들이 구속의 은혜를 모른 채로 지나가 버리는 일이 없도록 하기 위하여, 옛적에 무너진 유대 민족의 삶과 하나님 예배를 일으켜 세운 엘리야 같은 인물이 메시야보다 먼저 오게 될 것이다. 그는 성령의 놀라운 능력으로 먼저 와서 주의 크고 두려운 날을 선포할 것이다." 언제나 철저하게 잘못되고 조잡한 해석자들이었던 유대인들은 이 예언을 "디셉 사람 엘리야"(왕상 17:1)에게 적용해서, 그가 다시 살아와서 선지자의 직임을 수행하게 될 것을 약속하고 있는 것으로 해석하였다. 또한, 사람들은 그리스도를 "옛 선지자" 중의 한 사람이 다시 살아서 온 것이라고 추측하거나, 선지자들과 비교해도 전혀 손색이 없는 위대한 인물이라고 생각하기도 하였다.

　그리스도와 관련해서 여러 가지 다양한 견해가 제시되었음에도 불구하고, 그 중에서 정말 옳은 해석이 그 누구에게서도 나오지 않았다는 것은 놀라운 일이었다. 특히, 당시의 상황이 그들로 하여금 메시야라는 존재에게 눈을 돌리게 하였다는 점을 고려하면, 이것은 더욱 놀라운 일이었다. 하나님은 그들이 고통 가운데서 절박한 상태에 있게 되었을 때에 그들을 건져줄 구속주(救贖主)를 그들에게 보내시겠다고 약속하셨다. 당시는 그들이 극심한 환난 속에 빠져 있었기 때문에 큰 소리로 하나님께 그들을 도와주시라고 부르짖었어야 마땅한 그런 때였다. 구속주께서 오셨는데, 세례 요한은 그의 설교를 통해서 백성들에게 분명하게 이 구속주를 알렸었고, 구속주께서도 직접 자신의 직임에 대해서 증언하기도 하셨다. 사람들은 모종의 신적인 능력이 그리스도께 있다는 것을 인정할 수밖에 없었음에도 불구하고, 자신의 허망한 생각 속에 빠져서, 그리스도를 전혀 다른 인물들로 제멋대로 바꾸어 놓았다. 이런 식으로 세상 사람들은 그들의 악한 배은망덕함 속에서 하나님이 그들에게 베풀어 주신 은혜들의 자취를 없애 버리곤 한다.

내가 조금 전에 잠깐 언급했듯이, 세례 요한이 되살아난 것이라는 헤롯의 생각은 그가 스스로 생각해 낸 것이 아니었지만, 악한 양심은 스치는 바람에도 흔들리고 두려워 떠는 법이기 때문에, 헤롯은 자기가 두려워해 왔던 것을 쉽게 그대로 믿어 버린 것이었다. 하나님은 종종 이러한 맹목적인 두려움들을 통해서 악한 자들을 놀라게 하시고 괴롭게 하신다. 그러므로 그들이 밖에서 오는 공격들을 막아내기 위하여 자신을 견고히 하는 데에 온 힘을 쏟지만, 그들의 내면에서 징벌을 집행하는 자로 말미암아 그들은 쉼을 얻지 못하고, 혹독한 징벌을 당하게 된다.

마 14:2. 그러므로 이런 능력이 그 속에서 역사하는도다. 사람들이 어떤 추론을 거쳐서 이런 결론에 이르게 되었는지가 놀랍고 이상하다. 세례 요한은 하나님의 말씀을 전하는 동안 결코 이적을 행한 적이 없었다. 그러므로 사람들이 그리스도께서 놀라운 이적들을 행하는 것을 보고서, 그를 세례 요한이 되살아난 것이라고 생각하였을 가능성은 없어 보인다. 그러나 세례 요한이 자기가 부활했다는 것을 증명함과 동시에, 하나님의 거룩한 선지자가 헤롯에 의해서 악랄하게 죽임을 당했지만, 앞으로는 그 누구도 감히 그를 해하지 못하도록 하나님의 가시적인 보호하심 속에서 다시 살아 돌아왔다는 것을 보여주기 위해서, 이제 처음으로 이적들을 행하고 있는 것이라고 사람들이 생각하였을 가능성은 있다. 사람들은 이적들이 "그 속에서 역사해서(ἐνεργοῦσιν-에네르구신)", 즉 이적들이 그리스도 속에서 강력하게 나타나서, 그에게 더 큰 권위를 수여해 주고, 하나님이 그와 함께 하신다는 것을 분명하게 보여주고 있다고 생각하였다.

[3]전에 헤롯이 그 동생 빌립의 아내 헤로디아의 일로 요한을 잡아 결박하여 옥에 가두었으니 [4]이는 요한이 헤롯에게 말하되 당신이 그 여자를 차지한 것이 옳지 않다 하였음이라 [5]헤롯이 요한을 죽이려 하되 무리가 그를 선지자로 여기므로 그들을 두려워하더니 [6]마침 헤롯의 생일이 되어 헤로디아의 딸이 연석 가운데서 춤을 추어 헤롯을 기쁘게 하니 [7]헤롯이 맹세로 그에게 무엇이든지 달라는 대로 주겠다고 약속하거늘 [8]그가 제 어머니의 시킴을 듣고 이르되 세례 요한의 머리를 소반에 얹어 여

기서 내게 주소서 하니 [9]왕이 근심하나 자기가 맹세한 것과 그 함께 앉은 사람들 때문에 주라 명하고 [10]사람을 보내어 옥에서 요한의 목을 베어 [11]그 머리를 소반에 얹어서 그 소녀에게 주니 그가 자기 어머니에게로 가져가니라 [12]요한의 제자들이 와서 시체를 가져다가 장사하고 가서 예수께 아뢰니라(마 14:3-12).

[17]전에 헤롯이 자기가 동생 빌립의 아내 헤로디아에게 장가 든 고로 이 여자를 위하여 사람을 보내어 요한을 잡아 옥에 가두었으니 [18]이는 요한이 헤롯에게 말하되 동생의 아내를 취한 것이 옳지 않다 하였음이라 [19]헤로디아가 요한을 원수로 여겨 죽이고자 하였으되 하지 못한 것은 [20]헤롯이 요한을 의롭고 거룩한 사람으로 알고 두려워하여 보호하며 또 그의 말을 들을 때에 크게 번민을 하면서도 달갑게 들음이러라 [21]마침 기회가 좋은 날이 왔으니 곧 헤롯이 자기 생일에 대신들과 천부장들과 갈릴리의 귀인들로 더불어 잔치할새 [22]헤로디아의 딸이 친히 들어와 춤을 추어 헤롯과 그와 함께 앉은 자들을 기쁘게 한지라 왕이 그 소녀에게 이르되 무엇이든지 네가 원하는 것을 내게 구하라 내가 주리라 하고 [23]또 맹세하기를 무엇이든지 네가 내게 구하면 내 나라의 절반까지라도 주리라 하거늘 [24]그가 나가서 그 어머니에게 말하되 내가 무엇을 구하리이까 그 어머니가 이르되 세례 요한의 머리를 구하라 하니 [25]그가 곧 왕에게 급히 들어가 구하여 이르되 세례 요한의 머리를 소반에 얹어 곧 내게 주기를 원하옵나이다 하니 [26]왕이 심히 근심하나 자기가 맹세한 것과 그 앉은 자들로 인하여 그를 거절할 수 없는지라 [27]왕이 곧 시위병 하나를 보내어 요한의 머리를 가져오라 명하니 그 사람이 나가 옥에서 요한을 목 베어 [28]그 머리를 소반에 얹어다가 소녀에게 주니 소녀가 이것을 그 어머니에게 주니라 [29]요한의 제자들이 듣고 와서 시체를 가져다가 장사하니라(막 6:17-29).

누가는 이 이야기를 앞에서 이미 설명한 바 있기 때문에 여기에서는 생략한다. 나도 똑같은 내용을 반복해서 독자들을 괴롭히고자 하는 마음이 전혀 없기 때문에, 이 단락을 아주 간략하게 다루고자 한다. 복음서 기자들은 헤롯이 헤로디아를 몰래 납치해서 그녀와 근친상간에 해당하는 혼인을 하였다는 이유로 헤롯을 공개적으로 단죄하였기 때문에 세례 요한이 감옥에 갇히게 된 것이라고 말한다. 요세푸스(Josephus)는 그것과는 다른 이유를 제시하는데, 그것은 세례 요한이 소요를 일으킬 것을 헤롯이 염려해서 그를 투옥시켰다는 것이다. 하지만 이것은 이 폭군이 자신의 범죄를 변명하기 위하여 만들어낸 구실이었거나, 백성들 사이에서 떠돌던 소문이었을 가능성이 높다. 왜냐하면, 불의한 폭력이나 잔인한 일을 벌여 놓고서 여러 가지 이유를 둘러대는 것은 흔히 있는 일이기 때문이다. 이 사건의 진상은 복음서 기자들이 제대로 보여주고 있는데, 그것은 세례 요한이 자기를 책망했다는 소식을 전해들은 헤롯은 이 거룩한 자에 대하여 분노하여 앙심을 품게 되었다는 것이다. 헤롯이 헤로디아를 그의 동생 빌립에게서가 아니라 그의 삼촌이자 칼키스(Chalcis)의 왕이었던 또 다른 헤롯에게서 납치해 왔다고 말한 것은 잘못된 것이다. 왜냐하면, 이 범죄는 이 복음서들이 기록될 당시에 복음서 기자들의 기억에 아직도 생생한 일이었을 뿐만 아니라, 모든 사람이 보는 앞에서 저질러진 일이었기 때문이다. 또한, 요세푸스는 빌립이 온유한 성품을 지닌 인물이었기 때문에, 헤롯이 이 온유하고 점잖고 다투기를 싫어하는 자의 분노를 일으킬 일을 해도 자기를 어쩌지 못할 것이라고 생각해서, 더욱 대담하게 이런 일을 저지른 것이라고 말하는데, 나도 그 말이 맞을 것이라고 생각한다. 또 한 가지 그럴 듯한 추측은 헤로디아가, 당시에 나이가 아주 많아서 노쇠하였을 그녀의 조부(祖父)의 동생이었던 또 다른 헤롯이 아니라 그녀의 삼촌이었던 빌립과 혼인하였을 가능성이 훨씬 더 높다는 것이다. 그리고 본문에서 언급되고 있는 헤롯 안디바와 빌립은 한 어머니에게서 나온 형제가 아니었다. 왜냐하면, 헤롯은 헤롯 대왕의 세 번째 부인이었던 마르다카(Marthaca)의 아들이었고, 빌립은 클레오파트라의 아들이었기 때문이다.

다시 복음서 기자들의 설명으로 돌아가 보면, 그들은 세례 요한이 이 사나운 폭군이 그냥 참고 넘어갈 수 있는 정도를 넘어서서 아주 노골적으로 그의 범죄를 책망하였기 때문에 투옥된 것이라고 말한다. 헤롯이 저지른 극악무도한 범죄는 그 자체로 혐오스럽고 파렴치한 것이었다. 왜냐하면, 그는 다른 사람의 아내를 그녀에게 합당한 침소에서 자기 집으로 납치해 왔을 뿐만 아니라, 다른 사람도 아닌 바로 자기 동생을 상대로 이런 천인공노할 범죄를 저질렀기 때문이다. 게다가, 세례 요한으로부터 노골적으로 책망을 듣게 되자, 헤롯은 백성들 사이에서 폭동이 일어날 수도 있겠다고 생각하여 두려워하였을 가능성이 높다. 이런 상황 속에서 헤롯은 그의 욕심 때문에 세례 요한의 책망을 받아들여 자신의 잘못을 고치고자 하지 않았고, 도리어 하나님의 선지자들을 감옥에 가둠으로써 아무런 방해 없이 자신의 욕심을 채우고자 하였다.

그런데 이러한 역사에 대한 무지(無知) 때문에 많은 사람들이 "전에 동생과 결혼한 적이 있는 여자와 결혼을 해도 괜찮은 것인가"라는 문제를 놓고서 쓸데없는 논쟁에 휘말리게 되었다. 사람은 본성적으로 지니고 있는 정숙(貞淑)함에 대한 지각으로 인해서 그러한 결혼을 꺼리는 것이 당연한 일이지만, 세례 요한은 헤롯의 범죄와 관련해서 근친상간이라는 측면보다도 강제로 납치했다는 측면을 더 단죄한다. 왜냐하면, 헤롯은 자기 동생의 합법적인 아내를 폭력이나 속임수를 통해서 빼앗아온 것이기 때문이다. 그런 일이 개입되지 않은 일반적인 경우라면, 자기 동생의 미망인과 결혼하는 것보다 자기 조카와 결혼하는 것이 더 문제가 될 것이다. 어쨌든 헤롯이 범한 이 극악무도한 범죄가 모든 사람들로부터 비난을 받았으리라는 것은 의심할 여지가 없지만, 다른 사람들은 뒤에서 헤롯을 욕한 반면에, 세례 요한만은 헤롯을 회개로 이끌기 위해서 공개적으로 대놓고 그를 담대하게 책망하였다. 이것으로부터 우리는 하나님의 종들은 왕들을 상대할 때에 흔들림 없는 불굴의 담대함으로 무장하지 않으면 안 된다는 것을 알게 된다. 왜냐하면, 거의 모든 궁정에서는 외식(外飾)과 비굴한 아첨이 만연되어 있고, 왕들의 귀는 그러한 달콤한 말에 익숙해져 있어서, 그들의 악을 호되게 책망하는 그 어떤 목소리도 용납하지 못하기 때문이다. 그러나 하나님의 선지자는 그토록 충격적인 범죄를 못 본 체하고 그냥 넘어가서는 안 되었기 때문에, 세례 요한은 헤롯이 "음녀"의 덫에 단단히 걸려 있어서, 자기가 기대한 목적을 이룰 가능성이 거의 없다는 것을 알고 있었으면서도, 자신의 본분을 저버린 채 나서지 않고 묵묵히 있었던 것이 아니라, 이 폭군의 분노를 사게 될 것을 두려워하지 않고, 비록 헤롯에게는 불쾌하고 환영받지 못할 조언자가 될지라도, 거리낌 없이 그를 향해 포문을 연 것이었다.

마 14:5. 헤롯이 요한을 죽이려 하되. 얼핏 보면, 마태 본문과 마가 본문의 내용은 서로 상충될 정도로 차이가 있어 보인다. 왜냐하면, 마태는 헤롯이 이 충격적인 살인을 저지르고자 하였으나, 백성들이 두려워서 그렇게 하지 못한 것이라고 말하고 있는 반면에, 마가는 이 잔인한 짓에 대한 모든 책임을 오직 헤로디아에게 돌리고 있기 때문이다. 그러나 그 해법은 간단하다. 헤롯은 처음에 좀 더 절박한 상황이 되어서 어쩔 수 없이 이 거룩한 자를 죽일 수밖에 없게 되기 전에는 세례 요한을 죽이고자 하지 않았다. 왜냐하면, 헤롯은 세례 요한에 대하여 공경하는 마음을 지니고 있었고, 하나님의 선지자에게 극악무도한 짓을 저지르는 것에 대하여 종교적인 거리낌도 있었기 때문이었다. 그러다가, 헤로디아가 집요하게 졸라대자, 이 음녀에게 휘둘린 헤롯은 하나님을 두려워하는 마음을 떨쳐 버리고, 이 거룩한 자를 죽이고자 하였지만, 이번에는 백성들 사이에서 폭동이 일어날 것을 두려워하는 새로운 장애물 때문에 섣불리 그를 죽일 수 없었다. 여기에서 우리는 "헤로디아가 요한을 원수로 여겨 죽이고자" 기회를 엿보고 있었다는 마가 본문의 말씀을 주목할 필요가 있다. 왜냐하면, 이 말씀은 헤롯은 세례 요한을 죽이고자 하는 적극적인 마음을 지니고 있지 않았지만, 헤로디아가 교묘한 술수를 사용해서 헤롯의 마음을 움직여서 요한을 죽이고자 했거나, 이 거룩한 자를 죽일 어떤 은밀한 방법을 스스로 찾아내고자 애를 썼다는 것을 보여주기 때문이다. 내게는 헤로디아가 어떻게든 그녀의 남편의 마음을 움직여서 요한을 죽이고자 했지만, 헤롯이 양심의 가책으로 인해서 이 거룩한 자를 극형에 처하는 것을 망설인 까닭에 뜻을 이룰 수 없었다는 전자의 견해가 좀 더 유력해 보인다. 이런 와중에, 헤롯에게는 세례 요한을 죽이면 폭동이 일어날지도 모른다는 또 다른 두려움이 엄습하였다. 그런데 마가는 단지 헤롯으로 하여금 이 음녀의 청(請)을 즉시 들어줄 수 없게 만들었던 이유만을 언급한다. 즉, 헤로디아는 세례 요한이 투옥되자마자 그를 은밀하게 처형하고 싶어하였지만, 헤롯은 심지어 이 거룩한 자가 해주는 충고들을 "달갑게 들을" 정도로 그를 공경하고 "두려워하였다"는 것이다. 여기에 언급된 "두려움"은 마치 우리가 어떤 사람을 존경할 가치가 없는 사람으로 여기면서도 우리 위에 있는 권세이기 때문에 그를 두려워하는 것 같은 그런 두려움을 말하는 것이 아니라, 자발적인 공경을 의미하는 것이었다. 왜냐하면, 헤롯은 세례 요한이 거룩한 자이고 하나님의 신실한 종이라고 확신한 까닭에, 감히 그를 무시할 수 없었기 때문이었다. 우리는 이 점을 주목할 필요가 있다. 왜냐하면, 세례 요한은 이 분봉왕의 호감을 사면 자기에게 여러 가지로 이익이 될 것임을 경험상으로 잘 알고 있었으면서도, 저 악명 높은 범죄를 눈감아 주는 악을 저지르지 않고서는 그의 호감을 살 수 없는 상황이 되자, 그의 분노를 사서 그와의 사이가 벌어지는 것을 두려워하지 않았기 때문이다. 사실, 세례 요한은 헤롯의 범죄를 눈감아 주면서, 자기가 자신의 사적인 이익을 추구한 것이 아니라, 오로지 공익(公益)만을 생각하여 그렇게 한 것이라고 얼마든지 변명할 수도 있었다. 왜냐하면, 요한이 헤롯의 범죄를 눈감아 주면서, 어떤 요구 조건들을 내건다고 하여도, 그것은 자신의 사적인 야심을 채우기 위해서 어떤 것을 요구하는 것은 전혀 없고, 오직 나라를 올바르게 다스리는 것과 관련된 그의 거룩한 조언들을 헤롯이 들어주는 조건만을 내걸게 되리라는 것은 의심의 여지가 없을 것이기 때문이었다. 그러나 요한은 자기가 진리대로 행하지 않는 대가로 헤롯의 호감을 얻어내는 그런 종류의 거래를 해서는 안 된다는 것을 알고 있었기 때문에, 자기가 호되게 책망하여야 마땅한 악을 자신의 아첨의 말이나 침묵으로 말미암아 도리어 장려하는 쪽을 택하느니 차라리 친구를 원수로 돌리는 쪽을 택하는 것이 옳다고 생각하였다.

세례 요한은 이런 식으로 자신의 모범을 통해서, 왕들의 호감을 사는 것이 공공의 이익에 아무리 큰 유익이 된다고 할지라도 왕들의 잘못을 눈감아 주는 대가로 그들의 호감을 사는 일이 있어서는 안 된다는 확고한 규범을 경건한 선생들을 위하여 정립해 놓았다. 반면에, 헤롯이라는 거울을 통해서, 성령께서는 하나님을 진심으로 섬기지 않는 자들은 그들의 악행이 어느 정도 용인되기만 한다면 일정 정도 하나님의 명령들을 순종하지만, 그들의 악행과 관련해서 좀 더 압박이 가해지면, 하나님을 섬기는 멍에를 벗어버리고, 완악함을 드러낼 뿐만 아니라, 광기(狂氣)에 사로잡혀서 발악을 하게 되는 일이 얼마나 비일비재하게 일어나는지를 보여주신다. 그러므로 일상적인 건전한 조언들을 해주면 수긍을 하며 잘 받아들이는 자들은 자신의 뜻과는 상관없이 하나님께 무조건적으로 순종하는 법을 배울 때까지는 자신의 신앙이 괜찮은 줄로 생각하여 만족해서는 결코 안 되는 이유가 여기에 있다.

마 14:6. 마침 헤롯의 생일이 되어. 복음서 기자들은 여기에서 이제 헤로디아가 오랫동안 별러 왔던 일, 즉 세례 요한의 목숨을 빼앗는 일을 어떤 술책을 써서 마침내 성공하게 되었는지를 들려주기 시작한다. 헤롯이 자신의 생일을 축하하기 위하여 해마다 배설한 연회가 그녀에게 기회를 가져다주었다. 왜냐하면, 이러한 성대한 연회를 치르게 되면, 거기에 사치와 교만, 고삐 풀린 무절제한 환락을 비롯해서 그 밖의 다른 많은 죄악들이 수반되지 않을 가능성은 거의 없기 때문이었다. 돈을 많이 들여서 성대한 연회를 배설하는 행위 자체가 잘못인 것은 아니지만, 사람의 마음이라는 것은 방탕(lascivia)으로 흐르기가 대단히 쉬운 성향을 지니고 있어서, 그럴 기회나 여지가 주어지기만 하면, 사람들은 신속하게 방탕의 길로 내달리게 된다. 해마다 생일을 축하하기 위하여 사람들이 함께 모여 즐거워하는 이 오래된 관습 자체가 잘못된 것이라고 할 수는 없다. 왜냐하면, 해마다 돌아오는 생일은 먼저 우리를 이 세상에 태어나게 해주시고 우리로 하여금 그 인자하심 가운데서 여러 해 동안 살게 해주신 하나님께 감사를 드리는 기회를 우리에게 주고, 다음으로는 하나님이 우리에게 허락하신 시간들을 우리가 얼마나 부적절하고 무익하게 흘려보냈는지를 우리로 하여금 생각하게 하는 기회를 주며, 끝으로 우리가 우리의 남은 인생을 하나님께 맡기고 그의 보호하심을 의지하여 살아가야 한다는 것을 다시 한 번 상기할 기회를 우리에게 주기 때문이다.

그러나 아무리 순수한 것이라고 해도, 세상은 그것을 그 자신의 악들로 반드시 더럽혀 놓고 마는 법이다. 거룩하게 지켜져야 마땅한 생일도 예외는 아니어서, 대다수의 사람들은 그들의 추악하고 더러운 행위들로 생일을 더럽히기 때문에, 그 어떤 연회도 악한 방종과 방탕으로부터 자유로울 수 없다. 처음에 사람들이 흥청대며 술을 마구 퍼마시다 보면, 다음으로 이내 더럽고 추잡한 대화가 오고가는 문이 열리게 되고, 마지막에는 결국 절제라는 것은 사라지고 만다. 이것이 저 거룩한 욥이 그의 아들들이 차례로 돌아가면서 자기 집에서 연회를 열어서 즐기고 나면 반드시 희생제사를 드리곤 하였던 이유였다(욥 1:5). 왜냐하면, 욥은 연회 자리에서 사람들이 서로서로 흥을 돋우다 보면 적정한 정도를 지키는 절제는 온데간데없이 사라지고 여러 가지 죄악들을 짓게 될 수밖에 없다고 생각하였기 때문이었다.

헤롯은 그의 생일 연회에 참석한 손님들을 한층 더 즐겁게 해주려고, 그의 부인의 딸이 연회석에서 춤을 추는 것을 허락하였다. 이것만 보아도, 우리는 헤롯의 궁정이 얼마나 풍기가 문란했는지를 짐작할 수 있다. 왜냐하면, 일반 사람들이야 연회 자리에서 얼마든지 춤을 춰도 괜찮았을 것이지만, 당시에 결혼적령기에 있는 처녀가 춤을 추는 것은 창녀나 할 수 있는 음탕하기 짝이 없는 부끄러운 일이었기 때문이다. 그러나 정숙하지 못했던 헤로디아는 그녀의 딸인 살로메도 자기 식으로 키워 왔기 때문에, 살로메는 부끄러움을 알지 못하였을 것이다. 결국 그 결과는 무엇이었는가? 살로메는 거룩한 선지자를 죽인 살인자가 되고 만 것이 아닌가? 헤롯은 술에 취해서 신중함과 분별력을 잃어버리고서, 춤을 추어 좌중을 기쁘게 한 소녀에게 "그의 나라의 절반까지라도 주리라"고 약속하고 말았다. 왕이 술에 취해서, 가문의 수치로 여겼어야 마땅한 광경을 태연하게 구경하였을 뿐만 아니라, 이렇게 터무니없는 상까지 약속한 것은 정말 얼마나 수치스럽고 부끄러운 본보기인가! 그러므로 이것을 통해서 우리는 마귀의 그러한 올무에 걸리지 않기 위해서는, 정신을 바짝 차리고서 마귀의 술수를 미리미리 잘 분별해서 거기에 대적해야 한다는 것을 배우게 된다.

막 6:24. 그가 나가서 그 어머니에게 말하되. 헤로디아가 세례 요한을 죽이는 일에 이토록 집착한 것은 결코 이상한 일이 아니다. 어떤 이들은 그녀가 복수심에 불타서 그런 집착을 갖게 된 것이라고 추측하지만, 그것은 근거 없는 추측일 뿐이고, 이 집착의 원인은 그녀의 속에서 활활 타오르며 그녀를 괴롭혔던 두려움, 즉 자기가 버림받을지도 모른다는 두려움 때문이었다. 왜냐하면, 간음을 행한 자들이 처음에는 몰랐다가 점차 역겨운 감정이 올라오게 되면, 그들의 음행에 대하여 부끄러움을 느끼게 되는 것이 보통이기 때문이다. 그래서 헤로디아는 만약 이 부정(不貞)한 혼인의 수치를 선지자의 피로 씻어 버릴 수만 있다면, 그러한 범죄가 헤롯을 이전보다 더 끈끈하게 그녀와 묶어 주는 계기가 될 수 있을 것이라고 생각하였다. 그러니까, 그녀는 자신의 장래의 기반을 탄탄하게 닦기 위해서, 그녀의 유일한 대적이라고 생각된 세례 요한을 없애 버리고자 전전긍긍한 것이었다. 이것을 통해서 우리는 악한 양심은 비참한 걱정과 염려 때문에 늘 괴로울 수밖에 없다는 것을 알게 된다. 세례 요한은 감옥에 갇혀 있었고, 저 오만방자하고 잔인한 여자는 아무도 요한을 만나게 하거나 가까이 하지 못하게 하라는 지시를 내려 두었을 것이지만, 이 선지자가 그녀의 눈앞에서 제거될 때까지는, 늘 염려와 두려움에 눌려서 그 마음이 편할 날이 없었을 것이다. 또한, 이 거룩한 자는 비록 감옥에 갇혀 있었지만, 그가 헤롯에게 들려주었던 음성은 왕의 아내의 마음을 아주 날카롭게 후벼 파며 큰 고통과 두려움을 안겨 주고 있었다는 사실은 하나님의 말씀이 지닌 능력이 어떤 것인지를 잘 보여주는 것이기도 하다.

막 6:26. 왕이 심히 근심하나. 앞에서 말했듯이, 헤롯의 마음은 이제 더 이상 종교적인 감정에 의해서 영향을 받지는 않았지만, 헤롯은 자기가 세례 요한을 죽였을 때에 백성들 사이에서 손가락질을 받고 악명을 얻으며 실제로 해(害)를 당하게 될지도 모른다는 두려움 때문에 자신의 경솔함을 후회했지만, 그렇다고 해서 약속을 지키지 않는 믿지 못할 자라는 말을 듣게 될 것이 겁이 나서, 저 춤을 춘 소녀의 요구를 거절할 용기도 없었다. 이것은 그가 저 흉악무도한 범죄를 저지르는 것보다 경솔하게 내뱉은 어리석은 약속을 철회하는 것을 더 불명예스러운 일로 여긴 것이나 다름없었다. 왕들에게 흔한 허영심 때문에, 헤롯은 자기가 경솔하게 내뱉은 말을 취소하는 쪽을 택하지 않고, 선지자를 즉시 죽이라는 명령을 내린다. 세례 요한이 마케루스(Macherus) 성채에 있던 감옥에 갇혀 있었다는 요세푸스의 말에 비추어 볼 때, 우리는 헤롯이 이때에 그 성채에서 연회를 즐기고 있었다는 것을 알게 된다.

막 6:26. 자기가 맹세한 것과 그 앉은 자들로 인하여. 우리는 복음서 기자들이

바로 이것이 헤롯이 "근심한" 이유라고 말하고 있다는 것을 주목하여야 한다. 이것
으로부터 우리는 헤롯이 백 번을 맹세했다고 할지라도, 만약 증인이 없었다면, 결
코 자신의 맹세를 지키지 않았으리라는 것을 알게 된다. 헤롯은 그 어떤 종교적인
이유나 양심 때문이 아니라 단지 사람들 가운데서 인정받고자 하는 자신의 야심
때문에 맹세를 지킨 것이었다. 왜냐하면, 그는 자기가 한 약속을 지키지 않았더라
도, 그것을 정직하지 않은 것으로 여기지 않았을 것이기 때문이다. 불경건한 자들
이 하나님을 생각하지 않았기 때문이 아니라, 사람들의 비난을 받지 않을 것이라
고 여겨서, 자신이 마땅히 행해야 할 일을 하지 않는 것은 흔한 일이다. 그러나 설
령 헤롯이 사람들로부터 받을 수치와 모욕에 대한 두려움 때문이 아니라, 오직 맹
세 자체의 신성함을 염두에 두었던 것이라고 해도, 그가 저 무모한 약속을 이행한
것은 자신의 맹세를 어겼을 때보다도 더 흉악무도한 죄를 범한 것이었다. 먼저, 그
가 너무 경솔하게 맹세를 한 것은 큰 잘못이었다. 왜냐하면, 맹세의 목적은 이행 여
부가 의심스러운 자신의 약속을 반드시 이행하겠다고 확증하는 데에 있기 때문이
다. 다음으로, 그가 중대한 범죄를 저지름이 없이는 자신의 약속을 이행할 수 없다
는 것이 드러났을 때, 그러한 악한 일을 하나님의 거룩하신 이름을 빌려서 행한다
는 것은 도저히 있을 수 없는 일이었다. 왜냐하면, 하나님의 이름을 빌려서 그러한
사악한 살인을 행하는 것보다 더 하나님의 본성에 어긋나는 일은 없을 것이기 때
문이다. 개인적인 손해가 문제가 된 경우라면, 경솔하게 맹세한 자는 자신의 어리
석음으로 인한 벌을 달게 받는 것이 마땅하다. 그러나 하나님의 이름을 망령되이
사용한 자가 그것을 또 다른 흉악한 죄를 범하는 구실로 사용한다면, 그는 신성모
독의 죄를 두 번 짓게 되는 것임을 알아야 한다. 이것으로부터 우리는 명백한 불경
(不敬)을 수반하는 수도(修道) 서원은 주술사들의 주문(呪文)만큼이나 양심을 구
속할 수 없다는 결론을 얻게 된다. 왜냐하면, 하나님의 거룩하신 이름이 범죄를 행
하는 것을 보증하는 데에 사용되는 것은 하나님의 뜻이 아니기 때문이다. 그러나
어쨌든 이 본문은 우리가 깊이 생각해 보지도 않고 약속을 하는 일이 없도록 조심
해야 한다는 것과, 경솔함으로 모자라서 완악함까지 거기에 더해지는 일이 있어서
는 안 된다는 것을 우리에게 가르쳐 준다.

막 6:28. 그 머리를 … 소녀에게 주니. 거룩한 자를 죽인 후에 그 머리를 희롱의
대상으로 삼은 것은 이 극악무도한 범죄를 한층 더 가중시키는 것이었다. 그러나
하나님은 마침내 자기 백성의 피가 "그가 보시기에 귀중하다"(시 116:15)는 것을

명백하게 나타내실 때까지는, 이런 식으로 종종 자기 백성을 악한 자들의 교만에 내어 주신다. 헤로디아는 자신의 악한 목적을 결국 이루어내고 말았다는 생각에 몹시 기뻐하며, 그녀를 책망했던 자를 비웃으며 잔인하게 의기양양해하였지만, 나중에 왕후라는 직함을 박탈당한 것은 물론이고, 자신의 재물을 다 빼앗기고 돈 한 푼 없이 고국에서 쫓겨나 먼 곳으로 유배 가서, 가난과 고독 속에서 비참한 삶을 죽지 못해 살아가야 했을 때, 그녀는 천사들과 모든 선한 자들에게 볼 만한 구경거리를 선사하게 될 것이었다. 여기에서 연회에 참석한 손님들은 어쩔 수 없이 이 가증스러운 광경을 봄으로써 그들의 눈을 더럽힐 수밖에 없었다는 것을 생각하면, 이것으로부터 우리는 왕들의 식탁에 앉는 자들은 흔히 많은 범죄에 연루될 수밖에 없다는 것을 알게 된다. 왜냐하면, 그 식탁이 살인에 의해서 더럽혀지지 않았다고 할지라도, 온갖 종류의 악으로 점철되어 있어서, 그 자리에 가까이 있는 자들은 적어도 그런 것들에 물들 수밖에 없기 때문이다.

막 6:29. 요한의 제자들이 … 와서. 이 여자의 악랄함은 저 거룩한 자의 시신을 매장하지 않고 그냥 방치해 둔 행위에서 극에 달하였다. 왜냐하면, "요한의 제자들"은 이 폭군의 측근들이 아무렇게나 내버린 요한의 시체를 가져다가 장사를 지냈을 가능성이 높기 때문이다. 장례(葬禮)는 죽은 자에게는 전혀 중요한 일이 아니지만, 우리가 최후의 부활의 징표(徵標)로서 죽은 자의 장례를 치러 주는 것은 하나님의 뜻이다. 그러므로 하나님은 요한의 제자들이 그들의 스승에 관한 소식을 듣고서 그 시신을 찾아와서 정성스럽게 무덤에 잘 안치해 드린 것을 기뻐하셨다. 게다가, 요한의 제자들의 이러한 행위는 그들의 경건을 증명해 주는 것이었다. 왜냐하면, 그들의 그러한 행위를 통해서, 그들은 그들의 스승의 가르침이 그가 죽은 후에도 그들의 마음속에 살아서 꽃을 피우고 있다는 것을 확실하게 선언한 것이기 때문이다. 그러므로 요한의 제자들이 행동으로 보여준 이러한 고백은 그 일이 위험이 따르는 일이었다는 것을 고려할 때에 더욱더 칭찬을 들을 만한 일이었다. 왜냐하면, 그들은 저 폭군의 분노가 그들에게 쏟아지는 것을 감수하겠다는 각오 없이는 사형집행인에 의해서 죽임을 당한 요한의 시신을 예를 갖추어 장사지내고자 할 수 없었을 것이기 때문이다.

[13]예수께서 들으시고 배를 타고 떠나사 따로 빈 들에 가시니 무리가 듣고 여러 고을로부터 걸어서 따라간지라 [14]예수께서 나오사 큰 무리를 보시고 불쌍히 여기사 그

중에 있는 병자를 고쳐 주시니라 [15]저녁이 되매 제자들이 나아와 이르되 이 곳은 빈 들이요 때도 이미 저물었으니 무리를 보내어 마을에 들어가 먹을 것을 사 먹게 하소서 [16]예수께서 이르시되 갈 것 없다 너희가 먹을 것을 주라 [17]제자들이 이르되 여기 우리에게 있는 것은 떡 다섯 개와 물고기 두 마리뿐이니이다 [18]이르시되 그것을 내게 가져오라 하시고 [19]무리를 명하여 잔디 위에 앉히시고 떡 다섯 개와 물고기 두 마리를 가지사 하늘을 우러러 축사하시고 떡을 떼어 제자들에게 주시매 제자들이 무리에게 주니 [20]다 배불리 먹고 남은 조각을 열두 바구니에 차게 거두었으며 [21]먹은 사람은 여자와 어린이 외에 오천 명이나 되었더라(마 14:13-21).

[30]사도들이 예수께 모여 자기들이 행한 것과 가르친 것을 낱낱이 고하니 [31]이르시되 너희는 따로 한적한 곳에 가서 잠깐 쉬어라 하시니 이는 오고 가는 사람이 많아 음식 먹을 겨를도 없음이라 [32]이에 배를 타고 따로 한적한 곳에 갈새 [33]그들이 가는 것을 보고 많은 사람이 그들인 줄 안지라 모든 고을로부터 도보로 그 곳에 달려와 그들보다 먼저 갔더라 [34]예수께서 나오사 큰 무리를 보시고 그 목자 없는 양 같음으로 인하여 불쌍히 여기사 이에 여러 가지로 가르치시더라 [35]때가 저물어가매 제자들이 예수께 나아와 여짜오되 이 곳은 빈 들이요 날도 저물어가니 [36]무리를 보내어 두루 촌과 마을로 가서 무엇을 사 먹게 하옵소서 [37]대답하여 이르시되 너희가 먹을 것을 주라 하시니 여짜오되 우리가 가서 이백 데나리온의 떡을 사다 먹이리이까 [38]이르시되 너희에게 떡 몇 개나 있는지 가서 보라 하시니 알아보고 이르되 떡 다섯 개와 물고기 두 마리가 있더이다 하거늘 [39]제자들에게 명하사 그 모든 사람으로 떼를 지어 푸른 잔디 위에 앉게 하시니 [40]떼로 백 명씩 또는 오십 명씩 앉은지라 [41]예수께서 떡 다섯 개와 물고기 두 마리를 가지사 하늘을 우러러 축사하시고 떡을 떼어 제자들에게 주어 사람들에게 나누어 주게 하시고 또 물고기 두 마리도 모든 사람에게 나누시매 [42]다 배불리 먹고 [43]남은 떡 조각과 물고기를 열두 바구니에 차게 거두었으며 [44]떡을 먹은 남자는 오천 명이었더라(막 6:30-44).

[10]사도들이 돌아와 자기들이 행한 모든 것을 예수께 여쭈니 데리시고 따로 벳새다라는 고을로 떠나 가셨으나 [11]무리가 알고 따라왔거늘 예수께서 그들을 영접하사 하나님 나라의 일을 이야기하시며 병 고칠 자들은 고치시더라 [12]날이 저물어 가매 열두 사도가 나아와 여짜오되 무리를 보내어 두루 마을과 촌으로 가서 유하며 먹

을 것을 얻게 하소서 우리가 있는 여기는 빈 들이니이다 [13]예수께서 이르시되 너희
가 먹을 것을 주라 하시니 여짜오되 우리에게 떡 다섯 개와 물고기 두 마리밖에 없
으니 이 모든 사람을 위하여 먹을 것을 사지 아니하고서는 할 수 없사옵나이다 하
니 [14]이는 남자가 한 오천 명 됨이러라 제자들에게 이르시되 떼를 지어 한 오십 명
씩 앉히라 하시니 [15]제자들이 이렇게 하여 다 앉힌 후 [16]예수께서 떡 다섯 개와 물고
기 두 마리를 가지사 하늘을 우러러 축사하시고 떼어 제자들에게 주어 무리에게
나누어 주게 하시니 [17]먹고 다 배불렀더라 그 남은 조각을 열두 바구니에 거두니라
(눅 9:10-17).

마 14:13. 예수께서 들으시고. 요한은 여기에 나오는 것과 동일한 이야기를 전
해 주지만, 예수께서 무슨 목적으로 호수 맞은편으로 건너가신 것인지에 대해서는
언급하지 않는다(요 6:5). 마가 본문과 누가 본문은 마태 본문과 약간 다르다. 왜냐
하면, 그들은 예수께서 호수 맞은편으로 건너가시게 된 동기가 전도 여행에서 돌
아온 그의 제자들에게 쉴 수 있는 시간을 주시기 위한 것이었다고 말하기 때문이
다. 그러나 이 두 종류의 설명 속에는 서로 모순되는 것이 없다. 왜냐하면, 예수께
서는 원래 그의 제자들을 장차 그들이 담당해야 할 더 큰 일들을 위해서 좀 더 여유
를 가지고 훈련시키실 목적으로 그들과 함께 한적한 곳으로 물러가 있고자 하셨던
것인데, 세례 요한의 죽음이라는 예기치 않은 추가적인 요인이 거기에 더해진 것
일 가능성이 높기 때문이다. 예수의 제자들은 아직 연약한 상태에 있었기 때문에,
저 위대한 선지자 요한의 슬픈 최후에 관한 소식을 접하고서, 장차 그들에게는 어
떤 운명이 기다리고 있을 것인지를 생각하며 두려워하였을 것이다. 앞에서 이미
말했듯이, 세례 요한이 투옥되자, 그리스도께서는 잠시 헤롯의 광분(狂奔)을 피하
기 위해서 헤롯의 관할지역에서 물러나셨다. 따라서 여기에서도 그리스도께서는
두려움에 떠는 그의 제자들을 이 불길로부터 멀리 있게 하시기 위하여 그들과 함
께 "빈 들"로 물러나셨을 것이다.

사도들이 첫 번째 전도 여행을 한 기간이 얼마 동안이었는지는 우리가 알 수 없
다. 왜냐하면, 앞에서도 말했듯이, 복음서 기자들은 시간적인 순서나 연대기에 별
신경을 쓰지 않았거나, 그런 것들을 정확하게 다루고자 하지 않았기 때문이다. 나
는 그리스도께서 그의 나라를 전하도록 그의 제자들을 파송하신 것은 단 한 번에
그친 것이 아니라, 기회가 있을 때마다 그들은 동일한 지역들을 반복해서 방문해

서 전도하다가, 어느 정도 시간이 흐른 후에 다른 지역들로 옮겨가서 또 전도하였
을 가능성이 아주 높다고 생각한다. 또한, 나는 "사도들이 예수께 모여"(막 6:30)라
는 말씀을 그들이 전도 여행을 다닌 후에는 이전처럼 늘 그리스도를 수행하였다는
의미로 이해한다. 이것은 복음서 기자들이 마치 제자들이 그들의 스승의 곁을 떠
나지 않고, 각자가 가르치는 사역을 통상적으로 행하다가, 잠시 그들의 스승의 곁
을 떠나 전도 여행을 다녀오고 나서, 더 많은 것을 배우기 위해서 학교로 다시 돌아
온 것이라는 듯이 말한 것이나 다름없다.

마 14:13. 무리가 … 따라간지라. 그리스도께서는 모든 일을 미리 아셨기 때문
에 장차 무슨 일이 일어날지를 결코 모르지 않으셨지만, 그의 제자들로 하여금 그
가 그들을 돌보고 보살피고 있다는 것을 실감할 수 있도록 하시기 위하여, 인간적
인 차원에서도 그들을 배려해 주고자 하셨다. 큰 무리가 모여들었다는 것은 그리
스도의 명성이 사방으로 널리 퍼져 있었음을 보여준다. 이것은 유대인들이 그들에
게 제시된 구원을 그들 자신의 무관심과 부주의로 말미암아 놓친 것임을 증명해
주는 것이기 때문에, 그들에게는 더 이상 변명의 여지가 남아 있지 않게 되었다. 왜
냐하면, 요한이 전해 주는 것(6:66; 12:37)을 보면, 그리스도를 따르겠다는 갑작스
러운 열심으로 불타오른 이 "큰 무리" 가운데서도 그리스도의 가르침을 진심으로
확고하게 따른 자들은 오직 소수에 불과하였다는 것이 분명히 드러나기 때문이다.

마 14:14. 예수께서 … 불쌍히 여기사. 다른 두 복음서 기자, 특히 마가는 이 "불
쌍히 여기시는" 마음(συμπάθεια-쉼파데이아)이 그리스도에게서 일어난 이유를 좀
더 분명하게 말해 주는데, 그것은 주린 심령들이 가르침을 간절히 사모하여 각자
의 집을 떠나 "빈 들"로 나오게 된 것을 보셨기 때문이었다. 이렇게 참된 가르침이
희귀하였다는 것은 혼돈이 얼마나 심하였는지를 보여주는 것이었다. 그래서 마가
는 "예수께서 큰 무리를 보시고 그 목자 없는 양 같음으로 인하여 불쌍히 여기셨
다"고 말하는데, 이것은 그리스도께서 신성(神性)을 지닌 자로서 그들 모두가 그의
"양"인 것을 아셨다는 것이 아니라, 사람의 입장에서 그들의 현재의 상태가 어떠한
지를 판단하신 것이었다. 그리스도께서 의도적으로 그들을 피하여 몸을 숨기고자
하셨는데도, 그들이 각자의 집을 떠나서 하나님의 선지자에게로 무리를 지어 몰려
온 것은 그들에게 상당한 신앙이 있었음을 보여주는 것이었다. 또한, 우리가 주목
해야 할 것은 그리스도께서 자신에게 맡겨진 직분을 다시 상기하셨다는 것이다.
왜냐하면, 그리스도께서는 하나님으로부터 백성들의 선생으로서의 직분을 수행하

도록 명령을 받으신 까닭에, 그들이 스스로 그를 떠나갈 때까지는, 모든 유대인들을 잠정적으로 하나님의 양 무리와 교회에 속한 자들로 여기시는 것이 마땅하였기 때문이다. 그리스도께서는 그들을 "불쌍히 여기시는" 마음이 아주 강하셨기 때문에, 그동안 쉬지 않고 사역을 하시느라, 그의 제자들과 마찬가지로 몹시 피곤하고 거의 탈진 상태가 되셨는데도 불구하고, 그들을 위하여 몸을 아끼지 않으셨다. 원래 그리스도께서는 그의 제자들을 배려해서만이 아니라 스스로를 위해서도 어느 정도 재충전의 시간을 갖고자 하셨던 것이지만, 자기에게 주어진 본분을 따라 새롭게 수고해야 할 일이 생기자, 기꺼이 사적인 고려는 제쳐두시고, 무리들을 가르치시는 일에 헌신하셨다. 지금은 그리스도께서 이 땅에 계셨을 때에 유한한 인간으로서 그가 느끼셨던 감정들을 다시는 느끼실 수 없으시겠지만, 그들이 그들의 곤경에서 그들을 구해 주시라고 기도하기만 한다면, 그가 이 "목자 없는" 가엾은 "양" 같은 그들을 하늘에서 굽어보시고 그 기도를 들으시리라는 것은 의심의 여지가 없다. 마가는 "예수께서" 그들을 "여러 가지로(원문에서는 '많은 것들을') 가르치셨다"고 말한다. 즉, 그리스도께서는 그들로 하여금 영원토록 있는 열매를 거둘 수 있도록 하시기 위하여 말씀을 전하시는 데에 많은 시간을 사용하셨다는 것이다. 누가는 "예수께서" 그들에게 "하나님 나라의 일을 이야기하셨다"고 말하는데, 이것도 동일한 의미이다. 마태는 오직 그리스도께서 베푸신 이적들에 대해서만 언급하는데, 이것은 이적들이 그리스도의 명성을 확고히 하는 데에 아주 중요하였기 때문이었다. 그러나 그리스도께서 이적들보다 더 중요한 가르침을 그들에게 전하시지 않으셨을 리가 없었을 것이라고 보는 것이 자연스럽다.

마 14:15. 저녁이 되매. 이렇게 해서 제자들이 바라던 휴식은 이제 물 건너가 버리게 되었다. 왜냐하면, 그리스도께서 다시 가르치시는 일에 몰두하고 계시고, 무리들은 그 가르침을 받기 위해서 열심히 듣고 있는 상황에서, 그들은 한적한 곳으로 물러가서 쉬는 것을 엄두조차 낼 수 없었기 때문이다. 그래서 제자들은 그리스도께 "무리를 보내어 마을에 들어가 먹을 것을 사 먹게 하는" 것이 어떻겠냐고 제안한다. 하지만 그리스도께서는 그가 베풀고자 하신 오병이어의 이적을 실제로 베푸실 "시기(時機)"를 의도적으로 늦추셨는데, 이것은 먼저 그의 제자들로 하여금 이러한 상황 전체를 시간을 두고서 좀 더 깊이 있게 살펴봄으로써, 이 이적으로부터 더 큰 유익을 얻게 하시기 위한 것이었고, 다음으로는 그들이 이 이적이 언제 베풀어지는지를 보고서, 그리스도께서 자기 백성의 필요들을 미리 해결해 주시거나 즉시 해결해 주지 않으실지라도, 사실은 그들을 돌보시는 일을 결코 그치시는 일이 없으시고, 꼭 필요한 때에는 그의 도우심이 늘 옆에 준비되어 있다는 것을 그들로 확신하게 하시기 위한 것이었다.

마 14:16. 너희가 먹을 것을 주라. 나는 이 이적에 대한 자세한 주석을 요한복음 6장을 다룰 때에 이미 한 바 있어서, 여기에서 또다시 거기에서 내가 말한 것을 반복함으로써 독자들을 괴롭게 할 마음이 없기 때문에, 독자들은 그 주석을 참조하기 바란다. 그러나 나는 이 이적에 대한 설명을 완전히 건너뛰기보다는, 이미 내가 설명했던 내용을 여기에서 짤막하게 요약해서 제시하고자 한다. 그리스도께서는 이제까지 심령을 먹이는 일에 온 힘을 쏟으셨지만, 이제 여기에서는 목자로서 그가 마땅히 해야 할 일들 속에 그들의 육신을 돌보는 일을 포함시키신다. 이런 식으로 그리스도께서는 그가 앞서 하신 말씀, 즉 "너희는 먼저 그의 나라와 그의 의를 구하라 그리하면 이 모든 것을 너희에게 더하시리라"(마 6:33)는 말씀을 확증하신다. 우리는 그리스도께서 늘 이런 식으로 굶주리고 목마른 자들에게 먹을 것과 마실 것을 공급해 주실 것이라고 기대해서는 안 되지만, 그가 자기 백성이 생존에 필요한 것들이 없어서 고통당하는 것을 그냥 내버려 두지 않으시고, 그들을 곤경에서 구해내는 데에 꼭 필요할 때마다 하늘로부터 그의 손을 내미시리라는 것은 확실하다. 그리스도께서 그들에게 먹을 것을 공급해 주시는 자가 되어 주시기를 바라는 자들은 먼저 좋은 음식을 바라지 말고 보리떡으로 만족하는 법을 배워야 한다.

그리스도께서는 무리가 "백 명씩 또는 오십 명씩 떼를 지어 앉게" 하라고 명하셨는데, 이것은 첫째로는 무리를 "떼로" 앉게 함으로써 이 이적이 더욱 분명하게 드러나게 하시기 위한 것이었고, 둘째로는 사람들의 수(數)가 더 쉽게 확인되게 하시고, 그들이 서로를 보면서 하늘로부터 온 이 은혜를 차례로 증언할 수 있게 하시기 위한 것이었으며, 셋째로는 그리스도께서 그의 제자들이 걱정하는 것을 아시고, 그들에게 얼핏 보면 황당하게 보일 수 있는 지시를 내리심으로써, 그들이 순종하는지를 시험하시기 위한 것이었다. 왜냐하면, 먹을 것이 준비되어 있지 않은 상황에서, 그리스도께서 마치 잔치를 베푸시려는 듯이 사람들을 "떼로" 앉히라고 명하신 것은 실제로 제자들에게 얼마든지 이상해 보일 수 있었기 때문이다. 그리스도께서 그 다음에 하신 일, 즉 "떡을 떼어 제자들에게 주셔서," 그들의 손에서 떡이 기이하게 늘어나게 하시고, 그들을 그리스도의 신적인 능력을 무리에게 나누어 주는 사역자들이 되게 하신 것도 동일한 목적에서였다. 즉, 그리스도께서는 그의 제자들을 단순한 목격자들이 되게 하시는 것으로는 만족하지 못하시겠다는 듯이, 그들로 하여금 그의 능력을 직접 손으로 만져서 느끼게 하고자 하셨다. 부데(Bude)의 계산에 의하면, "이백 데나리온"은 프랑스의 옛 화폐로 대략 34리브르에 해당하기 때문에, 제자들은 무리가 시장기를 없앨 정도로만 조금씩 요기를 한다고 가정해서, 한 사람당 소량의 돈이 들 것이라고 계산하였다. 그들이 이렇게 무리에게 먹을 것을 조금씩만 나누어 주려고 해도 많은 돈이 들 것이라고 계산했다는 것을 감안할 때, 그들이 그리스도께서 모든 것을 알아서 하시라는 마음으로 그의 명령을 그저 수동적으로 따른 것은 순종이라고 할 수 없기 때문에, 그들은 칭찬을 받을 자격이 전혀 없다.

마 14:19. 축사하시고. 이 구절에서 "축사하셨다"는 것은 다른 구절들에서와 마찬가지로 "감사하셨다"는 것을 의미한다. 여기에서 그리스도께서는 그의 모범을 통해서, 하나님께 감사를 표하지 않는다면, 우리가 하나님으로부터 받은 양식을 거룩함과 순전함 가운데서 먹을 수 없다는 것을 우리에게 가르치신다. 그래서 바울은 하나님이 우리에게 주신 온갖 음식은 "하나님의 말씀과 기도로 거룩하여지는"(딤전 4:5) 것임을 우리에게 말해 준다. 이것은 하나님이 주신 복을 믿음으로 인정하거나 감사하지 않는 짐승 같은 자들은 원래는 깨끗한 모든 것을 그들의 더러운 불신앙으로 더럽히고 부패시킴과 동시에, 불신자들에게는 깨끗한 것이 아무것도 없기 때문에, 그들이 삼키는 음식으로 인해서 그들 자신도 부패하고 더럽혀진다는 것을 의미한다. 그러므로 그리스도께서는 자기 사람들이 불경스러운 신성모독으로 말미암아 그들 자신과 하나님이 주신 것들을 더럽히지 않도록 하시기 위하여, 어떤 절차를 거쳐서 음식을 먹는 것이 합당한지를 여기에서 보여주셨다.

마 14:19. 하늘을 우러러. 이 구절은 그리스도께서 진심으로 간절하게 기도하셨다는 것을 보여주는 것이다. 그가 이렇게 하신 것은 우리가 기도할 때마다 늘 이런 몸짓을 하여야 한다는 것을 가르치시기 위한 것이라기보다는, 하나님의 아들로서 우리 인간의 연약함을 고려하셔서 외적인 형식을 무시하고자 하지 않으셨기 때문이다. 또한, 내가 한 가지 덧붙여서 하고 싶은 말은 눈을 들어서 "하늘을 우러러" 보는 몸짓은 그 마음이 이 땅에 고착되어 있는 우리를 나태함과 무기력함에서 끌어올려서 떨쳐 일어나게 하는 데에 적합하다는 것이다.

마 14:20. 남은 조각을 … 거두었으며. 아주 많은 사람들이 배부르게 먹고 난 후에 "남은 조각"은 처음에 그들의 수중에 있던 것보다 "열두" 배도 넘는 양이었고, 이것은 이 이적이 얼마나 경이로운 것이었는지를 보여주는 데에 적지 않은 기여를 하였다. 왜냐하면, 이런 식으로 해서, 그리스도의 능력은 당장에 있어야 할 음식을 무(無)에서 만들어 낼 수 있을 뿐만 아니라, 필요한 경우에는 나중에 쓸 것을 미리 만들어 낼 수도 있다는 것을 모두가 알게 되었기 때문이다. 또한, 그리스도께서는 이 이적을 행하신 후에, 강력한 증거를 남겨 두심으로써, 사람들이 일단 음식을 먹고 힘을 차리고 나서, 이 이적을 천천히 생각해 볼 수 있게 하고자 하셨다.

　그리스도께서는 날마다 우리의 양식이 저절로 늘어나게 하시는 것이 아니고, 사람들이 그들의 손으로 수고하거나 밭을 갈지 않아도 그들을 매일 먹이시는 것은 아니지만, 이 이야기가 주는 유익은 우리에게도 미친다. 우리에게 충분한 양식이 있도록 하시기 위하여, 뿌려진 씨앗이 알곡이 될 때에 그 양이 수십 배로 늘어나게 하시는 것이 하나님으로부터 오는 복이라는 것을 우리가 알지 못한다면, 그것은 전적으로 우리 자신의 나태함(socordia)과 배은망덕함 때문이다. 만약 우리가 육신과 마음의 눈을 둘 다 멀게 하여 하나님의 분명한 역사(役事)를 보지 못하게 하는 저 부패함과 타락함으로 인한 방해를 받지 않는다면, 우리가 해마다 곡식을 거두어 들여서 먹고 살 뿐만 아니라, 이듬해에 뿌릴 씨앗도 남길 수 있는 것은 오로지 곡식을 수십 배로 늘어나게 하시는 하나님의 역사(役事) 덕분이라는 것을 아는 것은 우리에게 쉬운 일이 될 것이다. 그리스도께서는 "아버지께서 만물을 그의 손에 맡기셨기" 때문에, 우리가 먹는 양식도 그의 은혜로부터 나온다는 것을 분명하게 보여주고자 하셨다.

[22]예수께서 즉시 제자들을 재촉하사 자기가 무리를 보내는 동안에 배를 타고 앞서 건너편으로 가게 하시고 [23]무리를 보내신 후에 기도하러 따로 산에 올라가시니라 저물매 거기 혼자 계시더니 [24]배가 이미 육지에서 수 리나 떠나서 바람이 거스르므로 물결로 말미암아 고난을 당하더라 [25]밤 사경에 예수께서 바다 위로 걸어서 제자들에게 오시니 [26]제자들이 그가 바다 위로 걸어오심을 보고 놀라 유령이라 하며 무서워하여 소리 지르거늘 [27]예수께서 즉시 이르시되 안심하라 나니 두려워하지 말라 [28]베드로가 대답하여 이르되 주여 만일 주님이시거든 나를 명하사 물 위로 오라 하소서 하니 [29]오라 하시니 베드로가 배에서 내려 물 위로 걸어서 예수께로 가되 [30]바람을 보고 무서워 빠져 가는지라 소리 질러 이르되 주여 나를 구원하소서 하니 [31]예수께서 즉시 손을 내밀어 그를 붙잡으시며 이르시되 믿음이 작은 자여 왜 의심하

엱느냐 하시고 ³²배에 함께 오르매 바람이 그치는지라 ³³배에 있는 사람들이 예수께 절하며 이르되 진실로 하나님의 아들이로소이다 하더라(마 14:22-33).

⁴⁵예수께서 즉시 제자들을 재촉하사 자기가 무리를 보내는 동안에 배 타고 앞서 건너편 벳새다로 가게 하시고 ⁴⁶무리를 작별하신 후에 기도하러 산으로 가시니라 ⁴⁷저물매 배는 바다 가운데 있고 예수께서는 홀로 뭍에 계시다가 ⁴⁸바람이 거스르므로 제자들이 힘겹게 노 젓는 것을 보시고 밤 사경쯤에 바다 위로 걸어서 그들에게 오사 지나가려고 하시매 ⁴⁹제자들이 그가 바다 위로 걸어 오심을 보고 유령인가 하여 소리 지르니 ⁵⁰그들이 다 예수를 보고 놀람이라 이에 예수께서 곧 그들에게 말씀하여 이르시되 안심하라 내니 두려워하지 말라 하시고 ⁵¹배에 올라 그들에게 가시니 바람이 그치는지라 제자들이 마음에 심히 놀라니 ⁵²이는 그들이 그 떡 떼시던 일을 깨닫지 못하고 도리어 그 마음이 둔하여졌음이러라(막 6:45-52).

마 14:22. 예수께서 즉시 제자들을 재촉하사. 제자들은 자발적으로는 결코 그리스도를 떠나서 "건너편으로" 가고자 하지 않았을 것이기 때문에, 그리스도께서는 그들을 "재촉하실" 수밖에 없으셨다. 그들이 그들의 생각과 달랐던 그리스도의 명령을 순종하여 행하였다는 사실은 그들에게 그리스도를 공경하는 마음이 있었다는 것을 증명해 주는 것이다. 사실, 날이 저물어서 밤이 다가오는데, 그리스도께서 "빈 들에 혼자" 머무시겠다고 하시는 것은 황당해 보일 수밖에 없었다. 따라서 그들이 그리스도의 명령이 합당하지 않다는 것을 증명하기 위하여 제기할 수 있었던 온갖 근거들보다도 하늘로부터 오신 그들의 선생의 권위에 더 큰 무게를 두었기 때문에 그 명령에 순종하는 것이 가능하였다는 것을 고려하면, 그들의 순종은 한층 더 칭찬을 받을 만하다. 사실, 우리의 감정이 어떠하든지 간에, 하나님이 명하신 것들을 무엇이든지 다 순순히 따르지 않는다면, 우리는 하나님께 진정으로 그리고 온전히 순종하는 것이 아니다. 하나님이 하시는 모든 일에는 언제나 그렇게 하시는 최고의 이유가 존재하지만, 하나님은 우리에게 스스로 지혜 있는 체하지 말고, 전적으로 그의 뜻을 의지하여야 한다는 것을 가르치시기 위하여, 그 이유를 한동안 우리에게 감추시는 경우가 흔하다. 이렇게 그리스도께서는 그의 제자들을 내가 앞에서 말한 순종의 법을 배우는 훈련을 시키시기 위하여, 먼저 건너편으로 가게 하셨다. 물론, 그리스도께서 곧 그가 베푸시게 될 이적을 준비하시고자 하신 의도가 있으셨다는 것은 말할 필요도 없다.

마 14:23. 따로 산에 올라가시니라. 하나님의 아들은 폭풍이 곧 몰려올 것을 잘 알고 계셨기 때문에, 그의 제자들의 안전을 위한 기도도 그의 기도 속에 포함시키시는 것을 잊지 않으셨을 것이다. 여기서 우리는 그리스도께서 이렇게 기도하시지 마시고, 차라리 그 위험을 미리 차단하셨더라면 더 좋지 않았겠나 하는 의구심을 갖게 될 수도 있겠지만, 그리스도께서는 중보자로서의 그의 직임의 모든 부분들을 수행하시기 위해서, 기회가 되는 대로 자기가 하나님이자 사람이라는 것을 보여주셨고, 이 두 본성의 증거들도 보여주셨다. 그리스도께서는 모든 것을 그의 뜻대로 하실 수 있으셨지만, 이렇게 기도하심으로써 자기가 사람이라는 것을 보여주셨다. 이것은 그리스도께서 그저 가식적으로 기도하시는 체하신 것이 아니라, 우리를 향한 진실하고 인간적인 사랑을 나타내신 것이었다. 이렇게 기도하실 때에는 그리스도께서 지니신 신적 위엄은 잠시 감춰져 있었지만, 이제 곧 때가 되면 드러나게 될 것이었다.

그리스도께서 "산에 올라가신" 것은 온갖 소음으로부터 떠나서 좀 더 여유를 가지고 기도하시기 위한 것이었다. 우리는 아주 작은 방해에 의해서도 정신이 산만해져서 기도의 열정이 사라져 버리거나, 적어도 냉랭해져 버리기가 얼마나 쉬운지를 안다. 물론, 그리스도께서는 그런 식으로 기도를 망치게 될 위험성이 전혀 없으셨지만, 우리가 모든 방법과 수단을 동원해서, 세상의 온갖 올무들로부터 우리의 마음을 자유롭게 하여, 오직 하늘만을 바라보는 데에 온 힘을 기울여야 한다는 것을 그의 모범을 통해서 우리에게 교훈을 주고자 하셨다. 이 점과 관련해서, "혼자" 기도하는 것은 아주 중요하다. 왜냐하면, 하나님만을 유일한 증인으로 삼고 기도하는 자들은 좀 더 정신을 바짝 차리고서 그들의 마음을 하나님 앞에 쏟아 놓음과 아울러서 자기 자신을 더 잘 살필 수 있게 되어서, 오직 하나님만을 상대로 하여 자기 자신을 뛰어넘기가 쉽게 되기 때문이다. 그러나 우리가 주목해야 할 것은 그리스도께서는 여기에서 우리가 반드시 한적한 곳으로 혼자 물러가서 기도해야 한다는 고정된 규범을 제시하신 것은 아니라는 것이다. 왜냐하면, 바울은 우리에게 "각처에서 거룩한 손을 들어 기도할"(딤전 2:8) 것을 명하고 있고, 그리스도께서도 종종 다른 사람들 앞에서 기도하셨을 뿐만 아니라, 그의 제자들에게 함께 모여서 공동 기도를 드리도록 가르치시기까지 하셨기 때문이다. 그러나 "각처에서," 즉 모든 곳에서 기도하는 것이 허용되었다고 해서, 우리는 때를 따라 혼자 은밀하게 드리는 기도를 소홀히 해서는 안 된다.

마 14:24. 배가 이미 육지에서 수 리나 떠나서. 독자들은 이 이야기에 대한 나의 주석을 요한복음 6장을 다루는 부분에서 찾을 수 있을 것이기 때문에, 나는 여기에서는 간략하게 다루고자 한다. 그리스도께서 그의 제자들이 한동안 "거스르는 바람," 즉 폭풍으로 말미암아 배가 이리저리 요동치는 위험한 상황을 당하도록 내버려 두신 것은 그들로 하여금 그가 그들에게 가져다줄 도우심을 더욱 간절하게 바라는 마음을 갖게 하시기 위한 것이었다. 왜냐하면, "거스르는 바람"은 대략 자정이나 그 직전에 일어났고, 그리스도께서는 "밤 사경," 즉 해가 뜨기 세 시간 전에야 그 모습을 나타내셨기 때문이다. 따라서 그들의 믿음이 두려움으로 인해서 심하게 요동쳤기 때문에 찾아온 피로는 그들의 팔로 노를 저었기 때문에 찾아온 피로보다 더 심하면 심하였지 결코 덜하지 않았다. 그런데 그들이 그들의 절박한 필요로 인해서 주님이 오셔서 도와주시기를 간절하게 바랐으리라는 것을 생각하면, 정작 주님이 나타나셨을 때에, 그들이 마치 "유령"이라도 본 듯이 놀라고 무서워하였다는 것은 그들의 극심한 우둔함을 보여주는 것이었다.

그런 까닭에, 마가는 "그들이 그 떡 떼시던 일을 깨닫지 못하고 도리어 그 마음이 둔하여졌음이러라"(6:52)고 그 이유를 우리에게 설명해 준다. 왜냐하면, 그 이적은 그리스도께서 그를 따르는 자들을 도우실 수 있는 신적인 능력을 지니고 계시다는 것과 필요할 때마다 그가 그들을 돌보시고 도우시리라는 것을 그들에게 너무나 생생하고 철저하게 가르쳐 준 사건이었기 때문이다. 그들은 바로 전날에 하늘의 능력에 대한 놀라운 증거를 직접 두 눈으로 보았기 때문에, 당연히 그 기억이 그들의 뇌리에 생생히 남아 있어야 했는데도, 그 하늘의 능력을 즉시 떠올리지 못한 까닭에, 그들이 지금 우둔하다는 책망을 들어도, 그것은 마땅한 일이었다. 그들이 주님이 나타나신 것을 보고서 유령인 줄 알고 깜짝 놀란 것은 그들이 "깨닫는 것이 둔하였기" 때문이고, 그것은 책망받아 마땅한 일이었다는 것은 의심의 여지가 없다. 왜냐하면, 그들은 마땅히 이전의 이적들을 통해서 교훈을 받고 유익을 얻었어야 하는데도, 그렇게 하지 못하였기 때문이다. 그러나 그들이 받은 주된 책망은 "마음이 눈멀어 있었다"는 것이었다. 즉, 그들은 바로 어제 오병이어의 이적을 통해서 그들의 눈으로 직접 너무나 생생하게 본 주님의 능력을 금세 망각해 버림으로써, 아니 밝은 거울 같은 그 이적을 통해 드러난 그리스도의 신성(神性)을 그들의 마음 속에 깊이 담아두지 못함으로써, 그들의 마음이 눈멀어 있었다는 것이다.

마가가 한 말 속에는 두 가지가 표현되어 있는데, 첫 번째는 그들이 오병이어의 이적을 통해서 드러난 그리스도의 영광을 제대로 깨닫지 못하였다는 것이고, 두 번째는 "그들의 마음이 눈멀어 있었던" 것이 그 이유였다는 것이다. 마가가 이런 말을 덧붙인 것은 제자들의 잘못이 중대하였다는 것을 강조하기 위해서만이 아니라, 우리의 지각(知覺)이 부패하였다는 사실을 우리에게 경고함으로써 우리로 하여금 주님께 새로운 눈을 주시라고 구하도록 하기 위해서인 것 같다. 내가 방금 말했듯이, 제자들이 그들의 손으로 직접 만지고 느꼈다고 할 수 있는 하나님의 능력을 여전히 잘 깨닫지 못했던 것은 분명히 그들의 철저한 무지(無知)를 보여주는 증거였다. 그러나 마가는 온 인류가 이 동일한 병을 앓고 있다는 것을 알고 있었기 때문에, 모세가 "깨닫는 마음을 오늘까지 여호와께서 너희에게 주지 아니하셨느니라"(신 29:4)고 말한 것처럼, 사람들이 위로부터 빛을 받기 전까지는, 그들의 눈이 멀어 있어서, 하나님의 분명한 역사(役事)조차도 알아보지 못한다고 해도, 그것이 새삼스러운 일이 아니라는 것을 우리에게 알게 해주고자, "그들의 마음이 눈멀어 있었다"는 것을 일부러 언급한 것이다. "마음"이라는 단어는 의지(意志)를 가리키거나, 감정들이 나오는 곳을 가리키는 경우가 더 흔하긴 하지만, 여기에서는 내가 방금 인용한 모세의 글에서와 마찬가지로 "지각(知覺)"을 나타낸다.

마 14:27. 예수께서 즉시 이르시되. 그리스도께서 그의 모습만을 나타내신 동안에는 그의 제자들이 그가 구원자라는 것을 알지 못하였기 때문에, 이번에는 직접 말씀하시는 것을 통해서 그들이 그를 알아보게 되기를 바라신다. 그리스도께서는 그들에게 자기가 있으니 안심하라고 말씀하시는데, 이것은 그들이 그가 그들과 함께 있다는 것을 깨닫기만 한다면, 그들에게는 확실한 소망이 있게 되리라는 것을 의미한다. 그러나 두려움이 이미 그들의 마음을 압도하고 있었기 때문에, 그리스도께서는 그 두려움이 그들이 믿고 안심하는 것을 방해하거나 약화시키지 않도록 하시기 위하여, 그 두려움을 바로잡아 주신다. 이것은 그들이 즉시 두려움을 다 버리고 충만한 기쁨을 누리게 할 수 있으셨기 때문이 아니라, 그들이 믿고 안심하는 것이 가능해지기 위해서는, 그들을 사로잡고 있던 두려움을 완화시켜 주는 것이 꼭 필요한 일이었기 때문이었다. 사악한 자들에게는 하나님의 아들의 음성이 치명적인 것이고, 그의 존재는 소름이 끼칠 정도로 오싹한 것이지만, 그런 것들이 믿는 자들에게 미치는 효과는 여기에서 판이하게 다른 것으로 묘사된다. 그것들은 내적인 평안과 강력한 신뢰가 우리의 마음을 지배하게 만들어서, 우리로 하여금 육신적인 두려움에 굴복하지 않게 해준다. 그러나 우리가 근거 없는 갑작스러운 일들에 놀라서 동요하는 이유는 우리에게 주어진 하나님의 무수한 은택(恩澤)들을 제대로 사용하기만 한다면 우리는 얼마든지 필요한 도움들을 다 얻을 수 있는데도, 우리의 배은망덕함과 악함으로 인해서 그것들을 우리를 보호해 줄 방패들로 사용하지 못하기 때문이다. 그리스도께서는 도움을 주어야 할 적절한 때에 나타나셨지만, 제자들이 그의 은혜를 더욱 간절하게 바라고 구하게 될 때까지, 폭풍은 즉시 그치지 않았다. 이것은 우리가 주목해야 할 점이다. 왜냐하면, 이것은 주님이 이미 다 준비해 두신 구원을 실제로 베푸시는 시기를 자주 늦추시는 데에는 그만한 이유가 있다는 것을 우리로 알게 해주기 때문이다.

마 14:28. 베드로가 대답하여. 베드로가 제시하는 조건을 보면, 그의 믿음이 아직 온전히 자리 잡은 것이 아니라는 것이 그대로 드러난다: "주여 만일 주님이시거든 나를 명하사 물 위로 오라 하소서." 그러나 베드로는 그리스도께서 말씀하시는 것을 들었었다. 그런데도 왜 그는 의심하고 당황하며 여전히 속으로 씨름하고 있는 것인가? 그의 아주 작고 약한 믿음 속에서 별로 깊이 생각하지 않은 설익은 소원이 느닷없이 튀어나왔다. 차라리 그는 자신의 분수를 제대로 알아서, 믿음을 의지해서 바다와 산 위를 걸을 수 있도록 더 큰 믿음을 달라고 그리스도께 간구하였어야 했다. 그러나 그는 지금 믿음이라는 날개도 없이, 마음대로 날아다니고자 하였고, 그리스도의 음성이 그의 마음속에 제대로 견고하게 자리 잡고 있지도 않았는데도, 물결이 그의 발을 견고하게 떠받쳐 주기를 바랐다. 그의 이러한 소원이 선한 동기에서 나왔다는 것은 의심의 여지가 없지만, 너무 지나쳐서 잘못된 것으로 변질되어 버렸기 때문에, 그것은 선한 것이라는 칭찬을 들을 수 없다.

이런 이유로, 베드로는 자신의 경솔함에 대한 벌을 즉시 받기 시작한다. 그러므로 믿는 자들은 베드로의 본보기를 통해서, 너무 서두르거나 경솔하지 않도록 조심하여야 한다는 교훈을 받는 것이 마땅하다. 주님이 부르실 때마다, 우리는 주저함 없이 벌떡 일어나서 주님께로 달려가야 하지만, 너무 도가 지나친 자는 결국 좋지 않은 결과를 직접 경험하고 나서, 주님이 정해 놓으신 한계를 벗어나면 어떻게 되는지를 알게 될 것이다. 그렇지만 여기에서 그리스도께서는 왜 마치 베드로의 청(請)이 아무 문제가 없는 것처럼 그 청을 들어주신 것인가라는 의문이 생길 수 있다. 이 의문에 대한 대답은 분명하다. 즉, 하나님은 우리를 더욱 유익하게 하시기 위하여 우리의 청을 거절하시는 것이 보통이지만, 때로는 우리로 하여금 직접

경험을 해보고서 우리의 어리석음을 더 확실하게 알 수 있도록 하시기 위하여 우
리의 어리석은 청을 들어 주시기도 하신다는 것이다. 이런 식으로, 믿는 자들이 그
들의 믿음의 분량을 넘어서는 일을 하고자 할 때에 하나님이 그것을 허락하심으로
써, 그들로 하여금 장차 좀 더 겸손하고 신중하게 행하는 법을 배우게 하시는 일은
매일같이 일어난다. 결국 이 일은 베드로를 비롯해서 제자들에게 유익이 되었고,
오늘날의 우리에게도 유익이 되고 있다. 그리스도께서 혼자 물 위를 걸어오셨을
때보다도 베드로가 거기에 동참하여 실제로 잠시나마 그리스도와 함께 물 위를 걷
게 되었을 때, 그리스도의 능력은 더욱 밝게 빛났다. 그러나 베드로는 자기가 확고
한 믿음을 가지고서 주님을 의지하지 않을 때, 방금 전에 물을 마치 단단한 길처럼
만들어 주었던 저 하나님의 비밀한 능력이 사라지기 시작하는 것을 알았고, 이것
을 제자들도 분명히 보았다. 그렇지만 그리스도께서는 베드로에 대하여 인자하셔
서, 베드로가 물 아래로 완전히 가라앉게 내버려 두지 않으셨다. 이 두 가지 일은
우리에게도 그대로 일어난다. 왜냐하면, 베드로가 두려움에 사로잡히게 되자마자
물속으로 가라앉기 시작하였듯이, 육신의 허망하고 덧없는 생각들로 말미암아 우
리는 즉시 우리의 일상적인 삶 속으로 빠져들어서 가라앉아 버리기 때문이다. 하
지만, 주님은 우리의 연약함을 아시고 긍휼히 여기셔서, 물이 우리를 완전히 삼켜
버리지 않도록, 그의 손을 내밀어 우리를 건져 주신다. 또한, 우리가 주목해야 할
것은 베드로가 그의 경솔함으로 인한 만용(蠻勇)이 좋지 않은 불유쾌한 결과를 가
져온 것을 깨달았을 때에 그리스도의 긍휼하심을 의지하는 태도를 취하였다는 것
이다. 그러므로 우리도 비록 우리의 잘못에 합당한 벌을 받게 될지라도 그리스도
를 의지함으로써, 그리스도께서 우리를 불쌍히 여기셔서, 우리가 받을 자격이 없
는 도우심을 우리에게 베푸시도록 하여야 한다.

마 14:31. 믿음이 작은 자여. 그리스도께서는 긍휼을 베푸셔서 베드로를 구해
주기는 하시지만, 베드로의 잘못을 못 본 체 그냥 넘어가지 않으시고, 베드로의 믿
음이 약하다는 것을 지적하시며 책망하신다. 그러나 두려움을 느끼는 것은 어느
경우에나 믿음이 약하다는 증거가 되는 것인가라는 의문이 생긴다. 왜냐하면, 여
기에서 그리스도께서 하신 말씀은 믿음이 지배하는 곳에서는 의심이 들어설 여지
가 없다는 의미를 함축하고 있는 것으로 보이기 때문이다. 나의 대답은 그리스도
께서 여기에서 책망하신 의심은 믿음과 정반대되는 그런 종류의 의심이라는 것이
다. 종종 잘못이나 죄라고 할 수 없는 의심도 있다. 예를 들면, 어떤 문제에 대하여

주님의 확실한 말씀이 없는 경우에 생겨나는 의심이 그런 것이다. 그러나 베드로의 경우에는 전혀 그런 것이 아니었다. 왜냐하면, 베드로는 그리스도로부터 분명한 명령을 받았고, 그리스도의 능력도 이미 경험하였음에도 불구하고, 그가 의지해야 할 이 두 가지 견고한 것을 내팽개치고, 어리석고 악한 두려움 속으로 빠져 들어간 것이기 때문이다.

마 14:33. 배에 있는 사람들이. 이것은 제자들만이 아니라, 선원들과 그 밖의 다른 승객들도 가리키는 것이라고 나는 생각한다. 그러므로 이것은 예수를 그들의 선생이라고 고백한 적이 없는 사람들이 그 자리에서 예수를 "하나님의 아들"이라고 인정하고, 메시야에게 합당한 예를 예수께 올린 것이라고 할 수 있다. 왜냐하면, 당시에는 "육신으로 나타난 바 되신 하나님"(딤전 3:16)에 관한 이 장엄한 신비가 널리 알려져 있었던 것이 아니었지만, 사람들은 구속주(救贖主)가 되실 분이 "하나님의 아들"이라 불리게 되리라는 것을 선지자들을 통해서 알고 있었기 때문에, 이 명칭을 통해서 그리스도께 영광을 돌린 자들은 그리스도에 대한 그들의 신앙을 고백한 것이 되기 때문이다.

[34]그들이 건너가 게네사렛 땅에 이르니 [35]그 곳 사람들이 예수이신 줄을 알고 그 근방에 두루 통지하여 모든 병든 자를 예수께 데리고 와서 [36]다만 예수의 옷자락에라도 손을 대게 하시기를 간구하니 손을 대는 자는 다 나음을 얻으니라(마 14:34-36).

[53]건너가 게네사렛 땅에 이르러 대고 [54]배에서 내리니 사람들이 곧 예수신 줄을 알고 [55]그 온 지방으로 달려 돌아 다니며 예수께서 어디 계시다는 말을 듣는 대로 병든 자를 침상째로 메고 나아오니 [56]아무 데나 예수께서 들어가시는 지방이나 도시나 마을에서 병자를 시장에 두고 예수께 그의 옷 가에라도 손을 대게 하시기를 간구하니 손을 대는 자는 다 성함을 얻으니라(막 6:53-56).

마 14:34. 그들이 … 게네사렛 땅에 이르니. 복음서 기자들은 이 지역을 그 근방에 있는 호수 이름을 따라서 부르고 있다. 하지만 이 지역의 이름이 먼저였고, 그 근방에 있는 호수가 이 지역의 이름을 따라서 불리게 된 것일 가능성도 있다. 그러나 어느 쪽이 맞는지는 그리 중요하지 않다. 우리의 주된 과제는 복음서 기자들이 염두에 둔 의도에 주목해서, 그리스도의 영광이 한두 가지의 이적에 의해서 확인된 것이 아니라, 유대의 이 지역이 그리스도의 영광에 대한 무수한 증거들로 가득하여서, 그 소문이 예루살렘을 비롯해서 사방의 여러 지역들로 쉽게 퍼져 나갈 수 있었다는 것을 보여주는 것이다. 이것으로부터 우리는 그들 앞에 나타난 하나님의 영광의 빛을 보지 않으려고 악하게도 일부러 그들의 눈을 감았을 뿐만 아니라, 어떻게든 그 빛을 꺼버리기 위해서 온 힘을 다 쏟은 유대 민족의 배은망덕함이 얼마나 역겹고 사악한 것이었는지를 알게 된다. 하지만 여기에서 우리가 해야 할 일은 그리스도께서 행하신 무수한 이적들을 보면서, 그리스도께서 이 땅에 오신 이유를 아는 것인데, 그것은 그리스도께서 모든 사람들의 온갖 질병을 고치시는 "의사"가 되시기 위해서 이 땅에 오셨다는 것이다. 우리는 마태가 앞서 이사야서에서 인용한 말씀(42:1)을 통해서 하고자 한 말, 즉 그리스도께서는 육신의 질병들을 고치심으로써, 그것보다 더 큰 질병들, 즉 우리의 영적인 질병들을 고치시는 것이 그가 하셔야 할 일이라는 것을 나타내셨다는 내용의 말을 명심하여야 한다. 그리스도께서는 이 땅에 계실 때에 우리의 영적인 질병들을 고치시는 은혜에 대한 눈으로 볼 수 있는 증거들을 우리에게 많이 나타내셨고, 하늘에 계신 지금도 그 동일한 은혜를 우리에게 부어 주신다. 우리는 그리스도께서 우리를 고치시기 전까지는 온갖 종류의 질병들 아래에서 신음할 수밖에 없기 때문에, 우리 각자가 그리스도께 나아가야 하는 것은 물론이고, 우리와 동일하게 고침받을 필요가 있는 다른 사람들도 함께 데리고 그리스도께 나아가고자 하여야 한다.

마 14:36. 옷자락에라도 손을 대게 하시기를. 그들이 그리스도의 은혜를 입고자 그의 옷자락을 만지려고 한 것은 미신(迷信)의 영향을 받은 것 같다. 그들은 그들의 이런 모습을 통해서, 적어도 그리스도에게서 그의 존귀하심의 일부를 빼앗아 버린 것이라고 할 수 있다. 왜냐하면, 그들은 그리스도께서 오직 말씀만으로 능력을 행하실 수 있으시다는 것을 믿거나 기대하지 않았기 때문이다. 그런데도 그리스도께서는 "꺼져가는 심지도 끄지 아니하시는"(사 42:3) 분이시기 때문에, 그들의 무지함을 용납해 주신다. 그러나 본문 속에는 나무나 못이나 옷에서 하나님의 은혜를 구하는 자들(가톨릭의 성인 숭배)을 옳다고 하는 내용이 전혀 없다. 왜냐하면, 성경에서는 그리스도께서 지니신 하늘에 속한 영적인 영광에 합당하지 않은 생각을 그리스도에 대하여 품는 것은 불경스럽고 죄악된 것이라고 분명하게 밝히고 있기 때문이다. 그리스도께서 하나님이시라는 것을 알지 못한 채 그에게 가까이 나아가고자 했던 그들의 연약함은 잠시 잠정적으로 용납된 것에 불과한 것이었다. 그리스도께서 그의 은혜의 향기로 온 하늘과 땅을 채우고 계시는 지금에 있어서는, 그가 하늘로부터 우리에게 제시하시는 구원을 우리가 손이나 눈이 아니라 믿음으로 받아들이는 것이 마땅하다.

[1]그 때에 바리새인과 서기관들이 예루살렘으로부터 예수께 나아와 이르되 [2]당신의 제자들이 어찌하여 장로들의 전통을 범하나이까 떡 먹을 때에 손을 씻지 아니하나이다 [3]대답하여 이르시되 너희는 어찌하여 너희의 전통으로 하나님의 계명을 범하느냐 [4]하나님이 이르셨으되 네 부모를 공경하라 하시고 또 아버지나 어머니를 비방하는 자는 반드시 죽임을 당하리라 하셨거늘 [5]너희는 이르되 누구든지 아버지에게나 어머니에게 말하기를 내가 드려 유익하게 할 것이 하나님께 드림이 되었다고 하기만 하면 [6]그 부모를 공경할 것이 없다 하여 너희의 전통으로 하나님의 말씀을 폐하는도다 [7]외식하는 자들아 이사야가 너희에 관하여 잘 예언하였도다 일렀으되 [8]이 백성이 입술로는 나를 공경하되 마음은 내게서 멀도다 [9]사람의 계명으로 교훈을 삼아 가르치니 나를 헛되이 경배하는도다 하였느니라 하시고(마 15:1-9).

[1]바리새인들과 또 서기관 중 몇이 예루살렘에서 와서 예수께 모여들었다가 [2]그의 제자 중 몇 사람이 부정한 손 곧 씻지 아니한 손으로 떡 먹는 것을 보았더라 [3][바리새인들과 모든 유대인들은 장로들의 전통을 지키어 손을 잘 씻지 않고서는 음식을 먹지 아니하며 [4]또 시장에서 돌아와서도 물을 뿌리지 않고서는 먹지 아니하며 그 외에도 여러 가지를 지키어 오는 것이 있으니 잔과 주발과 놋그릇을 씻음이러라] [5]이에 바리새인들과 서기관들이 예수께 묻되 어찌하여 당신의 제자들은 장로들의 전통을 준행하지 아니하고 부정한 손으로 떡을 먹나이까 [6]이르시되 이사야가 너희 외식하는 자에 대하여 잘 예언하였도다 기록하였으되 이 백성이 입술로는 나를 공경하되 마음은 내게서 멀도다 [7]사람의 계명으로 교훈을 삼아 가르치니 나를 헛되이 경배하는도다 하였느니라 [8]너희가 하나님의 계명은 버리고 사람의 전통을 지키느니라 [9]또 이르시되 너희가 너희 전통을 지키려고 하나님의 계명을 잘 저버리는도다 [10]모세는 네 부모를 공경하라 하고 또 아버지나 어머니를 모욕하는 자는 죽임을 당하리라 하였거늘 [11]너희는 이르되 사람이 아버지에게나 어머니에게나 말하기를 내가 드려 유익하게 할 것이 고르반 곧 하나님께 드림이 되었다고 하기만 하면 그만

이라 하고 ¹²자기 아버지나 어머니에게 다시 아무 것도 하여 드리기를 허락하지 아
니하여 ¹³너희가 전한 전통으로 하나님의 말씀을 폐하며 또 이같은 일을 많이 행하
느니라 하시고(막 7:1-13).

마 15:1. 예수께 나아와. 그리스도께서 여기에서 바로잡아 주고 계시는 악(惡)
은 아주 흔할 뿐만 아니라 대단히 위험한 것이기 때문에, 우리는 이 구절을 특히 주
목해서 볼 필요가 있다. 우리는 여기에서 사람들이 하나님을 예배하는 형태와 방
식에 있어서 얼마나 뻔뻔할 수 있는지를 본다. 왜냐하면, 그들은 끊임없이 새로운
형태의 예배를 궁리해 내고, 다른 사람들보다 자기가 더 지혜롭다는 것을 나타내
보이고자 하는 자들은 이 일과 관련해서 자신의 재능을 발휘하고자 하기 때문이
다. 나는 지금 외인(外人)들에 대하여 말하고 있는 것이 아니라, 경건의 규범을 그
들의 입으로 선포하는 특별한 존귀함을 하나님으로부터 수여받은 교회의 권속(眷
屬)들에 대하여 말하고 있는 것이다. 하나님은 우리가 그에게 어떤 식으로 예배를
드리기를 원하시는지를 정해 놓으셨고, 온전한 거룩함을 이루기 위해서는 어떻게
해야 하는지를 그의 율법에 포함시켜 놓으셨다. 그런데도 대다수의 사람들은 마치
하나님께 순종하고 그가 명하신 것을 지키는 것이 가볍고 사소한 일인 듯이, 어떻
게든 거기에 덧붙일 것들을 여기저기에서 찾아내어 많은 것들을 하나님의 명령에
덧붙여 놓는다. 교회에서 권위를 지닌 자리에 앉아 있는 자들은 마치 그들의 지혜
가 하나님의 말씀보다 더 온전하다는 듯이 그들이 궁리해 낸 것들을 하나님의 말
씀에 덧붙인다. 이렇게 해서, 점점 폭정(暴政)이 자리를 잡게 된다. 왜냐하면, 일단
명령을 내리는 권세를 얻은 자들은 그들이 정해 놓은 법들을 엄격하게 지킬 것을
사람들에게 요구하게 되고, 사람들이 고의로든 실수로든 그 법들 중에서 아주 작
은 것이라도 소홀히 하는 것을 용납하지 않으려 하기 때문이다. 세상은 하나님의
의로우신 통치를 견딜 수 없기 때문에, 하나님이 지워주시는 멍에를 짊어지지 않
으려고 아주 완강하게 거부하며 반역하면서도, 헛된 전통들의 덫에는 자원해서 쉽
게 걸려든다. 아니, 그러한 예속(隷屬)은 많은 사람들이 바라던 것인 것 같다. 이렇
게 해서, 순종을 가장 중요한 원리로 삼는 하나님의 예배는 훼손되고, 하나님의 명
령보다 사람들의 권위가 더 중시되어서, 일반 사람들은 말도 안 되는 쓰레기 같은
것들에 온 정성과 열심을 다 쏟아 붓도록 포악하고 혹독하게 강요받는다. 첫째로,
이 구절은 사람들이 고안해 낸 온갖 형태의 예배들은 하나님이 기뻐하지 않으신다

는 것을 우리에게 가르쳐 준다. 왜냐하면, 하나님은 그가 기뻐하시는 뜻을 따라서 우리를 참된 경건 가운데서 훈련시키시고 가르치시기 위해서, 우리가 오직 그의 말씀만을 듣기를 바라시기 때문이다. 둘째로, 이 구절은 하나님의 율법만으로 만족하지 못해서, 사람들의 전통들을 지키느라 피곤한 자들은 쓸데없는 짓을 하고 있는 것임을 가르쳐 준다. 셋째로, 이 구절은 사람들이 고안해 낸 것들을 지극히 높임으로써, 하나님의 율법의 위엄이 땅에 떨어지게 하거나, 그 율법에 대한 경외심이 약화되게 하는 것은 하나님을 모욕하는 것임을 가르쳐 준다.

마 15:1. 서기관들이 예루살렘으로부터. 이 "서기관들"이 무슨 목적으로 예수께 왔는지는 나와 있지 않다. 하지만 나는 예수의 명성이 널리 퍼지자, 그들은 예수께서 정말 훌륭한 선생인지를 직접 확인해서, 그것이 확인되기만 하면, 그에게서 가르침을 받고자 하여 온 것일 가능성이 크다고 생각한다. 물론, 그들이 염탐꾼으로 보내진 것일 가능성도 있다. 어느 쪽이 진실이든지 간에, 그들은 오만하였기 때문에, 조금만 기분 상하는 말을 들어도 화를 참지 못하고 금세 그리스도를 신랄하게 비난하였다. 이것으로부터 우리는 야심과 권력욕의 지배를 받고 있는 자들이 선한 가르침을 받아들이기가 얼마나 어려운지를 알게 된다. 특히, 특정한 의식(儀式)들을 지켜 행하는 것이 오랜 세월 동안 습관이 되어 몸에 밴 자들은 그 어떤 새로운 것도 받아들이려 하지 않고, 그들에게 익숙하지 않은 것은 무엇이든지 다 맹렬하게 단죄한다. 간단히 말해서, 우리는 이 사람들보다 더 독선적이고 남을 비판하기 좋아하는 자들을 상상할 수 없다는 것이다.

두 복음서 기자는 그들이 "바리새인들과 서기관들"이었다고 말하지만, 마태는 "서기관들"을 먼저 언급하고, 마가는 "바리새인들"을 먼저 언급하지만, 의미는 동일하다. 왜냐하면, 서기관들은 여러 분파들에 속해 있었지만, 바리새인들은 당시에 정권을 쥐고서 높은 자리를 차지하고 있던 지도자들이었기 때문이다. 당시의 율법들은 바리새인들의 손에서 나온 것이었기 때문에, 이 율법들을 무시한 것에 대하여 가장 먼저 분노한 자들이 바리새인들이었다는 것은 이상한 일이 아니다. 앞에서 이미 말했듯이, 바리새인들은 율법의 해석자들이라는 자부심을 지니고 있었지만(여기에서 그들의 명칭이 유래하였다), 그들이 고안해 낸 것들로 하나님의 말씀의 순전함을 훼손한 자들이었다. 당시에 유대인들 가운데에 존재하였던 모든 전통들은 그들의 손에서 나왔고, 이것은 그들이 그 전통들을 지키는 일에 대단한 열심과 엄격함을 보인 이유였다.

마 15:2. 당신의 제자들이 어찌하여 … 범하나이까. 여기에서 다루어지고 있는 인간의 전통이라는 문제는 하나님을 어떻게 예배해야 하는지를 정하는 것과는 거리가 먼 정치적인 법들과는 아무런 상관이 없다. 그러나 하나님의 예배와 관련된 인간의 전통도 여러 부류가 있기 때문에, 우리는 그것들을 좀 구별해 볼 필요가 있다. 예를 들면, 하나님의 말씀과 정면으로 반대되는 악한 예배를 정립해 놓은 전통들이 불경스럽고 사악하다는 것은 너무나 명백하다. 또한, 하나님의 예배에 거기에 전혀 어울리지 않는 속된 것들을 뒤섞어 놓음으로써, 예배의 순전함을 훼손시키는 전통들도 있다. 어떤 전통들은 겉보기에 좀 더 그럴 듯하고 눈에 띌 만한 결점이 없어 보이지만, 하나님의 예배에 필수적인 것으로 여겨져서, 오직 한 분 하나님에 대한 진정한 순종으로부터 사람들을 이탈하게 만들고, 사람들의 양심에 올무가 되기 때문에 단죄받아 마땅하다.

이 구절이 마지막 부류에 속한 인간의 전통에 대한 것임은 의문의 여지가 없다. 왜냐하면, 바리새인들이 지켜야 한다고 주장한 "손을 씻는" 정결 예식은 그 자체로는 악한 미신(迷信)이라고 할 수 없었기 때문이다. 만약 그런 일이 용납될 수 없는 의식(儀式)이었다면, 그리스도께서는 가나의 혼인잔치에서 사람들이 정결 예식을 위한 돌항아리들을 사용하는 것을 허용하지 않으셨을 것이기 때문이다(요 2:6). 바리새인들의 잘못은 정결 예식을 생략한 것은 하나님에 대한 합당한 예배가 아니라고 생각하였다는 데에 있었다. 정결 예식이 처음에 도입되었을 때에 그럴 듯한 이유가 없었던 것이 아니었다. 하나님의 율법이 외적인 정결함을 얼마나 엄격하게 요구하는지를 우리는 안다. 하지만 이것은 하나님께서 그의 종들로 하여금 모든 관심을 거기에 쏟게 하시기 위한 것이 아니라, 온갖 영적인 부정(不淨)함을 제거하는 데에 더욱 조심하게 하기 위한 것이었다. 그러나 하나님의 율법은 정결 예식을 정함에 있어서 그 정도가 지나치지 않게 적정한 수준을 유지하였다. 그런데 정결 예식에 관한 율법의 규정들이 애매해서, 거기에 뭔가를 더 덧붙이지 않으면, 그 규정들을 제대로 지켜나가기가 어렵겠다고 생각한 율법 교사들이 나타났고, 이렇게 해서 원래 율법에 없던 정결 예식들이 생겨나게 되었다. 이 입법자들 자신은 그들이 어떤 새로운 것들을 더한 것이 아니라, 단지 하나님의 율법을 지키는 데에 도움이 될 만한 주의사항들을 덧붙인 것에 불과하다고 주장하였다. 그러나 이것이 즉시 크게 악용이 되는 일이 벌어졌다. 즉, 사람들에 의해서 도입된 의식(儀式)들이 하나님 예배의 일부로 여겨지기 시작하였고, 그 결과로 원래는 각자의 뜻에 따라 지켜도 되고 안 지켜도 되었던 이 의식들이 절대적으로 지켜져야 하는 것들이 되고 말았다. 앞에서 이미 말했듯이, 하나님의 뜻은 그의 말씀 속에서 정해 놓으신 규범을 따라서 예배를 받으시는 것이었기 때문에, 그의 율법에 어떤 것을 덧붙이는 것은 결코 용납될 수 없는 것이었다. 하나님은 믿는 자들이 외적인 의식들을 활용해서 그들의 경건을 표현하는 것을 허용하시지만, 마치 경건이 그 외적인 의식들에 있다는 듯이 그 의식들을 그의 말씀과 뒤섞는 것은 용납하지 않으신다.

마 15:2. 손을 씻지 아니하나이다. 마가는 그들이 화가 난 이유를 좀 더 자세하게 설명하고 있지만, 그 요지는 서기관들은 자발적으로 많은 것들을 하나의 관습으로 지켜 왔다는 것이다. 그것들은 하나님의 명령은 분명한 것인데도 마치 그 명령이 충분히 분명하지 않다고 생각한 사람들의 쓸데없는 호기심과 꼼꼼함으로 인해서 생겨난 제2의 율법들이었다. 하나님은 어떤 식으로든 부정(不淨)하게 된 자들은 자신을 씻어야 한다고 명하셨고(레 11:25, 28), 그 누구도 부정한 것과 접촉하지 않게 할 목적으로, 이것은 "잔과 주발"과 의복과 그 밖의 가구들로 확대되었다(레 11:32). 그러나 다른 정결 예식들을 만들어 낸 것은 헛되고 쓸데없는 짓이었다. 사람들이 궁리해서 만들어 낸 것들은 지혜로운 것 같은 모양새를 갖추고 있다고 바울이 말했듯이(골 2:23), 그들이 만들어 낸 정결 예식들은 그럴 듯한 이유와 명분이 없지 않았다. 그러나 만약 그들이 오직 하나님의 율법만을 의지해서 수수하게 그 율법을 지켰더라면, 그들의 그런 수수한 모습은 작은 일들에까지 꼼꼼하게 신경을 쓰는 그들의 모습보다 하나님 앞에서 훨씬 더 기뻐 받으실 만한 것이 되었을 것이다. 그들은 사람들이 부주의(不注意)로 인해서 부정한 상태로 음식을 먹는 일이 벌어지지 않게 세심한 조치를 취하고자 한 것이었지만, 하나님은 사람들이 스스로 알고 있는 부정함을 씻어내는 것만으로 충분하다고 여기신 것이었다. 게다가, 사람들이 부정함에 신경을 쓰자면, 그것은 한도 없고 끝도 없는 일일 수밖에 없었다. 왜냐하면, 사람들은 손가락 하나만 움직여도 새로운 부정(不淨)함과 접촉하지 않을 수 없기 때문이다. 그러나 그들이 만들어 낸 정결 예식의 가장 큰 폐단은 사람들은 자신의 몸을 끊임없이 물로 씻을 수밖에 없도록 만든 율법으로 인해서 그렇게 하지 않은 자를 꼼꼼하게 가려내서 부정한 자로 단죄하는 것이 마치 신앙이 좋은 것처럼 되어 있었기 때문에 그 양심이 고통을 받았다는 것이다. 바리새인들과 서기관들은 일반 백성들이 이 정결 예식을 소홀히 하였다면 아마도 그냥 못 본 체하고 넘어가 주었을 것이지만, 그리스도와 그의 제자들에게는 뭔가 더 특별

하고 대단한 것을 기대하였기 때문에, "장로들의 전통"이자 서기관들에 의해서 거
룩한 것으로 여겨졌던 예식을 기존의 질서를 개혁하고자 한 그리스도를 스승으로
모시고 있는 그 제자들이 지키지 않는 것은 합당하지 않다고 여겼을 것이다.

교황주의자들이 그들이 성수(聖水)라 부르는 물을 뿌리는 것을 유대인들의 정결
예식과 비교하는 것은 큰 잘못이다. 왜냐하면, 교황주의자들의 그러한 행위는 한
사람에게 단 한 번 베풀어져야 할 세례를 무수히 반복적으로 베푸는 것을 통해서,
그들에게 있는 모든 힘을 다해서 세례의 효력을 없애고자 하는 것이기 때문이다.
게다가, 가톨릭에서 성수를 뿌리는 이 어처구니없는 행위는 축귀를 위해서도 사용
되고 있다. 이 행위가 그 자체로는 별 잘못된 것이 없고, 그렇게 많이 악용되는 것
이 아니라고 해도, 그들이 마치 그것이 없어서는 안 되는 꼭 필요한 행위인 것처럼
사람들에게 강요하고 있다는 점은 단죄받아 마땅한 일이다.

마 15:3. 너희는 어찌하여 … 범하느냐. 여기에는 그리스도께서 하신 두 가지 대
답이 나오는데, 하나는 사람에 대한 것이고, 다른 하나는 문제 자체와 그 원인을 밝
히는 것이다. 마가 본문에는 이 순서가 바뀌어 있다. 즉, 마가는 그리스도께서 먼
저 이 문제 전체에 대하여 말씀하시는 것으로 묘사한 후에, "외식하는 자들"에 대
한 책망을 덧붙인다. 우리는 마태의 기사(記事)를 따를 것이다. 그리스도께서는 서
기관들에게 왜 그들이 그들의 "전통" 때문에 하나님의 율법을 "범하는" 것이냐고
물으셨을 때에, 율법을 범하였다는 제자들의 혐의를 그 질문을 통해서 완전히 벗
겨 주신 것은 아니었고, 단지 제자들에 대한 서기관들의 단죄가 본말(本末)이 전도
된 잘못된 것이라는 것만을 상기시켜 주신 것이었다: 사람들이 만들어 놓은 계명
들을 정확하게 지키지 않는 것이 부당한 일이라면, 하나님의 율법을 제쳐놓고 인
간의 계명들을 지키는 데에 온통 정신이 팔려 열을 내는 것은 얼마나 더 부당한 일
이겠는가? 그러므로 그들이 이런 식으로 하나님보다 사람을 더 우선시하고 중시하
는 것을 볼 때, 분명한 것은 그들의 분노가 하나님에 대한 올바른 열심이 아니라 인
간적인 야망에 의해서 촉발되었다는 것이다.

게다가, 그리스도께서 그들이 "하나님의 계명을 범하고" 있다고 말씀하실 때, 이
말씀이 무슨 의미인지는 문맥을 통해서 금방 드러난다. 그들은 율법이 금지한 것
을 합법적인 것이라 주장할 정도로, 하나님의 율법을 공개적으로, 또는 공공연히
폐하지는 않았으나, 하나님이 명하신 의무들을 편법을 사용해서 아무런 제재도 받
지 않는 가운데에 피해나가는 방법으로 율법을 간접적으로 범하였다. 그리스도께

서는 그들에게 아주 친숙하였던 아주 분명한 편법을 예로 들어 설명하신다: 하나님의 계명은 자녀들은 그들의 "부모를 공경하여야"(출 20:12) 한다는 것이다. 그런데 사람들이 하나님께 드리는 예물과 헌물들은 제사장들에게 이득을 가져다주었기 때문에, 그들은 하나님께 드리기로 서원한 예물을 드리지 않는 것은 부모를 "공경하기" 위해서 마땅히 써야 할 재물을 빼돌리는 것보다 더 흉악무도한 죄이기 때문에, 하나님께 드리기로 서원한 예물은 아주 철저하게 드려야 한다고 가르쳤다. 그러니까 간단히 말해서, 서기관들은 하나님의 율법에서 자원하여 행할 수 있도록 정해 놓은 것을 행하는 것이 하나님의 계명들 중에서도 가장 중요한 계명 중의 하나를 행하는 것보다 더 중요한 것으로 판단하였다는 말이다. 그러므로 우리가 사람들이 만들어 놓은 법들을 지키는 데에 열심을 내느라고 정작 하나님의 율법을 제대로 신경을 써서 지키지 못할 때마다, 하나님은 그것을 그의 율법을 범한 것으로 판단하신다. 조금 후에, 그리스도께서는 그들이 "사람들의 전통으로 하나님의 계명을 폐하였다"고 말씀하신다. 왜냐하면, 서기관들은 그들이 만들어 놓은 전통을 지키지 않을 수 없도록 백성들을 완전히 노예로 만들어 놓은 까닭에, 백성들에게는 하나님의 말씀에 귀 기울일 여유가 없었기 때문이다. 또한, 이 전통을 철저하게 지킨 자들은 자신의 본분을 훌륭하게 행한 것으로 여겨졌기 때문에, 그것은 죄를 범해도 좋다는 허가장이 되었다. 왜냐하면, 하나님의 율법을 지키는 것 외의 다른 것을 통해서 사람이 거룩함에 이를 수 있다고 하게 되면, 사람들은 율법을 범해도 벌을 받지 않을 것이라고 믿게 되기 때문이다.

이제 우리는 이러한 악(惡)이 옛적의 유대인들 가운데서보다도 오늘날의 교황주의자들 가운데서 더 만연되어 있는 것은 아닌지 심각하게 숙고해 보지 않으면 안 된다. 사실, 교황을 비롯해서 그의 쓰레기 같은 모든 성직자들 가운데서, 우리가 하나님께 순종해야 한다는 것을 부인할 자는 아무도 없을 것이다. 그러나 구체적인 일들로 들어가 보면, 우리는 그들이 도둑질이나 간음은 단지 가벼운 잘못쯤으로 여기는 반면에, 고기 한 점을 먹는 행위는 중대한 범죄로 여긴다는 것을 발견하게 된다. 이런 식으로, 그들은 그들의 전통들을 위하여 하나님의 율법을 뒤집어엎는다. 왜냐하면, 그들이 자신의 전통들을 만들어 놓고서는, 오직 하나님께만 합당한 그런 순종을 사람들에게 요구하며 그 전통들을 지키라고 강요한다면, 그것은 결코 용납될 수 없는 일이기 때문이다. 게다가, 하나님이 "부모를 공경하라"고 명하셨을 때의 "공경(恭敬)"은 경건의 모든 의무들에 그대로 적용된다. 그리스도께서 여기에

"아버지나 어머니를 비방하는 자는 반드시 죽임을 당하리라"는 말씀을 덧붙이신 것은 "부모를 공경하라"는 계명을 범하는 자는 극형에 처해지리라는 것을 보여주심으로써, 이 계명이 결코 가볍거나 하찮은 것이 아니라는 것을 우리에게 알게 하고자 하신 것이다. 하나님이 이렇게 엄하게 경고하셨는데도, 서기관들이 그 경고를 두려워하기는커녕 도리어 무시하고서, 부모를 멸시하는 자들에게 면죄부를 준 것은 그들의 죄책(罪責)을 더욱 가중시키는 요인이 된다.

마 15:5. 너희는 이르되. 마가는 "너희가 자기 아버지나 어머니에게 다시 아무것도 하여 드리기를 허락하지 아니하여"라는 말씀을 덧붙여서, 이 구절을 좀 더 자세하게 설명한다. 이 구절의 의미는 부모를 공경할 의무를 다하지 못한 자들일지라도, 하나님께 범죄함이 없었다면 드리지 않아도 되는 자원 예물을 스스로 알아서 드리기만 한다면, 부모를 공경하지 못한 잘못은 벌충이 되는 것이라고 하면서, 서기관들이 그런 자들에게 면죄부를 준 것은 철저히 잘못된 일이라는 것이다. 왜냐하면, 우리는 여기에 나오는 그리스도의 말씀을 서기관들이 사람들에게 모든 합당한 순종을 다 금지하였다는 것이 아니라, 그들은 그들 자신의 이익을 추구하는 데에 아주 열심이었던 까닭에, 다만 그들의 이익에 부합하는 한도 내에서 자녀들이 부모를 공경하는 의무를 다하지 않아도 된다고 했다는 의미로 이해해야 하기 때문이다.

마 15:7. 이사야가 너희에 관하여 잘 예언하였도다. 주님은 이제 한 걸음 더 나아가서, 이런 일이 일어나게 된 원인이 무엇이었는지를 두 부분으로 나누어서 분명하게 말씀하시는데, 첫 번째는 그들이 오직 외적인 예식들(externus ritus)만을 의지하였고, 진실하고 올바른 마음을 요구하는 참된 거룩함(vera sanctitas)은 도외시하였다는 것이고, 두 번째는 그들이 그들의 자의적 생각을 따라 잘못된 방식으로 하나님을 섬겼다는 것이다. 이제까지 가식적인 거룩함을 위장하는 것에 대한 그리스도의 책망은 그런 식으로 외식(外飾)하는 사람들에 대한 책망으로 국한되어 있는 듯이 보이지만, 사실은 다음과 같은 가르침의 핵심을 포함하고 있는데, 첫 번째는 하나님에 대한 예배는 영적인 것이기 때문에 물을 뿌리는 것과 같은 어떤 의식(儀式)에 있는 것이 아니라는 것이고, 두 번째는 오직 하나님의 말씀이라는 기준을 따라 드려지는 예배만이 유일하게 하나님에 대한 올바른 예배(rationalis Dei cultus)라는 것이다. 이사야는 장래의 세대들에 대하여 예언한 것이 아니라, 자기 시대의 사람들을 대상으로 한 것이었지만(29:13), 그리스도께서는 이 예언을 바리새인들과 서기관들에게 적용하시는데, 이것은 그들이 이사야 선지자가 상대하였던 저 옛적의 외식하는 자들과 닮은 자들이었기 때문이다. 그리스도께서는 이사야서의 본문을 정확히 그대로 인용하시는 것은 아니지만, 이사야 선지자는 유대인들이 하나님의 보복하심(Dei vindicta)을 자초한 원인이 되었던 두 가지 범죄를 분명하게 언급하는데, 하나는 그들이 오직 외적인 신앙고백을 통해서 "입술"로만 하나님을 "공경하는" 체하며 경건을 위장하였다는 것이고, 다른 하나는 그들이 하나님에 대한 예배를 그들 마음대로 만들어 내어서 잘못된 길로 가버렸다는 것이다.

먼저 우리가 알아야 할 것은 사람이 오직 외적으로 겉보기로만 "하나님을 공경하는" 것은 악한 외식(外飾)이라는 것이다. 반면에, "입으로 하나님을 가까이 하며 입술로 하나님을 공경하는" 것은 거기에 진실한 마음이 수반되기만 한다면 그 자체로 악한 것은 아니다. 그러므로 그리스도께서 하신 이 말씀의 요지는 하나님에 대한 예배는 영적인 것이고, 마음의 내적인 진실함이 수반되지 않는 것은 그 어떤 것도 하나님을 기쁘시게 할 수 없기 때문에, 외적인 겉모습을 통해서 거룩함을 위장하는 자들은 외식하는 자들이라는 것이다.

마 15:9. 나를 헛되이 경배하는도다. 이사야서의 말씀은 원래 "그들이 나를 경외함은 사람의 계명으로 가르침을 받았을 뿐이라"(사 29:13)로 되어 있고, 그리스도께서는 이 말씀을 자유롭게 인용하셔서, 그들이 하나님의 가르침을 사람의 뜻으로 대체하여 "하나님을 헛되이 경배하는도다"라고 하셨지만, 그것은 이사야 선지자가 전한 원래의 말씀의 의미를 정확하고 충실하게 나타내신 것이었다. 그리스도께서 하신 이 말씀이 바울이 말한 온갖 종류의 "자의적 숭배"(ἐθελοθρησκία-에델로드레스키아, 골 2:23)를 단죄하는 말씀이라는 것은 너무나 분명하다. 왜냐하면, 앞에서도 말했듯이, 하나님은 자기가 정해 놓으신 방식 이외의 다른 방식으로 드려지는 예배를 받지 않으시는 까닭에, 사람들이 고안해 낸 새로운 방식의 예배들을 용납하실 수 없으시기 때문이다. 그러므로 사람들이 하나님의 말씀에 의해서 정해져 있는 한계들을 뛰어넘어 그 바깥으로 나가는 순간, 거기에서 하나님을 예배하기 위하여 애쓰고 노력하면 할수록, 그들은 더 큰 심판을 자초하게 된다. 왜냐하면, 그들은 그들이 제멋대로 만들어 낸 것들을 통해서 참된 신앙을 더럽히고 있는 것이기 때문이다.

마 15:9. 사람의 계명으로 교훈을 삼아 가르치니. 그리스도께서는 이 구절에서 동격(同格)을 사용하셔서, 하나님의 "교훈" 대신에 "사람의 계명"을 가르치는 자들,

또는 "사람의 계명"에서 하나님을 예배하는 규범을 찾고자 하는 자들은 잘못된 것
이라고 분명하게 말씀하신다. 그러므로 우리는 하나님이 "순종"을 "제사"보다 더
귀히 여기시기 때문에(삼상 15:22-23), 사람들이 고안해 낸 온갖 종류의 예배들은
하나님 앞에서 헛된 것들이고, 더 나아가 선지자 이사야가 선포하였듯이, 그런 예
배들은 하나님을 모욕하는 가증스러운 것들이라는 것을 확고한 진리로 받아들여
서 명심하고 또 명심하여야 한다.

[10]무리를 불러 이르시되 듣고 깨달으라 [11]입으로 들어가는 것이 사람을 더럽게 하는
것이 아니라 입에서 나오는 그것이 사람을 더럽게 하는 것이니라 [12]이에 제자들이
나아와 이르되 바리새인들이 이 말씀을 듣고 걸림이 된 줄 아시나이까 [13]예수께서
대답하여 이르시되 심은 것마다 내 하늘 아버지께서 심으시지 않은 것은 뽑힐 것
이니 [14]그냥 두라 그들은 맹인이 되어 맹인을 인도하는 자로다 만일 맹인이 맹인을
인도하면 둘이 다 구덩이에 빠지리라 하시니 [15]베드로가 대답하여 이르되 이 비유
를 우리에게 설명하여 주옵소서 [16]예수께서 이르시되 너희도 아직까지 깨달음이 없
느냐 [17]입으로 들어가는 모든 것은 배로 들어가서 뒤로 내버려지는 줄 알지 못하느
냐 [18]입에서 나오는 것들은 마음에서 나오나니 이것이야말로 사람을 더럽게 하느니
라 [19]마음에서 나오는 것은 악한 생각과 살인과 간음과 음란과 도둑질과 거짓 증언
과 비방이니 [20]이런 것들이 사람을 더럽게 하는 것이요 씻지 않은 손으로 먹는 것은
사람을 더럽게 하지 못하느니라(마 15:10-20).

[14]무리를 다시 불러 이르시되 너희는 다 내 말을 듣고 깨달으라 [15]무엇이든지 밖에
서 사람에게로 들어가는 것은 능히 사람을 더럽게 하지 못하되 [16]사람 안에서 나오
는 것이 사람을 더럽게 하는 것이니라 하시고 [17]무리를 떠나 집으로 들어가시니 제
자들이 그 비유를 묻자온대 [18]예수께서 이르시되 너희도 이렇게 깨달음이 없느냐
무엇이든지 밖에서 들어가는 것이 능히 사람을 더럽게 하지 못함을 알지 못하느냐
[19]이는 마음으로 들어가지 아니하고 배로 들어가 뒤로 나감이라 이러므로 모든 음
식물을 깨끗하다 하시니라 [20]또 이르시되 사람에게서 나오는 그것이 사람을 더럽게
하느니라 [21]속에서 곧 사람의 마음에서 나오는 것은 악한 생각 곧 음란과 도둑질과
살인과 [22]간음과 탐욕과 악독과 속임과 음탕과 질투와 비방과 교만과 우매함이니 [23]
이 모든 악한 것이 다 속에서 나와서 사람을 더럽게 하느니라(막 7:14-23).

[39]또 비유로 말씀하시되 맹인이 맹인을 인도할 수 있느냐 둘이 다 구덩이에 빠지지 아니하겠느냐(눅 6:39).

마 15:10. 무리를 불러. 그리스도께서는 이제 여기에서는 저 교만한 자들을 떠나서, 가르침을 받을 준비가 되어 있는 자들에게로 가서서, 그가 앞에서 얼핏 보여 주셨던 진리이자 바울이 우리에게 다시 한 번 가르쳐 준 진리, 즉 "하나님의 나라는 먹는 것과 마시는 것"에 있는 것이 아니라는 것(롬 14:17)을 좀 더 자세하게 설명해 주신다. 왜냐하면, 외부에 있는 것들은 본래 깨끗하고, 그것들을 사용하는 것도 거리낄 것이 없이 깨끗한 것이어서, 하나님이 지으신 선한 피조물들로 인해서 사람이 부정(不淨)하게 되는 일은 없기 때문이다. 그러므로 "더러움"은 밖으로부터 사람 속으로 들어가는 것이 아니고, 더러움을 솟구쳐 내는 샘은 사람 안에 감춰져 있다는 것은 보편적인 진리의 말씀이다. 한편, 그리스도께서는 사람이 행하는 온갖 악행들은 사람의 "입에서 나온다"고 말씀하실 때에 제유법(提喻法: 일부로 전체를 표현하는 수사법 - 역주)을 사용하신다. 왜냐하면, 그리스도께서는 방금 전에 "입"과 관련하여 하신 말씀을 간접적으로 빗대어서, 음식을 통해서 더러움이 우리 "입" 속으로 들어오는 것이 아니라, 온갖 종류의 더러움이 우리 자신으로부터 나간다는 가르침을 전하고 계시기 때문이다.

마 15:12. 바리새인들이 … 아시나이까. 서기관들은 오만하여 사람을 깔보고 가르침을 받고자 하지 않았기 때문에, 그리스도께서는 그들을 설득하려고 많은 수고를 하지 않으시고, 그들의 외식(外飾)과 교만을 물리치시는 것으로 만족하셨다. 그들은 그리스도께서 그들의 정결 예식들을 하찮은 것으로 여겨 무시하신 것이 그저 무심결에 하신 것이 아니라 마치 의도적으로 작정하신 것처럼 그렇게 하신 것임을 알고서는, 이전보다 두 배나 더 화가 치밀어 오르게 되었다. 그리스도께서 날카로운 책망으로 이 사악하고 악의적인 자들을 공격하셔서, 그들의 분노를 한층 더 타오르게 하시는 것을 주저하지 않으신 것을 볼 때, 우리는 그리스도의 그러한 모범으로부터, 우리가 우리의 말이나 행동을 통해서 모든 사람을 기쁘게 해 주려고 너무 애쓰지 말아야 한다는 것을 배우게 된다. 그런데 제자들은 그리스도께서 서기관들과 바리새인들을 책망하신 것이 도리어 불리한 결과를 가져온 것을 알고서, 즉시 그리스도의 대답이 부적절해서 상황이 악화된 것이라는 결론을 내린다 - 무지하고 배우지 못한 자들이 흔히 그러하듯이. 제자들의 이러한 조언의 목적은 그

리스도를 설득해서, 그들이 보기에 너무 심했다고 생각되는 표현들을 부드럽게 고
치시게 함으로써, 바리새인들의 분노를 달래 주기 위한 것이었다.

　사람들이 그들에게 베풀어진 하나님의 가르침을 의심하거나 배척하는 것을 보
면, 그 가르침에 뭔가 문제가 있는 것이라고 생각하는 것은 믿음이 약한 자들에게
는 비일비재하게 일어난다. 모든 사람이 하나님의 말씀을 들었을 때에 마음에 거
슬리는 것이 하나도 없이 조용히 그 말씀을 받아들인다면, 얼마나 좋은 일이겠는
가. 그러나 많은 사람들의 마음은 눈멀어 있고, 심지어 사탄의 충동질에 의해서 분
노를 일으키는 일이 허다한데다가, 지독한 멍청함으로 말미암아 그 지각(知覺)이
마비되어 있는 심령들이 많기 때문에, 모든 사람이 구원에 관한 참된 가르침을 들
을 때에 금세 깨달아서 받아들이는 것은 불가능하다. 무엇보다도, 우리는 악의(惡
意)와 완악함이라는 독기를 내면에 품고 있는 자들이 말씀을 들을 때에 분노하는
것을 보더라도 놀라지 않아야 한다. 물론, 우리는 할 수 있는 한, 사람들에게 걸림
돌이 되거나 사람들을 화나게 하지 않는 방식으로 가르치기 위하여 신경을 써야
하지만, 하늘에 계신 우리 주님이 우리에게 명하신 것 이상으로 지나치게 사람들
을 배려해서 가르친다면, 그것은 정말 정신 나간 짓이 될 것이다. 우리는 이 사악하
고 완악한 자들이 그리스도께서 하신 말씀을 듣고서 왜 화를 냈는지를 알고, 아울
러 그들의 속에 있던 악의로부터 생겨난 이 분노를 그리스도께서 어떻게 일축하시
고 무시하셨는지도 안다.

　마 15:13. 심은 것마다. 그리스도께서는 제자들이 그의 가르침이 역효과를 냈다
고 생각하여 그 연약한 심령이 상처를 받자, 그 상처를 치유해 주고자 하셨는데, 그
리스도께서 치유를 위해서 그들에게 해 주신 말씀은 하나님의 말씀이 많은 사람들
에게 사망의 기회가 된다고 할지라도, 그것이 선한 자들에게 거리낌이 되거나 말
씀에 대한 경외심을 약화시키는 기회가 되어서는 안 된다는 것이었다. 어떤 이들
은 이 구절을 잘못 해석해서, 이 구절은 사람들이 고안해서 만들어 낸 모든 것들,
하나님의 입에서 나오지 않은 모든 것을 뿌리 뽑아서 없애야 한다는 취지의 말씀
이라고 설명하지만, 그리스도께서는 여기에서 어떤 일이나 가르침이 아니라 사람
들을 가리켜서 그렇게 말씀하신 것이기 때문에, 이 구절의 요지는 악하여 버림받
은 자들은 그들의 운명인 멸망을 향하여 늘 돌진해 가고 있는 자들기 때문에, 구원
에 관한 가르침이 그런 자들에게 죽음을 가져다준다고 해도, 그것은 전혀 이상한
일이 아니라는 것이다.

그렇다면, 하나님의 손으로 "심으신" 자들은 누구인가? 선지자 이사야가 하나님의 은혜로 말미암아 새롭게 된 교회에 대하여 말하면서, 그 교회를 하나님이 "심은 가지"라고 말하였던 것과 마찬가지로(사 60:21), 우리는 하나님이 값없이 택하여 그의 아들들로 삼으셔서 생명나무에 접붙이신 자들이 바로 그들이라고 이해하여야 한다. 구원은 전적으로 하나님의 택하심으로 말미암는 것이기 때문에, 악하여 버림받은 자들은 어떤 식으로든 멸망받을 수밖에 없다. 이 악하여 버림받은 자들은 그들에게 죄도 없고 잘못한 것도 없는데 하나님이 그들을 멸하시기로 작정하셨기 때문에 멸망받는 것이 아니고, 그들에게 아무리 유익하고 좋은 것들이 주어진다고 하여도, 그들 자신의 악의로 말미암아 그 모든 것을 멸망을 자초하는 방식으로 사용함으로써 결국 멸망을 받는 것이다. 바울이 우리에게 확실하게 말해 주고 있듯이, 자발적으로 멸망을 향해 달려가는 자들에게 복음은 "사망으로부터 사망에 이르는 냄새"(고후 2;16)가 된다. 왜냐하면, 복음은 모든 사람에게 구원을 가져다 주기 위한 것이지만, 오직 택함받은 자들에게서만 그러한 열매를 맺기 때문이다. 물론, 신실하고 정직한 사역자는 복음을 전할 때에 모든 사람이 거기에서 유익을 얻을 수 있도록 최선을 다해야 하지만, 그 결과가 그들의 기대와 다르게 나왔을 때에는, 그때마다 그리스도께서 여기에서 비유를 통해서 우리에게 주신 대답을 기억하고 위로를 얻어야 한다. 왜냐하면, 복음의 가르침이 악하여 버림받은 자들에게 제시되어서, 그들이 그들의 숨겨진 독기를 뿜어내고, 그들에게 예정되어 있는 사망의 길을 스스로 재촉하는 일이 벌어질 때, 그들에게 사망을 가져다주는 요인은 복음의 가르침에 있는 것이 아니라, 하나님 안에 뿌리가 없는 악하여 버림받은 자들에 있다는 것을 그리스도께서는 여기에서 아름다운 비유로 표현하고 계시기 때문이다.

마 15:13. 내 하늘 아버지께서 심으시지 않은 것은. 이것은 그리스도께서 특히 얼마 동안은 제대로 심어진 선한 나무들처럼 보이는 외식하는 자들을 염두에 두시고 하신 말씀이다. 왜냐하면, 공개적으로 악하게 하나님을 멸시하는 것으로 유명한 에피쿠로스파의 철학자들은 제대로 심어진 선한 나무들처럼 보일 리가 만무하기 때문이다. 따라서 이 말씀은 이런저런 겉모습의 헛된 경건으로 인해서 명성을 얻은 자들을 염두에 두고 하신 것임이 틀림없다. "서기관들"은 하나님의 교회에서 레바논의 백향목들처럼 우뚝 솟은 그런 자들이었기 때문에, 그런 자들의 반역이나 변절은 더욱 말도 안 되는 이상한 일로 보일 수 있다. 그리스도께서는 여기에서 구원을 멸시하고 배척하는 자들이 멸망받는 것은 마땅한 일이라고 말씀하신 것이라고 할 수 있지만, 거기에서 한 걸음 더 나아가서, 어떤 사람의 구원이 하나님의 택하심에 견고하게 뿌리를 내리고 있지 않다면, 그 구원은 언제까지나 견고할 수는 없을 것이라고 말씀하시는 것이다. 이 말씀을 통해서, 그리스도께서는 우리의 구원은 우리가 태어나기도 전에 하나님이 우리를 택하셔서 그의 자녀로 삼으신 그 은혜로부터 시작된 것이라는 것을 분명하게 선언하신다.

마 15:14. 그냥 두라. 그리스도께서는 서기관들과 바리새인들을 우리가 신경을 쓸 필요가 없는 자들로 치부하시면서, 그의 가르침이 그들에게 걸림돌이 되어서 그들이 기분이 상하고 화가 났다고 해도, 그것은 우리가 신경 쓸 일이 아니라고 말씀하신다. 이것으로부터 걸림돌과 관련해서 우리가 익히 들어 왔던 두 가지 구별, 즉 연약한 믿음에 걸림돌이 될 만한 것들은 우리가 적극적으로 조심하고 피해야 하지만, 사람들 속에 있는 완악함과 악의(惡意) 때문에 걸림돌이 되는 것들은 우리가 신경을 쓸 필요가 없다는 구별이 생겨났다. 왜냐하면, 만약 모든 완악한 자들을 만족시키고자 한다면, 우리는 "부딪치는 돌과 걸려 넘어지게 하는 바위"(벧전 2:8)이신 그리스도를 땅에 묻어 두어야 할 것이기 때문이다. 무지(無知)로 인해서 걸려 넘어지지만 나중에는 올바른 생각으로 되돌아오는 믿음이 연약한 자들과, 걸려 넘어지는 원인이 자기 자신 속에 있는 오만방자한 자들은 구별되어야 한다. 우리가 이러한 구별을 알지 못했을 때에 우리의 잘못으로 말미암아 믿음이 연약한 자들이 괴로워질 수 있기 때문에, 이 구별을 아는 것이 우리에게 중요하다. 악한 자들이 그들의 완악함으로 말미암아 걸림돌로 여기는 것일 때에는, 우리는 흔들림 없이 그들이 걸림돌로 여기는 것들을 행하여야 한다. 그러나 믿음이 약한 형제들을 배려하지 않는 것은 손을 내밀어 도와주어야 마땅한 자들을 도리어 발로 짓밟는 것이다. 우리가 옳은 길을 가고자 할 때에 우리의 길이 필연적으로 걸림돌이 될 수밖에 없는 자들에게 신경을 쓴다면, 그것은 쓸데없는 짓이 될 것이다. 그들이 그들에게 걸림돌이 된 것들을 핑계로 삼아서 그리스도에게서 떨어져 나가고 반역할 때, 우리가 그들에게 휘말리거나 끌려가서 함께 멸망에 떨어지지 않기 위해서는, 그들을 상관하지 말고 "그냥 내버려 두어야" 한다.

마 15:14. 그들은 맹인이 되어 맹인을 인도하는 자로다. 이 말씀은 그런 자들에게 이리저리 휘둘리는 사람들은 모두 다 비참하게 멸망하게 될 것이라는 의미이다. 왜냐하면, 그들이 평탄한 길에서 넘어지는 것을 보면, 그들이 스스로 원해서

"맹인"이 된 것임이 분명하기 때문이다. 그러니, 그들의 인도를 받는 자가 어떻게 그들과 마찬가지로 "구덩이"에 빠지지 않을 수 있겠는가? "공의로운 해"로 우리 위에 "떠오르신"(말 4:2) 그리스도, 복음의 빛을 통해서 우리에게 길을 제시해 주실 뿐만 아니라, 우리로 하여금 늘 빛 가운데서 그 길로 행하기를 원하시는 그리스도께서 그의 제자들에게 "맹인들"을 따라서 어둠 속에서 헤매지 말고, 무기력함과 안일함을 떨쳐 버리고 거기에서 나오라고 부르시는 것은 당연한 일이다. 또한, 이것으로부터 우리는 별 생각 없이 현실에 순응하여 평범하게 살고 싶다는 미명 아래 자기 자신을 잘못된 것들에 내맡기고 그 잘못된 것들에 속거나 그 덫에 걸려서 살아가는 자들은 결코 변명할 수 없다는 것을 알게 된다.

눅 6:39. 또 비유로 말씀하시되. 누가는 그리스도께서 하신 이 말씀을 전하면서, 그 어떤 정황도 언급하지 않고, 단지 그리스도께서 이 "비유"를 사용하셨다고만 말한다. 사실, 누가는 그리스도의 말씀들을 기록할 때에, 그 말씀들이 어떤 계기로 나오게 되었는지에 대해서는 아무 말도 하지 않는 경우가 많다. 그리스도께서 이 비유를 여러 번 반복해서 말씀하셨을 가능성이 있다는 것은 의심의 여지가 없지만, 나는 누가가 때를 밝히지 않고 기록해 놓은 이 비유를 여기에 끼워 넣어서 함께 다루는 것이 가장 적절하다고 생각한다.

마 15:15. 베드로가 대답하여 이르되. 제자들이 극심한 무지를 드러내었기 때문에, 그리스도께서 "아직까지 깨달음이 없느냐"고 그들을 책망하신 것은 당연한 일이지만, 그럼에도 불구하고 그리스도께서는 그들의 선생으로서의 역할을 포기하지 않으신다. 마태는 이 요청을 오직 베드로 한 사람이 한 것으로 말하는 반면에, 마가는 모든 제자들이 함께 이런 요청을 한 것이라고 말한다. 이것은 이 요청에 따른 답변 속에서 그리스도께서 베드로만이 아니라 모든 제자들의 무지를 책망하시는 것을 보면 분명하게 드러난다. 그리스도께서 하신 답변의 요지는, 사람은 음식에 의해서 부정(不淨)하게 되는 것이 아니라, 원래부터 그들 속에 죄악의 부정함을 지니고 있고, 그 부정함이 그들의 행위를 통해서 밖으로 분명하게 드러난다는 것이다. 여기에서 절제하지 못하고 많이 먹는 것이 부정함이라는 것은 분명하지 않은가라는 반론이 제기될 수 있지만, 그 대답은 쉽다. 그리스도께서는 오직 하나님이 우리에게 주신 것들을 적절하고 합당하게 사용하는 것에 대해서만 말씀하고 계신다. 먹고 마시는 것은 그 자체로는 본래 가치중립적인 것이어서 아무런 문제가 없다. 거기에 어떤 부정함이 더해진다면, 그 부정함은 먹고 마시는 그 사람에게서 나오는 것이기 때문에, 외적인 것이 아니라 내적인 것으로 여기는 것이 마땅하다. [그러므로 죄는 언제나 내적인 것이고, 밖으로부터 들어오는 것이 아니다 ― 불어판.]

마 15:19. 마음에서 나오는 것은. 앞에서도 말했듯이, 이 구절로부터 우리는 그리스도께서 앞 절에서 "입"이라는 단어를 이 구절에 나오는 "마음"이라는 의미로 사용하셨다는 것을 문맥상으로 알게 된다. 왜냐하면, 그리스도께서 여기에서는 "입"에 대해서는 전혀 언급하지 않으시고, 단지 온갖 죄악된 것과 사람을 더럽히는 것이 사람의 "마음에서" 나온다고만 말씀하고 계시기 때문이다. 마가 본문은 "비정상적인 욕구" 같은 더 많은 악(惡)의 목록을 열거한다는 점에서 마태 본문과 다르다. 어떤 이들은 헬라어 '플레오넥시아이'($\pi\lambda\epsilon o\nu\epsilon\xi\acute{\iota}\alpha\iota$)를 "탐욕"으로 번역하지만, 나는 그것을 좀 더 일반적인 의미를 지닌 "비정상적인 욕구"로 번역하였다. 또한, 마가 본문은 "속임"과 "방탕" 등등도 이 목록 속에 포함시킨다. 이러한 표현방식은 부정확한 것일 수 있지만, 그리스도께서 무엇을 말씀하시고자 하시는 것인지는 우리가 충분히 이해할 수 있는데, 그것은 모든 악이 사람의 악하고 부패한 마음의 성향(affectus)에서 나온다는 것이다. "악한 눈"(malus oculus) 또는 "질투"(이 두 가지 표현은 동일한 의미이다 ― 역주)가 마음에서 나온다고 말하는 것은 엄밀하게 말해서 정확한 것은 아니지만, 거기에는 불합리하거나 모호한 것은 전혀 없다. 왜냐하면, 이 말씀은 순전하지 못한 마음이 눈을 더럽히고 오염시켜서, 악한 욕망이나 욕구의 도구로 사용한다는 것을 의미하기 때문이다. 그리스도께서는 사람 속에 있는 모든 악한 것이 눈에 보이는 명백한 죄들에 국한되어 있다는 듯이 말씀하시는 것이 아니라, 근본적으로 사람의 마음이 온갖 악의 소굴(omnium malorum sedes)이라는 것을 좀 더 분명하게 보여주시기 위해서, 그 죄들은 밖으로 드러난 증거들이자 결과물들에 불과하다고 말씀하신다.

막 7:23. 사람을 더럽게 하느니라. 헬라어 '코이노이'($\kappa o\iota\nu o\iota$)는 여기에서 "더럽게 하다"로 번역되긴 했지만, 원래는 "평범하게 만들다, 속되게 하다"라는 뜻이다. 이것은 마가가 조금 앞에서(7:2) 헬라어 '코이나이스 케르신'($\kappa o\iota\nu\alpha\iota\varsigma\ \chi\epsilon\rho\sigma\acute{\iota}\nu$)을 "부정한 손으로"라는 의미로 사용한 것과 같은 것으로서, 히브리적인 표현방식에 속한다. 왜냐하면, 하나님이 유대인들을 성별하셔서, 그들로 하여금 그들 자신을 이방인들의 온갖 더러움으로부터 떠나게 하신 까닭에, 이런 식으로 거룩한 것이 아닌 모든 것은 "평범한 것," 즉 "속된 것"이라 불렸기 때문이다.

²¹예수께서 거기서 나가사 두로와 시돈 지방으로 들어가시니 ²²가나안 여자 하나가 그 지경에서 나와서 소리 질러 이르되 주 다윗의 자손이여 나를 불쌍히 여기소서 내 딸이 흉악하게 귀신 들렸나이다 하되 ²³예수는 한 말씀도 대답하지 아니하시니 제자들이 와서 청하여 말하되 그 여자가 우리 뒤에서 소리를 지르오니 그를 보내소서 ²⁴예수께서 대답하여 이르시되 나는 이스라엘 집의 잃어버린 양 외에는 다른 데로 보내심을 받지 아니하였노라 하시니 ²⁵여자가 와서 예수께 절하며 이르되 주여 저를 도우소서 ²⁶대답하여 이르시되 자녀의 떡을 취하여 개들에게 던짐이 마땅하지 아니하니라 ²⁷여자가 이르되 주여 옳소이다마는 개들도 제 주인의 상에서 떨어지는 부스러기를 먹나이다 하니 ²⁸이에 예수께서 대답하여 이르시되 여자여 네 믿음이 크도다 네 소원대로 되리라 하시니 그 때로부터 그의 딸이 나으니라(마 15:21-28).

²⁴예수께서 일어나사 거기를 떠나 두로 지방으로 가서 한 집에 들어가 아무도 모르게 하시려 하나 숨길 수 없더라 ²⁵이에 더러운 귀신 들린 어린 딸을 둔 한 여자가 예수의 소문을 듣고 곧 와서 그 발 아래에 엎드리니 ²⁶그 여자는 헬라인이요 수로보니게 족속이라 자기 딸에게서 귀신 쫓아내 주시기를 간구하거늘 ²⁷예수께서 이르시되 자녀로 먼저 배불리 먹게 할지니 자녀의 떡을 취하여 개들에게 던짐이 마땅치 아니하니라 ²⁸여자가 대답하여 이르되 주여 옳소이다마는 상 아래 개들도 아이들이 먹던 부스러기를 먹나이다 ²⁹예수께서 이르시되 이 말을 하였으니 돌아가라 귀신이 네 딸에게서 나갔느니라 하시매 ³⁰여자가 집에 돌아가 본즉 아이가 침상에 누웠고 귀신이 나갔더라(막 7:24-30).

이 이적을 통해서 우리는 그리스도의 은혜가 어떤 식으로 이방인들에게 흘러들어가기 시작하였는지를 알게 된다. 왜냐하면, 그리스도께서는 자신을 온 세상에 나타내실 때가 아직 온 것은 아니었지만, 그가 부활하신 후에 결국에는 유대인이나 이방인이나 차별 없이 모든 사람에게 주어지게 될 긍휼(misericordia)을 미리 어느 정도 보여주시고자 하셨기 때문이다. 복음서들이 "가나안 여자"를 통해서 믿음의 주목할 만한 모범을 우리에게 보여주는 것은, 유대인들의 불경건이 도저히 눈 뜨고는 못 볼 정도가 되어 버렸기 때문에 그들이 약속된 구속(救贖)을 박탈당하게 된 것은 마땅한 일이라는 것을 가나안 여자와의 대비(對比)를 통해서 우리에게 가르쳐 주기 위한 것이다.

마태는 이 여자를 "가나안 여자"라고 말하지만, 마가는 "그 여자는 헬라인이요 수로보니게 족속이라"고 소개한다. 그러나 여기에는 아무런 모순도 없다. 왜냐하면, 우리는 유대인들 사이에서는 모든 이방인들을 "헬라인"이라고 부르는 것이 관행이어서, "헬라인과 유대인"이라는 표현이 바울 서신 속에 자주 등장한다는 것을 알기 때문이다. 이 여자는 "두로와 시돈 지방" 출신이었기 때문에, 우리는 이 여자가 "수로보니게 족속"이라 불리는 것을 이상하게 생각할 필요가 없다. 왜냐하면, 그 지역은 "수리아"라 불렸고, "보니게"(페니키아)의 일부였기 때문이다. 유대인들은 그 지역의 주민들을 멸시하여 "가나안 사람들"이라는 이름으로 불렀는데, 이것으로 보아서, 그들 가운데 대다수는 옛적에 이스라엘에 의해서 그들의 원래의 거주지로부터 쫓겨나서 인근 지역으로 피난하여 정착한 가나안 족속들의 후손이었을 가능성이 높다. 어쨌든 마태와 마가는 이 여자가 이방 여자였고, 율법의 가르침을 받은 적이 없었으며, 그리스도께 겸손히 도우심을 요청하기 위해서 자원해서 왔다고 둘 다 똑같이 말한다.

막 7:24. 아무도 모르게 하시려 하나. 우리는 마가가 이때의 정황을 얘기하면서, 그리스도께서 이 지역에 오셨을 때에 자신의 깃발을 세우고자 하신 것이 아니라, 잠시 한 평범한 개인으로 돌아가서 이 한적한 곳에 은신해 계시고자 하셨다고 말하는 것에 주목하여야 한다. 이것은 마가가 사람의 예(例)를 따라 말하고 있는 것이다. 왜냐하면, 그리스도께서는 그의 신성(神性)으로는 장차 무슨 일이 일어나게 될지를 미리 아셨지만, 하나님의 일꾼이자 사자(使者)로 부르심을 받아 인성(人性)의 제약 아래에서 활동하셨던 까닭에, 그런 점에서 우리는 그리스도께서 "사람으로서" 자기가 원했던 것을 이룰 수 없으셨다고 말할 수 있기 때문이다. 어쨌든 내가 앞에서도 말했듯이, 마가가 전해 주는 이러한 모든 정황은 유대인들을 강력하게 단죄하는 뉘앙스를 지닌다고 할 수 있다. 왜냐하면, 유대인들은 그들이 하나님의 언약의 상속자들이자 하나님의 택하신 백성이요 왕 같은 제사장이라고 자랑하였지만, 정작 그리스도께서 이적들과 더불어서 큰 목소리로 약속된 구속(救贖)을 그들에게 전하셨을 때에는, 눈을 감아 버리고 귀를 틀어막아 버린 반면에, 아브라함의 자손도 아니었고, 하나님의 언약과 아무 상관도 없었던 이 "가나안 여자"는 그리스도의 음성을 직접 듣거나 그의 이적들을 그 눈으로 본 적도 없었지만, 스스로 자원해서 그리스도께로 나아왔기 때문이다.

마 15:22. 주 다윗의 자손이여 나를 불쌍히 여기소서. 이 여자는 외인(外人)이었고, 하나님의 양 무리에 속한 자도 아니었지만, 하나님에 대한 신앙을 접해 본 자였다. 왜냐하면, 하나님의 약속들에 대하여 어느 정도 알고 있지 않았다면, 이 여자가 그리스도를 "다윗의 자손"이라고 부를 수 없었을 것이기 때문이다. 유대인들은 이미 율법에 관한 순전하고 올바른 가르침에서 거의 완전히, 또는 적어도 상당한 정도로 떠나 있었지만, 하나님이 약속하신 구속(救贖)에 관한 소문은 널리 퍼져서 사람들 사이에서 생생하게 전해지고 있었다. 교회의 회복은 다윗의 나라를 통해서 이루어질 것이었기 때문에, 사람들은 메시야에 대하여 말할 때마다 "다윗의 자손"이라는 호칭을 사용하는 것이 관행이 되어 있었고, 실제로 이러한 신앙고백은 모든 사람의 입에서 들을 수 있었다. 그러나 참된 신앙이 유대인들 가운데서 죽어 버렸는데도 불구하고, 하나님의 약속들에서 나는 향기가 이방 나라들에 퍼져서 여전히 사라지지 않고 남아 있었던 것은 하나님의 선하심을 보여주는 놀랍고 믿을 수 없는 섭리였다. 이런 까닭에, 이 여자는 그 어떤 율법 교사를 통해서 정상적인 교육을 받은 것은 아니었지만, 그리스도에 대한 그녀의 믿음은 그녀가 자의적으로 생각해 낸 것에 기초한 것이 아니라, 율법과 선지자들로부터 나온 것이었다. 그러므로 이 "가나안 여자"의 예를 근거로 삼아서, 하나님의 약속들에 대한 지식이 없이도 얼마든지 믿음이 존재할 수 있다는 것을 증명하고자 한 저 세르베투스(Servetus)라는 개는 악한 자일 뿐만 아니라 어리석기 짝이 없는 자이기도 하다. 이와 관련해서, 나는 종종 일종의 암묵적 믿음(fides implicita), 즉 올바른 가르침에 대한 온전하고 분명한 지식이 수반되지 않은 믿음이라는 것이 존재할 수 있다는 것을 부인하지 않지만, 믿음은 언제나 하나님의 말씀에서 나고 참된 가르침에서 시작되기 때문에, 항상 어느 정도의 참된 지식의 빛과 결합되어 있다는 것은 확고한 진리이다.

마 15:23. 예수는 … 대답하지 아니하시니. 복음서 기자들은 이 여자의 믿음을 여러 가지 방식으로 칭찬하는데, 여기에서는 그녀가 어떤 상황에서도 굴하지 않고 끝까지 참고 견딘 것을 부각시킨다. 왜냐하면, 그리스도께서 침묵하신 것은 일종의 거절을 의미하는 것이었던 까닭에, 그녀가 그런 시험을 받고도 나가떨어지지 않고 기도를 계속한 것은 그녀의 인내를 보여주는 좋은 증거였기 때문이다. 하지만 이것은 믿음과 하나님의 이름을 부르며 기도하는 것의 본질과 맞지 않는 것처럼 보인다. 왜냐하면, 바울은 하나님의 말씀을 듣기 전까지는 그 누구도 올바르게 기도할 수 없다고 말하기 때문이다. "그들이 믿지 아니하는 이를 어찌 부르리요 듣지도 못한 이를 어찌 믿으리요"(롬 10:14). 그러므로 그리스도께서 침묵하셨음에도 불구하고, 이 여자가 자신의 감정을 따라서 용기를 냈다고 해서, 이 여자에게 믿음이 있었다고 누가 말할 수 있겠는가? 그러나 그리스도께서는 말씀을 통한 방식과 침묵을 통한 방식을 둘 다 사용하시는 분이시기 때문에, 우리가 주목해야 할 것은 여기에서는 그리스도께서 그의 입을 열어서 말씀하지는 않으셨지만, 이 여자의 마음에 대고 속으로 말씀하신 것이기 때문에, 그러한 은밀한 감화(感化)가 외적인 말씀을 대신하였다고 할 수 있다는 것이다. 게다가, 그녀의 기도는 "믿음"으로 말미암은 "들음"(롬 10:17)에서 생겨난 것이었기 때문에, 그리스도께서 즉시 응답하지 않으신다고 해도, 그녀는 자기가 이미 알고 있었던 저 가르침, 즉 그리스도께서 구속주로 오셨다는 가르침의 음성을 내면에서 계속해서 듣고 있었다. 주님은 그를 믿는 자들에게 종종 이런 식으로 침묵을 통하여 말씀하신다. 즉, 그들은 성경의 증언들을 의지하여, 그리스도의 음성을 듣고서, 그리스도께서 그들에게 은혜를 베풀어 주실 것을 믿어 의심치 않고 있는데도, 그리스도께서는 그들의 소원과 기도를 즉시 응답해 주시기는커녕, 도리어 마치 들으시지도 못하신 듯한 모습을 보이신다는 것이다. 이럴 때에 그리스도께서 침묵하시는 의도는 이 여자의 믿음을 꺼버리시기 위한 것이 아니라, 도리어 그녀의 열심에 불을 붙이셔서 그녀가 더욱 열(熱)과 성(誠)을 다하여 그에게로 나아오게 하시기 위한 것이다. "가나안 여자" 속에 있던 작은 가르침의 씨앗이 이렇게 풍성한 열매를 맺었다는 것을 생각할 때, 그리스도께서 어느 때라도 우리의 기도에 대한 응답을 미루시고 즉시 이루어주지 않으신다고 해서, 우리가 낙심하는 것은 합당치 않은 일이다.

마 15:23. 그를 보내소서. 제자들은 이 여자를 위해서 그리스도께 그녀를 도와주시라고 청(請)을 넣은 것이 아니라, 도리어 그녀가 끈질기게 소리치며 뒤따라오는 것을 보고서 성가시고 귀찮아서 어떤 식으로든 그녀를 멀리 쫓아버리고자 하였다. 교황주의자들이 이 구절을 근거로 삼아서, 죽은 성도들이 우리를 위해서 대도(代禱)할 수 있다고 가르치는 것은 유치하기 짝이 없는 짓이다. 왜냐하면, 그들의 주장대로, 설령 이 가나안 여자가 제자들에게 도와 달라고 끈질기게 졸랐다고 하더라도 ─ 이것조차도 이 본문에서 증명될 수 없는 주장이지만 ─ 죽은 자와 산 자는 그 경우가 완전히 다르기 때문이다. 또한, 우리가 주목해야 할 것은 설령 그들이 그녀를 옆에서 거들어서 도와주고자 하였다고 하더라도, 그들은 아무것도 이룰 수 없었으리라는 것이다.

마 15:24. 나는 … 보내심을 받지 아니하였노라. 그리스도께서는 그가 "가나안 여자"의 청(請)을 거절한 이유는 하나님이 그를 오직 유대인들에게로 가서 하나님의 은혜를 전하라고 명하신 까닭에 온전히 거기에 전념하기 위한 것이라고 사도들에게 말씀하신다. 그러므로 그리스도께서는 그가 외인(外人)들을 돕지 않는 것은 아버지 하나님으로부터 받은 사명(使命)이자 명령이라고 말씀하시는 것이다. 이것은 그리스도의 능력이 언제까지나 그렇게 좁은 범위 내에서만 행하여져야 했기 때문이 아니라, 현재의 특수한 상황으로 인해서 그리스도께서는 유대인들로부터 그의 사역을 시작하셔야 했고, 이때에는 특히 유대인들에게 전념하셔야 했기 때문이었다. 마태복음 10:5을 주석하면서 이미 말했듯이, "중간에 막힌 담"(엡 2:14)은 그리스도께서 부활하신 후에 하나님의 나라 밖에 있던 이방인들에게 "화평"을 전하시기 전까지는 아직 허물어진 것이 아니었다. 그런 까닭에, 그리스도께서는 당시에 사도들에게 복음의 첫 번째 씨앗을 유대 이외의 다른 곳에 뿌리는 것을 금하셨다. 따라서 그리스도께서 여기에서 때가 되어 이방인들의 순서가 올 때까지는 그가 오직 유대인들에게로 "보내심을 받았다"고 말씀하신 것은 옳다.

마 15:14. 이스라엘 집의 잃어버린 양 외에는. 그리스도께서는 "이스라엘 집의 양"이라는 호칭을 택하심을 입은 자들에게만이 아니라 거룩한 족장들의 모든 후손들에게 적용하신다. 왜냐하면, 그리스도께서는 모든 자에게 예외 없이 자기 자신을 계시하시고 주셨던 것과 마찬가지로, 모든 자를 언약 속에 포함시키셨고, 구속주로서 모든 자에게 차별 없이 약속된 분이셨기 때문이다. 우리가 주목할 필요가 있는 것은 그리스도께서 다른 곳에서 "잃어버린 양"을 구하기 위하여 오셨다고 말씀하신 것처럼(마 18:11), 여기에서도 그가 "잃어버린 양에게로 보내심을 받았다"고 분명하게 선언하신다는 것이다. 오늘날 유대인들과 마찬가지로 이 은혜가 우리에게 주어지고 있는 바로 지금, 즉 그리스도께서 자기 자신을 우리의 구주(救主)로 나타내시고 계시는 동안에, 우리는 우리의 모습이 어떠한지를 깨달아 알아야 한다.

마 15:25. 여자가 와서 예수께 절하며. 이 여자는 마치 그리스도께서 이미 거절하셨는데도 불구하고, 그리스도에게서 뭔가를 얻어내기 위하여 완고하고 끈덕지게 그리스도와 다투고 있는 것처럼 보이지만, 그녀가 메시야의 선하심에 대한 그녀의 확신에 의해서 행하고 있다는 것은 의심의 여지가 없다. 그리스도께서 그녀를 돕는 것은 자신의 직임(職任)이 아니라는 것을 분명하게 밝히셨지만, 그녀는 그 거절하시는 말씀을 듣고도 겁을 집어먹거나 자신의 목적을 포기하지 않았는데, 그 이유는 그녀가 내가 앞서 말하였던 바로 그 믿음, 즉 그녀가 이전부터 품어 왔던 그 믿음을 견고히 붙든 채로, 그녀의 소망과 반대되는 그 어떤 것도 용납하거나 인정하지 않았기 때문이었다. 우리가 하나님의 말씀에 토대를 두고서 시작된 우리의 구원이 어떤 식으로든 우리에게서 떨어져 나가는 것을 용납하지 않는 것이야말로 우리에게 믿음이 있다는 것을 증명해 주는 참된 시금석이다.

마 15:26. 마땅하지 아니하니라. 그리스도께서 하신 대답은 그 어느 때보다도 가혹하고 냉정하기 짝이 없어서, 우리는 그리스도께서 이러한 대답을 통해서 이 여자의 모든 소망을 다 끊어 놓고자 하신 것이라고 생각하기 쉽다. 왜냐하면, 그리스도께서는 그가 아버지 하나님으로부터 받은 모든 은혜는 유대인들에게 속한 것으로서 오직 그들에게만 주어져야 하고, 만약 그것들이 다른 이들에게 주어진다면, 유대인들은 자신의 고유한 권리들을 부당하게 빼앗기는 것이 되고 말 것이라고 분명하게 선언하셨을 뿐만 아니라, 이 가나안 여자를 "개"에 비유하시는 모욕적인 언사(言辭)를 통해서, 그녀가 그의 은혜에 참여할 자격이 없다는 뜻을 내비치시기까지 하셨기 때문이다. 그리스도께서 하신 말씀의 의도를 제대로 알기 위해서는, 여기에서 "자녀의 떡"이라는 명칭은 하나님이 은혜로 주신 모든 것들에 다 적용되는 것이 아니라, 오직 아브라함과 그의 자녀들에게 특별한 방식으로 주어진 것들에만 적용된다는 것을 우리가 이해하지 않으면 안 된다. 왜냐하면, 창세로부터 하나님의 선하심은 도처에 스며들어 있고 천지를 다 채우고 있어서, 모든 사람들은 하나님이 그들의 아버지라는 것을 느끼며 살아 온 것은 사실이지만, 아브라함의 자녀들은 인류의 나머지 사람들보다 더 큰 은총을 받아서, 하나님의 양자(養子) 삼음을 통해서 자녀들로 택하심을 입은 까닭에, "자녀의 떡"이라는 말은 오직 유대인들에게 주어진 모든 것을 가리키는 명칭이 되었기 때문이다. 햇빛이나 호흡이나 땅의 소출 등은 이방인들도 유대인들과 동일하게 누려 왔지만, 그리스도 안에서 약속된 복은 오로지 아브라함의 권속에게만 주어진 것이었다. 그러므로 하나님이 오직 유대 민족에게만 수여하셨던 특권을 모든 사람에게 차별 없이 개방하신 것은 자신의 언약을 폐하신 것이나 다름없는 것이었다. 왜냐하면, 이런 식으로 해서, 이방인들은 본래 특권적인 지위를 갖게 되어 있었던 유대인들과 동등한 지위를 얻게 되었기 때문이다.

칼빈주석 공관복음

마 15:26. 개들에게 던짐이. 그리스도께서는 "던진다"는 표현을 사용하심으로
써, 하나님의 교회에 속한 것을 취하여 교회 밖의 속된 자들에게 주는 것은 잘하는
짓이 아니라는 것을 보여주신다. 그러나 이것은 사람들이 오직 유대 땅에서만 하
나님의 이름을 불렀던 시기에만 해당되는 말씀이다. 왜냐하면, 이방인들이 유대인
들과 동일한 구원에 참여하는 것이 허락된 때로부터(이 일은 그리스도께서 그의
복음의 빛을 도처에 비추셨을 때에 일어났다), 그러한 구별이 제거되어서, 전에
"개들"이었던 자들이 이제는 "자녀들"로 여김을 받게 되었기 때문이다. 한편, 우리
가 그리스도로부터 우리가 본질상 "개들"이라는 말씀을 들을 때, 육신의 교만
(carnis superbia)은 여지없이 무너질 수밖에 없다. 물론, 처음에 하나님의 형상이
그 속에서 밝게 빛나고 있었던 인간의 본성은 지극히 고귀하였기 때문에, 이 같은
모욕적인 별명은 하나님이 그의 이름을 주어 영화롭게 하셨던 왕들만이 아니라,
모든 민족들에게도 적용될 수 없었다. 그러나 아담의 불순종으로 인한 변절과 반
역 때문에, 하나님이 우리의 첫 조상의 범죄로 인해 잡종(雜種)이 되어 버린 자들
을 "개들"과 마찬가지로 가축우리로 보내시는 것이 마땅한 일이 되어 버렸고, 게다
가 인류의 공통적인 운명에서 면제받은 유대인들과 하나님의 나라에서 추방된 이
방인들을 비교해서, 이방인들을 "개들"이라고 하는 것은 더욱 마땅한 일이 되어 버
렸다. 그리스도께서 하신 이 말씀의 의미는 "자녀로 먼저 배불리 먹게 할지니"로
되어 있는 마가 본문을 보면 더욱 분명하게 드러난다. 왜냐하면, 이것은 그리스도
께서 "가나안 여자"에게 마치 그녀가 사람들이 식사하는 자리에 난입해서 식탁 위
에 있는 것을 집어먹고자 하는 주제넘은 짓을 하고 있는 것이라는 듯이 말씀하고
계시는 것이기 때문이다. 여기에서 그리스도의 주된 목적은 이 여자의 믿음을 시
험하는 것이었지만, 하나님이 유대인들에게는 이루 헤아릴 수 없이 큰 복을 거저
주신 반면에, 그 복을 간절히 구한 다른 자들에게는 주시기를 거절하셨는데도 불
구하고, 유대인들이 그 복을 배척하였기 때문에, 하나님이 그들에게 무시무시한
보복을 행하실 것임을 보여주시는 것이기도 하였다.

마 15:27. 주여 옳소이다마는. 이 여자의 대답은 그녀가 그리스도께서 하신 말
씀에 정면으로 대들고자 하는 맹목적이거나 분별없는 충동에 휘둘러서 행하고 있
는 것이 아님을 잘 보여준다. 하나님이 유대인들에게 열방들과는 다른 특권을 주
셨기 때문에, 그녀는 그들에게 양자됨의 영광이 주어진 것을 반박하지도 않고, 그
리스도께서 하나님이 정하신 순서를 따라 그들을 "배불리" 먹이시겠다고 하시는

것에 대하여 전혀 반론을 제기하지도 않는다. 단지 그녀는 자녀가 먹는 상(床)에서 우연히 떨어진 "부스러기들"은 개들의 차지가 되어도 괜찮은 것이 아니냐고 반문할 뿐이다. 하나님이 그의 은혜를 오직 유대인들 가운데서만 베푸시고, 이방인들에게는 전혀 맛도 보지 못하게 하신 적은 분명히 없었다. 어쨌든 당시에 차고 넘치게 베풀어졌던 하나님의 은혜를 이 여자가 한 말보다 더 기가 막히게 적절하게 표현할 수 있는 말은 없었을 것이다.

마 15:28. 네 믿음이 크도다. 그리스도께서는 먼저 이 여자의 믿음을 칭찬하시고, 다음으로 그녀의 "믿음"으로 인해서 그녀의 기도를 들어 주시는 것이라고 말씀하신다. 그녀의 "믿음이 크다"는 것은 희미한 불꽃 같은 아주 적은 가르침이 주어졌을 뿐인데도 그 가르침에 의지해서 그녀는 그리스도의 참된 직임(職任)을 알아차리고서 그의 능력이 하늘에서 온 것임을 인정했을 뿐만 아니라, 엄청난 장벽에도 불구하고 자기가 가야 할 길을 꿋꿋이 간 것에서 주로 드러났다. 그녀에게는 그리스도의 도우심을 반드시 얻게 될 것이라는 확신이 있었기 때문에, 그녀는 자신을 비울 수 있었고, 그 결과로 그 어떤 장애물도 다 극복할 수 있었다. 요컨대, 그녀는 확신만이 아니라 겸손함도 갖추고 있었기 때문에, 확실한 근거가 있는 주장을 펼치면서도, 자신의 무가치함(indignitas)을 철저히 인정함으로써, 그리스도의 은혜의 샘이 그녀에게 흘러들어올 길을 막아버리지 않았다는 말이다. 이방인이었던 한 여자에 대한 그리스도의 이러한 칭찬은 하나님께 성별된 민족이라고 자랑하였던 유대인들의 배은망덕함에 대한 정죄이기도 하였다.

그리스도로부터 약속을 받고서 그 약속을 믿은 것도 아닐 뿐만 아니라, 도리어 정반대의 말씀을 통해서 퇴짜를 맞은 이 여자가 어떻게 올바른 믿음을 가지고 있었다고 말할 수 있느냐는 문제에 대해서는 내가 이미 말한 바 있다. 즉, 그리스도께서는 그녀의 기도에 대하여 냉정하게 거절하신 것처럼 보였지만, 그녀는 하나님이 메시야를 통해서 약속하신 구원을 허락하실 것임을 확신하고서, 그녀의 기도가 결국 응답될 것이라는 소망을 버리지 않았다는 것이다. 그녀는 그녀에게 문이 닫혀져 있는 것은 사실이지만, 그것은 그녀를 완전히 배제하기 위한 것이 아니라, 더 큰 믿음을 발휘해서 틈새를 뚫고서 들어오게 하기 위한 것이라고 믿었다. "네 소원대로 되리라"는 마지막 구절은 믿음만 있다면 주님으로부터 그 어떤 것도 얻어낼 수 있다는 유익한 교훈을 담고 있다. 왜냐하면, 그리스도께서는 믿음을 아주 귀하게 여기시는 까닭에, 우리의 소원이 우리에게 유익되는 것이기만 하다면, 언제든지

"우리의 소원"을 들어주실 준비가 되어 계시기 때문이다.

[29]예수께서 거기서 떠나사 갈릴리 호숫가에 이르러 산에 올라가 거기 앉으시니 [30]큰 무리가 다리 저는 사람과 장애인과 맹인과 말 못하는 사람과 기타 여럿을 데리고 와서 예수의 발 앞에 앉히매 고쳐 주시니 [31]말 못하는 사람이 말하고 장애인이 온전하게 되고 다리 저는 사람이 걸으며 맹인이 보는 것을 무리가 보고 놀랍게 여겨 이스라엘의 하나님께 영광을 돌리니라 [32]예수께서 제자들을 불러 이르시되 내가 무리를 불쌍히 여기노라 그들이 나와 함께 있은 지 이미 사흘이매 먹을 것이 없도다 길에서 기진할까 하여 굶겨 보내지 못하겠노라 [33]제자들이 이르되 광야에 있어 우리가 어디서 이런 무리가 배부를 만큼 떡을 얻으리이까 [34]예수께서 이르시되 너희에게 떡이 몇 개나 있느냐 이르되 일곱 개와 작은 생선 두어 마리가 있나이다 하거늘 [35]예수께서 무리에게 명하사 땅에 앉게 하시고 [36]떡 일곱 개와 그 생선을 가지사 축사하시고 떼어 제자들에게 주시니 제자들이 무리에게 주매 [37]다 배불리 먹고 남은 조각을 일곱 광주리에 차게 거두었으며 [38]먹은 자는 여자와 어린이 외에 사천 명이었더라 [39]예수께서 무리를 흩어 보내시고 배에 오르사 마가단 지경으로 가시니라 (마 15:29-39).

[31]예수께서 다시 두로 지방에서 나와 시돈을 지나고 데가볼리 지방을 통과하여 갈릴리 호수에 이르시매 [32]사람들이 귀 먹고 말 더듬는 자를 데리고 예수께 나아와 안수하여 주시기를 간구하거늘 [33]예수께서 그 사람을 따로 데리고 무리를 떠나사 손가락을 그의 양 귀에 넣고 침을 뱉어 그의 혀에 손을 대시며 [34]하늘을 우러러 탄식하시며 그에게 이르시되 에바다 하시니 이는 열리라는 뜻이라 [35]그의 귀가 열리고 혀가 맺힌 것이 곧 풀려 말이 분명하여졌더라 [36]예수께서 그들에게 경고하사 아무에게도 이르지 말라 하시되 경고하실수록 그들이 더욱 널리 전파하니 [37]사람들이 심히 놀라 이르되 그가 모든 것을 잘하였도다 못 듣는 사람도 듣게 하고 말 못하는 사람도 말하게 한다 하니라 … [1]그 무렵에 또 큰 무리가 있어 먹을 것이 없는지라 예수께서 제자들을 불러 이르시되 [2]내가 무리를 불쌍히 여기노라 그들이 나와 함께 있은 지 이미 사흘이 지났으나 먹을 것이 없도다 [3]만일 내가 그들을 굶겨 집으로 보내면 길에서 기진하리라 그 중에는 멀리서 온 사람들도 있느니라 [4]제자들이 대답하되 이 광야 어디서 떡을 얻어 이 사람들로 배부르게 할 수 있으리이까 [5]예수께서 물

으시되 너희에게 떡 몇 개나 있느냐 이르되 일곱이로소이다 하거늘 ⁶예수께서 무리
를 명하여 땅에 앉게 하시고 떡 일곱 개를 가지사 축사하시고 떼어 제자들에게 주
어 나누어 주게 하시니 제자들이 무리에게 나누어 주더라 ⁷또 작은 생선 두어 마리
가 있는지라 이에 축복하시고 명하사 이것도 나누어 주게 하시니 ⁸배불리 먹고 남
은 조각 일곱 광주리를 거두었으며 ⁹사람은 약 사천 명이었더라 예수께서 그들을
흩어 보내시고 ¹⁰곧 제자들과 함께 배에 오르사 달마누다 지방으로 가시니라(막
7:31-37; 8:1-10).

마 15:29. 예수께서 거기서 떠나사. 마태와 마가는 여기에서 그리스도께서 시돈
지역에서 돌아오시는 여정(旅程)을 똑같이 보도하고 있지만, 몇 가지 점에서 서로
완전히 일치하지는 않는다. 마태가 그리스도께서 "마가단 지경으로" 가셨다고 말
하는 반면에, 마가는 "달마누다 지방으로" 가셨다고 말하는 것은 별로 중요하지 않
다. 왜냐하면, 이 두 곳은 게네사렛 호숫가에서 다볼 산을 마주보고 서로 인접해 있
던 성읍들이어서, 그리스도께서 이 두 성읍 사이를 지나가신 것을 묘사할 때에, 어
느 한 쪽 성읍의 이름이 사용된 것은 전혀 이상한 일이 아니기 때문이다. 그 근방
의 열 성읍(δέκα πόλεις-데카 폴레이스)으로 이루어진 지역은 "데가볼리"라 불렸는
데, 데가볼리는 페니키아 및 호수 근방의 갈릴리 지역과 인접해 있었기 때문에, 그
리스도께서는 페니키아에서 유대의 갈릴리로 돌아오실 때에 그 지역을 통과하지
않을 수 없으셨다.

이 이야기 속에는 마태 본문과 마가 본문이 방금 살펴본 것보다 더 모순되는 것
처럼 보이는 또 다른 부분이 있는데, 거기에서 마태는 그리스도께서 여러 가지 병
으로 고생하는 "많은" 사람들을 고쳐 주셨다고 말하는 반면에, 마가는 "귀 먹고 말
더듬는 자" 한 사람을 고쳐 주신 것만을 언급한다. 그러나 이러한 매듭을 푸는 일
은 쉽다. 왜냐하면, 마가는 이 여정 중에 그리스도께서 행하신 한 가지 주된 이적만
을 골라서 기록하였는데, 그 이적에 대한 소문은 순식간에 널리 퍼져나가서, 그 지
역의 사방에 살고 있던 주민들이 많은 병자들을 그리스도께로 데려오는 계기가 되
었고, 마태는 바로 그런 상황을 기록한 것이기 때문이다. 우리는 복음서 기자들이
그리스도께서 행하신 모든 일을 꼼꼼히 기록하고자 하지 않았고, 특히 이적들에
대해서는 자세하게 보도하는 것이 아니라, 단지 몇몇 이적들을 본보기로 제시하고
자 했을 뿐이라는 것을 안다. 이런 맥락 속에서, 마가는 곧이어서 베풀어진 많은 이

적들에서와 마찬가지로 그리스도의 능력이 밝게 드러났던 한 가지 이적만을 보도하는 것으로 만족하였다.

막 7:32. 사람들이 귀 먹고 말 더듬는 자를 데리고 예수께 나아와. 사람들이 그리스도께 이 "귀 먹고 말 더듬는 자"를 "안수하여 주시기를 간구한" 이유는 우리가 이미 살펴본 구절들을 통해서 알 수 있다. 왜냐하면, "안수"는 성별(聖別)의 공식적인 상징이었고, 안수를 통해서 성령의 은사들이 수여되기도 하였기 때문이다. 그리스도께서 이 의식(儀式)을 자주 사용하셨다는 것은 의심의 여지가 없다. 따라서 이 사람들은 그리스도께서 전에도 늘 안수를 해주셨다는 것을 알고서, 그런 청(請)을 한 것뿐이었다. 그런데 이번에는 그리스도께서 다른 상징들을 사용하신다. 왜냐하면, 그리스도께서는 그의 "침 뱉은" 손을 이 "말 더듬는 자"의 혀에 대시고, 그의 "손가락"을 그 사람의 "양 귀에 넣으셨기" 때문이다. 그리스도께서는 "안수"만으로 충분한 효과를 거둘 수 있으셨을 것이고, 손가락 하나 까딱 하지 않으시고 단지 자신의 뜻을 표시하는 것만으로도 이 이적을 이루실 수 있으셨을 것이다. 그러나 그리스도께서 사람들에게 유익이 될 것이라고 판단되실 때마다 외적인 상징 행위들을 자유롭게 스스럼없이 사용하셨다는 것은 분명하다. 여기에서 그리스도께서 "침을 뱉어" 이 말 더듬는 자의 "혀에 손을 대신" 것은 말에 의한 소통은 오직 그리스도에 의해서만 가능하다는 것을 보여주시고자 하신 것이었고, 그의 "손가락"을 이 귀 먹은 자의 "양 귀에 넣으신" 것은 귀 먹은 자들의 귀를 뚫어 주시는 것은 그의 직임에 속한다는 것을 보여주고자 하신 것이었다. 이 구절을 설명하는 데에 알레고리를 해석할 때에 사용되는 기법을 동원할 필요가 전혀 없다. 우리는 이 구절에 대한 교묘한 해석들을 즐기는 자들이 정말 근거 있는 확실한 것들을 제시하기는커녕, 도리어 성경을 웃음거리로 만드는 경향을 보여주는 것을 발견한다. 그러므로 현명하고 지각 있는 독자들은 그리스도께서는 우리의 기도에 대한 응답으로 우리의 혀에 그의 능력을 부으시고 우리의 귀를 그의 손가락으로 뚫어 주심으로써, 우리로 하여금 말할 수 있게 하시고 들을 수 있게 하신다는 이 한 가지 교훈으로 만족할 것이다.

막 7:33. 예수께서 그 사람을 따로 데리고 무리를 떠나사. 그리스도께서 이렇게 하신 것은 부분적으로는 무지하여서 아직 증인이 될 충분한 자격을 갖추지 못한 자들에게 그의 신성(神性)으로 인한 영광을 멀리서 볼 기회를 주시기 위한 것이었고, 부분적으로는 아무런 방해도 받지 않는 가운데에 아버지 하나님께 간절하게 기도할 더 좋은 기회를 가지시기 위한 것이었다. 그리스도께서 "하늘을 우러러 탄식하신" 것은 그의 감정이 격해지셨음을 보여주는 것이다. 이것을 통해서 우리는 그리스도께서 사람들의 참상(慘狀)을 얼마나 불쌍히 여기셨고, 사람들을 향한 그의 사랑이 얼마나 열렬하셨는지를 알 수 있다. 또한, 우리는 그리스도께서 그의 침을 자신의 입에서 다른 사람의 입으로 옮기시고, 그의 손가락을 그 사람의 귀에 넣으신 것도 사람들에 대한 바로 그런 감정을 증거하고 표현하고자 하신 것이라는 것을 의심할 수 없다. 그렇지만 그리스도께서는 단지 그 사람의 혀와 귀에게 "열리라"고 명령하시는 것만을 통해서 그것들을 온전하게 하심으로써, 우리의 모든 결함을 제거해서서 우리를 건강하게 회복시키시는 최고의 능력이 자기에게 있으시다는 것을 분명하게 보여주신다. 왜냐하면, 마가는 갈대아어인 '에프파다'(ἐφφαθά, "열리라")를 괜히 끼워 넣은 것이 아니라, 그리스도의 신적인 능력을 증거하기 위하여 그렇게 한 것이기 때문이다. 어리석은 자들이 여러 가지 우스꽝스러운 것들을 가미해서 세례를 더럽히고 망쳐 놓았는데, 그러한 것들 중에는 주님이 여기에서 행하신 것을 익살스럽게 변질시켜 놓은 것도 포함되어 있다. 이러한 예는 사람들이 하나님의 신비들을 자기 마음대로 바꾸어 놓는 방자함(licentia)은 한이 없다는 것을 우리에게 보여준다.

막 7:36. 예수께서 그들에게 경고하사 아무에게도 이르지 말라 하시되. 많은 주석가들은 이 금지명령을 정반대의 의미로 왜곡해서, 마치 그리스도께서 의도적으로 그들을 부추겨서 이 이적에 대한 소문을 널리 퍼뜨리게 하셨다는 듯이 설명하지만, 나는 내가 앞에서 말했던 좀 더 자연스러운 해석, 즉 그리스도께서는 단지 적절한 시기가 올 때까지 이 이적이 알려지는 것을 늦추기 위한 의도로 그렇게 하신 것이라는 해석이 더 낫다고 본다. 그러므로 나는 다른 사람들에게 말하지 말라는 명령을 받았음에도 불구하고 경솔하게 이 이적에 대한 소문을 낸 그들의 열심은 분별없는 것이었다는 것을 의심하지 않는다. 그리스도의 가르침을 잘 알지 못하는 자들이 적절하지 못한 때에 무절제한 열심에 휘둘리는 것은 결코 이상한 일이 아니다. 그들은 지혜롭지 못하게 행하였지만, 그리스도께서는 그들의 그런 행위조차도 그의 영광을 더욱 드러내시는 데에 사용하셨다. 왜냐하면, 이 이적은 널리 알려져서, 그리스도께서 하늘의 은사들을 베푸시는 자이심이 확증된 까닭에, 그 지역의 사람들이 그리스도를 멸시하는 경우에는, 누구든지 더 이상 변명할 말이 없게 되어 버렸기 때문이다.

막 7:37. 그가 모든 것을 잘하였도다. 마태는 여기에서 많은 이적들을 한데 모아서 소개한 후에, "무리가 보고 놀랍게 여겨 이스라엘의 하나님께 영광을 돌렸다"는 말씀으로 결론을 삼는다. 이것은 하나님이 여러 가지 기이한 일들을 통해서 그의 능력을 보이심으로써, 그들에게 그의 언약에 대한 기억을 떠올리게 하셨기 때문이다. 그러나 마가 본문에 나오는 말씀 속에는 아마도 그리스도와 무리 간의 암묵적인 대비(對比)가 내포되어 있는 것 같다. 왜냐하면, 그리스도에 관한 소문들은 다양했지만, "무리"(ὄχλος-오클로스)라는 단어는 그리스도께서 행하신 모든 일은 전혀 비방을 들을 만한 것이 아니고, 도리어 칭송을 받아 마땅한 것이었음에도 불구하고, 이 무리들은 사악하고 악의적인 자들이어서, 그리스도께서 행하신 일들을 비방하였다는 뉘앙스를 나타내기 위하여 사용된 것으로 보이기 때문이다. 그러나 우리는 누가 은혜를 베풀어 준 것을 도리어 비방(crimen)과 적대(敵對, invidia)의 기회로 삼는 것보다 더 불의한 짓은 없다는 것을 알고, 그것은 본성이 우리에게 가르쳐 주는 것이다.

마 15:32. 내가 무리를 불쌍히 여기노라. 여기에 나오는 이적은 우리가 앞에서 설명한 바 있는 이적과 별 다르지 않다. 유일한 차이점은 그리스도께서 그때에 "오병이어"로 "오천 명"을 배불리 먹이신 반면에, 여기에서는 "떡 일곱 개와 작은 생선 두어 마리"로 "사천 명"을 먹이셨다는 것과, 그때에는 남은 조각을 "열두 광주리"에 가득 차게 거두었던 반면에, 여기에서는 더 많은 떡과 생선이 사용되었는데도 더 적은 분량이 남았다는 것이다. 이것을 통해서 우리는 하나님의 능력은 수단이나 외적인 도움에 제약을 받는 것이 아니기 때문에, 요나단이 자신의 적은 군대와 무수히 많은 적군을 보고서, "여호와의 구원은 사람이 많고 적음에 달리지 아니하였느니라"(삼상 14:6)고 말한 것처럼, 많든 적든 그런 것은 하나님께 매한가지라는 것을 알게 된다. 하나님이 복주시면, 떡 스무 개로든 한 개로든 많은 사람들을 배불리 먹이는 데에 아무런 문제가 없겠지만, 하나님이 복주시지 않으시면, 떡 백 개도 열 사람의 충분한 식사가 되지 못할 것이다. 왜냐하면, 하나님이 "그들이 의뢰하는 양식을 끊으시면"(레 26:26), 밀가루가 방앗간에서, 떡이 화덕에서 수없이 쏟아진다고 해도, 그런 것들은 그들의 배를 채우는 데에 아무런 소용도 없게 될 것이기 때문이다. 그리스도께서는 그들이 사흘 동안 먹지 못하였다고 말씀하셨지만, 우리는 그것을 그들이 사흘 동안 정말 아무것도 먹지 못하였다는 뜻이 아니라, "광야"에는 제대로 먹을 수 있는 환경이 갖추어져 있지 않았기 때문에, 그들이 정상적

인 식사를 할 수 없었다는 뜻으로 이해하여야 한다. 게다가, 그러한 따뜻한 지역에
사는 사람들은 우리 같이 안개가 자욱하고 추운 곳에서 사는 사람들보다 허기를
덜 느끼는 법이다. 그러므로 그들이 음식을 먹지 않고도 우리보다 더 오래 견딜 수
있는 것은 전혀 이상한 일이 아니다.

마 15:33. 광야에 있어 우리가 어디서 … 얻으리이까. 제자들은 적어도 그리스
도의 능력과 은혜를 보여준 이전의 증거를 기억해 내고서, 얼마든지 그것을 현재
의 경우에 적용할 수 있었을 텐데도, 그렇게 하지 못했다는 점에서 우둔함의 극치
를 보여주었다고 할 수 있다. 그들은 마치 지금과 똑같은 경우를 한 번도 본 적이
없었다는 듯이, 그리스도께 도우심을 청하면 된다는 것을 까맣게 잊어버렸다. 이
와 같은 둔감함(torpor)이 우리를 잠식해 오지 않는 날은 하루도 없기 때문에, 우리
는 우리의 마음이 하나님으로부터 받은 은혜들을 생각하는 것에서 떠나지 않게 하
고, 과거의 경험을 늘 되새기는 일을 게을리하지 않음으로써, 하나님이 이런저런
기회에 이미 우리에게 베풀어 주셨던 것과 동일한 도우심을 장래에도 우리에게 베
풀어 주시리라는 것을 믿고 기대하는 삶을 살 수 있어야 한다.

[1]바리새인과 사두개인들이 와서 예수를 시험하여 하늘로부터 오는 표적 보이기를
청하니 [2]예수께서 대답하여 이르시되 너희가 저녁에 하늘이 붉으면 날이 좋겠다 하
고 [3]아침에 하늘이 붉고 흐리면 오늘은 날이 궂겠다 하나니 너희가 날씨는 분별할
줄 알면서 시대의 표적은 분별할 수 없느냐 [4]악하고 음란한 세대가 표적을 구하나
요나의 표적 밖에는 보여 줄 표적이 없느니라 하시고 그들을 떠나 가시니라(마
16:1-4).

[11]바리새인들이 나와서 예수를 힐난하며 그를 시험하여 하늘로부터 오는 표적을 구
하거늘 [12]예수께서 마음속으로 깊이 탄식하시며 이르시되 어찌하여 이 세대가 표적
을 구하느냐 내가 진실로 너희에게 이르노니 이 세대에 표적을 주지 아니하리라
하시고 [13]그들을 떠나 다시 배에 올라 건너편으로 가시니라(막 8:11-13).

[54]또 무리에게 이르시되 너희가 구름이 서쪽에서 이는 것을 보면 곧 말하기를 소나
기가 오리라 하나니 과연 그러하고 [55]남풍이 부는 것을 보면 말하기를 심히 더우리
라 하나니 과연 그러하니라 [56]외식하는 자여 너희가 천지의 기상은 분간할 줄 알면

서 어찌 이 시대는 분간하지 못하느냐 [57]또 어찌하여 옳은 것을 스스로 판단하지 아니하느냐(눅 12:54-57).

마 16:1. 바리새인과 사두개인들이 와서. 마가는 그들이 "예수를 힐난하며" 이의를 제기하기 시작하였다고 말한다. 이것으로부터 우리는 그들이 논쟁에서 졌기 때문에 최후의 수단으로 이 방법을 들고 나온 것임을 알 수 있다. 왜냐하면, 완악한 자들은 궁지에 몰려서 진실을 받아들일 수밖에 없는 처지가 되면, 어떻게 해서든지 그 진실을 회피하려고, 주제와는 아무 상관이 없는 문제를 느닷없이 들이대는 것이 상습적인 수법이기 때문이다. 그들이 어떤 문제를 들고 나와서 예수께 이의를 제기하였는지는 본문에 나와 있지 않지만, 나는 그들이 그리스도의 소명(召命), 즉 그리스도께서 개혁의 기치를 들고 나와서, 마치 자기가 옴으로써 하나님의 나라가 온전히 회복되었다는 듯이, 자기 자신을 아주 대단한 인물로 높이는 이유를 놓고 이의를 제기하며 그리스도를 "힐난하였을" 가능성이 높다고 생각한다. 그들은 그리스도의 가르침에 대해서는 더 이상 반론을 펼 여지가 없었기 때문에, 그리스도께 "하늘로부터 오는 표적을 보이라"고 요구한다. 그러나 분명한 것은 성경의 증언 앞에서 자신의 뜻을 꺾지 않는 자는 백 가지 "표적"을 보았다고 해도 굴복할 리가 만무하다는 것이다. 게다가, 그리스도께서는 이미 그들의 눈앞에서 수많은 이적들을 행하셔서 그의 능력을 보여주셨고, 그들은 그 능력을 그들의 손으로 거의 만진 것이나 다름이 없었다. 그런데도, 그들은 그리스도가 어떤 분인지를 충분히 보여준 "표적들"을 무시해 버렸다. 그런 그들이 어떻게 멀리서 오는 희미한 "표적"을 통해서 유익을 얻을 수 있겠는가? 마찬가지로, 우리 시대의 교황주의자들도 마치 복음의 가르침이 아직 증명되지 않았다는 듯이, 새로운 이적들을 통해서 복음을 확증해 주시기를 하나님께 요구한다.

여기에서 우리가 주목할 것은 사두개인들과 바리새인들은 서로 앙숙이었기 때문에, 서로에 대하여 심한 적대감을 품고서, 끊임없이 으르렁거리고 싸워 왔지만, 그리스도를 대적하는 일에는 서로가 힘을 합쳤다는 사실이다. 이와 같이, 불경건한 자들은 그들끼리 서로 물고 뜯고 싸우다가도, 하나님을 대적하고 진리를 박해하는 일에는 언제 싸웠느냐는 듯이 서로 동맹을 맺고 손을 잡으며 아주 자연스럽게 머리를 맞대고 음모를 꾸민다.

복음서 기자들은 "시험하여"라는 표현을 사용함으로써, 바리새인들과 사두개인들이 그리스도께서 거부할 것이라고 그들이 생각한 것, 또는 적어도 그리스도께서 해내지 못할 것이라고 그들이 생각한 것을 요구한 것은 정말 그렇게 해주시기를 바라거나 가르침을 받기 위해서가 아니라, 속임수를 써서 뭔가 시비를 걸 만한 빌미를 찾아내기 위한 것이었음을 보여준다. 왜냐하면, 그들은 그리스도를 정말 보잘것없고 비천하며 멸시받아 마땅한 자로 여겼던 까닭에, 그들에게는 오직 그의 약점을 드러내서, 그가 이제까지 백성들 사이에서 얻었던 명성을 다 무너뜨리고자 하는 의도만이 있었기 때문이다. 마찬가지로, 믿지 않는 자들이 그들의 욕심을 따라 하나님께 구하였다가 거절당하고 나서, 하나님이 능력이 없다고 비난한다면, 그것은 하나님을 "시험하는" 것이다.

마 16:2. 저녁에. 이 말씀을 통해서 그리스도께서는 그가 그의 능력을 충분히 나타내었기 때문에, 만약 그들이 스스로 눈을 감고서, 그들에게 비치는 빛을 인정하기를 거부하지만 않았다면, 그들은 지금이 그들이 "보살핌 받는 날"(눅 19:44), 즉 하나님이 그들을 권고(眷顧)하셔서 부르시는 날이라는 것을 틀림없이 알아차렸을 것임을 그들에게 상기시켜 주신다. 그리스도께서 사용하시는 비유는 아름답고 아주 적절하다. 왜냐하면, "하늘의 날씨"는 변하는 까닭에, 예기치 않게 때로는 폭풍우가 몰아치기도 하고, 때로는 화창한 날씨가 되기도 하지만, 그럼에도 불구하고, 자연의 "표적들" 또는 징조들을 잘 살피면, 내일의 날씨가 "좋을지" 아니면 "궂을지"를 미리 예측하는 것이 가능하기 때문이다. 그러므로 그리스도께서는 충분한 "표적들"이 이미 주어졌는데도 불구하고, 그들이 왜 하나님의 나라가 온 것을 깨닫지 못하는 것이냐고 반문하신다. 왜냐하면, 그들의 그러한 무지는 그들이 땅에 속한 부질없는 이해관계에 지나치게 몰두하느라고, 하늘에 속한 영적인 삶과 관련된 것들에 대해서는 별 관심이 없었다는 것과 그들이 눈먼 것은 실수나 착오에 의한 것이 아니라 의도적인 악의(惡意)에 의한 것임을 여실히 증명해 주는 것이었기 때문이다.

그리스도께서 그들을 "외식하는 자"라 부르시는 것은 만약 그들이 구하는 것을 그가 그들에게 실제로 보여주신다고 해도, 그들은 그것을 보고자 하지 않을 것이면서도, 마치 진정으로 그것을 구하는 척하였기 때문이다. 사실, 이와 같은 책망은 세상의 거의 모든 사람들에게 해당된다. 왜냐하면, 사람들은 눈앞의 이익을 추구하는 일에 자신의 머리와 지각(知覺)을 사용하는 것이 몸에 배어 있는 까닭에, 자신의 목적을 어떻게 하면 이룰 수 있을지를 잘 알지 못하는 사람은 거의 없고, 누구나 다 그 방법을 적어도 어느 정도는 알고 있기 때문이다. 하나님이 우리를 초대하시고 계심을 보여주는 "표적들"에 대하여 우리가 관심을 갖지 않는 이유는 도대체 무엇인가? 그것은 각 사람이 자기 자신을 둔감함(socordia)에 내어주어서, 자기에게 주어지는 빛을 스스로 소멸시켜 버리기 때문이 아니라면 무엇 때문이겠는가? 그리스도의 소명(召命)이 무엇인지, 그리고 영원한 구원이 지금 나타났다는 것은 율법과 선지자들은 물론이고 그리스도 자신의 가르침에 의해서 서기관들에게 이미 계시되었고, 거기에 이적들이 더해지기까지 하였다.

이런 부류의 사람들은 오늘날에도 많이 있다. 그들은 그들이 원하는 확실한 답이 나올 때까지 기다릴 수밖에 없다는 이유를 들어서, 미묘하고 복잡해서 판단하기 어려운 문제들에 대하여 그들의 판단을 유보할 권리가 그들에게 있다고 항변한다. 그들은 한 걸음 더 나아가서, 그들이 육신과 땅에 속한 일들에 대해서는 그토록 열심을 내어 끈질기게 추구하면서도, 그들의 영혼의 영원한 구원에 대해서는 소홀히 하는 것은 물론이고, 그들의 터무니없고 우둔하기 짝이 없는 무지(無知)의 실상을 제대로 인식하지도 못한 채 헛된 변명들을 궁리해 내는 것이 그들의 나태함을 보여주는 부끄럽고 수치스러운 모습인지도 모르고, 도리어 진리에 대한 온갖 탐구를 의도적으로 피하는 것이야말로 진정으로 지혜로운 것이라고 믿는다.

일부 몰지각한 자들은 이 구절을 근거로 삼아서, 우리가 하늘의 모습을 보고서 날씨가 화창할 것인지, 아니면 궂을 것인지를 미리 예측하는 것은 불법이라고, 너무나 어처구니없는 주장을 한다. 왜냐하면, 그리스도께서는 여기에서 단지 자연의 순리(順理)를 들어서, 현세의 일들에 대해서는 아주 영리하게 행하면서도, 자신의 우매함과 둔감함으로 인해서 하늘의 빛을 의도적으로 눌러서 꺼버리는 자들은 그들의 배은망덕함으로 인해서 멸망받아 마땅하다는 것을 보여주시는 것이기 때문이다.

마가는 "마음속으로 깊이 탄식하시며"라는 말씀을 덧붙임으로써, 그리스도께서 저 배은망덕한 자들이 완악하게 하나님을 대적하는 것을 보시고서, 몹시 슬퍼하시고 괴로워하셨다는 것을 보여준다. 분명히, 하나님의 영광에 대하여 열심이 있고 사람들의 구원에 대하여 관심이 있는 모든 자들은 믿지 않는 자들이 의도적으로 그들 자신이 믿음을 가질 수 있는 기회들을 봉쇄해 버리고, 하나님의 말씀과 역사(役事)들이 지닌 밝은 빛을 그들 자신의 연무(煙霧)로 가리는 일에 그들이 지닌 온갖 재주를 사용하는 것을 볼 때에 다른 어떤 것보다도 더 깊이 마음의 상처를 받는 자들이 되어야 마땅하다. "마음속으로"라는 어구는 강조를 위해 덧붙여진 것으로서, 이러한 "탄식"이 그리스도의 마음에 있는 깊은 애정에서 나왔다는 것을 우리에게 알게 해주고, 그 어떤 궤변론자도 그리스도께서는 내적으로는 슬픔을 느끼시지 않았는데 그저 겉으로 그런 척하신 것이라고 주장할 수 없도록 하기 위한 것이라고 나는 생각한다. 성령의 열심에 의해서 지배를 받고 있던 그리스도의 거룩하신 심령은 그들의 그러한 불경스러운 완악함을 보시고 깊은 슬픔을 느끼지 않을 수 없으셨다.

눅 12:57. 어찌하여 … 스스로 판단하지 아니하느냐. 그리스도께서는 여기에서 악의 근원을 드러내시고, 그 암 덩어리에 메스를 들이대신다. 즉, 그들은 그들 자신의 양심 속으로 내려가서, 그 양심에 비추어서 하나님 앞에서 "무엇이 옳은지"를 꼼꼼하게 살피지 않는다는 것이다. 이것이 외식하는 자들이 그토록 별 생각 없이 남의 트집을 잡고 비판하며 오만방자한 말들을 쏟아내는 것을 좋아할 뿐이고, 혼자 곰곰이 생각하거나 자기 자신을 하나님의 법정에 세워놓고서, 무엇이 옳은 것인지를 따져 보고, 일단 진리가 확인되면, 그 진리를 받아들이는 모습을 보여야 하는데도, 그렇게 하지 않는 이유이다. 누가가 그리스도께서 이것을 "무리에게" 말씀하셨다고 한 것은 마태나 마가의 본문에서 말하고 있는 것과 다른 것이 아니다. 왜냐하면, 그리스도께서는 서기관들의 추종자들과 제자들, 그리고 그들과 마찬가지로 하나님을 멸시하는 너무나 많은 자들에 맞춰서 이 말씀을 하신 것인 까닭에, 여기에서 그리스도께서 탄식하시며 하신 이 책망의 말씀은 그러한 부류의 무리들 전체에 적용될 수 있는 말씀이었을 것이기 때문이다.

마 16:4. 악하고 음란한 세대가. 이 구절은 마태복음 12:38을 다룰 때에 이미 설명한 바 있는데, 그 요지는 유대인들은 그 어떤 "표적"에도 결코 만족하지 못하고, 하나님을 시험하고자 하는 악한 욕망에 의해서 끊임없이 휘둘리고 있다는 것이다. 그리스도께서 그들을 "음란한 세대"라고 하시는 이유는 단지 그들이 "표적"을 요구하였기 때문이 아니라(하나님은 종종 자기 백성이 표적을 구하는 것을 허락하셨다), 의도적으로 하나님께 도발하여 그 진노를 촉발하였기 때문이었다. 그래서 그리스도께서는 장차 자기가 선지자 요나처럼 죽은 자 가운데서 다시 살아 돌아오는 것을 보여주시겠다고 선언하신다. 마가는 요나를 언급하고 있지 않지만("이 세대에 표적을 주지 아니하리라"는 말씀만이 나온다 — 역주), 적어도 마태는 그렇게 말한다. 그러나 이 두 본문의 의미는 동일하다. 왜냐하면, 장차 그리스도께서 죽은 자 가운데서 부활하셔서, 그의 복음의 음성이 도처에서 울려 퍼지게 하신다고 해도, 그들은 그것을 전혀 "표적"으로 여기지 않을 것이었기 때문이다.

⁵제자들이 건너편으로 갈새 떡 가져가기를 잊었더니 ⁶예수께서 이르시되 삼가 바리새인과 사두개인들의 누룩을 주의하라 하시니 ⁷제자들이 서로 논의하여 이르되 우리가 떡을 가져오지 아니하였도다 하거늘 ⁸예수께서 아시고 이르시되 믿음이 작은 자들아 어찌 떡이 없으므로 서로 논의하느냐 ⁹너희가 아직도 깨닫지 못하느냐 떡다섯 개로 오천 명을 먹이고 주운 것이 몇 바구니며 ¹⁰떡 일곱 개로 사천 명을 먹이고 주운 것이 몇 광주리이던 것을 기억하지 못하느냐 ¹¹어찌 내 말한 것이 떡에 관함이 아닌 줄을 깨닫지 못하느냐 오직 바리새인과 사두개인들의 누룩을 주의하라 하시니 ¹²그제서야 제자들이 떡의 누룩이 아니요 바리새인과 사두개인들의 교훈을 삼가라고 말씀하신 줄을 깨달으니라(마 16:5-12).

¹⁴제자들이 떡 가져오기를 잊었으매 배에 떡 한 개밖에 그들에게 없더라 ¹⁵예수께서 경고하여 이르시되 삼가 바리새인들의 누룩과 헤롯의 누룩을 주의하라 하시니 ¹⁶제자들이 서로 수군거리기를 이는 우리에게 떡이 없음이로다 하거늘 ¹⁷예수께서 아시고 이르시되 너희가 어찌 떡이 없음으로 수군거리느냐 아직도 알지 못하며 깨닫지 못하느냐 너희 마음이 둔하냐 ¹⁸너희가 눈이 있어도 보지 못하며 귀가 있어도 듣지 못하느냐 또 기억하지 못하느냐 ¹⁹내가 떡 다섯 개를 오천 명에게 떼어 줄 때에 조각 몇 바구니를 거두었더냐 이르되 열둘이니이다 ²⁰또 일곱 개를 사천 명에게 떼어 줄 때에 조각 몇 광주리를 거두었더냐 이르되 일곱이니이다 ²¹이르시되 아직도 깨닫지 못하느냐 하시니라(막 8:14-21).

¹그 동안에 무리 수만 명이 모여 서로 밟힐 만큼 되었더니 예수께서 먼저 제자들에게 말씀하여 이르시되 바리새인들의 누룩 곧 외식을 주의하라(눅 12:1).

마 16:5. 제자들이 … 갈새. 여기에서 그리스도께서는 방금 일어났던 일을 기회로 삼으셔서, 그의 제자들에게 참된 경건을 더럽히는 온갖 것들을 조심하라고 권면하신다. 방금 전에 등장했던 바리새인들은 독기를 가득 품은 완악함의 표본이었고, 사두개인들은 그런 바리새인들의 동반자들이었다. 그들과는 별개로 대단한 악인(惡人)이자 올바른 가르침을 대적하고 망쳐 놓는 자인 헤롯이 있었다. 이러한 위험들이 상존해 있는 상황에서 그리스도께서 그의 제자들에게 그것들을 조심하라고 경고하시는 것은 꼭 필요한 일이었다. 왜냐하면, 우리가 악한 제도들이나 관행들, 사이비 가르침들을 비롯해서 그런 종류의 역병(疫病)들에 의해서 둘러싸여 있을 때에, 인간의 마음은 헛된 것들과 잘못된 것들에 자연적으로 끌리는 성향을 지니고 있는 까닭에, 하나님의 말씀이 원래 지니고 있는 참된 순전함으로부터 떨어져 나가는 것보다 더 쉬운 일은 없기 때문이다. 그리고 우리가 일단 그러한 것들에 휩말리게 되면, 참된 신앙이 우리를 온전히 지배하는 일은 결코 가능할 수 없게 될 것이다. 그러나 이것을 좀 더 분명하고 확연하게 드러내기 위해서는, 우리는 그리스도께서 하신 말씀을 자세하게 살펴볼 필요가 있다.

마 16:6. 바리새인과 사두개인들의 누룩을 주의하라. 마태는 바리새인들과 더불어서 "사두개인들"을 언급하지만, 마가는 사두개인들 대신에 "헤롯"을 언급하고, 누가는 오직 "바리새인들"만 언급하면서(물론, 누가 본문에 나오는 그리스도의 말씀이 마태와 마가 본문에 나오는 것과 동일한지는 절대적으로 확실한 것은 아니지만), "누룩"이라는 것은 "외식"을 가리키는 것이라고 설명한다. 요컨대, 누가는 마치 그리스도의 이 말씀 속에는 그 어떤 모호함도 없다는 듯이, 이 말씀을 아주 간략하게 슬쩍 다루고 넘어간다는 말이다. 따라서 마태 본문에서 "거짓된 가르침"을 가리키는 의미로 사용된 "누룩" 비유는 또 다른 때에는 삶과 행실의 "외식"을 가리키는 의미로 다시 한 번 사용된 것이거나, 그리스도께서 동일한 말씀을 다시 한 번 반복하신 것일 가능성이 있을 수 있다. 그러나 우리가 마태와 마가는 이 말씀과 관련된 정황을 좀 더 자세하게 기록해 놓은 반면에, 누가는 이 말씀이 전해진 장소나 전후 맥락에 대한 설명을 생략하고, 두 복음서 기자와는 약간 다른 방식으로 간략하게 기록하였지만, 둘 사이에 어떤 실질적인 차이는 없다고 말한다고 해도, 이러한 추정은 전혀 문제가 없다. 우리가 그러한 추정을 받아들인다면, 여기에서 "외식"은 지혜로운 척 꾸미는 거짓된 겉모습이라는 의미와는 다른 무엇, 즉 사람들의 눈에는 뭔가 대단한 것처럼 보이지만, 하나님이 보실 때에는 아무런 가치도 없는 헛된 과시(inanis pompa)의 근원이자 계기가 되는 것을 가리키는 것이 될 것이다. 왜냐하면, 예레미야가 "여호와의 눈"은 진실을 보신다고 말한 것처럼, 하나님의 말씀을 믿는 자들은 정직하고 온전한 마음으로 의(義)를 꼭 붙들어서 참된 경건을 유지하라는 가르침을 받기 때문이다. 또한, 성경에서는 "이스라엘아 네 하나님 여호와께

서 네게 요구하시는 것이 무엇이냐 곧 … 마음을 다하고 뜻을 다하여 네 하나님 여
호와를 섬기는"(신 10:12) 것이 아니냐고 말씀하기도 한다. 그런데 정반대로, 사람
들은 영적인 예배를 폐하고서, 마치 하나님을 속여 먹을 수 있다고 여긴다는 듯이,
그들의 전통을 참된 예배인 양 위장하여 들고 나온다. 그러나 외적인 의식(儀式)들
은 아무리 그럴 듯하다고 해도, 우리가 참된 경건을 유지하는 데에 도움이 되지 못
한다면, 하나님이 보시기에 유치하기 짝이 없는 쓸데없는 짓들일 뿐이다.

우리는 이제 누가가 "외식"을 사람들이 고안해 낸 가르침들이라는 의미로 사용
하여서, 오직 겉으로 부풀어 오르기만 할 뿐이고, 하나님이 보시기에는 알맹이가
전혀 없으며, 심지어 사람들의 마음을 경건을 향한 올바른 열심에서 떠나게 하여
헛되고 무가치한 의식(儀式)들에 매달리게 만드는 사람들의 "누룩"을 이 표현 속에
다 포함시킨 이유를 알게 되었다. 그러나 우리는 더 분명하게 서술되어 있는 마태
의 기사(記事)를 따라가며 살펴보는 것이 더 나을 것이다. 제자들은 주님의 책망을
받은 후에, 주님께서 그들에게 모종의 가르침을 조심하라고 당부하신 것임을 마침
내 깨달았다. 그러므로 그리스도께서 이 말씀을 하신 의도가 그들을 사방에서 공
격하고 있던, 당시에 만연된 잘못된 것들에 대항할 수 있도록 그들을 무장시키시
는 데에 있었다는 것은 분명하다. 그리스도께서 "바리새인과 사두개인들"을 명시
적으로 언급하신 이유는 이 두 분파가 당시에 교회에서 실권을 장악하여 전횡을
일삼고 있었고, 그들이 만든 사악한 교리들로 율법과 선지자들의 가르침을 억눌렀
던 까닭에, 순전하고 온전한 가르침은 거의 씨가 말라 버린 지경까지 이르렀기 때
문이었다.

그러나 "헤롯"은 어떤 식으로든 가르치는 직분을 맡은 사람이 아니었는데도, 마
가는 왜 그를 거짓 선생들 중의 하나로 분류한 것인가라는 의문이 생긴다: "바리새
인들의 누룩과 헤롯의 누룩을 주의하라." 나의 대답은 헤롯은 절반의 유대인으로
서 비열하고 신의가 없는 자여서, 사람들을 자기편으로 끌어들이기 위해서는 온갖
권모술수를 다 써서 무슨 짓이라도 할 자였기 때문이라는 것이다. 모든 배교자들
은 올바른 신앙을 폐하고 새로운 종교를 세우기 위해서 기존의 것과 새로운 것을
혼합하는 방식을 사용하는 것이 보통이다. 헤롯은 참된 옛 경건의 원리들을 뒤집
어엎고, 자신의 폭정(暴政)과 아주 잘 어울리는 종교를 유포시키기 위해서 교묘하
게 애를 쓰고 있었기 때문에, 아니 모종의 새로운 형태의 유대교를 도입하려고 애
쓰고 있었기 때문에, 주님께서 그의 제자들에게 "헤롯의 누룩을 주의하라"고 명하

신 것은 결코 이유가 없는 것이 아니었다. 그러니까, 서기관들은 하나님의 성전을 장악하고서 거기로부터 그들의 잘못된 교리들을 퍼뜨리고 있었고, 헤롯은 사탄의 또 다른 집무소인 그의 궁정으로부터 또 다른 종류의 잘못된 것들을 만들어 내고 있었다는 것이다.

우리 시대에도 교황이 장악한 성전들 및 궤변론자들과 수도사들의 소굴로부터 적그리스도가 거짓된 것들을 토해내고 있을 뿐만 아니라, 적그리스도의 보좌를 견고히 떠받치기 위해서 힘을 보태고 있는 궁정 신학도 있어서, 온갖 술수들이 하나도 빠짐없이 다 동원되고 있는 것을 우리는 발견한다. 그러므로 우리는 그리스도께서 당시에 만연되어 있던 악(惡)들에 대항하시고, 자기 백성들에게 너무나 위험한 그러한 악들을 조심하라고 단단히 주의를 주셨던 것을 명심하고서, 오늘날 우리에게 해악을 끼치고 있는 부패하고 타락한 것들이 어떤 것들인지를 지혜롭게 꼼꼼히 살피지 않으면 안 된다는 것을 그리스도의 이러한 모범을 통해서 배워야 한다. 교황주의자들이 고안해 낸 것들을 복음과 뒤섞고자 하는 것은 곧 물과 불을 뒤섞고자 하는 것과 같다. 진심으로 그리스도의 제자가 되고자 하는 자는 누구나 자신의 마음을 지켜서 그러한 "누룩들"에 물들지 않도록 조심하여야 한다. 그리고 만약 이미 그런 것들에 물들어 있다면, 그것들로 인하여 더럽혀진 것들이 하나도 남아 있지 않을 때까지 자기 자신을 깨끗하게 하고자 애써야 한다. 반면에, 온갖 술수를 써서 올바른 가르침을 부패시키기 위하여 끊임없이 애쓰는 자들이 있기 때문에, 믿는 자들은 정신을 바짝 차리고 깨어 있어서, 그러한 거짓된 술수들에 넘어가지 않고, 영원한 유월절을 "누룩이 없이 오직 순전함과 진실함의 떡으로 지킬 수"(고전 5:8) 있어야 한다. 지금 가장 치명적인 "누룩," 즉 옛적에 루키아노스(Lucianos: 주후 2세기에 헬라의 유명한 저술가로서 무신론자의 전형이었다 ─ 역주)가 보였던 것과 같은 독약보다 더 독한 불경(不敬)이 도처에서 맹위를 떨치고 있기 때문에, 믿는 자들은 모든 지각을 다 동원해서, 그런 불경건에서 자신을 지키기 위하여 조심하고 또 조심하지 않으면 안 된다.

마 16:8. 어찌 … 서로 논의하느냐. 제자들은 여기에서 그들이 그들의 선생이신 주님의 가르침들과 주님이 베푸신 이적들로부터 별 유익을 얻지 못하였다는 것을 다시 한 번 보여준다. 그들은 그리스도께서 그들에게 "누룩을 주의하라"고 하신 말씀을 단지 바리새인들과 교류하는 것을 삼가라고 말씀하신 것으로 받아들였다. 왜냐하면, 유대인들 사이에서는 불경건한 자들과 함께 식사를 하지 않는 것이 관습이었던 까닭에, 제자들은 그리스도께서 바리새인들을 그런 부류의 사람들로 분류하신 것이라고 제멋대로 생각했기 때문이었다. 이런 정도의 무지(無知)는 아마도 용납될 수 있었을지도 모른다. 그러나 그들은 그들이 최근에 받은 은총, 즉 그리스도께서 얼마 안 되는 떡과 물고기로 많은 사람들을 먹이신 이적을 까맣게 잊어버리고서, 그들이 외부로 음식을 사러감으로써 더럽혀질 수밖에 없게 되는 것을 막아줄 능력과 해법이 그리스도께 있으시다는 것을 전혀 생각하지 않았다. 그러므로 그리스도께서는 그들을 호되게 책망하셨고, 이것은 마땅한 일이었다. 그들이 아무것도 없는 상태에서 떡이 만들어져서 수천 명의 사람들이 배불리 먹는 것을 보았을 뿐만 아니라, 그런 이적을 두 번씩이나 보았으면서도, 마치 그들의 선생이 언제나 그런 능력을 소유하고 계신 것은 아니라는 듯이, 여기에서 깜빡 잊어버리고 떡을 가져오지 않는 것을 걱정한 것은 분명히 너무 심한 배은망덕함이었다. 이 말씀을 통해서 우리는 하나님의 능력을 한두 번 경험하고서도 나중에 비슷한 경우가 벌어졌을 때에 그 능력을 불신하는 자들은 불신앙의 죄를 범하는 것임을 알게 된다. 왜냐하면, 하나님의 선물들에 대한 기억을 우리의 가슴속에 소중히 담아두는 것이 믿음인 까닭에, 만약 우리가 그 선물들을 잊어버리고 있다면, 믿음이 잠을 자고 있는 것임에 틀림없기 때문이다.

마 16:12. 그제서야 제자들이 … 깨달으니라. 그리스도께서 "누룩"이라는 단어를 하나님의 혼잡하게 되지 않고 순전한 말씀과 반대되는 의미로 사용하신다는 것은 아주 분명하다. 앞에 나온 한 구절(마 13:33)에서 그리스도께서는 복음이 "누룩"과 같다고 말씀하심으로써, 이 단어를 좋은 의미로 사용하신 적이 있었지만, 성경에서 이 단어는 대체로 원래의 순수성을 해치는 외부로부터 온 어떤 이질적인 것(quidvis adventitium)을 가리키는 데에 사용된다. 이 구절에서 하나님의 순전한 진리(眞理)와 사람들이 그들의 머리에서 고안해서 만들어 낸 것들이라는 두 가지 반대되는 것이 서로 대비되고 있다는 것은 의심의 여지가 없다. 궤변론자들은 이것을 온갖 종류의 가르침에 다 적용할 수 있는 것으로 이해해서는 안 된다는 말로 여기에서 빠져나가려고 해서는 안 된다. 왜냐하면, 하나님에게서 나온 것 외에 그 어떤 가르침에도 "누룩이 없이 순전하다"는 수식어를 붙이는 것은 불가능할 것이기 때문이다. 이것으로부터 우리는 "누룩"은 외부로부터 들어온 모든 이질적인 혼합물에 붙여진 이름이라는 것을 알게 된다. 바울도 우리가 "그리스도를 향하는 진실함과 깨끗함에서" 떠나자마자(고후 11:3), 우리의 믿음은 부패하여서 거짓된 것이 되고 만다고 가르친다.

우리는 이제 그리스도께서 우리에게 조심하라고 명하신 가르침을 베푸는 자들이 어떤 자들인지를 분명하게 알게 되었다. 당시에 교회를 다스리는 권력은 서기관들과 제사장들의 수중에 있었고, 바리새인들은 그들 중에서 가장 높은 직위를 차지하고 있었다. 그리스도께서 그를 따르는 자들에게 그런 자들의 가르침을 조심하라고 명시적으로 명하셨기 때문에, 자신의 생각을 하나님의 말씀과 뒤섞거나, 하나님의 말씀에 속하지 않은 것을 가르치는 자들은, 그들이 아무리 높은 지위나 직함을 자랑한다고 할지라도, 우리가 배척하는 것이 마땅하다는 결론이 나온다. 그러므로 교황이 만들어 낸 것들이나 법령들에 자원해서 순종하는 자들이 보이는 순종은 저주받은 것이자 패역한 것이다.

[22]벳새다에 이르매 사람들이 맹인 한 사람을 데리고 예수께 나아와 손 대시기를 구하거늘 [23]예수께서 맹인의 손을 붙잡으시고 마을 밖으로 데리고 나가사 눈에 침을 뱉으시며 그에게 안수하시고 무엇이 보이느냐 물으시니 [24]쳐다보며 이르되 사람들이 보이나이다 나무 같은 것들이 걸어 가는 것을 보나이다 하거늘 [25]이에 그 눈에 다시 안수하시매 그가 주목하여 보더니 나아서 모든 것을 밝히 보는지라 [26]예수께서 그 사람을 집으로 보내시며 이르시되 마을에는 들어가지 말라 하시니라(막 8:22-26).

다른 두 복음서 기자가 생략한 이 이적을 마가가 기록한 주된 이유는 그리스도께서 여기에 나오는 맹인을 평소처럼 "즉시" 고치신 것이 아니라, 점진적으로 조금씩 그 맹인의 시력이 회복되게 하셨기 때문인 것 같다. 그리스도께서는 자기가 어떤 고정된 법칙에 묶이고 제한되어 있어서 자신의 능력을 베푸시려면 어떤 일정한 방식을 따라야 하는 것이 아니라, 얼마든지 그 방식을 완전히 자유롭게 선택해서 자신의 능력을 베푸실 수 있다는 것을 증명하시고자, 이 맹인을 그런 식으로 고치셨을 가능성이 높다. 그런 까닭에, 그리스도께서는 이 "맹인"의 눈을 단번에 즉시 밝게 하셔서, 그 눈의 모든 기능이 제대로 작동하게 하시는 것이 아니라, 처음에는 물체를 희미하게 식별할 수 있을 정도로만 회복시켜 주신 후에, 다시 "안수하셔서" 그 맹인의 눈을 온전히 볼 수 있게 해주신다. 따라서 이전에 다른 사람들에게는 즉시 한꺼번에 부어졌던 그리스도의 은혜가 이 맹인에게는 한 방울씩 흘러들어간 것이라고 할 수 있다.

막 8:24. 사람들이 보이나이다. 그리스도께서는 앞서 그의 제자들을 위하여 이 "맹인"에게 질문을 던지셨는데, 그것은 이 맹인이 뭔가를 받았기는 하지만, 지금까지는 치유가 약간 시작된 것에 불과하다는 것을 그들에게 알게 하시기 위한 것이었다. 이 맹인의 대답은 "사람들이 보인다"는 것, 즉 "나무 같은 것들이 걸어가는 것"이 보인다는 것이었다. 이 대답을 통해서 이 맹인은 자신의 시력이 사람을 나무와 구별할 수 있을 정도로 뚜렷하게 회복된 것은 아니지만, 이미 약간의 시력이 회복되어서, 똑바로 선 자세로 걸어가는 것들을 보고서, 그것들이 사람들이라는 것을 추측할 정도는 되었다는 것을 인정한다. 이런 의미에서 맹인은 "나무 같은 것들"이라는 비유를 사용한 것이다. 그러므로 우리는 이 맹인이 단지 추측으로 "사람들이 보이나이다"라고 말한 것임을 알게 된다.

막 8:26. 예수께서 그 사람을 집으로 보내시며. 그리스도께서는 이 맹인에게 이 이적을 본 많은 사람들이 있는 "벳새다"로 돌아가지 말라고 하셨다. 어떤 이들은 그리스도께서 그 지역의 주민들로 하여금 그의 은총을 누리지 못하게 하시는 방식으로 그들을 벌하고자 하셔서 그렇게 하신 것이라고 추측한다. 그 이유가 무엇이든지 간에, 확실한 것은 그리스도께서는 자기가 베푸신 이 이적을 영원히 묻어 두고자 하신 것이 아니라, 그의 죽음으로 세상의 죄들을 다 속(贖)하신 후에 아버지 하나님께로 올라가서 영광을 받으실 때까지, 그 이적을 다른 많은 이적들과 더불어서 숨기고자 하셨다는 것이다.

[13]예수께서 빌립보 가이사랴 지방에 이르러 제자들에게 물어 이르시되 사람들이 인자를 누구라 하느냐 [14]이르되 더러는 세례 요한, 더러는 엘리야, 어떤 이는 예레미야나 선지자 중의 하나라 하나이다 [15]이르시되 너희는 나를 누구라 하느냐 [16]시몬 베드로가 대답하여 이르되 주는 그리스도시요 살아 계신 하나님의 아들이시니이다 [17]예수께서 대답하여 이르시되 바요나 시몬아 네가 복이 있도다 이를 네게 알게 한 이는 혈육이 아니요 하늘에 계신 내 아버지시니라 [18]또 내가 네게 이르노니 너는 베드로라 내가 이 반석 위에 내 교회를 세우리니 음부의 권세가 이기지 못하리라 [19]내가 천국 열쇠를 네게 주리니 네가 땅에서 무엇이든지 매면 하늘에서도 매일 것이요 네가 땅에서 무엇이든지 풀면 하늘에서도 풀리리라 하시고(마 16:13-19).

[27]예수와 제자들이 빌립보 가이사랴 여러 마을로 나가실새 길에서 제자들에게 물어 이르시되 사람들이 나를 누구라고 하느냐 [28]제자들이 여짜와 이르되 세례 요한이라 하고 더러는 엘리야, 더러는 선지자 중의 하나라 하나이다 [29]또 물으시되 너희는 나를 누구라 하느냐 베드로가 대답하여 이르되 주는 그리스도시니이다 하매(막 8:27-29).

[18]예수께서 따로 기도하실 때에 제자들이 주와 함께 있더니 물어 이르시되 무리가 나를 누구라고 하느냐 [19]대답하여 이르되 세례 요한이라 하고 더러는 엘리야라, 더러는 옛 선지자 중의 한 사람이 살아났다 하나이다 [20]예수께서 이르시되 너희는 나를 누구라 하느냐 베드로가 대답하여 이르되 하나님의 그리스도시니이다 하니(눅 9:18-20).

마 16:13. 가이사랴 빌립보 지방에. 마가는 이런 대화가 여정(旅程) 중에 "길에서" 오고갔다고 말하고, 누가는 그리스도께서 "기도하실 때에" 그의 곁에 "오직 제자들"만 있는 상황에서 이런 대화가 이루어졌다고 말한다. 마태는 이 대화가 언제 오갔는지, 그 시기를 정확히 말하지 않는다. 세 복음서 기자가 모두 하나의 동일한 이야기를 전하고 있다는 것은 의심의 여지가 없다. 그리스도께서는 여정 중에 기도하시기 위하여 어느 곳에 멈추셨고, 거기에서 기도하신 후에 이 질문을 그의 제자들에게 던지셨을 가능성이 있다. 당시에 "가이사랴"라 불린 성읍이 두 곳이 있었다. 그 중의 한 곳은 더 널리 알려진 곳으로서 옛적에는 스트라토(Strato) 요새라 불렸고, 여기에 언급된 다른 한 곳은 요단 강에서 그리 멀지 않은 레바논 산의 기슭에 자리 잡고 있었는데, 이 두 곳을 서로 구별하기 위해서 후자에는 "빌립보"라는 별칭이 덧붙여지게 되었다. 즉, 어떤 이들의 추측에 의하면, 이 후자의 성읍은 전에 단 지파의 성읍이 있었던 바로 그곳에 건설되어 있었지만, 최근에 분봉왕 빌립에 의해서 다시 재건되었기 때문에, "빌립의 가이사랴," 즉 "가이사랴 빌립보"라 불리게 되었다는 것이다.

마 16:13. 사람들이 인자를 누구라 하느냐. 이것은 아마도 "사람의 아들, 즉 인자(人子)가 된 구속주에 관하여 백성들 사이에서 지금 떠돌고 있는 소문이 어떤 것이냐"고 물으신 것일 것이다. 이런 질문은 "사람들이 마리아의 아들 예수에 관하여 어떻게 생각하고 있느냐"고 물으신 것과는 완전히 다르다. 그리스도께서는 그의 관행을 따라서 자신을 "인자"라 부르시고 계시기 때문에, 이 질문은 "내가 지금 육신을 입고서 다른 사람들과 같이 이 땅에 살고 있는데, 그런 나에 대한 사람들의 견해는 어떤 것인가"라고 물으신 것이나 다름없다. 그리스도께서 이런 질문을 던지신 목적은 그의 제자들을 참되고 확실한 믿음 위에 더욱 견고히 세우셔서, 우리가 곧 보게 될 여러 가지 소문으로 인해서 그들이 흔들리는 일이 없게 하시기 위한 것이었다.

마 16:14. 더러는 세례 요한. 이러한 설문조사는 그리스도의 공공연한 원수들이나 그리스도를 멸시한 불경건한 자들이 아니라, 교회의 꽃이라고 할 수 있는 더 건전하고 더 선한 사람들을 대상으로 한 것이었다. 왜냐하면, 제자들은 그리스도에 대하여 좋게 말한 자들의 견해만을 언급하고 있기 때문이다. 그렇지만 진리가 그들 앞에 있는데도, 그들 중에서 그 진리에 정확히 도달한 자는 아무도 없었고, 모두 다 자신의 헛된 망상을 따라 이리저리 만 길로 가버렸다. 이것으로부터 우리는 사람의 마음이라는 것이 얼마나 연약한지를 알게 된다. 왜냐하면, 사람의 마음은 옳은 것이나 참된 것을 스스로 깨달을 수 없을 뿐만 아니라, 심지어 참된 원리들로부터도 잘못되고 거짓된 것들을 만들어 내기 때문이다. 게다가, 그리스도께서는 일치(concordia)와 평화(pax)의 유일한 깃발이시기 때문에, 하나님이 이 깃발을 중심으로 온 세상을 자기 자신에게로 모으고자 하시는데도, 도리어 상당수의 사람들은 그것을 더 큰 분쟁의 기회로 삼는다. 유대인들의 신앙은 오직 그리스도를 중심으로 할 때에만 하나가 될 수 있다는 것이 분명했음에도 불구하고, 도리어 그리스도께서 오시자, 전에는 어느 정도 일치를 이루고 있었던 것처럼 보였던 그들은 이제 여러 분파들로 쪼개져 버렸다.

또한, 우리는 한 가지 오류가 어떻게 신속하게 또 다른 오류를 낳는지를 본다. 왜냐하면, 일반 사람들의 마음속에 견고히 자리 잡고 있던 선입견, 즉 영혼은 이 사람 저 사람의 몸을 전전한다는 미신(迷信)은 그들로 하여금 그리스도가 다시 살아난 세례 요한이라는 근거 없는 망상을 사실인 것처럼 받아들이게 하였기 때문이다. 그러나 그리스도께서 이 땅에 오셨을 당시에 유대인들이 이런 식으로 분열되어 있었다고 할지라도, 사람들의 그러한 다양한 견해들은 경건한 자들이 그리스도를 아는 순전한 지식에 도달하고자 하는 것을 가로막거나 방해하지는 못하였을 것임에 틀림없다. 왜냐하면, 만약 어떤 사람이 그러한 상황과 여건을 핑계 삼아서 나태함에 자기 자신을 내맡기고서, 그리스도를 찾는 일을 게을리하였다면, 우리가 판단하기에도, 그런 사람에게는 변명의 여지가 없었을 것임에 틀림없기 때문이다. 하물며, 여러 분파들에게 이끌려서 그리스도에 대하여 적대감을 품거나, 사람들의 거짓된 견해들에 동조하여 그리스도를 따르고자 하지 않는 자들이라면, 어떻게 그들이 장차 하나님의 심판을 피할 수 있겠는가?

마 16:15. 너희는 나를 누구라 하느냐. 그리스도께서는 여기에서 그의 제자들을 나머지 무리들과 구별하심으로써, 다른 사람들 중에서는 서로 차이들이 존재해서 아무리 의견이 분분하더라도, 우리는 적어도 믿음의 하나됨(fidei unitas)에서 떨어져 나가서는 안 된다는 것을 좀 더 분명하게 보여주신다. 그리스도께 진심으로 순복하고, 그들 자신의 머리로 만들어 낸 것들을 복음과 뒤섞고자 하지 않는 자들은 반드시 그들 속에 확실한 빛(certa lux)을 갖게 될 것이다. 그러나 온 세상이 그들 자신이 고안해 내고 만들어 낸 것들로 말미암아 떠내려간다고 할지라도, 믿는 자들이 계속해서 그리스도께 붙어 있기 위해서는, 온 힘을 다해서 정신을 바짝 차리고 깨어 있지 않으면 안 된다. 사탄은 유대인들로부터 그들이 율법과 선지자들 속에서 얻은 확신, 즉 그리스도께서 오실 것이라는 확신을 빼앗을 수 없었기 때문에, 그리스도를 여러 가지 모습으로 바꾸어서 난도질해 놓은 것이었다. 사탄의 다음 단계의 계략은 많은 가짜 그리스도를 사람들 앞에 제시해서, 그들이 진짜 구속주를 보지 못하게 만드는 것이었다. 사탄은 그 이후에도 동일한 계략들을 사용해서, 그리스도를 갈기갈기 찢어 놓거나, 가짜 그리스도를 진짜인 것처럼 보여주는 일을 계속해 왔다. 우리는 세상의 혼잡스럽고 서로 불일치하는 목소리들 가운데서도 그리스도의 음성이 우리의 귀에 늘 들리게 하여야 하는데, 그리스도의 음성은 방황하고 헤매며 요동하는 세상 사람들로부터 떠나서, 많은 사람들을 좇아가지 말고, 우리의 믿음을 무너뜨리기 위해 밀려오는 파도라 할 수 있는 많은 사람들의 견해들 가운데서 우리의 믿음이 요동하지 않게 하라는 것이다.

마 16:16. 주는 그리스도시요. 이 신앙고백은 짧지만, 우리의 구원의 총체(總體)를 다 담고 있다. 왜냐하면, "그리스도"라는 호칭은 영원한 나라와 영원한 제사장직, 즉 그리스도께서 그의 희생제사로 말미암아 우리의 죄를 속하심으로써 온전한 의(義)를 이루서서, 우리를 하나님과 화목하게 하시리라는 것과 그렇게 해서 우리를 그의 보호하심 아래 두시고서, 온갖 복으로 우리를 견고히 붙드시고 채우시며 풍성하게 하시리라는 것, 이 두 가지를 다 포함하고 있기 때문이다. 마가 본문은 단지 "주는 그리스도시니이다"로 되어 있고, 누가 본문은 "하나님의 그리스도시니이다"로 되어 있지만, 의미는 동일하다. 왜냐하면, "하나님의 그리스도들(Χριστοί-크리스토이)"이라는 말은 옛적에 하나님의 명령에 의해서 기름 부음을 받은 왕들에게 수여된 호칭이었기 때문이다. 전에도 누가는 시므온이 "주의 그리스도를 보기 전에는 죽지 아니하리라"(2:26)는 하늘의 응답을 받았다고 할 때에 이 표현을 사용한 적이 있었다. 왜냐하면, 하나님이 그의 아들의 손으로 이루실 구속(救贖)은 분명히 하나님으로부터 오는 것이어야 했기 때문이다. 그러므로 구속주가 되실 분은 반드시 하나님으로부터 기름 부음을 받았다는 표지(標識)를 지니고서 하늘로부터 오셔야 했다. 마태는 "주는 살아 계신 하나님의 아들이시니이다"라고 기록함으로써, 이 점을 좀 더 분명하게 표현한다. 왜냐하면, 베드로는 그리스도께서 어떤 식으로 하나님이 낳으신 아들인지를 아직은 분명하게 이해하지 못했지만, 그리스도께서 지니신 위엄으로 보아서, 그가 하나님으로부터 오셨고, 다른 사람들과는 달리 그의 육체 속에 참되고 살아 계신 하나님이 거하시는 방식으로 오셨다는 것을 믿었기 때문이다. 한편, 여기에서 하나님 앞에 "살아 계신"이라는 수식어를 붙인 것은 "아무것도 아닌"(고전 8:4) 우상들과 하나님을 구별하기 위한 것이다.

마 16:17. 시몬아 네가 복이 있도다. "영생은 곧 유일하신 참 하나님과 그가 보내신 자 예수 그리스도를 아는 것이기"(요 17:3) 때문에, 그리스도께서 그러한 신앙고백을 진심으로 한 자가 "복이 있다"고 선언하신 것은 옳다. 이것은 단지 베드로에게 사적으로 하신 말씀이 아니었다. 이 말씀을 통해서 그리스도께서는 온 세상의 유일한 행복(felicitas)이 무엇에 있는지를 보여주고자 하셨다. 먼저, 좀 더 담대하게 그리스도께 나아가고자 하는 자는 누구든지 사람은 그리스도 안에서 치유책(remedium)을 발견하기 전까지는 본질적으로 비참하고 저주받은 존재라는 것을 깨닫지 않으면 안 된다. 다음으로 덧붙여서 말할 수 있는 것은, 그리스도를 얻은 자는 누구든지 온전한 복을 누리는 데에 필요한 모든 것을 소유한 것이기 때문에 아무런 부족함도 없게 된다는 것이다. 왜냐하면, 우리가 원하는 것 중에서 하나님의 영원한 영광보다 더 좋은 것은 없고, 그리스도께서는 바로 그것을 소유하도록 우리를 이끄시기 때문이다.

마 16:17. 혈육. 그리스도께서는 베드로라는 한 사람에게 말씀하시는 형식을 빌려서, 우리가 아버지 하나님께 믿음을 구하여야 하고, 하나님이 믿음을 주셨을 때에는 그 은혜를 찬송하여야 한다는 것을 모든 사람에게 일깨워 주신다. 왜냐하면, 여기에서 그리스도께서는 하나님의 특별한 조명(照明, illuminatio)을 "혈육"과 대비시키고 계시기 때문이다. 이것으로부터 우리는 사람의 마음은 그리스도 안에 감춰진 하늘의 지혜의 신비들을 아는 데에 필요한 통찰력이 결여되어 있고, 하나님이 우리의 눈을 여셔서 그리스도 안에 있는 그의 영광을 보게 하시기 전까지는, 사람의 모든 지각(知覺)은 그런 것들을 알기에 역부족이라는 것을 알게 된다. 그러므로 그 누구도 교만하게도 자신의 능력을 의지해서 그 신비들을 알고자 해서는 안 되고, 도리어 겸손히 우리 자신을 낮추고서, 내면에서 "빛들의 아버지"(약 1:17)로부터 가르침을 받고자 함으로써, 성령께서 역사하셔서 우리의 어둠을 밝혀 주시도록 맡겨 드려야 한다. 그리고 하나님으로부터 믿음을 받은 자들은 그들이 본래 어둠이었다는 것을 인정하고서, 하나님께 합당한 영광을 돌리는 법을 배워야 한다.

마 16:18. 또 내가 네게 이르노니. 그리스도께서는 여기에서 베드로의 신앙고백에 대하여 엄청난 상(賞)을 수여하시는 말씀을 하심으로써, 자기가 그 신앙고백을 얼마나 기뻐하시는지를 분명하게 보여주신다. 왜냐하면, 그리스도께서는 이미 그의 제자 시몬에게 "베드로"라는 이름을 주셨을 뿐만 아니라(마 10:2; 요 1:42), 그의 한량없으신 선하심으로 인하여 베드로를 사도로 삼으셨지만, 여기에서는 이 말씀 속에 나오는 선물들을 거저 주시는 것임에도 불구하고, 마치 베드로가 보여준 믿음에 대하여 상(賞)으로 주시는 것인 양 표현하고 계시기 때문인데, 이런 일은 성경에서 그리 흔한 일이 아니다. 그러니까, 베드로는 두 가지 상을 받는 셈인데, 하나는 베드로라는 개인의 구원과 관련된 것이고, 다른 하나는 사도로서의 그의 직임과 관련된 것이다.

그리스도께서는 "너는 베드로라"고 말씀하심으로써, 그가 전에 베드로에게 이 이름을 주신 데에는 다 이유가 있었다는 것을 확인해 주시면서, 베드로가 장차 하나님의 성전에서 "산 돌"(벧전 2:5)이 되어, 견고히 자리를 잡게 될 것이라고 약속하신다. 이 말씀이 각 사람이 다 "하나님의 전"(고전 6:19)이자 믿음으로 "서로 연결하여" 함께 "성전이 되어 가는"(엡 2:21) 모든 믿는 자들에게 그대로 적용된다는 것은 의심의 여지가 없다. 그러나 "각 사람"은 "그리스도의 선물의 분량대로"(엡 4:7) 더 많이 받기도 하고 더 적게 받기도 하기 때문에, 이 말씀은 베드로가 교회 속에서 다른 사람들보다도 두드러지게 탁월하게 되리라는 것을 의미하는 것이기도 하다.

마 16:18. 이 반석 위에. 이것으로부터 우리는 "베드로"라는 이름이 시몬 개인에게와 그 밖의 다른 믿는 자들에게 다 적용되고 있다는 것을 확인하게 된다. 왜냐하면, 믿는 자들은 그리스도를 믿는 믿음이라는 토대 위에서 서로 연결되고 상합(相

슴)하여, 하나님이 거하실 "신령한 집"이 되어 가기 때문이고, 그리스도께서는 이 민음이 온 교회의 공통의 토대가 될 것임을 선언하심으로써, 세상에 존재하게 될 모든 믿는 자들을 "베드로"와 연결시키고자 하셨기 때문이다. 이것은 그리스도께서 이렇게 말씀하신 것이나 다름없다: "너희는 지금 아주 소수의 사람들이기 때문에, 너희가 지금 한 신앙고백은 현재로서는 별 무게를 지니지 않은 것처럼 생각될 수도 있겠지만, 오래지 않아서, 그 신앙고백이 대단하다는 것이 드러나서, 아주 널리 퍼지게 될 때가 오게 될 것이다." 그리고 사람들이 그들의 믿음을 알아주지도 않고 제대로 대접을 해주지 않는다고 할지라도, 그들은 하나님에 의해서 첫 열매들로 택하심을 받은 자들이라는 것, 비록 시작은 이렇게 초라할지라도, 결국에는 지옥의 모든 음모들에 맞서 승리하게 될 새로운 교회가 그들로부터 생겨나게 되리라는 그리스도의 격려의 말씀은 그의 제자들에게 담대함을 주어서 끝까지 믿음으로 인내하게 하는 데에 아주 적절한 말씀이었다.

마 16:18. 음부의 권세가 이기지 못하리라. 헬라어 원문에서 "이기지 못하리라"의 목적어로 나오는 대명사 "그것"($\alpha\upsilon\tau\tilde{\eta}\varsigma$-아우테스. 개역에는 번역되지 않음 - 역주)은 "믿음"을 가리키는 것일 수도 있고, "교회"를 가리키는 것일 수도 있지만, 후자가 더 적절하다. 왜냐하면, 사탄의 모든 "권세"에 맞설 때에 "교회"의 견고함은 무적(無敵)이라는 것이 증명될 것이기 때문이다. 또한, 교회가 무적일 수밖에 없는 이유는 교회의 "믿음"의 토대가 되고 있는 하나님의 진리가 영원히 요동하지 않을 것이기 때문이다. "세상을 이기는 승리는 이것이니 우리의 믿음이니라"(요일 5:4)는 요한의 말씀은 여기에서 그리스도께서 하신 말씀과 일치한다. 우리가 특히 주목해야 할 약속은 그리스도와 연합하여서 그를 그리스도와 중보자로 고백하는 자들은 누구든지 끝까지 모든 해악(害惡)으로부터 안전하리라는 것이다. 왜냐하면, 그들은 그리스도 안에서 하나인 까닭에, 그리스도의 몸인 교회에 주어진 약속들은 그 각각의 지체들에게도 그대로 적용되기 때문이다. 그렇지만 이 말씀은 교회가 이 세상에서 순례길을 가는 동안에는 결코 안식을 누리지 못하고 많은 공격들에 노출되리라는 것을 우리에게 경고하는 것이기도 하다. 왜냐하면, 사탄이 교회를 "이기지 못하리라"고 하신 말씀 속에는 사탄이 교회를 끊임없이 공격하고 위협하며 흔들어 놓으리라는 의미가 내포되어 있기 때문이다. 그러므로 우리는 그리스도의 이 약속을 의지해서, 우리가 사탄과 그 모든 세력을 이미 믿음으로 승리하였다는 것을 믿고 기뻐하는 것이 마땅하지만, 한편으로는 이 약속의 말씀은 우리에게 항상 싸울 준비를 갖추고 있어야 한다는 것을 알리는 나팔 소리라는 것도 알아야 한다. "문들"(πύλαι-퓔라이, 개역에서는 "권세"로 번역됨 – 역주)이라는 단어가 전쟁을 위한 온갖 세력 및 병기들을 의미한다는 것은 의심의 여지가 없다.

마 16:19. 내가 천국 열쇠를 네게 주리니. 그리스도께서는 여기에서 사도직이라는 공적인 직분에 대하여 말씀하기 시작하시면서, 사도직의 위엄을 두 가지로 보여주신다. 먼저, 그리스도께서는 복음의 사역자들은 천국의 청지기들이라고 말씀하신다. 왜냐하면, 그들은 천국의 열쇠를 지니고 다니는 자들이기 때문이다. 다음으로, 그리스도께서는 그들은 하늘에서 통하는 "매고 푸는" 권세를 수여받은 자들이라는 말씀을 덧붙이신다. 그리스도께서 서기관들과 바리새인들에 대해서도 그들이 율법을 해석하는 자들이기 때문에 천국의 "열쇠"를 지니고 있다고 말씀하신 것에서(눅 11:52) 알 수 있듯이, "열쇠"라는 말은 가르치는 직분에 아주 잘 어울리는 비유이다. 우리는 하나님의 말씀 외에 다른 그 어떤 것에 의해서도 생명의 문이 우리에게 열리지 않는다는 것을 안다. 이것으로부터 "열쇠"는 말씀 사역자들의 수중에 있다는 결론이 나온다.

어떤 이들은 여기에서 "열쇠"라는 단어가 복수형으로 사용된 것은 사도들이 여는 권세만이 아니라 닫는 권세도 위임받았기 때문이라고 생각하는데, 그들의 생각은 어느 정도 일리가 있다. 그러나 "열쇠"가 복수형으로 사용된 것에 별 의미가 없다고 생각하는 사람이 있다면, 그 사람은 또 그렇게 생각하는 것도 좋을 것이다. 여기에서 주님께서는 왜 그가 이전에 베드로를 사도로 삼으시면서 그에게 주셨던 것으로 보이는 것을 왜 다시 그에게 주시겠다고 약속하시는 것인가라는 의문이 생겨날 수 있다. 그러나 나는 이 문제에 대해서 이미 대답을 한 바 있다. 즉, 열두 제자는 처음에는 단지 일시적으로 말씀을 전하는 자들로 세움받은 것에 지나지 않았기 때문에(마 10:5), 전도 여행을 마치고서 다시 그리스도께로 돌아왔을 때에, 그들에게 위임된 직임을 수행하는 일은 일단락된 것이었다. 그러나 그리스도께서 죽은 자 가운데서 부활하신 후에, 그들은 비로소 교회에서 상시적(常時的)으로 말씀을 가르치는 자들로 세움을 받게 될 것이었는데, 지금 여기에서 그리스도께서는 바로 그때에 베드로를 비롯한 사도들에게 주어지게 될 권세에 대하여 말씀하신 것이었다.

마 16:19. 네가 땅에서 무엇이든지 매면. 이 두 번째 은유 또는 비유는 죄 사함과 직접적으로 연관된 것이다. 왜냐하면, 그리스도께서는 그의 복음으로 우리를 영원한 사망의 정죄(定罪)를 받는 것으로부터 구원하실 때에 우리를 단단히 묶고 있던 저주의 결박을 "풀어" 주시기 때문이다. 그리스도께서는 복음의 가르침이 우리의 결박을 "풀기" 위한 목적으로 베풀어지는 것이라고 분명하게 선언하신다. 그러므로 우리의 결박이 "땅에서" 사람들의 음성과 증언으로 말미암아 풀렸다면, 실제로 "하늘에서도" 풀리게 된다는 것이다. 그러나 그들에게 제시된 구원을 악하게 거부하는 죄를 범할 뿐만 아니라, 그들의 완악함으로 인하여 더 무거운 심판을 자초하는 자들도 많은 까닭에, 그리스도께서는 복음의 사역자들에게 "매는" 권세도 수여하신다. 하지만 우리가 알아야 할 것은 이러한 "매는" 권세는 복음의 본질이 아니라 부수적인 것에 불과하다는 사실이다. 바울도 모든 믿지 않는 자들과 반역하는 자들에 대하여 복수할 수 있는 권세가 그에게 있다고 말하면서도, "너희의 복종이 온전하게 될 때에"(고후 10:6) 그렇게 하려고 준비하는 중에 있다는 말씀을 즉시 덧붙인다. 만약 악하여 버림받은 자들이 그들 자신의 잘못으로 인하여 생명을 사망으로 변질시키는 일을 하지만 않는다면, 복음은 "모든 믿는 자에게 구원을 주시는 하나님의 능력"(롬 1:16)이 될 것이다. 그러나 많은 사람들이 복음을 듣자마자 그들의 불경건이 밖으로 표출되어서, 그들에 대한 하나님의 진노하심을 더욱더 촉발시키기 때문에, 그러한 사람들에게 복음의 향기는 "사망에 이르는 냄새"(고후 2:16)가 될 수밖에 없다.

요컨대, 이 말씀을 통해서 그리스도께서는 그를 따르는 자들에게 복음 속에서 그들에게 약속된 구원을 확증해 주심으로써, 마치 그가 직접 하늘로부터 내려와서 그 구원에 대하여 증언하는 양 그들로 하여금 확신을 가지고서 그 구원을 기다리게 하시고, 반면에 복음을 멸시하는 자들에게는 큰 두려움을 주심으로써, 그들로 하여금 말씀 사역자들을 조롱한 그들의 죄가 벌을 받지 않는 채로 그냥 넘어갈 것이라고 생각하지 못하게 하고자 하셨다는 것이다. 이 두 가지는 둘 다 절대적으로 필요하다. 왜냐하면, 생명이라는 이루 헤아릴 수 없이 귀한 "보배"가 "질그릇"에 담겨서 우리에게 나타난 까닭에(고후 4:7), 만약 영원한 가르침의 권세가 이런 식으로 확증되지 않았다면, 그 가르침에 대한 믿음은 거의 매순간마다 사라져 버렸을 것이기 때문이다. 불경건한 자들이 그토록 대담하고 뻔뻔스럽게 행하는 이유는 그들이 사람들을 상대하고 있고, 그것이 전부라고 착각하기 때문이다. 그러므로 그리스도께서는 장차 하늘로부터 오게 될 하나님의 심판이 복음 전도를 통해서 이 땅에 계시되고 있고, 우리는 생명 또는 사망에 대한 확실한 보증을 복음 외의 다른 그 어떤 것에서 찾아서는 안 된다는 것을 분명하게 선언하신다.

　　우리가 세상 사람들에게 그들의 구원에 대하여 증언하는 하나님의 사자(使者)들이라는 것은 우리에게 큰 영광이고, 복음이 하나님과 사람을 서로 "화목하게" 만드는 "사신"이라 불리는 것(고후 5:20)은 복음에 수여된 최고의 위엄이며, 끝으로, 죽을 수밖에 없는 가련한 존재인 인간에 의해서 사람들에게 전해진 구원의 메시지를 하나님이 인정하시고 재가(裁可)하신다는 것을 아는 것은 경건한 자들에게 놀라운 위로이다. 불경건한 자들이 지금은 하나님의 명령에 의해서 그들에게 전해진 복음을 듣고서 마음껏 비웃고 조롱할지라도, 그들은 언젠가는 하나님이 사람들의 입을 통해서 얼마나 참되고 진지하게 그들에게 경고하셨는지를 알게 될 것이다. 마지막으로, 경건한 선생들은 이 확신에 의지해서, 생명을 주시는 하나님의 은혜를 담대하게 꼭 붙잡도록 그들 자신 및 다른 사람들을 격려함과 동시에, 그들의 가르침을 멸시하는 완악한 자들에 대해서는 동일한 담대함으로 우레와 같은 소리로 경고하여야 한다.

　　이것으로써 나는 이 말씀의 본래의 의미를 명확하게 다 설명하였기 때문에, 만약 로마의 적그리스도가 그의 폭정(暴政)을 덮기 위해서 이 구절 전체를 왜곡하는 악하고 정직하지 못한 짓을 자행하지 않았다면, 내가 더 이상 다른 말을 보탤 필요가 없었을 것이다. 어떤 이들은 내가 지금까지 제시한 이 구절에 대한 참된 해석의 빛만으로도 로마의 적그리스도의 어둠을 몰아내는 데에 충분하다고 생각할지도 모르겠지만, 행여나 경건한 독자들이 불안감을 느끼는 일이 없도록 하기 위하여, 나는 이 적그리스도의 구역질나는 거짓된 주장들을 간략하게 반박하고자 한다. 먼저, 이 적그리스도는 그리스도께서 베드로를 교회의 토대 또는 터로 삼으시겠다는 것을 공식적으로 선포하신 것이라고 주장한다. 그러나 그리스도께서 베드로의 믿음과 관련하여 말씀하신 내용을 이 적그리스도가 베드로라는 인물에 적용하고 잘못을 범하였다는 것은 삼척동자도 다 알 수 있는 사실이다. 물론, '페트로스'(Πέτρος, "베드로")와 '페트라'(πέτρα, "돌" 또는 "바위")라는 두 헬라어 단어는, 전자가 아티카 방언에 속하고 후자가 코이네 방언에 속한다는 점을 제외하면, 의미상의 차이가 없다는 것은 나도 인정한다. 그러나 마태가 별 다른 이유나 생각 없이 그냥 이 두 가지 표현을 다 사용한 것이라고 추정하기보다는, 먼저 "베드로"를 언급한 후에 이제 뭔가 다른 것을 말하고 싶어서, 의도적으로 단어를 바꾸어 사용한 것이라고 보는 것이 더 자연스럽다. 또한, 나는 그리스도께서 원래 아람어로 이 말씀을 하셨을 때에 이 두 단어를 그런 식으로 그 의미를 서로 구별해서 사용하셨으리라는 것을 의심하지 않는다. 그러므로 지혜롭게도 아우구스티누스(Augustinus)는 그리스도인들이라는 말이 그리스도에서 나온 것과 마찬가지로, '페트라'(Πέτρα, "돌" 또는 "바위")가 '페트로스'(Πέτρος, "베드로")에서 나온 것이 아니라, 반대로 '페트로스'가 '페트라'에서 나온 것임을 독자들에게 상기시킨다.

　더 길게 말할 필요도 없이, 우리는 오직 "그리스도" 외에 교회의 다른 "터"가 있을 수 없다(고전 3:11; 엡 2:20)는 바울의 선언이 참되고 확실하다는 것을 인정하는 것이 마땅하기 때문에, 교황이 또 다른 "터"를 만들어 낸 것은 하나님을 모독한 불경죄일 수밖에 없다. 사실, 교황 체제를 유지하기 위해서, 교회의 "터"를 뒤집어엎어서, 지옥의 심연(深淵)이 열려 불쌍한 심령들을 삼켜 버리게 한 이 한 가지 일만으로도, 우리는 교황 체제의 폭정을 얼마만큼 혐오하고 거부해야 하는지를 말로 다 표현하기 힘들다. 게다가, 내가 이미 앞에서 언급했듯이, 그리스도께서 하신 말씀 중에서 이 부분은 베드로의 공적인 직분에 관한 것이 아니라, 단지 그에게 성전의 거룩한 돌들 중에서 주된 자리를 주시겠다고 하시는 내용일 뿐이고, 그 다음에 나오는 구절이 사도직에 관한 것이다. 이것으로부터 우리는 그리스도께서 여기에서 열두 제자 중 다른 사람들에게도 동일하게 적용되는 내용 외에 특별히 베드로에게만 적용되는 내용을 말씀하신 것이 전혀 없다는 결론을 얻게 된다. 왜냐하면, 사도직이라는 직분이 그들 모두에게 동일하게 주어졌다면, 그 사도직과 관련된 모든 것도 그들 모두에게 동일하게 주어졌을 것임에 틀림없기 때문이다.

　여기에서 그리스도께서는 오직 베드로에게만 말씀하신 것이 아니냐는 반론이 제기될 수도 있다. 그러나 사실은 오직 베드로 한 사람이 모든 제자를 대표해서 그리스도가 "하나님의 아들"이시라고 고백하였고, 그리스도께서도 모든 제자에게 동일하게 적용되는 말씀을 오직 베드로 한 사람에게 말씀하신 것이었다. 또한, 키프리아누스(Cyprianus)를 비롯한 여러 사람들은 그리스도께서 이렇게 모든 제자에게 하실 말씀을 한 사람에게 하신 이유는 교회가 하나가 되어야 한다는 것을 보여 주시기 위한 것이었다고 말하는데, 우리는 이 말도 무시해서는 안 된다. 교황주의자들은 그리스도께서 모든 제자를 대표하여 이 말씀을 듣는 특권을 베드로에게 주신 것은 베드로를 다른 모든 제자보다 더 우위에 놓으신 것이고 항변한다. 그러나 그런 주장은 베드로가 다른 모든 사도들보다 더 높은 사도 이상의 직분을 받은 자였다고 말하는 것이나 다름없다. 왜냐하면, 빛이나 열기를 태양과 분리할 수 없듯이, "매고 푸는" 권세는 가르치는 직분 및 사도직과 분리하는 것은 불가능하기 때문이다. 설령 우리가 그리스도께서 베드로를 다른 모든 사도들보다 더 높이셔서, 사도들 가운데서 으뜸 되는 자가 되게 하셨다는 것을 인정한다고 할지라도, 베드로가 수장권(首長權)을 수여받아서 보편 교회 전체의 머리가 되었다는 주장은 교황주의자들의 어리석은 추론일 뿐이다. 서열(序列, dignitas)은 권세(imperium)와는 별개의 문제이다. 즉, 여러 사람들 중에서 가장 높은 지위에 오르는 것은 온 세상을 자신의 통치 아래 두는 것과는 별개의 문제라는 것이다. 분명히 그리스도께서 베드로에게 그가 짊어질 수 있는 것보다 더 무거운 짐을 지워 주셨을 리가 없다. 베드로는 천국의 청지기가 되라는 명령을 받고, "매고 푸는" 것을 통해서 하나님의 은혜를 사람들에게 나누어 주고 하나님의 심판을 이 땅에 시행하라는 명령을 받는데, 유한한 인간의 능력으로 행할 수 있는 것은 여기까지이다. 그러므로 베드로에게 주어진 모든 것은 그가 교회의 덕을 세우기 위하여 받은 은혜의 분량 내로 제한되는 것이 마땅하기 때문에, 베드로에게 보편교회를 다스릴 무한정의 권세가 주어졌다는 교황주의자들의 주장은 설 자리가 없다.

설령 베드로에 관한 그들의 주장을 놓고서 어떠한 논쟁이나 다툼이 없다고 할지라도, 이 본문은 교황의 전횡(專橫)을 지지해 주지 않을 것이다. 왜냐하면, 이 본문 속에서 베드로가 그리스도께서 그에게 주신 것들 중에서 그 어느 것을 그의 후계자들에게 승계해도 좋다는 허락을 받았다는 증거를 찾아내는 것은 불가능한 까닭에, 지각(知覺)이 있는 자라면, 그 누구도 교황주의자들이 당연시하는 원칙, 즉 그리스도께서는 여기에서 베드로에게 허락하신 모든 것이 후손들에게 대대로 승계되게 하고자 하셨다는 그들의 주장을 옳다고 하지 않을 것이기 때문이다. 그러므로 교황주의자들은 베드로로 하여금 자기 것이 아닌 것을 가지고서 사람들에게 인심을 쓰게 만든 꼴이 된 것이다. 끝으로, 설령 베드로를 승계하는 것이 합법적인 것이라고 해도, 교황은 자기가 베드로의 합법적인 계승자라는 것을 증명할 때까지는, 이 본문은 그에게 아무런 소용이 없을 것이다. 그렇다면, 교황은 그것을 어떻게 증명하는가? 교황주의자들은 베드로가 로마에서 죽었다는 것을 언급하면서 — 마치 사도 베드로를 죽인 가증스러운 일로 인해서 로마가 수장권(首長權)을 획득하기라도 한 듯이 말이다 — 동시에 베드로가 로마의 감독이었다고 주장한다. 이 주장이 얼마나 거짓되고 어리석은 것인지는 내가 「기독교강요」 제4권 6장에서 자세하게 다루었기 때문에, 이 자리에서 다시 그 내용을 반복함으로써 독자들을 괴롭게 하거나 지루하게 하고 싶지 않고, 이 문제에 대한 자세한 내용이 궁금한 독자들은 거기를 참조해 주었으면 한다. 하지만 나는 여기에서 몇 마디를 첨가해 두고자 하는데, 그것은 설령 로마의 감독이 베드로의 합법적인 후계자였다고 할지라도, 그는 자신의 속임수를 써서 그토록 존귀한 영광을 스스로 빼앗아 가진 것이기 때문에, 그리스도께서 베드로의 후계자들에게 수여하신 모든 것은 그에게 무효가 되어서 아무런 소용도 없게 되었다는 것이다. 교황청이 로마에 있다는 것은 잘 알려져 있지만, 우리는 거기에서 교회의 그 어떤 표지(標識)도 찾아볼 수 없다. 교황은 자신의 통치권을 위해서 치열하게 싸우는 것만큼이나 목회자로서의 직분을 회피하는 데에도 치열한 열심을 보인다. 확실한 것은 그리스도께서 베드로의 후계자들을 칭찬하시는 일에는 아낌이 없으셨다는 것이 사실이라고 할지라도, 자신의 존귀와 영광을 배교자들에게 넘기시는 일에 아낌이 없으셨을 리는 만무하다는 것이다.

[20]이에 제자들에게 경고하사 자기가 그리스도인 것을 아무에게도 이르지 말라 하시니라 [21]이 때로부터 예수 그리스도께서 자기가 예루살렘에 올라가 장로들과 대제사장들과 서기관들에게 많은 고난을 받고 죽임을 당하고 제삼일에 살아나야 할 것을 제자들에게 비로소 나타내시니 [22]베드로가 예수를 붙들고 항변하여 이르되 주여 그리 마옵소서 이 일이 결코 주께 미치지 아니하리이다 [23]예수께서 돌이키시며 베드로에게 이르시되 사탄아 내 뒤로 물러 가라 너는 나를 넘어지게 하는 자로다 네가 하나님의 일을 생각하지 아니하고 도리어 사람의 일을 생각하는도다 하시고 [24]이에 예수께서 제자들에게 이르시되 누구든지 나를 따라오려거든 자기를 부인하고 자기 십자가를 지고 나를 따를 것이니라 [25]누구든지 제 목숨을 구원하고자 하면 잃을 것이요 누구든지 나를 위하여 제 목숨을 잃으면 찾으리라 [26]사람이 만일 온 천하를 얻고도 제 목숨을 잃으면 무엇이 유익하리요 사람이 무엇을 주고 제 목숨과 바꾸겠느냐 [27]인자가 아버지의 영광으로 그 천사들과 함께 오리니 그 때에 각 사람이 행한 대로 갚으리라 [28]진실로 너희에게 이르노니 여기 서 있는 사람 중에 죽기 전에 인자가 그 왕권을 가지고 오는 것을 볼 자들도 있느니라(마 16:20-28).

[30]이에 자기의 일을 아무에게도 말하지 말라 경고하시고 [31]인자가 많은 고난을 받고 장로들과 대제사장들과 서기관들에게 버린 바 되어 죽임을 당하고 사흘 만에 살아나야 할 것을 비로소 그들에게 가르치시되 [32]드러내 놓고 이 말씀을 하시니 베드로

가 예수를 붙들고 항변하매 ³³예수께서 돌이키사 제자들을 보시며 베드로를 꾸짖어
이르시되 사탄아 내 뒤로 물러가라 네가 하나님의 일을 생각하지 아니하고 도리어
사람의 일을 생각하는도다 하시고 ³⁴무리와 제자들을 불러 이르시되 누구든지 나를
따라오려거든 자기를 부인하고 자기 십자가를 지고 나를 따를 것이니라 ³⁵누구든지
자기 목숨을 구원하고자 하면 잃을 것이요 누구든지 나와 복음을 위하여 자기 목
숨을 잃으면 구원하리라 ³⁶사람이 만일 온 천하를 얻고도 자기 목숨을 잃으면 무엇
이 유익하리요 ³⁷사람이 무엇을 주고 자기 목숨과 바꾸겠느냐 ³⁸누구든지 이 음란하
고 죄 많은 세대에서 나와 내 말을 부끄러워하면 인자도 아버지의 영광으로 거룩
한 천사들과 함께 올 때에 그 사람을 부끄러워하리라 … ¹또 그들에게 이르시되 내
가 진실로 너희에게 이르노니 여기 서 있는 사람 중에는 죽기 전에 하나님의 나라
가 권능으로 임하는 것을 볼 자들도 있느니라 하시니라(막 8:30-38; 9:1).

²¹경고하사 이 말을 아무에게도 이르지 말라 명하시고 ²²이르시되 인자가 많은 고난
을 받고 장로들과 대제사장들과 서기관들에게 버린 바 되어 죽임을 당하고 제삼일
에 살아나야 하리라 하시고 ²³또 무리에게 이르시되 아무든지 나를 따라오려거든
자기를 부인하고 날마다 제 십자가를 지고 나를 따를 것이니라 ²⁴누구든지 제목숨
을 구원하고자 하면 잃을 것이요 누구든지 나를 위하여 제 목숨을 잃으면 구원하
리라 ²⁵사람이 만일 온 천하를 얻고도 자기를 잃든지 빼앗기든지 하면 무엇이 유익
하리요 ²⁶누구든지 나와 내 말을 부끄러워하면 인자도 자기와 아버지와 거룩한 천
사들의 영광으로 올 때에 그 사람을 부끄러워하리라 ²⁷내가 참으로 너희에게 이르
노니 여기 서 있는 사람 중에 죽기 전에 하나님의 나라를 볼 자들도 있느니라(눅
9:21-27).

그리스도께서는 그의 장래의 영광이 어떤 것일지를 잠깐 보여주신 후에, 이제
여기에서는 그의 제자들도 십자가를 질 준비를 할 수 있도록 하시기 위하여, 자기
가 무슨 일을 겪어야 하는지를 그들에게 말씀해 주신다. 왜냐하면, 그들이 싸움을
해야 할 때가 다가왔고, 그리스도께서는 만약 그들이 새로운 담력으로 무장하지
않는다면, 이 싸움에서 반드시 패하게 될 것을 아셨기 때문이었다. 무엇보다도 먼
저 그들이 꼭 알아야 했던 것은 그리스도의 나라가 세상의 박수갈채를 받으며 막
강한 재력을 바탕으로 화려하고 웅장하게 시작되는 것이 아니라, 그리스도의 수치

스러운 죽음으로 시작되어야만 한다는 사실이었다. 그러나 그러한 걸림돌을 뛰어 넘는 것보다 더 어려운 일은 그들에게 없었다. 그들이 그들의 주님에 대하여 확고 하게 품고 있었던 생각을 우리가 고려한다면, 특히 그러하였다. 왜냐하면, 그들은 그리스도께서 그들에게 이 땅에서의 행복을 가져다주실 것이라고 굳게 믿고 있었 기 때문이다. 그러므로 그들은 이 근거 없는 기대로 인해서 안달하였고, 그리스도 께서 그의 나라의 영광을 돌연히 계시하실 때가 하루 빨리 오기를 학수고대하였 다. 그들은 십자가의 수치 같은 것은 꿈에도 생각하지 않았고, 그리스도께서 영광 을 받지 못할 상황에 처하게 되시는 일은 결코 있을 수 없다고 굳게 믿고 있었다. 그리스도께서 교회에 대한 통치권을 장악하고 있던 "장로들과 서기관들에게 버린 바" 된다면, 그것은 그들에게 고통스럽고 중대한 일이 될 것이었다. 이러한 정황으 로부터 우리는 여기에 나오는 훈계가 그들에게 절실하게 필요하였다는 결론을 어 렵지 않게 얻을 수 있다. 그러나 십자가에 관한 말씀만을 듣는다면, 그들의 약한 마 음은 아주 심한 고통을 받을 것이 뻔하였기 때문에, 그리스도께서는 "제삼일에 살 아나야 할 것"에 대해서도 말씀해 주심으로써, 그들의 상처를 즉시 치유해 주신다. 그리스도의 십자가 속에서는 육신의 연약함(carnis infirmitas) 외에는 아무것도 볼 수 없기 때문, 성령의 능력이 그 속에서 밝히 빛나는 그리스도의 부활을 볼 때까 지는, 우리의 믿음이 일어서거나 지탱할 그 어떤 힘도 얻지 못하는 것은 당연하다. 그렇기 때문에, 모든 말씀의 사역자들은, 그들의 가르침을 통해서 열매를 맺고자 한다면, 언제나 그리스도의 수치스러운 죽음과 더불어서 그의 부활의 영광을 함께 전하기 위해서 아주 세심한 주의를 기울여야 한다.

그러나 그리스도께서 사도들을 이미 세워 놓으셨음에도 불구하고, 왜 여기에서 그들을 증인으로 활용하고자 하지 않으신 것인가라는 궁금증이 생긴다. 그리스도 께서 그가 오심으로써 이루어지게 될 구속(救贖)을 알리는 전령들로 그들을 지금 활용하실 것이 아니었다면, 왜 구태여 그들을 사도들로 세워 놓으신 것인가? 내가 이 문제에 대하여 앞에서 말한 설명들을 기억하고 있다면, 이 질문에 대하여 대답 하는 것은 어렵지 않다. 먼저, 그리스도께서 그들을 선생들로 세우신 것은 그를 온 전하고 확실하게 증언하도록 하시기 위한 것이 아니라, 단지 그들의 주님을 위하 여 제자들을 모아오도록 하기 위한 것, 즉 나태함의 희생물이 되어 있던 너무나 많 은 사람들을 권하여 주님의 말씀을 경청하여 가르침을 받을 수 있는 자들이 되게 하기 위한 것이었다는 것이다. 다음으로, 그들의 임무는 일시적인 것이었기 때문에, 그리스도께서 말씀을 전하기 시작하셨을 때에 종결되었다는 것이다. 이제 그리스도께서 죽으실 때가 다가왔고, 그들은 그들의 믿음을 증언할 준비가 아직 제대로 되어 있지 않았을 뿐만 아니라, 도리어 너무나 약한 믿음을 지니고 있었기 때문에, 그들이 사람들 앞에서 공개적으로 그들의 신앙을 고백한다면, 그것은 사람들의 비웃음만을 살 것이 뻔하였기 때문에, 그리스도께서는 다른 사람들이 그가 죽음을 이긴 자라는 것을 인정할 때까지, 그리고 그가 새롭고 변치 않는 것을 그들에게 덧입혀 주실 때까지, 그에 관한 말을 아무에게도 하지 말고 조용히 있으라고 그들에게 명령하신 것이다.

마 16:22. 베드로가 … 항변하여. "예수를 붙들고" 저쪽으로 간 것은 주님을 공경하는 마음으로 인해서 여러 증인들이 보는 앞에서 주님을 책망할 수 없었기 때문인 것으로 보이기는 하지만, 베드로가 주님을 책망한 것은 그가 몹시 흥분하였음을 보여주는 증거였다. 베드로가 주님께 목숨을 아끼라고 충고한 것은 마치 주님의 사려분별력이나 자제력이 부족한 것으로 여긴 것이어서 대단히 주제넘은 짓이었다. 그러나 사람이 무분별한 열심에 완전히 사로잡혀서 휘둘리게 되면, 그 사람은 자기 자신의 망상을 따라서 하나님에 대하여 판단하는 것을 서슴지 않는 법이다. 베드로는 유대 민족의 구속주가 되셔야 할 하나님의 아들이 장로들에 의해서 십자가에 못 박히시리라는 것, 생명의 근원이신 분이 단죄를 받아 죽게 되신다는 것은 말도 되지 않는 것이라고 생각했기 때문에, 그리스도께서 자기 자신을 죽음으로 내모는 것을 만류하려고 애를 쓴 것이었다. 베드로의 생각은 그럴 듯하였다. 그러나 베드로의 항변이 아무리 그럴 듯하고 충분히 변명의 여지가 있다고 할지라도, 우리는 무분별한 열심에서 나온 베드로의 견해가 아니라 그리스도의 생각을 주저 없이 따르는 것이 마땅하다.

여기에서 우리는 이른바 사람의 "선한 의도"라는 것이 하나님 앞에서 과연 얼마나 통할 수 있는지에 대하여 가르침을 받게 된다. 사람들의 마음속에는 교만이 아주 깊이 뿌리를 내리고 있기 때문에, 하나님이 모든 것을 그들이 옳다고 생각하는 대로 행하지 않으시면, 그들은 하나님이 그들에게 잘못하고 있으시고 그들에게 해악을 가하고 있으시다고 생각하여 불평한다. 그러므로 우리는 교황주의자들이 그들의 경건과 헌신을 자랑하는 것이 얼마나 완악한 짓인지를 안다. 그들은 너무나 뻔뻔스럽게 자화자찬을 늘어놓지만, 하나님은 그들이 가장 칭찬받아 마땅한 일들이라고 생각하는 것들을 배척하실 뿐만 아니라, 그것들이 보여주는 불경스러운 광기(狂氣)를 엄하게 단죄하신다. 육신(carnis)의 지각(知覺)과 판단이 하나님 앞에서 통하는 것이라면, 분명히 베드로의 의도는 경건한 것으로 여겨졌거나 적어도 옳은 것으로 여겨졌을 것이다. 그러나 그리스도께서는 가장 혹독하고 경멸적인 표현을 사용하셔서 베드로의 항변을 일축해 버리신다. 당신은 그리스도의 이 단호한 대답이 지닌 의미가 무엇이라고 생각하는지를 내게 말해 보라. 언제나 매사에 "상한 갈대도 꺾지 않으실"(사 42:3) 정도로 그토록 온유하셨던 분이 자기가 택하신 제자를 향하여 이토록 무시무시한 우렛소리를 발하신 이유가 무엇이라고 당신은 생각하는가? 그 이유는 분명하다. 즉, 그리스도께서는 베드로라는 한 사람을 꾸짖으심으로써, 모든 사람들에게 자신의 감정과 기분에 빠져서 행하지 않아야 한다는 것을 경고하고자 하셨다. 육신의 소욕들(carnis libidines)은 모두 다 야수와 같아서 통제하기가 어렵지만, 그 중에서도 육신의 지혜(carnis prudentia)보다 더 사나운 짐승은 없다. 그런 까닭에, 그리스도께서는 우리가 오직 하나님의 말씀에 의해서 지혜로워져야 한다는 것을 우리에게 가르치시기 위해서, 육신의 지혜를 아주 호되게 책망하시고, 쇠망치로 박살을 내버리신 것이다.

마 16:23. 사탄아 내 뒤로 물러가라. 어떤 이들은 "뒤로"(ὀπίσω-오피소)라는 단어에 대한 사변적인 생각을 바탕으로 해서, 마치 그리스도께서 베드로에게 앞서 가지 말고 뒤를 따라 오라고 명령하신 것처럼 이 구절을 해석하는데, 그런 해석은 근거 없는 쓸데없는 짓일 뿐이다. 왜냐하면, 우리가 이미 살펴본 구절(눅 4:8)에서 누가는 그리스도께서 여기에 나오는 것과 동일한 말씀을 사용하셔서, 사탄의 공격을 물리치신 적이 있다는 것을 우리에게 알려주고 있고, 또한 '휘파게'(ὕπαγε, "썩, 꺼져"라는 의미를 지닌 라틴어 Apage가 여기에서 파생되었다)라는 동사는 "물러가라"를 뜻하기 때문이다. 그리스도께서는 여기에서 그의 제자를 자기로부터 멀리 밀치신 것인데, 이것은 베드로가 자신의 무분별한 열심으로 인해서 사탄의 역할을 행하였기 때문이었다. 그래서 그리스도께서는 베드로를 향하여 단지 그의 대적이라고 하신 것이 아니라, 그의 지극한 혐오감과 적대감을 표현하시기 위하여 마귀라는 이름을 베드로에게 적용하셨다.

우리는 그리스도께서 베드로에게 이렇게 멀리 밀치신 이유를 보여주시기 위하여 곧이어서 덧붙이신 다음과 같은 말씀을 주목할 필요가 있다: "너는 나를 넘어지게 하는 자로다 네가 하나님의 일을 생각하지 아니하고 도리어 사람의 일을 생각하는도다." 베드로는 그리스도의 소명(召命)을 가로막아 섰을 때에 그리스도를 "넘어지게 하는 자'가 되어 버렸다. 이것을 통해서 우리는 왜곡되고 악한 열심에 의해서 사람이 얼마나 광기에 사로잡힐 수 있게 되는지를 잘 볼 수 있다. 왜냐하면, 베드로가 주님의 가는 길을 가로막아서, 자기 자신과 온 인류에게서 영원한 구원을 박탈하고자 했을 때에, 그것이 베드로 자신의 본심이 아니었다는 것은 분명하기 때문이다. 그러므로 "넘어지게 하는 자"라는 이 한 단어는 하나님께 순종하지 못하도록 우리를 엉뚱한 길로 이끌고 가는 모든 것을 피하기 위해서 얼마나 조심해야 하는지를 잘 보여준다. 그리스도께서는 베드로가 "사람의 일을 생각한다'[베드로가 사람의 지혜에 만족하고 있다 — 불어판]고 말씀하심으로써, 모든 악의 근원(totius mali fons)이 무엇인지를 열어서 보여주신다. 하늘에 계신 우리의 재판장께서 우리와 우리의 의도나 열심들을 마귀로 단죄하지 않으시도록 하기 위하여, 우리는 우리 자신의 지각(知覺)이나 감정을 고집하지 말고, 하나님이 옳다고 하시는 것을 순종하는 마음으로 얼른 받아들이는 법을 배우지 않으면 안 된다. 교황주의자들은 지금 그들이 궁리하고 고안해 낸 것들을 하늘 끝까지 소리 높여서 칭송하며 만족해하고 있지만, 언젠가 하나님의 심판대 앞에 설 때에, 그들이 그토록 자랑하고 소중히 여기던 것들이 그리스도께서 사탄의 것이라고 선언하셨던 바로 그런 것들이라는 것을 결국 알게 될 것이다. 우리도 치명적인 장애물들을 우리 앞에 놓아서 우리가 구원의 길로 가는 문을 스스로 닫아 버리고자 하지 않는다면, 우리는 하나님의 입에서 나온 말씀 외에 다른 방식으로 지혜롭고자 해서는 안 될 것이다.

마 16:24. 이에 예수께서 제자들에게 이르시되. 그리스도께서는 베드로가 십자가에 대한 두려움을 지니고 있고, 다른 모든 제자들도 동일한 감정을 품고 있다는 것을 아시고서, "십자가를 지는" 것에 관한 일반적인 말씀을 시작하시는데, 이 말씀을 열두 사도에 국한시키지 않으시고, 모든 경건한 자들에게 동일하게 적용되는 법(法)으로 전하신다. 이것과 비슷한 말씀이 이미 앞에서 나왔지만(마 10:38), 거기에서는 그리스도께서 그들이 그들의 직분을 수행하기 시작하자마자 박해가 그들을 기다리고 있다는 것만을 상기시켜 주셨을 뿐이었다. 반면에, 여기에서는 그리스도께서 복음을 믿는다고 고백한 모든 자들이 들어야 할 일반적이고 기본적인 가르침을 주시고 계신다.

그러나 그리스도께서는 베드로가 머리에서 상상해 낸 생각이 잘못된 것임을 분명하게 보여주시기 위하여 "누구든지 나를 따라오려거든"이라는 표현을 사용하신다. 왜냐하면, 그리스도께서는 먼저 스스로 자기부인(自己否認, abnegatio sui)과 인내(patientia)의 모범이 되시기 위하여, 베드로가 그리스도께는 전혀 어울리지 않는다고 여겼던 바로 그것을 자기가 겪어야 한다는 것을 보여주시고, 다음으로 그의 몸의 모든 지체들에게 그를 본받으라고 초청하신다. 우리는 이 말씀을 이렇게 풀어야 한다: "누구든지 나의 제자가 되고자 한다면, 그는 '자기를 부인하고 자기 십자가를 지고 나를 따라야' 한다. 또는, 그는 나의 모범을 따라야 한다." 이 말씀의 의미는 그리스도를 진심으로 본받는 자가 되고자 하지 않거나, 그리스도와 동일한 길을 추구하고자 하지 않는 자는 그 누구도 그리스도의 제자라 할 수 없다는 것이다.

그리스도께서는 우리가 어떤 주요한 점들에서 그를 닮기를 그가 원하시는지를 우리에게 알게 해주시려고, 그리스도를 본받는 것과 관련한 규범을 짧막하게 제시하시는데, 그것은 두 부분, 즉 "자기를 부인하는" 것과 자원하여 "십자가를 지는" 것으로 이루어져 있다. "자기를 부인하는" 것은 아주 광범위한 것으로서, 우리 자신의 고유한 생각이나 궁리들(proprium ingenium)을 버리고, 모든 육정(肉情, carnis affectus)과 결별함으로써, 우리 자신을 아무것도 아닌 것으로 만들어서, 하나님이 우리 안에서 사시면서 통치하시도록 해야 한다는 것을 의미한다. 우리는 사람들이 본능적으로 자기 자신을 얼마나 맹목적으로 사랑하는지, 사람들이 얼마나 철저하게 자기중심적인지, 사람들이 자기 자신을 얼마나 높이 평가하는지를 안다. 그러나 그리스도의 학교에 들어가고자 한다면, 우리는 "누구든지 이 세상에서 지혜 있는 줄로 생각하거든 어리석은 자가 되라 그리하여야 지혜로운 자가 되리라"(고전 3:18)는 베드로의 권면처럼 먼저 바로 그렇게 어리석은 자가 되는 것에서 시작해야 하고, 다음으로는 우리의 모든 육정(肉情)들을 다스리고 굴복시켜야 한다.

그리스도께서 "자기 십자가를 지라"고 명령하시는 이유는 인간의 삶 속에는 너나 할 것 없이 누구나 겪어야 하는 공통된 환난이 있는 것은 사실이지만, 하나님은 자기 백성이 그의 아들의 형상을 닮아가도록 특별한 방식으로 그들을 훈련시키시기 때문이다. 그러므로 이러한 규범이 그들에게 주어진 것은 결코 이상한 일이 아니다. 우리가 여기에 덧붙일 수 있는 말은 하나님은 선한 자들과 악한 자들 모두에게 십자가의 짐을 지우시지만, 자원해서 자기 어깨를 구푸려서 그 십자가를 지는 자들이 아니라면, 그들은 "십자가를 진다"고 할 수 없다. 왜냐하면, 말을 안 듣는 사나운 말 위에 기수(騎手)가 강제로 탔다면, 그 말이 그 기수를 태웠다고 말할 수는 없기 때문이다. 그러므로 성도들의 인내(patientia)는 그들에게 지워진 십자가를 자원하여 지는 데에 있다. 누가는 "날마다"라는 단어를 덧붙여서, "날마다 제 십자가를 지고"라고 말하는데, 이것은 매우 강조된 표현이다. 왜냐하면, 누가 본문의 경우에 그리스도께서 하신 말씀의 의미는 우리가 세상을 떠날 때까지는 우리의 싸움에 끝이 없으리라는 것이 되기 때문이다. 그러므로 경건한 자들은 환난을 통과할 때마다 다음에 올 새로운 환난을 맞을 준비를 하는 것이 몸에 배어 있어야 한다.

마 16:25. 누구든지 제 목숨을 구원하고자 하면. 그리스도를 위하여 기꺼이 죽고자 하는 자들은 실제로는 목숨을 얻게 되리라는 말씀은 아주 적절한 위로의 말씀이다. 왜냐하면, 마가는 믿는 자들이 죽고자 하는 동기를 "나와 복음을 위하여"로 명확하게 언급하고 있기 때문이다. 우리는 마태 본문도 동일한 의미를 지닌 것으로 이해해야 한다. 세상 사람들이 어떤 야심이나 절망에 의해서 목숨을 기꺼이 버리고자 하는 일은 심심치 않게 일어나지만, 그런 사람들이 용감하게 죽음을 맞이한다고 해도, 그 죽음은 그들에게 아무런 유익이 없다. 그리스도께서 현세의 목숨에 연연해하는 자들에게는 그들이 거둘 것은 "목숨을 잃는" 것밖에 없다고 경고하시는 말씀은 앞에 나온 약속의 말씀과 대비를 이루면서, 육신적인 나태함(carnis ignavia)을 흔들어 깨우는 강력한 힘을 갖고 있다. 여기에서는 일시적인 죽음과 영원한 죽음 간의 대비(對比)가 의도되고 있는데, 이 주제에 대해서는 우리가 마태복음 10:39을 다룰 때에 이미 살펴본 바 있기 때문에, 더 알고자 하는 독자들은 그곳을 참조하면 될 것이다.

마 16:26. 사람이 … 무엇이 유익하리요. 여기에서 "목숨"이라는 단어는 아주 엄밀한 의미로 해석되어야 한다. 그리스도께서는 사람의 "목숨"은 단지 몇 날 동안이 세상을 즐기기 위해서가 아니라, 궁극적으로 하늘에서 영원히 사는 삶, 즉 영생을 얻기 위해서 지음을 받았다는 것을 그들에게 일깨워 주신다. 이것은 그리스도께서 이렇게 말씀하신 것이나 다름없다: "사람이 이 세상에 아주 강한 애착을 느끼고 거기에 푹 빠져 세상의 일들에만 정신이 팔려서, 자기가 왜 태어났는지, 즉 하나님이 그로 하여금 이 땅에서의 삶을 다 마친 후에 하늘에서 영원히 살게 하시기 위하여, 그에게 영원히 죽지 않는 '목숨'을 주셨다는 것을 생각하지 않는다면, 그의 나태함(socordia)과 멍청함(brutus stupor)은 우리가 어떻게 다 표현할 수 있겠는가!" 사실, "목숨"이 세상의 모든 부(富)와 향락들보다 훨씬 더 가치가 있다는 것은 누구나 다 인정한다. 그런데도 사람들은 육신적인 지각(知覺)으로 말미암아 완전

히 눈이 멀어서, 잘 알면서도 그들의 "목숨"을 멸망에 내주는 것이다. 우리는 세상
이 그 매력적인 것들로 우리를 홀리지 못하도록 하기 위하여, 우리의 "목숨"이 얼
마나 귀한 것인지를 기억하여야 한다. 왜냐하면, 이 점을 명심하기만 한다면, 우리
는 세상의 행복이라는 헛된 망상을 쉽게 쫓아버릴 수 있게 될 것이기 때문이다.

마 16:27. 인자가 … 오리니. 그리스도께서는 그가 방금 베푸신 가르침이 우리
의 마음에 더 깊이 새겨질 수 있도록 하시기 위하여, 장차 있을 심판을 우리 눈앞에
제시하신다. 왜냐하면, 현세에서의 허망한 삶의 무가치함을 깨닫게 된다면, 하늘
의 삶에 관한 말씀이 우리의 마음속에 더 깊이 들어오게 될 것이 틀림없기 때문이
다. 우리의 마음은 너무나 나태하고 안일하여, 하늘을 바라보고자 하지 않기 때문
에, 그렇게 하기 위해서는 도움을 필요로 한다. 그런 까닭에, 그리스도께서는 믿는
자들로 하여금 그들이 이 세상에 사는 것은 때가 되면 나타날 저 복된 구속을 대망
(待望)하는 것 외에 다른 목적이 없다는 것을 매순간마다 떠올리도록 이끄시기 위
하여, 그들을 그의 심판대 앞으로 호출하신다. 이 권면의 목적은, 자신의 목숨보다
신앙고백에 더 높은 가치를 두는 자들은 결코 헛되이 싸우는 것이 아님을 우리에
게 알게 해주시기 위한 것이다. 이것은 그리스도께서 이렇게 말씀하신 것이나 다
름없다: "너희의 삶을 나의 수중에, 그리고 나의 보호 아래 두어라. 왜냐하면, 너희
가 한동안 죽임을 당하는 자들처럼 보일지라도, 내가 언젠가는 너희의 원수를 갚
아줄 자로 나타나서, 너희를 온전히 회복시킬 것이기 때문이다."

그리스도께서 "아버지의 영광으로 그 천사들과 함께 오리라"고 말씀하시는 것은
그의 제자들이 그리스도의 나라를 지금까지 보여진 것들을 근거로 해서 판단하지
않도록 하시기 위한 것이다. 왜냐하면, 이제까지 그리스도께서는 "종"의 모습과 신
분 아래에서 그의 본 모습이 감추어진 가운데에 사람들로부터 무시와 멸시를 당하
여 오셨기 때문이었다. 그리스도께서는 그가 세상의 심판주로 나타나실 때에는 그
의 모습은 지금과는 판이하게 다를 것임을 그들에게 약속하신다. 마가와 누가 본
문의 나머지 부분에 대한 설명은 내가 마태복음 10장을 해설할 때에 이미 다 했기
때문에, 독자들은 그곳을 참조하면 될 것이다.

마 16:27. 그 때에 각 사람이 행한 대로 갚으리라. 행위로 인한 상(賞)에 대해서
는 내가 다른 본문을 다룰 때에 충분히 설명한 바 있기 때문에, 여기에서는 굳이 설
명할 필요가 없을 것이다. 그 요지는 이런 것이다: 그리스도께서 선한 행실에 대하
여 상을 약속하실 때, 여기에서 그들의 공로(meritum)는 믿음으로 말미암아 은혜

로 그들에게 값없이 주어지는 의(iustitia)와 대비되는 것이 아니다. 우리는 선행으로 인한 공로로 구원을 받는 것이 아니다. 그리스도께서는 단지 그들의 수고가 결코 헛되이 그냥 없어져 버리는 것이 아니라는 것을 믿는 자들에게 약속해 주심으로써, 그들이 더욱 힘을 써서 옳은 일을 행하도록 격려하신 것뿐이다. 그러므로 우리가 우리의 그 어떠한 공로도 없이 하나님에 의해서 받아들여진 것이기 때문에 "값없이 의롭다 하심을 얻은 자 된"(롬 3:24) 것이라는 말씀과, 하나님은 우리가 한 일들에 대하여 그의 기쁘신 뜻을 따라서 우리가 도무지 받을 자격이 없는 상을 수여하신다는 말씀은 전혀 모순이 없이 완벽한 조화를 이루는 말씀들이다.

마 16:28. 진실로 너희에게 이르노니. 제자들은 그리스도께서 하신 말씀을 여전히 잘 믿지를 못하고, 그날이 언제 올 것인지를 물었을 것이다. 그래서 그리스도께서는 그가 그의 장래의 영광에 관한 증거를 그들에게 곧 보여주실 것이라고 다시 약속하심으로써, 믿음을 갖도록 그들을 더욱 격려하신다. 우리는, 기다리는 자에게는 아무리 빠른 것도 더뎌 보인다는 속담이 옳다는 것을 알고 있지만, 우리의 구원을 위하여 그리스도께서 오실 때까지 기다리라는 말씀을 듣는 우리에게는 그 속담이 너무나 절실하게 다가온다. 그러므로 그의 제자들에게 인내하며 기다릴 수 있는 힘을 주시고 그들을 견고히 붙들어 주시기 위하여, 그리스도께서는 중간기(中間期)에 대하여 그들에게 이렇게 말씀해 주신다: "내가 올 날을 기다리는 것이 너무 긴 것처럼 보일지 모르지만, 내가 속히 너희에게 올 것이다. 왜냐하면, 너희가 죽기 전에, 내가 너희에게 기다리라고 명한 그 하나님의 나라를 너희의 눈으로 보게 될 것이기 때문이다." 이것이 이 말씀의 자연스럽고 진정한 의미이다. 왜냐하면, 이 말씀은 그리스도께서 요한을 염두에 두시고 하신 것이라는 어떤 이들의 해석은 우스꽝스러운 것이기 때문이다.

우리는 "인자가 그 왕권을 가지고 오는 것"이라는 어구를 그리스도께서 그의 부활을 기점으로 하늘의 영광을 나타내기 시작하셨고, 나중에는 성령을 보내시고 이 적들을 베푸심으로써 더욱 본격적으로 그 영광을 나타내신 것을 가리키는 것으로 이해해야 할 것이다. 왜냐하면, 그리스도께서는 이러한 시작(始作)에 속한 일들을 통해서 자기 백성에게 하늘의 새 생명을 맛보게 하셨고, 그들은 의심할 여지 없는 확실한 체험들을 통해서 그리스도께서 아버지 하나님의 오른쪽에 앉아 계시다는 것을 알았기 때문이다.

¹엿새 후에 예수께서 베드로와 야고보와 그 형제 요한을 데리시고 따로 높은 산에 올라가셨더니 ²그들 앞에서 변형되사 그 얼굴이 해 같이 빛나며 옷이 빛과 같이 희어졌더라 ³그 때에 모세와 엘리야가 예수와 더불어 말하는 것이 그들에게 보이거늘 ⁴베드로가 예수께 여쭈어 이르되 주여 우리가 여기 있는 것이 좋사오니 만일 주께서 원하시면 내가 여기서 초막 셋을 짓되 하나는 주님을 위하여, 하나는 모세를 위하여, 하나는 엘리야를 위하여 하리이다 ⁵말할 때에 홀연히 빛난 구름이 그들을 덮으며 구름 속에서 소리가 나서 이르시되 이는 내 사랑하는 아들이요 내 기뻐하는 자니 너희는 그의 말을 들으라 하시는지라 ⁶제자들이 듣고 엎드려 심히 두려워하니 ⁷예수께서 나아와 그들에게 손을 대시며 이르시되 일어나라 두려워하지 말라 하시니 ⁸제자들이 눈을 들고 보매 오직 예수 외에는 아무도 보이지 아니하더라(마 17:1-8).

²엿새 후에 예수께서 베드로와 야고보와 요한을 데리시고 따로 높은 산에 올라가셨더니 그들 앞에서 변형되사 ³그 옷이 광채가 나며 세상에서 빨래하는 자가 그렇게 희게 할 수 없을 만큼 매우 희어졌더라 ⁴이에 엘리야가 모세와 함께 그들에게 나타나 예수와 더불어 말하거늘 ⁵베드로가 예수께 고하되 랍비여 우리가 여기 있는 것이 좋사오니 우리가 초막 셋을 짓되 하나는 주를 위하여, 하나는 모세를 위하여, 하나는 엘리야를 위하여 하사이다 하니 ⁶이는 그들이 몹시 무서워하므로 그가 무슨 말을 할지 알지 못함이더라 ⁷마침 구름이 와서 그들을 덮으며 구름 속에서 소리가 나되 이는 내 사랑하는 아들이니 너희는 그의 말을 들으라 하는지라 ⁸문득 둘러보니 아무도 보이지 아니하고 오직 예수와 자기들뿐이었더라(막 9:2-8).

²⁸이 말씀을 하신 후 팔 일쯤 되어 예수께서 베드로와 요한과 야고보를 데리고 기도하시러 산에 올라가사 ²⁹기도하실 때에 용모가 변화되고 그 옷이 희어져 광채가 나더라 ³⁰문득 두 사람이 예수와 함께 말하니 이는 모세와 엘리야라 ³¹영광중에 나타나서 장차 예수께서 예루살렘에서 별세하실 것을 말할새 ³²베드로와 및 함께 있는 자들이 깊이 졸다가 온전히 깨어나 예수의 영광과 및 함께 선 두 사람을 보더니 ³³두 사람이 떠날 때에 베드로가 예수께 여짜오되 주여 우리가 여기 있는 것이 좋사오니 우리가 초막 셋을 짓되 하나는 주를 위하여, 하나는 모세를 위하여, 하나는 엘리야를 위하여 하사이다 하되 자기가 하는 말을 자기도 알지 못하더라 ³⁴이 말 할

즈음에 구름이 와서 그들을 덮는지라 구름 속으로 들어갈 때에 그들이 무서워하더니 [35]구름 속에서 소리가 나서 이르되 이는 나의 아들 곧 택함을 받은 자니 너희는 그의 말을 들으라 하고 [36]소리가 그치매 오직 예수만 보이더라 제자들이 잠잠하여 그 본 것을 무엇이든지 그 때에는 아무에게도 이르지 아니하니라(눅 9:28-36).

마 17:1. 엿새 후에. 우리는 먼저 그리스도께서 무슨 목적으로 잠시 하늘의 영광을 입으셨는지, 그리고 왜 오직 세 명의 제자만을 이 광경을 목격한 증인이 되게 하셨는지를 살펴보지 않으면 안 된다. 어떤 이들은 그리스도께서 곧 죽게 되실 때에 그들이 맞게 될 시험을 이길 수 있는 힘을 그들에게 주시기 위하여 그렇게 하신 것이라고 생각하지만, 내 생각에는 그런 것 같지 않다. 왜냐하면, 그런 이유가 맞는다고 한다면, 그리스도께서 나머지 제자들을 이 일에서 배제하실 이유가 전혀 없어 보이기 때문이다. 그리고 이 광경을 보게 하신 목적이 그의 죽음 이후와 관련되어 있는 것이 아니라면, 왜 그리스도께서 그들에게 그들이 본 것을 그가 부활하실 때까지 사람들에게 말하는 것을 명시적으로 금지하셨겠는가? 그러므로 나는 그리스도께서 자기가 억지로 끌려가서 죽임을 당하시는 것이 아니라, 아버지 하나님께 순종의 제사를 드리시기 위하여, 자원하여 죽으러 가시는 것임을 보여주고자 하신 것이 틀림없다고 생각한다. 제자들은 그리스도께서 부활하실 때까지 이것을 알지 못하였고, 그리스도께서 죽으신 바로 그 순간에, 그가 그의 신적인 능력으로 십자가 위에서 승리하셨다는 사실을 꼭 알아야 하는 것도 아니었다. 그러나 그리스도께서는 장차 그들은 물론이고 우리의 유익을 위하여, 마치 그가 강제로 그리고 어쩔 수 없이 고난을 당하신 것이라고 오해하여, 그의 연약함 때문에 실족하여 넘어지는 자가 아무도 없게 하시려고, 그런 것이 아님을 미리 가르쳐 주시고자 하신 것이다. 왜냐하면, 그리스도께서 그의 몸에 하늘의 영광을 덧입으실 수 있으시다면, 그가 그의 몸을 죽음으로부터 지켜내시는 것쯤은 너무나 쉬운 일이라는 것을 누구나 다 알 수 있을 것이기 때문이다.

그러므로 우리는 그리스도께서는 자원하여 자신을 죽음에 내주셨고, 자신의 몸을 스스로 십자가에 내주셔서 못 박히셨다는 것을 알게 된다. 십자가에서 희생 제물로 드려져서 무덤에 장사된 그리스도의 육신은 얼마든지 죽음을 겪거나 무덤에 가지 않아도 되었을 것이다. 왜냐하면, 그 육신은 이미 하늘의 영광에 참여한 바 있었기 때문이다. 또한, 우리는 그리스도께서 종의 형체를 입으시고 이 세상에 머물

러 계신 동안에, 즉 그의 위엄이 육신의 연약함 아래에 감추어져 있었던 동안에, 그
는 아무것도 빼앗기신 적이 없었다는 것을 알게 된다. 왜냐하면, 그리스도께서 자
원해서 "자기를 비우신"(빌 2:7) 것이었기 때문이다. 그러나 이제 그의 부활은 그동
안 그의 능력을 감추는 역할을 하였던 휘장을 걷어 버렸다. 그리스도께서 세 명의
증인으로 충분하다고 여기신 이유는 율법에서 어떤 일을 증명하는 데에 "두 사람
이나 세 사람"의 증인을 요구하였기 때문이었다(신 17:6).

　이 일이 일어난 때와 관련해서 복음서 기자들이 서로 다르게 말하고 있는 것처
럼 보이지만, 그것은 전혀 문제가 되지 않는다. 왜냐하면, 마태와 마가는 이 일에
관한 말씀을 하시고 나서 꼬박 "엿새"가 지난 후에 실제로 이 일이 일어났다고 말
하는 반면에, 누가는 그리스도께서 이 일에 관한 말씀을 하신 날과 그리스도의 모
습이 변화된 날을 포함해서 계산하였기 때문에 "이 말씀을 하신 후 팔 일쯤 되어"
이 일이 일어났다고 말하는 것이기 때문이다. 그러므로 우리는 이것과 관련하여
서로 표현은 다르지만 의미는 완전히 일치한다는 것을 알게 된다.

　마 17:2. 변형되사. 누가는 그리스도께서 "기도하실 때에" 이 일이 일어났다고
말한다. 시간 및 장소와 관련된 정황들로 볼 때, 이것은 그리스도께서 지금 그가 얻
고자 하신 것, 즉 이제까지와는 전혀 다른 새로운 형태의 눈부신 모습 속에서 그의
신성(神性)이 가시적으로 나타나게 해주시라고 기도하셨던 것일 가능성이 크다.
그리스도께서는 그가 소유하지 않은 것을 다른 이에게서 얻기 위하여 기도로 구하
실 필요가 있으셨던 것도 아니었고, 아버지 하나님이 기꺼이 그의 기도를 들어 응
답해 주시리라는 것을 의심하신 것도 아니었다. 그런데도 그가 여기에서 기도하신
이유는, 그는 낮아지신 몸으로 이 땅을 살아가시는 동안에(toto humilitatis suae
cursu) 그가 행하신 모든 신적인 역사(役事)들을 언제나 아버지 하나님이 하신 것
으로 돌리셨기 때문이고, 우리로 하여금 그의 모범을 본받아서 기도하도록 격려하
시고자 하셨기 때문이다.

　그리스도의 변모(變貌, transformatio)는 지금 하늘에 계신 모습 그대로의 그리스
도를 그의 제자들에게 보여줄 수 있는 것은 아니었지만, 그의 무한한 영광을 그들
이 이해할 수 있을 정도만큼은 맛보게 해주었다. 그때는 그의 "얼굴이 해 같이 빛
났지만," 지금은 해와는 비교할 수 없을 정도로 밝으시다. 그때는 그의 "옷"이 눈부
시게 "희어졌지만," 지금은 그의 옷이 아니라 그의 온 몸에서 신적인 위엄이 광채
를 발한다. 이렇게 옛적에 하나님은 거룩한 조상들에게 그가 지닌 본래의 모습, 즉

그의 무한한 광채를 다 나타내신 것이 아니라, 그들이 감당할 수 있을 정도로만 나
타내셨다. 요한은 믿는 자들이 장차 그리스도와 같은 모습이 되기 전까지는 "그의
참모습 그대로" 보지 못할 것이라고 분명하게 말한다(요일 3:2). 우리는 여기에서
그리스도의 "얼굴이 빛난" 것과 그의 "옷"이 "희어진" 것이 도대체 무엇인지를 놓고
사변적으로 논쟁을 벌일 필요가 없다. 왜냐하면, 그런 것들은 그리스도께서 지니
신 하늘의 영광을 있는 모습 그대로 보여준 것이 아니라, 단지 우리 육신이 알아볼
수 있을 정도의 상징들을 통해서, 우리가 도저히 온전하게 이해할 수 없는 것을 부
분적으로 그들에게 맛보게 해준 것이기 때문이다.

마 17:3. 모세와 엘리야가 … 그들에게 보이거늘. "모세와 엘리야"가 실제로 거
기에 나타난 것인가, 아니면 선지자들이 실제로는 현장에 없는 것들에 대한 환상
을 흔히 보았듯이, 제자들에게도 그런 환상이 보였던 것인가라는 질문이 제기될
수 있다. 이 두 가지 주장을 각각 지지하는 논거들이 동일하게 많이 제시될 수 있
기는 하지만, 나는 모세와 엘리야가 실제로 그곳에 왔을 가능성이 높다고 생각한
다. 이러한 추정은 결코 불합리하지 않다. 왜냐하면, 육신들과 영혼들은 하나님의
수중에 있어서, 하나님은 필요하다고 생각하실 때에는 얼마든지 죽은 자를 잠시
다시 살리실 수 있으시기 때문이다. 이때에 "모세와 엘리야"는 그들의 독자적인 목
적을 위해서가 아니라, 그리스도를 모시기 위하여 다시 살아난 것이었다. 다음으
로, 사도들은 그들이 한 번도 본 적이 없는 "모세와 엘리야"를 어떻게 알아보게 되
었는가라는 질문이 제기될 수 있다. 하지만 그러한 질문에 대답하기는 쉽다. 즉,
하나님은 모세와 엘리야를 다시 살리셔서 보내실 때에, 제자들이 그들을 알아볼
수 있게 해줄 표지(標識)들도 함께 주셨으리라는 것이다. 따라서 하나님의 이 특별
한 계시로 인해서, 제자들은 그들이 "모세와 엘리야"라는 것을 확실하게 알아볼 수
있었다.

그렇다면, 많은 거룩한 조상들 중에서 왜 이 두 사람이 나타난 것인가? 이 질문
에 대하여 우리는 그것은 그리스도께서 율법과 선지자들의 최종 목적지라는 것을
보여주기 위한 것이었다는 이 한 가지 이유를 아는 것만으로 충분할 것이다. 왜냐
하면, 그리스도께서 하나님이 이전에 행하셨던 증언 없이 이 세상에 오신 것이 아
니라, 하나님의 천거와 위임을 받아가지고 오셨다는 것은 우리의 믿음에 아주 중
요한 것이었기 때문이다. 하지만 나는 일반적으로 거론되는 이유, 즉 "엘리야"는
모든 선지자들의 대표로 선택되어 여기에 온 것이라는 설명에 대해서도 반대하지

는 않는다. 왜냐하면, 엘리야는 글로 남긴 것은 없다고 할지라도, 선지자들 중에서
모세 다음의 위치를 차지할 만큼 아주 유명한 선지자로서, 당시에 부패해 있었던
하나님에 대한 예배를 회복시키고, 거의 사라지다시피 한 율법과 참된 경건을 바
로세우는 일에 그 누구와도 비교할 수 없을 정도로 혼신의 힘을 쏟은 인물이었기
때문이다.

"모세와 엘리야"가 나타나서 그리스도와 "더불어 말하였다"는 것은 그들이 서로
의견을 같이했다는 것을 보여주는 증표였다. 그들이 함께 논의한 주제가 어떤 것
이었는지는 오직 누가만이 보도하는데, 그들은 "장차 예수께서 예루살렘에서 별세
하실 것"을 놓고 대화를 나누었다는 것이다. 우리는 이것을 모세와 엘리야가 개인
자격으로 그리스도와 대화를 나눈 것이 아니라, 그들이 앞서 하나님으로부터 위임
받았던 공통의 사명(使命)을 수행한 자들로서 대화를 나눈 것으로 이해하여야 한
다. 왜냐하면, 모세와 엘리야는 이미 아주 오래 전에 그들의 소명(召命)을 다 마치
고 죽었지만, 그리스도께서는 그의 희생제사로 말미암아 우리에게 주어진 구원은
하나님이 선지자들을 통하여 거룩한 조상들에게 약속하신 바로 그 구원이라는 것
을 우리에게 알게 해주시기 위하여, 모세와 엘리야가 살아 있는 동안에 가르쳤던
것을 다시 한 번 그들의 음성으로 재확인 받기를 원하셨기 때문이다. 옛적의 선지
자들이 그리스도의 죽음을 예언하였던 당시에, 하나님의 영원한 지혜이신 그리스
도께서는 그의 영광의 은밀한 보좌에 앉아 계셨다. 이것으로부터 우리는 그리스도
께서는 육신을 입으셨을 때에, 자원하여 자신을 죽음에 내주신 것이지, 결코 어쩔
수 없이 죽으신 것이 아니라는 것을 알게 된다.

마 17:4. 주여 … 좋사오니. 누가는 베드로가 "모세와 엘리야가 떠날 때에" 이 말
을 했다고 보도한다. 이것으로부터 우리는 모세와 엘리야가 떠나고 나면 이 달콤
하고 복된 광경이 사라져 버릴 것을 베드로가 걱정했다는 것을 알 수 있다. 시편에
서 "주의 앞에는 충만한 기쁨이 있고"(시 16:11)라고 말하고 있듯이, 베드로가 자기
가 본 것이 너무나 달콤하고 황홀하여 거기에 사로잡혀서 다른 사람들은 안중에도
없이 오직 그 광경을 즐기는 일에 푹 빠져 있었던 것은 전혀 이상한 일이 아니다.
그러나 베드로가 그리스도께 청(請)한 것은 얼토당토않은 어리석은 것이었다. 왜
냐하면, 베드로는 먼저 그리스도께서 그에게 이 광경을 보게 하신 목적과 의도를
제대로 이해하지 못하고 있었고, 다음으로는 종들인 모세와 엘리야를 그들의 주
(主)이신 그리스도와 동격으로 취급하는 우(愚)를 범하였으며, 셋째로 이미 하늘에

속한 천사들과 같은 영광 속으로 들어간 자들을 위하여 썩어 없어질 "초막들"을 짓겠다고 한 잘못을 저질렀기 때문이다.

나는 베드로가 그리스도께서 이 광경을 그에게 보게 하신 목적과 의도를 이해하지 못하고 있었다고 말하였다. 왜냐하면, 베드로는 그리스도께서 죽으실 때가 가까이 다가왔다는 말을 모세와 엘리야의 입으로부터 듣고 있는 중에도, 일시적인 것에 불과하였던 그리스도의 현재의 모습을 영원토록 보존해야 하겠다는 어리석은 꿈을 꾸었기 때문이다. 그리스도의 나라를 이런 식으로 6미터나 9미터 되는 좁은 공간에 가두어 놓아서, 뭘 어떻게 하겠다는 것인가? 온 세상을 구속(救贖)하는 일이나 영원한 구원을 누리는 일은 어떻게 되어도 상관없다는 것인가? 또한, 마치 모든 자들을 제자리로 돌아가게 하여서, 오직 그리스도만이 홀로 높임을 받으시게 하는 것이 꼭 그렇게 해야 하는 것은 아니라는 듯이, "모세와 엘리야"를 하나님의 아들과 동급(同級)으로 취급한 것도 너무나 어처구니없는 일이었다. 그리고 왜 베드로는 자신의 현재의 상태에 만족하여, 자신에 대해서는 그들을 보기만 해도 너무나 행복하다고 생각했으면서도, 엉뚱하게도 그들에 대해서는 그들에게 이 땅의 것들에 의한 도움이 필요할 것이라고 생각한 것인가?

그래서 복음서 기자들 중 두 사람은 베드로가 "자기가 하는 말을 자기도 알지 못하였다"고 올바르게 지적하고 있고, 마가는 "그들이 몹시 무서워하므로" 그런 것이라고 그 이유를 덧붙인다. 왜냐하면, 하나님은 이때에 사도들이 그의 아들의 신성(神性)을 잠시 보는 것 외에 다른 어떤 유익을 이 일로부터 얻게 하고자 하지 않으셨기 때문이다. 나중에 그리스도께서는 그들이 이 일을 본 것이 어떤 의미를 지니는지를 그들에게 알려주심으로써, 그들의 잘못된 판단을 바로잡아 주셨다. 그러므로 마가가 말하고 있는 것의 의미는 베드로가 이 광경을 보고서 너무나 두렵고 놀라서 넋이 나간 상태에서 자기가 무슨 말을 하는지도 모르는 가운데에 그런 말을 했다는 것임에 틀림없다.

마 17:5. 홀연히 빛난 구름이. "구름"이 그들의 눈을 "덮은" 것은 그들이 하늘의 빛나는 영광을 볼 준비가 아직 되어 있지 않았다는 것을 그들에게 알게 하기 위한 것이었다. 왜냐하면, 하나님은 그의 임재의 증표들을 주실 때에는, 사람의 마음의 교만을 억제하시기 위하여 그의 임재를 가리는 것들도 아울러 사용하시기 때문이다. 그래서 지금 그리스도께서는 그의 제자들에게 겸손을 가르치시기 위하여, 그들의 눈을 가리셔서 하늘의 영광을 보지 못하게 하신다. 이러한 권면은 우리에게도 그대로 적용되기 때문에, 우리는 우리의 지각(知覺)을 뛰어넘는 은밀한 일들을 엿보고자 하지 않아야 하고, 그것과는 정반대로 각 사람은 자신의 믿음의 분량을 따라서 분수를 지키고 그 경계를 넘어서지 않아야 한다. 요컨대, 이 "구름"은 우리에게 호기심(curiositas)에 휘둘려서 분수를 모르고 제멋대로 방자하게 행하는 것을 막아주는 재갈 역할을 한다. 이 구름 속에서 제자들은 그들이 이전의 싸움으로 되돌아가야 하기 때문에, 때가 이르기 전에 승리를 기대해서는 안 된다는 경고를 들었다.

마 17:5. 구름 속에서 소리가 나서. 우리가 주목해야 할 것은 하나님의 음성이 "구름 속에서" 들렸지만, 몸이나 얼굴은 보이지 않았다는 것이다. 그러므로 우리는 모세가 우리에게 준 경고, 즉 우리가 하나님이 사람을 닮았다고 상상함으로써 스스로 속지 않도록 하시기 위하여, 하나님은 그 어떤 눈에 보이는 "형상"도 갖고 계시지 않으신다는 말씀(신 4:12, 15)을 기억하여야 한다. 하나님이 옛적에 거룩한 조상들에게 여러 가지 모양으로 자신을 나타내신 것은 사실이지만, 그들로 하여금 그들 자신을 위하여 우상을 삼고자 하는 유혹을 불러일으킬 수 있는 상징들(symbolae)을 사용하는 것은 언제나 삼가셨다. 왜냐하면, 사람들의 마음은 엉뚱한 망상에 빠지기가 너무나 쉽기 때문에, 불길에 기름을 붓는 것은 금물(禁物)이었기 때문이다. 하나님이 그의 영광을 이런 방식으로 나타내시는 것은 다른 방식들로 나타내시는 것보다도 주목할 만하다. 하나님이 그와 우리 사이에 구름을 두시고, 그의 음성으로 우리를 그에게로 초대하시는데, 우리가 나무나 돌 조각의 형상으로 하나님을 우리 눈앞에 두고자 한다면, 그것은 얼마나 미친 짓이겠는가? 그러므로 우리는 육신의 눈이 아니라 오직 믿음으로 하나님이 거하시는 저 감히 접근할 수 없는 빛을 바라보아야 한다는 것을 알게 된다. "소리가 구름 속에서 난" 것은 제자들로 하여금 그 음성이 하나님에게서 나온 것임을 알고서 거기에 합당한 경외하는 마음으로 하나님의 음성을 받도록 하기 위한 것이다.

마 17:5. 이는 내 사랑하는 아들이요. 어떤 이들은 여기에서 모세와 엘리야가 그리스도와 암묵적으로 대비되고 있고, 제자들은 하나님의 아들 외에 다른 선생을 찾아서는 안 된다는 명령을 받고 있는 것이라고 생각하는데, 나는 그들의 생각에 기꺼이 동의한다. 왜냐하면, "아들"이라는 단어가 여기에서 강조되어서 사용됨으로써, 하나님의 "아들"이 하나님의 종들보다 높여지고 있기 때문이다. 그리스도께는 "사랑하는 아들"과 "선생"이라는 두 가지 호칭이 수여되고 있는데, 이 호칭들은 그리스도를 높이는 데에 적합한 것들이 아니라, 우리의 믿음을 돕는 데에 적합한 것들이다. 아버지 하나님은 그의 아들을 "내 사랑하는 아들이요 내 기뻐하는 자"라고 부르심으로써, 그의 아들이 세상을 하나님과 화목하게 할 중보자라는 것을 분명하게 선언하신다. 또한, 하나님은 우리에게 "그의 말을 들으라"고 명하심으로써, 그의 아들을 그의 교회의 최고의 유일한 선생으로 세우신다. 그리스도를 다른 모든 이와 구별하시는 것이 하나님이 이 말씀을 하신 의도이기 때문에, 이 말씀으로부터 우리는 그리스도야말로 본질적으로 하나님의 유일하신 아들이시라는 것을 아는 것이 옳고 합당하다. 또한, 이 말씀을 통해서, 우리는 오직 그리스도만이 아버지 하나님이 "사랑하시는" 분이시고 우리의 선생으로 세우신 분이시기 때문에, 모든 권세가 그리스도의 수중에 있다는 것도 알아야 한다.

　여기에서 하나님은 천사들이나 사람들은 사랑하지 않으신다는 말인가라는 반론이 제기될 수 있지만, 그 대답은 쉽다. 즉, 천사들과 사람들에게 미치는 아버지로서의 하나님의 사랑은 바로 그 근원이 되는 아들에 대한 하나님 아버지의 사랑에서 흘러나온다는 것이다. 왜냐하면, 아버지 하나님이 그 아들을 사랑하시는 까닭에, 다른 피조물들이 하나님의 미움의 대상이 되는 것이 아니라, 도리어 그 아들에 대한 사랑이 다른 피조물들에게도 흘러가서 공유되는 것이기 때문이다. 물론, 우리와 천사들은 서로 처지가 다르다. 왜냐하면, 천사들은 결코 하나님을 떠난 적이 없으므로, 하나님이 그들을 다시 그와 화목하게 하실 필요가 없지만, 우리는 그리스도께서 우리를 하나님과 화목하게 만드실 때까지는 우리의 죄로 말미암아 하나님의 원수들이기 때문이다. 그렇지만 확실한 것은 하나님은 우리를 그리스도 안에서 받으시는 한에서 천사들이나 우리에게 은혜로우시다는 것이다. 왜냐하면, 만일 그리스도께서 천사들의 머리가 아니시라면, 비록 천사들일지라도 하나님과 견고하게 연합되지 못할 것이기 때문이다. 또한, 우리가 주목할 것은 아버지 하나님이 여기에서 자기가 아들과 다르다는 것을 말씀하시는 것으로 보아서, 비록 아버지와 아들이 본성(essentia)에 있어서 하나이고, 위엄(maiestas)도 동일하긴 하지만, 위격(位格, persona)의 구별이 존재한다는 것이다.

마 17:5. 너희는 그의 말을 들으라. 내가 조금 전에 말했듯이, 그리스도께서 이 말씀을 하신 것은 교회로 하여금 그 유일하신 선생이신 그리스도만을 바라보게 하고, 오직 그리스도의 입만을 의존하도록 하기 위한 것이었다. 왜냐하면, 그리스도께서는 율법과 선지자들이 옳다는 것을 확증하시기 위하여 오신 것이기도 하지만

(마 5:17), 선지자들과는 비교도 안 될 정도로 지극히 높으신 그의 신분에 걸맞게, 구약에서 반짝였던 저 불꽃들(scintillae)을 그의 복음의 빛으로 흡수하시기 위하여 오신 것이기 때문이다. 그리스도는 "의로우신 해"이셨기 때문에, 그가 오신 것은 정오(正午)의 해가 떠오른 것이었다. 이것이 사도가 "옛적에 선지자들을 통하여 여러 부분과 여러 모양으로 우리 조상들에게 말씀하신 하나님이 이 모든 날 마지막에는 아들을 통하여 우리에게 말씀하셨으니"(히 1:1-2)라고 말한 이유이다. 그러니까, 우리는 오늘날 복음을 통해서만이 아니라 율법과 선지자들 속에서도 그리스도의 음성을 듣기 때문에, 그리스도께서 친히 "너희 선생은 하나요"(마 23:8)라고 말씀하셨듯이, 교회의 유일하신 선생으로서의 권위는 오직 한 분 그리스도께 있다는 것이다. 그러나 모든 사람들의 혀가 침묵하지 않는다면, 그리스도의 권위는 제대로 설 수 없다. 그러므로 그리스도께서는 우리를 그의 가르침 아래 붙잡아 두시기 위하여, 사람들에 의해서 만들어지고 고안된 모든 것을 무너뜨리시고 멸하실 수밖에 없으시다. 사실, 그리스도께서는 날마다 선생들을 파송하시지만, 참된 선생들은 그들이 그리스도에게서 배운 것을 순전하고 정직하게 전하는 자들이지, 그들 자신의 생각을 덧붙여서 복음을 혼잡하게 하는 자들이 아니다. 요컨대, 스스로 그리스도의 제자가 되고, 다른 사람들로 하여금 그리스도로부터 가르침을 받도록 하는 자가 아니라면, 그 누구도 교회의 충성된 선생이라 할 수 없다는 것이다.

마 17:6. 제자들이 듣고. 하나님이 제자들에게 이러한 두려움을 주신 것은 그들로 하여금 그들이 본 것을 마음에 깊이 새기도록 하시기 위한 것이었다. 하지만 그들이 하나님의 음성을 듣고서 이런 식으로 두려워 떠는 것을 볼 때, 우리는 사람의 본성(natura)이라는 것이 얼마나 연약한지를 알게 된다. 불경건한 자들이 하나님을 조롱하거나, 대놓고 하나님을 무시한다면, 그것은 하나님이 그들로 하여금 그의 임재를 느끼지 않을 수 없도록 강제하지 않으시기 때문이다. 그러나 하나님의 위엄을 느낀다면, 우리는 곧바로 엎드러질 수밖에 없게 된다.

마 17:7. 예수께서 나아와 그들에게 손을 대시며. 그리스도께서는 땅에 엎드린 제자들을 일으켜 세우심으로써 자신의 직임을 다하신다. 왜냐하면, 그리스도께서는 믿는 자들이 그의 인도하심을 받아서 담대하게 하나님의 임재 속으로 들어가게 하시고, 원래는 모든 육체를 삼켜 버리시게 되어 있는 하나님의 위엄이 더 이상 그들을 두렵게 하지 않도록 하시기 위하여, 우리에게 내려 오셨기 때문이다. 그리스도께서는 그의 말씀으로 그들을 위로하실 뿐만 아니라, 그들에게 손을 대심으로써 힘을 더해 주시기도 하신다.

마 17:8. 오직 예수 외에는 아무도 보이지 아니하더라. 결국에는 그들의 눈에 "오직 그리스도"만이 보였다는 것은 율법과 선지자들이 지닌 영광은 일시적인 것이었기 때문에, 결국 그리스도의 영광만이 그들의 눈에 끝까지 남아 있게 되었다는 것을 의미한다. 모세의 글들을 제대로 활용하고자 한다면, 우리는 모세에게서 머물러서는 안 되고, 모세의 손에 이끌려서 그리스도께로 나아가고자 하여야 한다. 왜냐하면, 모세를 비롯해서 모든 선지자들은 그리스도의 일꾼들일 뿐이기 때문이다. 또한, 이 구절은 그리스도를 선지자들과 사도들만이 아니라 성자(聖者)의 반열에 든 자들과도 동급으로 취급하여, 그리스도가 마치 그런 인물들 중의 하나에 불과하다는 식으로 말하는 미신(迷信)들을 단죄하는 데에도 증거 본문으로 사용될 수 있다. 성자(聖者)들이 하나님의 은혜를 받아 탁월한 자들이 되었다고 해서, 우리가 그리스도께 합당한 영광과 존귀의 일부를 빼앗아서 그들에게 돌린다면, 그것은 하나님이 그들에게 은혜를 주신 본래의 목적에서 완전히 벗어나는 것이다. 우리는 여기에 나오는 제자들에게서 그러한 잘못된 행태가 시작되는 것을 보게 된다. 왜냐하면, 그들은 하나님의 위엄을 보고서 두려움에 사로잡혀서, 그들의 마음이 사람들을 찾아서 헤매었기 때문이다. 그러나 그리스도께서 온유하심으로 그들을 일으켜 세우셨을 때, 그들에게는 오직 그리스도만이 보였다. 우리가 그리스도께서 우리에게 위로를 주셔서 우리의 두려움을 없애시는 것을 경험하게 되면, 우리의 마음을 흐트러지게 만들던 저 어리석은 온갖 육정(肉情, affectus)들은 이내 다 사라지고 만다.

⁹그들이 산에서 내려올 때에 예수께서 명하여 이르시되 인자가 죽은 자 가운데서 살아나기 전에는 본 것을 아무에게도 이르지 말라 하시니 ¹⁰제자들이 물어 이르되 그러면 어찌하여 서기관들이 엘리야가 먼저 와야 하리라 하나이까 ¹¹예수께서 대답하여 이르시되 엘리야가 과연 먼저 와서 모든 일을 회복하리라 ¹²내가 너희에게 말하노니 엘리야가 이미 왔으되 사람들이 알지 못하고 임의로 대우하였도다 인자도 이와 같이 그들에게 고난을 받으리라 하시니 ¹³그제서야 제자들이 예수께서 말씀하신 것이 세례 요한인 줄을 깨달으니라(마 17:9-13).

⁹그들이 산에서 내려올 때에 예수께서 경고하시되 인자가 죽은 자 가운데서 살아날

때까지는 본 것을 아무에게도 이르지 말라 하시니 ¹⁰그들이 이 말씀을 마음에 두며 서로 문의하되 죽은 자 가운데서 살아나는 것이 무엇일까 하고 ¹¹이에 예수께 묻자와 이르되 어찌하여 서기관들이 엘리야가 먼저 와야 하리라 하나이까 ¹²이르시되 엘리야가 과연 먼저 와서 모든 것을 회복하거니와 어찌 인자에 대하여 기록하기를 많은 고난을 받고 멸시를 당하리라 하였느냐 ¹³그러나 내가 너희에게 이르노니 엘리야가 왔으되 기록된 바와 같이 사람들이 함부로 대우하였느니라 하시니라(막 9:9-13).

³⁶소리가 그치매 오직 예수만 보이더라 제자들이 잠잠하여 그 본 것을 무엇이든지 그 때에는 아무에게도 이르지 아니하니라(눅 9:36).

마 17:9. 그들이 산에서 내려올 때에. 우리는 앞에서 제자들이 산에서 본 것을 사람들에게 알게 할 때가 왜 아직 오지 않은 것인지에 대하여 이미 말하였고, 사실 만약 그리스도께서 그의 부활을 통해서 그의 영광에 대한 더 뚜렷한 증거를 보여 주지 않으셨다면, 제자들조차도 그들이 산에서 본 것을 믿으려 하지 않았을 것이다. 그러나 부활을 통해서 그리스도의 신적인 능력이 분명하게 드러난 후에는, 제자들이 그의 영광을 일시적으로 본 사건의 의미도 드러나기 시작하면서, 그리스도 께서는 "자기를 비워 사람들과 같이 되신"(빌 2:7) 동안에도, 비록 그 신성(神性)이 육신의 휘장 아래에 감추어져 있었을지라도, 여전히 계속해서 신성을 그대로 온전히 지니고 계셨다는 것이 완전히 명확해지게 되었다. 그러므로 그리스도께서 그의 제자들에게 그가 죽은 자 가운데서 다시 살아나실 때까지는 그들이 본 것에 대하여 침묵하라고 명하신 것은 마땅한 일이었다.

마 17:10. 제자들이 물어 이르되. 부활에 관한 얘기가 나오자마자, 제자들은 그리스도의 나라가 곧 시작되겠구나라고 제멋대로 상상하였다. 이것이 그들이 부활에 관한 그리스도의 말씀을 세상이 머지않아 그리스도를 메시야로 인정하게 될 것이라는 의미로 해석한 이유였다. 그들이 부활을 그리스도께서 의도하셨던 것과는 완전히 다른 그 무엇으로 상상하였다는 것은 마가가 "그들이" 그리스도께서 말씀 하신 "죽은 자 가운데서 살아나는 것"이 과연 무슨 의미일까를 놓고 "서로 문의하였다"고 보도한 것을 보면 분명하게 드러난다. 아마도 그들은 당시 랍비들 사이에서 확실한 하나님의 말씀으로 여겨졌던 저 망상(妄想, delirium), 즉 메시야가 두 번에 걸쳐서 오실 텐데, 초림 때에는 보잘것없고 멸시받을 만한 모습으로 오셨다가, 그 직후에 있게 될 재림 때에는 왕의 위엄으로 오시리라는 망상의 영향 아래에 있었던 것 같다. 하지만 이러한 잘못된 망상은 실제로 성경에 나오는 참된 원리(原理)에서 나온 것이기 때문에 상당히 그럴 듯해 보였다. 왜냐하면, 성경에서도 메시야의 초림과 재림에 대하여 말하기 때문이다. 먼저, 성경은 메시야가 구속주(救贖主)가 되셔서, 그의 희생제사를 통해서 세상의 죄를 속하실 것이라고 약속하는데, 다음과 같은 예언들이 의미하는 바가 바로 그런 것이다: "시온의 딸아 크게 기뻐할지어다 … 보라 네 왕이 네게 임하시나니 그는 … 겸손하여서 나귀를 타시나니"(슥 9:9); "그는 … 고운 모양도 없고 풍채도 없은즉 우리가 보기에 흠모할 만한 아름다운 것이 없도다"(사 53:2). 다음으로, 성경은 메시야가 사망을 이기시고, 만물을 그에게 복종시키실 것이라고 말한다. 그러나 우리는 랍비들이 그들의 머리로 고안해 낸 것들을 가지고서 하나님의 순전한 말씀을 얼마나 왜곡하고 부패시켰는지를 본다. 그리스도께서 활동하시던 때에 모든 것이 크게 부패해 있었기 때문에, 백성들도 이 같은 잘못된 신앙 사상을 받아들이고 있었을 가능성이 높다.

마 17:10. 어찌하여 서기관들이 엘리야가 먼저 와야 하리라 하나이까. 그들이 엘리야라는 인물에 대하여 얼마나 큰 오해를 하고 있었는지에 대해서는 우리가 앞에서 두세 번 지적한 바 있다. 또한, 그들은 엘리야를 내세워서 그리스도의 권위를 깎아내리고자 하는 교활하고 악한 의도를 지니고 있었던 것 같다. 왜냐하면, 메시야가 오시기 전에 엘리야가 먼저 와서 그 "길을 준비할" 것이라고 성경에 약속되어 있었던 까닭에(말 3:1; 4:5), 그리스도께서 엘리야를 대동하지 않고 왔다고 말하는 것은 그리스도에 대한 편견을 부추기는 말이 되기가 아주 쉬웠기 때문이다. 오늘날에도 마귀는 이와 비슷한 속임수를 사용하여 교황주의자들을 미혹시켰기 때문에, 그들은 엘리야와 에녹이 나타날 때까지는 심판의 날이 결코 오지 않을 것이라고 믿는다. 따라서 우리는 서기관들이 의도적으로 이와 같은 말을 앞세워서, 그리스도께는 메시야의 합법적인 표지(標識)가 결여되어 있기 때문에 그리스도를 메시야로 받아들여서는 안 된다는 것을 백성들에게 은근히 강요하고자 했다고 추정해도 무방할 것이다.

마 17:11. 엘리야가 과연 먼저 와서. 우리는 유대인들 사이에서 퍼져 있던 이 잘못된 관념이 어디에서 생겨났는지, 그 기원(起源)에 대하여 이미 다른 곳에서 말한 바 있다. 세례 요한은 타락한 교회를 회복시키는 사역을 하게 되어 있었다는 점에서 엘리야를 닮은 인물이 될 것이었기 때문에, 말라기 선지자(4:5-6)는 일찍이 세례 요한에게 엘리야라는 이름을 붙여 주었었다. 그런데 서기관들은 말라기의 이 예언을 제멋대로 해석해서, "디셉 사람 엘리야"(왕상 17:1)가 세상에 다시 살아 돌아오게 될 것이라는 의미로 받아들였다. 그래서 이제 그리스도께서는 말라기가 예언한 모든 것은 다 맞지만, 사람들이 그의 예언을 오해하여 그 참된 의미를 왜곡한 것이라고 분명하게 말씀하시는데, 그 말씀의 의미는 이런 것이다: "엘리야가 올 것이라는 약속은 맞을 뿐만 아니라, 또한 이미 성취되었다. 그리고 서기관들은 이미 엘리야를 배척해 놓고서도, 그의 이름을 공연히 내세워서 거짓된 구실을 만들어 나를 대적하고 있는 것이다."

마 17:11. 모든 일을 회복하리라. 이것은 세례 요한이 모든 것을 다 완벽하게 회복하였다는 것이 아니라, 그는 단지 모든 것을 회복하는 일을 시작하였을 뿐이고, 이렇게 정지작업을 해놓고서, 그 일의 완성을 그리스도께로 넘겼다는 것을 의미한다. 그러나 서기관들은 부끄러운 줄도 모르고 세례 요한을 배척하였기 때문에, 그리스도께서는 그의 제자들에게 그런 자들의 속임수와 협잡에 미혹되어서 동요되어서는 안 된다는 것, 그리고 그 자들은 세례 요한이라는 종을 배척하였듯이 이제는 그 주인인 그리스도도 마찬가지로 경멸하고 배척할 것인데, 그럴지라도 그 일을 이상히 여겨서는 안 된다는 것을 일깨워 주신다. 또한, 그리스도께서는 이렇게 이상한 일이 벌어지는 것을 보고서 아무도 동요하지 않도록 하시기 위하여, 성경 속에는 이 두 가지 사건, 즉 세상을 속량하실 구속주(救贖主)와 그보다 먼저 와서 그의 길을 준비할 엘리야가 둘 다 거짓되고 악한 선생들에 의해서 배척당하게 되리라는 것이 예언되어 있다는 것도 일깨워 주신다.

¹⁴그들이 무리에게 이르매 한 사람이 예수께 와서 꿇어 엎드려 이르되 ¹⁵주여 내 아들을 불쌍히 여기소서 그가 간질로 심히 고생하여 자주 불에도 넘어지며 물에도 넘어지는지라 ¹⁶내가 주의 제자들에게 데리고 왔으나 능히 고치지 못하더이다 ¹⁷예수께서 대답하여 이르시되 믿음이 없고 패역한 세대여 내가 얼마나 너희와 함께 있으며 얼마나 너희에게 참으리요 그를 이리로 데려오라 하시니라 ¹⁸이에 예수께서 꾸짖으시니 귀신이 나가고 아이가 그 때부터 나으니라(마 17:14-18).

¹⁴이에 그들이 제자들에게 와서 보니 큰 무리가 그들을 둘러싸고 서기관들이 그들

과 더불어 변론하고 있더라 ¹⁵온 무리가 곧 예수를 보고 매우 놀라며 달려와 문안하거늘 ¹⁶예수께서 물으시되 너희가 무엇을 그들과 변론하느냐 ¹⁷무리 중의 하나가 대답하되 선생님 말 못하게 귀신 들린 내 아들을 선생님께 데려왔나이다 ¹⁸귀신이 어디서든지 그를 잡으면 거꾸러져 거품을 흘리며 이를 갈며 그리고 파리해지는지라 내가 선생님의 제자들에게 내쫓아 달라 하였으나 그들이 능히 하지 못하더이다 ¹⁹대답하여 이르시되 믿음이 없는 세대여 내가 얼마나 너희와 함께 있으며 얼마나 너희에게 참으리요 그를 내게로 데려오라 하시매 ²⁰이에 데리고 오니 귀신이 예수를 보고 곧 그 아이로 심히 경련을 일으키게 하는지라 그가 땅에 엎드러져 구르며 거품을 흘리더라 ²¹예수께서 그 아버지에게 물으시되 언제부터 이렇게 되었느냐 하시니 이르되 어릴 때부터니이다 ²²귀신이 그를 죽이려고 불과 물에 자주 던졌나이다 그러나 무엇을 하실 수 있거든 우리를 불쌍히 여기사 도와 주옵소서 ²³예수께서 이르시되 할 수 있거든이 무슨 말이냐 믿는 자에게는 능히 하지 못할 일이 없느니라 하시니 ²⁴곧 그 아이의 아버지가 소리를 질러 이르되 내가 믿나이다 나의 믿음 없는 것을 도와 주소서 하더라 ²⁵예수께서 무리가 달려와 모이는 것을 보시고 그 더러운 귀신을 꾸짖어 이르시되 말 못하고 못 듣는 귀신아 내가 네게 명하노니 그 아이에게서 나오고 다시 들어가지 말라 하시매 ²⁶귀신이 소리 지르며 아이로 심히 경련을 일으키게 하고 나가니 그 아이가 죽은 것 같이 되어 많은 사람이 말하기를 죽었다 하나 ²⁷예수께서 그 손을 잡아 일으키시니 이에 일어서니라(막 9:14-27).

³⁷이튿날 산에서 내려오시니 큰 무리가 맞을새 ³⁸무리 중의 한 사람이 소리 질러 이르되 선생님 청컨대 내 아들을 돌보아 주옵소서 이는 내 외아들이니이다 ³⁹귀신이 그를 잡아 갑자기 부르짖게 하고 경련을 일으켜 거품을 흘리게 하며 몹시 상하게 하고야 겨우 떠나 가나이다 ⁴⁰당신의 제자들에게 내쫓아 주기를 구하였으나 그들이 능히 못하더이다 ⁴¹예수께서 대답하여 이르시되 믿음이 없고 패역한 세대여 내가 얼마나 너희와 함께 있으며 너희에게 참으리요 네 아들을 이리로 데리고 오라 하시니 ⁴²올 때에 귀신이 그를 거꾸러뜨리고 심한 경련을 일으키게 하는지라 예수께서 더러운 귀신을 꾸짖으시고 아이를 낫게 하사 그 아버지에게 도로 주시니 ⁴³사람들이 다 하나님의 위엄에 놀라니라 그들이 다 그 행하시는 모든 일을 놀랍게 여길새 예수께서 제자들에게 이르시되(눅 9:37-43).

　마가 본문은 더 자세하고, 각각의 부분들을 훨씬 세밀하게 설명하고 있기 때문에, 우리는 마가 본문의 순서를 따라 이 기사(記事)를 살펴볼 것이다. 먼저, 마가는 그리스도께서 유대인들의 뒤틀린 악의(惡意)로 인해서 그들을 더 이상 참고 기다려줄 수 없는 지경에 이르렀다고 탄식하실 때에, 이례적으로 아주 보기 드문 가혹한 언사(言辭)를 사용하시는 이유가 무엇이었는지를 분명하게 보여준다. 우리는 사람들이 그리스도께 뭔가를 끈질기게 요구하며 성가시게 할 경우에도, 그리스도께서는 아주 온유하게 그들을 받아주시곤 하였다는 것을 알고 있다. 여기에서는 한 아버지가 자신의 독자(獨子)를 위해서 그리스도께 간청하는데, 그 사정이 너무나 절박했기 때문에, 이 아버지는 그리스도께서 자기 아들을 불쌍히 여겨달라며 겸손하고 간절하게 간구한다. 그런데 이런 상황에서 그리스도께서는 왜 그의 여느 때의 모습과는 달리 느닷없이 분노를 터트리시며, 이 세대를 더 이상 참을 수 없다고 탄식하시는 것인가? 마태와 누가의 본문 속에서는 우리가 그리스도께서 이토록 심한 반응을 보이시는 이유를 찾아낼 수 없기 때문에, 일부 주석가들은 그리스도의 이 책망이 그의 제자들을 향한 것이거나, 아니면 간질로 고생하는 아이의 아버지를 향한 것이었을 것이라고 추측하는 잘못에 빠지기도 하였다. 그러나 마가가 들려주는 이 사건의 모든 전말(顛末)을 우리가 제대로 꼼꼼히 살펴보기만 한다면, 우리는 그리스도의 분노가 서기관들이 품고 있던 악의(惡意)를 향한 것이었고, 무지하고 연약한 자들에게 그토록 가혹한 언사(言辭)를 사용하고자 하신 것이 아니라는 결론에 그리 어렵지 않게 도달하게 될 것이다.

　그리스도께서 계시지 않는 동안에, 정신 이상에 걸린 한 아이를 그의 아버지가 그리스도의 제자들이 있던 현장에 데려왔다. 서기관들은 이것을 그리스도의 제자들을 괴롭힐 좋은 기회라고 생각해서, 이 기회를 어떻게든 활용하여야 하겠다고 단단히 결심을 하고, 제자들에게 만약 그들에게 능력이 있다면 이 아이를 고쳐 보라고 끈질기게 요구하였다. 제자들은 결국 그 아이를 고쳐 보려고 시도를 하였지만, 성공하지 못하였고, 그러자 서기관들은 쾌재를 부르며 제자들을 조롱했을 뿐만 아니라, 마치 제자들이 실패한 것이 그리스도께 능력이 없다는 것을 증명해 준 것이라도 된다는 듯이, 그리스도까지 싸잡아서 조롱하였던 것으로 보인다. 이것은 그들의 사악한 배은망덕함과 극에 달한 불경건을 적나라하게 보여주는 것이었다. 지금까지 그들은 그리스도께서 이미 베푸신 수많은 이적들을 보고서 당연히 그리스도의 놀라운 능력을 깨달았어야 마땅한데도 불구하고, 그러한 이적들을 악의적으로 본 체 만 체해 왔다. 왜냐하면, 그들은 그들의 눈앞에 켜진 빛을 의도적으로 꺼버리고자 애써 왔기 때문이다. 그러므로 그리스도께서 그들을 더 이상 참을 수 없는 지경에 이르렀다고 탄식하시고서, 그들을 "믿음이 없고 패역한 세대"라고 규정하신 것은 마땅한 일이었다. 왜냐하면, 그들은 그리스도께서 지금까지 보여주신 수많은 증거들을 너무나 똑똑히 보아 온 까닭에, 적어도 그리스도를 폄훼하고 비난할 빌미를 찾고자 하는 마음을 먹어서는 안 되는 일이었기 때문이다.

막 9:14. 큰 무리가 … 둘러싸고. 제자들은 무리에게 둘러싸여 구경거리가 되고 있었던 것임에 틀림없다. 왜냐하면, 진리의 원수들은 그들이 이겼다고 생각하는 경우에는 실제로는 별 것 아닌 일인데도 마치 큰 일에서 승리를 거둔 것처럼 군중을 불러 모아 그들의 승리를 확인하는 습성이 있기 때문이다. 그러므로 서기관들은 이 일을 가지고 야단법석을 떨며 크게 부풀려서, 그리스도의 제자들이 무리의 조롱을 받게 만들었다. 그렇지만 그리스도와 그의 제자들에 대하여 악감정을 품지 않은 자들도 있었던 것으로 보인다. 왜냐하면, 그들은 예수를 보자마자 "달려와서" 그에게 인사를 하였기 때문이다. 그리고 그리스도께서 오시자, 서기관들의 오만방자함도 가라앉았다. 왜냐하면, 그리스도께 서기관들에게 "너희가 무엇을 그들과 변론하느냐"고 물으셨을 때에, 서기관들은 묵묵부답이었기 때문이다.

막 9:17. 선생님 … 내 아들을 선생님께 데려왔나이다. 마태는 이 아이가 걸린 병(病)에 대하여 마가가 말하는 것과는 다르게 설명한다. 왜냐하면, 마태는 이 아이가 정신 이상에 걸려 있었다고 말하기 때문이다. 그러나 이 아이가 말을 하지 못했고, 자주 간질 발작 증상을 보였다는 이 두 가지 점에 있어서는 마태와 마가가 서로 일치한다. "정신 이상"(lunaticus)이라는 용어는 달이 기우는 그믐에 발작을 하거나 머리가 어지러워서 이상해지는 사람들을 묘사할 때에 사용된다. 크리소스토무스(Chrysostomus)는 "정신 이상"이라는 단어는 하나님의 선한 피조물들을 폄훼하고 욕되게 하기 위한 사탄의 술수에 의해서 만들어진 것일 뿐이라고 주장하지만, 나는 헛된 망상에서 나온 그런 주장에 동의하지 않는다. 왜냐하면, 우리는 확실한 경험을 통해서, 달이 차고 기우는 것이 이러한 질병들의 증세가 악화되거나 호전되는 것에 영향을 미친다는 것을 알기 때문이다. 그렇다고 해서, 우리가 사탄이 자연의 수단들을 교묘히 이용해서 사람들을 공격한다는 것을 부인하는 것은 결코 아니다. 그러므로 나는 이 아이가 선천적으로 귀가 먹고 말을 못하게 된 것이 아니라, 사탄이 이 아이의 혀와 귀를 사로잡았기 때문에 그렇게 된 것이라고 본다. 또

한, 이 아이는 뇌와 신경이 약해서 간질 발작을 하게 될 소질이 있었는데, 사탄은
그런 점을 이용해서 이 아이의 병을 더욱 악화시킨 것이었다. 그 결과, 이 아이는
언제든지 격렬한 발작을 일으켜서, 한동안 경련을 하다가 마치 죽은 사람처럼 혼
수상태에 빠져서 땅에 누워 있게 될 위험에 항상 노출되어 있었다.

이것으로부터 우리는 만약 하나님의 손이 사탄을 억제하지 않으시면, 사탄은 무
수히 많은 방법을 사용해서 우리에게 해악을 끼친다는 것을 알게 된다. 우리의 심
령과 육신을 괴롭히는 무수한 질병들은 사탄이 우리에게 해악을 입히기 위해서 갖
추어 놓고 있는 수많은 화살들이다. 우리가 이러한 비참한 상황을 알면서도 떨쳐
일어나서 힘을 내어 기도하지 않는다면, 그것은 어리석고 우둔하기 짝이 없는 일
이다. 그러나 우리가 이렇게 온갖 무수한 위험과 해악에 노출되어 있음에도 불구
하고, 하나님이 우리를 둘러싸셔서 보호하신다는 것을 생각할 때, 그것은 하나님
의 놀라운 선하심을 우리에게 나타내시는 것이다. 우리의 원수가 우리를 멸망시키
기 위하여 혈안이 되어 있다는 사실을 생각하면, 특히 더더욱 그러하다. 또한, 우리
는 그리스도께서 사탄의 광분함에 재갈을 물리시기 위하여 오셨고, 우리의 질병들
은 하늘의 치료약에 의해서 효과적으로 해독될 수 있기 때문에, 우리가 그토록 많
은 위험과 해악 가운데서도 안전할 수 있다는 이 위로가 되는 진리를 늘 명심하여
야 한다.

우리는 이 아이의 병이 언제부터 시작되었는지에 관한 상황 설명에도 주목할 필
요가 있다. 이 아이의 아버지는 그의 아들이 "어릴 때부터" 이 심한 병에 걸려 있었
다고 대답한다. 사탄이 이 아이가 어렸을 때에 이 정도로 그의 능력을 사용하여 이
아이를 괴롭힐 수 있었다면, 만약 사탄의 능력이 하나님의 놀라운 선하심에 의해
서 억제되지 않는다면, 우리는 우리의 범죄로 인하여 끊임없이 치명적인 위험과
해악에 노출될 수밖에 없고, 이것은 사탄에게 화살들을 공급해 주는 기회들이 되
어서, 사탄은 우리를 향하여 마음 놓고 자신의 광분함을 표출할 것이기 때문에, 우
리는 그것을 두려워하는 가운데에 경각심을 가지고서 더욱 하나님의 선하심을 의
지하여야 하지 않겠는가?

마 17:17. 믿음이 없고 패역한 세대여. 그리스도께서는 마치 정신 이상에 걸린
아이의 아버지를 향하여 이 말씀을 하시는 것처럼 보이지만, 우리가 앞에서 설명
하였듯이, 사실은 서기관들을 향하여 이 말씀을 하시는 것임은 의심의 여지가 있
을 수 없다. 왜냐하면, 이 책망이 무지하고 연약한 자들을 향한 것이 아니라, 끊질

기고 집요한 악의를 지니고서 완강하게 하나님을 대적하는 자들을 향한 것임은 분
명하기 때문이다. 이것이 그리스도께서 더 이상 그들을 참아줄 필요가 없다고 선
언하시고서, 머지않아 그가 그들에게서 떠나게 될 것이라고 경고하시는 이유이다.
그리스도께서 그들을 떠나시는 것보다 그들에게 더 좋지 않은 일은 없고, 그들이
그들에게 찾아온 은혜를 그토록 멸시하며 배척하였다는 말씀은 결코 가벼운 책망
이 아니다. 또한, 우리가 여기에서 주목해야 할 것은 우리는 사람들을 각 사람이 지
닌 자연적인 성품을 따라서 다양한 방식으로 다루어야 한다는 것이다. 왜냐하면,
그리스도께서는 가르침을 잘 받아들이는 자들에 대해서는 지극히 큰 온유하심으
로 그들을 그에게로 이끄셨고, 연약한 자들은 꼭 붙들어서 힘을 더해 주셨으며, 나
태하여 무기력한 자들은 온유하심으로 깨우치셔서 일으켜 세우셨던 반면에, 그 어
떤 약을 써도 고칠 수 없는 저 뒤틀린 뱀들에 대해서는 가차 없이 호되게 질책하셨
기 때문이다.

막 9:20. 귀신이 예수를 보고. 사람들이 그 아이를 그리스도께로 데려왔을 때,
"귀신"이 평소보다 더 심하게 발작을 하며 그 아이에 대하여 광분한 것은 결코 이
상한 일이 아니다. 왜냐하면, 그리스도의 은혜가 더 가까이 다가오고 더 강력하게
역사하면 할수록, 사탄이 더욱더 광분하여 날뛰는 것은 당연한 일이기 때문이다.
그리스도의 임재는 이 귀신에게 경보음과 같아서 정신이 번쩍 나게 만들었기 때문
에, 이 귀신은 자신의 온 힘을 다해서 싸우려고 맹렬한 폭풍처럼 떨쳐 일어났다. 우
리는 그리스도의 은혜가 우리에게 다가올 때에 우리의 원수의 공격이 더욱 맹렬해
지는 것을 보고서 우리의 믿음이 동요하지 않도록 하기 위하여, 미리 이러한 사실
을 염두에 두고서 각오를 단단히 해두어야 한다. 우리가 여기에서 놓치지 않아야
할 또 한 가지는, 우리의 환난이 극에 달해서 우리가 거의 죽게 되었을 때에야 비로
소 우리를 고치시는 하나님의 역사(役事)가 진짜로 시작된다는 것이다. 또한, 우리
는 그리스도께서는 사탄의 맹렬한 공격을 시발점으로 삼아, 그의 은혜의 횃불을
밝히셔서, 우리로 하여금 뚜렷이 그 은혜를 보게 하신다는 것을 명심하여야 한다.
왜냐하면, 우리가 사탄의 공격으로 인한 저 무시무시한 광경을 보고서 두려움에
질려 있어야, 그리스도의 능력이 그 직후에 나타났을 때에, 우리는 그 능력을 더 분
명하게 깨닫게 되기 때문이다.

막 9:21. 어릴 때부터니이다. 이것으로부터 우리는 이 아이의 병(病)이 그의 죄
로 인한 벌로 가해진 것이 아니라, 하나님의 은밀하신 심판이었다는 것을 알게 된

다. 모태로부터 갓 나온 유아들조차도 하나님이 보시기에 죄가 없거나 죄책(罪責)에서 자유로운 것은 아니라는 것은 사실이지만, 하나님의 채찍이나 매는 종종 숨겨진 원인, 즉 우리의 순종을 시험하고자 하시는 의도가 그 속에 있다. 왜냐하면, 어떤 일에 있어서 하나님의 의(義)가 우리에게 숨겨져 있어서 우리가 도저히 그 의를 알 수 없을 때에, 우리가 경외하는 마음으로 겸손하게 하나님이 의로우시다는 것을 인정하고 경배할 때에야, 우리는 하나님께 본래 합당한 영광과 존귀를 돌리는 것이 되기 때문이다. 이 점에 대하여 더 자세히 알고자 하는 독자들은 "이 사람이나 그 부모의 죄로 인한 것이 아니라"(요 9:3)는 구절에 대한 나의 주석을 참조하기 바란다.

막 9:22. 무엇을 하실 수 있거든 우리를 … 도와 주옵소서. 우리는 여기에서 이 아이의 아버지가 그리스도께 별로 존귀와 영광을 돌리지 않는 것을 본다. 왜냐하면, 그 사람은 그리스도를 그 능력이 제한적인 선지자 정도로 여기고서, 뭔가 미심쩍어하면서 그리스도께 소극적으로 청(請)을 하는 모습을 보이고 있기 때문이다. 반면에, 믿음의 첫 번째 토대는 하나님의 무한하신 능력을 받아들이는 것이고, 기도의 첫 걸음은 우리의 기도가 헛되지 않을 것이라는 확고한 믿음을 가지고서 온갖 장애들을 뛰어넘는 것이다. 이 사람은 그리스도를 여느 사람들과 별반 다르지 않을 것이라고 생각하였기 때문에, 그리스도께서는 그의 잘못된 생각을 바로잡아 주신다. 왜냐하면, 그가 원하는 은혜를 받기 위해서는, 먼저 그의 믿음이 그 은혜를 받기에 합당한 모습으로 준비되어 있어야 하기 때문이다. 그리스도께서는 그의 대답을 통해서 그 사람을 대놓고 책망하시는 것은 아니지만, 그 사람에게 그가 말한 것이 잘못되었다는 것을 간접적으로 깨우쳐 주시면서, 그의 잘못을 지적해 주시고, 그 잘못을 어떻게 고쳐야 하는지도 알게 해주신다.

막 9:23. 할 수 있거든이 무슨 말이냐. 이것은 그리스도께서 이렇게 말씀하신 것이나 다름없다: "너는 내게 내가 할 수 있는 한에서 너를 도와 달라고 청하였다. 그러나 네가 지닌 믿음이 충분히 크기만 하다면, 너는 내게서 결코 마르지 않는 능력의 샘을 발견하게 될 것이다." 이것으로부터 우리는 우리 모두에게 그대로 적용될 수 있는 유익한 교훈, 즉 그리스도의 은택(恩澤)들이 우리에게 차고 넘치게 흘러들어오지 못하고 단지 방울방울 우리에게 떨어지는 것은 그리스도 때문이 아니라, 우리의 믿음이 좁기 때문이고, 그렇게 방울방울 오는 은택들조차도 우리가 흔히 잘 느끼지 못하는 것은 불신앙이 우리의 마음을 가로막고 있기 때문이라는 것을

배우게 된다. 마치 여기에서 그리스도께서 사람들에게 그들 자신에 대하여 믿음을
가지라는 의미로 말씀하셨다는 듯이 생각하여, 그것을 교묘한 논리로 증명하고자
하는 자들은 헛수고를 하는 것일 뿐이다. 왜냐하면, 그리스도께서는 여기에서 단
지 그들 자신의 불신앙에 그 원인이 있는데도 불구하고, 그것을 알지 못하고, 하나
님의 능력을 폄훼하는 자들에 대하여, 그들의 믿음의 빈곤 또는 결핍(inopia)을 지
적하고자 하신 것일 뿐이기 때문이다.

막 9:23. 믿는 자에게는 능히 하지 못할 일이 없느니라. 여기에서 그리스도께서
아버지 하나님이 그에게 모든 충만한 복(福)을 주셨다는 것, 따라서 우리가 하나님
의 손으로부터 기대하는 것과 동일한 방식으로 오직 그리스도에게서 온갖 종류의
도우심을 기대할 수 있다는 것을 가르치고자 하셨다는 것은 의심의 여지가 없다.
이것은 그리스도께서 "오직 믿기만 하면 얻으리라"고 말씀하신 것이나 다름없다.
믿음이 어떤 식으로 우리에게 무엇이든지 얻게 해주는지에 대해서는 우리가 곧 살
펴보게 될 것이다.

막 9:24. 내가 믿나이다. 그 사람은 자기가 "믿는다"고 분명하게 말하면서도, 자
기에게 불신앙이 있다는 것을 고백한다. 이 두 가지 말은 서로 모순되어 보일 수
있지만, 이 동일한 것을 자기 자신 속에서 경험하지 않는 사람은 우리 가운데 아무
도 없다. 우리의 "믿음"은 결코 온전하지 않기 때문에, 우리는 부분적으로 "불신자
들"일 수밖에 없다. 그러나 하나님은 우리에 대하여 관대하셔서 우리를 용납해 주
시고, 우리의 적은 분량의 믿음을 보시고서, 우리를 믿는 자들로 여겨 주시는 것이
다. 그러므로 이런 상태 속에서 우리가 마땅히 해야 할 본분은 우리에게 붙어 있는
불신앙의 잔재들을 애써서 떨쳐 버리고자 하고, 그 잔재들과 맞서 싸우며, 그것들
을 고쳐 달라고 하나님께 기도하고, 불신앙의 잔재들과의 갈등과 싸움 속에 들어
갈 때마다 하나님께 달려가서 도우심을 구하는 것이다. 우리가 우리 각자의 믿음
의 분량이 어느 정도인지를 제대로 살펴본다면, 뛰어난 믿음을 가진 자는 아주 드
물고, 보통 정도의 믿음을 지닌 자도 드물며, 단지 적은 분량의 믿음을 가진 자가
대다수라는 것이 분명하게 드러날 것이다.

[19]이 때에 제자들이 조용히 예수께 나아와 이르되 우리는 어찌하여 쫓아내지 못하
였나이까 [20]이르시되 너희 믿음이 작은 까닭이니라 진실로 너희에게 이르노니 만일
너희에게 믿음이 겨자씨 한 알 만큼만 있어도 이 산을 명하여 여기서 저기로 옮겨

지라 하면 옮겨질 것이요 또 너희가 못할 것이 없으리라 ²¹[없음](마 17:19-21).

²⁸집에 들어가시매 제자들이 조용히 묻자오되 우리는 어찌하여 능히 그 귀신을 쫓아내지 못하였나이까 ²⁹이르시되 기도 외에 다른 것으로는 이런 종류가 나갈 수 없느니라 하시니라(막 9:28-29).

⁵사도들이 주께 여짜오되 우리에게 믿음을 더하소서 하니 ⁶주께서 이르시되 너희에게 겨자씨 한 알만한 믿음이 있었더라면 이 뽕나무더러 뿌리가 뽑혀 바다에 심기어라 하였을 것이요 그것이 너희에게 순종하였으리라(눅 17:5-6).

마 17:19. 이 때에 제자들이 … 나아와. 제자들은 그들이 전에 가지고 있던 능력이 지금은 그들에게서 없어진 것을 이상히 여겼다. 그러나 그들은 그들 자신의 잘못으로 인하여 그 능력을 잃은 것이었다. 그러므로 그리스도께서는 그들에게 능력이 없는 것을 그들의 불신앙의 탓으로 돌리시고서, 그가 앞서 하셨던 말씀, 즉 "믿는 자에게는 능히 하지 못할 일이 없느니라"는 말씀을 다시 반복하시면서 더 자세하게 예를 들어 설명해 주신다. 그리스도께서 믿음이 나무와 산을 옮긴다고 말씀하신 것은 의심할 여지 없이 과장법적 표현이긴 하지만, 이 말씀의 의미는 우리가 하나님의 은혜를 받기 위하여 문을 열어 놓기만 한다면, 하나님은 결코 우리를 실망시키지 않으시리라는 것이다. 그리스도께서는 우리가 말만 하면, 또는 우리의 머릿속에서 어떤 생각을 하기만 하면, 하나님이 그런 것들을 무엇이든지 우리에게 해주실 것이라고 말씀하신 것이 아니다. 도리어, 우리의 육체가 원하는 어리석고 방자한 소욕(所欲)들만큼 믿음과 상반되는 것은 없기 때문에, 믿음의 지배를 받는 자들은 아무것이나 닥치는 대로 원하는 것이 아니라, 오직 하나님이 우리에게 주시겠다고 약속하신 것들만을 원하게 된다. 그러므로 우리는 절제(節制)를 지켜서, 하나님이 우리에게 약속하신 것들 외에는 아무것도 원하지 않고, 하나님이 세워 놓으신 저 규범 안에서 기도하여야 한다.

그러나 여기에서 제자들은 주님이 저 귀신 들린 아이를 고쳐 주는 것을 기뻐하시는지 그렇지 않으신지를 알지 못하였지 않느냐는 반론이 제기될 수 있을 것이다. 이 질문에 대한 답변은 쉬운데, 그것은 그들이 알지 못한 것은 그들 자신의 잘못이었다는 것이다. 왜냐하면, 그리스도께서는 지금 이 사역이 요구하는 특별한 믿음, 이 사역에 대한 은밀한 감동을 그들에게 주었을 특별한 믿음에 대하여 구체적으로 말씀하고 계시는 것이기 때문이다. 이것이 바로 바울이 말한 "믿음"이다(고전 12:9). 사도들이 그들의 나태함(ignavia)으로 인하여 성령을 질식하게 만든 것이 아니라면, 그들이 전에 이적들을 행할 때에 나타났던 성령의 능력이 도대체 왜 그들에게서 없어졌겠는가? 그러나 그리스도께서 이 특정한 사건과 관련해서 특별한 믿음에 대하여 말씀하신 것은 온 교회의 공통적인 믿음에도 그대로 적용된다.

막 9:29. 이런 종류가 나갈 수 없느니라. 이 말씀을 통해서 그리스도께서는 제자들의 나태함(segnities)을 책망하시면서, 통상적인 믿음으로는 그런 일을 할 수 없다는 것을 그들에게 알게 해주신다. 왜냐하면, 만약 그리스도께서 그냥 믿음이 없다고 책망하셨다면, 제자들은 그들에게 믿음이 아주 없지는 않다고 항변하였을 것이기 때문이다. 그러므로 이 말씀의 의미는 우리가 사탄과의 본격적인 싸움에 들어가야 할 때에는, 통상적인 믿음으로는 부족하기 때문에, 필사적인 믿음이 절대적으로 필요하다는 것이다. 그리스도께서는 믿음이 약한 것을 고치는 방법으로 "기도"를 처방하시고, 거기에 보조적인 방법으로 "금식"을 추가하신다. 그리스도께서는 이렇게 말씀하신다: "너희는 나약한 퇴마사들이다. 너희는 마치 재미로 하는 가상전투를 하는 것처럼 보인다. 그러나 너희는 승부가 확실하게 날 때까지는 결코 물러가고자 하지 않는 강력한 대적을 맞아 싸우고 있는 중이다. 그러므로 너희는 기도를 통해서 힘을 얻어야 하고, 만약 기도가 잘 되지 않고 냉랭하다고 생각되면, 보조수단으로서 금식을 활용하여야 한다." 이것은 교황주의자들이 "금식"을 귀신들을 쫓아내는 특별한 수단이라고 여기는 것이 얼마나 어처구니없는 일인지를 아주 분명하게 보여준다. 왜냐하면, 그리스도께서는 여기에서 "금식"은 오직 간절한 기도를 드리기 위한 보조수단이라고 말씀하시는 것이기 때문이다. 그리스도께서 "기도와 금식 외에 다른 것으로는 이런 종류의 귀신들이 나갈 수 없느니라"고 말씀하신 것은 사탄이 어떤 사람 속에 깊이 뿌리를 내리고서, 오랫동안 그 사람을 확고하게 지배하여 왔거나, 고삐 풀린 광분함으로 그 사람을 난폭하게 지배하고 있을 때에, 우리가 그 싸움에서 승리하는 것은 어렵고 고통스러운 일이기 때문에, 우리의 모든 힘을 다해서 그 싸움에 임해야 한다는 것을 의미한다.

[22]갈릴리에 모일 때에 예수께서 제자들에게 이르시되 인자가 장차 사람들의 손에 넘겨져 [23]죽임을 당하고 제삼일에 살아나리라 하시니 제자들이 매우 근심하더라 …

¹그 때에 제자들이 예수께 나아와 이르되 천국에서는 누가 크니이까 ²예수께서 한 어린 아이를 불러 그들 가운데 세우시고 ³이르시되 진실로 너희에게 이르노니 너희가 돌이켜 어린 아이들과 같이 되지 아니하면 결단코 천국에 들어가지 못하리라 ⁴그러므로 누구든지 이 어린 아이와 같이 자기를 낮추는 사람이 천국에서 큰 자니라 ⁵또 누구든지 내 이름으로 이런 어린 아이 하나를 영접하면 곧 나를 영접함이니(마 17:22-23; 18:1-5).

³⁰그 곳을 떠나 갈릴리 가운데로 지날새 예수께서 아무에게도 알리고자 아니하시니 ³¹이는 제자들을 가르치시며 또 인자가 사람들의 손에 넘겨져 죽임을 당하고 죽은 지 삼 일만에 살아나리라는 것을 말씀하셨기 때문이더라 ³²그러나 제자들은 이 말씀을 깨닫지 못하고 묻기도 두려워하더라 ³³가버나움에 이르러 집에 계실새 제자들에게 물으시되 너희가 길에서 서로 토론한 것이 무엇이냐 하시되 ³⁴그들이 잠잠하니 이는 길에서 서로 누가 크냐 하고 쟁론하였음이라 ³⁵예수께서 앉으사 열두 제자를 불러서 이르시되 누구든지 첫째가 되고자 하면 뭇 사람의 끝이 되며 뭇 사람을 섬기는 자가 되어야 하리라 하시고 ³⁶어린 아이 하나를 데려다가 그들 가운데 세우시고 안으시며 제자들에게 이르시되 ³⁷누구든지 내 이름으로 이런 어린 아이 하나를 영접하면 곧 나를 영접함이요 누구든지 나를 영접하면 나를 영접함이 아니요 나를 보내신 이를 영접함이니라(막 9:30-37).

⁴³사람들이 다 하나님의 위엄에 놀라니라 그들이 다 그 행하시는 모든 일을 놀랍게 여길새 예수께서 제자들에게 이르시되 ⁴⁴이 말을 너희 귀에 담아 두라 인자가 장차 사람들의 손에 넘겨지리라 하시되 ⁴⁵그들이 이 말씀을 알지 못하니 이는 그들로 깨닫지 못하게 숨긴 바 되었음이라 또 그들은 이 말씀을 묻기도 두려워하더라 ⁴⁶제자 중에서 누가 크냐 하는 변론이 일어나니 ⁴⁷예수께서 그 마음에 변론하는 것을 아시고 어린 아이 하나를 데려다가 자기 곁에 세우시고 ⁴⁸그들에게 이르시되 누구든지 내 이름으로 이런 어린 아이를 영접하면 곧 나를 영접함이요 또 누구든지 나를 영접하면 곧 나를 보내신 이를 영접함이라 너희 모든 사람 중에 가장 작은 그가 큰 자니라(눅 9:43-48).

마 17:22. 갈릴리에 모일 때에. 그리스도께서는 그의 죽음의 때가 가까이 올수록 더 자주 그의 제자들에게 그 사실을 알리고 경계(警戒)를 주셨는데, 이것은 그들이 장차 그 암울한 광경을 보고서 큰 충격을 받아 그들의 믿음이 크게 흔들리는 것을 막으시기 위한 것이었다. 그리스도께서는 귀신 들린 아이를 고치시는 이적을 행하신 직후에, 그의 제자들에게 이 말씀을 하셨다. 이것은 마가가 그리스도께서 "갈릴리"에서 잠시 은밀하게 시간을 보내시기 위하여, "그 곳을 떠나 갈릴리"로 가신 것이라고 말한 것에서 확인이 된다. 왜냐하면, 그리스도께서는 곧 다가올 유월절에 희생제물이 되셔야 했기 때문에, 일 년에 한 번 이스라엘 백성의 죄를 속하는 제사가 드려지는 날에 맞춰서 예루살렘에 가기로 결심하셨기 때문이다.

제자들은 이런 말씀을 앞에서도 몇 차례 언뜻언뜻 들어왔음에도 불구하고, 여기에서 마치 그런 말씀을 한 번도 들어본 적이 없다는 듯이 놀라고 당혹스러워 한다. 선입견의 영향력이라는 것이 이토록 센 것이기 때문에, 아주 밝은 빛이 비치는데도, 그들의 마음은 어둠에 덮여 있었던 것이다. 사도들은 그리스도의 나라가 무척 번영하고 즐거움이 가득 찬 나라가 될 것이고, 그리스도의 참된 정체가 알려지자마자 모든 사람들이 그를 전폭적으로 지지하며 받아들이게 될 것이라고 제멋대로 상상하고 있었다. 제사장들과 서기관들을 비롯해서 교회의 지도자들이 그리스도를 반대하고 배척할 것이라고는 그들은 상상조차 하지 못하였다. 이러한 선입견 때문에 그들은 그것과 반대되는 것은 아무것도 받아들이지 않은 것이다. 그래서 마가는 "제자들"은 그리스도께서 하신 말씀의 의미를 "깨닫지 못하였다"고 말한다. 이토록 분명하고 뚜렷한 말씀을 그들이 깨닫지 못한 것이 그들의 마음이 어리석고 헛된 망상(妄想, illusio)이라는 두터운 휘장에 가려졌기 때문이 아니라면, 도대체 무엇 때문이겠는가?

그들은 더 이상 질문하고 캐묻는 것조차 두려워하였다. 이것은 부분적으로는 주님에 대한 그들의 경외심 때문이었겠지만, 나는 그들이 주님의 말씀을 듣고 나서 겪게 된 당혹감(absurditas) 때문에 입을 다물게 된 것이라는 데에 전혀 의심이 없다. 그들의 이러한 모습은 결코 칭찬받을 만한 것이 아니었다. 왜냐하면, 그것은 그들이 의구심과 망설임과 잘못된 슬픔에 빠져 있다는 것을 보여주는 것이기 때문이다. 그동안에 그들로 하여금 그리스도께 계속해서 붙어 있게 해주고, 그들이 그리스도의 학교를 떠나는 것을 막아준 것은 진리를 아는 분명한 지식이었다기보다는 경건의 희미한 씨앗(implicitum pietatis semen)이었다. 그들의 마음속에서는 믿음과 참된 지각(知覺)이 심어져서 자라기 시작하고 있었기 때문에, 그리스도를 따

르고자 하는 그들의 열심은 교황주의자들의 맹목적인 신앙과는 판이하게 다른 것
이었지만, 그들은 하나님 나라나 그리스도 안에서 약속된 새 생명의 본질에 대해
서 알 정도까지는 아직 성장하지 못하였기 때문에, 나는 그들이 분명한 지식이 아
니라 경건에 대한 열심으로 행하고 있었던 것이라고 말하는 것이다.

이렇게 해서 우리는 그들에게 칭찬받을 만한 어떤 것 또는 책망 받아 마땅한 어
떤 것이 있었는지를 알게 되었다. 주님의 말씀을 잘 깨닫지 못한 그들의 우둔함은
변명의 여지가 없는 것이긴 하였지만, 그리스도께서 십자가 사건에 대하여, 그리
고 그가 받게 될 수난(受難)에 대하여 분명하게 알려 주셨을 때에 그것이 그들에게
수수께끼처럼 보였다는 것은 우리가 이상하게 여길 일이 전혀 아니다. 왜냐하면,
그들은 그리스도께서 배척을 받고 단죄를 당하는 것이 하나님의 아들로서 그가 지
닌 영광과 모순된다고 생각하였을 뿐만 아니라, 하나님이 유대인들에게 특별한 방
식으로 약속하신 은혜를 유대 민족의 지도자들이 무효화 시키는 일이 일어날 가능
성은 그들에게 대단히 희박해 보였을 것이기 때문이다. 그러나 그들에게 갑자기
엄습해 온 십자가에 대한 엄청난 두려움이 그 직후에 덧붙여진 부활에 대한 소망
으로부터 생겨나는 위로에 대해서 마음 문을 닫게 만든 것을 볼 때, 우리는 그리스
도의 죽음에 관한 말씀을 들을 때마다, 항상 3일 간의 수난 전체를 한 눈에 바라봄
으로써, 그리스도의 죽음과 장사(葬事)를 거쳐서 저 복된 승리와 새 생명으로 나아
가야 한다는 것을 배우게 된다.

마 18:1. 그 때에 제자들이 … 나아와. 다른 두 복음서 기자의 글을 보면, 여기에
서 제자들이 자발적으로 그리스도 앞에 나아온 것이 아니라, "길에서" 그들끼리 은
밀하게 논쟁을 벌였던 그들을 그리스도께서 그들의 은신처(latebra)로부터 이끌어
내셔서 빛으로 나오게 하신 것임이 분명하게 확인된다. 이 일과 관련된 전후 사정
을 다 생략하고 곧바로 그리스도의 대답으로 넘어가는 마태 본문의 기사(記事)도
이것과 모순되는 것이 전혀 없다. 마태는 이 일의 발단에 대해서는 다루지 않고, 가
장 높은 자리를 놓고서 길에서 다툰 제자들의 어리석은 야심을 그리스도께서 책망
하신 이유만을 요약해서 보도한다. 그리스도께서 그들끼리의 은밀한 대화에 대하
여 물으셔서, 제자들로 하여금 그들이 숨기고자 하였던 일을 털어놓지 않을 수 없
게 하신 것을 볼 때, 우리는 비록 그 야심이 우리의 마음속에 깊이 은밀하게 숨겨진
것이라도 해도, 모든 야심을 조심하지 않으면 안 된다는 가르침을 얻는다. 또한, 우
리는 이 일이 일어난 때를 주목하여야 한다. 그들은 조금 전에 주님의 죽음에 대한

예고를 들은 후에 참담하고 당혹스러운 심정을 느꼈다. 그러나 그들은 마치 주님으로부터 정말 아주 기뻐할 만한 말씀을 듣기라도 했다는 듯이, 그리고 시인들이 꾸며낸 저 감로주(甘露酒)를 진짜 맛보기라도 하였다는 듯이, 즉시 가장 높은 자리를 누가 차지할 것이냐를 놓고 그들끼리 다툼을 벌이기 시작하였다. 그들의 괴롭던 마음이 이렇게 금세 사라져 버릴 수 있었던 것이 사람의 마음이라는 것이 너무나 야심에 물들어 있어서, 그들이 지금 중대한 전쟁의 전야(前夜)에 있다는 것을 까맣게 잊어버리고, 거짓된 망상에 휘둘려서, 그들이 목적한 바를 얻으려고 골몰하였기 때문이 아니라면, 그런 일이 어떻게 가능하였겠는가? 사도들이 여기에서 방금 전에 들은 말씀도 이렇게 금방 잊어버렸다면, 오랫동안 십자가를 묵상하며 사는 삶과는 상관 없이 우리 자신을 무관심과 나태함, 또는 쓸데없고 헛된 몽상들에 내어준 채 살아온 우리의 모습은 과연 어떠하겠는가?

한편, 제자들 사이에서 이런 논쟁을 촉발시킨 원인이 무엇이었는가라는 질문이 제기될 수 있다. 이 질문에 대한 나의 대답은 이런 것이다: 육신(carnis)은 온갖 불안을 다 떨쳐 버리고자 하는 욕구를 지니고 있기 때문에, 그들은 그리스도께서 하신 말씀 중에서 그들에게 슬픔이나 걱정을 불러일으킬 만한 내용들은 다 잊어버리고, 오로지 부활에 관한 것에만 집착하였고, 이런 연유로 마치 아무 걱정도 없는 자들인 것처럼 그들 사이에서 감투 논쟁이 벌어졌던 것이다. 그들은 그리스도께서 하신 말씀 중에서 육신(carnis)이 듣기 싫어하는 첫 번째 부분, 즉 십자가에 관한 가르침을 거부하였기 때문에, 하나님은 그들로 하여금 부활에 관한 잘못된 생각 속으로 빠져들어서, 결코 일어나지 않을 일, 즉 그리스도께서 단지 전도(傳道)만으로 이 세상 나라를 얻어서, 머지않아 주님과 그들이 최고의 부귀영화를 누리게 될 것이라는 꿈을 꾸도록 내버려 두신 것이었다.

이 논쟁과 관련해서 두 가지 잘못이 있었다. 첫째, 사도들은 그들이 부르심 받은 전쟁을 위하여 복무하는 것에 대해서는 아무런 생각도 하지 않고서, 마치 이미 복무를 다 마친 군인들인 양 벌써부터 휴식과 봉급과 영예만을 바랐다는 점에서 책망을 받는 것이 마땅한 일이었다. 둘째, 그들은 한 마음이 되어서 수고하고 서로를 도와서 그들 자신이나 그들의 형제들이 많은 영예를 얻을 수 있게 해야 했음에도 불구하고, 악한 야심을 품고서 각자가 다른 모든 형제들보다 높게 되려고 애를 썼다는 것이다. 우리의 삶이 하나님의 인정을 받고자 한다면, 우리는 장차 면류관이 주어질 날이 올 때까지, 우리에게 지워진 십자가의 짐을 인내로써 잘 감당하고, 바

울이 권면한 대로, "형제를 존경하기를 서로 먼저 하는"(롬 12:10) 법을 배워야 한
다. 첫 번째 잘못은 오늘날 자신의 부르심에 따른 합당한 본분들은 제쳐두고서 행
할 생각을 하지 않은 채 구름 위를 날아다니고자 애를 쓰는 자들의 헛된 호기심
(vana curiositas)과 밀접하게 연결되어 있다. 그리스도께서는 복음을 통해서 우리
를 그의 나라로 초청하시면서, 어떤 길로 가야 그 나라에 이를 수 있는지, 우리에게
그 길을 보여주신다. 믿음과 인내, 하나님의 이름을 부르는 것을 비롯해서 경건의
훈련에는 아무런 관심도 없는 변덕스럽고 실없는 자들은 천국에서 무슨 일이 벌어
지고 있는지를 놓고 논쟁을 벌이는데, 그런 자들은 마치 이제 여행을 시작해야 할
사람이 숙소가 어디에 있는지를 묻고서는 한 발자국도 움직이고자 하지 않는 것과
같다. 주님은 우리에게 이 땅에서 행하라고 명령하시기 때문에, 죽은 성도들이 하
늘에서 어떻게 살아갈지를 놓고서 열띤 논쟁을 벌이기를 좋아하는 자들은 천국으
로 가는 그들의 여정(旅程)을 지연시키고 있는 것일 뿐이다.

마 18:2. 예수께서 한 어린 아이를 불러. 이 구절의 요지는 자신의 형제들보다
더 큰 자가 되고자 하는 자들은 그들이 원한 것을 얻기는커녕 도리어 가장 낮은 구
석 자리조차도 얻지 못하게 되리라는 것이다. 그리스도께서는 그들의 생각과는 정
반대되는 논리를 펼쳐나가신다. 왜냐하면, 오직 낮아지는 것만이 우리를 높아지게
만들어 주기 때문이다. 우리는 우리의 눈으로 직접 보아야 더 생생하게 느끼기 때
문에, 그리스도께서는 낮아짐(humilitas)의 상징으로 "한 어린 아이"를 불러서 그들
가운데에 세워 놓으신 후에 가르침을 베푸신다. 그리스도께서 그를 따르는 자들에
게 "어린 아이 같이 되라"고 명하셨지만, 그렇다고 해서 이것이 모든 점에서 무차
별적으로 적용되는 것은 아니다. 우리는 어린 아이들에게는 많은 잘못된 것들이
있다는 것을 안다. 따라서 바울은 우리에게 "지혜에는 아이가 되지 말고 악에는 어
린 아이가 되라"(고전 14:20)고 명하고, 또 다른 구절에서는 "온전한 사람"이 되고
자 애쓰라고 권면한다(엡 4:13). 그러나 어린 아이들은 남들보다 더 높이 되고자 하
거나, 가장 높은 자리를 얻고자 싸우는 것에 대해서 아무것도 알지 못하기 때문에,
그리스도께서는 악한 자들과 세상의 자녀들은 높은 자가 되고자 하는 야심을 집요
하게 추구하지만, 그의 제자들은 어린 아이들의 모범을 보고서, 그러한 야심을 버
리고, 어떤 종류의 야심에 의해서도 유혹되지 않게 되기를 바라신다.

어린 아이들도 모태로부터 생래적인 교만을 가지고 태어나기 때문에, 가장 높은
자리와 명예를 본능적으로 추구하게 되어 있다는 반론이 있을 수 있다. 그러나 그

러한 반론에 대한 답변은 분명하다. 즉, 비유라는 것은 본래 두 대상을 모든 점에서 다 세밀하고 정확하게 적용하기 위한 것이 아니라는 것이다. 어린 아이들은 어른들과는 달리 단순해서, 명예욕에 대하여 잘 알지 못하고, 교만에 대한 욕구도 별로 없기 때문에, 그리스도께서 어린 아이들을 모범으로 내세우신 것은 합당하고 옳다.

마 18:3. 너희가 돌이켜. 그리스도께서 어린 아이들을 모범으로 내세우신 것은 이제부터 말씀하시고자 하시는 "돌이킴"과 결부되어 있다. 즉, 제자들은 지금까지 사람들의 통상적인 관습에 지나치게 물들어 있었지만, 그들의 소기(所期)의 목적을 이루고자 한다면, 그들이 걸어 왔던 길에서 "돌이켜서" 완전히 다른 길로 가지 않으면 안 된다는 것이다. 사람이라면 누구나 다 가장 높은 자리 또는 그 다음 자리를 원한다. 그러나 그리스도께서는 스스로 낮아지고자 하지는 않고 높아지기만을 원하는 자는 가장 낮은 자리도 얻을 자격이 없는 자로 여기신다. 사람들의 통념과는 정반대로, 그리스도께서는 "누구든지 이 어린 아이와 같이 자기를 낮추는 사람이 천국에서 큰 자니라"고 말씀하신다. 이것은 우리가 큰 자가 되고자 하는 마음을 다 버리면 결국에는 낮고 천한 자가 될 것이라고 제멋대로 생각하는 것을 막기 위한 것이다. 이것으로부터 우리는 낮아짐(humilitas)에 대한 간단한 정의를 얻을 수 있다. 즉, 하나님 앞에서 자랑하는 것이 아무것도 없고, 교만하여 형제들을 깔보거나 형제들보다 더 높게 되고자 하지 않으며, 자기가 그리스도의 지체들 중의 하나라는 것에 만족하고서, 오직 교회의 머리 되신 그리스도만이 높임을 받게 되시는 것 외에는 그 어떤 것도 원하지 않는 자는 진정으로 낮아진 자이고 겸손한 자라는 것이다.

마 18:5. 또 누구든지 … 이런 어린 아이 하나를 영접하면. 그리스도께서는 여기에서 "어린 아이"라는 말을 은유적으로 사용하셔서, 높아지고자 하는 마음을 다 버리고서 겸손하고 순종적으로 행하는 자들에게 적용하신다. 이 말씀은 우리가 겸손하게 순종하는 것을 괴롭거나 어려운 것으로 여기지 않도록 하기 위하여 위로의 차원에서 덧붙여진 것이다. 우리가 겸손하게 순종할 때, 그리스도께서는 우리를 그의 보호하심 아래에 두시고 지켜주실 뿐만 아니라, 사람들에게 사랑을 받게 해주신다. 이런 식으로, 그리스도께서는 우리가 어떻게 해야 서로를 공경할 수 있는지를 가르치시는데, 그것은 우리 각자가 "자기를 낮추고" 서로에게 순복함으로써 가능해진다는 것이다. 세상의 자녀들 가운데서 서로 간의 우애가 통상적인 수준에서 유지될 수 있는 것은 각 사람이 다른 사람이 원하는 것을 어느 정도 맞춰주기 때문이 아니던가? 세상에서는 명예욕이 더 강하고, 권력을 잡기 위해서 더욱 뻔뻔스럽게 행하는 자가 높은 자리에 오르는 반면에, 자기를 낮추는 자는 조롱을 받거나 멸시를 받는다. 그러나 그리스도께서는 사람이 자기를 낮출수록 더욱 높임을 받게 될 것이라고 말씀하신다. "너희 모든 사람 중에 가장 작은 그가 큰 자니라"는 누가복음 본문의 말씀의 취지도 그런 것이다. 왜냐하면, 그리스도께서는 멸시받아 마땅한 자들을 높이라고 우리에게 명하시는 것이 아니라, 모든 교만을 다 버리고서, 기꺼이 가장 낮은 자리에 앉고자 하는 자들을 높이라고 명하시는 것이기 때문이다.

⁶누구든지 나를 믿는 이 작은 자 중 하나를 실족하게 하면 차라리 연자 맷돌이 그 목에 달려서 깊은 바다에 빠뜨려지는 것이 나으니라 ⁷실족하게 하는 일들이 있음으로 말미암아 세상에 화가 있도다 실족하게 하는 일이 없을 수는 없으나 실족하게 하는 그 사람에게는 화가 있도다 ⁸만일 네 손이나 네 발이 너를 범죄하게 하거든 찍어 내버리라 장애인이나 다리 저는 자로 영생에 들어가는 것이 두 손과 두 발을 가지고 영원한 불에 던져지는 것보다 나으니라 ⁹만일 네 눈이 너를 범죄하게 하거든 빼어 내버리라 한 눈으로 영생에 들어가는 것이 두 눈을 가지고 지옥 불에 던져지는 것보다 나으니라 ¹⁰삼가 이 작은 자 중의 하나도 업신여기지 말라 너희에게 말하노니 그들의 천사들이 하늘에서 하늘에 계신 내 아버지의 얼굴을 항상 뵈옵느니라 (마 18:6-10).

⁴²또 누구든지 나를 믿는 이 작은 자들 중 하나라도 실족하게 하면 차라리 연자맷돌이 그 목에 매여 바다에 던져지는 것이 나으리라 ⁴³만일 네 손이 너를 범죄하게 하거든 찍어버리라 장애인으로 영생에 들어가는 것이 두 손을 가지고 지옥 곧 꺼지지 않는 불에 들어가는 것보다 나으니라 ⁴⁴[없음] ⁴⁵만일 네 발이 너를 범죄하게 하거든 찍어버리라 다리 저는 자로 영생에 들어가는 것이 두 발을 가지고 지옥에 던져지는 것보다 나으니라 ⁴⁶[없음] ⁴⁷만일 네 눈이 너를 범죄하게 하거든 빼버리라 한 눈으로 하나님의 나라에 들어가는 것이 두 눈을 가지고 지옥에 던져지는 것보다 나으니라 ⁴⁸거기에서는 구더기도 죽지 않고 불도 꺼지지 아니하느니라(막 9:42-48).

¹예수께서 제자들에게 이르시되 실족하게 하는 것이 없을 수는 없으나 그렇게 하게
하는 자에게는 화로다 ²그가 이 작은 자 중의 하나를 실족하게 할진대 차라리 연자
맷돌이 그 목에 매여 바다에 던져지는 것이 나으리라(눅 17:1-2).

마 18:6. 누구든지 … 이 작은 자 중 하나를 실족하게 하면. 그리스도께서는 경
건한 자들을 위로하시기 위해서, 즉 그들이 세상으로부터 멸시를 받는 그들의 처
지를 생각하고서 고민스러워 하지 않도록 하시기 위해서 이 말씀을 덧붙이신 것으
로 보인다. 왜냐하면, 그들이 겸손하게 낮아지고자 할 때에 사람들로부터 멸시를
당할 것이라고 생각하면, 그것은 자원해서 낮아지는 것을 가로막는 강력한 장애물
이 될 것이지만, 오만한 자들에 의해서 경멸을 받을 뿐만 아니라, 그 발 아래에 거
의 짓밟히다시피 하리라는 것은 그들에게 엄연한 현실이 될 것이기 때문이다. 그
러므로 그리스도께서는 그들이 그들의 초라한 모습으로 인해서 세상 사람들로부
터 멸시를 당할지라도, 하나님은 그들을 멸시하지 않으시리라는 위로의 말씀을 통
해서 그의 제자들에게 힘을 공급해 주신다.

그렇지만 그리스도께서는 또 다른 목적도 염두에 두고 계셨던 것으로 보인다.
왜냐하면, 앞서 제자들 사이에서 누가 가장 높은 자리에 앉게 될 것인가를 놓고 논
쟁이 벌어진 것으로 볼 때, 사도들이 왜곡되고 악한 야심에 물들어 있었다는 것이
확인되었기 때문이다. 자기 자신을 대단하다고 여기거나, 다른 모든 사람들보다
더 높게 되고자 하는 자는 그의 형제들을 멸시하게 될 수밖에 없다. 이 병(病,
morbus)을 고치시기 위하여, 그리스도께서는 그 마음이 가난하여 이미 낮아져 있
는 자들을 교만한 마음으로 멸시하는 자에게는 무시무시한 벌이 있을 것이라고 경
고하신다.

"실족하게 하는 일"(scandalum)이라는 단어는 형제들을 "멸시하지" 말라는 것 이
상의 의미를 담고 있다. 물론, 약한 형제들을 "실족하게" 하는 자는 단지 그 형제들
을 존중하는 마음이 없기 때문에 무심코 그렇게 하는 경우가 많다. 여러 가지 종류
의 "실족하게 하는 일"이 있지만, 여기에서는 "실족하게 한다"는 것의 일반적인 의
미를 설명하는 것이 좋을 것이다. 어떤 사람이 우리의 잘못으로 인하여 넘어지거
나, 옳은 길에서 벗어나 잘못된 길로 가게 되거나, 옳은 길로 가는 것을 주춤한다
면, 우리는 그 사람을 "실족하게" 하였다고 말할 수 있다. 그러므로 그리스도께서
경고하신 저 무시무시한 벌을 피하고자 하는 자는 세상에서 멸시 받는 "작은 자들"

에게 손을 내밀어서, 그들을 도와서 올바른 길을 계속해서 갈 수 있게 해주어야 한다. 왜냐하면, 바울이 하나님의 자녀들에게 "낮은 데 처하여" 미천한 자들과 함께 하고(롬 12:16), "자기를 기쁘게 하지"(롬 15:1) 말라고 권면하였듯이, 그리스도께서는 우리가 "작은 자들"을 볼 때에 그것을 우리 스스로 자원하여 낮아지는 기회로 삼아야 한다고 권면하시기 때문이다. "연자 맷돌이 그 목에 달려서 깊은 바다에 빠뜨려지는 것"은 당시에 가장 무시무시하고 소름끼치는 것으로 여겨졌던 형벌로서 가장 극악무도한 범죄자들에게 가해진 형벌이었다. 우리 주님이 이러한 벌을 경고 하시는 것을 볼 때, 우리는 세상에서 보잘것없고 멸시 받는 "작은 자들"이 하나님 이 보시기에는 얼마나 사랑스럽고 귀한 자들인지를 알게 된다.

마 18:7. 실족하게 하는 일들이 있음으로 말미암아 세상에 화가 있도다. 이 구절 은 두 가지로 설명될 수 있다. 먼저, 이 구절은 그리스도께서 "실족하게 하는 일들" 을 행한 자들에 대하여 화(禍)를 선언하시는 것이라는 적극적인 의미로 해석될 수 있다. 다음으로, 이 구절은 그리스도께서 "실족하게 하는 일들"로 말미암아 세상에 몰려오는 해악(害惡)들을 보시고 탄식하시는 것이라는 소극적인 의미로 해석될 수 있는데, 이것은 많은 사람들이 "실족하게 하는 일들"로 인해서 혼란에 빠지거나 신 앙에서 떨어져 나가는 것보다 더 파괴적인 일도 없고, 더 무서운 재난들을 몰고 오 는 일도 없다고 말씀하신 것이나 다름없다. 이 두 가지 의미 중에서 후자가 더 적 절하다. 왜냐하면, 다른 경우에도 "실족하게 하는 일들"에 관하여 말씀하셨던 그리 스도께서 여기에서 이 주제에 대하여 더 자세하게 말씀하신 것은 그의 제자들이 그런 일이 없도록 더욱더 정신을 바짝 차리고서 주의하도록 만드시기 위한 것이라 는 것을 나는 의심하지 않기 때문이다. 사탄이 우리의 나태함과 무기력을 틈타서 우리를 지배하지 못하도록 하시기 위하여, 그리스도께서는 "실족하게 하는 일들" 보다 우리가 더 무서워하고 경계해야 할 것은 아무것도 없다고 일갈하신다. 왜냐 하면, 사탄은 우리로 하여금 "실족하게 하는 일들"을 하게 만들 수 있는 무수히 많 은 덫들을 그의 수중에 갖고 있어서, 우리가 한 걸음 디딜 때마다 끊임없이 우리의 길에 새로운 덫들을 던져놓지만, 우리는 너무나 연약하거나 나태해서 그 덫들에 쉽게 걸려들기 때문이다. 그런 까닭에, 그리스도를 믿는 믿음에서 상당한 진보를 이루는 자가 거의 없고, 구원의 경주를 시작한 소수의 사람들 가운데서 인내로써 경주를 계속하여 결승지점에 도달하는 자는 열 명 중에 한 명도 되지 않는다. 그리 스도께서 그의 제자들로 하여금 "실족하게 하는 일들"을 하지 않도록 분발하게 하시기 위하여 이렇게 무시무시한 벌로 경고하시고자 하셨다는 것을 생각할 때, 만약 우리 각자가 그러한 "실족하게 하는 일들"을 극복하고자 애를 쓰지 않는다면, 우리의 그런 무관심(incuria)에 대하여는 반드시 화(禍)가 있을 것이다.

마 18:7. 실족하게 하는 일이 없을 수는 없으나. 그리스도께서는 "실족하게 하는 일"에 대한 그의 제자들의 주의와 관심을 더욱더 불러일으키시기 위하여, 그들이 이 세상에 사는 동안에는 여러 가지 "실족하게 하는 일들"을 겪으며 살아갈 수밖에 없다는 것을 상기시켜 주시는데, 이것은 "실족하게 하는 일"은 이 세상에서 피할 수 없는 악(惡)이라고 말씀하시는 것이나 다름없다. 이것은 앞서 하신 말씀을 확증해 주시는 말씀이기도 하다. 왜냐하면, 이것은 그리스도께서 교회가 장차 이 악(惡)으로부터 결코 자유로울 수 없을 것이므로, "실족하게 하는 일들"로 인해서 생겨날 해악들이 만만치 않을 것임을 우리에게 보여주시는 것이기 때문이다. 바울은 이단들에 대하여 얘기하면서, 하나님이 이단들이 일어나는 것을 허용하시는 이유는 하나님으로부터 "옳다 인정함을 받은 자들"이 누구인지가 명백하게 드러나게 하시기 위한 것이라고 말하지만(고전 11:19), 그리스도께서는 여기에서 "실족하게 하는 일들"이 필연적으로 일어날 수밖에 없는 이유를 말씀해 주시지는 않는다. 그러나 우리는 하나님의 백성을 "실족하게 하는 일"에 노출시키셔서, 그들이 과연 믿음을 따라 행하는지를 시험하셔서, 믿는 자들 중에서 알곡과 가라지를 갈라내시는 것이 하나님의 뜻이라는 것을 깨달아야 한다. 만약 하나님이 이렇게 "실족하게 하는 일들"을 허용하심으로써 사탄에게 틈탈 기회를 주셔서, 불쌍한 자들을 멸망당하게 하시는 것은 잘못된 것이라고 반론을 펴거나 불평하는 자들이 있다면, 그들은 우리가 하나님의 비밀한 뜻들을 다 알지 못하더라도, 그것을 경외하는 마음으로 생각하고 말하는 것이 우리의 마땅한 도리인데, 세상이 "실족하게 하는 일들"로 인하여 요란할 수밖에 없게 하신 것도 바로 그러한 하나님의 비밀한 뜻이라는 것을 기억하여야 한다.

마 18:7. 실족하게 하는 그 사람에게는 화가 있도다. 그리스도께서는 그의 제자들에게 "실족하게 하는 일들"을 하지 않도록 조심하라고 권면하신 후에, 이제 또다시 "실족하게 하는 일들"을 행하는 자들에 대하여 경고하신다. 그리스도께서는 이러한 경고에 더 큰 힘을 실어 주시기 위하여, 우리의 오른쪽 눈이나 손이 우리로 하여금 "실족하게" 한다면, 그 눈이나 손을 결코 아껴서는 안 된다는 말씀을 덧붙이신다. 이렇게 나는 이 말씀이 강조를 위해서 덧붙여진 것이라고 보는데, 이 말씀의 의미는 이런 것이다. 즉, 우리는 "실족하게 하는 일들"을 하니 차라리 우리의 눈을 "빼어 내버리거나" 우리의 손을 "찍어 내버리는" 것이 더 낫다는 그런 마음으로 그런 일들을 하지 않도록 늘 정신을 바짝 차리고 주의하여야 한다는 것이다. 왜냐하면, 만약 우리가 실족하게 하는 일을 하지 않기 위해서 기꺼이 우리의 신체의 일부를 잘라내 버리는 것을 주저한다면, 그것은 우리가 그런 주저함으로 인해서 우리 자신을 영벌(永罰) 속으로 던져 넣는 것이 되기 때문이다. 그러므로 "실족하게 하는 일들"을 행함으로써 형제들을 멸망하게 하는 자들에게는 얼마나 무시무시한 보복이 기다리고 있는 것인가! 여기에 나오는 두 절에 대해서는 내가 이미 마태복음 5:29-30을 다룰 때에 설명한 바 있기 때문에, 여기에서는 그리스도께서 동일한 말씀을 다시 반복하신 이유를 잠깐 살펴보는 것만으로 충분할 것이다.

마 18:10. 삼가 이 작은 자 중의 하나도 업신여기지 말라. 교만은 멸시의 어머니여서 다른 사람들을 멸시하게 만들고, 멸시는 "실족하게 하는 일"을 거리낌 없이 행하게 만들기 때문에, 그리스도께서는 이 병(病)을 고치는 데에 적절한 약을 처방하실 목적으로 그의 제자들에게 "작은 자 중의 하나도 업신여기지 말라"고 명하신다. 이미 말하였듯이, 형제들을 진정으로 존중하는 마음으로 대하는 자는 그 형제들을 "실족하게 하는 일"을 그리 쉽게 행하지 못하리라는 것은 분명하다. 그리스도의 이 강론(講論) 중에서 마지막에 나오는 말씀은 처음에 나온 말씀과 동일한 지향성을 지니고 있는데, 그것은 우리는 하나님이 "작은 자들"에 대하여 특별한 사랑을 지니고 계시다는 것을 명심하고서, 서로에 대하여 자신을 낮추고 굴복시키며 상대방을 높이고자 애써야 한다는 것이다. 하나님이 그토록 사랑하시고 귀히 여기시는 자들을 죽을 수밖에 없는 존재인 우리가 멸시하거나 함부로 대한다면, 그것은 정말 어처구니없는 일이 아닐 수 없다. 그리스도께서는 이 "작은 자들"의 구원을 위하여 일하는 "천사들"이 하나님을 가까이에서 모시고 있다는 사실을 들어서, "작은 자들"에 대한 하나님의 특별한 사랑을 증명하신다. 그렇지만 나는 그리스도께서 여기에서 단지 하나님이 "천사들"을 이 "작은 자들"을 지키는 자들로 임명하심으로써 그들에게 큰 존귀를 수여하셨다는 것을 보여주고자 하신 것이 아니라, 이 "작은 자들"을 멸시하는 자들을 경고하고자 하셨다고 생각한다. 그러니까, 그리스도께서는 이 "작은 자들"은 그들을 대신해서 복수해 줄 "천사들"을 그들의 동반자이자 친구로 두고 있기 때문에, 그들을 멸시하는 것은 결코 작은 일이 아니라고 말씀하신 것이나 마찬가지다. 그러므로 우리는 천사들조차도 이 "작은 자들"의 구원을 지키기 위하여 하나님의 명을 받고 일하고 있다는 것을 생각해서, 그들의 구원을 "업신여기지" 않도록 주의하고 조심하는 것이 마땅하다.

일부 주석가들은 이 본문을 하나님이 각각의 믿는 자에게 천사를 붙여 놓으셨다는 의미로 해석하지만, 그런 해석은 근거가 약하다. 왜냐하면, 여기에서 그리스도의 말씀은 한 명의 천사가 특정한 한 명의 믿는 자에게 붙어서 지속적으로 일한다는 의미가 아니기 때문이다. 일부 주석가들의 그런 해석은 성경 전체의 가르침, 즉 "여호와의 천사들이 주를 경외하는 자들을 둘러 진 치고"(시 34:7) 있고, 한 명의 천사가 아니라, 다수의 천사가 각각의 믿는 자를 지키고 보호하는 임무를 띠고 있다는 것과 모순된다. 그러므로 우리는 선한 천사와 악한 천사에 관한 근거 없는 망상(妄想)을 버리고, 온 교회를 돌보는 일은 천사들에게 맡겨져 있고, 다수의 천사들이 서로 협동하여 교회의 각각의 지체를 필요할 때마다 돕는다는 올바른 가르침을 굳게 붙잡아야 한다. 하나님이 천사들을 우리를 돕는 자들로 임명하신 것을 보면, 천사들은 우리보다 그 지위가 낮은 것인가라는 질문이 제기될 수 있다. 나의 대답은 이것이다: 천사들은 본래 우리보다 그 지위가 더 높지만, 하나님의 거저 주시는 은혜를 우리에게 나누어 주는 일을 맡아서 행하는 방식으로 하나님을 섬기는 것일 뿐이고, 우리보다 그 지위가 낮아서 우리를 섬기는 것은 아니라는 것이다. 이렇게 천사들은 우리를 위하여 수고하는 존재들이기 때문에 "우리의 천사들"이라 불린다.

¹¹[없음] ¹²**너희** 생각에는 어떠하냐 만일 어떤 사람이 양 백 마리가 있는데 그 중의 하나가 길을 잃었으면 그 아흔아홉 마리를 산에 두고 가서 길 잃은 양을 찾지 않겠느냐 ¹³진실로 **너희**에게 이르노니 만일 찾으면 길을 잃지 아니한 아흔아홉 마리보다 이것을 더 기뻐하리라 ¹⁴이와 같이 이 작은 자 중의 하나라도 잃는 것은 하늘에 계신 **너희** 아버지의 뜻이 아니니라(마 18:11-14).

¹모든 세리와 죄인들이 말씀을 들으러 가까이 나아오니 ²바리새인과 서기관들이 수군거려 이르되 이 사람이 죄인을 영접하고 음식을 같이 먹는다 하더라 ³예수께서 그들에게 이 비유로 이르시되 ⁴**너희** 중에 어떤 사람이 양 백 마리가 있는데 그 중의 하나를 잃으면 아흔아홉 마리를 들에 두고 그 잃은 것을 찾아내기까지 찾아다니지 아니하겠느냐 ⁵또 찾아낸즉 즐거워 어깨에 메고 ⁶집에 와서 그 벗과 이웃을 불러 모

으고 말하되 나와 함께 즐기자 나의 잃은 양을 찾아내었노라 하리라 [7]내가 너희에
게 이르노니 이와 같이 죄인 한 사람이 회개하면 하늘에서는 회개할 것 없는 의인
아흔아홉으로 말미암아 기뻐하는 것보다 더하리라 [8]어떤 여자가 열 드라크마가 있
는데 하나를 잃으면 등불을 켜고 집을 쓸며 찾아내기까지 부지런히 찾지 아니하겠
느냐 [9]또 찾아낸즉 벗과 이웃을 불러 모으고 말하되 나와 함께 즐기자 잃은 드라크
마를 찾아내었노라 하리라 [10]내가 너희에게 이르노니 이와 같이 죄인 한 사람이 회
개하면 하나님의 사자들 앞에 기쁨이 되느니라(눅 15:1-10).

마 18:11. [인자가 온 것은 잃어버린 자를 구원하려 함이니라]. (개역에는 번역되어
있지 않은데, 이와 거의 동일한 말씀이 누가복음 19:10에 나온다 — 역주) 그리스도께서는 이
제 자신의 모범을 들어서, 그의 제자들에게 약하고 멸시 받을 만한 형제들조차도
존중하고 귀히 여기라고 권면하신다. 왜냐하면, 그리스도께서는 그들만이 아니라
죽은 자들, 즉 "잃어버린 자들"도 "구원하려" 구속주로서 하늘로부터 내려오셨기
때문이다. 하나님의 아들이 그토록 존중하시고 소중히 여기신 자들을 우리가 멸시
하며 배척한다면, 그것은 도무지 있어서는 안 될 일이다. 비록 약한 자들이 멸시를
받고 고생을 하는 것이 그들의 약점들 때문이라고 해도, 그런 것이 우리의 교만에
대한 변명이 될 수는 없다. 왜냐하면, 우리는 그들의 미덕들을 보고서 그들을 존중
하는 것이 아니라, 오직 그리스도를 보고서 그들을 존중하여야 하기 때문이고, 그
리스도의 모범을 따르고자 하지 않는 자들은 누구든지 정말 건방지고 교만한 자들
이기 때문이다.

마 18:12. 너희 생각에는 어떠하냐. 누가는 지금보다 훨씬 이전에 바리새인들과
서기관들이 그리스도께서 죄인들과 날마다 교제하시는 것을 보고서 불평했을 때
에 그리스도께서 이 비유를 말씀하신 것으로 보도한다. 그러므로 그리스도께서는
선한 선생은 이미 그의 수중에 있는 자들을 지키는 일만큼이나 "잃어버린 자들"을
다시 찾는 일에도 애쓰지 않으면 안 된다는 것을 보여주고자 하셨다. 마태 본문에
의하면, 이 비유는 한 걸음 더 나아가서, 우리가 그리스도의 제자들을 사랑으로 품
어야 할 뿐만 아니라, 그들의 약점이나 잘못들을 포용하고 짊어지는 것은 물론이
고, 그들이 길을 잃고 헤맬 때에는 그들을 옳은 길로 돌아오게 하고자 애써야 한다
고 가르친다. 왜냐하면, 그들은 비록 종종 길을 잃고 헤맨다고 할지라도, 하나님이
그의 아들을 그들의 목자로 세우셔서 그의 양들이 되게 하신 까닭에, 우리에게는

그들을 거칠게 혼내거나 쫓아낼 권리가 없고, 도리어 길을 잃고 헤매는 그들을 옳은 길로 돌아오게 하는 것이 우리가 마땅히 행해야 할 본분이기 때문이고, 또한 그리스도께서 이 말씀을 하시는 의도도 하나님이 구원하고자 하시는 자들을 우리가 멸망에 빠뜨리는 일이 없도록 조심하게 하기 위한 것이기 때문이다. 누가 본문의 기사(記事)는 이것과는 약간 다른 의도를 보여준다. 즉, 온 인류는 하나님께 속해 있기 때문에, 우리는 길을 잃은 자들을 불러모아야 하고, 길을 잃었던 자들이 옳은 길로 돌아오면, 마치 귀중한 물건을 잃어버렸다가 뜻밖에 다시 찾게 된 사람처럼, 기뻐하고 즐거워하는 것이 마땅하다는 것이다.

눅 15:10. 하나님의 사자들 앞에 기쁨이 되느니라. 길을 잃고 헤매던 자들이 양의 우리로 돌아오면, 천사들이 하늘에서 서로서로 기뻐한다는 것을 생각할 때, 천사들과 동일한 공통의 대의(大義, causa)를 위해 일하는 우리도 그 기쁨에 동참하는 것은 지극히 당연하고 마땅한 일이다. 그러나 왜 그리스도께서는 한 사람의 불경건한 자가 회개하는 것이 많은 의인들이 인내로써 옳은 길을 가는 것보다 천사들에게 더 큰 기쁨이 된다고 말씀하시는 것인가? 천사들은 사람들이 계속해서 변함없이 의(義)의 길을 가는 것을 볼 때에 가장 기뻐하는 존재들이 아니던가? 나의 대답은 이것이다. 즉, 사람들이 언제나 흠 없고 온전한 신앙 안에 머물러 있는 것이 천사들이 바라는 것이고, 또한 바람직한 것이기는 하지만, 이미 멸망에 내어준 바되고 몸된 교회로부터 썩은 지체로 여겨져 잘려나간 죄인이 다시 돌아와서 구원을 받게 되었을 때에, 거기에서 하나님의 긍휼하심이 더욱 밝게 빛나기 때문에, 그리스도께서는 사람들의 예(例)를 따라서, 천사들이 예기치 않았던 뜻밖의 복된 일이 일어난 것을 보고서 더욱 크게 기뻐한다고 말씀하시는 것이다.

눅 15:10. 죄인 한 사람이 회개하면. 여기에서 "회개"라는 단어는 구체적으로 하나님을 완전히 떠났던 자들의 회심(回心, conversio), 그러니까 죽은 자 가운데서 다시 살아온 것이나 다름없는 그런 회심을 가리킨다. 왜냐하면, 각 사람은 매일매일 자신의 죄악들을 깨닫고 회개함으로써 신앙의 진보를 이루어나가야 하는 까닭에, 끊임없는 회개가 필요 없는 사람은 아무도 없고, 통상적인 의미에서의 회개는 이 세상에서 사는 한 일생 동안 끊임없이 지속되어야 하는 것이기 때문이다. 그러나 옳은 길로 이미 들어선 사람이 비록 넘어지거나 길을 잃고 헤매면서도 목표지점에 도달하고자 애를 쓰는 것과, 완전히 잘못된 길을 버리고 돌이키거나 이제 막 옳은 길로 가기 시작하는 것은 완전히 다른 문제이다. 이미 하나님의 법이라는 규범에 따라서 자신의 삶을 규율해 나가기 시작한 자들은 비록 육신의 연약한 것들로 말미암아 신음하고 그것들을 고치고자 애를 쓴다고 해도, 처음에 거룩하고 경건한 삶으로 들어가는 길을 열어 주는 그런 종류의 회개를 또다시 필요로 하는 것이 아니다.

¹¹또 이르시되 어떤 사람에게 두 아들이 있는데 ¹²그 둘째가 아버지에게 말하되 아버지여 재산 중에서 내게 돌아올 분깃을 내게 주소서 하는지라 아버지가 그 살림을 각각 나눠 주었더니 ¹³그 후 며칠이 안 되어 둘째 아들이 재물을 다 모아 가지고 먼 나라에 가 거기서 허랑방탕하여 그 재산을 낭비하더니 ¹⁴다 없앤 후 그 나라에 크게 흉년이 들어 그가 비로소 궁핍한지라 ¹⁵가서 그 나라 백성 중 한 사람에게 붙여 사니 그가 그를 들로 보내어 돼지를 치게 하였는데 ¹⁶그가 돼지 먹는 쥐엄 열매로 배를 채우고자 하되 주는 자가 없는지라 ¹⁷이에 스스로 돌이켜 이르되 내 아버지에게는 양식이 풍족한 품꾼이 얼마나 많은가 나는 여기서 주려 죽는구나 ¹⁸내가 일어나 아버지께 가서 이르기를 아버지 내가 하늘과 아버지께 죄를 지었사오니 ¹⁹지금부터는 아버지의 아들이라 일컬음을 감당하지 못하겠나이다 나를 품꾼의 하나로 보소서 하리라 하고 ²⁰이에 일어나서 아버지께로 돌아가니라 아직도 거리가 먼데 아버지가 그를 보고 측은히 여겨 달려가 목을 안고 입을 맞추니 ²¹아들이 이르되 아버지 내가 하늘과 아버지께 죄를 지었사오니 지금부터는 아버지의 아들이라 일컬음을 감당하지 못하겠나이다 하나 ²²아버지는 종들에게 이르되 제일 좋은 옷을 내어다가 입히고 손에 가락지를 끼우고 발에 신을 신기라 ²³그리고 살진 송아지를 끌어다가 잡으라 우리가 먹고 즐기자 ²⁴이 내 아들은 죽었다가 다시 살아났으며 내가 잃었다가 다시 얻었노라 하니 그들이 즐거워하더라(눅 15:11-24).

이 비유는 그리스도께서 바로 앞에서 가르치신 것을 확증해 주는 역할을 하는데, 첫 번째 부분은 하나님이 우리의 죄들을 얼마나 기꺼이 용서해 주고자 하시는지를 보여주고, 두 번째 부분(이 부분은 나중에 적당한 곳에서 다루게 될 것이다)은 우리를 불쌍히 여기시는 하나님의 긍휼에 대하여 불평하는 자들이 얼마나 옹졸하고 뒤틀린 악성(惡性)을 지니고 있는 것인지를 보여준다. 허랑방탕한 삶으로 말미암아 극한 빈곤에 빠지게 된 후에야, 전에 불순종하고 반역하였던 자기 아버지께 용서를 빌고 도움을 구하기 위하여 집으로 돌아오는 탕자의 모습을 통해서, 그리스도께서는 자신의 어리석고 미친 삶에 지치고 질려서 하나님의 은혜를 얻기 위하여 돌아오는 모든 죄인들의 모습을 보여주신다. 그리스도께서는 기도하는 자들을 용서하시는 것에서 만족하지 않으시고, 아버지로서의 넘치는 사랑으로 멀리까지 나가서서 그들을 맞아주시는 하나님을, 자기 아들의 죄를 용서할 뿐만 아니라 그 아들이 돌아온다는 소식을 들었을 때에 집 밖으로 나가서 반갑게 맞아주는 이 인자한 아버지에 비유하신다. 그러면, 이제 이 비유를 자세하게 살펴보기로 하자.

눅 15:12. 그 둘째가 아버지에게 말하되. 먼저, 그리스도께서는 한 청년의 모습을 통해서 악하고 뻔뻔스러운 모습을 보여주시는 것으로 시작하시는데, 이 청년은 아버지의 통제를 벗어나야만 자유롭게 자기 마음대로 허랑방탕하게 살 수 있을 것이라고 생각해서, 아버지를 떠나고자 한다. 이 청년이 이렇게 아버지를 떠나고자 하는 것은 늙으신 아버지를 봉양해야 할 책임을 내팽개치고자 하는 것일 뿐만 아니라, 아버지의 재산을 쪼개어서 줄어들게 하고자 하는 것이라는 점에서 아버지에 대한 배은망덕한 짓이기도 하였다. 결국 이 청년은 사치스럽고 허랑방탕하며 악한 삶을 사느라고, 아버지로부터 받은 모든 재산을 다 탕진해 버리고 만다. 많은 죄를 지은 후에야, 이 청년은 자기가 도저히 아버지의 용서를 받을 자격이 없다는 것을 깨닫는다.

이러한 묘사를 통해서, 그리스도께서 하나님의 무한하신 선하심(bonitas)과 이루 헤아릴 수 없이 크신 인자하심(indulgentia)을 우리에게 보여주시면서, 그렇기 때문에 우리가 아무리 큰 죄를 지었다고 해도, 하나님은 그 죄를 기꺼이 용서해 주고자 하신다는 것을 가르쳐 주시고자 하셨다는 것은 의심의 여지가 없다. 이 어리석고 뻔뻔스러운 청년의 모습은 하나님에게서 좋은 것들을 차고 넘치게 받아 누리고 있으면서도, 마치 세상의 모든 나라들이 아버지 하나님의 돌보심과 다스리심 아래에서 사는 것이 가장 좋은 것이 아니라, 아버지 하나님을 떠나서 완전한 자유를 만끽하며 사는 것이 훨씬 더 좋은 일이라도 된다는 듯이 생각하여, 어떻게든 하나님을 떠나서 살고자 하는 맹목적이고 미친 야심을 품고 움직이는 자들의 모습과 같다고 말하는 것은 이 비유에 비추어 보았을 때에 결코 근거 없는 유추(類推)가 아닐 것이다. 그러나 이러한 유추를 좀 억지스럽다고 생각할 자들이 있을지도 모르겠다는 염려 때문에, 나는 이 비유의 문자적인 의미를 제시하는 것으로 만족하고자 한다. 그러니까, 나는 그리스도께서 이 비유를 통해서, 자기 것을 가지고서 천부(天父)를 떠나서 살면 행복하게 잘 살 수 있을 것이라고 상상하는 자들의 어처구니없는 망상(amentia)을 꾸짖고 계시는 것이라는 견해를 반대하는 것이 아니라, 단지 주석가로서의 한계를 지키고자 한다는 것이다. 그리스도께서는 여기에서 청년들이 그들의 자연적인 본능이나 성품(ingenium)에 따라서 행하게 될 때에 흔히 어떤 일이 벌어지게 되는지를 보여주신다. 청년들은 사리(事理)를 분별하는 힘이 약하고 감정에 심하게 휘둘려서 자기 자신을 제대로 다스리지 못하고, 두려움이나 부끄러움을 이유로 해서 자신의 행동을 통제할 수 있는 것도 아니기 때문에, 자신의 죄악 된 성향의 충동에 자기 자신을 내어맡기고, 참담하기 짝이 없는 곤고한 상태가 될 때까지 더럽고 추한 길을 돌진해 갈 수밖에 없다. 그리스도께서는 그런 후에 하나님의 의로우신 심판에 의해서 방탕한 삶을 산 자들에게 일반적으로 임하는 벌이 어떤 것인지를 보여주신다. 즉, 탕자들은 자신의 재산을 허랑방탕한 삶으로 악하게 허비한 후에 굶주림으로 인하여 파리하게 말라가는 신세가 되고, 그들에게 차고 넘치게 주어졌던 가장 좋은 양식들을 절제해서 먹는 법을 몰랐기 때문에 나중에는 "쥐엄 열매"를 먹는 처지로 전락하게 된다. 결국, 그들은 그들 자신이 돼지와 별반 다를 바 없는 자들이 되어서, 사람이 먹는 음식을 먹을 자격이 없는 자들이 되고 만 것을 느낀다. 왜냐하면, 정상적인 삶을 살도록 하기 위해 주어진 것들을 악한 욕망을 따라 허랑방탕하게 허비해 버리는 것은 돼지 같이 탐욕스럽고 게걸스럽게 먹어 버리는 것과 같기 때문이다. 어떤 이들은 이 비유를 독창적으로 해설하여, 천부(天父)의 집에 있는 맛있는 양식을 거부한 자들이 굶주려서 "쥐엄 열매"를 먹을 수밖에 없게 되는 것은 불경건한 자들의 교만과 멸시에 대한 의로운 벌이라고 설명한다. 그러한 설명은 옳고 유익한 가르침이고, 우리가 이 비유로부터 그러한 신앙적인 가르침을 유추해내지 못할 이유도 없다. 하지만 우리는 알레고리(allegoria)와 본문의 자연스럽고 진정한 의미는 서로 다르다는 것을 명심하여야 한다.

눅 15:16. 그가 … 채우고자 하되. 이것은 이 탕자가 자신의 이전의 사치스럽고 허랑방탕한 삶에 대한 기억을 다 잊어버리고서, "쥐엄 열매"를 게걸스럽게 먹었다는 것을 의미한다. 왜냐하면, 그는 이제 "쥐엄 열매"를 돼지에게 주는 일을 하게 되어서, 그런 것을 많이 먹을 수 있게 되었기 때문이다. 바사 제국의 창건자였던 고레스 왕이 도망다니느라고 오랫동안 굶주렸다가 거친 보리떡을 먹고 나서 조금 기운을 차렸을 때에 지금까지 그렇게 맛있는 떡을 먹어 본 적이 없다고 말하였다는 유명한 고사(故事)가 있다. 마찬가지로, 이 탕자도 오랫동안 굶주리다 보니 그의 입에는 "쥐엄 열매"조차 달고 맛있는 음식이 되었던 것이다. 그 이유가 덧붙여져 있

는데, 그것은 "주는 자가 없었기" 때문이라는 것이다. 내가 이렇게 해석하는 이유
는 나는 여기에서 계사(繫辭)로 사용된 '카이'(καί)는 이유를 나타내는 접속사임에
틀림없다고 보기 때문이다. 따라서 이 구절의 의미는 사람들이 탕자에게 "쥐엄 열
매"를 주지 않았다는 것이 아니라, 그의 빈곤을 아무도 불쌍히 여기지 않았다는 것
이다. 왜냐하면, 사람들은 그들 자신의 전 재산을 마구 써버린 탕자들을 구제해야
할 자들로 생각하지 않을 뿐만 아니라, 더 나아가서 그들은 모든 것을 허랑방탕하
게 허비하는 것이 몸에 밴 자들인 까닭에, 그들에게는 아무것도 주지 말아야 한다
고 생각하기 때문이다.

눅 15:17. 이에 스스로 돌이켜. 그리스도께서는 여기에서 하나님이 사람들을 회
개로 이끄시는 방식을 우리에게 보여주신다. 만약 사람들이 스스로 잘 알아서 고
분고분하게 말을 잘 듣고 순종하면, 하나님은 그들을 좀 더 부드럽고 온유하게 이
끄실 것이다. 그러나 사람들이 회초리로 맞아서 유순해질 때까지는 결코 자신을
굽혀서 순종하고자 하지 않는 경우에는, 하나님은 그들을 심하게 징계하신다. 따
라서 이 탕자는 풍요로울 때에 더욱 사납고 패역한 자가 되었던 까닭에, 그에게는
굶주림이야말로 최고의 스승일 수밖에 없었다. 이 본보기를 통해서 가르침을 받은
우리는 어느 때라도 하나님이 우리에게 심한 환난을 주실지라도, 결코 하나님이
우리를 가혹하게 다루신다고 오해해서는 안 된다. 왜냐하면, 하나님께서는 마음이
완악하여 세상의 즐거움에 빠져 있는 자들에게 순종(obedientia)을 가르치시기 위
해서는 그런 식으로 하실 수밖에 없으시기 때문이다. 요컨대, 우리가 겪는 모든 불
행이나 환난은 회개로의 초청장(invitatio ad poenitentiam)이기 때문에 우리에게
유익하다는 것이다. 그러나 우리는 회개하는 것을 너무나 싫어하기 때문에, 극심
한 환난에 내몰려서 어쩔 수 없게 될 때까지는 정신을 차리지 못한다. 왜냐하면, 우
리가 환난들로 인하여 사방으로 짓눌려서 옴짝달싹할 수가 없게 되어 절망하게 될
때까지는, 우리의 육신은 늘 쾌락을 찾거나, 어떻게 해서든지 쾌락으로 되돌아가
고자 하기 때문이다. 이것으로부터 우리는 하나님이 우리의 완악함을 부수시기 위
하여 흔히 맹렬한 타격을 우리에게 반복해서 가하시고, 단단한 매듭을 풀려면 단
단한 쐐기를 써야 한다는 속담처럼 그렇게 우리에게 행하시는 것은 전혀 이상한
일이 아니라는 것을 알게 된다. 또한, 우리가 주목해야 할 것은 아버지께로 돌아가
면 자기 형편이 나아질 것이라는 소망이 이 탕자에게 회개할 용기를 주었다는 것
이다. 왜냐하면, 회개가 유익을 가져다준다는 보장이 없다면, 그 어떠한 혹독한 벌

도 우리의 완악함을 부드럽게 하거나, 우리로 하여금 우리의 죄에 대하여 슬퍼하게 만들 수 없기 때문이다. 그러므로 이 탕자가 아버지의 인자하심에 대한 확신에 이끌려서 화해를 구하고자 하는 마음이 생겼듯이, 우리의 회개도 우리가 하나님의 긍휼하심을 인정함으로써 우리 속에 긍정적인 소망이 생기는 것에서 시작되어야 한다.

눅 15:20. 아직도 거리가 먼데. 이 구절은 이 비유의 핵심이 되는 구절이다. 사람이라는 존재는 본성적으로 복수하고자 하는 마음이 강하고, 자신의 권리에 끈질기게 집착하는 존재인데도, 아버지의 심정을 가지고서, 자녀들을 불쌍히 여겨서 그들이 저지른 죄들을 기꺼이 용서하고, 비참한 상태에 빠져 있던 자녀들이 다시 집으로 돌아오면 아무 조건 없이 다시 받아 주는 법인데, 자녀들에 대한 아버지의 사랑과는 비교할 수 없을 정도로 무한하신 선하심(immensa bonitas)을 지니신 하나님이 그에게로 돌아가는 우리를 가혹하게 대하시는 일은 결코 있을 수 없다. 분명히 여기에서 탕자를 대하는 아버지의 모습들 중에서 하나님의 모습이 아닌 것은 하나도 없다. 하나님은 "그들이 부르기 전에 내가 응답하겠고"(사 65:24)라고 말씀하신다. "내가 이르기를 내 허물을 여호와께 자복하리라 하고 주께 내 죄를 아뢰고 내 죄악을 숨기지 아니하였더니 곧 주께서 내 죄악을 사하셨나이다"(시 32:5)라는 다윗의 고백도 아주 유명하다. 그러므로 이 아버지가 그의 아들의 간청으로 인해서 그 마음이 다 풀린 것은 물론이고, 아들이 오기도 전에 먼저 그 아들을 맞으러 나가며, 아들이 말을 꺼내기도 전에 더럽고 추한 몰골을 하고 있는 아들을 껴안은 것과 마찬가지로, 하나님도 죄인인 우리가 오랜 시간 기도하는 것을 기다리시는 것이 아니라, 우리의 잘못을 고백하기를 시작하자마자, 서둘러 우리를 맞으러 나오신다. 어떤 자들이 이 구절을 근거로 삼아서, 죄인들이 회개하며 구할 때까지는 하나님의 은혜가 죄인들에게 나타나지 않는다고 말하는 것은 정말 어처구니없는 궤변이다. 그들은 이렇게 말한다: "여기에서는 탕자를 용서할 준비를 하고 있는 아버지의 모습을 우리에게 보여주지만, 그것은 탕자가 아버지에게로 돌아오기 시작한 후의 아버지의 모습이다. 그러므로 하나님은 그를 구하고 찾기 시작하는 자들 외에는 그 누구도 돌아보지 아니하시고, 그 누구에게도 은혜를 베풀지 않으신다." 하나님의 용서하심을 받기 위해서는, 죄인이 양심의 가책을 느끼고 자신의 잘못을 슬퍼해야 한다는 것은 의심할 여지 없이 사실이지만, 그런 사실을 근거로 삼아서, 하나님의 선물인 회개가 마치 사람들의 마음의 움직임에 따라서 좌지우지되는 것처럼 주장하는 것은 잘못이다. 따라서 이 점과 관련해서 유한한 인간을 하나님과 비교하는 것은 무지(無知)의 소치이다. 왜냐하면, 하나님은 성령의 은밀한 역사(役事)를 통해서 사람들의 돌 같이 단단한 마음도 살 같이 부드러운 마음으로 바꾸실수 있으시지만, 육신의 아버지에게는 자기 아들의 완악한 마음을 그런 식으로 새롭게 할 능력이 없기 때문이다. 요컨대, 이 비유는 탕자가 스스로 돌이켜서 하나님께로 돌아오는 것과 관련된 문제를 다루고자 하는 것이 아니라, 탕자의 아버지라는 인물을 빌려서, 하나님이 우리에게 아버지로서의 인자하심과 너그러우심을 지니고 계시기 때문에 우리의 죄를 기꺼이 용서해 주시고자 하신다는 것을 보여주고자 한다는 것이다.

눅 15:21. 아버지 내가 하늘과 아버지께 죄를 지었사오니. 이 구절은 회개의 또 다른 측면, 즉 죄에 대한 자각(自覺)은 슬픔(tristitia)과 부끄러움(pudor)을 수반한다는 것을 보여준다. 왜냐하면, 자기가 죄를 범하였다는 것에 대하여 슬퍼하지 않고, 자신의 잘못을 똑똑히 바라보지 않는 자는 선한 길로 돌아오려고 하다가도 곧 포기하게 될 것이기 때문이다. 그러므로 회개에 앞서 먼저 죄를 미워하는 마음이 있어야 한다. 이 구절에서는 자신의 잘못된 욕망들에 휘둘려서 헤매느라고 정신이 나갔던 탕자가 이제 제정신으로 돌아왔다는 사실이 대단히 강조되고 있다. 육신의 충동들은 사람을 한참 잘못된 길로 이끌고 가버리기 때문에, 자신을 육신의 소욕들에 내어준 자는 정신이 나가고 지각(知覺)을 상실한 자라고 말할 수 있다는 것은 분명하다. 이런 까닭에, 하나님은 패역하여 행악하는 자들에게 정신을 차리고 제정신으로 돌아오라고 명하신다(사 46:8). 죄를 자각한 후에는 고백이 있어야 하는데, 여기에 나오는 고백은 교황이 고안해 낸 그런 고백이 아니라, 탕자가 아버지의 상한 마음을 풀어 주는 고백이다. 왜냐하면, 상대방의 상한 마음을 풀기 위해서는 이와 같이 자신을 낮추는 것이 절대적으로 필요하기 때문이다. "내가 하늘과 아버지께 죄를 지었사오니"라는 표현은 탕자가 "나의 잘못으로 인하여 나의 육신의 아버지가 상처를 입으셨고, 또한 그것으로 말미암아 하나님도 상처를 입으셨다"고 말한 것이나 다름없다. 분명한 것은 육신의 아버지를 거슬러 배역(背逆)하는 자는 부모에게 순종할 것을 자녀 된 자들에게 명령하신 하나님을 거슬러 악하게 대적하는 자라는 것을 우리의 본성이 가르쳐 준다는 것이다.

눅 15:22. 제일 좋은 옷을 내어다가. 비유들을 세부적인 부분까지 자세하게 따지고 들어가는 것은 쓸데없고 무익한 일이라는 것은 우리가 종종 말한 바 있지만, 여기에서 우리가 천부(天父)께서는 우리의 죄들을 용서하시고 기억조차 않으실 뿐만 아니라, 우리가 전에 갖고 있다가 빼앗겼던 선물들을 다 회복시켜 주시기까지 하신다고 말하여도, 그것은 이 비유의 문자적인 의미를 왜곡하는 것은 아닐 것이다. 반면에, 우리의 배은망덕함을 징계하실 때에는, 하나님은 우리에게 주셨던 선물들을 다 빼앗으셔서, 우리로 하여금 벌거벗은 수치를 당하게 하신다는 것도 우리가 명심하여야 한다.

[25]맏아들은 밭에 있다가 돌아와 집에 가까이 왔을 때에 풍악과 춤추는 소리를 듣고 [26]한 종을 불러 이 무슨 일인가 물은대 [27]대답하되 당신의 동생이 돌아왔으매 당신의 아버지가 건강한 그를 다시 맞아들이게 됨으로 인하여 살진 송아지를 잡았나이다 하니 [28]그가 노하여 들어가고자 하지 아니하거늘 아버지가 나와서 권한대 [29]아버지께 대답하여 이르되 내가 여러 해 아버지를 섬겨 명을 어김이 없거늘 내게는 염소 새끼라도 주어 나와 내 벗으로 즐기게 하신 일이 없더니 [30]아버지의 살림을 창녀들과 함께 삼켜 버린 이 아들이 돌아오매 이를 위하여 살진 송아지를 잡으셨나이다 [31]아버지가 이르되 얘 너는 항상 나와 함께 있으니 내 것이 다 네 것이로되 [32]이 네 동생은 죽었다가 살아났으며 내가 잃었다가 얻었기로 우리가 즐거워하고 기뻐하는 것이 마땅하다 하니라(눅 15:25-32).

이 비유의 후반부는 불쌍한 죄인들이 구원받는 것을 시기하여, 악한 마음으로 하나님의 은혜를 제한하고자 하는 자들을 엄하게 책망하는 내용이다. 왜냐하면, 우리는 이 책망이 서기관들의 교만을 겨냥한 것임을 알기 때문이다. 그리스도께서 세리들을 비롯한 무리들에게 영원한 유업(遺業)에 대한 소망을 허락하셨을 때, 서기관들은 자기들은 공로를 많이 세웠는데도 불구하고, 그 공로에 합당한 상(賞)을 하나님으로부터 받지 못한 반면에, 벌을 받아 마땅한 죄인들은 도리어 상을 받고 있다고 생각하였는데, 이것이 바로 그들의 교만이었다. 그러므로 이 부분의 요지는 우리가 하나님의 자녀로 여김을 받고자 한다면, 하나님이 아버지의 인자하심으로 용서하신 저 형제들의 잘못을 우리도 그들의 형제 된 자격으로 용서하여야 한다는 것이다.

눅 15:25. 맏아들은 밭에 있다가. 여기에서 "맏아들"은 유대 민족을 가리키는 모형(typus)이라고 보는 자들은 실제로 그들 나름대로 어느 정도 논거를 가지고 있긴 하지만, 나는 그들이 이 비유의 맥락 전체를 충분히 꼼꼼하게 살펴보고 나서 그런

주장을 하는 것이라고 생각하지 않는다. 왜냐하면, 그리스도께서 악한 삶을 살아
온 불쌍한 자들을 인간적으로 따뜻하게 대해 주시는 것을 보고서, 서기관들이 화
가 나서 불평하였을 때에, 이 비유가 주어진 것이기 때문이다. 그러므로 그리스도
께서는 주제넘은 교만으로 부풀어 오른 서기관들을 늘 건전하고 고상한 삶을 살며
자기 집안을 잘 돌보아 온 착실하고 성실한 사람들, 심지어 일생 동안 인내로써 아
버지를 받들며 그 말씀에 순종하며 살아온 효자들에 비유하신다. 사실 그들은 이
런 칭찬을 받을 만한 자격이 전혀 없는 자들이었지만, 그리스도께서는 마치 그들
의 주장대로 그들의 거짓된 거룩함이 참된 미덕(美德)이라도 된다는 듯이 가정해
서 말씀하고 계시는 것이다. 따라서 그리스도께서는 이렇게 말씀하시는 것이나 다
름없다: "너희는 너희가 언제나 하나님께 순종해 온 효자들이라고 거짓된 자랑을
하는데, 내가 백번 양보해서, 너희의 그런 자랑을 사실이라고 받아들인다고 해도,
너희의 형제들이 악한 삶을 회개하였다면, 너희는 그 형제들을 그렇게 오만하고
잔인하게 대하고 배척해서는 안 된다."

눅 15:28. 아버지가 나와서. 이 말씀을 통해서 그리스도께서는 외식하는 자들의
참을 수 없을 정도로 심한 교만을 책망하시면서, 그들의 교만은 아버지 하나님이
그들의 형제들을 불쌍히 여기시는 것을 제발 시기하지 말라고 그들에게 부탁하시
지 않으면 안 될 정도로 아주 심한 것이었다고 말씀하신다. 지금 하나님은 우리에
게 나타나셔서 직접 그런 부탁을 하시는 것은 아니지만, 이 비유 속에 나오는 아버
지가 맏아들에게 말하는 것을 통해서, 우리의 형제들의 잘못을 함께 짊어지고 감
당해 달라고 우리에게 부탁하고 계신다. 형제들을 악하고 심하게 대하는 것은 결
코 변명의 여지가 없는 것임을 보여주시기 위하여, 그리스도께서는 외식하는 자들
이 하는 말들이 온통 거짓된 자랑이라는 것을 드러내실 뿐만 아니라, 어떤 사람이
아버지 하나님에 대한 온갖 경건의 의무들을 완벽하게 다 행하였다고 할지라도,
만약 그의 형제가 아버지 하나님으로부터 용서받고 죄 사함받는 것을 그가 보고서
불평하였다면, 그것은 변명의 여지가 전혀 없는 악한 짓이라는 것을 단호하게 말
씀하신다. 분명한 것은 하나님을 진실하게 섬기는 자들은 언제든지 순수하고 정결
해서, 이러한 악의적인 짓을 하지 않는다는 것이다. 그러나 여기에서 그리스도의
의도는 설령 어떤 사람의 거룩함이 천사들보다 결코 못하지 않다고 할지라도, 그
의 형제가 하나님의 은혜를 받는 것을 보고서 그가 못마땅해하며 불평한다면, 그
것은 불의한 짓이 될 것임을 보여주시는 것이다.

눅 15:31. 얘 너는 항상 나와 함께 있으니. 아버지의 대답은 두 부분으로 이루어져 있다. 첫 번째는 아버지가 둘째 아들에게 인자하심을 베풀어서 다시 받아들여 주었다고 해도, 그것은 "맏아들"에게 전혀 손해가 되는 일이 아니기 때문에, 맏아들이 화를 낼 이유가 없다는 것이고, 두 번째는 맏아들은 자기 동생의 안위(安危)에 대해서는 전혀 관심이 없고, 오직 그 동생이 돌아온 것을 온 집안이 기뻐하는 것을 못마땅해하고 있다는 것이다. 아버지는 "내 것이 다 네 것"이라고 말한다. 즉, "네가 이제까지 내 집에서 가져다가 쓴 것이 아무것도 없었다고 할지라도, 이 집에 남아 있는 모든 것은 고스란히 너의 것이기 때문에, 너는 잃은 것이 하나도 없는 것이다." 다음으로, 아버지는 이렇게 말한다: "너는 우리의 즐거움에 동참하는 것이 마땅한데, 왜 도리어 우리가 즐거워하는 것을 못마땅해하며 화를 내는 것이냐? 우리는 네 동생이 죽은 줄로 알고 있었는데, 그가 이렇게 무사히 집에 돌아왔으니, 우리가 함께 축하하고 즐거워하는 것이 합당하지 않느냐?" 우리는 여기에서 아버지가 제시한 두 가지 이유를 주목할 필요가 있다. 즉, 하나는 죄로 말미암아 하나님과 사이가 벌어진 자들을 하나님이 거저 은혜를 베푸셔서 받아주신다고 해도, 그것은 우리에게 전혀 손해가 나는 일이 아니라는 것이고, 다른 하나는 우리의 형제들이 죽었다가 다시 살아서 돌아온 것을 우리가 보고서 즐거워하지 않는다면, 그것은 우리의 마음이 악하고 완악하다는 것을 보여주는 것이라는 것이다.

[15]네 형제가 죄를 범하거든 가서 너와 그 사람과만 상대하여 권고하라 만일 들으면 네가 네 형제를 얻은 것이요 [16]만일 듣지 않거든 한두 사람을 데리고 가서 두세 증인의 입으로 말마다 확증하게 하라 [17]만일 그들의 말도 듣지 않거든 교회에 말하고 교회의 말도 듣지 않거든 이방인과 세리와 같이 여기라 [18]진실로 너희에게 이르노니 무엇이든지 너희가 땅에서 매면 하늘에서도 매일 것이요 무엇이든지 땅에서 풀면 하늘에서도 풀리리라 [19]진실로 다시 너희에게 이르노니 너희 중의 두 사람이 땅에서 합심하여 무엇이든지 구하면 하늘에 계신 내 아버지께서 그들을 위하여 이루게 하시리라 [20]두세 사람이 내 이름으로 모인 곳에는 나도 그들 중에 있느니라(마 18:15-20).

[3]너희는 스스로 조심하라 만일 네 형제가 죄를 범하거든 경고하고 회개하거든 용서하라(눅 17:3).

마 18:15. 네 형제가 죄를 범하거든. 그리스도께서는 형제들의 연약한 것들을 짊어지는 것에 대하여 말씀하시고 나서, 여기에서는 이제 우리가 어떤 방식과 목적과 정도로 형제들의 연약한 것들을 짊어져야 하는지를 좀 더 분명하게 보여주신다. 만약 그리스도께서 이 말씀을 하지 않으셨다면, 우리는 형제들을 "실족하게 하는 일들"을 피하기 위해서는, 그들의 잘못들을 최대한 너그럽게 눈감아 줄 수밖에 없는데, 그렇게 되면, 우리의 너그러움(indulgentia)이 그들로 하여금 더욱 힘을 얻어서 더 큰 악을 저지르게 만드는 것이 되지 않겠는가라고 반론을 제기할 수 있을 것이었다. 그래서 그리스도께서는 약한 자들을 지나치게 실족하게 할 수 있는 일들을 피하면서도 그들의 잘못된 것들을 고치는 데에 적합한 중용(中庸)의 길을 제시하신다. 왜냐하면, 약(藥)으로 사용되는 엄격함(severitas)은 유익하고 칭찬받을 만한 것이기 때문이다. 요컨대, 그리스도께서는 그의 제자들에게 "서로를 용서하라"고 명하시지만, 서로의 잘못들을 바로잡고자 하는 노력의 일환으로 그렇게 하라고 명하신다는 것이다. 우리는 이 명령을 아주 지혜롭게 심사숙고해서 행할 필요가 있다. 왜냐하면, 사람들을 너그럽게 용납하고 참아줌과 동시에 책망할 것은 반드시 책망하는 것보다도 더 어려운 일은 없기 때문이다. 거의 모든 사람들은 어느 한 쪽으로 치우쳐서, 지나치게 용납하고 좋은 말들을 해주는 아부(adulatio)를 함으로써 서로가 속아 넘어가서 미혹되거나, 고쳐 주고 바로잡아 주어야 할 자들을 지나치게 엄하고 가혹하게 대한다. 그러나 그리스도께서는 그의 제자들에게 아부와는 거리가 먼 상호적인 사랑(mutuus amor)을 권하시는 것이기 때문에, 잘못을 한 형제에게 훈계를 하되 적절하게 하여서, 지나치게 엄하고 가혹하게 책망함으로써 약한 자들이 낙심하는 일이 없게 하라고 명하시는 것이다.

이제 그리스도께서는 형제의 잘못을 바로잡기 위한 세 가지 단계를 분명하게 제시하신다. 첫 번째는 "죄를 범한 형제"를 개인적으로 만나서 "권고하는" 단계이고, 두 번째는 그 형제가 완악함을 보이며 권고를 받아들이지 않는 경우에는 "증인들" 있는 앞에서 다시 한 번 그 형제에게 권고하는 단계이며, 세 번째는 그런 식으로 해도 아무런 소용이 없는 경우에는 그 형제를 교회에 넘겨서 교회의 공적인 결정을 받게 하는 단계이다. 앞에서 말했듯이, 그리스도께서 이렇게 하라고 명하신 목적은 신앙의 열심(zelus)이라는 미명 아래에서 사랑(caritas)이 짓밟히고 무시되는 것을 막기 위한 것이다. 대다수의 사람들은 야심에 휘둘려서 지나친 열심으로 형제들의 잘못을 많은 사람들 앞에 드러내어 구경거리로 만들고자 하기 때문에, 그리스도께서는 우리에게 우리의 힘이 닿는 한에서는 형제들의 잘못을 덮어 주라고 명하심으로써, 우리가 저지르기 쉬운 그러한 잘못을 미리 막고자 하신다. 왜냐하면, 형제들이 수치와 욕(辱)을 당하는 것을 기뻐하는 자들은 의심할 여지 없이 미워하는 마음(odium)과 악의(malevolentia)의 동기에서 그렇게 하는 것이기 때문이다. 만약 사랑(caritas)이 그들의 마음을 지배하고 있다면, 그들은 당연히 형제들이 당할 수치를 충분히 고려해서 행동을 하게 될 것이다.

그런데 이러한 규범은 모든 종류의 죄에 다 무차별적으로 적용되어야 하는 것인가라는 질문이 생길 수 있다. 왜냐하면, 죄를 범한 자에게 개인적으로 권고해서, 그 사람이 권고를 받아들이기 전까지는, 사람들에게 알려서 비난을 받게 하는 것을 허용하지 않아야 한다고 생각하는 사람이 아주 많기 때문이다. 그러나 그리스도의 이 말씀이 모든 죄에 다 적용되는 것은 아니고, 분명한 제한이 있다. 왜냐하면, 그리스도께서는 죄를 범한 자에 대해서는 예외 없이 먼저 증인들이 없는 가운데에 개인적으로 만나서 권고하거나 책망하라고 하시는 것이 아니라, 우리의 형제가 "우리에게 죄를 범한" 경우에 그렇게 하라고 우리에게 명하시는 것이기 때문이다. 여기에서 "우리에게 죄를 범하였다"는 것은 우리 자신의 문제와 관련해서 어떤 형제가 우리에게 죄를 범하였다는 것을 의미하는 것이 아니라, 어떤 형제가 하나님에 대하여 죄를 범하였을 때마다 우리가 상처를 받고 슬퍼하는 것이 마땅하다는 것을 의미한다. 그리스도께서는 여기에서 형제들로부터 개인적으로 입은 해악(害惡)을 참고 견디라고 말씀하시는 것이 아니라, 서로에 대하여 인자함과 온유함을 나타내 보이는 법을 배워서, 우리가 형제들의 구원을 위하여 애쓰는 것이 마땅함에도 불구하고, 어떤 약한 형제가 죄를 범하였다고 해서 가혹하고 엄하게 다룸으로써 그 형제를 망하게 하는 일이 없어야 한다는 일반적인 가르침을 우리에게 베풀고 계시는 것이다.

그러므로 "네게 대하여"(개역에서는 번역되지 않음 - 역주)라는 어구는 "너"라는 구체적인 대상에 대하여 해악(害惡)이 범해졌다는 것을 가리키는 것이 아니라, 은밀한 죄와 공개적인 죄를 구별하기 위한 것이다. 왜냐하면, 어떤 사람이 온 교회에 대하여 죄를 범한 경우에는, 바울은 그 사람을 공개적으로 책망하고, 비록 장로라고 해도 결코 봐주어서는 안 된다고 명하고 있기 때문이다. 따라서 바울은 그런 자들과 관련해서 디모데에게 "범죄한 자들을 모든 사람 앞에서 꾸짖어 나머지 사람들로 두려워하게 하라"(딤전 5:20)고 분명하게 명한다. 공개적인 죄를 범하여서 그 수치가 널리 알려져 있는 경우에 그 범죄한 자를 개인적으로 불러다가 권고한다면, 그것은 분명히 우스꽝스러운 일이 될 것이다. 왜냐하면, 천 명의 사람이 그 범죄를 알고 있다면, 그 사람은 천 번의 권고를 받아야 할 것이기 때문이다. 그러므로 우리는 그리스도께서 분명하게 제시하신 이러한 구별을 명심함으로써, 우리가 우리 형제의 은밀한 죄들을 불필요하고 경솔하게 누설하여, 그 형제로 하여금 수치를 당하게 하는 일이 없게 하는 것이 마땅하다.

마 18:15. 만일 들으면 네가 네 형제를 얻은 것이요. 그리스도께서는 그의 가르침이 가져다줄 유익과 열매를 말씀해 주심으로써 그의 가르침이 옳다는 것을 확증해 주신다. 왜냐하면, 사탄의 종이 되어 있던 한 영혼을 하나님이 "얻는" 것은 결코 작은 일이 아니기 때문이다. 타락한 자들이 잘 회개하지 않는 것은 우리가 그들을 원수로 취급하여 미워해서 그들의 마음이 굳어지고 완악해지기 때문이 아니라면 무엇 때문이겠는가? 그러므로 하나님을 떠난 자들을 하나님과 화해하게 하는 데에는 온유함(mansuetudo)보다 더 적절한 것은 없다. 그러나 "형제"가 죄를 범했는데도, 지나치게 감싸고 어리석게도 듣기 좋은 말만을 해주는 자는 자기가 돌아보아야 할 그 형제의 구원을 위태롭게 하는 것이다.

누가 본문에 의하면, 그리스도께서는 형제가 회개하는 경우에는 개인적으로 책망하는 선에서 마무리하여야 한다고 우리에게 분명하게 명하신다. 이것으로부터 우리는 믿는 자들 사이에서는 서로가 서로를 허심탄회하게 책망하는 분위기가 형성되어 있는 것이 얼마나 필수적인지를 알게 된다. 왜냐하면, 우리 각자는 여러 가지 방식으로 날마다 죄를 범하기 마련인데, 그런 경우에 가벼운 책망을 통해서 얼마든지 서로를 멸망에 떨어지지 않고 구원을 지켜나갈 수 있게 해줄 수 있는데도, 우리가 서로의 죄에 대하여 침묵한 채로(silentium) 시치미 떼고 모른 체함으로써(dissimulatio) 각자의 구원을 위태롭게 만드는 것은 잔인하기 짝이 없는 일이 될 것이기 때문이다. 책망을 해준다고 해서 형제가 그때마다 늘 회개하지는 않겠지만, 주님이 형제들의 구원을 지켜내시기 위하여 우리에게 명하신 것들을 소홀히 한 자는 큰 죄를 범하는 것이기 때문에 무거운 책임을 피할 수 없게 될 것이다. 또한, 우리가 주목해야 할 것은 주님께서는 우리로 하여금 이 책무를 더 열심히 행하도록 하시기 위하여, 주님 자신이 받으셔야 마땅한 저 존귀(honor)를 우리에게 부여해 주고 계신다는 것이다. 왜냐하면, 한 사람이 회심하였다면, 그 모든 영광과 존귀는 오직 주님께 돌아가야 마땅한데도 불구하고, 주님은 "네가 너의 잃은 형제를 얻은 것"이라고 우리가 도무지 감당치 못할 영광과 존귀를 우리에게 돌리고 계시기 때문이다.

마 18:16. 만일 듣지 않거든. 두 번째 단계는 개인적으로 만나서 권고를 하였는데도 고집을 부리며 회개하지 않은 자를 증인들이 있는 자리에서 다시 한 번 "권고하는" 것이다. 여기에서 어떤 이들은, 완악하고 배역한 자는 "증인들"이 있는 자리에서는 자신의 죄를 인정하기는커녕 더욱더 완강하게 자신의 죄를 부인할 것이기 때문에, 그런 자를 회개하도록 하기 위하여 "증인들"을 부르는 것은 쓸데없는 짓이 될 것이라고 반론을 제기한다. 그러나 우리가 부인하는 것과 회피하는 것을 구별한다면, 그러한 난점은 쉽게 제거될 것이다. 사실 자체를 명시적으로 부인하고, 자기는 모함을 받아 누명을 쓴 것이라고 주장하는 자에 대해서는 이런 절차가 필요 없을 것이다. 왜냐하면, "증인들"을 불러다 놓고서 그런 자를 압박해 보아야 쓸데없는 일이 될 것이기 때문이다. 그러나 대부분의 경우에 사람들은 더 큰 권위 앞에 서기 전까지는 자기가 행한 잘못이나 죄악을 교묘하게 빠져나가거나 뻔뻔스럽게 변명하는 것이 보통이기 때문에, 그런 경우에는 이 방법을 사용하는 것이 유익하다. 그리스도께서 하신 말씀을 이런 의미로 이해해야 한다는 것은 '엘렉크손'(Ἔλεγξον, "권고하라")이라는 단어가 사용된 것을 보면 분명해진다. 왜냐하면, '엘렉크손'은 이치를 따져서 납득시키고 깨닫게 하는 것을 의미하기 때문이다. 그런데 자기가 죄를 범하였다는 사실 자체를 전면적으로 완강하게 부인하는 자를 우리가 어떻게 이치를 따져서 납득시킬 수 있겠는가? 자기가 죄를 범하였다는 사실 자체를 부인할 정도의 뻔뻔스러움을 지닌 자는 수없이 권면을 해도 듣지 않을 것이기 때문이다.

우리는 이제 그리스도께서 무슨 이유로 "증인들" 앞에서 권고하라고 하셨는지를 알게 된다. 즉, 그것은 "권고"에 더 큰 무게와 권위를 더하기 위한 것이다. 여기에서 그리스도께서는 모세의 말을 약간 다른 의미로 사용하고 계시지만, 거기에 불합리하거나 이치에 맞지 않는 것은 전혀 없다. 모세는 알려지지 않은 일에 대하여 판결을 내리는 것을 금지하면서, "두세 증인"의 증언을 통해서 사실을 "확증하는" 것을 합법적인 증명 방식으로 제시한다: "두 증인의 입으로나 또는 세 증인의 입으로 그 사건을 확정할 것이며"(신 19:15). 그리스도께서는 이 율법을 간접적으로 인용하셔서, 어떤 사람의 죄를 교회에 알리기 전에, 적어도 "두세 증인"을 세워서 그 사람의 완악함을 확증하고 사건을 분명하게 하여야 한다고 말씀하신다. 왜냐하면,

"두세 증인" 앞에서도 권고를 듣고자 하지 않는 자는 자기가 교회의 회중 앞에 세워지는 것을 불평할 이유가 전혀 없게 될 것이기 때문이다.

마 18:17. 교회에 말하고. 그리스도께서 여기에서 말씀하신 "교회"는 무엇을 의미하는가라는 질문이 제기될 수 있다. 왜냐하면, 바울은 고린도 교회에서 근친상간을 저지른 자를 몇몇 사람들이 아니라 경건한 자들의 회중 전체의 이름으로 출교시키라고 명하고 있기 때문이다(고전 5:4-5). 그러므로 판결의 권한은 회중 전체에게 부여되고 있는 것일 가능성이 커 보인다. 그러나 당시에는 그리스도의 이름으로 세워진 "교회"나 회중이 아직 존재하지 않았던 까닭에, 그리스도께서는 기존의 통상적인 표현 양식을 사용하신 것이 분명하기 때문에, 다른 대목들에서도 기존에 알려져 있던 통상적인 표현들을 통해서 자신의 의도를 나타내셨듯이, 여기에서도 옛 교회의 질서에 대한 표현을 가져와서 사용하신 것이 분명하다. "예물을 제단에 드리려다가 거기서 네 형제에게 원망들을 만한 일이 있는 것이 생각나거든 예물을 제단 앞에 두고 먼저 가서 형제와 화목하고 그 후에 와서 예물을 드리라"(마 5:23-24)고 명하셨을 때에도, 그리스도께서는 당시에 유효하게 존재하고 있던 하나님에 대한 예배 형태에 대한 표현을 빌려서, 우리가 우리의 형제들과 불화하고 있는 동안에는 하나님께 올바르게 기도하거나 예물을 드릴 수 없다는 것을 우리에게 가르치고자 하셨다는 것은 의심할 여지가 없다. 그러므로 그리스도께서는 여기에서 유대인들 가운데서 지켜지고 있던 치리(治理)의 형태를 염두에 두고 계셨던 것이 분명하다. 왜냐하면, 당시에 아직 존재하지도 않았던 교회의 치리권을 그리스도께서 염두에 두시고 "교회"라는 단어를 사용하셨다고 보는 것은 이치에 맞지 않을 것이기 때문이다.

유대인들 가운데서는 죄를 범한 자를 출교시킬 수 있는 권한이 온 "교회"의 치리를 담당하였던 장로들에게 있었기 때문에, 그리스도께서 죄를 범한 자가 개인적인 권고를 오만하게 멸시하거나 조롱하며 교묘히 회피하는 경우에는 그 자를 교회 앞에 공적으로 불러 세우라고 말씀하신 것은 적절하다. 우리는 유대인들이 바벨론 포로생활에서 돌아온 후에 산헤드린이라 불린 공회(헬라어로는 συνέδριον-쉬네드리온)를 구성하고서, 유대인들의 도덕과 교리를 감독하는 권한을 부여하였다는 것을 안다. 이러한 치리권은 하나님에 의해서 인정된 합법적인 것으로서, 유대인들이 그들의 의무나 본분을 게을리하며 제멋대로 방종하게 사는 것을 억제하는 재갈 역할을 하였다.

그리스도께서 이 땅에 계시는 동안에 유대인들 사이에서는 모든 것이 부패하고 타락하였기 때문에, 공회의 그러한 폭정(暴政)을 교회의 정상적인 치리로 여긴다는 것은 불합리하지 않는가라는 반론이 제기될 수 있다. 그러나 그러한 반론에 대한 대답은 쉽다. 즉, 비록 당시에 공회의 치리권이 부패하고 타락하였다고 할지라도, 조상들로부터 그들에게 전해 내려온 그러한 질서를 그리스도께서 인정하신 것은 옳다. 물론, 그리스도께서는 얼마 후에 그의 교회를 세우셔서, 옛 질서의 부패한 악폐(惡弊)들을 제거하시고서, 출교 제도를 정상적으로 회복시키셨다. 그렇지만 그리스도의 나라에서 통용되는 치리 형태가 저 옛 치리 형태를 계승한 것이라는 사실은 의심의 여지가 없다. 사실, 이방 나라들에도 출교와 비슷한 형태가 있는 것으로 보아서, 하나님은 부정하고 더럽혀진 자들은 성회(聖會)에서 배제되어야 마땅하다는 것을 애초부터 사람들의 마음에 각인시키셨던 것으로 보인다. 그러므로 이방인들 가운데서도 그 흔적이 여전히 남아 있는 저 치리(治理)가 하나님의 백성 가운데에서 완전히 사라져 버렸다면, 그것은 정말 부끄럽고 민망한 일이 아닐 수 없다. 이렇게 율법 아래에서 지켜져 왔던 것을 계승하라고 그리스도께서 우리에게 명하신 이유는 우리가 옛 믿음의 조상들과 동일한 반열에 있기 때문이었다. 즉, 그리스도께서는 자신의 제자들로 하여금, 악취가 나는 더럽고 부정한 것들을 소중히 자신의 품에 끌어안고서, 하나님을 참되고 진실하게 예배하는 자들을 출교했던 회당의 치리를 받게 하고자 하신 것이 아니라, 단지 옛적에 율법 아래에서 거룩하게 지켜져 왔던 저 질서가 그리스도의 교회 안에서도 지켜져야 한다는 것을 우리에게 일깨워 주시고자 하신 것이라는 말이다.

마 18:17. 이방인과 세리와 같이 여기라. 그리스도께서 여기에서 "이방인과 세리"라는 어구를 덧붙이고 계시는 것은 내가 방금 제시한 해석이 맞는다는 것을 재확인해 준다. 왜냐하면, 당시에 유대인들은 "이방인과 세리"에 대하여 지독한 증오심과 혐오감을 지니고 있었던 까닭에, 그리스도께서는 죄를 범하고도 "권고"를 듣지 않는 부도덕하고 구제불능인 자들을 "이방인과 세리"에 비유하고 계시는 것이기 때문이다. 그리스도께서 나중에 교회의 구성원이 될 이방인들 자체를 피하라고 그의 제자들에게 명하신 것이 아니라는 것은 너무나 분명하고, 또한 오늘날에 믿는 자들이 "세리"와 어울리는 것을 꺼려할 이유도 전혀 없다. 왜냐하면, 이러한 표현은 그리스도께서 당시의 무지한 자들이 그의 말을 좀 더 쉽게 이해할 수 있도록 하시기 위하여, 유대 민족 사이에서 관습적으로 통용되던 표현 방식을 빌려 와서 사용하신 것에 지나지 않기 때문이다. 이 말씀의 의미는 교회를 멸시하는 자들이 있다면 그들이 회개할 때까지는 우리가 그들과 교제하여서는 안 된다는 것이다.

마 18:18. 무엇이든지 너희가 … 매면. 그리스도께서는 앞에서 사용하셨던 것과 동일한 말씀(마 16:19)을 앞에서와는 다른 의미로 여기에서 다시 한 번 반복하신다. 왜냐하면, 이 말씀은 앞에서는 가르침에 있어서 그의 제자들의 권위와 관련된 것이었던 반면에, 여기에서는 가르침의 부속물인 치리(治理)에 있어서의 권위와 관련되어 있기 때문이다. 그리스도께서는 앞에서는 복음 전도가 아무런 효과도 없이 끝나는 일이 없을 것이기 때문에, 그것은 사람들에게 "생명에 이르게 하는 냄새"가 되거나 "사망에 이르게 하는 냄새"(고후 2:15-16)가 될 것이라고 분명하게 선언하셨지만, 여기에서는 불경건한 자들이 교회의 치리를 조롱한다고 할지라도, 그 치리가 아무런 효과도 없는 것이 되지는 않을 것임을 단호하게 선언하신다. 우리는 주님의 이 말씀이 앞에서는 단지 복음 전도와 관련된 것이었던 반면에, 여기에서는 공적인 책망 및 치리와 관련되어 있다는 이 차이를 주목하여야 한다. "매고 푸는 것"에 관한 은유가 지닌 의미에 대해서는 마태복음 16:19을 참조하라.

이 말씀의 요지는 이런 것이다. 즉, 죄를 범한 후에 겸손히 자신의 잘못을 고백하고 용서해 줄 것을 교회에 청하는 자는 사람들에 의해서만이 아니라 하나님에 의해서도 용서함을 받게 되겠지만, 교회의 책망과 경고를 무시하고 조롱한 자에 대하여 교회가 내린 결정은 단지 사람들에 의한 처결(處決)에서 그치는 것이 아니라 하늘에서도 재가(裁可)를 받게 되리라는 것이다. 만약 이것이 사실이라면, 하나님은 주심 판사인 유한한 인간이 내린 판결을 그대로 받아들여야 하는 일종의 배석 판사로 전락하게 되시는 것이 아니냐는 반론이 있을 수 있지만, 거기에 대한 대답은 간단하다. 왜냐하면, 그리스도께서 그의 교회의 권위를 세워 주시는 것은 그의 권위나 아버지 하나님의 권위를 손상시키시는 일이 아니라, 도리어 그의 말씀의 위엄을 확증하시고 바로 세우시는 일이기 때문이다. 또한, 그리스도께서는 앞에서 (마 16:19) 그의 제자들이 베푸는 모든 가르침을 무차별적으로 재가해 주시겠다고 하신 것이 아니라, 오직 그의 입에서 나온 말씀만을 재가해 주시겠다고 하신 것이 듯이, 여기에서도 교회의 모든 결정을 다 인정하시고 재가하시겠다고 하시는 것이 아니라, 오직 그의 성령에 의해서만이 아니라 그의 말씀에 의해서 그가 옳다고 인정하시는 것만을 재가하시겠다고 하시는 것이기 때문이다. 이것으로부터 우리는 사람들이 오직 하나님의 입에서 나오는 것만을 선포할 때에, 그것은 하나님의 재관권을 침해하고 무효화시키는 것이 아니라, 단지 하나님이 명하신 것을 충실하게 수행하고자 하는 것일 뿐이라는 결론을 얻게 된다. 왜냐하면, 오직 그리스도만이 세상을 심판하실 수 있는 재판장이시라는 것은 변함없는 사실이지만, 그리스도께서는 그의 사역자들을 세우셔서 그의 말씀을 선포하게 하고자 하시는 것이기 때문이다. 게다가, 그리스도께서는 교회가 그의 뜻을 따라 결정하고 판결을 내리기를 바라시기 때문에, 사람들을 그의 사역자로 사용하신다고 해서, 그의 권위가 손상되는 것은 전혀 없다. 왜냐하면, 실제로 "매고 푸시는" 분은 오직 그리스도 자신이시기 때문이다.

그러나 여기에서 한 가지 의문이 생긴다. 현실에서 교회는 많은 외식하는 자들을 용납하고, 거짓으로 회개하는 척하는 자들의 죄를 용서하는("푸는") 일이 벌어지는데, 그렇다면 그런 자들의 죄가 하늘에서도 용서를 받는("풀리는") 것인가? 나의 대답은 이것이다. 즉, 그리스도께서 여기에서 하신 말씀은 오직 진정으로 교회와 화해하게 된 자들에게만 적용된다는 것이다. 왜냐하면, 그리스도께서는 죄를 범하여 놀라서 곤혹스러워 하는 양심을 안심시키고 두려움에서 건져내시기 위하여, 죄를 범한 자가 교회와 진정으로 화해하게 되었다면, 그는 하나님 앞에서도 죄책(罪責)에서 해방된 것이라고 선언하고 계시는 것이기 때문이다. 그리스도께서는 교회의 매고 푸는 권세를 하늘의 은혜에 대한 일종의 담보로 정하신 것이기 때문에, 그것은 정상적인 화해를 왜곡시키고 변질시키는 외식하는 자들에게는 해당이 되지 않고, 단지 경건한 자들에게 그들이 교회로부터 그들의 죄에 대한 용서함을 얻었을 때에 하나님과 천사들 앞에서도 그들의 죄가 도말되었다는 확신을 일깨워 주는 역할을 한다.

"매는" 것과 관련된 구절에서 그리스도께서 하신 말씀의 의미도 결코 모호하지 않다. 왜냐하면, 완악하고 교만한 자들은 자기들은 사람들에게 굴복하는 것을 거부한다는 미명 아래에 교회의 결정을 멸시하는 성향이 아주 강한 까닭에 — 하나님을 두려워하지 않는 악한 자들이 대담하고 뻔뻔스럽게도 하늘의 법정에 호소하는 경우가 흔한 것과 마찬가지로 — 그리스도께서는 그들에게 두려움을 주어서 그들의 그러한 완악함을 꺾어 놓으시기 위하여, 지금 그들이 멸시하는 교회의 결정이 하늘에서 그대로 재가(裁可)될 것이라고 경고하시는 것이기 때문이다. 아울러, 그리스도께서는 자기 백성들에게 의롭고 적절한 준엄함(severitas)을 견지함으로써, 치리를 거부하거나 피하고자 하는 자들의 악한 고집에 굴하지 말라고 격려하신다.

이것으로부터 우리는 교황주의자들이 이 본문을 왜곡해서 그들의 온갖 폭정을 은폐하고 합리화하는 데에 악용하는 것이 얼마나 어처구니없는 짓인지를 알게 된다. 출교권(出敎權, ius excommunicandi)이 교회에 주어졌다는 것은 확실하고, 건전한 분별력을 지닌 사람이라면 누구나 그것을 인정한다. 그러나 교회에 의해서 부르심을 받은 것이 아니라 주교관(主敎冠)이라는 탈을 쓴 짐승에 의해서 임명장을 받아든 자들이 자신의 변덕을 따라서 제멋대로 출교권을 남발해도 된다는 말인가? 도리어 그것과는 반대로, 교회의 정당한 치리권은 장로들, 즉 말씀을 가르치는 장로들뿐만이 아니라 믿는 자들의 도덕을 감독하기 위하여 회중 가운데서 선출된 치리 장로들에게 위임되어 있다는 것은 분명하다. 그런데도, 교황주의자들은 그러한 뻔뻔스러운 짓을 하는 것으로도 성이 차지 않아서, 우리가 그들이 지워 주는 모든 짐들을 다 짊어져야 한다는 것을 이 본문을 근거로 해서 증명하려고 시도하기까지 한다. 나는 교회의 저 극악무도한 원수들이 교회에 주어진 권세를 얼마나 비열한 방법을 장악하고 휘둘러 왔는지에 대해서는 굳이 말하고 싶지 않고, 단지 그리스도께서는 이 본문 속에서 "죄를 범한 자들"을 바로잡는 것에 대해서만 말씀하고 계시는 것이기 때문에, 그들 자신의 법들을 세워서 많은 심령들을 올무로 옭아매는 자들은 이 말씀을 어리석고 악하게 악용한 책임을 면할 수 없다는 것만을 지적해 두고자 한다. 또한, 그들이 이 본문을 근거로 해서 그들의 고해성사를 옹호하는 것에 대해서도 우리는 동일하게 말할 수 있다. 왜냐하면, 그리스도께서 그들 자신의 잘못으로 인하여 죄를 범한 자들이 교회의 공적인 치리(治理)를 받아서 교회와 화해하게 되기를 바라셨다면, 죄를 범한 모든 자에게 그들의 죄를 사제의 귀에 대고 은밀하게 고백할 의무를 부과하지 않으셨다는 것은 분명한 일이기 때문이다. 그러나 그들의 어이없는 짓들은 너무나 기가 막힌 것들이어서, 그것들을 반박하는 데에 많은 시간을 허비할 가치조차 없다.

마 18:19. 진실로 다시 너희에게 이르노니. 그리스도께서는 그가 앞서 하신 말씀을 여기에서 다시 한 번 확인해 주신다. 왜냐하면, 하나님은 구하는 자들에게 지혜와 명철의 영을 주실 뿐만 아니라, 그들이 그의 말씀을 따라 행하고자 할 때에 능력이나 결과에 있어서 부족함이 생기지 않도록, 모든 것을 예비해 두시고 공급해 주시고자 하시기 때문이다. 그리스도께서는 "합심"을 "기도"와 결합시키심으로써, 믿는 자들이 모든 신앙 행위들에서 얼마나 조심스럽고 분별 있게, 그리고 겸손하게 행하여야 하는지를 일깨워 주신다. "죄를 범한 자"에게는 "권고하는" 것이 마땅하고, 그가 권고를 받아들이지 않는 경우에는 그를 출교시키는 것이 마땅하다. 하지만 그럴 때에, 하나님의 거룩하신 입에 그 뜻을 구하여, 모든 것이 하나님의 말씀에 의해서 결정될 수 있게 하는 것이 꼭 필요하고, 이와 동시에 기도를 시작하는 것이 합당하다. 이것으로부터 내가 앞서 했던 말, 즉 사람들은 죄를 범한 형제를 상대할 때에 자기 마음대로 행해서는 안 되고, 하나님이 "교회"의 치리에 대한 유일한 권세를 지니고 계시다는 것을 인정하고서, 교회의 결정이 하나님의 뜻에 따라 이루어지게 함으로써, 하나님이 그 결정을 인정하시고 재가하시게 하여야 한다는 것이 더 분명해진다. 한편, 그리스도께서는 믿는 자들이 "모인" 때에는, 믿음으로 하나 된 것을 증거하기 위해서만이 아니라, 하나님이 그들 모두가 "한 마음으로" 드리는 기도를 들으시도록 하기 위해서도, 함께 "합심하여" 기도하라고 가르치신다. 그러므로 하나님이 성경의 다른 본문들 속에서 그가 각 사람의 개인적인 간구들을 은혜로 들어주실 것이라고 자주 약속하신 것과 마찬가지로, 여기에서는 그리스도께서 우리로 하여금 합심 기도를 더 열심히 행하도록 하시기 위하여 합심기도에 관한 주목할 만한 약속을 주신다.

마 18:20. 두세 사람이 내 이름으로 모인 곳에는. 이 약속은 앞에 나온 약속보다 더 광범위하다. 왜냐하면, 주님께서는 "두세 사람이 그의 이름으로 모인 곳에는" 그가 임재하셔서, "주의 교훈으로 그들을 인도하시고"(시 73:24), 그들이 무엇을 하든지 그 일이 형통하게 하시겠다고 분명하게 선언하고 계시기 때문이다. 그러므로 주님의 인도하심에 자신을 내어맡긴 자들은 주님의 임재로부터 가장 선한 유익을 얻게 되리라는 것을 의심할 이유가 전혀 없다. 우리의 모든 일에서 그리스도를 우리의 인도자로 모셔서, 우리가 하는 모든 일들과 그 결과들을 축복하시게 하는 것은 이루 말할 수 없이 큰 복이고, 반면에 그리스도의 그러한 은혜를 잃는 것보다 더 비참한 일은 없기 때문에, 이 약속의 말씀은 우리로 하여금 서로 합력하여 경건과 거룩함에 힘쓰게 하는 데에 적지 않은 힘을 실어주는 말씀임에 틀림없다. 왜냐하면, 성회(聖會) 또는 믿는 자들의 모임을 경시하거나, 형제들과 따로 떨어져서 행하고, 함께 모여 합심하는 데에 별 관심이 없는 자는, 바로 그 한 가지 사실만으로도, 그가 그리스도의 임재에 가치를 두고 있지 않은 자라는 것을 분명하게 보여주는 것이기 때문이다.

그러나 우리가 무엇보다도 주목해야 할 것은 그리스도께서 그들과 함께 계시기를 원하는 자들은 "그의 이름으로 모여야" 한다는 것이다. 따라서 우리는 "그의 이름으로 모인다"는 것이 도대체 무엇을 의미하는지를 알아야 한다. 왜냐하면, 우리는 불경건한 자들이 함께 모여서 음모들을 꾸미면서도, 악하고 거짓되고 뻔뻔스럽게도 그들의 음모들을 그리스도의 거룩한 이름으로 어떻게 은폐하고 위장하는지를 잘 알고 있기 때문이다. 그러므로 그리스도께서 그런 자들에게 희롱당하시지 않게 함과 동시에, 그리스도께서 여기에서 약속하신 것들을 휴지조각으로 만들지 않기 위해서는, 우리가 먼저 "그의 이름으로 모인다"는 어구가 무엇을 의미하는지를 알지 않으면 안 된다. 그것은 "함께 모인" 자들이 그리스도께로 나아가는 것을 가로막거나 방해하는 모든 것을 내려놓고서, 그들의 소원들을 진심으로 그리스도께 올려드리고, 그리스도의 말씀에 순종하며, 성령의 다스리심을 받는다는 것을 의미한다. "그리스도의 이름으로 모인" 자들이 이렇게 합심하였을 때, 우리는 그리스도께서 "그의 이름으로 모인" 것이 결코 헛되지 않다는 것을 분명하게 나타내 보여주시지 않으면 어쩌나 하고 염려할 이유가 전혀 없다.

이 점에서 교황주의자들은 무지(無知)의 극치를 보여준다. 왜냐하면, 그들은 그리스도께서 "두세 사람이 내 이름으로 모인 곳에는 내가 그들 중에 있느니라"고 약속하신 까닭에, 공의회들은 오류를 범할 수 없으므로, 모든 사람이 공의회들의 결정을 따라야 한다고 목청을 높여서 외치기 때문이다. 그러나 무엇보다도 먼저, 우리는 그 신앙과 가르침과 인격에서 의심스러운 자들이 과연 "그리스도의 이름으로 모인" 것인지를 따져 보아야 한다. 교황주의자들이 이 점을 도외시하거나 흐지부지 넘어간다면, 그들은 거룩한 모임과 세속적인 모임의 차이를 교묘하게 은폐함으로써, 그리스도의 불구대천의 원수들이 교회만이 행사할 수 있는 권세를 거짓으로 속여 빼앗아서 휘두르고 있다는 비난을 면치 못할 것이다. 그러므로 우리는 하나님을 경건하게 섬기는 자들, 즉 그리스도를 진심으로 구하는 자들 외에는 그 누구도 그리스도께서 그들을 결코 떠나지 않으시리라는 확실한 소망을 품을 수 없다는 것을 알아야 한다. 우리는 그들 자신의 머리에서 거미줄을 뽑아내어 얼기설기 엮어내는 사생아 같고 미숙아 같은 공의회들은 무시하고, 오직 그리스도만이 그의 복음 진리와 더불어서 우리 가운데서 항상 높임을 받으시게 하는 것이 마땅하다.

[21]그 때에 베드로가 나아와 이르되 주여 형제가 내게 죄를 범하면 몇 번이나 용서하여 주리이까 일곱 번까지 하오리이까 [22]예수께서 이르시되 네게 이르노니 일곱 번

뿐 아니라 일곱 번을 일흔 번까지라도 할지니라 ²³그러므로 천국은 그 종들과 결산
하려 하던 어떤 임금과 같으니 ²⁴결산할 때에 만 달란트 빚진 자 하나를 데려오매 ²⁵
갚을 것이 없는지라 주인이 명하여 그 몸과 아내와 자식들과 모든 소유를 다 팔아
갚게 하라 하니 ²⁶그 종이 엎드려 절하며 이르되 내게 참으소서 다 갚으리이다 하거
늘 ²⁷그 종의 주인이 불쌍히 여겨 놓아 보내며 그 빚을 탕감하여 주었더니 ²⁸그 종이
나가서 자기에게 백 데나리온 빚진 동료 한 사람을 만나 붙들어 목을 잡고 이르되
빚을 갚으라 하매 ²⁹그 동료가 엎드려 간구하여 이르되 나에게 참아 주소서 갚으리
이다 하되 ³⁰허락하지 아니하고 이에 가서 그가 빚을 갚도록 옥에 가두거늘 ³¹그 동
료들이 그것을 보고 몹시 딱하게 여겨 주인에게 가서 그 일을 다 알리니 ³²이에 주
인이 그를 불러다가 말하되 악한 종아 네가 빌기에 내가 네 빚을 전부 탕감하여 주
었거늘 ³³내가 너를 불쌍히 여김과 같이 너도 네 동료를 불쌍히 여김이 마땅하지 아
니하냐 하고 ³⁴주인이 노하여 그 빚을 다 갚도록 그를 옥졸들에게 넘기니라 ³⁵너희
가 각각 마음으로부터 형제를 용서하지 아니하면 나의 하늘 아버지께서도 너희에
게 이와 같이 하시리라(마 18:21-35).

⁴만일 하루에 일곱 번이라도 네게 죄를 짓고 일곱 번 네게 돌아와 내가 회개하노라
하거든 너는 용서하라 하시더라(눅 17:4).

마 18:21. 주여 형제가 내게 죄를 범하면. 베드로는 육신의 자연적인 감정과 성
향을 따라서 이런 반문을 던진 것이었다. 용서받고 싶어하는 것은 인지상정(人之
常情)이다. 그러므로 사람은 누가 자기를 즉시 용서해 주지 않으면, 자기가 가혹하
고 혹독한 대접을 받고 있다고 생각하여 원망한다. 그러나 남들에게 온유하고 너
그러운 대접을 해줄 것을 요구하는 자들이 남들을 동일한 온유함과 너그러움으로
대접하는 것은 결코 아니다. 그러므로 그리스도께서 그의 제자들에게 사람들을 온
유함과 너그러움으로 대할 것을 권면하시자, 베드로에게 이런 의구심이 생겨났다:
"만약 우리가 한없이 용서를 베푼다면, 우리의 관용이 사람들로 하여금 죄를 범하
도록 부추기는 결과를 가져오는 것은 아닐까?" 그래서 베드로는 죄를 범한 자들을
"몇 번이나" 용서해 주는 것이 적절한 것이냐고 물은 것이다. 왜냐하면, "일곱"이라
는 수는 큰 수를 상징하는 것이어서, "일곱 번"(ἐπτάκις-헵타키스)이라는 부사가 사
용된 취지를 감안하면, 베드로는 이렇게 말한 것과 다름없기 때문이다: "주여, 주께

서는 우리가 죄를 범한 자들을 무한정으로 받아주기를 원하시는 것이나이까? 하지
만 그들이 죄를 범해도 우리가 언제든지 그들을 받아 주리라는 것을 그들이 안다
면, 그것은 결코 덕을 세우는 것이 되지도 않을 것이고, 이치에 맞는 일도 아닐 것
이나이다." 그러나 그리스도께서는 베드로의 그러한 반론을 받아들이시기는커녕,
도리어 용서에는 횟수의 제한이 없어야 한다는 것을 분명하게 선언하신다. 왜냐하
면, 그리스도께서는 일정한 횟수를 제시하고자 하시는 것이 아니라, 사람들을 용
서함에 있어서 결코 지치는 일이 있어서는 안 된다고 우리에게 명하시기 때문이
다.

　누가 본문은 마태 본문과 약간 다른데, 누가는 우리가 "일곱 번이라도" 기꺼이
"용서할" 준비가 되어 있어야 한다는 것이 그리스도의 명령이라고만 간단하게 말
하고 있다. 그러나 두 본문의 의미는 동일하다. 우리는 한두 번이 아니라 죄인이
"회개할" 때까지 몇 번이고 기꺼이 용서하여야 한다는 것이기 때문이다. 누가 본문
과 마태 본문의 유일한 차이는, 마태 본문에서는 그리스도께서 베드로가 너무 제
한된 견해를 취한 것에 대하여 책망하시면서, 과장법을 사용하여 자신의 참된 의
도가 무엇인지를 보여주기에 충분한 큰 수를 제시하신다는 것이다. 왜냐하면, 베
드로가 "일곱 번까지 용서하면" 되겠느냐고 반문하였을 때, 그것은 그가 몇 번이라
도 용서할 마음이 있다는 것을 밝힌 것이 아니라, 내가 방금 전에 말했듯이, 그리스
도께서 하신 말씀이 너무 얼토당토않다는 것을 넌지시 내비침으로써, 그리스도로
하여금 그 말씀을 거두어들이시도록 하기 위한 것이었기 때문이다. "일곱 번 용서
할" 준비가 되어 있는 자는 "일흔 번까지라도" 기꺼이 용서를 베풀고자 할 것이다.

　그러나 누가 본문은 또 다른 문제를 불러일으킨다. 왜냐하면, 그리스도께서는
"죄를 범한" 자가 우리에게로 돌이켜서 "회개"의 증거를 보일 때까지는 "용서하지"
말라고 우리에게 명하시기 때문이다. 이 문제에 대한 나의 대답은 죄를 "용서하는"
데에는 두 가지 종류가 있다는 것이다. 어떤 사람이 내게 해악을 가한 경우에, 내가
복수할 생각을 접고, 비록 그 사람을 옳다고 하지는 않더라도, 그 사람을 사랑하는
마음을 버리지 않는 가운데에, 그 사람에게 앙갚음 대신에 인자함을 베푼다면, 나
는 "그를 용서하였다"고 말할 수 있다. 왜냐하면, 하나님이 우리에게 우리의 원수
들이 잘 되기를 빌어 주라고 명하시는 것은 우리로 하여금 그 원수들 속에 있는 하
나님이 정죄하시는 것을 시인하고 인정해 주라고 하시는 것이 아니라, 단지 우리
의 마음이 모든 미움에서 벗어나 깨끗하게 되기를 원하시는 것이기 때문이다. 이

런 종류의 용서와 관련해서, 우리는 "죄를 범한" 자가 자발적으로 돌이켜서 우리에게 화해를 청할 때까지 기다려서는 안 되기 때문에, 우리에게 의도적으로 도발할 뿐만 아니라, 화해를 거부함으로써 죄에 죄를 더하는 자들까지도 사랑하는 것이 우리에게 마땅하다. 두 번째 종류의 "용서"는 우리가 "죄를 범한 형제"를 받아들여서, 그 형제를 좋게 생각하게 되고, 그 형제가 범한 죄가 하나님 앞에서 깨끗이 지워졌다고 확신하게 되었을 때에 이루어지는 "용서"이다. 이것이 내가 앞에서 그리스도께서는 이 구절에서 어떤 사람이 우리에게 행한 해악들에 대해서만이 아니라, 모든 종류의 죄들에 대하여 말씀하고 계시는 것이라고 말했던 바로 그것이다. 왜냐하면, 그리스도께서는 우리가 죄를 범한 자들을 불쌍히 여김으로써 그들을 일으켜 세워 주기를 바라시기 때문이다. 우리는 거의 모두가 천성적으로 대단히 옹졸하고 편협하며, 사탄은 죄에 대하여 엄격하여야 한다는 미명 아래에 우리로 하여금 죄를 범한 형제들에게 가혹하고 잔인한 짓을 행하도록 몰고 감으로써, 용서를 받지 못한 불쌍한 형제들을 슬픔과 절망에 빠지게 만드는 술수를 사용하기 때문에, 이러한 가르침은 절대적으로 필요하다.

그러나 여기에서 한 가지 의문이 생긴다. 죄를 범한 자가 말로써 "회개"를 고백한다면, 우리는 즉시 그의 말을 믿어 주어야 하는가? 만약 그래야 한다면, 우리는 뻔히 거짓말인 줄을 알면서도 당할 수밖에 없게 된다. 왜냐하면, 어떤 사람이 우리에게 마음 놓고 백 번까지라도 죄를 범하고서 즉시 말로 회개하기만 하면, 아무 일 없었다는 듯이 넘어갈 수 있다고 한다면, 사리(事理)를 분별하는 우리의 능력은 무용지물이 되고 말 것이기 때문이다. 이 문제에 대한 나의 대답은 이것이다: 첫째로, 그리스도께서 여기에서 하신 말씀은 모든 사람, 심지어 가장 선한 자들조차도 용서받을 필요가 있는 일상적인 잘못들에 대한 말씀이라는 것이다. 연약한 육신을 입고 살아가는 우리의 인생행로는 미끄러지기가 아주 쉽고, 올무들과 공격들도 아주 많기 때문에, 만약 두 번째나 세 번째로 넘어졌을 때에 용서받을 소망이 끊어져 버리고 없다면, 그 결과는 어떠하겠는가? 둘째로, 그리스도께서는 여기에서 믿는 자들에게 분별력을 사용할 기회를 박탈하셔서, 그들로 하여금 죄를 범한 자들의 모든 말을 바보처럼 그냥 믿고 받아들이라고 하시는 것이 아니라, 단지 "죄를 범한 자들"이 진심으로 그들의 죄를 회개하였다는 증거가 있는 경우에, 우리가 관용하고 긍휼히 여기는 마음을 품고서 그들에게 손을 내밀기를 바라시는 것일 뿐이다. 왜냐하면, 회개는 신성한 일인 까닭에, 주의 깊고 세심하게 살필 필요가 있기 때문이다. 그러나 죄를 범한 자가 회개의 유력한 증거를 보일 때에는, 그가 거부를 당하고 자포자기하여 그릇된 길로 가버리지 않도록, 그를 즉시 받아줄 것을 그리스도께서는 원하신다. 셋째로, 우리가 주목해야 할 것은 어떤 사람이 자신의 경솔하고 종잡을 수 없는 행동으로 인해서 의심을 받게 된 경우에는, 그 사람이 용서를 청하면, 우리는 그 사람이 그 후에 어떤 행실을 보였는지를 잘 살펴서, 그 사람에 대한 혐의가 근거 없는 것으로 판단이 된 후에야, 그 사람을 용서해 주는 방식을 취함으로써, 그리스도의 영으로부터 나오는 우리의 인내와 온유함이 죄를 범한 그 사람의 조롱거리가 되지 않게 하여야 한다는 것이다. 왜냐하면, 우리가 그리스도께서 이 말씀을 하신 의도를 잘 받들어서, 한 번 넘어진 자들이 우리의 관용과 온유함으로 말미암아 다시 일어설 수 있도록 돕는 것이 우리의 마땅한 본분이기 때문이다. 또한, 분명한 것은 죄인들을 구원으로 초대하시기 위하여 멀리서부터 보시고 달려오셔서 그들을 맞으시는 우리의 천부(天父)의 선하심을 우리가 본받는 것이 마땅하다는 것이다. 게다가, 회개는 성령의 놀랍고 기이한 역사(役事)이고 새 사람을 만드는 일이기 때문에, 우리가 회개를 멸시한다면, 그것은 하나님을 모욕하는 일이 된다는 것이다.

마 18:23. 천국은 … 같으니. 우리는 남을 불쌍히 여기는 마음을 품기가 쉽지 않고, 불쌍히 여기다가도, 형제가 여러 번 반복해서 잘못하면, 금방 지쳐서 포기하기 십상이기 때문에, 여기에서 그리스도께서는 앞에서 주신 가르침을 아주 적절한 비유를 들어서 재확인해 주시는데, 이 비유의 요지는 형제의 잘못들을 용서하고자 하지 않는 자들은 그들 자신에 대하여 가차 없는 엄격한 법을 세우는 것인 까닭에 그들 자신이 혹독한 대가를 치르게 되리라는 것이다. 왜냐하면, 그들은 장차 그들이 남들에게 했던 그대로 하나님이 그들을 추호도 용서 없이 엄하게 다루시는 것을 보게 될 것이기 때문이다. 이 비유는 세 부분으로 이루어져 있다. 즉, "주인"과 "종," 아주 큰 금액과 일상적인 적은 금액, 놀라운 인자함과 극도의 냉혹함이 서로 대비되어 나온다. 따라서 우리가 다음과 같은 세 가지 점을 살피면, 그리스도께서 이 비유를 드신 의도가 쉽게 드러난다. 첫째, 하나님과의 관계 속에서 우리는 어떤 존재인가? 둘째, 우리 각자가 하나님께 빚진 것은 도대체 얼마나 큰가? 끝으로, 우리가 하나님께 빚진 것에 비하면, 형제들이 우리에게 잘못한 것들은 얼마나 하찮은 것인가? 그러므로 하나님에 대하여 막대한 빚을 져놓고도, 남들이 자기에게 조금이라도 잘못하거나 죄를 지으면, 결코 용서하고자 하지 않는 자는 하나님의 긍휼하심을 받을 자격이 없지 않겠는가? 여기에서 "천국"은 교회의 영적 상태 (spiritualis ecclesiae conditio)를 가리키기 때문에, 그리스도께서는 사람들의 영혼 및 영적 삶과 관련해서 하나님과 사람들의 관계는 금전 및 세상사와 관련해서 이 세상의 "주인"과 그의 "종들"의 관계와 같다고 말씀하시는 것이다.

마 18:25. 주인이 명하여 그 몸과 … 팔아 갚게 하라. 이 비유의 모든 세세한 부분들에서 다 의미를 찾고자 한다면, 그것은 쓸데없는 짓이 될 것이다. 왜냐하면, 하나님은 우리가 궁지에 몰려서 용서를 구할 때까지는 처음에는 언제나 우리에게 엄하게 대하시는 것이 아니라, 처음부터 우리가 감당할 수 없을 정도의 선하심으로 우리를 대하시기 때문이다. 그리스도께서는 여기에서 단지 만약 하나님이 우리를 법대로 대하시고 원칙대로 처리하신다면, 우리가 어떻게 될 것인지를 보여주시고, 만약 하나님이 우리에게 우리가 마땅히 갚아야 할 빚을 냉정하게 청구하고자 하신다면, 죄인들에게 남아 있는 유일한 피난처는 기도뿐이기 때문에, 우리는 기도로써 사정할 수밖에 없게 되리라는 것을 보여주시는 것일 뿐이다. 또한, 우리가 주목해야 할 것은 이 비유에 나오는 두 가지 금액이 너무 엄청나게 차이가 난다는 것이다. 왜냐하면, 한 "달란트"는 "백 데나리온" 이상의 가치가 있는데, 그리스도께서는 "백 데나리온"과 "만 달란트"를 대비시키고 계시기 때문이다.

마 18:31. 그 동료들이 그것을 보고. 이 구절은 단지 본성과 일상적인 경험을 통해서 알 수 있는 것만을 담고 있기 때문에, 우리는 이 구절 속에서 어떤 신비한 의미를 찾고자 해서는 안 되지만, 우리와 더불어 살아가는 사람들이 장차 하나님 앞에서 우리를 쳐서 증언하는 수많은 증인들이 되리라는 것은 알아야 한다. 왜냐하면, 모든 사람은 다른 사람들이 해악을 당하는 것을 보면, 언젠가는 그 해악이 자기에게도 닥칠 수 있을 것이라고 생각하여 두려움을 갖는 까닭, 어떤 사람이 잔인한 짓을 행하는 것을 볼 때에, 분노와 적대감을 품을 수밖에 없게 되어 있기 때문이다. 이 구절 다음에 이어지는 내용을 보고서, 하나님이 이미 용서하신 죄들을 번복하시고서 다시 벌하시는 일이 어떻게 있을 수 있는가라고 묻는다면, 그것은 어리석은 질문이 될 것이다. 왜냐하면, 이후의 내용이 보여주고자 하는 것은 단지 하나님은 모든 사람에게 긍휼을 베푸시지만, 남들을 용서할 줄 모르는 가혹한 자들은 그 긍휼하심을 받아 죄 사함을 누릴 자격이 없다는 것이기 때문이다.

마 18:34. 그 빚을 다 갚도록 그를 옥졸들에게 넘기니라. 교황주의자들이 이 본문에 나오는 "다 갚도록"이라는 표현을 연옥의 불과 연관시키는 것은 정말 어처구니없는 일이다. 왜냐하면, 여기에서 그리스도께서 이 세상에서의 죽음이 아니라 영원한 사망을 가리키고 계신다는 것은 분명하기 때문이다. 사람은 이 세상에서의 죽음으로 하나님께 진 빚을 "다 갚을" 수 있는 것이 아니기 때문이다.

²⁴가버나움에 이르니 반 세겔 받는 자들이 베드로에게 나아와 이르되 너의 선생은 반 세겔을 내지 아니하느냐 ²⁵이르되 내신다 하고 집에 들어가니 예수께서 먼저 이르시되 시몬아 네 생각은 어떠하냐 세상 임금들이 누구에게 관세와 국세를 받느냐 자기 아들에게냐 타인에게냐 ²⁶베드로가 이르되 타인에게니이다 예수께서 이르시되 그렇다면 아들들은 세를 면하리라 ²⁷그러나 우리가 그들이 실족하지 않게 하기 위하여 네가 바다에 가서 낚시를 던져 먼저 오르는 고기를 가져 입을 열면 돈 한 세겔을 얻을 것이니 가져다가 나와 너를 위하여 주라 하시니라(마 17:24-27).

마 17:24. 가버나움에 이르니. 우리가 가장 먼저 주목해야 할 것은 이 기사(記事)의 취지인데, 그 취지는 그리스도께서 자발적으로 "국세"를 바치심으로써, 그가 "종의 형체를 가지신"(빌 2:7) 자로서 인간이 세운 제도에 복종하신다는 뜻을 분명하게 밝히심과 동시에, 그가 이렇게 낮아지셔서 세상 사람들로부터 평범한 한 인간으로 대우를 받으시는 것이 어떤 의무나 강요에 의한 것이 아니라 스스로 자유로운 상태에서 자발적으로 복종하고자 하였기 때문이라는 것을 말씀과 이적을 통하여 보여주시고자 하셨다는 것이다. 여기에 나오는 "반 세겔"은 바다를 건널 때에 내야 했던 도선세(渡船稅)라는 "관세"가 아니라, 유대인들이라면 누구나 다 해마다 내야 했던 인두세(人頭稅)에 속한 "국세"였기 때문에, 유대인들은 전에 오직 하나님께만 바쳤던 세금을 당시에는 폭군들에게 바쳤다. 원래 이 세금은 율법에 따라 유대인들에게 부과되었는데, 이것은 유대인들로 하여금 해마다 "반 세겔"(출 30:13)을 내게 함으로써, 그들을 속량하신 하나님이 그들의 유일한 왕이시라는 것을 인정하도록 하기 위한 것이었다. 후에, 아시아의 왕들이 이 제도를 차용하였고, 로마인들도 이 왕들의 본을 따랐다. 따라서 유대인들은 마치 그들이 하나님의 통치를 부정한다는 듯이 세상의 왕들에게 율법에서 정한 거룩한 세금을 바친 것이었다. 그러므로 유대 백성의 구속주로 오신 그리스도께서 이 세금을 면제받지 않으신다면, 그것은 납득이 되지 않는 일로 보일 수 있었다. 그리스도께서는 그러한 걸림돌을 제거하시기 위하여, 그가 그 세금을 내는 것은 순전히 자신의 의지에 따른 것임을 말씀으로 가르치시고, 이적을 통하여 추가적으로 증명하셨다. 왜냐하면, 바다와 물고기를 다스리시는 분에게 세상의 권세에서 벗어나는 일쯤은 아무 일도 아닐 것이기 때문이다.

마 17:24. 너의 선생은 … 내지 아니하느냐. 어떤 이들은 그리스도께서는 유대인이라면 누구나 다 지키는 법을 자기는 지킬 필요가 없다고 평소에 주장하셨기 때문에, 세리들이 여기에서 그리스도를 비난하고자 한 것이라고 생각한다. 하지만 그런 부류의 사람들, 즉 세리들은 뻔뻔스럽고 무례한 자들이라는 점을 감안할 때, 나는 그들이 그리스도를 힐난하고 모욕을 주기 위해서 이런 말을 한 것이라고 본다. 당시에 유대인들은 누구나 다 자기가 거주하는 지역에 주민으로 등록되어 있었지만, 그리스도께서는 한 곳에 일정한 주거를 두고 계시지 않으셨다는 것을 우리는 안다. 그러므로 이 세리들은 그리스도께서 이곳저곳으로 자주 거처를 옮겨 다닌다고 해서, 자기는 이 세금을 면제받아야 한다고 생각하는 것이냐고 힐난한 것이다.

마 17:25. 이르되 내신다 하고. 베드로의 대답은 세리들을 달래기 위한 겸손하고 공손한 해명을 담고 있다: "그리스도께서는 내실 것이다." 이것으로부터 우리는 그리스도께서 이전부터 이 세금을 내오셨다는 것을 알게 된다. 왜냐하면, 베드로는 그리스도께서 이 세금을 내시리라는 것에 대하여 추호의 의심도 없이 아주 분명하게 단정적으로 세리들에게 약속하고 있기 때문이다. 세리들이 다른 제자들을 제쳐 두고 베드로를 상대로 말한 이유에 대해서는, 그리스도께서 베드로와 함께 사셨기 때문일 것이라는 것이 나의 추측이다. 왜냐하면, 만약 모든 제자들이 동일한 주거에 다함께 살고 있었다면, 세리들은 모두에 대하여 동일한 요구를 하였을 것이기 때문이다. 그러므로 교황주의자들이 이 아주 사소한 것을 빌미로 삼아서, 마치 베드로가 그리스도와 동일한 존귀(dignitas)를 지닌 자로 대접을 받은 것처럼 말하는 것은 우스꽝스러운 일이다: "그리스도께서는 국세를 내는 일에 있어서 베드로를 그와 동등한 반열에 두심으로써, 베드로를 그의 대리자(vicarius)로 세우셨고, 베드로에게 그와 동등한 존귀를 부여하셨다." 그러나 그들의 논리대로라면, 모든 돼지 떼도 그리스도의 대리자들이라고 해야 한다. 왜냐하면, 돼지 떼들도 그리스도와 마찬가지로 국세를 내기 때문이다. 그리고 국세를 내는 일에 있어서 베드로가 그리스도와 동등한 대접을 받았기 때문에, 여기에서 베드로의 수장권(首長權, primatus)이 분명하게 드러났다고 한다면, 교황주의자들이 그들에게는 면세권이 있다고 하는 주장은 도대체 어디에서 나온 것인가? 그러나 성경을 그들의 입맛에 따라 제멋대로 곡해하는 자들은 이런 가증스럽고 어처구니없는 짓들을 아무렇지도 않게 자행하는 법이니, 우리가 무슨 말을 하랴.

마 17:25. 시몬아 네 생각은 어떠하냐. 여기에서 그리스도께서는 그에게 숨겨져 있는 일은 아무것도 없다는 것을 보여주심으로써, 그의 신성(神性)에 대한 증거를 나타내 보이신다. 그렇다면, 그리스도께서 이런 말씀을 하시는 취지는 무엇인가? 그리스도 자신과 그를 따르는 자들에게는 세상의 법들을 지키지 않을 권리가 있다는 뜻인가? 어떤 이들은 이 말씀을 그런 식으로 해석해서, 그리스도인들에게는 본래 세상의 정치 체제를 따르지 않을 권리가 주어져 있지만, 사회가 유지될 수 있도록 하기 위해서, 자원하여 스스로 거기에 따르는 것일 뿐이라고 말한다. 하지만 나는 이 말씀의 의미는 더 단순한 것이라고 본다. 왜냐하면, 제자들은 그리스도께서 국세를 내시는 것을 그들이 이방 민족의 통치에서 벗어날 소망을 끊어 버리시는 행위로 오해하고서, 그리스도께서 이 땅에 오신 것이 아무런 의미도 없게 되었다고 생각할 위험성이 있었기 때문이다. 그래서 그리스도께서는 그가 국세를 내는 것은 그런 의도에서가 아니라, 단지 스스로 자원해서 자신의 권리와 권세를 행사하지 않기로 마음 먹으셨기 때문이라고, 간단하지만 단호하게 말씀하시는 것이다. 이것으로부터 우리는 이 일로 인해서 그리스도의 나라가 손상을 입은 것이 전혀 없다는 것을 알게 된다. 그러나 그리스도께서는 왜 자신의 권리를 공개적으로 주장하지 않으신 것인가? 그것은 그리스도께서는 왕적인 위엄(majestas)을 지니고 계셨지만, 세리들은 그 사실을 전혀 모르고 있는 상황이었기 때문이다. 비록 그리스도의 나라는 영적인 나라이기는 하지만, 하나님의 독생자이신 그리스도는 온 세계의 상속자이기도 하시기 때문에, 만물은 그에게 복종하고, 그의 권세를 인정하는 것이 마땅하다. 그러므로 이 말씀의 의미는 하나님이 사람들 위에 왕들과 정부들을 세우셨지만, 그 왕들로 하여금 다른 사람들에 대해서와 마찬가지로 하나님의 아들이신 그리스도에 대해서도 그 통치권을 행사하게 하신 것은 아님에도 불구하고, 그리스도께서는 그의 나라의 영광이 나타날 때까지는, 자원하여 다른 사람들과 마찬가지로 종으로 행하고자 하신다는 것이다. 교황은 마치 머리털만 밀면 자동적으로 하나님의 아들들이 되어 온갖 국세와 관세를 면제 받는 것이 당연하다는 듯이, 이 말씀을 곡해하고 악용하여, 그의 성직자들에게 모든 법들에 대한 면책특권을 부여하는 어리석은 짓을 자행하여 왔다. 그러나 그리스도께서 이 말씀을 하

신 의도는 자기가 왕의 아들이라는 것, 그리고 적어도 일반적으로 왕의 가솔에게
는 일반 백성들에게 적용되는 법에서 면제 받는 특권이 부여되어 있다는 것을 지
적하고자 하신 것일 뿐이다. 재세례파들이 이 말씀을 곡해하여 세상의 정치 질서
를 부정하고 전복시키고자 하는 것은 정말 어리석기 짝이 없다. 왜냐하면, 그리스
도께서는 여기에서 믿는 자들이라면 누구에게나 주어지는 특권에 대해서 말씀하
시는 것이 결코 아니고, 단지 왕의 아들들과 그 가솔들이 백성들에게 적용되는 법
에서 면제를 받는 관행을 비유로 드신 것에 불과하기 때문이다.

마 17:27. 낚시를 던져. 나는 그리스도의 지갑이 늘 두둑한 것은 아니었다는 것
을 인정하지만, 그리스도께서 돈이 없으셔서 어쩔 수 없이 베드로에게 이런 지시
를 내리신 것이 아니라, 물고기들조차도 그에게 세금을 바치는 것을 보여주심으로
써, 그가 세상의 모든 왕들보다 더 큰 권세를 지니고 계시다는 사실을 이적을 통해
서 증명하시고자 그렇게 하신 것이라고 생각한다. 이런 이적은 복음서에 단 한 번
나오는데, 그것은 그리스도의 공생애 기간 동안에 이러한 이적을 통한 증명은 한
번이면 충분하였기 때문이다. "한 세겔"은 "네 드라크마"에 해당한다.

¹예수께서 이 말씀을 마치시고 갈릴리를 떠나 요단 강 건너 유대 지경에 이르시니 ²
큰 무리가 따르거늘 예수께서 거기서 그들의 병을 고치시더라(마 19:1-2).

³⁸요한이 예수께 여짜오되 선생님 우리를 따르지 않는 어떤 자가 주의 이름으로 귀
신을 내쫓는 것을 우리가 보고 우리를 따르지 아니하므로 금하였나이다 ³⁹예수께서
이르시되 금하지 말라 내 이름을 의탁하여 능한 일을 행하고 즉시로 나를 비방할
자가 없느니라 ⁴⁰우리를 반대하지 않는 자는 우리를 위하는 자니라… ¹예수께서 거
기서 떠나 유대 지경과 요단 강 건너편으로 가시니 무리가 다시 모여들거늘 예수
께서 다시 전례대로 가르치시더니(막 9:38-40; 10:1).

⁴⁹요한이 여짜오되 주여 어떤 사람이 주의 이름으로 귀신을 내쫓는 것을 우리가 보
고 우리와 함께 따르지 아니하므로 금하였나이다 ⁵⁰예수께서 이르시되 금하지 말라
너희를 반대하지 않는 자는 너희를 위하는 자니라 하시니라 ⁵¹예수께서 승천하실
기약이 차가매 예루살렘을 향하여 올라가기로 굳게 결심하시고 ⁵²사자들을 앞서 보
내시매 그들이 가서 예수를 위하여 준비하려고 사마리아인의 한 마을에 들어갔더

니 [53]예수께서 예루살렘을 향하여 가시기 때문에 그들이 받아들이지 아니 하는지라 [54]제자 야고보와 요한이 이를 보고 이르되 주여 우리가 불을 명하여 하늘로부터 내려 저들을 멸하라 하기를 원하시나이까 [55]예수께서 돌아보시며 꾸짖으시고 [56]함께 다른 마을로 가시니라(눅 9:49-56).

막 9:38. 선생님 … 어떤 자가 … 우리가 보고. 이것으로부터 우리가 분명하게 알 수 있는 것은 그리스도의 이름이 당시에 아주 유명해졌기 때문에, 그의 가까운 제자들의 수(數)에 들지 않은 자들은 그의 이름을 사용하였다는 것이다. 아마도 그런 자들은 사리사욕을 채우려고 그리스도의 이름을 악용한 자들이었을 것이지만, 나는 이 점에 대해서는 확실하게 말할 수 없다. 여기에 언급된 자는 그리스도의 가르침을 받아들였고, 결코 악한 의도로 이적들을 행한 것은 아닐 가능성도 있다. 그러나 그리스도께서는 그러한 능력을 오직 그가 그의 복음을 전할 자로 택하신 자들에게만 수여하신 것이기 때문에, 나는 그 사람이 그러한 직분을 주제넘게 사칭한 것이라고 생각한다. 어쨌든 그 사람이 그렇게 행하라는 명령을 받지도 않은 채로 감히 제자들을 따라한 것은 잘못이었지만, 그의 무모한 시도는 결과적으로 실패작인 것은 아니었다. 왜냐하면, 그리스도께서는 종종 그가 합법적인 것이라고 인정하지 않으시는 자들의 사역을 통해서도 그의 이름을 드러내시듯이, 여기에서도 그런 식으로라도 그의 이름이 영광을 받으시게 되는 것을 기뻐하셨기 때문이다. 그렇다고 하더라도, 이 사람이 특별한 믿음을 부여받고서, 맹목적인 충동을 따라서 무분별하게 이적들을 행하는 잘못을 저지른 것일 가능성이 배제되는 것은 결코 아니다.

그러면, 이제 요한과 그의 동료들을 살펴보기로 하자. 그들은 "어떤 자가 이적들을 행하는" 것을 보고서, 그 사람이 그렇게 하는 것을 "금하였다"고 말한다. 그렇다면, 왜 그들은 그 사람이 이적들을 행하시는 것이 합당한 것인지 아닌지를 먼저 그리스도께 묻지 않은 것인가? 왜냐하면, 그들은 지금 그들의 조치가 과연 옳은 것이었는지에 대하여 뭔가 미심쩍은 것이 있어서, 거기에 대한 주님의 판단을 구하고 있는 것이기 때문이다. 이것으로부터 우리는 그들이 그들에게 주어진 권세를 경솔하게 행사하였다는 결론을 얻게 된다. 그러므로 하나님의 말씀에 의해서 허용된 것이라고 알고 있는 것 이상으로 행하는 자는 누구든지 경솔하게 행하였다는 책망을 피할 수 없다. 게다가, 그리스도의 제자들에게 야심(ambitio)이 작용하고 있었던 것이 아니냐는 의구심도 제기될 수 있다. 왜냐하면, 그들은 그들에게 주어진 특권과 존귀함을 지키고자 하는 의도가 있었을 것이기 때문이다. 그들이 이적들을 행할 특권을 독차지하고 싶었던 것이 아니라면, 그들이 생판 모르는 자가 이적들을 행한다고 해서, 그것을 당장에 금지시킬 이유가 어디에 있었겠는가? 왜냐하면, 그들이 그렇게 한 이유로 그 사람이 그리스도를 "따르지 아니한다"는 사실을 내세운 것은 "그 사람은 우리와 달리 주님의 측근이 아닌데, 감히 그런 자가 우리와 동등한 존귀를 누린다는 것이 가당키나 한 일이겠나이까?"라고 말한 것이나 다름없기 때문이다.

막 9:39. 금하지 말라. 그리스도께서 그 사람이 이적들을 행하는 것을 그의 제자들이 금지하지 말기를 바라신 것은 그가 그 사람에게 그럴 권세를 주셔서 그 사람이 그렇게 한 것이거나, 그 사람이 행한 것을 인정해 주셨거나, 그의 제자들이 그 사람을 인정해 주기를 바라셨기 때문이 아니라, 단지 어떤 통로를 통해서든 하나님이 영광을 받으시게 되는 경우에는, 우리가 그것을 용납하고 기뻐하는 것이 마땅한 일이었기 때문이었다. 따라서 바울은 사리사욕을 위해서 복음을 이용하는 자들의 의도는 나쁘지만, 어쨌든 그들이 하는 일들로 인해서 그리스도께서 영광을 받게 되시는 것을 자기가 기뻐한다고 말한다(빌 1:18). 또한, 우리는 그리스도께서 그 이유로 덧붙여 말씀하신 것도 주목할 필요가 있는데, 그 이유라는 것은 "그리스도의 이름을 의탁하여 능한 일을 행하는" 자가 그리스도를 "비방하는" 것은 불가능하기 때문에, 이 점도 고려가 되어야 한다는 것이다. 이것으로부터 우리는 만약 제자들이 주님의 영광보다 그들 자신의 영광을 구하는 데에 더 몰두해 있지 않았더라면, 그들은 그리스도의 영광이 예상하지 못한 또 다른 곳에서 칭송되고 널리 알려지게 되는 것을 보았을 때에, 그것을 못마땅하게 여기지 않았을 것이라는 결론을 얻게 된다.

막 9:40. 우리를 반대하지 않는 자는 우리를 위하는 자니라. 이렇게 그리스도께서 공개적으로 원수로 자처하는 자가 아닌 자들을 우리가 친구들로 여겨야 한다고 선언하신다고 해서, 경솔한 자들을 너그럽게 받아들여서, 그들이 제멋대로 이런저런 일에 간섭하여 교회의 질서 전체를 어지럽히는 것을 그대로 방치하라고 말씀하시는 것은 결코 아니다. 왜냐하면, 우리의 부르심이 허용하는 한에서, 우리는 그러한 방종을 억제하는 것이 마땅하기 때문이다. 그리스도께서는 단지 하나님의 나라가 어떤 식으로든 널리 퍼져나가게 해야 할 그들이 도리어 부적절한 행동으로 그것을 막은 것은 옳지 않다는 것을 말씀하시는 것일 뿐이고, 원수와 친구의 중간 위치에 있는 자들을 그의 제자들로 인정하시거나, 그의 양 무리에 속한 자들로 여기시는 것은 아니기 때문에, 이 말씀은 그런 자들이 해악을 끼치지 않는 한에 있어서는 하나님의 나라에 유익이 되고 도움이 된다는 의미이다. 왜냐하면, 속담에도 "어쩔 수 없이 꼭 싸워야 할 때까지는 일부러 싸우러 나가지 않는 것이 좋다"는 말이 있기 때문이다.

눅 9:51. 기약이 차가매. 이 기사(記事)는 오직 누가만이 보도하고 있긴 하지만, 많은 점에서 대단히 유익하다. 이 기사는 첫째로는 죽음을 멸시하시는 그리스도의 거룩한 담력과 불굴의 의지를 보여주고, 둘째로는 신앙의 차이들이 어떠한 치명적인 적대감을 낳는지를 보여주며, 셋째로는 사람의 본성이 어떻게 맹목적이고 저돌적인 열심에 휘둘려서 극한 분노로 치닫게 되는지를 보여주고, 다음으로는 우리가 믿음의 조상들을 무턱대고 본받고자 할 때에 얼마나 잘못되기 쉬운지를 보여주며, 마지막으로는 그리스도께서 친히 모범을 보이시면서 우리에게 그의 온유하심을 본받으라고 명하신다는 것을 보여준다. 이 구절에서 그리스도의 죽음을 "그가 승천하시는 것"(ἀνάλημψις-아날렘프시스)으로 표현한 것은 단지 그가 죽으심을 통하여 우리에게서 떠나시기 때문만이 아니라, 육신의 초라한 감옥을 떠나서 저 높은 곳 하늘로 오르시기 때문이기도 하다.

눅 9:51. 예루살렘을 향하여 올라가기로 굳게 결심하시고. 이 표현을 통해서 누가는 그리스도께서 죽음을 눈앞에 두시고서, 그 죽음에 대한 두려움을 극복하시고 죽음을 맞으러 나아가셨다는 것을 보여줄 뿐만 아니라, 고군분투 끝에 죽음의 공포를 이기신 후에야 비로소 담대하게 자기 자신을 죽음에 내어 주시게 되었다는 것도 아울러 보여준다. 왜냐하면, 만약 그리스도의 마음속에 두려움이나 고민이나 싸움이나 근심이 없었다면, 그리스도께서 "예루살렘을 향하여 올라가기로 굳게 결심하실" 필요가 전혀 없으셨을 것이기 때문이다. 그러나 그리스도께서는 감정이 없는 분도 아니었고, 안일함에 취해 계신 분도 아니었기 때문에, 장차 하나님의 준엄하신 심판으로 말미암아 자기에게 임할 저 무시무시하고 잔인한 죽음, 아니 저 충격적이고 소름끼치는 고통을 느끼지 않을 수 없으셨을 것임에 틀림없다. 그리스도의 이러한 모습은 우리를 향하신 그의 한없는 사랑을 보여주는 두드러진 증거이기 때문에, 그의 영광을 가리거나 손상시키는 것이 결코 아니다. 왜냐하면, 그리스도께서는 자기가 죽어야 할 때가 가까웠다는 것을 아셨을 때에, 우리를 구원하시고자 하는 일념으로, 자기 자신을 돌아보지 아니하시고, 죽음에 대한 공포를 뚫고서 죽음의 길을 재촉하신 것이기 때문이다.

눅 9:52. 사자들을 앞서 보내시매. 당시에 수많은 무리들이 그리스도를 따랐던 것 같다. 왜냐하면, 그리스도께서 "사자들을 앞서 보내신" 것은 큰 잔치를 준비하거나 어떤 으리으리한 저택을 찾기 위한 것이 아니라, 단지 아주 많은 사람들이 묵을 만한 곳을 미리 마련하기 위한 것이었기 때문이다. 그러나 사자들은 마을에서 퇴짜를 맞고 쫓겨나서, 할 수 없이 그들의 주님이 당도하시기를 기다릴 수밖에 없게 되었다. 이것으로부터 우리는 내가 앞에서 이 기사가 우리에게 주는 두 번째 유익이라고 말했던 것, 즉 사람들은 신앙적인 가르침들에서 서로 다른 경우에는 서로에 대하여 쉽게 적대감을 갖게 된다고 한 것이 사실임을 확인하게 된다. 왜냐하면, 굶주린 자들에게 먹을 것을 주지 않고, 피로에 지친 자들에게 잠자리를 내주지 않는 것이야말로 지독한 적대감의 증거이기 때문이다.

"사마리아인들"은 유대교에 대하여 그러한 적대감과 혐오감을 지니고 있어서, 유대교를 믿는 자들에게는 조금도 호의를 베풀 필요가 없다고 생각하였다. 또한, 사마리아인들은 유대인들로부터 멸시를 받는 것에 대하여 울분을 느끼고 있었을 것이다. 왜냐하면, 그들은 유대인들이 그들의 성전을 불경한 것으로 여겨서 혐오하고 있고, 그들을 하나님의 예배를 더럽히고 타락시킨 자들로 여기고 있다는 것을 알고 있었기 때문이다. 이렇게 잘못된 선입견이 한 번 형성되어서 유대인들의 생각 속에서 단단하게 굳어지자, 유대인들은 악한 열심으로 그 선입견을 끝까지 지키고자 애썼다. 마침내 싸움은 아주 격렬해져서, 이 두 민족은 서로 뒤엉켜 싸우다가 불구덩이 속으로 함께 떨어져서 둘 다 멸망하고 말았다. 왜냐하면, 요세푸스(Iosephus)는 유대 전쟁에 불을 당긴 것은 바로 이 두 민족 간의 싸움이라는 불씨였다고 증언하고 있기 때문이다. 여기에서 그리스도께서는 자기가 유대인이라는 것을 간접적으로 부인함으로써, 사마리아인들의 그러한 적대감을 피해서 얼마든지 숙소를 구하실 수 있으셨을 것이지만, 도리어 자기가 유대인이라는 것을 떳떳이 밝히시는 쪽을 택하셨다.

눅 9:54. 제자 야고보와 요한이 이를 보고. 야고보와 요한은 아마도 이 지역을 보자 옛적에 있었던 일이 생각나서, 하늘로부터 벼락을 내려서 불경건한 자들을 멸하고 싶어졌던 것 같다. 왜냐하면, 옛적에 엘리야가 그를 잡으러 온 왕의 군사들을 "하늘로부터 불을 내려서" 멸한 것이 바로 이곳이었기 때문이다(왕하 1:10). 그러므로 "사마리아인들"이 돼먹지 못하게 하나님의 아들을 배척하는 일이 벌어지는 것을 보자, 그들도 그때와 동일한 방식으로 멸망을 당하는 것이 마땅한 것이 아닌가 하는 생각이 야고보와 요한에게 들었던 것으로 보인다. 여기에서 우리는 믿음의 조상들을 어설프게 따라하는 것이 얼마나 어처구니없는 결과를 가져오게 되는지를 본다. 야고보와 요한은 엘리야의 모범을 떠올렸지만, 정작 그들이 엘리야와 비교도 되지 않는 자들이라는 것을 생각하지는 않았다. 그들은 그들의 열심이 도가 지나쳐서 적절하지 않게 되었다는 것을 주의 깊게 살피지도 않았고, 그들에 대한 하나님의 부르심이 무엇인지도 살펴보지 않았다. 마찬가지로, "사마리아인들"도 "우리 조상들은 이 산에서 예배하였는데"(요 4:20)라는 그럴 듯한 핑계를 대며, 그들의 우상 숭배를 은폐하였다. 양쪽이 다 잘못되었다. 왜냐하면, 야고보와 요한은 분별력을 제대로 사용하지 않아서, 결과적으로 믿음의 조상들을 제대로 본받은 것이 아니라 단지 원숭이처럼 흉내 낸 것에 불과한 것이 되었기 때문이다. 그들이 그런 심판을 행할 능력이 그들의 수중에 있다고 생각했던 것인지, 아니면 그런 능력을 그들에게 주시라고 그리스도께 요청한 것인지는 확실하지 않지만, 나는 그들이 어리석은 자신감에 가득 차서, 그리스도께서 동의해 주시기만 한다면, 얼마든지 복수의 심판을 집행할 수 있을 것이라고 확신하였을 가능성이 높다고 생각한다.

눅 9:55. 너희는 어떤 마음으로 너희가 그런 말을 하고 있는지 알지 못하는도다. [이 구절은 개역에는 번역되어 있지 않다 ─ 역주]. 그리스도께서는 이러한 대답을 통해서 두 제자의 고삐 풀린 격정(激情)을 억제하실 뿐만 아니라, 우리 모두에게 혈기에서 올라온 열심에 휘둘려서는 안 된다는 교훈을 주신다. 왜냐하면, 어떤 일을 하고자 하는 자는 과연 하나님의 성령이 그 일을 시작하시고 인도하시는 분이신지와 자기가 그 일을 하고자 하는 동기가 합당하고 순전한지를 철저히 확인하지 않으면 안 되기 때문이다. 많은 사람들이 처음에 그들의 뜨거운 열심과 열정에 이끌려서 어떤 일을 시작하더라도, 분별의 영이 그들과 함께 하지 않으면, 그들의 일은 결국 수포로 돌아가게 될 것이다. 또한, 하나님을 향한 열심 속에 육신의 더러운 감정들이 뒤섞여 있고, 오로지 하나님의 영광을 위하여 목숨을 거는 것처럼 보이는 자들이 육신의 사사로운 감정들로 인하여 눈이 멀어 있는 것은 흔한 일이다. 그러므로 우리의 열심이 하나님의 성령의 인도하심을 받고 있는 것이 아니라면, 우리가 오직 하나님에 대한 열심으로 행하는 것이라고 아무리 주장해도, 그것은 쓸데없는 변명이 될 뿐이다. 그러나 성령이 친히 그의 뜻과 지혜로 우리를 인도하시면, 우리는 우리의 본분에 어긋나거나 우리의 부르심을 벗어난 일을 할 수 없고, 지혜롭고 사리에 맞는 일 외에는 아무것도 할 수 없다. 또한, 성령은 우리에게서 육신의 온갖 더러움을 다 제거하시고, 우리의 마음에 합당한 감정들을 부어 주시기 때문에, 우리는 하나님이 명하시는 것 외에는 그 어떤 것도 원하지 않게 된다. 여기에서 그리스도께서 그의 제자들을 "꾸짖으신" 것은 그들이 "엘리야의 성정(性情)"을 갖추고 있지는 못하면서, 주제넘게 엘리야가 했던 일을 행하고자 하였기 때문이었다. 엘리야는 성령이 그에게 명하신 하나님의 심판을 집행한 것이었던 반면에, 그리스도의 제자들은 하나님의 명령에 의해서가 아니라 육신의 충동을 따라서 복수심을 불태운 것에 지나지 않았다. 그러므로 믿음의 조상들을 인도하셨던 그 동일한 성령이 우리 안에 거하시지 않는다면, 단지 그들의 모범을 따르는 것일 뿐이라는 우리의 말은 우리에게 전혀 변명이 될 수 없다.

³바리새인들이 예수께 나아와 그를 시험하여 이르되 사람이 어떤 이유가 있으면 그 아내를 버리는 것이 옳으니이까 ⁴예수께서 대답하여 이르시되 사람을 지으신 이가 본래 그들을 남자와 여자로 지으시고 ⁵말씀하시기를 그러므로 사람이 그 부모를 떠나서 아내에게 합하여 그 둘이 한 몸이 될지니라 하신 것을 읽지 못하였느냐 ⁶그런즉 이제 둘이 아니요 한 몸이니 그러므로 하나님이 짝지어 주신 것을 사람이 나누지 못할지니라 하시니 ⁷여짜오되 그러면 어찌하여 모세는 이혼 증서를 주어서 버리라 명하였나이까 ⁸예수께서 이르시되 모세가 너희 마음의 완악함 때문에 아내 버림을 허락하였거니와 본래는 그렇지 아니하니라 ⁹내가 너희에게 말하노니 누구든지 음행한 이유 외에 아내를 버리고 다른 데 장가 드는 자는 간음함이니라(마 19:3-9).

²바리새인들이 예수께 나아와 그를 시험하여 묻되 사람이 아내를 버리는 것이 옳으니이까 ³대답하여 이르시되 모세가 어떻게 너희에게 명하였느냐 ⁴이르되 모세는 이혼 증서를 써주어 버리기를 허락하였나이다 ⁵예수께서 그들에게 이르시되 너희 마음이 완악함으로 말미암아 이 명령을 기록하였거니와 ⁶창조 때로부터 사람을 남자와 여자로 지으셨으니 ⁷이러므로 사람이 그 부모를 떠나서 ⁸그 둘이 한 몸이 될지니라 이러한즉 이제 둘이 아니요 한 몸이니 ⁹그러므로 하나님이 짝지어 주신 것을 사람이 나누지 못할지니라 하시더라 ¹⁰집에서 제자들이 다시 이 일을 물으니 ¹¹이르시되 누구든지 그 아내를 버리고 다른 데에 장가 드는 자는 본처에게 간음을 행함이

요 [12]또 아내가 남편을 버리고 다른 데로 시집 가면 간음을 행함이니라(막 10:2-12).

마 19:3. 바리새인들이 … 그를 시험하여. 바리새인들은 그리스도를 올무에 걸리게 하려고 교활한 방법으로 집요하게 올무를 놓지만, 결과적으로 그들의 그런 술책은 우리에게 도리어 대단한 유익으로 돌아온다. 왜냐하면, 그리스도께서는 참된 가르침을 뒤집어엎고자 하는 악한 자들의 온갖 교묘한 술수들을 놀랍고 기이한 방법으로 역전시키셔서, 자기 백성들에게 유익이 되게 하는 법을 알고 계시는 까닭에, 이런 기회를 이용하셔서, 이혼이 과연 허용되는가와 관련해서 발생하는 문제를 해결하시고서, 혼인으로 거룩하게 하나 된 것을 사람이 나누는 일은 있을 수 없다는 것을 분명히 하셨기 때문이다. 바리새인들은 그리스도에게서 시빗거리를 찾아내기 위하여 이 문제를 꺼낸 것이었기 때문에, 그리스도께서 어떤 대답을 하시든, 그 대답에 대하여 시비를 걸 준비를 하고 있었다.

그들은 "사람이 어떤 이유가 있으면 그 아내를 버리는 것이 옳으니이까"라고 물었다. 만약 그리스도께서 "옳지 않다"고 대답하시면, 그들은 그리스도께서 율법을 폐하는 발언을 하였다고 악을 쓸 것이었고, 반면에 그리스도께서 "옳다"고 대답하시면, 그들은 그리스도께서 하나님의 선지자이신 줄 알았는데, 이제 보니 사람들의 정욕을 부추기는 포주일 뿐이라고 소리칠 것이었다. 이것이 그들의 속셈이었다. 그러나 하나님의 아들은 "지혜로운 자가 자기의 계략에 빠지게 하시는"(욥 5:13) 법을 알고 계셨기 때문에, 불법적인 이혼에 대하여 단호히 반대하심과 동시에, 율법에 어긋나는 말씀을 단 한 마디도 하지 않으심으로써, 그들의 술책을 좌절시키셨다. 왜냐하면, 그리스도께서는 이혼 문제 전체를 두 가지로 나누어서 포괄적으로 설명하시면서, 창조 질서는 하나님의 법으로서의 역할을 하는 것이 마땅하므로, 남편은 당연히 일생 동안 혼인의 순결을 유지할 의무가 있지만, 하나님이 이혼을 허용하신 것은 이혼이 합법적인 것이어서가 아니라, 유대 백성들이 완악하여 하나님의 말씀을 잘 듣지 않는 자들이어서 부득이하게 그렇게 하실 수밖에 없으셨던 까닭이라고 대답하셨기 때문이다.

마 19:4. 사람을 지으신 이가 본래. 그리스도께서는 그들이 질문한 것에 대하여 직접적으로 대답하지 않으시고, 그들의 질문과 관련된 문제 전체를 포괄적으로 다루신다. 이것은 마치 오늘날 어떤 사람이 미사에 관한 질문을 받았을 때에, 성찬의 신비를 충실하게 설명한 후에, 교황주의자들이 그리스도께서 제정하신 성례(聖禮)

에 감히 무언가를 더하거나 빼는 신성모독 또는 날조의 죄를 범하고 있는 것이라고 결론을 내림으로써, 미사의 허구성을 낱낱이 밝히는 것과 같은 것이었다. 이제 그리스도께서는 창조 때로부터 하나님이 "남자를 여자와 짝지어" 주셔서 한 온전한 사람이 되게 하셨다는 것을 공리(公理)로 삼으신다. 그러므로 자기 아내와 이혼하는 자는, 말하자면 자신의 반쪽을 자신에게서 떼어내 버리는 것이다. 그러나 사람이 자신의 몸을 찢거나 나누는 것은 순리(順理)에 어긋나는 짓이다.

그리스도께서는 작은 것을 들어서 큰 것을 증명하는 또 다른 논법을 여기에 덧붙이신다. 혼인 관계는 부모와 자식의 관계보다 더 신성하다. 부모와 자식의 관계를 묶어주는 끊을 수 없는 끈은 인륜(pietas)이다. 그런데 하물며 남편이 자기 아내를 버리는 일이 어떻게 있을 수 있겠는가. 이것으로부터 우리는 남편이 자기 아내와 이혼한다면, 그것은 하나님이 묶어 놓으신 끈인 천륜(divinum vinculum)을 끊어 버리는 것이라는 결론을 얻게 된다. 그러므로 이 말씀의 의미는 이런 것이다. 즉, 사람을 창조하신 하나님은 "사람을 남자와 여자로 지으셨기" 때문에, 남자들은 한 명의 아내로 만족하고, 그 이상을 원해서는 안 된다는 것이다. 왜냐하면, 선지자 말라기가 일부다처제를 맹렬히 비난하면서, 여기에서와 동일한 논거를 들어, 하나님은 "영이 충만하신" 분이신 까닭에, 일부다처제나 일처다부제 같이 얼마든지 각각의 남자나 여자에게 더 많은 수의 여자나 남자를 붙여 주실 수 있으신 분이셨지만, 그리스도께서 여기에서 말씀하신 바와 같이 "오직 한 남자와 한 여자를 만들어 둘이 한 사람이 되게 하신" 것이라고 말하고 있듯이(말 2:15), 그리스도께서는 "둘"이라는 숫자를 강조하고 계시기 때문이다. 그러므로 한 남편과 한 아내가 서로 합하여 하나가 된 것을 사람이 나눌 수 없다는 것은 창조 질서에 의해서 증명된다. 그런 식의 논리라면 첫 번째 아내와 사별한 후에 재혼하는 것도 불법이 되지 않겠느냐고 어느 누가 반론을 제기한다면, 거기에 대한 대답은 쉽다. 즉, 혼인 관계는 한 쪽 배우자의 죽음으로 해소(解消)될 뿐만 아니라, 두 번째 아내는 하나님이 마치 첫 번째 아내와 동일인인 듯이 그 대신으로 그 자리에 앉히신 것일 뿐이라는 것이다.

마 19:5. 그러므로 사람이 그 부모를 떠나서. 모세가 이 말씀을 아담이 한 것으로 기록하고 있는 것인지, 아니면 하나님이 하신 것으로 기록하고 있는 것인지는 불확실하지만, 어느 쪽으로 보더라도, 그것은 이 말씀의 의미를 파악하는 데에는 별로 중요하지 않다. 왜냐하면, 이 말씀이 아담의 입에서 나왔다고 할지라도, 아담은 하나님이 말씀하신 것을 받아서 전한 것일 것이기 때문이다. 여기에서 하나님은 아내를 얻어서 혼인한 남자에게 부모를 완전히 "떠나라"고 명하시는 것이 아니다. 왜냐하면, 만약 하나님이 혼인을 이유로 인륜에 의해서 요구되는 부모와 자식 간의 관계를 단절하라고 명하신 것이라면, 그것은 자기모순이 될 것이기 때문이다. 이 두 가지 의무가 서로 충돌하는 경우에는, 남편은 "부모"보다 "아내"를 우선하는 것이 마땅하지만, 어떤 사람이 자기 "부모"를 버림으로써, 자기가 마땅히 짊어져야 할 멍에를 벗어버린다면, 그 누구도 그런 괴물을 옳다고 하지 않을 것이다. 하물며, 일단 성립된 혼인 관계를 해소하는 것은 더더욱 있을 수 없는 일이다.

마 19:5. 그 둘이 한 몸이 될지니라. 이 말씀은 제멋대로 이혼하는 것을 단죄하는 말씀일 뿐만 아니라, 일부다처제를 단죄하는 말씀이기도 하다. 왜냐하면, 하나님이 남자와 여자 두 사람이 하나가 되는 것을 명하셨다면, 세 사람 또는 네 사람이 서로 뒤섞이는 것은 불법으로 규정하신 것임이 분명하기 때문이다. 그러나 조금 전에 언급했듯이, 그리스도께서는 이 말씀을 그의 목적에 맞게 다른 방식으로 적용하셔서, 남편과 아내가 한 사람이 되게 하는 것이 신성한 혼인의 목적이기 때문에, 자기 아내와 이혼하는 자는 자기 자신을 찢어서 나누는 것임을 보여주신다. 왜냐하면, 그리스도의 목적은 플라톤(Platon)의 부정하고 더러운 사변(思辨)을 소개하는 것이 아니라, 하나님이 세우신 질서를 받들어서 전하는 것이었기 때문이다. 그러므로 남편과 아내는 마치 배우자가 자신의 반쪽인 듯이 서로를 아끼며 살아가는 것이 마땅하다. 남편은 아내에 대하여 폭군이 아니라 "머리"로서 다스리는 자가 되고, 아내는 겸손히 그 명령에 순종하는 자가 되어야 한다.

마 19:6. 그러므로 하나님이 짝지어 주신 것을. 이 말씀을 통해서 그리스도께서는 남편들이 자신의 욕망을 따라서 자기 아내와 이혼함으로써 저 신성한 혼인 관계를 끊어 버리는 것에 제동을 거신다. 그리스도께서는 혼인 관계를 해소하는 것이 남편의 권한이 아니라는 것을 분명히 선언하심과 동시에, 다른 모든 사람들도 마음대로 불법적인 이혼을 인정해 주어서는 안 된다는 것을 분명히 하신다. 왜냐하면, 남편이 자기 아내와 이혼하는 것을 허가해 주는 관리들은 자신의 권세를 남용하는 것이 되기 때문이다. 그러나 그리스도께서 직접적으로 염두에 두신 것은 각 사람은 자기가 한 약속을 충실히 지키는 것이 마땅하기 때문에, 정욕이나 어떤 악한 욕망으로 인하여 이혼하고자 하는 유혹을 받는 자들은 "너는 누구이길래, 내가 짝지어 준 것을 나누고자 하는 것이냐"는 하나님의 질타를 기억하라는 것이다.

한편, 우리는 이 가르침의 적용 범위를 더욱 넓혀볼 수 있을 것이다. 교황주의자들은 교회를 그 머리 되신 그리스도에게서 떼어내어서, 머리가 없는 온전하지 못한 몸을 우리에게 남겨 주었다. 또한, 성찬에서 그리스도께서는 "떡"과 "잔"을 짝지어 놓으셨는데도, 그들은 감히 모든 성도에게서 "잔"을 빼앗는 짓을 자행하여 왔다. 이러한 마귀적인 타락상과 관련해서, 우리는 "하나님이 짝지어 주신 것을 사람이 나누지 못할지니라"는 말씀을 들어서, 그들을 꾸짖는 것이 마땅하다.

마 19:7. 그러면 어찌하여 모세는. 바리새인들은 그리스도께서 사람이 이혼하는 경우에는 합당한 이유가 있어야 한다고 대답하실 줄을 미리 예상하고서, 비방의 뜻이 담긴 이러한 반문을 이미 생각해 놓고 있었다. 왜냐하면, 그들은 선과 악을 결정하실 수 있는 권한은 오직 하나님께 있는 까닭에, 하나님이 그의 율법에서 허용하신 것은 합법적인 것일 수밖에 없다고 생각하였기 때문이다. 그러나 그리스도께서는 모세가 이혼을 허용한 것은 그들의 "완악함" 때문이지, 결코 이혼이 합법적이어서가 아니라는 적절한 대답을 통해서, 그들의 위선과 비방을 잠재우신다. 나아가, 그리스도께서는 "본래는 그렇지 아니하니라"는 탁월한 논리를 통해서, 그의 말씀이 옳다는 것을 재확인해 주신다. 그리스도께서는 하나님이 처음에 혼인 제도를 세우셨을 때에 그것을 세상 끝날까지 유효한 영원한 법으로 정하셨다는 것을 당연한 것으로 여기신다. 우리가 혼인 제도를 신성불가침의 법으로 받아들이는 것이 마땅하다면, 그 법을 어기는 모든 것은 혼인 제도의 본질에서 나오는 것이 아니라, 사람들의 악성(惡性)에서 나오는 것이라는 결론이 도출된다.

그러나 모세가 그 자체로 악하고 나쁜 것을 허용하여 "허락한" 것이 과연 옳은 일이었느냐는 반론이 제기될 수 있다. 이 반론에 대한 나의 대답은, 모세는 "허락한" 것이 아니라, 단지 엄격하게 금지하지 않은 것뿐이었는데, 사람들이 그것을 제멋대로 "허락한" 것이라고 해석해 버린 것에 불과하다는 것이다. 왜냐하면, 모세는 이혼에 관한 법을 정해서, 자기가 이혼을 인정한다는 것을 사람들에게 확인해 준 것이 아니라, 사람들의 악(惡)을 다른 식으로는 억제할 수가 없는 상황에서, 만약 남편이 이혼하고자 한다면, 적어도 자기 아내가 정절을 지켰다는 것을 증명해 줄 수 있는 "증서" 하나쯤은 주어서 내보내야 한다는 최소한의 조건을 제시한 것이기 때문이다. 즉, 이 법은 오로지 여자들이 부당하게 이혼을 당한 후에 수치를 당하지 않도록 하기 위하여, 여자들을 보호할 목적으로 만들어진 것이었다는 말이다. 이것으로부터 우리는 이 법이 남편들로 하여금 그들의 정욕을 불태우는 것을 관용하거나 허용하기 위한 것이 아니라, 도리어 남편들에게 부과된 벌이라는 성격을 지니고 있었다는 것을 알게 된다. 게다가, 세상의 외적 질서는 영적 질서와는 판이하게 다르다. 하나님은 합법적이고 합당한 것들을 "십계명" 속에 포괄해 놓으셨다. 양심상으로 가책을 느끼는 일들 중에서 많은 것들이 세상 법정에서는 다루어지지 않기 때문에, 그런 일들이 법들에 의해서 묵인된다고 해도, 그것은 이상한 일이 아니다. 우리에게 친근한 예를 하나 들어보자. 세상의 법들은 법정에서의 변론과 관련하여 사랑의 법이 허용하는 것보다 더 많은 자유를 우리에게 허용한다. 이것은 왜 그러한가? 왜냐하면, 개개인에게 권리들이 주어진다고 해도, 각 개인이 권리를 주장할 수 있는 통로가 열려져 있지 않다면, 그것은 무용지물이 되고 말 것이지만, 내적인 하나님의 법은 우리가 사랑이 명하는 것들을 따라서 행하여야 한다고 선언하기 때문이다. 그러나 이것은 관리들이 나서서 악행들을 바로잡기를 거부하거나, 그들의 직무상 해야 할 일들을 소홀히 하는 것에 대한 변명이 될 수는 없다. 또한, 사인(私人)들은 세상의 법의 보호 아래 그들 자신의 악행들을 은폐함으로써 이중으로 죄를 짓지 않도록 주의하여야 한다. 왜냐하면, 여기에서 그리스도께서는 유대인들이 그들의 완악함을 하나님이 벌하지 않으시고 그대로 두시는 것으로도 만족하지 못해서, 마치 하나님이 그들로 하여금 죄를 짓게 하시고 그들의 죄를 비호하시는 분인 양 말하고 있는 것에 대하여 그들을 간접적으로 꾸짖고 계시는 것이기 때문이다. 우리는 거룩하고 경건한 삶의 규범을 세상의 법들에서 찾아서는 안 될 뿐만 아니라, 세상의 관습에서 찾아서는 더더욱 안 된다.

마 19:9. 내가 너희에게 말하노니. 마가는 제자들이 "집"에 들어가서 이 일에 대하여 다시 물었을 때에 그리스도께서 그들에게 이 말씀을 하신 것이라고 하는 반면에, 마태는 그러한 정황을 다 생략하고서, 이 말씀을 앞에서부터 계속 이어졌던 강론(講論)의 일부로 다룬다. 이렇게 복음서 기자들은 그리스도께서 하신 말씀의 핵심들만을 전하는 것으로 충분하다고 여겨서, 중간 과정을 생략하는 일이 흔하다. 그러므로 마가가 마태보다 이 일을 더 구체적으로 설명하고 있다는 것 외에는, 두 본문 간에 차이는 없다. 이 말씀의 요지는 이런 것이다. 즉, 이혼이 처음에 하나님이 혼인 제도를 세우신 취지에 어긋난다고 하여도 율법에서 이혼을 벌하는 것은 아니지만, "자기 아내를 버리고 다른 여자를 취하는" 자는 "간음을 행하는" 자라는 것이다. 왜냐하면, 하나님이 일생 동안 지속되기를 바라시는 혼인 관계를 해소하는 것은 사람에게 주어진 권한이 아니고, "본처"의 침소를 불법적으로 차지한 여자는 "음부"가 되기 때문이다. 그러나 예외가 덧붙여지는데, 그것은 아내가 "음행한 이유"로 썩은 지체가 되어 남편에게서 떨어져 나간 경우에는, 남편은 그 혼인 관계에서 자유롭게 된다는 것이다. 이혼과 관련해서 그 밖의 다른 사유들을 찾아내어 덧붙이고자 하는 자들이 있다면, 그들은 하늘로부터 오신 선생보다 더 지혜롭고자 하는 자들이기 때문에, 우리는 그들을 배척하는 것이 마땅하다. 그들은 아내가 나병에 걸린 경우에는, 나병은 남편뿐만 아니라 자녀들도 감염될 수 있기 때문에, 그것은 적법한 이혼 사유가 된다고 주장한다. 이런 경우에 나는 물론 경건한 남편일지라도 나병에 걸린 아내와 접촉하지 말라고 조언하기는 하겠지만, 그 남편에게 아내와 이혼할 권리가 있다고 보지는 않는다. 어느 누가 독신으로 살 수 없는 자들이 정욕으로 불타지 않도록 어떤 해결책이 필요한 것이 아니냐고 반론을 편다면, 나는 하나님의 말씀 밖에서 찾아진 것은 결코 해결책이 될 수 없다는 것을 말해주고 싶다. 또한, 나는 그들이 하나님의 인도하심에 그들 자신을 맡긴다면, 그들은 얼마든지 독신의 은사를 받게 될 것이라는 말도 덧붙여 두고자 한다. 왜냐하면, 그들은 하나님이 정하시고 명하신 것을 따른 자들이기 때문이다. 사람이 한 명의 아내와 오랫동안 살면 지겨워지고 점점 미워져서 도저히 함께 살 수 없는 지경에 이를 수 있다고 하자. 그렇다면, 그런 경우에 과연 일부다처제가 그런 폐해를 없앨 해결책이 될 수 있을까? 또, 어떤 사람의 아내가 중풍에 걸리거나, 그 밖의 어떤 불치병에 걸린다면, 정말 남편은 독신으로 살 수 없다는 이유로 그 아내를 버려도 되는 것인가? 우리는 자신의 본분을 다하는 자들은 반드시 성령의 도우심을 받게 되리라는 것을 안다. 바울은 "음행을 피하기 위하여 남자마다 자기 아내를 두고 여자마다 자기 남편을 두라"(고전 7:2)고 말한다. 그렇게 한 자는 비록 혼인 생활이 그가 바라던 대로 되지 않았다고 할지라도, 자신의 본분을 다한 것이기 때문에, 어떤 것이 부족하다면, 하나님의 도우심을 받게 될 것이다. 이것을 넘어서서 그 이상의 말이나 시도를 하는 것은 하나님을 시험하는 것이 될 뿐이다. 한편, 바울은 믿지 않는 남편이 믿는 아내의 신앙을 싫어하여 이혼하고자 하는 경우에는, 믿음이 있는 "형제"나 "자매"는 그러한 혼인 관계에 "구애될 것이 없다"(고전 7:15)고 말함으로써, 또 다른 이혼 사유를 언급하지만, 이것은 그리스도께서 하신 말씀의 취지와 어긋나는 것이 아니다. 왜냐하면, 바울은 거기에서 이혼의 합당한 사유들을 다루는 것이 아니라, 단지 믿는 아내가 하나님을 싫어하는 믿지 않는 남편에 의해서 부당하게 배척을 당하는 가운데에, 하나님을 버리지 않고서는 다른 방법으로는 남편과 화해할 수 없는 경우에, 그런 남편과의 혼인 관계를 지속해야 하는가라는 문제를 다루는 것이기 때문이다. 그러므로 우리는 바울이 그런 경우에 아내가 하나님을 버리느니 차라리 유한한 인간과 결별하는 것이 더 낫다고 말한 것을 이상하게 생각해서는 안 된다.

그리스도께서 여기에서 예외로 언급하시는 것은 불필요한 말씀으로 보일 수도 있다. 왜냐하면, 간음한 여자는 죽음의 벌을 받게 되어 있는 까닭에, 그런 경우에 이혼에 대하여 말하는 것은 쓸데없어 보이기 때문이다. 그러나 아내의 간음을 재판에 부쳐서 자신의 가문을 불명예에서 벗어나게 하는 것은 남편의 본분이었기 때문에, 그리스도께서는 그 재판 결과가 어떻게 나오는가와는 별개로, 자기 아내의 부정(不貞)을 안 남편에게 혼인 관계를 해소할 수 있는 권한을 부여하신 것이다. 게다가, 부패하고 타락한 백성 사이에서는 이러한 범죄가 대체로 벌을 받지 않고 그냥 넘어가는 일이 있고, 우리 시대에서도 관리들의 악한 관용으로 말미암아 간음을 행한 아내들이 벌을 받지 않기 때문에, 남편들은 부정을 저지른 아내를 직접 내치지 않으면 안 되는 실정도 감안되어야 한다. 또한, 우리는 정절의 의무는 남편과 아내 둘 모두에게 있기 때문에, 이러한 권리도 마찬가지로 둘 모두에게 있다는 것도 유의하여야 한다. 왜냐하면, 다른 일들에 있어서는 남편이 우월한 지위에 있지만, 침소 문제에 관한 한, 남편이라고 해서 자기 몸을 자기가 주관할 수 있는 것이 아닌 까닭에, 남편과 아내는 대등하기 때문이다. 그러므로 남편이 간음을 행하여 혼인 관계에 파탄을 가져온 경우에는, 아내는 그 혼인 관계에서 자유롭게 된다.

마 19:9. 버림받은 여자에게 장가드는 자는 간음함이라. [이 구절이 개역에서는 번역되지 않음 - 역주]. 이 구절은 많은 주석가들에 의해서 매우 잘못 되어 왔다. 왜냐하면, 그들은 이혼한 경우에는 누구나 다 일반적으로 예외 없이 독신으로 사는 것이 하나님의 명령이라고 생각하였기 때문이다. 따라서 남편이 간음한 아내를 버렸다면, 두 사람은 다 재혼을 하지 말고 반드시 독신으로 지내야 한다는 것이 그들의 생각이었다. 이것은 마치 이혼할 수 있는 권리는 오직 이후로는 본처와 잠자리를 함께 하지 않을 권리를 의미할 뿐이기 때문에 재혼해서는 안 된다는 것을 의미한다는 듯이 생각하는 것이고, 마치 이런 경우에 그리스도께서 유대인들이 제멋대로 무차별적으로 행하곤 하였던 것, 즉 재혼을 결코 허용하지 않으셨다는 듯이 생각하는 것이기 때문에, 명백히 잘못된 생각이다. 왜냐하면, 하나님께서는 "버림 받은 여자에게 장가드는 자"를 "간음하는" 자라고 단죄하시는 것은 사실이지만, 이것은 어디까지나 오직 불법적인 이혼의 경우에만 적용되는 것이기 때문이다. 마찬가지로, 바울은 부부 싸움이나 성격 차이로 인해서 이혼한 경우에는 혼인 관계가 적법하게 해소되는 것이 아니기 때문에, 그런 식으로 이혼한 자들에게는 "그대로 지내든지 다시 그 남편과 화합하든지 하라"(고전 7:11)고 명한다. 이것은 "아내가 남편을 버리고"라고 표현되어 있는 마가 본문을 보면 더욱 확실해진다. 유대인들이 이방 관습에 물들기 전에는, 아내에게는 남편에게 이혼 증서를 내어줄 권리가 없었다. 따라서 마가는 그리스도께서 당시에 만연되어 있던 타락상, 즉 남편이나 아내할 것 없이 제멋대로 이혼한 후에 새로운 배우자와 재혼하였던 당시의 세태를 단죄하셨다는 것을 보여주고자 한 것이었다. 이것이 마가가 "음행의 연고"를 언급하지 않은 이유이다.

¹⁰제자들이 이르되 만일 사람이 아내에게 이같이 할진대 장가 들지 않는 것이 좋겠나이다 ¹¹예수께서 이르시되 사람마다 이 말을 받지 못하고 오직 타고난 자라야 할지니라 ¹²어머니의 태로부터 된 고자도 있고 사람이 만든 고자도 있고 천국을 위하여 스스로 된 고자도 있도다 이 말을 받을 만한 자는 받을지어다(마 19:10-12).

마 19:10. 제자들이 이르되. 제자들은 그리스도의 이런 말씀에 자극을 받아서, 마치 아내가 정절을 지키는 한 남편들이 아내를 버리지 못하고 평생 동안 아내에게 매여서 모든 것을 참고 견뎌야 한다는 것이 남편들에게 참을 수 없는 고역(苦役)이라도 된다는 듯이, 그런 올무에 걸려서 평생 속박을 받고 사느니 차라리 아내 없이 혼자 지내는 편이 더 낫겠다고 말한다. 그러나 다른 한편으로, 왜 그들은 아내의 속박된 삶이 얼마나 힘들 것인지에 대해서는 생각하지 못한 것일까? 그것은 그들이 육신의 생각에 휘둘려서 그들 자신과 그들의 편의만을 생각하느라고 다른 사람의 사정은 도외시하고 오로지 무엇이 그들 자신에게 이로울지만을 생각하였기 때문이 아니라면, 도대체 무슨 이유 때문이었겠는가? 또한, 그들이 불편함이나 싫증날 것에 대한 염려 때문에 하나님이 주신 놀라운 선물을 거부하고자 한 것은 그들의 배은망덕한 악성(惡性)을 그대로 드러낸 것이기도 하였다. 그들은 한 여자에게 매여서 싫든 좋든 평생을 함께 살기보다는 차라리 혼인을 하지 않는 것이 더 낫겠다고 생각하였다. 그러나 혼인 관계에는 부분적으로 사람의 마음에 들지 않는 일들이 수반된다고 할지라도, 하나님이 인류의 보편적인 유익을 위하여 혼인 제도를 정하신 것이라면, 사람이 그런 불편한 점들을 이유로 내세워서 혼인을 거부하는 것은 합당하지 않은 일이다. 그러므로 하나님의 선물들 속에 우리의 마음에 들지 않는 부분이 있다고 할지라도, 우리는 까다롭게 따지거나 트집을 잡지 말고, 그 선물들을 감사하는 마음으로 받아서 잘 사용하는 법을 배워야 한다. 특히, 우리는 혼인과 관련해서 그러한 왜곡된 악(惡)을 저지르지 않도록 조심하여야 한다. 왜냐하면, 혼인에는 많은 귀찮고 힘든 일들이 수반되는 까닭에, 사탄은 늘 사람들로 하여금 혼인을 싫어하고 혐오하여 기피하게 만들기 위해 애를 쓰기 때문이다. 히에로니무스(Hieronymus)는 하나님이 정하신 저 신성한 삶의 질서를 무수히 중상모략함과 아울러서, 혼인의 신성함을 훼손하기 위해서 세속의 저술가들의 입에서 나온 수많은 비방의 말들(λοιδογίας-로이도기아스)을 끌어 모아 제시함으로써, 혼인에 대한 악의적이고 왜곡되고 부패한 인간의 성향을 너무도 분명하게 보여주었다. 그러나 우리는 혼인에 수반되는 귀찮고 힘든 일들이 있다면, 그것들은 혼인의 본질 자체에서 생겨나는 것이 아니라, 인간의 부패성과 악성으로부터 생겨나는 것임을 명심하여야 한다. 또한, 우리는 인간의 본성이 타락하고 부패해 있는 까닭에, 혼인은 그것을 치료하는 약(藥, medicina)의 역할을 하게 되었기 때문에, 거기에 달콤함과 더불어서 쓴 맛도 섞여 있는 것은 이상한 일이 아니라는 것도 기억하여야 한다. 우리는 여기에서 그리스도께서 인간의 어리석은 생각을 어떻게 반박하고 계시는지를 잘 보아야 한다.

마 19:11. 사람마다 이 말을 받지 못하고. 그리스도께서 하신 이 말씀은 우리가 혼인을 하느냐 안 하느냐 하는 것은 우리에게 달려 있다고 생각할지라도, 그 선택권은 결코 우리의 수중에 있지 않다는 뜻이다. 어떤 사람이 혼인을 하지 않고 혼자 지내는 것이 좋겠다고 생각해서, 하나님께 여쭙지도 않은 채로 독신 서약을 했다면, 그는 크게 잘못한 것이다. 왜냐하면, 하나님은 남자가 여자를 자신을 돕는 "배필"로 삼는 것이 좋다고 분명하게 말씀하신 까닭에, 그의 명령을 멸시한 그 사람을 벌하실 것이기 때문이다. 인간이 하늘이 정해준 부르심(vocatio)을 거부하고 거기에서 벗어나고자 하는 것은 인간의 지독한 오만이다. 그리스도께서는 독신 생활은 특별한 은사라는 사실을 들어서, 혼인을 하느냐 안 하느냐 하는 것은 누구나 다 자유롭게 스스로 선택할 수 있는 일이 아니라는 것을 증명하신다. 왜냐하면, 그리스도께서는 "사람마다 이 말을 받지 못하고 오직 타고난 자라야 할지니라"고 말씀하심으로써, 이 은사가 모든 사람에게 주어진 것이 아님을 분명히 보여주시기 때문이다. 그러므로 그리스도께서 혼인 여부는 스스로 선택할 수 있는 문제가 아니라고 그토록 분명하게 보여주셨는데도, 혼인 여부를 스스로 결정하겠다고 겁 없이 덤비는 자들에 대하여, 이 말씀은 그들의 오만을 단죄하는 말씀이다.

마 19:12. 고자도 있고. 그리스도께서는 세 종류의 "고자"를 구별하신다. 태어날 때부터 고자가 된 자들이나, 사람들에 의해서 고자가 된 자들은 그 신체적 결함으로 인해서 혼인을 할 수 없다. 왜냐하면, 그런 자들은 남자 구실을 할 수 없기 때문이다. 또한, 그리스도께서는 하나님을 섬기는 일에 더 전적으로 헌신하기 위하여 스스로 고자가 된 자들을 세 번째 부류의 "고자"로 분류하시고, 이런 자들은 혼인의 의무가 면제된다고 말씀하신다. 이것으로부터 우리는 이 세 경우에 해당되지 않는 자들이 혼인을 기피한다면, 그것은 옛적의 거인족들과 마찬가지로 신성모독에 해당하는 오만방자함으로 하나님과 대적하여 싸우는 것이라는 결론을 얻게 된다. 교황주의자들이 "스스로 된 고자"(εὐνούχισαν-유누키산)라는 표현을 들어서, 마치 독신 생활을 하는 것이 사람들이 자신의 뜻과 선택에 따라 얼마든지 가능하다는 듯이 말하는 것은 너무나 어이없는 일이다. 왜냐하면, 그리스도께서는 이미 독신 생활은 하나님으로부터 독신의 은사를 받은 자들만이 가능하다는 것을 분명하게 밝히셨기 때문이다. 또한, 그리스도께서는 조금 후에 이 특별한 은사를 받지 않은 자가 혼인을 하지 않고 사는 쪽을 택하는 것은 어리석고 주제넘은 짓이라는 것을 다시 한 번 역설하신다. 그러므로 "스스로 고자가 되는 것"은 사람들의 자유의지에 맡겨져 있는 일이 아니다. 이 말씀의 취지는 어떤 사람들은 혼인에 합당하도록 태어나지만, 하나님이 그들에게 독신의 은사를 주신 경우에는, 그들이 혼인을 하지 않는다고 해도, 그것은 하나님을 시험하는 일이 되지 않는다는 것이다.

마 19:12. 천국을 위하여. 많은 사람들이 이 어구를 "영생에 합당한 삶을 살기 위하여"를 의미하는 것으로 잘못 해석한다. 마치 독신 생활이 하나님 앞에서 어떤 공로(功勞)라도 된다는 듯이 말이다. 교황주의자들이 독신 생활을 천사와 같은 삶이라고 제멋대로 생각하는 것도 동일한 맥락에 속한다. 그러나 그리스도께서 여기에서 말씀하시고자 하신 것은 단지 혼인을 하지 않은 사람들은 세상의 모든 염려에서 벗어나서 경건의 일들(pietatis officia)에 더욱더 헌신하는 것을 그들의 목적으로 삼아야 한다는 것이다. 그러므로 독신 생활을 하나의 미덕으로 생각하는 것은 어리석은 망상일 뿐이다. 왜냐하면, 독신 생활은 금식과 마찬가지로 그 자체로는 하나님을 기쁘시게 하는 일도 아니고, 하나님이 우리에게 명하신 의무들 중의 하나도 아니며, 오직 다른 목적과 결부되어 있을 때에만 의미를 지니기 때문이다. 그리스도께서는 어떤 사람이 독신 생활을 택하여 음행으로부터 벗어난 순결한 삶을 산다고 할지라도, 그가 단지 자신이 편하게 살려고 그렇게 한 것이라면, 하나님은 그 사람의 독신 생활을 옳다고 인정하지 않으신다는 것, 그리고 오직 그 사람이 세상 일들에 얽매임이 없이 하늘에 속한 삶에 착념하고자 하여 독신 생활을 택한 경우에만, 그 독신 생활이 하나님의 인정을 받을 수 있다는 것을 분명하게 말씀하고자 하신 것이었다. 요컨대, 그리스도께서는 사람이 혼인을 하지 않고 동정(童貞)을 지키며 살아간다고 하여도, 하나님의 영광을 위하여 더 좋은 일들에 헌신하기 위한 목적으로 혼인하지 않은 것이 아니라면, 그런 독신 생활은 합당한 것이 아니라는 것을 우리에게 가르치고 계시는 것이다.

마 19:12. 이 말을 받을 만한 자는 받을지어다. 이 결론적인 말씀을 통해서 그리스도께서는 사람이 맹목적인 경솔함으로 멸망을 향하여 돌진하고자 하는 것이 아니라면, 혼인을 멸시하지 않아야 한다고 제자들에게 경고하신다. 왜냐하면, 그리스도께서는 그의 제자들이 별 생각 없이 무분별하게 혼인에 대하여 생각하고 말하는 것을 보신 까닭에, 그들을 제어할 필요성을 느끼셨기 때문이다. 그러나 이 경고의 말씀은 누구에게나 유익하다. 왜냐하면, 사람들 중에는 혼인을 할 것이냐 말 것이냐를 놓고 결정해야 할 때에, 자기에게 주어진 부르심이 무엇인지를 신중하게 생각하는 자는 거의 없고, 맹목적인 감정이 이끄는 방향으로 분별없이 경솔하게 내달리는 자들이 많기 때문이다. 나는 사람들이 이 경고의 말씀을 진작 경청하였더라면 너무나 좋았을 것이라고 생각한다. 그러나 사탄의 주문(呪文)들에 홀려서 사람들의 귀가 닫혀 버렸기 때문에, 사람들은 하나님으로부터 혼인으로 부르심을 받고서도, 본성을 거스르고 하나님을 무시하는 가운데에, 독신 생활이라는 덫으로 스스로를 옭아맨 후에, 거기에 서원(誓願, votum)이라는 치명적인 덫에 걸려서, 그 불쌍한 영혼들은 다시는 그 수렁에서 헤어 나올 수 없게 되고 말았다.

[13]그 때에 사람들이 예수께서 안수하고 기도해 주심을 바라고 어린 아이들을 데리고 오매 제자들이 꾸짖거늘 [14]예수께서 이르시되 어린 아이들을 용납하고 내게 오는 것을 금하지 말라 천국이 이런 사람의 것이니라 하시고 [15]그들에게 안수하시고 거기를 떠나시니라(마 19:13-15).

¹³사람들이 예수께서 만져 주심을 바라고 어린 아이들을 데리고 오매 제자들이 꾸짖거늘 ¹⁴예수께서 보시고 노하시어 이르시되 어린 아이들이 내게 오는 것을 용납하고 금하지 말라 하나님의 나라가 이런 자의 것이니라 ¹⁵내가 진실로 너희에게 이르노니 누구든지 하나님의 나라를 어린 아이와 같이 받들지 않는 자는 결단코 그곳에 들어가지 못하리라 하시고 ¹⁶그 어린 아이들을 안고 그들 위에 안수하시고 축복하시니라(막 10:13-16).

¹⁵사람들이 예수께서 만져 주심을 바라고 자기 어린 아기를 데리고 오매 제자들이 보고 꾸짖거늘 ¹⁶예수께서 그 어린 아이들을 불러 가까이 하시고 이르시되 어린 아이들이 내게 오는 것을 용납하고 금하지 말라 하나님의 나라가 이런 자의 것이니라 ¹⁷내가 진실로 너희에게 이르노니 누구든지 하나님의 나라를 어린 아이와 같이 받아들이지 않는 자는 결단코 거기 들어가지 못하리라 하시니라(눅 18:15-17).

이 기사(記事)는 대단히 유익하다. 왜냐하면, 이 기사는 그리스도께서 거룩한 소원과 믿음에 감동되어 자원해서 그에게로 나아오는 자들만이 아니라, 그의 은혜가 얼마나 절실하게 필요한지를 아직 알지 못하는 나이에 있는 자들까지도 받으신다는 것을 보여주기 때문이다. 이 "어린 아이들"은 아직 그리스도의 축복을 받기를 스스로 원할 정도의 지각(知覺)을 지니고 있지 않았지만, 부모들이 그들을 데리고 오자, 그리스도께서는 그의 온유하심과 인자하심으로 그들을 받으셔서, 엄숙한 축복 기도를 통해서 아버지 하나님께 그들을 성별해 드린다. 우리는 "어린 아이들"을 그리스도께로 데리고 온 사람들의 의도를 주목할 필요가 있다. 왜냐하면, 만약 성령의 능력이 그리스도께 있어서, 그가 하나님의 백성에게 그 능력을 부어 주실 수 있으시다는 뿌리 깊은 믿음이 그들의 마음속에 자리 잡고 있지 않았다면, 그들은 "어린 아이들"을 그리스도께로 "데리고 오지" 않았을 것이기 때문이다. 그러므로 "어린 아이들"이 그리스도의 은혜에 참여하게 되기를 그들이 바랐으리라는 것은 의심의 여지가 없다. 그래서 누가는 이 점을 강조하기 위해서 불변사인 "또한"(개역에서는 번역되지 않음 - 역주)을 덧붙여서 "자기 어린 아기들도 데리고 오매"라고 표현하는데, 이것은 누가가 사람들이 그리스도로부터 여러 가지로 많은 도우심을 받게 되자, 자기 자녀들도 그리스도께 "안수"를 받는다면, 반드시 성령의 어떤 선물들을 받게 될 것이라는 기대를 갖게 되었다고 말하는 것과 같은 것이었다. 앞에서

말했듯이, "안수"는 유대인들 사이에서 아주 오래되고 잘 알려져 있던 축복의 의식 (儀式)이었기 때문에, 그들이 그리스도께서 이 엄숙한 의식을 사용해서 "어린 아이 들"을 축복해 주시기를 바란 것은 전혀 이상한 일이 아니었다. 아울러 "낮은 자가 높은 자에게서 축복을 받는"(히 7:7) 것이기 때문에, 이것은 그들이 그리스도께 지 극히 높으신 선지자의 능력과 존귀를 돌린 것이기도 하다.

마 19:13. 제자들이 꾸짖거늘. 만약 왕관이 예수의 머리 위에 이미 씌워져 있었 다면, 제자들은 이 일을 기꺼이 기뻐하며 받아들였을 것이다. 그러나 그들은 아직 그리스도의 본래의 직분이 무엇인지를 깨닫고 있지 못하였기 때문에, 그리스도께 서 "어린 아이들"을 받으시는 것은 그의 품위에 손상이 가는 일이라고 여겼고, 그 들의 이러한 오해는 어느 정도 변명의 여지가 없는 것도 아니었다. 왜냐하면, 지극 히 높으신 선지자이자 하나님의 아들이신 분이 "어린 아이들"을 상대하시는 것은 격(格)에 맞지 않는 일이라고 생각되었을 것이기 때문이다. 그러나 이것으로부터 우리는 육신의 생각을 따라(ex carnis sensu) 그리스도를 판단하는 자들은 잘못되 고 왜곡된 판단을 할 수밖에 없다는 것을 알게 된다. 왜냐하면, 그런 자들은 언제나 그리스도에게서 그가 본래 가지고 계신 것들을 박탈해 버림과 동시에, 그를 존귀 하게 해드린다는 구실로 도리어 본래 그에게 속하지 않은 것들을 그에게 돌려서 그를 욕되게 하기 때문이다. 이 때문에 그런 자들이 꾸며낸 허구적인 그리스도가 세상에 전해져서, 무수한 잘못된 미신(迷信)들이 판을 치게 되었다. 그러므로 우리 는 그리스도를 그가 그에 대하여 친히 증거하신 것과 다르게 생각하지 않고, 그가 아버지 하나님으로부터 받은 것과 다른 모습을 그에게 돌리지 않는 법을 배워야 한다. 우리는 교황 제도와 관련해서 어떤 일이 벌어졌는지를 본다. 그들은 그들이 작은 떡 조각 앞에 무릎을 꿇는 행위를 통해서 그리스도께 큰 존귀를 돌려드리고 있다고 생각한다. 그러나 그런 행위는 하나님이 보시기에 역겹고 가증스러운 것이 다. 또한, 그들은 그리스도께서 친히 우리를 변호하시는 일을 하신다는 것은 그의 위엄에 손상이 가는 일이라고 생각해서, 우리를 위해 대도(代禱)해 줄 자들을 무수 히 만들어 내었다. 그러나 그들의 그러한 행태는 그리스도에게서 중보자로서의 존 귀하심을 빼앗는 짓일 뿐이다.

마 19:14. 어린 아이들을 용납하고. 그리스도께서는 자기가 "어린 아이들"을 받 아들이기를 원하신다는 뜻을 분명히 밝히시고, 그들을 안아주실 뿐만 아니라, 그 들에게 안수하시고 축복하셨다. 이것으로부터 우리는 그리스도의 은혜가 그 나이

어린 자들에게도 미친다는 것을 알게 된다. 이것은 전혀 놀라거나 이상히 여길 일이 아니다. 왜냐하면, 아담 이래로 온 인류가 사망 선고를 받고서 그 아래에 갇혀 있는 까닭에, 가장 작은 자로부터 가장 큰 자에 이르기까지 모든 사람은 유일하신 구속주에 의해서 구원받은 자들 외에는 누구나 다 예외 없이 멸망을 받을 수밖에 없기 때문이다. 만약 나이가 어리다고 해서 저 구속(救贖)의 은혜에서 배제된다면, 그것은 너무 잔인한 일이 될 것이다. 그러므로 우리가 이 본문을 재세례파의 주장을 반박하는 방패로 사용하는 것은 결코 잘못된 것이 아니다. 그들은 유아들은 세례가 표상하는 저 신비(mysterium)를 이해할 수 없다는 것을 근거로 삼아서 유아세례를 부정한다. 반면에, 세례는 값없이 주어지는 죄 사함 및 하나님의 양자 삼으심을 보여주는 담보(pignus)이자 표징(figura)이기 때문에, 하나님이 그의 아들의 피로 씻으시고 양자로 삼으신 유아들에 대한 세례를 우리가 부정해서는 안 된다는 것이 우리의 입장이다. 세례는 회개와 새 생명을 표상하는 것이기도 하다는 그들의 반론에 답하는 것은 쉬운 일이다. 즉, 유아들은 그들의 나이에 걸맞은 분량에 따라 하나님의 성령에 의해서 새롭게 된 후에, 그들 속에 감춰져 있는 그 능력은 나이가 들면서 서서히 자라나서, 때가 되면 온전히 드러나게 된다는 것이다. 또한, 재세례파들은 우리가 오직 믿음으로 말미암아 하나님과 화목을 이루고 양자가 되는 것이기 때문에 그 밖의 다른 길은 없다고 주장하지만, 그것은 어디까지나 성인(成人)들에게만 적용되고, 유아들의 경우에는 적용되지 않는다는 것을 이 본문이 보여준다는 것이 우리의 입장이다. "안수"가 하찮고 쓸데없는 공허한 의식(儀式)이 아니었다는 것은 확실하고, 그리스도의 기도가 헛되이 허공 속으로 흩어져 버린 것이 아니라는 것도 확실하다. 만약 "유아들"을 깨끗하게 하실 수 없으셨다면, 그리스도께서는 그들을 하나님께 엄숙히 성별해 드릴 수 없으셨을 것이다. 만약 "유아들"이 하나님의 자녀로 받아들여질 수 없었다면, 무엇 때문에 그리스도께서는 그들을 위하여 기도하셨겠는가? 이것으로부터 우리는 이 "유아들" 또는 "어린 아이들"이 구원의 소망 가운데서 성령에 의해 새롭게 되어졌다는 결론을 얻게 된다. 요컨대, 그리스도께서는 그들을 안아주심으로써, 그들을 그의 양 무리로 받아 주셨다는 것을 증거하신 것이었다. 이렇게 그들이 세례가 표상하는 영적인 은사들에 참여하는 자들이 되었다면, 그들에게서 그 외적인 표징(signum)인 세례를 박탈하는 것은 이치에 맞지 않는 일이다. 또한, 그리스도께서 그의 품에 안으신 자들을 그의 양 무리가 거하는 곳에서 멀리 쫓아버리고서 그 문을 닫고, 그리스도께서 "그에게로 오는 것

을 금하지 말라"고 명하신 자들을 외인(外人)으로 취급하여 배척하는 것은 신성모
독에 해당하는 오만방자한 짓이다.

마 19:14. 천국이 이런 사람의 것이니라. 그리스도께서는 "이런 사람"이라는 표
현을 통해서 "어린 아이들"과 그들을 닮은 자들을 둘 다 포함시키신다. 그런데도
재세례파에서는 어리석게도 당연히 포함되어야 할 "어린 아이들"을 여기에서 배제
시킨다. 또한, 그리스도께서는 이 기회를 이용해서, 그의 제자들에게 악의(malitia)
와 교만(fastus)을 벗어 버리고 "어린 아이"의 성품을 입으라고 권면하고자 하셨다.
그래서 마가와 누가는 "어린 아이"와 같이 되지 않는 자는 "결단코 하나님의 나라
에 들어가지 못하리라"는 말씀을 덧붙인다. 그러나 우리는 "지혜에는 아이가 되지
말고 악에는 어린 아이가 되라"(고전 14:20)는 바울의 권면을 경청하여야 한다.

¹⁶어떤 사람이 주께 와서 이르되 선생님이여 내가 무슨 선한 일을 하여야 영생을 얻
으리이까 ¹⁷예수께서 이르시되 어찌하여 선한 일을 내게 묻느냐 선한 이는 오직 한
분이시니라 네가 생명에 들어 가려면 계명들을 지키라 ¹⁸이르되 어느 계명이오니이
까 예수께서 이르시되 살인하지 말라, 간음하지 말라, 도둑질하지 말라, 거짓 증언
하지 말라, ¹⁹네 부모를 공경하라, 네 이웃을 네 자신과 같이 사랑하라 하신 것이니
라 ²⁰그 청년이 이르되 이 모든 것을 내가 지키었사온대 아직도 무엇이 부족하니이
까 ²¹예수께서 이르시되 네가 온전하고자 할진대 가서 네 소유를 팔아 가난한 자들
에게 주라 그리하면 하늘에서 보화가 네게 있으리라 그리고 와서 나를 따르라 하
시니 ²²그 청년이 재물이 많으므로 이 말씀을 듣고 근심하며 가니라(마 19:16-22).

¹⁷예수께서 길에 나가실새 한 사람이 달려와서 꿇어 앉아 묻자오되 선한 선생님이
여 내가 무엇을 하여야 영생을 얻으리이까 ¹⁸예수께서 이르시되 네가 어찌하여 나
를 선하다 일컫느냐 하나님 한 분 외에는 선한 이가 없느니라 ¹⁹네가 계명을 아나니
살인하지 말라, 간음하지 말라, 도둑질하지 말라, 거짓 증언 하지 말라, 속여 빼앗
지 말라, 네 부모를 공경하라 하였느니라 ²⁰그가 여짜오되 선생님이여 이것은 내가
어려서부터 다 지켰나이다 ²¹예수께서 그를 보시고 사랑하사 이르시되 네게 아직도
한 가지 부족한 것이 있으니 가서 네게 있는 것을 다 팔아 가난한 자들에게 주라
그리하면 하늘에서 보화가 네게 있으리라 그리고 와서 나를 따르라 하시니 ²²그 사
람은 재물이 많은 고로 이 말씀으로 인하여 슬픈 기색을 띠고 근심하며 가니라(막

10:17-22).

¹⁸어떤 관리가 물어 이르되 선한 선생님이여 내가 무엇을 하여야 영생을 얻으리이까 ¹⁹예수께서 이르시되 네가 어찌하여 나를 선하다 일컫느냐 하나님 한 분 외에는 선한 이가 없느니라 ²⁰네가 계명을 아나니 간음하지 말라, 살인하지 말라, 도둑질 하지 말라, 거짓 증언 하지 말라, 네 부모를 공경하라 하였느니라 ²¹여짜오되 이것은 내가 어려서부터 다 지키었나이다 ²²예수께서 이 말을 들으시고 이르시되 네게 아직도 한 가지 부족한 것이 있으니 네게 있는 것을 다 팔아 가난한 자들에게 나눠 주라 그리하면 하늘에서 네게 보화가 있으리라 그리고 와서 나를 따르라 하시니 ²³ 그 사람이 큰 부자이므로 이 말씀을 듣고 심히 근심하더라(눅 18:18-23).

마 19:16. 어떤 사람이. 누가는 이 사람이 "관리"(ἄρχων-아르콘), 즉 평민이 아니라 아주 지체 높은 사람이었다고 말한다. 부(富)와 귀(貴)는 함께 붙어 다니는 법이기는 하지만, 이 사람은 인품이 훌륭하고 선한 자로 사람들로부터 존경을 받았던 것으로 보인다. 모든 정황으로 볼 때, 나는 이 사람이 "청년"이라 불리긴 하지만, 단아하고 고결한 삶을 통해서 옛적의 흠 없는 신앙을 유지해 온 그런 부류의 사람이었을 것이라는 데에 전혀 의심이 없다. 그는 앞서 서기관들이 그랬던 것과는 달리, 가식(假飾)으로가 아니라 진심으로 가르침을 받고자 온 것이었다. 따라서 그는 말과 "꿇어앉는" 행위를 통해서 신실하신 선생이신 그리스도에 대한 자신의 공경하는 마음을 표현하였다. 그러나 그는 자기가 이제까지 살아오면서 행해 온 일들에 대한 맹목적인 자부심 때문에, 어떤 것들에서 그리스도에게서 가르침을 받고자 하였지만, 결국 유익을 얻을 수 없었다. 우리 시대에서도 우리는 성품이 나쁘지 않은 자들이 그들 자신의 허울 좋은 거룩한 삶에 미혹되어서 복음의 가르침을 거의 맛보지 못하는 것을 본다.

그러나 그리스도께서 하신 대답의 의미를 좀 더 정확히 판단하기 위해서는, 우리가 이 사람이 도대체 어떤 질문을 했는지를 주의 깊게 살펴보지 않으면 안 된다. 그는 단지 자기가 어떤 방법으로 그리고 어떻게 해야 "영생을 얻을" 수 있느냐고 물은 것이 아니라, "내가 무슨 선한 일을 하여야 영생을 얻으리이까"라고 물었다. 그는 자기가 공로(meritum)를 세워서, 그 공로에 대한 합당한 대가로 "영생"을 얻을 수 있을 것이라고 생각한 것이었다. 따라서 그리스도께서 그에게 율법을 지키라고 대답하신 것은 적절한 것이었다. 왜냐하면, 내가 나중에 좀 더 자세하게 설명하겠지만, 율법이 생명의 길(via vitae)이라는 것은 의심의 여지가 없기 때문이다.

막 10:18. 네가 어찌하여 나를 선하다 일컫느냐. 나는 상당수의 해석자들이 그리스도의 이러한 반문에 아주 교묘한 의미를 부여하여, 마치 그리스도께서 자신의 신성(神性)을 암시하고자 하셨다는 듯이 이해하고서, "네가 인성(人性)보다 더 고결한 것이 내게 있다는 것을 알지 못한 채로, 오직 하나님께만 합당한 '선하다'는 수식어를 내게 붙이는 것은 잘못된 것"이라는 것이 이 반문의 취지라고 설명하는 것에 동의하지 않는다. 물론, 나는 엄밀하게 말한다면 사람이나 천사에게 그토록 존귀한 수식어를 붙이는 것은 합당하지 않다는 것을 인정한다. 왜냐하면, 그들 속에는 단 한 방울의 선함도 없고, 선한 것은 모두 하나님으로부터 오기 때문이고, 그들에게서는 선함이 단지 시작된 것일 뿐이고 온전하게 된 것은 아니기 때문이다. 그러나 여기에서 그리스도께서 하신 이 반문의 취지는 그의 가르침이 참되다는 것을 단언하시는 것이기 때문에, 그리스도께서는 이 반문을 통해서 "내가 하나님으로부터 왔다는 것을 네가 인정하지 않는다면, 네가 나를 '선한 선생님'이라고 부르는 것은 잘못된 것"이라고 말씀하시는 것이다. 그러므로 그리스도께서는 여기에서 자신의 신성(神性)을 암시하시는 것이 아니라, 이 "청년"에게 자신의 가르침이 참되다는 것을 받아들이라고 권면하시는 것이다. 이 청년은 이미 그리스도께 순종하고자 하는 마음을 지니고 있었지만, 그리스도께서는 그가 하나님이 말씀하시는 것을 들을 수 있도록 준비시키시기 위하여, 그의 마음이 더욱 열리게 하고자 하셨던 것이다. 왜냐하면, 사람들은 그 속에 경건한 것이 하나도 없는 자들, 아니 마귀로 가득한 자들에게도 예의상으로 "선한 선생"이라는 호칭을 무차별적으로 붙여 주는 것이 관례이지만, 사실 그런 식의 관례는 하나님의 은사들을 더럽히는 불경(不敬)에 해당하는 일이기 때문이다. 그러므로 우리는 그리스도께서 그의 가르침의 권위를 단언하시기 위하여, 이 청년으로 하여금 하나님을 바라보게 하신 것을 이상하게 여길 필요가 없다.

마 19:17. 계명들을 지키라. 일부 교부(敎父)들은 이 본문을 마치 그리스도께서 사람이 율법을 지킴으로써 그 공로로 영생을 얻을 수 있다고 가르치신 것처럼 잘못 해석하였고, 교황주의자들도 그러한 해석을 따라 왔다. 그러나 그리스도께서는 여기에서 사람이 무엇을 할 수 있느냐라는 주제를 다루시는 것이 아니라, 단지 "행위의 의(義)라는 것이 무엇인가" 또는 "율법이 무엇을 요구하는가"라는 질문에 대하여 응수하고 계시는 것일 뿐이다. 물론, 우리는 하나님이 그의 율법 속에 거룩하고 의롭게 사는 길을 포괄적으로 규정해 놓으셨다는 것과 하나님의 율법에 의(義)가 포함되어 있다는 것을 확고하게 인정하지 않으면 안 된다. 왜냐하면, 모세가 "사람이 이를 행하면 그로 말미암아 살리라"(레 18:5), 또는 "내가 오늘 하늘과 땅을 불러 너희에게 증거를 삼노라 내가 생명 … 을 네 앞에 두었은즉"(신 30:19)이라고 말한 것은 결코 빈 말이 아니기 때문이다. 그러므로 우리는 율법을 지키는 것은 의(義)이고, 만약 율법을 온전히 지킨 자가 있다면, 그는 그 의로 영생을 얻게 되리라는 것을 부인해서는 안 된다. 그러나 "모든 사람이 죄를 범하였으매 하나님의 영광에 이르지 못하더니"(롬 3:23)라는 말씀대로, 우리는 율법 속에서는 오직 저주 외에는 아무것도 발견할 수 없기 때문에, 값없이 거저 주시는 의(義)만을 바라는 것 외에는 우리가 할 수 있는 것이 없다. 그러므로 바울은 두 가지의 의, 즉 "율법으로 말미암는 의"(롬 10:5)와 "믿음으로 말미암는 의"(롬 10:6)를 제시하고서, 전자는 "행위"에서, 후자는 "그리스도의 거저 주시는 은혜" 속에서 찾는다.

이것으로부터 우리는 그리스도의 이러한 대답이 합당하였다는 것을 알게 된다. 왜냐하면, 행위의 의에 대하여 물은 청년에게 그리스도께서는 먼저 율법을 온전히 행한(이것은 불가능하다) 자만이 하나님 앞에서 의롭다 여기심을 받는다는 것을 가르쳐 주심으로써, 그 청년으로 하여금 자신의 연약함을 깨닫고서, 믿음에 의지하도록 만들 필요가 있으셨기 때문이다. 그러므로 나는 하나님이 그의 율법을 지킨 자들에게 영생이라는 상(賞)을 약속하셨기 때문에, 만약 우리의 육신의 연약함으로 인하여 그것이 불가능하게 되지만 않았다면, 우리는 그 길을 따라가야 했었을 것임을 인정한다. 그러나 성경은 우리 자신의 죄악으로 말미암아 우리가 이제 행위로는 의를 얻을 수 없게 되어서 오직 그 의를 선물로 받을 수밖에 없게 되었다는 것을 우리에게 가르쳐 준다. 그 누구도 결코 도달할 수 없는 "율법으로 말미암는 의"(롬 10:5)를 하나님이 우리에게 제시하신 것은 헛일이 아니냐는 반론에 대한 나의 대답은 율법으로 말미암는 의는 우리로 하여금 의(義)를 위하여 기도하게 만드는 초보적인 가르침이기 때문에 결코 쓸데없고 불필요한 것이 아니라는 것이다. 그러므로 바울이 "율법을 행하는 자라야 의롭다 하심을 얻으리니"(롬 2:13)라고 말할 때, 그것은 모든 사람이 율법으로 의롭게 될 수 없다고 말하는 것이다. 또한, 이 말씀은 교황주의자들이 구원을 얻는 길이라고 궁리하고 고안해 낸 모든 것들을 폐하는 말씀이기도 하다. 왜냐하면, 그들의 선행으로 말미암아 하나님을 그들에게 빚진 자로 만들어서, 하나님으로 하여금 그들에게 구원을 베푸시지 않을 수 없도록 하고자 하는 그들의 속셈은 완전히 착각일 뿐만 아니라, 그들은 선한 일들에 헌신한다고 하면서, 율법의 가르침은 도외시하고, 주로 그들이 정해 놓은 이른바 경신(敬神) 행위(devotio)들에 몰두함으로써, 하나님의 법을 공개적으로 부정하고 배척하는 것은 아니지만, 사람의 전통들을 훨씬 더 중시하기 때문이다. 그러나 그리스도께서는 무엇이라고 말씀하시는가? 하나님이 유일하게 인정하시는 예배는 하나님이 친히 정하신 대로 드려지는 예배이다. 왜냐하면, "순종이 제사보다 낫기"(삼상 15:22) 때문이다. 그러므로 교황주의자들이 쓸데없는 사람의 전통들을 지키는 일에 몰두하고 있는 동안에, 진정으로 그리스도께 순종하는 삶을 살고자 하는 자는 율법의 "계명들을 지키는" 일에 온 힘을 쏟아야 한다.

마 19:18. 살인하지 말라. 그리스도께서 우리가 율법 전체를 지켜야 한다는 것을 보여주시고자 하셨음에도 불구하고, 오직 십계명의 두 번째 돌판에 나오는 계명들만을 언급하신 것은 의외이다. 그러나 그리스도께서 그렇게 하신 것은 사랑(caritas)의 의무들에 비추어 볼 때에 사람의 마음의 상태가 더 잘 확인되기 때문이다. 물론, 하나님에 대한 경건(pietas)의 의무가 더 우선이라는 것은 의문의 여지가 없다. 그러나 첫 번째 돌판에 나오는 계명들을 지키는 것은 외식하는 자들에 의해서 위장되는 경우가 흔하기 때문에, 사람의 마음이 어떠한지를 살피는 데에는 두 번째 돌판에 나오는 계명들을 사용하는 것이 더 적절하다. 그러므로 우리는 그리스도께서 참된 의(義)의 증거가 담겨져 있는 두 번째 돌판에 나오는 "계명들"을 언급하시면서, 제유법(提喩法)을 통하여 하나님의 계명 전체를 말씀하신 것임을 알아야 한다. 그리스도께서 "부모를 공경하는" 것과 관련된 계명을 마지막에 두신 것은 단지 그 순서에 신경을 쓰지 않으신 것일 뿐이기 때문에 별 의미가 없다. 그렇지만 우리가 주목해야 할 것은 그리스도께서는 이 계명을 두 번째 돌판에 속한 것임을 분명히 하고 계시다는 것이다. 따라서 우리는 이 계명을 첫 번째 돌판에 속한 것으로 생각하였던 요세푸스(Iosephus)의 오류에 미혹되어서는 안 된다. 마지막에 덧붙여져 있는 "네 이웃을 네 자신과 같이 사랑하라"는 말씀은 앞에 나온 계명들과 다른 내용을 담고 있는 것이 아니라, 그 모든 계명들에 대한 전체적인 요약이다.

마 19:20. 그 청년이 이르되. 이 청년이 자기가 아주 의롭다는 망상에 젖어 있는 것을 볼 때, 율법은 이제까지 그에게 죽은 것이었음이 분명하다. 왜냐하면, 만약 그가 그의 외식(hypocrisis)으로 말미암아 자기 자신에 대하여 자부심을 갖고 있지 않았다면, 겸손을 배우라거나 율법이라는 거울에 비추어서 자신의 점과 흠을 찾아내라는 권면은 그에게 아주 훌륭한 조언이 되었을 것이기 때문이다. 그러나 헛된 자부심에 젖어 있었던 이 청년은 자기가 "어려서부터" 자신의 본분과 의무를 다 제대로 행하여 왔다고 스스럼 없이 자랑한다. 바울도 자신의 이전의 모습이 이 청년과 똑같았다고 고백한다. 즉, 바울은 율법의 능력을 알지 못했던 때에는 자기가 "살아 있다"고 믿었지만, 율법의 능력이 무엇이라는 것을 알게 되자, "율법"이 자기에게 치명상을 입혔다고 말한다(롬 7:9). 그래서 그리스도께서는 이 청년의 상태에 맞춰서 대답을 이어가신다. 그리스도께서는 율법의 "계명들"을 넘어서는 그 어떤 것을 이 청년에게 요구하지 않으셨다. 그러나 율법의 계명들을 말씀해 주신 것이 이 청년에게 아무런 효과가 없자, 그리스도께서는 그 청년의 숨겨진 병인 탐심(avaritia)을 드러내시기 위하여 다른 말씀을 꺼내 드셨다. 나는 율법은 그 어디에서도 우리에게 우리의 소유 전부를 "다 팔라"고 명하고 있지 않다는 것을 인정한다. 그러나 율법의 목적은 사람으로 하여금 "자기를 부인하도록" 이끄는 것이고, 율법은 "탐심"을 명시적으로 단죄하고 있는 까닭에, 우리는 이 청년의 잘못되고 거짓된 확신을 바로잡아 주고자 하신 것이 그리스도의 유일한 목적이었다는 것을 알게 된다. 왜냐하면, 만약 이 청년이 그리스도께서 들려주신 율법의 계명들을 듣자마자 자기 자신의 모습을 철저히 깨달았더라면, 자기가 하나님의 심판을 받을 수밖에 없는 존재라는 것을 인정하였을 것이지만, 단순히 율법의 말씀을 듣는 것으로는 자신의 죄를 깨닫지 못하였던 까닭에, 그리스도께서는 그 계명들의 속뜻을 다른 식으로 풀어서 말씀해 주셔야 했기 때문이다. 만약 그리스도께서 율법의 "계명들"을 넘어서는 그 어떤 것을 이 청년에게 요구하셨다면, 그것은 자기모순에 빠지는 일이었을 것이다. 그리스도께서는 방금 전에 율법의 "계명들"에 온전한 의(義)가 담겨 있다고 말씀하셨는데, 이제 와서 율법에 빠진 것이 있거나 부족한 것이 있다고 하신다면, 그것은 모순이 아니겠는가? 또한, 내가 앞에서 인용한 모세의 증언(신 30:15)도 거짓말이 되고 말 것이 아닌가?

막 10:21. 네게 … 한 가지 부족한 것이 있으니. 그리스도께서 하신 이 말씀의 의미는 이 청년이 율법은 온전히 다 지켰는데, 그것과는 별개로 "한 가지 부족한 것"이 있다는 것이 아니라, 율법을 지키는 것과 관련해서 "한 가지 부족한 것"이 있다는 것이다. 왜냐하면, 율법은 그 어디에서도 우리의 소유 전부를 팔아야 한다는 의무를 지우고 있지 않지만, 율법의 목적은 우리의 온갖 악한 욕망을 다 멸하여, 우리로 하여금 십자가를 지고서 기꺼이 굶주림과 가난을 감당하게 하고자 하는 것인 까닭에, 이 청년이 자신의 재물에 집착하여 "탐심"을 버리지 않는다면, 그것은 율법을 온전히 지킨 것이 전혀 아니기 때문이다. 그리스도께서 "한 가지 부족한 것이 있다"고 말씀하신 것은 이 청년에게는 음행이나 살인에 대하여 설교하실 필요가 없으셨고, 단지 이 청년이 앓고 있는 병의 가장 아픈 곳을 손대기만 하면 되셨기 때문이었다.

또한, 우리가 주목해야 할 것은 그리스도께서는 이 청년에게 그의 소유를 "다 팔라"고 명하실 뿐만 아니라, "가난한 자들에게 주라"고 명하신다는 것이다. 왜냐하면, 재물을 거부하는 것은 그 자체로는 미덕의 표현이 아니라 헛된 야심(ambitio)의 표현이 될 수도 있기 때문이다. 헬라의 테베스(Thebes) 사람 크라테스(Crates)는 자신의 모든 소유를 다 없애 버리지 않으면 자기가 구원받을 수 없을 것이라고 생각해서, 마치 자기에게 필요하지 않은 것은 다른 사람들에게도 필요 없을 것이라고 여겼던 것인지는 몰라도, 자신의 재물과 온갖 귀한 것들을 다 바다 속으로 던져 버렸는데, 후세의 역사가들은 그런 그를 칭송한다. 그러나 "사랑은 온전하게 매는 띠"(골 3:14)라는 것은 분명하기 때문에, 자신의 재물을 없애되 남들에게 주지도 않는 자는 칭찬받을 자격이 없다. 그러므로 그리스도께서는 단지 자신의 소유를 "다 파는" 것에서 그치는 것이 아니라 "가난한 자들"에게 후히 나누어 주는 자를 칭찬하신다.

그리스도께서는 "나를 따르라"고 말씀하심으로써, 이 청년에게 육신을 죽일 것(carnis mortificatio)을 한층 더 강도 높게 주문하신다. 왜냐하면, 마가가 명시적으로 표현하고 있듯이, 그리스도께서는 이 청년에게 그의 제자가 되라고 명하실 뿐만 아니라, 그 어깨로 "십자가를 지라"[개역에서는 번역되지 않음 — 역주]고 명하시기 때문이다. 이러한 자극은 꼭 필요한 것이었다. 왜냐하면, 이 청년은 어려서부터 집에서 온갖 호강을 누리며 편안하고 안락하게 살아온 까닭에, "옛 사람을 십자가에 못 박는" 것과 "육신의 소욕들을 죽이는" 것이 무엇인지를 경험해 본 적이 결코 없었기 때문이다. 그러나 수도사들이 이 말씀을 근거로 삼아서, 자신들이 완덕(完德)의 삶, 즉 온전한 삶을 살고 있다고 주장하는 것은 정말 어처구니없다. 먼저, 이 말씀으로부터 우리가 그리스도께서 모든 사람에게 예외 없이 각자의 소유를 "다 팔라"고 명하신 것이 아니라는 결론을 얻는 것은 쉽다. 왜냐하면, 스스로 농사를 지어서 가족을 부양해 온 농부가 어떤 특별한 이유도 없이 자신의 논과 밭을 다 팔아

버린다면, 그것은 잘못된 일일 것이기 때문이다. 우리가 하나님이 우리의 손에 맡기신 소유를 우리 자신과 가족이 건전하고 검소하게 살아가는 데에 사용함과 아울러서 그 일부를 가난한 자들에게 나누어 주는 삶을 산다면, 그 소유를 전부 없애 버리는 것보다 도리어 잘 지키는 것이 훨씬 더 큰 미덕이 된다. 수도사들은 자신들이 "모든 것을 다 팔았다"고 그토록 침이 마르도록 자랑하는데, 도대체 그들이 한 일이라는 것이 무엇인가? 그들 중에는 자기 집에 먹을 것도 변변히 없어서 모든 것이 잘 갖춰지고 먹을 것도 풍부한 돼지우리 같은 수도원에 자신의 몸을 의탁한 자들이 적지 않다. 거기에서 그들은 하는 일도 없이 남들이 공급해 주는 양식을 먹으며 편안히 지낸다. 하나님이 그들에게 그들이 정당하게 소유한 것들을 팔아서 가난한 자들에게 나누어 주라고 명하신 것인데도, 그들은 도리어 남들에게 속한 것들을 빼앗아서 살아가는 쪽을 택한 것이니, 이것은 얼마나 기가 막힌 변신술인가!

막 10:21. 예수께서 그를 보시고 사랑하사. 교황주의자들이 이 본문을 근거로 삼아서, 도덕적으로 선한 행위들, 즉 성령의 감동을 따라 행해진 것이 아니라 거듭남 이전에 행해진 선행들은 "합당한 공로"(meritum de congruo)에 해당한다고 주장하는 것은 정말 유치한 발상이 아닐 수 없다. 왜냐하면, 만약 하나님의 사랑의 대상이 되었다고 해서, 그것이 "공로"가 되는 것이라면, 우리는 하나님의 모든 피조물은 예외 없이 하나님의 사랑의 대상인 까닭에, 개구리나 벼룩에게도 "공로"가 있다고 말해야 할 것이기 때문이다. 그러므로 여기에서 사랑의 종류(amoris gradus)를 구별하는 것이 중요하다. 따라서 이 본문과 관련해서, 우리는 단지 하나님은 오직 양자의 영으로 거듭난 그의 자녀들에 대해서만 아버지로서의 사랑을 품고 계시고, 이 사랑으로 말미암아 그들은 장차 하나님의 심판대 앞에서 의롭다 하심을 받게 된다는 것만을 말하는 것으로 충분하다. 이런 의미에서 하나님의 사랑을 받는다는 것과 하나님 앞에서 의롭다 하심을 받는다는 것은 동일하다.

그러나 성경에는 하나님에 의해서 옳다고 인정을 받거나 의롭다 하심을 받지도 않은 자들을 하나님이 사랑하셨다는 말씀이 종종 나온다. 왜냐하면, 하나님은 인류가 보존되는 것을 기뻐하시는 까닭에, 정의, 정직, 중용, 명철, 충성, 절제 등과 같은 사회적인 미덕들을 사랑하시기 때문이다. 하지만 이러한 미덕들은 구원이나 은혜를 받을 만한 어떤 공로를 그 속에 지니고 있는 것은 아니고, 단지 하나님이 인정하시고 시인하시는 것들에 도움이 되는 것들인 까닭에 하나님이 이러한 미덕들을 사랑하시는 것일 뿐이다. 이런 의미에서 말한다면, 보는 관점에 따라서 하나님

은 아리스티데스(Aristides)와 파브리키우스(Fabricius)를 "사랑하기도" 하셨고 "미
워하기도" 하셨다고 할 수 있다. 왜냐하면, 하나님은 인류 전체의 유익을 위하여
그들에게 외적인 의(iustitia externa)를 주시고서, 그들 속에서 이루어지는 그의 역
사(役事)를 사랑하신 반면에, 그들의 마음은 더러웠던 까닭에, 그들의 외적인 의는
그들로 하여금 참된 의를 얻게 해줄 수는 없었기 때문이다. 우리는 사람의 마음이
오직 믿음으로 말미암아 깨끗하여지고, 정직(正直, rectitudo)의 영은 오직 그리스
도의 지체들에게만 주어진다는 것을 안다. 따라서 교만과 외식(外飾)이라는 두 악
(惡)보다 하나님이 더 미워하시는 것은 없는데, 그리스도께서 교만한 자이자 외식
하는 자였던 이 청년을 "사랑하셨다"는 것이 과연 가능한 일인가라는 의문은 이제
해결이 되었다. 왜냐하면, 하나님이 자기가 사람들의 본성 속에 심어 놓으신 선한
씨를 사랑하시지만, 부패하고 타락한 그 사람들과 그들의 행위들을 배척하시는 것
은 서로 모순되는 것이 아니기 때문이다.

마 19:22. 그 청년이 … 근심하며 가니라. 이 청년이 결국 가 버린 것은 그가 그
리스도께서 그에게 요구하신 "온전함"에서 얼마나 멀리 있었는지를 보여준다. 왜
냐하면, 그가 그리스도의 학교를 떠난 것은 자신의 재물을 포기하기가 힘들었던
것이 그 이유라는 것은 너무도 분명해 보이기 때문이다. 그러나 우리가 "가난"을
기꺼이 견디고자 하지 않는다면, "탐심"이 우리를 지배하고 있다는 것은 분명한 일
이다. 이것은 내가 앞서 말했던 것, 즉 그리스도께서 이 청년에게 그의 모든 소유를
"다 팔라"고 명하신 것은 율법에 어떤 것을 더하신 것이 아니라, 숨겨진 악을 드러
내시기 위한 것이었다는 것을 확인해 준다. 왜냐하면, 사람이 이런저런 악에 더 깊
이 물들어 있을수록, 책망을 받아야만 그 악이 더 분명하게 드러나는 법이기 때문
이다. 이 일은 우리가 그리스도의 학교에 붙어 있고자 한다면 육(肉)을 부인하지
않으면 안 된다는 것을 우리에게 가르쳐 준다. 이 청년은 겸손히 배우고자 하여 그
리스도 앞에 나아왔지만, 결국 자기가 사랑하는 악과 결별하는 것이 힘들어서 그
리스도를 떠났다. 우리가 그리스도의 은혜가 주는 달콤함을 맛보고서 육신의 온갖
쾌락들이 우리에게 맛이 없어지게 되지 않는다면, 그런 일은 우리에게도 일어날
것이다. 이러한 시험이 단지 일시적인 것이어서, 이 청년이 나중에 회개하게 되었
는지의 여부에 대해서는 우리가 알지 못하지만, 추측컨대 이 청년은 "탐심"에 발목
이 잡혀서 끝내 앞으로 더 나아가지 못했을 가능성이 많다.

²³예수께서 제자들에게 이르시되 내가 진실로 너희에게 이르노니 부자는 천국에 들어가기가 어려우니라 ²⁴다시 너희에게 말하노니 낙타가 바늘귀로 들어가는 것이 부자가 하나님의 나라에 들어가는 것보다 쉬우니라 하시니 ²⁵제자들이 듣고 몹시 놀라 이르되 그렇다면 누가 구원을 얻을 수 있으리이까 ²⁶예수께서 그들을 보시며 이르시되 사람으로는 할 수 없으나 하나님으로서는 다 하실 수 있느니라(마 19:23-26).

²³예수께서 둘러 보시고 제자들에게 이르시되 재물이 있는 자는 하나님의 나라에 들어가기가 심히 어렵도다 하시니 ²⁴제자들이 그 말씀에 놀라는지라 예수께서 다시 대답하여 이르시되 얘들아 하나님의 나라에 들어가기가 얼마나 어려운지 ²⁵낙타가 바늘귀로 나가는 것이 부자가 하나님의 나라에 들어가는 것보다 쉬우니라 하시니 ²⁶제자들이 매우 놀라 서로 말하되 그런즉 누가 구원을 얻을 수 있는가 하니 ²⁷예수께서 그들을 보시며 이르시되 사람으로는 할 수 없으되 하나님으로는 그렇지 아니하니 하나님으로서는 다 하실 수 있느니라(막 10:23-27).

²⁴예수께서 그를 보시고 이르시되 재물이 있는 자는 하나님의 나라에 들어가기가 얼마나 어려운지 ²⁵낙타가 바늘귀로 들어가는 것이 부자가 하나님의 나라에 들어가는 것보다 쉬우니라 하시니 ²⁶듣는 자들이 이르되 그런즉 누가 구원을 얻을 수 있나이까 ²⁷이르시되 무릇 사람이 할 수 없는 것을 하나님은 하실 수 있느니라(눅 18:24-27).

마 19:23. 부자는 … 어려우니라. 그리스도께서는 제자들에게 "탐욕"이 얼마나 위험하고 치명적인 병인지만이 아니라, "재물"이 얼마나 큰 장애물이 되는지에 대해서도 경고하신다. 마가는 이 말씀의 가혹함을 완화시키기 위하여, 이 말씀이 모든 부자가 아니라 오직 "재물"을 의지하는 자들에게만 적용되는 것으로 수정한다. 그러나 나는 마가 본문이 마태 본문의 말씀을 수정한 것이 아니라 도리어 확증한 것이라고 본다. 즉, 여기에서 그리스도께서는 "재물"을 의지하는 것은 거의 모든 사람에게 공통된 악이기 때문에, "부자가 천국에 들어가기가 어렵다"는 그의 말씀을 이상하게 생각해서는 안 된다는 것을 다시 한 번 재확인해 주신 것이다. 이 가르침은 모든 사람에게 대단히 유익하다. 왜냐하면, 이 가르침을 명심한다면, 부자들은 "재물"의 위험성을 알고서 늘 경계하고 조심할 수 있게 되고, 가난한 자들은 자신의 현재의 처지에 만족하고서, 그들에게 유익이 되기보다는 해(害)가 될 "재물"을 탐하지 않을 수 있게 될 것이기 때문이다. 사실, 재물 자체가 우리로 하여금 하나님을 따르는 것을 방해하는 것은 아니다. 그러나 사람의 마음이 부패하고 타락해 있기 때문에, 큰 재물을 가진 자가 그 재물에 중독되지 않을 가능성은 거의 없다. 따라서 큰 재물을 가진 자들은 사탄의 쇠사슬에 꽁꽁 묶여서, 그들의 마음을 들어올려서 하늘(coelum)을 바라볼 수 없다. 아니, 그들은 스스로 자신을 이 땅에 묶어서 철저히 이 땅(terra)의 노예가 되어 살아간다. 그리스도께서 여기에 "낙타"의 비유를 더하신 것은 부자가 천국에 들어가기 어려운 정도를 강조하시기 위한 것이다. 왜냐하면, 이 비유의 취지는 부자들은 오만함과 자신만만함으로 인해서 그 몸집이 잔뜩 부풀어 있어서, 하나님이 그들에게 명하시는 "좁은 문"을 통과할 수 없기 때문이다. 여기에서 "낙타"로 번역된 단어는 동물의 이름이 아니라 뱃사람들이 사용하는 "밧줄"을 가리킨다는 것이 나의 생각이다. [복음서 기자가 사용한 '카멜로스'(χάμηλος)라는 단어는 "낙타"와 "밧줄" 양 쪽을 다 의미하지만, 나는 이 단어가 여기에서는 후자, 즉 선원들이 사용하는 밧줄을 의미한다고 본다 ─ 불어판.]

마 19:25. 제자들이 듣고 몹시 놀라. 제자들이 "놀란" 것은 "재물"이 하나님의 나라에 들어가는 것을 가로막는다는 말씀이 그들에게 적지 않은 염려를 불러일으켰기 때문이다. 우리의 눈을 들어서 어디를 보든지, 하나님의 나라로 가는 길에는 장애물들이 널려 있다. 그러나 우리가 주목해야 할 것은 그들은 "놀라기는" 했지만, 그리스도의 가르침들을 피해서 달아나지는 않았다는 것이다. 우리가 방금 살펴본 청년의 반응은 제자들과는 전혀 달랐었다. 왜냐하면, 그 청년은 그리스도의 명령이 준엄한 것에 기겁을 하고서 꽁무니를 빼어 그리스도를 떠난 반면에, 제자들은 두려움을 느끼며 "누가 구원을 얻을 수 있으리이까"라고 묻긴 하였지만, 그리스도를 등지고 줄행랑을 친 것이 아니라, 그 절망스러운 마음을 극복하고자 하였기 때문이다. 하나님이 암울하거나 두려운 것들을 선포하시며 경고하실 때, 우리의 마음이 낙심하지 않고, 도리어 더욱 힘을 내어 떨쳐 일어나는 쪽을 택하기만 한다면, 그 경고의 말씀 앞에서 두려워 떠는 것은 우리에게 유익하다.

마 19:26. 사람으로는 할 수 없으나. 그리스도께서는 그의 제자들의 마음에 일어난 염려를 말끔히 다 없애 주지는 않으신다. 왜냐하면, 그들은 천국에 들어가는 것이 얼마나 어려운 일인지를 깨달아서, 이 일에 그들의 모든 것을 걸고서 애쓰고,

그들 자신을 의지하지 않는 가운데에 하늘로부터 오는 능력을 간구하게 되어야 했기 때문이다. 우리는 우리의 나태함(pigritia)과 안일함(securitas)이 얼마나 심한지를 안다. 그런데 만약 믿는 자들이 편하고 즐거운 길을 따라 소풍 가듯이 천국을 향해 가도 된다고 생각한다면, 어떤 일이 벌어지겠는가? 이것이 그리스도께서 그의 제자들이 두려워하고 있다는 것을 아시면서도, 그들의 위기의식을 덜어 주시는 것이 아니라 도리어 고조시키시는 이유이다. 왜냐하면, 그리스도께서는 앞에서 단지 "어렵다"고만 말씀하셨지만, 여기에서는 "불가능하다"고 단언하시기 때문이다. 이것은 사람들에게 엄하게 말하는 것을 두려워하여, 육신의 나태함(carnis ignavia)을 너그럽게 용납하고 받아주는 선생들은 얼마나 큰 죄를 범하는 것인지를 잘 보여준다. 선생 된 자들은 그리스도께서 자신의 말씀들의 수위(水位)를 적절하게 조절하셔서, 그의 제자들을 먼저 철저히 낮아지게 하신 후에, 다음으로 오직 하나님의 은혜만을 의지함과 동시에 기도하지 않을 수 없게 만드신 것을 보고 배워야 한다. 이렇게 그리스도께서는 사람들로 하여금 그들 자신으로부터는 아무것도 나올 수 없다는 것을 깨우치셔서, 그들의 마음을 들어서 오직 하나님의 은혜만을 바라보게 하시는 방법으로, 사람의 연약함(infirmitas)을 감안하셔서 그들을 지혜롭게 도우셨다. 또한, 그리스도의 이러한 대답에 비추어 보면, 교황주의자들이 히에로니무스(Hieronymus)에게서 빌려 와서 널리 통용시킨 명제, 즉 "율법을 지키는 것은 불가능하다고 말하는 자는 저주를 받으리라"는 명제는 폐기될 수밖에 없다. 왜냐하면, 그리스도께서는 하나님의 은혜의 도우심이 없는 한, 사람이 구원의 도(道)에 이르는 것은 불가능하다는 것을 분명하게 선언하고 계시기 때문이다.

[27]이에 베드로가 대답하여 이르되 보소서 우리가 모든 것을 버리고 주를 따랐사온대 그런즉 우리가 무엇을 얻으리이까 [28]예수께서 이르시되 내가 진실로 너희에게 이르노니 세상이 새롭게 되어 인자가 자기 영광의 보좌에 앉을 때에 나를 따르는 너희도 열두 보좌에 앉아 이스라엘 열두 지파를 심판하리라 [29]또 내 이름을 위하여 집이나 형제나 자매나 부모나 자식이나 전토를 버린 자마다 여러 배를 받고 또 영생을 상속하리라 [30]그러나 먼저 된 자로서 나중 되고 나중 된 자로서 먼저 될 자가 많으니라 (마 19:27-30).

[28]베드로가 여짜와 이르되 보소서 우리가 모든 것을 버리고 주를 따랐나이다 [29]예수

께서 이르시되 내가 진실로 너희에게 이르노니 나와 복음을 위하여 집이나 형제나 자매나 어머니나 아버지나 자식이나 전토를 버린 자는 [30]현세에 있어 집과 형제와 자매와 어머니와 자식과 전토를 백 배나 받되 박해를 겸하여 받고 내세에 영생을 받지 못할 자가 없느니라 [31]그러나 먼저 된 자로서 나중 되고 나중 된 자로서 먼저 될 자가 많으니라(막 10:28-31).

[28]베드로가 여짜오되 보옵소서 우리가 우리의 것을 다 버리고 주를 따랐나이다 [29]이르시되 내가 진실로 너희에게 이르노니 하나님의 나라를 위하여 집이나 아내나 형제나 부모나 자녀를 버린 자는 [30]현세에 여러 배를 받고 내세에 영생을 받지 못할 자가 없느니라 하시니라 … [28]너희는 나의 모든 시험 중에 항상 나와 함께 한 자들인즉 [29]내 아버지께서 나라를 내게 맡기신 것 같이 나도 너희에게 맡겨 [30]너희로 내 나라에 있어 내 상에서 먹고 마시며 또는 보좌에 앉아 이스라엘 열두 지파를 다스리게 하려 하노라(눅 18:28-30; 22:28-30).

마 19:27. 이에 베드로가 대답하여 이르되. 베드로는 은연중에 자기 자신을 비롯한 그리스도의 제자들을 세상을 좋아하여 그리스도에게서 떠나간 "부자 청년"과 비교한다. 그들은 그리스도를 모시고서 장래에 더 잘 된다는 보장도 없이 모욕과 괴로움들을 참으며 이리저리 떠도는 가난한 삶을 살아왔기 때문에, 베드로가 여기에서 그들이 이렇게 "모든 것을 버리고" 그리스도께 헌신한 것이 아무 소용도 없는 헛일인 것이냐고 물은 것은 당연한 일이었다. 왜냐하면, 그리스도를 위하여 모든 것을 버린 그들이 장차 더 좋은 것으로 보상 받지 못한다면, 그것은 이치에 맞지 않는 일일 것이기 때문이다. 그러나 베드로가 "모든 것"을 버렸다고 했는데, 거기에서 "모든 것"은 도대체 무엇을 의미하는 것이었는가? 왜냐하면, 그들은 아주 가난하고 미천하게 살아가던 자들이었던 까닭에, 그들에게는 "버릴" 집조차도 없었던 것으로 보이므로, 그들의 이러한 자부심과 자랑은 어이없는 말로 들리기 때문이다. 오늘날 교황주의자들 중에 거지나 다름없던 자들이 마치 복음을 위하여 많은 것을 희생한 듯이 자랑하고 으스대며 다니는 것에서 알 수 있듯이, 우리는 일반적으로 사람들에게는 하나님께 조금만 헌신해도 그들 자신의 헌신을 터무니없이 부풀려서 자랑하는 성향이 있다는 것을 경험상으로 잘 알고 있다. 그러나 제자들은 그들의 재물이 변변치 않았기는 했지만, 그들의 손으로 수고하여 나름대로 각자의 가정에서 갑부 못지않은 행복한 삶을 살고 있었다는 것이 그나마 변명이 될 수도 있을 것이다. 왜냐하면, 비록 가난하긴 해도 단란하고 화목한 가정에서 살아온 자들에게는 그들의 처자식과 헤어져 살게 되는 것이 야심이나 큰 재물에 이끌려서 제멋대로 살아온 자들의 경우보다 더 큰 고통이 된다는 것을 우리는 알기 때문이다. 따라서 만약 정말 제자들에게 장차 어떤 상(賞)이 준비되어 있지 않은 것이라면, 그들이 그들의 삶의 진로를 바꾼 것은 어리석은 짓을 한 것이 되고 말 것이었다. 이렇게 제자들은 변명의 여지가 있긴 하였지만, 그들이 그들에게 주어진 싸움을 끝마치기도 전에, 그들에게 상이 주어지기를 바란 것은 잘못된 것이었다. 만약 우리가 시간이 지체 되어 그러한 불안감을 느끼거나, 인내하지 못할 것 같은 시험에 든다면, 우리는 먼저 이 세상에서 우리가 지는 십자가의 쓴 고통을 덜어주시기 위하여 그리스도께서 주신 위로들을 생각하고, 다음으로는 우리의 마음을 들어서 천국에서의 삶을 소망하는 법을 배워야 한다. 왜냐하면, 그리스도의 대답은 바로 이 두 가지로 요약될 수 있기 때문이다.

마 19:28. 내가 진실로 너희에게 이르노니. 그리스도께서는 제자들이 헛고생을 했다고 생각하여 이 길을 따라나선 것을 후회하지 않도록 하시기 위하여, 그의 나라의 영광이 지금은 감춰져 있지만 장차 나타나게 될 것이라고 그들에게 말씀해 주신다. 이것은 이렇게 말씀하신 것이나 다름없다: "너희의 모습이 지금 초라해 보인다고 해서, 너희가 낙심할 이유는 전혀 없다. 왜냐하면, 지극히 낮은 자 같은 내가 결국에는 나의 위엄의 보좌에 오르게 될 것이기 때문이다. 나의 영광이 나타날 때가 도래할 그날까지, 너희는 잠시 참고 견디라." 그렇다면, 그리스도께서는 그의 제자들에게 무엇을 약속하신 것인가? 그것은 그들이 장차 그리스도의 영광에 참여하는 자들이 되리라는 것이다.

마 19:28. 너희도 열두 보좌에 앉아. 그리스도께서는 그의 제자들이 "열두 보좌에 앉아 이스라엘 열두 지파를 심판하리라"고 말씀하심으로써, 그들을 왕궁에서 가장 높은 자리들에 앉는 대신(大臣)들에 비유하신다. 우리는 그리스도께서 사도들의 수를 "열둘"로 하신 것은 하나님이 그리스도를 보내셔서 각지에 흩어진 자기 백성의 남은 자들을 한데 모으시고자 하신다는 것을 증거하시기 위한 것이었음을 안다. 이것은 대단한 존귀(dignitas)였지만, 지금은 감춰져 있었다. 그러므로 그리스도께서는 그의 나라가 마침내 나타나서, 그들이 사도로 택함받았을 때에 그들에게 약속된 자리를 장차 실제로 받게 될 때까지 참고 견디라고 그들에게 말씀하시는 것이다. 어떤 면에서 그리스도의 나라는 복음 전도에 의해서 나타나기는 하지만, 그리스도께서는 여기에서 마지막 날에 이루어질 일에 대하여 말씀하고 계시는 것임은 의심의 여지가 없다.

마 19:28. 세상이 새롭게 되어. 어떤 이들은 이 어구를 그 뒤에 나오는 구절과 연결시킨다. 그렇게 본다면, "세상이 새롭게 되는" 것은 우리가 온전히 회복되어서, 죽을 것이 생명에 의해서 삼켜지고, 우리의 천한 몸이 변화되어 하늘에 속한 그리스도의 영광을 입게 될 때에 도래하게 될 새로운 세상을 의미하게 될 것이다. 그러나 나는 이 어구가 그리스도의 초림(初臨)을 가리키는 것이라고 본다. 왜냐하면, 그때에 세상이 "새롭게 되기" 시작하여, 사망의 어둠으로부터 교회가 출현해서 생명의 빛을 발하게 되었기 때문이다. 이런 식의 표현은 예언서에 자주 등장하는데, 이 말씀이 그런 부류의 말씀에 속한다는 것은 여러 정황으로 볼 때에 아주 분명하다. 왜냐하면, 메시야가 등장하자마자, 옛적에 주어졌던 교회의 회복에 대한 약속은 사람들 사이에서 놀랍고 복된 삶이 곧 임하게 될 것이라는 기대를 불러일으켰던 까닭에, 그리스도께서는 그러한 오해를 막기 위해서, 그의 나라의 시작과 완성을 구별하신 것이기 때문이다.

눅 22:28. 너희는 … 항상 나와 함께 한 자들인즉. 누가는 여기에서 그리스도께서 다른 때에 전하신 여러 말씀들을 기록하고 있는 것처럼 보이지만, 나는 이 말씀이 마태 본문에 나오는 말씀과 동일한 때에 나온 것임을 의심하지 않는다. 왜냐하면, 누가는 여기에서 그리스도의 하나의 긴 강론을 기록한 것이 아니라, 여러 독립적인 말씀들을 그것들이 선포된 시간적인 순서와 상관없이 모아 놓은 것이기 때문이다. 이 점에 대해서는 우리가 곧 다시 한 번 살펴볼 기회를 갖게 될 것이다. 그런데 누가 본문에는 마태 본문에 나오지 않는 말씀들이 나온다. 즉, 여기에서 그리스도께서는 사도들이 지금까지 그를 따라다니면서 "그의 모든 시험 중에" 변함없이 그와 함께 하였기 때문에, 그의 영광에도 참여하게 될 것이라고 선언하신다. 그런데 그리스도께서 "그의 모든 시험"이라고 하신 것은 어떤 의미인가라는 질문이 제기될 수 있다. 나는 그것이 하나님이 그리스도와 사도들에게 주신 "시험들"을 의미하는 것이라고 생각한다. 그리스도께서 "시험들"이라는 표현을 사용하신 것은 합당한 것이었다. 왜냐하면, 인성(人性)이라는 관점에서 볼 때, 그리스도의 믿음과 인내는 실제로 "시험"을 받은 것이기 때문이다.

눅 22:29. 나도 너희에게 맡겨. 그리스도께서는 여기에서 사도들을 단지 대신

(大臣)들이 아니라 왕들로 삼으시겠다고 말씀하신다. 왜냐하면, 그리스도께서는 "아버지"에게서 받으신 "나라"를 그들에게 주실 것이기 때문이다. "맡겨"라는 단어에 강조점이 두어지고 있는데, 이것은 그들의 열심이 지나친 나머지, 그들로 하여금 오직 그리스도에게만 그 처분권이 있는 "나라"를 소유하려고 너무 서두르지 않게 하고, 그리스도의 모범을 따라 인내하도록 권면하시기 위한 것이다. 왜냐하면, 그리스도께서는 "아버지"에 의해서 왕으로 세우심을 받으셨지만, 지금 즉시 자신의 영광을 받으시는 것이 아니라, "자기를 비워"(빌 2:7) 십자가의 수치를 견디신 후에야 왕의 위엄을 얻으시게 되어 있었기 때문이다. "내 상에서 먹고 마시며"는 그리스도의 영광에 참여하는 자들이 된다는 것을 비유적으로 표현한 것이다.

마 19:29. 버린 자마다. 그리스도께서는 그들의 마음을 들어올리셔서 장래의 삶에 대한 소망을 갖게 하신 후에, 그들이 얻게 될 현세의 위로들을 말씀해 주심으로써 그들을 붙들어 주시고, 그들에게 그들의 십자가를 질 수 있는 힘을 더하여 주신다. 왜냐하면, 하나님은 자기 백성으로 하여금 극심한 환난들을 겪게 하시지만, 그들을 내버려 두시는 것이 아니라, 그의 도우심을 따라 그 환난들을 이길 수 있게 하시기 때문이다. 여기에서 그리스도께서 하신 말씀은 사도들에게만이 아니라, 모든 경건한 자들에게 일반적으로 적용되는 말씀이다. 이 말씀의 요지는, 그리스도를 위하여 자원하여 모든 것을 잃는 자들은 그것들을 다 가지고 있는 경우보다 현세에서조차도 더 큰 복을 받게 될 것이지만, 그들에게 주어질 주된 상(賞)은 하늘에 쌓이게 되리라는 것이다. 그렇지만 현세에서 "백 배"의 상을 받게 될 것이라는 그리스도의 약속은 현실에서의 경험과 전혀 맞지 않는 것으로 보인다. 왜냐하면, 그리스도를 증거하다가 "부모나 자식"이나 그 밖의 다른 혈육들을 잃고 배우자와 재산을 잃은 자들은 그들의 재산을 회복하기는커녕 타지(他地)를 떠돌며 극심한 가난 속에서 고독하게 힘겨운 삶을 살아간 경우가 대부분이기 때문이다. 나의 대답은, 그리스도께서 자기 백성의 환난과 슬픔을 덜어 주시기 위하여 현세에서 베푸시는 은혜를 제대로 평가하는 자가 있다면, 그는 그 은혜가 세상의 모든 부(富)를 다 준다고 해도 바꾸고 싶지 않은 그런 것임을 시인하게 되리라는 것이다. 왜냐하면, 불신자들은 비록 현세에서 "형통한다"고 해도(시 92:7), "내일 일을 알지 못해서"(약 4:14) 제정신으로 있어서는 늘 두려움 속에서 전전긍긍하며 살 수밖에 없는 까닭에, 오직 어떻게 해서든지 모든 것을 잊어버릴 때에만, 겨우 자신의 부(富)를 누릴 수 있게 되기 때문이다. 그러나 하나님은 자기 백성에게는 희락(喜樂)을 주시기 때문에, 비록 적은 분량의 좋은 것이 주어진다고 해도, 그것은 그들이 그리스도 없이 좋은 것들을 한없이 누릴 때보다도 그들에게 훨씬 더 큰 즐거움을 준다. 나는 마가가 사용한 "박해를 겸하여"라는 표현을 그런 의미로 해석한다. 그러므로 그리스도께서는 "이 세상에서 경건한 자들에게는 늘 '박해'가 기다리고 있고, 그들의 등에는 십자가가 지워지겠지만, 그들에게 때를 따라 주어지는 하나님의 은혜가 너무나 달아서, 그들의 기쁨이 충만할 것이기 때문에, 그들의 처지는 부귀영화를 누리며 사는 왕들보다 더 나을 것"이라고 말씀하고 계시는 것이나 다름없다.

마 19:30. 그러나 먼저 된 자로서 나중 되고. 이 말씀은 육신의 나태함(carnis segnities)을 떨쳐 버리게 하기 위하여 덧붙여진 것이다. 사도들은 믿음의 경주를 시작하자마자 벌써부터 상을 달라고 아우성을 쳤다. 이것이 우리의 본성이기 때문에, 한 달만 지나면, 우리는 마치 복무기간을 다 채운 병사들처럼 급료를 달라고 요구한다. 그러나 그리스도께서는 "시작을 잘 한"(갈 3:3; 5:7) 자들에게 힘을 내서 끝까지 완주하라고 권면하심과 동시에, "경주하는 자"가 시작을 빨리 했다고 하여도 중간에 포기하면 아무 소용이 없게 될 것이라고 경고하신다. 마찬가지로, 바울도 "운동장에서 달음질하는 자들이 다 달릴지라도 오직 상을 받는 사람은 한 사람인 줄을 너희가 알지 못하느냐"(고전 9:24)고 경고하고, 또 다른 구절에서는 자신의 모범을 들어서, 믿는 자들에게 "오직 한 일 즉 뒤에 있는 것은 잊어버리고 앞에 있는 것을 잡으려고 … 달려가라"(빌 3:13-14)고 권면한다. 그러므로 우리가 하늘의 면류관을 생각할 때마다, 그것은 우리에게 늘 새로운 채찍 역할을 해서, 우리로 하여금 계속해서 나태하지 않게 해준다.

[1]천국은 마치 품꾼을 얻어 포도원에 들여보내려고 이른 아침에 나간 집 주인과 같으니 [2]그가 하루 한 데나리온씩 품꾼들과 약속하여 포도원에 들여보내고 [3]또 제삼시에 나가 보니 장터에 놀고 서 있는 사람들이 또 있는지라 [4]그들에게 이르되 너희도 포도원에 들어가라 내가 너희에게 상당하게 주리라 하니 그들이 가고 [5]제육시와 제구시에 또 나가 그와 같이 하고 [6]제십일시에도 나가 보니 서 있는 사람들이 또 있는지라 [7]이르되 너희는 어찌하여 종일토록 놀고 여기 서 있느냐 이르되 우리를 품꾼으로 쓰는 이가 없음이니이다 이르되 너희도 포도원에 들어가라 하니라 [8]저물매 포도원 주인이 청지기에게 이르되 품꾼들을 불러 나중 온 자로부터 시작하여 먼저 온 자까지 삯을 주라 하니 [9]제십일시에 온 자들이 와서 한 데나리온씩을 받거늘 [10]

먼저 온 자들이 와서 더 받을 줄 알았더니 그들도 한 데나리온씩 받은지라 ^{11}받은 후 집 주인을 원망하여 이르되 ^{12}나중 온 이 사람들은 한 시간밖에 일하지 아니하였 거늘 그들을 종일 수고하며 더위를 견딘 우리와 같게 하였나이다 ^{13}주인이 그 중의 한 사람에게 대답하여 이르되 친구여 내가 네게 잘못한 것이 없노라 네가 나와 한 데나리온의 약속을 하지 아니하였느냐 ^{14}네 것이나 가지고 가라 나중 온 이 사람에 게 너와 같이 주는 것이 내 뜻이니라 ^{15}내 것을 가지고 내 뜻대로 할 것이 아니냐 내 가 선하므로 네가 악하게 보느냐 ^{16}이와 같이 나중 된 자로서 먼저 되고 먼저 된 자 로서 나중 되리라(마 20:1-16).

이 비유는 앞에 나온 "먼저 된 자로서 나중 되고"라는 말씀을 확증해 주는 역할 만을 하기 때문에, 우리는 여기에서 그 말씀이 어떤 식으로 적용되고 있는지를 눈 여겨볼 필요가 있다. 몇몇 주석가들은, 하늘의 유업(遺業)은 행위로 말미암은 공로 로 얻어지는 것이 아니라, 값없이 거저 주어지는 것이기 때문에, 모든 사람의 영광 이 동일하리라는 것이 이 비유의 요지라고 말한다. 그러나 그리스도께서는 여기에 서 하늘의 영광의 질(質)이나 경건한 자들의 장래의 상태에 대하여 논하고 계시는 것이 아니라, 단지 시간상으로 "먼저 된 자"라고 해서 자랑하거나 다른 사람들을 깔볼 이유가 전혀 없다는 것을 분명하게 선언하시는 것일 뿐이다. 왜냐하면, 그리 스도께서는 한동안 눈 밖에 나 있었던 것처럼 보이던 자들을 언제든지 부르셔서, "먼저 된 자들"과 대등하게 하시거나 그들보다 더 높이실 수 있으시기 때문이다. 누가 이 비유의 세세한 부분까지 낱낱이 해석해 내고자 한다면, 그의 그러한 호기 심은 쓸데없는 것이 될 것이다. 그러므로 우리는 이 비유를 통해서 그리스도께서 가르치고자 하시는 것이 무엇인지만을 살피는 것 외에 그 이상의 것을 원해서는 안 된다. 우리는 앞서, 그리스도께서는 여기에서 자기 백성에게 끊임없이 박차를 가하여 앞으로 나아가도록 만드는 것 외에 다른 목적을 지니고 계시지 않았다고 이미 말한 바 있다. 우리는 나태함이 거의 언제나 지나친 자신감에서 비롯되고, 이 것이 많은 사람이 중도에서 마치 자기가 이미 목표 지점에 도달한 것으로 착각하 여 멈추어 서 버리는 이유라는 것을 안다. 그래서 바울은 우리 앞에 아직 남아 있 는 것을 기억하고서, 더욱 힘을 내고 분발하여 계속해서 달려가기 위해서, "뒤에 있 는 것은 잊어버리라"(빌 3:13)고 우리에게 명한다. 그렇지만 이러한 가르침을 더욱 분명하게 조명해 보기 위하여, 이 비유를 좀 더 찬찬히 살펴보는 것은 우리에게 아무런 해악도 없을 것이다.

마 20:1. 천국은 마치 … 같으니. 이 구절의 요지는 하나님의 부르심의 성격은 어떤 사람이 새벽부터 일어나서 일정한 품삯을 받고 자신의 포도원에서 일할 품꾼들을 찾아서 데려오고 나서, 또 나중에 아무런 계약도 없이 다른 품꾼들을 데려와 일을 시킨 후에, 그들 모두에게 동일한 품삯을 준 것과 같다는 것이다. 그리스도께서 "천국"이라는 표현을 사용하신 이유는 그가 영적인 삶을 이 땅에서의 삶에 비유하시고, 영생의 삶을 포도원 주인이 품꾼들에게 주는 품삯에 비유하고 계시기 때문이다. 어떤 이들은 마치 여기에서 그리스도께서 유대인과 이방인을 구별하여 말씀하신 것처럼 이 구절을 교묘하게 해석해서 다음과 같이 말한다: "유대인들은 품삯에 대한 계약을 맺고서 '제일시에' 부르심을 받은 자들이다. 왜냐하면, 하나님은 그들에게 율법을 지킨다는 조건 아래 영생을 약속하셨기 때문이다. 반면에, 하나님은 이방인들을 부르실 때에는 적어도 행위와 관련해서는 그 어떤 계약도 하지 않으셨다. 왜냐하면, 그들에게는 구원이 그리스도 안에서 값없이 주어졌기 때문이다." 그러나 이런 종류의 온갖 교묘한 해석들은 이치에 맞지 않는다. 왜냐하면, 여기에서 문제가 된 것은 계약이 아니라 오직 일한 시간의 차이였기 때문이다. 그러니까, 마지막으로 저녁이 다 되어서 포도원에 들어간 자들이 가장 먼저 포도원에 들어가서 일한 자들과 동일한 품삯을 받은 것이 문제가 되었다는 말이다. 물론, 하나님은 전에 율법을 통해서 유대인들에게 행위의 삶을 약속하셨지만(레 18:5), 우리는 그 누구도 자신의 공로를 통해서 구원을 얻을 수 없었기 때문에, 이 약속이 무효가 되었다는 것을 안다. 어떤 이들은 이렇게 말한다: "그렇다면, 그리스도께서는 가장 먼저 포도원에 들어간 품꾼들과의 계약에 대해서는 명시적으로 언급하시면서, 나머지 품꾼들과의 계약에 대해서는 전혀 언급을 하지 않으시는 이유는 무엇인가?" 그것은 마지막에 들어온 품꾼들에게 맨처음에 부르심을 받은 경우와 동일한 대우가 주어진다고 해도, 그것은 그 누구에게도 해(害)를 끼치는 것이 아니라는 것을 보여주기 위한 것이었다. 왜냐하면, 엄밀하게 말해서, 그리스도께서는 아무에게도 아무런 빚도 지고 계시지 않으시고, 본래 그를 섬기게 되어 있는 우리에게 우리가 마땅히 행해야 할 온갖 의무와 본분들을 요구하시는 것은 그의 당연한 권리인데도, 자신의 뜻을 따라서 어떻게든 우리에게 상을 주시고 싶으셔서, 우리가 그를 위하여 마땅히 행해야 하는 일들에 대하여 주시지 않아도 되는 품삯을 주시겠다고 약속하신 것이기 때문이다. 또한, 그것은 그리스도께서 우리에게 값없이 거저 주시는 면류관을 품삯 또는 상(賞)이라고 말씀하시는 이유이기도 하다. 그리스도께서는 그가 우리보다 한참 뒤에 온 자들을 우리와 동일하게 대우해 주신다고 해도, 우리가 하나님의 그러한 처사에 대하여 불평하거나 원망할 권리가 전혀 없다는 것을 보여주시기 위하여, 품꾼들에게 일을 시키기 전에 먼저 품삯에 대한 계약을 하는 사회의 통상적인 관행을 비유로 사용하셨다.

이 비유로부터 어떤 사람이 사람들은 무언가를 하도록 하기 위하여 지음을 받은 존재이기 때문에, 각 사람에게는 하나님이 할당해 주신 자신의 영역이 있으므로, 아무 일도 하지 않은 채로 빈둥거리며 살아가서는 안 된다는 교훈을 이끌어 낸다면, 그런 해석은 그리스도께서 들려주신 이 비유의 취지에 어긋나는 것이 아닐 것이다. 또한, 우리 각 사람이 하나님의 명령과 부르심을 따라서 자신의 삶을 규율해 나가지 않는다면, 우리의 인생은 무익할 것이고, 우리는 나태한 삶을 살았다는 단죄를 받아 마땅하다는 교훈을 우리가 이 비유로부터 이끌어 내는 것도 합당한 일이다. 이것으로부터 우리는 하나님의 부르심을 기다리지 않고, 성급하게 이런저런 인생행로를 결정해 버리는 자들은 아무리 수고해도 그 수고가 헛될 것이라는 결론을 얻게 된다. 끝으로, 이 비유로부터 우리는 형제들의 유익을 위하여 수고하는 자들만이 하나님을 기쁘시게 할 수 있다는 것을 배운다.

"한 데나리온"은 당시에 품꾼이 하룻동안 일하고 받은 통상적인 품삯이었던 것으로 보인다. 이 비유 속에서 "제삼시," "제육시," "제구시"가 명시적으로 언급되고 있는 이유는 옛 사람들은 밤을 네 경점(更點)으로 나누고, 일출에서 일몰까지의 낮 시간을 열두 시간으로 나누는 것이 보통이었지만, 낮을 세 시간 단위로 묶어서 나누는 방법도 있어서, 이 두 가지 중 어느 쪽이 사용되고 있는지를 분명히 밝혀야 했기 때문이다. 따라서 "제십일시"는 하루가 저물기 직전의 때를 의미하였다.

마 20:8. 저물매. "포도원 주인"이 "나중 온 자로부터 시작하라"고 청지기에게 명한 것이 마치 하나님이 시간상으로 나중에 온 자들에게 가장 먼저 면류관을 씌워 주시겠다고 약속하신 것이나 된다는 듯이, 이 구절 속에서 어떤 신비를 찾아내고자 하는 것은 합당하지 못한 일이다. 왜냐하면, 그러한 생각은 바울의 가르침과 전혀 맞지 않기 때문이다. 바울은 "주께서 강림하실 때까지 우리 살아 남아 있는 자도 자는 자보다 결코 앞서지 못하리라"(살전 4:15)고 말한다. 그리스도께서 여기에서 포도원 주인이 그 순서를 달리 해서 "나중 온 자들"에게 먼저 품삯을 준 것으로 묘사하신 이유는 그가 나중에 덧붙이신 내용, 즉 "먼저 온 자들"이 나중에 온 자들보다 더 많은 품삯을 받지 못했다는 이유로 "원망하는" 모습을 부각시키시기 위한 것이었다.

또한, 그리스도께서는 이 "원망"이 마지막 날에 있게 될 것이라고 말씀하시려는 의도가 없으셨고, 단지 그들이 "원망할" 이유가 전혀 없었다는 것만을 보여주고자 하신 것일 뿐이다. 그리스도께서 사용하신 의인법(擬人法)은 하나님이 자격 없는 사람들에게 그들의 분에 넘치는 큰 상을 주실 때에, 하나님의 그러한 풍성하신 관용하심에 대하여 불평할 권리가 사람에게는 없다는 이 가르침에 전혀 빛을 던져 주지 않는다. 그러므로 어떤 이들의 허황된 주장, 즉 이 비유는 이방인들에 대한 악의와 시기심으로 가득한 유대인들을 겨냥한 것이라는 주장은 아무런 근거가 없다. 왜냐하면, 그러한 자들이 하나님의 자녀들과 동일한 삯 또는 상을 받는다고 하는 것은 터무니없는 말이고, 사람들로 하여금 하나님을 상대로 그런 식으로 시비를 걸게 만드는 악의(malignitas)는 믿는 자들에게 해당되는 것이 아니기 때문이다. 이 비유의 명백한 의미는 하나님은 사람들이 정당하게 받아야 할 품삯을 속여서 떼어 먹으시는 분이 아니시기 때문에, 그가 나중에 부르신 자들에게 분에 넘치는 삯 또는 상을 주실 권리가 그에게 있으시다는 것이다.

마 20:16. 이와 같이 나중 된 자로서 먼저 되고. 그리스도께서는 다른 구절들에서와 마찬가지로 여기에서도 유대인과 이방인, 또는 믿음을 버린 배교자들과 믿음을 지킨 택함받은 자들을 대비시키고 계시는 것이 아니다. 그러므로 일부 주석가들이 "청함을 받은 자는 많되 택함을 입은 자는 적으니라"(마 22:14)는 말씀을 여기에 끌어와서 적용하는 것은 옳지 않다. 그리스도께서는 단지 남들보다 먼저 부르심을 받은 자들은 더욱더 분발해서 경주하여야 한다는 것을 말씀하시고, 다음으로 모든 사람들에게 겸손한 마음을 지니고서 남들을 자신보다 낫게 여기고, 남들이 자신과 동일한 상을 받게 되는 것을 기뻐하라고 권면하고자 하시는 것일 뿐이다. 사도들은 온 교회의 첫 열매들이었기 때문에 뭔가 우월한 위치에 있는 것처럼 보였고, 그리스도께서도 그들이 "보좌에 앉아 이스라엘 열두 지파를 다스리게" 될 것임을 부인하지 않으셨다. 그러나 사도들이 야심이나 그들 자신에 대한 헛된 자부심에 휘둘리지 않도록 하시기 위해서는, 하나님은 아무에게도 빚을 지신 분이 아니시고, 자기가 기뻐하시는 자들을 자신의 뜻을 따라 부르셔서, 그 부르심받은 자들에게 그가 합당하다고 생각하시는 상을 주시는 분이시기 때문에, 사도들보다 훨씬 나중에 부르심을 받게 될 자들도 그들과 동일한 영광에 참여하게 되리라는 것을 그리스도께서 그들에게 일깨워 주실 필요가 있으셨다.

[17]예수께서 예루살렘으로 올라가려 하실 때에 열두 제자를 따로 데리시고 길에서 이르시되 [18]보라 우리가 예루살렘으로 올라가노니 인자가 대제사장들과 서기관들에게 넘겨지매 그들이 죽이기로 결의하고 [19]이방인들에게 넘겨 주어 그를 조롱하며 채찍질하며 십자가에 못 박게 할 것이나 제삼일에 살아나리라(마 20:17-19).

[32]예루살렘으로 올라가는 길에 예수께서 그들 앞에 서서 가시는데 그들이 놀라고 따르는 자들은 두려워하더라 이에 다시 열두 제자를 데리시고 자기가 당할 일을 말씀하여 이르시되 [33]보라 우리가 예루살렘에 올라가노니 인자가 대제사장들과 서기관들에게 넘겨지매 그들이 죽이기로 결의하고 이방인들에게 넘겨 주겠고 [34]그들은 능욕하며 침 뱉으며 채찍질하고 죽일 것이나 그는 삼 일 만에 살아나리라 하시니라(막 10:32-34).

[31]예수께서 열두 제자를 데리시고 이르시되 보라 우리가 예루살렘으로 올라가노니 선지자들을 통하여 기록된 모든 것이 인자에게 응하리라 [32]인자가 이방인들에게 넘겨져 희롱을 당하고 능욕을 당하고 침 뱉음을 당하겠으며 [33]그들은 채찍질하고 그를 죽일 것이나 그는 삼 일 만에 살아나리라 하시되 [34]제자들이 이것을 하나도 깨닫지 못하였으니 그 말씀이 감취었으므로 그들이 그 이르신 바를 알지 못하였더라(눅 18:31-34).

　사도들은 어떠한 죽음이 주님을 기다리고 있는지를 전에도 들었지만, 그 말씀을 충분히 숙고하는 가운데에 받아들인 것이 아니었기 때문에, 그리스도께서는 여기서 또다시 그가 전에 종종 해주셨던 말씀을 반복하셔야 했다. 그리스도께서는 자기가 죽을 날이 가까웠다는 것을 아셨다. 아니, 그리스도께서는 자신을 희생제물로 드릴 준비가 이미 다 되어 있으셨다. 그런데 그의 제자들은 그 일에 대하여 쉬쉬 하며 생각하기를 꺼려하고, 맹목적인 두려움으로 겁에 질려 있었다. 그래서 그리스도께서는 그들에게 "시험에 들지 않게 마음을 굳게 먹으라"고 권면하시면서, 두 가지 방법으로 그들을 굳게 하신다. 왜냐하면, 그리스도께서는 장차 무슨 일이 일어날지를 미리 말씀해 주심으로써, 예기치 않은 재난이 그들에게 갑자기 닥쳐서, 그들이 자포자기하지 않도록 그들을 견고히 붙잡아 주실 뿐만 아니라, 그의 신성(神性)에 대한 증거를 미리 말씀해 주셔서, 십자가라는 걸림돌을 상쇄시키심으로써, 그들이 그의 일시적인 낮아지심과 굴욕을 보고 낙심하는 것이 아니라, 그가 하나님의 아들이기 때문에 결국 죽음을 이기시리라는 확신을 가질 수 있게 해주시기 때문이다. 그리스도께서 그의 제자들을 견고히 붙들어 주시기 위해 미리 말씀하신 두 번째 내용은 그가 곧 부활하실 것이라는 사실에 토대를 둔 것이었다.

그러면, 이제 그리스도께서 하신 말씀을 좀 더 자세하게 살펴보기로 하자. 마가는 다른 두 복음서 기자가 생략한 내용을 기록하고 있는데, 그것은 그리스도께서 자기가 죽음의 희생제사를 드리러 가고 있는 중이라는 사실을 그의 제자들에게 따로 설명하시기 전에, 그의 제자들만이 아니라 그를 따르던 나머지 사람들도 근심하고 "두려워" 하고 있었다는 내용이다. 그들이 왜 그러한 두려움에 사로잡혀 있었는지를 설명하기가 쉽지 않지만, 아마도 그것은 그들이 이미 예루살렘에서 위험한 대적들이 그들을 기다리고 있다는 것을 알고 있었으므로, 그리스도께서 그런 위험천만한 원수들에게 제 발로 걸어가서 모습을 드러내기보다는 그들의 화살이 닿지 않는 곳으로 물러가서 조용히 지내시기를 바랐기 때문일 것이다. 그들 속에 그러한 두려움이 자리 잡고 있었다는 것은 여러 가지 점에서 합당하지 못한 것이긴 했지만, 그럼에도 불구하고 그들이 그리스도를 계속해서 따랐다는 것은 그리스도에 대한 그들의 공경하고 순종하는 마음이 특별하였다는 것을 보여주는 증거였다. 물론, 하나님의 아들이 그들을 어디로 이끄시든지, 기쁜 마음으로 주저 없이 따르는 것이 가장 바람직한 모습이었겠지만, 그들이 그리스도를 공경하였기 때문에 그를 버리고 떠나느니 차라리 그들 자신의 감정을 묵살하는 쪽을 택한 것은 칭찬받을 만한 일이었다.

마 20:17. 예수께서 … 열두 제자를 따로 데리시고. 그리스도를 따르던 모든 자들이 똑같이 두려움에 사로잡혀 있어서 모두에게 위로가 절실한 마당에, 그리스도께서 오직 "열두 제자"에게만 따로 그에 관한 비밀을 알려 주신 것은 이상해 보일 수 있다. 나는 그리스도께서 그가 죽게 되리라는 것을 모두에게 알리지 않으신 이유는 때가 이르기도 전에 이 소문이 널리 퍼져나가지 않도록 하시기 위한 것이었다고 생각한다. 게다가, 그리스도께서는 그의 이러한 수난 예고가 사람들에게 즉각적인 효과를 가져올 것이라고 생각하지 않으셨기 때문에, 나중에 그의 증인이 될 일부 제자들에게만 이 일을 알리는 것으로 충분할 것이라고 여기셨다. 왜냐하면, 우리가 알다시피, 씨가 땅에 뿌려진다고 해서 즉시 열매가 맺히는 것이 아니듯이, 그동안 그리스도께서 그의 사도들에게 많은 것들을 말씀해 주셨지만, 그것들이 즉시 열매를 맺지는 않았기 때문이다. 만약 그리스도께서 그를 따르던 모든 자들에게 이 사실을 무차별적으로 알리셨다면, 그들 중 다수는 겁을 집어먹고 달아나서 여기저기에 이 소문을 퍼뜨리고 다녔을 것이고, 사람들은 그리스도께서 경솔하게 자기 자신을 죽음으로 몰아갔다고 여겨서, 그리스도의 죽음은 사람들로부터 마땅히 받아야 할 합당한 영광을 받지 못하게 되었을 것이다. 그래서 그리스도께서는 이 일을 사도들에게만 따로 은밀하게 알려 주셨는데, 그들로 하여금 이 일을 알게 하신 이유도 그들이 이 말씀을 미리 듣고서 당장에 유익을 얻게 하시기 위한 것이 아니라, 내가 앞서 말했듯이, 그들이 나중에 증인들이 되게 하시기 위한 것이었다.

누가는 다른 복음서 기자들보다도 이 장면을 더 자세하게 보도한다. 즉, 누가는 그리스도께서 곧 일어나게 될 일들을 제자들에게 미리 알려 주실 뿐만 아니라, "선지자들을 통하여 기록된 모든 것이 인자에게 응하리라"는 말씀도 덧붙이신 것으로 보도한다. 왜냐하면, 하나님이 선지자들을 통해서 약속하신 구원을 가져다주실 분에 관한 표지(標識)들을 욕된 십자가(crucis ignominia)에서 발견할 수 있다는 것을 깨닫는 것은 이 시험을 이기게 해주는 최고의 묘약(妙藥, remedium)이었기 때문이다. 그리스도께서는 그들이 그의 죽음을 통해서 어떤 결과를 기대해야 하는지에 대해서도 선지자들의 글을 통해서 그들에게 가르쳐 주셨으리라는 것은 의문의 여지가 없다. 왜냐하면, 선지자들은 그리스도께서 고난을 받으셔야 할 것만을 가르친 것이 아니라, 그 고난이 세상을 하나님과 화목하게 만들기 위한 것임도 가르쳤기 때문이다.

마 20:18. 보라 우리가 예루살렘으로 올라가노니. 이것으로부터 우리는 그리스도께서 힘든 연단과정을 거쳐서, 죽음의 두려움을 이길 불굴의 견고함을 갖추게 되셨다는 것을 알게 된다. 왜냐하면, 그리스도께서는 여기에서 의지적으로 결연히 죽음을 향하여 발길을 재촉하고 계시는 것이기 때문이다. 그리스도께서 그 어떤 강제나 강요도 없는 상태에서 저 무시무시한 죽음을 향하여 진군해 나가시는 것이 성령의 강력한 능력으로 말미암아 두려움을 이기시고, 모든 인간적인 감정들을 뛰어넘으실 수 있으셨기 때문이 아니라면 무엇 때문이겠는가? 그리스도께서 그의 죽음을 둘러싼 아주 세부적인 내용들을 낱낱이 말씀하신 것도 그가 지니신 신성(神

性)을 한층 더 분명하게 보여주는 증거였다. 왜냐하면, 그리스도께서는 그의 인성 (人性) 안에서는 "대제사장들과 서기관들"이 그를 "죽이기로 결의한" 후에 "그가 이 방인들에게 넘겨져" 여러 가지로 "희롱을 당하고 침 뱉음"과 "채찍질"을 당하고 나서, 마침내 처형장으로 끌려가서 십자가 위에서 죽게 되실 것을 미리 알지 못하셨을 것이기 때문이다. 그런데 우리가 주목해야 할 것은, 그리스도께서는 그의 제자들의 연약함(infirmitas)을 아주 잘 알고 계셨는데도, 그들에게 너무나 큰 걸림돌이 될 수 있었던 이 일을 숨기지 않고 다 알려 주셨다는 것이다. 왜냐하면, 우리가 앞에서도 말했듯이, 당시의 교회 전체가 그리스도를 대적하는 것을 보는 일보다 경건한 자들의 마음을 더 격렬하게 뒤흔들어 놓을 수 있는 일은 아무것도 없었기 때문이다. 그런데도 그리스도께서는 그들의 연약함을 핑계로 아무 일도 없을 것이라는 듯이 그들을 속이신 것이 아니라, 이 일 전체를 솔직하고 분명하게 알려 주신 후에, 그가 장차 다시 살아나리라는 것을 굳게 믿으면, 이 시험을 이길 수 있다고 그 해결책도 제시해 주신다. 그러나 그리스도께서는 부활이 있으려면 그가 먼저 죽으셔야 했기 때문에, 그의 제자들로 하여금 소망으로 승리할 수 있게 하셨다.

눅 18:34. 제자들이 이것을 하나도 깨닫지 못하였으니. 그리스도께서는 그들에게 아주 심오하거나 복잡하지도 않은 일을 아주 평이하고 친근한 방식으로 말씀해 주셨는데도, 그들이 깨닫지 못하고, 도리어 그 말씀에 대하여 의구심을 품었다는 것은 그들의 우둔함이 얼마나 심하였는지를 보여주는 것이다. 그러나 우리는 그들이 이토록 엄청난 무지(無知)에 갇혀 있게 된 이유에 대하여 내가 앞서 말했던 것도 염두에 두지 않으면 안 된다. 즉, 그들은 그들의 앞날이 탄탄대로처럼 뚫려 있어서 모든 일이 막힘없이 형통하여 결국 기쁜 날을 보게 될 것이라는 선입견을 지니고 있었기 때문에, 그리스도께서 십자가에서 죽으시는 치욕적인 일을 당하시리라는 것은 도저히 있을 수 없는 말도 안 되는 일이라고 여겼다는 것이다. 이것으로부터 우리는 사람이 망상(fallax imaginatio)에 사로잡히면 어느 정도로 제정신을 잃고 혼미해지는지를 알게 된다. 그러므로 우리는 어리석고 헛된 생각에 휘말려 들어가서 대낮인데도 빛을 보지 못하게 되는 일이 없도록 더욱더 조심하지 않으면 안 된다.

[20]그 때에 세베대의 아들의 어머니가 그 아들들을 데리고 예수께 와서 절하며 무엇을 구하니 [21]예수께서 이르시되 무엇을 원하느냐 이르되 나의 이 두 아들을 주의 나

라에서 하나는 주의 우편에, 하나는 주의 좌편에 앉게 명하소서 [22]예수께서 대답하여 이르시되 너희는 너희가 구하는 것을 알지 못하는도다 내가 마시려는 잔을 너희가 마실 수 있느냐 그들이 말하되 할 수 있나이다 [23]이르시되 너희가 과연 내 잔을 마시려니와 내 좌우편에 앉는 것은 내가 주는 것이 아니라 내 아버지께서 누구를 위하여 예비하셨든지 그들이 얻을 것이니라(마 20:20-23).

[35]세베대의 아들 야고보와 요한이 주께 나아와 여짜오되 선생님이여 무엇이든지 우리가 구하는 바를 우리에게 하여 주시기를 원하옵나이다 [36]이르시되 너희에게 무엇을 하여 주기를 원하느냐 [37]여짜오되 주의 영광 중에서 우리를 하나는 주의 우편에, 하나는 좌편에 앉게 하여 주옵소서 [38]예수께서 이르시되 너희는 너희가 구하는 것을 알지 못하는도다 내가 마시는 잔을 너희가 마실 수 있으며 내가 받는 세례를 너희가 받을 수 있느냐 [39]그들이 말하되 할 수 있나이다 예수께서 이르시되 너희는 내가 마시는 잔을 마시며 내가 받는 세례를 받으려니와 [40]내 좌우편에 앉는 것은 내가 줄 것이 아니라 누구를 위하여 준비되었든지 그들이 얻을 것이니라(막 10:35-40).

마 20:20. 그때에 세베대의 아들의 어머니가 … 예수께 와서. 이 기사(記事)는 인간의 허영심(vanitas)을 잘 보여주는 맑은 거울과 같은 이야기이다. 왜냐하면, 이 기사는 거룩하고 합당한 열심일지라도 거기에 야심이나 육신의 다른 악이 수반되는 경우가 흔히 있어서, 그리스도를 따르는 자들이 마땅히 품어야 할 목적 외에 다른 목적을 품는 일이 자주 있다는 것을 보여주기 때문이다. 오직 그리스도 한 분만으로 만족하지 못하고, 그리스도와 그의 약속들 외에 이런저런 다른 것을 구하는 자들은 옳은 길에서 터무니없이 벗어나 길을 잃고 헤매게 된다. 우리가 처음에 우리의 마음을 그리스도께 진심으로 드리는 것만으로는 부족하기 때문에, 우리는 그 동일한 순전한 마음을 끝까지 지켜나가지 않으면 안 된다. 왜냐하면, 우리는 신앙의 길을 가다가, 우리의 내면에서 죄악 된 생각과 감정들이 올라와서 길을 잃게 되는 일이 자주 있기 때문이다. 마찬가지로, 세베대의 두 아들도 처음에는 진실한 마음으로 그리스도께 헌신하였을 것이다. 그러나 그들은 그리스도께서 그들을 특별히 총애하시는 것을 보고, 그리스도의 나라가 가까웠다는 말을 듣자, 그들의 마음이 악한 욕망에 이끌려서, 그들의 현재의 처지에 그대로 머물러 있어서는 안 되겠다는 생각이 들면서 몹시 초조해졌을 것이다. 이런 일이 이 두 명의 훌륭한 제자들에게 일어났다는 것을 생각할 때, 우리에게 옳은 길에서 벗어나고자 하지 않는 마음이 있다면, 우리가 어떻게 걷고 있는지를 정말 조심하며 주의하는 것이 마땅하지 않겠는가. 특히, 어떤 그럴 듯한 기회가 주어질 때에는, 우리는 명예욕이 우리의 경건한 마음을 부패시키지 않도록 한층 더 조심하지 않으면 안 된다.

마태와 마가는 내용에 있어서 약간 차이가 있기는 하지만, 그 요지는 동일하다. 마태는 세베대의 아들들의 어머니가 그리스도께 와서 그녀의 아들들에게 그리스도의 나라에서 가장 높은 자리들을 주시라고 청한 것이라고 말하는 반면에, 마가는 "세베대의 아들들"이 직접 그런 청을 한 것으로 묘사한다. 그러나 세베대의 아들들은 계면쩍고 낯 부끄러워서 직접 나서지 못하고, 대신에 이러한 청을 더 자연스럽고 담대하게 할 수 있을 것으로 보였던 그들의 어머니를 앞세우는 술책을 사용하였던 것일 가능성이 높다. 이 청이 원래 "세베대의 아들들"에게서 나왔다는 것은 그리스도께서 그들의 어머니가 아니라 그들을 향하여 대답하셨다는 사실로부터 확인이 되는 것 같다. 게다가, 그들의 어머니가 와서 "꿇어 엎드려서" 청할 것이 있다고 말하고(마태복음), 그들 자신도 "무엇이든지 우리가 구하는 바를 우리에게 하여 주시기를 원하옵나이다"라고 말한 것을 보면(마가복음), 그들의 이러한 소극적이고 주저하는 태도는 그들이 스스로 잘못하고 있다는 것을 알고 있었음을 보여준다.

마 20:21. 주의 나라에서. 그리스도의 나라가 올 것임을 보여주는 그 어떤 가시적인 징후가 조금도 없었던 상황 속에서 세베대의 아들들이 그 나라가 올 것을 굳게 믿은 것은 칭찬할 만한 것이었다. 그들은 그리스도께서 초라한 종의 형체를 입으셔서 멸시 받으실 만한 모습으로 계신다는 것을 알고 있었을 뿐만 아니라, 실제로 세상으로부터 많은 멸시와 욕을 당하시는 것을 보아 왔으면서도, 오직 그리스도의 가르침을 굳게 믿고서, 그리스도께서 곧 위엄 있으신 왕이 되시리라는 것을 추호도 의심하지 않았다. 이것은 의심할 여지 없이 믿음의 놀라운 모범이었다. 그러나 이것으로부터 우리는 순전한 씨가 우리의 마음속에 심겨지자마자 얼마나 쉽게 부패하는지를 알게 된다. 왜냐하면, 그들은 존재하지도 않는 나라를 상정해 놓고서 그 나라에서 그들이 가장 높은 자리에 앉고자 하는 탐욕에 빠지는 어리석음을 범하였기 때문이다. 이 악한 탐욕은 그 자체로는 대단히 칭찬받을 만한 믿음에서 흘러나온 것이기 때문에, 우리는 주께서 우리의 마음눈을 열어 주실 뿐만 아니라, 주께서 우리를 늘 지도하셔서, 우리의 마음이 언제나 합당한 목표에만 착념할 수 있게 해주시라고 기도하지 않으면 안 된다. 또한, 우리는 주께서 우리에게 믿음을 주실 뿐만 아니라, 우리의 믿음이 순전하고 불순물이 전혀 없는 상태로 유지될 수 있게 해주시라고 기도하여야 한다.

마 20:22. 너희는 너희가 구하는 것을 알지 못하는도다. 그들의 무지(無知)는 두 가지 이유에서 책망받아 마땅한 것이었다. 첫 번째는 그들이 그들의 야심으로 말미암아 그들에게 합당한 것 이상의 것을 원하였다는 것이고, 두 번째는 그들이 하늘에 속한 그리스도의 나라 대신에 존재하지도 않는 허공 속의 유령 같은 나라를 꿈꾸었다는 것이다. 첫 번째 이유와 관련해서, 하나님이 값없이 양자로 삼아 주신 것으로 만족하지 못하고서 더 높이 되고자 하는 자들은 자신의 분수를 넘어서서 헤매게 되고, 그런 자들은 자신에게 합당한 것을 뛰어넘어 그들이 원하는 것을 무리하게 얻고자 하는 것이기 때문에 하나님께 배은망덕한 자가 된다는 것이다. 또한, 그리스도의 영적인 나라를 우리의 육신의 생각을 따라 평가하고 판단하는 것도 대단히 잘못된 것이다. 사람의 마음은 쓸데없는 사변(思辨) 속에서 더 큰 즐거움을 얻는 성향을 지니고 있기 때문에, 우리는 그러한 사변들에 빠지지 않도록 더욱 조심하지 않으면 안 된다. 우리는 궤변론자들의 책들이 그런 종류의 쓸데없는 사변들로 가득 채워져 있는 것을 본다.

마 20:22. 너희가 마실 수 있느냐. 그리스도께서는 그들의 야심을 바로잡고, 이 약한 욕망이 그들 속에 자리 잡고 있는 것을 일깨워 주시기 위하여, 하나님의 자녀들이 감당하여야 하는 십자가와 그 모든 고난들을 그들 앞에 제시하신다. 이것은 "너희의 현재의 싸움이 치열하지 않고 여유가 너무 많아서, 너희가 지금 벌써부터 개선행진을 계획하고 있는 것이냐"고 말씀하신 것이나 다름없다. 왜냐하면, 만약 그들이 그들의 부르심에 따른 의무들을 행하는 일에 진지하게 임하였더라면, 그들은 이런 악한 망상을 할 겨를이 결코 없었을 것이기 때문이다. 그러므로 이 말씀을 통해서 그리스도께서는 때가 되기도 전에 상을 얻고자 하는 자들에게 경건의 의무들을 행하는 데에 전념하라고 명하고 계시는 것이다. 이것은 야심을 억제하는 데에 아주 뛰어난 재갈임에 틀림없다. 왜냐하면, 우리가 이 세상에서 순례자로 살아가는 한, 우리는 헛된 즐거움이나 허영을 버려야 하는 처지에 있기 때문이다. 우리는 수많은 위험들에 둘러싸여 있다. 원수는 매복해 있다가 여러 가지 방법으로 우리를 기습하기도 하고, 공개적으로 맹렬한 공격을 우리에게 퍼붓기도 한다. 수많은 죽음의 위험들이 도처에 널려 있는데도, 벌써부터 승리를 꿈꾸며 그 기쁨에 도취되어 있는 자보다 더 우둔한 자가 어디에 있을까?

물론, 그리스도께서는 그를 따르는 자들에게 승리를 확신하고서 죽음의 위험 가운데서도 승전가를 부르라고 명하신다. 왜냐하면, 그렇게 하지 않는다면, 그들은 용감하게 싸울 담력을 얻지 못할 것이기 때문이다. 그러나 그리스도께서 그들에게 약속하신 상을 바라보고서 용감하게 싸움터로 달려 나가서, 이 싸움에서 이기기 위하여 온 힘을 다해 고군분투하는 것과, 이 싸움을 잊고서 원수와 위험들을 피해 달아나서, 때가 되면 그들에게 주어질 승리를 몽상 속에서 기대하는 것은 전혀 다르다. 게다가, 이렇게 어리석고 성급하게 승리를 꿈꾸는 자들은 대체로 그들의 부르심에서 이탈하게 된다. 왜냐하면, 싸움터에서 가장 겁쟁이인 자들이 전리품을 챙기는 일에는 가장 열심을 내는 것과 마찬가지로, 그리스도의 나라에서 믿음의 싸움에 수반되는 온갖 고난을 피하는 자들이 가장 좋은 것들이나 가장 높은 자리들을 얻는 일에는 가장 열심을 내기 때문이다. 그러므로 그리스도께서 허영심으로 부풀어 오른 자들에게 그들의 자리를 지키고 그들의 본분을 다하라고 명하신 것은 지극히 합당한 것이었다. 이 말씀 전체의 요지는, 합당하게 믿음의 싸움을 싸운 자에게만 면류관이 준비되어 있다는 것, 특히 먼저 그리스도의 고난과 죽음에 참여하지 않은 자는 그리스도의 생명과 나라에도 참여하지 못하게 되리라는 것이다.

"세례"라는 단어 속에서 이 비유의 의미가 아주 분명하게 드러난다. 왜냐하면, 믿는 자들은 세례를 받을 때에, "자기를 부인하고"(마 16:24) "우리의 옛사람이 십자가에 못 박히는 것"(롬 6:6), 즉 "십자가를 지는" 것이 처음으로 시작되기 때문이다. 그리스도께서 "잔"(ποτήριον-포테리온)이라는 단어를 통해서 성찬의 신비를 암시하셨는지는 불확실하지만, 이때에는 아직 성찬이 제정되지 않았기 때문에, 나는 "잔"을 하나님이 각자에게 정해 주신 고난의 분량을 뜻하는 것으로 해석하고자 한다. 왜냐하면, 집주인이 그의 가솔들에게 쓸 것들을 나누어 주듯이, 하나님은 그의 뜻을 따라 각 사람에게 각각의 짐을 지워 주시는 까닭에, 우리는 하나님이 그들에게 마실 "잔"을 주신다고 말할 수 있기 때문이다. 이 말씀은 그리스도께서 우리와 함께 십자가를 지시겠다는 의미를 담고 있기 때문에, 십자가의 혹독한 쓴 맛(crucis acerbitas)을 완화시켜 주는 특별한 위로를 우리에게 준다. 하나님의 아들과 모든 것을 함께하는 것보다 더 좋은 일이 무엇이겠는가? 그렇게만 된다면, 처음 보았을 때에는 죽음을 가져다줄 것처럼 보이던 것들이 도리어 우리에게 생명을 가져다주는 것으로 바뀌게 된다. 그러나 그리스도의 제자들 중에서 십자가 지는 것을 전혀 원하지 않아서 그리스도께서 받으신 세례를 그들 자신도 받기를 거부하는 자들은 어떤 자들로 여겨지겠는가? 그런 자들은 가장 기본적인 가르침들조차도 은근슬쩍 얼버무리며 대충 넘어가고자 하는 자들이다. "세례"라는 말이 언급될 때마다, 우리는 우리가 십자가를 우리의 어깨에 지는 조건으로, 그리고 그러한 목적으로 세례를 받은 것임을 기억하여야 한다. "세베대의 아들들"이 그토록 자신만만하게 "잔"을 마실 준비가 되어 있다고 큰소리친 것은 육신의 주제넘은 자만(carnis confidentia)을 보여준 것일 뿐이다. 왜냐하면, 우리는 우리가 져야 할 십자가에서 벗어나 있으면, 마치 무엇이든지 다 할 수 있을 것 같은 생각이 드는 법이기 때문이다. 머지않아 그들의 이러한 경솔함과 무모함이 얼마나 부끄러운 일이었는지가 현실의 사건 속에서 여실히 드러나게 될 것이었다. 그러나 그들이 어느 쪽을 선택해도 되는 상황 속에서 기꺼이 자진해서 십자가를 지겠다고 나선 것 자체는 좋은 일이었다.

마 20:23. 과연 내 잔을. 그들은 제자들이었기 때문에, 그들의 선생을 닮는 것이 마땅한 일이었다. 그리스도께서는 그들로 하여금 장차 인내로써 견딜 각오를 하도록 하시기 위하여, 앞으로 무슨 일이 일어나게 될지를 그들에게 미리 경고하시는데, 이것은 "세베대의 아들들"에게 말씀하시는 형식을 빌려서 그를 따르는 모든 자들에게 말씀하신 것이다. 왜냐하면, 많은 믿는 자들이 폭압에 의해서나 피 흘림이 없이 자연스러운 죽음을 맞이하긴 하지만, 바울이 우리에게 말해 주듯이, "그 아들의 형상을 본받아서"(롬 8:29; 고전 3:18) 일생 동안 "도살당할 양 같이 여김을 받게"(롬 8:36) 되는 것이 모든 믿는 자들의 공통된 운명이기 때문이다.

마 20:23. 내가 주는 것이 아니라. 그리스도께서는 이 대답을 통해서 자신을 비하하시는 것이 아니라, 단지 "아버지께서" 천국에서 어떤 사람을 어떤 자리에 앉힐지를 결정하는 임무를 그에게 맡기지 않으셨다는 것을 말씀하시는 것일 뿐이다. 사실, 그리스도께서는 그의 모든 백성을 영생으로 이끄시기 위하여 오신 것이기 때문에, 우리는 그의 피로 말미암아 우리에게 주어진 유업이 우리를 기다리고 있다는 것을 아는 것으로 만족하여야 마땅하다. 어떤 사람이 다른 사람들보다 얼마나 더 높은 자리에 앉게 될 것인지를 캐묻는 것은 우리가 할 일이 아니고, 하나님께서도 그런 것을 그리스도를 통해서 우리에게 계시하지 않으시고, 최종적으로 모든 것이 드러날 때까지 유보해 두시고자 하셨다. 우리는 이제 그리스도께서 하신 말씀의 취지를 이해할 수 있게 되었다. 즉, 그리스도께서는 여기에서 자신의 능력에 대하여 논하고 계시는 것이 아니라, 단지 우리로 하여금 자기가 어떤 목적을 위하여 아버지로부터 보내심을 받으신 것인지, 어떤 것이 자신의 사명(使命)에 부합하는 것인지를 잘 생각해 보도록 하고자 하시는 것이기 때문에, 하나님의 감춰진 은밀한 뜻과 자기에게 주어진 가르치는 직분의 성격을 구별하시는 것이다. 이 말씀은, 우리가 분수를 지키며 지혜롭게 되는 법을 배워서, 하나님의 감춰진 신비들을 캐내고자 하지 말아야 하고, 특히 하나님이 우리를 "그와 같게" 하실 때까지는 우리가 "장래에 어떻게 될지는 아직 나타나지 아니하였기"(요일 3:2) 때문에, 우리의 장래의 모습에 대하여 지나친 호기심에 빠져서는 안 된다는 것을 가르쳐 주는 까닭에 아주 유익한 경고의 말씀이다. 또한, 우리가 유의해야 할 것은 이 말씀은 하나님의 자녀들이 장차 하늘의 영광을 입게 될 때에는 그들이 모두 동일한 영광을 얻게 되리라는 것을 보여주는 것이 아니라는 것이다. 도리어, 각 사람에게는 하나님의 영원한 뜻에 따라서 정해진 영광이 주어질 것이고, 그 영광은 사람마다 다를 것이다.

²⁴열 제자가 듣고 그 두 형제에 대하여 분히 여기거늘 ²⁵예수께서 제자들을 불러다가 이르시되 이방인의 집권자들이 그들을 임의로 주관하고 그 고관들이 그들에게 권세를 부리는 줄을 너희가 알거니와 ²⁶너희 중에는 그렇지 않아야 하나니 너희 중에 누구든지 크고자 하는 자는 너희를 섬기는 자가 되고 ²⁷너희 중에 누구든지 으뜸이 되고자 하는 자는 너희의 종이 되어야 하리라 ²⁸인자가 온 것은 섬김을 받으려 함이 아니라 도리어 섬기려 하고 자기 목숨을 많은 사람의 대속물로 주려 함이니라(마 20:24-28).

⁴¹열 제자가 듣고 야고보와 요한에 대하여 화를 내거늘 ⁴²예수께서 불러다가 이르시되 이방인의 집권자들이 그들을 임의로 주관하고 그 고관들이 그들에게 권세를 부리는 줄을 너희가 알거니와 ⁴³너희 중에는 그렇지 않을지니 너희 중에 누구든지 크고자 하는 자는 너희를 섬기는 자가 되고 ⁴⁴너희 중에 누구든지 으뜸이 되고자 하는 자는 모든 사람의 종이 되어야 하리라 ⁴⁵인자가 온 것은 섬김을 받으려 함이 아니라 도리어 섬기려 하고 자기 목숨을 많은 사람의 대속물로 주려 함이니라(막 10:41-45).

²⁴또 그들 사이에 그 중 누가 크냐 하는 다툼이 난지라 ²⁵예수께서 이르시되 이방인의 임금들은 그들을 주관하며 그 집권자들은 은인이라 칭함을 받으나 ²⁶너희는 그렇지 않을지니 너희 중에 큰 자는 젊은 자와 같고 다스리는 자는 섬기는 자와 같을지니라 ²⁷앉아서 먹는 자가 크냐 섬기는 자가 크냐 앉아서 먹는 자가 아니냐 그러나 나는 섬기는 자로 너희 중에 있노라(눅 22:24-27).

마 20:24. 열 제자가 듣고. 누가는 이 논쟁이 다른 때에 일어난 것으로 보도하고 있는 것 같이 보이지만, 누가복음 22장을 주의 깊게 살펴본 사람이라면, 누구나 그리스도께서 서로 다른 때에 전하신 말씀들을 누가가 시간상의 순서와는 상관없이 거기에 모아 놓았다는 것을 분명히 알게 된다. 그러므로 누가가 언급하고 있는 논쟁, 즉 장차 누가 더 높은 자리에 앉을 것인지를 놓고 제자들이 벌인 논쟁은 "세베대의 아들들"이 그리스도의 나라에서 "첫째가는" 자리를 달라고 그리스도께 청한 것에서 비롯되었다고 보아야 한다. 그런데 다른 제자들이 "세베대의 아들들"에게 분개한 것은 사실 전혀 근거 없는 것이었다. 왜냐하면, 이 두 형제는 그들의 어리석은 야심을 드러냈다가, 그리스도로부터 호된 꾸중을 듣고 창피를 당하고서 물러난 것이므로, 이 두 형제가 어리석은 욕망을 품었다가 이루지 못했다고 해서, 그것이 다른 "열 제자"에게 해(害)를 준 것은 전혀 없었던 까닭에, 그들은 비록 이 두 형제의 시도를 못마땅해할 수는 있었겠지만, 그 시도가 좌절된 것을 보았을 때에, 그들의 불편한 심기를 다스렸어야 마땅했기 때문이다. 그러나 그리스도께서는 이 일을 그들의 마음속에 잠복해 있던 병을 드러낼 기회로 삼고자 하셨다. 왜냐하면, 그들 중에는 기꺼이 다른 사람들에게 복종하고자 하는 자는 아무도 없었고, 그들은 너나 할 것 없이 다 다른 사람들보다 높이 되고자 하는 욕망을 은밀히 품고 있어서, 야심이라는 악한 욕망이 그들 모두를 지배하고 있었던 까닭에, 그들 사이에서 시기와 다툼이 일어난 것이었기 때문이다. 이러한 악이 미천한 자들 속에 내재해 있어서, 조금이라도 어떤 빌미가 생기거나, 또는 그 어떤 빌미가 없어도 밖으로 분출되어 나왔다는 것을 생각할 때, 우리 속에 감춰져 있는 야심에 불을 당길 연료가 넘쳐나는 오늘날에 있어서, 우리는 얼마나 더 조심하고 또 조심해야 하겠는가? 우리는 겸손의 영(spiritus modestiae)이 하늘로부터 임하여, 인간의 본성을 장악하고 있는 교만(superbia)의 불길을 꺼주지 않는 한, 큰 권세와 영화(榮華)를 누리는 자들에게서 야심의 불길이 솟구쳐 나와서, 얼마나 광범위하게 퍼져나가는지를 안다.

마 20:25. 이방인의 집권자들이. 그리스도께서는 먼저 그들을 꾸짖으시기 위하여 그들을 "부르셨다." 이것을 통해서 우리는 그들이 그들의 야심을 부끄럽게 여겼기 때문에, 대놓고 불평하지는 못하고, 속으로만 화를 내며 못마땅해하면서, 자기가 다른 제자들보다 더 낫다고 생각하고 있었다는 것을 알게 된다. 그리스도께서는 야심이 얼마나 치명적인 병인지를 일반적인 관점에서 설명하시는 것이 아니라, 단지 존재하지 않는 것을 놓고 다투는 것만큼 어리석은 짓은 없다고 그들에게 경고하시면서, 그들 사이에서 다툼의 빌미가 된 높은 자리 같은 것은 그의 나라에 존재하지 않는다는 것을 보여주신다. 그러므로 이 말씀을 모든 경건한 자들에게 무차별적으로 확대하여 적용하는 자들은 이 말씀을 잘못 해석하는 것이다. 왜냐하면, 그리스도께서는 단지 지금 제자들 사이에서 벌어진 다툼을 기회로 삼으셔서, 사도들에게 맡겨진 가르치는 직분은 세상의 "집권자들"과 닮은 점이 전혀 없는 까닭에, 사도들이 그들 사이에서 누구에게 더 큰 권세와 존귀가 주어질 것인가를 놓고 다투는 것은 어리석은 일이라는 것을 보여주시고자 하시는 것이기 때문이다. 물론, 나는 이 가르침이 일반 사람들 및 왕들과 고관들에게 모두 적용된다는 것을 인정한다. 왜냐하면, 겸손한 선생 아래에 있으면서, 자기 자신을 주장하지 않고 오직 자신을 낮추어 형제를 사랑하는 법을 제대로 배우지 못한 자는 그 누구도 그리스도의 양 무리에 속한 자라고 할 수 없기 때문이다. 그러나 여기에서 그리스도의 목적은, 내가 앞에서 말했듯이, 그의 교회에서 이루어질 영적 통치를 세상의 나라들과 구별하셔서, 사도들이 그의 총애를 얻어서 높은 자리에 오르고자 하는 것이 잘못된 것임을 깨우쳐 주시는 것이었다. 왜냐하면, 그리스도께서 그의 교회에 목회자들을 세우시는 것은 "주관하게" 하기 위한 것이 아니라 "섬기게" 하기 위한 것이기 때문이다.

이것은 재세례파의 주장이 잘못된 것임을 보여준다. 왜냐하면, 그들은 그리스도께서 "집권자들"과 "고관들"은 그의 제자들과 같지 않다고 분명하게 선언하셨다는 것을 근거로 삼아서, 하나님의 교회에서 그런 자들을 배제시키지만, 여기에서 그리스도께서는 그리스도인들과 불경건한 자들을 대비시키시는 것이 아니라, 전자와 후자에게 맡겨진 직분의 성격이 서로 다르다는 것을 대비시키셔서 말씀하시는 것이기 때문이다. 게다가, 그리스도께서는 여기에서 특정한 부류의 사람들에 대해서가 아니라, 그의 교회가 어떤 모습이 되어야 하는지에 대해서 말씀하신 것이었다. 따라서 한 마을이나 성(城)을 다스리는 자가 피치 못할 사정에 의해서 교회에서 가르치는 직분을 맡아서 수행하는 것도 얼마든지 가능한 일이었다. 왜냐하면, 그리스도께서는 어떤 일이 사도직에 속하고 어떤 일이 사도직에 이질적인 것인지를 설명하신 것일 뿐이기 때문이다. 그렇지만 한 가지 의문이 생긴다: 왜 그리스도께서는 그의 교회에 서로 다른 서열의 여러 직분들을 세워 놓으시고서, 여기에서는 그런 서열 자체를 부정하시는 것인가? 왜냐하면, 여기에서 그리스도께서는 서열 자체를 허물어 버리시거나, 적어도 모든 직분을 동일한 반열에 놓으심으로써, 그 누구도 다른 사람들보다 높다고 말할 수 없게 하시는 것으로 보이기 때문이다. 그러나 그것은 그렇게 보이는 것일 뿐이지, 사실은 그렇지 않다. 바울은 교회의 통치에 대하여 설명할 때에(엡 4:11), 여러 직분들을 열거하면서, 사도직이 목회직보다 더 우위에 있다고 말한다. 또한, 바울이 디모데와 디도에게 하나님의 명령을 따라서 다른 사람들에 대한 감독권을 행사하라고 명하고 있다는 것은 의심의 여지가 없다. 나의 대답은 이렇다. 우리가 이 문제 전체를 주의 깊게 살펴본다면, 왕들조차도 그들이 백성을 섬기지 않는다면, 그것은 정당하거나 합당한 통치가 될 수 없지만, 왕들과 고관들은 백성을 섬기면서도, 스스로 부귀영화를 누리며 자신의 신민(臣民)들을 다스리는 것이 가능하지만, 사도직은 그렇지 않다는 것을 알게 된다는 것이다. 따라서 다윗이나 히스기야를 비롯한 왕들은 자원해서 백성들의 종이 되었지만, 왕의 홀(笏)이나 면류관 등과 같은 왕권의 상징물들로 그들을 장식하였다. 그러나 교회의 통치와 관련해서는 그런 것들이 전혀 용납되지 않는다. 왜냐하면, 그리스도께서는 목회자들이 오직 "섬기는 자"가 될 것만을 요구하시고, 그들이 권세를 사용하여 "주관하는" 자가 되는 것을 일절 금하셨기 때문이다. 여기에서 우리가 주목해야 할 것은 그리스도의 이 말씀은 사람들의 태도나 성향이 아니라 직분 자체의 성격을 다루고 있다는 것이다. 그리스도께서 사도들과 왕들을 구별하시는 것은 왕들에게는 오만하게 행할 권리가 있기 때문이 아니라, 왕이라는 직분이 지닌 성격이 사도직의 성격과 다르기 때문이다. 그러므로 사도들이나 왕들은 둘 다 겸손히 행하여야 하지만, 그리스도께서 그의 교회를 위하여 어떠한 통치 형태를 정하셨는지를 늘 생각해야 하는 것이 사도들의 마땅한 본분이다.

표현방식과 관련해서, 마태가 "이방인의 집권자들이 그들을 임의로 주관한다"고 표현한 대목에서, 누가는 "그 집권자들은 은인이라 칭함을 받는다"라고 말함으로써 동일한 의미를 전하는데, 이것은 왕들이 큰 부(富)를 소유하는 것은 자신의 신민들에게 후히 베풀기 위한 것이라는 의미이다. 왜냐하면, 왕들은 그들이 지닌 권세 자체를 훨씬 더 좋아하고, 그 권세가 백성의 동의가 아니라 백성의 두려움에 기반을 둔 것이기를 더 바라지만, 그럼에도 불구하고 여전히 백성으로부터 "은인"으로 칭송받고자 하기 때문이다. 히브리어로 "집권자들"을 가리키는 '네디빔' (נדיבים)도 그들이 백성에게 은전(恩典)을 베푸는 것에서 유래한 명칭이다. 하지만 왕들은 그들의 호화롭고 사치스러운 삶을 유지하는 데에 필요한 경비를 충당하기 위해서 백성으로부터 세금을 거두고 공물을 바치게 하는 것이 아니던가.

마 20:26. 너희 중에는 그렇지 않아야 하나니. 이것이 그리스도께서 사도들이 망상에 미혹되어 있는 것을 책망하시는 말씀이라는 것은 의심의 여지가 없다: "너희는 어리석게도 내가 혐오하는 그런 나라를 꿈꾸고 있구나. 그러므로 너희가 나를 충성되게 섬기고자 한다면, 너희는 생각을 바꿔서, 너희 각자가 다른 사람들을 섬기고자 애써야 한다." 그리스도께서 "너희 중에 누구든지 크고자 하는 자는 너희를 섬기는 자가 되고"라고 말씀하신 것은 사람의 예(例)를 따라 말씀하신 것이기 때문에, 엄밀하게 말하면, 부정확한 표현이라 할 수 있다. 왜냐하면, 야심을 지닌 자는 그의 형제들에게 진정으로 헌신하거나 섬길 수 없기 때문이다. 출세하고자 하는 자들은 비굴하게 아부할 수는 있지만, "섬기는" 것은 그들의 본심과는 거리가 멀다. 하지만 그리스도께서 이렇게 말씀하신 취지를 파악하는 것은 어렵지 않다. 모든 사람은 자기 자신을 사랑하는 마음에 이끌려서 행하기 때문에, 그리스도께서는 그런 열정을 다른 것에 쏟아야 한다는 것을 분명하게 말씀하신다. 이것은 "너희는 너희 형제들을 섬기는 것을 너희가 크고 훌륭하고 존귀하게 되는 것이라 여기고, 모든 사람의 종이 되는 것이 가장 높은 자가 되는 것이라 여기라"고 말씀하시는 것이나 다름없다.

마 20:28. 인자가 온 것은. 그리스도께서는 앞서의 가르침을 자신의 모범을 들어서 확증하신다. 왜냐하면, 바울이 우리에게 말해 주듯이, 그리스도께서는 자원하여 "자기를 비워 종의 형체를 가지사 사람들과 같이 되셨기"(빌 2:7) 때문이다. 나아가, 그리스도께서는 자기가 높은 곳에서 내려와서 얼마나 낮아지셨는지를 좀 더 분명하게 보여주시기 위하여, 그들에게 그의 죽음을 상기시키신다: "내가 너희를 택하여 내 곁에 있게 해서 존귀하게 하였더니, 너희는 높은 자리에 앉아 권세를 휘두를 악한 야심에 사로잡혀 있구나. 그러나 너희가 너희의 삶의 모범으로 삼아야 할 나는 이 세상에 와서 내 자신이 높아지고자 하거나 왕으로 대우해 주기를 요구한 것이 아니라, 초라하고 멸시 받을 만한 육신을 입고서, 십자가의 능욕을 담당하고자 하였다." 그렇지만 아버지 하나님이 그리스도를 지극히 높이셔서 "모든 무릎을 예수의 이름에 꿇게 하신"(빌 2:10) 것이 아니냐고 반론을 제기하는 자가 있다면, 그 대답은 쉽다. 즉, 그리스도께서 여기에서 말씀하시는 것은 그가 낮아지신 때와 관련된 말씀이라는 것이다. 그래서 누가는 그리스도께서 그들 중에서 "섬기는 자"로 사셨다는 말씀을 덧붙인다. 이것은 그리스도께서 겉보기로나 명목상으로나 실제에 있어서 그들보다 못하셨다는 것이 아니라(그리스도께서는 언제나 그들의 선생이자 주님으로 인정받기를 원하셨다), 하늘의 영광을 버리시고 철저히 낮아지셔서 그들의 연약한 것들을 기꺼이 짊어지셨다는 것이다. 또한, 우리가 기억해야 할 것은 "내가 주와 또는 선생이 되어 너희 발을 씻었으니 너희도 서로 발을 씻어 주는 것이 옳으니라"(요 13:14)는 말씀에서 볼 수 있듯이, 그리스도께서는 여기에서 도저히 상대가 되지 않을 만큼 크신 그와, 사람들 중에서도 미천한 자들에 속한 그의 제자들을 비교하고 계시다는 것이다.

마 20:28. 자기 목숨을 많은 사람의 대속물로 주려 함이니라. 앞에서 말했듯이, 그리스도께서 그의 죽음에 대하여 언급하신 것은 그의 제자들로 하여금 그의 나라를 이 세상에 속한 나라로 생각하는 그들의 망상에서 벗어나게 하시기 위한 것이었다. 그러나 그리스도께서 그의 "목숨"이 우리의 "대속"의 대가라고 분명하게 말씀하셨을 때, 그것은 그의 죽음의 능력과 결과에 관한 합당하고 적절한 말씀이었다. 이것으로부터 우리는 우리가 하나님과 화목하게 되는 것은 그리스도께서 그의 죽음으로 그 대가를 지불하신 것이기 때문에 값없이 거저 주어지는 것임을 알게 된다. 그러므로 이 말씀 한 마디는 교황주의자들이 그들의 가증스러운 보속(補贖)에 관하여 말하는 온갖 쓸데없는 헛소리들을 다 뒤집어엎는다. 그리스도께서는 그의 죽음으로 우리를 사셔서 그의 소유가 되게 하셨지만, 그가 말씀하시는 이러한 "섬김"은 그의 무한한 영광을 가리는 일이기는커녕 도리어 그 광채를 더욱 크게 더하는 일이다. "많은"(πολλῶν-폴론)이라는 단어는 어떤 일정한 수가 아니라 많은 수를 나타낸다. 왜냐하면, 그리스도께서는 자기 자신과 그 밖의 다른 모든 사람을 대비시키고 계시는 것이기 때문이다. 로마서 5:15에서 바울이 일부분의 사람들이 아니라 온 인류를 포괄적으로 가리키기 위하여 이 단어를 사용하였을 때, 이 단어는 바로 그런 의미로 사용된 것이다.

²⁹그들이 여리고에서 떠나 갈 때에 큰 무리가 예수를 따르더라 ³⁰맹인 두 사람이 길

가에 앉았다가 예수께서 지나가신다 함을 듣고 소리 질러 이르되 주여 우리를 불쌍히 여기소서 다윗의 자손이여 하니 ³¹무리가 꾸짖어 잠잠하라 하되 더욱 소리 질러 이르되 주여 우리를 불쌍히 여기소서 다윗의 자손이여 하는지라 ³²예수께서 머물러 서서 그들을 불러 ³³이르시되 너희에게 무엇을 하여 주기를 원하느냐 이르되 주여 우리의 눈 뜨기를 원하나이다 ³⁴예수께서 불쌍히 여기사 그들의 눈을 만지시니 곧 보게 되어 그들이 예수를 따르니라(마 20:29-34).

⁴⁶그들이 여리고에 이르렀더니 예수께서 제자들과 허다한 무리와 함께 여리고에서 나가실 때에 디매오의 아들인 맹인 거지 바디매오가 길 가에 앉았다가 ⁴⁷나사렛 예수시란 말을 듣고 소리 질러 이르되 다윗의 자손 예수여 나를 불쌍히 여기소서 하거늘 ⁴⁸많은 사람이 꾸짖어 잠잠하라 하되 그가 더욱 크게 소리 질러 이르되 다윗의 자손이여 나를 불쌍히 여기소서 하는지라 ⁴⁹예수께서 머물러 서서 그를 부르라 하시니 그들이 그 맹인을 부르며 이르되 안심하고 일어나라 그가 너를 부르신다 하매 ⁵⁰맹인이 겉옷을 내버리고 뛰어 일어나 예수께 나아오거늘 ⁵¹예수께서 말씀하여 이르시되 네게 무엇을 하여 주기를 원하느냐 맹인이 이르되 선생님이여 보기를 원하나이다 ⁵²예수께서 이르시되 가라 네 믿음이 너를 구원하였느니라 하시니 그가 곧 보게 되어 예수를 길에서 따르니라(막 10:46-52).

³⁵여리고에 가까이 가셨을 때에 한 맹인이 길 가에 앉아 구걸하다가 ³⁶무리가 지나감을 듣고 이 무슨 일이냐고 물은대 ³⁷그들이 나사렛 예수께서 지나가신다 하니 ³⁸맹인이 외쳐 이르되 다윗의 자손 예수여 나를 불쌍히 여기소서 하거늘 ³⁹앞서 가는 자들이 그를 꾸짖어 잠잠하라 하되 그가 더욱 크게 소리 질러 다윗의 자손이여 나를 불쌍히 여기소서 하는지라 ⁴⁰예수께서 머물러 서서 명하여 데려오라 하셨더니 그가 가까이 오매 물어 이르시되 ⁴¹네게 무엇을 하여 주기를 원하느냐 이르되 주여 보기를 원하나이다 ⁴²예수께서 그에게 이르시되 보라 네 믿음이 너를 구원하였느니라 하시매 ⁴³곧 보게 되어 하나님께 영광을 돌리며 예수를 따르니 백성이 다 이를 보고 하나님을 찬양하니라(눅 18:35-43).

마 20:29. 그들이 여리고에서 떠나 갈 때에. 오지안더(Osiander)는 여기에 등장하는 "맹인" 한 사람을 네 사람으로 둔갑시킴으로써 자신의 뛰어난 재능을 뽐내고자 하였다. 그러나 이 구절을 그런 식으로 설명하는 것은 정말 어리석고 쓸데없는 짓이다. 그는 복음서들 간에 일부 내용이 서로 다른 것에 착안해서, 주님 일행이 여리고로 들어갈 때에 "맹인" 한 사람이 고침을 받았고, 그들 일행이 여리고에서 떠날 때에 두 번째 맹인과 나머지 다른 두 맹인도 고침을 받은 것이라고 주장하였다. 그러나 복음서들에 기록된 그 밖의 다른 모든 정황이 완전히 일치하기 때문에, 분별력이 있는 자라면 누구나 이 기사(記事)들이 서로 다른 이야기들이라는 것을 믿지 못할 것이다. 다른 것들은 그만두고라도, 그리스도를 따르던 자들이 첫 번째 맹인이 소리 지르는 것을 막고자 하다가, 그들의 예상과는 달리 그 맹인이 고침을 받는 것을 보았는데도, 곧이어서 다른 세 명의 맹인들에 대하여서도 동일한 시도를 하였다는 것이 과연 말이 되는가? 이 기사들이 모두 하나의 동일한 기사라는 것은 너무나 분명하기 때문에, 우리가 굳이 세세한 부분까지 살펴볼 필요는 없다.

　　그러나 복음서들 간에 우리를 헷갈리게 할 수 있는 한 가지 서로 다른 내용이 있는데, 그것은 마태와 마가는 이 이적이 그리스도께서 여리고를 떠난 후에 한 사람 또는 두 사람의 맹인들에 대하여 행하여졌다고 말하는 반면에, 누가는 이 이적이 그리스도께서 여리고에 들어오시기 전에 행하여졌다고 말하고 있다는 것이다. 게다가, 마가와 누가 본문에는 오직 "맹인 한 사람"이 등장하는 반면에, 마태 본문에는 "맹인 두 사람"이 등장한다. 그러나 우리는 복음서 기자들이 하나의 동일한 기사(記事)에서 다른 복음서 기자들이 언급하고 있는 내용을 생략하거나, 반대로 다른 복음서 기자들이 생략한 내용을 더 분명하고 자세하게 다루는 일이 자주 있다는 것을 알기 때문에, 현재의 기사를 이상하거나 이례적인 것이라고 여겨서는 안 된다. 이 기사와 관련된 나의 추정은 그리스도께서 여리고에 가까이 오셨을 때에, 한 맹인이 소리쳤지만, 주변이 소란스러웠기 때문에 그 소리를 듣지 못하시고 여리고 성으로 들어가셨다가, 나중에 그 성을 떠나시는 길에서야 비로소 그 맹인이 소리치는 것을 들으시고 고쳐 주셨다는 것이다. 따라서 누가는 이 기사의 발단이 되었던 첫 장면에서 시작하지만, 이 이야기의 전 과정을 다 꼼꼼히 기록한 것이 아니라, 그리스도께서 여리고 성에 머무신 것에 관한 내용을 생략한 것인 반면에, 마태와 마가는 오직 그리스도께서 여리고를 떠나시고 나서 이 이적을 베푸신 장면만을 집중적으로 다룬 것이 된다. 그리스도께서는 다른 경우들에서도 사람들의 믿음을 시험하고자 하실 때에 그들을 고치시는 때를 잠시 미루시는 일이 종종 있으셨듯이, 여기에서도 마찬가지로 처음에 이 "맹인"이 소리치는 것을 못들은 체하셔서 그를 시험하신 것일 가능성이 높다.

그리고 두 번째 난점도 쉽게 해결될 수 있다. 왜냐하면, 우리는 앞에서도 마가와 누가는 오직 한 사람의 귀신 들린 자가 고침받았다고 말하는 반면에, 마태는 현재의 본문에서처럼 두 사람의 귀신 들린 자를 언급하고 있는 것을 이미 보았기 때문이다(마 8:28; 막 5:2; 눅 8:27). 그렇지만 등장하는 맹인의 수(數)와 관련해서 복음서 기자들 간에 서로 모순되는 것은 없다. 왜냐하면, 처음에는 "맹인 한 사람"이 그리스도께 은혜를 베풀어 주시라고 간청하였는데, 또 다른 맹인이 이 광경을 보고서 거기에 동참하였고, 그렇게 해서 "맹인 두 사람"이 시력을 회복하게 되었을 가능성이 높기 때문이다. 따라서 마가와 누가가 오직 "맹인 한 사람"만을 언급한 이유는 그 맹인이 사람들에게 더 잘 알려져 있었거나, 그리스도의 능력이 그 맹인에게서 더 눈에 띄게 나타났기 때문일 것이다. 마가가 그 맹인의 이름을 "디매오의 아들 바디매오"로 소개하고 있는 것으로 보아서, 분명히 그 맹인은 사람들에게 더 널리 알려져 있었던 까닭에 마가에 의해서 선택되었던 것으로 보인다. 마가는 이 맹인의 가문이 훌륭하거나 재력이 있었기 때문에 이 맹인을 선택한 것이 아니었다. 왜냐하면, 이 맹인은 가장 비천한 부류에 속한 "거지"였기 때문이다. 따라서 이 맹인에게 베풀어진 이적이 사람들의 주목을 더 받게 된 이유는 이 맹인의 비참한 처지가 사람들 사이에서 널리 알려져 있었기 때문인 것으로 보인다. 내게는 이것이 마가와 누가가 오직 이 맹인만을 언급하고, 부차적인 성격을 지녔던 또 다른 맹인과 관련된 이적에 대해서는 전혀 언급하지 않은 이유인 것으로 보인다. 그러나 이 사건의 전 과정을 직접 본 목격자였던 마태는 사람들에게 덜 알려졌던 또 다른 맹인에 대한 것도 함께 다루고자 하였다.

마 20:30. 주여 우리를 불쌍히 여기소서. 나는 조금 전에 처음에는 한 사람의 맹인이 소리를 질렀고, 그러자 또 다른 맹인이 거기에 자극을 받아서 합세를 한 것이라고 말하였다. 이 맹인들이 그리스도께 그들을 "불쌍히 여기셔서" 그들의 재난에서 구해 주시라고 청한 것은 그리스도께 적지 않은 영광을 돌린 것이었다. 왜냐하면, 이것은 그들이 그리스도께서 그들이 필요로 하는 도움이나 고침을 베풀어 주실 수 있는 능력을 지니고 계시다는 것을 확신하고 있었다는 것을 보여주는 것이기 때문이다. 그러나 그들의 믿음을 한층 더 분명하게 보여주는 것은 그들이 그리스도를 메시야로 인정하고 고백하였다는 것이다. 왜냐하면, 여기에서 그들은 그리스도를 "다윗의 자손"이라 불렀는데, 우리는 이 호칭이 유대인들 사이에서 메시야에 대한 호칭이었다는 것을 알고 있기 때문이다. 그러므로 그들은 그리스도를 단순한 선지자가 아니라, 하나님이 약속하셨던 바로 그 유일한 구원자로 고백하고 있는 것이다. 그들이 "소리 질렀다"는 것은 그들의 소원이 얼마나 간절했는지를 보여주는 증거였다. 왜냐하면, 그들은 그리스도에 대하여 고백한 그들의 말로 인해서 그리스도께서 영광 받으시는 것을 싫어하였던 많은 사람들의 미움을 사게 될 것을 알았으면서도, 그들의 소원이 너무나 간절하였던 까닭에 그러한 두려움을 이기고서, 그들의 목소리를 크게 높이는 것을 마다하지 않았기 때문이다.

마 20:31. 무리가 꾸짖어. 충성심과 공경하는 마음을 지니고서 그리스도를 따르고 있던 제자들이 이 불쌍한 맹인들을 내쫓아서 그리스도의 은혜를 받지 못하게 하고, 그들이 할 수 있는 한에서 그리스도의 능력이 베풀어지는 것을 막고자 했다는 것은 의외이다. 그러나 그리스도의 이름을 고백하는 자들 가운데서 상당수가 사람들을 그리스도께로 인도하는 것이 아니라, 도리어 사람들이 그리스도께 나아가는 것을 방해하거나 지체시키는 것은 비일비재하게 일어나는 일이다. 여기에서 사탄이 경건한 믿음을 지니고서 그리스도를 따르고 있던 자들을 이용해서 "맹인 두 사람"이 그리스도 앞으로 나아가는 길에 장애물들을 던져놓고자 하였다는 것을 생각할 때, 우리가 철저하게 조심하지 않는다면, 사탄이 외식하는 자들과 배교자들을 이용해서 우리가 믿음으로 나아가는 것을 방해하는 것은 너무나 쉬운 일이 아니겠는가? 그러므로 온갖 장애물들을 뛰어넘기 위해서는 끝까지 믿음을 견고히 붙잡는 것이 필요하고, 사탄이 우리의 믿음의 길에 장애물들을 많이 던져놓을수록, 우리는 그것을 이 맹인들이 "더욱 소리 질러" 그리스도의 도우심을 청한 것을 본받아서 한층 더 힘을 내어 간절히 기도하는 기회로 삼는 것이 마땅하다.

마 20:33. 너희에게 무엇을 하여 주기를 원하느냐. 그리스도께서는 온유하심과 인자하심 가운데서 이 맹인들이 무엇을 원하는지를 물으신다. 우리는 이 맹인들이 성령의 특별한 감동을 따라서 기도하였다는 것을 의심할 이유가 없다. 왜냐하면, 그리스도께서는 모든 병자들을 그 육신의 병에서 건져 주시고자 하시는 것도 아니었고, 단지 기도하였다는 이유만으로 병자들을 고쳐 주시는 것도 아니었기 때문이다. 우리에게는 우리가 무엇을, 어떤 방식으로, 어느 범위에서 구하여야 하는지에 관한 규범이 이미 제시되어 있기 때문에, 그리스도께서 성령의 은밀한 감동을 따라서 우리에게 어떤 특별한 기도를 할 것을 명하시지 않으신다면(이것은 드물게 일어나는 일이기는 하지만), 우리는 그 규범에서 벗어나서는 안 된다. 그리스도께서 이 맹인들에게 이 질문을 하신 것은 그들 개인을 위한 것이 아니라 모든 사람을 위한 것이었다. 왜냐하면, 우리는 하나님이 주신 은택(恩澤)들을 사람들에게 환기시키고 일깨우지 않으면, 세상 사람들은 하나님이 그들에게 베푸신 은택들이 과연 있었는지조차도 기억하거나 생각하지 않는다는 것을 알기 때문이다. 그러므로 그리스도께서는 여기에서는 먼저 이 질문을 통해서 곧 있게 될 이적을 눈여겨보라고 사람들의 주의를 환기시키시고, 조금 후에는 이 맹인들의 눈을 "만지셔서" 그들의 눈을 보게 하신 가시적인 징표(徵表)를 통해서 다시 한 번 사람들의 주의를 환기시키신다.

마 20:34. 예수께서 불쌍히 여기사. "불쌍히 여기사"로 번역된 헬라어 '스플랑크니스데이스'(σπλαγχνισθείς)는 마태가 이 맹인과 관련해서 방금 전에 사용하였던 동사인 '엘레에손'(ἐλέησον, "불쌍히 여기소서")의 분사형이 아니다. 앞서 이 맹인들은 그리스도께서 "긍휼"을 베푸셔서, 그들을 불쌍한 처지에서 건져주실 것을 간청하였지만, 여기에서 복음서 기자는 그리스도께서 그들을 고쳐 주신 것은 값없이 베푸시는 그의 선하심 때문만이 아니라, 그들의 처지를 "불쌍히 여기셨기" 때문이기도 하다고 분명하게 표현하고 있다. "불쌍히 여기셨다"는 이 은유적인 표현은 "창자"를 의미하는 '스플랑크나'(σπλαγχνα)에서 유래하였다. 왜냐하면, 유대인들은 우리로 하여금 이웃들을 돕고자 하는 감정이 생기게 하는 저 인간적인 정(情)과 불쌍히 여기는 마음이 "창자"에서 나온다고 여겼기 때문이다.

막 10:52. 네 믿음이 너를 구원하였느니라. "믿음"은 여기에서 단지 시력을 회복하게 되리라는 것을 확신하였다는 것만을 의미하는 것이 아니라, 좀 더 고상한 확신, 즉 이 "맹인"이 예수를 하나님이 약속하신 메시야로 인정하고 고백하였다는 것을 의미하는 것이기도 하다. 우리는 이 맹인이 뭘 잘 알지도 못하는 가운데에 그런 말을 한 것이라고 제멋대로 생각해서는 안 된다. 왜냐하면, 우리는 이 고백이 율법과 예언서들에서 온 것임을 이미 앞에서 확인한 바 있기 때문이다. 이 맹인은 별 생각 없이 그리스도를 "다윗의 자손"이라 부른 것이 아니라, 그리스도를 하나님이 그의 예언들을 통해서 유대인들에게 장차 오실 것이라고 가르치셨던 바로 그분으로 받아들인 것이었다. 그리스도께서는 이 맹인이 다시 보게 된 것이 그의 "믿음"으로 말미암은 것이라고 말씀하신다. 왜냐하면, 하나님의 능력과 은혜가 종종 믿지 않는 자들에게도 베풀어지기는 하지만, 그들이 "믿음"으로 그것들을 받지 않으면, 아무도 하나님의 은택들을 제대로 유익하게 누릴 수 없기 때문이다. 아니, 믿지 않는 자들에게는 하나님의 은사들이 유익하기는커녕 도리어 해롭기까지 하다. 그러므로 그리스도께서 "네 믿음이 너를 구원하였느니라"고 말씀하실 때, "구원"은 단지 외적인 치유에 국한된 것이 아니라, 그 영혼이 고침받고 구원을 얻게 되었다는 것도 포함한다. 이것은 그리스도께서 이 맹인이 하나님으로부터 기도 응답을 받은 것은 그의 "믿음" 때문이라고 말씀하신 것이나 다름없다. 이 맹인이 "믿음"으로 말미암아 하나님의 은혜를 받은 것이라면, 그가 믿음으로 의롭다 하심을 얻었다는 결론이 나온다.

마 20:34. 그들이 예수를 따르니라. 이 맹인들이 그리스도를 따르는 자들이 된 것은 감사의 표현이었다. 왜냐하면, 그들이 얼마 동안이나 그렇게 했는지는 확실하지 않지만, 그들이 이 여정(旅程) 중에 함께 하여 많은 사람들에게 그리스도의 은혜의 산 증인으로서의 역할을 한 것은 분명히 감사하는 마음을 표현한 것이었기 때문이다. 누가는 "백성이 다 이를 보고 하나님을 찬양하니라"는 말을 덧붙이고 있는데, 이것은 이 이적의 확실성을 증명하는 데에 유익하다.

¹예수께서 여리고로 들어가 지나가시더라 ²삭개오라 이름하는 자가 있으니 세리장이요 또한 부자라 ³그가 예수께서 어떠한 사람인가 하여 보고자 하되 키가 작고 사람이 많아 할 수 없어 ⁴앞으로 달려가서 보기 위하여 돌무화과나무에 올라가니 이는 예수께서 그리로 지나가시게 됨이러라 ⁵예수께서 그 곳에 이르사 쳐다 보시고 이르시되 삭개오야 속히 내려오라 내가 오늘 네 집에 유하여야 하겠다 하시니 ⁶급히 내려와 즐거워하며 영접하거늘 ⁷뭇 사람이 보고 수군거려 이르되 저가 죄인의 집에 유하러 들어갔도다 하더라 ⁸삭개오가 서서 주께 여짜오되 주여 보시옵소서 내 소유의 절반을 가난한 자들에게 주겠사오며 만일 누구의 것을 속여 빼앗은 일이 있으면 네 갑절이나 갚겠나이다 ⁹예수께서 이르시되 오늘 구원이 이 집에 이르렀으니 이 사람도 아브라함의 자손임이로다 ¹⁰인자가 온 것은 잃어버린 자를 찾아 구원하려 함이니라(눅 19:1-10).

이것은 누가가 사건들의 시간적인 순서를 지키는 데에 별 관심이 없었다는 것을 보여준다. 왜냐하면, 누가는 이 이적을 자세하게 소개하고 나서, 이제야 여기에서 여리고에서 무슨 일이 있었는지를 우리에게 말해 주기 때문이다. 누가는 그리스도께서 모두가 보는 앞에서 길거리를 따라 걷고 계실 때에 삭개오라는 사람이 그리스도를 몹시 보고 싶어하였다는 것을 우리에게 보여준다. 왜냐하면, 부자들은 대체로 콧대가 세서 무겁고 점잖게 행동하는 법인데, 삭개오가 비록 "부자"였지만 그리스도를 보기 위해 "나무에 올라간" 것은 그 열망이 그 정도로 강했음을 보여주는 증거였기 때문이다. 사실, 삭개오처럼 그리스도를 보고자 한 사람들은 많았을 것이지만, 삭개오는 특별한 사회적 지위를 지니고 있었고, 갑작스럽게 놀라운 방식으로 회심을 하게 된 인물이었기 때문에, 누가가 이 사람을 선택해서 기록한 것은 아주 적절한 것이었다. 삭개오에게 아직 믿음이 생긴 것은 아니었지만, 그의 이러한 행동은 믿음을 위한 일종의 준비과정이었다. 왜냐하면, 그가 그리스도를 이토록 간절하게 보고자 한 것은 하늘로부터의 감동이 없었다면 불가능하였을 것이기 때문이다. 그리고 실제로 하늘로부터 그에게 감동이 주어진 목적이 무엇이었는지가 곧 드러났다. 헛된 호기심에 이끌려서 그리스도를 보기 위하여 먼 길을 달려온 사람들이 많았겠지만, 결과적으로 볼 때에, 삭개오의 마음속에는 처음부터 경건의 씨앗(pietatis semen)이 들어 있었다는 것이 확인된다. 이런 식으로 그리스도께서는 자신을 사람들에게 나타내시기 전에, 먼저 그들 속에 은밀한 소원을 불러일으키셔서, 그들에게는 여전히 감춰져 있고 알려져 있지 않은 그에게로 그들을 이끄신다. 이런 경우에 그들은 어떤 확고한 목적을 지니고서 행하는 것이 아닌데도, 그리스도께서는 그들을 실망시키지 않으시고, 때가 되면 반드시 자신을 그들에게 나타내신다.

눅 19:5. 삭개오야 속히 내려오라. 그리스도께서 삭개오의 마음을 미리 읽으셔서, 그의 초대를 기다리지 않으시고, 먼저 그의 "집에 유하여야 하겠다"고 하신 것은 그의 놀라운 은혜를 보여주는 예이다. 우리는 당시에 사람들이 "세리"라는 이름만 들어도 치를 떨며 증오심을 드러내었다는 사실을 알고 있고, 누가도 조금 후에 이 사실을 언급한다. 그러므로 하나님의 아들이 대다수의 사람들로부터 배척과 혐오를 받던 자에게 다가가셨다는 것, 그것도 초대를 받으시기 전에 먼저 그렇게 하셨다는 것은 그야말로 놀라운 인자하심이 나타난 일이었다. 그러나 이것도 그리스도께서 먼저 성령의 은밀한 감동에 의해서 그에게로 나아오게 된 자를 이렇게 존귀하게 환대하신 것이기 때문에, 우리는 이것을 이상하게 여길 필요가 없다. 왜냐하면, 그리스도께서 어떤 사람의 "집에 유하시는" 것보다 그 사람의 심령 속에 "유하시는" 것이 더 놀랍고 귀한 선물이기 때문이다. 그러나 이 말씀을 통해서 그리스도께서는 진심으로 그를 알고자 하여 찾고 구하는 자들은 반드시 그를 만나게 된다는 것을 분명하게 보여주셨다. 왜냐하면, 삭개오는 자기가 기대했던 것보다 훨씬 더 차고 넘치게 얻은 것이기 때문이다. 또한, 삭개오가 아주 기꺼이 순종한 것,

서둘러서 나무에서 "내려온" 것, 기쁜 마음으로 그리스도를 "영접한" 것은 성령의
능력과 인도하심이 있었음을 한층 더 분명하게 보여준다. 왜냐하면, 삭개오는 아
직 순전한 믿음을 지니고 있는 것은 아니었지만, 그가 이렇게 기꺼이 순종한 것은
그의 믿음이 시작된 것이라고 해야 할 것이기 때문이다.

눅 19:7. 뭇사람이 보고 수군거려. 여리고 성의 주민들 ─ 그들 중에는 그리스도
를 따르는 자들도 있었을 것이다 ─ 은 그리스도께서 초대를 받으신 것도 아닌데
먼저 나서서, 이 악명 높은 자의 "집에 유하시겠다"고 하시는 것을 보고서 "수군거
렸다." 이렇게 세상 사람들은 하나님이 그들에게 은혜를 주시겠다고 하셔도 그 제
안을 무시하지만, 정작 그 은혜가 다른 사람에게 주어지는 것을 보면, 시기하는 마
음이 일어나서 몹시 언짢아하며 불평하는 법이다. 그러나 우리는 이러한 불평이
얼마나 부당한 것인지를 알아야 한다. 그들은 그리스도께서 악한 자에게 그토록
큰 존귀를 수여하시는 것은 이치에 맞지 않는다고 생각한다. 왜냐하면, 다른 많은
본문에서와 마찬가지로 이 본문 속에서도 "죄인"이라는 단어는 통상적인 의미로
사용된 것이 아니라, 부끄럽고 추악한 삶을 사는 자를 가리키기 때문이다. 삭개오
가 그들의 말대로 그런 부류의 사람이었다고 하자. 그렇다고 하더라도, 우리는 먼
저 그리스도께서 무슨 목적으로 그의 "집에 유하겠다"고 하신 것인지를 묻지 않으
면 안 된다. 왜냐하면, 밖에서 사람들이 "수군거리고" 있는 동안에, 그 집 안에서는
하나님이 그리스도의 이름의 영광을 놀랍게 나타내셔서, 그들의 악한 비방과 중상
모략을 일축하셨기 때문이다.

삭개오의 회심은 하나님의 놀라운 역사(役事)였다. 그러므로 사람들이 삭개오
에게 오명(汚名)을 씌워서 비방하는 것은 아무런 근거도 없는 터무니없는 일이었
다. 삭개오는 "세리"였다. 세금을 거두는 일은 그 자체로는 악한 일이 아니었지만,
그 일을 하던 자들은 유대인들로부터 몹시 멸시를 당하고 미움을 받았다. 왜냐하
면, 유대인들은 그들이 이방인들에게 세금을 내는 것은 절대적으로 불의하고 수치
스러운 일이라고 여겼기 때문이었다. 그러나 삭개오가 어떤 인물이었느냐와는 상
관없이, 그리스도께서 그의 인자하심으로 말미암아 불쌍한 사람을 돕는 일을 거절
하지 않으시고, 그 사람을 멸망에서 건져 내어 구원으로 이끌고자 하신 것은 비난
이 아니라 칭송을 받아 마땅한 일이었다. 그러므로 그리스도께서는 사람들의 악한
비방을 개의치 않으시고, 계속해서 아버지 하나님의 명령을 수행해 나가셨다. 그
리스도의 모든 사역자들은, 비록 그들의 말과 행위로 인하여 사람들로부터 비방을

받는다고 할지라도, 무지한 자들의 불평하는 말들보다 한 영혼의 구원을 더 소중히 여겨서, 그들의 본분을 행하는 것을 중단해서는 안 된다.

눅 19:8. 삭개오가 서서. 사람들은 이 사건의 결말을 보고서, 그리스도께서 하신 일을 평가하고 판단했어야 했다. 그러나 사람들은 너무나 조급하고 성급해서, 하나님이 도대체 어떤 일을 하시고자 하시는지를 시간을 두고 지켜보려고 하지 않는다. 삭개오가 회심하였다는 사실은 그 열매들과 외적인 징표들을 통해서 묘사된다. 이제 그는 남들에게 피해를 주면서 재산을 모았을 가능성이 높기 때문에, 자기가 "누구의 것을 속여 빼앗은 일이 있으면 네 갑절로 되갚아 줄" 준비가 되어 있었다. 또한, 그는 그의 "소유의 절반을 가난한 자들에게 주겠다"고 약속한다. 사실, 사람이 "그에게 있는 모든 것으로 구제한다"(고전 13:3)고 해도, 그의 후한 기부가 하나님 앞에서 아무런 가치가 없을 수 있다. 그러나 누가는 여기에서 삭개오의 내적인 회개에 대해서 아무런 언급도 하지 않지만, 우리는 삭개오의 이러한 경건한 열심이 내면의 생생한 회개라는 뿌리에서 나온 것임을 이 본문의 행간 속에서 읽을 수 있다. 마찬가지로, 바울은 회개에 대하여 다룰 때에, 사람들로 하여금 우리가 더 선한 쪽으로 변화 받았음을 알 수 있도록 하기 위하여, 삭개오가 했던 것과 같은 그런 경건한 의무들을 행하라고 권면한다: "도둑질하는 자는 다시 도둑질하지 말고 돌이켜 가난한 자에게 구제할 수 있도록 자기 손으로 수고하여 선한 일을 하라"(엡 4:28). 그러므로 우리의 회개는 마음에서 시작되어야 하지만, 행위에 의해서도 증명되어야 한다.

한편, 우리는 삭개오가 착취로 모은 그의 재물 중의 일부를 하나님께 헌금이나 예물로 바치지 않는다는 것을 주목하여야 한다. 부자들 가운데는 그들이 장차 더 마음 놓고 다른 사람들의 것을 속여 빼앗고, 이전에 저지른 악행들을 사면받기 위해서, 그들이 불의하게 얻은 재물 중의 일부를 하나님께 바치는 자들이 많다. 그러나 삭개오는 자기가 그동안 저질렀을 수도 있는 잘못들을 속죄하는 방식으로, 그의 "소유의 절반"을 하나님께 바쳐 드린다. 이것으로부터 우리는 삭개오가 소유하였던 재물은 불의하게 얻어진 것이 아니었다는 결론을 얻는다. 삭개오는 자기가 남의 것을 "속여 빼앗은" 것이 있다면 그것을 배상할 준비가 되어 있을 뿐만 아니라, 그가 정당하게 얻은 소유를 "가난한 자들"과 함께 나누고자 함으로써, 자기가 늑대에서 양으로 변화되었을 뿐만 아니라 목자로까지 환골탈태하였다는 것을 보여준다. 그는 자기가 전에 저질렀던 잘못들을 시정하고자 할 뿐만 아니라, 앞으로 악한 일들을 하지 않겠다고 약속한다. 왜냐하면, 하나님은 자기 백성에게 모든 악에서 떠날 것을 명하시기 때문이다. 누구나 다 삭개오의 모범을 본받아서 자신의 "소유의 절반"을 내놓아야 하는 것은 아니지만, 우리는 그리스도께서 말씀해 주시는 규범, 즉 우리 자신과 우리가 가진 모든 것을 거룩하고 합당한 목적에 사용하여야 한다는 규범을 지켜야 한다.

눅 19:9. 오늘 구원이 이 집에 이르렀으니. 그리스도께서는 삭개오에 대하여 증언해 주심으로써, 그의 말들이 외식이나 가식이 아니라는 것을 분명하게 선언하시지만, 삭개오의 선한 행위들이 그가 구원받게 된 원인이라고 말씀하시지 않는다. 그러나 삭개오의 회심은 하나님이 그를 양자로 삼으셨음을 보여주는 의심할 여지 없는 보증이었기 때문에, 그리스도께서 그의 회심을 근거로 구원이 "이 집에 이르렀다"고 결론을 내리신 것은 합당하고, 또한 바로 그것이 이 말씀의 의미이기도 하다. 왜냐하면, 그리스도께서는 삭개오가 "아브라함의 자손" 중의 한 사람이라는 것을 근거로, 그의 집이 구원을 받았다고 선언하시는 것이기 때문이다. 어떤 사람이 "아브라함의 자손"으로 여김을 받기 위해서는, 그는 아브라함의 믿음을 본받아야 한다. 아니, 성경은 진정한 "아브라함의 자손"과 외인(外人)들은 "믿음"이 있느냐 없느냐에 따라서 구별된다는 것을 명시적으로 선언하고 있다. 그러므로 우리는 그리스도께서는 일차적으로 삭개오의 믿음을 칭찬하시는 것이고, 그의 선행들은 그의 믿음으로 말미암아 하나님께 받으실 만한 것들이 되었다는 것을 알아야 한다. 삭개오의 회심이 있기 전에 그리스도의 가르침이 있었다는 것을 의심할 이유는 전혀 없다. 따라서 삭개오의 구원은 그리스도께서 하나님의 거저 주시는 은혜와 하나님과 사람들의 화해, 교회의 구속(救贖)에 관하여 말씀하시는 것을 그가 듣고서, 그 가르침을 "믿음"으로 받아들이면서 시작된 것이었다.

헬라어 '오이코스'(οἶκος- "집")가 남성인 까닭에, 이 본문은 두 가지로 해석되어 왔다. 불가타 역본에서는 여기에 나오는 대명사가 삭개오를 가리키는 것으로 해석하였고, 나도 그러한 해석을 따랐다. 반면에, 에라스무스(Erasmus)는 이 본문을 "이 집 자체가 아브라함의 딸이라는" 것을 의미하는 것으로 해석하는 쪽을 택하였다. 나는 이런 해석에 반대하지는 않지만, 삭개오를 가리키는 것으로 해석하는 쪽이 더 자연스럽다고 생각한다. 왜냐하면, 하나님은 한 집의 머리인 가장(家長)을 그의 양자로 삼으실 때에, 그가 그 집 전체에 대해서도 하나님이 되실 것이라고 약속하시는 까닭에, "구원"이 가장(家長)인 머리에서부터 온 몸에 미친다고 말하는 것이 합당하기 때문이다. 불변사 '카이'(καί- "도")는 강조의 의미를 지닌다. 왜냐하면, 그리스도께서는 여기에서 삭개오도 그를 미워하고 업신여긴 다른 유대인들과 하나도 다름없이 "아브라함의 자손"이라고 말씀하시는 것이기 때문이다. 삭개오의 이전의 삶 때문에 구원의 문이 그에게 닫혀 있었던 것으로 보이지 않도록 하시기 위하여, 그리스도께서는 그의 회심 속에는 그 누구에게 걸림돌이 될 만한 것이 전혀 없다는 것을 자신의 직임, 즉 자기가 "잃어버린 자를 구원하기" 위한 목적으로 아버지 하나님의 보내심을 받았다는 사실을 근거로 삼아 증명하신다.

[14]또 어떤 사람이 타국에 갈 때 그 종들을 불러 자기 소유를 맡김과 같으니 [15]각각 그 재능대로 한 사람에게는 금 다섯 달란트를, 한 사람에게는 두 달란트를, 한 사람에게는 한 달란트를 주고 떠났더니 [16]다섯 달란트 받은 자는 바로 가서 그것으로 장사하여 또 다섯 달란트를 남기고 [17]두 달란트 받은 자도 그같이 하여 또 두 달란트를 남겼으되 [18]한 달란트 받은 자는 가서 땅을 파고 그 주인의 돈을 감추어 두었더니 [19]오랜 후에 그 종들의 주인이 돌아와 그들과 결산할새 [20]다섯 달란트 받았던 자는 다섯 달란트를 더 가지고 와서 이르되 주인이여 내게 다섯 달란트를 주셨는데 보소서 내가 또 다섯 달란트를 남겼나이다 [21]그 주인이 이르되 잘하였도다 착하고 충성된 종아 네가 적은 일에 충성하였으매 내가 많은 것을 네게 맡기리니 네 주인의 즐거움에 참여할지어다 하고 [22]두 달란트 받았던 자도 와서 이르되 주인이여 내게 두 달란트를 주셨는데 보소서 내가 또 두 달란트를 남겼나이다 [23]그 주인이 이르되 잘하였도다 착하고 충성된 종아 네가 적은 일에 충성하였으매 내가 많은 것을 네게 맡기리니 네 주인의 즐거움에 참여할지어다 하고 [24]한 달란트 받았던 자는 와서 이르되 주인이여 당신은 굳은 사람이라 심지 않은 데서 거두고 헤치지 않은 데서 모으는 줄을 내가 알았으므로 [25]두려워하여 나가서 당신의 달란트를 땅에 감추어 두었나이다 보소서 당신의 것을 가지셨나이다 [26]그 주인이 대답하여 이르되 악하고 게으른 종아 나는 심지 않은 데서 거두고 헤치지 않은 데서 모으는 줄로 네가 알았느냐 [27]그러면 네가 마땅히 내 돈을 취리하는 자들에게나 맡겼다가 내가 돌아와서 내 원금과 이자를 받게 하였을 것이니라 [28]그에게서 그 한 달란트를 빼앗아 열 달란트 가진 자에게 주라 [29]무릇 있는 자는 받아 풍족하게 되고 없는 자는 그 있는 것까지 빼앗기리라 [30]이 무익한 종을 바깥 어두운 데로 내쫓으라 거기서 슬피 울며 이를 갈리라 하니라(마 25:14-30).

¹¹그들이 이 말씀을 듣고 있을 때에 비유를 더하여 말씀하시니 이는 자기가 예루살렘에 가까이 오셨고 그들은 하나님의 나라가 당장에 나타날 줄로 생각함이더라 ¹²이르시되 어떤 귀인이 왕위를 받아가지고 오려고 먼 나라로 갈 때에 ¹³그 종 열을 불러 은화 열 므나를 주며 이르되 내가 돌아올 때까지 장사하라 하니라 ¹⁴그런데 그 백성이 그를 미워하여 사자를 뒤로 보내어 이르되 우리는 이 사람이 우리의 왕 됨을 원하지 아니하나이다 하였더라 ¹⁵귀인이 왕위를 받아가지고 돌아와서 은화를 준 종들이 각각 어떻게 장사하였는지를 알고자 하여 그들을 부르니 ¹⁶그 첫째가 나아와 이르되 주인이여 당신의 한 므나로 열 므나를 남겼나이다 ¹⁷주인이 이르되 잘하였다 착한 종이여 네가 지극히 작은 것에 충성하였으니 열 고을 권세를 차지하라 하고 ¹⁸그 둘째가 와서 이르되 주인이여 당신의 한 므나로 다섯 므나를 만들었나이다 ¹⁹주인이 그에게도 이르되 너도 다섯 고을을 차지하라 하고 ²⁰또 한 사람이 와서 이르되 주인이여 보소서 당신의 한 므나가 여기 있나이다 내가 수건으로 싸 두었었나이다 ²¹이는 당신이 엄한 사람인 것을 내가 무서워함이라 당신은 두지 않은 것을 취하고 심지 않은 것을 거두나이다 ²²주인이 이르되 악한 종아 내가 네 말로 너를 심판하노니 너는 내가 두지 않은 것을 취하고 심지 않은 것을 거두는 엄한 사람인 줄로 알았느냐 ²³그러면 어찌하여 내 돈을 은행에 맡기지 아니하였느냐 그리하였으면 내가 와서 그 이자와 함께 그 돈을 찾았으리라 하고 ²⁴곁에 섰는 자들에게 이르되 그 한 므나를 빼앗아 열 므나 있는 자에게 주라 하니 ²⁵그들이 이르되 주여 그에게 이미 열 므나가 있나이다 ²⁶주인이 이르되 내가 너희에게 말하노니 무릇 있는 자는 받겠고 없는 자는 그 있는 것도 빼앗기리라 ²⁷그리고 내가 왕 됨을 원하지 아니하던 저 원수들을 이리로 끌어다가 내 앞에서 죽이라 하였느니라 ²⁸예수께서 이 말씀을 하시고 예루살렘을 향하여 앞서서 가시더라(눅 19:11-28).

눅 19:11. 그들이 이 말씀을 듣고 있을 때에. 제자들이 그리스도께서 죽으실 날이 가까웠다는 말씀을 자주 들어 왔음에도 불구하고, 그런 말씀을 아랑곳하지 않고서 그리스도의 나라에 관한 몽상 속으로 달아나 버린 것은 정말 거의 불가사의한 일이었다. 여기에는 두 가지 잘못이 있었다. 첫 번째는 그들이 십자가가 없는 복된 평안을 꿈꾼 것이었고, 두 번째는 하나님의 나라를 그들의 육신적인 생각을 따라 평가하고 판단한 것이었다. 이것은 그들의 믿음이 얼마나 약하고 모호한 것이었는지를 보여준다. 왜냐하면, 그들은 부활에 대한 소망을 품고 있기는 하였지만,

그 소망은 그리스도에 관한 확고하고 결정적인 믿음을 형성하기에는 너무나 약한 것이었기 때문이다. 그들은 그리스도께서 하나님이 전에 약속하셨던 구속주라는 것을 믿었고, 따라서 교회가 새롭게 될 것이라는 소망을 품고 있었지만, 그러한 지식은 너무나 약하고 옅어서, 이내 그리스도의 나라의 능력을 왜곡시키거나 희석시키는 망상으로 변질되고 말았다. 그러나 무엇보다도 가장 이상한 것은 그리스도께서 그들에게 해주신 그토록 많은 경고의 말씀들이 그들에게 그 어떤 유익도 끼치지 못한 채로 그들의 기억에서 깡그리 사라져 버렸다는 것이다. 그리스도께서 자기가 곧 비참하고 욕된 죽음을 겪게 될 것이라고 분명하게 말씀하신 것을 방금 전에 듣고서도, 그들이 금세 언제 그런 말씀이 있었느냐는 듯이 태평하였을 뿐만 아니라, 마치 기쁜 승리의 순간이 그들의 눈앞에 다가왔다는 듯이 앞을 향하여 달려가는 모습을 보인 것은 너무나 둔감하고 우매한 것이었다.

눅 19:12. 어떤 귀인이. 마태는 시간적인 순서를 무시하고, 이 비유를 다른 말씀들과 한데 섞어서 엮어 놓았지만, 그의 의도는 그리스도께서 마지막 나날들에 하신 말씀들을 22장에 모아 놓는 것이었기 때문에, 독자들은 이 짧은 기간 가운데서 어떤 말씀이 첫째 날, 둘째 날, 또는 셋째 날에 속하는 것인지를 알아내려고 애쓸 필요가 없다. 그러나 마태와 누가가 어떤 점에서 다른지는 우리가 알아야 한다. 왜냐하면, 마태는 오직 한 부분만을 다루는 반면에, 누가는 두 부분을 다 다루기 때문이다. 마태와 누가가 공통적으로 다루고 있는 부분은 그리스도께서는 "왕위를 받아 가지고 오려고" 먼 길을 떠나면서, 그의 돈을 그의 종들에게 맡겨 관리하게 한 "어떤 귀인"과 같다는 것이다. 누가만이 다루고 있는 다른 한 부분은 이 "귀인"이 부재중인 틈을 타서 그의 신하들이 그의 멍에를 벗어버리고자 반란을 일으켰다는 것이다. 이 두 부분을 통해서 그리스도께서 보여주고자 하신 것은 왕권이 이미 그에게 주어져서, 그가 복된 나라를 세우기 위하여 예루살렘으로 가고 있는 것이라고 제자들이 생각하는 것은 크게 잘못된 생각이라는 것이었다. 그리스도께서는 그의 나라가 "당장에 나타날" 것이라고 생각하였던 그들의 기대를 제거하시면서, 그들에게 소망을 가지고 인내하며 기다리라고 권면하신다. 왜냐하면, 그리스도께서는 그들이 그토록 간절히 원하는 저 영광을 얻으려면, 먼저 오랫동안 많은 괴로움을 꿋꿋이 견뎌야 한다고 그들에게 말씀하시기 때문이다.

눅 19:12. 먼 나라로. 제자들은 그리스도께서 지금 당장 그의 나라를 세우고자 하시는 것이라고 생각하고 있었기 때문에, 그리스도께서는 그의 나라가 세워지기 위해서는 먼저 그가 먼 길을 다녀와야 한다는 것을 말씀해 주심으로서, 그러한 오해를 바로잡아 주신다. "먼 나라"가 무엇을 의미하는지에 대해서는, 나는 교묘한 궤변들을 늘어놓기를 좋아하는 영리한 해석자들에게 맡겨두고, 그리스도께서는 이 표현을 통해서 단지 그가 죽으신 때로부터 다시 오실 때까지에 이르는 그의 오랜 부재(不在)를 표현하고자 하셨다는 것만을 지적해 두고자 한다. 왜냐하면, 그리스도께서 아버지 하나님의 오른편에 앉아 계셔서 하늘과 땅을 다스리고 계시고, 그가 승천하신 때로부터 하나님이 "모든 권세를 그에게 주시고"(마 28:18) "모든 무릎을 예수의 이름에 꿇게"(빌 2:10) 하셨을지라도, 그는 아직 그의 원수들을 복속시키지 못하셨고, 세상의 심판자로 나타나시거나 그의 위엄을 나타내신 것이 아닌 까닭에, 그가 그의 새로운 왕권을 가지고 다시 돌아오실 때까지는 그의 백성들에게 부재 중인 상태라고 말하는 것은 틀린 말씀이 아니기 때문이다. 그리스도께서는 지금 자기 백성을 거듭나게 하셔서 하늘의 생명을 얻게 하시고, 그들을 새롭게 하셔서 하나님의 형상을 닮게 하시며, 그들을 천사들과 동류(同類)로 만드신다는 점에서, 그리고 그의 말씀으로 교회를 통치하시고, 그의 보호하심으로 교회를 지키시며, 성령의 은사들로 교회를 부요하게 하시고, 그의 은혜로 교회에 자양분을 공급하시며, 그의 능력으로 교회를 붙드시는 등, 한 마디로 구원에 필요한 모든 것을 교회에 공급하신다는 점에서, 그리고 사탄 및 모든 불경건한 자들을 억제하시고, 그들의 온갖 궤계들을 무너뜨리신다는 점에서, 현재에 있어서도 그리스도께서 통치하고 계시는 것은 사실이다. 그러나 이런 식의 통치는 육신(carnis)에게는 감춰져 있기 때문에, 그리스도의 나라의 나타남(manifestatio)은 마지막 날까지 연기되어 있다고 말하는 것이 옳다. 그러므로 사도들이 어리석게도 당장에 임하지도 않을 그리스도의 나라를 꿈꾸고 있는 것을 보시고, 그리스도께서는 자기가 "왕위를 받아 가지고 오려고" 먼 길을 다녀와야 하기 때문에, 그들이 인내하며 기다리는 법을 배워야 한다고 분명하게 선언하신 것이다.

눅 19:13. 그 종 열을 불러. 우리는 종들의 수(數)나 돈의 금액이 무엇을 의미하는지를 꼼꼼하게 캐내려고 하지 말아야 한다. 왜냐하면, 마태는 서로 다른 금액들이 종들에게 주어졌다고 말함으로써, 좀 더 풍부한 가르침, 즉 그리스도께서는 모든 사람에게 동일한 금액을 맡기시는 것이 아니라, 어떤 사람에게는 적은 금액을, 어떤 사람에게는 큰 금액을 맡기신다는 것을 보여주고자 한 것일 뿐이기 때문이다. 두 복음서 기자가 공통적으로 말하는 것은 그리스도께서는 최후의 부활의 날이 이를 때까지는 어떤 측면들에서 자기 백성을 떠나 멀리 가 계시는 것이기 때문에, 그의 백성이 그동안에 아무 일도 하지 않고 빈둥거리며 앉아서 노는 것은 대단히 합당하지 못한 일이 되리라는 것이다. 왜냐하면, 각 사람은 그리스도로부터 행하라는 명령을 받은 특정한 일이 있는 까닭에, 부지런히 그 일을 해서, 그들의 주인의 재산을 늘리고자 힘써야 하기 때문이다.

누가는 종들에게 각각 한 "므나"씩 주어졌다고만 한다. 왜냐하면, 주님이 사람들에게 얼마를 맡기셨든 간에, 각 사람은 다 똑같이 자신의 몫에 대하여 책임을 지고 결산을 하여야 하기 때문이다. 앞에서 말했듯이, 마태 본문은 종들에게 서로 다른 금액이 맡겨졌다고 말하고 있다는 점에서 더 자세하고 풍부하다. 왜냐하면, 우리는 주님이 모든 사람에게 무차별적으로 동일한 "선물의 분량"(엡 4:7)을 주시는 것이 아니라, "그의 뜻대로 각 사람에게 나누어 주시는"(고전 12:11) 까닭에, 각 사람이 받는 분량이 서로 다르게 된다는 것을 알기 때문이다. 그러나 주님이 우리에게 어떤 은사를 주시든, 그것은 마치 우리에게 돈을 맡기셔서 그 돈으로 "이문"을 남기고자 하시는 것임을 우리는 알아야 한다(고전 12:7). 하나님의 은사들의 효용성은 그 열매에 있는 것이기 때문에, 그 은사들을 묻어두고 사용하지 않는 것보다 더 악한 것은 없다.

마 25:15. 각각 그 재능대로. 이 말씀을 통해서 그리스도께서는 자연적인 은사들과 성령의 은사들을 구별하고 계시는 것이 아니다. 왜냐하면, 우리에게는 하나님에게서 받은 것이 아니라고 할 수 있는 능력이나 재능이 하나도 없는 까닭에, 하나님께 하나님의 몫을 돌려드리고자 하는 자는 누구든지 자기 자신을 위해서는 아무것도 남겨두어서는 안 되기 때문이다. 그렇다면, "주인"이 각각의 종들에게 "그 재능대로" 많이 맡기기도 하고 적게 맡기기도 하였다는 것은 무슨 의미인가? 그것은 하나님이 각 사람에게 특정한 자리를 맡기시고 자연적인 은사들을 주실 때에는, 그 사람에게 이런저런 명령도 주시고, 일들을 처리하시는 데에 그 사람을 사용하시며, 그 사람에게 여러 직분과 아주 유용한 풍성한 재능들도 주시고, 그 재능들을 발휘할 기회도 주시기 때문이다.

하지만 교황주의자들이 이 말씀을 근거로 삼아서, 하나님의 은사들은 각 사람이 받기에 합당한 분량을 따라 각 사람에게 주어진다고 말하는 것은 터무니없다. 왜냐하면, 불가타 역본의 번역자는 이 본문에서 "재능"이라는 단어를 라틴어로 할 때에 '비르투스'(virtus)라는 단어를 사용하였지만, 그것은 각 사람이 옳게 처신하여 자신의 공로를 얼마만큼 쌓았느냐에 따라서 하나님이 각 사람에게 거기에 합당한 만큼의 은사들을 주신다는 의미가 아니라, "주인"이 합당하다고 판단한 대로 각 사람에게 은사들이 주어진다는 의미이기 때문이다. 우리는 하나님이 어떤 사람을 합당한 자로 만드실 때까지는 아무도 하나님 앞에서 합당한 자일 수 없다는 것을 안다. 따라서 그리스도께서 사용하신 헬라어 '뒤나미스'(δύναμις- "능력, 재능")의 의미는 전혀 모호한 것이 아니다.

마 25:20. 다섯 달란트 받았던 자. 그리스도께서는 하나님이 맡기신 것을 유익하게 사용하는 것을 "장사하는" 것이라고 말씀하신다. 경건한 자들의 삶을 "장사"에 비유하는 것은 적절하다. 왜냐하면, 그들은 사람들 간의 교제를 유지하기 위하여 당연히 서로 각자의 은사들을 교환하고 나누어 써야 하기 때문이다. 각 사람이 자신에게 맡겨진 직분을 성실하게 행하는 것, 부르심 그 자체, 합당하게 행하는 능력, 그리고 그 밖의 다른 은사들은 사람들 간의 교제를 촉진시키는 것이 그 용도 또는 목적이기 때문에 무수히 많은 상품들이라고 할 수 있다. 그리스도께서 "이문"을 남겼다고 말씀하시는 것은 많은 사람들에게 유익을 끼쳐서 하나님의 영광을 드러낸 것을 의미한다. 왜냐하면, 하나님은 우리의 수고를 인하여 부요하게 되지도 않으시고 얻는 것도 없으시지만, 각 사람이 그의 형제들에게 큰 유익을 끼치고 그들의 구원을 위하여 도움이 되었을 때에, 그 사람이 하나님에게서 받은 은사들을 가지고 하나님 자신을 위하여 "이문"을 남겼다고 할 수 있기 때문이다. 천부께서는 사람들이 구원받는 것을 아주 소중히 여기시기 때문에, 거기에 기여한 것들은 무엇이든지 그의 장부에 기록해 두신다. "우리가 선을 행하되 낙심하지" 않도록 하시기 위하여(갈 6:9), 그리스도께서는 자신의 부르심을 따라 충성되게 일한 자들의 수고는 결코 헛되지 않을 것임을 분명하게 선언하신다.

누가 본문에 의하면, 그리스도께서는 한 므나로 "다섯 므나"를 만든 종에게 "다섯 고을을 차지하라"고 말씀하시는데, 이것은 그가 다시 오실 때에는 그의 나라의 영광이 지금과는 판이하게 다를 것임을 보여주시는 것이다. 왜냐하면, 지금은 우리가 부재 중이신 "주인"의 일들을 맡아서 수고하고 애쓰지만, 그때에는 그리스도께서 차고 넘치는 존귀를 우리에게 더하셔서 우리를 귀하고 부하게 만들어 주실 것이기 때문이다. 마태 본문은 좀 더 간단하게 "네 주인의 즐거움에 참여할지어다"로 되어 있는데, 이것은 자신의 본분과 책무를 다한 "충성된 종들"이 주인의 인정을 받고서 온갖 좋은 것들을 주인과 더불어서 복되고 풍성하게 누리게 되리라는 것을 의미한다.

그런데 모든 장사하는 일이 다 끝난 후에, 주인이 "그에게서 한 달란트를 빼앗아 열 달란트 가진 자에게 주라"고 말한 것은 무엇을 의미하는가라는 질문이 제기될 수 있다. 나의 대답은 이렇다: 우리는 내가 앞서 말했던 것, 즉 비유 속에 나오는 모든 어구들을 세세하고 정확하게 설명하고자 하는 자들은 잘못 생각하고 있는 것임을 명심하여야 한다는 것이다. 이 구절의 참된 의미는 "게으르고 무익한" 종들에게 지금은 성령의 은사들이 주어져 있다고 할지라도, 결국에는 그들이 그 모든 은사들을 빼앗기게 될 것이고, 그들의 비참하고 부끄러운 곤고(困苦)한 모습은 선한 자들의 영광을 더욱 돋보이게 하는 역할을 하게 되리라는 것이다. 그리스도께서는 이 "게으른 종들"은 그들에게 맡겨진 "달란트" 또는 "므나"를 "땅에 감추어 둔" 자들이라고 우리에게 말씀하신다. 그러니까, 그들은 그들 자신의 편안함과 즐거움만을 생각하고 그 어떤 고난도 받기를 거부하였다는 것이다. 이와 같이 그들 자신과 그들 자신의 이익을 위해서는 물불을 가리지 않지만, 사랑의 온갖 의무들에 대해서는 회피하고, 다른 사람들의 덕을 세우는 일에는 안중에도 없는 자들이 많다. "주인이 돌아와 종들과 결산하였다"는 말씀은 충성된 자들에게는 그들의 수고가 결코 헛되지 않을 것임을 알고서 담력을 얻게 해주는 말씀이 될 것이지만, 별 생각 없이 게으르게 살아가는 자들에게는 적지 않은 두려움을 가져다주는 말씀이 될 것임에 틀림없다. 그러므로 우리는 주님께서 오셔서 우리에게 "결산하자"고 하시기 전에 미리미리 날마다 스스로 결산해 보는 습관을 몸에 익혀야 한다.

마 25:24. 당신은 굳은 사람이라. 주인이 가혹하고 엄하다는 것은 사실이 아니고, 이 비유의 요지와도 아무런 상관이 없다. 이 본문을 근거로 삼아서, 하나님이 자기 백성을 얼마나 혹독하고 가혹하게 다루시는지에 대하여 논하는 자들은 헛된 사변(思辨)에 빠져서 쓸데없는 말을 늘어놓고 있는 자들일 뿐이다. 그리스도께서 여기에서 말씀하시고자 하시는 것은 하나님의 은사들을 사용하지 않고 숨겨두고서 빈둥거리며 시간을 허비하는 자들의 나태함에 대해서는 장차 그 어떠한 변명도 통하지 않으리라는 것이다. 또한, 이것으로부터 우리는 인간 사회에 유익을 끼치는 삶보다 더 하나님 앞에서 칭찬받을 만한 삶은 없다는 것을 알게 된다.

마 25:29. 무릇 있는 자는 받아. 이 본문은 우리가 마태복음 13:12을 다룰 때에 이미 설명하였다.

마 25:30. 이 무익한 종을 바깥 어두운 데로 내쫓으라. 우리는 마태복음 8:12에서도 "바깥 어두운 데"가 집 안의 밝은 빛과 대비되고 있다고 설명한 바 있다. 왜냐하면, 고대에는 잔치가 대부분 밤에 열렸고 많은 횃불과 등불로 빛을 밝혔던 까닭에, 그리스도께서는 하나님의 나라에서 추방된 자들이 "바깥 어두운 데로 내쫓기게" 될 것이라고 말씀하시는 것이기 때문이다.

눅 19:27. 저 원수들을. 이 두 번째 부분에서 그리스도께서는 특히 유대인들을 염두에 두고 계신 것으로 보이지만, 사실 이 말씀은 주인이 부재 중일 때에 반란을 일으킨 모든 자들에게 해당된다. 여기에서 그리스도께서 이 말씀을 하시는 의도는 단지 무시무시한 벌을 경고하심으로써 그러한 자들을 두렵게 하시기 위한 것만이 아니라, 자기 백성으로 하여금 끝까지 충성되게 순종하게 하시기 위한 것이기도 하다. 왜냐하면, 하나님의 나라가 많은 사람들의 궤계와 반역으로 말미암아 흩어지게 되는 모습을 보는 것은 경건한 자들에게도 적지 않은 시험이 될 것이었기 때문이다. 그러므로 우리가 그러한 소동 가운데서도 침착하게 믿음을 지킬 수 있도록 하시기 위하여, 그리스도께서는 우리에게 그가 돌아오실 것이고, 그때에는 믿음을 저버린 자들에게 복수하실 것이고 반역을 한 악한 자들을 벌하실 것임을 알려 주시는 것이다.

[1]그들이 예루살렘에 가까이 가서 감람 산 벳바게에 이르렀을 때에 예수께서 두 제자를 보내시며 [2]이르시되 너희는 맞은편 마을로 가라 그리하면 곧 매인 나귀와 나귀 새끼가 함께 있는 것을 보리니 풀어 내게로 끌고 오라 [3]만일 누가 무슨 말을 하거든 주가 쓰시겠다 하라 그리하면 즉시 보내리라 하시니 [4]이는 선지자를 통하여 하신 말씀을 이루려 하심이라 일렀으되 [5]시온 딸에게 이르기를 네 왕이 네게 임하나니 그는 겸손하여 나귀, 곧 멍에 메는 짐승의 새끼를 탔도다 하라 하였느니라 [6]제자들이 가서 예수께서 명하신 대로 하여 [7]나귀와 나귀 새끼를 끌고 와서 자기들의 겉옷을 그 위에 얹으매 예수께서 그 위에 타시니 [8]무리의 대다수는 그들의 겉옷을 길에 펴고 다른 이들은 나뭇가지를 베어 길에 펴고 [9]앞에서 가고 뒤에서 따르는 무리가 소리 높여 이르되 호산나 다윗의 자손이여 찬송하리로다 주의 이름으로 오시는 이여 가장 높은 곳에서 호산나 하더라(마 21:1-9).

[1]그들이 예루살렘에 가까이 와서 감람 산 벳바게와 베다니에 이르렀을 때에 예수께서 제자 중 둘을 보내시며 [2]이르시되 너희는 맞은편 마을로 가라 그리로 들어가면

곧 아직 아무도 타 보지 않은 나귀 새끼가 매여 있는 것을 보리니 풀어 끌고 오라 ³ 만일 누가 너희에게 왜 이렇게 하느냐 묻거든 주가 쓰시겠다 하라 그리하면 즉시 이리로 보내리라 하시니 ⁴제자들이 가서 본즉 나귀 새끼가 문 앞 거리에 매여 있는 지라 그것을 푸니 ⁵거기 서 있는 사람 중 어떤 이들이 이르되 나귀 새끼를 풀어 무 엇 하려느냐 하매 ⁶제자들이 예수께서 이르신 대로 말한대 이에 허락하는지라 ⁷나 귀 새끼를 예수께로 끌고 와서 자기들의 겉옷을 그 위에 얹어 놓으매 예수께서 타 시니 ⁸많은 사람들은 자기들의 겉옷을, 또 다른 이들은 들에서 벤 나뭇가지를 길에 펴며 ⁹앞에서 가고 뒤에서 따르는 자들이 소리 지르되 호산나 찬송하리로다 주의 이름으로 오시는 이여 ¹⁰찬송하리로다 오는 우리 조상 다윗의 나라여 가장 높은 곳 에서 호산나 하더라(막 11:1-10).

²⁹감람원이라 불리는 산쪽에 있는 벳바게와 베다니에 가까이 가셨을 때에 제자 중 둘을 보내시며 ³⁰이르되 너희는 맞은편 마을로 가라 그리로 들어가면 아직 아무 도 타 보지 않은 나귀 새끼가 매여 있는 것을 보리니 풀어 끌고 오라 ³¹만일 누가 너 희에게 어찌하여 푸느냐 묻거든 말하기를 주가 쓰시겠다 하라 하시매 ³²보내심을 받은 자들이 가서 그 말씀하신 대로 만난지라 ³³나귀 새끼를 풀 때에 그 임자들이 이르되 어찌하여 나귀 새끼를 푸느냐 ³⁴대답하되 주께서 쓰시겠다 하고 ³⁵그것을 예 수께로 끌고 와서 자기들의 겉옷을 나귀 새끼 위에 걸쳐 놓고 예수를 태우니 ³⁶가실 때에 그들이 자기의 겉옷을 길에 펴더라 ³⁷이미 감람 산 내리막길에 가까이 오시매 제자의 온 무리가 자기들이 본 바 모든 능한 일로 인하여 기뻐하며 큰 소리로 하나 님을 찬양하여 ³⁸이르되 찬송하리로다 주의 이름으로 오시는 왕이여 하늘에는 평화 요 가장 높은 곳에는 영광이로다 하니(눅 19:29-38).

마 21:1. 예수께서 두 제자를 보내시며. 예수께서 그의 제자들을 보내어 "나귀" 를 그에게로 끌고 오라고 하신 것은 그가 여행으로 인하여 피곤하고 지치셨기 때 문이 아니라, 다른 이유가 있어서였다. 즉, 그리스도께서는 그가 죽으실 때가 가까 워 오자, 엄숙한 의식(儀式)을 통해서 그의 나라의 성격을 보여주고자 하셨다. 사 실, 그리스도께서는 그가 세례를 받으실 때에도 그렇게 하셨지만, 그의 사명(使命) 이 끝날 즈음에 다시 한 번 그렇게 하시고자 하셨다. 그가 이제까지 왕이라는 칭호 를 일부러 피하셨다가, 이제야 비로소 자기가 왕이라는 것을 공개적으로 선언하시

는 이유가 그가 달려갈 길을 이제 거의 다 달려왔기 때문이 아니라면 무엇 때문이
겠는가? 그러므로 그리스도께서는 그가 승천하실 날이 가까운 것을 보셨을 때에,
이 땅에서 그의 나라를 공개적으로 개시하고자 하신 것이다.

　만약 스가랴의 예언(9:9)의 증거가 없었다면, 그리스도께서 왕의 위엄을 보이시
기 위하여 "나귀를 타고" 예루살렘으로 입성하시는 광경은 우스꽝스러운 일이 되
었을 것이다. 게다가, 나귀도 다른 사람에게서 빌린 것이고, 안장이나 장식들이 없
어서 제자들이 그들의 겉옷을 벗어 나귀 위에 얹었다는 것은 보잘것없고 부끄러운
극한 가난의 증거였기 때문에, 그것은 정말 놀라운 광경이었다! 많은 무리들이 그
를 따랐다는 것은 나도 인정한다. 그러나 그 무리들은 어떤 부류의 사람들이었던
가? 그들은 인근의 마을들에서 별 생각 없이 모여든 어중이떠중이들이 아니던가.
즐겁게 환호하는 소리도 들렸다. 그러나 그런 환호성을 지른 자들은 과연 누구였
는가? 그 환호성은 아주 가난한 자들이자 멸시받을 만한 무리에 속한 자들에게서
나온 것이 아니던가. 그러므로 그리스도께서 의도적으로 자기 자신을 모든 사람들
의 조롱과 비웃음의 대상이 되게 하신 것이라고 사람들은 생각할 수도 있었을 것이
다. 그러나 그리스도께서는 두 가지를 동시에 하셔야 했기 때문에, 즉 그는 그의
나라에 대한 어떤 증거를 나타내 보이심과 동시에, 그 나라가 세상의 나라들과 같
지 않고 이 세상의 없어질 재물을 그 기반으로 삼지 않는다는 것을 보여주셔야 했
기 때문에, 이런 방법을 택하실 수밖에 없으셨다.

　만약 하나님이 오래 전에 그의 선지자를 통해서 장차 자기 백성의 구원을 회복
하기 위하여 올 왕이 이와 같을 것이라고 증거하지 않으셨다면, 악한 자들에게 이
러한 광경은 너무나 어이없고 도저히 받아들일 수 없는 것이었을 것이다. 그러므
로 그리스도의 비천한 모습으로 인해서 이 광경 속에서 그의 영적인 나라를 알아
차리지 못하는 일이 없도록 하기 위해서, 우리는 하나님이 세상의 왕들처럼 온갖
화려한 것들로 장식한 그리스도가 아니라, 거지 같은 초라한 모습의 그리스도에
게, 하늘로부터의 예언을 통해서 더 큰 존귀를 수여하셨다는 사실을 항상 명심하
지 않으면 안 된다. 만약 이러한 양념이 없었다면, 우리는 이 이야기 속에서 그 어
떠한 맛도 느끼지 못했을 것이다. 그러므로 마태가 "이는 선지자를 통하여 하신 말
씀을 이루려 하심이라"고 말한 것은 여기에서 큰 비중을 지닌다. 그리스도께서는
사람들이 세상의 부(富)와 화려함에 너무나 물들어 있어서, 육신의 지각(知覺)을
따라 이 이야기를 볼 때에 거기에서 아무런 유익도 얻지 못할 것을 아셨기 때문에,

사람들에게 단순히 이 광경만을 보고 판단하지 말고, 이 사건에 관한 옛적의 예언을 깊이 생각하라고 권하고 계시는 것이다.

마 21:2. 마을로 가라. 그리스도께서는 이때에 베다니에 계셨고 예루살렘까지는 가까운 거리여서 얼마든지 걸어서 입성하실 수 있으셨다는 것을 생각할 때에, 여행의 피로를 더시기 위하여 "나귀"가 필요하셨던 것이 아니었다는 것은 분명하다. 따라서 왕들은 백성들이 그들을 쉽게 볼 수 있도록 하기 위하여 병거에 오르는 것이 관례였기 때문에, 그리스도께서는 그가 자신의 뜻과는 반대로 사람들에 의해서 강제로 왕으로 추대를 받은 것이라고 생각하는 자가 없도록 하시기 위하여, 사람들이 그를 잘 볼 수 있는 위치에서, 그를 따르는 자들의 환호에 답하고자 그렇게 하신 것이었다.

그리스도께서 그의 제자들에게 정확히 어디에서 "나귀를 끌고 오라"고 명하셨는지는 불확실하지만, 그곳은 예루살렘에서 가까운 어떤 마을이었을 것이라고 보는 것이 자연스러울 것이다. 그러므로 어떤 이들이 이 본문을 알레고리적으로 해석해서, 나귀가 있던 곳을 예루살렘이라고 말하는 것은 우스꽝스러운 일이다. 또한, 어떤 이들이 "나귀와 나귀 새끼"라는 어구를 놓고 알레고리적인 해석을 시도하는 것도 마찬가지로 받아들여질 수 없는 일이다. 그들은 이렇게 말한다: "'암나귀'는 오랫동안 율법의 멍에 아래에 있었던 유대 민족을 의미하고, '아무도 타보지 않은 나귀 새끼'는 이방인들을 나타낸다. 그리스도께서는 유대인으로부터 시작하는 것이 합당한 일이었기 때문에 먼저 '나귀'를 타셨고, 그 다음으로 이방인들에 대해서도 통치하도록 세우심을 입으셨기 때문에 나중에는 '나귀 새끼'로 옮겨 타셨다." 실제로 마태는 그리스도께서 "나귀와 나귀 새끼"를 둘 다 타셨다고 말하는 것으로 보인다. 그러나 성경에서 제유법(提喩法)이 사용된 예들에서 흔히 그러하듯이, 마태가 "나귀"와 "나귀 새끼"를 둘 다 언급하지만, 사실은 동일한 것을 이렇게 두 가지로 달리 표현하고 있는 것을 우리는 이상하게 생각할 필요가 없다. 다른 복음서 기자들의 본문을 보면, 그리스도께서 오직 "나귀 새끼"만을 사용하셨다는 것이 분명하게 드러난다. 또한, 히브리어의 통상적인 어법에 따라서 동일한 단어를 두 번 반복해서 사용하고 있는 스가랴서의 본문(9:9)은 모든 의구심을 제거해 준다.

마 21:2. 그리하면 … 보리니. 제자들이 주저함이 없이 즉시 그의 명을 따르도록 하시기 위하여, 주님은 그들이 어떤 질문들을 할지를 미리 헤아리셔서 대답해 주신다. 먼저, 그리스도께서는 그들이 마을로 들어가자마자 즉시 "나귀와 나귀 새끼가 함께 있는 것을 볼" 것이라고 말씀하심으로써, 그가 그들을 무턱대고 보내시는 것이 아니라는 것을 설명해 주신 후에, 다음으로는 그들이 "주가 쓰시겠다"고 대답하기만 하면, 그들이 그 "나귀 새끼"를 끌고 나오는 것을 아무도 막지 않을 것이라고 말씀해 주신다. 이런 식으로 그리스도께서는 그의 신성(神性)을 증명하셨다. 왜냐하면, 앞으로 될 일들을 보지도 않고 아는 것과 사람들의 마음을 헤아려서 즉시 복종하게 만드는 것은 오직 하나님만이 하실 수 있는 일들이기 때문이다. 나귀 주인이 그리스도에 대하여 좋은 감정을 지니고 있어서 흔쾌히 나귀를 내어주는 일은 얼마든지 있을 수 있는 일이었다. 그러나 그 주인이 집에 있을 것인지, 또는 그가 그리스도의 편의를 기꺼이 보아줄지, 또는 그가 일면식도 없는 사람들을 믿어줄 것인지를 미리 아는 것은 유한한 인간의 능력을 벗어나는 것이었다. 그리스도께서 이렇게 제자들에게 기꺼이 그의 명을 따를 수 있도록 힘을 더하여 주시긴 하였지만, 어쨌든 한편으로 우리는 제자들이 얼마나 기꺼이 순종하는지를 본다. 그리고 이 모든 일이 순조롭게 잘 진행된 것은 이 일 전체가 하나님의 인도하심 아래 이루어졌다는 것을 보여주는 것이다.

마 21:5. 시온 딸에게 이르기를. 스가랴서에 나오는 예언(9:9)은 이 본문과 문자적으로 정확히 일치하지는 않는다. 그러나 하나님이 한 선지자에게 선포하라고 명하신 것을 이 복음서 기자가 모든 경건한 선생들에게 전하는 것은 옳고 합당하다. 왜냐하면, 하나님의 자녀들이 토대로 삼아야 함과 동시에 의지해야 했던 유일한 소망은 구속주께서 장차 오시리라는 것이었기 때문이다. 이것이 이 선지자가 그리스도께서 오신 것이 믿는 자들에게 온전하고 참된 기쁨을 가져다줄 것이라고 가르치는 이유이다. 왜냐하면, 하나님은 중보자를 통하지 않은 다른 방식으로는 사람들과 화목하게 되실 수 없고, 그 중보자는 하나님의 백성을 모든 화(禍)에서 건져내실 그리스도이신 까닭에, 죄로 말미암아 멸망하게 되어 있고 괴로움들에 짓눌려 살아가는 사람들에게 기쁨을 가져다주실 수 있는 분은 오직 그리스도밖에 없기 때문이다. 그리스도께서 부재 중이실 때에 우리가 깊이 슬퍼해야 하듯이, 구속주께서 믿는 자들과 함께 계실 때에는 우리가 온전히 기뻐하는 것이 마땅하다는 것을 이 선지자는 우리에게 일깨워준다. 이 선지자는 "그는 공의로우시며 구원을 베푸시며"라고 말하며 그리스도의 다른 면들도 찬송하고 있지만, 마태는 단지 이 장면에 적절한 부분, 즉 그리스도께서 "겸손하게 임하시리라"는 대목만을 가져와서, 그리스도는 아주 화려하고 사치스러운 세상의 왕들과 같지 않으실 것임이 미리 예언되었다는 것을 보여주고, "그가 나귀 곧 멍에 메는 짐승의 새끼를 탈" 것이라는 또 다른 가난의 표지(標識)를 덧붙인다. 따라서 이것이 평민이 타는 나귀와 왕의 호화로운 병거를 대비시키기 위한 것임은 의문의 여지가 없다.

마 21:6. 제자들이 가서. 우리는 앞에서 제자들이 즉시 기꺼이 그리스도의 명에 순종하여 간 것이 칭찬받을 만한 일이었다고 말한 바 있다. 왜냐하면, 그리스도의 영향력은 그리 크지 않았던 까닭에, 그들이 그리스도의 이름을 대는 것만으로는 일면식도 없는 사람들의 마음을 움직이는 데에 충분하지 않았을 것이고, 게다가 그들은 도둑으로 몰릴 위험도 있었기 때문이다. 그러므로 그들이 아무런 이의도 제기하지 않은 채로, 그리스도의 명령과 약속을 의지해서, 그가 그들에게 가라고 명하신 곳으로 즉시 기꺼이 간 것은 그들이 그들의 주님을 얼마나 공경하였는지를 잘 보여주는 증거였다. 그들의 이러한 모범으로부터 우리는 우리도 온갖 어려움들이 있다고 하더라도 그것들을 다 극복하고서, 주님이 우리에게 요구하시는 순종을 주님께 드려야 한다는 것을 배우게 된다. 왜냐하면, 그리스도께서는 우리 앞에 있는 모든 장애물들을 제거하시고 길을 열어 주심으로써, 우리의 수고가 헛되지 않게 하실 것이기 때문이다.

마 21:8. 무리의 대다수는. 복음서 기자들은 여기에서 그리스도께서 사람들에 의해서 왕으로 인정을 받으셨다는 것을 우리에게 보여준다. 사실, 미천한 자들의 무리가 "그들의 겉옷을 길에 펴고 나뭇가지를 베어 길에 펴고서" 그리스도를 향하여 "왕"이라고 환호한 것은 우스꽝스러운 광경이었을 것이다. 그러나 그들은 아주 진지하게 그렇게 하였고, 그리스도에 대한 그들의 공경하는 마음을 그런 식으로 표현한 것이었기 때문에, 그리스도께서는 그들을 그의 나라의 전령(傳令)들에 합당한 자들로 여기셨다. 또한, 우리는 그리스도의 나라가 이런 식으로 시작되는 것에 대하여 이상하게 생각하지 말아야 한다. 왜냐하면, 아버지의 오른편에 앉아 계시는 오늘날에도 그리스도께서는 하늘의 보좌로부터 이런 미천한 자들을 세우셔서, 그들로 하여금 그의 위엄을 겉보기에 초라한 방식으로 송축하는 일을 하게 하시기 때문이다. 어떤 해석자들은 무리들이 이날을 위해 정해진 오래된 엄숙한 의식(儀式)에 따라서 "종려나무 가지들"을 벤 것이라고 추측하지만, 나는 그럴 가능성이 희박하다고 생각한다. 도리어 그 반대로, 원래 제자들은 그렇게 할 계획이 전혀 없었는데, 갑작스러운 성령의 감동을 따라서 그렇게 하였고, 다른 무리들도 제자들을 따라서 그렇게 한 것으로 보이는데, 이것은 누가 본문에서도 추론이 가능하다.

마 21:9. 호산나 다윗의 자손이여. 이 기도문은 시편 118:25에서 가져온 것이다. 마태가 히브리어 단어를 그대로 사용한 것은 이 환호가 그 자리에서 급조되어 그리스도에게 드려진 것도 아니고, 제자들이 별 생각 없이 즉흥적으로 입에서 나오는 대로 기도를 한 것도 아니고, 성령이 오래 전에 선지자의 입을 빌려서 온 교회에 명한 기도를 그들이 공경하는 마음으로 받들어서 그대로 드린 것임을 우리에게 보여주기 위한 것이었다. 왜냐하면, 다윗은 위의 시편에서 자신의 나라에 대하여 말하고 있는 것이지만, 그가 하나님이 그에게 약속하신 저 영원한 왕위를 바라보았고, 다른 사람들도 그렇게 하기를 바랐다는 것을 의심할 이유가 없기 때문이다. 다윗은 비록 그의 나라가 쇠하더라도 교회에서 계속해서 사용될 영원한 기도문을 쓴 것이기 때문에, 유대인들은 하나님이 약속하신 구속(救贖)을 위하여 기도할 때에 이 기도문을 사용하는 것이 오랜 관습이었다. 우리가 방금 얼핏 언급했듯이, 마태의 의도는 그리스도께서 무리에 의해서 구속주로 인정되었다는 것을 보여줄 목적으로 당시에 잘 알려져 있던 시편을 히브리어로 인용하는 것이었다. 하지만 이 단어의 발음은 조금 변하였다. 발음이 변하지 않았다면, 이 단어는 당연히 '호산나'가 아니라 '호쉬안나'(הושיענא- "제발 지금 구원하소서")로 기록되었어야 하기 때문이다. 그러나 우리는 어떤 단어가 한 언어에서 다른 언어로 음역될 때에, 발음이 어느 정도 바뀌지 않는 일은 거의 있을 수 없다는 것을 안다. 또한, 성령은 오직 옛 사람들에게만 그리스도의 나라를 위하여 날마다 기도하라고 명하신 것이 아니라, 이 동일한 규범은 오늘날 우리를 위한 것이기도 하다. 사실, 하나님의 뜻은 오직 그의 아들을 통하여 통치하시는 것인데, 우리가 "주의 나라가 임하옵시며"라고 기도할 때에, 그 기도는 이 시편에서 좀 더 분명하게 표현되어 있는 바로 그 동일한 내용을 기도하고 있는 것이다. 게다가, 우리가 하나님의 아들이 영원히 우리의 왕이 되게 해주시라고 하나님께 기도할 때, 그 기도는 이 나라가 사람들에 의해서 세워지거나 사람들의 힘에 의해서 유지되는 것이 아니라, 하늘의 보호하심으로 말미암아 영원히 견고하리라는 것을 고백하는 것이다.

마 21:9. 주의 이름으로. 이것은 그리스도께서는 하나님의 이름으로 오시는 분, 즉 스스로 자기 마음대로 행하여 제멋대로 자기 나라를 세우시는 분이 아니라, 오직 하나님의 명령과 정하심을 따라서 모든 것을 행하시고 그 나라를 받으시는 분이라는 것이다. 이것은 "주의 이름으로 오는 우리 조상 다윗의 나라가 복되도다"라는 또 다른 환호를 덧붙이여 놓고 있는 마가 본문을 보면 더 분명해진다. 왜냐하면, 이 어구는 이런 식으로 하나님의 약속들에 대하여 말씀하고 있는 것이기 때문이다. 즉, 이 어구는 옛적에 하나님이 그가 마침내 이 백성의 구원자가 되실 것이고, "다윗의 나라"를 회복시키는 것이 그 방식이 될 것이라고 약속하셨다는 것을 근거로 한 말씀이라는 것이다. 그러므로 우리는 여기에서 하나님이 모든 것을 회복시키고 구원을 가져다줄 자로 약속하셨던 바로 그 중보자의 존귀가 그리스도께 돌려지고 있는 것을 본다. 한편, 그리스도의 나라를 "다윗의 나라"라고 환호한 자들은 미천하고 제대로 교육을 받지 못한 자들이었다는 점을 감안하면, 이것으로부터 우리는 이 가르침이 오늘날 성경을 잘 알지 못하는 많은 사람들에게는 억지스럽고 어려워 보이지만, 당시에는 아주 잘 알려져 있었다는 것을 알게 된다.

누가는 "하늘에는 평화요 가장 높은 곳에는 영광이로다"라는 어구를 덧붙이고 있는데, 이 어구는 비록 예수께서 탄생하실 때에 불렸던 천사들의 노래(눅 2:14)와는 일치하지 않지만 그 의미에 모호한 것은 없다. 왜냐하면, 거기에서 천사들은 하늘에 계신 하나님께는 "영광"을 돌리고 땅에 있는 사람들에게는 "평화"를 돌리는 반면에, 여기에서는 "평화"와 "영광"이 둘 다 하나님께 돌려지고 있기 때문이다. 그러나 의미에 있어서 서로 모순이 되는 것은 없다. 왜냐하면, 천사들은 우리가 "하나님께 영광"이라고 노래하여야 할 이유 — 사람들은 하나님의 긍휼하심을 인하여 이 세상에서 평화를 누리기 때문에 — 를 좀 더 분명하게 선포하는 것이지만, 그 의미는 여기에서 무리가 "하늘에는 평화요"라고 찬송한 것과 동일하기 때문이다. 우리는 하나님이 하늘로부터 이 불쌍한 심령들과 화해하시는 것 외에 그 심령들이 이 세상에서 안식을 얻을 수 있는 다른 길은 없다는 것을 안다.

[41]가까이 오사 성을 보시고 우시며 [42]이르시되 너도 오늘 평화에 관한 일을 알았더라면 좋을 뻔하였거니와 지금 네 눈에 숨겨졌도다 [43]날이 이를지라 네 원수들이 토둔을 쌓고 너를 둘러 사면으로 가두고 [44]또 너와 및 그 가운데 있는 네 자식들을 땅에 메어치며 돌 하나도 돌 위에 남기지 아니하리니 이는 네가 보살핌 받는 날을 알지 못함으로 인함이라 하시니라(눅 19:41-44).

눅 19:41. 성을 보시고 우시며. 그리스도께서는 아버지 하나님이 그에게 맡기신 직임을 수행하시는 일보다 더 간절하게 원하셨던 일은 없으셨고, 하나님이 그를 부르신 목적은 "이스라엘 집의 잃어버린 양"(마 15:24)을 모으는 것임을 알고 계셨기 때문에, 그가 이 땅에 오신 것이 모든 사람에게 구원을 가져다주는 것이 되기를 바라셨다. 이것이 그리스도께서 예루살렘 성의 멸망이 가까운 것을 아시고 불쌍히 여기시는 마음이 격해지셔서 "우신" 이유였다. 왜냐하면, 이 성이 하나님이 택하신 거룩한 곳이자 영원한 구원의 언약이 거하는 곳으로서 구원이 그 성소로부터 나와서 온 세계로 퍼져나가게 되리라는 것에 생각이 미치자, 그리스도께서는 이 성이 곧 멸망하게 되리라는 것을 알고 계셨던 까닭에, 깊이 탄식하시며 통한의 눈물을 흘리지 않으실 수 없으셨기 때문이다. 하나님이 영생을 주시려고 택하셨던 백성이 배은망덕함과 악함으로 인해서 비참하게 멸망할 수밖에 없는 처지가 된 것을 보시고서 그리스도께서 눈물을 참지 못하셨던 것을 우리는 이상하게 생각할 필요가 없다. 그리스도께서 이 성에 닥칠 재앙을 얼마든지 막을 수 있으실 텐데 왜 그 재앙을 생각하시고 우셨는지 잘 이해가 되지 않는다고 말하는 자들이 있다면, 그러한 의문은 쉽게 해결될 수 있다. 즉, 그것은 그리스도께서 하나님으로부터 오는 구원을 증언하시고 친히 그 구원을 이루시기 위하여 인간의 육신을 입으시고 하늘로부터 내려오셨을 뿐만 아니라, 그가 수행하셨던 직임이 허용하는 한에서 인간의 감정들도 실제로 입고 계셨기 때문이라는 것이다. 그리스도께서 말씀하시거나 사람들의 구원을 이루시는 일에 쓰임을 받으실 때, 우리는 언제나 그리스도께서 어떤 분이신지를 반드시 염두에 두어야 한다. 따라서 이 본문에서도, 아버지 하나님이 맡기신 사명을 충성되게 수행하시기 위하여, 그리스도께서는 구속(救贖)의 열매가 택함받은 자들 전체에 미치게 되기를 간절하게 원하셨다. 그러므로 그리스도께서는 구원을 위한 사역자로 이 백성에게 주어진 분이셨기 때문에, 그가 그들의 멸망을 슬퍼하시고 우신 것은 그의 직임의 성격과 부합하는 것이었다. 그리스도께서 하나님이셨다는 것을 나는 인정한다. 그러나 그리스도께서 가르치는 직임을 수행하실 필요가 있는 때마다, 그의 신성(神性)은 휴면 상태로 들어가거나, 어떤 의미에서는 은폐되어서, 그가 중보자로서의 역할을 하는 것을 방해하지 않았다. 그리스도께서 여기에서 "우신" 것은 그가 성육신 하신 이유가 된 자들을 형제처럼 사랑하셨다는 것만이 아니라, 하나님이 아버지 같은 사랑의 영을 그의 인성(人性)에 부으셨다는 것도 증명하는 것이었다.

눅 19:42. 너도 … 알았더라면. 이 말씀은 격정에 차 있어서 문장이 제대로 이어져 있지 못하다. 왜냐하면, 우리는 격정 아래 있는 자들은 감정이 격해져 있어서 말을 제대로 잇지 못한다는 것을 알기 때문이다. 게다가, 여기에는 두 가지 감정이 뒤섞여 있다. 왜냐하면, 이것은 그리스도께서 이 성이 멸망하게 될 것을 아시고 우시는 것일 뿐만 아니라, 이 배은망덕한 백성이 그들에게 제시된 구원을 거절하고 하나님의 무시무시한 심판을 자초하는 통탄스러운 죄악을 범한 것에 대하여 책망을 하시는 것이기도 하기 때문이다. 이 문장 속에 들어가 있는 "-도"라는 단어는 강조의 의미를 지닌다. 왜냐하면, 여기에서 그리스도께서는 은연중에 예루살렘을 유대 또는 온 세상의 다른 도시들과 대비시키고 계시는 것이기 때문이다. 그 의미는 이런 것이다: "온 세상의 그 어떤 도시보다도 비할 바 없이 큰 특권을 부여받은 너, 적어도 이 땅에 있는 하늘 성소인 너만은 알았더라면, 좋았을 텐데." 여기에 시간과 관련된 또 다른 강조어가 뒤따른다: "이제까지 네가 하나님을 대적하여 악하고 불경스럽게 반역하여 왔을지라도, 적어도 지금은 회개할 때이다." 왜냐하면, 그리스도께서 하신 이 말씀은 하나님의 영원한 계획에 따라서 예루살렘의 구원을 위하여 정해졌고 선지자들에 의해서 예언되었던 그날이 지금 도래하였다는 것을 의미하기 때문이다. 이사야 선지자는 "보라 지금은 은혜 받을 만한 때요 보라 지금은 구원의 날이로다"(사 49:8; 고후 6:2)라고 말하고, "너희는 여호와를 만날 만한 때에 찾으라 가까이 계실 때에 그를 부르라"(사 55:6)고 말한다.

눅 19:42. 평화에 관한 일. 그리스도께서 "평화"라고 하실 때, 히브리어 용법상으로 거기에는 행복(felicitas)에 필수적인 모든 것이 다 포함된다. 이 말씀은 단지 예루살렘이 그 평화를 알지 못하였다는 것이 아니라, 그 평화에 속한 일들을 알지 못하였다는 것이다. 왜냐하면, 사람들이 그들의 행복이 무엇인지에 대해서는 아주 잘 알지만, 그들의 악으로 인하여 눈이 멀어 있어서 그 길과 수단을 알지 못하는 일이 비일비재하기 때문이다. 그리스도의 말씀 속에 불쌍히 여기시는 것과 책망하시는 것이 뒤섞여 있는 것을 볼 때, 우리는 사람들이 더 좋은 은사들을 받았다면 거기에 비례해서 더 무거운 벌을 받아 마땅하다는 것을 주목해야 한다. 왜냐하면, 그런 자들은 하늘로부터 주어진 은혜를 불경스럽게 더럽히고 짓밟은 죄가 다른 죄들 위에 더해지기 때문이다. 우리가 두 번째로 주목해야 할 것은 하나님이 우리에게 더 가까이 오셔서 올바른 가르침의 빛을 비쳐 주실수록, 우리가 그 기회를 무시한다면, 우리는 더욱 변명할 말이 없게 된다는 것이다. 사실, 구원의 문은 항상 열려 있다. 그러나 하나님은 종종 침묵하시기 때문에, 하나님이 큰 소리로 그리고 친숙한 방식으로 우리를 그에게로 초청하시는 것은 우리에게 정말 대단한 특권이 주어지는 것이다. 그러므로 그것을 멸시할 때에 더 혹독한 심판을 받게 되는 것은 당연한 일이다.

눅 19:42. 지금 네 눈에 숨겨졌도다. 이것은 예루살렘의 죄책(罪責)을 덜어주기 위한 말씀이 아니다. 왜냐하면, 도리어 정반대로, 하나님이 그들과 함께 계시는데도, 그들이 하나님을 알아보지 못한 것은 그들의 기가 막힌 우둔함을 보여주는 수치스러운 증표이기 때문이다. 눈 먼 자들의 눈을 열어 주시는 것은 오직 하나님의 권한에 속하고, 하나님이 그의 성령으로 어떤 사람의 마음을 조명해 주시지 않는다면, 그 누구도 천국의 비밀들을 깨달을 수 없다는 것은 나도 인정한다. 그러나 그렇다고 해서, 그들 자신이 완전히 눈이 멀어 있어서 멸망의 길로 치닫는 자들이 결코 그것을 변명으로 삼을 수는 없다. 또한, 그리스도께서는 무지하고 연약한 자들을 당혹스럽고 혼란스럽게 만들 수도 있는 걸림돌을 제거하고자 하는 의도도 가지고 계셨다. 왜냐하면, 모든 사람의 눈이 예루살렘 성에 쏠려 있는 이때에, 그의 모범은 나쁜 쪽으로든 좋은 쪽으로든 매우 큰 영향을 끼칠 수 있었을 것이기 때문이다. 그러므로 예루살렘이 교만하여 복음을 믿지 않고 멸시한 것에 대하여 그 누구도 혼란스러워 하지 않도록 하시기 위하여, 그리스도께서는 수치스럽게도 놀라울 정도로 눈이 멀어 버린 예루살렘을 단죄하시는 것이다.

눅 19:43. 날이 이를지라. 그리스도께서는 이제 심판자가 되셔서, 더욱 혹독하게 예루살렘을 단죄하신다. 마찬가지로, 선지자들도 그들이 염려하며 예언하였던 자들이 멸망당하게 될 것을 생각하고서 눈물을 흘렸지만, 스스로 힘을 추슬러서 혹독한 심판을 선포한다. 왜냐하면, 그들은 그들이 사람들을 구원으로 이끄는 말씀을 선포하도록 명령을 받았을 뿐만 아니라, 하나님의 심판을 알리는 전령(傳令)들로도 세우심을 받았다는 것을 알았기 때문이다. 이러한 입장에서 예수께서는 예루살렘이 "보살핌 받는 날을 알지 못하였기" 때문에, 즉 그들에게 나타난 구속주를 멸시하고 그가 주시는 은혜를 받아들이지 않았기 때문에, 결국 무시무시한 심판을 받게 될 것이라고 선포하신다. 이제 우리는 예루살렘이 얼마나 무시무시한 벌을 받았는지를 생각하고 경각심을 가짐으로써, 우리의 부주의함과 나태함으로 인해서 구원의 빛을 꺼버리지 말고, 하나님의 은혜를 받는 일에 온 마음을 쏟고, 심지어 그 은혜를 받으려고 온 힘을 다해 달려야 한다.

[10]예수께서 예루살렘에 들어가시니 온 성이 소동하여 이르되 이는 누구냐 하거늘 [11]

무리가 이르되 갈릴리 나사렛에서 나온 선지자 예수라 하니라 [12]예수께서 성전에
들어가사 성전 안에서 매매하는 모든 사람들을 내쫓으시며 돈 바꾸는 사람들의 상
과 비둘기 파는 사람들의 의자를 둘러 엎으시고 [13]그들에게 이르시되 기록된 바 내
집은 기도하는 집이라 일컬음을 받으리라 하였거늘 너희는 강도의 소굴을 만드는
도다 하시니라 [14]맹인과 저는 자들이 성전에서 예수께 나아오매 고쳐주시니 [15]대제
사장들과 서기관들이 예수께서 하시는 이상한 일과 또 성전에서 소리 질러 호산나
다윗의 자손이여 하는 어린이들을 보고 노하여 [16]예수께 말하되 그들이 하는 말을
듣느냐 예수께서 이르시되 그렇다 어린 아기와 젖먹이들의 입에서 나오는 찬미를
온전하게 하셨나이다 함을 너희가 읽어 본 일이 없느냐 하시고 [17]그들을 떠나 성 밖
으로 베다니에 가서 거기서 유하시니라 [18]이른 아침에 성으로 들어오실 때에 시장
하신지라 [19]길 가에서 한 무화과나무를 보시고 그리로 가사 잎사귀 밖에 아무 것도
찾지 못하시고 나무에게 이르시되 이제부터 영원토록 네가 열매를 맺지 못하리라
하시니 무화과나무가 곧 마른지라 [20]제자들이 보고 이상히 여겨 이르되 무화과나무
가 어찌하여 곧 말랐나이까 [21]예수께서 대답하여 이르시되 내가 진실로 너희에게
이르노니 만일 너희가 믿음이 있고 의심하지 아니하면 이 무화과나무에게 된 이런
일만 할 뿐 아니라 이 산더러 들려 바다에 던져지라 하여도 될 것이요 [22]너희가 기
도할 때에 무엇이든지 믿고 구하는 것은 다 받으리라 하시니라(마 21:10-22).

[11]예수께서 예루살렘에 이르러 성전에 들어가사 모든 것을 둘러 보시고 때가 이미
저물매 열두 제자를 데리시고 베다니에 나가시니라 [12]이튿날 그들이 베다니에서 나
왔을 때에 예수께서 시장하신지라 [13]멀리서 잎사귀 있는 한 무화과나무를 보시고
혹 그 나무에 무엇이 있을까 하여 가셨더니 가서 보신즉 잎사귀 외에 아무 것도 없
더라 이는 무화과의 때가 아님이라 [14]예수께서 나무에게 말씀하여 이르시되 이제부
터 영원토록 사람이 네게서 열매를 따 먹지 못하리라 하시니 제자들이 이를 듣더
라 [15]그들이 예루살렘에 들어가니라 예수께서 성전에 들어가사 성전 안에서 매매하
는 자들을 내쫓으시며 돈 바꾸는 자들의 상과 비둘기 파는 자들의 의자를 둘러 엎
으시며 [16]아무나 물건을 가지고 성전 안으로 지나다님을 허락하지 아니하시고 [17]이
에 가르쳐 이르시되 기록된 바 내 집은 만민이 기도하는 집이라 칭함을 받으리라
고 하지 아니하였느냐 너희는 강도의 소굴을 만들었도다 하시매 [18]대제사장들과 서
기관들이 듣고 예수를 어떻게 죽일까 하고 꾀하니 이는 무리가 다 그의 교훈을 놀

랍게 여기므로 그를 두려워함일러라 [19]그리고 날이 저물매 그들이 성 밖으로 나가더라 [20]그들이 아침에 지나갈 때에 무화과나무가 뿌리째 마른 것을 보고 [21]베드로가 생각이 나서 여짜오되 랍비여 보소서 저주하신 무화과나무가 말랐나이다 [22]예수께서 그들에게 대답하여 이르시되 하나님을 믿으라 [23]내가 진실로 너희에게 이르노니 누구든지 이 산더러 들리어 바다에 던져지라 하며 그 말하는 것이 이루어질 줄 믿고 마음에 의심하지 아니하면 그대로 되리라 [24]그러므로 내가 너희에게 말하노니 무엇이든지 기도하고 구하는 것은 받은 줄로 믿으라 그리하면 너희에게 그대로 되리라(막 11:11-24).

[39]무리 중 어떤 바리새인들이 말하되 선생이여 당신의 제자들을 책망하소서 하거늘 [40]대답하여 이르시되 내가 너희에게 말하노니 만일 이 사람들이 침묵하면 돌들이 소리 지르리라 하시니라 [41]가까이 오사 성을 보시고 우시며 [42]이르시되 너도 오늘 평화에 관한 일을 알았더라면 좋을 뻔하였거니와 지금 네 눈에 숨겨졌도다 [43]날이 이를지라 네 원수들이 토둔을 쌓고 너를 둘러 사면으로 가두고 [44]또 너와 및 그 가운데 있는 네 자식들을 땅에 메어치며 돌 하나도 돌 위에 남기지 아니하리니 이는 네가 보살핌 받는 날을 알지 못함으로 인함이라 하시니라 [45]성전에 들어가사 장사하는 자들을 내쫓으시며 [46]그들에게 이르시되 기록된 바 내 집은 기도하는 집이 되리라 하였거늘 너희는 강도의 소굴을 만들었도다 하시니라 [47]예수께서 날마다 성전에서 가르치시니 대제사장들과 서기관들과 백성의 지도자들이 그를 죽이려고 꾀하되 [48]백성이 다 그에게 귀를 기울여 들으므로 어찌할 방도를 찾지 못하였더라(눅 19:39-48).

마태와 마가는 "무화과나무가 마른" 사건에 관한 기사(記事)를 조금 다르게 보도한다. 왜냐하면, 마태는 그리스도께서 왕으로 입성하신 바로 그날에 이 일이 있었다고 말하는 반면에, 마가는 이 일이 그 이튿날에 일어났다고 말하는 것처럼 보이기 때문이다. 그러나 이 문제는 쉽게 해결된다. 왜냐하면, 마태와 마가는 그리스도께서 예루살렘에 공식적으로 입성하신 바로 그날에 무화과나무를 저주하셨다는 것에서는 서로 일치하고, 다만 마가는 마태가 생략한 것, 즉 제자들이 그 이튿날에 무화과나무가 말라 있는 것을 발견하였다는 것을 추가적으로 보도하고 있는 것이기 때문이다. 따라서 마가는 이 사건을 시간적인 순서를 따라 좀 더 세분해서 자세히 보도하고 있는 것일 뿐이고, 마태 본문과 실질적으로 차이가 나는 것은 전혀 없다.

한편, 성전에서 "매매하는 자들을 내쫓으신" 사건에 관한 기사에 있어서는 마가가 마태 및 누가와 더 큰 차이를 나타내는 것처럼 보인다. 왜냐하면, 마태와 누가는 그리스도께서 예루살렘에 입성하신 후에 곧장 성전으로 들어가서서 "매매하는 자들을 내쫓으셨다"고 보도하는 반면에, 마가는 바로 그날에는 그리스도께서 성전 구석구석을 둘러보기만 하셨을 뿐이고 "매매하는 자들을 내쫓으신" 것은 그 이튿날이었다고 보도하기 때문이다. 그러나 마가가 처음에 성전을 청결케 하신 사건에 대해서 언급하지 않았다가 나중에 그 일을 원래의 위치가 아닌 곳에 끼워 넣은 것이라고 보면, 이러한 차이는 어느 정도 설명이 가능하다. 마가는 첫 날에 그리스도께서 "성전에 들어가사 모든 것을 둘러 보셨다"고 말한다. 그런데 그리스도께서 성전에서 뭔가 잘못된 것들을 바로잡으실 목적이 없으셨다면, 굳이 이렇게 성전 구석구석을 유심히 둘러보실 이유가 어디에 있었겠는가? 왜냐하면, 그리스도께서는 이전에도 종종 성전을 찾으셨던 까닭에, 성전이 그에게 새롭고 신기해서 그가 성전을 유심히 둘러보신 것은 아닐 것이기 때문이다. 즉, 마가는 "성전에서 매매하는 자들을 내쫓으셨다"는 말씀을 거기에 즉시 덧붙였어야 했지만, 그리스도께서 성 밖으로 나가셨다고 말한 후에, 꼭 기록해야 할 내용을 빠뜨린 것이 생각나서, 그 내용을 나중에 원래의 위치가 아닌 곳에 끼워 넣게 되었다는 것이다.

그러나 어떤 이들은 이 기사와 관련해서도 다른 두 복음서 기자들은 시간적인 순서를 무시한 반면에, 마가는 그 시간적인 순서를 지켜서 보도한 것이라고 주장한다. 왜냐하면, 마태와 누가는 일련의 연속적인 사건들을 보도하고 있는 것처럼 보이지만, 이 사건들이 일어난 날을 구체적으로 밝히고 있지 않은 까닭에, 그들의 글들 속에서 서로 연결되어 있는 것처럼 보이는 사건들을 나누어서 이틀에 걸쳐 일어난 것으로 보는 것도 얼마든지 가능하기 때문이다. 하지만 나는 첫 번째 견해를 지지한다. 왜냐하면, 그리스도께서는 그의 권세를 나타내 보이시기 위하여 이 일을 많은 사람들 앞에서 행하셨을 가능성이 높기 때문이다. 어쨌든 복음서 기자들이 어떤 사건들이 일어난 구체적인 때에 대해서 별 신경을 쓰지 않았다는 것을 똑똑히 알고 있는 독자들에게는 이 기사와 관련해서 복음서 기자들이 보여주는 이러한 차이 또는 다양성이 결코 걸림돌이 되지 않을 것이다.

마 21:10. 예수께서 예루살렘에 들어가시니. 마태는 이 일이 은밀하게 또는 몰

래가 아니라 모든 사람들이 볼 수 있도록 공개적으로 행해졌고, 제사장들과 서기
관들도 이 일을 알았다는 것을 우리에게 보여주려고, 그리스도께서 입성하실 때에
"온 성이 소동하였다"고 보도한다. 이 광경은 육신적으로 볼 때에는 보잘것없고 멸
시받을 만한 것이었지만, 그 가운데서 영적인 위엄(spiritus maiestas)이 분명하게
나타났다. 왜냐하면, 만약 모든 사람들이 이 광경을 보고서 경외감에 사로잡히지
않았더라면, 그리스도께서 죽음을 무릅쓰시고 왕의 위엄으로 입성하시는 것을 제
사장들과 서기관들이 가만히 보고만 있는 것이 아니라, 반드시 그 행렬을 저지하
거나 방해하고자 하였을 것이기 때문이다. 요약하자면, 그리스도의 입성은 은밀하
게 이루어진 일이 아니어서, 그의 원수들이 얼마든지 훼방을 할 수 있었는데도 그
렇게 하지 못한 것은 그들이 이 일을 하찮은 일로 여겨서 무시했기 때문이 아니라,
무엇이라 말할 수 없는 두려움이 그들을 엄습하였기 때문이라는 것이다. 즉, 하나
님이 그들을 두렵게 하셨기 때문에, 그들은 감히 이 일을 훼방하는 그 어떤 시도도
할 수 없었다는 말이다. 아울러, 예루살렘 주민들의 안일함과 무관심은 질타를 당
하고, 방금 예루살렘에 당도한 자들의 신앙은 칭찬을 받는다. 왜냐하면, 예루살렘
주민들은 떠들썩한 소리를 듣고서 "이는 누구냐"고 물음으로써, 그들이 그리스도
와 함께 한 자들이 아니라는 것을 분명하게 보여주고 있기 때문이다.

마 21:12. 예수께서 성전에 들어가사. 그리스도께서는 종종 성전에 올라가셨고,
이러한 악폐들을 늘 목도하셨지만, 그것들을 바로잡으시려고 그의 손을 뻗치신 것
은 그가 공생애 사역을 시작하신 직후에 한 번, 그리고 이제 그의 공생애 사역이 거
의 끝나갈 무렵인 지금에 와서 또 한 번, 이렇게 단 두 번뿐이었다. 당시에는 추하
고 욕되고 불경건한 혼돈(confusio)이 만연되어 있었고, 성전과 그 제사들이 멸망
으로 치닫고 있었지만, 그리스도께서는 성전이 더럽혀진 것을 공개적으로 질책하
는 것은 두 번이면 충분하다고 여기셨다. 그리스도께서는 자기 자신을 하나님이
보내신 선생이자 선지자로 나타내실 때에, 유대인들을 환기시키셔서 좀 더 주목하
게 하실 목적으로, 성전을 청결하게 하는 일을 친히 담당하셨는데, 그 첫 번째 사건
에 관한 이야기는 오직 요한복음 2장에만 기록되어 있다. 그러나 이제 그리스도께
서는 그의 공생애 사역이 거의 끝나갈 무렵에 전에 첫 번째 사건에서 보여주고자
하셨던 바로 그 동일한 권세를 다시 한 번 나타내 보이시면서, 유대인들에게 성전
이 더럽혀졌다는 것을 경고하심과 동시에, 새로운 회복이 가까웠음을 알리신다.
그렇지만 그리스도께서 성전과 하나님에 대한 예배를 주관하는 권세가 있는 왕이

시자 대제사장의 자격으로 이 일을 하셨다는 것은 의심할 이유가 전혀 없다. 따라서 우리는 이 점을 명심해서, 개인도 그리스도께서 하셨던 것과 동일한 방식으로 행할 자격이나 권세가 있다고 생각하는 일이 없어야 할 것이다. 그리스도로 하여금 이 일을 하시게 만든 동인(動因)이 된 저 열심(zelum)은 모든 경건한 자들이 그대로 본받는 것이 마땅하다. 그러나 저 열심을 본받는다는 미명 아래에 경솔하게 행하는 자가 없도록 하기 위해서, 우리는 우리의 부르심이 무엇인지, 그리고 이 일과 관련해서 하나님의 명령에 따라서 우리가 어느 정도까지 행해야 하는지를 세심하게 살피지 않으면 안 된다. 하나님의 교회가 부패하여 더럽혀져 있다면, 하나님의 모든 자녀들은 슬픔으로 애가 타는 것이 마땅하다. 그러나 하나님이 모든 신자들의 손에 병기(兵器)를 쥐어주신 것이 아니기 때문에, 각각의 신자는 하나님이 교회를 치유해 주실 때까지 애통해하여야 한다. 나는 성전이 더럽혀져 있는데도 슬퍼하지 않는 자들은 둔한 자들이기에 앞서 악한 자들이고, 신자들이 내적으로 괴로워하기만 하는 것으로는 부족하기 때문에, 스스로 그 더러움에 물들지 않는 가운데에, 기회가 주어질 때마다, 교회가 더 나은 방향으로 변화되는 모습을 보기를 원한다는 것을 그들의 입으로 증언하여야 한다는 것을 인정한다. 그러나 공적인 권세를 지니지 않은 자들은 교회의 악폐들을 그들의 손으로 고치고자 하지 말고, 그 대신에 그들의 입을 자유롭게 사용하여 대처해 나가는 것이 마땅한 일이다.

그러나 이런 질문이 생길 수 있다: 그리스도께서는 성전이 극심한 미신(迷信)들로 가득 차 있는 것을 보시고서도, 왜 단지 가벼운 것, 또는 적어도 다른 것들보다 더 용인될 만한 것만을 바로잡고자 하신 것인가? 나의 대답은 이렇다: 그리스도께서는 성전의 모든 의식(儀式)들을 예전의 모습으로 회복시키시거나, 크고 작은 악폐들을 택하여 바로잡고자 하신 것이 아니라, 단지 하나의 가시적인 징표(徵標)를 통해서 하나님이 그에게 성전을 청결케 하는 일을 맡기셨다는 것을 보여줌과 동시에, 하나님에 대한 예배가 더럽고 욕된 현저한 악폐들에 의해서 더럽혀지고 부패되었다는 것을 지적하고자 하신 이 한 가지 목적만을 염두에 두셨다는 것이다. 사실, 성전 안에서 매매를 허가한 관습이 지속되어 온 데에는 어느 정도 인간적으로 납득이 될 만한 이유들이 있었다. 왜냐하면, 이 관습이 허용되었던 까닭에, 사람들은 먼저 희생 제물들을 구하러 멀리까지 가는 수고를 덜 수 있었고, 다음으로는 자기가 드리고 싶은 화폐를 손쉽게 성전 경내에서 구입할 수 있었기 때문이다. "돈 바꾸는 사람들"이 앉아 있거나, 희생 제물로 드려질 짐승들이 있었던 곳은 엄밀히 말해서 성전 내부가 아니라 성전 뜰이었는데, 이 뜰도 종종 "성전"이라는 명칭으로 불렸다. 물건을 "매매하는" 시장이 성전 내부에 서거나, "돈 바꾸는 사람들"이 환전을 해주기 위해서 성전에 앉아 있는 것보다 더 성전의 위엄을 훼손하는 일은 없었기 때문에, 그것은 용납될 수 없는 불경(profanatio)이었다. 그리스도께서 이것에 대하여 더 크게 진노하신 것은 이 관습이 정직하지 못한 이득을 얻고자 한 제사장들의 탐욕에 의해서 도입되었다는 사실을 누구나 다 알고 있었기 때문이었다. 사람이 어떤 물건을 살 생각이 없어도, 여러 가지 다양한 물건들이 갖추어진 시장에 들어서면, 견물생심(見物生心)이라는 말도 있듯이, 마음이 바뀌어서 물건을 사게 되는 것과 마찬가지로, 이 관습은 제사장들이 사람들로 하여금 어떻게든 희생 제물이나 헌금을 드리도록 유도해서 가능한 한 많은 이득을 얻어내고자 제사장들이 쳐놓은 덫이었다.

마 21:13. 기록된 바. 그리스도께서는 두 예언서로부터 두 가지 말씀을 인용하시는데, 하나는 이사야 56:7에 나오는 것이고, 다른 하나는 예레미야 7:11에 나오는 것이다. 이사야서에 나오는 말씀은 그리스도께서 계시던 당시의 상황에 맞는 것이었다. 왜냐하면, 그 말씀은 하나님이 이방인들을 교회로 부르실 것에 관한 예언이었기 때문이다. 즉, 이사야는 하나님이 성전을 그 본래의 영광과 존귀로 회복시키실 뿐만 아니라, 모든 민족이 이 성전으로 무리를 지어 몰려와서 온 세상이 다 하나님을 참되고 진실하게 예배하게 될 것이라고 예언하였다. 이사야가 은유적으로 예언하였다는 것은 의문의 여지가 없다. 왜냐하면, 선지자들은 그리스도의 통치 아래에서 이루어지게 될 하나님에 대한 영적 예배를 율법의 비유들이나 상징들을 통해서 간접적으로 묘사하였기 때문이다. 모든 민족이 예루살렘으로 올라가서 하나님을 예배할 것이라는 예언은 문자 그대로 성취되지 않았다는 것은 분명하다. 그러므로 이사야가 성전이 "만민이 기도하는 집"이 될 것이라고 예언한 것은 모든 민족이 하나님의 교회로 모여들어서 아브라함의 자손들과 더불어서 한 목소리로 참하나님을 예배하게 될 것이라고 말한 것과 다름없다. 그러나 이사야가 당시에 눈에 보이는 예배 처소였던 성전을 언급하였기 때문에, 그리스도께서 유대인들이 성전을 본래의 목적과는 완전히 다른 목적으로 사용하는 것에 대하여 책망하신 것은 합당한 일이었다. 그러므로 이 말씀의 의미는 이런 것이다. 즉, 하나님은 성전이 오늘날까지 모든 예배자들이 바라보아야 할 상징(signum)으로 존재하기를 바라셨는데도, 유대인들은 성전을 이렇게 시장 바닥으로 변질시켜 더럽혀 놓았으니, 그것은 추악하기 짝이 없는 일이라는 것이다.

게다가, 그리스도께서 계시던 때에는 참된 것의 그림자 역할을 하였던 율법과 그 예식들이 여전히 유효하였기 때문에, 성전은 실제로 "기도하는 집"이었다. 그러나 성전으로부터 복음의 가르침이 울려 퍼져 나와서, 온 세상이 하나의 믿음으로 연합되기 시작하였을 때, 성전은 "만민이 기도하는 집"이 되기 시작하였다. 이 성전은 얼마 후에 완전히 파괴되었지만, 이 예언은 오늘날까지도 그대로 유효하다. 왜냐하면, "율법이 시온에서부터 나오는"(사 2:2; 미 4:2) 까닭에, 올바르게 기도하는 자들은 이 모든 것이 시작된 저 성전을 바라보지 않으면 안 되기 때문이다. 사람들이 어디에서나 하나님의 이름을 부르게 하시는 것이 하나님의 뜻이기 때문에, 장소는 아무런 문제가 되지 않는다는 것을 나도 인정한다. 그러나 성경에서는 이스라엘의 하나님을 섬긴다고 고백하는 믿는 자들은 "가나안 방언을 말하는"(사 19:18) 자들이기 때문에 참된 신앙이 흘러나온 "성전으로" 나아간다고 말한다. 또한, 에스겔은 이 성전은 물의 발원지가 되어서, 거기에서 물이 순식간에 엄청나게 불어나, 그 물을 마시는 자들을 소성시킬 것이라고 말하고(47:9), 스가랴는 물줄기가 이 성전에서 나와서, 해 뜨는 곳에서 해 지는 곳까지 흘러넘치게 될 것이라고 말한다(14:8). 오늘날에도 우리는 성회(聖會)를 갖는 데에 성전들(또는, 교회들)을 이용하지만, 이 성전들의 의미는 예루살렘 성전이 갖는 의미와는 판이하게 다르다. 왜냐하면, 그리스도께서 이 땅에 오신 이후로는, 옛적에 율법 아래 있었던 우리의 조상들과는 달리, 여러 그림자들을 통해서 그리스도를 외적으로 표상(表象)한 것들은 우리에게 더 이상 쓸모가 없게 되었기 때문이다. 또한, 우리가 주목해야 할 것은 이사야 선지자가 "만민이 기도하는 집"이라 했을 때에 거기에서 "기도"라는 단어는 하나님에 대한 예배 전체를 표현한다는 것이다. 왜냐하면, 당시에 아주 다양하고 풍성한 신앙 의식(儀式)들이 있었지만, 하나님은 이 모든 의식들의 목적이 무엇인지를 유대인들에게 간단히 가르쳐 주시기 위하여 이 단어를 사용하신 것이기 때문이다. 즉, 신앙의 모든 의식들의 목적은 그들로 하여금 하나님을 영적으로 예배하게 하기 위한 것이었다. 시편 50편은 하나님이 모든 신앙 행위들을 "기도"라는 단어로 포괄하시는 것을 보여줌으로써 이 점을 좀 더 분명하게 드러내 준다.

마 21:13. 너희는 강도의 소굴을 만드는도다. 이 말씀을 통해서 그리스도께서는 성전이 부패하고 타락한 것은 그때나 지금이나 마찬가지였기 때문에, 예레미야의 탄식(렘 7:11)이 자기 시대에도 그대로 적용된다는 것을 보여주고자 하셨다. 원래

이 말씀은 선지자 예레미야가 성전을 든든한 배경으로 삼아서 마음 놓고 죄악을 일삼았던 외식하는 자들을 책망한 말씀이었다. 왜냐하면, 하나님은 유대인들에게 참된 신앙을 가르치실 목적으로 일종의 보조수단으로 외적인 상징들을 사용하신 것인데도, 외식하는 자들에게는 "하나님의 진리를 거짓 것으로 바꾸는"(롬 1:25) 것이 몸에 배어 있는 까닭에, 그들은 마치 외적인 의식(儀式)들만을 지키는 것으로 충분하다는 듯이 성전을 알맹이 없는 빈껍데기로 만들어 놓고도, 도리어 헛된 자랑에 도취되어 있었기 때문이다. 그러나 선지자 예레미야는 하나님은 성전이나 의식(儀式)들에 매이거나 묶여 계시는 분이 아니신 데도, 그들이 성전을 "강도의 소굴"로 만들어 놓고도 거짓되이 성전을 들먹거리며 자랑하고 있다고 외쳤다. 왜냐하면, "강도들"이 자신의 "소굴"에서는 그들을 벌할 자가 없다는 것을 알고 있는 까닭에 더욱 대담하게 죄악을 자행하는 것과 마찬가지로, 외식하는 자들은 경건이라는 거짓된 탈을 쓰게 되자 더욱 대담해져서, 하나님까지라도 속여 먹으려고 하였기 때문이다. "소굴"이라는 은유는 모든 부패와 타락을 포괄하는 표현이었기 때문에, 그리스도께서 예레미야 선지자의 이 말씀을 당시의 상황에 그대로 적용하신 것은 합당한 일이었다.

마가는 그리스도께서 "아무나 물건을 가지고 성전 안으로 지나다님을 허락하지 아니하셨다"는 말씀을 덧붙인다. 즉, 그리스도께서는 하나님께 예배하는 것과 상관이 없는 "물건"을 "성전"에 들이는 것을 허락하지 않으셨다는 것이다. 왜냐하면, 원문에서 "그릇"을 뜻하는 단어는 히브리어로는 온갖 종류의 "물건"을 의미하기 때문이다. 요컨대, 그리스도께서는 성전의 존엄과 위엄에 어긋나는 것이라면 무엇이든지 성전에서 제거하고자 하신 것이다.

마 21:14. 맹인과 저는 자들이 … 예수께 나아오매. 그리스도께서는 자기가 통상적인 수준을 벗어난 권세를 주장하신 것이 사람들에게 무모한 것(temeritatis)으로 비치는 것을 막으시기 위하여, 이적들을 통해서 자신의 권세를 뒷받침하신다. 그러므로 그리스도께서 "성전에서 맹인과 저는 자들을 고치신" 것은 메시야의 권세와 존귀가 진정으로 그에게 속한 것임을 분명하게 드러내시기 위한 것이었다. 왜냐하면, 선지자들은 바로 그런 이적들이 메시야임을 보여주는 표적들이라고 예언하였기 때문이다. 이것으로부터 우리는 내가 앞서 말하였던 것, 즉 그리스도께서 여기에서 행하신 일을 무분별하게 따라하는 자는 자기 자신을 높여서 메시야의 보좌를 찬탈하는 자가 될 위험성이 있다는 것을 다시 한 번 알게 된다. 우리는 여기에서 "고침"을 받은 "맹인과 저는 자들"은 마치 하나님이 하늘로부터 그의 음성을 통해서 무리들이 소리친 것을 재가(裁可)하시기라도 하시는 것처럼 그리스도의 신적인 능력을 증언하는 증인들이었다는 것을 믿어야 한다.

마 21:15. 대제사장들과 서기관들이 … 보고. 누가는 그리스도께서 예루살렘으로 오시는 도중에 "바리새인들"이 못마땅해하며 불평하기 시작하였다고 보도한다. 이때에 소리친 자들은 "제자들"이었고, "바리새인들"은 그들을 침묵시키고자 하였다. 그러자 그리스도께서는 하나님은 그의 아들의 나라가 사람들 가운데서 망각되도록 내버려 두느니 "돌들"로 하여금 "소리 지르게" 하실 것이기 때문에, 바리새인들이 그것을 제지하고자 하여도 아무 소용이 없을 것이라고 대답하신다. 이 소리치는 것이 줄어들지 않고, 도리어 "어린이들"까지 거기에 가세하자, 서기관들과 제사장들은 더욱 격분하여, 그리스도에 대한 새로운 공격을 개시하여, 그리스도께서 "어린이들"로부터 찬송을 받고자 한다고 말함으로써 그리스도를 간접적으로 비난한다. 그러나 우리는 그들의 분노가 어디에서 왔는지를 주목할 필요가 있다. 그 분노가 불경건한 악의(惡意) 및 하나님에 대한 독한 멸시와 결부되어 있었다는 것은 그리스도께서 행하신 이적들이 그리스도를 환호하는 소리 못지않게 그들의 심기를 불편하게 만들었다는 사실에서 분명하게 드러난다. 그러나 나는 지금 뭔가 더 구체적이고 특별한 이유를 묻고자 한다. 즉, 그들을 분노하게 만든 주된 이유는 무엇이었는가? 우리는 그들이 그들의 권세를 지키기 위해서라면 얼마나 맹렬한 열심으로 싸우는지를 잘 알고 있다. 왜냐하면, 그들의 열심은 그들의 수중에 있는 전제 권력을 계속해서 유지하며 누리는 것을 목적으로 하는 열심이었기 때문이다. 그런데 백성들이 그리스도께 왕이라는 칭호를 붙여주고 환호한 것은 그들의 권세를 적지 않게 훼손시키는 일이었다. 사소한 일들에서조차도 그들은 백성들에게 그들의 결정이 곧 하나님의 말씀으로 받아들여져서, 백성들이 오직 그들의 뜻과 결정에 따라서만 "예" 또는 "아니오"라고 말하기를 원하였다. 그러므로 그들은 그들이 인정하지 않는 자에게 백성들이 메시야의 칭호를 붙이는 것은 터무니없고 어처구니없는 일이라고 생각하였다. 사실, 만약 그들이 그들의 본분을 다하였더라면, 그들이 온 백성 앞에서 인도자들이 되어 백성을 이끄는 것은 마땅하고도 합당한 일이었을 것이다. 왜냐하면, 하나님이 제사장들을 세우신 것은 모든 백성이 그들의 "입술"에서 "율법"을 아는 지식을 구하게 하시기 위한 것, 즉 그들로 하여금 "만군의 여호와의 사자"와 해석자들이 되게 하시기 위한 것이었기 때문이다(말 2:7). 그러나 그들은 거짓으로 진리의 빛을 꺼버린 자들이었기 때문에, 그리스도께서 하나님이 심지어 "돌들"로 하여금 "소리 지르게" 하실 것이므로, 그들이 구원의 가르침을 억누르려고 애써도 아무 소용이 없을 것이라고 대답하신 것은 합당하다.

한편, 그리스도께서 그들의 말에 암묵적으로 일부 동의하신 것도 사실이다. 왜냐하면, 그리스도께서는 무지몽매한 무리들과 어린이들이 메시야의 오심을 가장 먼저 그들의 목소리로 찬송하게 된 것이 부자연스러운 질서라는 것을 부인하지 않으시기 때문이다. 그러나 본래 진리의 증인들이 되었어야 마땅한 자들이 도리어 진리를 가로막는 악을 자행하였기 때문에, 하나님이 다른 이들, 곧 "어린이들"을 택하여 세우셔서 그들을 부끄럽게 하신 것은 전혀 이상한 일이 아니다. 이것으로부터 우리는 적지 않은 위로를 얻는다. 왜냐하면, 이 말씀으로부터 우리는 악인들이 그리스도의 나라를 숨기기 위해서 온갖 술책을 다 부린다고 하여도, 결국 그들의 시도는 헛되리라는 것을 알게 되기 때문이다. 그들은 그리스도의 나라를 증언하는 많은 무리들 중에서 일부를 죽이면, 다른 사람들도 두려워서 침묵하게 될 것이고, 그들의 목적은 이루어지게 될 것이라고 생각한다. 그러나 하나님은 그의 아들의 나라를 증언할 증인들이 없게 되는 것을 그대로 두지 않으시고, 곧바로 "돌들"에게 입과 혀를 주어 증언하게 하심으로써, 그들의 계획을 좌절시키실 것이다.

마 21:16. 너희가 읽어 본 일이 없느냐. 그리스도의 제자들의 미천한 신분과 처지를 오만한 마음으로 업신여기고 멸시하는 것이 악한 자들의 변함없는 행태이기 때문에, 여기에서 서기관들과 제사장들은 그리스도께서 "어린이들"로부터 왕으로 불리는 것을 그대로 두시는 것을 그리스도를 비방하고 중상모략할 기회로 삼는다. 하지만 그리스도께서는 하나님이 "어린 아이들과 젖먹이들"조차도 그의 영광을 알리는 전령(傳令)들로 삼으신다는 다윗의 증언을 인용하셔서, 그들의 이런 악의적인 술수를 물리치신다. 다윗이 한 말은 이렇게 되어 있다: "주의 대적으로 말미암아 어린 아이들과 젖먹이들의 입으로 권능을 세우심이여"(시 8:2). 이것은 모든 혀가 침묵할지라도, 하나님은 그의 능력을 선포하시는 데에 웅변가들이 아니라 아직 엄마 품에서 젖을 먹어야 하는 "어린 아이들과 젖먹이들"이면 충분하다는 의미이다. 물론, "어린 아이들과 젖먹이들"이 말을 할 수 있는 것은 아니다. 그러나 그들 속에서 빛을 발하고 있는 하나님의 기이한 섭리는 하나님의 영광을 증언하는 장엄하고 강력한 웅변으로서의 역할을 한다. 왜냐하면, 아기가 모태에서 형성되어서, 아홉 달 동안 거기에서 자양분을 섭취하며 자란 후에, 세상에 나와서, 태어나자마자 젖을 먹는 과정을 깊이 묵상하는 자는 하나님이 세계의 창조주이심을 인정하게 될 뿐만 아니라, 즉시 하나님을 찬송하며 경배하게 되지 않을 수 없게 될 것이기 때문이다. 따라서 성경에서는 해와 달은 말을 하지 못하는 피조물들이지만, 크고 분명한 소리로 하나님을 찬송한다고 말한다(시 19:1-2). 그리스도께서는 하나님이 "젖먹이들"의 혀로부터 찬송을 들으신다는 말씀을 근거로 삼으셔서, 하나님이 이미 말을 할 줄 아는 "어린 아이들"로 하여금 그를 찬송하게 하신 것은 전혀 이상한 일이 아니라는 결론을 이끌어 내신다.

마 21:18. 이른 아침에 성으로 들어오실 때에. 우리가 이미 말한 저 엄숙한 예루살렘 입성과 제자들과 함께 베다니에서 보내신 유월절의 밤 사이의 낮 시간 동안에 그리스도께서는 성전에 가셔서 백성들을 가르치셨다. 마태와 마가는 그 사이에 벌어진 일을 보도하는데, 그것은 그리스도께서 "성으로 들어오실 때에 시장하셔서 무화과나무"에 가까이 가셨지만 "잎사귀밖에 아무것도 찾지 못하시자" 그 나무를 "저주하셨고," 이 저주의 말씀으로 인하여 "무화과나무가 곧 마른" 사건이었다. 나는 그리스도께서 "시장하신" 척하신 것이 아니라, 실제로 "시장하셨다"고 본다. 왜냐하면, 우리는 그리스도께서는 본래 "시장기"를 느끼시는 분이 아니셨지만, 자원하여 육신의 연약함을 입으셨다는 것을 알기 때문이다.

그러나 여기에 난점이 있다: 어떻게 그리스도께서 열매가 하나도 없는 나무에서, 그것도 아직 열매가 맺힐 시기가 되지 않은 때에 열매를 찾는 실수를 하실 수 있단 말인가? 또한, 왜 그리스도께서는 아무 죄도 없는 나무를 향해 그토록 격노하신 것인가? 그리스도께서는 인성(人性)을 지닌 분으로서 그 나무에 열매가 없다는 사실을 알지 못하셨을 것이라고 말하는 것도 전혀 터무니없는 말은 아닐 것이지만, 결과를 미리 다 아셨으면서도 일부러 이 무화과나무에 가까이 가셨을 것이다. 그리고 그리스도께서 이 무화과나무를 "저주하신" 것은 격분하셨기 때문이 아니라는 것은 분명하다. 왜냐하면, 그런 식의 격분은 부당할 뿐만 아니라 심지어 유치하고 우스꽝스럽기까지 한 앙갚음이 되었을 것이기 때문이다. 따라서 그리스도께서는 육신에 느껴지는 허기가 그를 괴롭히자, 다른 때에 "나의 양식은 나를 보내신 이의 뜻을 행하며 그의 일을 온전히 이루는 이것이니라"(요 4:34)고 말씀하신 것처럼, 정반대의 감정, 즉 아버지 하나님의 영광을 더 널리 드러내고자 하시는 소원을 통해서 그 허기를 극복하고자 하신 것이었다. 왜냐하면, 이때에 그리스도께서는 피로와 허기에 맞서 싸우고 계셨기 때문이다. 나는 그리스도께서 자기가 "시장하신"

것을 이적을 베푸셔서 그의 제자들을 가르치시는 기회로 삼으셨다는 이러한 해석
에 더 끌린다. 따라서 그리스도께서는 몹시 "시장하신" 데도 먹을 음식이 없으셨을
때에, 다른 방식으로, 즉 하나님의 영광을 더욱 드러내시는 방식으로 자신의 허기
를 채우신 것이었다. 다른 한편으로, 그리스도께서는 이 말라 버린 무화과나무를
통해서 외식하는 자들을 기다리고 있는 결말(結末)이 무엇인지를 외적으로 보여주
심과 동시에, 그들의 외식이 얼마나 헛되고 어리석은 것인지를 보여주고자 하셨
다.

마 21:19. 이제부터 … 네가 열매를 맺지 못하리라. 이 말씀으로부터 우리는 많
은 열매를 맺게 하시는 것이 하나님의 축복의 의미인 것과 마찬가지로, "열매를 맺
지 못하리라"는 선고가 하나님의 "저주"의 의미라는 것을 알아야 한다. 마가 본문
은 무화과나무가 즉시 "마르지" 않았다는 것, 적어도 이튿날이 되어서야 제자들이
무화과나무가 잎사귀까지 다 말라 버린 것을 보았다는 것을 좀 더 분명하게 보여
준다. 또한, 마태 본문에서는 모든 제자들이 질문한 것으로 되어 있는 반면에, 마가
본문에서는 베드로가 질문한 것으로 되어 있다. 그러나 마가 본문에도 그리스도께
서 "그들에게 대답하신" 것으로 되어 있는 것으로 보아서, 베드로가 모든 제자를
대표해서 질문한 것이라고 보는 것이 자연스럽다.

마 21:21. 예수께서 대답하여. 그리스도께서는 한 걸음 더 나아가 이 이적을 활
용하셔서, 그의 제자들에게 믿음(fides)과 신뢰(fiducia)를 촉구하신다. 마가 본문에
는 "하나님을 믿으라"는 일반적인 권면이 먼저 나온 후에, 그들이 믿음으로 하나님
께 구하는 것은 무엇이든지 얻게 될 것이라는 약속이 뒤따라 나온다. "하나님을 믿
는다"는 것은 우리에게 필요한 것은 무엇이든지 하나님으로부터 얻게 될 것을 온
전히 확신하고 기대하는 것을 의미한다. 그러나 우리에게 믿음이 있다면, 그 믿음
은 즉시 기도로 이어져서, 우리는 말씀 안에서 우리에게 주어지는 하나님의 은혜
의 보고(寶庫) 속으로 들어가서 그 부요한 은혜를 누리게 되는 까닭에, 그리스도께
서는 여기에서 믿음에 "기도"를 더하신다. 왜냐하면, 만약 그리스도께서 단지 우리
가 믿기만 하면 원하는 것은 무엇이든지 다 얻게 될 것이라고만 말씀하셨다면, 우
리 중의 일부는 믿음을 지나치게 과신하거나, 또는 별 것 아닌 것으로 지나치게 경
시하는 마음을 갖게 되었을 수도 있기 때문이다. 그러므로 그리스도께서는 오직
그의 선하심과 약속들을 의지하고서 그에게 겸손히 나아와서 간구하는 자들만이
참된 "믿음"을 지닌 자들이라는 것을 보여주신다. 이 말씀은 믿음의 능력과 본질을

극명하게 보여준다. 믿음은 하나님의 선하심을 믿고 의지하되 전혀 의심하지 않는 것이다. 왜냐하면, 그리스도께서는, 하나님이 그들과 화목을 이루셨다는 것을 온전히 확신하고서, 그들이 구하는 것을 하나님이 그들에게 주시리라는 것을 의심하지 않는 자들만이 "믿음"을 지닌 자들로 인정하시기 때문이다. 이것으로부터 우리는 그 마음속에 믿음과 의심이 혼재되어 있는 교황주의자들이 얼마나 마귀적인 생각에 사로잡혀 있는 자들인지를 알게 된다. 왜냐하면, 우리가 우리에 대한 아버지 하나님의 사랑을 확신하는 가운데 하나님 앞에 나아가고자 하는 것을 그들은 어리석고 주제넘은 짓이라고 비난하기 때문이다. 그러나 바울은 "우리가 그 안에서 그를 믿음으로 말미암아 담대함과 확신을 가지고 하나님께 나아감을 얻느니라"(엡 3:12)고 말함으로써, 그리스도로 말미암아 우리에게 주어진 이 은택(beneficium)을 강조한다.

또한, 이 말씀은 믿음의 참된 시금석이 "기도"에 있다는 것을 보여준다. 누가 "산들이 들리어 바다에 던져지라"는 기도가 응답되었다는 말을 들어본 적이 없다고 반론을 제기한다면, 거기에 대한 대답은 쉽다. 즉, 그리스도께서는 믿음을 따라 기도하라고 하신 것이기 때문에, 사람들이 자기 마음대로 무엇이든지 원하고 구하면 그것이 이루어질 것이라고 말씀하신 것이 결코 아니라는 것이다. 왜냐하면, 우리가 믿음을 따라 기도하게 되면, 당연히 성령이 하나님의 말씀이라는 재갈로 우리의 모든 생각과 감정을 사로잡아 복종시키실 것이기 때문이다. 그리스도께서는 기도의 응답을 얻기 위해서는 의심하지 않고 확고하게 "믿어야" 한다고 말씀하시는데, 사람의 마음이 하나님의 말씀 외에 그 어디에서 그러한 "믿음"을 얻겠는가? 그러므로 우리는 그리스도께서 그의 제자들에게 그들이 하나님의 선하신 뜻 안에 있지 않다면 아무것도 얻을 수 없다고 말씀하신 것임을 알게 된다.

눅 19:47. 예수께서 날마다 성전에서 가르치시니. 첫째로, 마가와 누가는 먼저 교회가 어떤 부류의 사람들로 구성될 것인지, 즉 멸시받는 무리들로 교회가 이루어지게 될 것임을 보여주고, 다음으로는 어떤 자들이 그리스도의 원수들인지, 즉 "제사장들과 서기관들과 백성의 지도자들"이 그리스도의 원수들이라는 것을 보여준다. 하나님이 세상에서 뛰어난 것들을 버리시고 도리어 어리석고 약하며 멸시받는 것들을 택하시는 것은 십자가의 어리석음의 한 단면이다. 둘째로, 마가와 누가는 하나님의 교회의 수호자들이 되어야 마땅했던 자들이 그리스도를 죽일 빌미를 찾음으로써 그들의 악한 불경건을 드러내었다는 것을 보여준다. 왜냐하면, 설령 그리스도를 고소할 정당한 근거들이 있었다고 할지라도, 그들에게는 강도들을 잡듯이, 또는 암살자들을 은밀하게 고용해서 그리스도를 죽일 권한이 없었기 때문이다. 셋째로, 마가와 누가는 그리스도께서는 비밀한 뜻에 따라서 십자가 위에서 죽임을 당하시게 되어 있으셨던 까닭에, 그들의 악한 음모는 좌절되었다는 것을 보여준다.

²³예수께서 성전에 들어가 가르치실새 대제사장들과 백성의 장로들이 나아와 이르되 네가 무슨 권위로 이런 일을 하느냐 또 누가 이 권위를 주었느냐 ²⁴예수께서 대답하시되 나도 한 말을 너희에게 물으리니 너희가 대답하면 나도 무슨 권위로 이런 일을 하는지 이르리라 ²⁵요한의 세례가 어디로부터 왔느냐 하늘로부터냐 사람으로부터냐 그들이 서로 의논하여 이르되 만일 하늘로부터라 하면 어찌하여 그를 믿지 아니하였느냐 할 것이요 ²⁶만일 사람으로부터라 하면 모든 사람이 요한을 선지자로 여기니 백성이 무섭다 하여 ²⁷예수께 대답하여 이르되 우리가 알지 못하노라 하니 예수께서 이르시되 나도 무슨 권위로 이런 일을 하는지 너희에게 이르지 아니하리라(마 21:23-27).

²⁷그들이 다시 예루살렘에 들어가니라 예수께서 성전에서 거니실 때에 대제사장들과 서기관들과 장로들이 나아와 ²⁸이르되 무슨 권위로 이런 일을 하느냐 누가 이런 일 할 권위를 주었느냐 ²⁹예수께서 이르시되 나도 한 말을 너희에게 물으리니 대답하라 그리하면 나도 무슨 권위로 이런 일을 하는지 이르리라 ³⁰요한의 세례가 하늘로부터냐 사람으로부터냐 내게 대답하라 ³¹그들이 서로 의논하여 이르되 만일 하늘로부터라 하면 어찌하여 그를 믿지 아니하였느냐 할 것이니 ³²그러면 사람으로부터라 할까 하였으나 모든 사람이 요한을 참 선지자로 여기므로 그들이 백성을 두려워하는지라 ³³이에 예수께 대답하여 이르되 우리가 알지 못하노라 하니 예수께서 이르시되 나도 무슨 권위로 이런 일을 하는지 너희에게 이르지 아니하리라 하시니라(막 11:27-33).

¹하루는 예수께서 성전에서 백성을 가르치시며 복음을 전하실새 대제사장들과 서기관들이 장로들과 함께 가까이 와서 ²말하여 이르되 당신이 무슨 권위로 이런 일을 하는지 이 권위를 준 이가 누구인지 우리에게 말하라 ³대답하여 이르시되 나도

한 말을 너희에게 물으리니 내게 말하라 ⁴요한의 세례가 하늘로부터냐 사람으로부
터냐 ⁵그들이 서로 의논하여 이르되 만일 하늘로부터라 하면 어찌하여 그를 믿지
아니하였느냐 할 것이요 ⁶만일 사람으로부터라 하면 백성이 요한을 선지자로 인정
하니 그들이 다 우리를 돌로 칠 것이라 하고 ⁷대답하되 어디로부터인지 알지 못하
노라 하니 ⁸예수께서 이르시되 나도 무슨 권위로 이런 일을 하는지 너희에게 이르
지 아니하리라 하시니라(눅 20:1-8).

마 21:23. 네가 무슨 권위로 이런 일을 하느냐. 그리스도를 공격하고자 한 이런
저런 계획들과 공개적인 시도들이 성공을 거두지 못하게 되자, 제사장들과 서기관
들은 이제 간접적인 방법들을 동원해서 그리스도께서 백성들을 가르치시는 것을
막고자 시도한다. 그들은 지금까지 그리스도의 가르침 자체가 거짓이라는 것을 밝
히고자 이미 여러 번 공격을 했지만 별 소용이 없었기 때문에, 여기에서는 그리스
도께서 과연 하나님으로부터 부르심을 받고 권세를 위임받은 것인지를 따져 묻는
다. 사실, 그들의 이러한 문제 제기는 어느 정도 근거가 있는 것이었다. 왜냐하면,
사람은 자기 마음대로 제사장이나 선지자의 직분을 스스로 맡아서는 안 되고, 반
드시 하나님의 부르심을 기다리는 것이 마땅한데다가, 자기가 하나님의 택하심을
받았다는 것이 명백하지 않다면, 스스로 메시야를 자처해서는 더더욱 안 되기 때
문이고, 또한 성경에 기록된 바와 같이(시 110:4; 히 7:21), 메시야는 하나님의 음성
에 의해서만이 아니라 "맹세"를 통해서 세우심을 받아야 마땅하기 때문이다. 그러
나 그리스도의 신적인 위엄이 그토록 수많은 이적들에 의해서 확증이 되었는데도
불구하고, 그들은 악하고 불경하게도 마치 그리스도께서 지금까지 행하신 모든 일
을 전혀 모른다는 듯이, 그리스도께서 어디로부터 오셨는지를 묻는다. 그리스도께
서 "맹인과 저는 자들을" 고치셨을 때에 공개적으로 드러난 하나님의 손길을 뻔
히 보고서도, 아무런 "권위"도 지니지 않은 일개 개인이 이런 일을 무모하게 자행
한 것이 아니냐고 의심하는 것보다 더 어이없는 일이 어디에 있겠는가? 게다가, 그
리스도께서 "하늘로부터" 보내심을 받으셨다는 것을 보여주는 차고 넘치는 증거가
이미 그들 앞에 제시되었기 때문에, 그들은 이 모든 일을 행하신 분이 하나님이시
라는 것을 알고 있었음에도 불구하고, 그리스도께서 행하신 일들을 인정하고자 하
는 마음이 그들 속에는 조금도 없었다. 그래서 그들은, 마치 모든 권한이 오로지 그
들의 수중에 있다는 듯이, 그리스도는 그들에 의해서 임명을 받은 것이 아니기 때

문에 하나님의 적법한 사역자가 아니라고 주장한다. 그러나 만약 그들이 정말 교
회의 합법적인 수호자들이었다고 한다면, 그들이 이렇게 하나님을 대적하여 일어
선 것은 한층 더 기괴한 일이 되었을 것이다. 우리는 이제 왜 그리스도께서 그들에
게 직접적인 대답을 하지 않으셨는지 그 이유를 알게 되는데, 그것은 그들이 이미
그 답을 뻔히 다 알고 있는 문제를 가지고서 뻔뻔스럽고 후안무치하게도 그리스도
께 질문을 던진 것이었기 때문이었다.

마 21:25. 요한의 세례가 어디로부터 왔느냐. 그리스도께서 "요한의 세례"에 관
하여 그들에게 질문을 던지신 것은 그들이 그 어떤 "권위"를 내세울 자격이 없다는
것을 보여주실 뿐만 아니라, 그들이 뻔히 다 알고 있는 문제를 뻔뻔스럽게 모른 체
하고 있다는 것을 그들 자신의 대답을 통하여 스스로 확증하게 하시기 위한 것이
기도 하였다: 요한이 왜 보내심을 받은 것인지, 그의 사명이 무엇이었는지, 그가 주
로 외쳤던 것이 무엇이었는지를 기억해 보라. 요한은 그리스도의 전령(傳令)으로
보내심을 받은 자로서, 자신의 본분을 다하는 데에 한 치의 부족함이나 소홀함이
없었다. 그는 오직 "주의 길을 준비하는"(말 3:1; 눅 7:27) 것이 자신의 본분이라고
말하며, 자기 자신에 대하여 그 이상의 권위를 주장하지 않았다. 요컨대, 요한은 그
의 손가락으로 그리스도를 가리키면서, 그리스도를 하나님의 유일하신 아들로 선
포하였다. 그리스도의 "권위"는 요한의 증언에 의해서 충분히 확증이 된 것인데,
도대체 서기관들은 그리스도께 그의 권위를 어떤 식으로 다시 새롭게 증명하라고
하는 것인가?

우리는 이제 그리스도께서 대답을 회피하기 위하여 교묘한 술수를 쓰신 것이 아
니라, 그들이 제기한 질문에 대하여 아주 상세하고 완벽하게 대답하신 것임을 알
게 된다. 왜냐하면, 그리스도께서 주(主)시라는 것을 인정함이 없이는, 요한이 하
나님의 종이었다는 것을 인정하는 것은 불가능한 일이었기 때문이다. 그러므로 그
리스도께서는 여기에서 그 어떤 부르심도 없이 제멋대로 뻔뻔스럽게 공적인 직분
을 가로챈 교만한 자들을 비호하신 것도 아니었고, 수많은 궤변론자들이 거짓된
술수로 그리스도의 권위를 옹호하는 체하면서 진리를 가로막는 것을 지지하신 것
도 아니었다. 따라서 악한 자들이 우리 앞에 올무들을 놓으면, 우리는 그들과 똑같
은 방식으로 대응해서는 안 되고, 그들의 악의에 맞서 지혜롭게 우리 자신을 지킴
과 동시에, 진리를 분명하게 드러내는 것이 마땅하다. 여기에서 "세례"는 단지 물
로 씻는 의식(儀式)만이 아니라, 요한의 사역 전체를 가리킨다. 왜냐하면, 그리스

도께서는 요한이 하나님의 참되고 적법한 선지자였는가, 아니면 거짓으로 선지자를 사칭한 자였는가라는 질문에 대한 대답을 그들에게서 이끌어 내고자 하신 것이기 때문이다. 그렇지만 "요한의 세례가 하늘로부터냐 사람으로부터냐"라는 표현 방식은 유익한 교훈을 담고 있다. 왜냐하면, 이것으로부터 우리는 "하늘로부터" 온 것이 확실하지 않은 가르침이나 성례는 경건한 자들 가운데서 받아들여져서는 안 된다는 것과 사람에게는 이런 종류의 것들을 자의적으로 고안해 낼 권한이 없다는 것을 알게 되기 때문이다. 이 말씀은 요한과 관련된 것이고, 그리스도께서는 또 다른 말씀 속에서 요한을 모든 "선지자보다 더 나은 자"(마 11:9; 눅 7:26, 28)라고 높이고 계시지만, "요한의 세례"조차도 하나님이 명하신 것이 아니라면, 받아들여져서는 안 된다고 분명하게 선언하신다. 따라서 아무런 "권위"도 없는 자들이 하나님으로부터 그 어떤 명령도 받지 않은 가운데에 그들의 어리석은 생각 속에서 고안해 낸 그들의 성례들에 대해서는 우리가 무슨 말을 해야 하는가? 왜냐하면, 이 말씀을 통해서 그리스도께서는 교회에 대한 모든 통치는 하나님의 뜻에 의해서 이루어져야 하는 까닭에, 사람에게는 그들 자신의 생각으로 고안해 낸 것을 단 하나라도 교회 속으로 들여올 권한이 없다는 것을 분명하게 선언하시는 것이기 때문이다.

마 21:25. 그들이 서로 의논하여. 우리는 여기에서 제사장들의 불경건(impietas)을 본다. 그들은 무엇이 참인지를 묻지도 않고, 이 문제를 그들 자신의 양심에 물어보지도 않는다. 그들은 그들이 참이라고 알고 있는 것을 그대로 시인하고 인정하는 것이 아니라, 그들의 기득권이 손상을 입지 않도록 하기 위해서 비열하게 발뺌하는 쪽을 택한다. 이와 같이, 모든 악한 자들은 뭔가를 배우고자 하는 척하지만, 진리가 그들의 악한 욕망과 반대된다고 느끼면, 진리에 대하여 마음 문을 닫아 버린다. 그러므로 그리스도께서는 그들로 하여금 아무 대답도 하지 않은 채로 가게 내버려 두지 않으시고, 도리어 수치감과 당혹감을 느끼며 그 자리를 떠나게 하심과 동시에, 요한의 증언을 제시하심으로써, 그가 하나님의 "권위"를 덧입고 계시다는 것을 충분히 증명하신 것이었다.

[28]그러나 너희 생각에는 어떠하냐 어떤 사람에게 두 아들이 있는데 맏아들에게 가서 이르되 얘 오늘 포도원에 가서 일하라 하니 [29]대답하여 이르되 아버지 가겠나이다 하더니 가지 아니하고 [30]둘째 아들에게 가서 또 그와 같이 말하니 대답하여 이르되 싫소이다 하였다가 그 후에 뉘우치고 갔으니 [31]그 둘 중의 누가 아버지의 뜻대로

하였느냐 이르되 둘째 아들이니이다 예수께서 그들에게 이르시되 내가 진실로 너
희에게 이르노니 세리들과 창녀들이 너희보다 먼저 하나님의 나라에 들어가리라 [32]
요한이 의의 도로 너희에게 왔거늘 너희는 그를 믿지 아니하였으되 세리와 창녀는
믿었으며 너희는 이것을 보고도 끝내 뉘우쳐 믿지 아니하였도다(마 21:28-32).

이 결론부에서 그리스도께서는 서기관들과 제사장들이 아니라, 그들이 혐오하
고 멸시하였던 자들을 칭찬하심으로써, 이 비유의 목적이 무엇인지를 보여주신다.
왜냐하면, 그리스도께서는 그들로 하여금 이제 더 이상 하나님의 일꾼들인 양 자
랑하지 못하게 하고, 그들이 경건에 대하여 열심이 있는 양 행하지 못하도록 하시
기 위하여, 그들의 가면을 벗기셔서, 그들이 외식하는 자들임을 드러내시기 때문
이다. 그들의 야심과 교만과 잔인함과 탐욕은 누구나 다 알고 있었는데도, 그들은
사람들 앞에서 그들의 본래의 모습과는 판이하게 다른 사람으로 보이고자 하였다.
그래서 조금 전에 그들은 마치 그들이 교회의 충성되고 정직한 수호자들인 양, 교
회의 질서를 진심으로 염려하고 있다는 듯이 위장하여 말하고 행동하였다. 그들은
하나님과 사람들을 상대로 무지막지한 사기극을 벌이고자 하였기 때문에, 그리스
도께서는 그들은 그들이 자랑하는 것과는 너무나 거리가 멀어서, 그들이 그들 자
신에게 돌리고 있는 존귀를 받을 자격이 전혀 없는 까닭에, 사실은 "세리들과 창녀
들"보다 못한 자들이라는 것을 보여주심으로써 그들의 뻔뻔스러움을 질책하신다.
왜냐하면, 그들은 그들이 하나님을 그 누구보다도 신실하게 섬기는 자들이고 율법
에 대한 열심이 특별한 자들이라고 공언하였지만, 그리스도께서는 그들은 말로는
아버지의 명령에 순종하겠다고 약속해 놓고서 나중에 그 약속을 지키지 않은 어떤
"아들"과 같은 자들이라고 말씀하시기 때문이다. 한편, "세리들과 창녀들"에 관해
서 그리스도께서는 그들의 악행을 너그러이 보아 주시는 것이 아니라, 그들의 방
종한 삶을 처음에 아버지의 명령에 순종하기를 거부한 패역하고 방탕한 "아들"에
비유하신다. 그러나 그리스도께서는 그들은 끝까지 그들의 악행들 속에 머무르지
않고, 도리어 그들이 처음에 단호히 거부하였던 멍에를 나중에는 순순히 메었다는
점에서, 서기관들과 바리새인들보다 훨씬 더 나은 자들이라는 것을 보여주신다.
우리는 이제 그리스도의 의도를 알게 되었다. 그리스도께서는 여기에서 제사장들
과 서기관들이 그토록 무수히 권면을 듣고서도 하나님을 완강히 거부하고 회개하
지 않은 것에 대하여 책망하시는 것에서 그치신 것이 아니라, 그들의 불경건은 "창

녀들"의 음탕한 삶보다 더 악한 것이었기 때문에, 그들에게 합당치 않은 존귀를 그들로부터 벗겨 버리고자 하셨다.

마 21:29. 아버지 가겠나이다. 이 어구는 히브리식 표현이다. 왜냐하면, 히브리 사람들은 어떤 사람을 섬기고자 하여, 명령에 순종할 준비가 되어 있다는 것을 나타내고자 할 때에, 여기에서처럼 "주여, 내가 여기 있나이다"라고 말하기 때문이다. 하나님이 말씀하시자마자 흔쾌히 기쁜 마음으로 순종하는 것은 그 자체가 칭찬받을 만한 미덕이다. 그러므로 그리스도께서는 여기에서 한참 지나서 늦게서야 순종하게 된 것을 칭찬하시는 것이 결코 아니다. 그러나 늦게서야 자신의 본분을 행하는 것과 말로만 약속하고서 실행을 하지 않는 것은 둘 다 합당하지 못한 일들이지만, 그리스도께서는 전자처럼 처음에는 거부하다가 나중에 시간이 흐른 뒤에 순종하게 되는 것이 후자처럼 끝까지 외식(hypocrisis)으로 일관하는 것보다 더 낫다는 것을 보여주신다.

마 21:32. 요한이 … 왔거늘. 요한은 하나님의 충성되고 신실한 종이었기 때문에, 그리스도께서는 요한이 가르친 모든 것이 하나님에게서 왔다고 말씀하신다. 여기에서 그리스도께서 하신 말씀을 좀 더 자세하게 풀어서 설명하면, 하나님이 오셔서 "요한"의 입을 빌려 "의의 도"를 보여주셨다고 말할 수 있을 것이다. 그러나 요한은 한 개인으로서가 아니라 하나님의 이름으로 말씀을 전한 것이기 때문에, 그리스도께서는 이것을 "요한이 의의 도로 너희에게 왔다"고 말씀하신 것이다. 그리스도께서는 하나님이 보내신 선생의 경건하고 거룩한 경고의 말씀들을 멸시한 자들은 하나님에 대하여 불순종하고 반역한 것이라고 선언하심으로써, 말씀을 전하는 일에 적지 않은 권위를 부여해 주고 계신다.

"의"라는 단어에 대하여 좀 더 교묘한 해석을 행하는 자들이 있지만, 나는 그런 자들이 그런 놀음을 즐기게 내버려 두고자 한다. 나는 여기에서 "의"라는 단어는 단지 요한의 가르침이 순전하고 옳았다는 것을 의미하는 것이라고 본다. 그러니까 이것은 그리스도께서 그들이 요한을 배척할 이유가 전혀 없었다고 말씀하신 것이나 다름없다. 그리스도께서 "세리들은 믿었다"고 말씀하신 것은 그들이 말로 동의하였다는 것이 아니라, 그들이 자신의 귀로 들은 것을 진심으로 받아들였다는 것을 의미한다. 이것으로부터 우리는 믿음이라는 것은 단지 어떤 사람이 참된 가르침에 동의하는 것이 아니라, 더 크고 깊은 것, 즉 그 가르침을 들은 자가 자기 자신을 부인하고 자신의 삶을 하나님께 전적으로 드리는 것을 포함한다는 것을 알게 된다. 그리스도께서는 그들이 "세리와 창녀들"의 모범을 "보고도" 끝내 믿지 않았다고 말씀하심으로써, 그들의 완악함과 악성(惡性)을 더 뚜렷하게 부각시키신다. 왜냐하면, "창녀들과 세리들"조차도 믿는데, 그들이 믿지 않았다는 것은 그들의 부패함과 타락함이 얼마나 심한 것인지를 보여주는 증거였기 때문이다.

[33]다른 한 비유를 들으라 한 집 주인이 포도원을 만들어 산울타리로 두르고 거기에 즙 짜는 틀을 만들고 망대를 짓고 농부들에게 세로 주고 타국에 갔더니 [34]열매 거둘 때가 가까우매 그 열매를 받으려고 자기 종들을 농부들에게 보내니 [35]농부들이 종들을 잡아 하나는 심히 때리고 하나는 죽이고 하나는 돌로 쳤거늘 [36]다시 다른 종들을 처음보다 많이 보내니 그들에게도 그렇게 하였는지라 [37]후에 자기 아들을 보내며 이르되 그들이 내 아들은 존대하리라 하였더니 [38]농부들이 그 아들을 보고 서로 말하되 이는 상속자니 자 죽이고 그의 유산을 차지하자 하고 [39]이에 잡아 포도원 밖에 내쫓아 죽였느니라 [40]그러면 포도원 주인이 올 때에 그 농부들을 어떻게 하겠느냐 [41]그들이 말하되 그 악한 자들을 진멸하고 포도원은 제 때에 열매를 바칠 만한 다른 농부들에게 세로 줄지니이다 [42]예수께서 이르시되 너희가 성경에 건축자들이 버린 돌이 모퉁이의 머릿돌이 되었나니 이것은 주로 말미암아 된 것이요 우리 눈에 기이하도다 함을 읽어 본 일이 없느냐 [43]그러므로 내가 너희에게 이르노니 하나님의 나라를 너희는 빼앗기고 그 나라의 열매 맺는 백성이 받으리라 [44]이 돌 위에 떨어지는 자는 깨지겠고 이 돌이 사람 위에 떨어지면 그를 가루로 만들어 흩으리라 하시니 [45]대제사장들과 바리새인들이 예수의 비유를 듣고 자기들을 가리켜 말씀하심인 줄 알고 [46]잡고자 하나 무리를 무서워하니 이는 그들이 예수를 선지자로 앎이었더라(마 21:33-46).

[1]예수께서 비유로 그들에게 말씀하시되 한 사람이 포도원을 만들어 산울타리로 두르고 즙 짜는 틀을 만들고 망대를 지어서 농부들에게 세로 주고 타국에 갔더니 [2]때가 이르매 농부들에게 포도원 소출 얼마를 받으려고 한 종을 보내니 [3]그들이 종을 잡아 심히 때리고 거저 보내었거늘 [4]다시 다른 종을 보내니 그의 머리에 상처를 내고 능욕하였거늘 [5]또 다른 종을 보내니 그들이 그를 죽이고 또 그 외 많은 종들도 더러는 때리고 더러는 죽인지라 [6]이제 한 사람이 남았으니 곧 그가 사랑하는 아들이라 최후로 이를 보내며 이르되 내 아들은 존대하리라 하였더니 [7]그 농부들이 서

로 말하되 이는 상속자니 자 죽이자 그러면 그 유산이 우리 것이 되리라 하고 [8]이에 잡아 죽여 포도원 밖에 내던졌느니라 [9]포도원 주인이 어떻게 하겠느냐 와서 그 농부들을 진멸하고 포도원을 다른 사람들에게 주리라 [10]너희가 성경에 건축자들이 버린 돌이 모퉁이의 머릿돌이 되었나니 [11]이것은 주로 말미암아 된 것이요 우리 눈에 놀랍도다 함을 읽어 보지도 못하였느냐 하시니라 [12]그들이 예수의 이 비유가 자기들을 가리켜 말씀하심인 줄 알고 잡고자 하되 무리를 두려워하여 예수를 두고 가니라(막 12:1-12).

[9]그가 또 이 비유로 백성에게 말씀하시기 시작하시니라 한 사람이 포도원을 만들어 농부들에게 세로 주고 타국에 가서 오래 있다가 [10]때가 이르매 포도원 소출 얼마를 바치게 하려고 한 종을 농부들에게 보내니 농부들이 종을 몹시 때리고 거저 보내었거늘 [11]다시 다른 종을 보내니 그도 몹시 때리고 능욕하고 거저 보내었거늘 [12]다시 세 번째 종을 보내니 이 종도 상하게 하고 내쫓은지라 [13]포도원 주인이 이르되 어찌할까 내 사랑하는 아들을 보내리니 그들이 혹 그는 존대하리라 하였더니 [14]농부들이 그를 보고 서로 의논하여 이르되 이는 상속자니 죽이고 그 유산을 우리의 것으로 만들자 하고 [15]포도원 밖에 내쫓아 죽였느니라 그런즉 포도원 주인이 이 사람들을 어떻게 하겠느냐 [16]와서 그 농부들을 진멸하고 포도원을 다른 사람들에게 주리라 하시니 사람들이 듣고 이르되 그렇게 되지 말아지이다 하거늘 [17]그들을 보시며 이르시되 그러면 기록된 바 건축자들의 버린 돌이 모퉁이의 머릿돌이 되었느니라 함이 어찜이냐 [18]무릇 이 돌 위에 떨어지는 자는 깨어지겠고 이 돌이 사람 위에 떨어지면 그를 가루로 만들어 흩으리라 하시니라 [19]서기관들과 대제사장들이 예수의 이 비유는 자기들을 가리켜 말씀하심인 줄 알고 즉시 잡고자 하되 백성을 두려워하더라(눅 20:9-19).

마 21:33. 다른 한 비유를 들으라. 누가 본문은 조금 다르게 되어 있다. 왜냐하면, 마태 본문에는 그리스도께서 "제사장들과 서기관들"을 향하여 말씀하신 것으로 되어 있지만, 누가 본문은 "백성에게" 말씀하신 것으로 되어 있기 때문이다. 그러나 이러한 차이는 쉽게 설명된다. 즉, 그리스도께서는 "제사장들과 서기관들"을 치는 말씀을 하셨지만, 모든 "백성" 앞에서 그들의 타락상을 드러내신 것이었다. 마가는 다른 구절들에서 전체의 일부만을 보도하는 것과 마찬가지로, 여기에서도 그리스도께서 "비유들로 말씀하시기" 시작하셨다고 말하고서는, 순서상으로 첫 번째로 나와야 할 비유를 생략해 버린다.

이 비유의 요지는 제사장들을 비롯해서 교회의 지도자들이 악한 마음을 지니고서 하나님으로부터 하나님께 속한 것들을 속여 빼앗고자 하는 것은 전혀 새삼스러운 일이 아니라는 것이다. 왜냐하면, 그들은 오래 전부터 선지자들에 대하여 동일한 종류의 강도짓을 일삼아 왔고, 이제는 하나님의 아들까지 죽일 작정을 하고 있기 때문이다. 그러나 하나님께서는 그에게 속한 것들을 지키실 것이기 때문에, 그들은 결국 그들이 저지른 일들에 대한 벌을 받게 될 것이다. 이 비유의 목적은 두 가지이다. 첫 번째는 제사장들의 비열하고 악한 배은망덕함을 책망하는 것이었고, 두 번째는 곧 있을 그리스도의 죽음에 의해서 생겨나게 될 걸림돌을 제거하는 것이었다. 왜냐하면, 그들은 거짓된 직함을 이용해서 순진하고 무지한 백성들을 장악하고서, 유대인들의 신앙을 그들의 뜻과 결정에 따라서 쥐락펴락하였기 때문이다. 그러므로 그리스도께서는 믿음이 약한 자들에게 이전에도 수많은 선지자들이 제사장들에 의해서 차례차례 죽임을 당하였다는 사실을 명심하고서, 이 비슷한 일이 그에게 일어난다고 해도, 혼란스러워 할 필요가 없다는 것을 미리 보여주신다. 그러면 이제 이 비유를 좀 더 자세하게 살펴보기로 하자.

마 21:33. 포도원을 만들어. 이 비유는 성경에 자주 등장한다. 현재의 본문과 관련해서 그리스도의 의도는 하나님은 그의 교회에 목회자들을 세우시지만, 그의 권한들을 다 그 목회자들에게 넘기시는 것이 아니라, 단지 "포도원"이나 "논"을 "농부들"에게 "세로 주어," 그들로 하여금 그것을 경작하게 하고 "세"를 받는 "주인"과 같이 행하시는 것임을 보여주시는 것이다. 하나님은 이사야(5:4)와 예레미야(2:21)의 입을 통해서, 자기가 포도원을 가꾸기 위해서 그토록 많은 수고와 비용을 쏟아 부었는데도 아무런 열매도 거두지 못하였다고 탄식하셨듯이, 이 본문에서도 "농부들"이 비열한 사기꾼들처럼 포도원의 소출을 그들끼리 독차지하였다고 책망하신다. 그리스도께서는 농부들이 주인에게서 포도원을 받았을 때에 그 포도원은 설비가 잘 갖춰져 있었고 상태가 무척 좋았다고 말씀하신다. 이 말씀을 통해서 그리스도께서는 그들의 죄가 얼마나 큰 것인지를 더욱 뚜렷이 부각시키시는 것이다. 왜냐하면, 하나님이 그들에게 너그럽게 행하셨을수록, 그들의 배은망덕함은 더욱더 가증스러운 것이 되기 때문이다. 바울은 이와 동일한 논리를 사용하여 목회자들을 권면하면서, "진리의 기둥과 터"(딤전 3:15)인 하나님의 집을 다스리도록 택함받은 청지기들로서 그들의 본분을 성실히 행하라고 명한다. 이것은 지당하신 말씀이다. 왜냐하면, 그들의 신분이 존귀하고 고명(高明)할수록, 그들은 하나님에 대하여 더 큰 책임을 져야 할 자리에 있는 것인 까닭에, 그들의 일에 태만함이 있어서는 안 되기 때문이다. 따라서 하나님의 크신 인자하심 및 그들이 하나님으로부터 받은 큰 존귀를 멸시하는 자들의 악(惡)은, 우리가 앞서 말했듯이, 더욱더 가증스러운 것이 될 수밖에 없다. 하나님이 이 백성을 은혜로 양자로 삼으셔서, 애굽에서 이끌어 내어, 그들을 성별(聖別)하여 그의 기업(基業)을 삼으시고서, 그들의 하나님이자 아버지가 되어 주시겠다고 약속하시며, 영원한 구원의 소망으로 그들을 부르셨을 때, 그것은 하나님이 "포도원을 만드신" 것이었다. 이사야 60:21을 비롯해서 성경의 여러 곳에서 언급되고 있는 "포도원"이 바로 이것이다. "즙 짜는 틀"과 "망대"는 백성들로 하여금 율법의 가르침을 믿게 하는 데에 도움이 되게 하기 위하여 더해진 것들, 즉 희생제사들을 비롯한 그 밖의 다른 의식(儀式)들을 의미한다. 왜냐하면, 하나님은 세심하고 자상한 가장(家長)처럼 그의 교회를 지키는 데에 필요한 온갖 것들을 하나도 빠짐없이 구비해 놓으시기 위하여 수고를 아끼지 않으시는 분이시기 때문이다.

마 21:33. 농부들에게 세로 주고. 사실, 하나님은 사람들의 손을 빌리지 않으시고도 스스로 얼마든지 그의 교회를 잘 꾸려 나가실 수 있으시지만, 사람들을 그의 일꾼들로 삼으시고, 사람들의 수고들을 사용하신다. 따라서 하나님은 옛적부터 "제사장들"을 세우셔서 그의 "포도원"을 돌보는 일을 맡기셨다. 그러나 그리스도께서 "선지자들"을 하나님이 수확기에 끝난 후에 농부들에게 "열매를 받으려고" 보내신 "종들"에 비유하시는 것은 의외이다. 왜냐하면, 우리는 선지자들도 제사장들과 마찬가지로 포도원을 돌보는 일을 맡은 "농부들"이었다는 것을 알기 때문이다. 이 문제에 대한 나의 대답은 그리스도께서는 여기에서 제사장들과 선지자들에게 맡겨진 직분의 유사점과 차이점을 자세하고 정확하게 설명하고자 하신 것이 아니라는 것이다. 어쨌든 분명한 것은 제사장들은 올바른 가르침으로 하나님의 교회를 온전히 돌보도록 먼저 세우심을 입었다는 것이다. 그러나 그들이 무성의 또는 무지로 인하여 그들에게 맡겨진 일을 소홀히 하자, 하나님은 긴급히 선지자들을 보내셔서, 포도원에 난 잡초들을 뽑고, 불필요한 가지들을 잘라내는 등 제사장들이 소홀히 한 일들을 대신하게 하심과 아울러서, 백성들을 호되게 책망하고, 무너진 경건을 다시 일으켜 세우고, 잠자는 심령들을 깨우고, 하나님에 대한 예배와 새 생

명을 회복시키는 일들을 하게 하셨다. 이것 외에 다른 무엇이 하나님이 그의 포도
원을 맡은 "농부들"로부터 받고자 하신 "열매"였겠는가? 이것을 그리스도께서 그가
오신 목적이라고 하신 것은 옳고 합당한 것이었다. 왜냐하면, 통상적으로 그의 교
회를 계속해서 돌보는 일은 선지자들이 아니라 언제나 제사장들에게 맡겨져 있었
지만, 그들은 마치 포도원을 경작하고 돌보는 일은 소홀히 하면서 그 포도원이 그
들에게 세(貰)로 주어졌다는 것을 근거로 그들의 것이라고 주장하는 게으른 "농부
들"과 같은 자들이었기 때문이다.

마 21:35. 하나는 죽이고. 이 대목에서 마가와 누가는 마태와 약간 다르다. 마태
는 처음에 많은 종들이 보내심을 받아서 그들 모두가 심한 학대와 능욕을 당하자,
그 후에 하나님이 이전보다 더 많은 수의 다른 종들을 보내신 것으로 묘사하는 반
면에, 마가와 누가는 하나님이 한꺼번에 여러 명의 종들을 보내신 것이 아니라, 한
번에 한 명씩 종들을 순차적으로 보내신 것으로 묘사한다. 그러나 이 세 복음서 기
자들은 유대인들이 옛적부터 선지자들에 대하여 행하여 왔던 것을 보여주고자 하
는 동일한 목적을 지니고 있었다는 점에서는 모두 일치한다. 다만, 마태는 하나님
이 수많은 선지자들을 보내서서, 악의를 지닌 제사장들과 다투셨다는 것을 좀 더
상세하게 설명하고 있는 것일 뿐이다. 이것은 백약(百藥)이 무효일 정도로 그들의
광분함이 극심하였다는 것을 잘 보여준다.

마 21:37. 그들이 내 아들은 존대하리라. 엄밀하게 말해서, 사실 이러한 묘사는
하나님께 적합하지 않다. 왜냐하면, 하나님은 장차 무슨 일이 일어날지를 아시는
까닭에, 더 좋은 결과를 기대했다가 실망하시는 일은 하나님께 일어날 수 없기 때
문이다. 그러나 특히 비유들에서는 하나님을 인간적인 감정을 지니신 것으로 묘사
하는 것은 관례적인 일이었다. 그렇지만 이러한 묘사가 덧붙여진 것은 의미가 없
는 것이 아니었다. 왜냐하면, 이러한 묘사를 통해서 그리스도께서는 그들이 그들
을 제정신으로 돌이키고 회복시키시기 위하여 오신 하나님의 아들을 대적하여 마
귀적인 광분함으로 일어난 것에서 여실히 증명된 그들의 불경건이 얼마나 통탄스
러운 것인지를 거울에 비추어 보이듯이 분명하게 보여주고자 하신 것이기 때문이
다. 그들은 이전에 선지자들을 잔인하게 죽임으로써 있는 힘을 다해서 하나님을
그의 기업(基業)에서 몰아내고자 해 왔듯이, 이제는 상속자인 "아들"을 죽여서 무
주공산(無主空山)이 될 그 기업을 차지하고자 하는 최후의 화룡점정이 될 죄악을
도모하고 있었다. 제사장들이 그리스도에 대하여 격분한 주된 이유가 그들의 밥그

룻이라고 할 수 있는 그들의 전제 권력을 잃지 않기 위한 것이었다는 것은 분명하다. 왜냐하면, 그리스도는 하나님이 왕으로 세우셔서 모든 권세를 주신 분이었기 때문이다.

복음서 기자들은 결말에 있어서도 약간씩 다르다. 마태는 그리스도께서 그들로부터 그들 스스로를 단죄하는 고백을 이끌어 내셨다고 말하는 반면에, 마가는 단지 그리스도께서 이렇게 제멋대로 행한 악한 종들에게 어떤 벌이 기다리고 있는지를 분명하게 선언하신 것으로 묘사한다. 또한, 누가는 그리스도께서 경고하신 벌을 그들이 두려워하며 그렇게 되지 않게 해 달라고 청한 것으로 묘사하기 때문에, 얼핏 보면, 그 차이가 더 두드러진 것으로 보인다. 하지만 우리가 그 의미를 좀 더 세밀하게 살펴보면, 복음서 기자들 간에 서로 상충되는 것은 전혀 없다. 왜냐하면, 이 악한 종들이 마땅히 받아야 할 벌에 대해서 그들이 그리스도의 말씀에 동의하였다는 것은 의심의 여지가 없고, 그들은 그들의 죄목과 거기에 대한 벌이 여실히 드러나게 되자, "그렇게 되지 말아지이다"라고 말하며 그 벌을 면하게 해 달라고 빌었던 것이라고 할 수 있기 때문이다.

마 21:42. 너희가 성경에 ⋯ 읽어 본 일이 없느냐. 우리는 내가 조금 전에 말했던 것, 즉 제사장들과 서기관들은 백성들을 그들에게 충성하도록 묶어두고자 하여서, 장래의 구속(救贖)에 관한 일을 판단하고 결정하는 것은 오직 그들의 권한에 속한 일로 여겼기 때문에, 그들이 인정하고 재가하지 않은 자가 백성들에게 메시야로 받아들여지는 일은 결코 있어서는 안 된다는 것이 그들 사이에서 통용되는 원칙이었다는 것을 기억하여야 한다. 그러므로 그들은 그리스도께서 하신 말씀, 즉 그들이 포도원 주인의 "아들"이자 "상속자"를 죽이게 되는 일이 벌어질 가능성은 없다고 주장한다. 그러나 그리스도께서는 성경의 증언을 들어서 그의 말씀을 확증하시는데, 그의 물음은 강조의 의미를 담고 있기 때문에, 이것은 그가 이렇게 말씀하신 것이나 다름없다: "너희는 포도원 농부들이 하나님의 아들을 해치고자 악한 음모를 꾸밀 것이라는 나의 말을 터무니없는 것으로 여긴다. 그렇다면, 어디 한 번 이것을 너희에게 물어 보자. 성경(시 118:22)은 하나님의 아들이 기쁘고 즐거운 환호와 박수갈채 속에서 영접을 받게 될 것이라고 예언하고 있는 것이냐, 아니면 정반대로 관원들이 하나님의 아들의 주된 원수들이 될 것이라고 예언하고 있는 것이냐?" 그리스도께서 인용하신 성경 구절은 그가 예루살렘에 입성하실 때에 사람들이 기뻐 환호하며 찬송하였던 내용, 즉 "호산나 다윗의 자손이여 찬송하리로다 주의 이름으로 오시는 이여"(마 21:9)라는 구절이 들어 있는 바로 그 시편에서 가져오신 것이다. 이것이 메시야의 나라에 관한 예언이라는 것은 하나님께서 다윗을 왕으로 세우시고서, 해와 달이 하늘에서 빛나는 동안에 다윗의 보좌가 영원할 것이고, 그 나라가 쇠하게 되더라도, 하나님의 은혜로 말미암아 이전의 영광을 다시 회복하게 되리라고 약속하셨다는 사실에 비추어 보면 분명해진다. 이렇게 이 시편은 다윗의 나라에 관한 묘사를 담고 있는 한편으로, 거기에는 그 나라의 영속성에 관한 약속이 덧붙여져 있어서, 장차 그 나라가 회복될 것이라는 의미가 거기에 내포되어 있다. 만약 이 예언이 세상에 속한 어떤 나라에 관한 것이었다면, 그리스도께서 이 예언을 자기 자신에게 적용하신 것은 부적절한 것이 되었을 것이다. 그러나 우리는 하나님이 다윗이라는 인물을 통해서 어떤 종류의 나라를 일으키셨는지를 주목하여야 하는데, 그 나라는 하나님이 종말에 참 메시야를 통해서 세우고자 하신 바로 그런 나라였다. 옛적의 기름 부음은 단지 그림자에 불과한 것이었다. 이것으로부터 우리는 다윗이라는 인물을 통해서 행하여진 일은 그리스도께서 장차 행하실 일의 전주곡이자 모형이었다는 것을 알게 된다.

이제 그 시편의 말씀으로 되돌아가 보자. 서기관들과 제사장들은 그리스도께서 교회의 지도자들에 의해서 배척을 당하게 되리라는 것을 도저히 믿을 수 없는 일로 여겼다. 그러나 그리스도께서는 이 시편을 통해서, 그가 사람들의 뜻과는 반대로 하나님의 기이하신 능력에 의해서 그의 보좌에 앉게 되리라는 것과 하나님이 당시의 고관들에 의해서 배척을 당한 다윗을 보좌에 앉히심으로써, 그가 장차 그리스도를 통해서 이루실 일을 이미 미리 보여주시고 증언하셨다는 것을 증명하신다. 시편 기자는 건축에 관한 비유를 사용한다. 왜냐하면, 교회는 하나님의 성소인 까닭에, 교회의 토대인 그리스도는 "모퉁이의 머릿돌"이라 불리는 것이 합당하기 때문이다. 즉, 그리스도는 건물 전체의 무게를 떠받치는 "돌"이시라는 말이다. 만약 우리가 이 비유의 모든 부분을 세세하게 그리스도께 적용한다면, 모든 것이 다 꼭 들어맞지는 않을 것이지만, 교회의 구원(salus)이 그리스도께 달려 있고, 그리스도께서 교회 전체를 떠받치고 계시다고 말하는 것은 지극히 합당하다. 그런 까닭에, 다른 선지자들, 특히 이사야와 다니엘도 이와 동일한 형태의 표현을 채택하여 사용하였다. 그 중에서도 이사야는 하나님께서 "보라 내가 한 돌을 시온에 두어 기초를 삼았노니 곧 시험한 돌이요 귀하고 견고한 기촛돌이라 이스라엘의 두 집에는 걸림돌과 걸려 넘어지는 반석이 되실"(사 28:16; 8:14) 것이라고 말씀하셨다고 선포함으로써, 이 본문과 가장 가까운 표현을 보여준다. 이와 동일한 표현 방식은 신약에 자주 등장한다.

　그러므로 이 예언의 말씀의 요지는 "건축자들"이 부적절하고 쓸모없다고 여겨서 "버린 돌" 위에 하나님의 나라가 세워지리라는 것이고, 그 의미는 교회의 구원의 토대가 될 메시야는 사람들이 사용하는 통상적인 선출 방식에 의해서 세워지지 않고, 하나님이 사람들이 알 수 없는 비밀한 능력을 통해서 기이한 방식으로 세우실 것이고, 이때에 하나님의 집을 돌볼 책임을 맡은 지도자들은 그 메시야를 배척하고 박해하게 되리라는 것이다. 여기에서 우리가 살펴보아야 할 것이 두 가지가 있다. 첫 번째는 우리가 그리스도의 나라를 훼방하고자 하는 사람들의 악한 시도들을 보고서 혼란스러워 하지 않도록 하시기 위하여, 하나님은 장차 이런 일이 일어나게 되리라는 것을 우리에게 미리 경고하셨다는 것이다. 두 번째는 사람들이 어떤 술수들을 써서 방해하더라도, 하나님은 그리스도의 나라를 세우시는 일에서 그의 능력으로 승리하실 것이라고 분명하게 선언하셨다는 것이다. 우리는 이 두 가지를 다 세심하게 주목하여야 한다. 교회의 구원의 근원이 되실 분이 외인(外人)들에 의해서가 아니라 자신의 권속에 속한 자들에 의해서 배척을 당하고, 무지한 무리들에 의해서가 아니라 교회의 치리(治理)를 담당한 지도자들에 의해서 거부당하리라는 말씀은 기괴하게 들릴 수밖에 없다. 이런 충격적인 일에 의해서 우리의 믿음이 요동하지 않도록 하기 위하여, 우리는 사람들의 어처구니없는 광기(狂氣)를 보아도 끄떡없을 정도로 우리의 믿음을 견고히 하지 않으면 안 된다. 우리는 이 예언의 말씀이 우리에게 얼마나 유익한 말씀인지를 이제 알게 된다. 만약 이 예언의 말씀이 없었다면, 경건한 자들은 너무도 충격적이고 서글픈 광경을 목도하고서, 어쩌면 감당치 못할 두려움에 빠질 수도 있었을 것이다. 왜냐하면, 한 몸의 지체들이 머리를 배척하거나, 포도원 "농부들"이 그 "주인"을 배척하거나, 신하들이 그들의 왕을 배척하거나, "건축자들"이 건물의 "모퉁이의 머릿돌"을 배척하여 버린다면, 그것보다 더 기가 막힌 일은 없을 것이기 때문이다.

　마 21:42. 모퉁이의 머릿돌이 되었나니. 이 구절은 앞 구절보다 한층 더 강력하다. 왜냐하면, 여기에서 하나님은 악한 자들이 그리스도를 배척하고 버린다고 해도 그리스도의 존귀와 위엄은 전혀 손상을 입지 않을 것이므로, 그들의 모든 시도는 허사가 될 것이라고 선언하시기 때문이다. 하나님이 이렇게 말씀하시는 이유는 믿는 자들이 이 약속을 의지하여 그리스도 안에서 사람들의 악한 교만을 멸시하고 우습게 여기도록 하시기 위한 것이다. 왜냐하면, 악한 자들이 온갖 술수를 다 쓴다고 하여도, 그리스도께서는 그들의 바람과는 반대로 아버지 하나님이 그에게 정해 주신 자리를 그대로 지키실 것이기 때문이다. 그리스도께서는 존귀와 위엄을 지닌 것처럼 보이는 자들에 의해서 아무리 맹렬한 공격을 받으실지라도, 자신의 자리를 견고히 지키심으로써, 그들의 악한 멸시와 천대로 인하여 그 어떤 것도 잃지 않으실 것이다. 요컨대, 결국 하나님의 뜻이 이루어져서, 그리스도께서는 하나님의 나라이자 성전인 교회를 떠받치시는 "택하심을 입은 보배로운 산 돌"(벧전 2:4)이 되시리라는 것이다. "모퉁이의 머릿돌"이 되셨다는 것은 그리스도께서 단지 건물의 일부가 되셨다는 것이 아니라(다른 본문들을 보면, 교회가 오직 그리스도라는 터 위에 세워져 있다는 사실은 명백하기 때문에), 시편 기자는 그리스도께서 건물 전체를 떠받치게 되실 것이라는 의미로 이러한 표현을 사용한 것이었다. 어떤 이들은 "모퉁이"라는 단어를 근거로 삼아서, 그리스도께서는 두 개의 서로 다른 담인 이방인과 유대인을 하나로 묶으시는 역할을 하시기 때문에, "모퉁이"에 두어진 것으로 묘사된 것이라는 교묘한 논리를 펼치지만, 나는 "모퉁이의 머릿돌"이 건물 전체를 떠받치는 역할을 하기 때문에, 다윗이 그리스도를 "모퉁이의 머릿돌"로 표현한 것이라고 본다. 한편, 어떻게 성령은 하나님의 성전을 파괴하고 무너뜨리고자 하는 성향을 강하게 지닌 자들을 "건축자들"이라고 부르는 것인가라는 의문이 생길 수 있다. 왜냐하면, 바울은 자기가 오직 그리스도라는 터 위에 교회를 세운 까닭에, 자기는 정직한 "건축자"라고 자랑하기 때문이다(고전 3:10-11). 이 의문에 대한 대답은 쉽다. 즉, 비록 그들은 그들에게 맡겨진 직분을 수행함에 있어서 신실하지 못했지만, 성령은 그들의 원래의 부르심에 따라서 그들을 그런 호칭으로 부르고 계실 뿐이라는 것이다. 이와 같이 거짓으로 행하는 자들도 선지자라는 호칭으로 불리고, 이리와 같이 양들을 잡아먹는 자들도 목자라 불리는 일이 종종 있다. 하지만 그런 자들은 하나님의 성전을 세우는 책임을 맡았음에도 불구하고 도리어 철저하게 무너뜨리는 자들인 까닭에, 그런 호칭은 그들에게 존귀를 더해 주는 것이 아니라, 그들을 가증스러운 자들로 만들 뿐이다. 이것으로부터 우리는 그리스도의 사역자들로 적법하게 부르심을 받은 자들도 얼마든지 그리스도의 악한 원수들이 될 수 있다는 유익한 경고를 받는다. 합법적인 제사장들은 분명히 하나님에 의해서 세우심을 입었고, 하나님은 레위인들에게 교회를 다스릴 권세를 수여하셨다. 그렇지만 그들은 그들의 직분을 신실하게 수행하였는가? 또는, 경건한 자들은 그들의 말에 순종하여 그리스도를 부인했어야 했는가?

오늘날 교황과 그의 주교들은 그들이 목회자의 직분을 맡고 있기 때문에 모든 신자들은 모든 일에서 그들을 믿고 따르는 것이 당연하다고 주장한다. 설령 그들이 교회를 다스리도록 합법적으로 부르심을 받았다고 하더라도, 그들은 단지 교회를 섬기는 성직자들일 뿐이기 때문에, 그 이상의 어떤 권한도 주장할 수 없고, 심지어 소명(召命)이라는 말조차도 그들의 입에 올려서는 안 된다. 왜냐하면, 그들에게 그런 전제적인 권력이 수여되는 순간, 교회 전체의 질서는 필연적으로 무너질 수밖에 없기 때문이다. 그들이 교회에 대한 통상적인 치리권을 행사하는 것이 합당하다고 할지라도, 그 치리권이 하나님의 거룩한 집을 무너뜨리는 방향으로 행사된다면, 우리는 그들을 이름뿐인 "건축자들"로 여기는 것이 마땅하다. 또한, 그리스도께서 교회의 치리를 담당하는 자들에 의해서 배척을 당하는 일이 늘 일어나는 것은 아니다. 왜냐하면, 율법 아래에서도 수많은 경건한 제사장들이 있었을 뿐만 아니라, 그리스도의 통치 아래에서도 교회를 세우기 위하여 부지런하고 정직하게 수고하는 목회자들이 있기 때문이다. 그러나 "건축자들"이 이 "돌을 버릴" 것이라는 예언이 성취되어야 했다는 것을 감안해서, 우리는 지혜를 발휘하여 이 둘을 잘 분별할 필요가 있다. 성령이 이것을 우리에게 분명하게 경고하신 것은 어떤 부르심(vocatio)이 이름뿐인 명목상의 것인지, 아니면 진정한 존귀함을 수반한 것인지에 대하여 그 누구도 속지 않도록 하시기 위한 것이다.

마 21:42. 이것은 주로 말미암아 된 것이요. 교회의 목회자들이 하나님의 아들이 그들의 왕이 되는 것을 거부하게 되리라는 것은 사람들의 상식으로는 도저히 생각할 수 없는 일이었기 때문에, 시편 기자는 이 일은 우리의 지각으로는 이해할 수 없는 하나님의 비밀한 뜻에 의해서 이루어지는 일인 까닭에, 우리는 이 일은 그대로 받아들여서 깊이 묵상하고 찬송하는 것이 마땅하다고 말한다. 그러므로 우리는 이 일에 대하여 그 어떤 의문을 제기해서는 안 된다는 것, 즉 우리의 육신의 생각(ratio carnis)을 따라서 그리스도의 나라의 본질에 대하여 판단하거나 헤아리는 것을 이 말씀이 명시적으로 금하고 있다는 것을 알아야 한다. 시편 기자가 우리에게 그저 경배하고 찬송해야 할 "기이한 일"이라고 한 것을 우리의 이성으로 판단하고 헤아리고자 한다면, 그것보다 더 어리석은 일은 없을 것이다. 성령께서 그리스도의 나라에 관한 일은 지극히 기이한 신비에 속하는 일이어서 사람들의 눈에 감춰져 있기 때문에 우리가 그저 찬송해야 마땅한 일이라고 분명히 선언하고 계시는

데도, 만약 우리가 이 일을 우리의 이성이나 생각으로 판단하고자 한다면, 우리는 우리의 생각이나 눈에 그럴 듯해 보이는 것만을 받아들이고자 하지 않겠는가? 그러므로 교회의 기원(基源), 회복, 상태, 안전에 관한 문제가 제기될 때마다, 우리는 우리의 지각을 의지하지 말고, 하나님의 비밀한 역사(役事)를 찬송함으로써 하나님의 권능에 합당한 영광을 돌려드리는 것이 마땅하다. 또한, 여기에는 하나님과 사람 간의 암묵적인 대비가 존재한다. 왜냐하면, 이 말씀은 우리에게 교회에 대한 통치는 하나님의 역사(役事)이기 때문에 그 기이하신 일을 그대로 받아들이라고 명할 뿐만 아니라, 사람들을 높임으로써 하나님의 영광을 가리는 어리석은 짓을 하지 말라고 명하기 때문이다. 이것은 시편 기자가 마치 사람들이 그 어떤 굉장한 직함을 지니고 있다고 할지라도, 그 직함으로 하나님을 대적한다면, 그것은 악한 일이라고 말하는 것과 다름없다. 따라서 이 말씀은 교황주의자들이 그들의 가짜 교회의 결정을 하나님의 말씀보다 더 우위에 놓는 일을 서슴지 않는 것이 얼마나 마귀적인 불경(不敬)인지를 잘 보여준다. 왜냐하면, 그들은 하나님의 말씀의 권위가 사람들의 견해에 의해서 결정되도록 만들어 놓은 까닭에, 하나님은 교회가 허용하는 한도 내에서만 권위를 갖게 되었기 때문이다. 하지만 여기에 나오는 말씀을 통해서 성령이 우리에게 가르치시는 것은 그런 것과는 거리가 멀다. 즉, 성령께서는 하나님의 위엄이 나타나자마자 온 세계는 입을 다물어야 한다고 가르치신다.

마 21:43. 그러므로 내가 너희에게 이르노니. 그리스도께서는 지금까지는 백성들이 보는 앞에서 제사장들과 서기관들을 향하여 말씀해 오셨지만, 이제 여기에서는 백성들을 향해서도 동일하게 말씀하시는데, 이것은 이유가 없는 것이 아니었다. 왜냐하면, 백성들은 하나님의 은혜를 가로막는 일에 있어서 제사장들 및 서기관들의 협력자들이자 조력자들이었기 때문이다. 악(惡)이 제사장들로부터 시작되었다는 것은 의심의 여지가 없지만, 백성들은 그들 자신의 죄악으로 말미암아 그러한 부패하고 타락한 목회자들을 갖게 된 것이었다. 이렇게 해서 유대 교회 전체가 하나님을 대적하는 동일한 악의(惡意, malitia)로 물들어 있었다. 이것이 그리스도께서 모든 유대인들을 향하여 무차별적으로 하나님의 무시무시한 보복을 선언하시는 이유이다. 왜냐하면, 제사장들이 최고의 권력을 장악하고자 하는 욕망으로 부풀어 있었듯이, 나머지 백성들은 하나님의 선민(選民)이라는 헛된 자부심으로 가득 차 있었기 때문이다. 이제 그리스도께서는 하나님은 그들에게 묶여 계시는 분이 아니시기 때문에, 그들에게 합당하지 않은 존귀를 그들에게서 빼앗아서 다른

"백성"에게 주실 것이라고 선언하신다. 이 말씀은 의심할 여지 없이 당시에 그들에게 주어진 것이지만, 우리 모두를 위하여 기록된 것이다. 즉, 이 말씀을 통해서 그리스도께서는 하나님이 우리를 택하셔서 그의 백성으로 삼으신다면, 우리는 육신의 헛되고 악한 자부심(carnis fiducia)을 따라서 제멋대로 행하지 말고, 하나님이 그의 자녀들에게 행하라고 명하신 것들을 행하고자 애써야 한다는 것을 가르쳐 주시고자 하시는 것이다. 왜냐하면, "원 가지들도 아끼지 아니하신"(롬 11:21) 하나님이 접붙여진 가지들을 아끼실 리가 없으시기 때문이다. 유대인들은 하나님의 나라가 조상 때로부터 대대로 그들 가운데 있다는 것을 당연시 해왔기 때문에, 마음 놓고 악행을 고집하며 고칠 생각을 전혀 하지 않았다. 하물며, 우리는 예기치 않게 갑자기 "본성을 거슬러" 그들을 대신하게 된 것이기 때문에, 우리가 참된 경건에 뿌리를 내리지 않는다면, 하나님의 나라는 언제든지 우리에게서 떠나가게 될 것은 당연한 일이 아니겠는가.

우리가 한편으로는 하나님의 나라를 모독하고 더럽힌 자들은 그 나라를 빼앗기게 되리라는 그리스도의 경고의 말씀을 두려워하는 것이 마땅하지만, 그 나라가 영원하리라는 말씀은 모든 경건한 자들에게 위로를 준다. 왜냐하면, 이 말씀을 통해서 그리스도께서는 비록 불경건한 자들이 그들 가운데 있는 하나님에 대한 예배를 훼파한다고 할지라도, 땅의 모든 끝까지 그 손이 뻗쳐져 있는 하나님이 다른 곳에서 그의 나라가 있을 곳을 찾아내실 것인 까닭에, 그들은 결코 이 땅에서 그리스도의 이름을 없애거나 참된 신앙을 멸할 수 없을 것이라고 우리에게 약속해 주고 계시기 때문이다. 또한, 이 말씀을 통해서 우리는 복음이 전파될 때에 아무런 능력도 없어 열매를 맺지 못하게 되는 것이 아니라, 반드시 열매를 맺게 된다는 것도 알아야 한다.

마 21:44. 이 돌 위에 떨어지는 자는. 그리스도께서는 앞서 하신 말씀을 여기에서 더욱 자세하게 확증해 주신다. 즉, 비록 그들의 완악함이 돌이나 쇠 같을지라도, 그리스도께서는 더욱 단단하셔서 그들을 깨뜨리시게 될 것이기 때문에, 그가 악인들에 의해서 배척을 받으실 때에, 그에게는 그 어떤 손해나 손실도 없으실 것이고, 도리어 그들의 깨어짐을 통해서 더욱더 큰 영광을 받게 되시리라는 것이다. 그리스도께서는 유대인들 속에서 놀라울 정도의 완악함을 보셨기 때문에, 그들이 헛된 자부심으로 자신만만하여 그를 대적하여 무모하게 돌진해 오지 못하도록 하시기 위하여, 이런 종류의 벌을 그들에게 제시하심으로써 그들로 하여금 경각심을 갖게 하실 필요가 있으셨다. 이 말씀은 한편으로는 우리에게 유순한 마음으로 그리스도의 통치에 순순히 우리 자신을 내어드리라고 가르치고, 다른 한편으로는 끔찍한 결말이 기다리고 있는 악인들의 완악함과 광분함에 맞설 힘을 우리에게 공급해 준다.

이 본문에서는 그리스도를 멸하기 위하여 돌진하는 자들을 그리스도 위에 "떨어지는" 자들이라고 말한다. 왜냐하면, 그들은 실제로 그리스도보다 더 높은 위치에 있는 자들이 아니지만, 광기에 사로잡혀 정신이 나가서, 마치 그리스도께서 그들의 아래에 계시다는 듯이 여겨서 그리스도를 공격하고자 하기 때문이다. 그러나 그리스도께서는 그들이 그렇게 해서, 즉 그리스도와 부딪쳐서 얻게 될 것은 오직 그들이 "깨지는" 것밖에 없을 것이라고 그들에게 말씀해 주신다. 그리스도께서는 그들이 이렇게 스스로를 높여 오만방자하게 행하게 되면, 그들의 생각과는 전혀 반대되는 일, 즉 그들이 부서 버리고자 돌진했던 그 돌에 의해서 그들 자신이 산산이 부서져서 "가루"가 되어 버리는 일이 벌어지게 될 것이라고 말씀하신다.

마 21:45. 자기들을 가리켜 말씀하심인 줄 알고. 복음서 기자들은 그리스도께서 하신 말씀을 유대 종교 지도자들이 받아들이지 않았다는 것을 보여줌으로써, 오늘날 모든 사람이 복음의 가르침을 받아들여 하나님께 순종하지 않을지라도, 우리가 그것을 이상하게 여기지 않아야 한다는 것을 일깨워 준다. 또한, 우리는 불경건한 자들은 경고의 말씀을 들으면 더욱더 분노하게 되어 있다는 것을 알아야 한다. 왜냐하면, 하나님의 말씀은 경건한 자들의 마음에는 인(印)침이 되지만, 악인들에게는 그 악한 양심을 지지는 뜨거운 인두가 되어서, 그 결과 그들의 불경건이 더욱 불타오르게 되기 때문이다. 그러므로 우리는 그리스도께서 우리로 하여금 스스로 두려워하여 자원해서 굴복하게 하시고, 하나님의 원수 갚으심을 단지 머리로만 알아서 더욱더 광분하는 일이 일어나지 않게 해주시라고 기도하여야 한다. 그들이 백성들을 "무서워해서" 그리스도에게 손을 대지 못했다는 사실을 통해서, 우리는 하나님이 그들에게 재갈을 물리셨다는 것을 알게 된다. 이것은 하나님이 믿는 자들을 보호하셔서 사망이 믿는 자들을 삼키려 할 때에 늘 피할 길을 내신다는 것을 보여주는 것이기 때문에, 믿는 자들에게 큰 위로가 되는 말씀이다.

[15]이에 바리새인들이 가서 어떻게 하면 예수를 말의 올무에 걸리게 할까 상의하고 [16]자기 제자들을 헤롯 당원들과 함께 예수께 보내어 말하되 선생님이여 우리가 아

노니 당신은 참되시고 진리로 하나님의 도를 가르치시며 아무도 꺼리는 일이 없으시니 이는 사람을 외모로 보지 아니하심이니이다 [17]그러면 당신의 생각에는 어떠한지 우리에게 이르소서 가이사에게 세금을 바치는 것이 옳으니이까 옳지 아니하니이까 하니 [18]예수께서 그들의 악함을 아시고 이르시되 외식하는 자들아 어찌하여 나를 시험하느냐 [19]세금 낼 돈을 내게 보이라 하시니 데나리온 하나를 가져왔거늘 [20]예수께서 말씀하시되 이 형상과 이 글이 누구의 것이냐 [21]이르되 가이사의 것이니이다 이에 이르시되 그런즉 가이사의 것은 가이사에게, 하나님의 것은 하나님께 바치라 하시니 [22]그들이 이 말씀을 듣고 놀랍게 여겨 예수를 떠나가니라(마 22:15-22).

[13]그들이 예수의 말씀을 책잡으려 하여 바리새인과 헤롯당 중에서 사람을 보내매 [14]와서 이르되 선생님이여 우리가 아노니 당신은 참되시고 아무도 꺼리는 일이 없으시니 이는 사람을 외모로 보지 않고 오직 진리로써 하나님의 도를 가르치심이니이다 가이사에게 세금을 바치는 것이 옳으니이까 옳지 아니하니이까 [15]우리가 바치리이까 말리이까 한대 예수께서 그 외식함을 아시고 이르시되 어찌하여 나를 시험하느냐 데나리온 하나를 가져다가 내게 보이라 하시니 [16]가져왔거늘 예수께서 이르시되 이 형상과 이 글이 누구의 것이냐 이르되 가이사의 것이니이다 [17]이에 예수께서 이르시되 가이사의 것은 가이사에게, 하나님의 것은 하나님께 바치라 하시니 그들이 예수께 대하여 매우 놀랍게 여기더라(막 12:13-17).

[20]이에 그들이 엿보다가 예수를 총독의 다스림과 권세 아래에 넘기려 하여 정탐들을 보내어 그들로 스스로 의인인 체하며 예수의 말을 책잡게 하니 [21]그들이 물어 이르되 선생님이여 우리가 아노니 당신은 바로 말씀하시고 가르치시며 사람을 외모로 취하지 아니하시고 오직 진리로써 하나님의 도를 가르치시나이다 [22]우리가 가이사에게 세를 바치는 것이 옳으니이까 옳지 않으니이까 하니 [23]예수께서 그 간계를 아시고 이르시되 [24]데나리온 하나를 내게 보이라 누구의 형상과 글이 여기 있느냐 대답하되 가이사의 것이니이다 [25]이르시되 그런즉 가이사의 것은 가이사에게, 하나님의 것은 하나님께 바치라 하시니 [26]그들이 백성 앞에서 그의 말을 능히 책잡지 못하고 그의 대답을 놀랍게 여겨 침묵하니라(눅 20:20-26).

마 22:15. 어떻게 하면 예수를 말의 올무에 걸리게 할까. 바리새인들은 그리스
도를 해치고자 하는 그들의 모든 시도들이 다 허사가 되어 버린 것을 알고서, 그리
스도를 없앨 수 있는 최선의 방책은 그를 반란을 획책하여 소요를 일으킨 자로 몰
아서 붙잡아 총독에게 넘기는 것이라는 최종적인 결론에 도달하게 되었다. 우리가
다른 구절을 다룰 때에 이미 보았듯이, 당시에는 세금 문제가 유대인들 사이에서
큰 논란이 되고 있었다. 왜냐하면, 로마인들은 모세의 율법(출 30:13) 아래에서 하
나님께 바치게 되어 있던 세금을 그들에게 바치라고 요구했던 까닭에, 유대인들은
어디에서나 불경스러운 자들이 이런 식으로 하나님의 대권(大權)을 주장하는 것은
수치스럽고 용납할 수 없는 대죄(大罪)라고 말하며 불만을 터뜨렸기 때문이었고,
게다가 율법이 그들에게 명한 이 세금은 그들이 하나님의 선민(選民)임을 보여주
는 증표였던 까닭에, 그들은 로마인들에게 세금을 바침으로써 그들에게 고유한 존
귀함을 박탈당한 것으로 여겼기 때문이었다. 사람들의 박탈감이 심해질수록, 선동
은 더욱 쉬워지는 법이다. 그러므로 바리새인들은 그리스도께서 세금에 대하여 어
떤 식으로 대답하든 그를 "올무에 걸리게" 할 수 있을 것이라고 자신하였기 때문
에, 그리스도의 덜미를 잡고자 하는 이 계책을 계속해서 진행해 나간다. 왜냐하면,
그리스도께서 세금을 내지 말아야 한다고 대답한다면, 선동죄를 범하는 것이 될
것이고, 반대로 세금을 내는 것이 정당하다고 대답한다면, 백성들로부터 민족의
원수요 조국의 해방을 가로막는 배신자로 낙인찍히게 될 것이었기 때문이다. 그들
의 주된 목적은 백성들을 이간질해서 그리스도에게서 멀어지게 하는 것이었다. 복
음서 기자들이 말한 "올무"는 바로 이것이었다. 왜냐하면, 그들은 그리스도께서 사
방으로 덫에 둘러싸여서 더 이상 옴짝달싹할 수 없게 되신 상황을 묘사하고 있기
때문이다. 그들은 평소에 그들 자신이 그리스도의 원수들이라고 공언하였기 때문
에 이 계책을 행할 때에 의심을 사게 될 것을 알고 있었으므로, "자기 제자들"(마
태) 또는 "정탐들"(누가)을 의로운 자들, 즉 진정으로 배우고자 하는 자들로 가장하
여 보낸다. 여기에서 그들이 의로운 자들로 가장했다는 것은 일반적인 의미로 사
용된 것이 아니라, 현재의 경우에 국한된 의미로 사용된 것이다. 왜냐하면, 만약 그
들이 진정으로 고분고분하게 배우고자 하는 자들로 가장하지 않았다면, 그들은 그
리스도께 받아들여지지 않았을 것이기 때문이다.

마 22:16. 헤롯 당원들과 함께. 바리새인들이 "헤롯 당원들"을 데리고 간 것은
그들은 로마 정권에 우호적인 자들이어서 이 일을 보고서 그리스도를 적극적으로

고소하고자 나설 자들이었기 때문이었다. 여기에서 우리가 주목할 것은 이 두 분파는 평소에는 서로를 대단히 미워하여 격렬하게 다투었지만, 그리스도에 대한 그들의 증오심이 아주 심하였기 때문에, 그리스도를 죽이고자 하는 일에서는 서로 공모하고 힘을 모았다는 것이다. 헤롯당이 어떤 분파였는지에 대해서는 우리가 앞에서 이미 설명한 바 있다. 헤롯은 단지 절반만 유대인이었고, 율법을 제대로 믿지 않는 사이비 유대인이었기 때문에, 율법을 모든 면에서 정확히 지키고자 한 자들은 헤롯과 그의 불온한 신앙을 단죄하였지만, 헤롯의 잘못된 신앙을 그럴 듯하게 정당화하여 그를 추종하는 무리들도 있었다. 그런 까닭에, 당시에 다른 분파들과 더불어서 궁정 신학도 생겨나게 되었던 것이다.

마 22:16. 우리가 아노니 당신은 참되시고. 그들이 그리스도께로 와서 마치 진정으로 배우고자 한다는 듯이, 그리고 경건에 대한 갈망이 있을 뿐만 아니라, 그리스도의 가르침이 옳다는 것을 전적으로 확신한다는 듯이, 겸손히 자신을 낮춰 이렇게 말한 것은 그들의 위장된 의(義)였다. 만약 이 말들이 그들의 진심에서 나온 것들이었다면, 그것은 진정으로 옳은 말들이 되었을 것이다. 그러므로 우리는 그들이 한 말들로부터 선하고 신실한 선생에 대한 정의를 이끌어 낼 수 있다. 왜냐하면, 그들은 그리스도께서 그런 선생이라고 진심으로 믿는 체하며 말을 하였기 때문이다. 그들은 그리스도께서 "참되시고 하나님의 도를 가르치신다"고 말하였다. 즉, 그리스도께서는 하나님에 대한 신실한 해석자로서 "하나님의 도"를 "진리로," 즉 그 어떤 왜곡이나 변질 없이 "가르치신다"는 것이다. "하나님의 도"는 사람들이 고안해 낸 것들 및 온갖 이질적인 가르침들과 대비되고, "진리"는 순수한 가르침을 부패시키는 야심과 탐욕을 비롯해서 그 밖의 다른 악한 욕구들과 대비된다. 그러므로 사람들이 궁리해 낸 것들을 끌어들이지도 않고, 하나님의 순전한 말씀에서 벗어나지도 않으며, 자기가 하나님의 입으로부터 배운 것들을 그대로 전하는 자, 진정으로 덕을 세우고자 하는 마음에서 사람들의 유익과 구원을 위하여 가르치고, 그 어떤 분식(粉飾)으로 하나님의 말씀을 타락시키지 않는 자는 참된 선생이라 할 수 있다. 후자와 관련해서, 바울은 자기가 "하나님의 말씀을 가지고 사기를 쳐서 장사하는 자들과 같지 않다"(고후 2:17, 개역에서는 "하나님의 말씀을 혼잡하게 하지 아니한다")고 단언함으로써, 옳은 가르침을 대놓고 무너뜨리지도 않고, 악한 교훈을 가르친다는 악평을 듣지도 않지만, 야심이나 탐욕으로 인해서, 또는 자신의 육신의 소욕(所欲)을 따라서 이리저리 휩쓸려서 교묘한 수법으로 순전한 가르침을 분식(粉飾)하고 부패시키는 자들이 있다는 것을 간접적으로 보여준다. 그런 자들은 하나님의 순전한 말씀의 참된 가치(usum)를 변질시키는 자들이기 때문에, 바울은 그들을 하나님의 말씀을 가지고 "사기를 쳐서 장사하는 자들"(καπηλεύοντεσ-카펠류온테스)에 비유한다.

마 22:16. 이는 사람을 외모로 보지 아니하심이니이다. 우리가 주목해야 할 또 한 가지는 그리스도께서는 "사람을 외모로 보지 아니하시기" 때문에 올바르게 가르치시는 분이시라는 말을 이 외식하는 자들이 덧붙이고 있다는 것이다. 사람들을 고려하는 것보다 더 강력하게 선생들로 하여금 하나님의 말씀을 신실하고 올바르게 전하지 못하게 만드는 것은 없다. 왜냐하면, "사람들에게 좋게 하고"(갈 1:10) 사람들을 기쁘게 하고자 하는 자가 하나님께 진정으로 헌신하는 것은 불가능하기 때문이다. 물론, 우리는 사람들을 배려해야 하지만, 듣기 좋은 말을 해서 그들의 환심을 사고자 해서는 안 된다. 요컨대, 우리가 흠 없이 올바르게 행하기 위해서는 반드시 사람들을 고려하는 것을 그쳐야 한다. 왜냐하면, 하나님이 율법에서 자주 역설하시고(신 1:16; 16:19), 우리의 경험이 보여주듯이, 사람들을 고려하게 되면, "지혜자의 눈"이 어두워지고 "의인의 말"이 굽어지게 되기 때문이다. 그래서 그리스도께서는 "외모로 판단하는" 것과 "공의롭게 판단하는" 것을 서로 정반대되는 것으로 대비시키신다(요 7:24).

마 22:18. 그들의 악함을 아시고. 그들은 겸손히 배우고자 하는 제자들의 모습으로 이 대화를 시작하였었다. 그러므로 그리스도께서 그의 성령으로 말미암아 그들의 마음을 분별하신 것이 아니라면, 어떻게 그들의 마음 상태를 이렇게 아실 수 있으셨겠는가? 그리스도께서 그들의 교활함을 아신 것은 인간적인 추측에 의해서가 아니라, 하나님으로서 그들의 마음속을 꿰뚫어 보신 것이었기 때문에, 의로움을 가장하고 그럴 듯한 말로 속이고자 한 그들의 시도는 성공할 수 없었다. 따라서 그리스도께서는 대답하시기 전에, 그들의 숨겨진 악의를 드러내심으로써 자신의 신성(神性)을 증명하셨다. 지금도 악인들은 그들의 악의를 숨긴 채로 여기에서와 동일한 종류의 올무들을 매일같이 우리 앞에 놓기 때문에, 우리는 그리스도께서 본성적으로, 그리고 나면서부터 지니고 계셨던 것, 즉 분별의 영(spiritus discretionis)을 우리에게 거저 선물로 주시도록 기도하여야 한다. 우리가 악인들의 올무들을 제대로 막아내지 못하게 되면, 하나님의 말씀이 늘 그들의 중상모략에 노출되게 되리라는 것을 생각하면, 이러한 분별력이 우리에게 얼마나 필요한지가 아주 분명해진다.

마 22:19. 세금 낼 돈을 내게 보이라. 그리스도께서 그들에게 세금으로 낼 "돈" 을 가져오라고 명하신 것은, 얼핏 보면, 별로 중요하지 않은 것처럼 보이지만, 사실 은 그들의 "올무"를 깨뜨리기에 충분한 것이었다. 그들은 이 명령을 따름으로써 그 들 자신이 복종하는 위치에 있다는 것을 이미 인정한 것이었기 때문에, 그리스도 께서는 그들에게 다른 새로운 것을 명령하실 필요가 없으셨다. 그들이 가져온 동 전에는 "가이사의 형상"이 새겨져 있었다. 이것은 로마 정부의 권위가 보편적으로 인정되고 받아들여지고 있다는 것을 보여주는 것이었다. 이것으로부터 분명한 것 은 유대인들이 로마의 무력에 굴복해서 이미 스스로 로마인들에게 세금을 바칠 의 무를 짊어지고 있었다는 것이다. 따라서 세금 문제를 따로 떼어서 논쟁을 벌이는 것은 적절한 것이 아니었다. 왜냐하면, 이 문제는 전반적인 정치 현실과 결부되어 있었기 때문이다.

마 22:21. 가이사의 것은 가이사에게. 그리스도께서는 유대 민족이 로마인들에 게 복속되어 있다는 것은 동전에 의해서 증명된 일이기 때문에 이 문제는 논쟁할 가치가 없다는 것을 그들에게 상기시키신다. 이것은 그리스도께서 이렇게 말씀하 신 것이나 다름없다: "너희가 로마인들에게 세금을 바치는 것을 도저히 승복할 수 없다면, 너희는 애초에 로마의 속국민이 되지 않았어야 한다. 그런데 사람들이 거 래 수단으로 사용하는 화폐는 가이사가 너희를 지배하고 있다는 것을 증명해 주고 있다. 따라서 너희는 너희가 주장하는 자유를 너희 자신의 암묵적인 동의 아래 가 이사에게 헌납한 것이 아닌가." 그리스도께서 하신 답변은 이 문제를 미해결인 채 로 남겨 두신 것이 아니라, 그들이 제기한 문제에 대한 자세하고 온전한 설명을 담 고 있다. 그리스도께서는 영적인 정부와 시민 정부를 분명하게 구별하심으로써, 우리가 외적으로 복속된 상태에서도 얼마든지 내적으로 하나님 앞에서 자유로운 양심을 지닐 수 있다는 것을 우리에게 가르쳐 주신다. 왜냐하면, 여기에서 그리스 도께서는, 인간의 통치라는 온갖 멍에로부터 벗어나서 자유롭지 않다면 하나님의 백성이 될 수 없다고 생각한 자들의 오류를 반박하고자 하신 것이기 때문이다. 마 찬가지로, 바울도 이 점을 강조해서, 인간의 법에 복종하여 "세금을 바치고" 그 밖 의 다른 부담들을 지는 것은 오직 하나님만을 섬기는 것이 아니라고 생각해서는 안 된다고 말한다(롬 13:7). 요컨대, 그리스도께서는 유대인들이 외적인 정부를 존 중하여 로마인들에게 복종한다고 해서, 그것이 하나님의 권위를 손상시키거나 하나님을 섬기는 일에 어떤 해(害)가 되는 것이 아님을 분명하게 선언하고 계시는 것이다.

또한, 이것은 그리스도께서 그들의 외식, 즉 하나님에 대한 예배와 관련된 것들을 아무렇지도 않게 부패시키고 타락시킨 것은 물론이고, 심지어 하나님에게서 그 권위를 빼앗는 악도 서슴지 않으면서도, 사소한 일에서는 특별한 열심을 보이는 그들의 위선적인 모습을 보시고서, 이렇게 말씀하신 것이나 다름없다: "너희는 마치 너희가 로마인들에게 세금을 바치면 하나님의 존귀하심이 침해당할 것처럼 무척 염려하고 있다. 그러나 너희는 하나님이 너희에게 명하신 예배를 하나님께 드리면서, 한편으로 사람들에게는 그들에게 합당한 것을 주는 것에 신경을 쓰는 것이 마땅하다." 사실, 이러한 이분법적 구별은 합당한 것이 아니다. 왜냐하면, 엄밀하게 말해서, 우리가 사람들에 대하여 우리의 본분을 다할 때, 그것은 하나님께 순종을 드리는 것이 되기 때문이다. 그러나 그리스도께서는 평범한 사람들의 눈높이에 맞춰서 말씀을 하시고자 하셨기 때문에, 영적인 하나님의 나라와 현세의 정치 질서를 구별하셔서 말씀하신 것이었다. 그러므로 우리는 이러한 구별을 유념해서, 하나님은 심령들에 대한 통치를 위한 유일하신 입법자가 되고자 하시기 때문에, 우리는 하나님에 대한 예배와 관련된 규범을 오직 하나님 자신의 말씀 속에서 구하고 다른 원천에서 구해서는 안 되며, 하나님의 말씀 속에서 명령된 유일하고 순전한 예배만을 붙들어야 하지만, 정치적인 권세 및 세상의 법과 세상 법정의 판결들이 하나님에 대한 예배가 우리 가운데서 온전히 이루어지는 것을 방해하지 않는다는 것을 알아야 한다.

그러나 그리스도께서 하신 말씀은 거기에서 한 걸음 더 나아가서, 각 사람은 자신의 부르심에 따라서 사람들에 대한 자신의 본분을 다하여야 한다는 것을 가르친다. 즉, 하나님이 언제나 최고의 권위를 지니고 계시고, 사람들에 대한 온갖 본분은 거기에 종속되어 있기만 하다면, 자녀들은 부모에게, 종들은 주인에게 기쁜 마음으로 순종하는 것이 마땅하고, 각 사람은 사랑의 법을 따라 서로에 대하여 공손하고 서로의 짐을 져주는 것이 마땅하다. 그러므로 이 말씀의 요지는 정치 질서를 파괴하는 것은 하나님을 대적하여 반역하는 것이기 때문에, 왕들과 방백들에 대한 순종은 언제나 하나님을 예배하고 경외하는 것과 결합되어 있지만, 만약 왕들이 하나님께 고유한 어떤 권위를 주장한다면, 우리는 하나님께 죄를 짓지 않고는 왕들에게 순종할 수 없는 정도에 이른 경우에는 왕들에게 순종해서는 안 된다는 것이다.

마 22:22. 그들이 … 놀랍게 여겨. 복음서 기자들은 여기에서도 어떻게 하나님이 그의 원수들의 악한 시도들조차 선용하시는지, 그리고 그들의 기대를 좌절시키실 뿐만 아니라, 그들로 하여금 수치를 안고 돌아가게 하시는지를 잘 보여준다. 물론, 악인들은 패했다고 해도 계속해서 으르렁대며 화를 풀지 않을 것이다. 그러나 비록 그들의 오만방자함을 꺾어 놓지는 못할지라도, 그들이 계속해서 하나님의 말씀을 공격해 올 때마다, 하나님은 늘 그들과 그들의 우두머리인 사탄을 물리치시고 승리하실 것이다. 여기에서는 그리스도께서 그의 답변을 통해서, 그들로 하여금 수치를 뒤집어쓰고 그에게서 물러가지 않을 수 없게 만드심으로써, 그의 영광을 구체적으로 드러내고자 하셨다.

[23]부활이 없다 하는 사두개인들이 그 날 예수께 와서 물어 이르되 [24]선생님이여 모세가 일렀으되 사람이 만일 자식이 없이 죽으면 그 동생이 그 아내에게 장가 들어 형을 위하여 상속자를 세울지니라 하였나이다 [25]우리 중에 칠 형제가 있었는데 맏이가 장가 들었다가 죽어 상속자가 없으므로 그 아내를 그 동생에게 물려 주고 [26]그 둘째와 셋째로 일곱째까지 그렇게 하다가 [27]최후에 그 여자도 죽었나이다 [28]그런즉 그들이 다 그를 취하였으니 부활 때에 일곱 중의 누구의 아내가 되리이까 [29]예수께서 대답하여 이르시되 너희가 성경도, 하나님의 능력도 알지 못하는 고로 오해하였도다 [30]부활 때에는 장가도 아니 가고 시집도 아니 가고 하늘에 있는 천사들과 같으니라 [31]죽은 자의 부활을 논할진대 하나님이 너희에게 말씀하신 바 [32]나는 아브라함의 하나님이요 이삭의 하나님이요 야곱의 하나님이로라 하신 것을 읽어 보지 못하였느냐 하나님은 죽은 자의 하나님이 아니요 살아 있는 자의 하나님이시니라 하시니 [33]무리가 듣고 그의 가르치심에 놀라더라(마 22:23-33).

[18]부활이 없다 하는 사두개인들이 예수께 와서 물어 이르되 [19]선생님이여 모세가 우리에게 써 주기를 어떤 사람의 형이 자식이 없이 아내를 두고 죽으면 그 동생이 그 아내를 취하여 형을 위하여 상속자를 세울지니라 하였나이다 [20]칠 형제가 있었는데 맏이가 아내를 취하였다가 상속자가 없이 죽고 [21]둘째도 그 여자를 취하였다가 상속자가 없이 죽고 셋째도 그렇게 하여 [22]일곱이 다 상속자가 없었고 최후에 여자도 죽었나이다 [23]일곱 사람이 다 그를 아내로 취하였으니 부활 때 곧 그들이 살아날 때

에 그 중의 누구의 아내가 되리이까 ²⁴예수께서 이르시되 너희가 성경도 하나님의 능력도 알지 못하므로 오해함이 아니냐 ²⁵사람이 죽은 자 가운데서 살아날 때에는 장가도 아니 가고 시집도 아니 가고 하늘에 있는 천사들과 같으니라 ²⁶죽은 자가 살아난다는 것을 말할진대 너희가 모세의 책 중 가시나무 떨기에 관한 글에 하나님께서 모세에게 이르시되 나는 아브라함의 하나님이요 이삭의 하나님이요 야곱의 하나님이로라 하신 말씀을 읽어보지 못하였느냐 ²⁷하나님은 죽은 자의 하나님이 아니요 산 자의 하나님이시라 너희가 크게 오해하였도다 하시니라(막 12:18-27).

²⁷부활이 없다고 주장하는 사두개인 중 어떤 이들이 와서 ²⁸물어 이르되 선생님이여 모세가 우리에게 써 주기를 만일 어떤 사람의 형이 아내를 두고 자식이 없이 죽으면 그 동생이 그 아내를 취하여 형을 위하여 상속자를 세울지니라 하였나이다 ²⁹그런데 칠 형제가 있었는데 맏이가 아내를 취하였다가 자식이 없이 죽고 ³⁰그 둘째와 셋째가 그를 취하고 ³¹일곱이 다 그와 같이 자식이 없이 죽고 ³²그 후에 여자도 죽었나이다 ³³일곱이 다 그를 아내로 취하였으니 부활 때에 그 중에 누구의 아내가 되리이까 ³⁴예수께서 이르시되 이 세상의 자녀들은 장가도 가고 시집도 가되 ³⁵저 세상과 및 죽은 자 가운데서 부활함을 얻기에 합당히 여김을 받은 자들은 장가 가고 시집 가는 일이 없으며 ³⁶그들은 다시 죽을 수도 없나니 이는 천사와 동등이요 부활의 자녀로서 하나님의 자녀임이라 ³⁷죽은 자가 살아난다는 것은 모세도 가시나무 떨기에 관한 글에서 주를 아브라함의 하나님이요 이삭의 하나님이요 야곱의 하나님이시라 칭하였나니 ³⁸하나님은 죽은 자의 하나님이 아니요 살아 있는 자의 하나님이시라 하나님에게는 모든 사람이 살았느니라 하시니 ³⁹서기관 중 어떤 이들이 말하되 선생님 잘 말씀하셨나이다 하니 ⁴⁰그들은 아무 것도 감히 더 물을 수 없음이더라(눅 20:27-40).

우리는 여기에서 사탄이 하나님의 진리를 공격하기 위해서 평소에 다른 점들에서는 서로 너무나 다른 온갖 불경건한 자들을 어떻게 끌어모으는 지를 본다. 왜냐하면, 바리새인과 사두개인은 서로 철천지원수였지만, 그리스도를 죽이고자 하는 일에서는 서로 힘을 합치고 공모하여, 바리새인들은 그들이 옹호하는 부활 교리를 이용하여 사두개인들이 그리스도를 공격하는 것조차 용인하였기 때문이다. 이렇게 오늘날에도 우리는 사탄의 온갖 무리들이 평소에는 여러 가지 면에서 서로를

미워하고 배척하다가도 그리스도를 반대하는 일에는 서로 힘을 합치는 것을 본다. 교황주의자들은 복음에 대한 적개심이 너무나 강해서, 에피쿠로스 학파와 자유주의자들을 비롯해서 그런 부류의 괴물들과 기꺼이 손을 잡고, 그런 자들의 도움을 받아 복음을 멸하고자 한다. 요컨대, 우리는 여러 다양한 진영의 사람들이 모여 와서 그리스도를 공격하는 것을 보는데, 이런 일이 가능한 것은 그들이 모두 한결같이 올바른 가르침의 빛을 미워하였기 때문이라는 것이다. 이제 사두개인들은 얼핏 보면 부활 교리가 황당한 것임을 분명하게 드러내 주는 것 같은 질문을 통해서, 그리스도로 하여금 그들의 잘못된 생각에 동의하지 않을 수 없게 만들거나, 만약 동의하지 않는 경우에는 무지하고 거친 무리들 앞에서 그리스도를 능욕하고 조롱거리로 만들고자 한다. 그들은 아마도 이전부터 이 궤변을 사용해서 바리새인들을 곤혹스럽게 만들곤 하였을 것인데, 이제 여기에서는 그 동일한 올무로 그리스도를 잡고자 하였다.

마 22:23. 부활이 없다 하는 사두개인들이 그 날 예수께 와서. 사두개파가 어떻게 생겨났는지에 대해서는 우리가 이미 다른 곳에서 설명한 바 있다. 누가는 그들이 마지막 날에 있을 몸의 "부활"만이 아니라 영혼의 불멸도 부정하였다고 말한다 (행 23:8). 사실, 우리가 성경의 가르침을 제대로 살펴본다면, 부활 소망이 없는 영혼의 불멸은 단지 허구에 불과하게 될 것이다. 왜냐하면, 하나님은 몸이 죽은 직후에 영혼은 계속 살아서 즉시 그 영광과 지극한 복을 온전히 누리게 될 것이라고 말씀하시는 것이 아니라, 마지막 날에 가서야 그런 것들이 이루어지게 될 것이라고 말씀하시기 때문이다. 몸의 부활에 관하여 무지한 철학자들은 영혼의 불멸에 대하여 이러쿵저러쿵 말이 많지만, 내세의 삶에 관하여 알지도 못하면서 너무나 어리석고 우매한 말들을 쏟아내는 그들의 생각이나 견해는 아무런 무게도 지닐 수 없다. 그러나 성경은 영혼의 삶이 부활 소망에 달려 있고, 몸과 분리된 영혼은 그 소망이 이루어지기를 기다린다는 것을 우리에게 말해 주기 때문에, 부활을 부정하는 자는 영혼의 불멸도 부정하는 것이다.

이것은 우리로 하여금 유대 교회가 얼마나 극심한 혼돈 속에 있었는지를 알게 해준다. 즉, 교회 지도자들은 내세에 대한 소망을 폐기함으로써, 사후의 인간을 짐승들과 조금도 다를 것이 없는 존재로 만들어 버린 것이다. 사실, 그들은 우리의 삶이 거룩하고 의로워야 한다는 것을 부정하지도 않았고, 하나님에 대한 예배가 쓸데없는 것이라고 생각할 정도로 불경스러운 자들도 아니었다. 도리어, 그들은 하나님은 세계의 심판자이시고, 인간사(人間事)는 하나님의 섭리에 의해서 이루어진 다고 주장하였다. 그러나 그들은 경건한 자들에 대한 상(賞)이나 악인들에게 합당한 벌을 현세로만 국한시켰다. 각 사람은 현세에서 자신의 공로에 따라서 공평하게 다루어지고 있다는 그들의 주장이 일리가 아주 없는 것은 아니었지만, 하나님의 약속들을 아주 좁게 해석해서 현세로만 국한시킨 것은 너무나 어처구니없는 것이었다. 우리의 경험은 그들의 우매함이 얼마나 극심한 것이었는지를 분명하게 보여준다. 왜냐하면, 선한 자들을 위해 준비되어 있는 상은 현세에서 다 주어지지 않고, 악인들에 대한 벌도 현세에서 다 집행되지 않는다는 것은 너무나 분명한 사실이기 때문이다. 요컨대, 하나님의 형상을 따라 지음받은 인간이 사후에 짐승들처럼 소멸된다고 생각하는 것보다 더 어처구니없는 일은 상상하기 어렵다. 이방의 불경스럽고 눈먼 우상 숭배자들 가운데서는 내세에 관한 사상이 여전히 남아 있는데도, 하나님의 선민이라고 하는 유대인들 가운데서 이 경건의 씨앗이 파괴되었다는 것은 얼마나 수치스럽고 기괴한 일인가! 유대인들은 그들의 거룩한 조상들이 하늘의 삶을 간절하게 열망하였다는 것과 하나님이 그 조상들과 맺은 언약이 영적이고 영원한 언약이었다는 것을 알고 있었으면서도, 그러한 대낮 같이 밝은 빛 가운데서 여전히 눈먼 상태로 있었던 것이기 때문에, 그들의 상태는 우매함보다 더 나쁜 것이었다는 것은 우리가 말할 필요조차 없을 것이다. 그러나 이것은 먼저 하나님의 교회를 여러 분파들로 쪼개어 버린 자들에게 합당한 응보(應報)였고, 다음으로 그들이 하나님의 가르침을 악한 마음으로 멸시한 것에 대하여 하나님이 이런 식으로 그들에게 복수하신 것이었다.

마 22:24. 선생님이여 모세가 일렀으되. 단순한 사실만을 말해도 충분했을 텐데, 왜 그들은 이런 식의 서문을 붙인 것인가? 그들은 영악하게도 그들이 말하는 혼인들이 사람들의 뜻에 의해서가 아니라 하나님의 명령과 정하심에 따라 이루어진 합법적인 혼인들이었다는 것을 증명할 목적으로 여기에서 모세의 이름을 들먹인다. 하나님이 앞뒤가 안 맞는 말씀을 하신다는 것은 불가능하기 때문에, 하나님의 말씀은 일관될 수밖에 없다. 그러므로 그들의 궤변은 이런 것이다: 하나님은 언젠가 믿는 자들을 그의 나라로 모으실 때에, 그가 이 세상에서 그들에게 주신 것들을 다 회복시키실 것인데, 하나님으로부터 일곱 남편을 받은 여자는 그때에 어떻게 되는 것인가? 온갖 불경건한 자들과 이단들은 참된 신앙을 중상모략하기 위하여 이런 식의 궤변들을 만들어 내어서 경건에 관한 참된 가르침을 왜곡하고, 그리스도의 종들을 욕보인다. 아니, 교황주의자들은 우리를 기습적으로 공격하기 위해 서라면, 하나님과 그의 말씀을 공개적으로 우롱하는 것을 서슴지 않는다. 그러므 로 바울이 선생에게 진리를 대적하는 자들을 물리치기 위하여 무장하고 있으라고 명한 것(딛 1:9)은 합당하다. 율법에서 어떤 사람이 "자식이 없이 죽으면" 그 사람 과 가장 가까운 혈육이 혼인 관계에 있어서 그 죽은 사람을 대신하라고 하나님이 명하신 이유는 그 가문으로 시집 온 여자가 자손을 낳아서 그 가문을 잇게 하시기 위한 것이었다. 그러나 첫 번째 혼인에 의해서 자녀가 있는 경우에는 가까운 혈육 내에서의 재혼은 근친상간이 되기 때문에 율법에 의해서 금지되었다(레 18:16).

마 22:29. 너희가 성경도 … 알지 못하는 고로 오해하였도다. 그리스도께서는 사두개인들을 향하여 말씀하신 것이지만, 이 책망의 말씀은 거짓 가르침들을 만들 어 내는 모든 자들에게 일반적으로 적용된다. 왜냐하면, 하나님은 성경에 그의 뜻 을 분명하게 밝혀 놓으신 까닭에, 성경을 알지 못하는 것은 온갖 오류의 근원이자 원인이기 때문이다. 그러나 이것은 경건한 자들에게는 큰 위로가 된다. 왜냐하면, 무엇이 옳고 참된 것인지를 겸손하고 진지하게 배우겠다는 마음으로 묻는 한, 그 들은 오류에 빠지거나 오해할 위험에서 벗어나 안전할 것이기 때문이다. 그리스도 께서는 지금 문제가 되고 있는 것과 관련해서 "하나님의 능력"을 말씀과 결부시키 신다. 왜냐하면, 부활은 인간의 지각(知覺)을 훨씬 뛰어넘는 일인 까닭에, 바울이 하나님은 "만물을 자기에게 복종하게 하실 수 있는 자"(빌 3:21)라고 말한 것처럼, 우리가 마음을 열어서 하나님의 무한하신 능력을 묵상하기 전에는, 우리에게 도저 히 믿기지 않는 일이 될 수밖에 없기 때문이다. 게다가, 사두개인들에게는 현세의 기준을 따라 하늘의 삶의 영광을 평가하는 오류를 범할 정도로 상식적인 지각(知 覺)조차 없었을 것임에 틀림없다. 여기에서 우리는 "하나님의 능력"과 "성경"을 함 께 생각하는 자들만이 천국의 신비들에 대한 올바르고 지혜로운 생각을 얻을 수 있다는 것을 배운다.

마 22:30. 천사들과 같으니라. 그리스도께서는 하나님의 자녀들이 모든 면에서 가 아니라 단지 현세에서의 온갖 연약함으로부터 벗어나게 되리라는 점에서 "천사 들과 같이" 될 것이라고 말씀하시는 것이다. 그리스도께서는 이런 식으로 하나님 의 자녀들이 내세에서는 더 이상 연약하고 썩어져 가는 현세의 삶이 지닌 결핍들 을 겪지 않게 될 것이라고 말씀하신다. 누가는 내세에서는 사람들에게 더 이상 죽 음이 없을 것이기 때문에, 이 땅에서와는 달리 종족을 번식할 일도 없게 될 것이라고 말함으로써, 천사들과 같게 된다는 것이 무슨 의미인지를 좀 더 분명하게 보여준다. 여기에서 그리스도께서는 악인들에 대해서는 언급하지 않고, 단지 믿는 자들에 대해서만 말한다.

그러나 한 가지 의문이 생긴다: 왜 그리스도께서는 그 때에 그들이 "부활의 자녀"일 것이기 때문에 "하나님의 자녀"일 것이라고 말씀하시는 것인가? 그것은 그들이 비록 육신의 썩어질 감옥에 갇혀 있을지라도, 하나님은 그를 믿는 자들에게 그러한 존귀를 이미 수여하시기 때문이다. 만약 하나님이 이미 우리를 "자녀"로 인정하지 않으셨다면, 어떻게 우리가 사후에 영생의 후사(後嗣)들이 될 수 있겠는가? 나의 대답은 이렇다. 즉, 우리는 믿음으로 말미암아 그리스도의 몸에 접붙여질 때에, 하나님에 의해서 그의 "자녀"로 받아들여지고, 성령은 이 양자(養子)됨의 "증인"이자 "인침"이며 "보증"이고 "담보"이시기 때문에, 우리는 이 확신을 가지고서 거리낌 없이 하나님을 "아빠 아버지라 부를"(롬 8:15; 갈 4:6) 수 있다. 우리는 우리가 "하나님의 자녀"라는 것을 알지만, 우리가 그리스도의 영광으로 변화되어 "그의 참모습 그대로 보게" 될 때까지는 "우리가 어떻게 될지는 아직 나타나지 아니하였기"(요일 3:2) 때문에, 실질적으로는 아직 "하나님의 자녀"로 여겨지지 않는다. 우리는 하나님의 성령으로 말미암아 새롭게 되었지만, 우리의 "생명"이 여전히 "감추어져"(골 3:3) 있기 때문에, 장차 그 생명이 나타날 때에 비로소 우리는 외인(外人)들과 진정으로 그리고 온전히 구별이 되게 될 것이다. 바울은 이런 의미에서 우리의 "양자됨"이 마지막 날까지 연기되어 있다고 말한다(롬 8:23).

눅 20:37. 죽은 자가 살아난다는 것은. 그리스도께서는 사두개인들의 어처구니없는 반론을 반박한 후에, 성경의 증언을 통해서 최후의 부활에 관한 가르침을 확증하신다. 우리는 언제나 이러한 순서를 지켜야 한다. 즉, 우리는 진리의 원수들의 중상모략을 물리친 후에, 그들로 하여금 그들이 하나님의 말씀을 대적하고 있다는 것을 깨닫게 해주어야 한다. 왜냐하면, 그들은 성경의 증언을 통해서 그들이 잘못되었다는 것을 확신하기 전까지는, 언제든지 또다시 거리낌 없이 하나님의 말씀을 대적하게 될 것이기 때문이다. 그리스도께서 "모세"의 글을 인용하신 것은 그의 상대가 사두개인들이었고, 사두개인들은 "선지자의 글"을 아예 성경으로 여기지 않거나, 적어도 우리가 집회서나 마카베오서를 대하는 것 같이 예언서를 대하였기 때문이었다. 또 다른 이유는 그들이 모세를 내세웠기 때문에, 그리스도께서는 예언서보다도 그들이 내세운 모세가 쓴 글을 인용하고자 하셨다는 것이다. 게다가,

사도들이 동일한 주제와 관련해서 늘 동일한 증거 본문들을 사용하지 않는 것과 마찬가지로, 그리스도께서는 성경의 모든 본문들을 다 제시하고자 하신 것이 아니었다. 그렇지만 우리는 그리스도께서 다른 본문들이 아니라 이 본문(출 3:6)을 택하신 특별한 이유가 없었다고 생각해서는 안 된다. 비록 이 본문은 조금 모호해 보일지라도, 그리스도께서 이 본문을 택하신 데에는 그럴 만한 이유가 있었다. 왜냐하면, 이 본문은 유대인들이 아브라함의 자손들이었던 까닭에 하나님에 의해 구속함을 받은 것이라고 선언하고 있는 본문이어서, 그들이 잘 알고 똑똑히 기억하고 있었을 본문임에 틀림없기 때문이다. 실제로 거기에서 하나님은 자기 백성을 환난에서 건지시기 위하여 강림하셨다고 말씀하시면서, 아울러 그가 아브라함과 맺은 언약으로 인하여 그들을 자기 백성으로 택하신 것이라는 말씀을 덧붙이신다. 하나님이 "살아 있는 자"보다도 "죽은 자"를 더 높이시는 이유가 그와 언약을 맺은 저 조상들에게 가장 높은 자리를 배정하셨기 때문이 아니라면, 도대체 무슨 이유에서이겠는가? 만약 그들이 죽어서 이미 소멸된 자들이라면, 하나님이 그들을 이렇게 높이실 이유가 어디 있겠는가? 이것은 관계(關係)의 본질만 생각해도 분명하게 드러난다. 왜냐하면, 자손 없는 조상이 있을 수 없고, 백성 없는 왕이 있을 수 없듯이, 엄밀하게 말해서, 하나님은 "살아 있는 자" 외의 그 어떤 자의 하나님이라 불릴 수 없기 때문이다.

하지만 그리스도의 논증은 단순히 하나님의 말씀이 표현된 방식에 의거하고 있는 것이 아니라, 그 말씀 속에 담겨진 약속에 의거하고 있다. 왜냐하면, 하나님이 우리의 하나님이 되시겠다는 것은 우리를 그의 백성으로 받아들이시겠다는 의미이고, 장차 우리가 온전한 복을 누리게 되는 데에는 이것 하나만으로도 충분하기 때문이다. 따라서 교회는 선지자 하박국의 입을 빌려 이렇게 말한다: "여호와 나의 하나님, 나의 거룩한 이시여 주께서는 만세 전부터 계시지 아니하시니이까 우리가 사망에 이르지 아니하리이다"(합 1:12). 그러므로 하나님은 그를 그들의 하나님으로 모시는 모든 자들에게 구원을 약속하시고, 이 약속을 "아브라함, 이삭, 야곱"에게 적용하고 계시기 때문에, "죽은 자들"에게는 부활의 소망이 남아 있다는 결론이 나온다. "죽은 자"의 부활이 없다고 할지라도, 영혼들은 계속해서 존재할 수 있다는 반론을 누가 제기한다면, 나는 조금 전에 영혼들은 그들을 위해 준비된 기업(基業)을 아직 얻지 못하고 기다리고 있기 때문에 부활 소망과 영혼 불멸은 서로 연결되어 있다고 답변한 바 있다.

눅 20:38. 하나님에게는 모든 사람이 살았느니라. 이런 식의 표현은 성경에서 여러 가지 의미로 사용되지만, 여기에서는 믿는 자들이 이 세상에서 죽은 후에 하나님과 함께 하늘의 삶을 살게 될 것임을 의미한다. 따라서 바울은 그리스도께서 이 죽을 생명의 연약한 것들과 환난들을 벗어 버리셨다는 의미로, 그리스도께서 하늘의 영광을 얻으신 후에 "하나님께 대하여 살아 계시다"(롬 6:10)고 말한다. 그러나 여기에서 그리스도께서는 내세에서의 경건한 자들의 삶은 하나님의 비밀한 뜻 아래에서 감추어져 있기 때문에, 우리는 육신의 지각을 따라서 그 삶을 판단해서는 안 된다는 것을 분명하게 일깨워 주신다. 왜냐하면, 경건한 자들은 이 세상에서 순례자로 살아가는 동안에도 죽은 자들과 방불한 법인데, 육신이 죽은 후에 그들의 삶이 어떤 모습일지는 우리가 더더욱 헤아릴 수 없기 때문이다. 그러나 하나님은 신실하셔서, 그들로 하여금 사람들이 도저히 이해할 수 없는 방식으로 그의 앞에서 계속해서 살아 있게 하실 것이다.

눅 20:39. 서기관 중 어떤 이들이 말하되. 서기관들은 모두 그리스도에 대한 악감(惡感)이 더욱 거세어졌을 가능성이 많지만, 하나님의 능력이 은밀하게 역사하여, 그들 중의 일부, 아마도 바리새인들이 이런 고백을 하지 않을 수 없게 된 것으로 보인다. 이 바리새인들은 그리스도께서 이 논쟁에서 아무 대답도 하지 못하고 무참히 져서 수치를 당하게 되기를 바랐지만, 그의 대답으로 말미암아 사두개파에 대한 그들의 입지가 강화된 것을 알고서, 그들의 야심이 발동하여, 그리스도에게 승리를 축하하는 인사를 건네게 된 것 같다. 또한, 그들은 시기심으로 불타올라서, 그리스도께서 사두개인들에 의해 짓밟히게 되는 것을 원하지 않았을 수도 있다. 어쨌든 철천지원수들조차도 그리스도의 가르침에 동의하게 된 것은 하나님의 놀라운 섭리로 말미암아 일어난 일이었다. 이렇게 그들의 오만방자함이 꺾이게 된 것은 그리스도께서 온갖 종류의 공격을 막아낼 준비가 되어 있다는 것을 그들이 보았기 때문만이 아니라, 이전에도 자주 그랬듯이, 여기에서 또다시 그들이 수치를 안고 쫓겨가게 될 것을 염려하였기 때문이었다. 또한, 그들은 그들의 침묵으로 인해서 그리스도께서 이 승리의 전리품을 독차지함으로써, 백성들에 대한 그리스도의 영향력이 더욱 커지게 내버려 두고자 하지 않았고, 그리스도의 승리를 축하함으로써 그 전리품의 일부를 그들에게로 가져오고자 하였다. 마태가 "무리가 그의 가르치심에 놀라더라"고 말한 것을 볼 때, 우리는 당시에 경건의 가르침이 너무나 많은 악하거나 쓸데없는 해석들로 인해서 부패되어 있었기 때문에, 그리스도께서 부활에 대한 소망을 율법에 의거해서 능숙하고 적절하게 증명하신 것을 무리들이 이적을 본 것처럼 "놀란" 것은 어쩌면 당연한 일이었다는 것을 알아야 한다.

³⁴예수께서 사두개인들로 대답할 수 없게 하셨다 함을 바리새인들이 듣고 모였는데 ³⁵그 중의 한 율법사가 예수를 시험하여 묻되 ³⁶선생님 율법 중에서 어느 계명이 크니이까 ³⁷예수께서 이르시되 네 마음을 다하고 목숨을 다하고 뜻을 다하여 주 너의 하나님을 사랑하라 하셨으니 ³⁸이것이 크고 첫째 되는 계명이요 ³⁹둘째도 그와 같으니 네 이웃을 네 자신 같이 사랑하라 하셨으니 ⁴⁰이 두 계명이 온 율법과 선지자의 강령이니라(마 22:34-40).

²⁸서기관 중 한 사람이 그들이 변론하는 것을 듣고 예수께서 잘 대답하신 줄을 알고 나아와 묻되 모든 계명 중에 첫째가 무엇이니이까 ²⁹예수께서 대답하시되 첫째는 이것이니 이스라엘아 들으라 주 곧 우리 하나님은 유일한 주시라 ³⁰네 마음을 다하고 목숨을 다하고 뜻을 다하고 힘을 다하여 주 너의 하나님을 사랑하라 하신 것이요 ³¹둘째는 이것이니 네 이웃을 네 자신과 같이 사랑하라 하신 것이라 이보다 더 큰 계명이 없느니라 ³²서기관이 이르되 선생님이여 옳소이다 하나님은 한 분이시요 그 외에 다른 이가 없다 하신 말씀이 참이니이다 ³³또 마음을 다하고 지혜를 다하고 힘을 다하여 하나님을 사랑하는 것과 또 이웃을 자기 자신과 같이 사랑하는 것이 전체로 드리는 모든 번제물과 기타 제물보다 나으니이다 ³⁴예수께서 그가 지혜 있게 대답함을 보시고 이르시되 네가 하나님의 나라에서 멀지 않도다 하시니 그 후에 감히 묻는 자가 없더라(막 12:28-34).

²⁵어떤 율법교사가 일어나 예수를 시험하여 이르되 선생님 내가 무엇을 하여야 영생을 얻으리이까 ²⁶예수께서 이르시되 율법에 무엇이라 기록되었으며 네가 어떻게 읽느냐 ²⁷대답하여 이르되 네 마음을 다하며 목숨을 다하며 힘을 다하며 뜻을 다하여 주 너의 하나님을 사랑하고 또한 네 이웃을 네 자신 같이 사랑하라 하였나이다 ²⁸예수께서 이르시되 네 대답이 옳도다 이를 행하라 그러면 살리라 하시니 ²⁹그 사람이 자기를 옳게 보이려고 예수께 여짜오되 그러면 내 이웃이 누구니이까 ³⁰예수께서 대답하여 이르시되 어떤 사람이 예루살렘에서 여리고로 내려가다가 강도를 만나매 강도들이 그 옷을 벗기고 때려 거의 죽은 것을 버리고 갔더라 ³¹마침 한 제

사장이 그 길로 내려가다가 그를 보고 피하여 지나가고 ³²또 이와 같이 한 레위인도 그 곳에 이르러 그를 보고 피하여 지나가되 ³³어떤 사마리아 사람은 여행하는 중 거기 이르러 그를 보고 불쌍히 여겨 ³⁴가까이 가서 기름과 포도주를 그 상처에 붓고 싸매고 자기 짐승에 태워 주막으로 데리고 가서 돌보아 주니라 ³⁵그 이튿날 그가 주막 주인에게 데나리온 둘을 내어 주며 이르되 이 사람을 돌보아 주라 비용이 더 들면 내가 돌아올 때에 갚으리라 하였으니 ³⁶네 생각에는 이 세 사람 중에 누가 강도 만난 자의 이웃이 되겠느냐 ³⁷이르되 자비를 베푼 자니이다 예수께서 이르시되 가서 너도 이와 같이 하라 하시니라(눅 10:25-37).

누가복음의 기사(記事)는 마태복음 22장과 마가복음 12장에 나오는 것과 비슷하기는 하나 동일하지는 않다는 것이 나의 생각이지만, 나는 이 기사들을 한 자리에서 함께 다루고자 한다. 왜냐하면, 마태와 마가는 이것이 그리스도를 시험하기 위해서 제기된 마지막 질문이었다는 것을 분명하게 밝히고 있는 반면에, 누가는 그러한 정황을 이미 다른 곳에서 언급한 까닭에, 여기에서는 그런 설명을 의도적으로 생략하고 언급하지 않기 때문이다. 누가 본문에는 다른 두 복음서 기자의 본문들과는 다른 내용들이 나오기는 하지만, 나는 이것들이 동일한 기사일 수 있다는 것을 굳이 반박하고 싶지는 않다. 서기관이 그리스도를 시험하기 위해서 질문을 한 것이라는 데에는 세 복음서 기자가 모두 일치한다. 그러나 마태와 마가는 이 서기관이 나쁜 감정을 품지 않고 현장을 떠난 것으로 묘사한다. 왜냐하면, 이 서기관은 그리스도의 대답을 인정함으로써, 유순하고 순종적인 마음을 지니고 있다는 것을 보여주기 때문이다. 게다가, 그리스도께서는 이 서기관에 대하여 "하나님의 나라에서 멀지 않도다"라고 선언하시기까지 하신다. 반면에, 누가 본문에는 완악하고 교만으로 가득 차 있어서 깨어 있는 양심을 조금도 찾아볼 수 없는 자가 등장한다. 그리스도께서 참된 의(義), 율법을 지키는 것, 선한 삶의 규범이라는 문제들을 놓고 반복적으로 시험을 받으신 것은 전혀 이상한 일이 아니다. 누가가 이 기사를 여기에 잘못 가져다 놓은 것인지, 아니면 그리스도의 가르침이 등장하는 첫 번째 기사만으로 충분하다고 여겨서 두 번째의 질문을 생략한 것인지는 알 수 없지만, 누가 본문에 나오는 그리스도의 가르침이 다른 두 복음서 본문에 나오는 것과 비슷하기 때문에, 나는 이 세 기사를 함께 다루고자 한다.

그러면, 이 서기관이 그리스도께 질문을 하게 된 계기가 무엇이었는지를 살펴보

자. 분명히 그것은 율법을 해석하는 직분을 맡고 있던 이 서기관이 그리스도께서 제시하신 복음의 가르침이 모세의 권위를 손상시킨다고 여기고서 그 가르침에 대하여 뭔가 분개하였기 때문이었을 것이다. 하지만 이 서기관은 율법에 대한 열심 때문이라기보다는 율법을 가르치는 자신의 직분이 갖는 명예가 손상된 것 같아서 불쾌하였기 때문에 그렇게 한 것이었다. 그래서 그는 그리스도께 율법보다 더 온전한 그 무엇을 가르치고자 하시는 것이냐고 비난조의 질문을 던진다. 왜냐하면, 그는 실제로 그런 내용의 말을 한 것은 아니었지만, 그의 질문은 그리스도로 하여금 백성들의 미움을 받게 할 목적으로 올무를 놓는 질문이었기 때문이다. 마태와 마가는 이러한 계략이 이 서기관 한 사람에게서 나온 것이 아니라, 바리새인들이 함께 모의해서 이 계략을 짠 후에, 그들 중에서 수완과 학식이 뛰어난 이 서기관을 내세워서 이 계략을 실행한 것임을 보여준다. 또한, 질문의 형태에 있어서도 누가는 마태 및 마가와 약간 다르다. 즉, 누가는 이 서기관이 "내가 무엇을 하여야 영생을 얻으리이까"라고 물었다고 하는 반면에, 다른 두 복음서 기자는 "율법 중에서 어느 계명이 크니이까"라고 물은 것으로 보도한다. 그러나 질문의 의도는 동일하다. 왜냐하면, 그는 그리스도의 입에서 율법과 다른 발언을 이끌어 내어서, 그리스도를 배교자이자 불경스러운 반역을 선동하는 자로 몰기 위하여, 위장 전술로 그리스도를 공격하고 있는 것이기 때문이다.

눅 10:26. 율법에 무엇이라 기록되었으며. 이 서기관은 그리스도에게서 자기가 기대했던 것과는 다른 대답을 듣는다. 실제로, 그리스도께서는 모세의 율법에 기록된 것과 다른 거룩하고 의로운 삶의 규범을 제시하신 것이 전혀 아니었다. 왜냐하면, 가장 온전한 의(義)는 하나님과 이웃에 대한 온전한 사랑이라는 말로 요약될 수 있기 때문이다. 그렇지만 우리가 유의해야 할 것은 그리스도께서는 여기에서 그에게 주어진 질문에 맞춰서 구원을 얻는 것에 관하여서만 말씀하고 계시다는 것이다. 왜냐하면, 여기에서 그리스도께서는 다른 말씀들에서와는 달리, 사람이 어떻게 하여야 영생에 이를 수 있는지를 가르치시는 것이 아니라, 사람이 하나님 앞에서 의롭다 하심을 얻기 위해서는 어떻게 살아야 하는지를 가르치시기 때문이다. 율법에는 사람이 어떤 규범을 따라서 자신의 삶을 살아야 하나님 앞에서 구원을 얻게 되는지가 기록되어 있다는 것은 분명한 사실이다. 율법은 오직 "정죄" 외에는 아무것도 할 수 없기 때문에, 사망의 가르침(mortis doctrina)이라 불리고, 따라서 바울은 율법이 "오직 죄가 죄로 드러나게"(롬 7:13) 하는 역할만을 할 뿐이라고 말하지만, 그런 것들은 율법의 가르침 자체에 어떤 결함이 있어서가 아니라, 율법이 명하는 것을 우리가 행하는 것이 불가능하기 때문에 일어나는 일들일 뿐이다. 그러므로 그 누구도 율법으로 말미암아 의롭다 하심을 얻을 수 없지만, 율법 자체는 최고의 의(義)를 담고 있다. 왜냐하면, 율법이 명하는 모든 것을 다 온전히 지키는 자들은 구원을 얻게 된다는 것은 결코 거짓이 아니기 때문이다. 또한, 우리는 하나님이 먼저 행위의 의를 요구하시고, 다음으로 행위로 말미암지 않는 값없이 거저 주시는 의를 제시하시는 것을 이상하게 여겨서는 안 된다. 왜냐하면, 사람이 하나님의 긍휼하심을 의지하기 위해서는, 먼저 자기가 정죄받아 마땅한 자라는 것을 깨닫지 않으면 안 되기 때문이다. 따라서 바울은 이 두 종류의 의(義)를 우리 앞에 제시하고서, 우리 자신에게는 의가 전혀 없기 때문에, 우리는 하나님이 우리에게 값없이 거저 주시는 의를 덧입을 수밖에 없다는 것을 보여준다(롬 10:5-6). 요컨대, 그리스도께서는 이 서기관들의 질문에 맞춰서 대답을 해주신 것이다. 왜냐하면, 이 서기관은 어디에서 구원을 찾아야 하느냐고 물은 것이 아니라, 어떤 행위들을 통해서 구원을 얻어야 하느냐고 물었기 때문이다.

마 22:37. 주 너의 하나님을 사랑하라. 마가 본문에는 "주 곧 우리 하나님은 유일한 주시라"는 서론적인 말씀이 덧붙여져 있다. 이 말씀을 통해서 하나님은 그의 율법의 권위를 두 가지로 밑받침하신다. 첫째, 우리가 천지의 창조주를 섬기고 있다는 것을 온전히 깨달을 때, 그것은 하나님을 섬기고자 하는 강력한 동기로 작용할 수밖에 없다. 왜냐하면, 이 사실을 의심하거나 모른다면, 그것은 자연스럽게 하나님을 섬기는 것에 대한 무관심을 낳게 되기 때문이다. 둘째, 하나님이 우리를 값없이 거저 그의 백성으로 삼으셨다는 것을 우리가 깨달을 때, 그것은 우리에게 하나님을 사랑하고자 하는 유쾌한 유인(誘因)이 된다. 따라서 하나님은 한편으로는 유대인들이 율법에 대하여 확신을 가지지 못하고 주저하는 일이 생기지 않도록 하시기 위하여, 이 삶의 규범을 참되고 유일하신 하나님이 그들에게 주신 것임을 알게 하시고, 다른 한편으로는 유대인들이 하나님을 서먹서먹하게 여겨서 뒷걸음치지 않도록 하시기 위하여, 그들에게 다정하게 다가가셔서, 그가 그들과 맺은 은혜의 언약을 상기시키신다. 그러면서도, 하나님은 그들이 그를 떠나 우상들을 섬기는 일이 일어나지 않고, 오직 그만을 순전하게 섬기도록 하시기 위하여, 그와 모든 우상들을 구별하고 계시다는 것은 의심의 여지가 없다. 이 사실을 잘 모르는 자들이 맹목적인 충동에 이끌려서 비참하게도 우상들을 섬기고 사랑하게 되는 것은 어쨌든 변명의 여지가 있겠지만, 하나님이 자기 자신을 계시하시고 율법을 주셔서, 그 율법을 들은 자들이 여전히 하나님에 대하여 무관심하다면, 그들에게 더 이상 무슨 변명할 말이 남아 있을 수 있겠는가?

그리스도께서는 계속해서 율법을 요약해서 제시하시는데, 이것은 모세의 글에도 나온다(신 6:5). 왜냐하면, 율법은 두 개의 돌판으로 나뉘어 있어서, 첫 번째 돌판은 하나님을 섬기는 것에 대하여, 두 번째 돌판은 이웃 사랑에 대하여 말하고 있지만, 모세는 유대인들로 하여금 각각의 계명 속에서 하나님의 뜻이 무엇인지를 알게 하기 위하여, 지혜롭고 적절하게도 율법 전체를 이런 식으로 요약해 두었기 때문이다. 우리가 하나님을 사람보다 훨씬 더 사랑하는 것은 어떤 면에서 보나 마땅한 일이지만, 하나님께서 우리에게 예배나 존귀를 돌리는 것 대신에 사랑을 요구하시는 것은 지극히 당연하다. 이것을 통해서 하나님은 오직 우리가 마음에서 우러나와서 드리는 예배만을 기뻐하신다는 것을 분명하게 말씀해 주신다. 왜냐하면, 하나님을 사랑하는 자가 아니면, 그 누구도 하나님께 진심으로 순종할 수 없기 때문이다. 그러나 모세는 육신의 악하고 죄된 성향들(carnis affectus)이 우리를 이끌어서 옳은 길에서 벗어나게 만들기 때문에, 하나님에 대한 사랑이 우리의 모든 지각들(sensus)을 주관하게 될 때까지는, 우리의 삶이 올바르게 될 수 없다는 것을 보여준다. 그러므로 우리는 하나님은 사람들이 억지로 순종하는 것이 아니라, 자발적으로 자원하여 그를 섬기기를 원하시기 때문에, 하나님에 대한 사랑이 경건의 시작이라는 것, 하나님에 대한 사랑 속에는 하나님께 합당한 경외심을 갖는 것이 포함되어 있다는 것을 알게 된다.

모세는 오직 "마음"(cordis)과 "목숨"과 "힘"만을 언급하고, "뜻"(mens)은 언급하지 않는다. 현재의 본문처럼 네 개로 나누어 말하는 것이 더 자세한 것이긴 하지만, 그렇다고 해서 의미가 변한 것은 없다. 왜냐하면, 모세는 사람이 하나님을 온전히 사랑해야 한다는 것, 따라서 사람에게 있는 모든 능력들이 이 일에 바쳐져야 한다는 것을 일반적으로 가르치고자 할 때에, 우리 존재의 모든 부분이 다 하나님에 대한 사랑으로 가득 차 있는 모습을 표현하는 데에, 먼저 "목숨"과 "마음"을 언급하고, 거기에 "힘"을 덧붙이는 것으로 충분하다고 여겼기 때문이다. 또한, 우리는 히브리어로 "마음"은 종종 "뜻"을 포함하고, 특히 "목숨"이라는 단어와 함께 사용될 때에는 더욱 그렇다는 것을 안다. 나는 이 본문과 마태복음에서 "뜻"과 "마음"이 어떤 차이가 있는지를 더 깊이 연구해 볼 생각이 없고, 다만 "뜻"은 사람의 온갖 생각과 의도들이 흘러나

오는 좀 더 고상한 이성의 본거지를 가리킨다는 것만을 지적해 두고자 한다.

율법의 "강령"에 대한 이러한 설명을 보면, 하나님이 율법의 계명들을 사람들에게 주실 때에 사람이 무엇을 행할 수 있는지가 아니라, 사람이 무엇을 행하여야 하는지만을 염두에 두셨다는 것이 드러난다. 왜냐하면, 우리의 육신의 연약함(carnis infirmitas)으로 인해서 하나님에 대한 온전한 사랑이 우리의 모든 지각을 주관한다는 것은 불가능하고, 우리는 우리의 모든 지각이 헛된 것(vanitas)에 얼마나 강하게 이끌리는 성향을 지니고 있는지를 알기 때문이다. 마지막으로, 이것으로부터 우리는 선한 뿌리에서 선한 열매들이 맺힐 수 있기 때문에, 하나님은 우리의 외적인 행위들에 만족하시는 것이 아니라, 먼저 우리의 중심(interior affectum)을 요구하신다는 것을 알게 된다.

마 22:39. 둘째도 그와 같으니. 순서상으로 하나님에 대한 예배가 첫 번째이기 때문에, 사람들 사이에서 이루어지는 서로에 대한 사랑은 두 번째 자리를 차지한다. 그리스도께서 "이웃을 사랑하라"는 "계명"이 첫 번째 계명과 "같다"고 말씀하시는 것은 이 두 번째 계명은 첫 번째 계명에 의존되어 있기 때문이다. 왜냐하면, 사람은 누구나 다 자기중심적인 성향을 지니고 있어서, 하나님에 대한 사랑이 지배하지 않는 곳에서는 이웃에 대한 참된 사랑이 결코 존재할 수 없기 때문이다. 세상 사람들이 서로에 대해 갖는 사랑은 참된 사랑이 아니라 이해관계를 기반으로 한 사랑이다. 왜냐하면, 세상 사람들은 자신의 이익을 좇아 사랑을 하기 때문이다. 반면에, 하나님에 대한 사랑이 지배하는 곳에서는 사람들 사이에 참된 형제애가 생겨날 수밖에 없다.

모세는 "네 이웃을 네 자신 같이 사랑하라"고 우리에게 명하였을 때에, 먼저 우리 자신을 사랑해야 한다고 말한 것이 아니었다. 그런데도 소르본느(Sorbonne)의 궤변론자들은 척도(尺度)가 먼저 있어야 측량을 할 수 있는 법이라는 궤변을 내세워서, 사람은 먼저 자기 자신을 사랑하고, 그런 후에 이웃을 사랑해야 한다고 주장한다. 그러나 우리는 지나치게 자기중심적이기 때문에, 모세는 그러한 결함을 고치기 위하여 우리의 이웃을 우리 자신과 동일한 반열에 둠으로써, 우리가 우리 자신에게 신경을 쓰느라고 이웃을 도외시하는 것을 금하였다. 왜냐하면, 사랑은 모든 사람을 한 몸으로 연합시키기 때문이다. 모세는 사람들을 찢어 놓는 자기애(自己愛)를 고쳐서, 모든 사람이 서로를 껴안음으로써 하나가 되게 하고자 한 것이다. 이것으로부터 우리는 바울이 사랑을 "온전하게 매는 띠"(골 3:14)라고 말하고, 또 다른 구절에서는 "율법의 완성"(롬 13:10)이라고 말한 것은 옳다는 결론을 얻는다. 왜냐하면, 두 번째 돌판의 모든 계명은 "이웃 사랑"으로 요약될 수 있기 때문이다.

눅 10:28. 이를 행하라 그러면 살리라. 나는 앞에서 이 약속이 믿음으로 말미암아 값없이 주어지는 의(義)와 완전히 부합한다는 것을 이미 설명한 바 있다. 왜냐하면, 하나님이 우리를 값없이 의롭다 하시는 이유는 율법이 온전한 의를 제시하고 있지 않은 까닭이 아니라, 우리가 율법을 지키는 데에 실패할 수밖에 없는 존재인 까닭이기 때문이고, 하나님이 우리가 율법으로 말미암아 생명을 얻을 수 없다고 선언하시는 이유는 "율법이 육신으로 말미암아 연약한"(롬 8:3) 까닭이기 때문이다. 그러므로 율법은 사람이 행위를 통해서 어떻게 의를 얻을 수 있는지를 가르치지만, 아무도 행위로 말미암아 의롭다 하심을 얻을 수 없다는 이 두 가지 명제는 서로 완벽하게 들어맞는다. 왜냐하면, 그 결함은 율법의 가르침에 있는 것이 아니라, 사람에게 있기 때문이다. 어쨌든 그리스도께서는 무지하고 단순한 사람들이 그가 율법을 의의 영원한 규범이라는 자리에서 밀어내고자 한다고 비방한다는 것을 알고 계셨기 때문에, 여기에서 그러한 비방이 옳지 않다는 것을 보여주고자 하신 것이었다.

눅 10:29. 그 사람이 자기를 옳게 보이려고. 이 서기관이 한 질문은 얼핏 보면 "자기를 옳게 보이려고" 하는 것과 별 상관이 없는 것처럼 보일 수 있다. 그러나 우리가 앞서 말했던 것, 즉 사람들의 외식 또는 위선은 십계명의 두 번째 돌판을 통해서 훨씬 더 쉽게 드러난다는 사실을 상기한다면(사람들이 자기가 하나님을 대단히 잘 섬기는 것처럼 위장한다고 할지라도, 이웃을 사랑하라는 계명을 아무렇지도 않게 범하는 것은 그대로 적나라하게 드러나기 때문에), 우리는 이 바리새인이 거짓된 거룩이라는 가면 아래에 숨어서 빛으로 나아오지 않기 위하여 이러한 회피 수단을 사용한 것임을 쉽게 알 수 있다. 그러니까, 그는 자기가 이웃 사랑이라는 시험을 통과하지 못할 것을 알고서, 자신이 율법을 범하는 자라는 것이 드러나지 않도록 하기 위해서, "이웃"이라는 단어 아래에 자신을 숨기고자 한 것이었다. 그러나 우리는 서기관들이 오직 그들의 이웃이 될 만한 자격을 갖춘 자들만을 그들의 "이웃"이라고 여김으로써, 율법의 이 강령을 훼손시키고 무력화시켜 놓았다는 것을 이미 살펴본 바 있다. 그러므로 "원수를 미워하는"(마 5:43) 것은 정당하다는 것은 그들 사이에서 확고하게 받아들여진 원칙이었다. 왜냐하면, 외식하는 자들이 율법의 정죄를 피하기 위하여 취할 수 있는 유일한 방법은 그들의 삶이 율법의 심판대 앞에서 심문을 받지 않도록 하기 위하여 율법 전체를 철저히 왜곡하는 것뿐이기 때문이다.

눅 10:30. 예수께서 대답하여 이르시되. 그리스도께서는 온 인류는 모두가 다 한 형제라는 거룩한 유대(societas)에 의해서 하나로 묶여져 있기 때문에, 모든 사람이 다 "이웃"이라고 단도직입적으로 말씀해 주실 수도 있으셨을 것이다. 사실, 그리스도께서 율법의 강령을 말씀하실 때에 "이웃"이라는 단어를 사용하신 것은 우리로 하여금 기쁜 마음으로 서로를 사랑하고자 하게 하시기 위한 것이었다. 따라서 이 계명은 다음과 같이 좀 더 분명하게 표현될 수 있었다: "모든 사람을 네 자신과 같이 사랑하라." 그러나 사람들은 교만으로 눈이 멀어 있는 것과 마찬가지로, 철저히 자기중심적이어서, 결코 다른 사람들을 자기 자신과 동등한 반열에 두고자 하지 않고, 다른 사람들에 대한 자신의 본분들을 전혀 행하고자 하지 않기 때문에, 그리스도께서는 모든 사람이 다 서로 사랑하는 것이 마땅한 "이웃"이라는 것을 의도적으로 분명하게 밝히신 것이다. 그러므로 어떤 사람이 우리의 이웃이 되기 위해서는, 그 사람이 "사람"이라는 사실 하나만으로 충분하다. 왜냐하면, 사람이라면 모두 지니고 있는 공통의 본성(communis natura)을 부정할 권한이 우리에게는 없기 때문이다. 그러나 그리스도께서는 이 바리새인에게서 그가 스스로를 정죄하는 그런 대답을 이끌어 내고자 하셨다. 왜냐하면, 그들의 친구 외에는 그들의 이웃이 될 수 없다는 확고한 원칙이 그들 가운데에서 통용되고 있었던 까닭에, 만약 그리스도께서 이 바리새인에게 단도직입적인 질문을 던지셨다면, 이 바리새인은 결코 모든 사람이 그들의 "이웃"이라는 사실을 결코 인정하려 들지 않았을 것이었으므로, 그리스도께서는 하나의 비유를 들어 말씀하심으로써, 이 바리새인으로 하여금 그 사실을 인정하지 않을 수 없게 하시고자 하셨기 때문이다. 그리스도께서 비유로 말씀하신 것의 요지는 하나님이 모든 사람을 하나로 묶어 놓으셔서 서로를 돕게 하셨기 때문에 우리가 생판 모르는 사람도 우리의 "이웃"이라는 것이다. 유대인들, 특히 제사장들은 한 분 하나님의 자녀로서 하나님이 그들을 선민(選民)으로 구별하셔서 그의 거룩한 기업(基業)으로 삼으심으로써 열방들과는 다른 특권을 그들에게 주셨다고 자랑하면서도, 마치 그들 간에 아무런 관계도 없다는 듯이, 야만적이고 냉정하게 서로를 멸시하고 경멸하였기 때문에, 그리스도의 비유 속에는 그들에 대한 비판이 일부 담겨 있는 것은 사실이다. 왜냐하면, 그리스도께서는 이 비유 속에서 형제애를 냉정하게 무시하는 유대인들의 모습을 묘사하고 계시고, 그들도 그런 사실을 잘 알고 있었다는 것은 의심의 여지가 없기 때문이다. 그러나 내가 앞서 말했듯이, 이 비유의 주된 목적은 우리가 서로 사랑해야 할 의무를 지고 있는 우리의 "이웃"은 혈육들이나 친구들로 제한되는 것이 아니라, 온 인류가 다 우리의 "이웃"이라는 것을 보여주는 것이다.

이것을 증명하시기 위해서, 그리스도께서는 "어떤 사마리아 사람"을 "제사장" 및 "레위인"과 대비시키신다. 유대인들은 사마리아 사람들에 대하여 뿌리 깊은 적개심을 지니고 있었기 때문에, 비록 서로 인접하여 살고 있었으면서도, 언제나 앙숙처럼 사이가 몹시 안 좋았다는 것은 잘 알려져 있는 사실이다. 그리스도께서는 이제 "여리고"에 사는 한 유대인이 "예루살렘에서 여리고로 내려가다가 강도들"을 만나 상처를 입고 "거의 죽게 되어" 쓰러져 있었는데, "레위인"과 "제사장"은 그를 보고도 도와주지 않고 그냥 피해서 가버렸지만, "사마리아 사람"은 그 유대인을 잘 보살펴 주었다는 비유를 말씀하신 후에, "이 세 사람 중에 누가" 이 유대인의 "이웃이 되겠느냐'고 물으신다. 이 바리새인은 제아무리 영악한 율법 교사였을지라도 레위인이나 제사장이 아니라 "사마리아 사람"이 이 유대인의 "이웃"이었다는 대답을 피할 수 없었다. 왜냐하면, 여기에서 우리는 서기관들이 그들의 악한 궤변으로 지워 버리고자 했던 사실, 즉 인류는 모두 한 형제라는 사실을 거울을 보듯이 분명하게 볼 수 있고, 이 비유 속에서 원수였던 사마리아 사람이 유대인에게 긍휼과 자비를 베푸는 모습은 사람의 본성은 사람이 서로를 돕도록 지음받았다는 사실을 너무도 분명히 가르쳐 주고 있다는 것을 잘 보여주기 때문이다. 이것으로부터 우리는 모든 사람에게는 서로를 도울 의무가 있다는 것을 알게 된다.

자유의지를 주창(主唱)하는 자들이 이 비유에 대하여 고안해 낸 알레고리적인 해석은 반박할 가치조차 없을 정도로 너무나 어처구니없다. 그들은 여기에서 강도를 만나 상처를 입은 사람은 타락 후의 아담의 상태를 묘사하는 비유라고 해석하고, 그 사람은 단지 "거의 죽게 된" 것으로 묘사되기 때문에, 타락 후의 인간에게서 선을 행할 수 있는 능력이 완전히 다 소멸된 것은 아니라고 주장한다. 이것은 마치 그리스도께서 이 비유를 통해서 인간의 본성의 타락에 대하여 말씀하시면서, 사탄이 아담에게 입힌 상처가 치명적인 것이었는지, 아니면 치료 가능한 것이었는지를 논하시는 것이 그 목적이었다는 듯이 말하는 것이다. 아니, 그것은 마치 그리스도께서 다른 구절에서 "하나님의 아들의 음성을 듣고 살아나는 자" 외에는 다 "죽은 자들"이라는 것(요 5:25)을 비유가 아닌 직설적인 어법으로 말씀하지 않으셨다는 듯이 말하는 것이다. 또한, 거의 모든 사람들이 하늘로부터의 계시로 여기고서 절대적인 지지를 보낸 또 다른 알레고리적인 해석에 대해서도 나는 앞에서와 동일한 평가를 내린다. 그들은 이 비유 속에서 "사마리아 사람"은 우리의 보호자이신 그리스도를 상징하고, 상처에 "기름"과 함께 "포도주"를 부었다는 것은 그리스도께서 회개와 은혜의 약속을 통해서 우리를 고치시는 것을 나타낸다고 주장한 후에, 다음으로 그리스도께서는 우리를 즉시 고치시는 것이 아니라, 우리를 "주막"인 교회로 보내셔서 서서히 고치신다는 교묘한 교훈을 만들어 낸다. 이러한 해석들은 그 어느 것도 내게는 옳아 보이지 않는다. 나는 우리가 성경의 참된 의미를 은폐할 권한이 우리에게 있다고 여기지 말고, 성경에 대하여 더 깊은 경외심을 지니는 것이 마땅하다는 말을 하고 싶다. 사실, 그리스도의 의도와는 완전히 동떨어진 이러한 사변적인 해석들은 몇몇 사람들이 뭔가 신기한 것들을 캐내고자 하는 호기심(curiosus)에 이끌려서 머리로 고안해 낸 것들이라는 것은 누가 보아도 알 수 있는 일이다.

마 22:40. 이 두 계명이. 마태 본문으로 다시 돌아가 보면, 거기에서 그리스도께서는 "이 두 계명이 온 율법과 선지자의 강령"이라고 말씀하신다. 여기에서 그리스도의 의도는 성경의 모든 가르침은 "이 두 계명"으로 제한하는 것이 아니라, 거룩하고 의로운 삶에 대하여 성경에서 가르치는 모든 것은 이 두 계명으로 요약될 수 있다는 것을 보여주시는 것이다. 왜냐하면, 그리스도께서는 "율법과 선지자"에 담겨 있는 것이 무엇인지에 대하여 일반적으로 논하고 계시는 것이 아니라, 자신의 대답을 통해서 "율법과 선지자"가 요구하는 것은 하나님 사랑과 이웃 사랑 외에 다른 것이 아님을 분명하게 밝히고 계시는 것이기 때문이다. 이것은 바울이 "사랑은 율법의 완성"(롬 13:10)이라고 말한 것처럼, 거룩하고 의로운 삶은 하나님을 섬기고 사람들을 사랑하는 것으로 요약될 수 있다고 말씀하신 것이나 다름없다. 그러므로 그리스도께서 하신 이 말씀을 마치 우리가 "율법과 선지자" 속에서 더 깊고 고상한 교훈을 찾아서는 안 된다는 의미로 해석하는 자들은 이 말씀을 오해하여 잘못 해석하고 있는 것이다. 왜냐하면, 우리가 약속들과 계명들을 구별하는 것이 마땅한 것과 마찬가지로, 이 말씀 속에서 그리스도께서는 우리가 하나님의 말씀으로부터 무엇을 배워야 하는지를 일반적으로 논하시는 것이 아니라, 모든 계명이 무엇을 지향하고 있는지를 현재의 상황에 맞춰서 설명하시는 것이기 때문이다. 우리로 하여금 하나님과 화목을 이룰 수 있게 하는 토대인 값없이 거저 주어지는 죄

사함, 우리가 하나님의 이름을 담대히 부르는 것 — 이것은 장차 우리가 얻을 기업(基業)에 대한 보증이 된다 — 을 비롯해서 믿음을 구성하는 모든 내용들은 율법에서 첫째가는 위치를 차지함에도 불구하고 "이 두 계명"으로 요약되지 않는다. 왜냐하면, 하나님께서 우리에게 우리가 마땅히 행하여야 하는 것을 요구하시는 것과 우리가 소유하지 않고 있는 것을 우리에게 주시겠다고 제안하시는 것은 전혀 별개의 문제이기 때문이다. 마태가 "이 두 계명이 온 율법과 선지자의 강령이니라"는 말씀으로 표현하고 있는 것을 마가는 "이보다 더 큰 계명이 없느니라"는 말씀으로 표현한다.

막 12:32. 선생님이여 옳소이다. 오직 마가만이 이 서기관의 누그러진 마음과 태도를 보여준다. 우리가 주목할 필요가 있는 것은 이 서기관은 처음에는 그리스도를 올무에 걸리게 하기 위하여 악의적이고 기만적인 방법으로 공격을 하였지만, 나중에는 순순히 진리를 받아들여서, 그리스도께서 하신 말씀에 솔직하고 공개적으로 동의하였다는 것이다. 따라서 우리는 이 서기관이 구제불능인 완악함을 지닌 저 원수들과 같은 부류에 속하지 않은 자였다는 것을 확인하게 된다. 왜냐하면, 저 원수들은 무수히 그들의 죄에 대하여 깨우침을 받고도, 어떤 식으로든 진리를 대적하는 것을 멈추지 않은 자들이기 때문이다. 또한, 이 서기관의 대답을 통해서 우리는, 엄밀하게 말해서, 그리스도께서는 삶의 규범을 "이 두 계명"으로 포괄하시고자 하신 것이라기보다는, 이 기회를 이용해서 이 서기관의 거짓되고 위선적인 거룩을 책망하고자 하신 것이라는 결론을 얻게 된다. 왜냐하면, 이 서기관은 외적인 의식(儀式)들에만 마음을 쓰느라, 하나님에 대한 영적인 예배를 거의 도외시하다시피 하였고, 이웃을 사랑하는 일에 대해서도 별 관심을 갖지 않았기 때문이었다. 이 서기관은 그런 식으로 여러 가지 부패한 것들에 물들어 타락해 있었지만, 그의 마음속에는 비록 질식된 상태이긴 했지만 율법으로부터 옳은 지식의 씨앗이 뿌려져 있었기 때문에, 악한 습성에서 쉽게 빠져 나올 수가 있었는데, 이런 일은 종종 일어난다.

막 12:33. 전체로 드리는 모든 번제물과 기타 제물보다 나으니이다. 하나님에 대한 예배의 일부로서 율법의 첫 번째 돌판에 속하는 "제사들"이 이웃 사랑보다 덜 중요하다는 말은 뭔가 앞뒤가 맞지 않는 말처럼 들릴 수도 있다. 그러나 이 문제는 쉽게 해결된다. 즉, 하나님에 대한 예배는 의로운 삶을 구성하는 모든 의무나 본분들보다도 훨씬 더 우선시되고 소중히 여겨져야 하는 것이 마땅하지만, 하나님 예배와 관련된 외적인 의식들 자체가 이웃을 사랑하는 일보다 더 귀하고 소중한 것은 아니라는 것이다. 왜냐하면, 우리는 "제사들"은 하나님이 그 자체를 기뻐하시거나 인정하시는 것이 아니라 하나님을 사랑하는 것과 결부되어 있을 때에만 받으시는 반면에, 이웃 사랑은 그 자체가 하나님을 기쁘시게 하는 것임을 알기 때문이다. 게다가, 여기에서 언급되고 있는 제사는 알맹이가 없는 헛된 제사이다. 왜냐하면, 그리스도께서는 경건의 모양만을 갖춘 위선적인 예배와 참되고 진실한 올바른 삶을 대비시키고 계시는 것이기 때문이다. 이 동일한 가르침은 "선지자들," 즉 예언서들에서 아주 자주 발견되는데, 거기에서 선지자들은 외식하는 자들을 향하여, 진실한 마음이 수반되지 않은 제사들은 아무 소용이 없고, 그들이 이웃 사랑을 도외시한 채로 드리는 제물들을 하나님이 기뻐하지 않으신다는 것을 분명하게 선포하고 있다.

막 12:34. 예수께서 … 보시고. 이 서기관이 그 이상의 진보를 이루었는지는 불확실하지만, 그는 자기가 배우고자 한다는 것을 보여주었기 때문에, 그리스도께서는 그에게 손을 내미셨고, 이러한 자신의 모범을 통해서 순순히 배우고자 하거나 올바른 지식의 싹이 보이는 자들을 돕는 것이 마땅하다는 것을 우리에게 가르치신다. 그리스도께서 이 서기관에 대하여 "하나님의 나라에서 멀지 않도다"라고 선언하신 데에는 두 가지 이유가 있었던 것으로 보이는데, 첫 번째는 그가 그리스도의 말씀을 듣자마자 자신의 본분이 무엇인지를 깨달았기 때문이고, 두 번째는 하나님에 대한 외적인 예배와 하나님에 대한 본질적인 본분들을 아주 잘 구별하는 분별력을 보였기 때문이었다. 그리스도께서 그가 "하나님의 나라에서 멀지 않도다"라고 말씀하신 것은 칭찬하시기 위한 것이라기보다는 격려하시기 위한 것이었다. 이 서기관의 예를 통해서 그리스도께서는 일단 올바른 길로 들어선 후에는 더욱 큰 열심을 품고 그 길로 매진하는 것이 마땅하다고 우리 모두를 격려하신다. 또한, 이 말씀을 통해서 우리는 많은 사람들이 여전히 잘못된 것들에 붙잡혀서, 눈이 감긴 채로 이 길을 가고 있지만, 그것은 장차 때가 이르러서 주께서 명하신 길로 달려가기 위한 준비 과정이라는 것을 알게 된다.

마 12:34. 그 후에 감히 묻는 자가 없더라. 우리는 그리스도께서 대적들로 하여금 할 말을 잃게 하셨기 때문에, 그들이 감히 더 이상 그리스도 앞에 올무를 놓을 엄두를 내지 못하였다는 복음서 기자들의 설명을 그들이 그들의 완악한 마음을 버렸다는 의미로 이해해서는 안 된다. 왜냐하면, 그들은 자신의 소굴에 갇힌 야수들이나 재갈이 물려진 야생마들처럼 속으로 앙앙불락하며 울분을 참고 있는 것이었기 때문이다. 그러나 그들의 완악함(durities)이 끈질기고 견고하며, 그들의 패역함(rebellio)이 구제불능일수록, 그들의 완악함과 패역함에 대한 그리스도의 승리는 더욱더 빛을 발하였다. 그리고 그리스도께서 보여주신 이러한 승리는 우리로 하여금 승리를 확신하며 결코 낙심하지 않고서 진리를 외치게 하는 데에 아주 큰 힘이 된다. 실제로 원수들은 끝까지 우리를 괴롭히고 모욕하겠지만, 하나님은 결국 그들의 광분함이 그들 자신의 머리로 돌아가게 하시고, 그들의 온갖 방해에도 불구하고 진리가 승리하게 하실 것이다.

⁴¹바리새인들이 모였을 때에 예수께서 그들에게 물으시되 ⁴²너희는 그리스도에 대하여 어떻게 생각하느냐 누구의 자손이냐 대답하되 다윗의 자손이니이다 ⁴³이르시되 그러면 다윗이 성령에 감동되어 어찌 그리스도를 주라 칭하여 말하되 ⁴⁴주께서 내 주께 이르시되 내가 네 원수를 네 발 아래에 둘 때까지 내 우편에 앉아 있으라 하셨도다 하였느냐 ⁴⁵다윗이 그리스도를 주라 칭하였은즉 어찌 그의 자손이 되겠느냐 하시니 ⁴⁶한 마디도 능히 대답하는 자가 없고 그 날부터 감히 그에게 묻는 자도 없더라(마 22:41-46).

³⁵예수께서 성전에서 가르치실새 대답하여 이르시되 어찌하여 서기관들이 그리스도를 다윗의 자손이라 하느냐 ³⁶다윗이 성령에 감동되어 친히 말하되 주께서 내 주께 이르시되 내가 네 원수를 네 발 아래에 둘 때까지 내 우편에 앉았으라 하셨도다 하였느니라 ³⁷다윗이 그리스도를 주라 하였은즉 어찌 그의 자손이 되겠느냐 하시니 많은 사람들이 즐겁게 듣더라(막 12:35-37).

⁴¹예수께서 그들에게 이르시되 사람들이 어찌하여 그리스도를 다윗의 자손이라 하느냐 ⁴²시편에 다윗이 친히 말하였으되 주께서 내 주께 이르시되 ⁴³내가 네 원수를 네 발등상으로 삼을 때까지 내 우편에 앉았으라 하셨도다 하였느니라 ⁴⁴그런즉 다윗이 그리스도를 주라 칭하였으니 어찌 그의 자손이 되겠느냐 하시니라(눅 20:41-44).

마 22:42. 너희는 … 어떻게 생각하느냐. 마가와 누가는 그리스도께서 이 질문을 하신 이유를 좀 더 분명하게 보여주는데, 그것은 서기관들 사이에서 그리스도에 관한 잘못된 사상, 즉 하나님이 약속하신 구속주는 "다윗의 자손"으로서 다윗의 혈통들을 따라 난 통상적인 인간 이상의 특별한 존재가 아닐 것이라는 사상이 팽배해 있었기 때문이었다. 이렇게 사탄은 아예 처음부터 온갖 수단을 다 동원해서, 하나님과 사람 사이의 참된 중보자가 될 수 없는 가짜 그리스도를 내세우고자 애를 썼다. 하나님께서는 그리스도가 다윗의 씨 또는 허리에서 나올 것이라고 무수히 반복해서 약속하셨던 까닭에, 그러한 확신은 유대인들의 생각 속에 아주 깊이 뿌리 박혀 있었기 때문에, 그들은 인성(人性)을 뛰어넘는 그리스도를 상상할 수 없었다. 이렇게 사탄은 그리스도께서 참 사람이자 "다윗의 자손"으로 인정받으시는 것을 그대로 놔두었다. 왜냐하면, 그러한 신조(信條)를 뒤집어엎으려고 했어도, 그런 시도는 별 소용이 없었을 것이기 때문이다. 대신에, 사탄은 그리스도가 마치 아담의 통상적인 자손들 중의 하나에 불과하다는 듯이, 그리스도의 신성(神性)을 부정하는 좀 더 고차원적이고 치명적인 전략을 사용하였다. 이 전략이 성공하게 된다면, 장차 주어질 영생(aeterna vita)과 영적인 의(spiritualis iustitia)에 대한 소망은 사라져 버릴 것이었다. 그리스도께서 이 세상에 나타나신 이래로, 이단들은 그리스도의 인성이나 신성을 부정함으로써, 그리스도께서 우리를 구원하실 온전한 능력을 갖지 못하시게 만들거나, 우리가 그리스도께 담대히 나아가지 못하게 만들기 위해서 온갖 술수를 사용하여 왔다. 이제 그리스도께서는 그가 죽으실 때가 이미 가까이 온 것을 아시고서, 모든 경건한 자들이 담대하게 그를 의지할 수 있도록 하시기 위하여 그의 신성을 증명하고자 하셨다. 왜냐하면, 만약 그리스도께서 단지 사람에 불과한 존재이셨다면, 우리는 그리스도를 자랑하거나 그리스도로부터 구원을 기대할 수 없을 것이었기 때문이다.

우리는 이제 그리스도께서 이 질문을 하신 의도를 알게 되는데, 그것은 그리스도 자신을 위해서가 아니라 우리의 믿음이 그의 신적인 능력에 근거를 두도록 하기 위해서, 그가 하나님의 아들이시라는 것을 단언하신 것이었다. 왜냐하면, 그리스도께서 육신의 연약함을 입으시고서 우리에게 오신 것은 우리에게 주저 없이 그에게로 나아갈 담력을 주긴 하지만, 그리스도께 단지 육신의 연약함만이 있으시다면, 우리는 합당한 담력을 얻기보다는 두려움과 절망에 빠지게 될 것이기 때문이다. 그렇지만 우리가 유의해야 할 것은 서기관들은 그리스도가 "다윗의 자손"이라고 가르친 것 때문이 아니라, 그리스도는 하늘로부터 내려오셔서 인간의 본성과

인격을 입게 될 인간에 불과한 존재라고 오해한 것 때문에 책망을 받았다는 것이
다. 또한, 그리스도께서는 자기 자신에 대하여 직접적으로 말씀하시는 것이 아니
라, 단지 서기관들이 구속주께서 사람의 혈통을 따라서 이 땅에서 나오게 될 것이
라는 불경스럽고 악한 잘못된 생각을 지니고 있었다는 것만을 보여주신다는 것이
다. 우리가 마태 본문으로부터 알 수 있는 것은 서기관들이 그러한 사상을 지니고
있다는 것은 잘 알려져 있는 일이었음에도 불구하고, 그리스도께서는 백성들이 보
는 앞에서 그들에게 그들의 생각이 무엇이냐고 물으셨다는 것이다.

　마 22:43. 그러면 다윗이 성령에 감동되어. 그리스도께서 "다윗이 성령에 감동
되어 말하였다"고 단언하셨다는 것이 여기에서 강조되고 있다. 왜냐하면, 그리스
도께서는 장래의 사건에 관한 예언을 현재의 사건에 관한 증언과 대비시키고 계시
기 때문이다. 이 말씀을 통해서 그리스도께서는 당시의 유대인들이 교묘한 궤변
속으로 도피하고 있다는 것을 암시하신 것이다. 그들은 이 예언이 다윗의 나라를
송축하는 것이라고 해석해서, 다윗이 하나님을 그의 나라의 근원으로 묘사하는 가
운데, 그의 원수들의 맹렬한 공격들을 물리치고 승리하고서, 하나님의 뜻을 대적
하는 원수들은 그 뜻을 이루지 못할 것이라고 단언하는 것이라고 주장하였다. 그
리스도께서는 서기관들이 그러한 잘못된 해석 속에 숨지 못하도록 하시기 위하여,
이 시편이 다윗이라는 한 개인에 관한 것을 말하기 위하여 기록된 것이 아니라, 다
윗이 예언의 영에 감동되어 장차 임할 그리스도의 나라에 대하여 말하기 위하여
기록된 것임을 아예 처음부터 서두에서 분명히 밝히신다. 이 시편에 나오는 내용
이 다윗이나 이 세상의 어떤 왕에게 적용될 수 없다는 것은 우리가 그리스도께서
이 시편에서 인용하신 구절 자체만 보아도 금방 알 수 있다. 왜냐하면, 거기에서 다
윗은 새로운 제사장직을 수여받은 왕을 소개함으로써, 율법의 옛 그림자들이 폐하
여질 수밖에 없다는 것을 보여주기 때문이다(시 110:4).

　이제 주님께서 그리스도가 단지 "다윗의 자손"이신 것이 아니라, 그보다 더 뛰어
난 자로 오시리라는 것을 어떻게 증명하시는지를 살펴보자. 주님이 제시하신 논리
는 유대 백성의 왕이자 우두머리였던 다윗이 "그리스도를 주라 칭하고" 있다는 사
실이었다. 이 사실로부터 도출되는 결론은 그리스도는 단순히 사람이신 것이 아니
라 사람보다 크신 분이시라는 것이다. 그러나 이러한 논거는 취약해 보이고 그렇
게 결정적인 것으로 보이지 않을 수 있다. 왜냐하면, 다윗은 이 시편을 백성들에게
주어 노래하게 하였을 때에, 다윗 자신의 통치가 아니라, 장차 임할 그리스도의 통

치를 높이고 송축하게 한 것이라는 반론이 제기될 수 있기 때문이다. 그러나 그러한 반론에 대한 나의 답변은 만약 다윗이 교회의 모든 지체에게 주어진 가르침을 자기 자신에게는 적용하지 않은 것이라면, 다윗 자신도 교회의 지체들 중의 한 사람이었기 때문에, 그것은 지극히 합당치 않은 일이 될 수밖에 없는 까닭에, 그러한 반론은 성립될 여지가 없다는 것이다. 이 시편에서 다윗은 하나님의 모든 자녀들에게 그들이 그 누구도 당해낼 수 없는 하늘의 왕의 보호하심으로 말미암아 안전하다는 것을 한 목소리로 자랑하라고 명령한다. 그런데 만약 다윗이 교회라는 몸에서 떨어져 있는 것이라면, 그는 그리스도 안에서 약속된 구원에 참여하지 못하게 될 것이고, 만약 이것이 단지 적은 무리의 목소리라면, 그리스도의 통치는 다윗에게조차 미치지 못하게 될 것이다. 다윗을 비롯해서 그 누구이든 그리스도께 복종하지 않는 자는 영원한 구원에 대한 소망으로부터 끊어진 자가 될 수밖에 없다. 그러므로 다윗은 자신을 교회의 한 지체로 포함시키고자 하였을 것임은 너무나 당연한 일이기 때문에, 온 백성을 위해서만이 아니라 자기 자신을 위해서도 이 시편을 지은 것이라는 결론이 나온다. 요컨대, 이 송영(頌榮)을 통해서 그리스도는 모든 믿는 자들 위에 뛰어나신 지극히 높으신 유일하신 왕으로 선포되고 있다는 것이다. 즉, 그리스도께서 교회의 구속주로 세우심을 받으셨을 때, 모든 믿는 자는 한 사람도 예외 없이 다 그의 신민(臣民)이 된다. 그러므로 다윗이 자기 자신을 그리스도의 통치를 받는 신민의 한 사람으로서 하나님의 백성이라 여겼으리라는 것은 의심의 여지가 없다.

그러나 여기에서 또 한 가지 의문이 생겨난다. 즉, 얼마든지 하나님은 사람들 가운데서 구속주가 될 자를 세우심으로써, 그리스도가 다윗의 "자손"임과 동시에 "주"가 되게 하실 수도 있지 않으셨겠는가? 왜냐하면, 그리스도께서 인용하신 이 시편 구절 속에서 사용되고 있는 것은 하나님의 특별한 이름이 아니라, 흔히 사람들에 대해서도 사용되는 '아도나이'("주")라는 용어이기 때문이다. 나의 대답은 그리스도께서는 하나님이 사람들로부터 택하셔서 온 교회의 머리가 되는 존귀한 자리에 앉히실 자는 단지 사람인 것이 아니라 하나님의 위엄도 동시에 지니고 있는 자가 될 것임을 당연시 하셨다는 것이다. 왜냐하면, 자기 자신을 두고 맹세하시는 분이자 "모든 무릎이" 그 앞에 "꿇게" 될(사 45:23) 분이신 영원하신 하나님은 "그의 영광을 다른 자에게 주지 아니하실"(사 42:8) 것이라고 맹세하시는 분이시기도 하기 때문이다. 그런데 바울의 증언에 의하면, 하나님께서 그리스도를 왕으로 세우셨을 때에, "그를 지극히 높여 모든 이름 위에 뛰어난 이름을 주시고"(빌 2:9) "모든 무릎이 그에게 꿇게"(롬 14:11) 하셨다. 비록 바울이 직접적으로 이런 말을 한 적은 없지만, 그리스도는 다윗을 비롯한 거룩한 왕들보다 위에 계신다는 것은 틀림없는 사실이다. 왜냐하면, 바울은 그리스도가 천사들보다 더 높다고 말하고 있는데, 이 말은 피조물인 인간에게는 적용될 수 없고, 그리스도가 "육신으로 나타난 바 되신"(딤전 3:16) 하나님이시라는 것을 보여주는 것이기 때문이다. 나는 그리스도의 신적 본질이 많은 말을 통해서 직설적으로 표현되어 있지 않다는 점은 인정하지만, 그리스도가 모든 피조물 위에 계시는 하나님이시라는 것은 쉽게 추론될 수 있다.

마 22:44. 주께서 내 주께 이르시되. 여기에서 성령은 모든 경건한 자들의 입에 승리의 노래를 넣어 주셔서, 그들로 하여금 그리스도를 그의 보좌에서 끌어내리고자 하는 사탄과 모든 불경건한 자들에게 담대히 맞서서 사탄의 무리들의 광분함을 비웃게 하신다. 성령은 그들에게 이 세상에서 일어나는 요란한 소동들을 보고서 겁을 집어먹거나 두려워 떨지 말고, 반드시 이루어질 하나님의 거룩하신 작정하심과 그의 영(令)을 붙들고서 "원수들"의 온갖 준동에 맞서라고 명하신다. 그러므로 이 말씀의 의미는 그리스도의 나라는 사람의 뜻에 따라 세워진 것이 아니라 하나님의 작정하심과 그의 영(令)이라는 영원히 견고한 터 위에 세워진 것이기 때문에, 사람들이 광분하여 무슨 짓을 하든지, 그리스도의 나라를 무너뜨리고자 하는 그들의 온갖 교묘한 술책들은 다 소용이 없으리라는 것이다. 그리스도의 나라가 맹렬한 공격을 받을 때마다, 우리는 하늘로부터 주어진 이 계시를 기억하여야 한다. 왜냐하면, 하나님께서 이 약속을 그리스도의 손에 두신 것은 의심할 여지 없이 모든 믿는 자가 이 약속을 자기 자신에게 적용하여 사용하게 하시기 위한 것이기 때문이다. 하나님은 변함도 없으시고 속임도 없으신 분이시기 때문에, 한 번 그의 입으로 하신 말씀을 거두어들이시는 법이 없으시다.

마 22:44. 내 우편에 앉아 있으라. 이 말씀은 하나님 다음의 자리, 즉 하나님을 대신하는 자가 앉는 자리에 대한 은유적인 표현이다. 그러므로 이 말씀은 최고의 통치권과 능력을 하나님의 이름으로 행하라는 의미이다. 우리는 하나님이 그의 권세를 그의 독생자에게 맡기셔서, 그 독생자로 하여금 그를 대신하여 그의 교회를 다스리게 하셨다는 것을 안다. 따라서 하나님의 "우편"은 어떤 특정한 장소를 가리키는 것이 아니라, 반대로 그리스도께 하늘과 땅을 다스리는 모든 권세가 주어졌다는 것을 나타낸다. 하나님께서 "원수들"이 다 복속될 때까지 그리스도가 "앉아 있게" 될 것이라고 하시는 것은 그리스도의 나라가 원수들의 온갖 공격에도 불구하고 요동치 않고 끝까지 견고하리라는 것, 그리고 원수들이 다 복속되었을 때에 그리스도께서 자기에게 주어졌던 권세를 잃게 되시는 것이 아니라, 원수들의 모든 무리가 굴복하여 낮아지게 된 후에도, 그리스도의 권세는 영원토록 변함없으리라는 것을 우리에게 알게 하시기 위한 것이다. 또한, 이 말씀은 오늘날 우리 가운데에 있는 그리스도의 나라의 모습을 보여줌으로써, 우리로 하여금 그 나라가 사방으로 공격을 받는 것을 볼 때에 염려하지 않게 하기 위한 것이기도 하다.

[1]이에 예수께서 무리와 제자들에게 말씀하여 이르시되 [2]서기관들과 바리새인들이 모세의 자리에 앉았으니 [3]그러므로 무엇이든지 그들이 말하는 바는 행하고 지키되 그들이 하는 행위는 본받지 말라 그들은 말만 하고 행하지 아니하며 [4]또 무거운 짐을 묶어 사람의 어깨에 지우되 자기는 이것을 한 손가락으로도 움직이려 하지 아니하며 [5]그들의 모든 행위를 사람에게 보이고자 하나니 곧 그 경문 띠를 넓게 하며 옷술을 길게 하고 [6]잔치의 윗자리와 회당의 높은 자리와 [7]시장에서 문안 받는 것과 사람에게 랍비라 칭함을 받는 것을 좋아하느니라 [8]그러나 너희는 랍비라 칭함을 받지 말라 너희 선생은 하나요 너희는 다 형제니라 [9]땅에 있는 자를 아버지라 하지 말라 너희의 아버지는 한 분이시니 곧 하늘에 계신 이시니라 [10]또한 지도자라 칭함을 받지 말라 너희의 지도자는 한 분이시니 곧 그리스도시니라 [11]너희 중에 큰 자는 너희를 섬기는 자가 되어야 하리라 [12]누구든지 자기를 높이는 자는 낮아지고 누구든지 자기를 낮추는 자는 높아지리라(마 23:1-12).

[38]예수께서 가르치실 때에 이르시되 긴 옷을 입고 다니는 것과 시장에서 문안 받는 것과 [39]회당의 높은 자리와 잔치의 윗자리를 원하는 서기관들을 삼가라(막 12:38-39).

[43]화 있을진저 너희 바리새인이여 너희가 회당의 높은 자리와 시장에서 문안 받는 것을 기뻐하는도다 … [45]한 율법교사가 예수께 대답하여 이르되 선생님 이렇게 말씀하시니 우리까지 모욕하심이니이다 [46]이르시되 화 있을진저 또 너희 율법교사여 지기 어려운 짐을 사람에게 지우고 너희는 한 손가락도 이 짐에 대지 않는도다 … [45]모든 백성이 들을 때에 예수께서 그 제자들에게 이르시되 [46]긴 옷을 입고 다니는 것을 원하며 시장에서 문안 받는 것과 회당의 높은 자리와 잔치의 윗자리를 좋아

하는 서기관들을 삼가라(눅 11:43, 45-46; 20:45-46).

마 23:1. 예수께서 무리와 제자들에게 말씀하여 이르시되. 이 경고의 말씀은 온 갖 다툼과 소란스러운 논쟁, 온갖 요동함과 혼란, 올바르고 합당한 질서의 와해 가 운데서도 하나님의 말씀의 권세는 영원토록 온전히 보존될 것이라고 선언하고 있 는 대단히 유익한 말씀이다. 그리스도께서 이 말씀을 하신 의도는 백성들이 서기 관들의 악(惡)들을 보고서 시험에 들어서 율법에 대한 경외심을 내팽개쳐 버리는 일이 없도록 하시기 위한 것이었다. 우리는 사람의 마음이라는 것이 기회만 있으 면 율법에서 벗어나고자 하는 성향이 얼마나 강한지를 알고 있다. 특히 목회자들 의 삶이 방탕하고 방종하여 언행이 일치하지 않을 때, 사람들은 마치 면죄부라도 얻은 듯이 목회자들을 본받아서 마음 놓고 어그러진 길로 가버린다. 또한, 목회자 들 간에 다툼과 싸움이 일어날 때에도, 이런 일, 아니 이런 것보다 더 나쁜 일이 벌 어진다. 왜냐하면, 그런 경우에 상당수의 사람들은 율법의 멍에를 벗어버리고, 그 들의 악한 욕망들을 분출하여, 율법에 대한 지독한 경멸을 쏟아내기 때문이다.

당시에 서기관들은 탐욕(avaritia)으로 불타오르고 야심(ambitio)으로 부풀어 있 었다. 그들의 착취는 악명이 높았고, 그들의 잔인함은 무시무시하였다. 그들의 타 락상은 이처럼 극심하였기 때문에, 그들은 마치 서로 공모하여 율법을 폐기하기로 작정한 자들 같아 보였다. 게다가, 그들은 그들의 거짓되고 잘못된 견해들을 통해 서 율법의 순전하고 참된 의미를 이미 왜곡해 놓았기 때문에, 그리스도께서는 그 들과 첨예한 갈등을 겪을 수밖에 없으셨다. 왜냐하면, 그들은 엄청난 광기(狂氣)에 사로잡혀서 진리의 빛을 꺼버리려고 광분하였기 때문이다. 그러므로 많은 사람들 이 한편으로는 이러한 타락상의 영향을 받아서, 다른 한편으로는 혼란스러운 논쟁 들 속에서 염증을 느껴서, 신앙 자체를 경멸하고 떠날 위험성이 있었기 때문에, 그 리스도께서 사람들의 악(vitia)을 보고서 참된 신앙을 부정하거나 율법에 대한 경 외심을 조금이라도 약화시키는 것은 잘못된 것이라고 분명하게 선언하신 것은 대 단히 적절한 일이었다. 서기관들은 완악한 자들로서 진리의 철천지원수들이었고, 그들의 폭정(暴政)을 통해서 교회를 억압하였기 때문에, 그리스도께서는 그들의 악을 드러내지 않을 수 없으셨다. 왜냐하면, 만약 선하고 진실한 자들을 먼저 그들 의 속박과 종살이에서 건져내지 않는다면, 복음의 문은 그 선하고 진실한 자들에 게조차도 닫히게 될 것이었기 때문이다. 게다가, 한 가지 이유가 더 있었는데, 그것은 백성들이 그들의 지도자들의 타락한 행실을 그들 자신의 본(本)으로 삼고서, 그들이 그 지도자들에게서 본 대로 행하는 것을 당연한 것으로 생각하고 있었기 때문이었다.

그리스도께서는 자기가 이제부터 말씀하고자 하시는 것을 그 누구도 다른 식으로 해석하지 못하도록 하시기 위하여, 선생들이 어떤 부류의 사람들이든지 간에, 사람들이 그 선생들의 추한 행실을 보고서 하나님의 말씀을 폄훼하고 멸시하거나, 그들의 악한 행실을 모범으로 삼아서 죄를 범해도 된다고 생각하는 것은 완전히 잘못된 것임을 선언하시는 것으로 그의 가르침을 시작하신다. 우리는 이 경고의 말씀을 명심하여야 한다. 왜냐하면, 많은 사람들이 단지 악하고 불경건한 자들에 대한 미움과 혐오감에 휘둘려서, 광적인 혈기로 모든 것을 휘저어서 엉망으로 만들어 놓는 일이 비일비재하기 때문이다. 그런 자들은 교회의 모든 치리(治理)를 멸시하고, 부끄러워하는 마음을 벗어던지고 뻔뻔스러운 자들이 되어 버린다. 요컨대, 그런 자들에게는 존귀한 것들을 존중하는 마음이 전혀 남아 있지 않게 된다는 말이다. 나아가, 많은 사람들은 더욱 대담해져서, 제사장들의 죄를 의도적으로 널리 퍼뜨려서, 그들 자신이 마음 놓고 범죄할 수 있는 핑곗거리나 구실로 삼는다. 그러나 그리스도께서 서기관들을 공격하시는 주된 목적은 하나님의 율법은 그 어떤 상황 속에서도 참되기 때문에, 사람들이 율법을 경멸하는 것이 옳지 않다는 것을 분명하게 선언하시기 위한 것이다. 다른 사람들에 대한 우리의 책망이나 권면이 유익한 것이 되기를 원한다면, 우리는 이 점을 유의하지 않으면 안 된다. 아울러, 우리가 주목해야 할 것은 그리스도께서는 불경건한 선생들의 실상(實相)을 있는 그대로 드러내는 것이 사람들에게 걸림돌이 될 위험성이 있었음에도 불구하고 그런 위험성 때문에 그 일을 포기하지 않으셨다는 것이다. 그리스도의 주된 관심사는 하나님의 가르침이 사람들의 악(惡)으로 인해서 멸시받는 일이 일어나지 않게 하시는 것이었기 때문이다. 그리스도께서 서기관들의 악들에 대하여 공개적으로 말씀하신 이유가 그들에 대한 백성들의 분노를 불러일으키기 위한 것이 아니라, 그들의 악이 더 널리 퍼져나가서 많은 사람들을 전염시키는 것을 차단하기 위한 것이었음을 우리에게 알게 하기 위하여, 마가는 "예수께서 가르치실 때에" 사람들에게 이 말씀을 하셨다는 것을 분명하게 밝힌다. 즉, 그리스도께서는 그의 가르침을 받는 자들의 유익을 위하여 그들에게 서기관들을 조심하라고 경고하셨다는 것이다. 누가는 그리스도께서 이 말씀을 "제자들"에게만 국한해서 말씀하신 것으로 보도하고 있는 듯이 보이지만, 이 말씀은 무리들 전체에게 주어졌을 가능성이 높고, 그것은 마태 본문에서 더 분명하게 드러난다. 사실, 이 주제의 성격을 감안할 때, 그리스도께서는 모든 사람을 다 염두에 두시고서 이 말씀을 하신 것이라고 보아야 한다.

마 23:2. 모세의 자리에. 누가가 다른 대목에서 보도하는 말씀을 마태가 여기에 가져다 놓은 데에는 그 이유가 없지 않다. 어쨌든 두 본문에 나오는 가르침이 동일한 것으로 보아서, 누가는 그리스도께서 서기관들을 날카롭고 호되게 책망하셨다는 것을 보도한 후에, 그리스도의 다른 책망의 말씀들도 거기에 덧붙인 반면에, 마태는 나머지 책망의 말씀들을 나중에 가서 본래의 자리에 가져다 놓은 것임을 나는 의심하지 않는다. 왜냐하면, 우리는 이미 복음서 기자들이 필요할 때마다 그리스도께서 여러 시기에 따로따로 하신 말씀들을 한 자리에 모아 놓았다는 것을 자주 보아 왔기 때문이다. 그런데 마태 본문의 기사(記事)가 더 자세하기 때문에, 나는 마태 본문을 따라서 주해를 해나가고자 한다.

먼저, 그리스도께서는 믿는 자들에게 서기관들의 악한 행실은 본받지 말고, 서기관들이 말해 주는 율법의 규범을 따라서 살아가야 한다는 말씀으로, 계속해서 이어질 그의 권면을 요약하여 제시하신다. 왜냐하면, 내가 방금 전에 말했듯이, 그리스도께서는 온 백성에게 전염되지 않도록, 서기관들의 극심한 타락상을 책망하지 않으면 안 되셨기 때문이다. 그리스도께서는 서기관들의 악한 행실 때문에 그들이 전하는 하나님의 말씀까지 해(害)를 입어서 멸시를 당하는 일이 없도록 하시기 위하여, 믿는 자들에게 서기관들의 행실이 아니라, 그들이 가르치는 말씀에 주의를 기울이라고 명하신다. 이것은 목회자들이 악하여 믿는 자들의 선한 모범이 되지 못한다고 해서, 하나님의 자녀들이 올바른 삶을 살지 못할 이유는 없다고 말씀하신 것이나 다름없다. "서기관"이라는 단어는 히브리어의 관용어법에서 율법의 선생 또는 해설자를 가리키기 때문에, 누가는 이 사람들을 "율법교사들"이라 부른다.

여기에서 그리스도께서는 서기관들 중에서도 "바리새인들"을 구체적으로 거론하신다. 왜냐하면, 바리새파는 당시에 교회에 대한 치리(治理)와 성경 해석에 있어서 가장 중요하고 영향력 있는 위치를 점하고 있었기 때문이다. 앞서 언급하였듯이, 사두개파와 에세네파는 성경에 대한 문자적 해석을 선호하였던 반면에, 바리새파는 그들의 조상 때부터 내려온 다른 종류의 해석 방식, 즉 성경 본문에 감춰진 신비적 의미(mysticus sensus)를 찾아내는 해석 방법론을 따랐다. 또한, 이 분파의 명칭도 그런 해석 방법에서 유래한 것이었다. 즉, 그들은 '페루심'("해석자들")이라 불렸다. 그들은 그들의 잘못된 견해들을 통해서 성경 전체를 왜곡하였음에도 불구하고, 그들이 가르치는 방식이 백성들에게 먹혔기 때문에, 거기에 힘입어서, 하나님에 대한 예배와 거룩한 삶의 규범을 해석함에 있어서 그들의 권위는 백성들 사이에서 확고하였다. 그러므로 이 말씀은 이렇게 해석되어야 한다: "바리새인들을 비롯한 서기관들, 또는 서기관들과 그들 중에서 가장 존경받는 바리새인들은 너희를 가르칠 때에는 거룩한 삶을 가르치는 선한 선생들이지만, 그들의 행위로는 너희에게 아주 악한 가르침들을 주고 있다. 그러므로 너희는 그들의 손(행실)은 보지 말고, 그들의 입(말)을 보아야 한다." 그런데 여기에서 "우리는 선생들의 모든 가르침에 예외 없이 순복하여야 하는가"라는 의문이 제기될 수 있다. 왜냐하면, 당시의 서기관들은 그들의 머리로 만들어 낸 거짓된 가르침들로 율법을 타락시키는 악을 저질렀고, 합당치 않은 율법 해석들을 통해서 불쌍한 심령들에게 무거운 짐을 지게 하였으며, 수많은 미신(迷信)들로 하나님에 대한 예배를 더럽혔다는 것은 너무나 명백한데도, 그리스도께서는 마치 그들의 폭정(暴政)을 거부하는 것은 합당치 않다는 듯이, 그들이 가르치는 것들을 지키라고 명하시는 것처럼 보이기 때문이다. 그 대답은 쉽다. 즉, 그리스도께서는 그 어떤 가르침을 삶과 대비시키고 계시는 것이 아니라는 것이다. 여기에서 그리스도의 의도는 하나님의 거룩한 율법을 서기관들의 속되고 불경스러운 행실에서 분리시키고자 하시는 것이다. 왜냐하면, "모세의 자리에 앉았다"는 것은 하나님의 율법에 따라서 우리가 어떻게 살아야 하는지를 가르치는 것 외의 다른 것이 아니기 때문이다. "모세의 자리"라는 표현이 어디에서 유래하였는지에 대해서 나는 잘 모르지만, 그것이 에스라가 율법을 봉독하기 위해서 세운 강단을 가리키는 것이라는(느 8:4) 주장도 일리가 있다고 본다. 분명히 랍비들은 성경을 해설하고자 할 때에 청중들 가운데서 일어섰을 것이고, 청중들보다 더 높이 있는 자리에서 율법을 강론하는 것이 관례였을 것이다. 그러므로 "모세의 자리에 앉은" 자는 누구든지 자기 자신의 가르침이나 생각을 따라서가 아니라 하나님의 권위와 말씀을 따라서 가르치는 자이다. 아울러, 이 말씀은 합당한 부르심을 나타내는 것이기도 하다. 왜냐하면, 서기관들은 교회의 공적인 선생들이었던 까닭에, 그리스도께서는 백성들에게 서기관들이 말하는 것들을 들으라고 명하시는 것이기 때문이다.

　　교황주의자들은 교회의 법들을 세우는 자들은 여기에 나오는 "서기관"의 지위와 권위를 당연히 소유하는 것이라고 여기고서, 그렇기 때문에 교회에서 정당하게 임명된 주교들이 무엇을 명하든지 우리는 그 명령에 순종하는 것이 마땅하다는 것이 그리스도께서 여기에서 하신 말씀의 의미라고 주장함으로써 하나님의 말씀을 왜곡시킨다. 그러나 그들의 그러한 왜곡은 그리스도께서 "바리새인의 누룩을 조심하라"(마 16:6)고 말씀하신 것에 의해서 여지 없이 반박된다. 왜냐하면, 여기에서 그리스도께서는 서기관들이 율법의 순전한 가르침에 그들 자신의 가르침들을 섞는 경우에는 그 가르침들을 거부하는 것이 합당할 뿐만 아니라 반드시 거부해야 한다고 명하고 계시는 것인 까닭에, 그들이 명하는 것들을 우리가 무조건적으로 분별 없이 받아들여서는 안 된다는 것은 너무나 분명하기 때문이다. 게다가, 만약 그리스도께서 여기에서 그를 따르는 자들의 양심을 "사람들의 계명"에 묶어 두고자 하신 것이라면, 그리스도께서 다른 곳에서 하신 말씀, 즉 "사람의 계명으로 교훈을 삼아 가르치니 나를 헛되이 경배하는도다"(마 15:9)라고 하신 말씀은 거짓이 되고 말 것이다. 이것으로부터 분명한 것은 그리스도께서는 백성들에게 서기관들이 율법을 순전하고 참되게 해석할 때에만 그들의 말에 순종하라고 권면하고 계시다는 것이다. 아우구스티누스(Augustinus)는 서기관들이 모세의 자리에 앉아서 하나님의 율법을 가르쳤기 때문에, 양들은 삯꾼들인 그들이 전하는 말씀 속에서 분별하여 참된 목자의 음성을 들어야 한다고 이 말씀을 해석했는데, 그의 해석은 정확하고 그리스도의 의도와 부합한다. 아우구스티누스는 그런 해석에 계속해서 이런 말을 덧붙인다: "그러므로 하나님은 그들을 통해서 가르치시기는 하지만, 만약 그들이 그들 자신의 생각을 가르치고자 한다면, 그 가르침을 듣지도 말고 행하지도 말라." 또한, 아우구스티누스가 그의 저서인 「기독교 교리」 제4권에서 한 말도 이것과 동일한 취지이다: "선한 신자들은 사람의 말이 아니라 하나님 자신의 말씀을 듣고 순종하기 때문에, 무익한 삶을 사는 자들이 하는 말을 듣고 유익을 얻을 수 있다." 그러므로 서기관들은 비록 선한 것을 행하지 않았다고 할지라도, 그들이 앉은 자리가 "모세의 자리"였던 까닭에, 선한 것을 가르치지 않을 수 없었다. 왜냐하면, 그들이 그들의 삶 속에서 행한 것은 그들 자신의 것이었지만, 그들이 앉은 자리는 남의 자리, 즉 모세의 자리였던 까닭에, 그들 자신의 것을 가르칠 수 없었기 때문이다.

　　마 23:4. 또 무거운 짐을 묶어. 그리스도께서는 서기관들이 가혹하고 불의한 율법들로 심령들을 억압하고 압제하였다고 고소하시지 않는다. 왜냐하면, 다른 본문들을 통해서 분명하게 알 수 있듯이, 서기관들이 수많은 쓸데없는 의식(儀式)들을 도입했다는 것은 사실이지만, 여기에서 그리스도의 의도는 올바른 가르침과 악하고 방탕한 삶을 대비시키는 것이었던 까닭에, 그리스도께서는 여기에서 그러한 악(惡)을 지적하고 계시는 것이 아니기 때문이다. 여기에서 하나님의 율법이 힘겹고 "무거운 짐"이라 불리는 것은 이상한 것이 아니고, 우리의 연약함을 고려하면 더더욱 그러하다. 서기관들은 하나님이 명하신 것 외에는 아무것도 요구하지 않았지만, 그리스도께서는 그들의 가르치는 방식이 엄하고 가혹한 것을 책망하신다. 저 교만한 외식하는 자들은 통상적으로 다른 사람들에게 하나님께 마땅히 행해야 할 것들을 권위주의적으로 요구하고, 그들의 본분들을 가혹하게 강제하면서도, 그들 자신이 그토록 엄하게 다른 사람들에게 요구한 것들을 정작 그들 자신은 아랑곳하지 않고, 그들이 하고 싶은 대로 행한다. 이런 의미에서 에스겔은 그런 자들이 엄하고 가혹하게 다스린다고 책망한다(34:4). 하나님을 진정으로 경외하는 자들은 그들의 제자들로 하여금 하나님께 순종하도록 하기 위하여 진심으로 정성을 다해 애를 쓰지만, 다른 사람들에 대해서보다는 그들 자신에 대하여 더 엄격한 까닭에, 다른 사람들에게 그렇게 가혹하게 순종을 강요하지 않고, 도리어 그들 자신의 연약함을 알기 때문에, 약한 자들을 너그럽게 대한다. 그러나 하나님을 멸시하는 우매한 자들은 그들 자신이 하나님의 계명들을 행하지 않기 때문에, 그 계명들을 행하는 것이 얼마나 어려운 일인지에 대하여 관심이 없고, 그런 까닭에 다른 사람들에게 고압적이고 가혹하게 하나님의 계명들을 행하라고 명할 수밖에 없다. 그러므로 하나님의 계명을 스스로 행하며 가르치는 자 외에는 그 누구도 절제(節制)를 유지하면서 다른 사람들을 가르칠 수 없다.

마 23:5. 그들의 모든 행위를. 그리스도께서는 방금 서기관들이 그들이 가르치는 것과는 완전히 딴판으로 살아간다는 것을 말씀하셨는데, 이제 여기에서는 그들에게는 사람들의 인정(認定)을 받고 자기 자신을 과시하는 것 외에 다른 목적이 없기 때문에, 설령 그들이 겉보기에 선해 보이는 일을 한다고 해도, 그것은 외식하는 것으로서 무가치한 것이라는 말씀을 덧붙이신다. 여기에서는 경건과 거룩한 삶에 대한 열심이 오직 과시하는 것이 목적인 외식하는 행위들과 대비되고 있다. 왜냐하면, 외식하는 자들은 사람들에게 보이기 위한 행위들을 통해서 자신을 과시하지만, 하나님을 올바르게 섬기는 자들은 결코 그런 짓을 하지 않을 것이기 때문이다. 이렇게 그리스도께서는 서기관들과 바리새인들의 야심(ambitio)을 책망하실 뿐만 아니라, 그들이 그들의 삶 전체로 하나님의 율법을 범하고 멸시하는 것을 단죄하신 후에, 그들이 위장된 거룩함 뒤에 숨어서 그들 자신을 보호하지 못하도록 하시기 위하여, 미리 선수(先手)를 치셔서, 그들이 자랑하는 것들은 사람들에게 보이기 위한 것이고 그들 자신을 과시하기 위한 것이기 때문에 아무 짝에도 쓸데없는 무가치한 것들이라고 못을 박으시는 것이다. 그런 후에, 그리스도께서는 그들 자신을 높이고자 하는 그들의 야심을 잘 보여주는 한 가지 예를 드시는데, 그것은 그들이 그들의 "옷술"을 다른 사람들과 다르게 하여, 사람들이 그들을 율법을 잘 지키는 자들로 보게 하고자 한 것이었다.

그들이 일반적인 관례보다 "그 경문 띠를 넓게 하며 옷술을 길게 한" 것이 그들의 경건함을 사람들에게 과시하고자 하였기 때문이 아니라면, 왜 그들이 그런 짓을 하였겠는가? 하나님께서는 유대인들에게 율법에 나오는 몇몇 중요한 구절들을 그들의 이마와 옷에 붙이고 다니라고 명령하셨다(신 6:8). 육신은 율법을 망각하기가 너무나 쉬운 성향을 지니고 있었기 때문에, 하나님은 이런 식으로라도 자기 백성이 그의 율법을 늘 기억하기를 바라신 것이다. 그래서 하나님은 그들에게 그들의 집의 "문설주"(신 6:9)에도 성구(聖句)들을 새겨놓고서, 문들을 출입하면서 그 성구들을 볼 때마다 하나님의 거룩하신 명령들을 되새기라고 명령하기도 하셨다. 그런데 서기관들은 어떻게 하였는가? 그들은 그들 자신을 다른 사람들보다 돋보이게 하기 위하여, 하나님의 계명들을 그들의 옷에 더 큰 글자로 새겨서 입고 다녔는데, 이러한 화려한 치장은 그들의 부패한 야심을 보여주는 것이었다. 이것을 통해서 우리는 사람들이 미덕의 겉모습 아래에 그들의 악들을 은폐하기 위하여, 하나님이 명하신 경건의 행위들을 그들 자신의 외식을 위한 것으로 변질시키는 방식으로 거짓된 위조물들을 혼합시켜 넣는 데에 얼마나 귀신 같은 재주가 있는지를 알게 된다. 만약 그들이 그들의 모든 지각을 총동원해서 하나님의 율법을 묵상하였더라면, 그들에게 그것보다 더 유익한 것은 없었을 것이다. 하나님께서 그들에게 그렇게 하라고 명하신 데에는 다 이유가 있었다. 그러나 그들은 하나님의 이 단순하고 쉬운 교훈으로부터 유익을 얻기는커녕, 오직 그들의 옷을 하나님의 계명들로 장식하는 것에서 그들의 의(義)를 찾음으로써, 그들의 삶 전체를 통해서 하나님의 율법을 멸시하였다. 왜냐하면, 그들이 하나님의 말씀들로 그들의 옷을 장식하거나 가면을 쓰고 연극을 하고서, 그것을 하나님의 율법을 지킨 것이라고 생각하거나 자랑한 것보다 더 하나님의 율법을 멸시하는 것은 불가능하기 때문이다.

마가와 누가가 옷에 관하여 말하고 있는 것도 동일한 취지이다. 우리가 알다시피, 당시에 동방 사람들은 보통 "긴 옷"을 입었고, 이 관습은 오늘날까지 이어지고 있다. 그러나 스가랴서(13:4)는 선지자들이 일반 사람들과는 구별되는 특별한 종류의 외투를 입었다는 것을 보여 준다. 사실, 선생들이 그들의 옷을 통해서 일반 사람들보다 더 큰 장중함과 단정함을 나타내고자 이런 식으로 옷을 입는 것은 합당한 일이었다. 그러나 서기관들은 이것을 악용하여, 그들 자신의 화려한 영광을 과시할 기회로 변질시켰다. 서기관들의 이러한 모범은 교황의 사제들이 계승하였는데, 사제들의 화려한 옷은 단지 그들의 교만한 폭정(暴政)을 은폐하는 가면일 뿐이다.

마 23:6. 잔치의 윗자리. 그리스도께서는 서기관들 속에 경건에 대한 열심(pietatis studium)이 없고, 오직 야심(ambitio)만이 가득 차 있다는 것을 명백한 증표들을 통해서 증명하신다. 왜냐하면, "윗자리"와 "높은 자리"를 찾는 것은 하나님의 인정(認定)을 받고자 하기보다는 사람들 가운데서 높임을 받고자 하는 자들이 보이는 행태이기 때문이다. 그리스도께서는 무엇보다도 특히 그들이 "랍비라 칭함을 받는 것을 좋아한다"는 것을 단죄하신다. 왜냐하면, "랍비"라는 단어는 원래 "탁월함"을 의미하는 말이지만, 당시에 유대인들 사이에서는 율법에 정통한 선생들을 "랍비"라는 호칭으로 부르는 것이 관행이었기 때문이다. 그러나 주님께서는 주님 자신 외에는 그 누구도 그러한 존귀를 받을 수 없다고 단호하게 말씀하신다. 이것으로부터 우리는 "랍비"라는 호칭을 사람들에게 사용하는 것은 주님의 존귀를 해(害)하는 것이 된다는 결론을 얻는다. 그러나 그리스도께서 지금 친히 우리를 가르치시는 것이 아니라, 우리를 위해 "선생들"을 세우신다는 것을 생각하면, 이러한 결론은 지나치게 가혹할 뿐만 아니라, 심지어 불합리해 보이기까지 한다. 그리스도께서 우리를 위해 가르치는 직분을 주신 자들에게서 이러한 호칭을 빼앗는 것은 불합리해 보이고, 특히 그리스도께서 이 땅에 계실 때에 사도들을 세우셔서 그의 이름으로 가르치는 직분을 수행하게 하신 것을 생각할 때에 더더욱 그러하다.

만약 이것이 "랍비"라는 호칭의 사용에 관한 문제라면, 바울은 자기가 "이방인의 스승"(딤전 2:7)이라고 선언하였을 때에, 신성모독적인 참칭이나 자랑을 통해서 그리스도께 어떤 해(害)를 가하고자 한 것이 아니라는 것은 너무나 분명하다. 그러나 그리스도께서 이 말씀을 하실 때에, 가장 작은 자로부터 가장 큰 자에 이르기까지 모든 사람을 그에게 순종하게 하셔서, 그 자신의 권위가 손상되지 않고 보존되게 하시는 것 외에 다른 의도를 가지신 것이 아니기 때문에, 우리는 "랍비"라는 호칭 자체에 대해서는 크게 신경 쓸 필요가 없다. 그러므로 그리스도께서는 가르치는 직분을 수행하는 자들에게 수여된 "랍비"라는 호칭에 중요성을 부여하고 계시는 것이 아니라, 그런 자들에게 분수를 지켜서 합당한 한도 내에서 행하여, 형제들의 믿음을 주관하지 말라고 경고하고 계시는 것이다. 우리는 다음과 같은 구별, 즉 하늘에서 큰 소리로 들려온 아버지의 음성은 오직 "그리스도의 말을 들으라"(마 17:5)고 하셨기 때문에, 모든 사람은 오직 그에게만 순종하여야 한다는 것, 그리고 사람들이 가르치는 직분을 맡은 자들의 가르침 속에서 그의 음성을 들어야 한다는 의미에서만 그들은 그의 사역자들이고, 그들이 그를 대표한다는 의미에서만 그들은 그리스도 아래에서 "선생들"이라는 것을 늘 명심하여야 한다. 그리스도께서 하신 말씀의 요지는 오직 그만이 "선생"으로서의 온전한 권위를 지니고 계시기 때문에, 사람은 그 누구도 그 권위를 조금이라도 자신의 것으로 주장해서는 안 된다는 것이다. 이렇게 그리스도는 유일한 목회자이시지만, 많은 목회자들을 자기 아래 두시고서, 그들 위에서 그들을 주관하시는 가운데에, 그들을 통해서 오직 그가 교회를 다스리신다.

이제 우리는 앞에서 살펴본 구절과 대구(對句)를 이루고 있는 또 하나의 구절을 살펴볼 차례이다. 그리스도께서는 우리는 다 "형제"이기 때문에, 그 누구도 다른 사람들에 대하여 "선생"이 될 자격이 없다고 말씀하신다. 이것으로부터 우리는 그리스도께서는 경건한 자들이 서로 형제로서 교제하는 것을 훼손시키지 않는 한 "선생"의 직분을 단죄하지 않으신다는 결론을 얻게 된다. 요컨대, 그리스도께서는 여기에서 모든 사람이 오직 그리스도의 입을 바라보아야 한다는 것 외에 다른 것을 명하시는 것이 아니라는 것이다. 바울이 우리는 다 "형제"이고 우리 모두가 "하나님의 심판대 앞에 서게" 될 것이기 때문에 우리에게는 서로를 "비판할" 권한이 없다고 말한 것(롬 14:10)도 거의 동일한 취지이다.

마 23:9. 땅에 있는 자를 아버지라 하지 말라. 그리스도께서는 방금 전에 오직 그만이 유일한 "선생"이라고 단언하신 것과 거의 동일한 의미에서 "아버지"로서의 존귀는 오직 하나님께만 돌려야 한다고 말씀하신다. 왜냐하면, "아버지"라는 이름은 사람들이 스스로 그들 자신에게 붙인 것이 아니라, 하나님이 그들에게 주신 것이기 때문이다. 그러므로 "땅에 있는 자를 아버지라 하는" 것은 불법일 뿐만 아니라, 그렇게 해서 유일하신 "아버지"로서의 존귀를 하나님에게서 뺏는 것은 악한 일이다. 어떤 이들은 자녀들을 둔 자들은 육신을 따른 아버지들인 반면에, 오직 하나님만이 "영들의 아버지"라고 주장하는데, 이러한 구별은 무의미하다. 성경이 히브리서 12:5에서처럼 종종 그런 식으로 하나님을 사람과 구별한다는 것은 나도 인정하지만, 바울은 자기 자신을 적어도 두 번 영적 "아버지"(고전 4:15; 빌 2:22)라고 부르기 때문에, 우리는 이것이 그리스도의 말씀과 어떻게 부합하는지를 살펴보지 않으면 안 된다. 그러므로 그리스도께서 하신 말씀의 참된 의미는 "아버지"로서의 존귀를 사람에게 돌리는 것은 하나님의 영광을 가리는 것이기 때문에 잘못된 일이라는 것이다. 하나님을 제쳐놓고 죽을 수밖에 없는 존재인 사람을 아버지라 여길 때마다 그런 일이 일어난다. 왜냐하면, 사람들 간의 모든 관계는 오직 그리스도로 말미암아 하나님께 의존되어 있고, 엄밀하게 말해서, 사람들은 오직 하나님만이 만유(萬有)의 "아버지"가 되시는 방식으로 서로 결합되어 있기 때문이다.

마 23:10. 너희의 지도자는 한 분이시니 곧 그리스도시니라. 그리스도께서 "선생"으로서의 자신의 직임에 관한 앞서의 말씀을 여기에서 다시 한 번 되풀이하시는 것은 오직 하나님만이 우리를 다스리시고 "아버지"로서의 권능과 권위를 지니고 계시다는 것, 그리고 그리스도께서는 모든 사람을 그의 가르침에 복종하게 하여 그의 제자들이 되게 하신다는 것을 우리에게 알게 하시기 위한 것이다. 성경의 다른 곳에서 말하고 있듯이, 온 몸이 그리스도에게 속하여 순종하는 것이 마땅하기 때문에, 그리스도는 "온 교회의" 유일하신 "머리"이시다(엡 1:22).

마 23:11. 너희 중에 큰 자는. 이 결론적인 말씀을 통해서 그리스도께서는 자기가 궤변론자들처럼 호칭들을 가지고 시비를 거시는 것이 아니라, 반대로 그 누구도 자신의 분수를 망각하고서 자신의 분수 이상의 것을 주장해서는 안 된다는 것을 염두에 두시고 말씀하시는 것임을 보여주신다. 그러므로 그리스도께서는 교회 속에서 최고의 존귀는 "다스리는" 것이 아니라 "섬기는" 것이라고 선언하신다. 이러한 기준을 따라 자신의 분수를 지켜 행하는 자는 그 직분이나 호칭이 무엇이든지 간에 하나님이나 그리스도의 영광을 가리지 않는 자인 반면에, "선생" 또는 "지도자"로서의 그리스도의 권위를 갉아먹는 방식으로 교회 속에서 권세를 휘두르는 자는 그것을 은폐할 목적으로 자기 자신을 "종"이라는 이름으로 부른다고 해도, 그것은 아무 소용없는 일이다. 교황이 폭압적인 교회법들을 만들어서 불쌍한 심령들을 압제하려고 하면서, 하나님을 대놓고 모욕하고 사람들에게 부끄러운 속임수를 쓰고자 하는 마음을 버리지 않는다면, 입을 열 때마다 자기 자신을 "하나님의 종들 중의 종"이라는 멋진 수사(修辭)로 그 서두를 장식한다고 해도, 그것이 무슨 소용이 있겠는가? 이제 그리스도께서는 호칭들을 가지고 문제를 삼으시는 것이 아니라, 그를 따르는 자들이 천부(天父) 아래에서 서로 동등하게 형제로서의 교제를 나누는 것 이상의 그 어떤 높은 지위를 바라는 것을 엄격히 금하시고, 존귀한 자리에 있는 자들에게 다른 사람들의 "종"이 되어 섬기라고 당부하신다. 그런 후에, 그리스도께서는 우리가 앞서 살펴보았던 저 주목할 만한 말씀, 즉 "누구든지 자기를 낮추는 자는 높아지리라"는 말씀을 덧붙이신다.

[13]화 있을진저 외식하는 서기관들과 바리새인들이여 너희는 천국 문을 사람들 앞에서 닫고 너희도 들어가지 않고 들어가려 하는 자도 들어가지 못하게 하는도다 [14][없음] [15]화 있을진저 외식하는 서기관들과 바리새인들이여 너희는 교인 한 사람을 얻기 위하여 바다와 육지를 두루 다니다가 생기면 너희보다 배나 더 지옥 자식이 되게 하는도다(마 23:13-15).

[40]그들은 과부의 가산을 삼키며 외식으로 길게 기도하는 자니 그 받는 판결이 더욱 중하리라 하시니라(막 12:40).

[52]화 있을진저 너희 율법교사여 너희가 지식의 열쇠를 가져가서 너희도 들어가지 않고 또 들어가고자 하는 자도 막았느니라 하시니라 … [47]그들은 과부의 가산을 삼키며 외식으로 길게 기도하니 그들이 더 엄중한 심판을 받으리라 하시니라(눅 11:52; 20:47).

서기관들에 대한 그리스도의 단죄는 여기에서 한층 더 강력해지는데, 그리스도께서 이렇게 하시는 것은 서기관들을 위해서라기보다는 일반 백성들과 순진한 사람들을 서기관들의 분파로부터 떼어 놓으시기 위한 것이다. 왜냐하면, 우리는 성경에서, 버림받은 자들에 대하여 하나님의 심판이 선포됨으로써, 그들로 하여금 더욱 변명할 수 없게 만들지만, 그들에 대한 심판을 통해서 하나님의 자녀들은 그들과 동일한 범죄의 올무에 걸려서 동일한 멸망에 떨어지지 않도록 조심하여야 한다는 유익한 경고를 받는 것을 자주 보기 때문이다. 서기관들은 하나님에 대한 예배를 무너뜨리고 경건의 가르침을 부패시키고도 전혀 고칠 생각을 하지 않고, 도리어 그들에게 제시된 구속(救贖)을 배척하는 일에 광분함으로써, 그들 자신과 유대 민족 전체를 멸망으로 몰고 갔기 때문에, 그리스도께서 그들의 실상(實相)을 낱낱이 밝혀서, 그들을 모든 사람의 미움과 혐오의 대상이 되게 하시는 것은 마땅한 일이었다. 그렇지만 그리스도께서 주로 염두에 두신 것은 그들이 어떤 벌을 받아야 마땅한가를 보여주는 것이 아니라, 순진하고 무지한 자들이 이 말씀을 통해서 받을 유익이었다. 왜냐하면, 그리스도께서는 그의 공생애 말기에 이르러서야, 자발적인 경우를 제외하고는 그 누구도 이토록 악하고 불경건한 자들에게 속는 일이 없도록 하시기 위하여, 이와 같은 엄숙한 증언을 남기고자 하셨기 때문이다. 우리는 거짓 선생들에 대한 어리석은 공경심이 순진한 자들이 그들의 잘못된 생각이나 사고를 벗어나는 것을 얼마나 강력하게 방해하는지를 안다. 당시에 유대인들은 거짓된 가르침에 깊이 물들어 있었고, 아주 어릴 때부터 수많은 미신(迷信)들을 흡수하였다. 그래서 그들을 올바른 길로 돌아오게 하는 것도 어렵고 힘든 일이었지만, 최대의 걸림돌은 그들이 거짓 선생들에 대하여 갖고 있던 어리석고 잘못된 견해에 있었다. 왜냐하면, 그들은 거짓 선생들을 교회의 합법적인 지도자들, 하나님의 예배를 주관하는 자들, 하나님 신앙의 기둥들로 여겼기 때문이다. 게다가, 그들은 너무도 견고하게 거짓 선생들에게 예속되어 있었기 때문에, 충격적인 경고가 아니고서는, 그들을 거짓 선생들에게서 떼어 놓는 것은 거의 불가능한 일이었다. 그러므로 그리스도께서 서기관들에 대하여 하나님의 무시무시한 원수 갚으심을 선언하시는 것은 그들을 저주하시기 위한 것이 아니라, 그들의 속임수로부터 사람들을 건져 내시기 위한 것이었다. 마찬가지로, 우리가 오늘날 교황에게 속한 성직자들에 대하여 우렛소리를 발할 수밖에 없는 것은, 완전히 악하여지지 않아서 아직도 하나님의 말씀을 들을 여지가 남아 있는 자들로 하여금 하나님의 심판에 관한 경고의 말씀들을 듣고서 그들의 구원에 대하여 심각하게 고민하게 하여, 그들을 사로잡고 있는 저 치명적인 미신(迷信)들의 올무를 깨뜨리도록 하기 위한 것 외에 다른 목적이 없다.

이것으로부터 우리는 우리의 과격함(vehementia)을 싫어하고 혐오하는 자들이 보이는 온건함(mollities)이 얼마나 잔인한 것인지를 알게 된다. 이리들이 끊임없이 입을 벌리고서 양들을 찢어 삼키고 있는데도, 그런 자들은 누가 그런 이리들을 엄하고 호되게 야단치고 혼내는 것을 보면 불쾌해한다. 그러면서도, 양들을 멸망에서 건지고자 애쓰는 목자가 큰 소리를 쳐서 이리들을 쫓아내지 않으면, 그들은 불쌍한 양들이 위장 전술에 속아 넘어가서 겁도 없이 이리들의 아귀 속으로 뛰어드는 모습을 보고만 있다. 그러므로 우리가 그리스도의 참된 의도를 따라 행하는 것은 그의 모범을 그대로 본받아서, 하나님을 멸시하는 자들에게 엄하게 경고하고 하나님의 심판을 담대히 외침으로써, 고침받을 여지가 있는 자들이 멸망에 대한 두려움으로 인하여 그런 자들에게서 떠나도록 이끄는 것이다. 왜냐하면, 비록 아무 소득이 없을지라도, 우리가 진리의 원수들에 대하여 경고함으로써 그들을 하나님의 심판대 앞에 호출하는 것은 마땅한 일이고, 이것을 통해서 다른 사람들에게도 만약 그들이 신속하게 그 원수들과의 악한 연합을 끊고 그 원수들에게서 떠나지 않는다면 동일한 멸망이 그들을 기다리고 있다는 것을 경고해 주어야 하기 때문이다.

마 23:13. 너희는 천국 문을 … 닫고. 그리스도께서 그들에게 "화"를 선포하시는 것은 그들이 그들의 직분을 이용하여 사기를 쳐서, 온 백성을 다 멸망으로 이끌었기 때문이다. 왜냐하면, 교회를 다스리는 권세가 그들의 수중에 있었던 까닭에, 그들은 마땅히 "천국"의 문지기들이 되었어야 했기 때문이다. 신앙과 거룩한 가르침이 우리에게 "천국 문"을 열어 주지 않는다면, 그런 것들이 무슨 소용이 있겠는가? 왜냐하면, 우리는 온 인류가 하나님 앞에서 쫓겨났고, 영원한 구원이라는 유업(遺業)에서 배제되어 있다는 것을 알기 때문이다. 신앙의 가르침은 우리로 하여금 생명으로 들어가게 해주는 "문"이라고 할 수 있기 때문에, 성경은 "천국 열쇠"가 목회자들에게 주어졌다고 은유적으로 말하는데, 이것에 대해서는 내가 마태복음 16:19을 주해할 때에 자세하게 설명한 바 있다. 우리는 누가 본문에 한층 더 분명하게 표현되어 있는 이러한 정의를 굳게 붙잡아야 한다. 거기에서 그리스도께서는 율법 교사들을 그들이 "지식의 열쇠를 가져갔다"는 이유로 책망하시는데, 이것은 그들이 하나님의 율법의 수호자들임에도 불구하고, 백성들에게서 율법에 대한 참된 깨달음을 빼앗아가 버렸다는 것을 의미한다. 오늘날 믿는 자들로 하여금 영생에 들어가게 하고, 불신자들로 하여금 영생에 대한 모든 기대를 포기하게 하기 위하여, "천국 열쇠"가 목회자들에게 맡겨진 것과 마찬가지로, 옛적에 율법 아래에서는 제사장들과 서기관들이 그 동일한 직분을 맡고 있었다.

"지식"이라는 단어를 통해서 우리는 교황주의자들이 마치 그들이 하나님의 말씀과는 별개로 어떤 주술적인 능력을 소유하고 있다는 듯이 가짜 열쇠들을 위조해서 가지고 있는 것이 얼마나 어처구니없는 일인지를 알게 된다. 왜냐하면, 그리스도

께서는 하나님의 말씀을 가르치는 자들 외에는 그 누구도 "열쇠"를 가지고 있는 것
이 아니라는 것을 분명하게 선언하고 계시기 때문이다. 바리새인들은 율법을 그릇
되게 해석한 자들이었음에도 불구하고 "열쇠"를 지니고 있는 것으로 묘사되고 있
는 것은 이상하다고 의문을 제기하는 사람이 있다면, 나의 대답은 이렇다. 즉, 비록
그들이 지닌 직분으로 인해서 "열쇠"가 그들에게 맡겨지긴 했지만, 그 열쇠의 효력
은 그들의 악의와 속임에 의해서 억눌려져서 이미 그들에게서 상실되었다는 것이
다. 그러므로 그리스도께서는 그들이 "천국 문"을 여는 데에 사용했어야 하는 "지
식의 열쇠를 가져갔다" 또는 "훔쳐갔다"고 말씀하시는 것이다. 마찬가지로, 오늘날
에도 문지기들, 또는 적어도 그런 직분을 지닌 자들이 그들의 폭정(暴政)을 통해서
천국 문이 열리는 것을 막고 있기 때문에, 교황 제도 아래에서 불쌍한 사람들에게
"천국 문"이 닫혀져 있다. 그러므로 우리가 철저히 무관심한 자들이 아니라면, 우
리는 우리가 생명에 들어가는 것을 잔인하게 막고 있는 악한 폭군들과 손을 잡아
서는 안 된다.

막 12:40. 과부의 가산을 삼키며. 그리스도께서는 이제 한 걸음 더 나아가서서,
모든 사람들로부터 미움과 혐오를 받아 마땅한 그들의 공개적인 죄악들을 질타하
실 뿐만 아니라, 여기에서는 백성들의 것을 속여 빼앗기 위하여 그들의 속임수들
을 위장할 목적으로 사용한 미덕의 가면들을 찢어 벗기신다. 그리스도께서 서기관
들의 악행들 중에서 백성들이 본받을 염려가 없었던 것들조차도 굳이 이런 식으로
드러내어 책망하실 필요가 과연 있었느냐고 누가 반론을 제기한다면, 우리는 서기
관들의 오류들에 묶여 있는 자들이 서기관들로부터 온전히 돌아서지 않는 한 그들
의 구원은 요원한 일이었다는 사실을 기억하여야 한다. 그러므로 그런 이유 때문
에 그리스도께서는 백성들 사이에서 계속해서 미신(迷信)들을 조장하는 역할을 하
고 있었던 미덕의 거짓된 가면들을 서기관들에게서 벗겨내시지 않으면 안 되었던
것이다.

막 12:40. 외식으로 길게 기도하는. 그리스도께서 하시는 말씀의 요지는 서기관
들은 심지어 옳은 일을 하고 있는 듯이 보일 때에도 사실은 그들의 악한 목적을 위
해 신앙을 이용하고 있다는 것이다. "길게 기도하는" 것은 경건이 깊다는 것을 말
해 주는 증거가 될 수 있었다. 왜냐하면, 사람이 거룩해질수록 더욱더 기도에 오랜
시간 착념하는 법이기 때문이다. 그러나 그리스도께서는 바리새인들과 서기관들
은 너무나 순전하지 못하기 때문에, "길게 기도하는" 것조차도 더러운 이익을 위한

수단으로 전락시킬 정도로, 하나님에 대한 신앙의 주된 부분까지 악용해서 범죄하였다고 말씀하신다. 왜냐하면, 그들은 품꾼들이 그들의 품을 파는 것과 정확히 동일한 방식으로 그들의 기도를 팔았기 때문이다. 이것으로부터 우리는 그리스도께서는 "길게 기도하는" 것 자체가 잘못된 것이라고 하시는 것이 아니라 ─ 특히, 목회자들은 기도에 착념하는 것이 마땅한 일이라는 것을 생각할 때 ─ 그 자체로는 칭찬받을 일을 악용하여 악한 목적을 위한 것으로 변질시킨 것을 단죄하시는 것임을 알게 된다. 왜냐하면, 사람들이 기도를 팔아서 이득을 얻고자 할 때에는, 그들이 간절히 기도하는 것처럼 보일수록, 하나님의 이름은 더욱 더럽혀지기 때문이다. 서기관들이 "길게 기도하는" 것과 관련된 그릇된 확신이 백성들의 마음속에 오랫동안 깊이 자리를 잡고 있었고, 지극히 거룩한 것을 악용하여 더럽히는 것은 결코 가벼운 죄가 아니었기 때문에, 그리스도께서는 여기에서 아주 엄하게 경고하시는 것이다. 서기관들이 속여서 등쳐먹은 대상이 주로 "과부들"이었다는 것은 별로 놀랄 일이 아니다. 어리석은 여자들은 미신(迷信)에 더 쉽게 빠지는 속성을 지니고 있어서, 예로부터 악한 남자들은 늘 여자들을 상대로 사기를 쳐 왔기 때문이다. 그래서 바울은 당시의 거짓 선생들이 "죄를 중히 진 어리석은 여자들을 유인하고"(딤후 3:6) 있다고 꾸짖는다.

마 23:15. 너희는 … 바다와 육지를 두루 다니다가. 서기관들은 이방인들과 무할례자들을 유대교로 개종시키고자 애쓰고 노력한 그들의 열심으로도 유명하였다. 이렇게 해서 그들의 거짓된 경건의 모양이나 그 밖의 어떤 방법에 의해서 "교인 한 사람"을 얻었을 때, 그들은 그것을 유대 교회를 성장시킨 것으로 여겨서 대단한 자부심을 가지고 자랑하였다. 그들은 그들의 성실함과 능력으로 이방인들을 하나님의 교회 속으로 들어오게 하였다고 해서, 백성들로부터 칭송을 받았다. 그런데 그리스도께서는 여기에서 정반대로 그들은 그들의 분파로 끌어들인 자들을 더 무거운 정죄를 받게 만들고 있기 때문에, 그들의 열심은 칭찬받을 만한 일이 결코 아니고, 도리어 하나님의 심판(vindicta)을 더욱더 재촉하는 일이라고 선언하신다. 우리는 당시에 그들의 상태가 얼마나 부패하였고, 그들의 신앙이 얼마나 혼돈 속에 있었는지를 주목하여야 한다. 왜냐하면, 사람들을 제자로 삼아서 하나님께로 이끄는 것은 거룩하고 훌륭한 일이었지만, 당시에 온갖 악으로 더럽혀지고 극도로 타락해 있던 유대교로 이방인들을 "유인한" 것은 스킬라(Scylla, 이탈리아의 메시나 해협에 있는 바위 ─ 역주)에 서 있던 그 이방인들을 카리브디스(Charybdis, 바다의 소용돌이 - 역주)에게로 밀어넣는 것이었기 때문이다. 게다가, 그들은 하나님의 이름을 망령되고 불경하게 악용해서, 신앙이라는 이름 아래 공공연하게 죄악들을 마음 놓고 저지름으로써 "더 중한 심판"을 자초하였다. 우리는 이러한 서기관들과 동일한 예를 오늘날 수도사들에게서 볼 수 있다. 왜냐하면, 그들은 열심히 각지에서 입문자들을 불러모으지만, 그 입문자들은 방탕하고 기만적인 수도사의 삶을 배움으로써 다 형편없는 마귀 자식들이 되어 버리고 말기 때문이다. 수도사들이 모여서 향락을 즐기는 저 수도원이라는 시궁창 같은 곳은 하늘의 천사들조차도 타락시켜 버릴 정도로 그 더러움이 극심한 곳이다. 그런데도 수도사가 보이는 겉모습은 그들의 온갖 방탕하고 더러운 짓들을 다 은폐해 주는 대단히 유용한 외투 역할을 한다.

[16]화 있을진저 눈 먼 인도자여 너희가 말하되 누구든지 성전으로 맹세하면 아무 일 없거니와 성전의 금으로 맹세하면 지킬지라 하는도다 [17]어리석은 맹인들이여 어느 것이 크냐 그 금이냐 그 금을 거룩하게 하는 성전이냐 [18]너희가 또 이르되 누구든지 제단으로 맹세하면 아무 일 없거니와 그 위에 있는 예물로 맹세하면 지킬지라 하는도다 [19]맹인들이여 어느 것이 크냐 그 예물이냐 그 예물을 거룩하게 하는 제단이냐 [20]그러므로 제단으로 맹세하는 자는 제단과 그 위에 있는 모든 것으로 맹세함이요 [21]또 성전으로 맹세하는 자는 성전과 그 안에 계신 이로 맹세함이요 [22]또 하늘로 맹세하는 자는 하나님의 보좌와 그 위에 앉으신 이로 맹세함이니라 (마 23:16-22).

마 23:16. 화 있을진저 눈 먼 인도자여. 야심(ambitio)이 거의 언제나 외식 또는 위선(hypocrisis)과 연결되어 있는 것과 마찬가지로, 사람들이 갖고 있는 미신(迷信)은 목회자들의 탐욕(avaritia et rapacitas)에 의해서 조장된다. 사실, 세상은 잘못된 것들에 이끌리는 선천적인 성향을 지니고 있어서, 마치 의도적인 것처럼 온갖 종류의 사기와 협잡을 자기 자신에게로 끌어온다. 그러나 악하고 왜곡된 예배 형태들은 오직 지도자들이 스스로 받아들여서 용납할 때에만 자리를 잡게 된다. 통상적으로 지도자들은 잘못된 것들이 그들에게 이득을 가져다주는 원천이라는 것을 알기 때문에 잘못된 것들을 묵인할 뿐만 아니라 부채질하고 조장하기까지 한다. 그러므로 우리는 교황 제도 아래에서 갖가지 수단과 방법들이 동원되어 온갖 미신들이 조장된 것은 사제들이 그들의 탐욕을 채우는 데에 혈안이 되어 있었기 때문이라는 것을 안다. 그리고 그들은 지금도 어리석은 백성들을 미혹시키고 속여 빼앗기 위한 많은 방법들을 궁리해 내고 있다. 심령들이 일단 사탄의 주문(呪文)들이 지닌 미혹(迷惑)의 영향력 아래에 놓이게 되면, 그 심령들은 탐욕에 사로잡혀서, 더할 나위 없이 어처구니없고 극악무도한 짓을 아무렇지도 않게 여기게 된다. 유대인들이 "성전과 제단"보다도 "성전의 금"과 거룩한 예물들을 더 중시하게 된 것도 그런 이유 때문이었다. 그러나 예물들이 거룩한 것은 "성전과 제단"으로 인한 것이기 때문에, 그 예물들은 단지 부차적인 것들에 지나지 않았다. 이런 어처구니없는 개념이 서기관들과 제사장들의 머리에서 나왔으리라는 것은 우리가 쉽게 짐작할 수 있다. 왜냐하면, 그러한 개념은 그들의 탐욕을 채우는 데에 안성맞춤이었기 때문이다. 이러한 개념은 사람들을 말도 안 되는 잘못된 오해로 이끄는 것이었기 때문에 어리석을 뿐만 아니라 대단히 위험한 오류였다. 사람들은 하나님에 대한 순전한 예배로부터 떨어져 나가고자 하는 아주 강력한 성향을 지니고 있기 때문에, 이런 개념의 엄호 아래에서 사탄이 어리석고 허구적인 생각들에 아주 강하게 이끌리는 성향을 지닌 사람들을 하나님에 대한 올바른 신앙으로부터 멀어지게 만드는 것은 쉬운 일이었다. 이것이 그리스도께서 그러한 잘못된 생각을 아주 호되게 질책하시는 이유이다. 그런데도 교황주의자들은 하나님의 거룩하신 이름을 팔아서 그 이름을 심한 조롱거리로 만드는 것을 전혀 부끄러워하지 않는다. 왜냐하면, 그들은 성경을 사용하거나, 그들의 손을 하늘을 향해 드는 것보다도 냄새 나는 시체를 만지는 것을 더 중요하게 여기기 때문이다. 이런 식으로 해서, 하나님에 대한 육신적인 예배가 생겨나고, 그 결과 하나님에 대한 합당한 경외심은 점차 희미해진다.

마 23:16. 아무 일 없거니와. 이 말씀은 그들이 "성전"의 존귀함을 완전히 부정하였다는 것이 아니라, 상대적으로 그렇게 하였다는 의미이다. 왜냐하면, 그들이 "예물"의 거룩함을 과장해서 말할 때, 사람들은 무엇보다도 "예물"을 가장 거룩히 여기는 마음을 품게 되고, "성전과 제단"의 위엄은 폄훼되어서, 거룩한 예물을 두고 맹세한 경우에는 꼭 지켜야 하지만, 성전과 제물을 두고 맹세한 경우에는 그 맹세를 깨뜨린다고 하여도, 그것은 덜 중한 죄로 여기게 되기 때문이다.

마 23:18. 누구든지 제단으로 맹세하면. 여기에서 그리스도께서는 그 잘못된 오류를 고치시기 위하여 마땅히 해야 할 일을 행하신다. 왜냐하면, 그리스도께서는 우리를 근원(fons)으로 이끌고 가셔서, "맹세"의 본질에 의거하여, "성전"이 거기에 드려지는 "예물"보다 훨씬 더 귀하다는 것을 보여주시기 때문이다. 그러므로 그리

스도께서는 오직 한 분 하나님의 이름 외에 다른 것을 두고 "맹세하는" 것은 불법
이라는 것을 하나의 절대적인 명제로 제시하고 계시는 것이다. 이것으로부터 도출
되는 결론은 사람들은 "맹세"를 할 때에 어떤 형태를 사용하든지 간에 하나님께 그
에게 합당한 존귀를 드려야 한다는 것, 그리고 우리가 "성전"이나 "하늘"을 두고 맹
세할 수 있는 것은 성전은 하나님의 성소 또는 거처이고, 하늘은 하나님의 영광이
빛나는 곳이기 때문이라는 것이다. 하나님은 우리가 하나님의 권위를 손상시키지
않는 한에 있어서, 하나님의 임재를 상징하는 성전이나 하늘을 두고 맹세함으로써
하나님을 증인과 재판장으로 삼는 것을 허용하신다. 왜냐하면, 하늘 자체에 그 어
떤 신성(神性)을 부여하여 신으로 섬기는 것은 가증스러운 우상 숭배가 될 것이기
때문이다. 하나님은 "예물"보다는 "성전"을 통해서 그의 영광을 우리에게 더 밝히
나타내신다는 점에서, 우리는 "성전"에 더 큰 경외심과 거룩함을 돌려드리는 것이
합당하다. 그러므로 이제 우리는 그리스도께서 우리가 "하늘" 자체를 두고 "맹세
할" 때에, 그것은 "하늘에 계신 이"를 두고 "맹세하는" 것이라고 말씀하신 의미를
알게 된다. 즉, 그리스도의 의도는 우리가 온갖 형태로 "맹세"를 한다고 하여도, 그
것은 모두 맹세의 올바르고 합당한 대상이신 하나님을 두고 맹세하는 것임을 우리
에게 알게 하시는 것이었다.

[23]화 있을진저 외식하는 서기관들과 바리새인들이여 너희가 박하와 회향과 근채의
십일조는 드리되 율법의 더 중한 바 정의와 긍휼과 믿음은 버렸도다 그러나 이것
도 행하고 저것도 버리지 말아야 할지니라 [24]맹인 된 인도자여 하루살이는 걸러 내
고 낙타는 삼키는도다 [25]화 있을진저 외식하는 서기관들과 바리새인들이여 잔과 대
접의 겉은 깨끗이 하되 그 안에는 탐욕과 방탕으로 가득하게 하는도다 [26]눈 먼 바리
새인이여 너는 먼저 안을 깨끗이 하라 그리하면 겉도 깨끗하리라 [27]화 있을진저 외
식하는 서기관들과 바리새인들이여 회칠한 무덤 같으니 겉으로는 아름답게 보이
나 그 안에는 죽은 사람의 뼈와 모든 더러운 것이 가득하도다 [28]이와 같이 너희도
겉으로는 사람에게 옳게 보이되 안으로는 외식과 불법이 가득하도다(마 23:23-
28).

[42]화 있을진저 너희 바리새인이여 너희가 박하와 운향과 모든 채소의 십일조는 드
리되 공의와 하나님께 대한 사랑은 버리는도다 그러나 이것도 행하고 저것도 버리

지 말아야 할지니라 … ⁴⁴화 있을진저 너희여 너희는 평토장한 무덤 같아서 그 위를
밟는 사람이 알지 못하느니라(눅 11:42, 44).

그리스도께서는 서기관들이 모든 외식하는 자들에게서 발견되는 잘못, 즉 작고
사소한 일들에서는 지나치게 엄격하고 꼼꼼하지만 율법의 주된 핵심들은 무시하
고 소홀히 하는 잘못을 범하고 있다고 꾸짖으신다. 이 질병은 거의 모든 세대와 나
라들 가운데서 만연해 있었기 때문에, 사람들은 대체로 작고 사소한 것들을 정확
히 지킴으로써 하나님을 기쁘시게 해드리고자 애써 왔다. 사람들은 그들 자신이
하나님을 순종하는 것에서 완전히 벗어날 수는 없다는 것을 발견하고서, 사소하고
별 쓸데없는 것들을 꼼꼼히 지키는 보상 행위들을 통해서 그들의 극악무도한 죄악
들을 무마시키고자 하는 차선책을 택한다. 우리는 오늘날 교황주의자들이 하나님
의 주된 계명들을 범하면서도, 별 쓸데없는 의식(儀式)들을 행하는 데에는 그 열심
이 특별한 것을 본다. 그리스도께서 지금 서기관들과 관련해서 책망하시는 것도
바로 동일한 종류의 그런 거짓된 허구들(fictio)이다. 왜냐하면, 서기관들은 "십일
조를 드리는" 데에는 대단한 열심을 보이며 꼼꼼하게 챙긴 반면에, "율법의 더 중
한 것들"에 대해서는 거의 관심을 보이지 않았기 때문이다. 그리스도께서는 그들
의 역겨운 외식(外飾)을 좀 더 분명하게 드러내시기 위하여, 그들이 "십일조를 드
렸다"고 일반적인 표현을 사용하여 말씀하시는 것이 아니라, 그들이 "박하와 회향
과 모든 채소의 십일조"를 드려서, 가장 적은 비용으로 경건에 대한 그들의 특별한
열심을 나타내 보이고자 하였다고 말씀하신다. 그러나 그리스도께서는 율법의 의
(義)의 핵심이 "정의와 긍휼과 믿음"에 있다고 말씀하시기 때문에, 우리는 먼저 이
렇게 말씀하신 그리스도의 의도가 무엇인지, 다음으로 왜 그리스도께서는 마치 경
건이 사랑의 의무들에 비해서 부차적인 듯이, 하나님을 섬기는 것과 밀접하게 연
관되어 있는 첫 번째 돌판의 계명들에 대해서는 전혀 언급하지 않으신 것인지를
살펴보지 않으면 안 된다. "정의"는 공평 또는 공정(公正)을 의미하는 것으로 해석
되는데, 우리가 각 사람에 대하여 그 사람에게 합당한 대로 행하고, 다른 사람들을
속이거나 해치지 않는 것이 정의이다. "긍휼"은 한 걸음 더 나아가서, 우리가 가진
것으로 우리 형제들을 돕고, 조언이나 물질로 곤경에 빠진 자들을 건져주며, 부당
하게 압제받는 자들을 지켜 주고, 하나님이 우리에게 주신 수단들을 공동의 선(善)
을 위하여 아낌없이 사용하는 것이다. "믿음"은 흠 없이 온전한 것을 의미하는 것

에 다름 아니기 때문에, 교활함이나 악의나 속임수를 사용하지 않고, 누구나 남들로부터 신실하게 대접받고자 하는 것 같이 그런 신실함으로 모든 사람을 대하는 것이다. 그러므로 율법의 핵심은 사랑(caritas)으로 귀결된다.

어떤 이들은 "믿음"을 나와는 다르게 해석해서, 하나님을 섬기는 일 전체를 포괄하는 표현이라고 본다는 것을 나는 잘 알고 있다. 그러나 그리스도께서는 그가 늘 하시던 대로 여기에서도 형제 사랑을 거룩의 참된 시금석(試金石)으로 사용하고 계시는 것이기 때문에, 십계명의 첫 번째 돌판을 언급하신 것이 아니다. 누가가 "믿음"이라는 표현 대신에 "하나님께 대한 사랑"이라는 표현을 사용한 것은 나의 이러한 견해와 상충되는 것이 아니다. 왜냐하면, 그리스도의 의도는 하나님이 그의 율법에서 우리에게 요구하신 가장 중요한 것이 무엇인지를 보여주시는 것이었기 때문이다. 율법이 두 돌판으로 나뉘어 있어서, 첫 번째 돌판은 우리가 하나님에 대하여 어떻게 하여야 하는지를 보여주고, 두 번째 돌판은 우리가 사람들에 대하여 어떻게 하여야 하는지를 보여준다는 것은 잘 알려져 있는 사실이다. 누가는 마치 그리스도께서 율법의 주된 목적은 우리로 하여금 하나님을 사랑하게 하고, 우리의 이웃들에 대하여 공평하게 행하고 긍휼을 베풀게 하는 데에 있다고 말씀하신 것처럼 이 두 부분을 표현하고 있는 반면에, 마태는 단지 한 부분만을 제시하는 것으로 만족한다. 하지만 사랑의 의무들을 "율법의 더 중한 것" 또는 율법의 핵심들이라고 하는 것은 결코 불합리한 것이 아니다. 왜냐하면, 바울도 "사랑" 자체를 "율법의 완성"이라고 선언하면서, "사랑은 이웃에게 악을 행하지 아니하나니 그러므로 사랑은 율법의 완성이니라"(롬 13:10)고 말하기 때문이다. 그리스도께서는 이전에 율법의 계명들에 대하여 질문을 받으셨을 때에도 오직 두 번째 돌판에 속한 계명들만을 인용하셨다.

어떤 사람이 이것은 사람들에 대한 의무인 사랑(caritas)을 신앙(religio)보다 더 중하게 여기는 것이기 때문에 하나님보다 사람을 더 우선하는 것이 아니냐는 반론을 제기한다면, 그 대답은 쉽다. 왜냐하면, 그리스도께서는 여기에서 율법의 두 번째 돌판을 첫 번째 돌판과 대비시키시는 것이 아니라, 사람이 두 번째 돌판에 속한 계명을 어떻게 지키고 있느냐 하는 것 속에서 그 사람이 과연 하나님을 진심으로 섬기고 있는 것인가에 대한 증거를 찾으시는 것이기 때문이다. 경건(pietas)은 마음속에 존재하고, 하나님은 우리가 그를 과연 사랑하는지를 시험하시기 위하여 우리 속에 계시는 것도 아니고, 심지어 우리의 섬김을 필요로 하시는 것도 아니기 때문에, 외식하는 자들이 거짓말하고 하나님을 사랑하는 척하는 것은 쉬운 일이다. 그러나 어떤 사람이 형제 사랑의 의무들은 행하고 있는지 그렇지 않은지는 누구나 볼 수 있고 확인할 수 있는 것이기 때문에, 그 의무들을 행하는지의 여부를 통해서 외식하는 자들의 가식(假飾)과 후안무치함은 더 잘 드러난다. 그러므로 그리스도 께서는 의(義)를 구성하는 구체적인 요소들이나 그 체계를 세밀하게 구별하고 따 지고자 하신 것이 아니라, 단지 사람들이 통상적으로 이해할 수 있는 수준에서, 사 람들이 서로에 대하여 의롭게 행하고 사랑으로 대하며 진실할 때에만 율법을 지켰 다고 할 수 있다는 것을 보여주고자 하신 것이다. 왜냐하면, 그럴 때에만 사람들은 그들이 하나님을 사랑하고 경외한다는 것을 증언하는 것이고, 그들에게 진실한 믿 음과 경건이 존재한다는 것을 증명해 주는 합당하고 충분한 증거를 제시하는 것이 기 때문이다. 사람들에 대한 우리의 의무들을 행한다고 하여도, 만약 우리가 먼저 하나님에 대한 우리의 합당한 의무를 다하지 않는다면, 그것은 충분한 것이 아니 다. 왜냐하면, 하나님의 계명을 따라 자신의 삶을 규율하는 자는 먼저 하나님을 진 실하게 섬기는 자가 되지 않으면 안 되기 때문이다.

그러나 이것은 이 문제에 대한 충분한 대답이 되지 못한다. 왜냐하면, 그리스도 께서 "정의와 긍휼"보다 열등한 것으로 평가하신 "십일조"는 하나님에 대한 예배의 일부였고, 그 중 일부는 통상적으로 가난한 자들에게 돌아간 까닭에, 십일조는 첫 번째 돌판에 속한 계명과 두 번째 돌판에 속한 계명을 동시에 만족시키는 것이었 기 때문이다. 나의 대답은 이렇다. 즉, 그리스도께서는 여기에서 "십일조"를 구제, "믿음," "정의"와 비교하시는 것이 아니라, 서기관들의 위장된 거룩을 진실하고 순 수한 사랑의 마음과 비교하고 계시다는 것이다. 가장 적은 비용과 수고로 하나님 을 달래려는 목적이 아니었다면, 그들이 왜 그토록 기꺼이 자원해서 "십일조를 드 리고자" 하였겠는가? 왜냐하면, 그들은 "율법의 더 중한 것들"에 관심이 없는 자들 이었기 때문이다. 그러므로 그들이 하나님과 사람을 속이고자 행한 저 "율법의 경 한 것들"은 결코 사랑의 의무들의 일부로 여겨질 수 없는 것들이었다.

마 23:23. 이것도 행하고. 이것은 서기관들이 그리스도의 말씀을 트집잡고 비방 하는 것을 미리 차단하기 위한 것이다. 왜냐하면, 그들은 그리스도께서 하신 말씀 을 나쁜 쪽으로 해석해서, 그리스도께서 하나님의 율법이 명한 것들을 폐기하는 발언을 하였다고 얼마든지 비난하며 고소할 수 있었기 때문이다. 그래서 그리스도 께서는 하나님이 명하신 것은 무엇이든지 행하여야 하고, 그 중 어떤 것도 빠뜨려서는 안 된다는 것을 분명히 밝히시고서, "율법의 더 중한 것들"을 강조한다고 해서, 오직 그것들만을 지키고자 하는 것이 아니라, 거기에는 율법 전체에 대한 열심이 전제되고 있다는 것을 보여주신다. 이것으로부터 그리스도께서는 "율법의 더 중한 것들"로부터 시작하는 것이 마땅한데도 불구하고 도리어 "경한 것들"에만 집착하는 자들은 율법의 자연스러운 질서를 무너뜨리는 것임을 보여주신다. 왜냐하면, "십일조를 드리는" 것은 단지 부차적인 것에 불과한 것이었기 때문이다. 그러므로 그리스도께서는 율법을 지킴에 있어서 합당한 순서와 질서를 요구하시고 권하고 계시지만, 율법의 가장 작은 계명들의 권위조차도 폄훼할 의도가 전혀 없으시다는 것을 분명히 하신다. 율법의 한 부분이라도 범하는 것은 율법을 세우신 이를 멸시하는 것이기 때문에, 율법 전체를 지키는 것이 우리의 마땅한 본분이다. 왜냐하면, 우리에게 "간음하지 말라," "살인하지 말라," "도둑질하지 말라"고 명하신 하나님은 우리의 온갖 더러운 욕심도 단죄하셨기 때문이다. 이것으로부터 우리는 모든 계명은 서로 연결되어 섞여 짜여 있기 때문에, 어느 한 계명이라도 나머지 계명들로부터 분리할 권한이 우리에게 없다는 결론을 얻게 된다. 그런 까닭에, 성경은 "기록된 대로 모든 일을 항상 행하지 아니하는 자는 저주 아래에 있는 자라"(신 27:26; 갈 3:10)고 말씀하고 있는데, 이 말씀은 우리가 율법 전체의 의(義)를 하나도 빠짐없이 행하지 않으면 안 된다는 것을 보여주는 말씀이다. 그러나 우리가 앞서 말했듯이, 이렇게 율법 전체에 대한 경외심과 열심이 있어야 한다고 해서, 계명들의 경중(輕重)을 구별하거나 율법의 참된 의도를 찾으려고 해서는 안 되는 것이 아니라, 도리어 진정으로 율법을 지키고자 하는 자들은 율법을 단지 피상적으로 지키는 것으로 만족하지 않기 위해서 그런 것들에 관심을 갖고 마음을 쓰는 것이 마땅하다.

마 23:24. 맹인 된 인도자여. 이것은 잠언의 성격을 띤 말씀인데, 이 말씀을 통해서 그리스도께서는 외식하는 자들이 사소한 일들을 엄격하고 꼼꼼하게 지키고자 하는 욕구에 붙잡혀 있는 모습을 생생하게 묘사하신다. 왜냐하면, 그들은 마치 사소한 잘못을 하나라도 범하는 것은 백 번 죽는 것보다 더 참을 수 없는 일이라는 듯이, 아주 작은 잘못들을 하나라도 범하지 않으려고 철저히 행하면서도, 지극히 악독한 죄악들은 스스로 아무런 거리낌 없이 범할 뿐만 아니라, 다른 사람들이 그런 죄악들을 범해도 아무렇지도 않게 여기기 때문이다. 그들은 마치 작은 떡 조각은 "걸러내고" 떡덩이 전체는 "삼키는" 자 같은 어리석음을 범하고 있는 것이다.

마 23:24. 하루살이는 걸러 내고 낙타는 삼키는도다. 우리는 "하루살이"는 아주 작은 곤충이고, "낙타"는 아주 큰 짐승이라는 것을 안다. 그러므로 술이나 물을 거르면서, 우리의 목구멍에 별 해로움 없이 술술 넘어가는 "하루살이"는 걸러 내면서도, 우리의 목으로 넘기기 어려운 낙타는 아무렇지도 않게 삼킨다면, 그것보다 더 어이없는 일도 없을 것이다. 그러나 분명한 것은 이 외식하는 자들은 그런 구별을 즐기고 있었다는 것이다. 왜냐하면, 그들은 "정의와 긍휼과 믿음"은 그냥 지나치고, 심지어 율법 전체를 갈기갈기 찢어버리면서도, 별로 중요하지도 않은 사소한 것들에 대해서는 지나치게 엄격함으로써, 하나님의 발에 입맞춤하는 척하면서 오만방자하게도 하나님의 얼굴에 침을 뱉고 있었기 때문이다.

마 23:25. 겉은 깨끗이 하되. 그리스도께서는 앞에서와 동일한 흐름 속에서 말씀을 이어가시는데, 여기에서 한 가지 비유를 사용하셔서, 서기관들이 사람들 앞에서 그들 자신을 멋지게 보이기 위한 이 한 가지 목적을 위하여 대단한 열심을 내고 있다고 책망하신다. 왜냐하면, 그리스도께서 사용하신 "대접의 겉"이라는 표현은 겉모습을 나타내는 은유적인 표현이기 때문이다. 이것은 그리스도께서 마치 이렇게 말씀하신 것이나 다름없다: "너희는 겉으로 보이는 것을 깨끗이 하는 것 외에는 다른 것을 깨끗이 하는 것에는 전혀 관심이 없는데, 이것은 마치 사람이 대접의 겉에 붙어 있는 더러운 것은 열심히 씻어 내면서도, 정작 대접의 안에 있는 더러운 것은 손도 대지 않고 그대로 두는 것과 같다." 이 표현이 은유적이라는 것은 그리스도께서 그들의 "안"이 "탐욕과 방탕으로 가득하다"고 말씀하시며 그들의 더러운 "안"을 단죄하시는 내용을 담고 있는 두 번째 절을 통해서 분명하게 드러난다. 그러므로 그리스도께서는 그들이 거룩한 자들이라는 헛된 명성을 얻기 위하여 사람들이 보는 앞에서만 율법을 지키는 체하고, 그 외에는 율법을 따라 그들의 삶을 규율하고자 하지 않음으로써 "외식"을 하고 있다고 책망하시는 것이다. 이런 식으로 그리스도께서는 그들에게 올바르게 살고자 순수하고 진실하게 애써야 한다는 것을 일깨워 주신다. 그리스도께서는 "너는 먼저 안을 깨끗이 하라"고 말씀하신다. 왜냐하면, "잔의 겉"만을 깨끗이 하여 우리의 눈을 즐겁게 하고서는, 그 "안"은 더러운 찌꺼기들로 가득 찬 잔을 마시는 것은 어처구니없는 일일 것이기 때문이다.

마 23:27. 회칠한 무덤 같으니. 이것은 앞에 나온 것과는 다른 은유이지만, 그 의미는 동일하다. 여기에서 그리스도께서는 세상 사람들이 야심을 가지고 크고 화려하게 꾸미는 "무덤들"에 서기관들을 비유하신다. 그리스도께서는 무덤들 속에는 썩어 냄새나는 시체들이 들어 있는데도, 무덤들을 아름답게 장식해 놓은 것들이 사람들의 눈길을 끄는 것과 마찬가지로, 외식하는 자들도 그 겉모습은 그럴 듯해 보이지만, 그 속은 속임과 "불법이 가득하다"고 말씀하신다. 누가 본문은 마태 본문과 달리, 그들이 "평토장한 무덤 같아서 그 위를 밟는 사람이 알지 못한다"고 말함으로써, 사람들의 눈을 속이는 방식을 다르게 묘사하지만, 위장된 거룩한 겉모습 아래에서 그들의 마음속에 숨겨진 더러움이 어른거리는 것을 표현하고 있는 것이기 때문에 그 의미는 동일하다. 왜냐하면, 그들의 그런 모습은 안에는 썩어 냄새나는 시체가 들어 있어도 겉을 아름답고 보기 좋게 장식해서 행인들의 기분을 상하지 않게 한 대리석 무덤과 같기 때문이다. 이것으로부터 우리는 내가 앞서 말했던 것, 즉 그리스도께서는 순진하고 무지한 자들의 유익을 염두에 두시고서, 서기관들이 헛된 "외식"으로 그들을 둘러싸기 위하여 쓰고 있던 가면을 찢어 버리신 것임을 알게 된다. 왜냐하면, 이 경고의 말씀은 순진한 사람들이 이리들의 아귀에서 재빨리 빠져나오는 데에 아주 적절하고 유익한 말씀이었기 때문이다. 그렇지만 이 말씀은 하나님의 자녀들은 순전하게 보이고자 하는 것이 아니라, 실제로 순전하여야 한다는 일반적인 교훈을 담고 있는 말씀이기도 하다.

[29]화 있을진저 외식하는 서기관들과 바리새인들이여 너희는 선지자들의 무덤을 만들고 의인들의 비석을 꾸미며 이르되 [30]만일 우리가 조상 때에 있었더라면 우리는 그들이 선지자의 피를 흘리는 데 참여하지 아니하였으리라 하니 [31]그러면 너희가 선지자를 죽인 자의 자손임을 스스로 증명함이로다 [32]너희가 너희 조상의 분량을 채우라 [33]뱀들아 독사의 새끼들아 너희가 어떻게 지옥의 판결을 피하겠느냐 [34]그러므로 내가 너희에게 선지자들과 지혜 있는 자들과 서기관들을 보내매 너희가 그 중에서 더러는 죽이거나 십자가에 못 박고 그 중에서 더러는 너희 회당에서 채찍질하고 이 동네에서 저 동네로 따라다니며 박해하리라 [35]그러므로 의인 아벨의 피로부터 성전과 제단 사이에서 너희가 죽인 바라갸의 아들 사가랴의 피까지 땅 위에서 흘린 의로운 피가 다 너희에게 돌아가리라 [36]내가 진실로 너희에게 이르노니 이것이 다 이 세대에 돌아가리라 [37]예루살렘아 예루살렘아 선지자들을 죽이고 네게 파송된 자들을 돌로 치는 자여 암탉이 그 새끼를 날개 아래에 모음 같이 내가 네 자녀를 모으려 한 일이 몇 번이더냐 그러나 너희가 원하지 아니하였도다 [38]보라 너희 집이 황폐하여 버려진 바 되리라 [39]내가 너희에게 이르노니 이제부터 너희는 찬

송하리로다 주의 이름으로 오시는 이여 할 때까지 나를 보지 못하리라 하시니라 (마 23:29-39).

[47]화 있을진저 너희는 선지자들의 무덤을 만드는도다 그들을 죽인 자도 너희 조상들이로다 [48]이와 같이 그들은 죽이고 너희는 무덤을 만드니 너희가 너희 조상의 행한 일에 증인이 되어 옳게 여기는도다 [49]그러므로 하나님의 지혜가 일렀으되 내가 선지자와 사도들을 그들에게 보내리니 그 중에서 더러는 죽이며 또 박해하리라 하였느니라 [50]창세 이후로 흘린 모든 선지자의 피를 이 세대가 담당하되 [51]곧 아벨의 피로부터 제단과 성전 사이에서 죽임을 당한 사가랴의 피까지 하리라 내가 너희에게 이르노니 과연 이 세대가 담당하리라 … [34]예루살렘아 예루살렘아 선지자들을 죽이고 네게 파송된 자들을 돌로 치는 자여 암탉이 제 새끼를 날개 아래에 모음 같이 내가 너희의 자녀를 모으려 한 일이 몇 번이냐 그러나 너희가 원하지 아니하였도다 [35]보라 너희 집이 황폐하여 버린 바 되리라 내가 너희에게 이르노니 너희가 주의 이름으로 오시는 이를 찬송하리로다 할 때까지는 나를 보지 못하리라 하시니라 … [53]거기서 나오실 때에 서기관과 바리새인들이 거세게 달려들어 여러 가지 일을 따져 묻고 [54]그 입에서 나오는 말을 책잡고자 하여 노리고 있더라(눅 11:47-51; 13:34-35; 11:53-54).

마 23:29. 너희는 선지자들의 무덤을 만들고. 어떤 이들은 지금 교황주의자들이 하나님께서 받으셔야 할 존귀를 죽은 성인(聖人)들에게 돌려 드리고, 심지어 성인들의 상(像)을 만들어 숭배할 정도로 타락한 것과 마찬가지로, 서기관들은 여기에서 잘못된 미신(迷信)을 따라서 죽은 선지자들을 위해 화려한 무덤들을 만들어서 그 선지자들에게 존귀를 돌려 드리는 어리석은 짓을 행한 것에 대하여 책망을 받고 있는 것이라는 근거 없는 허황된 해석을 제시한다. 그러나 서기관들은 아직 그렇게 할 정도로 맹목(盲目)과 광기(狂氣)의 절정에 도달한 것은 아니었기 때문에, 그리스도께서 이 말씀을 하신 의도는 그런 것이 아니었다. 서기관들은 이러한 또 다른 외식, 즉 마치 그들이 선지자들을 소중히 여기고 공경하는 마음으로 기리고 있다는 듯이 보이기 위하여 이런 일을 함으로써, 무지몽매한 무리들, 아니 실제로는 모든 유대인들의 환심을 사고자 애썼다. 왜냐하면, 그들이 이런 식으로 그들의 가르침을 몸소 실천하는 척하였을 때, 사람들은 누구나 다 그들이 선지자들을 신실하게 본받고자 하는 자들이고, 하나님을 섬기는 일에 누구보다도 열심이 있는 자들이라고 생각하였을 것이기 때문이다. 그러므로 "선지자들"을 위하여 "비석"을 세우는 것은 사람들로부터 대단히 칭송을 받을 가능성이 많은 일이었다. 왜냐하면, 그것은 어둠 속에 있던 신앙을 빛 가운데로 끌어내어 합당한 대우를 받게 하는 일이라고 할 수 있었기 때문이다. 그러나 사실 그들에게는 선지자들의 죽음으로 말미암아 빛을 잃어버렸던 하나님의 가르침을 회복시키고자 하는 의도가 전혀 없었다. 그들은 선지자들의 가르침에 대하여 외인(外人)들이었을 뿐만 아니라 불구대천의 원수들이었는데도, 선지자들이 죽은 후에는, 마치 그들이 선지자들의 가르침을 받아들이고 함께 했던 자들이었다는 듯이 "무덤을 만들어" 선지자들을 기렸다.

실제로, 이런 식으로 하나님의 선한 선생들과 거룩한 사역자들이 살아서 활동할 때에는 미워하고 박해하며 결코 용납하지 않으면서도, 그들이 죽으면 그들을 기리는 체하는 것이 외식하는 자들의 속성이다. 이런 일은 부분적으로는 호라티우스(Horatius)가 "우리는 미덕이 건재해 있는 동안에는 미덕을 미워하지만, 그 미덕이 우리 눈앞에서 사라진 후에는, 열심으로 그 미덕을 찾는다"고 말한 바 인간의 저 잘못된 공통적인 속성으로 말미암아 생겨나는 것이기는 하다. 하지만 선지자들이나 의인들이 죽어서 한 줌의 재가 되어 더 이상 혹독한 책망의 말씀으로 사람들을 괴롭히지 못하게 되면, 그들이 전하던 하나님의 살아 있는 말씀으로 말미암아 미칠 지경까지 이르렀던 자들일지라도 이제는 도리어 그들을 칭송함으로써 자신의 믿음과 경건을 과시하고자 하는 것이 보통이다. 이제 말 못하게 된 자들에게 따뜻한 경의를 표하는 것은 돈을 거의 들이지 않으면서 큰 효과를 거둘 수 있는 가식된 행위이다. 선지자들은 살아서 활동하는 동안에는 유대인들에 의해서 멸시와 박해를 받고 심한 곤욕을 치르다가, 많은 경우에 참혹하게 죽임을 당하였다. 그런데도 후세 사람들은 선지자들을 죽였던 그들의 조상들보다 더 나을 것이 별로 없는 자들임에도 불구하고, 선지자들을 숭앙하며 기리는 척하였지만, 실제로 선지자들의 가르침을 받아들이지는 않았다. 왜냐하면, 그들도 마찬가지로 그들의 시대에 활동하는 선생들에 대하여 그들의 조상들과 동일한 적대감을 품고 있던 자들이었기 때문이다. 세상 사람들은 대놓고 하나님을 멸시하려 하지 않고, 적어도 대놓고 하나님을 대적하려 하지 않기 때문에, 참 하나님이 아니라 거짓 하나님을 섬기는 방법을 고안해 내는데, 선지자들에 대해서도 동일한 행태를 보인다. 우리는 이런 모습을 교황 제도 속에서 아주 분명하게 볼 수 있다. 교황주의자들은 사도들과 순교자들을 합당한 선에서 공경하는 것으로 만족하지 않고 거의 신(神)으로 숭배하면서, 그들에게 최고의 존귀를 돌려 드리고 있다고 생각한다. 그러나 그들이 믿는 자들을 얼마만큼 가혹하고 잔인하게 대하는지를 보면, 우리는 만약 사도들과 순교자들이 지금 살아 있어서 이전과 같은 사역을 행하였다면, 그들이 사도들과 순교자들을 어떻게 대하였을 것인지를 충분히 짐작할 수 있다. 왜냐하면, 그들이 우리에 대하여 그토록 광분하는 이유는 오직 우리가, 사도들과 순교자들이 피로써 인친 저 가르침이 사람들에게 받아들여져서 흥왕해지기를 바라는 까닭이기 때문이다. 하나님의 거룩한 종들은 그 가르침을 그들의 목숨보다 더 소중히 여긴 이들이었는데, 그들이 살아 돌아온다고 하더라도, 그 가르침을 그토록 광분하여 혹독하게 박해하는 자들 가운데서 어떻게 그 종들이 목숨을 부지할 수 있겠는가? 그들은 성인들의 모습을 조각하여 만든 성상(聖像)들을 향품과 초와 꽃 등과 같은 온갖 화려한 것들로 장식하지만, 만약 베드로나 바울이 살아 돌아온다면, 그들은 베드로를 갈기갈기 찢어 놓고 바울을 돌로 쳐 죽일 것이며, 그리스도께서 지금 세상에 계신다면, 그리스도를 은근한 불로 태워 죽이고 말 것이다.

　그리스도께서는 당시의 서기관들과 제사장들이 백성들로부터 선지자들을 진심으로 기리는 자들이라는 칭송을 받고 싶어 안달하는 것을 아시고서, 그들의 "외식과 불법"을 꾸짖으신다. 왜냐하면, 그들은 하나님이 그들에게 지금 보내셔서 그들 가운데에 활동하고 있는 선지자들을 배척할 뿐만 아니라 심지어 잔인하게 박해하기까지 하고 있는 자들이었기 때문이다. 그들이 살아 있는 선지자들을 죽이고자 혈안이 되어 있는 가운데에 이미 죽은 선지자들을 기림으로써 백성들로부터 경건하다는 칭송을 받고자 한 것은 그들의 악한 위선과 부끄러운 뻔뻔스러움의 극치를 보여주는 것이었다.

　마 23:30. 만일 우리가 조상 때에 있었더라면. 그리스도께서 이런 말씀을 여기에서 하신 데에는 다 이유가 있었다. 왜냐하면, 그리스도께서는 그들을 그들의 조상들이 한 일로 책망하지도 않으시고, 그들이 살인자들의 자손이라는 것을 그들에 대한 고소의 주된 근거로 삼으시지도 않으시지만, 그들이 하나님의 철천지원수들의 후손들임에도 불구하고, 입만 벌리면 그들의 조상들을 자랑하는 것이 어리석고 우매한 짓이라는 것을 잠깐 짚고 넘어가시는 것이기 때문이다. 따라서 우리는 이 말씀의 의미를 이렇게 풀어볼 수 있다: "너희는 너희가 죽은 선지자들을 공경함으로써 너희 조상들이 저지른 악을 어느 정도 속죄한 것으로 여긴다. 그러나 내가 강조해서 말하건대, 너희는 악하고 불경건한 조상들의 후손이기 때문에, 너희의 거룩한 혈통을 자랑해 보아야, 그것은 헛된 일이다. 너희는 지금 가서, 너희가 인정하듯이 무죄한 피로 그 손이 물들어 있는 너희 조상들의 경건을 들먹이며 너희의 범죄를 가려 보라. 그러나 너희가 죽은 선지자들의 무덤을 세우는 것을 통해서 간접적으로 정죄한 너희 조상들의 저 불경스러운 광분함을 너희 스스로 본받아서 살아 있는 선지자들을 죽이는 것은 훨씬 더 흉악무도한 범죄라는 것을 알라."

마 23:32. 너희가 너희 조상의 분량을 채우라. 그리스도께서는 그들이 그런 점에서 그들의 조상들과 별반 다르지 않다는 결론을 내리신다. 이것은 그리스도께서 이렇게 말씀하신 것이나 다름없다: "너희 민족이 하나님의 선지자들에 대하여 잔인하게 행한 것이 이번이 처음이 아니다. 왜냐하면, 그것은 너희 민족이 옛적부터 배워 온 것이고, 조상 대대로 내려온 관행이기 때문이다. 요컨대, 그런 식으로 행하는 것은 너희에게 거의 천성적인 것이 되어 있다." 그렇지만 그리스도께서는 그들에게 그들이 지금 행하고 있는 것을 그대로 행하여 거룩한 선생들을 죽이라고 부추기고 명하시는 것이 아니라, 그들은 하나님의 종들을 대적하는 피를 대대로 물려받았고, 그런 식으로 행하여 그들의 조상들의 범죄만으로는 부족한 "분량을 채워서," 그 조상들이 시작한 거미집을 완성하기 위하여, 참된 신앙을 대적하는 것이 허락되어 있다는 것을 비유적으로 말씀하고 계시는 것이다. 그러나 이 말씀을 통해서 그리스도께서는 그들의 상태가 절망적이어서 그들은 결코 정신을 차리고 올바른 마음으로 되돌아올 수 없다고 선언하시는 것이라기보다는, 하나님의 선지자들이 살인자들의 자손에 의해서 박해를 당한다고 할지라도, 그것은 결코 이상하게 여기거나 놀랄 일이 아니라는 것을 순진한 자들에게 경고하시는 것이다.

마 23:33 독사의 새끼들아. 그리스도께서는 서기관들이 올바른 가르침을 폐기하는 악한 원수들이자 하나님에 대한 예배를 더럽히는 변절자들일 뿐만 아니라, 교회를 망치는 치명적인 재앙들이라는 것을 보여주신 후에, 이제 말씀을 마치실 즈음에, 마치 외식하는 자들이 빠져 있는 저 기만적인 것들을 강제로라도 드러내서, 그들을 하나님의 심판대 앞에 세움으로써, 그들로 하여금 겁을 집어먹게 하시기로 작정하신 듯이, 그들을 향하여 한층 더 맹렬한 진노를 쏟아내신다. 그렇지만 그리스도께서는 오직 서기관들만을 염두에 두신 것이 아니라, 모든 사람들에게 두려움을 주셔서, 서기관들과 동일한 멸망에 이르지 않도록 조심하게 하고자 하셨다. 우리는 그리스도의 이러한 혹독한 말씀이 이 고상한 선생들에게 얼마나 힘들고 용납할 수 없는 것이었을지는 우리가 그들이 오랜 세월 동안 순탄하게 백성들을 지배해 왔고, 그 누구도 감히 그들에게 대들거나 이의를 제기하는 자가 없었다는 사실을 떠올리면 쉽게 짐작할 수 있게 된다. 오늘날 고상한 체하는 많은 사람들이 교황에 의해 임명된 성직자들에 대한 거칠고 심한 말을 용납하려 하지 않는 것과 마찬가지로, 당시에 많은 사람들이 그리스도께서 이렇게 거침없이 거칠고 심하게 말씀하시는 것을 싫어하였을 것이고, 서기관들 전체를 싸잡아서 감히 이런 모욕적인 언사(言辭)를 사용하여 책망하시는 그리스도를 점잖지 못하게 혈기를 부리는 상스러운 자로 여겨 경멸하였으리라는 것은 의심의 여지가 없다. 그러나 서기관들은 교만함으로 한껏 부풀어 올라서 하나님을 멸시하였고, 대단한 자부심과 자만에 빠져 있었을 뿐만 아니라, 그들의 주술적인 주문(呪文)들로 백성들을 홀려서 그들의 종들로 사로잡아 놓고 있었기 때문에, 그리스도께서는 이 외식하는 자들을 가차 없이 다루시지 않으면 안 되셨던 까닭에, 그들을 향하여 이렇게 맹렬한 공격을 퍼부으실 수밖에 없으셨다. 그리스도께서는 그들을 본성과 습성 양면에서 모두 "독사들"이라고 규정하신 후에, 그들에게 임할 벌을 경고하시면서, 그들이 속히 회개하지 않는다면, 아무리 그 벌을 피하려 해도 소용없을 것이라고 말씀하신다.

마 23:34. 그러므로 내가 너희에게 … 보내매. 누가는 여기에서 "그러므로 하나님의 지혜가 일렀으되"라는 한층 더 강조된 도입문을 사용한다. 일부 주석가들은 이 도입문을 "하나님의 영원한 지혜인 내가 너희에 대하여 선언하노라"는 의미라고 설명하지만, 나는 이 도입문에서 성경의 통상적인 관례에 따라 하나님이 그의 지혜를 내세우셔서 말씀하고 계시는 것으로 묘사되고 있다고 보는 것이 더 옳다고 보기 때문에, 그 의미는 "옛적에 하나님이 예언의 영을 통해서 장차 너희에게 무슨 일이 일어나게 될지를 미리 말씀하셨다"는 것이다. 나는 문자적으로 이것과 동일한 예언이 성경의 그 어디에도 나오지 않는다는 것을 인정한다. 그러나 하나님은 성경의 많은 구절들에서 치유불능일 정도가 되어 버린 유대 백성의 완악함에 대하여 책망하고 계시기 때문에, 그리스도께서는 그러한 구절들을 요약해서 여기에 제시하시면서, 의인법을 통해서 유대 민족의 치유불능의 악(惡)에 대한 하나님의 심판이 무엇일지를 좀 더 분명하게 표현하신다. 왜냐하면, 장차 하나님의 사자들이 성공을 거두지 못하게 되면, 사람들은 하나님이 노력을 해도 열매를 거둘 수 없는 일에 그의 사자들을 보내셔서 쓸데없이 고생하게 하신 것이 아닌가라고 이상하게 여길 수 있을 것이었기 때문이다. 사람들은 버림받은 자들이 계속해서 완악함 속에 머물게 될 것을 하나님이 아시면서도 그의 말씀을 그들에게 보내시는 것은 헛수고일 뿐이라고 생각한다. 외식하는 자들은 그들이 계속해서 불순종하더라도, 하늘의 가르침을 전하는 자들이 끊임없이 그들 가운데에 있는 것만으로 충분하다는 듯이, 그들 가운데서 하나님의 말씀이 외적으로 선포되고 있는 한, 하나님은 그들과 화목한 관계 속에 계시고 그들에게 은혜를 베풀고 계시는 것이라는 확신을 갖는다.

이렇게 유대인들은 그들에게는 다른 민족들과는 달리 언제나 최고의 선지자들과 선생들이 있어 왔다는 것에 대하여 대단한 자부심을 지니고 있었고, 마치 그들이 그러한 큰 영예를 받을 만한 자들이라는 듯이, 그것을 그들의 우월함을 보여주는 의심할 여지 없는 증거로 여겼다. 그들의 이러한 헛된 자랑과 오만을 꺾어 놓으시기 위하여, 그리스도께서는 하나님의 지혜를 가르치는 뛰어난 선생들과 선지자들은 하나님이 그들에게 주신 것이고, 하나님의 그러한 은총을 잘못 사용했다가는 더 큰 화(禍)가 그들에게 임하리라는 것, 또한 하나님이 그들에게 선지자들을 보내신 것은 그들이 생각하는 것과는 달리, 그들로 하여금 변명의 여지가 없게 하시고, 그들의 악을 최고조에 달하게 하시기 위한 것이기 때문에, 그들은 결국 더 무거운 심판을 받게 되리라는 것을 근거로, 그들이 결코 다른 민족들보다 우월한 것이 없다고 선언하신다. 이것은 그리스도께서 마치 선지자들이 하늘로부터 끊임없이 그들에게 보내심을 받았다고 해도, 그들이 그것을 그들의 영예라고 주장하는 것은 어이없고 어리석은 것이라고 말씀하신 것이나 다름없다. 왜냐하면, 하나님이 그렇게 하신 것은 그들을 끊임없이 은혜로 초대하심으로써 그들의 악한 고집을 밝히 드러내시고, 그들이 그러한 완악함으로 인하여 정죄를 받게 될 때에 조상들과 자손들이 함께 정죄를 받게 하시기 위하여 그의 은밀한 심판을 진행하시는 완전히 다른 목적을 지니고 계신 것이기 때문이다. 마태 본문에는 표현과 관련해서 생략된 부분들이 있기 때문에, 우리는 그 의미를 누가 본문을 통해서 보완하지 않으면 안 된다. "선지자들"과 더불어서 "서기관들과 지혜 있는 자들"이 언급된 것은 하나님의 은혜를 더욱 부각시키고 그들의 배은망덕함을 더욱 분명하게 드러내는 역할을 한다. 왜냐하면, 이것은 하나님이 그들을 가르치시기 위하여 안 해보신 것이 없이 모든 것을 남김없이 다 시도하셨는데도 불구하고, 그런 것들이 그들에게 아무런 소용이 없었다는 것을 보여주는 것이기 때문이다. 누가는 "지혜 있는 자들과 서기관들" 대신에 "사도들"을 언급하지만, 그 의미는 동일하다. 이 구절은 하나님은 언제나 사람들에게 구원을 베푸시기 위하여 그의 말씀을 사람들에게 보내시는 것이 아니라, 종종 사람들이 계속해서 완악함 가운데에 머물 것을 아시면서도, 그의 말씀이 그들에게 "사망으로부터 사망에 이르는 냄새"(고후 2:16)가 되게 하시기 위하여, 버림받은 자들에게도 그의 말씀을 보내신다는 것을 보여준다. 사실, 하나님의 말씀 그 자체는 본질상으로 구원을 가져다주고, 모든 사람을 차별 없이 영생의 소망으로 초대하지만, 모든 사람이 다 내적으로 하나님의 말씀에 이끌리지도 않고, 하나님께서도 모든 사람들의 귀를 다 뚫고 들어가지 못하시는 까닭에(궁극적으로 모든 사람이 다 회개하여 거듭나거나 순종하게 되는 것은 아니기 때문에), 하나님의 말씀을 배척하는 자들에게는 그들의 불신앙으로 말미암아 그 말씀이 사망과 멸망을 가져다주게 된다. 하나님이 결과를 미리 내다보시고도, 그의 선지자들을 의도적으로 그들에게 보내신 것은, 이사야가 좀 더 자세하게 설명하고 있듯이(사 6:10), 버림받은 자들로 하여금 더 혹독한 정죄를 받게 하시기 위한 것이었다. 이것은 육신의 생각으로는 도저히 이해할 수 없는 일이라는 것을 나도 인정한다. 그래서 하나님을 멸시하는 불경스러운 자들은 하나님이 마치 잔혹한 폭군처럼, 더 나아질 가망성이 없는 자들을 의도적으로 더욱더 완악하게 만드셔서, 그들에게 더 혹독한 벌을 가하시는 것을 즐기신다고 말하며, 그들의 불평과 비난을 정당화한다는 것을 우리는 안다. 그러나 하나님은 이러한 일들을 통해서 믿는 자들을 낮추시고자 하시는 것이다. 그러므로 우리는 우리의 지각(知覺)을 뛰어넘는 일들 앞에서 두려워 떨며 경외하는 마음을 지니는 것이 마땅하다. 하나님의 미리 아심이 믿지 않는 자들이 구원받는 것을 가로막는 것이 아니라고 말하는 자들은 하나님을 변호하기 위하여 쓸데없는 변론을 늘어놓는 어리석은 짓을 행하고 있는 것이다. 버림받은 자들이 스스로 멸망을 자초할 때에, 하나님이 거기에서 미리 아신 일을 성취하기 위한 의도를 지니고 계시는 것이 아니기 때문에, 그들의 멸망의 원인을 하나님의 미리 아심에 돌릴 수 없다는 것은 나도 인정하지만, 하나님의 의를 변호하기 위하여 그러한 궤변을 사용하는 것은 부적절하다. 왜냐하면, 믿음과 회개가 하나님의 수중에 있는 까닭에, 그들을 회개하게 하실지의 여부도 하나님께 달려 있는 것이 아니냐는 반론이 즉시 제기될 수 있기 때문이다. 그리고 우리는 곧이어서, 하나님이 그 결과를 뻔히 아시면서도 이미 정해진 의도를 지니시고서 그의 말씀의 빛을 눈 먼 자들에게 보내시는 이유는 도대체 무엇이란 말인가라는 항의에 부딪치게 될 것이다. 그들은 이미 영원한 사망에 처해지게 되어 있는데도, 왜 하나님은 그들이 그저 멸망당하는 것으로는 만족하지 못하셔서, 그들이 두세 배나 더한 멸망을 당하기를 바라시는 것인가? 하나님의 판단들(iudicium)에 대해서는, 바울처럼 "깊도다 하나님의 지혜와 지식의 풍성함이여 그의 판단은 헤아리지 못할 것이며 그의 길은 찾지 못할 것이로다"(롬 11:33)라고 칭송하며 하나님께 영광을 돌리는 것 외에, 우리가 할 수 있는 것은 없다. 그러나 우리는 하나님께서 유대 민족을 택하셨다는 사실은 여전히 계속해서 유효하지만, 그가 주신 예언의 말씀들이 결국 유대인들에게 멸망을 초래하게 될 것이라고 선언하시는 것은 도대체 무슨 의미인지를 질문할 수 있다. 이 질문에 대한 나의 대답은 오직 소수만이 하나님의 말씀을 믿음으로 받아서 구원에 이르렀기 때문에, 이 말씀은 유대인 중 대다수 또는 전체를 향한 말씀이라는 것이다. 이것은 이사야가 유대 민족 전체의 멸망을 예언한 후에, "하나님의 율법을 제자들 가운데에 인봉하라"(8:16)는 명령을 받은 것과 같다. 그러므로 우리는 성경에서 유대인들에 대한 영원한 사망이 선포될 때마다, 남은 자들, 즉 하나님이 그의 은혜로 택하심을 따라 일부 "씨"로 남겨 두시는 자들은 거기에서 제외된다는 것을 알게 된다.

마 23:35. 너희에게 돌아가리라. 그리스도께서는 그들에게서 그들의 헛된 자랑을 제거하실 뿐만 아니라, 하나님은 그들이 생각하는 것과는 완전히 다른 목적으로 선지자들을 그들에게 주셨다는 것, 그리고 그 어떤 세대도 하나님에 대한 악한 반역의 죄로부터 자유로울 수 없다는 것을 보여주신다. 왜냐하면, 대명사 "너희"는 유대 민족이 시작된 때로부터 모든 유대인들을 포괄하기 때문이다. 부모의 죄 때문에 자녀를 벌하는 것은 하나님의 공의에 어긋나는 것이 아니냐는 반론이 제기된다면, 그 대답은 쉽다. 즉, 부모든 자녀든 그들 모두가 이 악한 음모에 연루되어 있기 때문에, 하나님이 조상들로 인하여 그 자손들을 벌하셔서, 그들 모두를 예외 없이 다 벌하신다고 하여도, 우리는 그것을 이상하게 생각해서는 안 된다는 것이다. 그러므로 개개인들이 어느 세대에 속하였든지 간에, 유대 민족 전체가 끊임없이 하나님을 멸시하였기 때문에, 하나님이 그들 모두에게 그 책임을 물어 벌하시는 것은 마땅한 일이다. 왜냐하면, 하나님이 부단한 인내로써 끊임없이 유대 민족 전체의 악의(malitia)에 대하여 말씀하시며 다투셨으므로, 유대 민족 전체가 끝까지 고집불통의 완악함을 버리지 않은 죄에 대하여 정죄받는 것이 마땅한 것과 마찬가지로, 유대 민족의 각 세대가 서로 공모하여 그들의 선지자들을 죽였으므로, 모든 세대가 한통속이 되어서 일관되게 저질러 온 모든 살인들에 대하여 하나님이 유대 민족의 모든 세대에게 그 죄를 돌리시고 그들 모두에게 원수를 갚으시는 것은 마 땅한 일이기 때문이다.

마 23:35. 아벨의 피로부터. "아벨"은 유대인들에 의해서 죽임을 당한 것은 아니 었지만, 그리스도께서 아벨을 죽인 죄를 그들에게 물으시는 이유는 그들과 가인 간에는 악성(惡性)에 있어서의 유사성이 존재하기 때문이었다. 만약 그렇지 않다 면, 그리스도께서 유대 민족에 의해서 "창세 이후로 흘린 모든 의로운 피"라고 말 씀하신 것은 부적절한 것이 되고 말 것이다. 그러므로 그리스도께서는 "가인"을 유 대 민족의 머리이자 지도자로서 그들을 선동하고 부추긴 자로 지목하고 계신 것이 다. 왜냐하면, 그들은 선지자들을 죽이기 시작한 이래로, 가인을 계승하여 똑같은 일을 저지르는 자들이 되었기 때문이다.

마 23:35. 사가랴의 피까지. 그리스도께서는 "사가랴"를 가장 최근의 순교자로 언급하시는 것이 아니다. 왜냐하면, 유대인들은 그 후에도 선지자들을 죽이는 일 을 멈추기는커녕, 도리어 그때로부터 그들의 오만방자함과 광기(狂氣)는 더욱 거 세져서, 그들의 뒤를 이은 세대들은 그들의 조상들과는 달리 단지 피를 맛보는 데 서 그치지 않고 피에 흥건히 젖어서 살았기 때문이다. 또한, 사가랴의 순교는 비록 성경에 기록되어 있기는 하지만, 유대인들 가운데서 더 잘 알려진 일인 것도 아니 었다. 그런데도 그리스도께서 사가랴를 언급하신 것에는 주석가들이 간과해 왔지 만 사실은 주목할 만한 다른 이유가 있다. 주석가들은 이 이유를 간과함으로써 잘 못된 해석에 빠지게 되었을 뿐만 아니라, 독자들을 미궁에 빠뜨리는 어리석음을 범해 왔다. 우리는 여기에서 "사가랴의 피"가 언급된 것은 그리스도께서 옛적의 한 선지자의 순교를 언급하시면서, 나중에 므낫세 치하에서 일어났던 저 대량학살을 비롯해서 수많은 박해를 포괄하고자 하셨기 때문이라고 추정해 볼 수 있다. 유대 인들이 바벨론으로 끌려가기 직전까지, 의인들에 대한 그들의 악한 박해는 끊이지 않았고, 그들이 환난 가운데 있을 때조차도, 얼마나 잔인하고 야만적으로 예레미 야를 박해했는지를 우리는 안다(렘 32:2). 그러나 그리스도께서는 사가랴의 순교 가 자신의 목적과 의도에 더 부합한 사건이었기 때문에, 의도적으로 최근의 사건 들이 아니라, 시기적으로 더 오래된 이 사건 — 이것은 그들의 오만방자함이 시작 된 원천이었고, 나중에 그들을 고삐 풀린 잔혹함으로 이끈 시발점이 되는 사건이 기도 하였다 — 을 거론하시며 그들을 책망하신다. 왜냐하면, 내가 방금 전에 설명 하였듯이, 그리스도께서 이 말씀을 하시는 주된 목적은 유대 민족이 그들의 불경

(不敬)을 그치지 않으면 저 오랜 세월 동안 지속적으로 자행되어 온 모든 살인의 죄에 대하여 책임을 질 수밖에 없다는 것을 보여주시고자 하시는 것이었기 때문이다. 그러므로 그리스도께서는 그들의 현재의 잔혹함에 대한 벌을 선포하실 뿐만 아니라, 마치 그들 자신의 손에 "사가랴의 피"를 묻힌 것인 양, 사가랴의 죽음에 대한 책임도 져야 할 것이라고 말씀하신다.

여기에 언급된 "사가랴"를 바벨론의 포로 생활에서 돌아온 유대 백성들에게 성전을 건축하라고 권면하였고(슥 8:9) 그의 예언들이 성경에 기록되어 있는 저 "스가랴"와 연결시키고자 하는 자들의 견해는 설득력이 별로 없다. 왜냐하면, 스가랴서의 표제에서 스가랴가 "베레갸의 아들"(1:1)이었다고 말하고 있지만, 그가 죽임을 당했다는 것은 그 어디에도 언급되고 있지 않은 까닭에, 그가 "제단과 성전"을 건축하던 때에 죽임을 당하였다고 말하는 것은 억지 해석이기 때문이다. 그러나 여호야다의 아들이었던 또 다른 스가랴와 관련해서는 저 거룩한 역사가 이 본문과 완벽하게 일치하는 내용을 말해 준다. 즉, 그의 아버지가 죽은 후에 왕과 백성의 배역으로 말미암아 참된 신앙이 쇠하였을 때, "하나님의 영"이 그에게 임하여, 그는 온 나라의 우상 숭배를 호되게 질책하였고, 이로 인하여 "여호와의 전 뜰 안에서" 돌에 맞아 죽임을 당하였다(대하 24:20-21). 스가랴의 아버지였던 여호야다는 평생 참된 예배를 지켜 온 까닭에, 사람들이 "하나님께 복 받은 자"라는 의미를 지닌 "바라갸"라는 별명을 그에게 붙여 주었을 것이라고 추측해 보는 것도 큰 무리는 없는 것으로 보인다. 그러나 여호야다에게 두 가지 이름이 있었던 것인지, 또는 (히에로니무스가 생각하듯이) 본문상의 철자 오류가 있었던 것인지와는 상관없이, 그리스도께서 역대하 24:21-22에 기록된 사건, 즉 유대인들이 악하게도 사가랴를 돌로 쳐죽인 일을 언급하고 계신 것이라는 사실은 의심의 여지가 없다.

마 23:35. 성전과 제단 사이에서 너희가 죽인. 그들의 범죄는 그들이 그 범죄를 저지른 장소로 인하여 한층 더 극악무도한 범죄가 되었다. 왜냐하면, 그들은 성전의 신성함을 아랑곳하지 않았기 때문이다. 여기에서 "성전"은 다른 구절들에서와 마찬가지로 "바깥 뜰"을 가리킨다. 이 뜰 가까이에는 번제단이 있어서(왕상 8:64; 18:30), 제사장들은 백성들이 보는 앞에서 희생제사를 드릴 수 있었다. 그러므로 유대인들이 "제단과 성전"을 뻔히 보면서도 이 가증스러운 살인을 통해서 저 신성한 곳을 더럽히는 일을 마다하지 않은 것을 볼 때, 그들은 분노로 말미암아 완전히 광기(狂氣)에 사로잡혀 있었음에 틀림없다.

마 23:37. 예루살렘아 예루살렘아. 이 말씀을 통해서 그리스도께서는 그가 유대 민족에 대하여 진노하시는 데에는 그 만한 이유가 있다는 것을 좀 더 분명하게 보여주신다. 즉, 하나님이 그의 거룩한 처소, 그러니까 그의 천상의 처소에 버금가는 곳으로 택하신 예루살렘이 그토록 큰 존귀를 받을 만한 자격이 없다는 것이 드러났을 뿐만 아니라, 마치 "강도들의 소굴"(렘 7:11)인 양, 오랜 세월 동안 선지자들의 피를 빨아 먹는 것에 익숙해져 있었다는 것이다. 그러므로 하나님의 거룩한 성(civitas)이 극도의 광기에 사로잡혀서, 오랜 세월 동안 선지자들의 피를 흘려 하나님의 구원의 말씀을 소멸시키고자 애써 온 너무나 흉측한 광경에, 그리스도께서는 감정이 북받쳐서서 깊은 탄식을 쏟아내신다. 이렇게 통탄스러워하시는 그리스도의 마음은 "예루살렘"이라는 이름을 연거푸 부르시는 것 속에서도 드러난다. 왜냐하면, 유대인들의 불경(impietas)은 너무나 기가 막히고 믿기 어려운 것이어서, 그것에 대한 통탄스러운 마음은 통상적인 화법으로는 잘 표현될 수 없었기 때문이다.

마 23:37. 선지자들을 죽이고. 그리스도께서는 유대인들이 선지자를 죽인 어떤 한두 가지 사건을 가지고서 그들을 질책하시는 것이 아니라, 예루살렘은 그들에게 "파송된 선지자들"을 모조리 잡아 죽이는 데에 이골이 나서, 아무렇지도 않게 그런 일들을 저질러 온 것에 문제의 심각성이 있다고 말씀하고 계시는 것이다. 왜냐하면, "선지자들을 죽이고"(ἀποκτείνουσα τούς προφήτας-아포크테이누사 투스 프로페타스)라는 분사는 수식어구로 사용되어서, 그리스도께서는 마치 이렇게 말씀하신 것이나 다름없기 때문이다: "너는 하나님의 말씀의 신실한 수호자, 하늘의 지혜의 교사, 세상의 빛, 참된 가르침의 원천, 하나님 예배의 본산, 믿음과 순종의 모범이 되었어야 마땅한데도, 도리어 선지자들을 죽이는 살인자가 되어서, 아무런 양심의 가책도 없이 선지자들의 피를 빨아 먹는 일이 너의 몸에 배인 굳어진 습관이 되어 버렸도다." 그러므로 이것으로부터 분명한 것은, 하나님의 성소를 온갖 악행으로 더럽힌 그들은 그 어떤 책망을 받는 것이 마땅하였다는 것이다. 하지만 그리스도께서는 머지않아 생겨나게 될 걸림돌, 즉 믿는 자들이 그리스도께서 예루살렘에서 욕되게 죽임을 당하시는 모습을 보고서, 그러한 믿기지 않는 생소한 광경으로 말미암아 당혹감에 휩싸여 혼란에 빠지게 될 위험성을 미리 제거하고자 하시는 의도도 있으셨다. 왜냐하면, 이 말씀을 통해서 믿는 자들은 선지자들을 목매달아 죽이거나 돌로 쳐 죽이는 일에 이골이 난 예루살렘이 그 자신의 구속주를 잔혹하게 죽이는 일이 일어난다고 해도, 그것은 전혀 이상한 일이 아니라는 것을 미리 알게 되었기 때문이다. 이것은 우리가 장소들에 어떤 가치를 부여하는 것이 얼마나 부질없는 짓인지를 잘 보여준다. 왜냐하면, 이 세상에서 예루살렘만큼 하나님으로부터 놀랍고 굉장한 칭호들과 존귀함을 부여받은 도성은 결코 없었지만, 우리는 바로 그 예루살렘이 배은망덕함으로 말미암아 얼마나 깊은 타락의 수렁에 빠져 버렸는지를 너무도 분명하게 보게 되기 때문이다. 오늘날 교황은 그의 강도짓의 본거지를 저 거룩한 도성과 비교하는 것을 즐긴다. 그러나 과연 교황은 그의 본거지와 관련된 그 무엇을 내세워서, 예루살렘과 동등한 존귀함이 거기에 있다고 말할 수 있을까? 교황이 고용한 아첨꾼들은 고대에 거기에서 신앙이 꽃을 피웠다고 자랑한다. 그러나 우리가 그 말이 사실임을 인정한다고 하더라도, 지금은 그곳이 악한 배교를 통해서 그리스도를 떠나 있고, 하나님을 모독하는 무수한 일들로 가득 차 있다는 것이 분명하다면, 그들이 수장권(首長權, primatus)의 존귀함이 그 곳에 있다고 주장하며 자랑하더라도, 그것은 어리석고 공허한 말에 불과하지 않겠는가? 따라서 우리는 이 기억할 만한 본보기를 통해서, 어떤 곳이 하나님의 수많은 특별한 은총들을 받아서 다른 곳들을 훨씬 뛰어넘어 높아졌다가 타락하는 경우에는, 그곳은 거기에 주어진 하나님의 아름답고 귀한 은총들을 짓밟음으로써 하나님의 영광을 욕되게 하였기 때문에, 거기에 주어진 온갖 영예들을 박탈당할 뿐만 아니라, 극심한 모욕과 지탄을 받게 된다는 것을 배우는 것이 마땅하다.

마 23:37. 내게 네 자녀를 모으려 한 일이 몇 번이더냐. 이것은 연민이 아니라 진노를 표현하는 말씀이다. 사실, 얼마 전에 그리스도께서는 예루살렘을 보시고 우셨고(눅 19:41), 이 성은 여전히 그의 연민의 대상이었다. 그러나 이 성을 멸망으로 이끈 장본인이었던 서기관들을 향해서는 그리스도께서 혹독한 질책을 하셨고, 그들은 그런 질책을 들을 만한 자들이었다. 그렇지만 그리스도께서는 서기관들이 저지른 범죄에 동조하고 참여한 나머지 다른 자들에 대해서도 그 죄를 물으시면서, 이 모든 자들을 동일하게 정죄하시는 가운데서도, 특히 모든 악의 진원지였던 지도자들을 주로 질책하신다. 이제 그리스도께서 하신 말씀이 얼마나 과격하였는지를 눈여겨보라. 예루살렘이 하나님의 은혜를 단지 거부하기만 하였더라도, 그것은 변명할 여지없는 배은망덕한 짓이었을 것이다. 그런데 하나님이 온유하고 점잖은 방법들을 사용하셔서 유대인들을 자기에게로 이끌어 오고자 하셨지만, 그러한 온유함이 그들에게 전혀 통하지 않은 것이기 때문에, 그들이 오만방자하여 하나님을 멸시하는 죄는 훨씬 더 가중되었다. 게다가, 그들의 완악함은 구제불능일 정도로 대단하였다는 사실이 거기에 추가되었다. 왜냐하면, 하나님은 그들을 "모으시려고" 한두 번 시도하신 것이 아니라, 선지자들을 계속해서 부단히 그들에게 보내셨지만, 거의 모든 선지자들이 한결같이 백성들의 대다수에 의해서 배척을 받았기 때문이다.

마 23:37. 암탉이 그 새끼를 날개 아래에 모음 같이. 우리는 이제 그리스도께서 하나님의 자격으로 말씀하시면서, 하나님을 "암탉"에 비유하시는 이유를 알게 되는데, 그것은 어머니의 자애로움보다 더한 하나님의 그토록 온유하신 초대들을 멸시하여 퇴짜를 놓아 왔던 이 악한 민족에게 더 큰 수치심을 안겨 주시기 위한 것이다. 하나님께서 몸을 굽혀 그들의 눈높이에 맞추셔서 부드러운 말씀들로 버림받은 자들을 타이르셔서 그들을 순종하도록 하신 것은 정말 유례를 찾아볼 수 없는 놀라운 사랑을 보여주신 것이었다. 모세도 이와 비슷한 표현을 사용해서 백성들을 책망하면서, 하나님이 "마치 독수리가 … 그의 날개를 펴서 새끼를 받으며 그의 날개 위에 그것을 업는 것 같이"(신 32:11) 이 백성을 품으셨다고 말한다. 하나님은 여러 가지 방식으로 그의 날개를 펴셔서 이 백성을 품으시고자 하셨지만, 그리스도께서는 여기에서 그 중에서 특정한 한 가지 방식, 즉 하나님이 선지자들을 보내셔서, 흩어져서 떠도는 자들을 그의 품에 모으고자 하신 것을 나타내시기 위하여 이 표현을 사용하신다. 이것을 통해서 그리스도께서 말씀하시고자 하시는 것은 하나님의 말씀이 우리에게 선포될 때마다, 하나님은 어머니의 자애로움으로 우리에게 그의 품을 여시지만, 거기에 만족하지 않으시고, 마치 "암탉이 그 새끼를" 돌볼 때의 그 헌신적인 사랑으로 자신을 낮추어 우리에게 다가오신다는 것이다. 이것으로부터 우리는 하나님이 우리를 모으시고자 하실 때에 우리가 그것을 사납고 오만 방자하게 거부한다면, 그것은 정말 기괴한 일이라는 결론을 얻는다. 사실, 하나님의 두려우신 엄위하심과 우리의 낮고 비천한 처지를 생각하면, 우리는 하나님의 그러한 경이로운 선하심을 접할 때에 부끄럽고 황송하여 어찌할 바 몰라 하는 것이 마땅하다. 왜냐하면, 하나님께서 우리를 위하여 그토록 자신을 낮추실 이유가 전혀 없으시기 때문이다. 하나님이 자신을 "어미"에 비유하시는 것만으로도, 그것은 하나님이 지니신 영광보다 한참이나 자신을 낮추시는 것이다. 그런데 하나님이 자신을 "암탉"이라 하시고, 황송하게도 우리를 그의 "새끼들"로 대하시는 것에 대하여, 우리가 무슨 말을 할 수 있겠는가?

게다가, 율법 아래 살았던 옛 사람들이 이런 책망을 받는 것이 마땅하였다면, 우리에게는 이 책망이 얼마나 더 마땅하겠는가. 왜냐하면, 내가 방금 전에 모세의 글에서 인용한 말씀이 언제나 참되고, 하나님이 "종일 손을 펴서 패역한 백성들을" 품으셨지만 아무 소용이 없었다는 이사야의 탄식(사 65:2)과 하나님이 "새벽부터 말하며" 끊임없이 그들을 돌보셨지만 아무 소득이 없었다는 예레미야의 한탄(렘 7:13)이 옳긴 하지만, 오늘날에는 하나님이 훨씬 더 큰 친밀하심과 인자하심으로 그의 아들을 통해서 우리를 그에게로 초대하시기 때문이다. 그러므로 하나님이 복음의 가르침을 우리에게 제시하시면서, 그의 날개 아래 우리를 모아서 보호하고자 하실 때마다, 우리가 순순히 그 날개로 피하지 않는다면, 무시무시한 원수 갚으심이 우리를 기다리고 있는 것이다. 아울러, 그리스도께서는 믿음으로 순종하여 하나님께 모이는 모든 자들은 안전함과 안식을 누리게 된다는 것을 우리에게 가르치신다. 왜냐하면, 그들은 난공불락의 피난처인 하나님의 날개 아래에 거하는 것이기 때문이다.

또한, 우리는 이 고소의 또 다른 부분, 즉 하나님은 그의 옛 백성의 완고한 배역에도 불구하고, 거기에 즉시 진노하셔서 아버지로서의 사랑과 어머니로서의 자애로움을 거두신 것이 아니라, 계속해서 부단히 선지자들을 그들에게 파송하시는 것을 그치지 않으셨다는 사실을 주목하여야 한다. 이것은 오늘날 이 세상이 기이할 정도로 타락하고 부패하였음에도 불구하고, 하나님께서는 여전히 계속해서 그의 은혜를 베푸시는 것과 같은 것이었다. 그러나 이 말씀은 한층 더 깊은 의미, 즉 유대인들은 하나님이 그들을 모으시기가 무섭게 즉시 하나님을 떠났다는 의미를 담고 있다. 그들은 한시라도 하나님의 날개 아래 머물며 안식을 누리려 하지 않았기 때문에, 여기저기로 흩어지는 일이 자주 일어났다. 우리는 오늘날에도 이 세상에서 그러한 거친 모습을 보고, 이런 모습은 사실 모든 세대에 존재해 왔다. 그러므로 하나님은 길을 잃고 방황하며 떠도는 자들을 그에게로 불러 모으시지 않으면 안 되었다. 그러나 사람들이 하나님의 선하심을 고집스럽게 배척하고, 하나님의 날개 아래로 들어오기를 거부한다면, 그것은 타락과 부패의 극치를 보여주는 것이기 때문에 절망적인 상황이다.

앞에서 나는 그리스도께서 여기에서 하나님의 자격으로 말씀하고 계시는 것이라고 말하였는데, 그것은 그리스도께서 하나님으로서의 그의 영원하신 신분으로서 이 말씀을 하신 것이라는 의미이다. 왜냐하면, 그리스도께서는 지금 "육신으로 나타난 바 되신"(딤전 3:16) 이래로 행하기 시작하신 일에 대해서가 아니라, 창세로 부터 자기 백성의 구원과 관련하여 그가 행하셨던 일에 대하여 말씀하고 계시는 것이기 때문이다. 이제 우리는 하나님이 그의 영원하신 지혜이신 그리스도로 하여금 교회를 주관하게 하시는 방식으로 교회를 다스려 오셨다는 것을 안다. 이런 의미에서 바울은 "광야에서" 사람들이 "하나님 아버지"가 아니라 "그리스도"를 "시험한" 것이라고 말한다(고전 10:9).

한편, 궤변론자들은 이 본문을 근거로 사람의 자유의지를 증명하고 하나님의 비밀한 예정을 폐기하고자 하지만, 그런 시도를 반박하는 것은 쉬운 일이다. 그들은 "하나님은 모든 사람을 그에게로 불러 모으시기를 원하시기 때문에, 누구나 다 하나님께로 갈 수 있고, 하나님이 택하신 자들만이 그에게로 갈 수 있는 것은 아니다"라고 말한다. 그러나 나의 대답은 여기에서 언급되고 있는 하나님의 뜻은 결과적으로 판단되어야 한다는 것이다. 왜냐하면, 하나님은 그의 말씀으로 모든 사람을 차별 없이 구원으로 부르시고, 전도의 목적은 모든 사람이 하나님을 믿고 하나님의 보호하심 속에 피하도록 하기 위한 것인 까닭에, 하나님이 모든 사람을 자기에게로 불러 모으시고자 하신다고 말하는 것은 옳을 것이기 때문이다. 그러므로 여기에 묘사되고 있는 것은 말씀의 본질로부터 드러나는 하나님의 일반적인 뜻(Dei voluntas)이지 하나님의 비밀한 목적(Arcanum Dei consilium)이 아니다. 왜냐하면, 하나님은 그가 반드시 불러 모으고자 하시는 자들을 단지 사람이 전하는 외적인 음성을 통해서만 초대하시는 것이 아니라, 그의 성령을 통해서 내적으로 이끄시기 때문이다.

하나님께 두 가지 뜻이 존재한다고 상정하는 것은 불합리하지 않느냐고 누가 반론을 제기한다면, 나의 대답은 이것이다: 우리는 하나님의 뜻은 오직 하나라는 것을 믿어 의심치 않지만, 우리의 연약함으로 말미암아 우리의 지각으로는 비밀한 택하심의 심오함을 이해할 수 없기 때문에, 하나님의 뜻이 우리에게 두 가지로 나타나는 것일 뿐이라는 것이다. 나는 사람들이 성경의 많은 구절들 속에서 하나님을 인간적인 감정을 지니신 것으로 묘사하는 신인동형론적(神人同形論的) 표현을 접할 때에 다른 걸림돌이 없는데도 오직 그런 표현 자체만을 문제삼아서 그 말씀들을 받아들이기를 거부하는 것을 볼 때마다 그들의 완악함에 놀라움을 금할 수 없다. 그러나 나는 이 주제를 이미 다른 곳에서 자세하게 다루었고, 별로 중요하지도 않은 문제를 장황하게 논의할 필요도 없을 것이기 때문에, 연합의 거점(unitatis vexillum)이 되는 이 가르침이 제시될 때마다, 하나님은 그에게로 오지 않는 모든 자들로 하여금 핑계할 수 없게 하시기 위하여, 모든 사람을 자기에게로 불러 모으시고자 하신다는 것만을 간단하게 말해두고자 한다.

마 23:37. 너희가 원하지 아니하였도다. 이 말씀은 서기관들만이 아니라 유대 민족 전체에 대한 것이라고 할 수도 있겠지만, 나는 이 말씀을 서기관을 향한 것이라고 해석한다. 왜냐하면, 유대 민족이 하나님께로 "모이는" 것을 방해한 것은 주로 서기관들이었기 때문이다. 그리스도께서는 이 구절 전체에 걸쳐서 서기관들을 맹렬히 질책하고 계시는 것이다 그러므로 그리스도께서 "예루살렘아"라고 단수형으로 부르신 후에, 이제 "너희가"라고 복수형으로 바꾸신 것은 충분히 이해가 되는 일이다. 이 구절에서는 하나님은 그토록 "원하셨다"는 것과 그들이 "원하지 아니하였다"는 것 간의 대비가 강조되고 있다. 이것은 하나님을 대적하는 일을 서슴지 않는 인간의 마귀적인 광분(furor)을 표현하고 있다.

마 23:38. 보라 너희 집이 … 버려진 바 되리라. 그리스도께서는 성전이 파괴되고, 유대 민족의 정치 체제가 완전히 와해될 것이라고 경고하신다. 그들은 불신앙과 죄악, 온갖 종류의 불미스러운 일들로 인해서 흉측한 모습으로 일그러져 있었는데도, 어리석게도 성전과 거기에서 드러진 외적인 예배를 의지하는 마음이 그들의 눈을 멀게 하였기 때문에, 하나님은 그들에게 매여 계실 수밖에 없으시다고 생각하였다. "하나님이 이 세상에서 자신의 유일한 처소로 선택하신 이곳을 어떻게 떠날 수 있으시겠으며, 하나님이 우리 가운데 거하시기 때문에, 우리는 언젠가는 회복될 것임에 틀림없다"라는 것이 그들에게 늘 방패막이가 되어 왔다. 요컨대, 그들은 성전을 그들의 난공불락의 요새로 여겨서, 마치 그들이 하나님의 품속에 안겨 있다는 듯이 착각하고 있었다. 그러나 그리스도께서는, 그들이 그들의 범죄들로 인하여 하나님을 그들에게서 몰아내었으면서도, 마치 하나님이 그들 가운데 계신다는 듯이 자랑하는 것은 헛된 일이라고 반박하시고, 성전을 "너희의 집"이라고 하심으로써 그곳이 더 이상 하나님의 집이 아니라는 것을 간접적으로 암시하신다. 사실, 성전은 그리스도께서 오신 후에는 하나님의 처소이기를 그치게 될 것이라는 조건 아래에서 지어졌지만, 만약 유대 백성의 악(惡)으로 인해서 성전이 파괴되지 않았더라면, 성전은 하나님의 은혜를 증언해 주는 주목할 만한 기념비로 지금도 여전히 남아 있게 되었을 것이다. 그러므로 하나님께서 직접 그토록 큰 죄와 영광을 부여하셨던 성전을 버리셔서 흔적도 없이 파괴되도록 명하셨을 뿐만 아니라,

세상 끝날까지 가장 수치스러운 오명(汚名)을 뒤집어쓰게 하신 것은 하나님의 무
시무시한 보복이었다. 로마에서 교황을 옹립하여 하나님의 뜻을 거슬러서 계속해
서 바벨탑을 쌓는 자들아, 하나님의 권세와 명령으로 지어진 하나님의 성전이 그
백성의 범죄들로 인하여 흔적도 없이 사라졌다는 사실을 명심하라.

마 23:39. 내가 너희에게 이르노니. 그리스도께서는 그들이 멸망을 피할 수 있
는 유일한 길을 박탈당하게 될 것이라고 말씀하심으로써, 그가 앞서 하신 말씀, 즉
하나님의 보복이 가까웠다는 말씀을 확증하신다. 왜냐하면, 오직 그들의 구속자가
되기 위하여 오신 바로 그분이 그가 가져온 구속을 증언하시고 선포하시는 동안에
만, "지금은 은혜 받을 만한 때요 구원의 날"(사 49:8; 고후 6:2)이기 때문이다. 그러
나 그가 떠나셨을 때, 마치 해가 진 것처럼, 생명의 빛은 꺼져버릴 것이기 때문에
그가 경고하신 이 무시무시한 재앙은 그들 위에 임할 수밖에 없다.

이제 문제는 "너희는 찬송하리로다 주의 이름으로 오시는 이여 할 때까지"라는
구절이 어느 때를 가리키느냐 하는 것이다. 어떤 이들은 이 구절이 마지막 심판의
날을 가리키는 것이라고 해석하고, 어떤 이들은 이 구절이 얼마 후에 이루어질 일,
즉 유대인들 중 일부가 겸손히 그리스도를 경배하게 될 때를 가리키는 예언이라고
생각한다. 하지만 나는 이 두 가지 해석에 동의하지 않는다. 나는 박식한 자들이
어떻게 불신자들이 그리스도에 대하여 "찬송하리로다 주의 이름으로 오시는 이여"
라고 말할 수 있는지를 알아내기 위하여 애를 쓸 정도로 아주 작은 장애물에도 걸
려 넘어지는 것을 보고, 정말 놀라지 않을 수 없다. 왜냐하면, 그리스도께서는 여기
에서 장차 그들이 행하게 될 일이 아니라, 그 자신이 행할 일에 대하여 말씀하고 계
시는 것이기 때문이다. 부사 "때까지"는 단지 지나간 때를 가리킬 뿐이다. 성경에
서 요셉이 "아들을 낳기까지 동침하지 아니하더니"(마 1:25)라고 말할 때, 그것은
그리스도께서 태어난 후에 요셉과 마리아가 남편과 아내로서 함께 살았다는 것이
아니라, 단지 마리아가 그녀의 아들이 출생하기 전까지는 남자를 알지 못한 처녀
였다는 것을 보여줄 뿐이다.

따라서 내 생각으로는 이 구절의 참된 의미는 이런 것이다: "지금까지 나는 나를
낮추어 온유함으로 너희 가운데서 살아오면서, 선생의 직분을 수행해왔지만, 이제
나의 소명을 따라 달려갈 길을 다 달려왔기 때문에, 머지않아 떠나게 될 것이고,
너희는 더 이상 나와 함께 있는 것이 불가능하게 될 것이다. 그러나 너희는 지금
너희의 구속주이자 너희에게 구원을 가져다주는 일꾼인 나를 멸시하지만, 장차 나

를 너희의 심판자로 다시 보게 될 것이다." 따라서 이 구절은 "그들이 그 찌른 바 그를 바라보게"(슥 12:10; 요 19:37) 될 것이라는 스가랴의 예언과 일치한다. 그러나 여기에서 그리스도께서는 그들의 헛된 외식과 위선을 간접적으로 암시하고 계시는 것이기도 한 것 같다. 왜냐하면, 그들은 "찬송하리로다 주의 이름으로 오시는 이여"(시 118:26)라고 매일 이 시편 구절을 노래하면서, 마치 그들이 하나님이 약속하신 구원을 간절히 기다린다는 듯한 모습을 보였으면서도, 정작 그 구속주께서 그들에게 오시자 그를 멸시하며 배척하였기 때문이다. 요컨대, 그리스도께서는 자기가 그들에게 다시 올 때에는, 그들은 그의 두려우신 엄위하심을 보고서 두려워 떨며 뒤늦게 그가 참으로 하나님의 아들이셨다고 놀라 소리치게 될 것이라고 분명하게 선언하시는 것이다. 이 경고는 복음을 멸시하는 모든 자들, 특히 그리스도의 이름을 거짓되게'고백하며 그의 가르침을 배척하는 자들을 향한 말씀이다. 왜냐하면, 그들은 지금 그들의 외식과 가식을 통해서 그리스도를 우롱하고 있지만, 언젠가는 반드시 그의 수중에서 피할 수 없다는 것을 인정하게 될 것이기 때문이다. 마찬가지로, 오늘날 교황주의자들도 그리스도에 대해서는 전혀 관심도 없으면서, 서기관들이 불렀던 저 노래를 동일하게 부르고 있지만, 장차 그리스도께서 그들에게 복수하시기 위하여 그들을 그의 법정으로 소환하실 것이다. 또한, 이것은 그리스도께서 구원을 가져다주시는 분이자 중보자로서 아버지 하나님의 이름으로 우리에게 자신을 나타내시는 동안에, 우리의 입술로 그를 높일 뿐만 아니라, 그가 우리와 온 세상을 그에게 복종하게 만드시기를 진심으로 바라야 한다는 것을 우리에게 일깨워 준다.

눅 11:53. 거기서 나오실 때에. 나는 앞서 이 누가 본문의 앞에 나온 구절들을 누가가 그 본래의 자리가 아닌 이곳에 끼워 넣은 것이라고 말한 바 있다. 왜냐하면, 누가는 그리스도께서 식사 자리에서 서기관들을 꾸짖으셨다고 보도하는 가운데, 그리스도께서 죽으시기 조금 전에 서기관들의 악행을 책망하신 말씀들도 아울러 소개하고 있기 때문이다. 마찬가지로, 우리가 방금 살펴본 책망을 누가는 다른 기사(記事)와 관련해서 소개하고 있다. 하지만 그리스도께서는 동일한 말씀을 여러 경우에 반복해서 전하셨을 것이라고 추정하는 자들의 견해를 따르고자 하는 사람이 있다면, 나는 굳이 말리지는 않을 것이다. 누가는 우리가 방금 살펴본 화(禍)들을 열거한 후에, 모든 서기관들이 그리스도에 대하여 더욱 격분해서, 함정에 빠뜨리기 위한 질문들을 통해서 그리스도를 올무에 걸리게 하고자 계속해서 애를 썼다고 말하는 것으로 이 기사를 끝맺는데, 이런 장면은 그리스도께서 죽으시기 직전에 하신 말씀이 아니라, 식사 자리에서의 대화라는 상황과 연관된 것이라고 보아야 하지만, 나는 사건과 말씀들의 정확한 순서는 복음서 기자들이 무시한 문제이기 때문에, 그런 것이 크게 중요하다고 생각하지 않았다.

⁴¹예수께서 헌금함을 대하여 앉으사 무리가 어떻게 헌금함에 돈 넣는가를 보실새 여러 부자는 많이 넣는데 ⁴²한 가난한 과부는 와서 두 렙돈 곧 한 고드란트를 넣는지라 ⁴³예수께서 제자들을 불러다가 이르시되 내가 진실로 너희에게 이르노니 이 가난한 과부는 헌금함에 넣는 모든 사람보다 많이 넣었도다 ⁴⁴그들은 다 그 풍족한 중에서 넣었거니와 이 과부는 그 가난한 중에서 자기의 모든 소유 곧 생활비 전부를 넣었느니라 하시니라(막 12:41-44).

¹예수께서 눈을 들어 부자들이 헌금함에 헌금 넣는 것을 보시고 ²또 어떤 가난한 과부가 두 렙돈 넣는 것을 보시고 ³이르시되 내가 참으로 너희에게 말하노니 이 가난한 과부가 다른 모든 사람보다 많이 넣었도다 ⁴저들은 그 풍족한 중에서 헌금을 넣었거니와 이 과부는 그 가난한 중에서 자기가 가지고 있는 생활비 전부를 넣었느니라 하시니라(눅 21:1-4).

막 12:43. 내가 진실로 너희에게 이르노니. 그리스도께서 하신 이 말씀은 사람이 하나님께 무엇을 드리든, 그것은 그 액면가, 즉 세상에서 그것이 지니는 가치에 의해서가 아니라 거기에 담겨진 마음의 정성(精誠)의 정도에 의해서 평가되어야 한다는 매우 유익한 가르침을 담고 있다. 따라서 적게 가진 자가 자기가 가진 적은 것을 하나님께 드린 사람의 신앙심은, "풍족한 중에서" 이 사람보다 백배나 더 많은 것을 드린 사람보다 훨씬 더 큰 것이다. 이 가르침은 두 가지 방식으로 유익하다. 왜냐하면, 한편으로 그리스도께서는 가진 것이 없어서 선한 일을 할 수 없는 듯이 보이는 가난한 자들에게는 그들이 가진 적은 것으로 그들의 정성을 기쁜 마음으로 표현하는 것을 주저하지 말라고 격려하시는 것인 까닭에, 사람이 자기 자신을 구별하여 하나님께 바쳐드리기만 한다면, 그가 드리는 것이 비록 보잘것없다고 할지라도, 그 예물은 거부(巨富)였던 루디아의 왕 크로이소스(Croesus)가 가진 모든 보화를 예물로 드리는 경우에 비해서도 결코 손색이 없을 것이기 때문이고, 다른 한편으로는 하나님으로부터 많을 것을 받아서 "풍족한" 재물을 지니게 된 자들에게는 부자가 산더미같이 쌓아놓은 재물 가운데서 약간의 것을 드리는 것은 가난한 자가 비록 적은 것이라 할지라도 자신의 재물을 다 털어서 드리는 것보다 하나님 보시기에 더 못한 것인 까닭에, 단지 가난한 자들이나 평범한 자들보다 더 많이 드렸다는 것만으로는 충분하지 않다는 것을 일깨워 주시기 때문이다. 이 "과부"는 하나님 앞에 빈손으로 나아가느니 차라리 그녀의 생활비 전부를 포기하는 쪽이 낫다고 생각한 것으로 보아서, 남다른 신앙심을 지닌 인물이었을 것임에 틀림없다. 그리스도께서는 이러한 일편단심(simplicitas)을 칭찬하신다. 왜냐하면, 이 과부는 모든 것을 제쳐두고 오로지 그녀와 그녀가 가진 모든 것이 하나님의 것임을 증언하고 싶어하였기 때문이다. 마찬가지로, 하나님이 우리에게 요구하시는 제사는 자기부인(nostri abnegatio)이다. 당시에 거룩한 예물들은 적절하게 사용되지 않았을 가능성이 높지만, 율법의 제사가 아직은 유효하였던 까닭에, 그리스도께서는 그 예물들을 배척하지 않으셨다. 분명한 것은 사람들이 하나님께서 정하신 제사를 오용하고 악용한다고 할지라도, 하나님은 진심으로 섬기는 자들이 하나님의 명령을 따라서 제사들이나 다른 경건한 용도들을 위하여 예물을 드릴 때, 그들이 행한 거룩한 일은 무효가 되지 않는다는 것이다.

[1]예수께서 성전에서 나와서 가실 때에 제자들이 성전 건물들을 가리켜 보이려고 나아오니 [2]대답하여 이르시되 너희가 이 모든 것을 보지 못하느냐 내가 진실로 너희에게 이르노니 돌 하나도 돌 위에 남지 않고 다 무너뜨려지리라 [3]예수께서 감람 산 위에 앉으셨을 때에 제자들이 조용히 와서 이르되 우리에게 이르소서 어느 때에 이런 일이 있겠사오며 또 주의 임하심과 세상 끝에는 무슨 징조가 있사오리이까 [4]예수께서 대답하여 이르시되 너희가 사람의 미혹을 받지 않도록 주의하라 [5]많은 사람이 내 이름으로 와서 이르되 나는 그리스도라 하여 많은 사람을 미혹하리라 [6]난리와 난리 소문을 듣겠으나 너희는 삼가 두려워하지 말라 이런 일이 있어야 하되 아직 끝은 아니니라 [7]민족이 민족을, 나라가 나라를 대적하여 일어나겠고 곳곳에 기근과 지진이 있으리니 [8]이 모든 것은 재난의 시작이니라(마 24:1-8).

[1]예수께서 성전에서 나가실 때에 제자 중 하나가 이르되 선생님이여 보소서 이 돌들이 어떠하며 이 건물들이 어떠하니이까 [2]예수께서 이르시되 네가 이 큰 건물들을

보느냐 돌 하나도 돌 위에 남지 않고 다 무너뜨려지리라 하시니라 ³예수께서 감람산에서 성전을 마주 대하여 앉으셨을 때에 베드로와 야고보와 요한과 안드레가 조용히 묻되 ⁴우리에게 이르소서 어느 때에 이런 일이 있겠사오며 이 모든 일이 이루어지려 할 때에 무슨 징조가 있사오리이까 ⁵예수께서 이르시되 너희가 사람의 미혹을 받지 않도록 주의하라 ⁶많은 사람이 내 이름으로 와서 이르되 내가 그라 하여 많은 사람을 미혹하리라 ⁷난리와 난리의 소문을 들을 때에 두려워하지 말라 이런 일이 있어야 하되 아직 끝은 아니니라 ⁸민족이 민족을, 나라가 나라를 대적하여 일어나겠고 곳곳에 지진이 있으며 기근이 있으리니 이는 재난의 시작이니라(막 13:1-8).

⁵어떤 사람들이 성전을 가리켜 그 아름다운 돌과 헌물로 꾸민 것을 말하매 예수께서 이르시되 ⁶너희 보는 이것들이 날이 이르면 돌 하나도 돌 위에 남지 않고 다 무너뜨려지리라 ⁷그들이 물어 이르되 선생님이여 그러면 어느 때에 이런 일이 있겠사오며 이런 일이 일어나려 할 때에 무슨 징조가 있사오리이까 ⁸이르시되 미혹을 받지 않도록 주의하라 많은 사람이 내 이름으로 와서 이르되 내가 그라 하며 때가 가까이 왔다 하겠으나 그들을 따르지 말라 ⁹난리와 소요의 소문을 들을 때에 두려워하지 말라 이 일이 먼저 있어야 하되 끝은 곧 되지 아니하리라 ¹⁰또 이르시되 민족이 민족을, 나라가 나라를 대적하여 일어나겠고 ¹¹곳곳에 큰 지진과 기근과 전염병이 있겠고 또 무서운 일과 하늘로부터 큰 징조들이 있으리라(눅 21:5-11).

마 24:1. 예수께서 성전에서 나와서. 제자들은 그리스도께서 성전에 마지막 작별인사를 하고 계시다는 것을 알아차렸을 것임에 틀림없다. 그러므로 이제 남은 일은 선지자들이 예언한 대로, 그리스도께서 훨씬 더 장엄한 새로운 성전을 세우셔서, 하나님의 나라가 더 흥왕하게 일어나게 하시는 것이었다. 왜냐하면, 모든 일에서 그리스도를 대적한 저 성전은 이제 그리스도와 아무런 상관도 없는 것이 되고 말았기 때문이다. 그러나 한편으로 제자들은 저 웅장하고 화려한 성전이 없어지고 그리스도께서 그 자리를 대신하시리라는 사실을 믿을 수 없었다. 여기에서 우리가 눈여겨봐 두어야 하는 것은 제자들은 막대한 비용을 들여서 지어진 성전의 위용(威容) 앞에서 너무나 눈이 부셔서, 그리스도의 나라가 곧 출현할 것이라는 소망을 품기 어려웠다는 것이다. 실제로 그들은 그들이 품은 의구심을 대놓고 표현하지는 않았지만, 그리스도께서 통치하시고자 하신다면 반드시 철저하게 제거되어야 할 저 거대한 성전의 돌들을 그리스도 앞에서 거론함으로써 그들의 속내를 은근히 내비쳤다. 오늘날에도 수많은 사람들이 교황 제도가 보여주는 위용에 대한 비슷한 경외감 때문에 잘못된 생각을 갖는다. 왜냐하면, 그들은 교황 제도가 엄청난 부와 권력에 의해서 지탱되는 모습을 보고서는 크나큰 경외감에 사로잡혀서, 상대적으로 보잘것없고 초라해 보이는 교회를 멸시하기 때문이다. 심지어 우리가 교황 제도를 무너뜨리고 애쓰는 것을 마치 태양을 하늘에서 끌어내리고자 하는 것과 별반 다를 것이 없다는 듯이 여겨서 그런 시도는 미친 짓이라고 생각하는 자들도 많다. 그렇지만 성전의 웅장한 광경으로 인해서 그리스도의 제자들이 경외감에 사로잡히게 된 것을 보고 놀랄 이유는 없다. 왜냐하면, 그 성전을 건축하는 데에 헤롯이 얼마나 막대한 비용을 들였는지는, 그가 이 일에 만 명의 일꾼을 8년 동안 계속해서 동원하였다는 단 한 가지 사실만으로도 그대로 드러나기 때문이다. 성전의 돌들은 뛰어나게 아름다웠고, 길이가 15규빗, 높이가 12규빗, 너비가 8규빗이었다고 요세푸스(Josephus)가 말하고 있는 것으로 보아서, 제자들이 그 돌들에 대하여 감탄을 금치 못한 것도 충분히 이해할 수 있는 일이었다. 게다가, 심지어 벽촌에 사는 사람들조차도 성전에 대해서 품고 있던 경외심은 아주 대단하였기 때문에, 성전이 파괴될 것이라는 생각을 지닐 수 있는 자는 거의 전무(全無)하였다

마 24:2. 내가 진실로 너희에게 이르노니. 성전의 거대한 규모와 부(富)가 제자들의 눈앞에 드리워진 휘장이 되어서, 그들로 하여금 믿음의 눈을 들어서 장차 도래할 참된 그리스도의 나라를 보지 못하게 하였기 때문에, 그리스도께서는 그들의 마음을 점령해 버린 그것들이 머지않아 사라지게 되리라는 것을 맹세로써 단언하신다. 그러므로 성전의 파괴에 관한 이 예언의 말씀은 무지하고 연약한 자들에게 길을 열어 준 것이었다. 그림자들에 불과한 성전의 여러 예식들이 그렇지 않아도 이 땅의 것들에 이미 지나치게 집착하고 있던 유대인들에게 부당한 영향력을 미치지 않도록 하기 위하여, 성전이 파괴된 것은 유익한 일이었지만, 성전이 멸망한 주된 이유는 하나님께서 그의 아들을 배척하고 그가 가져온 은혜를 멸시한 유대 민족에 대하여 이 무시무시한 본보기를 통해서 복수하시기로 작정하셨기 때문이었다. 그러므로 성경이 악인들에 대하여 선포한 벌들을 읽으면, 오늘날 우리가 하나님의 진노를 불러일으킨 저 범죄들을 우리는 행하지 말아야 하겠다고 결심하게 되는 것과 마찬가지로, 제자들은 이 경고의 말씀을 듣고서 겁을 집어먹고, 저 패역한

백성과 어울리지 말아야 하겠다는 결심을 하게 되었을 것임에 틀림없다. 성경이 우리에게 말해주는 모든 것, 특히 이 세상의 모든 것이 덧없이 사라질 일시적인 것들에 지나지 않는다는 말씀은 부귀영화와 사치와 쾌락을 좇는 데에 너무나 열심인 우리의 감각들의 부질없는 욕망을 바로잡아 줄 것임에 틀림없다. 특히, 적그리스도와 그를 따르는 자들의 끔찍한 멸망에 관하여 성경이 선포하고 있는 말씀은 우리가 올바른 믿음의 길을 좇는 것을 방해하는 온갖 장애물들을 제거해 줄 것임에 틀림없다.

마 24:3. 예수께서 … 앉으셨을 때에. 마가는 네 명의 제자들, 즉 베드로, 야고보, 요한, 안드레를 언급하지만, 마가나 누가는 마태만큼 이 일을 자세하게 보도하지 않는다. 왜냐하면, 그들은 단지 제자들이 성전이 언제 파괴될 것인지, 그리고 그 일이 있기 전에 하나님이 하늘로부터 어떤 외적인 징조를 주실 것인지 — 이 일은 믿기 어려운 일이었기 때문에 — 를 물었다는 것만을 기록하고 있기 때문이다. 마태는 제자들이 그것들 외에도 그리스도께서 언제 오실지, 그리고 세상의 종말의 때가 언제가 될지에 대해서도 물었다는 것을 우리에게 말해준다. 그러나 우리가 주목해야 할 것은 그들은 어릴 때부터 성전이 세상 끝날까지 존속할 것이라고 믿어왔고, 이러한 생각이 그들의 마음속에 뿌리깊이 박혀 있었기 때문에, 세상이 존속하는 동안에 성전이 파괴될 수 있다는 것을 상상할 수 없었다는 것이다. 그러므로 그리스도께서 성전이 파괴될 것이라고 말씀하시자마자, 그들의 뇌리에는 세상의 종말에 관한 생각이 즉시 떠올랐다. 한 가지 착각이 또 다른 착각을 낳는다는 말이 있듯이, 그들은 그리스도의 나라가 시작되자마자, 그들이 모든 면에서 복된 삶을 살게 될 것임을 확신했기 때문에, 승리를 얻기 위한 싸움(militia)은 아예 건너뛰고, 곧장 이미 승리(triumphus)를 얻은 것처럼 상상의 나래를 펼치게 된 것이었다. 그들은 그리스도의 재림과 세상의 종말을 서로 떼려야 뗄 수 없는 일들로 결부시켰다. 그들이 생각한 세상의 종말은 만물이 회복되어서, 경건한 자들이 그 어떤 부족함도 없이 온전한 복을 누리게 되는 때였다.

우리는 이제 그들이 왜 이렇게 느닷없이 비약적으로 여러 가지 생각들을 하게 되었는지를 알게 되었는데, 그것은 그들이 다음과 같은 잘못된 생각들을 품고 있었기 때문이었다. 즉, 그들은 세상 전체가 무너짐이 없이는 성전이 파괴될 수 없고, 그림자인 율법의 예식들과 세상 전체는 동시에 종말을 고하게 될 것이며, 그러한 종말 후에는 즉시 그리스도의 나라의 영광이 나타나서 하나님의 자녀들이 온전

한 복을 누리게 될 것이고, 이어서 세상이 새로워져서 곧 혼돈 상태에서 벗어나 질
서를 되찾게 되리라고 오해하고 있었던 것이다. 그러나 그들이 그 어떤 과정도 거
치지 않고 즉시 복과 안식을 누리게 될 것이라고 성급하게 생각하게 된 것은 무엇
보다도 그들이 그리스도의 나라가 즉시 임할 것이라는 잘못된 소망을 품고 있었기
때문이었다. 그랬던 까닭에, 그리스도께서 "죽은 자 가운데서 다시 살아나신" 것을
보았을 때에(행 1:6), 그들은 우리를 위해 하늘에 예비된 저 복, 즉 믿음과 인내로써
얻어져야 할 저 복을 즉시 붙잡으려고 서둘렀다.

　우리는 율법의 그림자들 아래에서 가르침을 받아 이 땅에서의 그리스도의 나라
에 관한 미신(迷信)에 빠져 있는 것이 아니기 때문에, 사정이 좀 다르기는 하지만,
그리스도의 제자들과 아주 비슷한 병에 걸려서 고생하지 않는 자는 백 명 중에서
한 명도 찾아보기 힘들다. 왜냐하면, 사람은 다 귀찮고 성가신 일들이나 싸움들이
나 온갖 종류의 십자가를 본능적으로 피하고자 하는 까닭에, 소망이 실현되기 위
한 과정을 생략하고 조급하게 소망의 열매를 따먹으려고 서두르는 성향을 지니고
있기 때문이다. 따라서 아무도 씨를 뿌리려 하지는 않고, 모두가 다 때가 이르기도
전에 추수할 수 있기를 바란다. 다시 제자들에게로 돌아가 보자. 그들은 사실 그들
의 마음속에 믿음의 선한 씨를 지니고 있었지만, 그 씨가 자라서 무르익을 때까지
기다리지 않았고, 아울러 잘못된 생각을 지니고 있었던 까닭에, 그리스도의 나라
의 시작과 완성을 혼동하여, 장차 하늘에서 찾아야 할 것을 이 땅에서 누리고자 하
였던 것이다.

마 24:4. 예수께서 대답하여 이르시되. 그리스도께서 하신 대답은 제자들이 기
대했던 것과 판이하게 달랐다. 왜냐하면, 그들은 이미 싸움을 끝내고 승리를 쟁취
한 듯이 여겼지만, 그리스도께서는 그들에게 오랜 인내를 요구하셨기　때문이다.
이것은 "너희는 출발선에 서서 벌써부터 상을 받고자 하지만, 먼저 달려갈 길을 다
달려가야 할 것이다. 너희는 그 누구도 하늘에 올라가지 않고서는 얻을 수 없는 하
나님의 나라를 이 땅으로 끌어내리고자 하고 있는 것"이라고 말씀하신 것이나 다
름없다. 이 장(章)은 우리의 일생을 어떻게 살아가야 하는지에 대한 아주 유익한
권면들을 담고 있는 것을 생각할 때, 우리는 사도들이 실수를 저지른 것이 도리어
우리에게 유익이 되게 하신 것이 하나님의 놀라운 계획 속에서 이루어진 것임을
본다. 그리스도께서 여기에서 하신 말씀을 요약하자면, 복음을 전하는 것은 씨앗
을 뿌리는 것과 같기 때문에, 우리는 추수할 때를 인내로써 기다려야 하고, 만약 우

리가 겨울의 서리나 눈, 구름 등과 같은 굿은 날씨 때문에 낙심한다면, 그것은 연약한 믿음으로 말미암아 부적절하게 처신하는 것이라는 것이다.

마 24:4. 너희가 사람의 미혹을 받지 않도록 주의하라. 그리스도께서는 그의 제자들에게 명시적으로 두 가지를 당부하시는데, 그 중 하나는 거짓된 가르침들(falsa doctrina)을 조심하라는 것이고, 다른 하나는 시험들(scandalum)을 두려워하지 말라는 것이다. 이 말씀을 통해서 그리스도께서는 그의 교회가 이 세상에서 순례길을 가는 동안에는 끊임없이 이러한 시험들을 만나게 될 것이라고 경고하신다. 그러나 선지자들은 장차 도래할 그리스도의 나라를 이것과는 전혀 다르게 묘사하였기 때문에, 그리스도의 이러한 말씀은 제자들에게 앞뒤가 맞지 않는 말씀으로 보일 수 있었다. 이사야는 그때에는 모든 사람이 하나님에게서 직접 가르침을 받게 될 것이라고 예언하였고(54:13), 요엘은 "내가 내 영을 만민에게 부어주리니 너희 자녀들이 장래 일을 말할 것이며 너희 늙은이는 꿈을 꾸며 너희 젊은이는 이상을 볼 것이며"(2:28)라고 말하였으며, 예레미야는 그때에는 그 누구도 "각기 이웃과 형제를 가리켜 이르기를 여호와를 알려 하지 아니하리니 이는 작은 자로부터 큰 자까지 다 나를 알게"(31:34) 될 것이기 때문이라고 예언함으로써, 장차 한층 더 풍성한 깨달음의 빛이 사람들에게 주어질 것이라고 약속하였다. 그러므로 우리는 말라기가 예언한 대로 "공의로운 해가 떠올랐을"(4:2) 때에 그들에게서 온갖 오류의 구름이 걷히고 그들이 모든 것을 밝히 보게 될 것이라고 유대인들이 기대한 것을 이상하게 생각할 필요가 없다. 그러나 그리스도께서는 거짓 선지자들이 옛 백성들에게 그랬듯이 그때에 거짓 선생들이 경건한 자들을 괴롭게 할 것이고, 이러한 소란은 이전에 율법 아래에서와 마찬가지로 복음 아래에서도 빈번하게 일어날 것이라고 그들에게 경고하신다. 내가 방금 언급한 예언들은 반드시 이루어질 것이지만, 어느 날 갑자기 한꺼번에 온전히 이루어지지는 않는다. 왜냐하면, 믿는 자들은 지금 그러한 복들을 부분적으로 맛보고서, 장차 그 복들을 온전히 누릴 소망을 품는 것만으로 충분하기 때문이다. 그러므로 복음이 전파되기 시작한 시점에서 제자들이 날마다 이루어 가야 할 것들이 즉시 온전히 나타나기를 바란 것은 큰 착각이었다. 게다가, 선지자들이 그리스도의 나라와 관련하여 예언한 저 복은 인간의 죄악에 의해서 결코 완전히 폐기되지는 않는다고 해도 지체되거나 지연되기는 한다. 그리스도께서는 인간의 악성(malitia)과 싸워서 온갖 장애를 뚫고 그의 복들을 사람들이 받을 수 있는 길을 여시는 것은 사실이다. 하나님의 무조건적인 선하심에 기반을 두고 있고 인간의 뜻이나 의지에 좌지우지 되지 않는 그의 복들이 인간의 잘못으로 인해서 폐기될 수 있다고 생각하는 것은 어불성설이다.

그렇지만 그리스도께서는 그들로 하여금 그들의 배은망덕함에 대하여 일정 정도 대가를 치르도록 하시기 위하여, 그렇지 않았더라면 차고 넘치게 부어주셨을 그의 은총들을 제한적으로 적은 분량만을 내려 주신다. 그런 까닭에, 수많은 미혹들이 생겨나서, 그리스도께서 믿는 자들 앞에 그의 복음의 횃불을 비추서서 그들을 인도하시고, 그들이 구원으로 가는 올바른 길을 추구함에도 불구하고, 그들은 일생 동안 그 미혹들로 인하여 헤매고 방황하는 일이 벌어지는 것이다. 또한, 그런 까닭에, 수많은 싸움들이 생겨나서, 비록 그들에게 패배할 위험성이 있는 것은 아니지만, 그들은 고된 싸움을 싸워나가지 않으면 안 된다. 또한, 그런 까닭에, 수많은 소동들이 갑작스럽게 생겨나서, 그들은 비록 그리스도를 의지하여 끝까지 견고히 서 있게 될 것이기는 하지만, 끊임없이 괴롭힘을 당하게 된다. 그리스도께서는 그의 제자들에게 속이는 자들을 조심하라고 명하신 것이기 때문에, 우리는 그들이 스스로 잘못하여 미혹되어 넘어가는 경우가 아니라면, 그 속이는 자들에게 속아 넘어가지 않는 길을 그리스도께서 준비해 두셨을 것임을 알게 된다. 그러므로 사탄이 어떤 술수를 쓰더라도, 우리는 우리 각자가 자신의 본분을 지켜서 깨어 경성(警醒)하기만 한다면, 그 협잡꾼들로부터 안전하리라는 것에 대하여 의심을 품어서는 안 된다.

마 24:5. 많은 사람이 내 이름으로 와서. 그리스도께서는 여기에서 거짓되고 악한 가르침들 일반에 대하여 말씀하시는 것이 아니라, 사탄이 복음의 순전한 가르침을 혼잡하게 하기 위하여 여러 가지 다양한 방식으로 사람들을 유혹해서 온갖 잘못과 오류에 빠지게 만들 때에 그 발단이 되는 한 가지 가르침을 지적하고 계시는 것이다. 왜냐하면, 그리스도께서 부활하신 직후에, 자기가 그리스도라고 사칭하며 속이는 자들이 생겨났기 때문이다. 참된 구속주는 세상에서 제거되었을 뿐만 아니라, 십자가 위에서 수치스러운 죽임을 당하셨지만, 모든 사람의 마음은 구속(救贖)에 대한 소망과 열망으로 타올라 상기되어 있었기 때문에, 이 속이는 자들에게는 사람들을 "미혹시키고" 속일 수 있는 좋은 기회가 주어진 것이었다. 이것은 의심할 여지 없이 하나님이 그토록 악하게 그의 아들을 배척하였던 유대인들에게 이런 황당한 일이 일어나도록 허락하신 것임에 틀림없다. 하나님의 아들을 배척하는 저 미친 짓은 신속하게 사라졌지만, 하나님은 그리스도를 사칭하는 자들이 여

기저기에서 출현하는 이런 소동과 혼란이 유대인들 가운데서 일어나게 하시기로
작정하셨는데, 이것은 첫째로는 유대인들로 하여금 수치와 미움을 당하게 하시고,
둘째로는 그들로 구원의 소망을 완전히 포기하게 하시며, 마지막으로는 그들로 너
무나 자주 실망한 나머지 지독하게 어리석어져서 멸망으로 치닫게 하시기 위한 것
이었다. 왜냐하면, 사람들을 불러 모아서 거룩함 가운데 하나가 되게 하고자 하신
하나님의 아들에게서 세상이 등을 돌렸다면, 그 세상이 폭풍들에 의해서 이리저리
내몰리게 되는 것은 당연한 일이기 때문이다. 또한, 올바른 믿음으로 하나님께 이
끄심을 받은 자들보다 어리석은 우매함에 사로잡혀 어그러진 길로 내몰린 자들이
더 많은 것도 하나님의 원수 갚으심으로 인한 것이었다. 그리스도께서는 너무나
많은 사람들이 광기에 사로잡히는 것을 보고서 믿는 자들이 낙심하지 않도록 하시
기 위하여 이러한 상황도 분명하게 말씀해 주셨다. 우리는 특히 우리의 수가 얼마
되지 않을 때에는 다수가 가는 길을 좇아가는 성향이 우리에게 얼마나 강하게 자
리 잡고 있는지를 알고 있다.

마 24:6. 난리와 난리 소문을 듣겠으나. 그리스도께서는 여기에서 오직 유대 땅
에서 일어날 소동들만을 말씀하고 계신다. 왜냐하면, 우리는 그리스도께서 잠시
후에 이 불길이 훨씬 더 널리 퍼져나가게 되리라고 말씀하시는 것을 보게 될 것이
기 때문이다. 그리스도께서는 앞서 그의 제자들에게 누구에게도 "미혹되지" 않도
록 조심하라고 명하셨듯이, 여기에서는 "난리와 난리 소문"을 들어도 두려워하지
말고 꿋꿋하게 대처하라고 명하신다. 왜냐하면, 그들은 장차 그들이 편안하고 즐
거운 삶을 살게 될 것을 기대하고 있었던 까닭에, 여러 재난들을 만났을 때에 쉽게
좌절해 버릴 위험성이 있었기 때문이었다.

그리스도께서 "이런 일이 있어야 하되"라는 말씀을 덧붙이신 것은 그 이유를 말
씀해 주시기 위한 것이 아니라, 이런 일들이 하나도 우연히, 또는 하나님의 섭리를
벗어나서 일어나는 것이 아님을 알려 주어서, 그들로 하여금 이런 일들에 쓸데없
이 맞서서 헛발질하는 일이 없도록 하시기 위한 것이었다. 왜냐하면, 도무지 까닭
을 알 수 없을 것 같은 혼란스러운 일들이 실제로는 하나님의 선하신 뜻에 따라 이
루어지고 있다는 사실을 아는 것이야말로, 우리가 우리 자신을 쳐서 복종시키는
데에 가장 강력한 힘을 발휘하기 때문이다. 사실, 하나님께서 세상이 혼란하도록
허용하시는 데에는 반드시 합당한 이유들과 명분들이 존재하지만, 믿는 자들은 하
나님의 선하신 뜻을 믿고서 묵묵히 순복하는 것이 마땅한 일이기 때문에, 그리스

도께서는 그의 제자들에게 끝까지 참고 인내할 각오를 하고서 견고히 서 있으라고 권면하는 것으로 충분하다고 여기셨다. 왜냐하면, 바로 그것이 하나님의 뜻이기 때문이다.

마 24:6. 아직 끝은 아니니라. 그리스도께서는 여기에서 내가 앞에서 이미 언급했던 경고의 말씀, 즉 그 자체로도 정말 괴로운 저 사건들은 단지 더 큰 재난들을 위한 일종의 서곡에 불과하리라는 것을 좀 더 분명한 용어들로 말씀하신다. 왜냐하면, 복음의 가르침이 전파되고 나서, 다른 민족들 가운데서도 유대인들에게서와 비슷한 배은망덕함이 있어서, 그것이 그들에 대한 하나님의 진노를 불러일으킬 것인 까닭에, 전쟁의 불길은 유대 땅에서 점화된 후에는 계속해서 더 널리 확대될 것이기 때문이다. 그런 까닭에, 그들은 하나님과의 화목의 끈을 끊어 버렸기 때문에 서로 물고 찢느라 사분오열되었고, 하나님의 통치를 거절하였기 때문에 그들의 원수들의 압제를 받게 되었으며, 하나님과 화해하기를 거부하였기 때문에 서로 다투게 되었다. 요컨대, 그들은 하늘로부터의 구원을 마다하고 스스로를 닫아 버렸기 때문에, 서로에 대하여 노(怒)를 발하며, 이 땅을 살인으로 가득 채우게 되었다는 것이다. 그리스도께서는 세상의 악성(malitia)이 얼마나 끈질기고 독한지를 아셨기 때문에, "이 모든 것은 재난의 시작이니라"는 말씀을 덧붙이신다. 믿는 자들은 재난들 가운데서도 늘 풍성한 위로를 받기 때문에, 슬픔에 빠져 자신을 소모하는 것이 아니라, 오래 참음으로 이 모든 것을 견뎌내는 것이 마땅하다. 누가는 여기에 "지진"과 "하늘로부터"의 "징조들"을 첨가하는데, 우리는 그런 일들이 실제로 일어났다는 확실한 기록을 갖고 있지 않지만, 그리스도께서는 분명히 그런 예언을 하셨을 것이다. 독자들은 요세푸스가 쓴 「유대전쟁사」에서 좀 더 자세한 것을 찾아볼 수 있다.

⁹그 때에 사람들이 너희를 환난에 넘겨 주겠으며 너희를 죽이리니 너희가 내 이름 때문에 모든 민족에게 미움을 받으리라 ¹⁰그 때에 많은 사람이 실족하게 되어 서로 잡아 주고 서로 미워하겠으며 ¹¹거짓 선지자가 많이 일어나 많은 사람을 미혹하겠으며 ¹²불법이 성하므로 많은 사람의 사랑이 식어지리라 ¹³그러나 끝까지 견디는 자는 구원을 얻으리라 ¹⁴이 천국 복음이 모든 민족에게 증언되기 위하여 온 세상에 전파되리니 그제야 끝이 오리라(마 24:9-14).

⁹너희는 스스로 조심하라 사람들이 너희를 공회에 넘겨 주겠고 너희를 회당에서 매질하겠으며 나로 말미암아 너희가 권력자들과 임금들 앞에 서리니 이는 그들에게 증거가 되려 함이라 ¹⁰또 복음이 먼저 만국에 전파되어야 할 것이니라 ¹¹사람들이 너희를 끌어다가 넘겨 줄 때에 무슨 말을 할까 미리 염려하지 말고 무엇이든지 그 때에 너희에게 주시는 그 말을 하라 말하는 이는 너희가 아니요 성령이시니라 ¹²형제가 형제를, 아버지가 자식을 죽는 데에 내주며 자식들이 부모를 대적하여 죽게 하리라 ¹³또 너희가 내 이름으로 말미암아 모든 사람에게 미움을 받을 것이나 끝까지 견디는 자는 구원을 받으리라(막 13:9-13).

¹²이 모든 일 전에 내 이름으로 말미암아 너희에게 손을 대어 박해하며 회당과 옥에 넘겨 주며 임금들과 집권자들 앞에 끌어 가려니와 ¹³이 일이 도리어 너희에게 증거가 되리라 ¹⁴그러므로 너희는 변명할 것을 미리 궁리하지 않도록 명심하라 ¹⁵내가 너희의 모든 대적이 능히 대항하거나 변박할 수 없는 구변과 지혜를 너희에게 주리라 ¹⁶심지어 부모와 형제와 친척과 벗이 너희를 넘겨 주어 너희 중의 몇을 죽이게 하겠고 ¹⁷또 너희가 내 이름으로 말미암아 모든 사람에게 미움을 받을 것이나 ¹⁸너희 머리털 하나도 상하지 아니하리라 ¹⁹너희의 인내로 너희 영혼을 얻으리라(눅 21:12-19).

마 24:9. 그 때에 사람들이 너희를 환난에 넘겨주겠으며. 그리스도께서는 이제 제자들에게 통상적인 환난들과 더불어서 그들의 믿음을 시험하게 될 또 다른 종류의 시험이 있을 것임을 미리 말씀해 주신다. 하나님의 자녀들이 하나님을 멸시하는 자들이나 패역한 자들과 별반 다를 게 없이 환난을 당해야 하고, 자신의 범죄 때문에 벌을 받는 자들과 동일한 벌을 감내하여야 한다는 것 자체도 이미 충분히 괴롭고 힘든 일인데, 불경건한 자들이 겪지 않는 지독한 재난들까지 아울러 겪으면서 심하게 짓눌려야 한다는 것은 더더욱 불공평한 일로 보일 수 있다. 그러나 알곡이 겨와 더불어서 타작을 당한 후에, 더 나아가 맷돌에 넣어져서 짓눌리고 으깨져야 하는 것과 마찬가지로, 하나님은 그의 자녀들로 하여금 불경건한 자들과 더불어서 환난을 겪게 하실 뿐만 아니라, 불경건한 자들이 지지 않는 십자가까지 지게 하시기 때문에, 우리는 하나님의 자녀들이 다른 사람들보다 더 불행하다고 생각하기 쉽다.

그러나 엄밀하게 말하자면, 그리스도께서는 여기에서 제자들이 복음으로 인하여 겪게 되지 않을 수 없는 고난들에 대하여 말씀하고 계시는 것이다. 왜냐하면, 바울이 하나님은 "택하신 자들"로 하여금 십자가를 지게 하신다고 말한 것(롬 8:29)은 사실이지만, 그리스도께서는 모든 믿는 자들에게 복음의 원수들에 의한 박해를 감내하여야 한다는 이 특별한 표지(標識)를 요구하시는 것은 아니기 때문이다. 여기에서 그리스도께서는 믿는 자들이 복음을 증거한다는 이유로 불경건한 자들로부터 미움과 수모를 당하고 그들의 분노를 불러일으킬 수밖에 없게 될 때에 지게 되는 그런 특별한 종류의 십자가에 대하여 말씀하고 계시는 것이다. 왜냐하면, 그리스도께서는 그의 제자들에게, 그가 이전에 그들에게 말씀해 주셨듯이, 그들은 복음의 증인이자 사자(使者)가 되어야 할 자들인 까닭에, 세상이 결코 그들을 좋아하거나 환영할 수 없다는 것을 경고하고자 하셨기 때문이다. 그리스도께서는 그들이 단지 몇몇 원수들과 다투는 정도에서 그치는 것이 아니라, 그들이 가는 곳마다 모든 민족이 그들을 배척하게 될 것이라고 미리 말씀해 주신다.

그러나 하나님의 아들의 이름이 그토록 혐오와 미움을 받는 것이 되어서, 그 이름을 고백하는 모든 자들이 어디에서나 미움을 받게 되리라는 말씀은 너무나 괴이하고 믿을 수 없는 것이어서, 아무리 강심장을 지닌 자들이라도 깜짝 놀라고 동요할 수밖에 없는 그런 말씀이었다. 그런 까닭에, 마가 본문에는 "너희는 스스로 조심하라"는 말씀이 나온다. 이 말씀을 통해서 마가는 그리스도께서 여기에서 하신 경고의 말씀의 목적과 용도를 보여주는 것인데, 그것은 그들이 조심하지 않음으로써 시험에 넘어가는 일이 없도록 참고 견딜 마음의 각오를 단단히 하여야 한다는 것이다. 또한, 마가는 그리스도의 제자들이 세상 법정 앞에 끌려가게 될 것인데, 그것은 "권력자들과 임금들"에게 복음을 "증거하기" 위한 것이라는 말씀도 덧붙인다. 누가는 복음을 증거하기 위해서 "이런 일이 너희에게 일어나리라"고 약간 다르게 표현하고 있지만, 의미는 동일하다. 왜냐하면, 그리스도께서는 그들이 목숨을 걸고 복음을 증거할 때에 그의 복음이 옳다는 것은 훨씬 더 잘 증명될 것이라고 말씀하시는 것이기 때문이다. 만약 사도들이 단지 복음을 전하는 일에만 관심을 기울이고, 원수들의 맹렬한 공격들에 맞서 흔들림 없이 꿋꿋하게 서서 복음을 변론하지 않았더라면, 복음에 대한 확증은 그렇게 온전히 이루어지지 못했을 것이다. 그러나 그들은 죽음을 무릅쓰는 것을 주저하지 않았고, 죽음에 대한 두려움으로 말미암아 복음을 증거하는 일을 그만두는 일이 없었기 때문에, 그들의 흔들림 없고 변함없는 꿋꿋한 모습은 그들이 복음의 진리에 대하여 얼마나 확고한 믿음을 지니고 있는지를 분명하게 보여주었다. 그러므로 사도들이 두려움 없이 "임금들"의 법정 앞에 서고, 거기에서 그리스도의 이름을 공개적으로 고백하는 것은 복음이 참되다는 것을 진정으로 인치는 것이었다. 그래서 베드로는 자기 자신을 그리스도의 "고난의 증인"(벧전 5:1)이라고 말하며, 자기가 그 표지(標識)들을 지니고 있다고 말하고, 바울은 자기가 "복음을 변명하기"(빌1:17) 위하여 구별된 자라고 자랑한다. 우리가 명심해야 할 것은 하나님으로부터 그의 진리를 변론하도록 세우심을 받는 지극히 큰 영광과 존귀를 수여받은 자들은 수치스럽고 비열하게 이 일을 회피함으로써 믿음에서 떨어지는 일이 없어야 한다는 것이다.

막 13:11. 미리 염려하지 말고. 이 구절과 다음 구절은 우리가 마태복음 10:19을 다룰 때에 이미 설명한 바 있다. 그리스도께서 이 말씀을 하시는 의도는 우리가 과연 이러한 짐을 감당할 수 있을까 하는 의심을 갖게 될 때에, 우리의 본분과 의무를 기쁜 마음으로 행하는 것을 방해할 "염려"가 생기게 될 것을 아시고, 그의 제자들을 그러한 염려로부터 건져주시기 위한 것이다. 그리스도께서는 우리가 안일에 빠져서 귀를 닫고 잠자는 것을 원하시는 것은 아니지만(우리의 연약함을 깨닫고서 겸손히 기도하고자 하게 되는 것보다 더 유익한 것은 없기 때문에), 우리에게 모든 "염려"를 다 하나님 아버지께 맡겨 드리고서, 하나님이 약속하신 도움을 믿고 의지하여, 기쁜 마음으로 우리가 가야 할 길을 가라고 권면하신다. 누가는 이 약속의 말씀을 약간 다르게 표현하여, 그리스도께서 자기 백성을 죽음에서 건지실(이런 것을 항상 기대해서는 안 되기 때문에) 것이라고 하는 것이 아니라, 그들에게 "구변과 지혜"를 주셔서 그들의 대적들로 하여금 낭패를 당하게 하실 것이라고 말한다. 그리스도께서는 그들에게 "구변과 지혜"를 주시겠다고 말씀하시지만, 나는 이 두 단어가 환치법(換置法)에 의해서 서로 연결되어 있다고 생각한다. 즉, 이것은 그리스도께서 그가 그들의 혀를 주장하셔서, 그들로 하여금 지혜롭고 적절한 대답을 할 수 있게 하실 것이라고 약속하신 것과 같다. 누가는 여기에 그들의 "모든 대적이 능히 대항하거나 변박할 수 없게" 되어서 이 지혜가 승리를 거두게 될 것이라는 말씀을 덧붙인다. 왜냐하면, 그들의 뻔뻔스러움이 진리 앞에 굴복하게 되지는 않겠지만, 진리가 그들의 광기어린 오만함에 대하여 승리를 거두어서, 그들은 더 이상 쓸데없이 진리를 대적하지 않을 것이기 때문이다. 믿음을 고백하도록 부르심을 받은 모든 자들이 이러한 확신을 굳게 붙잡기만 한다면, 성령의 능력과 위엄이 예기치 않게 나타나서 사탄의 일꾼들을 무너뜨리게 될 것이다. 우리는 부분적으로는 우리의 감정에 휘둘리거나 교만으로 부풀어 올라서 성급하게 돌진하거나 적절한 한도 이상으로 앞서가고, 부분적으로는 합당치 않게 겁을 먹고 자기 자신 안에 갇혀서 한 발자국도 내딛지 않으려 함으로써, 하나님의 은혜와 성령의 도우심을 받지 못하는 것이 우리의 슬픈 현실이다. 마태와 마가에 의하면, 그리스도께서는 "말하는 이는 너희가 아니라 너희 속에서 말씀하시는 이 곧 너희 아버지의 성령이시니라"(마 10:20; 막 13:11)고 단언하시고, 여기에서는 "구변"을 주시겠다고 분명하게 약속하시는 것으로 보아서, 우리는 우리를 성령으로 견고하게 하시는 것은 그리스도의 대권(大權)이라는 것을 알게 된다.

눅 21:19. 너희의 인내로. 여기에서 그리스도께서 그의 제자들에게 그들의 생명을 지키는 방법이라고 가르쳐 주신 것은 육신의 생각(carnis ratio)이 가르쳐 주는 것과는 거리가 멀다. 사람이 자신의 생명을 안전하게 지키고자 하는 것은 당연한 일이다. 따라서 우리는 우리가 생각하기에 가장 좋을 것 같은 온갖 수단과 방법들을 동원해서 우리의 생명을 지키고자 하는 반면에, 위험은 그 어떤 것이라도 피하고자 한다. 요컨대, 우리는 적절한 보호 아래 있지 않다면, 우리가 제대로 살아가고 있다고 생각하지 않는다는 것이다. 그러나 그리스도께서는 우리가 항상 죽음을 무릅쓰고서 "불과 물," 그리고 "칼"을 "통과하는" 것이야말로 우리의 생명을 보존하는 길이라고 처방해 주신다. 만일 누가 매일매일 끊임없이 죽을 각오로 사는 법을 배우지 못하였다면, 그 사람은 결코 자신의 생명을 하나님의 손에 올바른 방식으로 맡기고 있는 것이 아니다. 요컨대, 그리스도께서는 우리에게 십자가 아래에서, 그리고 끊임없는 죽음에 대한 두려움 가운데서 우리의 생명을 "얻으라"고 명하시는 것이다.

마 24:10. 그때에 많은 사람이 실족하게 되어. 그리스도께서는 이제 나쁜 본보기들로부터 생거나게 될 시험들을 열거하신다. 이것은 대단히 맹렬한 시험일 것이기 때문에, 이 시험을 이기기가 쉽지 않을 것이다. 왜냐하면, 그리스도는 많은 사람들에게 "부딪치는 돌"(벧전 2:8)이신 까닭에, 어떤 사람들은 이 돌에 부딪쳐서 산산조각이 나고, 어떤 사람들은 이 돌에 걸려 넘어질 것이기 때문이다. 그리스도께서는 이 말씀 속에 많은 종류의 환난들을 포함시키고 계시는 것으로 보인다. 왜냐하면, 옳은 길로 이미 들어섰던 자들이 떨어져 나가는 데서 그치지 않고, 수많은 사람들이 분노하여 그리스도를 대적하게 되며, 어떤 사람들은 절제심과 평정심을 잃고서 광분하고, 어떤 사람들은 혼돈이 만연한 기회를 틈타서 마음껏 범죄를 저지르고자 할 것이기 때문이다.

마 24:11. 거짓 선지자가 많이 일어나. 이 경고의 말씀은 앞에 나온 것, 즉 그리스도께서 장차 많은 자들이 그의 이름으로 올 것이라고 하신 것과는 다른 말씀이다. 왜냐하면, 거기에서 그리스도께서는 복음이 시작된 직후에 자기가 그리스도라고 주장하는 속이는 자들이 많이 나타날 것에 대해서만 말씀하신 반면에, 여기에서는 모든 세대에 거짓 선생들이 일어나서 참된 가르침을 부패시킬 것이라고 경고하시는 것이기 때문이다. 베드로도 교회가 옛적에 율법 아래에서와 마찬가지로 복음 아래에서도 그런 일을 겪게 될 것이라고 말한다(벧후 2:1). 그러므로 경건한 자들은 잘못된 가르침이 나타나고, 마귀의 속임수들이 등장하며, 경건이 부패하는 일이 일어난다고 해서, 낙심할 필요가 없다. 그러한 공격들에 맞서서 견고히 서는 법을 배우지 못한 자는 그리스도라는 터 위에 제대로 서 있다고 할 수 없다. 왜냐하면, 거짓 가르침들이 일어나도 거기에 결코 흔들리지 않는 것이야말로 우리의 믿음이 참되다는 것을 보여주는 확실한 시금석(試金石)이고, 그리스도께서는 "거짓 선지자들"이 나타나리라는 것만이 아니라, 그들이 사람들을 너무나 교묘히 속여서 추종자들을 끌어 모을 것이라고도 말씀해 주시기 때문이다. 우리는 이 경고의 말씀에 특별한 주의를 기울이지 않으면 안 된다. 왜냐하면, 잘못된 길로 가고 있는 자들은 맹렬한 폭풍과 같아서, 우리가 하나님 안에 뿌리를 내리고 견고히 서 있지 않다면, 우리는 그 폭풍에 휩쓸려서 정도(正道)를 이탈하게 될 수밖에 없기 때문이다. 우리는 이 문제에 대해서 조금 전에 이미 살펴본 바 있다.

마 24:12. 불법이 성하므로. 이 악이 얼마나 광범위하게 만연되어 있는지에 대해서는 누구나 다 알 수밖에 없지만, 이것을 눈여겨보는 자는 거의 없다. 왜냐하면, 복음의 빛이 사람들의 악성(惡性)을 아주 분명하게 드러내게 될 때, 선하고 단정한 마음을 지닌 자들에게서조차도 선을 행하고 관용을 베풀고자 하는 마음이 식어지고 거의 사라질 것이기 때문이다. 사람들은 누구나 다 자신의 경험과 일상생활 속에서 모든 사람이 배은망덕하거나 속이거나 악하다는 것을 알고서, 자기가 다른 사람에게 선이나 관용을 베풀어 보아야 아무짝에도 소용이 없다고 속으로 생각하게 될 것이다. 이것은 분명히 중대하고 위험스러운 시험(tentatio)이 될 수밖에 없다. 사실, 선을 행하고자 하는 마음과 사랑의 열기를 둘 다 식게 만드는 것처럼 보이는 그런 가르침을 받아들이는 것보다 더 불합리한 일이 어디 있겠는가? 그런데

복음이 전파되면, 마땅히 모든 사람의 마음을 그 사랑으로 따뜻하게 해 주어야 함에도 불구하고, 실제로는 사랑이 식어지는 일이 벌어진다. 그러나 우리는 이 악이 어떻게 생겨나는 것인지를 주목하여야 하는데, 이것과 관련해서 그리스도께서는 많은 사람들이 그들의 연약함으로 인하여 사방에서 몰려오는 죄악의 홍수에 엄몰될 수밖에 없다는 것을 알고서 낙심하게 된다는 것을 보여주신다. 반면에, 그리스도께서는 그를 따르는 자들에게 이 죄악의 홍수에 맞서서 끝까지 낙심하지 말고 믿음을 지킬 것을 요구하신다. 바울도 우리에게 "선"과 관용을 행하다가 "낙심하지 말라"(살후 3:13)고 권면한다. 그리스도께서는 죄악의 무게에 짓눌려서 많은 사람들의 사랑이 식어진다고 할지라도, 믿는 자들은 그런 자들의 악한 본보기에 휩쓸려서 배교하지 말고, 그러한 걸림돌을 뛰어넘어야 할 것이라고 경고하신다. 그러므로 그리스도께서는 "법대로 경기하여"(딤후 2:5) "끝까지 견디는 자"만이 "구원을 얻으리라"는 말씀을 다시 한 번 반복하신다.

마 24:14. 이 천국 복음이 모든 민족에게 증언되기 위하여. 그리스도께서는 지금까지 슬퍼할 틈조차 주지 않는 혹독한 말씀을 하신 후에, 여기에서는 풀이 죽거나 낙심한 심령들을 일으켜 세우시기 위하여, 때를 맞춰서 이 위로의 말씀을 더하신다. 즉, 사탄이 그 어떤 궤계를 쓰고, 사탄의 궤계에 넘어가는 자들이 아무리 많을지라도, 복음은 반드시 보존되어서, 온 세상에 전파되리라는 것이다. 사실, 이것은 믿기지 않는 말씀으로 보일 수 있었지만, 사도들의 본분은 그들의 주님의 이러한 증언을 믿고, 소망을 가질 수 없는 상황 속에서 소망을 품고서, 그들의 직무를 수행하기 위하여 있는 힘을 다해 애쓰는 것이었다. 어떤 이들은 뉴질랜드의 앤티퍼디스 제도(諸島)를 비롯한 변방들에 사는 족속들은 그리스도에 대하여 단 한 마디도 들어본 적이 없다는 반론을 제기할지도 모르겠지만, 그러한 문제는 쉽게 해결될 수 있다. 왜냐하면, 그리스도께서는 여기에서 세상의 모든 지역들이 하나도 빠짐없이 다 복음을 들게 될 것이라고 말씀하시거나 특정한 때를 못 박고 계시는 것이 아니라, 단지 모두의 예상대로 복음이 머지않아 그 본거지인 유대 땅에서 축출되어서, 그가 다시 오실 그날이 이르기 전에 세상의 가장 먼 지역들까지 전파되리라는 것을 천명하시는 것이기 때문이다.

그리스도께서는 복음 전파의 목적을 "모든 민족에게 증언되기 위하여"라는 말씀으로 표현하신다. 왜냐하면, 하나님은 어느 때라도 "자기를 증언하지($\dot{\alpha}\mu\dot{\alpha}\rho\tau\nu\rho o\nu$-아마르튀론) 아니하신 것이" 아니고(행 14:17), 유대인들을 향하여 특별한 방식으로 자기를 증언해 오셨지만, 하나님이 그리스도 안에서 자기 자신을 나타내시고 증언하신 것은 다른 모든 증언을 뛰어넘는 두드러진 것이었기 때문이다. 그러므로 바울은 이때가 온 세상을 하나님께로 부르기에 적절한 때였기 때문에, 그리스도께서 "기약이 이르러"(딤전 2:6) 자기를 나타내셨다고 말한다. 여기에서 우리는 "복음이 전파될" 때마다, 그것은 마치 하나님이 직접 우리 가운데 오셔서, 우리에게 갈 곳을 알지 못해 어둠 속에서 방황하는 일은 멈추라고 간곡하게 부탁하시고, 그의 말씀에 순종하기를 거부하는 자들은 변명의 여지가 없게 될 것이라고 엄숙하고도 분명하게 경고하시는 것과 같다는 것을 알아야 한다.

마 24:14. 그제야 끝이 오리라. 어떤 이들은 이 말씀을 성전의 멸망과 율법 예식의 폐지만을 가리키는 것으로 제한적으로 해석하는데, 그런 해석은 부적절하다. 왜냐하면, 이 말씀은 세상의 종말과 새로워짐(finis et renovatio mundi)을 가리키는 것으로 이해되어야 하기 때문이다. 제자들은 마치 온 세상이 멸망하기 전에는 성전이 무너지는 것은 있을 수 없는 일인 듯이, 이 두 가지를 서로 결합시켜서 생각하였기 때문에, 그리스도께서는 그들이 그에게 제기한 질문에 대답하시면서, 그들에게 재난들로 점철된 길고 긴 암울한 시기가 곧 올 것이고, 그들은 수많은 싸움들과 위험들을 통과하고 나서야 상을 얻게 될 것이기 때문에 조급한 마음을 먹지 말아야 한다는 것을 일깨워 주신다. 그러므로 우리는 이 후반절을 다음과 같이 해석하여야 한다: "내가 오랜 기간 동안 혹독하고 고통스러운 시험들(tentatio)로 나의 교회를 연단하고 시험한 후에야 세상의 끝이 올 것이다." 이것은 사도들이 마음속에 품고 있던 잘못된 생각과 반대되는 것이었다. 이것으로부터도 우리는 그리스도께서 여기에서 종말의 때를 구체적으로 확정하시고서, 마치 여기에 예언된 사건들이 있은 직후에 종말이 올 것이라고 말씀하신 것처럼 생각해서는 안 된다는 것을 알게 된다. 왜냐하면, 믿는 자들은 이 본문 속에서 예언된 사건들이 성취된 것을 오래 전에 이미 경험하였지만, 그리스도께서는 아직도 나타나지 않으셨기 때문이다. 여기에서 그리스도께서는 제자들이 곧 하늘의 영광을 누리게 될 것이라고 오해하여 마음이 들떠 있는 것을 보시고서, 그들에게 오래 참고 기다려야 함을 보여주심으로써 그들의 들뜬 마음을 가라앉히시고자 하는 의도 외에 다른 목적이 없으셨다. 이것은 마치 그리스도께서 구속(救贖)은 그들의 생각과는 달리 곧 올 것이 아니기 때문에, 그들은 오랜 기간 이런저런 일들을 겪지 않으면 안 될 것이라고 말씀하신 것이나 다름없다.

¹⁵그러므로 너희가 선지자 다니엘이 말한 바 멸망의 가증한 것이 거룩한 곳에 선 것을 보거든 (읽는 자는 깨달을진저) ¹⁶그 때에 유대에 있는 자들은 산으로 도망할지어다 ¹⁷지붕 위에 있는 자는 집 안에 있는 물건을 가지러 내려 가지 말며 ¹⁸밭에 있는 자는 겉옷을 가지러 뒤로 돌이키지 말지어다 ¹⁹그 날에는 아이 밴 자들과 젖 먹이는 자들에게 화가 있으리로다 ²⁰너희가 도망하는 일이 겨울에나 안식일에 되지 않도록 기도하라 ²¹이는 그 때에 큰 환난이 있겠음이라 창세로부터 지금까지 이런 환난이 없었고 후에도 없으리라 ²²그 날들을 감하지 아니하면 모든 육체가 구원을 얻지 못할 것이나 그러나 택하신 자들을 위하여 그 날들을 감하시리라 ²³그 때에 사람이 너희에게 말하되 보라 그리스도가 여기 있다 혹은 저기 있다 하여도 믿지 말라 ²⁴거짓 그리스도들과 거짓 선지자들이 일어나 큰 표적과 기사를 보여 할 수만 있으면 택하신 자들도 미혹하리라 ²⁵보라 내가 너희에게 미리 말하였노라 ²⁶그러면 사람들이 너희에게 말하되 보라 그리스도가 광야에 있다 하여도 나가지 말고 보라 골방에 있다 하여도 믿지 말라 ²⁷번개가 동편에서 나서 서편까지 번쩍임 같이 인자의 임함도 그러하리라 ²⁸주검이 있는 곳에는 독수리들이 모일 것이니라(마 24:15-28).

¹⁴멸망의 가증한 것이 서지 못할 곳에 선 것을 보거든 (읽는 자는 깨달을진저) 그 때에 유대에 있는 자들은 산으로 도망할지어다 ¹⁵지붕 위에 있는 자는 내려가지도 말고 집에 있는 무엇을 가지러 들어가지도 말며 ¹⁶밭에 있는 자는 겉옷을 가지러 뒤로 돌이키지 말지어다 ¹⁷그 날에는 아이 밴 자들과 젖먹이는 자들에게 화가 있으리로다 ¹⁸이 일이 겨울에 일어나지 않도록 기도하라 ¹⁹이는 그 날들이 환난의 날이 되겠음이라 하나님께서 창조하신 시초부터 지금까지 이런 환난이 없었고 후에도 없으리라 ²⁰만일 주께서 그 날들을 감하지 아니하셨더라면 모든 육체가 구원을 얻지 못할 것이거늘 자기가 택하신 자들을 위하여 그 날들을 감하셨느니라 ²¹그 때에 어떤 사람이 너희에게 말하되 보라 그리스도가 여기 있다 보라 저기 있다 하여도 믿지 말라 ²²거짓 그리스도들과 거짓 선지자들이 일어나서 이적과 기사를 행하여 할 수만 있으면 택하신 자들을 미혹하려 하리라 ²³너희는 삼가라 내가 모든 일을 너희에게 미리 말하였노라(막 13:14-23).

²⁰너희가 예루살렘이 군대들에게 에워싸이는 것을 보거든 그 멸망이 가까운 줄을

알라 ²¹그 때에 유대에 있는 자들은 산으로 도망갈 것이며 성내에 있는 자들은 나갈 것이며 촌에 있는 자들은 그리로 들어가지 말지어다 ²²이 날들은 기록된 모든 것을 이루는 징벌의 날이니라 ²³그 날에는 아이 밴 자들과 젖먹이는 자들에게 화가 있으리니 이는 땅에 큰 환난과 이 백성에게 진노가 있겠음이로다 ²⁴그들이 칼날에 죽임을 당하며 모든 이방에 사로잡혀 가겠고 예루살렘은 이방인의 때가 차기까지 이방인들에게 밟히리라 … ²²또 제자들에게 이르시되 때가 이르리니 너희가 인자의 날 하루를 보고자 하되 보지 못하리라 ²³사람이 너희에게 말하되 보라 저기 있다 보라 여기 있다 하리라 그러나 너희는 가지도 말고 따르지도 말라 ²⁴번개가 하늘 아래 이쪽에서 번쩍이어 하늘 아래 저쪽까지 비침같이 인자도 자기 날에 그러하리라 ²⁵그러나 그가 먼저 많은 고난을 받으며 이 세대에게 버린 바 되어야 할지니라(눅 21:20-24; 17:22-25).

마 24:15. 너희가 … 멸망의 가증한 것이 … 선 것을 보거든. 성전과 예루살렘 성이 멸망하리라는 것은 유대 나라 전체가 전복되리라는 것과 더불어서 도저히 믿을 수 없는 일이었고, 또한 영원한 구원의 "언약"과 "양자됨"(롬 9:4)이 주어진 유대 민족과 결별함이 없이는 제자들이 구원받을 수 없다는 말씀도 이상하게 생각될 수 있었기 때문에, 그리스도께서는 다니엘의 증언을 인용하셔서 이 두 가지를 확증하신다. 이것은 그리스도께서 이렇게 말씀하신 것이나 다름없다: "너희가 성전과 율법의 예식들에 지나치게 집착하지 않도록 하시기 위하여, 하나님께서는 이 둘을 일정 기간 동안만 존재하도록 정하시고서, 구속주가 오면 제사들이 그치게 될 것임을 이미 오래 전에 분명하게 밝히셨고, 또한 너희가 너희 민족으로부터 끊어지는 것을 불안해하지 않도록 하시기 위하여, 때가 되면 유대 민족이 버림을 받게 될 것임을 자기 백성에게 미리 경고하셨다." 이러한 예언의 말씀은 제자들에게서 실제적인 걸림돌을 제거하는 데에 적합할 뿐만 아니라, 경건한 자들의 마음에 힘을 더해 주는 말씀이었다. 왜냐하면, 그들은 극심한 재난들 속에서도 이 말씀에 의지해서, 하나님이 그들을 지켜보고 계시며, 그들의 구원을 위해 일하고 계시다는 것을 알고서, 심하게 일렁이는 파도 속에서도 그들의 상태가 견고하고 안전하리라는 것을 믿고 거룩한 "닻"을 꼭 붙잡은 채로 인내할 수 있을 것이기 때문이다.

우리는 여기에서 앞으로 더 나아가기 전에, 그리스도께서 인용하신 본문을 좀 더 살펴보지 않으면 안 된다. 내 생각에는, 이 인용문이 다니엘서 9장에서 온 것이라고 말하는 주석가들은 잘못 생각한 것이다. 왜냐하면, 거기에는 "멸망의 가증한 것"이라는 구절이 나오지 않고, 거기에서 천사는 그리스도께서 여기에서 언급하신 최후의 멸망이 아니라 안티오코스(Antiochus)의 박해로 인한 일시적인 흩어짐을 말하고 있기 때문이다. 하지만 다니엘서 12장에 가서는 천사가 그리스도께서 오실 때에 일어나게 될 율법 제사의 최종적인 폐지에 대하여 말한다. 왜냐하면, 거기에서 천사는 믿는 자들에게 흔들림 없이 변함없는 믿음을 지키라고 권면한 후에, 멸망과 회복의 때를 확실하게 못 박아 말하고 있기 때문이다: "매일 드리는 제사를 폐하며 멸망하게 할 가증한 것을 세울 때부터 천이백구십 일을 지낼 것이요 기다려서 천삼백삼십오 일까지 이르는 그 사람은 복이 있으리라"(단 12:11-12).

　나는 이 본문이 그 모호성으로 인해서 여러 가지로 왜곡되어 왔다는 것을 알지만, 그 본래의 의미는 성전이 안티오코스에 의해 더럽혀진 것들과 그가 세운 우상들로부터 일단 정화된 후에 또다시 더럽혀져서 그 모든 거룩함과 위엄을 영원히 상실하게 될 때가 올 것임을 천사가 선포하는 것이라고 본다. 이 메시지는 서글프고 암울한 것이었기 때문에, 천사는 선지자 다니엘에게 "한 때 두 때 반 때"(단 12:7)를 다시 한 번 상기시키는데, 이것은 재난들이 지속될 기간과 끝날 때를 동시에 나타낸다. 재난들이 끊임없이 이어질 때, 일 년("한 때")은 우리에게 아주 긴 시간으로 느껴지는데, 하물며 그 기간이 두 배가 될 때에는 그 고통이 이루 말할 수 없이 가중될 수밖에 없다. 그러므로 성령은 믿는 자들에게 단지 "한 때," 즉 긴 시간 동안만이 아니라, 여러 세대에 걸쳐서 끊임없이 닥쳐올 환난들을 참고 견딜 각오를 해야 할 것이라고 권면하시는 것이다. 하지만 "반 때"라는 구절은 믿는 자들에게 결코 적지 않은 위로가 된다. 왜냐하면, 이것은 비록 환난이 오랜 기간 동안 지속된다고 할지라도 영원히 계속되지는 않을 것임을 보여주는 것이기 때문이다. 사실 천사는 앞에서도 이 표현을 사용하여 교회의 환난이 "한 때와 두 때와 반 때"(단 7:25) 동안 지속될 것이라고 말한 바 있지만, 여기에서는 삼 년 육 개월의 기간을 날수로 계산하여 "천이백구십일"로 표현함으로써, 믿는 자들이 아주 오랜 기간 지속되는 재난들로 말미암아 점점 더 완악해지게 될 것임을 보여준다. 왜냐하면, 곤경에 처한 자들에게는 "하루"가 "천 년" 같아서, 그들은 시간을 일 년이나 한 달 단위가 아니라 하루 단위로 계산하는 것이 보통이기 때문이다. 천사는 이 기간이 다 지날 때까지 끝까지 참고 견디는 자들, 즉 불굴의 인내로써 끝까지 믿음을 지키는 자들은 "복이 있을" 것이라고 말한다.

그리스도께서는 여기에서 그의 목적에 적절한 내용들, 즉 제사가 폐하여질 날이 가까웠고, 최종적인 멸망의 신호탄이 될 "멸망의 가증한 것"이 성전에 세워지게 되리라는 것만을 선별하여 인용하신다. 그러나 유대인들은 그들의 현재 상태에 너무나 집요하게 집착하고 있어서, 그 상태가 폐지될 것을 미리 말해준 예언들에 별 관심을 두지 않았기 때문에, 그리스도께서는 마치 그들의 막힌 귀를 뚫어주기라도 하실 것처럼, 그 예언을 주의 깊게 읽어서, 그들에게 믿기 어려운 일처럼 보이는 것이 선지자들에 의해서 분명하게 예언되었다는 것을 알아야 할 것이라고 명하신다. "가증한 것"은 "더럽히는 것"을 의미한다. 왜냐하면, 이 단어는 하나님에 대한 순전한 예배를 더럽히고 무너뜨리는 "부정(不淨)함"을 가리키기 때문이다. 이것이 "멸망의 가증한 것"이라 불리는 이유는 그것이 성전과 나라의 멸망을 초래할 것이기 때문이다. 다니엘은 앞서 안티오코스가 성전을 더럽히는 사건을 마치 멸망의 때가 되었음을 알리기 위하여 깃발을 세우는 것처럼 말하였었다(단 9:27). 나는 이 본문에 나오는 "날개" 또는 "펼쳐진 것"의 의미가 이런 것이라고 본다. 누가 본문을 근거로 이 표현을 예루살렘에 대한 포위 공격을 가리키는 것으로 보는 것은 잘못이다. 누가 본문은 그런 것과는 판이하게 다른 것을 의미하기 때문에, 그런 견해를 밑받침해 주지 않는다. 왜냐하면, 예루살렘은 과거에 거의 멸망할 뻔 했다가 구원받은 적이 있어서, 믿는 자들이 장래에도 동일한 구원을 기대하게 될 것을 우려해서서, 그리스도께서는 "예루살렘이 군대들에게 에워싸이게" 되자마자 하나님의 도우심을 전혀 받지 못해서 철저히 멸망하게 될 것이라고 선언하고 계시는 것이기 때문이다. 그러므로 누가 본문의 의미는 예루살렘은 더 이상 하나님이 작정하신 것을 피하지 못하고 멸망에 붙여질 것이기 때문에 이 전쟁의 결과는 너무나 뻔한 것이 되리라는 것이다. 그래서 누가는 조금 후에, 철저한 멸망을 나타내는 표현, 즉 "예루살렘은 이방인들에게 밟히리라"는 말씀을 덧붙인다. 그러나 거룩한 성 예루살렘이 이렇게 이방인들에게 넘겨져서 그들에 의해서 무차별적으로 유린당하게 될 것이라는 말씀은 이상하게 들릴 수 있을 것이었기 때문에, 누가는 이방인들에게 그러한 자유가 허용되는 것은 그들의 죄가 무르익어서 그들을 위해 예비된 하나님의 원수 갚으심이 온전히 드러나게 될 때까지 단지 일시적인 것이 될 것이라는 위로의 말씀을 덧붙인다.

마 24:16. 그 때에 유대에 있는 자들은. 그리스도께서 선지자 다니엘의 증언을 통해서, 성전이 더럽혀졌을 때에 율법의 제사들이 곧 폐지될 것임을 보여주신 후

에, 무시무시한 소름끼치는 재난들이 머지않아 유대 땅 전체를 덮쳐서, 사람들은
오직 유대 땅에서 멀리 도망치게 되기만을 바라게 될 것이라는 말씀을 덧붙이시
고, 아울러 이 재난들은 너무나 갑작스러워서, 아주 신속하게 도망할 시간조차 주
어지지 않게 될 것임을 분명하게 말씀하시는데, 다음과 같은 표현들이 바로 그런
취지의 말씀들이다. "지붕 위에 있는 자는 … 내려가지 말며 밭에 있는 자는 … 뒤
로 돌이키지 말지어다." 이것은 물건을 건지려다가 목숨을 잃게 되는 일이 없게 하
라는 것이다. 또한, "아이 밴 자들과 젖먹이는 자들에게 화가 있으리로다." 왜냐하
면, 이런 자들은 제대로 도망하지 못할 것이기 때문이다. 또한, "너희가 도망하는
일이 겨울이나 안식일에 되지 않도록 기도하라." 왜냐하면, 안식일 율법을 지키려
하거나 길이 얼어붙거나 낮이 짧아서 도망하는 일이 방해를 받거나 지체되는 일이
있어서는 안 되기 때문이다. 그러므로 그리스도께서 이 말씀을 하신 의도는 첫째
는 그를 따르는 자들을 일으켜 세워서, 더 이상 안일하고 낙천적인 소망이나 세상
나라의 즐거움들에 대한 기대에 빠져 있지 않게 하시는 것이었고, 둘째는 그들의
마음을 강하게 하여서, 그들로 하여금 통상적인 재난들에 굴복하지 않게 하시는
것이었다. 이러한 경고의 말씀은 분명히 듣기 좋은 것은 아니었지만, 그들의 우둔
함과 앞으로 닥칠 재난들의 심각성을 고려할 때에 꼭 필요한 것이었다.

마 24:21. 이는 그 때에 큰 환난이 있겠음이라. 누가도 성경에 "기록된 모든 것을
이루는 징벌의 날"이 있을 것이라고 말한다. 왜냐하면, 유대 백성이 고집 센 악성
(malitia)으로 인하여 하나님과의 언약을 깨뜨린 까닭에, 그날에 경천동지(驚天動
地) 할 격변들이 일어나는 것은 당연한 일일 것이었기 때문이다. 사실, 유대인들에
게 가해진 가장 치명적인 재앙은 하늘의 가르침의 빛이 그들 가운데서 소멸되고,
그들이 하나님에 의해 버림을 받아서, 하나님으로부터 버림받은 것이 어떤 것인지
를 보여주는 통렬하고 혹독한 징벌들을 겪지 않을 수 없게 되었고, 그들의 너무나
완악한 마음 때문에 이것은 어쩔 수 없는 일이었다는 것이다. 이러한 무시무시한
징벌을 불러온 진짜 이유는 이 민족의 불경건(impietas)이 극에 달해서 구제불능인
상태가 되어 버렸다는 것이었다. 왜냐하면, 그들은 하나님이 그들의 병을 고치시
기 위하여 보내신 약을 코웃음치며 멸시하고 거만하게 거부하였을 뿐만 아니라,
미친 자들이나 귀신 들린 자들처럼 그들을 고치고자 하시는 의사이신 하나님께 달
려들어 위해(危害)를 가하고자 하였기 때문이다. 우리는 완악한 마음과 지독한 광
분함으로 복음을 멸시한 자들에 대하여 하나님이 어떠한 벌을 내리셨는지를 항상

명심하고서, 완악한 마음으로 하나님의 은혜를 멸시하는 것보다 하나님 앞에서 더 극악무도한 죄는 없다는 것을 이 본보기를 통해서 배워야 한다. 이와 같이 복음을 멸시하는 모든 자들은 유다 백성과 동일한 징벌을 받게 될 것이지만, 하나님은 후세 사람들에게 그리스도께서 이 땅에 오신 것이 얼마나 영광된 일이었는지를 좀 더 분명하게 보여주시기 위하여, 유대인들을 일벌백계의 본보기로 삼고자 작정하신 것이었다. 왜냐하면, 하나님이 유대인들에게 생명의 근원이 되게 하시려고 보내신 그의 아들을 죽인 죄성(indignitas)은 말로 표현할 수 없을 정도로 극악무도한 것이었기 때문이다. 그들은 이 변명할 여지조차 없는 신성모독의 죄를 저지른 후에도, 이런저런 죄악들을 끊임없이 저질러서, 그들이 철저히 멸망받을 수밖에 없는 온갖 이유를 차곡차곡 쌓아갔다. 그러므로 그리스도께서는 "창세로부터 지금까지 이런 환난이 없었고 후에도 없으리라"고 선언하신다. 왜냐하면, 그리스도를 배척한 죄는 그 자체만으로도 그렇지만, 특히 거기에 수반된 온갖 가증스러운 완악함과 배은망덕함을 고려할 때에, 인간의 모든 세대가 범한 모든 죄악들 중에서 가장 혐오스러운 것이었으므로, 그 죄에 대한 징벌도 다른 모든 징벌을 뛰어넘는 가장 혹독한 것이 된 것은 당연한 일이었기 때문이다.

마 24:22. 그 날들을 감하지 아니하면. 그리스도께서는 이 재난들이 얼마나 무시무시하고 끔찍한 것이 될지를 말씀하시고 나서, 그때에 하나님이 그의 "택하신 자들"을 생각하셔서 "그 날들을 감하심으로써" 유대인이라는 이름 자체가 이 땅에서 끊어지는 일이 벌어지게 하지는 않으실 것이라는 이 위로의 말씀을 더하신다. 이 말씀은 이사야가 "만군의 여호와께서 우리를 위하여 생존자를 조금 남겨 두지 아니하셨더면 우리가 소돔 같고 고모라 같았으리로다"(1:9)라고 말한 것과 일치한다. 왜냐하면, 바울이 확인해 주고 있듯이(롬 9:29), 바벨론 포수(捕囚)를 통해서 나타난 하나님의 원수 갚으심이 그리스도께서 이 땅에 오셨을 때에 또다시 성취되는 것은 필연적인 일이었기 때문이다. 아니, 우리의 악함이 그때보다 더 컸기 때문에 거기에 비례해서 우리에 대한 하나님의 징벌은 더 혹독해질 수밖에 없었다. 그러므로 그리스도께서는 만일 하나님이 이 재난을 일정 기간으로 제한하지 않으신다면, 유대인들은 멸절되어서 한 사람도 살아남지 못하게 될 것이지만, "네 백성이 바다의 모래 같을지라도 남은 자만 돌아오리니"(사 10:22)라는 이사야의 또 다른 예언을 따라, 하나님이 그의 은혜로우신 언약을 기억하셔서, 그의 "택하신 자들"을 살려두실 것이라고 말씀하신다. 가시적인 교회(visibilis ecclesa)가 완전히 망해 버

리고 만 것으로 보일 정도까지 하나님이 그의 교회를 괴롭게 하실 때, 그것은 하나
님의 심판이 임하였음을 보여주는 두드러진 증거이다. 그렇지만 하나님은 약간의
"씨"를 남겨 두시기 위하여, 비록 수적(數的)으로는 소수인 그의 "택하신 자들"을
기적적으로 멸망에서 건지시는 까닭에, 그 택하신 자들은 모두의 예상과는 달리
사망의 쩍 벌린 입을 피할 수 있게 된다. 한편으로, 이것은 외식하는 자들에게 경각
심을 갖게 하여, 그들로 하여금 교회라는 명칭과 겉모습에 의지해서, 그들은 징벌
을 받지 않고 그냥 넘어가게 될 것이라는 헛된 소망을 품지 못하게 하는 데에 적절
한 것이었다. 왜냐하면, 하나님은 그러한 자들을 멸망에 붙이심과 아울러서 그의
교회를 건지실 방법을 찾아내실 것이기 때문이다. 다른 한편으로, 하나님은 결코
경건한 자들까지 망하게 될 정도까지 그의 진노를 발하시지 않으시리라는 사실은
그들에게 놀라운 위로가 된다. 이렇게 하나님의 진노는 유대인들을 벌하시는 것과
관련해서는 정말 무시무시할 정도로 활활 타올랐지만, 사람들의 예상과는 반대로
"택하신 자들"은 하나도 멸망하지 않도록 하기 위하여 억제되었다. 구원은 유대로
부터 나오게 되어 있었기 때문에, 하나님께서 거의 다 말라 버리고 몇 방울 남아 있
지 않았던 샘을 강으로 바꾸셔서 온 세상에 물을 대신 것은 거의 믿기 어려운 이적
이었다. 왜냐하면, 그들은 세상의 모든 족속들로부터 미움을 자초하였던 까닭에,
미리 정해진 신호에 맞춰서 한 날에 모든 곳에서 완전히 몰살을 당할 뻔하였기 때
문이었다. 많은 사람들이 유대인들을 그런 식으로 도륙하는 것이 마땅하다고 강력
히 촉구하였음에도 불구하고, 로마 장군 티투스(Titus)가 유대인들을 몰살시키고
자 한 계획을 실행에 옮기기를 강력히 원하였던 사람들과 그의 군사들에게 그렇게
하는 것을 허락하지 않은 것이 하나님의 간섭에 의한 것이었음은 의심의 여지가
없다. 그러므로 당시에 로마 황제가 그의 군대에게 유대 민족을 몰살시키지 못하
게 한 것은, 여기에 언급된 대로, 약간의 "씨"를 남겨 두시기 위하여 하나님이 "그
날들을 감하신" 것이었다(사 1:9).

　하지만 우리가 주목해야 할 것은 하나님이 그의 맹렬한 진노를 누그러뜨리셔서
유대인들을 모두 다 멸하지 않으신 것은 그의 "택하신 자들을 위한" 것이었다는 사
실이다. 하나님께서 수많은 무리 가운데서 소수(少數)를 남겨 두시기로 작정하신
이유는 무엇이었고, 그들을 다른 사람들보다 총애하신 이유는 무엇이었는가? 그것
은 하나님이 자기 백성으로 삼으신 민족 속에 그의 은혜가 거하였기 때문이었고,
그의 영원한 뜻을 따라 그들 중 일부는 택함을 받아 구원에 이르게 하겠다고 하신

그의 언약이 헛되지 않게 하고자 하셨기 때문이었다. 그런 까닭에, 바울은 수많은 사람들 중에서 오직 남은 자만이 구원을 받게 된 것은 "은혜로 택하심을 따라" 된 것이라고 말한다(롬 11:5). 여기에는 인간의 공로(meritum)는 전혀 개입될 여지가 없고, 오로지 하나님의 선하신 뜻만이 작용할 뿐이다. 그러므로 어떤 사람은 구원받고 어떤 사람은 구원받지 못하는 그러한 구별은 오직 택함받은 자들이 구원을 받는다는 이 사실에 달려 있다. 이 사실을 좀 더 분명하고 온전히 보여주기 위하여, 마가는 중언부언하는 것 같은 표현을 사용해서, "주께서 … 자기가 선택한 택하신 자들을 위하여 그 날들을 감하셨느니라"고 말한다. 만약 마가가, 하나님은 외부적인 요인들에 이끌려서서 어떤 사람에게는 은혜를 베푸시고 어떤 사람에게는 은혜를 안 베푸신 것이 아니라 자기가 구원하실 자들을 택하심으로써 그들의 구원에 있어서 그의 은밀하고 은혜로우신 뜻을 확증하셨음을 분명하게 밝히고자 한 것이 아니었다면, 그는 "선택한"(개역에는 번역되어 있지 않음 - 역주)을 빼고 "택하신 자들"이라는 단어만 사용했어도 충분하였을 것이다.

그러나 이 심판에서 건짐을 받아 살아남은 자들 중에는 버림받은 자들과 전혀 가망이 없는 자들이 많이 끼어 있는데, 어떻게 하나님이 "택하신 자들을 위하여" 이 재난들을 "감하셔서" 유대인들을 다 멸절시키지 않으신 것이라고 말할 수 있는가라는 의문이 제기될 수 있다. 이 의문에 대한 대답은 쉽다. 즉, 하나님께서는 마치 처음에는 알곡과 겨가 섞여 있는 상태에서 겨를 다 까불어서 날려버린 후에 알곡을 추리듯이, 유대 민족의 일부를 살려두셨다가, 그들 중에서 그의 "택하신 자들"을 골라내시기 위하여 그렇게 하신 것이다. 그러므로 버림받은 자들과 "택하신 자들"이 일시적으로는 동일하게 살아남았다고 할지라도, 결국에는 이 유익이 오직 "택하신 자들"에게만 돌아가게 될 것이고, 버림받은 자들은 이것으로부터 전혀 유익을 얻지 못하게 될 것이다. 왜냐하면, 하나님의 놀랍고 기이한 섭리는 오직 "택하신 자들"만을 위한 것이기 때문이다.

마 24:23. 그 때에 사람이 너희에게 말하되. 그리스도께서 그리스도를 참칭하는 자들에 대하여 그가 앞서 하신 말씀을 여기에서 또다시 반복하시는 데에는 그 이유가 있었다. 왜냐하면, 이 시험 속에는 괴롭고 절망적인 상황에 처한 불쌍한 사람들이 거짓된 속임수에 현혹되어, 그리스도 대신에 허상(虛像, larva)들을 좇아서, 마귀가 던져주는 망상(妄想)들을 하나님으로부터 온 도우심으로 오해하여 받아들일 큰 위험성이 도사리고 있었기 때문이다. 유대인들은 그들의 구속(救贖)에 관한 일을 멸시함으로써 그토록 심하게 억눌리고 압제를 당한 것이기 때문에, 극단의 처방을 통해서 그들을 그들의 거짓된 모습으로부터 끌어내 주는 것이 절실하였지만, 사탄은 교활하게도 그들에게 새로운 희망들을 불어넣어서, 그들을 하나님에게서 더욱더 멀어지게 만들었다. 분명한 것은 우리가 곤경에 처해서 어쩔 줄을 모를 때에 하나님의 이름을 빙자한 거짓된 것들에 현혹되어 속아 넘어가는 것보다 더 치명적인 해악을 끼치는 것은 없다. 왜냐하면, 그러한 거짓된 것들은 우리가 회개하는 것을 원천적으로 봉쇄할 뿐만 아니라, 불신앙(infidelitas)으로 인한 어둠을 더욱 심화시켜서, 결국 우리를 절망에 빠지게 하고 광기(insania)로 몰아가기 때문이다. 그러므로 이러한 위험성이 아주 큰 상황 속에서 그리스도께서 이 말씀을 다시 한 번 반복하신 것은 결코 불필요한 것이 아니었다. 여기에서 그리스도께서 "거짓 선지자들이 일어나" 연약한 심령들을 현혹시키는 데에 아주 좋은 "큰 표적과 기사"라는 강력한 미혹(迷惑)의 수단들로 무장하고서 사람들 앞에 나타날 것이라고 경고하시는 것을 생각할 때, 이러한 반복은 결코 중언부언하시는 것일 수 없다. 하나님은 이적들을 통해서 그의 권능의 임재를 확인해 주시므로, 이적들은 참된 가르침을 보증해 주는 것인 까닭에, "속이는 자들"이 이적들을 통해서 사람들의 신임을 얻는다고 해도, 그것은 전혀 놀랄 일이 아니다. 이런 식의 미혹, 즉 하나님께서 진리를 배척한 자들로 하여금 거짓을 믿게 하시고, 그들에게 주어진 빛에 대하여 눈을 감아버린 자들로 하여금 점점 더 깊은 어둠 속에 빠지게 하시는 것은 사람들의 배은망덕함에 대한 하나님의 원수 갚으심이다. 이와 동시에, 하나님은 그를 진심으로 좇는 자들에게는 이러한 속임수들에 넘어가지 않게 하심으로써 그들의 변함없는 믿음을 더욱더 밝게 빛나게 할 기회를 제공해 주신다.

또한, 그리스도께서는 "거짓 그리스도들과 거짓 선지자들"이 이적들로 무장하고 올 것이라고 분명하게 말씀하셨기 때문에, 교황주의자들이 그들이 행하는 이적들을 떠벌리며 기고만장할 이유도 없고, 그들의 그러한 자랑에 우리가 주눅들 이유도 없다. 그들은 그들의 미신들이 옳다는 것을 입증하기 위하여 그들이 행하는 이적들을 증거로 제시한다. 하지만 하나님의 아들이 미리 경고하셨듯이, 그러한 이적들은 많은 사람의 믿음을 부패하게 만드는 것이기 때문에, 지혜로운 자들은 그 이적들이 마치 그들의 이런저런 가르침이 옳다는 것을 증명해 주는 것처럼 생각해서는 안 된다. 만약 어떤 사람이 우리의 그러한 논리는 율법과 복음이 참됨을 증거해 주는 이적들까지 다 부정하고 폐기하는 것이 아니냐는 반론을 제기한다면, 나의 대답은 성령께서는 믿는 자들에게서 모든 의심과 오해할 위험성을 제거해 주는 확실한 표(標)를 그 이적들에 새겨 놓으신다는 것이다. 왜냐하면, 하나님은 자기 백성을 견고하게 세우실 목적으로 그의 능력을 나타내실 때에는, 사람들이 오해하거나 혼동하지 않도록 참되고 확실한 표(標, distinctio)를 주시기 때문이다. 게다가, 이적들이 가르침이 참됨을 인치는 방식은 이적들로 인해서 가르침이 빛을 발하여, 사탄이 순진한 자들의 마음을 어둡게 하기 위하여 사용하였던 온갖 운무(雲霧)를 다 몰아내는 그런 방식이다. 요컨대, 속임수들에 넘어가지 않고자 한다면, 우리는 이적들과 가르침이 하나로 이어져 있는 것을 확인하여야 한다는 것이다.

마 24:24. 할 수만 있으면 택하신 자들도 미혹하리라. 이 말씀은 믿는 자들에게 더욱 깨어서 조심해야 한다는 경각심을 더해 주기 위해 덧붙여졌다. 왜냐하면, "거짓 선지자들"에게 그렇게 마음대로 날뛸 자유가 주어지고, 사람들을 속이기 위한 기가 막힌 수단들이 주어진 상황 속에서, 안이하게 조심성 없이 살아가는 자들이 그들의 속임수에 걸려드는 것은 쉬운 일일 것이기 때문이다. 그래서 그리스도께서는 그의 제자들에게 깨어 있으라고 권면하신다. 아울러, 많은 사람들이 도처에서 미혹되어 잘못된 길로 빠지는 것을 보더라도, 그것을 이상하게 여겨서 혼란스러워할 필요가 없다는 것을 그들에게 일깨워 주신다. 그리스도께서는 그들에게 나태함에 빠져 있다가 사탄에게 붙잡히지 않도록 조심해야 한다고 단단히 주의를 주시는 가운데서도, 그들은 하나님의 보호하심과 돌보심 아래에서 사탄의 온갖 궤계들에 대하여 안전할 것이라고 약속하심으로써, 그들이 잠잠히 하나님을 의뢰하기만 한다면 아무 염려도 할 필요가 없다는 것을 보여주신다. 경건한 자들의 처지가 아무리 깨어지기 쉽고 위태위태하다고 할지라도, 사실 그들은 이렇게 견고한 터 위에 서 있는 것이다. 왜냐하면, 그들을 신실하게 지키시고 보호하시는 자이신 하나님의 아들을 의뢰하는 한, 그들이 구원으로부터 떨어져나가는 일은 있을 수 없기 때문이다. 만약 그들이 그리스도의 양으로서 "그들을" 그리스도의 "손에서 빼앗을 자가 없는"(요 10:28) 것이 아니라면, 그들에게는 사탄의 궤계들을 막아낼 수 있는 충분한 힘이 없다. 그러므로 우리가 주목해야 할 것은 우리의 구원의 견고함(firmitas)은 우리에게가 아니라 하나님의 은밀한 택하심에 달려 있다는 사실이다. 베드로가 말한 대로(벧전 1:5), 우리의 구원은 "믿음으로 말미암아" 지켜지는 것이기는 하지만, 우리는 한 걸음 더 나아가서, "아버지께서 우리를 아들에게 주셨고" 아들은 친히 "자기에게 주신 자들 중의 하나도 멸망하지 않게" 하실 것이라고 선언하고 계시기 때문에(요 17:12), 우리가 안전하다는 것을 확신하여야 한다.

마 24:25. 보라 내가 너희에게 미리 말하였노라. 마가는 "너희는 삼가라 내가 모든 일을 너희에게 미리 말하였노라"고 함으로써 주님의 의도를 더 자세하게 표현한다. 이 말씀을 통해서 우리는 그리스도께서 미리 말씀해 주신 저 걸림돌들을 경험하면서 낙심하는 자들은 전혀 변명할 여지가 없다는 것을 알게 된다. 왜냐하면, 하나님의 뜻은 우리의 규범이 되어야 마땅하므로, 하나님의 뜻이 어떤 것인지를 미리 들은 우리는 변명할 말이 없는 것이 당연하기 때문이다. 또한, 그리스도께서는 "하나님은 미쁘사 우리가 감당하지 못할 시험 당함을 허락하지 아니하실"(고전 10:13) 것이라고 분명히 말씀하고 계시기 때문에, 만약 우리가 우리의 연약함(infirmitas)에 무관심과 안일함(torpor)를 더하지 않는다면, 우리에게는 시험을 이길 힘이 주어지게 될 것이다.

마 24:26. 그리스도가 광야에 있다. 누가는 이 말씀을 그리스도의 또 다른 대답과 연결시킨다. 누가 본문을 보면, 바리새인들이 하나님의 나라의 임함에 관하여 질문하자, 그리스도께서는 하나님의 나라는 "볼 수 있게" 임하는 것이 아니라고 대답하신 후에, 그의 제자들을 돌아보시며, 그들이 더 이상 "인자의 날"을 보지 못할 때가 올 것이라고 말씀하신다. 이 말씀을 통해서 그리스도께서는 그의 제자들에게 "빛이 있을 동안에 다녀 어둠에 붙잡히지 않게 하라"(요 12:35)고 당부하고자 하셨다. 왜냐하면, 그리스도께서는 그들에게 머지않아 심각한 격변들이 일어나게 될 것을 알려 주시면서, 자기가 그들과 함께 있는 동안에, 그들로 하여금 믿음의 진보를 이루려고 애쓰게 하기 위한 아주 강력한 촉진제가 되도록 하시기 위하여 이 말씀을 하신 것이기 때문이다. 그리스도께서 그의 제자들에게 이 동일한 말씀을 두 번 반복해서 하신 것인지의 여부는 확실하지 않지만, 나는 누가가 다른 대목들에서도 종종 그러하듯이 여기에서도 그리스도께서 하나님의 나라의 임함에 관하여 말씀하시는 장면 속에 다른 시기에 하신 말씀들을 끼워 넣었을 가능성이 높다고 생각한다.

이 본문은 사람들의 무지(無知)로 말미암아 여러 가지로 왜곡되어 왔기 때문에, 독자들은 그 참된 의미를 알기 위해서는, 그리스도의 나라가 숨겨져 있는 상태와 무한히 확장되는 때 간의 대비를 주목하지 않으면 안 된다. 왜냐하면, 후자는 "번개가 동편에서 나서 서편까지 번쩍임 같이" 갑작스럽고 예기치 않게 이루어지게 되어 있음에도 불구하고, "거짓 그리스도들"은 유대 민족의 지독한 우매함을 이용하여, 무력으로 로마의 멍에를 벗어버려야 한다고 주장하며, 그들이 할 수 있는 한 최대한도로 사람들을 많이 끌어 모아서 "광야"의 후미진 곳이나 "골방"이나 그 밖의 다른 은밀한 곳으로 데려갈 것이기 때문이다. 그러므로 이 말씀의 의미는 무력으로 유대 나라의 독립을 쟁취하기 위해서 자신의 세력을 은밀한 곳으로 끌어 모으는 자는 다 그리스도를 사칭하는 자라는 것이다. 왜냐하면, 구속주께서는 그의 은혜를 갑작스럽고 예기치 않게 세상의 모든 곳에 전하기 위하여 보내심을 받기 때문이다. 그러나 구속(救贖)을 어느 후미진 곳에 가두어 두는 것과 온 세상에 널리 전하는 것은 서로 완전히 상반된다. 그리스도께서는 그의 제자들에게 자기가 그의 나라의 범위를 세상 끝까지 갑자기 확장시키실 것이기 때문에, 그들은 더 이상 유대 땅이라는 좁고 폐쇄된 지역 내에서 구속주를 찾아서는 안 된다는 것을 이런 식으로 깨우쳐 주셨다. 사실 복음이 이렇게 놀라운 속도로 급속히 세상의 구석구석까지 전해진다는 것은 하나님의 능력이 개입될 것임을 보여주는 명백한 증거였다. 왜냐하면, 복음의 빛이 나타나자마자 "번개"처럼 세상의 이쪽 끝에서 저쪽 끝까지 다다르는 것은 인간의 노력이나 힘으로 되는 일일 수 없기 때문이다. 그러므로 그리스도께서 그의 천상(天上)의 영광을 나타내시기 위하여 "번개"라는 현상을 활용하신 것은 일리가 있다. 게다가, 그리스도께서는 그의 나라가 이렇게 광대함을 나타내심으로써, 유대 땅이 황폐화되어도 그의 통치는 전혀 방해를 받지 않을 것임을 보여주고자 하셨다.

마 24:28. 주검이 있는 곳에는. 이 말씀의 의미는 사탄이 하나님의 자녀들을 뿔뿔이 흩어 버리려고 온갖 수단과 방법을 다 동원한다고 할지라도, 그리스도 자신 안에는 여전히 그들을 모두 하나로 연합되게 해 줄 거룩한 끈(vinculum)이 존재한다는 것이다. 우리의 유일한 힘이신 그리스도에게서 많은 사람들이 떠나갈 때를 제외하고는, 믿는 자들에게 흩어짐(dissipatio)이라는 것은 있을 수 없다. 그러므로 이 말씀 속에는 거룩한 연합을 촉진시켜서, 잘못된 가르침들에 미혹되어 그리스도의 몸인 교회가 갈기갈기 찢기는 일이 없게 할 수 있는 방법이 제시되어 있는데, 그 방법이라는 것은 우리가 그리스도 안에 견고히 머무는 것이다. 우리는 이것을 명심하여야 한다. 왜냐하면, 그리스도께서는 로마 교황의 수장권(首長權)이나 그 밖의 어떤 말도 안 되는 가르침을 중심으로 우리를 연합시키시는 것이 아니라, 오직 어디에서든 각 사람이 교회의 유일한 머리이신 그리스도를 바라보게 하시는 방식으로 그의 교회를 하나로 묶으시기 때문이다. 이것으로부터 도출되는 결론은 순전한 믿음(pura fides)으로 그리스도와 연합되어 있는 자들은 분리되거나 흩어질 염려가 전혀 없다는 것이다. 로마 교황에게 충성하는 자들아, 그리스도에게서 떨어져서 강도에게 충성을 맹세하는 것을 거부하는 모든 사람들은 분리주의자들이라고 어디 한 번 외쳐 보라.

마 24:28. 독수리들이 모일 것이니라. 교황주의자들은 "주검"이라는 단어가 동일한 신앙을 고백하는 자들의 무리를 가리킨다고 해석하고, "독수리들"은 영리하고 지혜로운 자들을 나타낸다고 알레고리적으로 설명하지만, 그것은 터무니없는 해석이다. 왜냐하면, 그리스도께서는 하나님의 자녀들이 흩어질 때마다 그들을 그에게 불러 모으고 그와의 연합 속에 있게 하시기 위한 것 외에 다른 의도가 없으셨음이 명백하기 때문이다. 또한, 그리스도께서는 "몸"이라는 단어가 아니라 "주검"(πτῶμα-프토마)이라는 단어를 사용하시고, "독수리들"이라는 단어에 우리나라에서 흔히 볼 수 있는 까마귀들이나 콘도르들 정도의 의미만을 부여하실 뿐이다. 어떤 주석가들은 그리스도의 죽음은 향기로운 냄새를 지니고 있어서 "택하신 자들"을 하나님께로 끌어 모을 수 있었다고 설명하지만, 나는 그런 교묘한 해석에 별 가치를 부여하지 않는다. 왜냐하면, 나는 그리스도께서 작은 것의 예를 들어서 큰 것을 논증하는 방식을 사용하셔서, 새들이 "주검" 하나의 냄새를 맡고 멀리서 떼 지어 몰려올 정도로 영리하고 지혜롭다는 것을 생각할 때, 믿는 자들이 그들에게 진정한 자양분을 공급해 주시는 유일한 생명의 원천을 향하여 모여들지 않는다면, 그것은 부끄럽고 수치스러운 일이 될 것임을 보여주고자 하신 것이라고 보기 때문이다.

[29]그 날 환난 후에 즉시 해가 어두워지며 달이 빛을 내지 아니하며 별들이 하늘에서 떨어지며 하늘의 권능들이 흔들리리라 [30]그 때에 인자의 징조가 하늘에서 보이겠고 그 때에 땅의 모든 족속들이 통곡하며 그들이 인자가 구름을 타고 능력과 큰 영광으로 오는 것을 보리라 [31]그가 큰 나팔소리와 함께 천사들을 보내리니 그들이 그의 택하신 자들을 하늘 이 끝에서 저 끝까지 사방에서 모으리라(마 24:29-31).

[24]그 때에 그 환난 후 해가 어두워지며 달이 빛을 내지 아니하며 [25]별들이 하늘에서 떨어지며 하늘에 있는 권능들이 흔들리리라 [26]그 때에 인자가 구름을 타고 큰 권능과 영광으로 오는 것을 사람들이 보리라 [27]또 그 때에 그가 천사들을 보내어 자기가

택하신 자들을 땅 끝으로부터 하늘 끝까지 사방에서 모으리라(막 13:24-27).

²⁵일월 성신에는 징조가 있겠고 땅에서는 민족들이 바다와 파도의 성난 소리로 인하여 혼란한 중에 곤고하리라 ²⁶사람들이 세상에 임할 일을 생각하고 무서워하므로 기절하리니 이는 하늘의 권능들이 흔들리겠음이라 ²⁷그 때에 사람들이 인자가 구름을 타고 능력과 큰 영광으로 오는 것을 보리라 ²⁸이런 일이 되기를 시작하거든 일어나 머리를 들라 **너희 속량이 가까웠느니라** 하시더라(눅 21:25-28).

마 24:29. 그 날 환난 후에 즉시. 그리스도께서는 이제 여기에서 제자들이 처음에 질문했던 것, 즉 그의 나라가 온전히 나타나게 될 것에 대하여 말씀하시면서, 그들이 무수한 환난들을 통해서 시험을 받은 후에, 때가 되면, 구속(救贖)이 이르게 될 것이라고 약속하신다. 이러한 대답의 주된 목적은 그의 제자들이 장차 있을 환난들과 혼돈 속에서 낙심하지 않고, 선한 소망 가운데서 믿음을 지키도록 그들을 견고케 하시기 위한 것이었다. 이런 까닭에, 그리스도께서는 그의 재림에 대하여 직설적인 화법으로 말씀하지 않으시고, 선지자들 사이에서 흔히 사용되었던 표현 방식들을 활용하시는데, 독자들은 이 표현 방식들을 주의 깊게 살펴볼수록, 이 표현들과 실제 사건 간의 괴리가 너무 커서 더욱더 심한 혼란을 경험하게 된다. 왜냐하면, 선지자들이 자주 그토록 장엄한 언어로 묘사하였던 그리스도의 나라가 현실에서는 멸시를 받고 십자가형에 의해서 압제를 당하며 수많은 모욕으로 점철되고 온갖 환난에 압도당하는 모습을 볼 때, 그것보다 더 이상한 일은 없을 것이기 때문이다. 따라서 해와 달과 별들을 어둡게 만들고, 세상의 터와 근간을 뒤흔들며, 자연의 질서를 바꾸어 놓는 그 나라의 위엄은 도대체 어디에 있는 것이냐고 사람들이 반문하는 것은 어쩌면 당연한 일이 아니겠는가? 그리스도께서는 이제 믿는 자들에게 시험거리가 될 이러한 문제들을 해결해 주시기 위하여, 선지자들의 이러한 예언들은 지금 즉시 성취되지는 않겠지만, 그 예언들이 옳았다는 것이 결국에는 현실에서 증명될 것이라고 선언하신다. 그러므로 이 말씀의 의미는 선지자들은 구속의 진행 과정 전체를 포괄하여 예언한 것이기 때문에, 하늘과 땅이 진동하게 될 것이라는 옛적의 예언들은 반드시 구속이 시작될 때에 이루어지게 되어 있는 것은 아니었다는 것이다.

우리는 이제 그리스도의 의도를 확인하였기 때문에, 하늘이 어두워지게 되는 것은 즉시가 아니라, 교회가 환난의 모든 과정을 통과한 후에 일어날 일이라는 것이 이 말씀의 의미라는 것을 그리 어렵지 않게 알 수 있다. 이것은 그리스도의 나라의 영광과 위엄이 그의 재림의 때에 가서야 나타나게 될 것이라는 것이 아니라, 하나님은 그리스도의 부활 후에 시작된 것들을 그의 백성에게 부분적으로 맛보게 하셔서, 그들을 소망과 인내의 길로 이끄시는 가운데, 그것들의 온전한 성취는 그리스도의 재림의 때까지 연기하셨다는 것을 의미한다. 그리스도께서는 선지자들이 장래의 회복에 관하여 예언한 것들이 오랜 기간 동안 환난의 짙은 어둠 가운데 묻혀 있는 것을 믿는 자들이 보고서 그것들이 결국 성취되지 못한 것으로 오해하지 않도록 하시기 위하여, 이 말씀을 통해서 그들이 마지막 날까지 긴장을 늦추지 않고 믿음을 지켜 나가게 하셨다.

일부 주석가들은 "그 날 환난"이라는 어구를 예루살렘의 멸망을 가리키는 것으로 잘못 해석해 왔다. 하지만 정반대로, 이 어구는 그리스도께서 앞서 말씀하신 온갖 재난들을 전체적으로 요약해서 표현한 것이다. 그리스도께서는 경건한 자들에게 인내할 것을 독려하시기 위하여, 이 환난은 결국 복되고 기쁜 결과로 끝나게 될 것이라는 식으로 말씀하신다. 이것은 교회가 이 세상에서 순례길을 계속하는 동안에는 어둡고 흐린 날씨가 이어지겠지만, 이 환난의 때가 끝나자마자, 교회의 위엄이 빛을 발하며 나타날 날이 이르게 될 것이라고 말씀하신 것이나 다름없다. "해"가 어떤 식으로 "어두워지게" 될지에 대해서 지금으로서는 우리가 추측조차 할 수 없지만, 그 일은 반드시 일어나게 될 것이다. 그리스도께서 "별들"이 실제로 "떨어질" 것이라고 말씀하셨다기보다는, 사람들이 그렇게 생각하게 될 것임을 암시하신 것으로 보인다. 그래서 누가는 단지 "일월성신에는 징조가 있겠고"라고 기록한다. 그러므로 이 말씀의 의미는 "별들이 떨어진다"고 사람들이 생각할 정도의 엄청난 격변이 궁창에서 일어나게 되리라는 것이다. 또한, 누가는 바다에서도 무시무시한 격변이 일어나서, "바다와 파도의 성난 소리로 인하여" 사람들이 무섭고 놀라서 "기절하며 혼란한 중에 곤고하리라"는 말씀을 덧붙인다. 한마디로 말해서, 위와 아래에 있는 모든 피조물이 전령관들이 되어서 하나님의 법정에 세우고자 사람들을 끊임없이 호출하겠지만, 사람들은 마지막 날까지 계속해서 그 호출을 경멸하며 악한 고집을 부리게 되리라는 것이다.

마 24:30. 그 때에 인자의 징조가 … 보이겠고. 이 말씀을 통해서 그리스도께서는 그의 나라의 현재의 상태와 장래의 영광 간의 차이를 좀 더 분명하게 보여주신다. 왜냐하면, 환난의 어둠 가운데서 그리스도의 위엄이 온전히 나타나지 않고, 사람들은 그리스도께서 가져오신 구속을 인식하지 못하는 현재의 상황은 일종의 용인(容認)된 것이기 때문이다. 우리의 인식이 이렇게 혼란스러운 까닭에, 한편으로는 우리의 마음이 어두워지고, 다른 한편으로는 그리스도의 은혜가 묻혀서, 우리의 시야에서 거의 사라져 버리기 때문에, 적어도 육신의 지각(知覺)은 그리스도께서 이루신 구원을 제대로 인식하지 못하게 된다. 그래서 그리스도께서는 그가 다시 오실 때에는 누구나 다 볼 수 있게 나타나실 것이고, 높은 곳에 세워진 깃발과 같은 "하늘의 권능"에 둘러싸여서 오실 것이기 때문에, 온 세상 사람들의 이목이 그에게 집중될 것이라고 분명하게 말씀하신다. 또한, 그리스도께서는 대다수의 사람들이 그의 가르침을 멸시하고 그의 통치에 반대할 것임을 아시고서, "모든 족속들"이 울고 불며 "통곡하게" 될 것이라고 경고하신다. 그리스도께서 그가 부재하신 동안에 그의 권위를 무시한 반역자들을 장차 다시 오셔서 분쇄하시고 멸하시는 것은 마땅한 일이다. 그리스도께서 이 말씀을 하시는 것은 한편으로는 오만하고 고집 센 자들에게 두려움을 불러일으켜서 회개하게 하시기 위한 것이고, 다른 한편으로는 완악한 세상 가운데서 자기 백성의 마음을 견고하게 하시기 위한 것이다. 왜냐하면, 불경건한 자들이 아무 탈 없이 살아가는 것을 보면, 경건한 자들은 하나님을 희롱하고 농락해도 아무런 벌도 받지 않는다고 생각하게 되고, 이것이 그들에게 적지 않은 걸림돌이 될 것이기 때문이고, 또한 불경건한 자들이 형통하는 것을 보면, 경건한 자들은 그들의 모습에 현혹되어 하나님을 경외하는 마음을 잃기 쉽기 때문이다. 그리스도께서는 불경건한 자들이 쾌락에 도취되어 있는 것을 보고서, 믿는 자들이 부러워하지 않도록 하시기 위하여, 그 쾌락이 결국에는 "통곡하고 이를 가는" 것으로 바뀌게 되리라고 선언하신다. 내가 생각하기에는, 그리스도께서는 여기에서 하나님께서 그의 놀라운 심판이 곧 나타나게 될 것임을 알려 주시면서 "각 족속"에 "장자(長子)"의 장례를 치를 때와 같은 애곡이 있을 것이라고 선포하시는 내용을 담고 있는 스가랴 2:11-14을 간접적으로 인용하시는 것으로 보인다. 따라서 세상의 회심을 기대할 이유는 전혀 없다. 왜냐하면, 결국 장차 그들은 "그들이 그 찌른 바 그를 바라보게" 될 것이지만(슥 12:10), 이미 때가 늦어서, 그들에게는 그것이 아무런 유익이 되지 못할 것이기 때문이다.

뒤이어서 "징조"에 대한 설명이 나오는데, "그들이" 전에 이 땅에서 비천한 종의 모습으로 사셨던 "인자가 구름을 타고 … 오는 것을 보리라"는 것이다. 이런 식으로 그리스도께서는 그의 나라의 영광이 땅에 속한 것이 아니라 하늘로부터 임하리라는 것을 보여주시며, 제자들의 잘못된 생각에 대하여 경고하신다.

마 24:31. 그가 … 천사들을 보내리니. 그리스도께서는 "그가" 그의 "천사들을 보내어" 세상의 가장 먼 곳들로부터 그의 "택하신 자들을 모으실" 것이라고 말씀하심으로써 그의 권세가 어떠한 것인지를 보여주신다. 이 본문에서 "하늘 끝"은 세상의 가장 먼 곳을 의미한다. 그러나 그리스도께서는 비록 "택하신 자들"이 땅 끝으로 끌려가고 공중 속으로 흩어진다고 하여도, 그가 그들을 다시 "모아서", 그들로 하여금 그들의 머리이신 그의 아래에서 연합하여 영생을 누리며 그들에게 약속된 기업(基業)을 얻게 하실 것임을 보여주시기 위하여 과장법을 사용하신다. 왜냐하면, 여기에서 그리스도께서는 그의 제자들이 교회가 참담하게 흩어지는 모습을 보고서 낙심하지 않도록 위로하고자 하셨기 때문이다. 그러므로 교회가 사탄의 궤계에 의해 흩어지거나 불경건한 자들의 만행으로 갈기갈기 찢기거나 거짓된 가르침들로 인하여 분란을 겪거나 폭풍우들에 의해서 요동하는 것을 볼 때마다, 우리는 눈을 들어서 그리스도께서 교회를 다시 모으시겠다고 하신 이 말씀을 바라보는 법을 배워야 한다. 이 말씀이 믿기 어려운 것으로 보인다면, 우리는 그리스도께서 우리로 하여금 인간의 시야를 뛰어넘어 그 너머를 바라보도록 하시고자 하신 분명한 의도를 가지시고 우리를 위해 언급하신 "천사들"이 어떤 능력을 지닌 존재들인지를 기억해 볼 필요가 있다. 왜냐하면, 교회가 지금 사람들의 악의로 인해 고통을 당하고, 심지어 거센 물살 때문에 깨어져서 산산조각이 나는 등, 이 세상에서 그 어떤 안전함도 누리지 못한다고 할지라도, 우리는 주님께서 그의 교회를 "모으시리라"는 견고한 소망을 늘 굳게 간직하여야 한다. 왜냐하면, 이 일은 인간적인 수단이 아니라, 하늘의 권능에 의해서 이루어질 것이기 때문이다.

눅 21:28. 이런 일이 되기를 시작하거든. 누가는 그리스도께서 자기 백성의 마음에 힘을 더해 주시기 위해 어떤 위로를 해 주시고 계시는지를 좀 더 분명하게 표현한다. 왜냐하면, 이 본문은 우리가 방금 살펴본 마태 본문과 다른 내용을 포함하고 있지 않은데도, 장차 "택하신 자들을 모으기" 위하여 천사들이 오는 목적을 더 잘 보여주기 때문이다. "택하신 자들이" 그리스도의 오심을 두려워하는 시선으로 바라보지 않도록 하시기 위하여, 그리스도께서는 그때에 경건한 자들이 누리게 될 기쁨을 세상 사람들이 겪게 될 슬픔 및 괴로움과 대비시켜서, "택하신 자들"과 버림받은 자들의 차이를 보여주실 필요가 있으셨다. 우리는 성경이 최후의 심판에 대해서만이 아니라, 하나님이 매일매일 집행하시는 모든 심판들에 대해서 말할 때에, 그 대상이 믿는 자들인지 불신자들인지에 따라서 표현하는 방식이 서로 다르다는 것을 안다. 선지자 아모스는 "화 있을진저 여호와의 날을 사모하는 자여 너희가 어찌하여 여호와의 날을 사모하느냐 그 날은 어둠이요 빛이 아니고" 기쁨이 아니라 슬픔의 날이며 구원이 아니라 멸망이 날이 될 것이라고 말한다(5:18). 반면에, 스가랴는 "시온의 딸아 … 네 왕이 네게 임하시나니 … 크게 기뻐할지어다"(9:9)라고 말한다. 또한, 이사야가 잘 말하였듯이(35:4), 버림받은 자들에게 진노와 복수가 행해질 그날이 믿는 자들에게는 인자하심과 "속량"을 가져다 주는 날이 될 것이다.

그러므로 그리스도께서는 장차 그가 오실 때에, 악인들은 두려움에 사로잡히게 되겠지만, 그의 제자들에게는 기쁨의 빛이 임함으로, 그들은 그들의 구원이 가까움을 보고서 기뻐하게 될 것임을 보여주시는 것이다. 따라서 바울은 "주 예수 그리스도의 나타나심을 기다리는"(고전 1:7) 것이 믿는 자들의 표지(標識)라고 말한다. 왜냐하면, 그들의 "면류관"과 온전한 복이 되고 그들을 시원하게 해 줄 것이 비로소 "그날"에 그들에게 주어질 것이기 때문이다. 이 본문에서 그것은 "속량"으로 표현되는데, 이것은 그날에 우리가 그리스도께서 이루신 구원의 결과물들을 진정으로, 그리고 온전히 얻게 될 것이기 때문이다. 그러므로 우리는 그날에 버림받은 자들을 사망의 두려움으로 떨게 만들 뿐만 아니라, "택하신 자들"을 불러 모아 두 번째 생명으로 들어가게 하기 위하여, 즉 주님이 지금 그의 복음을 통해서 깨어나게 하신 자들을 부르서서 생명을 누리게 하시기 위하여 울려 퍼질 천사의 "나팔 소리"를 듣지 못하게 되는 일이 없도록 늘 깨어 있지 않으면 안 된다. 왜냐하면, 하나님의 아들이 우리의 구원을 위하여 친히 오시는 것을 두려워하는 것은 불신앙의 증표이기 때문이다.

³²**무화과나무의 비유를 배우라 그 가지가 연하여지고 잎사귀를 내면 여름이 가까운 줄을 아나니** ³³**이와 같이 너희도 이 모든 일을 보거든 인자가 가까이 곧 문 앞에 이른 줄 알라** ³⁴**내가 진실로 너희에게 말하노니 이 세대가 지나가기 전에 이 일이 다 일어나리라** ³⁵**천지는 없어질지언정 내 말은 없어지지 아니하리라** ³⁶**그러나 그 날과 그 때는 아무도 모르나니 하늘의 천사들도, 아들도 모르고 오직 아버지만 아시느니라**(마 24:32-36).

²⁸**무화과나무의 비유를 배우라 그 가지가 연하여지고 잎사귀를 내면 여름이 가까운**

줄 아나니 [29]이와 같이 너희가 이런 일이 일어나는 것을 보거든 인자가 가까이 곧 문 앞에 이른 줄 알라 [30]내가 진실로 너희에게 말하노니 이 세대가 지나가기 전에 이 일이 다 일어나리라 [31]천지는 없어지겠으나 내 말은 없어지지 아니하리라 [32]그러나 그 날과 그 때는 아무도 모르나니 하늘에 있는 천사들도, 아들도 모르고 아버지만 아시느니라(막 13:28-32).

[29]이에 비유로 이르시되 무화과나무와 모든 나무를 보라 [30]싹이 나면 너희가 보고 여름이 가까운 줄을 자연히 아나니 [31]이와 같이 너희가 이런 일이 일어나는 것을 보거든 하나님의 나라가 가까이 온 줄을 알라 [32]내가 진실로 너희에게 말하노니 이 세대가 지나가기 전에 모든 일이 다 이루어지리라 [33]천지는 없어지겠으나 내 말은 없어지지 아니하리라(눅 21:29-33).

마 24:32. 무화과나무의 비유를 배우라. 나는 그리스도께서 지금까지 말씀하신 혼돈 상태가 계속되는 동안에, 우리가 나무의 "가지가 연하여지면 여름이 가까운 줄을" 확실히 알듯이, 그리스도께서 오실 때가 가까웠음을 보여주는 분명한 징표가 있으리라는 것이 이 말씀의 유일한 의미라고 보지 않는다. 내 생각에는, 그리스도께서 그런 것과는 다른 그 무엇을 표현하고 계시는 것 같다. 왜냐하면, 나무가 겨울에는 혹독한 추위에 움츠러들어서 좀 더 강인한 활기를 보이지만, 봄이 되면 그 강인함을 잃고 더 "연해져" 보이며, 심지어 새로운 가지들이 돋아날 통로를 열어주기 위해 틈새들을 만들어 내기까지 하는 것과 마찬가지로, 교회는 환난을 당할 때에, 육신의 눈으로 보면 "연해지는" 것처럼 보이지만, 사실은 그 활기를 조금도 잃지 않기 때문이다. 속에 있던 수액(樹液)이 나무 전체에 퍼져서 나무를 "연해지게" 한 후에는 겨우내 죽어 있던 것을 다시 살려내기 위해서 힘을 모아 위로 솟구쳐 오르는 것과 마찬가지로, 그리스도께서는 죽은 겉사람으로부터 자기 백성의 온전한 회복을 이루신다. 이 말씀의 요지는 우리는 교회의 연약한 상태를 보고서, 교회가 죽어가고 있다고 결론을 내리지 말고, 도리어 주님께서 십자가와 환난들을 통해서 준비시키고 계시는 자기 백성의 영원히 썩지 않을 영광을 기대하고 바라보아야 한다는 것이다. 왜냐하면, 바울이 교회의 각각의 지체와 관련하여 "겉사람은 낡아지나 속사람은 날로 새로워지도다"(고후 4:16)라고 한 말씀이 몸 전체, 즉 교회와 관련해서도 이루어질 것이기 때문이다. 마태와 마가는 "인자가 가까이 곧 문 앞에 이른 줄 알라"고 조금 모호하게 표현하고 있지만, 누가는 "하나님의 나라가 가까이 온 줄을 알라"고 좀 더 자세하게 풀어서 설명하고 있는데, 여기에서 "하나님의 나라"는 다른 많은 구절들과는 달리 그 시작이 아니라 완성이라는 관점에서 표현된 것이고, 이것은 그리스도의 가르침을 받은 자들이 "하나님의 나라"를 어떻게 이해했는지를 보여준다. 왜냐하면, 그들은 복음에서 말하는 "하나님의 나라"가 단지 믿음의 "평강"과 "희락," 성령 안에서의 "의"에 있다고만 여기지 않고(롬 14:17), 마지막 날까지 소망 가운데 감춰져 있는 저 복된 안식과 영광을 구하였기 때문이다.

마 24:34. 이 세대가 지나가기 전에. 그리스도께서는 일반적인 표현을 사용하시기는 하지만, 장차 교회가 겪게 될 모든 재난들을 다 낱낱이 말씀하시는 것이 아니라, 단지 한 "세대가 지나가기 전에" 그들이 그리스도께서 여기에서 하신 말씀이 참되다는 것을 경험으로 알게 될 것이라는 것만을 알려 주시는 것이다. 왜냐하면, 오십 년 내에 예루살렘은 파괴되고, 성전은 무너져서 평지가 되며, 온 땅은 황량한 폐허로 바뀌고, 세상은 완악하여져서 들고 일어나 하나님을 대적하게 될 것이었기 때문이다. 아니, 세상은 분노에 타올라서 구원의 가르침을 뿌리 뽑고자 할 것이고, 거짓 선생들이 일어나 그들의 거짓된 가르침들로 순전한 복음을 부패시킴으로써 참된 신앙은 엄청난 타격을 입고, 경건한 자들의 온 무리는 큰 고통을 당하게 될 것이었다. 이와 같은 재난들은 그 후에도 여러 세대 동안 끊임없이 이어질 것이었지만, "이 세대가 지나가기 전에" 믿는 자들이 그리스도의 말씀이 참되다는 것을 현실 속에서 확실한 경험을 통해 알게 되리라는 예언은 그대로 증명되었다. 왜냐하면, 사도들은 우리가 오늘날 보는 것과 동일한 일들을 겪었기 때문이다. 그렇지만 그리스도의 의도는 자기 백성에게 그들이 겪을 재난들이 짧은 시간 안에 끝나게 될 것이라고 약속해 주시고자 하시는 것이 아니었다(만일 그렇게 하고자 하신 것이라면, 그것은 그리스도께서 앞서 이것으로 "아직 끝은 아니니라"라 하신 것과 모순이 될 것이기 때문에). 다만, 그리스도께서는 그들에게 끝까지 인내하여 믿음을 지켜 낼 것을 격려하시기 위하여, 이런 일들이 그들 자신의 세대와 연관되어 있다는 것을 명시적으로 미리 말씀해 주시고자 하신 것뿐이다. 그러므로 그리스도께서 말씀하시고자 하신 것은 이 예언이 여러 세대가 지나서 후세 사람들이 겪게 될 먼 훗날의 재난들이 아니라, "이 세대" 위에 지금 걸려 있어서 머지않아 그들에게 한꺼번에 쏟아지게 될 재난들이라는 것이다. 그러므로 주님께서 "이 세대"와 관련해서 온갖 재난들을 열거하신다고 할지라도, 그것은 장래의 세대들이 이 동일한 재난들을 면제받게 될 것이라고 말씀하시고자 하시는 것이 아니라, 단지 그의 제자들에게 이 모든 재난들을 굳센 믿음으로 참고 견딜 각오를 하라고 당부하시고자 하시는 것일 뿐이다.

마 24:35. 천지는 없어질지언정. 그리스도께서 그가 하신 말씀이 얼마나 확실한 것인지를 보여주시기 위하여, 그의 말씀은 세계 전체를 떠받치고 있는 골조(骨組)보다 더 견고하고 변함없다는 이 비유를 통해서 그 확실성을 예시하신다. 주석가들은 그리스도의 이런 식의 표현을 여러 가지로 설명한다. 어떤 이들은 이것이 마지막 날에 "천지가 없어져서" 세계의 질서가 무너지고 끝나게 될 것을 가리키는 것이라고 보고, 어떤 이들은 이것이 세계의 전체 구조가 무너져 없어지는 것이 불가능하듯이, 우리가 방금 들은 예언이 이루어지지 않는 것도 불가능하다는 것을 의미하는 것이라고 설명한다. 그러나 나는 그리스도께서 자기 백성의 마음을 들어올리셔서 세상에 집착하지 않게 하시고자 이 말씀을 의도적으로 하셨음이 분명하기 때문에, 우리가 세상 속에서 보는 끊임없는 변화와 부침(浮沈)을 가리키시며, 바다의 물결과 같은 덧없는 세상에 비추어서 그의 말씀을 판단해서는 안 된다는 것을 강조하신 것이라고 본다. 왜냐하면, 우리는 우리의 마음이 쉴 새 없이 변하는 세상사에 의해서 얼마나 쉽게 휘둘리는지를 알기 때문이다. 이런 까닭에, 그리스도께서는 그의 제자들에게 그들의 마음을 세상에 빼앗기지 말고, 그가 장차 일어날 것이라고 미리 말씀하신 모든 일을 하나님의 섭리라는 높은 망루로부터 내려다보라고 당부하신다. 이 본문을 통해서, 우리는 우리의 구원은 그리스도의 약속 위에 세워져 있기 때문에, 세상의 온갖 요란함과 요동함에도 불구하고 그런 것들에 따라서 출렁거리는 것이 아니라, 오직 우리의 믿음이 천지를 뛰어넘어 그리스도 자신을 바라보는 한, 결코 흔들릴 수 없다는 유익한 가르침을 얻게 된다.

마 24:36. 그러나 그 날과 그 때는. 그리스도께서는 이 말씀을 통해서, 믿는 자들이 거짓된 몽상을 따라서 최종적인 구속(救贖)의 때를 확정하지 못하게 하심으로써, 그들이 늘 깨어서 살아가게 하고자 하셨다. 우리는 우리의 마음이 얼마나 변덕스러우며, 우리가 우리에게 합당한 정도를 넘어서서 그 이상을 알고자 하는 헛된 호기심에 얼마나 잘 휘둘리는지를 안다. 마찬가지로, 그리스도께서도 그의 제자들이 너무 조급하게 승리를 누리려고 서두르고 있는 것을 아셨기 때문에, 장차 그가 오실 날은 그저 간절히 바라고 소망하며 기다려야 할 날이라는 것을 그들이 깨닫고서, 그날이 언제가 될지를 캐묻는 자가 아무도 없기를 바라셨다. 요컨대, 그리스도께서는 그의 제자들이 "그때"에 대해서는 알지 못한 채로 믿음의 빛 가운데서 살아가면서, 그가 나타나시기를 인내로써 기다려 주기를 바라신 것이다. 그러므로 우리는 "그때"가 언제일지에 대하여 주님이 허락하신 것 이상으로 캐묻지 않도록 조심하는 것이 마땅하다. 왜냐하면, 하나님의 말씀이 정해준 테두리를 벗어나지 않도록 절제하며 그 안에 머물러 있는 것이야말로 우리의 지혜의 중요한 부분이기 때문이다. 사람들이 "그날"을 알지 못하는 것에 대하여 불안감을 느끼지 않도록 하시기 위하여, 그리스도께서는 이 일에 대해서는 "천사들"도 사람들과 마찬가지로 "그날"을 알지 못한다는 사실을 일러주신다. 땅 위에서 기어 다니는 인간이 하늘의 천사들에게도 허락되지 않은 것을 알고자 한다면, 그것은 지나친 교만이자 악한 탐욕이 될 것이다.

마가는 "아들도 모르고"라는 말씀을 덧붙인다. 하나님의 아들조차도 우리를 위하여 이 무지(無知)를 감수하는 것을 주저하지 않으셨는데, 만약 사람이 이 무지를 받아들이기를 주저한다면, 그것은 미쳐도 단단히 미친 것임에 틀림없다. 한편, 많은 사람들은 그리스도께서 모르신다는 것은 말이 되지 않는다고 생각해서, 이 말씀을 여러 가지 다른 방식으로 설명해서 걸림돌을 제거해 보고자 애써 왔다. 아마도 그들은 이 말씀을 근거로 삼아서 그리스도는 유일하시고 참되신 하나님이 아니라는 것을 증명하고자 했던 아리우스파의 악의적인 시도에 자극을 받아서, 뭔가 다른 회피 수단을 찾아내고자 한 것 같다. 그들은 그리스도께서는 마지막 날이 언제일지를 사람들에게 밝히시지 않으시기로 작성하셨기 때문에 자원해서 그날을 알지 않으신 것이라고 주장한다. 그러나 "천사들"에게 돌려진 것과 동일한 종류의 무지가 그리스도께도 돌려지고 있다는 것이 명백하기 때문에, 우리는 좀 더 적절한 다른 의미를 찾아내고자 하지 않으면 안 된다. 그러나 그런 의미를 찾아보기 전에, 나는 하나님의 아들에게 그 어떤 종류가 되었든 무지(無知)를 돌리는 것은 모독이라고 생각하는 자들이 제기하는 반론들을 간략하게 반박하고자 한다.

하나님은 모르시는 것이 없으시다는 명제를 적용한 첫 번째 반론에 대한 대답은 쉽다. 왜냐하면, 우리는 그리스도 안에는 두 본성이 하나의 인격으로 결합되어 있고, 각각의 본성은 그 고유한 속성들을 보존하고 있다는 것을 알고, 특별히 인성(人性)이 중보자의 직임을 수행하기 위하여 그 고유한 본성을 따라 따로 행하는 것이 필수적일 때마다, 신성(神性)은 휴면 상태로 들어가서 전혀 작용하지 않았다는 것을 알기 때문이다. 그러므로 "모든 것을 아시는"(요 21:17) 그리스도께서 사람으로서의 그의 지각(知覺)과 관련해서 어떤 것을 "모르셨다"고 말하는 것은 결코 부적절한 말이 아닐 것이다. 만약 그렇지 않으셨다면, 그리스도께서는 슬퍼하거나 염려할 수도 없으셨을(히 2:17) 것이기 때문이다. 다음으로, 무지는 죄에 대한 형벌이기 때문에 그리스도께 무지를 돌릴 수 없다고 주장하는 어떤 이들의 반론은 너무나 어이없는 것이다. 왜냐하면, 여기에서 천사들에게 돌려진 무지가 죄로 인한 것이라고 주장하는 것은 어리석기 짝이 없는 것일 뿐만 아니라, 그리스도께서 우리의 죄로 인한 형벌을 친히 짊어지시기 위해서 우리의 육신을 입으셨다는 것을 고려하지 않았다는 점에서도 동일한 어리석음을 드러내는 것이기 때문이다. 그리스도께서 사람으로서 마지막 날이 언제일지를 모르셨다고 해도, 그것은 그가 육신을 입으신 것만큼이나 그의 신성(神性)을 조금이라도 손상시키는 것이 아니다.

나는 그리스도께서 전에도 "내 좌우편에 앉는 것은 내가 주는 것이 아니라"(마 20:23; 막 5:40)고 말씀하셨던 경우와 마찬가지로, 이번에도 "아버지" 하나님이 그에게 정해 주신 직임과 관련해서 하신 말씀이라는 것을 의심하지 않는다. 왜냐하면, (내가 그 본문을 다룰 때에 설명한 바와 같이) 그리스도께서는 그것이 절대적으로 그의 권세에 속하지 않는 일이라고 말씀하시는 것이 아니라, 단지 "아버지" 하나님이 그런 것들을 사람들에게 알게 하라고 그를 이 땅에 보내서 사람으로 살게 하신 것이 아니라고 말씀하시는 것이기 때문이다. 그러므로 나는 그리스도께서는 중보자가 되시기 위하여 우리에게 오신 것이기 때문에, 그 직임을 다 수행하시고 부활하실 때까지는, 그런 것들을 아는 것이 그에게 허락되지 않았다는 의미로 이 말씀을 이해한다. 왜냐하면, 그리스도께서는 부활하신 후에는 "하늘과 땅의 모든 권세"가 그에게 주어졌다고 분명하게 선언하셨기 때문이다(마 28:18).

[37]노아의 때와 같이 인자의 임함도 그러하리라 [38]홍수 전에 노아가 방주에 들어가던 날까지 사람들이 먹고 마시고 장가 들고 시집 가고 있으면서 [39]홍수가 나서 그들을 다 멸하기까지 깨닫지 못하였으니 인자의 임함도 이와 같으리라 [40]그 때에 두 사람이 밭에 있으매 한 사람은 데려가고 한 사람은 버려둠을 당할 것이요 [41]두 여자가 맷돌질을 하고 있으매 한 사람은 데려가고 한 사람은 버려둠을 당할 것이니라 [42]그러므로 깨어 있으라 어느 날에 너희 주가 임할는지 너희가 알지 못함이니라(마 24:37-42).

³³주의하라 깨어 있으라 그 때가 언제인지 알지 못함이라(막 13:33).

²⁶노아의 때에 된 것과 같이 인자의 때에도 그러하리라 ²⁷노아가 방주에 들어가던 날까지 사람들이 먹고 마시고 장가 들고 시집 가더니 홍수가 나서 그들을 다 멸망시켰으며 ²⁸또 롯의 때와 같으리니 사람들이 먹고 마시고 사고 팔고 심고 집을 짓더니 ²⁹롯이 소돔에서 나가던 날에 하늘로부터 불과 유황이 비오듯 하여 그들을 멸망시켰느니라 ³⁰인자가 나타나는 날에도 이러하리라 ³¹그 날에 만일 사람이 지붕 위에 있고 그의 세간이 그 집 안에 있으면 그것을 가지러 내려가지 말 것이요 밭에 있는 자도 그와 같이 뒤로 돌이키지 말 것이니라 ³²롯의 처를 기억하라 ³³무릇 자기 목숨을 보전하고자 하는 자는 잃을 것이요 잃는 자는 살리리라 ³⁴내가 너희에게 이르노니 그 밤에 둘이 한 자리에 누워 있으매 하나는 데려감을 얻고 하나는 버려둠을 당할 것이요 ³⁵두 여자가 함께 맷돌을 갈고 있으매 하나는 데려감을 얻고 하나는 버려둠을 당할 것이니라 ³⁶[없음] ³⁷그들이 대답하여 이르되 주여 어디오니이까 이르시되 주검 있는 곳에는 독수리가 모이느니라 하시니라 … ³⁴너희는 스스로 조심하라 그렇지 않으면 방탕함과 술취함과 생활의 염려로 마음이 둔하여지고 뜻밖에 그 날이 덫과 같이 너희에게 임하리라 ³⁵이 날은 온 지구상에 거하는 모든 사람에게 임하리라 ³⁶이러므로 너희는 장차 올 이 모든 일을 능히 피하고 인자 앞에 서도록 항상 기도하며 깨어 있으라 하시니라(눅 17:26-37; 21:34-36).

마 24:37. 노아의 때와 같이. 그리스도께서는 방금 전에 자기 백성이 마지막 날이 언제일지에 대하여 지나친 관심을 쏟지 말고, 늘 깨어서 긴장하며 살아가기를 바라신다는 자신의 뜻을 밝히셨지만, 세상의 낙(樂)들을 즐기는 일에 심취하여 그들의 마음이 무디어지는 것을 막으시기 위하여, 이제 여기에서는 그들에게 늘 깨어 있을 것을 당부하신다. 그리스도께서는 그들이 그가 언제 오실지에 대하여 알지 못하는 가운데 날마다, 아니 매 순간마다 그가 오시기를 기다리는 자세로 살아가기를 바라셨다. 그들의 나태함을 떨쳐내시고, 늘 조심하며 깨어 있어야 한다는 것을 좀 더 강력하게 그들의 마음속에 심어주기 위해서, 그리스도께서는 "노아의 때"에 모든 족속이 세상이 멸망하리라고는 꿈에도 생각하지 못한 채로 세상의 낙들에 빠져서 방탕하게 지낼 때에 "홍수"가 그들을 삼켜 버렸고, 그로부터 얼마 후에 소돔 사람들이 태평하게 육신의 방탕함에 빠져 지낼 때에, 하늘로부터 불이 내려와서 그들을 삼켜 버렸듯이, 세상의 안일함(socordia)에 푹 빠져 있을 때에 종말이 임하게 될 것이라고 미리 말씀해 주신다. 이런 종류의 안일함이 마지막 날 직전에도 있을 것이기 때문에, 믿는 자들은 많은 사람들이 하는 대로 그 본을 따라 육신의 방탕함에 빠져 지내서는 안 된다.

우리는 이제 그리스도의 의도를 확인하였는데, 그것은 최후의 심판의 날은 예기치 않은 때에 임할 것이기 때문에, 믿는 자들은 갑자기 그날을 맞지 않기 위해서는 늘 깨어 있어야 한다는 것을 알게 하시는 것이었다. 오직 누가만이 "소돔"을 언급하는데, 그는 17장에서 연대기적인 순서를 벗어나서, 그리스도께서 하신 이 말씀을 거기에 끼워 넣는다. 그러나 그리스도께서 두 가지 예를 드셨는데, 두 복음서 기자가 한 가지 예만 기록하였다고 해도, 그것은 결코 부적절한 것이 되지는 않았을 것이다. 왜냐하면, 이 두 가지 예는 옛적에 인류 전체가 안일함과 방탕함에 빠져 있다가 갑자기 멸망을 당하여 소수만이 살아남았다는 것을 보여준다는 점에서 서로 완벽하게 일치하기 때문이다. 그리스도께서 하나님이 "홍수"로 온 세상을, 그리고 소돔을 "우레"로 멸망시키실 때에 사람들이 "먹고 마시고 장가들고 시집가는" 일에 정신이 팔려 있었다고 말씀하실 때, 그것은 그들이 마치 세상이 영원히 변하지 않을 것처럼 현세의 온갖 위로들과 낙(樂)들에 푹 빠져 있었다는 것을 의미한다. 그리스도께서는 곧이어서 그의 제자들에게 세상의 일들에 지나치게 관심을 갖거나 신경을 쓰지 말라고 가르치실 것이지만, 여기서는 당시 사람들의 무절제한 삶(intemperies)보다는 완악함(contumacia)을 직접적으로 단죄하신다. 왜냐하면, 이 완악함으로 인해서 그들은 하나님의 경고를 무시하고, 안일하게 지내다가 끔찍한 파국을 맞았기 때문이다. 그들은 당시에 그들이 누리던 삶이 언제까지나 계속될 것이라는 착각에 빠져서, 그들의 안일한 삶을 따라 지내는 것을 조금도 주저하지 않았다. 만약 그들이 극도로 우매해져서 하나님의 심판을 두려워하지 않고, 마치 하늘에 심판자가 계시지 않는다는 듯이, 맹목적으로 마음 내키는 대로 죄악을 향하여 내닫지 않았더라면, "먹고 마시고 장가들고 시집가는" 일 자체가 부적절하거나 정죄받을 일이 되지는 않았을 것이다.

이제 그리스도께서는 세상의 마지막 세대도 극도로 우매하고 둔해져서, 사람들은 마치 세상이 늘 변함없을 것처럼 여겨서, 오직 현세의 일들만을 생각하고, 그들의 안일한 삶에 빠져 지내게 될 것이라고 분명하게 말씀하신다. 이러한 비유들은 대단히 적절하다. 당시에 일어났던 일들을 깊이 생각한다면, 우리는 더 이상 우리가 이 세상에서 보는 일관된 질서가 영원히 지속될 것이라는 착각에 빠지지 않게 될 것이다. 왜냐하면, 당시에 모든 사람이 자신의 일들을 지극히 태평한 가운데서 행하고 있을 때, 불과 삼 일 내에 세상이 "홍수"에 의해 삼켜졌고, 다섯 성읍이 불에 의해 멸망당하는 일이 벌어졌기 때문이다.

마 24:39. 홍수가 나서 그들을 다 멸하기까지 깨닫지 못하였으니. 그들의 무지(無知)의 원인이자 원천은 그들의 마음을 눈멀게 한 불신앙이었다. 반면에, 노아는 "믿음"의 눈으로 그때까지 여전히 감춰져 있던 하나님의 원수 갚으심을 멀리서 보고 미리 "경고하심"(히 11:7)을 받았다고 사도는 말한다. 여기서도 그리스도께서는 믿는 자들이 불경건한 자들과 어그러진 길로 어울려 다니다가 덩달아 멸망을 당하지 않도록 하시기 위하여, "노아"를 세상 사람들과, 그리고 "롯"을 소돔 사람들과 비교하신다. 그러나 우리가 주목해야 할 것은 당시에 하나님이 오직 그의 종들에게만 미리 심판을 경고해 주시는 은혜를 베풀어 주셨기 때문에 버림받은 자들은 그들의 악(惡) 속에서 완악해졌다는 것이다. 물론, 하나님께서 장차 대홍수가 있을 것을 세상 사람들에게 완전히 감추신 것은 아니었지만(노아가 백년이 넘도록 방주를 만든 것은 그들에게 장차 재앙이 닥칠 것에 대한 경고였을 것이기 때문에), 오직 한 사람 노아에게만 그의 특별한 계시를 통해서 장차 온 세상이 멸망하게 될 것을 경고하시고 구원의 소망을 품게 하셨다. 이때에는 최후의 심판에 대한 말씀이 널리 알려져 있었고, 하나님의 가르침을 받아서 그리스도께서 때가 되면 심판주로 오시리라는 것을 알고 있는 자들도 적지 않았지만, 그런 자들이 세상에 팽배해 있는 무관심에 휩쓸리지 않도록 하기 위하여, 그리스도께서 하나님의 이러한 놀라운 인자하심을 통해서 그들을 일으켜 세우고, 그들의 지각(知覺)을 예민하게 하신 것은 합당한 일이었다. 왜냐하면, 많은 사람들로부터 구별된 적은 무리가 "물 가운데서" 구원받는 것이라는 의미에서 베드로는 노아의 방주를 우리가 받는 세례와 비교하기 때문이다(벧전 3:20-21). 그러므로 심판을 피하고 안전하고자 한다면, 우리는 이 적은 무리에 속하고자 하여야 한다.

마 24:40. 그 때에 두 사람이 밭에 있으매. 누가는 이 말씀을 기록하기 전에 몇몇 구절을 끼워 넣고 있는데, 그 중 첫 번째 구절은 마태복음에서는 예루살렘 멸망과 관련된 말씀으로 제시되고 있다: "그 날에 만일 사람이 지붕 위에 있고 그의 세간이 그 집 안에 있으면 그것을 가지러 내려가지 말 것이요." 그러나 이것은 그리스도께서 이 말씀을 여러 상황에 적용하여 말씀하셨음을 보여주는 것일 가능성이 있다.

또한, 누가 본문에서는 제자들에게 "롯의 처를 기억해야" 한다는 것, 즉 "뒤에 있는 것은 잊어버리고"(빌 3:13) 하늘의 부르심의 푯대를 향하여 앞으로 달려가야 한다는 것을 경고하는 말씀이 이어진다. "롯의 처"는 하나님의 말씀을 불신하고서, 과연 소돔을 떠날 합당한 이유가 있는지를 의심하며, 떠나기 싫어서 뒤를 돌아봄으로써, "소금 기둥"(창 19:26)이 되어 버렸다. 아마도 그동안 편안히 지냈던 자신의 보금자리를 떠나기가 못내 아쉬워하는 마음이 그녀로 하여금 뒤를 돌아보게 만들었을 것이다. 하나님은 "롯의 처"를 영원한 본보기로 삼고자 하신 것이기 때문에, 우리는 도중에 주저하거나 포기하는 일이 없도록, 변함없는 믿음으로 우리의 마음을 굳게 하지 않으면 안 된다. 또한, 덧없는 인생이 주는 유혹들을 뿌리치고, 기쁜 마음으로 자원하여 천국을 향하여 달려가기 위해서는, 우리는 인내로써 믿음을 지키도록 우리의 마음을 훈련하여야 한다. 누가가 끼워 넣은 세 번째 구절은 "자기 목숨을 보전하고자 하는 자는 잃을 것이요"라는 말씀인데, 이것은 믿는 자들이 세상적인 삶을 살고자 하는 욕구 때문에 죽음을 신속하게 통과하여 그들을 위해 하늘에 예비되어 있는 구원을 향하여 달려가는 것이 방해를 받지 않게 하기 위한 것이다. 그리스도께서는 "잃는 자는 살리리라"(즉, 심령이 "살리심을 받으리라"는 것)고 말씀하심으로써, 현세의 삶이 얼마나 허망한 것인지를 보여주시기 위하여 강력한 표현을 사용하신다. 이것은 마치 참된 삶은 이 세상을 떠날 때에 시작되는 것이기 때문에, 이 세상에서의 사람들의 삶이라는 것은 사실 진정으로 사는 것이 아니라고 말씀하신 것이나 다름없다.

그런 후에 누가는 마태 본문에도 나오는 말씀, 즉 "그 밤에" 남편과 아내가 "한 자리에 누워 있으매 하나는 데려감을 얻고 하나는 버려둠을 당할" 것이라는 말씀을 덧붙이는데, 이것은 경건한 사람들이 이 세상에서 사람들을 서로 묶는 관계들 때문에 방해를 받거나 주저하는 일이 없도록 하기 위한 것이다. 왜냐하면, 사람들이 서로의 관계에 얽매어서 한 걸음도 전진하지 못하는 일이 비일비재하기 때문이다. 그러므로 각 사람이 온갖 관계와 얽매임에서 벗어나 신속하게 달려갈 수 있도록 하시기 위해서, 그리스도께서는 부부라고 할지라도 "한 사람은 데려감을 얻고 한 사람은 버려둠을 당할" 것임을 우리에게 알려 주신다. 물론, 부부 관계로 맺어진 모든 사람에게 다 이런 일이 벌어지는 것은 아니다. 왜냐하면, 믿음의 거룩한 끈으로 인해서 믿는 아내가 믿는 남편에게 붙어 있게 되고, 자녀들도 그들의 부모를 따르게 되는 것이 가능하기 때문이다. 여기에서 그리스도께서 이 말씀을 하신 의도는 단지 이미 준비된 자들이 그들의 발목을 붙잡는 모든 것을 다 끊어 버리고 서둘러 앞으로 나아가도록 하시기 위하여 그들의 배우자를 기다려 주느라 쓸데없이 시간을 허비하지 말라는 것이다. 곧이어서, 누가는 "주검이 있는 곳에는 독수리가 모이느니라"는 말씀을 덧붙인다. 이 말씀은 제자들이 "주여 어디오니이까"라고 물었을 때에, 즉 "그러한 혼란 속에서 우리는 어디에 있어야 똑바로 서 있을 수 있고, 그러한 무시무시한 폭풍우 속에서 해(害)를 입지 않을 수 있으며, 우리가 다 함께 모여서 피할 곳은 어디에 있습니까?"라고 물었을 때에 나온 대답이기 때문에, 그리스도께서는 자기가 하나님의 모든 자녀들이 모여서 집결할 깃발(vexillum)이라고 선언하시는 말씀이다(마태 본문에서와 마찬가지로).

마 24:42. 그러므로 깨어 있으라. 누가 본문에서 이 권면은 좀 더 분명하게, 또는 적어도 좀 더 구체적으로 표현된다: "너희는 스스로 조심하라 그렇지 않으면 방탕함과 술취함과 생활의 염려로 마음이 둔하여지고." 방탕하게 살며 술에 절어서 자신의 육신의 소욕을 만족시키며 사는 자가 자신의 마음을 들어올려서 하늘의 삶을 묵상하지 못할 것은 너무나 뻔한 일이다. 육신의 소욕들은 중독성이 있기 때문에, 그리스도의 나라를 향하여 속히 달려 나가고자 하는 자들은 이러한 육신의 소욕들을 만족시키며 세상에 푹 빠져 지내지 않도록 조심하는 것이 마땅하다. 마태 본문에 나오는 "깨어 있으라"는 단어는 우리의 마음을 쉴 새 없이 가동해서 끊임없이 조심하고 주의하는 가운데에 순례자로서 이 세상을 통과하여야 한다는 것을 의미한다.

마가 본문에 의하면, 그리스도께서는 먼저 제자들에게 방심하고 있거나 졸고 있다가 멸망이 그들에게 임하지 않도록 조심하라고 명하시고 나서, 다음으로는 여러 가지 육신의 소욕들이 끊임없이 우리 속에서 스멀스멀 올라와서 우리의 마음을 유혹하여 잠들게 만들려고 하는 까닭에 "깨어 있으라"고 명하신다. 그런 후에, 우리의 연약함을 극복하기 위하여 꼭 필요한 힘을 공급받는 것이 필수적인 까닭에, 기도하라는 권면이 이어진다. 누가는 우리가 어떤 식으로 "기도해야" 하는지를 구체적으로 보여주는데, 우리는 먼저 하나님이 우리를 복잡하게 얽히고설킨 저 미로(迷路)에서 건져 주실 것을 기도하고, 다음으로는 우리가 하나님의 아들 앞에 설 때에 안전하고 온전하게 설 수 있게 해 주실 것을 기도하여야 한다는 것이다. 왜냐하면, 우리는 무수한 죽음들을 하나님의 은혜로 기적적으로 피하지 않고는, 결코 하나님의 아들 앞에 서지 못할 것이기 때문이다. 우리가 모든 위험들을 극복하고서 현세의 삶을 통과하는 것만으로는 충분하지 않은 까닭에, 그리스도께서는 우리가 그의 법정 앞에서 온전히 서게 되는 것을 가장 중요한 일로 보고 계시는 것이다.

마 24:42. 집 주인이 언제 올는지 … 너희가 알지 못함이라. 우리가 주목해야 할 것은 그리스도께서 언제 오실지를 알게 되면, 사람들이 나태함에 빠지기 쉽기 때문에, 우리는 그때를 알지 못한다는 사실을 우리로 하여금 더욱 주의하고 깨어 있도록 만드는 계기로 삼는 것이 마땅하다는 것이다. 왜냐하면, 하나님께서 우리로 하여금 그때를 알지 못하게 하신 것은 우리가 한시도 긴장을 늦추지 않고 끊임없이 깨어 있게 하시기 위한 것이기 때문이다. 만약 믿는 자들이 그들의 평생을 안일하게 쾌락에 취해 졸면서 보낸 후에, 그리스도께서 오시기로 되어 있는 때를 삼일 남겨 두고 그리스도를 맞을 준비를 해도 된다면, 그들의 믿음과 인내를 시험하는 것이 어떻게 가능하겠는가?

[43]너희도 아는 바니 만일 집 주인이 도둑이 어느 시각에 올 줄을 알았더라면 깨어 있어 그 집을 뚫지 못하게 하였으리라 [44]이러므로 너희도 준비하고 있으라 생각하지 않은 때에 인자가 오리라 [45]충성되고 지혜 있는 종이 되어 주인에게 그 집 사람들을 맡아 때를 따라 양식을 나눠 줄 자가 누구냐 [46]주인이 올 때에 그 종이 이렇게 하는 것을 보면 그 종이 복이 있으리로다 [47]내가 진실로 너희에게 이르노니 주인이 그의 모든 소유를 그에게 맡기리라 [48]만일 그 악한 종이 마음에 생각하기를 주인이 더디 오리라 하여 [49]동료들을 때리며 술친구들과 더불어 먹고 마시게 되면 [50]생각하지 않은 날 알지 못하는 시각에 그 종의 주인이 이르러 [51]엄히 때리고 외식하는 자가 받는 벌에 처하리니 거기서 슬피 울며 이를 갈리라(마 24:43-51).

[34]가령 사람이 집을 떠나 타국으로 갈 때에 그 종들에게 권한을 주어 각각 사무를 맡기며 문지기에게 깨어 있으라 명함과 같으니 [35]그러므로 깨어 있으라 집 주인이 언제 올는지 혹 저물 때일는지, 밤중일는지, 닭 울 때일는지, 새벽일는지 너희가 알지 못함이라 [36]그가 홀연히 와서 너희가 자는 것을 보지 않도록 하라 [37]깨어 있으라 내가 너희에게 하는 이 말은 모든 사람에게 하는 말이니라 하시니라(막 13:34-37).

[35]허리에 띠를 띠고 등불을 켜고 서 있으라 [36]너희는 마치 그 주인이 혼인 집에서 돌아와 문을 두드리면 곧 열어 주려고 기다리는 사람과 같이 되라 [37]주인이 와서 깨어 있는 것을 보면 그 종들은 복이 있으리로다 내가 진실로 너희에게 이르노니 주인이 띠를 띠고 그 종들을 자리에 앉히고 나아와 수종들리라 [38]주인이 혹 이경에나 혹 삼경에 이르러서도 종들이 그같이 하고 있는 것을 보면 그 종들은 복이 있으리로다 [39]너희도 아는 바니 집 주인이 만일 도둑이 어느 때에 이를 줄 알았더라면 그 집을 뚫지 못하게 하였으리라 [40]그러므로 너희도 준비하고 있으라 생각하지 않은 때에 인자가 오리라 하시니라 [41]베드로가 여쭈오되 주께서 이 비유를 우리에게 하심이니이까 모든 사람에게 하심이니이까 [42]주께서 이르시되 지혜 있고 진실한 청지기가 되어 주인에게 그 집 종들을 맡아 때를 따라 양식을 나누어 줄 자가 누구냐 [43]주인이 이를 때에 그 종이 그렇게 하는 것을 보면 그 종은 복이 있으리로다 [44]내가 참으로 너희에게 이르노니 주인이 그 모든 소유를 그에게 맡기리라 [45]만일 그 종이 마음에 생각하기를 주인이 더디 오리라 하여 남녀 종들을 때리며 먹고 마시고 취하게 되면 [46]생각하지 않은 날 알지 못하는 시각에 그 종의 주인이 이르러 엄히 때리고 신실하지 아니한 자의 받는 벌에 처하리니 [47]주인의 뜻을 알고도 준비하지 아니하고 그 뜻대로 행하지 아니한 종은 많이 맞을 것이요 [48]알지 못하고 맞을 일을 행한 종은 적게 맞으리라 무릇 많이 받은 자에게는 많이 요구할 것이요 많이 맡은 자에게는 많이 달라 할 것이니라 [49]내가 불을 땅에 던지러 왔노니 이 불이 이미 붙었으면 내가 무엇을 원하리요 [50]나는 받을 세례가 있으니 그것이 이루어지기까지 나의 답답함이 어떠하겠느냐(눅 12:35-50).

마 24:43. 만일 집 주인이 … 알았더라면. 누가는 그리스도의 이 말씀을 마태와는 다른 위치에서 다루지만, 이것은 전혀 이상한 일이 아니다. 왜냐하면, 앞서 설명한 바와 같이, 누가는 그리스도께서 여러 시기에 하신 말씀들을 12장에 모아서 그리스도의 가르침을 요약적으로 보여주면서, 이 비유도 거기에 포함시킨 것이기 때문이다. 또한, 누가는 거기에서 제자들이 "허리에 띠를 띠고 등불을 켜고" 주인을 기다려야 할 것이라는 서문도 덧붙여 놓는데, 이 서문은 우리가 곧 살펴보게 될 "슬기 있는" 처녀들과 "미련한" 처녀들에 관한 마태복음 25:1-12의 비유와 대응된다.

그리스도께서는 믿는 자들이 이 세상에서 어떤 방식으로 순례길을 가야 하는지를 몇 마디로 간결하게 제시하시면서, 먼저 "허리에 띠를 띠는" 것과 나태한 것, "등불을 켜는" 것과 무지(無知)의 어둠 속에 있는 것을 대비시키신다. 그러므로 그리스도께서는 그의 제자들에게 먼저 천국 이외의 그 어디에서도 정착지나 안식처를 구하지 말고 이 세상을 신속하게 통과하기 위한 여정(旅程)을 단단히 준비하라고 명하시는 것이다. 이것은 대단히 유익한 경고의 말씀이다. 물론, 불경건한 자들도 "인생 여정"이라는 표현을 그들의 입에 올리기는 하지만, 그들은 이 세상을 정착지로 삼고서 세상에 붙어서 결코 떨어지고자 하지 않는다는 것을 우리는 안다. 그러나 하나님은 이 땅에서 나그네요 객(客)이라고 고백하는 자들, 이 세상을 언제라도 떠날 준비가 되어 있을 뿐만 아니라 천국의 삶을 향하여 끊임없이 앞으로 나아가는 자들에게만 하나님의 자녀라는 존귀한 칭호를 수여하신다. 또한, 그런 자들은 이 세상에서 살아가는 동안에는 사방으로 어둠에 둘러싸여 있는 까닭에, 하나님은 밤중에 여행하는 자들과 같은 그들에게 "등불"을 마련해 주신다. 믿는 자들이 잘못된 길로 가서 쓸데없이 헤매다가 지쳐 버리지 않도록 하시기 위하여 그리스도께서 주신 첫 번째 권면은 열심히 달려가라는 것이고, 두 번째 권면은 그 길에 대한 분명한 정보를 갖고 있어야 한다는 것이다. 왜냐하면, 이 길을 잘못 알고서 완주하기보다는 차라리 도중에서 넘어지는 편이 더 나을 것이기 때문이다. "허리에 띠를 띠고"라는 표현은 동방 사람들이 보통 긴 옷을 입은 데서 온 것이다.

눅 12:36. 너희는 마치 … 기다리는 사람과 같이 되라. 그리스도께서는 이 주제를 좀 더 간략하게 다루는 마태가 언급하지 않은 또 하나의 비유를 사용하신다. 즉, 그리스도께서는 자기 자신을 혼인 잔치 또는 다른 즐거운 일에 참여하기 위해서 집을 비운 동안 자기 종들이 각자에게 맡겨진 일들을 충성스럽게 행하는 가운데 그의 집을 잘 돌보면서 주인이 돌아오기를 간절하게 기다려 주기를 바라는 "주인"에 비유하신다. 지금 하나님의 아들은 우리로부터 떠나셔서 저 복된 하늘의 안식을 누리고 계시지만, 우리 각자에게 할 일들을 맡기신 까닭에, 우리가 태평스럽게 빈둥거리는 것은 합당치 않다. 또한, 그리스도께서는 우리에게로 돌아오시겠다고 약속하셨기 때문에, 우리는 그가 오실 때에 우리가 자고 있는 모습을 보여 드리지 않기 위해서는 언제라도 그를 영접할 채비가 되어 있어야 한다. 죽을 수밖에 없는 존재인 사람도 자기가 언제 집으로 돌아오더라도 그의 종들이 그를 맞을 준비가 되어 있어야 한다는 것을 당연하고도 마땅한 일로 여긴다는 것을 생각할 때, 주님께서 자기 백성이 늘 깨어서 그가 오기만을 기다려 줄 것을 바라시는 것은 너무나 당연한 일이 아니겠는가? 그리스도께서는 자기 백성으로 하여금 기꺼이 그렇게 하

고자 하도록 하시기 위하여, 종들이 그렇게 하는 것을 보았을 때에, 이 땅의 "주인
들"이 너무나 기뻐서 그들의 종들에게 수종을 들었다고 말씀하신다. 물론, 모든
"주인들이" 그런 식으로 행하는 것은 아니지만, 인자하고 온유한 "주인"이 그의 종
들을 자신의 가족처럼 여겨서 같은 식탁에서 함께 식사하게 하는 일은 종종 있기
때문이다.

하지만 성경은 많은 구절들 속에서 우리를 "빛의 자녀들"(엡 5:8; 살전 5:5)이라
부르고, 주님께서도 그의 말씀으로 우리를 비춰 주시기 때문에, 우리는 대낮에 길
을 간다고 할 수 있는데, 여기에서 그리스도께서는 왜 우리의 삶을 밤의 경점(更
點)에 비유하시는 것인가? 우리는 이 문제에 대한 대답을 베드로가 한 말씀 속에서
찾을 수 있는데, 그는 하나님의 말씀은 "어두운 데를 비추는 등불과 같아서," 우리
로 하여금 어두운 곳에서 우리가 갈 길을 똑바로 보고 찾아갈 수 있게 해준다고 말
한다(벧후 1:19). 그러므로 우리는 우리의 여정(旅程)이 세상의 짙은 어둠 속에서
이루어질 수밖에 없지만, 하늘의 가르침이라는 횃불이 우리 앞을 비춰 주기 때문
에, 특히 그리스도께서 친히 우리에게 "해"가 되셔서 우리를 비춰 주시기 때문에,
우리가 잘못된 길로 갈 위험이 없다는 이 두 가지 말씀에 다 귀를 기울여야 한다.

마 24:43. 이러므로 너희도 준비하고 있으라. 이제 그리스도께서는 그의 제자들
에게 늘 깨어 있을 것을 권면하시기 위해서 또 하나의 비유를 사용하시는데, 도적
이 밤중에 올 것이라는 말을 들은 자는 어느 경점에 도적이 들지를 몰라서 불안하
여 잠을 자지 못할 것이라는 비유가 바로 그것이다. 우리는 그리스도께서 도적 같
이 예기치 않은 때에 갑자기 오실 것이므로, 그가 오실 때에 우리가 잠을 자고 있다
가 불경건한 자들과 더불어서 멸망을 당하지 않도록 늘 깨어 있어야 한다는 경고
를 분명하게 미리 들었기 때문에, 우리가 졸거나 자고 있다가 그런 일을 당한다고
하더라도, 우리에게는 변명의 여지가 있을 수 없다. 특히, 우리가 늘 조심하고 깨어
있지 않는다면, 단지 담이 뚫리고 우리의 재산을 잃는 것에서 그치는 것이 아니라,
우리의 영혼이 치명상을 입고 멸망을 당하게 될 것이라는 경고를 들었는데도 불구
하고, 우리가 졸거나 잠을 잤다면, 그것은 더더욱 변명의 여지가 있을 수 없다. 그
러므로 이 말씀의 목적은 그리스도께서 이러한 경고를 통해서 우리를 일으켜 세우
셔서 분발하게 하시기 위한 것이다. 왜냐하면, 최후의 심판은 비록 오랜 기간 동안
연기되고 있기는 하지만, 늘 우리 위에 걸려 있는 까닭에, 우리가 경계할 이유가 충
분하고, 위험이 항상 도사리고 있는데도, 우리가 게으름을 피우고 있다면, 그것은

어이없는 일일 것이기 때문이다.

마 24:45. 충성되고 지혜 있는 종이 되어. 누가는 그리스도께서 새로운 비유를 말씀하시게 된 계기를 제공한 베드로의 질문을 여기에 끼워 넣음으로써 이 본문을 우리에게 좀 더 분명하게 전해준다. 그리스도께서 그가 예기치 않은 때에 갑자기 오실 것이기 때문에 그의 백성이 나태할 여지가 없을 것이라고 말씀하시자, 베드로는 이 가르침이 모든 사람에게 적용되는 것인지, 아니면 오직 열두 제자들에게만 해당되는 것인지를 물었다. 앞에서도 이미 보았듯이, 제자들은 그들은 다른 모든 사람들보다 훨씬 더 우월한 위치에 있기 때문에, 그들이 다른 사람들과 똑같은 대접을 받는 것은 부당한 일이고 특별대우를 받아야 한다고 생각하는 것이 몸에 배어 있었다. 그런데 주님께서 지금 그들에게 결코 유쾌하지도 않고 바람직하지도 않은 말씀을 하셨기 때문에 그들은 깜짝 놀란 사람들처럼 주위를 두리번거렸다. 그러나 그리스도께서 하신 대답의 목적은 일반 사람들이 늘 깨어 있어야 한다면, 사도들이 졸거나 자고 있는 것은 있을 수 없는 일임을 보여주시는 것이었다. 그리스도께서는 앞서 그의 백성 전체에게 그가 오실 것을 늘 깨어 기다리라고 권면하셨고, 이제 여기에서는 그의 가까운 종들에게 특별히 더 깨어 있을 것을 요구하고 계시는 것이다. 왜냐하면, 그리스도께서는 올바른 정신으로 늘 깨어 있어서 엄격하게 절제하는 삶을 살아간다는 것이 무엇인지를 몸소 본을 보이는 일을 담당하게 하시기 위하여 그들을 다른 사람들 위에 세우신 것이기 때문이다. 이 말씀을 통해서 그리스도께서는 그들로 하여금 편안함과 나태함과 즐거움에 빠져 살아가게 할 목적으로 그들을 높은 자리에 앉히신 것이 아닐 뿐만 아니라, 더 존귀한 자리에 앉아 있을수록, 그들에게 짊어지워진 짐도 더 무겁다는 것을 일깨워 주신다. 그러므로 그리스도께서는 그런 자들에게는 충성심과 지혜가 특히 요구된다고 분명하게 말씀하고 계시는 것이다.

존귀한 자리로 부르심을 받은 모든 자들은 이것으로부터 그들이 더욱더 충성스럽게 수고할 뿐만 아니라, 특별한 열심과 성실함으로 자신의 본분을 다하려고 애써야 하는 아주 강력한 의무를 지고 있다는 것을 배워야 한다. 왜냐하면, 일반적인 종들은 그저 자기가 맡은 일을 매일매일 성실하게 하면 되지만, 한 집안 전체를 돌보아야 하는 직분을 맡은 청지기들은 훨씬 더 많은 수고를 하지 않으면 안 되기 때문이다. 만약 그들이 그렇게 하지 않는다면, 그리스도께서 다른 사람들을 제쳐두고 그들을 특별히 택하셨음에도 불구하고, 그들은 그들에게 주어진 존귀에 걸맞은 역할을 하지 않는 것이기 때문에, 그리스도로부터 배은망덕한 자들이라는 책망을 듣게 될 것이다. 그들로 하여금 다른 모든 사람들보다 훨씬 뛰어난 특별한 충성심과 지혜를 발휘하게 하실 목적이 아니었다면, 주님께서 그들을 다른 사람들 위에 높이실 이유가 무엇이었겠는가? 물론, 모든 사람이 예외 없이 정신을 바짝 차리고 깨어 있어야 하지만, 목회자들이 나태하여 졸거나 잔다면, 그것은 특별히 더 수치스럽고 변명할 여지 없는 일이 될 것이다. 그리스도께서는 그들에게 깨어 있을 동기를 더욱 강력하게 부여하시기 위하여, "상"이 있으리라는 말씀도 덧붙이신다.

마 24:48. 만일 그 악한 종이 마음에 생각하기를. 이 말씀을 통해서 그리스도께서는 "악한 종들"이 왜 안일한 생각을 하게 되는지에 대하여 그 이유를 짤막하게 보여주시는데, 그 이유는 그들이 주님이 오실 때가 아직 멀었다고 생각해서 스스로 어둠에 자신을 맡기기 때문이라는 것이다. 그들은 그들이 결산해야 할 날이 결코 오지 않을 것이고, 그리스도께서 계시지 않기 때문에 그들이 벌을 받지 않게 될 것이라고 생각한다. 왜냐하면, 주님이 언제 오실지 모른다고 생각하면, 잠이 다 달아나게 되어 있고, 악한 정욕에 이끌려 살아가는 것도 불가능하게 되기 때문이다. 그러므로 장차 그 누구도 피해갈 수 없는 엄정한 심판이 있으리라는 말씀만큼 우리의 나태함을 깨우는 데에 더 강력하거나 효과적인 것은 없다. 우리 각자가 자신의 본분을 열심히 행하고, 자기에게 주어진 범위를 엄격하게 지켜 벗어나지 않는 가운데 늘 겸손하게 행하기 위해서는, 우리는 종말에 주님께서 예기치 않게 갑자기 오실 것이라는 생각을 우리 마음속에서 떠나지 않게 하여야 한다. 왜냐하면, 그런 생각이 우리 속에서 희미해질 때에, 우리도 버림받은 자들처럼 악에 빠지게 되기가 쉽기 때문이다.

아울러, 그리스도께서는 사람이 일단 재갈을 떨쳐 버리고 자신을 범죄에 내어주게 되면, 우리 속에서 오만방자함이 얼마나 순식간에 자라나게 되는지를 잠간 보여주신다. 왜냐하면, 그리스도께서는 우리에게, 단지 방종하고 무익할 뿐인 종이 아니라, 자신에게 맡겨진 권세를 악용하여, 동료 종들을 잔인하게 괴롭히고, 자기 주인을 노골적으로 비웃으며 주인의 재산을 허비하는 등 집안 전체를 극악무도한 방식으로 뒤흔들어 놓는 종을 여기에서 보여주고 계시는 것이기 때문이다. 또한, 그리스도께서는 경각심을 더하시기 위해서, 그런 종에게는 결코 만만치 않은 벌이 기다리고 있을 것에 대한 말씀을 덧붙이신다. 왜냐하면, 그런 극악무도한 악행에는 무거운 벌이 합당하기 때문이다.

눅 12:47. 주인의 뜻을 알고도 ⋯ 많이 맞을 것이요. 이 비유 속에서는 오직 누가만이 전하고 있는 이 말씀, 즉 알면서도 의도적으로 주님을 멸시한 자들일수록 그들이 받을 벌도 무거울 것이라는 말씀에 큰 비중이 두어져 있다. 그리스도께서는 다음과 같은 취지로 큰 일과 작은 일을 비교해서 말씀하신다: 알지 못해서 잘못을 범한 종도 벌을 받게 되어 있는데, 하물며 자기 주인의 권위를 의도적으로 짓밟은 악하고 패역한 종이 어떤 벌을 받게 될지는 두말할 필요도 없지 않는가? 하지만 우리는 교회를 치리하도록 세우심을 입은 자들은 알지 못해서 잘못을 저지르는 것이 아니라, 악의적으로 그들의 주님에게서 합법적인 권세를 속여 빼앗는 것임을 명심하여야 한다.

　우리는 이 말씀 속에서, 사람이 정죄당하는 것을 피하기 위하여, 알지 못해서 그런 것이라고 변명해 보아야 아무 소용이 없을 것이라는 일반적인 교훈을 얻는 것이 마땅하다. 왜냐하면, 죽을 수밖에 없는 존재인 사람도 그의 종들이 주인의 뜻을 잘 헤아려서 그의 집을 흐트러짐 없이 규모 있게 관리해 주기를 바랄 권한이 자기에게 있다고 주장하는 법인데, 하물며 하나님의 아들이 자기를 섬기는 자들에게 그의 명령이 무엇인지를 알고자 애를 써서, 전적으로 그의 뜻을 따라 행하고, 그들의 마음대로 그의 뜻을 알지 못하는 가운데 경솔하게 행하지 않기를 바라시는 것은 그에게 속한 너무도 당연하고 마땅한 권세이기 때문이다. 특히, 그리스도께서는 우리가 무엇을 행하여야 하는지를 미리 정해 놓으셨고, 우리가 그의 뜻이 무엇인지를 여쭈면, 언제든지 너그럽게 대답해 주신다는 것을 고려한다면, 이것은 그의 백성에게 너무나 당연한 일이 아니겠는가? 분명한 것은 우리의 무지(無知)는 언제나 수치스럽게도 만홀히 여기는 것(negligentia)에서 나온다는 것이다. 사실, 우리는 이런 핑계를 대면서, 알지 못하고 죄악을 저지른 자는 잘못이 없다고 주장해 보아야 아무 소용이 없다는 것을 안다. 왜냐하면, 그런 주장과는 반대로, 하늘에 계신 재판장께서는 알지 못하고 죄를 범한 자들은 좀 더 가벼운 벌을 받게 되기는 하겠지만, 벌을 완전히 면제받지는 못할 것이라고 분명하게 선언하고 계시기 때문이다. 알지 못하고 죄를 지은 자들도 벌을 피할 수 없다면, 자신의 양심의 명령을 거스르고서 극악한 범죄로 하나님을 노여우시게 한 의도적인 범법자들에게는 얼마나 무시무시한 하나님의 원수 갚으심이 기다리고 있겠는가? 그러므로 가르침을 많이 받은 자일수록, 그가 가르침에 순종하지 않는다면, 그가 받을 벌도 마찬가지로 커지게 된다. 이것으로부터 분명한 것은, 마치 무지(無知)가 하나님의 심판으로부터 그들을 지켜줄 기가 막힌 방패라도 된다는 듯이, 지금 그들에게 주어진 복음의 분명한 가르침을 배척하는 가운데 그들의 조상들에게서 그렇게 배우지 않았다는 핑계를 대며 그들의 완악함을 은폐하고자 애쓰는 자들이 내놓는 변명은 너무나 쓸 데없고 하찮은 변명이라는 것이다. 설령 알지 못하고 지은 죄들이 용서받을 수 있다고 하더라도, 악의를 지니고서 하나님을 대적하고 의도적으로 범죄한 자들에게까지 그런 은총이 주어지리라고 생각하는 것은 언어도단이다.

눅 12:48. 무릇 많이 받은 자에게는. 그리스도께서는 또 다른 예를 들어서, 더 많은 은혜를 받은 제자들일수록, 그들이 그들의 부르심을 멸시하고서 온갖 방탕함에 자신을 내던져 지냈다면, 더 무거운 벌을 받게 될 수밖에 없다는 것을 보여주신다. 왜냐하면, 더 뛰어난 사람일수록, 그 사람에게는 더 많은 것들이 맡겨진 것이고, 그것에 대하여 언젠가는 결산해야 할 날이 올 것이기 때문이다. 그러므로 남들보다 더 많은 은사를 받은 자가 자기에게 주어진 은혜를 남용하거나 쓸데없이 묻어 둔다면, 마치 많은 돈을 들여서 개간된 밭이 풍성한 소출을 내지 않을 때처럼, 그는 장차 값비싼 대가를 치르게 될 것이다.

눅 12:49. 내가 불을 땅에 던지러 왔노니. 이 마지막 구절로부터 우리는 이 말씀이 그리스도께서 최후에 전하신 말씀들 중의 하나이고, 누가가 이 말씀을 원래 위치에 두지 않았다는 것을 쉽게 알 수 있다. 이 말씀의 의미는 그리스도께서는 마치 천지를 뒤죽박죽으로 만드시기로 작정하신 듯이, 세상을 극도의 혼란에 빠뜨리시기 위하여 오셨다는 것이다. 복음은 세상의 모든 것들을 급격하게 변화시키는 까닭에 은유적으로 "불"에 비유되고 있다. 제자들은 그들이 편안하게 잠자고 있는 동안에 하나님의 나라가 임할 것이라는 망상 속에 빠져 있었지만, 그리스도께서는 그들의 생각과는 정반대로, 먼저 크고 무시무시한 불이 붙어서 세상이 타버려야 한다고 분명하게 선언하신다. 이 일이 이미 시작되었기 때문에, 그리스도께서는 제자들에게 복음의 능력이 이미 그들 위에 역사하고 있다는 것을 일깨우고자 하신다. 즉, 그리스도께서는 이렇게 말씀하고 계시는 것이다: "큰 소동들이 이미 시작되었지만, 이것은 너희가 선한 믿음을 굳게 할 계기가 되어야 하는 것이지 결코 두려워 떨 일이 아니다. 나도 나의 수고의 열매가 가시화 되고 있는 것을 보고서 기뻐하노라." 마찬가지로, 모든 복음의 일꾼들도 이 사실을 명심하고서, 세상에 환난이나 재난들이 있을 때에, 더욱더 열심히 자신의 본분을 다하는 것이 마땅하다. 또한, 우리가 주목해야 할 것은 복음의 "불"은 사방에서 타올라서 겨와 지푸라기는 태워버리지만 금과 은은 연단하여 더욱 순전하게 만든다는 사실이다.

눅 12:50. 나는 받을 세례가 있으니. 이 말씀을 통해서 그리스도께서는 그에게는 이제 마지막으로 또 하나의 일, 즉 그의 죽음을 통해서 세상을 새롭게 하시는 일만이 남아 있다는 것을 선언하신다. 왜냐하면, 그가 말씀하신 이 일, 곧 세상을 뒤흔드는 일은 소스라치게 놀랄 만한 일이었고, 인류 가운데 불을 던지는 일은 무시무시한 일이었던 까닭에, 그리스도께서는 자기가 곧 친히 "첫 열매"로 드려질 것이므로, 제자들도 나중에 거기에 동참하는 것을 마다하지 않는 것이 마땅함을 보여주시고자 하셨기 때문이다. 그리스도께서는 다른 구절들에서처럼 여기에서도 "죽음"을 "세례"에 비유하시는데(롬 6:4), 이것은 하나님의 자녀들이 잠시 그들의 몸을 물 속에 잠가서 죽음을 맛본 후에 곧이어서 생명으로 다시 일으켜 세워지듯이, 죽음은 "물" 가운데를 통과하는 것에 지나지 않기 때문이다. 그리스도께서는 그의 모범을 통해서 우리 각 사람에게 기꺼이 십자가를 지고서 죽음과 맞서 싸울 것을 격려하시기 위하여, 이 "세례"가 이루어질 때까지 자신의 "답답함"이 어떠하겠느냐고 그 심경을 토로하신다. 사람은 본성적으로 죽음과 맞서려고 하지 않고, 이 세상에서의 복을 버리려 하지 않는다. 그러나 저편 언덕에서 우리에게 주어질 영광과 하늘의 저 복되고 영원한 안식을 묵상할 때, 우리는 죽음을 인내로써 감내할 수 있을 뿐만 아니라, 믿음과 소망이 우리를 이끄는 곳으로 간절한 마음으로 나아갈 수 있게 된다.

[1]그 때에 천국은 마치 등을 들고 신랑을 맞으러 나간 열 처녀와 같다 하리니 [2]그 중의 다섯은 미련하고 다섯은 슬기 있는 자라 [3]미련한 자들은 등을 가지되 기름을 가지지 아니하고 [4]슬기 있는 자들은 그릇에 기름을 담아 등과 함께 가져갔더니 [5]신랑이 더디 오므로 다 졸며 잘새 [6]밤중에 소리가 나되 보라 신랑이로다 맞으러 나오라 하매 [7]이에 그 처녀들이 다 일어나 등을 준비할새 [8]미련한 자들이 슬기 있는 자들에게 이르되 우리 등불이 꺼져가니 너희 기름을 좀 나눠 달라 하거늘 [9]슬기 있는 자들이 대답하여 이르되 우리와 너희가 쓰기에 다 부족할까 하노니 차라리 파는 자들에게 가서 너희 쓸 것을 사라 하니 [10]그들이 사러 간 사이에 신랑이 오므로 준비하였던 자들은 함께 혼인 잔치에 들어가고 문은 닫힌지라 [11]그 후에 남은 처녀들이 와서 이르되 주여 주여 우리에게 열어 주소서 [12]대답하여 이르되 진실로 너희에게 이르노니 내가 너희를 알지 못하노라 하였느니라 [13]그런즉 깨어 있으라 너희는 그 날과 그 때를 알지 못하느니라(마 25:1-13).

여기에 나오는 권면은 앞에 나온 것과 거의 동일한 목적을 지니고 있지만(마지막 구절이 보여주듯이), 믿는 자들이 더욱 분발하여 인내로써 믿음을 지키게 하기 위하여 더해진 것이다. 주님께서는 사람의 본성이 편하고 부드럽고 쉬운 것에 얼마나 강하게 이끌리는 성향을 지니고 있는지, 그리고 사람들은 대체로 시간이 지나면 지칠 뿐만 아니라 갑자기 싫증이 나서 포기해 버리는 일이 얼마나 비일비재한지를 잘 아셨다. 이 병을 고치시기 위하여, 그리스도께서는 그의 제자들에게 그들이 오랜 기간 동안 충분히 인내로써 믿음을 지키지 못한다면, 그것은 제대로 준비된 것이 아니라는 것을 가르쳐 주셨다. 여기에 주어진 비유의 의도는 바로 그러한 가르침을 재확인해 주는 것이기 때문에, 우리는 그리스도께서 의도하신 것과는 아무런 상관이 없는 세부적인 것들이 지닌 의미를 찾아내느라 애를 써서는 안 된다. 어떤 사람들은 "등," "그릇," "기름"이 무엇을 나타내는지를 알아내려고 머리를 쥐어짜내지만, 이 비유 전체의 분명하고도 자연스러운 의미는 잠시 동안의 불타는 열심이 우리에게 일더라도, 그것만으로는 부족하고, 결코 지침이 없고 변함없는 믿음이 있어야 한다는 것이다. 그리스도께서는 이것을 표현하시기 위하여 매우 적절한 비유를 사용하신다. 조금 전에, 그리스도께서는 제자들에게 어둡고 안개가 자욱하게 끼어 있는 곳들을 헤치고 나아가야 하는 그들의 여정을 위하여 반드시 "등"을 준비해야 한다고 권면하셨었다. 그러나 기름이 지속적으로 공급되지 않으면 "등"의 심지는 서서히 말라버려서 결국은 등불이 꺼질 것이기 때문에, 지금 그리스도께서는 믿는 자들에게는 그들의 마음속에 켜진 "불"을 유지하기 위하여 끊임없이 능력을 공급받아야 하는데, 만약 그렇지 못한 경우에는 그들의 여정이 다 끝나기도 전에 그들의 열심은 소멸되고 말 것이라고 말씀하시는 것이다.

마 25:1. 그 때에 천국은 … 같다 하리니. 이 말씀은 그리스도께서 장차 그의 보호하심 아래에서 불러 모으시게 될 장래의 교회의 모습을 보여주시기 위한 것이다. 그리스도께서 믿는 자들이 이미 저 지극히 복된 완전함에 도달했다는 망상에 빠져 속지 않도록 하시기 위하여, 이 주목할 만한 명칭을 사용하신다. 이 비유는 삶 속에서의 통상적인 관습으로부터 가져온 것이다. 한편, 히에로니무스(Hieronymus) 등과 같은 사람들이 동정(童貞)을 지키는 것을 찬양하는 데에 이 본문을 근거로 제시하는 것은 유치하기 짝이 없는 사변(思辨)일 뿐이다. 왜냐하면, 그리스도께서는 여기에서 그가 오시는 것이 늦어져서 자기 백성이 느끼게 될 불안감을 덜어주시기 위한 것 이외의 다른 목적을 갖지 않으셨기 때문이다. 그러므로 그리스도께서는 우리에게 결혼식 때에 신랑과 신부의 친구들에게 통상적으로 요구되는 것 이상의 것을 요구하시는 것이 아니라고 말씀하시는 것이다. 당시에 혼인 잔치에서는 "처녀들"(섬세함과 부드러움을 갖추고 있다는 이유로)로 하여금 예우 차원에서 신랑을 그의 방까지 수행하게 하는 것이 관습이었다. 그러나 이 비유의 전체적인 가르침은 우리가 한때 우리의 본분을 기꺼이 잘 수행하였다고 해도, 그것만으로 충분한 것은 아니고, 우리는 인내로써 우리의 믿음을 끝까지 지켜야 한다는 것이다.

마 25:2. 다섯은 슬기 있는 자라. 앞 장의 끝 부분에서 그리스도께서는 청지기에게 "지혜 있는" 자가 될 것을 특별히 요구하였다(마 24:45). 왜냐하면, 무거운 책임을 맡은 자일수록, 그 일은 더 중요한 일일 것인 까닭에, 더 큰 지혜로 그 일을 하는 것이 마땅하기 때문이다. 그러나 여기에서 그리스도께서 하나님의 모든 자녀들에게 전체적으로 "지혜"를 요구하시는 것은 그들이 무분별하고 경솔하게 행하여 사탄의 밥이 되지 않도록 하시기 위한 것이다. 그리스도께서 여기에서 묘사하시는 "지혜"는 그들이 일생 동안 이 순례길을 완주하는 데에 필요한 자원(資源)들을 준비하는 것이다. 왜냐하면, 첫째는 우리는 참을성이 별로 없어서 아무리 짧은 시간도 참기 어려울 정도로 긴 시간으로 느끼기 때문이고, 둘째는 우리는 너무나 빈곤하여서 한시라도 공급받지 않으면 금방 거덜이 나 버리기 때문이다.

마 25:5. 신랑이 더디 오므로 다 졸며 잘새. 어떤 이들은 이 처녀들이 "졸며 잤다"는 것을 나쁜 의미로 해석해서, 믿는 자들이 세상 사람들과 마찬가지로 나태함에 자신을 내맡기고서 세상의 헛된 것들 가운데서 잠을 자고 있었다는 것을 의미하는 것이라고 주장한다. 그러나 그러한 해석은 그리스도의 의도나 이 비유의 구조와 전혀 맞지 않는다. 이것이 믿는 자들이 그리스도께서 오시기 전에 맞게 되는 "죽음"을 가리키는 것이라고 설명하는 것은 꽤 일리가 있어 보인다. 왜냐하면, 우리는 현세에서만이 아니라, 이 세상을 떠나서 그리스도 안에서 잠자고 있는 동안에도 구원을 기다려야 하기 때문이다. 그러나 나는 좀 더 단순하게 이것이 믿는 자들이 육체로 거하는 동안에 행할 수밖에 없는 이 땅에서의 일들을 가리키는 것이라고 본다. 이 세상의 일들로 인해서 믿는 자들이 하나님의 나라를 잊어 버려서는 결코 안 되지만, 이 세상의 일들은 그들의 마음을 분산시키는 효력을 갖고 있기 때문에 "자는 것"에 비유된다고 해도, 그것은 부적절한 것이 아니다. 왜냐하면, 그들은 여러 가지 생각과 염려로 인해서 마음이 분산되거나 방해를 받거나 얽히지 않을 정도로 오직 그리스도를 만날 생각에만 늘 몰두할 수는 없는 까닭에, 아무리 정신을 차리고 깨어 있다고 할지라도, 부분적으로는 잠자고 있는 것이기 때문이다.

마 25:6. 밤중에 소리가 나되. "소리"는 그리스도께서 갑자기 도착했음을 나타내는 은유적인 표현법이라고 나는 본다. 왜냐하면, 어떤 새로운 일이나 예기치 않은 일이 벌어지면, 사람들은 큰 소리를 지르곤 하기 때문이다. 사실, 주님께서는 지금도 날마다 "내가 속히 오리라"(계 22:20)고 소리치고 계시지만, 그때에는 세상 전체에 이 "소리"가 울려 퍼지고, 그의 두려우신 위엄이 천지를 가득 채워서, 잠자고 있는 자들을 깨울 뿐만 아니라, 죽은 자들을 무덤에서 나오게 할 것이다(요 5:28).

마 25:8. 미련한 자들이 슬기 있는 자들에게 이르되. 이것은 자기가 헐벗었다고 결코 생각하지 않고 있다가 문이 닫혀서 고칠 수 있는 기회가 다 막혀 버렸을 때에야 비로소 뒤늦게 회개하는 자들에 대한 책망의 말씀이다. 왜냐하면, 오랜 기간을 버틸 준비를 하지 않은 자들은 그들이 헐벗고 가난한데도, 그런 것에 신경도 쓰지 않고, 모든 것을 안이하게 생각하며 기분 좋게 빈둥거리고, 그들에게 주어진 도움의 손길들을 멸시하면서 서로 소통하고 도울 수 있는 기회를 다 놓쳐 버린 자들인 까닭에, 그들의 어리석음으로 인하여 책망을 듣게 될 것이기 때문이다. 그들은 적절한 때에 "기름을 사서" 준비해 둘 생각을 하지 않았기 때문에, 그리스도께서는 그들이 너무 늦게 깨달은 것을 비웃으시면서, 때가 너무 늦어서 고칠 방법이 없게 된 상황에서, 그들에게 아무것도 준비되지 않았고 그들이 빈손이라는 것을 스스로 알게 되었을 때에, 그들의 어리석음으로 인하여 그들이 어떤 벌을 받게 될 것인지를 보여주신다.

마 25:9. 우리와 너희가 쓰기에 다 부족할까 하노니. 우리는 그리스도께서 각 사람에게 자신의 분량을 따라 아주 다양하게 은사들을 나눠 주시는 것은 그들로 하여금 서로를 돕게 하시고, 각 사람에게 맡겨진 것들이 모두의 유익을 위해 사용되게 하시기 위한 것임을 알고, 이런 식으로 해서 교회의 지체들 간에 존재하는 거룩한 유대(紐帶)가 보존된다는 것을 안다. 그러나 여기에서는 그리스도께서 장차 모든 사람을 그의 법정으로 소환하셔서, 각 사람이 자기가 몸으로 행한 것을 내어놓게 하실 때를 보여주시는 것이다. 그러므로 각 사람이 하나님으로부터 받아서 자신을 위하여 쌓아 놓은 은혜의 분량을 이 여정(旅程)을 위해 준비해 둔 것에 비유하는 것은 적절하다. 그러나 많은 사람들은 이 준비가 부족했던 것으로 밝혀지게 될 것이다.

마 25:9. 차라리 파는 자들에게 가서 너희 쓸 것을 사라. 앞 구절에 이어서 나오는 이 말씀은 권면이 아니라 책망이고, 그 의미는 이런 것이다: "전에는 기름을 살 수 있는 때가 있었고, 그때에 너희는 기름 사는 일을 게을리하지 않았어야 했다. 왜냐하면, 그때에는 기름을 팔고 있었지만, 지금은 기름을 살 수 있는 길이 다 막혀버렸기 때문이다." 그러나 교황주의자들이 이 말씀을 근거로 삼아서, 우리는 우리 자신의 미덕이나 성실함을 통해서 견인(堅忍)의 은총, 즉 인내로써 믿음을 지킬 수 있는 은사를 얻는다고 주장하는 것은 어리석다. 왜냐하면, 이사야서에서 하나님이 우리를 "사러" 오라고 초대하시면서도 값을 요구하지 않으시고, 도리어 그에게 "포도주와 젖"이 많이 있는데, 그것들을 "거저 주시겠다"고 말씀하시는 것에서 분명히 알 수 있듯이, "사다"라는 말 속에는 값을 지불한다는 의미가 전혀 내포되어 있지 않기 때문이다. 그러므로 우리에게 주어지는 것을 믿음으로 받는 것 외에 이 기름을 얻을 수 있는 다른 길은 없다.

마 25:10. 문은 닫힌지라. 마침내 준비되지 못한 모든 자들에게 천국의 "문이 닫히는" 일이 벌어진다. 왜냐하면, 그들은 이 여정을 행하는 도중에 실패하였기 때문이다. 우리는 여기에서 그리스도께서 "미련한" 처녀들이 기름을 "사러 갔다"고 말씀하신 것이 무엇을 의미하는지를 시시콜콜하게 따지지 않아야 한다. 왜냐하면, 이것은 단지 그리스도께서 부르시는 그 순간에 준비가 되어 있지 않은 모든 자들은 문이 닫혀서 천국에 들어가지 못하게 되리라는 것을 의미하기 때문이다.

[31]인자가 자기 영광으로 모든 천사와 함께 올 때에 자기 영광의 보좌에 앉으리니 [32]모든 민족을 그 앞에 모으고 각각 구분하기를 목자가 양과 염소를 구분하는 것 같이 하여 [33]양은 그 오른편에 염소는 왼편에 두리라 [34]그 때에 임금이 그 오른편에 있는 자들에게 이르시되 내 아버지께 복 받을 자들이여 나아와 창세로부터 너희를 위하여 예비된 나라를 상속받으라 [35]내가 주릴 때에 너희가 먹을 것을 주었고 목마를 때에 마시게 하였고 나그네 되었을 때에 영접하였고 [36]헐벗었을 때에 옷을 입혔고 병들었을 때에 돌보았고 옥에 갇혔을 때에 와서 보았느니라 [37]이에 의인들이 대답하여 이르되 주여 우리가 어느 때에 주께서 주리신 것을 보고 음식을 대접하였으며 목마르신 것을 보고 마시게 하였나이까 [38]어느 때에 나그네 되신 것을 보고 영접하였으며 헐벗으신 것을 보고 옷 입혔나이까 [39]어느 때에 병드신 것이나 옥에 갇히신 것을 보고 가서 뵈었나이까 하리니 [40]임금이 대답하여 이르시되 내가 진실로

너희에게 이르노니 너희가 여기 내 형제 중에 지극히 작은 자 하나에게 한 것이 곧 내게 한 것이니라 하시고 ⁴¹또 왼편에 있는 자들에게 이르시되 저주를 받은 자들아 나를 떠나 마귀와 그 사자들을 위하여 예비된 영원한 불에 들어가라 ⁴²내가 주릴 때에 너희가 먹을 것을 주지 아니하였고 목마를 때에 마시게 하지 아니하였고 ⁴³나그네 되었을 때에 영접하지 아니하였고 헐벗었을 때에 옷 입히지 아니하였고 병들었을 때와 옥에 갇혔을 때에 돌보지 아니하였느니라 하시니 ⁴⁴그들도 대답하여 이르되 주여 우리가 어느 때에 주께서 주리신 것이나 목마르신 것이나 나그네 되신 것이나 헐벗으신 것이나 병드신 것이나 옥에 갇히신 것을 보고 공양하지 아니하더이까 ⁴⁵이에 임금이 대답하여 이르시되 내가 진실로 너희에게 이르노니 이 지극히 작은 자 하나에게 하지 아니한 것이 곧 내게 하지 아니한 것이니라 하시리니 ⁴⁶그들은 영벌에, 의인들은 영생에 들어가리라 하시니라(마 25:31-46).

³⁷예수께서 낮에는 성전에서 가르치시고 밤에는 나가 감람원이라 하는 산에서 쉬시니 ³⁸모든 백성이 그 말씀을 들으려고 이른 아침에 성전에 나아가더라(눅 21:37-38).

마 25:31. 인자가 자기 영광으로 … 올 때에. 그리스도께서는 앞에서와 동일한 가르침을 계속해서 베풀고 계시지만, 앞에서 비유들을 통해서 말씀하신 것들을 여기에서는 비유를 사용하지 않으시고 직설적으로 분명하게 설명하신다. 그리스도께서 여기에서 하신 말씀의 요지는, 믿는 자들은 거룩하고 의로운 삶을 살아갈 힘을 얻기 위해서, 지금은 감춰져 있지만 그리스도께서 다시 오실 때에 마침내 드러나게 될 천국의 삶을 믿음의 눈으로 바라보아야 한다는 것이다. 왜냐하면, 그리스도께서 자기가 "천사들과 함께 올 때에 자기 영광의 보좌에 앉으리라"고 선언하시는 것은 이 종말의 나타남을 현재에 있어서 이 땅에서의 전쟁으로 인한 무질서 및 소란과 대비시키시는 것이기 때문이다. 이것은 그리스도께서 그의 나라를 즉시 세우실 목적으로 지금 오신 것이 아니기 때문에, 제자들이 그 나라가 오랜 기간 지체됨으로 말미암아 낙심하지 않기 위해서는 소망과 인내가 필요하다고 말씀하신 것이나 다름없다. 이것으로부터 우리는 그리스도께서 이 말씀을 다시 반복하여 덧붙이신 것은 제자들이 즉각적이고 돌연히 찾아올 복에 관한 기대와 망상에서 벗어나서, 그리스도께서 다시 오실 날을 바라보며 끝까지 믿음을 지켜서, 그가 이 세상에 계시지 않는다고 해서 중도에 포기하거나 낙심하지 않도록 하시기 위한 것이었음을 알게 된다.

그리스도께서는 그때에야 비로소 자기가 왕의 칭호를 얻게 되실 것이라고 말씀하신다. 왜냐하면, 그는 이 세상에 계실 때에 그의 통치를 개시하셨고, 지금은 아버지 하나님의 우편에 앉으셔서, 하늘과 땅에 대한 최고의 통치권을 행사하고 계시긴 하지만, 아직은 그 보좌를 사람들의 눈앞에 세우지 않으신 까닭에, 마지막 날에 가서야 그의 신적인 위엄이 지금보다 훨씬 더 온전히 나타날 것이고, 우리가 지금 단지 맛만 보고 있는 그의 영광이 온전히 드러날 것이기 때문이다. 그리스도께서는 지금은 하늘 보좌에 앉으셔서, 그의 원수들을 억제하시고 교회를 보호하는 데 필요한 정도로만 통치하고 계시지만, 그때에는 모든 사람이 보는 앞에서 나타나셔서, 하늘과 땅에 온전한 질서를 세우시고, 그의 원수들을 발로 짓밟아 뭉개시며, 그를 믿는 자들을 불러 모아 영원하고 지극히 복된 삶에 참여하게 하시고, 그의 심판 자리에 오르실 것이다. 한 마디로 말해서, 아버지 하나님이 그에게 그 나라를 주신 목적이 현실의 사건을 통해서 명명백백하게 드러나게 되리라는 것이다. 그리스도께서 "자기 영광으로 오실" 것이라고 말씀하시는 이유는 그가 이 세상에 죽을 수밖에 없는 존재인 인간으로 거하시는 동안에는 멸시받을 만한 "종의 모습"으로 나타나신 것과 연관되어 있다. 그리스도께서는 다른 곳에서는 "영광"을 아버지 하나님께 돌리셨지만, 여기에서는 그것을 "자기 영광"이라 하신다. 왜냐하면, 이것은 신적인 영광을 가리키는 것으로서, 이 영광이 그리스도께서 이 세상에 계실 때에는 그 안에 감춰져 있었고, 오직 아버지 하나님 안에서만 빛나고 있었기 때문이다.

마 25:32. 모든 민족을 그 앞에 모으고. 그리스도께서는 제자들로 하여금 그들이 상상했던 것과는 다른 종류의 복을 소망하도록 가르치시기 위하여, 그의 나라를 송축하시는 데에 크고 장엄한 명칭들을 사용하신다. 왜냐하면, 그들은 그들의 민족이 이방 나라의 압제로 인한 참상(慘狀)에서 건짐을 받음으로써, 하나님이 아브라함 및 그의 자손들과 맺은 언약이 헛되지 않았다는 것이 밝혀지기만 한다면, 그것으로 만족할 것이었기 때문이다. 그러나 그리스도께서는 그가 장차 온 세상의 심판주가 되실 것이라고 말씀하심으로써, 그에 의한 속량이 가져다 줄 은택(恩澤)의 범위를 훨씬 더 넓게 확장시키신다. 또한, 그리스도께서는 믿는 자들에게 거룩한 삶을 살도록 격려하시기 위하여, 선한 자와 악한 자를 결코 똑같이 대우하지 않으실 것이라고 약속하신다. 즉, 그리스도께서 다시 오실 때, 선한 자와 악한 자는 각각의 부류를 위해 준비된 상과 벌을 받게 되리라는 것이다. 요컨대, 그리스도께서는 의인들이 영광의 면류관을 얻고, 악인들이 그들에게 합당한 벌을 받게 될 때에 그의 나라가 온전해질 것이라고 선언하고 계시는 것이다.

그리스도께서 "양과 염소를 구분하는 것"이 그날까지 미루어져 있다고 말씀하시는 것은 악인들이 지금 선하고 거룩한 자들과 섞여서 하나님의 우리 안에서 함께 살고 있다는 것을 의미한다. 이 비유는 에스겔 34:18에서 가져온 것으로 보인다. 거기에서 하나님은 사나운 "염소들"이 가엾은 양들을 뿔로 들이받고, 초장(草場)을 훼파하며, 물을 더럽히고 있다고 탄식하시면서, 장차 반드시 그 염소들에게 보복하실 것이라고 분명하게 선언하신다. 그러므로 그리스도께서 하신 말씀의 의미는 첫째로는 믿는 자들이 지금 "염소들"과 함께 거할 수밖에 없고, 심지어 그들로부터의 수많은 공격과 괴롭힘을 견딜 수밖에 없다고 할지라도, 그들의 처지를 지나치게 힘들다고 생각해서는 안 된다는 것이고, 둘째로는 믿는 자들이 이 염소들의 악(惡)에 오염되지 않도록 조심해야 한다는 것이고, 셋째로는 거룩하고 순전한 삶을 살고자 하는 믿는 자들의 수고가 결코 헛되지 않아서 언젠가는 이 두 부류의 상반된 운명이 분명하게 드러나게 되리라는 것이다.

마 25:34. 내 아버지께 복 받을 자들이여. 우리는 여기에서 그리스도의 의도를 잘 파악하여야 한다. 즉, 그리스도께서는 여기에서 그의 제자들에게 먼저 그들이 지금 평안한 마음속에서 인내로써 장차 누리게 될 천국을 소망하는 것으로 만족해야 할 것이라고 명하시고, 다음으로는 열심을 내어 이 옳은 길을 가려고 힘쓰고 애쓰되 중도에서 지쳐 포기해서는 안 될 것이라고 명하고 계신다는 것이다. 이 두 번째 명령과 관련해서, 그리스도께서는 오직 선한 행실로써 "하늘의 부르심의 상"을 향해 달려가는 자들만이 하늘의 유업(遺業)을 받게 될 것이라고 약속하신다. 그러나 선한 행실로 인해 받을 상에 대하여 말씀하시기 전에, 그리스도께서는 구원이 더 높은 근원에서 시작되어 흘러나온다는 사실을 잠시 보여주신다. 왜냐하면, 그리스도께서는 그들을 "아버지께 복 받을 자들"이라고 부르심으로써, 그들의 구원이 하나님의 무조건적인 은혜로부터 흘러나온다는 것을 그들에게 일깨워 주고 계시기 때문이다. 히브리인들 사이에서 "하나님께 복 받은 자"라는 표현은 "하나님께 사랑스러운 자" 또는 "하나님께 사랑받는 자"를 의미한다. 한편, 이러한 표현은 단지 믿는 자들이 사람들을 향한 하나님의 은혜를 송축하기 위해서 사용되었을 뿐만 아니라, 참된 경건에서 떨어져 나간 자들도 여전히 그러한 신념을 지니고 있었다.

라반은 아브라함이 보낸 종에게 "여호와께 복을 받은 자여 들어오소서"(창 24:31)라고 말하였다. 그들은 본성상으로 그들이 소유한 모든 것으로 인하여 하나님께 찬송을 돌리는 것이 마땅하다는 것을 느끼고서 이러한 표현을 사용한 것이다. 그러므로 그리스도께서 경건한 자들의 구원을 설명하시면서, 먼저 하나님의 무조건적인 사랑을 언급하시고, 이 세상에서 성령의 인도하심 아래에서 의(義)를 좇아가는 자들은 바로 이 사랑으로 인해서 장차 생명을 얻도록 예정되었다고 말씀하시는 것이다.

그리스도께서 조금 후에 하신 말씀, 즉 경건한 자들이 마지막 날에 받게 되어 있는 그 "나라"가 "창세로부터 그들을 위하여 예비되어" 있다는 말씀도 이것과 연관되어 있다. 왜냐하면, 그들이 장차 이룰 공로들을 미리 내다보시고 하나님이 그들을 위하여 상을 예비해 놓으셨다는 말씀에 대하여 반론을 제기하고 싶은 마음이 간절할지라도, 이 말씀을 정직하게 살펴본 자들은 이 말씀 속에서 하나님의 은혜에 대한 송축이 함축되어 있다는 것을 인정하지 않을 수 없기 때문이다. 아니, 그리스도께서는 마치 믿는 자들이 그들의 공로로 그 "나라"를 얻게 된 것이라는 듯이, 그 "나라"를 소유하라고 초청하실 뿐만 아니라, 그들은 상속자의 자격으로 그 "나라"를 받는 것이라고 분명하게 말씀하신다.

그렇지만 우리는 그리스도께서 염두에 두신 또 다른 목적을 주목하여야 한다. 왜냐하면, 경건한 자들의 삶은 슬프고 비참한 유배(流配)의 삶에 다름 아니어서, 세상이 그들을 감당하지 못하고, 또한 그들은 극한 가난과 능욕과 그 밖의 환난들 아래에서 신음하지만, 주님께서는 그들로 하여금 기쁜 마음으로 꿋꿋이 이러한 장애물들을 극복할 수 있도록 하시기 위하여, "그들을 위하여" 한 "나라"가 다른 곳에 "예비되어" 있다고 선언하시는 것이기 때문이다. 사람들이 자신의 달음질이 결코 헛되지 않을 것임을 온전히 확신할 때, 그것은 인내하는 데에 적지 않은 힘이 되는 법이다. 그러므로 이 땅에서의 방탕한 삶에 빠져 오만방자하게 살아가는 불경건한 자들에 의해서 우리의 마음이 눌리지 않기 위해서, 그리고 우리가 겪는 환난들에 의해서 우리의 소망이 약해지지 않도록 하기 위해서, 우리는 우리를 위해 하늘에 "예비되어" 있는 유업을 늘 기억하여야 한다. 왜냐하면, 그 유업은 그 어떤 불확실한 사건에 의해서 좌지우지되는 것이 아니라, "택하신" 우리 각각을 위하여, 즉 여기에서 그리스도께서 "아버지께 복 받을 자"라 불린 우리를 위하여, 우리가 태어나기 전부터 주님에 의해서 "예비된 나라"이기 때문이다. 여기에서는 "창세로부터 예

비된 나라"라고 말하고, 다른 구절에서는 그 나라가 "창세 전에"(엡 1:4) 예비되어
있다고 말한다고 해서, 이 두 가지 표현이 서로 모순되는 것은 아니다. 왜냐하면,
그리스도께서는 여기에서 영생이라는 유업이 하나님의 아들들을 위해서 예비된
정확한 때를 확정하고자 하시는 것이 아니라, 단지 우리에게 우리가 태어나기 전
부터 아버지 하나님이 우리를 돌보고 계셨다는 사실을 깨우쳐 주심으로써, 그러한
사실을 토대로 해서, 우리의 생명이 세상의 소동과 소란들에 의해서 결코 해(害)를
받지 않을 것이라는 우리의 소망의 확실함을 확증해 주시기 위한 것이기 때문이다.

마 25:35. 내가 주릴 때에. 만약 그리스도께서 여기에서 우리의 구원의 근거
(causa)에 대하여 말씀하신 것이라면, 교황주의자들이 사람은 선행으로 공로를 쌓
아서 영생을 얻는다고 주장한다고 해도, 그것이 잘못이 아닐 것이다. 그러나 여기
에서 그리스도께서는 자기 백성에게 거룩하고 의로운 삶을 살라고 권면하시는 것
외에 다른 의도를 지니고 계신 것이 아니기 때문에, 이 말씀을 근거로 삼아서, 행위
에 의한 공로(meritum)가 지니는 가치를 논하는 것은 잘못이다. 그들은 '가르'
(γάρ)라는 단어를 지목하여 마치 이 단어가 이유를 제시하는 불변사인 듯이 주장
하지만, 그것은 빈약한 논거이다. 왜냐하면, 주님께서 의인들에게 영생을 약속하
시면서 '가르'라는 단어를 사용하시지만, 이 단어는 언제나 원인이나 이유를 나타
내는 것이 아니라, 결과를 나타내기도 하기 때문이다.

우리는 한층 더 분명한 다른 해법을 가지고 있다. 즉, 우리는 선행에 대하여 상이
약속되고 있다는 것을 부인하는 것이 아니라, 그 상은 우리의 양자됨에 의거한 것
이기 때문에 은혜로 주어지는 상이라고 말하고자 한다. 바울은 "나를 위하여 의의
면류관이 예비되어" 있다고 자랑하지만(딤후 4:8), 그의 그러한 확신이 그가 천국
의 유일한 상속자이신 그리스도의 지체였다는 사실로부터 나온 것이 아니라면, 도
대체 어디에서 나왔겠는가? 바울은 "의로우신 재판장"이 자기에게 그 "면류관을 주
실" 것임을 공언하지만, 그가 은혜로 말미암아 하나님의 양자가 되어, 우리에게 전
적으로 결여되어 있는 저 의(義)를 얻었기 때문에 그런 상을 받는 것이 아니라면,
도대체 어떤 이유로 그가 그런 상을 받을 수 있겠는가? 그러므로 우리는 다음과 같
은 두 가지 원리를 견지하는 것이 마땅하다. 첫 번째는 그리스도께서 믿는 자들에
게 그들의 선행을 언급하시면서 천국을 상속받으라고 하시는 것은 그들이 행위로
말미암은 의(義)로 인해서 천국을 상속받을 자격을 갖추었거나 그들 자신이 주체
적으로 의를 획득했기 때문이 아니라, 하나님이 전에 택하신 자들을 "의롭다 하시

기" 때문이라는 것이다. 두 번째는 믿는 자들은 성령의 인도하심을 따라서 의를 이루고자 하지만, 결코 하나님의 율법을 충족시키지는 못하고, 그들의 공로로 말미암은 상은 있을 수 없으므로, 은혜로 주어지는 것에 "상"이라는 말이 사용되고 있다는 것이다.

그리스도께서는 여기에서 경건하고 거룩한 삶에 속한 모든 것들을 다 구체적으로 열거하시는 것이 아니라, 단지 우리가 하나님을 경외하고 있다는 것을 보여주는 증거가 될 수 있는 몇몇 본문들만을 예시적으로 언급하고 계신다. 왜냐하면, 하나님에 대한 예배가 사람들에 대한 사랑보다 더 중요하고, 마찬가지로 믿음과 간구가 구제(救濟)보다 귀하지만, 그리스도께서 사람들의 의로움이 참되다는 것을 더 분명하게 보여주는 증거들이 될 수 있는 것들을 예시하신 것은 합당하신 일이기 때문이다. 만약 사람이 하나님을 아랑곳하지 않은 채로 단지 사람들에 대해서만 긍휼과 자비를 베푼다면, 그것은 하나님께 합당히 드려야 할 것을 그가 드리지 않은 것이기 때문에 하나님을 기쁘시게 하는 일이 되지 못할 것이다. 따라서 그리스도께서는 의(義)의 주된 부분이 구제에 있다고 하시는 것이 아니라, 단지 좀 더 분명한 증표들이라고 할 수 있는 것들을 보여주시는 것이다. 왜냐하면, 믿는 자들이 입으로만 자기가 하나님을 섬긴다고 고백하는 것이 아니라, 실제적인 행동과 실천을 통해서 그것을 증명해야 한다는 것은 의심의 여지가 없기 때문이다.

그러므로 광신자들이 이 말씀을 빌미로 삼아서 말씀을 듣거나 성찬에 참여하는 것과 같은 영적인 활동들을 기피하는 것은 너무나 부적절한 일이다. 만약 그런 식의 논리라면, 그들은 동일한 이유로 믿음이나 십자가를 지는 것이나 기도나 구제도 거부해야 마땅할 것이다. 그러나 십계명의 두 돌판에 담겨 있는 삶의 규범을 두 번째 돌판에 적혀 있는 것들만으로 국한시키는 것은 그리스도께서 여기에서 하신 말씀의 의도와는 거리가 멀다. 따라서 수도사들과 궤변론자들이 그리스도께서 오직 여섯 가지의 자선 행위만을 언급하시고 다른 것은 언급하지 않으셨다는 것을 이유로 들어서, 오직 여섯 가지의 자선 행위만이 존재한다고 말하는 것은 어리석은 일이다. 여기에서 그리스도께서 대유법(代喩法)을 사용하셔서 모든 자선의 의무들을 권하셨다는 것은 삼척동자도 다 아는 사실일 것이다. 왜냐하면, 우는 자들을 위로하고, 부당하게 압제받는 자들을 구해주며, 순진한 자들을 조언으로 돕고, 가엾은 자들을 이리의 아귀에서 건져내는 것은 "헐벗은" 자들에게 "옷을 입혀" 주거나 "주린" 자들을 먹이는 것만큼이나 칭찬을 받을 만한 자선의 행위들이기 때문이다.

그리스도께서는 이러한 구제의 일들을 우리에게 권하실 때에, 하나님을 예배하는 것과 관련된 의무들을 배제하시는 것은 아니지만, 그의 제자들에게 그들이 "나는 인애를 원하고 제사를 원하지 아니한다"(호 6:6)는 선지자의 말씀(이 말씀의 취지는 외식하는 자들은 탐욕스럽고 잔인하며 속이고 착취하는 오만한 자들이면서도, 엄숙하고 장엄한 제사들을 통해서 거룩함을 가장한다는 것이다)을 따라서 구제를 행한다면, 그것이 그들의 거룩한 삶이 참된 것임을 증명해 주는 진정한 증거가 될 것임을 일깨워 주시는 것이다. 또한, 이것으로부터 우리는 우리의 삶이 하늘의 심판주께 인정을 받고자 한다면, 우리가 우리 자신이 고안해 낸 것들을 따라 잘못된 길로 가서는 안 되고, 도리어 이 심판주께서 우리에게 가장 원하시고 요구하시는 것이 무엇인지를 알아야 한다는 결론을 얻는다. 왜냐하면, 하나님의 계명들에서 떠난 자들이 그들 자신이 고안해 낸 것들을 행하느라 애쓰고 수고하여 기진맥진하게 된다고 할지라도, 그들은 마지막 날에 "이것을 누가 너희에게 요구하였느냐"(사 1:12)는 말씀만을 심판주로부터 듣게 될 것이기 때문이다.

마 25:37. 이에 의인들이 대답하여 이르되. 그리스도께서는 여기에서 마치 의인들이 그들이 사람들에게 행한 일들을 과연 주님이 제대로 평가해 주실 것인지에 대하여 의문을 품고 질문하는 것처럼 묘사하신다 — 실제로 그들은 이런 사실을 잘 알고 있어서 결코 의문을 품지 않을 것임에도 불구하고. 그러나 이 사실은 그들의 마음속에 아주 깊이 각인되어 있어야 하는데도 실제로 그 정도로 각인되어 있지는 않았기 때문에, 그리스도께서는 그들에게 이런 생생한 묘사를 제시하시는 것이다. 왜냐하면, 우리가 구제와 자선의 행위들에 느리고 마음 내켜 하지 않는다면, 그것은 우리가 가난한 자들에게 베푼 일들을 하나님께서 언젠가는 이자를 붙여서 되갚아 주시리라는 약속이 우리의 마음에 깊이 각인되어 있지 않은 까닭이기 때문이다. 그리스도께서 여기에서 그런 일들을 칭찬하시는 것은 곤경에 처한 형제들이 우리에게 지지(支持)와 도움을 구할 때마다, 우리가 그들의 초라한 겉모습만 보고서 그들을 돕는 일을 주저하지 말고, 도리어 우리의 육신의 판단을 뛰어넘어서 그들에게 선을 베풀라고 가르치시기 위한 것이다.

마 25:40. 내가 진실로 너희에게 이르노니. 그리스도께서 조금 전에 하나님이 구제의 행위들을 얼마나 귀히 여기시는지를 우리의 지각(知覺)이 제대로 이해하지 못한다는 사실을 비유로 말씀하신 후에, 이제 여기에서는 우리가 하나님의 백성들에게 행한 모든 일들을 마치 자기 자신에게 행한 일들인 것처럼 여기실 것이라고 공개적으로 선언하신다. 우리가 우리의 도움을 필요로 하는 자들에게 어떻게 행하느냐에 따라서 그리스도께서 무시를 당하시기도 하시고 존귀하게 대접을 받으시기도 하신다는 이 말씀을 듣고서도 우리의 마음에 별 느낌이 없다면, 우리는 이루 말할 수 없이 둔감해져 있는 것임에 틀림없다. 그러므로 가난한 자들을 돕는 일이 별로 내키지 않을 때마다, 우리는 하나님의 아들을 우리 눈앞에 떠올려서, 그가 원하시는 것을 우리가 거절하는 것은 엄청난 불경(不敬)임을 기억하여야 한다.

또한, 그리스도께서는 이 말씀을 통해서, 우리가 대가나 보상을 기대하지 않고 거저 베푸는 선행들이 하나님으로부터 인정을 받게 되리라는 것을 보여주신다. 그리스도께서 우리에게 "주리고 헐벗은" 자들, "나그네 "된 자들과 "옥에 갇힌" 자들에게 선을 베풀라고 명하셨을 때, 그런 자들은 보답할 길이 없는 자들이라는 것을 고려하면, 우리는 그리스도께서 그들을 대신하여 우리에게 갚아주실 것이라고, 즉 아무것도 남지 않을 것 같았던 우리의 선행에 대한 삯이 주님의 장부에 기록될 것이라고 약속하시는 것임을 알아야 한다.

마 25:40. 너희가 여기 내 형제 중에 지극히 작은 자 하나에게 한 것이. 그리스도께서 여기에서 오직 믿는 자들만을 우리의 선행의 대상으로 명시적으로 언급하시는 것은 우리가 다른 사람들에 대해서는 무시해도 좋다는 것이 아니라, 하나님께 더 가까이 나아간 자가 우리에게서 더 많은 공경을 받아 마땅한 까닭이다. 왜냐하면, 아담의 모든 자손을 묶는 공통의 연대(連帶)가 존재하기는 하지만, 하나님의 자녀들 간에는 한층 더 거룩한 연대가 존재하기 때문이다. 따라서 우리가 "믿음의 권속"에 속한 자들을 외인(外人)들보다 더 귀히 여기는 것이 마땅하기 때문에, 그리스도께서는 그들을 특별히 언급하신 것이다. 그리스도의 의도는 재물과 자원을 풍족하게 지닌 자들에게 가난한 형제들을 도우라고 권하시는 것이지만, 세상에서 멸시와 천대를 받는 가난하고 억눌린 자들에게는 하나님의 아들이 그들을 자신의 손과 발만큼이나 귀하고 소중하게 여기신다는 사실이 적지 않은 위로가 된다. 그리스도께서는 그들을 "형제들"이라 부르심으로써 그들에게 헤아릴 수 없는 큰 존귀를 더하시고 계심이 분명하다.

마 25:41. 저주를 받은 자들아 나를 떠나. 그리스도께서는 이제 세상의 덧없는 부귀영화에 푹 빠져서 자신들은 언제까지나 늘 행복할 것이라는 망상에 젖어 있는 버림받은 자들을 향하여 말씀하신다. 그러므로 그리스도께서는 그가 그들에 대한 심판주로 오셔서, 그들로 하여금 그들이 지금 푹 빠져 있는 저 사치와 향락을 잊게 만드실 것이라고 경고하시는데, 이것은 그리스도께서 다시 오시리라는 것을 알려 줌으로써 그들을 공포에 떨게 하시고자 하시는 것이 아니라(그들은 그들이 "사망과 언약하였다"[사 28:15]고 생각하고, 마음이 완악해져 있어서, 그런 말씀을 듣고 두려워할 자들이 아니기 때문에), 현재의 믿는 자들에게 그런 자들의 끔찍한 파멸을 보여주심으로써 그런 자들의 모습을 부러워하지 않도록 하시기 위한 것이다. 왜냐하면, 우리에게 거룩한 삶을 살도록 힘을 주고 격려하는 데에 약속의 말씀들이 꼭 필요한 것과 마찬가지로, 우리로 하여금 절제하고 삼가는 삶을 살도록 하기 위해서는 경고의 말씀들도 꼭 필요하기 때문이다. 그러므로 그리스도께서는 하나님의 아들과 연합하는 것이 얼마나 복된 것인지를 우리에게 가르쳐 주신다. 왜냐하면, 마지막 날에 하나님의 아들의 면전에서 쫓겨나게 될 자들에게는 영원한 멸망과 불의 고통이 기다리고 있기 때문이다. 그때에 그리스도께서는 악인들에게 "나를 떠나라"고 명령하실 것이다. 왜냐하면, 지금은 수많은 외식하는 자들이 마치 그리스도와 긴밀하게 연합되어 있다는 듯이 의인들과 뒤섞여 있기 때문이다.

마 25:41. 영원한 불에. 우리는 앞서 "불"은 우리의 지각으로는 상상조차 할 수 없을 만큼 끔찍한 벌을 은유적으로 나타내는 것이라고 말한 바 있다. 그러므로 궤변론자들처럼, 이 "불"이 어떤 물질로 되어 있는지를 자세하게 캐묻는 것은 쓸데없는 짓이다. 만약, 그런 논리를 따른다면, 우리는 이사야가 "그 벌레가 죽지 아니하며 그 불이 꺼지지 아니하여"(사 66:24)라고 말하며, "불"과 연결시키는 "벌레"에 대해서도 그런 식으로 캐물어야 할 것이다. 하지만 이사야 선지자는 또 다른 구절에서 이 표현이 은유라는 것을 분명하게 보여준다. 즉, 거기에서 그는 하나님의 영을 이 불을 붙이는 바람에 비유하고, 거기에 "유황"을 더하고 있기 때문이다(사 30:33). 그러므로 우리는 이 말씀을 읽을 때에 하나님이 장차 악인들에 대하여 원수 갚으실 것을 우리 마음속에 떠올리는 것이 마땅하고, 이 징벌은 이 땅의 모든 괴로움을 합한 것보다 더 극심한 것이 될 것이기 때문에, 그것이 무엇인지에 대하여 호기심을 갖기보다는 도리어 두려워 떠는 반응을 보이는 것이 마땅하다. 또한, 우리가 주목해야 할 것은 조금 전에 믿는 자들에게 약속된 영광과 마찬가지로 이 "불"도 영원하리라는 것이다.

마 25:41. 마귀와 그 사자들을 위하여 예비된. 그리스도께서 자기 자신을 모든 버림받은 자들의 우두머리인 "마귀"와 대비시키신다. 왜냐하면, 모든 귀신들은 타락한 천사들이지만, 성경의 많은 본문들은 모든 악한 자들을 마치 한 몸처럼 모아서 멸망으로 이끄는 자인 "마귀"가 최고의 권세를 쥐고 있는 것으로 묘사하는데, 이것은 믿는 자들이 그리스도 아래에서 함께 모여 점점 생명 안에서 자라가서 온전함에 이르러 마침내 그리스도로 말미암아 하나님과 온전히 연합되게 되는 것과 비슷하기 때문이다(엡 4:13; 골 2:19). 그러나 여기에서 그리스도께서 "마귀를 위하여" 지옥이 "예비되어" 있다고 말씀하시는 것은 악인들이 오래 전에 이미 구원의 가망성이 전혀 없이 지옥에 던져지도록 선고를 받은 마귀와 동일한 형벌에 처해지리라는 것을 듣고서도, 그들이 그 형벌을 피할 수 있으리라는 일말의 희망이라도 품지 못하게 하시기 위한 것이다. 어떤 이들은 "그 사자들"이 악한 자들을 가리키는 것으로 이해하지만, 그리스도께서 오직 귀신들만을 지칭하였을 가능성이 더 높다. 이 말씀 속에는 복음을 통해서 구원의 소망을 가지도록 부르심을 받은 자들이 사탄과 더불어 함께 멸망하는 편을 택하여서, 구원의 원천(源泉)을 배척하고, 자원해서 이 비참한 상태로 그들 자신을 던져 넣었다는 간접적인 책망이 함축되어 있다. 왜냐하면, 그들은 "마귀"와는 달리 멸망받기로 정해진 자들이 아니었지만, 그들이 그들을 부르시는 하나님의 은혜를 거절하고 그들의 범죄 안에 머물렀을 때에 그들이 장차 멸망하리라는 것이 뚜렷이 드러났기 때문이다

이와 같이, 버림받은 자들은 태어나기 전에 이미 하나님의 은밀한 심판에 의해서 사망의 선고를 받았을지라도, 그들이 생명으로 초대받고 있는 동안에는, 그들은 사망의 상속자들 또는 사탄의 무리로 여김을 받지 않지만, 그들이 멸망에 처해졌다는 것은 이전에는 감추어져 있었을지라도, 이제는 그들의 불신앙으로 말미암아 명백하게 드러나게 된다.

마 25:44. 그들도 대답하여 이르되. 그리스도께서 그가 앞에서 사용하시는 것과 동일한 종류의 묘사를 여기에서 다시 사용하시는 것은 버림받는 자들에게 그들이 미혹에 빠져서 내어놓는 그들의 헛된 변명들이 마지막 날에 아무 소용이 없으리라는 것을 알게 하시기 위한 것이다. 왜냐하면, 그들이 가난한 자들을 오만하고 잔인하게 대하는 것은 그렇게 하여도 벌을 받지 않을 것이라고 생각하기 때문이다. 그러므로 그들의 이러한 망상(妄想)을 깨뜨리기 위하여, 그리스도께서는 그들이 지금 깊이 생각하고자 하지 않는 것, 즉 지금 그들이 그토록 멸시하고 경멸했던 자들이 그리스도께 그의 손과 발만큼이나 소중한 자들이라는 것을 언젠가는 그들이 뒤늦게 알게 될 것이라고 그들에게 경고하시는 것이다.

[1]예수께서 이 말씀을 다 마치시고 제자들에게 이르시되 [2]너희가 아는 바와 같이 이틀이 지나면 유월절이라 인자가 십자가에 못 박히기 위하여 팔리리라 하시더라 [3]그때에 대제사장들과 백성의 장로들이 가야바라 하는 대제사장의 관정에 모여 [4]예수를 흉계로 잡아 죽이려고 의논하되 [5]말하기를 민란이 날까 하노니 명절에는 하지 말자 하더라 [6]예수께서 베다니 나병환자 시몬의 집에 계실 때에 [7]한 여자가 매우 귀한 향유 한 옥합을 가지고 나아와서 식사하시는 예수의 머리에 부으니 [8]제자들이 보고 분개하여 이르되 무슨 의도로 이것을 허비하느냐 [9]이것을 비싼 값에 팔아 가난한 자들에게 줄 수 있었겠도다 하거늘 [10]예수께서 아시고 그들에게 이르시되 너희가 어찌하여 이 여자를 괴롭게 하느냐 그가 내게 좋은 일을 하였느니라 [11]가난한 자들은 항상 너희와 함께 있거니와 나는 항상 함께 있지 아니하리라 [12]이 여자가 내 몸에 이 향유를 부은 것은 내 장례를 위하여 함이니라 [13]내가 진실로 너희에게 이르노니 온 천하에 어디서든지 이 복음이 전파되는 곳에서는 이 여자가 행한 일도 말하여 그를 기억하리라 하시니라(마 26:1-13).

[1]이틀이 지나면 유월절과 무교절이라 대제사장들과 서기관들이 예수를 흉계로 잡아 죽일 방도를 구하며 [2]이르되 민란이 날까 하노니 명절에는 하지 말자 하더라 [3]예수께서 베다니 나병환자 시몬의 집에서 식사하실 때에 한 여자가 매우 값진 향유 곧 순전한 나드 한 옥합을 가지고 와서 그 옥합을 깨뜨려 예수의 머리에 부으니 [4]어떤 사람들이 화를 내어 서로 말하되 어찌하여 이 향유를 허비하는가 [5]이 향유를 삼백 데나리온 이상에 팔아 가난한 자들에게 줄 수 있었겠도다 하며 그 여자를 책망하는지라 [6]예수께서 이르시되 가만 두라 너희가 어찌하여 그를 괴롭게 하느냐 그가 내게 좋은 일을 하였느니라 [7]가난한 자들은 항상 너희와 함께 있으니 아무 때라도 원하는 대로 도울 수 있거니와 나는 너희와 항상 함께 있지 아니하리라 [8]그는 힘을 다하여 내 몸에 향유를 부어 내 장례를 미리 준비하였느니라 [9]내가 진실로 너희에게 이르노니 온 천하에 어디서든지 복음이 전파되는 곳에는 이 여자가 행한 일도 말하여 그를 기억하리라 하시니라(막 14:1-9).

[1]유월절이라 하는 무교절이 다가오매 [2]대제사장들과 서기관들이 예수를 무슨 방도로 죽일까 궁리하니 이는 그들이 백성을 두려워함이더라(눅 22:1-2).

그리스도께서는 그가 종종 그의 제자들에게 미리 말씀해 주셨던 일을 여기서 다시 한 번 확인해 주신다. 그러나 이 마지막 예고의 말씀은 그리스도께서 자원해서 자기 자신을 죽음에 내어주시는 것임을 분명하게 보여주신다. 즉, 순종의 제사 외에는 하나님을 기쁘시게 해드릴 수 없었기 때문에, 그리스도께서는 이렇게 자원해서 자신을 드리셔야 했다는 것이다. 또한, 그리스도께서는 그의 제자들이 그가 어쩔 수 없이 붙잡혀서 죽임을 당하실 수밖에 없으셨다고 오해하여 완전히 낙심하지 않도록 걸림돌을 제거하고자 하시는 의도도 있으셨다. 이렇게 이 말씀은 두 가지 목적에 기여하였는데, 첫째는 하나님의 아들이 세상을 아버지 하나님과 화해시키시기 위하여 자원해서 자기 자신을 죽음에 내어주신 것(다른 방법으로 인류의 죄악을 속하거나 우리로 하여금 의롭다 하심을 얻게 할 수 없으셨기 때문에)이라는 사실을 증언하기 위한 것이었고, 둘째는 하나님의 아들이 피할 도리가 없는 폭력에 굴복하여 죽으신 것이 아니라, 자원하여 자기 자신을 죽음에 내어주신 것임을 증언하기 위한 것이었다. 그러므로 그리스도께서는 자기가 예루살렘에 올라가는 것은 거기에서 죽음을 맞기 위한 것임을 분명하게 말씀하신다. 그는 얼마든지 때가 이를 때까지 한적한 곳으로 물러나 안전하게 지내실 수 있으셨지만, 죽으실 것을 뻔히 아시면서도 자원해서 사지(死地)로 들어가고자 하셨다. 그리스도께서 자기가 아버지 하나님께 순종의 제사를 드리고 계신 것이라고 말씀해 주셨을 때, 이 가르침이 당시에는 제자들이 제대로 알아듣지 못하여 별 유익이 없었지만, 후에는 그들의 믿음을 세우는 데에 적지 않은 유익을 끼쳤다. 마찬가지로, 이 가르침은 오늘날 우리에게도 특별히 유익하다. 왜냐하면, 우리는 이 말씀 속에서 하나님의 아들이 세상의 모든 죄를 도말(塗抹)하시기 위하여 순종의 제사를 드리셨다는 것을 밝은 거울을 통해 보듯이 볼 수 있고, 하나님의 아들이 기쁘고 담대한 마음으로 죽음을 향하여 나아가셨을 때에 이미 사망을 이기신 것을 보게 되기 때문이다.

마 26:3. 그때에 … 모여. 마태는 그들이 "이틀" 동안 회합을 가졌다고 말하고자 하는 것이 아니라, 그리스도께서 인간으로서의 지식을 뛰어넘어 자기가 죽으실 날을 알고 계셨다는 것을 보여주기 위하여 이 기사(記事)를 여기에 기록하고 있는 것이다. 그리스도께서는 결코 인간적으로 추측하셔서 자기가 죽으실 날을 예측하신 것이 아니었다. 왜냐하면, 그의 원수들은 얼마든지 그를 죽일 날을 연기할 수 있었기 때문이다. 그러므로 이 기사의 취지는 그 누구도 그리스도께서 이렇게 빨리 죽으실 것이라고 짐작조차 할 수 없었던 때에 그리스도께서는 예언의 영으로 그의 죽음에 대하여 말씀하셨다는 것이다. 요한은 서기관들과 제사장들이 이 회합을 가진 이유를 설명하는데, 그것은 날이 갈수록 백성의 더 많은 무리들이 그리스도께로 몰려들었기 때문이었다(요 11:48). 그러자 그들은 다른 방법으로는 그리스도를 막을 수 없다고 판단하고서, 그리스도를 죽이기로 가야바의 주도하에 결의하였다. 그러나 그들은 "명절"이 끝나고 무리들이 흩어질 때까지는 그리스도를 죽이는 일을 결행하는 것이 적절하지 않다고 생각하였다. 이것으로부터 우리는 저 피에 굶주린 개들이 입을 벌려 그리스도를 삼키고자 했지만, 아니 그리스도를 향하여 맹렬히 돌진하였지만, 하나님께서 은밀하게 그들을 제어하셔서, 그들로 하여금 그들의 뜻대로 이 일을 하지 못하게 막으신 것이라는 결론을 얻게 된다. 만약 이 일을 결정할 힘이 그들에게 있었다면, 그들은 명절이 끝난 후에 이 일을 결행하였을 것이지만, 그들의 뜻과는 달리 하나님은 그때를 앞당기셨다. 그리스도께서는 예기치 않게 강압에 의해서 그의 원수들에 의해 끌려가 죽임을 당하신 것이 아니라, 이 모든 일이 하나님의 섭리에 의해서 이루어졌다는 것을 우리가 아는 것은 아주 중요하다. 왜냐하면, 대속에 대한 우리의 신앙은 그리스도께서는 하나님이 처음부터 정해 놓으셨던 바로 그 제사를 통해서 하나님께 드려졌다는 사실의 토대 위에 세워져 있기 때문이다. 그러므로 하나님은 옛 모형이 영원한 대속을 위한 단번의 제사에 자리를 내주게 하기 위하여, 그의 아들이 유월절 바로 그날에 순종의 제사를 드리도록 정해 놓으셨다. 오직 그리스도를 죽이는 것만을 목표로 삼았던 자들은 유월절이 아니라 다른 때가 더 적절한 시기라고 생각하였지만, 그리스도를 인류의 죄를 대속하기 위한 희생제물이 되게 하시기로 정하셨던 하나님께서는 본체와 그림자를 대비시켜 보여주기에 적절한 날을 선택하셨다. 그 결과로, 그리스도의 수난(受難)의 열매는 더 밝고 분명하게 드러날 수 있었다.

마 26:6. 예수께서 베다니 … 시몬의 집에 계실 때에. 복음서 기자가 지금 보도하는 일은 그리스도께서 예루살렘으로 오시기 조금 전에 일어난 일이었지만, 제사장들로 하여금 그리스도를 죽이는 일을 갑자기 서두르게 만든 계기가 무엇이었는지를 우리에게 알게 하기 위하여 여기에서 소개되고 있다. 그들은 감히 공개적으로 무력을 사용해서 그리스도를 공격할 수도 없었고, 계략을 써서 그리스도를 붙잡는 것도 결코 쉬운 일이 아니었다. 그런데 때마침 유다가 그들에게 그들이 전혀 생각지도 못했던 계책을 제안하자, 그들은 그 계책대로 하면 아주 손쉽게 일을 성사시킬 수 있겠다고 생각해서, 그들의 당초 계획을 바꿔서 그 제안을 받아들인다.

요한의 기사는 마태 및 마가의 기사와 약간의 차이를 보이는데, 일부 주석가들은 이것을 근거로 두 기사가 서로 다른 기사라고 잘못 생각하기도 했지만, 이와 같은 표면적인 불일치가 왜 생겨났는지를 설명하지는 어렵지 않다. 그리스도께 향유를 부은 여자의 이름은 다른 두 복음서 기자는 생략한 반면에 요한복음 12:3에는 나와 있고, 요한은 그리스도를 식사에 초대한 인물이 누구였는지를 언급하고 있지 않은 반면에, 마태복음 26:6과 마가복음 14:3은 그리스도께서 그때에 "나병환자 시몬의 집"에서 식사를 하셨다고 분명하게 말한다. 또한, 요한은 이 여자가 그리스도의 발에 향유를 부었다고 말하는 반면에, 다른 두 복음서 기자는 그녀가 그리스도의 머리에 향유를 부었다고 말한다. 하지만 이것은 전혀 모순된 것이 아니다. 의심할 여지 없이, 향유를 발에 붓는 일은 없었다는 것을 우리는 안다. 그러나 요한은 이 여자가 향유를 통상적인 것보다 훨씬 더 많이 부었기 때문에, 이 사실을 보여주기 위해서, 그리스도의 발이 향유로 적셔졌다는 것을 우리에게 알려주고 있는 것이다. 또한, 마가는 이 여자가 "옥합"을 깨뜨려서 거기에 들어있던 향유를 모두 다 그리스도의 머리에 부었다고 보도하는데, 이것도 향유가 그리스도의 발까지 흘러내린 것으로 묘사한 요한 본문과 아주 잘 들어맞는다. 그러므로 우리는 세 복음서 기자가 모두 동일한 기사(記事)를 기록하고 있다는 것을 확인된 사실로 받아들이는 것이 마땅하다.

마 26:8. 제자들이 보고 분개하여. 어떤 일을 한 사람이 하였다고 해도, 다른 사람들이 거기에 동조한 경우에는, 여러 사람이 그렇게 한 것이라고 보도하는 것은 복음서 기자들에게서 그리 드문 일이 아니다. 요한은 이 불평이 "예수를 잡아 줄 가룟 유다"에게서 나왔다고 말하는 반면에, 마태와 마가는 유다는 물론이고 모든 제자들이 함께 이 불평을 한 것으로 보도한다. 만약 유다의 악한 비방이 다른 제자들에게 불을 지피는 역할을 하지 않았더라면, 그들 중 그 누구도 감히 불평할 엄두를 내지 못하였을 것이다. 그러나 유다가 그럴 듯한 구실을 들어서 이 여자가 값비싼 향유를 허비하고 있다고 정죄하기 시작하자, 모든 제자들도 덩달아서 거기에 동조하였다. 이 예는 악의적이고 독기를 품은 혀가 어떤 위험을 불러일으키는지를 잘 보여준다. 왜냐하면, 평소에 분별 있고 정직하며 겸손한 자들일지라도 신중하게 조심해서 행하지 않으면, 악한 말에 속아 넘어가서 잘못된 판단에 동조하기 쉽기 때문이다. 그리스도의 제자들조차도 남의 말을 경솔하게 믿는 바람에 유다에게 동조하였다면, 선한 행실들을 악하게 트집 잡는 것이 습관화된 우리야 불평하는 자들에게 동조하는 것이 얼마나 쉽겠는가?

우리는 이 예로부터 또 다른 교훈, 즉 충분히 알지 못하는 일에 대하여 성급하고 경솔하게 판단해서는 안 된다는 교훈을 얻을 수 있다. 제자들은 유다가 한 말이 겉보기에 그럴 듯해 보이자 별 생각 없이 경솔하게 그 판단에 동조하였다. 사실, 그들은 이 여자의 행위가 과연 책망을 받을 만한 것인지를 좀 더 충분히 따져 보았어야 했다. 거기에는 그들의 주님이 계셨고, 그들은 모두 마땅히 주님의 판단에 따라야 할 자들이었다는 것을 고려하면, 더더욱 그러했다. 그러므로 우리는 하나님의 말씀을 제쳐둔 채로 우리의 견해를 형성하는 것은 부적절한 것임을 알아야 한다. 왜냐하면, 바울이 우리에게 말해 주듯이, "우리 중에 누구든지 자기를 위하여 사는 자가 없고 자기를 위하여 죽는 자도 없고," "우리가 다 하나님의 심판대 앞에 서서," "그 몸으로 행한 것을 따라" 결산하여야 하기 때문이다(롬 14:7, 10; 고후 5:10). 유다는 악하게도 자신의 도둑질을 그럴 듯한 핑곗거리로 은폐하고자 한 것이고, 다른 제자들은 어리석고 순진해서 동조한 것이기 때문에, 유다의 행위와 다른 제자들의 행위는 그 성격이 크게 다른 것이었지만, 우리는 그들의 무분별함이 그들로 하여금 그리스도에게서 멀어지게 하고 유다의 동조자들이 되게 하였다는 것을 본다.

마 26:10. 너희가 어찌하여 이 여자를 괴롭게 하느냐. 일생 동안 절제와 검소의 모범을 보여주셨던 그리스도께서 여기에서 귀한 것을 사치스럽고 허랑방탕하게 낭비한 것으로 보일 수 있는 것, 즉 값비싼 향유를 쓸데없이 허비한 것으로 얼마든지 볼 수 있는 일을 옳다고 하시고 감싸는 모습을 보이시는 것은 기이한 일이다. 그러나 우리는 그리스도께서 이 여자가 한 일을 무슨 이유에서, 그리고 어떤 식으로 옹호하시는 것인지를 주목해서 보아야 한다. 왜냐하면, 그리스도께서는 마치 누구나 매일같이 이런 식으로 행하기를 바라시는 듯한 방식으로 이 여자가 한 일이 옳다고 하시는 것이 아니라, 지금의 특수한 상황 속에서 이 여자가 한 일은 그만한 이유가 있는 까닭에 하나님을 기쁘시게 해드리는 일이라고 말씀하시는 것이기 때문이다. 그리스도께서는 자신을 위하여 향유가 사용되어지는 것 자체를 결코 원하지 않으셨지만, 지금의 상황 속에서 그것이 지닌 의미 때문에 이 일을 옳다고 하신 것이었다. 이것으로부터 우리는 어떤 상황에서는 특별히 이례적인 행위가 종종 하나님으로부터 옳다고 하심을 받지만, 그렇다고 해서 그런 행위를 하나의 모범으로 일반화시키는 것은 부적절하다는 것을 알게 된다. 또한, 우리는 여기에서 마리아가 성령의 은밀한 감동에 이끌려서 그리스도께 향유를 부었다는 것에 대하여 그 어떤 의심도 가질 이유가 없다. 분명한 것은 거룩한 자들이 어떤 이례적인 행위를 하도록 부르심을 받았을 때에는, 그들은 성령의 특별한 감동을 따른 것이지, 결코 하나님의 인도하심과 지시하심 없이 어떤 일을 시도한 것이 아니라는 것이다. 마리아에게 이렇게 향유를 부으라고 명하는 율례도 없었고, 어떤 행위를 할 때마다 그것을 명하는 율법이 꼭 있어야 하는 것도 아니었다. 하늘의 부르심만이 어떤 행위가 옳으냐 그르냐를 판별해 주는 유일한 기준이다. 하나님은 사람들이 스스로 생각해 내서 행하는 모든 일들을 배척하신다. 마리아는 성령의 감동을 따라 행한 것이기 때문에, 그녀가 그리스도께 행한 이 일은 확실한 믿음 위에서 행해질 수 있었다.

마 26:10. 그가 내게 좋은 일을 하였느니라. 이 대답을 통해서 그리스도께서는 단지 이 여자가 한 일을 옹호하시는 것에서 그치지 않고, 자신의 일이 하나님의 인정을 받는 것으로 만족하는 모든 자들의 거룩한 자랑을 지지해 주신다. 자기가 행하는 일이 하나님의 명령에 부합한다는 것을 자신의 양심 속에서 확신하는 경건한 자들이 비난을 받을 뿐만 아니라 공개적으로 단죄를 받는 일은 비일비재하다. 그들이 세상의 잘못된 판단들을 거부하고, 오직 한 분 하나님의 인정을 받는 것으로 만족하는 것을 사람들은 교만이라고 말한다. 많은 사람들이 합심해서 우리를 대적하면, 비록 그들의 말과 행위가 틀리다고 할지라도, 그것은 우리에게 힘겨운 시험이 되어서, 그런 것에 마음이 흔들리지 않기는 거의 불가능하기 때문에, 우리는 오직 하나님의 뜻만을 의지하지 않는 자는 그 누구도 담대하고 꿋꿋하게 옳은 일을 행할 수 없을 것이라는 이 가르침을 명심하지 않으면 안 된다. 그러므로 그리스도께서는 여기에서 자신의 판결을 통해서 무엇이 선하고 무엇이 악한 것인지를 분명하게 보여주신다. 왜냐하면, 그리스도께서는 제자들에 의해서 이미 잘못되었다고 단죄를 받은 저 행위, 즉 이 여자가 행한 일이 선한 것이라고 단언하심으로써, 사람들이 자기 멋대로 어떤 일에 대하여 경솔하게 판단을 내리는 행위를 잘못된 것이라고 퇴짜를 놓고 계시는 것이기 때문이다.

우리는 그리스도의 이러한 판단을 통해서, 사람들이 단죄하는 일이라도 하나님이 그 일을 인정하신다는 것을 우리가 알고 있기만 한다면, 세상에 널리 퍼져 있는 우리에 관한 사람들의 평판에 신경을 쓸 필요가 없다는 것을 배우게 된다. 그래서 이사야는 사람들이 악한 비방으로 그를 압박할 때에 하나님이 자신의 보증인이시라고 말하고(사 50:7), 바울도 "나를 심판하실 이는 주시니라"(고전 4:3-4)고 말하며 장차 도래할 "주의 날"을 언급한다. 그러므로 우리는 사람들의 견해나 판단들을 그들이 하나님을 순종함에 있어서 우리의 모범을 보고서 덕 세움을 받을 수 있을 정도로만 존중하고, 그 이상으로 신경을 쓰지 않는 것이 마땅하다. 또한, 세상이 우리를 대적하여 일어나서 큰 소리로 소란을 피운다고 할지라도, 우리는 이 땅에서 악한 것으로 평가받는 것이 하늘에서는 선한 것으로 인정받게 될 것이라는 사실로 만족하여야 한다.

마 26:11. 가난한 자들은 항상 너희와 함께 있거니와. 그리스도께서는 이 여자가 한 일을 무작정 옹호하시며 우리에게 본받으라고 하시는 것이 아니라, 이 일이 어떤 특별한 이유 때문에 하나님을 기쁘시게 하는 일이 된 것임을 보여주신다. 우리는 교황주의자들처럼 하나님을 예배하는 일에 엄청난 비용을 쏟아 부으려고 애쓰는 잘못에 빠지지 않기 위해서 이 점을 주의 깊게 살펴볼 필요가 있다. 왜냐하면, 교황주의자들은 마리아가 향유를 부은 일을 그리스도께서 기뻐하셨다는 것을 듣고서, 그리스도께서는 사람들이 분향과 촛불, 화려한 장식들을 동원해서 장엄하게 예배드리는 것을 기뻐하시는 것이라고 오해하였기 때문이다. 이러한 오해로 인해서 그들의 예식들에서는 온갖 화려하고 사치스러운 것들이 동원되게 되었고, 그들은 비용을 아낌없이 드리지 않는 것은 하나님을 합당하게 예배하는 것이 아니라고 믿게 되었다. 그러나 그리스도께서는 이 여자가 한 일은 오직 이번에 한해서만 하나님을 기쁘시게 해드리는 일이 된 것뿐이고, 이후에 그렇게 하는 것은 합당한 일이 될 수 없다는 것을 분명하게 밝히신다. 왜냐하면, 그리스도께서는 "가난한 자들"은 이 세상에 "항상 있을"것이라고 말씀하심으로써, 믿는 자들 사이에서 늘 행해져야 할 통상적인 예배와 그의 승천 이후에는 중단되어야 할 이 이례적인 예배를 구별하고 계시기 때문이다.

우리가 우리의 돈을 참된 제사들에 합당하게 사용하기를 원하는가? 그렇다면, 우리는 그 돈을 "가난한 자들"을 위해 쓰는 것이 마땅하다. 왜냐하면, 그리스도께서는 자기가 외적인 예식들을 통해서 섬김을 받기 위하여 우리와 함께 있는 것이 아니라고 말씀하시기 때문이다. 우리는 그리스도께서 능력과 영적인 은혜를 통해서 우리와 함께 하시는 것이지, 가시적으로 우리와 함께 계셔서 우리로부터 땅에 속한 존귀와 영광을 받고자 하시는 것이 아님을 신앙 경험상으로 알고 있다. 그러므로 그리스도께서 원하지도 않으실 뿐만 아니라 절대적으로 거부하시는 일, 즉 하나님을 예배한답시고 어리석게도 막대한 돈을 쏟아 붓는 일을 하는 자들은 완악함을 넘어서서 완전히 미친 것이라고 해야 옳을 것이다. 또한 그리스도께서 "가난한 자들은 항상 너희와 함께 있다"고 말씀하신 것으로부터 우리는 가난한 자들이 많은 것은 우연이 아니라, 우리가 구제를 베풀 자들이 있게 하기 위한 하나님의 분명한 목적에 의한 것임을 알게 된다. 요컨대, 이 말씀은 하나님은 우리에게 우리 자신과 우리가 가진 모든 것을 그에게 드리라고 명하시지만, 그와 관련해서는 오직 아무런 비용도 들지 않는 영적인 예배만을 요구하시고서, 그를 예배하는 데에 어리석게도 물 쓰듯이 돈을 쓰는 잘못된 미신을 버리고, 모든 것을 가난한 자들을 위하여 쓸 것을 우리에게 가르치고 있는 것이다.

마 26:12. 이 여자가 … 내 장례를 위하여 함이니라. 이 말씀을 통해서 그리스도께서는 우리가 앞서 말했던 것, 즉 이 여자가 향유를 부은 일은 그 자체로 귀한 일이었던 것이 아니라, 단지 그의 "장례"와 관련되어 있었기 때문에 귀한 일이 되었다는 것을 확증해 주신다. 그리스도께서는 그의 무덤에서 향기가 나와서 온 세상에 생명과 구원을 가져다주리라는 것이 이 여자의 상징적인 행위를 통하여 증거되는 것을 기뻐하신 것이었다. 그래서 요한은 그리스도께서 "그를 가만 두어 나의 장례할 날을 위하여 그것을 간직하게 하라"(요 12:7)고 말씀하시며 마리아를 칭찬하셨다고 말한다. 그러나 지금은 이 상징의 실체가 이미 이루어져서, 그리스도께서 무덤에서 나오셔서 그의 죽음을 통해서 생겨난 생명의 향기를 단지 한 집이 아니라 온 세상에 퍼뜨리고 계시는 때이기 때문에, 그 어떤 의미나 유익도 있을 수 없는 이러한 상징적 행위를 지금도 여전히 반복하는 것은 유치하기 짝이 없는 일일 것이다.

마 26:13. 이 복음이 전파되는 곳에서는. 그리스도께서는 복음이 전파되는 곳마다 이 일이 칭송을 받을 것이기 때문에 마리아가 존귀함을 얻게 될 것이라고 말씀하신다. 이것으로부터 우리는 우리의 행위들을 사람들의 견해가 아니라 하나님의 말씀의 증언에 의거해서 평가하는 것이 마땅하다는 것을 알게 된다. 그리스도께서 "온 천하에 어디서든지" 이 여자가 존귀하게 기억될 것이라고 말씀하신 것은 그의 제자들을 간접적으로 책망하신 것이다. 왜냐하면, 하나님의 권속들이 그토록 심하게 단죄했던 이 여자의 행위를 모든 족속들이 세상의 구석구석에서 외인(外人)들 가운데서 한 목소리로 칭송하게 될 것이기 때문이다. 또한, 그리스도께서는 그의 제자들이 장차 도래할 그의 나라를 충분히 공경함으로 바라보지 못한 것에 대하여 온건하게 책망하심과 아울러서, 이런 표현을 통해서 장차 그가 이방인들을 부르실 것 ― 이것은 우리의 구원의 토대이다 ― 임을 증언하신다. 복음이 "온 천하에 전파되어야" 한다는 것이 무슨 의미인지에 대해서는 우리가 마태복음 24:14을 다룰 때에 이미 살펴본 바 있다.

[14]그 때에 열둘 중의 하나인 가룟 유다라 하는 자가 대제사장들에게 가서 말하되 [15] 내가 예수를 너희에게 넘겨 주리니 얼마나 주려느냐 하니 그들이 은 삼십을 달아 주거늘 [16]그가 그 때부터 예수를 넘겨 줄 기회를 찾더라 [17]무교절의 첫날에 제자들이 예수께 나아와서 이르되 유월절 음식 잡수실 것을 우리가 어디서 준비하기를 원하시나이까 [18]이르시되 성안 아무에게 가서 이르되 선생님 말씀이 내 때가 가까이 왔으니 내 제자들과 함께 유월절을 네 집에서 지키겠다 하시더라 하라 하시니 [19] 제자들이 예수께서 시키신 대로 하여 유월절을 준비하였더라 [20]저물 때에 예수께서 열두 제자와 함께 앉으셨더니(마 26:14-20).

[10]열둘 중의 하나인 가룟 유다가 예수를 넘겨 주려고 대제사장들에게 가매 [11]그들이 듣고 기뻐하여 돈을 주기로 약속하니 유다가 예수를 어떻게 넘겨 줄까 하고 그 기회를 찾더라 [12]무교절의 첫날 곧 유월절 양 잡는 날에 제자들이 예수께 여짜오되 우리가 어디로 가서 선생님께서 유월절 음식을 잡수시게 준비하기를 원하시나이까 하매 [13]예수께서 제자 중의 둘을 보내시며 이르시되 성내로 들어가라 그리하면 물 한 동이를 가지고 가는 사람을 만나리니 그를 따라가서 [14]어디든지 그가 들어가는 그 집 주인에게 이르되 선생님의 말씀이 내가 내 제자들과 함께 유월절 음식을 먹을 나의 객실이 어디 있느냐 하시더라 하라 [15]그리하면 자리를 펴고 준비한 큰 다락방을 보이리니 거기서 우리를 위하여 준비하라 하시니 [16]제자들이 나가 성내로 들어가서 예수께서 하시던 말씀대로 만나 유월절 음식을 준비하니라 [17]저물매 그 열둘을 데리시고 가서(막 14:10-17).

[3]열둘 중의 하나인 가룟인이라 부르는 유다에게 사탄이 들어가니 [4]이에 유다가 대제사장들과 성전 경비대장들에게 가서 예수를 넘겨 줄 방도를 의논하매 [5]그들이 기뻐하여 돈을 주기로 언약하는지라 [6]유다가 허락하고 예수를 무리가 없을 때에 넘겨 줄 기회를 찾더라 [7]유월절 양을 잡을 무교절날이 이른지라 [8]예수께서 베드로와 요

한을 보내시며 이르시되 가서 우리를 위하여 유월절을 준비하여 우리로 먹게 하라 [9]여짜오되 어디서 준비하기를 원하시나이까 [10]이르시되 보라 너희가 성내로 들어가면 물 한 동이를 가지고 가는 사람을 만나리니 그가 들어가는 집으로 따라 들어가서 [11]그 집 주인에게 이르되 선생님이 네게 하는 말씀이 내가 내 제자들과 함께 유월절을 먹을 객실이 어디 있느냐 하시더라 하라 [12]그리하면 그가 자리를 마련한 큰 다락방을 보이리니 거기서 준비하라 하시니 [13]그들이 나가 그 하신 말씀대로 만나 유월절을 준비하니라 [14]때가 이르매 예수께서 사도들과 함께 앉으사(눅 22:3-14).

마 26:14. 그 때에 열둘 중의 하나인 가룟 유다라 하는 자가. 그리스도의 경고는 유다의 마음을 녹이거나 더 좋은 쪽으로 변화시키는 데에 별 소용이 없었기 때문에, 유다는 악한 자들과 거래하기 위하여 뒤도 돌아보지 않고 즉시 나가 버렸다. 그러나 마리아가 그리스도께 향유를 붓는 것을 보고서 이토록 극악무도한 범죄를 저지를 타당한 명분을 찾았다고 생각한 것, 그리고 그리스도의 경고의 말씀을 듣고서도 자기가 무슨 짓을 하고 있는지를 깨닫지 못한 것은 유다가 얼마나 어처구니없을 정도로 우매해져 있었는지를 보여주는 것이었다. 내 "장례"라는 말씀 앞에서 아무리 강철같이 단단한 마음도 녹아 내렸어야 마땅한 일이었다. 왜냐하면, 이 말씀으로부터 그리스도께서 인류의 구원을 위한 대속 제물로 자신을 드리고자 하신다는 것을 추론해 내는 것은 아주 쉬운 일이었을 것이기 때문이다. 그러나 우리는 유다라는 거울을 통해서 악한 욕망이 사람을 얼마나 눈멀게 하는지, 그리고 그 욕망이 사람의 마음을 얼마나 강력하게 사로잡아 버리는지를 본다. 유다는 도둑질하고자 하는 욕망으로 불타올라 있었고, 그런 일을 오래 하다 보니 그의 악은 단단히 굳어져 있었다. 그런데 이제 여기에서 더 이상 도둑질할 것이 없어지자, 그리스도께서 거룩한 경고의 말씀으로 만류하였음에도 불구하고, 유다는 생명의 근원이 되시는 하나님의 아들을 기만적으로 팔아서 죽음에 넘기는 일을 실행하기 위하여 거침없이 돌진한다.

그러므로 누가가 "유다에게 사탄이 들어가니"라고 명시적으로 말하고 있는 것은 옳다. 이것은 전에는 하나님의 영이 유다를 인도하였다는 뜻이 아니다. 왜냐하면, 만일 유다가 사탄의 종이 아니었다면, 그는 애당초 도둑질에 중독되지 않았을 것이기 때문이다. 따라서 이 표현을 통해서 누가는 유다가 이때에 완전히 사탄에게 사로잡혀서 필사적으로 그리스도를 죽이려고 광분하게 되었다는 것을 말하고

자 하는 것이다. 왜냐하면, 사탄은 매일 우리를 죄악들로 몰아가고, 우리를 지배하여 극히 악한 길로 내몰기는 하지만, 사탄이 버림받은 자들의 모든 지각을 장악하여, 하나님을 두려워하는 마음을 뒤엎어버리고, 이성의 빛을 꺼버리고, 수치심 자체를 없애 버릴 때, 우리는 사탄이 그들에게 "들어갔다"고 말할 수 있기 때문이다. 이런 극단적인 원수 갚으심은 하나님께서 오직 이미 멸망에 붙여진 자들에게만 집행하신다. 그러므로 우리는 빨리빨리 회개하여서, 우리가 오랜 기간 동안 완악함으로 인하여 사탄의 지배가 우리 안에서 견고해지는 일이 없게 하여야 한다. 왜냐하면, 일단 우리가 이 폭군에 지배당하게 되면, 그의 광분함은 끝이 없을 것이기 때문이다. 우리가 특히 주목할 것은 유다를 그토록 눈멀게 한 것이 "탐심"이라는 것이다. 이것은 바울이 "탐심"을 "일만 악의 뿌리"(딤전 6:10)라고 말한 것이 옳다는 것을 분명하게 보여준다. 여기에서 사탄이 유다에게 유형(有形)적으로 들어간 것인지 아닌지를 묻는 것은 쓸데없는 사변(思辨)일 뿐이다. 우리는 그런 질문을 하기보다는, 하나님의 형상을 따라 지음받아서 성령의 전이 되도록 되어 있던 사람이 더러운 돼지우리나 시궁창으로 변해 버린 것으로도 모자라서 사탄의 흉측한 처소가 되어 버린 것이 얼마나 기괴한 일인지를 깊이 생각해 보는 것이 마땅하다.

마 26:17. 무교절의 첫날에 제자들이 … 나아와서. 여기에서 우리에게 가장 먼저 떠오르는 질문은 어린 양을 잡기 전날이 왜 "무교절"이라는 이름을 얻게 되었느냐 하는 것이다. 왜냐하면, 율법에서는 어린 양을 먹을 때까지는 누룩의 사용을 금지하지 않았기 때문이다(출 12:18). 그러나 마가와 누가의 본문에서 분명하게 드러나듯이, 이 구절이 "유월절 양 잡는 날"에 대한 것임을 우리가 안다면, 그러한 난점은 금방 해결된다. 그러니까 이것은 유월절 어린 양을 죽여서 먹을 날이 가까이 다가오자, 제자들이 그리스도께 어디에서 "유월절 음식을 잡수시기"를 원하시는 것이냐고 여쭌 것이다.

그러나 여기에서 그리스도께서는 왜 온 민족이 공식적으로 유월절을 지킨 날보다 하루 앞서서 유월절을 지키신 것인가라는 더 어려운 질문이 생겨난다. 왜냐하면, 요한은 그리스도께서 십자가에 못 박히신 날은 유대인들에게 안식일의 준비일이 아니라 "유월절의 준비일"이었기 때문에(요 19:14), 그들이 다음 날 "더럽힘을 받지 아니하고 유월절 잔치를 먹고자 하여 관정에 들어가지 아니하였다"(요 18:28)고 분명하게 말하고 있기 때문이다. 나는 이 문제를 해결하기 위해서 여러 가지 편법을 동원하는 자들이 있다는 것을 알지만, 그런 편법들은 이 문제를 해결해 주지 못한다. 왜냐하면, 유대인들이 그리스도를 십자가에 못 박은 바로 그날은 유월절이 아니었다는 사실(만약 유월절에 사형을 집행하였다면, 그것은 불법이 되었을 것이다)과 그날은 "준비일"이어서 그들은 그리스도를 장사한 다음 날에 유월절 음식을 먹었다는 사실은 그 어떤 궤변으로도 바뀔 수 없기 때문이다. 우리는 이제 그리스도께서는 왜 하루 전날에 유월절을 지키신 것인지를 물어야 한다. 왜냐하면, 우리는 그리스도께서 율법의 규정을 어기고서 마음대로 이 예식을 행하였다고 생각할 수 없기 때문이다. 유대인들이 그리스도를 속히 없애고자 혈안이 되어 있었기 때문에 유월절을 하루 연기한 것이라고 주장하는 자들도 있지만, 마르틴 부처(Martin Bucer)는 그런 주장을 잘 반박하고 있고, 사실 그런 주장은 논거가 희박해서 스스로 무너질 수밖에 없다. 그러므로 나는 그리스도께서 율법이 정한 날에 유월절을 지키신 것인 반면에, 유대인들은 그들의 오랜 관습을 따라 유월절을 지킨 것임을 의심하지 않는다. 먼저, 그리스도께서 안식일 전날에 죽임을 당하셨다는 것은 의심의 여지가 없다. 왜냐하면, 그리스도께서 해지기 전에 서둘러서 인근에 있던 묘지에 장사된 것(요 19:42)은 해가 지고 나면 안식일이 되어 사람들이 일을 할 수 없었던 까닭이었음이 분명하기 때문이다. 또한, 유월절이나 다른 명절이 금요일에 해당되는 경우에, 유대인들은 이틀이나 연속해서 일을 하지 못하는 것은 무리라고 여겨서, 해당 명절을 다음 날로 연기하는 것이 오래된 관습이었다는 것은 누구나 다 인정하는 사실이다. 유대인들은 그들이 제멋대로 하나님의 명령을 변개(變改)하였다는 말을 듣지 않기 위해서, 이러한 규례는 바벨론의 포로생활에서 돌아온 직후에 하늘로부터 계시를 따라 정해진 것이라고 주장한다.

　당시에 두 가지 명절을 하루에 몰아서 지키는 것이 관습이었다면(유대인들이 스스로 인정하고, 그들의 옛 문헌들이 증명해 주듯이), 그리스도께서는 율법에서 정한 대로 안식일 전날에 유월절을 지킨 것일 가능성이 대단히 높다. 왜냐하면, 우리는 그리스도께서 율법에서 일점일획이라도 벗어나지 않으시려고 얼마나 주의를 기울이셨는지를 알기 때문이다. 그리스도께서 우리를 율법의 멍에에서 구하시기 위하여 스스로 율법 아래 들어가기로 결심하였기 때문에 마지막 순간까지 철저하게 율법을 지키셨다. 그러므로 그리스도께서는 만약 그가 하나님이 정하신 율례를 범하여 악한 자들의 비방거리가 되느니 차라리 외적인 예식을 생략하는 쪽을 택하셨을 것이다. 유대인들은 유월절 다음 날이 안식일인 경우에는 이틀이 아니라 오직 하루만 일을 쉬었고, 이것은 랍비들이 정한 것임을 부인하지 않는다. 이것으로부터 우리는 그리스도께서 사람들의 통상적인 관습을 따르지 않으신 것은 율법에 어긋나는 것을 하고자 하지 않으셨기 때문이라는 결론을 얻게 된다.

마 26:18. 성안 아무에게 가서. 마태는 "아무개"라고 특정한 인물을 구체적으로 언급하는 반면에, 다른 두 복음서 기자는 그리스도께서 단지 "물 한 동이를 가지고 가는 사람"이라는 징표만을 주시고서 그의 제자들을 미지(未知)의 인물에게로 보내셨다고 말한다. 그러나 이러한 차이는 쉽게 해결된다. 왜냐하면, 마태는 이 이적을 생략한 까닭에 당시에는 제자들에게 알려져 있지 않았지만 나중에는 알려지게 된 그 인물을 구체적으로 언급한 것이기 때문이다. 제자들은 그 사람의 집에 도착했을 때에 그 사람이 그들이 알고 있던 사람이라는 것을 알았을 것임에 틀림없다. 그리스도께서는 그의 제자들을 통해서 그 사람에게 "선생님"이 그 자신과 그의 제자들이 묵을 곳을 준비해 두라고 명하셨다고 전하게 하시고, 그 사람은 즉시 그 명령에 순종한다. 그리스도께서 이 일을 지시하실 수도 있으셨지만, 하나의 이적을 통해서 그의 제자들을 그 사람에게 인도하시는 쪽을 택하신 것은 그들이 얼마 후에 그리스도께서 연약한 상태로 돌아가서서 죽임을 당하시는 모습을 보았을 때에 이 이적의 증거를 의지 해서 그들의 믿음이 떨어지지 않고 견고히 지켜지게 하시기 위한 것이었다. 그리스도께서 죽임을 당하시기 불과 몇 시간 전에 그가 하나님이시라는 의심할 여지 없는 증거를 보여주심으로써, 그들로 하여금 그가 어쩔 수 없이 죽임을 당하신 것이 아니라, 자원해서 자신을 죽음에 내어주신 것임을 알게 하신 것은 그들의 믿음을 견고히 하는 데에 결코 적지 않은 힘이 되었다. 이 이적은 그들이 그리스도의 죽음을 보고서 놀라고 지쳐 있던 때에는 별 유익이 없었겠지만, 그들은 나중에 이 이적을 기억하고서 힘을 얻었을 것이다. 마찬가지로, 오늘날에도 우리가 십자가라는 걸림돌을 뛰어넘기 위해서는 그리스도께서 죽으시기 직전에도 육신의 연약함과 더불어서 신성(神性)의 영광이 그에게서 나타났다는 것을 아는 것은 대단히 중요하다.

마 26:18. 내 때가 가까이 왔으니. 그리스도께서는 율법에 따라서 정확히 유월절을 지키셨으면서도, 제멋대로 했다는 비난을 피하시기 위하여 이런 이유를 의도적으로 덧붙이시는 것으로 보인다. 그러므로 그리스도께서는 그가 더 큰 제사를 드리도록 부르심을 받고 있기 때문에, 사람들의 관습을 따르지 않고서 서둘러야 하는 이유들이 있다고 말씀하고 계시는 것이다. 그렇지만, 앞서 말했듯이, 그리스도께서는 유월절 규례를 변개(變改)하고자 하신 것이 아니라, 단지 아버지께서 정하신 일을 그가 기쁜 마음으로 서둘러 행하고자 한다는 것을 그의 제자들에게 알게 하시기 위하여, 그가 죽을 때가 가까이 왔다고 거듭거듭 말씀하시는 것이다. 또한, 그리스도께서 유월절이라는 그림자를 그 본체이신 자기와 결부시키시는 것은, 믿는 자들에게 그가 실제로 이루신 일을 옛적의 그림자들과 비교해 보라고 권하시는 것이다. 이러한 비교는 그리스도의 죽음의 능력과 효력을 보여주기에 아주 적절한 것이었다. 왜냐하면, 하나님께서 유대인들에게 유월절을 지키라고 명하신 것은 단지 그들에게 옛적에 있었던 구원을 상기시키시기 위한 것이 아니라, 그들로 하여금 장차 있을 그리스도에 의한 더 큰 구원을 바라도록 하시기 위한 것이었기 때문이다. 바울이 "우리의 유월절 양 곧 그리스도께서 희생되셨느니라"(고전 5:7)고 말한 것도 바로 그런 취지이다.

마 26:19. 제자들이 예수께서 시키신 대로 하여. 우리는 제자들이 그리스도의 명령에 기꺼이 따른 것이 그들의 거룩한 순복(順服)의 증거라는 것을 주목하여야 한다. 왜냐하면, 그들은 그리스도께서 도처에서 멸시를 받고 심지어 미움을 받기까지 한다는 것을 잘 알고 있었던 까닭에, 그들이 알지 못하는 한 사람을 찾아내어서, 그들의 주님이 명하신 것을 그 집 주인으로부터 과연 얻어낼 수 있을지에 대하여 그들 속에서 의심이 생겨나는 것이 어쩌면 자연스러운 일이었을 것이기 때문이다. 그렇지만 그들은 결과에 대하여 미리 걱정하거나 염려하지 않고, 순순히 그리스도의 명령을 따랐다. 우리의 믿음이 하나님의 인정을 받고자 한다면, 우리는 제자들의 이러한 모범을 따라서 오직 하나님의 명령만을 의지하고서 앞으로 나아가고, 하나님의 약속이 이루어질 것을 믿고서 지나친 염려나 걱정에 빠지지 않아야 한다.

마 26:20. 저물 때에 예수께서 … 앉으셨더니. 그리스도께서 "앉으신" 것은 유월절을 위한 것이 아니라, 유월절 예식을 끝내고 만찬을 하시기 위한 것이라는 것이 나의 해석이다. 왜냐하면, 유월절 식사는 곧 길을 떠날 사람들처럼 서서 "발에 신을 신고 손에 지팡이를 잡고 급히 먹게"(출 12:11) 되어 있었기 때문이다. 따라서 복음서 기자들도 "저물 때에"라고 말한다. 왜냐하면, 유대인들은 해가 저물었을 때에야 어린 양을 잡아서 그 고기를 구워서 먹었기 때문이다.

[21]그들이 먹을 때에 이르시되 내가 진실로 너희에게 이르노니 너희 중의 한 사람이 나를 팔리라 하시니 [22]그들이 몹시 근심하여 각각 여짜오되 주여 나는 아니지요 [23]

대답하여 이르시되 나와 함께 그릇에 손을 넣는 그가 나를 팔리라 ^{24}인자는 자기에 대하여 기록된 대로 가거니와 인자를 파는 그 사람에게는 화가 있으리로다 그 사람은 차라리 태어나지 아니하였더라면 제게 좋을 뻔하였느니라 ^{25}예수를 파는 유다가 대답하여 이르되 랍비여 나는 아니지요 대답하시되 네가 말하였도다 하시니라 (마 26:21-25).

^{18}다 앉아 먹을 때에 예수께서 이르시되 내가 진실로 너희에게 이르노니 너희 중의 한 사람 곧 나와 함께 먹는 자가 나를 팔리라 하신대 ^{19}그들이 근심하며 하나씩 하나씩 나는 아니지요 하고 말하기 시작하니 ^{20}그들에게 이르시되 열둘 중의 하나 곧 나와 함께 그릇에 손을 넣는 자니라 ^{21}인자는 자기에 대하여 기록된 대로 가거니와 인자를 파는 그 사람에게는 화가 있으리로다 그 사람은 차라리 나지 아니하였더라면 자기에게 좋을 뻔하였느니라 하시니라(막 14:18-21).

^{15}이르시되 내가 고난을 받기 전에 너희와 함께 이 유월절 먹기를 원하고 원하였노라 ^{16}내가 너희에게 이르노니 이 유월절이 하나님의 나라에서 이루기까지 다시 먹지 아니하리라 하시고 … ^{21}그러나 보라 나를 파는 자의 손이 나와 함께 상 위에 있도다 ^{22}인자는 이미 작정된 대로 가거니와 그를 파는 그 사람에게는 화가 있으리로다 하시니 ^{23}그들이 서로 묻되 우리 중에서 이 일을 행할 자가 누구일까 하더라(눅 22:15-16, 21-23).

마 26:21. 너희 중의 한 사람이 나를 팔리라. 유다의 배신이 얼마나 가증스러운 것인지를 보여주시기 위하여, 그리스도께서는 유다가 그와 더불어서 거룩한 식사 자리에 앉아 있으면서도 그를 팔 궁리를 하고 있었다는 사실을 지적하신다. 차라리 외부인이 그런 일을 하였더라면, 그것은 좀 더 쉽게 용납될 수 있는 일이었을 것이다. 그러나 그리스도의 가까운 벗들 중의 하나가 그런 일을 꾸몄다는 것, 게다가 그런 자가 더럽고 추악한 거래를 끝내고 나서 저 거룩한 만찬에 버젓이 앉아 있었다는 것은 정말 가공할 정도로 기괴한 일이었다. 그래서 누가는 역접(逆接)의 불변화사를 사용해서, "그러나 보라 나를 파는 자의 손이 나와 함께 상 위에 있도다"라고 보도한다. 누가는 만찬이 끝난 후에 그리스도께서 이 말씀을 하신 것으로 보도하고 있지만, 우리가 익히 알고 있듯이, 복음서 기자들은 흔히 시간상의 순서를 무시하기 때문에, 우리는 그리스도께서 이 말씀을 언제 하신 것인지를 확실하게 알 수는 없다. 그렇지만 그리스도께서 그의 제자들에게 그의 살과 피를 나눠 주셨을 때에 유다가 거기에 있었을 가능성이 높다는 것을 나는 부정하지 않는다.

마 26:22. 그들이 … 각각 여짜오되. 제자들은 너무나 놀라서 겁에 질려서 이유 없이 불안해한 것이 아니라, 그리스도께서 말씀하신 범죄가 너무나 끔찍해서 그 혐의를 빨리 벗고자 한 것이라고 나는 생각한다. 사실, 그들이 간접적으로 책망을 받았을 때에 화를 내며 주님께 대들지 않고, 주님을 그들의 재판장으로 세우고서 (우리가 바라는 것은 주님의 입으로 무죄를 선고 받는 것이 되어야 마땅하기 때문에), 그들의 선한 양심을 의지하여, 그들이 각각 자기가 그런 범죄를 꾸밀 자가 아니라는 것을 솔직하게 밝히고자 한 것은 그들이 주님을 공경하고 있음을 보여주는 증거였다.

마 26:23. 대답하여 이르시되. 이 대답을 통해서 그리스도께서는 그들의 의심을 제거해 주시거나 유다를 지목하지 않으시고, 단지 방금 전에 하신 말씀, 즉 식탁에 앉아 있는 그의 벗들 중의 하나가 그를 팔 것이라는 말씀을 재확인해 주실 뿐이다. 그리스도께서 그들에게 이 범죄의 극악무도함을 곰곰이 생각하는 시간을 주시기 위해 그들을 잠시 긴장되고 당혹스러운 상태로 내버려 두신 것을 그들은 힘들다고 생각했겠지만, 이것은 그들에게 또 다른 유익을 가져다주었다. 즉, 나중에 그들은 "내 떡을 나눠 먹던" 자가 "나를 대적하여 그의 발꿈치를 들었나이다"(시 41:10)라고 말한 시편 기자의 예언이 이루어졌다는 것을 알게 되었다. 게다가, 그리스도께서는 유다라는 인물을 내세우셔서, 모든 세대에서 그를 따르는 자들에게 "가까운 친구들"이 그들을 배신했다고 해서 낙심하거나 풀이 죽어서는 안 된다는 것을 교훈하고자 하셨다. 왜냐하면, 온 교회의 머리 되신 그리스도께서 겪으신 것과 동일한 일이 그의 지체들인 우리에게도 일어나게 될 것은 너무나 당연하기 때문이다.

마 26:24. 인자는 … 가거니와. 여기에서 그리스도께서는 경건한 자들의 마음을 크게 동요시킬 수도 있었던 걸림돌을 제거해 주신다. 왜냐하면, 하나님의 아들이 수치스럽게도 제자에 의해서 배신을 당하여, 광분하는 원수들에게 넘겨져 끌려가서 욕된 죽음을 당하게 된 것이라고 한다면, 그것보다 더 어이없고 한심한 일은 없을 것이기 때문이다. 하지만 그리스도께서는 이 모든 일이 오직 하나님의 뜻에 의해서 일어나는 것임을 분명하게 선언하시고, 성경의 증언을 통해서 하나님의 이러한 작정하심(decretum)을 증명하신다. 왜냐하면, 실제로 하나님께서는 전에 그의 선지자의 입술을 통해서 그가 무슨 일을 작정하셨는지를 계시하셨기 때문이다.

이제 우리는 그리스도께서 이런 말씀을 하시는 의도가 무엇인지를 알게 되었다. 즉, 그것은 제자들이 지금 일어나고 있는 일이 하나님의 섭리에 의한 것임을 알고서, 그리스도의 삶이나 죽음이 우연에 의해서 결정된 것이라고 오해하지 않도록 하시기 위한 것이었다. 그러나 이 가르침이 주는 유익은 거기에서 그치지 않고 훨씬 더 멀리까지 미친다. 왜냐하면, 그리스도께서 우연히 사람들에게 끌려가서 십자가 위에서 죽임을 당하신 것이 아니라, 이 대속의 제사는 하나님이 세상 죄를 속하시기 위하여 영원 전부터 작정하신 것임이 확실해져야만, 그리스도의 죽음으로 인한 대속의 열매가 우리에게서 온전히 견고해질 수 있기 때문이다. 그리스도께서 그의 순종을 통해서 아버지 하나님의 진노를 제거하신 것이 아니라면, 어떻게 우리가 하나님과 화목하게 되는 것이 가능하겠는가? 그러므로 우리는 유다 자신을 비롯해서 모든 악한 자들이 그들 나름대로의 다른 목적을 지니고서 어떤 일들을 수행한다고 할지라도, 그들의 뜻과는 달리 그들의 그 일들을 통해서 하나님의 섭리가 이루어진다는 사실을 늘 마음에 담아두어야 한다. 따라서 우리는 그리스도께서 고난을 받으신 것은 그러한 대속의 제사가 하나님을 기쁘시게 하는 일이었기 때문이라는 것을 확고한 사실로 알고서 늘 붙잡지 않으면 안 된다.

그렇지만 그리스도께서는 유다가 하나님이 미리 정하신 일을 행한 것이라고 해서, 유다에게 잘못이 없다고 말씀하시는 것이 결코 아니다. 왜냐하면, 하나님이 그의 의로우신 심판으로 인하여 우리의 구속(救贖)의 대가로 그의 아들의 죽음을 작정하셨다고 할지라도, 유다는 기만과 탐욕에 가득 차서 그리스도를 팔음으로써 하나님의 의로우신 단죄를 자초한 것이기 때문이다. 요컨대, 하나님이 세상을 구속하시기로 작정하신 것과 유다가 악한 변절자가 된 것은 전혀 별개의 일이라는 말이다. 이것으로부터 우리는 사람이 하나님께서 정하신 일 외에는 아무것도 할 수 없다고 할지라도, 그가 악한 욕망에 이끌려 범죄한 것이라면, 그는 그 범죄에 대한 책임을 면할 수 없다는 것을 알게 된다. 왜냐하면, 하나님은 눈에 보이지 않는 재갈을 통해서 사람들을 그들이 알지 못하는 하나님의 뜻을 이루도록 이끄시지만, 그들은 하나님의 명령에 순종하여 행하는 것이 전혀 아니기 때문이다. 하나님은 그의 섭리를 통해서 사람들의 일을 이끌어나가시기 때문에 하나님의 뜻과 명령을 벗어나서 행해지는 일은 결코 존재하지 않지만, 다른 한편으로는 그가 작정하신 일을 이루시기 위하여 사용하신 버림받은 자들을 단죄하신다는 이 두 가지 명제는 인간의 이성에는 서로 모순되는 것처럼 보일 수밖에 없다. 그러나 이 구절 속에서 그리스도께서는 유다가 하나님을 거슬러 행하고자 하는 일이 하나님에 의해서 미리 정해진 것임에도 불구하고, 유다에 대하여 "화"를 선포하심으로써 이 두 명제가 서로 모순되지 않는다는 것을 보여주신다. 왜냐하면, 유다가 그리스도를 판 행위는, 엄밀하게 말해서, 하나님의 일을 한 것이 아니고, 단지 하나님께서 유다의 변절(變節)을 사용하셔서 자신의 목적을 이루신 것에 지나지 않기 때문이다. 나는 일부 주석가들이 이 바위 같이 단단한 난제를 피하기 위해서 어떤 식으로 애쓰는지를 잘 알고 있다. 그들은 유다의 행위를 통해서 성경에 "기록된" 것이 이루어졌다는 것은 하나님이 이 모든 일을 미리 알고 계셨다는 것이 증명된 것이라고 주장한다. 이런 식으로 그들은 그들에게 뭔가 가혹해 보이는 가르침을 부드럽게 순화시키기 위하여, 하나님의 작정하심(decretum)을 빼고 그 자리에 하나님의 미리 아심(praescientia)을 집어넣어서, 마치 하나님이 장래의 사건들을 그의 뜻대로 이끌어 가시는 것이 아니라, 단지 멀리서 바라보기만 하시는 것처럼 바꾸어 놓는다. 그러나 성령께서 이 문제를 해결하시는 방식은 그런 것과는 전혀 다르다. 왜냐하면, 성령은 그리스도께서 배신을 당하시리라는 것은 단지 성경에 "기록된" 일일 뿐만 아니라 하나님이 그렇게 작정하신 것이라고 말씀하시기 때문이다. 마태나 마가는 단지 성경에 "기록된 대로"라고 말하는 반면에, 누가는 "이미 작정된 대로"라고 말함으로써, 우리로 하여금 하나님의 작정하심을 주목하게 만든다. 또한, 누가는 사도행전에서도 그리스도께서 "하나님께서 정하신 뜻과 미리 아신 대로 내준 바 되었다"(행 2:23)는 것, 그리고 조금 후에는 "헤롯과 본디오 빌라도"가 다른 악한 자들과 "합세하여 하나님의 권능과 뜻대로 이루려고 예정하신 그것을 행하였다"(행 4:27-28)는 것을 보여준다. 이것으로부터 분명한 것은 단지 하나님의 미리 아심만을 주장하는 것은 진실을 회피하고 도망하고자 하는 무지한 편법이라는 것이다.

마 26:24. 그 사람은 차라리 태어나지 아니하였더라면 제게 좋을 뻔하였느니라. 이 말씀 속에서 우리는 차라리 태어나지 않는 편이 더 좋았을 뻔하였다는 말이 저절로 나올 정도로 무시무시한 보복이 악인들을 기다리고 있다는 사실을 알게 된다. 그렇지만 이 세상에서의 삶은 비록 지나가는 것이고 수많은 괴로움들로 가득 차 있다고 할지라도 하나님이 주신 이루 말할 수 없이 귀한 선물이다. 또한, 이 말씀을 통해서 우리는 하나님의 귀한 선물들을 무용지물로 만들어 버리고 그것들을 멸망하게 하는 것들로 변질시켜서 차라리 하나님의 선하심을 맛보지 않는 편이 더 좋았을 뻔하였다는 말이 나오게 만드는 자들의 악(惡)이 얼마나 가증스러운 것인지를 알게 된다. 하지만 우리가 주목해서 보아야 할 말씀은 "그 사람은 차라리 태어나지 아니하였더라면 제게 좋을 뻔하였느니라"는 말씀이다. 왜냐하면, 유다의 처지는 비참한 것이었지만, 하나님이 그를 지으신 것은 선한 일이었기 때문이고, 솔로몬이 "여호와께서 온갖 것을 그 쓰임에 적당하게 지으셨나니 악인도 악한 날에 적당하게 하셨느니라"(잠 16:4)고 말한 것처럼, 하나님은 버림받은 자들을 멸망하도록 정하심을 통해서도 자신의 영광을 나타내시기 때문이다. 따라서 내가 앞서 말했듯이, 사람들의 생각과 행위들을 주관하시는 하나님의 은밀한 통치가 의로우시고 온갖 비난과 의심에서 자유로우시다는 것이 이런 식으로 증명된다.

마 26:25. 예수를 파는 유다가 대답하여 이르되. 우리는 자기가 잘못했음을 알고서 두려워 떠는 자들이 두려움과 내면의 고통을 겪으면서도 거기에 우매함이 뒤섞여 있어서 자신의 잘못을 단호하게 부인하는 것을 종종 본다. 그러나 결국 그들은 그들의 뻔뻔스러움을 통해서 단지 그들의 숨겨진 악만을 드러낼 뿐이다. 유다도 그랬다. 악한 양심이 그를 만류하였지만, 그는 가만히 침묵하고 있을 수 없었다. 왜냐하면, 그의 내면의 사형집행인이 그를 몹시 괴롭히고 두려움과 염려로 압도하였기 때문이다. 그리스도께서는 유다의 대답 속에서 그의 어리석은 성급함을 보시고서, 그에게 그가 감추고자 하는 그 범죄를 다시 한 번 심사숙고해 보라고 부탁하신다. 그러나 유다의 마음은 이미 마귀의 광분(狂奔)에 사로잡혀 있었기 때문에 그런 부탁을 받아들일 수 없었다. 이 예를 통해서 우리는 악인들은 뻔뻔스러운 변명을 통해서 그들에 대한 심판을 더욱 앞당길 뿐임을 알게 된다.

²⁶그들이 먹을 때에 예수께서 떡을 가지사 축복하시고 떼어 제자들에게 주시며 이르시되 받아서 먹으라 이것은 내 몸이니라 하시고 ²⁷또 잔을 가지사 감사 기도 하시고 그들에게 주시며 이르시되 너희가 다 이것을 마시라 ²⁸이것은 죄 사함을 얻게 하려고 많은 사람을 위하여 흘리는 바 나의 피 곧 언약의 피니라 ²⁹그러나 너희에게 이르노니 내가 포도나무에서 난 것을 이제부터 내 아버지의 나라에서 새것으로 너희와 함께 마시는 날까지 마시지 아니하리라 하시니라 ³⁰이에 그들이 찬미하고 감람 산으로 나아가니라(마 26:26-30).

²²그들이 먹을 때에 예수께서 떡을 가지사 축복하시고 떼어 제자들에게 주시며 이

르시되 받으라 이것은 내 몸이니라 하시고 ²³또 잔을 가지사 감사 기도 하시고 그들에게 주시니 다 이를 마시매 ²⁴이르시되 이것은 많은 사람을 위하여 흘리는 나의 피 곧 언약의 피니라 ²⁵진실로 너희에게 이르노니 내가 포도나무에서 난 것을 하나님 나라에서 새 것으로 마시는 날까지 다시 마시지 아니하리라 하시니라 ²⁶이에 그들이 찬미하고 감람 산으로 가니라(막 14:22-26).

¹⁷이에 잔을 받으사 감사 기도 하시고 이르시되 이것을 갖다가 너희끼리 나누라 ¹⁸내가 너희에게 이르노니 내가 이제부터 하나님의 나라가 임할 때까지 포도나무에서 난 것을 다시 마시지 아니하리라 하시고 ¹⁹또 떡을 가져 감사 기도 하시고 떼어 그들에게 주시며 이르시되 이것은 너희를 위하여 주는 내 몸이라 너희가 이를 행하여 나를 기념하라 하시고 ²⁰저녁 먹은 후에 잔도 그와 같이 하여 이르시되 이 잔은 내 피로 세우는 새 언약이니 곧 너희를 위하여 붓는 것이라(눅 22:17-20).

누가는 그리스도께서 제자들에게 잔을 두 차례 주셨다고 보도하기 때문에, 우리는 먼저 이것이 동일한 사건을 두 번 반복해서 기록한 것인지(복음서 기자들이 종종 그렇게 하듯이), 아니면 그리스도께서 잔을 드신 후에 나중에 다시 한 번 동일한 일을 반복하신 것인지를 물어 보아야 한다. 나는 후자의 가능성이 더 높다고 본다. 왜냐하면, 우리는 성조(聖祖)들이 제사를 드리면서 잔을 마시는 엄숙한 의식을 행하였음을 알고 있기 때문이다. "내가 구원의 잔을 들고 여호와의 이름을 부르며"(시 116:13)라는 시편 기자의 말이 이것을 보여준다. 그러므로 나는 그리스도께서 옛 관습을 좇아 거룩한 만찬에서 잔을 드셨다는 것을 의심하지 않는다. 왜냐하면, 그런 식으로 하지 않으면, 이 거룩한 만찬은 올바르게 지켜질 수 없었을 것이기 때문이다. 누가는 유월절 양을 먹는 만찬과는 완전히 다른 제도였던 새 신비(novum mysterium)에 관한 기사(記事)로 넘어가기 전에, 이 점을 분명하게 언급한다. 또한, 본문에서는 그리스도께서 "잔을 받으신" 후에 "감사의 기도를 드리셨다"고 분명하게 언급하는데, 이것도 조상 때로부터 내려온 통상적인 관습과 일치하는 것이었다. 그리스도께서 식탁에 앉으실 때마다 반드시 하나님의 이름을 부르시는 것이 그의 습관이셨기 때문에, 나는 그가 식사 전에 기도를 하셨다는 것을 의심하지 않는다. 그런 후에, 그리스도께서는 성만찬에서 잔과 관련된 의식(儀式)을 빠뜨리지 않으시기 위해서, 우리가 방금 전에 본 것처럼, 잔을 들고 마시는 거룩한 행위를 다

시 한 번 행하기를 원하셨다.

마 26:26. 그들이 먹을 때에. 나는 이 말씀이 이 새롭고 더 뛰어난 만찬이 옛 유월절 만찬에 뒤섞여 버렸다는 뜻이라기보다는 옛 만찬이 종언(終焉)을 고했음을 뜻하는 것이라고 본다. 이 점은 그리스도께서 "저녁 식사 후에 잔을 주셨다"고 보도하고 있는 누가 본문에서 좀 더 분명하게 드러난다. 왜냐하면, 하나의 동일한 신비(神秘)가 도중에 중단되었다가 다시 시작되었다고 보기는 어렵기 때문이다. 그러므로 나는 그리스도께서 떡을 나누신 후에 즉시 잔도 주셨다는 것을 의심하지 않는다. 그리고 나는 누가가 잔에 대하여 말한 것은 떡에 대해서도 적용된다고 생각한다. 그러므로 그들이 식사할 때, 그리스도께서 "떡을 가지사" 그들을 새로운 만찬에 참여하도록 초대하셨다. 그리스도께서 드리신 감사 기도는 이 신비를 묵상하게 하기 위한 일종의 준비 과정이었다. 이렇게 해서 만찬이 끝났을 때, 그들은 거룩한 떡과 포도주를 맛본 것이었다. 왜냐하면, 그리스도께서는 그들이 모두 생생하게 이토록 고상한 신비를 경험할 수 있게 해주시기 위하여, 먼저 그들을 무감각함과 무기력에서 깨어나게 해주셨기 때문이다. 영적인 생명에 대한 이 분명한 증언은 그림자와 같이 희미하였던 옛것과는 구별되는 것이 마땅하였다.

마 26:26. 예수께서 떡을 가지사. 오늘날 유대인들이 지키고 있는 관습이 당시에도 통용되었는지는 확실치 않다. 그 관습이라는 것은 가장(家長)이 일상적으로 먹는 떡 덩어리에서 한 조각을 떼어 식탁보 밑에 감추었다가 나중에 그것을 조각내어 가족들에게 나누어 주는 것이다. 그러나 이것은 하나님의 명령에 근거하지 않은 인간의 전통(humana traditio)이기 때문에, 우리는 그 기원을 탐구하기 위해서 지나치게 열심을 낼 필요는 없다. 그것은 주님의 성만찬이 지닌 신비를 희석시키기 위해서 나중에 사탄이 꾸며낸 속임수였을 가능성이 있다. 그리고 비록 그러한 의식(儀式)이 당시 유대인들 사이에 퍼져 있었던 것이라 하더라도, 그리스도께서 그 보편적인 관습을 따르신 것은 떡의 용도를 다른 목적으로 전용(轉用)함으로써 그를 따르는 자들의 마음을 떡이 아닌 다른 어떤 대상으로 돌리기 위한 것이었다. 적어도 그리스도께서 이때에 율법의 비유들을 폐하시고 새로운 성례전(novum sacramentum)을 제정하셨다는 사실은 논란의 여지가 없다.

마 26:26. 축복하시고. 마태와 마가가 '율로게사스'(εὐλογήσας, "축복하시고")라는 단어를 쓰는 반면에, 누가는 그 자리에 '유카리스테사스'(εὐχαριστήσας, "감사 기도 하시고")라는 단어를 쓰고 있지만, 그 의미에 대해서는 그 어떤 의심도 있을 수 없다. 마태와 마가도 나중에 뒤에서 잔과 관련하여 "감사기도 하시고"라는 단어를 쓰고 있기 때문에, 이것들은 앞에 나온 단어를 충분히 명료하게 설명해 준다. 그런데도 교황주의자들이 그리스도께서 마치 축귀술(逐鬼術)이라도 사용하신 것처럼 해석하여 십자 성호(聖號)를 그으면서 축복하는 것은 참으로 어처구니없는 무지(無知)의 소치임을 보여주는 것이다. 우리는 내가 방금 전에 한 말, 즉 이 감사기도는 영적 신비와 관련되어 있는 것임을 상기해야 한다. 신자들이 이 덧없는 인생살이에서 그들을 돌보아 주시는 하나님께 감사를 드려야 한다는 것은 당연한 일이지만, 그리스도께서는 단지 일용할 양식과 관련해서 감사하신 것이 아니라, 이 거룩한 행위 속에서 인류의 영원한 구원을 바라보고서 하나님께 감사기도를 드리신 것이었다. 뱃속으로 들어가는 음식을 갖고도 우리가 하나님 아버지의 자애로우심을 찬송하지 않을 수 없을진대, 하물며 하나님이 우리의 영혼을 영적으로 먹이신다는 것을 생각하였을 때, 우리 속에서 하나님께 감사기도 하고자 하는 마음이 어찌 불일듯이 일어나지 않겠는가?

마 26:26. 받아 먹으라. 나는 여기에서 주님이 제정하신 성찬의 성격과 내용, 그리고 그 목적과 효용에 대해서 장황하지 않게 복음서 기자들이 전해 준 한도 안에서만 간략하게 살펴보고자 한다. 우리의 눈에 가장 먼저 들어오는 것은 그리스도께서 제자들이 한 무리를 이루어 참여하는 성찬을 제정하셨다는 것이다. 이것으로부터 우리는 어떤 사람이 무리들과 떨어져서 자기만 따로 성찬을 먹는 것은 마귀가 고안해 낸 것이라는 결론을 얻는다. 떡을 모든 사람이 다 있는 데서 나누고서는, 한 개인이 그것을 혼자 따로 먹는다는 것보다 더 이상한 일이 어디에 있겠는가? 교황주의자들은 그들의 미사 속에 주님의 성만찬의 실체가 있다고 자랑하지만, 실제로 그들의 미사의 성격을 보면, 그들이 사적인 미사를 거행할 때마다, 그들은 마귀 앞에 수많은 트로피들을 갖다 바쳐서 주님의 성찬을 매장시키고 있는 것이다.

이 말씀은 그리스도께서 성찬을 통해서 우리에게 어떤 종류의 제사를 권하시는지를 가르쳐 준다. 그리스도께서는 그의 제자들에게 "받으라"고 명하신다. 그러므로 주시는 분은 오직 그리스도뿐이시다. 그러므로 교황주의자들이 성찬에서 그들이 그리스도를 성도들에게 주는 것이라고 생각하는 것은 출발점 자체가 정반대임을 보여준다. 그리스도의 몸을 "받으라"는 명령을 받은 죽을 수밖에 없는 존재인 인간이 도리어 그리스도의 몸을 성도들에게 주는 것이 성찬에서 그들에게 맡겨진 직임이라고 주장할 때, 그것은 본말(本末)이 완전히 전도(顚倒)된 해괴한 일이다.

이렇게 해서 스스로 제사장이 된 사제가 하나님께 하나님의 아들을 제물로 바친다. 지금 나는 그들의 날조된 제사가 얼마나 많은 신성모독적인 행위들로 가득 차 있는지를 자세하게 따질 생각이 없고, 여기에서는 단지 그들의 제사는 그리스도께서 제정하신 것과는 아무런 상관이 없으며, 도리어 정반대가 된다는 것을 밝히는 것만으로 충분할 것이다.

마 26:26. 이것은 내 몸이니라. 어떤 이들은 이 말씀을 통해서 떡이 성별(聖別)되어서 그리스도의 살의 상징이 되었다고 보는데, 나는 "성별되었다"는 말의 의미를 제대로 그리고 적절한 의미로 이해하기만 한다면, 이 견해에 대하여 시비를 걸 생각이 없다. 즉, 그리스도께서 원래 육신의 양식이었던 떡을 취하셔서 다른 용도를 위해서 성별하셨을 때에 그 떡은 영혼의 양식이 되기 시작한다. 이것이 교회의 옛 박사들이 말한 "변화"(conversio)이다. 그러나 아울러 우리가 알아야 할 것은 떡은 사제가 주문을 외우면서 숨을 불어넣는 행위를 통해서가 아니라 신앙의 분명한 가르침에 의해서 성별된다는 것이다. 죽은 물질에 대하여 그것을 성별하는 말씀을 선포할 때, 그것은 분명히 일종의 주술이다. 왜냐하면, 떡은 그 자체가 아니라 우리에 대하여 그리스도의 몸의 상징이 되기 때문이다. 요컨대, 성별이라는 것은 주님께서 세상의 썩어질 물질이 우리에 대하여 영적인 작용을 하도록 정하시는 엄숙한 증언에 다름 아니라는 것이다. 이것은 성도들이 주님의 명령과 약속을 똑똑히 듣고서 믿음으로 합하지 않는다면, 이런 일은 일어날 수 없다. 이것으로부터 다시 분명해지는 것은 교황주의자들이 낮은 소리로 중얼거리고 숨을 불어넣는 것은 이 신비를 더럽히는 사악한 행위라는 것이다. 그리스도께서 "이것이 나의 몸이다"라고 우리에게 선포하심으로써 떡을 성별하실 때, 우리는 떡에 그 어떤 본성의 변화가 있다고 생각해서는 안 되고, 단지 그 떡이 새로운 용도를 위하여 구별된 것이라고 믿어야 한다. 만약 화체설(化體說)이라는 괴물이 등장한 이래로, 세상이 오랫동안 마귀의 교묘한 속임수에 홀려서, 이 말씀들에 대한 참된 해석이 허용되지 않는 상황이 벌어지지 않았더라면, 사실 이 말씀들의 의미를 논하는 일에 많은 시간을 들일 필요가 전혀 없었을 것이다.

그리스도께서는 떡이 그의 몸이라고 선언하신다. 이 말씀은 성례전과 관련이 있다. 우리는 성례전은 가시적인 표징(visibile signum)에 있고, 표징은 그것의 실체(veritas)를 표상하는 가운데에 그 실체와 연결되어 있다는 것을 알아야 한다. 또한, 우리가 알아야 하는 것은 표상되고 있는 것의 이름이 표징 자체로 옮겨간다는 것이다. 그러므로 성경을 어느 정도 아는 자는 우리가 성례전적 표현 양식을 대유법(代喩法)으로 보고서 해석해야 한다는 것을 부인하지 못할 것이다. 나는 성경에 흔히 등장하는 일반적인 비유법들에 대해서는 그냥 넘어가고, 이 한 가지만을 말해 두고자 한다. 즉, 외적인 표징이 그것이 표상하는 것으로 불릴 때, 일반적으로 그것은 환유법이 사용된 예라고 할 수 있다는 것이다. "세례"가 "중생의 씻음"이라 불리고(딛 3:5), 광야에서 조상들에게 물이 흘러나왔던 "바위"가 "그리스도"라 불리며(고전 10:4), "비둘기"가 "성령"이라 불린다면(요 1:32), 표징들이 그것들이 표상하는 것들의 이름으로 불리고 있다는 것을 그 누구도 부인하지 못할 것이다. 그러므로 하나님의 말씀을 받든다고 고백하는 자들이 우리가 모든 성례전에 공통적으로 적용되는 것을 성찬에 적용하는 것을 용납하지 않는다면, 그것이 말이 되겠는가? 그들은 문자 그대로의 단순한 의미를 선호한다. 그렇다면 동일한 규칙이 모든 성례전에 적용되지 못할 이유가 어디에 있겠는가? 만약 그들이 광야의 그 "바위"가 본질에 있어서 그리스도이었음을 인정하지 않는다면, 그들이 우리에게 퍼붓는 비방은 단지 감정적인 것에 지나지 않는다. 우리가 떡은 그리스도의 몸을 상징하기 때문에 그 떡이 그의 몸이라 불린다고 설명하면, 그들은 우리가 성경의 모든 가르침을 뒤엎고 있다고 주장한다. 그러나 이것은 우리가 최근에 고안해 낸 수사학적 원리가 아니라, 아우구스티누스(Augustinus)가 옛 사람들의 권위에 근거를 두고 계승해 준 것으로서 모든 사람들에 의해서 수용된 것인데, 그것은 영적인 일들의 이름들은 표징들로 표현되기 때문에, 성례전과 관련이 있는 모든 성경 구절들은 이런 식으로 설명되어야 한다는 것이다. 우리가 보편적으로 인정되어 온 원리를 제시하면서, 마치 새롭고 신기한 것인 양 호들갑을 떨 이유가 어디 있겠는가? 고집불통인 사람들은 멋대로 떠들게 내버려 두라! 그래도 정신이 온전하고 사리를 분별할 수 있는 사람이라면 누구나 다 그리스도께서 여기에서 하신 말씀들이 성례전적인 표현 방식이라는 것을 인정할 것이다. 이것으로부터 우리는 떡은 그리스도의 몸의 상징이기 때문에 그 떡은 그의 몸이라 불린다는 결론을 얻는다.

　우리와 견해를 달리하는 사람들은 두 부류로 나뉜다. 화체설(化體說)에 미혹된 교황주의자들은 우리가 보는 것은 떡의 실체(實體)가 아닌 외관(外觀, species)만이 남아 있기 때문에 떡이 아니라고 주장한다. 그러나 그들의 터무니없는 주장은 사도 바울이 "우리가 떼는 떡은 그리스도의 몸에 참여하는"(고전 10:16) 것이라고 한 말에 의해서 반박된다. 또한, 그들의 주장은 성례전의 본질과도 부합하지 않는다. 왜냐하면, 외부적 상징 또는 표징(表徵)은 성례전의 필수적인 요소인 까닭에, 이 요소가 실제로 존재해 있지 않으면, 성례전은 성립할 수 없기 때문이다. 우리의 눈앞에 놓여 있는 것이 진짜 떡이 아니라 빈껍데기에 지나지 않는 것이라면, 우리는 우리의 영혼이 그리스도의 몸을 먹는다는 것을 어떻게 알 수 있다는 말인가? 다음으로, 교황주의자들이 다른 상징에 대해서는 무엇이라 말하는지를 살펴보자. 그리스도께서는 "이것은 나의 피니라"고 말씀하신 것이 아니라, "이 잔은 나의 피 곧 새 언약의 피니라"고 말씀하셨다. 따라서 그들의 견해에 따르면, 포도주만이 아니라 잔이 만들어진 재료까지도 "피"로 바뀌어야 한다. "내가 포도나무에서 난 것을 이제부터 … 마시지 아니하리라"는 마태의 본문은 그리스도께서 제자들에게 마시라고 주신 것은 포도주였다는 것을 분명하게 보여준다. 이렇게 모든 점에서 교황주의자들의 무지(無知)는 극명하게 드러난다.

한편, 상징적 의미를 거부하고는, 미치광이들처럼 자신들이 금방 한 말을 뒤집어 버리는 또 다른 부류의 사람들이 있다. 그들은 화체설은 아무런 근거도 없는 것으로서 받아들일 수 없으나, 떡은 진짜 그리스도의 몸이라고 주장한다. 그러나 그리스도께서 과연 떡과 포도주이신가에 대한 물음에 대해서, 그들은 성찬 때에 성도들이 떡 밑에서(sub) 그리고 떡과 함께(cum) 그리스도의 몸을 받는 것이기 때문에 떡은 그의 몸이라 불린다고 대답한다. 그러나 이 답변을 통해서 우리는 몸을 상징하는 떡에다가 몸이라는 이름을 붙이는 것이 적절하지 않다는 것을 쉽게 알 수 있다. 그리고 그들은 그리스도께서 성례전적 연합의 관점에서 이렇게 말씀하신 것이라는 말을 입에 달고 다니면서도, 그들 자신들이 말한 내용에 대해서는 주의를 기울이지 않는 것은 놀라운 일이다. 실체와 표징의 성례전적 연합(sacramentalis unio rei et signi)이라는 것의 본질은 도대체 무엇인가? 그것은 하나님께서 그의 성령의 신비한 능력으로 그가 약속하신 것을 이루시는 것이 아닌가? 그러므로 어처구니없기는 이 후대의 글선생들도 교황주의자들 못지않다.

나는 지금까지 주님의 말씀에 대한 단순명료한 해석을 제시하였다. 여기에서 내가 한 가지 덧붙이고 싶은 것은 우리에게 주어지는 것은 공허하거나 무의미한 표징이 아니기 때문에, 이 약속을 믿음으로 받는 자들은 실제로 그리스도의 살과 피에 참여하는 자들이 된다는 것이다. 왜냐하면, 만약 상징에 효력이 진정으로 더해지지 않는다면, 그리스도께서 자기 백성에게 성찬에서 떡이 그의 몸이라고 선언하시면서 떡을 먹으라고 명하신 것은 공허한 말이 되어 버리고 말 것이기 때문이다.

또한, 우리는 그리스도께서 성찬에서 우리에게 그 자신을 진짜로 주시는 것인지, 아니면 상징적으로 주시는 것인지를 놓고서 논란을 벌이는 것이 아니다. 왜냐하면, 우리가 보는 것은 떡에 지나지 않지만, 그리스도께서는 그의 살로 우리의 영혼을 먹이시겠다고 하신 까닭에, 우리는 결코 실망하게 되거나 우롱당하지 않을 것이기 때문이다. 그러므로 그리스도의 살을 진정으로 먹는다는 것은 표징에 의해서 제시될 뿐만 아니라, 실제로도 나타난다.

그러나 우리는 여기에서 다음과 같은 세 가지 잘못을 범하지 않아야 하는데, 첫째는 영적인 것과 그 상징을 혼동하지 않아야 한다는 것이고, 둘째는 그리스도를 이 땅에서, 또는 이 땅에 속한 요소들 속에서 찾지 않아야 한다는 것이며, 셋째는 성령의 신비한 능력으로 말미암아 그리스도의 생명을 우리 속으로 이끌어다 주는 먹음, 그리고 우리가 오직 믿음으로만 얻을 수 있는 먹음 외의 다른 먹음은 생각하지 않아야 한다는 것이다.

첫째, 내가 이미 말했듯이, 상징과 그것이 표상하는 것을 명확히 구별하지 않으면, 모든 것이 뒤죽박죽이 되고 만다. 왜냐하면, 우리가 성례전 속에서 우리의 믿음의 분량을 따라 지상적(地上的) 요소에 대한 묵상을 통해서 천상적(天上的) 신비로 옮겨가지 않는다면, 우리는 성례전으로부터 그 어떠한 유익도 얻지 못하게 될 것이기 때문이다. 그러므로 떡과 그리스도의 몸을 구별하지 못하고 포도주와 그 피를 구별하지 못하는 자는 성찬의 의미가 무엇인지, 또는 이 상징들이 믿는 자들에게 무슨 소용이 되는지를 결코 알지 못할 것이다.

둘째, 우리는 그리스도를 찾는 바른 길을 따라가야 한다. 즉, 우리 마음이 땅 위에 머무르지 말고 그리스도께서 계시는 하늘의 영광을 향해서 올라가야 한다는 것이다. 왜냐하면, 그리스도의 몸은 썩어지지 않는 생명을 덧입어서 그 본래의 본성을 벗어 버린 것이 아닌 까닭에 여전히 유한하기 때문이다. 그러나 이제 그리스도께서 하늘 위로 올라가셨기 때문에, 우리는 헛된 망상 속에서 이 땅의 것들에 얽매여서는 안 된다. 이 신비는 하늘에 속한 것이기 때문에, 그리스도께서 우리를 올라오라고 부르시는데도, 우리가 그리스도를 땅으로 끌어내린다면, 그것보다 더 어리석은 일이 어디 있겠는가?

우리가 마지막으로 주목해야 할 것은 먹음의 종류이다. 우리는 그의 실체(substantia)가 자연적인 방식으로 우리의 영혼 속으로 들어온다고 착각해서는 안 된다. 우리가 그의 살에 의해서 생명을 얻을 때, 우리는 그의 살을 먹는 것이다. 우리는 떡과 살 간에 존재하는 유비(類比) 내지 유추 관계를 주목하여야 하는데, 이 것은 우리의 육신이 떡을 먹고 원기를 얻듯이, 우리의 영혼도 그리스도의 살을 먹고 살아간다는 것을 가르쳐 준다. 그러므로 그리스도의 살은 우리에게 생명을 주는 영적인 자양분이다. 그리스도의 살이 우리에게 생명을 주는 것은 성령이 그 살 속에 내재되어 있는 생명을 우리에게 부어주기 때문이다. 그리스도의 살을 먹는 것과 그를 믿는 것이 동일한 것은 아니지만, 먹는다는 것 자체가 믿음의 결과이기 때문에, 믿음에 의하지 아니하고서는 다른 방식으로는 그리스도의 살을 먹고 살 수 없다는 것을 우리는 알아야 한다.

　　마 26:29. 그러나 너희에게 이르노니. 마태와 마가는 그리스도께서 성찬에서 잔에 담긴 자신의 피의 상징을 제자들에게 주신 이후에 이 말씀을 하셨다고 보도한다. 이것을 근거로 어떤 이들은 누가가 조금 후에 다시 반복해서 보도하게 될 동일한 내용을 여기에서도 보도하고 있는 것이라고 주장한다. 그러나 그리스도께서 이 말씀을 정확히 언제 하셨느냐는 별로 중요하지 않기 때문에, 이 문제는 쉽게 넘어갈 수 있다. 복음서 기자들이 이 말씀을 통해서 말하고자 한 모든 것은 제자들이 그들의 주님의 죽음이 임박했다는 것뿐만 아니라, 새로운 하늘의 삶에 대해서도 미리 말씀을 들었다는 것이다. 왜냐하면, 그리스도께서는 그의 죽음의 순간이 다가올수록, 제자들이 실족하지 아니하도록 하기 위하여, 그들의 믿음을 견고히 할 필요성이 더욱 커졌기 때문이다. 따라서 그리스도께서는 성만찬에서 자신의 죽음을 제자들의 눈앞에 거울을 보는 것 같이 분명하게 보여주고자 하셨기 때문에, 그가 이제 곧 세상을 떠나게 될 것이라고 다시 한 번 선언하신 것은 다 이유가 있어서였다. 그러나 그의 죽음을 알리는 것이 너무도 우울하게 들렸기 때문에, 그는 더 나은 생명이 그를 기다리고 있으니, 그가 죽을 것이라는 말을 듣고서 그들이 위축될 필요는 없다는 위로의 말씀을 즉시 덧붙이신다. 이것은 그리스도께서 이렇게 말씀하신 것이나 다름없다: "지금 내가 죽음을 향해서 발걸음을 재촉하고 있는 것은 맞지만, 그것은 죽음을 통과해서 복된 영생으로 나아가서, 하나님의 나라에서 너희 없이 나 홀로 살자는 것이 아니라, 너희들로 하여금 나와 더불어서 그 동일한 영생을 누리게 하고자 하는 것이다." 우리는 이렇게 그리스도께서 제자들의 손을 잡아 십자가로 이끄시고, 다시 거기에서 그들을 일으키셔서 부활의 소망으로 인도하고 계신다는 것을 알게 된다. 그들이 천국으로 올라가는 사닥다리를 얻기 위해서는 그리스도의 죽음을 바라보아야 했듯이, 지금은 그리스도께서 죽으시고 하늘로 올라가셨기 때문에, 우리는 십자가에 대한 묵상을 통하여 하늘로 이끌려져 가서, 죽음과 부활 생명을 함께 만나야 한다.

마 26:29. 내가 … 새것으로 너희와 함께 마시는 날까지. 이 말씀을 통해서 그리스도께서는 그의 제자들에게 그들이 장차 그와 함께 누리게 될 영광을 약속하신 것임이 분명하다. 어떤 이들은 하나님의 나라에서는 먹고 마시는 것이 있을 수 없다고 반론을 제기하지만, 그런 주장은 시시한 것이다. 왜냐하면, 그리스도께서는 그의 제자들이 곧 그를 볼 수 없게 될 것이고, 따라서 그들이 하늘의 삶을 함께 누릴 때까지는, 그가 그들과 함께 먹지 못하리라는 것을 말씀하고자 하셨을 뿐이기 때문이다. 제자들이 장차 참여하게 될 삶에서는 먹을 것과 마실 것이 필요가 없는데도, 그리스도께서는 그때에 새로운 종류의 마실 것이 있을 것이라고 말씀하시는 것으로 보아서, 우리는 그리스도께서 알레고리적으로 이 말씀을 하시고 계신다는 것을 알게 된다. 그래서 누가는 단순히 "하나님의 나라가 임할 때까지"라고 말한다. 요컨대, 그리스도께서는 자신의 죽음으로 이루게 될 구속(救贖)의 열매와 결과를 우리에게 말씀해 주신 것이다.

어떤 이들은 주님께서 부활 후에 제자들과 함께 음식을 드셨을 때에 이 말씀이 이루어졌다고 생각하지만, 그런 해석은 주님의 의도와는 거리가 멀다. 왜냐하면, 이때에 그리스도께서는 여정(旅程)으로서의 육신적인 삶과 목적지(目的地)인 하늘에서의 삶 사이의 중간 상태에 계셨던 까닭에, 아직 하나님의 나라가 온전히 드러나지 않았기 때문이다. 그래서 그리스도께서는 마리아에게 "나를 붙들지 말라 내가 아직 아버지께로 올라가지 아니하였노라"(요 20:17)고 말씀하셨던 것이다. 게다가, 제자들도 아직 하나님의 나라에 들어간 것이 아니어서, 그리스도의 영광에 참여하는 자들이 되어, 함께 새 포도주를 마실 수 있는 처지가 아니었다. 그리스도께서는 하나님의 나라에서 제자들과 함께 하실 때까지는 포도주를 마시지 않으시겠다고 말씀하셨으나, 부활하신 후에 제자들과 함께 마셨다는 기록이 성경에 나오기 때문에, 이것이 겉보기에는 서로 모순되는 것처럼 보이지만, 이런 문제는 쉽게 해소된다. 왜냐하면, 그리스도께서는 말 그대로 먹는 것과 마시는 것에 대해서 말씀하신 것이 아니고, 현세적인 삶의 양식(樣式)에 대해서 말씀하신 것이기 때문이다. 우리는 그리스도께서 이때에 마신 것은 먹고 기운을 차리기 위해서나 제자들과 식탁 교제를 나누기 위한 것이 아니었고, 단지 그때까지도 주님의 부활을 믿지 않던 제자들에게 자신이 부활하였음을 확증하여 그들의 마음을 다시 일으켜 세워

주시기 위한 것임을 안다. 그러므로 우리는 이 말씀이 지닌 자연스러운 의미로 만
족하여야 한다. 즉, 여기에서 주님께서는 지금까지는 이 세상에서 죽을 수밖에 없
는 존재인 사람으로서 제자들과 함께 살아 오셨으나, 이후에는 그들로 하여금 그
와 함께 복된 영생의 삶을 살게 하시겠다고 약속하신 것이었다.

눅 22:19. 너희를 위하여 주는. 마태와 마가는 이 구절을 생략하고 있지만, 이 구
절은 결코 별 의미가 없는 것이 아니다. 왜냐하면, 떡이 우리에게 그리스도의 몸인
까닭은 우리가 그 안에서 단번에 구원을 얻었기 때문이다. 십자가에 달린 그리스
도의 몸 자체가 믿음으로 떡을 먹지 않는 사람들에게는 아무런 유익이 없는 것처
럼, 단 한 번 드려진 희생제물과 아무런 상관 없이 이 떡을 먹는 것은 무의미하고
무가치한 것이다. 그리스도의 몸을 자신의 양식으로 삼으려는 자는 우리로 하여금
하나님과 화목하게 하기 위한 대가로 그 몸이 십자가 위에서 드려진 것임을 알아
야 한다. 마태와 마가는 떡이라는 상징과 관련해서 생략했던 내용을 잔과 관련해
서는 "죄 사함을 얻게 하려고 많은 사람을 위하여 흘리는 바 나의 피니라"고 기록
한다. 그리고 이것은 떡과 잔에 모두 적용되어야 한다. 그러므로 그리스도의 살을
먹고 생명을 얻기 위해서는, 우리는 그의 희생제사를 바라보아야 한다. 왜냐하면,
오늘날 우리에게 구원을 가져다주시기 위해서, 그리스도의 몸이 단번에 드려져야
했기 때문이다.

마 26:27. 너희가 다 이것을 마시라. 그리스도께서는 우리의 믿음이 온전히 그
만을 바라보고 그를 떠나서는 그 어떤 것도 찾지 않도록 하시기 위하여, 두 가지 상
징을 택하셔서, 우리의 생명이 그리스도 안에 있음을 보여주셨다. 우리의 몸은 먹
고 마셔야 생명을 유지할 수 있다. 그리스도께서는 오직 그만이 구원에 필요한 모
든 것을 완벽하게 공급해 주실 수 있으시다는 것을 보여주시기 위해서, 그를 우리
의 먹을 것과 마실 것으로 내어 주시겠다고 말씀하신다. 그리스도께서 이렇게 우
리의 믿음을 도우시려고 우리 육신의 연약함에 맞추셔서 스스로 낮아지신 것은 그
의 놀라운 겸비(謙卑, indulgentia)를 보여주는 것이었다. 그러므로 이 거룩한 유대
(紐帶)를 스스럼없이 깨뜨려 버린 교황의 오만방자한 신성모독은 더욱더 가증스러
운 것이 될 수밖에 없다. 우리는 하나님의 아들이 자기 백성에게 주시는 충만한 생
명을 증언하시기 위해서 두 가지 상징을 모두 사용하셨다는 것을 알게 된다. 죽을
수밖에 없는 인간이 무슨 권한으로 하나님께서 묶어 두신 유대(紐帶)를 끊을 수 있
단 말인가? 나아가, 주님께서는 이러한 신성모독이 교회에 들어오지 못하도록 하

시기 위하여, 모두에게 "너희가 다 이것을 마시라"고 명하신 것으로 보인다. 주님은 떡에 대해서는 단지 "받아 먹으라"고만 하셨다. 만일 믿는 자들로 하여금 이 사악한 새로운 가르침을 물리치도록 경고하시기 위한 것이 아니었다면, 왜 주님이 그들 모두에게 "마시라"고 분명하게 명령하시고, 왜 마가는 "그들이 다 마셨다"고 분명하게 적은 것이겠는가? 이 준엄한 금지 명령에도 불구하고, 교황은 감히 그리스도께서 세우신 법을 변경하고 위반하여, 모든 사람이 잔에 참여하는 것을 금하였다. 그는 황당한 주장을 합리화하기 위하여, 떡 속에는 그리스도의 피와 살이 병존한다는 소위 병존설(竝存說)을 내세워서, 성찬의 두 가지 요소 중 한 가지만으로 족하다고 주장한다. 그런 식으로 핑계나 구실을 댄다면, 그들은 얼마든지 성례전을 모두 다 폐지해 버릴 수도 있을 것이다. 왜냐하면, 그리스도께서는 어떤 외적인 수단에 의하지 않고서도 얼마든지 우리를 그에게 참여하는 자들이 되게 하실 수 있으시기 때문이다. 그러나 그러한 유치한 억지 논거들은 결코 그들의 불경(不敬)에 힘을 실어 주지 못한다. 왜냐하면, 믿는 자들이 그리스도께서 주신 수단들이나 방편들을 자발적으로 없애 버리거나 그런 것들을 빼앗기고도 가만있지는 않을 것이기 때문이다. 이 신비를 이런 식으로 사악하게 모독하는 것은 도저히 용납될 수 없는 일이다.

막 14:24. 이것은 … 나의 피니라. 마태가 "죄 사함을 얻게 하려고 많은 사람을 위하여 흘리는 바 나의 피니라"고 보도했을 때, 이 말씀은 우리로 하여금 그리스도의 죽음의 희생제사를 바라보게 만드는데, 이 희생제사를 기억함이 없이는 성찬은 결코 제대로 올바르게 지켜질 수 없다는 것을 나는 이미 앞에서 말한 바 있다. 믿는 영혼들이 하나님께서 그들과 화목하게 되셨다는 것을 믿는 믿음 외에 다른 통로로 만족을 얻는 것은 불가능하다.

막 14:24. 많은 사람을 위하여 흘리는. "많은 사람"이라는 단어는 세상 사람들 중에서 일부라는 뜻이 아니라, 온 인류를 나타낸다. 왜냐하면, 그리스도께서는 "많은 사람"을 "한 사람"과 대비되는 의미로 사용하고 계시기 때문이다. 이것은 그가 단지 "한 사람"을 위한 구속주가 되고자 하는 것이 아니라, "많은 사람"을 저주를 받아 정죄당하는 것으로부터 구원하시기 위해서 죽으실 것이라고 말씀하신 것이나 다름없다. 그리스도께서는 적은 무리에게 말씀하고 계셨지만, 그의 가르침이 더 큰 무리에게 전파되기를 바라셨음이 확실하다. 아울러 우리가 주목해야 할 것은 누가 본문에 나오는 "너희를 위하여"라는 어구에서 알 수 있듯이, 그리스도께서는 제자들 한 사람 한 사람에게 말씀하시면서, 믿는 자들 각자가 그의 피 흘림으로부터 유익을 얻을 것을 권면하고 계신다는 것이다. 그러므로 우리는 성찬으로 나아갈 때에, 이 세상이 그리스도의 피로 말미암아 구속을 받았다는 보편적인 사실을 기억해야 할 뿐만 아니라, 각 사람이 자신의 죄가 속함을 받았다는 사실도 스스로 헤아려 보아야 한다.

막 14:24. 새 언약의. 누가와 바울(고전 11:25)은 "내 피로 세운 새 언약"이라고 약간 다르게 표현하고 있으나, 그 의미는 동일하다. 왜냐하면, 이 언약은 오직 영적으로 그리스도의 피를 마심으로써만 확고하고 유효할 수 있기 때문이다. 이것으로부터 우리는 이 말씀에 나오는 단어들에 고집스럽게 집착하는 교황주의자들 및 이와 비슷한 부류의 사람들이 얼마나 우매하고 미신적인지를 쉽게 짐작할 수 있다. 왜냐하면, 그들이 제아무리 고함을 치고 떠들어대도, 그들은 잔이 그리스도의 피라 불리는 것은 그것이 그리스도의 피로 세워진 "새 언약"이기 때문이라는 성령의 해석을 폐할 수 없기 때문이다. 떡에 대해서도 동일한 말을 할 수 있다. 떡이 몸이라 불리는 것은 그것이 그리스도의 몸으로 세워진 언약이기 때문이다. 이제 그들은 우리가 그리스도의 말씀만을 의지하여야 하고 외부로부터 주어지는 온갖 사설(邪說)들에는 귀를 닫아야 한다고 말할 자격이 없다. 말씀하시는 분은 그리스도이시기 때문에, 분명히 그들은 그에게 자신의 말씀들을 해석할 권한이 있다는 것을 부인하지 못할 것이다. 그리스도께서 떡을 그의 몸이라고 부르신 단 한 가지 이유는 그가 단번에 자기 몸을 희생 제물로 드리심으로써 우리로 하여금 영적으로 살게 하시겠다고 하는 영원한 언약을 우리와 맺으셨기 때문이라는 것을 공개적으로 분명히 밝히신다.

여기에서 우리가 주목할 만한 것이 두 가지가 있다. 우리는 "언약"(διαθήκη-디아데케)이라는 단어를 통해서 성찬에 약속이 포함되어 있다는 것을 알게 된다. 이것은 성례전들이 믿음을 돕거나 살찌우거나 밑받침하거나 키우지 못한다는 주장이 잘못된 것임을 보여준다. 왜냐하면, 하나님의 언약은 사람들의 믿음과 언제나 상호적인 연관관계를 갖기 때문이다. 그리스도께서는 "새로운"이라는 수식어를 통해서 이제 옛 비유들의 효력이 끝나서 견고한 영원한 언약(aeternum pactum)에 그 자리를 내어주게 되었음을 보여주고자 하셨다. 그러므로 이 신비와 율법의 그림자들 간에는 간접적인 대비(對比)가 존재한다. 이것으로부터 분명한 것은 우리는 십자가 위에서 완성된 희생제사 덕분에 진리를 온전한 상태로 소유하게 되었기 때문에, 우리에게 주어진 여건이 옛 조상들에게 주어진 여건보다 훨씬 더 좋다는 것이다.

막 14:26. 그들이 찬미하고. 공관복음서 기자들은 요한이 집에서와 길에서 그의 제자들에게 주신 것이라고 말하는 강론(講論)들을 생략한다. 왜냐하면, 우리가 다른 곳에서 이미 언급한 것처럼, 이 세 복음서 기자의 목적은 사건들 속에 내포된 교훈이나 가르침(doctrina)보다는 그리스도와 관련된 사건들 자체를 기록하는 것이었기 때문이다. 그들은 그리스도께서 자발적으로 배신자 유다가 오게 되어 있는 곳으로 가셨다는 사실만을 언급할 뿐이다. 이것으로부터 우리는 그리스도께서 스스로 시간을 맞추어서 자신을 배신한 자를 만나러 가신 것임을 알게 된다.

[31]그 때에 예수께서 제자들에게 이르시되 오늘 밤에 너희가 다 나를 버리리라 기록된 바 내가 목자를 치리니 양의 떼가 흩어지리라 하였느니라 [32]그러나 내가 살아난 후에 너희보다 먼저 갈릴리로 가리라 [33]베드로가 대답하여 이르되 모두 주를 버릴지라도 나는 결코 버리지 않겠나이다 [34]예수께서 이르시되 내가 진실로 네게 이르노니 오늘 밤 닭 울기 전에 네가 세 번 나를 부인하리라 [35]베드로가 이르되 내가 주와 함께 죽을지언정 주를 부인하지 않겠나이다 하고 모든 제자도 그와 같이 말하니라(마 26:31-35).

[27]예수께서 제자들에게 이르시되 너희가 다 나를 버리리라 이는 기록된 바 내가 목자를 치리니 양들이 흩어지리라 하였음이니라 [28]그러나 내가 살아난 후에 너희보다 먼저 갈릴리로 가리라 [29]베드로가 여짜오되 다 버릴지라도 나는 그리하지 않겠나이다 [30]예수께서 이르시되 내가 진실로 네게 이르노니 오늘 이 밤 닭이 두 번 울기 전에 네가 세 번 나를 부인하리라 [31]베드로가 힘있게 말하되 내가 주와 함께 죽을지언정 주를 부인하지 않겠나이다 하고 모든 제자도 이와 같이 말하니라(막 14:27-31).

[31]시몬아, 시몬아, 보라 사탄이 너희를 밀 까부르듯 하려고 요구하였으나 [32]그러나 내가 너를 위하여 네 믿음이 떨어지지 않기를 기도하였노니 너는 돌이킨 후에 네 형제를 굳게 하라 [33]그가 말하되 주여 내가 주와 함께 옥에도, 죽는 데에도 가기를 각오하였나이다 [34]이르시되 베드로야 내가 네게 말하노니 오늘 닭 울기 전에 네가 세 번 나를 모른다고 부인하리라 하시니라(눅 22:31-34).

마 26:31. 너희가 다 나를 버리리라. 마태와 마가는 주님께서 그의 제자들 모두에게 이 말씀을 하셨다고 보도하고 있고, 누가는 베드로에게만 말씀하셨다고 보도하지만, 그리스도께서는 다른 제자들보다 더 이 경고의 말씀을 들을 필요가 있었던 한 사람에게 말씀하시는 방식으로 그의 제자들 모두에게 이 말씀을 하신 것일 가능성이 크다. 왜냐하면, 장차 그 제자는 그리스도를 부인하고 나서, 절망감에 사로잡혀 완전히 무너지는 일이 생기지 않도록 하기 위하여, 특별한 위로가 필요하였기 때문이다.

눅 22:31. 보라 사탄이. 다른 두 복음서 기자들은 그리스도께서 그의 제자들에게 그들이 넘어지게 될 것이라고 미리 말씀하셨다는 것을 짤막하고 간단하게 보도하지만, 누가 본문에는 좀 더 풍부한 가르침이 담겨 있다. 왜냐하면, 거기에서 그리스도께서는 장차 제자들이 겪을 환난에 대해서 이야기 식으로 말씀해 주실 뿐만 아니라, 그들이 사탄과 싸우게 될 것이라고 분명하게 말씀해 주시면서, 동시에 그들이 승리하게 될 것이라고 약속하시기 때문이다. 우리에게 걸림돌이 되는 일을 만날 때마다, 우리는 그것이 사탄의 올무라는 것을 명심해야 한다는 것은 대단히 유익한 교훈이다. 사도 바울도 "우리의 씨름은 혈과 육을 상대하는 것이 아니요 통치자들과 권세들과 이 어둠의 세상 주관자들과 하늘에 있는 악의 영들" 같은 영적인 세력들을 상대로 하는 것이라고 가르친다(엡 6:12). 그러므로 이 말씀의 의미는 이런 것이다: "머지않아 내가 고난을 당하는 것을 보거든, 너희는 사탄이 이런 세력들을 동원해서 너희를 공격하는 것이고, 이것을 너희의 믿음을 무너뜨릴 좋은 기회로 삼고 있다는 사실을 알아야 할 것이다." 내가 이 말씀이 유익한 교훈이라고 말한 것은 우리는 조금만 생각한다면 강력하고 끈질긴 원수가 쏘아대는 "불화살들"(엡 6:16)이라는 것을 알고서 두려워해야 할 시험들을 별 생각 없이 소홀히 여기다가 결국 그 시험들에 지고 마는 경우가 얼마나 비일비재하게 일어나는지를 알기 때문이다. 그리스도께서는 여기에서 제자들에게 무시무시한 일격을 가해서 그들의 믿음을 거의 무너뜨리기 위하여 사탄이 그 어느 때보다도 맹렬한 공격을 가해 올 것에 대하여 말씀하시는 것이긴 하지만, 좀 더 폭넓게 보면, 이 가르침은 사탄이 먹잇감을 찾아서 끊임없이 으르렁거리며 돌아다니고 있다는 뜻도 내포하고 있다. 사탄이 이처럼 우리를 파멸시키기 위해서 광분하고 있는데, 우리가 누워 잠이나 자고 있다면, 이보다 더 한심한 일은 없을 것이다. 그러므로 우리는 싸움이 필요한 때가 오기 전에 이미 준비를 다 마치고 대비하고 있어야 한다. 왜냐하면, 사탄은 우리의 파멸을 노리면서, 우리를 해칠 온갖 간교한 수단들을 그의 수중에 쥐고 있기 때문이다. 그리고 사탄과의 접전이 시작되었을 때, 우리는 그 시험이 어디에서 왔든지 간에, 모든 시험은 바로 그 원수, 즉 사탄의 작업장에서 만들어진 것임을 알아야 한다.

눅 22:31. 사탄이 너희를 밀 까부르듯 하려고. "밀 까부르듯 하다"라는 표현은 모든 점에서 잘 어울리는 비유는 아니다. 왜냐하면, 우리는 다른 곳에서 복음이 "키" 또는 "체"에 비유되는 경우를 보았는데(마 3:12), 거기에서 키 또는 체는 "알곡"을 "쭉정이"에서 갈라내는 역할을 하는 것으로 묘사되지만, 여기에서 이 표현은 단지 세게 불어버리거나 흔들어 댄다는 뜻으로 사용되기 때문이다. 실제로 그리스도께서 돌아가셨을 때, 사도들은 정신을 못 차릴 정도로 흔들렸다. 우리는 이 점을 잘 이해해야 한다. 왜냐하면, 사탄은 믿는 자들이 정결하게 되는 것을 가장 싫어하기 때문이다. 사탄은 다른 목적으로 제자들을 흔들어 댄 것이지만, 마치 키질을 하면 알곡들이 흔들리듯이, 제자들이 사방으로 흔들리고 요동한 것은 사실이다. 그러나 우리는 곧 제자들이 이 말씀보다 더 참담한 재앙에 직면하게 되는 것을 보게 될 것인데, 마태와 마가가 기록한 "너희가 다 나를 버리리라"는 말씀이 의미하는 것이 바로 그것이다. 즉, 그들은 공격을 받게 될 뿐만 아니라, 완패를 당하여 거의 굴복하게 되리라는 것이다. 왜냐하면, 그들이 그리스도께서 능욕을 당하시는 것을 보았을 때, 그들의 기(animus)가 완전히 꺾일 것이기 때문이다. 십자가까지라도 그들의 주님을 꿋꿋하게 따르는 것이 제자 된 그들의 도리였지만, 그들은 두려움 때문에 등을 보이고 말았다. 그리스도께서 이렇게 그들의 연약함을 적나라하게 드러내신 것은 그들로 하여금 기도와 탄식으로 하나님의 거룩한 보호하심에 그들 자신을 맡기고 의지하게 하시기 위한 것이었다.

마 26:31. 기록된 바. 이 예언의 말씀을 통해서 그리스도께서는 제자들에게 그들에게 걸림돌이 되는 것을 극복하고 일어서라고 격려하신다. 왜냐하면, 하나님께서는 그의 양들이 잠시 이리저리 사방으로 흔들리고 흩어졌다고 해서, 그들을 그의 양들로 인정하지 않으시는 것이 아니기 때문이다. 이 선지자는 교회의 회복을 다룬 후에, 경건한 자들이 극심한 고난과 절망감으로 자포자기에 빠지지 않도록 하기 위하여, 나라가 혼란에 빠지고 심지어 무너져 버려서, 백성들이 비참하게 흩어질지라도, 결국에는 하나님의 은혜(Dei gratia)가 승리를 거두게 될 것이라고 선포한다. 거의 모든 주석가들이 스가랴 13:7에 나오는 이 구절을 그리스도 한 분께만 국한시키지만, 나는 목자들이 백성들 가운데서 끊어질 것이기 때문에, 그들의 구원이 달려 있는 나라(regimen)는 더 이상 존재하지 않게 될 것이라는 의미로 이 구절을 좀 더 폭넓게 해석하고자 한다. 나는 그리스도께서 안티오코스(Antiochus)의 폭정 이후에 교회가 선한 목자들을 빼앗기고 황폐화되었던 시기 전체를 포괄하고자 하셨다는 것을 의심하지 않는다. 왜냐하면, 그 시기는 하나님께서 칼에 의해서 모든 것이 두려울 정도로 초토화 되고 목자들이 죽임을 당하여 백성들이 극심한 혼란에 빠지게 되는 것을 허락하셨던 시기였기 때문이다. 그렇지만 양들이 이렇게 뿔뿔이 흩어졌다고 해도, 그것은 그리스도께서 흩어진 양들에게 그의 손을 내밀어 다시 모으시는 것을 가로막을 수 없었다.

　그러나 이 선지자는 교회가 목자들을 빼앗기게 될 것이라는 일반적인 경고의 말씀을 전하고 있는 것이지만, 이 말씀을 그리스도에게 적용하는 것은 옳고 적절하다. 왜냐하면, 그는 모든 목자들의 우두머리, 즉 목자장(牧者長)이셨고, 교회의 구원은 오직 그에게 달려 있었던 까닭에, 그가 죽임을 당하셨을 때에, 모든 소망이 완전히 끊어졌다고 생각되었을 것이기 때문이다. 사실, 하나님의 백성의 목숨이자 생명이셨던 구속주가 하나님의 양들을 모으시다가 갑자기 끌려가서 죽임을 당하신 것이기 때문에, 그것은 하나님의 백성에게 극단적인 시험이 될 수밖에 없었다. 그러나 하나님께서는 뿔뿔이 흩어져서 거의 죽게 된 그의 양들을 기이한 방식으로 다시 모으신 것이어서, 거기에서 하나님의 은혜는 더욱더 두드러지게 나타났다.

　따라서 우리는 그리스도께서 제자들이 장차 흩어지게 되는 것을 경험하면서 너무 놀라거나 당혹해하지 않게 하심과 동시에, 그들 자신의 연약함을 깨닫고서 그들의 목자를 의지할 수 있도록 하시기 위하여, 이 구절을 인용하신 것은 적절한 일이었다는 것을 알게 된다. 그러므로 그리스도께서 여기에서 하신 말씀의 의미는 이런 것이다: "너희는 아직 너희의 연약함을 느껴 보지 못해서, 너희가 뭐든지 할 수 있을 만큼 강하다고 자신만만해하지만, 하나님이 '목자를 치리니 양들이 흩어지리라'고 한 스가랴의 예언이 맞았다는 것이 곧 분명해질 것이다. 그러나 너희는 하나님이 거기에 덧붙이신 약속, 곧 그가 그의 손을 뻗치셔서 흩어진 양들을 그에게로 다시 모으실 것이라는 약속을 의지해서 마음을 진정시키고 힘을 내야 할 것이다." 우리는 여기에서 그리스도의 홀(笏) 아래에서 양들이 하나로 연합하게 되는 것 외에는 그 어떤 연합도 구원을 가져다주지 못한다는 것을 알게 된다.

마 26:32. 그러나 내가 살아난 후에. 그리스도께서는 여기에서 내가 앞서 말했던 것, 즉 제자들이 두려움에 사로잡혀서 잠시 흩어져 방황하는 양들과 같이 될 것이지만, 결국에는 양의 우리로 다시 돌아오게 될 것임을 좀 더 분명하게 말씀해 주신다. 왜냐하면, 그리스도께서는 단지 그가 다시 "살아날" 것이라고 말씀하시는 것에서 그치시는 것이 아니라, 마치 그들이 그를 배신하거나 변절한 적이 전혀 없었다는 듯이, 그들의 인도자가 되셔서 그들을 이끄실 것이라고 약속하시기 때문이다. 그리고 그는 그들에게 더 큰 확신을 주시기 위해서, 장차 그와 그들이 다시 만날 장소까지 언급하신다. 이것은 "너희는 예루살렘에서 나를 떠나 흩어졌지만, 나는 갈릴리에서 너희를 다시 모을 것"이라고 말씀하신 것이나 다름없다.

마 26:33. 베드로가 대답하여. 베드로는 외식(外飾)을 한 것이 아니라, 솔직한 심정을 나타낸 것이기는 하지만, 자신의 능력에 대한 잘못된 과신으로 말미암아 거기에 휘둘려서 어리석은 자만에 빠지게 된 것이기 때문에, 그리스도로부터 책망을 듣고, 조금 후에는 그의 경솔함에 대하여 호된 벌을 받게 된 것은 마땅한 일이다. 이렇게 이 사건은, 베드로가 자신이 할 수 있는 것 이상의 것을 하겠다고 나선 것은 자신을 충분히 살피지 않았기 때문이라는 것을 보여준다. 또한, 이것으로부터 우리는 사람이 주제넘은 생각을 하게 되면 얼마나 우둔해지는지를 좀 더 분명하게 알게 된다. 왜냐하면, 베드로는 하나님의 아들로부터 다시 한 번 그의 연약함에 대하여 일깨움을 받고도, 그 말씀을 순순히 받아들이거나 자신의 어리석은 자만심을 누그러뜨리기는커녕, 도리어 맹세까지 해가면서, 이전보다 더 맹렬한 기세로 자신의 주제넘은 생각을 계속해서 밀어붙였기 때문이다. 그러나 여기에서 베드로는 자신이 속으로 다짐한 것을 표현한 것뿐이고, 그리스도의 약속의 말씀에 의지해서 이러한 다짐을 한 것뿐인데, 그에게는 그렇게 할 자유조차도 없다는 말인가라는 반문이 제기될 수 있다. 나의 대답은 이렇다. 즉, 그리스도께서는 전에 그의 제자들에게 흔들림 없이 믿음에 굳게 설 수 있게 해줄 영을 주시겠다고 약속하시면서, 그가 부활하신 후에 그런 일이 있게 될 것이라고 말씀하셨었다. 그러므로 그들은 아직 하늘의 능력을 덧입은 것이 아니었기 때문에, 베드로가 자신의 능력을 과신해서 이런 식으로 말한 것은 자신의 믿음의 분수를 뛰어넘는 주제넘은 짓이었다는 것이다. 베드로는 두 가지 잘못을 저질렀다. 하나는 때가 아직 되지 않았는데도 그가 성급하게 나섬으로써, 주님의 약속의 말씀을 의지하지 않았다는 것이고, 다른 하나는 그가 자신의 연약함에 대해서는 눈을 감아 버리고서, 용기라기보다는 무분별하고 안이한 생각으로 주제넘은 짓을 하였다는 것이다.

여기에서 우리가 주목해야 할 것은 먼저 각 사람은 자신의 연약함을 기억하고서, 성령의 도우심을 간절히 의지해야 하고, 다음으로 그 누구도 주님이 약속하신 것 이상으로 스스로 뭔가를 하고자 하지 않아야 한다는 것이다. 마귀의 시험에 맞서 싸울 때에는 결국 우리가 승리하리라는 것에 대하여 의심이나 의구심을 품지 않아야만 두려움을 물리칠 수 있기 때문에, 믿는 자들은 이 싸움을 그런 식으로 준비하는 것이 마땅하다. 그러나 다른 한편으로, 믿는 자들은 우둔함에 빠져서, 모든 두려움을 다 무시하고서, 그들의 마음을 자만심으로 가득 채우고, 기도할 마음조차 먹지 않는 가운데에 싸움에 나서는 일이 없도록 조심하지 않으면 안 된다. 바울은 "너희 안에서 행하시는 이는 하나님이시니 자기의 기쁘신 뜻을 위하여 너희에게 소원을 두고 행하게 하시나니 … 그러므로 … 항상 복종하여 두렵고 떨림으로 너희 구원을 이루라"(빌 2:12-13)고 명함으로써, 믿는 자들이 이 두 가지 극단을 버리고 올바른 길을 가는 모습을 아주 아름답게 묘사한다. 왜냐하면, 그리스도께서는 한편으로는 우리를 낮추셔서 우리로 하여금 우리 자신 이외의 다른 곳에서 우리에게 필요한 것들을 구하게 하시고, 다른 한편으로는 우리가 걱정과 근심으로 인해서 무기력해지는 것을 막으시고서 힘을 다해 애쓰고 수고하게 하고자 하시기 때문이다. 그러므로 우리는 시험을 만날 때마다 먼저 우리의 연약함을 기억하고 완전히 엎드려져서, 우리에게 필요한 것들을 우리 자신 외의 다른 곳에서 구하는 법을 배워야 하고, 다음으로는 주님이 우리에게 약속하신 은혜를 기억하고서 모든 의심에서 벗어나는 것이 마땅하다. 왜냐하면, 자신의 연약함을 망각하고 하나님의 이름을 부르지 않는 자들은 자기가 강하다고 확신하고서, 겁도 없이 무모하게 전투에 뛰어들었다가 술이 깨자마자 도망칠 궁리밖에 하지 않는 술 취한 병사들과 완전히 똑같이 행하게 되기 때문이다.

베드로가 책망을 받는 것을 보았으면서도, 다른 제자들이 여전히 동일한 무모함과 경솔함을 보인 것은 정말 이상한 일이다. 이것으로부터 분명해지는 것은 그들이 그들 자신을 너무나 몰랐다는 것이다. 이 일을 통해서 우리는 하나님이 그의 손을 뻗치시기 전에는 그 어떤 일도 시도하지 않아야 한다는 것을 배우게 된다. 왜냐하면, 무절제하고 무모한 열심보다 더 허망하고 일시적인 것은 없기 때문이다. 제자들은 자신의 주님을 버리는 것보다 더 악하고 말도 안 되는 일은 없다는 것을 잘 알고 있었기 때문에, 그런 너무나 수치스러운 짓을 당연히 혐오하고 있었다. 그런데도 실제로 그들은 주님의 약속의 말씀을 의지하지 않고, 기도를 소홀히 하였기 때문에, 그들에게 없었던 불굴의 용기가 마치 그들에게 있는 양 자랑하며 무모하고 성급하게 돌진한 것이었다.

³⁵그들에게 이르시되 내가 너희를 전대와 배낭과 신발도 없이 보내었을 때에 부족한 것이 있더냐 이르되 없었나이다 ³⁶이르시되 이제는 전대 있는 자는 가질 것이요 배낭도 그리하고 검 없는 자는 겉옷을 팔아 살지어다 ³⁷내가 너희에게 말하노니 기록된 바 그는 불법자의 동류로 여김을 받았다 한 말이 내게 이루어져야 하리니 내게 관한 일이 이루어져 감이니라 ³⁸그들이 여짜오되 주여 보소서 여기 검 둘이 있나이다 대답하시되 족하다 하시니라(눅 22:35-38).

눅 22:35. 그들에게 이르시되. 그리스도께서 이 말씀을 하신 목적은 그가 지금까지는 그의 제자들을 아껴서, 그들이 질 수 있는 것 이상으로 무거운 짐을 그들에게 지우시지 않았다는 것을 보여주는 것이었다. 그는 지금까지 그가 그들에게 부담스러운 요구를 하지 않으셨던 것은 이제 곧 있게 될 혹독한 싸움을 할 수 있도록 그들을 준비시키시기 위한 것이었음을 일깨워 주신다. 그리스도께서 그동안 훈련이 전혀 되어 있지 않았던 그들을 원수의 불화살들이 닿지 않는 그늘에 두시고 쉬게 하신 것이 그들로 하여금 쉬는 동안에 점차 용기와 힘을 축적해서 곧 있게 될 싸움을 위해 좀 더 잘 준비할 수 있게 하시기 위한 것이 아니라면, 무슨 이유로 그가 그렇게 하셨겠는가? 그러므로 이 말씀의 의미는 이런 것이다: "지금까지 너희가 편안하고 걱정 없이 잘 지낸 것은 내가 너희를 어린 아이들처럼 너그럽게 양육하고자 했기 때문이다. 그러나 이제 내가 너희를 장성한 자들처럼 애쓰고 수고해야 할 일에 사용하여야 할 때가 마침내 이르렀다." 그러나 그리스도께서 이 두 시기(時期)를 대비시키신 것 속에는 좀 더 폭넓은 의미가 담겨 있다. 왜냐하면, 그들이 여유를 가지고서 그들에게 필요한 것들을 공급받아 준비해 나가던 때에도, 그들은 아무것도 가진 것이 없이 빈손으로 그들의 일을 수행하기 위하여 나갔을 때에도 그들에게 부족한 것이 없었다고 한다면, 이제 소란하고 요동하는 때에 그들이 현세에서의 삶에 대한 걱정과 근심을 다 버리고서, 그들을 필요로 하는 곳으로 기꺼이 달려가는 것은 너무나 당연한 일이기 때문이다. 그리스도께서는 열두 사도와 관련해서 그가 행하신 일을 여기에서 특별히 언급하고 계시는 것이기는 하지만,

우리가 아직 믿음에 있어서 초보이고 연약한 동안에는, 우리가 장성한 자들로 자라날 때까지 우리에게 부담스러운 짐을 지워 주시지 않으시지만, 이렇게 여유를 가지고 준비를 해야 할 시기를 사치스럽고 방탕한 일로 보내면서 믿음을 떨어뜨리는 자들은 합당치 않게 행하는 것임을 아울러 보여주신다. 우리는 그리스도께서 오늘날에도 우리를 생각하셔서, 우리가 아직 훈련되어 있지 않고 경험이 미숙한 동안에는, 서둘러 우리를 전쟁터로 보내지 않으실 뿐만 아니라, 우리를 전쟁터로 보내시기 전에 반드시 싸움에 필요한 무기들과 담력을 우리에게 공급해 주신다는 것을 의심하지 말아야 한다.

눅 22:36. 이제는 전대 있는 자는 가질 것이요. 여기에서 그리스도께서는 그들이 곧 큰 환난과 맹렬한 공격을 만나게 되리라는 것을 은유적인 언어로 경고하시고서, 마치 군대의 장군이 병사들을 전쟁터로 이끌고 가기 위해서 그들에게 무장할 것을 명하고, 다른 모든 염려를 다 버리고서 오직 전투에서 이길 생각만을 하고, 심지어 어떻게 먹고 살아야 할지도 생각하지 말라고 훈시하는 것과 같은 모습을 보이신다. 왜냐하면, 그리스도께서는 그들에게 모든 것을 팔고, 심지어 지갑까지도 다 털어서 싸움을 위한 무기들을 사라고 하시는 것이기 때문이다(사람이 극도로 위급한 상황에 처하게 되면 통상적으로 그러하듯이). 그러나 그리스도께서는 그들에게 외적인 전투를 하라고 부르시는 것이 아니라, 전투라는 비유를 사용하셔서, 그들이 곧 사탄의 시험들에 맞서서 힘들고 어려운 싸움을 해야 하고, 그 영적인 싸움 속에서 맹렬한 공격을 받게 될 것이라고 경고하시는 것이다. 그들로 하여금 그들 자신을 좀 더 기꺼이 하나님의 섭리에 내맡기도록 하시기 위하여, 그리스도께서는 먼저, 내가 앞서 말했듯이, 전에 그들이 먹을 것과 입을 것을 준비하지 못했어도 하나님께서 그들을 돌보셔서 그들에게 필요한 것들을 공급해 주셨다는 사실을 일깨워 주신다. 따라서 그들은 하나님께서 때를 따라 부족함이 없이 공급해 주시는 것을 이미 경험한 자들이기 때문에, 장래에도 하나님이 그들에게 필요한 모든 것들을 남김없이 다 공급해 주시리라는 것에 대하여 그 어떤 의심도 품지 않는 것이 마땅한 일이었다.

눅 22:37. 기록된 바 … 한 말이 내게 이루어져야 하리니. "-도 또한"(개역에서는 번역되지 않음 - 역주)이라는 부사는 강조를 위해 사용되었다. 왜냐하면, 이 말씀은 그리스도께서 마치 불경건하고 악한 자들 중의 한 사람인 것처럼 여김을 받기 전까지는 자신의 직임을 하나도 남김없이 다 수행하신 것이 아니라는 의미이기 때문이다. 그러나 그리스도께서는 그러한 능욕을 받으실 것이라는 말씀을 듣고서 그들의 마음이 큰 충격을 받아 혼란에 빠지는 것을 막으시기 위해서, 메시야에 관한 것이라고 밖에는 설명될 수 없는 이사야의 예언(53:12)을 인용하신다. 거기에서 메시야가 "범죄자 중 하나로 헤아림을 받을" 것이라고 예언되고 있기 때문에, 그 광경이 아무리 끔찍하다고 할지라도, 믿는 자들은 놀라서 겁을 집어먹거나 주님께 등을 돌리고 떠나서는 안 된다. 왜냐하면, 그리스도께서는 악인의 수치와 능욕을 짊어지시지 않고는 다른 방법으로는 그들의 구속주가 되실 수 없으셨기 때문이다. 우리가 전혀 예상하지 못한 일로 인해 놀랐을 때, 그 일로 인한 걸림돌을 우리에게서 제거하는 가장 좋은 방법은, 그 일이 하나님을 기쁘시게 해드리는 일이었다는 것과, 하나님의 작정하심을 따라 일어난 일은 무엇이든지 무모하거나 일리가 없는 일이 될 수 없다는 것을 우리가 인정하는 것이다. 특히, 그 일이 옛적에 예언된 일임이 분명한 경우에는 더더욱 그러하다. 그러므로 제자들은 하나님이 전에 약속하신 바로 그런 구속주를 기대하는 것이 마땅하고, 이사야 선지자는 그 구속주께서 우리를 모든 죄책에서 건지시기 위해서는 스스로 그 벌을 담당하셔야 한다는 것(사 53:5-6)을 분명하게 선포하였기 때문에, 제자들의 두려움을 달래고, 그리스도에 대한 그들의 경외심이 약화되는 것을 막는 데에는 그런 사실들만으로도 충분한 것이었다.

그리스도께서 "내게 관한 일이 이루어져 감이니라"는 말씀을 덧붙이신 것은 선지자들이 예언한 것들은 반드시 이루어질 것임을 보여주신 것이다. 왜냐하면, '텔로스 에케이'(τέλος ἔχει, "이루어져")라는 헬라어는 그것들이 "이루어질" 것임을 의미하기 때문이다. 선지자들이 예언한 모든 일들이 실제로 이루어져서 그 참됨이 증명될 때, 우리는 그것을 보고서 놀라서 겁을 집어먹거나 걱정하는 것이 아니라, 우리의 믿음을 더욱 견고히 하는 것이 마땅하다. 그러나 그리스도께서는 여기에서 모든 예언들이 이루어져야 한다는 이 단 하나의 논거를 통해서 제자들을 격려하시고 위로하시는 것이지만, 하나님의 뜻에 따라 진행된 이 모든 일, 즉 그리스도께서 진짜 범죄자들인 우리, 죄악의 무거운 짐을 진 우리를 아버지 하나님 앞에 의로운 자들로 드리시기 위해서, 우리가 받아야 마땅하였던 정죄(定罪)를 대신 받으시고 범죄자들 중의 한 사람으로 여김을 받으신 것이라는 사실 그 자체가 제자들에게 큰 확신을 주는 토대가 되는 것이었다. 왜냐하면, 점도 없고 흠도 없이 순전하신 어린 양이 우리 대신에 우리가 받아야 할 벌을 받으신 까닭에, 우리가 하나님 앞에서 죄에서 해방된 순전한 자들로 여김을 받게 된 것이기 때문이다. 이것에 대해서는 우리가 다음 장에서 다시 한 번 살펴볼 기회를 갖게 될 것이다.

눅 22:38. 주여 보소서 여기 검 둘이 있나이다. 제자들이 그리스도께서 십자가를 지셔야 한다는 것을 귀가 따갑도록 들어놓고도, 여전히 쇠로 된 검으로 싸워야 한다는 생각을 갖고 있었던 것은 참으로 부끄럽고 우매한 그들의 무지(無知)를 보여주는 것이었다. 그들이 "여기 검 둘이 있나이다"라고 말한 것이 원수들에 맞서서 싸울 준비가 잘되어 있다는 것을 의미하는 것이었는지, 아니면 그들에게 있는 무기가 빈약하다고 불평한 것이었는지는 확실하지 않다. 그러나 적어도 분명한 것은 그들이 영적인 원수를 생각하지 못할 정도로 우둔하였다는 것이다. 교회법의 박사들이 이 구절을 근거로 해서 그들의 주교들에게는 이중적인 관할권이 부여되어 있다고 결론을 내린 것은 일고의 가치도 없는 엉터리 같은 알레고리적 해석일 뿐만 아니라, 하나님의 말씀을 조롱하는 가증스러운 해석이다. 이런 식으로 적그리스도의 종들이 광기에 사로잡혀서, 신성모독적인 경멸을 통해서 하나님의 거룩하신 말씀을 공개적으로 짓밟는 것은 피할 수 없는 일이다.

³⁶이에 예수께서 제자들과 함께 겟세마네라 하는 곳에 이르러 제자들에게 이르시되 내가 저기 가서 기도할 동안에 너희는 여기 앉아 있으라 하시고 ³⁷베드로와 세베대의 두 아들을 데리고 가실새 고민하고 슬퍼하사 ³⁸이에 말씀하시되 내 마음이 매우 고민하여 죽게 되었으니 너희는 여기 머물러 나와 함께 깨어 있으라 하시고 ³⁹조금 나아가사 얼굴을 땅에 대시고 엎드려 기도하여 이르시되 내 아버지여 만일 할 만하시거든 이 잔을 내게서 지나가게 하옵소서 그러나 나의 원대로 마시옵고 아버지의 원대로 하옵소서 하시고 ⁴⁰제자들에게 오사 그 자는 것을 보시고 베드로에게 말씀하시되 너희가 나와 함께 한 시간도 이렇게 깨어 있을 수 없더냐 ⁴¹시험에 들지 않게 깨어 기도하라 마음에는 원이로되 육신이 약하도다 하시고 ⁴²다시 두 번째 나아가 기도하여 이르시되 내 아버지여 만일 내가 마시지 않고는 이 잔이 내게서 지나갈 수 없거든 아버지의 원대로 되기를 원하나이다 하시고 ⁴³다시 오사 보신즉 그들이 자니 이는 그들의 눈이 피곤함일러라 ⁴⁴또 그들을 두시고 나아가 세 번째 같은 말씀으로 기도하신 후(마 26:36-44).

³²그들이 겟세마네라 하는 곳에 이르매 예수께서 제자들에게 이르시되 내가 기도할

동안에 **너희는 여기 앉아 있으라** 하시고 ³³베드로와 야고보와 요한을 데리고 가실 새 심히 놀라시며 슬퍼하사 ³⁴말씀하시되 내 마음이 심히 고민하여 죽게 되었으니 너희는 여기 머물러 깨어 있으라 하시고 ³⁵조금 나아가사 땅에 엎드리어 될 수 있는 대로 이 때가 자기에게서 지나가기를 구하여 ³⁶이르시되 아빠 아버지여 아버지께는 모든 것이 가능하오니 이 잔을 내게서 옮기시옵소서 그러나 나의 원대로 마시옵고 아버지의 원대로 하옵소서 하시고 ³⁷돌아오사 제자들이 자는 것을 보시고 베드로에게 말씀하시되 시몬아 자느냐 네가 한 시간도 깨어 있을 수 없더냐 ³⁸시험에 들지 않게 깨어 있어 기도하라 마음에는 원이로되 육신이 약하도다 하시고 ³⁹다시 나아가 동일한 말씀으로 기도하시고 ⁴⁰다시 오사 보신즉 그들이 자니 이는 그들의 눈이 심히 피곤함이라 그들이 예수께 무엇으로 대답할 줄을 알지 못하더라(막 14:32-40).

³⁹예수께서 나가사 습관을 따라 감람 산에 가시매 제자들도 따라갔더니 ⁴⁰그 곳에 이르러 그들에게 이르시되 유혹에 빠지지 않게 기도하라 하시고 ⁴¹그들을 떠나 돌 던질 만큼 가서 무릎을 꿇고 기도하여 ⁴²이르시되 아버지여 만일 아버지의 뜻이거든 이 잔을 내게서 옮기시옵소서 그러나 내 원대로 마시옵고 아버지의 원대로 되기를 원하나이다 하시니 ⁴³천사가 하늘로부터 예수께 나타나 힘을 더하더라 ⁴⁴예수께서 힘쓰고 애써 더욱 간절히 기도하시니 땀이 땅에 떨어지는 핏방울 같이 되더라 ⁴⁵기도 후에 일어나 제자들에게 가서 슬픔으로 인하여 잠든 것을 보시고 ⁴⁶이르시되 어찌하여 자느냐 시험에 들지 않게 일어나 기도하라 하시니라(눅 22:39-46).

마 26:36. 이에 예수께서 … 이르러. 누가는 단지 "감람 산"이라고만 언급하고, 마가와 마태는 그곳을 좀 더 자세하게 설명한다. 그러나 누가는 그리스도께서 "습관을 따라" 거기에 가신 것이라고 한층 더 정곡을 찌르는 내용을 보도한다. 이것을 통해서 우리는 그리스도께서 자신의 몸을 숨기실 목적으로 한적한 곳을 찾아가신 것이 아니라, 마치 그의 원수들과 약속이라도 하신 듯이, 자신을 죽음에 내주시기 위하여 거기로 가신 것임을 알게 된다. 그런 까닭에, 요한은 "그곳은 가끔 예수께서 제자들과 모이시는 곳이므로 예수를 파는 유다도 그곳을 알더라"(요 18:2)고 말한다. 그러므로 이 구절은 그리스도께서 그가 자원하여 드리는 죽음이 아니고는 아버지 하나님을 기쁘시게 해드릴 수 없다는 것을 아시고 그 뜻에 순종하셨다는

것을 우리에게 보여주는 것이다.

마 26:36. 너희는 여기 앉아 있으라. 그리스도께서 그의 제자들을 멀찍감치 남겨 두신 것은 그들의 연약함을 고려하신 것이다. 이것은 마치 어떤 사람이 자기가 곧 극히 위험한 전투에 참여해야 한다는 것을 알고서, 자기 아내와 자녀들을 안전한 곳에 두는 것과 같은 것이었다. 그리스도께서는 그의 제자들을 모두 안전한 곳에 두시고자 하셨지만, 다른 제자들보다 더 견고하다고 생각된 꽃 중의 꽃이라고 할 수 있는 세 사람은 데려가셔서 그의 곁에 좀 더 가까이 두셨다. 그러나 그리스도께서는 이 세 사람이 공격을 견딜 수 있을 것이라고 생각하셨기 때문이 아니라, 그의 제자들 모두가 한결같이 연약하다는 것을 실제로 겪어 보도록 하시기 위하여 이 세 사람을 데리고 가신 것이었다.

마 26:37. 고민하고 슬퍼하사. 우리는 앞서 주님께서 죽음에 대한 두려움과 맞서 싸우시는 것을 보았지만, 여기에서는 주님이 시험(tentatio)과 맞서 정면으로 싸우시는 것이기 때문에, 이러한 공격은 "고민"과 "슬픔"의 시작이라고 불린다. 이것으로부터 우리는 참된 힘과 용기는 싸움이 시작되었을 때에야 비로소 확인될 수 있다는 것을 알게 된다. 왜냐하면, 그때에야 이전에 감춰져 있던 육신의 연약함이 드러나고, 숨어 있던 감정들이 거침없이 표출되어 나오기 때문이다. 그러므로 하나님은 이미 예비적인 싸움들을 통해서 그의 아들을 시험하셨지만, 이제 죽음이 더 가까이 다가온 시점에서 그에게 더 통렬한 고통을 주시고, 그가 전에 겪어보지 못했던 두려움으로 그의 마음을 치신다. 그러나 그리스도께서 두렵고 떨림과 슬픔에 사로잡히셨다는 것이 그의 신적인 영광과 모순되어 보이는 까닭에, 많은 주석가들은 이 난제를 풀 수 있는 방법을 찾느라 노심초사해 왔다. 그렇지만 그들의 노고는 오해에서 비롯된 것으로서 아무 쓸데 없는 것이다. 왜냐하면, 우리가 그리스도께서 두려움과 슬픔을 경험하셨다는 것을 부끄럽게 여긴다면, 우리의 구속(救贖)은 사라져 버리게 된 것이기 때문이다.

암브로시우스(Ambrosius)가 다음과 같이 말한 것은 옳다: "나는 이것을 변명할 필요가 없다고 생각할 뿐만 아니라, 그의 인자하심과 크심을 이것보다 더 잘 보여주는 것은 없다고 생각한다. 왜냐하면, 만약 그가 나의 감정들을 친히 짊어지지 않으셨다면, 그는 나를 위해 그리 큰 일을 하실 수 없으셨을 것이기 때문이다. 자기 자신을 위해서는 슬퍼할 일이 없으셨던 그가 나를 위해 슬퍼하셨다. 그는 영원하신 그리스도로서의 즐거움들을 마다하신 채, 나의 연약함으로 인한 환난을 겪으셨다. 나는 그의 십자가를 전하는 자이기 때문에 그의 슬픔도 담대하게 전한다. 그는 성육신의 흉내만 내신 분이 아니라, 진정으로 성육신하신 분이시다. 그러므로 그는 슬픔을 극복하시기 위하여 그 슬픔을 거부하지 않으시고 직접 겪으셔야 했다. 왜냐하면, 고통을 느끼지 못하는 자가 아니라 그 고통을 온 몸으로 겪고 이긴 자가 찬사를 받는 것이 마땅하기 때문이다." 분명한 것은 하나님의 아들에게는 사람의 감정들이 없을 것이라고 상상하는 자들은 그가 사람이 되셨다는 것을 진정으로 인정하는 것이 아니라는 것이다. 그리스도께서 그의 고난을 통해서 구속주로서 하셔야 할 모든 일들을 수행하시기 위하여, 그의 신성(神性)은 잠시 휴면 상태 속에서 감추어져 있었다고 말한다고 할지라도, 우리 구원의 신비는 다른 방식으로는 이루어질 수 없었다는 것은 전혀 불합리한 일이 아니었다. 키릴루스(Cyrillus)가 다음과 같이 말한 것은 옳다: "십자가 위에서의 그리스도의 고난은 모든 점에서 자원하신 것이 아니라, 아버지 하나님의 뜻과 우리의 구원을 위하여 자원하신 것이라는 사실을 우리는 '내 아버지여 만일 할 만하시거든 이 잔을 내게서 지나가게 하옵소서' 라는 그의 기도를 통해서 쉽게 알 수 있다. 또한, 하나님의 '말씀'은 '하나님'(요 1:1) 이시고 당연히 '생명' 자체(요 11:25)라는 이유로, 그리스도께서 죽음을 두려워하지 않으셨다는 것을 그 누구도 의심하지 않는다. 그러나 그리스도께서는 '육신'이 되셨기 때문에(요 1:14) 육신에 속한 감정들을 느끼셨다. 그러므로 죽음이 문 앞에 와 있을 때, 그리스도께서는 진정으로 사람이 되신 까닭에 두려워하시면서, '내 아버지여 만일 할 만하시거든 이 잔을 내게서 지나가게 하옵소서 그러나 나의 원대로 마시옵고 아버지의 원대로 하옵소서'라고 기도하신다. 우리는 그리스도에게서 인성(人性)이 본래부터 거기에 속한 고통과 두려움을 느끼지만, 인성과 결합되어 있는 말씀이 그 인성을 일으켜 세워서, 하나님께 합당한 불굴의 힘을 얻게 만드는 것을 본다." 결국, 키릴루스는 "우리는 육신의 관점에서 볼 때에는 그리스도의 죽음은 자원하신 것이 아니었지만, 아버지의 뜻을 따라 그 죽음으로 말미암아 구원과 생명이 인간에게 수여되게 하기 위하여 그리스도께서 죽음을 자원하신 것임을 알게 된다"고 결론을 내린다. 이상이 키릴루스의 견해이다.

그렇지만 그리스도께서 짊어지신 연약함(infirmitas)은 우리의 연약함과는 구별되어야 한다. 왜냐하면, 이 둘 간에는 큰 차이가 있기 때문이다. 우리의 감정들은 모두 합당한 한계와 제한을 늘 뛰어넘기 때문에, 우리 속에는 죄를 수반하지 않는 감정(affectus)은 존재하지 않는다. 그러나 그리스도께서는 슬픔과 두려움으로 괴로워하실 때에도 하나님을 거스르고 대적하신 것이 아니라, 계속해서 합당한 절제를 유지하셨다. 우리는 그리스도께서는 죄가 없으시고 순전하시며 흠이 없으셨기 때문에, 그에게서 흘러나온 감정들도 순전하고 흠이 없었지만, 인간의 부패한 본성에서 나오는 감정들은 부정(不淨)하고, 더럽지 않은 것이 없다는 것을 이상하게 여길 필요가 없다. 그러므로 우리는 그리스도께서는 두려움과 슬픔 가운데서도 한 점의 죄도 없이 연약하셨던 반면에, 우리의 모든 감정들은 과도하게 끓어올라서 죄악 될 수밖에 없다는 이 차이를 주목하지 않으면 안 된다.

또한, 우리는 그리스도께서 어떤 감정들에 의해서 시험을 받으셨는지도 주목할 필요가 있다. 마태는 그리스도께서 "고민하고 슬퍼하셨다"고 말하고, 누가는 "고뇌에 차서" 기도하셨다고 말하며, 마가는 "심히 놀라셨다"는 말을 덧붙인다. 그리스도께서 "고민하고 슬퍼하시며" 두려워하신 것이 그가 맞게 될 죽음 속에 영혼과 육체의 분리 이상의 더 슬프고 무서운 그 무엇이 내포되어 있는 것을 느끼셨기 때문이 아니면 무엇 때문이겠는가? 분명한 것은 그리스도께서는 단지 이 땅을 떠나 하늘로 가시기 위해서가 아니라, 우리가 받아야 할 저주를 친히 담당하심으로써 우리를 그 저주에서 건져내시기 위해서 죽음을 참아내셨다는 것이다. 그리스도께서 죽음을 두려워하신 것은 그 죽음이 단지 이 세상을 떠나는 것이 아니라, 하나님의 두려운 법정과 상상할 수조차 없는 보복으로 무장하신 재판장을 보셨기 때문이고, 그가 대신 짊어지신 우리의 죄가 엄청난 무게로 그를 짓눌렀기 때문이었다. 따라서 무시무시한 멸망의 구렁텅이가 그를 두려움과 고민으로 심하게 괴롭혔다고 해도, 그것은 전혀 이상한 일이 아니었다.

마 26:38. 내 마음이 매우 고민하여 죽게 되었으니. 그리스도께서 자신의 슬픔과 고뇌를 그의 제자들에게 말씀하신 것은 그들에게서 공감(共感)을 불러일으키시기 위한 것이었다. 물론, 그리스도께서는 그들의 연약함을 모르시는 것이 아니었지만, 그들로 하여금 나중에 그들의 무심함을 더욱 부끄러워하게 하고자 하신 것이다. 이 구절은 슬픔과 고민으로 인하여 치명적인 상처를 입었음을 나타내기 때문에, 그리스도께서는 자기가 슬픔과 고민으로 기진맥진하여 거의 죽게 되었다고 말씀하신 것이나 다름없다. 요나도 이와 비슷한 표현을 사용해서, 여호와께 "내가 성내어 죽기까지 할지라도"(욘 4:9)라고 대답한다. 내가 요나서에 나오는 본문을 언급하는 이유는 옛 저술가들 중 일부가 이 구절을 다루면서 그들의 총명을 엉뚱하게 사용해서, 그리스도의 마음이 슬퍼하고 고민하여 실제로 죽게 된 것이 아니라, 단지 죽고 싶을 정도까지 되었다는 것을 의미하는 것이라고 궤변을 늘어놓기 때문이다. 여기에서 다시 한 번 우리는 그리스도께서 이토록 슬퍼하고 고민하게 되신 이유를 떠올릴 필요가 있다. 왜냐하면, 만약 하나님의 아들이 자기가 하나님의 심판을 당해야 한다는 것을 느끼지 않으셨다면, 죽음 자체가 그의 마음을 이토록 심하게 짓누르고 괴롭히지 못했을 것이기 때문이다.

마 26:39. 조금 나아가사. 우리는 다른 구절들 속에서도 주님께서 좀 더 간절하게 기도하시기 위해서 아무도 없는 곳으로 가서서 기도하신 모습을 본 바 있다. 왜냐하면, 사람들이 보지 않는 곳으로 물러나 있을 때에, 우리는 마음을 모아서 우리가 하는 일에 좀 더 집중할 수 있기 때문이다. 사실, 우리가 기도할 때마다 한적한 곳으로 물러날 필요도 없고, 그렇게 하는 것이 늘 합당한 것도 아니다. 그러나 우리에게 어떤 절박한 일이 있는 경우에는, 홀로 있을 때에 자유롭게 간절한 기도에 매달릴 수 있기 때문에, 따로 떨어져서 기도하는 것이 유익하다. 하나님의 아들이 이러한 편의성을 무시하지 않으셨다는 것을 생각하면, 우리가 그러한 편의성을 활용하지 않는 것은 오만함으로 인하여 미쳐도 단단히 미친 것이 아닐 수 없을 것이다. 게다가 오직 하나님만이 증인이 되실 때에는, 야심이 발동할 빌미가 없기 때문에, 믿는 영혼은 더욱 허심탄회하게 자신을 내어놓고, 더 솔직하게 자기가 원하는 것들과 괴롭고 힘든 것들과 두려움과 소망과 기쁨들을 하나님 앞에 쏟아놓을 수 있다. 또한, 사람들 앞에서는 꼴불견으로 보일 수 있는 많은 것들도 홀로 기도할 때에는 하나님 앞에서 얼마든지 허용된다. "얼굴을 땅에 대시고" 엎드리신 몸짓은 그리스도의 기도가 얼마나 간절한 것이었는지를 보여준다. 왜냐하면, 공경하고 경외하는 마음의 표현으로 무릎을 꿇고 기도하는 것은 흔한 일이지만, 그리스도께서는 그의 슬픔과 고민이 너무 커서, 간구하고 탄원하는 자로서 자신을 땅바닥에 내던진 채 가련한 모습으로 기도를 하신 것이기 때문이다.

마 26:39. 내 아버지여 만일 할 만하시거든. 여기에 기록되어 있는 것이 기도가 아니라 하소연이라는 것을 보여주고자 하는 사람들이 일부 있지만, 그들의 시도는 헛된 것이다. 물론, 이런 내용이 갑작스럽게 등장한다는 것에는 나도 동의하지만, 나는 그리스도께서 이런 내용의 기도를 드리셨다는 것을 의심하지 않는다. 왜냐하면, 믿는 자들의 기도라고 해서 늘 물 흐르듯이 끝까지 이어지거나 분명한 질서를 따라서 늘 반듯한 모습을 갖추는 것이 아니라, 도리어 정반대로 얽히고설키다가 때로는 서로 모순되어 보이는 내용들이 나오기도 하고, 중간에서 끊어지기도 하는 법이기 때문이다. 이것은 마치 항구를 향해 나아가는 배가 늘 잔잔한 바다를 만나 일직선으로 곧장 나아가는 것이 아니라 풍랑을 만나 요동치기도 하는 것과 같다. 우리는 내가 방금 전에 언급했던 것, 즉 그리스도께서는 우리와는 달리, 그 믿음을 절제하지 못하시고 요동치는 감정들을 가지고 계셨던 것이 아니라는 사실을 기억하지 않으면 안 된다. 그리스도께서는 사람의 순전하고 무죄한 본성이 허용하는 한도 내에서 두려움과 고뇌에 빠지셨고, 격렬한 시험이 주는 충격 속에서 그 기도가 요동치신 것이었다. 이것이 그리스도께서 이 죽음에서 벗어나게 해주시라고 기도하셨다가 즉시 자신을 추스르셔서 아버지의 권위에 순복하시며 순간적으로 벗어났던 원래의 길로 다시 돌아오신 이유였다.

우리는 여기에서 그리스도께서는 아버지의 영원하신 작정하심(decretum)이 취소될 수 없다는 것을 뻔히 아셨을 터인데도 왜 그렇게 해주시기를 기도하셨던 것인가라는 질문을 던져볼 수 있다. 왜냐하면, 그리스도께서 "만일 할 만하시거든"이라는 단서를 붙이셨다고 해도, 하나님의 계획을 바꾸어 달라고 하신 것은 아무래도 말이 되지 않는 것처럼 보이기 때문이다. 하나님이 그의 작정하심을 취소하시는 것은 절대적으로 불가능하다는 것은 옳다. 사실, 마가 본문에 의하면, 그리스도께서는 "아버지께는 모든 것이 가능하오니"라고 말씀하심으로써, 하나님의 능력과 하나님의 작정하심을 대비시키시는 것으로 보인다. 그러나 하나님이 그의 진리를 변개(變改)하셔서 약화시키시는 데까지 하나님의 능력을 확대시켜서 적용하는 것은 옳지 않은 것이다. 나의 대답은 그리스도께서 경건한 자들의 습관을 따라서 하나님의 뜻이나 계획은 잠시 접어두시고서, 자신의 괴로운 심정을 아버지 앞에 쏟아내신 것이라고 본다면, 이것은 전혀 문제가 되지 않는다는 것이다. 왜냐하면, 기도할 때에 믿는 자들이라고 해서 늘 그 마음이 고양(高揚)되어 하나님의 은밀한 것들을 살피거나 어떤 것들이 가능한지를 조심스럽게 묻는 것이 아니라, 그 마음의 간절한 소원을 앞뒤 돌아보지 않고 쏟아내는 경우가 종종 있기 때문이다. 그래서 모세는 그의 "이름"을 생명책에서 "지워버려" 달라고 기도하고(출 32:33), 바울도 자기가 "저주를 받아 그리스도에게서 끊어질지라도 원하는 바로다"(롬 9:3)라고 기도하였다. 그러므로 이것은 그리스도께서 미리 생각하시고 드리신 기도가 아니었다. 슬픔과 고민이 너무 크고 격렬한 나머지 그리스도의 입에서 이런 기도가 갑자기 터져 나왔고, 그리스도께서는 즉시 이 기도를 바로잡으셨다. 또한, 이 감정이 너무 격렬해서, 그리스도께서는 하나님의 작정하심을 즉각적으로 떠올리지 못하셨기 때문에, 그 순간에는 자기가 인류의 구속주로 보내심을 받았다는 것을 생각하지 못하셨다. 이것은 극심한 염려로 인해서 종종 우리의 눈이 갑자기 깜깜해져서, 우리가 순간적으로 아무것도 볼 수 없게 되는 것과 같다. 요컨대, 기도를 할 때에 늘 모든 것을 고려하여 안배하지 못한다고 해서, 그것이 이상한 일은 아니라는 것이다. 마가복음에서 그리스도께서 하나님께는 "모든 것이 가능하다"고 말씀하신 것은 하나님의 능력에 의지해서 하나님의 변개할 수 없는 진리와 불변하심을 바꾸어 보고자 하신 것이 아니라, 단지 절망적인 상황 속에서 모든 희망이 사라진 상태였기 때문에 하나님의 능력만을 의지하겠다고 하는 심정을 피력하신 것이다. 앞에서도 보았듯이, "잔"(ποτήριον-포테리온)이라는 단어는 마치 집 주인이 종들에게 일을 할당해 주고 자녀들에게 분깃을 나누어 주듯이, 각 사람에게 십자가와 환난의 분량을 할당해 주시는 하나님의 섭리를 나타낸다.

마 26:39. 그러나 나의 원대로 마시옵고 아버지의 원대로 하옵소서. 우리는 그리스도께서 그의 처음의 감정들을 추스르셔서, 신속하게 순종하는 모습으로 돌이키시는 것을 본다. 그러나 여기에서 먼저 떠오르는 의문은 그리스도의 뜻은 하나님의 뜻과 일치하지 않았는데, 어떻게 그의 뜻이 모든 악으로부터 벗어나 순전할 수 있었느냐는 것이다. 왜냐하면, 하나님의 뜻이 무엇이 선하고 옳은지를 결정하는 유일한 잣대라고 한다면, 하나님의 뜻에 어긋나는 모든 감정은 악한 것이라는 결론이 나오기 때문이다. 나의 대답은 우리의 모든 감정을 하나님의 선하시고 기뻐하시는 뜻을 따라 규율하는 것이 올바른 것이기는 하지만, 하나님의 뜻과 어떤 점에서 불일치한다고 할지라도 잘못되거나 죄악 된 것이 아닌 감정들도 있다는 것이다. 예를 들어, 어떤 사람이 교회가 평안하고 형통한 모습을 보기를 원한다거나 하나님의 자녀들이 환난에서 건짐받고, 세상에서 모든 미신들이 제거되며, 악인들의 광분함이 억제되어서 아무런 해도 끼칠 수 없게 되기를 바라는 것이 바로 그런 것이다. 이런 것들은 그 자체로 옳은 것들이고, 믿는 자들이 그런 것들을 바라는 것이 잘못된 것이거나 죄가 되는 것도 아니지만, 하나님의 뜻은 다를 수 있다. 왜냐하면, 하나님은 그의 아들이 원수들 가운데서 통치하고, 자기 백성이 십자가 아래에서 훈련을 받으며, 사탄이 방해공작들로 인해서 믿음과 복음의 승리가 더욱 빛을 발하게 되는 쪽을 택하시기 때문이다. 우리는 하나님의 뜻과 반대되는 듯이 보이는 그러한 기도들이 거룩하다는 것을 안다. 하나님은 우리가 하나님이 작정하신 대로 늘 정확하게 구하기를 원하시는 것이 아니라, 우리의 지각(知覺)의 분량을 따라 구하는 것을 허용하신다. 그러나 우리가 앞에서 제기한 의문이 완전히 다 풀린 것은 아니다. 왜냐하면, 우리는 방금 그리스도의 모든 감정들은 적절하게 통제되어 있었다고 말했는데, 그리스도께서 자신의 감정을 바로잡으셨다는 것이 말이 되지 않고, 그리스도께서는 마치 자신의 처음 감정이 합당한 정도를 넘어선 것인 양, 그 감정을 추스르셔서 하나님께 순종하시는 모습을 보이시기 때문이다. 분명히 그리스도의 첫 번째 기도 속에서 우리는 내가 설명한 것과 같은 합당한 절제를 찾아볼 수 없다. 왜냐하면, 그리스도께서는 그의 힘이 닿는 한 중보자의 직임을 수행하기를 꺼려하시고 거부하시는 것으로 보이기 때문이다. 나의 대답은 죽음에 대한 두려움이 그의 마음에 임하고 흑암이 그를 뒤덮었을 때에, 그가 다른 모든 것을 잊어버리신 채로 이렇게 부르짖어 간절히 기도하신 것은 잘못이 아니라는 것이다. 그리스도께서 우리의 구원을 잊으신다는 것이 과연 가능한 일이었는지를 놓고서 머리를 짜내어 논쟁을 할 필요는 없고, 우리는 단지 그리스도께서 자기를 죽음에서 건져 달라고 부르짖어 기도하시는 순간에는, 그러한 간절한 소원을 억제할 수 있는 다른 것들을 생각하실 수 없으셨다는 설명으로 만족해야 한다.

만약 누가 그리스도께서 그런 감정의 기미를 알아차리셨을 때에 그 감정이 더 이상 확대되지 않도록 마땅히 그 싹을 잘라버리고 잘 다스리셨어야 했다는 반론을 제기한다면, 나의 대답은 우리의 본성이 타락해 있는 지금에 있어서 그리스도 안에서 존재하였던 것과 같은 절제가 수반된 열렬한 감정들을 찾아내기는 불가능하지만, 우리는 우리의 기준으로 그리스도의 감정을 판단하지 말고, 하나님의 아들에게 합당한 존귀를 그리스도께 돌리는 것이 마땅하다는 것이다. 왜냐하면, 우리에게서는 육신의 모든 감정들이 강한 자극을 받으면 패역으로 치닫거나 적어도 어느 정도의 부패성이 섞여서 터져 나오지만, 그리스도께서는 극심한 슬픔이나 두려움 속에서도 합당한 범위를 벗어나지 않도록 자신을 다스릴 수 있으셨기 때문이다. 아니, 악기들이 서로 다른 다양한 소리를 내면서도 불협화음이 아니라 감미로운 선율과 정교한 화음을 만들어 내듯이, 그리스도 안에서 두 의지, 즉 하나님의 의지와 사람의 의지가 서로 어우러져 기가 막힌 조화를 이루고 있었기 때문에, 이 둘은 서로 달랐음에도 불구하고, 그 어떤 갈등이나 충돌도 없었다.

이 본문은 단의론자(單意論者, monothelites: 그리스도에게는 단 하나의 神人 양성을 갖춘 자의 의지가 있다고 하는 설의 주장자 –역주)라 불렸던 저 옛적의 이단들이 얼마나 우매한 자들이었는지를 잘 보여준다. 왜냐하면, 그들은 그리스도의 의지가 하나뿐이었고 단일하였으며, 그리스도는 하나님이셨으므로 아버지 하나님의 뜻과 다른 것은 전혀 지니고 계시지 않았다고 잘못 생각하였기 때문이다. 따라서 인간으로서의 그리스도의 마음은 하나님의 은밀하신 계획과 다른 감정들을 지니고 계셨다는 결론이 나온다. 그러므로 그 의지가 적절하게 다스려지고 있었던 그리스도조차도 그의 의지를 사로잡아 하나님께 복종시키지 않으면 안 되셨다. 그런데 하물며 늘 무절제하고 성급하며 패역으로 가득한 우리의 난폭한 감정들을 다스리려면, 우리가 얼마나 세심하게 주의를 기울여야 하겠는가? 하나님의 성령이 우리를 다스려서, 우리가 이치에 합당한 것 외에는 아무것도 원하지 않는다고 할지라도, 우리가 바라는 대로 되지 않는 것을 인내로써 참아내고 순종하고자 한다면, 우리는 하나님을 의지하지 않으면 안 된다. 왜냐하면, 믿음의 절제는 하나님께서 어떤 일을 우리가 바라는 것과 다르게 결정하시는 것을 순순히 받아들이는 데에 있기 때문이다. 무엇보다도, 확실하고 특별한 약속이 주어져 있지 않을 때, 우리는 어떤 것을 구할 때에 하나님께서 작정하신 일을 이루시라는 단서를 반드시 붙여야 한다는 원칙을 지키는 것이 마땅하다. 그리고 이것은 우리가 바라는 것들을 하나님의 처분에 맡겼을 때에만 가능하다.

우리는 이제 그리스도께서 기도하심으로써 어떤 유익을 얻으신 것인가라는 질문을 던져 볼 차례이다. 사도 바울은 히브리서에서 "그는 … 자기를 죽음에서 능히 구원하실 이에게 … 그의 경건하심으로 말미암아(ἀπὸ τῆς εὐλαβείας-아포 테스 율라베이아스) 들으심을 얻었느니라"(히 5:7)고 말한다. 흔히 "그의 경외하심으로 말미암아"로 번역되는 이 헬라어 어구는 "그의 두려워하심으로 말미암아"로 번역되는 것이 마땅하다. 여기에서 만약 그리스도께서 단지 "죽음"을 두려워하신 것이었다면, 그것은 앞뒤가 맞지 않는 말이 되고 말 것이다. 왜냐하면, 그리스도께서는 죽음에서 건지심을 받지 못하셨기 때문이다. 이것으로부터 그리스도로 하여금 "죽음에서" 건져 달라고 기도하지 않을 수 없게 만들었던 것은 죽음보다 훨씬 더 큰 화(禍)에 대한 두려움이었다는 결론이 나온다. 그리스도께서는 세상 죄를 지시고 하나님의 법정에 서셨을 때에, 자기 앞에 놓여 있는 하나님의 진노를 보셨고, 이때에 죽음의 깊은 구렁텅이를 보시고서는 공포로 인하여 움츠러드실 수밖에 없으셨다. 그러므로 베드로가 말해주듯이, 그리스도께서는 죽음을 당하셨지만, "하나님께서 그를 사망의 고통에서 풀어 살리셨기"(행 2:24) 때문에, 이 싸움에서 승리하셨다. 따라서 사도 바울이 "그는 …그의 두려워하심으로 말미암아 들으심을 얻었느니라"

고 말한 것은 옳다. 여기에서 무지한 자들은 그리스도께서 죽음에 의해서 삼켜지시는 것을 두려워하셨다니 그것은 말도 되지 않는다고 들고 일어나서 아우성치지만, 나는 그들에게 그리스도로 하여금 그 땀이 "핏방울"(눅 22:44)이 되도록 기도하시게 만든 두려움이 어떤 두려움이었을 것이라고 생각하는지를 묻고 싶고 그 대답을 듣고 싶다. 왜냐하면, 땀이 핏방울이 될 정도의 두려움이었다면, 그것은 정말 무시무시하고 대단히 특별한 두려움이었을 것이기 때문이다. 오늘날 어떤 사람에게서 땀이 핏방울이 되어 땅에 떨어지는 일이 벌어진다면, 그것은 깜짝 놀랄 기적으로 여겨지게 될 것이다. 그리고 만약 죽음에 대한 두려움 때문에 어떤 사람에게 그런 일이 일어났다면, 우리는 그 사람을 겁이 많고 유약한 마음을 지닌 사람이라고 말했을 것이다. 그러므로 그리스도께서 아버지 하나님께 그를 죽음의 구렁텅이에서 건져 주시기를 기도하셨다는 것을 부정하는 자들은, 보통 사람들에게도 수치스러운 겁쟁이라는 꼬리표를 그리스도께 붙이는 자들이라는 것을 알아야 할 것이다. 내가 설명한 이 두려움은 불신앙으로부터 생겨나는 것이라고 누가 반론을 제기한다면, 그 대답은 쉽다. 즉, 그리스도께서 하나님의 저주에 직면하시고서 두려움에 사로잡히셨을 때, 그의 믿음은 여전히 흔들림 없이 견고한 상태에서, 단지 그의 육체가 그런 반응을 보인 것뿐이라는 것이다. 왜냐하면, 그리스도의 본성은 순전하셨으므로, 그는 우리에게는 독침들이 되었을 시험들을 겪으시면서도 전혀 상처를 입지 않으실 수 있으셨기 때문이다. 그리스도는 시험들을 겪으실 수 없으신 분이라고 주장하는 자들은 그리스도께서 싸우시지도 않으시고 승리하셨다고 보는 어리석은 망상에 젖어 있는 것이다. 우리에게는 그리스도께서 "내 마음이 매우 고민하여 죽게 되었다"고 탄식하신 것을 위선이나 외식이라고 판단할 권한이 없고, 복음서 기자들이 그리스도께서 심히 고민하고 슬퍼하셨으며 두려워 떠셨다고 말한 것은 결코 거짓이 아니다.

마 26:40. 제자들에게 오사. 그리스도께서는 아직 두려움이나 고민에서 벗어나거나 건짐을 받으신 것이 아니었지만, 기도 싸움을 잠시 중단하고 잠시 숨 돌릴 시간을 가지셨다. 사실, 믿는 자들은 하나님과의 대화를 잠시라도 멈추지 않기 위해서 숨 돌릴 겨를도 없이 쉬지 않고 기도해야 하는 것이 아니라, 도리어 정반대로 그리스도의 모범을 따라서, 육신의 연약함이 감당할 수 있을 정도로만 기도를 계속하다가, 잠시 쉬는 시간을 갖고 숨을 돌린 후에 다시 하나님과의 대화를 계속해 나가는 것이 좋다. 만약 제자들이 이 기도에 동참하여 함께 하였더라면, 그것은 그리스도께서 그의 슬픔을 달래시는 데에 적지 않은 힘이 되었을 것이고, 다른 한편으로 제자들조차 그를 버린 것은 그의 고통을 더욱 가중시키는 것이 되었다. 왜냐하면, 그리스도께서는 그 누구의 도움도 필요로 하지 않으시고, 우리의 연약함(infirmitas)을 자원하여 담당하셨으며, 바울이 말한 대로(빌 2:7) 그가 "자기를 비웠다"는 것을 주로 이 싸움을 통해서 증명하고자 하셨을지라도, 그가 그의 벗으로 선택하신 자들의 무심함이 그의 슬픔을 가중시키는 무겁고 고통스러운 짐이 되었다는 것은 전혀 이상한 일이 아니기 때문이다. 그리스도께서 자기가 제자들로부터 버림을 받게 될 것이 슬프다고 말씀하신 것은 결코 빈 말이 아니라 그의 진심에서 나온 것이었다. 사실, 그리스도께서 이토록 극심한 고민과 슬픔 속에 계셨는데도, 그의 제자들은 "한 시간도 깨어 있지" 않았기 때문에, 그가 그들의 무심함(socordia)을 책망하신 것은 마땅한 일이었다.

마 26:41. 깨어 기도하라. 제자들은 그들의 주님이 위험에 처해 계시는데도 무심한 태도를 보였기 때문에, 그리스도께서는 그들이 그들도 위험하다는 것을 깨닫게 되면 정신을 차릴 것이라고 생각하셔서, 그들의 문제로 관심을 돌려, 그들이 "깨어 기도하지" 않는다면, 곧 "시험"을 받아 거기에 붙잡히게 될 것이라고 경고하신다. 이것은 이렇게 말씀하신 것이나 다름없다: "너희가 내게는 아무런 관심을 보이지 않더라도, 적어도 너희 자신을 위해서 내 말에 귀를 기울여라. 왜냐하면, 이 일에는 너희의 이해관계도 걸려 있어서, 만약 너희가 관심을 갖고 주의하지 않는다면, 곧 시험이 찾아와서 너희를 삼켜버릴 것이기 때문이다." 여기에서 "시험에 든다"는 것은 시험에 굴복당하는 것을 의미한다. 우리가 주목해야 할 것은 그리스도께서 그의 제자들에게 시험을 이기는 방법으로 명하시는 것은 그들 자신의 힘과 인내심을 발휘하여 담대하게 시험에 대항하라는 것이 아니고, 도리어 정반대로 그들의 연약함을 깨닫고서 하나님께 힘과 병기를 구하라는 것이라는 사실이다. 그러므로 우리가 아무리 "깨어" 있을지라도 "기도하지" 않으면 아무 소용이 없다.

마 26:41. 마음에는 원이로되. 그리스도께서는 그의 제자들이 두려워하고 낙심하지 않도록 하시기 위하여 그들의 나태함(segnities)을 온유하게 책망하시고, 일정 정도 위로와 소망을 더하신다. 먼저, 그리스도께서는 그들이 옳은 일을 행하고자 간절히 원하고는 있지만, 그럴지라도 여전히 육신의 연약함과 싸워야 하기 때문에, 기도가 꼭 필요하다는 것을 깨우쳐 주신다. 즉, 그리스도께서는 그들이 그들의 연약함으로 인하여 절망하지 않도록 하시기 위하여, 그들이 옳은 일을 행하고자 한다는 것을 먼저 칭찬하신 후에, 그들은 성령의 능력을 충분히 받지 못한 까닭에 기도하지 않으면 안 된다고 말씀하시며, 기도할 것을 간곡하게 권면하시는 것이다. 그러므로 이 권면은 하나님의 성령으로 거듭나서 옳은 일을 행하고자 하지만 여전히 육신의 연약함 아래에서 힘들어하는 믿는 자들에게 그대로 적용된다. 왜냐하면, 성령의 은혜가 그들에게 있기는 하지만, 그들은 여전히 육신을 따라서는 약하기 때문이다. 여기에서 그리스도께서는 오직 제자들에 대해서만 그들의 연약함을 지적하셨지만, 제자들에게 말씀하신 것은 모든 믿는 자들에게도 동일하게 적용되기 때문에, 이 말씀으로부터 우리는 정신을 차리고 "깨어 기도하는" 것이 우리의 본분이라는 일반적인 규범을 이끌어 내는 것이 마땅하다. 왜냐하면, 주님께서 도우셔서 우리를 붙드시고 일으켜 세워 주시지 않는다면, 우리는 아무리 성령의 능력을 덧입는다고 할지라도, 육신의 연약함으로 말미암아 종종 넘어질 수밖에 없기 때문이다. 그러나 우리에게는 우리가 구하면 반드시 얻게 될 확실한 해결책이 주어져 있는 까닭에, 우리가 지나치게 염려하며 두려워 떨 이유는 없다. 왜냐하면, 그리스도께서는 간절히 구하는 자는 누구나 인내로써 육신의 무기력함을 떨쳐버리고 승리하게 될 것이라고 약속하시기 때문이다.

마 26:42. 다시 두 번째 나아가. 이 구절을 보면, 그리스도께서는 이제 두려움을 이기시고, 좀 더 홀가분하고 담대한 마음으로 아버지 하나님의 뜻에 순복하실 준비를 마치신 채로 다시 기도하러 나아가신 것처럼 보인다. 왜냐하면, 그리스도께서는 더 이상 "잔"을 그에게서 치워 주시라고 구하지 않으시고, 그런 기도를 중단하신 채 하나님의 뜻에 순종하시기 위하여 애쓰시는 모습을 보이시기 때문이다. 그러나 마가 본문에는 이러한 진전이 묘사되지 않는다. 거기에는 그리스도께서는 "다시 두 번째로" 기도하실 때에도, 똑같은 내용의 기도를 되풀이하신 것으로 되었다. 사실, 나는 그리스도께서 기도하러 나아가실 때마다 밀려오는 두려움과 공포 때문에 아버지 하나님께 "죽음에서 건져 주실" 것을 구하셨으리라는 것을 의심하지 않는다. 그렇지만 그리스도께서 "두 번째로" 기도하실 때에는 아버지의 뜻에 순종하기 위하여 더 애를 쓰셨을 것이고, 이미 이 시험과 맞닥뜨려 보셨기 때문에 더욱 담대하게 죽음과 맞서실 수 있으셨을 것이다. 누가는 그리스도께서 세 번에 걸쳐서 기도하셨다는 것을 명시적으로 언급하지 않고, 단지 그리스도께서 심히 고민되신 채로 "힘쓰고 애써 더욱 간절히 기도하셨다"고 말함으로써, 마치 그리스도께서 쉴 틈 없이 계속해서 기도하신 것처럼 보도한다. 그러나 우리는 복음서 기자들이 종종 세부적인 상황들을 생략하고, 일어난 일의 골자만을 개략적으로 보도한다는 것을 알고 있다. 따라서 누가가 이 장면의 끝부분에서 그리스도께서 "제자들에게" 왔다고 말한 것은 사건들의 원래 순서를 뒤바꾸어 보도하는 수사(修辭) 기법에 해당한다. 이것은 누가가 또 다른 대목에서 "천사가 하늘로부터 예수께 나타나 힘을 더하더라"(눅 22:43)고 보도한 후에, "예수께서 힘쓰고 애써 더욱 간절히 기도하셨다"(22:44)고 설명한 것과 같다. 그러나 순서를 바꾸었다고 해서 이상할 것은 없다. 왜냐하면, 누가는 천사가 아무런 이유 없이 나타난 것이 아님을 보여주기 위해서, 하나님이 천사를 보내실 필요가 있으셨다는 것을 나중에 말한 것뿐이기 때문이다. 따라서 이 대목의 후반부는 전반부에 대한 이유로 덧붙여진 것이라 할 수 있다. 사실, 불굴의 담대함을 덧입혀 주시는 것은 오직 하나님의 성령이시기는 하지만, 그렇다고 해서 하나님께서 천사들을 자신의 일꾼들로 사용하시는 것이 금지되어 있는 것은 아니다. 이것으로부터 우리는 하나님의 도우심이 가시적인 형태로 그에게 베풀어지는 것이 꼭 필요하였다는 것을 생각하면, 하나님의 아들이 얼마나 엄청난 고통을 견뎌야 하셨는지를 알게 된다.

마 26:43. 다시 오사 보신즉 그들이 자니. 제자들이 이렇게 자게 된 것은 너무 많이 먹고 마셨기 때문이거나 아무 생각 없이 멍청하게 있었기 때문이거나 육체적으로 방탕하게 놀다가 지쳤기 때문이 아니라, 누가가 우리에게 말해 주듯이, "슬픔"을 참기 힘들었기 때문이었다. 이것으로부터 우리는 우리의 육신이 얼마나 무심함과 둔감함에 빠지기 쉬운 성향을 지니고 있는지, 아무리 급박한 위험에 처해도 하나님을 잊어버리고 기억하지 않는다는 것을 더 분명하게 알게 된다. 이렇게 사탄이 우리 앞에 올무를 놓을 수 있는 절호의 기회들은 도처에 널려 있다. 왜냐하면, 우리가 위험을 두려워하지 않으면, 사탄은 우리를 마취시켜서 잠에 빠지게 만들고, 우리가 두려움과 슬픔에 젖어 있으면, 우리는 떨쳐 일어나서 기도하여야 함에도 불구하고, 사탄은 우리의 지각과 감각을 장악해서, 우리로 하여금 하나님을 바라보지 못하게 만들기 때문이다. 이렇게 하나님이 우리를 회복시키실 때까지, 우리는 도처에 널려 있는 사탄의 올무에 걸려 넘어져서 하나님을 버리게 된다. 또한, 우리가 주목해야 할 것은 제자들이 주님의 호된 책망을 받았음에도 불구하고 책망이 끝나자마자 거의 즉시 다시 잠에 빠졌다는 것이다. 그런데 이것은 모든 믿는 자들에 대한 것이 아니라, 그리스도께서 자신의 최측근으로 선택하신 세 제자에 대한 것이다. 주님의 최측근인 자들이 이런 모습을 보였다고 한다면 평범하게 믿는 자들에 대해서는 더 말해 무엇하겠는가? 그리스도께서는 전에 "외식하는 자"들이 정직하고 진실하게 구하지 않고, "말을 많이 하여야 들으실 줄 생각하고" "중언부언" 하신 것이 아니었다. 여기에서 그리스도께서는 우리가 구하는 것들을 즉시 얻지 못한다고 해서 낙심하거나 지쳐서 기도를 그쳐서는 안 된다는 것을 그의 모범을 통해서 보여주고자 하신 것이었다. 그러므로 우리가 구한 것을 얻지 못했다고 해서 간절히 기도하는 것을 중단하지 않고, 하나님이 주고자 하지 않으시는 것처럼 보이는 것을 여러 번 반복해서 구하는 것은 결코 쓸데없이 "중언부언" 하는 것이 아니다.

⁴⁵이에 제자들에게 오사 이르시되 이제는 자고 쉬라 보라 때가 가까이 왔으니 인자가 죄인의 손에 팔리느니라 ⁴⁶일어나라 함께 가자 보라 나를 파는 자가 가까이 왔느니라 ⁴⁷말씀하실 때에 열둘 중의 하나인 유다가 왔는데 대제사장들과 백성의 장로들에게서 파송된 큰 무리가 칼과 몽치를 가지고 그와 함께 하였더라 ⁴⁸예수를 파는 자가 그들에게 군호를 짜 이르되 내가 입맞추는 자가 그이니 그를 잡으라 한지라 ⁴⁹곧 예수께 나아와 랍비여 안녕하시옵니까 하고 입을 맞추니 ⁵⁰예수께서 이르시되 친구여 네가 무엇을 하려고 왔는지 행하라 하신대 이에 그들이 나아와 예수께 손을 대어 잡는지라(마 26:45-50).

⁴¹세 번째 오사 그들에게 이르시되 이제는 자고 쉬라 그만 되었다 때가 왔도다 보라 인자가 죄인의 손에 팔리느니라 ⁴²일어나라 함께 가자 보라 나를 파는 자가 가까이 왔느니라 ⁴³예수께서 말씀하실 때에 곧 열둘 중의 하나인 유다가 왔는데 대제사장들과 서기관들과 장로들에게서 파송된 무리가 검과 몽치를 가지고 그와 함께 하였더라 ⁴⁴예수를 파는 자가 이미 그들과 군호를 짜 이르되 내가 입맞추는 자가 그이니 그를 잡아 단단히 끌어 가라 하였는지라 ⁴⁵이에 와서 곧 예수께 나아와 랍비여 하고 입을 맞추니 ⁴⁶그들이 예수께 손을 대어 잡거늘(막 14:41-46).

⁴⁷말씀하실 때에 한 무리가 오는데 열둘 중의 하나인 유다라 하는 자가 그들을 앞장서 와서 ⁴⁸예수께 입을 맞추려고 가까이 하는지라 예수께서 이르시되 유다야 네가 입맞춤으로 인자를 파느냐 하시니(눅 22:47-48).

마 26:45. 이제는 자고 쉬라. 그리스도께서 여기에서 반어법을 사용하여 말씀하고 계시다는 것은 너무나 분명하지만, 우리는 이 반어법의 의도를 주목하지 않으면 안 된다. 왜냐하면, 그리스도께서는 앞에서 그의 제자들에게 경고하셨어도 별 소용이 없자, 이제 이 말씀을 통해서 그들의 무심함을 간접적으로 책망하시면서, 아무리 그들이 나태한 채로 지내고자 하여도, 더 이상 그들에게 그럴 시간이 주어지지 않으리라고 경고하시는 것이기 때문이다. 그러므로 이 말씀의 요지는 이런 것이다: "내가 너희에게 무슨 말을 해도 아무 소용이 없으니, 이제는 강권하는 말을 더 이상 너희에게 하지 않을 것이다. 그러나 내가 너희로 자도록 내버려 두고 싶어도, 원수가 그냥 놓아두지 않을 것이니, 너희는 어쩔 수 없이 깨어 있을 수밖에 없게 될 것이다." 그래서 마가는 "그만 되었다"는 말씀을 덧붙임으로써, 마치 그리스도께서 그의 제자들에게 더 이상 잘 시간이 없다고 말씀하신 것처럼 보도한다. 이것이 하나님이 사람들의 무심함과 나태함(segnities)을 징계하시는 통상적인 방식이다. 즉, 하나님은 그의 말씀에 귀를 막는 자들에게는 고난과 환난을 주서서 어쩔 수 없이 깨어나지 않고는 배길 수 없게 만드신다. 그러므로 우리는 하나님이 우리에게 자원하여 행하기를 바라시는 것을 우리가 나태하여 뭉그적거리다가 나중에 뒤늦게 어쩔 수 없이 강제적으로 행해야 하는 일이 벌어지지 않도록 하기 위해서는 하나님의 말씀을 즉시 경청하여 행하는 법을 배워야 한다.

마 26:46. 일어나라 함께 가자. 이 말씀을 통해서 그리스도께서는 자기가 기도를 통해서 새롭게 무장되었다는 것을 분명하게 보여주신다. 물론, 그리스도께서는 이전에도 자원하여 죽으실 각오가 충분히 되어 계셨지만, 막상 죽음과 정면으로 맞닥뜨려야 할 시점이 되었을 때에, 육신의 연약함과 힘겨운 싸움을 하시면서, 만약 아버지 하나님이 기꺼이 "잔"을 거두어 주시기만 하신다면, 죽음을 피하고 싶으시다는 뜻을 피력하기도 하셨다. 그러나 그리스도께서는 "기도"와 "눈물"로 하늘로부터 오는 새 힘을 얻으셨다(히 5:7). 이것은 그리스도께서 힘이 부족해서 주저하신 적이 한 번이라도 있으셨다는 뜻이 아니고, 단지 그가 자원해서 스스로 입으신 육신의 연약함 아래에서 친히 우리를 위하여 승리를 얻으시고자 고통스럽고 어려운 싸움을 하시며 애를 쓰셨다는 뜻이다. 그러나 이제 두려워 떨던 것이 진정되고, 두려움이 정복되자, 그리스도께서는 꽁무니를 빼고 몸을 숨기시는 것이 아니라, 자신을 아버지 하나님께 자원하여 대속 제물로 바치시기 위하여 기쁜 마음으로 죽음을 향하여 나아가신다.

마 26:47. 말씀하실 때에. 복음서 기자들은 주님께서 무슨 일이 일어났는지를 미리 아셨다는 것을 분명하게 보여주는 것에 주의를 기울인다. 이것으로부터 우리가 알 수 있는 것은 그리스도께서는 외부의 폭력에 의해서 강제로 끌려가 죽임을 당하신 것이 아니라, 악한 자들은 단지 하나님의 은밀하신 뜻을 수행하는 자들이었다는 것이다. 그러므로 제자들의 눈앞에서 암울하고 겁날 만한 장면이 벌어지긴 했지만, 이 사건 자체가 우연에 의해서 일어나는 일은 아무것도 없다는 것을 보여주는 생생한 증거였고, 그리스도께서 미리 알려주심으로 말미암아 그들은 그리스도의 신성(神性)의 영광을 바라보게 되었기 때문에, 그리스도에 대한 그들의 믿음과 신뢰는 더욱 강화되었다. "대제사장들"이 빌라도에게 요청하여 군대를 지원받고 거기에 무장한 무리들을 더하여 그리스도를 잡으러 보냈다는 상황 자체가 그들의 악한 양심이 그들을 괴롭히고 상처를 주었기 때문에, 그들이 극도의 두려움 속에서 이 모든 일을 진행하였다는 사실을 분명하게 보여준다. 만약 그렇지 않았다면, 그리스도께서 방어용 무기조차도 전혀 갖고 계시지 않다는 것을 누구보다도 잘 알고 있던 그들이 이렇게 많은 무장 인력을 동원해서 그리스도를 잡고자 할 필요가 어디 있었겠는가? 그들이 이렇게 치밀하게 이 일을 준비한 이유는 수많은 증거들을 통해서 감지될 수밖에 없었던 그리스도의 신적인 능력이 그들의 마음을 괴롭혔기 때문이었다. 그러나 다른 한편으로는, 그들이 무력에 의지해서 일어나 하나님을 대적하는 것을 주저하지 않았다는 것은 그들이 얼마나 광분해 있었는지를 보여주는 것이다.

마 26:48. 예수를 파는 자가. 나는 유다가 주님에 대한 경외심 또는 그의 범죄에 대한 수치심으로 인해서 감히 공개적으로 자기가 그리스도의 원수들 중의 하나라고 공언하지 못하였다는 것을 의심하지 않는다. 유다가 군사들에게 "그를 잡아 조심스럽게(개역에서는, 단단히) 끌어가라"고 했다고 마가가 보도하고 있는 것은 바로 그런 이유 때문이었을 것이라고 나는 생각한다. 즉, 유다는 그리스도께서 전에 그의 신적인 능력을 보여준 많은 증거들을 떠올렸기 때문에 이런 식으로 행동하였을 것이라는 말이다. 그러나 유다가 하나님의 아들 앞에 와서 허술한 외식(外飾)으로 자신을 은폐하고자 한 것이나, 사람의 영악한 술수로 그리스도의 무한하신 능력에 대적하고자 한 것은 기가 막힌 광기(狂氣)였다.

마 26:49. 랍비여 안녕하시옵니까. 나는 유다가 마치 주님의 위험을 보고 두렵고 떨린다는 듯이, 이 말을 통해서 주님을 걱정해 주는 체한 것임을 의심하지 않는다. 그래서 마가는 유다가 마음이 몹시 아프다는 듯이 "랍비여 랍비여"라고 두 번 반복해서 주님을 부른 것으로 보도한다. 유다는 그리스도의 위엄을 떠올리고서 함부로 행동할 수 없었지만, 마귀가 그의 마음을 사로잡고 있었기 때문에, 그는 "입을 맞추는" 것과 안타까워하는 체하는 말을 통해서 자신의 속임수를 은폐할 수 있다고 확신하였다. 그러므로 유다가 한 이 인사말 또는 외침은 안타까워하는 마음을 가장한 것이었다. 유다의 "입맞춤"도 마찬가지였다. 왜냐하면, 입맞춤을 통해서 친구를 환영하는 것은 유대인들 사이에서 매우 흔한 관습이긴 했지만, 유다는 불과 조금 전까지만 해도 그리스도와 함께 있었다는 점을 고려하면, 그는 마치 주님이 처한 위험에 갑자기 놀란 것처럼 주님께 작별의 "입맞춤"을 하는 체했던 것으로 보이기 때문이다. 이렇게 유다는 주님과 헤어지게 된 것을 몹시 슬퍼하고 근심하는 체함으로써, 다른 어떤 제자보다도 자신의 감정을 훌륭하게 표현한 것처럼 보였다. 그러나 유다가 이러한 속임수를 통해서 얻은 것은 거의 없었다는 것을 그리스도의 대답을 보면 분명하게 나타난다.

마 26:50. 친구여 네가 무엇을 하려고 왔는지 행하라. 누가는 "유다야 네가 입맞춤으로 인자를 파느냐"고 좀 더 구체적으로 표현하는데, 이 말씀 속에는 유다가 주님께서 그를 선하고 관대하게 대하시고 그에게 지극히 큰 존귀를 부여하신 것을 가장 비열한 배신과 속임수를 수행하기 위하여 악용하고 있다는 책망이 더욱 생생하고 강력하게 표현되어 있다. 그리스도께서 유다를 "친구여"라고 부르신 것은 반어법적인 것이 아니라, 한 상에서 먹을 정도로 친밀했던 "친구"가 시편에 예언된 대로 배신자가 된 배은망덕함을 꾸짖으신 것이다. "내가 모른 자가 이런 일을 하였더라면 내가 참아낼 수 있었으리라. 하지만 내가 신뢰하여 내 떡을 나눠 먹던 나의 가까운 친구, 나와 함께 하나님의 집에 다녔던 나의 친구가 나를 잡으려고 올무를 놓았도다"(시 41:10; 55:12-14). 이것은 내가 앞서 말했던 것, 즉 외식하는 자들이 주님 앞에 나아올 때에 아무리 교묘한 술수를 부려서 자신을 은폐하려 하고 위장술을 사용하여 진실을 가장하려 할지라도 그들의 범죄는 밝히 드러나고 말 것임을 분명하게 보여준다. 아니, 이것은 그리스도께서 그들을 그의 품에 받아 주셨는데도, 그들이 속임수를 써서 일어나 그리스도를 대적한 것이기 때문에, 그들에게 더 혹독한 심판이 내려지게 되는 근거가 된다. 앞에서 말했듯이, "친구"라는 말 자체 속에 날카로운 독침이 들어 있다.

우리는 그리스도께서 친히 겪으셔야 했던 이 재난, 즉 배신자들을 품에 품는 재난은 교회가 늘 겪게 될 일이라는 것을 알아야 한다. 그래서 우리가 장차 그런 일을 당하였을 때에 곤혹스러워하지 않도록 하시기 위하여, 그리스도께서는 앞에서 "나를 파는 자, 열둘 중의 하나인 유다가 가까이 왔느니라"고 말씀해 주셨다. 왜냐하면, 그리스도께서는 사탄이 밖으로는 그의 졸개들을 동원해서 공개적으로 우리와 교회를 공격하고, 안으로는 외식하는 자들을 이용해서 우리와 교회를 은밀하게 무너뜨리고자 할 때에, 이 두 가지를 통해서 우리의 믿음을 시험하고자 하시기 때문이다. 아울러, 이것은 그리스도의 제자인 우리가 진실함으로 하나님을 섬기는 것이 마땅하다는 것을 우리에게 가르친다. 왜냐하면, 바울이 "주의 이름을 부르는 자마다 불의에서 떠날지어다"(딤후 2:19)라고 말했듯이, 우리는 날마다 일어나는 배교를 볼 때마다 두려워 떨며 참된 경건을 이루어 내기 위해 힘쓰는 것이 마땅하기 때문이다. 하나님은 우리 모두에게 "그의 아들에게 입맞추라"(시 2:12)고 명령하시기 때문에, 우리는 우리 중의 그 누구도 하나님의 아들에게 배신자의 입맞춤을 하지 않도록 조심하여야 한다. 만약 그런 자가 있다면, 그는 그토록 큰 존귀를 기만적으로 맛본 것에 대한 값비싼 대가를 치르게 될 것이다.

⁵¹예수와 함께 있던 자 중의 하나가 손을 펴 칼을 빼어 대제사장의 종을 쳐 그 귀를 떨어뜨리니 ⁵²이에 예수께서 이르시되 네 칼을 도로 칼집에 꽂으라 칼을 가지는 자는 다 칼로 망하느니라 ⁵³너는 내가 내 아버지께 구하여 지금 열두 군단 더 되는 천사를 보내시게 할 수 없는 줄로 아느냐 ⁵⁴내가 만일 그렇게 하면 이런 일이 있으리라 한 성경이 어떻게 이루어지겠느냐 하시더라 ⁵⁵그 때에 예수께서 무리에게 말씀하시되 너희가 강도를 잡는 것 같이 칼과 몽치를 가지고 나를 잡으러 나왔느냐 내가 날마다 성전에 앉아 가르쳤으되 너희가 나를 잡지 아니하였도다 ⁵⁶그러나 이렇게 된 것은 다 선지자들의 글을 이루려 함이니라 하시더라 이에 제자들이 다 예수를 버리고 도망하니라(마 26:51-56).

⁴⁷곁에 서 있는 자 중의 한 사람이 칼을 빼어 대제사장의 종을 쳐 그 귀를 떨어뜨리니라 ⁴⁸예수께서 무리에게 말씀하여 이르시되 너희가 강도를 잡는 것 같이 검과 몽치를 가지고 나를 잡으러 나왔느냐 ⁴⁹내가 날마다 너희와 함께 성전에 있으면서 가르쳤으되 너희가 나를 잡지 아니하였도다 그러나 이는 성경을 이루려 함이니라 하시더라 ⁵⁰제자들이 다 예수를 버리고 도망하니라 ⁵¹한 청년이 벗은 몸에 베 홑이불

을 두르고 예수를 따라가다가 무리에게 잡히매 ⁵²베 홑이불을 버리고 벗은 몸으로 도망하니라(막 14:47-52).

⁴⁹그의 주위 사람들이 그 될 일을 보고 여짜오되 주여 우리가 칼로 치리이까 하고 ⁵⁰ 그 중의 한 사람이 대제사장의 종을 쳐 그 오른쪽 귀를 떨어뜨린지라 ⁵¹예수께서 일 러 이르시되 이것까지 참으라 하시고 그 귀를 만져 낫게 하시더라 ⁵²예수께서 그 잡 으러 온 대제사장들과 성전의 경비대장들과 장로들에게 이르시되 너희가 강도를 잡는 것 같이 검과 몽치를 가지고 나왔느냐 ⁵³내가 날마다 너희와 함께 성전에 있을 때에 내게 손을 대지 아니하였도다 그러나 이제는 너희 때요 어둠의 권세로다 하 시더라(눅 22:49-53).

마 26:51. 예수와 함께 있던 자 중의 하나가. 이것으로부터 또 다시 분명해지는 것은 우리는 십자가를 지기보다는 싸우고자 하는 성향이 훨씬 더 강하고 싸우는 데에 한층 더 용감하기 때문에, 우리의 열심이 지나쳐서 적절한 정도를 벗어나 절 제되지 않는 일이 벌어지지 않도록 하기 위해서는 주님이 무엇을 명령하시는지, 주님이 우리 각 사람에게 무엇을 요구하시는지를 늘 깊이 숙고하여야 한다는 것이 다. 제자들은 그리스도께서 "주여 우리가 칼로 치리이까"라고 한 것은 그리스도의 지시를 따르겠다는 것이 아니라, 그들이 원수들의 폭력을 물리칠 각오와 준비가 되어 있다는 것을 선언한 것이었다. 실제로, 베드로는 그리스도께서 "치라"고 명하 시거나 허락하실 때까지 기다리지 않고, 막무가내로 불법적인 폭력을 휘둘렀다. 제자들이 그들의 연약함을 망각하고서 그들에게 저항할 힘이 없음에도 불구하고 죽을 각오로 주님을 위해 그들의 몸을 바치기를 주저하지 않은 것은, 얼핏 보면, 가 상한 용기인 것처럼 보인다. 왜냐하면, 그들은 주님께서 짓밟히시는 모습을 지켜 보느니 차라리 주님과 함께 죽는 편을 택한 것이기 때문이다. 그러나 그들은 하나 님의 부르심에 의해 명령되거나 허용된 것 이상의 일을 부적절하게 시도한 것이기 때문에, 그들의 경솔함은 단죄받는 것이 옳다. 그러므로 우리는 우리의 순종이 하 나님께 열납되게 하기 위해서는, 하나님의 뜻을 따라야 하고, 하나님의 명령 없이 는 손가락 하나도 움직이지 말아야 한다는 것을 배우게 된다. 무엇보다도 우리가 이러한 절제를 배우는 데에 열심을 내야 할 한 가지 이유가 있는데, 그것은 잘 다스 려져서 합당한 열심이 아니라, 언제 어디로 튈지 모르는 혼잡한 열정이 우리를 지배하고 있다는 것이다.

공관복음서 기자들은 여기에서 베드로의 이름을 언급하지 않지만, 요한은 공관복음서 기자들이 그 이름을 밝히지 않은 이 인물이 바로 베드로였다는 것을 증언하고 있고(요 18:10), 이것은 이 이야기 속에서 조금 후에 일어난 일을 통해서 분명하게 확인된다. 그렇지만 누가 본문을 통해서 우리는 다른 제자들도 같은 무모한 시도에 가담하였다는 것을 쉽게 추론해 낼 수 있다. 왜냐하면, 그리스도께서는 오직 한 사람을 향해서가 아니다. 모든 제자들을 향해서 "이것까지 참으라"고 말씀하시기 때문이다.

마 26:52. 네 칼을 도로 칼집에 꽂으라. 이 말씀을 통해서 그리스도께서는 사인(私人)들이 칼을 사용하는 것을 금하는 율법의 계명이 옳다는 것을 확인해 주신다. 특히, 우리는 이 계명에 즉시 덧붙여져 있는 형벌에 대한 경고를 주목하여야 한다. 왜냐하면, 이 형벌은 사람들이 제멋대로 그들 자신의 피 흘림에 대하여 복수하기 위해서 정해 놓은 것이 아니라, 하나님께서 살인을 엄격하게 금하심으로써 그가 인류를 얼마나 아끼시고 사랑하시는지를 선언하신 것이기 때문이다. 그러므로 그리스도께서는 무엇보다도 먼저 하나님이 율법에 사람들이 칼을 사용하는 것을 금하셨기 때문에 폭력이나 무력을 통해서 자신을 보호하시는 쪽을 택하지 않으셨다. 이것이 일반적인 이유이고, 그리스도께서는 곧이어서 특별한 이유를 덧붙이신다. 하지만 여기에서 불의한 폭력을 물리치기 위해서 폭력을 사용하는 것도 불법한 일인가라는 질문이 제기 될 수 있다. 왜냐하면, 베드로는 사악한 강도들에 맞선 것이었음에도 불구하고, 칼을 사용하였다는 이유로 단죄를 받았기 때문이다. 사실, 이렇게 온건한 방어의 경우에 칼이 사용된 경우에도 예외가 인정되지 않은 것으로 볼 때, 그리스도께서는 우리의 손발을 모두 묶어 놓으시는 것처럼 보인다. 우리는 이 문제를 마태복음 5:39을 살펴볼 때에 이미 자세하게 다루었긴 하지만, 나는 나의 견해를 여기에서 다시 짤막하게 밝혀 두고자 한다. 먼저, 우리는 시민 법정과 양심의 법정을 구별하여야 한다는 것이다. 어떤 사람이 강도에게 저항하였다면, 법률이 인류의 공적(公敵)인 자들과 맞서 싸울 권리를 사람들에게 부여하고 있기 때문에, 그 사람은 시민 법정에서 벌을 받지 않을 것이다. 이렇게 불의한 폭력에 맞서 방어하기 위한 모든 경우에는 하나님이 세상의 관원들에게 수행하라고 명하신 형벌은 적용되지 않는다. 그렇지만 단지 명분이 선한 것만으로는 양심이 죄책(罪責)에서 벗어날 수 있는 것은 아니고, 양심의 법정에서 무죄 판결을 얻으려면, 동기 자체도 순수하지 않으면 안 된다. 그러므로 적절하고 적법하게 방어한 것이 되기 위해서는, 먼저 분노와 미움, 복수심을 비롯해서 온갖 고르지 못한 돌발적인 감정들이 제거되어서, 방어 행위 속에 격정이 섞여 있지 않아야 한다. 그렇지만 이런 경우는 극히 드물고 현실적으로는 거의 존재하지 않기 때문에, 그리스도께서 자기 백성에게 칼을 일체 사용하지 않아야 한다는 일반적인 규범을 일깨워 주신 것은 합당하다.

그러나 이 말씀을 어리석게도 잘못 적용해서, 칼을 관원들의 손에서조차 빼앗아 버리고자 하는 광신자들이 있는데, 그들은 칼을 사용하는 것은 그 어떤 경우에도 불법이라고 주장한다. 사람이 제멋대로 칼을 사용하여 살인을 저질러서는 안 된다는 것은 나도 인정한다. 그러나 나는 하나님의 일꾼들로서 하나님의 위임을 받아서 하나님의 심판을 집행하는 관원들에 대해서는 사인(私人)들에게 적용되는 논리를 그대로 적용하는 것은 옳지 않다고 본다. 또한, 그리스도께서는 이 본문에 나오는 말씀을 통해서, 칼을 적법하게 사용하는 권한이 관원들에게 있다는 것을 명시적으로 표명하신 것이라 할 수 있다. 왜냐하면, 그리스도께서 살인자들은 사형에 처해지는 것이 마땅하다고 선언하신 까닭에, 불의한 살인에 대하여 응분의 형벌이 주어지도록 하기 위하여, 칼이 관원들의 손에 쥐어져 있다는 결론이 도출되기 때문이다. 실제로, 피 흘리기를 좋아하는 자들이 다른 수단들에 의해서 벌을 받는 일도 종종 일어나지만, 하나님이 악인들의 사나움과 잔인함이 횡행하는 것을 막으시기 위해서 그런 자들을 벌하시기 위해 정하신 통상적인 방식은 관원들에게 칼을 사용할 권한을 주시는 것이다. 한편, 교회법의 박사들이라고 하는 어떤 자들은 주님께서 베드로에게서 칼을 빼앗으신 것이 아니라, 칼을 사용할 때가 올 때까지 "칼집에 꽂으라"고 명하신 것일 뿐이라고 가르치는 뻔뻔스러움의 극치를 보여준다. 이것으로부터 우리는 저 개들이 얼마나 후안무치하게 하나님의 말씀을 가지고 회롱을 일삼고 있는지를 알게 된다.

마 26:53 너는 내가 … 할 수 없는 줄로 아느냐. 이제 여기에 내가 앞서 말한 특별한 이유가 나온다. 그리스도께서는 만약 자기가 아버지 하나님의 작정하심에 순종해야 하는 것이 아니라면, 훨씬 더 효과적이고 합법적인 방어 수단을 얼마든지 가져와서 사용할 수 있으시다는 것을 그의 제자들에게 일깨워 주신다. 그리스도께서 하신 말씀의 요지는, 그는 하나님의 영원하신 계획에 따라서 대속 제물로 정해져 있으시고, 이 일은 성경의 예언들에 의해서 증거되어 온 일이기 때문에, 하나님의 뜻을 거슬러 싸울 수 없다는 것이다. 이렇게 그리스도께서 베드로의 경솔한 행동을 단죄하신 또 다른 이유가 있었는데, 그것은 베드로가 하나님의 작정하신 일을 망침과 동시에, 인류의 구속(救贖)의 길을 가로막는 일을 저질렀다는 것이다. 베드로가 칼을 빼든 것은 불법한 일이었을 뿐만 아니라, 제자들의 그런 행동은 어리석고 미친 짓이었다. 왜냐하면, 그들은 수적(數的)으로 훨씬 열세였고 힘이 없는 자들이었음에도 불구하고, 병사들이 포함된 아주 큰 무리에 맞서고자 하였기 때문이다. 이런 이유로 그리스도께서는 그들이 얼마나 어리석은지를 분명하게 보여주시기 위하여, 그의 제자들과 천군을 대비시키는 다음과 같은 말씀을 하신다: "만약 내가 내 목숨을 보호해 줄 군대를 가져야 하겠다고 생각했다면, 나는 단지 열한 천사가 아니라 '열두 군단 더 되는 천사'로 이루어진 무적의 대군을 즉시 불러 왔을 것이다. 내가 하나님께 천사들을 보내어 나를 지켜 달라고 기도하는 것도 하지 않았는데, 하물며 별 도움도 되지 않을 보잘것없는 수단을 의지하고자 하겠는가? 너희들이 나를 위해 나선다고 해도, 그것은 기껏해야 몇 마리 개구리가 시끄럽게 울어대는 것밖에 더 되겠느냐?" 그러나 여기에서 일부 주석가들은 그리스도로 하여금 죽음을 겪게 하시는 것이 하나님의 작정하심인 상황 속에서, 어떻게 그리스도께서는 그가 아버지 하나님께 요청해서 천사들을 보내 주시게 하실 수 있으시다고 말씀하시는 것인지를 캐묻고자 애쓰지만, 그것은 쓸데없는 일이다. 왜냐하면, 하나님께서 그의 아들을 무방비 상태로 벌거벗겨진 채로 죽음에 내어주고자 하신 것(이것은 하나님이 작정하신 일이어서 꼭 그렇게 되어져야 할 일이었다)과 그리스도께서 기도로 도움을 요청하실 때에 하나님께서 그 기도를 들어주실 수 있으신 것은 그 자체로도 서로 상충되는 것이 아니기 때문이다. 그러나 그리스도께서는 "만약 그가 십자가를 지시는 일이 아버지 하나님께서 작정하신 일이 아니라면"이라는 가정 아래에서 자기 목숨을 지킬 훨씬 더 좋은 방법이 그에게 있다고 말씀하시는 것이기 때문에, 이 둘 간의 상충은 완전히 제거된다. 그리스도께서는 그런 요청을 아버지 하나님께 하시는 것이 하나님의 작정하심에 어긋나는 것임을 알고 계셨기 때문에 그렇게 하지 않으셨다. 그렇지만 이것으로부터 우리는 어쩔 수 없다는 핑계를 대면서 불법한 수단에 의지하는 것은 하나님을 모욕하는 것이라는 유익한 교훈을 얻게 된다. 어떤 사람이 합법적인 수단과 도움이 없다는 핑계로 악한 계획과 죄악된 일을 감행한다면, 그 이유는 그 사람이 하나님의 은밀한 보호하심을 의지하여 마음의 평안을 얻어야 함에도 불구하고 그렇게 하고자 하지 않기 때문이다. 위험이 닥쳐오면, 우리는 성경이 자주 우리에게 "구원 받을 상속자들을 위하여 섬기는" 일을 맡은 "천사들"이 하늘에 있다고 말씀하는데도(히 1:14), 마치 그런 천사들이 존재하지 않는다는 듯이, 육신을 따라 그 어떤 해결책도 찾을 수 없다는 것을 이유로 이런저런 궁리를 한다. 이런 식으로 해서 우리는 천사들의 도움을 받을 기회를 스스로 차 버린다. 왜냐하면, 너무나 불안하고 걱정이 되어서 어쩔 수 없다고 말하며 곤경을 해결하기 위해 금지된 방책(方策)들에 손을 대는 자들은 의심할 여지 없이 하나님의 섭리를 거부하는 자들이기 때문이다.

　　마 26:54. 내가 만일 그렇게 하면 … 성경이 어떻게 이루어지겠느냐. 그리스도께서 하신 이 말씀의 의미는 자기는 아버지 하나님의 부르심을 알고 계시기 때문에 죽음을 피할 그 어떤 시도도 하지 않는 것이 마땅하다는 것이다. 사실, 그리스도께서는 자기가 하나님에 의해서 죽음에 넘겨지기로 작정되었다는 것을 아시기 위해서 굳이 성경을 살펴보실 필요도 없으셨지만, 유한한 존재들인 사람들은 하나님께서 그의 말씀을 통해서 계시하실 때까지는 하나님이 무엇을 행하시기로 작정하셨는지를 알지 못한다는 점을 감안하셔서, 자기 제자들을 염두에 두시고서, 하나님이 자신의 뜻에 대하여 증거하신 그 증언을 언급하신 것이었다. 우리는 우리에게 어떤 환난이 일어나든, 하나님이 그 환난을 우리에게 주시는 것임을 알지만, 그 결과에 대해서 확실히 알지 못하는 까닭에, 우리가 하나님이 허용하시는 해결책들을 찾는 것은 그의 통치를 대적하는 것이 아니다. 그러나 하나님의 뜻이 무엇인지가 확실한 경우에는, 묵묵히 순종하는 것 외에 우리가 택할 수 있는 다른 길은 없다. 이 말씀을 통해서 그리스도께서는 성경이 그가 죽어야 한다는 것을 분명하게 기록해 놓았기 때문에 자기가 그렇게 하는 것이 마땅하다는 것 이상의 것을 가르치고 계시는 것은 아니지만, 이 가르침은 더 폭넓게 적용될 수 있다는 것은 분명하다. 즉, 하나님은 우리로 하여금 그의 뜻에 계속해서 순종하도록 하시기 위한 바로 그 목적으로 그의 뜻이 무엇인지를 성경을 통해서 우리에게 제시해 놓으셨기 때문에, 성경은 육신의 완악함(contumacia)을 다스리기에 충분한 재갈 역할을 한다는 것이다. 따라서 사도 바울은 성경이 우리에게 "인내"를 훈련시키고 우리가 역경에 처해 있을 때에 필요한 온갖 "위로"를 제공해 주는 역할을 한다고 말한다(롬 15:4). 누가 본문에 의하면, 제자들에 대한 그리스도의 책망은 좀 더 짧게 "이것까지 참으라"로 되어 있지만, 여전히 그리스도께서는 그들이 불법한 행위를 자행할 정도까지 오만방자하게 된 것을 호되게 단죄하심과 동시에, 그들이 그들의 부적절한 열

심을 억누르고 더 이상 호기를 부리지 않는다면 용서받을 수 있을 것이라는 소망
도 아울러 주신다.

눅 22:51. 그 귀를 만져 낫게 하시더라. 베드로는 그의 어리석은 열심 때문에 주
님과 그 가르침에 심각한 욕(辱)을 끼쳤고, 이것은 사탄이 마치 그리스도께서 혁명
활동을 위해서 암살자들 및 선동자들과 어울려 다니신 듯한 인상을 사람들에게 심
어주어서 복음에 영원한 해(害)를 끼치고자 획책한 간계였다는 것은 의심의 여지
가 없다. 나는 이것이 그리스도께서 베드로에 의해서 부상당한 자를 고쳐 주신 이
유였다고 생각한다. 한편, 그리스도께서 이런 이적을 행하시는 것을 눈앞에서 보
고서도 원수들이 아무렇지도 않았다는 것은 그들이 얼마나 끔찍할 정도로 우매함
과 둔감함에 사로잡혀 있었는지를 잘 보여주는 것이다. 그렇지만 앞에서 그들이
주님의 음성에 깜짝 놀라서 땅에 엎드러지는 일을 겪고서도(요 18:6) 여전히 계속
해서 광분하였다는 것을 생각하면, 여기에서 그리스도의 능력이 베드로에 의해서
부상을 입은 자에게 나타난 것을 그들이 보지 못했다고 해도, 우리가 그렇게 크게
놀라거나 이상하게 여길 일은 아닌 것 같다. 하나님께서 버림받은 자들을 눈멀게
하실 때, 사탄은 이와 같이 혼미하게 하는 영으로 그들을 제정신이 아니게 만들어
버린다. 여기에서 고침을 받은 자의 배은망덕함은 더욱 두드러진다. 왜냐하면, 그
자는 그리스도의 신적인 능력을 경험하고도 그리스도 앞에 엎드려서 자신의 완악
함을 회개하지도 않았고, 그리스도의 인자하심을 맛보았어도 원수라는 위치에서
돌아서서 그리스도의 제자가 되고자 하지도 않았기 때문이다. 수도사들은 마치 하
나님의 선하심이 매일매일 무가치한 자들에게 부어지지 않는다는 듯이, 그리스도
의 역사(役事)가 불완전한 것으로 끝났을 리가 없다고 생각하여, 이 고침받은 자는
그 영혼까지도 고침을 받은 것이라고 어리석은 말을 늘어놓는다.

마 26:55. 강도를 잡는 것 같이. 이 말씀을 통해서 그리스도께서는 그의 원수들
이 많은 군사들을 이끌고 옴으로써 그를 흉악범이라도 된다는 듯이 취급하는 것에
대하여 힐난하신다. 왜냐하면, 이 말씀의 의미는 이런 것이기 때문이다: "너희가
나를 강도로 취급한 것이 아니라면, 나를 잡기 위해 이렇게 많은 군사를 이끌고 올
필요가 과연 있었겠느냐? 나는 늘 너희 가운데서 무력(武力)을 사용함이 없이 평화
롭게 살아 왔다. 그리고 내가 성전에서 가르칠 때, 너희는 굳이 군사를 동원할 필요
도 없이 쉽게 나를 붙잡을 수 있지 않았느냐?" 그리스도께서는 마치 자기가 혁명가
라도 된다는 듯이, 무력으로 자기를 제압하고자 하는 그들의 악의를 힐난하심과

아울러서, 그들은 배신자를 그들의 길잡이로 이용하면서도 겁을 잔뜩 먹은 채로 두려워하며 그에게 다가왔다는 점을 그들에게 상기시키심으로써, 그들의 악한 양심을 건드리고 계시는 것이다.

마 26:56. 그러나 이렇게 된 것은. 다른 두 복음서 기자는 마태 본문과 약간 다르게 표현한다. 마태는 자신의 말로 이것을 표현하고 있고, 마가는 그리스도께서 이 말씀을 하신 것으로 보도하며, 누가 본문은 "이제는 너희 때요 어둠의 권세로다"라고 다른 내용으로 되어 있다. 그러나 악인들이 어떤 일들을 꾸민다고 할지라도, 하나님의 뜻과 섭리에 의해서 이루어지지 않는 일은 없다는 것이 성령의 의도라는 것은 의심할 여지가 없다. 왜냐하면, 앞에서도 말했듯이, 선지자들은 하나님이 스스로 작정하신 일 외에는 그 어떤 것도 증언하지 않았기 때문이다. 그러므로 우리는 여기에서 먼저 사탄과 모든 불경건한 자들이 아무리 고삐 풀린 망아지처럼 광분한다고 할지라도, 하나님의 손이 늘 그들을 제어하고 계시기 때문에, 그들은 원하지 않아도 하나님이 이끄시는 곳으로 끌려가게 되어 있다는 것을 알게 된다. 다음으로, 우리는 비록 악인들이 성경에 예언된 일을 행한다고 할지라도, 하나님이 그들을 그의 합법적인 일꾼으로 사용하시는 것이 아니라, 그의 보이지 않는 손으로 그들을 그들이 전혀 원하지 않는 곳으로 이끄시는 것이기 때문에, 그들에게는 변명의 여지가 없다는 것, 그리고 하나님이 그들의 악의를 선용하시는 것인 까닭에, 그들의 악의와 관련된 모든 책임은 전적으로 그들에게 있다는 것을 알게 된다. 아울러, 우리가 주목해야 할 것은 그리스도께서는 연약한 심령을 지닌 자들이 그가 이렇게 무지막지하게 욕을 당하시는 모습을 보고서 큰 혼란을 겪지 않도록 하시기 위하여 미리 그 걸림돌을 제거하시려고 이런 말씀을 하셨다는 것이다.

그리스도께서는 그의 제자들로 하여금 유익을 얻게 하실 뿐만 아니라, 그의 대적들이 마치 승리하기라도 한 것처럼 기뻐 날뛰지 못하도록 그들의 교만을 억누르시고자 하셨다. 이런 까닭에, 누가 본문을 보면, 그리스도께서는 "이제는 너희 때요"라고 말씀하신다. 이것은 하나님께서 잠시 그들에게 그들의 마음대로 할 자유를 허락하셨다는 의미이다. "어둠의 권세"는 마귀의 권세를 가리키는 말로서 그들의 자랑을 여지없이 무너뜨리는 강력한 위력을 지닌 말씀이었다. 왜냐하면, 그리스도께서는 그들이 아무리 기고만장할지라도, 그들은 마귀의 종들에 불과하다는 사실을 보여주고 계시는 것이기 때문이다. 만물이 혼란 중에 서로 뒤엉켜 있고, 마귀가 도처에 어둠을 뿌려서 세상 질서를 온통 뒤집어놓는 것처럼 보여도, 우리는 결국 모든 혼란을 끝내시고 질서를 가져올 하나님의 섭리가 저 위 하늘에서 빛나고 있다는 것을 알아서, 우리의 믿음의 눈을 들어 저 평온한 하늘을 바라보는 법을 배워야 한다. "이에 제자들이 다 예수를 버리고 도망하니라"는 말 속에서 우리는 제자들에게는 주님의 말씀을 따르기보다는 제멋대로 행동하고자 하는 성향이 훨씬 더 강하게 자리 잡고 있었다는 것을 다시 한 번 확인하게 된다.

막 14:51. 한 청년이. 나는 이 "청년"이 요한이었다는 허황된 말이 어떻게 나오게 되었는지를 알지 못하고, 그런 것을 캐묻는 것에도 별 관심이 없다. 중요한 것은 마가가 무슨 목적으로 이 일을 기록하였는지를 파악하는 것이다. 나는 저 악한 자들이 소요 현장에서 흔히 그러하듯이 여기에서도 닥치는 대로 무자비하게 사람들을 때려잡았고, 그 와중에서 그 어떤 범죄의 혐의도 없었고 그들이 사전에 알지도 못했던 "한 청년"이 봉변을 당할 뻔하다가 "벗은 몸으로" 가까스로 도망친 일도 일어났다는 것을 우리에게 알려주는 것이 마가의 의도였을 것이라고 생각한다. 본문에 언급된 "청년"은 그리스도를 따르는 자로서 밤중에 소란이 벌어진 것을 알고서 옷을 챙겨 입지도 못하고 "베 홑이불"만을 "두른" 채로 원수들의 흉계를 밝히기 위해서, 또는 적어도 그리스도에 대한 의리를 지키기 위해서 밖으로 뛰쳐나온 것일 가능성이 크다. 저 악한 자들이 밖에서 들리는 소란한 소리를 듣고서 거의 벗은 몸으로 나온 "한 청년"조차도 가만두지 않은 것을 볼 때, 내가 방금 말했던 대로, 그들이 광분하여 잔인한 폭력을 휘둘렀다는 것은 확실하다.

⁵⁷예수를 잡은 자들이 그를 끌고 대제사장 가야바에게로 가니 거기 서기관과 장로들이 모여 있더라 ⁵⁸베드로가 멀찍이 예수를 따라 대제사장의 집 뜰에까지 가서 그 결말을 보려고 안에 들어가 하인들과 함께 앉아 있더라 ⁵⁹대제사장들과 온 공회가 예수를 죽이려고 그를 칠 거짓 증거를 찾으매 ⁶⁰거짓 증인이 많이 왔으나 얻지 못하더니 후에 두 사람이 와서 ⁶¹이르되 이 사람의 말이 내가 하나님의 성전을 헐고 사흘 동안에 지을 수 있다 하더라 하니(마 26:57-61).

⁵³그들이 예수를 끌고 대제사장에게로 가니 대제사장들과 장로들과 서기관들이 다 모이더라 ⁵⁴베드로가 예수를 멀찍이 따라 대제사장의 집 뜰 안까지 들어가서 아랫사람들과 함께 앉아 불을 쬐더라 ⁵⁵대제사장들과 온 공회가 예수를 죽이려고 그를 칠 증거를 찾되 얻지 못하니 ⁵⁶이는 예수를 쳐서 거짓 증언 하는 자가 많으나 그 중

언이 서로 일치하지 못함이라 [57]어떤 사람들이 일어나 예수를 쳐서 거짓 증언 하여 이르되 [58]우리가 그의 말을 들으니 손으로 지은 이 성전을 내가 헐고 손으로 짓지 아니한 다른 성전을 사흘 동안에 지으리라 하더라 하되 [59]그 증언도 서로 일치하지 않더라(막 14:53-59).

[54]예수를 잡아 끌고 대제사장의 집으로 들어갈새 베드로가 멀찍이 따라가니라(눅 22:54).

이 기사(記事)에서 누가는 마태 및 마가와는 다른 순서를 따르고 있지만, 우리는 이렇게 서로 다른 점들을 해당되는 대목들에서 조화롭게 해석해 보기로 하고, 여기에서는 우선 마태와 마가 본문에서 주목할 가치가 있는 내용들을 간단하게 한 번 살펴보는 것이 좋을 것 같다. 먼저, 십자가라는 걸림돌을 제거하기 위해서, 우리는 그리스도께서 "자기를 비우심"으로써(빌 2:7) 우리가 얻은 유익을 살펴보지 않으면 안 된다. 왜냐하면, 이런 식으로 해서 하나님의 이루 헤아릴 수 없이 크신 선하심과 하나님의 은혜가 가져다 준 효능(效能)이 어떠한지를 알아야, 우리는 그 밝은 빛으로 십자가와 관련된 온갖 욕된 것들을 몰아낼 수 있을 것이기 때문이다. 육신적으로 볼 때, 하나님의 아들이 붙잡혀서 결박을 당하고 죄수가 되셨다는 것은 욕된 일이었다. 그러나 그리스도께서 사슬에 묶이심으로써 우리가 마귀의 폭정(暴政) 및 하나님에 의한 정죄와 심판으로부터 놓여남을 얻었다는 것을 생각하게 될 때, 우리의 신앙에 타격이 되었을 수도 있는 이 걸림돌이 제거되고 치워질 뿐만 아니라, 이 걸림돌은 자신의 독생자를 악한 자들에게 내주어 결박을 당하게 하실 정도로 우리의 구원에 그토록 큰 가치를 두신 하나님의 한량없으신 은혜에 대한 경배와 찬양으로 바뀌게 된다. 또한, 그리스도께서 우리의 영혼을 묶고 있는 훨씬 더 흉악한 사슬을 벗겨 주시기 위하여 자기 자신을 아끼지 아니하시고 기꺼이 그의 육체가 사슬에 묶이는 것을 견디셨다는 사실 자체가 우리를 향한 그리스도의 놀라운 사랑에 대한 보증(pignus)일 것이다.

마 26:57. 그를 끌고 ⋯ 가야바에게로 가니. 유대인들은 최고의 사법권이라 할 수 있는 권한을 박탈당한 상태였지만, 그들 사이에서는 율법이 대제사장에게 수여한 저 사법권(신 1:8)의 잔재가 아직도 어느 정도 남아 있었기 때문에, 재판에 있어서 절대적인 권한을 행사할 수는 없었어도 제한적인 징벌권은 유지하고 있었다.

이것이 그리스도께서 대제사장 앞으로 끌려가셔서 심문을 받게 된 이유였다. 왜냐하면, 이 법정은 그리스도에 대하여 최종적인 판결을 선고할 수는 없었지만, 그리스도께서 나중에 총독 앞에서 심문을 받을 때에, 제사장들은 그들의 소견을 제시하면서 총독의 판결에 압박을 가할 수 있었기 때문이다. 대제사장 가야바의 원래 이름은 요셉이었다. 역사가 요세푸스(Josephus)에 의하면, 가야바는 카미투스(Camithus)의 아들이었던 시몬이 대제사장직에서 축출된 후에 유대 총독 발레리우스 그라투스(Valerius Gratus)에 의해서 대제사장으로 임명되었다고 한다. 가야바는 그의 성(姓)이었지만, 그는 그런 이름으로 더 잘 알려져 있었기 때문에, 복음서 기자들은 그를 오직 성(姓)으로만 부른다.

마태는 제사장들이 가야바의 집에 "모여" 있었다고 말한다. 그들은 그리스도께서 잡혀 오시기 전에 이미 밤중에 모여 있었던 것이 아니라, 회동 장소가 정해져 있었던 까닭에, 그리스도께서 잡혔다는 소식이 그들에게 전해지자마자 서둘러서 이른 새벽에 모인 것이었다 — 물론, 일부 제사장들은 그리스도를 붙잡기 위해서 군사들과 함께 밤에 밖으로 나갔다는 것은 우리가 방금 보았지만. 그러나 우리는 복음서 기자들이 시간적인 순서를 따라 보도하는 것에 별로 신경을 쓰지 않았다는 것을 다른 대목들에서 자주 보아 왔다. 복음서 기자들은 이 대목에서도 하나님의 아들이 "온 공회"의 악한 공모(共謀)에 의해서 잡히셨다는 것을 보여주고자 한 것 외에는 다른 것들을 별로 염두에 두지 않았음이 분명하다. 여기에서는 두렵고 무시무시한 광경이 우리 눈앞에 펼쳐진다. 당시에는 예루살렘을 제외한 그 어디에도 하나님의 성전이나 합당한 예배, 또는 교회의 모양을 갖춘 집단이 존재하지 않았다. 대제사장은 하나님과 사람 간의 유일하신 중보자의 모형 역할을 한 인물이었고, "공회"에서 대제사장과 함께 앉은 자들은 하나님의 교회 전체를 대표하는 자들이었다. 그런데도 그들은 모두 한통속이 되어서, 구원의 유일한 소망을 없애 버리고자 공모하였다. 그러나 하나님께서는 다윗으로 하여금 "건축자가 버린 돌이 집 모퉁이의 머릿돌"이 될 것이라고 예언하게 하시고(시 118:22), 이사야로 하여금 "만군의 여호와"가 "이스라엘의 온 집에 걸림돌"이 되셔서 그들이 "그로 말미암아 걸려 넘어질 것이며 부러질" 것이라고 예언하게 하심으로써(사 8:14), 사람들의 이러한 악(惡)으로 말미암아 믿는 심령들이 혼란에 빠지는 일이 없도록 미리 지혜롭게 대비해 놓으셨다.

마 26:59. 거짓 증거를 찾으매. 이 구절을 통해서 복음서 기자들은 이 일의 진상을 철저히 조사해서 사실을 명명백백히 밝히는 것은 제사장들의 의도가 전혀 아니었다고 분명하게 말하고 있다. 왜냐하면, 제사장들은 그리스도를 죽이기로 사전에 미리 정해 놓고서, 지금은 "그를 칠" 구실만을 찾고 있는 것이었기 때문이다. 백지상태에서 사건을 조사하는 것이 아닌 곳에서 공평(aequitas)을 기대하는 것은 불가능하다. "거짓 증거를 찾는" 것 속에서 그들의 참담한 기만성이 드러난다. 그들이 무진 애를 썼음에도 불구하고 "거짓 증거"를 찾지 못했는데도 포기하지 않고 계속해서 끈질기게 시도하는 모습 속에서 우리는 그들의 맹목적인 완악함이 얼마나 극심하였는지를 본다. 이렇게 그들의 광분함의 어둠 가운데 하나님의 아들의 무죄함이 아주 밝게 빛을 발하였기 때문에, 마귀들조차도 그리스도께서 죄 없이 죽으셨다는 것을 인정할 수밖에 없었다.

또한, 우리가 주목해야 할 것은 "거짓 증인들"이라는 호칭이 터무니없는 거짓을 궁리해 내는 자들에게가 아니라 옳은 말을 악의적으로 왜곡하여 범죄로 만들어 버리는 자들에게 적용되고 있다는 것이다. 여기에서는 그리스도께서 하신 말씀을 "하나님의 성전을 헐고 사흘 동안에 지을 수 있다"고 왜곡한 자들을 그 한 예로 들고 있다. 실제로는, 그리스도께서는 "너희가 이 성전," 즉 그의 육체라는 성전을 "헐라 내가 사흘 동안에 일으키리라"(요 2:19)고 말씀하신 것이었다. 이 "거짓 증인들"은 그리스도께서 하시지 않은 말씀을 거짓으로 만들어 낸 것이 아니라, 그리스도께서 하신 말씀을 왜곡시켜서, 마치 그리스도께서 자기가 마술을 부려서 성전을 지을 수 있다고 말씀하신 것처럼 조작하는 방법을 사용하였다. 이런 식의 중상모략은 너무나 어처구니없고 유치한 것이었음에도 불구하고 "증거"로 채택된 것을 보면, 우리는 제사장들과 서기관들이 분노와 광분으로 인해서 얼마나 철저하게 눈멀어 있었는지를 쉽게 알 수 있다. 왜냐하면, 그들은 그 어떤 증거나 빌미가 없더라도 반드시 그리스도를 죽이기로 작정한 자들이었기 때문이다.

[62]대제사장이 일어서서 예수께 묻되 아무 대답도 없느냐 이 사람들이 너를 치는 증거가 어떠하냐 하되 [63]예수께서 침묵하시거늘 대제사장이 이르되 내가 너로 살아 계신 하나님께 맹세하게 하노니 네가 하나님의 아들 그리스도인지 우리에게 말하라 [64]예수께서 이르시되 네가 말하였느니라 그러나 내가 너희에게 이르노니 이후에 인자가 권능의 우편에 앉아 있는 것과 하늘 구름을 타고 오는 것을 너희가 보리라 하시니 [65]이에 대제사장이 자기 옷을 찢으며 이르되 그가 신성 모독 하는 말을 하였

으니 어찌 더 증인을 요구하리요 보라 너희가 지금 이 신성 모독 하는 말을 들었도
다 ⁶⁶너희 생각은 어떠하냐 대답하여 이르되 그는 사형에 해당하니라 하고 ⁶⁷이에
예수의 얼굴에 침 뱉으며 주먹으로 치고 어떤 사람은 손바닥으로 때리며 ⁶⁸이르되
그리스도야 우리에게 선지자 노릇을 하라 너를 친 자가 누구냐 하더라(마 26:62-
68).

⁶⁰대제사장이 가운데 일어서서 예수에게 물어 이르되 너는 아무 대답도 없느냐 이
사람들이 너를 치는 증거가 어떠하냐 하되 ⁶¹침묵하고 아무 대답도 아니하시거늘
대제사장이 다시 물어 이르되 네가 찬송 받을 이의 아들 그리스도냐 ⁶²예수께서 이
르시되 내가 그니라 인자가 권능자의 우편에 앉은 것과 하늘 구름을 타고 오는 것
을 너희가 보리라 하시니 ⁶³대제사장이 자기 옷을 찢으며 이르되 우리가 어찌 더 증
인을 요구하리요 ⁶⁴그 신성 모독 하는 말을 너희가 들었도다 너희는 어떻게 생각하
느냐 하니 그들이 다 예수를 사형에 해당한 자로 정죄하고 ⁶⁵어떤 사람은 그에게 침
을 뱉으며 그의 얼굴을 가리고 주먹으로 치며 이르되 선지자 노릇을 하라 하고 하
인들은 손바닥으로 치더라(막 14:60-65).

⁶³지키는 사람들이 예수를 희롱하고 때리며 ⁶⁴그의 눈을 가리고 물어 이르되 선지자
노릇 하라 너를 친 자가 누구냐 하고 ⁶⁵이 외에도 많은 말로 욕하더라 ⁶⁶날이 새매
백성의 장로들 곧 대제사장들과 서기관들이 모여서 예수를 그 공회로 끌어들여 ⁶⁷
이르되 네가 그리스도이거든 우리에게 말하라 대답하시되 내가 말할지라도 너희
가 믿지 아니할 것이요 ⁶⁸내가 물어도 너희가 대답하지 아니할 것이니라 ⁶⁹그러나
이제부터는 인자가 하나님의 권능의 우편에 앉아 있으리라 하시니 ⁷⁰다 이르되 그
러면 네가 하나님의 아들이냐 대답하시되 너희들이 내가 그라고 말하고 있느니라
⁷¹그들이 이르되 어찌 더 증거를 요구하리요 우리가 친히 그 입에서 들었노라 하더
라(눅 22:63-71).

마 26:62. 대제사장이 일어서서. "거짓 증인들"이 압박하였을 때에 그리스도께
서 침묵하신 것은 단지 그들의 증언이 대답할 가치조차 없는 것이라고 판단하셨기
때문이 아니라, "그의 때"가 왔다는 것을 아시고서, 이제는 무죄로 풀려나는 것을
구하지 않으셨기 때문임이 분명하다. 그런데도 가야바는 그리스도께서 "아무 대

답"도 하지 않으시는 것을 보고서, 마치 그리스도께서 대답하실 말이 없어서 꿀 먹은 벙어리가 되어 버리시기라도 한 것처럼 의기양양해하는데, 이것은 자기가 악을 자행했음을 스스로 아는 자들이 통상적으로 보이는 모습이다. 그러나 가야바가 모든 일을 다 알고 있으면서도, 거짓 증인들이 그리스도를 "치는" 말을 근거로 삼아서 그리스도에게 죄가 있다고 단죄한 것은 악(惡)의 극치를 보여주는 예이다. 그가 "이 사람들이 너를 치는 증거가 어떠하냐"고 물은 것은 이렇게 말한 것과 같다: "이 사람들이 양심을 거스를 수 없어서 너를 쳐서 증언한 것이 아니라면, 그들이 무슨 이유로 네게 불리한 증언을 했겠느냐? 이 사람들이 아무런 이유도 없이 이곳에 나와서 너를 쳐서 증언할 리가 없지 않느냐?" 가야바는 이 증인들이 매수된 자들이라는 것을 마치 자기가 전혀 알지 못한다는 듯이 말하고 있는 것이다. 그러나 이런 것이 악인들이 권세를 쥐었을 때에 염치라는 것을 다 벗어던져 버리고 우월감에 빠져서 보이는 행태이다. 그런데도 그리스도께서 또다시 침묵하신 것은 단지 반론을 제기해 보아야 아무 소용도 없을 것이라고 생각하셨기 때문이 아니라, 자기가 대속 제물이 되도록 정해져 있었던 까닭에 자신을 변호할 생각을 다 버리셨기 때문이었다.

마 26:63. 내가 너로 살아 계신 하나님께 맹세하게 하노니. 대제사장은 만약 예수가 자기 자신을 "그리스도"라고 공언한다면, 그것만으로도 예수를 단죄하기에 충분한 범죄가 된다고 생각하였다. 그러나 제사장들은 모두 그리스도가 가져다줄 구속(救贖)을 기다리고 있다고 공공연히 말해 왔기 때문에, 대제사장은 예수께 그가 "그리스도"라고 말하며 다닌 것이 사실이냐고 먼저 확인하지 않으면 안 되었다. 그들은 유대 백성을 구원할 그리스도가 오시리라는 것 자체를 감히 부정할 수는 없었다. 예수께서는 자기에게 그리스도라는 칭호를 사용하시면서 그들 가운데서 공공연히 활동을 해오셨다. 그런데도 왜 그들은 그런 사실을 심사숙고하지 않았던 것인가? 그들은 예수께서 행하셨던 "표적들"을 검토하여 올바른 판단을 충분히 할 수 있었는데도 불구하고, 왜 그렇게 하지 않았던 것인가? 그들은 그리스도를 죽이기로 이내 작정하였기 때문에, 그들에게는 그리스도께서 하나님의 영광을 자신의 것으로 취함으로써 신성 모독을 저질렀다는 이 한 가지 구실만으로 충분하였던 것이다. 그런데도 가야바는 마치 어느 쪽이 사실로 밝혀지든 그 사실을 그대로 받아들일 준비가 되어 있다는 듯이 "하나님"에 대한 "맹세"의 토대 위에서 이 문제를 심문하고 검토하는 체한다. 그러나 가야바의 마음은 내내 그리스도에 대한 악의적인 적대감과 멸시로 온통 가득 차 있었고, 교만과 야심으로 눈이 멀어 있었기 때문에, 예수가 자신을 그리스도라고 한 사실이 확인되기만 하면, 그는 그것이 옳은지 그른지를 따지지도 않고서, 그리스도를 단죄할 정당한 근거를 얻은 것으로 선언할 참이었다.

마 26:63. 네가 하나님의 아들 그리스도인지. 가야바의 말을 통해서 우리는 당시에 유대인들 사이에서는 메시야를 "하나님의 아들"로 부르는 것이 관례였다는 것을 알게 된다. 왜냐하면, 이런 형태의 심문은 당시의 통상적인 관례에서 나온 것이라고밖에는 생각될 수 없기 때문이다. 실제로, 유대인들은 성경의 예언들을 통해서 메시야가 다윗의 자손일 뿐만 아니라 하나님의 아들이라는 것을 배웠다. 또한, 가야바가 이 칭호를 사용한 것은 예수를 두렵게 하기 위한 것이거나, 사람들에게 예수에 대한 잘못된 선입견을 심어주기 위한 것으로 보인다. 왜냐하면, 여기에서 가야바는 이렇게 말한 것이나 다름없기 때문이다: "네가 무슨 짓을 하고 있는 것인지를 똑똑히 알라. 성경에서는 그리스도를 하나님의 아들이라고 하고 있기 때문에, 네가 그리스도라고 주장하는 것은 곧 하나님의 아들이라고 주장하는 것과 같다는 것을 도대체 너는 알고서 그렇게 하는 것이냐?" 마가 본문에는 "하나님의 아들"이라는 표현 대신에 "찬송 받을 이의 아들"이라는 표현이 사용되고 있는데, 여기에서 가야바가 이런 표현을 사용한 목적도 우리가 방금 전에 말한 것과 동일하다. 왜냐하면, 가야바가 하나님을 이런 식으로 지극히 공경하는 체한 것은 하나님의 거룩한 이름을 모독하기 위한 것이라기보다는 예수께서 저지르고 있는 신성모독의 죄가 얼마나 무거운 죄인지를 부각시키기 위한 의도였던 것으로 보이기 때문이다.

마 26:64. 네가 말하였느니라. 누가 본문에는 여기에 그리스도께서 제사장들이 진실을 알고자 하는 마음으로 묻지 않는 것에 대하여 그 악의를 책망하시는 또 다른 대답이 나온다: "내가 말할지라도 너희가 믿지 아니할 것이요." 이 말씀은 예수께서 그들에게 자기가 그리스도라는 것을 수백 번 증명한다고 할지라도, 그런 것은 그들과 같이 완악한 자들에게는 아무 소용이 없을 것임을 의미한다. 왜냐하면, 그들은 그런 말씀을 수없이 들었을 뿐만 아니라, 많은 이적들을 직접 그들의 눈으로 목도하였는데, 이 이적들은 만약 예수께서 침묵하셨다고 할지라도 그가 하늘의 신적인 권세를 지니고 계시다는 것을 확증해 주는 것일 뿐만 아니라, 그가 약속된 구속주라는 것을 큰 소리로 외치는 것이었기 때문이다. 그런 후에, 예수께서는 하나의 선포를 덧붙이시는데, 이 선포를 마태 본문은 누가 본문보다 더 길게 표현하고 있지만, 그 의미는 서로 다르지 않다. 예수께서는 죽음을 피해볼 의도에서가 아니라, 그에 대한 그의 원수들의 분노가 더욱 활활 타오르게 하기 위한 목적으로, 자기가 "그리스도"라고 선포하신다. 예수께서는 이때에 그의 초라한 행색으로 인해서 멸시를 당하실 뿐만 아니라 거의 사람 취급을 받지도 못하고 계셨지만, 장차 그가 왕의 위엄으로 다시 오실 것이고, 지금 그를 구원의 주(主)로 인정하기를 거부하고 있는 그들이 그때에는 심판주가 되어 오시는 그 앞에서 두려워 떨게 될 것이라고 분명하게 말씀하신다. 그러므로 이 말씀의 의미는 그리스도께서 장차 왕의 권세와 위엄으로 오시기 위해서는, 지금은 먼저 낮아지셔서 비천한 삶을 사시지 않으면 안 되게 되어 있는 것이기 때문에, 그들이 그의 현재의 겉모습만을 보고서 그가 누구인지를 판단한다면, 그것은 크게 잘못된 것이라는 것이다. 왜냐하면, "이후에"라는 단어를 통해서 그리스도께서는 그의 초림과 재림을 구별하고 계시기 때문이다.

　이것으로부터 우리는 훨씬 더 광범위하게 적용될 수 있는 유익한 가르침을 얻게 된다. 악인들이 이렇게 오만방자하여 패역한 일을 저지르고도 그토록 태평할 수 있었던 것이 그들이 십자가에 못 박히신 예수를 대수롭지 않게 여겼기 때문이 아니라면 무엇 때문이었겠는가? 그러므로 그리스도께서는 그들에게 그들이 그들의 철저한 우매함으로 인하여 장차 피할 수 없게 된 저 무시무시한 심판을 일깨워 주실 필요가 있으셨던 것이다. 그들은 그리스도께서 장차 다시 오실 것이라는 말씀을 실없는 소리로 여겨 조롱하고 있지만, 심판주께서는 지금 복음을 통해서 그들을 그에게로 부르심으로써 그들로 하여금 변명의 여지가 없게 만드신 후에, 나중에는 그들을 어김없이 그의 법정에 세우실 것이다. 그러나 이 선포는 믿는 자들에게도 대단히 유익하다. 즉, 믿는 자들은 이 말씀에 의지해서 지금 그리스도께서 아버지 "하나님의 우편에 앉아" 계시는 것을 소망의 눈으로 바라보고서, 그가 오실 때까지 인내로써 기다릴 수 있고, 비록 지금 그리스도께서 이 땅에 계시지 않는다고 하여도, 악인들이 그리스도를 대적하여 광분한 것들이 반드시 그 대가를 치르게 될 것임을 믿을 수 있다. 왜냐하면, 악인들은 지금 그들이 멸시할 뿐만 아니라 오만방자하게 짓밟기까지 하는 그리스도께서 장차 저 높은 곳 하늘에서 임하시는 것을 반드시 보게 될 것이기 때문이다.

　마 26:64. 권능의 우편에 앉아 있는 것. "우편"이라는 단어는 성경에 자주 등장하는 단어였기 때문에, 이 단어 속에 담겨진 은유는 당시 사람들에게 잘 알려져 있었을 것임에 틀림없다. 그리스도께서 "아버지의 우편에 앉아" 계시게 될 것이라고 하는 것은 그가 만왕의 왕으로 세우심을 받아서 존귀와 권세에 있어서 하나님 다음의 자리에 앉아 하나님의 이름으로 세상을 다스리게 될 것이기 때문이고, 그 자리가 "권능의 우편"이라 불리는 것은 하나님이 오직 그의 아들을 통해서만 지금 그의 권세를 나타내 보이시고 장차 마지막 날에 심판을 행하실 것이기 때문이다.

마 26:65. 대제사장이 자기 옷을 찢으며. 이 구절 속에서 우리는 그리스도께서 많은 이적들을 통해서 그의 신성(神性)을 증명하셨어도 악인들은 그것으로부터 거의 아무런 유익도 얻지 못하였다는 것을 알게 된다. 그러나 "종"의 초라한 행색을 하신 하나님의 아들이 그들에게 약속된 구원에 대하여 별 관심이 없었던 자들에 의해서 멸시를 받으셨다는 것은 사실 이상한 일이 아니다. 왜냐하면, 만약 그들에게 조금이라도 경건이나 신앙이 남아 있었더라면, 그들은 그들의 통탄스러운 처지를 깨닫고서 구속주를 간절히 찾았을 것이기 때문이다. 그러나 그들이 지금 그들의 구속주를 찾기는커녕 구속주께서 그들에게 나아가 손을 내미시는데도 그를 배척하는 것을 보면, 그들은 그들의 힘이 닿는 데까지 하나님의 모든 약속들을 짓밟아 버리려고 작정한 것이 아니면 무엇이겠는가? 대제사장이 먼저 그리스도를 "신성모독"을 범한 자로 선언하고, 다른 사람들도 뒤따라 그 말에 동의한다. 대제사장이 "옷을 찢은" 것은 하나님을 모독하고 멸시하는 자들이 얼마나 뻔뻔스럽고 악하게 마치 그들에게 하나님을 향한 열심이 있다는 듯이 거짓으로 가장하기를 좋아하는지를 분명하게 보여준다. 만약 대제사장이 누가 하나님의 이름을 욕되게 모독하는 것을 듣고서, 마음에 큰 분노와 참기 어려운 고통을 느낄 뿐만 아니라, 자신의 그런 감정을 공개적으로 드러낸 것이라면, 그는 칭찬을 받는 것이 마땅하였을 것이다. 그러나 그는 진실이 무엇인지를 따져볼 생각을 아예 하지도 않고서, 근거도 없이 그리스도를 신성모독의 죄를 범한 것으로 몰아서 단죄하였다. 그런데도 이 기만적이고 위선적인 자는 자신의 진짜 모습과는 전혀 딴판인 인물로 가장하고서, 하나님의 종들에게 신성모독의 죄를 단호하게 응징해야 한다고 가르쳤고, 자신의 모범을 거론하며, 신앙을 모독하는 말을 듣고서도 마치 어릿광대가 실없이 익살맞은 얘기를 하는 것을 들었을 때와 마찬가지로 대수롭지 않게 넘어가는 자들의 수치스러운 유약함을 단죄하였다.

마 26:67. 이에 예수의 얼굴에 침 뱉으며. 이것은 누가가 이야기의 순서를 뒤바꾸어 놓은 것이거나, 주님이 이 큰 능욕을 두 번 당하신 것이거나 둘 중의 하나인데, 나는 후자의 가능성이 더 높다고 본다. 그렇지만, 나는 공회가 그리스도께서 사형에 해당하는 죄를 범한 것으로 단죄하는 것을 종들이 보고서, 그 결정의 영향을 받고 담대해져서, 그리스도께 "침"을 "뱉고" 더 모욕적으로 "때리는" 일이 벌어진 것임을 의심하지 않는다. 복음서 기자들이 그리스도께서 멸시받으신 것과 관련된 이 모든 표현들을 나열한 목적은 눈이 가려져서 사람들이 때릴 때에 막을 수조차 없으셨던 그리스도가 선지자들의 우두머리가 되시는 분이시라는 것은 그 누구도 상상조차 할 수 없는 일이었다는 것을 보여주는 것이었다. 그러나 그리스도께서 받으신 이러한 능욕은 하나님의 섭리에 의해서 전혀 다른 목적에 사용되었다. 왜냐하면, "침 뱉음"과 "주먹으로 치고 손바닥으로 때리는" 것을 그대로 견디시며 욕을 당하신 그리스도의 얼굴로 인해서 우리는 죄로 말미암아 일그러지고 거의 지워져 버린 저 형상을 다시 회복할 수 있게 되었기 때문이다.

[69]베드로가 바깥 뜰에 앉았더니 한 여종이 나아와 이르되 너도 갈릴리 사람 예수와 함께 있었도다 하거늘 [70]베드로가 모든 사람 앞에서 부인하여 이르되 나는 네가 무슨 말을 하는지 알지 못하겠노라 하며 [71]앞문까지 나아가니 다른 여종이 그를 보고 거기 있는 사람들에게 말하되 이 사람은 나사렛 예수와 함께 있었도다 하매 [72]베드로가 맹세하고 또 부인하여 이르되 나는 그 사람을 알지 못하노라 하더라 [73]조금 후에 곁에 섰던 사람들이 나아와 베드로에게 이르되 너도 진실로 그 도당이라 네 말소리가 너를 표명한다 하거늘 [74]그가 저주하며 맹세하여 이르되 나는 그 사람을 알지 못하노라 하니 곧 닭이 울더라 [75]이에 베드로가 예수의 말씀에 닭 울기 전에 네가 세 번 나를 부인하리라 하심이 생각나서 밖에 나가서 심히 통곡하니라(마 26:69-75).

[66]베드로는 아랫뜰에 있더니 대제사장의 여종 하나가 와서 [67]베드로가 불 쬐고 있는 것을 보고 주목하여 이르되 너도 나사렛 예수와 함께 있었도다 하거늘 [68]베드로가 부인하여 이르되 나는 네가 말하는 것이 무엇인지 알지도 못하고 깨닫지도 못하겠노라 하며 앞뜰로 나갈새 [69]여종이 그를 보고 곁에 서 있는 자들에게 다시 이르되 이 사람은 그 도당이라 하되 [70]또 부인하더라 조금 후에 곁에 서 있는 사람들이 다시 베드로에게 말하되 너도 갈릴리 사람이니 참으로 그 도당이니라 [71]그러나 베드

로가 저주하며 맹세하되 나는 너희가 말하는 이 사람을 알지 못하노라 하니 [72]닭이 곧 두 번째 울더라 이에 베드로가 예수께서 자기에게 하신 말씀 곧 닭이 두 번 울기 전에 네가 세 번 나를 부인하리라 하심이 기억되어 그 일을 생각하고 울었더라 (막 14:66-72).

[55]사람들이 뜰 가운데 불을 피우고 함께 앉았는지라 베드로도 그 가운데 앉았더니 [56]한 여종이 베드로의 불빛을 향하여 앉은 것을 보고 주목하여 이르되 이 사람도 그와 함께 있었느니라 하니 [57]베드로가 부인하여 이르되 이 여자여 내가 그를 알지 못하노라 하더라 [58]조금 후에 다른 사람이 보고 이르되 너도 그 도당이라 하거늘 베드로가 이르되 이 사람아 나는 아니로라 하더라 [59]한 시간쯤 있다가 또 한 사람이 장담하여 이르되 이는 갈릴리 사람이니 참으로 그와 함께 있었느니라 [60]베드로가 이르되 이 사람아 나는 네가 하는 말을 알지 못하노라고 아직 말하고 있을 때에 닭이 곧 울더라 [61]주께서 돌이켜 베드로를 보시니 베드로가 주의 말씀 곧 오늘 닭 울기 전에 네가 세 번 나를 부인하리라 하심이 생각나서 [62]밖에 나가서 심히 통곡하니라 (눅 22:55-62).

여기에 묘사된 베드로의 넘어짐(lapsus)은 우리의 연약함이 어떤 것인지를 분명하게 보여주는 밝은 거울이고, 베드로의 회개(poenitentia)는 하나님의 선하심과 긍휼하심을 보여주는 두드러진 예이다. 그러므로 한 개인과 관련된 이 이야기는 교회 전체에 적용될 수 있는 가르침으로서, 걱정과 염려를 품고 있는 자들을 교훈하는 것과 넘어진 자들에게 용서받을 수 있다는 소망을 통해서 힘을 더해 주는 것에 대단히 유익한 가르침을 담고 있다. 우리가 먼저 주목할 것은 베드로가 "대제사장의 집"으로 들어간 것은 무분별한 행동이었다는 것이다. 물론, 주님을 따르는 것이 그의 본분이었다는 것은 의심의 여지가 없다. 그러나 그는 이미 주님을 부인하게 될 것이라는 경고를 받은 상태였기 때문에, 주님에게서 멀리 떨어진 곳에 자신의 몸을 숨기고서 그런 범죄를 할 상황에 자신을 노출시키지 않는 것이 마땅한 일이었다. 믿는 자들이 용기를 내어 뭔가를 해보겠다고 나섰다가 자기 자신을 시험에 내던지는 일이 심심치 않게 일어난다. 그러므로 우리는 우리의 분수를 모르고 무모하게 행하다가 그 즉시로 대가를 치르는 일이 일어나지 않도록 성령께서 우리를 다스려 주시고 지켜 주시라고 하나님께 기도하는 것이 마땅하다. 또한, 우리는 어떤 일을 시작할 때마다 하나님께서 우리로 하여금 그 일의 중간이나 시작에서 넘어지지 않게 해주시고, 우리가 그 일을 끝까지 마칠 수 있도록 하늘로부터 우리에게 힘을 공급해 주시라고 기도하여야 한다. 우리의 연약함을 깨달았다고 해서, 우리가 그것을 핑계로 삼아서 아무 일도 하지 않고 빈둥거리며, 하나님이 우리를 부르시는 곳으로 가기를 꺼려해서는 안 되고, 도리어 경솔하게 행하는 것을 삼가서, 우리의 부르심을 넘어서는 일을 행하려고 하지 않아야 하며, 우리의 연약함을 기도의 기회로 삼아서, 우리에게 은혜를 주셔서 시작을 잘 하게 해주신 하나님께서 우리가 끝까지 인내하여 결실을 맺을 수 있도록 계속해서 은혜를 더하여 주시도록 기도하여야 한다.

마 26:69. 한 여종이 나아와. 여기에서 우리는 한 사람을 무너뜨리는 데에는 치열한 싸움이나 많은 세력이나 거창한 음모가 필요하지 않다는 것을 본다. 왜냐하면, 하나님의 손길을 의지하지 않는 자는 조금만 바람이 불거나 낙엽이 떨어지는 소리에도 맥없이 넘어지는 법이기 때문이다. 베드로가 우리보다 용기나 담력이 없었던 것은 결코 아니었다. 그는 비록 경솔하고 부적절한 방식으로 자신의 용기를 발휘하긴 했지만, 어쨌든 그가 용기 있는 자라는 분명한 증거들을 이미 꽤 보여준 바 있었다. 그런데도 그는 대제사장의 법정 앞에 끌려가거나, 그의 원수들이 폭력으로 그를 죽이고자 할 때까지 기다릴 필요도 없이, "한 여종"의 말에 지레 겁을 집어먹고서 즉시 주님을 부인한다. 방금 전까지만 해도, 자신을 죽음을 두려워하지 않는 용감한 군사라고 생각하였던 그였는데도 말이다. 그러므로 우리는 우리의 힘이라는 것은 강력한 공격들을 막아내기에 터무니없이 역부족이어서, 전투가 시작되기도 전에 그 기미만 있어도 투항해 버리는 그런 것임을 기억하여야 한다. 그러나 우리가 하나님을 경외하는 것을 내팽개쳐 버릴 때, 하나님께서 우리를 무장해제시키셔서 우리에게서 모든 힘을 박탈하심으로써, 우리로 하여금 아무것도 아닌 것 앞에서도 두려워 떨게 만드시는 것은 우리가 기만적으로 행하는 것에 대한 하나님의 마땅한 보응(報應, merces)이다. 왜냐하면, 만약 하나님을 진정으로 경외하는 마음이 베드로에게 있었더라면, 그것은 그에게 천하무적의 요새가 되어 주었을 것이지만, 실제로는 그에게 그런 마음이 없었던 까닭에, 그는 무방비상태에서 벌거벗겨진 채로 있었으므로, 실제적인 위험이 아직 닥치기도 전에, 겁에 질려서 두려워 떨게 된 것이기 때문이다.

마 26:70. 베드로가 모든 사람 앞에서 부인하여. 베드로가 많은 증인들이 지켜

보고 있다는 사실조차도 아랑곳하지 않고 주님을 부인하였다는 이러한 정황은 그의 범죄의 무거움을 더욱 가중시키는 것이었다. 성령께서 이러한 정황을 명시적으로 기록해 놓으신 것은 많은 사람들이 보는 앞에서도 우리는 더욱 용기를 내어 우리의 신앙 고백을 굳게 붙잡는 것이 마땅하다는 것을 보여주시기 위한 것이다. 왜냐하면, 우리가 연약한 자들 앞에서 그리스도를 부인하면, 그들은 우리의 본을 보고 흔들려서 신앙을 버리게 됨으로써, 우리는 우리와 연관된 많은 영혼들을 파멸에 이르게 하는 것이 되지만, 악한 마음으로 하나님을 멸시하고 복음을 대적하는 자들 앞에서 우리가 그리스도에 대하여 합당한 증언을 하여야 할 때에 그렇게 하지 않는다면, 우리는 그리스도의 거룩하신 이름을 모든 사람의 조롱거리로 만들어 버리는 것이 되기 때문이다. 요컨대, 많은 사람 앞에서 행해진 담대하고 거침없는 신앙 고백(confessio)은 모든 경건한 자들의 덕을 세움과 동시에 믿지 않는 자들로 하여금 수치를 당하게 하는 반면에, 많은 사람들 앞에서 행해진 배교(背敎, defectio)는 교회의 신앙을 공개적으로 파탄시키고 진리의 가르침을 욕되게 한다는 것이다. 그러므로 교회에서 신망이 높은 사람일수록 더욱더 신중하고 조심스럽게 행하는 것이 마땅하다. 왜냐하면, 신앙이 좋다는 사람이 넘어지면 사람들에게 더 큰 해(害)를 끼칠 수밖에 없기 때문이다.

　마 26:70. 나는 네가 무슨 말을 하는지 알지 못하겠노라. 베드로가 주님을 어떤 식으로 부인했는지를 보여주는 이 구절은, 저 참담한 궤변론자들이 그들의 신앙에 대하여 소명(疏明)해 보라는 요구를 받았을 때에 여러 가지 의미로 해석될 수 있는 애매모호한 표현을 사용해서 곤경에서 빠져나가고자 애쓴다고 해도, 그들의 교묘한 술수를 통해서 아무것도 얻을 수 없다는 것을 아주 잘 보여준다. 베드로는 복음의 가르침 전체를 싸잡아서 분명하게 부인한 것이 아니라, 단지 자기가 "그 사람을 알고" 있다는 사실만을 부인한 것뿐이었다. 그러나 그는 그리스도를 알지 못한다고 함으로써, 하나님이 약속하신 구속(救贖)의 빛을 드러내기는커녕 간접적으로 묻어 버린 것이기 때문에, 악하고 부끄러운 변절을 한 것으로 단죄받는 것이다. 베드로는 방금 전에 주님의 입을 통해서, 신앙을 고백하는 것은 하나님이 기뻐 받으시는 제사라는 말씀을 들었었기 때문에, 하나님으로 하여금 그분께 합당한 예배를 받으시지 못하게 하고 그리스도로 하여금 그분께 합당한 존귀를 받으시지 못하게 하는 방식으로 부인(否認)하는 말을 한 것은 변명의 여지가 없는 것이었다. 그러므로 우리가 그리스도에 대하여 분명하고 정직하게 고백하는 것으로부터 떠나는 순간, 우리는 그리스도로 하여금 그분이 마땅히 받으셔야 할 증언을 받으시지 못하게 하는 것임을 명심하여야 한다.

마 26:71. 다른 여종이 그를 보고. 마가 본문을 통해서 우리는 이 여종이 앞에서 베드로를 지목했던 바로 그 여종이었을 것이라고 추측하게 된다. 적어도 마가는 이 여종이 앞에 나온 여종과 "다른 여종"이었다고 말하지는 않는다. 그러나 여기에는 아무런 모순도 없다. 왜냐하면, 한 여종의 입에서 나온 말이 이 사람 저 사람에게로 전해져서, 첫 번째 여종이 여러 차례에 걸쳐서 많은 사람들에게 베드로를 지목하였고, 다른 사람들도 거기에 동조하여 베드로가 한 패라고 확인해줌으로써, 베드로의 신분이 더 많은 사람들에게 노출된 것일 가능성이 높기 때문이다. 심지어 요한은 두 번째에는 한 여종이 아니라 여러 "사람들"이 베드로에게 한 패가 아니냐고 물은 것으로 보도한다(요 18:25). 이것으로부터 분명한 것은 여종이 한 말을 주위에 있던 사람들이 듣고서 베드로를 공격하였다는 것이다.

마가와 다른 세 복음서 기자 간에는 또 다른 차이점이 있다. 즉, 마가는 "닭이 두 번 울었다"고 말하는 반면에, 다른 복음서 기자들은 베드로가 주님을 세 번 부인하기 전에는 닭이 울지 않았다고 말하고 있다는 것이다. 그러나 이러한 난점은 쉽게 해소된다. 왜냐하면, 마가는 다른 복음서 기자들이 보도하는 내용과 불일치하는 것을 말하고 있는 것이 아니라, 그들이 보도하지 않고 그냥 넘어간 것을 좀 더 자세하게 설명하는 것이기 때문이다. 나는 그리스도께서 베드로에게 "닭이 울기 전"이라고 말씀하셨을 때, 그것은 닭이 여러 번 우는 것을 가리키는 의미였을 것임을 의심하지 않는다. 왜냐하면, 닭은 단지 한 번만 우는 것이 아니라, 여러 번에 걸쳐서 반복해서 울지만, 한 경점(更點)에 닭이 여러 번 우는 것은 그저 "닭이" 한 번 "우는" 것으로 표현되기 때문이다. 그러므로 마태와 누가와 요한은 베드로가 닭이 우는 것이 다 끝나기 전에 주님을 세 번 부인하였다고 말하고 있는 것이고, 마가는 좀 더 구체적인 상황, 즉 베드로가 아주 짧은 시간에 세 번 부인하는 데까지 나아갔고, 닭이 첫 번째로 울어서 충분히 경고를 받았음에도 불구하고 돌이켜 회개하지 않았다는 것을 추가적으로 말하고 있는 것이다. 세속의 역사가들 중 한 사람이 다른 사람들이 다루지 않은 것을 서술하였다고 해서, 그들의 서술이 서로 불일치한다고 말할 사람은 우리 중에 없을 것이기 때문에, 마가의 기사(記事)가 다른 복음서들에 나오는 기사들과 다르다고 할지라도, 그것들이 서로 모순되는 것은 아니다.

마 26:72. 베드로가 맹세하고 또 부인하여. 우리가 주목해야 할 것은 베드로가 그저 부인하는 것으로는 위기를 모면할 수 없다는 것을 알고서, 이번에는 "맹세"를 덧붙여 부인함으로써 자신의 범죄를 두 배로 가중시켰고, 조금 후에는 한층 더 강한 압박을 받게 되자, 심지어 "저주하는" 데까지 나아갔다는 것이다. 이것으로부터 우리는 한 번 넘어진 죄인은 계속해서 점점 더 신속하게 악화되어 가기 때문에, 평범한 범죄들로 시작했다고 해도, 이후에는 처음이라면 두려워서 꺼려하였을 아주 악랄한 범죄들까지도 거침없이 저지르게 된다는 것을 알게 된다. 일단 우리가 성령의 도우심을 스스로 내팽개쳐 버리면, 하나님은 사탄이 우리를 폭력적으로 지배하여 자기에게 굴복시켜서 자기의 종으로 삼은 후에 자기 마음대로 우리를 끌고 다니는 것을 허락하시는데, 이것은 하나님의 의로우신 복수(iusta vindicta)이다. 그러나 이런 일은 우리가 신앙을 부인할 때에 주로 일어난다. 왜냐하면, 어떤 사람이 십자가가 두려워서 복음에 대한 순전한 고백에서 등을 돌렸는데도, 그의 원수들이 아직 만족하지 못하는 것을 보았을 때, 그는 한 걸음 더 나아가서, 처음에는 감히 부인하지 못하였던 것을 이번에는 대담하게도 맹세를 곁들여서 아주 분명한 말로 또박또박 부인하게 되기 때문이다.

또한, 우리가 주목해야 할 것은 베드로가 거의 순식간에 세 번이나 주님을 부인하게 되었다는 것이다. 왜냐하면, 이것은 사탄이 우리를 지배하여 휘두르게 되었을 때에는, 우리가 심하게 불안정하게 되어 아주 쉽게 넘어지게 된다는 것을 보여주는 것이기 때문이다. 분명한 것은 주님께서 그 손을 뻗치셔서 우리를 붙들어 주시지 않는다면, 우리는 계속해서 끊임없이 넘어지게 된다는 것이다. 지금 베드로 속에서는 그리스도의 생생한 은혜가 사라지고 없는 상태였기 때문에, 이후로 누가 그리스도에 대하여 그에게 묻거나 심문하면, 그는 백 번이나 천 번이라도 계속해서 부인할 준비가 되어 있었다. 그러므로 세 번 넘어진 것도 베드로에게는 너무나 수치스러운 일이긴 하였지만, 주님께서는 베드로를 아끼셔서, 원수들의 입을 막으시고서 더 이상 베드로를 공격하지 못하게 하셨다. 이렇게 사탄이 무수한 시험들로 우리를 집어삼키는 일이 일어나지 않기 위해서는, 주님께서 매일매일 사탄에게 재갈을 물리시지 않으면 안 된다. 왜냐하면, 사탄은 수많은 수단과 도구들을 동원해서 우리를 공격해 오는 일을 쉬지 않지만, 주님께서 우리의 연약함을 생각하셔서, 사탄의 맹렬한 광분함을 막아 주시지 않는다면, 우리는 엄청나게 많은 시험들에 맞서 싸우지 않으면 안 될 것이기 때문이다. 그러므로 이런 점에서 우리는 우리의 원수가 원하는 만큼 마음대로 우리를 공격하고자 해도 그 원하는 횟수(回數)의 백 분의 일도 허용하지 않으시는 주님의 긍휼하심을 찬송하지 않을 수 없다.

마 26:74. 그가 저주하며 맹세하여. 이 세 번째 부인에서 주님에 대한 베드로의 변절은 극에 달하였다. 그는 "맹세하는" 것에서 만족하지 않고, "저주"까지 함으로써, 자신의 몸과 영혼을 파멸에 내던져 버린다. 왜냐하면, 그는 만약 자기가 그리스도를 아는 것이 사실이라면, 하나님이 그를 "저주하셔도" 좋다고 기도하였기 때문이다. 이것은 "내가 하나님의 구원과 어떤 관계가 있다면, 하나님이 나를 비참하게 죽이기를 나는 바란다"고 말한 것이나 다름없다. 그리스도께서는 이런 치명적인 파멸에서 그의 제자를 구하시고 고치셨다는 것을 생각하면, 우리는 더욱더 그리스도의 선하심을 찬양하지 않을 수 없게 된다. 한편, 이 구절은 어떤 사람이 육신의 연약함으로 인하여 진리를 부인한 경우에, 그것은 "성령을 모독하는 것"(마 12:31-32)에 해당하지 않는다는 것을 보여준다. 베드로는 주님의 입을 통해서 사람들 앞에서 주님을 부인하는 것이 얼마나 가증스러운 변절인지, 그리고 십자가가 겁이 나고 두려워서 신앙 고백을 버리는 자들에게는 하나님과 그의 천사들 앞에서 얼마나 무시무시한 복수가 기다리고 있는지를 들었을 것임에 틀림없다(마 10:39; 눅 12:9). 따라서 베드로가 방금 전에 죽음과 온갖 고통을 겪을 것이 두려워서 그리스도를 부인한 것은 결코 알지 못하고 그렇게 한 것이 아니었다. 그러므로 그는 이미 경고를 받아서 뻔히 알면서도 지금 자기 자신을 파멸에 내던지고 있는 것이지만, 나중에 용서하심을 받는다. 이것으로부터 우리는 베드로가 불치(不治)의 악의에 의해서가 아니라 연약함으로 인해서 범죄한 것이라는 결론을 얻게 된다. 왜냐하면, 그가 본래 지니고 있던 올바른 마음의 불꽃이 두려움에 의해서 사그라지지만 않았더라면, 그는 기쁜 마음으로 그리스도께 자신의 합당한 본분을 다하였을 것이기 때문이다.

마 26:75. 이에 베드로가 … 생각나서. 누가는 베드로가 단지 "닭이 우는" 소리를 들었기 때문만이 아니라, "주께서 돌이켜 그를 보셨기" 때문에 주님이 하신 말씀이 그에게 생각나게 된 것이라고 말한다. 왜냐하면, 마가 본문을 보면 알 수 있듯이, 앞에서 베드로는 "닭이 두 번째로 울었을" 때에도 그 소리를 전혀 아랑곳하지 않았었기 때문이다. 그러므로 베드로로 하여금 제정신이 들게 하기 위해서는 그리스도의 눈길이 필요하였다. 우리도 모두 우리 자신 속에서 이와 동일한 것을 경험한다. 단지 새들이 다양한 노래로 우리에게 하나님께 영광을 돌리라고 무수히 일깨워 줄 뿐만 아니라, 율법과 복음의 가르침을 통해서 하나님의 음성이 분명하고 뚜렷하게 들려와도, 우리 중에서 귀를 막아 버리고 무심하게 그냥 지나치지 않는 이가 과연 있는가? 우리의 마음은 단지 하루 동안만 그러한 무지막지한 우매함에 붙잡혀 있는 것이 아니라, 사람의 마음을 돌이키실 수 있으신 유일한 분이신 주님께서 황송하게도 우리에게 눈길을 주시기 전에는 언제까지나 그런 상태로 머물러 있다. 우리가 주목해야 할 것은 여기에서 그리스도께서 베드로에게 주신 눈길은 결코 평범한 것이 아니었다는 것이다. 왜냐하면, 그리스도께서는 전에 유다에게도 눈길을 주셨지만, 그는 그 눈길에 의해서 나아진 것이 없었던 반면에, 여기에서 베드로를 보실 때에는 그의 눈길에 성령의 은밀한 능력을 더하셔서, 그의 은혜의 광선으로 베드로의 마음속을 파고 들어가신 것이기 때문이다. 그러므로 우리는 누군가가 넘어진 경우에, 주님이 그에게 눈길을 주시기 전까지는, 그 사람의 회개가 결코 시작되지 않는다는 것을 알아야 한다.

마 26:75. 밖에 나가서 심히 통곡하니라. 베드로는 사람들이 두려워서 "밖에 나간" 것일 가능성이 높다. 왜냐하면, 그는 증인들이 보는 앞에서 감히 울 용기가 없었기 때문이다. 이것은 그의 연약함을 보여주는 또 하나의 증거였다. 이것으로부터 우리는 베드로는 보속(補贖)을 통해서 용서하심을 받을 자격을 얻은 것이 아니라, 하나님의 부성애(父性愛)로 인해서 용서하심을 얻었다는 것을 알게 된다. 이예를 통해서 우리는 우리의 회개가 비록 온전하지 않은 것이라고 해도 용서하심을 받을 수 있다는 소망을 품어야 한다는 것을 배우게 된다. 왜냐하면, 하나님은 우리의 회개가 진실한 것이기만 하다면 우리의 연약한 회개조차도 멸시하지 않으시기 때문이다. 베드로가 은밀하게 흘린 눈물은 하나님과 천사들 앞에서 그의 회개가 참된 것임을 증언해 주는 것이었다. 왜냐하면, 그는 사람들의 눈을 피해 물러나와서 오직 하나님과 천사들 앞에 섰고, 그 눈물은 그의 마음 깊은 곳에서 흘러나온 것이었기 때문이다. 우리는 이 점을 주목할 필요가 있다. 왜냐하면, 우리는 많은 이들이 다른 사람들이 보는 앞에서는 의도적으로 눈물을 흘리다가도 더 이상 눈물이 나오지 않으면 사람들 앞에서 물러가는 것을 알기 때문이다. 그런 눈물은 하나님의 심판을 인해서가 아니라, 흔히 야심과 외식(外飾)으로부터 나오는 것임은 의심할 여지가 없다. 참된 회개가 되려면 반드시 눈물을 흘려야 하는 것인가라는 질문이 있을 수 있다. 나의 대답은 이런 것이다: 믿는 자들은 흔히 눈물을 흘리지 않으면서도, 하나님 앞에서 외식함이 없이 탄식하며, 용서하심을 얻기 위하여 자신의 잘못을 고백하지만, 더 심각한 범죄를 저지른 경우에는 그 마음이 상당한 정도로 둔해지고 완악해져서, 슬퍼하거나 괴로워하지 않고 심지어 부끄러움을 느끼지도 못하기 때문에 눈물을 흘리지 않게 된다는 것이다. 그래서 성경은 사람들에게 그들의 죄악을 깨우친 후에, 그들에게 "베옷을 입고 재에 앉아 회개할" 것을 권한다 (단 9:3; 욘 3:6; 마 11:21).

[1]새벽에 모든 대제사장과 백성의 장로들이 예수를 죽이려고 함께 의논하고 [2]결박하여 끌고 가서 총독 빌라도에게 넘겨 주니라 [3]그 때에 예수를 판 유다가 그의 정죄됨을 보고 스스로 뉘우쳐 그 은 삼십을 대제사장들과 장로들에게 도로 갖다 주며 [4]이르되 내가 무죄한 피를 팔고 죄를 범하였도다 하니 그들이 이르되 그것이 우리에게 무슨 상관이냐 네가 당하라 하거늘 [5]유다가 은을 성소에 던져 넣고 물러가서 스스로 목매어 죽은지라 [6]대제사장들이 그 은을 거두며 이르되 이것은 핏값이라 성전고에 넣어 둠이 옳지 않다 하고 [7]의논한 후 이것으로 토기장이의 밭을 사서 나그네의 묘지를 삼았으니 [8]그러므로 오늘날까지 그 밭을 피밭이라 일컫느니라 [9]이에 선지자 예레미야를 통하여 하신 말씀이 이루어졌나니 일렀으되 그들이 그 가격 매겨진 자 곧 이스라엘 자손 중에서 가격 매긴 자의 가격 곧 은 삼십을 가지고 [10]토기장이의 밭 값으로 주었으니 이는 주께서 내게 명하신 바와 같으니라 하였더라(마 27:1-10).

[1]새벽에 대제사장들이 즉시 장로들과 서기관들 곧 온 공회와 더불어 의논하고 예수를 결박하여 끌고 가서 빌라도에게 넘겨 주니(막 15:1).

[1]무리가 다 일어나 예수를 빌라도에게 끌고 가서(눅 23:1).

마 27:1. 새벽에 … 함께 의논하고. 대제사장은 밤중의 적절치 않은 시간에 공회와 더불어서 그리스도를 심문한 후에, 마침내 해 뜰 무렵에 그리스도를 총독에게 넘기기로 결정한다. 그들이 이렇게 사법상의 공식적인 절차의 형식을 밟아서, 소요(騷擾)와 관련된 사건의 경우에 통상적으로 그러하듯이 유별나게 이른 시간인 꼭두새벽에 빌라도에게 얼른 이 사건을 넘긴 것은 부당하게 서둘러서 이 사건을 처리했다는 의심에서 벗어나고자 한 것이었다. 그러나 그리스도께서 공회로부터 끌려 나오셨을 때, 그들은 즉시 "의논을 해서," 시간을 길게 끌지 않고, 이 일을 어떤 식으로 처리할지를 결정했을 가능성이 높다. 왜냐하면, 우리는 그리스도께서 그들에게서 나오셔서 베드로를 만나셨을 때가 닭이 울고 나서 막 날이 밝아오던 때였다는 것을 이미 보았기 때문이다. 그러므로 복음서 기자들이 여기에서 말하고자 한 것은 그들이 밤새도록 회동하였던 곳을 떠났다는 것이 아니라, 단지 날이 밝자마자, 그들이 그리스도의 죄가 사형에 해당한다고 결정하고서, 한순간도 허비하지 않고 즉시 그들의 악한 계획을 적극적으로 실행에 옮겼다는 것이다. 누가가 앞에서 "날이 새매" 그들이 모였다고 말한 것(22:66)은 이때에 그들이 회동을 시작하였다는 뜻이 아니라, 마지막 결정을 하기 위한 모임을 가졌다는 뜻임에 틀림없다. 따라서 누가는 날이 새자마자 주님이 자기가 하나님의 아들이라는 것을 시인하셨고, 그들은 그에게 사형을 선고하였다고 말한 것이나 다름없다. 만약 그들에게 사람의 목숨을 빼앗는 권한이 주어져 있었다면, 그들은 서로 힘을 합쳐서 광분하여 그리스도를 그들의 손으로 죽이고자 하였을 것이다. 그러나 사형에 해당하는 범죄에 대한 관할권은 빌라도에게 있었기 때문에, 그들은 이 사건을 총독에게 넘길 수밖에 없었고, 단지 그들의 내부적인 결정을 무기로 해서 총독을 압박할 수 있을 뿐이었다. 유대인들이 스데반을 돌로 쳐서 죽인 일(행 7:59)은 난동 속에서 벌어진 일이었다 ─ 소요 사건들에서는 이런 일이 종종 일어난다. 그러나 하나님의 아들은 하늘에 기록된 우리의 죄책(罪責, reatus)를 도말하시기 위해서는 이 땅의 재판관에 의해서 공식적으로 정죄를 받으셔야 했다.

마 27:3. 그 때에 … 유다가 그의 정죄됨을 보고. 마태는 "그 때에"(토테)라는 부사를 통해서 정확한 시점을 나타내고자 한 것이 아니다. 왜냐하면, 우리는 마태가 조금 후에 유다가 자신의 배신의 대가로 받은 돈을 다시 돌려주려 했지만 제사장들이 경멸적으로 거부하는 것을 보고서 그 돈을 "성소에 던져 넣었다"는 말을 덧붙이는 것을 볼 수 있기 때문이다. 한편, 그들은 가야바의 집에서 나와서 곧장 총독 관저의 뜰인 "브라이도리온"으로 가서, 그리스도께서 재판을 받게 될 때까지 거기에서 서서 기다렸기 때문에, 바로 그날에 성전에 있었을 가능성이 거의 없다. 그러므로 마태는 여기에서 공회의 광분함과 광기를 다루면서, 유다의 죽음을 여기에 끼워 넣어서 함께 다룸으로써, 그들의 맹목적인 완악함과 강철 같이 굳은 그들의 마음을 좀 더 생생하게 드러내고자 한 것이었다.

마태는 유다가 "뉘우쳤다"고 말한다. 이것은 유다가 진심으로 회개하였다는 것이 아니라, 자기가 저지른 범죄로 인해서 마음이 좋지 않았고 울적해졌다는 것이다. 하나님께서는 버림 받은 자들의 눈을 여서서, 그들의 참상을 보고 기겁을 하게 만드시는 일이 종종 있으시다. 진심으로 뉘우쳐서 회개하는 자들에 대해서는 '메타멜레인'($\mu\varepsilon\tau\alpha\mu\varepsilon\lambda\hat{\varepsilon}\iota\nu$, "뉘우치다")이 아니라 '메타노에인'($\mu\varepsilon\tau\alpha\nu o\hat{\varepsilon}\iota\nu$, "회개하다")이라는 표현이 사용되는데, 후자는 한 영혼이 하나님께로 진정으로 돌이키는 것을 뜻하는 '메타노이아'($\mu\varepsilon\tau\acute{\alpha}\nu o\iota\alpha$, "회개")에서 나온 말이다. 그러므로 유다는 자신의 죄에 대한 회한(悔恨, taedium)과 두려움(horror)을 느꼈지만, 하나님께로 돌아간 것이 아니라, 도리어 절망에 빠져서 죽음을 택함으로써, 하나님의 은혜에서 완전히 끊어진 자의 모습을 본보기로 보여주었다. 바울이 "회개"로 이어지는 "근심"은 유익한 것이라고 말한 것은 옳다(고후 7:10). 그러나 회개에 이르기도 전에 바로 그 문턱에서 걸려 넘어지는 자는 온갖 감정들이 뒤죽박죽으로 뒤섞여서 기형적이 된 근심으로 인해서 아무런 유익도 얻지 못하게 된다. 도리어, 하나님이 그의 심판을 완악하게 멸시한 악인들을 사탄에게 내어 주서서, 위로의 소망도 없이 고통당하게 하시는 것은 하나님이 마침내 악인들에게 내리시는 의로우신 심판이다.

　참된 회개는 죄를 미워하는 것으로서, 하나님을 두려워하고 경외하는 마음에서 나와서 의(義)를 사랑하고 원하는 마음을 낳는다. 악인들은 그런 마음과는 거리가 멀다. 왜냐하면, 그들은 끊임없이 범죄하고자 하고, 자기 힘이 닿는 데까지 하나님과 그들 자신의 양심을 속이고자 애쓰기 때문이다. 그러나 그들이 아무리 싫어하고 거부하려고 해도, 그들은 자신의 양심에 의해서 생겨난 맹목적인 두려움으로 말미암아 괴로움을 당하기 때문에, 자신의 죄를 미워하지는 않지만, 여전히 근심과 고통을 느끼고, 그런 것들이 그들의 마음을 고통스럽고 무겁게 짓누른다. 이것이 그들의 근심이 쓸모가 없는 이유이다. 그들은 기쁜 마음으로 하나님께 돌아가지도 않고, 더 선한 일을 도모하지도 않으며, 단지 그들의 악한 욕망에 사로잡혀서, 그들이 피할 도리가 없는 고통 속에서 파리하게 시들어갈 뿐이다. 내가 방금 말했듯이, 하나님은 이런 식으로 그들의 완악함을 벌하신다. 하나님이 택하신 자들은 심한 징계를 받으면 하나님께로 돌아오고, 하나님은 택하신 자들에게 어쩔 수 없이 가하셨던 징계로 인한 상처들을 때가 되면 고쳐 주시기 때문에, 그들은 기쁜 마음으로 하나님께 돌아와서, 하나님이 그 손으로 그들을 치셨으나 하나님의 진노하심으로 말미암아 그들이 정신을 차리게 되었다고 고백한다. 그러나 악인들은 죄를 미워하는 마음이 없는 까닭에, 하나님의 심판을 두려워할 뿐만 아니라 그 심판으로부터 도망치고자 하기 때문에, 치료불능의 상처를 입고서는 근심 가운데서 죽어갈 뿐이다.

만약 유다가 그리스도께서 경고하시는 말씀을 경청하였더라면, 회개의 여지가
여전히 있었을 것이지만, 그는 그리스도께서 그에게 내미신 구원에로의 너무나 은
혜로운 초대를 멸시하고 거절하였기 때문에, 사탄에게 넘겨져서 절망의 나락으로
떨어지게 된 것이었다. 만약 교황주의자들이 그들의 학교에서 회개에 관하여 가르
치는 것이 옳다면, 우리는 유다의 "뉘우침" 속에서 그 어떤 결함도 발견할 수 없기
때문에, 유다의 경우는 회개에 관한 그들의 정의와 정확히 부합하게 된다. 왜냐하
면, 우리는 유다의 모습 속에서 그들이 회개의 요소로 제시하는 통회하는 마음, 입
으로 하는 고백, 보속(補贖)의 행위를 찾아볼 수 있기 때문이다. 이것으로부터 우
리는 그들이 단지 껍데기만을 보고 있다는 것을 알게 된다. 왜냐하면, 그들은 회개
의 주된 요소인 하나님께로의 회심, 즉 죄인이 부끄러움과 두려움으로 인해서 통
회하고 자복하며 자기 자신을 부인하고 의(義)를 순순히 받아들이게 된다는 점을
놓치고 있기 때문이다.

마 27:4. 그것이 우리에게 무슨 상관이냐. 여기에는 제사장들의 우매함과 광기
(狂氣)가 잘 묘사되어 있다. 왜냐하면, 그들은 유다가 어떤 식으로 비참한 최후를
맞았는지를 보여준 그 무시무시한 본보기에 의해서 경고를 받은 후에도 여전히 그
들 자신이 무슨 짓을 하고 있는지를 전혀 생각하고 있지 않기 때문이다. 외식하는
자들은 자기 자신을 좋은 쪽으로 생각하는 데에 익숙해져 있는 까닭에, 그들의 경
우는 유다의 경우와 다르다는 그들의 주장을 뒷받침해 줄 그럴 듯한 변명을 이미
마련해 두고 있었을 것임을 나는 안다. 틀림없이, 그들은 단지 유다의 배신을 이용
했을 뿐이지, 유다의 범죄에 가담하지는 않았다고 생각하였을 것이다. 그러나 유
다는 자기가 범죄하였다고 고백하였을 뿐만 아니라, 그리스도께서는 "무죄"하다고
단정적으로 말하였다. 이것으로부터 우리는 그들이 의로운 자를 죽이기로 모의하
고 실행하였기 때문에, 그들은 극악무도한 살인죄를 범한 자들이었다는 결론을 얻
게 된다. 하나님께서 그들의 숨겨진 부패성을 드러내시기 위해서 그들의 양심을
뜨거운 인두로 지지고자 하셨다는 것은 의심의 여지가 없다. 그러므로 우리는 악
인들이 고뇌와 근심에 온통 싸여 있는 것을 볼 때, 그러한 것들은 그들을 회개로 이
끄시기 위하여 하나님이 주신 수많은 자극들이고, 그러한 자극들을 무시하는 자들
은 그들의 죄책을 가중시키는 것임을 알아야 한다. 또한, 우리는 한 사람이 벌을 받
았다고 해서, 어떤 식으로든 거기에 가담한 다른 모든 사람들의 죄가 없어지는 것

이 아니고, 한 걸음 더 나아가서, 어떤 범죄를 주도적으로 계획하고 이끈 자들은 그들이 실제로 행동대 역할을 했던 자들과 동일한 벌을 받지 않으려고, 그들과 행동 대원들은 서로 다르다고 아무리 주장해 보아야 아무 소용이 없다는 것을 알아야 한다.

마 27:5. 유다가 ⋯ 물러가서 스스로 목매어 죽은지라. 이것은 사탄이 악인들을 잠시 즐겁게 해주기 위하여 사용하는 미끼를 덥썩 무는 자들이 받는 대가이다. 사탄은 그런 자들을 광분(狂奔) 상태로 몰아넣기 때문에, 그들은 스스로 구원의 소망을 끊어버리게 되고, 결국 죽음이 아니면 그 어디에서도 쉼이나 위로를 찾을 수 없게 된다. 다른 사람들은 유다에게 그가 그리스도와 그 자신의 구원을 팔아서 얻은 "은 삼십"을 마음껏 써도 좋다고 했을지라도, 그는 그 돈을 내던져버림으로써, 그 돈을 사용하여 얻을 수 있는 유익을 스스로 버릴 뿐만 아니라, 그리스도를 죽음에 넘겨준 것에 대한 추악한 대가와 더불어서 자신의 목숨까지 내던져 버렸다. 이렇게 하나님이 굳이 손을 대지 않으셔도, 악인들은 그들이 지닌 욕망들에 스스로 환멸을 느끼게 되기 때문에, 그들이 원하는 것들을 막상 손에 넣고 나서는, 그것들로 인한 유익들을 누리는 것을 포기할 뿐만 아니라, 심지어 자신의 목숨까지도 포기하게 된다. 그러나 그들이 스스로 집행인이 되어서 그들 자신을 벌한다고 할지라도, 그것이 그들에 대한 하나님의 불 같은 진노를 누그러지게 하거나 가벼워지게 하지는 못한다.

마 27:6. 성전고에 넣어 둠이 옳지 않다. 이것으로부터 분명하게 드러나는 것은 외식하는 자들은 외적인 것들에만 신경을 씀으로써 하나님을 크게 우롱하는 죄를 범하고 있다는 것이다. 그들은 "고르반"에 관한 그들의 규례(막 7:11)를 범하지만 않는다면, 다른 문제들에 있어서는 그들이 순전하다고 착각하기 때문에, 추악한 거래를 통해서 결코 유다 못지않게 하나님의 진노하심을 자초하여 장차 하나님의 보복을 당하게 되어 있음에도 불구하고, 그런 것에 대해서는 신경을 쓰지 않는다. 그러나 "핏값"을 신성한 "성전고에 넣어 두는" 것이 "옳지 않다면," 그들이 성전고에서 돈을 도둑질해 간 것은 옳다는 것인가? 왜냐하면, 모든 재물은 백성들이 성전에 드리는 예물에서 나온 까닭에, 그들이 지금 부정(不淨)한 것으로 여겨서 성전고에 넣기를 꺼려하는 그 돈도 다름 아닌 바로 그 성전고에서 나온 것이기 때문이다. 그렇다면, 그 부정함은 그들 자신으로부터 온 것이 아니던가?

마 27:7. 나그네의 묘지를 삼았으니. 악인들이 그들의 극악무도한 짓들을 은폐하려고 애쓸수록, 더욱더 하나님은 그들의 진면목을 백일하에 드러내시기 위한 조치를 취하신다. 그들은 유다가 "성소에 던져 넣은" 돈으로 버려진 "밭"을 사서 "나그네들"을 매장할 "묘지"로 삼는 그럴 듯한 위장술을 사용하면, 그들의 범죄가 묻힐 것이라고 기대하였다. 그러나 그들의 이러한 계획은 하나님의 놀라운 섭리에 의해서 그 정반대의 결과를 가져와서, 전에는 거의 알려져 있지 않았던 이 "밭"은 그후로 그들의 저 음모를 생생하게 증언해 주는 영속적인 기념물이 되었다. 왜냐하면, 이 밭에 이름을 붙인 것은 그들 자신이 아니라, 이 일이 널리 알려진 후에, 이 밭은 너나 할 것 없이 사람들에 의해서 "피밭"이라 불렸기 때문이다. 이것은 마치 하나님이 그들의 수치가 모든 사람의 입에 있게 하라고 명하신 것 같았다. 제사를 드릴 목적으로 먼 지방에서 예루살렘에 올라온 사람들 중에서 누구라도 이 타지(他地)에서 죽는 일이 생기게 될 때, 그런 사람을 매장할 묘지를 마련해 준다는 것은 그럴 듯한 계획이었다. 이런 "나그네들" 중에는 이방인들도 일부 포함되어 있었을 것이고, 그리스도께서는 이방인들의 죗값을 치르기 위해서도 죽으신 것이기 때문에, 이 상징적인 일이 장차 이방인들에게 구원이 주어질 것임을 나타내는 것이었다고 말하는 일부 옛 저술가들의 견해에 나는 굳이 반대할 생각은 없지만, 그러한 견해는 확고한 토대를 지닌 것이라기보다는 뭔가 교묘한 해석이라는 생각이 들어서, 그런 견해에 대한 판단을 보류해 두는 것이 좋을 것 같다. '코르바나'("성전고")라는 단어는 아람어를 음역(音譯)한 것으로서 히브리어 '코르반'에서 온 것인데, 이 히브리어에 대해서는 우리가 다른 곳에서 이미 살펴본 바 있다.

마 27:9. 이에 선지자 예레미야를 통하여 하신 말씀이 이루어졌나니. 여기에 어떻게 "예레미야"라는 이름이 들어가게 되었는지에 대하여 나는 알지 못한다고 고백할 수밖에 없고, 이 문제를 깊이 파헤치는 수고를 할 생각도 없다. 스가랴(11:13)라는 이름이 들어갈 자리에 실수로 예레미야라는 이름이 들어가게 되었다는 것은 이 구절 자체가 분명하게 보여준다. 왜냐하면, 예레미야서에는 이런 말씀이나 이와 비슷한 말씀이 전혀 나오지 않기 때문이다. 스가랴서에 나오는 본문도 꽤 주의를 기울여서 적용하지 않으면 잘못된 의미로 부적절하게 왜곡될 수 있지만, 사도들이 성경을 인용할 때에 따랐던 준칙(準則)에 유의해서 본다면, 우리는 거기에 나오는 본문이 그리스도와 관련된 일에 아주 잘 들어맞는다는 것을 쉽게 알게 된다. 스가랴서의 본문을 보면, 하나님은 자기가 목자의 직임을 수행하셨지만 그의 수고가 아무 소용도 없었다고 탄식하신 후에, 이 일이 너무나 괴롭고 고통스러워서 이 일을 그만둘 수밖에 없다고 말씀하시고서, 그가 그의 지팡이를 부러뜨려서 더 이상 목자 노릇을 하지 않을 것이라고 선언하시는 것으로 나온다. 나중에, 하나님은 그들에게 자신의 품삯을 요구하자, 그들이 "은 삼십 개"를 달아 주었다는 말씀을 덧붙이신다. 이 말씀의 취지는 그들이 그를 마치 하찮은 품꾼 같이 대단히 모욕적으로 대우하였다는 것이다. 왜냐하면, 하나님은 그가 베푼 은혜들에 대하여 유대인들이 겉치레의 예식들과 헛된 가식(假飾)들로 되돌려준 것을 목동이나 품꾼이 받는 하찮은 품삯에 불과한 "은 삼십 개"에 비유하신 것이기 때문이다. 그래서 하나님은 스가랴 선지자에게 그 "삯"을 "성전에서 토기장이에게 던지라"고 명하시는데, 이것은 "그들이 내게 준 이 품삯은 주는 그들이나 받는 나에게 부끄러운 것이니, 차라리 그 삯을 성전의 허물어진 곳들을 수리하는 데에 사용될 벽돌을 사는 데에 쓰게 하라"고 명하신 것이나 다름없다. "육신으로 나타난"(딤전 3:16) 그리스도를 유대 백성은 처음부터 악의로 대하였고 배은망덕하게 행하였지만, 그리스도가 만군의 하나님이시라는 것을 한층 더 분명하게 보여주기 위해서는, 이전에 하나님이 비유적으로 말씀하셨던 것이 이제 그리스도를 통해서 문자 그대로 및 가시적으로 이루어질 필요가 있었다. 그러므로 그리스도께서는 그들의 악의로 인해서 그들을 떠나셔야 했고, 지금까지 그들을 위해 행하셨던 수고를 이제 그런 섬김을 받을 자격이 없는 그들에게서 거두실 수밖에 없으셨을 때, 그들은 그리스도의 가치를 "은 삼십"으로 매겼던 것이다. 그들이 하나님의 아들을 이 정도까지 멸시한 것은 그들의 불경(不敬)이 극에 달했음을 보여주는 것이었다.

마 27:9. 그 가격 매겨진 자. 마태는 스가랴서의 본문을 인용하지 않고, 단지 하나님이 이 백성의 배은망덕함을 탄식하시는 것을 보여주는 은유만을 가져와서 사용하지만, 의미는 동일하다. 즉, 유대인들은 그들 자신과 그들이 가진 모든 것을 하나님께 온전히 드렸어야 마땅한 데도 불구하고, 마치 하나님이 그토록 오랜 세월 동안 그들을 다스리신 수고가 목동이 한 해 동안 수고하고 받는 품삯 정도밖에 되지 않는다는 듯이, 하나님께 돈 몇 푼 집어주고는 경멸적으로 하나님을 내보내 버렸다는 것이다. 그러므로 하나님은 자신의 가치는 돈으로 헤아릴 수 없는 것인데도, 그들은 그의 가치가 돈 몇 푼밖에 되지 않는 것으로 평가하였다고 탄식하시는 것이다. 마태 본문의 끝부분에 나오는 "이스라엘 자손 중에서 가격 매긴 자"라는 표현은 일반적인 의미로 해석되어야 한다. 가룟 유다는 유대 백성의 공인된 대표자들이었던 제사장들과 거래를 한 것이기 때문에, 그리스도를 팔려고 시장에 내놓은 자들은 유대인들이었고, 그리스도는 말하자면 경매에 붙여진 것이었다. 그리고 그 경매가격은 "토기장이의 밭 값"으로 주기에 적당한 그런 가격이었다.

마 27:10. 주께서 내게 명하신 바와 같이. 이 구절을 통해서 마태는 이 일이 하나님의 섭리에 의해서 이루어진 일이었다는 것을 재확인해 준다. 왜냐하면, 그들은 다른 목적을 가지고서 이 일을 행한 것이긴 하지만, 그들 자신도 모르는 사이에 옛 예언을 성취한 것이기 때문이다. 만약 주께서 그들의 비난받을 만한 행위를 자신의 계획을 이루는 데에 사용하지 않으셨다면, 그들이 "토기장이"에게서 "밭을 사는" 일이 어떻게 일어날 수 있었겠는가?

¹¹예수께서 총독 앞에 섰으매 총독이 물어 이르되 네가 유대인의 왕이냐 예수께서 대답하시되 네 말이 옳도다 하시고 ¹²대제사장들과 장로들에게 고발을 당하되 아무 대답도 아니하시는지라 ¹³이에 빌라도가 이르되 그들이 너를 쳐서 얼마나 많은 것으로 증언하는지 듣지 못하느냐 하되 ¹⁴한 마디도 대답하지 아니하시니 총독이 크게 놀라워하더라(마 27:11-14).

²빌라도가 묻되 네가 유대인의 왕이냐 예수께서 대답하여 이르시되 네 말이 옳도다 하시매 ³대제사장들이 여러 가지로 고발하는지라 ⁴빌라도가 또 물어 이르되 아무 대답도 없느냐 그들이 얼마나 많은 것으로 너를 고발하는가 보라 하되 ⁵예수께서 다시 아무 말씀으로도 대답하지 아니하시니 빌라도가 놀랍게 여기더라(막 15:2-5).

²고발하여 이르되 우리가 이 사람을 보매 우리 백성을 미혹하고 가이사에게 세금 바치는 것을 금하며 자칭 왕 그리스도라 하더이다 하니 ³빌라도가 예수께 물어 이르되 네가 유대인의 왕이냐 대답하여 이르시되 네 말이 옳도다 ⁴빌라도가 대제사장들과 무리에게 이르되 내가 보니 이 사람에게 죄가 없도다 하니 ⁵무리가 더욱 강하게 말하되 그가 온 유대에서 가르치고 갈릴리에서부터 시작하여 여기까지 와서 백성을 소동하게 하나이다 ⁶빌라도가 듣고 그가 갈릴리 사람이냐 물어 ⁷헤롯의 관할에 속한 줄을 알고 헤롯에게 보내니 그 때에 헤롯이 예루살렘에 있더라 ⁸헤롯이 예수를 보고 매우 기뻐하니 이는 그의 소문을 들었으므로 보고자 한 지 오래였고 또한 무엇이나 이적 행하심을 볼까 바랐던 연고러라 ⁹여러 말로 물으나 아무 말도 대

답하지 아니하시니 ¹⁰대제사장들과 서기관들이 서서 힘써 고발하더라 ¹¹헤롯이 그 군인들과 함께 예수를 업신여기며 희롱하고 빛난 옷을 입혀 빌라도에게 도로 보내 니 ¹²헤롯과 빌라도가 전에는 원수였으나 당일에 서로 친구가 되니라(눅 23:2-12).

마 27:11. 예수께서 총독 앞에 섰으매. 하나님의 아들이 속된 자의 법정 앞에 끌려가셔서, 사슬에 묶인 흉악범처럼 사형에 해당하는 죄를 범하였다는 죄목으로 심문을 받으신다는 것은 충격적인 광경이었고 그 위엄에 도저히 걸맞지 않는 일이었지만, 우리는 우리의 구원이 "유대인에게는 거리끼는 것이요 이방인에게는 미련한 것"(고전 1:23)인 십자가의 복음 안에 있다는 것을 기억하여야 한다. 왜냐하면, 하나님의 아들이 결박당하신 채로 세상의 재판관 앞에 서서 사형 선고를 받으신 것은 우리로 하여금 정죄함에서 벗어나서 하늘에 있는 하나님의 보좌 앞에 두려움 없이 담대하게 나아갈 수 있게 하시기 위한 것이었기 때문이다. 그러므로 우리가 그리스도께서 빌라도 앞에서 심문받으시는 것을 참으신 결과로 우리에게 어떠한 유익이 돌아왔는지를 생각한다면, 하나님의 아들이 속된 자에게 이렇게 굴욕과 수치를 당하신 것으로 인한 걸림돌은 즉시 사라지고 말 것이다. 자신의 죄악을 부끄러워하지 않는 교만한 외식하는 자들이나 하나님을 대놓고 멸시하는 어리석은 자들 외에는, 그리스도께서 속된 자에게 단죄받으셨다는 것이 걸림돌이 되는 자는 아무도 없을 것임에 틀림없다.

하나님의 아들은 우리로 하여금 하나님 앞에 담대히 서게 하시기 위하여, 죽을 수밖에 없는 존재인 "총독" 앞에 범죄자로 서셨고, 거기에서 심문과 단죄를 당하시는 것을 다 받아들이셨다. 그의 원수들은 그에게 영원한 오명(汚名)을 씌우고자 애썼지만, 우리는 하나님의 섭리가 우리에게 지시해 주는 그 결말을 바라보지 않으면 안 된다. 왜냐하면, 하나님의 법정이 얼마나 두려운 곳인지, 그리고 그리스도께서 이 땅에서 심문을 받으시고 사형 선고를 받지 않으셨다면 우리가 그 법정에서 결코 무죄로 방면될 수 없었으리라는 것을 떠올리면, 우리는 그리스도께서 묶이신 것을 자랑하는 것을 결코 부끄러워하지 않게 될 것이기 때문이다. 또한, 우리는 그리스도께서 슬프고 무거운 모습으로 빌라도 앞에 서셨다는 말씀을 들을 때마다, 우리가 그의 중보기도를 의지해서, 하나님 앞에 기쁘고 가벼운 마음으로 나아갈 수 있게 되었다는 확신을 얻어야 한다. 바로 다음에 나오는 구절도 마찬가지이다. 즉, 제사장들이 사방에서 압박하였는데도, 그리스도께서는 침묵하시며 단 한 마디도 대답하지 않으신 것은 그의 침묵을 통해서 우리의 입을 여시기 위한 것이었다. 왜냐하면, 그리스도께서 침묵을 지키신 까닭에, 바울이 그토록 장엄한 언어로 말하고 있는 저 굉장한 특권, 즉 "아빠 아버지라고 부르짖을"(롬 8:15) 수 있는 특권을 우리가 얻게 되었기 때문이다. 이것에 대해서는 내가 조금 후에 다시 언급할 것이다.

마 27:11. 네가 유대인의 왕이냐. 그들은 여러 가지 다양하고 많은 고발들을 통해서 그리스도를 압박하고자 했지만, 빌라도에게 그리스도에 대한 한층 더 나쁜 인상을 심어 주기 위해서, 악의적으로 "왕"이라는 칭호를 거론한 것일 가능성이 높다. 그런 까닭에, 누가는 그들이 "우리가 이 사람을 보매 우리 백성을 미혹하고 가이사에게 세금 바치는 것을 금하며 자칭 왕 그리스도라 하더이다"(눅 23:2)라고 말한 것으로 명시적으로 보도한다. 빌라도에게는 이 나라를 평온한 상태가 되도록 질서를 유지시키는 것이 최대의 관심사였기 때문에, 그에게 있어서 이러한 범죄보다 더 고약하고 흉악한 범죄는 있을 수 없었다. 요한복음을 통해서 우리는 그리스도께서 여러 가지 죄목으로 고발당하였다는 것을 알게 되지만, 전체적인 맥락을 통해서 분명하게 드러나는 것은 이것이 주된 죄목이었다는 것이다. 마찬가지로 오늘날에도 사탄은 마치 그리스도께서 그의 나라를 세워서, 세상의 모든 나라를 전복시키고, 왕들과 통치자들의 권력을 제거하고자 하셨다는 듯이, 이런 식의 고소를 통해서 위정자(爲政者)들이 복음을 미워하고 의심하게 만들고자 애쓴다. 또한, 왕들도 대체로 대단히 교만해서, 그리스도의 나라가 반드시 그들 자신의 권력에 조금이라도 해(害)를 끼치게 될 것이라고 여기기 때문에, 여기에서 그리스도에 대하여 부당하게 제기된 그런 고발에 언제나 호의를 가지고서 귀를 기울인다. 그런 까닭에, 빌라도는 다른 고발 내용들은 다 제쳐 두고서, 주로 이 공안(公安)과 관련된 죄목에 관심을 갖는다. 왜냐하면, 만약 그리스도가 어떤 식으로든 공안을 해치는 일을 하였다는 것이 확인되기만 하면, 그는 지체 없이 아무런 거리낌 없이 그를 단죄할 수 있을 것이었기 때문이다. 이것이 빌라도가 그리스도께 "나라"와 "왕"에 대하여 심문한 이유이다. 세 공관복음서 본문들에서는 그리스도의 대답이 모호하게 보도되어 있지만, 요한복음(18:36)을 통해서 우리는 그리스도께서 그에 대한 고소 사실을 공개적으로 시인하심과 동시에, 그가 이 세상의 왕이라는 것을 부인하심으로써 자기는 범죄를 저지른 사실이 없으시다는 것을 분명하게 밝히셨다는 것을 알게 된다. 그러나 그리스도께서는 범죄자들의 통상적인 경우와는 달리 적극적으로 나서서 자신의 무죄를 증명하고자 하는 의도가 없으셨기 때문에, 복음서 기자들은 그리스도께서 자기가 왕이라는 것을 부인하지는 않으셨지만, 그의 원수들이 중상모략으로 부당하게 자기를 고소하였다는 것을 간접적으로 시사하시는 듯한 모호한 대답을 하신 것으로 보도한다.

마 27:12. 아무 대답도 아니하시는지라. 우리는 방금 전에 그리스도께서 대답하신 내용을 복음서 기자들의 입에서 직접 들었는데도, 왜 그들은 그리스도께서 침묵하셨다고 보도하는 것인가라는 질문이 제기될 수 있지만, 그 이유는 그리스도께서는 충분히 자신을 변호하실 기회가 있으셨는데도 불구하고, 의도적으로 그렇게 하지 않으셨기 때문이라는 것이다. 사실, 그리스도께서 앞에서 그의 "나라"에 대하여 대답하셨을 때, 그것은 무죄로 풀려나시기 위한 것이 아니라, 단지 그는 하나님이 옛적에 약속하신 구속주이기 때문에, 자기 앞에서 모든 사람들이 "무릎을 꿇는"(사 45:23) 것이 마땅하다는 것을 보여주시기 위한 것이었을 뿐이다. 빌라도는 그리스도께서 참고 계시는 것을 이상히 여겼다. 왜냐하면, 그리스도께서 근거 없는 허황된 중상모략들을 충분히 손쉽게 반박하실 수 있는 상황에서 침묵하시는 것은 자신의 죄를 인정하는 것으로 얼마든지 받아들여질 수 있었기 때문이다. 그리스도께서 죄가 없으시다는 것은 그가 굳이 자신의 무죄를 소명(疏明)하지 않으셔도 재판장이 보기에 너무나 분명한 것이었다. 그러나 빌라도는 그리스도께서 자신의 무죄를 소명할 기회를 충분히 활용해서 자기에게 죄가 없다는 것을 누가 보아도 명명백백하게 밝힘으로써, 그가 무죄로 방면된다고 할지라도, 그 누구도 이의를 제기하지 못하게 되기를 바랐다. 이 시점까지 빌라도는 그리스도께 죄가 없다는 것을 알고서 그로 하여금 적극적으로 자신을 변호하도록 호의를 베풀었다는 점에서, 그의 행위는 흠이 없는 것으로 칭찬받을 만하다.

우리가 빌라도처럼 그리스도의 침묵을 이상한 것으로 여기지 않기 위해서는, 우리는 하나님의 계획, 즉 하나님이 그의 아들을 우리의 죄를 위한 대속 제물로 삼으셔서, 비록 그는 죄 없이 순전하셨음에도 불구하고, 우리를 대신해서 사형 선고를 받게 하셨다는 것을 주목하지 않으면 안 된다. 따라서 그리스도께서 이때에 침묵하신 것은 그가 지금 우리의 대변자가 되셔서, 그의 중보기도를 통하여 우리를 정죄함에서 건져 내시기 위한 것이었다. 우리로 하여금 그의 은혜로 말미암아 우리가 의롭다 하심을 얻은 것을 자랑할 수 있도록 하시기 위하여, 그는 침묵하셨다. 이렇게 해서, "그가 곤욕을 당하여 괴로울 때에도 그의 입을 열지 아니하였음이여 마치 도수장으로 끌려가는 어린 양과 털 깎는 자 앞에서 잠잠한 양 같이 그의 입을 열지 아니하였도다"(사 53:7)라는 이사야의 예언이 성취되었다. 그리스도께서는 침묵하셨지만, 바울이 말한 저 "선한 증언"(딤전 6:12)을 그의 입이 아니라 그의 몸으로 행하신 것이었다. 이것을 통해서 우리는 그가 자신의 유익을 생각하신 것이 아니라, 온 인류의 구원을 얻어내시기 위하여 그렇게 하셨다는 것을 알게 된다.

눅 23:4. 빌라도가 대제사장들과 무리에게 이르되. 그리스도께서는 우리의 죄에 대한 형벌을 대신 짊어지시기 위하여 오셨기 때문에, 그가 자기 자신의 죄가 아니라 다른 사람들의 죄 때문에 단죄를 받으셨다는 것이 나중에 분명해질 수 있도록 하기 위하여, 그는 그를 심문한 재판장의 입술을 통해서 그에게 죄가 없으시다는 것을 먼저 확인받으시는 것이 필요하였다. 그러나 빌라도는 백성이 소요를 일으키게 될 것이 두려워서, 그리스도에게 무죄를 선고하여 방면하지 못하고, 그에게 주어진 편법을 이용해서, 그리스도를 헤롯의 관할로 넘기기로 결정한다. 안디바라는 성(姓)을 지닌 이 헤롯은 유대 땅이 수리아 속주에 병합된 후에 아겔라오가 비엔나에 유폐되고 나서 갈릴리 분봉왕으로 임명된 자였다. 조금 후에 누가는 헤롯이 원래 빌라도와 앙숙이었지만 이러한 예우를 받고서 마음이 풀렸다고 보도한다. 그러나 빌라도가 이런 조치를 취한 의도는 헤롯의 환심을 사기 위해서라기보다는 그럴 듯한 이유를 붙여서 이 골치 아픈 사건에서 손을 뗌으로써, 그리스도를 자기 손으로 단죄해야 하는 것을 피하기 위한 것이었다.

눅 23:8. 헤롯이 예수를 보고 매우 기뻐하니. 이것으로부터 분명한 것은 악인들은 그들 자신의 교만에 완전히 취해 있는 것을 넘어서서 홀려 있는 상태에 있다는 것이다. 왜냐하면, 헤롯은 그리스도가 하나님의 아들이시라는 것을 인정하지 않았지만, 적어도 그를 선지자로는 여기고 있었기 때문이다. 그러므로 그가 그리스도께서 멸시와 경멸을 당하는 모습을 보고서 "기뻐한" 것은 기가 막힐 정도로 잔인한 짓이었다. 그는 마치 그리스도께서 그에게 해(害)를 끼친 인물이라도 된다는 듯이, 지금 그리스도께서 그의 수중에 들어와 있는 것을 보고서, 마치 승리라도 한 것처럼 "매우 기뻐한다." 또한, 우리는 하나님의 능력이 그 속에서 밝히 빛나고 있는 선지자들에 대하여 악하고 불경스러운 자들이 품는 사랑이 어떤 종류의 것인지를 본다. 헤롯은 오랫동안 그리스도를 만나 보고자 하였었다. 그런데도, 왜 헤롯은 그를 만나볼 생각만 하고, 그의 가르침을 통해 유익을 얻기 위해서 그가 전하는 말씀을 듣고자 하지는 않은 것인가? 그것은 그에게는 신적인 능력을 경건하고 겸손한 경외심으로 바라보고자 하는 마음은 없었고, 단지 그런 능력을 한번 구경하며 즐겨 볼 생각만 있었기 때문이었다. 이렇게 하나님의 역사(役事)들을 보고 싶어하기는 하지만 하나님의 권세에 순복하고자 하지는 않는 것, 하나님의 종들을 보고자 하기는 하지만 하나님이 그 종들을 통해서 말씀하시는 것을 듣고자 하지는 않는 것이 바로 육신의 본성(carnis ingenium)이다. 마찬가지로, 헤롯도 그리스도께서 어떤 이적을 행하시는 것을 보기를 바랐지만, 그리스도를 선생으로 대접하지 않고, 범죄자의 신분으로 자기 발 아래 두는 쪽을 택하였다. 그러므로 하나님께서, 그가 광대가 되어서 자신들을 즐겁게 해주기를 바라는 악인들 앞에서 그의 영광을 숨기시는 것은 전혀 이상한 일이 아니다.

눅 23:11. 헤롯이 ⋯ 예수를 업신여기며. 자신의 부귀영화와 왕으로서의 위엄을 대단한 것으로 여긴 거만한 자가 이때에 초라하기 짝이 없는 행색으로 서 계셨던 그리스도를 "업신여긴" 것은 어쩌면 당연한 일이었다. 그렇지만 하나님의 은혜로 들어가는 통로가 닫히게 만든 헤롯의 교만은 결코 변명할 여지가 없는 것이었다. 하나님은 헤롯이 전에 무심하게 행하였던 것을 벌하시기 위하여, 그로 하여금 그리스도의 그런 행색을 보게 하셔서, 의도적으로 그의 마음을 완악하게 하신 것임은 의심할 여지가 없다. 왜냐하면, 헤롯은 아주 오랫동안 그의 온 나라를 비추어 환하게 해주었을 뿐만 아니라 헤롯의 통치를 아름답게 장식해 주었던 저 밝은 빛에 대하여 자신의 눈을 감아 온 자였던 까닭에, 그리스도에게서 그 어떤 하늘의 영광의 빛을 볼 자격이 없었기 때문이었다. 누가는 그리스도께서 헤롯에 의해서만이 아니라 그의 모든 시종들에 의해서도 "업신여김"을 당하셨다고 보도하는데, 이것은 왕들의 궁정에서는 하나님께 합당한 존귀를 그리스도께 드리는 일이 거의 없다는 것을 보여주시기 위한 것이다. 왜냐하면, 거의 모든 조신(朝臣)들은 화려하고 사치스러운 허식(虛飾, pompa)에 길들여져 있어서, 그들의 지각이나 감각들이 너무도 헛된 것들에 사로잡혀 있는 까닭에, 하나님의 신령한 은혜들을 대수롭지 않게 여겨 멸시하거나, 그들의 감겨진 눈으로 그냥 흘려보내기 때문이다. 그러나 그리스도께서 이렇게 멸시받으심으로써, 우리는 새로운 존귀함을 얻어서, 지금 하나님과 천사들로부터 귀한 자들로 대접받고 있다.

눅 23:12. 헤롯과 빌라도가 ⋯ 서로 친구가 되니라. 두 악인이 그리스도를 재판하는 일로 인해서 서로 화해하게 되었다는 사실로부터 우리는 하나님의 자녀들과 이 신앙 자체가 세상으로부터 얼마나 멸시를 받고 있는지를 알게 된다. 헤롯과 빌

라도는 아마도 각자의 야심 때문에 관할권을 놓고서 사사건건 부딪쳐 왔을 가능성
이 크다. 그러나 이러한 알력의 원인과 시발점이 무엇이었든지 간에, 이 두 사람 중
누구도 세상적인 문제들에 있어서는 각자의 권리를 한 치도 양보하려 하지 않았을
것이다. 그렇지만 그리스도께서는 그들에게서 "업신여김"을 받으시는 처지이셨기
때문에, 빌라도는 기꺼이 그를 헤롯에게 넘기고, 헤롯도 두말없이 그를 다시 빌라
도에게 돌려보낸다. 마찬가지로, 오늘날에도 우리는 재판관들이 강도를 비롯한 범
죄자들을 놓고서는 서로 다투지만, 하나님의 자녀들에 대해서는 마치 허섭스레기
를 다루듯이 경멸하며 구석으로 제쳐 두고서 별 관심을 보이지 않는다. 신앙에 대
한 증오심은 흔히 악인들로 하여금 서로 화해하게 만들고, 전에는 앙숙 관계에 있
던 자들도 하나님의 이름을 없애는 일에는 서로 힘을 합친다. 그렇지만 서로 앙숙
이었던 악인들이 하나님의 자녀들을 죽음에 넘기는 일에서 별 마찰이 없는 것은
그들이 그 일을 서로 화해하고 힘을 합쳐서 할 만한 가치가 있는 일이라고 생각해
서가 아니라, 마치 어떤 사람이 빵 부스러기를 개에게 던져주듯이, 그들이 서로 다
툴 만한 가치가 없는 일이라고 여기기 때문이다. 하지만 그리스도께서 우리 가운
데서 싸움을 종식시키시고 가져다주시는 평화는 그런 것과는 다른 평화이고, 또한
그래야 마땅하다. 즉, 우리는 먼저 하나님과 화목을 이룬 후에, 경건하고 거룩한 마
음으로 한 마음이 되어서, 의를 좇는 것, 그리고 형제 사랑과 구제의 의무들을 행하
도록 서로를 도와야 한다.

[15]명절이 되면 총독이 무리의 청원대로 죄수 한 사람을 놓아 주는 전례가 있더니 [16]
그 때에 바라바라 하는 유명한 죄수가 있는데 [17]그들이 모였을 때에 빌라도가 물어
이르되 너희는 내가 누구를 너희에게 놓아 주기를 원하느냐 바라바냐 그리스도라
하는 예수냐 하니 [18]이는 그가 그들의 시기로 예수를 넘겨 준 줄 앎이더라 [19]총독이
재판석에 앉았을 때에 그의 아내가 사람을 보내어 이르되 저 옳은 사람에게 아무
상관도 하지 마옵소서 오늘 꿈에 내가 그 사람으로 인하여 애를 많이 태웠나이다
하더라 [20]대제사장들과 장로들이 무리를 권하여 바라바를 달라 하게 하고 예수를
죽이자 하게 하였더니 [21]총독이 대답하여 이르되 둘 중의 누구를 너희에게 놓아 주
기를 원하느냐 이르되 바라바로소이다 [22]빌라도가 이르되 그러면 그리스도라 하는
예수를 내가 어떻게 하랴 그들이 다 이르되 십자가에 못 박혀야 하겠나이다 [23]빌라
도가 이르되 어찜이냐 무슨 악한 일을 하였느냐 그들이 더욱 소리 질러 이르되 십

자가에 못 박혀야 하겠나이다 하는지라(마 27:15-23).

[6]명절이 되면 백성들이 요구하는 대로 죄수 한 사람을 놓아 주는 전례가 있더니 [7]민란을 꾸미고 그 민란중에 살인하고 체포된 자 중에 바라바라 하는 자가 있는지라 [8]무리가 나아가서 전례대로 하여 주기를 요구한대 [9]빌라도가 대답하여 이르되 너희는 내가 유대인의 왕을 너희에게 놓아 주기를 원하느냐 하니 [10]이는 그가 대제사장들이 시기로 예수를 넘겨 준 줄 앎이러라 [11]그러나 대제사장들이 무리를 충동하여 도리어 바라바를 놓아 달라 하게 하니 [12]빌라도가 또 대답하여 이르되 그러면 너희가 유대인의 왕이라 하는 이를 내가 어떻게 하랴 [13]그들이 다시 소리 지르되 그를 십자가에 못 박게 하소서 [14]빌라도가 이르되 어쩜이냐 무슨 악한 일을 하였느냐 하니 더욱 소리 지르되 십자가에 못 박게 하소서 하는지라(막 15:6-14).

[13]빌라도가 대제사장들과 관리들과 백성을 불러 모으고 [14]이르되 너희가 이 사람이 백성을 미혹하는 자라 하여 내게 끌고 왔도다 보라 내가 너희 앞에서 심문하였으되 너희가 고발하는 일에 대하여 이 사람에게서 죄를 찾지 못하였고 [15]헤롯이 또한 그렇게 하여 그를 우리에게 도로 보내었도다 보라 그가 행한 일에는 죽일 일이 없느니라 [16]그러므로 때려서 놓겠노라 [17][없음] [18]무리가 일제히 소리 질러 이르되 이 사람을 없이하고 바라바를 우리에게 놓아 주소서 하니 [19]이 바라바는 성중에서 일어난 민란과 살인으로 말미암아 옥에 갇힌 자러라 [20]빌라도는 예수를 놓고자 하여 다시 그들에게 말하되 [21]그들은 소리 질러 이르되 그를 십자가에 못 박게 하소서 십자가에 못 박게 하소서 하는지라 [22]빌라도가 세 번째 말하되 이 사람이 무슨 악한 일을 하였느냐 나는 그에게서 죽일 죄를 찾지 못하였나니 때려서 놓으리라 하니 [23]그들이 큰 소리로 재촉하여 십자가에 못 박기를 구하니 그들의 소리가 이긴지라(눅 23:13-23).

마 27:15. 명절이 되면 총독이. 여기에서는 한편으로는, 제사장들의 만족할 줄 모르는 잔인함, 그리고 다른 한편으로는 백성들의 완악함과 광분함이 묘사되고 있다. 왜냐하면, 그들이 서로 공모하여 죄 없는 자이신 그리스도를 죽이는 것으로도 만족하지 못해서, 그리스도에 대한 증오심으로 인해서 강도를 놓아 주는 일도 서슴지 않았을 때, 그들은 극도의 광기(狂氣)에 사로잡혀 있었음에 틀림없다고 해야 할 것이기 때문이다. 이렇게 악인들은 일단 악행의 길에 들어서게 되면, 사탄에 의해서 맹렬하게 휘둘리기 때문에, 아무리 극악무도한 범죄라도 거리낌 없이 자행하면서, 눈이 멀고 감각이 없어져서 죄에 죄를 더하게 된다. 빌라도는 그리스도를 놓아줄 목적으로 극악무도한 자를 골라서 백성들에게 둘 중의 한 사람을 선택하게 함으로써, 그들이 염치 때문이라도 어쩔 수 없이 그리스도를 선택하지 않을 수 없게 만들 심산이었음이 틀림없다. 사실, 바라바는 극악무도한 죄를 범한 흉악범이었기 때문에, 백성들은 바라바에 대한 적개심으로 인해서 그리스도를 놓아 달라고 총독에게 요구하는 것이 마땅한 일이었다. 그러나 제사장들이나 백성들에게는 반역자이자 살인자였던 바라바를 그들에게 달라고 감히 요구하지 못할 정도의 염치라는 것이 남아 있지 않았다.

한편, 우리는 그리스도로 하여금 가장 극악무도한 자로 여김을 받아서 십자가에 못 박혀 죽게 하시는 것이 하나님의 계획이었다는 것을 생각하지 않으면 안 된다. 유대인들이 맹목적인 분노로 그리스도를 죽이려고 광분한 것은 사실이지만, 하나님은 그리스도를 세상 죄를 대속하기 위한 제물(χάθαρμα-카다르마)로 세우셨기 때문에, 그리스도께서 강도이자 살인인 바라바보다 못한 자로 여김을 받으시는 것을 허락하신 것이었다. 하나님의 아들이 이토록 천대를 받으셨다는 사실을 떠올리고도, 몸서리쳐지는 전율과 두려움, 자기 자신에 대한 환멸, 자신의 죄에 대한 혐오감을 느끼지 못한다면, 그 사람은 정상이라고 할 수 없을 것이다. 그러나 이런 사실로부터도 우리는 그리스도께서 이루 말할 수 없는 능욕을 당하신 것은 우리로 하여금 그의 낮아지심으로 인하여 하늘의 영광에 오를 수 있게 하시기 위한 것이고, 그리스도께서 강도보다 못한 자로 여김을 받으신 것은 우리로 하여금 하나님의 천사들과 동류(同類)가 될 수 있게 하시기 위한 것이라는 확신의 견고한 토대를 얻게 된다. 우리가 이러한 유익을 제대로 평가하기만 한다면, 십자가로 인한 걸림돌은 완전히 제거되고도 남음이 있게 될 것이다.

"명절이 되면 총독"이 백성들을 기쁘게 해주기 위하여 "무리의 청원대로 죄수 한 사람을 놓아 주는" 관례는 어리석고 부적절한 관행이었고, 실제로는 하나님에 대한 예배를 대놓고 욕되게 하는 일이었다. 왜냐하면, 범죄자를 제대로 벌하지 않은 채로 놓아 주는 것으로써 "명절"을 기념하는 것보다 더 이치에 맞지 않는 일은 없을 것이기 때문이다. 하나님께서 통치자들이나 관원들에게 칼을 주신 것은 그들로 하여금 공적인 위해(危害)를 가져올 범죄들을 엄하게 처벌하게 하시기 위한 것이었다. 이것으로부터 우리가 분명하게 알 수 있는 것은 하나님은 사람들이 법과 형벌을 무너뜨리는 방식으로 그를 예배하기를 원하지 않으신다는 것이다. 하나님의 말씀을 벗어나서는 그 어떤 것도 시도되어서는 안 되기 때문에, 사람들이 자신의 짧은 생각으로 고안해 낸 방식으로 하나님을 예배하게 되면, 그것은 흔히 하나님을 높여드린다는 미명 아래에서 하나님을 욕되게 하는 일이 되고 만다. 그러므로 우리는 하나님이 요구하시는 것 외에는 그 어떤 것도 하나님께 드리지 않도록 철저히 조심하고 절제하는 것이 마땅하다. 왜냐하면, 속(俗)된 예물은 하나님을 기쁘시게 해드리기는커녕, 도리어 그의 진노를 불러오기 때문이다.

마 27:19. 총독이 재판석에 앉았을 때에. 빌라도의 아내가 지난 밤에 마음속으로 곰곰이 생각하였던 것들이 꿈으로 나타난 것일 수도 있지만, 어쨌든 그녀는 통상적인 방식으로, 즉 우리가 매일 겪는 그런 방식으로가 아니라 하나님의 특별한 영감(靈感)에 의해서 괴롭힘을 당하고 "애를 많이 태운" 것은 의심할 여지가 없다. 이 일은 통상적으로 마귀가 인류의 구속(救贖)을 지체시키기 위해서 이 여자의 꿈에 나타나서 그녀를 휘저어놓은 것이라고 해석되어 왔다. 그러나 마귀는 지금까지 제사장들과 서기관들을 부추기고 선동해서 그리스도를 죽음으로 몰아넣고자 애써 왔다는 점을 고려하면, 그러한 해석이 옳을 가능성은 대단히 희박한 것 같다. 정반대로, 우리는 그리스도께서 다른 사람, 즉 우리를 대신하여 죽음을 당하셨다는 사실을 분명하게 드러내시기 위하여, 하나님 아버지께서 그리스도에게 죄가 없다는 사실을 우리에게 확인시켜 주실 목적으로 여러 가지 방법을 동원하셨다는 결론을 내리는 것이 마땅하다. 하나님은 그리스도께서는 죄가 없으셔서 단죄를 받아 죽지 않으셔도 되셨는데, 오직 우리의 죄를 대속하시기 위하여 죽으셨다는 것을 더욱 분명하게 드러내시기 위하여, 빌라도가 그리스도를 단죄하기 전에 그 자신의 입으로 그리스도에게 죄가 없다는 것을 여러 차례에 걸쳐서 선언하게 하고자 하신 것이었다. 마태가 이 사실을 분명하게 기록한 것은, 빌라도가 자신이 멸시하는 자의 목숨을 구하기 위해서 폭동을 일으킬지도 모르는 백성들과 아주 끈질기게 협상을 벌이는 모습을 아무도 이상하게 여기지 않게 하기 위한 것이었다. 사실, 하나님께서는 빌라도의 아내가 지난 밤 동안에 겪은 괴로움과 두려움을 통해서, 빌라도에게 하나님의 아들에게 죄가 없다는 것을 강력히 변호하라고 압박하신 것이었다. 이것은 하나님께서 그리스도를 죽음에서 건지시기 위한 것이 아니라, 오직 그리스도께서 다른 사람들을 대신해서 그가 담당하지 않아도 되었을 징벌을 담당하신 것임을 분명하게 드러내시기 위한 것이었다. 하나님이 주신 이상(異象) 또는 환상 역할을 하는 꿈에 대해서는 우리가 다른 곳에서 이미 살펴본 바 있다.

마 27:20. 대제사장들과 장로들이 무리를 권하여. 복음서 기자는 이 악한 일을 선동하고 부추긴 주동자들이 누구였는지를 보여준다. 이것은 백성들은 어리석고 순진해서 다른 사람들이 시키는 대로 한 것뿐이기 때문에 변명의 여지가 있다는 것을 보여주기 위한 것이 아니라, 백성들은 자발적으로 그리스도에 대하여 적대적이었던 것이 아니라, 제사장들을 기쁘게 해주기 위하여 공평과 정의를 저버렸을 뿐만 아니라 그들 자신의 구원까지도 내팽개쳐 버렸다는 것을 우리에게 알게 해주기 위한 것이었다. 이것으로부터 우리는 경솔하고 변덕스러운 무리를 조종해서 아주 쉽게 자신이 원하는 방향으로 움직여서 온갖 악을 저지르게 만들 수 있는 수완 좋은 악인들의 영향력이 얼마나 유해(有害)하고 치명적인 것인지를 알게 된다. 그렇지만 우리는 복음서 기자의 의도에도 눈을 돌리지 않으면 안 되는데, 그의 의도는 백성들이 그리스도를 죽이라고 이토록 아우성을 친 것은 그들이 다 그리스도를 미워하였기 때문이 아니라, 대다수의 백성들이 별 생각 없이 그들의 지도자들의 부추김을 따라서 공의를 다 내팽개친 채로, 그들의 혀를 소수(少數)의 악한 음모의 노예가 되게 하였기 때문임을 보여주는 것이었다.

마 27:22. 그러면 그리스도라 하는 예수를 내가 어떻게 하랴. 무리들이 광기에 사로잡혀서 완전히 눈이 멀어, 그들 자신에게 큰 치욕이 되는 일인 줄을 알면서도, 강도를 살려 주라고 아무런 주저 없이 소리치는 것을 보고서, 빌라도는 그들에게 충격을 주어서 제정신으로 돌아오게 할 또 다른 방책을 사용한다. 즉, 빌라도는 무리들에게 많은 사람들이 예수를 "왕"이자 "그리스도"라고 한다는 사실을 거론하면서, 예수의 죽음이 그들에게 불명예와 치욕을 가져다줄 수 있다는 점을 상기시킨다. 이것은 "너희가 이 사람을 불쌍히 여길 마음이 없다고 한다면, 적어도 너희 자신의 명예는 생각해야 할 것이 아니냐. 왜냐하면, 외인(外人)들은 일반적으로 이 사람이 죽은 것을 너희 모두에 대한 징벌이라고 생각할 것이기 때문이다." 그렇지만 이런 설득조차도 그들이 광분하여 사납게 날뛰는 것을 누그러뜨릴 수 없었고, 그리스도 개인보다는 유대 백성 전체에게 더 큰 해(害)가 될 일이 진행되는 것을 막을 수 없었다. 마가에 의하면, 빌라도는 무리들을 한층 더 심하게 압박하기 위해서, 그들 자신이 예수를 "왕"이라고 부른다는 사실을 상기시키는데, 이것은 이 호칭이 마치 그리스도께 늘 붙어 다니는 성(姓)인 양 지속적으로 사용되었다는 것을 의미한다. 그렇지만 무리들은 모든 수치심과 염치를 다 내던져 버린 채, 온 민족에게 수치를 가져다줄 일, 즉 그리스도를 죽여 줄 것을 끈질기게 요구한다. 요한은 다른 세 복음서 기자들이 보도하지 않은 내용, 즉 그들이 "가이사 외에는 우리에게 왕이 없나이다"(요 19:15)라고 대답하였다는 사실을 보도한다. 이렇게 그들은 하나님이 그들에게 보내 주신 구속주를 영접하는 쪽보다 하나님이 약속하신 구속(救贖)을 내팽개치고서 영원히 노예로 살아가는 쪽을 선택하였다.

눅 23:16. 그러므로 때려서 놓겠노라. 어떤 사람이 작은 죄를 범하였고, 그것이 중죄가 아닌 경우에는, 로마 총독들은 그 범법자를 채찍으로 "때린" 후에 방면하는 것이 관행이었다. 이런 종류의 형벌은 라틴어로 '코에르키티오'(coercitio)라 불렸다. 그러므로 빌라도가 그리스도에게는 아무런 죄나 잘못도 없다고 선언한 후에, 마치 그가 사소한 죄를 범하기라도 한 듯이, 그를 벌하기로 결정한 것은 잘못된 것이었다. 왜냐하면, 빌라도는 그리스도에게서 사형에 해당하는 범죄를 발견할 수 없다고 선언하였을 뿐만 아니라, 그 어떤 점에서도 죄가 없다고 단언하였기 때문이다. 그런데도 왜 빌라도는 그리스도를 채찍질하였는가? 세상 사람들은 옳은 일을 하고 싶은 마음이 늘 있다고 하여도 하나님의 성령으로부터 그렇게 행할 수 있는 힘을 얻지 못하기 때문에, 아무리 흠 없는 삶을 살고자 할지라도, 이런 식으로 어쩔 수 없이 스스로 굴복하여 일정 정도 악과 불의를 행할 수밖에 없다. 그래서 그들은 자신들이 흉악무도한 죄를 저지른 것은 아니지 않느냐고 항변할 뿐만 아니라, 심지어 자기들은 어느 정도는 죄 없는 자를 보호하고자 애썼기 때문에 오히려 조금은 칭찬을 들어야 한다고 주장하기까지 한다. 만약 하나님의 아들이 빌라도의 제안대로 채찍질을 당한 후에 풀려나셨다면, 그는 우리의 구원에 아무런 유익도 주지 못하신 채로 수치만 당하신 꼴이 되고 마셨을 것이지만, 실제로는 결국 장엄한 병거 역할을 한 십자가 위에서 그의 원수들과 우리의 원수들을 이기시고 승리하실 것이었다.

우리는 이 세상이 빌라도 같은 사람들로 가득 차 있지 않기를 하나님께 바랄 뿐이지만, 머리에서 시작된 일이 오늘날 그 지체(肢體)들 속에서 완성되는 것을 본다. 교황에게 속한 성직자들은 유대의 제사장들이 그리스도를 죽이라고 소리칠 때에 드러내 보였던 것과 동일한 잔인함으로 하나님의 거룩한 종들을 박해한다. 그리고 실제로 많은 관원들은 그 성직자들이 광분하여 소리치는 것을 따라서 스스로 기꺼이 그들의 요구를 집행하는 데에 자신을 드리면서, 그들의 손으로 피 흘리는 것을 꺼려하여, 죄 없는 자를 죽이지는 않는다. 그러나 관원들의 그러한 행태는 하나님의 유일하신 의(義)이신 그리스도를 채찍질하는 것이다. 왜냐하면, 그들이 하나님을 섬기는 자들에게 살고 싶으면 복음을 부인하라고 강요하는 것은 그리스도의 이름이 채찍질로 맞는 수치를 당하게 하는 것과 다름없는 일이기 때문이다. 그런데도 그들은 그리스도의 원수들이 광분하기 때문에 그들로서는 어쩔 수 없는 일이라고 항변하면서, 마치 그러한 핑계가 그들의 기만적인 비겁함에 대한 충분한 변명이 되는 것처럼 생각하지만, 빌라도의 처사(處事)가 변명의 여지가 없는 것이었듯이, 그들의 행위도 가장 혐오스러운 것으로 보는 것이 마땅하다. 공관복음서 기자들은 이러한 상황을 생략하고 있지만, 빌라도가 그리스도의 목숨을 구하기 위하여 애쓰는 가운데에, 무리들이 그리스도께서 끔찍하게 맞아서 피 흘리는 광경을 보면 그 광분함이 누그러지지 않을까 생각해서 실제로 그리스도에게 채찍질을 하도록 명령하였다는 것은 요한복음의 본문(14:1)에서 분명하게 드러난다. 그러나 요한은 생명의 근원이신 분이 죽음에 넘겨지실 때까지는 무리들의 광분함이 누그러질 수 없었다는 말을 덧붙인다.

²⁴빌라도가 아무 성과도 없이 도리어 민란이 나려는 것을 보고 물을 가져다가 무리 앞에서 손을 씻으며 이르되 이 사람의 피에 대하여 나는 무죄하니 너희가 당하라 ²⁵백성이 다 대답하여 이르되 그 피를 우리와 우리 자손에게 돌릴지어다 하거늘 ²⁶이에 바라바는 그들에게 놓아 주고 예수는 채찍질하고 십자가에 못 박히게 넘겨 주니라 ²⁷이에 총독의 군병들이 예수를 데리고 관정 안으로 들어가서 온 군대를 그에게로 모으고 ²⁸그의 옷을 벗기고 홍포를 입히며 ²⁹가시관을 엮어 그 머리에 씌우고 갈대를 그 오른손에 들리고 그 앞에서 무릎을 꿇고 희롱하여 이르되 유대인의 왕이여 평안할지어다 하며 ³⁰그에게 침 뱉고 갈대를 빼앗아 그의 머리를 치더라 ³¹희롱을 다 한 후 홍포를 벗기고 도로 그의 옷을 입혀 십자가에 못 박으려고 끌고 나가니라 ³²나가다가 시몬이란 구레네 사람을 만나매 그에게 예수의 십자가를 억지로 지워 가게 하였더라(마 27:24-32).

¹⁵빌라도가 무리에게 만족을 주고자 하여 바라바는 놓아 주고 예수는 채찍질하고 십자가에 못 박히게 넘겨 주니라 ¹⁶군인들이 예수를 끌고 브라이도리온이라는 뜰 안으로 들어가서 온 군대를 모으고 ¹⁷예수에게 자색 옷을 입히고 가시관을 엮어 씌

우고 [18]경례하여 이르되 유대인의 왕이여 평안할지어다 하고 [19]갈대로 그의 머리를 치며 침을 뱉으며 꿇어 절하더라 [20]희롱을 다 한 후 자색 옷을 벗기고 도로 그의 옷을 입히고 십자가에 못 박으려고 끌고 나가니라 [21]마침 알렉산더와 루포의 아버지인 구레네 사람 시몬이 시골로부터 와서 지나가는데 그들이 그를 억지로 같이 가게 하여 예수의 십자가를 지우고(막 15:15-21).

[24]이에 빌라도가 그들이 구하는 대로 하기를 언도하고 [25]그들이 요구하는 자 곧 민란과 살인으로 말미암아 옥에 갇힌 자를 놓아 주고 예수는 넘겨 주어 그들의 뜻대로 하게 하니라 [26]그들이 예수를 끌고 갈 때에 시몬이라는 구레네 사람이 시골에서 오는 것을 붙들어 그에게 십자가를 지워 예수를 따르게 하더라 [27]또 백성과 및 그를 위하여 가슴을 치며 슬피 우는 여자의 큰 무리가 따라오는지라 [28]예수께서 돌이켜 그들을 향하여 이르시되 예루살렘의 딸들아 나를 위하여 울지 말고 너희와 너희 자녀를 위하여 울라 [29]보라 날이 이르면 사람이 말하기를 잉태하지 못하는 이와 해산하지 못한 배와 먹이지 못한 젖이 복이 있다 하리라 [30]그 때에 사람이 산들을 대하여 우리 위에 무너지라 하며 작은 산들을 대하여 우리를 덮으라 하리라 [31]푸른 나무에도 이같이 하거든 마른 나무에는 어떻게 되리요 하시니라 [32]또 다른 두 행악자도 사형을 받게 되어 예수와 함께 끌려 가니라(눅 23:24-32).

마 27:24. 빌라도가 아무 성과도 없이. 큰 풍랑을 만난 선원들이 원래의 항로를 유지하려고 애쓰다가 마침내 포기하고 배가 흘러가는 대로 맡겨 버리듯이, 빌라도는 백성들의 소동을 도저히 통제할 수 없다는 것을 알고서, 재판장으로서의 자신의 권위를 포기하고, 그들이 광분하여 소리치며 요구하는 것에 굴복한다. 그가 오랫동안 버티려고 한 것은 사실이지만, 그렇다고 해서 어쩔 수 없이 그렇게 할 수밖에 없었다는 것이 변명이 될 수는 없다. 왜냐하면, 그는 자신의 본분을 내팽개쳐 버리기보다는 어느 정도의 핍박을 감수하고서라도 자신이 마땅히 해야 할 일을 하여야 했기 때문이다. 또한, 그가 유치한 예식으로 자신의 무죄를 선언하였다고 할지라도 그런 것으로 그의 죄책이 경감되는 것은 아니다. 그 어떤 보속(補贖)으로도 지울 수 없는 범죄의 얼룩을 어떻게 몇 방울의 물로 씻어낼 수 있겠는가? 빌라도가 그렇게 한 주된 목적은 하나님 앞에서 자신의 죄의 얼룩을 씻어내고자 한 것이 아니라, 무리들에게 이 죄가 얼마나 가증스러운 것인지를 나타내 보이고, 가능하면 그들로 하여금 그들의 광분을 거두어들일 수 있게 하기 위한 것이었다. 즉, 그의 이러한 행동은 마치 이와 같은 서문을 덧붙인 것과 같았다: "보라, 너희는 내게 불의한 살인을 저지르라고 압박하지만, 나는 너무나 두렵고 떨려서 감히 그렇게 할 수 없다. 그런데 하물며 이 일을 주동하고 있는 너희는 어떻게 될 것 같으냐? 하나님의 무시무시한 원수 갚으심이 너희를 기다리고 있다는 것을 너희가 아느냐?" 그러나 빌라도의 의도가 무엇이든지 간에, 하나님은 그리스도 안에서 우리의 죄가 단죄를 받은 것임을 더욱 분명히 나타내시기 위해서, 이런 식으로 그의 아들의 무죄함을 증언하고자 하셨다. 장차 세상을 심판하실 유일하신 최고의 재판장께서 지금 세상의 재판관의 법정에 서서서, 범죄자로 여김을 받으시고 십자가형을 선고받으시고 그것으로도 모자라서, 마치 강도들의 우두머리라도 되신다는 듯이, 두 "강도" 사이에서 십자가에 못 박히셨다. 이 광경은 너무나 끔찍해서, 이것은 그리스도께서 우리가 받은 형벌을 대신 받으신 것이기 때문에, 우리의 죄책이 이제 다 제거되어서 우리가 이제는 하늘의 재판장 앞에 주저 없이 나아가게 되었다는 것을 알지 못하는 사람들은 이 광경을 처음 볼 때에 마음이 크게 동요될 수밖에 없다. 그러므로 그때에 빌라도의 죄의 얼룩을 씻어내는 데에는 아무 소용도 없었던 물이 오늘날에는 다른 목적, 즉 우리의 눈에서 모든 장애물들을 다 씻어내서 우리로 하여금 그리스도께서 단죄를 받으시는 가운데에 이루신 의(義)를 분명하게 볼 수 있게 해주는 데에 효력이 있어야 할 것이다.

마 27:25. 그 피를 우리와 우리 자손에게 돌릴지어다. 유대인들이 마치 그들은 하나님 앞에서 의로운 일을 하고 있는 것이기 때문에 아무런 거리낌이 없다는 것을 온전히 확신한다는 듯이, 이 저주를 그들에게 돌리라고 자신만만하게 큰 소리로 외쳤으리라는 것은 의심의 여지가 없다. 그러나 그들은 그들의 무분별한 열심에 휘둘려서 돌이킬 수 없는 죄를 범하였을 뿐만 아니라, 거기에 엄숙한 맹세를 더함으로써, 죄 사함을 받을 수 있는 소망을 스스로 끊어 버렸다. 이것으로부터 우리는 어떤 판단을 할 때마다 성급하고 경솔하게 판단하지 않도록 얼마나 세심한 주의를 기울여야 하는지를 깨닫게 된다. 왜냐하면, 사람이 이런저런 문제를 깊이 살피지도 않은 채 자신의 헛된 생각을 따라 경솔하게 결정을 내리게 되면, 맹목적인 충동에 휘둘려서 결국 광분으로 치닫게 되기 때문이다. 이것은 하나님께서 옳고 그른 것을 분별하는 수고를 하고자 하지 않는 자들의 교만을 벌하시는 의로우신 복수이다. 유대인들은 그리스도를 죽이라고 소리칠 때에 그들이 하나님께서 기뻐하시는 일을 행하고 있는 것이라고 생각하였다. 그러나 그들의 그러한 악한 착각이 그들의 완악함과 악한 고집, 하나님을 멸시하는 그들의 마음에서 생겨난 것이 아니라면, 도대체 어디에서 생겨난 것이란 말인가? 그러므로 하나님께서 그들을 이러한 우매함과 광기(狂氣)에 내버려 두셔서, 그들로 하여금 궁극적인 파멸을 자초하게 하신 것은 의로우신 일이었다. 어떤 일이 하나님에 대한 예배와 그의 거룩하신 신비들과 관련된 일일 때, 우리는 외식(外飾)과 주제넘음으로 인하여 분별력을 잃고 광분하게 되지 않도록, 우리의 눈을 떠서 그 일을 경외하는 마음으로 분별력을 지니고서 찬찬히 살펴보는 법을 배워야 한다.

만약 그들의 불경건이 이미 절망적인 상태에 도달해 있지 않았다면, 하나님께서 이러한 망령된 말이 이 백성의 입에서 나오도록 결코 내버려 두지 않으셨을 것이기 때문에, 후에 이 일에 대하여 무시무시하고 이례적인 방식들로 그들에게 복수하신 것은 의로우신 일이다. 그런데도 하나님께서는 그의 언약이 유대 민족 전체의 멸망에 의해서 폐하여지는 일이 없도록 하시기 위해서, 믿기지 않는 이적을 통해서 자기 자신을 위하여 일부를 남겨 두셨다. 하나님이 옛적에 자기 자신을 위하여 아브라함의 씨를 택하신 것은 그 씨로 하여금 "택하신 족속이요 왕 같은 제사장들이요 거룩한 나라요 그의 소유가 된 백성"(벧전 2:9)이 되게 하시기 위한 것이었다. 그런데 지금 유대인들은 서로 공모하여 한 목소리로, 하나님이 그들에게 베푸신 너무나 특별한 은혜를 거부하고 있다. 그러니, 유대 민족 전체가 하나님의 나라에서 완전히 뿌리가 뽑혀 버렸다는 것을 부인할 자가 누가 있겠는가? 그러나 하나님은 그들의 배신을 통해서 그의 약속이 참됨을 더욱 드러내 보이셨다. 즉, 하나님은 그가 아브라함과 언약을 맺은 것이 결코 헛되지 않다는 것을 보여주시기 위하여, 이 민족 전체가 멸망하는 와중에서 그가 값없이 거저 주신 은혜로 택하신 자들을 구원하셨다. 이렇게 하나님의 참되심은 인간의 불신앙에 의해서 생겨난 모든 장애물들을 언제나 넉넉히 뛰어넘어 그 위에 우뚝 서 있다.

마 27:26. 이에 바라바는 그들에게 놓아 주고. 공관복음서 기자들은 요한이 보도하고 있는 내용, 즉 빌라도가 판결을 내리기 위하여 "재판석"에 올라가 앉았다는 내용(요 19:13)을 언급하지 않고, 단지 무리들이 아우성치며 심하게 난동을 부리자, 그 압력에 굴복해서 비열하게도 그리스도를 죽음에 넘겨주었다고만 보도한다. 그러나 우리는 빌라도가 자신의 뜻을 꺾고 타협하지 않을 수 없었다는 것, 그렇지만 그는 자기 입으로 그리스도에게는 죄가 없다고 분명하게 말해 놓고도 재판장으로서의 직분을 행사하여 그리스도를 단죄하였다는 것, 이 두 가지를 주목하여야 한다. 만약 하나님의 아들이 모든 죄로부터 자유하지 않으셨다면, 우리는 그의 죽음에서 대속(代贖)을 기대할 수 없었을 것이다. 그리고 만약 그가 우리의 보증 또는 담보가 되셔서, 우리가 받아야 할 형벌을 담당해 주지 않으셨다면, 우리는 지금 우리의 죄로 인하여 단죄당할 수밖에 없는 처지가 되어 있었을 것이다. 그러므로 하나님은 그리스도로 말미암아 우리의 죄를 사하시고 우리에게 죄가 없다고 선언하시기 위하여, 그의 아들이 이렇게 공식적으로 단죄를 당하도록 정하신 것이었다.

그리스도께서 받으신 형벌의 참혹함은 우리의 마음에 하나님의 진노에 대한 두려움을 각인시켜 주고, 우리로 하여금 우리의 참상을 깨닫고 낮아지게 하는 데에 유익할 뿐만 아니라, 우리의 믿음을 견고히 하는 데에도 유익한 것이었다. 왜냐하면, 그리스도의 죽음에 대한 묵상을 통해서 제대로 유익을 얻고자 한다면, 우리는 그리스도께서 겪으신 형벌의 참혹함에 걸맞은 정도로 우리의 죄에 대하여 혐오감을 품는 것으로부터 시작하는 것이 마땅하기 때문이다. 그럴 때에 우리는 우리 자신에 대한 혐오감과 부끄러움을 느끼지 않을 수 없게 될 뿐만 아니라, 깊은 슬픔과 근심에 싸여서 간절하게 구원해 주실 것을 구함과 동시에 당혹스러움과 두렵고 떨림을 경험하지 않을 수 없게 될 것이다. 왜냐하면, 하나님의 아들이 입으신 상처들로 인하여 우리의 마음이 찢어질 것 같이 아프지도 않고, 우리의 죄악을 속하시기 위하여 하나님의 아들이 그토록 엄청난 고통을 당하셨는데도 불구하고, 우리가 우리의 죄악을 미워하고 혐오하지도 않는다면, 우리는 돌보다 더 딱딱한 마음을 지니고 있는 것임에 틀림없기 때문이다. 그러나 이것은 하나님의 무시무시한 원수 갚으심을 보여주는 것이지만, 한편으로는 우리의 믿음을 견고하게 해주는 가장 풍성한 토대이기도 하다. 왜냐하면, 우리는 하나님의 아들이 값으로 따질 수 없이 귀한 대속제물이 되어 주셔서 우리의 죄를 다 사하신 까닭에, 이제 우리가 우리의 죄로 인하여 하나님 앞에서 심판받을 일이 다시는 없게 되었기 때문이다. 그리스도께서는 우리로 하여금 생명을 얻게 하시기 위하여 특별한 죽음을 견디셨을 뿐만 아니라, 부정(不淨)함이 더 이상 우리 안에 머물지 못하도록 하시기 위하여 십자가를 통해서 우리에 대한 저주까지도 친히 짊어지셨기 때문이다.

마 27:27. 이에 총독의 군병들이. 그리스도께서 이렇게 추가적으로 모욕을 당하신 일들이 성경에 기록된 것에는 그럴 만한 이유가 없지 않다. 하나님께서 그의 독생자로 하여금 온갖 모욕을 당하게 하신 것은 결코 장난삼아 그렇게 하신 것이 아니라는 것을 우리는 안다. 그러므로 우리는 먼저 우리가 어떤 취급을 당해야 마땅한 자인지를 깊이 숙고하여야 하고, 다음으로는 그리스도께서 드리신 대속의 제사를 의지해서 확실한 소망을 지녀야 한다. 우리의 더러움은 하나님이 우리의 얼굴을 쳐다보기조차 싫어하실 정도로 우리를 혐오하시고, 모든 천사들이 우리에게 침을 뱉으며 모욕하여도, 너무나 지당하다고 해야 할 그런 더러움이다. 그러나 그리스도께서는 우리를 아버지 하나님 앞에 "흠 없고 순전한" 모습으로 세우시기 위하여, 침 뱉음을 당하실 뿐만 아니라 온갖 종류의 모욕을 다 견디시기로 작정하셨다. 이런 까닭에, 그리스도께서 이 땅에서 당하신 저 수치와 능욕은 우리로 하여금 하늘에서 은총을 입게 해줌과 동시에, 더러운 죄로 말미암아 단지 때가 묻은 정도가 아니라 아예 거의 지워져 버린 하나님의 형상을 우리 속에 회복시켜 준다. 그러므로 하나님이 그의 독생자를 우리를 위하여 이토록 비천하게 낮추신 것 속에서도 우리를 향하신 하나님의 이루 헤아릴 수 없이 크신 긍휼하심이 밝게 드러난다. 또한, 그리스도께서 우리의 구원을 위하여 그 어떤 모욕과 수치도 거절하지 않으시고 다 받아내신 것은 우리를 향하신 그리스도의 사랑이 얼마나 놀라운 것인지를 너무나 잘 보여주는 증거였다. 그러나 이러한 일들은 우리에게 장황한 수사(修辭)가 아니라 은밀한 묵상의 대상이 되는 것이 마땅하다.

또한, 우리는 그리스도의 나라는 육신의 지각(知覺)이 아니라 믿음과 성령의 분별력에 의해서 평가되어야 한다는 것을 배우게 된다. 왜냐하면, 우리의 마음이 이 세상에 붙어 있는 동안에는, 우리는 그의 나라를 멸시받을 만한 것으로 여길 뿐만 아니라, 수치와 능욕으로 가득 차 있는 것으로 여기게 되지만, 우리의 마음이 믿음으로 말미암아 하늘을 향하게 될 때에는, 그리스도의 영적 위엄이 우리에게 나타나서 십자가의 모든 수치를 다 지워 버릴 뿐만 아니라, 그가 침 뱉음과 채찍질을 당하시고 주먹과 손바닥으로 맞으신 것을 비롯하여 온갖 모욕을 당하신 것이 우리로 하여금 그의 영광을 묵상하도록 이끌게 될 것이기 때문이다. 그래서 바울은 그리스도께서 "자기를 낮추시고 죽기까지 복종하셨으니 곧 십자가에 죽으심이라 이러므로 하나님이 그를 지극히 높여 모든 이름 위에 뛰어난 이름을 주사 … 모든 무릎을 예수의 이름에 꿇게"(빌 2:8-10) 하셨다고 우리에게 말한다. 그러므로 오늘날에도 세상이 그리스도를 모욕하고 조롱한다면, 우리는 믿음으로 이러한 걸림돌들을 뛰어넘어서, 악인들이 얼마나 엉뚱한 트집을 잡아서 그리스도를 반대하고 배척하는지를 살펴보는 데에 그치지 않고, 아버지 하나님께서 어떠한 존귀한 것들로 그리스도를 옷 입히셨고, 어떠한 규(珪)와 면류관으로 그에게 씌우셔서, 그를 사람들만이 아니라 모든 천사 위에 높이 드셨는지를 잘 살펴보는 법을 배워야 한다.

마가는 "홍포"가 아니라 "자색 옷"이라는 단어를 사용한다. 이 둘은 서로 다른 색깔이긴 하지만, 우리는 이 차이에 너무 신경을 쓸 필요가 없다. 그들이 그리스도께 값비싼 옷을 입혔을 가능성은 거의 없기 때문에, 이것으로부터 우리는 마치 화가가 그의 그림 속에서 실물을 모방하여 그려내듯이, 이 옷은 "자색 옷"이 아니라 싸구려 유사품이었을 것이라는 결론을 얻게 된다.

마 27:32. 구레네 사람을 만나매. 이 상황은 유대 민족과 군병들이 지닌 극도의 잔인성을 그대로 보여준다. 죄수들로 하여금 자신의 십자가를 형장까지 메고 가게 하는 것이 당시의 관습이었다는 것을 의심할 이유는 없다. 그러나 십자가형을 선고받는 자들은 모두 다 "강도들"이었고, 그들은 대단히 건장한 자들이었기 때문에, 그들이 십자가를 지고 가는 것에는 아무런 문제가 없었다. 하지만 그리스도의 경우에는 사정이 달랐다. 그의 몸은 아주 약해서, 그는 도살장으로 끌려가는 어린 양과 같았다. 아마도 채찍질을 당하여 온 몸이 만신창이가 되고, 많은 폭행들로 인해 기진맥진한 상태였기 때문에, 그리스도께서는 십자가의 무게를 감당할 수 없으셨을 수도 있다. 이제 복음서 기자들은 군병들이 어떤 하찮아 보이는 시골 사람에게 그리스도께서 지고 계신 십자가를 억지로 지고 가게 하였다고 보도한다. 십자가형은 가증스러운 형벌로 여겨졌기 때문에, 사람들은 어떻게 해서 십자가가 그들의 손에 닿기만 해도 그들이 부정하게 되었다고 생각할 정도였다. 그러나 하나님은 세상에서 가장 하잘것없는 자들 중에서 억지로 선택되어 이 초라하고 꺼림칙한 일을 맡게 된 이 사람을 그의 전령관들인 복음서 기자들을 통해서 존귀한 자로 만드셨다. 왜냐하면, 복음서 기자들이 그 이름을 언급할 뿐만 아니라, 그의 출신국과 그의 자녀들에 대해서까지 성경에 기록한 것은 결코 작은 일이 아니기 때문이다. 하나님께서는 이 상징적인 장면을 통해서, 우리 자신은 보잘것없고 하찮은 자들이라는 것, 그리고 우리는 오직 하나님의 아들이 지신 십자가로 말미암아 존귀와 이름을 얻게 된다는 것을 우리에게 상기시키고자 하셨다는 것은 의심의 여지가 없다.

눅 23:27. 또 백성과 및 그를 위하여 가슴을 치며 슬피 우는 여자의 큰 무리가 따라오는지라. 우리는 여기에서 온 백성이 공공연하게 한 목소리로 소리치며 그리스도를 단죄하였지만, 그 와중에서도 일부는 그리스도의 가르침과 이적들을 잊지 않고 있었다는 것을 보게 된다. 이렇게 하나님은 모든 사람이 다 형편없이 신앙을 버리고 떠나가는 상황 속에서도 자기 자신을 위하여 소수를 남기신다. 이 "여자들"의 믿음은 약하였지만, 나중에 때가 되면 열매를 맺을 숨겨진 경건의 씨앗이 이 여자들 속에 있었을 가능성이 크다. 어쨌든 이 여자들의 애곡(哀哭)은 서기관들 및 제사장들과 공모하여 그리스도를 죽음에 넘겨준 자들의 악하고 충격적인 잔인함을 단죄하는 역할을 하였다. 그러나 누가의 의도는 달랐다. 즉, 누가는 사람들의 악이 고삐가 풀린 것처럼 걷잡을 수 없이 터져 나올 때에, 하나님은 그들이 무슨 짓을 하는지를 태평하게 팔짱을 끼고 바라만 보시는 것이 아니라, 그들의 불의한 잔인함을 곧 벌하시기 위하여 하늘의 법정에 재판장으로 앉아 계신다는 것, 그리고 이것은 하나님이 때가 되기를 기다리시며 시간을 지체하시는 것이기 때문에, 우리는 하나님의 원수 갚으심을 멸시하지 말고, 실제로 그 심판이 집행되기 전에 두렵고 떨리는 마음으로 그 원수 갚으심을 깊이 숙고하여야 한다는 것을 우리에게 알게 하고자 한 것이었다.

눅 23:28. 나를 위하여 울지 말고. 이 말씀을 보고, 어떤 이들은 여자들이 상황 파악도 제대로 하지 못하고 쓸데없이 눈물을 쏟았기 때문에, 그리스도께서 이 여자들을 책망하신 것이라고 생각해 왔다. 그러나 그리스도께서는 마치 이 여자들이 우는 것이 부적절하고 무분별한 것인 양 그녀들을 책망하신 것이 아니라, 하나님의 무시무시한 심판이 그들 위에 걸려 있는 까닭에 그녀들은 바로 그 심판을 인하여 울어야 할 것이라고 경고하신 것이었다. 이것은 그리스도께서 그의 죽음이 예루살렘을 비롯한 유대 민족 전체가 겪게 될 재난들의 끝이 아니라 시작이라고 말씀하신 것이나 다름없다. 이런 식으로 그리스도께서는 자신이 하나님께 버림을 받아서 그의 돌보심의 대상이 되지 못한 가운데에 악한 자들에게 넘겨진 것이 아니라는 것을 암시하신다. 왜냐하면, 곧 이어진 형벌을 통해서, 모든 사람이 그리스도께서 하나님께 완전히 버림받아 내쳐지셨다고 생각했던 바로 그때에, 그리스도의 생명이 하나님 아버지께 소중한 것이었다는 것이 분명하게 드러났기 때문이다.

사실, 이 말씀은 그리스도께서 얼마나 불굴의 고상한 심령으로 무장되어 계셨는지를 분명하게 보여주는 말씀이다. 왜냐하면, 만약 그리스도께서 흔들림 없이 견고한 발걸음으로 죽음을 향하여 전진하신 것이 아니라면, 그의 입에서 이런 식의 말씀이 나올 수가 없었을 것이기 때문이다. 그러나 이 말씀의 주된 목적은 그리스도께서 비록 초라하고 비참한 상태에 있을지라도 그는 여전히 하나님의 보호하심 아래에 있다는 것, 그리고 악인들은 지금 마치 승리를 거둔 것처럼 기고만장하며 기뻐하지만, 신속하게 모든 상황이 깜짝 놀랄 정도로 뒤바뀔 것이기 때문에, 그들의 어리석은 희열은 오래 가지 못하리라는 것을 보여주는 것이었다. 이 가르침은 오늘날 우리에게도 유익하다. 왜냐하면, 이 말씀을 통해서 우리는 그리스도께서 하나님의 도우심을 잠시 받지 못하시게 된 때에도 아버지 하나님께 여전히 소중하고 사랑스러운 자이셨다는 것, 그리고 하나님이 이렇게 사랑하신 그의 독생자조차 아끼지 않으신 것은 우리의 구원에 지극히 큰 가치를 두신 까닭이라는 것을 알게 되기 때문이다. 하나님께서는 그의 유일한 성소로 택하셨던 저 거룩한 성을 그 주민들과 함께 터까지 다 밀어버리실 정도로 멸하심으로써, 이것이 참이라는 분명한 증거를 우리에게 주셨다. 따라서 우리는 그러한 심판을 보면서 그것을 넘어서서, 그리스도께서 죽으신 이유를 묵상하는 것으로 나아가는 법을 배워야 한다. 왜냐하면, 하나님께서는 우리의 죄로 인하여 그의 아들을 아주 혹독하게 심판하신 까닭에, 만약 세상 죄를 속하시기 위한 목적이 없으셨더라면, 그의 아들이 그 심판을 담당하게 하는 것을 결코 허락하지 않으셨을 것이기 때문이다.

눅 23:29. 보라 날이 이르면. 그리스도께서는 결코 평범하지 않은 전대미문(前代未聞)의 두려운 재앙, 척 보아도 하나님의 원수 갚으심이라는 것을 알게 될 그런 재앙이 곧 닥치게 될 것이라고 경고하신다. 이것은 이 민족이 어떤 한 번의 재앙이나 통상적인 수준의 재앙에 의해서 사라져 버릴 것이 아니라, 무수한 큰 재앙들이 연달아 일어나서 멸망하게 될 것이기 때문에, 그들이 지속적인 재앙들로 인하여 잔혹한 고통을 당하는 가운데 파리하게 말라 죽는 것보다는 차라리 산들이 그들 위에 떨어져서 그들을 부숴 버리든지, 땅이 입을 벌려서 그들을 삼켜 버리는 쪽이 훨씬 더 나을 것이라고 말씀하신 것이나 다름없다. 이 경고의 말씀은 결코 땅에 떨어지지 않고 그대로 다 이루어졌다. 요세푸스(Josephus)의 글에서 분명하게 확인되듯이, 이 우레 같은 말씀은 무시무시한 결과로 이어졌다. 무너지는 산들에 덮여서 몸이 으깨져서 죽고 싶다든지, 자식들을 둔 자들이 저주를 받은 자들이라고 하는 말들은 극도로 절망적인 상태를 표현하는 말들이었기 때문에, 이런 말씀들을 통해서 그리스도께서는 유대인들이, 죽을 수밖에 없는 존재인 사람이 아니라 하나님과 전쟁을 벌이고 있었다는 사실을 결국 깨닫게 될 것임을 가르치신 것이다. 이렇게 하나님의 원수들은 전에 감히 하늘을 공격하고자 했던 자들이지만, 장차 하나님이 원수 갚으실 그날에 이 땅을 방패로 삼으려고 해도 아무 소용이 없게 될 때에 그들의 불경스러운 분노와 광분에 대한 합당하고 의로운 삯을 거두게 될 것이다.

눅 23:31. 푸른 나무에도 이같이 하거든. 이 말씀을 통해서 그리스도께서는 그가 하셨던 말씀, 즉 하나님이 그를 죽인 자들에 대하여 반드시 원수를 갚으실 것이고, 유대인들은 그 죄의 분량이 다 차서 썩을 대로 썩어 있기 때문에 그들의 현재의 상태가 오래 가지 못하리라고 하셨던 말씀을 여기에서 다시 확인해 주시면서, 친숙한 비유를 통해서 하나님의 진노의 불이 곧 붙어서 그들을 삼키게 될 일 외에는 그들에게 남겨진 것이 아무것도 없다는 것을 분명하게 증명해 주신다. 우리는 일반적으로 "마른 나무"가 먼저 불 속에 던져진다는 것을 안다. 그러나 물기가 있는 "푸른 나무"가 불에 태워진다면, "마른 나무"야 말할 것도 없지 않겠는가? 원문에서 "그들이 한다면"이라는 구절을 비한정적(非限定的)으로 해석한다면, 이 구절의 의미는 "푸른 나무가 때가 되기도 전에 불 속에 던져진다면, 오래되고 마른 나무는 어떻게 될 것이라고 너희는 생각하느냐?"가 될 것이다. 그러나 이 구절은 사람들과 하나님을 비교하고 있는 것으로 해석될 수도 있기 때문에, 이 경우에는 그리스도께서 이렇게 말씀하신 것이라고 할 수 있다: "의인들을 악하게 죽인 '마른 나무' 같은 악인들은 하나님이 그들을 벼르고 계시다는 것을 알게 될 것이다." 즉, 하늘의 재판장께서 악인들에게 잠시 선하고 죄 없는 자들을 해할 수 있는 기회를 주셨다면, 이미 멸망받기로 정해진 자들이 어떻게 그 재판자의 손길을 피할 수 있겠느냐는 것이다. 이 구절을 어느 쪽으로 해석하든, 그 전체적인 의미는 만약 이 여자들이 악인들 위에 걸려 있는 하나님의 무시무시한 심판을 예상하고 두려워하지 않는다면, 그녀들의 애곡은 어리석은 것이 될 수밖에 없다는 것이다. 고통스러운 십자가로 인해서 생겨난 우리 마음의 괴로움이 그 정도가 심해질 때마다, 우리는 하나님이 지금은 자기 백성이 불의하게 압제당하는 것을 허락하시지만, 결국에 악인들이 심판을 피하는 것을 허용하지 않으실 것이라는 이러한 위로를 통해서 우리의 괴로운 마음을 달래야 한다. 만약 우리가 이러한 소망을 붙잡고서 힘을 얻지 못한다면, 우리는 우리가 겪는 환난과 고난에 짓눌려서 무너질 수밖에 없게 될 것이다.

"푸른 나무"가 아니라 "마른 나무"를 사용해서 불을 붙이는 것이 자연스럽고 통상적인 일인데도, 하나님은 상식을 깨시고 다른 질서를 추구하신다. 왜냐하면, 하나님은 버림받은 자들에게는 편안하고 순탄한 삶을 허용하시는 반면에, 자기 백성은 여러 가지 고난으로 훈련시키시는 까닭에, 만약 우리가 현재의 겉모습으로만 판단한다면, 믿는 자들의 처지는 악인들의 처지보다 더 비참하게 되는 것이 당연한 일이기 때문이다. 우리가 하나님의 심판의 전체 과정을 인내로써 잘 살핀다면, 우리는 이것이 아주 적절한 해법이라는 것을 알게 된다. 왜냐하면, 악인들에 대한 심판이 조금 늦추어진다고 해도, 그것은 악인들에게 전혀 유익이 되지 못할 것임을 우리는 알게 될 것이고, 한편 하나님은 아버지로서의 징계와 훈육을 통해서 그의 신실한 종들을 낮추신 후에는, 그가 한동안 못 본 체하시는 것 같았던 악인들의 죄악으로 인하여 악인들을 벌하시기 위하여 마침내 칼을 빼어 드시고 일어나실 것이기 때문이다.

[33]골고다 즉 해골의 곳이라는 곳에 이르러 [34]쓸개 탄 포도주를 예수께 주어 마시게 하려 하였더니 예수께서 맛보시고 마시고자 하지 아니하시더라 [35]그들이 예수를 십자가에 못 박은 후에 그 옷을 제비 뽑아 나누고 [36]거기 앉아 지키더라 [37]그 머리 위에 이는 유대인의 왕 예수라 쓴 죄패를 붙였더라 [38]이 때에 예수와 함께 강도 둘이 십자가에 못 박히니 하나는 우편에, 하나는 좌편에 있더라(마 27:33-38).

[22]예수를 끌고 골고다라 하는 곳[번역하면 해골의 곳]에 이르러 [23]몰약을 탄 포도주를 주었으나 예수께서 받지 아니하시니라 [24]십자가에 못 박고 그 옷을 나눌새 누가 어느 것을 가질까 하여 제비를 뽑더라 [25]때가 제삼시가 되어 십자가에 못 박으니라 [26]그 위에 있는 죄패에 유대인의 왕이라 썼고 [27]강도 둘을 예수와 함께 십자가에 못 박으니 하나는 그의 우편에, 하나는 좌편에 있더라 [28][없음](막 15:22-28).

[33]해골이라 하는 곳에 이르러 거기서 예수를 십자가에 못 박고 두 행악자도 그렇게 하니 하나는 우편에, 하나는 좌편에 있더라 [34]이에 예수께서 이르시되 아버지 저들을 사하여 주옵소서 자기들이 하는 것을 알지 못함이니이다 하시더라 그들이 그의 옷을 나눠 제비 뽑을새 … [38]그의 위에 이는 유대인의 왕이라 쓴 패가 있더라(눅 23:33-34, 38).

마 27:33. 해골의 곳이라는 곳에 이르러. 그들은 예수의 죽음이 더 수치스러운 것이 되도록 하기 위해서 범죄자들을 처형하는 곳으로 그를 끌고 갔다. 물론, 이것은 관례를 따라 이루어진 일이긴 하지만, 우리는 거기에 감춰진 하나님의 더 심오한 뜻을 살피지 않으면 안 된다. 왜냐하면, 하나님께서는 그의 아들이 우리를 그가 계신 천국으로 데리고 들어가셔서 천사들과 함께 그를 섬기도록 하시기 위하여, 인간 사회와의 교류가 단절된 "성문 밖에" 내던져지게 하시기로 작정하셨기 때문이다. 이런 까닭에, 사도 바울은 히브리서(13:12)에서 이것을 율법의 옛 모형과 연결시킨다. 하나님은 옛적에 자기 백성에게 짐승들을 "영문 밖에서" 태우고, 그 피는 성소로 들여와서 죄를 속하기 위하여 사용하라고 명령하셨듯이(출 29:14; 레 16:27), 이제 그리스도께서는 우리를 짓누르고 있던 저주를 스스로 짊어지시고, 저주받은 자로 여기심을 받아, 우리의 죄를 속하시기 위하여, "성문 밖으로" 나간 것이라고 말씀하신다. 그리스도께서 세상 앞에서 견디신 수치와 능욕이 클수록, 그가 그의 죽음을 통해서 나타내 보이신 모습은 하나님과 천사들에게 더욱더 열납될 만하고 고귀한 모습이 되었다. 왜냐하면, 그리스도께 죽으신 장소가 아무리 혐오스러운 곳이었다고 해도, 그것은 그가 거기에 그의 빛나는 승리의 기념비를 세우시는 데에 아무런 방해가 되지 못하였고, 거기에 누워 있던 시체들의 역겨운 냄새는 그의 희생제사의 향기로운 냄새가 온 세상 곳곳에 퍼져나가고 심지어 하늘까지 퍼지는 것을 방해할 수 없었기 때문이다.

마 27:34. 쓸개 탄 포도주를 예수께 주어 마시게 하려 하였더니. 복음서 기자들은 하나하나의 세부적인 내용들을 원래의 시간적인 순서를 정확히 따라 보도한 것이 아니어서, 우리는 각각의 사건들이 일어난 정확한 때를 확정할 수는 없지만, 나는 그리스도께서 십자가에 달리시기 전에, 그들은 관례를 따라 그에게 "몰약"을 탄 포도주, 또는 "쓸개"와 "신 포도주"가 혼합된 음료를 주었을 가능성이 크다고 본다. 실제로, 이 음료가 요한복음에 나오는 것(19:29, "사람들이 신 포도주를 적신 해면을 우슬초에 매어 예수의 입에 대니") ― 이것에 대해서는 곧 살펴보게 될 것이다 ― 과 다른 것이었다는 것은 거의 모든 해석자들의 일치된 견해이다. 단지 나는 그리스도께서 십자가에 달리시기 직전에 사람들이 그에게 이 음료를 주었고, 십자가가 들려진 후에는, "신 포도주를 적신 해면"이 그에게 주어졌다고 생각한다는 말을 덧붙이고자 한다. 그리스도께서 언제 먹을 것을 달라고 하기 시작하셨는지에 대해서는 나는 캐물을 생각이 별로 없지만, 모든 정황을 살펴보면, 그리스도께서 저 쓴 음료를 거절하신 후에, 사람들이 그 음료를 여러 차례 그의 입술에 갖다 대며 그를 조롱하였을 가능성이 크다. 왜냐하면, 우리는 나중에 마태가 로마 군병들이 그리스도께 마실 것을 주면서, 그가 자신을 죽음에서 구하지 못한다고 힐책했다는 말을 덧붙이는 것을 보게 될 것이기 때문이다. 이것으로부터 우리는, 그리스도께서 하나님이 그를 버리셨다고 탄식하셨기 때문에(마 27:46), 로마 군병들이 그에게 "신 포도주"를 주면서 그의 연약함을 조롱하였다는 것을 알게 된다. 요한 본문에 대해서는, 우리는 그리스도께서 그의 갈증을 해소해 줄 평범한 음료를 줄 것을 요구하셨지만, 로마 군병들은 그의 죽음을 촉진시키기 위한 목적으로 "몰약"과 "쓸개"를 탄 "신 포도주"를 준 것이라는 의미로 이해할 수밖에 없다. 그러나 그리스도께서는 고통이 지속되는 상황 속에서 그의 죽음을 촉진시키고자 하지 않으시고, 도리어 인내로써 그 고통을 참아내셨다. 왜냐하면, 자신에게 주어진 고통을 마지막까지 남김없이 감당하는 것조차도 그가 드릴 제사와 순종의 일부였기 때문이다.

어떤 이들은 "신 포도주"를 로마 군병들이 하나님의 아들에게 가한 잔인한 고통들 중의 하나라고 주장하지만, 나는 그런 견해는 잘못된 것이라고 본다. 이런 종류의 음료는 몸에서 피가 빨리 빠져나가게 하는 효능을 지니고 있었고, 그런 까닭에 죽음을 촉진시킬 목적으로 사형수들에게 주어지는 것이 관례였다고 보는 자들의 견해가 훨씬 더 옳은 것 같다. 그래서 마가는 이 음료를 "몰약을 탄 포도주"라고 말한다. 내가 위에서 지적했듯이, 그리스도께서 "포도주" 또는 "신 포도주"를 거절하신 것은 그 쓴 음료가 싫으셔서가 아니라, 그가 고통을 견디는 것이 참을 수가 없으셔서 허겁지겁 죽음을 향해 달려가신 것이 아니라, 아버지 하나님의 명령에 따라서 고요히 죽음을 향하여 나아가셨다는 것을 보여주시고자 하신 것이었다. 이것은 요한이 "(내가) 목마를 때에 (그들이) 신 포도주[개역에서는 '초']를 마시게 하였사오니"(시 69:21)라는 "성경이 응하였다"고 말한 것과 서로 상충되지 않는다. 왜냐하면, 이 두 가지 설명, 즉 로마 군병들이 죽어가는 고통을 덜어 주기 위하여 그리스도께 신 포도주를 주었다는 것, 그렇지만 그리스도께서는 모든 점에서 잔인하고 혹독하게 대우를 받으셔서, 이와 같이 로마 군병이 그의 고통을 덜어 준 것조차도 그의 고통을 증폭시키는 것이었다는 것[그리스도께서는 죽어가는 고통조차도 감당하고자 하셨는데도 그것조차 방해를 받으신 것이기 때문에 — 역쥐은 서로 모순되는 것이 아니라, 완벽하게 부합하는 것이기 때문이다.

마 27:35. 그 옷을 제비 뽑아 나누고. 로마 군병들이 사형이 집행된 자의 "옷을 나누어" 갖는 것도 관례를 따른 것임이 분명하다. 한 가지 특이한 것이 있다면, 그것은 그들이 "호지 아니하고 위에서부터 통으로 짠 속옷"(요 19:23)을 "제비 뽑아 나누었다"는 것이다. 이 점에 있어서도 그리스도와 관련해서 사형이 집행된 모든

자들에게 관례적으로 행해진 것 외에 다른 것이 행해진 것은 전혀 없었지만, 그럼
에도 불구하고 우리는 이 사실을 예의주시할 필요가 있다. 왜냐하면, 복음서 기자
들은 하나님의 아들이 그의 옷들을 모두 벗김을 당하신 것은 그의 이러한 벌거벗
김으로 인하여 우리가 저 부요함(divitia)을 덧입어서 하나님 앞에서 존귀한 자들이
되었다는 것을 우리에게 알게 하시기 위한 것이었다는 것을 보여주기 때문이다.
하나님께서는, 전에 찢어진 옷을 입고 더럽고 추한 행색을 하고 있어서 감히 하나
님 앞에 나아갈 수 없었던 우리로 하여금 그리스도의 의(義)와 온갖 선한 것들로
인한 부요함을 덧입어서 천사들과 함께 담대하게 하나님 앞에 설 수 있도록 하시
기 위하여, 그의 아들이 그 모든 옷을 다 벗김을 당하시는 것을 허락하시기로 작정
하신 것이었다. 그리스도께서도 우리로 하여금 그의 승리로 인한 부요하심으로 우
리를 부요하게 하시기 위하여, 그의 옷들이 마치 전리품처럼 로마 군병들에 의해
나뉘는 것을 허락하셨다.

    마태가 이 일을 통해서 "내 겉옷을 나누며 속옷을 제비 뽑나이다"(시 22:18)라는
다윗의 예언이 이루어졌다고 말할 때, 우리는 이 말을 다윗이 자신이 당한 일을 은
유적이고 비유적으로 말한 것이 그리스도에게서 실제로 문자 그대로 이루어졌다
는 것을 의미하는 것으로 이해하는 것이 옳다. 왜냐하면, 다윗은 자신의 부와 명예
를 "옷"이라는 단어로 표현한 것이기 때문이다. 그러니까 이것은 다윗이 자기가 살
아 있는 동안에 그는 원수들의 먹잇감이 되어서, 원수들은 자신의 눈앞에서 자신
의 집을 비롯해서 자신의 모든 재산을 다 빼앗아 갔을 뿐만 아니라 자신의 아내까
지도 빼앗아 가 버렸다고 말한 것이나 다름없다. 이러한 잔인함은 그들이 "내 속옷
을 제비 뽑나이다"라고 말한 다윗의 은유에 의해서 한층 더 적나라하게 표현된다.
이것은 다윗이 그리스도의 그림자이자 모형이었기 때문에, 그리스도께서 어떠한
고난을 당하게 되실 것인지를 예언의 영을 따라서 예언한 것이었다. 그러므로 우
리가 주목해야 할 것은 로마 군병들이 그리스도의 옷을 전리품인 양 나누어 가진
것은 하나님이 옛적에 이것을 장차 그리스도로 오실 자임을 알아보기 위한 증표로
정하신 까닭에, 우리가 이 증표를 통해서 예수께서 그리스도이심을 분별할 수 있
게 하시기 위한 것이었다는 사실이다. 또한, 이것은 그리스도께서는 성령이 구속
주(救贖主)가 겪으셔야 할 일들이라고 전에 밝히 보여주신 것 외에는 그 어떤 일도
겪지 않으셨다는 것을 보여주는 것이기 때문에, 이러한 예언이 없었더라면 그리스
도께서 벌거벗김을 당하신 것을 보았을 때에 육신의 지각(知覺)을 따라 생각하는

자들에게 걸림돌이 되었을 것을 제거해 주는 역할을 한다.

막 15:25. 때가 제삼시가 되어. 이것은 요한 본문의 증언과 잘 일치하지 않는 것처럼 보일 수 있다. 왜냐하면, 요한은 그리스도께서 사형 선고를 받으신 것이 대략 "제육시"였다고 보도하기 때문이다(요 19:14). 그러나 다른 구절들이 분명히 보여 주듯이, 유대인들은 낮을 네 부분으로 나누었고, 각각의 부분을 그 부분이 시작되는 시(時)의 이름으로 불렀다는 것을 우리가 고려한다면, 이 문제는 어렵지 않게 풀린다. 일출 때로부터 하루의 두 번째 부분이 시작되는 때까지를 그들은 "제일시"라 불렀고, 다음으로 정오까지 이어진 두 번째 부분은 "제삼시"라 불렀으며, 세 번째 부분인 "제육시"는 정오에 시작되어서 오후 3시 또는 4시까지 계속되었다. 그래서 요한은 유대인들이 정오가 다가오는데도, 빌라도가 시간을 끌고 있는 것을 보고서, 아무것도 이루지 못한 채로 하루가 다 지나가 버리게 될 것을 염려해서, 그리스도를 십자가에 못 박으라고 더욱 맹렬하게 소리를 쳤다고 보도한다(요 19:15). 그러나 이것은 그리스도께서 "제삼시"가 끝날 무렵에 십자가에 못 박히셨다는 보도와 서로 상충되지 않는다. 왜냐하면, 그리스도께서는 사형 선고를 언도받자마자 서둘러서 즉시 사형 집행을 당하셨기 때문이다. 이렇게 유대인들은 그리스도를 죽이려고 안달이 나 있었다. 그러므로 마가는 여기에서 "제삼시"의 시작이 아니라 끝 무렵을 표현한 것이다. 그리스도께서는 세 시간 이상은 십자가에 매달려 계시지 않으셨을 가능성이 대단히 높다.

눅 23:34. 이에 예수께서 이르시되 아버지 저들을 사하여 주옵소서. 이 말씀을 통해서 그리스도께서는 그가 선지자 이사야가 예언한 대로(53:7) "도수장으로 끌려가는 잠잠하고" 온순한 "어린 양"이셨다는 것을 보여주신다. 왜냐하면, 그는 단지 그를 가장 잔인하게 괴롭히고 고통스럽게 한 자들에게 보복하고자 하는 마음을 버리시는 것에서 그치지 않으시고, 한 걸음 더 나아가서 그들을 구원해 주시라고 아버지 하나님께 부탁하시고 계시기 때문이다. "악을 악으로 갚을"(벧전 3:9) 생각을 하지 않는 것만으로도, 그것은 대단한 일이 되었을 것이다. 따라서 베드로는 그리스도께서는 "욕을 당하시되 맞대어 욕하지 아니하시고 고난을 당하시되 위협하지 아니하시고 오직 공의로 심판하시는 이에게 부탁하셨다"(벧전 2:23)고 말하며, 우리에게 그리스도를 본받아 인내할 것을 권한다. 그러나 여기에서 한 걸음 더 나아가서, 자기 원수들을 용서해 주시라고 하나님께 기도하는 것은 훨씬 더 높고 탁월한 미덕이다.

이것은 내가 방금 인용한 베드로의 글의 정서와 잘 맞지 않는다고 생각하는 자가 있다면, 그 대답은 쉽다. 왜냐하면, 그리스도께서 불쌍히 여기시는 마음이 드셔서, 자기를 박해한 자들을 용서해 주시라고 하나님께 부탁드렸다고 해서, 그것이 그가 버림받은 자들과 완악한 자들에 대하여 작정된 하나님의 의로우신 심판에 묵묵히 따르시는 것을 방해하거나 가로막는 것은 아니었기 때문이다. 따라서 그리스도께서는 유대 백성과 로마 군병들이 맹목적인 광분함으로 그에게 달려들어 공격하는 것을 보셨을 때에, 비록 그들의 무지함이 그들에게 변명이 될 수는 없었지만, 그들을 불쌍히 여기셔서, 스스로 그들을 위해 중보기도 하는 자로 나서신 것이었다. 그렇지만 하나님이 장차 복수하시는 자가 되실 것을 알고 계셨기 때문에, 그리스도께서는 절망적인 자들에 대하여 심판을 집행하시는 일에 대해서는 하나님께 맡겨 두셨다. 이와 같이 믿는 자들도 한편으로는 자기에게 닥친 고난들을 감당할 때에 자신의 감정을 억제해서, 자신을 박해하는 자들이 구원받기를 바라면서도, 한편으로는 자신의 목숨이 하나님의 보호하심 아래에 있다는 것을 확신하고서, 악인들의 방종함(libido)이 결국에는 벌을 받게 되리라는 것을 위안으로 삼아, 십자가의 무거운 짐 아래에서 낙심하지 말고 끝까지 인내하는 것이 마땅하다.

누가는 여기에서 우리의 인도자이시자 주(主)이신 그리스도를 이러한 절제(moderatio)의 본보기로 제시한다. 왜냐하면, 그리스도께서는 그를 박해하는 자들을 고소하셔서 지옥에 떨어뜨려 주시라고 얼마든지 탄원하실 수 있으셨지만, "욕하지도" 않으셨을 뿐만 아니라, 그들이 잘되게 해달라고 기도하시기까지 하셨기 때문이다. 그러나 우리는 온 세상이 일어나 우리를 대적하고, 모두가 하나로 뭉쳐서 우리를 부숴버리고자 애를 쓸 때, 우리가 시험을 이길 수 있는 최선의 방책은, 우리를 대적함으로써 하나님을 대적하여 싸우고 있는 자들이 다 눈이 먼 자들이라는 것을 기억하는 것임을 명심하여야 한다. 그럴 때에 많은 사람들이 공모하여 우리를 대적함으로써, 우리가 버림을 받아 외톨이가 된다고 할지라도, 우리는 정도가 지나친 괴로움을 겪지 않게 될 것이다. 반면에, 연약한 자들은 많은 사람들의 공격을 받으면 크게 흔들릴 수밖에 없다는 것을 우리는 매일 같이 경험하며 본다. 그러므로 우리가 우리의 마음을 들어 하나님을 바라보는 법을 배운다면, 믿지 않는 자들의 무지(無知)를 위에서 굽어보고서 무시해 버리는 것은 우리에게 쉬운 일이 될 것이다. 왜냐하면, 믿지 않는 자들은 그들이 어떤 힘과 자원을 가지고 있든지 간에 그들이 무슨 일을 하고 있는지를 알지 못하기 때문이다.

하지만 그리스도께서는 모두를 위해서 무차별적으로 기도하신 것이 아니라, 오직 무분별한 열심에 휘둘려서 잘 생각해 보지도 않은 채로 악을 행하게 된 불쌍한 무리들을 위해서만 기도하신 것일 가능성이 높다. 왜냐하면, 서기관들과 제사장들에게는 소망이라는 것이 남아 있지 않았던 까닭에, 그리스도께서 그들을 위해서 기도하신다고 해도, 그것은 헛된 일이 되었을 것이기 때문이다. 또한, 이 기도가 하늘의 아버지께 상달되어서, 나중에 많은 사람들이 이때에 그들이 흘리게 만든 피, 즉 그리스도의 피를 믿음으로 마시는 결과를 가져왔다는 것도 의심의 여지가 없다.

마 27:37. 그 머리 위에 … 붙였더라. "죄패"에 대하여 마태와 마가는 짤막하게 보도하지만, 누가는 이 죄패가 세 가지 언어로 되어 있었다고 좀 더 자세하게 말하고 있고(눅 23:38. 개역에서는 번역되지 않음 - 역주), 요한도 꽤 상세하게 묘사한다(요 19:19-22). 그러므로 독자들은 내가 여기에서 중복을 피하기 위해서 생략한 내용들을 요한복음의 해당 본문을 찾아 참조하기 바란다. 나는 단지 그리스도의 죽음이 세 가지 언어로 알려지게 된 것은 하나님의 섭리 없이 된 일이 아니었다는 것만을 말해 두고자 한다. 빌라도는 유대 민족에게 수치와 오명(汚名)을 씌우는 것 외에 다른 목적이 없었지만, 하나님은 더 높고 심오한 목적을 지니고 계셨다. 왜냐하면, 이러한 전조(前兆)를 통해서 하나님은 그의 아들의 죽음이 널리 알려지게 하셔서, 그 아들이 유대인들에게 약속된 왕이시라는 것을 모든 민족이 도처에서 인정하고 고백하게 하고자 하셨기 때문이다. 사실, 이것은 복음의 정상적인 전파는 아니었다. 왜냐하면, 빌라도는 하나님이 그의 아들에 대한 증인으로 사용하시기에 합당한 자가 아니었기 때문이다. 그러나 빌라도는 하나님이 나중에 그의 참된 사역자들로 하여금 하게 하실 일을 미리 그 전조(前兆)로서 보여주는 역할을 하였다. 요컨대, 우리는 가야바가 자신이 인식하지도 못하는 가운데에 하나님의 뜻을 알리는 선지자가 된 것(요 11:51)과 동일한 의미에서 빌라도는 그리스도의 전령(傳令)이 된 것이라고 할 수 있을 것이다.

마 27:38. 이 때에 예수와 함께 강도 둘이 십자가에 못 박히니. 그리스도께서 "강도 둘" 사이에서 처형당하신 것은 그가 당하신 최악의 수치들 중에서 절정에 해당하는 것이었다. 왜냐하면, 로마 군병들은 마치 그리스도께서 강도들의 우두머리라도 된다는 듯이, 그를 가장 눈에 띄는 자리에 배치하였기 때문이다. 만약 그리스도께서 다른 "범죄자들"과는 따로 떨어져서 십자가에 못 박히셨다면, 그것은 그리스도는 다른 범죄자들과는 다르다는 것을 보여주는 것이 되었을 것이다. 그러나 지금 그리스도께서는 단지 범죄자들에 함께 섞여서 처형당하셨을 뿐만 아니라, 마치 그가 모든 범죄자자들 중에서 가장 극악무도한 자라는 듯이, 가장 주목받는 자리에서 높이 들려 처형당하셨다. 그런 까닭에, 마가는 "그가 범죄자 중 하나로 헤아림을 받았다"(사 53:12)는 이사야의 예언을 그리스도께 적용한다. 왜냐하면, 이사야 선지자는 그리스도에 관하여, 그가 화려하고 장엄하게 자기 백성을 구원하시는 것이 아니라, 그들의 죄에 합당한 벌을 스스로 담당하시는 방식으로 그들을 구원하실 것이라고 분명하게 말하고 있기 때문이다. 그리스도께서는 우리를 죄책(罪責)과 정죄(定罪)에서 건지시기 위해서, 우리 대신에 우리의 죄에 대한 벌을 받으시는 그런 종류의 대속(代贖)을 행하셔야 했다. 여기에서 우리는 죄에 대한 하나님의 진노의 무게가 얼마나 엄청난 것인지를 알게 된다. 왜냐하면, 이 죄를 속하시기 위하여, 영원한 의(義)이신 그리스도께서 강도들과 한 부류로 취급당하지 않으면 안 되신 것이기 때문이다. 또한, 그리스도께서 우리로 하여금 거룩한 천사들과 동류(同類)가 될 수 있게 하시기 위하여, 스스로 강도들 중의 하나로 취급받으시는 것을 기꺼이 감당하신 것 속에서, 우리는 우리를 향한 그리스도의 이루 헤아릴 수 없이 크신 사랑을 본다.

[39]지나가는 자들은 자기 머리를 흔들며 예수를 모욕하여 [40]이르되 성전을 헐고 사흘에 짓는 자여 네가 만일 하나님의 아들이어든 자기를 구원하고 십자가에서 내려오라 하며 [41]그와 같이 대제사장들도 서기관들과 장로들과 함께 희롱하여 이르되 [42]그가 남은 구원하였으되 자기는 구원할 수 없도다 그가 이스라엘의 왕이로다 지금 십자가에서 내려올지어다 그리하면 우리가 믿겠노라 [43]그가 하나님을 신뢰하니 하나님이 원하시면 이제 그를 구원하실지라 그의 말이 나는 하나님의 아들이라 하였도다 하며 [44]함께 십자가에 못 박힌 강도들도 이와 같이 욕하더라(마 27:39-44).

[29]지나가는 자들은 자기 머리를 흔들며 예수를 모욕하여 이르되 아하 성전을 헐고 사흘에 짓는다는 자여 [30]네가 너를 구원하여 십자가에서 내려오라 하고 [31]그와 같이 대제사장들도 서기관들과 함께 희롱하며 서로 말하되 그가 남은 구원하였으되 자기는 구원할 수 없도다 [32]이스라엘의 왕 그리스도가 지금 십자가에서 내려와 우리가 보고 믿게 할지어다 하며 함께 십자가에 못 박힌 자들도 예수를 욕하더라(막

15:29-32).

³⁵백성은 서서 구경하는데 관리들은 비웃어 이르되 저가 남을 구원하였으니 만일 하나님이 택하신 자 그리스도이면 자신도 구원할지어다 하고 ³⁶군인들도 희롱하면서 나아와 신 포도주를 주며 ³⁷이르되 네가 만일 유대인의 왕이면 네가 너를 구원하라 하더라 … ³⁹달린 행악자 중 하나는 비방하여 이르되 네가 그리스도가 아니냐 너와 우리를 구원하라 하되 ⁴⁰하나는 그 사람을 꾸짖어 이르되 네가 동일한 정죄를 받고서도 하나님을 두려워하지 아니하느냐 ⁴¹우리는 우리가 행한 일에 상당한 보응을 받는 것이니 이에 당연하거니와 이 사람이 행한 것은 옳지 않은 것이 없느니라 하고 ⁴²이르되 예수여 당신의 나라에 임하실 때에 나를 기억하소서 하니 ⁴³예수께서 이르시되 내가 진실로 네게 이르노니 오늘 네가 나와 함께 낙원에 있으리라 하시니라(눅 23:35-37, 39-43).

마 27:39. 지나가는 자들은. 그리스도의 죽음을 둘러싸고 벌어진 이러한 정황들은 큰 무게를 지닌다. 왜냐하면, 이 일들은 하나님의 아들이 얼마나 극심하게 멸시와 천대를 받으셨는지를 우리 눈앞에 생생하게 보여주는 까닭에, 우리는 그리스도께서 우리의 구원을 위하여 얼마나 큰 대가를 치르셨는지를 좀 더 분명하게 알게 되고, 그가 겪으신 모든 벌을 우리가 받는 것이 마땅한 일이었다는 것을 생각하면, 우리의 마음속에서 더욱더 회개할 마음이 생겨날 수 있기 때문이다. 이러한 정황들을 통해서 하나님은 만약 우리에게 구속주가 계시지 않았다면 우리의 처지가 얼마나 비참했을지를 분명하게 보여주신다. 그러나 우리는 그리스도께서 친히 담당하신 이 모든 일을 큰 위로로 삼지 않으면 안 된다. 사람들이 그리스도를 마치 하나님께 버림받고 내쳐지신 자로 여기고서(사 53:4) 비난하고 욕하며 괴롭힌 것은 그리스도에게 있어서 다른 그 어떤 고통스러운 일들보다도 더 잔인한 것이었음이 분명하다. 그러므로 다윗은 그리스도를 대변하여, 자기가 겪은 괴로움들 중에서 특히 이 일에 대하여 탄식한다: "나를 보는 자는 다 나를 비웃으며 입술을 비쭉거리고 머리를 흔들며 말하되"(시 22:7). 사실, 불경건한 자들이 경건한 자들의 믿음을 흔들어 놓기 위해서, 그들을 하나님의 도우심과 은총에서 떨어진 자들이라고 비난하며 욕하는 것보다 경건한 자들의 심령에 더 고통스러운 상처는 없다. 바울이 우리에게 말해 주듯이, 이것은 이삭이 이스마엘로부터 겪은 혹독한 "박해"였다(갈

4:29). 즉, 이스마엘은 칼이나 외적인 폭력으로 이삭을 공격한 것이 아니라, 하나님의 은혜를 조롱하는 방식으로 이삭의 믿음을 무너뜨리고자 하였다. 먼저는 다윗, 후에는 그리스도께서 친히 이러한 시험들을 견디신 것은 오늘날 우리가 그러한 시험들을 당했을 때에 마치 그것들이 이상한 일이라도 된다는 듯이 지나치게 겁을 먹고 놀라지 않게 하시기 위한 것이었다. 왜냐하면, 우리가 겪는 환난이나 어려움들을 조롱하고 모욕하는 악인들은 이 땅에 늘 있을 것이기 때문이다. 하나님께서 우리의 소원(所願)을 따라 우리를 도우시지 않으시고, 한동안 그의 도우심을 우리에게 숨기실 때마다, 마치 하나님의 약속이 폐하여진 것처럼, 우리가 소망을 가져 보아야 아무 소용도 없다고 조롱하는 것이 사탄이 자주 사용하는 전략이다.

마 27:40. 성전을 헐고. 그들은 그리스도께서 전에 그가 가지고 있다고 주장한 능력을 실제로 보일 기회가 왔는데도 그런 능력을 행해 보이지 않는다는 이유로, 그리스도가 거짓을 가르친 것이라고 비난한다. 그러나 만약 그들이 욕하고 비난하고 싶은 욕구가 봇물처럼 터져 나와서 제대로 된 지각(知覺)과 이성을 잃어버리지만 않았다면, 그들은 얼마 후에 그리스도께서 하신 말씀이 참이라는 것을 분명하게 알게 되었을 것이다. 그리스도께서는 "너희가 이 성전을 헐라 내가 사흘 동안에 일으키리라"(요 2:19)고 말씀하셨지만, 지금 그들은 성전이 허물어진 때로부터 "사흘"의 기간을 기다리지 못하고, 미리 성급하게 그리스도께서 하신 말씀을 사기(詐欺)라고 단정하여 기고만장해한다. 악인들의 뻔뻔스러움과 주제넘음은 이런 것이어서, 그들은 십자가를 핑계로 삼아서, 그들 자신을 장차 있을 영생에 대한 소망으로부터 끊어내 버리고자 애쓴다. 그들은 이렇게 말한다: "대다수의 사람들이 비참하고 멸시받는 삶을 살아가는 가운데에, 어떤 이들은 먹을 음식이 제대로 없어서 주린 채로 살아가고, 어떤 이들은 끊임없이 병에 시달리며 비참한 삶을 마지못해 살아가고, 어떤 이들은 도망자 신세가 되거나 고국에서 추방되어 떠돌이 생활을 하며 살아가고, 어떤 이들은 감옥에서 파리하게 말라 죽어가고, 어떤 이들은 화형에 처해져서 한 줌의 재로 그 일생을 마치는 것이 현실인데, 남의 말을 쉽게 믿는 약해 빠진 자들이 자랑하는 저 영원한 영광이라는 것이 어디 있단 말인가?" 이렇게 악인들은 우리의 겉 사람이 지금 지니고 있는 부패성으로 말미암아 눈이 멀어 있어서, 장차 있게 될 부활 생명에 대한 소망을 헛되고 어리석은 것이라고 제멋대로 생각하고 판단하지만, 우리의 본분은 "내가 사흘 동안에 일으키리라"고 하신 그리스도의 약속의 말씀이 이루어질 때를 기다리며, 우리가 지금 그리스도와 함께 십자가에 못 박히면 후에 그의 부활에 참여하는 자들이 될 수 있다(롬 6:5-6)는 말씀을 허투루 듣지 않는 것이다.

마 27:40. 네가 만일 하나님의 아들이어든. 악인들은 그리스도께서 그들이 지정해 주는 방식으로 그의 능력을 보임으로써 그가 하나님의 아들이라는 것을 증명하라고 요구한다. 그러나 만약 그리스도께서 그들이 요구한 방식을 따라서 그가 하나님의 아들이라는 것을 증명한다면, 그것은 그가 하나님의 아들이기를 포기하는 것이 될 수밖에 없다. 그리스도께서는 그의 죽음의 희생제사를 통해서 인간을 하나님 아버지와 화해시키실 것이라는 조건 아래에서, 사람의 육신을 입으시고서 이 세상에 내려오신 것이었기 때문에, 그가 하나님의 아들이라는 것을 증명하기 위해서는, 친히 십자가에 달리실 수밖에 없으셨다. 그런데 지금 저 버림받은 자들은 만약 그리스도께서 "십자가에서 내려옴"으로써 아버지 하나님의 명령에 불순종하고, 대속의 일을 중간에 그만둠으로써 하나님이 그에게 맡기신 사명을 내팽개치지 않으면, 그를 구속주이자 하나님의 아들로 인정할 수 없다고 말한다. 그러나 우리는 하나님의 아들이 우리의 구원을 위하여 육신의 가장 잔인한 고통들과 영혼의 무시무시한 고뇌, 그리고 심지어 사망조차도 끝까지 감당해내시기 위하여 십자가에 계속해서 못 박혀 계시기로 작정하셨다는 것을 알기 때문에, 우리의 믿음은 더욱 확고해질 수밖에 없다. 저 악인들이 하나님을 시험했던 것과 비슷한 방식으로 우리가 하나님을 시험하는 일이 일어나지 않게 하기 위해서는, 하나님께서 나중에 적절한 때와 장소에서 그의 능력을 나타내시고자 하여서 한동안 그 능력을 숨기실 때에, 우리는 그것을 순순히 받아들이는 것이 중요하다. 악인들의 이와 같은 패역함은 그 다음에 나오는 그들의 말에서도 똑같이 드러난다.

마 27:42. 그가 이스라엘의 왕이로다 지금 십자가에서 내려올지어다 그리하면 우리가 믿겠노라. 그들이 이렇게 말한 것은 선지자들의 글에 기록된 것에 부합하지 않는 자를 "왕"으로 받아들이는 것이 그들에게 합당하지 않다고 생각하였기 때문이지만, 사실은 이사야(52:14; 53:2)와 스가랴(13:6)는 그리스도께서는 왕의 보좌로 오르시기 전에는 "고운 모양도 없고" 고난을 받고서 정죄를 당하여 저주받아 거의 죽은 자처럼 되셔서 가련하고 멸시받는 자가 되실 것으로 분명하게 묘사한다. 그러므로 유대인들이 그들의 왕이 되실 분으로 선지자들이 말한 것과 정반대되는 인물을 원한 것은 어리석고 잘못된 것이었다. 왜냐하면, 그들이 그렇게 한 것은 하나님이 그들에게 주시기로 약속하신 왕을 반기지 않는다는 뜻을 분명히 밝힌 것이나 다름이 없기 때문이다. 그러나 유대인들과는 정반대로, 우리는 우리의 믿음을 그리스도 위에 견고히 세우고, 그리스도의 십자가 속에서 우리의 믿음의 토대를 구하여야 한다. 왜냐하면, 선지자들이 구속주의 사명이라고 예언한 것을 성취함이 없이는, 다른 방법으로는 그 누구도 합법적인 이스라엘의 왕으로 인정될 수 없기 때문이다. 이것으로부터 우리는 우리의 헛된 생각이나 사변(思辨)에 휘둘려서 하나님의 말씀에서 떠나는 것이 얼마나 위험한 것인지를 알게 된다. 왜냐하면, 유대인들은 그들 자신의 마음에 그럴 듯하게 생각된 왕의 모습을 미리 정해 놓음으로써, 십자가에 못 박히신 그리스도를 믿고 그들의 왕으로 받아들이는 것은 말도 되지 않는 일이라고 여긴 까닭에, 그런 그리스도를 배척한 것이기 때문이다. 하지만 우리는 그리스도께서 우리를 위하여 십자가의 수치를 기꺼이 참고 견디셨다는 사실이야말로 우리가 그를 믿어도 된다는 것을 보여주는 최고의 이유이자 근거로 여긴다.

마 27:42. 그가 남은 구원하였으되 자기는 구원할 수 없도다. 그리스도의 현재의 낮아지신 모습이 그들에게 걸림돌로 작용한다고 해서, 그들이 그리스도께서 전에 그들의 눈앞에서 행하셨던 온갖 이적들을 완전히 무시해 버린 것은 변명의 여지가 없는 배은망덕한 모습이었다. 그들은 그리스도께서 "남은 구원하였다"는 것을 인정한다. 그렇다면, 그리스도께서 무슨 권능으로, 또는 어떤 수단으로 남들을 구원하신 것인가? 그들은 적어도 이 점을 생각하고서, 하나님의 분명한 역사(役事)를 경외하는 마음으로 바라보는 것이 마땅한 일이 아니었을까? 그러나 그들은 이 이적들 속에서 빛을 발하였던 하나님의 빛을 악의적으로 덮거나 꺼버리고자 했기 때문에, 십자가의 약함(crucis infirmitas)에 대하여 정확한 판단을 하기에 부적합한 자들이었다. 그리스도께서 자기 자신을 즉시 죽음에서 구원하시지 않았다고 해서, 그들은 그에게 능력이 없다고 질책하였다. 현재의 겉모습만 보고서 하나님의 능력을 평가하는 것이 모든 악인들의 습성이기 때문에, 그들은 하나님이 이적을 행하시지 않는 것을 마치 하나님이 이적을 행하실 수 없으신 것처럼 생각하고, 하나님이 그들의 악한 욕구를 따라 이적을 보여주지 않으면, 여지 없이 하나님에게 능력이 없다고 비난한다. 그러나 우리는 그리스도께서 얼마든지 아주 쉽게 자기 자신을 죽음에서 즉시 구원하실 수 있으셨지만, 그렇게 하지 않으신 것은 자기 자신을 죽음에서 구원하는 것을 원하지 않으셨기 때문이라는 것을 믿어야 한다. 그리고 그리스도께서 이렇게 자신의 생명을 돌아보지 않으신 것이 우리 모두의 구원을 더 중요하게 여기셨기 때문이 아니라면, 도대체 무슨 이유 때문이겠는가? 그러므로 우리는 유대인들이 우리의 믿음을 견고하게 해주는 것들을 그들의 불신앙을 옹호하는 근거로 사용한 것은 전적으로 그들의 악의 때문이었다는 것을 알게 된다.

마 27:43. 그가 하나님을 신뢰하니. 내가 조금 전에 말했듯이, 하나님이 우리를 신속하게 그 자리에서 도와주시지 않으면, 사탄은 마치 하나님이 우리를 잊어버리신 것이 기정사실인 것처럼 말하는데, 이것은 사탄이 그의 손에 들고 있는 아주 날카로운 시험(tentatio)의 화살이다. 왜냐하면, 하나님은 자기 백성을 지키시기 위하여 잠도 주무시지도 않으시고, 그들을 적시에 때를 따라 도우실 뿐만 아니라, 그들에게 필요한 것들을 미리 공급해 주시는 분이라고 성경은 도처에서 우리에게 가르치는 까닭에, 하나님이 우리를 즉시 도우시지 않으면, 마치 하나님이 우리를 사랑하지 않으시는 것처럼 보이기 때문이다. 그러므로 사탄은 우리가 하나님의 도우심을 분명하게 피부로 느끼지 못한다면, 우리가 하나님의 사랑을 확신한다고 말해 보아야, 그것은 부질없는 것이라는 논리를 펴서, 우리를 절망으로 몰아가고자 한다. 사탄은 이런 종류의 기만적인 논리를 우리 생각 속에 집어넣어 주면서, 한편으로는 그의 하수인들을 사용해서, 하나님이 우리를 즉시 도우시지 않는 것으로 보아서, 우리를 구원하시는 일을 포기하신 것이 분명하다고 강력하게 주장하게 만든다. 그러므로 우리는 하나님이 한동안 우리를 버리신 것처럼 보이기 때문에 우리를 사랑하지 않으시는 것이 분명하다는 논리를 잘못된 것으로 여기고서 배척하는 것이 마땅하다. 사실, 우리에게 하나님의 도우심이 일찍 오거나 늦게 오는 것에 따라서 우리에 대한 하나님의 사랑이 있느냐 없느냐를 따지는 것보다 더 어이없는 일도 없다. 하나님께서는 그가 우리의 구원자가 되어 주실 것이라고 약속하셨기 때문에, 종종 하나님이 우리가 겪고 있는 재난들에 대하여 눈 감고 계시는 것처럼 생각이 들더라도, 우리는 인내로써 그 시간들을 견뎌내는 것이 마땅하다. 그러므로 하나님으로부터 십자가와 고난을 통해서 순종의 훈련을 받고 있는 자들에게 하나님은 참고 견디면서 그의 이름을 부르며 기도하기를 바라시는데도, 그들이 "지금" 도와달라고 떼를 쓰는 것은 참된 믿음과는 거리가 멀다. 왜냐하면, 사도가 우리에게 말해 주듯이(히 12:6, "주께서 그 사랑하시는 자를 징계하시고 그가 받아들이시는 아들마다 채찍질하심이라"), 십자가와 고난은 아버지이신 하나님께서 우리를 사랑하신다는 것을 보여주는 증언들이기 때문이다. 그러나 그리스도의 경우에는 다음과 같은 특별한 이유가 있었다. 즉, 그리스도께서는 하나님의 "사랑하는 아들"(마 3:17; 17:5)이셨지만, 우리가 마땅히 받아야 했던 벌을 대신 감당하시는 것이 우리를 속(贖)하여 구원을 얻게 해주시기 위해 그가 지불하셔야 했던 값이었기 때문에, 죽음으로부터 건짐을 받지 못하신 것이었다. 이것으로부터 우리는, 그리스도께서는 단지 아버지 하나님으로부터 수여받으신 직임을 수행하고 계시는 것인데도, 그런 그리스도를 하나님의 아들이 아니라고 생각한 제사장들은 악의적으로 행한 것일 뿐이라는 결론을 얻게 된다.

마 27:44. 함께 십자가에 못 박힌 강도들도 이와 같이 욕하더라. 누가 본문에서 분명하게 드러나듯이, 강도들 중에서 오직 한 명만이 한 것을, 마태와 마가는 대유법(代喩法)을 사용해서 두 강도 모두에게 돌린다. 우리는 이런 식의 표현 방식을 눈에 거슬리는 것으로 보아서는 안 된다. 왜냐하면, 이 두 복음서 기자들은 그리스도께서 사방으로 공격을 받으셔서 모든 사람들에 의해서 수치와 모욕을 당하신 까닭에, 거의 다 죽어 가고 있던 강도들조차도 그에게 욕을 하며 그를 모질게 대하였다는 것을 보여주고자 하는 것 외에 다른 의도가 없었기 때문이다. 다윗도 시편 22:7에서 그에게 닥친 재난들을 탄식하는 가운데, 그가 온갖 부류의 사람들에 의한 경멸의 대상이었고 많은 사람들의 멸시를 받았다고 말하는 방식으로, 사람들이 그에게 가한 폭력을 뚜렷하게 부각시킨다. 마태와 마가는 누가가 또 다른 강도와 관련해서 들려주는 기억할 만한 이야기를 생략하고 있기는 하지만, 그리스도께서 모든 사람들에 의해서, 심지어 강도들에 의해서까지 멸시를 당하셨다고 그들이 말한 것 속에는 모순되는 것이 전혀 없다. 왜냐하면, 그들은 특정한 개개인들이 아니라 어떤 계층에 속한 사람들 일반에 대하여 말하고 있는 것이기 때문이다. 그러므로 이제부터 우리는 누가가 보도하고 있는 이야기를 살펴보기로 하자.

눅 23:39. 행악자 중 하나는. 하나님의 아들이 강도로부터 이러한 모욕과 수치를 당하셨기 때문에, 우리는 천사들이 우리를 그들의 형제로 인정해 주는 지극히 큰 존귀를 얻게 되었다. 그러나 한편으로는, 이 비참한 자가 극심한 고통 중에서도 하나님의 모독하는 말들을 입에 거품을 물고 격렬하게 쏟아내기를 그치지 않은 것은 사람이 완악하여 광분하는 것이 무엇인지를 우리에게 본보기로 보여주는 것이기도 하다. 이렇게 자포자기에 빠진 자들은 그들이 고통당하는 것을 피할 수 없을 때에 필사적으로 누군가에게 복수를 하고 싶어하는 법이다. 이 강도는 그리스도께서 자기 자신이나 남들을 구원할 수 없었다고 비방하지만, 그러한 비방은 하나님 자신을 향한 것이었다. 이것은 악인들이 자기가 원하는 것을 얻지 못하게 되면, 그것이 분해서, 하나님을 하늘에서 끌어내리고자 하는 것과 같다. 사실, 하나님이 그들을 치시면, 그들은 그 매들을 순순히 받아서 낮아지는 것이 마땅하다. 그러나 여기에 묘사된 강도의 모습은 악한 마음은 쇠 같이 단단해서 그 어떤 징벌로도 다스려질 수 없다는 것을 보여준다.

눅 23:40. 하나는 그 사람을 꾸짖어 이르되. 두 강도 중의 또 다른 한 사람이었던 이 악한 자의 모습은 하나님의 측량할 수 없고 믿을 수 없을 정도로 크신 은혜를 우리에게 생생하게 보여주는 거울이다. 왜냐하면, 이 강도는 거의 다 죽어갈 무렵에 갑자기 새사람으로 변화되어서, 지옥에서 하늘로 건져 올려졌을 뿐만 아니라, 그가 일생 동안 절어 지냈던 온갖 죄들을 한순간에 용서함을 받아서, 새 교회의 사도들과 첫 열매들보다도 더 먼저 하늘로 들어감을 얻게 되었기 때문이다. 그러므로 우리는 먼저 이 사람의 회심 속에서 하나님의 은혜가 빛을 발하는 두드러진 예를 보게 된다. 왜냐하면, 그가 그의 사납고 잔인함과 하나님을 멸시하는 그의 교만한 마음을 버리고서 즉시 회개하게 된 것은 육신의 본능적인 충동에 의해서 된 일이 아니라, 하나님의 굴복시키시는 손길에 의해서 된 일이었기 때문이다. 성경 전체는 회개가 하나님의 역사(役事)임을 보여준다. 여기에서 나타난 하나님의 은혜는 모든 사람의 예상을 완전히 뛰어넘는 일이었던 까닭에 더욱더 놀랍고 신기하다. 어떤 강도가 죽기 직전에 하나님을 독실하게 섬기는 자가 되었을 뿐만 아니라, 온 세상에 믿음과 경건을 가르치는 탁월한 선생이 되어서, 우리도 그의 입으로부터 참되고 합당한 신앙 고백이 어떤 것인지를 가르침받아야 하는 일이 벌어질 줄을 세상의 어느 누구가 꿈에라도 생각해 본 적이 있었겠는가? 이 강도가 진정으로 회개했음을 보여주는 첫 번째 증거는 그가 주제넘고 뻔뻔스러운 태도를 보인 또 다른 강도를 호되게 책망하고 그렇게 하지 못하도록 막았다는 것이다. 그런 후에, 그는 자신을 낮추어서 자기가 저지른 죄들을 공개적으로 시인함과 동시에, 그리스도께 그의 의(義)에 합당한 찬송을 돌려드림으로써, 자신의 회개가 참되다는 것을 보여주는 두 번째 증거를 추가하였다. 세 번째로, 그는 그리스도께서 십자가에 달리셔서 죽어가고 계시는 것을 보면서도, 자기 자신과 자신의 구원을 그리스도께 부탁드리는 놀라운 믿음을 보여주었다.

눅 23:40. 네가 … 하나님을 두려워 하지 아니하느냐. 강도가 한 이 말은 주석가들에 의해서 여러 가지로 왜곡되어 왔지만, 그 자연스러운 의미는 이런 것인 것 같다: "네가 이렇게 정죄를 받고서도 여전히 하나님을 두려워하지 않고, 그런 말들을 쏟아내니, 도대체 너는 네가 무슨 짓을 하고 있는지를 알기나 하는 것이냐?" 왜냐하면, 강도는 자기 동료가 저 깊은 나락에 떨어지면서까지도 여전히 하나님을 두려워하지 않는 것이 그의 마음의 완악하다는 것을 보여주는 추가적인 증거라고 말하고 있기 때문이다. 그러나 이 강도가 한 말의 모호성을 다 제거하기 위해서는, 이 강도는 그리스도를 아무리 조롱해도 아무렇지도 않을 것이라고 생각해서 뻔뻔스럽고 가증스러운 신성모독의 말들을 쏟아낸 동료 강도를 하나님의 심판대 앞으로 호출하고 있는 것임을 알아야 한다. 왜냐하면, 그리스도를 조롱한 강도는 일생 동안 악을 행하고도 아무렇지 않았다고 할지라도, 하나님께서 그를 치시려고 손을 드시고 계시다는 것을 보고, 그가 곧 그의 모든 죄악들에 대하여 결산해야 한다는 것을 알았을 때에는, 두려워 떠는 것이 마땅하였기 때문이다. 그러므로 하나님이 최후의 심판으로 그를 압박하시는데도, 그가 여전히 정신을 차리지 못했다는 것은 그의 마음이 얼마나 절망적이고 마귀적으로 완악해져 있는지를 보여주는 증거였다. 왜냐하면, 만약 그의 마음속에 일말의 양심이라도 남아 있었더라면, 그는 적어도 이 마지막 순간에 "하나님을 두려워하지" 않을 수 없었을 것이기 때문이다. 우리는 이제 이 강도가 한 말의 전체적인 의미를 알게 되었는데, 그것은 벌을 받으면서도 뉘우침이 없는 자들은 절망적인 자들로서 하나님을 두려워하는 마음이 완전히 결여되어 있는 자들이라는 것이다.

나는 '엔 토 아우토 크리마티'(ἐν τῷ αὐτῷ κρίματι)라는 어구를 "동일한 정죄를 받고서도"가 아니라 "정죄를 받고 있는 가운데서도"를 의미하는 것으로 해석한다. 즉, 강도는 "너는 지금 죽음의 문턱에 있기 때문에 정신을 차려서 하나님을 너의 심판자로 인정하는 것이 마땅하다"고 말한 것이나 다름없다는 것이다. 이것으로부터도 우리는 벌을 받으면서도 여전히 낮아지지 않는 자들은 도리어 악에 받쳐서 더욱 하나님을 대적하게 된다는 유익한 가르침을 얻는다. 왜냐하면, 조금이라도 하나님을 두려워하는 마음을 지닌 자들은 너무나 부끄러워서 입을 다물 수밖에 없게 되기 때문이다.

눅 23:41. 우리는 우리가 행한 일에 상당한 보응을 받는 것이니 이에 당연하거니와. 정죄를 받은 것에 토대를 둔 이 책망은 그리스도에게도 적용되어야 한다고 생각될 수도 있었을 것이지만, 이 강도는 여기에서 그리스도의 경우는 그들의 경우와 다르다고 선을 긋는다. 또는, 이것은 이 강도가 세 사람 모두에게 형벌이 내려지긴 했지만, 자기와 자신의 동료의 경우는 "당연한" 것인 반면에, 그리스도께서는 자신의 범죄로 인해서가 아니라 원수들의 잔인한 음모에 의해서 끌려오셔서 죽음의 형벌을 받게 되신 것임을 인정하는 것이라고 할 수도 있다. 그러나 우리는 내가 조금 전에 말했던 것, 즉 이 강도는 자기가 지금 자신이 한 짓에 "상당한 보응을 받고" 있는 것임을 인정함으로써, 하나님이 우리 모두에게 요구하시는 그런 회개를 그가 하였다는 증거를 보여준 것임을 기억하지 않으면 안 된다. 무엇보다도 우리가 주목해야 할 것은 형벌이 혹독하였음에도 불구하고 이 강도는 그 무시무시한 고통을 순순히 받아들여서 인내로써 감내하였다는 것이다. 그러므로 우리가 우리의 범죄들을 진정으로 회개한다면, 우리는 필요할 때마다 그 범죄들을 기꺼이 가식(假飾) 없이 고백하고, 우리가 받아 마땅한 수치를 거절하지 않는 것을 배워야 한다. 왜냐하면, 하나님과 천사들 앞에서 우리의 죄악들을 청산하는 유일한 방법은 헛된 변명들로 사람들 앞에서 우리의 죄악들을 은폐하고자 하지 않는 것이기 때문이다. 외식(外飾) 또는 가식을 사용한 여러 가지 은폐술들 가운데서 가장 빈번하게 사용되는 것은, 자기만이 아니라 다른 사람들도 다 그런 것이기 때문에 자기가 한 것만이 특별히 죄가 될 것은 없다는 것이다. 반면에, 이 강도는 자기 자신과 자신의 동료는 정죄를 받아 마땅하였다는 것을 솔직하고 공개적으로 인정할 뿐만 아니라, 그리스도께는 죄가 없으시다는 것을 열심으로 변호한다.

눅 23:42. 나를 기억하소서. 나는 창세 이후로 이 강도보다 더 주목할 만하고 두드러진 믿음을 보여준 예가 과연 존재하였었는지를 알지 못한다. 이 강도의 믿음을 훨씬 더 놀랍고 경이로운 것으로 만들고 있는 것은 이 믿음이 성령의 은혜를 너무나 장엄하게 드러내고 있다는 것이다. 이 강도는 그리스도의 학교에서 교육을 받지 않았을 뿐만 아니라, 흉악한 살인들을 저지르는 일에 자신을 맡김으로써 옳은 것에 대한 모든 지각(知覺)을 다 소멸시키고자 애써왔던 자인데도, 갑자기 한순간에 주님께서 많은 수고를 하시며 친히 가르쳐 오셨던 모든 사도들과 그 밖의 다른 제자들보다 더 높은 곳으로 뛰어 오른다. 이 뿐만이 아니었다. 이 강도는 십자가라는 형틀에 매달려 계시는 그리스도를 왕으로 인정하고 경배하며, 충격적일 정도로 혐오스럽고 형편없이 비천하게 낮아져 있는 그리스도의 나라를 송축하며, 지금 죽어 가고 있는 그리스도를 생명의 원천이 되시는 분으로 고백한다. 이 강도가 전에는 올바른 믿음을 소유하고 있었고, 그리스도의 직임에 관하여 많은 것들을 들었으며, 그리스도께서 행하신 이적들을 보고서 그의 믿음이 한층 더 견고해졌었다고 할지라도, 그러한 믿음은 지금 그리스도께서 겪고 계신 너무나 수치스러운 죽음이라는 먹장구름에 뒤덮여서 온데간데없이 사라져 버렸을 수도 있었다. 그러나 이 강도는 무지하고 교육을 받지 못하였으며 그 마음이 완전히 타락되어 있었는데도 불구하고, 갑자기 그가 아주 어릴 적에 들었던 가르침들을 받아들여서, 저 저주 받은 십자가 위에서 구원과 하늘의 영광을 깨달았다는 것은 너무나 놀라운 일이 아닐 수 없었다. 도대체 이 강도는 그리스도에게서 그의 왕권의 어떤 표지(標識)들을 보았길래, 자신의 마음을 들어올려서 그리스도의 나라를 바라볼 수 있게 된 것일까? 분명히 이것은 저 깊은 지옥에서 하늘 높이 솟아 오른 것이나 다름없는 것이었다. 세상이 감당할 수 없어서 "멸시를 받아 사람들에게 버림 받은"(사 53:3) 자를 세상의 모든 제국들보다 더 큰 나라의 왕으로 인정한다는 것은 육신의 생각에는 황당무계한 것으로 보였을 것임에 틀림없다. 이것으로부터 우리는 이 강도가 지닌 〈마음눈〉(心眼)이 얼마나 예리했었는지를 알게 된다. 이 마음눈으로 그는 그리스도의 죽음 속에서 생명을, 비천하신 모습 속에서 높아지신 모습을, 멸시와 천대를 받으시는 모습 속에서 영광을, 패배하신 것처럼 보이는 모습 속에서 승리를, 묶여 계신 모습 속에서 그리스도의 나라를 볼 수 있었다.

이 강도는 십자가에 매달리신 가운데에 온갖 능욕을 한 몸에 받고 계셨던 그리스도를 믿음의 눈으로 보고서 왕으로 인정하고 하늘의 보좌에 올려놓았는데, 만약 우리가 하나님의 오른편에 앉아 계시는 그리스도를 경외하는 마음으로 바라보지 않고, 그리스도의 부활을 바라보고서 영생에 대한 우리의 소망을 확고히 하지 않으며, 그리스도께서 들어가신 하늘을 우리의 푯대로 삼지 않는다면, 우리의 그런 나태함과 둔감함에 화(禍)가 있을 것이다. 또한, 이 강도가 그리스도께 그를 불쌍히 여겨 주시라고 탄원하였을 때에, 그리스도께서 어떤 상태에 계셨는지를 우리가 생각한다면, 이 강도의 믿음에 대한 우리의 칭찬은 한층 더 고조될 수밖에 없다. 그리스도께서는 온 몸이 만신창이가 되신 채로 피가 다 빠져나가 거의 죽기 일보 직전인 상태에서 사형집행인의 마지막 일격을 눈앞에 두고 계셨는데도, 이 강도는 오로지 그리스도의 은혜만을 의지한 것이다. 이 강도에게 죄 사함에 대한 확신이 생겨난 것이 그가 모든 사람들이 혐오스러운 것으로 보았던 그리스도의 죽음 속에서 세상 죄를 속하는 효능을 지닌 향기로운 제사로서의 진면목을 보았기 때문이 아니라면, 도대체 무엇 때문이었겠는가? 이 강도가 그리스도 안에 감춰진 생명을 얻고자 하는 소원과 소망에 사로잡혀서, 담대히 자신의 고통들을 도외시하고, 심지어 자기 자신까지도 잊어버린 것은 인간의 능력을 훨씬 뛰어넘는 것이었다. 그러므로 주님께서 우리의 육신의 교만을 낮추시기 위하여 우리 위에 세우신 이 선생으로부터 우리는 육신을 죽이는 것, 인내, 믿음으로 눈에 보이는 것들을 뛰어넘는 것, 견고한 소망, 경건의 열심을 배우는 것을 부끄러워해서는 안 된다. 왜냐하면, 이 강도를 더 열심히 본받는 자일수록, 그는 그리스도께 더 가까이 다가갈 수 있게 될 것이기 때문이다.

눅 23:43. 내가 진실로 네게 이르노니. 그리스도께서는 아직 공적으로 사망에 대하여 승리를 거두신 것이 아니었지만, 그런데도 그의 낮아지심 속에서 그의 죽음의 효능과 열매를 나타내 보이신다. 이런 식으로 그리스도께서는 그가 그의 나라에 대한 권세를 결코 박탈당하신 것이 아님을 분명하게 보여주신다. 왜냐하면, 왕이신 하나님께 죽은 자를 살리시는 일보다 더 고상하고 장엄한 일은 없기 때문이다. 그러므로 그리스도께서는 비록 하나님의 손에 의해서 심판을 당하셔서 완전히 버림받은 자처럼 보였음에도 불구하고, 세상의 구주(救主)이기를 그치신 것이 아니었기 때문에, 그의 직임을 수행하는 데에 필요한 하늘의 권세가 늘 그에게 수여되어 있었다. 먼저, 우리는 그리스도께서 강도를 지체 없이 아주 인자하게 받으셔서, 그로 하여금 복된 삶에 참여하는 자가 되게 하시겠다고 약속하시는 것 속에서 그의 이루 헤아릴 수 없이 크신 관용하심을 보아야 한다. 그러므로 그리스도께서는 그를 의지하는 모든 자를 예외 없이 그의 나라로 기꺼이 받아들이실 준비가 되어 계시다는 것은 의심의 여지가 없다. 이것으로부터 우리는 그가 우리를 기억하시기만 하신다면, 우리는 구원을 받게 되리라는 확실한 결론을 얻을 수 있다. 그리스도께서 그에게 그들의 구원을 의탁한 자들을 잊어버리시는 것은 불가능하다.

강도가 사방으로 완전히 절망할 일밖에 없는 것을 보았으면서도, 오직 그리스도의 은혜를 의지해서, 이토록 쉽게 하늘로 들어감을 얻었다고 한다면, 지금 사망을 이기시고 하늘의 보좌에서 우리에게 그의 손을 뻗치고 계시는 그리스도께서 우리로 하여금 영생에 참여하는 자가 되게 하시는 것은 얼마나 쉬운 일이겠는가! 왜냐하면, 지금은 이미 그리스도께서 "우리를 거스르고 불리하게 하는 법조문으로 쓴 증서를 지우시고 제하여 버리사 십자가에 못 박으시고"(골 2:14), 사망과 사탄을 멸하시며, 그의 부활을 통해서 "이 세상의 임금"(요 12:31)에 대하여 승리하신 후인 까닭에, 사망에서 생명으로 옮겨가는 것이 당시의 강도보다 우리에게 더 힘들고 어렵다고 생각한다면, 그것은 터무니없는 생각일 것이기 때문이다. 죽음을 앞두고서 참된 믿음으로 자신의 영혼을 지켜 주실 것을 그리스도께 위탁하는 자는 누구든지 응답이 오기까지 오래 기다려야 하거나 응답이 없는 상태에서 오랜 시간 고통스러워하는 일이 없을 것이다. 왜냐하면, 그리스도께서는 그가 강도에게 베푸셨던 것과 같은 동일한 인자하심으로 그런 자의 기도에 응답해 주실 것이기 때문이다. 그러므로 죄책(罪責)은 제거되지만 형벌은 그대로 받아야 된다는 궤변론자들의 저 역겨운 주장은 멀리 던져 버리라. 왜냐하면, 우리는 그리스도께서 강도를 죄책과 정죄에서 건져주시면서 형벌로부터도 건져주시는 것을 보기 때문이다. 이것은 강도가 그럼에도 불구하고 그에게 선고된 형벌을 마지막까지 다 감당하여야 했다는 사실과 서로 상충되거나 모순되지 않는다. 왜냐하면, 우리는 여기에서 (궤변론자들이 제멋대로 주장하는 것과 같은) 하나님의 심판을 누그러뜨리기 위한 보속(補贖) 역할을 하는 그 어떤 배상(賠償)을 상상해서는 안 되고, 단지 이것은 하나님이 그의 택하신 자들을 육체에 대한 형벌을 통해서 죄를 싫어하고 미워하도록 훈련시키시는 것일 뿐이기 때문이다. 이렇게 강도가 아버지 하나님의 징계와 훈육을 통해서 자기 부인에 이르게 되었을 때, 그리스도께서는 그를 그의 죄를 씻기 위해 준비된 연옥(煉獄)의 불로 보내시는 것이 아니라, 그의 품속으로 받아들이신다.

우리가 주목해야 할 다른 한 가지는 어떤 열쇠들에 의해서 천국의 문이 강도에게 열렸느냐 하는 것이다. 왜냐하면, 여기에서는 고해성사나 보속이 고려되고 있는 것이 아니고, 그리스도께서는 이 강도가 그에게 나아와서 회개하고 믿었을 때에 두말 하지 않으시고 기꺼이 그를 받아들이시기 때문이다. 이것은 내가 앞서 말했던 것, 즉 어떤 사람이 이 강도의 발자취를 따라서 그가 간 길을 따라가기를 꺼린다면, 그 사람은 악한 교만함으로 천국의 문으로 통하는 길을 스스로 거부한 것이기 때문에, 영원한 멸망을 받아 마땅하다는 것을 좀 더 분명하게 확증해 준다. 그리스도께서 이 강도를 통해서 우리 모두에게 죄 사함을 얻는 확실한 길을 보여주신 것과 마찬가지로, 다른 한편으로 그리스도께서 이 강도에게 그러한 특별한 존귀를 더하신 것은 우리로 하여금 우리 자신의 영광을 구하는 것을 버리고, 오직 하나님의 긍휼하심 외에는 그 어떤 것도 자랑하지 않게 하시기 위한 것임이 분명하다. 우리 각자가 이것을 진심으로 그리고 진지하게 살핀다면, 우리는 우리의 죄악이 얼마나 많고 큰지를 깨닫고서 부끄러워하게 될 수밖에 없기 때문에, 주님의 거저 주시는 은혜로 말미암아 구원을 얻은 이 불쌍한 강도를 우리의 안내자이자 인도자로 삼는 것을 전혀 거리끼지 않게 될 것이다. 또한, 그리스도의 죽음이 그때에 즉시 그 열매를 맺었던 것으로 볼 때, 우리는 육신을 떠난 영혼이 사멸하는 것이 아니라 계속해서 살아 있게 된다는 것을 알게 된다. 만약 그렇지 않다면, 그리스도께서 맹세로써 확증하신 약속("오늘 네가 나와 함께 낙원에 있으리라")은 거짓말이 되고 말 것이기 때문이다. 우리는 "낙원"이 어디 있느냐라는 문제에 호기심을 가지고서 교묘한 논쟁들을 하는 일에 끼어들지 말고, 믿음으로 말미암아 그리스도의 몸에 접붙임을 받은 자들은 영생에 참여하는 자들이 되어서, 죽은 후에도, 천국에서의 삶이 지닌 온전한 영광이 그리스도의 재림으로 인해서 온전히 나타나게 될 때까지 복되고 기쁜 안식을 누리게 되리라는 것을 아는 것으로 만족하는 것이 마땅하다.

이제 한 가지 문제가 남는데, 그것은 그리스도께서 강도에게 약속하신 것은 강도가 현재 겪고 있는 고통을 경감시켜 주지도 않고, 강도의 육체적인 형벌을 감해 주지도 않는다는 것이다. 이것은 우리가 육신의 지각(知覺)을 따라서 하나님의 은혜를 판단해서는 안 된다는 것을 일깨워 준다. 왜냐하면, 하나님께서는 그와 화목하게 된 자들이 혹독한 고난을 겪도록 허락하시는 일이 자주 일어나기 때문이다. 그러므로 우리가 육신적으로 엄청난 고통을 겪는다면, 우리는 혹독한 고통으로 인해서 하나님의 선하심을 맛보게 되지 못하는 일이 일어나지 않도록 조심하여야 하고, 하나님이 우리를 받으셔서 우리에게 은총을 베푸시는 순간, 우리가 겪는 모든 환난들은 우리의 구원을 돕는 것들이 된다는 이 단 하나의 위로로 인해서, 우리에게 닥친 모든 환난들이 가벼워지고 완화되는 것을 경험하여야 한다. 이것은 우리로 하여금 우리가 겪는 모든 환난과 고통을 믿음으로 이기게 해줄 뿐만 아니라, 고난을 감당하는 가운데에 평안함과 쉼을 누리게 해줄 것이다.

[45]제육시로부터 온 땅에 어둠이 임하여 제구시까지 계속되더니 [46]제구시쯤에 예수께서 크게 소리 질러 이르시되 엘리 엘리 라마 사박다니 하시니 이는 곧 나의 하나님, 나의 하나님, 어찌하여 나를 버리셨나이까 하는 뜻이라 [47]거기 섰던 자 중 어떤 이들이 듣고 이르되 이 사람이 엘리야를 부른다 하고 [48]그 중의 한 사람이 곧 달려가서 해면을 가져다가 신 포도주에 적시어 갈대에 꿰어 마시게 하거늘 [49]그 남은 사람들이 이르되 가만 두라 엘리야가 와서 그를 구원하나 보자 하더라 [50]예수께서 다시 크게 소리 지르시고 영혼이 떠나시니라 [51]이에 성소 휘장이 위로부터 아래까지 찢어져 둘이 되고 땅이 진동하며 바위가 터지고 [52]무덤들이 열리며 자던 성도의 몸이 많이 일어나되 [53]예수의 부활 후에 그들이 무덤에서 나와서 거룩한 성에 들어가 많은 사람에게 보이니라 [54]백부장과 및 함께 예수를 지키던 자들이 지진과 그 일어

난 일들을 보고 심히 두려워하여 이르되 이는 진실로 하나님의 아들이었도다 하더라 ⁵⁵예수를 섬기며 갈릴리에서부터 따라온 많은 여자가 거기 있어 멀리서 바라보고 있으니 ⁵⁶그 중에는 막달라 마리아와 또 야고보와 요셉의 어머니 마리아와 또 세베대의 아들들의 어머니도 있더라(마 27:45-56).

³³제육시가 되매 온 땅에 어둠이 임하여 제구시까지 계속하더니 ³⁴제구시에 예수께서 크게 소리 지르시되 엘리 엘리 라마 사박다니 하시니 이를 번역하면 나의 하나님, 나의 하나님 어찌하여 나를 버리셨나이까 하는 뜻이라 ³⁵곁에 섰던 자 중 어떤 이들이 듣고 이르되 보라 엘리야를 부른다 하고 ³⁶한 사람이 달려가서 해면에 신 포도주를 적시어 갈대에 꿰어 마시게 하고 이르되 가만 두라 엘리야가 와서 그를 내려 주나 보자 하더라 ³⁷예수께서 큰 소리를 지르시고 숨지시니라 ³⁸이에 성소 휘장이 위로부터 아래까지 찢어져 둘이 되니라 ³⁹예수를 향하여 섰던 백부장이 그렇게 숨지심을 보고 이르되 이 사람은 진실로 하나님의 아들이었도다 하더라 ⁴⁰멀리서 바라보는 여자들도 있었는데 그 중에 막달라 마리아와 또 작은 야고보와 요세의 어머니 마리아와 또 살로메가 있었으니 ⁴¹이들은 예수께서 갈릴리에 계실 때에 따르며 섬기던 자들이요 또 이 외에 예수와 함께 예루살렘에 올라온 여자들도 많이 있었더라(막 15:33-41).

⁴⁴때가 제육시쯤 되어 해가 빛을 잃고 온 땅에 어둠이 임하여 제구시까지 계속하며 ⁴⁵성소의 휘장이 한가운데가 찢어지더라 ⁴⁶예수께서 큰 소리로 불러 이르시되 아버지 내 영혼을 아버지 손에 부탁하나이다 하고 이 말씀을 하신 후 숨지시니라 ⁴⁷백부장이 그 된 일을 보고 하나님께 영광을 돌려 이르되 이 사람은 정녕 의인이었도다 하고 ⁴⁸이를 구경하러 모인 무리도 그 된 일을 보고 다 가슴을 치며 돌아가고 ⁴⁹예수를 아는 자들과 갈릴리로부터 따라온 여자들도 다 멀리 서서 이 일을 보니라(눅 23:44-49).

마 27:45. 제육시로부터. 그리스도께서는 "자기를 비우셨기"(빌 2:7) 때문에, 그의 죽음 속에서 육신의 연약함이 신성(神性)의 영광을 잠시 덮고 있었고, 하나님의 아들이 멸시와 천대를 받으셔서 그 꼴이 말이 아니셨지만, 천부께서는 몇몇 징조들을 통해서 그리스도가 어떤 존재인지를 나타내시기를 그치지 않으셨고, 그가 가장 낮아져 계신 동안에도 그의 장래의 영광을 보여주는 몇몇 징조들도 준비해 두셨는데, 이것은 십자가의 거치는 것에도 불구하고 경건한 자들의 마음을 견고하게 해주시기 위한 것이었다. 그리스도의 위엄은 해가 빛을 잃은 것, 지진, 바위들이 쪼개진 일, 휘장의 찢어짐을 통해서 그리스도의 위엄을 증언하셨는데, 이러한 일들은 마치 하늘과 땅이 그들의 창조주에게 합당한 예(禮)를 드리는 것 같았다.

먼저 우리는 해가 빛을 잃은 것이 무엇을 의미하는 것이었는지를 묻게 된다. 옛 시인들이 그들이 쓴 비극적인 이야기들 속에서 어떤 충격적인 범죄가 행해질 때마다 이 땅에서 해가 빛을 잃는 것으로 묘사한 허구적인 구성은 하나님의 진노가 지닌 경악할 만한 효력들을 표현하고자 한 것이었다. 이러한 허구는 인류의 공통된 정서에 그 기원을 갖고 있었음에 틀림없다. 옛 시인들의 이러한 묘사에 의거해서, 일부 주석가들은 그리스도께서 죽으실 때에 하나님이 자신의 혐오를 나타내시고자 "어둠"을 보내신 것이라고 생각한다. 이것은 마치 하나님이 해를 어둡게 하심으로써, 자신의 얼굴을 숨기시고서, 모든 범죄 중에서 가장 어두운 범죄를 보지 않고자 하셨다고 말하는 것이다. 어떤 이들은 눈에 보이는 해가 사라진 것은 의(義)의 해이신 분의 죽음을 보여주는 것이었다고 말하고, 어떤 이들은 얼마 후에 유대 민족이 눈멀게 될 것을 상징적으로 보여준 것이라고 말한다. 왜냐하면, 유대인들은 그리스도를 배척함으로써, 그가 그들 가운데서 제거되자마자, 하늘의 가르침의 빛을 박탈당하여, 절망의 "어둠" 외에는 아무것도 그들에게 남아 있지 않게 되었기 때문이다.

하지만 나는 유대 백성이 그들의 우매함으로 인해서 눈이 감겨서 빛을 볼 수 없게 되었기 때문에, 하나님께서는 "어둠"을 보내서서, 그들로 하여금 정신을 차리고서 그리스도의 죽음을 통한 하나님의 놀라운 목적과 의도를 깊이 생각하게 하고자 하신 것이라고 본다. 왜냐하면, 그들이 완전히 완악하게 된 것이 아니라면, 자연 질서의 갑작스러운 격변은 그들의 지각에 깊은 충격을 주어서, 세상이 곧 새로워지게 되리라는 것을 예상하게 될 것이었기 때문이다. 그렇지만 지금 그들에게 나타난 것은 무시무시한 광경이었기 때문에, 그들은 하나님의 심판을 생각하고서 두려워 떠는 것이 마땅한 일이었다. 실제로, 하나님께서 그의 독생자조차 아끼지 않으신 것은 하나님의 진노가 대단하였다는 것을 보여주는 것이고, 이 진노는 그의 아들의 죽음이라는 속전(贖錢)에 의하지 않고는 다른 방식으로는 풀릴 수 없는 것이었다.

서기관들과 제사장들, 그리고 유대 민족의 대다수는 해가 빛을 잃은 일을 대수롭지 않게 여기고, 눈을 감은 채로 그냥 넘겨 버린 것을 보면, 우리는 그들의 우매함과 광기가 극에 달한 모습을 보고 경악하지 않을 수 없게 된다. 왜냐하면, 하나님께서 이러한 이적을 통해서 장차 하늘의 심판이 얼마나 혹독할 것인지를 분명하게 경고하셨는데도, 그들은 짐승보다 더한 우매함으로 하나님을 조롱하는 것을 그치지 않았기 때문이다. 이것은 하나님이 그들의 악(惡)을 놓고서 그들과 오랫동안 다투신 후에, 이 버림받은 자들을 우매함과 어지러움에 취하게 하신 결과였다. 따라서 우리는 그들이 사탄의 주문에 홀려 있었기 때문에, 하나님의 영광이 아무리 명백하게 나타난다고 하여도, 그 영광이 그들에게는 숨겨졌고, 그들의 마음이 어두워져 있었기 때문에 그들은 "보기는 보아도 알지 못하였다"(마 13:14)는 것을 알아야 한다. 그러나 이 일은 모두에게 해당되는 일반적인 경고이기 때문에, 우리도 우리를 구속하시기 위해 그리스도께서 드리신 희생제사는 마치 해가 하늘에서 떨어지거나 세상의 온 구조가 산산조각이 난 것만큼이나 중요한 일이었다는 것을 깨닫고서, 이 일을 통해서 유익을 얻는 것이 마땅하다. 왜냐하면, 이 일은 우리 속에 우리의 죄에 대한 깊은 두려움을 불러일으킬 것이기 때문이다.

어떤 이들은 해가 이렇게 어두워진 일은 온 세상에 걸쳐서 일어났다고 주장하지만, 나는 그럴 가능성은 희박하다고 본다. 왜냐하면, 한두 저술가가 그런 말을 하기는 했지만, 이 시대의 역사는 아주 많은 관심을 끌었던 까닭에, 만약 그것이 사실이었다면, 기록할 만한 가치가 별로 없었던 사소한 사건들까지도 다 기록하였던 그밖의 다른 많은 저술가들이 이 주목할 만한 이적을 그냥 지나치는 것은 불가능하였을 것이기 때문이다. 게다가, 만약 해가 빛을 잃는 일이 온 세상에 걸쳐서 일어난 일이었다면, 이 일은 자연스러운 일로 여겨져서, 도리어 사람들의 주목을 별로 끌지 못했을 것이다. 그러나 해가 다른 곳에서는 여전히 빛나고 있었을 때, 유대 땅만이 "어둠"으로 뒤덮인 것은 한층 더 주목할 만한 이적이었다.

마 27:46. 제구시쯤에 예수께서 크게 소리 질러. 그리스도께서 "크게 소리 지르실" 때에 초인적인 힘이 나타났지만, 그것은 강렬한 슬픔과 고뇌에서 나온 것임에 틀림없다. 그리스도께서 큰 고통 중에 계셨는데도 아버지 하나님의 도우심이나 은총에 의해서 위로를 받으실 수 없었고, 자신이 아버지 하나님으로부터 어느 정도 소외되셨다고 느끼신 것이 그의 마음속에 가장 큰 갈등과 고통을 불러온 것이었음에 분명하다. 왜냐하면, 그리스도께서는 우리를 하나님과 화목하게 하시기 위한 대가로 자신의 몸을 드리셨을 뿐만 아니라, 그의 심령으로도 우리가 받아야 마땅했던 벌을 감당하셨기 때문이다. 이렇게 그는 이사야의 예언대로, 진정으로 "질고를 아는 자"(53:3)가 되신 것이었다. 대속의 이런 측면을 도외시하고 오직 육신에 대한 외적인 징벌만을 주목하는 자들은 크게 착각한 것이다. 왜냐하면, 그리스도께서는 우리를 위해 속죄하시기 위하여, 하나님의 심판 자리 앞에 죄 범한 인간으로 서셔야 하셨기 때문이다. 모든 죽음보다도 더 두려운 진노를 발하시는 하나님을 자신의 심판자로 맞닥뜨리는 것보다 더 무시무시한 일은 없다. 그리스도께서는 마치 하나님이 그를 대적하셔서 그가 이미 멸망에 붙여진 것 같이 느껴지는 시험을 당하셨을 때에, 세상의 모든 사람들을 백 번이라도 삼키기에 충분할 만큼 공포에 사로잡히셨지만, 성령의 놀라운 능력을 의지해서 이 시험을 이기셨다. 그리스도께서 자기가 아버지 하나님으로부터 버림을 받았다고 탄식하신 것은 결코 외식(外飾)이나 연극이 아니었다. 어떤 이들은 그리스도께서 무리들의 생각에 맞춰서 이런 표현을 사용하신 것일 뿐이라고 주장하지만, 그런 주장은 이 구절이 지닌 난점을 회피하기 위한 어리석은 술책일 뿐이다. 왜냐하면, 그리스도께서는 그의 심령의 슬픔이 너무나 강력하고 격렬해서, 이런 부르짖음이 터져 나오지 않을 수 없었던 것이기 때문이다. 그리스도께서 이루신 구속(救贖)은 단지 사람들의 눈으로 볼 수 있었던 것으로만 된 것이 아니라, (내가 방금 말했듯이) 그리스도께서는 우리의 보증이 되시고 담보가 되시기 위해서 우리 대신에 하나님의 심판을 실제로 겪으시기로 작정하셨던 것이다.

그러나 어쨌든 그리스도에게서 절망의 소리가 흘러나왔다고 말하는 것 자체가 뭔가 이상해 보인다고 말하는 자들이 있을 수 있지만, 그러한 의무에 대한 대답은 간단하다. 그리스도께서는 육신적인 지각으로는 자기에게 임한 멸망을 보고 두려워하셨지만, 그의 마음속에서 그의 믿음은 여전히 견고하였기 때문에, 육신의 지각으로는 느껴지지 않는 하나님의 임재를 이 믿음으로 바라볼 수 있으셨다는 것이다. 우리는 그리스도께서 구속주에게 요구되는 모든 것을 이루시기 위해서, 우리의 구원을 위하여 필요한 경우에는 신성(神性)을 버리시고 육신의 연약함을 따르셨다는 것을 다른 곳에서 이미 설명한 바 있다. 또한, 우리는 본성에 의한 지각(知覺)과 믿음의 지식이 서로 다르다는 것도 지적한 바 있다. 그래서 그리스도께서는 육신적인 지각으로는 하나님이 그를 떠나신 것처럼 느꼈지만, 믿음에 의지해서 하나님이 그와 여전히 화목한 관계에 있으시다는 것을 계속해서 확신할 수 있으셨다. 우리는 그리스도의 입에서 나온 탄식을 구성하는 두 구절을 통해서 아주 분명하게 알 수 있다. 왜냐하면, 이 두 구절은 그리스도께서 그를 공격했던 시험(tentatio)이 어떤 것이었는지를 보여주는 말씀이 그의 입에서 나오기 전에, 먼저 하나님을 "나의 하나님"으로 확실하게 고백하시는 것으로 시작하심으로써, 육신의 지각을 통해서 그에게 찾아온 "버림받았다"는 느낌을 믿음의 방패로 담대하게 물리치셨다는 것을 보여주기 때문이다. 요컨대, 이 무시무시한 고통 속에서 그리스도의 믿음은 전혀 손상이 되지 않은 채로 존재하였기 때문에, 그리스도께서는 "버림받았다"고 탄식하시는 와중에서도, 가까이에 있는 하나님의 도우심을 여전히 의지하셨다는 것이다.

우리가 그리스도께서 탄식하신 말씀을 더욱더 주목해야 하는 이유는 성령이 이 말씀을 사람들의 기억 속에 더 깊이 각인시키기 위해서 아람어로 기록하셨다는 것이 여러 정황으로 보아서 분명하기 때문이다. 이것은 성령께서 우리에게 그리스도께서 이 말씀을 하셨던 당시의 언어를 사용하셔서 그의 입에서 나온 그대로 다시 한 번 생생하게 들려주시는 효과를 갖는다. 그렇기 때문에, 그리스도께서 견디셨던 저 깊은 슬픔과 무시무시한 두려움을 재미있는 일쯤으로 치부하며 가볍게 넘겨 버리는 자들의 무심함과 둔감함은 더욱더 가증스럽고 부끄러운 일이다. 그리스도께서 그의 육신과 심령으로 우리의 죄책과 우리가 당하여야 마땅한 정죄를 담당하시는 방식으로 중보자의 직임을 수행하셨다고 생각하는 자들은 그가 마치 진노하신 하나님이 그를 환난의 구렁텅이 속으로 던져 버리신 것처럼 사망의 고통 및 비통함과 싸우지 않을 수 없으셨다는 것을 결코 이상하게 생각하지 않을 것이다.

마 27:47. 이 사람이 엘리야를 부른다.　어떤 자들은 로마 군병들이 아람어를 모르거나 익숙지 않았고, 유대 종교도 잘 알지 못해서, 그리스도께서 하신 말씀을 잘못 알아듣고서, 이런 식으로 얘기한 것이라고 주장하지만, 내 생각으로는 그런 주장은 틀린 것 같다. 나는 그들이 무지해서 잘못 알아들었을 가능성은 거의 없다고 보고, 도리어 그들은 의도적으로 그리스도를 조롱하기 위해서, 그리스도께서 드린 기도를 비방거리로 삼은 것이라고 생각한다. 왜냐하면, 사탄이 경건한 자들의 구원을 훼방하는 데에는, 그들로 하여금 하나님의 이름을 부르지 못하게 하는 것보다 더 효과적인 방법이 없기 때문이다. 이런 까닭에, 사탄은 그의 하수인들을 사용해서, 그가 할 수 있는 데까지, 우리에게서 기도하고자 하는 마음을 없애 버리고자 한다. 그래서 사탄은 악한 원수들을 부추겨서, 비열하게도 그리스도께서 드린 기

도를 조롱거리로 만들게 함으로써, 이러한 술책을 써서 그리스도의 주된 무기를
빼앗고자 한 것이었다. 하나님이 우리의 기도를 받으시고 은혜로운 보살피심을 우
리에게 베푸시는 것이 아니라, 그의 이름을 사람들의 조롱거리가 되게 하여 욕을
당하게 하심으로써, 우리의 기도가 우리에게 전혀 유익을 가져다주지 못하는 것을
우리가 볼 때, 그것은 우리에게 아주 심각한 시험거리가 될 수밖에 없다. 그러므로
그들이 한 이 조롱의 말, 아니 이 개 짖는 소리는 그리스도께서 하나님께 나아갈 수
없으니까 다른 곳에서 도움을 구하기 위해 엘리야를 애타게 찾는 것이라고 말한
것이나 다름없다. 여기에서 우리는 그리스도께서 절망에 압도되어서 하나님의 이
름을 부르지 못하도록 만들기 위해서 ― 이것은 구원을 포기하는 것이었다 ― 사
탄은 그리스도를 사방으로 우겨싸고 있었다는 것을 알게 된다. 우리는 지금도 적
그리스도에게 고용되어 비방을 일삼는 자들은 교회 안에 있는 악한 자들과 더불어
서 우리가 전하는 옳은 것들을 그들의 중상모략을 통하여 비열하게 왜곡시키는 것
을 보기 때문에, 이와 동일한 일이 우리의 머리 되시는 그리스도께 일어났다고 해
도, 그것을 이상하게 여겨서는 안 된다. 그러나 그들이 지금 우리가 하나님이라고
부른 것을 "엘리야"로 둔갑시켜서 우리를 조롱하며 그들의 마음에 만족감을 느낄
지라도, 하나님은 마침내 우리가 신음하며 탄식하는 소리를 들으시고, 그의 영광
을 드러내시며, 그들의 비열하고 거짓된 것을 벌하실 것이다.

마 27:48. 그 중의 한 사람이 곧 달려가서. 그리스도께서 그들이 주는 마실 것을
한 번 거절하시자, 그들은 그를 괴롭게 하기 위해서 그 마실 것을 반복해서 그에게
들이밀었을 가능성이 높다. 또한, 그리스도께서 십자가 위에 높이 들리시기 전에
"신 포도주"가 그에게 주어졌고, 그런 후에 그가 십자가 위에 달려 계시는 동안에,
그들은 신 포도주를 적신 "해면"을 그의 입에 갖다 대었던 것 같다.

막 15:36. 가만 두라 엘리야가 와서 그를 내려 주나 보자. 마가는 이 말을 신 포
도주를 그리스도께 내밀었던 그 군병이 한 말로 보도하는 반면에, 마태는 이 말을
그 군병을 제외한 "남은 사람들"이 한 말이라고 보도한다. 그러나 이 두 본문 간에
모순은 없다. 왜냐하면, 이 조롱하는 말은 처음에는 한 사람에 의해서 시작되었지
만, 곧 다른 사람들에게도 전파되어서, 결국에는 여러 사람들이 큰 소리로 말하게
된 것일 가능성이 높기 때문이다. "가만 두라"는 어구는 어떤 일을 말리는 의미를
담고 있는 것이 아니라 조롱의 의미가 담겨 있는 것으로 보인다. 따라서 그리스도
를 처음으로 조롱했던 자가 그의 동료들에게 "엘리야가 와서 그를 내려 주나 보자"

라고 야유 섞인 말을 하자, 다른 사람들이 거기에 맞장구를 쳤고, 순식간에 각 사람이 자기 옆사람에게 똑같은 말을 했던 것 같다 ─ 이런 일은 동일한 생각을 갖고 있던 사람들이 모여 있을 때에 흔히 일어난다. 이 말을 한 사람이 한 것인지, 아니면 여러 사람이 한 것인지는 그리 중요하지 않다. 왜냐하면, 어느 경우이든, 이 말의 의미는 동일하기 때문이다. 즉, 이 말은 감탄사 대신에 사용되어서 "쉿, 조용!"이라고 말한 것과 같기 때문이다.

마 27:50. 예수께서 다시 크게 소리 지르시고. 누가는 앞에 나온 그리스도의 탄식("나의 하나님, 나의 하나님, 어찌하여 나를 버리셨나이까")에 대해서는 전혀 언급하지 않지만, 여기에서 마태와 마가가 생략한 것, 즉 그리스도께서 다시 한 번 크게 소리 지르시면서 어떤 말씀을 하셨는지를 기록한다. 누가는 예수께서 "아버지, 내 영혼을 아버지 손에 부탁하나이다"라고 큰 소리로 불러 말씀하셨다고 말한다. 이것은 그리스도께서 극심한 시험들에 의해서 무차별적으로 공격을 당하신 와중에서도, 여전히 그의 믿음이 흔들리지 않으신 채로, 그 믿음의 터 위에 견고히 서 계셨다는 것을 분명하게 보여주는 것이었다. 왜냐하면, 모두가 그리스도께서 멸망에 처해지셨다고 생각하고 있었는데도, 그리스도께서 하나님이 그의 영혼을 신실하게 지켜 주실 것이라는 확신을 담대하게 표명한 것보다 더 대단한 승리의 확신은 있을 수 없기 때문이다. 그리스도께서는 귀 먹은 자들에게 말하는 대신에, 곧장 하나님을 향하여 말씀하시며, 하나님을 믿고 의뢰한다는 자신의 고백을 그 존전에 아뢰었던 것이다. 사실, 그리스도께서는 사람들이 그의 말씀을 들어 주기를 바라셨다. 그러나 사람들에게 말해 보아야 아무 소용이 없다는 것을 아셨기 때문에, 그리스도께서는 오직 하나님만이 그의 증인이 되어 주시는 것으로 만족하셨다. 어떤 경건한 사람이 자기가 사방으로 공격을 당하고 있다는 것을 알고서, 사람들에게서는 위로를 발견할 수 없으므로, 온 세상의 광기(狂氣)를 멸시하면서, 그의 슬픔과 그를 보살펴 주실 것을 하나님께 맡기고, 하나님의 약속들을 소망하여 안식할 때보다 더 강력하거나 결정적인 믿음의 증언은 분명히 없다.

이 기도는 시편 31:5에서 가져온 것으로 보이지만, 나는 그리스도께서 당시의 상황에 맞춰서 그의 직접적인 목적을 위해 그 시편 본문을 조금 고쳐서 사용하셨다는 것을 의심하지 않는다. 그리스도께서는 이렇게 말씀하신 것이나 다름없다: "아버지여, 모두가 한 목소리로 내가 멸망에 처해졌다고 말한다는 것과 내 영혼이 요동을 치고 있는 것을 나는 압니다. 육신을 따라서는 나는 아버지의 도우심을 전혀 느낄 수가 없지만, 그럼에도 불구하고 나는 내 영혼을 아버지의 손에 맡기고서, 아버지의 선하심이라는 은밀한 보호막을 조용히 의지합니다." 그렇지만 우리가 주목해야 할 것은 다윗은 내가 방금 인용한 구절에서 그의 영혼이 하나님의 손에 의해 받아져서 죽은 이후에도 계속해서 안전하고 복 되게 해주시라고 기도하였을 뿐만 아니라, 그의 생명을 하나님께 맡겨드리니, 그가 하나님의 보호하심을 받아서 살든지 죽든지 형통하게 해주시라고 기도하였다는 것이다. 다윗은 많은 사망들에 의해서 끊임없이 포위당해 있는 자신의 모습을 보았다. 그러므로 다윗은 자기 자신을 하나님의 난공불락의 보호하심에 맡기는 것 외에 다른 방법이 없었다. 다윗은 하나님을 그의 영혼을 지키시는 자로 삼은 후에, 그의 영혼이 모든 위험에서 안전하게 된 것을 기뻐하면서, 하나님은 죽음에서조차도 자기 백성의 영혼을 지키시는 자이심을 알기 때문에, 하나님이 기뻐하시기만 하신다면, 언제라도 담대하게 죽음과 맞닥뜨릴 각오를 한다. 한편, 그리스도께서는 그의 영혼을 아버지 하나님께 맡겨서, 이 땅에서의 삶이라는 열악한 상태 속에서 아버지 하나님의 보호하심을 받아 살아가는 일은 이제 필요가 없게 되었기 때문에, 기쁜 마음으로 죽음을 맞으시기 위해 발걸음을 재촉하시면서, 그의 영혼이 이 세상 너머에서 보존되기를 바라시고, 그의 영혼을 아버지 하나님께 맡기신다. 왜냐하면, 하나님이 우리의 영혼을 받으셔서 지켜 주시는 주된 이유는 우리의 믿음이 이 덧없는 삶을 뛰어넘게 하시기 위한 것이기 때문이다.

우리는 그리스도께서 단지 그의 영혼만을 아버지 하나님께 맡기신 것이 아니라, 그를 믿는 모든 자들의 영혼도 한 묶음으로 맡기심으로써 그들의 영혼들도 그의 영혼과 더불어서 하나님의 보호하심을 받게 하셨을 뿐만 아니라, 그리스도께서는 이 기도를 통해서 모든 영혼을 구원하시는 권세를 얻으신 것이기 때문에, 황송하게도 천부께서는 모든 영혼을 친히 보호해 주시는 것은 물론이고, 그 권세를 그리스도의 손에 넘겨주셔서, 그 영혼들을 보호하시는 일을 그리스도께 맡기셨다는 것을 기억하여야 한다. 그래서 스데반은 죽어 가면서 "주 예수여 내 영혼을 받으시옵소서"(행 7:59)라고 말하며, 그의 영혼을 그리스도의 손에 맡긴다. 따라서 그리스도를 믿는 자들은 이러한 모범을 따라서 죽어갈 때에 자기 영혼을 허공 속으로 내던지지 않고, 도리어 아버지 하나님께서 그에게 맡기신 것은 무엇이라도 다 안전하게 지키시는 신실하신 그리스도를 의뢰하는 것이 마땅하다.

그리스도께서 큰 소리로 부르짖으신 것은 그의 감정이 몹시 격렬하였음을 보여주는 것이기도 하다. 왜냐하면, 그리스도께서는 그가 당하신 극심한 시험들로 인해서 사력을 다해 부르짖으셨을 것이기 때문이다. 그렇지만 그리스도께서는 사람의 폐부를 찌르는 이 부르짖음을 통해서 그의 영혼이 여전히 안전하고 죽음으로인해 손상을 입지 않았다는 것을 우리에게 확신시켜 주심으로써, 우리로 하여금그 동일한 확신에 의해서 힘을 얻어, 우리 육신의 이 누추한 집을 기쁜 마음으로 떠날 수 있게 하고자 하신 것이기도 하였다.

마 27:51. 이에 성소 휘장이 ⋯ 찢어져. 누가는 휘장이 찢어진 것과 해가 어두워진 것을 함께 보도하면서, 이 두 사건의 순서를 뒤바꾸어 놓는다. 왜냐하면, 우리가앞에서 종종 보았듯이, 복음서 기자들은 시간적인 순서를 정확히 지키는 것에는별 신경을 쓰지 않기 때문이다. 속죄의 제사가 다 이루기 전에 "휘장이 찢어지는" 것은 적절하지 않은 일이었다. 왜냐하면, 이때에 그리스도께서는 참되시고 영원하신 제사장으로서 율법에 의한 비유들(figura)을 폐지하시고서, 우리를 위하여그의 피로 하늘 성소로 가는 길을 열어 놓으심으로써, 우리로 하여금 더 이상 성전뜰에 멀리 서 있지 않고 담대하게 하나님의 존전에 나아갈 수 있게 하셨기 때문이다. 그림자인 제사가 지속되는 동안에는, 백성들이 성소에 들어오거나 성소 안을보지 못하게 하기 위하여(출 26:33; 대하 3:14), "휘장"이 땅의 성소 앞에 걸려 있어야 했지만, 지금 그리스도께서는 우리 모두로 하여금 "왕 같은 제사장"(벧전 2:9)이되게 하시기 위하여, "우리를 거스르고 불리하게 하는 법조문으로 쓴 증서를 지우심"으로써(골 2:14) 모든 장애물을 제거하셨다. 이렇게 "휘장이 찢어진" 것은 율법아래 존재하였던 의식(儀式)들을 폐지한 것이었을 뿐만 아니라, 어떤 면에서는 하나님께서 그의 아들의 지체들을 이제는 친밀하게 그에게 다가올 수 있게 하시기위하여 하늘을 여신 것이기도 하였다.

한편, 유대인들은 외적인 제사가 폐지될 시대가 이르렀다는 것, 옛 제사장 제도가 더 이상 효력이 없게 되었다는 것, 성전 건물이 여전히 서 있기는 하지만 옛 관습을 따라 거기에서 하나님을 예배할 필요가 없게 되었다는 것, 율법이라는 그림자들의 원형이자 실체인 것이 이루어졌기 때문에 율법에 의한 비유들은 영적인 것으로 바뀌었다는 것을 알고 있었다. 그리스도께서는 눈에 보이는 제사를 드리셨지만, 사도가 우리에게 말해 주듯이(히 9:14), 우리가 그 제사의 참된 가치를 알고 그열매를 누리기 위해서는 그 제사를 영적으로 보지 않으면 안 된다. 그러나 "휘장이찢어짐"으로써 외적인 성소가 폐지된 것은 저 비참한 자들에게는 아무런 유익도 없었다. 왜냐하면, 그들의 마음에 자리 잡고 있던 불신앙이라는 내면의 휘장으로 말미암아 그들은 구원의 빛을 볼 수 없었기 때문이다.

마태는 지진이 일어난 것과 바위들이 터진 것을 추가적으로 보도하는데, 나는 이런 일들이 동시에 일어났을 가능성이 높다고 생각한다. 이런 식으로 땅은 그 창조주를 증언하였을 뿐만 아니라, 패역한 백성의 완악한 마음을 증언하는 증인으로 호출되었다. 왜냐하면, 이것은 지진이 일어나고 바위들이 터져도 미동도 하지 않을 만큼 이 백성은 기괴하리 만큼 완악한 마음을 지녔다는 것을 보여준 것이었기 때문이다.

마 27:52. 무덤들이 열리며. 이것도 놀랄 만한 이적이었는데, 하나님께서는 이 이적을 통해서 그의 아들이 죽음이라는 감옥 속으로 들어간 것은 그가 거기에 계속해서 갇혀 있기 위해서가 아니라 포로로 잡혀 있는 모든 자들을 데리고 나오기 위해서라는 것을 분명하게 보여주신다. 그리스도께서 육신의 비천한 연약함을 짊어지시고 죽으신 바로 그때에, 그의 죽음이 지닌 엄청난 신적 능력이 지옥에까지 미쳤다. 이것이 그리스도께서 무덤에 들어가시자마자, 다른 무덤들이 그로 말미암아 열리게 된 이유이다. 그렇지만 이렇게 무덤들이 열린 것이 그리스도의 부활 이전에 일어난 것인지는 의심스럽다. 왜냐하면, 내 생각에는, 다음 절에 언급된 성도들의 부활은 그리스도의 부활 이후에 일어난 일로 보도되고 있기 때문이다. 어떤 주석가들은 그들이 생명과 호흡을 받은 후에 무덤 속에 삼일 동안 그대로 머물러 있었던 것이라고 주장하지만, 그럴 가능성은 없는 것 같다. 나는 그리스도께서 죽으셨을 때에 무덤들이 즉시 열렸고, 그가 부활하셨을 때에 경건한 자들 중 일부가 생명을 받아서 무덤에서 나와 도성에 들어가 사람들의 눈에 보이게 되었을 가능성이 더 높다고 생각한다. 왜냐하면, 그리스도께서 "죽은 자들 가운데서 먼저 나신 이"(골 1:18)이자 "죽은 자 가운데서 다시 살아나사 잠자는 자들의 첫 열매"(고전 15:20)로 불리는 것은 그가 새 생명을 그의 죽음으로 말미암아 시작하셨고, 그의 부활로 말미암아 완성하신 까닭이기 때문이다. 그리스도의 죽음은 새 생명의 원천이자 시작이었기 때문에, 그가 죽으셨을 때에 즉시 죽은 자들이 일으키심을 받지 않은 것은 아니었다. 그러므로 무덤이 열린 것은 새 생명의 전조(前兆)였고, 그 열매 또는 결과는 그로부터 삼일 후에 나타났기 때문에, 그리스도께서 죽은 자 가운데서 다시 살아나실 때에 다른 사람들을 데리시고 함께 무덤에서 나오신 것이라고 보는 것이 여러 가지로 합당한 것 같다. 이 표적을 통해서 분명해진 것은 그리스도께서는 한 개인의 자격으로 사사롭게 죽으시거나 부활하신 것이 아니라, 모든 믿는 자들에게 생명의 향기를 부어 주시기 위해서였다는 것이다.

그러나 여기에서 한 가지 질문이 생겨난다: 그리스도의 부활에 참여하는 것은 모든 믿는 자들에게 다 똑같이 해당되는 일인데도, 왜 하나님은 그들 중 일부만을 다시 살아나게 하시기로 결정하신 것인가? 나의 대답은 이렇다: 교회라는 몸 전체가 그 머리 되시는 그리스도께로 모일 때가 아직 다 차지 않았기 때문에, 하나님은 몇몇 사람들의 경우를 통해서 모든 믿는 자가 장차 입게 될 새 생명이 어떤 것인지를 보여주고자 하신 것이었다는 것이다. 왜냐하면, 우리는 그리스도께서 하늘로 올라가셨지만, 그의 지체들의 "생명"은 여전히 "감춰져"(골 3:3) 있다가, 그리스도께서 재림하실 때에 나타나도록 되어 있다는 것을 안다. 그러나 믿는 자들의 마음이 이 소망을 좀 더 간절하게 품게 하기 위해서는, 하나님께서 장차 그들 모두에게 해당될 이 부활을 몇몇 사람들로 하여금 맛보게 하신 것은 그들에게 유익한 일이었다.

또 한 가지 더 어려운 질문이 남아 있다: 이렇게 다시 살아난 성도들은 그 후에 어떻게 되었는가? 왜냐하면, 그리스도께서 새 생명에 참여하도록 허락하신 그들이 다시 즉시 티끌로 돌아갔다고 생각하는 것은 말이 안 되어 보이기 때문이다. 그러나 이 문제는 쉽게 또는 신속하게 대답될 수 없는 것이기도 하고, 꼭 알아야 될 필요가 없는 문제를 놓고 너무 고심하는 것도 별로 좋은 일이 아니다. 어쨌든 그들이 오랫동안 계속해서 사람들과 어울려 살았을 가능성은 별로 없어 보인다. 왜냐하면, 그리스도의 능력을 거울이나 그림처럼 분명하게 사람들에게 보여주는 것이 그들의 주된 임무였던 까닭에, 그들은 단지 짧은 기간 동안만 사람들에게 보이면 되었을 것이기 때문이다. 하나님은 그들을 통해서 당시에 살아 있던 자들 사이에서 하늘 생명에 대한 소망을 확증해 주고자 하신 것이기 때문에, 그들이 이러한 임무를 다 마친 후에 다시 무덤으로 돌아가 안식하였다고 말하는 것도 결코 불합리하지 않을 것이다. 그러나 하나님이 그들에게 주신 생명을 그 후에 다시 그들에게서 가져가셨을 가능성은 별로 없는 것 같다. 왜냐하면, 만약 그 생명이 유한한 생명이었다면, 그것은 온전한 부활의 증거가 되지 못하였을 것이기 때문이다. 온 세상 사람들이 다시 부활하게 될 것이고, 그리스도께서는 믿는 자들을 구원을 위한 부활로, 악인들을 심판을 위한 부활로 다시 일으키실 것이긴 하지만, 그가 부활하신 것은 특별히 그의 교회를 위한 것이었기 때문에, 그가 오직 성도들에게만 그와 함께 부활하는 특별한 존귀를 더하신 것은 적절한 일이었다.

마 27:53. 거룩한 성에 들어가. 마태는 예루살렘에 "거룩한 성"이라는 존귀한 호칭을 붙이고 있기는 하지만, 이것은 그 성의 주민들의 사람됨을 칭찬하기 위한 것은 아니다. 왜냐하면, 우리는 예루살렘은 당시에 온갖 부패와 악(惡)이 만연되어서, "도둑의 소굴"(렘 7:11)이 되어 있었다는 것을 알기 때문이다. 그러나 이 도성은 하나님이 택하신 곳이었기 때문에, 하나님의 택하심에 토대를 둔 그 거룩성은 하나님이 그 성을 버리셨다는 것을 공개적으로 선언하시기 전에는 사람들의 그 어떤 타락과 부패에 의해서도 결코 말살될 수 없었다. 또는, 이것을 좀 더 간략하게 표현한다면, 예루살렘은 사람들 편에서는 더럽혀져서 속된 곳이 되었지만, 하나님 편에서는 그리스도께서 십자가에서 죽으신 지 오래지 않아 일어난 성전의 파괴 또는 더럽혀짐이 있을 때까지는 아직 거룩한 곳이었다.

마 27:54. 백부장. 누가가 무리들이 탄식하였다고 언급하고 있는 것으로 보아서, "백부장"과 그의 군병들만이 그리스도를 "하나님의 아들"로 인정하였던 것은 아니었지만, 복음서 기자들은 그들이 말하고자 하는 것을 부각시킬 목적으로 그리스도를 둘러싼 이러한 상황을 특별히 언급하고 있는 것이다. 왜냐하면, 율법의 가르침을 받지도 않았고, 참된 신앙에 대해서 무지한 신앙 없는 자가 그가 본 표적들을 통해서 이렇게 정확한 판단을 할 수 있었다는 것은 놀랍고 기이한 일이기 때문이다. 이러한 서로 대조되는 모습은 예루살렘에 거하는 자들의 우매함을 강력하게 단죄하는 의미를 지닌다. 왜냐하면, 세상의 틀을 이루고 있는 하늘과 땅이 충격을 받아 두려워 떠는데도, 오직 하찮은 자들 외에는 유대인들 중에서 뭔가를 느끼는 자가 아무도 없었다는 것은 그들이 얼마나 충격적인 광기(狂氣)에 사로잡혀 있는지를 잘 보여주는 증거였기 때문이다. 그렇지만 유대인들이 눈이 멀어서 아무것도 보지 못하는 상황 속에서도 하나님은 그의 아들에 관한 그의 증언들이 그대로 침묵 속에 묻혀 버리는 것을 허락하지 않으셨다. 그러므로 그때에 하나님을 진심으로 예배하는 자들은 그들이 가진 참된 신앙으로 말미암아 눈을 열어서 하늘로부터 하나님이 그리스도의 영광을 높이시는 것을 깨달았을 뿐만 아니라, 이방인들, 심지어 로마 군병들까지도 그들이 지닌 본성적인 지각(naturae sensus)을 통해서 율법이나 선생으로부터 한 번도 배워본 적이 없었던 것을 입으로 고백하지 않을 수 없었다.

마가는 그리스도께서 "큰 소리를 지르시고 숨지시는" 것을 보고서 "백부장"이 그렇게 말한 것이라고 보도하고 있기 때문에, 일부 주석가들은 백부장이 그리스도께서 죽으실 때까지도 그 엄청난 힘이 전혀 손상되지 않은 것을 지적한 것이라고 주장한다. 분명히, 그리스도의 몸에서는 피가 거의 다 빠져 나간 상태였기 때문에, 옆구리와 폐가 그토록 큰 소리를 낼 수 있을 만한 힘을 보유하고 있다는 것은 상식적으로는 불가능한 일이었다. 그렇지만 나는 백부장이 그리스도께서 불굴의 신앙으로 마지막 순간까지 하나님의 이름을 부르신 것을 칭송하고자 한 것이라고 생각한다. 백부장은 단지 그리스도께서 큰 소리를 지르시는 것을 듣고서 그를 대단한 인물로 생각하게 된 것이 아니라, 그리스도께서 죽으실 때에 보이신 엄청난 힘과 하늘의 이적들이 서로 들어맞는다는 것을 인식하고서 그런 고백을 하지 않을 수 없게 된 것이었다.

"그가 하나님을 두려워하였다"는 어구는 마치 그가 온전히 회개하였다는 듯한 의미로 해석되어서는 안 된다. 하나님이 그의 경천동지(驚天動地)할 능력을 나타내 보이시면, 세상에 물들어서 별 생각 없이 살아가던 자들도 하나님을 두려워하는 일이 종종 일어나지만, 그것은 단지 일시적이고 순간적인 충동일 뿐이다. 그들에게는 하나님을 믿는 신앙의 뿌리가 없기 때문에, 얼마 있지 않아서 다시 무관심한 상태로 돌아가고, 하나님을 두려워했던 감정도 사라지게 된다. 이 "백부장"도 그의 남은 일생 동안 하나님께 헌신하는 그런 변화를 경험한 것이 아니라, 단지 잠시 그리스도의 신성(神性)을 알리는 전령(傳令) 역할을 한 것일 뿐이었다.

누가가 백부장이 "이 사람은 정녕 의인이었도다"라는 말 외에는 다른 말을 하지 않은 것으로 보도하지만, 그것은 백부장이 그리스도께서 "하나님의 아들"이었다고 분명하게 말했다고 보도한 것과 동일한 의미를 지니기 때문에, 다른 두 복음서 기자가 보도한 내용과 다를 바가 없다. 왜냐하면, 그리스도께서 "하나님의 아들"로 자처하셨기 때문에 죽음을 당하셨다는 것은 누구나 다 아는 일이었기 때문이다. 백부장은 그리스도의 의로우심을 칭송하고, 그에게 죄가 없다고 선언함으로써, 실제적으로 그가 "하나님의 아들"이시라는 것을 인정한 것이다. 이것은 백부장이 그리스도께서 하나님 아버지의 독생자이시라는 것을 분명하게 이해하고 있었다는 것이 아니라, 그에게 어떤 신성(神性)이 존재하고 있다는 것에 대하여 의심을 품지 않았고, 여러 가지 증거들을 통해서 그리스도가 평범한 사람이 아니라 하나님에 의해서 일으키심을 받았음을 확신하게 되었다는 것을 고백한 것이었다.

"무리들이 가슴을 친" 것은 불의하고 충격적인 살인으로 말미암아 유대 민족 전체가 죄를 지었음을 느끼고서, 민족적인 범죄에 대하여 하나님이 내리실 벌이 두렵다는 것을 표현한 것이었다. 그러나 그들은 그 이상으로 더 나아가지 않았기 때문에, 그들의 탄식은 별 소용이 없는 것이었다 — 물론, 그들 중 몇몇 사람들에게는 이것이 참된 회개의 시작 또는 준비 과정이 되었을 수도 있지만. 하나님께서 그의 아들의 영광을 위하여 그들로부터 탄식을 이끌어 내신 것 외에는 그들에 대하여 그 이상의 내용이 성경에 나와 있지 않기 때문에, 이러한 예를 통해서 우리는 어떤 사람이 하나님의 능력을 자신의 눈앞에서 보고서 두려움에 사로잡혔다고 할지라도, 그 두려움이 사라진 후에, 하나님을 두려워하는 마음이 그의 마음속에 여전히 남아 있지 않는다면, 그것은 전혀 중요하지 않거나 별로 중요하지 않은 것임을 알아야 한다.

마 27:55. 많은 여자가 거기 있어. 나는 복음서 기자들이 이 기사(記事)를 덧붙인 것은 제자들은 도망쳐서 뿔뿔이 흩어지긴 했지만, 주님께서는 그들 무리 중의 일부를 여전히 증인들로 남겨 두셨다는 것을 우리에게 알게 하기 위한 것이었다고 생각한다. 사도 요한도 십자가로부터 떠나지 않았지만, 그에 대한 언급은 없고, 그리스도께서 죽으실 때까지 그의 곁을 지켰던 여자들만이 칭찬을 받는다. 왜냐하면, 남자들이 두려워 떨며 도망쳤을 때, 여자들이 주님에 대한 특별한 애정으로 그 곁을 지킨 것이 한층 더 빛을 발하였기 때문이다. 이 여자들은 특별히 주님께 해드릴 수 있는 것이 없었지만, 주님이 가장 낮은 자리로 내려가서서 멸시와 천대를 받으실 때조차도, 주님을 공경하는 마음으로 대하기를 그치지 않은 것으로 보아서, 주님에 대한 특별한 애정을 지니고 있었던 것임에 틀림없다. 그렇지만 우리는 누가 본문을 통해서 모든 남자들이 다 도망을 친 것이 아님을 알게 된다. 왜냐하면, 누가는 "예수를 아는 자들이 다 멀리 서서 이 일을 보았다"고 보도하기 때문이다. 그러나 이 여자들은 남자들보다 더 나았기 때문에, 복음서 기자들이 이 여자들을 주로 칭찬한 것은 일리가 없지 않다. 내 생각에는, 복음서 기자들이 제자들과 여자들을 이렇게 암묵적으로 대비시킨 것 속에는 사도들을 따끔하게 책망하는 의도가 들어 있는 것으로 보인다. 여기에서 내가 "사도들"이라고 할 때에는 사도들을 전체적으로 가리키는 것이다. 왜냐하면, 세 복음서 기자들은 전혀 언급하고 있지 않지만, 내가 조금 전에 말했듯이, 사도들 중 한 사람은 유일하게 자리를 지켰기 때문이다. 세상의 구원이 달린 그 현장을 지키지 않고 도망친 것은 주님이 택하신 증인들에게 너무나 수치스러운 일이었다. 따라서 그들은 나중에 복음을 선포할 때에, 이 역사(歷史)의 중요한 부분을 여자들의 입에서 듣지 않으면 안 되었다. 만약 큰 재 앙이 될 뻔했던 일에 대한 치료책이 하나님의 섭리에 의해서 기적적으로 마련되지 않았더라면, 사도들은 물론이고 우리까지도 구속(救贖)에 관한 지식을 빼앗겨 버리고 말았을 것이다.

얼핏 보면, 우리는 여자들의 증언이 사도들의 증언과 동등한 권위를 지닐 수 없다고 생각할 수도 있다. 그러나 이 여자들이 성령의 능력으로 모든 시험을 이기고 힘을 내어서 그 자리를 지켰다는 것을 제대로 고려한다면, 우리는 이 여자들의 증언이 있게 한 장본인은 바로 하나님이시라는 것을 알 수 있기 때문에, 우리의 신앙이 흔들릴 이유가 전혀 없다는 것을 깨닫게 될 것이다. 우리가 주목해야 할 것은 하나님으로 하여금 우리와 화목하게 하시게 만든 저 대속(代贖)에 대하여 말하는 복음이 우리에게까지 이르게 된 것은 하나님의 이루 헤아릴 수 없는 선하심으로부터 왔다는 것이다. 왜냐하면, 누구보다도 앞서 달려가야 마땅하였던 자들이 다 도망치고 없는 동안에, 하나님은 무리들 중의 몇 사람에게 힘을 주셔서, 놀람과 두려움에서 깨어나게 하시고, 우리의 믿음과 구원에 필수적인 저 역사(歷史)를 우리에게 증언해 줄 증인들이 되게 하셨기 때문이다. 이 여자들에 대해서는 우리가 좀 더 말하게 될 기회를 곧 갖게 될 것이다. 지금으로서는, 이 여자들은 주님으로부터 배우고자 하는 열심 하나로 자신의 고향 땅을 떠나서 주님과 함께 동행하며 그의 입술로부터 끊임없이 진리를 배웠다는 것, 그리고 이 여자들은 주님의 구원의 가르침을 배울 수만 있다면 수고나 돈을 아끼지 않았다는 것만을 말해 두는 것으로 충분할 것이다.

[57]저물었을 때에 아리마대의 부자 요셉이라 하는 사람이 왔으니 그도 예수의 제자라 [58]빌라도에게 가서 예수의 시체를 달라 하니 이에 빌라도가 내주라 명령하거늘 [59]요셉이 시체를 가져다가 깨끗한 세마포로 싸서 [60]바위 속에 판 자기 새 무덤에 넣어 두고 큰 돌을 굴려 무덤 문에 놓고 가니 [61]거기 막달라 마리아와 다른 마리아가 무덤을 향하여 앉았더라(마 27:57-61).

[42]이 날은 준비일 곧 안식일 전날이므로 저물었을 때에 [43]아리마대 사람 요셉이 와서 당돌히 빌라도에게 들어가 예수의 시체를 달라 하니 이 사람은 존경 받는 공회원이요 하나님의 나라를 기다리는 자라 [44]빌라도는 예수께서 벌써 죽었을까 하고

이상히 여겨 백부장을 불러 죽은 지가 오래냐 묻고 [45]백부장에게 알아 본 후에 요셉에게 시체를 내주는지라 [46]요셉이 세마포를 사서 예수를 내려다가 그것으로 싸서 바위 속에 판 무덤에 넣어 두고 돌을 굴려 무덤 문에 놓으매 [47]막달라 마리아와 요세의 어머니 마리아가 예수 둔 곳을 보더라(막 15:42-47).

[50]공회 의원으로 선하고 의로운 요셉이라 하는 사람이 있으니 [51][그들의 결의와 행사에 찬성하지 아니한 자라] 그는 유대인의 동네 아리마대 사람이요 하나님의 나라를 기다리는 자라 [52]그가 빌라도에게 가서 예수의 시체를 달라 하여 [53]이를 내려 세마포로 싸고 아직 사람을 장사한 일이 없는 바위에 판 무덤에 넣어 두니 [54]이 날은 준비일이요 안식일이 거의 되었더라 [55]갈릴리에서 예수와 함께 온 여자들이 뒤를 따라 그 무덤과 그의 시체를 어떻게 두었는지를 보고 [56]돌아가 향품과 향유를 준비하더라 계명을 따라 안식일에 쉬더라(눅 23:50-56).

여기에는 그리스도를 장사 지내는 장면이 십자가의 능욕으로부터 부활의 영광으로 옮겨가는 중간 과정으로 등장한다. 사실, 하나님은 또 다른 이유 때문에 사람들로 하여금 그리스도를 장사 지내게 하시기로 정하셨는데, 그것은 그리스도께서 우리로 인하여 정말 죽음을 겪으셨다는 것을 더 온전히 증거하시기 위한 것이었다. 그렇지만 그리스도의 장사(葬事)가 지닌 주된 의미는 그리스도께서 짧은 시간 동안 겪으셨던 능욕을 하나님이 비로소 이 장사를 통해서 제거하시기 시작하셨다는 것이다. 왜냐하면, 그리스도의 육신은 통상적인 관례를 따라 구덩이에 던져진 것이 아니라, "바위 속에 판 새 무덤에" 존귀하게 안치되었기 때문이다. 이때에도 그리스도에게서는 여전히 육신의 연약함이 분명하게 드러나 있었고, 성령의 신적인 능력은 그의 부활 이전에는 분명하게 드러나지 않았기는 하지만, 하나님은 장사와 관련된 이러한 섭리를 통해서 일종의 준비 과정으로서 그가 곧 행하실 일, 즉 사망을 이기신 그의 아들을 하늘 위로 영화롭게 높이시리라는 것을 하나의 전조(前兆)로서 얼핏 보여주고자 하셨다.

마 27:57. 저물었을 때에. 우리는 요셉이 안식일을 범함이 없이 주님께 이 선한 일을 하기 위해서, 저녁이 되어 어둑어둑해졌을 때가 아니라 해가 지기 전에 왔을 것이라고 보아야 한다. 왜냐하면, 안식일은 저녁에 시작되었으므로, 저녁이 되기 전에 그리스도께서는 무덤에 안치되어야 했기 때문이다. 그리스도께서 죽으신 때로부터 안식일이 시작될 때까지는 세 시간의 여유가 있었다. 요한은 오직 요셉만을 언급하는 것이 아니라, 니고데모도 이 일에 함께 한 것으로 보도하지만(19:39), 처음에는 요셉이 이 일을 혼자 담당하였고, 니고데모는 단지 나중에 동참한 것이었기 때문에, 공관복음서 기자들은 이 짧은 기사 속에서 오직 요셉이 한 일을 보도하는 것으로 만족하였다.

요셉이 한 이 가상(嘉賞)한 일은 특별한 칭찬을 받아 마땅한 일이기는 하지만, 우리는 우선적으로 유대 민족 가운데서 높고 존귀한 신분에 속한 한 사람을 일으키셔서, 그리스도를 예(禮)를 갖추어 장사 지내게 함으로써 십자가의 능욕을 씻어내신 하나님의 섭리를 생각하지 않으면 안 된다. 사실, 요셉은 온 민족의 미움과 배척을 받을 각오를 하고서 큰 위험을 무릅쓴 것이었기 때문에, 이 특별한 용기와 담대함이 성령의 은밀하신 감동에서 생겨난 것임을 의심의 여지가 없다. 왜냐하면, 그는 전부터 그리스도의 제자들 중 한 사람이었기는 하지만, 결코 감히 자신의 신앙을 솔직하고 공개적으로 고백하지 못하였었기 때문이다. 만약 성령의 감동이 없었다면, 그리스도의 죽음이 그에게 절망으로 가득 찬 광경을 목도하게 하였기 때문에, 그가 아무리 강심장을 지닌 자였을지라도 그의 마음이 무너질 수밖에 없는 상황에서, 그런 그가 갑자기 그런 고상한 용기와 담대함을 얻어서, 극심한 공포 분위기 가운데서 아무런 두려움도 없이, 모든 것이 평온했을 때보다도 더 주저함이 없이 그리스도를 장사 지내는 일을 자기가 담당하겠다고 나설 수 있었겠는가? 그러므로 우리는 하나님의 아들이 요셉의 손에 의해서 장사 된 것은 하나님의 역사(役事)였다는 것을 알아야 한다.

여기에 자세하게 보도된 여러 상황들도 마찬가지로 그러한 동일한 목적과 연관되어 있음에 틀림없다. 복음서 기자들이 요셉의 경건과 흠 없는 삶을 칭찬하고 있는 것은 우리로 하여금 하나님의 종을 통해서 일하시는 하나님의 역사(役事)를 깨닫게 하기 위한 것이고, 요셉이 "부자"였다고 말하는 것은 성령의 역사로 말미암아 그의 마음이 놀라울 정도로 극히 담대해졌기 때문에, 그렇지 않았다면 당연히 위축되어 뒤로 물러나고 말았을 그가 모든 장애물을 극복할 수 있었다는 것을 우리에게 알게 해주고자 하기 위한 것이다. 왜냐하면, 부자들은 교만할 수밖에 없어서, 그들이 백성들의 멸시를 당할 일을 자원해서 한다는 것은 상상도 할 수 없는 일이기 때문이다. 우리는 사형집행인의 손에서 십자가에 못 박힌 자의 시신을 건네받는 것이 얼마나 수치스럽고 초라한 일인지를 안다. 게다가, 부자들은 사람들의 편견을 불러올 만한 일은 다 피하고자 하기 때문에, 만약 하늘로부터 거룩한 담대함이 요셉에게 주어지지 않았다면, 그가 더 큰 부자였을수록, 그는 더욱 조심스럽고 겁을 내는 자가 되었을 것이다. 또한, 복음서 기자들이 요셉이 "공회 의원"이었다고 말하며 그 존귀한 신분에 대하여 언급한 것도 그리스도를 장사 지내는 일과 관련해서 하나님의 능력이 어떻게 나타났는지를 보여주기 위한 것이다. 왜냐하면, 하나님은 백성들 가운데서 가장 비천한 자들 중의 한 사람을 사용하셔서 그리스도의 육신을 신속하게 그리고 은밀하게 장사 지내게 하신 것이 아니라, 높고 존귀한 신분에 속한 한 사람을 일으키셔서 그 일을 하게 하셨고, 그런 존귀한 자가 그리스도께 이런 일을 할 것이라고 믿기가 어려우면 어려울수록, 이 모든 일이 하나님의 뜻과 손길에 의해서 이루어졌다는 것이 더욱 분명하게 드러날 수밖에 없었기 때문이다.

요셉의 모범을 통해서 우리는 부자들이 그리스도께 합당한 예를 올리지 않는 것은 결코 변명의 여지가 있을 수 없고, 도리어 마땅히 그들이 나서도록 촉구하는 것들로 받아들여야 할 상황들을 정반대로 장애물 내지 걸림돌로 여긴 것으로 말미암아 두 배로 죄를 지은 것으로 간주될 것임에 틀림없다는 것을 알게 된다. 남들보다 가진 것들이 많은 사람들은 멍에를 지기 싫어하고, 자신의 소유에 대한 지나친 염려와 걱정 때문에 우유부단하고 소심하게 되는 일이 너무나 많다는 것을 나도 인정한다. 그러나 우리는 부귀영화를 완전히 다른 시각에서 바라볼 필요가 있다. 왜냐하면, 우리가 소유한 부귀영화가 우리로 하여금 하나님을 섬기고 예배하게 하는 일에 도움이 되지 않는다면, 우리는 우리에게 주어진 부귀영화를 철저하게 남용하고 악용하는 것이기 때문이다. 본문에 보도된 요셉의 일은 하나님이 우리로 하여금 우리의 본분을 다하지 못하게 가로막는 악한 두려움을 얼마나 쉽게 없애 주실 수 있으신 지를 잘 보여준다. 왜냐하면, 요셉은 전에 모든 일이 아직 의심스러운 상태에 있었을 때에는 자기가 그리스도의 제자라는 사실을 공개적으로 감히 고백하지 못하였지만, 이제 원수들의 광분함이 극에 달하고 그들의 잔인함이 차고 넘치게 되자, 용기를 내어서 너무나 명백히 위험한 일을 감행하기를 주저하지 않게 되었기 때문이다. 그러므로 우리는 어떻게 하나님이 한순간에 사람들의 마음에 새로운 감정을 불어넣으셔서, 이전에 용기가 없어 주저앉아 있던 자들을 불굴의 담대함의 영으로 일으켜 세우시는지를 본다. 그리스도께서 십자가에 달려 계시는데도, 요셉은 그리스도를 존귀하게 해드리고자 하는 거룩한 소원으로 말미암아 이러한

용기를 내었다는 것을 생각할 때, 그리스도께서 죽은 자 가운데서 부활하신 지금
에 있어서 우리가 적어도 그리스도를 영화롭게 해드리고자 하는 동일한 열심을 우
리 마음속에 품지 않는다면, 우리의 그러한 나태함과 둔감함에 반드시 화(禍)가 있
을 것이다.

막 15:43; 눅 23:51. 이 사람은 … 하나님의 나라를 기다리는 자라. 요셉에게 수
여된 최고의 찬사는 그가 "하나님의 나라를 기다리는 자"였다는 것이다. 물론, 그
는 "의로운" 자라는 칭찬도 받고 있기는 하지만, 그의 의로움의 뿌리이자 원천은
그가 "하나님의 나라를 기다리는 자"였다는 것이다. 우리는 "하나님의 나라"를 하
나님께서 그리스도를 통하여 약속하신 새롭게 하심(instauratio)을 의미하는 것으
로 이해하여야 한다. 왜냐하면, 선지자들이 도처에서 예언하였던 온전한 질서는
그리스도께서 오실 때에 임하게 될 것이고, 하나님이 어그러진 길로 가 버린 자들
을 그의 통치 하에 모으시지 않는다면, 존재할 수 없기 때문이다. 그러므로 요셉의
경건에 대한 칭찬은 무질서가 만연되어 있던 당시에 요셉은 하나님이 약속하신 저
구속(救贖)에 대한 소망을 품고 있었다는 것을 보여주는 것이다. 하나님을 경외하
는 마음, 거룩하고 정직하게 살고자 하는 마음도 이것으로부터 생겨난다. 왜냐
면, 하나님이 자신의 구원자가 되어 주실 것이라는 소망을 품지 않는 사람이 하나
님께 헌신하는 것은 불가능하기 때문이다.

우리가 주목해야 할 것은 그리스도로 말미암은 구원은 모든 유대인들에게 차별
없이 약속된 것이었고, 이 구원에 대한 약속은 그들 모두에게 동일하게 주어진 것
이었지만, 여기에서 요셉에 대한 성령의 증언을 받은 자는 극소수였다는 것이다.
이것으로부터 분명한 것은 유대 백성의 거의 전부가 하나님의 이루 헤아릴 수 없
이 크신 은혜를 까맣게 망각한 상태에 매몰되어 있었다는 것이다. 유대 백성들은
너나 할 것 없이 입으로는 그리스도께서 오실 날이 가까웠다는 말을 자랑스럽게
하고 다녔지만, 마음속에 하나님의 언약을 깊이 담아 놓고서, 그들이 영적으로 새
로워질 날을 믿음으로 기다리는 자는 거의 없었다. 이것은 정말 끔찍할 정도의 둔
감함(stupor)이었다. 그러므로 우리는 구원에 대한 믿음이 사라진 곳에서 순수한
신앙이 저무는 것을 이상하게 여길 필요가 없다. 나는 이와 비슷한 타락과 부패가
이 불행한 시대에서도 만연되어 있지 않았기를 하나님께 빌 뿐이다! 그리스도께서
는 선지자들이 선포한 예언들을 따라서 유대인들과 온 세상에 구속주로 나타나셔
서, 만유(萬有)를 혼란과 무질서에서 정상적이고 합당하고 질서로 회복하시고서,

하나님의 나라를 세우셨고, 그가 시작하신 그의 나라를 완성하시기 위하여 하늘로 부터 다시 오실 때까지, 그동안 우리로 하여금 인내로써 싸워 나갈 것을 부탁하셨 다. 그런데 과연 이러한 소망을 다만 얼마라도 품고 있는 사람이 얼마나 될까? 거 의 모든 사람들이 마치 부활에 대한 약속이 없다는 듯이 이 땅에 붙어서 애착을 가 지며 살아가고 있는 것은 아닌가? 그러나 대다수의 사람들이 그들의 푯대를 망각 하고서 이리저리 표류하는 동안에도, 우리는 "위의 것을 찾는"(골 3:1) 것이 믿는 자들의 마땅한 본분이요 덕(德)이라는 것을 기억하여야 한다. 왜냐하면, 복음으로 말미암아 "하나님의 은혜가 나타나 우리를 양육하시되 경건하지 않은 것과 이 세 상 정욕을 다 버리고 신중함과 의로움과 경건함으로 이 세상에 살고 복스러운 소 망과 우리의 크신 하나님 구주 예수 그리스도의 영광이 나타나심을 기다리게 하셨 기"(딛 2:11-13) 때문이다.

마 27:59. 요셉이 시체를 가져다가. 공관복음서 기자들은 그리스도께서 장사 되 시는 장면을 짧게 보도하고 있기 때문에, 단지 요셉이 "깨끗한 세마포"를 샀다는 것만을 말하는 반면에, 요한은 그 시신을 "몰약과 침향 섞은 것과 함께 세마포에 싼" 것에 대해서도 보도한다(19:39). 이것으로부터 우리는 그리스도께서 예를 갖추 어 장사 되셨다는 것을 알게 된다. 사실, 자기가 마련해 둔 새 무덤을 주님께 양보 할 정도로 성심을 다한 부자가 다른 면들에 있어서도 극진한 예를 갖추어서 주님 의 시신을 장사하였으리라는 것은 의심의 여지가 없어 보인다. 또한, "아직 사람을 장사한 일이 없는 새 무덤"을 "죽은 자들 가운데서 먼저 나신 이"(골 1:18)이자 "죽 은 자 가운데서 다시 살아나사 잠자는 자들의 첫 열매"(고전 15:20)가 되신 이이신 주님이 얻게 되신 것도 사람들이 미리 생각해 둔 계획이었던 것이 아니라, 하나님 의 은밀한 섭리에 의해서 일어난 일이었다. 그러므로 하나님은 이 일을 통해서도 그의 아들을 인류의 나머지 사람들로부터 구별하시고, 무덤 자체를 통해서도 이제 시작될 새 생명을 암시하신 것이었다.

마 27:61. 거기 막달라 마리아와 다른 마리아가 … 앉았더라. 마태와 마가는 여 자들이 이 일을 지켜보았고, 예수의 시신을 둔 곳을 알아 두었다고만 말하지만, 누가 는 이 여자들이 성내로 돌아와서 "향품과 향유를 준비하여서" 이틀 후에 예수의 시신 에 합당한 예를 올리고자 하였다는 말도 덧붙인다. 이것으로부터 우리는 주님께서 죽으실 때에 퍼뜨리신 저 더 나은 향기로 이 여자들의 마음을 가득 채우셔서, 그녀들 을 그의 무덤으로 이끄시고 더 존귀하게 만드시고자 하셨다는 것을 알게 된다.

⁶²그 이튿날은 준비일 다음 날이라 대제사장들과 바리새인들이 함께 빌라도에게 모여 이르되 ⁶³주여 저 속이던 자가 살아 있을 때에 말하되 내가 사흘 후에 다시 살아나리라 한 것을 우리가 기억하노니 ⁶⁴그러므로 명령하여 그 무덤을 사흘까지 굳게 지키게 하소서 그의 제자들이 와서 시체를 도둑질하여 가고 백성에게 말하되 그가 죽은 자 가운데서 살아났다 하면 후의 속임이 전보다 더 클까 하나이다 하니 ⁶⁵빌라도가 이르되 너희에게 경비병이 있으니 가서 힘대로 굳게 지키라 하거늘 ⁶⁶그들이 경비병과 함께 가서 돌을 인봉하고 무덤을 굳게 지키니라(마 27:62-66).

마 27:62. 그 이튿날은. 이 기사를 통해서 마태는 서기관들과 제사장들이 어떠한 광분함으로 그리스도를 끝까지 괴롭히고자 하였는지를 보여주고자 한 것이라기보다는, 그의 아들의 부활이 사실임을 증명하시기 위한 하나님의 놀라운 섭리를 거울처럼 분명하게 우리에게 보여주고자 한 것이다. 이 교활한 자들은 속임수와 계략에 능숙한 자들이라서 죽은 자에 대한 기억을 사람들의 뇌리에서 없애 버릴 방도를 찾기 위해서 머리를 맞대고 궁리를 하였다. 왜냐하면, 그들은 부활 신앙을 잠재우지 못한다면 그들이 지금까지 한 일들이 수포로 돌아간다는 것을 잘 알고 있었기 때문이다. 그러나 그들이 시도하고자 하는 일들은 그들의 의도와는 달리, 마치 그들이 그리스도의 부활을 만천하에 드러내서 알리고자 하는 명백한 의도 하에서 추진하는 것처럼 보였다. 만약 그들이 무덤 앞에 "경비병들"을 세워 증인들이 되게 하고자 한 수고를 하지 않았더라면, 그리스도의 부활이 사실이라는 것이 덜 명백해졌을 것이고, 적어도 그들은 그 부활을 부인할 수 있는 더 그럴 듯한 근거들을 확보할 수 있었을 것이다. 그러므로 여기에서 우리는 어떻게 "하나님이 교활한 자의 계교를 꺾으시는지"(욥 5:12)를 보게 될 뿐만 아니라, 그들 자신이 세운 계략이 그들을 옭아매는 올무로 작용하게 하셔서, 그들로 하여금 하나님의 말씀에 굴복하지 않을 수 없게 만드신다는 것을 알게 된다. 그리스도의 원수들은 그의 부활을 알 자격이 없는 자들이었지만, 그들의 오만방자함을 드러내고, 그리스도를 비방하고 중상 모략할 수 있는 모든 빌미를 그들로부터 다 제거하며, 그들의 양심을 깨우쳐서 그들로 하여금 알지 못해서 그랬다고 변명할 수 있는 여지가 없게 하는 것은 합당한 일이었다. 그렇지만 우리가 주목해야 할 것은 하나님께서는 마치 그들을 이러한 목적을 위하여 고용하셨다는 듯이, 그들이 하는 일들을 그리스도의 영광이 더 두드러지게 하는 데에 사용하셨다는 것이다. 왜냐하면, 무덤 앞에 경비병을 세워둔 것은 바로 그들이었으므로, 무덤이 비어 있음을 그들이 발견하였을 때, 그들에게는 그것을 부정하기 위하여 거짓말을 만들어 낼 그럴 듯한 명분이 없게 되었기 때문이다. 이것은 그들이 그들의 악한 광분함을 중단했기 때문이 아니라, 무덤 속에 넣어 두고서 경비병들이 사방으로 지키고 있었는데도 예수의 시체가 없어졌다는 것은 건전하고 올바른 판단력을 지닌 모든 사람에게는 그리스도께서 부활하셨다는 것을 보여주는 충분한 증거였기 때문이다.

마 27:63. 저 속이던 자가 … 한 것을 우리가 기억하노니. 이러한 생각은 하나님이 그들의 악함에 대하여 의로우신 복수를 그들에게 집행하시기 위해서만이 아니라(하나님이 언제나 악한 양심들을 은밀한 고통들로 벌하시는 것과 마찬가지로), 주로 그들의 불의한 혀를 억제하시기 위해서 그들에게 불어넣어 주신 것이었다. 그렇지만 이것을 통해서 우리는 악한 자들이 사탄에게 홀렸을 때에 얼마나 우매하고 둔감하게 되는지를 다시 한 번 깨닫게 된다. 그리스도의 신적인 능력과 영광이 그토록 많은 이적들을 통해서 최근까지도 나타났음에도 불구하고, 그들은 그리스도를 "속이던 자"라고 부를 정도로 우매한 자들이 되어 있었다. 이것은 단지 구름에 도전장을 내민 것이 아니라, 말하자면 하나님이 해를 어둡게 하신 것을 조롱하면서 하나님의 얼굴에 침을 뱉는 것이었다. 이러한 일들은 우리의 마음이 완악해져서 깜깜한 어둠에 갇히지 않으려면, 하나님의 영광이 우리에게 나타났을 때에, 우리가 경건하고 겸손하게 깊이 생각해서, 얼른 그 영광을 주시하지 않으면 안 된다는 것을 보여준다. 악인들이 이미 죽으신 그리스도에 대해서까지 이렇게 악한 조롱의 말을 퍼붓는 것이 이상하고 어이없어 보인다고 할지라도, 우리의 마음이 그들의 이러한 방종으로 인하여 혼란스러워지지 않게 하기 위해서는, 우리는 언제나 그러한 일 속에서 하나님이 이루시고자 하시는 목적이 무엇인지를 지혜롭게 생각하지 않으면 안 된다. 악인들은 그들이 오만하게 쏟아내는 저 신성모독적인 한마디 말로써 그리스도의 가르침 전체와 그가 행하신 이적들을 통째로 다 무너뜨릴 수 있다고 착각하지만, 하나님은 다름 아닌 바로 그들을 사용하셔서, 그의 아들에게서 "속이는 자"라는 누명을 한 치의 남김도 없이 다 벗겨 주신다. 악인들이 중상모략으로 모든 것을 뒤집어엎고자 하여 온갖 비방을 일삼을 때마다, 우리는 하나님이 어둠 가운데서 그의 빛을 드러내실 때까지 침착하고 고요한 마음으로 기다리는 것이 마땅하다.

마 27:65. 너희에게 경비병이 있으니. 빌라도가 한 이 말은 그리스도의 무덤 앞에 군병들을 세워서 지키게 해 달라는 그들의 청을 그가 허락했다는 것을 의미한다. 이 허락으로 그들은 더욱더 단단히 묶였기 때문에, 그 어떤 교묘한 술책을 써서 빠져나가려고 해도 이젠 빠져나갈 수가 없게 되었다. 왜냐하면, 그들은 그리스도의 부활 후에 뻔뻔스럽게도 그 사실을 부정하는 것을 마다하지 않았지만, 빌라도의 허락으로 그리스도의 무덤을 봉한 순간 그들의 입도 봉해진 것이기 때문이다.

[1]안식일이 다 지나고 안식 후 첫날이 되려는 새벽에 막달라 마리아와 다른 마리아가 무덤을 보려고 갔더니 [2]큰 지진이 나며 주의 천사가 하늘로부터 내려와 돌을 굴려 내고 그 위에 앉았는데 [3]그 형상이 번개 같고 그 옷은 눈 같이 희거늘 [4]지키던 자들이 그를 무서워하여 떨며 죽은 사람과 같이 되었더라 [5]천사가 여자들에게 말하여 이르되 너희는 무서워하지 말라 십자가에 못 박히신 예수를 너희가 찾는 줄을 내가 아노라 [6]그가 여기 계시지 않고 그가 말씀 하시던 대로 살아나셨느니라 와서 그가 누우셨던 곳을 보라 [7]또 빨리 가서 그의 제자들에게 이르되 그가 죽은 자 가운데서 살아나셨고 너희보다 먼저 갈릴리로 가시나니 거기서 너희가 뵈오리라 하라 보라 내가 너희에게 일렀느니라 하거늘(마 28:1-7).

[1]안식일이 지나매 막달라 마리아와 야고보의 어머니 마리아와 또 살로메가 가서 예수께 바르기 위하여 향품을 사다 두었다가 [2]안식 후 첫날 매우 일찍이 해 돋을 때에 그 무덤으로 가며 [3]서로 말하되 누가 우리를 위하여 무덤 문에서 돌을 굴려 주리요 하더니 [4]눈을 들어본즉 벌써 돌이 굴려져 있는데 그 돌이 심히 크더라 [5]무덤에 들어가서 흰 옷을 입은 한 청년이 우편에 앉은 것을 보고 놀라매 [6]청년이 이르되 놀라지 말라 너희가 십자가에 못 박히신 나사렛 예수를 찾는구나 그가 살아나셨고 여기 계시지 아니하니라 보라 그를 두었던 곳이니라 [7]가서 그의 제자들과 베드로에게 이르기를 예수께서 너희보다 먼저 갈릴리로 가시나니 전에 너희에게 말씀하신 대로 너희가 거기서 뵈오리라 하라 하는지라(막 16:1-7).

[1]안식 후 첫날 새벽에 이 여자들이 그 준비한 향품을 가지고 무덤에 가서 [2]돌이 무덤에서 굴려 옮겨진 것을 보고 [3]들어가니 주 예수의 시체가 보이지 아니하더라 [4]이로 인하여 근심할 때에 문득 찬란한 옷을 입은 두 사람이 곁에 섰는지라 [5]여자들이 두려워 얼굴을 땅에 대니 두 사람이 이르되 어찌하여 살아 있는 자를 죽은 자 가운

데서 찾느냐 ⁶여기 계시지 않고 살아나셨느니라 갈릴리에 계실 때에 **너희에게 어떻게 말씀하셨는지를 기억하라** ⁷이르시기를 인자가 죄인의 손에 넘겨져 십자가에 못 박히고 제삼일에 다시 살아나야 하리라 하셨느니라 한대 ⁸그들이 예수의 말씀을 기억하고(눅 24:1-8).

우리는 이제 우리의 구속(救贖)의 마지막 장면에 이르렀다. 왜냐하면, 우리가 하나님과 화목 되었다는 것에 대한 생생한 보증은 그리스도께서 이제 그에게 새 생명의 능력이 주어졌다는 것을 보여주시기 위하여 사망을 이기신 자로서 음부(陰府)에서 나오신 것으로부터 생겨난 것이기 때문이다. 그러므로 바울이 우리가 "그리스도께서" 죽은 자 가운데서 "다시 살아나셨다"는 것을 믿지 않는다면, 복음도 없고 구원에 대한 소망도 "헛것이요" 쓸데없는 것이 되고 말 것이라고 한 것은 옳다(고전 15:14). 왜냐하면, 부활을 통해서 그리스도께서는 우리를 위한 의(義)를 얻으셨고, 우리가 하늘에 들어갈 수 있는 길을 여셨기 때문이다. 요컨대, 그리스도께서 죽은 자 가운데서 다시 살아나셔서, 그의 성령의 능력을 행하시고, 그가 하나님의 아들이심을 증명하셨을 때, 우리의 양자됨은 하나님의 재가(裁可)를 얻게 되었다는 것이다. 그리스도께서는 우리의 육신의 지각이 원하였던 것과는 다른 방식으로 그의 부활을 나타내셨지만, 우리는 그가 택하신 방법이 최선의 것이었음을 인정하는 것이 마땅하다. 즉, 그리스도께서는 한 명의 증인도 없이 무덤에서 나가셔서, 빈 무덤이 그의 부활을 증언하는 가장 최초의 증거가 되게 하셨고, 다음으로는 천사들을 통해서 여자들에게 그가 다시 살아나셨다는 것을 알리시고는 얼마 후에 그 여자들에게 직접 나타나셨고, 마지막으로는 사도들에게 여러 번 나타나셨다.

이렇게 그리스도께서는 그를 따르는 자들에게 그들의 역량을 따라서 점차적으로 더 많은 분량의 지식을 나누어 주셨다. 그는 여자들로부터 시작하셔서, 그녀들에게 직접 나타나셨을 뿐만 아니라, 심지어 그녀들에게 복음을 사도들에게 전하는 사명을 주심으로써 그녀들을 사도들을 가르치는 자들이 되게 하시기까지 하셨다. 이것은 무엇보다도 먼저 여자들은 신속하게 무덤으로 달려감으로써 그렇게 한 일에 합당한 적지 않은 상을 받았던 반면에, 사도들은 두려움에 질려서 거의 죽은 자들처럼 되어 아무것도 하지 못한 것에 대하여 그들의 무기력(torpor)를 책망하시는 것이었다. 왜냐하면, 이 여자들이 마치 그리스도께서 아직 죽어 계신 줄로 생각하여 그 몸에 향유를 붓고자 한 것은 잘못된 일이었기는 하지만, 그리스도께서는 그녀들의 연약함을 용서하셨고, 잠시 남자들에게서 사도직을 빼앗아 그녀들에게 맡기심으로써 그녀들에게 특별한 존귀를 더하셨기 때문이다. 그리스도께서는 이 일을 통해서도 바울이 우리에게 말해 준 것, 즉 하나님께서는 육신의 자랑과 교만을 파하시고 낮추시기 위하여 "세상의 미련한 것들과 약한 것들을 택하여"(고전 1:27) 사용하신다는 것의 한 예를 보여주셨다. 우리가 모든 교만을 내려놓고서 이 여자들의 증언을 겸손히 받고자 하지 않는다면, 우리는 다른 방법으로는 우리 신앙의 이 신조를 결코 제대로 배울 수 없게 될 것이다. 이것은 우리의 신앙이 그러한 좁은 범위에 갇혀 있어야 한다는 의미가 아니라, 하나님은 우리의 신앙을 시험하시기 위하여, 우리가 미련한 자들이 되어야, 비로소 그의 신비들에 관한 더 풍성한 지식을 얻을 수 있게 정해 놓으셨기 때문이다.

이 기사와 관련해서 마태는 두 "마리아"가 무덤을 보러 왔다고만 말하고, 마가는 세 번째 인물인 "살로메"를 추가해서 그녀들이 주님의 시신에 쓸 "향품"을 샀다고 말한다. 그러나 누가 본문을 통해서 우리는 단지 두세 여자가 아니라 여러 명의 여자가 무덤으로 갔다는 것을 알게 된다. 우리는 성경의 기자들이 많은 수의 사람들에 대하여 말할 때에 그들 중의 몇몇의 이름만을 밝히는 것이 관례라는 것을 안다. 막달라 마리아가 또 다른 동료와 함께 먼저 보냄을 받아서 또는 자발적으로 먼저 달려와서 나머지 다른 여자들보다 앞서 무덤에 도착했을 가능성이 높은 것 같다. 이 두 여자가 "무덤을 볼" 목적으로 갔다는 마태 본문의 표현이 이러한 추정을 밑받침해 주는 것으로 보인다. 왜냐하면, 그리스도를 보지 못한다면, 그녀들은 그에게 향유를 부을 도리가 없을 것이기 때문이다. 한편, 마태는 이 여자들이 주님의 시신에 어떤 식으로 예를 드릴 생각을 갖고 있었는지에 대해서는 아무것도 말하지 않는다. 왜냐하면, 그가 염두에 둔 주된 목적은 부활을 증거하는 것이었기 때문이다.

그러나 우리는 이 여자들의 열심은 잘못된 미신(迷信)과 뒤섞여 있는 것이었는데도 어떻게 하나님께 열납될 수 있었는가라는 질문을 던져볼 수 있다. 나는 이 여자들이 조상들로부터 배운 죽은 자에게 향유를 붓는 관습은 그녀들에 의해서 비로소 합당한 목적을 따라 행하여졌다는 것을 의심하지 않는다. 왜냐하면, 이 관습의 목적은 죽음을 애도하는 가운데서도 내세에 대한 소망으로부터 위로를 이끌어 내는 것이었기 때문이다. 그리스도께서 전에 그가 삼 일만에 다시 살아나실 것이라고 미리 말씀해 주셨는데도, 이 여자들이 주님의 입에서 들은 말씀을 그 마음속에 즉시 떠올리지 않은 것은 물론 잘못된 것이었다. 그러나 이 여자들은 최후의 부활이라는 큰 가르침을 믿고 있었기 때문에, 이 본문이 보여주듯이, 하마터면 모든 일을 망칠 뻔하였던 그녀들의 이 잘못은 용서를 받았다. 이렇게 하나님은 그를 기쁘시게 해드리지 못할 뿐만 아니라 심지어 수치와 벌을 받고 거부당하는 것이 마땅한 성도들의 행위들을 아버지로서의 인자하심으로 관대하게 받아주시는 경우가 종종 있다. 그러므로 그리스도께서 그를 죽은 자 가운데서 찾는 잘못을 저지른 여자들에게 그의 인자하심과 관대하심으로 자기를 나타내신 것은 그의 놀라운 선하심을 보여주신 것이다. 그리스도께서는 그의 무덤을 찾은 여자들을 결코 빈손으로 돌려보내신 분이 아니셨다는 것만을 보아도, 우리는 지금도 믿음으로 그를 간절히 찾는 자들을 그가 결코 실망시키지 않으실 것임을 확실하게 단언할 수 있다. 왜냐하면, 그리스도께서는 그의 성령의 능력으로 천지를 가득 채우고 계시는 까닭에, 아무리 외딴 곳에 있는 자들일지라도 믿는 자들은 얼마든지 그를 만날 수 있기 때문이다.

막 16:1. 안식일이 지나매. 이 구절의 의미는 "안식 후 첫날이 되려는 새벽에"로 되어 있는 마태 본문이나 "안식 후 첫날"로 되어 있는 누가 본문과 동일하다. 왜냐하면, 유대인들 사이에서는 새로운 날이 전 날 저녁부터 시작되었던 까닭에, 무덤을 찾고자 계획하였던 여자들이 안식일이 지나고 나서 동 트기 전에 거기에 도착했다는 것은 누구나 알 수 있는 일이기 때문이다. 두 복음서 기자는 두 안식일 사이에서 순서상으로 첫 날이 되는 날을 "안식일들의 첫 번째 날"(개역에서는 "안식 후 첫날")로 부르고 있다. 일부 라틴어 역본들에서는 "첫 번째"를 "하나"로 번역하였고, 많은 사람들이 히브리어를 잘 몰라서 이런 실수를 저질러 왔다. 왜냐하면, '에하드'(אחד)는 "하나"를 의미하기도 하고 "첫 번째"를 의미하기도 하지만, 복음서 기자들은 다른 많은 구절들에서 히브리어 관용어법을 따라서 '미안'(μίαν, "하나")이라는 단어를 사용하였기 때문이다. 그러나 나는 아무도 이런 모호성으로 인하여 오해하는 일이 없도록 하기 위하여, 그런 구절들에서 이 단어가 "하나"라는 의미로 사용된 것인지, 아니면 "첫 번째"라는 의미로 사용된 것인지를 좀 더 분명하게 밝혀 놓았다. "향품"을 사는 것과 관련해서, 누가의 기사는 몇 가지 점에서 마가 본문과 다르다. 왜냐하면, 누가는 이 여자들이 성내로 가서 "향품"을 사고 나서, 율법의 계명을 따라서 무덤으로 출발하기 전에 하루를 쉬었다고 말하지만, 마가는 이 두 가지 서로 다른 사건을 이 기사(記事)의 동일한 부분에서 소개하면서, 여자들이 향품을 산 것과 무덤으로 출발한 것이 한 날에 이루어진 일들로 묘사함으로써, 이 두 사건이 서로 다른 날에 일어났음을 분명하게 구별하고 있는 누가 본문보다 뭉뚱그려서 보도하기 때문이다. 하지만 이 일의 핵심, 즉 여자들이 거룩한 안식을 지킨 후에 밤 사이에 집에 머물러 있었다는 것과 동이 틀 무렵에 무덤에 갔다는 것은 두 본문이 서로 완벽하게 일치한다.

또한, 우리는 내가 앞에서 말한 것, 즉 죽은 자에게 향유를 붓는 관습은 많은 이방 나라들 사이에서 일반적으로 행해진 것이긴 하지만, 부활 신앙을 가르쳐 주기 위한 목적으로 조상들이 대대로 전해 준 것을 물려받아서 행해온 유대인들만이 유일하게 이 관습을 올바르게 사용한 것임을 기억하여야 한다. 왜냐하면, 이 목적을 염두에 두지 않은 채로 아무런 감각도 없는 시신에 향유를 붓고 방부 처리를 하는 것은 아무런 위로도 되지 않는 쓸데없고 공허한 짓일 것이기 때문이다. 따라서 우리는 애굽 사람들이 이 일에 많은 수고와 정성을 쏟았다는 것을 알지만, 그들은 단지 헛수고를 한 것일 뿐이다. 그러나 이 신성한 상징을 통해서 하나님은 유대인들에게 죽음 속에서 생명을 생각하게 하심으로써, 그들로 하여금 죽음으로 인해서 육신이 썩어 티끌로 돌아간다고 할지라도 그들이 언젠가는 새 생명을 얻게 될 것이라는 기대를 늘 간직할 수 있게 해주셨다. 그리스도의 부활은 한편으로는 그 살리는 생명력으로 모든 무덤에 침투하여 죽은 자들에게 생명을 불어넣었고, 다른 한편으로는 저 외적인 의식(儀式)들을 폐지하였다. 그리스도께는 그런 의식(儀式)들이 전혀 필요가 없으셨지만, 이 여자들은 그리스도가 썩음을 맛보지 않으시리라는 것을 잘 알지 못한 그녀들의 무지(無知)로 인해서 이런 의식을 행하고자 하였던 것이다.

막 16:3. 서로 말하되. 여자들의 이런 걱정은 오직 마가만이 보도한다. 그러나 다른 복음서 기자들이 무덤 입구를 막고 있던 "돌"이 "천사"에 의해서 "굴려져 있었다"고 보도하는 것으로 보아서, 우리는 하나님의 손길에 의해서 무덤 입구가 열리기 전까지 여자들은 어떻게 할 줄을 모르고 당혹스러워하며 걱정하고 있었으리라는 것을 쉽게 짐작할 수 있다. 이것으로부터 우리는 여자들이 어떤 열심에 사로잡혀 있었기 때문에 이러한 난관을 제대로 고려하지 못하고 무덤까지 왔고, 무덤 앞에 돌이 놓여 있어서 아무도 들어갈 수 없다는 것을 비로소 깨달은 것임을 알게 된다. 여자들이 두려움과 놀람에 사로잡혀서 그런 생각을 하지 못한 것이 아니라면, 그녀들이 집에서 쉬면서 시간적인 여유가 많았는데도 불구하고 왜 그런 생각이 그녀들에게 떠오르지 않았겠는가? 그러나 그녀들은 거룩한 열심으로 인해서 눈이 먼 것이었기 때문에, 하나님께서는 그녀들의 그러한 잘못을 탓하지 않으신다.

마 28:2. 큰 지진이 나며. 하나님은 이 거룩한 부녀들의 마음이 경외심을 가질 수 있도록 좀 더 온전히 준비시키시기 위하여, 그의 영광이 거기에 임재해 있다는 것을 많은 표적들을 통해서 보여주셨다. 왜냐하면, 하나님의 아들이 사망 권세를 이기셨다는 것(우리의 구원의 주된 부분이 이것에 토대를 두고 있다)을 아는 것은 아주 중요한 문제였던 까닭에, 하나님의 위엄이 이 여자들의 눈에 공개적으로 및 명백하게 나타났다는 것과 관련해서 모든 의혹을 다 제거하는 것은 꼭 필요한 일이었기 때문이다. 그러므로 마태는 내가 방금 언급한 하나님의 권능을 사람들에게 깨닫게 해줄 수 있었던 "지진"에 대하여 언급한다. 이 여자들은 이 표적을 보았을 때에, 인간적이거나 이 땅에 속한 어떤 일을 기대하는 것이 아니라, 그녀들의 마음을 들어서 사람들의 기대를 뛰어넘는 하나님의 새로운 역사(役事)를 바라보는 것이 당연한 일이었다.

하나님의 장엄하심은 천사의 "옷"과 "형상"에서 뿜어져 나오는 광채 속에서도 빛을 발하였기 때문에, 이 여자들은 그녀들 곁에 서 있는 어떤 존재가 비록 사람 모양을 하고 있었을지라도 죽을 수밖에 없는 유한한 인간이 아니라는 것을 알아차릴 수밖에 없었다. 왜냐하면, 눈부신 빛이나 "눈 같이 흰" 것은 하나님의 무한하신 영광에 비하면 아무것도 아니고, 우리가 하나님을 제대로 알고자 한다면, 하나님을 어떤 빛깔에 빗대어 상상해서는 안 되긴 하지만, 하나님께서 외적인 표적들을 통해서 그의 임재를 우리에게 알게 하실 때, 그것은 우리의 연약함이 감당할 수 있는 수준에서 우리를 그에게로 초청하시는 것이기 때문이다. 우리는 하나님이 그의 임재를 나타내는 눈에 보이는 표적들을 우리에게 보여주시는 것은 우리로 하여금 우리의 마음으로 눈에 보이지 아니하시는 하나님을 인식하게 하시기 위한 것이고, 하나님이 우리에게 유형적인 형태들로 그의 영적인 실체를 맛보게 하시는 것은 우리로 하여금 그를 영적으로 찾게 하시기 위한 것임을 알아야 한다. 그렇지만 우리는 외적인 표적들(externum symbolum)과 더불어서, 이 여자들의 마음에 하나님에 대한 지각(deitatis sensus)을 새겨 준 내적인 능력도 존재하였다는 것을 의심할 수 없다. 왜냐하면, 이 여자들은 처음에는 너무나 놀라서 넋이 나갔지만, 이후에 전개되는 일을 보면, 점차 정신을 차려서, 하나님의 손길이 역사하고 있다는 것을 깨달았던 것으로 보이기 때문이다.

공관복음서 기자들은 이 일을 짧게 보도하기 위해서 요한이 자세하게 보도하고 있는 내용(20:1-12)을 생략하는데, 우리가 알다시피, 이런 일은 복음서 기자들에게 그리 드문 일이 아니었다. 또한, 마태와 마가는 한 명의 천사만을 언급하고 있는 반면에, 요한은 두 명의 천사에 대하여 말한다는 차이도 존재한다. 그러나 서로 상충되는 것으로 보이는 이러한 차이도 쉽게 설명될 수 있다. 왜냐하면, 우리는 성경에서 일부로써 전체를 나타내는 수사법이 얼마나 자주 사용되고 있는지를 잘 알기 때문이다. 그러므로 원래는 두 천사가 처음에는 마리아에게, 그리고 그 후에 그녀의 다른 동료들에게 나타났지만, 이 여자들의 관심은 주로 그녀들에게 말한 천사에게 쏠려 있었기 때문에, 마태와 마가는 이 천사가 전한 말을 보도하는 것으로 만족하였다는 것이다. 또한, "천사가 돌 위에 앉았다"고 마태가 말할 때, 마태는 사건들의 시간적 순서를 바꾸어 놓고 있거나, 적어도 시간적인 순서를 무시하고 있다. 왜냐하면, 천사는 이 여자들에게 즉시 나타난 것이 아니라, 이 여자들이 너무나 이상하고 놀라운 일에 어쩔 줄 몰라 하며 당혹해하고 있는 동안에 나타난 것이기 때문이다.

마 28:4. 지키던 자들이 그를 무서워하며 떨며. 하나님께서는 마치 "지키던 자들"의 양심을 뜨거운 인두로 지져서 그들로 하여금 그의 신적인 권능을 느끼지 않을 수 없게 만드신 것처럼, 그들에게 두려움을 불러일으키셨다. 적어도 이러한 두려움은 부활에 관한 소문이 곧 널리 퍼졌을 때에 그들이 함부로 그 소문을 조롱하지 못하게 막는 효과가 있었다. 왜냐하면, 그들은 비록 그들이 돈에 매수되어서 진실에 대하여 입 다무는 것을 부끄러워하지는 않았지만, 그들이 원하든 원치 않든 그들이 사람들 앞에서 악하게 부인하였던 것을 속으로는 인정하지 않을 수 없었기 때문이다. 또한, 그들은 돈에 매수되어 공개석상에서는 감히 말할 수 없었던 것을 그들과 친한 사람들 간에 허심탄회하게 얘기할 수 있었던 자리에서는 솔직하게 털어놓았으리라는 것도 의심할 여지가 없다.

우리는 마태가 대비시키고 있는 두 종류의 두려움 간의 차이를 주목할 필요가 있다. 무덤을 지키던 군병들은 소요와 소동에 익숙한 자들이었음에도 불구하고 이 일에 경악하여 두려움에 완전히 사로잡혀서 거의 죽은 자들처럼 엎드려졌지만, 그 어떤 능력이 임하여 그들을 일으켜 주는 일은 일어나지 않았다. 여자들도 이와 비슷한 두려움에 사로잡혀서 거의 넋이 나간 상태가 되었지만, 즉시 뒤따라온 위로에 의해서 다시 정신을 회복하고서, 적어도 어떤 더 나은 소망을 품기 시작하였다.

분명히, 하나님의 위엄이 버림받은 자들에게나 경건한 자들에게나 차별 없이 공포와 두려움을 불러일으키는 것은 모든 육체로 하여금 하나님의 임재 앞에서 입을 다물게 하기 위해서 마땅한 일이다. 그러나 하나님께서 그의 택하신 자들을 낮추시고 순복하게 하셨을 때에는, 그들이 두려움에 눌려서 가라앉지 않도록 하시기 위하여, 즉시 그들이 느끼는 두려움을 완화시켜 주시고, 그뿐만 아니라, 그가 주신 상처를 그의 달콤한 은혜로써 치유해 주시는 반면에, 버림받은 자들에 대해서는 갑자기 엄습하는 공포로 압도하셔서 죽이시거나, 서서히 고통 중에서 시름시름 죽어가게 만드신다. 군병들이 "죽은 사람과 같이" 되었다는 것은 의심의 여지가 없지만, 그들은 그 어떤 진정한 감화도 받지 못하였다. 그들은 분명히 잠시 두려워 떨긴 하였지만, 마치 감각이 없는 자들처럼, 그들이 두려워하였다는 사실을 금세 잊어버렸다. 이것은 그들이 겪은 공포에 대한 기억이 그들에게서 완전히 사라졌기 때문이 아니라, 그들을 압도하였던 하나님의 권능에 대한 저 생생하고 강력한 인식이 그들에게 금세 사라졌기 때문이다. 그러나 우리가 주로 주목해야 할 것은 그들은 여자들과 마찬가지로 두려워하였지만, 그들에게는 그들의 두려움을 완화시켜 줄 그 어떤 약(藥)도 주어지지 않았다는 것이다. 왜냐하면, 여자들에게는 천사가 "너희는 무서워하지 말라"고 말했을 뿐만 아니라, 그녀들이 안심하고 기뻐할 이유, 즉 그리스도의 부활에 관한 소식을 그녀들에게 전해 주었기 때문이다. 누가는 마치 천사가 그녀들의 귀를 잡아 당겨서 그녀들이 더 이상 주저함과 절망 속에 머물러 있지 못하도록 하였다는 듯이, "어찌하여 살아 있는 자를 죽은 자 가운데서 찾느냐"는 책망을 덧붙인다.

마 28:7. 또 빨리 가서 그의 제자들에게 이르되. 하나님은 여기에서 천사를 통해서, 여자들로 하여금 사도들에게 우리의 구원의 주된 부분을 알리라고 하심으로써, 여자들에게 특별한 존귀를 더하신다. 마가 본문에는 이 말을 특히 "베드로"에게 전하라는 것이 명시적으로 표현되어 있다. 이것은 베드로가 당시에 다른 제자들보다 더 높은 지위에 있었기 때문이 아니라, 이때는 그가 너무나 수치스러운 범죄를 저지른 후여서, 비록 그가 수치스럽고 악하게 범죄하였었지만, 그리스도께서는 그를 버리지 않으셨다는 것을 확신시키기 위한 특별한 위로가 그에게 필요하였기 때문이었다. 베드로는 이미 무덤에 들어갔었고, 그리스도의 부활의 흔적들을 목격하였었지만, 하나님께서는 그가 그 직후에 여자들에게 더하셨던 존귀, 즉 그리스도께서 다시 살아나셨다는 소식을 천사의 입술을 통해서 듣는 존귀를 베드로에게는 주지 않으셨다. 사실, 베드로가 여전히 극심한 혼란과 둔감함 속에서 괴로 워하고 있었다는 것은 마리아는 무덤 옆에 앉아 울고 있었는데도, 그는 무덤에 들 어가고서도 마치 아무것도 보지 못했다는 듯이 두려워 떨며 도망치기에 급급하였 다는 사실로부터 분명하게 드러난다. 그러므로 마리아와 그녀의 동료들이 결국 천 사를 봄으로써 그들의 인내의 상(賞)을 받았다는 것은 의심의 여지가 없다.

마 28:7. 그가 … 너희보다 먼저 갈릴리로 가시나니. 천사가 제자들을 "갈릴리" 로 가라고 한 것은 그리스도께서 많은 수의 사람들에게 자신을 나타내시기 위한 것이었다고 나는 생각한다. 왜냐하면, 우리는 그리스도께서 갈릴리에서 오랜 기간 사셨다는 것을 알기 때문이다. 또한, 그리스도께서는 그의 제자들에게 한적한 곳 으로 물러나서 시간을 두고서 서서히 다시 힘을 낼 수 있는 여유를 주고자 하셨다. 게다가, 갈릴리는 그들에게 익숙한 장소였기 때문에, 그들이 주님을 더 확실하게 알아보는 데에도 도움이 될 것이었다. 왜냐하면, 그들의 신앙이 확실하다는 것을 보증해 주는 데에 단 하나의 모자람도 없게 하기 위하여, 그들의 신앙을 확증하기 위한 모든 수단이 동원되는 것은 마땅한 일이었기 때문이다.

마 28:7. 보라 내가 너희에게 일렀느니라. 천사는 이런 식의 화법을 통해서 그가 말한 것이 참이라는 것을 여자들에게 힘주어 보증한다. 천사는 자기가 한 말이 스 스로 생각해 낸 것임을 강조하려고 이 말을 하는 것이 아니라, 그리스도의 약속이 참되다는 것을 보증하기 위해 이 말을 하는 것이다. 그러므로 마가 본문에는 천사 가 단지 그리스도께서 하신 말씀을 상기시키는 말만이 나오고, 이 말은 나오지 않 는다. 누가는 한 걸음 더 나아가서, 그리스도께서 갈릴리에 계실 때에 "인자가 십 자가에 못 박히고 제삼일에 다시 살아나야 하리라"고 말씀하셨다는 내용도 추가해 서, 천사가 전한 말을 더욱 자세하게 보도한다. 그러나 의미는 모두 동일하다. 왜 냐하면, 그리스도께서 부활에 대하여 미리 말씀하셨다는 것은 그의 죽음에 대해서 도 미리 말씀하셨다는 것을 뜻하기 때문이다. 누가는 그런 다음에 "그들이 예수의 말씀을 기억하였다"(24:8)는 말을 덧붙인다. 이것을 통해서 우리는 그리스도를 따 르던 자들이 그리스도의 가르침을 제대로 이해하거나 소화하지 못했었지만, 그 가 르침이 완전히 잃어진 것이 아니었고, 단지 때가 되어 열매가 맺힐 때까지 묻혀 있 었던 것일 뿐임을 알게 된다.

[8]그 여자들이 무서움과 큰 기쁨으로 빨리 무덤을 떠나 제자들에게 알리려고 달음질

할새 ⁹예수께서 그들을 만나 이르시되 평안하냐 하시거늘 여자들이 나아가 그 발을 붙잡고 경배하니 ¹⁰이에 예수께서 이르시되 무서워하지 말라 가서 내 형제들에게 갈릴리로 가라 하라 거기서 나를 보리라 하시니라(마 28:8-10).

⁸여자들이 몹시 놀라 떨며 나와 무덤에서 도망하고 무서워하여 아무에게 아무 말도 하지 못하더라 ⁹예수께서 안식 후 첫날 이른 아침에 살아나신 후 전에 일곱 귀신을 쫓아내어 주신 막달라 마리아에게 먼저 보이시니 ¹⁰마리아가 가서 예수와 함께 하던 사람들이 슬퍼하며 울고 있는 중에 이 일을 알리매 ¹¹그들은 예수께서 살아나셨다는 것과 마리아에게 보이셨다는 것을 듣고도 믿지 아니하니라(막 16:8-11).

⁹무덤에서 돌아가 이 모든 것을 열한 사도와 다른 모든 이에게 알리니 ¹⁰[이 여자들은 막달라 마리아와 요안나와 야고보의 모친 마리아라 또 그들과 함께 한 다른 여자들도 이것을 사도들에게 알리니라] ¹¹사도들은 그들의 말이 허탄한 듯이 들려 믿지 아니하나 ¹²베드로는 일어나 무덤에 달려가서 구부려 들여다 보니 세마포만 보이는지라 그 된 일을 놀랍게 여기며 집으로 돌아가니라(눅 24:9-12).

마 28:8. 그 여자들이 … 빨리 무덤을 떠나. 공관복음서 기자들은 요한이 막달라 마리아에 관하여 말하는 내용(20:2), 즉 마리아가 천사들을 보기 전에 성내로 돌아가서, 그리스도의 시신이 없어졌다고 눈물로 하소연하는 내용을 생략한다. 여기에서 공관복음서 기자들은 막달라 마리아를 포함한 여자들이 두 번째로 성내로 돌아가서 제자들에게 그리스도께서 살아나셨다고 전하는 내용만을 보도하는데, 이 여자들은 천사가 전해 준 말과 증언, 그리고 그리스도를 직접 본 것, 이 두 가지를 통해서 그리스도께서 부활하신 것을 알게 되었다. 그리스도께서 나타나시기 전에, 이 여자들은 천사가 명한 대로 이미 제자들에게 달려가고 있었고, 바로 그 도중에서 그녀들로 하여금 주님의 부활을 더 확실하게 단정할 수 있게 해줄 두 번째 확증을 받았다.

마태가 "그 여자들이 무서움과 큰 기쁨으로" 무덤을 떠났다고 한 것은 그녀들이 천사가 전해 준 소식으로 인해서 크게 기뻐하기는 했지만, 한편으로는 두려움을 떨쳐 버릴 수 없었기 때문에, 기쁨과 당혹감이 교차하는 상태에 있었다는 것을 의미한다. 왜냐하면, 경건한 자들도 그 마음속에 종종 정반대의 감정들이 함께 있어서, 성령의 평강이 그들에게 임하여 마음이 평정을 찾을 때까지는 두 감정이 서로 교차하는 것을 경험하기 때문이다. 만약 이 여자들의 믿음이 확고했더라면, 그녀들은 두려움을 평정하고 온전한 평강을 누렸을 것이지만, "기쁨" 속에 "무서움"이 섞여 있었다는 것은 그녀들이 아직 천사의 증언을 온전히 신뢰하지 않았다는 것을 보여준다. 그래서 그리스도께서는 의심 속에서 두려워 떨고 있는 그녀들에게서 의심을 말끔히 제거해 주시기 위하여 그녀들을 길에서 만나 주심으로써 놀라운 인자하심을 보여주셨다.

마가 본문의 내용은 약간 다르다. 즉, 마가는 "여자들이 몹시 놀라 떨며 나와 무덤에서 도망하고 무서워하여" 낙심하였다고 보도한다. 그러나 이 문제에 대한 해법은 그리 어렵지 않다. 즉, 그녀들은 천사의 명령에 순종하고자 하였지만, 주님께서 친히 그녀들의 혀를 풀어 주실 때까지는, 그렇게 할 힘이 없었다는 것이다. 곧 이어 나오는 내용은 한층 더 모순되고 상충되어 보인다. 왜냐하면, 마가는 그리스도께서 이 여자들을 만나셨다고 말하는 것이 아니라, 단지 "막달라 마리아"에게 가장 먼저 나타나셨다고 보도하는 반면에, 누가는 이 나타나심에 대해서 전혀 언급하지 않기 때문이다. 그러나 이러한 생략은 복음서 기자들에게 드문 일이 아니기 때문에, 우리는 이것을 이상하게 보아서는 안 된다.

마태 본문과 마가 본문의 차이에 대해서는, 막달라 마리아가 다른 여자들보다 앞서 이토록 큰 은총을 입은 것일 수도 있고, 마태가 대유법(代喩法)을 통해서 이 여자들 중 한 사람에게 특별히 일어났던 일을 이 여자들 모두에게 일어난 것으로 묘사한 것일 수도 있다. 하지만 막달라 마리아가 다른 여자들에 앞서서 가장 먼저 특별한 방식으로 그리스도를 보았기 때문에 마가가 오직 그녀의 이름만을 거론하였지만, 다른 여자들도 그 후에 그리스도를 보았고, 그런 까닭에 마태는 이 여자들이 함께 그리스도를 본 것으로 묘사한 것일 가능성이 더 높다. 그리스도께서 한 비천한 여자, 즉 "일곱 귀신이 나간 자 막달라인이라 하는 마리아"(눅 8:2)에게 그의 하늘의 영광을 나타내셨고, 새롭고 영원한 생명의 빛을 드러내고자 하셨을 때에, 사람들이 보기에 천하고 멸시받을 만한 것 외에는 아무것도 없었던 곳에서 시작하셨다는 것은 그의 선하심이 어떠한지를 보여주는 놀라운 예였다. 그러나 이 예를 통해서 그리스도께서는 그가 일단 우리에게 은혜를 부어주실 때에는 차고 넘치게 부어 주시기를 원하심과 동시에 육신의 교만을 꺾고자 하신다는 것을 보여주셨다.

마 28:9. 여자들이 … 그 발을 붙잡고 경배하니. 이것은 그리스도께서 마리아에게 그를 만지지 말라고 하셨다고 보도한 요한 본문(20:17)과 잘 맞지 않는 것으로 보인다. 그러나 이 모순되어 보이는 것을 해결하는 것은 그리 어렵지 않다. 그리스도께서는 마리아가 너무나 간절하게 그의 "발"을 껴안고 입맞춤하고자 한다는 것을 아시고서, 그녀에게 물러나라고 명하신다. 왜냐하면, 마리아는 땅에 속한 육신적인 정(情)과 우매한 열정으로 인해서 그리스도의 부활의 목적을 제대로 이해하지 못하고 있었던 까닭에, 그리스도께서는 그녀의 미신적인 생각과 그의 부활의 목적을 깨우쳐 주시는 것이 마땅한 일이었기 때문이다. 그렇지만 처음에는 그리스도께서 모든 것을 다 동원해서라도 그녀에게 온전한 확신을 주시기 위하여 그녀가 그의 발을 만지는 것을 허락하셨다. 그래서 마태는 그녀들이 그리스도를 "경배하였다"는 말을 즉시 덧붙이는데, 이것은 그녀들이 그리스도를 온전히 알아보았다는 것을 보여주는 증거였다.

마 28:10. 이에 예수께서 이르시되. 우리는 이 여자들의 두려움은 부적절한 것이었기 때문에, 그리스도께서 그녀들을 그 두려움에서 건져 주시고자 하셨다는 결론을 얻게 된다. 왜냐하면, 그 두려움은 비록 갑작스럽고 경이로운 일로 인해서 너무나 놀라서 생겨난 것이긴 하였지만, 믿음으로 잠잠히 의뢰하는 것과는 반대되는 것이었기 때문이다. 그녀들은 사망을 이기신 그리스도를 기쁜 마음으로 뵙는 것이 마땅한 일이었다. 그러나 이것을 통해서, 우리는 우리가 부활 생명에 참여하는 자들이 되었다는 흔들림 없는 확신을 우리의 마음속에 품고서 즐거워하지 않는 한, 결코 우리 주님의 부활을 제대로 알 수 없다는 가르침을 얻는다. 우리의 믿음은 적어도 두려움이 우리를 지배하지 못하게 할 정도까지 나아가는 것이 마땅하다.

그리스도께서 그녀들에게 이것을 제자들에게 전하라고 명하신 것은 흩어지고 무너졌던 교회를 다시 모아서 일으켜 세우시고자 하신다는 뜻을 전하신 것이었다. 왜냐하면, 지금 우리로 하여금 힘을 얻고 되살아나게 해주는 것이 부활 신앙인 것과 마찬가지로, 그때에도 제자들은 그들이 떨어져 나갔던 바로 그 생명을 회복하여야 했기 때문이다. 여기에서 또 한 가지 우리가 주목해야 할 것은 그리스도께서는 비열하게 그를 버리고 도망친 자들을 "내 형제들"이라고 불러 주시는 놀라운 인자하심을 보여주셨다는 것이다. 그리스도께서는 그들이 얼마나 괴로워하고 근심하고 있을 것인지를 아셨기 때문에, 그들의 그런 마음을 어루만져 주시기 위한 목적으로 이 애정 어린 호칭을 의도적으로 사용하신 것임은 의심의 여지가 없다. 그러나 그리스도께서 그의 "형제들"로 인정하시는 자들은 단지 사도들만이 아니기 때문에, 우리는 그리스도께서 제자들에게 전하라고 여자들에게 주신 메시지가 바로 후대의 우리에게도 해당된다는 것을 알아야 한다. 그러므로 부활 기사 속에서, 그리스도께서 우리가 그와 형제 관계에 있다는 것을 근거로 하여, 친히 그 입으로 부활의 열매를 받으라고 우리를 인자하게 초청하실 때, 우리는 그 초청을 무심하게 흘려들어서는 안 된다. 어떤 이들은 여기에서 "형제들"은 그리스도의 사촌들과 그 밖의 다른 친척들을 가리키는 것이라고 해석하지만, 그런 해석이 잘못된 것임은 문맥에 의해서 아주 분명하게 반박된다. 왜냐하면, 요한은 "막달라 마리아가 가서 제자들에게" 전하였다(20:18)고 명시적으로 말하고 있고, 누가도 "이 여자들이 이것을 사도들에게 알렸다"는 말을 즉시 덧붙이고 있으며, 마가도 마찬가지로 "마리아가 가서 예수와 함께 하던 사람들이 슬퍼하며 울고 있는 중에 이 일을 알렸다"고 말하기 때문이다.

막 16:11. 그들은 … 듣고도 믿지 아니하니라. 마가는 오직 마리아만이 이 사실을 제자들에게 알렸다고 보도하지만, 나는 여자들이 그리스도의 명령에 순종해서 다 함께 가서 이 메시지를 전하였을 것이라고 확신한다. 그리고 이 구절은 내가 방금 전에 말하였던 것, 즉 복음서 기자들 중 한 사람이 막달라 마리아에게 돌린 일을 다른 복음서 기자들은 이 일에 관여했던 모든 여자들이 겪은 일(동일한 정도는 아니겠지만)로 보도하고 있다고 해서, 이 둘 간에 어떤 상충되는 것이 있는 것이 아니라는 것을 한층 더 분명하게 확증해 준다. 한편, 제자들은 부끄러울 정도의 둔감함과 우매함에 사로잡혀 있었기 때문에, 그들이 평소에 그들의 주님으로부터 자주 들었던 것이 실제로 이루어졌다는 사실을 깨닫지 못하였다. 만약 제자들이 전에 듣지 못했던 것을 이 여자들이 그들에게 말해 준 것이었다면, 그들은 그들로서는 도저히 믿기지 않는 얘기를 하고 있는 그 여자들을 선뜻 믿지 못한 것이 어쩌면 당연한 일이었을지도 모른다. 그러나 하나님의 아들이 그들에게 그토록 자주 약속하시고 분명하게 말씀해 주셨던 일이 실제로 이루어졌다고 목격자들이 확실하게 전해 주었는데도, 그들이 그것을 꾸며낸 이야기거나 꿈으로 치부해 버린 것은 그들이 얼마나 둔감해져 있었고 우매해져 있었는지를 여실히 보여주는 것임에 틀림없다. 게다가, 그들은 그들의 불신앙으로 인해서 제대로 된 판단력도 상실한 상태였기 때문에, 진리의 빛을 배척하였을 뿐만 아니라, 누가가 우리에게 말해 주듯이, 여자들이 전해 준 것을 꾸며낸 "허탄한" 이야기쯤으로 여겨서 받아들이기를 거부하였다. 이것은 그들이 단단히 시험에 들어서, 그들의 마음이 그리스도의 말씀을 분별할 수 있는 힘을 거의 상실해 버렸다는 것을 보여주는 것이다.

눅 24:12. 베드로는 일어나 무덤에 달려가서. 나는 누가가 여기에서 이야기의 순서를 뒤바꾸어 놓고 있다는 것을 의심하지 않는데, 이것은 요한 본문(20:3)에서 쉽게 추정된다. 따라서 내 생각에는, 여기에서 "달려가서"(ἔδραμεν-에드라멘)는 대과거 또는 과거완료로 해석하는 것이 옳다고 본다. 성경을 어느 정도만 아는 사람이라면 누구나 히브리인 기자들은 글을 써나가다가 원래의 위치에서 빼먹은 사건이나 정황들을 나중에 이런 식으로 보충해 넣는 것이 관례였다는 것을 안다. 누가가 이러한 정황을 여기에서 언급한 것은 베드로가 이미 빈 무덤을 보았고, 주님의 부활을 보여주는 명백한 증거를 목격하고서 의아해하지 않을 수 없었던 상황 속에서도, 사도들이 여자들의 말을 믿지 못하고 무시했다는 것을 지적함으로써, 그들의 완악함이 얼마나 심했는지를 더 극명하게 보여주고자 한 것이다.

¹¹여자들이 갈 때 경비병 중 몇이 성에 들어가 모든 된 일을 대제사장들에게 알리니 ¹²그들이 장로들과 함께 모여 의논하고 군인들에게 돈을 많이 주며 ¹³이르되 너희는 말하기를 그의 제자들이 밤에 와서 우리가 잘 때에 그를 도둑질하여 갔다 하라 ¹⁴만일 이 말이 총독에게 들리면 우리가 권하여 너희로 근심하지 않게 하리라 하니 ¹⁵군인들이 돈을 받고 가르친 대로 하였으니 이 말이 오늘날까지 유대인 가운데 두루 퍼지니라(마 28:11-15).

마 28:11. 여자들이 갈 때. 무덤을 지키는 일을 맡았던 경비병들이 매수되어서 제사장들이 시키는 대로 순순히 거짓말을 하였다는 것은 단지 신빙성이 있는 일인 것이 아니라 명백한 사실이다. 그들은 그리스도께서 죽으신 후에 제삼일에 다시 살아났다는 소문을 백성들이 믿게 될 것을 가장 두려워하고 있다는 것을 잘 알고 있었다. 왜냐하면, 그들은 제사장들이 그런 소문을 잠재우기 위해서 예수의 시신을 지키도록 그들을 거기에 보낸 것임을 알고 있었기 때문이다. 그래서 어떤 식으로든 기회를 잡아서 돈을 버는 데에 혈안이 되어 있던 이 사람들은 무덤을 지키는 일을 통해서 돈을 버는 것이 수포로 돌아가 버린 것을 알고서, 그들을 고용한 자들로부터 돈을 뜯어낼 새로운 방법을 궁리해 내었다. "경비병 중 몇이 들어갔다"는 마태의 말을 보면, 그들 중에서 일부 영악한 자들이 다른 동료들과 상의도 없이 이 일을 획책한 것인지, 아니면 모두의 동의하에 대표자들로 간 것인지가 확실하지 않지만, 후자의 가능성이 더 높은 것으로 보인다. 왜냐하면, 나중에 마태는 제사장들이 이 군인들 중 한두 사람이 아니라 그들 모두에게 돈을 많이 주어서 위증을 시켰다고 말하기 때문이다. 어쨌든 확실한 것은 그들의 일부가 모의를 한 것이든, 아니면 전부가 한 것이든, 그들은 제사장들이 그리스도에 대하여 품고 있던 잔인하고 무자비한 증오심을 이용해서 이득을 챙기고자 하였고, 이런 범죄에 연루된 제사장들의 약점을 잡고서 그들의 악한 양심을 압박하여 그들로부터 돈을 뜯어내었다는 것이다. 왜냐하면, 모든 악인들에게 흔히 일어나는 일이지만, 스스로 악한 짓을 하였다는 것을 알고 있던 제사장들은 그들의 수치를 덮기 위해서라도 군인들을 많은 돈으로 매수하지 않을 수 없었기 때문이다. 이것으로부터 분명한 것은 버림받은 자들은 한 번 범죄의 길에 들어선 후에는 끊임없이 새로운 범죄에 연루되어 얽혀 들어갈 수밖에 없다는 것이다. 이런 일은 그들이 하나님에 대하여 범한 죄악에 대해서는 별 관심이 없는 반면에, 사람들 앞에서는 그들의 수치를 은폐하고자 하는 것에서 비롯된다. 이 비참한 자들은 많은 돈으로 군인들을 매수할 뿐만 아니라, 그들의 범죄가 탄로났을 경우에 그들의 명성과 생명이 위태롭게 될 수 있는데도 그런 모험을 감행한다. 그들이 이렇게 많은 돈을 들일 뿐만 아니라 이처럼 심각한 위험을 감수하면서까지 그렇게 하는 것이, 억누를 수 없는 분노가 그들로 하여금 죄에 죄를 더할지라도 결코 물러설 수 없게 만들기 때문이 아니라면 도대체 무엇 때문이겠는가?

마 28:15. 이 말이 오늘날까지 유대인 가운데 두루 퍼지니라. 그리스도의 부활이 군인들의 위증에 의해서 묻혀 버리고, 유대인들이 너무나 터무니없는 거짓말을 믿게 된 것은 유대인들을 눈멀게 하신 하나님의 원수 갚으심의 최후의 일격이었다. 이것으로부터 분명한 것은 마치 세상 사람들이 자원해서 사탄의 올무들에 그들 자신을 내맡겨서 스스로 속아 넘어가듯이, 그리스도께서 부활하셨다는 것을 믿지 않은 자들은 자신의 잘못에 의해서 미혹되고 속아 넘어간 것이라는 사실이다. 왜냐하면, 만약 그들 중의 어떤 사람이 눈만 제대로 뜨고 있었더라면, 그는 오랜 시간 살펴보지 않아도 금방 군인들의 그런 말이 거짓이라는 것을 알아차렸을 것이기 때문이다. 무장한 군인들은 별로 힘도 없고 겁이 많은 소수의 무장하지 않은 민간인들이 그리스도의 시신을 그들에게서 "도둑질하여 갔다"고 말한다. 그들의 이런 말 속에 어디 그럴 듯한 것이 과연 있는가? 그들은 "그들이 잘 때에" 이런 일이 일어났다는 말을 덧붙인다. 그렇다면, 그들은 시신이 도난당했다는 것을 어떻게 알게 된 것인가? 그리고 시신을 훔쳐간 것이 제자들의 소행일 것이라는 의심이 있었다면, 왜 그들은 제자들의 행적을 추적하지 않은 것인가? 그들은 적어도 소리라도 질렀어야 하는데, 왜 그렇게 하지 않은 것인가? 그러므로 이것은 만약 그들이 정직하고 엄정하신 재판장 앞에서 그런 식으로 증언하였다면, 그들은 결코 위증죄로 처벌을 면치 못하였을 그런 유치하기 짝이 없는 거짓말을 늘어놓는 것이었다. 그러나 빌라도의 묵인 아래에서 이 엄청난 악행은 문제가 되지 않은 채로 그냥 넘어가졌다. 마찬가지로, 우리는 오늘날에도 진리가 사기와 악의에 의해서 억눌려지고 있는데도, 불경건한 재판장들이 별 신경을 쓰지 않는 모습을 매일매일 본다. 그러나 정작 그들에게 손해가 없을 것으로 여겨지는 일들이나 하찮은 일들에 대해서는, 그들은 악을 행하고 속이는 자들과 충돌하는 모습을 보인다.

하나님께서 이 거짓말이 통해서 그의 아들의 영광을 가리는 것을 허용하신 것이 이상하게 보일지라도, 우리는 하나님의 의로우신 원수 갚으심에 대하여 합당한 영광을 돌리는 것이 마땅하다. 왜냐하면, 유대 민족은 허탄하고 유치한 거짓말을 아주 열심으로 받아들인 것인 까닭에, 우리는 하나님께서 그리스도의 영광의 빛을 구름으로 가리셔서 이 민족으로 하여금 보지 못하게 하신 것은 마땅한 일이었다는 것을 알기 때문이다. 또한, 유대 민족은 거의 모두가 "부딪치는 돌"에 걸려 넘어져서 그 눈이 어두워져 있었던 까닭에, 하나님이 그들에게 혼미하게 만드는 잔을 주신 것을 그들이 보지 못한 것은 당연한 일이었다. 요컨대, 이사야가 예언한 대로(6:9), 하나님께서는 그들을 온갖 광기(狂氣)에 내어주셨다. 왜냐하면, 하나님은 구속주를 멸시한 자들을 구원의 소망으로부터 차단하시기 위한 목적이 아니셨다면, 그들이 이토록 말도 안 되는 거짓말에 속아 넘어가도록 결코 그대로 내버려 두지 않으셨을 것이기 때문이다.

마찬가지로, 하나님은 지금도 버림받은 자들을 그들의 마음대로 하도록 내버려 두셔서 그들로 하여금 점점 더 악하게 되어가게 하시는 방식으로 세상 사람들의 배은망덕함을 벌하신다. 그러나 이러한 거짓말이 유대인들 가운데서 통하기는 했지만, 그것은 복음의 진리가 자유롭게 날아서 땅 끝까지 전파되는 것을 가로막지는 못하였다. 왜냐하면, 복음의 진리는 언제나 이 세상에서 모든 장애물들을 다 이기고 높이 날아오르는 법이기 때문이다.

¹²그 후에 그들 중 두 사람이 걸어서 시골로 갈 때에 예수께서 다른 모양으로 그들

에게 나타나시니(막 16:12).

¹³그 날에 그들 중 둘이 예루살렘에서 이십오 리 되는 엠마오라 하는 마을로 가면서 ¹⁴이 모든 된 일을 서로 이야기하더라 ¹⁵그들이 서로 이야기하며 문의할 때에 예수께서 가까이 이르러 그들과 동행하시나 ¹⁶그들의 눈이 가리어져서 그인 줄 알아보지 못하거늘 ¹⁷예수께서 이르시되 너희가 길 가면서 서로 주고받고 하는 이야기가 무엇이냐 하시니 두 사람이 슬픈 빛을 띠고 머물러 서더라 ¹⁸그 한 사람인 글로바라 하는 자가 대답하여 이르되 당신이 예루살렘에 체류하면서도 요즘 거기서 된 일을 혼자만 알지 못하느냐 ¹⁹이르시되 무슨 일이냐 이르되 나사렛 예수의 일이니 그는 하나님과 모든 백성 앞에서 말과 일에 능하신 선지자이거늘 ²⁰우리 대제사장들과 관리들이 사형 판결에 넘겨 주어 십자가에 못 박았느니라 ²¹우리는 이 사람이 이스라엘을 속량할 자라고 바랐노라 이뿐 아니라 이 일이 일어난 지가 사흘째요 ²²또한 우리 중에 어떤 여자들이 우리로 놀라게 하였으니 이는 그들이 새벽에 무덤에 갔다가 ²³그의 시체는 보지 못하고 와서 그가 살아나셨다 하는 천사들의 나타남을 보았다 함이라 ²⁴또 우리와 함께 한 자 중에 두어 사람이 무덤에 가 과연 여자들이 말한 바와 같음을 보았으나 예수는 보지 못하였느니라 하거늘 ²⁵이르시되 미련하고 선지자들이 말한 모든 것을 마음에 더디 믿는 자들이여 ²⁶그리스도가 이런 고난을 받고 자기의 영광에 들어가야 할 것이 아니냐 하시고 ²⁷이에 모세와 모든 선지자의 글로 시작하여 모든 성경에 쓴 바 자기에 관한 것을 자세히 설명하시니라 ²⁸그들이 가는 마을에 가까이 가매 예수는 더 가려 하는 것 같이 하시니 ²⁹그들이 강권하여 이르되 우리와 함께 유하사이다 때가 저물어가고 날이 이미 기울었나이다 하니 이에 그들과 함께 유하러 들어가시니라 ³⁰그들과 함께 음식 잡수실 때에 떡을 가지사 축사하시고 떼어 그들에게 주시니(눅 24:13-30).

눅 24:13. 그들 중 둘이. 마가는 이 이야기를 가볍고 짧게 다루고, 마태와 요한은 이 일에 대해서 한 마디도 하지 않지만, 이 일은 대단히 유익해서, 사람들이 알고 기억할 가치가 있었기 때문에, 누가가 이 이야기를 아주 자세하게 다루고 있는 것은 그 이유가 없지 않다. 복음서 기자들은 각각 하나님의 성령에 의해서 아주 적절하게 각자의 몫을 배당받았기 때문에, 그들 중 한두 기자의 글에서 발견되지 않는 내용은 다른 기자의 글을 통해서 알 수 있게 되어 있다는 것을 나는 이미 여러 차례에 걸쳐서 말한 바 있다. 그런 까닭에, 공관복음서 기자들이 아무 말도 하지 않고 그냥 넘어간 많은 일들이 요한복음에는 나온다.

　이 이야기를 자세하게 다루기 전에, 주님께서는 그가 부활하셨다는 것을 사도들에게 확신시키기 위해서가 아니라, 그들이 더디 깨닫는 것을 책망하시기 위하여 두 증인을 택하여 세우셨다는 것을 짤막하게 지적하는 것으로 시작하는 것이 합당할 것이다. 왜냐하면, 이 두 증인은 처음에는 별 도움이 되지 않았지만, 다른 것들과 합쳐져서 강화되었을 때에 그들의 증언은 마침내 사도들에게 큰 비중으로 다가오게 되었기 때문이다. 누가가 조금 후에 그 중 한 사람의 이름을 "글로바"라고 한 것을 제외하고는, 이 두 증인이 누구였는지는 확실하지 않지만, 우리는 그들이 열한 제자에 속해 있지 않았다는 것을 추측할 수 있다. 로마인들이 나중에 니코폴리스(Nicopolis)라고 불렀던 엠마오는 아주 오래되고 결코 작지 않았던 성읍으로서 예루살렘에서 그리 멀리 떨어져 있지 않았다. 왜냐하면, "이십오 리"는 대략 10킬로미터 정도밖에 되지 않기 때문이다. 그러나 누가가 이 성읍의 이름을 밝힌 것은 그곳이 유명해서라기보다는 이 이야기의 신빙성을 더하기 위한 것이었다.

　눅 24:14. 서로 이야기하더라. 그들이 그리스도에 대한 그들의 믿음을 간직하고자 애쓴 것은 그들에게 경건함(pietas)이 있었음을 보여주는 증거였다 ― 비록 그것이 작고 연약한 것이었을지라도. 왜냐하면, 그들의 대화는 그들의 주님을 공경하는 마음을 방패로 삼아서 십자가의 걸림돌을 극복해 보고자 하는 것 외에 다른 목적이 없었기 때문이다. 그들이 그리스도께서 부활하실 것이라는 것을 전에 들었었고, 실제로 그 일이 일어났다는 것을 듣고서 깜짝 놀랐으면서도, 그들 간에 오고간 의문들과 논란들은 그들의 무지(無知)를 보여주는 것이어서, 그들은 책망받아 마땅하였지만, 그들의 유순함으로 인해서 그리스도께서는 그들의 잘못을 고쳐 주고 제거해 줄 기회를 가지실 수 있으셨다. 왜냐하면, 진리를 배척하기로 이미 단단히 결심하고 나서 일부러 질문들을 던지는 자들이 많지만, 사람들이 진리를 진정으로 알고자 할 때에는, 비록 그들이 아주 사소한 반대로 인해서 흔들리고 작은 어려움들에도 멈출지라도, 하나님께 순종하고자 하는 그들의 거룩한 소원은 그대로 하나님께 상달되기 때문에, 하나님께서는 그의 손을 그들에게 뻗치셔서, 그들에게 온전한 확신을 주시고, 그들을 언제까지나 이러지도 못하고 저러지도 못하는 상태로 놓아두시지 않으시기 때문이다. 우리는 적어도 우리가 그리스도에 대하여 묻고, 그것이 배우고자 하는 겸손한 소원에서 행해진 것이라면, 그리스도께서 우리를 도우실 수 있는 문이 열려져 있다는 것을 확실한 것으로 받아들여야 한다. 불경건한 자들은 그들의 더러운 말로 그리스도를 그들에게서 멀리 떠나가시게 만드는 반면에, 우리는 바로 그렇게 함으로써 그리스도를 우리의 선생으로 초청하는 것이라고 말할 수 있다.

눅 24:16. 그들의 눈이 가리어져서. 복음서 기자가 이것을 명시적으로 말하고 있는 것은 그리스도의 육신의 모양이 변화되었다거나 그의 용모의 여러 특징들이 이전과 달라졌다고 생각하는 자가 없도록 하기 위한 것이다. 즉, 그리스도께서는 여전히 전과 동일한 모습을 하고 계셨는데도, 그들이 그를 알아보지 못한 것은 그를 보는 "그들의 눈이 가리어져" 있었기 때문이라는 것이다. 따라서 누가는 이 말을 통해서, 이때 나타나신 그리스도가 유령이었다거나 상상 속의 인물이었다는 등의 온갖 의구심을 제거하고 있는 것이다. 이것으로부터 우리는 우리의 모든 감각 기관들이 얼마나 연약한지를 알게 된다. 왜냐하면, 우리의 눈이나 귀는 하늘로부터 끊임없이 힘을 공급받지 않으면 그 기능을 제대로 발휘하지 못하기 때문이다. 우리 몸의 기관들은 선천적인 기능들을 지니고 있다. 그러나 이 기관들이 저절로 그 기능들을 발휘하는 것이 아니라 하나님의 뜻에 의해 좌지우지된다는 것을 우리에게 더 잘 알게 해주시기 위하여, 하나님께서는 그 기관들에 대한 통제권을 그의 손에 쥐고 계시기 때문에, 우리는 우리의 귀가 잘 들리고 우리의 눈이 잘 보는 것을 하나님이 우리에게 매일매일 베풀어 주시는 은총들 중의 하나라는 것을 알아야 한다. 왜냐하면, 만약 하나님이 매순간마다 우리의 감각 기관들을 깨우시지 않으시면, 그 기관들의 모든 능력은 즉시 사라질 것이기 때문이다. 물론, 나는 우리의 감각 기관들이 여기에서 일어난 것과 같은 방식으로 그 기능이 멈춰서, 우리 눈앞에 있는 물체를 알아보지 못하게 되는 일이 흔하게 일어나는 일이 아니라는 것을 인정한다. 그러나 이 단 한 번의 예를 통해서 하나님은 그가 우리에게 주신 모든 신체 기관들을 주관하는 능력이 그에게 있으시다는 것을 보여주시고, 자연이 그의 뜻에 순종한다는 사실을 우리에게 분명하게 알게 해 주시는 것이다. 그러므로 특별히 보는 능력을 지닌 육신의 눈이 하나님의 뜻에 따라 "가리어져서" 그 눈앞에 있는 물체들을 인식하지 못할 때마다, 비록 그 눈의 원래의 상태가 손상되지 않은 상태로 있다고 할지라도, 우리의 지각(知覺)은 좀 더 분명한 분별력을 갖지 못하게 되어서, 기능이 정지된 이 비참한 상태 속에서 눈은 빛을 빼앗기고서 온갖 속임들에 휘둘려서 극심한 우둔함에 빠지게 되어 잘못들을 범할 수밖에 없게 되는데, 이런 일은 우리에게도 끊임없이 일어난다. 그러므로 참과 거짓을 제대로 분별해 내는 능력은 우리 자신의 마음의 지혜로움에서 생겨나는 것이 아니라, 지혜의 성령으로부터 우리에게 오는 것이다. 그러나 우리의 우둔함이 드러나는 때는 주로 하늘에 속한 것들을 생각할 때이다. 왜냐하면, 우리는 그럴 듯하게 보이는 거짓된 것들을 참이라고 착각할 뿐만 아니라, 밝은 빛을 어둠으로 바꾸어 버리기 때문이다.

눅 24:17. 너희가 … 서로 주고받고 하는 이야기가 무엇이냐. 우리는 그리스도께서 이때에 공개적으로 행하셨던 일이 우리 자신 속에서 매일 은밀한 방식으로 이루어지고 있는 것을 느끼는데, 그 일이라는 것은 그리스도께서 친히 우리가 알지 못하는 사이에 우리에게 찾아오셔서 우리를 가르치시는 것이다. 글로바의 대답을 통해서 한층 더 분명한 것은 내가 방금 전에 말했듯이, 그들은 그리스도의 부활에 관하여 반신반의하는 상태에 있었지만, 그들의 마음속에 그의 가르침에 대한 공경심을 지니고 있었기 때문에, 그들의 믿음을 포기하고자 하는 마음은 그들에게 결코 없었다는 것이다. 왜냐하면, 그들은 그리스도께서 먼저 자기가 누구인지를 알리시거나, 이 길동무가 누구이든지 간에 그리스도에 대하여 좋게 말할 것이라고 기대한 것이 아니라, 정반대로 어쨌든 작고 희미한 빛을 지닌 글로바는 이 길동무가 그리스도에 대하여 아무것도 모르고 있다면 그를 조금이라도 깨우쳐 주고자 하는 마음에서 이 낯선 길동무에게 약간의 불꽃이라도 던지고 있기 때문이다. 이때에 그리스도의 이름은 아주 널리 증오와 혐오의 대상이었기 때문에, 그리스도를 공경한다는 식으로 말했다가는 신변이 위태로울 수 있었지만, 글로바는 그런 위험을 감수하고서, 그리스도를 하나님의 "선지자"라 부르고, 자기가 그의 제자들 중의 한 사람이라고 분명하게 밝힌다. 이 호칭은 그리스도께서 지니신 신적인 위엄에 비하면 그 격(格)이 한참이나 떨어지는 것이었지만, 글로바가 그리스도를 이런 식으로라도 높인 것은 칭찬받을 만한 일이었다. 왜냐하면, 글로바는 그리스도를 위하여 그의 복음에 순종할 제자들을 얻고자 하는 것 외에 다른 목적을 지니고 있지 않았기 때문이다. 하지만 글로바가 그리스도를 이런 식으로 훨씬 격을 떨어뜨려서 소개한 것이 그의 무지 때문이었는지, 아니면 사람들이 그리스도에 대하여 일반적으로 알고 있던 초보적인 지식들로부터 시작해서 서서히 본격적으로 그리스도를 소개할 생각이었던 것인지는 확실하지 않다. 확실한 것은 조금 후에 글로바는 그리스도를 통상적인 선지자의 반열에 두는 것에서 그치지 않고, 자기를 비롯한 많은 사람들이 그리스도를 구속주로 믿었다는 말을 한다는 것이다.

눅 24:19. 그는 … 말과 일에 능하신 선지자이거늘. 누가는 스데반에 관한 기사(記事) 속에서 여기에 나오는 것과 거의 동일한 표현을 사용하는데(행 7:22), 거기에서 스데반은 모세를 칭송하면서, "모세가 그의 말과 하는 일들이 능하였다"고 말한다. 그러나 이 구절에서 그리스도께서 이적들을 많이 행하신 까닭에 "일에 능하셨다"고 하는 것인지(이것은 그리스도께서 신적인 능력을 수여받은 것은 그가 하늘로부터 보내심을 받았다는 것을 증명해 주는 것이었다고 말한 것이나 다름없다), 아니면 이 구절이 그리스도께서 가르침뿐만 아니라 거룩한 삶과 그 밖의 주목할 만한 일들에서도, 즉 두 가지 모두에서 뛰어나시고 탁월하셨다는 좀 더 폭넓은 의미를 지니고 있는 것인지는 확실하지 않다. 내게는 후자의 견해가 더 설득력이 있어 보인다.

우리는 "하나님과 모든 백성 앞에서"라는 어구가 첨가된 것을 불필요한 것으로 여겨서는 안 된다. 왜냐하면, 이 어구는 그리스도의 탁월하심은 너무나 잘 알려져 있었고, 의심할 여지 없는 증거들에 의해서 증명된 것이었기 때문에, 그리스도께서 하신 말이나 일에는 결코 외식(外飾)이나 허식(虛飾)이 없었다는 것을 의미하기 때문이다. 이것으로부터 우리는 참 선지자에 대한 짤막한 정의를 얻을 수 있다. 즉, 참 선지자는 자기가 한 "말"에 "일"에 있어서의 "능력"을 더하는 자이고, 사람들 앞에서 탁월하고자 힘쓸 뿐만 아니라, 하나님의 눈앞에서 진실하게 행하고자 힘쓰는 자이다.

눅 24:21. 우리는 … 바랐노라. 이후에 이어지는 내용으로부터 분명한 것은 그들이 한 말의 취지가 얼핏 보면 그리스도에 대하여 품었던 그들의 소망이 무너졌다는 뜻으로 들리지만, 사실은 그렇지 않았다는 것이다. 그러나 복음에 대하여 전에 한 번도 들은 적이 없는 사람이 그리스도께서 교회의 지도자들에 의해서 단죄를 받고 죽었다는 이야기를 들으면 잘못된 선입견을 갖기 쉬울 것이었기 때문에, 글로바는 구속(救贖)의 소망에 대하여 말해 줌으로써 이러한 걸림돌을 제거하고자 한다. 그는 나중에 그가 두렵고 떨리며 주저하는 마음으로 이 소망을 계속해서 품고 있는 것임을 보여주기는 하지만, 어쨌든 그 소망을 밑받침해 줄 수 있는 모든 것을 찾아내어서 이 낯선 길동무에게 얘기해 주려고 애를 쓴다. 왜냐하면, 글로바는 아마도 주님께서 제삼일에 자기가 다시 살아나리라고 약속하셨던 것을 기억하고서 "사흘째"라는 말을 사용한 것일 가능성이 높기 때문이다. 그리고 글로바가 여자들이 그리스도의 시신을 발견하지 못하였다는 것, 그녀들이 천사들을 보았다는

것, 여자들이 빈 무덤에 관하여 말한 것이 남자들의 증언에 의해서도 확증되었다
는 것 등과 같은 말을 한 것은 이 모든 사실들을 동원해서 그리스도께서 부활하셨
다는 사실을 증명하고자 한 것이었다. 이렇게 이 경건한 자는 믿음과 두려움 사이
에서 왔다갔다하면서, 그의 믿음에 도움이 될 만한 것들을 찾으며, 두려움을 물리
치기 위하여 안간힘을 쓴다.

눅 24:25. 미련하고 … 마음에 더디 믿는 자들이여. 이 책망은 글로바 같이 연약
한 자에게는 너무 가혹하고 심한 것처럼 보일 수 있다. 그러나 우리가 모든 정황을
다 고려해서, 그리스도께서 오랫동안 수고하셨음에도 불구하고 별 소용이 없었고
거의 열매가 없었다는 것을 주목한다면, 그리스도께서 그의 제자들을 이토록 호되
게 꾸짖으시는 것이 충분히 수긍이 된다. 왜냐하면, 우리는 여기에서 그리스도께
서 하신 말씀은 단지 이 두 사람에게만 해당되는 것이 아니라, 모든 제자들이 저지
른 잘못에 대한 책망으로서, 그들의 입술을 통해서 나머지 모든 제자들에게 전해
지게 하시고자 하신 것임을 알아야 하기 때문이다. 그리스도께서는 그들에게 그의
죽음에 대하여, 그리고 새로운 영적 생명에 대해서도 귀가 따갑게 미리 알려 주셨
고, 선지자들이 성령의 감동으로 전하고 기록한 예언들을 통해서 그의 가르침이
참임을 확증해 주셨는데도, 그는 마치 귀 먹은 자들, 아니 벽돌이나 돌들을 상대로
말씀하셨던 것처럼 보였다. 왜냐하면, 그들은 그리스도의 죽음을 보고서 공포에
사로잡혀서 갈피를 잡지 못하고 어쩔 줄 몰라 하였기 때문이다. 그러므로 그리스
도께서 그들이 이렇게 갈팡질팡하는 모습을 "미련한 것"(stultitia)으로 돌리시고, 그
렇게 된 이유를 그들이 그가 하신 말씀을 믿으려고 애쓰고 힘쓰지 않고 무신경했
기(socordia) 때문이라고 하시는 것은 너무나 당연하다. 그리스도께서 그들을 책망
하시는 것은 단지 그들에게 최고의 선생이 있는데도 그들이 둔하여 배우기에 "둔
하였기" 때문만이 아니라, 그들이 "선지자들이 말한 모든 것"에 주의를 기울이지
않았기 때문이기도 하다. 이것은 선지자들의 가르침이 너무나 분명하고, 그들이
그 가르침을 충분히 배운 까닭에, 이렇게 된 모든 책임이 전적으로 그들 자신에게
있기 때문에, 그들의 둔감함(stupor)은 변명의 여지가 있을 수 없다고 말씀하신 것
이나 다름없다. 마찬가지로, 오늘날에도 대다수의 사람들은 그들 자신의 잘못 때
문에 여전히 무지(無知) 가운데에 있다. 즉, 그들은 마음이 완악하고 가르침받기를
거부하기 때문에 무지한 것이다. 그러나 우리가 주목해야 할 것은 그리스도께서는
그의 제자들이 극도로 둔한(torpor) 상태에 있다는 것을 아시고, 그들을 일으켜 세

우시기 위하여 책망의 말씀으로 시작하신다는 것이다. 왜냐하면, 우리는 완악하거나 둔한 자들을 이런 식으로 해서 다스리지 않으면 안 되기 때문이다.

눅 24:26. 그리스도가 이런 고난을 받고. 그리스도께서는 그의 죽음이 그들에게 걸림돌이 되지 않도록 하시기 위하여 선지자들에 의해서 묘사된 대로 메시야의 직임에 대하여 그들에게 말씀해 주셨으리라는 것은 의심의 여지가 없다. 엠마오까지 서너 시간이 걸리는 여정(旅程)은 그리스도께서 이러한 것들을 그들에게 충분히 설명해 주시기에 충분한 시간이었다. 그러므로 그리스도께서는 자기가 고난을 받아야 했다는 것을 단 세 단어로 말씀하신 것이 아니라, 그의 죽음의 희생제사를 통해서 세상 죄를 속하기 위하여 보내심을 받았다는 것, 저주를 제거하기 위해서 저주를 받으셔야 했고, 다른 사람들의 더러움을 씻어주시기 위하여 죄책이 그에게 전가되게 하셔야 했다는 것을 자세하게 설명하신 것이었다. 누가는 이 문장을 좀 더 강력하게 제시하기 위하여 의문문의 형태로 표현하였다. 이것으로부터 우리는 그리스도께서 그의 죽음이 불가피하였다는 것을 보여주시기 위하여 여러 가지 논거들을 들어 설명하셨다는 것을 알게 된다. 결국 그리스도께서 하신 말씀의 요지는 그의 제자들이 그들의 주님의 죽음을 보고서 괴로워하는 것은 잘못이라는 것이다. 왜냐하면, 그의 희생제사는 구속의 가장 중요한 부분이었던 까닭에, 그의 죽음이 없이는 그는 그리스도의 직임을 수행할 수 없는 것이므로, 그들이 이런 식으로 문을 닫아거는 행동을 하는 것은 그로 하여금 그의 나라로 들어갈 수 없게 하는 것과 같기 때문이다. 우리는 이것을 주의 깊게 살피지 않으면 안 된다. 왜냐하면, 만약 그리스도께서 죄를 위한 대속 제물로 여겨지지 않으신다면, 그는 그에게 합당한 존귀를 빼앗기는 것이 되는 까닭에, 그가 그의 영광에 들어가실 수 있는 유일한 길은 낮아지시는 것, 또는 "자기를 비우는" 것(빌 2:7)뿐이었고, 이 길을 통해서 구속주가 되실 수 있으셨기 때문이다. 그러나 우리는 오늘날 사람들이 이 순서를 뒤바꿈으로써 결코 작지 않은 범죄를 저지르는 것을 본다. 왜냐하면, 그리스도가 왕이라고 거창한 말로 선포하고 신적인 칭호들을 사용해서 그리스도를 높이는 많은 사람들 가운데서 그리스도의 죽음으로 말미암아 우리에게 임하게 된 은혜를 생각하는 자는 열 명 중에서 한 명도 되지 않기 때문이다.

눅 24:27. 이에 모세와 모든 선지자의 글로 시작하여. 이 구절은 어떤 방식으로 복음을 통하여 그리스도께서 우리에게 계시되는지를 보여주는데, 그것은 율법과 선지자의 글에 의한 조명(照明)을 통해서 그리스도를 아는 지식의 빛이 우리에게 전해지기 때문이다. 왜냐하면, 우리 주님보다 더 유능하고 노련한 선생은 결코 존재하지 않았는데, 우리는 그리스도께서 율법과 선지자의 글로부터 그의 가르침에 대한 증거를 가져오시는 것을 보기 때문이다. 만약 누가 그리스도께서는 제자들이 점차 선지자들의 글을 버리고 온전한 복음으로 옮겨가게 하시기 위해서 초보적인 가르침들부터 시작하신 것이라는 반론을 제기한다면, 그러한 추측은 쉽게 반박된다. 왜냐하면, 우리는 이 이야기에서 나중에 사도들의 지각이 열렸을 때에 그들이 율법의 도움 없는 지식을 얻은 것이 아니라, "성경"[즉, 이때에는 구약성경 ─ 역주]을 이해할 수 있는 지각이 열린 것이라는 말이 나오는 것을 발견하게 될 것이기 때문이다. 그러므로 그리스도께서 복음을 통해서 우리에게 계시되시기 위해서는, "모세와 모든 선지자의 글"이 우리의 인도자가 되어 앞서 가면서 우리에게 그 길을 보여주지 않으면 안 된다. 독자들은 율법과 선지자의 글을 무시함으로써 악하게도 복음을 절름발이로 만들어 버리는 광신자들의 말에 넘어가지 않기 위해서라도 이 점을 명심할 필요가 있다. 이런 광신자들은 마치 하나님이 전에 그의 아들에 관하여 주셨던 모든 증언을 쓸데없는 것으로 폐기해 버리시기로 하셨다는 듯이 말하는 것이다.

  우리가 율법과 선지자의 글의 곳곳에서 발견되는 그리스도에 관한 구절들을 어떤 방식으로 그리스도께 적용하여야 하는지를 여기에서 다루는 것은 적절하지 않기 때문에, 나는 그리스도께서 "율법의 마침"(롬 10:4)이라 불리는 그럴 만한 이유들이 있다는 것만을 간단하게 말해 두고자 한다. 왜냐하면, 모세가 멀리서 그리스도를 "참 형상"(히 10:1)으로가 아니라 단지 "그림자들"을 통해서 희미하게 나타내 보였다고 할지라도, 적어도 한 가지 논란의 여지가 없는 것은 아브라함의 자손 중에서 모든 사람들을 하나로 연합하여서서 한 몸으로 만드실 한 분 머리 되시는 이가 나오지 않았다면, 하나님이 거룩한 족장들과 맺으신 언약은 무효화되고 폐기되고 말았으리라는 것이다. 게다가, 하나님은 이스라엘 백성에게 성막과 율법의 예식들을 하늘의 "양식대로" 만들어 행하라고 명령하셨기 때문에(출 25:40; 히 8:5), 희생 제사들을 비롯해서 성전 제사의 그 밖의 다른 부분들이 나타내고 있던 실체가 다른 곳에서 발견되지 못한다면, 그것들은 아무 짝에도 쓸데없는 괜한 짓을 한 것이 될 수밖에 없다는 결론이 나온다. 사도는 히브리서에서 이런 식의 논증을 풍부하게 선보인다(히 9:1). 즉, 사도는 율법의 눈에 보이는 예식들은 영적인 것들의 "그림자들"이라는 이 원리를 전제하고서, 제사장 제도, 제사들, 성소의 형태 등과 같은 율법 전체 속에서 우리는 그리스도를 찾아야 한다는 것을 보여준다.

마르틴 부처(Martin Bucer)도 유대인들은 조상들로부터 전승에 의해서 그들에게 전해져 내려온 모종의 방법을 따라서 이러한 희미한 것들 속에서 성경을 해석해 내는 데에 익숙해져 있었다고 어딘가에서 지혜로운 발언을 한다. 그러나 나는 성경을 해석하는 나의 방법론이 불확실한 토대 위에서 이루어지는 것을 바라지 않기 때문에, 율법을 해석하는 데에 뛰어나게 능숙하였던 모든 선지자들에게서 보편적으로 발견되는 자연스럽고 단순한 방법론으로 만족할 것이다. 그러므로 하나님이 조상들과 맺으셨던 언약이 중보자라는 터 위에 세워진 것이었다는 것, 하나님이 그의 은혜의 임재를 나타내시기 위해 세우라고 하신 성소가 그 중보자의 피로 성별되었다는 것, 율법 자체와 그 약속들이 피 뿌림을 통해서 재가(裁可)되었다는 것, 단 한 명의 제사장이 평범한 인간으로서가 아니라 거룩한 옷을 입은 채로 모두의 이름으로 하나님의 임재 앞에 나아가기 위하여 온 백성 가운데서 택하여졌다는 것, 오직 희생제사를 통해서만 하나님과 화목을 이룰 소망이 사람들에게 제시되었다는 것을 생각한다면, 우리는 율법 속에서 그리스도를 제대로 알 수 있다. 게다가, 그 나라가 "유다 지파"를 통해서 영원히 이어질 것이라는 주목할 만한 예언이 존재한다(창 49:10). 선지자들은 비록 모세를 통해서 그 중보자에 대하여 처음 알게 되었기는 하지만, 우리가 앞서 말했던 대로, 그 중보자에 대한 훨씬 더 분명하고 주목할 만한 초상화들을 그려냈다. 왜냐하면, 그들에게 맡겨진 소임은 언약에 대한 기억을 새롭게 하고, 하나님에 대한 영적 예배를 좀 더 분명하게 제시하며, 구원의 소망을 중보자라는 터 위에 세우고, 하나님과 화목하게 되는 방법을 좀 더 분명하게 보여주는 것 외에 다른 것이 아니었기 때문이다. 따라서 하나님께서 온전한 계시를 그의 아들이 나타날 때까지 미루시는 것을 기뻐하셨다고 해서, 선지자들의 해석들이 불필요한 것은 아니었다.

눅 24:28. 그들이 … 마을에 가까이 가매. 일부 주석가들처럼, 이 마을이 엠마오가 아닌 다른 곳이었다고 생각할 이유는 전혀 없다. 왜냐하면, 이 여정(旅程)은 그들이 도중에 하룻밤을 다른 곳에서 숙박해야 할 정도로 먼 거리가 아니었기 때문이다. 우리는 대략 10킬로미터 정도의 거리는 유유자적하게 천천히 걷는다고 해도 기껏해야 네 시간 정도밖에 걸리지 않는다는 것을 안다. 그러므로 그리스도께서 지금 엠마오에 도착하신 것임을 의심할 여지는 전혀 없다.

눅 24:28. 예수는 더 가려 하는 것 같이 하시니. 하나님의 영원하신 진리이신 그리스도께서도 어떤 가장(假裝, simulatio)을 하실 수 있으신가라고 누가 묻는다면, 나의 대답은 하나님의 아들은 그가 가진 모든 계획이나 생각을 다 사람들에게 알리실 의무가 없으시다는 것이다. 하지만 가장(假裝)은 일종의 거짓이기 때문에, 난점은 아직 해결된 것이 아니다. 게다가, 많은 사람들이 그들에게 거짓말을 할 자유가 있다는 것을 증명하기 위해서 그리스도께서 보이신 이 예를 증거로 들기 때문에 특히 더 그러하다. 그러나 나의 대답은 그리스도께서는 여기에서 언급된 것과 같이 "더 가려 하는 것 같이" 가장하셨지만 거기에는 거짓은 없으셨다는 것이다. 이것은 그리스도께서 엠마오에 도착하시까지 길에서 내내 그들에게 마치 낯선 사람처럼 행동하신 것과 같은 것이었고, 그리스도의 이 두 가지 행동에는 그 만한 이유가 있으셨다. 좀 더 영리하고 독창적인 해법은 아우구스티누스(Augustinus)가 제시하고 있는데, 그는 이런 종류의 가장(假裝)을 처음에는 수사(修辭)들과 비유들, 나중에는 비유들과 우화(寓話)들에 속하는 것으로 처리하는 방법을 택한다. 그러나 나는 다음과 같이 간단하게 해석하는 것으로 만족하고자 한다. 즉, 그리스도께서는 그가 대화하고 있는 자들의 눈을 잠시 가리시고, 마치 다른 사람인 것처럼 행세하셔서, 그들이 그를 평범한 나그네로 여기게 하신 것과 마찬가지로, 여기에서 "더 가려 하는 것 같이 하신" 것은 그가 하고자 하신 것 이외의 다른 것을 하려는 체하신 것이 아니라, 그가 떠나는 방식을 그들에게 보이지 않으시기 위한 것뿐이었다는 것이다. 왜냐하면, 그리스도께서는 이때에 인간 세상을 떠나고자 하신 것인 까닭에, 그가 "더 가려 하셨다"는 것은 그 누구도 부인할 수 없는 일이기 때문이다. 그리스도께서는 이렇게 더 가려고 하신 몸짓을 통해서 그의 제자들을 속이신 것이 아니라, 자신을 그들에게 알게 하실 적당한 때가 올 때까지 잠시 자신의 정체를 그들에게 숨기고자 하신 것이었다. 그러므로 여기에서 그리스도께서 보이신 행동을 근거로 내세워서 자신의 거짓된 행동을 비호하고자 하는 것은 어처구니없는 일이다. 우리가 여기에서 그리스도께서 보이신 행동을 그 어떤 가장된 행위를 옹호하는 근거로 삼고자 하는 것은 여기에서 그리스도께서 이 제자들의 눈을 가리신 것 속에서 그의 신적인 능력을 보고자 하지 않는 것과 같다. 우리에게 가장 안전한 길은 우리에게 주어진 법을 고수하는 것, 즉 솔직하고 정직하게 말하는 것이다. 그리스도께서는 아버지 하나님의 법에서 결코 벗어나신 적이 없으셨지만, 다만 아버지의 명령들의 축자적인 의미에 제한을 받으신 것이 아니라, 늘 그 법의 참된 의도를 따라 그 명령들을 지키셨다. 그러나 우리는 우리의 지각(知覺)의 연약함을 고려해서 좀 더 스스로를 제한하여 고지식하게 그 명령들을 따를 필요가 있다.

눅 24:30. 떡을 가지사 축사하시고 떼어 그들에게 주시니. 아우구스티누스(Augustinus)를 비롯해서 상당수의 주석가들은 여기에서 그리스도께서 그들에게 떼어 주신 "떡"은 통상적인 음식이었던 것이 아니라 그의 몸의 거룩한 상징이라고 생각하였다. 사실, 여기에서 그들은 최후의 만찬이라는 영적 거울을 통해서 마침내 이 행인이 그리스도이심을 깨달았을 가능성이 있다. 왜냐하면, 그들은 육신의 눈으로 그를 보았을 때에는 그가 그리스도이신 줄을 알지 못하였기 때문이다. 그러나 이러한 추정은 유력한 근거들 위에서 제시되고 있는 것이 아니기 때문에, 나는 누가 본문에 나오는 이 구절이 그리스도께서 평소에 하시던 대로 "떡을 가지사 축사하셨다"는 의미로 사용되고 있다고 보는 편이 좋다고 생각한다. 그리스도께서는 여기에서 평소에 그의 제자들과 함께 계실 때에 늘 드리셨던 그의 특유한 감사 기도를 사용하셨고, 이 귀에 익은 "축사"를 들었을 때에, 두 제자의 지각이 열렸을 것으로 보인다. 우리 주님의 이러한 모범을 통해서 우리는 떡을 뗄 때마다 생명의 원천이 되시는 아버지 하나님께 감사를 드리는 법을 배워야 하는데, 이것이 우리가 불경건한 자들과 다른 점이다.

[13]두 사람이 가서 남은 제자들에게 알리었으되 역시 믿지 아니하니라 [14]그 후에 열한 제자가 음식 먹을 때에 예수께서 그들에게 나타나사 그들의 믿음 없는 것과 마음이 완악한 것을 꾸짖으시니 이는 자기가 살아난 것을 본 자들의 말을 믿지 아니함일러라(막 16:13-14).

[31]그들의 눈이 밝아져 그인 줄 알아 보더니 예수는 그들에게 보이지 아니하시는지라 [32]그들이 서로 말하되 길에서 우리에게 말씀하시고 우리에게 성경을 풀어 주실 때에 우리 속에서 마음이 뜨겁지 아니하더냐 하고 [33]곧 그 때로 일어나 예루살렘에 돌아가 보니 열한 제자 및 그들과 함께 한 자들이 모여 있어 [34]말하기를 주께서 과연 살아나시고 시몬에게 보이셨다 하는지라 [35]두 사람도 길에서 된 일과 예수께서 떡을 떼심으로 자기들에게 알려지신 것을 말하더라 [36]이 말을 할 때에 예수께서 친히 그들 가운데 서서 이르시되 너희에게 평강이 있을지어다 하시니 [37]그들이 놀라고 무서워하여 그 보는 것을 영으로 생각하는지라 [38]예수께서 이르시되 어찌하여 두려워하며 어찌하여 마음에 의심이 일어나느냐 [39]내 손과 발을 보고 나인 줄 알라

또 나를 만져 보라 영은 살과 뼈가 없으되 너희 보는 바와 같이 나는 있느니라 [40]이
말씀을 하시고 손과 발을 보이시나(눅 24:31-40).

눅 24:31. 그들의 눈이 밝아져. 이 구절을 통해서 우리는 그리스도께서 옛 시인
들이 만들어 낸 프로테우스(Proteus: 그리스 신화에서 여러 모습으로 바뀐다는 바다의 신)
처럼 둔갑술을 부려서 두 제자가 못 알아본 것이 아니라, 반대로 그를 바라보는 자
들의 눈이 감겨 있어서 그를 알아보지 못한 것임을 알게 된다. 이것은 잠시 후에
그리스도께서 이 두 제자의 눈에서 "보이지 아니하게" 되신 것은 그의 몸이 눈에
보이지 않는 형태로 변했기 때문이 아니라, 하나님이 그들의 눈에서 밝히 볼 수 있
는 힘을 거두셔서 둔하게 하셨기 때문인 것과 똑같은 이치이다. 우리는 그들이 그
리스도를 알아보게 되자마자, 그가 사라지신 것을 이상하게 여겨서는 안 된다. 왜
냐하면, 그들은 당연히 이 땅에 너무 깊이 매여있어서, 그리스도를 다시 이 땅에서
사시도록 붙들어 두고자 하는 욕망이 그들 속에서 일어날 것이었으므로, 그리스도
께서는 그런 욕망을 부추기지 않으시기 위해서, 그들로 하여금 더 이상 그를 볼 수
없게 하시는 것이 그들에게 유익이 될 것이었기 때문이다. 그리스도께서 그들에게
나타나신 것은 그의 부활에 대한 확신을 주시기 위한 것이었고, 그리스도께서 돌
연히 그들을 떠나신 것은 그가 승천하셔야 새 생명이 완성되기 때문에, 이 세상에
서 그를 찾아서는 안 된다는 것을 그들에게 가르쳐 주시기 위한 것이었다.

눅 24:32. 우리 속에서 마음이 뜨겁지 아니하더냐. 그들은 그리스도를 알아보게
되자, 그들에게 이미 주어져 있었던 성령의 은밀하게 감춰져 있던 은혜를 생생하
게 깨닫게 되었다. 왜냐하면, 하나님은 종종 자기 백성 가운데서 이런 식으로 역사
하셔서, 그들은 그들에게 이미 주어진 성령의 능력을 한동안 깨닫지 못하거나 분
명하게 인식을 하지 못한 채로, 단지 성령의 은밀한 감동으로 인해서 그 사실을 희
미하게 느끼기만 하는 일이 벌어지기 때문이다. 따라서 이 두 제자는 실제로는 이
미 이 뜨거움을 느꼈었지만, 그때에는 그것을 깨닫지 못하다가, 이제 와서 그 사실
을 기억해 낸 것이었다. 그들은 그리스도를 알아보게 되자마자, 마침내 그들이 앞
서 맛보고서도 깨닫지 못하였던 성령의 은혜를 기억해 내고서, 그들이 얼마나 둔
하였는지를 깨닫기 시작한 것이었다. 왜냐하면, 그들은 여기에서 그들이 왜 그토
록 둔했는지(socordia)를 자책하며, 이렇게 말한 것이나 다름없기 때문이다: "그리
스도께서 말씀하시는 동안에 우리가 그를 전혀 알아보지 못하다니, 어떻게 이런

일이 일어날 수 있었지? 그의 말씀이 우리의 마음속을 꿰뚫고 들어왔을 때, 우리는 그가 누구신지를 알아차렸어야 마땅한 일이 아니었는가?" 그러나 그들이 그가 그리스도이셨다는 결론을 내린 것은 단지 그의 말씀이 그들의 마음을 "뜨겁게" 하였다는 단순한 표적(表蹟) 때문에 그를 인정한 것일 뿐만 아니라, 그가 말씀하실 때에 그의 성령의 불로 그들의 마음을 "뜨겁게" 하셨다는 것을 인정함으로써 그에게 합당한 존귀를 돌린 것이었다. 바울도 "영의 직분"(고후 3:8)이 자기에게 주어진 것을 자랑하고, 성경은 자주 말씀 사역자들에 대하여 "그들은 마음을 회심시키고, 지각(知覺)을 밝히며, 사람들을 새롭게 하여 순전하고 거룩한 제물들이 되게 한다"고 말하지만, 이것은 그들이 그들 자신의 힘으로 그런 일들을 행한다는 것이 아니라, 주님께서 그들을 사용하셔서 무엇을 이루시는지를 보여주는 것이다. 왜냐하면, 그들로 하여금 그들의 입을 통하여 말씀을 전하게 하시는 것도 그리스도이시고, 사람들로 하여금 그 말씀을 듣고서 믿음의 순종을 이루게 하시는 것도 그리스도이시기 때문이다. 그리스도께서 이때에 이 두 사람의 마음에 특별한 뭔가(nota)를 새기셔서, 그가 말씀하실 때에 그들 속에 하나님으로부터 온 "뜨거움"을 불어넣어 주셨다는 것을 그들이 마침내 깨닫게 되었다는 것은 의심의 여지가 없다. 왜냐하면, 하나님의 말씀은 늘 "불"이지만, 이때에 그리스도께서 말씀하실 때에 그 불이 특별히 맹렬하게 나타났고, 이것은 그의 신적인 능력을 보여주는 분명한 증거로 그들에게 주어진 것이었기 때문이다. "성령과 불로 세례를 베푸시는"(눅 3:16) 분은 오직 그리스도뿐이시다. 그렇지만 우리는 누가 말씀의 사역자가 되든, 하늘의 가르침이 맺는 합당한 열매는 사람들의 마음속에 성령의 불을 붙이고, 육체의 정(情)들을 정결케 하고 깨끗하게 하며, 사람들의 마음에 하나님에 대한 참되고 뜨거운 사랑을 불붙여서, 그 불길을 통해서 사람들을 전적으로 하늘로 들어올리는 것임을 명심하여야 한다.

눅 24:33. 곧 그 때로 일어나. 시간적으로나 거리상으로나 모든 상황은 이 두 사람이 이 소식을 그들의 동료 제자들에게 전하고 싶은 마음이 얼마나 강하게 타올랐는지를 잘 보여준다. 왜냐하면, 저녁이 되어서 그들이 그 밤에 유(留)할 곳을 찾아 들어갔을 때, 그리스도께서는 즉시가 아니라 밤이 되어서야 그들에게 자기가 누구인지를 알게 하셨을 것이기 때문이다. 밤중에 세 시간을 걸어서 목적지에 도달하는 여정(旅程)은 그리 쉬운 일이 아니었을 것이다. 그런데도 그들은 즉시 일어나서 서둘러 예루살렘을 향하여 길을 재촉하였다. 만약 그들이 이튿날이 되어서야 예루살렘으로 돌아갔다면, 이렇게 지체한 것 때문에 그들이 하는 말들은 더욱더 큰 의심을 받았을 것이다. 그러나 그들은 밤에 편히 쉬는 쪽을 마다하고, 한 시도 지체함이 없이 사도들과 이 기쁨을 나누고자 하는 일념으로 힘든 밤길을 택하였고, 이렇게 서둘렀기 때문에 그들이 하는 말들에는 더 큰 신빙성이 더해지게 된 것이었다. 누가가 이 두 사람이 "곧 그 때로 일어났다"고 말하는 것으로 보아서, 그들은 자정쯤에 제자들에게 도착했을 것이다. 누가의 증언에 의하면, 이때에 제자들은 함께 모여서 얘기를 나누고 있었다. 이것으로부터 우리는 그리스도의 부활이 많은 증언들에 의해서 확고하게 확인될 때까지, 그들은 잠도 자지 않고 온 밤을 새워서 서로서로 끊임없이 이 일의 진상을 정확히 알기 위하여 거기에 온 힘을 쏟으며 큰 열심으로 부지런히 움직였다는 것을 알게 된다.

눅 24:34. 주께서 과연 살아나시고. 이 구절은 사도들에게 기쁜 소식을 전하여 그들의 생각을 확증해 주기 위해 달려온 두 사람이 제자들로부터 그리스도께서 나타나신 또 다른 소식을 전해 들었다는 것을 보여준다. 이러한 상호적인 확증은 거룩한 열심을 가지고 부지런히 찾은 그들에게 하나님이 주신 상(賞)이었다는 것은 의심의 여지가 없다. 여러 시간적인 정황을 비교해 보면, 우리는 이런 결론을 얻을 수 있다. 즉, 베드로는 무덤에서 돌아온 후에 도무지 아무것도 갈피를 잡을 수 없는 혼란한 상태에 있다가 부활하신 그리스도를 만났는데, 그가 무덤을 찾았던 바로 그날에 그가 바라던 일이 이루어졌다는 것이다. 그러므로 "주께서 시몬에게 보이셨기" 때문에 이제 더 이상 의심할 이유가 없어져서, "열한 제자"는 함께 모여 서로 기뻐하고 있었다.

그런데 마가는 열한 제자가 이 "두 사람"의 말도 "역시 믿지 아니하였다"고 보도하고 있기 때문에, 마가의 기사(記事)는 누가 본문과 불일치하는 것으로 보인다. 왜냐하면, 그리스도의 부활을 이미 확신하고 있던 제자들이 추가적인 증인들의 말을 이제 와서 배척하고서 이전처럼 의구심 속에 사로잡혀 있었으리라는 것은 상상하기 힘든 일이고, 그들이 "주께서 과연 살아나셨다"고 말했다는 것은 이 문제가 이제 일말의 의심도 없이 다 명백해졌다는 것을 인정했음을 보여주는 것이기 때문이다. 먼저, 나는 이 구절 속에서는 대유법(代喻法)이 사용되고 있다는 것을 말하고자 한다. 그러니까, 제자들 중에서는 이 사실을 믿는 정도가 서로 달랐고, 특히 도마는 다른 모든 제자들보다 더 완악하여 잘 믿지를 못하였다는 것이다(요 20:25). 둘째로, 그들은 너무나 놀라서 어떤 문제를 차분하게 깊이 생각하기 힘든 상태에서 그리스도의 부활을 믿게 된 것이고, 그런 상태에서 믿은 자들에게서는 끊임없이 여러 가지 의심들이 일어난다는 것이다. 어쨌든 누가 본문으로부터 분명한 것은 제자들 중 상당수는 너무나 놀라고 경황이 없는 중에서 그들에게 전해진 주님의 부활 소식을 기꺼이 받아들이기는 했지만, 그들 자신 속에 자리 잡고 있던 불신 및 의구심과 싸우고 있었다는 것이다. "과연"이라는 단어를 통해서 그들은 그들 속에서 일어나는 온갖 의구심의 싹을 잘라 버리고 있다. 그렇지만 우리는 곧 그들이 너무나 놀란 상태에서 이전에 의심하던 모습으로 자꾸 되돌아가는 것을 보게 될 것이다.

눅 24:36. 예수께서 친히 그들 가운데 서서. 요한은 이 일을 아주 자세하게 보도하긴 하지만(20:19), 이 일이 일어난 상황과 관련해서 몇 가지 점에서 누가 기사와 다르고, 이 일을 짤막하게 다루고 있는 마가 기사도 약간 다르다. 하지만 요한은 누가가 생략한 것들만을 모아서 보도하기 때문에, 이 두 기사는 서로 쉽게 조화될 수 있다. 어쨌든, 이 일이 일어난 시간에 대한 문제만을 제외한다면, 이 일의 핵심적인 내용에 있어서는 서로 모순되거나 상충되는 것이 없다. 왜냐하면, 요한 본문에는 예수께서 "저녁 때에" 제자들에게 오신 것으로 되어 있는 반면에, 누가가 기록한 기사의 흐름상으로 보면, 두 제자가 엠마오에서 돌아오고 나서 한밤중에 그가 나타나신 것이 분명하기 때문이다. 나는 요한 본문에 나오는 "저녁 때에"라는 표현에 너무 지나치게 집착하는 것은 옳지 않다고 생각한다. 도리어, 나는 "저녁 때"라는 표현을 늦은 밤 시간까지 얼마든지 확장하여 적용할 수 있기 때문에, 이 표현은 밤중이 되어서 제자들이 "유대인들을 두려워하여 모인 곳의 문들을 닫고" 은신해 있을 때에 그리스도께서 그들에게 오셨다는 것을 의미하는 것으로 이해하는 것이 옳다고 생각한다. 요컨대, 요한은 "저녁 때에"라고 했을 때에 밤이 시작되는 시점을 의미한 것이 아니라, 단지 날이 저물고 해가 진 후에 한밤중이 되어서 그리스도께서 나타나시리라고는 그 누구도 생각하지 못했던 그 시간에 예상을 뒤엎고 그가 제자들에게 오셨다는 것을 나타내고자 하였다는 것이다.

여기에서 또 한 가지 의문이 제기된다. 왜냐하면, 마가와 누가는 그리스도께서 제자들에게 오셨을 때에 "열한 제자"가 모여 있었다고 보도하는 반면에, 요한은 "도마"가 이때에 없었다고 말하기 때문이다(요 20:24). 그러나 "열한 제자"는 사도들을 나타내는 명칭으로 사용된 것이기 때문에, 그들 중의 한 명이 그 자리에 없었어도, 이러한 표현이 사용된 것은 전혀 이상한 일이 아니다. 우리가 앞서 말했듯이,

요한이 이 일에 대하여 더욱 자세하게 보도한 것은 다른 복음서 기자들이 빠뜨린 것들을 보완하기 위한 것임을 분명하게 보여주는 것이다. 또한, 공관복음서 기자들이 동일한 사건을 다루고 있다는 것도 의심의 여지가 없다. 왜냐하면, 요한은 제자들이 갈릴리로 가기 전에 그리스도께서 예루살렘에서 그들에게 단 두 차례 나타나셨다고 분명하게 말하기 때문이다. 요한은 그리스도께서 "디베랴 호수에서 제자들에게" 세 번째로 "자기를 나타내셨다"고 말하는데(21:1), 이보다 앞서 그리스도께서 두 번에 걸쳐 나타나신 것에 대하여 보도한 바 있다: 한 번은 그가 부활하신 바로 그날이었고(20:19), 또 한 번은 그로부터 8일 후였다(20:26). 이 두 번째 나타나신 것이 마가복음에 기록된 것이라고 누가 주장한다면, 나는 그런 주장에 크게 반대할 생각이 없다.

누가 본문으로 다시 돌아가 보자. 사실, 누가는 그리스도께서 닫혀 있는 문들(20:26)을 그의 신적인 능력으로 직접 여신 것이라고 말하고 있지는 않지만, "예수께서 서서"라는 표현은 그런 종류의 일이 일어났다는 것을 간접적으로 암시해 준다. 만약 그리스도께서 이적적인 방식으로 들어가신 것이 아니라면, 어떻게 그가 야밤중에 갑자기 그들 가운데에 서 계실 수 있으셨겠는가? 요한과 누가는 둘 다 그리스도께서 "너희에게 평강이 있을지어다"라는 동일한 형태의 인사말을 사용하신 것으로 보도하고 있는데, 히브리어에서 이것은 상대방에게 모든 일이 잘되고 형통하기를 바라는 인사말이었다.

눅 24:37. 그들이 놀라고 무서워하여. 요한은 제자들이 이렇게 무서워하는 반응을 보였다는 것을 보도하지는 않지만, 그리스도께서 그의 손과 발을 제자들에게 보이셨다고 말하고 있기 때문에, 우리는 요한이 어떤 정황을 생략하였다는 것을 짐작할 수 있다. 복음서 기자들이 어떤 일을 짧게 보도하고자 할 때에 그 일의 일부만을 짤막하게 보여주는 것은 흔한 일이었다. 또한, 누가 본문으로부터도 우리는 그들이 너무나 뜻밖의 광경에 몹시 놀라고 무서워하며 그들의 눈을 믿지 못하였다는 것을 알게 된다. 그들은 조금 전만 해도 "주께서 살아나셨다"(34절)는 결론을 내리고서, 그리스도의 부활을 온전히 확인된 일로 망설임 없이 단호하게 말하였다. 그랬던 그들이 지금 그들의 눈으로 직접 부활하신 그리스도를 보고 있는데도, 너무나 놀란 나머지 그들의 지각이 마비되어서, 그를 "영"이라고 생각하였다. 이러한 잘못이 연약함 때문에 일어난 것이었다고 해도 책망을 받아 마땅한 일이긴 했지만, 그래도 그들은 그들이 무엇에 홀린 것이 아닌가 하며 두려워할 정도로 넘어 나간 것은 아니었다. 그들은 그들이 무엇에 홀렸다고 생각하지는 않았지만, 얼마 전에 십자가에서 죽으신 그리스도께서 다시 사셔서 친히 그들 눈앞에 나타나신 것이라고 믿기보다는 그리스도께서 부활하신 모습이 성령에 의해서 환상 속에서 그들에게 나타났다고 믿었다. 그러므로 그들은 그들이 보는 것이 헛것이고, 그들을 속이기 위한 환영(幻影)이라고 생각한 것이 아니라, 두려움에 사로잡혀서, 그들의 눈앞에 실제로 벌어지고 있는 일을 영적인 현상이 그들에게 나타난 것이라고 생각한 것이었다.

눅 24:38. 어찌하여 두려워하며. 이 말씀은 그리스도께서 그의 제자들에게 두려움을 내려놓고 제정신을 차려서, 그들의 지각을 회복하여 사태를 정확하게 파악하라고 권면하시는 말씀이다. 왜냐하면, 사람들은 두려움에 사로잡히게 되면, 대낮에도 눈이 어두워 보지 못하게 되기 때문이다. 그래서 그리스도께서는 제자들로 하여금 현재의 상황을 확실하게 알게 하시기 위하여, 마음을 가라앉히고 침착하게 이 일을 잘 헤아려 보라고 명하시는 것이다.

눅 24:38. 어찌하여 마음에 의심이 일어나느냐. 후반부의 말씀 속에서 그리스도께서는 제자들의 또 다른 잘못, 즉 그들이 스스로 여러 가지 쓸데없는 잡념으로 진실을 파악하기 어렵게 만들고 있다고 책망하신다. "생각들[개역에서는 '의심']이 일어난다"는 말씀은 여러 생각들이 일어나서 진리를 아는 지식을 질식시켜서 그들이 "보기는 보아도 알지 못하고"(마 13:14) 있다는 것이다. 왜냐하면, 그들은 그들의 악한 망상들을 억누르지 않고, 도리어 그런 망상들이 그들 속에서 마음껏 피어나서 그들을 지배하게 내버려 두고 있는 것이었기 때문이다. 아침에 하늘이 맑았다고 할지라도, 그 후에 구름들이 일어나서 밝은 햇빛을 덮어서 어두워지게 해버리듯이, 우리의 생각들이 우리 속에서 하나님의 말씀에 대적하여 일어나는 것을 우리가 아무런 제지도 하지 않고 그대로 방임하면, 전에 우리에게 분명해 보였던 것들도 우리 눈에서 희미해지거나 사라져 버리고 말게 된다는 것은 너무나 분명한 사실이다. 어떤 이상해 보이는 일이 일어났을 때, 우리가 그 일이 참인지 거짓인지를 여러 근거들을 저울질해서 따져보는 것은 마땅한 일이고, 실제로 어떤 일이 의심스러울 때에는, 우리의 마음은 그 일을 모든 방향으로 따져볼 수밖에 없다. 그러나 우리가 우리의 마음이나 생각을 적절한 수준에서 통제하고 절제하지 않으면, 육신의 생각은 하늘 높은 줄 모르고 스스로 높아져서 하나님을 대적하여 모든 것을 자신의 지배 아래 두고자 하기 때문에 문제가 되는 것이다.

눅 24:39. 내 손과 발을 보고. 그리스도께서는 그의 제자들이 그가 몸을 입고 나타난 것이 아니라 단지 그림자일 뿐이라고 생각하지 않도록 하시기 위해서, 그들의 육신적인 감각들을 증인들로 호출하신다. 먼저, 그리스도께서는 몸을 지닌 사람과 "영"을 구별하신다. 이것은 이렇게 말씀하신 것이나 다름없다: "너희가 나를 눈으로 보고 손으로 만져 보면, 내가 이전에 너희와 함께 하였던 진짜 사람이라는 것이 증명될 것이다. 왜냐하면, 나는 십자가에 못 박힌 바로 그 몸을 입고 있고, 지금 나의 몸은 그 흔적들도 지니고 있기 때문이다." 또한, 여기에서 그리스도께서는 그의 몸은 손으로 만져질 수 있고, 딱딱한 뼈들을 가지고 있다고 분명하게 선언하고 계시는 것이기 때문에, 성찬에서 떡이 그리스도의 몸으로 변한다고 주장하는 화체설(化體說)이나 성찬에서 그리스도의 몸이 그 떡에 임재한다고 주장하는 공재설(共在說)이 얼마나 터무니없는 잘못인지를 반박하기 위한 증거로 우리 쪽 사람들이 이 구절을 제시하는 것은 옳고 마땅하다. 왜냐하면, 그런 주장을 하는 자들은 그리스도의 몸이 그 어떤 흔적이나 자취도 없이 어떤 곳에 존재한다고 우리로 하여금 믿게 하고자 하는 자들이고, 그들의 주장대로라면 그리스도의 몸은 그 본성이 바뀌어서 이전과는 다른 것인데도, 그리스도께서 바로 그 몸을 제자들에게 내미시면서 진짜 몸임을 증명하고자 하신 것이라는 결론이 도출되기 때문이다. 또한, 어떤 자들이 이때에는 그리스도의 옆구리에는 창에 찔린 상처가 나 있으셨고 그의 발과 손에는 못 박히신 상처가 있었지만, 지금 하늘에 계신 그리스도에게는 그런 상처의 흔적이 전혀 없으시다는 반론을 제기한다면, 그런 반론을 반박하는 것은 쉬운 일이다. 왜냐하면, 여기에서 문제가 되고 있는 것은 단지 그리스도께서 어떤 형태로 나타나셨느냐가 아니라, 그리스도께서 그의 몸의 진정한 본성에 대하여 무엇이라고 분명하게 선언하고 계시느냐 하는 것이기 때문이다. 여기에서 그리스도께서는 그의 몸은 누구나 다 만질 수 있고, 이것이 "영"과 다른 점이라고 그의 몸의 특성을 분명하게 밝히고 계신다. 그러므로 우리는 육신과 영의 구별은 그리스도의 말씀에 의해서 영원히 참된 것으로 확인된 것이고, 오늘날에도 그런 구별이 존재한다는 것을 견고히 붙잡아야 한다.

우리는 부활하신 그리스도의 몸에 있는 상처들에 대해서는, 그것은 그리스도께서 그 자신을 위해서가 아니라 바로 우리를 위해서 부활하셨다는 것을 우리 모두에게 증명하시기 위한 증거라고 보아야 한다. 왜냐하면, 그리스도께서는 사망을 이기시고 복된 하늘의 영원한 생명을 얻으신 후에도, 우리를 생각하셔서, 한동안 계속해서 십자가의 흔적들을 지니고 다니셨기 때문이다. 그리스도께서 부활의 영광을 온전케 하는 데에 꼭 필요하였던 상처들을 없애는 일을 미루시고, 그의 제자들의 믿음에 도움을 주시기 위하여 상처들을 지니고 다니신 것은 분명히 그의 놀라운 인자하심(indulgentia)을 보여주는 것이었다. 그러나 그리스도께서 세상을 심판하러 다시 오실 때에도 여전히 그 상처의 흔적들을 계속해서 지니고 계실 것이라고 생각하는 것은 어리석고 허황된 망상이다.

막 16:14. 그 후에 열한 제자가 음식 먹을 때에 예수께서 그들에게 나타나사. 분사 '아나케이메노이스'(ἀνακειμένοις)를 어떤 이들은 "식탁에 앉아 음식을 먹을 때에"라고 번역해 왔지만, 내 생각에는 단지 "앉아 있을 때에"로 번역하는 것이 옳다고 본다. 복음서 기자가 여기에서 그리스도께서 첫 번째로 나타난 일에 대하여 보도하고 있다는 것이 옳다면, 이 분사를 이렇게 번역하는 것이 이치에 맞는 것 같다. 왜냐하면, 한밤중에 제자들이 저녁을 먹고 있었다는 것은 생각하기 어려운 일이기 때문이다. 게다가, 만약 식탁이 베풀어져 있었다면, 그것은 누가가 잠시 후에 그리스도께서 "여기 무슨 먹을 것이 있느냐"고 물으셨다고 보도한 것과 앞뒤가 잘 맞지 않게 될 것이다. 여기에 나오는 "앉다"라는 단어는 히브리어에서 그곳이 어떤 곳이든 쉬고 있는 것을 의미하는 말이다.

막 16:14. 그들의 믿음 없는 것과 마음이 완악한 것을 꾸짖으시니. 이 책망은 두 번째로 나타나신 때보다는 첫 번째로 나타나신 때에 더 잘 들어맞는다. 왜냐하면, 요한이 보도하는 것처럼(20:20), 유월절이 지난 날에 "제자들이 주를 보고 기뻐하였고," 이때에 주님께서는 그들의 불신앙을 책망하셨을 것이기 때문이다. 어떤 이들은 그리스도께서 오직 도마를 향해서만 이 책망을 하신 것이라고 보지만, 그것은 억지스러워 보인다. 그러므로 나는 이 구절을 그리스도께서 사도들에게 처음으로 나타나셨을 때에, 그들이 그의 부활을 그들에게 전해 준 목격자들의 증언을 믿지 않은 것을 책망하신 것이라고 해석하고자 한다. 그렇지만 그리스도께서 그들의 "마음이 완악한 것을 꾸짖으신" 것은 단지 그들이 사람들의 말을 믿지 않았기 때문이 아니라, 마침내 실제로 확인이 되었음에도 불구하고 그가 전에 하신 말씀을 끝끝내 믿지 않고 받아들이지 않았기 때문이었다. 그러므로 베드로와 마리아, 글로바와 그의 친구는 부활의 최초의 증인들이었던 것이 아니라, 단지 그리스도께서 전에 하신 말씀이 사실임을 확인해 주는 자들이었기 때문에, 나머지 사도들은 그의 말씀이 이미 실제로 증명되었음에도 불구하고, 그의 말씀을 믿기를 거부함으로써, 주님을 모욕한 것이라는 결론이 나온다. 따라서 그들이 "마음이 완악한 것"에 대하여 책망을 받는 것은 마땅하다. 왜냐하면, 그들은 둔감해서 더디 깨달을 뿐만 아니라, 거기에 더하여 그 마음이 완악하였기 때문이다. 이것은 마치 그들이 너무나 명백하게 참된 것을 의도적으로 받아들이고자 하지 않으려는 것처럼 보였다. 사실, 이렇게 보인 이유는 그들이 의도적으로 그들의 주님의 영광의 빛을 꺼버리거나 주님을 거짓말한 자로 비난하고 고소하고자 했기 때문이 아니라, 그들의 완악함으로 인해서 참된 것을 받아들이는 데에 방해를 받았기 때문이었다. 요컨대, 그리스도께서는 여기에서, 내가 이미 말한 대로, 그들이 의도적으로 완악한 마음을 먹었다고 꾸짖으시는 것이 아니라, 그들이 둔감하고(socordia) 눈이 먼 것에 대하여 꾸짖으시는 것이다. 왜냐하면, 사람이 둔감하면, 비록 평소에 악하거나 패역하지 않더라도 종종 완악해지게 되기 때문이다.

⁴¹그들이 너무 기쁘므로 아직도 믿지 못하고 놀랍게 여길 때에 이르시되 여기 무슨 먹을 것이 있느냐 하시니 ⁴²이에 구운 생선 한 토막을 드리니 ⁴³받으사 그 앞에서 잡수시더라 ⁴⁴또 이르시되 내가 너희와 함께 있을 때에 너희에게 말한 바 곧 모세의 율법과 선지자의 글과 시편에 나를 가리켜 기록된 모든 것이 이루어져야 하리라 한 말이 이것이라 하시고 ⁴⁵이에 그들의 마음을 열어 성경을 깨닫게 하시고 ⁴⁶또 이르시되 이같이 그리스도가 고난을 받고 제삼일에 죽은 자 가운데서 살아날 것과 ⁴⁷또 그의 이름으로 죄 사함을 받게 하는 회개가 예루살렘에서 시작하여 모든 족속에게 전파될 것이 기록되었으니 ⁴⁸너희는 이 모든 일의 증인이라 ⁴⁹볼지어다 내가 내 아버지께서 약속하신 것을 너희에게 보내리니 너희는 위로부터 능력으로 입혀질 때까지 이 성에 머물라 하시니라(눅 24:41-49).

눅 24:41. 그들이 너무 기쁘므로 아직도 믿지 못하고. 이 구절도 그들이 의도적으로 믿지 않기로 작정한 자들이 아니었다는 것을 보여준다. 도리어, 그들은 힘을 내어 믿고자 하였지만, 그들의 격한 감정에 휘말려서 꿈인지 생시인지 분간할 수가 없었을 뿐이었다. 왜냐하면, 누가가 말하는 그들의 "기쁨"은 분명히 그들의 믿음으로부터 생겨난 것이기 때문이다. 그렇지만 그 기쁨은 그들의 믿음이 승리를 거두는 것을 가로막았다. 그러므로 우리는 우리 속에서 격한 감정들이 올라온다면 그것들을 의심의 눈초리로 바라보아야 한다. 왜냐하면, 그런 감정들은 처음에는 좋아 보여도, 우리를 신속하게 올바른 길에서 벗어나게 만들기 때문이다. 또한, 여기에서 우리는 우리의 믿음을 가로막고 지체시키는 모든 것에 맞서서 열심으로 싸우지 않으면 안 된다는 교훈을 얻는다. 왜냐하면, 그리스도의 임재로 인해서 사도들의 마음속에 생겨난 기쁨이 그들의 불신앙의 원인이 되었기 때문이다.

눅 24:43. 받으사 그 앞에서 잡수시더라. 한편, 우리는 여기에서 그리스도께서 그의 제자들의 연약함을 얼마나 인자하시고 너그러우시게 받으시는지를 알게 된다. 왜냐하면, 그리스도께서는 넘어질 듯 비틀거리고 있는 그들을 붙들어 주시기 위해서 이렇게 하시는 것이기 때문이다. 그는 새로운 하늘의 생명을 얻으셔서, 천사들과 마찬가지로 더 이상 먹을 것과 마실 것이 필요 없으셨는데도 불구하고, 일부러 그들의 눈높이로 내려가셔서, 죽을 수밖에 없는 존재들인 사람들이나 하는 일들을 하고 계시는 것이다. 그는 이 땅에 사시는 동안 내내 자신을, 먹고 마시며 살 수밖에 없는 삶에 내어주셨고, 이제 그럴 필요가 전혀 없으신데도, 그의 부활의 확실성을 그의 제자들에게 확신시키시기 위하여 먹을 것을 받아 "잡수신다." 우리는 여기에서 그리스도께서 자기 자신을 전혀 돌아보지 않으시고, 늘 우리의 유익을 위하여 모든 헌신을 해 오셨다는 것을 깨닫게 된다. 이 이야기를 참되고 경건하게 묵상하는 믿는 자들은 "이 썩을 음식이 과연 소화가 되었을까?" 또는 "그리스도의 불멸의 몸은 이 음식으로부터 어떤 자양분을 섭취하셨을까?" 또는 "과연 배설물은 생겨났을까?" 같은 단순한 호기심에서 나온 의문들을 떨쳐 버려야 비로소 유익을 얻을 수 있게 된다. 그런 의문들을 품는 자들은 무(無)에서 만물을 창조하신 분이 합당하다고 생각하실 때에는 한 줌의 음식을 얼마든지 무(無)로 돌아가게 하실 수 있는 능력을 가지고 계시지 않으신 것처럼 생각하는 자들이다. 그리스도께서는 그가 사람이라는 것을 보여주시기 위하여 "생선"과 꿀을 실제로 드셨던 것과 같이, 우리는 그가 자양분으로 섭취할 필요가 없으신 것들을 그의 신적인 능력으로 소화시키셨다는 것을 의심할 수 없다. 마찬가지로, 천사들은 아브라함의 식탁에서 진짜 몸을 입은 채로 실제로 먹고 마셨다는 것(창 18:1)을 나는 의심하지 않는다. 그렇다고 해서, 나는 그 먹고 마신 것이 육체의 연약함이 필요로 하는 저 활력을 그 천사들에게 주었다고 인정하는 것은 아니다. 이 천사들이 아브라함을 위해서 사람의 형체를 입었던 것과 마찬가지로, 하나님은 그의 종 아브라함에게 저 하늘에서 온 자들이 그의 장막 앞에서 먹는 은총을 허락하셨다. 또한, 이 천사들이 잠시 입었던 육체들이 그들의 임무가 끝난 후에 무(無)로 돌아갔다는 것을 우리가 인정한다면, 이 동일한 일이 음식에 대해서도 일어났다는 것을 누가 부인하겠는가?

눅 24:44. 내가 … 한 말이 이것이라. 마태와 마가 본문을 보면, 그리스도께서 이것과 비슷한 말씀을 갈릴리에서 하신 것으로 보이지만, 나는 누가가 지금 그리스도께서 부활하신 그 날에 일어난 일을 보도하고 있는 것일 가능성이 크다고 생각한다. 왜냐하면, 요한이 그날에 대하여 보도하면서, 그리스도께서 "그들을 향하사 숨을 내쉬며 이르시되 성령을 받으라"(20:22)고 하셨다고 말하는 것은 누가가 다음 절에서 그리스도께서 "그들의 마음을 열어 성경을 깨닫게 하셨다"고 말하는 것과 일치하기 때문이다. 이 말씀을 통해서 그리스도께서는 그들이 둔하고 무신경하여 그가 하신 말씀을 까맣게 잊어버린 것, 즉 그들은 오랫동안 그가 장차 부활할 것에 대하여 충분히 들었음에도 불구하고, 마치 그런 말을 한 번도 들어본 적이 없었다는 듯이 놀라는 반응을 보인 것을 간접적으로 책망하신다. 이 말씀의 취지는 이런 것이다: "이 일은 내가 너희에게 입이 닳도록 미리 말해준 것일 뿐인 데도, 왜 너희는 마치 이 일이 새롭고 전혀 예상치 못한 일인 듯이 어쩔 줄 몰라 하는 것이냐? 어찌하여 너희는 내가 한 말을 기억하지 않는 것이냐? 이제까지 너희가 나를 신뢰할 만하다고 여겨 왔다면, 이런 일이 일어나기 전에, 이미 너희는 나의 가르침을 기억하고서 이 일을 알고 있었어야 마땅한 일이 아니냐?" 요컨대, 그리스도께서는 사도들이 그의 가르침을 다 잊어버린 것을 보시고서, 그가 그들에게 지금껏 쏟았던 모든 수고가 다 수포로 돌아가 버렸다고 은연중에 탄식하고 계시는 것이다.

눅 24:44. 나를 가리켜 기록된 모든 것. 그리스도께서는 지금 새로운 것을 말씀하시는 것이 아니라, 단지 그들이 어릴 때부터 배워서 잘 알고 있는 "율법과 선지자의 글"에 분명하게 기록되어 있는 것을 그들에게 기억나게 해주시는 것일 뿐이라고 말씀하심으로써, 그들이 둔하여 더디 깨닫는 것에 대하여 더욱 날카롭게 꾸짖으신다. 그들이 신앙의 모든 가르침에 대하여 알고 있지는 못했다고 할지라도, 하나님으로부터 나왔다는 것을 그들이 너무도 분명하게 알고 있었던 것조차 기꺼이 받아들이지 않은 것은 너무나 어이없는 일이었다. 왜냐하면, "율법과 선지자의 글"에 기록된 것을 배제한다면, 신앙이라는 것이 존재할 수 없다는 것은 유대 민족 전체가 누구나 다 수긍하는 가장 기본에 해당하는 명제였기 때문이다. 여기에 나오는 성경의 구분은 다른 구절들에서 찾아볼 수 있는 것보다 더 세분화되어 있다. 즉, 그리스도께서는 "율법과 선지자의 글" 외에 성경의 세 번째 부분으로 "시편"을 더하고 계시기 때문이다. 시편은 "선지자의 글"로 분류되는 것이 적절하긴 하지만,

예언서들과는 구별되는 특유한 것들을 담고 있다. 그렇지만 우리가 다른 구절들 (눅 16:16; 요 1:45)에서 볼 수 있는 것과 같이, 여전히 성경 전체는 두 부분으로 나 누어질 수 있다.

눅 24:45. 이에 그들의 마음을 열어. 그리스도께서는 전에 선생의 직분을 수행 하셨지만 제자들은 거의 또는 전혀 진보가 없었기 때문에, 이제 여기에서는 그의 성령을 통해서 내적으로 그들을 가르치시기 시작하신다. 왜냐하면, 지각(知覺)이 열려서 사람의 마음이 밝아지기 전에는, 말씀들은 허공으로 흩어져 버리기 때문이 다. 하나님의 말씀이 "등"(시 119:105)인 것은 사실이지만, "맹인들의 눈을 여실"(시 146:8) 수 있는 유일한 분이신 하나님께서 내적인 빛을 주시기 전까지는, 그 말씀 이 빛을 발하여도, 사람들은 여전히 눈먼 상태에 있고 어둠 속에 있을 수밖에 없다. 이렇게 하늘의 말씀을 통해서 우리에게 생명의 빛이 주어져도 우리에게 아무 소용 이 없다는 것은 우리의 본성의 부패함이 얼마나 심한지를 분명하게 보여주는 것이 다. 우리가 지각을 통해서 옳은 것을 깨닫지 못한다면, 우리가 아무리 순종하려고 애쓴들, 그것이 무슨 소용이 있겠는가? 우리는 모든 점에서 부족하기 때문에, 성령 이 우리의 마음을 감화시켜서 말씀을 깨닫게 하시고, 우리 속에 그 멍에에 순종할 마음이 생기게 하실 때에만, 비로소 하늘의 가르침은 우리에게 유익하고 효력을 발휘하게 된다는 것을 인정하여야 한다. 그러므로 우리는 그리스도의 제자로서의 자격을 제대로 갖추기 위해서는, 우리 자신의 능력을 의지하는 모든 마음을 다 내 려놓고, 하늘로부터 오는 빛을 구함과 동시에, 자유의지의 어리석은 소견을 다 버 리고, 하나님의 통치에 전적으로 순복하여야 한다. 바울이 사람들에게 "아무도 자 신을 속이지 말라 너희 중에 누구든지 이 세상에서 지혜 있는 줄로 생각하거든 어 리석은 자가 되라 그리하여야 지혜로운 자가 되리라"(고전 3:18)고 말한 것은 옳 다. 왜냐하면, 성령의 빛을 꺼버림에 있어서 우리 자신의 지혜를 의지하는 것보다 더 위험한 것은 없기 때문이다.

눅 24:45. 성경을 깨닫게 하시고. 독자들이 다음으로 주목해야 할 것은 그리스 도께서 제자들의 "마음을 열어" 주셨을 때에, 그들은 그 어떤 도움도 없이 하나님 의 신비들을 깨닫게 된 것이 아니라, 성경에 담겨 있는 그 신비들을 깨닫게 되었다 는 것이다. 이렇게 해서 "내 눈을 열어서 주의 율법에서 놀라운 것을 보게 하소서" (시 119:18)라고 성경에 기록된 것이 이루어졌다. 왜냐하면, 하나님이 자기 백성에 게 성령을 주시는 것은 그의 말씀을 필요 없게 하시고 폐기하시기 위한 것이 아니라, 그 말씀으로 하여금 열매를 맺게 하시기 위한 것이기 때문이다. 그러므로 광신자들이 직접 계시를 받는다고 하면서 성경을 무시하는 것은 아주 잘못된 것이다. 왜냐하면, 우리가 지금 사도들과 관련해서 읽고 있는 이것들은 그리스도께서 그의 모든 백성 안에서 날마다 이루시는 것들이기 때문이다. 즉, 그리스도께서는 우리를 탈혼 상태로 이끌고 가셔서 저 헛된 황홀경에 빠져 있게 하시는 것이 아니라, 그의 성령으로 우리를 인도하셔서 성경을 깨닫게 하시는 일을 지금도 하고 계신다.

여기에서 우리는 그리스도께서는 왜 아예 처음부터 그들의 지각을 열어 주시지 않으시고, 삼 년이라는 기간을 헛수고를 하신 것인가라는 의문을 가질 수 있다. 내가 먼저 말하고 싶은 것은 그리스도께서 수고하신 것의 열매는 즉시 나타나지 않았지만, 그 수고는 결코 헛된 것이 아니었다는 것이다. 왜냐하면, 새로운 빛이 그들에게 주어졌을 때, 그들은 지난 삼 년이 그들에게 유익이었다는 것도 함께 깨달았기 때문이다. 나는 이 말씀의 의미는 그리스도께서 그들의 지각을 열어 주셨을 때에 그들은 장차 그들에게 주어질 가르침을 받을 준비를 갖추게 되었을 뿐만 아니라, 그들이 전에 듣고서 아무런 유익도 얻지 못하였던 그리스도의 가르침을 이제는 깨달을 수 있게 되었다는 것이라고 생각한다. 다음으로, 우리는 지난 삼 년 동안에 지속되었던 그들의 무지(無知)는 하늘로부터 오는 빛 외에 다른 어떤 것을 통해서도 그들이 새로운 분별력을 얻을 수 없다는 것을 깨닫게 해주는 큰 유익을 그들에게 주었다는 것을 알아야 한다. 또한, 이 일을 통해서 그리스도께서 그의 신성(神性)에 대한 의심할 여지 없는 증거를 주셨다. 왜냐하면, 그리스도께서는 그들의 귀에 들린 외적인 음성으로 일하셨을 뿐만 아니라, 그의 숨겨진 능력으로 그들의 마음속으로 들어가셔서 역사하심으로써, "자라나게 하시는"(고전 3:7) 대권(大權)은 교회의 선생들이 아니라 오직 그에게만 있다는 것을 보여주셨기 때문이다. 그렇지만 우리가 주목해야 할 것은 사도들은 일정 정도의 초보적인 신앙 원리들조차도 파악하지 못할 정도로 지각(知覺)의 빛이 없었던 것은 아니었다는 것이다. 그러나 그것은 단지 약간 맛본 것에 불과한 것이었기 때문에, 그들에게서 "수건"이 제거되어, 그들이 "율법과 선지자의 글"에서 그리스도를 보게 될 때에 얻게 될 참된 지각의 단초(端初)였다고 보는 것이 옳을 것이다.

눅 24:46. 또 이르시되 이같이 … 기록되었으니. 그리스도께서 말씀들을 이렇게 이어가시는 것을 보면, 우리가 선천적으로 어느 정도의 지각을 소유하고 있지 않다면, 외적인 가르침은 소용이 없다고 하는 자들의 주장이 엉터리라는 것이 증명된다. 그들은 주님이 귀 먹은 자들에게 말씀해 보아야 그것이 무슨 소용이 있겠는가라고 말한다. 그러나 우리는 내면의 교사인 그리스도의 성령께서 자신의 소임을 수행하시면, 말씀을 전하는 사역자의 수고는 결코 헛되지 않다는 것을 본다. 왜냐하면, 그리스도께서는 그의 제자들에게 먼저 지각을 주신 후에 성경을 가르쳐 주셔서, 그들로 하여금 진정한 유익을 얻게 하셨기 때문이다. 버림받은 자들의 경우에는 외적으로 전해지는 말씀이 마치 죽은 것인 양 그들의 귀를 스치고 지나가겠지만, 그래도 그 말씀은 그들로 하여금 변명할 수 없게 만드는 역할을 한다.

그리스도의 말씀들은 다음과 같은 원칙 위에 세워져 있다. 즉, 하나님은 그가 틀림없이 이루실 일들 외에는 그 어떤 것도 그의 선지자들을 통해서 선포하지 않으셨기 때문에, 성경에 "기록된" 것은 무엇이든지 다 이루어질 것임에 틀림없다는 것이다. 이 말씀을 통해서 우리는 우리가 "율법과 선지자의 글"에서 주되게 배워야 하는 것이 무엇인지에 대해서 알게 되는데, 그것은 그리스도께서는 "율법의 마침"이자 혼(anima)이시기 때문에(롬 10:4), 우리가 그리스도 없이, 그리고 그리스도를 떠나서 배우는 것은 무엇이든지 다 쓸데없고 무익하다는 것이다. 그러므로 성경에서 최대의 유익을 얻고자 하는 자는 늘 이것을 명심하지 않으면 안 된다. 여기에서 그리스도께서는 그의 죽음과 부활을 최우선순위에 두시고, 그런 후에 우리가 이 둘로부터 얻는 열매를 언급하신다. 왜냐하면, "회개"와 "죄 사함"은 "우리의 옛 사람이 그리스도와 함께 십자가에 못 박힘"으로써(롬 6:6), 그의 은혜로 말미암아 우리가 새 생명을 얻은 것에서 오는 것이고, 우리의 죄가 그의 죽음의 희생제사로 인하여 속량함을 받은 까닭에, 우리의 더러움이 그의 피로 씻음을 받고, 그의 부활로 말미암아 의(義)를 얻을 수 있었기 때문이다. 그러므로 그리스도께서는 우리가 그의 죽음과 부활 속에서 우리의 구원의 원인과 근거들을 찾아야 한다고 가르치신다. 왜냐하면, 우리가 하나님과 화목하게 되는 것과 우리가 거듭나서 새롭고 영적인 생명을 얻는 것이 모두 거기로부터 나오기 때문이다. 그리스도께서는 이런 식으로 오직 그의 이름으로만 "죄 사함"이나 "회개"를 선포할 수 있다는 것을 분명하게 밝히신다. 왜냐하면, 그리스도께서 "우리에게 의로움과 거룩함"(고전 1:30)이 되어 주시지 않으면, 우리는 한편으로는 의로움이 우리에게 전가되는 것을 기대할 수 없고, 다른 한편으로는 자기 부인과 새 생명을 얻을 수 없기 때문이다. 우리는 복음의 이러한 요약을 다른 곳에서 이미 자세하게 다루었기 때문에, 여기에서 또 다시 그 내용을 반복해서 짐을 지우는 것보다는 궁금한 것이 있는 독자들이 해당되는 구절들을 찾아서 참조하는 편이 더 나을 것 같다.

눅 24:47. 예루살렘에서 시작하여 모든 족속에게. 이제 여기에서 그리스도께서
는 그가 이전에는 감추어 두셨던 것, 즉 그가 이루신 구속의 은혜가 "모든 족속"에
게 똑같이 미친다는 것을 분명하게 밝히신다. 선지자들은 장차 이방인들이 부르심
을 받을 것에 대하여 자주 예언하긴 했지만, 유대인들이 기꺼이 이방인들을 받아
들여서 그들과 더불어서 구원의 소망을 함께 하는 것이 마땅하다고 확실하게 알
수 있을 정도까지 이 내용이 계시된 것은 아니었다. 그러므로 그리스도께서는 부
활 이전에는 오직 택함받은 백성인 유대 민족의 구속주로만 인정되셨을 뿐이었다.
그런데 이제 처음으로 "중간에 막힌 담"(엡 2:14)이 허물어져서, "외인"(엡 2:19)이
었던 자들, 전에 흩어져 있던 자들이 하나님의 우리(ovile) 속으로 들어오게 된 것
이었다. 그렇지만 하나님의 언약이 무효화된 것으로 보이지 않도록 하시기 위하
여, 그리스도께서는 유대인들에게 우선권을 주셔서, 사도들에게 "예루살렘에서 시
작하라"고 명하신다. 왜냐하면, 하나님은 아브라함의 자손들을 특별히 자기 백성
으로 삼으셨던 까닭에, 세상의 다른 족속들보다 그들에게 우선권을 주시는 것이
마땅하였기 때문이다. 이것이 예레미야가 여호와께서 "나는 이스라엘의 아버지요
에브라임은 나의 장자니라"(렘 31:9)고 말씀하셨다고 하면서, 유대인들의 것으로
돌린 장자(長子)로서의 권리이다. 바울도 어디에서나 이러한 순서를 아주 철저하
게 지켰기 때문에, 그리스도께서 "오셔서 … 가까운 데 있는 자들에게 평안을 전하
신" 후에 "먼 데 있는" 외인들에게 "평안을 전하셨다"(엡 2:17)고 말한다.

눅 24:48. 너희는 이 모든 일의 증인이라. 그리스도께서는 아직 그들에게 복음
을 전하라는 사명을 위임하지 않으시고, 그들로 하여금 때가 되면 그렇게 할 준비
를 미리 할 수 있도록, 단지 그들에게 어떤 역할이 맡겨졌는지만을 그들에게 말씀
해 주신다. 그리스도께서 하신 이 말씀은 한편으로는 그들의 슬픔을 달래 주기 위
한 위로의 말씀이기도 하고, 다른 한편으로는 그들의 나태함을 바로잡기 위하여
박차를 가하는 말씀이기도 하다. 그들은 최근에 그들이 주님을 배신한 일로 인해
서 낙담과 실의의 상태에 있었는데, 여기에서 그리스도께서는 모든 예상을 뒤엎으
시고, 그들에게 영원한 구원의 소식을 온 세상에 전하라고 명령하시면서, 도저히
믿기지 않는 존귀를 그들에게 수여하신다. 이런 식으로 그리스도께서는 그들을 이
전의 상태로 회복시키실 뿐만 아니라, 이 큰 새로운 은총을 통해서 그들의 끔찍한
범죄들에 대한 기억을 그들의 뇌리에서 말끔히 지워 주신다. 뿐만 아니라, 내가 앞

에서 말했듯이, 이것은 그리스도께서 그들이 장차 전해야 할 믿음에 대해서 둔하거나 나태하지 않도록 그들에게 분발을 촉구하시는 말씀이기도 하다.

눅 24:49. 볼지어다 내가 … 보내리니. 사도들이 그들의 연약함으로 인해서 두려워하지 않도록 하시기 위하여, 그리스도께서는 그들에게 새롭고 특별한 은혜를 기대하게 만드시는 말씀을 하신다. 이것은 "너희는 그런 책임을 맡기에 너희가 부적합하다고 스스로 느끼겠지만, 내가 너희에게 하늘로부터 너희에게 없는 능력을 보낼 것이기 때문에, 너희가 낙담할 이유는 전혀 없다"고 말씀하신 것이나 다름없다. 그들에게 이 확신을 한층 더 견고하게 해주시기 위하여, 그리스도께서는 아버지 하나님이 그들에게 성령을 약속하셨다는 사실을 언급하신다. 왜냐하면, 사도들로 하여금 선뜻 이 사명을 받아들일 마음이 생기도록 하시기 위해서, 하나님은 이 약속을 통해서 그들에게 이미 힘을 주셔서, 그들의 주저함을 없애 주고자 하셨기 때문이다. 그런데 지금 그리스도께서는 자신을 아버지의 자리에 놓으시고서, 이 약속을 자기가 시행하시겠다고 말씀하시는데, 이것은 자기에게 신적인 권세가 있으시다는 것을 다시 한 번 확인해 주시는 말씀이다. 연약한 자들에게 하늘의 권능을 주시는 것은 "다른 자에게" 결코 "주지 않을" 것이라고 맹세로 말씀하신 하나님의 고유한 "영광"의 일부였다(사 42:8). 그러므로 이 영광이 그리스도께 속해 있는 것이라면, 그리스도는 전에 선지자 이사야의 입을 통해 그렇게 말씀하신 바로 그 하나님이시라는 결론이 나온다. 하나님께서 사도들에게 특별한 은혜를 약속하셨고, 그리스도께서 그 은혜를 그들에게 주셨지만, 하나님이 어떤 사람을 그의 성령으로 덧입혀 주셔서, 그의 벌거벗음과 궁핍함을 면케 해주시지 않는 한, 복음을 전하기에 적합한 자격을 갖춘 자는 있을 수 없다. "누가 이 일을 감당하리요"(고후 2:16)라고 한 바울의 외침은 오직 사도들에게만 해당되는 것이 아니라는 것은 분명하기 때문에, 하나님이 복음의 사역자들로 세우신 모든 자들은 하늘의 성령으로 덧입지 않으면 안 된다. 그러므로 성경에서는 도처에서 교회의 모든 선생들에게 예외 없이 하나님이 성령을 주실 것이라고 약속한다.

눅 24:49. 너희는 … 이 성에 머물라. 그들이 때가 되기도 전에 말씀을 가르치러 뛰쳐나가지 않도록 하시기 위해서, 그리스도께서는 그의 뜻을 따라 그들을 보내어서 그들의 수고를 적절하게 사용하시게 될 때까지는 조용히 머물러 있으라고 그들에게 명하신다. 그리스도께서 그들로 하여금 성경을 깨달아 알게 하시고, 성령을 그들에게 불어넣어 주신(요 20:22) 후에, 그들에게 말씀을 전하는 것을 금하시고서는, 마치 벙어리처럼 침묵하게 하신 것은 그들이 순종하나 안 하나를 알아볼 수 있는 좋은 시금석이었다. 왜냐하면, 청중들로부터 박수갈채와 칭송을 얻고자 하는 자들은 많은 사람 앞에 서고 싶어서 안달을 한다는 것을 알기 때문이다. 그리스도께서 이렇게 그들이 복음을 전할 시기를 늦추신 것은 그들이 그의 지시를 따라 즉시 바로 그날에 갈릴리를 향해 출발하지 않은 그들의 나태함에 대한 벌이었을 수도 있다. 어쨌든 이 일을 통해서 우리는 주께서 우리에게 행하라고 하시는 일 외에는 그 어떤 일도 시도하지 않아야 한다는 것을 배우게 된다. 그러므로 많은 사람 앞에서 가르칠 능력이 있는 자들일지라도, 주께서 그들의 손을 잡고 많은 사람 앞에 세우시기 전까지는, 조용히 물러나 침묵하고 있는 것이 마땅한 일이다. 우리는 그리스도께서 제자들에게 예루살렘에 머물라고 하신 것을 그들이 갈릴리에서 돌아온 후에 그렇게 하라고 명하신 것으로 이해해야 한다. 왜냐하면, 우리가 조금 후에 마태 본문으로부터 알 수 있듯이, 그리스도께서는 그들에게 예루살렘에서 그를 볼 기회를 주시긴 하셨지만, 그들에게 갈릴리로 가라고 명하신 그의 원래의 지시(마 26:32; 28:10)를 변경하신 것은 아니었기 때문이다. 그러므로 이 말씀의 의미는 그리스도께서는 정해진 곳에서 그들에게 여러 가지 것들을 지시하신 후에, 그가 그들에게 새로운 힘을 공급해 주실 때까지는, 그들이 한동안 예루살렘에 조용히 머물러 있기를 원하셨다는 것이다.

16열한 제자가 갈릴리에 가서 예수께서 지시하신 산에 이르러 17예수를 뵈옵고 경배하나 아직도 의심하는 사람들이 있더라 18예수께서 나아와 말씀하여 이르시되 하늘과 땅의 모든 권세를 내게 주셨으니 19그러므로 너희는 가서 모든 민족을 제자로 삼아 아버지와 아들과 성령의 이름으로 세례를 베풀고 20내가 너희에게 분부한 모든 것을 가르쳐 지키게 하라 볼지어다 내가 세상 끝날까지 너희와 항상 함께 있으리라 하시니라(마 28:16-20).

15또 이르시되 너희는 온 천하에 다니며 만민에게 복음을 전파하라 16믿고 세례를 받는 사람은 구원을 얻을 것이요 믿지 않는 사람은 정죄를 받으리라 17믿는 자들에게는 이런 표적이 따르리니 곧 그들이 내 이름으로 귀신을 쫓아내며 새 방언을 말하며 18뱀을 집어올리며 무슨 독을 마실지라도 해를 받지 아니하며 병든 사람에게 손을 얹은즉 나으리라 하시더라(막 16:15-18).

마 28:16. 열한 제자가 갈릴리에 가서. 마태는 우리가 다른 세 복음서 기자들로부터 가져와서 살펴보았던 여러 사건들을 다 생략하고서, 오직 "열한 제자"가 어디에서 사도직으로 임명받았는지만을 보도한다. 우리가 이미 여러 차례 언급하였듯이, 복음서 기자들은 복음과 관련된 모든 이야기를 혼자 다 전하고자 한 것이 아니었다. 왜냐하면, 그들의 붓을 인도하신 성령께서는 그들의 증언들을 다 합쳤을 때에 우리가 보는 그러한 온전한 이야기가 그려지게 하는 것이 합당하다고 생각하셨기 때문이다. 그러므로 마태는 우리에게 가장 중요한 것, 즉 그리스도께서 제자들에게 나타나셨을 때에 영생에 관한 소식을 세상의 모든 곳에 전하게 하시기 위하여 그들을 사도들로 세우셨다는 것을 선택해서 보도하고자 한 것이었다. "예수께서 지시하신 산"이 어떤 산이었는지는 그 어디에도 언급되어 있지 않지만, 우리는 갈릴리에 있던 그곳을 마리아는 알고 있었을 것이라고 말할 수 있다.

마 28:17. 아직도 의심하는 사람들이 있더라. 그들이 두 번이나 그리스도를 보았으면서도 여전히 "의심하는 사람들이 있었다"는 것은 정말 이상한 일이다. 이 기사(記事)가 그리스도께서 첫 번째로 나타나신 때에 관한 것이라고 한다면, 이 구절에는 전혀 이상한 것이 없을 것이다. 왜냐하면, 복음서 기자들은 종종 여러 시기에 일어난 사건들을 뒤섞어서 보도하곤 하기 때문이다. 그러나 그들이 지녔던 두려움이 여전히 남아 있어서 그들 중의 일부에게서 의심이 일어났다고 말하는 것도 결코 이상하거나 터무니없는 것은 아닐 것이다. 왜냐하면, 우리는 그리스도께서 나타나셨을 때에, 그들이 제정신을 차리고서 그의 임재에 익숙해질 때까지 두려움과 놀람에 사로잡혀 있었다는 것을 알기 때문이다. 그러므로 내가 보기에, 이 어구의 의미는 그리스도께서 그들에게 더 가까이 그리고 친숙하게 다가오시기 전까지는, 그들 중의 일부가 처음에는 믿지를 못하고 주저하였지만, 그들이 그리스도를 의심할 여지 없이 확실하게 알아보았을 때에는, 그의 신적인 영광의 광채가 분명하게 나타났기 때문에, 그를 "경배하게" 되었다는 것인 것 같다. 그리고 그들이 갑자기 의심하여 주저하다가, 나중에 그리스도를 경배하게 된 것이 이러한 이유, 즉 그리스도께서 종의 형체를 버리셔서, 그의 모습 속에는 하늘에 속한 것 외에는 아무것도 없었기 때문이었을 수도 있다.

마 28:18. 예수께서 나아와 말씀하여 이르시되. 그리스도께서 다가오시자, 모든 의심과 망설임은 다 제거되었음이 분명하다. 마태는 그리스도께서 그의 제자들에게 가르치는 직분을 맡기셨다는 것을 말하기 전에, 그가 그의 "권세"에 대하여 먼저 말씀하기 시작하셨다는 것을 말하는데, 그리스도께서 그렇게 하신 데에는 그만한 이유가 있었다. 왜냐하면, 그리스도께서 모든 족속에게 그의 이름으로 영생을 약속하여, 온 세상을 그의 통치 아래로 들어오게 하고, 모든 교만을 꺾을 가르침을 전파하여, 온 인류를 그의 앞에 무릎 꿇게 하라고 그의 제자들에게 명령하시기 위해서는, 그가 평범한 권세를 가지신 것이 아니라, 최고의 진정으로 신적인 권세를 가지셨다는 것을 먼저 확인시켜 주시지 않으면 안 되셨기 때문이다. 이러한 서론적인 말씀을 통해서 그리스도께서는 사도들에게 그들의 직분을 수행할 수 있는 온전한 확신을 주셨을 뿐만 아니라, 모든 세대 속에서 그의 복음에 대한 믿음을 견고히 하셨다. 만약 그들을 주관하시는 이가 "하늘에 앉아 계시고" 최고의 "권세"가 그에게 주어져 있다는 것을 그들이 알지 못하였다면, 그들은 이토록 힘든 직분을 수행하기에 충분한 확신을 갖지 못하였을 것이다. 왜냐하면, 그러한 밑받침이 없다면, 그들이 그 직분을 수행하면서 열매를 거두는 것은 불가능할 것이었기 때문이다. 그러나 그들이 섬기는 분이 하늘과 땅을 통치하시는 분이시라는 것을 그들이 알았을 때, 그것만으로도 모든 반대와 장애를 극복하고 그들에게 맡겨진 직분을 수행하고자 하는 각오를 그들에게서 불러일으키기에 충분하였다. 복음을 듣는 자들과 관련해서, 복음을 전하는 자들의 멸시받을 만한 모습이 그들의 믿음을 약화시키거나 지체시키는 일이 일어난다면, 그들은 그들의 눈을 들어서 주님을 바라보고서, 그분의 "권세"에 비추어서 복음의 위엄을 평가하는 법을 배워야 한다. 그럴 때에 그들은 감히 자신의 사역자들을 통해서 말씀하시는 주님을 멸시하지 못할 것이다.

그리스도께서 자신을 가리켜 명시적으로 "하늘과 땅"의 주(主)이자 왕이라고 하시는 것은 복음이 전파될 때에 사람들로 하여금 그에게 순종하지 않을 수 없게 하심으로써 그의 보좌를 이 땅에 견고히 세우시고, 자기 백성을 거듭나게 하셔서 새 생명으로 이끄시고 구원의 소망으로 그들을 초청하심으로써 하늘을 여셔서, 전에는 이 땅에서 기어 다녔을 뿐만 아니라 사망의 심연(深淵) 속에 빠져 있었던 자들을 천사들과 더불어서 복된 영원한 생명을 누리게 하시기 때문이다. 그렇지만 우리는 그리스도께서 지금 가지고 계신 권세는 아버지 하나님이 우리와 같이 육신이 되셨던 그리스도, 즉 좀 더 분명하게 표현하자면, 중보자로서의 그리스도에게 주신 권세라는 것을 기억하여야 한다. 왜냐하면, 여기에서 그리스도께서는 창세 전에 그가 가지고 계셨던 그 영원한 권세가 아니라, 세상의 심판주로 세우심을 받으

시고서 지금 받으신 권세를 말씀하고 계시는 것이기 때문이다. 아니, 우리가 주목
해야 할 것은 그리스도께서 죽은 자 가운데서 다시 살아나실 때까지는 이 권세가
온전히 알려져 있지 않았다는 것이다. 왜냐하면, 오직 부활하신 후에야, 그리스도
께서는 만왕의 왕이라는 칭호를 지니시고서 나타나실 수 있으셨기 때문이다. 바울
이 그리스도께서 "자기를 비워 종의 형체를 가지사 사람들과 같이 되셨고 … 이러
므로 하나님이 그를 지극히 높여 모든 이름 위에 뛰어난 이름을 주셨다"(빌 2:7, 9)
고 말한 것도 바로 이러한 사실을 말하고 있는 것이다. 어떤 구절에서는 그리스도
께서 하나님의 오른편에 앉으셨다는 것을 승천 뒤에, 즉 시간적인 순서상으로 나
중에 두고 있기는 하지만, 부활과 승천은 서로 밀접하게 연결되어 있기 때문에, 그
리스도께서 지금 이러한 장엄한 용어들을 사용하셔서 그의 "권세"에 대하여 말씀
하시는 것은 마땅한 일이다.

마 28:19. 그러므로 너희는 가서. 마가는 그리스도께서 열한 제자에게 나타나셨
다고 말한 후에, 곧이어서 복음을 전하라는 명령을 덧붙이지만, 이 둘을 연속적인
일들로 말하고 있지는 않다. 이 일들을 열거하고 있는 마태 본문을 통해서 우리는
그들이 갈릴리로 가기 전에 후자의 명령이 그들에게 주어진 것이 아님을 알기 때
문이다. 여기에 나오는 말씀의 의미는 그들은 복음을 모든 곳에 전파함으로써 "모
든 민족"으로 믿어 순종하게 해야 하고, 그들이 가르치는 내용은 복음이어야 한다
는 것이다. 마태 본문에서 그들은 처음에 단지 가르치라는 명령만 받지만, 마가는
그들이 복음을 전해야 한다고 함으로써, 그들이 베푸는 가르침이 어떤 가르침이
되어야 하는지를 분명하게 표현한다. 그러나 마태는 조금 후에 "내가 너희에게 분
부한 모든 것을 가르쳐 지키게 하라"는 단서를 덧붙인다.

이 말씀을 통해서 우리는 사도직이라는 것이 명목상의 직함이 아니라, 힘든 직
분이라는 것, 그러므로 왕 같이 편안하게 지내면서 가르치는 직분을 경멸하여 헌
신짝처럼 내던지는 외식하는 자들이 이러한 존귀를 요구하는 것보다 더 어처구니
없고 참을 수 없는 일은 없다는 것을 알게 된다. 로마 교황과 그의 일당들은 마치
그들이 베드로 및 그의 동료 사도들과 동일한 반열에 있다는 듯이, 그들을 사도직
을 계승한 자들이라고 자처하며 교만한 자랑을 늘어놓지만, 정작 가르치는 일에는
루페르쿠스(Lupercus, 다산과 풍요의 신) 또는 바쿠스(Bacchus, 酒神)이나 베누스
(Venus, 사랑과 미의 신)의 사제들보다 더 신경을 쓰지 않는다. 그러고도, 그들이
무슨 낯으로 그리스도께서 복음을 전하는 자들로 임명하신 사도들을 계승한 자들

로 자처하는지를 나는 정말 묻고 싶다. 그들은 그들의 후안무치함을 전혀 부끄러 워할 줄 모르는 자들이지만, 건전한 판단력이 있는 자들이라면, 다음과 같은 한 마 디 말로도 그들의 허망한 성직위계질서가 그대로 무너져 내린다는 것을 똑똑히 알 수 있는데, 그것은 복음을 전하는 일을 통해서 그리스도를 섬기는 일에 헌신하지 않는 자는 그 누구도 사도들의 계승자가 될 수 없다는 것이다. 요컨대, 선생으로서 의 책무를 다하지 않는 자가 사도의 이름을 사용하는 것은 악하고 거짓된 일이라 는 것이다. 한 걸음 더 나아가서, 신약의 제사장직은 성령의 검인 말씀으로 사람들 을 도살하여 하나님께 희생 제물로 드리는 직분이다. 이것으로부터 우리는 가르치 는 직분에 헌신하지 않는 모든 자는 부패한 가짜 제사장들이라는 결론을 얻게 된 다.

마 28:19. 모든 민족을 제자로 삼아. 여기에서 그리스도께서는 이방인과 유대인 의 구별과 경계를 제거하시고, 이 둘을 동등하게 하셔서, 이 둘이 차별 없이 언약에 참여하게 하신다. "너희는 가서"라는 어구의 취지도 그런 것이다. 왜냐하면, 선지 자들은 율법 아래에서 제한을 받았지만, "중간에 막힌 담"이 허물어진(엡 2:14) 이 제 그리스도께서는 복음의 사역자들에게, 멀리 "가서" 세상의 모든 곳에 구원의 복 음을 전하라고 명하시기 때문이다. 우리가 앞서 말했듯이, 복음을 먼저 받을 장자 의 권리가 유대인들에게 있었지만, 그럼에도 불구하고 생명의 유업(遺業)은 이방 인들에게도 허락되었다. 이렇게 해서 이사야의 저 예언(49:6) 및 그것과 비슷한 성 격의 다른 예언들, 즉 하나님께서 그리스도를 "이방의 빛으로 삼아 나의 구원을 베 풀어서 땅 끝까지 이르게 하리라"고 하셨던 예언이 이루어졌다. 마가 본문에 나오 는 "만민에게 복음을 전파하라"는 표현도 동일한 의미를 보여준다. 왜냐하면, 교회 안에 있는 자들에게 "평안"이 전파된 후에는 그 동일한 복음이 "먼 데 있는 외인들" 에게도 전파되었기 때문이다(엡 2:17, 19). 하나님이 이방인들을 부르신다는 것을 사도들이 주님으로부터 똑똑히 듣는 것이 얼마나 꼭 필요한 일이었는지는 그들이 그런 명령을 받은 후에도 이방인을 접촉하면 마치 그들과 그들의 가르침이 부정 (不淨)하게 된다는 듯이 아주 극심한 두려움을 느꼈다는 이 한 가지 사실만 보아도 분명하게 드러난다.

마 28:19. 세례를 베풀고. 그리스도께서는 사도들에게 복음을 받아들여서 그의 제자가 되겠다고 고백한 자들에게 "세례를 베풀라"고 명하시는데, 이것은 한편으 로 그들에게 주어진 세례가 하나님 앞에서 영생에 대한 보증이 되게 하기 위한 것이고, 한편으로는 그 세례가 사람들 앞에서 믿음의 외적인 표(標)가 되게 하기 위한 것이다. 왜냐하면, 하나님은 우리를 그의 아들의 몸에 접붙이셔서, 우리를 그의 양 무리로 여기시는 까닭에, 세례라는 이 표를 통해서 우리가 양자됨의 은혜를 얻었음을 확인해 주신다는 것을 우리는 알기 때문이다. 그러므로 세례는 하나님이 우리를 그와 화목하게 하시기 위하여 우리를 영적으로 씻으시는 것만이 아니라 우리가 얻게 된 새로운 의(義)를 나타낸다. 그러나 하나님이 세례라는 인치심을 통해서 우리에게 그의 은혜를 확증하시는 것과 마찬가지로, 세례를 받는 모든 자는 이 인치심에 동의함으로써 그들의 믿음을 확증한다. 그리스도께서는 세례를 베풀라는 명령을 말씀을 전파하라는 명령과 더불어서 사도들에게 명시적으로 주고 계시기 때문에, 말씀의 사역자들만이 적법하게 세례를 베풀 수 있다는 결론이 나온다. 사인(私人)들, 심지어 여자들에게 세례를 베풀 권한이 허용될 때, 그것보다 더 그리스도의 명령에 어긋나는 것은 있을 수 없고, 그것은 신성모독 외에 다른 것이 아니다. 또한, 가르침이 모든 순서의 첫 번째에 두어지고 있는 것은 이 신비(神秘)와 이방 종교들이 입교자들을 받아들일 때에 행하는 저 엉터리 같은 그들만의 신성한 비밀의식들이 어떻게 구별되는지를 우리에게 똑똑히 보여준다. 왜냐하면, 이 땅에 속한 요소들로 이루어진 의식(儀式)은 하나님이 그의 말씀으로 생명을 불어넣으시기 전에는 성례전이 될 수 없기 때문이다. 미신(迷信)이라는 것은 하나님의 모든 역사(役事)를 우스꽝스럽게 모방하는 것인 까닭에, 어리석은 자들은 여러 가지 성례전들을 그들의 마음 내키는 대로 위조해 낸다. 그러나 성례전들의 혼이라고 할 수 있는 말씀이 그러한 가짜 성례전들 속에는 없기 때문에, 그런 것들은 아무런 의미도 없는 헛된 그림자들일 뿐이다. 그러므로 우리는 말씀 또는 가르침이 지닌 능력으로 인해서 표(標)들은 새로운 성격을 띠게 된다는 진리를 확고하게 붙잡아야 한다. 이것은 복음의 가르침이 선행될 때에 육신의 외적인 일이 중생(重生)의 영적인 보증 또는 담보가 되기 시작하는 것과 같다. 이것이 진정한 성별(聖別)인데도, 교황주의자들은 이것을 버리고 그 대신에 주술적인 주문들을 끌어들였다.

그래서 마가는 "믿고 세례를 받는 사람은 구원을 얻을 것이요"라고 말한다. 이 말씀을 통해서 그리스도께서는 믿음은 없으면서도 오직 외적인 표(標)를 통해서 그럴 듯하게 모양을 내는 외식하는 자들에게서 구원의 소망을 박탈하실 뿐만 아니라, 거룩한 끈으로 세례를 가르침과 연결시키심으로써, 전자는 단지 후자의 부속물이라는 것을 보여주신다. 그러나 그리스도께서는 사도들에게 세례를 베풀기 전

에 가르칠 것을 명하시고, 오직 믿는 자들에게 세례를 베풀 것을 원하시는 것으로
보아서, 믿음이 선행되지 않은 자에게 세례를 베푸는 것은 적법한 것이 아닌 것으
로 보인다. 재세례파들은 이것을 빌미로 삼아서, 유아 세례를 맹공격하여 왔다. 그
러나 우리가 그리스도께서 이렇게 명령하신 이유를 잘 살펴본다면, 이 문제는 그
리 어렵지 않게 풀린다. 그리스도께서는 사도들에게 "모든 민족"에게 영원한 구원
의 소식을 전하라고 명령하시고서, 세례의 인침을 더하심으로써 이 명령을 확증해
주신다. 이방인들은 하나님으로부터 완전히 소외되어 있었고, 택함받은 백성이었
던 유대인들과는 그 어떤 공통점도 없었던 까닭에, 말씀을 믿는 믿음이 세례에 앞
서 있어야 하는 것은 당연하고 마땅한 일이었다. 왜냐하면, 아직 그리스도의 지체
들이 아닌 불신자들에게 죄 사함과 성령이 주어진다면, 그것은 잘못된 일일 것이
기 때문이다. 그러나 우리는 전에 멸시받던 자들이 믿음으로 말미암아 하나님의
백성과 연합된다는 것을 안다.

　이제 우리가 물어야 할 것은 하나님께서는 어떤 조건 위에서 전에 외인(外人)들
이었던 자들을 그의 자녀들로 받아주시는 것이냐 하는 것이다. 하나님이 일단 그
들을 그의 은총 속으로 받아들이신 후에는 그들의 자손들에게 대대로 계속해서 그
은총을 베푸신다는 것은 의심의 여지가 없다. 그리스도의 오심을 통해서 하나님은
자기가 이방인들과 유대인들에 대하여 동일하게 아버지이시라는 것을 나타내셨
다. 그러므로 전에 유대인들에게 주어졌던 약속, 즉 "내가 너와 네 후손의 하나님
이 되리라"(창 17:7)는 약속은 이제 이방인들에게도 유효하게 되었다. 따라서 우리
는 믿음으로 말미암아 하나님의 교회 속으로 들어온 자들은 그들의 후손들과 더불
어서 그리스도의 지체들로 여겨짐과 동시에, 구원의 유업으로 부르심을 받는다는
것을 알게 된다. 그렇지만 이것은 세례가 믿음 및 가르침과 분리될 수 있기 때문이
아니라, 단지 유아들은 아직 믿음으로 말미암아 하나님의 은혜를 받을 수 있는 나
이가 아니기는 하지만, 하나님은 유아들의 부모에게 말씀하실 때에 유아들도 포함
시켜서 말씀하시기 때문이다. 그러므로 나는 하나님께서 자기가 부모들의 하나님
만이 아니라 그들의 유아들의 하나님도 되어 주실 것이라고 약속하고 계시기 때문
에, 하나님이 친히 초청하신 유아들에게 세례를 베푸는 것은 결코 경솔한 것이 아
니라고 주장한다.

　마 28:19. 아버지와 아들과 성령의 이름으로. 이 구절은 율법과 선지자 아래에
서는 단지 어둡고 희미하게 그 윤곽만이 주어졌던 하나님을 아는 지식이 마침내

그리스도의 통치 아래에서 온전하고 분명한 지식으로 밝히 드러나게 되었다는 것을 보여준다. 사실, 만약 옛 사람들이 그들의 머리 되시는 그리스도로부터 하나님을 그들의 아버지라고 불러도 된다는 확신을 얻지 못하였다면, 그들은 결코 감히 하나님을 그런 식으로 부르지 못하였을 것이다. 빛과 생명의 원천이시고 하나님의 영원한 지혜이신 분은 그들에게 전혀 알려져 있지 않은 것은 아니었다. 심지어 하나님이 성령을 통해서 그의 능력을 나타내신다는 것은 그들에게 공인된 원리들 중의 하나였다. 그러나 복음이 시작되면서, 하나님은 삼위일체 하나님으로 훨씬 더 분명하게 계시되었다. 왜냐하면, 이때에 아버지는 그의 생생하고 뚜렷한 형상이셨던 아들 안에서 그 자신을 나타내셨고, 그리스도께서는 그의 성령의 밝은 광채를 통해서 세상을 비추셔서, 사람들에게 그 자신과 성령을 아는 지식을 전해 주셨기 때문이다.

"아버지와 아들과 성령"이 여기에 명시적으로 언급된 그럴 만한 이유들이 있다. 왜냐하면, 우리는 독생자로 말미암아 우리를 자기와 화목하게 하신 아버지의 분에 넘치는 긍휼하심으로부터 시작해서, 다음으로 그리스도께서 그의 죽음의 희생제사를 들고 우리에게 다가오시고, 마지막으로 성령을 통해서 우리를 씻으셔서 거듭나게 하시는 역사(役事)가 거기에 더해져서(딛 3:5), 우리로 하여금 그의 은택들에 참여하는 자들이 되게 하실 때 외에는, 세례의 효력을 경험할 수 있는 다른 길이 없기 때문이다. 따라서 우리는 우리의 신앙이 한 본질 안에서의 세 위격을 분명하게 인식하지 못한다면, 하나님을 진정으로 알 수 없고, 세례의 열매와 효력이, 아버지 하나님이 그의 아들로 말미암아 우리를 양자로 삼으셔서, 성령을 통해서 우리에게서 육신의 더러움들을 깨끗하게 하시고, 우리를 새롭게 창조하셔서 의(義)를 덧입혀 주시는 것으로부터 흘러나온다는 것을 알게 된다.

막 16:16. 믿고 세례를 받는 사람은 구원을 얻을 것이요. 이 약속은 온 인류를 믿음으로 이끌기 위하여 더해진 것이고, 그런 후에 무시무시한 멸망에 대한 경고가 뒤따라 나오는 것은 믿지 않는 자들을 두렵게 하기 위한 것이다. 구원이 믿는 자들에게 약속되고 있는 것은 놀라운 일이 아니다. 왜냐하면, 그들은 하나님의 독생자를 믿음으로써 하나님의 자녀로 여김을 받게 될 뿐만 아니라, 값없이 의롭다 하심을 받고 성령으로 말미암아 거듭남으로써 영생의 핵심적인 구성 부분들을 소유하게 되기 때문이다. 세례가 복음을 믿는 믿음과 결합되어 있는 것은 우리의 구원의 표(標)가 세례 속에 새겨져 있다는 것을 우리에게 알게 하기 위한 것이다. 왜냐하면, 만약 세례가 하나님이 우리에게 주신 은혜를 증언하는 역할을 하지 못한다면, 그리스도께서 "믿고 세례를 받는 사람은 구원을 얻을" 것이라고 말씀하신 것은 틀린 것이 되고 말 것이기 때문이다. 그렇지만 아울러 우리는 세례를 받지 않은 자는 누구나 멸망할 수밖에 없다고 말할 수 있을 정도로 세례가 구원에 절대적으로 요구되는 것은 아니라는 것을 알아야 한다. 왜냐하면, 세례는 믿음과 아울러서 우리의 구원의 절반을 차지하는 요소가 아니라, 우리의 구원을 증언하는 역할을 하는 것이기 때문이다. 나는 사람들이 하나님의 은혜의 표(標)를 멸시해서는 안 된다는 것을 인정하지만, 하나님은 사람들의 연약함을 생각하셔서 그러한 보조 수단들을 사용하시는 것이기 때문에, 하나님의 은혜가 그런 것들에 제한을 받는다는 것을 부인한다. 따라서 우리는 세례는 그 자체로 꼭 필요한 것은 아니고, 단지 우리의 순종과 관련해서만 꼭 필요하다고 말할 수 있다.

"믿지 않는 사람은 정죄를 받으리라"는 후반절에 나오는 그리스도의 말씀은 반역하는 자들이 그들에게 제시된 구원을 배척할 때에 그것은 더 혹독한 심판을 자초하는 것이어서, 그런 자들은 인류가 보편적으로 받게 될 멸망을 당하게 될 뿐만이 아니라 그들 자신의 배은망덕함으로 인한 죄책(罪責)도 받게 될 것이라는 의미이다.

막 16:17. 믿는 자들에게는 이런 표적이 따르리니. 그리스도께서는 이 세상에서 사람들과 함께 사시는 동안에 많은 이적들을 통해서 그의 복음이 참되고 믿을 만하다는 것을 확증해 주셨듯이, 그가 육체적으로 계시지 않으면 이 능력도 나타나지 않는다고 제자들이 오해하지 않도록 하시기 위해서, 이제 여기에서 이 능력이 장래에도 나타날 것이라고 말씀해 주신다. 왜냐하면, 그리스도께서 죽은 자 가운데서 다시 살아나셨다는 것을 사람들로 하여금 확실히 알게 하여, 그의 가르침이 손상됨이 없이 그대로 보존되며, 그의 이름이 영원히 있게 하기 위해서는, 그리스도의 이 신적인 능력이 믿는 자들 가운데서 계속해서 역사하는 것은 대단히 중요하였기 때문이다. 그리스도께서 믿는 자들이 이 은사를 받게 될 것이라고 말씀하실 때, 우리는 이것이 모든 사람에게 다 적용되는 것으로 이해해서는 안 된다. 왜냐하면, 우리는 은사들은 다양하게 배분되는 까닭에, 이적을 행하는 능력도 오직 소수만이 갖게 된다는 것을 알기 때문이다. 그러나 소수에게 주어진 것은 교회 전체에게 주어진 것이나 다름없고, 한 지체가 행하는 이적들은 모든 사람을 견고히 세우는 역할을 하기 때문에, 그리스도께서 "믿는 자들"이라는 단어를 비한정적인 의

미로 사용하신 것은 옳다. 그러므로 이 말씀의 의미는 믿는 자들은 전에 그리스도
께서 행하여 사람들로부터 경외심을 불러일으켰던 바로 그 동일한 능력을 행하는
자들이 될 것이기 때문에, "나를 믿는 자는 내가 하는 일을 그도 할 것이요 또한 그
보다 큰 일도 할"(요 14:12) 것이라고 약속하신 대로 그가 이 땅에 안 계시는 동안
에 복음이 참되다는 것이 더욱더 온전히 확증되리라는 것이다. 그리스도의 영광과
신성(神性)을 증언하기 위해서는, 소수의 믿는 자들이 이 능력을 수여받는 것으로
충분할 것이었다.

그리스도께서는 그가 이 은사를 그의 교회에 일시적으로 주시고자 하시는 것인
지, 아니면 영속적으로 주시고자 하시는 것인지를 명시적으로 말씀하지는 않으셨
지만, 복음이 아무것도 없는 상태에서 새롭게 시작되는 상황에서 복음에 광채를
더해 주시기 위하여 일정 기간 동안만 이적들을 주시겠다고 약속하신 것일 가능성
이 크다. 물론, 세상이 그 배은망덕함의 죄책으로 말미암아 이러한 존귀를 박탈당
했을 가능성도 있다. 그러나 나는 이적들이 주어진 참된 의도는 초창기에 복음의
가르침이 옳다는 것을 증명하기 위해서 필요한 것들이 하나도 남김없이 다 동원되
어야 했기 때문이라고 생각한다. 우리는 이적들이 복음이 전파된 후 오래지 않아
그쳤고, 적어도 모든 세대에 동일하게 이적들이 베풀어졌다고 결론을 내릴 수 없
을 정도로 이적들이 희귀해졌다는 것을 안다.

그런데도 후세 사람들은 그들에게 능력이 없기 때문에 그들에게서 이적들이 전
혀 나타나지 않는다는 말을 듣기 싫어서, 어리석은 탐욕 또는 야심에 이끌려, 아무
런 실체가 없는 이적들을 스스로 거짓으로 만들어 내었다. 이렇게 해서 사탄의 속
임수들이 역사할 수 있는 문이 열리게 되어서, 미혹하는 것들이 진리를 대신하게
되었을 뿐만 아니라, 이적들을 내세워서 순진한 자들을 참된 믿음에서 떨어져 나
가게 만드는 일이 벌어지게 되었다. 호기심에 사로잡혀서 합당한 증거에 만족하지
않고 매일 새로운 이적들을 구하고 다니는 자들이 사탄의 그러한 속임수들에 미혹
되어 휘둘리게 된 것은 당연한 일이다. 이것이 그리스도께서 "거짓 그리스도들과
거짓 선지자들이 일어나 큰 표적과 기사를 보여 할 수만 있으면 택하신 자들도 미
혹하리라"(마 24:24)고 미리 경고하시고, 바울도 이와 비슷하게 "악한 자의 나타남
은 사탄의 활동을 따라 모든 능력과 표적과 거짓 기적과 불의의 모든 속임으로 멸
망하는 자들에게 있으리니"(살후 2:9-10)라고 말한 이유이다. 우리의 믿음이 이적
들에 의해서 올바르게 견고해지게 하고자 한다면, 우리의 마음은 내가 앞에서 말

한 그러한 절제를 꼭 지켜야 한다. 이것으로부터 우리는 우리의 가르침을 반대하는 자들이 우리가 하나님이 이적들로 우리를 도우신다는 것을 부인한다고 비방하는 것이 터무니없는 것이라는 결론을 얻게 된다. 그런 자들은 마치 우리가 전하는 가르침이 그리스도께서 오래 전에 수많은 이적들로 이미 그 참됨을 인치시고 확증해 주신 바로 그 동일한 가르침이 아닌 것처럼 비방하는 것이다. 그러나 나는 이미 이 문제를 여러 구절들 속에서 충분히 다루었기 때문에 여기에서 길게 얘기하지 않고자 한다.

마 28:20. 내가 너희에게 분부한 모든 것을 가르쳐 지키게 하라. 내가 앞에서 말했듯이, 이 말씀을 통해서 그리스도께서는 사도들을 파송하시면서, 마치 그가 이제 그의 교회의 선생이기를 그만두시겠다는 듯이, 그의 직분에서 완전히 물러나시는 것이 아님을 보여주신다. 왜냐하면, 그리스도께서는 사도들을 파송하시면서, 그들은 그들 자신의 머리로 생각해 낸 것들을 전하는 것이 아니라, 그가 그들에게 "분부한" 것들만을 충실하고 순전하게, 말하자면 마치 손에서 손으로 건네주듯이, 전하여야 한다는 말씀을 여기에서 덧붙이고 계시는 것이기 때문이다. 나는 교황이 그가 스스로 자기에게 있다고 주장하는 권세를 이 말씀에 따라 행사하게 해주시기를 하나님께 빈다. 왜냐하면, 만약 교황이 우리의 영혼에 대한 폭정(暴政)을 그친다면, 우리는 그가 베드로나 바울의 후계자라는 것을 인정하게 될 지도 모르기 때문이다. 그러나 실제로는 교황은 그리스도의 권세를 교회에서 몰아내고, 자신의 썩어 냄새나는 어리석은 망상들로 교회를 오염시키고 있기 때문에, 이것은 그가 사도직에서 얼마나 멀어져 있는지를 아주 분명하게 보여준다. 요컨대, 이 말씀을 통해서 우리는 주님께서 교회 위에 선생들을 세우신 것은 그들이 옳다고 생각하는 것을 가르치라는 것이 아니라, 그들도 다른 사람들과 마찬가지로 오직 주님의 입만을 바라보고서, 그들의 제자가 아니라 주님의 제자를 키워내라는 것임을 알게 된다.

마 28:20. 내가 … 너희와 항상 함께 있으리라. 그리스도께서는 사도들에게 단지 인간의 힘에 의지해서는 도무지 행할 수 없는 사명을 주셨기 때문에, 그가 하늘에서 그들과 함께 하며 그들을 지키실 것이라고 약속하심으로써 그들에게 힘을 더하여 주신다. 왜냐하면, 그리스도께서는 그가 그들과 함께 할 것이라고 약속하시기 전에, 이미 앞에서 그가 그의 능력과 권세로 만물을 통치하시는 하늘과 땅의 왕이시라는 것을 선포하셨기 때문이다.

여기에서 "내가"는 강조를 위해 사용된 것으로 보아져야 한다. 이것은 그리스도 께서 사도들에게 그들이 그들의 책무를 행하고자 간절히 원한다면, 그들은 그들이 무엇을 할 수 있는가를 생각하는 것이 아니라, 그들을 부르셔서 이 싸움을 싸우게 하신 이가 가지신 무적(無敵)의 능력을 의지하여야 한다고 말씀하신 것이나 다름 없다. 우리는 주님께서 약속하신 저 임재(臨在)의 성격 또는 본질을 영적인 것으로 이해해야 한다. 왜냐하면, 그리스도께서는 마치 하늘에서 그의 손을 뻗으시는 것 처럼 그의 성령을 통해서 우리를 도우실 수 있으신 까닭에, 우리를 도우시기 위하 여 하늘에서 내려오실 필요가 없으시기 때문이다. 그리스도께서는 몸으로는 우리 와 멀리 떨어져 계시지만, 그의 성령을 통하여 온 세상에 역사하실 뿐만 아니라, 우 리 가운데 실제로 거하시기까지 하신다.

마 28:20. 세상 끝날까지. 우리가 주목해야 또 한 가지는 이것은 오직 사도들에 게만 주어진 말씀이 아니라는 것이다. 왜냐하면, 주님께서는 오직 한 세대 동안만 이 아니라, "세상 끝날까지" 우리를 도우시겠다고 약속하고 계시기 때문이다. 이것 은 복음의 사역자들이 비록 약하고 모든 것이 부족한 상태에서 고생한다고 할지라 도, 그가 그들을 지키시는 자가 되어 주실 것이기 때문에, 그들은 세상의 모든 반대 와 배척을 극복하고 승리하게 될 것이라고 말씀하신 것이나 다름없다. 또한, 오늘 날 우리의 경험도 그리스도의 역사(役事)들이 은밀한 방식으로 놀랍게 행해져서, 복음이 무수한 장애들을 뛰어넘는다는 것을 분명하게 보여준다.

교황에게 속한 성직자들은 이 말씀을 그들의 신성모독과 폭정(暴政)을 위한 근 거로 삼고 있기 때문에, 그들의 악(惡)은 한층 더 용납할 수 없는 것이 되고 말았 다. 그들은 교회는 그리스도께서 통치하시기 때문에 오류를 범할 수 없다고 단언 한다. 이것은 마치 그리스도께서 용병처럼 여러 대장들에게 돈으로 고용되신 분인 듯이 말하는 것이고, 마치 그리스도께서 그의 사역자들에게 온 세상을 이기고 승 리할 수 있다는 확신을 주시기 위하여, 자신의 모든 권세를 친히 행사하셔서, 그의 가르침을 친히 지키시고 보호하시겠다고 분명하게 선언하지 않으신 것처럼 말하 는 것이다.

[19]주 예수께서 말씀을 마치신 후에 하늘로 올려지사 하나님 우편에 앉으시니라 [20]제 자들이 나가 두루 전파할새 주께서 함께 역사하사 그 따르는 표적으로 말씀을 확 실히 증언하시니라(막 16:19-20).

⁵⁰예수께서 그들을 데리고 베다니 앞까지 나가사 손을 들어 그들에게 축복하시더니 ⁵¹축복하실 때에 그들을 떠나 [하늘로 올려지시니] ⁵²그들이 [그에게 경배하고] 큰 기쁨으로 예루살렘에 돌아가 ⁵³늘 성전에서 하나님을 찬송하니라(눅 24:50-53).

막 16:19. 주 예수께서 말씀을 마치신 후에. 마태는 온 세상에 대한 그리스도의 통치권을 장엄한 언어로 찬양한 후에, 그의 승천에 대해서는 전혀 언급하지 않는다. 마가도 그리스도께서 언제 어떻게 승천하셨는지에 대해서는 구체적으로 보도하지 않고, 누가만 그것을 기록하고 있다. 즉, 누가는 그리스도께서 십자가의 치욕을 겪으시기 위하여 내려가셨던 바로 그 "감람산"(마 24:3)에서 하늘의 보좌로 오르시기 위하여, 제자들을 데리고 "베다니"로 가셨다고 말한다(눅 24:50). 그리스도께서는 부활하신 후에 누구에게나 다 무차별적으로 그를 나타내 보이신 것이 아니듯이, 모두가 다 그의 승천의 증인이 되는 것을 허락하지 않으셨다. 왜냐하면, 그리스도께서는 사람들이 믿음의 이 신비를 눈으로 봄을 통해서가 아니라 복음을 들음으로 알게 되기를 바라셨기 때문이다.

누가 본문에는 그리스도께서 "손을 들어 그들에게 축복하셨다"는 말씀이 뒤따라 나온다. 이것을 통해서 그리스도께서는 율법 아래에서 제사장들에게 맡겨졌던 축복권이 원래는 그리고 진정으로는 그의 것임을 보여주셨다. 사람들이 서로를 축복할 때, 그것은 서로를 위해 기도해 주는 것 이외의 다른 것이 아니다. 그러나 하나님의 경우에는 다르다. 왜냐하면, 하나님은 단지 우리를 위해 복을 빌어 주시는 것이 아니라, 이 축복의 행위를 통해서 우리에게 그 복을 직접 수여하시는 것이기 때문이다. 하나님은 모든 복의 유일한 원천이시지만, 사람들로 하여금 그의 은혜를 더 친근하게 보도록 하시기 위하여, 처음에는 제사장들을 중재자로 세우셔서 그의 이름으로 축복하게 하셨다. 이런 까닭에, 멜기세덱은 아브라함을 축복하였고(창 14:19), 하나님은 민수기 6:23-27에 이 문제에 관한 영원한 법을 정해 놓으셨다. "우리가 여호와의 집에서 너희를 축복하였도다"(시 118:26)는 말씀의 의도도 그런 것이다. 끝으로, 사도도 "논란의 여지 없이 낮은 자가 높은 자에게서 축복을 받느니라"(히 7:7)고 함으로써 남을 축복한다는 것은 높다는 것을 나타내는 것이라고 말한다. 이제 참 멜기세덱이시자 영원한 제사장이신 그리스도께서 나타나셨을 때, 하나님이 율법의 비유들을 통해서 그림자처럼 희미하게 계시하셨던 것이 그리스도 안에서 성취될 필요가 있었다. 바울도 "하나님 곧 우리 주 예수 그리스도의 아버지께서 그리스도 안에서 하늘에 속한 모든 신령한 복을 우리에게 주신다"(엡 1:3)는 것을 보여준다. 그러므로 그리스도께서는 믿는 자들이 그의 은혜에 참여하는 자가 되기를 바랄 때에 직접 그에게로 나아올 수 있도록 하시기 위하여, 여기에서 처음이자 마지막으로 사도들을 공개적이고 공식적으로 "축복하신" 것이었다. 그리스도께서 "손을 들어" 축복하셨다는 보도 속에서 우리는 제사장들이 전에 사용하였던 옛 의식(儀式)을 본다.

눅 24:52. 그들이 [그에게 경배하고] … 돌아가. 누가가 "경배하고"라는 단어를 사용한 것은 첫째로는 이때에 그리스도의 위엄이 사방으로 빛을 발하여서 더 이상 그의 부활을 의심할 여지가 없었기 때문에 사도들이 모든 의심에서 벗어났다는 것을 의미하고, 둘째로는 동일한 이유로 그들이 이 땅에서 그와 함께 있었던 때보다 지금 더 큰 경외심으로 그에게 존귀를 돌리기 시작하였다는 것을 의미한다. 왜냐하면, 그들은 그를 단지 선생이나 선지자, 심지어 그 정체가 반쯤밖에 알려져 있지 않았던 메시야로서가 아니라, 영광의 왕이시자 세상의 심판주로서 여기에서 언급된 "경배"를 드린 것이기 때문이다. 지금 누가는 앞으로 전개될 이야기를 또 다른 책에서 좀 더 길게 기록하고 했기 때문에, 여기에서 사도들이 열흘 동안 무엇을 했는지만을 간략하게 보도하는데, 그 요지는 그들이 기쁨에 넘쳐서 하나님을 찬송하면서 "늘 성전에" 있었다는 것이다. 이것은 그들이 밤낮으로 성전에 머물러 있었다는 것이 아니고, 정해진 시간들에 공적인 집회들에 참석하여 하나님을 송축하였다는 것이다. 이러한 기쁨은 그들이 얼마 전에 집에 들어가서 문을 걸어 잠그고 은신했던 때에 보여주었던 두려움과 대비되는 것이었다.

막 16:19. 하나님 우편에 앉으시니라. 다른 구절들을 다루면서 나는 이 표현이 무엇을 의미하는지를 설명한 바 있다. 즉, 하나님께서 그리스도를 그의 우편에 앉히신 것은 그를 천사들 및 모든 피조물보다 높이셔서, 그를 통해서 세상을 다스리시고, "모든 무릎을 예수의 이름에 꿇게 하시기"(빌 2:10) 위한 것이었다는 것이다. 이것은 하나님께서 그리스도를 그를 대신하여 다스리는 섭정왕이라 부르신 것과 같은 것이었다. "우편"은 하나님 다음가는 권세를 나타내는 은유이기 때문에, 우리는 그것을 장소적인 개념으로 오해해서는 안 된다. 마가가 이 어구를 의도적으로 추가한 것은 그리스도께서는 우리와 멀리 떨어지셔서 편안하게 복된 안식을 누리시기 위해서가 아니라, 모든 믿는 자들의 구원을 위하여 세상을 다스리시기 위한 것임을 우리에게 알게 하고자 한 것이었다.

막 16:20. 제자들이 나가 두루 전파할새. 마가는 여기에서 누가가 그의 두 번째 책에서 이야기를 계속해 나가게 될 사건들을 짤막하게 요약하면서, 한 보잘것없는 적은 무리가 내는 목소리가 세상의 가장 먼 땅끝까지 울려 퍼졌다고 보도한다. 왜냐하면, 이 일이 도저히 믿기지 않는 일이었던 까닭에, 그 일 속에서 하늘의 능력으로 이루어진 이적이 더욱더 분명하고 밝게 드러났기 때문이다. 그리스도께서 십자가에서 죽으셨을 때에 사람들은 너나할것없이 이제 그는 완전히 사라지거나 묻혀버렸고, 사람들 사이에서 그의 이름을 입에 올리는 것조차 수치스럽고 역겨운 일이 될 것이라고 생각하였을 것이다. 그리스도께서 그의 증인들로 택하여 세우셨던 사도들조차도 비겁하게 그를 버리고 목숨을 부지하기 위해서 어둠 속에 꽁꽁 숨어버렸었다. 그들의 무지와 소심함, 그들에 대한 사람들의 경멸이 이런 정도였기 때문에, 그들은 사람들 앞에서 나서서 감히 말 한 마디도 할 수 없을 그런 위인들이었다. 배우지도 못하고, 사람들로부터 보잘것없는 자로 여겨졌던 자들, 게다가 그들의 주(主)를 버리기까지 했던 자들이 그들의 목소리 하나로, 수많은 흩어진 족속들을 십자가에 못 박히신 이에게 복종하게 만들 것이라고 과연 누가 상상이나 할 수 있었겠는가? 그러므로 "제자들이 나가 두루 전파하였다"는 말씀 속에서 강조점은 그들은 얼마 전까지만 해도 그들의 감옥 속에 꽁꽁 숨어서 두려워 떨며 숨소리조차 죽였던 그런 자들이었다는 것에 두어져 있다. 왜냐하면, 이렇게 순간적으로 너무나 급작스럽게 이루어진 변화는 인간의 힘으로는 불가능한 일이었기 때문이다. 그러므로 마가는 "주께서 함께 역사하사"라는 말씀을 덧붙이는데, 이것은 이 일이 진정으로 하나님의 역사였다는 의미이다. 그렇지만 마가는 이런 표현 방식을 통해서 마치 그들이 하나님의 은혜의 역사에 그들의 공로나 수고를 더하여 일정 정도 기여한 것이 있었던 것처럼 말하고 있는 것은 아니고, 단지 육신을 따라서는 그들이 그 어떤 열매도 거둘 수 없고 헛수고만 할 것이었기 때문에, 하나님께서 그들을 도우셨다는 것을 보여주고 있는 것일 뿐이다. 물론, 하나님은 말씀의 사역자들을 사용하시기 때문에, 그들은 "하나님의 동역자들"(고전 3:9)이라 불린다는 것은 나도 인정한다. 그러나 우리는 그들은 하나님이 주신 것 이상으로는 능력을 가질 수 없고, 성령의 은밀한 역사를 통해서 하나님이 "자라나게" 하시지 않으신다면, 그들이 "심고 물 주는" 것은 아무 소용도 없게 된다는 것을 알아야 한다.

막 16:20. 말씀을 확실히 증언하시니라. 내 생각으로는, 여기에서 마가는 그가 방금 일반적인 관점에서 보도한 것의 한 구체적인 예를 들고 있는 것이다. 왜냐하면, 복음을 전파하고도 아무런 열매도 거두지 못하는 일이 생기지 않도록, 주님께서는 그들에게 다른 방법들을 통해서도 역사하셨지만, "주께서 표적으로 말씀을 확실히 증언하신" 것이 그의 도우심을 두드러지게 보여주는 증거였기 때문이다. 이 구절은 우리가 이적들을 악용하여 썩어질 일들에 사용하고자 하지 않는다면, 어떤 식으로 이적들을 사용해야 하는지를 보여주는데, 그것은 이적들은 복음 전파를 돕는 역할을 하여야 한다는 것이다. 이것으로부터 우리는, 이적들은 하나님의 말씀의 부속물이기 때문에, 우리가 이적들을 말씀과 분리하거나, 악한 가르침을 돋보이게 할 목적으로, 또는 잘못된 예배를 위장할 목적으로 사용한다면, 그것은 하나님의 거룩한 질서를 뒤집어엎는 것이라는 결론을 얻게 된다.

공관복음서 대조표

	마태	마가	누가
I. 예수의 공생애 사역 이전의 복음 역사			
1. 복음에 대한 서문(序文)	—	—	1:1-4
2. 세례 요한의 출생에 대한 약속	—	—	1:5-25
3. 마리아의 인사: 마리아가 엘리사벳을 방문함	—	—	1:26-56
4. 세례 요한의 출생	—	—	1:57-80
5. 예수의 출생; 목자들의 경배	1:18-25	—	2:1-20
6. 동방 박사들의 방문	2:1-12	—	—
7. 예수의 할례; 성전에서의 헌신례	—	—	2:21-40
8. 애굽으로 피신함; 헤롯이 베들레헴의 아기들을 죽임; 애굽에서 돌아옴	2:13-23	—	—
9. 열두 살 때의 예수	—	—	2:41-52
II. 예수의 공생애 사역을 위한 준비 기간			
10. 세례 요한과 그 사역	3:1-12	1:1-8	3:1-18
11. 세례 요한의 투옥	—	—	3:19-20
12. 예수의 수세(受洗)	3:13-17	1:9-11	3:21-22
13. 예수의 족보	1:1-17	—	3:23-38
14. 예수의 시험	4:1-11	1:12-13	4:1-13
III. 갈릴리에서의 예수의 공생애 사역			
15. 갈릴리에 이르러, 거기에서 처음으로 전도하심	4:12-17	1:14-15	4:14-15
16. 나사렛에서 처음으로 배척당하심	—	—	4:16-30
17. 물고기를 잡는 이적; 첫 제자들을 부르심	4:18-22	1:16-20	5:1-11
18. 가버나움 회당에서 귀신들린 자를 고치심	7:28-29	1:21-28	4:31-37
19. 베드로의 장모를 비롯해서 여러 병자들을 고치심	8:14-17	1:29-34	4:38-41
20. 가버나움을 떠나심	—	1:35-38	4:42-43
21. 갈릴리에서의 전도 여행	4:23-25	1:39	4:44
A. 산상설교			
22. 설교의 서두(序頭)	5:1-2	—	6:20
23. 복(福)에 관한 설교	5:3-12	—	6:20-23
24. 화(禍)에 관한 설교	—	—	6:24-26
25. 소금과 빛에 관한 비유	5:13-16	9:50	11:33-36; 14:34-35
26. 율법에 대하여	5:17-20	—	16:16-17
27. 살인에 대하여	5:21-26	—	12:57-59
28. 간음과 음욕에 대하여	5:27-30	—	—
29. 이혼에 대하여	5:31-32	—	16:18

C. 누가복음에 나오는 특별한 내용들

147. 율법과 이혼에 대하여	5:17-20, 31-32; 11:12-13	—	16:16-18
148. 부자와 나사로에 관한 비유	—		16:19-31
149. 실족하게 하는 죄에 대하여	18:6-9	9:42-48	17:1-2
150. 용서에 대하여	18:15, 21-22	—	17:3-4
151. 믿음에 대하여	17:20	—	17:5-6
152. 자신을 무익한 종이라 여겨야 함을 가르치심	—	—	17:7-10
153. 열 명의 나병환자를 고치심	—	—	17:11-19
154. 하나님의 나라에 대하여	24:23-25	13:21-23	17:20-21
155. 인자의 날	24:26-28, 37-41		17:22-37
156. 불의한 재판장에 관한 비유	—	—	18:1-8
157. 바리새인과 세리에 관한 비유	—	—	18:9-14

IV. 유대에서의 예수의 공생애 사역

A. 예루살렘으로의 여행

158. 결혼과 이혼	19:1-12	10:1-12	—
159. 어린아이들을 축복하심	19:13-15	10:13-16	18:15-17
160. 부자 청년	19:16-30	10:17-31	18:18-30
161. 포도원 품꾼들에 관한 비유	20:1-10	—	—
162. 세 번째 수난 예고	20:17-19	10:32-34	18:31-34
163. 예수와 세베대의 아들들	20:20-28	10:35-45	22:24-27
164. 바디매오를 고치심	20:29-34	10:46-52	18:35-43
165. 삭개오	—	—	19:1-10
166. 므나 비유	25:14-30	—	19:11-27

B. 예루살렘에서의 나날들

167. 예루살렘에 입성하심; 예루살렘의 멸망에 관한 예고; 성전에서의 예수	21:1-17	11:1-11	19:28-46
168. 무화과나무를 저주하심	21:18-19	11:12-14	—
169. 성전을 깨끗게 하심	21:12-13	11:15-19	19:45-48
170. 말라 버린 무화과나무의 의미	21:20-22	11:20-26	—
171. 권위에 관한 문제	21:23-27	11:27-33	20:1-8
172. 두 아들에 관한 비유	21:28-32	—	
173. 악한 농부들에 관한 비유	21:33-46	12:1-12	20:9-19
174. 혼인 잔치에 관한 비유	22:1-14	—	14:16-24
175. 가이사에게 바치는 세금에 관한 문제	22:15-22	12:13-17	20:20-26
176. 부활에 관한 문제	22:23-33	12:18-27	20:27-40
177. 큰 계명	22:34-40	12:28-34	10:25-28
178. 다윗의 자손에 대하여	22:41-46	12:35-37	20:41-44
179. 바리새인들에게 화(禍)들을 선포하심	23:1-36	12:37-40	20:45-47;

복음서 색인

■ 마가복음

■ 누가복음